Italien

Trentino &
die Dolomiten
(S. 356)

Friaul-
Julisch-Venetien
(S. 465)

Ligurien,
Piemont & die
italienienische Riviera
(S. 206)

Mailand &
Oberital. Seen
(S. 286)

Venedig &
das Veneto
(S. 392)

Emilia-Romagna
& San Marino
(S. 492)

Florenz &
Toskana
(S. 540)

Umbrien &
die Marken
(S. 640)

Rom &
Latium
(S. 70)

Abruzzen &
Molise
(S. 699)

Neapel &
Kampanien
(S. 718)

Sardinien
(S. 937)

Apulien, Basilikata
& Kalabrien
(S. 794)

Sizilien
(S. 865)

Cristian Bonetto

Abigail Blasi, Kerry Christiani, Gregor Clark, Duncan Garwood, Paula
Hardy, Virginia Maxwell, Brendan Sainsbury, Helena Smith,
Donna Wheeler

KLASSISCHES ITALIENI-
SCHES DESIGN S. 134

CINQUE TERRE S. 228

Inhalt

REISEZIELE

Inhalt

SIXTINISCHE KAPELLE,
ROM S. 124

Willkommen in Italien

Eine Reise durchs bel paese, *das „schöne Land", kann zu einer unvergleichlichen Erfahrung werden, die man nicht mehr missen mag.*

Historische Reichtümer

Frankreich ist stolz auf Paris, Italien aber besitzt gleich mehrere Kulturstädte von Rang, darunter Venedig, Florenz und Rom. Hier schlug das Herz des Römischen Reiches, hier erblickte die Renaissance das Licht der Welt. Italien hat ein reiches Erbe vorzuweisen: Zu sehen gibt es Michelangelos *David* und die Fresken der Sixtinischen Kapelle, Botticellis *Geburt der Venus* und *Primavera*, Leonardo da Vincis *Letztes Abendmahl* und die Villen von Andrea Palladio – ganz zu schweigen von den antiken Wagenspuren in den Straßen von Pompeji, den byzantinischen Mosaiken in Ravenna oder Giottos Fresken in Padua.

Bella Vita

Es gibt nur wenige Orte auf der Welt, an denen Kunst und Leben sich so mühelos mischen wie in Italien. Dies mag das Land von Dante, Tizian und Verdi sein – aber auch die Heimat von Prada, Gualtiero Marchesi und Renzo Piano. Schönheit, Stil und Flair bestimmen jeden Aspekt des Alltags. Das italienische Wesen ist bestimmt von der Leidenschaft für die schönen Seiten des Lebens – und für die schönen Dinge. Also: Entschleunigen, den Blick für Details schärfen und die *bella vita* genießen.

Buon Appetito

Italien ist wie eine reich gedeckte Tafel. Von den köstlichen *tagliatelle al ragù* bis zu den *cannoli* wirkt jeder Bissen wie eine Offenbarung. Das Geheimnis: hochwertige und frische Zutaten. Italiens ureigene Küche mag rustikal und erdverbunden sein, sie ist aber auch einfallsreich und raffiniert. Hier findet man einige der kulinarischen Top-Adressen der Welt, darunter etliche mit Michelin-Sternen. Ob man sich nun auf eine Degustationstour durch Modena begibt, im Piemont Trüffeln sucht oder in der Internationalen Weinakademie in Rom erstklassige Rote verkostet – die Erlebnisse werden stets unvergesslich sein.

Schöne Natur

Italiens Stärken sind keineswegs nur auf Museen, Mode und Gastronomie beschränkt. Das vielgestaltige Land wird auch von Mutter Natur verwöhnt: Im Norden locken die schneebedeckten Alpen und Gletscherseen, im Süden Vulkankrater und türkisfarbene Grotten. Und so kann man an einem Tag die Skipisten von Courmayeur hinabfahren und am nächsten durch das Sumpfland der Maremma reiten oder im Meer vor Kampanien zu den Korallen hinabtauchen. Gar nicht so übel für ein europäisches Reiseland!

Warum ich Italien liebe

Von Cristian Bonetto

Die 20 Regionen Italiens wirken eher wie 20 eigenständige Länder – mit eigenen Dialekten und Traditionen, eigener Architektur und herrlichen Speisen. Von den Knödeln in Südtirol bis zu den arabisch anmutenden Lebensmittelmärkten auf Sizilien ist das Angebot einfach fantastisch und verführerisch. Hinzu kommt dann noch die Fülle an Kunstwerken – mehr als im Rest der Welt zusammengenommen. Da kann man schon mal neidisch werden – und sich gleich ins Land verlieben.

Mehr Informationen über die Autoren gibt es auf S. 1098

Oben: Malcesine (S. 341) am Gardasee

Italien

200 km

N 0

Höhen

2500 m
2000 m
1500 m
1000 m
500 m
300 m
100 m
0

Gran Paradiso
Wanderung über hohe Bergpässe (S. 282)

Lago di Como
Mit dem Schiff auf dem schönsten Alpensee der Lombardei (S. 323)

Dolomiten
Gewaltige Granitgipfel aus der Nähe bestaunen (S. 356)

Venedig
Wer kennt die Zahl der Mosaiksteinchen von San Marco (S.396)

Emilia-Romagna
Eine Reise ins Zentrum der guten italienischen Küche (S. 494)

Italienische Alpen
Skifahren auf der „Milchstraße" im Piemont (S. 259)

Italienische Riviera
Die Küstendörfer der Cinque Terre besuchen (S. 228)

SCHWEIZ
BERN ✪
Zürich
VADUZ ✪
ÖSTERREICH
Graz
UNGARN
Pécs
Osijek
SLOWENIEN
LJUBLJANA ✪
KROATIEN
ZAGREB ✪
SERBIEN
BOSNIEN & HERZEGOWINA
Banja Luka
SARAJEVO ✪
MONTENEGRO
PODGORICA ✪
Dubrovnik

Geneva
Courmayeur
Valtournenche
Aosta
Parco Nazionale del Gran Paradiso
Modane
Briançon
Nizza
LIGURIEN
PIEMONT
Turin
Tanaro
Cuneo
Milch straße"
Varallo
Mailand
Bergamo
Parco Nazionale dello Stelvio
Merano
Bozen
Trento
Rovereto
Brescia
Cremona
Mantua
Genua
Riviera di Levante
Goff von Genua
Riviera di Ponente
VENETO
Verona
Vicenza
Padua
Venedig
CARNIA
Tarvisio
Udine
Gorizia
Grado
Triest
Palmanova
Lignano
Pordenone
Dolomiten
Alpe di Siusi
Tolmezzo
Innsbruck
Rijeka
Adria
Pola
Ravenna
Bologna
EMILIA-ROMAGNA
Garfagnana
Parco Nazionale delle Cinque Terre
Lucca
Pisa
Livorno
Gorgona
Capraia
Pianosa
Montecristo
Elba
Massa Marittima
Volterra
Siena
CHIANTI
Florenz
Arezzo
Perugia
Gubbio
Assisi
TOSKANA
UMBRIEN
Todi
Orvieto
Spoleto
Norcia
Sarnano
Viterbo
LATIUM
Chieti
Pescara
Ascoli Piceno
Macerata
Parco Del Conero
Ancona
Pesaro
Urbino
SAN MARINO ✪
Po
Potetta
Isole Tremiti
Lago di Garda
Lago di Como
43°N

Pompeji
So vergeht der Ruhm der Welt ... (S. 766)

Lecce
Das Florenz des Südens entdecken (S. 820)

Ätna
Den Berg der Zyklopen kann man auch besteigen (S. 907)

Amalfiküste
Zusammen mit der Prominenz den perfekten Urlaub genießen (S. 780)

Neapel
Die ganze Stadt ist ein Theater (S. 721)

Rom
Jahrtausende schufen eine unvergleichliche Kulisse (S. 74)

Toskana
Kunst und Weinbau bestimmen das Bild der Landschaft (S. 581)

Sardinien
In Meeresgrotten und abgeschiedenen Buchten baden (S. 937)

Lecce
APULIEN

Promontorio del Gargano
APULIEN
Valle d'Itria
Matera
Vasto
Termoli
Sulmona
Scanno
Isernia
Campobasso
MOLISE
ABRUZZEN
Tivoli
Palestrina
Parco Nazionale d'Abruzzo, Lazio e Molise
ROM
Civitavecchia

Basilicata
Agri
Sila
BASILIKATA
Potenza
Agropoli
Parco Nazionale del Cilento e Vallo di Diano
Vesuv
Neapel
Sorrento
Amalf. küste
Capri küste
Ischia
Ponza
Golfo di Gaeta

Golfo di Taranto
KALABRIEN
Neto
Parco Nazionale della Sila
Cosenza
Stromboli
Parco Nazionale dell'Aspromonte
Golfo di Squillace
Reggio di Calabria
Ionische Küste
Catania

Äolische Inseln
Salina
Vulcano
Taormina
Ätna
Tyrrhenische Küste
Cefalù
Ionisches Meer
Syrakus
Noto
SIZILIEN
Palermo
Ustica
Agrigento
Ragusa
Modica
Erice
Trapani
Marsala

Ionisches Meer

VALLETTA
MALTA
MITTELMEER
Pantelleria
Linosa

Kelibia
Bizerte
TUNIS
TUNESIEN
Annaba
ALGERIEN

Korsika
(FRANK-REICH)
Ajaccio
Santa Teresa di Gallura
Palau
Olbia
Nuoro
Sassari
Oristano
SARDINIEN
Iglesias
Carbonia
Salina
Sant'Antioco
Alghero
Porto Torres
Stintino
Barumini
Cagliari
Villasimius
Costa Rei
Costa del Sud
Costa Verde
Golfo di Orosei

Italiens
Top 18

Die ewige Stadt

1 Rom, einst die *Caput Mundi*, die Hauptstadt der Welt, wurde der Legende nach von zwei Knaben gegründet, die eine Wölfin gesäugt hatte. Die Stadt wuchs zur ersten westeuropäischen Supermacht heran, wurde zum spirituellen Herzen des Christentums und ist heute ein Archiv von mehr als zweieinhalbtausend Jahren europäischer Kunst und Architektur. Es gibt viel zu sehen, angefangen mit dem Pantheon (S. 88) und dem Kolosseum (S. 75) bis hin zu Michelangelos Sixtinischer Kapelle (S. 123) und den Werken von Caravaggio. Am besten macht man es wie viele andere zuvor: Eine Münze in den Trevibrunnen (S. 98) werfen und versprechen, wiederzukommen. Links: Petersdom

Virtuoses Venedig

2 Bereits beim Eintreten durch die Tore des Markusdoms (Basilica di San Marco; S. 397) kann man sich vorstellen, wie sich ein schlichter mittelalterlicher Analphabet damals gefühlt haben mag, wenn er zum ersten Mal die schimmernden Kuppeln mit ihren Goldmosaiken erblickte. So fern liegt das alles noch nicht, denn sobald die Millionen winziger vergoldeter *tesserae* (handgeschnittene, glasierte Kacheln) zu einer einzigen himmlischen Vision verschmelzen, scheint jeder Sprung, den die Menschheit seit dem 12. Jh. gemacht hat, vergleichsweise klein.
Unten rechts: Die Kuppeln der Basilica di San Marco

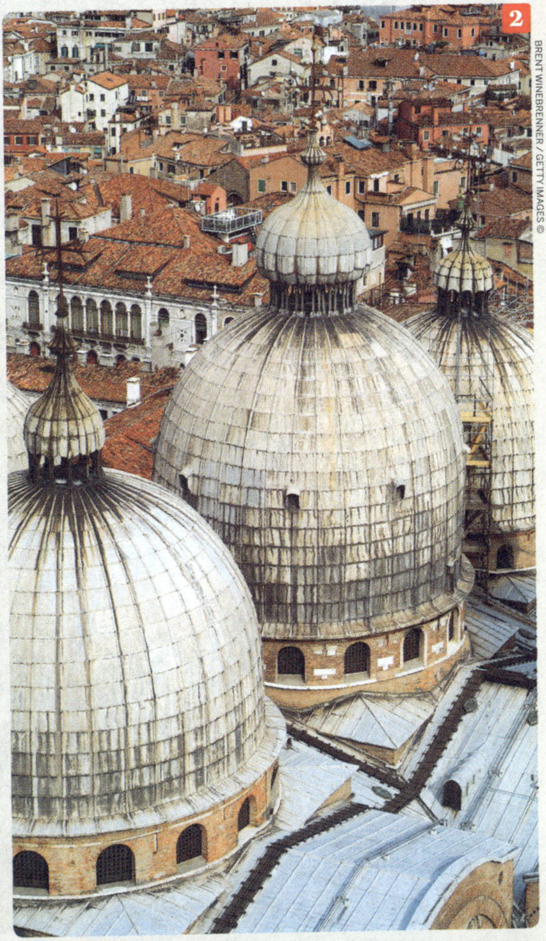

2

Tour durch die Toskana

3 Die Toskana wirkt wie zurechtgemacht für die Bedürfnisse von Kunstliebhabern. Laut Unesco enthält Florenz (S. 543) „die größte Konzentration einzigartiger Kunstwerke auf der Welt" – von Brunelleschis Kathedrale bis zu Massacios Fresken in der Cappella Brancacci. Auch jenseits der Museen und der Straßenzüge aus der Zeit der Renaissance erstreckt sich dort ein wahres Wunderland: der gotische Stolz von Siena, die manhattanartige Skyline von San Gimignano oder die rebenbedeckten Hügel in Italiens berühmter Weinregion Chianti.

Unten: Ponte Vecchio, Florenz

Amalfi-Küste

4 Italiens berühmteste Küste ist eine Mischung aus unvergleichlicher Schönheit und faszinierender Geologie: Ein Küstengebirge fällt in Klippen zur blauen See hin ab, die gesäumt ist von sonnengebleichten Dörfern und Wäldern. Einige mögen einwenden, die schönste Küste des Landes sei Liguriens Cinque Terre oder die Costa Viola in Kalabrien; von der Amalfi-Küste aber behauptete kein Geringerer als John Steinbeck, sie sei „ein Traumort, etwas unwirklich, so lange man dort weilt, doch sehr real, sobald man ihn verlassen hat". *Rechts: Positano an der Amalfi-Küste*

3

NIKUJ LONJINY / GETTY IMAGES ©

4

5

Geisterstadt Pompeji

5 Nichts regt die Fantasie des Menschen so an wie eine Naturkatastrophe und nur wenige Reste einer Katastrophe können es mit den Ruinen von Pompeji (S. 766) aufnehmen, die vor 2000 Jahren im Todeskampf „eingefroren" wurde. Bei einem Gang durch die Straßen, vorbei am Forum und am Bordell mit seinen erotischen Fresken, dem Theater mit seinen 5000 Sitzplätzen und der Villa dei Misteri kann man sich den Bericht von Plinius dem Jüngeren vor Augen führen: „Dunkelheit kam wieder, wieder Asche, dick und schwer. Wir standen wiederholt auf, um sie abzuschütteln, sonst wären wir davon begraben und von ihrem Gewicht erdrückt worden." Links: Statue in der Casa dei Vettii, Pompeji

WITOLD SKRYPCZAK / GETTY IMAGES ©

Prächtige Museen

6 Ein Blick ins Kunstgeschichtsbuch belehrt über die Stilrichtungen der europäischen Kultur. Sie alle wurden in Italien geprägt, und zwar von Künstlern wie Giotto, Leonardo da Vinci, Michelangelo, Botticelli, Bernini und Caravaggio. Deren Werke findet man in Rom im Museo e Galleria Borghese (S. 156), in den Uffizien (S. 549) von Florenz, in Venedigs Gallerie dell'Accademia (S. 408), in Mailands Museo del Novecento (S. 291) und im Palazzo Reale di Capodimonte (S. 736) in Neapel.

Unten: Die Uffizien in Florenz

Zauber der Dolomiten

7 Sicher gibt es auf der Welt jede Menge Berge, die höher und größer sind, aber nur wenige sind so romantisch wie die Granitfelsen der Dolomiten (S. 356). Vielleicht liegt das an den rauen, zerklüfteten Gipfeln, die im Sommer von Wildblumen überzogen sind, oder am reichen Schatz der Ladinischen Legenden – oder einfach an der magnetischen Anziehungskraft von Geld und Glamour im berühmtesten Skigebiet Italiens, Cortina d'Ampezzo (S. 462). Die Ausstrahlung dieser kleinen Region in Norditalien ist jedenfalls unvergleichlich.

TONY C FRENCH / GETTY IMAGES ©

ANDREW PEACOCK / GETTY IMAGES ©

Köstlichkeiten der Emilia-Romagna

8 Man nennt Bologna (S. 494) *la grassa* – die Fette. Viele Klassiker der italienischen Küche stammen hierher, von der Mortadella über fleischgefüllte Tortellini bis zu den *tagliatelle al ragù*. In den Feinkostläden findet man, was das Herz begehrt, oder man unternimmt einen Ausflug nach Modena (S. 507), um dort Balsamico zu kaufen. Auch Parma (S. 514) gehört auf den Reiseplan, wo der Parmesan (*parmigiano reggiano*) und der Parmaschinken (*prosciutto di Parma*) herkommen. Man sollte auch die Weine der Region kosten – einen Lambrusco oder einen Sauvignon Blanc.

Neapolitanische Straßenszenen

9 Nirgendwo in Italien gestalten die Menschen ihre alltäglichen Verrichtungen so sehr als Bühnenrollen wie in (S. 721) Neapel. Die alten Gassen von Neapel sind wie ein Theater: Hier präsentieren sich stolze Matriarchinnen, lautstarke *baristas* und zärtliche Liebespaare. Wer diese Atmosphäre aufsaugen will, begibt sich am besten auf den rustikalen Markt Porta Nolana, der fast opernhafte Züge trägt: Lautstark preisen Händler Obst und zappelnde Fische an, und in der Luft liegt der Duft frisch gebackener *sfogliatelle* (süße Ricottacreme in Blätterteig).

Ausflug ins Paradies

10 Wer einen Rückzugsort sucht, packt die Wanderschuhe ein und begibt sich nach Gran Paradiso (S. 282). Italiens ältesten Nationalpark durchziehen 724 km Wanderwege und Saumpfade. Gran Paradiso besitzt 57 Gletscher und Alpenwiesen voller wilder Stiefmütterchen, Enzian und Alpenrosen sowie eine gesunde Population des Alpensteinbocks, für dessen Schutz der Park ursprünglich eingerichtet worden war. Der namensgebende Gran Paradiso (4061 m) ist der einzige Berg im Park; der Zugang findet sich im ruhigen Cogne.

11

12

Sardiniens Küsten

11 Es gibt nicht genug Adjektive, um die verschiedenen Blau- und Grüntöne zu beschreiben, die in den Schatten des Meeres vor Sardinien sogar zu Purpur werden. Models, Politiker und Promis tummeln sich an der Costa Smeralda; der Rest von Sardinien ist noch sehr ursprünglich. Am besten, man erkundet einfach einmal die raue Küstenlandschaft – von den verwitterten Felsen von Santa Teresa di Gallura und den windgeschliffenen Klippen des Golfo di Orosei bis hin zu den vom Winde verwehten Dünen und Stränden der Costa Verde. *Links oben: Spiaggia Scivu, Costa Verde*

Wandern an der Italienischen Riviera

12 Die Sünder unter den Bürgern der fünf Dörfer der Cinque Terre (S. 228) – Monterosso, Vernazza, Corniglia, Manarola und Riomaggiore – führte ihr Bußgang über eine lange und anstrengende Strecke hinauf zum örtlichen Heiligtum auf den schwindelerregenden Klippen, wo sie um Vergebung baten. Auf den gleichen Pilgerpfaden geht man heute durch Weinbergterrassen, vorbei an Berghängen voller *macchia* (Buschwerk), und es fällt schwer, sich eine gütigere Bestrafung vorzustellen als die himmlischen Aussichten, die sich da vor einem auftun.

Luxusleben am Comer See

13 Der Comer See (Lago di Como; S. 323) im Schatten der Rätischen Alpen ist der spektakulärste unter den oberitalienischen Seen. Kein Wunder, dass in den Villen am Wasser Filmstars wie George Clooney neben Größen aus der Welt der Mode und arabischen Scheichs wohnen. Hauptanziehungspunkte entlang des Sees, der von allen Seiten von üppigem Grün umgeben ist, sind die Gärten der Villa Melzi d'Eril, der Villa Carlotta und der Villa Balbianello, in denen im April und Mai die Kamelien, Azaleen und Rhododendren zart erröten. *Oben Villa Balbianello*

CHRISTIAN ASLUND / GETTY IMAGES ©

ALESSANDRO RIZZI / GETTY IMAGES ©

RUSSELL MOUNTFORD / GETTY IMAGES ©

Skivergnügen in den Alpen

14 Was dem Aostatal (S. 273) an Größe fehlt, macht es an Höhe wieder wett. Denn das schmale Tal ist umringt von schneebedeckten Gipfeln, darunter einige der höchsten Berge Europas, etwa Mont Blanc, Matterhorn, Monte Rosa und Gran Paradiso. Ausgestattet sind diese Berge mit einigen der besten Skigebiete des Kontinents, und die Abfahrten sind eine internationale Angelegenheit: Man jagt die Hänge hinab nach Frankreich, in die Schweiz und ins Piemont – und zwar aus Top-Resorts wie Courmayeur, Cervinia und Monterosa.

Savoyer Paläste

15 Wie die Medici in Florenz und die Borghese in Rom hatten auch die Fürsten von Savoyen in Turin (S. 243) eine Vorliebe für extravagante Paläste. Und während Turins Palazzo Madama und der Palazzo Reale durchaus beeindrucken, reichen sie doch nicht an Italiens Mini-Versailles heran, den Reggia de Venaria Reale. Das Jagdschloss von Herzog Karl Emanuel II. ist eine der größten fürstlichen Residenzen Europas; das Mammutprojekt seiner Restaurierung hat 200 Mio. Euro verschlungen. Dafür wurden 1022 m² Fresken und 139 400 m² Stuck bearbeitet. *Ganz oben rechts : Reggia di Venaria Reale*

Fresken & Mosaiken

16 Das Mittelalter brachte in Italien eine künstlerische Brillanz hervor, die schwer zu übersehen ist. Vielleicht waren es die handgeschnittenen Mosaiken in den byzantinischen Basiliken von Ravenna (S. 527), die als Leitstern fungierten, denn irgendetwas hat Giotto di Bondone bei seinen kühnen Fresken in der Cappella degli Scrovegni (S. 443) in Padua und in der Basilica di San Francesco (S. 658) in Assisi inspiriert, den Sprung aus der Finsternis schließlich zu wagen. Mit ihnen gab er der Welt eine neue Formsprache. *Oben rechts: Basilica di Sant'Apollinare Nuovo, Ravenna*

Barockes Lecce

17 Der lokale Barockstil, der *barocco leccese* (Barock von Lecce), macht den extravaganten Charakter vieler apulischer Städte aus. Der dafür verwendete regionale Stein sei so weich, behauptete der Kunsthistoriker Cesare Brandi, dass man ihn mit einem gewöhnlichen Taschenmesser bearbeiten könne. Kunsthandwerker haben Fassaden mit wirbelndem Dekor verziert und Wasserspeier und seltsame Fabelwesen geschaffen. Die Basilica di Santa Croce (S. 822) in Lecce ist der Höhepunkt dieses Stils.

Unten: Basilica di Santa Croce

Den Ätna bezwingen

18 Der Ätna (S. 907) ist einer der größten Vulkane Europas und einer der aktivsten der Welt. In der Antike glaubte man, der Gott Hephaistos habe seine Schmiede im Krater des Ätna eingerichtet und lasse regelmäßig den Himmel in einem Feuerwerk aufleuchten. Mit 3329 m türmt sich der Berg buchstäblich über der Ionischen Küste Siziliens auf. Ob man ihn nun zu Fuß bezwingt oder im Rahmen einer geführten Tour mit dem Geländewagen: Der Vulkan belohnt einen jeden mit herrlichen Ausblicken – und einem Nervenkitzel, weil man der Gefahr ins Auge blickt.

Gut zu wissen

Weitere Hinweise unter „Allgemeine Informationen" (S. 1052)

Währung
Euro (€)

Sprache
Italienisch

Visum
Deutsche, Österreicher und Schweizer benötigen nur einen gültigen Personalausweis bzw. eine Identitätskarte.

Geld
Geldautomaten sind an allen Flughäfen, in den meisten Bahnhöfen und in Städten zu finden. Kreditkarten werden in den meisten Hotels und Restaurants akzeptiert.

Mobiltelefon
Europäische Handys funktionieren problemlos. Eine italienische SIM-Karte macht Ortsgespräche preiswerter.

Zeit
Mitteleuropäische Zeit.

Zimmersteuer
Besucher müssen mit einer „Übernachtungssteuer" von 1 bis 5 € pro Nacht rechnen (s. S. 1061).

Reisezeit

Trockenes Klima
Warmer bis heißer Sommer, kalter Winter
Milder Sommer, kalter Winter
Kaltes Klima

Mailand
REISEZEIT Dez.–März (Skifahren), Jan. & Sept.

Venedig
REISEZEIT Feb.–März & Sept.–Nov.

Rom
REISEZEIT April–Mai, Juli & Nov.–Dez.

Neapel
REISEZEIT Mai–Juni & Sept.

Palermo
REISEZEIT Sept.–Okt.

Hochsaison
(Juli–Aug.)

➡ Lange Staus vor den großen Sehenswürdigkeiten und auf den Straßen, vor allem im August.

➡ Preise steigen auch an Weihnachten, Neujahr und Ostern.

➡ Hochsaison in den Alpen und Dolomiten ist von Dezember bis März.

Zwischensaison
(April–Juni & Sept.–Okt.)

➡ Schnäppchen bei den Unterkünften, vor allem im Süden.

➡ Der Frühling ist die beste Zeit für Feste, Blumen und frische, regionale Produkte.

➡ Im Herbst ist das Wetter warm und die Traubenernte lockt.

Nachsaison
(Nov.–März)

➡ Die Preise liegen bis zu 30 % unter denen der Hochsaison.

➡ Zahlreiche Sehenswürdigkeiten und Hotels in Küsten- und Bergregionen sind geschlossen.

➡ Eine sehr gute Zeit für viele kulturelle Events in Großstädten.

Wichtige Websites

Lonely Planet (www.lonely planet.com/italy) Informationen über das Reiseziel, ein Forum für Reisende und mehr.

Trenitalia (www.trenitalia.com) Website der italienischen Bahn (in Italienisch/Englisch).

Agriturismi (www.agriturismi. it) Homepage für Übernachtungen auf dem Bauernhof (in Deutsch, Italienisch, Englisch, Französisch und Spanisch).

Slow Food (www.slowfood. com) Findet die besten Erzeuger vor Ort, Restaurants und Märkte.

Enit Italia (www.italiantourism. com) Offizielle Tourismusseite der italienischen Regierung.

Wichtige Telefonnummern

Um die Nummern in diesem Buch von außerhalb Italiens anzurufen, erst die internationale Landesvorwahl 0039 wählen, dann die gewünschte Rufnummer (mit der „0").

Landesvorwahl Italien	☎ +39
Notarzt	☎ 118
Polizei	☎ 113
Feuerwehr	☎ 115

Wechselkurse

Schweiz	1 SFr.	0,81 €
USA	1 US$	1,19 €

Aktuelle Wechselkurse im Internet unter www.xe.com

Mehr zum **Reisen im Land** siehe S. 1068–1074

Tagebudget

Preiswert: weniger als 100 €

➡ Schlafsaalbett: 15–30 €

➡ Doppelzimmer in einfachen Hotels: 50–110 €

➡ Pizza oder Pasta: 6–12 €

Mittelteuer: 100–250 €

➡ Doppelzimmer in einem Hotel: 110–200 €

➡ Mittag- und Abendessen in kleineren Restaurants: 25–50 €

➡ Museumseintritt: 4–15 €

Teuer: über 250 €

➡ Doppelzimmer in einem 4- oder 5-Sterne-Hotel: 200–450 €

➡ Abendessen im Spitzenrestaurant: 50–150 €

➡ Opernkarte: 40–200 €

Öffnungszeiten

Die Öffnungszeiten wechseln je nach Jahreszeit. Hier finden sich die Zeiten in der Hochsaison; sie reduzieren sich in der Zwischen- oder Nachsaison. In diesem Reiseführer umfasst die Hochsaison die Monate von April bis September oder Oktober, während die Winterzeit von Oktober oder November bis März dauert.

Banken Montag bis Freitag 8.30–13.30 und 15.30–16.30 Uhr

Restaurants 12–14.30 und 19.30–23 oder 24 Uhr

Cafés 7.30–20 Uhr

Bars und Clubs 22–4 Uhr

Geschäfte Montag bis Samstag 9–13 und 16–20 Uhr

Ankunft in Italien
Flughafen Fiumicino (Rom; S. 190)

➡ **Express-Zug:** 14 €; alle 30 Minuten, 6.38 bis 23.38 Uhr

➡ **Bus:** 4 bis 7 €; 5.35 bis 0.30 Uhr, Nachtbusse um 1.15, 2.15, 3.30 und 5 Uhr

➡ **Taxi:** Festpreis 79 €; 50 Minuten

Flughafen Malpensa (Mailand; S. 306)

➡ **Express-Zug oder Shuttle- Bus:** 10 €; alle 30 Minuten, 5 bis 22.30 Uhr, eingeschränkter Nachtbusverkehr zwischen 23 und 5 Uhr

➡ **Taxi:** Festpreis 79 €; 50 Minuten

Flughafen Marco Polo (Venedig; S. 1067)

➡ **Fähre:** 15 €; alle 30 bis 60 Minuten, 6.10 bis 0.15 Uhr

➡ **Bus:** 6 €; alle 30 Minuten, 7.50 bis 0.20 Uhr

➡ **Wassertaxi:** 104 €; 30 Minuten

Flughafen Capodichino (Neapel; S. 744)

➡ **Shuttle-Bus:** 3 €; alle 20 Minuten, 6.30 bis 23.40 Uhr

➡ **Taxi:** Festpreis 19 €; 30 Minuten

Unterwegs vor Ort

➡ Das Reisen ist in Italien erschwinglich, schnell und zuverlässig.

➡ Zug Vernünftige Preise, gutes Bahnnetz und häufige Abfahrtszeiten.

➡ Auto Gut für Individualreisende oder für Fahrten in Gebiete, die kaum mit öffentlichen Verkehrsmitteln erreichbar sind. Nicht zu empfehlen in Großstädten.

➡ Bus Billiger und langsamer als Züge. Sinnvoll für Reisen in abgelegene Dörfer, die keine Zuganbindung haben.

Italien für Einsteiger

Weitere Hinweise unter „Allgemeine Informationen" (S. 1052)

Checkliste

➡ Personalausweis oder Reisepass sollten wenigstens sechs Monate über das Einreisedatum hinaus gültig sein

➡ Gepäckbeschränkungen der Fluglinie beachten

➡ Reiseversicherung abschließen (s. S. 1064)

➡ Buchungen vornehmen (für beliebte Museen, Veranstaltungen und Unterkünfte)

➡ Kreditkartengesellschaft oder Hausbank über die Reisepläne informieren

➡ Zugang zum Mobilfunknetz und Auslandstarife überprüfen

Unbedingt mitnehmen

➡ Gute Wanderschuhe fürs Kopfsteinpflaster

➡ Hut, Sonnenbrille, Sonnenschutz

➡ Eventuell ein Adapter für Steckdosen

➡ Ein schicker Zwirn und dazu passende Schuhe, damit man in Europas Modeland Nr. 1 nicht völlig deplatziert wirkt

➡ Geduld – mit so manchem, was einfach nicht funktioniert

➡ Reisewörterbuch

Top-Tipps für die Reise

➡ Beste Reisezeiten sind Frühling und Herbst.

➡ Wer mit dem Auto fährt, sollte die Hauptstraßen meiden, denn die schönsten Landschaften finden sich oft an Nebensstrecken.

➡ Ein wenig Italienisch sprechen zu können ist von großem Vorteil.

➡ Vordrängeln ist in Italien durchaus gang und gäbe.

➡ Restaurants mit Schwarzhändlern und dem nur mittelmäßigen Touristenmenü (*menu turistico*) sollte man eher meiden.

Passend gekleidet

Der erste Eindruck ist in Italien ganz wichtig. In der Stadt ist der Mann mit Hosen und Hemd oder Polohemd passend gekleidet, Frauen tragen Rock, Hose oder Kleid. Shorts, T-Shirts und Sandalen sind im Sommer am Strand okay, im Restaurant trägt man langärmelig. Am Abend ist sportlich-elegante Kleidung die Regel. Ein leichter Pullover oder eine wasserfeste Jacke sind im Frühling und Herbst sinnvoll.

Schlafen

In der Hochsaison sollte man im Voraus buchen, besonders wenn man beliebte Gegenden oder Städte zu Zeiten besonderer Veranstaltungen bereisen will. Siehe S. 1060 für weitere Infos zu Unterkünften.

➡ **Hotels** Es gibt alle Preislagen und Qualitätsklassen, von billig und einfach bis elegant und exklusiv.

➡ **Ferien auf dem Bauernhof** Ideal für Familien. Agriturismi können rustikale Bauernhöfe, aber auch luxuriöse Landsitze sein.

➡ **B&Bs** Oft sehr gut. Sie reichen von Zimmern in Einfamilienhäusern bis zu Apartments für Selbstversorger.

➡ **Pensionen** Ähnlich wie Hotels, aber meist familiengeführt und mit ein bis drei Sternen gekennzeichnet.

➡ **Hostels** Hier gibt es sowohl die offiziellen Unterkünfte des internationalen Jugendherbergswerks HI als auch privat geführte *ostelli*, in denen man oft auch Einzel- oder Doppelzimmer mit Bad bekommt.

Geld

Außer in einigen Städten und Dörfern auf dem Lande können fast überall Kredit- und Bankkarten eingesetzt werden. Visa- und Master-Card werden akzeptiert, während Karten von American Express nur in einigen Ladenketten oder großen Hotels angenommen werden. Nur wenige Einrichtungen nehmen Diners Club entgegen.

Überall gibt es Geldautomaten (Gebühren). Einige Geldautomaten nehmen keine ausländischen Karten an. Sollte das passieren, andere Automaten ausprobieren; wenn es nirgendwo klappt, liegt es vermutlich an der Karte.

Weitere Hinweise siehe S. 1053.

Handeln

Zurückhaltendes Feilschen ist auf Märkten üblich, aber in Geschäften nicht erwünscht. Ausnahmen sind Kunstgewerbeläden im Süden des Landes, wo man schon einmal einen Mengenrabatt aushandeln kann.

Trinkgeld

In Restaurants ist Trinkgeld üblich, ansonsten liegt es im freien Ermessen.

➡ **Taxis** Viele Leute runden bis zum nächsten vollen Eurobetrag auf.

➡ **Restaurants** Viele Restaurants nehmen eine Gebühr für das Gedeck (*coperto*) von etwa 2 bis 3 €. Bei einigen ist auch das Bedienungsgeld (*servizio*) von 10 bis 15 % im Preis inbegriffen.

➡ **Bars** Italiener lassen in der Regel das Wechselgeld auf der Theke liegen.

Nützliche Redewendungen

Englisch wird in Italien in den Haupttouristengegenden verstanden, aber auf dem Lande und südlich von Rom ist es sinnvoll, etwas Italienisch zu können. Die Menschen werden begeistert sein, besonders wenn man in Restaurants auf Italienisch bestellen kann, zumal wenn es keine geschriebene Speisekarte gibt.

1 **Was ist die Spezialität dieser Region?**
Qual'è la specialità di questa regione?
kwa·*le* la spe·cha·lee·*ta* dee *kwes*·ta re·*jo*·ne

Die Regionen wetteifern heutzutage um die besten Speisen und Weine. Das erinnert ein wenig an die Rivalitäten zwischen den mittelalterlichen italienischen Stadtstaaten.

2 **Welche Kombi-Tickets haben Sie?**
Quali biglietti cumulativi avete?
kwa·lee bee·*lye*·tee koo·moo·la·tee·vee a·ve·te

Wer sich Kombi-Tickets für verschiedene Sehenswürdigkeiten

3 besorgt, bekommt mehr fürs Geld. Zu haben sind sie in allen größeren italienischen Städten.

Gibt es hier ein Outlet?
C'è un outlet in zona? che oon *owt*·let in zo·na

Mode-Outlets mit preiswerten Marken-, Muster- oder Second-

4 hand-Artikeln sind in größeren Städten weit verbreitet und bieten immer etwas für *la bella figura*.

Ich bin hier mit meinem Mann/Freund.
Sono qui con il mio marito/ragazzo.
so·no kwee kon eel *mee*·o ma·*ree*·to/ra·ga·tso

5 In manchen Teilen Italiens bekommen alleinreisende Frauen unerwünscht hohe Aufmerksamkeit. Wenn Ignorieren nicht reicht, sollte man eine freundliche Abfuhr parat haben.

Weitere Informationen siehe S. 1075

Etikette

Italien ist überraschend förmlich; die folgenden Tipps helfen beim Vermeiden von Fettnäpfchen:

➡ **Begrüßungen** Die Hand schütteln und dazu *buongiorno* (Guten Tag) oder *buona sera* (Guten Abend) zu Fremden sagen, bei Freunden ein Küsschen auf jede Wange und dazu ein *come stai* (Wie geht es dir?). In förmlicher Gesellschaft *lei* (Sie) benutzen, *tu* für Freunde und Kinder. Nur den Vornamen benutzen, wenn dazu aufgefordert wurde.

➡ **Um Hilfe bitten** Mit *mi scusi* (Entschuldigung) macht man auf sich aufmerksam, mit *permesso* (Verzeihung) kommt man höflich durch das Gedränge.

➡ **Religion** Beim Besuch religiöser Stätten ordentlich anziehen (Schultern, Rumpf und Schenkel bedecken) und sich respektvoll verhalten.

Was gibt's Neues?

Museen in Bologna

In Bologna gibt es drei neue Museen, die allesamt zu „Genus Bononiae: Musei nella Città" gehören. An erster Stelle steht dabei das erstaunliche Museo della Storia di Bologna. Es ist in einem mittelalterlichen Palazzo (Herrenhaus) untergebracht, der von Architekt Mario Bellini umgebaut wurde, und erzählt in einer interaktiven High-Tech-Ausstellung Bolognas bewegte Geschichte. (S. 494)

Palazetto Bru Zane, Venedig

Der herausgeputzte, frisch renovierte Palazzetto Bru Zane aus dem 17. Jh. erfreut Musikkenner mit Konzerten romantischer Musik. Hier treten bekannte europäische Künstler auf. (S. 437)

Museo Nazionale dell'Automobile, Turin

Dieses Museum ist nach größeren Veränderungen nun wieder geöffnet. Hier können sich Besucher ausgiebig an 200 Fahrzeugen erfreuen, darunter einem Peugeot Typ 4 von 1892 und einem Ferrari 308 von 1980. (S. 250)

Museo Casa Enzo Ferrari, Modena

Legendäre und schnelle Motoren und eine faszinierende futuristische Architektur treffen in Modenas neuestem Museum aufeinander, das dem Leben und Erbe der Motorsportlegende Enzo Ferrari, Gründer der gleichnamigen Firma, gewidmet ist. (S. 506)

Eataly, Rom

Das ursprünglich in Turn ansässige Lebensmittel-Imperium Eataly hat nun seine bisher größte Filiale eröffnet. Die vielen Etagen voller Speisen und Getränke spiegeln den in Rom wachsenden Trend wieder, den ganzen Tag über mit Essen beschäftigt zu sein. (S. 178)

Museum für moderne und zeitgenössische Kunst, Udine

Das neue Museum in Udine stellt eine faszinierende Sammlung italienischer Künstler des 20. Jhs. und erstaunlich viele Werke amerikanischer Künstler aus – und das alles in einem von Italiens Stararchitekten Gae Aulenti kühn umgebauten Raum. (S. 484)

Tunnel Borbonico, Neapel

Ein Besuch im Neapel der paranoiden Könige und im wunderbar renovierten Bourbonentunnel, der im Zweiten Weltkrieg durch Bomben beschädigt wurde, ist absolut lohnend. Die Führungen durch dieses unterirdische Labyrinth begeistern ganz normale Urlauber, aber auch Abenteurer mit Freude an Höhlenerkundungen. (S. 736)

Tagesausflüge von Venedig, Venetien

Bei diesen gerade sehr angesagten Führungen dringen die Besucher tief in das Leben Venetiens ein. Zu den Angeboten zählen Führungen in die Welt der Kunst, des Essens und des Weins, aber auch Shoppingtouren durch Venedig und Padua sowie wundervolle kulinarische Ausflüge in die schöne Landschaft Venetiens. (S. 423)

Palazzo Margherita, Bernalda

Hollywood trifft Italien, und zwar in dem Boutiquehotel des italienischen Filmemachers Francis Ford Coppola in Basilikata, tief im Süden des Landes. In der Luxusvilla aus dem 19. Jh. haben schon einige

Berühmtheiten übernachtet, z. B. Justin Timberlake. (S. 842)

Basilica Palladiana, Vicenza

Die Basilica Palladiana ist soeben für 20 Mio. Euro renoviert worden, sodass in Vicenza nun wieder Wechselausstellungen der Weltklasse gezeigt werden können. Manche dieser Ausstellungen sind wirklich ganz außergewöhnlich. (S. 449)

Villa Romana del Casale

Die atemberaubenden Bodenmosaiken in dieser römischen Villa erstrahlen nach jahrelangen Renovierungsarbeiten wieder in neuem Glanz und stehen damit ganz oben auf der Liste der größten italienischen Erbstücke der Antike. (S. 928)

Weitere Empfehlungen und Hinweise unter www.lonelyplanet.com/Italy

Wie wär's mit …

Meisterwerke

Sixtinische Kapelle Diese weltberühmte Kapelle in Rom birgt nicht nur das unvergleichliche Deckengemälde von Michelangelo, sondern auch faszinierende Werke von Botticelli, Ghirlandaio und Perugino. (S. 123)

Galleria degli Uffizi Cimabue, Botticelli, da Vinci, Raffael, Tizian: Der absolute Renner unter den Kunstmuseen in Florenz präsentiert die Großen der Kunstgeschichte und ist ein Muss. (S. 548)

Museo e Galleria Borghese Eine gut zu bewältigende Anzahl von Meisterwerken der Renaissance und des Barock in einer eleganten Villa in Rom. (S. 156)

Giotto In der **Cappella degli Scrovegni** (S. 443) und der **Basilica di San Francesco** kann man sehen, wie Giotto mit seinen Meisterwerken die Kunst zu seiner Zeit revolutioniert hat. (S. 658).

Museo del Novecento Modigliani, de Chirico, Kandinsky, Picasso, Fontana: ein Museum mit erstklassiger Kunst des 20. Jhs. im modernen Mailand. (S. 291)

Pompeji Der dionysische Fries im Speisezimmer der Villa dei Misteri ist eines der größten antiken Fresken der Welt. (S. 768)

Palazzo Grassi Die außergewöhnliche zeitgenössische Sammlung des französischen Milliardärs François Pinault wird in dem vom japanischen Stararchitekten Tadao Ando gestalteten Inneren des Palazzo in Venedig ausgestellt. (S. 405)

Museion Die zeitgenössische Sammlung in Bozen wirft Licht auf den fortdauernden Dialog zwischen Südtirol, Österreich und Deutschland. (S. 374)

MADRE in Neapel ist ein Muss für Liebhaber der modernen Kunst ohne die sonst üblichen Besuchermassen: Hier gibt es dem Ausstellungsort angepasste Installationen von den ganz Großen, wie Mimmo Paladino, und die aufgehängten Statements von Gilbert & George. (S. 730)

Pinturicchio In Perugia (S. 641) und Spello (S. 664) sind Werke des umbrischen Renaissance-Talents Pinturicchio ausgestellt.

Fantastisches Essen

Bologna trägt den Spitznamen *la grassa* (wörtlich: Die Fette), befindet sich genau auf der italienischen Grenze zwischen dem „buttrigen" Norden und der auf Tomaten basierenden Küche des Süden (S. 502).

Trüffel Im Piemont (S. 242), der Toskana (S. 581) und in Umbrien (S. 641) findet man diese heiß begehrten Pilze auf der Speisekarte.

Osteria Francescana Im drittbesten Restaurant der Welt können die Gäste von Massimo Botturas kreativen Geschmacksnoten schwärmen. (S. 511)

Meeresfrüchte In Venedig (S. 392), Sardinien (S. 937), Sizilien (S. 865) und Apulien (S. 794) sind die Meeresfrüchte so frisch, dass man sie roh verzehren kann. In Kampanien sind die *spaghetti alle vongole* (Spaghetti mit Muscheln) sehr zu empfehlen.

WIE WÄR'S MIT … ÜBERRASCHUNGEN?

Interessant ist eine Führung durch das unterirdische Neapel (*sottosuolo*) und die Grotten aus griechischer Zeit, paleo-christliche Grabkammern, die Fluchtwege der Bourbonenkönige und die Luftschutzbunker aus dem Zweiten Weltkrieg. (S. 719)

Oben: Antiquitätenmarkt, Arezzo (S. 633)
Unten: Ravello (S. 783), Amalfiküste

Pizza Italiens berühmtester Exportartikel, aber wo gibt es die beste? In Neapel oder Rom?

Parmesan Der Käse aus Parma ist weltberühmt. Man sollte aber auch noch Platz lassen für den Taleggio aus der Lombardei, den Büffel-Mozzarella aus Kampanien und *burrata* (Käse aus Mozzarella und Sahne) aus Apulien.

Eataly Essen und Trinken in der römischen Niederlassung dieses gigantischen Imperiums erstklassiger italienischer Tafelfreuden. (S. 178)

Il Frantoio Die mehrgängigen Gerichte zur Mittagszeit in diesem apulischen Bauernhaus sind der Inbegriff dessen, was man unter Slow Food versteht. (S. 815)

Sizilien Frittiertes in Kichererbsenteig in Palermo, Fisch-Couscous in San Vito Lo Capo und Chilli-Schokolade in Modica – Sizilien ist ein einziges multikulturelles Fest. (S. 865)

Mittelalterliche Bergstädte

Asolo Thront auf einem Berg im Nordosten Venetiens und wird scherzhaft auch „Stadt der 100 Aussichten" genannt. (S. 455)

Umbrien und die Marken Mittelalterliche Bergstädtchen, wohin man auch schaut: angefangen mit Spello und Spoleto und bis hin zu Todi und Urbino. (S. 640)

Montalcino Ein Bergstädtchen in der Toskana mit vielen Weinlokalen am Straßenrand, in denen die vielgerühmten Brunello-Weine der Region ausgeschenkt werden. (S. 624)

Erice Die einzigartige Sicht auf die Küste von der normannischen Burg aus macht dieses Dorf zu einem der schönsten Dörfer im Westen Siziliens (S. 934)

San Gimignano In den Himmel aufragende Türme lassen diese

REISEPLANUNG WIE WÄR'S MIT …

Rotfuchs, Parco Nazionale del Gran Paradiso (S. 282)

postkartenreife Stadt wie ein mittelalterliches Hongkong oder Manhattan erscheinen. (S. 616)

Ravello Thront über der Amalfiküste und hat schon die Berühmtesten der Welt, von Wagner bis Capote, begeistert. (S. 783)

Maratea Ein *borgo* (mittelalterliche Stadt) aus dem 13. Jh. mit winzigen Piazzas, gewundenen Gassen und fantastischen Aussichten über den Golf von Policastro. (S. 847)

Apulien Vom Valle d'Itria zu den Sierras von Salento finden sich in Apulien biskuitfarbene Hügeldörfer. (S. 794)

Weinproben

Italiens Weine sind so unterschiedlich wie die Landschaft, von den eleganten Weißweinen des Ätna bis hin zu den komplexen Roten aus dem Barolo. Am Besten in einem Weinkeller probieren, bei langem, geruhsamen Mittagessen genießen – oder gleich eine ganze Tour unternehmen.

Toskanische Weinstraßen Bei dieser schönen Tour (S. 611) kann man entdecken, warum Chianti mehr ist als ein billiger Wein, der aus den Siebzigern übrig geblieben ist.

Festa dell'Uva e del Vino Anfang Oktober säumen Wein- und Essensstände die Straßen der Weinstadt Bardolino. (S. 342)

VinItaly Bei Italiens größter jährlicher Weinmesse (S. 454) gibt es außergewöhnliche Weine zu kosten, die nur selten exportiert werden.

Museo del Vino a Barolo In Barolos neuem Weinmuseum wird die Geschichte des Weines mit Kunst und Film erzählt (S. 266).

Colli Orientali und Il Carso Diese beiden Weinanbaugebiete in Friaul-Julisch Venetien schlagen mit ihrem Friulano und hervorragenden Weinverschnitten internationale Wellen. Weinproben finden in einem *osmize* (rustikales Lokal) statt. (S. 476)

Valpolicella und Soave Die Weinproben sind in diesen beiden Regionen Venetiens kostenlos und einfach fantastisch. (S. 458)

Südtiroler Weinstraße Eine Straße durch ein Tal, in dem einheimische Traubensorten wie Lagrein, Vernatsch und Gewürztraminer vorherrschen, aber auch importierte Trauben wie Pinot blanc, Sauvignon, Merlot und Cabernet gedeihen. (S. 381)

Villen & Paläste

Palazzo Reale di Caserta
Schauplatz im Film *Star Wars*;
der spektakuläre Abgesang des
italienischen Barock. (S. 747)

Rom Unbedingt den Palazzo
e Galleria Doria Pamphilj
(S. 100), Palazzo Farnese
(S. 93) und Palazzo Barberini
(S. 99) anschauen!

Palazzo Reale di Capodimonte
Kunst und blaublütiger Stolz
treffen in diesem auf einem
Hügel gelegenen Palazzo in der
ehemaligen Königshauptstadt
Neapel zusammen. (S. 736)

Palazzo Ducale Der Dogenpalast in Venedig wartet mit einer
goldenen Treppe und Verhörräu-
men auf. (S. 401)

Villa Maser Andrea Palladio
und Paolo Veronese haben sich
zusammengeschlossen, um
Venetiens schönstes Landhaus
zu schaffen. (S. 455)

Reggia di Venaria Reale Der
riesige Savoyer-Palast im Piemont war unter anderem Vorbild
für das französische Schloss
Versailles. (S. 249)

Palazzi dei Rolli Eine Ansammlung von 42 Unesco-
geschützten Wohnpalästen in
Genua. (S. 210)

Villa Romana del Casale In
dieser römischen Villa mit
ihren 3500 m² Mosaiken nahm
die Besessenheit, das Haus
geschmackvoll zu dekorieren,
ihren Anfang. (S. 928)

Il Vittoriale degli Italiani Gabriele d'Annunzios Anwesen würde
selbst einem römischen Kaiser
imponieren. (S. 338)

Märkte

Porta Nolana Hier muss man
sich an Fischhändlern, angenehm duftenden Bäckereien und
Ständen mit CD-Raubkopien
entlang seinen Weg bahnen,
um etwas vom neapolitani-
schen Straßentheater mitzu-
kriegen. (S. 731)

Pescaria Die Spezialitäten
aus der Lagune auf Venedigs
600 Jahre altem Fisch-
markt (S. 429).

Mercato di Ballarò Obst-,
Fisch-, Fleisch- und Gemüse-
stände stehen dicht an dicht
unter gestreiften Markisen in
kopfsteingepflasterten Gassen:
Der Markt in Palermo erinnert
eher an einen afrikanischen
Basar als an einen italienischen
mercato. (S. 873)

Porta Portese Auf dem kilome-
terlangem Flohmarkt in Rom
(S. 188) gibt es jeden Sonntag
eine moderne Version der
commedia dell'arte zwischen
Händlern und Schnäppchen-
jägern.

Arezzo Am ersten Wochenende
jeden Monats findet in Arezzo
Italiens ältester und größter Antiquitätenmarkt (S. 633) statt.

Luino In Luino am Ostufer
des Lago Maggiore findet
jeden Mittwoch einer der größten Flohmärkte Norditaliens
statt. (S. 321)

Porta Palazzo Dieser Markt in
Turin ist der größte Lebensmittelmarkt Europas. (S. 255)

Inseln & Strände

Wenn man alle Inseln und
Einbuchtungen mitzählt,
dann ist Italiens Küste
7600 km lang, von den
senkrechten Klippen der
Cinque Terre bis zu Riminis
lauten Resorts, den schi-
cken Inseln in der Bucht
von Neapel und Umbriens
sandigen Küsten.

Apulien Italiens beste Sandstrände mit der traumhaften
Baia dei Turchi und den Klippen
im Rücken der Strände von
Gargano. (S. 794)

Liparische (Äolische) Inseln
Auf Siziliens sieben vulkanischen Inseln gibt es Hänge
mit silbergrauem Bimsstein,
schwarze Sandstrände
und Weingärten in üppigem
Grün (S. 885).

Borromäische Inseln Die
vier Inseln im Lago Maggiore
sind mit Villen, Gärten und
umherstolzierenden Pfauen gesegnet und machen daher einen
äußerst kultivierten Eindruck.
Die Isolino di San Giovanni
ist in Privatbesitz und
kann daher nicht besichtigt
werden. (S. 308)

Sardinien Freie Auswahl unter
den Lieblingsstränden der Autoren, darunter der persönliche
Favorit des Aga Khan, Spiaggia
del Principe. (S. 970)

Procida Das hübsche,
pastellfarbene Procida
bringt Kameraleute zum
Schwärmen. (S. 758)

Rimini Mal die Hochkultur
gegen den Rave am Strand
eintauschen. (S. 532)

Elba Diese Insel liegt im Herzen
des Parco Nazionale Arcipelago
Toscano, in Europas größtem
Meeresschutzgebiet. (S. 598)

Gärten

Italiener lieben das
„Zimmer im Freien", seit
römische Kaiser bei ihren
Sommerresidenzen Gärten
angelegt haben. Renais-
sance-Fürsten verfeinerten
diese Praxis noch, aber
es waren die Adligen des
19. Jhs., die es wirklich
auf die Spitze getrieben
haben.

Reggia di Venaria Reale
Bei einer botanischen, kulturellen oder gastronomischen Tour
kann man die 10 ha des schönen

Gartens der Venaria erkunden. (S. 249)

Die oberitalienischen Seen
An ihren Ufern liegen die schönen Gärten wie Isola Madre (S. 319), Villa Balbianello (S. 330) und Villa Taranto. (S. 319)

Villa d'Este Superlativ eines Gartens der Hochrenaissance in Tivoli, voller fantastischer Springbrunnen und Zypressenalleen (S. 195).

Ravello Vom Belvedere der Unendlichkeit auf die Amalfiküste hinabsehen und dabei in den romantischen Gärten klassischen Konzerten aus dem 19. Jh. lauschen. (S. 783)

La Mortella Ein tropisches Paradies, inspiriert von den Gärten der Alhambra von Granada. (S. 755)

Giardini Pubblici Die erste Grünfläche Venedigs und Schauplatz der berühmten Biennale mit ihren Avantgarde-Pavillons. (S.418)

Unberührte Wildnis

Parco Nazionale del Gran Paradiso Spektakuläre Wanderwege, Alpensteinböcke und ein angenehmes Fehlen von Wintersportgebieten warten im bergigen Wunderland des Aostatals auf Naturliebhaber. (S. 282)

Parco del Conero Man sollte die Wanderschuhe schnüren und in das geschützte Gebiet der Marken voller duftender Wälder, leuchtend weißer Klippen und unberührter Buchten aufbrechen. (S. 685)

Selvaggio Blu Diese Wanderung auf Sardinien ist äußerst anspruchsvoll – und wird belohnt durch die raue Schönheit von Klippen, Höhlen und einer spektakulären Küstenlandschaft. (S. 972)

Parco Nazionale dei Monti Sibillini Auf geht es zur Grenze zwischen Umbrien und den Marken! Hier bieten sich dem Naturfreund Wälder und subalpine Weiden mit Wanderfalken, Wölfen und Wildkatzen. (S. 696)

Nördliche Lagune, Venedig
Hier lädt Venedig zu einer interessanten Bootsfahrt auf der zum Welterbe gehörenden Lagune ein; sie ist Europas größtes Küstenfeuchtgebiet und gibt zahlreichen Zugvögeln von September bis Januar eine Heimat. (S. 422)

Riserva Naturale dello Zingaro An der wilden Küste von Siziliens ältestem Naturschutzgebiet kann man in malerische Buchten hineinschnuppern. (S. 934)

Monat für Monat

Januar

Direkt auf die Silvesterpartys und farbenprächtigen Feuerwerke folgt das Fest der Heiligen Drei Könige, am 6. Januar. In den Alpen und Dolomiten herrscht Skisaison, während die Winter im Mittelmeerraum mild und frostfrei sind. Trotzdem machen viele Ferienorte in dieser Stadt vollkommen dicht.

Regata della Befana

Hexen reiten in Venedig nicht auf Besen: Sie rudern mit Booten. In Venedig wird am 6. Januar das Dreikönigsfest gefeiert, und zwar mit einer Bootsregatta der Hexen, die in Wahrheit kräftige Männer in ihrem feinsten *befana*- (Hexen-) Kostümen sind.

Ski Italia

Die Top-Skigebiete von Italien liegen in den nördlichen Alpen und den Dolomiten. Aber auch in Friaul, im Apennin, den Marken und sogar auf Sizilien findet man Skiresorts. Die Hochsaison liegt im Januar und Februar.

Februar

Der kurze Wintermonat hat mehrere Gesichter. In den Bergen erreicht die Skisaison mit den Schulferien ihren Höhepunkt. Weiter südlich geht es ruhiger zu, doch locken dort Mandelbaumblüte und Karnevalszeit Besucher an.

Karneval

In der Zeit vor Aschermittwoch wird in vielen italienischen Städten mit lustigen Kostümen, Konfetti und besonderen Festtagsleckereien Karneval gefeiert. Der Karneval von Venedig (S. 425) ist der berühmteste, und in Viareggio (www. viareggio.ilcarnevale.com) imponieren besonders die riesigen Karnevalswagen aus Pappmachee.

Sa Sartiglia

Maskierte Reiter und furchtlose Akrobaten auf Pferden prägen das Bild dieses historischen Festes (www.sartiglia.info), das immer am letzten Sonntag vor Beginn der Fastenzeit und am Karnevalsdienstag in Oristano auf Sardinien veranstaltet wird.

Mostra Mercato del Tartufo Nero

Die umbrische Stadt Norcia schmeckt bereits nach Vorfrühling und Trüffeln. Tausende von Besuchern begutachten an den Verkaufsständen die verschiedenen Trüffelprodukte und anderen Spezialitäten.

März

Das Wetter im März ist launisch: sonnig, regnerisch und windig zugleich. Offiziell beginnt der Frühling am 21. März, aber die Urlaubssaison startet erst zu Ostern.

Taste

An drei Tagen im März pilgern die Feinschmecker nach Florenz zur Taste (www.pittimmagine. com), einer vielbesuchten Nahrungsmittelmesse in der zweckmäßig-schicken Stazione Leopolda. Auf dem Programm stehen kulinarische Themengespräche,

Kochvorführungen und die Probierangebote im Bereich Essen, Kaffee und Alkohol von mehr als 100 italienischen Erzeugern.

✨ Settimana Santa

Am Karfreitag führt der Papst eine Lichterprozession zum Kolosseum an; am Ostersonntag spendet er auf dem Petersplatz seinen Segen *urbi et orbi*. In Florenz auf der Piazza del Duomo geht ein riesiges Feuerwerk in die Luft. Weitere große Prozessionen finden in Procida und Sorrent (Kampanien), Taranto (Apulien) und Trapani (Sizilien) statt.

April

Im Frühling beginnt die Natur zu sprießen, die Berge in Sizilien und Kalabrien sind mit Wildblumen bedeckt und die Gärten in Norditalien präsentieren sich mit Tulpen und frühen Kamelien.

◉ Salone Internazionale del Mobile

Die angesehenste Möbelmesse der Welt (www.cosmit.it) findet einmal im Jahr in Mailand statt und wird jährlich wechselnd von Ausstellungen im Bereich Beleuchtung, Accessoires, Büro, Küche und Bad begleitet.

◉ Settimana del Tulipano

In der Woche der Tulpen erstrahlen die Tulpen in der Villa Taranto am Lago Maggiore, einem der schönsten botanischen Gärten Europas, in ihrer spektakulärsten Blütenpracht in allen Farben.

Oben: Pferderennen Il Palio (S. 609), Siena
Unten: Karnevalsmasken, Venedig

 **VinItaly**

In Verona findet die größte Weinmesse der Welt, die VinItaly, statt. Vier Tage lang wird man von den 4000 internationalen Ausstellern mit Weinproben, Vorträgen und Seminaren verwöhnt.

Mai

Mai, der Monat der Rosen und der frühsommerlichen Witterung, ist ein idealer Reisezeitpunkt – besonders für Wanderer. Es ist warm, aber nicht zu heiß und die Preise sind noch etwas moderater. Im Mai finden auch viele Feste zu Ehren der Schutzpatrone statt.

Processione dei Serpari

Italiens wohl ungewöhnlichstes Heiligenfest findet jeweils am 1. Mai in Cocullo in den Abruzzen statt. Hier wird eine Statue des Hl. Dominikus mit lebenden Schlangen behängt, die dann bei der sogenannten Prozession der Schlangenbeschwörer umhergetragen wird.

Festa di San Gennaro

Bei der Festa di San Gennaro in Neapel steht viel auf dem Spiel: Der Schutzpatron soll die Stadt vor Vulkanausbrüchen und anderen Katastrophen bewahren. Die Gläubigen warten im Dom darauf, dass sich das Blut des hl. Januarius in einer Kapsel verflüssigt. Geschieht dies, so ist die Stadt in Sicherheit. Die Zeremonie findet am 19. September und am 16. Dezember statt.

Ciclo di Rappresentazioni Classiche

Klassische Tragödien werden in malerischem Ambiente aufgeführt: Von Mitte Mai bis Mitte Juni beleben Aufführungen mit den Größen des italienischen Theaters das Amphitheater von Syracus aus dem 5. Jh. v. Chr. (S. 914).

Juni

Im Juni fängt die Sommersaison bei Sonnenschein so richtig an. Die Temperaturen steigen schnell, die Strandcafés öffnen und einige der großen Sommerfestivals beginnen. Das „Fest der Republik" am 2. Juni ist in Italien ein Nationalfeiertag.

Napoli Teatro Festival

Drei Wochen im Juni feiert man beim Napoli Teatro Festival in Neapel alles, was sich nur irgendwie aufführen lässt. Gewählt werden normale, aber auch unkonventionelle Veranstaltungsorte, und das Programm reicht von klassischen Werken bis hin zu eigens in Auftrag gegebenen Stücken mit einheimischen und internationalen Darstellern. (S. 737).

La Biennale di Venezia

In ungeraden Jahren findet in Venedig die Biennale statt (S. 425; www. labiennale.org) – eines der international größten Kunstereignisse. Von Juni bis Oktober sind in Sälen und Pavillons, die in ganz Venedig verteilt liegen, ganz unterschiedliche Ausstellungen zu sehen.

Ravello Festival

Ravello liegt hoch über der Amalfiküste und holt den ganzen Sommer lang weltberühmte Künstler zum Ravello Festival (www. ravellofestival.com). Hier findet man alles, von Musik und Tanz bis zu Film und Kunstausstellungen. Einige Veranstaltungen finden von Juni bis Mitte September in den erlesenen Gärten der Villa Rufolo statt. (S. 784)

Spoleto Festival dei Due Mondi

Das Spoleto-Festival ist eine internationale Kulturveranstaltung mit Musik, Theater, Tanz und Kunst, die im umbrischen Bergstädtchen Spoleto von Ende Juni bis Mitte Juli stattfindet. (S. 671)

Estate Romana

Zwischen Juni und September ist Roms Veranstaltungskalender so voll, dass die Stadt quasi wie eine große Bühne wirkt. Das Programm des sogenannten Estate Romana (www. estateromana.comune. roma.it) umfasst Musik, Tanz, Literatur und Film; die Veranstaltungen dazu finden auf Roms eindrucksvollsten Bühnen und an den stimmungsvollsten Orten statt.

Juli

Jetzt beginnen die Schulferien und die Italiener strömen aus den Städten in die Berge oder ans Meer, um dort ihren Sommerurlaub zu verbringen. Preise und Temperaturen steigen gleichermaßen. Während an den Stränden ohnehin jede Menge los ist, locken viele

Städte mit ihren Sommer-
festivals Besucher an.

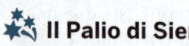

Il Palio di Siena

Die Menge tobt, wenn wilde
Draufgänger in engen Tri-
kots auf dem Pferderücken
ohne Sattel um die Piazza
von Siena galoppieren. Vor
dem Pferderennen findet
ein prächtiger Umzug in
mittelalterlichen Kostümen
statt. Am 2. Juli und 16.
August.

☆ Taormina Arte

Antike Ruinen und lange
Sommernächte geben eine
bestechende Kulisse ab
für die Taormina Arte, ein
großes Kulturfestival im
Juli und August. Zu den
Veranstaltungen gehören
Filmvorführungen, Theater,
Oper und Konzerte.

August

Der August ist in Italien vor
allem heiß, teuer und überlaufen. Alle machen Urlaub,
und viele Firmen und Res-
taurants sind einen Teil des
Monats geschlossen.

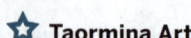

Ferragosto

Ferragosto am 15. August
ist Italiens wichtigster
Feiertag. Gemeint ist damit
das Fest Mariä Himmel-
fahrt, aber schon vor der
Christianisierung ehrten
die Römer ihre Götter
durch die *Feriae Augusti*.

☆ Mostra
Internazionale d'Arte
Cinematografica

Die Internationalen Film-
festspiele in Venedig
(www.labiennale.org/en/
cinema) gehören zu den
weltweit renommiertesten
Events der Filmindustrie.
Sie finden von Ende August

bis Anfang September auf
dem Lido statt und ziehen
mit den vielen Film-Pre-
mieren und dem Glanz
der Paparazzi die Haute-
volee des internationalen
Kinos an.

September

Ein wunderbarer Monat,
um Italien zu bereisen!
Der Sommer geht langsam
in den Herbst über und
pünktlich zur Erntesaison
sprießen sogenannte *sagre*
(Festivals rund ums Essen)
aus dem Boden. Zudem
beginnt im September die
Weinlese.

Regata Storica

Am ersten Sonntag im Sep-
tember testen die Gondo-
liere in Originaltracht bei
der Historischen Regatta
in Venedig ihre Muskeln.
Historische Boote, Gondeln
und andere Boote veran-
stalten jeweils nacheinander ein Rennen auf dem
Canal Grande.

✕ Festival delle
Sagre

Am zweiten Sonntag im
September stellen mehr
als 40 Gemeinden der
Provinz Asti bei diesem
Festival ihre Weine und
gastronomischen Pro-
dukte aus (www.festivaldel
lesagre.it).

✕ Couscous-Fest

Die sizilianische Stadt St.
Vito feiert bei dem sechstä-
gigen Fest Ende September
ihr berühmtes Fisch-
Couscous (www.couscous
fest.it). Zu den Highlights
gehören ein internationaler
Couscous-Kochwettbewerb,
Kostproben und Musik aus
aller Welt.

Oktober

Oktober ist ein idealer
Monat, um Süditalien zu
besichtigen: Die Tage sind
noch spätsommerlich
warm und an den Stränden
(*lidi*) wird es langsam leerer. Weiter nördlich kann
es schon recht kühl sein,
und die Festivalsaison geht
zu Ende.

☆ Romaeuropa
Festival

Von Ende September bis
November pilgern inter-
nationale Spitzenkünstler
zum wichtigsten Festival
für Theater, Oper und Tanz
nach Rom (http://roma
europa.net).

✕ Salone Interna-
zionale del Gusto

Diese alle zwei Jahre
stattfindende Nahrungs-
mittel-Expo in Turin
wird von der Slow-Food-
Bewegung veranstaltet und
findet immer in geraden
Jahren statt. Fünf Tage
lang kann man an Appetit
anregenden Workshops,
Vorführungen und Verkos-
tungen von Essen, Wein
und Bier aus Italien und
anderen Ländern teilneh-
men. (S. 251)

November

Im November wird es auf
der Halbinsel langsam Winter, aber dennoch tut sich
noch viel. Für Gastronomen
beginnt die Trüffelsaison,
die Maronenernte und die
Zeit zum Pilzesammeln.

Ognissanti

Allerheiligen am 1. November ist zum Gedenken an

alle Märtyrer und anderen Heiligen in ganz Italien ein Feiertag und stellt Allerseelen einen Tag später richtig in den Schatten.

 **Trüffelsaison**

Der November ist von den piemontesischen Städten Alba (www.fieradeltartufo.org) und Asti bis nach San Miniato in der Toskana und Acqualagna in den Marken die wichtigste Trüffelzeit – mit Trüffelmärkten, Musik und anderen Veranstaltungen.

 **Opernsaison**

Italien besitzt vier große und weltberühmte Opernhäuser: La Scala in Mailand, La Fenice in Venedig, das Teatro San Carlo in Neapel und das Teatro Massimo in Palermo. Die Spielzeit läuft normalerweise von Mitte Oktober bis März, obwohl die Scala erst später, nämlich am 7. Dezember, eröffnet.

Dezember

Im Dezember ist es kalt, und die Resorts in den Alpen bereiten sich auf die Skisaison vor. Dagegen machen die Weihnachtsvorbereitungen das Leben warm und hell. In Südtirollocken romantische Weihnachtsmärkte.

 **Natale**

Die Adventswochen vor Weihnachten stecken voller religiöser Festlichkeiten. In vielen Kirchen werden Krippen (sogenannte *presepi*) aufgebaut. Die schönsten gibt es in Neapel zu sehen. Am Heiligabend feiert der Papst im Petersdom die Christmette.

Reiserouten

2 Wochen **Von Rom nach Venedig**

Hier einige der schönsten Sehenswürdigkeiten, die man einplanen sollte. Los geht es mit drei Tagen **Rom**. Man konzentriert sich auf die wichtigsten Attraktionen, einen Markt-bummel im Campo de' Fiori und das Nachtleben von Trastevere. Am vierten Tag geht es nach **Florenz**. Dort schaut man sich in der Galleria dell'Accademia Michelangelos *David* an und sucht sich in den Uffizien sein Lieblingswerk von Botticelli heraus.

Am siebten Tag reist man in die sanften Hügel der Toskana, die Region des Chianti-Weines. Hier kann man sich einige Nächte auf einem Bauernhof in **Fattoria di Rigna-na** erholen und in Tagesausflügen die historischen Weinkeller in Badia di Passignano und die mittelalterliche Stadt **Siena** erkunden.

Bologna ist das nächste Ziel und ebenfalls von gotischer Schönheit geprägt. An die-sem Ort sollte man sich einige Tage aufhalten und die mit Arkaden gesäumten Straßen, die Museen und die hervorragende regionale Küche genießen. Glücklich und satt fährt man dann Richtung Norden, um drei unvergessliche Tage in **Venedig** zu erleben. Den Markusdom mit seinen vielen Mosaiken muss man einfach gesehen haben. Genauso ist es mit der Gallerie dell'Accademia und den geheimen Gängen im Dogenpalast. Am Ende steht ein Gläschen venezianischer Prosecco.

 **Die Grand Tour**

Die „große Tour" war früher als eine Art Initiationsreise das Vorrecht adeliger junger Herren. Heute kann jeder Tourist mit genügend Zeit das Land von Nord nach Süd bereisen.

Die Route begann ursprünglich in **Turin** (oder in **Mailand**), wo man die Residenzen der Savoyer, vor allem die Venaria Reale (das Mini-Versailles Italiens), besichtigen sollte. In Mailand ist das *Letzte Abendmahl* von Leonardo da Vinci ein Muss. Weiter geht es zu den Oberitalienischen Seen, dem **Lago Maggiore** und dem **Comer See** mit den Gärten der Villa Taranto und Villa Carlotta. Über **Verona**, wo man mit etwas Glück eine Opernaufführung in der Arena erleben kann, führt die Route weiter nach **Venedig**. Um die Lagunenstadt mit der morbiden Atmosphäre und ihrer besonderen Architektur wirklich kennenzulernen, sollte man mindestens vier Tage einplanen.

In der zweiten Woche geht es zunächst nach **Padua**, wo man in der Scrovegni-Kapelle die Fresken von Giotto bestaunen kann. In **Ravenna** bezaubern die byzantinischen Mosaiken, während **Bologna** mit einer hervorragenden Küche beeindruckt. Danach hat man sich eine mehrtägige Pause in **Florenz** verdient, wo viele berühmte Museen locken, in denen die Meister der Renaissance ebenso wie Skulpturen aus römischer Zeit zu sehen sind. Denkbar sind auch Tagestouren zum römischen **Lucca**, zur Renaissance-Stadt **Pisa** oder zum mittelalterlich geprägten **Siena**, sofern die Zeit nicht zu knapp ist.

Nun ist es zu Beginn der dritten Reisewoche nicht mehr weit nach **Rom**. Petersdom, Sixtinische Kapelle, Kolosseum sind wichtige Stationen, aber auch die Kunstsammlungen des Vatikans, der Villa Borghese und der Kapitolinischen Museen. Es sollte – von den Highlights abgesehen – auf jeden Fall Zeit für einen Kaffee auf der Piazza Navona und für ein Abendessen in einem der Avantgarde-Restaurants der Stadt bleiben. Von Rom aus geht es direkt weiter nach **Neapel**, wo man sich eine Opernaufführung im Teatro San Carlo gönnen und die faszinierenden Ruinen von **Herculaneum** und **Pompeji** besichtigen sollte. Auch die Katakomben unter der Stadt und natürlich der Vesuv sind einen Besuch wert. Die vierwöchige Tour endet mit einer Fahrt entlang der romantischen **Amalfiküste**, von wo aus sich ein Tagesausflug zur vorgelagerten **Insel Capri** anbietet.

Städte klassischer Kunst

Die Toskana und Umbrien sind die Heimat von Michelangelo und Dante; sie bergen Schätze verschiedener architektonischer Stilrichtungen und künstlerischen Ausdrucks und sind zu Recht weltberühmte Zentren der Renaissance. Man beginnt die Tour mit drei Tagen in **Florenz**, wo die ganze Innenstadt mit Italiens schönster Renaissancekunst Weltkulturerbe ist. Hier kann man auf Brunelleschis Domkuppel klettern, in den Gallerie dell'Accademia Michelangelos *David* ansehen und in den Uffizien über Botticellis berühmte *Geburt der Venus und Primavera* meditieren.

Weiter geht es nach **Pisa** zur Piazza dei Miracoli und dann von der Renaissance in die Gotik von **Siena**, um dort wenigstens zwei Tage lang die Straßen, die Kirchen mit ihren Fresken und die Piazza del Campo zu erkunden. Beim Aufstieg über die 400 Stufen des Torre del Mangia können die Besucher ihre Beinmuskeln stählen und ihren Orientierungssinn schärfen, denn die Ausblicke sind atemberaubend. Der Turm wurde 1344 auf der Piazza del Campo errichtet und war zu der Zeit eine bemerkenswerte bautechnische Meisterleistung und einer der höchsten profanen Türme Italiens. Von Siena geht es zu den märchenhaften mittelalterlichen Türmen von **San Gimignano**, einer Stadt, die wegen ihrer schwindelerregenden historischen Skyline oft auch das „mittelalterliche Manhattan" genannt wird. Wer abends ankommt, findet dieses kleine Bergstädtchen ohne die anstrengenden Menschenmassen vor.

Am achten Tag geht es langsam nach **Pienza** weiter und dann am Südufer des **Lago Trasimeno** nach **Assisi**, wo es jene Fresken von Giotto zu bewundern gibt, die im Mittelalter für so viel Aufsehen sorgten. Dann folgt ein Besuch in der romanischen Basilica di Santa Chiara, wo sich das Kreuz befindet, das zum Hl. Franziskus gesprochen haben soll. Größere himmlische Kraft geht vom Inneren des Santuario di San Damiano aus, dem Ort, an dem Assisis berühmter Heiliger zum ersten Mal die Stimme Gottes vernommen haben soll. Zwei Tage sind für Assisi schon angemessen, um all dem gerecht zu werden. Zum Ende der Reise geht es südöstlich zur üppig mit Mosaiken bestückten Kathedrale von **Orvieto**.

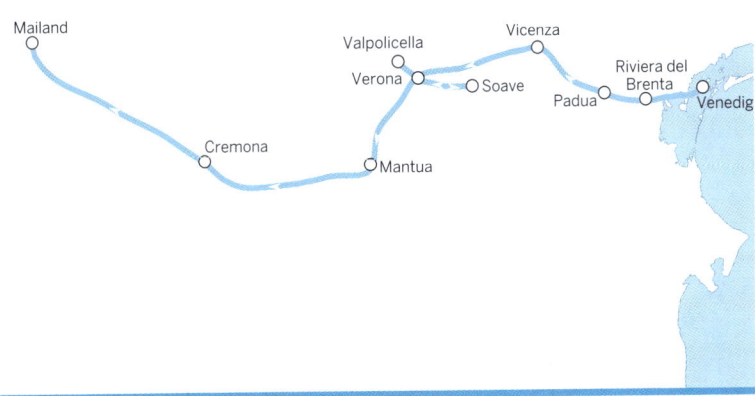

Von Venedig nach Mailand

Im 16. Jh. begann der Sommer in Venedig Anfang Juni, wenn viele Einwohner auf einem Kahn an die **Riviera del Brenta** aufbrachen. Warum sollte man es ihnen nicht gleichtun? Nach ein paar Tagen in **Venedig** geht es mit dem Boot an der Riviera entlang. Tiepolos Fresken in der **Villa Pisani Nazionale** sollte man ebenso wenig verpassen wie das Schuhmacher-Museum in der **Villa Foscarini Rossi** und die **Villa Foscari** des Architekten Andrea Palladio. Die Bootstour entlang der Riviera del Brenta endet in **Padua**, wo man mit Blick auf die Basilika des hl. Antonius übernachten kann. Sehenswert sind das Oratorio di San Giorgio und die Scoletta del Santo nebenan. Im Voraus buchen muss man Tickets für die Scrovegni-Kapelle mit einem Freskenzyklus von Giotto.

Am sechsten Tag geht es mit dem Zug weiter Richtung **Vicenza**. Schön sind die Fassaden der *palazzi* von Palladio und die Villa Valmarana 'ai Nani', die von unten bis oben mit Fresken von Giovanni Battista Tiepolo und seinem Sohn Giovanni Domenico verziert ist. Im Anschluss stehen drei oder vier Tage **Verona** auf dem Programm, die Stadt Romeos und Julias mit ihrer berühmten Arena. Hier lohnen auch ein Besuch der Basilika San Zeno Maggiore und ein Bummel auf der noblen Via Mazzini.

Von Verona führt eine Tagestour Richtung Nordwesten nach **Valpolicella**, wo man Valpolicella-Weine verkosten kann (z.B. den ausgezeichneten Rotwein Amarone auf dem Weingut Montecariano). Oder man fährt Richtung Osten zurück nach **Soave** und probiert dort den gleichnamigen DOC-Weißwein auf der Azienda Agricola Coffele.

Am elften Tag steht ein Abstecher nach **Mantua** an. Hier beeindruckt der Palazzo Ducale mit seinen 450 Wohnräumen. Eine weitere Sehenswürdigkeit ist der Palazzo del Tè mit seiner Camera dei Giganti.

Den Abschluss dieser Tour bildet ein zweitägiger Aufenthalt in **Cremona**, Heimat der Geigenbauerfamilien Amati, Guarneri und Stradivari. Viele Geschäfte rund um die Piazza del Comune bieten die edlen Instrumente zum Kauf an. Hören kann man sie im Teatro Amilcare Ponchiel, bevor es dann zurück nach **Mailand** geht.

1 Woche — Die Seentour

Nur eine kurze Fahrt vom Mailänder Flughafen Malpensa in nordwestlicher Richtung, und schon hat man den Lago Maggiore erreicht. Am besten bleibt man drei Nächte in **Stresa** und besucht die grünen **Borromäischen Inseln**: Isola Madre wegen ihrer romantischen Gärten und mit Glyzinien bewachsenen Totenstiege; die Isola Bella wegen ihrer Kunstsammlung, der riesigen Ballsäle und der muschelbedeckten Grotte. Mit der Seilbahn geht es zum **Monte Mottarone** hinauf, und ein Tagesausflug führt zum **Ortasee** und der eleganten **Isola San Giulio**. Am vierten Tag geht die Reise nach **Verbania** weiter. Hier kann man inmitten der Tulpen der Villa Taranto picknicken und dann östlich über den See nach **Laveno** gleiten und danach nach **Como** gelangen. Ein Spaziergang entlang dem Ufer führt zur Villa Olmo mit ihren Kunstexponaten. Man könnte sich tagelang in Como vergnügen, oder das bergige Hinterland des Triangolo Lariano erwandern. Ganz Eifrige wandern ins schicke **Bellagio**. Ansonsten kann man am sechsten Tag die Straße am See nehmen und sich zum Mittagessen in **Lezzeno** niederlassen, bevor dann eine letzte romantische Nacht am Ufer beginnt.

2 Wochen — Highlights im Nordwesten

Ausgangspunkt ist **Mailand**, wo man zunächst einmal drei Tage lang bleibt. In der Pinacoteca di Brera warten Meisterwerke der Kunst und im modebesessenen Quadrilatero d'Oro kann man sich in Szene setzen. Entsprechend aufgestylt geht es nun für drei Tage per Zug nach **Turin**, um dort die französisch beeinflusste Architektur, historische Cafés und fabelhafte Museen zu bewundern. Dann geht es weiter in die Feinschmeckerstadt **Alba**, die für ihre schwarzen Trüffeln berühmt ist. Hier bleibt man drei Tage, um genügend Zeit zu haben, die Weinorte **Barolo** und **Barbaresco** zu besuchen. Weiter südlich verbringt man einen Tag in **Genua**, um dort das *pesto genovese* zu probieren und die vielgerühmte Kunst und Architektur der Musei di Strada Nuova in sich aufzunehmen. Am folgenden Tag hüllt man sich in Designerkleidung und verbringt einen Nachmittag in **Portofino**, um anschließend in **Santa Margherita** zu übernachten. Die letzten beiden Tage kann man an der atemberaubenden Küste von **Cinque Terre** wandern, an der Weinberge, Fischerdörfer wie aus dem Märchenbuch und einige der besten Meeresfrüchterestaurants des Landes zu finden sind.

2 Wochen — Fahrt durch Apulien

3 Wochen — Das Beste von Sizilien

Für viele Italienbesucher ist ein Trip in den Süden gleichbedeutend mit Neapel und der Amalfi-Küste. Apulien, das den Absatz des Stiefels (*Lo Stivale*) bildet, wird völlig unterschätzt! Am besten, man fliegt nach **Bari**, wo sich in der Basilika San Nicola das Grab des hl. Nikolaus befindet. Richtung Süden geht es nach **Polignano a Mare** zu der berühmten **Grotte di Castellana**. Von dort aus führt die Route zwei bis drei Tage lang durch schöne Städte des Itria-Tals, darunter **Alberobello**, bekannt für seine kegelförmigen Häuser (*trulli*), den Weinort Locorotondo, die schöne Barockstadt **Martina Franca** und das schicke **Ostuni**. Martina Franca bietet bereits einen guten Vorgeschmack auf **Lecce**, wegen seiner Bauwerke im Stil des *barocco leccese* auch „Florenz des Südens" genannt. Hier kann man ein Fahrrad mieten und drei bis vier Tage die Gegend erkunden: die von einer Stadtmauer umschlossene Altstadt von **Otranto** oder **Gallipoli** mit seinen fantastischen Stränden. Wer nicht im Restaurant bei Seeigel und Oktopus versandet, fährt noch weiter bis nach Santa Maria di Leuca, dem südlichsten Zipfel von Italiens Stiefelabsatz.

Sizilien ist eine Mischung aus östlich-westlicher Architektur, Ruinen und feuriger Geologie. Man fliegt nach **Palermo** und genießt dort drei Tage lang die unkonventionellen Palazzi, die orientalisch anmutenden Märkte und die Mosaiken der Cattedrale di Monreale. Am vierten Tag beschwört man die Antike im dorischen Tempel von **Segesta** herauf, bevor es nach **Trapani** weitergeht, um dort die arabische Küche zu probieren. Am nächsten Morgen fährt man mit der Seilbahn ins hoch gelegene **Erice**. Den sechsten Tag verbringt man im eleganten **Marsala** bei süßem Likörwein, um dann am Tag sieben in den griechischen Ruinen von **Selinunt** umherzulaufen. Das Valle dei Templi in **Agrigent** steht am achten Tag auf dem Programm. Am neunten Tag geht es ins Val di Noto, wo man die barocken Weltkulturerbestädte **Ragusa**, **Modica** und **Noto** erkundet. Am 12. und 13. Tag führt die Reise ins beschwingte **Catania**. An Tag 14 erklimmt man den Ätna, und danach folgen zwei Tage Erholung in Taormina. Von Messina fährt ein Tragflächenboot zu den atemberaubenden **Liparischen Inseln**, wo fünf wohlverdiente Tage Strand und vulkanische Pyrotechnik angesagt sind.

42

Gemüsestand an einer Straße in Florenz

Reiseplanung

Essen wie die Einheimischen

Die Gastronomie ist ein wahres Kernstück Italiens. Im Land isst man, als sei das ganze Jahr über Weihnachten – mit großartigen Zutaten und kulinarischem Know-how. Die Einheimischen sind unendlich stolz auf ihre regionalen Spezialitäten und diese zu genießen, gehört fest zu jedem Italienaufenthalt.

Essen im Jahresverlauf

Auch wenn die *sagre* (regionale Spezialitätenfeste) sich im Herbst förmlich überschlagen, gibt es eigentlich nie eine unpassende Zeit, um in Italien das Besteck hervorzuholen. Genaueres über Events rund ums Essen siehe S. 31.

Frühling (März–Mai)

Spargel, Artischocken und Oster-Spezialitäten, dazu eine Handvoll Festivals wie das Cioccolatò in Turin und das Fritto Misto all'Italiana in Ascoli Piceno.

Sommer (Juni–Aug.)

Auberginen, Paprikas und Beeren. Beim Girotonno von Carloforte im Juni kann man sich den Thunfisch schmecken lassen und dann die Sommerhitze mit einem Eis und sizilianischem Granita kühlen.

Herbst (Sept.–Nov.)

Jede Menge Feste und Kastanien, Pilze und Wild. Trüffeljäger zieht es ins Piemont, in die Toskana und nach Umbrien. Weinkenner fahren zur Weinlese nach Elba und zum Weinfest nach Meran.

Winter (Dez.–Feb.)

Zeit für Weihnachts- und Karnevalspezialitäten. Fischer servieren Seeigel und Muscheln am Strand von Poetto in Sardinien, Umbrien feiert die schwarzen Trüffeln mit der Mostra Mercato del Tartufo Nero.

Kulinarische Erlebnisse

So viele Produkte, so viele köstliche Spezialitäten, aber leider nur so wenig Zeit: Die folgenden essbaren „Musts" helfen beim Ausrichten des persönlichen kulinarischen Radars.

Exquisite Köstlichkeiten

➡ Osteria Francescana, **Modena** Im drittbesten Restaurant der Welt (laut San Pellegrinos *World's 50 Best Restaurants* im Jahr 2013) gibt es die kühnsten Neuschöpfungen (S. 511).

➡ **Pizzarium**, **Rom** Überragender Teig und köstliche Beläge machen diese Pizza al taglio (Pizzastücke) unvergesslich (S. 177).

➡ **All'Arco**, **Venedig** erstklassige cicheti (venezianische Tapas) auf moderne und klassische Art (S. 432).

➡ **Il Santo Bevitore**, **Florenz** Perfekt abgewandelte Klassiker und eine ansteckende Atmosphäre machen dieses Restaurant zu einem vielbesuchten Hotspot für Feinschmecker (S. 572).

➡ **Dal Pescatore**, **Mantua** Nadia Santini ist der erste weibliche Chefkoch mit drei Michelin-Sternen und hat sich das Kochen bis zur echten Virtuosität selbst beigebracht (S. 352).

➡ **Il Frantoio**, **Apulien** Legendäre achtgängige Festessen auf einer von Olivenhainen umgebenen *masseria* (aktiv bewirtschafteter Bauernhof) (S. 815).

Günstig essen

➡ **Pizza al taglio** „Pizzastücke" sind perfekt zum Essen am Rande der Piazza.

➡ **Arancini** Frittierte Reisbällchen, gefüllt mit *ragú* (Fleischsauce), Tomaten und Gemüse.

➡ **Pecorino** Ein nussiger, krümeliger Schafsmilchkäse, perfekt auf einem frischen, knusprigen *pane* (Brot).

➡ **Prosciutto crudo** Der luftgetrocknete Schinken duftet süß, ist angenehm salzig und passt perfekt in ein *panino*.

➡ **Porchetta-Brötchen** Warme Scheiben vom Schweinebraten (im Ganzen gebraten mit Fenchel, Knoblauch und Pfeffer) in einem knusprigen Brötchen.

➡ **Pane e panelle** In Palermo gibt es diese Kichererbsen-Pfannkuchen auf Sesambrötchen.

➡ **Gelato** Für das beste italienische Gelato werden saisonale Zutaten und natürliche Farben benutzt.

Mutproben bei Tisch

➡ **Pajata** Ein cremiges römisches Pastagericht aus Kalbsinnereien mit geronnener Milch.

➡ **Missoltini** Ein sonnengetrockneter Fisch, gepökelt in Salz und Lorbeer.

➡ **Uove di seppie** (Tintenfisch-Eier) Eine venezianische Spezialität, pochiert in Salzwasser und manchmal mit *anice stellato* (Sternanis) gewürzt.

➡ **Lardo di Colonnata** Der üppige gepökelte Schweinespeck der Toskana macht Kardiologen reich.

➡ **Pani ca meusa** Ein klassisches Sandwich aus Palermo: Rindermilz und Lunge, getaucht in kochenden Schmalz.

➡ **Zurrette** Blutwurst aus Sardinien: Schafsblut, gekocht im Schafsmagen mit Kräutern und Fenchel.

Spezialitäten der Region

Das italienische Wort für „Lokalpatriotismus" ist *campanilismo*, aber richtiger wäre eigentlich *formaggismo*: Loyalität zum regionalen Käse. Zusammenstöße mittelalterlicher Stadtstaaten mit Belagerungen und siedendem Öl sind heute durch Wettbewerbe in der Zubereitung von Spezialitäten und Wein ersetzt worden.

Piemont

Das Piemont ist die Geburtsstätte der Slow-Food-Bewegung. In Turin sollte man unbedingt Lavazza-Kaffee und Wermutwein genießen sowie die berühmte

Rindercarpaccio

Schokolade und den Nougat sowie die lebendige *aperitivo*-Szene und das Slow-Food-Imperium Eataly kennenlernen. Alba lädt Feinschmecker zu weißen Trüffeln, Haselnüssen und reinrassigen Barolo- und Barbaresco-Weinen. Cherasco ist berühmt für seine Schokolade, wie etwa die Baci di Cherasco (Cherasco-Küsse): Hier verschmelzen Haselnüsse und Kakao zu einer einzigartigen Leckerei. Ebenfalls vielgepriesen sind die *lumache* (Schnecken).

Lombardei

In der Lombardei dreht sich alles um *burro* (Butter), Risotto und Gorgonzola-Käse. In Mailand werden *risotto alla milanese* (Risotto mit Safran und Knochenmark) und *panettone* (ein süßes Hefebrot) serviert, und die Gäste finden sich in hypermodernen Restaurants und im Ess-Imperium Peck wieder. In Mantua verfällt man würzigen Kürbistortellini, Wildgeflügel und *sbrisolona* (ein leckerer Maiskuchen mit Mandeln, Zitrone und Vanille). Aus der Region Valtenesi stammen einige der besten Olivenöle, darunter Cominciolis preisgekröntes Numero Uno.

WO MAN RESERVIEREN SOLLTE

Die folgenden Tipps helfen, Enttäuschungen zu vermeiden:

➡ In teuren und beliebten Restaurants sollte man immer reservieren, besonders freitags und samstags abends sowie sonntags mittags.

➡ In Touristenhochburgen sollte man im Sommer und zu Ostern und Weihnachten grundsätzlich reservieren.

➡ Kochkurse bei Kochschulen, wie etwa **La Vecchia Scuola Bolognese** (S. 500), **Arbaspàa** in Cinque Terre (S. 231), **Awaiting Table** in Lecce (S. 823) und **Teatro 7** (☏02 8907 3719; www.teatro7.com; Via Thaon di Revel 7) in Mailand und **La Cucina Italiana** (☏02 7064 2242; www.scuolacucinaitaliana.com; Piazza Aspromonte 15), ebenfalls in Mailand, sollte man immer vorbuchen.

Pizza

Venedig & Venetien

In Italiens Nordosten dreht sich nicht alles um spritzigen *prosecco* und feurigen Grappa, sondern auch um *risotto alle seppie* (tintenfischschwarzes Risotto), *polenta con le quaglie* (Polenta mit Wachteln) sowie das fremdländisch gewürzte *sarde in soar* (gegrillte Sardinen in einer süß-sauren Sauce). In Venedig gibt es in den einheimischen *bacari* (Bars) *cicheti* (kleine venezianische Snacks von der Bar) und heimische Erzeugnisse auf dem Rialto-Markt, wie zum Beispiel fangfrische Meeresfrüchte aus der Lagune (gekennzeichnet durch die Aufschrift *nostrano*, „unser") und *radicchio di Treviso* (roter, bitterer Chicorée).

Die wichtige Weinanbauregion Valpollicella bei Verona wird viel gerühmt für ihren Amarone, Valpollicella Superiore, Ripasso, Recioto und ihre fantasievollen *Indicazione geografica tipica*-(IGT)-Rotweinmischungen von Winzern wie Giuseppe Quintarelli und Romano Dal Forno. Obwohl Quintarelli 2012 starb, führt seine Familie das Erbe fort und produziert die weltbekannten Weine unter seinem Namen weiter.

Käse

misches toskanisches Schwein), *pecorino* (Schafskäse) und preisgekröntes natives Olivenöl. Bekannt ist Montalcino auch für die Rotweine von Brunello und Rosso di Montalcino. Hier sind auch der Vino Nobile, der ebenfalls süffige Wein des Rosso di Montepulciano, und das native Olivenöl Terre di Siena zu Hause. Außerdem sollte man sich für die weltberühmten Weingüter der Chianti-Region Zeit lassen.

Umbrien

Eine Flasche Sagrantino di Montefalco und schwarze Trüffelraspel aus Norcia über frische *tagliatelle* (Bandnudeln) sind ein Genuss. Mal abgesehen von den Trüffeln ist Norcia die Hauptstadt des italienischen Schweins. Die berühmten *norcinerie* (Delikatess-Fleischereien) hängen voller Schinken und ausgestopfter Wildschweinköpfe. In Lago Trasimeno ist frischer Süßwasserfisch die Grundlage für Gerichte wie *regina alla porchetta* (gebratener Karpfen mit Knoblauch-Fenchel-Kräuter-Füllung) und *tegemacchio* (Fischtopf mit Knoblauch, Zwiebeln, Tomaten und verschiedenen Wassertieren). Zudem ehrt die Stadt Torgiano an der Strada dei Vini del Cantico (Weinstraße) Wein und Olivenöl in zwei entsprechenden Museen.

Rom & Latium

Hier sind dünne, krosse Pizzas oder *supplì* (Risottokugeln), *spaghetti carbonara*, *bucatini all'amatriciana* (mit durchwachsenem Speck, Tomate, Chili und Pecorino-Käse) sowie *spaghetti cacio e pepe* (mit *pecorino* und schwarzem Pfeffer) eine Delikatesse. Im römischen Viertel Testaccio gibt es *trippa alla romana* (Kutteln, gekocht mit Kartoffeln, Tomaten, Minze und *pecorino*) und im Jüdischen Viertel kosher frittierte *carciofi* (Artischocken). Südöstlich der Stadt, in Frascati, warten die Weingüter auf ihre Gäste, die den köstlichen Weißwein der Gegend verkosten wollen.

Neapel & Kampanien

Die Zitronen aus Procida verlieren im *limoncello* (Limonenlikör) ihre Unschuld, und die Region bringt den vollmundigen trockenen Rotwein Taurasi und den trockenen Weißwein Fiano di Avellino hervor. In Neapel gibt es Spitzenkaffee und extrem leckere Pizzas, darunter auch zum Mit-

Emilia-Romagna

Aus der Region Emilia-Romagna kommen einige der berühmtesten Speisen des Landes, von *tagliatelle alla bolognese* (Pasta mit Weißwein, Tomate, Oregano, Rinder- und Schweinebauch) bis zum Käse *parmigiano reggiano* (Parmesan) und *prosciutto di Parma* (Parmaschinken). Die Delikatessen dieser Region können Urlauber auf der auf S. 48 beschriebenen Reiseroute genießen.

Toskana

In Florenz ist eine *bistecca alla fiorentina* (T-Bone-Steak, vom weltberühmten Chianina-Rindfleisch aus dem Valdichiana) empfehlenswert. Das Tal ist außerdem für *ravaggiolo* (Schafskäse in Farnwedel) bekannt. Im Herbst isst man Steinpilze und Maronen in Castelnuovo di Garfagnana und (von Oktober bis Dezember) weiße Trüffeln in San Miniato. Diese preisgekrönten Trüffeln werden auf dem Trüffelmarkt in San Miniato (Sagra del Tartufo) angepriesen, der an Wochenenden im November abgehalten wird. In Montalcino genießt man *cinta senese* (einhei-

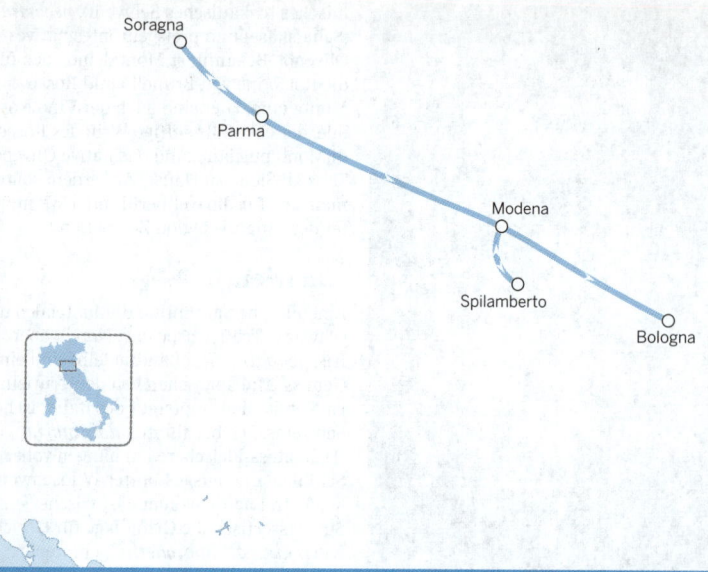

5 Tage

Gourmetreise durch die Emilia-Romagna

Für viele Gourmets ist die Emilia-Romagna die gastronomische Königin Italiens.

Startpunkt ist **Parma**, Heimat des besten Schinkens von Italien (*prosciutto di Parma*) und des beliebten Käses (*parmigiano reggiano*); hier bleibt man zwei Tage. Mit beiden Köstlichkeiten sollte man sich in der Salumeria Garibaldi reichlich eindecken; dazu kommen noch die heimischen Lambrusco-Weine. Klassische Gerichte wie *tortelli di zucca* (Pasta mit Kürbis) und *cappelletti in brodo* (Pasta mit Gehacktem und parmigiano-Käse in einer Rinderbrühe) genießt man in der bei Feinschmeckern beliebten Trattoria del Tribunale. Kulinarisch Wagemutige probieren *pesto di cavallo* (rohes Pferdehackfleisch mit Kräutern und Parmesan). Wer sich dem weltweit verbreiteten Molkereiprodukt eher auf die kulturelle Art und Weise nähern möchte, unternimmt einen Abstecher zum Museo del Parmigiano Reggiano in **Soragna**, 30 km nordwestlich von Parma.

Der nächste kulinarische Höhepunkt ist **Modena**. Hier versorgt man sich in der Enoteca Ducale mit dem weltberühmten gereiften *aceto balsamico* (Balsamcio-Essig) oder nimmt an einer Führung zu den einheimischen Erzeugern teil. Alternativ kann man auch das Museo del Balsamico Tradizionale in **Spilamberto**, 17 km südöstlich von Modena, besuchen. Wenn es der Geldbeutel erlaubt (und man reserviert hat), kann man in der beliebten preisgekrönten (Michelin-Stern!) Osteria Francescana einkehren. Sollte das finanziell nicht tragbar sein, ist das Franceschetta 58 eine gute Alternative.

Von Modena geht es nach **Bologna**, die Hauptstadt der Emilia-Romagna und gleichzeitig Endstation der Reise. Zwei Tage sind angebracht für die Erkundung der mittelalterlichen Straßenzüge und herzhaften Speisen. Frische Produkte kauft man im Mercato delle Erbe und die wichtigsten Vorräte im Viertel Quadrilatero. Interessierte können einen Kochkurs in La Vecchia Scuola Bolognese belegen. Kochbücher gibt es in den Regalen der Librerie Coop. Partner des Ess-Imperiums Eataly in Turin. Die Stadt steckt voller Restaurants, in denen herausragende Klassiker serviert werden, wie etwa *tagliatelle al ragù*, *mortadella* (kalter Aufschnitt vom Schwein) und *stinco di maiale al forno con porcini* (gebratene Schweinekeule mit Steinpilzen) – zu den besten gehören die Osteria dell'Orsa und die Trattoria dal Biassanot. *Buon appetito!*

nehmen, wie die *pizza fritta* (frittierter Pizzateig, gefüllt mit Salami, getrockneten Schmalzwürfeln, geräuchertem Knetkäse, Ricotta und Tomate). Die Stadt Gragnano stellt vielgepriesene Nudeln her, die sich besonders gut für *spaghetti alle vongole* (Spaghetti mit Muschelsauce) eignen. Man sollte noch für *sfogliatella* (süßes Ricotta-Gebäck) und *babà* (mit Rum getränkter Bisquitkuchen) Platz lassen. Sowohl in Caserta als auch in Cilento wird der saftige *mozzarella di bufala* (Büffelmozarella) hergestellt.

Apulien

Im Südosten locken pfeffriges Olivenöl, knuspriges *pane* und ehrliche *cucina povera* (Bauernküche). Knusprige Brotkrumen sind überall, auf *strascinati con la mollica* (Nudeln mit Brotkrümeln und Anchovis) und *tiella di verdure* (gebackener Gemüseauflauf), andere kohlenhydratreiche Köstlichkeiten sind *puccia* (Brot mit Oliven) und ringförmige *taralli* (brezelähnliches Gebäck).

Sizilien

Der Rotwein Nero d'Avola ist ideal, um auf die gute Küche anzustoßen. Wenn man das herrlich duftende Fisch-Couscous probiert, klingen alte arabische Einflüsse an, und es gibt so fantastische Desserts wie *cannoli* (Teigtaschen mit süßem Ricotta). In Palermo locken Spezialitäten wie *sfincione* (lockere, ölige Pizza mit Zwiebeln und *caciocavallo*-Käse) und *pasta con le sarde* (Pasta mit Sardinen, Pinienkernen, Rosinen und wildem Fenchel) sowie *involtini di pesce spada* (dünne Schwertfischfilets, die aufgerollt und mit Brotkrümeln, Kapern, Tomaten und Oliven gefüllt sind). In Catania würdigt man die normannischen Eroberer Siziliens, wenn man die *pasta alla Norma* (Pasta mit Basilikum, Aubergine, Ricotta und Tomate) probiert. Weiter im Süden gibt es die würzige Schokolade von Modica.

Ess- & Trinkgewohnheiten

Nun, da der Appetit einmal geweckt ist, wird es Zeit für einige Hinweise zu den Essgewohnheiten *all'italiana*.

KAFFEE-INFOS

Großartiger *caffè* (ist in Italien keine moderne Erfindung, sondern hat eine lange Tradition. Empfehlenswert ist der Kaffee *all'italiana* mit den folgenden grundlegenden Varianten (Weiteres auf S. 140)

➡ *Caffè latte* und Cappuccino sind morgendliche Wachmacher, Espresso und Macchiato trinkt man nach dem Mittagessen.

➡ Baristas bieten manchmal ein Glas Wasser zum Espresso, entweder *liscia* (still) oder *frizzante* (mit Kohlensäure). Viele Leute (besonders in Süditalien) trinken das Wasser vor dem Kaffee, um ihren Gaumen auf den Kaffeegenuss vorzubereiten.

➡ Die Schärfe des Espressos wird durch einen Schuss Alkohol, meist Grappa, abgemildert, wenn man einen *caffè corretto* bestellt.

➡ Kaffee zum Dessert zu bestellen, ist völlig in Ordnung, aber zum Hauptmenü passt Kaffee nun wirklich nicht.

Essenszeiten

➡ **Colazione (Frühstück)** Oft nur ein Espresso und ein *cornetto* (italienisches Croissant) oder eine Brioche.

➡ **Pranzo (Mittagessen)** Traditionell die Hauptmahlzeit des Tages. Die normalen Essenszeiten im Restaurant sind von 12 bis 14.30 Uhr, wobei die meisten Lokale das Essen nicht vor 13 Uhr servieren.

➡ **Aperitivo** Ein Drink nach der Arbeit zwischen 17 und 20 Uhr, mit einem Büfett kleiner Leckerbissen.

➡ **Cena (Abendessen)** Traditionell leichter als das Mittagessen, aber auch so etwas wie eine Hauptmahlzeit. Die normalen Restaurantzeiten sind 19.30 bis etwa 23 Uhr.

Wohin zum Essen?

➡ **Ristorante (Restaurant)** Formelle Bedienung und erlesene Speisen.

➡ **Trattoria** Preiswerter als ein Restaurant mit lockerer Bedienung und regionaler Küche.

➡ **Osteria** Historisch gesehen eine Taverne für Weinausschank. Die moderne Variante ist oft eine kleine Trattoria oder Weinbar, die zusätzlich eine Handvoll Speisen im Angebot hat.

➡ **Enoteca** Weinbars servieren oft auch Snacks zum Wein.

➡ **Agriturismo** Ein noch bewirtschafteter Bauernhof, auf dem es auch etwas zu essen gibt – mit Zutaten aus eigenem Anbau.

➡ **Pizzeria** Preiswert; kaltes Bier und eine gesellige Atmosphäre. Die besten Pizzerien sind oft sehr voll und erfordern viel Geduld.

➡ **Tavola calda** Einer Cafeteria ähnlich; hier gibt es vorgekochte Speisen, zum Beispiel Nudel- und Fleischgerichte.

Was steht auf der Karte?

Erklärungen zu den Speisen auf den italienischen Speisekarten finden sich auf der S. 1076.

➡ **Menù a la carte** Freie Auswahl auf der Speisekarte.

➡ **Menù di degustazione** Degustationsmenü, besteht üblicherweise aus sechs bis acht Gängen in „Probiergröße".

➡ **Menù turistico** Die Touristenkarte; weist für gewöhnlich auf mittelmäßiges Essen hin – unbedingt meiden!

➡ **Piatto del giorno** Tagesgericht

➡ **Antipasto** Eine warme oder kalte Vorspeise. Ein Teller mit verschiedenen Vorspeisen ist ein *antipasto misto* (gemischte Vorspeisen).

➡ **Primo** Der erste Gang, normalerweise deftige Pasta, Reis oder *zuppa* (Suppe).

➡ **Secondo** Der zweite Gang, oft *carne* (Fleisch) oder *pesce* (Fisch).

➡ **Contorno** Beilage, meist *verdura* (Gemüse).

➡ **Dolce** Nachtisch, *torta* (Kuchen) inbegriffen.

➡ **Frutta** Obst, gewöhnlich der Abschluss des Essens.

➡ **Nostra produzione** Hausgemacht.

➡ **Surgelato** Gefroren; gibt an, dass Fisch oder Meeresfrüchte nicht fangfrisch, sondern tiefgefroren sind.

Reiseplanung
Outdoor-Aktivitäten

Italien ist mit Bergen, Seen und einer 7600 km langen Küste gesegnet und daher ein riesiger Abenteuerspielplatz. Ob man einen Adrenalin-Kick beim Skifahren erleben oder Wanderungen auf Sardinien oder Wildwasserfahren in Kalabrien oder Radtouren durchs Piemont unternehmen möchte, *Madre Natura* (Mutter Natur) hat für alles gesorgt.

An Land

Von den Höhen der Alpen bis zu den sanften Hügeln der Toskana bieten Italiens vielgestaltige topographische Gegebenheiten eine Fülle an Möglichkeiten. In den Alpen herrscht munteres Treiben beim Ski-, Snowboard- und Mountainbikefahren, während die mit Weinbergen durchsetzte Landschaft in der Toskana und dem Piemont romantisches Fahrradfahren ermöglicht. Weiter südlich findet sich auf den steilen Höhen der Amalfiküste ein Netzwerk alter Hirtenwege, die zu himmlischen Wanderungen einladen.

Wandern

In Italien gibt es Tausende Kilometer von *sentieri* (markierte Wanderwege). Die meisten örtlichen Touristenbüros verteilen Informationsmaterial über Wandermöglichkeiten in ihrer jeweiligen Region. Die Verwaltung der **Italienischen Parks** (www.parks.it) hat eine Aufstellung der Wanderwege durch jeden der 24 Nationalparks des Landes und gibt zudem die neuesten Informationen über Italiens Meeres- und sonstige Schutzgebiete heraus. Eine nützliche Website ist die des wichtigsten Wandervereins von Italien, des **Club Alpino Italiano** (www.cai.it) – man folgt dem Link für *rifugi* (Berghütten) und bekommt so die nöti-

Die schönsten Erlebnisse

Wandern

Die Dolomiten, Gran Paradiso im Piemont, der Stelvio Park, Pollino in Kalabrien, Piano Grande in Umbrien und die Küstenwanderwege der Cinque Terre, an der Amalfiküste, in Sizilien und Sardinien.

Radfahren

Das Podelta und Bozen lohnen oder die Weinregionen Franciacorta, Barolo, Barbaresco und Chianti.

Skifahren

Bei Sella Nevea mit Skiern über die Grenze nach Slowenien, Skifahren und Snowboarden in Courmayeur, Abfahrt und Langlauf in Cortina d'Ampezzo, im Aostatal und auf der Sella Ronda.

Tauchen

Die besten Gebiete zum Tauchen sind vor den Cinque Terre, dem Gargano-Vorgebirge, auf Elba, der Halbinsel von Sorrent, den Liparischen (Äolischen) Inseln, Ustica und Sardinien.

Beste Reisezeit

April – Juni Wandern zwischen Wildblumen.

Juli & September Wassersport und Warmwasser-Tauchen ohne die Massen im August.

Dezember, Februar & März Die besten Skimonate mit guter Stimmung (Weihnachten), Schnee und einem günstigen Preis-Leistungs-Verhältnis.

ITALIENS SCHÖNSTE PARKS & SCHUTZGEBIETE

PARK	BESCHREIBUNG	AKTIVITÄTEN	REISEZEIT	SEITE
Abruzzo, Lazio e Molise	Granitgipfel, Buchenwälder, Bären, Wölfe	Wandern, Reiten	Mai–Okt.	S. 708
Appennino Tosco-Emiliano	Berge, Wälder, Seen	Skifahren, Radfahren, Wandern, Reiten	Feb.–Okt.	S. 515
Arcipelago di La Maddalena	Felsige Inselchen, Strände, klares Meer	Segeln, Tauchen, Schnorcheln	Juni–Sept.	S. 973
Asinara	Albino-Esel, ehemaliges Gefängnis	Radfahren, Bootstouren, Schnorcheln	Juni–Sept.	S. 966
Aspromonte	Nadelwälder, Hochebenen, schwindelerregend hohe Dörfer	Wandern	Mai–Okt.	S. 858
Ätna	Aktiver Vulkan, schwarze Lavafelder, Wälder	Wandern, Reiten	Mai–Okt.	S. 907
Cilento e Vallo di Diano	Griechische Tempel, dramatische Küste, Höhlen	Wandern, Schwimmen, Vögel beobachten	Mai–Okt.	S. 791
Cinque Terre	Unesco-Weltnaturerbe Bunte Fischerdörfer, Terrassenanbau	Wandern, Tauchen	April–Okt.	S. 228
Dolomiti Bellunesi	Unesco Weltnaturerbe Felsennadeln, Hochlandwiesen, Gämsen	Skifahren, Wandern, Mountainbike fahren	Dez.–Okt.	S. 461
Dolomiti di Sesto	Zerklüftete Berge, Tre Cime di Lavaredo (Drei Zinnen)	Wandern, Mountainbike fahren, Bergsteigen	Juni–Sept.	S. 388
Gargano	Uralte Wälder, Kalksteinklippen, Grotten	Tauchen, Wandern, Radfahren, Schnorcheln	Juni–Sept.	S. 806
Golfo di Orosei e del Gennargentu	Steile Klippen, Granitgipfel, prähistorische Ruinen	Wandern, Segeln, Bergsteigen, Canyoning	Mai–Sept.	S. 976
Gran Paradiso	Alpendörfer, Berge, Wiesen, Steinböcke	Skifahren, Snowboarden, Wandern, Klettern, Mountainbike fahren	Dez.–Okt.	S. 282
Gran Sasso e Monti della Laga	Raue Gipfel, Raubvögel, Wölfe	Skifahren, Wandern, Klettern	Dez.–März	S. 702
Madonie	Siziliens höchste Gipfel, bewaldete Abhänge, Wölfe, Wildblumen	Wandern, Reiten	Mai–Juni, Sept.–Okt.	S. 883
Majella	Berge, tiefe Schluchten, Bären	Wandern, Radfahren	Juni–Sept.	S. 705
Maremma	Wieder urbar gemachte Marschen, Strände	Wandern, Reiten, Vögel beobachten	Mai–Okt.	S. 631
Monti Sibillini	Uralte Dörfchen, Berge, Adler	Wandern, Mountainbike fahren, Paragliding	Mai–Okt.	S. 696
Pollino	Berge, Canyons, Wald, Larico-Kiefer, seltene Orchideen	Rafting, Canyoning, Wandern	Juni–Sept.	S. 854
Prigionette	Waldpfade, Albino-Esel, Giara-Pferde, Wildschweine	Wandern, Radfahren	Mai–Okt.	S. 965
Sciliar-Catinaccio	Weideland, Täler, Dörfer	Wandern, Radfahren	Juni–Sept.	S. 385
Sila	Waldige Hügel, Seen, entlegene Dörfer, Pilze	Skifahren, Wandern, Canyoning, Reiten	Dez.–März, Mai–Okt.	S. 853

gen Informationen über Wanderwege und Unterkünfte. Eine umfassende Übersicht über Wanderwege im ganzen Land findet sich im Lonely Planet *Hiking in Italy*.

Die Alpen

Die Alpen sind eine der großen Bergketten Europas und erstrecken sich von Slowenien im Osten über die südlichen Grenzen nach Österreich, in die Schweiz und nach Frankreich im Westen. Wanderern bieten sie aufregende Aussichten von Bergen, waldige Täler und den Blick auf große Gletscherseen wie den Gardasee, den Comer See und den Lago Maggiore.

Im Osten in Friaul-Julisch Venetien befinden sich die Julischen und die Karnischen Alpen; dort kann man Luchse, Murmeltiere und Adler zwischen hübschen Tiroler Dörfern beobachten. Westwärts ziehen die weißen Gipfel durch den Parco Nazionale dello Stelvio, den größten Nationalpark in Norditalien (und den Alpen), der bis in die benachbarte Lombardei reicht. Die Regionen um die großen Seen der Lombardei – Gardasee, Comer See, Iseosee, Lago Maggiore und Ortasee – sind ein erstklassiges Wandergebiet mit einer Mischung aus Berg- und Seenlandschaften. Besonders malerisch sind die zerklüftete Bergketten im Triangolo Lariano am Comer See und der beeindruckende Monte Baldo am Gardasee.

Weit im Westen schließlich liegen die Seealpen, die Grajischen und die Ligurischen Alpen, die ins Piemont und nach Ligurien abfallen und die das Aostatal, den großen Nationalpark Gran Paradiso und den weniger bekannten Parco Naturale delle Alpi Marittime umschließen, bevor sie einen krassen und dramatischen Abstieg zu den Cinque Terre und dem Portofino Nationalpark an der Ligurischen Küste bilden.

Unterkunft findet man in den Bergen in Hütten (*rifugi*) oder Chalets, die in der Hochsaison reserviert werden sollten. Wer ernsthaft Berge besteigen will, sollte passende Ausrüstung und detaillierte Wanderwegkarten mitbringen. Touristeninformationen und Besucherzentren bieten Information, Hilfsmittel und grundlegende Karten für leichtere Touristenrouten.

Die Dolomiten

Die Dolomiten erheben sich über den Grenzen von Venetien, Trentino und Südtirol (Alto-Adige). Die Unesco fand die Bergkette genauso beeindruckend und erklärte die Berge und ihr einmaliges Ökosystem zu einem Weltnaturerbe. Die Dolomiten sind gleichermaßen für Skiläufer wie für Radfahrer attraktiv und bieten einige der landschaftlich schönsten (und schwindelerregendsten) Wanderwege, die im Frühling voller Wildblumen sind.

Top-Wanderwege

➡ **Seiser Alm, Südtirol (Alpe di Siusi, Alto-Adige;** S. 385) Europas größtes Plateau endet dramatisch am Fuß des Schlern. Eine durchschnittliche Kondition bringt einen bis zum Rifugio Bolzano, einer der ältesten Berghütten der Alpen. Die anspruchsvollen Gipfel der Rosengarten-Gruppe (Catinaccio-Gruppe) und

Aostatal (S. 273)

REISEPLANUNG OUTDOOR-AKTIVITÄTEN

GARETH MCCORMACK / GETTY IMAGES ©

der Langkofel (Sassolungo) liegen ganz in der Nähe.

➡ **Pustertal, Südtirol (Val Pusteria, Alto-Adige;** S. 388) Dieses schmale Tiroler Tal verläuft von Brixen (Bressanone) bis Innichen (San Candido). Am anderen Ende des Tals liegen die Sextener Dolomiten, in denen es kreuz und quer zahllose spektakuläre Wanderwege gibt, darunter auch leichtere, etwa um die bekannten Drei Zinnen (Tre Cime di Lavaredo).

➡ **Grödnertal, Südtirol (Val Gardena, Alto-Adige;** S. 383) Eines von nur fünf Tälern, in denen das ladinische Kulturgut noch bewahrt wird. Zwischen den Gipfeln der Sellagruppe und dem Langkofel (Sassolungo) gibt es schwierige *alte vie* (Höhenwanderwege) und leichtere Naturwanderwege wie den Naturonda beim Passo di Sella (2244 m).

➡ **Brenta-Dolomiten, Trentino** (S. 365) Die Brentagruppe ist unter Bergsteigern bekannt wegen ihrer steilen Klippen und komplizierten Aufstiege; hier verlaufen auch gleich mehrere der berühmtesten vie ferrate Italiens (Wanderwege mit fest installierten Stahlkabeln und Leitern), darunter die Via Ferreta delle Bocchette.

➡ **Parco Nazionale delle Dolomiti Bellunesi, Venetien** (S. 461) Ein Unesco-Weltnaturerbepark mit Wegen zwischen Wildblumen. Dieser Park beherbergt auch die Höhenwanderwege *Alte Vie* delle Dolomiti, die zwischen Juni und September geöffnet sind.

Mittelitalien

In Mittelitalien sind die Nationalparks der Abruzzen die am wenigsten besuchten des ganzen Landes. Hier kann man den Corno

---

DIE TOP-SKIGEBIETE

Friaul-Julisch Venetien
➡ **Tarvisio** 60 km Langlaufloipen und hervorragendes Freeriden.

➡ **Sella Nevea** 30 km Pisten, die bis Bovec in Slowenien reichen.

➡ **Forni di Sopra** Familienfreundlich; mit Skilauf-, Eislauf- und Schlittenfahrmöglichkeiten.

Aostatal
➡ **Courmayeur** Courmayeur wird vom mächtigen Mont Blanc beherrscht, und man hat von hier aus Zugang zu legendären Abfahrten wie beispielsweise ins Vallée Blanche hinunter.

➡ **Breuil-Cervinia** Im Schatten des Matterhorns und unweit von Zermatt (auf Skiern erreichbar); auch später im Jahr noch ideale Schneeverhältnisse und viele Angebote für Familien.

➡ **Monte Rosa** Monte Rosa wird von drei Tälern umgeben (Val d'Ayas, Val d'Gressoney und Alagna Valsesia) und von Walserdörfern und nervenaufreibenden Skipisten geprägt. Heliskiing ist ebenfalls möglich.

Piemont
➡ **Via Lattea** 400 km langes Netz von Pisten, die fünf Skigebiete miteinander verbinden, darunter eines der schönsten von ganz Europa: Sestriere.

➡ **Limone Piemonte** 80 km Strecken und Loipen, von denen einige für Nordic Skiing geeignet sind.

Trentino-Südtirol
➡ **Sella Ronda** Die 40 km lange Umrundung der Gebirgskette Gruppo di Sella (3151 m am Piz Boé) ist eine der schönsten und bekanntesten Skirouten in den Alpen.

➡ **Alta Badia** 130 km Skihänge, darunter die legendäre Gran Risa.

Venetien
➡ **Cortina d'Ampezzo** Abfahrt und Langlauf mit Pisten, die vom Kinderhügel bis zur legendären schwarzen Buckelpiste an der Staunies reichen.

Grande besteigen, den höchsten Gipfel des Apennins, und riesige, stille Täler warten auf Erkundung. Auch der Nationalpark Monti Sibillini und der Piano Grande in Umbrien liegen weitab der ausgetretenen Pfade und in beiden schießen im Frühling die Wildblumen aus dem Boden.

Der einzige bedeutende Naturpark der Toskana mit guten Wanderwegen liegt im südlichen Maremma, wo man sich für Wanderungen im mittleren Schwierigkeitsgrad anmelden kann. Den meisten Besuchern wird allerdings ein leichter Spaziergang durch das malerische Chianti genauso gut gefallen.

Der Süden

In Kampanien, Basilikata und Kalabrien mit dem südlichen Apennin im Rücken gibt es einige atemberaubende Wanderungen an der Küste. Wer eine spektakuläre Aussicht aufs Meer haben will, sollte an der Amalfiküste und auf der Halbinsel vor Sorrent wandern, wo der Sentiero degli Dei (Pfad der Götter) sich durch bewaldete Berge und uralte Zitronenhaine windet.

Weiter im Süden, beiderseits der Grenze zwischen Kalabrien und Basilikata liegt der Parco Nazionale del Pollino, Italiens größter Nationalpark. Er teilt wie ein

Vorhang aus Bergen Kalabrien vom Rest Italiens und hat den reichsten Bestand an Flora und Fauna im gesamten Süden. Wanderer können sich an unterschiedlichen Landschaften erfreuen, von tiefen Flusscanyons bis zu Alpenwiesen. Kalabriens weitere Nationalparks – Sila und Aspromonte – bieten ähnlich dramatische Wanderungen, besonders in der Gegend um Sersale in Sila, wo es unzählig viele von Wasserfällen gibt und man durch den Valli Cupe Canyon wandern kann.

Sizilien & Sardinien

Überraschenderweise bieten die zahlreichen italienischen Inseln einige der besten Wandertouren des Landes. Die meisten halten Capri und Ischia für eine Playboy-Sommerfrische, aber auf beiden Inseln gibt es fantastische Wanderwege, die es ermöglichen, die Inseln weitab der Menschenmassen am Strand zu genießen.

Sizilien und Sardinien verfügen dank ihrer einmaligen Topografie ebenfalls über wundervolle Wandermöglichkeiten. In Sizilien gibt es beispielsweise die Vulkantouren: Der bekannteste ist natürlich der Ätna, aber es gibt auch eine Menge unbekanntere Vulkane auf den Liparischen Inseln: angefangen mit erloschenen Vulkanen, bei denen man bis zum Kraterboden hinabsteigen kann, bis zu einem dreistündigen Aufstieg zum Stromboli, um ihn am Nachthimmel explodieren zu sehen. Wer mag, wandert vom Ätna in den Naturpark Madonie oder an Siziliens Ostküste entlang im Riserva Naturale dello Zingaro.

Im Gegensatz dazu warten die Granitgipfel Sardiniens mit schwierigeren Bergtouren auf. Der Nationalpark Golfo di Orosei e del Gennargentu bietet ein Netz alter Schäferwege auf dem Supramonte-Plateau, wo sich auch die prähistorischen Stätten von Tiscali und der Canyon Gola Su Gorropu befinden. Hierfür sind ein Bergführer und Grundkenntnisse im Klettern erforderlich.

Bergsteigen

Die gewaltigen Felswände der Dolomiten bieten Herausforderungen für Bergsteiger auf jedem Niveau, von einfachen Einseillängen-Routen bis zu langen Mehrseillängen-Aufstiegen, viele davon sind problemlos von der Straße aus zu erreichen. Um Bergsteigen mit einer Höhenwanderung zu verbinden, können Wagemutige sich in

---

SELVAGGIO BLU – DIE ULTIMATIVE WANDERUNG

Sardiniens siebentägige *Selvaggio Blu* („Wildes Blau")-Wanderung gilt vielen als härteste Tour Italiens; sie ist sicherlich nichts für Untrainierte. Der Weg erstreckt sich über 45 km entlang des Golfo di Orosei, windet sich dann durch bewaldete Schluchten und Klippen, vorbei an vielen Höhlen. Der Wanderweg ist bewusst nicht besonders gut ausgeschildert, um alles natürlich zu erhalten. Und unterwegs gibt es kein Wasser. Dafür gibt es Klettertouren bis zum Schwierigkeitsgrad UIAA IV+ und Abseilaktionen in bis zu 45 m Tiefe.

Wer Italienisch versteht, kann sich bei www.selvaggioblu.it informieren; auf der Website findet man Beschreibungen jeder Tagesstrecke, Tipps zur Ausrüstung und für die beste Zeit (Frühling oder Herbst).

die *vie ferrate* in den Brenta-Dolomiten einklinken.

In der Stadt Arco im Trentino, Sitz des weltberühmten **Rock Master Festivals** (www.rockmasterfestival.com), gibt es Klettermöglichkeiten mit den verschiedensten Schwierigkeitsgraden.

Alpinisten, die ernsthaft bergsteigen wollen, können sich mit Europas höchsten Gipfeln im Aostatal messen. Courmayeur und Cogne, ein bekanntes Eiskletter-Zentrum, sind gute Ausgangspunkte.

Das Gran Sasso-Gebirge ist der Favorit im Süden. Von seinen drei Gipfeln ist der Corno Grande (2912 m) der Höchste und der Corno Piccolo (2655 m) am mühelosesten zu erreichen.

Andere gute Tourmöglichkeiten bieten der Monte Pellegrino außerhalb von Palermo auf Sizilien, der Domusnovas, Ogliastra und die Supramonte auf Sardinien.

Die beste Informationsquelle für Kletterer ist der Club Alpino Italiano (S. 1061). Darüber hinaus ist die Website **Climb Europe** (www.climb-europe.com), die auch gedruckte Kletterführer für Italien vertreibt, sehr hilfreich.

Skifahren

Die meisten Skigebiete Italiens liegen in den Alpen, wo jedem ernsthaften Skifahrer Orte wie Sestriere, Cortina d'Ampezzo, Madonna di Campiglio und Courmayeur wohlbekannt sind. Weiter südlich auf der Halbinsel finden sich kleinere Skigebiete auf dem Apennin, in Latium, den Marken und den Abruzzen. Selbst der Ätna in Sizilien eignet sich im Winter zum Skifahren.

Die großen Skiorte haben Weltklasse-Niveau. Außer *sci alpino* (Alpin-Skifahren) ist in einigen Orten auch *sci di fondo* (Langlaufen) und *sci alpinismo* (Skiwandern) möglich.

Die Skisaison dauert von Dezember bis Ende März. Das ganze Jahr über ist Skifahren in einigen Skigebieten des Trentino und Südtirols, am Mont Blanc (Monte Bianco) und am Matterhorn im Valle d'Aosta möglich. Im Allgemeinen sind Januar und Februar die besten, aber gleichzeitig auch die überlaufensten und teuersten Monate. Günstigere Angebote bekommt man derzeit eher im boomenden Skigebiet Sella Nevea in Friaul oder in Tarvisio, einem der kältesten Orte in den Alpen, wo Skifahren oft noch bis weit in den April hinein möglich ist.

Am günstigsten fährt man insgesamt mit einem Pauschalangebot wie der *settimana bianca* (weiße Woche), das Unterkunft, Verpflegung und Skipässe umfasst.

J2Ski (www.j2ski.com) ist eine gute Online-Informationsquelle zu Italiens Skigebieten mit ihren Angeboten, Unterkünften und aktuellen Berichten zu den Schneeverhältnissen.

Snowboardfahren

Zwei Hochburgen des Snowboardfahrens sind Madonna di Campiglio im Trentino und Breuil-Cervinia im Aostatal. Die Möglichkeiten in Madonna gehören zu den besten des Landes: Dazu zählen ein Snowboard-Park mit Abfahrten sowohl für Anfänger als auch für Könner und eine eigene Boardercrosszone. Breuil-Cervinia ist eher für leicht Fortgeschrittene oder gute Boardfahrer geeignet und liegt auf 2050 m Höhe im Schatten des Matterhorns.

Fahrradfahren

Ob man lediglich eine gemütliche Fahrt von Trattoria zu Trattoria, ein 100-km-Straßenrennen oder eine rauschende Bergabfahrt plant – in Italien ist alles möglich. Die Touristinformationen haben Detailinfos über einzelne Strecken und können professionelle Begleitung vermitteln. In den meisten Städten und an wichtigen Touristenorten kann man sich außerdem auch ein Fahrrad leihen.

Die Toskana, besonders das Weinanbaugebiet Chianti südlich von Florenz, ist mit ihrer sanften Hügellandschaft ideal zum Radfahren. In Umbrien gibt es in der Valnerina und auf der Hochebene des Piano Grande am Monte Vettore wunderschöne Radfahrwege und ruhige Landstraßen. Weiter nördlich sind das Flachland von Emilia-Romagna und die terrassierten Weinberge von Barolo, Barbaresco und Franciacorta ebenfalls ideal für Radtouren. „Radfahren trifft Architektur" – so könnte das Motto an der Brenta-Riviera von Venetien lauten, wo Fahrradstrecken (insgesamt 150 km) an prächtigen venezianischen Villen vorbeiführen. Im Süden laden die Küstenpfade und die flache, sanft-hügelige Landschaft von Apulien zum Radeln ein.

Im Sommer lässt sich auch in so manchem alpinen Skigebiet wunderbar Rad fahren. Mountainbiker haben in den Hö-

Oben: Segeltörn auf dem Mittelmeer

Links: Radfahrer in den Dolomiten

RADTOUREN

➡ **I Bike Tuscany** (www.ibiketuscany.com) Tagestouren das ganze Jahr über für Fahrer aller Niveaus anboten. Der Transport ins Chianti und ein Begleitwagen werden organisiert.

➡ **Iseobike** (www.iseobike.com) Touren durch das Franciacorta-Weinbaugebiet, mit Weinproben.

➡ **Mountainbike Ogliastra** (www.mountainbikeogliastra.it) Organisiert landschaftlich schöne Radtouren durch Sardinien ebenso wie anspruchsvolle Abfahrtsrouten auf alten Saumpfaden.

➡ **Colpo di Pedale** (www.colpodipedale.it) Touren für jedes Niveau auf Rennrädern, Mountain- oder Citybikes durch das Langhe Weinanbaugebiet im Piemont.

➡ **Ciclovagando** (www.ciclovagando.com) Organisiert Tagestouren von 20 km Länge; Ausgangspunkte sind verschiedene Städte in Apulien sowie Ostuni und Brindisi.

henlagen des Gardasees, des Lago Maggiore und der Dolomiten in Trentino-Südtirol die Qual der Wahl. Eine weitere Herausforderung bietet die Granitfelsenlandschaft von Supramonte im Osten Sardiniens.

Die beste Zeit fürs Radeln ist der Frühling, weil es dann nicht zu heiß ist und sich die Landschaft von ihrer schönsten Seite zeigt. Mehr Infos in *Cycling Italy* von Lonely Planet.

Im und auf dem Wasser

An der Küste geht die sportliche Betätigung weit über das Sonnenbad an überfüllten Stränden hinaus. Die kobaltblauen Gewässer vor Sardinien und den Äolischen Inseln vor Sizilien gehören zu den besten Tauchregionen Italiens. Windsurfer pilgern nach Sardinien, Sizilien und zu den Seen im Norden, während Extremsportler die Stromschnellen im ganzen Land – vom Piemont bis Kalabrien – lieben.

Tauchen

Ein beliebter Sommerzeitvertreib in Italien ist das Tauchen; über das ganze Land verteilt gibt es Hunderte von Schulen, die Kurse für alle Schwierigkeitsgrade sowie Leihausrüstung anbieten.

Die meisten Tauchschulen des Landes haben nur während der Hauptsaison geöffnet, also in den Sommermonaten von Juni bis Oktober. Nach Möglichkeit sollte man den August meiden, denn dann ist die italienische Küste von Feriengästen geradezu belagert, und die Preise sind dementsprechend am höchsten.

Informationen gibt es bei den örtlichen Touristenbüros und online bei **Diveltaly** (www.diveitaly.com; auf Italienisch).

Top-Tauchreviere

➡ **Liparische (Äolische) Inseln, Sizilien** Ein Vulkanrücken mit warmem Wasser, das die Inseln von Vulcano, Lipari, Salina, Panarea, Stromboli, Alicudi und Filicudi umgibt. Durch Meereshöhlen und um die Überreste alter Vulkane herum tauchen.

➡ **Capri, Ischia & Procida, Kampanien** Diese drei Inseln in der Bucht von Neapel bieten herausragende Tauchmöglichkeiten und wunderschöne Meeresgrotten.

➡ **Meeresschutzgebiet Cinque Terre, Ligurien** Eines der wenigen Tauchgebiete im Norden des Landes. Tauchen vor Riomaggiore und Santa Margherita.

➡ **Capo Caccia, Sardinien** Das Tauchgebiet für Sardiniens Korallentaucher, aber in Capo Caccia gibt es auch die größte Unterwasserhöhle im Mittelmeer.

➡ **Isole Tremiti, Apulien** Diese windgeschliffenen Inseln vor dem Gargano-Vorgebirge besitzen jede Menge gigantischer Meereshöhlen.

➡ **Pantelleria, Sizilien** Ein spektakulärer vulkanischer Meeresboden umgibt die schwarze Lavainsel Pantelleria.

➡ **Parco Nazionale dell'Arcipelago di La Maddalena** Der Meeresnationalpark Maddalena vor Sardinien kann mit durchsichtigem Wasser und einem Tauchrevier um 60 Inselchen herum auftrumpfen.

➡ **Parco Nazionale Arcipelago Toscano, Toskana** Europas größter Meeresnationalpark umfasst das Archipel der Toskana und die Insel Elba.

➡ **Meeresschutzgebiet Punta Campanella, Kampanien** Lebhafte Fische flitzen zwischen Unterwasserhöhlen und uralten Ruinen hin und her. Tauchtouren beginnen in Marina del Cantono.

➡ **Ustica, Sizilien** Italiens erstes Meeresschutzgebiet; die Unterwasserflora und -fauna dieser vulkanischen Insel ist gewaltig. Hier findet Ende Juni oder im Juli das Internationale Festival des Unterwassersports statt.

Segeln

Italien hat eine stolze maritime Tradition. Fast überall im Land können Ruderboote oder schlanke Segeljachten gemietet werden. Für jeden Seemann gibt es das richtige Angebot: Erfahrene Skipper reisen auf gecharterten Jachten von Sizilien nach Sardinien und entlang der Amalfiküste, vor der Toskana, Ligurien oder Triestino. Wochenend-Seeleute können in gemieteten kleinen Booten versteckte Höhlen in Apulien erforschen, das Toskana-Archipel und die Gewässer um die Halbinsel von Sorrent herum erkunden, und wer es schnell mag, nimmt ein cooles Speedboat auf den Lombardischen Seen.

Im Süden des Landes sind die besten Stellen zum Schwimmen oft nur mit dem Boot erreichbar. Ähnlich verhält es sich auf den Inseln Capri, Ischia, Procida und Elba.

In Sizilien bieten sich die kobaltblauen Gewässer vor den Liparischen (Äolischen) Inseln zum gemütlichen Insel-Hopping an. Vor Sardinien sind der Golfo di Orosei, Santa Teresa di Gallura, das Arcipelago di La Maddalena und die Costa Smeralda allesamt ideal zum Segeln. Das wichtigste sardinische Portal für Segler ist www.sailingsardinia.it.

Italiens renommierteste Segelregatten sind die **Centomiglia** (www.centomiglia.it) südlich von Gargnano am Gardasee, die im September stattfindet, und die **Barcolana** (www.barcolana.it) in Triest (im Oktober). Letztere ist sogar die größte im gesamten Mittelmeerraum.

Zu den angesehenen Jachtchartergesellschaften gehört **Bareboat Sailing Holidays** (www.bareboatsailingholidays.com).

Wildwassersport

Ein Dorado für Wildwasser-Fanatiker ist der Fluss Sesia im nördlichen Piemont. Zwischen April und September stürzt er sich vom Monte Rosa durch das Valle Valsesia. Anbieter in Varallo vermieten Kanus, Kajaks und bieten Rafting-, Canyoning-, Hydrospeed- und Tubingkurse an.

In Südtirol ist das Val di Sole ein weiteres Ziel für Wildwasserfreunde. Gleiches trifft auf den Lago di Ledro im Trentino zu, wo man unterhalb von wilden Wasserfällen fahren kann. Weiter südlich sind die Monti Sibillini in Umbrien ein weiterer Anziehungspunkt für Wildwasserabenteurer.

Im Süden der Halbinsel bieten sich im kalabrischen Parco Nazionale del Pollino die für Wildwassersportler sehr attraktiven und befahrbaren Stromschnellen des Lao für Rafting, Kanufahrten und Canyoning an. In Scalea kann man Fahrten buchen.

Windsurfen

Der Gardasee gilt als eine der besten Orte Europas zum Windsurfen. Die Windverhältnisse sind ausgezeichnet: Aus dem Norden weht am sonnigen Morgen schon früh der *peler*, die *ora* frischt dann pünktlich wie ein Uhrwerk am frühen Nachmittag von Süden her auf. Die zwei Zentren der Surfer sind Torbole – Austragungsort der Windsurf-Weltmeisterschaft – und 15 km weiter südlich der Ort Malcesine.

Wer auf dem Meer windsurfen will, ist in Sardinien goldrichtig. Der Norden, bei Porto Pollo, auch bekannt als Portu Puddu, eignet sich sowohl für Anfänger als auch für Könner – die Bucht bietet geschützte Stellen für Surf-Schüler, wohingegen die Könner die starken Winde im Abschnitt zwischen Sardinien und Korsika schätzen. Weiter nordöstlich bei der Insel Elba vor der toskanischen Küste sind die Surfmöglichkeiten ebenfalls zu empfehlen. Im Juni werden Wettbewerbe wie die Chia Classic vor der Südwestküste veranstaltet.

Ein hervorragendes Buch übers Wind- und Kitesurfen in Italien und anderen europäischen Ländern ist *The Kite and Windsurfing Guide: Europe* von Stoked Publications. Die Ausrüstung kann man an allen oben erwähnten Orten ausleihen.

Reisen mit Kindern

Italiener beten die *bambini* (Kinder) an, aber dennoch ist Vorsicht geboten – Italien ist ein riskanter Ort für die zarten Kinderwangen, denn das Kneifen in eben diese Wangen ist so weit verbreitet wie Gucci-Sonnenbrillen und -schuhe. Im Land gibt es nur wenige Attraktionen speziell für die Kleinen, weshalb eine gute Planung hilfreich sein kann.

Kindgerechte Regionen

Mailand & die Seen

Einkaufen in Mailand, Bootfahren auf dem Comer See und die Vergnügungsparks am Gardasee – alles gute Ideen zur Beschäftigung der Kinder.

Trento, Südtirol & die Dolomiten

In den familienfreundlichen Skigebieten Italiens Ski- und Snowboardfahren oder einen Tiroler Schneemann bauen.

Florenz & Toskana

In einem mittelalterlichen Bergdorf nach Rittern suchen, ein verrücktes Foto vor dem schiefen Turm von Pisa schießen und dann in einem bildhübschen *agriturismo* (Bauernhof mit Ferienangebot) entspannen.

Kampanien

In den unterirdischen Ruinen Neapels umherstreifen oder in Pompeji oder Pozzuoli Gladiator spielen.

Sardinien

Ein Outdoor-Paradies voller spektakulärer Strände, Wassersportangebote, entspannender Wander- und Reitmöglichkeiten.

Italien für Kinder

Italien strotzt nur so von weltberühmten archäologischen Stätten, Museen und anderen historischen Schätzen. Doch während pompejische Fresken Mama und Papa erbauen, sind sie für die Kinder oft extrem langweilig. Kinderbücher zu diesen Stätten helfen, diese Sehenswürdigkeiten auch für die Kleinen zum Leben zu erwecken. Plötzlich werden diese Orte zu Schauplätzen heldenhafter Schlachten oder einer großen Apokalypse oder zur Wohnstätte mythologischer Kreaturen.

Wer mit Kindern ab acht Jahren nach Rom fährt, für den könnte der Lonely Planet *Für Eltern verboten: Rom* ganz hilfreich sein.

Von Büchern abgesehen, sollte man alles langsam angehen lassen und Museumsbesuche beispielsweise mit vielen Zwischenstopps an Eisdielen spicken. Immer in den Touristenbüros nach speziellen Angeboten für Familien fragen. Außerdem aufs Land hinausfahren, um Tage für Aktivurlaub einzuschieben.

In den meisten italienischen Touristenattraktionen gibt es Ermäßigungen für Kinder, wobei die Altersgrenzen stark variieren. Die meisten staatlichen Museen und archäologischen Stätten gewähren EU-Bürgern unter 18 Jahren freien Eintritt; manchmal erweitern die Angestellten diese Regelung auf alle Besucher, egal woher sie kommen.

Weitere Informationen und Ideen im Lonely Planet *Travel with Children*, auf der hervorragenden Website www.italiakids.com oder auf der Website www.travelwithyourkids.com.

Highlights für Kinder

Spuren der Geschichte

➡ **Herculaneum** Herculaneum ist kleiner als das nahe gelegene Pompeji und daher überschaubarer und in kürzerer Zeit zu bewältigen. Es ist auch besser erhalten – komplett samt verkohltem Mobiliar. (S. 760)

➡ **Kolosseum** Im größten und gewaltigsten Amphitheater des römischen Reiches kann man seiner Fantasie freien Lauf lassen und Bilder von mutigen Gladiatoren und wilden Bestien heraufbeschwören. (S. 75)

➡ **Mittelalterliche Städte in der Toskana** In Bilderbuchstädten wie Siena und San Gimignano kann man düstere Türme ersteigen, mittelalterliche Pferderennen besuchen oder imaginäre Drachen durch verwinkelte Altstadt-Gässchen jagen.

➡ **Castel del Monte** In diesem seltsamen achteckigen Kastell aus dem 13. Jh. in Apulien findet sich Europas allererste Toilette mit Wasserspülung. (S. 805)

➡ **Ostia Antica** (www.ostiaantica.net) Seejungfrauen und Meeresungeheuer, in Mosaiken verewigt, sowie Fresken als antike Form der Werbung beschwören in Roms alter Hafenstadt das längst vergangene Zeitalter der Togas herauf.

Regentage

➡ **Museo Nazionale della Scienza e della Tecnologia** Italiens bestes Museum zu Naturwissenschaft und Technik in Mailand begeistert mit seinen Exponaten angehende Erfinder. (S. 295)

➡ **Museo Nazionale del Cinema Multimedia** Dieses Museum in Turin mit seinen Ausstellungsstücken und Film-Memorabilien ist sowohl bei Kindern also auch bei deren Eltern der Renner. (S. 248)

➡ **Explora** Roms Kindermuseum erweitert den Horizont durch Ausstellungen zum Anfassen in den Bereichen Bio-Wissenschaften, Gesellschaft und Medien. (S. 161)

➡ **Casa del Cioccolato Perugina** Bei einer Führung durch die Schokoladenfabrik Baci Perugina von Perugia durchleben die Besucher die Fantasien eines Willy Wonka. (S. 646)

➡ **Museo Archeologico dell'Alto Adige** In Bozen kann man Ötzi, Europas älteste menschliche Mumie, besichtigen. (S. 373)

Outdoor-Spaß

➡ **Sardinien** Im Golfo Aranci Go kann man Delfine beobachten, an der Giara di Gesturi kann man reiten und an einigen der schönsten Strände Italiens winken tolle Wassersportangebote. (S. 937)

SPANNUNG UND SPASS AM GARDASEE

Der Gardasee im Norden Italiens ist einzigartig, wenn es um spannende Achterbahnfahrten und Stuntshows geht. In **Gardaland** am Ostufer warten riesige Dinosauriernachbildungen, Piratenschiffe, Achterbahnen und ein Delfinarium auf die Kinder (S. 336).

Nördlich davon liegt CanevaWorld (S. 336) mit einem Wasserpark und **mittelalterlichen Vorführungen** (Erw./erm. Abendessen & Show 29/19 €; ⊗Mai–Mitte Sept. 2 Vorführungen pro Tag) sowie einem mittelalterlichem Bankett. Mitten in diesem recht großen Park liegen die **CanevaWorld's Movieland Studios** mit Stuntshows und anderen actiongeladenen Darbietungen. Die Öffnungszeiten variieren übers Jahr, sodass man sich vor einem Besuch im Park auf der Website informieren sollte. Angebote und Familientickets gibt es ebenfalls online.

Beide Parks liegen unweit der Hauptstraße, die am See entlang führt. Gardaland befindet sich 2 km von Peschiera del Garda; CanevaWorld liegt ähnlich weit von Lazise entfernt. Vom Bahnhof Peschiera del Garda fahren kostenlose Shuttlebusse zu beiden Parks.

MANGIA! MANGIA! ISS! ISS!

Essen steht im Mittelpunkt des italienischen Lebens, und Kinder sind in den meisten Speiselokalen sehr willkommen. Oft gibt es Hochstühle, und obwohl eigene Kindermenüs eher selten anzutreffen sind, ist die Bestellung einer *mezzo piatto* (halbe Portion) völlig in Ordnung.

Pizza al taglio (Pizzastücke) ist ein toller Imbiss auf die Hand, genauso wie die *panini* aus kleinen Lebensmittelläden. Die allgegenwärtigen Märkte, darunter auch Roms Campo de' Fiori, bieten in Hülle und Fülle Snacks für den kleinen Hunger zwischendurch, etwa Salami, Käse, Oliven, Brot und Obst.

Babynahrung als Pulver oder in flüssiger Form sowie desinfizierende Lösungen gibt es in Apotheken. Frische Kuhmilch wird in Supermärkten (im Tetrapack) und in Bars mit dem Schild „Latteria" verkauft. H-Milch ist ebenfalls sehr beliebt und verbreitet; in abgelegenen Gegenden ist es oft die einzige Milchsorte, die man bekommen kann.

➡ **Liparische (Äolische) Inseln** Sieben Inseln vulkanischen Ursprungs liegen vor Sizilien und bieten alles, angefangen von sprühender Lava bis zu Stränden mit schwarzem Sand. (S. 885)

➡ **Dolomiten** Auf Tirols Seiseralm und dem Kronplatz stehen den Skibegeisterten blaue und rote Pisten zur Verfügung; man kann aber auch auf einer Dolomiti di Brenta Bike-Tour durch Obsthaine, Felder und Wiesen radeln. (S. 370)

➡ **Segeln in Venedig** Bei einem auf den Kunden individuell zugeschnittenen Segeltörn gleitet man über die Gewässer Venedigs oder lernt wie ein Gondoliero im Stehen zu rudern. (S. 423)

Verrückter Nervenkitzel

➡ **Catacombe dei Cappuccini** Diese gruseligen Katakomben in Palermo sind voller Mumien in ihrem besten Sonntagsstaat. Nichts für die ganz Kleinen! (S. 874)

➡ **Napoli Sotterranea** Eine geheime Falltür und Geheimverstecke aus Kriegszeiten machen diese Führung durch die Unterwelt von Neapel so fesselnd. (S. 737)

➡ **Alberobello** War das Schneeweißchen? Die Fantasie kann schon einmal mit einem durchgehen, wenn man in dieser Weltkulturerbestadt in Apulien steht. Die Stadt ist bekannt für ihre *trulli* (weiß getünchte Rundbauten mit kegelförmigen Dächern). (S. 814)

➡ **Der schiefe Turm** Ja, er ist teuer und touristisch überlaufen, aber welches Kind will nicht damit angeben können, den legendären Turm von Pisa bestiegen zu haben? (S. 583)

➡ **San Marino** In diesem Mini-Staat gibt es viele kitschige Museen, eins davon ist sogar Vampiren gewidmet. (S. 537)

Reiseplanung
Reisezeit

Die beste Zeit für eine Reise nach Italien mit kleinen Reisebegleitern sind die Monate April bis Juni und der September – die Temperaturen sind dann erträglich mild bis warm, die meisten Hotels und Restaurants in den küstennahen Urlaubsgegenden haben geöffnet und die Touristenzahlen sind noch überschaubar, sodass die Schlangen kürzer sind und die Kleinen nicht so irritieren.

Im Juli und August steigen die Preise, und das Land kocht im warsten Sinne des Wortes unter der sommerlichen Hitze. In den Alpen sind die Winter hart und lang, aber ideal zum Skifahren, denn viele Skigebiete bieten auf Familien abgestimmte Programme an. Anderswo sind die Winter eher langweilig und regnerisch (in Mailand) oder relativ mild (in Rom und weiter südlich). Auf Sizilien sind die Sommer lang und die Winter kurz; daher lässt sich hier ein wunderbarer Familienurlaub mit viel Strand- und Küstenspaß erleben.

Unterkunft

Hostels und Apartments sind ganz vernünftige Möglichkeiten für Familien, denn hier gibt es Mehrbettzimmer, Küchen, Aufenthaltsräume und in vielen Fällen auch Waschmaschinen. Im Sommer (Juli und August) sind die Campingplätze übervoll, bieten aber oft Aktionen für Kinder an. Italiens *agriturismi* bieten viel frische Luft und Sonderleistungen wie Tiere oder einen Pool.

Wenn möglich, die Unterkunft immer vorbuchen. In Hotels ist es in manchen

Doppelzimmern nicht möglich, ein Kinderbett aufzustellen. Daher sollte man das im Vorfeld klären. Falls das Kind noch klein genug ist, im Ehebett bei den Eltern zu schlafen, ist dies in manchen Hotels kostenfrei möglich. Die Website www.booking.com gibt für jedes Hotel Hinweise zur „Kinderpolitik" und zu etwaigen Extrakosten.

Weiterreise

Bevor man von zu Hause aufbricht, sollte man sich um das Mieten eines Autos kümmern. Baby- und Kindersitze sind bei den meisten Verleihfirmen vorrätig, sollten aber im Voraus reserviert werden. Das Fahren und Parken kann in großen Städten sehr stressig sein, sodass es klüger

ist, mit öffentlichen Verkehrsmitteln in die Stadtzentren hineinzufahren. Für Kinder (unter zwölf) gibt es in öffentlichen Verkehrsmitteln meist eine Ermäßigung.

Intercityzüge und Busse sind sicher, bequem und relativ preiswert. Um in den Hochgeschwindigkeitszügen von Freccia (www.trenitalia.com) und Italo (www.italotreno.it) Geld zu sparen, sollte man die Tickets wenigstens einige Tage im Voraus buchen. Dies geht entweder online, an Fahrkartenautomaten in Bahnhöfen oder in Reisebüros.

Zwischen dem Festland und Sizilien bzw. Sardinien verkehren große Autofähren, während zu den anderen Inseln kleinere Fähren und Tragflächenboote fahren. Viele große Fähren sind nachts unterwegs, in diesem Fall ist eine Kabine sinnvoll.

Italien im Überblick

Rom & Latium

Römische Ruinen
Essen
Museen & Galerien

Markenzeichen der Antike
Roms antikes Zentrum ist Geschichte in 3D. Auf dem Palatin hat Romulus Remus getötet, Christen wurden im Kolosseum an Löwen verfüttert und Kaiser genossen die Terme di Caracalla. In den Katakomben entlang der Via Appia Antica kann man über die Vergänglichkeit nachsinnen.

Essen
Der römische Gaumen bevorzugt traditionelle Geschmackserlebnisse wie z. B. Schweinebacke, Innereien, Stockfisch und *bucatini all'amatriciana* (Pasta mit Tomaten, Pancetta und Peperoni). Die Köche der Italo-Fusion-Küche geben Standards eine zeitgemäße Raffinesse.

Museen & Galerien
Die Bandbreite an kulturellen Schätzen in Roms zahllosen Museen und Galerien ist beachtlich. Ist man in einer Gruppe unterwegs, lohnt eine der Rabattkarten.

S. 70

Ligurien, Piemont & italienische Riviera

Wandern
Dörfer
Essen

Bergsteigen & Skifahren
Ein Paradies für Outdoor-Fans – von den Pisten der Milchstraße und dem Aostatal bis zu Küstenwanderungen in den Cinque Terre. Der Park Gran Paradiso trägt seinen Namen zu Recht.

Urwüchsige Dörfer
Mittelalterliche Fischerdörfer entlang der Küste der Cinque Terre, malerische Weindörfer auf den Langhe-Hügeln und verschwiegene Walserdörfer im Aostatal.

Gourmetparadies
Piemont hat einen großen kulinarischen Reichtum, angefangen mit den Trüffeln von Alba und Asti bis zu den berühmten Weinen der Langhe-Region.

S. 206

Mailand & Oberitalienischen Seen

Shoppen
Gärten
Essen

Modehauptstadt
Jede Modeverrückte weiß, dass in Mailand Mode genauso ernst genommen wird wie anderswo Biotechnologie oder Ingenieurwissenschaften. Dank erstklassiger Outlets kann hier jeder eine *bella figura* machen.

Villen & Gärten
Die Villen an den Seen der Lombardei sprengen jede Vorstellung von einem luxuriösen Feriendomizil – eingerahmt von Pavillons, Kamelienbüschen, kunstvoll angelegten Terrassen und Statuen.

Kultur & Küche
Die Städte Bergamo, Brescia, Cremona und Mantua in der Po-Ebene kombinieren wundervolle Kunst und Architektur mit einer ganzen Reihe raffinierter regionaler Restaurants.

S. 286

Trentino & die Dolomiten

Aktivitäten
Wellness
Essen

Adrenalinrausch

Skifahren, Wandern oder Nordic Walking sind Vergnügungen an der Sella Ronda und im Naturpark Stelvio. Adrenalinjunkies erklimmen die *vie ferrate* („Straßen aus Eisen") aus dem Ersten Weltkrieg.

Thermalbäder

Ein Bad in den Thermalquellen von Merano oder Vigilius nehmen, danach Kräutertee und Kosmetik mit Alpenkräutern, Weintrauben und Bergkiefer kaufen.

Österreichischer Akzent

Bierhallen in Bozen, Sachertorte, Sauerteigbrot und Buchweizenkuchen sind nur ein paar österreichisch-italienische Spezialitäten. Zusammen mit den regionalen Weinen wie Gewürztraminer, Riesling und Silvaner sind sie ein Genuss.

S. 356

Venedig & Venetien

Kunst
Architektur
Wein

Kunst & Kino

Bilder von Tizian, Veronese und Tintoretto ebneten der modernen Kunst den Weg, die heute auf der Biennale zu sehen ist. Die Kirche hat versucht, diese damals avantgardistischen Künstler zu zensieren. Sie ist gescheitert.

Gespiegelte Pracht

Märchenschlösser, Landhäuser und eine Stadt voller Paläste auf dem Wasser – die architektonische Pracht spiegelt sich im Gewirr der Kanäle.

Innovative Weine

Weinliebhaber drängen sich um VinItaly-Stände, um Sammlerfavoriten wie Veneto DOC Amarone, Valpolicella, Soave und *prosecco* zu probieren – sowie Dutzende innovativer Verschnitte und Kultweine.

S. 392

Friaul-Julisch Venetien

Geschichte
Natur
Essen & Wein

Archäologische Ausgrabungsstätten

In Aquilea gibt es eine römische Stadt zu entdecken, während in Cividale del Friuli und Grado frühchristliche Kirchen warten.

Bergfrieden

Die Wälder der Karnischen und der Julischen Alpen sind wild, an den Laghi di Fusine (Weißenfels) leben noch Luchse und die Forni di Sopra sind überwuchert mit Alpenblumen.

Kulinarische Abenteuer

Die Küche des Friaul präsentiert geräucherten Lachs und DOC-Prosciutto aus San Daniele, würzige Brioches, Wildgerichte und Sauerkraut. Aus dem Carso und dem Colli Orientali kommen aufregende Weine.

S. 465

Emilia-Romagna & San Marino

Radfahren
Architektur
Essen

Urbanes Radfahren

Reggio Emilia wurde zur Fahrradstadt Italiens gewählt. Die Universitätsstadt Bologna ähnelt dem britischen Oxford. Am besten ist der 9 km lange Rundkurs um die alten Stadtmauern von Ferrara.

Heilige Architektur

Eine Kirchentour zur Kunstgeschichte: Von Ravennas byzantinischen Mosaiken zu Modenas romanischen Kathedralen und nach Bologna zur Basilica di San Petronio aus der Gotik und Renaissance.

Berühmte Köstlichkeiten

Modenas Balsamico, Schinken und Käse aus Parma und *bolognese ragú* (Bolognese-Sauce) aus Bologna und Mortadella.

S. 492

Florenz & Toskana

Kunst
Essen
Wein

Fabelhafte Fresken

Aus den Fresken in Florenz, Siena, Arrezo und San Gimignano lässt sich die Geschichte der Renaissance ablesen, festgehalten von Piero della Francesca, Giotto, Masaccio, Ghirlandaio und Fra Angelico.

Herbstfreuden

Trüffeln und Olivenöl sind bestimmende Geschmacksrichtungen. Im Herbst warten noch Steinpilze und Wildschwein.

Weinstraßen

Nichts entspricht dem Traum von der Toskana so sehr wie eine Tour durch die Hügel des Chianti. Weiter geht es zu Kostproben vom Vino Nobile in Montepulciano und nach Montalcino zum Brunello, der zusammen mit dem Barolo aus dem Piemont den ersten Platz unter den Spitzenweinen anstrebt.

S. 540

Umbrien & die Marken

Dörfer
Landschaft
Essen

Zeitreise

Umbriens Hügelstädte – Perugia, Assisi, Gubbio und Urbino – sitzen auf ihren Anhöhen – wie die Störche dort auf den Schornsteinen. Sie sind Hüter der regionalen Traditionen.

Spektakuläre Aussichten

In der bergigen Wildnis von Umbrien und den Marken sind die Aussichten spektakulär. Unbedingt mit der *funiva* (Seilbahn) in Gubbio hinauffahren, um die Aussicht zu genießen oder mit einem Hängegleiter über den Monti Sibillini und Piano Grande schweben.

Wald & Wild

Die umbrische Küche ist herzhaft, von Wildschwein und Taube bis zur Salami vom *cinta senese* (Toskana-Schwein) aus Norcia und schwarzen Trüffeln.

S. 640

Abruzzen & Molise

Landschaft
Wandern
Wildnis

Unbekannte Routen

In den Bergdörfern Pescocostanzo, Scanno, Chieti und Sulmona kann man das „alte" Italien entdecken. Auf dem Weg von Sulmona nach Scanno liegt die Schlucht Gole di Sagittario.

Gewaltige Berge

Die Naturparks der Abruzzen vom Corno Grande (2912 m) bis zum Monte Amaro bieten Wandern und Skifahren ohne Menschenmassen. Beliebt ist der Aufstieg zum Corno Grande.

Zurück zur Natur

Diese Region ist von außergewöhnlicher Schönheit. In den drei Nationalparks mit Wanderwegen gibt es uralte Wälder, in denen noch immer Bären, Gämsen und Wölfe umherstreifen.

S. 699

Neapel & Kampanien

Küste
Römische Ruinen
Essen

Klippen und Buchten

Die Panoramen der von Zitronenhainen gesäumten Amalfiküste, Ischias tropische Gärten und Capris Klippen sind spektakulär.

Vulkane

Die Neapolitaner leben unter dem Vesuv nach dem Motto *carpe diem* – nutze den Tag. Überall um sie herum, in Pompeji, Ercolano, Cuma und auf den Phlegräischen Feldern wird daran erinnert, wie kurz das Leben ist.

Pizza & Pasta

Kampanien kämpft hart um die kulinarische Krone Italiens; hier werden Kaffee, Pizza, Tomatenpasta, *sfogliatelle* (süßer Ricotta in Blätterteig) produziert und eine unglaubliche Bandbreite an Fisch und Meeresfrüchten vertilgt.

S. 718

Apulien, Basilikata & Kalabrien

Strände
Aktivitäten
Essen

Strandplanung

Unter den Klippen von Gargano entspannen, Sonnenuntergänge in Tropea genießen und den Sommer an den goldenen Stränden von Otranto und Gallipoli verbringen.

Wildnis

In den Bergen von Basilikata und Kalabrien herrscht noch Wildnis. Unbedingt durch die Wolkendecke hindurch auf dem Gipfel des Pietrapertosa steigen und Bergamotte im Aspromonte pflücken.

Kultur & Küche

Apulien hat seine Armut zur hohen Kunst gemacht: erst die restaurierten Höhlenwohnungen in Matera besuchen und sich dann in Ostuni und Lecce einen cremigen *burrata* (Käse aus Mozzarella und Sahne) gönnen.

S. 794

Sizilien

Essen
Geschichte
Aktivitäten

Meeresfrüchte & Süßes

Siziliens Küche wird Fischfreunde berauschen. Thunfisch, Sardinen, Schwertfisch und Krustentiere werden unterschiedlich zubereitet. Desserts schwelgen in Zitronen, Ricotta, Mandeln und Pistazien.

Multikulti

An Sizilien kommt keiner vorbei, Historiker finden hier griechische Tempel, römische und byzantinische Mosaiken, phönizische Statuen, normannisch-römische Burgen und Jugendstilvillen.

Inseln & Vulkane

Sportbegeisterte können hier in vulkanischen Wassern schwimmen, an der Küste der Liparischen Inseln wandern oder dem Feuerwerk von Stromboli und Ätna zusehen.

S. 865

Sardinien

Strände
Aktivitäten
Geschichte

Sonne, Sand & Surfen

Berühmt für seine fjordähnlichen Buchten, kristallklares Wasser und windgeschliffene Sanddünen. Surfer, Kitesurfer, Segler und Taucher pilgern an die Costa Smeralda, nach Porto Pollo, an den Golfo di Orosei und zum Maddalena-Archipel.

Berge bewegen

Sardiniens Berge sind ein „Spielplatz" für Wanderer und Freeclimber. Aufstiege werden mit Meerblick belohnt, Wanderungen auf dem Supramonte kreuzen alte Schäferwege.

Prähistorische Felsen

Sardinien mit seiner Landschaft aus grauen Granitfelsen ist von seltsamen prähistorischen Dolmen, Menhiren, Brunnen und *nuraghi* übersät – riesigen, mysteriösen Steintürmen.

S.937

Reiseziele

Rom & Latium

Inhalt ➜

Gut essen

➜ L'Asino d'Oro (S. 173)

➜ Open Colonna (S. 174)

➜ Pizzarium (S. 177)

➜ Enoteca Provincia Romana (S. 168)

➜ Colline Emiliane (S. 172)

Schön übernachten

➜ Palm Gallery Hotel (S. 168)

➜ Blue Hostel (S. 165)

➜ Hotel Sant' Anselmo (S. 166)

➜ Arco del Lauro (S. 167)

➜ Villa Spalletti Trivelli (S. 165)

Auf nach Rom!

Selbst in einem Land mit derart schönen Städten wie Italien hebt sich Rom deutlich ab. Die antike Hauptstadt hat sich in 3000 extrem bewegten Jahren behauptet und fasziniert durch ihre Mischung aus beeindruckenden antiken Ruinen, monumentalen Basiliken und atemberaubenden Kunstschätzen. Ungeachtet der immer präsenten Geschichte ist das Stadtleben in Rom vollkommen modern: Im Vatikan tragen Priester Designersonnenbrillen und haben Smartphones am Ohr und das modische Publikum schlürft seine Drinks auf barocken Plätzen.

Aber bei allem Charme: Rom kann ziemlich anstrengend sein. Wenn man genug vom Stadtleben hat, dann wird es Zeit für einen Ausflug in die Umgebung. Die Region Latium wird oftmals übersehen, obwohl sie landschaftlich sehr schön und voller kultureller Sehenswürdigkeiten ist. Zu den Highlights zählen Sandstrände, Vulkaninseln, antike Ruinen, etruskische Gräber und abgeschiedene Bergklöster.

Reisezeit

Rom

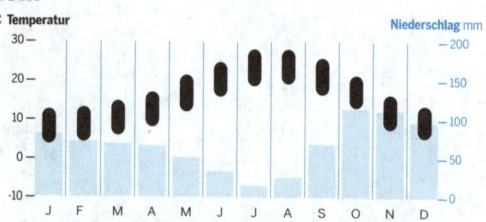

April Sonnenschein, Osterfeierlichkeiten, Roms Geburtstag sowie Azaleen an der Spanischen Treppe.

Mai–Juli Roms Festivalkalender füllt sich, während die Temperaturen langsam ansteigen.

Sept.–Okt. Es ist noch immer warm, aber es sind nicht mehr so viele Touristen unterwegs.

Highlights

Bei so vielen Bauwerken und Museen von Weltformat ist es in Rom schwierig, eine Auswahl zu treffen. Hier einige Sehenswürdigkeiten. Das Kolosseum gehört natürlich genauso auf diese Liste wie die Vatikanischen Museen. Der Museumskomplex zählt zu den bedeutendsten der Welt mit der Sixtinischen Kapelle als Krönung. Gleich neben den Museen ist der Petersdom die wichtigste Kirche der katholischen Welt und ein Meisterwerk des Renaissance- und Barock-Zeitalters. Wer Barockkunst mag, sollte sich das Museo und die Galleria Borghese sowie die Piazza Navona nicht entgehen lassen. Nicht weit von der Piazza Navona ist das Pantheon das besterhaltene römische Bauwerk. Die schönsten Beispiele antiker Kunst finden sich im Museo Nazionale Romano: Palazzo Massimo alle Terme sowie den Kapitolinischen Museen an der Piazza del Campidoglio. Ganz in der Nähe liegen die antiken Ruinen verstreut auf dem malerischen Palatin.

TAGESAUSFLÜGE

Auch die umliegende Region Latium wartet mit einigen außergewöhnlichen Sehenswürdigkeiten auf, die zumeist bequem im Rahmen eines Tagesausflugs angesteuert werden können. Die nächstgelegenen sind die wundervoll erhaltenen Ruinen von Ostia Antica, der antiken Hafenstadt von Rom. Tivoli, östlich von Rom, erreicht man per Bus oder mit dem Auto. Hier befinden sich die Villa Adriana, die riesige Sommerresidenz des Kaisers Hadrian, sowie die Villa d'Este, die für ihre großartigen Brunnen berühmt ist. Die Region Latium bietet exquisite etruskische Schätze. Am leichtesten ist es, nach Cerveteri zu gelangen. Wer jedoch weiterfährt bis Tarquinia, wird belohnt mit Gräbern, verziert mit fantastischen Fresken. Südlich von Rom ist die reizende Stadt Frascati ein populäres Ziel für einheimische Tagesausflügler, die die würzige Luft der Hügellandschaft genießen und die örtlichen Spezialitäten probieren wollen: *porchetta* (mit Gewürzen gebratenes Schweinefleisch) und Weißwein.

Kunst-Highlights

➡ Michelangelos Fresken in der Sixtinischen Kapelle gehören zu den berühmtesten Kunstwerken der Welt.

➡ Raffaels faszinierendes Meisterwerk La Scuola di Atene (Die Schule von Athen) hängt in den Stanze di Raffaello (Raffael-Sälen) in den Vatikanischen Museen.

➡ Gian Lorenzo Berninis Skulpturen im Museo e Galleria Borghese zeigen ein Genie auf dem Höhepunkt seines Schaffens.

➡ Caravaggios Matthäus-Zyklus in der Chiesa di San Luigi dei Francesi veranschaulicht seinen typischen Chiaroscuro-Stil, also den kühnen Kontrast von Licht und Dunkelheit.

KATAKOMBEN

In den unheimlichen Katakomben an der Via Appia Antica beerdigten die ersten Christen Roms ihre Toten. Hunderttausende Grabkammern säumen die dunklen unterirdischen Gänge.

Die schönsten Aussichtspunkte

➡ Il Vittoriano (S. 87)

➡ Kuppel des Petersdoms (S. 119)

➡ Priorato dei Cavalieri di Malta (S. 108)

➡ Gianicolo (S. 113)

Latiums verborgene Schätze

➡ Monastero di San Benedetto (S. 203), Subiaco

➡ Palazzo Farnese (S. 201), Caprarola

➡ Museo Archeologico Nazionale di Palestrina (S. 202)

➡ Civita di Bagnoregio (S. 201)

Infos im Internet

➡ **060608** (www.060608.it) Roms offizielle Touristen-Website.

➡ **Coopculture** (www.coopculture.it) Infos und Ticketbestellung für Roms Sehenswürdigkeiten.

➡ **Vatikanische Museen** (http://mv.vatican.va) Tickets vorab kaufen und nicht in der Schlange stehen.

➡ **Auditorium** (www.auditorium.com) Konzerthinweise für das Auditorium Parco della Musica.

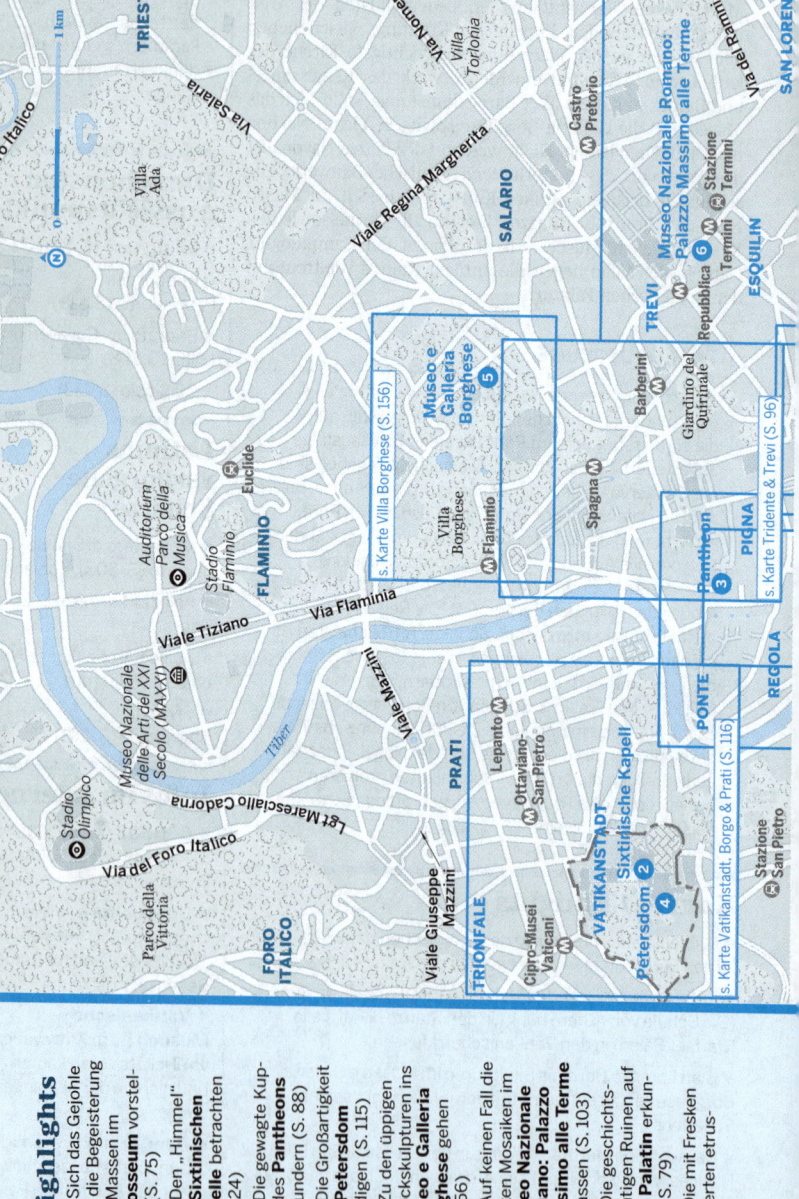

Highlights

1 Sich das Gejohle und die Begeisterung der Massen im **Kolosseum** vorstellen (S. 75)

2 Den „Himmel" der **Sixtinischen Kapelle** betrachten (S. 124)

3 Die gewagte Kuppel des **Pantheons** bewundern (S. 88)

4 Die Großartigkeit des **Petersdom** würdigen (S. 115)

5 Zu den üppigen Barockskulpturen ins **Museo e Galleria Borghese** gehen (S. 156)

6 Auf keinen Fall die antiken Mosaiken im **Museo Nazionale Romano: Palazzo Massimo alle Terme** auslassen (S. 103)

7 Die geschichtsträchtigen Ruinen auf dem **Palatin** erkunden (S. 79)

8 Die mit Fresken verzierten etrus-

FORO ITALICO

Stadio Olimpico

Via del Foro Italico

Parco della Vittoria

Cerveteri (35 km); Civitavecchia (80 km); Tarquinia (90 km)

Via del Foro Italico

Villa Ada

TRIEST

1 km
0

N

Via Salaria

Nomentana Ⓜ

TIBURTINO

Tivoli (30 km)

Cimitero di Campo Verano

Viale XXI Aprile

Via Nomentana

Villa Torlonia

Via Tiburtina

Bologna Ⓜ

SAN LORENZO

Via dei Ramni

SALARIO

Viale Regina Margherita

Castro Pretorio Ⓜ

Museo Nazionale delle Arti del XXI Secolo (MAXXI)

Auditorium Parco della Musica

Euclide Ⓜ

Stadio Flaminio

FLAMINIO

s. Karte Villa Borghese (S. 156)

Museo e Galleria Borghese

Villa Borghese

Flaminio Ⓜ

5

TREVI

Museo Nazionale Romano: Palazzo Massimo alle Terme

6

Repubblica Ⓜ

Termini Ⓜ

Stazione Termini

ESQUILIN

Via Tiziano

Via Flaminia

Spagna Ⓜ

Barberini Ⓜ

Giardino del Quirinale

Via Mazzini

Tiber

L.gt Maresciallo Cadorna

PRATI

Viale Giuseppe Mazzini

TRIONFALE

Lepanto Ⓜ

Ottaviano-San Pietro Ⓜ

Cipro-Musei Vaticani Ⓜ

VATIKANSTADT

Sixtinische Kapell

Petersdom

4

2

s. Karte Vatikanstadt, Borgo & Prati (S. 116)

Stazione San Pietro Ⓜ

PONTE

REGOLA

Pantheon

3

PIGNA

s. Karte Tridente & Trevi (S. 96)

s. Karte Tridente, Borgo & Prati (S. 116)

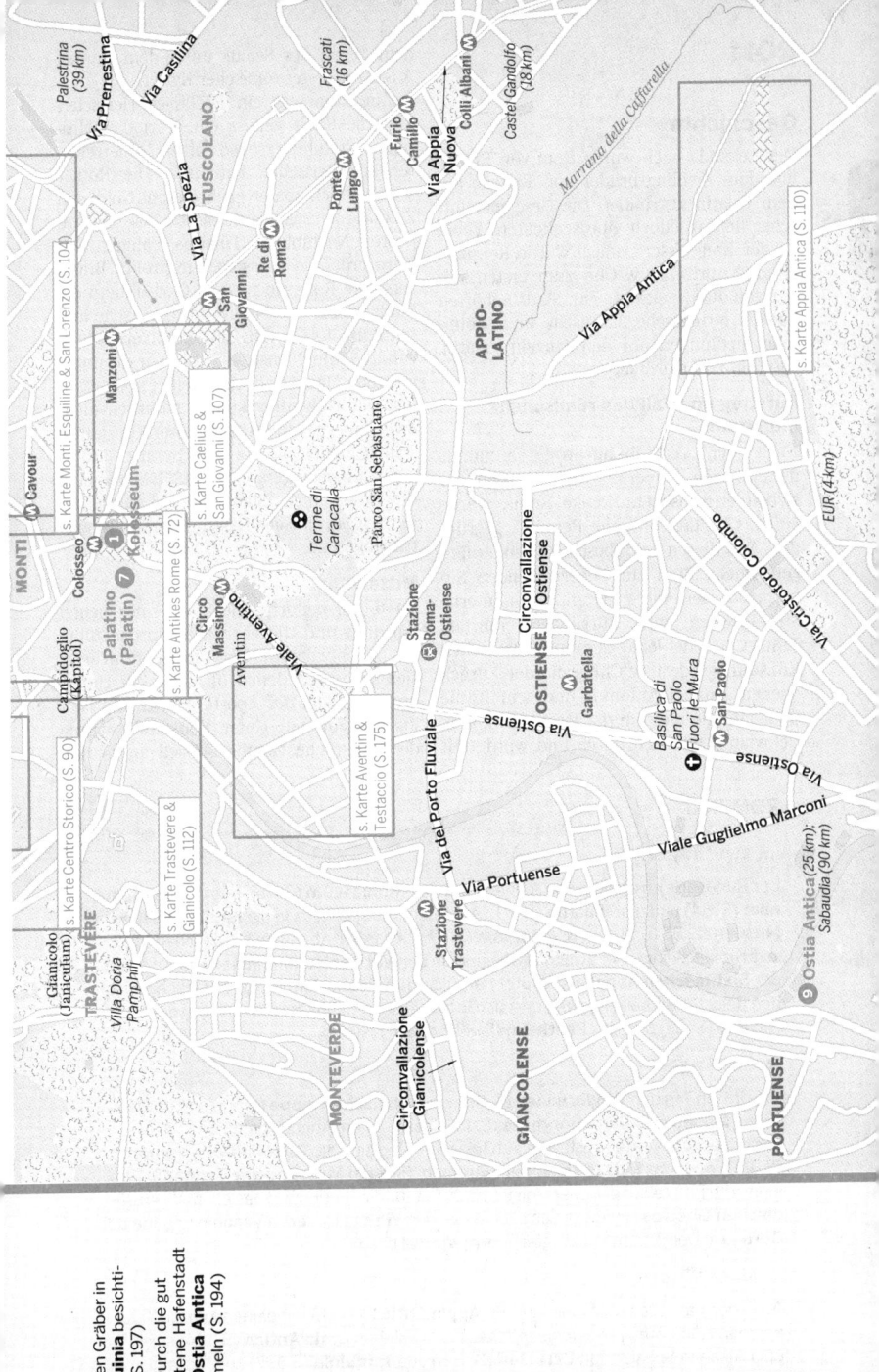

kischen Gräber in **Tarquinia** besichtigen (S. 197)

9 Durch die gut erhaltene Hafenstadt von **Ostia Antica** bummeln (S. 194)

ROM

2,61 MIO. EW.

Geschichte

Der Legende nach wurde Rom von Romulus, dem Zwillingsbruder von Remus, auf dem Palatin gegründet. Die Geschichtsforscher liefern jedoch eine schlichtere Version der Ereignisse: Danach wurde Romulus am 21. April 753 v. Chr. zum ersten König von Rom gekrönt. Zur Stadt gehörten damals etruskische, latinische und sabinische Siedlungen auf den Hügeln Palatin, Esquilin und Quirinal.

Aufstieg und Fall des römischen Imperiums

Nach der Vertreibung von Tarquinius dem Stolzen (Superbus), dem letzten der sieben etruskischen Könige Roms, wurde 509 v. Chr. die römische Republik gegründet. Aus diesen sehr bescheidenen Anfängen wuchs Rom zur beherrschenden Supermacht der Antike heran, bevor interne Streitigkeiten zum Bürgerkrieg führten. Julius Cäsar, der letzte der republikanischen Konsuln, wurde 44 v. Chr. ermordet. Zurück blieben Marcus Antonius und sein Rivale Octavian, die nun um die Macht kämpften. Octavian setzte sich durch und wurde mit dem Segen des Senats unter dem Namen Augustus erster römischer Kaiser.

Augustus war ein effektiver Herrscher und die Stadt genoss eine Periode politischer Stabilität sowie bisher unerreichter künstlerischer Triumphe. Die Römer sehnten sich später nach diesem Goldenen Zeitalter zurück, als sie die Exzesse von Augustus' Nachfolgern Tiberius, Caligula und Nero erdulden mussten. Ein großer Brand zerstörte Rom, doch 64 n. Chr. erstand die Stadt wieder wie Phönix aus der Asche und hatte um 100 n. Chr. eine Bevölkerung von rund 1,5 Mio. Menschen. Rom war die unbestrittene Hauptstadt der Welt *(Caput mundi)*. Der Höhenflug konnte natürlich nicht ewig dauern. 330 verlegte Kaiser Konstantin seinen Regierungssitz nach Byzanz – Roms Glanzzeiten waren vorbei. 455 verwüsteten die Vandalen die Stadt und 476 wurde der letzte weströmische Kaiser, Romulus Augustus, abgesetzt.

Mittelalter

Im 6. Jh. bedurfte die Stadt einer neuen Führung und die christliche Kirche füllte das Machtvakuum. Das Christentum hatte sich schon seit dem 1. Jh. dank der Untergrundtätigkeit der Apostel Petrus und Paulus ausgebreitet. Unter Konstantin wurde der christliche Glaube offiziell anerkannt.

ROM IN ...

... zwei Tagen

Der Rundgang im antiken Rom beginnt mit dem **Kolosseum** (S. 75), dem **Forum Romanum** (S. 84) und dem **Palatin** (S. 79). Am Nachmittag geht es in die **Kapitolinischen Museen** (S. 86) und zum **Il Vittoriano** (S. 87), bevor der Abend im historischen Stadtzentrum ausklingt. Der zweite Tag beginnt in den **Vatikanischen Museen** (S. 119) und der **Sixtinischen Kapelle** und führt natürlich zum **Petersdom** (S. 115). Danach einfach den Reiseführer beiseitelegen und sich in den geschäftigen Gassen rund um die **Piazza Navona** (S. 89) und das **Pantheon** (S. 88) treiben lassen.

... vier Tagen

Am dritten Tag den **Trevibrunnen** (S. 98), die **Spanische Treppe** (S. 95) und das fantastische **Museo e Galleria Borghese** (S. 156) besichtigen. Abends geht es in das angesagte Viertel Trastevere. Am folgenden Tag sind die **Galleria Doria Pamphilj** (S. 100) oder das **Museo Nazionale Romano: Palazzo Massimo alle Terme** (S. 103) eine gute Empfehlung. Danach bleibt noch Zeit für die Erkundung des ehemaligen **Jüdischen Ghettos** sowie der schicken Gässchen **Via del Governo Vecchio** und **Via dei Coronari**. Den Tag im angesagten **Monti-Viertel** beschließen.

... einer Woche

Auf jeden Fall einen Abstecher zur **Via Appia Antica** (S. 109) einplanen, um die Katakomben zu besichtigen. Für einen Tagesausflug stehen **Ostia Antica** (S. 194) sowie die etruskischen Schätze von **Cerveteri** (S. 196) und **Tarquinia** (S. 197) zur Auswahl.

ℹ TIPPS FÜRS KOLOSSEUM

Hier einige praktische Tipps, um die Warteschlangen vor dem Kolosseum zu umgehen:

➡ Am besten das (Kombi-)Ticket am Eingang zum Palatin (rund 250 m weiter in der Via di San Gregorio 30) oder am Eingang zum Forum Romanum (Largo della Salara Vecchia) kaufen.

➡ Empfehlenswert ist der Roma Pass.

➡ Online sind die Tickets erhältlich bei: www.coopculture.it (zuzüglich einer Buchungsgebühr von 1,50 €).

➡ Die offiziellen englischsprachigen Führungen kosten 5 € extra.

➡ Am späten Nachmittag sind die Besuche entspannter als am Vormittag.

Papst Gregor I. gelang es Ende des 6. Jhs., den Einfluss der Kirche auf die Stadt zu stärken. Damit legte er den Grundstein für die spätere Rolle Roms als Hauptstadt der katholischen Welt.

Das Mittelalter war eine dunkle Zeit, die von ständigen Machtkämpfen gekennzeichnet war. Die Stadt verkam zu einem wüsten Schlachtfeld, während die einflussreichen Colonna- und Orsini-Clans um die Macht stritten. Die leidende Bevölkerung kämpfte zudem mit der Pest, mit Hungersnöten und mit regelmäßigen Überflutungen des Tibers.

Wiederaufstieg

Doch aus den Ruinen des Mittelalters erstand das Rom der Renaissance. Auf Geheiß der großen römischen Dynastien auf dem Papst-Thron – vor allem der Familien Barberini, Farnese und Pamphilj – wurden die bedeutendsten Künstler des 15. und 16. Jhs. nach Rom gerufen, um z. B. am Bau der Sixtinischen Kapelle und des Petersdoms mitzuwirken. Aber auch die Feinde schliefen nicht und so plünderten die spanischen Truppen von Kaiser Karl V. 1527 die Heilige Stadt.

Ein weiteres Mal musste Rom aufgebaut werden und diesmal unter der künstlerischen Ägide zweier zutiefst verfeindeter Barockmeister des 17. Jhs.: Bernini und Borromini. Üppig gestaltete Kirchen, Brunnen und *palazzi* entstanden überall in der Stadt, weil die beiden Rivalen sich gegenseitig zu übertrumpfen versuchten.

Als dann im 19. Jh. Italien vereinigt und Rom zur Hauptstadt ausgerufen wurde, folgte der nächste Bauboom. Auch Mussolini, der sich als zeitgenössischer Augustus sah, hinterließ unübersehbar seine Spuren. Er ließ neue „imperiale" Straßen planieren und gab ambitionierte Bauprojekte in Auftrag, wie z. B. das monumentale Stadtviertel EUR.

Moderne Hinterlassenschaften

Die Nachkriegszeit sah in den 1950er- und 1960er-Jahren die glitzernde Ära des *Dolce Vita*. Zudem wuchs die Stadt rasant, was in den Bau von einigen unansehnlichen Vorstädten mündete. Eine Phase der Stadtrenovierung präsentiert Rom zum Millennium im besten Zustand seit Jahrzehnten. Seither haben sensationelle Neubauprojekte der Ewigen Stadt wieder etwas Avantgardegefühl zurückgegeben. Vorzeigbar sind z. B. Richard Meiers Museo dell'Ara Pacis sowie Massimiliano Fuksas noch in Bau befindliches Nuvola-Gebäude in EUR.

◉ Sehenswertes

Es heißt, dass selbst ein ganzes Leben nicht für Rom ausreicht (*Roma, non basta una vita!*). Es gibt einfach zu viel zu sehen. Am besten ist es, eine überschaubare Auswahl zu treffen und sich den Rest für den nächsten Besuch aufzusparen.

◉ Antikes Rom

Südöstlich des historischen Zentrums erstreckt sich das Herzstück des antiken Roms mit den großartigen Highlights des Goldenen Zeitalters: das Kolosseum, der Palatin, die Foren und das Kapitol.

⭐ **Kolosseum** AMPHITHEATER
(Karte S. 76; ☑ 06 3996 7700; www.coopculture. it; Piazza del Colosseo; Erw./erm. inkl. Forum Romanum & Palatin 12/7,50 €; ⊙ 8.30 Uhr bis 1 Std. vor Sonnenuntergang; Ⓜ Colosseo) Das Kolosseum (Colosseo) ist ein Symbol für gnadenlose Machtdemonstrationen und eine der spannendsten antiken Sehenswürdigkeiten Roms. Hier fochten die Gladiatoren vor ei-

Antikes Rom

200 m

MONTI

Via Panisperna
Via Cimarra
Via degli Zingari
Piazza Zingari
Piazza Madonna dei Monti
Via Leonina
Via dei Serpenti
Via del Boschetto
Via di Sant'Agata dei Goti
Via Mazzarino
Via del Garofano
Via dell'Agnello
Via Baccina
Via della Madonna de' Monti
Via del Cardello
Via Cavour
Via Frangipane
Piazza San Francesco di Paola
Piazza di San Pietro in Vincoli
Via di San Pietro in Vincoli
Via Eudossiana
Largo D Polveriera
Via della Polveriera
Via delle Sette Sale
Via delle Terme di Tito
Via del Fagutale
Via degli Annibaldi
Largo G Agnesi
Via delle Carine
Via del Colosseo
Via dei Fori Imperiali

Largo Angelicum
Via Tor de' Conti
Largo C Ricci
Via Alessandrina
Via Eudossiana
Hangar (200 m)

Largo Magnanapoli
Via IV Novembre
Via Alessandrina
Via dei Fori Imperiali
Via di Tulliano
Via della Curia
Via della Salara Vecchia
Largo della Salara Vecchia
Forum Romanum (Eingang)
Forum Romanum
Via Sacra
Vicus Tuscus

Via IV Novembre
Via della Sant'Eufemia
Via del Foro Traiano
Via dei Fornari
Via di San Pietro in Carcere
Kapitolinische Museen
Piazza del Campidoglio
Clivus Capitolinus
Via del Foro Romano

Piazza Venezia
Via del Plebiscito
Piazza di San Marco
Via di San Marco
Piazza d'Ara Coeli
Piazza d'Aracoeli
Via d'Aracoeli
Via Margana
Via degli Astalli
Araceoli-Treppe
Cordonata
Via del Monte Tarpeo
Campidoglio (Kapitol)
Via della Villa Caffarelli

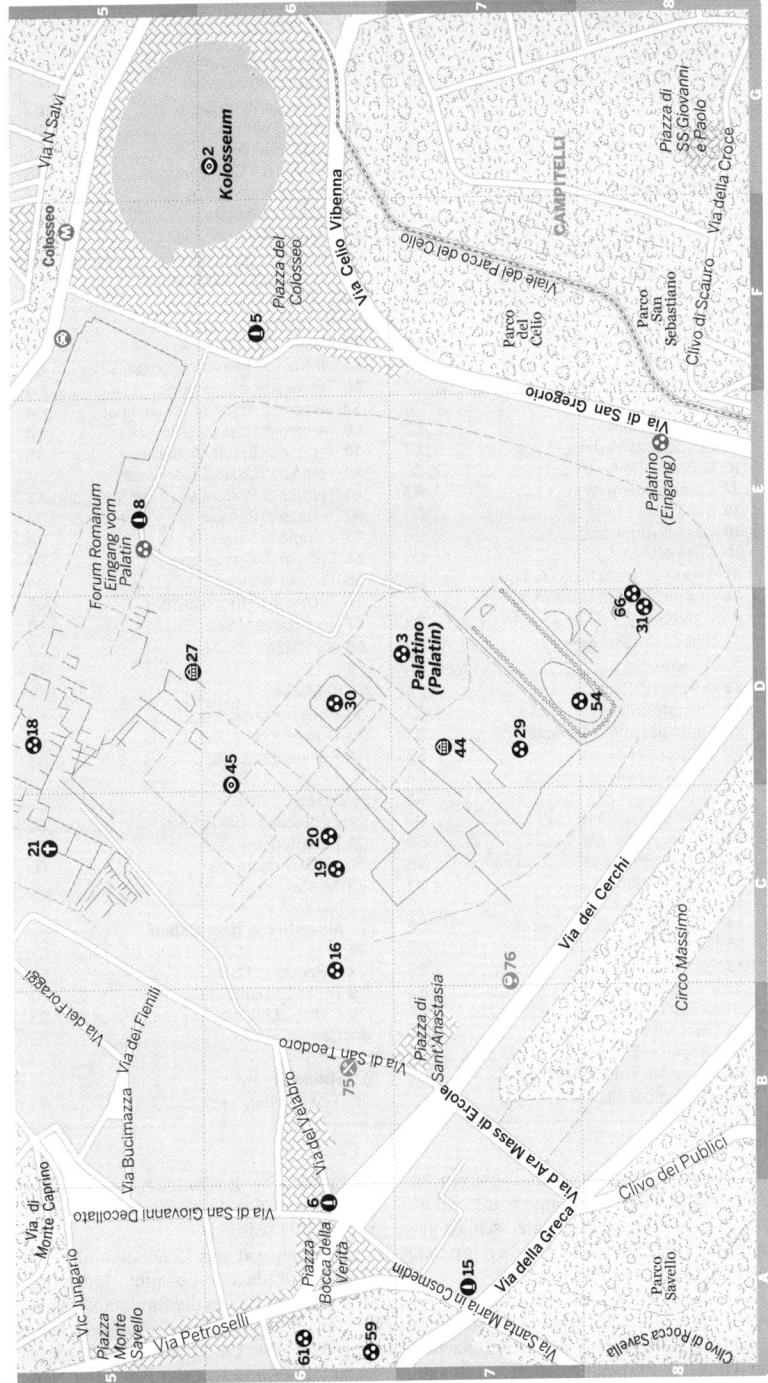

Antikes Rom

nem aufgeputschten und blutdürstigen Publikum ihre tödlichen Kämpfe mit wilden Tieren aus. 2000 Jahre später schlägt das Bauwerk die fünf Mio. Besucher pro Jahr noch immer in den Bann.

Das Kolosseum wurde von Kaiser Vespasian (69–79 n. Chr.) erbaut und 80 n. Chr. eingeweiht. Vespasians Sohn und Nachfolger Titus (79–81) beging diesen Anlass stan-

desgemäß: Die Eröffnungsspiele dauerten 100 Tage und Nächte, wobei rund 5000 Tiere geschlachtet wurden.

Eigentlich war das Kolosseum als Flavisches Amphitheater bekannt. Mit seinen 50 000 Sitzen war es die furchteinflößendste Arena im alten Rom, aber keineswegs die größte. Der Circus Maximus bot sogar bis zu 250 000 Besuchern Platz. Der Name

Kolosseum tauchte erstmals im Mittelalter auf und war keine Reminiszenz an die Größe, sondern an den Colosso di Nerone, eine gigantische Nero-Statue ganz in der Nähe.

Die **Außenmauern** werden durch drei Arkadenreihen gebildet, die durch Ionische, Dorische und Korinthische Säulen gegliedert sind. Ursprünglich waren sie mit Travertin (Kalktuff) verkleidet. In den Bögen des ersten und zweiten Stockwerks standen Marmorstatuen. In der obersten Reihe konnten 240 Masten befestigt werden, die ein über die Arena gespanntes riesiges Leinwandsegel zum Schutz gegen Sonne und Regen hielten. Die 80 **Eingangsbögen,** sogenannte *vomitoria,* ermöglichten es, dass die Zuschauermassen in wenigen Minuten zu ihren Sitzplätzen finden konnten.

Im Innenraum besaß die **Arena** einen Holzfußboden, der mit Sand bedeckt war, damit die Kämpfer nicht ausrutschten und um das Blut aufzunehmen. Falltüren führten hinunter ins **Hypogeum,** einem unterirdischen Komplex aus Gängen, Käfigen und Aufzügen, die unterhalb der Arena quasi als „Backstage"-Bereich dienten. Das Hypogeum kann zusammen mit dem oberen Bereich per Führung besichtigt werden (8 € zusätzlich zum normalen Ticket; Vorbestellung erforderlich).

Der Zuschauerraum **Cavea** war in drei Bereiche unterteilt: Unten saßen die Ratsherren und höheren Beamten, in der Mitte nahmen reiche Bürger Platz und oben saß das Volk. Mit Ausnahme der jungfräulichen Vestalinnen mussten Frauen auf den billigsten Plätzen ganz oben sitzen. Das **Podium** war eine breite Terrasse vor den Zuschauerrängen. Diese war für den Kaiser, die Senatoren und sonstige Prominente reserviert.

Mit dem Zusammenbruch des Imperiums im 5. Jh. verfiel auch das Kolosseum. Im Mittelalter wurde die Anlage zu einer Festung für die streitbaren Familienclans der Frangipani und Annibaldi. Später wurde es als Travertinsteinbruch benutzt. Der Marmor wurde unter anderem im Palazzo Venezia, im Palazzo Barberini und im Palazzo Cancelleria verbaut. Heutzutage nagen Umweltverschmutzung und Erschütterungen durch den Autoverkehr und die U-Bahn an der Bausubstanz. Der Kampf, um das Bauwerk zu erhalten, ist endlos. Momentan wird das Kolosseum über einen Zeitraum von zweieinhalb Jahren für 25 Mio. Euro grundlegend restauriert.

ℹ ZUSCHLÄGE FÜR SONDERAUSSTELLUNGEN

Viele der großen römischen Museen und Denkmäler, darunter die Kapitolinischen Museen und alle vier Standorte des Museo Nazionale Romano, organisieren regelmäßig Sonderausstellungen. Dann erhöhen sich die Eintrittspreise leicht, in der Regel um rund 3 €.

Arco di Costantino   DENKMAL
(Karte S. 76; Ⓜ Colosseum) Westlich des Kolosseums wurde dieser Triumphbogen im Jahre 312 zu Ehren des Sieges von Kaiser Konstantin über seinen Rivalen Maxentius an der Milvischen Brücke errichtet.

★ Palatin   RUINE
(Palatin; Karte S. 76; ☎ 06 3996 7700; www.coopculture.it; Via di San Gregorio 30; Erw./erm. inkl. Kolosseum & Forum Romanum 12/7,50 €; ⏱ 8.30 Uhr bis 1 Std. vor Sonnenuntergang; Ⓜ Colosseo) Der Palatin liegt zwischen dem Forum Romanum und dem Circus Maximus. Die mächtigen Pinien, die majestätischen Ruinen und die wunderbare Aussicht machen das Gelände sehr stimmungsvoll. Der Sage nach tötete Romulus hier seinen Zwillingsbruder Remus und gründete 753 v. Chr. Rom. Archäologisch lässt sich diese Legende nicht belegen, aber im 8. Jh. v. Chr. kann man in der Tat schon eine menschliche Besiedlung nachweisen.

Wegen seiner perfekten zentralen Lage oberhalb des Forum Romanum war der Palatin im alten Rom das vornehmste Stadtviertel. Kaiser Augustus verbrachte sein ganzes Leben hier und die nachfolgenden Kaiser bauten immer prächtigere Paläste. Nach dem Fall Roms setzte jedoch ein dramatischer Verfall ein und im Mittelalter wurden auf den Ruinen Kirchen und Burgen errichtet. Während der Renaissance legten reiche Familien auf dem Hügel Gärten an.

Der größte Teil des Palatin – so wie er sich heute zeigt – ist von den Ruinen des riesigen Palastkomplexes Kaiser Domitians bedeckt. 300 Jahre lang war dies der Hauptsitz der römischen Kaiser. Die Anlage wurde im 1. Jh. nach Chr. erbaut und besteht aus dem kaiserlichen Palast **Domus Flavia** (Karte S. 76), der privaten kaiserlichen Residenz **Domus Augustana** (Karte S. 76) sowie dem **Stadio** (Stadion; Karte S. 76).

Vom Eingang an der Via di San Gregorio geht es bergauf zum ersten erkennbaren

ROMULUS & REMUS, ROMS LEGENDÄRE ZWILLINGE

Die berühmteste aller römischen Legenden ist die Geschichte von Romulus und Remus, den mythischen Zwillingen, die angeblich am 21. April 753 v. Chr. Rom gründeten.

Romulus und Remus waren der Legende nach die Söhne der Vestalischen Jungfrau Rhea Silva, die von Mars verführt worden war. Nach ihrer Geburt wurden die Zwillinge von ihrem Großonkel Amulius, der seinem Bruder und Rhea Silvas Vater Numitor den Thron von Alba Longa entrissen hatte, sofort zum Tode verurteilt. Aber das Todesurteil wurde niemals vollstreckt und die beiden Babys wurden in einem Korb an den Ufern des Tibers ausgesetzt. Durch ein Hochwasser wurde der Korb zum Palatin gespült, wo die Zwillinge von einer Wölfin gerettet und später vom Hirten Faustulus aufgezogen wurden.

Viele Jahre später – nach zahllosen heroischen Abenteuern – entschlossen sich die Zwillinge, eine Stadt an der Stelle zu gründen, an der sie gerettet worden waren. Aber sie konnten sich nicht an den Ort erinnern, also befragten sie das Orakel: Remus sah auf dem Aventin sechs Geier, Romulus auf dem Palatin jedoch zwölf. Die Bedeutung war klar, also begann Romulus – sehr zum Ärger seines Bruders mit dem Bau der Stadt. Schließlich gerieten die beiden aneinander und Romulus tötete seinen Bruder im Streit.

Romulus setzte sein Werk fort und erschuf die Stadt. Um sie zu bevölkern, siedelte er auf den Hügeln Kapitol, Aventin, Caelius und Quirinal unter anderem eine bunte Mischung aus Kriminellen, Ex-Sklaven und Geächteten an. Doch der Stadt fehlten die Frauen. Romulus verfiel deshalb auf den Plan, alle Leute der Umgebung zur Feier des Consus-Festes (21. August) nach Rom einzuladen. Während die Zuschauer die Spiele verfolgten, fielen Romulus und seine Männer über die anwesenden Frauen her und verschleppten sie. Diese Schandtat ging als Raub der Sabinerinnen in die Geschichte ein.

Bauwerk, dem **Stadio,** das von den Kaisern wahrscheinlich für private Wettspiele und Veranstaltungen genutzt wurde. Neben dem Stadion befinden sich die Reste eines Komplexes, der von Kaiser Septimius Severus erbaut wurde. Dazu gehören Bäder, die **Terme di Settimio Severo** (Karte S. 76), sowie der Palast **Domus Severiana** (Karte S. 76).

Nicht weit vom Stadion befinden sich die Ruinen der riesigen Domus Augustana. Ursprünglich stand hier ein zweistöckiger Palast, dessen Räume auf beiden Ebenen auf einen bepflanzten Innenhof hinaus gingen. Die untere Ebene kann nicht besichtigt werden, aber von oben sind ein Brunnenbecken sowie dahinter Zimmer zu erkennen, die mit buntem Marmor ausgekleidet waren. 2007 wurde 15 m unter dem Palast ein mit Mosaiken verziertes Tunnelgewölbe entdeckt. Manche Leute glauben, es handle sich dabei um das *Lupercale,* die Höhle, in der nach dem Glauben der alten Römer Romulus und Remus von einer Wölfin gesäugt wurden.

Das graue Gebäude neben der Domus Augustana beherbergt das **Museo Palatino** (Karte S. 76; Eintritt im Palatin-Ticket enthalten; ⊙ 8.30 Uhr bis 1 Std. vor Sonnenuntergang; Ⓜ Colosseo) mit seiner archäologischen Sammlung, darunter die wunderbare Bronze Ermadi Canefora aus dem 1. Jh.

Jenseits des Museums liegt der öffentliche Teil des Domitianischen Palastkomplexes, die Domus Flavia. Im Zentrum befand sich ein rechteckiger Hof, heute das grasbewachsene Gelände mit dem Sockel. AUmdiesen Platz waren die wichtigsten Säle des Palastes angeordnet.

Zu den am besten erhaltenen Bauwerken auf dem Palatin zählt die nicht zugängliche **Casa di Livia** (Karte S. 76) nordwestlich der Domus Flavia. Hier wohnte Livia, die Ehefrau von Kaiser Augustus. Die Casa wurde rund um ein Atrium angelegt, das zu den mit Fresken verzierten Empfangssälen führte. Wenige Schritte weiter befindet sich die **Casa di Augusto** (Karte S. 76; ⊙ Mo, Mi, Sa–So 11–15.30 Uhr; Ⓜ Colosseo), in der Augustus residierte. Dort sind wundervolle Fresken in lebhaften Rot-, Gelb- und Blautönen zu sehen.

Hinter der Casa di Augusto liegen die **Capanne Romulee** (Hütten des Romulus; Karte S. 76). Der Sage nach sollen die Findelkinder Romulus und Remus hier von dem Hirten Faustulus aufgezogen worden sein.

Nordöstlich der Casa di Livia liegt der **Criptoportico** (Karte S. 76), ein 128 m langer Tunnel, in dem angeblich Caligula ermordet wurde. Nero nutzte den Tunnel später als Verbindung zwischen seiner Domus Aurea und dem Palatin. Durch eine Reihe von Fenstern erhellt, werden hier heute Sonderausstellungen veranstaltet.

In der nordwestlichen Ecke des Palatins stand der Palast des Tiberius, die Domus Tiberiana. Seit dem 16. Jh. befindet sich hier einer der ältesten botanischen Gärten Europas, die **Orti Farnesiani** (Karte S. 76). Von den beiden Zwillingspavillons an der Nordseite der Gärten hat man einen atemberaubenden Blick auf das Forum Romanum.

★ **Forum Romanum** RUINE
(Foro Romano; Karte S. 76; ☎ 06 3996 7700; www.coopculture.it; Largo della Salara Vecchia; Erw./erm. inkl. Kolosseum & Palatin 12/7,50 €; ⊙ 8.30 Uhr bis 1 Std. vor Sonnenuntergang; ⊑ Via dei Fori Imperiali) Heutige Besucher erleben das Forum Romanum als eine beeindruckende, wenn auch etwas verwirrende Ruinenstätte. Doch einst schlug just hier das Herz der antiken Welt und grandiose Tempel und Basiliken aus Marmor sowie pulsierende öffentliche Plätze bestimmten das Bild.

Ursprünglich beerdigten hier die Etrusker ihre Toten. Ab dem 7. Jh. v. Chr. begann die städtische Entwicklung, die sich über die Jahrhunderte fortsetzte. Schließlich war das Forum das Zentrum der römischen Republik. Im Mittelalter wurde das Gelände hingegen als *Campo Vaccino* genutzt, wörtlich übersetzt „Kuhweide". Der Marmor wurde für andere Bauten fortgeschleppt. Im 18. und 19. Jh. begannen dann systematische archäologische Ausgrabungen, die bis zum heutigen Tag andauern.

Beim Betreten des Forums vom Largo della Salara Vecchia her (es gibt auch einen

ⓘ POSIERENDE ZENTURIONEN

Vor dem Forum Romanum, dem Vittoriano und gelegentlich auch vor dem Kolosseum werden Besucher von kostümierten Leuten angesprochen, die als römische Soldaten für ein Foto posieren. Sie tun dies allerdings nicht aus Freundschaft, sondern möchten dafür bezahlt werden. Es gibt keinen festen Tarif, aber Münzen reichen völlig aus. Auf keinen Fall sollte man mehr als 5 € geben – und zwar zusammen und nicht pro Person.

Zugang direkt vom Palatin), ist als Erstes zur Linken der **Tempio di Antonino e Faustina** (Karte S. 76) zu sehen, der 141 n. Chr. errichtet und Kaiserin Faustina und Kaiser Antoninus Pius gewidmet war. Im 6. Jh. folgte die Umwandlung in eine Kirche, sodass die hohen Säulen seither die **Chiesa di San Lorenzo in Miranda** flankieren. Zur Rechten wurde die **Basilica Fulvia Aemilia** (Karte S. 76) im Jahr 179 v. Chr. errichtet. Die 100 m lange öffentliche Halle besaß einen zweigeschossigen Portikus.

Am Ende des kurzen Pfades befindet sich die **Via Sacra** (Karte S. 76), die Hauptstraße auf dem Forum. Dort liegt der **Tempio di Giulio Cesare** (Tempel des Julius Caesar; Karte S. 76), den Augustus 29 v. Chr. errichten ließ und wo Caesars Leichnam eingeäschert worden war.

Über die Via Sacra wird die **Curia** (Karte S. 76) erreicht, wo einst der römische Senat

MUSEUMSPÄSSE

Für Museumsliebhaber bieten mehrere Pässe Ermäßigungen. Man kann sie bei den jeweils teilnehmenden Museen und Sehenswürdigkeiten erwerben oder sie online unter www.coopculture.it erstehen. Den Roma Pass gibt es auch bei den Touristeninformationspunkten.

Appia Antica Card (www.coopculture.it; Erw./erm. 7/4 €, gültig: 7 Tage) Zutritt zu: Terme di Caracalla, Mausoleo di Cecilia Metella und Villa Quintili.

Archaeologia Card (Erw./Kind 24,50/14,50 €,: 7 Tage gültig) Zutritt zu: Kolosseum, Palatin, Forum Romanum, Terme di Caracalla, Palazzo Altemps, Palazzo Massimo alle Terme, Terme di Diocleziano, Crypta Balbi, Mausoleo di Cecilia Metella und Villa Quintili.

Roma Pass (www.romapass.it; 34 €, 3 Tage gültig) Freier Eintritt in zwei Museen oder Sehenswürdigkeiten (unter 45 Möglichkeiten) sowie ermäßigter Eintritt zu weiteren Sights, Ausstellungen und Events; zusätzlich unbegrenzte Nutzung der öffentlichen Verkehrsmittel. Wer die teureren Attraktionen – wie die Kapitolinischen Museen und das Kolosseum – mit dem Pass besucht, spart auf jeden Fall Geld.

TOP 5: DREHORTE

➜ Trevibrunnen (S. 98) Anita Ekberg nimmt in *La Dolce Vita* ein nächtliches Bad.

➜ Bocca della Verità (S. 87) Gregory Peck auf Stadtbesichtigung mit Audrey Hepburn in *Ein Herz und eine Krone*.

➜ Piazza Navona (S. 89) In *Eat Pray Love* tröstet sich Julia Roberts vor der Chiesa di Sant'Agnese in Agone mit einem Eis.

➜ Piazza di Spagna (S. 95) Dramatische Szene bei einem Drink am Fuße der Spanischen Treppe in *Der talentierte Mr. Ripley*.

➜ Pantheon (S. 88) Tom Hanks sucht Raffaels Grabmal in *Illuminati*.

tagte. Das Gebäude wurde mehrfach neu errichtet, bis es im Mittelalter in eine Kirche umgewandelt wurde. Heute ist eine Rekonstruktion der Curia von Diokletian (284–305) aus dem Jahr 1937 zu sehen.

Vor der Curia, hinter Baugerüsten versteckt, steht der **Lapis Niger** (Karte S. 76)**,** ein großer schwarzer Marmorblock, der angeblich die geheiligte Grabstelle des Romulus bedecken soll.

Am Ende der Via Sacra steht der 23 m hohe **Arco di Settimio Severo** (Triumphbogen des Septimius Severus; Karte S. 76). Der 203 n. Chr. errichtete markante Triumphbogen wurde dem gleichnamigen Kaiser und seinen zwei Söhnen Caracalla und Geta gewidmet. Er erinnert an einen römischen Sieg über die Parther. Ganz in der Nähe, am Fuße des Tempio di Saturno, markiert das **Millarium Aureum** (Karte S. 76) das Zentrum des antiken Roms.

Zur Linken stehen die Reste der **Rostra** (Karte S. 76), einer aufwendig gestalteten öffentlichen Rednerbühne. Shakespeare ließ hier Marcus Antonius die berühmten Worte „Mitbürger, Freunde, Römer, …" sprechen. Vor der Rostra markiert die **Colonna di Foca** (Phokas-Säule; Karte S. 76) das Zentrum der Piazza del Foro. Auf dem Forum war dies der wichtigste Markt und Versammlungsort.

Die acht Granitsäulen, die hinter der Colonna aufragen, sind die letzten Überreste des **Tempio di Saturno** (Tempel des Saturn; Karte S. 76). Dieser sehr bedeutende Tempel diente auch als staatliche Schatzkammer.

Dahinter befinden sich von Norden nach Süden die Ruinen des **Tempio della Concordia** (Tempel der Eintracht; Karte S. 76), des **Tempio di Vespasiano** (Tempel des Vespasian und Titus; Karte S. 76) und des **Portico degli Dei Consenti** (Karte S. 76).

An dem Weg, der parallel zur Via Sacra verläuft, blieben die Ruinenstümpfe der **Basilica Giulia** (Karte S. 76) erhalten. Ihr Bau wurde unter Julius Caesar begonnen und von Augustus vollendet. Am Ende der Basilika ragen drei Säulen des **Tempio di Castore e Polluce** (Tempel von Castor und Pollux; Karte S. 76) auf, der zu Beginn des 5. Jhs. v. Chr. errichtet wurde. Der Tempel erinnert an den Sieg über die etruskischen Tarquinier 489 v. Chr. Südlich des Tempels ist die **Chiesa di Santa Maria Antiqua** (Karte S. 76) die älteste christliche Kirche auf dem Forum.

Wieder zurück Richtung Via Sacra war die **Casa delle Vestali** (Haus der vestalischen Jungfrauen; Karte S. 76) der Sitz der Jungfrauen, die die heilige Flamme im benachbarten **Tempio di Vesta** (Karte S. 76) hüteten.

Sechs jungfräuliche Priesterinnen im Alter von sechs bis zehn Jahren wurden aus Patrizierfamilien für diese Aufgabe ausgewählt. Sie mussten dann 30 Jahre lang im Tempel ihren Dienst tun. Wenn die Flamme im Tempel erlosch, wurde die verantwortliche Priesterin ausgepeitscht. Verlor eine Priesterin ihre Jungfräulichkeit, wurde sie lebendig begraben, denn ihr Blut durfte nicht vergossen werden. Der betroffene Mann wurde zu Tode geprügelt.

Ein Stückchen weiter entlang der Via Sacra, vorbei am **Tempio di Romolo** (Tempel des Romulus; Karte S. 76), steht die **Basilica di Massenzio** (Maxentius- oder Konstantinsbasilika; Karte S. 76)**,** das größte Gebäude auf dem Forum. Der Bau der Basilika wurde von Kaiser Maxentius begonnen und von Konstantin 315 vollendet. Deshalb ist sie auch als Basilica di Costantino bekannt. Ursprünglich bedeckte sie eine Fläche von rund 100 x 65 m. Reste der einst kolossalen Konstantin-Statue wurden 1487 entdeckt. Sie sind heute in den Kapitolinischen Museen ausgestellt.

Jenseits der Basilika wurde der **Arco di Tito** (Triumphbogen des Titus; Karte S. 76) im Jahr 81 n. Chr. errichtet, um die Siege von Vespasian und Titus über Jerusalem zu würdigen. Dementsprechend vermieden die römischen Juden es, unter diesem Bogen hindurchzugehen, weil er den Beginn der jüdischen Diaspora markiert.

Basilica di SS Cosma e Damiano BASILICA

(Karte S. 76; Via dei Fori Imperiali; Krippe: empfohlene Spende 1 €; 9–13 & 15–19 Uhr, Presepe Fr–So 10–13 & 15–18 Uhr; Via dei Fori Imperiali) Am Rande des Forums bedeckt die Basilika Teile des **Foro di Vespasiano**. Teile des **Tempio di Romolo** wurden am Ende des Kirchenschiffs ebenfalls integriert. Der eigentliche Grund für einen Besuch sind jedoch die fantastischen Mosaiken in der Apsis (6. Jh.), welche Christi als Triumphator darstellen. Sehenswert ist auch die neapolitanische **Presepe** (Weihnachtskrippe) aus dem 18. Jh. Sie befindet sich in einem Raum am Kreuzgang (17. Jh.).

Carcere Mamertino HISTORISCHE STÄTTE

(Mamertinischer Kerker; Karte S. 76; 06 69 89 61; Clivo Argentario 1; Erw. 6 €; Sommer 9.30–19 Uhr, Winter 9.30–17 Uhr, letzter Einlass 40 Min. vor Schließung; Via dei Fori Imperiali) Am Fuße des Kapitols war der Mamertinische Keller im antiken Rom das Hochsicherheitsgefängnis. Auch der Apostel Petrus saß dort ein. Einer Legende nach taufte er seine Mitgefangenen mit Wasser aus einer wundersam aufgetauchten Quelle. An den nackten Wänden erkennt man frühchristliche Fresken, die Jesus, Petrus und Paulus darstellen. Besuch nur mit Führung.

Kaiserforen RUINE

(Karte S. 76; Via dei Fori Imperiali; Via dei Fori Imperiali) Die Ruinen jenseits der Straße am Forum Romanum sind allgemein als Kaiserforen (Fori Imperiali) bekannt. Sie wurden zwischen 42 v. Chr. und 112 n. Chr. von mehreren Kaisern angelegt und verschwanden zu einem großen Teil unter der 1933 von Mussolini gebauten Via dei Fori Imperiali. Seither konnte ein Großteil durch Ausgrabungen ans Tageslicht gebracht werden, doch die Arbeiten dauern an und Besuche sind auf die Mercati di Traiano (Trajansmärkte) beschränkt. Der Zugang befindet sich im Museo dei Fori Imperiali.

Vom **Foro di Traiano** (Trajansforum; Karte S. 76) blieb nur wenig erhalten, außer einigen Säulen der **Basilica Ulpia** (Karte S. 76) sowie der **Colonna di Traiano** (Trajanssäule; Karte S. 76; Via dei Fori Imperiali; Via dei Fori Imperiali). Die sehr detaillierten Reliefs feiern Trajans militärischen Sieg über die Daker im heutigen Rumänien.

Südöstlich davon erheben sich drei Tempelsäulen aus den Ruinen des **Foro di Augusto** (Augustusforum; Karte S. 76), das größtenteils unter der Via dei Fori Imperiali verschwand. Die 30 m hohe Mauer hinter dem Forum sollte gegen die regelmäßig ausbrechenden Feuersbrünste schützen.

Das **Foro di Nerva** (Nervaforum; Karte S. 76) verschwand ebenfalls unter Mussolinis Straßenprojekt, auch wenn ein Teil des Minervatempels noch steht. Ursprünglich verband es das Foro di Augusto mit dem im 1. Jh. errichteten **Foro di Vespasiano** (Vespasiansforum; Karte S. 76), das auch als Friedensforum bekannt war.

ROM & LATIUM SEHENSWERTES

INSIDERWISSEN

UNBEKANNTES ROM

Seit 2005 arbeitet Silvia Prosperi als Reiseführerin und kennt die römischen Highlights wie ihre Westentasche. Hier empfiehlt sie einige der weniger bekannten Sights in Rom:

Die Favoriten

„Meine Favoritenliste in Rom ist lang. Die Trajanssäule (S. 83) ist ein Meisterwerk, das manchmal übersehen wird. Das Archäologische Museum im Palazzo Massimo alle Terme (S. 103) wird ebenfalls unterschätzt. Ich liebe auch die Stimmung im Etruskischen Museum in der Villa Giulia (S. 159) sowie den Blick von der Terrasse der Engelsburg (S. 123).

Zwei zu Unrecht selten besuchte Sights

Der Trajansmarkt (S. 86) ist genauso interessant wie Bramantes Tempietto (S. 114) auf dem Gianicolo."

Forum Romanum

Ein Forum war früher Marktplatz, Bürgerzentrum und religiöser Versammlungsort in einem – und das größte Forum überhaupt war das in Rom. Es liegt zwischen dem Hügel Palatin, der nobelsten Wohnadresse im alten Rom, und dem Kapitol. Jeden Tag gab es dort zahllose Aktivitäten. Senatoren debattierten in der **Curia** 1, Käufer drängten sich auf den Plätzen und durch die Straßen, die Fußgängern vorbehalten waren, Menschengruppen versammelten sich unter der **Phokas-Säule** 2 und lauschten Politikern, die vom **Rostrum** 2 ihre Reden schwangen. In den Basiliken, wie zum Beispiel der **Basilica di Massenzio** 3, traten Rechtsanwälte vor Gericht auf und in der **Casa delle Vestali** 4 gingen die Vestalinnen still ihren Verpflichtungen nach.

Im Forum wurden auch Festlichkeiten zelebriert: An religiösen Feiertagen gab es Zeremonien in den Tempeln wie dem **Tempio di Saturno** 5 und dem **Tempio di Castore e Polluce** 6, militärische Siege wurden mit dramatischen Prozessionen entlang der Via Sacra sowie der Errichtung von Triumphbögen wie dem **Arco di Settimio Severo** 7 und dem **Arco di Tito** 8 geehrt.

Die Ruinen von heute sind eindrucksvoll, vermitteln aber nicht unbedingt ein klares Bild davon, wie das Forum einst aussah. Diese Darstellung zeigt das Forum in seiner Glanzzeit, mit allen Tempeln, öffentlichen Gebäuden und gewaltigen Monumenten.

TOP-TIPPS

» Vom Palatin und vom Kapitol aus hat man den schönsten Blick auf das Forum Romanum.

» Frühmorgens oder spätnachmittags kommen; zwischen 11 und 14 Uhr ist der Andrang am größten.

» Im Sommer wird es auf dem Gelände heiß, und es gibt kaum Schatten. Ein Hut und reichlich Trinkwasser sind sehr hilfreich.

Colonna di Foca & Rostrum

Die frei stehende, 13,5 m hohe Phokas-Säule von 608 n. Chr. ist das jüngste Monument im Forum. Das Rostrum dahinter bot eine grandiose Plattform für öffentliche Redeauftritte.

Campidoglio (Kapitol)

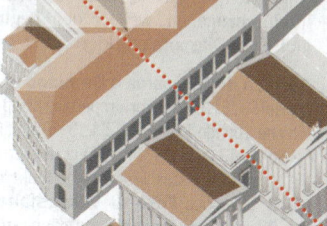

Eintritt

Die Eintrittskarte ist zwar zwei Tage gültig, doch sie erlaubt nur jeweils einen Besuch im Forum, Kolosseum und dem Palatin.

Tempio di Saturno

Der Saturntempel war das Fort Knox des alten Roms, denn hier war die Staatskasse untergebracht. Zu Caesars Zeiten enthielt sie 13 Tonnen Gold, 114 Tonnen Silber und 30 Millionen Silbersesterzen.

JONATHAN SMITH/GETTY IMAGES©

LONELY PLANET/GETTY IMAGES ©

Tempio di Castore e Polluce

Nur noch drei Säulen des Tempels von Castor und Pollux sind erhalten. Der Sage nach wurde er den Dioskuren geweiht, nachdem sie den Römern zum Sieg über die Etrusker verhalfen.

Arco di Settimio Severo

Der Septimius-Severus-Bogen ist eines der imposantesten Monumente auf dem Forum. Zwei Relieftafeln verherrlichen Septimius Severus' militärische Siege über die Parther.

Curia

Das große, einfache Gebäude war der offizielle Sitz des Römischen Senats. Ein Großteil des heutigen Gebäudes ist Rekonstruktion, doch der Marmorfußboden im Innern stammt noch aus dem 3. Jh. zur Zeit des Kaisers Diokletian.

Basilica di Massenzio

Die schiere Größe dieser Basilika aus dem 4. Jh. ist beeindruckend. Ursprünglich war die zentrale Halle in riesige Schiffe unterteilt; von denen heute nur noch ein Teil des nördlichen Seitenschiffs besteht.

> **Julius Caesar ruhe sanft**
>
> Julius Caesar wurde an der Stelle eingeäschert, wo heute der Tempio di Giulio Cesare steht.

Via Sacra

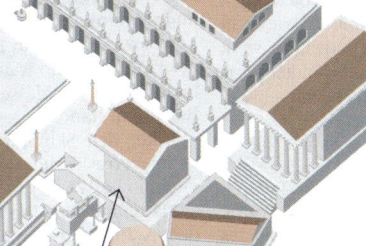

Tempio di Giulio Cesare

Casa delle Vestali

Weiße Statuen umgeben das grasbewachsene Atrium des ehemals luxuriösen 50-Zimmer-Hauses der Vestalinnen. Die Jungfrauen spielten eine wichtige Rolle im religiösen Leben, denn sie dienten der Göttin Vesta.

Arco di Tito

Der Arc de Triomphe in Paris soll von diesem noch gut erhaltenen Triumphbogen inspiriert worden sein. Er wurde von Kaiser Domitian zu Ehren seines älteren Bruders Titus errichtet.

Auf der anderen Straßenseite sind die drei Säulen auf einer erhöhten Plattform die sichtbarsten **Überbleibsel des Foro di Cesare** (Caesarforum; Karte S. 76).

Mercati di Traiano – Museo dei Fori Imperiali MUSEUM

(Karte S. 76; ☎ 06 06 08; www.mercatiditraiano.it; Via IV Novembre 94; Erw./erm. 9,50/7,50 €; ⊙ Di–So 9–19 Uhr, letzter Einlass 18 Uhr; 🚇 Via IV Novembre) Dieses hervorragende Museum erweckt die **Mercati di Traiano** (Trajansmarkt, Karte S. 76) zu neuem Leben. Unter Kaiser Trajan war dies im 2. Jh. ein großartiger Marktkomplex. Zugleich bietet das Museum eine faszinierende Einführung zu den **Kaiserforen**. Die Erläuterungstafeln sind sehr detailliert und von zahlreichen archäologischen Funden begleitet.

Vom Hauptgang führt ein Lift hinauf zum roten Ziegelturm, der **Torre delle Milizie** (Milizenturm; Karte S. 76) aus dem 13. Jh. Hier ist auch ein Zugang zu den höhergelegenen Teilen der Mercati. Diese Märkte waren in einem dreistöckigen halbrunden Bauwerk untergebracht. Hunderte von Händlern verkauften hier alles von Öl und Gemüse bis zu Blumen, Seide und Gewürzen.

Piazza del Campidoglio PIAZZA

(Karte S. 76; 🚇 Piazza Venezia) Die elegante Piazza del Campidoglio (Kapitolsplatz) wurde 1538 von Michelangelo als Herzstück des Kapitols (Campidoglio) entworfen. Dies war einer der sieben Hügel, auf denen Rom gegründet wurde. In der Antike befanden sich hier zwei der wichtigsten römischen Tempel: Der eine war Jupiter Capitolinus geweiht, der andere Juno Moneta. Hier befand sich die römische Prägeanstalt.

Ein Zugang zum Platz erfolgt vom Forum Romanum aus, doch geradezu dramatisch ist der Zugang über die elegante Treppe **Cordonata** (Karte S. 76), die von der Piazza d'Aracoeli hinaufführt. Oben angelangt wird der Platz von drei *palazzi* begrenzt: dem **Palazzo Nuovo** (Karte S. 76) zur Linken, dem **Palazzo Senatorio** (Karte S. 76) vorn sowie rechts vom **Palazzo dei Conservatori** (Karte S. 76). Der Palazzo Nuovo und der Palazzo dei Conservatori beherbergen die Kapitolinischen Museen, während der Palazzo Senatorio vom Stadtrat und der Stadtverwaltung genutzt werden.

In der Mitte des Platzes steht die bronzene **Reiterstatue von Marc Aurel** (Karte S. 76) – eine Kopie. Das Original aus dem 2.

Jh. n. Chr. befindet sich in den Kapitolinischen Museen.

★ Kapitolinische Museen MUSEUM

(Musei Capitolini; Karte S. 76; ☎ 06 06 08; www.museicapitolini.org; Piazza del Campidoglio 1; Erw./erm. 9,50/7,50 €; ⊙ Di–So 9–20 Uhr, letzter Einlass 19 Uhr; 🚇 Piazza Venezia) Das älteste staatliche Museum der Welt wurde schon 1471 gegründet, als Papst Sixtus IV. der Stadt einige Bronzestatuen schenkte. Daraus entwickelte sich eine der wertvollsten Sammlungen klassischer Kunst in ganz Italien. Heute sind die Kapitolinischen Museen in zwei *palazzi* an der Piazza del Campidoglio untergebracht.

Der Eingang befindet sich im **Palazzo dei Conservatori**, wo sich im ersten Stock das ursprüngliche Herz der Skulpturensammlung befindet. Im zweiten Stock ist die Gemäldesammlung zu sehen. Bevor man sich den Skulpturen widmet, sollte man einen Blick auf die Körperfragmente aus Marmor im **Innenhof** werfen. Der überdimensionale Kopf sowie Hand und Füße gehörten zu einer 12 m hohen Konstantinsstatue, die einst in der Basilica di Massenzio auf dem Forum Romanum stand.

Unter den Skulpturen im ersten Stock ist die etruskische *Lupa Capitolina* (Kapitolinische Wölfin) in der Sala della Lupa am berühmtesten. Die bronzene Wölfin aus dem 5. Jh. säugt Romulus und Remus und wacht über die Zwillinge. Ein weiterer Publikumsrenner ist der zierliche *Spinario* (1. Jh. v. Chr.). Die Bronzeskulptur zeigt in der Sala dei Trionfi einen Jungen, der sich einen Dorn aus dem Fuß zieht. Beim Publikum beliebt ist auch Gian Lorenzo Berninis Büste *Medusa* in der Sala delle Oche.

Ebenfalls im ersten Stock befindet sich in einem modernen Flügel, der als **Esedra di Marco Aurelio** bekannt ist, das Original der Reiterstatue, die auf dem Platz vor dem Museum steht. Ebenfalls zu sehen sind Grundmauern des Jupitertempels, der einst das Kapitol dominierte.

Im zweiten Stock präsentiert die **Pinakothek** eine große Auswahl an bedeutenden italienischen und flämischen Künstlern, darunter Tizian, Tintoretto, Van Dyck, Rubens und Caravaggio. In jedem Saal sind wahre Meisterwerke zu bewundern, doch zwei von ihnen ragen heraus: In der Sala Pietro da Cortona ist Pietro da Cortonas Darstellung des *Ratto delle sabine* (Der Raub der Sabinerinnen) zu sehen, und die Sala di Santa

Petronilla wurde nach Guercinos riesigem Gemälde *Seppellimento di Santa Petronilla* (Das Begräbnis der hl. Petronilla) benannt. Hier befinden sich auch zwei Gemälde von Caravaggio: *La Buona Ventura* (Die Wahrsagerin; 1595) zeigt eine Zigeunerin, die vorgibt einem Jungen aus der Hand zu lesen, in Wirklichkeit aber seinen Ring stiehlt; *San Giovanni Battista* (Johannes der Täufer; 1602) hingegen ist eine ungewöhnlich sinnliche Darstellung des Heiligen.

Ein Tunnel verbindet den Palazzo dei Conservatori mit dem Palazzo Nuovo. Dazwischen befindet sich unter dem Palazzo Senatorio das **Tabularium**, das antike Zentralarchiv Roms.

Der **Palazzo Nuovo** präsentiert weitere atemberaubende klassische Skulpturen. In der Sala del Galata, am oberen Ende der Treppenaufgangs in den ersten Stock, steht eines der Highlights des Museums: der *Galata Morente*. Der „sterbende Gallier" ist die römische Kopie einer griechischen Statue aus dem 3. Jh. v. Chr. Sie zeigt plastisch die stumme Resignation des gallischen Kriegers angesichts des nahenden Todes. Ein weiteres Meisterwerk ist die einfühlsame, aber auch „züchtige" Darstellung der *Venere Capitolina* (Kapitolinische Venus) im Gabinetto della Venere, der vom Hauptgang abzweigt.

Chiesa di Santa Maria in Aracoeli   KIRCHE
(Karte S. 76; Piazza Santa Maria in Aracoeli; ⊙9–12.30 & 14.30–17.30 Uhr; 🚉Piazza Venezia) Oberhalb der Aracoeli-Treppe aus dem 14. Jh. befindet sich die romanische Kirche aus dem 6. Jh. auf dem höchsten Punkt des Kapitols. Sehenswert ist der beeindruckende Cosmaten-Fußboden sowie ein bedeutendes Fresko von Pinturicchio aus dem 15. Jh. Die angebetete Hauptattraktion ist ein hölzernes Christkind, das über heilende Kräfte verfügen soll. Die Puppe ist jedoch eine Kopie. Das Original wurde 1994 gestohlen und nie wieder gefunden. Das Holz stammte angeblich aus dem Garten Gethsemane.

Die Kirche befindet sich dort, wo früher der römische Tempel der Juno Moneta stand. Sie steht schon lange in Zusammenhang mit Christi Geburt. Der Legende nach prophezeite die Tiburtinische Sybille hier Kaiser Augustus die Geburt von Jesus.

Il Vittoriano   DENKMAL
(Karte S. 76; Piazza Venezia; ⊙Sommer 9.30–17.30 Uhr, Winter 9.30–16.30 Uhr; 🚉Piazza Venezia) GRATIS Man kann es lieben oder wie die meisten Einheimischen hassen. Aber das monumentale weiße Marmordenkmal, das die Piazza Venezia dominiert, kann man einfach nicht ignorieren. Das 1885 begonnene Bauwerk ist auch als Altare della Patria (Altar des Vaterlands) bekannt, denn es gedenkt der Vereinigung Italiens. Auf dem überdimensionalen Pferd sitzt Italiens erster König Vittorio Emmanuele II.

Zum Denkmal gehören das **Grab des Unbekannten Soldaten** sowie im Inneren das kostenlos zugängliche **Museo Centrale del Risorgimento** (Karte S. 76; Via di San Pietro in Carcere; ⊙9.30–18.30 Uhr) GRATIS, das sich der italienischen Staatsgründung widmet. Im **Complesso del Vittoriano** (Karte S. 76; ☏06 678 06 64; Via di San Pietro in Carcere; ⊙variiert je nach Ausstellung) finden regelmäßig Kunstausstellungen statt.

Für den besten Rundum-Blick auf Rom und seine Dächer empfiehlt sich eine Fahrt mit dem Aufzug **Roma dal Cielo** (Karte S. 76; Erw./erm. 7/3,50 €; ⊙Mo–Do 9.30–18.30, Fr–So 9.30–19.30 Uhr) zur Spitze des Denkmals.

Palazzo Venezia   PALAST
(Karte S. 76; Piazza Venezia; 🚉Piazza Venezia) Hier handelt es sich um den ersten Palast Roms, der zwischen 1455 und 1464 im prachtvollen Renaissancestil erbaut wurde. Jahrhundertelang diente er als Botschaft der Republik Venedig, doch sein berüchtigster Bewohner war Mussolini, der gerne vom Balkon zu den Massen sprach. Heute beherbergt der Palast das **Museo Nazionale del Palazzo Venezia** (Karte S. 90; ☏06 678 01 31; Via del Plebiscito 118; Erw./erm. 5/2,50 €; ⊙Di–So 8.30–19.30 Uhr; 🚉Piazza Venezia) mit seiner bunten Sammlung an byzantinischen und frühen Renaissance-Gemälden, Teppichen und Waffen.

Basilica di San Marco   BASILIKA
(Karte S. 90; Piazza di San Marco 48; ⊙Di–Sa 8.30–12 & 16–18, So 9–13 & 16–20 Uhr; 🚉Piazza Venezia) Angeblich soll dort, wo im frühen 4. Jh. die Basilika errichtet wurde, das Haus gestanden haben, in dem der Evangelist Markus bei seinem Aufenthalt in Rom gewohnt hatte. Die Hauptattraktion ist das goldene Mosaik in der Apsis (9. Jh.).

Bocca della Verità   DENKMAL
(Karte S. 76; Piazza Bocca della Verità 18; Spende 0,50 €; ⊙Winter 9.30–16.50 Uhr, Sommer 9.30–17.50 Uhr; 🚉Piazza Bocca della Verità) Das scheibenförmige Stück Marmor war

eigentlich Teil eines Brunnens oder womöglich war es ein antiker Kanaldeckel. Heute ist die *Bocca della Verità* (Mund der Wahrheit) eine der bekanntesten Kuriositäten Roms. Angeblich schnappt der Mund zu, wenn man seine rechte Hand hineinlegt und dabei lügt.

Der Mund befindet sich in der Säulenhalle einer der schönsten mittelalterlichen Kirchen der Stadt, der **Chiesa di Santa Maria in Cosmedin** (Karte S. 76). Sie stammt aus dem 8. Jh., aber erst im 12. Jh. wurden die siebenstöckige Glockenturm sowie die Säulenhalle ergänzt. Zudem wurde der Boden mit Cosmaten-Marmorarbeiten dekoriert.

Gegenüber der Kirche stehen zwei winzige römische Tempel, die aus dem 2. Jh. v. Chr. stammen: Der runde **Tempio di Ercole Vincitore** (Karte S. 76) sowie der **Tempio di Portunus** (Karte S. 76), der dem römischen Gott der Flüsse und Häfen geweiht ist. Ganz in der Nähe des Platzes erhebt sich der viereckige **Arco di Giano** (Karte S. 76) , der Janusbogen, der früher einmal eine Kreuzung überspannte.

◉ Centro Storico

Das historische Zentrum ist ein Labyrinth und bietet genau das, weswegen man nach Rom kommt: Romantische Kopfsteingassen, opernhafte Plätze, Renaissance-*palazzi* und Barockkirchen bestimmen das Bild. Das Pantheon und die Piazza Navona sind die Highlights, aber es gibt eine ganze Vielzahl weiterer Denkmäler und kunstvoll ausgestattete Kirchen.

★ Pantheon
KIRCHE

(Karte S. 90; Piazza della Rotonda; ☺ Mo–Sa 8.30–19.30, So 9–18 Uhr; 🚇 Largo di Torre Argentina) GRATIS Neben dem Kolosseum ist das Pantheon eines der Wahrzeichen von Rom. Der 2000 Jahre alte Tempel ist heute eine Kirche und das besterhaltene antike Gebäude der Stadt. Auf die gesamte westliche Welt hat es großen Einfluss ausgeübt. Dem angegrauten, narbenübersäten Äußeren sieht man sein Alter deutlich an, doch der Innenraum ist eine Offenbarung. Schon der Gang durch die mächtigen Bronzetüren ist beeindruckend und dann gleitet der Blick nach oben zur weltweit größten Kuppel, die ohne Stahlbeton errichtet wurde.

Die jetzige Form geht auf das Jahr 120 n. Chr. zurück, als Kaiser Hadrian einen Tempel von Marcus Agrippa (27 v. Chr.) überbauen ließ. Agrippas Name ist jedoch noch immer auf dem Giebeldreieck eingraviert. Hadrian widmete das Pantheon den antiken Göttern. Sein Name leitet sich auch ab von *pan*, griechisch für „alle", und *theos*, „Gott". 608 wurde der Tempel zur christlichen Kirche. Während der Renaissance studierten viele Künstler das Pantheon und Brunelleschi ließ sich von der Kuppel für seinen Duomo in Florenz inspirieren. Zugleich entstand eine bedeutende Grablege mit den Gräbern von Raffael sowie der Könige Vittorio Emanuele II. und Umberto I.

Das eigentlich Faszinierende am Pantheon sind jedoch die gewaltigen Ausmaße sowie die außergewöhnliche Kuppel. Allgemein wird das Gebäude als die größte Bauleistung der Römer gepriesen. Die Kuppel war bis ins 15. Jh. die größte der Welt und ist noch heute die größte Kuppel, die jemals ohne Stahlbeton errichtet wurde. Die harmonische Wirkung liegt an der präzise berechneten Symmetrie: Der Durchmesser der Kuppel entspricht mit 43,3 m genau der Innenhöhe des Pantheons. Tageslicht fällt durch die 8,7 m breite Öffnung (Oculus) in der Kuppel, die zudem als symbolische Verbindung zwischen dem Tempel und den Göttern diente. Durch die Öffnung regnet es zwar ins Pantheon hinein, doch das Wasser fließt durch 22 fast unsichtbare Abflusslöcher im leicht geneigten Marmorboden ab.

Auch wenn das Äußere deutliche Spuren des Alters trägt, ist es immer noch beeindruckend: 16 korinthische Säulen – jede aus einem einzigen Stein geschlagen – tragen das Giebeldreieck. Nieten und Löcher im Mauerwerk verraten, wo die originale Marmorverkleidung entfernt wurde. Dank der Umwandlung zur christlichen Kirche im 7. Jh. blieb dem Pantheon der Verfall erspart, der vielen anderen Bauwerken aufgrund christlicher Nachlässigkeit den Garaus machte. Vor Plünderern war das Pantheon allerdings nicht geschützt. Die bronzenen Dachziegel wurden genauso entfernt wie die Bronze vom Portikus, die Bernini für den Baldachin im Petersdom benötigte. Immerhin blieben die originalen römischen Bronzetüren erhalten.

Chiesa di Santa Maria Sopra Minerva
KIRCHE

(Karte S. 90; Piazza della Minerva; ☺ Mo–Fr 8–19, Sa–So 8–13 & 15.30–19 Uhr; 🚇 Largo di Torre Argentina) Berninis heiß geliebte Skulptur *Elefantino* verkündet die Nähe der einzigen gotischen Kirche Roms, der Chiesa di Santa Maria Sopra Minerva. Die Dominikanerkirche wurde auf den Ruinen des antiken Minervatempels erbaut und über die Jahrhunderte immer wieder umgebaut. Vom Zustand aus dem 13. Jhs blieb deshalb nur wenig erhalten.

Im Inneren sind zwei wunderbare Fresken von Filippino Lippi (15. Jh.) sowie das majestätische Grabmal von Papst Paul IV. zu sehen. Links vom Hochaltar befindet sich eine von Michelangelos weniger bekannten Skulpturen: *Cristo Risorto* (Jesus trägt das Kreuz; 1520). Ein Altarbild der Madonna mit Kind in der zweiten Kapelle im nördlichen Querschiff wird Fra Angelico zugeschrieben, der in der Kirche auch beigesetzt wurde.

Unter dem Hochaltar ruhen die sterblichen Überreste der heiligen Katharina von Siena (nur ihr Kopf ist in Siena verblieben), in der Apsis befinden sich die Grablegen zweier Medici-Päpste, Leos X. und Clemens' VII.

★ Chiesa di San Luigi dei Francesi   KIRCHE

(Karte S. 90; Piazza di San Luigi dei Francesi; ⏲10–12.30 & 15–19 Uhr, Do Nachmittag geschl.; 🚌Corso del Rinascimento) Seit 1589 dient die Kirche der französischen Gemeinde Roms als Gotteshaus. Zu sehen sind drei Gemälde von Caravaggio, die als Matthäus-Zyklus berühmt sind: *La Vocazione di San Matteo* (Die Berufung des hl. Matthäus), *Il Martiro di San Matteo* (Der Märtyrertod des hl. Matthäus) sowie *San Matteo e l'Angelo* (Der hl. Matthäus und der Engel).

Sie stammen aus der Zeit zwischen 1600 und 1602 und zählen zu Caravaggios frühen religiösen Werken, verraten aber eindeutig seine Handschrift: Die Darstellung ist äußerst realistisch und die Hell-Dunkel-Effekte sind dramatisch.

Vor dem Verlassen der Kirche sollte man einen Blick auf Domenichinos farbenfrohes Fresko der hl. Cäcilia aus dem 17. Jh. in der zweiten Kapelle rechts werfen.

Chiesa di Sant'Agostino   KIRCHE

(Karte S. 90; Piazza di Sant'Agostino 80; ⏲7.30–12.30 & 16–18.30 Uhr; 🚌Corso del Rinascimento) In dieser frühen Renaissancekirche (15. Jh.) trifft man auf zwei herausragende Kunstwerke: Raffael schuf 1512 das Fresko *Isaiah* (Jesaja) und Caravaggio 1604 die *Madonna dei Pellegrini* (Madonna der Pilger). Letzteres Werk sorgte bei der Enthüllung für Aufruhr, weil Maria barfüßig dargestellt ist und die beiden ergebenen Pilger als schmut-

zige Bettler. Bemerkenswert ist auch die 1521 von Jacopo Sansovino gefertigte Skulptur *Madonna del Parto* (Madonna der Geburt), die von einheimischen schwangeren Frauen sehr verehrt wird.

Museo Nazionale Romano: Palazzo Altemps   MUSEUM

(Karte S. 90; ☎06 3996 7700; http://archeoroma.beniculturali.it/en/museums/national-roman-museum-palazzo-altemps; Piazza Sant'Apollinare 44; Erw./erm. 7/3,50 €; ⏲Di–So 9–19.45 Uhr; 🚌Corso del Rinascimento) Diese Museumsperle präsentiert die schönsten klassischen Skulpturen aus der erstklassigen Sammlung des Museo Nazionale Romano. Viele Exponate stammen aus der gefeierten Ludovisi-Sammlung, die von Kardinal Ludovico Ludovisi im 17. Jh. angelegt worden war.

Ein Highlight ist der marmorne *Trono Ludovisi* (Ludovisis Thron, 5. Jh.): Aphrodite wird als Neugeborenes aus dem Meer gezogen. Im selben Saal befinden sich zwei kolossale Köpfe, einer davon repräsentiert die Göttin Juno (ca. 600 v. Chr.). Die erhaltene Hälfte des Wandfrieses zeigt die zehn Plagen Ägyptens sowie den Exodus.

Die Barockfresken des Palastes bilden den kunstvoll eleganten Hintergrund. Die Wände in der Sala delle Prospettive Dipinte sind mit Landschafts- und Jagdszenen verziert, die man durch Trompe-L'Œil-Fenster betrachtet. Auftraggeber war Kardinal Altemps, der reiche Neffe von Papst Pius IV. (1560–1565), der den herrlichen Palast im späten 16. Jh. erwarb.

Das Museum beherbergt auch die umfangreiche ägyptische Sammlung des Museo Nazionale Romano.

★ Piazza Navona   PIAZZA

(Karte S. 90; 🚌Corso del Rinascimento) Prächtige Brunnen, barocke *palazzi*, einladende Cafés und eine bunte Mischung aus Straßenkünstlern, fliegenden Händlern und Touristen machen die Piazza Navona zum beliebtesten öffentlichen Platz der Stadt. Im 1. Jh. erbaute Kaiser Domitian hier eine Arena und so entstand auch der Name: Navona leitet sich vom griechischen Wort *agon* („öffentliche Spiele") ab. Im 15. Jh. wurde das Gelände gepflastert und für 300 Jahre zu Roms wichtigstem Marktplatz.

Von den drei Brunnen zieht Berninis überbordende **Fontana dei Quattro Fiumi** (Brunnen der Vier Flüsse; Karte S. 90) alle Blicke auf sich. In personifizierter Form werden der Nil, der Ganges, die Donau und der Rio

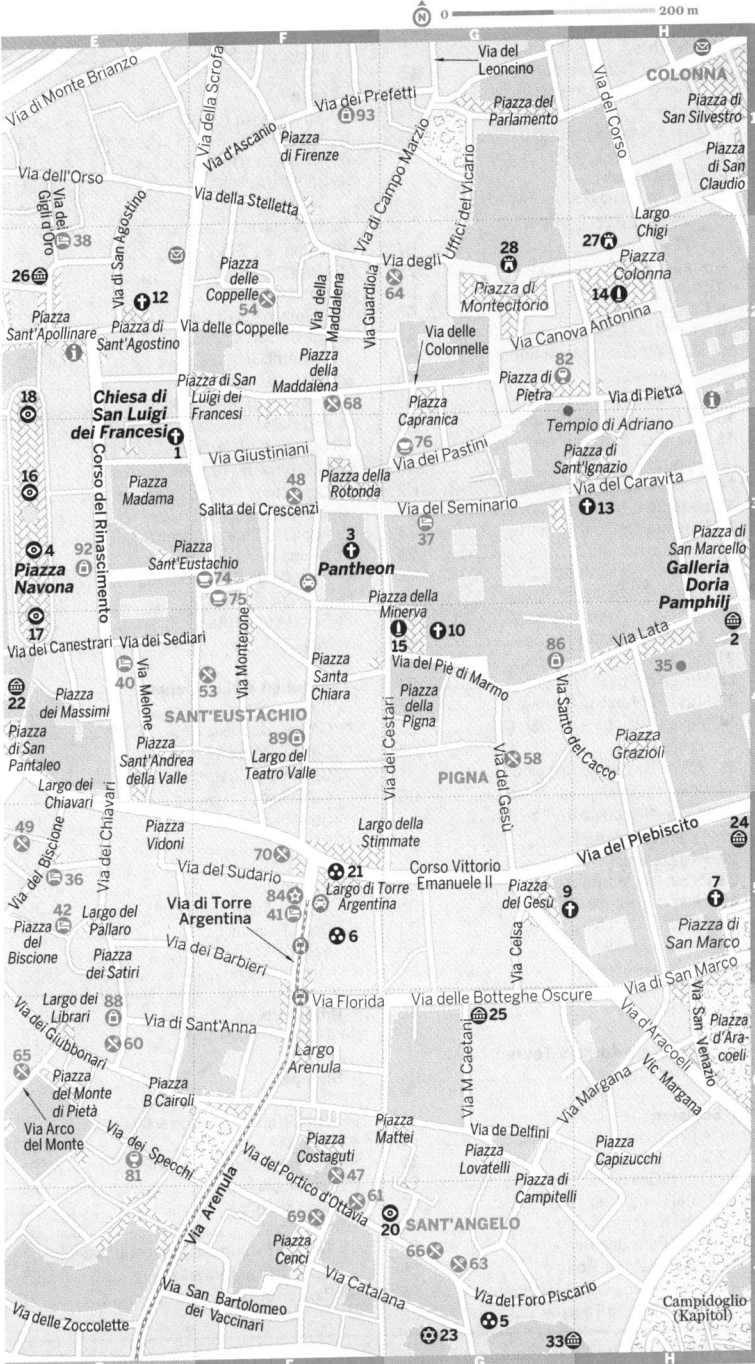

0 ————————— 200 m

E

Via di Monte Brianzo
Via della Scrofa
Via del Leoncino
Via dei Prefetti
93
COLONNA
Piazza del Parlamento
Piazza di San Silvestro
Via del Corso

Via d'Ascanio
Piazza di Firenze
Piazza di San Claudio

Via dell'Orso
Via della Stelletta
Via di Campo Marzio
Via degli
Largo Chigi

Via di Gigli d'Oro
38
Via di Sant'Agostino
28
27
Piazza Colonna

26
12
Piazza delle Coppelle
54
Via della Maddalena
Via Guardiola
64
Piazza di Montecitorio
14

Piazza Sant'Apollinare
Piazza di Sant'Agostino
Via delle Coppelle
Piazza della Maddalena
Via delle Colonnelle
Via Canova Antonina
Via di Pietra

18
Chiesa di San Luigi dei Francesi
Piazza di San Luigi dei Francesi
68
Piazza Capranica
76
Piazza di Pietra
82
Via di Pietra

16
1
Via Giustiniani
Piazza Madama
48
Piazza della Rotonda
Via dei Pastini
Tempio di Adriano
Piazza di Sant'Ignazio
Via del Caravita

Corso del Rinascimento
Salita del Crescenzi
37
Via del Seminario
13

4
92
Piazza Sant'Eustachio
3
Pantheon
Piazza di San Marcello
Galleria Doria Pamphilj

Piazza Navona
74
Piazza della Minerva
2

17
75
15
10
Via del Piè di Marmo
86
Via Lata
35

Via dei Canestrari
Via dei Sediari
Via Monterone
Piazza Santa Chiara
Piazza della Pigna
Via Santo del Cacco

22
40
53
SANT'EUSTACHIO
89
Piazza Grazioli

Piazza dei Massimi
Piazza Sant'Andrea della Valle
Largo del Teatro Valle
PIGNA
58

Piazza di San Pantaleo
Largo dei Chiavari
Largo della Stimmate
Via del Gesù

49
Piazza Vidoni
70
Corso Vittorio Emanuele II
24
Via del Plebiscito

36
Via del Sudario
21
Largo di Torre Argentina
Piazza del Gesù
9
7

42
Largo del Pallaro
84
Via di Torre Argentina
41
6
Via Celsa
Piazza di San Marco

Piazza del Biscione
Piazza dei Satiri
Via dei Barbieri
Via di San Marco
Piazza d'Aracoeli

88
Via di Sant'Anna
Via Florida
Via delle Botteghe Oscure
Via Margana

65
60
Largo Arenula
25
Via M Caetani
Piazza d'Aracoeli

Piazza del Monte di Pietà
Piazza B Cairoli
Piazza Mattei
Piazza de Delfini
Piazza Capizzuchi

Via Arco del Monte
Via dei Specchi
Piazza Costaguti
47
Piazza Lovatelli
Piazza di Campitelli

81
Via del Portico d'Ottavia
61
69
20
SANT'ANGELO
66
63

Via Arenula
Piazza Cenci
Via Catalana
Via del Foro Piscario
Campidoglio (Kapitol)

Via delle Zoccolette
Via San Bartolomeo dei Vaccinari
23
5
33

F **G** **H**

Centro Storico

de la Plata dargestellt. Geschmückt ist der Brunnen mit einer Palme, einem Löwen und einem Pferd und er wird von einem Obelisken gekrönt. Der Legende nach verdeckt der Nil seine Augen vor der **Chiesa di Sant'Agnese in Agone** (Karte S. 90; www.santagneseinagone.org; Piazza Navona; Konzerte 10 €; ☺ Di–So 9.30–12.30 & 16–19 Uhr; ⛶ Corso del Rinascimento). Diese wurde nämlich von Berninis Erzrivalen Francesco Borromini entworfen. In Wirklichkeit wollte Bernini nur symbolisieren, dass die Quelle des Nils damals (noch) unbekannt war.

Am südlichen Ende des Platzes wurde die **Fontana del Moro** (Karte S. 90) 1576 von Giacomo della Porta entworfen. Bernini ergänzte den Mohren, der einen Delfin hält. Die Tritonen sind jedoch Kopien aus dem 19. Jh. Die **Fontana del Nettuno** (Karte S. 90) am nördlichen Ende zeigt Neptun, wie er – umgeben von Nymphen – mit einem Seemonster kämpft.

Das größte Haus am Platz ist der **Palazzo Pamphilj** (Karte S. 90), der im 17. Jh. für Papst Innozenz X. errichtet wurde und heute die brasilianische Botschaft beherbergt.

Museo di Roma
MUSEUM

(Karte S. 90; ☎ 06 06 08; www.museodiroma.it; Eingänge Piazza di San Pantaleon 10 & Piazza Navona 2; Erw./erm. 8,50/6,50 €; ☺ Di–So 10–20 Uhr, letzter Einlass 19 Uhr; ⛶ Corso Vittorio Emanuele II) In dem barocken Palazzo Braschi ist die etwas zusammengewürfelte Sammlung des Museo di Roma ausgestellt: Gemälde, Fotos, Radierungen, Kleider und Möbel illustrieren die Geschichte der Stadt vom Mittelalter bis ins frühe 20. Jh. Der Palast selbst bietet einige schöne mit Fresken verzierte Säle, darunter die extravagante Sala Cinese und die ägyptisch angehauchte Sala Egiziana.

Campo de' Fiori
PIAZZA

(Karte S. 90; ⛶ Corso Vittorio Emanuele II) Bunt und trubelig ist „Il Campo" ein wichtiges Zentrum des römischen Lebens: Tagsüber lockt ein beliebter Markt Kunden an, während der Platz abends zu einem quirligen und lautstarken Open-Air-Treffpunkt für Nachtschwärmer wird. Hoch über dem Platz ragt die düstere Statue des Mönches und Philosophen Giordano Bruno auf, der 1600 wegen Gotteslästerung auf dem Scheiterhaufen verbrannt wurde.

Palazzo Farnese
PALAST

(Karte S. 90; www.inventerrome.com; Piazza Farnese; Eintritt 5 €; ☺ Führungen Mo, Mi, Fr 15, 16, 17 Uhr; ⛶ Corso Vittorio Emanuele II) Der Palazzo Farnese, einer der schönsten Renaissancepaläste Roms, wurde 1514 von Antonio da Sangallo dem Jüngeren begonnen. Später übernahm Michelangelo die Arbeiten, und Giacomo della Porta vollendete den Palast. Heute residiert hier die französische Botschaft und nur Besucher, die eine Führung gebucht haben, erhalten Zutritt. Man muss sich mindestens eine Woche im Voraus anmelden (Details finden sich auf der Website). Auf den Führungen bekommt man in der Galleria dei Caracci einen Freskenzyklus von Annibale Carracci zu sehen, der gelegentlich mit den Fresken der Sixtinischen Kapelle verglichen wird.

Besucher brauchen einen gültigen Ausweis mit Foto und Kinder unter 10 Jahren dürfen leider nicht in den Palazzo.

Die Zwillingsbrunnen auf dem Platz waren eigentlich große Granitbäder aus den Terme di Caracalla.

Largo di Torre Argentina
RUINE

(Karte S. 90; ⛶ Largo di Torre Argentina) Der geschäftige Verkehrsknotenpunkt Largo di Torre Argentina liegt rund um die versunkene **Area Sacra** (Karte S. 90). Die Reste von vier Tempeln gehen auf die republikanische Ära zwischen dem 4. und 2. Jh. v. Chr. zurück. Im 1. Jh. v. Chr. war ein Großteil des Geländes vom Teatro di Pompeo überbaut, dem riesigen Theaterkomplex, in dem Julius Caesar an den Iden des März (15. März) 44 v. Chr. niedergestochen wurde.

An der Westseite des Platzes befindet sich Roms wichtigstes Theater, das **Teatro Argentina** (Karte S. 90; ☎ 06 684 00 03 11; www.teatrodiroma.net; Largo di Torre Argentina 52; Tickets 12–27 €; ⛶ Largo di Torre Argentina).

Chiesa del Gesù
KIRCHE

(Karte S. 90; www.chiesadelgesu.org; Piazza del Gesù; Loyola-Zimmer Eintritt frei; ☺ 7–12.30 & 16–19.45 Uhr, Loyola-Zimmer Mo–Sa 16–18, So 10–12 Uhr; ⛶ Largo di Torre Argentina) Die imposante Kirche aus der Zeit der Gegenreformation im späten 16. Jh. wurde häufig kopiert. Schon die Fassade von Giacomo della Porta ist beeindruckend, aber die eigentliche Attraktion ist die atemberaubende Inneneinrichtung aus Gold und Marmor.

Unter den Kunstwerken sticht vor allem das bezaubernde Gewölbefresko *Trionfo del Nome di Gesù* (Triumph des Namens Jesu) von Giovanni Battista Gaulli (alias Il Baciccia) hervor. Der Künstler schuf auch die schönen Kuppelfresken und entwarf die Stuckdekoration.

Der Barockmeister Andrea Pozzo entwarf die **Cappella di Sant'Ignazio** im nördlichen Querschiff. Hier befindet sich das Grabmal von Ignatius Loyola, dem spanischen Soldaten und Heiligen, der 1540 den Jesuitenorden gründete. Sein üppiges Altargrabmal wurde aus Marmor und Bronze gefertigt. Zu beiden Seiten verweisen die Skulpturen auf die jesuitischen Glaubensgrundsätze: Zur Linken besiegt der Glaube die Götzenverehrung (*Fede che vince l'Idolatria*) und zur Rechten züchtigt die Religion die Ketzerei (*Religione che flagella l'Eresia*).

Loyola lebte in dieser Kirche von 1544 bis zu seinem Tod 1556. Seine Privatzimmer befinden sich rechts vom Kirchenportal und wurden von Andrea Pozzo mit einem schönen Trompe L'Œil verziert.

Museo Nazionale Romano: Crypta Balbi

MUSEUM

(Karte S. 90; ✆ 06 3996 7700; http://archeoroma.beniculturali.it/en/museums/nationalroman-museum-crypta-balbi; Via delle Botteghe Oscure 31; Erw./erm. 7/3,50 €; ☉ Di–So 9–19.45 Uhr; 🚌 Via delle Botteghe Oscure) Die am wenigsten bekannte Außenstelle des Museo Nazionale Romano wurde auf Ruinen aus dem Mittelalter und der Renaissance errichtet, die wiederum die Überreste des antiken Theaters von Balbus (13 v. Chr.) bedecken. Zu sehen sind die unterirdischen Ausgrabungsstätten sowie Fundstücke aus der Krypta, von den Foren sowie von den Hügeln Oppio und Caelius.

Jüdisches Ghetto

STADTVIERTEL

(Karte S. 90; 🚌 Lungotevere de' Cenci) Rund um die lebhafte Via del Portico d'Ottavia ist das ehemalige Jüdische Ghetto heute ein stimmungsvolles Viertel mit Ateliers, schicken Modeläden, koscheren Bäckereien und sehr beliebten Trattorien.

Roms jüdische Gemeinde ist eine der ältesten in Europa und geht bereits auf das 2. Jh. v. Chr. zurück. Einst gab es sogar 13 Synagogen in der Stadt, aber der Sieg von Kaiser Titus über die jüdischen Aufständischen 70 n. Chr. machte die römischen Juden von Bürgern zu Sklaven. 1555 sperrte Papst Paul IV. die Juden in das Ghetto und leitete damit ein Zeitalter der Intoleranz ein, das bis ins 20. Jh. dauerte.

Museo Ebraico di Roma

SYNAGOGE, MUSEUM

(Jüdisches Museum von Rom; Karte S. 90; ✆ 06 6840 0661; www.museoebraico.roma.it; Via Catalana; Erw./erm. 10/7,50 €; ☉ Mitte Juni–Mitte

Sept. So–Do 10–18.15, Fr 10–15.15 Uhr, Mitte Sept.–Mitte Juni So–Do 10–16, Fr 9–13.15 Uhr; 🚌 Lungotevere de' Cenci) Das kleine, aber sehr interessante Museum ist in Europas zweitgrößter Synagoge beheimatet, die im frühen 20. Jh. errichtet wurde. Präsentiert wird das geschichtliche, kulturelle und künstlerische Erbe der jüdischen Gemeinde. Zu sehen sind unter anderem eine Kopie der päpstlichen Bulle von Paul IV., mit der er die Juden in das Ghetto zwang, sowie verschiedene Erinnerungsstücke aus den Konzentrationslagern der Nazis.

Area Archeologica del Teatro di Marcello e del Portico d'Ottavia

ARCHÄOLOGISCHE STÄTTE

(Karte S. 90; Eingänge Via del Teatro di Marcello 44 & Via Portico d'Ottavia 29; ☉ Sommer 9–19 Uhr, Winter 9–18 Uhr; 🚌 Via del Teatro di Marcello) **GRATIS** Das Teatro di Marcello (Theater des Marcellus) erhebt sich wie ein Mini-Kolosseum über dieser verstaubten archäologischen Fläche. Es hatte 20 000 Sitzplätze, wurde von Julius Caesar geplant und 11 v. Chr. von Augustus vollendet, der es nach seinem Lieblingsneffen Marcellus benannte. Im 16. Jh. wurde das Theater durch einen Palast überbaut, in dem heute Luxusapartments untergebracht sind.

Jenseits des Theaters steht die älteste viereckige Vorhalle Roms. Die verfallenen Säulen und die Fundamentreste waren einst Teil einer riesigen rechteckigen Halle, die von 300 Säulen getragen wurde. Vom frühen Mittelalter bis ins späte 19. Jh. befand sich hier der Fischmarkt von Rom.

Isola Tiberina

STADTVIERTEL

(Tiberinsel; Karte S. 112) Die Tiberinsel ist eine der kleinsten bewohnten Inseln der Welt und wird schon seit dem 3. Jh. v. Chr. mit der Heilkunde in Verbindung gebracht. Damals erbauten die Römer dem Gott der Heilkunst, Aesculapius, einen Tempel. Heute streben die Patienten zum Krankenhaus Ospedale Fatebenefratelli, während Kirchgänger die **Chiesa di San Bartolomeo** (Karte S. 112; ☉ Mo–Sa 9–13 & 15.30–17.30, So 9–13 Uhr; 🚌 Lungotevere dei Pierleoni) aus dem 10. Jh. aufsuchen. Sie steht just dort, wo sich einst der Tempel befand. Beachtenswert sind der romanische Glockenturm und im Inneren ein marmorner Brunnenkopf, der angeblich über der Quelle platziert ist, die schon den Tempel mit Heilwasser versorgte.

Um die Insel vom ehemaligen Jüdischen Ghetto aus zu erreichen, geht man über die älteste erhaltene Brücke Roms, die 62 v.

Chr. erbaute **Ponte Fabricio**. Weiter südlich sind die Reste der **Ponte Rotto** (Karte S. 112) („zerstörte Brücke") zu sehen. Einst war sie die erste Steinbrücke Roms, doch wurde sie 1598 bei einem Hochwasser zerstört.

◉ Tridente, Trevi & Quirinal

Tridente ist Roms wichtigstes Einkaufsviertel und schon seit langem ein Magnet für ausländische Besucher. Auch Goethe, Keats und Shelley wohnten hier. Heutige Touristen bummeln in Scharen durch die von Boutiquen gesäumten Gassen zur Piazza di Spagna am Fuße der Spanischen Treppe. Ein kurzes Stückchen weiter ist der Trevibrunnen ebenfalls ein Touristenmagnet.

★ Piazza di Spagna & die Spanische Treppe   PIAZZA

(Karte S. 96; Ⓜ Spagna) Die Piazza di Spagna und die Spanische Treppe (Scalinata della Trinità dei Monti) locken schon seit dem 18. Jh. die Touristen an. Hier kann man hervorragend die Touristenmassen beobachten.

Der Platz wurde nach der spanischen Gesandtschaft beim Heiligen Stuhl benannt. Dabei wurde die Treppe 1725 mit französischen Geldern von dem Italiener Francesco de Sanctis erbaut. Die Stufen führen hinauf zur französischen Kirche Chiesa della Trinità dei Monti, die vom französischen König Ludwig XII. in Auftrag gegeben worden war und 1585 geweiht wurde. Neben der schönen Aussicht lohnt im Inneren ein Blick auf die kunstvollen Fresken von Daniele da Volterra. Absoluter Blickfang ist sein meisterhaftes Werk *Deposizione* (Die Grablegung Christi).

Am Fuße der berühmten Treppe wird der Barcaccia-Brunnen in Form eines sinkenden Lastkahns dem weniger bekannten Vater von Gian Lorenzo Bernini, Pietro Bernini, zugeschrieben.

Südöstlich des Platzes wird die benachbarte Piazza Mignanelli von der Colonna dell'Immacolata dominiert. Die Säule wurde 1857 errichtet, um die legendäre Bulle von Papst Pius IX. zur Unbefleckten Empfängnis zu würdigen.

Keats-Shelley-Haus   MUSEUM

(Karte S. 96; ☎ 06 678 42 35; www.keats-shelley-house.org; Piazza di Spagna 26; Erw./erm. 4,50/3,50 €; ⏰ Mo–Fr 10–13 & 14–18, Sa 11–14 & 15–18 Uhr; Ⓜ Spagna) In Sichtweite der Spanischen Treppe steht das Haus, in dem Keats, der Dichter der englischen Romantik, 1821 im Alter von nur 25 Jahren an Tuberkulose starb. Das Haus ist nun ein kleines Museum, das mit Andenken an den unglücklichen Dichter sowie an seine Kollegen Byron, Mary Shelley und Percy Bysshe Shelley erinnert. Shelley ertrank 1822 an der toskanischen Küste und wurde neben Keats auf Roms nicht-katholischem Friedhof beigesetzt.

★ Piazza del Popolo   PIAZZA

(Karte S. 96; Ⓜ Flaminio) Jahrhundertelang war die Piazza Schauplatz öffentlicher Hinrichtungen. Doch die ellipsenförmige Piazza wurde 1538 eigentlich als glanzvolle bauliche Visitenkarte am nördlichen Stadtzugang angelegt. Heute erleben Besucher einen der beeindruckendsten Plätze der Stadt.

Am südlichen Ende des Platzes ragen zwei barocke Zwillingskirchen aus dem 17. Jh. von Carlo Rainaldi auf: Die Chiesa di Santa Maria dei Miracoli und die Chiesa di Santa Maria in Montesanto, während auf der Nordseite die Porta del Popolo, 1655 von Bernini geschaffen, die Niederlage der schwedischen Königin Christina gegen katholische Truppen feiert. Der 36 m hohe Obelisk in der Mitte des Platzes wurde von Augustus aus dem ägyptischen Heliopolis mitgebracht. Mitte des 16. Jhs. fand der Obelisk, der im Circus Maximus aufgestellt war, hier einen neuen Standort. Auf der Ostseite schließen sich die bemerkenswerten Gärten des Monte Pincio an.

Chiesa di Santa Maria del Popolo   KIRCHE

(Karte S. 96; Piazza del Popolo; ⏰ 7.30–12 & 16–19 Uhr; Ⓜ Flaminio) Diese üppig ausgestaltete frühe Renaissancekirche ist voller großartiger Kunstwerke. Schon 1099 wurde an dieser Stelle eine Kapelle errichtet, um den Geist von Nero zu vertreiben, der hier klammheimlich begraben worden war und seither angeblich die Gegend heimsuchte. 1472 wurde die Kirche komplett umgebaut und Pinturicchio ergänzte einige Fresken in der von Bramante entworfenen Apsis sowie in der Cappella Delle Rovere.

In Raffaels Cappella Chigi – von Bernini rund 100 Jahre später vollendet – befindet sich ein berühmtes Mosaik mit einem knienden Skelett. Atemberaubend sind in der **Cappella Cerasi** zwei Meisterwerke von Caravaggio: die *Conversione di San Paolo* (Be-

Tridente & Trevi

kehrung des Paulus) sowie die *Crocifissione di San Pietro* (Kreuzigung des Petrus).

Casa di Goethe MUSEUM

(Karte S. 96; ☎06 3265 0412; www.casadigoethe.it; Via del Corso 18; Erw./erm. 5/3 €; ⊘Di–So 10–18 Uhr; Ⓜ Flaminio) In der Wohnung an der Via del Corso verbrachte Goethe von 1786 bis 1788 eine glückliche Zeit, obwohl er sich hin und wieder über die lauten Nachbarn beschwerte. Das liebevoll gestaltete Museum zeigt neben Dokumenten auch faszinierende Zeichnungen und Kupferstiche.

Museo dell'Ara Pacis MUSEUM

(Karte S. 96; ☎06 06 08; http://en.arapacis.it; Lungotevere in Augusta; Erw./erm. 8,50/6,50 €; ⊘Di–So 9–19 Uhr, letzter Einlass 18 Uhr; Ⓜ Flaminio) Richard Meiers erster Neubau in Roms historischer Altstadt seit dem Zweiten Weltkrieg erfährt vom Publikum kaum Wertschätzung. Der Pavillon aus Glas und Marmor beherbergt den Friedensaltar Ara Pacis Augustae, eine Verneigung von Kaiser Augustus vor dem Frieden. Der riesige Marmoraltar ist eines der wichtigsten Zeugnisse römischer Bildhauerkunst und misst 11,6 x 10,6 m x 3,6 m. Nach seiner Fertigstellung 13 v. Chr. wurde er in der Nähe der Piazza San Lorenzo in Lucina aufgestellt, etwas südöstlich des jetzigen Standorts.

Im Laufe der Jahrhunderte wurde der Altar von den gierigen Kunstsammlern Roms heimgesucht und Teile landeten in den Sammlungen der Medici, im Vatikan und im Louvre. 1936 ließ Mussolini die Überreste ausgraben und am jetzigen Standort wieder zusammenfügen.

Auf den Reliefs ist unter anderem Augustus an der Spitze einer Prozession zu sehen, gefolgt von Priestern, dem berühmten General Marcus Agrippa und der gesamten kaiserlichen Familie.

Mausoleo di Augusto DENKMAL

(Karte S. 96; Piazza Augusto Imperatore; 🚇 Piazza Augusto Imperatore) Im antiken Rom war das Mausoleum eines der beeindruckendsten Baudenkmäler, doch heute ist es nur noch ein überwachsener Grashügel, der sich hinter Zäunen versteckt. Das Mausoleum wurde 28 v. Chr. erbaut und ist die letzte Ruhestätte von Kaiser Augustus, der 14 n. Chr. starb. Auch sein Lieblingsneffe und Nachfolger Marcellus liegt hier. 1936 ließ Mussolini das Mausoleum restaurieren, um sich eines Tages hier selbst begraben zu lassen.

Tridente & Trevi

Auch derzeit finden Restaurierungsarbeiten statt, allerdings in einem sehr langsamen Tempo.

★ **Trevibrunnen** BRUNNEN
(Fontana di Trevi; Karte S. 96; Piazza di Trevi; Ⓜ Barberini) Roms größter und berühmtester Brunnen war der Drehort für Anita Ekbergs Bad in *La Dolce Vita*. Das üppige Barockensemble wurde 1732 von Nicola Salvi entworfen: Mythische Figuren, wilde Pferde und über Felskaskaden rauschendes Wasser bestimmen vor dem Palazzo Poli (17. Jh.) das Bild.

Neptun wird in seinem Streitwagen von Tritonen sowie einem wilden und einem friedlichen Seepferd gezogen – sie sollen die Launen des Meeres symbolisieren. In der Nische zur Linken von Neptun verkörpert eine Statue die Fruchtbarkeit, zur Rechten steht die Gesundheit. Das Wasser kommt aus dem im 1. Jh. v. Chr. gebauten unterirdischen Aquädukt, während der Name „tre vie" sich auf die drei Straßen bezieht, die am Brunnen aufeinandertreffen.

Tagsüber tummeln sich rund um den Brunnen die Massen. Viele werfen eine Münze ins Wasser, weil dies der Legende nach sicherstellt, dass sie eines Tages nach Rom zurückkehren. Um nicht ganz in den Massen unterzugehen, kommt man am besten abends hierher.

2012 verkündete der deutsche Modedesigner Karl Lagerfeld, dass das Fendi-Modehaus eine dringend notwendige Restaurierung des Brunnens mit 2,18 Mio. Euro finanzieren wolle.

DIE TREVI-MÜNZEN

An einem durchschnittlichen Tag werden rund 3000 € in den Trevibrunnen geworfen. Das Geld wird täglich herausgefischt und der katholischen Caritas übergeben. 2002 kam es jedoch zu einem Skandal, weil herauskam, dass sich ein Arbeitsloser, der sich selbst D'Artagnan nannte, seit 34 Jahren selbst an den Brunnenmünzen bedient hatte. Daraufhin wurde er aus dem Umkreis des Brunnens verbannt, doch acht Jahre später wurde er mit einer Kamera bei seiner alten Tätigkeit erwischt.

In der folgenden Diskussion kam heraus, dass D'Artagnan nur gegen eine einzige Verordnung verstoßen hatte: In Rom ist nämlich das Betreten von Brunnen verboten. Also wurde 2012 eine neue Verordnung erlassen, die es nun explizit verbietet, Münzen aus dem Wasser zu angeln.

Piazza Barberini

PIAZZA

(Karte S. 96; Ⓜ Barberini) Eigentlich handelt es sich mehr um eine verkehrsreiche Straße als um einen Platz zum Verweilen. Benannt wurde die Piazza nach dem einflussreichen Barberini-Clan. Im Zentrum zeigt die von Bernini entworfene **Fontana del Tritone** (Tritonbrunnen) den Seegott Triton. Er sitzt in einer von vier Delfinen gestützten Jakobsmuschel, während aus einer Meeresschnecke Wasser strömt. Bernini schuf auch die **Fontana delle Api** (Bienenbrunnen) in der nordöstlichen Ecke des Platzes. Das Thema spielt auf das Familienwappen der Barberinis an, das drei fliegende Bienen zeigt.

★ Galleria Nazionale d'Arte Antica: Palazzo Barberini

KUNSTGALERIE

(Karte S. 96; ☑ 06 3 28 10; www.gebart.it; Via delle Quattro Fontane 13; Erw./erm. 7/3,50 €, inkl. Palazzo Corsini 9/4,50 €; ☺ Di–So 8.30–19 Uhr; Ⓜ Barberini) Der von außen wie von innen beeindruckende Barockpalast sollte den Aufstieg der Barberinis zu päpstlichen Würden gebührend würdigen. Viele hochkarätige Architekten haben an seinem Bau mitgewirkt, darunter die Rivalen Bernini und Borromini: Ersterer steuerte einen großen rechtwinkligen Treppenaufgang bei, Letzterer einen spiralförmigen.

Unter den Meisterwerken sticht Pietro da Cortonas *Il Trionfo della Divina Provvidenza* (Der Triumph der Göttlichen Vorsehung; 1632–39) hervor. Das spektakuläre Fresko ziert die Decken im Großen Salon im ersten Stock. Unbedingt sehenswert sind auch Hans Holbeins berühmtes Porträt des fettleibigen englischen Königs Heinrich VIII. (um 1540) und Filippo Lippis brillantes Werk *Annunciazione e due devoti* (Verkündigung Mariaens). Raffaels *La Fornarina* (Die Bäckerstochter) ist ein Porträt seiner Geliebten, die in einer Bäckerei in Trastevere arbeitete. Von Caravaggio sind unter anderem *San Francesco d'Assisi in meditazione* (Der meditierende Franz von Assisi), *Narciso* (Narziss; 1571–1610) und das atemberaubend schaurige Werk *Giuditta e Oloferne* (Judith enthauptet Holofernes; um 1597–1600) zu sehen.

Convento dei Cappuccini

MUSEUM

(Karte S. 96; ☑ 06 487 11 85; Via Vittorio Veneto 27; Erw./erm. 6/4 €; ☺ tgl. 9–19 Uhr; Ⓜ Barberini) Die Kapuzinerkirche und das dazugehörige Kloster beherbergen ein interessantes multimediales Museum, das die Geschichte der Kapuzinermönche erzählt. Die Hauptattraktion ist jedoch die außergewöhnliche **Kapuzinergruft** unter der Kirche: Dort besteht alles – von den Bilderrahmen bis zur Lampenfassung – aus menschlichen Knochen.

Zwischen 1528 und 1870 verwendeten die Kapuziner die Knochen von 4000 verstorbenen Brüdern, um dieses höchst makabre Memento Mori als eine Erinnerung an den Tod auszugestalten. Ein Türbogen wurde mit Hunderten Schädeln verziert, Wirbel dienen als Lilien und Oberschenkelknochen als Lampenständer.

Palazzo del Quirinale

PALAST

(Karte S. 96; ☑ 06 4 69 91; www.quirinale.it; Piazza del Quirinale; Eintritt 5 €; ☺ Mitte Sept.–Juni 8–12 Uhr; Ⓜ Barberini) Mit Blick auf die **Piazza del Quirinale** ist dieser weitläufige Palast die offizielle Residenz des italienischen Staatspräsidenten (Presidente della Repubblica). Fast 300 Jahre lang diente der Palast als päpstliche Sommerresidenz, aber 1870 musste Papst Pius IX. unfreiwillig die Schlüssel an den neuen italienischen König weiterreichen. 1948 fiel das Bauwerk an den italienischen Staat.

KUNST & POLITIK AN DER VIA DEL CORSO

Die schnurgerade Via del Corso verbindet die Piazza Venezia mit der Piazza del Popolo. Hier findet man einige der wichtigsten privaten Kunstgalerien der Hauptstadt. Das etwas herunter-gekommene Äußere verrät nicht, dass die **Galleria Doria Pamphilj** (Karte S. 90; 06 679 73 23; www.dopart.it; Via del Corso 305; Erw./erm. 11/7,50 €; h9–19 Uhr, letzter Einlass 18 Uhr; Piazza Venezia) eine außergewöhnliche Sammlung mit herausragenden Meisterwerken von Raffael, Tintoretto, Brueghel, Tizian, Caravaggio, Bernini und Velázquez beherbergt. Unter den vielen Meisterwerken sticht das Velázquez-Porträt von Papst Innozenz X. hervor, der bemängelte, dass die Darstellung „zu realistisch" sei.

Ein kurzes Stück nördlich der Galerie steht die 30 m hohe **Colonna di Marco Aurelio** (Karte S. 90) auf der Piazza Colonna. Der **Palazzo Chigi** (Karte S. 90; www.governo.it; Piazza Colonna 370; ☉ Führungen Okt.–Mai Sa 9–13 Uhr, Voranmeldung Pflicht) GRATIS ist die offizielle Residenz der italienischen Premierminister. Nebenan, auf der Piazza di Montecitorio, ist der von Bernini entworfene **Palazzo di Montecitorio** (Karte S. 90; 800 012955; www.camera. it; Piazza di Montecitorio; ☉ Führungen 1. So im Monat 10.30–15.30 Uhr; Via del Corso) GRATIS Sitz der italienischen Abgeordnetenkammer.

Sonntags sind Besucher erlaubt und am Ende der Besuchszeit (ca. 12.30 bis 13 Uhr) gibt es in der Kapelle sogar ein kostenloses Konzert.

Auf der anderen Seite des Platzes werden in den ehemaligen Stallungen des Palastes, den **Scuderie Papali al Quirinale** (Karte S. 96; 06 3996 7500; www.scuderiequirinale.it; Via XXIV Maggio 16; Tickets ca. 12 €; ☉ variiert nach Ausstellung), hervorragende Ausstellungen veranstaltet.

Chiesa di Sant'Andrea al Quirinale   KIRCHE
(Karte S. 96; Via del Quirinale 29; ☉ Winter 8.30–12 & 14.30–18 Uhr, Sommer 9–12 & 15–18 Uhr; Via Nazionale) Es heißt, dass Bernini als alter Mann die friedliche Stimmung in seiner kleinen Kirche aus der zweiten Hälfte des 17. Jhs. besonders genoss. Sie gilt als eine seiner schönsten Schöpfungen. Obwohl er nur wenig Platz zur Verfügung hatte, erzeugte er dennoch ein Gefühl für Großartigkeit, indem er einen elliptischen Grundriss verwendete: Die Kapellen sind rund um einen zentralen Bereich angeordnet.

Chiesa di San Carlo alle Quattro Fontane   KIRCHE
(Karte S. 96; Via del Quirinale 23; ☉ Mo–Fr 10–13 & 15–18, Sa 10–13, So 12–13 Uhr; Via Nazionale) Die erste Kirche Borrominis ist ein barockes Meisterwerk, wenn es auch etwas verdreckt wirkt. Borrominis Genie offenbart sich in der elegant geschwungenen Fassade, dem Wechselspiel zwischen konkaven und konvexen Flächen sowie der Beleuchtung der Kuppel durch versteckte Fenster. All das

schafft trotz der beengten Fläche einen licht-durchfluteten Innenraum.

Die 1641 vollendete Kirche befindet sich an einer Kreuzung, die als Quattro Fontane bekannt ist. An ihren vier Ecken stehen nämlich vier Brunnen aus dem späten 16. Jh., welche die Treue, die Kraft sowie die Flüsse Arno und Tiber symbolisieren.

⊙ Monti, Esquilin & San Lorenzo

Der Esquilin erstreckt sich als größter der sieben Hügel Roms vom Kolosseum bis zur Stazione Termini. Durch das Viertel verläuft die Hauptverkehrsader Via Cavour vom Bahnhof Termini bis zur Via dei Fori Imperiali. Sehenswert sind mehrere beeindruckende Museen und Kirchen sowie das angesagte Viertel Monti, das zu antiken Zeiten das berüchtigte Rotlichtviertel beherbergte. Bis ins späte 19. Jh. prägten (Wein-)Gärten weite Teile des Esquilin. Doch dann mussten sie für große Wohnblocks Platz machen.

★ Chiesa di Santa Maria della Vittoria   KIRCHE
(Karte S. 104; Via XX Settembre 17; ☉ 7–12 & 15.30–19 Uhr; Repubblica) In der bescheidenen Kirche vermutet niemand ein außergewöhnliches Kunstwerk wie Berninis *Santa Teresa trafitta dall'amore di Dio* (Die Verzückung der hl. Theresa). Die erotisch anmutende Skulptur zeigt Theresa in einem fließenden Gewand, wie sie ekstatisch auf einer Wolke schwebt, während ein Engel sie mit einem Pfeil kitzelt.

Stadtspaziergang
Centro Storico

START LARGO DI TORRE ARGENTINA
ZIEL PALAZZO FARNESE
LÄNGE 1,5 KM; **DAUER** 3 STUNDEN

Diese Route führt durch das historische Stadtzentrum, wo die Sehenswürdigkeiten auf engstem Raume beisammen liegen.

Startpunkt ist der ❶ **Largo di Torre Argentina** (S. 93), ein belebter Platz, der rund um die Ruinen von vier Tempeln aus der republikanischen Zeit angelegt wurde. 44 v. Chr. wurde Caesar hier ermordet. Ein kurzer Spaziergang führt über die Via dei Cestari an Berninis heiß geliebtem ❷ **Elefantino** vorbei zur ❸ **Chiesa di Santa Maria Sopra Minerva** (S. 88), Roms einziger gotischer Kirche (13. Jh.). Etwas weiter steht das besterhaltene antike Bauwerk Roms, das ❹ **Pantheon** (S. 88). Es wurde 27 v. Chr. errichtet, von Hadrian umgebaut und 608 als christliche Kirche geweiht. Das architektonische Meisterwerk wird von der weltweit größten Kuppel gekrönt, die nicht durch Stahlbeton verstärkt wurde. Vom Pantheon weisen Schil-

der den Weg zur Piazza Navona. Unterwegs lädt das ❺ **Caffè Sant'Eustachio** (S. 180) zu einer kleinen Pause ein. Der Kaffee gilt als der beste der Stadt. Einige Schritte weiter ist die ❻ **Piazza Navona** (S. 89) die Visitenkarte des Stadtzentrums. Hier kann man die beiden Giganten der römischen Barockkunst miteinander vergleichen: Bernini schuf die Fontana dei Quattro Fiumi (Brunnen der Vier Flüsse) und sein Konkurrent Borromini die Chiesa di Sant'Agnese in Agone. Auf der anderen Seite des vielbefahrenen Corso Vittorio Emanuel II, konzentriert sich das Leben auf den ❼ **Campo de' Fiori** (S. 93). Tagsüber findet auf dem niemals ruhigen Platz ein bunter Markt statt, während sich abends die Szenerie in eine lärmende Open-Air-Kneipe verwandelt. Ein Stückchen weiter wird die Piazza Farnese vom Renaissancepalast ❽ **Palazzo Farnese** (S. 93) beherrscht, der einige exquisite Fresken beherbergt, welche denen der Sixtinischen Kapelle Konkurrenz machen. Ein Führung muss man jedoch weit im Voraus buchen.

ROMS OPTISCHE TÄUSCHUNGEN

Wie es sich für eine theatralische Stadt gehört, bietet Rom dem Publikum einige optische Zaubertricks:

Palazzo Spada (Karte S. 90; ☑ 06 683 24 09; http://galleriaspada.beniculturali.it; Via Capo di Ferro 13; Erw./erm. 5/2,50 €; ☉ Di–So 8.30–19.30 Uhr; ▣ Corso Vittorio Emanuele II) Dieser großartige Palast ist bekannt für einen erstaunlichen optischen Trick: Borrominis berühmte perspektivische Kolonnade, die *Prospettiva*. Der Säulengang wirkt, als sei er 25 m lang und ende an einer Ecke mit einer lebensgroßen Statue. In Wirklichkeit ist der Säulengang nur 10 m lang. Die Skulptur wurde später hinzugefügt und ist nur hüfthoch. Der Trick ist, dass die Säulen nicht aufgrund der Entfernung kleiner werden, sondern sie werden es tatsächlich. Interessant ist auch die anscheinend perfekt getrimmte Hecke: Borromini vertraute den Künsten der Gärtner nicht und schuf deshalb eine Steinhecke.

Chiesa di Sant'Ignazio di Loyola (Karte S. 90; Piazza di Sant'Ignazio; ☉ Mo–Sa 7.30–19, So 9–19 Uhr; ▣ Via del Corso) Das Highlight der Jesuitenkirche ist Andrea Pozzos trompe-l'Œil-Deckenfresko. Der hl. Ignatius Loyola wird hier von Christus und der Madonna ins Paradies aufgenommen. Für die beste Perspektive stellt man sich am besten auf den gelben Punkt und schaut nach oben. Die Decke ist in Wirklichkeit nicht gewölbt, sondern völlig flach.

Eine Reihe von Zuschauern beobachtet die ganze Szene von zwei Seitenbalkonen aus. Darunter befindet sich Kardinal Federico Cornaro, für den die Kapelle gebaut wurde. Der Gesamteindruck ist grandios, weil sanftes natürliches Licht durch ein verborgenes Fenster fällt. Nachmittags sind die Lichteffekte am besten.

⭐**Basilica di Santa Maria Maggiore** BASILIKA
(Karte S. 104; Piazza Santa Maria Maggiore; Basilika gratis, Museum 3 €, Loggia 2 €; ☉ 7–19 Uhr, Museum & Loggia 9.30–18.30 Uhr; ▣ Piazza Santa Maria Maggiore) Die Basilika auf der höchsten Stelle des Esquilin ist eine der vier dem Papst direkt unterstellten Patriarchalkirchen Roms. An dieser Stelle soll es 358 im Sommer auf wundersame Weise geschneit haben und so wurde hier im 5. Jh. ein erstes Gotteshaus errichtet.

Heute ist die Außenfassade mit glitzernden Mosaiken aus dem 13. Jh. bedeckt, die von Ferdinand Fugas Barockfassade (1741) geschützt werden. Dahinter ragt ein 75 m hoher romanischer **Glockenturm** aus dem 14. Jh. auf. Es handelt sich um den höchsten Turm in ganz Rom.

Der weitläufige Innenraum bewahrt trotz der vielen Umbauten seine Grundstruktur aus dem 5. Jh. Besonders spektakulär sind die **Mosaiken** aus jener Zeit, die im Triumphbogen und im Kirchenschiff Szenen aus dem Alten Testament darstellen. Das zentrale Bild in der Apsis stammt von Jacopo Torriti aus dem 13. Jh. und zeigt die Krönung der Jungfrau Maria. Der Fußboden des Kirchenschiffs ist ein gutes Beispiel für einen Cosmaten-Boden aus dem 12. Jh.

Der **Baldachin** über dem **Hochaltar** wird von vergoldeten Engelchen opulent geschmückt. Der Altar soll Reliquien des Evangelisten Matthäus und anderer Märtyrer enthalten. Eine Gedenktafel zur Rechten des Altars markiert die Stelle, an der Gian Lorenzo Bernini und sein Vater Pietro beerdigt wurden. Stufen führen hinab in die **Confessio**. Papst Pius IX. kniet als Statue vor einem Reliquienschrein, der ein Stück von Jesus' Krippe enthalten soll.

Die überbordend ausgestaltete **Cappella Sistina**, die letzte auf der rechten Seite, wurde von Domenico Fontana im 16. Jh. gebaut und bewahrt die Grabmäler der Päpste Sixtus V. und Pius V.

Durch den Souvenirshop gelangt man zur Rechten zum **Museum** mit einer ziemlich bunten, aber recht langweiligen religiösen Sammlung. Interessanter ist die obere **Loggia**, wo an der südöstlichen Fassade einige schimmernde Mosaiken aus dem 13. Jh. zu sehen sind.

Basilica di San Pietro in Vincoli BASILIKA
(Karte S. 76; Piazza di San Pietro in Vincoli 4a; ☉ April–Sept. 8–12.30 & 15–19, Okt.–März bis 18 Uhr; Ⓜ Cavour) Pilger und Kunstliebhaber strömen aus zwei Gründen in diese Kirche aus dem 5. Jh.: Zum einen ist die machohafte Michelangelo-Skulptur des **Moses** zu be-

wundern, zum anderen sind die **Ketten** des Petrus zu sehen, mit denen er im Mamertinischen Kerker gefesselt gewesen sein soll.

Die Kirche wurde eigens für die Ketten errichtet, die nach dem Tod des Heiligen nach Konstantinopel geschickt worden waren, aber später – in zwei Teilen - als Reliquien wieder zurückkehrten. Der Legende nach sollen sich die Kettenstücke auf wundersame Weise wieder zusammengefügt haben. Heute sind sie unter dem Altar ausgestellt.

Rechts davon steht das nicht vollendete Grabmal für Papst Julius II. mit Michelangelos kolossalem *Moses* (1505) im Mittelpunkt. Der Prophet wirkt mit seinem deutlich hervorgehobenen Bizeps ziemlich muskulös. Zudem ist er mit einem Bart bis zur Taille sowie zwei kleinen Hörnern dargestellt. Letztere waren das Ergebnis einer falsch übersetzten Bibelpassage: Wo es im Original heißt, dass von Moses' Gesicht Lichtstrahlen ausgingen, sprach die Übersetzung von Hörnern. Michelangelo war der Fehler zwar bekannt, aber er entschied sich trotzdem für die Hörner. Die beiden Statuen von Lea und Rachel an den Seiten stammen wahrscheinlich von Michelangelos Schülern.

So imposant das Grabmal auch wirkt, es wurde niemals vollendet: Michelangelo hatte eigentlich 40 Statuen geplant, doch schon bald war er mit der Sixtinischen Kapelle vollauf beschäftigt – und Julius II. wurde im Petersdom beigesetzt.

Man betritt die Kirche von der Via Cavour über eine Treppe, die durch einen niedrigen Bogen zur Kirche hinaufführt.

Domus Aurea · ARCHÄOLOGISCHE STÄTTE
(Karte S. 107; ☑ 06 3996 7700; www.coopculture. it; Viale della Domus Aurea; ⊘ wegen Renovierung geschl.; Ⓜ Colosseo) Der Goldene Palast (Domus Aurea) war ein monumentales Zeugnis von Neros Selbstverliebtheit. Der Kaiser ließ den Palast nach dem Brand von 64 bauen und schenkte ihn sich selbst. Benannt wurde er nach dem Gold an der Fassade. Einst nahm er ein Drittel der Stadtfläche ein und heute sind noch gut 20 % des Komplexes erhalten.

Piazza della Repubblica · PIAZZA
(Karte S. 104; Ⓜ Repubblica) Eingerahmt von pompösen nklassizistischen Kolonnaden wurde die Piazza Ende des 19. Jhs. im Rahmen der umfangreichen Bautätigkeiten nach der italienischen Staatsgründung angelegt. Die Anlage folgt der halbrunden Linie der mit Sitzbänken versehenen Säulen-

halle (*exedra*) von Diokletians Badekomplex und war deshalb ursprünglich als Piazza Esedra bekannt.

★ Museo Nazionale Romano: Palazzo Massimo alle Terme · MUSEUM
(Karte S. 104; ☑ 06 3996 7700; www.coopcul ture.it; Largo di Villa Peretti 1; Erw./erm. 7/3,50 €; ⊘ Di–So 9–19.45 Uhr; Ⓜ Termini) Das leider viel zu wenig beachtete Museum ist eine wahre Schatzkammer voll klassischer Kunstwerke und Skulpturen. Das Erdgeschoss und der ersten Stock sind den faszinierenden Skulpturen gewidmet. Zu den Attraktionen zählen die griechische Bronze des *Pugile* (Boxer, 2. Jh. v. Chr.) sowie eine kauernde Aphrodite aus der Villa Adriana. Anmutig ist der *Ermafrodite dormiente* (Schlafender Hermaphrodit, 2. Jh. v. Chr.), idealisiert hingegen *Il disco-bolo* (Der Diskuswerfer).

Unbestrittenes Highlight sind jedoch die lebhaft bunten Fresken im zweiten Stock. Sie illustrieren ihrem ursprünglichen Verwendungszweck gemäß eine Reihe von Themen aus der Natur und der Mythologie sowie häusliche und erotische Motive. Es gibt intime Schlafzimmerfresken, die religiöse und erotische Themen sowie Theaterszenen behandeln, während für den Speisesaal Landschaftsszenen gewählt wurden. Schlicht atemberaubend sind die um 30–20 v. Chr. entstandenen Fresken aus der Villa Livia. Dies war eines der Häuser von Augustus' Ehefrau Livia Drusilla. Sie bedecken einen ganzen Raum und entführen den Betrachter in einen Paradiesgarten: Wilde Rosensträucher, Granatäpfel, Schwertlilien und Kamillepflanzen sind unter einem tiefblauen Himmel arrangiert. Einst zierten sie einen sommerlichen Wohn- und Essbereich, der zum Schutz gegen die Hitze im Souterrain lag.

In diesem Stockwerk befinden sich auch weitere schöne Mosaiken und seltene Intarsienarbeiten.

Im Keller ist die Münzsammlung viel spannender als man denken könnte. Besucher können die Propagandaoffensiven des römischen Imperiums anhand der Münzen nachvollziehen. Ausgestellt ist auch Schmuck, der mehrere Tausend Jahre alt ist. Verstörend sind die mumifizierten Überreste eines achtjährigen Mädchens.

Museo Nazionale Romano: Terme di Diocleziano · MUSEUM
(Karte S. 104; ☑ 06 3996 7700; www.coopculture. it; Viale Enrico de Nicola 78; Erw./erm. 7/3,50 €;

(🕐 Di–So 9–19.30 Uhr; Ⓜ Termini)
Die berühm-
te Terme von Kaiser Diokletian aus dem
3. Jh. n. Chr. bildete den größte Badekomplex
im antiken Rom. Der Komplex erstreckten
sich über eine Fläche von 13 ha und war für
3000 Badegäste ausgelegt. Heute ist in den
Ruinen eine Außenstelle des Museo Nazionale Romano untergebracht. Die umfangreiche Sammlung aus Gedenkinschriften und
antiken Funden bietet einen faszinierenden Einblick in den Aufbau der römischen
Gesellschaft. Manche der bemerkenswer-

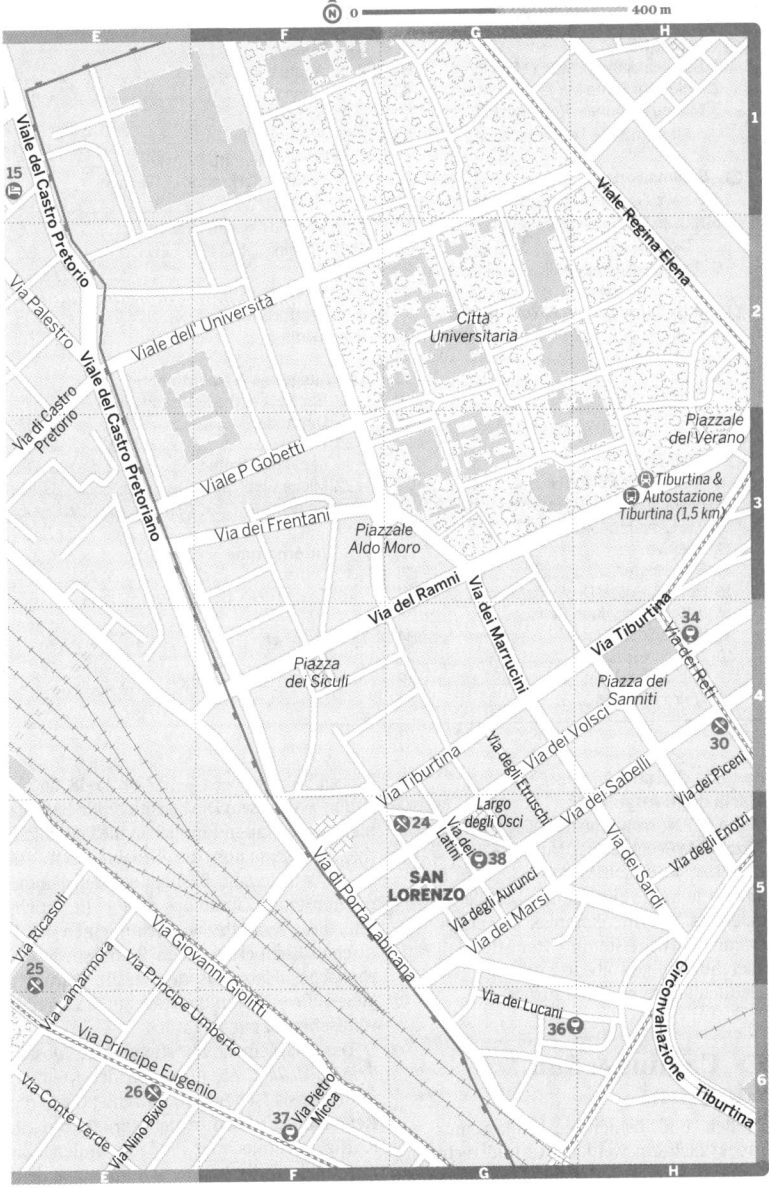

ten Funde stehen auch in Zusammenhang mit der Entwicklung des Christentums und des Judentums.

Im Obergeschoss sind eine breite Palette von Grabfunden aus dem 11. bis 9. Jh. v. Chr. ausgestellt. Außerhalb des Gebäudekom-plexes wurde der Kreuzgang von Michel-angelo entworfen. Er ist von klassischen Sarkophagen, kopflosen Statuen sowie riesigen, bildhauerisch gestalteten Tierköp-fen gesäumt, die wahrscheinlich vom Tra-jansforum stammen.

Monti, Esquilin & San Lorenzo

Basilica di Santa Maria degli Angeli
BASILIKA

(Karte S. 104; www.santamariadegliangeliroma.it; Piazza della Repubblica; ⊗ Mo–Sa 7–20.30, So bis 19.30 Uhr; Ⓜ Repubblica) Die wuchtige Basilika wurde in die einstige Haupthalle von Diokletians Thermenkomplex eingefügt. Der Originalentwurf stammt von Michelangelo, aber nur die gewölbeartige Decke geht tatsächlich auf seine Pläne zurück.

◎ Caelius & San Giovanni

Südlich und östlich des Kolosseums erstreckt sich ein weitläufiges und recht unentdecktes Stadtviertel. Hier befinden sich bedeutende antike Ruinen sowie einige der interessantesten römischen Kirchen: die Basilica di San Giovanni in Laterano und die Basilica di San Clemente.

★ Basilica di San Clemente
BASILIKA

(Karte S. 107; www.basilicasanclemente.com; Via di San Giovanni in Laterano; Kirche frei, Ausgra-bungen 5 €; ⊗ Mo–Sa 9–12.30 & 15–18, So 12–18 Uhr; Ⓜ Colosseo) Die faszinierende Basilika bietet einen guten Einblick in die vielschichtige Vergangenheit der Ewigen Stadt: Im 12. Jh. wurde eine Basilika auf den Fundamenten einer Kirche aus dem 4. Jh. errichtet. Diese ersetzte wiederum einen heidnischen Tempel aus dem 2. Jh. sowie ein römisches Haus aus dem 1. Jh. Darunter gehen alle weiteren Baureste auf die Zeit der römischen Republik zurück.

Das aus dem 12. Jh. stammende Mosaik *Trionfo della Croce* (Triumph des Kreuzes) in der Apsis ist genauso mitreißend wie die Renaissancefresken in der **Kapelle der hl. Katharina** links vom Eingang. Stufen führen hinab in die *basilica inferiore* aus dem 4. Jh., die größtenteils von den Normannen 1084 zerstört wurde. Einige verblichene Fresken aus dem 11. Jh. illustrieren jedoch noch immer das Leben des hl. Clemens. Noch ein Stückchen tiefer sind die Reste des **römischen Hauses** aus dem 1. Jh. sowie des **Mithras-Tempels** aus dem 2. Jh. zu sehen. Der Altar zeigt den Gott, wie er einen Stier

Caelius & San Giovanni

Caelius & San Giovanni

schlachtet. Und in der Tiefe hört man das unheimliche Geplätscher eines unterirdischen Wasserlaufs, der durch ein Wasserrohr aus der republikanischen Zeit fließt.

⭐ **Basilica di San Giovanni in Laterano** BASILIKA
(Karte S. 107; Piazza di San Giovanni in Laterano 4; Basilika frei, Kreuzgang 3 €; ⏱ 7–18.30 Uhr, Kreuzgang 9–18 Uhr; Ⓜ San Giovanni) 1000 Jahre lang war die monumentale Kathedrale die wichtigste Kirche für die Christen in aller Welt. Sie wurde von Kaiser Konstantin 324 erbaut und war damit die erste christliche Kirche in Rom. Bis zum Ende des 14. Jhs. war sie die Hauptkirche des Papstes. Noch heute ist sie

die offizielle Kathedrale der Stadt und Sitz des Papstes als Bischof von Rom.

Alessandro Galileis mächtige weiße Außenfassade aus der Mitte des 18. Jhs. wird von 15 Statuen überragt, die 7 m hoch sind: Jesus mit Johannes dem Täufer, Johannes der Evangelist sowie die zwölf Apostel. Der spätbarocke Klassizismus der Fassade soll die unbegrenzte Autorität der Kirche symbolisieren. Die zentralen **Bronzetüren** wurden aus der Curia auf dem Forum Romanum hierher gebracht. Die Tür zur Rechten ist die **Heilige Pforte**, die nur in heiligen Jahren geöffnet wird.

Das Innere wurde mehrfach umgestaltet. Das jetzige Aussehen geht jedoch zum gro-

DURCH DAS SCHLÜSSELLOCH

Vom Aventin bietet sich einer der schönsten Panoramablicke der Hauptstadt. An der mit Zypressen bewachsenen **Piazza dei Cavalieri di Malta** (Karte S. 175; Via di Santa Sabina; ▣ Lungotevere Aventino) befindet sich das Hauptquartier des Malteser-Ritterordens **Priorato dei Cavalieri di Malta**. Das Gebäude ist öffentlich nicht zugänglich, aber wenn man durch das Schlüsselloch schaut, sieht man in der Ferne genau am Ende einer von Hecken gesäumten Allee die Kuppel des Petersdoms.

ßen Teil auf Francesco Borromini zurück. Papst Innozenz X. hatte ihn beauftragt, die Kirche für das Heilige Jahr 1650 neu zu gestalten. Aber es blieben auch ältere Elemente erhalten, darunter die spektakuläre **vergoldete Decke**, der schöne **Mosaikfußboden** aus dem 15. Jh. sowie der gotische **Baldachin** über dem päpstlichen Altar. Vor dem Altar führt eine Doppeltreppe zur **Confessio**, wo das Renaissance-Grabmal von Papst Martin V. steht.

Hinter dem Altar wurde die massive Apsis mit leuchtenden Mosaiken verkleidet. Ein kleiner Teil entstand bereits im 4. Jh., der größere Teil jedoch erst im 19. Jh.

Am ersten Wandpfeiler im rechten Seitenschiff blieb ein unvollständiges **Fresko von Giotto** erhalten. Während man das Fresko bewundert, sollte man zugleich sein Ohr spitzen: Das Grabmal für Papst Sylves-

ter II. (999–1003) am nächsten Wandpfeiler soll schwitzen und stöhnen, wenn der Tod eines Papstes unmittelbar bevorsteht.

Links vom Altar ist der im 13. Jh. entstandene **Kreuzgang** ein wunderbar friedlicher Ort rund um einen zentralen Garten. Die anmutig gewundenen Säulen sind im Cosmatenstil gehalten.

Palazzo Laterano · PALAST
(Karte S. 107; Piazza di San Giovanni in Laterano; Ⓜ San Giovanni) Domenico Fontanas Palast aus dem 16. Jh. liegt an der Piazza San Giovanni in Laterano, die von Roms ältestem und höchstem **Obelisken** (Karte S. 107) überragt wird. Als Teil des Basilikakomplexes aus dem 4. Jh. war der Palast einst die offizielle Residenz des Papstes, bis dieser 1377 in den Vatikan umzogen. Heute sind hier Büros des römischen Bistums untergebracht.

Battistero · KAPELLE
(Baptisterium; Karte S. 107; Piazza di San Giovanni in Laterano; ⊙ 7–12.30 & 16–19 Uhr; Ⓜ San Giovanni) Gleich um die Ecke von der Basilica di San Giovanni in Laterano liegt das geschichtsträchtige achteckige Baptisterium. Es wurde von Kaiser Konstantin im 4. Jh. erbaut und diente als Prototyp für spätere christliche Kirchen und Glockentürme. Neben der Architektur ziehen die kunstvollen Mosaiken, die z. T. bis auf das 5. Jh. zurückgehen, die Blicke der Besucher auf sich.

Scala Santa & Sancta Sanctorum · KAPELLE
(Karte S. 107; Piazza di San Giovanni in Laterano 14; Scala frei, Sancta 3,50 €; ⊙ Scala Sommer 6.15–12 & 15.30–18.30 Uhr, Winter 6.15–12 & 15–18 Uhr, Sancta Sanctorum ganzjährig 9.30–12 & 15–17 Uhr, Mi Vormittag & So geschl.; Ⓜ San

TERME DI CARACALLA

Die Reste von Kaiser Caracallas weitläufigem Badetempel **Terme di Caracalla** (☏ 06 3996 7700; www.coopculture.it; Viale delle Terme di Caracalla 52; Mo 9–14 Uhr, Di–So 9 Uhr bis 1 Std. vor Sonnenuntergang ; ▣ Viale delle Terme di Caracalla) zählen zu den beeindruckendsten Ruinen Roms. Der 216 eröffnet, 10 ha große Komplex umfasste Bäder, Turnhallen, Büchereien, Läden und Gärten. Bis zu 8000 Badegäste kamen täglich, während unter der Erde Sklaven in dem 9,5 km langen Tunnelsystem schufteten, damit der Betrieb reibungslos ablaufen konnte.

Heute sieht man vor allem noch das zentrale **Badehaus**. Das riesige Gebäude maß allein schon 218 x 112 m. Öffentlich zugänglich sind auch die **Tunnel** sowie ein kürzlich eröffneter **unterirdischer Tempel** (Mithraeum), der dem persischen Gott Mithras geweiht war.

Im Sommer dienen die beeindruckenden Ruinen als spektakuläre Kulisse für Open-Air-Opernaufführungen.

ℹ **TIPPS FÜR DIE VIA APPIA ANTICA**

Der **Informationspunkt am Regionalpark Appia Antica** (📱 06 513 53 16; www.par coappiaantica.it; Via Appia Antica 58-60; ⊙ Sommer Mo–Fr 9.30–13 & 14–17.30, Sa–So 9.30–18.30 Uhr, Winter tgl. bis 17 Uhr) verkauft Übersichtskarten des Parks und verleiht Fahrräder (pro Std./Tag 3/10 €) sowie Elektroräder (6/20 €). Angeboten werden auch Führungen auf Deutsch, Englisch und Spanisch, doch diese sollte man unbedingt per Mail und mindestens zwei Wochen vor dem Besuch buchen.

➜ Sonntag ist ein guter Besuchstag, weil die Straße dann für den Autoverkehr geschlossen ist. An anderen Tagen sind insbesondere die ersten 5 km ab der Porta San Sebastian für Fußgänger kein Vergnügen.

➜ Die Appia Antica Card gewährt Eintritt ins Mausoleo di Cecilia Metella, die Terme di Caracalla und die Villa dei Quintili.

➜ Zur Via Appia Antica fahren Bus 218 ab Piazza di San Giovanni in Laterano, Bus 660 ab Haltestelle Colli Albani (Metro A) sowie Bus 118 ab Haltestelle Piramide (Metro B).

➜ Vom Bahnhof Termini bedient der Hop-On-Hop-Off Archeobus die Via Appia Antica und fährt weitere archäologisch interessante Sehenswürdigkeiten entlang des Weges an.

Giovanni) Die hl. Helena soll die Scala Santa (Heilige Treppe) im 4. Jh. nach Rom gebracht haben. Angeblich handelt es sich um die Treppe, auf der Jesus zum Palast des Pontius Pilatus in Jerusalem hinaufstieg. Für die Gläubigen ist sie deshalb heilig und sie rutschen nur auf Knien hinauf, wobei sie auf jeder der 28 Stufen ein Gebet sprechen. Am oberen Ende der Treppe war das reich mit Fresken verzierte Sancta Sanctorum (Das Allerheiligste), das früher als Privatkapelle der Päpste diente.

⊙ Der Süden von Rom

Der abwechslungsreiche Süden Roms bietet mehrere beachtenswerte Sehenswürdigkeiten: Die Via Appia Antica ist für ihre Katakomben berühmt; in San Paolo steht eine der großen Basiliken Roms; an der trendigen Via Ostiense sind viele der coolen Clubs in post-industriellem Ambiente angesiedelt; und EUR war Mussolinis leicht außerirdisches Mega-Bauprojekt.

Basilica di San Paolo Fuori le Mura BASILIKA (www.abbaziasanpaolo.net; Via Ostiense 190; Kreuzgang 4 €; ⊙ 7–18.30 Uhr; Ⓜ San Paolo) Die größte Kirche Roms nach dem Petersdom – und die drittgrößte weltweit – steht just an der Stelle, wo der Apostel Paulus im Jahre 67 nach seiner Enthauptung beerdigt wurde. Gebaut wurde die Kirche von Kaiser Konstantin im 4. Jh, doch ein Feuer zerstörte 1823 weite Teile. Der heute zu sehende Bau ist zum Großteil eine Rekonstruktion aus dem 19. Jh.

Viele Schätze haben jedoch den Brand überstanden, darunter der **Triumphbogen** aus dem 5. Jh. mit seinen großflächig restaurierten Mosaiken. Auch das gotische **Marmortabernakel** über dem Hochaltar blieb erhalten. Es wurde 1285 von Arnolfo di Cambio zusammen mit einem anderen Künstler erschaffen, möglicherweise mit Pietro Cavallini. Rechts vom Altar wurde die kunstfertige romanische Osterkerze von Nicolò di Angelo und Pietro Vassalletto im 12. Jh. gestaltet. Zu sehen sind Kreaturen mit grimmigen Tierköpfen. Das Grabmal des Paulus befindet sich ganz in der Nähe in der **Confessio**.

Weltuntergangspropheten sollten den Blick nach oben richten, wo unter den Kirchenfenstern die Porträts aller Päpste seit Petrus hängen. Der Legende nach geht die Welt unter, wenn kein Platz mehr für ein neues Papst-Porträt vorhanden ist. Noch sind acht Plätze frei.

Die großartigen Cosmaten-Mosaiken (13. Jh.) im **Kreuzgang** des angrenzenden Benediktinerklosters sind ebenfalls den einen oder anderen Blick wert.

★ **Via Appia Antica** HISTORISCHE STÄTTE (Via Appia Antica; Ⓜ Via Appia Antica) Benannt wurde die berühmte Straße nach Konsul Appius Claudius Caecus, der 312 v. Chr. die ersten 90 km anlegen ließ. 190 v. Chr. wurde dann die *regina viarum* (Köni-

Appia Antica

gin der Straßen) bis nach Brindisi an der südlichen Adria verlängert. Heute ist die kopfsteingepflasterte Via Appia Antica eine der exklusivsten Adressen der Hauptstadt, die von grasbewachsenen Feldern, antiken Ruinen und hochgewachsenen Pinien gesäumt wird.

Aber die Straße hat eine blutige Geschichte: 71 v. Chr. wurde z. B. Spartacus mit 6000 seiner aufständischen Getreuen gekreuzigt. Später beerdigten die frühen Christen ihre Toten in dem 300 km langen Tunnelsystem der **Katakomben**. Man kann nicht das ganze Tunnelsystem besichtigen, aber drei wichtige Katakomben (San Callisto, San Sebastiano und Santa Domitilla) stehen für geführte Touren offen.

Chiesa del Domine Quo Vadis? KIRCHE
(Via Appia Antica 51; ◷Winter Mo–Fr 8–18.30, Sa–So 8.15–18.45 Uhr, Sommer bis 19.30 Uhr; ▯Via Appia Antica) Die Kirche markiert jene Stelle, wo dem fliehenden Petrus eine Jesus-Vision erschien. Petrus stellte dem Fremden die berühmte Frage: „Domine, quo

vadis?" – „Herr, wohin gehst du?" Und Jesus antwortete: „Venio Romam iterum crucifigi" – „Ich komme nach Rom, um mich noch einmal kreuzigen zu lassen." Zögernd entschied sich Petrus, ihm zu folgen und nach Rom zurückzukehren. Dort wurde er verhaftet und später hingerichtet.

Catacombe di San Callisto KATAKOMBEN
(Karte S. 110; ☏06 513 01 51; www.catacombe. roma.it; Via Appia Antica 110 & 126; Erw./erm. 8/ 5 €; ◷9–12 & 14–17 Uhr, Mitte Jan.–Mitte Feb. Mi geschl.; ▯Via Appia Antica) Diese Katakomben sind die größten und meistbesuchten Roms. Die am Ende des 2. Jhs. angelegten Katakomben wurden nach Papst Kalixtus I. benannt. Sie wurden zum offiziellen Friedhof der frisch etablierten Römischen Kirche. In dem bisher erforschten 20 km langen Tunnelsystem haben Archäologen bis heute die Gräber von rund 500 000 Menschen gefunden. Auch sieben im 3. Jh. als Märtyrer hingerichtete Päpste liegen in den Katakomben begraben.

Die Schutzheilige der Musik, die hl. Cäcilia, wurde ebenfalls hier beigesetzt. Ihre Gebeine hat man allerdings in die Basilica di Santa Cecilia in Trastevere überführt. Als ihr Körper 1599, mehr als 1000 Jahre nach ihrem Tod, exhumiert wurde, war er angeblich noch tadellos erhalten.

★Catacombe di
San Sebastiano KATAKOMBEN
(Karte S. 110; ☏06 785 03 50; www.catacombe.org; Via Appia Antica 136; Erw./erm. 8/5 €; ◷Mo–Sa 10–17 Uhr, Mitte Nov.–Mitte Dez. geschl.; ▯Via Appia Antica) Die Katakomben von San

Sebastian waren die ersten Grabkammern, die als Katakomben bezeichnet wurden. Der Name leitet sich aus dem Griechischen *kata* (nahe) und *kymbas* (Höhle) ab, weil sie in der Nähe einer Höhle angelegt worden waren. Als Kaiser Vespasian die Christen verfolgte, boten die Katakomben für die sterblichen Überreste von Petrus und Paulus ein sicheres Versteck.

Die erste Ebene ist fast vollständig zerstört, aber auf der zweiten Ebene können Fresken, Stuckarbeiten und Inschriften bewundert werden. Bemerkenswert sind drei vollständig erhaltene Mausoleen sowie eine verputzte Wand mit Hunderten Botschaften für Petrus und Paulus, die von Gläubigen vor allem im 3. und 4. Jh. eingeritzt wurden.

Über den Katakomben wurde die **Basilica di San Sebastiano** (Via Appia Antica 136; ⊙ tgl. 8–13 & 14–17.30 Uhr; 🚍 Via Appia Antica) aus dem 4. Jh. mit der Zeit sehr stark verändert. Zu sehen ist einer der Pfeile, mit denen der hl. Sebastian angeblich getötet wurde, sowie die Säule, an die er gefesselt war.

Catacombe di Santa Domitilla KATAKOMBEN
(Karte S. 110; ☏ 06 511 03 42; www.domitilla.info; Via delle Sette Chiese 283; Erw./erm. 8/5 €; ⊙ Mi–Mo 9–12 & 14–17 Uhr, Jan. geschl.; 🚍 Via Appia Antica) Ebenfalls ziemlich alt und riesig sind diese rund 18 km langen Tunnelgänge. Die Katakomben wurden auf dem privaten Friedhof der Flavia Domitilla angelegt, der Nichte von Kaiser Domitian. Zu sehen sind frühchristliche Wandzeichnungen sowie die unterirdische Kirche **Chiesa di SS Nereus e Achilleus** aus dem 4. Jh. Sie war zwei römischen Legionären gewidmet, die unter Diokletian hingerichtet wurden.

Villa di Massenzio RUINE
(Karte S. 110; ☏ 06 780 13 24; www.villadimassenzio.it; Via Appia Antica 153; Erw./erm. 5/4 €; ⊙ Di–Sa 9–16 Uhr; 🚍 Via Appia Antica) Das eigentliche Highlight dieses riesigen Palastareals aus dem 4. Jh. ist der **Circo di Massenzio** (Karte S. 110), Roms besterhaltene antike Rennbahn. Man kann immer noch die Startboxen für die Streitwagen erkennen. 10 000 Zuschauer fasste die riesige Arena, die von Kaiser Maxentius um 309 erbaut, aber zu seinen Lebzeiten leider nicht mehr fertiggestellt wurde.

Oberhalb der Rennbahn liegt die von Unkraut überwachsene kaiserliche Residenz von Maxentius. In der Nähe der Rennbahn ließ er das imposante **Mausoleo di Romolo** (Tombo di Romolo; Karte S. 110) für seinen Sohn Romulus bauen. Ursprünglich krönte eine große Kuppel das Mausoleum. Die umgebende Kolonnade blieb leider nur teilweise erhalten.

Mausoleo di Cecilia Metella RUINE
(Karte S. 110; ☏ 06 3996 7700; www.coopculture.it; Via Appia Antica 161; Eintritt inkl. Terme di Caracalla & Villa dei Quintili Erw./erm. 7/4 €; ⊙ Di–So 9 Uhr bis 1 Std. vor Sonnenuntergang; 🚍 Via Appia Antica) Erbaut im 1. Jh. v. Chr., war die Grabkammer für die Tochter des Konsuls Quintus Metellus Creticus gedacht. Das Dach ist inzwischen eingestürzt, die Wände sind aus Travertin und das ramponiert aussehende Innere ist mit einem Fries verziert, der gälische Schilde, Ochsenschädel und Girlanden zeigt. Im 14. Jh. wandelte der Caetani-Clan die Anlage in ein Fort um, damit sie dem vorbeiziehenden Verkehr Wegezölle abpressen konnten.

DIE KATAKOMBEN

Die Katakomben entstanden als Gemeindefriedhof und lösten das Begräbnisproblem der frühen Christen. Weil diese an die Wiederaufstehung glaubten, konnten sie ihre Toten nicht einäschern, wie es damals üblich war. Das römische Recht verbot zudem Bestattungen innerhalb der Stadtmauern. Und als verfolgte Minderheit verfügten sie über keine eigenen Friedhöfe. Also begannen die Christen im 2. Jh. an der Via Appia Antica für ihre Gräber ein Tunnelsystem anzulegen. Eine Reihe von konvertierten Christen besaß dort ohnehin schon Familiengräber.

Mit der Zeit schlossen sich immer mehr Menschen dem Christentum an und der Kampf um Platz für Grabstellen wurde so intensiv, dass er zu eskalieren drohte. Doch am Ende des 4. Jhs. wurde das Christentum legalisiert und die Christen begannen, ihre Toten neben den Basiliken zu beerdigen, die innerhalb der Stadtmauern entstanden waren. Im Mittelalter waren die Katakomben dann praktisch völlig verlassen.

Seit dem Beginn der wissenschaftlichen Ausgrabungen im 19. Jh. wurden bereits mehr als 30 Katakomben auf dem Stadtgebiet Roms entdeckt.

Trastevere & Gianicolo

200 m

SANT'ANGELO

Lgt dei Pierleoni

Piazza Monte Savello

Via di Monte Savello

Lgt de Cenci

Ponte Fabricio

Piazza Santa Cecilia

Parco Savello

Lgt Aventino

Ponte Palatino

Lgt Ripa

Via Petrali

Via dei Vascelli

Via Santa Maria in Cappella

Via della Madonna dell'Orto

Via di San Michele

Piazza de Mercanti

Ponte Cestio

Isola Tiberina

Ponte Garibaldi

Lgt degli Anguillara

Via Lungarina

Via Lungarina

Piazza in Piscinula

Piazza Castellani

Piazza dei Ponziani

Via dei Salumi

Via di Santa Cecilia

Piazza di Santa Cecilia

Basilica di Santa Cecilia in Trastevere

Via Anicia

Via Anicia

Via di Santa Rufina

Via Arco de' Tolomei

Via dei Genovesi

Lgt Raphaello Sanzio

Tiber

Piazza Belli

Piazza Sonnino

Piazza Sonnino

Piazza G Tavani Arguati

Via di San Gallicano

Viale di Trastevere

Piazza Mastai

Piazza di San Francesco d'Assisi

Via della Luce

Via della Luce

Via della Lungaretta

Via Giulio Cesare Santini

Via Gensola

Via della Lungaretta

Via della Lungaretta

Via Renella

Via della Fonte d'Ollio

Via dell'Arco di San Calisto

Via della Cisterna

Via del Fienaroli

Via delle Fratte di Trastevere

Via San Francesco a Ripa

Via San Francesco a Ripa

Via di San Francesco a Ripa

Piazza di San Francesco a Ripa

San Francesco a Ripa

Vic di Bologna

Via del Politeama

Via del Moro

Via del Piede

Via del Cinque

Piazza de' Renzi

Piazza Sant'Egidio

Basilica di Santa Maria in Trastevere

Piazza San Calisto

Via di San Cosimato

Via Natale del Grande

Via Merry del Val

Piazza San Cosimato

Vic di San Francesco a Ripa

Via della Scala

Via della Pellicia

Via del Mattonato

Via G Venzian

Via Manara

Via Mameli

Via Sacchi

Via Morosini

Via F Casini

Piazza della Scala

Piazza San Pietro in Montorio

Via Garibaldi

Via Garibaldi

Via di Porta San Pancrazio

Gianicolo (Janiculum)

Viale Nicola Fabrizi

Via G Medici

Via di Porta San Pancrazio

Via di Tamburino

Via Calandrelli

Suites Trastevere (1,2 km); Trastevere (1,5 km)

Porta Portese (200 m); Nuovo Sacher (300 m)

Villa dei Quintili RUINE
(☑ 06 3996 7700; www.coopculture.it; Via Appia
Nuova 1092; Erw./erm. inkl. Terme di Caracalla
& Mausoleo di Cecilia Metella 7/4 €; ☺ Di–So
9 Uhr bis 1 Std. vor Sonnenuntergang; 🚇 Via Appia
Nuova) Die weitläufige Luxusvilla aus dem
2. Jh. gehörte zwei Konsuln von Kaiser Marcus Aurelius. Hauptattraktion ist das gut erhaltene Bad mit einem Becken sowie einem
Dampfbad (*caldarium*) und einem Abkühl-
raum (*frigidarium*).

EUR STADTVIERTEL
(Ⓜ EUR Palasport) Dieses Viertel mit seinen
breiten Boulevards und gradlinigen Gebäu-
defluchten erinnert an Orwells Schreckens-
visionen. Es wurde für eine 1942 geplante
Weltausstellung aus dem Boden gestampft,
aber angesichts des Krieges fand diese niemals statt. Der Name blieb dem Stadtteil allerdings erhalten: EUR ist die Kurzform für
„Esposizione Universale di Roma".

Ein Besuch lohnt sich wegen der durchgängig rationalistischen Architektur, die
ihren perfekten Ausdruck im **Palazzo
della Civiltà del Lavoro** (Palast der Arbeiter;
Quadrato della Concordia; Ⓜ EUR Magliana) findet. Das „Quadratische Kolosseum" ist ein
50 m hoher Turmblock, der aus mehreren
Stockwerken mit strikt geordneten Rundbögen besteht.

Von den Museen ist das **Museo della
Civiltà Romana** (☑ 06 06 08; Piazza G Agnelli
10; Erw./erm. 7,50/5,50 €, inkl. Museo Astronomico & Planetario 9,50/7,50 €; ☺ Di–So 9–14 Uhr;
Ⓜ EUR Fermi) für Kinder wahrscheinlich die
beste Adresse, denn es bietet Modelle von
römischen Statuen und ein riesengroßes
Stadtmodell vom Rom des 4. Jhs.

⊙ Trastevere & Gianicolo

Weil es vom Centro Storico aus auf der anderen Tiberseite liegt, erhielt das Viertel seinen
Namen: *trans Tiberim* oder „jenseits des Tibers" Heute ist Trastevere eines der schönsten und lebendigsten Stadtviertel mit einer
stimmungsvollen Mischung aus idyllischen
Kopfsteingassen und bunten Palästen. Einst
war das Viertel für seine ausgeprägte Arbei-
teridentität bekannt. Noch immer ist man
auf seine Wurzeln stolz, doch für die Szene
ist es schick geworden, die Restaurants, Cafés, Kneipen und Pizzerien zu bevölkern.

Hinter Trastevere ragt der Hügel Gianicolo (Janiculum) anmutig über dem
hektischen Treiben der Stadt empor. Von
oben bieten sich atemberaubende Ausblick
auf die Stadt.

Piazza Santa Maria in Trastevere PIAZZA
(Karte S. 112; 🚌 Viale di Trastevere, 🚌 Viale di
Trastevere) Trasteveres zentraler Platz ist
ideal zum Leutebeobachten. Tagsüber tummeln sich hier Mütter mit Kinderwagen,
plaudernde Einheimische sowie Touristen,

Trastevere & Gianicolo

die in ihren Reiseführern blättern. Abends übernehmen ausländische Studenten, junge Römer und all jene das Kommando, die einfach Spaß haben wollen. Der Brunnen auf dem Platz ist original aus römischer Zeit und wurde 1692 von Carlo Fontana grundlegend restauriert.

★ Basilica di Santa Maria in Trastevere
BASILIKA

(Karte S. 112; Piazza Santa Maria in Trastevere; ⊙ 7.30–21 Uhr; 🚊 Viale di Trastevere, 🚊 Viale di Trastevere) Diese glitzernde Kirche soll angeblich die älteste in Rom sein, welche der Jungfrau Maria gewidmet ist. Sie geht auf das frühe 3. Jh. zurück und steht just dort, wo der Legende nach eine Ölquelle auf wundersame Weise aus dem Boden schoss. Ihre jetzige Form erhielt sie bei einem großen Umbau 1138. Damals wurden ein romanischer Glockenturm und die glitzernde Fassade ergänzt. Der Portikus wurde erst 1702 von Carlo Fontana angebaut.

Im Inneren sind die **Mosaiken** aus dem 12. Jh. eine wahre Augenweide. In der Apsis werden ein goldener Jesus und seine Mutter von diversen Heiligen flankiert und links hinten hält Papst Innozenz II. ein Modell der Kirche. Darunter befinden sich sechs Mosaiken von Pietro Cavallini (um 1291), die das Leben Marias illustrieren.

Von den 21 antiken Säulen der Kirche stammen einige aus den Caracalla-Thermen; die Holzdecke wurde hingegen im 17. Jh. gefertigt.

Villa Farnesina
HISTORISCHES GEBÄUDE

(Karte S. 90; 📞 06 6802 7268; Via della Lungara 230; Erw./erm. 5/4 €; ⊙ Mo & Sa 9–17, Di–Fr 10–14, jeden 2. So im Monat 9–17 Uhr; 🚊 Lgt della Farnesina, 🚊 Viale di Trastevere) Diese wunderbare Villa aus dem 16. Jh. ist für ihre großartigen Fresken bekannt. So wird Amor und Psyche in der Loggia Raffael zugeschrieben. Er malte auch den *Trionfo di Galatea* (Triumph der Galatea) im gleichnamigen Raum. Im ersten Stock bewirken Peruzzis erstklassige Fresken im Salone delle Prospettive eine optische Täuschung: Man glaubt, eine Kolonnade mit Panoramablick auf das Rom des 16. Jhs. vor sich zu haben.

Galleria Nazionale d'Arte Antica di Palazzo Corsini
KUNSTMUSEUM

(Karte S. 90; 📞 06 6880 2323; galleriacorsini.beniculturali.it/; Via della Lungara 10; Erw./erm. 5/2,50 €, inkl. Palazzo Barberini 9/

4,50 €; ⊙ Di–So 8.30–19.30 Uhr; 🚊 Lgt della Farnesina, 🚊 Viale di Trastevere) Der Palazzo aus dem 16. Jh. beherbergt einen Teil der staatlichen Kunstsammlung. Einst wohnte die schwedische Königin Christina hier und das reich mit Fresken verzierte Schlafzimmer wurde von zahlreichen männlichen wie weiblichen Liebhabern aufgesucht. Zu den Highlights der Kunstsammlung zählen Caravaggios bezaubernder *San Giovanni Battista* (Johannes der Täufer) sowie Rubens *Testa di Vecchio* (Kopf eines alten Mannes).

Tempietto di Bramante & Chiesa di San Pietro in Montorio
KIRCHE

(Karte S. 112; www.sanpietroinmontorio.it; Piazza San Pietro in Montorio 2; ⊙ Kirche Mo–Fr 8.30–12 & 15–16 Uhr, Tempietto Di–So 9.30–12.30 & 14-16.30 Uhr; 🚊 Via Garibaldi) Bramantes eindrucksvoller Tempietto (Kleiner Tempel; 1508) gilt als erstes Meisterwerk der Hochrenaissance. Er befindet sich im Hof der Chiesa di San Pietro in Montorio und markiert die Stelle, an der Petrus gekreuzigt worden sein soll. Das kleine runde Gebäude ist von insgesamt 16 Säulen umgeben, die von einer proportional geradezu perfekten Kuppel gekrönt werden. 1628 ergänzte Bernini eine Treppe und baute für die Kirche zusätzlich eine Kapelle.

Der Aufstieg zum Tempietto und zur Kirche ist recht steil, aber Bus 870 bietet von der Via Paola am Corso Vittorio Emanuele II. eine kraftsparende Alternative.

★ Basilica di Santa Cecilia in Trastevere
BASILIKA

(Karte S. 112; Piazza di Santa Cecilia; Basilika frei, Fresko & Krypta jeweils 2,50 €; ⊙ Basilika & Krypta 9.30–14.30 & 16-19.30 Uhr, Fresko Mo–Sa 10–14.30 Uhr; 🚊 Viale di Trastevere, 🚊 Viale di Trastevere) Die letzte Ruhestätte der hl. Cäcilia – der Schutzheiligen der Musik – wurde dort errichtet, wo sie 230 hingerichtet wurde. Im Nonnenchor ist ein herrliches Fresko von Pietro Cavallini zu sehen, während in der Basilika selbst eine schön gearbeitete Skulptur von Stefano Moderno zeigt, wie der auf wundersame Weise vollständig erhaltene Körper der Heiligen in den Katakomben von San Callisto 1599 entdeckt wurde.

Unter der Kirche kann man zudem die Ausgrabungen von römischen Häusern besichtigen. In einem von ihnen soll Cäcilia angeblich gewohnt haben.

**Chiesa di San
Francesco d'Assisi a Ripa**   KIRCHE
(Karte S. 112; Piazza San Francesco d'Assisi 88;
⊙7.30–12 & 14–19.30 Uhr; 🚊Viale di Trastevere,
🚊Viale di Trastevere) Franz von Assisi soll sich
in dieser Kirche im 13. Jh. aufgehalten haben und man kann noch immer den Stein
sehen, den er als Kissen benutzt haben
soll. Die Hauptattraktion des Gotteshauses
ist aber Berninis *Beata Ludovica Albertoni*
(Gesegnete Ludovica Albertoni; 1674). Ihre
religiöse Ekstase hat einen erotischen Einschlag, denn sie zeigt die franziskanische
Nonne Ludovica, wie sie sich mit geschlossenen Augen und offenem Mund zurücklehnt
und mit einer Hand ihre Brust berührt.

⊙ **Vatikanstadt,
Borgo & Prati**

Der kleinste souveräne Staat der Welt ist
die Vatikanstadt (Città del Vaticano) mit
einer Fläche von gerade einmal 0,44 km².
Der Vatikan liegt auf dem niedrigen gleichnamigen Hügel wenige hundert Meter
westlich des Tibers und ist das Zentrum
der katholischen Welt. Optisch beherrscht
wird der Mini-Staat vom Petersdom mit
seiner imposanten Kuppel. Die Mauern
des Vatikans beschützen einen der größten
Kunstschätze der Welt. Seine Souveränität
erhielt der Vatikan 1929 durch die Lateran-
Verträge. Er ist der moderne Nachfolger des
päpstlichen Kirchenstaats, der bis zur italienischen Vereinigung 1861 Rom und einen
Großteil Mittel-italiens kontrollierte. Als Teil
der Vereinbarungen zwischen Benito Mussolini und Papst Pius XI., erhielt der Heilige
Stuhl extraterritoriale Autorität über 28 weitere Orte innerhalb und außerhalb Roms,
darunter die Basiliken San Giovanni in Laterano, Santa Maria Maggiore und San Paolo
Fuori le Mura.

Als unabhängiger Staat hat der Vatikan
seine eigene Post, Tageszeitung, Radiosta-
tion und Armee. Die schmuck gekleidete
Schweizer Garde besteht aus praktizieren-
den Schweizer Katholiken und wurde das
erste Mal von Papst Julius II. 1506 eingesetzt. Bis heute sind die Gardisten für
die persönliche Sicherheit des Papstes
verantwortlich.

Das 1000 Jahre lange Auf und Ab der
Geschichte hat das Gesicht des Vatikans ge-
prägt. 846 ließ Papst Leo IV. nach mehreren
Überfällen der Sarazenen rundherum die

ℹ️ **SCHNELLER ZUGANG
ZU DEN VATIKANISCHEN
MUSEEN**

Hier einige Tipps, um nicht für die
Tickets anstehen zu müssen – gegen
die Schlangen vor den Sicherheits-
kontrollen lässt sich allerdings nichts
ausrichten.

➡ **Eintrittskarten** am besten online
(http://biglietteriamusei.vatican.
va/musei/tickets/do) bestellen.
Nach Zahlungseingang wird per Mail
eine Bestätigung verschickt, die
ausgedruckt am Museumseingang
zusammen mit einem gültigen
Personalausweis oder Reisepass
vorgezeigt werden muss. Wer online
bucht, muss allerdings 4 € als
Buchungsgebühr bezahlen. Im Internet
können auch **Führungen** (Erw./erm.
32/24 €) bestellt werden.

➡ Die Besuchszeiten sollten gut geplant
sein: Dienstag und Donnerstag sind die
ruhigsten Tage. Mittwochvormittags
ist eine günstige Zeit, weil dann die
Massen bei der allwöchentlichen
päpstlichen Audienz weilen. Generell
sind aber Nachmittage besser als
Vormittage. Montags ist kein guter
Termin, weil viele andere Museen dann
geschlossen sind.

➡ Empfehlenswert sind Führungen mit
erfahrenen Guides.

Leoninische Mauer errichten. Und im 12. Jh.
begann Eugen III. mit dem Bau des Vatikanischen Palasts, in dem heute die Vatikanischen Museen untergebracht sind.

Zwischen dem Vatikan und dem
Fluss liegen die kopfsteingepflasterten Gassen des mittelalterlichen Bezirks Borgo. Im
Norden schließt sich das schicke und angesagte Wohnviertel Prati an.

⭐ **Petersdom**   BASILIKA
(Karte S. 116; www.vatican.va; Petersplatz;
⊙April–Sept. 7–19 Uhr, Okt.–März bis 18.30 Uhr;
Ⓜ Ottaviano–San Pietro) GRATIS In einer Stadt
voller atemberaubender Kirchen stellt der
Petersdom (Basilica San Pietro) alle anderen
in den Schatten. Roms größte, reichste und
spektakulärste Kirche ist ein faszinierendes
Zeugnis künstlerischen Genies. Als wichtige
Touristenattraktion lockt sie jeden Tag rund

Vatikanstadt, Borgo & Prati

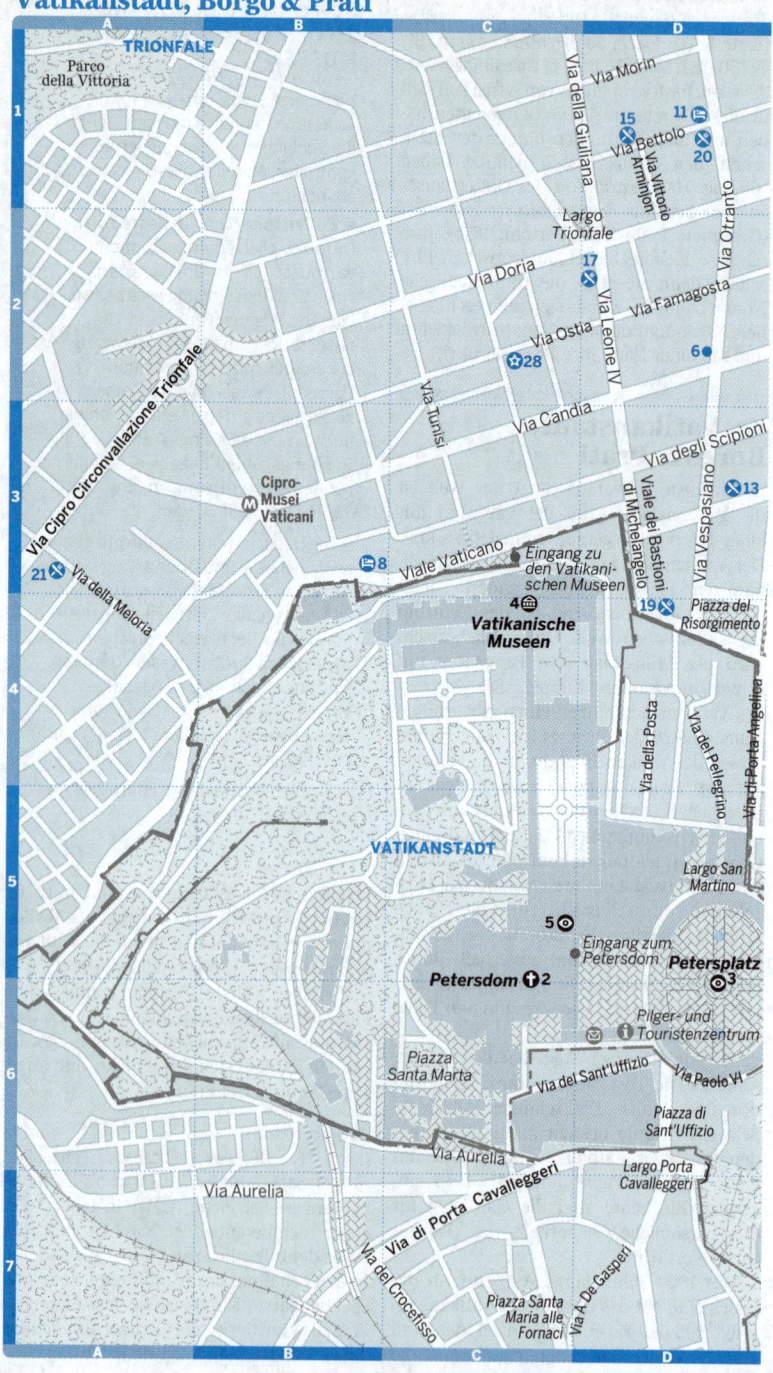

TRIONFALE

Parco della Vittoria

Via Morin

Via della Giuliana

15 Via Bettolo

11

20

Via Vittorio Amminn

Largo Trionfale

Via Otranto

Via Doria

17

Via Leone IV

Via Famagosta

Via Ostia

28

6

Via degli Scipioni

Via Candia

Via della Melona

Via Cipro Circonvallazione Trionfale

Via Tunisi

Viale dei Bastioni di Michelangelo

Via Vespasiano

13

Cipro-Musei Vaticani

8

Viale Vaticano

Eingang zu den Vatikanischen Museen

4

19

Piazza del Risorgimento

21

Vatikanische Museen

Via della Posta

Via del Pellegrino

Via di Porta Angelica

VATIKANSTADT

Largo San Martino

5

Eingang zum Petersdom

Petersplatz 3

Petersdom 2

Pilger- und Touristenzentrum

Piazza Santa Marta

Via del Sant'Uffizio

Via Paolo VI

Piazza di Sant'Uffizio

Via Aurelia

Via Aurelia

Via di Porta Cavalleggeri

Largo Porta Cavalleggeri

Via del Crocefisso

Via A. De Gasperi

Piazza Santa Maria alle Fornaci

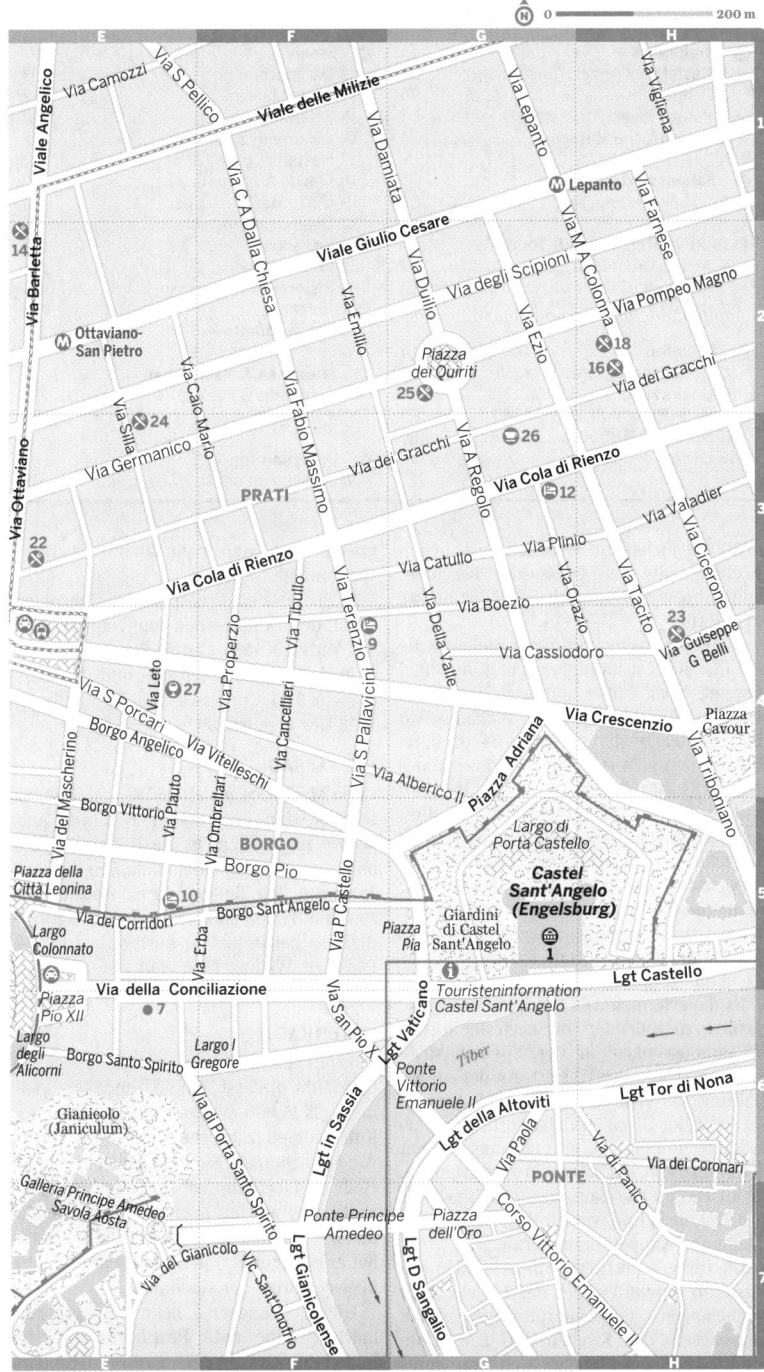

0 — 200 m

Via Camozzi

Via S Pellico

Viale Angelico

Via Angelico

Viale delle Milizie

Via Damiata

Via Viglieno

Via Lepanto

Ⓜ Lepanto

Via Barletta

Via C A Dalla Chiesa

Viale Giulio Cesare

Via Duilio

Via degli Scipioni

Via M A Colonna

Via F Farnese

Via Pompeo Magno

Ⓧ14

Ⓜ Ottaviano-San Pietro

Via Caio Mario

Via Emilio

Piazza dei Quiriti

Via Ezio

Ⓧ18

16Ⓧ

Via dei Gracchi

25Ⓧ

Via Germanico

Via Silla

Ⓧ24

Via Fabio Massimo

Via dei Gracchi

Via A Regolo

Via Ottaviano

PRATI

Via Cola di Rienzo

Ⓓ26

Via Cola di Rienzo

Ⓓ12

Via Valadier

22Ⓧ

Via Cola di Rienzo

Via Catullo

Via Plinio

Via Cicerone

Via Tacito

Via Boezio

Via Orazio

23Ⓧ

Via Tibullo

Via Properzio

Via Terenzio

Via Della Valle

Via Cassiodoro

Via Giuseppe G Belli

9

Via S Porcari

Via Leto

Ⓧ27

Via Cancellieri

Via S Pallavicini

Via Alberico II

Via Crescenzio

Piazza Cavour

Borgo Angelico

Via Vitelleschi

Piazza Adriana

Via Triboniano

Via del Mascherino

Borgo Vittorio

Via Plauto

Via Ombrellari

BORGO

Borgo Pio

Largo di Porta Castello

Castel Sant'Angelo (Engelsburg)

Piazza della Città Leonina

Ⓓ10

Via P Castello

Borgo Sant'Angelo

Via dei Corridori

Via Erba

Piazza Pia

Giardini di Castel Sant'Angelo

Ⓐ1

Largo Colonnato

Lgt Castello

Piazza Pio XII

Via della Conciliazione

●7

Lgt Vaticano

ⓘ Touristeninformation Castel Sant'Angelo

Largo degli Alicorni

Borgo Santo Spirito

Largo I Gregore

Lgt in Sassia

Ponte Vittorio Emanuele II

Tiber

Lgt Tor di Nona

Lgt della Altoviti

Via Paola

Via di Panico

Via dei Coronari

Gianicolo (Janiculum)

Via di Porta Santo Spirito

PONTE

Corso Vittorio Emanuele II

Galleria Principe Amedeo Savoia Aosta

Via del Gianicolo

Vic Sant'Onofrio

Lgt Gianicolense

Ponte Principe Amedeo

Piazza dell'Oro

Lgt D Sangallo

Vatikanstadt, Borgo & Prati

20 000 Besucher an. Wer sich anschließen möchte, sollte den Dress-Code beachten: keine Shorts, keine Miniröcke oder nackte Schultern.

Die erste Basilika an dieser Stelle wurde von Kaiser Konstantin errichtet und 326 geweiht. Noch früher hatte sich hier Neros Stadion befunden, der Ager Vaticanus, wo der Apostel Petrus zwischen 64–67 beerdigt worden sein soll. Wie viele andere der frühen Gotteshäuser verfiel es langsam und es dauerte bis zur Mitte des 15. Jhs., bis Restaurierungsbemühungen einsetzten. Zunächst ging Papst Nikolaus V. ans Werk, erfolgreicher war jedoch Julius II. 1506 legte Bramante einen Plan für eine Basilika vor, deren Grundriss einem griechischen Kreuz glich und dessen zentrale Kuppel von vier kleineren Kuppeln flankiert wurde.

Es dauerte mehr als 150 Jahre, um diese Basilika zu vollenden, die nach der Kirche in Yamoussoukro an der Elfenbeinküste die zweitgrößte der Welt ist. An der Ausgestaltung waren Bramante, Raffael, Antonio da Sangallo, Giacomo della Porta und Carlo Maderno beteiligt, aber am meisten hat der Petersdom Michelangelo zu verdanken. Er übernahm das Bauprojekt 1547 im Alter von 72 Jahren und war für den Entwurf der mächtigen Kuppel verantwortlich.

Die Fassade und der Portikus wurden von Maderno entworfen, der das Projekt nach Michelangelos Tod weiterführte. Er wurde angewiesen, das Kirchenschiff zum Platz hin zu verlängern, sodass sich Bramantes griechisches Kreuz in ein lateinisches Kreuz verwandelte.

Kostenlose englischsprachige Führungen durch den Dom werden vom Touristenbüro des Vatikans, dem Centro Servizi Pellegrini e Turisti, jeden Dienstag und Donnerstag um 9.45 Uhr sowie Mo–Fr jeweils um 14.15 Uhr veranstaltet.

DIE FASSADE

Carlo Madernos gewaltige Fassade (1608 bis 1612) ist 48 m hoch und 118,6 m breit. Acht Säulen ragen 27 m in die Höhe und ganz oben repräsentieren die 13 Statuen Christus, Johannes den Täufer und elf Apostel. Der zentrale Balkon ist als **Loggia della Benedizione** bekannt. Von dort verkündet der Papst zu Weihnachten und Ostern seinen berühmten Segen *Urbi et Orbi*.

INNENRAUM

Der mit 187 m Länge einfach riesige Innenraum umfasst eine Grundfläche von mehr als 15 000 m². Zu den spektakulärsten Kunstwerken zählt die wundervolle **Pietà** von Michelangelo. Sie steht gleich hinter der Heiligen Pforte im rechten Seitenschiff. Michelangelo war, als er sie schuf, gerade einmal 25 Jahre alt! Als einzige seiner Arbeiten hat er sie signiert und zwar auf der Schärpe über der Brust der Madonna.

Gleich daneben, beim Hauptportal, markiert eine **rote Porphyrscheibe** im Boden den Ort, an dem Karl der Große im

Jahr 800 vom Papst zum Kaiser des hl. Römischen Reichs gekrönt wurde.

Berninis 29 m hoher barocker **Altarbaldachin** dominiert das Zentrum des Doms. Er wird von vier spiralförmigen Säulen getragen und wurde aus Bronze gefertigt, die aus dem Pantheon stammt. Der Hochaltar selbst steht über dem Petrusgrab. Nur der Papst darf hier eine Messe lesen.

Bis zu einer Höhe von 119 m erhebt sich Michelangelos **Kuppel**, die sich an Brunelleschis Kuppel in Florenz anlehnt. Die erhabene Kuppel wird von vier soliden Steinpfeilern getragen, die nach den vier Heiligen benannt sind, die in den von Bernini entworfenen Nischen zu sehen sind: Longinus, Helena, Veronica und Andreas.

Am Fuße des Longinuspfeilers (rechts des Hauptaltars), steht die **Bronzestatue des Petrus**, die im 13. Jh. von Arnolfo di Cambio geschaffen worden sein soll. Die Statue ist sehr beliebt und ihr rechter Fuß sieht schon ziemlich mitgenommen aus, weil er seit Jahrhunderten von Pilgern geküsst und gestreichelt wird.

KUPPEL

Der Eingang rechts des Doms führt hinauf zur Kuppel. Ein kleiner Lift überwindet die halbe Strecke, doch danach bleiben noch immer 320 schmale Stufen zur Spitze. Aber der steile und mühsame Aufstieg lohnt sich wegen des grandiosen Rundblicks. Wer unter Platz- oder Höhenangst leidet, sollte lieber unten bleiben.

MUSEO STORICO ARTISTICO

Im linken Seitenschiff gelangt man ins Museo Storico Artistico. Zu sehen sind Reliquien und andere Kostbarkeiten, darunter ein Tabernakel von Donatello und die Crux Vaticana aus dem 6. Jh. Das mit Juwelen verzierte Kreuz war ein Geschenk von Kaiser Justinian II.

VATIKANISCHE GROTTEN

Unterhalb des Doms wurden die Vatikanischen Grotten als Grablege für die Päpste geschaffen. Hier befinden sich die Grabmäler vieler Päpste sowie einige wuchtige Säulen der ursprünglichen Basilika aus dem 4. Jh.

PETRUSGRAB

Ausgrabungen unter dem Kirchenschiff haben einen Teil der ersten Kirche zutage gefördert sowie – nach der Überzeugung des Vatikans – das Petrusgrab. 1942 wurden die Knochen eines älteren, starken Mannes in einer Kiste entdeckt, die sich hinter einer von Pilgergraffitis übersäten Wand befunden hatte. Nach mehr als 30 Jahren forensischer Untersuchungen erklärte Papst Paul VI., dass diese Knochen mit Sicherheit vom Apostel Petrus stammten.

Die Ausgrabungsstätte kann nur im Rahmen einer 90-minütigen Führung besichtigt werden. Tickets reserviert man am besten so früh wie möglich per Mail beim Ufficio Scavi (scavi@fsp.va).

★ Petersplatz

PIAZZA

(Piazza San Pietro; Karte S. 116; Ⓜ Ottaviano-San Pietro) Der imposante Petersplatz wurde zwischen 1656 und 1667 vom barocken Meister Gian Lorenzo Bernini als zentraler Platz des Vatikans angelegt. Von oben wirkt er wie ein riesiges Schlüsselloch mit zwei halbrunden Kolonnaden. Diese bestehen aus vier Reihen dorischer Säulen, die den ellipsenförmigen Platz umschließen und die Gläubigen geradezu Richtung Dom lenken. Der Effekt war gewollt und Bernini beschrieb die Kolonnaden als „die mütterlichen Arme der Kirche".

Der 25 m hohe Obelisk in der Platzmitte wurde von Kaiser Caligula aus Heliopolis in Ägypten nach Rom gebracht. Nero nutzte ihn später als Wendepunkt für seine Streitwagenrennen.

Schon die gewaltigen Ausmaße des Platzes sind beeindruckend: An seinen entferntesten Punkten misst der Platz 340 x 240 m, es gibt 284 Säulen und auf den Kolonnaden stehen 140 Heilige. Vor diesem Hintergrund wirkt der Papst geradezu klein, wenn er sonntags um 12 Uhr zu den Gläubigen auf dem Platz spricht.

★ Vatikanische Museen

MUSEUM

(Musei Vaticani; Karte S. 116; ☎ 06 6988 4676; http://mv.vatican.va; Viale Vaticano; Erw./erm. 16/8 €, letzter Sonntag im Monat Eintritt frei; ☺ Mo-Sa 9–18 Uhr, letzter Einlass 16 Uhr, letzter Sonntag im Monat 9–14 Uhr, letzter Einlass 12.30 Uhr; Ⓜ Ottaviano-San Pietro) Gegründet wurden die Vatikanischen Museen von Papst Julius II. im frühen 16. Jh. und die Sammlung wurde im Laufe der Jahrhunderte von den nachfolgenden Päpsten weiter vergrößert. Herausgekommen ist eine der großartigsten Kunstsammlungen der Welt. Zu sehen ist alles von ägyptischen Mumien über etruskische Bronzen bis zu den alten Meistern und modernen Kunstwerken. Die spektakulären klassischen Skulpturen und Michelangelos Fresken in der Sixtinischen

Kapelle stellen jedoch alles andere bei Weitem in den Schatten.

Die Museen sind in den üppig dekorierten Sälen und Gängen des Palazzo Apostolico Vaticano untergebracht. Der weitläufige, 5,5 ha große Komplex besteht eigentlich aus zwei Palästen: dem Vatikanischen Palast am Petersdom sowie dem Belvedere-Palast. Beide sind durch zwei lange Gänge miteinander verbunden. Zu dem Komplex gehören zudem drei Innenhöfe: der Cortile della Pigna, der Cortile della Biblioteca und im südlichen Bereich der Cortile del Belvedere. Man schafft es unmöglich, die ganze Sammlung an einem einzigen Tag zu besichtigen, weil die Ausstellungsfläche 7 km lang ist. Es lohnt sich also, eine Auswahl zu treffen.

Im Großen und Ganzen lässt die Beschilderung der Exponate zu wünschen übrig, sodass der Audioführer (7 €) oder der vor Ort erhältliche deutschsprachige Museumsführer (14 €) eine lohnende Investition sein können.

Die Museen sind bestens auf Besucher mit Behinderungen eingestellt: Es gibt Routenvorschläge, Aufzüge und behindertengerechte Toiletten. Rollstühle zum Ausleihen stehen gratis an einem Extraschalter in der Eingangshalle zur Verfügung. Sie können per Mail auch vorab reserviert werden: accoglienza.musei@scv.va. Eltern mit Kleinkindern können Kinderwagen mit in die Museen nehmen.

PINACOTECA

Von Besuchern wird die päpstliche Gemäldegalerie oft übersehen, dabei ist hier unter anderem Raffaels letztes Werk ausgestellt: *La Trasfigurazione* (Auferstehung; 1517–1520). Daneben sind Gemälde von Giotto, Bellini, Caravaggio, Fra Angelico, Filippo Lippi, Guido Reni, van Dyck, Pietro da Cortona und Leonardo da Vinci zu sehen, dessen *San Gerolamo* (Hl. Hieronymus; um 1480) niemals vollendet wurde.

MUSEO GREGORIANO EGIZIO (ÄGYPTISCHES MUSEUM)

Von Papst Gregor XVI. 1839 gegründet, enthält das Museum vor allem ägyptische Fundstücke aus der römischen Zeit. Die Sammlung ist klein, aber fein. Der *Trono di Rameses II* ist Teil einer Statue des sitzenden Königs. Die bunt bemalten Sarkophage stammen aus der Zeit um 1000 v. Chr. Auch einige furchterregend aussehende Mumien sind hier aufgebahrt.

Rundgang durch die Vatikanischen Museen

DAUER 3 STUNDEN.
S. AUCH VATIKANISCHE MUSEEN (S. 119)

Nach Passieren des Eingangsbereichs geht es mit der Rolltreppe nach oben. Dort geht es zunächst auf die Terrasse, um den Blick über die Vatikanischen Gärten zur Kuppel des Petersdoms schweifen zu lassen. Der Weg führt nun in den ❶ **Cortile della Pigna**, der nach dem bronzenen Pinienzapfen aus augusteischer Zeit benannt wurde. Hinter dem Innenhof befindet sich in dem langem Gang das ❷ **Museo Chiaramonti**. Über die Treppe gelangt man links ins Museo Pio-Clementino, das die schönsten klassischen Skulpturen des Vatikans beherbergt. Der Strom der Besucher fließt durch den ❸ **Cortile Ottagono** (Achteckiger Innenhof), wo die viel gerühmten Meisterwerke der Laokoon-Gruppe und des Apollo Belvedere alle Blicke auf sich ziehen.

Weiter geht es durch beeindruckende Säle: die ❹ **Sala degli Animali** (Saal der Tiere), die ❺ **Sala delle Muse** (Saal der Musen), die für den *Torso Belvedere* berühmt ist, und die ❻ **Sala Rotonda** (Runder Saal), die sich um ein großes rotes Becken erstreckt. Von der ❼ **Sala Croce Greca** (Saal des Griechischen Kreuzes) führt eine Treppe hinauf zur ❽ **Galleria dei Candelabri** (Kandelabergalerie), der ersten von drei Galerien an einem langen Korridor. Nun man durch die ❾ **Galleria degli Arazzi** (Tapetengalerie) in die ❿ **Galleria delle Carte Geografiche** (Kartengalerie) geschleust, die sich in einer 120 m langen Halle befindet.

Am Ende des Korridors geht es weiter durch die ⓫ **Sala Sobieski** zur ⓬ **Sala di Costantino**, der ersten von vier Stanze di Raffaello (Raffael-Sälen). Die drei weiteren sind die d Stanza d'Eliodoro, die ⓮ **Stanza della Segnatura** mit Raffaels überdimensionaler *La Scuola di Atene* (Die Schule von Athen) sowie der ⓯ **Stanza dell'Incendio di Borgo**. In jedem anderen Museum oder Palast wären diese mit atemberaubenden Fresken versehenen Säle die Hauptattraktion, aber hier bieten sie „nur" einen Vorgeschmack auf das große Finale, die ⓰ **Sixtinische Kapelle**.

VATIKANISCHE MUSEEN

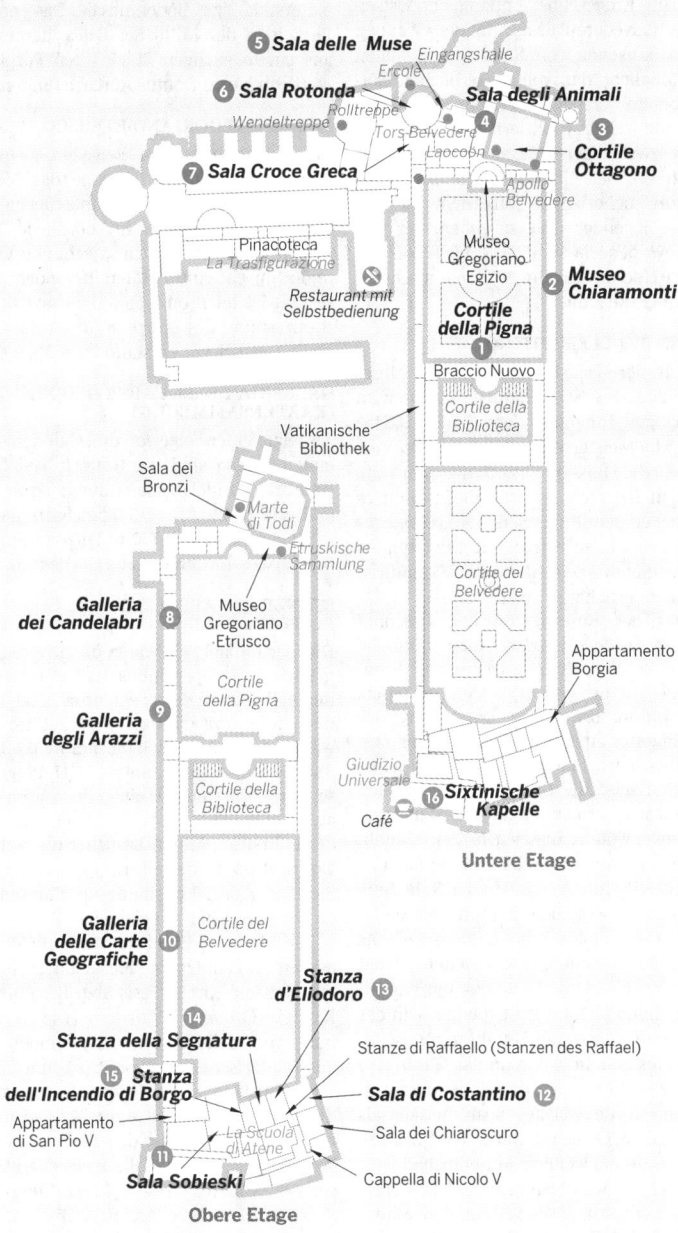

5 Sala delle Muse

Eingangshalle
Ercole

6 Sala Rotonda

Sala degli Animali

Wendeltreppe   *Rolltreppe*

Tors Belvedere   **4**

3

7 Sala Croce Greca   *Laocoön*   **Cortile Ottagono**

Apollo Belvedere

Pinacoteca
La Trasfigurazione

Museo Gregoriano Egizio

2 Museo Chiaramonti

Restaurant mit Selbstbedienung

Cortile della Pigna 1

Braccio Nuovo

Cortile della Biblioteca

Vatikanische Bibliothek

Sala dei Bronzi

Marte di Todi

Etruskische Sammlung

Cortile del Belvedere

Galleria dei Candelabri 8

Museo Gregoriano Etrusco

Appartamento Borgia

Cortile della Pigna

Galleria degli Arazzi 9

Cortile della Biblioteca

Giudizio Universale

16 Sixtinische Kapelle

Café

Untere Etage

Galleria delle Carte Geografiche 10

Cortile del Belvedere

Stanza d'Eliodoro 13

14

Stanza della Segnatura

Stanze di Raffaello (Stanzen des Raffael)

15 Stanza dell'Incendio di Borgo

Appartamento di San Pio V

Sala di Costantino 12

La Scuola di Atene

Sala dei Chiaroscuro

11

Sala Sobieski

Cappella di Nicolo V

Obere Etage

MUSEO CHIARAMONTI & BRACCIO NUOVO

Das Museo Chiaramonti ist in dem langen Gang im Erdgeschoss entlang der Ostseite des Belvedere-Palasts. An den Wänden stehen Tausende von Statuen. Sie stellen alles Mögliche dar, von unsterblichen Göttern bis zu verspielten Engeln und hässlichen römischen Patriziern. Am Ende des Gangs zweigt der Braccio Nuovo (Neuer Flügel) ab, der eine berühmte Augustus-Skulptur beherbergt. Außerdem ist der Nil als liegender Gott zu sehen, der von 16 Babys bedeckt wird. Angeblich soll der Nil bei Hochwasser um 16 Ellen anschwellen, daher die Zahl.

MUSEO PIO-CLEMENTINO

Im Belvedere-Palast präsentiert das Museum einige klassische Statuen, darunter im achteckigen Innenhof, dem **Cortile Ottagono**, die Meisterwerke des *Apollo Belvedere* sowie die Laokoon-Gruppe aus dem 1. Jh. Vor dem Betreten des Innenhofs, lohnt es sich, neben dem Eingang den *Apoxyomenos* aus dem 1. Jh. zu betrachten. Die Skulptur eines Athleten ist eine der ersten Skulpturen mit einem erhobenen Arm.

Links des Eingangs in den Innenhof ist der *Apollo Belvedere*, eine römische Kopie (2. Jh.) einer griechischen Bronzestatue aus dem 4. Jh. v. Chr., zu sehen. Die wohlproportionierte Darstellung des Sonnengottes Apollo gilt als eine der besten klassischen Skulpturen. In unmittelbarer Nähe zeigt die Laokoon-Gruppe einen muskulösen trojanischen Priester und seine zwei Söhne, die sich in einem tödlichen Kampf mit zwei Schlangen befinden.

Zurück im Inneren sind in der **Sala degli Animali** alle möglichen Kreaturen als Skulpturen sowie einige schöne Mosaiken aus dem 4. Jh. zu sehen. Etwas weiter gelangt man zur **Galleria delle Statue** mit einigen bedeutenden klassischen Exponaten. In der **Sala delle Buste** sind Hunderte römischer Büsten ausgestellt, während das **Gabinetto delle Maschere** nach den Bodenmosaiken benannt wurde, welche Theatermasken als Motiv haben. Östlich davon ist die **Sala delle Muse** auf ein weiteres Museumshighlight ausgerichtet, den *Torso Belvedere*. Das Fragment einer muskulösen griechischen Skulptur aus dem 1. Jh. v. Chr. diente Michelangelo als Modell für seine nackten Körper in der Sixtinischen Kapelle.

Die **Sala Rotonda** (Runder Saal) beherbergt eine Reihe von kolossalen Statuen, darunter die Bronzestatue des Herkules und ein erstklassiges Bodenmosaik. Das enorme Becken in der Mitte des Saals, hergestellt aus einem einzigen Stück roten Porphyrs, wurde in Neros Domus Aurea gefunden.

MUSEO GREGORIANO ETRUSCO

Eine Etage höher im Belvedere befindet sich an der Simonetti-Treppe das Museo Gregoriano Etrusco mit Fundstücken aus etruskischen Gräbern im nördliche Latium. Zu sehen sind auch griechische Vasen und römische Antiquitäten. Besonders interessant ist im Bronze-Saal die Ganzkörper-Bronzestatue des *Marte di Todi* (Mars von Todi). Der Krieger entstand im 4. Jh. v. Chr.

GALLERIA DELLE CARTE GEOGRAFICHE (KARTENSAMMLUNG)

Als letzte einer Folge von drei Galerien – die ersten beiden sind die **Galleria dei Candelabri** (Kandelabersammlung) sowie die **Galleria degli Arazzi** (Teppichsammlung) – hängen in diesem 120 m langen Gang topografische Karten Italiens aus dem 16. Jh.

STANZE DI RAFFAELLO (RAFFAEL-SÄLE)

Die vier Raffael-Säle waren die privaten Gemächer von Papst Julius II. Raffael selbst malte die Stanza della Segnatura (1508–1511) und die Stanza d'Eliodoro (1512–1514) aus, während die Stanza dell'Incendio (1514–1517) und die Stanza di Costantino (1517–1524) von seinen Schülern nach seinen Entwürfen ausgestaltet wurden.

Als Erstes betreten Besucher die **Sala di Costantino,** in der ein riesiges Fresko den Sieg von Kaiser Konstantin über Maxentius an der Milvischen Brücke zeigt.

Die **Stanza d'Eliodoro** wurde für Privataudienzen genutzt. Die Fresken hier zeigen, wie Gott die Kirche beschützt. Berühmt ist Raffaels *Cacciata d'Eliodoro* (Die Vertreibung von Heliodor aus dem Tempel), die den militärischen Sieg von Papst Julius über seine ausländischen Feinde symbolisiert. Zur Linken ist die *Messe von Bolsena* zu sehen: Julius II. erweist den Reliquien eines Wunders aus dem 13. Jh. in der Stadt Bolsena seine Ehre. *Leone X ferma l'invasione di Attila* (Leo X. vertreibt Attila) war ein Gemeinschaftswerk von Raffael und seinen Schülern. An der vierten Wand zeigt die *Liberazione di San Pietro* wie Petrus aus dem

Gefängnis befreit wird. Das Lichtspiel auf diesem Fresko war Raffaels Antwort auf seine Kritiker, die ihm vorwarfen, er habe den Auftrag zur Ausgestaltung der päpstlichen Gemächer nur dank seiner Beziehungen erhalten und nicht aufgrund seines Könnens.

In der **Stanza della Segnatura** sind Raffaels erste Fresken sowie sein Meisterwerk *La Scuola d'Atene* (Die Schule von Athen) zu sehen: Mehrere Philosophen und Wissenschaftler versammeln sich um Platon und Aristoteles. Die Figur am Fuße der Treppe soll Michelangelo sein, während Leonardo da Vinci als Platon dargestellt ist. Bei Euklides (unten rechts) soll es sich um Bramante handeln. Raffael schmuggelte ein Selbstbildnis an die Wand: Er ist in der unteren rechten Ecke die zweite Person von rechts.

Das berühmteste Werk in der **Stanza dell'Incendio di Borgo** heißt *Incendio di Borgo* (Brand des Borgo). Es zeigt, wie Papst Leo IV. ein Feuer löscht, indem er ein Kreuz schlägt. Die Decke wurde von Raffaels Lehrer, Perugino, gestaltet.

SIXTINISCHE KAPELLE (CAPELLA SISTINA)

Für viele der 12 000 Besucher täglich ist sie der einzige Grund, die Vatikanischen Museen zu besichtigen. Michelangelos Deckenfresken sowie „Das letzte Abendmahl" (*Giudizio Universale*) an der westlichen Wand gehören zu den berühmtesten Kunstwerken der Welt. In der Kapelle aus dem 15. Jh. schließt sich das päpstliche Konklave ein, um den nächsten Papst zu bestimmen.

Die **Deckenfresken** bewundert man am besten vom Haupteingang der Kapelle aus, der dem Besuchereingang gegenüberliegt. Zu sehen sind neun Szenen aus der Schöpfungsgeschichte: *Gott scheidet Licht und Finsternis; die Erschaffung von Sonne, Mond und Sternen; die Erschaffung von Adam; die Erschaffung von Eva; die Versuchung und Vertreibung von Adam und Eva aus dem Paradies; Noahs Opfer; die Sintflut; die Trunkenheit Noahs.* Die berühmteste Szene zeigt *die Erschaffung von Adam:* Ein bärtiger Gott weist mit seinem Zeigefinger auf Adam und erweckt ihn damit zum Leben. In der Vertreibungsszene aus dem Paradies müssen Adam und Eva ihre Sachen packen, nachdem sie die verbotene Frucht des Teufels gekostet haben. Dieser wird als Schlange in Form einer

---

PAPSTAUDIENZEN

Jeden Mittwoch um 11 Uhr wendet sich der Papst im Vatikan an die Gläubigen – im Juli und August spielt sich die wöchentliche Audienz in Castel Gandolfo außerhalb von Rom ab. Wie man kostenlose Tickets für die Audienz ergattern kann, erfährt man auf der **Vatikanwebsite** (www.vatican.va).

Ist der Papst in Rom, segnet er die Menge jeden Sonntag um 12 Uhr auf dem Petersplatz. Hierfür sind keine Tickets erforderlich.

Frau gezeigt, die sich um einen Baum windet. Rund um die zentralen Felder sind 20 athletische nackte Männer, bekannt als *ignudi*, angeordnet.

An der 200 m² großen Westwand der Kapelle hat Michelangelo nicht weniger als 391 Figuren dargestellt: Sein bewegendes **Jüngstes Gericht** zeigt, wie die Seelen der Toten aus ihren Gräbern gerissen werden, um dem Zorn Gottes zu begegnen. Das Thema war von Papst Paul III. als Warnung an die Katholiken gewählt worden, sich nicht der Reformation anzuschließen, die sich damals rasch ausbreitete. Als die Wand 1541 enthüllt wurde, sorgten die zumeist nackten Körper für Aufsehen und Papst Pius IV. stellte später Michelangelos Schüler Daniele da Volterra an, um schamhafte Feigenblätter und Lendenschurze aufzutragen.

Die **Wandfresken** aus dem 15. Jh. illustrieren Szenen aus dem Leben von Moses (Südwand) und Jesus (Nordwand). Sie wurden von mehreren Renaissancemalern geschaffen, darunter Botticelli, Domenico Ghirlandaio, Pinturicchio und Luca Signorelli. Zu den Highlights zählen Botticellis *Die Versuchung Christi* (zweites Fresko von rechts) und Peruginos wunderbar komponiertes Werk *Jesus überreicht Petrus die Schlüssel* (fünftes Fresko von rechts).

★ Castel Sant'Angelo   MUSEUM

(Engelsburg; Karte S. 116; ☎ 06 681 91 11; Lungotevere Castello 50; Erw./Kind 5/ 2,50 €; ◷ Di–So 9–19.30 Uhr, letzter Einlass 18.30 Uhr; 🚌 Piazza Pia) Der bullige runde Turm macht die Engelsburg zu einem sofort erkennbaren Orientierungspunkt der Stadt.

Fortsetzung auf S. 156

Sixtinische Kapelle

Das absolute Highlight im Vatikan ist die Sixtinische Kapelle (Cappella Sistina). Michelangelo stand hier vor der größten Herausforderung seiner Karriere. Die einzigartigen Fresken forderten ihm sein ganzes Können ab, doch am Ende schuf er eines der genialsten Kunstwerke der Welt.

Geschichte

Die Kapelle wurde 1483 für Papst Sixtus IV. gebaut, nach dem sie auch benannt ist. Doch abgesehen von den Wandfresken und dem Boden ist nur wenig von der ursprünglichen Einrichtung erhalten geblieben. Der Rest wurde für die zwei Meisterwerke von Michelangelo geopfert. Das erste dieser Werke ist das gewaltige Deckenfresko, das von Papst Julius II. in Auftrag gegeben wurde und zwischen 1508 und 1512 entstand. Bei dem zweiten handelt es sich um das *Giudizio Universale* (*Das Jüngste Gericht*), welches erst 1541, also fast 30 Jahre später, fertiggestellt wurde.

Beide Kunstwerke waren umstritten, weil sie von den politischen Ambitionen der Auftraggeber beeinflusst waren. Für Julius II. war das Deckenfresko Teil seines Versuchs, Rom zur Hauptstadt der Kirche zu machen. Das Jüngste Gericht diente Papst Paul III. hingegen als Warnung an die Katholiken, in den Zeiten der Reformation nicht vom Weg des katholischen Glaubens abzuweichen.

Die Decke

Als Papst Julius II. sich wegen der 800 m^2 großen Decke an Michelangelo wandte, tat er dies angeblich auf Geheiß seines Architekten Bramante. Dieser war jedoch eher daran interessiert,

1. Das Innere der Sixtinischen Kapel
2. Detail aus Michelangelos *Jüngstem Gericht*
3. Detail aus dem Deckenfresko der Sixtinischen Kapelle: Michelangelos *Die Erschaffung von Adam*

dass Michelangelo versagte. Der Meister zögerte auch zunächst, den Auftrag anzunehmen, denn er betrachtete sich vor allem als Bildhauer. Mit Deckenfresken hatte er zuvor nur wenig Erfahrung, doch Julius war hartnäckig. 1508 beauftragte er schließlich Michelangelo für die Summe von 3000 Dukaten – nach heutigem Kurs rund 1,5 bis 2 Mio. Euro.

Giudizio Universale (Das Jüngste Gericht)

Michelangelos zweite Arbeit in der Kapelle betraf das Jüngste Gericht an der 200 m² großen Westwand.

Das Projekt wurde noch von Papst Clemens VII. in Auftrag gegeben und von dessen Nachfolger Paul III. weiter gefördert. Kritiker waren empört darüber, dass Michelangelo bei der Vorberei zwei Perugino-Fresken zerst

Enthüllung 1541 sorgten die 391 zumeist nackten Körper für einen Skandal. Papst Pius IV. ließ später Daniele da Volterra 41 nackte Körper bedecken. Das brachte dem Künstler den Spottnamen *il braghettone* („Hosenmaler") ein.

MYTHEN & FAKTEN

Zahlreiche Gehilfen standen Michelangelo zur Seite, die ihm bei der Arbeit mit dem Putz zur Hand gingen.

Ein anderer Mythos besagt, dass Michelangelo auf dem Rücken liegend malte. In Wirklichkeit verwendete er jedoch ein der Deckenform angepasstes gebogenes Gerüst. So konnte er im Stehen arbeiten, wenn auch in ungemütlicher Position nach hinten gelehnt.

Il Tridente

Die drei Straßenzüge, die sich von der Piazza del Popolo nach Süden erstrecken, verlaufen mitten durch das historische Zentrum von Rom. Der Historiker und TV-Moderator Dan Cruickshank erläuterte für das Magazin *Lonely Planet Traveller* den Reiz von „Il Tridente".

Rom ist eine der wenigen Metropolen, deren Kern noch immer stellenweise von einer alten Stadtmauer gesäumt wird. In Rom kommen die Stadttore als Besonderheit hinzu. Diese mächtigen Bauwerke markieren noch immer den Übergang zwischen zwei unterschiedlichen Welten.

Für mich ist die Porta del Popolo in vielfacher Hinsicht geradezu perfekt. Das sehr sehenswerte Stadttor liegt am nördlichen Ende des Zentrums. Perfekt ist nicht nur das Design, sondern auch die günstige Lage als Zugang in die magische Welt der Ewigen Stadt. Außerhalb der Porta dreht sich alles um Bewegung und Raum: Es gibt moderne, breite Straßen, und im Osten liegt der wunderbare Park der Villa Borghese.

Geht man durch das Stadttor, öffnet sich hingegen das Herz der Ewigen Stadt. Bis in die Mitte des 19. Jhs. war dies für Reisende der Hauptzugang zur Altstadt. Von der Südseite der ovalen Piazza del Popolo verlaufen insgesamt drei lange, schnurgerade Straßen, die auch „Il Tridente" genannt werden. Sie bieten einen atemberaubenden Zugang zum chaotischen Stadtleben.

Via del Babuino

Die Via del Babuino wurde nach einer antiken Statue benannt, die seit dem 16. Jh. auf halber Strecke „herumlungert".

1. Piazza del Popolo (S. 95) am Anfang der Via del Corso
2. Die Via del Corso bei Sonnenuntergang
3. Detail des Trevi-brunnens (S. 98)

Sie ist so hässlich, dass sie *babuino* genannt wird: der Pavian. Die alten Römer ließen gern einmal Dampf ab, indem sie diese Statuen für sich „reden" ließen. Dabei wurden satirische Verse angeheftet, welche die herrschende Elite der Stadt aufs Korn nahmen.

Via del Corso

Praktisch direkt nach Süden verläuft von der Piazza del Popolo die Via del Corso. Sie durchschneidet das Stadtzentrum wie ein Laserstrahl und folgt dabei dem Verlauf der 2200 Jahre alten Via Flaminia. Auf dieser marschierten die Legionen Richtung Norden und kehrten im Triumphzug zurück, um Roms Größe zu feiern. Wendet man sich auf der Via delle Muratte nach Osten, so befindet sich man sich plötzlich vor dem großartigen Trevi-Brunnen, dessen Wirkung selbst durch die Touristenscharen nicht beeinträchtigt wird.

Via di Ripetta

Die dritte Speiche, die von der Piazza del Popolo abzweigt, ist die Via di Ripetta. Sie verläuft zum Tiber und weiter Richtung Vatikan. Die Via di Ripetta führt durch mein Lieblingsviertel in Rom, wo die Vergangenheit und die Gegenwart auf dramatische und intime Art direkt nebeneinander existieren. Schmale Kunsthandwerkerläden ducken sich im Schatten eines pompösen Palazzos, während eine mächtige Kirche im krassen Gegensatz zu den kleinen Häuschen der mittelalterlichen Gassen aufragt. Auf den Straßen sind zahllose Fußgänger und Motorroller unterwegs auf ihrem Weg durch die Stadt.

ANDREW PEACOCK / GETTY IMAGES ©

1. Wandern entlang der Weinhänge zwischen Manarola und Corniglia **2.** Farbenfrohe Häuser in Manarola (S. 233) **3.** Vernazza (S. 232) **4.** Riomaggiore (S. 234)

CHRISTOPHER GROENHOUT / GETTY IMAGES ©

Cinque Terre

Wer sich in den Cinque Terre von den Touristen entfernt und die terrassierten Klippen hinaufsteigt, wird sich fragen, ob er immer noch im 21. Jh. lebt. Die fünf historischen Fischerorte, an denen die Zeit vorbeigegangen zu sein scheint schmücken die ligurische Küste mit von Menschenhand geschaffener Harmonie und einem faszinierenden mittelalterlichen Erbe.

Terrassierte Felder

Die Terrassen an der Steilküste sind so alt, dass niemand genau weiß, wer sie geschaffen hat. Trockensteinmauern bilden das Gerüst der Anbauterrassen. Hier verbindet sich eine besondere, vom Menschen geprägte Schönheit mit einer überwältigenden Naturlandschaft.

Sentiero Azzurro

Die Hauptwanderroute der Region, der berühmte „Blaue Wanderweg", ist ein verschlungener Pfad, der den steil abfallenden Klippen in den Cinque Terre folgt. Seit mehr als 1000 Jahren wird er von Bauern, Pilgern, Kämpfern gegen Invasoren und Wanderern genutzt.

Manarola

Auf den terrassierten Parzellen rund um das Dörfchen Manarola wachsen jede Menge Weintrauben. Der berühmteste Wein der Region ist der süße weiße Sciacchetrà, der aus der Bosco-, Albarola- und Vermentino-Traube besteht.

Riomaggiore

Sich zu entscheiden, welches der Dörfer man am schönsten findet, ist wie die Wahl der Lieblingspasta – sie sind einfach alle schön! Riomaggiore mit den malerisch abblätternden Fassaden ist vielleicht das bekannteste Dorf, wohl wegen der Lage am Anfang des Sentiero Azzurro.

Vernazza

Vernazza besitzt den schönsten Naturhafen der fünf Orte. Die verschachtelten Straßen und Gassen wurden 2011 überflutet und unter einer Schlammschicht begraben, aber der Ort hat die Schäden schnell und effektiv beseitigen können.

1

OLIVER STREWE / GETTY IMAGES ©

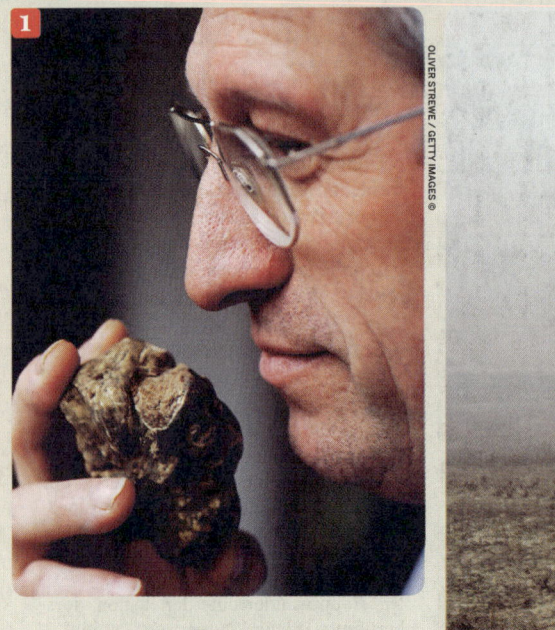

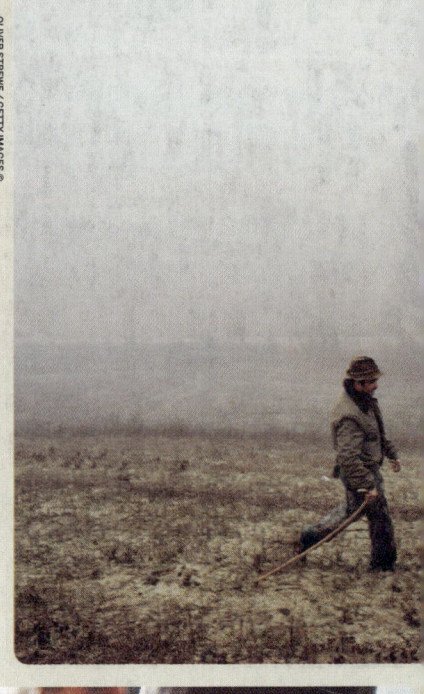

1. **1.** Beim Prüfen einer großen weißen Trüffel **2.** Trüffelsucher mit Hund, Alba **3.** Durchsicht des Angebots **4.** Vorspeise mit schwarzen Trüffeln

3

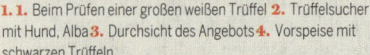

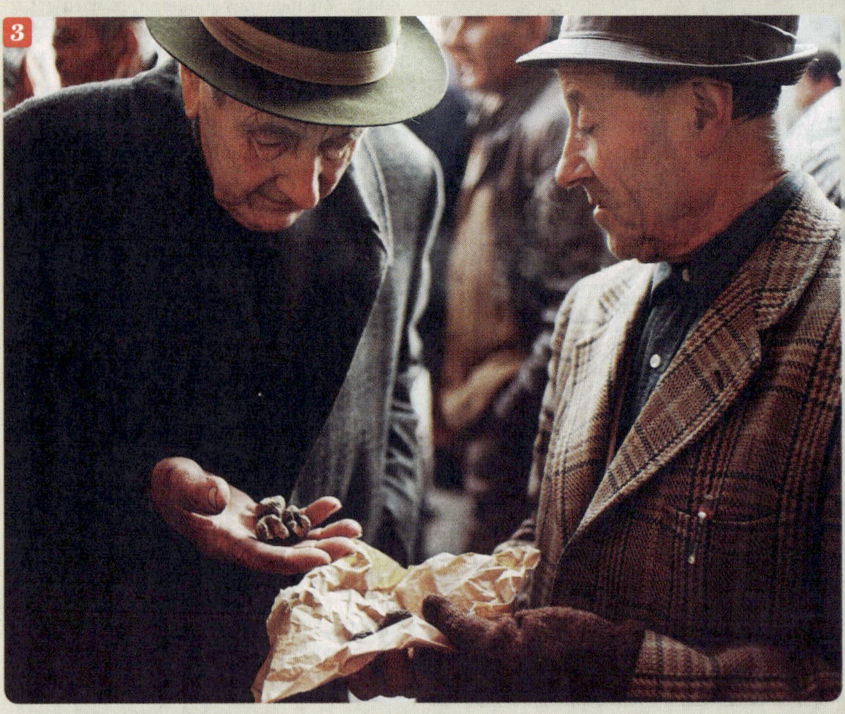

2

Trüffel: Speise der Götter

CHRISTOPHER PILLITZ / GETTY IMAGES ©

Trüffel, eines der meistgeschätzten und geschichtenumwobenen Nahrungsmittel der Welt, ist kulinarisch gesehen das „Gold" Italiens.

Trüffeln sind unterirdisch wachsende, essbare Pilze, die sich an den Wurzeln bestimmter Baumarten ansiedeln. Sie sind schwer zu finden. Als wertvollste Trüffelart gilt die weiße Trüffel aus dem Gebiet um Alba im Piemont. In der Toskana wachsen ebenfalls weiße Trüffeln, die etwas weniger aromatisch sind. Schwarze Trüffeln gibt es vor allem in Umbrien und den Marken.

Weiße Trüffeln werden von Anfang Oktober bis Dezember geerntet, schwarze Trüffeln findet man von November bis März. Am Ende der Saison findet im umbrischen Norcia ein Trüffelfest statt.

Das größte Trüffelfest wird in Alba an jedem Wochenende im Oktober veranstaltet, während andere Trüffelfeste, z. B. in den toskanischen Orten San Miniato und San Giovanni d'Asso bei Siena, in der zweiten Novemberhälfte gefeiert werden.

4

AUF TRÜFFELSUCHE

Alba Tourist Office (www.langheroero. it) organisiert Ausflüge mit kulinarischem Schwerpunkt, u. a. auch Trüffelsuchen.

I Viaggi del Tartufo (www.viaggi deltartufo.com) ist ein Veranstalter in Alba, der in der Hochburg der weißen Trüffel entsprechende Ausflüge anbietet.

Assotartufi San Giovanni (www. assotartufi.it) organisiert Trüffelexkursionen in San Giovanni d'Asso.

Barbialla Nuova (www.barbiallanuova. it) Ein *agriturismo* (Urlaub auf dem Bauernhof), der in der Nähe von San Miniato in der Toskana Ausflüge zum Trüffelsuchen anbietet.

Love Umbria (www.love-umbria.com) Veranstalter von kulinarischen Ausflügen in Umbrien, u. a. von Wochenend-Trüffelexkursionen in der Gegend von Norcia.

1

Mode

Norditalienische Handwerker und Designer haben seit dem frühen Mittelalter
Europas Oberschicht prächtig eingeklei-
det. Zu dieser Zeit importierten venezianische Kaufleute Farbstoffe aus dem Osten,
und Leonardo da Vinci wirkte an der
Gestaltung des Mailänder Kanalsystems
mit, das die Wollhändler und Seidenweber
an den Seen mit den Marktplätzen der
Stadt verband.

In den 1950er-Jahren begannen die
Modehäuser in Florenz, die bis dahin
nur maßgefertigte Kleidung hergestellt
hatten, einem ausgewählten Publikum
saisonale Kollektionen zu präsentieren.
Doch Mailand stahl ihnen 1958 die Schau
– als Gastgeber der ersten italienischen
Modewoche. Mit seinen Fabriken, den
internationalen Arbeitskräften und
der Medienpräsenz schuf Mailand

Prêt-à-porter-Mode für globale Märkte.
Designer wie Armani, Missoni und
Versace erkannten das Potenzial der
Massenmärkte. Sie schufen Trends und
verkauften ihr „Image" über Werbung.
In den 1980er-Jahren ließen Armanis
„Power Suits" eine neue Unisex-Mode
erstehen, Dolce & Gabbana wurde zum
Synonym für italienischen Sex-Appeal,
und Miuccia Prada hauchte dem krän-
kelnden Familienunternehmen für Lu-
xuslederwaren neues Leben ein, indem
sie haltbare Taschen und Rucksäcke
aus neuen Stoffen (wie wasserdichtes
Pocono, Faille-Seide und Fallschirmstoff)
einführte.

Mailands Aufstieg zum globalen
Modemekka war keineswegs zufällig.
Keine andere italienische Stadt, nicht
einmal Rom, war so ideal für diese
Führungsrolle. Die Stadt hatte dank ihrer

RICHARD I'ANSON / GETTY IMAGES ©

LONELY PLANET IMAGES / GETTY IMAGES ©

PAOLO CORDELLI / GETTY IMAGES ©

1. Schaufenster bei Valentino, Rom
2. Krawattenauslage, Mailand
3. Einkaufsbummel in Mailand

geografischen Lage enge Verbindungen zu den europäischen Märkten. Sie war zudem Italiens Hauptstadt des Finanzwesens, der Werbebranche, von Fernsehsendern und Verlagen, außerdem Sitz der Zeitschriften Vogue und Amica. Zudem besaß Mailand schon immer eine Modeindustrie – dank der historischen Textil- und Seidenproduktionsstätten der oberen Lombardei. Und da sich die Stadt in der Nachkriegszeit auf Messen und Fachveranstaltungen konzentrierte, war sie ein naheliegender Markt zum Austausch von Waren und Ideen.

Infolgedessen stieg Mailand bis 2011 zum größten Modeexporteur Italiens auf (und zum viertgrößten der Welt). Sechs der zehn Top-Modehäuser der Welt sind italienisch, vier von ihnen haben ihren Standort in Mailand. Im Quadrilatero d'Oro, dem „Goldenen Viereck", fin-

den sich heute über 500 Modefilialen auf einer Fläche von kaum 6000 Quadratmetern. Die Präsentation erfolgt so großflächig, dass Touristen jetzt nach Mailand reisen, nur um Mode zu sehen.

MODEWOCHEN

Die Winter-Schauen finden im Januar (Herren) und Februar (Damen) statt, die Frühjahrs-/Sommer-Events im Juni (Herren) und September (Damen). Wenn mehr als 100 000 Models, Kritiker, Einkäufer und Produzenten in die Stadt einfallen, um 350 und mehr Schauen anzusehen, geht es zu wie im Karneval.

Der genaue Zeitplan ist auf www.cameramoda.it oder http://milanfashion-weeklive.com zu finden.

Design

Von der Tasse für den Espresso bis zur Nachttischlampe – für alles ist ein Designer verantwortlich, und fast jeder in Mailand kann ihn beim Namen nennen. Design ist in dieser Stadt eine Lebensart.

Die Wurzeln des italienischen Designs reichen ins Mailand in der ersten Hälfte des 20. Jhs. zurück. Damals entstand die Fiera, die Handelsmesse, das Kaufhaus Rinascente wurde neu gebaut, die Zeitschriften *Domus* und *Casabella* für Architektur und Design wurden gegründet, und 1947 eröffnete die Triennale. Während im Vorkriegseuropa französisches Rokoko und dekorativer österreichischer Jugendstil die Fantasie der vornehmen Gesellschaft angeregt hatten, passte der Decostyle des italienischen Futurismus perfekt zur industriellen Revolution und faschistischen Anschauungen. Die faschistische Propaganda übernahm die radikale klassizistische Strömung, die der Futurismus ins Spiel gebracht hatte, und Italien wendete diese Vorstellungen auf Architektur und Design an. Moderne Fabriken mussten die Kriegsanstrengungen unterstützen, und die Neigung der Faschisten zu zentraler Kontrolle trieb die italienische Produktion in die Höhe. Mit dem Blick für klare Linien entdeckte das moderne italienische Design Schönheit in Ausgeglichenheit und Symmetrie. Minimalismus und Nutzwert wurden zum Inbegriff der Modernität.

Mailands Vordenker in Sachen Architektur und Design – Giò Ponti, Vico Magistretti, Gae Aulenti, Achille Castiglioni, Ettore Sottsass und Piero Fornasetti – sahen ihre Nachkriegsmission

PAOLO CORDELLI / GETTY IMAGES ©

CAR CULTURE / GETTY IMAGES ©

DAVID BORLAND / GETTY IMAGES ©

1. Kaffeetassen und Untertassen bei Spazio Rossana Orlandi (S. 304), Mailand **2.** Alfa Romeo Spider von 1935 **3.** Vespas

darin, nicht nur die zerbombte Stadt wiederaufzubauen und das städtische Umfeld neu anzulegen. Bezeichnend ist die Äußerung des Mailänder Architekten Ernesto Rogers, er wolle „alles, vom Löffel bis zur Stadt" gestalten. Weit davon entfernt, intellektuelle Theoretiker zu sein, profitierte dieser Kreis von Architekten und Designern von der Nähe zu Handwerksbetrieben in der Provinz Brianza. Diese Industriezone entwuchs einer ländlichen Gemeinschaft und verfügte über viele Kenntnisse bäuerlicher Handwerkskunst. Die Produktionsstätten blieben zwar dem handwerklichen Aspekt ihrer Arbeit verpflichtet, konnten aber über die Triennale als zentralem Markt moderne Verkaufs- und Produktionstechniken nutzen. Dank dieser direkten Verbindung zwischen Erzeuger und Markt schufen die Mailänder

Designer eine geglückte Symbiose von Kreativität und Kommerz. So gelang die Feinabstimmung des italienischen Designs.

DESIGNKLASSIKER

Alessi Handgefertigte Küchenutensilien, entworfen von Architekten-Designern mit großen Namen.

Vespa 1946 Piaggio war ein Mini-Motorroller, der das Leben der Stadtbewohner veränderte.

Cassina Möbel aus der „Meister"-Kollektion von Le Corbusier, Frank Lloyd Wright und Giò Ponti.

Alfa Romeo Der legendäre Roadster, der 1910 an den Start ging, ist das berühmteste Produkt der Mailänder Autobastler.

1. Bedrucktes Geschenkpapier **2.** Stoffe und Musterbuch im Fortuny Tessuti Artistici (S. 420) **3.** Lederwaren **4.** Glaskaraffen aus Murano

HILKE MAUNDER / ALAMY ©

Shoppen in Venedig

Einzigartige Stücke sind beim Bummel durch die wichtigsten Kunsthandwerksviertel zu finden: in San Polo bei der Calle dei Saoneri, in Santa Croce im Gebiet von Calle Lunga und Calle del Tentor, in San Marco an der Frezzeria, in Dorsoduro rund um die Collezione Peggy Guggenheim und auf Murano.

Glaswaren

Seit dem 10. Jh. wird in Venedig Kristall und Glas hergestellt. Die Produktionsmethoden waren derart geheim, dass jeder Glasarbeiter, der die Stadt verließ, als Verräter galt. Mehr über dieses Thema ist im Museo del Vetro (S. 421) zu erfahren. Die Tradition halten heute Davide Penso, Nason Moretti sowie Marina und Susanna Sent an Muranos Fondamenta dei Vetrai aufrecht.

Papier

Die Herstellung von geprägtem und marmoriertem Papier begann im 14. Jh. im Zuge von Venedigs aufkeimender Verlagsindustrie. Doch die Buchbindetechniken und die Produktion von Vorsatzblättern aus *ebru* (türkischem Marmorpapier) haben sich verselbstständigdigt. Bei Veneziastampa (S. 439) ist noch eine Heidelberger Druckmaschine in Aktion zu sehen.

Textilien

Venezianische Spitze war jahrhundertelang ein Muss für Modebewusste, was Buranos Spitzenmuseum (S. 422) bezeugt. Der moderne Meister venezianischer Textilien ist jedoch Fortuny.

DEA / A. DAGLI ORTI / GETTY IMAGES ©

TOP 5 DER BESONDEREN SOUVENIRS

➡ **Pied à Terre** (S. 439) – *furlane* (Gondolieri-Schuhe)

➡ **Veneziastampa** (S. 439) – Visitenkarten mit individuellem Aufdruck

➡ **Cárte** (S. 438) – Cocktailringe aus marmoriertem Papier

➡ **Chiarastella Cattana** (S. 438) – original venezianische Leinenwaren

Shakespeares Venetien

Ob Shakespeare jemals in Italien war, ist sehr fraglich, aber seine italienischen Stücke stecken zumindest voller Detailkenntnis. Der venezianische Schriftsteller, Architekt und TV-Moderator Francesco da Mosto sprach mit dem Magazin *Lonely Planet Traveller* über die italienischen Lieblingsstädte des Dramatikers.

Verona

Verona war vor *Romeo und Julia* nicht eben als Stadt der Romantik bekannt – tatsächlich hatten viele Menschen im Ausland noch gar nicht von Verona gehört, da es zu jener Zeit völlig im Schatten Venedigs stand. Wir wissen nicht, ob es Romeo und Julia wirklich gegeben hat, obwohl der italienische Dichter Dante bereits zwei verfeindete Familien erwähnt: die Montecchi und die Cappelletti. Der berühmte Balkon, unter dem Romeo angeblich Julia seine Liebe gestand, befindet sich nahe bei Veronas wichtigster Flaniermeile – er wurde 1936 an ein passend scheinendes altes Haus angefügt. Daran, dass es wirklich einen Bezug zu Shakespeares Julia gibt, darf man sehr wohl zweifeln! Mein Lieblingsort in Verona ist Julias Grabstätte, wo die Leute Julia und Shakespeare die Ehre erweisen – sogar Dickens war schon dort.

Padua

Die Universität von Padua war weltweit eine der ersten, und zu Shakespeares Zeit war die Stadt in ganz Europa als Zentrum der Bildung bekannt. Galileo

PETE SEAWARD ©

PETE SEAWARD ©

1. Markusplatz und
Dogenpalast (S. 401)
2. Julias Balkon, Casa
di Giulietta (S. 456),
Verona **3.** Paduas mit-
telalterlicher Stadtkern
(S. 443)

PETER ADAMS / GETTY IMAGES ©

(der durch das Teleskop berühmt wurde)
und Casanova (bekannt für seine eroti-
schen Eroberungen) haben hier studiert.
Als Hintergrund für *Der Widerspenstigen
Zähmung* nutzte Shakespeare eher
das Renommee der Stadt als wirkli-
che Schauplätze – abgesehen von der
Universität erwähnt er kaum bestimmte
Plätze. Am besten lernt man Shakespeares
Padua bei einem Bummel durch die
Universität kennen. Sie ist eine kleine Welt
für sich, abseits des Trubels in der Stadt.
In der Medizinischen Fakultät gibt es einen
wunderbaren holzverkleideten Anatomie-
Hörsaal aus dem 16. Jh., in dem Menschen-
und Tierkörper für die Studenten seziert
wurden. Das Unileben durchdringt die
ganze Stadt. Es macht einfach Spaß, durch
die Bogengänge unter den Häusern zum
Prato della Valle, einem der größten Plätze
der Stadt, zu spazieren.

Venedig

Shakespeare siedelte seinen *Othello* in
Venedig an, *Der Kaufmann von Venedig*
erwähnt mehrmals den Rialto-Markt. Dort
ist sogar die Rede von Gondeln und von
tranect, womit die Traghetto-Fähre gemeint
sein könnte, die Passagiere von Venedig
aufs Festland brachte. Falls Shakespeare
wirklich einmal in Venedig war, wanderte
er vermutlich durch die Straßen, lauschte
den Gesprächen der Leute und beobachtete
das Treiben in Läden und auf Märkten.
Vermutlich dachte Shakespeare an den
Dogenpalast mit seinen prächtigen gotischen Fassaden und dem riesigen Ratssaal,
als er die letzte Gerichtsszene für den
Kaufmann von Venedig schrieb. Und die
zwei Bronzefiguren auf dem Uhrturm Torre
dell'Orologio auf der Piazza San Marco sind
als *i Mori*, „die Mohren", bekannt – was
wiederum an *Othello* erinnert.

Kaffeekultur

Zwischen Mailand und Palermo beginnt der Tag mit Kaffee. Eine Tasse aus dem Espressokocher auf der Herdplatte kommt als erstes, doch die zweite wird in einer Bar getrunken. Italiener betrachten diese Besuche als kurze Pause. Ein Tässchen Kaffee im Stehen, ein *buon proseguimento* an den Barista – und weiter gehts.

Ursprünge

Kaffee tauchte dank den Österreichern zuerst Mitte des 16. Jhs. in Venedig, einige Jahre später in Triest auf. Die Grundlagen der Espresso-Technik wurden im frühen 19. Jh. gelegt, Gaggia brachte 1948 die ersten kommerziellen Maschinen auf den Markt. Diese lieferten einen vollmundigen Espresso mit der typischen aromatischen *crema*: Italien war begeistert. Die Maschinen – wie das ganze Espresso-Ritual – standen für die hoffnungsfrohe Moderne, als Italien sich nach dem Krieg als urbane Nation neu erfand.

Der Kaffee von heute

Auswanderer brachten Italiens Technik der Kaffeezubereitung in alle Welt. Zur Kaffeekultur gehören heute Kaffees aus nur einer Bohnensorte, sanfter geröstete Varianten, Latte-Versionen und neue Techniken, doch in Italien herrscht die Tradition. Italiener bevorzugen Arabica- und Robusta-Mischungen mit einer festen *crema*, einem hohen Koffeingehalt und, einem Preis, den jeder zahlen kann. Durch die Röstung ist der Kaffee dunkel und oft

1. Caffè Sant'Eustachio, Rom (S. 180)
2. Espressozubereitung
3. Ein Kellner in Perugia beim Servieren von Kaffee

bitter – Espresso wird immer gesüßt –, doch italienische Baristas nehmen deutlich weniger Kaffee pro Tasse und die richtige Mischung sorgt für den angenehmen Geschmack. Nur selten gibt es Becher zum Mitnehmen und so etwas mit sich herumzutragen gilt als Ignoranz gegenüber dem doppelten Zweck einer Tasse Kaffee: einer echten Pause und Gesprächen.

Um den besten italienischen Espresso zu finden, hilft nur Ausprobieren. Auf Listen mit den besten Cafés finden sich Roms berühmtes Caffè Sant'Eustachio, das Gilli in Florenz und das Caffè Gambrinus in Neapel. Viele Bars in Kleinstädten bieten aber ebenfalls einen perfekten Kaffee. Wichtig ist auch die *torrefazione* (die Rösterei): Weltweit bekannte Firmen wie Illy in Triest und Lavazza in Turin bieten verlässliche Qualität, doch auch regional beliebte Anbieter lohnen einen Versuch.

BARISTA-WORTSCHATZ

➡ **Caffè**, **espresso** kleiner schwarzer Kaffee

➡ **Ristretto** starker Espresso

➡ **Lungo** Espresso mit doppelter Wassermenge

➡ **Americano** Espresso, dem heißes Wasser zugegeben wird

➡ **Macchiato** Espresso mit einigen „Flecken" Milch

➡ **Cappuccino** Espresso mit aufgeschäumter Milch

➡ **Cappuccino scuro** starker dunkler Cappuccino

➡ **Marochino** Cappuccino mit Kakao

➡ **Latte macchiato** Milchkaffee mit einer Haube aufgeschäumter Milch

➡ **Deca** entkoffeinierter Kaffee

➡ **Corretto** Espresso mit Schuss, meist mit Grappa

Auch in Ordnung ...? Ausprobieren ...

Schönes Bologna

Sind die 498 Stufen des mittelalterlichen Torre degli Asinelli erklommen, breitet sich die Stadt wie auf einer Landkarte aus. Es gab hier mehr als 100 solcher Türme, aber nur etwa 20 haben sich erhalten. Massimo Medica, Leiter der Musei Civici d'Arte Antica in Bologna, erzählt: „Im Mittelalter war Bologna eine bedeutende Stadt. Ihre Universität war mit der von Paris zu vergleichen. Es gab nicht genug Raum zum Bau einer Burg, daher ließ jede mächtige Familie einen eigenen Turm errichten – an der Höhe der Türme war das Ausmaß ihrer Macht abzulesen."

Auf der zentralen Piazza Maggiore lagern Einheimische und Touristen. Vielleicht denken sie an die andere große Errungenschaft Bolognas – das Essen. Hier ist die dottergelbe Pasta zu Hause: feine Tagliatelle, die eine köstliche Verbindung mit dem *ragù* eingehen, oder *tortellini in brodo* (mit Schweinelendenfleisch gefüllte Nudelpäckchen in Hühnerbrühe). Kunstvoll gemachtes Eis gibt es bei La Sorbetteria Castiglione; die Eisdiele besteht seit den 1950er-Jahren.

Herrliche Monti Sibillini

Bei klarem Wetter kann man von hier bis nach Kroatien blicken", erklärt Maurizio Fusari, Zoologe und Trekking-Bergführer im Nationalpark Monti Sibillini, und weist mit dem Arm auf die Sicht hin, die weit über die Adria reicht. In diesem verwitterten Gebirge in der Grenzregion zwischen Umbrien und den Marken sind die vorherrschenden Geräusche das Zwitschern der Vögel und das Wehen der Brise, doch trotz ihrer Unberührtheit

1. Promontorio del Gargano (S. 806), Puglia
2. Bologna (S. 494)
3. Pferde vor dem Hintergrund des Dorfes Castelluccio, Piano Grande (S. 697)

sind die Berge leicht zugänglich. „Es ist möglich, auch die höchsten Gipfel ohne alpine Ausrüstung zu besteigen."

Die Bandbreite der Wanderungen reicht von Nachmittagsspaziergängen in Bergtälern über Nachtwandungen, die bei Sonnenaufgang enden, bis hin zu neuntägigen Trekking-Touren auf dem Fernwanderweg Grande Anello dei Sibillini (120 km). Unterwegs sind Wildtiere zu beobachten. Maurizio zählt auf: „Wildschweine, Rehe, Wölfe, Steinadler, Wanderfalken. Und ein Bär. Er ist aus den Abruzzen hierhergekommen. Es scheint, dass er auf der Suche nach einer Bärin ist."

Natürliches Promontorio Gargano

Der Gargano, der meerumtoste Sporn des italienischen Stiefels, war einstmals eine Insel. Er wirkt wie eine Welt für sich, umschlossen von einem Meer, dessen Blau die Augen blendet. Das Vorgebirge ist ein kontrastreiches Gebiet: weiße Klippen, dichte, dunkelgrüne Macchie, wilde Orchideen, Pinienwälder und silberne Strände – es steht als Nationalpark unter Schutz.

Vieste und Peschici sind die größten Küstenorte, ihre Kalksteinhäuser stehen zusammengedrängt an schmalen Gassen. Die blassen Gebäude wirken wie aus den Meeresklippen herausgewachsen, in allen Himmelsrichtungen ist das blendende Meer zu sehen. Im Hochsommer scheinen sämtliche Einwohner Italiens hier zusammenzuströmen, doch Juni und September sind die schönsten Monate im Gargano, wenn der touristische Karneval vorübergezogen ist, aber nicht alle Gasthäuser geschlossen sind.

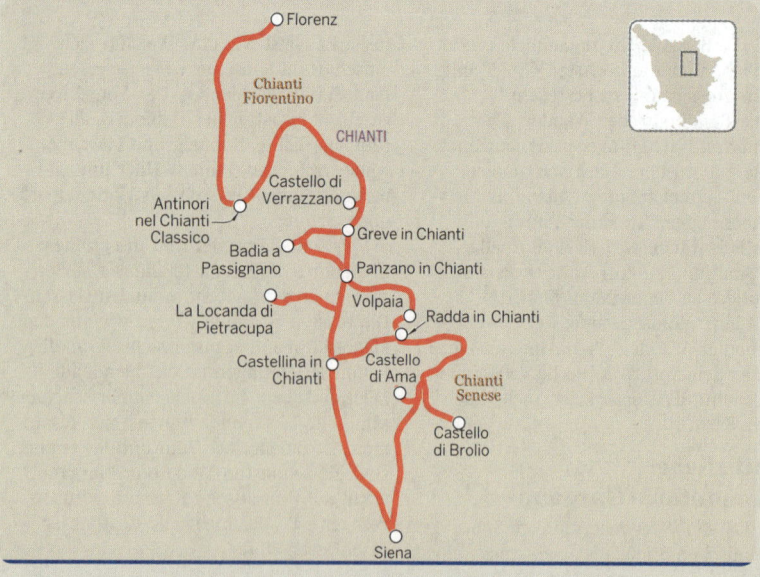

Florenz

Chianti Fiorentino

CHIANTI

Castello di Verrazzano

Antinori nel Chianti Classico

Greve in Chianti

Badia a Passignano

Panzano in Chianti

La Locanda di Pietracupa

Volpaia

Radda in Chianti

Castellina in Chianti

Castello di Ama

Chianti Senese

Castello di Brolio

Siena

Weintour durchs Chianti

4 TAGE

Die Toskana hat Unmengen Attraktionen zu bieten, doch kaum eine reicht an das Vergnügen heran, gemütlich durch das Chianti zu kutschieren. Die Mischung aus herrlicher Landschaft, renommierten Restaurants und rubinrotem Wein ist einfach herrlich.

Von Florenz geht es auf der Superstrada in Richtung Siena; bei Bargino fährt man ab und folgt der Beschilderung bis zum **Antinori nel Chianti Classico** (S. 613), einem unlängst eröffneten herrlichen Weingut mit einer architektonisch innovativen Weinkellerei. Nach der Führung verlockt eine Verkostung mit Mittagessen im Restaurant **Rinuccio 1180** (S. 615).

Nun geht es auf SS2, SP3 und SS222 (Via Chiantigiana) in Richtung Greve in Chianti mit einem Stopp im historischen **Castello di Verrazzano** (S. 613) samt Weinprobe. Am nächsten Tag steht in Greve der Besuch des **Museo del Vino** (S. 612) an; anschließend kann man sein Wissen bei einer Verkostung in den nahen **Le Cantine di Greve in Chianti** (S. 612) testen. Mittags mundet ein Toskana-Burger im **Dario DOC** (S. 616) in Panzano oder ein Essen im **La Locanda di Pietracupa** (S. 616). Nachmittagsziel ist die **Badia a Passignano** (S. 613), eine Vallombrosaner-Abtei aus dem 11. Jh., die noch in Betrieb ist. Im zugehörigen Weingut Antinori mit *enoteca* kann man edle Tropfen probieren und dann gegenüber der Abtei in **L'Antica Scuderia** (S. 616) eine Pizza essen.

Am dritten Tag erfreut ein Abstecher in den Bergweiler Volpaia bei Radda in Chianti – samt Führung durch die Keller des **Castello di Volpaia** (S. 615), bevor man zum Mittagessen die **Bar Ucci** (S. 615) besucht; eine Alternative ist das **Ristorante Albergaccio** (S. 616) in Castellina in Chianti mit vier Michelin-Sternen.

Am letzten Tag geht es weiter nach Siena. Unterwegs lohnt eine Führung im **Castello di Brolio** (S. 614), dem Sitz der Adelsfamilie Ricasoli. Ihr Weingut ist das älteste Italiens, deshalb den Baron Ricasoli Chianti Classico in der *cantina* oder beim Mittagessen in der Osteria probieren. Zum Schluss gibt es noch prämierte Weine und zeitgenössische Kunst im **Castello di Ama** (S. 614).

Oben: Badia a Passignano (S. 613),
Greve in Chianti
Unten: Weinfässer in einem Keller im Chianti

Der Heilige von Assisi

Dass jemand eine Bewegung auf den Grundsätzen von Frieden, Liebe, Mitgefühl, Nächstenliebe und Bescheidenheit ins Leben rufen konnte, ist bemerkenswert. Es grenzt aber fast an ein Wunder, dass dies Francesco Bernardone im 13. Jh. im vom Krieg zerrissenen Umbrien gelang. Andererseits war der hl. Franziskus in seiner Jugend ein typischer Mann seiner Zeit – und anfangs alles andere als ein Heiliger.

Kein bescheidener Anfang

Der Sohn eines Stoffhändlers und einer französischen Adligen wurde 1181 geboren und verbrachte eine typische Jugend: Er lernte Latein, sprach passabel Französisch, begeisterte sich für Troubadoure und verbrachte seine Zeit mit Zechgelagen. 1202 schloss sich Franz einem Feldzug nach Perugia an, wobei er für fast ein Jahr in Gefangenschaft geriet, bis er nach einer Lösegeldzahlung seines Vaters frei kam. Mehrere Krankheiten folgten, dann schloss er sich der Armee des Grafen von Brienne an und war auf dem Weg nach Apulien, als er 1205 eine religiöse Erscheinung hatte, die sein Leben grundlegend änderte.

Leben & Tod

Sehr zum Entsetzen und Spott seiner reichen vergnügungssüchtigen Freunde entschloss sich Franz, seine Besitztümer aufzugeben und stattdessen, wie Jesus, ein bescheidenes, einfaches Leben zu führen, zu predigen und den Armen zu helfen. Er reiste durch Italien, vollbrachte Wunder, indem er Kranke heilte, er lebte monatelang betend als Einsiedler in einer Höhle und er gründete Klöster. Schnell folgte ihm eine treue Anhängerschaft.

Der hl. Franziskus bat seine Anhänger, ihn nach seinem Tod in Assisi auf einem Berg mit Namen Colle d'Inferno (Höllenberg) zu bestatten. Auf diesem Berg wurden bis ins 13. Jh. Menschen am Galgen hingerichtet. Franziskus fühlte sich dort Jesus nahe.

Heilige Orte

Heute schmücken sich mehrere Orte mit dem hl. Franziskus. Dazu gehören Greccio im Latium, wo er 1223 die erste Geburtsszene nachstellte, und Bevagna in Umbrien, wo er zu den Vögeln gepredigt haben soll. In La Verna in der Toskana wurde Franz kurz vor seinem Tod stigmatisiert. Er starb mit 44 Jahren. Zwei Jahre später wurde er heiliggesprochen, und bereits damals fing die Kommerzialisierung an. Das heutige Assisi mit seinen Kirchen und dem Souvenirhandel erscheint fast als eine Persiflage der geistigen Tugenden und der Askese des hl. Franziskus. An den wahren Idealen des Mönches orientierte sich auch der 2013 gewählte Papst Jorge Mario Bergoglio, der als erster Papst überhaupt den Namen Franziskus annahm.

DIE STÄTTEN DES HL. FRANZISKUS

➜ **Assisi** (S. 658) Hier wurde er geboren und hier starb er auch; in Assisi befinden sich seine Klause, seine Kapelle, das erste Franziskanerkloster und der riesige Dom mit seinem Grab.

➜ **Gubbio** (S. 665) Hier soll der Heilige eine Abmachung zwischen den Bewohnern der Stadt und einem menschenfressenden Wolf ausgehandelt haben – er zähmte den Wolf mit dem Versprechen, ihn täglich zu füttern.

➜ **Rom** In der Basilica di San Giovanni in Laterano (S. 107) erhielt Franziskus von Papst Innozenz III. die Erlaubnis, den Franziskanerorden zu gründen.

FRANK WING / GETTY IMAGES ©

1. Basilica di San Francesco, Assisi
2. Basilica di San Giovanni, Rom
3. Innenansicht der Basilica di San Francesco, Assisi

LONELY PLANET IMAGES / GETTY IMAGES ©

SHEETANDIR GASSNER / GETTY IMAGES ©

LONELY PLANET / GETTY IMAGES ©

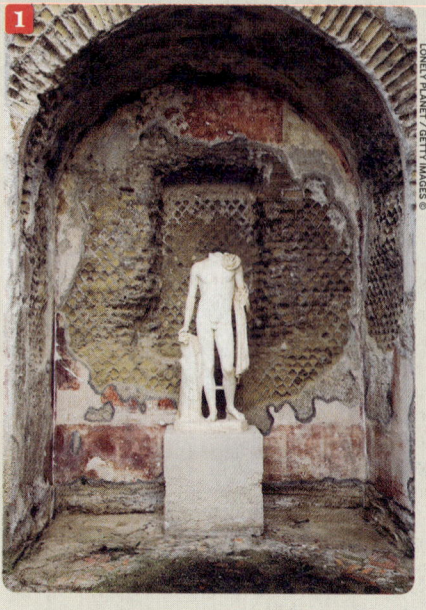

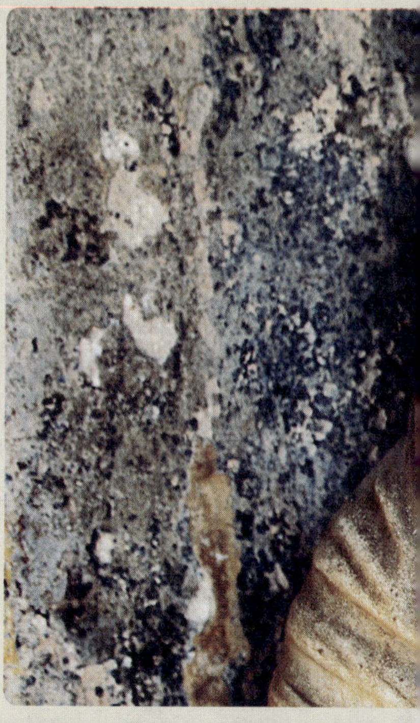

1. Parco Archeologico di Baia, Campi Flegrei 2. Ruinen in Pompeji 3. Tempio di Nettuno (S. 790), Paestum 4. Antikes Mosaik in der Casa di Nettuno e Anfitrite (S. 761), Herculaneum

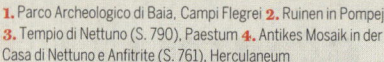

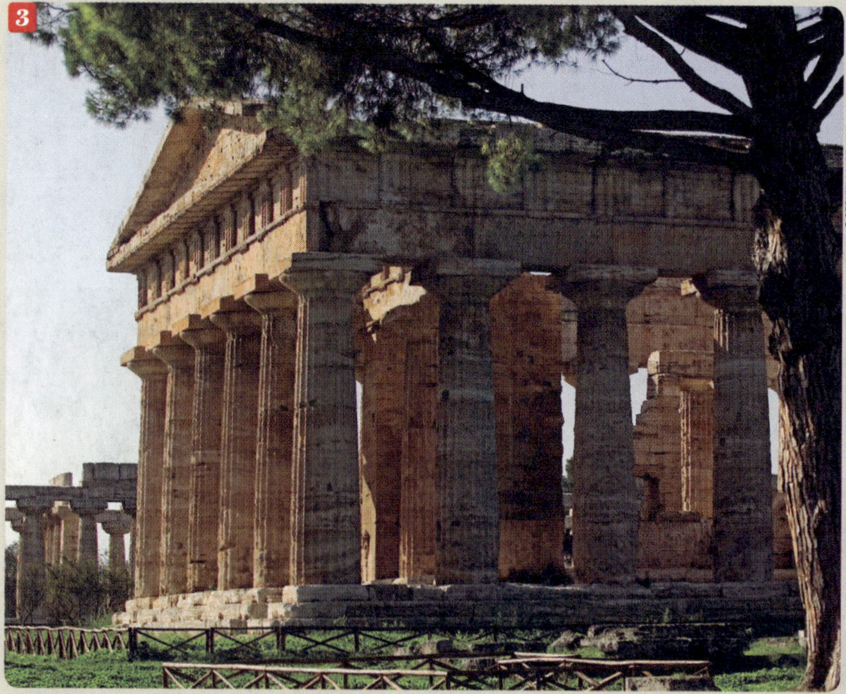

NEIL SETCHFIELD / GETTY IMAGES ©

Historische Reichtümer

Von den Griechen kolonisiert und von den Römern geliebt, ist die Region eine Schatztruhe mit Topdenkmälern der Antike.

Paestum

Die Tempel in Paestum (S. 789) sind die herrlichsten außerhalb von Griechenland. Die Wurzeln der ältesten Bauten reichen zurück bis ins 6. Jh. v. Chr.

Herculaneum

Ein „mundgerechtes" Pompeji, so ließe sich Herculaneum (S. 760) bezeichnen, allerdings ist es weit besser erhalten als seine nahe gelegene Rivalin. Hier können Besucher nach Details forschen – angefangen bei antiken Ladenreklamen bis hin zu Möbelstücken und bizarren Mosaiken.

Pompeji

Pompeji (S. 766) eignet sich für eine Zeitreise in die Geschichte. Jahrhundertelang lag es unter der Asche begraben – die Ausgrabungen förderten ganze Straßenzüge zutage, die ein Gefühl davon vermitteln, wie damals der Alltag der Bevölkerung ausgesehen haben muss.

Unterirdisches Neapel

Gespenstische Aquädukte, geheimnisvolle Krypten und antike Straßenbilder: Unter Neapels quirligen Straßen liegt eine Zauberwelt aus griechisch-römischen Ruinen. Wer eine Kostprobe davon haben möchte, begibt sich unter den Complesso Monumentale di San Lorenzo Maggiore (S. 727) oder folgt dem Gästeführer im Rahmen der Tour Napoli Sotterranea (S. 737).

Campi Flegrei

Die Phlegräischen Felder sind voller Erinnerungen – die Antike ist überall spürbar. Im Parco Archeologico di Baia (S. 733) badeten einst die Kaiser; das Schwimmbad, die Piscina Mirabilis, ist ein Wunder römischer Ingenieurskunst. Im Anfiteatro Flavio denkt man an die Märtyrer, die hier leiden mussten.

Zauber des Südens

Im Mezzogiorno brennt die Sonne auf eine wundervolle Landschaft mit spektakulären Klippen, Sandstränden an türkisblauem Meer, rauen felsigen Bergen, sanften bewaldeten Hügeln, weiten Feldern und grünen Ebenen. Elegante *palazzi* (Villen), *masserias* (Bauernhöfe), uralte Wohnhöhlen und niedrige Rundhäuser liegen verstreut über die ganze Region.

Promontorio del Gargano

Neben hübschen Küstendörfern, Sandbuchten und kristallklaren blauen Gewässern erstreckt sich im Gargano auch der Parco Nazionale del Gargano (S. 806) – gleichermaßen ideal für Wanderer, Natur- und Strandliebhaber.

Valle d'Itria

Eingebettet in eine sanfte Hügellandschaft mit Weinbergen, Obstgärten und Feldern liegen die Städte Alberobello (S. 814) und Locorotondo (S. 817) mit ihren kegelförmigen Rundhäusern, den trulli.

Salento

Auf dem „Stiefelabsatz", wo auch die weltoffene Provinzhauptstadt Lecce (S. 820) liegt, reichen die heißen Wildblumenebenen und Olivenhaine bis zu den traumhaften Stränden des Ionischen Meeres und der Adria.

Matera

Seit der Altsteinzeit lebten Menschen in Materas Wohnhöhlensiedlung (S. 837). Besucher können ein Gewirr an Gässchen erkunden, Fresken in Felsenkirchen bewundern und in einem der jahrtausendealten *sassi* (Wohnhöhlen) übernachten.

Parco Nazionale dell'Aspromonte

Im Naturpark führen enge Straßen zu Bergdörfern wie beispielsweise zum halbverlassenen Pentidàttilo (S. 858). Wasserfälle, breite Flussbetten, zerklüftete Klippen und Sandsteinformationen prägen eine Landschaft, die fürs Wandern wie gemalt ist.

2

DAMIEN SIMONIS / GETTY IMAGES ©

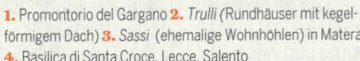

1. Promontorio del Gargano 2. *Trulli (*Rundhäuser mit kegelförmigem Dach) 3. *Sassi* (ehemalige Wohnhöhlen) in Matera
4. Basilica di Santa Croce, Lecce, Salento

4

GREG ELMS / GETTY IMAGES ©

Köstliche Desserts

Von Gebäck, das nach Zitronen duftet und mit Ricotta gefüllt ist, über Eis, das auf einem Brioche serviert wird, bis hin zu Marzipanfrüchten zelebriert Sizilien seine süßen Freuden morgens.

Siziliens Konfiseriekultur wurden von den Arabern und den Azteken beeinflusst, wobei erstere das Zuckerrohr auf der Insel heimisch machten. Die scharfe Schokolade der Azteken beeindruckte die Spanier so sehr, dass sie das Rezept ins Königreich Sizilien mitbrachten. Auch die Insel sorgte für Inspiration – von der Fülle an Zitronen-, Mandel- und Pistazienhainen bis hin zu den verschneiten Hängen des Ätna, von wo die erste *granita* kam.

Platz eins der Hitliste sizilianischer Desserts nehmen die *cannoli* ein, Gebäckröllchen mit süßer Ricotta-Füllung und Schokoüberzug, der mit Pistazienflocken und kandierten Zitronenstückchen besprenkelt ist. Um den Titel als berühmteste Nachspeise rivalisiert *cassata*, ein Biskuitkuchen mit Sahne, Marzipan, Schokolade und kandierten Früchten.

MIT SÜSSEN KÖSTLICHKEITEN ÜBER DIE INSEL

➡ **Pasticceria Cappello** Bekannt für ihre *setteveli*, eine cremige Schokotorte mit sieben Schichten, die in Palermo Berühmtheit erlangte.

➡ **Da Alfredo** Traumhafte *granite* mit Mandeln und wilden Erdbeeren.

➡ **Ti Vitti** Himmlische *cannoli* mit Ricotta aus frischer Schafsmilch aus dem Madonie-Gebirge.

➡ **Dolceria Bonajuto** Schokolade mit Vanille und Chili – eine von den Azteken inspirierte Köstlichkeit.

➡ **Gelati DiVini** Ungewöhnliche Eissorten wie Marsala-Süßwein, wilder Fenchel und Olivenöl.

➡ **Maria Grammatico** Marzipanfrüchte, Mandelgebäck und *torrone* mit gerösteten Nüssen.

2

1. Kuchen 2. Traditionelle sizilianische Süßigkeiten 3. *Cannoli*
4. Mandel-und-Kaffee-Granita

4

FIDNLINE / GETTY IMAGES ©

1. Teatro Greco, Taormina 2. Ruinen in Selinunt 3. Dorischer
Tempel, Segesta 4. Mosaik, Villa Romana del Casale, Sizilien

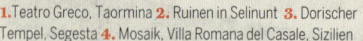

OLIVER CIRENDINI / GETTY IMAGES ©

2

Griechisch-römisches Erbe

Seit Anbeginn ein Knotenpunkt im Mittelmeer, hat Sizilien unzählige Zivilisationen kommen und gehen sehen.

Valle dei Templi

Die kargen Höhen von Agrigents Valle dei Templi (S. 924) krönen fünf dorische Tempel, darunter der imposante Tempio della Concordia. Dazu kommt das Archäologische Museum hinzu – die umfassendste Sammlung griechischer Schätze auf Sizilien.

Villa Romana del Casale

Bikinimädchen beim Sport und wilde Tiere aus Afrika geben sich in den beeindruckenden Bodenmosaiken dieses antiken Jagdhauses (S. 928) ein Stelldichein. Jahrhunderte lagen sie unter Schlamm begraben, erstrahlen seit Vollendung der Restaurierung 2013 nun aber in alter Pracht. Die Mosaiken sind die umfangreichsten auf ganz Sizilien und zählen zum Weltkulturerbe der Unesco.

4

Segesta

Der perfekte dorische Tempel von Segesta (S. 936) thront auf einem windgepeitschten Berg über einer zerklüfteten Schlucht.

Taormina

Das Teatro Greco (S. 897) mit herrlicher Aussicht auf den schneebedeckten Ätna und das Meer ist die perfekte Location für das Film- und Kunstfestival, das im Sommer in Taormina stattfindet.

Selinunt

Die weitläufigen Ruinen von Selinunt (S. 929) ragen inmitten von Feldern mit wilden Blumen am Mittelmeer auf.

Syrakus

Syrakus (S. 909), die einst mächtigste Stadt am Mittelmeer, strotzt nur so von Zeugnissen aus der Antike – von griechischen Säulen, auf denen der Dom von Ortygia ruht, bis hin zum alljährlichen Festival des klassischen antiken Dramas, das in einem 2500 Jahre alten Amphitheater stattfindet.

Fortsetzung von S. 123

Eigentlich war die Burg als Mausoleum für Kaiser Hadrian angelegt worden, doch die Päpste verwandelten die Anlage im 6. Jh. in eine Festung. Der Name geht auf eine Engelsvision zurück, die Papst Gregor dem Große 590 erschien. Aufgrund eines geheimen Verbindungsgangs zwischen dem Vatikanischen Palast und der Engelsburg, der Passetta die Borgo (13. Jh.), bot die Festung vielen Päpsten einen sicheren Rückzugsort. So hielt sich Clemens VI. während der Plünderung Roms 1527 in diesen Mauern auf. Heute ist hier eine Sammlung mit Bildern, Skulpturen, Militaria und mittelalterlichen Waffen untergebracht. Die oberen Geschosse sind üppig im Renaissancestil dekoriert. Besonders schön ist die mit Fresken verzierte Sala Paolina. Zwei Stockwerke höher liegt die Terrasse, die Puccini in seiner Oper *Tosca* verewigte. Von hier genießt man einen besonders schönen Blick auf Rom.

Ponte Sant'Angelo
BRÜCKE

(Karte S. 90; 🚇 Piazza Pia) Kaiser Hadrian baute die Engelsbrücke (Ponte Sant'Angelo) 136, um einen Zugang zu seinem Mausoleum, der heutigen Engelsburg, zu schaffen. Aber erst Bernini gab der Brücke im 17. Jh. mit seinen Engelsfiguren ihr ganz spezielles Flair.

👁 Villa Borghese & der Norden von Rom

Dieser weitläufige und attraktive Stadtteil ist für seine bedeutenden Kunstgalerien und Museen bekannt. Mittendrin bietet der grüne Park der Villa Borghese eine willkommene Verschnaufpause vom hektischen Treiben im Stadtzentrum.

⭐ Museo e Galleria Borghese
MUSEUM

(Karte S. 156; ☎ 06 3 28 10; www.galleriabor ghese.it; Piazzale del Museo Borghese 5; Erw./erm. 9/4,50 €, plus 2 € Buchungsgebühr und ggf. Ausstellungszuschläge; ⏲ Di–So 9–19 Uhr, Voranmel-

---

Villa Borghese

◉ **Highlights**

Villa Borghese

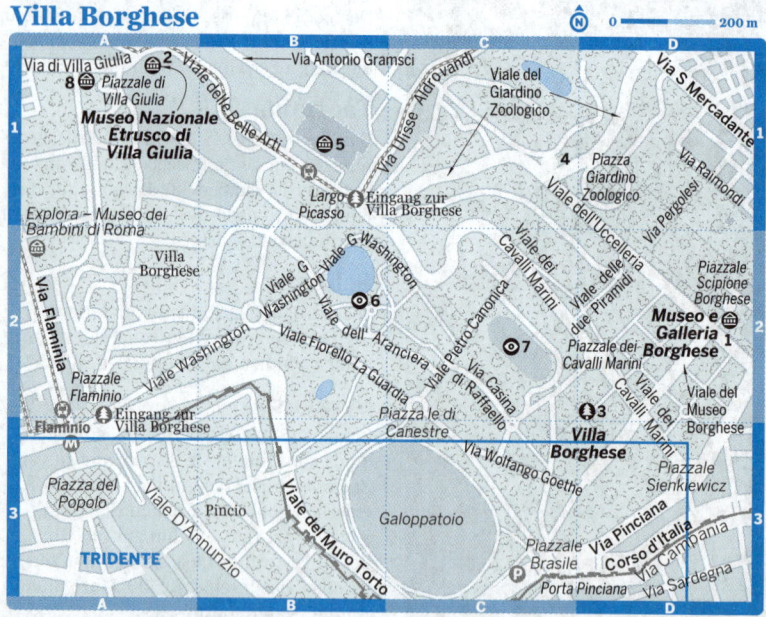

dung notwendig; ▢Via Pinciana) Wer in Rom nur eine einzige Kunstsammlung besichtigen möchte oder kann, sollte unbedingt das Museo Borghese besuchen. Das Museum beherbergt unbestritten die „Königin aller privaten Kunstsammlungen" und liefert die perfekte Einführung in die Kunst der Renaissance und des Barock – ohne dabei die Besucher zu erschlagen. Um die Besucherzahlen zu begrenzen, wird der Eintritt nur in Zwei-Stunden-Intervallen gestattet, sodass man seine Tickets vorab bestellen muss.

Die Sammlung umfasst Werke von Caravaggio, Botticelli und Raffael sowie einige spektakuläre Skulpturen von Bernini; sie wurde von Kardinal Scipione Borghese (1579–1633) angelegt. Er war der fachkundigste und skrupelloseste Sammler seiner Zeit. Die Ausstellung ist im Casino Borghese untergebracht. Der klassizistische Eindruck ist das Ergebnis eines Umbaus der ursprünglichen Scipione-Villa.

Die Ausstellung ist in zwei Bereiche gegliedert: Im Erdgeschoss sind die großartigen Skulpturen sowie die filigranen römischen Bodenmosaiken und Fresken zu sehen, während sich im Obergeschoss die Gemäldegalerie befindet.

Schon die **Eingangshalle** ist mit ihren Gladiatoren-Bodenmosaiken aus dem 4. Jh. ein Hingucker. Pietro Bernini schuf das bemerkenswerte Flachrelief, das der Schwerkraft zu widerstehen scheint: Pferd und Reiter fallen in die Tiefe.

Sala I rückt Antonio Canovas gewagte Darstellung von Napoleons Schwester Paolina Bonaparte Borghese ins Zentrum der Aufmerksamkeit: Sie lehnt sich „oben ohne" als *Venere vincitrice* (Siegende Venus; 1805–1808) lasziv zurück. Dennoch stehlen Gian Lorenzo Berninis spektakuläre Skulpturen Canova die Show. Sie symbolisieren auf ausschweifende Art heidnische Mythen. Man beachte nur in **Sala III**, wie Daphnes Hand sich in Blätter verwandelt (*Apollo und Daphne,* 1622-1625). Einen Saal weiter presst Pluto seine Hand in das weiche Fleisch von Proserpinas Hüfte (*Raub der Proserpina;* Sala IV, 1621-1622).

Caravaggio dominiert die **Sala VIII**: Ein verliebt dreinschauender *Bacchusknabe* (1593-1594) ist genauso ausgestellt wie die merkwürdig schöne *La Madonna dei Palafenieri* (Madonna mit Schlange; 1605/06) und Caravaggios wahrscheinlich letztes Werk *San Giovanni Battista* (Johannes der Täu-

---

BETTENSTEUER

Jeder Übernachtungsgast muss in Rom eine Bettensteuer zusätzlich zum eigentlichen Zimmerpreis bezahlen. Sie beträgt:

➡ 1 € pro Person pro Nacht für maximal fünf Tage bei Übernachtungen auf Zeltplätzen.

➡ 2 € pro Person pro Nacht für maximal zehn Tage bei Übernachtungen in Pensionen, Klöstern und 1- bis 3-Sterne-Hotels.

➡ 3 € pro Person pro Nacht für maximal zehn Tage in 4- und 5-Sterne-Hotels.

Die Steuer muss von jedem Gast entrichtet werden, der nicht dauerhaft in Rom wohnt. Zu allen Preisangaben in diesem Kapitel muss die Abgabe noch hinzugerechnet werden.

---

fer; 1609/10). Nicht zu vergessen sind der viel beachtete *Ragazzo col Canestro di Frutta* (Knabe mit Fruchtkorb; 1593–95) und der höchst dramatische *Davide con la Testa di Golia* (David mit dem Kopf des Goliath; 1609/10) – Goliaths abgetrennter Kopf soll ein Selbstbildnis des Künstlers sein.

Im Obergeschoss bietet die Gemäldegalerie wunderbare Beispiele der europäischen Renaissancekunst. Unbedingt sehenswert ist Raffaels außergewöhnliches Werk *La Deposizione di Cristo* (Die Grablegung Christi; 1507) in **Sala IX** sowie seine *Dama con Licorno* (Dame mit Einhorn; 1506). In selben Saal fallen auch die hervorragende *Adorazione del Bambino* (Anbetung des Jesuskindes; 1495) von Fra Bartolomeo sowie Peruginos *Madonna con Bambino* (Madonna mit Kind; erstes Viertel des 16. Jhs.) ins Auge.

Weitere Highlights sind Correggios erotische *Danae* (1530/31) in **Sala X**, Berninis Selbstporträts in **Sala XIV** sowie Tizians frühes Meisterwerk *Amor Sacro e Amor Profano* (Heilige und profane Liebe; 1514) in **Sala XX.**

★ Villa Borghese   PARK

(Karte S. 156; Zugänge: Piazzale San Paolo del Brasile, Piazzale Flaminio, Via Pinciana, Largo Pablo Picasso; ⏱ Sonnenaufgang–Sonnenuntergang; ▢Porta Pinciana) Einheimische, Liebespaare, Touristen und Jogger – sie alle verfallen dem

Charme von Roms bekanntestem Park. Ursprünglich gehörte der 80 ha große Park zur Residenz von Kardinal Scipione Borghese aus dem 17. Jh. Neben den diversen Museen sind auch der **Giardino del Lago** (Karte S. 156) und die **Piazza di Siena** (Karte S. 156) sehenswert. Letztere ist ein Amphitheater, das alljährlich im Mai für das wichtigste Reitevent der Ewigen Stadt genutzt wird.

Fahrräder kann man an verschiedenen Stellen mieten, darunter am Largo Pablo Picasso. Die Kosten hierfür liegen bei ca. 5/15 € pro Stunde/Tag.

Galleria Nazionale d'Arte Moderna KUNSTGALERIE
(Karte S. 156; ☎06 3229 8221; www.gnam.beniculturali.it; Viale delle Belle Arti 131, Behinderteneingang Via Gramsci 71; Erw./erm. 8/4 €;

SCHWULE & LESBEN IN ROM

Rom hat eine lebendige, aber recht unauffällige Schwulen- und Lesbenszene. Die Ewige Stadt ist ziemlich konservativ, zumal der Vatikan und die Kommunalpolitik nicht sehr liberal sind. Rom dürfte also kaum ein mediterranes San Francisco werden. Dennoch hat sich die Szene ins Offene gewagt und die Stimmung ist weitgehend tolerant. Diskretion ist jedoch durchaus angeraten, zumal es in den letzten Jahren einige Fälle homophober Gewalt gegeben hat.

Die wichtigste Schwulen- und Lesbenveranstaltung ist jedes Jahr Mitte Juni der bunte Umzug **Gay Pride**. Ein weiteres Highlight ist das **Gay Village**. Das „Dorf" wird zumeist über einen Zeitraum von drei Wochen im EUR-Viertel aufgebaut und besteht aus Bars, Clubs, einem Kino sowie Fitnessbereichen.

Es gibt nur sehr wenige rein schwule oder lesbische Nachtclubs oder Bars. Viele der großen Nachtclubs veranstalten jedoch regelmäßig Schwulen- und Lesbennächte. Im Goa (S. 183) ist das Venus Rising (www.venusrising.it) eine beliebte Nacht nur für Lesben. Im Qube (Via di Portonaccio 212) steigt freitags die Muccassina-Nacht (www.muccassassina.com). In der Nähe des Kolosseums gilt die **Via di San Giovanni in Laterano** als „Schwulenstraße", denn hier trifft sich die Szene in einer Reihe von populären Schwulenbars. In Capocotta, außerhalb der Stadt, gibt es zudem den Schwulenstrand, **Settimo Cielo**. Anfahrt ist mit Bus 61 ab Ostia Lido oder mit Bus 70 ab EUR.

Gute Infoquellen vor Ort sind das monatliche Magazin AUT, das vom **Circolo Mario Mieli** (☎800 110611; www.mariomieli.org; Via Efeso 2a), veröffentlicht wird. Der Circolo ist die wichtigste kulturelle und politische Schwulenorganisation Roms. AZ Gay (www.azgay.it) veröffentlicht zudem einen Jahresführer für Rom, der an Touristenständen erhältlich ist.

Lesben können sich über das örtliche Geschehen bei der Organisation **Coordinamento Lesbiche Italiano** (www.clrbp.it; Via San Francesco di Sales 1b), das ein Restaurant betreibt, **Luna e L'Altra** (Männer sind nur mittags zugelassen), sowie das Hostel La Foresteria Orsa Maggiore (S. 166) informieren.

Weitere nützliche Infoquellen sind der internationale Schwulen-Guide **Spartacus** (www.spartacusworld.com), der als App oder in Buchform erhältlich ist, sowie **Gay Rome** (www.gayrome.com) und **GayFriendlyItaly** (www.gayfriendlyitaly.com).

Die meisten Schwulenbars, -clubs und -saunen verlangen eine **Arcigay** (☎06 6450 1102; www.arcigayroma.it; Via Nicola Zabaglia 14). Diese kostet 15/8 € pro Jahr/Quartal und ist überall dort erhältlich, wo sie verlangt wird.

Beliebte Szenetreffs sind:

Coming Out (Karte S. 107; www.comingout.it; Via di San Giovanni in Laterano 8; ⊙10.30–2 Uhr; Ⓜ Colosseo) Entspannte Bar mit Regenbogenfahne im Schatten des Kolosseums. Das gemischte und lockere Publikum steht an lauen Abenden bis auf die Straße.

Hangar (Karte S. 104; www.hangaronline.it; Via in Selci 69; ⊙Mi–Mo 22.30–2.30 Uhr, im Aug. 3 Wochen geschl.; Ⓜ Cavour) Altgedienter Club nur für Männer. Montags gibt es Pornos und donnerstags Striptease.

L'Alibi (Karte S. 175; www.lalibi.it; Via di Monte Testaccio 44; ⊙Do–So 23.30–5 Uhr; 🚌 Via Marmorata) Heißer Schwulenclub mit Soul und House. Die Gloss-Party am Donnerstag ist der Publikumsrenner.

🕙 Di–So 8.30–19.30 Uhr; 🚇 Piazza Thorvaldsen)
In dem großen Palast der Belle Époque residiert eine bemerkenswerte, aber oft übersehene Kunstgalerie. Zu sehen sind Werke der wichtigsten Vertreter der modernen italienischen Kunst, darunter Gemälde der *macchiaioli* – der italienischen Impressionisten – sowie der Futuristen Boccioni und Balla. Daneben sind auch Skulpturen von Canova sowie bedeutende Gemälde von Modigliani und De Chirico ausgestellt. Unter den internationalen Künstlern stechen Werke von Degas, Cézanne, Kandinsky, Klimt, Mondrian, Pollock und Henry Moore hervor.

⭐ **Museo Nazionale**
Etrusco di Villa Giulia   MUSEUM
(Karte S. 156; 📱06 322 65 71; www.villagiulia. beniculturali.it; Piazzale di Villa Giulia; Erw./erm. 8/4 €; 🕙 Villa Giulia Di–So 8.30–19.30 Uhr, Villa Poniatowski Di–Sa 9–13.45 Uhr; 🚇 Via delle Belle Arti) Italiens kostbarste Sammlung etruskischer Kunst aus vorrömischer Zeit wird in der Villa Giulia präsentiert, dem Vergnügungspalast von Papst Julius III. aus dem 16. Jh., sowie in der nahe gelegenen **Villa Poniatowski** (Karte S. 156). Die Ausstellungsstücke stammen zumeist aus Gräbern der umliegenden Region Latium. Die Palette reicht von Bronzefigürchen, schwarzem Bucchero-Tafelgeschirr und Tempelverzierungen bis zu Terrakottavasen und kunstvollem Schmuck.

Unbedingt sehenswert ist die polychrome Terrakottastatue von Apollo, der *Sarcofago degli Sposi* (Sarkophag der Eheleute) aus dem 6. Jh. v. Chr. sowie der Euphronios-Krater, eine viel gerühmte griechische Vase. Die Eintrittskarte ermöglicht auch den Besuch der Villa Poniatowski.

Museo Nazionale delle Arti del XXI
Secolo (MAXXI)   MUSEUM
(📱06 3996 7350; www.fondazionemaxxi.it; Via Guido Reni 4a; Erw./erm. 11/8 €; 🕙 Di–Fr & So 11–19 Uhr, Sa bis 22 Uhr; 🚇 Viale Tiziano) Nicht die Sammlung, sondern das Gebäude selbst ist die eigentliche Attraktion von Roms bedeutendstem Museum für zeitgenössische Kunst. Zaha Hadid transformierte eine ehemalige Kaserne sowohl von außen wie von innen zu einem beeindruckenden Gesamtkunstwerk aus Glas, Zement und Stahl. Die vielschichtige geometrische Fassade schaut auf einen gartenähnlichen Hof. Das Innere ist lichtdurchflutet mit sich windenden Gängen und hängenden Treppen.

Das Museum verfügt über eine Dauerausstellung, aber die Sonderausstellungen und -installationen sind interessanter – auf der Website finden sich die aktuellen Details und weitere Informationen.

🎣 **Kurse**

Kochen & Weinproben

Römische Küche   KOCHEN
(Karte S. 90; 📱06 678 57 59; www.italiangourmet.com; pro Tag 200 €) Die englischsprachige Köchin und Autorin Diane Seed (*The Top One Hundred Pasta Sauces*) veranstaltet ein-, zwei- und dreitägige Kochkurse in ihrer Küche im Palazzo Doria Pamphilj.

Città di Gusto   KOCHEN
(📱06 551 11 21; www.gamberorosso.it; Via Fermi 161) Die italienische Gastro-Vereinigung Gambero Rosso veranstaltet in dem modernen Komplex Vorführungen, Workshops und Kochkurse.

Vino Roma   WEINPROBEN
(Karte S. 104; 📱328 487 44 97; www.vinoroma. com; Via In Selci 84/G; zweistündige Weinprobe pro Pers. 50 €) Vino Roma bietet Weinproben für Anfänger und Kenner an. Außerdem werden dreistündige Gastro-Führungen (80 €) veranstaltet.

Sprache

Hunderte von Sprachschulen bieten Kurse für Einzelgäste und Gruppen an. Die Kosten schwanken enorm, aber für einen zweiwöchigen Kurs sollte man ungefähr 300–440 € veranschlagen. Einzelstunden schlagen mit 35–45 € zu Buche. Einige Schulen bieten zudem für manche Kurse auch Übernachtungsmöglichkeiten an.

Arco di Druso   SPRACHE
(Karte S. 116; 📱06 3975 0984; www.arcodidruso. com; Via Otranto 12)

Centro Linguistico
Italiano Dante Alighieri   SPRACHE
(📱06 4423 1490; www.clidante.it; Piazza Bologna 1)

Divulgazione Lingua Italiana Soc SPRACHE
(DILIT; Karte S. 104; 📱06 446 25 93; www.dilit.it; Via Marghera 22)

Italiaidea   SPRACHE
(Karte S. 96; 📱06 6994 1314; www.italiaidea.com; 1. Stock, Via dei Due Macelli 47)

ROM & LATIUM ROM

Torre di Babele

Centro di Lingua e Cultura Italiana SPRACHE
(📞 06 4425 2578; www.torredibabele.com; Via
Cosenza 7)

Kunsthandwerk

Art Studio Café MOSAIKEN
(Karte S. 116; 📞 06 3260 9104; www.artstudio
cafe.it; Via dei Gracchi 187a) Die Mosaikschu-
le ist Café und Ausstellungsraum zugleich.
Im Angebot stehen Mosaikkurse und
Kunstworkshops. Die Preise variieren je
nach Kurs.

Geführte Touren

A Friend in Rome STADTFÜHRUNGEN
(📞 340 501 92 01; www.afriendinrome.it) Silvia Prosperi organisiert private Führungen
zu Fuß, per Rad oder auf einem Roller, die
ganz auf die individuellen Wünsche der
Gäste zugeschnitten sind. Sie zeigt den Vatikan, die historische Altstadt sowie die
Umgebung von Rom. Pro Stunde zahlt man
40–50 €. Für die meisten Touren sind drei
Stunden Minimum.

Trambus 110open BUS
(Karte S. 104; 📞 800 281281; www.trambusopen.
com; Fam./Erw./erm. 50/20/18 €; ⏱ alle 15 Min.
8.30–19 Uhr) Die Hop-On-Hop-Off-Bustour
startet an der Piazza dei Cinquecento vor
dem Bahnhof Termini und legt folgende
Zwischenstopps ein: Kolosseum, Bocca della
Verità, Piazza Venezia, Petersdom, Ara Pacis
und Trevibrunnen. Die Tickets sind 48 Std.
gültig und können an Bord, von autorisierten Händlern sowie an den Kiosken an der
Piazza dei Cinquecento und am Kolosseum
erworben werden.

Trambus Archeobus BUS
(Karte S. 104; 📞 800 281281; www.trambuso
pen.com; Fam./Erw. 40/12 €; ⏱ alle 30 Min.9–
12.30 & 13.30–16.30 Uhr) Angesteuert werden
die zahlreiche archäologischen Sehenswürdigkeiten an der Via Appia Antica.
Ausgangspunkt der Tour ist die Piazza dei
Cinquecento und die Tickets sind 48 Stunden lang gültig. Erhältlich sind die Tickets
bei Vertragshändlern.

Roma Cristiana STADTRUNDGANG
(Karte S. 116; 📞 06 6989 6380; www.operaro
manapellegrinaggi.org) Roma Cristina bietet eine ganze Reihe verschiedener Stadtrundgänge, darunter Führungen durch die
Vatikanischen Museen (Erw./erm. 26,50/
19,50 €) und den Petersdom (25 €).

Bici & Baci RADTOUR
(📞 06 482 84 43; www.bicibaci.com; Via del Viminale 5; Führungen 35 €; ⏱ März–Okt. 10, 15 &
19 Uhr, Nov.–Feb. auf Nachfrage) Bici & Baci
führt täglich Radtouren durch das Zentrum
von Rom durch. Angesteuert werden die
historische Altstadt, Campidoglio und das
Kolosseum. Im Angebot sind auch Touren
mit alten Vespas und Fiats 500. Für diese
motorisierten Touren ist eine Anmeldung
mindestens 24 Stunden vorher erforderlich.
Die Routen und Preise variieren je nach den
eigenen Vorgaben.

Enjoy Rome STADTRUNDGANG
(Karte S. 104; 📞 06 445 18 43; www.enjoyrome.
com; Via Marghera 8a) Zur Auswahl stehen
dreistündige Vatikanführungen (unter/über
26 Jahre 27/32 €), das „Antike & Alte Rom"
(25/30 €) sowie diverse andere Führungen.
Auf der Webseite finden sich alle Informationen dazu. Die Führungspreise beinhalten
nicht die Eintrittsgelder zu den Vatikanischen Museen und ins Kolosseum.

Feste & Events

Carnevale Romano KARNEVAL
(www.carnevale.roma.it) Rom zeigt sich von
der bunten Seite mit Pferdeshows auf der
Piazza del Popolo, Kostümparaden auf der
Via del Corso und Unmengen an fantasievoll
verkleideten Kindern.

Ostern RELIGION
Am Karfreitag führt der Papst eine Fackel-
prozession rund um das Kolosseum. Am
Ostersonntag um 12 Uhr segnet er dann die
Menge auf dem Petersplatz.

Mostra delle Azalee KULTUR
Von Mitte April bis Anfang Mai wird die
Spanische Treppe mit 600 Kübeln voller
blühender Azaleen geschmückt.

Natale di Roma KULTUR
Rom feiert am 21. April seinen Stadtgeburts-
tag mit Musik, historischen Aufführungen,
einem Feuerwerk und kostenlosem Eintritt
für viele Museen. Das Geschehen konzentriert sich vor allem auf den Campidoglio
und den Circo Massimo.

Primo Maggio MUSIK
Am 1. Mai lockt ein Rockkonzert mit italienischen Top-Stars die Massen auf die Piazza
di San Giovanni in Laterano.

Estate Romana KULTUR
(www.estateromana.comune.roma.it) Von
Juni bis Oktober finden im Rahmen des

Sommerfestivals über nahezu die ganze Stadt verteilt Hunderte von Kulturveranstaltungen statt.

Lungo il Tevere KUNST

(www.lungoiltevereroma.it) Eine gruße Vielzahl bunter Stände, Clubs, Bars, Restaurants und Tanzflächen säumen das Ufer des Tibers während dieses Sommer-events.

**Festa dei
Santi Pietro e Paolo** RELIGION

Am 29. Juni feiern die Römer ihre Schutzheiligen Petrus und Paulus. Die Feierlichkeiten konzentrieren sich auf den Petersdom und die Via Ostiense.

Festa de'Noantri KULTUR

Trastevere feiert seine Wurzeln zwei Wochen lang im Juli mit einer ausgelassenen Straßenparty. Es wird viel gegessen, getrunken, getanzt und gebetet.

**Festa della Madonna
della Neve** RELIGION

Am 5. August schneit es Rosenblüten auf die Zelebranten in der Basilica di Santa Maria Maggiore. So wird daran gedacht, dass es im 4. Jh. einmal sogar im August in Rom geschneit hatte.

RomaEuropa KULTUR

(http://romaeuropa.net) Von Ende September bis November stehen internationale Künstler auf der Bühne. RomaEuropa ist das

ROM & LATIUM FESTE & EVENTS

ROM FÜR KINDER

Die Römer lieben Kinder. Und auch wenn es nur wenige spezielle Sehenswürdigkeiten für Kinder gibt, so sind sie doch praktisch überall willkommen.

Praktisch & Konkret

➡ Kopfsteingepflasterte Gassen und schlecht geparkte Autos können eine Stadtbesichtigung mit einem Kinderwagen erschweren.

➡ Babyartikel und Desinfektionslösungen gibt es in allen Apotheken. Wegwerfwindeln (*pannolini* auf Italienisch) gibt es in Supermärkten und Apotheken.

➡ Restaurants gehen mit kleinen Gästen sehr locker um und servieren gerne eine *mezza porzione* (Kinderportion) oder bieten einen *seggiolone* (hohen Babystuhl) an. Einige Hotels stellen auf Nachfrage auch eine *culla* (Kinderbett) zur Verfügung.

➡ Kinder unter 10 Jahren können den öffentlichen Nahverkehr kostenlos nutzen.

➡ Auf der Website www.turismoroma.it/piccoli-turisti-curiosi finden sich Vorschläge für kinderfreundliche Aktivitäten.

Sehenswertes

Roms Museen und Galerien sind für Kleinkinder nicht gerade ideal. Aber viele der größeren Museen bieten inzwischen Workshops und Abteilungen für Kinder. Einige veranstalten sogar spezielle Kinderevents.

Mit Kindern gut besuchen lassen sich unter anderem das Kolosseum (S. 75), die Villa Borghese (S. 157) und Roms Zoo: **Bioparco** (Karte S. 156; ☑ 06 360 82 11; www.bio parco. it; Viale del Giardino Zoologico 1; Erw./Kind: größer als 1 m & unter 12 Jahren/Kind: kleiner als 1 m 14 €/12 €/frei; ☉ April–Okt. 9.30–18 Uhr, Nov.–März bis 17 Uhr; Ⓑ Bioparco), Die Katakomben an der **Via Appia Antica** (S. 109) eignen sich eher für Kinder ab 12 Jahren.

Explora (Karte S. 156; ☑ 06 361 37 76; www.mdbr.it; Via Flaminia 82; Erw./Kind 1– 3 Jahre 7/3 €; ☉ Eintritt Di–So 10, 12, 15, 17 Uhr; Ⓜ Flaminio) ist ein Museum zum Anfassen und Mitmachen für Kinder bis 12 Jahre. Reservierungen sind ratsam, vor allem an Wochenenden. Draußen gibt es einen kostenlosen Spielplatz für alle.

Außerhalb der Stadt sind die Gärten der **Villa D'Este** (S. 196) in Tivoli mit ihren Wasserstrahlen, Kaskaden und Wasserspeiern ein echtes Vergnügen. Die nahe gelegene weitläufige Ruine der **Villa Adriana** (S. 195) ist ideal zum Verstecksspielen.

In **Ostia Antica** (S. 194) können die Kinder in den Ruinen des antiken römischen Hafens frei herumlaufen und sich z. B. eine Aufführung in dem gut erhaltenen Amphitheater vorstellen.

Die weiter entfernt liegenden etruskischen Grabmäler in **Cerveteri** (S. 196) und **Tarquinia** (S. 197) sind für Erwachsene wie für Kinder faszinierend.

wichtigste Theater-, Opern- und Tanzfestival der Hauptstadt.

Festival Internazionale del Film di Roma FILM
(www.romacinemafest.org) Anfang November wird bei Roms Filmfestival im Auditorium Parco della Musica der rote Teppich für die großen Filmneuheiten ausgerollt.

🛏 Schlafen

Es gibt zwar eine breite Palette an Übernachtungsmöglichkeiten, aber Rom ist ein teures Pflaster. Das empfehlenswerteste Viertel ist natürlich das Centro Storico, wo sich alle Sehenswürdigkeiten direkt vor der Haustür befinden. Im Mittelklassebereich ist die Auswahl groß, doch gute Budgetunterkünfte sind rar. In Vatikannähe verfügt das ruhige Stadtviertel Prati über eine ansprechende Auswahl. Zudem gibt es exzellente Restaurants und günstig gelegene Metrostationen an der Linie A. Trastevere ist einfach traumhaft schön und ideal, um die Sommerabende zu verbringen. Aber es kann dort etwas lauter werden.

Die günstigsten Unterkünfte befinden sich rund um die Stazione Termini. Die Gegend ist zwar nicht so schlimm, wie manchmal dargestellt, aber definitiv nicht das schönste Viertel von Rom. Einige Straßen westlich des Bahnhofs, insbesondere die Via Giolitti, sollte man nachts meiden. Vor allem Frauen sollten dort vorsichtig sein. Andererseits liegt das Viertel sehr verkehrsgünstig und viele Sehenswürdigkeiten sind bequem per Metro zu erreichen.

Rom kennt eigentlich keine Nebensaison, dennoch bieten viele Hotels von November bis März – mit Ausnahme von Weihnachten und Neujahr – günstigere Tarife an. Manche Hotels gewähren auch von Mitte Juli bis Ende August Preisnachlässe. Am meisten zahlt man im Frühjahr (April bis Juni), im Herbst (September bis Oktober) und zu den wichtigsten Feiertagen (Weihnachten, Silvester und Ostern).

Man sollte grundsätzlich ein Zimmer buchen. Wer ohne Reservierung kommt, findet neben der Touristeninformation im Bahnhof Termini einen **Hotelreservierungsservice** (Karte S. 104; ☏ 06 699 10 00; Buchungsgebühr 3 €; ⊙ 7–22 Uhr).

Eine vollständige Liste der Unterkunftsmöglichkeiten findet sich auf der Website www.060608.it.

Unterkünfte

Die meisten Unterkünfte in Rom sind entweder *alberghi* (traditionelle Hotels) oder *pensioni* (günstige familiengeführte Hotels, die sich oftmals in umgebauten Wohnungen befinden). Die meisten zentralen Hotels verfügen über drei oder mehr Sterne.

Neben den Hunderten von traditionellen B&Bs (Privatvermieter, die nur ein oder zwei Zimmer anbieten), gibt es eine Vielzahl an Boutique-B&Bs und -Pensionen, die schickes Designerambiente im mittleren bis oberen Preissegment offerieren. Die folgenden Agenturen bieten auch die Möglichkeit online zu buchen:

Bed & Breakfast Association of Rome (www.b-b.rm.it) Vermittelt B&B-Zimmer und Wohnungen für kürzere Zeiträume.
Bed & Breakfast Italia (www.bbitalia.it) Roms ältestes B&B-Netzwerk.
Cross Pollinate (www.cross-pollinate.com) Bietet B&B-Zimmer, private Apartments und Pensionen.

Die Hostels in Rom sind für Backpacker wie auch auch für preisbewusste Familien geeignet. Viele Hostels bieten nicht nur klassische Schlafsäle, sondern auch hotelähnliche Zimmer – darunter Einzel-, Doppel- oder sogar Familienzimmer – mit eigenem Bad/WC. Infos zu den „offiziellen" JH-Adressen des Internationalen Herbergsverbands HI gibt es beim **Italienischen Jugendherbergsverband** (Associazione Italiana Alberghi per la Gioventù; Karte S. 104; ☏ 06 487 11 52; www.aighostels.com; Via Cavour 44).

Wie zu erwarten gibt es in Rom viele religiöse Institutionen, von denen viele auch günstige(re) Zimmer anbieten. Einige haben jedoch eine Sperrstunde und der Standard ist zumeist recht einfach, wenn die Unterkünfte auch sehr sauber sind. Eine Übersicht findet sich auf der Website www.santasusanna.org/comingToRome/convents.html.

Bei längeren Aufenthalten kann eine Ferienwohnung günstiger sein als ein Hotel. Ein kleines Apartment kostet rund 900 € pro Monat. Nützliche Kontaktadressen:

Accommodations Rome (www.accomodationsrome.com)

Flat in Rome (www.flatinrome.it)

Leisure in Rome (www.leisureinrome.com)

Rental in Rome (www.rentalinrome.com)

Sleep in Italy (www.sleepinitaly.com)

🛏 Antikes Rom

Residenza Maritti
PENSION €

(Karte S. 76; ☎06 678 82 33; www.residenza-maritti.com; Via Tor de'Conti 17; EZ 50–90 €, DZ 80–130 €, 3BZ 110–150 €; ❄@🛜; ℳCavour) Von der Terrasse genießt man einen fantastischen Rundblick über die Ruinen und Dächer von Rom. Dieses versteckte Juwel ist in einem Palazzo aus dem 18. Jh. hinter dem Augustusforum versteckt. Die Zimmer verteilen sich auf zwei Wohnungen und sind mit Antiquitäten und Familienerbstücken einfach, aber gemütlich eingerichtet. Jede Wohnung verfügt zudem über eine gut ausgestattete Küche.

Caesar House
HOTEL €€

(Karte S. 76; ☎06 679 26 74; www.caesarhouse.com; Via Cavour 310; EZ 150–200 €, DZ 160–260 €; ❄🛜; ℳCavour) Ruhiges kleines Hotel, obwohl es an der belebten Verkehrsader Via Cavour liegt. Die Gemeinschaftsbereiche in der renovierten Wohnung sind modern und blitzblank. In den sechs Gästezimmern dominieren Fliesenböden, ruhige Farben und kuschelige Himmelbetten.

🛏 Centro Storico

Albergo del Sole
PENSION €

(Karte S. 90; ☎06 687 94 46; www.solealbiscione.it; Via del Biscione 76; EZ 70–100 €, DZ 100–145 €, 3BZ 120–180 €; P❄🛜; ☐Corso Vittorio Emanuele II) Als eine der wenigen Budgetoptionen im historischen Zentrum soll die Pension zugleich die älteste Herberge der Stadt sein, denn sie geht auf das Jahr 1462 zurück. Die funktionalen Zimmer stellen nichts Besonderes dar, aber im zweiten Stock gibt es eine angenehme Dachterrasse. Auch die Lage unweit des Campo de' Fiori ist exzellent. Keine Kreditkarten und kein Frühstück.

Hotel Pensione Barrett
PENSION €€

(Karte S. 90; ☎06 686 84 81; www.pensionebarrett.com; Largo di Torre Argentina 47; EZ 115 €, DZ 135 €, 3BZ 160 €; ❄🛜; ☐Largo di Torre Argentina) Die reizende Pension am Largo di Torre Argentina wirkt wie eine Märchenhöhle. Schon das extrem üppige Dekor ist außergewöhnlich. Von Topfpflanzen bis zu Büsten, Statuen und Stuck wird alles geboten. Die Zimmer sind gemütlich und mit einigen Extras versehen, darunter Fußbäder und gut gefüllte Kühlschränke.

Dimora degli Dei
BOUTIQUEHOTEL €€

(Karte S. 90; ☎06 6819 3267; www.pantheondimoradeglidei.com; Via del Seminario 87; Zi. 120–200 €; ❄🛜; ☐Largo di Torre Argentina) Die Lage und der zurückhaltende Stil sind die Pluspunkte dieser eleganten Unterkunft in der Nähe des Pantheons. Im 1. Stock eines jahrhundertealten Palastes gibt es sechs geräumige, hohe Zimmer, die jeweils nach einem römischen Gott benannt wurden. Die Einrichtung ist geschmackvoll.

Teatropace 33
HOTEL €€

(Karte S. 90; ☎06 687 90 75; www.hotelteatropace.com; Via del Teatro Pace 33; EZ 80–150 €, DZ 130–270 €; ❄🛜; ☐Corso del Rinascimento) Freundliches 3-Sterne-Hotel unweit der Piazza Navona. Die 23 wunderbar eingerichteten Zimmer sind mit Parkettböden, Damastvorhängen sowie unverkleideten Holzbalken ausgestattet. Es gibt keinen Lift, aber dafür eine monumentale Steintreppe aus dem 17. Jh. und einen Portier, der die Koffer hochträgt.

Relais Palazzo Taverna
BOUTIQUEHOTEL €€

(Karte S. 90; ☎06 2039 8064; www.relaispalazzotaverna.com; Via dei Gabrielli 92; EZ 80–150 €, DZ 100–210 €, 3BZ 120–240 €; ❄🛜; ☐Corso del Rinascimento) Der historische Palast aus dem 15. Jh. liegt ideal an einer kopfsteingepflasterten Fußgängerstraße mitten im Zentrum. Die sechs schicken Zimmer sind mit weißen Holzdecken, flippigen Tapeten und dunklen Parkettböden versehen.

Hotel Teatro di Pompeo
HOTEL €€

(Karte S. 90; ☎06 6830 0170; www.hotelteatrodipompeo.it; Largo del Pallaro 8; EZ 100–165 €, DZ 120–220 €; ❄@🛜; ☐Corso Vittorio Emanuele II) Das charmante Hotel wurde auf einem Theater aus dem 1. Jh. v. Chr. errichtet (im Bereich des heutigen Frühstückszimmers) und liegt hinter dem Campo de' Fiori. Die Zimmer verbreiten ein altmodisches Feeling: Das Holz der Bettgestelle ist poliert und die Fußbodenfliesen bestehen aus Terrakotta. Die besten Zimmer liegen im dritten Stock und haben schräge Decken mit Holzbalken.

Hotel Navona
HOTEL €€

(Karte S. 90; ☎06 6821 1392; www.hotelnavona.com; Via dei Sediari 8; EZ 60–170 €, DZ 60–260 €; ❄🛜; ☐Corso del Rinascimento) Das in der Nähe des gleichnamigen Platzes liegende Navona bietet auf mehreren Stockwerken in einem Palast aus dem 15. Jh. eine gute Auswahl an Zimmern. Auf der Rezeptionsebene sind Goldrand-Dekor und Antikmöbel angesagt, während oben moderne Grau- und Silbertöne dominieren. Die Badezimmer sind mit Mosaikböden gestaltet. Das Frühstück kostet 10 € extra.

★ Hotel Campo de' Fiori BOUTIQUEHOTEL €€€

(Karte S. 90; ☑ 06 687 48 86; www.hotelcampodefiori.com; Via del Biscione 6; Zi. & Apt. 90–600 €; ✳@☎; 🚊Corso Vittorio Emanuele II) Das flotte 4-Sterne-Hotel ist eine Top-Adresse: schicke Innenausstattung, eine beneidenswerte Lage, professionelle Mitarbeiter und eine Panorama-Dachterrasse. Die Zimmer sind alle individuell eingerichtet, wirken im Allgemeinen jedoch zeitgenössisch dekadent. Die Wandfarben sind gewagt, die Holzdecken sind niedrig, die Spiegel vergoldet und es findet sich alter Nippes als Deko. Das Campo bietet zudem 13 Apartments, die für Familien ideal sind.

Gigli D'Oro Suite BOUTIQUEHOTEL €€€

(Karte S. 90; ☑ 06 6839 2055; www.giglidorosuite.com; Via dei Gigli d'Oro 12; Zi. 179–409 €; ✳☎; 🚊Corso del Risorgimento) Die Inneneinrichtung des feschen Boutiquehotels ist ein Meisterwerk, und der Palast aus dem 15. Jh. gehörte einst Papst Sixtus V. Zeugnisse des ursprünglichen Anwesens blieben erhalten, sodass man sich an den originalen Steintürrahmen und antiken Kaminen erfreuen kann. Im obersten Stockwerk gibt es eine exklusive Suite mit einer flachen abgeschrägten Decke. Insgesamt verfügt das Hotel über sechs Suiten mit viel weißem Leder und luxuriösen Badezimmern.

🛏 Tridente, Trevi & Quirinal

La Controra HOSTEL €

(Karte S. 104; ☑ 06 9893 7366; Via Umbria 7; B 20–40 €, DZ 80–110 €; ✳@☎; Ⓜ Barberini, Ⓜ Repubblica) Qualitätsunterkünfte im Budgetbereich sind in dem angesagten Viertel nördlich der Piazza Repubblica ziemlich rar. Aber dieses versteckte Hostel ist ein sehr guter Tipp. Die Stimmung und die Mitarbeiter sind locker, die Zimmer sind hell und freundlich. Angeboten werden Doppelzimmer sowie Drei- und Vier-Bett-Zimmer.

Hotel Panda HOTEL €

(Karte S. 96; ☑ 06 678 01 79; www.hotelpanda.it; Via della Croce 35; EZ 65–80 €, DZ 85–108 €, 3 BZ 120–140 €, 4BZ 180 €; ✳☎; Ⓜ Spagna)

Nur 50 m von der Spanischen Treppe gibt es als „Schnäppchen" eigentlich nur Sonderangebote für Bulgari-Uhren. Doch das freundliche und effiziente Panda bildet eine Ausnahme, denn es handelt sich um ein günstiges und hervorragendes Hotel. Die sauberen Zimmer sind eher klein, aber nett eingerichtet, und es gibt mehrere 3-Bett-Zimmer. Die Klimaanlage kostet 6 € extra pro Nacht. Wer hier ein Zimmer mieten möchte, sollte weit im Voraus buchen.

Okapi Rooms HOTEL €

(Karte S. 96; ☑ 06 3260 9815; www.okapirooms.it; Via della Penna 57; EZ 65–80 €, DZ 85–120 €, 3BZ 110–140 €, 4BZ 120–180 €; ✳☎; Ⓜ Flaminio) In der Nähe der Piazza del Popolo liegt das Okapi mit seinen 20 einfachen Zimmern sehr günstig. Die Wände sind cremefarben, die Böden aus Terrakotta und die Fenster sind doppelt verglast. Einige Zimmer sind mit antikisierenden Reliefs versehen, andere haben kleine Terrassen. Die Badezimmer sind zwar winzig klein, dafür aber auch blitzblanksauber.

★ Town House Fontana di Trevi B&B €€

(Karte S. 96; ☑ 333 6832012; www.bbfontanaditrevi.com; Via dei Crociferi 41; Zi. 80–160 €; ✳☎; Ⓜ Barberini) Wie der Name vermuten lässt, ist dieses angenehme und gehobene B&B nur einen Münzwurf vom Trevibrunnen entfernt. Die acht komfortablen Zimmer verteilen sich auf zwei Stockwerke in einem typischen *palazzo* im Stadtzentrum. Alle sind individuell eingerichtet und wirken zeitgenössisch schick mit trendigen Möbeln, Designer-Badezimmern und eleganten Parkettböden.

Daphne B&B B&B €€

(☑ 06 8745 0086; www.daphne-rome.com; Via di San Basilio 55; DZ 140–235 €, ohne Bad 100–150 €; ✳@☎; Ⓜ Barberini) Das schmucke B&B Daphne ist eine Perle. Es wird von einem italienisch-amerikanischen Paar geleitet und verfügt über schicke, komfortable Zimmer mit hilfsbereitem englischsprachigem Personal. Das Frühstück ist erstklassig und man kann sich für seinen Aufenthalt sogar ein Handy leihen. Die Zimmer sind auf zwei Standorte verteilt – am besten sind diejenigen um die Ecke von der Via Veneto, aber auch in der **Via degli Avignonesi 20** (Karte S. 96; Via degli Avignonesi 20) stehen Zimmer zur Verfügung; mehrere Monate im Voraus buchen.

La Piccola Maison
B&B €€

(Karte S. 96; ☑ 06 4201 6331; www.lapiccola maison.com; Via dei Cappuccini 30; EZ 50–180 €, DZ 70–200 €; ❉ ☎; Ⓜ Barberini) Das exzellente Piccola Maison befindet sich in einem Haus aus dem 19. Jh., das in der Nähe der Piazza Barberini eine perfekte Lage genießt. Die Zimmer sind angenehm schlicht und neutral eingerichtet und das Personal ist aufmerksam; ein guter Deal.

Hotel Barocco
HOTEL €€

(Karte S. 96; ☑ 06 487 20 01; www.hotelbarocco. com; Piazza Barberini 9; DZ 170–290 €; ❉ @ ☎; Ⓜ Barberini) Das einladende Hotel liegt zentral mit Blick auf die Piazza Barberini, wobei die Zimmer zum Platz teurer sind. Das Ambiente ist klassisch und in den Zimmern erwarten die Gäste Ölgemälde, warme Farben und Tapeten. Das reichhaltige Frühstück wird in einem holzgetäfelten Raum serviert.

Hotel Modigliani
HOTEL €€

(Karte S. 96; ☑ 06 4281 5226; www.hotelmodig liani.com; Via della Purificazione 42; EZ 100–180 €, DZ 110–200 €; ❉ ☎; Ⓜ Barberini) Ein Künstlerpärchen leitet das Modigliani mit viel Liebe zum Detail und perfektem Kundenservice. Die 23 taubengrauen Zimmer sind geräumig und hell. Die besten haben Balkone und genießen einen Ausblick entweder zur Straße oder zum Garten im Innenhof.

Hotel Scalinata di Spagna
HOTEL €€

(Karte S. 96; ☑ 06 6994 0896; www.hotelscali nata.com; Piazza della Trinità dei Monti 17; DZ 110–190 €; ❉ @ ☎; Spagna) Angesichts der Lage an der Spanischen Treppe sind die Preise im labyrinthartigen Scalinata erstaunlich moderat. Die Stimmung ist informell und freundlich. Niedrige Flure führen zu den eher kleinen, altmodischen, aber romantischen Zimmern, während es oben eine großartige Dachterrasse gibt. Für Zimmer mit Ausblick muss man frühzeitig buchen.

★ Villa Spalletti Trivelli
HOTEL €€€

(Karte S. 96; ☑ 06 4890 7934; www.villaspallet ti.it; Via Piacenza 4; Zi. 450–530 €; P ❉ @ ☎; Ⓜ Spagna) Mit 12 Zimmern in einem beeindruckenden Herrenhaus hat die Villa Spalletti Trivelli die Messlatte für luxuriöse Aufenthalte in der Hauptstadt nach oben geschraubt. Die Zimmer sind nüchtern und elegant gestaltet. Sie schauen entweder auf den Quirinal oder den hauseigenen italienischen Garten. Man fühlt sich, als wohne man im Palais eines adligen Freundes.

★ Babuino 181
BOUTIQUEHOTEL €€€

(Karte S. 96; ☑ 06 3229 5295; www.romeluxury suites.com/babuino; Via del Babuino 181; Zi. 180–780 €; ❉ ☎; Ⓜ Flaminio) Das Babuino liegt in einem wunderbar renovierten *palazzo* und ist für diskreten Luxus sowie für viel Liebe zum Detail bekannt. Die Dachterrasse ist ein zusätzlicher Pluspunkt. Die modernen, komfortablen Zimmer verfügen über eine Nespresso-Maschine und flauschige Bademäntel. In einem neuen Anbau auf der anderen Straßenseite finden sich weitere Suiten und Zimmer, die ebenfalls zurückhaltend elegant eingerichtet sind.

Portrait Suites
BOUTIQUEHOTEL €€€

(Karte S. 96; ☑ 06 6938 0742; www.portrait suites.com; Via Bocca di Leone 23; Zi. 450–650 €; P ❉ ☎; Ⓜ Flaminio) Diese exklusive Residenz im Besitz der Ferragamo-Familie vermietet auf sechs Stockwerken eines eleganten Stadthauses 14 exklusive Suiten sowie luxuriöse Apartments mittlerer Größe. Der Rundblick von der Dachterrasse verleitet zum Träumen. Es gibt kein Restaurant, aber man kann sich das Essen liefern lassen. Das Frühstück wird auf dem Zimmer oder auf der Terrasse serviert.

🛏 Monti, Esquilin & San Lorenzo

★ Blue Hostel
HOSTEL €

(Karte S. 104; ☑ 340 9258503; www.bluehostel. it; Via Carlo Alberto 13; DZ 45–100 €, 3BZ & 4BZ 60–120 €; ❉ ☎; Ⓜ Vittorio Emanuele) Eigentlich ist dieses kleine Juwel nur dem Namen nach ein Hostel, denn es bietet Zimmer mit Hotelstandard für zwei bis vier Personen. Alle verfügen über ein eigenes Bad/WC und sind geschmackvoll unaufdringlich eingerichtet: Holzbalkendecken, Holzfußböden, Fenstertüren und gerahmte Schwarz-Weiß-Fotos sorgen fürs passende Ambiente.

★ Beehive
HOSTEL €

(Karte S. 104; ☑ 06 4470 4553; www.the-beehive. com; Via Marghera 8; B 25–30 €, EZ 50–60 €, DZ 90–100 €, ohne Bad EZ 40–50 €, DZ 80–90 €, 3BZ 95–105 €; ❉ ☎; Ⓜ Termini) ✍ Das Beehive ist keine simple Backpackerabsteige, sondern ziemlich schick und damit eines der besten Hostels vor Ort. Es wird von einem südkalifornischen Pärchen geleitet und ist geradezu eine Stiloase. An den Wänden hängen originale Kunstwerke, das Mobiliar ist farbenfroh und das Café bietet vegetarische Leckereien – Frühstück kostet extra.

Übernachten kann man in einem makellos sauberen gemischten Schlafsaal für acht Personen oder aber in einem von sechs Doppelzimmern mit Ventilatoren. In den DZ gibt es für 10 € extra auch eine Klimaanlage; vorausbuchen empfehlenswert.

Welrome Hotel HOTEL €

(Karte S. 104; ☎ 06 4782 4343; www.welrome. it; Via Calatafimi 15–19; DZ/3BZ/4BZ 110/148/ 187 €; ❄ ⊗ ⊕; Ⓜ Termini) Eigentümerin Mary ist sehr stolz auf ihr kleines fesches Hotel. Und sie empfiehlt gerne günstige Restaurants, gibt Tipps für die Besichtigungen und warnt vor Touristenfallen. Für Familien ist der große Raum, der nach der Piazza di Spagna benannt ist, ideal; ein Kinderbett gibt es auf Wunsch gratis dazu.

Hotel & Hostel Des Artistes HOTEL, HOSTEL €

(Karte S. 104; ☎ 06 445 43 65; www.hoteldes artistes.com; Via Villafranca 20; B 12–23 €, EZ 34–114 €, DZ 39–160 €, 3BZ 80–120 €, 4BZ 100–140 €; ❄ @; Ⓜ Castro Pretorio) Die große Bandbreite an Zimmern – darunter 3-Bett- und Familienzimmer – ist mit antikisierten Möbeln, rotvergoldeten Lampen und Terrakotta-Fliesenböden ausgestattet. Bei längerem Aufenthalt und/oder bei Barzahlung gibt es einen Rabatt.

Alessandro Palace Hostel HOSTEL €

(Karte S. 104; ☎ 06 446 19 58; www.hostelsales sandro.com; Via Vicenza 42; B 19–35 €, DZ 70–120 €, 3BZ 95–120 €; ❄ @ ⊗; Ⓜ Castro Pretorio) Dieser altgediente Tipp bietet blitzsaubere Doppel- und 3-Bett-Zimmer mit Terrakottaböden sowie Schlafsäle für vier bis acht Personen mit bunter Bettwäsche. Jedes Zimmer verfügt über ein eigenes Bad mit Föhn. Im Keller gibt es eine Bar und die Mitarbeiter bieten Stadtführungen an.

Residenza Cellini HOTEL €€

(Karte S. 104; ☎ 06 4782 5204; www.residen zacellini.it; Via Modena 5; DZ 120–240 €, 3BZ 150–260 €; ❄ @ ⊗; Ⓜ Repubblica) Zur ausgeklügelten Einrichtung gehören Topfpalmen, poliertes Holz, zartgelbe Wände, Ölgemälde und ein wenig Kitsch. Das reizende, familiengeführte Hotel bietet geräumige und elegante Zimmer, die alle über Satelliten-TV, Whirlpool oder Massagestrahl-Duschen verfügen. Im Sommer lässt sich auf der mit Blumen begrünten Sonnenterrasse schön und reichhaltig frühstücken.

Duca d'Alba HOTEL €€

(Karte S. 76; ☎ 06 48 44 71; www.hotelduca dalba.com; Via Leonina 14; Zi. 70–200 €; ❄ ⊗; Ⓜ Cavour) Das kleine ansprechende 4-Sterne-Hotel im Monti-Viertel hat kleine, aber nette Zimmer. Die meisten haben Tapeten oder handbemalte Wände sowie Holzbalkendecken, große Flachbildschirme und elegante mit Knöpfen versehene Kopfteile.

🛏 Caelius & San Giovanni

Aklesia Suite B&B €

(Karte S. 107; ☎ 06 6293 1720; www.aklesiasuite. com; Via Labicana 85; DZ 85–130 €; ❄ ⊗; Ⓜ Colosseo) Die Aklesia Suite ist ein wunderbares B&B, das nur fünf Minuten vom Kolosseum entfernt liegt. Im dritten Stock (kein Lift) eines ansehnlichen Wohnblocks werden die Gäste von einem sehr hilfsbereiten freundlichen Paar empfangen. Die drei sauberen, gemütlichen Zimmer bieten einen fantastischen Blick aufs Kolosseum.

🛏 Aventin & Testaccio

⭐ Hotel Sant'Anselmo HOTEL €€€

(Karte S. 175; ☎ 06 57 00 57; www.aventino hotels.com; Piazza Sant'Anselmo 2; EZ 130–265 €, DZ 150–290 €; ❄ @; ⊒ Via Marmorata) Inmitten der Terrakotta-Villen und Schirmpinien des eleganten Aventin-Viertels ist das Sant'Anselmo ein romantischer Zufluchtsort. Die Zimmer sind nicht die größten, aber sie sind komfortabel: Himmelbetten, polierter Marmor und Kerzenständer treffen auf moderne Elemente und zeitgenössische Farben. Einige Zimmer haben kleine Terrassen mit Blick auf das südliche Rom.

🛏 Trastevere & Gianicolo

La Foresteria Orsa Maggiore HOSTEL €

(Karte S. 90; ☎ 06 689 37 53; www.casainterna zionaledelledonne.org; 2. Stock, Via San Francesco di Sales 1a; B 26–42 €, EZ 55–75 €, DZ 110–150 €, ohne Bad EZ 36–55 €, DZ 72–100 €; @ ⊗; ⊒ Piazza Trilussa) Die Foresteria in Trastevere steht nur Frauen offen (eine Ausnahme sind Jungs unter 12 Jahren). Sie ist in einem wunderbaren Konvent aus dem 16. Jh. untergebracht, der sich in der Nähe des Flusses befindet. Die 13 schlichten Zimmer sind für zwei, vier, acht oder neun Personen ausgelegt, wobei einige auf den schönen Hausgarten schauen. Um 3 Uhr morgens ist Sperrstunde; für Rollstühle geeignet.

★ Arco del Lauro
B&B €€

(Karte S. 112; ⏰9–14 Uhr 06 9784 0350, Handy 346 2443212; www.arcodellauro.it; Via Arco de' Tolomei 27; EZ 75–125 €, DZ 95–145 €; ✳@🛜; 🚊Viale di Trastevere, 🚋Viale di Trastevere) In einer schmalen, kopfsteingepflasterten Gasse verbirgt sich hinter einem großen steinernen Torbogen in einem alten Palazzo dieses reizende B&B. Die sechs weißen Zimmer kombinieren rustikalen Charme mit minimalistischer Schlichtheit. Das größte Zimmer verfügt über eine hohe Holzbalkendecke. Die Betten sind angenehm, die Duschen kraftvoll und die Besitzer tun alles, um ihre Gäste zu verwöhnen; frühzeitig reservieren.

Suites Trastevere
B&B €€

(⏰347 0744086; www.trastevere.bbsuites.com; Viale di Trastevere 248; EZ 70–105 €, DZ 80–160 €; ✳🛜; 🚊Viale di Trastevere, 🚋Viale di Trastevere) Im vierten Stock eines honigfarbenen Palastes an Trasteveres Hauptstraße, verfügt das freundliche und beliebte B&B über Zimmer, die reich mit Fresken verziert sind. Thematisch dreht sich dabei alles um lokale Sehenswürdigkeiten wie das Kolosseum oder das Pantheon.

Residenza Arco de' Tolomei
HOTEL €€

(Karte S. 112; ⏰06 5832 0819; www.bbarco deitolomei. com; Via Arco de' Tolomei 27; DZ 140–200 €; ✳🛜; 🚊Viale di Trastevere, 🚋Viale di Trastevere) Dieses großartige Hotel ist mit polierten Antikmöbeln und entsprechendem Zubehör ganz wie ein Landhaus ausgestattet. Die Besitzer dieser empfehlenswerten Residenza sind freundlich und immer hilfsbereit.

Hotel Santa Maria
HOTEL €€

(Karte S. 112; ⏰06 589 46 26; www.hotelsan tamaria.info; Vicolo del Piede 2; EZ 115–190 €, DZ 140–260 €; P✳@🛜; 🚊Viale di Trastevere, 🚋Viale di Trastevere) Der efeuumrankte Zugang führt zu einer friedlichen Oase, die von einem großen modernen Kreuzgang eines ehemaligen Konvents umgeben ist. Die Orangenbäume spenden Schatten, sodass die komfortablen Zimmer im Sommer angenehm kühl bleiben. Die Böden sind aus Terrakotta und die Deko ist etwas verspielt. Es gibt einen barrierefreien Zugang und die Mitarbeiter sind hilfsbereit und professionell. Für längere Aufenthalte gibt es im Sommer verschiedene günstigere Angebote.

★ Donna Camilla Savelli
HOTEL €€€

(Karte S. 112; ⏰06 58 88 61; www.hoteldon nacamillasavelli.com; Via Garibaldi 27; DZ 180–345 €; P✳@🛜; 🚊Viale di Trastevere, 🚋Viale di Trastevere) Wer über das nötige Kleingeld verfügt, wird sich in dem umgebauten 78-Zimmer-Konvent des Architekturgenies Borromini sehr wohlfühlen. Die Renovierung ist gelungen und unaufdringliche Farben ergänzen die anmutig geschwungenen Formen des Gebäudes. Ein weiterer Pluspunkt ist der exzellente Service. Die teureren Zimmer schauen auf den schönen Garten im Kreuzgang oder bieten einen herrlichen Blick auf die Stadt.

📍 Vatikanstadt, Borgo & Prati

Le Stanze di Orazio
B&B €

(Karte S. 116; ⏰06 3265 2474; www.lestanze diorazio.com; Via Orazio 3; DZ 80–130 €; ✳@🛜; Ⓜ Lepanto) Das einladende Le Stanze di Orazio ist ein kleines Boutique-B&B in unmittelbarer Nähe der Haupteinkaufszone in Prati. Drei der fünf hellen Zimmer gehen zur Straße raus, aber die gute Schalldämmung hält den größten Teil des Lärms draußen. Die freundlich eingerichteten Zimmer sind in ruhigen Weißtönen mit lila und grünen Akzenten gehalten.

Hotel San Pietrino
HOTEL €

(Karte S. 116; ⏰06 370 01 32; www.sanpietrino. it; Via Bettolo 43; EZ 45–75 €, DZ 55–112 €, ohne Bad: EZ 35–55 €, DZ 45–85 €; ✳@🛜; Ⓜ Ottaviano–San Pietro) Nur wenige Gehmiuten vom Petersplatz ist das San Pietrino eine hervorragende Budget-Option. Die gemütlichen Zimmer sind stimmungsvoll und schön eingerichtet. Neben Terrakotta-Böden findet sich sogar gelegentlich eine Statue. Frühstück wird nicht serviert, aber es gibt einen Getränkeautomaten für einen schnellen Koffeinschub.

Casa di Accoglienza Paolo VI
RELIGIÖSE UNTERKUNFT €

(Karte S. 116; ⏰06 390 91 41; www.casapaolo sesto.it; Viale Vaticano 92; EZ 35–40 €, DZ 65–70 €, 3BZ 83–88 €; ✳🛜; Ⓜ Ottaviano–San Pietro) Die reizende Casa liegt ideal für einen Besuch der Vatikanischen Museen. Palmen sorgen für angenehmen Schatten und die Schwestern halten die 21 kleinen, aber sonnigen Zimmer sehr sauber. Die Atmosphäre ist wie nicht anders zu erwarten etwas formell; es gibt kein Frühstück.

Colors Hotel
HOTEL €

(Karte S. 116; ☏06 687 40 30; www.colors
hotel.com; Via Boezio 31; EZ 35–90 €, DZ 45–
125 €; ✳☎; 🚇Via Cola di Rienzo) Bei jungen
Reisenden ist das freundliche Budget-Hotel
mit seinen einladend hell gestrichenen Zimmern sehr beliebt. Das Hotel erstreckt sich
über drei Stockwerke, hat aber keinen Lift.
Es gibt auch günstigere Zimmer mit gemeinsamem Bad. Von Juni bis August werden zudem Schlafsäle (B 12–35 €) für Gäste unter
38 Jahren angeboten.

Hotel Bramante
HOTEL €€

(Karte S. 116; ☏06 6880 6426; www.hotel
bramante.com; Vicolo delle Palline 24–25; EZ
100–160 €, DZ 140–240 €, 3BZ 170–250 €, 4BZ
175–260 €; ✳☎; 🚇Piazza del Risorgimento)
In einer Gasse unmittelbar an den Vati-
kanmauern verbreitet das Bramante Land-
hauscharme mit seinem schönen Innenhof
und den eleganten Zimmern. Teppiche,
Holzbalkendecken und Antikmöbel bestimmen das Bild. Das Hotel ist in einem Gebäude aus dem 16. Jh. untergebracht, in dem
einst der berühmte italienische Architekt
Domenico Fontana wohnte.

 Villa Borghese & der Norden von Rom

★ Palm Gallery Hotel
HOTEL €€

(☏06 6478 1859; www.palmgalleryhotel.com;
Via delle Alpi 15d; EZ 100–120 €, DZ 90–210 €;
✳☎; 🚇Via Nomentana, 🚇Viale Regina Margherita) Dieses großartige Hotel befindet
sich in einer Villa aus dem letzten Jahrhundert in dem reizenden Stadtviertel unweit
der Villa Torlonia. Die individuell eingerichteten Zimmer verbreiten multikulturelle Stimmung. Die Kunst aus Afrika und
dem Nahen Osten passt gut zu den Möbeln
im Jugendstil sowie den groben teilweise
unverputzten Ziegelwänden und den handbemalten Fliesen.

✕ Essen

Rom lockt mit einem breiten Angebot an
Trattorien, Restaurants, Pizzerien und *enoteche*. Letzere sind Weinbars, die auch Essen
servieren. Und natürlich gibt es auch viele
Eiscafés. Hervorragende Lokale finden sich
in der Altstadt sowie in Trastevere, Prati,
Testaccio und San Lorenzo. Die Gegend
rund um den Bahnhof Termini ist allerdings
nicht unbedingt für Qualität und gute Res-
taurantsbekannt. Auch rund um den Vati-

kan finden sich leider zahlreiche überteuerte Touristenfallen.

Viele Restaurants schließen während der
traditionellen Sommerferien im August für
mehrere Wochen.

✕ Antikes Rom

★ Enoteca Provincia Romana
REGIONALE KÜCHE €€

(Karte S. 76; ☏06 6994 0273; Via Foro Traiano
82–84; Gerichte 35 €, Aperitivo ab 5 €; ☾Mo–Sa
11–23 Uhr; 🚇Via dei Fori Imperiali) Das beste Lokal in der Umgebung des Forums ist dieses
schicke Weinbar-Restaurant. Die regionalen
Gerichte stammen aus dem Latium. Auf der
großen Speisekarte stehen Pasta und Hauptgerichte, aber auch kleinere Snacks. Wein
gibt es auch pro Glas und abends wird *aperitivo* serviert. Mittags ist es sehr voll, aber
abends wird es ruhiger.

✕ Centro Storico

★ I Dolci di Nonna Vincenza
KUCHEN & GEBÄCK €

(Karte S. 90; www.dolcinonnavincenza.it; Via
Arco del Monte 98a; Süßwaren ab 2,50 €; ☾9–
21 Uhr; 🚇Via Arenula) Die traditionellen
sizilianischen Süßwaren machen jeden
Widerstand zwecklos, zumal sie sich
z. T. auch als Souvenirs gut eignen. An der
scheinbar endlos langen Theke lockt eine
göttliche Auswahl an cremigem, flockigem
und schaumigem Gebäck, das auf den Verzehr geradezu wartet.

Forno Roscioli
PIZZASTÜCKE, BÄCKEREI €

(Karte S. 90; Via dei Chiavari 34; Pizzastücke
ab 2 €, Snacks ab 1,50 €; ☾Mo–Fr 7.30–20, Sa
7.30–14.30 Uhr; 🚇Via Arenula) Mittags bildet
sich schnell eine Schlange, um in der renommierten Bäckerei ein Stück Pizza, ofen-
frisches Gebäck oder die sättigenden *supplì* (frittierte Reiskroketten) zu ergattern.
Die *pizza bianca* ist geradezu legendär. An
der Theke werden auch Pasta und Gemüse-
beilagen serviert.

Forno di Campo de' Fiori
PIZZASTÜCKE, BÄCKEREI €

(Karte S. 90; Campo de' Fiori 22; Pizzastücke ab
3 €; ☾Mo–Sa 7.30–14.30 & 16.45–20 Uhr; 🚇Cor-
so Vittorio Emanuele II) Auf dem Campo de'
Fiori befindet sich einer der besten Take-
Away-Läden der Stadt. Angeboten werden
Brot, *panini* und leckere *pizza al taglio*.

TOP 10: EISDIELEN

Der Genuss von Eiscreme (*gelato*) gehört genauso zum Alltag in Rom wie die Staus und zwielichtige Politiker. In der Ewigen Stadt gibt es einige hervorragende *gelaterie artigianale* – Eisdielen, die ihr Eis selbst herstellen. Die Qualität der Eiscreme lässt sich oft schon an der Farbe des Pistazieneises beurteilen: Ist das Eis matt olivgrün, so ist es gut; leuchtet es hellgrün, geht man besser woandershin.

Die folgende Auswahl der zehn besten Eisdielen Roms wurde intensiv getestet:

★ **Fatamorgana** (Karte S. 116; www.gelateriafatamorgana.it; Via Bettolo 7; Waffel & Becher ab 2 €; ⊙ 12–23 Uhr; Ⓜ Ottaviano–San Pietro) Bei den besonders leckeren Sorten *agrumi* (Zitrusfrucht) sowie *basilico, miele e noci* (Basilikum, Honig und Haselnuss) läuft einem das Wasser schon beim Anblick im Munde zusammen. Eine weitere Filiale befindet sich an der **Piazza Zingari 51** (Karte S. 76; Piazza Zingari), im Viertel Monti.

★ **Il Gelato** (Karte S. 96; Piazza Monte d'Oro 91 ; ab 2 €; ▣ Via del Corso) Die kreativen Geschmacksrichtungen von Roms Eiscremekönig Claudio Torcè sind einfach zum Verlieben.

San Crispino (Karte S. 96; ☏ 06 679 39 24; Via della Panetteria 42; Becher ab 2,30 €; ⊙ Mo, Mi, Do & So 12–0.30, Fr & Sa 11–1.30 Uhr; Ⓜ Barberini) Die himmlischen Geschmackssorten ändern sich je nach Jahreszeit und werden nur im Becher serviert (Waffeln lenken angeblich vom Geschmack ab). Eine weitere empfehlenswerte Filiale befindet sich an der **Piazza della Maddalena 3** (Karte S. 90; Piazza della Maddalena 3; Becher ab 2€; ⊙ Mo, Mi, Do & So 12–0.30, Fr & Sa 12–1.30 Uhr; ▣ Corso del Rinascimento) im Centro Storico.

Gelateria del Teatro (Karte S. 90; Via di San Simone 70; Waffeln & Becher ab 2 €; ⊙ 11-23.30 Uhr; ▣ Corso del Rinascimento) Besonders lecker sind die Sorten sizilianische *pistacchio* (Pistazien) und *mandorle* (Mandeln).

Vice (Karte S. 90; www.viceitalia.it; Corso Vittorio Emanuele II 96; Waffeln & Becher ab 2 €; ⊙ 11–1 Uhr; ▣ Largo di Torre Argentina) Moderne Eisdiele mit traditionellen und neuen Kreationen, wie z. B. Blaubeer-Käsekuchen.

Il Caruso (Via Collina 15; ⊙ 12–21 Uhr; Ⓜ Repubblica) Hier lässt sich das Eis mit *zabaglione* (Ei- und Marsalapudding) mischen und mit *panna* (Schlagsahne) krönen.

Gelarmony (Karte S. 116; Via Marcantonio Colonna 34; Eiscreme ab 1,50 €; ⊙ 10 Uhr bis spätabends; Ⓜ Lepanto) Neben Eis werden auch hervorragende sizilianische *cannoli* (Teigrollen gefüllt mit cremigem Ricotta) feilgeboten.

Palazzo del Freddo di Giovanni Fassi (Karte S. 104; ☏ 06 446 47 40; www.palazzodelfreddo.it; Via Principe Eugenio 65; ab 2 €; ⊙ März–Okt. Di–Sa 12–24, So 10–24 Uhr, Nov.–Feb. Di–Do 12–22, Fr & Sa 12–24, So 10–22 Uhr; Ⓜ Vittorio Emanuele) Diese Institution serviert klassische Geschmackssorten sowie leckere *granite* (Getränke mit zerstoßenem Eis)

Giolitti (Karte S. 90; ☏ 06 699 12 43; www.giolitti.it; Via degli Uffici del Vicario 40; ⊙ 7–1 Uhr; ▣ Via del Corso) Roms berühmteste Gelateria stellt die Massen auch mit traumhaften Sorbets und Schokoladen zufrieden.

Old Bridge (Karte S. 116; www.oldbridgelateria.com; Viale dei Bastioni di Michelangelo 5; Waffeln ab 1,50 €; ⊙ 9–2 Uhr; ▣ Piazza del Risorgimento, ▣ Piazza del Risorgimento) Ein erfrischender Zwischenstopp nach dem Besuch der Vatikanischen Museen.

Eine Alternative zu Eiscreme ist der Genuss eines *grattachecca* (zerstoßenes Eis in Fruchtsirup) am Tiber. Am Flussufer gibt es rund um die zentralen Brücken mehrere Stände mit dieser erfrischenden Köstlichkeit.

Kenner schwören auf die Pizza *bianca* („weiße" Pizza mit Olivenöl, Rosmarin und Salz). Aber auch die *panini* und die Pizza *rossa* („rote" Pizza mit Olivenöl, Tomaten und Oregano) sind sehr lecker.

Antico Forno Urbani   PIZZASTÜCKE, BÄCKEREI €
(Karte S. 90; Piazza Costaguti 31; Pizzastücke ab 2 €; ⊙ Mo–Fr 7.40–14.30 & 17–20.45, Sa & So 9–13.30 Uhr; ▣ Via Arenula) Schon am Vormittag ist die beliebte „Ghetto"-Bäckerei von

vielen Einheimischen frequentiert, die sich hier ihr zweites Frühstück besorgen. Sobald man den verlockenden Geruch der frisch gebackenen Pizzas, Brote, Kekse und *focaccie* in die Nase bekommt, möchte man sich den Einheimischen sofort anschließen. Also einfach ein Ticket ziehen und warten, bis man endlich dran ist.

Alfredo e Ada   TRATTORIA €

(Karte S. 90; ☏ 06 687 88 42; Via dei Banchi Nuovi 14; Gerichte 20 €; ☺ Di–Sa; ▣ Corso Vittorio Emanuele II) Für eine Kostprobe authentischer römischer Küche ist diese heiß geliebte Trattoria der richtige Platz. Die Wände sind holzgetäfelt und die Tischplatten aus Marmor. Große Extras gibt es hier nicht, aber die Atmosphäre ist einladend und die traditionelle römische Küche lecker und vollkommend sättigend.

Enoteca Corsi   OSTERIA €

(Karte S. 90; ☏ 06 679 08 21; www.enotecacorsi. com; Via del Gesù 87; Gerichte 25 €; ☺ Mo–Sa mittags; ▣ Largo di Torre Argentina) Gut gealtert und in die Jahre gekommen, ist das inhabergeführte Corsi eine echte traditionelle römische Osteria. Auf den Holztischen liegen Papierservietten und stehen Weinflaschen. Das rustikale Lokal wirkt ein wenig chaotisch und die Speisekarte, die auf einer schwarzen Tafel aufgeschrieben ist, birgt nur wenige Überraschungen. Doch die Küche bietet solide Hausmannskost wie z. B. *melanzane parmigiana* oder Brathähnchen mit Kartoffeln.

Pizzeria da Baffetto   PIZZERIA €

(Karte S. 90; ☏ 06 686 16 17; www.pizzeria baffetto.it; Via del Governo Vecchio 114; Pizza 6–9 €; ☺ 18.30–1 Uhr; ▣ Corso Vittorio Emanuele II) Für ein echtes römisches Pizzaerlebnis ist Baffetto die richtige Adresse. Nicht jeder mag diese historische Pizzeria, denn es geht recht laut, chaotisch, aber auch schnell zu. Die dünnen Pizzaböden sind perfekt. Gäste müssen sich anstellen und werden dann dort platziert, wo gerade ein Tisch frei wird. Kreditkarten werden nicht akzepiert. Die Filiale **Baffetto 2** (Karte S. 90; Piazza del Teatro di Pompeo 18; ☺ Mo & Mi–Fr 18.30–0.30, Sa & So 12.30–15.30 & 18.30–0.30 Uhr; ▣ Corso Vittorio Emanuele II) befindet sich in der Nähe des Campo de' Fiori.

Bar del Fico   TRADITIONELL ITALIENISCH €

(Karte S. 90; Via della Pace 34–35; Gerichte 15–20 €; ☺ 8–2 Uhr; ▣ Corso Vittorio Emanuele II) Benannt wurde die entspannte Bar nach dem Feigenbaum, der den alten

Schachspielern draußen Schatten spendet. Hier kann man es zu jeder Tageszeit aushalten, vom Frühstück bis zum Abendessen. Die großen Pasta-Portionen mittags sind lecker. Die Deko ist eher zurückhaltend: raue Holzfußböden, Tische aus Zinnblech und graue Wände.

Chiostro del Bramante Caffè   CAFÉ €

(Karte S. 90; www.chiostrodelbramante.it; Vicolo dell'Arco della Pace 5; Hauptgerichte 10–14 €; ☺ 10–20 Uhr; ☎; ▣ Corso del Rinascimento) Dieses belebte Bistro-Café liegt im ersten Stock von Bramantes elegantem Renaissance-Kreuzgang. Man kann hier zu jeder Tageszeit einen Drink genießen oder aber einen Snack, ein Mittagessen, einen Salat, Baguettes oder kleinere Pastagerichte bestellen. Kostenloses WLAN gibt es als Beilage. Und am frühen Abend wird auch *aperitivo* angeboten.

Casa Coppelle   MODERN ITALIENISCH €€

(Karte S. 90; ☏ 06 6889 1707; www.casa coppelle.it; Piazza delle Coppelle 49; Gerichte 35 €; ☺ mittags & abends; ▣ Corso del Rinascimento) Unverputzte Ziegelwände sowie Bücher, Blumen und gedämpftes Licht bilden in diesem romantischen Restaurant die Bühne für sehr leckere französisch inspirierte Küche. Es gibt eine breite Auswahl an Vorspeisen und Pasta-Gerichten, aber die eigentliche Spezialität ist das Steak, das mit knackigen, dünn geschnittenen Kartoffelscheiben auf den Tisch kommt. Die Bedienung ist schnell und aufmerksam; unbedingt vorbestellen.

Armando al Pantheon   TRATTORIA €€

(Karte S. 90; ☏ 06 6880 3034; www.armandoal pantheon.it; Salita dei Crescenzi 31; Gerichte 40 €; ☺ Sa abends, So & Aug. geschl.; ▣ Largo di Torre Argentina, ▣ Largo di Torre Argentina) Das familiengeführte und holzvertäfelte Armando ist in der touristischen Gegend rund um das Pantheon eine authentische Institution. Seit mehr als 50 Jahren wird hier traditionelle römische Küche serviert. Zu den Gästen zählten schon der Philosoph Jean-Paul Sartre sowie der Fußballstar Pelé; Reservierungen empfehlenswert.

Cul de Sac   WEINBAR, TRATTORIA €€

(Karte S. 90; ☏ 06 6880 1094; www.enoteca culdesac.com; Piazza Pasquino 73; Gerichte 30 €; ☺ 12–16 & 18–0.30 Uhr; ▣ Corso Vittorio Emanuele II) In unmittelbarer Nähe zur Piazza Navona bietet die beliebte kleine Weinbar eine immer gut gefüllte Terrasse und einen schmalen Innenraum, dessen Wände mit Flaschen verziert sind. Die Weinkarte ist sehr ausführlich. Dazu werden französisch inspirierte kalte Platten, Pasteten, Käse und diverse Hauptgerichte offeriert; abends reservieren.

Ditirambo
MODERN ITALIENISCH €€
(Karte S. 90; ☑ 06 687 16 26; www.ristorante di-tirambo.it; Piazza della Cancelleria 72; Gerichte 40 €; ⊘ Mo mittags geschl.; 🚍 Corso Vittorio Emanuele II) Das Ditirambo ist ein Publikumsliebling. Bei seiner Eröffnung 1996 betrat es kulinarisches Neuland, als die Besitzer die Ungezwungenheit einer traditionellen Trattoria mit einer zeitgenössischen, kreativen Küche verbanden. Die Qualität der Gerichte ist seither konstant hoch und Freunde saisonaler Bioküche und exzellenter vegetarischer Gerichte werden begeistert sein; unbedingt reservieren.

Sora Margherita
TRATTORIA €€
(Karte S. 90; ☑ 06 687 42 16; Piazza delle Cinque Scole 30; Gerichte 30–35 €; ⊘ Di & Do abends, So ganztags geschl.; 🚍 Via Arenula) Das Sora Margherita begann als einfache Küche für hungrige Einheimische und kommt noch immer ohne viel Schnickschnack aus. Aber die Qualität sprach sich rum und heute kommen mittags sowohl Arbeiter als auch schicke Gäste. Die Schlange ist meist lang und es geht lautstark zu. Serviert werden römische Klassiker wie *gnocchi al sugo* (Gnocchi in Tomatensauce) sowie *fegato* (Leber).

Casa Bleve
WEINBAR €€€
(Karte S. 90; ☑ 06 686 59 70; www.casable ve.it; Via del Teatro Valle 48–49; Gerichte 65 €; ⊘ Di–Sa, Aug. geschl.; 🚍 Largo di Torre Argentina) Die respektable Weinbar ist bestens für ein romantisches Rendezvous geeignet. Der Innenhof wird von Säulen flankiert und ist mit einem Glasdach versehen. Die Weinkarte zählt zu den besten der Stadt. Als Beilage gibt es seltene Käsesorten und kalte Platten. Abends bietet die Weinbar zudem Gerichte und leckere Speisen der kreativen italienischen Küche an

✗ Tridente, Trevi & Quirinal

Al Gran Sasso
TRATTORIA €
(Karte S. 96; ☑ 06 321 48 83; www.trattoria algransasso.com; Via di Ripetta 32; Gerichte 25 €; ⊘ So–Fr mittags & abends; Ⓜ Flaminio) Die klassische Trattoria ist entspannt und der ideale Ort für ein Mittagessen. Auf den Tisch kommen traditionelle Gerichte vom Land. Die Stimmung ist einladend und die knallbunten Wandbilder sind merkwürdigerweise – wie in vielen ähnlichen Lokalen – ein gutes Zeichen. Zudem sind die leckeren Speisen preisgünstig. Die frittierten Gerichte sind besonders gut und absolut empfehlenswert, dienstags und freitags steht Fisch in schmackhaften Variationen im Mittelpunkt.

Da Michele
PIZZASTÜCKE €
(Karte S. 96; ☑ 349 2525347; Via dell'Umiltà 31; Pizzastücke ab 3 €; ⊘ Mo–Fr 8–17 Uhr, im Sommer bis 20 Uhr; 🚍 Via del Corso) Eine günstige Adresse in der Nähe des Trevibrunnens. Die frische, leichte und knusprige *pizza al taglio* ist ein schmackhafter Mittagssnack. Die Pizzas sind koscher – Fleisch und Käse werden nicht vermischt.

KOSCHERES ROM

Wer in Rom koscher essen möchte, sollte die Via del Portico d'Ottavia aufsuchen, die wichtigste Straße im ehemaligen jüdischen Ghetto. Die Straße wird von Restaurants gesäumt, die sich auf koschere Speisen und römisch-jüdische Küche spezialisiert haben. Vor allem an warmen Sommerabenden geht es hier sehr lebhaft zu, wenn die Gäste draußen an den Tischen auf dem Bürgersteig sitzen. Eine gute Adresse für typisch römisch-jüdische Küche ist das bekannte **Giggetto al Portico d'Ottavia** (Karte S. 90; ☑ 06 686 11 05; www.giggettoalportico.it; Via del Portico d'Ottavia 21a; Gerichte 40 €; ⊘ Di–So; 🚍 Via Arenula), oder in Nr. 16 das **Nonna Betta** (Karte S. 90; ☑ 06 6880 6263; www.nonn-abetta.it; Via del Portico d'Ottavia 16; Gerichte 30–35 €; ⊘ 12–16 & 18–23 Uhr, Fr abends & Sa mittags geschl. 🚍 Via Arenula). In der kleinen tunnelähnlichen Trattoria werden örtliche Klassiker wie *carciofi alla guidia* (knusprig frittierte Artischocken) serviert. Etwas weiter am Anfang der Straße hat die unmarkierte **Gelateria** (Karte S. 90; Via del Portico d'Ottavia 1b; Becher 2–5 €, Waffeln ab 3 €; ⊘ So–Fr 9–22 Uhr, im Sommer bis Mitternacht; 🚍 Via Arenula) in Nr. 1b eine kleine, aber leckere Auswahl an koscherer Eiscreme im Angebot.

Pompi

DESSERT €

(Karte S. 96; Via della Croce 82; Tiramisu 3,50 €; ⏰10–22.30 Uhr; Ⓜ Spagna) Roms berühmtester Tiramisu-Laden verkauft das herrlich cremige, aber dennoch leichte Dessert in drei Geschmacksrichtungen: klassisch, Pistazie und Erdbeere. Das Tiramisu gibt es sogar in gefrorener Form zum Mitnehmen aus der Eistheke.

Pizzeria al Leoncino

PIZZERIA €

(Karte S. 96; ☎06 686 77 57; Via del Leoncino 28; Pizza ab 6 €; ⏰Do–Di, Sa–So nur abends; 🚇Via del Corso) Einige Lokale ändern sich nie und diese lebendige Nachbarschaftspizzeria mit ihrem Holzofen ist eines davon. In dem ziemlich teuren Viertel ist das Leoncino ein verlässlicher Ort für günstiges Essen. Die zwei kleinen Räume werden von forschen Kellnern bedient, die sehr effizient Bruschetta, exzellente römische Pizza und eiskaltes Bier zu den Tischen bringen; nur Bargeld.

'Gusto

RESTAURANT €

(Karte S. 96; ☎06 322 62 73; Piazza Augusto Imperatore 9; Pizza 7–10 €; 🚇Via del Corso) Dieser gastronomische Komplex wirkt mit seinen unverputzten Wänden und dem Industriechick wie eine Lagerhalle. Die Einheimischen kommen gerne mittags hierher, um auf der Sonnenterrasse das umfangreiche Mittagsbüfett zu genießen. Auf den Tisch kommen auch neapolitanische Pizzas sowie teurere Gerichte, die jedoch eine gemischte Bewertung erhalten.

★ Colline Emiliane

EMILIA-ROMAGNA €€

(Karte S. 96; ☎06 481 75 38; Via degli Avignonesi 22; Gerichte 45 €; ⏰Di–So 12.45–14.45, Di–So 19.30–22.45 Uhr; Aug. geschl.; Ⓜ Barberini) Unmittelbar an der Piazza Barberini hält dieses einladende Restaurant die kulinarische Fahne für die Region Emilia-Romagna hoch. Die wohlhabende Region in Norditalien hat die Welt mit Delikatessen wie Parmesan, Balsamico-Essig und Parma-Schinken beschenkt. Das Colline Emiliane serviert konstant erstklassige Gerichte wie Fleischspezialitäten, selbst gemachte Pasta und saftiges *ragù*. Für den Nachtisch sollte noch ein wenig Platz bleiben.

★ Palatium

WEINBAR €€

(Karte S. 96; ☎06 692 02 132; Via Frattina 94; Gerichte 45 €; ⏰Mo–Sa 11–23 Uhr, Aug. geschl.; 🚇Via del Corso) Gedacht als Vorzeigestube für Latiums kulinarische Genüsse, wird diese elegante Weinbar von der Lebensmittelbehörde der Region betrieben. Deshalb kommen natürlich regionale Delikatessen auf den Tisch wie z. B. *porchetta* (Schweinebraten mit Kräutern), von Hand gemachter Käse sowie eine beeindruckende Auswahl an örtlichen Weinen. Empfehlenswert sind auch die *aperitivi*. Die Hauptgerichte kosten nur 14 €.

Matricianella

TRATTORIA €€

(Karte S. 96; ☎06 683 21 00; www. matricianella.it; Via del Leone 2/4; Gerichte 40 €; ⏰Mo–Sa; 🚇Via del Corso) Mit Tischdecken aus rustikalem Stoff, kitschigen Wandbildern und verblassenden Kunstdrucken ist diese typische Trattoria ein Hort der alten römischen Küche. Auf der Speisekarte finden sich die Klassiker sowie einige leckere römisch-jüdische Gerichte. Die Römer lieben die frittierten Antipasti, die Artischocken *alla giudia* (frittiert, nach jüdischer Art) sowie die Fleischklöße. Reservierungen sehr ratsam.

Il Margutta RistorArte

VEGETARISCH €€

(Karte S. 96; ☎06 678 60 33; www.ilmargutta. it; Via Margutta 118; Gerichte 45 €; ⏰tgl.; ✏; Ⓜ Spagna, Flaminio) Vegetarische Restaurants sind in Rom noch seltener als freie Parkplätze. Dieses helle Kunstgalerie-Restaurant ist eine ungewöhnlich schicke Alternative, um sein Grünzeug zu essen. Die Speisen sind exzellent und zumeist in Bioqualität. Auf der Speisekarte stehen z. B. Artischockenherzen mit Kartoffelwürfeln und geräuchertem Provolone-Käse. Am preisgünstigsten ist samstags und sonntags das Brunch-Büfett für 25 €. Verlockend ist auch das siebengängige vegane Menü für 50 €.

Baccano

BRASSERIE €€

(Karte S. 96; www.baccanoroma.com; Via delle Muratte 23; Gerichte 45 €; ⏰8.30–2 Uhr; 🚇Via del Corso) Das Baccano gehört zu einer neuen Gattung von ganztägig geöffneten Restaurant-Café-Bars. Vom Frühstück über Mittagessen bis zum Abendessen gibt es immer etwas zu essen, darunter Eier Benedikt (pochierte Eier und Schinken auf Röstbrot), Burger, Sandwiches, Cocktails und *aperitivi*. Die Deko erinnert an den New Yorker Stil der 1990er-Jahre.

Vineria Chianti

WEINBAR €€€

(Karte S. 96; ☎06 678 75 50; Via del Lavatore 81–82; Gerichte 55 €; ⏰12.30–15.30 & 19–23.30 Uhr; 🚇Via del Tritone) Diese adrette Weinbar wird außen von Efeu überrankt und innen von Weinflaschen verziert. Im

Sommer können die Gäste von der Terrasse das pralle Leben beobachten und sich der toskanischen Küche widmen. Vor allem das Rindfleisch ist sehr gut, aber auch die Salate sind kreativ. Abends gibt es leckere Pizza.

Babette ITALIENISCH €€€

(Karte S. 96; ☏ 06 321 15 59; Via Margutta 1; Gerichte 55 €; ⊘ Jan. & Aug. geschl.; ✏; Ⓜ Spagna, Flaminio) Das Babette wird von zwei Schwestern geleitet, die früher eine Modezeitschrift herausgegeben haben. Das erklärt das geschmackvolle Ambiente aus unverputzten Ziegelwänden und alten Schildern, die an den Film *Grüne Tomaten* erinnern. Das anspruchsvolle Essen ist sehr lecker und mit einem französischen Touch versehen. So gibt es *tortiglioni* mit Zucchini und Pistazienpesto. Das tägliche Mittagsbüfett (Di-Fr 10 €, Wochenende 25 €) ist ein guter Deal.

✖ Monti, Esquilin & San Lorenzo

Panella l'Arte del Pane BÄCKEREI, CAFÉ €

(Karte S. 104; ☏ 06 487 24 35; Via Merulana 54; Pizzastücke ca. 3 €; ⊘ Mo–Sa 12–24 Uhr, März– Okt. auch So 10–16 Uhr; Ⓜ Vittorio Emanuele) Die appetitanregende Auswahl an *pizza al taglio*, *supplì*, *focaccia* und frittierten Kroketten macht die Bäckerei zu einer guten Mittagsadresse. Hier kann man auch ein Gläschen Prosecco schlürfen, während man die gastronomischen Souvenirs in der Feinkostabteilung in Augenschein nimmt.

Roscioli PIZZASTÜCKE, BÄCKEREI €

(Karte S. 104; Via Buonarroti 48; Pizzastücke 3 €; ⊘ Mo–Do 7.30–20, Fr & Sa bis 21 Uhr; Ⓜ Vittorio Emanuele) Ein wenig abseits der Touristenpfade liegt diese empfehlenswerte Kombination aus Feinkostladen, Bäckerei und Pizzeria. Die exquisiten *pizze al taglio*, Pastagerichte und die anderen Leckereien sind ideal für ein schnelles Mittagessen oder als Zutat für ein Picknick. Der Laden befindet sich in einer Seitengasse der Piazza Vittorio Emanuele II.

Formula Uno PIZZERIA €

(Karte S. 104; ☏ 06 445 38 66; Via degli Equi 13; Pizza ab 6 €; ⊘ Mo–Sa 18.30–1.30 Uhr; 🚋 Via Tiburtina, 🚋 Via dei Reti) Diese schlichte Pizzeria im Viertel San Lorenzo ist genauso adrenalingeladen wie der Name vermuten lässt: Die Kellner rackern unter den emsig laufenden Ventilatoren, um mit Tomaten überladene Bruschetta, frittierte Zucchini,

PASTA AUF DIE SCHNELLE

Fast den ganzen Tag dient das **Pastificio** (Karte S. 96; Via della Croce 8; Pasta 4 €; ⊘ Mo–Sa 13–15 Uhr; Ⓜ Spagna) als Laden für frische Pasta. Aber zur Mittagszeit mutiert der Laden zum Budget-Lokal für die gesamte Nachbarschaft. Die Einheimischen stellen sich gerne und geduldig an, um eines der beiden täglichen Pasta-Gerichte aus Plastikschüsseln zu essen – wo auch immer sie einen Platz finden können.

supplì al telefono (frittierte Reiskroketten mit Mozzarella) sowie dünne Pizza zu den studentischen Gästescharen zu bringen.

⭐ L'Asino d'Oro MODERN ITALIENISCH €€

(Karte S. 96; ☏ 06 4891 3832; Via del Boschetto 73; Gerichte 45 €; ⊘ Di–Sa; Ⓜ Cavour) Dieses fantastische Restaurant wurde von Orvieto nach Rom verpflanzt. Die umbrischen Wurzeln spiegeln sich in den köstlichen Gerichten von Lucio Sforza. Die Speisen sind einfach, aber innovativ. Markenzeichen sind die Geschmackskontraste: Das langsam gebratene Kaninchen kommt in einer Beerensauce daher und die Desserts sind denkwürdig. Für ein derart gutes Essen ist das intime, entspannte und doch gehobene Restaurant eine der besten Adressen in Rom – das gilt besonders für die Mittagsmenüs.

Trattoria Monti RESTAURANT €€

(Karte S. 104; ☏ 06 446 65 73; Via di San Vito 13a; Gerichte 45 €; ⊘ Di–So 12.45–14.45, Di–Sa 19.45–23 Uhr, Aug. geschl.; Ⓜ Vittorio Emanuele) Das elegante Lokal bietet erstklassige traditionelle Küche aus der Region Marken. Es gibt leckere *fritti*-Spezialitäten, Pasta und Zutaten wie *pecorino di fossa* (Schafskäse, der in Höhlen gereift ist). Zu den Delikatessen zählen auch Gans, Schwertfisch und Trüffel. Ein Tipp ist die eigelbe *tortelli*-Pasta. Die Desserts sind verlockend, darunter Apfelkuchen mit *zabaglione*; vorab reservieren.

La Carbonara TRATTORIA €€

(Karte S. 76; ☏ 06 482 51 76; Via Panisperna 214; Gerichte 40 €; ⊘ Mo–Sa; Ⓜ Cavour) Das immer gut besuchte Restaurant wurde von den sogenannten Ragazzi di Panisperna frequentiert. Die Gruppe junger Wissenschaftler benannte sich nach der Straße. Zu ihnen zählte unter anderem Enrico Fermi, des-

INNEREIEN GEFÄLLIG?

Jede echte römische Speisekarte bietet Innereien an. Die Vorliebe der Römer für den Verzehr von Innereien entstand im Viertel Testaccio rund um den städtischen Schlachthof. Viele der Trattorien in der Nachbarschaft bieten diese Gerichte noch immer gerne an. Egal ob man diese Spezialitäten vermeiden oder probieren will, in jedem Fall sollte man nach folgenden Gerichten Ausschau halten: *pajata* (Kalbsinnereien), *trippa* (Kutteln), *coda alla vaccinara* (Ochsenschwanz), *coratella* (Herz, Lunge und Leber), *animelle* (Kalbsbries), *testarella* (Kopf), *lingua* (Zunge) und *zampe* (Schweinsfüße).

sen Entdeckungen später zum Bau der ersten Atombombe führten. Die Kellner sind schroff und energisch und die Inneneinrichtung wird durch Graffitis bereichert. Es ist allgemein Usus, dass die Gäste sich an den Wänden verewigen. Spezialität des Hauses ist natürlich die Carbonara.

Da Danilo
TRATTORIA €€

(☎06 482 51 76; Via Petrarca 13; Gerichte 45 €; ☉Di–Sa mittags, Mo–Sa abends; Ⓜ Vittorio Emanuele) Die gehobene Version einer klassischen Nachbarschafts-Trattoria bietet die Klassiker der römischen Küche in zeitlosem rustikale Ambiente. Der Laden wird für seine *cacio e pepe* (Pasta mit Pecorino-Käse und schwarzem Pfeffer) sowie für die Carbonara geschätzt. Die richtige Adresse für ein leckeres herzhaftes Essen.

Tram Tram
OSTERIA €€

(Karte S. 104; ☎06 49 04 16; www.tramtram. it; Via dei Reti 44; Gerichte ca. 40 €; ☉Di–So 12.30–15.30 & 19.30–23.30 Uhr; 🚃Via Tiburtina) Die Straßenbahnen vor der Haustür haben der trendigen, aber dennoch altmodischen familiengeführten Trattoria ihren Namen gegeben. Auf der Speisekarte steht eine Mischung aus römischen und apulischen Gerichten, darunter das sensationelle *tiella di riso patate e cozze* (gebackener Reis mit Kartoffeln und Muscheln); weil die beliebte Osteria stets gut besucht ist, sollte man vorab reservieren.

Trimani
WEINBAR €€

(Karte S. 104; ☎06 446 96 30; Via Cernaia 37b; Gerichte 45 €; ☉ Mo–Sa 11.30–15 & 17.30–

23 Uhr; Ⓜ Termini, 🚉Termini) Der Trimani-Familienclan ist für sein Weinimperium bekannt. In ihrem Laden um die Ecke verkaufen sie nicht weniger als 4000 internationale Sorten. Ihre *enoteca* ist unaufdringlich, aber hoch professionell. Zur Auswahl stehen viele regionale Weine sowie eine regelmäßig wechselnde Speisekarte. Verlockend sind die regionale Salami und der Käste sowie die frischen Austern.

★ Open Colonna
MODERN ITALIENISCH €€€

(Karte S. 96; ☎06 4782 2641; www.antonel locolonna.it; Via Milano 9a; Gerichte 20–80 €; ☉Di–Sa 12–24 Uhr, So mittags; 🚃Via Nazionale) Antonello Colonna ist ein Spitzenkoch und sein exquisites Restaurant liegt spektakulär auf der Rückseite des Palazzo delle Esposizioni, und zwar auf einer Zwischenebene unter einem außergewöhnlichen Glasdach. Die Küche ist neurömisch: Traditionelle Gerichte werden innovativ interpretiert und mit Pfiff und Flair zubereitet. Das i-Tüpfelchen sind die einfacheren, aber immer noch perfekten Zwei-Gänge-Mittagsmenüs für 16 €. Samstags und sonntags wird Brunch für 30 € angeboten.

Agata e Romeo
MODERN ITALIENISCH €€€

(Karte S. 104; ☎06 446 61 15; Via Carlo Alberto 45; Gerichte 120 €; ☉Mo–Fr; Ⓜ Vittorio Emanuele) Das dezent noble Lokal war in Rom einer der gastronomischen Pioniere und ist unter Chefköchin Agata Parisella immer noch ein Schwergewicht der kulinarischen *Szene*. Ihre Stärke sind die leichten modernen Interpretationen römischer Klassiker, die von exquisiten Weinen begleitet werden, die aus dem mit viel Sachverstand gefüllten Weinkeller stammen; auch hier sollte man unbedingt vorab reservieren.

✗ Caelius & San Giovanni

Li Rioni
PIZZERIA €

(Karte S. 107; ☎06 7045 0605; Via dei SS Quattro Coronati 24; Pizza 8 €; ☉Do–Di, Aug. geschl.; Ⓜ Colosseo) Die Einheimischen schwören auf das Li Rioni und kommen oftmals erst für den zweiten Durchgang gegen 21 Uhr, wenn die Touristen schon gegangen sind. Die gut besuchte klassische Nachbarschaftspizzeria ist sympathisch wie eine römische Straße eingerichtet. Die Pizza mit dem dünnen Boden aus dem Holzofen ist genauso lecker wie die knusprigen *supplì*.

✕ Aventin & Testaccio

00100 Pizza PIZZASTÜCKE €
(Karte S. 175; www.00100pizza.com; Via G Branca 88; Pizzastücke ab 3 €, Trapizzini ab 3,50 €; ⊙12–23 Uhr; 🚇Via Marmorata) Diese winzige Pizzeria gehört zu den wenigen Take-Away-Läden in Rom mit einem gastronomischen Anspruch. Neben den ungewöhnlichen Piz-

zabelägen wie Kartoffeln, Wurst und Bier gibt es auch *supplì* und *trapizzini* sowie Pizzawaffeln gefüllt mit *polpette al sugo* (Fleischklößchen in Tomatensauce) oder *seppie con i piselli* (Tintenfisch mit Erbsen).

Pizzeria Da Remo PIZZERIA €
(Karte S. 175; ☎06 574 62 70; Piazza Santa Maria Liberatrice 44; Pizza ab 5,50 €; ⊙Mo–Sa 19–1 Uhr; 🚇Via Marmorata) Die spartanisch

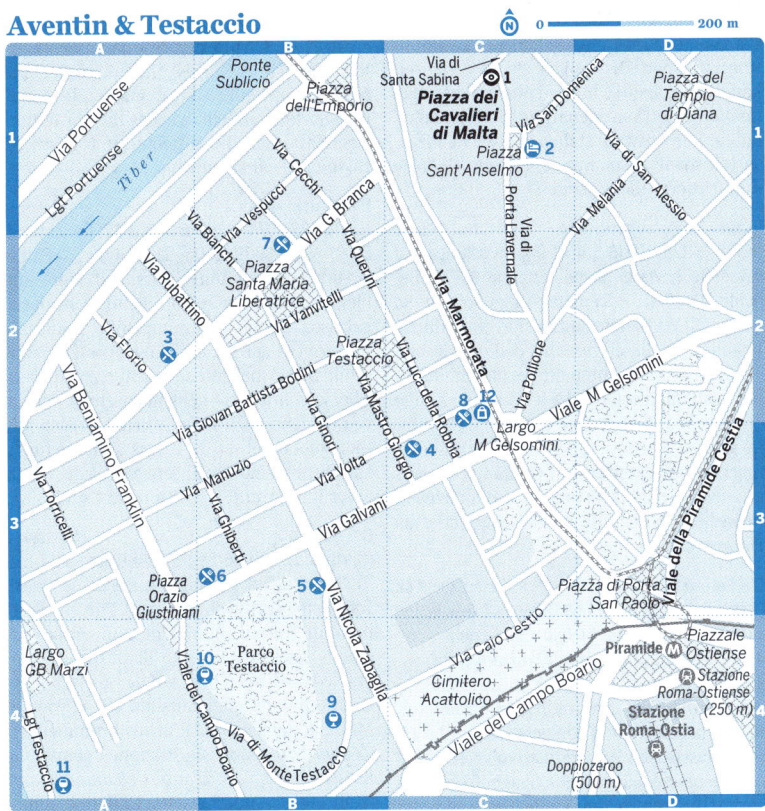

Aventin & Testaccio

eingerichtete Pizzeria Da Remo ist eine der beliebtesten der Stadt und immer mit recht lautstarken Gästen gefüllt. Die Pizzaböden sind für Rom typisch dünn und knusprig. Bestellungen markiert man auf einem Zettel, der einem von den gestressten Kellnern auf den Tisch gelegt wird. Oft gibt es Warteschlangen.

Volpetti Più
CAFETERIA €

(Karte S. 175; Via Volta 8; Hauptgerichte 8 €; ☺ Mo-Sa 10.30–15.30 & 17.30–21.30 Uhr; 🚇 Via Marmorata) Eines der seltenen Lokale in Rom, wo man für weniger als 20 € speisen kann. Im Volpetti Più wird eine reichhaltige *tavola calda* (kantinenartiges Büfett) angeboten. Zur Auswahl stehen zahlreiche Pizzasorten sowie Pasta, Suppe, Fleisch, Gemüse und frittierte Kleinigkeiten.

Flavio al Velavevodetto
TRATTORIA €€

(Karte S. 175; ☎ 06 574 41 94; www.flavioalvela vevodetto.it; Via di Monte Testaccio 97–99; Gerichte 30–35 €; ☺ Sa mittags & im Sommer So geschl.; 🚇 Via Marmorata) Es sind freundliche Lokale wie dieses, welche den römischen Trattorien ihren guten Ruf erhalten. In einer rustikalen roten Villa wird solide Küche ohne große Extras, aber mit viel Liebe und in großen Portionen serviert. Die hausgemachte Pasta kommt mit Gemüse oder mit *guanciale* (Schinkenspeck aus der Schweinebacke), denen einfache Fleischgerichte als Hauptspeisen folgen.

Da Felice
REGIONALE KÜCHE €€

(Karte S. 175; ☎ 06 574 68 00; www.feliceatestac cio.com; Via Mastro Giorgio 29; Gerichte 35–40 €; ☺ mittags & abends; 🚇 Via Marmorata) Essensliebhaber schwören auf diese lokale Institution, die für ihre traditionelle römische Küche berühmt ist. Die Speisekarte folgt einem klassischen Wochenplan mit *tonnarelli cacio e pepe* (quadratische Spaghetti mit Pecorino und schwarzem Pfeffer) am Dienstag, *coda alla vaccinara* (Ochsenschwanz) am Donnerstag sowie Pasta *in brodo d'arzilla* (Pasta in einer Rochenbrühe) am Freitag; unbedingt vorab reservieren.

✕ Trastevere & Gianicolo

Sisini
PIZZASTÜCKE €

(Karte S. 112; Via di San Francesco a Ripa 137; Pizza & Pasta ab 2 €, Supplì 1,10 €; ☺ Mo-Sa 9–22.30 Uhr, Aug. geschl.; 🚇 Viale di Trastevere, 🚇 Viale di Trastevere) Unter den Einheimischen ist dieser Take-Away-Laden sehr beliebt. Auf dem Schild draußen steht „Supplì" über die Theke gehen aber auch *pizza al taglio* sowie verschiedene Pasta- und Risottogerichte. Auch die Brathähnchen sind durchaus einen Versuch wert.

Bir & Fud
PIZZERIA €

(Karte S. 90; Via Benedetta 23; Gerichte 25 €; ☺ So-Do 19.30–24, Fr & Sa bis 2 Uhr; 🚇 Piazza Trilussa) Ganz in orange- und terrakottafarbenen Tönen gehalten überzeugt diese Pizzeria durch ihre Bioprodukte für die Pizzas, *crostini* und frittierten Spezialitäten (z. B. Kartoffeln und Kürbis). Auf dem Gelände befindet sich eine Mikrobrauerei, die saisonale Sorten herstellt, wie das nur im Winter aus Kastanien hergestellte und köstliche Birrificio Troll Palanfrina.

Brasserie 4:20
RESTAURANT €

(☎ 06 5831 0737; Via Portuense 82; Gerichte ca. 20 €; ☺ So-Mi 19–2, Do-Sa bis 4 Uhr; 🚇 Piazza di Porta Portese) Roms Durst auf Biere aus kleinen Hausbrauereien scheint nicht nachzulassen. Dieses stimmungsvolle Lokal mit Fässern vor der Tür und einem coolen Neonschild bietet mehrere seltene Biere vom Fass. Aber die Brasserie geht noch einen Schritt weiter, denn auch viele Gerichte werden mit Bier zubereitet, so z. B. das „Tiramistout". Die Burger sind für diejenigen Gäste, die in einer Burger-und-Bier-Stimmung sind.

Da Augusto
TRATTORIA €

(Karte S. 112; ☎ 06 580 37 98; Piazza de' Renzi 15; Gerichte 25 €; ☺ mittags & abends; 🚇 Viale di Trastevere, 🚇 Viale di Trastevere) Für ein Festmahl in Trastevere braucht man einfach an einem Tisch im Augusto Platz zu nehmen, entweder drinnen oder auf der kleinen Piazza. Dann kann man ganz die Küche wie bei Muttern genießen. Die etwas grummeligen Kellner bringen große Portionen römischer Klassiker wie z. B. *rigatoni all'amatriciana* (Röhrenpasta mit Pancetta, Chili und Tomatensauce) sowie *stracciatella* (klare Brühe mit Eiern und Parmesan); Wartezeiten sind normal, nur Barzahlung.

Pizzeria Ivo
PIZZERIA €

(Karte S. 112; ☎ 06 581 70 82; Via di San Francesco a Ripa 158; Pizza ca. 7 €; ☺ Mi-Mo; 🚇 Viale di Trastevere, 🚇 Viale di Trastevere) Ivo ist eine der berühmtesten Pizzerien in Trastevere und schiebt schon seit 40 Jahren die Pizzas in den Ofen. Und die Gäste kommen weiterhin reichlich. Die Tische stehen drinnen wie draußen an der kopfsteingepflasterten Gasse meist gut belegt. In einer Ecke läuft ein Fernseher und es geht recht laut zu. Die Kellner sind typischerweise schlecht gelaunt, aber schnell.

Forno la Renella BÄCKEREI €

(Karte S. 112; ☑ 06 581 72 65; Via del Moro 15–16; Pizzastücke ab 2,50 €; ⊙ Di–Sa 7–2, So & Mo bis 22 Uhr; 🚊 Piazza Trilussa) Die Holzöfen der historischen Trastevere-Bäckerei sind schon seit Jahrzehnten in Betrieb und produzieren täglich frische Pizzas, Brote sowie Gebäck. Der hoch aufgetürmte Belag wechselt mit den Jahreszeiten. Hierhin kommen sie alle – Jugendliche ebenso wie alte Damen.

★ La Gensola SIZILIANISCH €€

(Karte S. 112; ☑ 06 581 63 12; Piazza della Gensola 15; Gerichte 45 €; ⊙ Mitte Juni–Mitte Sept. So geschl.; 🚊 Viale di Trastevere, 🚊 Viale di Trastevere) Diese erstklassige, aber unaufdringliche Trattoria begeistert selbst Gourmets durch die hervorragende Küche mit sizilianischem Einschlag. Im Mittelpunkt stehen Fisch und Meeresfrüchte, darunter ein hervorragendes Thunfischtatar, Linguine mit frischen Anchovis und göttliche *zuccherini* (winzige Fische mit frischer Minze). Das Menü kostet immerhin 41 €.

Le Mani in Pasta RESTAURANT €€

(Karte S. 112; ☑ 06 581 60 17; Via dei Genovesi 37; Gerichte 45 €; ⊙ Di–So mittags & abends; 🚊 Viale di Trastevere, 🚊 Viale di Trastevere) In diesem rustikalen und beliebten Lokal geht es lebhaft zu. In der offenen Küche unter der gewölbten Decke wird frische leckere Pasta zubereitet. Ein Tipp sind die *fettucine con ricotta e pancetta*. Das gegrillte Fleisch ist ebenfalls sehr gut.

Meridionale RESTAURANT €€

(Karte S. 112; www.meridionaletrastevere.com; Via dei Fienaroli; Gerichte 35 €, Sonntagsbüfett 15 €; ⊙ Di–So abends, Sa & So mittags; 🚊 Viale di Trastevere, 🚊 Viale di Trastevere) Das versteckt liegende Restaurant spezialisiert sich auf süditalienische Gerichte, wie z. B. Spaghetti mit Tintenfisch und Cherrytomaten. Die Inneneinrichtung wirkt mit den blassen Zeitungstapeten angenehm lässig schick. Sonntags gibt es ein Mittagsbüfett.

Glass Hostaria MODERN ITALIENISCH €€€

(Karte S. 112; ☑ 06 5833 5903; Vicolo del Cinque 58; Gerichte 80 €; ⊙ Di–So ab 20 Uhr; 🚊 Piazza Trilussa) Trasteveres beste Adresse für Gourmets ist ganz auf modern und anspruchsvoll gemacht. Die Küche unter Cristina Bowerman zaubert einfallsreiche Gerichte auf den

Tisch, die frische Zutaten mit traditionellen Elementen verbinden, um den Gaumen zu kitzeln und zu überraschen. Es gibt Degustationsmenüs für 70 und 90 €.

Paris RESTAURANT €€€

(Karte S. 112; ☑ 06 581 53 78; www.ristorante-paris.it; Piazza San Calisto 7a; Gerichte 55 €; ⊙ Di–Sa, So nur mittags; 🚊 Viale di Trastevere, 🚊 Viale di Trastevere) Das altmodische römische Restaurant ist in einem Gebäude aus dem 17. Jh. angesiedelt und verfügt über Tische auf der Piazza. Das Paris ist außerhalb des ehemaligen Ghettos das beste Lokal für römisch-jüdische Küche. Spezialitäten sind der leckere *fritto misto con baccalà* (frittiertes Gemüse mit gesalzenem Kabeljau) sowie *carciofi alla giudia* (frittierte Artischocken). Es gibt eine sonnengeschützte Terrasse. Der Name des Restaurants bezieht sich übrigens auf den Gründer und nicht auf die französische Hauptstadt.

✗ Vatikanstadt, Borgo & Prati

★ Pizzarium PIZZASTÜCKE €

(Karte S. 116; Via della Meloria 43; Pizzastücke ab 3 €; ⊙ Mo–Sa 11–21 Uhr; Ⓜ Cipro–Musei Vaticani) Hinter der unauffälligen Fassade und in etwas versteckter Lage verbirgt sich eine Entdeckung für Gourmets: Das Pizzarium verkauft die besten Pizzastücke der Ewigen Stadt. Die Stücke werden auf einem hölzernen Schneidebrett serviert. Der Teig ist weich, die Kruste perfekt und die Zutaten sind gut gewürzt. Es gibt zudem eine tägliche Auswahl an knusprigen *supplì*, Säften und kaltem Bier.

Mondo Arancina SIZILIANISCH, FASTFOOD €

(Karte S. 116; Via Marcantonio Colonna 38; Arancine ab 2,50 €; ⊙ 10 Uhr bis spätabends; Ⓜ Lepanto) Helle gelbe Keramiken, gut gelaunte Gäste und wunderbar frittierte Snacks sind die Markenzeichen in diesem lebhaften Stück Sizilien mitten in Rom. Spezialitäten des Hauses sind die klassischen faustgroßen *arancine*. Die frittierten Reisbällchen sind traditionell mit *ragù* gefüllt. Exotischer sind dagegen Füllungen wie ein leckeres Trüffelrisotto oder Wachteleier.

Dolce Maniera BÄCKEREI €

(Karte S. 116; Via Barletta 27; ⊙ 0–24 Uhr; Ⓜ Ottaviano–San Pietro) Die Souterrain-Bäckerei bedient rund um die Uhr die Nachbarschaft. Neben Frühstück gibt es günstige *cornetti*

EATALY

In einem renovierten Bahnhof im angesagten Ostiense ist das **Eataly** (☑ 06 9027 9201; www.roma.eataly.it; Air Terminal Ostiense, Piazzale XII Ottobre 1492; ⊙ Shop 10–24 Uhr, Restaurants 12–23.30 Uhr; Ⓜ Piramide) in einem riesigen Komplex untergebracht, der sich ganz der italienischen Küche widmet. Neben den Feinkostläden gibt es 19 Cafés und Restaurants, darunter eine Panini-Bar, eine Gelateria, eine *Friggitoria* (für traditionelle frittierte Gerichte), ein Restaurant, das sich auf Gemüse aus Latium spezialisiert hat, eine Rosticceria (für gebratenes Fleisch) sowie ein gehobenes Lokal. Zudem gibt es ein exzellentes Restaurant für Pizza und Pasta sowie eine Mikrobrauerei mit eigenen Bieren.

Der Komplex befindet sich 10 Min. zu Fuß von der Metrostation Piramide entfernt.

(Croissants) sowie Pizzastücke, herzhafte *panini* und eine verlockende Palette an leckeren Kuchen.

Cacio e Pepe
TRATTORIA €

(☑ 06 321 72 68; Via Avezzana 11; Gerichte 25 €; ⊙ Sa abends & So geschl.; 🚇 Piazza Giuseppe Mazzini) Die bescheidene Trattoria ist aufgrund der authentisch römischen Küche eine lokale Institution. Die Einrichtung ist spartanisch und große Extras sollte man nicht erwarten. Dennoch ist es nicht immer leicht, einen freien Tisch auf dem Bürgersteig zu ergattern. Eine gute Wahl ist das *cacio e pepe* und danach eine Portion *pollo alla cacciatora* („Jägerhühnchen").

Romeo
PIZZERIA, RESTAURANT €€

(Karte S. 116; ☑ 06 3211 0120; www.romeo.roma. it; Via Silla 26a; Pizzastücke ab 3,50 €, Gerichte 35–40 €; ⊙ Mo–Sa 9–24 Uhr; Ⓜ Ottaviano–San Pietro) Das Romeo gehört zu den neuen Lokalen, die von frischen *panini* und himmlischer *pizza al taglio* bis zu kompletten Restaurantmahlzeiten alles auf den Tisch bringen. Die Einrichtung ist zeitgenössisch modern mit Röhrenlampen. Das Essen ist eine angenehme Mischung aus klassischer italienischer Küche und innovativen internationalen Kreationen.

Velavevodetto Ai Quiriti
TRADITIONELL ITALIENISCH €€

(Karte S. 116; ☑ 06 3600 0009; www.ristorante velavevodetto.it; Piazza dei Quiriti 5; Gerichte 35 €; ⊙ Mo–So; Ⓜ Lepanto) Seit der Eröffnung im Frühjahr 2012 hat der Neuling in Prati die Einheimischen mit solider Hausmannskost, günstigen Preisen und einladendem Service überzeugt. Auf der Speisekarte finden sich die römischen Standardgerichte, die gut zubereitet werden. Ein besonderer Tipp sind die *polpette di bollito* (frittierte Fleischklöße) sowie die knusprigen *carciofi fritti* (frittierte Artischocken).

Osteria dell'Angelo
TRATTORIA €€

(Karte S. 116; ☑ 06 372 94 70; Via Bettolo 24; festes Menü 25 €; ⊙ Di–Fr mittags & abends, Mo & Sa abends; Ⓜ Ottaviano–San Pietro) In der sehr populären Nachbarschaftstrattoria geht es entspannt und informell zu (unbedingt reservieren). Der „Engel" ist eine gute Adresse, um authentische lokale Küche zu probieren. Das feste Menü bietet gemischte Antipasti, solide römische Pasta und eine Auswahl an herzhaften Hauptgerichten mit einer Beilage. Zum Abschluss gibt es leicht gewürztes Gebäck, das in einen süßen Dessertwein getunkt wird.

Hostaria Dino e Tony
TRATTORIA €€

(Karte S. 116; ☑ 06 3973 3284; Via Leone IV 60; Gerichte 30 €; ⊙ Mo–Sa, im Aug. geschl.; Ⓜ Ottaviano–San Pietro) Eigentlich eine Seltenheit, aber Dino e Tony ist eine authentische Trattoria in der Vatikan-Gegend. Die Antipasti sind gigantisch und eigentlich ein kleines Hauptgericht. Danach geht es mit der Hausspezialität weiter: *rigatoni all'amatriciana*. Keine Kreditkarten.

Dal Toscano
TOSKANISCH €€

(Karte S. 116; ☑ 06 3972 5717; www.ristorante daltoscano.it; Via Germanico 58–60; Gerichte 45 €; ⊙ Di–So; Ⓜ Ottaviano–San Pietro) Traditionalisten mögen das altmodische Dal Toscano, das hervorragende toskanische Fleischgerichte auf den Tisch bringt. Als Vorspeise gibt es handgeschnittenen *prosciutto*, danach große Portionen von gegrillten *bistecche alla Fiorentina* (Steak nach Florentiner Art); Reservierungen erforderlich.

Pizzeria Amalfi
PIZZERIA €€

(Karte S. 116; ☑ 06 3973 3165; Via dei Gracchi 12; Pizza ab 6 €, Hauptgerichte ab 25 €; ⊙ mittags & abends; Ⓜ Ottaviano–San Pietro) Während römische Pizzaböden dünn und knusprig sind, lieben die Neapolitaner dickere und weichere Böden. Und genau diese Pizzas kommen in diesem bunten Restaurant aus dem Ofen. Daneben gibt es gegrilltes Fleisch, Pasta, Salat sowie Fisch. Auf der anderen Straßenseite gibt es in Nr. 5 eine Filiale.

Settembrini CAFÉ, MODERN ITALIENISCH €€€
(☏06 323 26 17; www.viasettembrini.it; Café Via Settembrini 21, Restaurant Via Settembrini 25; Aperitivo 8 €, Restaurant Gerichte 60 €; ⊘Café tgl. 7–1 Uhr, Restaurant Mo–Fr mittags & abends, Sa nur abends; 🚊Piazza Giuseppe Mazzini) Die schicken Gäste in diesem angesagten Lokal sind an den Modelabels, den Anzügen und dem Lippenstift schnell zu erkennen. Das rausgeputzte Publikum genießt Bar-Snacks, leichtes Mittagessen oder abends das *aperitivo* im Café. Wer richtig feiern will, kann die kreative italienische Küche in dem smarten Restaurant nebenan probieren.

Ristorante L'Arcangelo GASTRONOMISCH €€€
(Karte S. 116; ☏06 321 09 92; Via Belli 59–61; Gerichte 60 €, „römisches" Degustationsmenü 50 €; ⊘ Sa mittags & So ganztags geschl.; 🚊Piazza Cavour) Politiker und lokale Stars werden in diesem gehobenen Restaurant oft gesichtet. Auch unter einheimischen Gourmets genießt es einen exzellenten Ruf. Die Highlights sind die römischen Klassiker wie beispielsweise Carbonara und Gnocchi, aber es gibt auch eine verlockende Auswahl an modernen Gerichten.

Villa Borghese & der Norden von Rom

Cinecaffè CAFÉ €€
(Karte S. 96; www.cinecaffe.it; Casina delle Rose, Largo Marcello Mastroianni 1; Aperitivo 6 €, Snacks ab 2,50 €, Salate 9 €; ⊘9–19 Uhr; 🚊Porta Pinciana) Dieses moderne Café ist einer der wenigen Orte in der Nähe der Villa Borghese, wo man vernünftig essen kann. Auf der Sonnenterrasse kann man einen morgendlichen Kaffee schlürfen oder später zwischen frischen Salaten und diversen Pasta-Gerichten wählen. Herzhafte Snacks und *panini* stehen ebenfalls im Angebot. Am Wochenende gibt es Brunch.

🍺 Ausgehen & Nachtleben

Rom verfügt über eine riesige Auswahl an Bars und Cafés: Von traditionellen *enoteche* (Weinbars) und Straßencafés über coole Designerbars bis zu alternativen Kneipen. Pubs sind relativ neu in Rom und gelten schon aus diesem Grund als schick. Tagsüber genießen die Leute in den Bars einen schnellen Kaffee, während abends eher *aperitivo* angesagt ist.

SELBSTVERSORGUNG

Roms Märkte sind mit ihren frischen Produkten ein wichtiges Element der örtlichen Gastroszene. In den meisten Stadtvierteln gibt es eigene Märkte, die in der Regel von Montag bis Samstag von 7 bis etwa 13.30 Uhr geöffnet sind. Außerdem findet man hervorragende Bauernmärkte, die meistens am Wochenende stattfinden.

Hier die beliebtesten Märkte der Hauptstadt:

Campo de' Fiori (Karte S. 90; 🚊Corso Vittorio Emanuele II)

Mercato di Circo Massimo (Karte S. 76; www.mercatocircomassimo.it; Via di San Teodoro 74; ⊘Sa 9–18, So 9–16 Uhr; 🚊Via dei Cerchi)

Nuovo Mercato Esquilino (Karte S. 104; Via Lamarmora; Ⓜ Vittorio Emanuele)

Piazza San Cosimato (Karte S. 112; 🚊Viale di Trastevere, 🚊Viale di Trastevere)

Nuovo Mercato di Testaccio (Karte S. 175; Via Galvani; ⊘Mo–Sa 6–15 Uhr; 🚊Via Marmorata)

Lebensmittel lassen sich auch in den kleinen Supermärkten erstehen, die es überall in der Stadt gibt:

Conad (Karte S. 104; Stazione Termini)

DeSpar (Karte S. 104; Via Nazionale 212-213)

Carrefour Express (Karte S. 96; Via Vittoria 32)

Sir (Karte S. 104; Piazza dell'Indipendenza 28)

Todis (Karte S. 112; Via Natale del Grande 24)

Am meisten los ist im Centro Storico. Der Campo de' Fiori ist bei den jüngeren, etwas lautstärkeren Leuten sehr populär. In den Gassen rund um die Piazza Navona trifft sich die eher ruhigere, besser gekleidete Szene. Auf der anderen Flussseite ist auch Trastevere mit seinen Dutzenden Bars und Kneipen ein angesagter Treffpunkt. Östlich des Bahnhofs Termini befinden sich die günstigeren und wenig aufgemotzten Bars von San Lorenzo und Pigneto, die vor allem Studenten, jüngeres Publikum und die alternative Kulturszene anlocken.

Roms Clubs bieten für sehr viele Geschmacksrichtungen etwas: DJs legen von Lounge, Jazz und House bis zu Dancehall und Hip-Hop alles auf. Die meisten Clubs finden sich im Viertel Testaccio (Mainstream-Clubs) sowie in Ostiense (industrieller Lagerhauscharme für ernsthafte Clubber). Aber auch in Trastevere und im Centro Storico gibt es einige Adressen. Außerhalb des Zentrums trifft sich die Szene in San Lorenzo und Pigneto.

Für die großen Clubs muss man sich entsprechend kleiden, was vor allem für Männergruppen etwas schwer sein kann. Gigs etc. werden zumeist für 22 Uhr ausgeschrieben, fangen aber selten vor 23 Uhr an. In den Clubs wird es eigentlich erst ab 1 Uhr morgens richtig voll. Getränke sind teuer und kosten normalerweise 10–16 €. Viele Clubs schließen zwischen Mitte Juni und Mitte September.

Antikes Rom

Cavour 313 — WEINBAR
(Karte S. 76; ☑ 06 678 54 96; www.cavour313.it; Via Cavour 313; ⏱ 12.30–14.45 & 19.30–0.30 Uhr, Sommer So geschl.; Ⓜ Cavour) Die holzgetäfelte Weinbar im gemütlichen Kneipenstil lockt Touristen, Schauspieler und Politiker an. Die Weinkarte umfasst sensationelle 1200 Weinsorten, die von kalten Platten, Käse (8–12 €) und Pasta-Gerichten begleitet werden.

Caffè Capitolino — CAFÉ
(Karte S. 76; Piazzale Caffarelli 4; ⏱ Di–So 9–19.30 Uhr; 🚌 Piazza Venezia) Das reizvolle Dachterrassencafé der Kapitolinischen Museen ist ein guter Ort zum Relaxen, für einen Drink und einen kleinen Snack. Im Angebot stehen *panini*, Salate und Pizza. Auch wenn das Café zum Museumskomplex gehört, benötigt man für den Besuch keine Eintritts-

karte. Es ist von der Piazzale Caffarelli über einen separaten Eingang zu erreichen.

0,75 — BAR
(Karte S. 76; www.075roma.com; Via dei Cerchi 65; ⏱ 11–1.30 Uhr; ☎; 🚌 Via dei Cerchi) Diese funkige Bar am Circus Maximus ist gut für einen gemütlichen Drink, Wochenendbrunch (15 €; 11–15 Uhr) oder ein kleines Mittagessen (Pasta 7–8,50 €, Salate 5,50–7,50 €). Die Stimmung ist entspannt und die Musik cool; kostenloses WLAN.

Centro Storico

★ Caffè Tazza d'Oro — CAFÉ
(Karte S. 90; www.tazzadorocoffeeshop.com; Via degli Orfani 84; ⏱ 7–20 Uhr; 🚌 Via del Corso) Poliertes Holz und Messing bestimmen das Bild in diesem Top-Kaffeehaus. Der Espresso schmeckt genauso göttlich wie die anderen Kaffeemischungen. Eine Leckerei ist der erfrischende *granita di caffè* – ein Eiscafé mit zerstoßenem Eis und einem Klecks Schlagsahne oben drauf.

Caffè Sant'Eustachio — CAFÉ
(Karte S. 90; Piazza Sant'Eustachio 82; ⏱ So–Do 8.30–1, Fr bis 1.30, Sa bis 2 Uhr; 🚌 Corso del Rinascimento) In diesem kleinen unscheinbaren Café stehen die Gäste zumeist in drei Reihen an der Theke. Besonders beliebt ist der *gran caffè*, der als der beste in der Stadt gilt. Dabei werden die ersten Espressotropfen mit mehreren Teelöffeln Zucker verrührt. Danach wird der Rest des Kaffees hinzugegeben. Die himmlisch süße Variante päppelt einen bestimmt für das weitere Sightseeing auf.

★ Barnum Cafe — CAFÉ
(Karte S. 90; www.barnumcafe.com; Via del Pellegrino 87; ⏱ Mo 9.30–21, Di–Sa 9.30–2 Uhr; 🚌 Corso Vittorio Emanuele II) Ein entspanntes und freundliches Café, um bei einem frisch gepressten Orangensaft seine Mails zu checken oder in Ruhe die Zeitung zu lesen. Die Sessel sind etwas alt und abgenutzt, während die Wände aus weißen Ziegeln bestehen. Wer zu seinem Drink etwas Musik hören möchte, ist am Dienstag ab 19 Uhr bei dem DJ-begleiteten Sounds-Good-*aperitivo* genau richtig.

Etablì — BAR, RESTAURANT
(Karte S. 90; ☑ 06 9761 6694; www.etabli.it; Vicolo delle Vacche 9a; ⏱ Mo–Mi 18.30–1, Do–Sa bis 2 Uhr; 🚌 Corso del Rinascimento) Das Etablì

ist in einem geräumigen *palazzo* aus dem 17. Jh. angesiedelt und eine rustikal-schicke Bar mit Restaurant. Hierhin kommen die römischen Schönheiten für Cocktails, Tapas-Snacks oder *aperitivo*. Die Stimmung ist relaxt und das Ambiente einladend. Zu der original französischen Landhaus-Deko zählen rustikale, gusseiserne Gegenstände, gemütliche Sessel und ein offener Kamin, indem gelegentlich auch ein Feuer prasselt.

Open Baladin   BAR
(Karte S. 90; www.openbaladinroma.it; Via degli Specchi 6; 12–2 Uhr; Via Arenula) Das Open Baladin ist eine coole Bar in der Nähe des Campo de' Fiori und gehört zu den führenden Adressen auf der wachsenden Bierszene in Rom. Mehr als 40 Sorten gibt es vom Fass und weitere 100 aus der Flasche. Viele davon wurden von kleinen Mikrobrauereien hergestellt. Bierliebhaber werden sich sofort wohlfühlen. Auch die Essensauswahl ist ansprechend: Es gibt *panini*, Burger und diverse Tagesgerichte.

Salotto 42   BAR
(Karte S. 90; www.salotto42.it; Piazza di Pietra 42; Di–Sa 10–2, So & Mo bis 24 Uhr; Via del Corso) An einer malerischen Piazza mit Blick auf die Säulen des Tempio di Adriano liegt diese glamouröse Bar mit ihren alten Sesseln, Wildledersofas und einer Sammlung von schwergewichtigen Designerbüchern. Mittags gibt es ein leckeres Büfett und abends vergnügt sich das fesche Publikum beim *aperitivo*.

Circus   BAR
(Karte S. 90; www.circusroma.it; Via della Vetrina 15; 10–2 Uhr; Corso del Rinascimento) Gleich um die Ecke von der Piazza Navona liegt diese großartige kleine Café-Bar. Vor allem die US-Schüler der nahe gelegenen Schule kommen gerne vorbei. In der informellen Atmosphäre kann man etwas trinken und sich mit Nachrichten aus der Heimat versorgen, denn es liegen internationale Zeitungen aus und WLAN ist kostenlos. Zu den regelmäßigen Events zählen Retroabende mit Britpop der 1990er-Jahre sowie die Themen-Aperitivo-Abende.

Caffè Farnese   CAFÉ
(Karte S. 90; Via dei Baullari 106; 7.30–20 Uhr, bis zum Spätsommer; Corso Vittorio Emanuele II) An einer Straße zwischen dem Campo de' Fiori und der Piazza Farnese lädt das unscheinbare Café zum Leute beobachten ein. Hier kann man den Nachmittag gut verbummeln und den herrlichen Espresso und Gebäck genießen.

Il Goccetto   WEINBAR
(Karte S. 90; Via dei Banchi Vecchi 14; Di–Sa 11.30–14, Mo–Sa 18.30–24 Uhr, Aug. geschl.; Corso Vittorio Emanuele II) Sollte sich irgendjemand dafür entscheiden, eine italienische Version der amerikanischen TV-Serie *Cheers* zu drehen, dann wäre dieser holzgetäfelte Laden für *vino e olio* (Wein und Öl) genau richtig. Die Einheimischen plaudern angeregt miteinander und mit den Besitzern, während sie sich durch die 800 Weine der Weinkarte vorarbeiten. Beim Genuss des prämierten norditalienischen Käses und der Salami kann man einfach zuhören.

Caffè & Bar della Pace   CAFÉ
(Karte S. 90; www.caffedellapace.it; Via della Pace 5; Mo 16–3, Di–So 9–3 Uhr; Corso del Rinascimento) In diesem zeitlos geschmackvollen Jugendstilcafé lässt sich *la dolce vita* mit Stil genießen. Drinnen bilden die Holztische und die vergoldete Deko einen Kontrast. Draußen präsentieren sich die rausgeputzten Gäste mit ihren Camparis vor dem tief herabhängenden Efeu.

Vineria Reggio   WEINBAR
(Karte S. 90; www.vineriareggio.com; Campo de' Fiori 15; Mo–Sa 8.30–2 Uhr; Corso Vittorio Emanuele II) Unter den Bars und Cafés am Campo de' Fiori ist die gemütliche Vineria Reggio der beste Tipp. Drinnen sind die Wände mit Flaschen verziert und auch draußen stehen Tische. Schon mittags wird es voll. Touristen und *fighi* (coole) Römer fühlen sich wie Bienen von einem Honigtopf angezogen. Ein Glas Wein gibt es ab 3,50 € und Snacks ab 3 €.

Tridente, Trevi & Quirinal

La Scena   BAR
(Karte S. 96; Via della Penna 22; 12–15 Uhr; Flaminio) Diese Bar im Art-déco-Hotel Locarno hat ein angenehmes, etwas verblasstes Agatha-Christie–Ambiente. Auf der Gartenterrasse wird das schmiedeeiserne Mobiliar von Grün beschattet. Ein Glas Prosecco kostet ab 5 €.

Stravinskij Bar – Hotel de Russie   BAR
(Karte S. 96; 06 328 88 70; Via del Babuino 9; 9–1 Uhr; Flaminio) Nicht reich genug für das Promi-Magnet Hotel de Russie? Für ei-

nen Drink an der smarten Bar reicht es allemal. Innen stehen Sofas, aber am schönsten ist ein Drink im sonnigen Innenhof, umgeben von Terrassengärten. Unglaublich romantisch und perfekt für einen Cocktail (20 €) und exquisite Snacks.

Rosati
CAFÉ

(Karte S. 96; ☑ 06 322 58 59; Piazza del Popolo 5; ⏰ 7.30–23.30 Uhr; Ⓜ Flaminio) Das Rosati an der Piazza del Popolo war einst das Lieblingscafé linker Literaten: Italo Calvino und Alberto Moravia nippten hier ihre Drinks. Ihre rechtsgerichteten Kollegen bevorzugten dagegen das **Canova** (Karte S. 96; ☑ 06 361 22 31; Piazza del Popolo 16; ⏰ 8–24 Uhr; Ⓜ Flaminio) auf dem Platz gegenüber. Heutige Besucher sind meist Touristen, aber die Aussicht ist immer noch reizvoll.

Caffè Greco
CAFÉ

(Karte S. 96; ☑ 06 679 17 00; Via dei Condotti 86; ⏰ 9–20 Uhr; Ⓜ Spagna) Casanova, Goethe, Wagner, Keats, Byron, Shelley und Baudelaire haben hier schon Kaffee geschlürft, seit das Café 1760 eröffnete. Heutige Gäste sind meist Ladenbesucher oder Touristen. Das zeigt sich an den Preisen, es sei denn, man nimmt seinen *caffè* wie die Einheimischen an der Bar.

🍷 Monti, Esquilin & San Lorenzo

⭐ **Circolo degli Artisti** NACHTCLUB, LIVEMUSIK
(☑ 06 7030 5684; www.circoloartisti.it; Via Casilina Vecchia 42; ⏰ Di–Do 19–2, Fr–So 19–4.30 Uhr; 🚋 Ponte Casilino) Östlich des Viertels Pigneto gelegen, bietet Circolo Top-Gigs und DJ-Unterhaltung vom Feinsten. Freitag-

---

EIN APERITIVO?
....

Eigentlich handelt es sich beim *aperitivo* um eine norditalienische Sitte, doch das römische Publikum hat sie enthusiastisch aufgegriffen. Viele Bars servieren mittlerweile zwischen 18 und 21 Uhr umfangreiche Büfetts. Dazu bestellt man einen Drink und legt los. Normalerweise kostet das Vergnügen zwischen 8 und 10 €.

Gute Adressen für *aperitivi* sind Freni e Frizioni (S. 184), Doppiozeroo (S. 183) und Etablì (S. 180).

---

nacht beginnt mit Electronica und House für Gay-Night – Omogenic – und samstags wird Fun geboten mit Screamadelica (Punk-Funk, Ska und New Wave), meist mit einer Live-Band. Es gibt eine coole Garten-Bar. Der Eintritt ist frei oder fast so.

Ai Tre Scalini
WEINBAR

(Karte S. 76; Via Panisperna 251; ⏰ Mo–Fr 12.30–1, Sa–So 18–1 Uhr; Ⓜ Cavour) Die Drei Stufen sind immer proppenvoll bis auf die Straße hinaus. Neben sehr trinkbaren Weinen gibt es ein verdammt gutes Menabrea-Bier aus Norditalien. Die Auswahl an Käse, Salami und typischen Gerichten wie *polpette al sugo* (Fleischbällchen in Sauce) ist herzerwärmend.

2 Periodico Caffè
CAFÉ

(Karte S. 76; Via Leonina 77; ⏰ Di–So 9–1, Fr–So 9–2 Uhr; Ⓜ Cavour) Das zusammengewürfelte Mobiliar, die Lichterketten in Marmeladengläsern und das freundliche Personal ergeben ein abgefahrenes Ambiente. So etwas findet sich eher in Shoreditch in London oder dem Marais in Paris, aber der wundervolle *caffè* und köstliches, nach Lavendel duftendes Gebäck von More Bianche sind echt italienisch.

Solea
BAR

(Karte S. 104; ☑ 328 9252925; Via dei Latini 51; ⏰ 9–2 Uhr; Ⓜ Via Tiburtina, 🚋 Scalo San Lorenzo) Mit alten Sofas und Stühlen sowie Sitzkissen auf dem Boden fühlt sich diese Bar eher wie ein Ort zum Chillen in einem heruntergekommenen Herrenhaus an. Typen von San Lorenzo hängen hier ab und trinken Mojitos, die es wirklich in sich haben. Das ganze macht aber viel Spaß.

Micca Club
NACHTCLUB, LIVEMUSIK

(Karte S. 104; www.miccaclub.com; Via Pietra Micca 7a; ⏰ Do–Sa & Mo–Di 19–2, So 18–2 Uhr; Ⓜ Vittorio Emanuele) Im eklektischen Micca erfüllen Pop-Art und grellbunte Beleuchtung die alten Gewölbekeller. Im Programm stehen Abende mit Burleske, Drag, Swing und Rockabilly, plus jede Menge Live-Gigs. Bis 22 Uhr gibt es *aperitivo*. Am Wochende und bei Gigs wird Eintritt verlangt.

Locanda Atlantide
NACHTCLUB, LIVEMUSIK

(Karte S. 104; ☑ 06 4470 4540; www.locandatlantide.it; Via dei Lucani 22b; ⏰ Okt.–Juni 21–2 Uhr; Ⓜ Via Tiburtina, 🚋 Scalo San Lorenzo) Durch die Tür in der mit Graffiti übermalten Wand in einer düsteren Nebengasse geht es hinunter in Roms Grunge-Szene, einem höhlenartigen Keller voll Studentenvolk und Alternativer. Geboten wird alles von experimentellem Theater bis zu DJ-generierter Electro-Musik.

Dimmidisì
NACHTCLUB

(Karte S. 104; ☎06 446 18 55; dimmidisiclub.org; Via dei Volsci 126b; ☺Sept.–Mai Do–Mo 18–2 Uhr; ▣Via dei Reti, Ⓜ Via Tiburtina) Dieser intime, kleine Club bietet ein breites Angebot an Off-Beat-Musik von Reggae bis zur *taranta* aus Süditalien. Es sind immer DJs da und die Live-Bands lohnen sich.

Bar Zest im Radisson Blu Es
BAR

(Karte S. 104; Via Filippo Turati 171; ☺9–1 Uhr; ▣Via Cavour) Wie wär's mit einem Cocktail Nähe Termini? Die Bar im siebten Stock des Radisson Blu Es bietet hübsche Ober, Stühle von Jasper Morrison und den Blick durch Glasscheibe auf den sexy Pool auf der Dachterrasse. Ein Glas Prosecco kostet 9 €, dazu gibt es leichte Mahlzeiten und Snacks.

🍸 Caelius & San Giovanni

Il Pentagrappolo
WEINBAR

(Karte S. 107; Via Celimontana 21b; ☺Di–Fr 12–15 & 18–1 Uhr, Sa–So 18–1 Uhr; Ⓜ Colosseo) Die gemütliche Weinbar mit Sternengewölbe ist das Richtige, um sich vom Besichtigungsstress zu erholen. Entspannte Gäste nippen an ihrem Wein (eine Auswahl von 15 offenen Weinen) und unterhalten sich bei Klaviermusik oder Live-Jazz. Es wird auch Lunch angeboten, und täglich ab 18 Uhr *aperitivo*.

🍸 Aventin & Testaccio

Villaggio Globale
NACHTCLUB, LIVEMUSIK

(Karte S. 175; www.ecn.org/villaggioglobale/joomla; Via Monte del Cocci 22; ▣Via Marmorata) Wer Loft-Partys mag, sollte zu diesem historischen *centro sociale* (Kulturzentrum) kommen, untergebracht im ehemaligen Schlachthof, zuletzt ein Graffiti-bemaltes besetztes Haus. Der Eintritt ist günstig, Bier fließt und es gibt jede Menge Musik-Action mit live DJ-Sets und Gigs, meist Techno, Dancehall, Reggae, Dubstep und Drum 'n' Bass.

ConteStaccio
NACHTCLUB, LIVEMUSIK

(Karte S. 175; www.contestaccio.com; Via di Monte Testaccio 65b; ☺Di–So 19–5 Uhr, geschl. Ende Juni–Mitte Sept.; ▣Via Marmorata) Conté Staccio ist die populärste Anlaufstelle in der Club-Gegend des Testaccio, mit einer Terrasse im Freien und Gewölbe innen. Täglich neue Gigs mit jungen Gruppen geben den Ton an mit Indie, Rock, Acoustic, Funk und Electronica. Der Eintritt ist meist frei, Cocktails kosten um 8 €.

🍸 Der Süden von Rom

Doppiozeroo
BAR

(☎06 5730 1961; doppiozeroo.com; Via Ostiense 68; ☺Mo–Sa 7–2 Uhr; Ⓜ Piramide) Diese entspannte Bar war einst eine Bäckerei, daher der Name („doppio zero" ist eine Mehltype). Das heutige coole, moderne Interieur zieht hungrige, trendige Römer an, besonders der berühmte aufwendige *aperitivo* von 18.30 bis 21 Uhr. Samstags und sonntags gibt es ein Lunchbüfett, jeden Donnerstag DJs.

Neo Club
NACHTCLUB

(Via degli Argonauti 18; ☺Fr–Sa 23–4 Uhr; Ⓜ Garbatella) In dem kleinen, dunklen Nachtclub auf zwei Etagen fühlt man sich wie im Untergrund. Der schräge Mix aus fantastischem Breakbeat, Techno und Old-Skool House bietet das beste Tanzvergnügen der gesamten Zone.

Goa
NACHTCLUB

(☎06 574 82 77; www.goaclub.com; Via Libetta 13; ☺Do–Sa 23.30–4.30 Uhr; Ⓜ Garbatella) Das Goa ist Roms Super-Nachtclub: internationale Gäste mit Ethno-Styling und Avant-Garde-Mode, Clubtänzerinnen und Gorillas an der Tür. Dort findet auch regelmäßig die Lesben-Nacht Venus Rising (www.venusrising.com) statt.

Rashomon
NACHTCLUB

(www.rashomonclub.com; Via degli Argonauti 16; ☺Okt.–Mai Fr–Sa 23–4 Uhr; Ⓜ Garbatella) Rashomon bietet hartes, schweißtreibendes Tanzvergnügen, wo man sich in Trance tanzt, um alles zu vergessen. Die Musik ist ein Fest für Liebhaber von Underground, besonders House, Techno und Electronica.

🍸 Trastevere & Gianicolo

Ma Che Siete Venuti a Fà
PUB

(Karte S. 90; Via Benedetta 25; ☺11–2 Uhr; ▣Piazza Trilussa) Der winzige Pub – dessen Name ein Anfeuerungsruf beim Fußball ist und höflich übersetzt so viel bedeutet wie „Warum seid ihr überhaupt hier?"– ist ein

Paradies für Bierliebhaber, mit einer enormen Auswahl an Bieren aus Privatbrauereien und obskuren Flaschengetränken.

Bar San Calisto
CAFÉ

(Karte S. 112; ☑ 06 589 56 78; Piazza San Calisto 3-5; ⊙ Mo-Sa 6–2 Uhr; 🚇 Viale di Trastevere; 🚊 Viale di Trastevere) Insider gehen in das heruntergekommene „Sanca" um die altmodische Atmosphäre und günstige Preise zu genießen. Hierher kommen Drogenhändler, Intellektuelle und Pseudointellektuelle und stoßen auf Römer, Alkoholiker und amerikanische Studenten. Berühmt ist die Schokolade – im Winter heiß getrunken mit Schlagsahne, im Sommer als Eiscreme genossen.

Freni e Frizioni
BAR

(Karte S. 112; ☑ 06 5833 4210; www.frenifrizioni.com; Via del Politeama 4–6; ⊙ 18.30–2 Uhr; 🚊 Piazza Trilussa) Die beliebteste Bar unter den jungen Typen in Trastevere war früher mal eine Autowerkstatt, daher der Name („Bremsen und Kupplungen"). Die Kunstszene versammelt sich hier und auf der Piazza draußen, um preiswerte Drinks (besonders Mojitos) und den anständigen *aperitivo* (19–22 Uhr) zu genießen.

Ombre Rosse
BAR

(Karte S. 112; ☑ 06 588 41 55; Piazza Sant'Egidio 12; ⊙ Mo–Sa 8–2, So 11–2 Uhr; 🚊 Piazza Trilussa) Die Bar in Trastevere schlechthin; an einem Tisch auf der Terrasse entfaltet sich vor den Blick das schönste Treiben. Zu den Gästen zählen ältere italienische Ganoven ebenso wie naive Touristen. Die Musik ist einschmeichelnd und spielt live (Jazz, Blues, World) an jedem Donnerstagabend von September bis April.

SOMMERNÄCHTE IN ROM

Von Mitte Juni bis Mitte September schließen die meisten Nachtclubs und Musikbars der Stadt, wobei einige nur nach Fregene oder Ostia an den Strand umziehen. Der Estate Romana (S. 160) bietet aber jeden Abend genügend Unterhaltung. Überall finden Konzerte, Ausstellungen, Theatervorführungen und Open-Air-Kinoveranstaltungen statt. Das Nachtleben der Stadt spielt sich den ganzen Sommer lang alfresco unten am Tiber ab, beim Festival Lungo il Tevere (S. 161).

🛑 Vatikanstadt, Borgo & Prati

Passaguai
WEINBAR

(Karte S. 116; www.passaguai.it; Via Leto 2; ⊙ Mo–Sa 10–2 Uhr; 🛜; 🚇 Piazza del Risorgimento) Der angenehm stille Weinkeller hat auch ein paar Tischchen auf der ruhigen Straße draußen. Neben einer gut sortierten Weinliste gibt es Biere aus Privatbrauereien, und das Essen – Kleinigkeiten wie Käse und Rauchfleisch – schmeckt auch lecker. Wi-Fi-Benutzung ist kostenlos.

Art Studio Café
CAFÉ

(Karte S. 116; www.artstudiocafe.it; Via dei Gracchi 187a; 🚇 Lepanto) Café, Ausstellungsraum und Handwerksschule in einem ist dieser helle, freundliche Ort, an dem die populärsten *aperitivi* von Prati serviert werden. Das Café ist ideal für einen leichten Lunch oder einen erholsamen Tee am Nachmittag.

⭐ Unterhaltung

Unterhaltung ist in Rom schon gegeben, wenn man dem bunten Treiben vom Straßencafé aus zusieht. Die Stadt bietet aber auch eine lebhafte Kulturszene mit einem ganzjährigen Veranstaltungskalender voll Konzerte, Veranstaltungen und Festivals. Im Sommer sponsert das Festival Estate Romana (S. 160) Hunderte kultureller Events, viele in romantischen Parks, Plätzen und Kirchen. Auch der Herbst ist eine gute Zeit für Tanzfestivals, Schauspiel und Jazz.

Eine gute Übersicht bietet *Trova Roma*, eine Beilage in der Donnerstag-Ausgabe von *La Repubblica*. Informativ in Bezug auf Ankündigungen sind www.turismoroma.it, www.060608.it, www.inromenow.com und www.auditorium.com.

Eintrittskarten sind erhältlich bei **Orbis** (Karte S. 104; ☑ 06 474 47 76; Piazza dell'Esquilino 37), nur gegen bar, oder bei der Online-Agentur **Hellò Ticket** (☑ 800 907080; www.helloticket.it).

Klassische Musik

Bei so viel spektakulärer Kulisse eignet sich Rom hervorragend für klassische Konzerte. Kulturelles Zentrum der Stadt ist das Auditorium Parco della Musica, aber es gibt auch viele kostenlose Konzerte in Kirchen, besonders an Ostern und zu Weihnachten sowie an Neujahr. Die Platzwahl ist frei und die Qualität der Aufführungen meist exzellent.

Die Aufführungen werden in Zeitungen und auf Plakaten angekündigt.

Auditorium Parco
della Musica
KONZERTHALLE

(☑06 8024 1281; www.auditorium.com; Viale Pietro de Coubertin 30; ☐Zubringerbus M ab Stazione Termini, ☐Viale Tiziano) Roms größtes Veranstaltungszentrum ist ein hochmoderner Komplex, der architektonische Neuerung mit perfekter Akustik verbindet. Von Renzo Piano entworfen, bietet es drei Konzerthallen und eine Freiluftarena mit 3000 Sitzen, in denen vom Klassikkonzert bis zur Tango-Ausstellung, Lesung und Filmvorführung alles geboten wird.

Das Auditorium beheimatet auch Roms Weltklasse-Spitzenorchester **Orchestra dell' Accademia Nazionale di Santa Cecilia** (www.santacecilia.it).

Teatro Olimpico
THEATER

(☑06 326 59 91; www.teatroolimpico.it; Piazza Gentile da Fabriano 17; ☐Piazza Mancini, ☐Piazza Mancini) Hier residiert die **Accademia Filarmonica Roman** (www.filarmonicaromana. org), eine der wichtigsten Organisationen für klassische Musik in Rom, zu deren Mitgliedern schon Rossini, Donizetti und Verdi gehörten. Das vielseitige Programm ist spezialisiert auf Klassik und Kammermusik, führt aber auch Opern, Ballett und zeitgenössische Multimedia-Events auf.

Oper

Opern werden in den großen Opernhäusern der Stadt aufgeführt, im Sommer aber zusätzlich auch vor dem spektakulären Hintergrund der Terme di Caracalla.

Teatro dell'Opera di Roma
OPER

(Karte S. 104; ☑06 481 70 03; www.operaroma. it; Piazza Beniamino Gigli; Ballettkarten 12–80 €, Opernkarten 17–150 €; ☺Theaterkasse Mo–Sa 9–17, So 9–13.30 Uhr; ☐Repubblica) 1880 erbaut, überrascht die Inneneinrichtung in Plüsch und Gold angesichts der Außenfassade im Stil der Faschistenära (renoviert in den 1920er-Jahren). Die Geschichte des Hauses ist beeindruckend: Hier war die Premiere von Puccinis *Tosca*, auch Maria Callas hat hier gesungen. Zeitgenössische Aufführungen werden der Großartigkeit der Räumlichkeiten leider nicht immer gerecht.

Jazz & Blues
Alexanderplatz
JAZZ

(Karte S. 116; ☑06 3974 2171; www.alexanderplatz.it; Via Ostia 9; ☺Konzerte So–Do

21.45, Fr–Sa 22.30 Uhr; ☐Ottaviano–San Pietro) Klein und intim, zieht Roms Top-Jazzlokal Top-Musiker aus Italien und aller Welt an, sowie ein aufmerksames, kosmopolitisches Publikum. Wer essen will, sollte den Tisch im Voraus buchen.

La Casa del Jazz
JAZZ

(☑06 70 47 31; www.casajazz.it; Viale di Porta Ardeatina 55; Eintritt 5–10 €; ☺19–24 Uhr; ☐Piramide) Mitten in einem Park in den südlichen Vororten befindet sich die Casa del Jazz in der ehemaligen Villa eines Mafia-Bosses. Als er geschnappt wurde, konfiszierte die Comune di Roma (der Stadtrat) das Haus und baute es für Jazz-Aufführungen um, mit 150 Zuschauerplätzen, Übungsräumen, Café und Restaurant. Einige Events sind kostenlos.

Big Mama
BLUES

(Karte S. 112; ☑06 581 25 51; www.bigmama.it; Vicolo di San Francesco a Ripa 18; ☺Do–Sa 21–1.30 Uhr, Veranstaltungen ab 22.30 Uhr, Juni–Sept. geschlossen; ☐Viale di Trastevere, ☐Viale di Trastevere) Für Blues in der ewigen Stadt gibt es nur eine Adresse: dieses enge Kellerlokal in Trastevere. Jazz, Funk, Soul und R&B werden auch geboten.

Lettere Caffè Gallery
LIVEMUSIK

(Karte S. 112; ☑06 9727 0991; www.letterecaffe.org; Vicolo di San Francesco a Ripa 100/101; ☺19–2 Uhr, geschlossen Mitte Aug.–Mitte Sept.; ☐Viale di Trastevere, ☐Viale di Trastevere) Wer Bücher, Lyrik, Blues und Jazz mag, ist hier richtig: Ein Durcheinander von Barstühlen und Büchern, dazu Live-Gigs, Poetry Slams, Comedy und Gay-Nights, auch DJ Sets, die Indie und New Wave spielen. Vegetarische Snacks gibt es von 19–21 Uhr (5 €).

Kinos

Von den rund 80 Kinos in Rom zeigen die wenigsten Filme in ausländischer Sprache (mit VO oder *versione originale* markiert). Der Eintritt kostet etwa 8 €, und Mittwoch ist Kinotag.

In Trastevere gibt es das **Alcazar Cinema** (Karte S. 112; ☑06 588 00 99; Via Merry del Val 14; ☐Viale di Trastevere, ☐Viale di Trastevere) oder das **Nuovo Sacher** (☑06 581 81 16; www. sacherfilm.eu; Largo Ascianghi 1; ☐Viale di Trastevere, ☐Viale di Trastevere), das dem römischen Kult-Regisseur Nanni Moretti gehört.

Sport

Ein Fußballspiel in Roms **Stadio Olimpico** (☑06 3685 7520; Viale dei Gladiatori 2, Foro Italico) ist eine unvergessliche Erfahrung, allerdings auch nicht hundertprozentig gefahrlos, da es gelegentlich zu unangenehmen Massenunruhen kommt.

Während der Saison (September bis Mai) findet fast jeden Sonntag ein Spiel mit einem der beiden Clubs der Stadt statt: **AS Roma,** bekannt als *giallorossi* (die Gelbroten; www.asroma.it,), oder **Lazio,** die *biancazzuri* (die Weißblauen; www.sslazio.it, auf Italienisch). Tickets kosten ab 10 € und können bei Lottomatica (Lotterieverkauf), im Stadion, bei Vorverkaufsstellen, unter www.listicket.it oder in einem der vielen Geschäfte von Roma oder Lazio in der Stadt erstanden werden.

Zum Stadion geht es über die Metrolinie A nach Ottaviano, dann muss man weiter mit dem Bus 32 zum Ziek fahren.

 Shoppen

In Rom laden neben den üblichen berühmten Ketten und glamourösen Designer-Outlets eine Vielzahl kleiner, unabhängiger Läden zum Kauf ein: traditionelle, familienbetriebene Feinkostläden, alternative Modedesigner, Kunsthandwerker und verschiedene Nachbarschaftsmärkte.

Edle Designer-Mode gibt es an der Via dei Condotti, Roms gehobener Einkaufsstraße, und im Viertel um die Piazza di Spagna. Vintage-Klamotten und Boutiquen mit kreativeren Fummeln sind an der Via del Governo Vecchio, um den Campo de' Fiori und im Viertel von Monti zu finden.

Antiquitäten und Kunst werden in der Via dei Coronari, Via dei Banchi Vecchi oder Via Margutta angeboten.

Schnäppchenjäger sollten ihren Rombesuch am besten in die Zeit der *saldi* (Schlussverkäufe) legen, im Winter ab Anfang Januar bis Mitte Februar und im Sommer von Juli bis Anfang September.

Centro Storico

★ Confetteria Moriondo & Gariglio   SCHOKOLADE
(Karte S. 90; Via del Piè di Marmo 21-22; ⊘Mo-Sa 9–19.30 Uhr; ▣Via del Corso) Der römische Dichter Trilussa war so entzückt von diesem historischen Schokoladegeschäft der Hoflieferanten für das Königshaus von Savoyen, dass er ihm mehrere Sonette widmete. Viele der handgemachten Schokoladesorten und Bonbons, feierlich in Vitrinen vor purpur-

farbenem Hintergrund ausgestellt, werden heute noch nach traditionellen Rezepten aus dem 19. Jh. gefertigt.

★ Ibiz – Artigianato in Cuoio   ACCESSOIRES
(Karte S. 90; Via dei Chiavari 39; ⊘Mo-Sa 9.30–19.30 Uhr; ▣Corso Vittorio Emanuele II) In diesem winzigen Handwerksbetrieb stellen Elisa Nepi und ihr Vater exquisite, relativ preiswerte Lederartikel wie Brief- und Handtaschen, Gürtel und Sandalen in klassisch einfachen Designs und bunten Farben her. Ein Geldbeutel kostet etwa 70 €, eine Schultertasche um 200 €.

Le Artigiane   KUNST- UND HANDWERKSZENTRUM
(Karte S. 90; www.leartigiane.it; Via di Torre Argentina 72; ⊘10–19.30 Uhr; ▣Largo di Torre Argentina) Le Artigiane ist eine Verkaufsstätte für lokal gefertigte Handwerkskunst und Teil eines laufenden Projekts, bei dem Italiens handwerkliche Traditionen gefördert werden. Hier lässt es sich wunderbar stöbern in einer eklektischen Auswahl handgefertigter Outfits, Modeschmuck, Designobjekten und Lampen.

daDADA 52   BEKLEIDUNG
(Karte S. 90; www.dadada.eu; Via dei Giubbonari 52; ⊘Mo 11–14 & 14.30–19.30, Di-Sa 10–19.30 Uhr, So 11–19.30 Uhr; ▣Via Arenula) Jede modebewusste Römerin sieht sich im daDADA nach ausgefallenen Cocktailkleidern, leuchtend bunten Sommerfummeln, Mänteln und farbenfrohen Hüten um. Die Preise beginnen bei 100 €, gehen aber oft über 200 € hinaus. An der Via del Corso 500 gibt es eine ebenfalls beliebte **Filiale** (Karte S. 96; ☑06 6813 9162; www.dadada.eu; Via del Corso 500; Ⓜ Flaminio or Spagna).

Luna & L'Altra   BEKLEIDUNG
(Karte S. 90; Piazza Pasquino 76; ⊘Di-Sa 10–14 & Mo-Sa 15.30–19.30 Uhr; ▣Corso Vittorio Emanuele II) Diese trendige Adresse beherbergt eine von mehreren unabhängigen Boutiquen an der und um die Via del Governo Vecchio. Das schmucklose, galerieartige Interieur zelebriert Kleidung und Accessoires der hippen Designer Issey Miyake, Marc Le Bihan, Jean Paul Gaultier und Yohji Yamamoto.

Nardecchia   KUNST
(Karte S. 90; Piazza Navona 25; ⊘Di-Sa 10–13 & Mo-Sa 16.30–19.30 Uhr; ▣Corso del Rinascimento) Was hier gekauft wird, zeigt man später gerne vor: Das traditionelle Geschäft

an der Piazza Navona ist berühmt für seine antiken Drucke. Nardecchia verkauft sowohl Radierungen von Giovanni Battista Piranesi aus dem 18. Jh. wie auch preisgünstigere Panoramen aus dem 19. Jh. Ein kleiner, hübsch gerahmter Druck kostet beispielsweise um die 120 €.

Officina Profumo Farmaceutica
di Santa Maria Novella   KOSMETIK
(Karte S. 90; Corso del Rinascimento 47; ⊘Mo–Sa 10–19.30 Uhr; ᐧCorso del Rinascimento) Die römische Niederlassung einer der ältesten Apotheken Italiens vertreibt hier neben berückend aromatischer Naturkosmetik und Parfums auch Kräutertees, Tees und Potpourris. Alles wird sorgfältig in Etageren unter einem riesigen Kronleuchter aus Murano-Glas präsentiert. Die Apotheke wurde ursprünglich 1612 von den Dominikanern von Santa Maria Novella in Florenz gegründet. Viele der Kosmetikprodukte werden nach Rezepten aus dem 17. Jh. hergestellt.

Borini   SCHUHE
(Karte S. 90; Via dei Pettinari 86-87; ⊘Di–Sa 9–13 & Mo–Sa 15.30–19.30 Uhr; ᐧVia Arenula) Die Berge von Schachteln und der Alltags- und Diskont-Look geben ein falsches Bild ab – wer sich auskennt, kommt zu diesem scheinbar verwahrlosten Laden, den die Borini seit 1940 führen, um hier modische Schuhe zu kaufen. Borini führt alles, was gerade „in" ist, zu vernünftigen Preisen und in wunderbaren Farbtönen.

🔓 Tridente, Trevi & Quirinal

Armando Rioda   HANDWERKSKUNST
(Karte S. 96; Via Belsiana 90; ⊘Mo–Sa 9-13 & 16–20 Uhr; ⓜSpagna) Die ausgetretenen Stufen führen zu einer Werkstatt mit Stapeln weichsten Leders, aus dem Kunden das gewünschte Material auswählen können. In kürzester Zeit stellt Armando Rioda handgearbeitete Handtaschen (auch nach Designer-Vorlage) Brieftaschen, Gürtel und Aktenkoffer her. Eine Handtasche kostet 200 bis 250 € und wird in etwa einer Woche hergestellt. Bestellungen werden auch per Post nachgesendet, Abholung ist aber sicherer.

Vertecchi Art   KUNST
(Karte S. 96; Via della Croce 70; ⊘Mo 15.30-19.30 Uhr, Di–Sa 10-19.30 Uhr; ⓜSpagna) Ideal für Last-Minute-Geschenke, bietet dieses große Geschäft für Papierbedarf und Kunst

schön bedrucktes Briefpapier, Karten und Umschläge, die zur Kunst gepflegter Korrespondenz inspirieren, sowie eine erstaunliche Auswahl an Notizbüchern und Kunst-gewerblichem.

Bottega di Marmoraro   HANDWERKSKUNST
(Karte S. 96; Via Margutta 53b; ⊘Mo–Sa 8–19.30 Uhr; ⓜFlaminio) Ein zauberhafter kleiner Laden mit Marmorschnitzereien an den Wänden, in dem man jede beliebige Inschrift auf Marmorplatten gravieren lassen kann (15 €). Um die Mittagszeit kocht sich der *marmoraro* (Marmorschnitzer) hin und wieder einen Topf Kutteln über dem offenen Holzfeuer.

Lucia Odescalchi   SCHMUCK
(Karte S. 96; ☎06 6992 5506; Palazzo Odescalchi, Piazza Santissimi Apostoli 81; ⊘Mo–Fr 9.30–14 Uhr; ⓜSpagna) Dieser Schmuck setzt eine ganz persönliche Note. Das Atelier ist stilgerecht in den ehemaligen Archiven des Familien-*palazzo* untergebracht, und die Avant garde-Schmuckstücke strahlen oft eine fast mittelalterliche Schönheit aus: vom glänzend polierten Stahl und Kettengewebe bis zu Preziosen aus Perlen und Fossilien. Traumhaft schön. Die Preise beginnen ab 140 €.

C.U.C.I.N.A.   HAUSHALTSARTIKEL
(Karte S. 96; ☎06 679 12 75; Via Mario de' Fiori 65; ⊘Mo 15.30-19.30, Di–Fr 10–19.30, Sa 10.30–

INSIDERWISSEN

KAMPF GEGEN DIE MAFIA

Man sieht es dem kleinen, unauffälligen Lebensmittelgeschäft **Pio La Torre** (Karte S. 90; www.liberaterra.it; Via dei Prefetti 23; ⊘Mo–Sa 10–13 & 15.30–19.30 Uhr; ᐧVia del Corso), Nähe Piazza del Parlamento nicht an, doch ein Einkauf hier leistet einen kleinen, aber sicheren Beitrag zum Kampf gegen die Mafia. Sämtliche Waren wie organische Olivenöle, Pasta, Honig und Weine, wurden auf Land angebaut, das enteigneten kriminellen Organisationen gehörte. Der Laden ist Teil einer landesweiten Kette *I Sapori e I Saperi della Legalità* (*Geschmack und Wahrnehmung der Legalität*), die Nahrungsmittel vertreibt, welche auf ehemaligem Mafia-Terrain angebaut wurden.

19.30 Uhr; M Spagna) Wer beim Kochen auf das richtige Geschirr Wert legt, fühlt sich in diesem coolen Fachgeschäft wohl. Die Verkaufsstelle der römischen C.U.C.I.N.A-Kette hat allerlei praktische, doch formschöne Töpfe und Schüsseln auf Lager, dazu Designer-Besteck, Gourmet-Zubehör, Weingläser und eine Auswahl an Kochbekleidung.

Eleonora
BEKLEIDUNG
(Karte S. 96; ✆ 06 6919 0554; Via del Babuino 97; ⊙ Mo-Sa 10–19.30, So 11–19.30 Uhr; M Spagna) Die aufdringliche Sci-Fi-Fassade lässt nicht ahnen, wie heiß der Laden ist: Er hat den Finger am Puls der Zeit mit einer klassischen Auswahl an Designmodellen von Dolce & Gabbana, Fendi, Missoni, Marc Jacobs und Sergio Rossi.

Danielle
SCHUHE
(Karte S. 96; ✆ 06 679 24 67; Via Frattina 85a; ⊙ Di-Sa 10–19.45, So-Mo 12–19.45 Uhr; M Spagna) Welche Frau braucht schon keine italienischen Schuhe? Das modische Geschäft bietet klassisches und trendiges Schuhwerk – ob High Heels, Stiefel oder Ballerinas, aus weichem Leder und in Hunderten von Farben, sei es schlicht und dezent oder ausgesprochen schrill.

Sermoneta
ACCESSORIES
(Karte S. 96; ✆ 06 679 19 60; www.sermone taglooves.com; Piazza di Spagna 61; ⊙ Mo-Sa 9.30–20, So 10–19 Uhr; M Spagna) Lederhandschuhe in Rom zu kaufen gehört für so manchen zu den wichtigen Ritualen im Leben. Roms berühmtester Handschuhverkäufer bietet ein wahres Kaleidoskop erstklassiger Wildleder- und Lederhandschuhe. Geschultes Personal erfasst die Handform des Kunden mit einem Blick – und bedient meist ohne auch nur den Anflug eines Lächelns.

Fausto Santini
SCHUHE
(Karte S. 96; ✆ 06 678 41 14; Via Frattina 120; ⊙ Mo 11–19.30, Di-Sa 10–19.30, So 11–14 & 15–19 Uhr; M Spagna) Roms berühmtester Schuh-Designer Fausto Santini ist bekannt für seine simplen, durchstrukturierten Modelle fantastischer Stiefel und eleganter Schuhe aus butterweichem Leder. Die Farben sind wunderschön und die Qualität ist einwandfrei. Wirklich günstige Angebote gibt es unter anderem im **Discount Shop** (Karte S. 96; ✆ 06 488 09 34; Via Cavour 106; M Cavour) für Auslaufmodelle.

🏠 Monti, Esquilin & San Lorenzo

101
DAMENBEKLEIDUNG
(Karte S. 104; Via Urbana; ⊙ 10–13.30 & 14–20 Uhr; M Cavour) Die Kollektion dieser freien Boutique umfasst hauchdünne Pullover, breitrandige Hüte, Metallkettenohrringe, Seidenkleider und mehr. Es lohnt sich immer, einen Blick hineinzuwerfen.

Tina Sondergaard
BEKLEIDUNG
(Karte S. 76; ✆ 06 9799 0565; Via del Boschetto 1d; ⊙ Mo 15–19.30, Di-Sa 10.30–13 & 13.30–19.30 Uhr, geschl. Aug.; M Cavour) Grandios geschnitten und seltsam retro wirken diese handgeschneiderten Sachen, ein Hit für stilbewusste Frauen wie die italienische Rock-Sängerin Carmen Consoli und die Theater- und Fernseh-Clique der Stadt. Jedes Stück wird nur in kleiner Anzahl hergestellt und jede Woche hängen diverse neue Kreationen auf der Stange.

🏠 Aventin & Testaccio

Volpetti
ESSEN & TRINKEN
(Karte S. 175; www.volpetti.com; Via Marmorata 47; ⊙ Mo-Sa 8–14 & 17–20.15 Uhr; 🚊 Via Marmorata) Ein wohlsortierter Feinkostladen, manche meinen, der beste der Stadt, mit wahren Schätzen für den Gaumen. Hilfreiches Personal führt durch die breite Auswahl an scharf riechendem Käse, hausgemachter Pasta, Olivenölen, Essigsorten, Gepökeltem, Gemüsepasteten, Weinen und Grappas. Online-Bestellung möglich.

🏠 Trastvere & Gianicolo

Flohmarkt Porta Portese
MARKT
(Piazza Porta Portese; ⊙ So 7a–13 Uhr; 🚊 Viale di Trastevere, 🚊 Viale di Trastevere) Der riesige Flohmarkt gewährt neue Einblicke in den römischen Alltag. An Tausenden von Verkaufsständen wird hier alles verkauft, von seltenen Büchern und alten Rädern bis hin zu Schals aus Peru und MP3-Playern. Total verrückt, macht aber Spaß, und Handeln gehört dazu. Vorsicht vor Taschendieben.

ℹ Orientierung

Rom ist zwar ausgedehnt, aber das Zentrum ist relativ kompakt. Die meisten Sehenswürdigkeiten befinden sich auf dem Gebiet zwischen Stazione Termini, dem größten Verkehrsknotenpunkt der Stadt, und dem Vatikan im Westen. In der Mitte liegt das Centro Storico (Altstadt) mit Pantheon und Piazza Navona, während im Süden das Kolosseum über die großen, klassischen Ruinen der Stadt, das Forum Romanum und den Palatin, dominiert, Am Westufer des Tiber zeigt der Petersdom den Weg zum Vatikan.

Die Entfernungen sind nicht zu groß, und zu Fuß kommt man oft am besten durch.

ⓘ Praktische Informationen

GELD

Geldautomaten gibt es überall in der Stadt.

Wechselstuben sind an der Stazione Termini sowie in den Flughäfen Fiumicino und Ciampino zu finden. Auch im Zentrum sind sie weit verbreitet, einschließlich **American Express** (☏ 06 6 76 41; Piazza di Spagna 38; ⊙ Mo–Fr 9–17.30, Sa 9–12.30 Uhr).

INTERNETZUGANG

WLAN ist in den meisten Hostels, B&Bs und Hotels kostenlos verfügbar. Einige bieten selbst Laptops oder Computer zur Benutzung an.

Mehrere Hotspots für kostenlosen Internetzugang sind in der Stadt verteilt, erfordern jedoch die Registrierung beim Provider, also bei **Provincia di Roma** (www.provincia.roma.it), **Roma Wireless** (www.romawireless.com) oder **Digit Roma** (www.digitroma.it) und eine italienische Mobilfunknummer. Einfacher ist es, man geht in eines der vielen Cafés oder Bars, die Wi-Fi kostenlos anbieten.

Im Gebiet um die Stazione Termini gibt es Internet-Cafés. Sie verlangen meist 4–6 € pro Std.

MEDIEN

Folgende Publikationen erscheinen auf Englisch:
Osservatore Romano (www.osservatoreromano.va) Die Online-Ausgabe der offiziellen Tageszeitung des Vatikans.

Wanted in Rome (www.wantedinrome.com) Ein nützliches Expat-Magazin, das jeden zweiten Mittwoch erscheint, mit Kleinanzeigen, Veranstaltungshinweisen und Kritiken. Die Online-Version ist kostenlos.

MEDIZINISCHE VERSORGUNG

Bei ambulant behandelbaren Beschwerden hilft die **Guardia Medica Turistica** (☏ 06 7730 6650; Via Emilio Morosini 30).

Privatärzte kommen bei Anruf auch ins Hotel oder Apartment; z. B. **Roma Medica** (☏ 338 6224832; Besuchs-/Behandlungskosten 150 €; ⊙ 24 Std.). Besuch und Behandlung kosten etwa 150 €, was sich bei entsprechender Versicherung lohnt. Notfälle werden in der Abteilung *pronto soccorso* (Notaufnahme) eines *ospedale* (Krankenhauses) behandelt.

Apotheken verkaufen gegen Rezept und bieten Grundberatung an. Nachtapotheken werden in den Tageszeitungen und an den Apothekenfenstern aufgelistet.

Farmacia Vaticana (☏ 06 6988 9806; Palazzo Belvedere, Via di Porta Angelica; ⊙ Sept.–Juni Mo–Fr 8.30–18 Uhr, Juli–Aug. Mo–Fr 8.30–15 Uhr, ganzjährig Sa 8.30–13 Uhr) Im Vatikan. Verkauft gewisse Medikamente, die in italienischen Apotheken nicht erhältlich sind, und löst ausländische Rezepte ein (andere örtliche Apotheken dürfen das nicht).

Ospedale di Odontoiatria G Eastman (☏ 06 84 48 31; Viale Regina Elena 287b) Für zahnärztliche Notbehandlung.

Ospedale Santo Spirito (☏ 06 6 83 51; Lungotevere in Sassia 1) Nähe Vatikan.

Apotheke (☏ 06 488 00 19; Piazza Cinquecento 51) Nähe Stazione Termini. Auch im Bahnhof selbst gibt es eine Apotheke (am Bahnsteig 1), geöffnet 7.30–22 Uhr.

Policlinico Umberto I (☏ 06 4 99 71; www.policlinicoumberto1.it; Viale del Policlinico 155) Nähe Stazione Termini.

NOTFALL

Krankenwagen (☏ 118)

Polizeinotruf (☏ 113, 112)

Polizei (Questura; ☏ 06 4 68 61; Via San Vitale 11)

POST

Postämter befinden sich u. a. in der Via delle Terme di Diocleziano 30, der Via della Scrofa 61-63 und in der Stazione Termini (am Bahnsteig 24).

Hauptpostamt (Karte S. 90; ☏ 06 6973 7205; Piazza di San Silvestro 19; ⊙ Mo–Fr 8.20–19.05, Sa 8.20–12.35 Uhr)

Postamt Vatikan (Karte S. 116; ☏ 06 6988 3406; Petersplatz; ⊙ Mo–Sa 8.30–18.30 Uhr)

ⓘ VORSICHT DIEBE

Rom ist eine relativ sichere Stadt, aber Kleinkriminalität ist weit verbreitet. Taschendiebe folgen den Touristen, die sich deshalb besonders um das Kolosseum, die Piazza di Spagna, den Petersplatz und die Stazione Termini vorsehen sollten. Vorsicht auch an den Bushaltestellen an der Via Marsala, wo sich die Diebe an orientierungslose Reisende, frisch vom Flughafen Ciampino kommen heranmachen. Überfüllte öffentliche Verkehrsmittel sind ebenfalls gefährlich – Bus 64 zum Vatikan ist berüchtigt. Metro-Reisende sollten die weniger überfüllten Wagen an den Zugenden nehmen.

TOURISTENINFORMATION

Die Stadtverwaltung hat einen kostenlosen **Touristen-Informationsservice** (☎ 06 06 08; www.060608.it; ⏰ 9–21 Uhr) für Telefonanfragen eingerichtet.

Touristeninformationen gibt es an den internationalen Flughäfen **Fiumicino** (Terminal 3, Ankunft International; ⏰ 8–19.30 Uhr) und **Ciampino** (Ankunft International, Gepäckausgabe; ⏰ 9–18.30 Uhr) sowie an den folgenden Standorten in der Stadt:

Castel Sant'Angelo (Karte S. 90; Piazza Pia; ⏰ 9.30–19 Uhr)

Piazza delle Cinque Lune (Karte S. 90; Piazza delle Cinque Lune; ⏰ 9.30–19 Uhr) Nähe Piazza Navona.

Stazione Termini (Karte S. 104; ⏰ 8–20.30 Uhr) In der Halle parallel zu Bahnsteig 24.

Fori Imperiali (Karte S. 76; Via dei Fori Imperiali; ⏰ 9.30–19 Uhr; 🚇 Via dei Fori Imperiali)

Trevibrunnen (Karte S. 96; Via Marco Minghetti; ⏰ 9.30–19 Uhr) am Trevibrunnen.

Via Nazionale (Karte S. 96; Via Nazionale; ⏰ 9.30–19 Uhr)

Informationen zum Vatikan bietet das **Centro Servizi Pellegrini e Turisti** (Karte S. 116; ☎ 06 6988 1662; Petersplatz; ⏰ Mo–Sa 8.30–18 Uhr).

WEBSITES

060608 (www.060608.it) Informationen zu Sehenswürdigkeiten, Unterkunft, Events, Transport und mehr.

Coop Culture (www.coopculture.it) Informationen und Eintrittskarten für Roms Monumente, Museen und Galerien.

In Rome Now (www.inromenow.com) Informatives Internet-Magazin, das von zwei amerikanischen Expats geführt wird.

Parla Food (www.parlafood.com) Freches amerikanisches Food-Blog mit ausgezeichneten Weblinks.

Turismo Roma (www.turismoroma.it) Roms offizielle Touristen-Website mit Informationen zu Übernachtungsmöglichkeiten, geplanten Events und mehr.

Vatican (www.vatican.va) Die offizielle Website des Vatikans.

ℹ️ An- & Weiterreise

AUTO & MOTORRAD

Ins Zentrum von Rom zu fahren ist eine Herausforderung, bei der es Verkehrsbeschränkungen, Einbahnstraßen, kaum Parkplätze am Straßenrand und aggressiven Fahrstil zu bewältigen gilt.

Die Umgehungsstraße von Rom ist die Grande Raccordo Anulare (GRA), von der aus alle *auto-stradas* (Autobahnen) abgehen, einschließlich

der wichtigen Nord-Süd-Verbindung A1 (der *Autostrada del Sole*) und der A12, die Rom mit Civitavecchia und dem Flughafen Fiumicino verbindet.

Autovermietung

Autovermieter unterhalten Abholstationen am Flughafen und an der Stazione Termini.

Avis (www.avisautonoleggio.it)

Europcar (www.europcar.com)

Hertz (www.hertz.it)

Maggiore National (www.maggiore.it)

BUS

Nationale und internationale Fernbusse fahren die **Autostazione Tiburtina** (Piazzale Tiburtina), östlich des Stadtzentrums, vor der gleichnamigen Metrostation an. Stazione Tiburtina liegt an der Metrolinie B.

Fahrkarten sind am Busbahnhof oder bei Reiseveranstaltern erhältlich.

Interbus (☎ 091 34 25 25; www.interbus.it) von/nach Sizilien.

Marozzi (☎ 080 579 01 11; www.marozzivt.it) von/nach Sorrent, Bari, Matera und Lecce.

SENA (☎ 0861 199 19 00; www.sena.it) von/nach Siena, Bologna und Mailand.

Sulga (☎ 800 09 96 61; www.sulga.it) von/nach Perugia, Assisi und Ravenna.

Cotral-Busse (☎ 800 174471; www.cotralspa.it) fahren von vielen Haltestellen überall in der Stadt aus Reiseziele in der Region Latium an. Das Busunternehmen ist mit Roms öffentlichem Nahverkehr verbunden, d. h., man kann dort Fahrkarten für Busse, Straßenbahnen, die Metro und Züge in der Stadt kaufen, ebenso wie für regionale Busse und Züge.

FLUGZEUG

Roms größter internationaler Flughafen **Leonardo da Vinci** (☎ 06 6 59 51; www.adr.it/fiumicino), besser bekannt als Fiumicino, liegt an der Küste 30 km westlich der Stadt.

Der sehr viel kleinere Flughafen **Ciampino** (☎ 06 6 59 51; www.adr.it/ciampino), 15 km südöstlich des Stadtzentrums, ist das Drehkreuz des europäischen Billigfliegers Ryanair.

SCHIFF/FÄHRE

Roms Hafen liegt in Civitavecchia, etwa 80 km nördlich der Stadt. Fähren fahren von hier aus Ziele im Mittelmeer sowie Sizilien und Sardinien an.

Buchungen können in der **Agenzia 365** (☎ 06 474 09 23; www.agenzie365.it; ⏰ 8–21 Uhr) in der Stazione Termini, bei Reiseveranstaltern oder Online unter www.traghettiweb.it gemacht werden. Fahrausweise sind auch im Hafen direkt erhältlich.

Ab Stazione Termini fährt ein regelmäßiger Bahnservice nach Civitavecchia (5–15 €, 40–75 Min). Vom Bahnhof zum Hafen sind es 700 m vom Ausgang aus nach rechts.

Die wichtigsten Fährgesellschaften sind:

Grimaldi Lines (☏ 081 49 64 44; www.grimaldi-lines.com) von/nach Trapani (Sizilien), Porto Torres (Sardinien), Barcelona (Spanien) und Tunis (Tunesien).

Tirrenia (☏ 892123; www.tirrenia.it) von/nach Arbatax, Cagliari und Olbia (alle in Sardinien).

ZUG

Fast alle Züge fahren die **Stazione Termini** (Piazza dei Cinquecento) an, Roms Hauptbahnhof und größtes Verkehrszentrum. Es bestehen regelmäßige Zugverbindungen mit anderen europäischen Ländern, sowie mit allen größeren und vielen kleineren Städten Italiens.

Informationen zu Zugverbindungen sind in den Fahrgastzentren in der Haupthalle links der Fahrkartenschalter erhältlich. Informationen auch unter www.trenitalia.com, oder telefonisch unter ☏ 892021.

Die **Gepäckaufbewahrung** (die ersten 5 Std. 5 €, 6.–12. Std. 0,70 € pro Std., 13 & mehr Std. 0,30 € pro Std.; ⊙ 6–23 Uhr) befindet sich im Untergeschoss unterhalb von Bahnsteig 24.

Weitere größere Bahnhöfe in Rom sind Stazione Tiburtina, Stazione Roma-Ostiense und Stazione Trastevere.

ℹ Unterwegs vor Ort

AUTO & MOTORAD

Zufahrt & Parken

Der größte Teil des historischen Zentrums ist für normalen Straßenverkehr montags bis freitags von 6.30 bis 18 Uhr gesperrt, samstags von 14 bis 18 Uhr und freitags bis sonntags von 23 bis 3 Uhr. Ebenfalls eingeschränkt ist der Verkehr nachts in Trastevere, San Lorenzo, Monti und Testaccio, normalerweise von 21.30 oder 23 bis 3 Uhr freitags und samstags.

Alle Straßen, die zur ZTL („zona a traffico limitato" – verkehrsberuhigte Zone) führen werden elektronisch überwacht. Wer in dieser Zone übernachtet und mit dem Auto anfährt, sollte das Hotel informieren, da sonst eine Strafe verhängt wird. Weitere Informationen unter www.agenziamobilita.roma.it.

Blaue Linien markieren Parken mit Parkschein. Parkscheine sind an Münzautomaten oder in den *tabacchi* erhältlich. Es muss mit etwa 1,20 € pro Stunde zwischen 8 und 20 Uhr (gelegentlich auch 23 Uhr) gerechnet werden. Nach 20 bzw. 23 Uhr ist Parken normalerweise kostenlos bis zum nächsten Morgen um 8 Uhr.

Die Straßen werden stark kontrolliert und Strafen fallen oft an. Auskunft über abgeschleppte Autos gibt es unter ☏ 06 6769 2303. Eine Liste von Parkplätzen bietet die Website www.060608.it unter Transports/ car parks.

Motorroller-Vermietung

Mietpreise für Motorroller bewegen sich zwischen 20 € für eine 50ccm-Maschine und 125 € für eine 1000ccm-Maschine. Seriöse Anbieter sind:

Bici e Baci (☏ 06 482 84 43; www.bicibaci.com; Via del Viminale 5)

Eco Move Rent (☏ 06 4470 4518; www.ecomo verent.com; Via Varese 48-50; ⊙ 8.30–19.30 Uhr)

VOM/ZUM FLUGHAFEN

Fiumicino

Die beste Verbindung zwischen Fiumicino und Stadtmitte bietet der Zug, es gibt aber auch Busse und private Pendelbusse.

ZUGVERBINDUNGEN MIT GRÖSSEREN STÄDTEN

Von Stazione Termini aus fahren Züge unter anderem zu den folgenden Städten. Die angegebenen Preise gelten für die 2. Klasse.

REISEZIEL	ZUGTYP	FAHRPREIS (€)	FAHRZEIT (STD.)
Florenz	Express	43	1½
	Regionalzug	20,25	3¾
Mailand	Express	76–86	3–3½
	Schnellzug	55,50	6¾
Neapel	Express	39–43	1¼
	Regionalzug	11,20	2½
Palermo	tagsüber	73	11½
	Nachtzug	92,50–99,50	12¼
Venedig	Express	80	3 ¾
	Schnellzug	45,50–49,50	6¾–9

FAHRKARTEN

Fahrkarten des Verkehrsverbunds gelten für alle Busse, Straßenbahnen und Metrolinien von Rom, außer für Fahrten zum Flughafen Fiumicino. Es gibt verschiedene Tarife:

BIT (*biglietto integrato a tempo*, gültig in eine Richtung für 100 Minuten und eine Metrofahrt) 1,50 €

BIG (*biglietto integrato giornaliero*, Tages-Ticket) 6 €

BTI (*biglietto turistico integrato*, 3-Tages-Ticket) 16,50 €

CIS (*carta integrata settimanale*, Wochen-Ticket) 24 €

Abbonamento mensile (Monatspass) 35 €

Fahrscheine sind erhältlich in *tabacchi*, Zeitungskiosks und an Automaten an den großen Bushaltestellen und Metrostationen. Sie müssen vor Beginn der Reise erstanden und in den Automaten in Bussen, den Metroeingängen oder in Bahnstationen abgestempelt werden. Schwarzfahrer müssen vor Ort ein Bußgeld von 50 € entrichten. Kinder bis zu 10 Jahren reisen kostenlos.

Der Roma Pass (S. 81) enthält ein 3-Tages-Ticket für Reisen innerhalb der Stadtgrenze.

Der Standardpreis für die Fahrt in einem Taxi der Comune di Roma zum/vom Stadtzentrum ist 48 € für bis zu vier Fahrgäste mit Gepäck. In Fiumicino registrierte Taxis dürfen jedoch mehr verlangen. Taxis der Comune di Roma sind weiß und an der Wagenseite steht *Roma capitale* neben der ID-Nummer des Fahrers.

Leonardo Express (Erw./Kind unter 4 14 €/ frei) Der Zug verkehrt alle 30 Minuten zwischen Flughafen und Stazione Termini: ab Flughafen zwischen 6.38 und 23.38 Uhr; ab Stazione Termini zwischen 5.52 und 22.52 Uhr. Die Fahrzeit beträgt 30 Minuten.

FR1 Train (8 €) Verkehrt nach Trastevere, Ostiense und Tiburtina. Abfahrt vom Flughafen alle 15 Minuten (stündl. an Sonn- und Feiertagen) zwischen 5.58 und 23.28 Uhr; ab Tiburtina alle 15 Minuten zwischen 5.47 und 19.32 Uhr, dann Mo–Sa alle 30 Min. bis 22.02 Uhr, So alle 30 Min. zwischen 6.02 und 22.02 Uhr.

Airport Shuttle (☎ 06 4201 3469; www. airportshuttle.it) Transfers vom/zum Hotel für 25 € für eine Person, 6 € je weiterer Fahrgast bis maximal acht Fahrgäste.

Cotral (www.cotralspa.it; eine Richtung 5 €, bei Kartenkauf im Bus 7 €) Fährt von/zur Stazione Tiburtina über Stazione Termini. Acht Fahrten täglich einschließlich Nachtfahrten ab Flughafen um 1.15, 2.15, 3.30 und 5 Uhr, ab Tiburtina um 12.30, 1.15, 2.30 und 3.45 Uhr. Die Fahrzeit beträgt eine Stunde.

Ciampino

Von hier aus kommt man am besten mit dem Linienbus in die Stadtmitte, oder per Bus zum Bahnhof in Ciampino und weiter per Zug zur Stazione Termini. Der Festpreis für eine Taxifahrt zwischen Stadtmitte und Flughafen beträgt etwa 30 €.

Terravision-Bus (www.terravision.eu; eine Richtung 4 €) Verkehrt alle halbe Stunde zwischen Via Marsala vor der Stazione Termini und Ciampino: ab Flughafen zwischen 8.15 und 0.15 Uhr; ab Via Marsala zwischen 4.30 und 21.20 Uhr. Fahrkartenverkauf im Terracafé an der Bushaltestelle Via Marsala. Die Fahrzeit beträgt etwa 40 Minuten.

SIT (www.sitbusshuttle.com; vom Flughafen 4 €, zum Flughafen 6 €) Busse fahren ab Ciampino zwischen 7.15 und 22.30 Uhr zur Piazza Indipendenza vor der Stazione Termini; ab Termini zwischen 4.30 und 21.30 Uhr. Fahrkarten werden im Bus verkauft. Die Fahrzeit beträgt 45 Minuten.

Cotral-Bus (www.cotralspa.it; pro Richtung 3,90 €) 17 Fahrten täglich von/zur Via Giolitti an der Stazione Termini. Verkehrt auch von/ zur Metrostation Anagnina (1,20 €) und dem Bahnhof von Ciampino (1,20 €), von wo aus Züge nach Termini (1,30 €) fahren.

ÖFFENTLICHE VERKEHRSMITTEL

Roms Verkehrsverbund umfasst Busse, Straßenbahnen, die Metro und ein Netz von verschiedenen Vorstadtzügen.

Metro

Roms zwei Metrolinien A (orange) und B (blau) kreuzen sich bei Termini, der einzigen Station, an der man von der einen in die andere Linie wechseln kann. Die Linie B1 zweigt von Linie B ab und bedient die nördlichen Vorstädte, ist für Touristen also uninteressant.

Die Züge verkehren zwischen 5.30 und 23.30 Uhr (bis 1.30 freitags und samstags).

Die Stationen an der Linie B sind barierrefrei, außer Circo Massimo, Colosseo und Cavour; an der Linie A ist Cipro–Musei Vaticani eine der wenigen Stationen mit Aufzügen.

Linie A führt zum Trevibrunnen (Barberini), zur Spanischen Treppe (Spagna) und zum Petersdom (Ottaviano–San Pietro).

Linie B führt zum Kolosseum (Colosseo).

Bus & Straßenbahn

Busse und Straßenbahnen laufen unter der Firmierung **ATAC** (☏ 06 5 70 03; www.atac.roma. it). Der **Busbahnhof** (Karte S. 104; Piazza dei Cinquecento) mit dem **Auskunftskiosk** befindet sich vor der Stazione Termini (Karte S. 104; ⊙ 7.30–20 Uhr). Weitere wichtige Knotenpunkte sind am Largo di Torre Argentina und der Piazza Venezia.

Busse verkehren allgemein ab 5.30 Uhr bis Mitternacht, danach gilt ein Nachtfahrplan.

Über 25 Linien betreiben Nachtbusse, viele davon fahren die Stazione Termini bzw. die Piazza Venezia an. Nachtbusse führen ein „N" vor der Nummer und die Haltestellen sind mit einer blauen Eule markiert. Zwischen 1 und 5 Uhr fahren sie meist alle 15–30 Minuten, manchmal in größeren Abständen.

Eisenbahnnetz

Roms Eisenbahnnetz ist nur für Reisen aus der Stadt hinaus praktisch, wie zu den Castelli Romani, den Stränden am Lido di Ostia oder den Ruinen von Ostia Antica.

Taxi

Taxis mit städtischer Lizenz sind weiß, haben eine ID-Nummer und den Schriftzug *Roma capitale* an den Türen.

Das Taxameter sollte eingeschaltet sein. Festpreise sollte man nicht akzeptieren (außer den definierten vom und zum Flugplatz).

In der Stadt (innerhalb der Ringstraße) ist der Grundpreis wochentags 6–22 Uhr 3 €, an Sonn- und Feiertagen 4,50 € und von 22–7 Uhr 6,50 €. Danach fallen 1,10 € pro Kilometer an. Die offiziellen Tarife hängen in den Taxis und unter www. viviromaintaxi.eu aus.

Am leichtesten erhältlich ist ein Taxi am Taxistand, oder durch telefonische Bestellung. Taxistände befinden sich an den Flughäfen, der Stazione Termini, am Kolosseum, am Largo di Torre Argentina, an der Piazza San Silvestro, der Piazza della Repubblica, der Piazza Belli in Trastevere und im Vatikan an der Piazza del Pio XII und der Piazza del Risorgimento.

Taxis können telefonisch über die Taxinummer ☏ 06 06 09 der Comune di Roma oder bei den Taxigesellschaften direkt gebucht werden.

Bei telefonischer Bestellung tickt der Zähler sofort. Fahrgäste zahlen für die anfallenden Anfahrtskosten ab dem Punkt, an dem der Fahrer die Bestellung entgegengenommen hat.

La Capitale (☏ 06 49 94)
Pronto Taxi (☏ 06 66 45)
Radio Taxi (☏ 06 35 70)
Samarcanda (☏ 06 55 51)
Tevere (☏ 06 41 57)

LATIUM

Bei einer sehenswerten Hauptstadt wie Rom ist es nicht weiter verwunderlich, dass das die Region Latium leicht übersehen wird. Aber wenn man den Punkt erreicht hat, wo einem Rom zu viel wird, dann sollte man es den Römern gleichtun und die Stadt verlassen. Die ganze Region ist nicht nur wunderschön – mit grünen Hügeln im Norden, trocken und wild im Süden, sondern auch

BUSSE AB TERMINI

Von der Piazza dei Cinquecento vor der Stazione Termini fahren Busse praktisch in jedes Viertel der Stadt.

ZIEL	BUS NR.
Campo de' Fiori	40/64
Kolosseum	75
Pantheon	40/64
Piazza Navona	40/64
Piazza Venezia	40/64
Petersplatz	40/64
Terme di Caracalla	714
Trastevere	H
Villa Borghese	910

Latium

N 0 ――――― 40 km

voller historischer und kultureller Überraschungen, die den Besuch lohnen.

Ostia Antica

Ostia Antica ist eine der schönsten Sehenswürdigkeiten Latiums und ein angenehmer Tagesausflug von Rom aus. Ostia (nach der Mündung = *ostium* des Tibers benannt) war der wichtigste Seehafen Roms, und die Ausgrabungen dort sind so vollständig wie die in Pompeji, nur etwas kleiner.

Gegründet wurde die Stadt im 4. Jh. v. Chr. In ihrer Blütezeit hatte sie etwa 50 000 Einwohner, war ein bedeutendes Bollwerk und Handelszentrum für Rom. Im 5. Jh. setzten Barbareneinfälle und Malaria der Stadt zu, sodass sie schließlich aufgegeben wurde. Sie versank nach und nach bis zum zweiten Stock hoch im Schlick des Tibers und wurde so konserviert. Papst Gregor IV ließ die Stadt im 9. Jh. wieder aufbauen

⊙ Sehenswertes

★ **Scavi Archeologici di Ostia Antica**   RUINEN

(☑ 06 5635 2830; www.ostiaantica.net; Viale dei Romagnoli 717; Erw./erm. 6,50/3,75 €; ⊙ April–Okt. Di–So 8.30–19.15 Uhr, Nov.–Feb. bis 17 Uhr, März bis 18 Uhr, letzter Einlass 1 Std. vor Schließung) Ostias Ruinen sind recht weitläufig und man sollte sich einige Stunden Zeit für sie nehmen. Am Wochenende sind sie oft gut besucht, doch unter der Woche meist menschenleer.

Von der **Porta Romana** neben der Eintrittskasse führt der **Decumanus Maximus,** die Hauptstraße der Stadt, über einen Kilometer lang zur **Porta Marina,** die einst da Tor zur See war.

Die **Terme di Nettuno,** am Decumanus gelegen, sind besonders eindrucksvoll und eine von ursprünglich 20 Bäderanlagen der Stadt. Sie wurden im Zug der Hafenrenovierung unter Hadrian im 2. Jh. erbaut. Zu den prächtigen Mosaiken zählt auch eine Darstellung von Neptun als Lenker seines von Pferden gezogenen Triumphwagens, umgeben von Seeungeheuern, Nixen und Wassermännern. In der Mitte des Komplexes befindet sich die von Arkaden umgebene **Palaestra,** ein Innenhof, in dem die Athleten einst trainierten.

Neben der Terme liegt ein relativ großes **Teatro** (Amphitheater), erbaut von Agrippa und später erweitert auf 4000 Sitze. Der Blick von den oberen Sitzen bietet eine wunderbare Übersicht über den Komplex.

Hinter dem Amphitheater liegt die **Piazzale delle Corporazioni** (Forum der Körperschaften), die Kontore der Handelsgilden, mit Mosaiken, die die unterschiedlichen Handelszweige darstellen.

Das **Forum,** Ostias zentraler Platz, wird vom riesigen **Capitolium** dominiert, einem unter Hadrian erbauten Tempel, der Roms wichtigsten Göttern – Jupiter, Juno und Minerva – gewidmet ist.

Nicht weit davon entfernt liegt das sehenswerte **Thermopolium,** ein antikes Café. Über der Theke ist das Fresko der Speisen- und Getränkekarte zu sehen, daneben gibt es die Küche und den kleinen Innenhof, in dem sich wohl die Gäste am Springbrunnen entspannten und ihre Getränke schlürften. Auf der Straße gegenüber, als Teil der Anlagen der **Terme di Foro**, liegen die wunderbar erhaltenen Latrinen im geselligen Halbrund.

Das moderne Gegenstück dazu befindet sich in der Cafeteria/Bar mit Toiletten, einem Souvenirshop und einem Museum mit vor Ort ausgegrabenen Statuen und Sarkophagen.

Castello di Giulio II
KASTELL

(☎ 06 5635 8044; Piazza della Rocca; ⊙ Eintritt nur mit kostenloser Führung Do 11 Uhr und So 11 & 12 Uhr) Nahe dem Eingang zu den Ausgrabungen liegt das imposante Kastell, ein eindrucksvolles Beispiel militärischer Architektur des 15. Jhs. Als eine überraschende Flut den Flussverlauf veränderte und den Zugang erschwerte, verlor die Burg zunehmend an Bedeutung.

 Essen

Ristorante Cipriani
RESTAURANT €

(☎ 06 5635 2956; Via del Forno 11; Gerichte 25 €; ⊙ Mittagessen Do–Di, Abendessen Mo, Di, Do–So) Typisch römische Küche wie *pasta alla gricia* (Pasta mit Speck und Zwiebeln) oder *cacio e pepe* an einer Straße mit Kopf-

steinpflaster nahe dem Kastell. Das günstige Tagesmenü gibt es für 10 €.

❶ An- & Weiterreise

Von Rom fährt der Zug in Richtung Ostia Lido ab Stazione Porta San Paolo (Metrostation Piramide) über Ostia Antica. Die Züge verkehren alle halbe Stunde. Die Fahrt dauert etwa 25 Minuten und ist mit den Fahrscheinen des Verkehrsverbunds abgedeckt. Bei der Ankunft geht es über die Fußgängerbrücke, dann geradeaus, bis das Kastell rechts sichtbar wird und die Ruinen vorne.

Mit dem Auto geht es über die Via del Mare, eine Parallelstraße zur Via Ostiense, und dann der Beschilderung *scavi* (Ausgrabungen) nach.

Tivoli

52 920 EW. / 225 M

Im alten Rom und in der Renaissance schon Sommerresidenz der Reichen, enthält die in den Hügeln gelegene Stadt Tivoli zwei Unesco-Weltkulturerbe-Stätten: die Villa Adriana, das ausgedehnte Landhaus des Kaisers Hadrian, und die Villa d'Este aus dem 16. Jh., der für seine angelegten Gärten und verschwenderischen Springbrunnen berühmte Renaissance-Bau.

Informationen bietet die **Touristeninformation** (☎ 0774 31 35 36; Piazzale delle Nazione Unite; ⊙ Di–So 9.30–17.30 Uhr) nahe der Piazza Garibaldi, wo der Bus ankommt.

◎ Sehenswertes

Villa Adriana
ARCHÄOLOGISCHE STÄTTE

(☎ 06 3996 7900; www.villaadriana.beniculturali.it; Erw./erm. 8/4 €, plus Eintritt für Sonderausstellungen, Parken 3 €; ⊙ 9–1 Std. vor Sonnenuntergang; ☎) Kaiser Hadrians Sommerresidenz 5 km außerhalb Tivolis setzte selbst für die an Exzesse gewöhnten alten Römer neue

❶ TIVOLI AN EINEM TAG

Tivoli lässt sich auf einem Tagesausflug von Rom aus erkunden, doch um sowohl die Villa Adriana wie auch die Villa d'Este zu besuchen, gilt es früh aufzustehen. Am besten besucht man die Villa d'Este zuerst, nimmt dann den nächsten Bus Richtung Rom an der Piazza Garibaldi und lässt sich an der Villa Adriana absetzen. Nach dem Besuch der Villa geht es dann mit dem nächsten Bus nach Rom zurück.

Luxusmaßstäbe, als sie von 118 bis 134 n. Chr. erbaut wurde. Die Anlage gleicht eher einer kleinen Stadt – ein Modell am Eingang vermittelt einen Eindruck der ursprünglichen Größe – die zu erwandern einiger Stunden Zeit bedarf. Es lohnt sich, einen Audioguide (5 €) zu mieten, allein um den Überblick zu behalten.

Hadrian war begeisterter Reisender und Architekt. Er entwarf große Teile der Anlage selbst und ließ sich von Gebäuden aus aller Welt inspirieren, die er gesehen hatte. So ist der **Pecile,** eine Säulenhalle mit Wasserbecken, in der sich der Kaiser nach dem Mittagessen erging, Bauten von Athen nachempfunden. Der **Canopo** ist dagegen eine Kopie des Serapis-Heiligtums im ägyptischen Kanopus und umfasst einen langen, von Kolonaden eingefassten Wasserkanal. Im dahinter liegenden **Serapeum** zelebrierte Hadrian im Sommer seine Festessen.

Östlich des Pecile befindet sich das spektakuläre **Teatro Marittimo,** Hadrians privater Rückzugsort. Die Mini-Villa liegt auf einer Insel in einem künstlichen See, die nur über Drehbrücken erreichbar war. Wenn der Kaiser schwimmen wollte, musste er sie hochziehen. Gleich daneben ist der Fischteich von einem kreisrunden Säulengang umzogen, in dem der Kaiser ab und zu gern lustwandelte.

Es gibt mehrere prachtvolle **Bäderanlagen, Tempel, Kasernen** und ein **Museum** (oft geschlossen) mit den jüngsten Ausgrabungsergebnissen.

Villa d'Este

VILLA, GARTEN

(☎ 0774 331 20 70; www.villadestetivoli.info; Piazza Trento; Erw./erm. 8,50/4 € plus Eintritt für Sonderausstellungen; ◷ Di–So 8.30–1 Std. vor Sonnenuntergang) In Tivolis Zentrum auf den Hügeln bieten die steilen Gartenterrassen der Villa d'Este ein Meisterwerk der Gartenbaukunst aus der Hochrenaissance. Die fantastischen Springbrunnen werden nur durch Schwerkraft betrieben. Ehemals ein Benediktinerkloster, wurde die Anlage von Lucrezia Borgias Sohn, Cardinal Ippolito d'Este, 1550 zum Lustschloss umgebaut. Der Komponist Franz Liszt wohnte hier zwischen 1865 und 1886 und fühlte sich zu den Werken *Aux cyprès de la Villa d'Este* und *Les jeux d'eau à la Villa d'Este* inspiriert.

Die üppigen manieristischen Fresken im Innern der Villa lohnen einen Blick, doch die Hauptattraktion sind die Gärten: Wasserspeier und verschlungene, von tiefgrünen knorrigen Zypressen bestandene Alleen so-

wie monumentale Springbrunnen. Der von Bernini entworfene **Orgelbrunnen,** der mit Wasserdruck Musik auf einer verdeckten Orgel spielt, ist ebenso sehenswert wie die rund 130 m-lange **Allee der hundert Springbrunnen.**

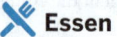 Essen

Da Pippo

FASTFOOD €

(Via San Valerio 2; Sandwichs 7,50 €) Pippo ist berühmt für seine riesigen (einer reicht für zwei) *panini*, die mit frischen Zutaten gefüllt sind. Besonders zu empfehlen ist Zingaresca mit Mozzarella, Ruccola, Parmesan, Speck und Olivenöl, der etwa 30 Minuten Herstellungszeit benötigt.

❶ An- & Weiterreise

Tivoli liegt 30 km östlich von Rom und ist mit dem Cotral-Bus (2,20 €, 50 Min, alle 15 Min.) vor der Metrostation Ponte Mammolo (Linie B) erreichbar. Günstig ist ein Ganztagsticket BIRG für Zone 3 (8 €).

Autofahrer nehmen die Via Tiburtina oder die schnellere Autostrada Rom–L'Aquila (A24).

Cerveteri

35 330 EW. / 81 M

Heute eine kleine Provinzstadt 35 km nordwestlich von Rom, war Cerveteri einst eine Metropole der Etrusker. Die im 9. Jh. v. Chr. gegründete Stadt wuchs zu einem mächtigen Mitglied des 12-Städtebunds der Etrusker heran und war vom 7. bis 5. Jh. v. Chr. eines der wichtigsten Handelszentren im Mittelmeerraum. Schließlich geriet sie in Konflikt mit Rom und wurde 358 v. Chr. von der römischen Republik annektiert.

Heute gibt es kaum Überreste der Stadt, die die Etrusker Kysry und Lateiner Caere nannten. Besuchenswert ist allein die beachtliche etruskische Nekropole, die heute zum Unesco-Weltkulturerbe zählt.

Informationen bietet die **Touristeninformation** (☎ 06 9955 2637; Piazza Aldo Moro; ◷ Nov.–Feb. Mo–Sa 9.30–12.30, So 10–3 Uhr, März–Okt. tgl. 9.30–12.30 & 17–19 Uhr).

◎ Sehenswertes

★Necropoli di Banditaccia

NEKROPOLE

(☎ 06 3996 7150; Via del Necropoli; Erw./erm. 6/3 €, einschl. Museum 8/4 €; ◷ 8.30–1 Std. vor Sonnenuntergang) Diese 10 ha große, geisterhafte Totenstadt umfasst ein Netz von Plätzen und Straßen zu Gräberterrassen mit *tumuli* (in die Erde halb versenkte Rundgräber unter einem Rasenhügel). Einige davon, wie die **Tomba dei Rilievi** aus dem 6. Jh. v. Chr., wurden mit Reliefs bemalt, die unter anderem das häusliche Leben anhand von Küchengeräten und anderen Haushaltsgegenständen darstellen, aber auch Figuren aus der Unterwelt.

Ein informativer 3D-Film über die Etrusker macht die Besucher mit deren Geschichte vertraut; zu sehen sind auch beeindruckende 3D-Darstellungen von Gräbern mit ihren wunderschönen Fresken und zahllosen Grabbeigaben.

Museo Nazionale di Cerveteri　　MUSEUM
(Piazza Santa Maria; Erw./erm. 6/3 €, einschl. Nekropole 8/4 €; ☉Di–So 8.30–17.30 Uhr) Im mittelalterlichen Stadtzentrum von Cerveteri stellt dieses wunderbare Museum etruskische Schätze von Ausgrabungen in der Nekropole aus.

 **Essen**

Antica Locanda le Ginestre　　RESTAURANT **€€**
(☏06 994 33 65; www.anticalocandalegines tre.com; Piazza Santa Maria 5; Gerichte 40 €; ☉Di–So) Dieses empfehlenswerte, familiengeführte Restaurant bietet leckere Gerichte, die aus biologischen Produkten der Gegend hergestellt sind und in einem eleganten Speisesaal oder einem Innenhof bunter Blumen serviert werden. Reservierung empfohlen.

❶ Anreise & Unterwegs vor Ort

Cerveteri ist leicht erreichbar von Rom. Ein Cotral-Bus (3,90 €, 55 Min., alle 30 Min.) fährt ab vor der Metrostation Cornelia (Linie A) bis zum Hauptplatz von Cerveteri und von dort auch wieder zurück.

Vom Hauptplatz in Cerveteri fährt Bus G etwa stündlich zur Nekropole (0,60 €, 5 Min.).

Autofahrer nehmen entweder die Via Aurelia (SS1) oder Autostrada (A12) Richtung Civitavecchia und dann die Ausfahrt Cerveteri–Ladispoli.

Tarquinia

16 000 EW. / 169 M

Etwa 90 km nordwestlich von Rom liegt Tarquinia, die schönste etruskische Stadt Latiums. Highlight und Unesco-gelistet ist die prachtvolle Nekropole mit den von Fresken verzierten Gräbern. Daneben gibt es noch ein fantastisches etruskisches Museum (das beste außerhalb Roms) und ein malerisches mittelalterliches Stadtzentrum.

Der Legende nach wurde Tarquinia gegen Ende des Bronzezeitalters im 12. Jh. v. Chr. gegründet. Es war der Herkunftsort des ersten etruskischen Königs von Rom, weit vor Gründung der römischen Republik, und erreichte den Höhepunkt der Macht im 4. Jh. v. Chr., bevor die hundertjährige Auseinandersetzung mit Rom 204 v. Chr. schließlich durch Kapitulation endete.

Informationen dazu bietet die **Touristeninformation** (☏0766 84 92 82; www.tarquini aturismo.it; Barriera San Giusto; ☉9–13 Uhr & 16–19 Uhr) im gut erhaltenen mittelalterlichen Stadttor von Tarquinia.

◉ Sehenswertes

★Necropoli di Monterozzi　　NEKROPOLE
(☏0766 84 00 00; Via Ripagretta; Eintritt 6 €, einschl. Museo Archeologico Nazionale Tarquiniense 8 €; ☉Di–So 8.30 Uhr–1 Std. vor Sonnenuntergang) Die beachtenswerte Nekropole aus dem 7. Jh. v. Chr. gehört zu Italiens wichtigstem etruskischem Erbe. Seit Beginn der Ausgrabungen 1489 wurden dort etwa 6000 Gräber freigelegt; 140 davon enthalten Fresken und 19 stehen der Öffentlichkeit zur Besichtigung frei.

Dazu gehören die **Tomba della Caccia e della Pesca** mit kunstvollen Fresken mit Jagd- und Fischereiszenen, die reich dekorierte **Tomba dei Leopardi** und die **Tomba della Fustigazione** mit einigen erotischen Szenen von Züchtigungen.

Die Nekropole liegt etwa 1,5 km vom Stadtzentrum entfernt. Ein Pendelbus (kostenlos, alle 20 Minuten, Mo–Sa 9–13 und 16–19 Uhr) fährt vor der Touristeninformation ab. Daneben verkehren städtische Busse (0,60 €) oder man geht etwa 20 Minuten zu Fuß – den Corso Vittorio Emanuele entlang, rechts ab in die Via Porta Tarquinia, dann geradeaus in die Via Ripagretta.

Museo Archeologico Nazionale Tarquiniense　　MUSEUM
(☏0766 85 60 36; Via Cavour 1; Eintritt 6 €, einschl. Necropoli di Monterozzi 8 €; ☉Di–So 8.30–19.30 Uhr) Das ansprechende Museum ist im exquisiten Palazzo Vitelleschi aus dem 15. Jh. untergebracht und ist eine wahre Schatzkiste etruskischer Funde aus der Gegend. Dazu zählt ein atemberaubender Terrakottafries mit geflügelten Pferden (*Cavalli Alati*), ein Raum voll bemalter Friese und verschiedene Gräber mit wunderschönen Fresken voll lebendiger Malereien.

🛏 Schlafen & Essen

Camere Del Re
HOTEL €

(📞0766 85 58 31; www.lecameredelre.it; Via San Pancrazio 41; DZ 70-100 €; ❋🛜) Unweit der Hauptstraße liegt das ruhige Hotel mit großzügigen Räumen, monastisch einfach ausgestattet mit Deckengewölben, schmiedeeisernen Betten und hie und da einem verspielten Fresko.

Il Cavatappi
TRADITIONELL ITALIENISCH €€

(📞0766 84 23 03; www.cavatappirestaurant.it; Via dei Granari 2; Gerichte 30 €; ⏱Mi–Mo) In Tarquinia gibt es einige gute Mittagsrestaurants, wie etwa dieses familiengeführte Restaurant im Centro Storico. Hier wird traditionelle, lokale Küche serviert, also Käse und Salamis aus der Gegend, Pasta mit Gemüsen der Saison und Fleisch vom Grill.

🛈 An- & Weiterreise

Tarquinia erreicht man am besten mit dem Zug ab Stazione Termini (6,90 €, 1 Std. und 20 Min., stündl.). Es sollte eine Rückfahrkarte gekauft werden, da der Schalter in Tarquinia nur morgens besetzt ist. Vom Bahnhof Tarquinia aus fährt der Bus BC (0,60 €) in die Stadtmitte.

Autofahrer nehmen die Autostrada nach Civitavecchia und dann die Via Aurelia (SS1).

Civitavecchia

51 260 EW.

Es gibt keinen besonderen Grund, Civitavecchia zu besuchen, außer um die Fähre nach Sardinien zu nehmen. Allerdings gibt es gute Fischrestaurants dort. Der Hafen liegt etwa 700 m vom Bahnhof entfernt – vom Ausgang rechts in den Viale Garibaldi, dann immer am Meer entlang.

Leckere Meeresfrüchte serviert das **Ristorante La Bomboniera** (📞0766 2 57 44; www.labomboniera.info; Corso Marconi 50; Gerichte 40–45 €; ⏱Di–So) am Hafen. Daneben gibt es mehrere ganz anständige Lokale in der Via Aurelio Saffi.

🛈 An- & Weiterreise

Ab Civitavecchia verkehren ganzjährig Fähren nach Sardinien (S. 190) und Sizilien.

Von Rom aus fahren, Cotral-Busse ab der Metrostation Cornelia (3,90 €, 1½ Std., stündl.). Daneben fahren langsame Regionalzüge regelmäßig ab Stazione Termini (5 €, 1¼ Std.), sonntags etwas weniger oft. Intercity- (10,50 €) und Frecciabianca-Verbindungen (15 €) benötigen nur 45–50 Minuten.

Viterbo

63 090 EW. / 327 M

Trotz schwerer Bombenschäden im Zweiten Weltkrieg ist Viterbo die am besten erhaltene mittelalterliche Stadt Latiums mit einer stimmungsvollen Altstadt. Von hier aus lässt sich die interessante Hügellandschaft von Latiums Norden gut erkunden, aber die Stadt ist außerdem auch einen Tagesausflug von Rom aus wert.

Viterbo wurde von den Etruskern gegründet und später von Rom annektiert. Im Mittelalter entwickelte es sich zu einem wichtigen Zentrum und war im 13. Jh. sogar Papstresidenz. Papstwahlen fanden im gotischen Palazzo dei Papi statt, wo 1271 vorübergehend das gesamte Kardinalskonzil festgesetzt wurde. Offensichtlich hatten sie sich nach dreijähriger Beratung immer noch nicht auf einen Nachfolger einigen können. Die frustrierten Stadtväter sperrten sie in eine Türmchenhalle ein und bevor sie verhungerten, wählten sie Papst Gregor X.

Neben seiner Historie hat Viterbo auch heiße, heilende Thermalquellen zu bieten, für die der Ort ebenfalls berühmt ist.

🔘 Sehenswertes

⭐ Palazzo dei Priori
PALAZZO

(Piazza del Plebiscito; ⏱Mo–Sa 9–13 & 15–18, So 10–13 & 15–18 Uhr) GRATIS Der beeindruckende *palazzo* aus dem 15. Jh. beherrscht die elegante Renaissance-Piazza del Plebiscito, lange Zeit Viterbos politisches und soziales Zentrum. Heute ist er Sitz des Stadtrats. Ein Blick hinein lohnt sich, aufgrund der farbenfrohen Fresken aus dem 16. Jh., die Viterbos Geschichte darstellen. Der elegante Innenhof mit Springbrunnen wurde erst zweihundert Jahre nach der Erbauung des *palazzo* 1460 hinzugefügt.

Piazza San Lorenzo
PIAZZA

An dieser Piazza, dem religiösen Herzen der mittelalterlichen Stadt, stehen zwei der schönsten Bauten Viterbos. An der Südseite liegt die **Cattedrale di San Lorenzo**, die schöne Kathedrale der Stadt aus dem 12. Jh. Ursprünglich als romanische Kirche entworfen, wurde sie im 14. Jh. gotisch umgestaltet. An der Nordseite steht der **Palazzo dei Papi** (📞0761 34 17 16), der von 1257 bis 1281 als päpstliche Residenz diente. Stufen führen zu einer anmutigen gotischen **Loggia** (Säulengang) von wo aus ein Blick in die **Sala del Conclave** geworfen

Viterbo

werden kann, der Halle, in der einst fünf Päpste gewählt wurden.

Piazza San Pellegrino
PIAZZA

Ein Spaziergang entlang der **Via San Pellegrino** mit ihren niedrigen Torbögen und klaustrophobischen, grauen Häusern führt

zu dieser winzigen, malerischen Piazza im Herzen des gut erhaltenen mittelalterlichen Stadtzentrums.

Chiesa di Santa Maria Nuova
KIRCHE

(Piazza Santa Maria Nuova; 7–19 Uhr) Diese aus dem 11. Jh. stammende Kirche ist die

Viterbo

älteste Viterbos. Nach Bombenschäden im Zweiten Weltkrieg wurde sie getreu dem Original restauriert. Besonders anmutig ist der Kreuzgang, der wohl einer früheren Bauperiode entstammt.

Museo Nazionale Etrusco   MUSEUM
(☎0761 32 59 29; Piazza della Rocca; Erw./erm. 6/3 €; ⊗Di–So 8.30–19.30 Uhr) Das Museum ist im Albornaz untergebracht, der Festung am Nordeingang der Stadt. In ansprechender Weise zeigt es etruskische Kultur in Form von Rekonstruktionen des damaligen Lebensstils neben Ausgrabungsartefakten aus der Gegend.

🛏 Schlafen

Tuscia Hotel   HOTEL €
(☎0761 34 44 00; www.tusciahotel.com; Via Cairoli 41; EZ 40–64 €, DZ 62–82 €; 🅿✳) Das beste Mittelklassehotel der Stadt, zentral gelegen, ist im Vergleich zu anderen Hotels mit drei Sternen um Klassen besser, was Sauberkeit und Komfort angeht. Die Zimmer sind groß, hell und mit Satelliten-TV ausgestattet; neun davon haben Klimaanlage. Zusätzlich bietet das Hotel eine sonnige Dachterrasse mit guter Aussicht auf die Umgebung und gute Parkmöglichkeiten (8 €) an.

Agriturismo Antica Sosta   AGROTURISMUS €
(☎0761 25 13 69; www.agriturismoanticasosta. it; SS Cassia Nord; EZ/DZ 40/65 €, Restaurant Gerichte 25–35 €; 🅿✳🛜) Unweit der Hauptstraße nach Siena, 5 km nördlich von Viterbo, ist dieser gastliche *agriturismo* in einem Gasthof aus dem 17. Jh. untergebracht. Die

großen Zimmer sind geschmackvoll dekoriert und das ausgezeichnete Restaurant serviert saftige Steaks und duftende Pizzas mit dünner Kruste.

🍴 Essen

Gran Caffè Schenardi   CAFÉ €
(☎0761 34 58 60; Corso Italia 11-13) Das Schenardi gibt es schon seit 1818, und die schöne, verschnörkelte Inneneinrichtung scheint sich seither nicht viel verändert zu haben. Kaffee und Kuchen sind gut aber nichts Besonderes.

Ristorante Tre Re   TRATTORIA €€
(☎0761 30 46 19; Via Gattesco 3; Gerichte 35 €; ⊗Fr–Mi) Die historische Trattoria bringt dampfende Teller lokaler, jahreszeitlich inspirierter Spezialitäten auf den Tisch, wie *pollo alla viterbese,* ein mit gewürzten Kartoffeln und grünen Oliven gefülltes Backhähnchen.

ℹ Information

Touristeninformation (☎0761 32 59 92; www. provincia.vt.it; Via Filippo Ascenzi 4; ⊗Mo–Fr 9–12 & Di & Do 15–16.30 Uhr)

ℹ An- & Weiterreise

In Rom fahren Cotral-Busse (5 €, 1½ Std., alle 30 Min.) ab der Station Saxa Rubra an der Bahnlinie Ferrovia Roma-Nord. Der Zug (Standard BIT) zur Saxa Rubra geht ab Piazzale Flaminio (nördlich der Piazza del Popolo). Viterbo ist mit einem BIRG-Ticket Zone 5 (12 €) abgedeckt.

In Viterbo steigt man an der Porta Romana aus, nicht am Intercity-Busbahnhof bei Riello. Für die Rückfahrt nach Rom geht der Bus ab der Haltestelle Porta Romana oder der Piazzale Gramsci.

Die Fahrt nach Viterbo dauert etwa 1½-Autostunden über die Via Cassia (SS2). Parkmöglichkeiten gibt es in der Piazza Martiri d'Ungheria oder Piazza della Rocca.

Züge verkehren stündlich montags bis samstags und alle zwei Stunden sonntags ab Stazione Ostiense in Rom (aussteigen in Viterbo Porta Romana). Die Fahrt dauert fast 2 Stunden und kostet 5 € je Richtung.

Castelli Romani

20 km südlich von Rom erstrecken sich die Colli Albani (Albanerberge). Zusammen mit insgesamt 13 Städtchen wird die Gegend mit ihren hübschen grünen Hügeln und den imposanten Vulkanseen Castelli Romani genannt. Schon seit frühen Römertagen

RUND UM VITERBO

Die fruchtbare smaragdgrüne Landschaft um Viterbo verbirgt einige von Touristen oft übersehene Schätze. Am meisten beeindruckt der **Palazzo Farnese** (☎ 0761 64 79 41; Erw./erm. 5/2,50 €; ⊘ Di–So 8.30–18.45 Uhr), 20 km südöstlich von Viterbo in **Caprarola**. Der herrschaftliche *palazzo* im Manierismus-Stil des 16. Jhs. zeichnet sich durch seine fünfeckige Form aus, mit einem runden Innenhof und einem außergewöhnlichen, von Säulen gestützten Treppenaufgang. Besuche finden in begleiteten Gruppen statt (außer sonntags); es werden über und über mit Fresken bemalte Räume und schöne Gärten am Hang gezeigt.

Weitere schöne Gärten sind in **Bagnaia** und der **Villa Lante** (☎ 0761 28 80 08; Erw./ erm. 5/2,50 €; ⊘ Di–So 8.30–1 Std. vor Sonnenuntergang) aus dem 16. Jh. zu sehen. Sie sind in Terrassen angelegt und weisen mehrere monumentale Springbrunnen auf.

In **Bomarzo**, 17 km nordöstlich von Viterbo, liegt der **Parco dei Mostri** (Monster Park; ☎ 0761 92 40 29; www.parcodeimostri.com; Erw./erm. 10/8 €; ⊘ 8.30 Uhr–Sonnenuntergang) eine Anlage aus dem 16. Jh., die Kindern und Erwachsenen Spaß macht. In den bewaldeten Ländereien des Palazzo Orsini sind seltsame, surreale Skulpturen von Riesen, Drachen, Ungeheuern und Tieren aufgestellt. Der Eintritt ist allerdings etwas teuer.

Etwas weiter nördlich liegt **Bagnoregio** mit der dramatischsten Sehenswürdigkeit, der **Civita di Bagnoregio**, auch *il paese che muore* (die sterbende Stadt) genannt. Das mittelalterliche Städtchen ist nur über eine Fußbrücke erreichbar und steht auf einer steilen Felswand aus bröckelndem Vulkantuff über einem tiefen, engen Tal.

Am besten erkundet man die Gegend mit dem Auto, doch alle genannten Sehenswürdigkeiten werden von Viterbo aus auch von Cotral-Bussen angefahren (s. Cotral-Website, S. 190.

erholte man sich hier in frischer Landluft; heute fallen hier die Städter v. a. an heißen Sommerwochenenden ein. Am bekanntesten sind die Städtchen Castel Gandolfo, die Sommerresidenz des Papstes, und Frascati, wo der berühmte frische Weißwein herkommt.

Frascati

Eine kleine Bahn- oder Busfahrt von Rom führt in die Sommerfrische Frascati. Hier lockt die fantastische Aussicht über das dunstige Rom bei köstlichem Essen und herrlichem Wein.

Informationen zur Stadt mit ihren *cantinas* (Weinkellern) gibt die **Touristeninformation** (☎ 06 9401 5378; Piazza Marconi; ⊘ Mo-Fr 8–20 Uhr, Sa–So 10–20 Uhr) auf der großen Piazza. Im selben Gebäude ist das **Museo Tuscolano** (☎ 06 941 71 95; Eintritt 7 €; ⊘ Di–Fr 10–18 Uhr, Sa–So 10–19 Uhr) untergebracht. Es beherbergt eine Sammlung kunstvoll beleuchteter Artefakte aus der Republik und Kaiserzeit sowie interessante Modelle der Villen Tusculums.

Über der Stadt ragt die **Villa Aldobrandini** aus dem 16. Jh., von Carlo Maderna nach einem Entwurf von Giacomo della Porta erbaut. Sie ist der Öffentlichkeit nicht zugänglich, doch die **Gärten** (Via Cardinal Massai 18; ⊘ Mo–Fr 9–17.30 Uhr) GRATIS können besichtigt werden

Mehr noch als für Ausblicke und Gärten kommen die Menschen zum Essen und Trinken nach Frascati. Das beste Lokal der Stadt, **Cacciani** (☎ 06 942 03 78; Via Armando Diaz 13; Gerichte 50 €; ⊘ Di-Sa), bietet feine Speisen und eine anmutige und sehr einladende Terrasse. Für Liebhaber von herzhafterer Kost gibt es *panino con porchetta* (Sandwich mit in Kräutern gebratenem Schweinefleisch) vom Stand an der **Piazza del Mercato.** Die traditionellen *cantine* (Weinkeller mit Trattoria) servieren *porchetta,* herzhaftes Rauchfleisch, Oliven und Käse zu einem Krug Frascati-Weißwein.

Grottaferrata

Die elegante Stadt Grottaferrata lohnt einen kurzen Abstecher zur Besichtigung der befestigten Abtei **Monastero Esarchico di Santa Maria di Grottaferrata** (Abbazia Greca di San Nilo; ☎ 06 945 93 09; www.abbaziagreca.it; Viale San Nilo; ⊘ 7–12.30 & 15.30 Uhr; – 1 Std. vor Sonnenuntergang). 1004 erbaut und im 13. und 15. Jh. erweitert, ist dies die letzte der griechisch-byzantinischen Abteien, die insbesondere im mittelalterlichen Italien sehr verbreitet waren.

Castel Gandolfo

Castel Gandolfo ist eine der schönsten Castelli-Städte, eine veredelte mittelalterliche Stadt (*borgo*) auf einem Hügel. Es gibt keine besonderen Sehenswürdigkeiten, aber die **Piazza della Libertà** ist ein angenehmer Ort, um dort Eis zu essen und den Blick auf den Lago Albano zu genießen. Auf der Piazza gegenüber ist die Sommerresidenz des Papstes aus dem 17. Jh., der **Palazzo Pontificio** (keine Besichtigung), wo im Juli und August wöchentlich verschiedene Audienzen abgehalten werden.

Gleich außerhalb der historischen Altstadt befindet sich das **Antico Ristorante Pagnanelli** (☑ 06 936 00 04; www.pagnanelli. it; Via Antonio Gramsci 4, Castel Gandolfo; Gerichte 70 €) eines der Top-Lokale der Castelli, mit eleganten Speisen und romantischem Ausblick auf den See.

Lago Albano

Von den beiden Vulkanseen der Castelli ist der Lago Albano der größere – der andere ist der Lago di Nemi – und auch der besser erschlossene. Er liegt in einem steilen Vulkankrater und ist als Ausflugsziel beliebt, besonders im Frühjahr und Sommer, wenn sich die Römer von der Sonne bräunen lassen und in den Restaurants am See essen gehen.

❶ Anreise & Unterwegs vor Ort

Frascati ist am besten mit der Bahn ab Stazione Termini erreichbar (2,10 €, 30 Min, Mo–Sa etwa stündl., So alle 2 Std.). Züge verkehren auch regelmäßig nach Castel Gandolfo ab Termini (2,10 €, 45 Min).

Zwischen den Castelli-Städten verkehren Busse. Von Frascati nach Grottaferrata (1,10 €, 15 Min., alle 30–40 Min.) und weiter nach Castel Gandolfo (1,10 €, 40 Min.), fährt der Cotral-Bus ab der Piazza Marconi.

Autofahrer nehmen die Via Tuscolana (SS215) aus Rom nach Frascati und Grottaferrata oder die Via Appia (SS7) nach Castel Gandolfo und Lago Albano.

Palestrina

20 540 EW. / 450 M

Die historische Altstadt auf dem Hügel und das faszinierende archäologische Museum von Palestrina lohnen einen Besuch. Im Altertum war die Stadt, die damals noch Praeneste genannt wurde, eine berühmte Sommerfrische für reiche Römer und Stätte eines spektakulären Heiligtums am Berg.

Das **Santuario della Fortuna Primigenia** aus dem 2. Jh. v. Chr. war eine riesengroße Tempelanlage, die sich über sechs Terrassen den Berg hinunter erstreckte, wo sich heute die historische Altstadt ausbreitet. Ein Modell der einstigen, seit langem überbauten Anlage ist im **Museo Archeologico Nazionale di Palestrina** (☑ 06 953 81 00; Piazza della Cortina; Eintritt einschl. Heiligtum 5 €; ⊙ 9–20 Uhr, die Kasse schließt um 19 Uhr, Heiligtum 9 Uhr–1 Std. vor Sonnenuntergang) zu sehen.

Das sehenswerte Museum ist im Palazzo Barberini aus dem 17. Jh. untergebracht, der auf der obersten Terrasse des Heiligtums erbaut wurde. Zu sehen ist eine interessante Sammlung antiker Skulpturen und Grabbeigaben sowie riesige römische Mosaiken. Das Highlight der Sammlung ist das atemberaubende *Mosaico Nilotico*, ein spektakuläres Mosaik aus dem 2. Jh. v. Chr. mit einer unglaublich detaillierten Darstellung der Nilüberschwemmung und des Lebens im alten Ägypten.

Für einen Imbiss empfiehlt sich das angesehene **Zi' Rico** (☑ 06 8308 2532; www.zirico. it; Via Enrico Toti 2; Gerichte 35-40 €; ⊙ Di–Sa, So Abendessen nur gegen Vorbestellung), das italienische Küche kreativ umsetzt und in dem gemütlichen Lokal nahe der Kathedrale serviert. Ebenfalls in der Altstadt bietet das **Albergo Ristorante Stella** (☑ 06 953 81 72; www.hotelstella.it; Piazza della Liberazione 3; Gerichte 25-30 €, EZ/DZ/3BZ 50/70/90 €) herzhafte Landkost und bescheidene Unterkunft ohne viel Extras.

Cotral-Busse fahren Palestrina an ab der Metrostation Ponte Mammolo in Rom (2,20 €, 1 Std., stündl.).

Mit dem Auto sind es 39 km entlang der Via Prenestina (SS155).

Die südliche Küste

Die Küste im Süden Latiums weist die schönsten Strände der Region und zum Teil wunderbar unverbaute Landschaft um den Monte Circeo auf, einen Felsvorsprung, der bis zu 541 m tief in die See abstürzt.

Sabaudia

Etwa 90 km südlich von Rom liegt die moderne, etwas nichtssagende Stadt Sabaudia, ein guter Ausgangort für den **Parco Nazionale del Circeo** (www.parcocirceo. it), ein rund 800 ha großer Nationalpark mit Sanddünen, Felsküste, Wald und Feuchtgebieten.

Das **Besucherzentrum** (🖉 07 7351 1385; Via Carlo Alberto 188–190; ☺ Besucherzentrum Sonnenaufgang–Sonnenuntergang, Informationsbüro 9–13 & 14.30–17 Uhr) des Parks bietet Informationen zu Aktivitäten auf dem Areal wie z. B. Wandern, Fischen, Vogelbeobachtung, Walken und Fahrradfahren. Weitere ausführliche Informationen, auch zu verschiedenen Übernachtungsmöglichkeiten, gibt es in Sabaudias **Touristeninformation** (🖉 0773 51 50 46; www.prolocosabaudia.it; Piazza del Comune 18; ☺ Mo–Sa 9.15–12.30 & 16–19.45, So 9.05–12.45 Uhr).

Übernachtungsmöglichkeiten gibt es viele in der Gegend. Wer einfach am Strand übernachten will, kann dies im **Camping Sabaudia** (🖉 0773 59 30 20; www.campingsabaudia.it; Via Sant'Andrea 15; Camping 2 Personen & Zelt 28-37 €; ☺ Mai–Sept) tun, einem recht anständigen und geräumigen Campingplatz mitten in mediterraner *macchia* (Buschlandschaft).

Cotral-Busse fahren regelmäßig in Rom ab der Metrostation Laurentina (Linie B) in Richtung Terracina und halten unterwegs in Sabaudia (5 €, 2–3 Std., je nach Verkehrsdichte).

Sperlonga

Die schönste Küstenstadt im südlichen Latium ist Sperlonga. Das attraktive, steil aufgetürmte mittelalterliche Stadtzentrum ist den ganzen Sommer über belebt und viel besucht. Zwei einladende Sandstände breiten sich rechts und links einer felsigen Landzunge aus.

Neben dem Strand und dem schönen Ausblick von der Altstadt aus ist das **Museo Archeologico di Sperlonga** (🖉 0771 54 80 28; Via Flacca, Km 1,6; Eintritt/erm. 4/2 €; ☺ 8.30–18 Uhr) südlich der Stadt eine weitere Attraktion. Hier gibt es eine breite Palette an Skulpturen und Masken aus dem 2. Jh. v. Chr. und die Überreste der luxuriösen **Villa Tiberio** zu sehen, die einst von Kaiser Tiberius bewohnt war.

Am Nordzugang zur historischen Altstadt liegt das **Hotel Mayor** (🖉 0771 54 92 45; www.hotelmayor.it; Via 1 Romita 4; EZ 60–110 €, DZ 75–140 €; P ❄) mit einfachen, sauberen Zimmern, einige mit Balkon, und einem kleinen, aber netten Privatstrand. In den Sommermonaten kann eine Mindest-Aufenthaltsdauer verlangt werden.

Unter der großen Auswahl an Essmöglichkeiten besticht die **Pasticceria Gelateria Fiorelli** (Via San Rocco 15; Eistüten ab 2 €, Aperitiv ab 4,50 €; ☺ Mo–So) durch ihre guten Eisspezialitäten. Das **Gli Archi** (🖉 07 7154 8300; www.gliarchi.com; Via Ottaviano 17; Gerichte 40–45 €) im mittelalterlichen Stadtzentrum ist dagegen auf die herrlichen Meeresfrüchte der Gegend spezialisiert.

ABSTECHER

SUBIACO

Mitten in den bewaldeten Hügeln weit im Osten von Latium liegt Subiaco, ein verborgenes Juwel. Nero baute zwar schon eine Villa hier, doch es war der hl. Benedikt, der den Ort bekannt machte, als er dort drei Jahre lang in einer Felshöhle meditierte. Die Grotte ist heute Teil des **Monastero di San Benedetto** (🖉 0774 8 50 39; www.benedettini-subiaco.org; ☺ 9–12.30 & 15–18 Uhr), eines dramatisch in den Fels gebauten Mönchsklosters mit einer Reihe prächtiger Fresken aus dem 13.–15. Jh.

Am Fuß desselben Bergs liegt ein zweites Kloster, das **Monastero di Santa Scolastica** (🖉 0774 8 55 69; www.benedettini-subiaco.org; ☺ 9.30–12.15 & 15.30–18.15 Uhr), das Unterkunft (pro Pers. B&B 37 €) und Tagesmenüs für 19 und 27 € anbietet.

Von Rom aus fährt ein Cotral-Bus (Mo–Fr 1¼ Std., alle 15–30 Min., weniger oft an Wochenenden) nach Subiaco ab Metrostation Ponte Mammolo. Der Bus hält in einiger Entfernung vom Monastero di Santa Scolastica. Von dort aus geht ein malerischer, aber steiler Fußweg 3 km bergan. Ein BIRG-Ticket hin & zurück für 3 Zonen (8 €) deckt die gesamten Fahrtkosten.

ABBAZIA DI MONTECASSINO

Auf einem felsigen Hügel am Grenzgebiet zur Campania steht dramatisch die **Abbazia di Montecassino** (☎ 0776 31 15 29; www.montecassino.it; ☺ 9–12.30 & 15.30–17 Uhr, April–Okt. bis 18 Uhr) im Mittelalter eines der wichtigsten Zentren der Christenheit. Sie wurde 529 n. Chr. vom hl. Benedikt gegründet – der Legende nach führten ihn drei Raben hierher – und er lebte hier bis zu seinem Tod 547.

Im Laufe seiner Geschichte wurde das Kloster mehrere Male zerstört und wieder aufgebaut, zum letzten Mal nach dem Zweiten Weltkrieg. Damals war die Abtei schwer umkämpft, da sich die Deutschen den nach Norden vorrückenden Alliierten hier entgegenstellten. Nach fast sechsmonatigen blutigen Kämpfen ohne Ausweg bombardierten die Alliierten im Mai 1944 die Abtei in Grund und Boden, um den Widerstand der Deutschen endlich zu brechen.

Von Rom aus fahren regelmäßig Züge ab Stazione Termini nach Cassino (7,40 €, 80 Min. bis 2 Std.). Weiter geht es mit dem Bus ab Piazza San Benedetto.

Von Rom aus gelangt man hierher mit dem Regionalzug ab Stazione Termini in Richtung Fondi-Sperlonga (6,90 €, 1¼ Std., stündl.) und weiter mit einem **Piazzoli-Bus** (www.piazzoli.it) nach Sperlonga (1 €, 10 Min.).

Sperlonga liegt 120 km von Rom entfernt. Autofahrer nehmen die Via Pontina (SS148) und folgen der Beschilderung zunächst nach Terracina, dann nach Sperlonga.

Isole Pontine

Auf dieser Gruppe kleiner Vulkaninseln vor der Südküste Latiums erholen sich die Superreichen. Zwischen Mitte Juni und Ende August werden **Ponza** und **Ventotene** – die einzigen bewohnten Inseln – überrannt von erholungssuchenden Römern, die hier einfallen und Muschelgerichte auf Restaurantterrassen verspeisen, in smaragdgrünen Buchten schwimmen und mit Booten die felsige Küste entlangfahren. In den anderen Monaten geht es ruhiger zu. Die Inseln sind zwar immer noch teuer, aber schön zu erkunden.

Am meisten ist in der Stadt Ponza los, einer farbenfrohen Kaskade pastellfarbener Häuser, die sich am Hang um den Hafen schmiegen. Besucher finden hier die üblichen Souvenirläden, Cafés und Restaurants, aber auch einen kleinen Sandstrand. Die **Cooperativa Barcaioli** (☎ 0771 80 99 29; www.barcaioliponza.it; Sotto il Tunnel di S Antonio) in Ponza ist einer von mehreren Anbietern von Bootsreisen um die Inseln (25 € einschl. Mittagessen) und Zubringer zum Strand von Frontone. Der örtliche Busdienst **Autolinee Ponza** (☎ 0771 8 04 47) fährt stündlich Panoramatouren der Inseln (2,40 €).

🛏 Schlafen & Essen

Viele Ortsbewohner vermieten Zimmer an Touristen; sie gehen am Hafen auf Kundenfang. Eine kleine **Touristeninformation** (☎ 0771 8 00 31; www.prolocodiponza.it; Via Molo Musco; ☺ Mi & Sa 10–12 Uhr) kann auch aushelfen.

Villa Ersilia   ZIMMER €
(☎ 0771 8 00 97; www.villaersilia.it; Via Scotti 2; pro Pers. 35–100 €; ☎) Die senfgelbe Villa liegt an einem kurzen, aber steilen Weg vom Hafen herauf (der Beschilderung folgen). Die einfachen, freundlichen Zimmer sind sonnig und blicken aufs Meer hinaus.

★ **Tutti Noi**   MEERESFRÜCHTE €€
(☎ 0771 82 00 44; Via Dante 5; Gerichte 30 €; ☺ Juni–Aug. Mo–So, Sept.–Mai So abends geschl.) Die sehr freundliche Trattoria dem Strand von Ponza gegenüber ist eines der wenigen guten Meeresfrüchte-Restaurants des Ortes. Der Fisch ist so frisch wie der Fang am Morgen und die Nudelgerichte mit Meeresfrüchten sind ausgezeichnet.

ℹ Anreise & Unterwegs vor Ort

Ponza und Ventotene können von Anzio, Terracina, Neapel und Formia aus angefahren werden. Einige Boote verkehren das ganze Jahr, einschließlich des täglichen Fährdienstes von Terracina, aber die meisten nur in der Saison von Mai bis September. Die Abfahrtszeiten werden auf den Websites der Fährgesellschaften, in Reisebüros und im Sommer auch in der

Rom-Beilage der Zeitungen *Il Messaggero* und *Il Tempo* angekündigt.

Die Preise hängen vom Ausgangspunkt ab und ob man mit dem Tragflügelboot oder der Auto-fähre kommt. Die Rückfahrkarte für die tägliche Fähre von Terracina nach Ponza kostet 20 € plus 1,50 € Einschiffungssteuer. Mit dem Tragflügel-boot kostet dieselbe Route einschließlich Steuer 39 €. Die Reisezeit liegt zwischen 80 Minuten und 2½ Stunden.

Im Sommer sind Autos und schwere Motorrä-der auf Ponza verboten, aber die Busverbindun-gen sind gut. Es werden aber auch Motorroller und Golf-Buggys vermietet.

Die wichtigsten Fährgesellschaften sind:
Navigazione Libera del Golfo (www.navlib.it)
SNAP (☑ 0773 79 00 55; www.snapnavigazi-one.it)
Vetor (☑ 06 984 50 83; www.vetor.it)

Ligurien, Piemont & Italienische Riviera

Gut essen

➡ L'Acino (S. 254)

➡ Trattoria della
Raibetta (S. 220)

➡ 4 Ciance (S. 261)

➡ Osteria dei
Sognatori (S. 265)

Schön übernachten

➡ Hotel Royal
Superga (S. 261)

➡ Hotel Cairoli (S. 218)

➡ Hotel Langhe (S. 265)

➡ La Torretta Charme &
Relax (S. 234)

Auf nach Turin, ins Piemont & zur Italienischen Riviera!

Die Anziehungskraft dieses Landstrichs beginnt in Ligurien, einem steil ins Meer abfallenden Küstenstreifen, der bekannt für sein gutes Essen, schicke Ferienorte und die einst mächtige Handelsmacht Genua ist. Das Piemont ist eine flache, fruchtbare Region zwischen Alpen und Mittelmeer. Es ist eine politisch und wirtschaftlich treibende Kraft, die den Italienern die erste Hauptstadt (Turin) schenkte, populäre Autos (Fiat), die Slowfood-Bewegung und erstklassige Weine. Das bergige Aostatal dagegen ist eine halbautonome Alpenregion mit einer ganz anderen geschichtlichen Entwicklung, einer eigenen Sprache und viel Platz zum Skifahren und Wandern im Schatten der höchsten Berge Europas.

Wenn die drei Regionen irgendetwas gemeinsam haben, dann ist es die historische Bindung an Savoyen und der Stolz auf die eigene Geschichte. Denn hier entstand der moderne italienische Staat.

Reisezeit
Turin

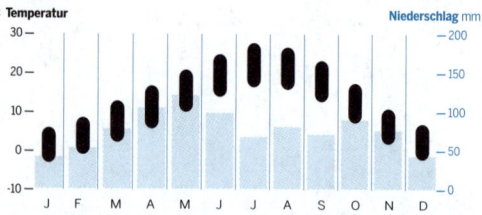

Jan.–März Verlässliche Schneeverhältnisse zum Skifahren und Wintererlebnisse in den Alpen.

April Es gibt weniger Touristen und es ist die bessere Zeit zum Wandern an der ligurischen Küste.

Sept. & Okt. Wandern in den Alpen in der Nachsaison und Herbstfeste in Turin und Alba.

Mehr fürs Geld

Wer viel sehen und erleben will, spart mit der **Torino + Piemonte Card** (www.turismotorino.org; 2/3/5 Tage 25/29/34 €) eine Menge Geld. Die Karte ermöglicht den Eintritt in 190 Sehenswürdigkeiten und Museen der gesamten Region. Es gibt außerdem Rabatte bei diversen Transportmitteln, z. B. der Zahnradbahn Sassi–Superga in Turin, den GTT-Booten auf dem Po und den Sightseeing-Bussen von Turismo Bus Torino. Manche Führungen und Theaterkarten werden bei Vorlage der Card ebenfalls günstiger abgegeben. Die Karte ist in der Touristeninformation erhältlich.

KULINARISCHE ERFINDUNGEN AUS TURIN

Lavazza Das familiengeführte Unternehmen in der Via San Tommaso wurde 1895 gegründet und beherrscht, zusammen mit Illy in Triest, die berühmte italienische Kaffeekultur mit einem Jahresumsatz von beinahe 1 Mrd. Euro.

Schokolade Wenn überhaupt eine Stadt behaupten könnte, die Schokolade erfunden zu haben, wäre es wohl Turin. Dort hat man Kakao mit den köstlichen Haselnüssen aus dem Piemont gemischt und so entstand die berühmte *gianduja* (cremige Haselnussschokolade), ein Vorläufer von Nutella und vielen anderen süßen Leckereien.

Grissini Ein Bäcker aus Turin soll in den 1670er-Jahren die Brotstäbchen erfunden haben als Mittel gegen die Verdauungsprobleme des zukünftigen Königs Vittorio Amedeo II. Die knusprigen Snacks setzten sich durch und sind heute in Restaurants und Geschäften allgegenwärtig.

Cinque Terre – Nach den Überschwemmungen

Wegen ungewöhnlich heftiger Regenfälle an der ligurischen Küste im Oktober 2011 kam es in zwei Orten der Cinque Terre, Vernazza und Monterosso, zu verheerenden Überschwemmungen. Viele historische Gassen und Häuser wurden unter mehreren Metern Schlamm begraben. Bei der Katastrophe kamen ein halbes Dutzend Menschen ums Leben, und der Bürgermeister von Monterosso erklärte erschüttert, dass der Ort aufgehört habe zu existieren.

Doch die Menschen in den Cinque Terre haben sich über Jahrhunderte erfolgreich gegen feindliche Invasoren verteidigt und so eine gewisse Gelassenheit und innere Ruhe entwickelt, die ihnen auch in dieser schwierigen Zeit half, wieder auf die Beine zu kommen.

Spätestens seit 2013 sind die meisten Geschäfte, Hotels, Bars und Restaurants wieder geöffnet. Allerdings ist es sinnvoll, sich vor Antritt einer Wanderung über den Zustand des berühmten, aber brüchigen Sentiero Azzurro (Blauer Wanderweg) zu informieren.

UNESCO-Weltkulturerbestätten

➡ **Cinque Terre** Mittelalterliche Fischerdörfer und von Menschenhand geprägte Klippen an der ligurischen Küste.

➡ **Residenzen des Hauses Savoyen** Eine Reihe barocker königlicher Paläste in und um Turin, u. a. Palazzo Madama, Palazzo Reale und Venaria Reale.

➡ **Sacri Monti** Neun heilige Berge im Piemont und in der Lombardei mit christlichen Kapellen und Pilgerstätten.

➡ **Palazzi dei Rolli** 42 Adelspaläste in Genua aus der Zeit der Renaissance und des Barock.

Infos im Internet

➡ **Ligurien** www.turismoinliguria.it

➡ **Piemont** www.piemonteitalia.eu

➡ **Aostatal** www.lovevda.it

➡ **Turin** www.turismotorino.org

Highlights

1 Die supermoderne Seite Turins im kürzlich renovierten **Museo Nazionale dell'Automobile** (S. 250) kennenlernen.

2 In den beeindruckenden **Palazzi dei Rolli** (S. 211) die Kunst und Architektur der einst mächtigen Seemacht Genua entdecken.

3 Mit notorischen Weintrinkern aus der **Barolo-Region** (S. 266) über Anbaugebiet, Tannine und Geschmacksnoten diskutieren.

4 Einen der Pfade in den **Cinque Terre** (S. 228) erwandern – sei es den blauen, roten, einen Pfad im Naturschutzgebiet oder welchen auch immer – und die grandiosen Klippen bestaunen.

5 Herausfinden, wer denn nun Französisch, Italienisch oder Walserdeutsch spricht im multikulturellen **Aostatal** (S. 273).

6 Den Umtrieben im Aostatal entfliehen und sich auf Schusters Rappen auf den Weg machen in den faszinierenden **Parco Nazionale del Gran Paradiso** (S. 282).

7 Im Oktober nach Alba zum jährlichen **Trüffelfest** (S. 264) reisen und zuschauen, wie weiße Trüffel zu exorbitanten Preisen angeboten und verkauft werden.

LIGURIEN

1,57 MIO. EW.

Das auffallendste Merkmal Liguriens ist die Tatsache, dass es nirgendwo flach ist. Der halbmondförmige Bogen liegt eingekeilt zwischen dem Piemont und der Küste, wo Alpen und Apennin schroff ins Meer abfallen. Diese Topografie hat deutlich erkennbare Spuren in der ganzen Region hinterlassen. Auf aufwendig angelegten terrassierten Flächen oberhalb der Klippen wird Landwirtschaft betrieben. Fischerdörfer, die in unglaublicher Lage am Hang kleben, nutzen seit langem das Meer, damit die Taschen und Teller ihrer Bewohner gefüllt sind.

Das einst mächtige Genua liegt am günstigsten Naturhafen Liguriens. Einheimische nennen die Stadt selbstbewusst *La Superba* (Die Stolze), denn sie beherrschte im Mittelalter eine der wichtigsten Seemächte Europas. Zu beiden Seiten der Stadt liegen die schicken Ferienorte der italienischen Riviera, mit einigen Abschnitten, die zeitlos erscheinen, insbesondere die Halbinsel Portofino und die berühmten Cinque Terre. Trotz der begrenzten landwirtschaftlichen Fläche ist Ligurien bekannt für seine kulinarischen Spezialitäten: Sardellen, Zitronen, knusprige *focaccia* und eine dunkelgrüne Sauce, die jeder inzwischen als Pesto kennt.

Genua

605 000 EW.

Im Gegensatz zum eleganten Turin ist Genua eine wuselige Hafenstadt, die manchmal wirkt wie aus einem Roman von Charles Dickens. Die engen, gewundenen Gassen (*caruggi*) erinnern eher an eine marokkanische Altstadt als an venezianische Pracht. Die einstige Stadtrepublik war eine wichtige Handelsmacht und hier wurden große Persönlichkeiten geboren, wie Kolumbus und Mazzini, die die Welt komplett veränderten. In der Stadt mit dem kosmopolitischen Flair ist manches aus der großen Vergangenheit als bedeutendes kulturelles Erbe erhalten geblieben.

Tief im Labyrinth der düsteren Altstadt, in Straßen, die an alte Schwarz-Weiß-Filme erinnern, finden sich die „Schöne und das Biest" nah beieinander. Alte Männer rauchen träge vor lauten Bars und Prostituierte stehen wie Wachposten in dunklen Eingängen. Aber am Rand der Altstadt werden Erinnerungen wach an große Zeiten, wenn man durch die goldverzierten Räume der Palazzi dei Rolli geht. Es handelt sich dabei um eine große Zahl von Adelsresidenzen aus dem 16. und 17. Jh., deren Erhaltung von der Unesco unterstützt wird.

Bis sie sich der Übermacht Piemonts beugen musste, beherrschte die Republik Genua im 12. und 13. Jh. das Mittelmeer. Adlige Kreuzfahrer aus Genua gründeten Siedlungen im Nahen Osten und in Nordafrika. Das Symbol ihrer genuesischen Flagge, das rote Kreuz des hl. Georg, wurde dann einfach von den Engländern geklaut.

1992 war die Stadt Gastgeberin der Expo, und für das Jahr 2004 wurde sie zur europäischen Kulturhauptstadt ernannt. Seitdem hat es radikale Umbauarbeiten in der Stadt gegeben. Im ehemals schäbigen Hafen stehen jetzt das größte Aquarium Italiens und eines der besten Meeresmuseen des Landes.

Geschichte

Genua wurde im 4. Jh. v. Chr. gegründet. Der Name leitet sich vermutlich vom lateinischen Wort *ianua* (Tür) ab. Die Römer nutzten Genua als wichtigen Hafen, später wurde die Stadt von den Franken, Sarazenen und den Mailändern besetzt. Der erste Schutzwall Genuas wurde im 12. Jh. errichtet; die einzige erhaltene Teil dieser Mauern, die Porta Soprana, wurde 1155 errichtet – was heute zu sehen ist, ist allerdings nur noch ein Nachbau.

1298 läutete ein Sieg über Venedig eine Zeit des Wachstums ein, aber Streitigkeiten u. a. zwischen den Geschlechtern Grimaldi, Doria und Spinola führten zu internationalen Verwicklungen. Der Familienclan der Grimaldi verließ daraufhin Genua und gründete weiter westlich das Fürstentum Monaco (daher stammt auch die Ähnlichkeit zwischen dem Monegassischen und dem Dialekt Genuas).

Im 16. Jh. finanzierte Genua unter der Herrschaft des kaiserlichen Admirals Andrea Doria mit Gewinn spanische Forschungsfahrten. Die Schatzkammern füllten sich im 17. Jh., die Stadt wuchs und baute einen äußeren Ring an Schutzmauern. Die neu gebauten *palazzi* füllten sich mit Kunstwerken; Künstler wie Rubens zogen nach Genua. Der berühmte Architekt Galeazzo Alessi (1512–1572) entwarf viele der wunderschönen Gebäude der Stadt.

Als das Zeitalter der Entdeckungen abrupt endete, verloren der Mittelmeerraum und damit auch Genua ihre Bedeutung für den europäischen Handel. Die Stadt verfiel für geraume Zeit in einen Dornröschenschlaf.

Während des Zweiten Weltkriegs erhob sich Genua als erste nördliche Stadt gegen die nationalsozialistische Besatzung und die italienischen Faschisten und befreite sich selbst noch vor der Ankunft der alliierten Truppen. Nach Kriegsende dehnte sich die Stadt zunächst stark aus, aber schon in den 1970er-Jahren endete dieser Wachstumsschub mit dem Zusammenbruch großer Industriezweige.

Christoph Kolumbus – im Italienischen Cristoforo Colombo – ist der berühmteste Sohn Genuas. Anlässlich des 500. Jahrestags seiner geschichtsträchtigen Fahrt nach Amerika wurde 1992 der alte Hafen Genuas von einem Brackwassertümpel in das Vorzeigeobjekt der Stadt umgewandelt. Renzo Piano leitete die Umgestaltungsarbeiten und errichtete einige neue, beeindruckende Attraktionen, zusätzlich wurde eine dringend benötigte U-Bahn-Strecke gebaut. Die Ernennung zur Kulturhauptstadt Europas im Jahr 2004 förderte weitere Renovierungsmaßnahmen und Neubauten, u. a. entstanden mehrere neue Museen.

◉ Sehenswertes

Abgesehen von der ligurischen Küche sind in Genua ganz besonders die Palazzi dei Rolli hervorzuheben. 42 dieser eleganten Adelsresidenzen, die zwischen 1576 und 1664 erbaut wurden, stehen seit 2006 als Weltkulturerbe auf der Liste der Unesco. Die meisten befinden sich an oder nicht weit von der Via Garibaldi und Via Balbi.

Musei di Strada Nuova   MUSEUM
(www.museidigenova.it; Kombiticket Erw./erm. 8/6 €; ◷ Di–Fr 9–19, Sa & So 10–19 Uhr) Die verkehrsberuhigte Via Garibaldi (früher Strada Nuova genannt) am nördlichen Rand der alten Stadtgrenze wurde von Galeazzo Alessi im 16. Jh. geplant. Sie wurde schnell zur begehrtesten Wohngegend der Stadt, wo die reichsten Genueser einen Palazzo bauen ließen. Drei dieser Palazzi – Rosso, Bianco und Doria Tursi – bilden zusammen die Musei di Strada Nuova, in denen Genuas schönste Gemäldesammlung alter Meister untergebracht ist.

Eintrittskarten gibt es im Buchladen im **Palazzo Doria-Tursi** (www.museidigenova.it; Via Garibaldi 9). Das Highlight des Palazzo ist die Sala Paganiniana, wo eine kleine, aber

reizvolle Sammlung persönlicher Gegenstände des berühmten Geigers Nicolò Paganini zu sehen ist. Das wertvollste Stück ist seine Geige „Il Canone", die 1743 in Cremona hergestellt wurde. Anlässlich des Musikfestivals Paganiniana im Oktober hat jedes Jahr ein Geiger das Glück, darauf spielen zu dürfen. Zu den weiteren Ausstellungsstücken gehören Briefe, Partituren und das Reiseschachspiel des Musikers. In den anderen Räumen werden vor allem Keramikobjekte und Münzen gezeigt.

Die großzügig mit Fresken ausgestatteten Räume im **Palazzo Rosso** (www.museidigenova.it; Via Garibaldi 18) bilden den Rahmen für mehrere Porträts von Van Dyck aus dem Besitz der Genueser Familie Brignole-Sale. Zu den besonders bemerkenswerten Gemälden gehören u. a. *Das Martyrium des hl. Sebastian* von Guido Reni, *Tod der Kleopatra* von Guercino sowie Werke von Veronese, Dürer und Bernardo Strozzi.

Flämische, spanische und italienische Künstler sind im **Palazzo Bianco** (www.museidigenova.it; Via Garibaldi 11) vertreten. Zu den Highlights gehören *Venus und Mars* von Rubens, *Vertumnus und Pomona* von Van Dyck, außerdem Werke von Hans Memling, Filippino Lippi und der spanischen Meister Murillo und Zurbarán.

Palazzo Ducale   MUSEUM
(www.palazzoducale.genova.it; Piazza Giacomo Matteotti 9; Eintrittspreis je nach Ausstellung; ◷ Ausstellungen 9–21 Uhr) Der prächtige Palast, einst Sitz der unabhängigen Stadtrepublik, wurde Ende des 16. Jhs. im Stil des Manierismus errichtet und nach einem Brand in den 1770er-Jahren umfassend renoviert. Heute sind hier bedeutende Ausstellungen zeitgenössischer Kunst zu sehen (kürzlich z. B. eine ausgezeichnete Fotoausstellung).

Im Gebäude befinden sich auch kleine Dauerausstellungen, u. a. die **Stanza del Jazz** (Piazza Giacomo Matteotti 9; Eintritt frei;

Ligurien

Turin (50 km)

Rossiglione

Sassello

Cuneo

Mondovi

Volti

Varazze

PIEMONT

Savona

Porto Vado

Pora

Noli

Varigotti

Finale Ligure

Loano

FRANKREICH

Arroscia

Albenga

Triora

Alassio

Valle Argentina

Pigna

Castel Vittorio

Baiardo

Apricale

Isolabona

Ceriana

Dolceacqua

Monte Bignone

Taggia

Argentina

Cervo

Diana Marina

Riviera di Ponente

Imperia

(1299 m)

Bussana Vecchia

BR-20

Nizza (18 km)

Ventimiglia

San Remo

San Lorenzo al Mare

Balzi Rossi

Bordighera

Ospedaletti

Menton

Mortola

Spanien, Korsika, Sardinien, Sizilien, Elba, Morokko & Tunesien

---

⊙ Mo–Sa 16–19 Uhr nach Voranmeldung) **GRATIS** mit einer Sammlung historischer Plattenaufnahmen. Außerdem gibt es einen Buchladen und das sehr gute M-Café.

Cattedrale di San Lorenzo
KATHEDRALE

(Piazza San Lorenzo; ⊙ 8–12 & 15–19 Uhr) Selbst nach italienischen Maßstäben ist die gotisch-romanische Kathedrale eindrucksvoll. Dass das schwarz-weiße Bauwerk noch immer steht, ist der Tatsache zu verdanken, dass 1941 eine offensichtlich defekte britische Bombe nicht zündete. Rechts im Kirchenschiff wird dieses Geschoss heute wie ein Museumsstück präsentiert.

Gedrehte Säulen und kauernde Löwen schmücken das Eingangstor der 1118 geweihten Kathedrale. Die beiden Glockentürme und eine Kuppel wurden im 16. Jh. hinzugefügt.

Im Inneren befindet sich über dem Haupteingang ein großes Bogenfeld mit einer Darstellung des Jüngsten Gerichts. Es ist das Werk eines unbekannten byzantinischen Malers aus dem frühen 14. Jh. In der Sakristei ist das **Museo del Tesoro** (Piazza San Lorenzo; Erw./Kind 5,50/4,50 €; ⊙ Führung Mo–Sa 9–12 & 15–18 Uhr) untergebracht. Dort werden etwas zweifelhafte Reliquien aufbewahrt, darunter der mittelalterliche Sacro Catino, ein Glasgefäß, das man einst für den Heiligen Gral hielt. Zu den anderen Ausstellungsstücken gehören eine Platte aus poliertem Quarz, auf der Salome das Haupt Johannes des Täufers überreicht worden sein soll, und ein Splitter das Heiligen Kreuzes.

★ Palazzo Reale
PALAST, MUSEUM

(www.palazzorealegenova.it; Via Balbi 10; Erw./erm. 4/2 €; ⊙ Do–So 9–19, Di & Mi bis 13.30 Uhr) Wer nur Zeit für einen der Palazzi dei Rolli hat, der sollte diesen wählen. Ein Palast fast wie in Versailles mit terrassierten Gärten, erlesenen Möbeln und einer wunderbaren Sammlung von Kunst der Renaissance. Der

vergoldete Spiegelsaal allein ist das Eintrittsgeld wert.

Hinzu kommen Fresken, Stuckarbeiten und jede Menge anderer Objekte, die von den illustren Genueser Familien Balbi und Durazzo zusammengetragen wurden. Man sieht noch Stunden später überall Gold blinken. Noch beeindruckender wird die Besichtigung im Rahmen der kostenlosen Führungen.

Museo del Risorgimento · MUSEUM
(www.istitutomazziniano.it; Via Lomellini 11; Erw./erm. 4/2,80 €; ⊙ Di–Fr 9–19; Sa 10–19 Uhr) Eines von vielen Museen in Italien zum Thema „Risorgimento" (ital. Einigungsbewegung). Doch das in Genua hat eine besondere Bedeutung, denn hier wurde 1805 der italienische Patriot und Freiheitskämpfer Giuseppe Mazzini geboren. In den Wohnräumen des Mannes, der „Seele Italiens" genannt wird, sind Flaggen, persönliche Gegenstände und geschickt präsentierte, knappe Erläuterungen (manche in Englisch) zur Geschichte der italienischen Einigung zu sehen.

Chiesa del Gesù · KIRCHE
(Piazza Giacomo Matteotti; ⊙ 16.30–19 Uhr) Halb versteckt hinter der Kathedrale liegt diese ebenfalls prächtige ehemalige Jesuitenkirche von 1597 mit ihrem aufwendigen, großartigen Innenraum. An den mit wunderbaren Fresken verzierten Wänden und der Decke fallen zwei Werke des berühmten flämischen Malers Rubens besonders auf: Die *Circoncisione* (*Beschneidung Christi*) hängt über dem Hauptaltar, und *Miracoli di San Ignazio* (*Die Wunder des hl. Ignazio*) ist in einer Seitenkapelle zu finden.

Casa della Famiglia Colombo · MUSEUM
(Piazza Dante; Eintritt 5 €; ⊙ Sa & So 9–12 & 14–18 Uhr) Das Kolumbus-Haus in Genua ist nicht das einzige, von dem behauptet wird, dass hier der Entdecker Christoph Kolumbus geboren sei (Calvi auf Korsika

Genua

käme auch infrage). Doch dieses hier ist wahrscheinlicher, wie es auch diverse dort präsentierte Dokumente belegen. Merkwürdigerweise steht es unmittelbar hinter der alten Stadtmauer am 1155 errichteten Tor **Porta Soprana**.

Christoph Kolumbus soll hier in den Jahren von 1455 bis 1470 gelebt haben, d. h. im Alter von vier bis 19 Jahren. Wer beim Erwerb der Eintrittskarte zum Kolumbus-Haus 2 € mehr zahlt, darf auch auf die Porta Soprana hinaufsteigen.

Jugendstils gehören der **Palazzo della Borsa** (heute Büros), in dem früher die Börse untergebracht war, das modernistische Teatro Carlo Felice (nach Bombenschäden im Zweiten Weltkrieg erst 1991 vollständig wiederhergestellt) und der Brunnen in der Mitte des Platzes.

Museo d'Arte Orientale
MUSEUM

(Piazzale Mazzini 1; Erw./erm. 4/2,80 €; ⊙ Di–Fr 9–13, Sa & So 10–19 Uhr) Unmittelbar östlich der Via Garibaldi schlängelt sich ein Weg von der Piazza Corvetto durch terrassierte Gärten zu einer der größten Sammlungen japanischer Kunst in Europa. Über 20 000 Ausstellungsstücke sind hier zu sehen, u. a. Porzellan, Bronzefiguren, Kostüme und Musikinstrumente.

Altstadt
STADTVIERTEL

Im Herzen des mittelalterlichen Genua liegen die *caruggi*. Die Grenzen bilden die **Porta dei Vacca**, die Via Cairoli, die Via Garibaldi und die Via XXV Aprile sowie die Porta Soprana. Schon die Wäscheleinen vor den Gebäuden zeigen, dass sich in den engen, beinahe schon höhlenartigen Straßen und feuchten, von verschiedensten Düften durchzogenen Sackgassen vor allem Wohnungen befinden. Daneben gibt es aber auch Bars, Geschäfte und Cafés.

Besonders im Dunkeln wirken die *caruggi* teilweise abschreckend. Allzu gefährlich ist es hier zwar nicht (vor allem nicht im Vergleich zu den Zuständen vor zehn Jahren), aber Besucher sollten den Bereich westlich der Via San Luca und südlich der Piazza Banchi eher meiden. Dort konzentriert sich die Halbwelt der Altstadt (Prostitution, Drogen etc.). In der Via Orefici östlich der Piazza befinden sich **Marktstände**.

Galleria Nazionale
KUNSTGALERIE

(www.palazzospinola.it; Piazza Superiore di Pellicceria 1; Erw./erm. 5/3 €; ⊙ Di–Sa 9–20, So 14–20 Uhr) Der Rahmen für die Gemäldeausstellung auf vier Etagen im **Palazzo Spinola** ist wunderschön. Das Gebäude aus dem 16. Jh. gehörte einst den Spinolas, einer der bedeutendsten Familien der Republik Genua. Der Hauptschwerpunkt liegt auf Gemälden der italienischen und flämischen Renaissance, der sogenannten „Ligurischen Schule" (auf Bilder von Van Dyck, Rubens und Strozzi achten), aber der Besuch lohnt sich auch schon wegen der aufwendigen Architektur des Gebäudes.

Piazza de Ferrari
PIAZZA

Nach dem Sauerstoffmangel in den *caruggi* vermittelt der Hauptplatz mit dem Springbrunnen und den imposanten Häusern das Gefühl, man sei gekommen, um frische Luft zu schnappen. Zur Vorzeigearchitektur des

Genua

Museo delle Culture del Mondo MUSEUM
(Museum der Weltkulturen; www.castellodalbertisgenova.it; Corso Dogali 18; Erw./erm. 6/4,50 €; ☉10–18 Uhr) Das **Castello D'Albertis** liegt hoch über dem westlichen Rand der Innenstadt. Hier wird eine breite Palette an Objekten gezeigt, die der weit gereiste Besitzer des Gebäudes zusammengetragen hat.

Das neugotische Gebäude wurde 1892 auf den Ruinen eines viel älteren Schlosses für Kapitän Enrico D'Albertis gebaut, der von seinen Reisen in alle Welt allerhand Kuriositäten mitbrachte. Wo sonst findet man schon ein ausgestopftes Schnabeltier, ein Stück der Chinesischen Mauer und eine Handvoll Sand aus San Salvador (Kolumbus' erstem Anlegepunkt) unter einem Dach? Wer den Aufstieg zum Corso Dogali scheut, kann von der Via Balbi aus die Seilbahn bis zum Schlosstor nehmen (1 €).

Porto Antico STADTVIERTEL
(www.portoantico.it) Nach einem Jahrzehnt der Renovierungsarbeiten, die vor einigen Jahren beendet wurden, ist der Hafen der einst mächtigen Stadtrepublik ein beliebter Ort für die abendliche *passegiata* (Spaziergang) geworden. Vor allem junge Leute, die abends ausgehen wollen, und Kinder sind hier gut aufgehoben. Es gibt ein Aquarium, den futuristischen Bigo (Aussichtsplattform) und ein Piratenschiff (*Il Galeone Neptune*).

Acquario AQUARIUM
(www.acquariodigenova.it; Ponte Spinola; Erw./erm. 18/12 €; ☉9.30–19.30 Uhr; ♿) Dies ist kein einfaches Fischbecken, sondern das leuchtend blaue Aquarium der Stadt ist eines der größten in Europa. In 6 Mio. Litern Wasser tummeln sich mehr als 5000 Meerestiere, u. a. auch Haie. Am Ende des Zugangsstegs liegt ein Schiff, die *Grande Nave Blu*, das im Juli 2013 zu einer außergewöhnlichen Ausstellungsfläche von 2700 m² umgestaltet wurde. Gezeigt wird vor allem das Leben von Korallenriffen, aber auch eine Rekonstruktion des Regenwalds auf Madagaskar. Der Zugang zum Aquarium ist behindertengerecht.

Biosfera BIOSPHÄREN-KUGEL
(Ponte Spinola; Erw./erm. 5/3,50 €; ☉ Mitte März–Mitte Nov. 10–19 Uhr, Rest des Jahres bis 17 Uhr) Die Biosfera ist eine riesige Glaskugel mit einem feuchten Mini-Ökosystem, in dem tropische Pflanzen, Schmetterlinge und Vögel leben. Es ist eine interessante, innovative Ergänzung zum Hafen, obwohl die Besucher vielleicht nur 15 Minuten mit der Pflanzenwelt beschäftigt sind. Die Innentemperatur wird per Computer gesteuert.

Bigo AUSSICHTSPLATTFORM
(Calata Cattaneo; Erw./erm. 4/3 €; ☉ Juni–Aug. 10–23 Uhr, März–Mai, Sept. & Okt. Mo 14–18, Di–So 10–18 Uhr) Ein besonders auffälliges und futuristisches Objekt im Hafen ist diese spinnenähnliche Maschinerie. Es ist ein Panoramaaufzug, der Besucher gut 40 m in die Höhe hebt. Von dort aus hat man eine eher durchschnittliche Aussicht auf die Stadt, was den Fahrpreis nicht unbedingt rechtfertigt. Der Lift ist für Behinderte zugänglich.

Galata Museo del Mare MUSEUM
(www.galatamuseodelmare.it; Calata de Mari 1; Eintritt 12 €; ☉ Nov.–Feb. 10–19.30 Uhr, Mo geschl.) Dies ist eines der bedeutendsten und interessantesten Seefahrtsmuseen überhaupt. Das ist nicht weiter erstaunlich, denn schließlich war Genuas Einfluss als Seemacht im Mittelalter und in der Renaissance nur mit Barcelona und Venedig zu vergleichen. In der modern konzipierten Ausstellung wird die Geschichte der Seefahrt nachgezeichnet, von der Vormachtstellung der Stadt als Handelshafen bis in die Zeit der Segel- und Dampfschifffahrt. Dies rechtfertigt auch den relativ hohen Eintrittspreis.

Ein Teil der Ausstellung im Erdgeschoss ist verdientermaßen dem Genueser Christoph Kolumbus gewidmet. Daneben ist auch der maßstabgetreue Nachbau eines Galeerenschiffes aus dem 17. Jh. zu sehen, der durch Hintergrundgeräusche und Filmausschnitte noch realistischer wirkt. Im zweiten Stock befindet sich eine wertvolle Sammlung alter Karten und Globen und im dritten Stock wird die italienische Auswanderung (u. a. auch die Verhältnisse auf den Schiffen) thematisiert. Vom **Mirador** im obersten Stock hat man einen ausgezeichneten Blick auf die Stadt, ein guter Platz für Fotos.

Il Galeone Neptune PIRATENSCHIFF
(Mole Ponte Calvi; Erw./erm. 5/3 €; ☉ 10–18 Uhr; ♿) Der originalgetreue Nachbau eines Piratenschiffes stammt von 1986 und gehörte zur Ausstattung des Films *Piraten* von Ro-

man Polanski. Es liegt dauerhaft im Hafen vor Anker und ist heute ein Spielplatz für Kinder, die mit ihren geplagten Eltern Szenen aus *Peter Pan* und *Fluch der Karibik* nachspielen wollen.

Casella-Bahn SCHMALSPURBAHN
Die 1929 eingerichtete Schmalspurbahn bietet einen fantastischen Blick auf die Festungen Genuas. Die Bahn startet im Zentrum von Genua an der **Stazione per Casella** (www.ferroviagenovacasella.it; Via alla Stazione per Casella 15) an der Piazza Manin und schlängelt sich 25 km Richtung Norden nach **Casella** durchs Scrivia-Tal (einfache Fahrt/hin & zurück 2/3,20 €, 1 Std., 8- bis 12-mal tgl.). Die Piazza Manin liegt etwa 1,3 km nördlich des Bahnhofs Brignole und ist von dort aus in 15 Minuten zu Fuß oder mit der Buslinie 33 zu erreichen.

La Laterna LEUCHTTURM
(Via alla Laterna; Eintritt 6 €; ☉ Sa & So 10–19 Uhr) Der Hafen hat sich seit der Umgestaltung in den 1990er-Jahren radikal verändert, aber das weithin sichtbare, dazugehörige Wahrzeichen hat sich seit 1543 keinen Meter bewegt. Genuas Leuchtturm gehört zu den ältesten und größten der Welt, ist immer noch in Betrieb und sendet seine Leuchtsignale 50 km weit, um Tanker und andere Schiffe zu warnen. Besucher können die 172 Stufen hinaufsteigen und sich im Museum nebenan Lampen, Linsen und Objekte zum Thema anschauen.

Am besten gelangt man vom Fährhafen aus über einen besonderen, 800 m langen Fußweg dorthin. Der Turm befindet sich mitten in einem hübschen Park.

🖝 Geführte Touren

Informationen und Karten für Hafenrundfahrten und weitere Schiffsausflüge gibt es an den **Kartenschaltern** (Ponte Spinola; ☉ Sept.–Juni 9.30–18.30 Uhr, Juli & Aug. 9–20 Uhr) am Porto Antico unmittelbar neben dem Aquarium.

Whale Watch Liguria WALBEOBACHTUNG
(whalewatchliguria.it; Karten 33 €; ☉ April–Okt. Sa 13.15 Uhr) Die fünfstündigen Ausflüge im Frühjahr und im Sommer werden vom Veranstalter in Absprache mit dem WWF organisiert. Ein kenntnisreicher Biologe vermittelt an Bord interessantes Hintergrundwissen über die faszinierenden und größten Säugetiere der Welt.

Genova Tours
BUSRUNDFAHRTEN

(Erw./erm. 14/7,50 €) Genova Tours organisiert 3- bis 4-mal täglich Stadtrundfahrten im offenen Bus. Die Kommentare gibt es per Kopfhörer in fünf Sprachen. Es ist besser, sich vorher zu erkundigen, wo der Bus abfährt. Die Tourismusbüros haben genaue Informationen. Fahrkarten gibt es in den Bussen.

Feste & Events

Slow Fish
ESSEN

(www.slowfish.it) Das Fest zum Thema Fisch und Meeresfrüchte inklusive Fischmarkt und Kostproben wird in jedem ungeraden Jahr Anfang Mai veranstaltet. In Zusammenarbeit mit der Slowfood-Bewegung werden kostenlose Workshops angeboten über Wasserverschmutzung, akzeptable Fangtechniken und Aquakultur.

Palio delle Quattro Antiche Repubbliche Marinare
REGATTA

(Regatta der vier Alten Seerepubliken) Bei der Regatta im Juni treffen die einst rivalisierenden Seerepubliken – Pisa, Venedig, Amalfi und Genua – aufeinander. Im Mittelpunkt stehen ein Umzug historischer Boote und ein spannender Ruderwettkampf. Nächster Veranstaltungsort in 2017 ist Pisa.

Premio Paganini
MUSIK

Der internationale Violinwettbewerb zu Ehren des großen Geigers Niccolò Paganini (1782–1849) aus Genua findet im September statt, zum nächsten Mal 2014 im Teatro Carlo Felice (S. 221).

🛌 Schlafen

Dutzende Hotels sind über die ganze Stadt verteilt, aber die meisten befinden sich unweit des Bahnhofs Principe, an oder in der Nähe der Via Balbi.

⭐ Hotel Cairoli
HOTEL €

(☏ 010 246 14 54; www.hotelcairoligenova.com; Via Cairoli 14/4; DZ/3BZ/4BZ 85/100/125 €; ❄@🛜) Von außen ist es nicht zu erkennen, aber Mondrian lauert hier auf allen drei Etagen. Die Räume im geschickt gestalteten Cairoli sind thematisch jeweils einem anderen berühmten Künstler gewidmet und zeigen so etwas von dessen Person und seinen Werken. Dazu gibt es eine Bibliothek, einen Chillout-Bereich, einen Internetraum, einen gut ausgestatteten Fitnessraum, kostenlose Zeitungen, eine Terrasse und Übersichtskarten an den Wänden. Alles in allem bekommt man fünf Sterne in einer 3-Sterne-Verpackung. Es herrscht eine freundliche Atmosphäre und man kann vom Personal Fremdsprachenkenntnisse erwarten.

B&B Palazzo Morali
B&B €

(☏ 010 246 70 27; www.palazzomorali.com; Piazza della Raibetta; EZ/DZ 65/75 €; P❄🛜) Der erste Gedanke, wenn man die besondere Welt des Palazzo Morali betritt, ist: Das ist ein Palazzo Rolli, der auf der Liste der Unesco vergessen worden ist. Bei näherer Betrachtung wird deutlich, dass B&B eine Fehlbezeichnung ist für dieses feine Hotel in den beiden obersten Etagen eines hohen Gebäude; mit gutem Blick auf den Hafen.

In den prachtvollen Räumen (einige mit Gemeinschaftsbad) stehen goldverzierte Himmelbetten und genuesische Kunstwerke. Das Frühstück ist eher ein Bankett als ein morgendlicher Imbiss.

Hotel Meuble Suisse
HOTEL €

(☏ 010 54 11 76; www.meublesuisse.com; 3. Stock, Via XX Settembre 21; EZ/DZ 53/71 €; 🛜) Saubere Zimmer, freundlich lächelndes Personal und einen Kronleuchter ganz für sich allein. Was braucht man mehr? Im dritten Stock des stattlichen Gebäudes nahe des Bahnhof Brignole wurde die Jahrhundertwende wieder ein wenig zum Leben erweckt. Sollten die neun großzügigen Zimmer belegt sein, steigt man eine Treppe höher zum ebenfalls netten **Olympia Hotel**

NICHT VERSÄUMEN

CORSO ITALIA

Wer genug hat von Ratten und muffigen Gerüchen in der Altstadt, macht sich wie die Einheimischen auf den Weg zum Corso Italia, der Uferpromenade etwa 3 km östlich des Zentrums. An dem breiten 2,5 km langen Gehweg machen einheimische Romeos ihren Julias eine Liebeserklärung, und Jogger strampeln die Eisportionen vom Vortag ab. Es ist zwar ein Kieselstrand, aber am Corso gibt es einige schöne Jugendstilhäuser und der Weg endet im unerwartet malerischen **Boccadasse**. Das ursprünglich eigenständige Fischerdorf wirkt vor der städtischen Kulisse wie ein eingefügtes Stück der Cinque Terre.

Genova (☎ 010 59 25 38; www.olympiahotel-genova.com; 4. Stock, Via XX Settembre 21) und zahlt in etwa den gleichen Preis.

Hotel Agnello d'Oro HOTEL €
(☎ 010 246 20 84; www.hotelagnellodoro.it; Vico delle Monachette 6; EZ/DZ 65/85 €; ❄ @ 🛜 🚻) Das Agnello hat 17 Zimmer, ist günstig und liegt nicht weit vom Bahnhof Porta Principe. Es bietet alles, was der abgeklärte Reisende so braucht, Terrasse, Lesezimmer, Touristeninfos, Frühstücksbüfett und Familienzimmer.

Ostello Genova HOSTEL €
(☎ 010 242 24 57; www.ostellogenova.it; Via Costanzi 120; Bett 17 €, EZ/DZ 28/50 €, Gemeinschaftsbad EZ/DZ 24/44 €; ⊘ Rezeption 24 Std. besetzt; P 🛜) Zum einzigen Hostel in Genua geht es vom Zentrum aus 2 km steil Richtung Norden. Backpacker, die es lieber locker angehen lassen, werden von der Hausordnung nicht begeistert sein. Die Schlafräume mit 8 Betten werden nach Geschlechtern getrennt belegt, von 9 bis 15.30 Uhr kommt man nicht ins Haus, nach 1 Uhr nachts auch nicht mehr und Hostelling International Cards (HI) sind unbedingt erforderlich. Man nimmt die Buslinie 40 am Bahnhof Brignole und steigt an der Endstation aus. Das Haus ist auch für Behinderte geeignet.

Hotel Bristol Palace HOTEL €€
(☎ 010 59 25 41; www.hotelbristolpalace.com; Via XX Settembre 35; EZ/DZ 92/143 €; P ❄ @ 🛜) Hinter den riesigen Arkaden der Via XX Settembre findet sich eine der nobelsten Adressen in Genua, ein Meisterwerk der Belle Époque. Die Zimmer sind stimmungsvoll und elegant eingerichtet mit Mosaikparkett und echten Antiquitäten (und ein paar modernen Kontrasten). Man betritt dieses Reich über eine weitläufige Treppe überwölbt von einem reich verzierten Glasdach.

Grand Hotel Savoia HOTEL €€
(☎ 010 2 77 21; www.grandhotelsavoiagenova.it; Via Arsenale di Terra 5; EZ/DZ 124/169 €; ❄ @ 🛜) Der Name Grand Savoia passt für dieses Reich der flauschigen Bademäntel und wohlriechenden Duschgels. Man würde dort sicher auch gern die italienische Königsfamilie aufnehmen, die aber 1946 das Land verlassen musste. Die Innenausstattung ist klassisch elegant. Die Größe der Zimmer ist unterschiedlich, schön sind z. B. die mit Wandgemälde hinter dem Bett. Das Hotel liegt neben dem Bahnhof Porta Principe.

Hotel Cristoforo Colombo HOTEL €€
(☎ 010 251 36 43; www.hotelcolombo.it; Via di Porta Soprana 27; EZ 88–160 €, DZ 110–170 €; 🛜) Das ausgesprochen nette familiengeführte Hotel liegt ganz ideal in der Nähe der Kathedrale San Lorenzo. Es bietet 18 modern gestylte, farblich unterschiedlich gestaltete Zimmer. Frühstück gibt es auf einer hübschen Dachterrasse im sechsten Stock.

Hotel della Posta Nuova HOTEL €€
(☎ 010 25 29 29; www.albergopostagenova.com; Via Balbi 24; EZ/DZ 40–115/60–130 €; P ❄) In dem ordentlich geführten Hotel, 150 m vom Bahnhof Principe entfernt, gibt es keine großen Überraschungen. Es ist sauber, sicher und relativ freundlich für einen Ort, an dem die Leute kommen und gehen. Die Zimmer sind eher klein und einfach, aber mit viel Tageslicht, und die im obersten Stock haben eine Terrasse mit Blick auf die Via Balbi.

 Essen

Es ist praktisch unmöglich, aus Genua abzureisen, ohne *pesto genovese* (die berühmte Sauce taucht praktisch auf jeder Speisekarte auf) probiert zu haben. Andere regionale Spezialitäten sind *focaccia* (vor allem mit Käse überbacken) und *farinata* (ein Fladenbrot aus Kichererbsenmehl), die es überall als preiswerten Snack zum Mitnehmen gibt. Am besten sind sie in kleinen Bäckereien, möglichst mit sichtbarem Ofen und wenn der Bäcker gerade frische Fladen einräumt. *Torta pasqualina* (pikante Torte mit Spinat, Ricotta und Ei), *pansotti* (Ravioli gefüllt mit Spinat und einer cremigen Haselnusssauce) und frischer Fisch und Meeresfrüchte sind ebenfalls gut.

Trattoria Da Maria TRATTORIA €
(☎ 010 58 10 80; Vico Testadoro 14R; 12 €; ⊘ Mo–Sa 11.45–15, Do & Fr 19–22.30 Uhr) Pesto hergestellt aus wenigen Zutaten ist im Grunde ein Gericht für bescheidene Ansprüche und in der einfachen Trattoria sind die Preise ebenso bescheiden. Sie liegt versteckt in einer dämmerigen Gasse und ist mittags täglich geöffnet (donnerstags und freitags auch am Abend). Den Tisch teilt man mit anderen Gästen und das Essen wird so schnell und geschickt serviert wie bei der napoleonischen Armee.

Die handgeschriebene Speisekarte ist kaum lesbar, aber im Prinzip gibt es das, was eben gerade da ist. Pesto spielt dabei eine große Rolle.

M-Cafe
SNACKBAR, CAFÉ €

(Palazzo Ducale, Piazza Giacomo Matteotti 9; Snacks ab 4 €; ☺8–20 Uhr) Es ist ein Beweis für die verlässliche Qualität der italienischen Küche, dass sogar Museumscafés ausgezeichnet sein können. Im M-Café in der großen Vorhalle des Palazzo Ducale sind ständig Leute, die keineswegs die Ausstellung sehen wollen. Etwa ab 18 Uhr gibt es reichlich Snacks zum *aperitivo*. Filialen sind im Palazzo Rosso und Palazzo Reale.

Pastaway
ITALIENISCH €

(☎010 247 32 35; Piazza della Meridiana; Portion zum Mitnehmen 4–7 €) Wenn man die Portion *trofie* (spätzleartige Pasta) mit Pesto gegessen hat und die Schachtel vernichtet, fragt man sich, warum eigentlich noch niemand außerhalb von Genua auf die naheliegende Geschäftsidee gekommen ist – hausgemachte Pasta zum Mitnehmen (*porta via*, wie man in Italien sagt). Das geht schnell, ist frisch und bequem. Man wählt eine Pasta mit Sauce und auf geht's!

Trattoria delle Erbe
TRATTORIA, FISCH €

(Piazza delle Erbe 8–10; 20 €; ☺Di–Sa 12–14.30 & 19–22.30, So & Mo 12–14.30 Uhr) Hier gibt es die typischen genuesischen Fischgerichte, die den Einheimischen schon geschmeckt haben, als Kolumbus nach Amerika aufbrach. Gut in der Trattoria an der Piazza delle Erbe mit den malerisch abblätternden Fassaden sind z. B. *risotto del pescatore* (Risotto mit Meeresfrüchten), Gnocchi mit Rauke und Garnelen oder eine Platte mit gegrillten Fischen.

La Cremeria delle Erbe
EISCAFÉ €

(Piazza delle Erbe 15–17; Hörnchen ab 2 €; ☺Mo–Do 11–1, Fr & Sa bis 2 Uhr nachts) Es gibt mindestens ein Dutzend Anwärter auf den Titel „bestes Eis in Genua". Aber wer das Eis schön cremig mag, kann aufhören zu suchen. Das Eiscafé an der leicht bröckelnden, aber netten Piazza delle Erbe zieht spätabends Leute an, die aus dem Restaurant oder der Kneipe kommen und nach Hause gehen.

Focaccia e Dintorni
FOCACCERIA €

(Via Canneto Il Curto 7–8; *focaccia* ab 1 €; ☺7–20 Uhr) Man könnte in Genua einen Ball in eine beliebige Richtung schießen, er würde immer irgendwo landen, wo es *focaccia* gibt. Die Bäckereien oder *focaccerie* sind deutlicher besser als die Bars, auch dieser Laden fast direkt an der Via San Lorenzo.

Man bekommt auch Pizza, *farinata* und leckere süße Sachen.

★ Trattoria della Raibetta
TRATTORIA €€

(www.trattoriadellaraibetta.it; Vico Caprettari 10–12; Hauptgerichte 14 €; ☺Di–So, Mittag- & Abendessen) Besonders typisch genuesisch essen kann man in den Lokalen im Straßengewirr unweit der Kathedrale. Die Speisekarte im Raibetta ist unkompliziert und fischlastig. Empfehlenswert ist z. B. *riso venere* (eine regionale schwarze Reissorte) oder die garantiert hausgemachten *trofiette al pesto*.

Der Tintenfischsalat ist ein guter Start, während man angesichts der 200 angebotenen Weine besser eine Münze wirft.

Trattoria Rosmarino
TRATTORIA €€

(☎010 251 04 75; www.trattoriarosmarino.it; Salita del Fondaco 30; Gerichte ab 30 €; ☺Mo–Sa 12–15 & 19–23 Uhr) Eher schick als schlicht. Das Rosmarino serviert regionale Spezialitäten in einer eleganteren Atmosphäre als die meisten einfachen Trattorien in den *caruggi*. Ein ausgezeichneter Service und ein zeitgemäßes Ambiente machen das Restaurant zu einem romantischen Plätzchen für Verliebte und/oder für Liebhaber guten Essens. Vorher einen Tisch reservieren, denn es ist gut besucht.

Ombre Rosse
TRADITIONELL ITALIENISCH €€€

(☎010 27 57 608; Vico Indoratori 20; Gerichte 35 €; ☺Mo–Fr 12.30–22, Sa 19.45–22.30 Uhr) Das Lokal befindet sich in einem der ältesten mittelalterlichen Häuser der Stadt aus dem späten 13. Jh. Beim Ombre Rosse kommen mehrere glückliche Umstände zusammen. Erstens ist da der dunkle, aber romantische Innenraum voller Bücher, Bilder und interessanter Winkel. Zweitens kann man draußen in einem hübschen Garten essen (einem der wenigen im dicht bebauten Genua).

Drittens, und das ist entscheidend, ist da die authentische ligurische Küche – *trofie al pesto*, Pasta mit *salsa di noci* (Walnusssauce) und leckere *torta di verdure* (Gemüsequiche) mit Salat.

Da Gaia
TRADITIONELL ITALIENISCH €€€

(Vico dell'Argento 13r; Gerichte 30–50 €; ☺Mo–Fr 12–15 & 19–24, Sa 19–24 Uhr) Von der dunklen Gasse sollte man sich nicht abhalten lassen. Das Gaia ist ein Lichtblick in der düsteren Umgebung und wird regelmäßig zum besten Lokal der Stadt gewählt von denen, die es wissen sollten, den Einheimischen. Es ist bekannt für seine Fischgerichte. Am besten ist ein Teller Antipasti, bevor man sich auf Garnelen, Seebarsch oder Thunfisch stürzt. Es gibt auch regionale Standardgerichte (Pesto, Nusssauce *salsa di noci*) und leckeres geschmortes Kaninchen.

 ## Ausgehen & Nachtleben

Der aufgepeppte Porto Antico ist zum Ort geworden, an dem sich junge Leute abends gerne treffen, aber der Reiz der *caruggi* ist nicht zu unterschätzen. Schicke neue Bars und solche, die schon seit Jahren beliebt sind, gibt es überall in der Stadt, vor allem in den Straßen nordwestlich der Piazza de Ferrari. An der Piazza delle Erbe sind viele Straßencafés, in denen man gut einen Kaffee oder auch etwas Stärkeres trinken kann.

★ La Nouvelle Vague   WEINBAR

(www.nouvelle-vague.it; Vico de Gradi 4r; ⊙ Mo–Fr 12–15, Mo–Sa 18.30–1.30 Uhr nachts) Die *caruggi* stecken voller Überraschungen, aber wenige sind so erfreulich wie diese Insel entspannter Intellektualität unter dem stickigen Gewirr der mittelalterlichen Gassen. Das Nouvelle Vague ist ein Buchladen mit französischem Schwerpunkt und eine Bar, in der man bei einem Glas italienischem Wein in den Werken von Genet und Proust blättern kann.

An den Wänden hängen Fotos der jungenhaften Jean Seberg und die hervorragenden Snacks, die es zu allen Getränken gibt, haben schon manchen veranlasst, das Abendessen ausfallen zu lassen.

Fratelli Klainguti   CAFÉ

(Via di Soziglia; ⊙ 8–20 Uhr) Das Klainguti hatte, als es 1828 eröffnet wurde, sicher noch andere Mittel als Cappuccino und Espresso, um Kunden anzulocken. Heute genügen Kaffee und Gebäck für die meisten Gäste, die gern mehr zahlen, um von einem Kellner mit Fliege unter einem pompösen Kronleuchter bedient zu werden.

Einfache *primi* (Vorspeisen) gibt es hier schon ab 5 €.

Café degli Specchi   CAFÉ

(Via Salita Pollaiuoli 43r; Hauptgerichte 7–10 €; ⊙ Mo–Sa 7–21 Uhr) Es ist, als ob ein Stück Turin 150 km nach Süden versetzt worden wäre. In dem Jugendstil-Vorzeigecafé, das wie ein Ausstellungsstück der Goldenen Zwanziger wirkt, hielt (und hält) sich die Literaturszene liebend gern auf. Man kann seinen Espresso unten im Stehen trinken, aber wer nach oben geht, genießt Kaffee, Kuchen oder das *aperitivo-Büfett* zwischen Samtpolstern und Spiegeln.

Cambi Cafe   BAR, CAFÉ

(Via Falamonica 9; ⊙ 10–23 Uhr) In der tollen Café-Bar schlürft man morgens entspannt seinen Cappuccino oder nachmittags seinen Aperitif, während man die Wandmalereien aus dem 17. Jh. von Bernardo Strozzi bewundert. In dem alten Palazzo der Dorias gibt es auch Abendessen. Super!

Bar Berto   BAR, RESTAURANT

(Piazza delle Erbe 6; ⊙ So–Do 10.30–1 Uhr, Fr & Sa bis 2 Uhr nachts) Es ist die angesagte Bar an der quirligen Piazza delle Erbe, um draußen zu sitzen. Wozu die Tische der Bars auf dem gepflasterten Platz genau gehören, ist nicht auseinanderzuhalten, aber die Getränke aus der Bar Berto sind eindeutig die besten.

☆ Unterhaltung

Am westlichen Ende des historischen Hafens stehen die Magazzini del Cotone, ehemalige Lagerhäuser für Baumwolle. Sie wurden zu einer Vergnügungsmeile umgebaut mit einem Multiplexkino, Spielhallen und Geschäften.

Teatro Carlo Felice   THEATER

(☑ 010 538 12 24; www.carlofelice.it; Passo Eugenio Montale 4) Es lohnt sich ein Theaterstück oder eine Oper in dem beeindruckenden Opernhaus mit vier Bühnen anzuschauen.

Teatro della Tosse   THEATRE

(www.teatrodellatosse.it; Piazza Renato Negri 4) Schon Casanova betrat die Bretter des ältesten Theaters der Stadt, das 1702 eröffnet wurde.

 ## Shoppen

Die elegante Via Roma im Südwesten mit ihren Boutiquen in Jugendstilhäusern und der angrenzenden glasüberdachten **Galleria Mazzini** ist die exklusivste Einkaufsstraße der Stadt. Sie verbindet die Piazza Corvetto mit der Piazza de Ferrari.

ℹ Praktische Informationen

Ospedale San Martino (☑ 010 55 51; Largo Rosanna Benci 10) Krankenhaus.

Polizei (☑ 010 5 36 61; Via Armando Diaz 2)

Hauptpostamt (☑ Via Dante 4; ⊙ Mo–Sa 8–18.30 Uhr)

Post (Stazione Principe; ⊙ Mo–Fr 8–18.30, Sa bis 12.30 Uhr)

Touristeninformation Flughafen (☑010 601 52 47; ⊕10–13 & 13.30–18.30 Uhr); Via Garibaldi (☑010 557 29 03; Via Garibaldi 12r; ⊕9–18.30 Uhr); Piazza Ferrari (neben dem Teatro Carlo Felice; ⊕9–13 & 14.30–18.30 Uhr)

An- & Weiterreise

FLUGZEUG

Vom **Cristoforo Colombo Airport** (☑010 6 01 51; www.airport.genova.it) aus, 6 km westlich der Stadt in Sestri Ponente, gibt es regelmäßige Inlands- und Auslandsverbindungen, aber Direktflüge nur ab München.

SCHIFF/FÄHRE

Die Fähren nach Spanien, Sizilien, Sardinien, Korsika und Tunesien legen am **internationalen Fährhafen** (Terminal Traghetti; www.porto. genova.it; Via Milano 51) ab. Nur Kreuzfahrtschiffe nutzen den Passagierhafen an der Ponte dei Mille aus den 1930er-Jahren.

Die angegebenen Fahrpreise gelten für die einfache Fahrt ohne Kabine in der Neben-/Hauptsaison. Folgende Fährunternehmen sind am *terminal traghetti* vertreten:

Von Juni bis September verkehren Schiffe der **Cooperativa Battellieri del Golfo Paradiso** (www.golfoparadiso.it) vom Porto Antico nach Camogli (einfache Fahrt/hin & zurück 10/15 €), Portofino (12/20 €) und Porto Venere (20/35 €).

Consorzio Liguria Via Mare (www.liguriaviamare.it) bietet saisonabhängig Ausflüge nach Camogli, San Fruttuoso und Portofino, Monterosso in den Cinque Terre und Porto Venere.

Grandi Navi Veloci (GNV; ☑010 209 45 91; www.gnv.it) Fährverbindungen nach Sardinien (Porto Torres, 65 €, ganzjährig) und Sizilien (Palermo, 69 €, ganzjährig). Außerdem Fähren nach Barcelona, Tunis (Tunesien) und Tanger (Marokko).

Moby Lines (☑199 30 30 40; www.mobylines.it) Ganzjährig Fährverkehr nach Korsika (Bastia, 39 €) und Sardinien (Olbia, 72 €).

BUS

Fernbusse fahren von der Piazza della Vittoria ab, ebenso wie die Busse zum mailändischen Flughafen Malpensa (16 €, 2 Std., 6 und 15 Uhr) und anderen interregionalen Zielen. Fahrkarten gibt es bei **Geotravels** (Piazza della Vittoria 57) und **Pesci Viaggi e Turismo** (Piazza della Vittoria 94r).

ZUG

Von den Bahnhöfen Principe und Brignole fahren Züge zu folgenden Zielen:

ZIEL	PREIS (€)	DAUER (STD.)	FAHRTEN PRO TAG
Mailand	19,50	1½	bis zu 8-mal tgl.
Pisa	26	2	bis zu 8-mal tgl.
Rom	60,50	5	6-mal tgl.
Turin	19	1¾	7 – 10-mal tgl.

Die Zahl der An- und Abfahrten ist am Bahnhof Principe eher höher, vor allem Richtung Westen nach San Remo (16,50 €, 2 Std., 5-mal tgl.) und Ventimiglia (13,20 €, 2¼ Std., 6-mal tgl.).

Unterwegs vor Ort

Die Buslinie 100 der Verkehrsbetriebe **AMT** (www.amt.genova.it) verbindet den Bahnhof Principe mit dem Flughafen. Zwischen 5.30 und 23 Uhr fährt mindestens stündlich ein Bus (4 €, 30 Min.). Fahrkarten sind beim Fahrer erhältlich.

Eine Taxifahrt zum oder vom Flughafen kostet etwa 15 €.

ÖFFENTLICHE VERKEHRSMITTEL

Busse der **AMT** verkehren in der ganzen Stadt. Am Busbahnhof gibt es ein **AMT-Informationsbüro** (Via d'Annunzio 8; ⊕Mo–Fr 7.15–18, Sa & So 7–19 Uhr). Die Linie 383 verbindet den Bahnhof Brignole mit der Piazza de Ferrari und dem Bahnhof Principe. Eine Fahrkarte für 1,50 € ist 90 Min. gültig. Die Karten können im Stadtge-

---

ⓘ MEHR FÜRS GELD

Ganz sicher die beste Möglichkeit, in den Cinque Terre herumzukommen, ist die **Cinque Terre Card**.

Erhältlich sind zwei Versionen der Karte, entweder mit oder ohne Bahnfahrten. In beiden Fällen sind die uneingeschränkte Nutzung der Wanderwege, der elektrischen Dorfbusse und Ausstellungen eingeschlossen. Ohne Nutzung der Bahn kostet eine Karte für Personen über 4 Jahre für ein/zwei Tage 5/9 €. Wer die Züge zwischen den Orten uneingeschränkt nutzen will, zahlt 10/19 €. Eine Familienkarte für 2 Erwachsene und 2 Kinder (unter 12 Jahren) kostet 26 € einschließlich Zugfahrten.

Beide Kartentypen sind an allen Informationsbüros des Nationalparks Cinque Terre erhältlich.

VIELE REZEPTE FÜR DIE FOCACCIA

Wenn man eine Woche lang in den Bars und Bäckereien an der ligurischen Küste *focaccia* probiert, merkt man bald, dass es zig Sorten gibt. Da ist die klassische *focaccia*, genannt *alla genovese*. Es ist ein einfacher Teigfladen aus Mehl, Hefe, Wasser, Salz und Öl (mit Salz, Olivenöl und manchmal Rosmarin bestreut bzw. beträufelt). Aber nur ein paar Orte weiter gibt es diverse regionale Varianten. Östlich von Genua wird die *galletta di Camogli* angeboten, eine sehr knusprige *focaccia*, fast wie ein großer Keks, die wohl ursprünglich die Seeleute auf ihren langen Schiffsreisen mitnahmen. Im nahe gelegenen Recco ist es die leckere *focaccia col formaggio*, bei der milder, cremiger Käse zwischen zwei Fladen (ohne Hefe) gebacken wird. Das Rezept geht auf die Sarazener zurück, die im frühen Mittelalter immer wieder die Küste überfielen. In San Remo an der Riviera Ponente wird *sardenaira* zubereitet, eine pizzaähnliche *focaccia* mit Tomaten, Zwiebeln, Kapern und – wie der Name schon sagt – Sardinen. Die kleinen *foccacine*, auch *revzora* genannt, im Valle Stura im Hinterland erinnern an Polenta. Sie werden aus Maismehl hergestellt und in einem Steinofen gebacken.

biet auch auf Hauptstrecken der Züge und in der **Metro** (www.genovametro.com) benutzt werden, die derzeit weiter ausgebaut wird. Es gibt zahlreiche U-Bahnstationen in der Stadt.

Rund um Genua

Nervi

Das ehemalige Fischerdorf im stadtnahen Einzugsgebiet von Genua gelegen, bezeichnet sich selbst als Badeort. Da es aber jede Menge schickere Orte an der Riviera gibt, steht es für die meisten eher nicht oben auf der Urlaubsliste. Was für den Ort spricht, sind die Zahl der Museen und Galerien und die 2 km lange Promenade hoch über dem felsigen Ufer, die Passegiata Anita Garibaldi.

⊙ Sehenswertes

Für alle vier Museen und Galerien in Nervi wird ein Kombiticket angeboten (10 €). Der Eintritt ist aber auch in der Museumskarte für Genua eingeschlossen.

Galleria d'Arte Moderna   KUNSTGALERIE
(Via Capolungo 3; Erw./erm. 6/5 €; ⊙ Di–So 10–19 Uhr). Das renommierteste Museum des Ortes zeigt Werke von Künstlern des 19. und 20. Jhs., u. a. Filippo De Pisis, Arturo Martini und Rubaldo Merello.

Raccolte Frugone   KUNSTGALERIE
(Via Capolungo 9; Erw./erm. 4/2,80 €; ⊙ Di–Fr 9–19, Sa & So 10–19 Uhr) In der Villa Grimaldi Fassio mit Blick auf die grünen Parkanlagen von Nervi und zahlreiche Eichhörnchen wird ebenfalls italienische Kunst des 19. und frühen 20. Jhs. gezeigt, u. a. der sinnliche

Marmorakt *Il Risveglio* (*Das Erwachen*) von Edoardo Rubino.

Wolfsoniana   MUSEUM
(www.wolfsonianan.it; Via Serra Gropallo 4; Erw./erm. 5/4 €; ⊙ Di–So 10–19 Uhr) Etwa 18 000 Objekte aus der Zeit von 1880 bis 1945 sind in der Wolfsoniana Collection ausgestellt. Die Ausstellung dokumentiert diese wechselvolle Zeit in der Geschichte Italiens und zeigt neben Werbe- und Propagandaplakaten architektonische Entwürfe, Gemälde und Möbel.

Museo Giannettino Luxoro   MUSEUM
(Via Mafalda di Savoia 3; Erw./erm. 4/2,80 €; ⊙ Di–Fr 9–13, Sa 10–13 Uhr) Die wertvolle Sammlung in der wunderbar restaurierten Villa führt weiter zurück in die Geschichte. Hier sind Uhren, Silber, Keramik und Möbel aus dem 18. Jh. ausgestellt. Der Besuch des Museums Raccolte Frugone ist im Eintrittspreis enthalten.

✕ Essen

Chandra Bar   INTERNATIONAL €
(Passeggiata Garibaldi 26r; Menü 18–25 €; ⊙ Di–Sa 15–2, So 11.30–2 Uhr) In der Chandra-Bar an der Uferpromenade werden Pasta und frische Fischgerichte serviert, gelegentlich mit thailändischem oder brasilianischem Touch. Es gibt auch Livemusik.

❶ An- & Weiterreise

Nervi liegt 7 km östlich von Genua und ist einfach mit einem der häufig fahrenden Züge vom Bahnhof Brignole oder Principe aus zu erreichen (1,50 €, 20–25 Minuten).

Pegli

Der Ort liegt etwa 9 km westlich des Stadtzentrums. Die Parks mit den vielen Blumen machen Pegli zu einer erholsamen Oase abseits der städtischen Hektik. Ebenso wie Nervi gehört der früher eigenständige Küstenort heute zu Genua und auch hier gibt es mehrere Museen. Ein Kombiticket für alle genannten Sehenswürdigkeiten kostet 8 €.

⊙ Sehenswertes

Museo di Archeologia Ligure   MUSEUM
(www.museoarcheologicogenova.it; Villa Pallavicini, Via Pallavicini 11; Eintritt 5 €; ⊙ Di–Fr 9–19, Sa & So 10–19 Uhr) Im Museum in der beeindruckenden Villa Pallavicini sind regionale Ausgrabungsstücke aus der vorgeschichtlichen bis zur römischen Zeit zu sehen sowie eine Sammlung ägyptischer Altertümer.

Museo Navale   MUSEUM
(www.museonavale.it; Villa Doria, Piazza Bonavino 7; Eintritt 5 €; ⊙ Di–Fr 9–13, Sa 10–18, So bis 13 Uhr) In dem ehemaligen Wohnsitz der Familie Doria geht es um die Seefahrt. Es sind Modelle, Fotos und andere Erinnerungsstücke aus dem 15. bis 19. Jh. zu sehen, als Genua eine bedeutende Seemacht war.

Parco Villa Pallavicini   PARK
(Via Pallavicini; Eintritt 3,50 €; ⊙ April–Sept. 9–19 Uhr, Okt.–März bis 17 Uhr) Der gepflegte Park mit symmetrischen Rasenflächen, Teichen und einem Gewächshaus ist der Inbegriff der üppigen Landschaft an der italienischen Riviera. Daneben befindet sich der **Giardino Botanico** (Eintritt 3,50 €; ⊙ April–Sept. 9–19 Uhr, Okt.–März bis 17 Uhr) mit einer kleinen Sammlung exotischer Pflanzen.

➊ An- & Weiterreise

Von Genua fahren ab den Bahnhöfen Brignole oder Principe häufig Züge nach Pegli (1,50 €, 20–25 Min.).

Riviera di Levante

Wer sich erleichtert aus der Enge des Ballungsraums Genua weg nach Osten bewegt, ist sicher schnell gefesselt vom tiefblauen Meer, an dem einige der feinsten Badeorte Italiens liegen, u. a. auch Portofino, ein beliebter Treffpunkt der Schickeria. Dieser herrliche Küstenstreifen ist alles andere als ein Geheimtipp, sondern enorm populär, jedoch nie geschmacklos. Noch weiter Richtung Osten kämpfen schicke Badeorte tapfer gegen die zunehmend gefährlicher aussehenden Tücken der Topografie.

Camogli

5621 EW.

Im Hintergrund des immer noch authentischen Fischerdorfes, 25 km östlich von Genua, liegen schattige Pinienbäume und üppige Olivenhaine. Die Häuser in den Gassen und kopfsteingepflasterten Straßen sind mit illusionistischem Dekor versehen. Der Name Camogli bedeutet „Haus der Ehefrauen" und stammt aus der Zeit, als die Frauen alles im Dorf regelten, während ihre Männer auf See waren. Gefischt wird immer noch, vor allem am zweiten Maiwochenende, wenn die Fischer die gut besuchte **Sagra del Pesce** (Fischfest) mit einem Festessen begehen. Dabei werden unten am Ufer Hunderte von Fischen in 3 m großen Pfannen gebraten.

⊙ Sehenswertes & Aktivitäten

Von der Strandpromenade aus, der Via Garibaldi, fahren oft Schiffe zur **Punta Chiappa**, einem felsigen Vorsprung am Kap von Portofino, wo man schwimmen und sonnenbaden kann wie die Italiener.

Vom Bahnhof aus führt ein Fußweg die Via Nicolò Cuneo entlang und viele Stufen hinauf zur Kirche **San Rocco di Camogli** (den roten Punkten folgen). Von hier aus geht der Weg 3 km weiter bis zu den sogenannten **Batterie** auf den Klippen, einem deutschen Geschützstand aus dem Zweiten Weltkrieg.

🛏 Schlafen

Mittags meidet man am besten die vielen Menschen am Meer und kauft irgendwo in den Gassen die besonders knusprige *focaccia* aus Camogli. Was Übernachtungen betrifft, kann man im Ort auch richtig viel Geld ausgeben.

Hotel Cenobio dei Dogi   HOTEL €€€
(📞 0185 72 41; www.cenobio.it; Via Cuneo 34; EZ/DZ 180/290 €; ⓟ ✳ 🛜 🏊) Herzlich Willkommen an der luxuriösen Riviera. Der Name bedeutet „Treffpunkt der Dogen" und tatsächlich, vor ewigen Zeiten erholte sich an dieser Stelle der genuesische Adel – kluge Köpfe! Man hat die Wahl zwischen 105 edel

ausgestatteten Zimmern, die trotzdem gemütlich wirken.

🛈 Praktische Informationen

Touristeninformation (www.camogli.it; Via XX Settembre 33; ⏱ Mo–Sa 9–12.30 & 15.30–18, So bis 13 Uhr) Auch eine Liste der Tauchschulen und Bootsvermieter ist hier erhältlich.

🛈 An- & Weiterreise

Camogli liegt an der Bahnstrecke von Genua nach La Spezia mit regelmäßigen Verbindungen nach Santa Margherita (2,10 €, 5 Min.) und Rapallo (2,10 €, 10 Min.).

Das ganze Jahr fahren Schiffe der **Cooperativa Battellieri del Golfo Paradiso** (www.golfoparadiso.it) zur Punta Chiappa (einfache Fahrt/hin & zurück 5/9 €) und San Fruttuoso (8/12 €). Von Juni bis September gibt es auch Verbindungen zum Porto Antico in Genua (10/15 €), Portofino (10/17 €) und den Cinque Terre (20/28 €).

San Fruttuoso

San Fruttuoso ist das Yin im Vergleich zu Portofino als Yang. Es ist ein stilles Fleckchen zwischen einigen der elegantesten Badeorte Italiens. Hier gibt es keine Straßen – Gott sei Dank! Die Besucher kommen mit dem Schiff oder zu Fuß.

🔵 Sehenswertes

Abbazia di San Fruttuoso di Capodimonte   KIRCHE
(Erw./erm. 5/3 €); ⏱ Juni–Mitte Sept. 10–17.45 Uhr) Besonders bemerkenswert in der kleinen Ansiedlung ist die Benediktinerabtei, die für den hl. Fructuosus, den Bischof von Taragona (259 n. Chr. Märtyrertod in Spanien), als letzte Ruhestätte errichtet wurde. Mitte des 13. Jhs. wurde sie mit Hilfe der Familie Doria wieder aufgebaut. Mit dem Niedergang der Klostergemeinschaft verfiel das Bauwerk allmählich und wurde im 19. Jh. in kleine Wohnungen für einheimische Fischer aufgeteilt.

Im Jahr 1954 wurde eine **Christusstatue** aus Bronze im Meer vor der Abtei 15 m tief versenkt, um das Wasser zu segnen. Wer die Statue sehen will, muss entweder tauchen oder bei ruhigem Wasser vom Boot aus in die Tiefe schauen. Bei der Cooperativia Battellieri del Golfo Paradiso ist mehr darüber zu erfahren. Repliken wurden 1961 auf Grenada in St. George und 1996 vor Key Largo in Florida versenkt.

🛈 An- & Weiterreise

San Fruttuoso befindet sich in dieser isolierten Lage, weil es an keine Straße angeschlossen ist. Das Dörfchen ist zu Fuß von Camogli aus zu erreichen (schwieriger, felsiger Weg, Steighilfe) oder von Portofino aus, ca. 5 km. Der Weg über die Klippen ist zwar auch steil, aber doch einfacher zu bewältigen. Beide Wanderungen dauern etwa 2½ Stunden in eine Richtung. Ansonsten verkehrt auch ein Schiff von Camogli (einfache Fahrt/hin & zurück 8/12 €) oder von Punta Chiappa (5/9 €) aus.

Portofino

493 EW.

In Portofino sehen sogar die Bäume hübsch aus. Der kleine, perfekt gepflegte Küstenort liegt auf einer Halbinsel wie ein Model auf einem Mailänder Laufsteg. Eine Übernachtung könnte den Geldbeutel des gemeinen Volks überfordern. Normale Sterbliche können sich aber einen teuren Cappuccino im Jachthafen leisten und staunen, wie verbreitet doch Ferrari-Schlüsselanhänger und Gucci-Handtaschen sind.

🔵 Sehenswertes

Castello Brown   BURG
(www.portofinoevents.com; Via alla Penisola 13a; Eintritt 5 €; ⏱ variiert) Am wunderschönen Hafen führt die Treppe neben dem Schild „Salita San Giorgio" an der **Chiesa di San Giorgio** vorbei zur ungewöhnlichen Festung von Portofino. Für den Weg braucht man insgesamt 10 Minuten – es lohnt sich also, vorher in der Touristeninformation nach den Öffnungszeiten zu fragen. Die Burg wird häufig für private Feiern genutzt und ist dann geschlossen. Die Genueser erbauten sie, aber nach Kämpfen mit Venedig, Savoyen, Sardinien und Österreich fiel sie schließlich an Napoleon.

1867 baute der britische Diplomat Montague Yeats Brown die Burg zu einem Privathaus um. Die wunderschöne, gefliese Treppe ist ein Schmuckstück der neogotischen Einrichtung; vom Garten aus bietet sich den Besuchern eine wunderschöne Aussicht. Noch spektakulärer ist der Blick vom **Leuchtturm**, den man nach weiteren 300 m auf dem gleichen Pfad erreicht.

🏃 Aktivitäten

Wer gut bei Kasse ist, mietet eines der Taxiboote im Hafen für einen Schnorcheltrip oder eine Ausflugsfahrt. Ab 25 €.

Parco Naturale
Regionale di Portofino   WANDERN

(www.parks.it/parco.portofino) S All die Cabrio-Fahrer, die von Santa Margherita über die kurvige Straße in den Ort hineinsausen, bemerken den Naturpark auf der Halbinsel von Portofino gar nicht. Hier verlaufen über 60 km Wanderpfade, die oft überraschend abgeschieden sind und außerdem kostenlos. Karten dazu sind in der Touristeninformation erhältlich.

Eine schöne, anspruchsvolle Tageswanderung (mit ungeschützten Abschnitten) ist der 18 km lange Küstenweg von Camogli nach Santa Margherita über San Fruttuoso und Portofino. An beiden Endpunkten gibt es günstige Zugverbindungen.

Schlafen

Warnung: Wer hier übernachtet, könnte seine Kreditkarte ernsthaft überbeanspruchen!

Eden   BOUTIQUEHOTEL €€€

(☎ 0185 26 90 91; www.hoteledenportofino.com; Vico Dritto 18; DZ 140–290 €; P ❄) Man ist sozusagen im Himmel angekommen, dann kann man sich dort auch einmieten. Eden ist ein passender Name für das wohnliche Hotel in einer ruhigen, gepflasterten Seitengasse nur einen Steinwurf vom idyllischen Hafen entfernt. Es sieht schick aus, ist aber nicht allzu fein.

Hotel Splendido   LUXUSHOTEL €€€

(☎ 0185 26 78 01; www.hotelsplendido.com; Salita Baratta 16; DZ 770 €; P ❄ @ 🛎 🏊) Wer steinreich ist oder seine ganzen Ersparnisse auf den Kopf hauen will, checkt im Splendido ein, in dieser spleenigen Bastion umgeben von üppigem Grün. Er wandelt damit auf den Spuren des Herzogs von Windsor, Frank Sinatras und vieler anderer Superreichen. Otto Normalverbraucher kann ungehindert zwischen den Säulen und Kuppeln spazieren gehen und versponnenen Träumen nachhängen.

✕ Essen & Ausgehen

Fußballspieler der ersten Liga und Lottogewinner sind in Portofino bestens aufgehoben. Der Durchschnittsreisende kramt sein Kleingeld für einen Cappuccino (5 €) am Hafen zusammen.

Ristorante Puny   LIGURISCH €€

(☎ 0185 26 90 37; Piazza Martiri dell'Olivetta; 35–40 €; ⊙ Mi–Fr 12–15 & 19–23 Uhr) Die in Portofino verbreitete Arroganz ist im Puny anscheinend nicht angekommen. Die Besitzer behandeln jeden Gast wie einen VIP (die Hälfte der Gäste sind das vielleicht auch). Die Küche bleibt ligurischen Gewohnheiten treu, besonders natürlich bei den Fischgerichten, und die Lage am Hafen ist sehr schön. Wenn doch nur die Portionen ein bisschen größer wären…

Pizzeria Il Portico   PIZZERIA €€

(Via Roma 21; 20–25 €; ⊙ Di geschl.) Wer ein Stückchen weggeht vom Hafen, kann eine Pizza Margherita schon für 6 € bekommen. Im Il Portici werden den Gästen die Gerichte, z. B. Tintenfischsalat, *vongole* (Herzmuscheln) und regionale Spezialitäten im Freien an Tischen mit karierten Tischdecken serviert.

❶ Praktische Informationen

Tourismusinformation (www.apttigullio. liguria.it; Via Roma 35; ⊙ Di–So 10–13 & 13.30–16.30 Uhr) Hier gibt es kostenlose Wandervorschläge für den Parco Naturale Regionale di Portofino, Infos über die Ausleihe von Mountainbikes und in der Saison die Möglichkeit, Segel- oder Motorboote zu mieten.

❶ Anreise & Unterwegs vor Ort

Am schönsten ist es, zu Fuß unterwegs zu sein. Ein markierter Wanderweg führt an dem fantastischen 3 km langen Küstenabschnitt entlang.

Die Buslinie 882 der **ATP** (www.atp-spa.it) fährt an der Touristeninformation ab nach Santa Margherita (1,50 €, alle 30 Min.).

Von April bis Oktober fahren täglich Fährboote des **Servizio Marittimo del Tigullio** (www. traghettiportofino.it) von Portofino nach San Fruttuoso (8/11,50 €), Rapallo (7,50/11 €) und Santa Margherita (6/9 €).

Autofahrer müssen am Rand des Dorfes parken. Die verbindliche Parkgebühr beginnt ab 4,50 € pro Stunde (nur Barzahlung).

Santa Margherita

10 035 EW.

Nach der Hektik in Genua wirkt Santa Margherita wie ein stilles, impressionistisches Gemälde. Jedes Detail stimmt an der bildschönen Uferpromenade, wo man von eleganten Hotels mit Jugendstilfassaden auf teure Jachten blickt. Das ehemalige Fischerdorf hat sich in einen beliebten Aufenthaltsort für wohlhabende Pensionäre gewandelt. Glücklicherweise und im Gegensatz zu Portofino, muss man hier nicht Millionär sein.

👁 Sehenswertes & Aktivitäten

Wegen der idyllischen Lage in einer geschützten Bucht am türkisfarbenen Golf von Tigullio ist Santa Margherita ein guter Ausgangspunkt zum **Segeln, Wasserskifahren** und **Sporttauchen**. Weniger Aktive können sich am belebten **Strand** entspannen.

Villa Durazzo   VILLA, GARTEN
(www.villadurazzo.it; Piazzale San Giacomo 3; ⊙9–13 & 14.30–18.30 Uhr) F Die Villa Durazzo ist besonders charakteristisch für Santa Margherita. Das vornehme Herrenhaus und die Gärten gehören zu einer Burg aus dem 16. Jh. mit Blick aufs Meer. Umgeben von den Düften wärmeliebender Pflanzen, wie Zitronenbäumen, Hortensien und Kamelien lädt der Park zu einem gemütlichen Spaziergang ein.

Das Haus ist in der Regel geöffnet. Es gibt dort eine hübsche Café-Terrasse, und man bekommt Wein und Canapés.

Santuario di Nostra Signora della Rosa   KIRCHE
(Piazza Caprera) Beim Betreten der kleinen, aber prächtigen Barockkirche ist man erst einmal sprachlos. Blattgold, Fresken, Kronleuchter und Buntglasfenster lassen den Innenraum regelrecht funkeln, und es ist ein unerwarteter Glücksmoment, dies hier in dem relativ kleinen Badeort zu finden. Fast ein Stückchen Himmel auf Erden!

🛏 Schlafen

Hotel Europa   HOTEL €
(☏0185 28 71 87; www.hoteleuropa-sml.it; Via Trento 5; DZ ab75 €; ❄@🛜) Mitten zwischen den stilvollen bemalten Fassaden, die an F. Scott Fitzgerald und die Schickeria der Zwanziger Jahre erinnern, liegt das bescheidene Hotel Europa. Die sauberen, funktional eingerichteten Zimmer sind eine bequeme Lösung für das Problem, an diesem relativ teuren Küstenabschnitt günstig zu wohnen.

Lido Palace Hotel   HOTEL €€
(☏0185 28 58 21; www.lidopalacehotel.com; Via Doria 3; EZ 110–140 €, DZ 140–200 €; P❄🛜) Diese Grande Dame des Jugendstils in der gepflegten Umgebung an der Promenade ist idealtypisch für Santa Margherita. Die Zimmer sind großzügig, das Frühstück ist üppig. Zum Restaurant gehört eine Außenterrasse mit schönem Blick. Es wird Halbpension oder Vollpension angeboten.

🍴 Essen & Ausgehen

Ristorante-Pizzeria

Da Emilio   PIZZERIA, FISCH €
(☏0185 29 34 04; Piazza Martiri della Libertà 20; Gerichte 20 €; ⊙Mittag- & Abendessen) Die freundlichen *camerieri* (Kellner) servieren Kalbfleisch in Zitronensauce und Fischplattern unter der Markise des Restaurants am Meer. Es liegt praktischerweise nicht weit von den Fischerbooten, deren Fang das Geschäft am Laufen hält.

Pasticceria Oneto   CAFÉ, PRALINEN €
(Via Partigiani d'Italia 3; Törtchen ab 1,50 €; ⊙8–20 Uhr) Beliebtes Café, wo ganz durchschnittliche Einheimische mal eben eine sündige Schachtel Pralinen oder von den besonders frischen Brioche kaufen. Nebenbei hört man auch ein bisschen lokalen Tratsch.

ℹ Praktische Informationen

Touristeninformation (www.apttigullio.liguria. it; Piazza Vittorio Veneto; ⊙Mo–Sa 9.30–12.30 & 14.30–17.30 Uhr) Bietet reichlich Infos über Wassersportmöglichkeiten in der Bucht.
Parco Naturale Regionale di Portofino (www. parks.it/parco.portofino; Viale Rainusso 1) Karten und Wandervorschläge.

ℹ Anreise & Unterwegs vor Ort

Busse der **ATP Tigullio Trasporti** (www.tigul liotrasporti.it) fahren nach Portofino (alle 20 Minuten) und Camogli (alle 30 Minuten) und von dort zurück.

Es gibt stündlich eine Zugverbindung nach/von Genua (3,30 €, 35 Min.) und La Spezia (6,20 €, 1½ Std.).

Fährboote des **Servizio Marittimo del Tigullio** (www.traghettiportofino.it; Via Palestro 8/1b) fahren saisonal eingeschränkt Richtung Cinque Terre (einfache Fahrt/zurück 17,50/25,50 €), Porto Venere (22/23 €), San Fruttuoso (10/15 €) und Rapallo (4/5 €).

Rapallo

30 571 EW.

Künstler wie W. B. Yeats, Ezra Pound, Ernest Hemingway, Hermann Hesse und Gerhart Hauptmann suchten in Rapallo nach Inspirationen. Es ist nicht schwer zu verstehen warum. Der Strand steht voller Palmen und leuchtend blauer Umkleidekabinen, und im Hintergrund ragt eine winzige Burg über das Meer hinaus (wechselnde Kunstausstellungen). Die Stadt hat ein kultiviertes, nostalgisches Flair. Dennoch herrscht eine freundliche und wegen des geschlossenen

Ortsbilds weniger elitäre Atmosphäre als in den benachbarten Schickeriaorten. Donnerstags ist am meisten los in der Stadt, wenn Marktstände die Piazza Cile im Zentrum beleben.

In der deutschen Geschichte des 20. Jhs. spielt Rapallo eine nicht ganz unbedeutende Rolle: In der Nähe des Ortes wurde 1922 ein völkerrechtlicher Vertrag zwischen dem Deutschen Reich und Russland geschlossen, der die Beziehungen zwischen beiden Staaten normalisierte und zu einer Annäherung führte. Die damals überraschende Einigung ging als Vertrag von Rapallo in die Geschichtsbücher ein.

Sehenswertes

Die Uferpromenade des Ortes, Lungomare Vittorio Veneto, wird ungewollt zum Straßentheater und erinnert an Fitzgeralds Roman *Die Schönen und Verdammten*. Es lohnt sich, in die malerische, unübersehbare **Burg** hineinzuschauen, wo manchmal Ausstellungen stattfinden.

Seilbahn
SEILBAHN

(Piazzale Solari 2; einfache Fahrt/hin & zurück 5,50/8 €; ⊙ 9–12.30 & 14–18 Uhr) Wer genug davon hat, Leute an der Promenade zu beobachten, fährt mit der 1934 eröffneten Seilbahn hinauf zum **Santuario Basilica di Montallegro** (612 m). Die Wallfahrtskirche wurde an der Stelle errichtet, an der am 2. Juli 1557 die Jungfrau Maria erschienen sein soll. Wanderer und Mountainbike-Fahrer können auch über einen alten Maultierpfad (5 km, 1½ Std.) dorthin kommen.

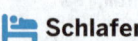 Schlafen

Hotel Italia e Lido
HOTEL €€

(☏ 0185 504 32; www.italiaelido.com; Lungomare Castello 1; EZ 50–110 €, DZ 80–210 €; @ 🛜 🛗) Das schmale, gepflegte Gebäude liegt an der Promenade direkt gegenüber der Burg. Es gilt u. a. als sehr familienfreundlich und bietet alle möglichen Extras, einen eigenen Strand und Bademeister, die den Kindern im Sommer das Schwimmen beibringen. Viele der sonnigen Räume haben einen Balkon und zum Hotel gehört auch ein nettes Restaurant.

Hotel Miro
HOTEL €€

(☏ 0185 23 41 00; www.hotelmirorapallo.it; Lungomare Vittorio Veneto 32; EZ 60–120 €, DZ 75–135 €; P ❄) Das hübsche Boutiquehotel mit verstecktem Eingang hinter einem Café

liegt unmittelbar an der Promenade. Diverse Details, z. B. Himmelbetten und florale Tapeten, passen zum historischen Charakter des Hauses.

 Essen

Am Meer gibt es jede Menge Lokale, vor denen Mopeds in Reihen hintereinander geparkt stehen.

Antica Cucina Genovese
TRADITIONELL ITALIENISCH €€

(Via Santa Maria del Campo 133; 18–30 €; ⊙ 12–14.30 & 19–2 Uhr) Etwas außerhalb des Zentrums gelegen, aber der Weg dorthin lohnt sich. Zu der hausgemachten Pasta gehören auch diverse vegetarische Varianten, z. B. Kastanienravioli mit Pesto oder vegane Optionen, z. B. eine Pilz-Kartoffel-Pfanne.

Ristorante Eden
FISCH €€€

(☏ 0185 505 53; www.ristoranteeden.com; Via Diaz 5; 45–50 €; ⊙ Do–Di Mittag- & Abendessen) Anerkanntermaßen das beste Fischrestaurant in Rapallo und vielleicht sogar an der ligurischen Küste. Hier kommt das auf den Tisch, was an einem bestimmten Tag frisch zu bekommen ist. Man kann sicher sein, dass die Zubereitung der Tintenfische, Calamari, Venusmuscheln oder Sardellen ausgezeichnet ist, und auf Wunsch gibt es sehr gute hausgemachte Pasta dazu. Der einzige Haken ist der Preis.

ⓘ Praktische Informationen

Touristeninformation (www.apttigullio. liguria.it; Lungo Vittorio Veneto 7; ⊙ Mo–Sa 9.30–12.30 & 14.30–17.30 Uhr) Infos zu Spaziergängen und Wanderungen in der Umgebung plus Karten dazu.

ⓘ An- & Weiterreise

Rapallo liegt an der Bahnstrecke die Küste entlang Richtung Genua (3,40 €, 40 Min.) oder La Spezia (6,30 €, 1 Std.).

Boote des **Servizio Marittimo del Tigullio** (www.traghettiportofino.it) fahren nach Santa Margherita (einfache Fahrt/hin & zurück 4/5 €), Portofino (7,50/11 €), San Fruttuoso (10/15 €), Genua (14/20 €), den Cinque Terre (17,50/25,50 €) und Porto Venere (22/33 €). Nicht alle verkehren täglich und manche nur in der Saison, aktuelle Fahrpläne auf der Website.

Cinque Terre

Wer eine depressive Phase durchläuft, kann auf den Therapeuten verzichten, wenn er

Cinque Terre

sich auf den Weg in die Cinque Terre macht. Fünf waghalsig auf den Klippen errichtete Fischerdörfer an einem der beeindruckendsten Küstenabschnitte auf diesem Planeten sollten ausreichen, um auch völlig Niedergeschlagene wieder aufzurichten. Die Cinque Terre gehören seit 1997 zum Welterbe der Unesco, doch es ist kein unentdecktes Paradies mehr. Aber ehrlich, wen stört's? Gewundene Pfade verführen weniger Gesellige dazu, scheinbar unzugängliche Klippen zu durchwandern, während vorsichtigere Naturen mit dem Zug fahren. Die Bahnstrecke, die im 19. Jh. angelegt wurde, verläuft durch eine Reihe von Tunneln an der Küste entlang und verbindet die einzelnen Dörfer. Schon vor mehr als einem Jahrzehnt wurden Autos, diese allgegenwärtige Plage der Neuzeit, verboten.

Die fünf Dörfer, deren historische Wurzeln bis in die Antike reichen, entstanden im frühen Mittelalter. Monterosso, das älteste Dorf, wurde 643 n. Chr. gegründet, als belagerte Bewohner von den Hügeln zur Küste zogen, um den eindringenden Barbaren zu entkommen. Riomaggiore wurde vermutlich von Griechen im 8. Jh. gegründet, die vor der Verfolgung in Byzanz geflohen waren. Die anderen Dörfer sind Vernazza, Corniglia und Manarola. Vieles von dem, was heute in den Dörfern zu sehen ist, stammt aus dem späten Mittelalter, darunter auch mehrere Burgen sowie die fünf bemerkenswerten Pfarrkirchen.

Davon abgesehen ist das historisch Einzigartige dieser Gegend die terrassierte Steilküste, die in ein kompliziertes System von Feldern und Gärten unterteilt ist. Diese wurden im Laufe von fast eineinhalb Jahrtausenden gehackt, bearbeitet, geformt und aufgeschichtet. Die von Menschenhand gestaltete Landschaftsform ist so außergewöhnlich, dass einige Wissenschaftler die ausgedehnten *muretti* (niedrige Steinmauern) hinsichtlich ihrer Bedeutung und Ausdehnung mit der Großen Mauer in China verglichen haben.

Im Oktober 2011 gab es schwere Überschwemmungen an der ligurischen Küste, die sich in Vernazza und Monterosso verheerend auswirkten. Die historischen Gassen und Häuser wurden unter meterhohem Schlamm begraben und sechs Menschen kamen ums Leben. Seit 2013 sind zwar die meisten Geschäfte und Lokale wieder geöffnet. Man sollte sich aber, bevor man aufbricht, über die Situation am Sentiero Azzurro (Blauer Wanderweg) informieren.

WANDERUNGEN ZU DEN WALLFAHRTSKIRCHEN

Zu jedem der fünf Dörfer in den Cinque Terre gehört eine Wallfahrtskirche (*santuario*) hoch oben an der Steilküste mit Blick auf das tiefblaue Meer. Ursprünglich betrachteten die Katholiken den Marsch zu diesen Orten als harte Buße. Heute sind die Spaziergänge durch terrassierte Weinhänge mit dem Blick weit über die Klippen weniger beschwerlich.

Von Monterosso zur Kirche Madonna di Soviore Im Dorf folgt man von der Via Roma aus dem Wanderpfad Nr. 9 durch Wälder, vorbei an den Ruinen einer achteckigen Kapelle zu einem alten Maultierpfad, der nach Soviore führt, der ältesten Wallfahrtskirche Liguriens aus dem 11. Jh. Am Ziel gibt es eine Bar, ein Restaurant und an klaren Tagen eine Aussicht bis nach Korsika.

Von Vernazza zur Kirche Madonna di Reggio Unter der Bahnbrücke in Vernazza folgt man dem Wanderweg Nr. 8 und geht zahlreiche Stufen hinauf, vorbei an 14 Kreuzwegstationen bis zur Kapelle aus dem 11. Jh. mit der romanischen Fassade.

Von Corniglia zur Kirche Madonna delle Grazie Die Wallfahrtskirche ist zwar auch von Corniglia (Weg 7b) aus zu erreichen, aber der Weg von Vernazza (Weg 7) aus ist besser. Man zweigt vom Sentiero Azzurro ab und steigt die spektakuläre Sella Comeneco hinauf zum Dörfchen San Bernardino. Hier steht die Kirche mit dem Heiligenbild der Madonna und dem Kind über dem Altar.

Von Manarola zur Kirche Madonna delle Salute Die schönste dieser Wanderungen ist dieser atemberaubende Weg (Nr. 6) durch herrliche Weingärten zur kleinen romanischgotischen Kapelle im winzigen Dorf Volastra.

Von Riomaggiore zur Kapelle Madonna di Montenero Der Pfad Nr. 3 beginnt auf der Höhe des Dorfes, geht über Stufen hinauf, vorbei an ummauerten Gärten zu einer restaurierten Kapelle aus dem 18. Jh., deren Decke mit Fresken bemalt ist. Sie steht an einem herrlichen Aussichtsplatz direkt neben dem neuen Fahrradverleih des Naturparks.

 Aktivitäten

Wandern

Ins Cinque-Terre-Gebiet zu reisen und nicht zu wandern ist so ähnlich wie zum Abendessen in einem italienischen Lokal auf Wein zu verzichten. Der Blaue Wanderweg, der 12 km lange **Sentiero Azzurro** (auf Karten als Weg Nr. 2 markiert) war einst ein Maultierpfad, der die fünf Dörfer miteinander verband. Der Weg entstand bereits während der Frühphase der Republik Genua im 12. und 13. Jh. Bis zur Eröffnung der Bahnlinie 1874 war dies die einzige Verbindung zwischen den fünf Dörfern. Wer dort wandern will, muss zuerst eine Cinque-Terre-Card für 5 € kaufen. Der Weg verläuft nicht eben, sondern der Sentiero Azzurro ist ein recht schmaler, steiler Pfad, dennoch wandern täglich viele, körperlich ganz unterschiedliche Menschen hier entlang. Am beliebtesten ist die Richtung von Riomaggiore nach Monterosso, d. h. von Ost nach West, mit der berühmten Via dell'Amore am Anfang. Wer nicht die ganze Strecke zu Fuß gehen will, kann im mittleren Dorf, Corniglia, mit dem Zug zurückfahren.

Seit den Überschwemmungen 2011 sind die Verhältnisse an den Wanderwegen unzuverlässiger geworden, sodass Teile gelegentlich geschlossen werden müssen. Nach letztem Kenntnisstand war nur die Hälfte des berühmten Sentiero Azzurro begehbar. Allerdings gibt es in den Cinque Terre jede Menge fantastischer Alternativen und man kann immer noch recht gut von Dorf zu Dorf auf einem der 30 markierten Wege wandern. (Allerdings können es dann auch ein paar Kilometer mehr werden.) Angesichts der derzeitigen Klimabedingungen ist es wichtig, sich vorher zu informieren. Die aktuellsten Infos sind unter www.parconazionale5terre.it/sentieri_parco.asp. zu finden.

Der **Sentiero Rosso** (Roter Wanderweg; als Nr. 1 markiert) von Portovenere nach Levanto ist mit 38 km nur wenig kürzer als eine Marathonstrecke. Das ist eine verlockende Herausforderung für ambitionierte Wanderer, die 9 bis 12 Stunden dafür rechnen. Von 100 Leuten, die auf dem Sentiero Rosso unterwegs sind, wollen weniger als ein Dutzend die überwiegend ebene, von Bäumen umsäumte gesamte Strecke bewältigen, an der es auch einige Abkürzungen gibt. Dank einer verlässlichen Zug- und Busverbindung nach Portovenere (über La Spezia) ist es möglich, früh zu starten. Um sich zu stärken, gibt es unterwegs genügend nette Bars und Restaurants.

Mountainbiking

Seit 2009 sind auf einigen Wanderpfaden in den Cinque Terre Mountainbikes erlaubt, aber der Sport ist hier noch nicht so verbreitet. Startpunkt für die meisten Routen ist das **Santuario della Madonna di Montenero**, das mit dem Auto oder über den *sentiero* (Pfad) Nr. 3 oberhalb von Riomaggiore zu erreichen ist.

 Kurse

Arbaspàa KOCHEN
(☎ 0187 76 00 83; www.arbaspaa.com; Kochkurse 129 €) Auf einem Bauernhof bei Levanto kann man lernen, ligurische Gerichte zu kochen. Die Kurse finden montags von März bis Oktober statt.

ℹ Praktische Informationen

Informationen sind im Internet unter www.cinqueterre.it oder www.cinqueterre.com zu finden.
Parco Nazionale (www.parconazionale5terre.it; ◷ 7–20 Uhr) An allen Bahnhöfen in den fünf Dörfern gibt es Büros ebenso wie am Bahnhof von La Spezia.

ℹ Anreise & Unterwegs vor Ort

AUTO & MOTORRAD

Privatfahrzeuge dürfen nicht in die Dörfer hineinfahren. Wer mit dem Auto oder Motorrad kommt, muss das Fahrzeug auf einem öffentlichen, kostenpflichtigen Parkplatz abstellen. In manchen Dörfern fahren Minibusse von den Parkplätzen aus in das Ortszentrum (einfache Fahrt/hin & zurück 1,50/2,50 €). Aktuelle Fahrpläne gibt es in den Informationsbüros des Nationalparks.

SCHIFF

Im Sommer verkehren Schiffe der **Cooperativa Battellieri del Golfo Paradiso** (www.golfoparadiso.it) zwischen den Cinque Terre und Genua (einfache Fahrt/hin & zurück 18/33 €). In der Saison gibt es auch eine Schiffsverbindung nach Santa Margherita (17,50/25,50 €), die vom **Servizio Marittimo del Tigullio** (www.traghettiportofino.it) angeboten wird.

Ab Ende März bis Oktober wird ein täglicher Pendelservice des Unternehmens **Consorzio Marittimo Turistico Cinque Terre Golfo dei Poeti** (www.navigazionegolfodeipoeti.it) mit Sitz in La Spezia zwischen allen Dörfern der Cinque Terre (außer Corniglia) angeboten. Die einfache Fahrt inkl. der Zwischenstopps kostet 8 € oder ein Tagesticket 15 €.

ZUG

Zwischen 6.30 und 22 Uhr rollen 1- bis 3-mal pro Stunde Züge zwischen Genua und La Spezia die Küste entlang. Sie halten in jedem der fünf Dörfer. Mit der Cinque-Terre-Card kann man die Züge zwischen Levanto und La Spezia in der 2. Klasse uneingeschränkt nutzen.

Monterosso
1527 EW.

Das am weitesten westlich gelegene Monterosso ist noch am besten mit dem Auto zu erreichen und das einzige der fünf Dörfer, das über einen Badestrand verfügt. Es ist nicht ganz so typisch und war in den 1940er-Jahren vorübergehend aus dem Quintett ausgeschlossen. Monterosso, bekannt als Herkunftsort von Zitronen und Sardellen, ist in zwei Ortsteile gegliedert. Sie sind durch einen Fußgängertunnel miteinander verbunden, der durch den in das Meer hinausragenden Felsen von San Cristoforo angelegt wurde. Monterosso war stark von den Überschwemmungen 2011 betroffen, hat sich aber erstaunlich schnell erholt. Die meisten Geschäfte sind wieder geöffnet, obwohl Wanderwege ab und zu geschlossen werden müssen. Unbedingt vorher informieren unter http://www.parconazionale5terre.it/sentieri_parco.asp.

◉ Sehenswertes

Convento dei Cappuccini KIRCHE
Die Klosteranlage mit der interessantesten Kirche von Monterosso liegt auf einem Hügel, der das alte Zentrum von neueren Ortsteil Fegina trennt. In der gestreiften Kirche, der **Chiesa di San Francesco**, von 1623 hängt eine Kreuzigungsszene (*Crocifissione*) links vom Altar, die vermutlich von Van Dyck stammt.

Die Ruinen einer alten Burg wurden zu einem Friedhof umgestaltet.

🛏 Schlafen

Im Gegensatz zu den anderen vier Orten, verfügt Monterosso über eine passable Auswahl an Hotels.

★ **Hotel Pasquale** HOTEL €€
(☎ 0187 81 74 77; www.hotelpasquale.it; Via Fegina 4, Monterosso; EZ 90–145 €, DZ 155–200 €; ❉ ☎) Das kleine, schöne Hotel am Hafen befindet

sich am Durchgang zum alten Ortsteil. Es ist voller eigenwilliger Ecken und Winkel, die direkt in die Klippen gebaut wurden (im Einzelfall sichtbar, damit man dies bemerkt). Die Zimmer vermitteln einen gewissen Luxus, der anderswo in den Cinque Terre fehlt, und die Besitzer sind ausgesprochen nett.

La Poesia

B&B €€

(☎ 0187 81 72 83; www.lapoesia-cinqueterre.com; Via Genova 4, Monterosso; DZ 90–180 €; ❄ 🛁 📶) La Poesia befindet sich, eingezwängt in einer Seitenstraße im alten Ortskern, in einem Haus aus dem 17. Jh. Die drei Zimmer heißen Clizia, Annetta und Aspasia. Das sind die Namen der Frauen, denen der Nobelpreisträger Eugenio Montale seine Gedichte gewidmet hat. Frühstück gibt es auf einer Terrasse unter Zitronenbäumen. Das Haus wirkt im Unterschied zu vielen anderen in der Region elegant.

Hotel La Spiaggia

HOTEL €€

(☎ 0187 81 75 67; www.laspiaggiahotel.com; Via Lungomare 98, Monterosso; EZ/DZ 155/170 €; ❄ 📶) Hier sollte man früh buchen (bis zu einem halben Jahr im Voraus). Das Spiaggia liegt unmittelbar am Strand (*spiaggia*) von Monterosso im neueren Teil des Ortes. Die 19 Zimmer samt Terrasse, Garten und Restaurant sind schnell belegt.

🍴 Essen

Die Restaurants am Ufer servieren fangfrische Sardellen – gebraten, eingelegt, roh in Zitronensauce oder in einer *tian* überbacken (mit Kartoffeln und Tomaten). Gegen den Durst gibt es ein paar Weinstuben.

La Cantina del Pescatore

SNACKS €

(Via V Emanuele 19, Monterosso; Snacks 4–9 €; 📶). Wie wäre es mit Pesto auf Röstbrot, Salaten, Hot Dogs (für Kinder) und Weinen aus der Gegend? In der Wein- bzw. Snackbar ist man besonders zuvorkommend. Es werden auch regionale Spezialitäten, Weine, ausgezeichnete Marmeladen, Brotaufstriche und *limoncino* (Zitronenlikör) zum Kauf angeboten. WLAN ist kostenlos.

Ristorante Belvedere

ITALIENISCH, FISCH €€

(☎ 0187 81 70 33; www.ristorante-belvedere.it; Piazza Garibaldi 38, Monterosso; 30 €; ⏰ Mi–Mo Mittag- und Abendessen) Gut geeignet, um die üppige Auswahl regionaler Gerichte, in erster Linie Fisch, zu testen, z. B. Tintenfisch, Garnelen, Venusmuscheln und die berühmten Sardellen. Es liegt am Meer im alten

Ortsteil. Die Atmosphäre ist einladend und unkompliziert.

Vernazza

987 EW.

Vernazza ist vielleicht das malerischste der fünf Dörfer. Der idealtypische kleine Mittelmeerhafen liegt am einzigen sicheren Landungsplatz in den Cinque Terre. Die kopfsteingepflasterte Hauptstraße, die Via Roma, an der sich kleine Cafés aneinanderreihen, verbindet die Piazza Marconi mit dem Bahnhof. Nebenstraßen führen in die für das Dorf charakteristischen *caruggi* (enge Gassen), die an Genua erinnern.

◉ Sehenswertes

Die Piazza Matteotti und der Hafen sind einfach wunderschön. Es gibt einen winzigen Sandstrand, wo man auch baden kann.

Chiesa di Santa Margherita d'Antiochia

KIRCHE

(Piazza Matteotti, Vernazza) Auf einer Seite des Hafens steht eine kleine, 1318 geweihte Kirche im gotisch-ligurischen Stil. Der Bau der Kirche geht auf eine düstere Geschichte zurück, wonach die Knochen der hl. Margaretha in einem Holzkasten in der Nähe am Strand gefunden worden sind. Auffallend ist der 40 m hohe achteckige Turm.

Castello Doria

BURG

(Eintritt 1,50 €; ⏰ 10–19 Uhr) Die älteste, noch vorhandene Burganlage in den Cinque Terre stammt etwa von um 1000 n. Chr. Heute ist sie eine Ruine mit fantastischer Aussicht aufs Meer. Man steigt die gewundenen *caruggi* hinauf bis zum Eingang.

🛏 Schlafen & Essen

Gianni Franzi

FISCH, PENSION €€

(☎ 0187 82 10 03; www.giannifranzi.it; Piazza Matteotti 5, Vernazza; Gerichte 22–30 €; EZ/DZ 70/100 €; ⏰ Mitte März–Anfang Jan.) In der Trattoria am Hafen gibt es seit 1963 traditionelle Fischgerichte (Muscheln, Meeresfrüchte, Ravioli und marinierte Sardellen). Seit einiger Zeit werden auch Zimmer vermietet, die auf eine gemeinsame Terrasse hinausgehen. Die Einzelzimmer mit gemeinsamem Bad kosten nur 45 €.

Batti Batti

SNACKS €

(Via Roma 3, Vernazza; Focaccia 3–5 €) Das Batti Batti ist eine Bastion der preiswerten, regionaltypischen *focaccia*. Hier gibt es die besten im Dorf (manche behaupten sogar in den ganzen Cinque Terre), aber Pizza ist auch zu haben.

Gambero Rosso FISCH €€
(www.ristorantegamberorosso.net; Piazza Marconi 7, Vernazza; 30–35 €; ☺Fr–Mi 12–15 & 19–22.30 Uhr) Wer bisher bei seinem Essen auf *foccacia* gesetzt hat, sollte zur Abwechslung abends mal etwas mehr in die Spezialität des Hauses investieren: *tegame di Vernazza* (Sardellen mit gerösteten Kartoffeln und Tomaten).

Corniglia
600 EW.

Corniglia, das eher ruhige, mittlere der Dörfer, liegt umgeben von kleinen Weingärten auf einem 100 m hohen Felsvorsprung. Es ist der einzige Ort in den Cinque Terre ohne einen direkten Zugang zum Meer (steile Treppen führen zu einer felsigen Bucht). Enge Gassen und bunt bemalte vierstöckige Häuser sind typisch für den alten Ortskern von Corniglia, das übrigens in Boccaccios Roman *Decamerone* eine Rolle spielt. Um in das eigentliche Dorf zu gelangen, muss man vom Bahnhof die 377 Stufen der **Lardarina** hochsteigen.

◉ Sehenswertes

Das zentral gelegene Corniglia ist der einzige Ort, von dem aus man alle fünf Dörfer gleichzeitig sehen kann.

La Torre AUSSICHTSPUNKT
Der mittelalterliche Wachturm ist über eine Treppe zu erreichen, die am winzigen Hauptplatz (Piazza Taragio) beginnt.

Belvedere Santa Maria AUSSICHTSPUNKT
Die Via Fieschi mitten durch das Dorf endet irgendwann an diesem umwerfenden Aussichtspunkt mit weitem Blick über das Meer.

Guvano Beach STRAND
Der Strand zwischen Corniglia und Vernazza, an dem man auch nackt baden darf, ist schwer zu finden. Der Weg dorthin führt durch einen alten Bahntunnel. Am besten man fragt Einheimische.

🛏 Schlafen & Essen

Wie in vielen Restaurants in den Cinque Terre dreht sich auch in Corniglia alles meist um Fisch. Es kann bei der Auswahl eigentlich nichts schiefgehen, wenn man fragt, was gerade frisch ist.

Ostello di Corniglia HOSTEL €
(☎0187 81 25 59; www.ostellocorniglia.com; Via alla Stazione 3, Corniglia; B/DZ 24/60 €; 🖂) Das Hostel in Corniglia, eines von zweien in den Cinque Terre, liegt am obersten Ende des Dorfes. Es gibt zwei Schlafräume mit acht Betten sowie vier Doppelzimmer (mit Bad). Die Preise sind verhandelbar. Von 13 bis 15 Uhr ist das Hostel nicht zugänglich.

Case di Corniglia APARTMENTS €
(☎0187 81 23 42; www.casedicorniglia.com; Via alla Stazione 19, Corniglia) Die Apartments sind auf zwei Gebäude an der Hauptstraße verteilt. Gut geeignet für Familien und Gruppen.

Caffe Matteo CAFÉ €
(Piazza Taragio, Corniglia; Gerichte 7 €; ☺8–22 Uhr) Während der Rest von Corniglia in mittäglicher Ruhe versinkt, bleibt das Matteo den ganzen Tag geöffnet und die Stühle quellen über bis zum winzigen Hauptplatz. Sehr empfehlenswert ist die Pesto-Lasagne.

Manarola
850 EW.

Manarola hat mehr Weinstöcke aufzubieten als die anderen vier Dörfer und ist berühmt für den süßen Sciacchetrà-Wein. Außerdem gibt es hier zahlreiche wertvolle mittelalterliche Relikte, was dafür spricht, dass es das älteste der Dörfer ist. Wegen der Nähe zu Riomaggiore (852 m) kommen viele Leute hierher, vor allem auch italienische Schülergruppen. Der Dialekt der lebhaften Einheimischen, der sich von den anderen Dörfern unterscheidet, heißt Manarolese.

◉ Sehenswertes

Piazzale Papa Innocenzo IV PIAZZA
Am Nordende der Via Discovolo liegt diese kleine Piazza, auf der besonders ein Glockenturm auffällt, der früher einmal als Wachturm genutzt wurde. Gegenüber steht die **Chiesa di San Lorenzo** von 1338 mit einem Polyptychon (mehrflügeliger Altar) aus dem 15. Jh.

Wer den steilen Anstieg nicht scheut, kann von der nahe gelegenen Via Rollandi aus über einen Pfad durch die Weinhänge bis zur höchsten Stelle des Hügels gelangen.

Punta Buonfiglio AUSSICHTSPUNKT
Der schönste Aussichtspunkt Manarolas liegt auf einem Felsvorsprung an dem Wanderweg (Sentiero Azzurro) Richtung Cor-

niglia. Dort gibt es einen kleinen Rastplatz und man hat eine gute Perspektive für Fotos. Nicht weit davon entfernt stehen die Reste einer alten Kapelle, die früher den einheimischen Bauern Schutz bot.

🛏 Schlafen & Essen

Ostello 5 Terre
HOSTEL €

(📱 0187 92 00 39; www.hostel5terre.com; Via Riccobaldi 21, Manarola; B 20–23 €, DZ 55–65 €, 4BZ 88–100 €; @ 🛜) Das Hostel bietet Mountainbikes, Kayaks, Nordic Walking Stöcke und Schnorchelausrüstungen zum Ausleihen. Männer und Frauen schlafen getrennt. Einige Zimmer (4 oder 6 Betten) haben ein eigenes Bad. Es gibt Satellitenfernsehen, eine Spielekonsole und Buchausleihe. Die Schließzeit dauert von 10 bis 16 Uhr. (Juni bis August 17 Uhr).

★ La Torretta Charme & Relax
B&B €€€

(📱 0187 92 03 27; www.torrettas.com; Vico Volto 20, Manarola; Zi/Suite 170/250 € m. Frühstück; 🛜) Das Hotel bringt einen Hauch moderner Dekadenz in das ansonsten eher idyllisch altmodische Angebot an Unterkünften in den Cinque Terre. Das Fleckchen Luxus mit Zen-Charakter ist wohl nicht allzu weit entfernt von dem, was die meisten perfekt finden würden. Jedes Detail, die romantische Terrasse, das Frühstück im Bett und die Blumen auf der Bettdecke, ist sorgfältig überlegt und macht den Aufenthalt dort unvergesslich. Fantastisch!

Marina Piccola
FISCH €

(📱 0187 76 20 65; www.hotelmarinapiccola.com; Via Lo Scalo 16, Manarola; Hauptgericht 16 €, EZ/DZ 90/120 €, Halb-/Vollpension pro Pers. 90/105 €; ⏱ Mi–Mo 12–22.30 Uhr; 🛜) Eine breite Auswahl an Fischgerichten und die Spezialität des Hauses *zuppa di datteri* (Dattelsuppe) werden hier zum Blick aufs Meer serviert. Wer bleiben will, kann in der ‚kleinen Marina' günstig Zimmer mit Halb- oder Vollpension mieten.

Cinque Terre Gelateria & Creperia
EISCAFÉ €

(Via Discovolo, Manarola; ⏱ 11–23 Uhr) Natürlich ist das alles subjektiv, aber bei einer Kurzumfrage zum besten Eiscafé in den Cinque Terre wäre dieses vielleicht der Gewinner.

Riomaggiore

1712 EW.

Riomaggiore ist das östlichste und größte der fünf Dörfer und gleichzeitig inoffizielle Zentrale, weil sich hier das Hauptbüro des Nationalparks befindet. Die pastellfarbenen Häuser, von denen der Putz abblättert, kleben wie verblasste Pralinenschachteln an einem steilen Abhang, der in einem winzigen Hafen endet. Es ist das beliebteste Postkartenmotiv der ganzen Gegend und bei Sonnenuntergang noch romantischer.

Hier in Riomaggiore beginnt auch der berühmte Küstenwanderweg, Sentiero Azzurro. Auf dem ersten Streckenabschnitt nach Manarola, der Via dell'Amore, ist in der Regel extrem viel los.

👁 Sehenswertes & Aktivitäten

Vor dem Bahnhof in Ufernähe zeigen **Wandbilder** die mühselige Arbeit der Bauern in den Cinque Terre, die über Jahrhunderte das Land hier mit bloßen Händen bearbeitet haben. Im Dorf gibt es auch einige kleine **Kirchen** und eine **Burgruine** auf einer Landspitze oberhalb des Dorfes.

Torre Guardiola
NATURSCHUTZGEBIET

(Eintritt 1,50 €; ⏱ Feb.–Juli, Sept. & Okt. 9–13 & 16–19 Uhr, Aug. bis 13 Uhr) Auf einer Landspitze östlich von Riomaggiore befindet sich ein kleines Schutzgebiet, wo man Vögel und die heimische Flora beobachten kann. Der Turm, die Batteria Racchia, war im Zweiten Weltkrieg eine Marineanlage. Heute gibt es dort eine kleine Bar und Schautafeln zu heimischen Pflanzen.

Der Turm ist über einen Pfad zu erreichen, der direkt westlich des Strands von Fossola beginnt.

Strand von Fossola
STRAND

Der kleine Kieselstrand liegt unmittelbar südöstlich des Hafens. Das Gelände ist uneben, aber es ist ruhig hier. Beim Schwimmen muss man wegen der Felsen und Strömungen vorsichtig sein.

Cooperative Sub 5 Terre
TAUCHEN

(📱 0187 92 00 11; www.5terrediving.it; Via San Giacomo, Riomaggiore; ⏱ unterschiedl. je nach Jahreszeit) 🤿 Wer im klaren Wasser der Schutzzone tauchen oder schnorcheln möchte, wendet sich an den Verleih am unteren Ende der Via Colombo. Auch Kanus und Kajaks können ausgeliehen werden.

🛏 Schlafen

Im Dorf gibt es ein paar wenige einfache Pensionen und Hotels, aber vor allem sind private Angebote für Zimmer und Apartments verfügbar.

La Casa di Venere
ZIMMERVERMIETUNG €

(☎338 329 71 53; www.lacasadivenere.com; Via Colombo 194, Riomaggiore; DZ 60–120 € 3BZ/4BZ 150/180 €) Die Zimmer gehören zu den preisgünstigsten im Hafen. Alle sind sauber, hell und modern ausgestattet, in manchen ist der Blick einfach umwerfend.

Hotel Zorza
HOTEL €

(www.hotelzorza.com; Via Colombo 231, Riomaggiore; DZ ab 90 €; ❄☎) Im Zorza, einem der wenigen Hotels in den fünf Dörfern, geht es etwas gemächlicher zu als anderswo üblich. Die Rezeption schließt gegen 19 Uhr, aber morgens gibt es ein ordentliches Frühstück. Die gepflegten Zimmer mittlerer Kategorie sind über das verwinkelte Haus aus dem 17. Jh. verteilt, dessen Besitzer früher Weinbauer war.

Edi
ZIMMERVERMIETUNG €€

(☎0187 76 08 42; Via Colombo 111, Riomaggiore; Zi. 60–180 €) Der Vermieter an der Hauptstraße bietet fünf Zimmer an und sieben Apartments mit 2 bis 4 Betten, viele davon mit Meerblick. Die Wäscherei nebenan gehört auch dazu.

Essen

Riomaggiore verfügt über das beste Angebot an Restaurants in den fünf Dörfern.

★ Dau Cila
MODERN ITALIENISCH €€

(☎0187 76 00 32; www.ristorantedaucila.com; Via San Giacomo 65, Riomaggiore; Hauptgerichte 18 €; ⊙März–Okt. 8–2 Uhr nachts) Das Dau Cila ist nur einen Steinwurf vom gemütlichen Hafen (vollgestopft mit Fischernetzen und umgedrehten Booten) entfernt. Deshalb liegt es nahe, hier heimische Fischgerichte zu probieren, und außerdem hat das Lokal auch den besten Weinkeller in Riomaggiore. Zu einem guten Tropfen passt eine kalte Thunfischplatte mit Äpfeln und Zitronen oder marinierte Anchovis mit Birnen und Parmesan.

La Lampara
MODERN ITALIENISCH €€

(Via Malborghetto 2, Riomaggiore; Gerichte 25 €; ⊙7–24 Uhr) Im Lampara sind immer viele Touristen, aber man fühlt sich nicht unbedingt als Tourist, weil die Bedienung wirklich nett ist. Fischgerichte dominieren, aber Pizza und Pasta sind auch richtig gut.

Rund um die Cinque Terre

La Spezia
95 641 EW.

Es ist nur allzu verständlich. Die geschäftige Hafenstadt La Spezia östlich der Cinque Terre ist in kurzer Zeit mit dem Zug zu erreichen, wird aber meist von den Touristen übergangen.

Wer unterwegs etwas mehr Zeit einplanen kann, sollte sich die Stadt anschauen. Es ist Italiens größter Marinestützpunkt und die engen, gewundenen Gassen der Altstadt erinnern an Genua. Natürlich gibt es eine Reihe gemütlicher Trattorien, die die leckeren ligurischen Weine, Brot und Pesto usw. anbieten.

Das geschäftige Treiben in La Spezia erreicht seinen Höhepunkt alljährlich am 19. März, dem **Feiertag** des Stadtheiligen San Giuseppe (hl. Joseph). Zum Fest gehört ein großer Markt am Hafen und in den umliegenden Straßen. Der Marinestützpunkt ist an diesem Tag für die Öffentlichkeit zugänglich (ansonsten ist der Zutritt nicht möglich).

⊙ Sehenswertes

Museo Amedeo Lia
MUSEUM

(www.museola.spezianet.it; Via Prione 234; Erw./erm 7/4,50 €; ⊙Di–So 10–18 Uhr) Hauptanziehungspunkt von La Spezia ist das Kunstmuseum, das in einem restaurierten Kloster aus dem 17. Jh. untergebracht ist. Die Sammlung umfasst Werke aus dem 13. bis 18. Jh., u. a. sehenswerte Werke von Tintoretto, Montagna, Tizian und Pietro Lorenzetti. Daneben werden Bronzefiguren aus römischer Zeit und verschiedene religiöse Schätze gezeigt, z. B. Kruzifixe aus Limoges und kolorierte Handschriften.

Castello di San Giorgio
BURG

(http://museodelcastello.spezianet.it; Via XXVII Marzo; Erw./erm. 5,50/4 €; ⊙Mi–Mo 9.30–12.30 & 17–20 Uhr) In der hoch aufragenden Burg ist eine Sammlung regionaler archäologischer Funde aus vorhistorischer Zeit bis zum Mittelalter zu sehen.

🛏 Schlafen & Essen

In Bahnhofsnähe stehen einige günstige Hotels, aber sie sind tendenziell etwas heruntergekommen. An der Uferpromenade gibt es eine Menge Lokale, wo es entspannt zugeht.

Albergo Birillo
HOTEL €

(☎0187 73 26 66; www.albergobirillo.it; Via Dei Mille 11/13; EZ 40–80 €, DZ 60–100 €; ☎) Nettes Hotel zum Wohlfühlen, allerdings mit recht beengten Zimmern. Dies wird wettgemacht durch die freundlichen Besitzer, die ihren Gästen gern erklären, wo es etwas zu entdecken gibt. Das Birillo liegt nicht weit entfernt von der Via Prione und in der Nähe einer Reihe guter Lokale. Es ist eine günstige Alternative zu den Unterkünften in den Cinque Terre.

Vicolo Intherno
MODERN ITALIENISCH €€

(Via della Canonica 22; Gerichte 25 €; ⊙Di-Sa 12–15 & 19–23 Uhr) 🍴 Die Gäste des Slowfood-Restaurants sitzen an rustikalen Tischen unter einer Holzbalkendecke und essen z. B. *torta di verdure* (ligurische Gemüsequiche) oder Stockfisch zu Weinen aus der Region.

ⓘ Praktische Informationen

Büro des Nationalparks Cinque Terre
(☎0187 74 35 00; Internetzugang 10 Min. 0,80 €; ⊙7–20 Uhr) Im Bahnhof von La Spezia.
Touristeninformation (www.aptcinqueterre. sp.it; Viale Giuseppe Mazzini 47; ⊙Mo–Sa 9–13 & 14.30–17.30, So bis 13 Uhr)

ⓘ An- & Weiterreise

Busse der **Azienda Trasporti Consortile** (ATC; www.atclaspezia.it) sind das einzige öffentliche Verkehrsmittel nach Porto Venere (1,50 €, etwa alle 30 Min.) und Lerici (1,50 €, etwa alle 15 Min.). Sie fahren an der Via Domenico Chiodo unweit der Kreuzung zur Via del Prione ab.

La Spezia liegt an der Bahnstrecke Genua–Rom. Es gibt auch Zugverbindungen nach Mailand (26,50 €, 3 Std., 4-mal tgl.), Turin (27,50 €, 3½ Std., mehrmals tgl.) und Pisa (5,20 €, 50 Min., fast stündl.). Die Cinque Terre und andere Küstenorte sind bequem mit dem Zug oder Schiff zu erreichen.

Porto Venere

3942 EW.

Sollte für die Cinque Terre je ein sechstes Ehrenmitglied ausgesucht werden, müsste das auf jeden Fall Porto Venere sein. Der Ort thront auf dem westlichen Felsvorsprung des Golfs der Dichter. Die eng aneinandergereihten sieben- bis achtstöckigen Häuser am Hafen bilden eine nahezu uneinnehmbare Festung um das massive Castello Doria. Die Römer gründeten Portus Veneris (Hafen der Venus) als Stützpunkt auf dem Weg nach Gallien und Spanien. Später kamen viele hier vorbei: die Byzantiner, Langobarden, Genueser und auch Napoleon. Der Wanderweg Sentiero Rosso (roter Pfad) nach Levanto beginnt im Ort, direkt hinter der Burg. Er hat fast Marathonlänge, deshalb vorher tief durchatmen.

⊙ Sehenswertes

Außerhalb der hektischen Sommersaison ist Porto Venere fast ausgestorben, und dann noch verlockender.

Castello Doria
BURG

(Eintritt 2,20 €; ⊙10.30–13.30 & 14.30–18 Uhr) Niemand weiß, wann die Burg ursprünglich errichtet wurde, aber der massive Bau – ein eindrucksvolles Beispiel genuesischer Militärarchitektur – stammt aus dem 16. Jh. Die Festung hatte große strategische Bedeutung, denn sie diente zur Verteidigung gegen die gegnerische Seemacht Pisa.

Chiesa di San Pietro
KIRCHE

Die Wind und Wellen ausgesetzte gotische Kirche wurde 1277 geweiht und steht auf den Ruinen einer frühchristlichen Kirche aus dem 5. Jh. Noch früher stand dort ein römischer Tempel der Göttin Venus, der „Schaumgeborenen", von der sich auch der Name des Ortes ableitet.

Grotta Arpaia
GROTTE

Einen weiten Blick auf die Cinque Terre können Besucher von den Felsterrassen bei der Grotta Arpaia am Ende der Anlegestelle genießen. Dort hielt sich der englische Dichter Lord Byron gern auf, der einmal von Porto Venere nach Lerici quer durch den Golf schwamm, um seinen Freund Shelley zu besuchen. In der **Chiesa di San Pietro**, die 1277 aus schwarz-Weißem Marmor gebaut wurde, wurden Überreste eines heidnischen Tempels gefunden. Die Kirche steht am Kai. Direkt vor der Landzunge liegen die winzigen Inseln **Palmaria**, **Tino** und **Tinetto**, die zum Unesco-Weltkulturerbe zählen.

🛏 Schlafen & Essen

An der Calata Doria direkt am Meer liegen etwa ein halbes Dutzend Restaurants. Eine Straße dahinter in der Via Cappellini, der alten Hauptstraße des Ortes, gibt es verschiedene Lokale mit leckeren Angeboten.

Albergo Genio
HOTEL €€

(☎0187 79 06 11; www.hotelgenioportovenere. com; Piazza Bastreri 8; EZ 80–95 €, DZ 100–125 €; ⊙Mitte Feb. bis Mitte Jan.; 🅿❋) Von der Piazza Basteri aus führt eine Wendeltreppe hoch zu dem runden Turm, in dem sich dieses charmante Hotel mit sieben Zimmern befindet. Im Sommer wird das Frühstück draußen unter den Weinstöcken serviert. Einige Zimmer haben Klimaanlage.

La Lanterna B&B €

(☎ 0187 79 22 91; www.lalanterna-portovenere.it; Via Capellini 109; DZ 75–100 €; ❄) Die kleine Pension am malerischen Hafen bietet in der Regel nur zwei luftige Zimmer (auf Anfrage können Gäste auch ein Apartment für vier Personen mieten). Das Frühstück ist im Preis nicht inbegriffen, kann aber dazu gebucht werden; alternativ bietet sich der Besuch eines der Cafés in der Nähe an.

❶ Praktische Informationen

Touristeninformation (www.portovenere.it; Piazza Bastreri 7; ☉ Juni–Aug. 10–12 & 15–20 Uhr, Sept.–Mai Do–Di bis 18 Uhr) Hier kann man u. a. Karten und Wanderführer kaufen.

❶ An- & Weiterreise

Täglich fahren Busse von Porto Venere nach La Spezia und zurück.

Von Ende März bis Oktober verkehren Schiffe des **Consorzio Marittimo Turistico Cinque Terre Golfo dei Poeti** (☎ 0187 732987; www.navigazionegolfodeipoeti.it) zwischen Porto Venere und den Orten der Cinque Terre (einfache Fahrt mit allen Stopps 16 €, hin & zurück 24 bis 26 €). Außerdem werden Ausflüge zu den Inseln Palmaria, Tino und Tinetto (10 €) sowie Schifffahrten nach La Spezia und Lerici (aktuellen Fahrplan telefonisch erfragen) angeboten.

Lerici & Umgebung

10 447 EW.

In den öffentlichen Gärten von Lerici, die in den 1930er-Jahren angelegt wurden, wachsen Magnolien, Eiben und Zedern. Der Ort ist ein schickes Seebad, dessen Hänge mit Villen und Swimmingpools bebaut sind. Zu ihrer Zeit suchten die englischen Dichter Byron und Shelley hier nach Inspirationen.

⦿ Sehenswertes & Aktivitäten

Von Lerici führt ein 3 km langer Weg nordwestlich entlang der schönen Küste bis nach **San Terenzo**, einem Dorf am Meer mit Sandstrand und einer Genueser Burg. In den frühen 1820er-Jahren wohnte der englische Dichter Shelley mit seiner Frau in der Villa Magni (für Besucher geschl.) in Ufernähe.

Ein 4 km langer Spaziergang Richtung Südosten führt an malerischen kleinen Buchten vorbei nach **Tellaro**, einem Fischerdorf mit rosa- und orangefarbenen Häusern, schmalen Gassen und winzigen Plätzen. Die Glocken der **Chiesa San Giorgio** soll der Legende nach einmal ein Tintenfisch geläutet haben, um die Dorfbewohner vor einem Angriff der Sarazenen zu warnen.

Castello di Lerici BURG, MUSEUM

(www.castellodilerici.it; Piazza San Giorgio 1; Eintritt 6/4 €; ☉ Di–So 10.30–13.30 & 17–21 Uhr) Die Burg, die im 12. Jh. von den Pisanern errichtet wurde, beherrscht das Stadtbild. Wegen des herrlichen Blicks lohnt es sich herzukommen, entweder zu Fuß oder mit dem Aufzug. Heute ist hier das **Museo Geopaleontologico** untergebracht, eine etwas eigenwillige Sammlung von Dinosauriern (in der Nähe hat man bei Ausgrabungen Reste gefunden).

🛏 Schlafen & Essen

Locanda Miranda LANDGASTHOF, GOURMETKÜCHE €€

(☎ 0187 96 40 12; Via Fiascherina 92; DZ 120 €, DZ m. HP 180 €, Menü 40–60 €; ℗) Das Gourmet-Restaurant mit sieben schönen Zimmern, die mit Bildern und Antiquitäten ausgestattet sind, befindet sich in Tellaro. Das Lokal hat einen Michelin-Stern und ist ausschließlich auf Fischgerichte spezialisiert (also nichts für Vegetarier und Fleischesser!).

❶ Praktische Informationen

Touristeninformation (Via Biaggini 6; ☉ Mo–Sa 9–13 & 14.30–17.30, So bis 13 Uhr) Tipps zum Wandern, Radfahren und Hilfe bei der Suche nach einer Unterkunft.

Riviera di Ponente

Die Riviera di Ponente zieht sich in einem weiten Bogen von Genua bis zur französischen Grenze an der Küste entlang. Sie ist weitaus bodenständiger und weniger auf Schickeria ausgerichtet als die Riviera di Levante. Daher findet man hier auch unerwartete Schlupfwinkel, besonders am Küstenabschnitt zwischen Noli und Finale Ligure.

Savona

62 494 EW.

Hinter den ausgedehnten Hafenanlagen von Savona liegt das überraschend hübsche mittelalterliche Zentrum. Es lohnt sich wirklich, hier die Reise zu unterbrechen. Zu den Schätzen der Altstadt, die die Angriffe der Genueser im 16. Jh. überstanden haben, gehört der barocke **Dom Nostra Signora Assunta** (Piazza Cattedrale) und die massig wirkende **Fortezza del Priamàr** (Piazza Priamar). In der imposanten Festung sind Skulpturensammlungen untergebracht und das **Civico Museo Storico Archeologico** (Piazza Priamar; Eintritt 2,50 €; ◷ Mi–Mo 10.30–15 Uhr), wo archäologische Funde zu bestaunen sind.

Kunstbegeisterte werden sicher die **Pinacoteca Civica Savona** (Piazza Chabrol 1/2; Eintritt 4 €; ◷ Mo–Sa 9.30–13, Do–Sa 15.30–18.30, So 10–13 Uhr) nicht verpassen wollen. Zu sehen ist eine bedeutende Sammlung religiöser Gemälde, u. a. eine Madonna mit Kind von Taddeo di Bartolo aus dem 14. oder 15. Jh. und zwei Picassos.

Von Juli bis September starten von Savona aus um 10 Uhr sechs- bis sieben-stündige **Ausflüge zur Walbeobachtung** (www.whalewatchliguria.it; Karten 35 €).

🛏 Schlafen & Essen

Die Touristeninformation hilft bei der Suche nach einer Unterkunft in der Stadt und den westlich gelegenen Küstenorten.

Villa de' Franceschini   HOSTEL €
(☎ 019 26 32 22; www.ostello-de-franceschini.com; Via alla Strà 'Conca Verde' 29; B/DZ 16/38 €; ◷ Mitte März–Okt.; P @) In Savona gibt es eines der wenigen Hostels in Ligurien. Es liegt 3 km entfernt vom Bahnhof in einem weitläufigen Park.

Mare Hotel   HOTEL €€
(☎ 019 26 32 77; www.marehotel.it; Via Nizza 41; DZ ab 135 €; ❄ ✱ @ 🛜 🏊) Wer mit Jugendherbergen nicht so viel anfangen kann, wird vielleicht das andere Ende des Spektrums wählen, das 4-Sterne-Hotel Mare, direkt am Meer mit einem großzügigen Pool und einem erstklassigem Restaurant. Es liegt 2 km westlich des Bahnhofs und ist gut mit dem Bus zu erreichen.

Vino e Farinata   TRADITIONELLL ITALIENISCH €
(Via Pia 15; Gerichte 17–20 €; ◷ Di–Sa 11–22 Uhr) 🍴 Wer das Lokal im kopfsteingepflasterten Zentrum betritt, geht zunächst an zwei betagten Köchen vorbei. Der eine packt Fisch in einen mit Holz befeuerten Ofen und der andere rührt Teig an in einer Küchenmaschine, die so groß ist wie ein Fass. Das Ergebnis ist *farinata* (Fladenbrot), das Basis-

produkt in diesem typischen Lokal, das auch ein paar ausgezeichnete Weine gelagert hat.

ⓘ Praktische Informationen

Touristeninformation (Via Paleocapa 76r; ◷ Mo–Sa 9–12.30 & 15–18, So bis 12.30 Uhr) Nur einen kurzen Spaziergang vom Sandstrand in Savona entfernt.

ⓘ Anreise & Unterwegs vor Ort

Haltestellen der Busse von **SAR** (☎ 0182 2 15 44) und **ACTS** (www.tpllinea.it) sind an der Piazza del Popolo und am Bahnhof. So kann man am besten ohne Auto Orte im Hinterland erreichen.

Züge fahren die Küste entlang zum Bahnhof Brignole in Genua (3,40 €, 45 Min., fast stündl.) und nach San Remo (8 €, 1¾, 8-mal tgl.).

Die Fähren von **Corsica Ferries** (www.corsicaferries.fr) verkehren 3-mal täglich zwischen dem Porto Vado in Savona und Korsika.

Finale Ligure

11 669 EW.

Finale Ligure liegt inmitten üppiger mediterraner Vegetation und besteht genau genommen aus mehreren Ortschaften. Zu **Finale Ligure** gehört ein breiter, feiner Sandstrand. **Finalborgo**, 1 km von der Küste entfernt am Fluss Pora, wird von mittelalterlichen Mauern eingerahmt und begeistert mit seinem Labyrinth alter Gassen und schönen Plätzen. Direkt am Wasser liegt **Finale Marina**, während sich die Wohngegend **Finale Pia** entlang des Flusses Sciusa Richtung Genua zieht.

Alljährlich im März veranstalten die Klöster in Finalborgo das Fest **Salone dell'Agroalimentare Ligure**, bei dem Bauern und Künstler der Region ihre Delikatessen, Werke und Weine präsentieren.

🛏 Schlafen & Essen

An der Promenade, Via San Pietro und Via Concezione, gibt es jede Menge Lokale.

Hotel Florenz   HOTEL €
(☎ 019 69 56 67; www.florenz.it; Via Celesia 1; EZ/DZ 67/106 €; ◷ Nov. & Feb. geschl.; P @ 🛜 🐾) Das weitläufige ehemalige Kloster aus dem 18. Jh. unmittelbar vor den alten Stadtmauern von Finalborgo (800 m vom Meer entfernt) ist eines der Hotels in der Region mit einer ganz besonderen Atmosphäre.

Osteria ai Cuattru Canti   OSTERIA €
(Via Torcelli 22; festes Menü 20 €; ◷ Di–So 12–14 & 20–22 Uhr) In dem eher einfachen Lokal

LIGURIEN, PIEMONT & ITALIENISCHE RIVIERA RIVIERA DI PONENTE

San Remo

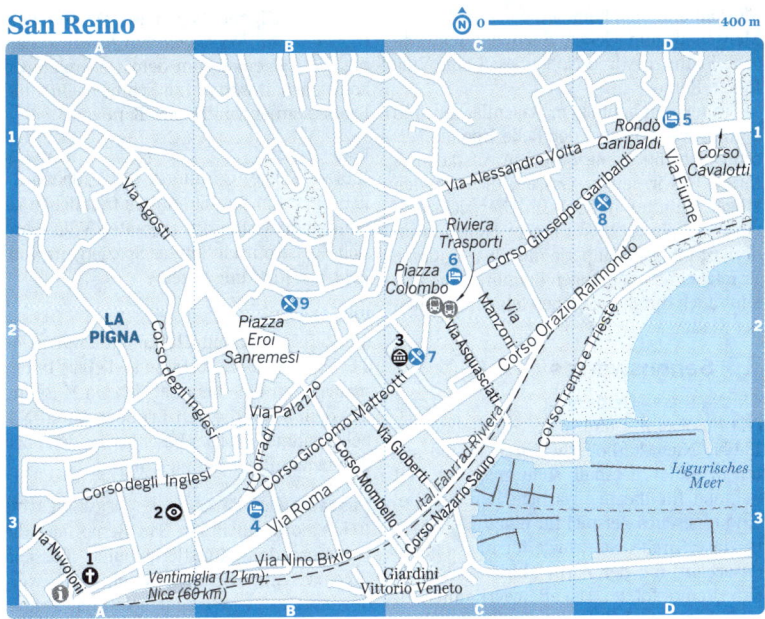

N ⌂ 0 ━━━━━━━━━━ 400 m

im historischen Zentrum Finalborgo werden leckere ligurische Spezialitäten zubereitet.

🛈 Praktische Informationen

Touristeninformation (Via San Pietro 14; ⊙ganzjährig Mo–Sa 9–12.30 & 15–18.30 Uhr, Juli & Aug. So 9–12 Uhr) Vom Bahnhof an der Piazza Vittorio Veneto aus zu erreichen, indem man bis zum westlichen Ende der Marina geht und dann weiter die Via Saccone entlang bis zum Meer.

🛈 An- & Weiterreise

Alle 30 Minuten pendeln **SAR**-Busse (📞 0182 2 15 44) zwischen Finale Ligure und Savona (2,20 €, 50 Min.). Unterwegs halten sie in Finalborgo (1 €, 5 Min.) und Noli (1,30 €, 20 Min.).

San Remo

56 879 EW.

50 km weiter östlich liegt Europas Casinostadt Nummer eins, San Remo, das italienische Möchtegern-Monte-Carlo. Es ist ein sonniger Badeort mit einem Casino, einer Reihe pompöser Villen und der für die Riviera typischen Pracht. Oft wird San Remo auch die „Stadt der Blumen" genannt wegen der üppig blühenden Pflanzen, die auch in alle Welt geliefert werden. Jedes Jahr findet hier ein beliebtes Mu-

San Remo

◎ **Sehenswertes**
1 Chiesa Russa Ortodossa A3
2 Il Casinò Municipale A3
3 Museo Civico C2
  Palazzo Borea D'Olmo .... (siehe 3)

🛏 **Schlafen**
4 Hotel Eletto B3
5 Hotel Liberty D1
6 Pisolo Resort C2

⊗ **Essen**
7 Caffè Ducale C2
8 Cuvea D1
9 Ristorante Urbicia Vivas B2

sikfestival statt (das als Probelauf für den Eurovision Song Contest gesehen wird) und das längste Tagesrennen der Fahrradprofis, das 298 km lange **Mailand–San Remo Classic**.

Mitte des 19. Jhs. wurde die Stadt zum Anziehungspunkt für europäische Monarchen. So residierten hier z. B. Kaiserin Elisabeth von Österreich und der russische Zar Nikolaus, die beide die milden Winter zu schätzen wussten. In die russisch-orthodoxe Kirche an der Promenade, die mit ihrem Zwiebelturm an die Basiliuskathedrale in

Moskau erinnert, kommen auch heute noch Menschen zum Gebet. Auch der schwedische Erfinder Alfred Nobel besaß eine Villa in San Remo.

Hinter den gepflegten Rasenflächen und den schicken Hotels der Belle Époque verbirgt sich die wenig besuchte Altstadt mit ihrem Gewirr enger Gassen, die sich den Hügel hinunterwinden. Am Ufer zieht sich ein neuer, rund 25 km langer Fahrradwanderweg bis nach Imperia die Küste entlang. Er folgt einer ehemaligen Bahnlinie und verläuft auch durch die beiden lebhaften Häfen der Stadt.

◉ Sehenswertes

Chiesa Russa Ortodossa KIRCHE
(Via Nuvoloni 2; Eintritt 1 €; ⊘ 9.30–12 & 15–18 Uhr) Nicht-katholische Kirchen sind selten in Italien. Deshalb sollte man sich Zeit nehmen für die mehrfarbige **San Basilio**, ein klassisches Beispiel für eine russisch-orthodoxe Kirche. Sie wurde für die Gemeinde erbaut, die der Zarin Maria 1906 nach San Remo folgte. Das Bauwerk mit den typischen Zwiebeltürmen und dem blassblauen Innenraum wurde von Alexei Schtschussew geplant, der später auch Lenins Mausoleum entwarf.

Heute befindet sich in der Kirche eine Sammlung russischer Ikonen.

Il Casinò Municipale CASINO
(www.casinosanremo.it; Corso degli Inglesi) Im Casino von San Remo (eines von insgesamt vier in Italien) aus der Zeit der Belle Époque wurden schon Spielkarten ausgeteilt, als Las Vegas noch ein Wasserloch in der Wüste Amerikas war.

Das Gebäude stammt von 1905 und wurde vom Pariser Architekten Eugenio Ferret entworfen. Die Spielautomaten (mehr als 400) werden schon um 10 Uhr angeworfen, andere Spiele (Roulette, Blackjack, Poker usw.) sind frühestens ab 14.30 Uhr möglich.

Schicke Freizeitkleidung und ein ein gültiger Ausweis sind notwendig, um hereinzukommen.

Museo Civico MUSEUM
(Corso Matteotti 143; ⊘ Di–Sa 9–12 & 15–18 Uhr) Das Museum ist im **Palazzo Borea d'Olmo** aus dem 15. Jh. untergebracht. In mehreren Räumen, manche davon mit Deckengemälden, werden regionale archäologische Funde aus vorgeschichtlicher und römischer Zeit sowie Gemälde und wechselnde Ausstellungen gezeigt.

Zu den Highlights gehören das Gemälde *Gloria di San Napoleone* von Maurizio Carrega (1808 gemalt, um dem gleichnamigen korsischen Despoten zu schmeicheln) und Bronzestatuen von Franco Bargiggia.

Villa Ormond GARTEN
(Corso Felice Cavallotti 51; ⊘ Garten 8–19 Uhr) F Ein Besuch in dem friedlichen japanischen Garten der eleganten Villa lohnt sich. Es ist nur ein kurzer Spaziergang vom Zentrum Richtung Osten.

Villa Nobel MUSEUM
(Corso Felice Cavallotti 112; Eintritt Erw./erm. 4/3 €; ⊘ Di–So 10–12.30, Fr–So 15–18 Uhr) In der maurischen Villa befindet sich ein Museum, das dem schwedischen Erfinder Alfred Nobel gewidmet ist. Hier beschloss er, den nach ihm benannten Preis zu stiften.

Bussana Vecchia HISTORISCHE STÄTTE
10 km nordöstlich von San Remo liegt die faszinierende Künstlerkolonie Bussana Vecchia. Am Aschermittwoch 1887 wurde das Dorf von einem schweren Erdbeben zerstört; die Überlebenden mussten es schließlich aufgeben. Es existierte nur noch als Geisterstadt, bis in den 1960er-Jahren Künstler herzogen und begannen, die Ruinen mit den Originalsteinen wieder aufzubauen.

Nachdem es ihnen gelungen war, die Behörden davon abzubringen, sie zu vertreiben, hat sich dort eine gut funktionierende Kolonie internationaler Künstler etabliert. Erreichbar ist Bussana, 5 km östlich von San Remo, mit dem Bus. Zu Fuß sind es etwa 30 Minuten.

🏃 Aktivitäten

Parco Costiero della Riviera dei Fiori RADFAHREN
Wie es sich für eine Stadt gehört, in der eines der wichtigsten Rennen der Profis, das Spring Classic, stattfindet, hat San Remo eine 25 km lange *pista ciclabile* (Radweg) durch den sogenannten Küstenpark der Blumenriviera eingerichtet. Der Weg, der dem Verlauf einer ehemaligen Bahnstrecke folgt, verbindet Ospedaletti über San Remo und acht Küstenorte mit San Lorenzo al Mare.

Unterwegs gibt es die Möglichkeit, Räder zu leihen oder eine Pause für einen Imbiss einzulegen, z. B. auch im alten Bahnhof von San Remo, der Stazione Vecchia.

Polo Sub Dive Centre TAUCHEN

(www.polosubsanremo.com; Via Lungomare) Das Tauchzentrum Polo Sub bietet Tauchgänge für 35 € von Darsena del Porto aus im 5 km östlich gelegenen Arma di Taggia an.

 Feste & Events

Corso Fiorito BLUMEN

Der farbenfrohe Blumenkorso am letzten Wochenende im Januar ist der Startschuss für die jährlich veranstalteten Feste.

Festival di San Remo MUSIK

(www.festivaldisanremo.com) Das Festival italienischer Schlagermusik findet seit 1951 statt und zieht alljährlich im März italienische und ausländische Künstler nach San Remo.

Rally Storico AUTORALLYE

(www.sanremorally.it) Im April rüstet sich San Remo für die Durchführung der berühmten Autorallye, an der Oldtimer von 1931 bis 1981 teilnehmen können.

Schlafen

In San Remo gibt es keinerlei Mangel an Hotels, aber im Sommer und während der Festivals kann es voll werden. Außerdem schließen einige Häuser von September bis kurz vor Weihnachten.

★ Pisolo Resort B&B €

(☎340 874 83 23; www.pisoloresort.it; Piazza Colombo 29; EZ/DZ 70/90 €; ※ 🛜) Schwer zu finden, obwohl es am Hauptplatz der Stadt liegt. Das Pisolo verfügt über fünf wunderschöne moderne Zimmer (drei davon mit Blick auf den Platz). Die Ausstattung ist ausgezeichnet, und man hat viel Wert auf Details gelegt, z. B. üppige Auswahl beim Frühstück, Kaffeemaschine, moderne Klimaanlage, Pantoffeln im Hotelzimmer.

Hotel Liberty HOTEL €

(☎0184 50 99 52; www.hotellibertysanremo.com; Rondò Garibaldi 2; EZ 50–60 €, DZ 70–100 €; P※) Das Hotel in einer Jugendstilvilla hat junge Eigentümer. Es liegt an einem kleinen Kreisverkehr etwa 100 m vom Bahnhof entfernt. Die zehn kleinen, aber sauberen Zimmer sind ruhig und in Pastelltönen dekoriert. Die meisten Sehenswürdigkeiten sind nur ein paar Schritte entfernt.

Hotel Eletto HOTEL €€

(☎0184 53 15 48; www.elettohotel.it; Corso G Matteotti 44; EZ 80–95 €, DZ 90–135 €; P※) Der überdachte Eingang im Pariser Jugendstil verführt zum Eintreten in das zentral gelegene Hotel. Man wird freundlich empfangen und nach oben begleitet in die sauberen, geräuschgedämpften Zimmer.

Essen & Ausgehen

Preiswerte Trattorien gibt es überall in den Altstadtgassen rund um die Piazza Eroi Sanremesi. Auf der ganzen Länge der Promenade, dem Corso Nazario Sauro, findet man Snackbars mit Tischen davor.

Caffè Ducale CAFÉ €

(Corso Matteotti 145; Mittagsmenü 18–22 €; ◔7.30–24 Uhr) Italienischer Elan zusammen mit einer Portion Großspurigkeit à la San Remo machen das elegante Café – *enoteca* – *salon de thé* – zu einem der schicksten Treffpunkte östlich der Côte d'Azur. Man genießt die *aperitivi* unter schweren Kronleuchtern und macht sich dann auf den Weg ins Casino, um den Rest des Urlaubsbudgets auf den Kopf zu hauen.

Cuvea TRADITIONELL ITALIENISCH €

(Corso Giuseppe Garibaldi 110; festes Menü 16–22 €, Hauptgerichte 8–9 €; ◔ –14.30 & 19–22 Uhr) In dem gemütlichen, hellen Lokal, wo überall Weinflaschen aufgereiht sind, sitzen jede Menge Einheimische, die sich über hausgemachte, traditionelle Gerichte hermachen, z. B. Pasta mit reichlich Pesto.

Ristorante Urbicia Vivas LIGURISCH €€

(☎0184 57 55 66; www.ristoranteurbiciavivas.it; Piazza Dolori 5; 25–32 €) Das Urbicia liegt sonnig an einer ruhigen mittelalterlichen Piazza in der hübschen Altstadt von San Remo und hält strikt an der traditionellen ligurischen Küche fest, wobei Fischgerichte überwiegen. Hervorragend sind die delikaten Ravioli gefüllt mit Wolfsbarsch.

ⓘ Praktische Informationen

Touristeninformation (www.rivieradeifiori.org; Largo Nuvoloni 1; ◔Mo–Sa 8.30–19, So 9–13 Uhr)

ⓘ An- & Weiterreise

Busse der **Riviera Trasporti** (Piazza Colombo 42) fahren regelmäßig vom **Busbahnhof** zur französischen Grenze, zu östlich gelegenen Küstenorten und ins Hinterland.

Vom unterirdisch gelegenen Bahnhof in San Remo aus gibt es Zugverbindungen nach Genua (9,80 €, 2½ Std., stündl.), Ventimiglia (2,70 €, 15 Min., stündl.) und zu Orten an dieser Strecke.

Ventimiglia

25 693 EW.

Lange bevor jemand an die französisch-italienische Grenze dachte, war Ventimiglia ein stilles römisches Städtchen. Es hieß damals Albintimulium und wurde von den Goten im 5. Jh. n. Chr. erobert und weitgehend zerstört.

👁 Sehenswertes

Auf einem Hügel am Westufer des Roia befindet sich die mittelalterliche Altstadt von Ventimiglia mit der darüber hinausragenden **Kathedrale** (Via del Capo) aus dem 12. Jh. Der Rest der Stadt besteht vornehmlich aus Wohngebieten.

Area Archeologica
AUSGRABUNGSSTÄTTE

(⏱ Sa & So 15–17.30 Uhr) GRATIS Die römischen Ruinen liegen eingezwängt zwischen der Straße und der Bahnlinie und sind Zeugen für Ventimiglias einstige Liaison mit den Römern. Es sind u. a. Reste eines Amphitheaters und von Badeanlagen aus dem 2. und 3. Jh. n. Chr. erhalten geblieben.

Market
MARKT

(⏱ 8–15 oder 16 Uhr) Heute ist Ventimiglia bekannter als Grenzort, in dem an jedem Freitag ein riesiger Markt stattfindet. Hunderte von Ständen verkaufen Lebensmittel, Kleidung, Schuhe, Haushaltswaren, Körbe und alles, was man sich denken kann. Der Markt konzentriert sich um die Piazza della Libertà herum in der Nähe des Flusses, und ist bei Tagesausflüglern aus Frankreich besonders beliebt.

Giardini Botanici Hanbury
GARTEN

(www.giardinihanbury.com; Corso Montecarlo 43; Erw./erm 7,50/4,50 €; ⏱ 9.30–18 Uhr) 🚶 In den Giardini Botanici Hanbury können Besucher Pflanzen von fünf Kontinenten bewundern. Das 18 ha große Gelände der Villa Hanbury wurde im Jahr 1867 vom englischen Geschäftsmann Sir Thomas Hanbury angelegt und mit 5800 Pflanzenarten aus fünf Kontinenten bestückt, darunter befinden sich viele verschiedene Kakteen, Palmen und Zitrusgewächse. Heute ist das Gebiet geschützt und wird von der Universität Genua gepflegt.

Die Buslinie 1a führt von der Via Cavour in Ventimiglia aus zum Grenzposten Ponte San Lodovico. Von dort aus kann man die Höhlen Balzi Rossi und den Strand an der italienisch-französischen Grenze bequem zu Fuß erreichen.

🛏 Schlafen & Essen

Günstige, nette Lokale gibt es rund um die Via Cavour.

Hotel Seagull
HOTEL €

(📞 0184 35 17 26; www.seagullhotel.it; Passeggiata Marconi 24; EZ/DZ ab 55/75 €; 🅿 ❄ 🛜) Das Hotel liegt zehn Gehminuten vom Zentrum entfernt an der Uferstraße. Es ist ein Familienbetrieb mit hübschen blau-weißen Zimmern, einem Garten voll duftender Pflanzen und einer stetigen frischen Meeresbrise auf der Terrasse.

ℹ Praktische Informationen

Touristeninformation (Lungo Roja Rossi; ⏱ Juli & Aug. Mo–Sa 9–12.30 & 15.30–19 Uhr, Sept.–Juni Mo–Sa 9–12.30 & 15–18.30 Uhr) Nur ein paar Schritte vom Bahnhof entfernt.

ℹ An- & Weiterreise

Vom **Bahnhof** (Via della Stazione) aus erreicht man den Strand über den Corso della Repubblica. Es gibt Zugverbindungen Richtung Genua (13,20 €, 2 bis 3½ Std., stündl.), Nizza (50 Min., stündl.) und zu anderen Orten in Frankreich.

PIEMONT

4,36 MIO. EW.

Italiens zweitgrößte Region dürfte wohl auch die stilvollste Gegend des Landes sein. Hier werden Slowfood-Produkte und ausgezeichnete Weine hergestellt. Es gibt prächtige *palazzi* und eine Atmosphäre, die oberflächlich betrachtet eher französisch als italienisch wirkt. Wer genauer hinschaut, merkt aber bald, dass alles im Piemont den Stempel „Made in Italy" trägt. Nach dem Chaos der Kriege gegen Österreich ging von dort die Einigungsbewegung um 1850 aus, was damit endete, dass die Region für die junge Nation den ersten Premierminister und mit dem Haus Savoyen die Königsdynastie stellte.

Die meisten Reisen ins Piemont beginnen im schicken Turin, das man zunächst mit Fußball und Fiat in Verbindung bringt. Neben der Autoindustrie ist die Region aber auch bekannt für alle möglichen leckeren Sachen, vom Arborio-Reis bis zu weißen Trüffeln, und für die idyllische Landschaft, die an die Toskana erinnert.

Die kleineren Städte im Piemont waren einst miteinander in Fehde liegende Lehensgüter, die wegen Handels- und Religionsfragen aneinandergerieten. Heute gibt es bestenfalls Streit wegen der Qualität von Käsesorten oder Jahrgangsweinen. Traditionell sind es Asti und Alba, die die kulinarischen Pflöcke setzen. Das meist unterschätzte Cuneo dagegen setzt wie eh und je auf Schokolade, ein guter Energieschub übrigens für Freizeitaktivitäten in den nahen Seealpen.

Turin

911 800 EW. /... 240 M

Es weht ein Hauch von Paris durch die Alleen Turins und in den Jugendstilcafés fühlt man sich an Wien erinnert. Aber Vorsicht, diese Stadt ist keineswegs darauf aus, andere zu kopieren. Die erfinderischen Turiner schenkten der Welt die erste verkäufliche Tafelschokolade, bewahrten ein unglaubliches Geheimnis (das Grabtuch), machten ein Auto zum Verkaufserfolg (Fiat) und beflügelten die Spieler in Schwarz-Weiß, eine der tollsten Fußballmannschaften der Welt (Juventus).

Aber wichtiger als all das ist die bedeutende Rolle, die Turin bei der Gründung des italienischen Staates gespielt hat. Das Piemont, mit dem gewieften Premierminister aus Turin, dem Grafen von Cavour, an der Spitze, wurde zum Antriebsmotor für das *Risorgimento* (wörtlich: „Wiedererstehung" eines geeinten Italien). Turin wurde für kurze Zeit italienische Hauptstadt und schenkte dem neu gegründeten italienischen Nationalstaat 1861 seine Monarchie, das ehrwürdige Haus Savoyen.

Vor wenigen Jahren bewirkten die Olympischen Winterspiele 2006 einen urbanen Aufschwung, der sich auf die Kultur und (besonders lecker) die Kochkunst Turins ausgewirkt hat.

Geschichte

Ob die historische Stadt Taurisia ursprünglich eine keltische oder ligurische Siedlung war, ist nicht bekannt: Sie wurde 218 v. Chr. von Hannibal zerstört. Beinahe 200 Jahre später entstand an der gleichen Stelle die römische Kolonie Augusta Taurinorum. In der Folge wurde die Stadt von Goten, Langobarden und Franken überrannt. 1563 gab das Haus Savoyen seine alte Hauptstadt Chambéry in seinem heutigen Frankreich auf und verlegte seinen Hof nach Turin; seitdem teilte die Stadt ihr Schicksal mit dem des Herrschergeschlechts. Das Haus Savoyen annektierte 1720 Sardinien, mit der Einnah-

me Turins 1798 durch Napoleon endete die Herrschaft Savoyens. Die Stadt wurde von Österreich und Russland eingenommen, bevor Viktor Emanuel I. das Haus wiederbelebte und 1814 nach Turin zurückkehrte. Trotzdem behielt Österreich die wahre Macht in Norditalien bis zum *Risorgimento* 1861, als Turin vorläufige Hauptstadt des Landes wurde. Dieser Status bestand nur bis 1864: Das Parlament war bereits nach Florenz umgezogen, als die ersten Kammern der Volksvertretung vollständig gewählt waren.

Turin stellte sich rasch darauf ein, seine politische Bedeutung verloren zu haben, und mauserte sich zu Beginn des 20. Jhs. zu einem Industriezentrum. Große Unternehmen wie Fiat lockten Hunderttausende verarmter Süditaliener nach Turin und brachten sie in Vorstädten unter, die den Unternehmen gehörten. Fiat gehört der Familie Agnelli, die zufällig auch den Fußballverein Juventus, Turins Lokalzeitung und große Anteile an der landesweiten Tageszeitung *Corriere della Sera* besitzt und zu den mächtigsten Familien Italiens zählt. Fiats Erfolg schwand allerdings im Laufe des 20. Jhs. und erlebte erst vor etwa zehn Jahren einen erneuten Aufschwung.

Die erfolgreichen Olympischen Winterspiele im Jahr 2006 wurden für Turin zu einem Wendepunkt. Die Spiele führten nicht nur zu einem Bauboom, der auch die neue U-Bahn und weiterer Infastruktur einschloss, sondern verwandelten Turin von einer seriösen Industriestadt in eine pulsierende Metropole. 2008 war Turin Designhauptstadt der Welt und Veranstaltungsort für Tagungen und Ausstellungen zu diesem Thema. 2011 zum 150. Jahrestag der italienischen Einheit stand Turin im Mittelpunkt der Feierlichkeiten.

◉ Sehenswertes

Eine ganze Woche Zeit? Kann sein, dass dies gerade reicht, um alles zu sehen, was Turin zu bieten hat. Leute mit wenig Zeit konzentrieren sich am besten auf drei Highlights, das Ägyptische Museum, die Mole Antonelliana und das Automuseum in Lingotto.

★ Mole Antonelliana   MUSEUM

(Via Montebello 20) Das Wahrzeichen von Turin, der 167 m hohe Turm mit der unverwechselbaren Aluminiumspitze ist auf der italienischen 2-Cent-Münze abgebildet. Bei Baubeginn 1862 war die Mole als Synagoge

Piemont

40 km

0

N

Bellinzona

Lugano

Locarno

Cannobio

Lago Maggiore

Borromeau Islands

Varese

Como

Mailand

Pavia

Vigevano

LOMBARDEI

Flughafen Malpensa

Novara

A7

A4

A26

Stresa

Verbania

Monte Mottarone (1491 m)

Arona

Lago d'Orta

Borgomanero

Sesia

Vercelli

Omegna

Varallo

Parco Naturale Sacro Monte di Varallo

Balmuccia

Borgosesia

Domodossola

Macugnaga

Parco della Val Grande

Parco Naturale Alta Valle Sesia

Alagna Valsesia

Rassa

Valsesia

Biella

Ivrea

A5

A4

Monte Rosa (4633 m)

Punta Indren (3260 m)

Lessolo

Flughafen Caselle

Matterhorn (Monte Cervino) (4478 m)

SCHWEIZ

Dora Baltea

A5

Cogne

Val Soana

Valle Orco

Orco

Parco Nazionale del Gran Paradiso

Val Grande

Val di Ala

Allein

Aosta

Pila

VALLE D'AOSTA

Courmayeur

A5

Chamonix

Mont Blanc (4810 m)

FRANKREICH

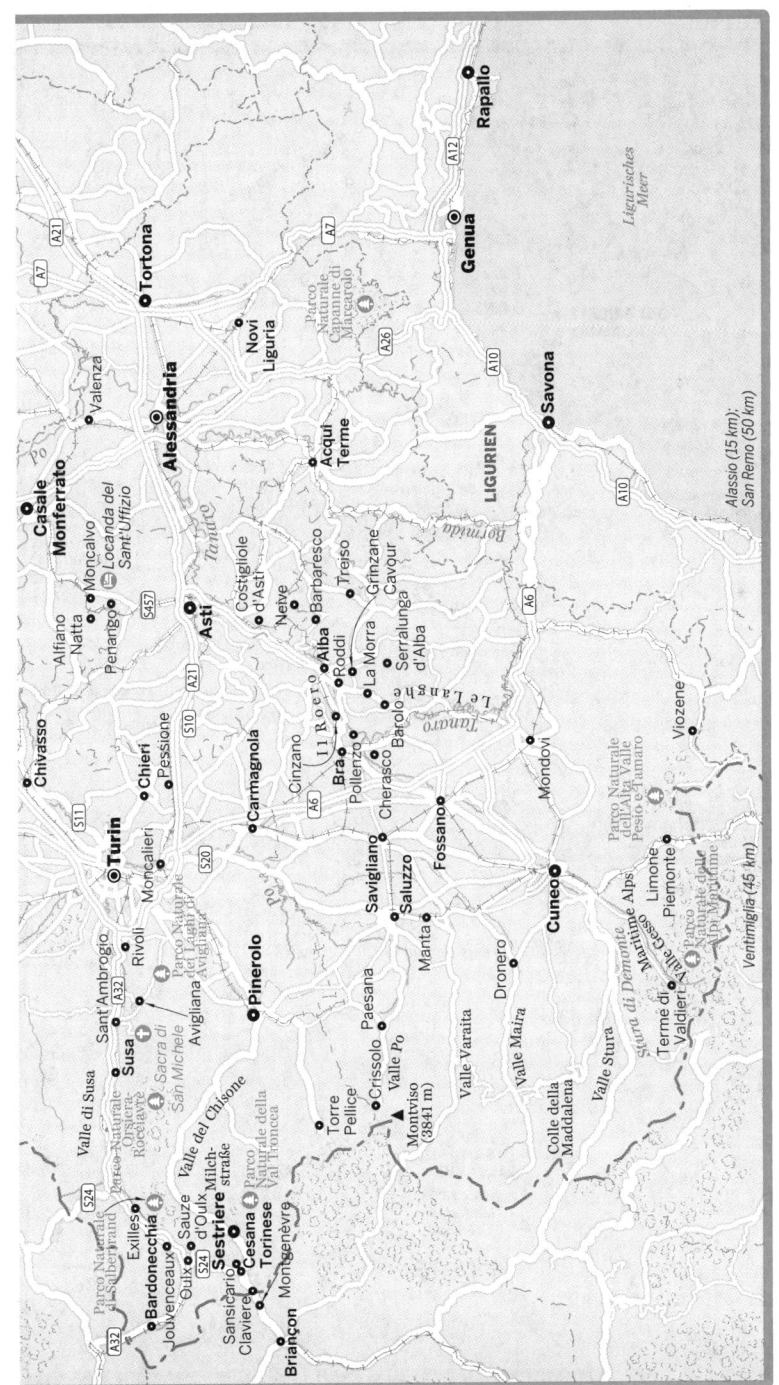

Turin

Turin

geplant, wurde aber nie als religiöses Gebäude genutzt. Mitte der 1990er-Jahre wurde hier auf mehreren Stockwerken das **Museo Nazionale del Cinema** (www.museonazio naledelcinema.org; Via Montebello 20; Erw./erm. 9/7 €, mit Panorama-Aufzug 12/9 €; ⊙ Di–Fr & So 9–20, Sa bis 23 Uhr) eingerichtet.

Die Ausstellung im Nationalen Filmmuseum führt Besucher auf eine großartige Reise durch die Geschichte des Films, von den Anfängen der Laterna Magica über Stereoskope und andere optische Spielereien bis zum modernen Film. Zu den Ausstellungsstücken zählen ein schwarzes Spitzenbustier von Marilyn Monroe, Peter O' Tooles Kostüm als *Lawrence von Arabien* und der Sarg für Bela Lugosi in *Dracula*. Rund um die riesige Tempelhalle mitten im Museum befinden sich Seitenräume, die jeweils einem anderen Filmgenre gewidmet sind.

Mit dem gläsernen **Panoramalift** schwebt man mitten durch das Museum 85 m hoch in nur 59 Sekunden bis zur Dachterrasse. Wer auch nur leicht zur Höhenangst neigt, sei an dieser Stelle ausdrücklich gewarnt. Der Aufzug hängt nur an ein paar Kabeln, damit man das Gefühl hat, man würde frei schweben. Die Aussichtsterrasse bietet allerdings bei Tag und Nacht einen fantastischen Rundblick.

Museo della Sindone   MUSEUM
(www.sindone.org; Via San Domenico 28; Erw./erm. 6/5 €; ⊙ 9–12 & 15–19 Uhr) Das faszinierende Museum in der Krypta der Kirche Santo Sudario dokumentiert die Geschichte eines der meistuntersuchten Objekte der Menschheit: das heilige Grabtuch. Was immer man von der Echtheit des Grabtuchs hält, seine Geschichte ist äußerst spannend, verbunden mit zahlreichen Verwicklungen und Enthüllungen.

Besonders interessant ist die Zeit nach 1898, als es erstmals möglich war, mit Hilfe der neuen Kameratechnik viel klarere Bilder von dem Tuch darzustellen.

Museo Nazionale del Risorgimento Italiano · MUSEUM

(www.museorisorgimentotorino.it; Via Accademia delle Scienze 5; Erw./erm. 10/8 €; ⊙Di–So 9–19 Uhr) Wenn nur der Geschichtsunterricht so interessant gewesen wäre! Nach umfangreichen Umbauarbeiten hat das berühmte *Risorgimento*-Museum seit 2011 wieder geöffnet. In 30 Räumen werden in einer beeindruckenden Zeitschiene die Hintergründe und Einzelheiten der italienischen Einigung dargestellt in genau dem Gebäude (dem barocken **Palazzo Carignano**), in dem die wichtigsten Ereignisse stattfanden.

Hier wurden Carlo Alberto und Vittorio Emanuele II geboren, aber dies war auch von 1861 bis 1864 der Sitz des ersten italienischen Parlaments. Nicht verpassen!

Museo Egizio · MUSEUM

(Ägyptisches Museum; www.museoegizio.org; Via Accademia delle Scienze 6; Erw./erm. 8/6 €; ⊙Di–So 8.30–19.30 Uhr) „Turin liegt auf dem Weg zwischen Memphis und Theben" behauptete Jean-Francois Champollion Anfang des 19. Jhs. Der Mann, der die Hieroglyphen entzifferte, hatte nicht ganz Unrecht. In dem berühmten, 1824 eröffneten Museum im **Palazzo dell'Accademia delle Scienze** (Via Accademia delle Scienze 6) ist eine der bedeutendsten ägyptischen Sammlungen außerhalb von Kairo untergebracht.

Zu den vielen Highlights gehören eine Statue von Ramses II. (eines der bedeutendsten ägyptischen Kunstwerke der Welt) und über 500 Objekte, die im Grab des königlichen Architekten Kha und seiner Frau Merit (1400 v. Chr.) gefunden wurden. Derzeit befindet sich das Museum noch in einer Renovierungsphase von fünf Jahren, die 2014 abgeschlossen sein sollte.

Duomo di San Giovanni · KATHEDRALE

(Piazza San Giovanni) Der Turiner Dom wurde zwischen 1491 und 1498 dort errichtet, wo vorher drei Basiliken aus dem 14. Jh. standen und davor ein römisches Theater. Die meisten ignorieren den schlichten Innenraum und konzentrieren sich auf einen viel größeren Mythos, das berühmte **Turiner**

TURIN IN …

… zwei Tagen

Wer zwei Tage bleibt, sollte früh losgehen und in eines der historischen Kaffeehäuser gehen. Das winzige **Caffé Mulassano** (S. 255) wäre eine gute Wahl für einen Kaffee zum Wachwerden. Dann eine Münze werfen und sich für ein Museum entscheiden, das **Museo Nazionale del Cinema** (S. 247) oder das **Museo Egizio** (S. 248). Mittags geht es weiter zum **Slowfood-Bäcker Andrea Perino** (S. 253) und danach zu einem Spaziergang am **Po** im **Parco Valentino** (S. 250). Am zweiten Tag schaut man sich das Museum an, das man am Vortag nicht geschafft hat. Ein guter Tipp für später sind die *aperitivi* im **I Tre Galli** (S. 254) und danach Abendessen im **L'Acino** (S. 254).

… vier Tagen

Wer zwei Tage länger bleibt, kann mehr Zeit für Besuche in anderen renommierten Museen einplanen, etwa das **Museo della Sindone** (S. 247), wo die Geschichte des heiligen Grabtuchs dokumentiert wird, und das **Museo Nazionale del Risorgimento Italiano** (s. oben). Auf jeden Fall sollte man anschließend eine Pause für einen Kaffee im **Fiorio** (S. 256) einlegen und für eine Schokolade im **Al Bicerin** (S. 256).

… einer Woche

Bei einem einwöchigen Aufenthalt kann man Dinge anschauen, die weiter außerhalb liegen, z. B. die **Basilica di Superga** (S. 251) und den riesigen **Palast Reggia di Venaria Reale** (S. 249). Einplanen sollte man auch eine Fahrt nach **Lingotto** (S. 250), zum dortigen Eataly-Supermarkt und dem aufwendig modernisierten **Museo Nazionale dell'Automobile** (S. 250). Wer am Abend einmal etwas ganz Besonderes erleben möchte, sollte nachschauen, wann im **Teatro Regio Torino** (S. 256) die nächste Verdi-Oper aufgeführt wird.

NICHT VERSÄUMEN

KÖNIGSPALAST VON VENARIA REALE

Gigantisch, protzig, königlich und doch erstaunlich wenig beworben, das ist die Reggia di Venaria Reale. Der Palastkomplex, der auf der Unesco-Liste als Weltkulturerbe steht, wurde 1675 vom leichtlebigen Herzog von Savoyen, Carlo Emanuele II, als übergroßes Jagdschloss erbaut und ist so etwas wie das italienische Versailles geworden. Vielleicht wird nicht so viel Aufhebens davon gemacht wie vom französischen Gegenstück, aber es ist eine der größten Königsresidenzen der Welt (die Restaurierung wurde 2010 abgeschlossen). Nach Jahrzehnten der Vernachlässigung wurde ein Plan zur Rettung des Bauwerks umgesetzt, der zehn Jahre in Anspruch nahm und 235 Mio. Euro kostete. Zu den Glanzstücken, die das Haus Savoyen hinterlassen hat, gehören eine riesige Gartenanlage, ein prachtvoller **Hirschbrunnen** (mit Wasserspielen), die **Große Galerie**, die eines Sonnenkönigs würdig wäre, die angefügte **Kapelle Sant' Uberto** und die **Stallungen**. Die drei letzten Gebäudeteile hat der bedeutende sizilianische Architekt Filippo Juvarra in den 1720er-Jahren entworfen.

Auch wenn man nur die Dauerausstellung sehen will, muss man ca. 2 km durch ein Museumsgelände spazieren mit dem passenden Namen Teatro di Storia e Magnificenza. Es ist ein Weg durch die tausendjährige Geschichte des Hauses Savoyen, dessen Wohnsitz dies einst war, sowie durch die Galerie und die Kirche. Außerdem gibt es zahlreiche hochrangige Ausstellungen, regelmäßig Live-Konzerte, ein Café und ein Restaurant, nicht weit entfernt einen **Borgo** (altes Dorf) mit einigen gemütlichen Lokalen, an das heute die Ausläufer Turins heranreichen. Man sollte bedenken, dass es sehr viel zu sehen gibt, und deshalb den größten Teil des Tages dafür veranschlagen. Der Palast (10 km nordwestlich des Zentrums) ist mit der Buslinie 11 vom Bahnhof Porta Nuova aus zu erreichen.

Grabtuch (angeblich das Tuch, in das Jesus Leichnam gewickelt war). Eine Kopie des Tuches ist ständig links vor dem Hauptaltar zu sehen, aber wer verstehen will, worum es geht, sollte unbedingt das Museo della Sindone besuchen.

Der frei stehende **Glockenturm** im romanischen Stil, der älter aussieht als er ist, wurde von Juvarra entworfen und 1723 erbaut. Unmittelbar nördlich befinden sich die Ruinen eines **römischen Amphitheaters** aus dem 1. Jh. und etwas weiter nordwestlich die **Porta Palatina**, Reste eines römischen Stadttores aus rotem Ziegelstein.

Piazza Castello PIAZZA

An dem zentralen, großzügigen Platz in Turin gibt es viele Museen, Theater und Cafés. Die weitgehend barocke Anlage wurde im 14. Jh. von den Savoyern angelegt, um Macht und Einfluss zu demonstrieren.

Museo Civico d'Arte Antica MUSEUM

(www.palazzomadamatorino.it; Piazza Castello; Erw./erm. 10/8 €; ⊙ Di–Sa 10–18, So bis 20 Uhr) Das auffälligste Gebäude an der Piazza ist der **Palazzo Madama** (Piazza Castello), ein teils mittelalterlicher, teils barocker Palast, der im 13. Jh. dort errichtet wurde, wo einmal ein römisches Stadttor stand. Der Name ist dadurch zu erklären, dass Maria Cristina bzw. Madama Reale, die Witwe von Vittorio Amedeo I. (Herzog von Savoyen, 1630–1637), hier im 17. Jh. lebte. Heute befindet sich in einem Teil des Palasts das weitläufige Museum, in dem künstlerische Entwicklungen nach der Einigung Italiens gezeigt werden.

Palazzo Reale MUSEUM

(Königlicher Palast; Piazza Castello; Erw./erm. 10/5 €; ⊙ Di–So 8.30–19.30 Uhr) Statuen der mythischen Zwillinge Castor und Pollux bewachen den Eingang des imposanten Schlosses. Der Legende nach wachen sie auch über die Grenze zwischen der heiligen (weiße Magie) und der teuflischen (schwarze Magie) Hälfte der Stadt, die noch auf die Zeit der Römer zurückgehen. Der Palast wurde 1646 für Carlo Emanule II errichtet. Die Räume sind verschwenderisch mit Möbeln, Porzellan und allerlei Schnickschnack eingerichtet. Der dazugehörige Garten **Giardino Reale** (⊙ 9 Uhr bis 1 Std. vor Sonnenuntergang) an der Nord- und Ostseite wurde 1697 von André le Nôtre angelegt, der auch die Gärten von Versailles erschuf.

Die Eintrittskarte für den Palazzo Reale schließt die Besichtigung der **Galleria Sabauda** ein, der Kunstsammlung der Savoyer Könige, die über 400 Jahre zusammengetragen wurde. Dazu gehören auch wertvolle

Gemälde von Van Dyck, Rubens und Lippi. Seit 2012 befindet sich die Sammlung in der Manica Nuova, dem neueren Flügel des Schlosses. Zu besichtigen ist auch in einem anderen Gebäudeteil die **Armeria Reale**, die Waffensammlung mit beeindruckenden Musketen, Speeren und Rüstungen.

Galleria Civica d'Arte
Moderna e Contemporanea KUNSTGALERIE

(GAM; www.gamtorino.it; Via Magenta 31; Erw./erm. 10/8 €; ☉ Di–So 10–18 Uhr) Moderne Kunst spielt in Italien merkwürdigerweise keine so große Rolle, in Turin ist das allerdings anders. In den Magazinen der GAM lagern ca. 45 000 Werke von Künstlern des 19. und 20. Jhs., u. a. von De Chirico, Otto Dix und Klee. Kunstexperten beraten das Museum regelmäßig, um die Dauerausstellung umzugestalten. Deshalb weiß man nie genau, was letztendlich gerade zu sehen ist.

Museo d'Arte Contemporanea KUNSTGALERIE

(www.castellodirivoli.org; Piazza Mafalda di Savoia; Erw./erm. 6,50/4,50 €; ☉ Di–Fr 10–17, Sa & So 10–19 Uhr) Die Savoyer, die einst im **Castello di Rivoli** aus dem 17. Jh. lebten, hätten sich die hier ausgestellten Werke von Franz Ackermann, Gilbert and George und Frank Gehry in ihren wildesten Träumen nicht vorstellen können. Hier hat die moderne Kunstszene Turins seit 1984 ein Zuhause gefunden.

Die Burg liegt westlich des Zentrums in Rivoli (nicht mit der gleichnamigen U-Bahnstation verwechseln). Man fährt mit der U-Bahn zur Haltestelle Paradiso und dann mit der Buslinie 36 zum Busbahnhof in Rivoli. Die Fahrzeit beträgt etwa eine Stunde. Alternativ kann man mit der U-Bahn zur Haltestelle Fermi fahren, von dort gibt es einen kostenlosen Shuttle-Service (Fahrplan siehe Website).

Parco Valentino PARK

(☉ 24 Std.; 🚶) Der rund 50 ha große, im Stil englischer Gärten angelegte Park am Ufer des Po wurde 1856 eröffnet. Hier sind immer jede Menge Jogger, Spaziergänger und Liebespärchen unterwegs. Folgt man dem Fluss Richtung Südwesten, kommt man zum **Castello del Valentino** (nicht zugänglich), einem französisch anmutenden Schloss aus dem 17. Jh.

Borgo Medievale HISTORISCHE ANLAGE

(Parco Valentino; ☉ April–Sept., 9–20 Uhr; 🚶) Das nachgebaute mittelalterliche Dorf im

Parco Valentino, das in Turin zur Weltausstellung 1884 errichtet wurde, ist ungewöhnlich. Kernstück ist die **Rocca** (Viale Virgilio 107; Erw./erm. 5/4 €; ☉ Di–Sa 9–17, So bis 18 Uhr), der verkleinerte Nachbau einer Burg. Historiker werden ihr Kleingeld vermutlich lieber für echte Anlagen aufsparen (in Italien gibt es genug mittelalterliche Dörfer), aber Kindern könnte der Kitsch durchaus Spaß machen.

Chiesa di Gran Madre di Dio KIRCHE

(Piazza Vittorio Veneto) Von der Kirche bietet sich ein herrlicher Blick über die Piazza Vittorio Veneto Richtung Po. Sie wurde 1818 bis 1831 im Stil eines Pantheons errichtet zur Erinnerung an die Rückkehr von Vittorio Emanuele I. aus dem Exil. Sie ist klein mit einem runden Innenraum und manche Leute spekulieren, dass es auch hier einen geheimen Hinweis auf den Heiligen Gral gibt.

1969 war die Kirche Schauplatz der Dreharbeiten für *The Italian Job* mit Michael Caine, der mit seiner Gang im Mini-Cooper die Vordertreppe herunterfuhr.

Lingotto WAHRZEICHEN

(www.lingottofiere.it; Via Nizza 294) Etwa 3 km südlich des Zentrums befindet sich die ehemalige Fiatfabrik **Lingotto Fiere**, die vom Architekten Renzo Piano in ein Ausstellungs- und Kongresszentrum umgewandelt wurde. Neben zwei bemerkenswerten NH Hotels sind dort Kongressräume untergebracht sowie als eine eigenwillige Dachaufbau die „Schatztruhe", die Kunstsammlung **Pinacoteca Giovanni e Marella Agnelli** (www.pinacoteca-agnelli.it; Via Nizza 230; Erw./erm. 4/2,50 €; ☉ Di–So 10.30–19 Uhr), u. a. mit Meisterwerken von Canaletto, Renoir, Manet, Matisse und Picasso.

Lingotto ist an die neueste U-Bahnlinie Turins angeschlossen und daher bequem zu erreichen.

★ Museo Nazionale
dell'Automobile MUSEUM

(☎ 011 67 76 66; www.museoauto.it; Corso Unità d'Italia 40; Erw./erm. 8/6 €; ☉ Mi, Do & So 10–19, Fr & Sa bis 21, Mo bis 14, Di 14–19 Uhr; Ⓜ Lingotto) Nach umfangreichen Renovierungsarbeiten wurde das Museum 2012 wiedereröffnet. Heute passt es bestens zu einer Stadt, die Sitz eines weltweit führenden Autoherstellers ist (das „T" in Fiat steht für Torino). Das schicke Museum ist eine Hommage an das Auto, die anhand von über 200 wertvollen Modellen gestaltet wurde. Die Palette reicht von einem Peugeot von 1892 bis zu einem Ferrari 308 von 1980 (natürlich in der typischen roten Farbe).

Das Talent der Italiener für innenarchitektonische Gestaltung bewirkt, dass die Museumsbesucher nicht etwa hilflos langweilige Maschinen betrachten, sondern eher auf eine Achterbahnfahrt über drei Stockwerke geschickt werden. Im ersten Stock geht es um die Geschichte des Autos, im zweiten aus technischer Perspektive um Autodesign und im dritten um selbstkritische Überlegungen, z. B. Umweltverschmutzung und Verkehrsprobleme. Auch wenn man sich nicht für Autos interessiert, wird man das Museum mögen. Es liegt etwa 5 km südlich des Turiner Zentrums.

Basilica di Superga   KIRCHE
(www.basilicadisuperga.com; Strada della Basilica di Superga 73) `GRATIS` 1706 gelobte Vittorio Amedeo II eine Kirche zu Ehren der Jungfrau Maria bauen zu lassen, wenn Turin von der Belagerung durch französische und spanische Armeen befreit würde. Das Wunder trat ein und die Stadt wurde gerettet. So entstand nach den Plänen des Architekten Filippo Juvarra die Kirche auf einem Hügel oberhalb des Po.

Die Superga wurde zur letzten Ruhestätte der Savoyer, deren aufwendige Gräber ebenso wie die Kirchenkuppel sehenswert sind.

1949 erlangte die Kirche traurige Berühmtheit, als ein Flugzeug bei dichtem Nebel mit der gesamten Turiner Fußballmannschaft an Bord in unmittelbarer Nähe der Kirche abstürzte und alle Passagiere dabei tragisch ums Leben kamen. Ein Gedenkstein hinter der Kirche erinnert an die Katastrophe.

An der Piazza Vittorio Veneto nimmt man die Straßenbahnlinie 15 bis zur Haltestelle Sassi-Superga am Corso Casale und geht 20 m bis zur **Stazione Sassi** (Strada Comunale di Superga 4). Von dort aus gibt es eine historische **Zahnradbahn** von 1934 (einfache Fahrt 4–6 €, hin & zurück 6–9 €; ⏱ ab Sassi Mo & Mi–Fr 9–12 & 14–18, Sa & So 9.30–12.30 & 14.30–18.30 Uhr). Sie rattert täglich außer dienstags in 18 Min. die 3,1 km den Hügel hinauf.

🗘 Kurse

Eataly   KOCHEN
(www.eatalytorino.it; ab 20 €) 🖉 Im bekannten Slowfood-Supermarkt von Turin finden Workshops statt, in denen es um die Auswahl von Lebensmitteln, Geschmackstrai-

ning, die Arbeit als Chefkoch, Geheimnisse der Sommeliers und natürlich ums Kochen selbst geht.

👉 Geführte Touren

Turismo Bus Torino   BUSRUNDFAHRT
(Tagesticket Erw./erm. 15/7,50 €; ⏱ 10–18 Uhr) Die Sightseeing-Busse fahren über ein Dutzend Sehenswürdigkeiten der Stadt an und unterwegs erzählen Mitarbeiter Wissenswertes darüber. Man kann die Fahrt an jeder Haltestelle unterbrechen. Fahrkarten sind in den Bussen erhältlich und Näheres ist über den **Gruppo Torinese Trasporti** (GTT; www.torino.city-sightseeing.it; Piazza Castello; 15 € für 24 Std.) zu erfahren.

Navigazione sul Po   SCHIFFSAUSFLUG
(hin & zurück 4 €) Gruppo Torinese Trasporti organisiert Schiffsausflüge auf dem Po. Die Schiffe fahren zum Borgo Medievale im Parco del Valentino und nach Moncalieri. Abfahrt ist vier- bis siebenmal täglich (außer montags) am Anleger **Imbarco Murazzi** (Murazzi del Po 65).

Somewhere   SPAZIERGANG
(www.somewhere.it) Um schwarze und weiße Magie in Turin dreht es sich bei den außergewöhnlichen Spaziergängen mit den Führern von Somewhere. Der Veranstalter organisiert auch andere Führungen zu wenig bekannten Themen, z. B. „das unterirdische Turin". Eine Tour kostet etwa 25 €. Bei der Buchung einer Tour unbedingt nach dem Treffpunkt fragen.

✦ Festivals & Events

In der Touristeninformation sind genauere Infos zu den folgenden und weiteren Veranstaltungen erhältlich:

Salone Internazionale del Gusto   ESSEN
(www.salonedelgusto.it) 🖉 In jedem geraden Jahr im Oktober wird die Stadt überrollt von Feinschmeckern, die das von der Slowfood-Bewegung organisierte Fest besuchen. Hersteller, die ihre Lebensmittel auf traditionelle Art produzieren, zeigen ihre Produkte auf einem großen Markt am Lingotto Fiere. Eine Tageskarte kostet 20 €; Verkostungen gibt es für 1 bis 5 €.

Cioccolatò   ESSEN
(www.cioccola-to.it) Bei dem Fest im März dreht sich alles um die berühmte Schokolade aus Turin.

Salone Internazionale del Libro di Torino
BUCHMESSE

(http://en.salonelibro.it) Die alljährlich im Mai stattfindende Buchmesse gehört zu den wichtigsten in Europa.

Torino Film Festival
FILM

(www.torinofilmfest.org) Das Festival– derzeit unter der Leitung des Gewinners der Goldenen Palme Nanni Moretti – findet im November statt.

Schlafen

★ Hotel Residence Torino Centro
HOTEL €

(☎ 011 433 82 23; www.hoteltorinocentro.it; Corso Inghilterra 33; DZ/3BZ 84/105 €; Ⓟ❄🔊) Eine der besten Neueröffnungen ist das schicke, modernisierte Hotel in einem ehemaligen Konvent direkt hinter dem Bahnhof Porta Susa. Die Zimmer sind sehr groß, mit modernen Möbeln, alten Fliesenböden und zeitgemäßem Komfort ausgestattet. Der Service ist professionell und effizient. Es gibt eine flippige Café-Bar im Erdgeschoss, wo auch das Frühstück (im Zimmerpreis enthalten) serviert wird.

Das beste Schnäppchen in Turin!

Hotel Urbani
HOTEL €

(☎ 011 669 90 47; www.hotelurbani.it; Via Saluzzo 7; EZ/DZ 56/76 €; @🔊) Vom Bahnhof Porta Nuova sind es nur zwei Gehminuten zum nicht ganz so urbanen bzw. weltläufigen Urbani. Es ist sauber, gut geführt und günstig für ein 3-Sterne-Hotel, auch wenn die eher kleinen, funktional eingerichteten Zimmer dem Üblichen entsprechen. Das Frühstück ist gut und das Personal sagt freundlich *buon giorno*. WLAN kostet 4 € pro Tag.

Hotel Dogana Vecchia
HOTEL €

(☎ 011 436 67 52 www.hoteldoganavecchia.com; Via Corte d'Appello 4; EZ/DZ 80/95 €; Ⓟ) Schon Mozart, Verdi und Napoleon waren Gäste in dem historischen 3-Sterne-Gasthaus. Glücklicherweise ist es gelungen, das Haus so zu renovieren, dass der traditionelle Charme erhalten geblieben ist. Die Lage im Quadrilatero Romano ist schwer zu übertreffen.

Hotel Due Mondi
HOTEL €

(☎ 011 650 50 84; www.hotelduemondi.it; Via Saluzzo 3; EZ/DZ 55/69 €; ❄@🔊) Günstiges Hotel in Bahnhofsnähe. Die kleinen Zimmer sind mit hellen Laminatböden, bequemen Möbeln und pfiffigen Duschkabinen ausgestattet, die meisten auch mit WLAN. Unten gibt es eine gemütliche Sitzecke und nebenan ein erstklassiges Restaurant, wo die leckeren Sachen auf dem Teewagen sehr verlockend aussehen. Wer so stilvoll abgelenkt wird, nimmt das etwas schäbige Umfeld kaum wahr.

Ostello Torino
HOSTEL €

(☎ 011 660 29 39; www.ostellotorino.it; Via Giordano Bruno 191; B/EZ/2BZ m. gem. Bad 17/25/42 €; ⏲ Mitte Jan.–Mitte Dez.; ❄@) Das HI-Hostel hat 76 Zimmer und liegt 1,8 km vom Bahnhof Porta Nuova entfernt. Es ist mit der Buslinie 52 (sonntags 64) vom Bahnhof Porta Nuova aus erreichbar. Die Ausstattung ist gut (inkl. Computer, WLAN und tgl. außer sonntags Abendessen für 10 €). Frühstück ist im Preis inbegriffen, aber nachmittags gibt es eine Schließzeit.

Ai Savoia
BOUTIQUEHOTEL €€

(☎ 339 125 77 11; www.aisavoia.it; Via del Carmine 1b; Zi. 95–125 €; Ⓟ) Das Juwel in einem Stadthaus aus dem 18. Jh. würde man eher in einer Kleinstadt erwarten. Alle drei Zimmer sind klassisch elegant, aber nicht kitschig eingerichtet. Das Personal ist freundlich und hilfsbereit.

Townhouse 70
BOUTIQUEHOTEL €€

(☎ 011 19 70 00 03; www.townhouse.it; Via XX Settembre 70; Zi. ab 115 €; @🔊) Das kleine Hotel gehört zu einer Mailänder Hotelkette. Die erstklassige Einrichtung lässt sich am besten als schick, elegant, edel beschreiben. Wer seine Euros gern in weiche Bademäntel und korrekt gekleidete Angestellte steckt, die die Gäste besonders höflich ansprechen, ist hier bestens aufgehoben.

Hotel Chelsea
HOTEL €€

(☎ 011 436 01 00; www.hotelchelsea.it; Via XX Settembre 79e; EZ/DZ/3BZ 110/160/180 €; Ⓟ@) Das Hotel liegt nur einen Steinwurf von der Piazza Castello, dem Hauptplatz der Stadt, entfernt. Die Zimmer sind modern, mit angenehmer Beleuchtung und farblich abgestimmten Gardinen und Bettdecken. Das romantische Restaurant im Erdgeschoss serviert apulische Gerichte.

Hotel Montevecchio
HOTEL €€

(☎ 011 562 00 23; www.hotelmontevecchio.com; Via Montevecchio 13; EZ 45–95 €, DZ 65–140 €; @🔊) Das 2-Sterne-Hotel liegt in einer ruhigen Wohngegend nur 300 m vom Bahnhof Porta Nuova entfernt. Es bietet Zimmer in warmen Beigetönen, ein gutes Frühstück und einen praktischen Wäscheservice.

Hotel Roma e Rocca Cavour
HOTEL €€

(☎ 011 561 27 72; www.romarocca.it; Piazza Carlo Felice 60; EZ/DZ 77/110 €; P ✱) Wer allzu oft in beengten Hotelzimmern übernachtet hat, wird das im Jahr 1854 gegründete Hotel gegenüber vom Bahnhof Porta Nuova mögen. Die Flure sind breit, die Decken hoch und die mit Stilmöbeln ausgestatteten Zimmer geräumig, insbesondere die großzügigen Komfortzimmer.

NH Lingotto + Lingotto Tech
LUXUSHOTEL €€€

(☎ 011 664 20 00; www.nh-hotels.com; Via Nizza 262; NH Lingotto DZ 270–300 €, NH Lingotto Tech DZ 390–410 €; P ✱ ☎) In der alten Fiatfabrik ist der Luxus eingezogen. Dazu gibt es ein paar unverhoffte Extras, z. B. eine 1 km lange Joggingstrecke auf dem Dach, auf der Fiat früher Autos getestet hat und die Schauplatz im Filmklassiker *The Italian Job* war. Das große Hotel gehört seit Kurzem zur NH-Kette, und da es vormals eine Fabrik war, sind die Zimmer riesig und hell mit großen Fenstern.

Zum Hotel gehört ein feines Restaurant, perfekter Service und die kostenlose Nutzung eines Fitnessstudios.

Essen

Wo Italien und Frankreich zusammenkommen, kann man natürlich mit einer spannenden Verschmelzung der Kochkulturen rechnen. Allerdings kommt vieles, was für Turin typisch ist (auch die Zutaten) aus dem Hinterland, dem Piemont. Zu den Spezialitäten gehören z. B. *risotto alla piemontese* (Risotto mit Butter und Käse), *finanziera* (Bries, Pilze und Hähnchenleber in einer cremigen Sauce) und leckere *panna cotta* (ein cremiger Nachtisch, wörtlich „gekochte Sahne").

Im Viertel San Salvario im Südosten der Stadt gibt es eine Menge multikultureller Lokale, besonders rund um die Piazza Madama Cristina sowie einige der besten Pizzerias und Kneipen von Turin.

Sfashion
PIZZERIA €

(☎ 011 516 00 85; Via Cesare Battisti 13; Pizzas/Hauptgerichte ab 6/8,50 €; 8–24 Uhr) Die beste Pizza in Turin? Nicht wenige Leute würden dem zustimmen. Die Pizzas mit dem leckeren Boden und herrlich unverfälschten Zutaten (nicht zu viel Käse) kommen superheiß aus dem Ofen. Das Lokal gehört dem Turiner Fernsehunterhalter Piero Chiambretti. Der etwas ungewöhnliche Innenraum mit dem flippigen postmodernen Ambiente wird durch Retro-Spielzeug ergänzt. Ein Klassiker des Lokals sind Muscheln in Tomatensauce.

Perino Vesco
BÄCKEREI €

(☎ 011 068 60 56; www.perinovesco.it; Via Cavour 10; Snacks ab 4 €; Mo–Sa 9.30–19.30 Uhr) Wer aus Ligurien zugezogen ist und sein gewohntes Brot vermisst, kann beruhigt sein. Frische *focaccia* gibt es auch hier dank dem angesagten Slowfood-Bäcker Andrea Perino. In der Bäckerei plus Café werden großzügige Portionen leckerer Snacks angeboten.

Gofri Piemontéisa
SNACKS €

(www.gofriemiassepiemontesi.it; Via San Tommaso 4a; Mo–Sa 11.30–19.30 Uhr) *Gofri* sind dünne Waffeln aus Mehl, Wasser und Hefe, die auf heißen Eisen gebacken werden. Der Chef des Hauses hat das traditionelle Rezept aus der Bergregion Piemonts weiterentwickelt zu einem leckeren Snack. Gut sind z. B. die *gofri* mit Schinken, mildem Käse und Rucola ebenso wie die leckeren *miasse* aus Maismehl.

Eataly
BISTRO, FEINKOST €

(www.eatalytorino.it; Via Nizza 230; Di–So 10–20 Uhr) Der Slowfood-Supermarkt befindet sich neben dem Lingotto-Kongresszentrum in einer riesigen umgebauten Fabrik. Hier gibt es eine unglaubliche Auswahl an nachhaltigen Lebensmitteln und Getränken, die in getrennten Bereichen für Käse, Brot, Fleisch, Fisch, Pasta, Schokolade und vielen anderen präsentiert werden.

Die beste Zeit hierher zu kommen ist zwischen 12.30 und 14.30 Uhr, wenn in jedem Bereich ein kleines Restaurant geöffnet hat.

Grom
EISCAFÉ €

(www.grom.it; Piazza Pietro Paleocapa; So–Do 11–24, Fr & Sa bis 1 Uhr nachts) Wem der Name Grom nicht aufgefallen ist, der ist nicht lange in Turin gewesen. Es ist eine Kette, die hochwertige Eiscreme aus Slowfood-Zutaten anbietet. Der erste Laden wurde hier 2003 eröffnet mit dem Versprechen, dem Eis so viel Aufmerksamkeit zu widmen wie Önologen dem Wein. Lange Schlangen vor den Läden bestätigen den Erfolg des Konzepts.

Alberto Marchetti
EISCAFÉ €

(☎ 011 839 08 79; www.albertomarchetti.it; Corso Vittorio Emanuele II 24; Di–Sa 12–23, So 11–22 Uhr) Alberto Marchetti ist ein Meister in Sachen Qualität und sozusagen im

APERICENAS

Wer braucht schon eine *cena* (warmes Abendessen), wenn in der Bar Snacks im Umfang eines kompletten Abendessens zu bekommen sind? *Apericena* ist die Turiner Variante der *aperitivi*. Statt der Snacks wird das Ganze damit eher zu einer vollständigen Mahlzeit. Reisende, die knapp bei Kasse sind, können die günstigen Pizzerias links liegen lassen und stattdessen regionaltypische feine Häppchen zu einem ordentlichen Glas Wein genießen. Die besten und günstigsten *apericenas* sind an der Via Po und an der Piazza Vittorio Veneto zu finden. In Lokalen, wie z. B. dem **Caffè Nazionale** (Via Po 18), bekommt man ausgezeichnete Pastagerichte, Artischockenquiche, Risotto und alle möglichen leckeren Sachen. Ebenfalls recht viele Lokale dieser Art gibt es im Quadrilatero Romano. Wenn z. B. im **I Tre Galli** (www.3galli.com; Via Sant'Agostino 25; ⊙ Mo–Mi 12.30–14.30 & 18.30–24, Do–Sa bis 2 Uhr nachts) nach den Snacks der erste Hunger nachlässt, hat man aber noch Platz für ein Abendessen. Zwischen 5 und 10 € kostet eine *apericena* (ein Getränk plus Erlaubnis, das Büfett zu stürmen).

Windschatten des Grom-Phänomens gefahren. Das Eis wird sehr sorgfältig zubereitet von der Auswahl der Früchte bis zur verwendeten Milch. Besser als Grom? Jeder entscheidet selbst.

Brek
SELF-SERVICE-RESTAURANT €

(www.brek.com; Piazza Carlo Felice 18; Büfett ab 10 €; ⊙ 8.30–23 Uhr) Nur von Italienern war zu erwarten, dass sie aus Fastfood etwas Überzeugendes und Leckeres machen würden. Brek ist eine kleine Kette von Self-Service-Restaurants, die frische Pasta, Pizza, Würstchen, Salate und Desserts anbieten. Die Inneneinrichtung hat mit Plastik nichts im Sinn. Tatsächlich möchte man sich ganz gern ein Weilchen im begrünten Innenhof aufhalten.

★ L'Acino
PIEMONTESISCH €€

(☎ 011 521 70 77; Via San Domenico 2A; Gerichte 30–35 €; ⊙ Mo–Sa 19.30–24 Uhr) Ein halbes Dutzend Tische und jede Menge begeisterter Fans. Das heißt, es ist schwer, einen Tisch zu bekommen. Vorher reservieren oder Punkt 19.30 Uhr da sein (mittags nicht geöffnet), wenn man seine Geschmacksknospen mit Schnecken, Kutteln oder Rindfleischtopf mit Roero-Wein verwöhnen möchte. Als Vorspeise gibt es klassische regionale Pasta-Gerichte.

È Cucina
FUSION €€

(www.cesaremarretti.com; Via Bertola 27a; Menü 20–30 €) Das gepflegte Restaurant steht für ein interessantes kulinarisches Konzept in Turin: Haute Cuisine zu Durchschnittspreisen. Die Gerichte werden vom Bologneser Küchenchef Cesare Marretti kreiert, dessen Ideenreichtum beeindruckend ist. Die Gäste erhalten keine Speisekarte, sondern die

Angestellten sagen ihnen nur, dass es eine *sorpresa* (Überraschung) gibt. Man zahlt für die Zahl der Gänge.

Es ist unmöglich, spezielle Gerichte zu empfehlen. Rechnen kann man z. B. mit: Artischocken mit Garnelen, Auberginen mit Avocadocreme, Birnen auf Lachs usw.

Porto di Savona
TRATTORIA €€

(Piazza Vittoria Veneto 2; Gerichte 25 €; ⊙ 12.30–14.30 & 19.30–22.30 Uhr) Eine günstige, eher bescheidene Trattoria, die zu Recht bekannt ist für ausgezeichnete *agnolotti al sugo arrosto* (Piemontesische Ravioli mit Fleischsauce) und *gnocchi di patate al gorgonzola*. Die Hauptgerichte, darunter *bollito misto alla piemontese* (diverse gekochte Fleischsorten mit Gemüse) sind ebenfalls sehr gut. Etwas Geduld ist angesagt, denn es dauert ein bisschen. Aber das Essen ist 100 % hausgemacht und 100% typisch für das Piemont.

Il Giglio
FISCH €€

(☎ 011 436 50 21; Via San Domencia 4; Gerichte 30 €; ⊙ Mo–Sa 19.30–23.30, Fr & Sa 12.30–14 Uhr) Im Piemont – ringsherum nur Land – ist das Fischlokal Giglio eine Überraschung. Hier ist „Würstchen" ein Schimpfwort und 90 Prozent der Gerichte kommen aus dem Meer. Der lebhafte Besitzer eilt von Tisch zu Tisch mit Platten voller Garnelen, Calamari und Wolfsbarsch.

Kipling Restaurant
ITALIENISCH, FUSION €€

(☎ 011 817 26 16; www.kiplingrestaurant.com; Via Mazzini 10; Gerichte 25–30 €; ⊙ 12–0.30 Uhr) Es kommt nicht oft vor, dass sich der ausländische Besucher sich von den üppigen traditionellen Gerichten abhalten lässt, aber ein Tag

Auszeit von den verlässlichen Trattorien lohnt sich. Das modern gestylte Kipling bietet zur Hälfte Italienisches und der Rest ist eine Auswahl indischer, mexikanischer und chinesischer Einflüsse.

Ein Bücherschrank mit Lonely-Planet-Führern neben dem Eingang zeigt das Interesse an anderen Ländern. Die Fußballspieler von Juventus kommen hier öfters zum Essen.

Combal Zero
MODERN, FUSION €€€

(☎ 011 956 52 25; www.combal.org; Piazza Mafalda di Savoia; 5-Gänge Probiermenü 110 €; ⊗ Di–Sa) Wer Wert auf Michelin-Sterne legt oder sehr eigenwillige Geschmackserfahrungen mag, muss etwas weiter fahren zum Castello di Rivoli. Dort befindet sich das Restaurant in einem Gebäude mit dem Museum für zeitgenössische Kunst. Das passt, denn der Küchenchef Davide Scabin ist so eine Art Jackson Pollock der modernen Kochkunst.

Eine neuere Kreation heißt *cyber-elio Campari*. Dabei muss man u. a. aus einem Luftballon einatmen, einen Schluck Campari trinken und dann auf eine Sodawasserkapsel beißen. Lecker oder lieber nicht? Ohne Reservierung geht nichts.

Selbstversorger

Porta Palazzo
MARKT €

(Piazza della Repubblica; ⊗ Mo–Fr 8.30–13.30, Sa bis 18.30 Uhr) 🍽 Auf dem größten Lebensmittelmarkt Europas stehen buchstäblich Hunderte von Ständen. Auch gut für ein Picknick.

Ausgehen & Nachtleben

Wer in Turin etwas trinken will, bekommt oft auch etwas zu essen. Die *aperitivi* und die umfangreicheren *apericenas* sind eine Institution in Turin. Leute mit bescheidenem Urlaubsbudget können sich für den Preis eines Getränks am großzügigen Snack-Büfett bedienen. Besonders viele Lokale dieser Art gibt es am Flussufer des Po rund um die Piazza Vittoria Veneto und im Viertel Quadrilatero Romano. Es gibt Konkurrenz für die historischen Cafés der Stadt, z. B. Triest und Rom, um nur zwei Namen zu nennen, aber im Grunde ist das Haarspalterei. Es sind architektonisch wunderschöne Orte, voller Erinnerungen und Geschichten, in denen es nach Kaffee duftet und wo geklatscht und getratscht wird. Und dann ist da noch die Schokolade, die, ganz gleich ob fest oder flüssig, an sich schon etwas Besonderes ist.

★ Caffè Mulassano
CAFÉ

(Piazza Castello 15; ⊗ 7.30–22.30 Uhr) Im Mulassano sind häufig Dutzende von Kunden und nur fünf winzige Tische. In dem Jugendstilcafé trinken Stammkunden den Espresso *a piedi* (im Stehen) und diskutieren fachmännisch mit dem gut informierten und gekleideten *barista* über die derzeitige Form von Juventus Turin.

NICHT VERSÄUMEN

DER KULT UM DEN FUSSBALL

Wer erst dem Heiligen Grabtuch seine Referenz erwiesen hat, kann sich danach in eine andere Religion einklinken: *il calcio* (Fußball). Die Stätte der Verehrung ist das **Juventus-Stadion**, das 2011 als Heimplatz der legendären *bianconeri* aus Turin, dem erfolgreichsten Fußballclubs Italiens, eingeweiht wurde. Zum hochmodernen Stadion gehört das Juventus Museum (www.juventus.com; Strada Comunale di Altessano 131; Museum 10 €, inkl. Stadionsbesichtigung 18 €; ⊗ Mo & Mi–Fr 10.30–18.30, Sa & So bis 19.30 Uhr). Von all dem ausgestellten Silber ist man regelrecht geblendet (28 Meisterschaftstitel, und der ganze Rest kommt noch dazu!) und erfährt, wie all das zusammengekommen ist.

Am anderen Ende der Stadt, dem **Stadio Olimpico** (Veranstaltungsort der Winterspiele 2006), ist eine andere Mannschaft, der FC Turin, zu Hause. Bis 2011 teilten die Spieler sich das Stadion mit Juventus, aber mittlerweile haben sie die Spielstätte für sich, außer wenn sie gegen die *bianconeri* bei dem heiß umkämpften Lokalderby della Mole antreten. Auch im Stadio Olimpico wird ein Rundgang angeboten und es gibt ein **Museo dello Sport** (www.olympicstadiumturin.com; Corso Agnelli; Museum 10 €, inkl. Stadion 14 €; ⊗ 10–18 Uhr), wo es allerdings mehr um den Sport im Allgemeinen geht.

Vom Zentrum aus fährt die Buslinie 72 zum Juventus-Stadion ab der Ecke Via XX Settembre und Via Bertola. Um zum Stadio Olimpico zu kommen, nimmt man die Linie 4 am Bahnhof Porta Nuova und steigt nach acht Haltestellen aus.

Caffè San Carlo
CAFÉ

(Piazza San Carlo 156; Di–Fr 8–24, Sa bis 1 Uhr nachts, Mo bis 21 Uhr) Das Café, in dem vielleicht mehr Gold glänzt und gleißt als in allen anderen, wurde 1822 eröffnet. Man bekommt Nackenschmerzen vom Bestaunen der Kronleuchter und vielleicht Bauchschmerzen von der Rechnung (4,50 € nur für den Cappuccino).

Fiorio
CAFÉ

(Via Po 8; Di–So 8.30–1.30 Uhr) Man kann sich literarisch inspirieren lassen, wenn man auf Mark Twains altem Fensterplatz sitzt und das goldbemalte Interieur auf sich wirken lässt. Im 19. Jh. schmiedeten Studenten hier revolutionäre Pläne und Graf Cavour bewies, dass er ein guter Kartenspieler war. Der Zartbittergeschmack der heißen Schokolade ist allerdings auch nicht schlecht.

Al Bicerin
CAFÉ, SCHOKOLADE

(Piazza della Consolata 5; Mo, Di, Do & Fr 8.30–19.30 Sa & So 8.30–13 & 15.30–19.30 Uhr) Das Café wurde 1763 unter einem Glockenturm eingerichtet. Der Name *bicerin* steht für ein heißes Getränk aus starkem Kaffee, Schokolade und Sahne. Das trinkt man in Turin schnell im Vorbeigehen.

Mood
CAFÉ

(www.moodlibri.it; Via Battisti 3e; Café Mo–Sa 8–21 Uhr, Buchladen Mo–Sa 10–21 Uhr) Ob man bedrückt ist, sich unsicher fühlt oder dringend einen Koffeinschub braucht, spielt keine Rolle. In der Mischung aus Café, Cocktailbar und Buchladen findet jeder das Passende, vorausgesetzt es ist noch ein Platz frei zwischen all den etwas müde wirkenden Kunden und Studenten, die in Klassikern herumblättern. Der Innenraum ist konsequent modern – glatter Beton und glänzendes Laminat.

Società Anonima
BAR, CAFÉ

(Via Pietro Micca 12; 7–23 Uhr; ☎) Eher zeitgenössisch cool als spießig traditionell. Die Kunden kommen von überall her ebenso wie die eigenwillige Auswahl an Möbeln. Hier lässt man jeden Stil gelten, von Louisquinze bis Ikea. Berufstätige trinken morgens ihren Cappuccino und nach 21 Uhr lassen Live-DJs es krachen.

Pastis
WEINBAR

(Piazza Emanuele Filiberto 9; 9–15.30 & 18–2 Uhr) In die Café-Bar, die in kräftigen Farben dekoriert ist, gehen Büroangestellte während ihrer zweistündigen Mittagspause und essen z. B. pikante Fleischbällchen zum Glas Wein.

La Drogheria
BAR

(www.la-drogheria.it; Piazza Vittorio Veneto 18; 10 Uhr morgens–2 Uhr nachts) Die Sofas in der ehemaligen Apotheke werden vor allem von Studenten in Beschlag genommen. Sie wählen preiswerte Drinks zu den *aperitivi*, bevor sie sich ins Nachtleben von Murazzi stürzen.

Lobelix
BAR

(Via Corte d'Appello 15f; Mo–Sa 19–3 Uhr) Die Terrasse unter den Bäumen an der Piazza Savoia ist sehr beliebt für einen *aperitivo*. Das Büfett gehört zu den üppigsten in Turin.

Caffè Torino
CAFÉ

(Piazza San Carlo 204; 7.30–1 Uhr) Das Vorzeigecafé mit den vielen Kronleuchtern öffnete 1903 seine Pforten. Eine Messingplakette mit dem Stadtwappen, einem Stier (Torino bedeutet „kleiner Stier"), ist im Pflaster vor dem Eingang eingelassen. Es soll Glück bringen, seinen Schuh darüber zu streifen.

San Tommaso 10
CAFÉ

(Via San Tommaso 10; Mo–Sa 8–24 Uhr) Im Jahr 1900 begann die Familie Lavazza hier Kaffee zu rösten. Das modernisierte Café bietet heute eine unglaubliche Auswahl an Geschmacksrichtungen sowie ein ausgezeichnetes Restaurant. Kaffeefreunde können auch eine Espressomaschine erwerben.

Pepino
CAFÉ, SCHOKOLADE

(Piazza Carignano 8; So–Do 8.30–20, Fr & Sa bis 24 Uhr) Bei Pepino gibt es Schokolade in allen Varianten. Hier wurde 1937 erstmals ein Eis an einem Stäbchen in Schokolade getaucht. Im Sommer hat das Café länger geöffnet.

☆ Unterhaltung

Die meisten Clubs haben von 9 Uhr bis in die Nacht hinein geöffnet. Die Eintrittspreise variieren von Abend zu Abend. Turins Clubszene konzentriert sich auf die Murazzi del Po (auch Lungo Po Murazzi genannt), den überdachten Uferbereich zwischen dem Ponte Vittorio Emanuele I und dem Ponte Umberto I – einfach immer den Leuten (und der Musik) folgen!

Teatro Regio Torino
THEATER

(☎ 011 881 52 41; www.teatroregio.torino.it, auf Italienisch; Piazza Castello 215; Theaterkasse Di–Fr 10.30–18.30, Sa bis 16 Uhr & 1 Std. vor den

Aufführungen) Ausverkaufte Vorstellungen können manchmal kostenlos live auf einem Bildschirm im Teatro Piccolo Regio nebenan angeschaut werden, wo 1896 die Uraufführung von Puccinis *La Bohème* stattfand. Theaterkarten gibt es ab 48 €.

Hiroshima Mon Amour NACHTCLUB
(www.hiroshimamonamour.org; Via Bossoli 83; freier Eintritt bis 15 €) In dem legendären Tanzclub wird alles geboten, ob Folk, Punk, Tango oder Techno.

Phuddhu Bar NACHTCLUB
(Murazzi del Po; ⊙19–3 Uhr) Drum and Bass von DJs aufgelegt ist die Hauptmusikrichtung freitags- und samstagabends in dem Club in den Murazzi am Po.

Cinema Massimo KINO
(Via Giuseppe Verdi 18; Eintritt 7 €) Das Kino in der Nähe der Mole Antonelliana bietet ein vielseitiges Filmprogramm, vor allem Filme auf Englisch oder mit Untertiteln. Auf einer der drei Leinwände läuft immer ein Filmklassiker.

Shoppen

Die teuersten Modeboutiquen der Stadt sind unter den Arkaden der Via Roma zu finden. Günstiger sind die Geschäfte in der verkehrsberuhigten Via Garibaldi. In der Via Po gibt es ein paar gute Secondhand-Läden für Schallplatten und für ausgefallene Kleidung.

★ Guido Golbino CHOCOLATERIE
(www.guidogolbino.it; Via Lagrange 1; ⊙Di–So 10–20, Mo 15–20 Uhr) Sogar gemessen an Turiner Maßstäben ist Guido Golbino derzeit das Schokoladenparadies. In der winzigen Sitzecke hinter all den köstlichen Dingen kann man Fondues probieren, *giandujas* (Haselnussschokolade) und alles Mögliche mit vielen Kalorien.

Peyrano CHOCOLATERIE
(www.peyrano.com; Corso Vittorio Emanuele II 76) Die Chocolaterie Peyrano, die solche Dinge wie *dolci momenti a Torino* (Süße Turiner Momente) und *grappini* (Pralinen mit Grappa) herstellt, gibt es seit 1912. Nach einem Besitzerwechsel 2002 überstand der Betrieb die jüngste Wirtschaftskrise, wurde aber recht schnell von der ursprünglichen Besitzerfamilie zurückgekauft.

Libreria Luxemburg BÜCHER
(Via Battisti 7) Der Buchladen ist gut sortiert mit leichtem und anspruchsvollem Lesestoff, auch in deutscher Sprache – und übrigens auch einem Vorrat an Lonely Planet Führern. Ausländische Tageszeitungen sind ebenfalls erhältlich.

Pastificio Defilippis ESSEN
(Via Lagrange 39; ⊙Mo–Sa 8.30–13, 16–19.30 Uhr) Es lohnt sich, seine Nase in das 1872 gegründete Geschäft hineinzustecken und zu sehen, wie die Familie Dutzende von Pastasorten zubereitet. Man kann sie hier kaufen und selbst kochen oder auch gleich an Ort und Stelle essen.

Paissa ESSEN
(www.paissa.it; Piazza San Carlo 196) In dem wunderbar altmodischen Geschäft an der Piazza San Carlo – mit Leitern und schwerer Holztheke – bekommt man alles, wofür Turin bekannt ist, inklusive *grissini*, Wein und Pralinen.

❶ Praktische Informationen

Bank, Geldautomat und Wechselstube gibt es im Bahnhof Porta Nuova und weitere an verschiedenen Stellen in der Stadt. Vor der **Unicredit Banca** (Piazza CLN) ist ein Wechselautomat, der 24 Stunden in Betrieb ist.

Farmacia Boniscontro (☑011 53 82 71; Corso Vittorio Emanuele II 66; ⊙15–0.30 Uhr) Nachtapotheke.

Ospedale Mauriziano Umberto I (☑011 5 08 01; Largo Turati 62) Krankenhaus.

Apotheke (☑011 518 64 67; Stazione Porta Nuova; ⊙7–19.30 Uhr)

Polizei (☑011 5 58 81; Corso Vinzaglio 10)

Post (Via Alfieri 10; ⊙Mo–Fr 8.30–19, Sa bis 13 Uhr)

Touristeninformation (☑011 53 51 81; www.turismotorino.org; Piazza Castello; ⊙9–18 Uhr)

---

❶ BIKE-SHARING IN TURIN

Das Bike-Sharing-Netz in Turin ist seit der Einführung 2010 immer weiter ausgebaut worden. Es ist mittlerweile eines der größten Italiens mit 18 000 Mitgliedern und 116 Stationen, an denen die leuchtend gelben *biciclette* (Räder) zu finden sind. Für 8 € pro Woche und 5 € pro Tag kann man die Räder ausleihen. Dann sind die ersten 30 Minuten kostenlos, für die folgenden 30 Minuten kostet es 0,80, 1 und 2 €. Nutzerkarten gibt es in der Via Santa Chiara 26F oder über das Internet.

Zentral gelegen, mehrere Sprachen, täglich geöffnet.

Touristeninformation Bahnhof Porta Nuova
(☎ 011 53 51 81; Stazione Porta Nuova; ⊙9–18 Uhr) Kostenloser Buchungsservice für Unterkünfte und Restaurants.

❶ An- & Weiterreise

FLUG

Der **Turiner Flughafen Caselle** liegt 16 km nordwestlich des Zentrums im gleichnamigen Ort (TRN; www.turin-airport.com). Es gibt Inlandsflüge und Flugverbindungen ins europäische Ausland. Der Billigflieger Ryanair fliegt nach London Stansted, Barcelona, Ibiza und Brüssel. Allitalia verbindet Turin mit einem halben Dutzend italienischer Städte.

BUS

Die meisten Fern- und Regionalbusse enden am **Busbahnhof** (Corso Castelfidardo) 1 km westlich des Bahnhofs Porta Nuova am Corso Vittorio Emanuele II. Von hier aus fahren auch Busse zum Mailänder Flughafen Malpensa.

ZUG

Vom **Bahnhof Porta Nuova** (Piazza Carlo Felice) fahren täglich Züge zu den folgenden Zielen:

REISE-ZIEL	FAHR-PREIS (€)	DAUER (STD.)	FAHRTEN PRO TAG
Mailand	19,50	1½	bis zu 8-mal tgl.
Pisa	26	2	bis zu 8-mal tgl.
Rom	60,50	5	6-mal tgl.
Turin	19	1¾	7 – 10-mal tgl.

Die meisten halten am supermodernen neuen **Bahnhof Porta Susa** (Corso Inghilterra), einige auch am **Bahnhof Torino Lingotto** (Via Pannunzio 1). Meist ist es aber bequemer, vom Zentrum aus die U-Bahn zu nehmen.

❶ Unterwegs vor Ort

AUTO & MOTORRAD

Die meisten Autovermieter haben Filialen am Bahnhof Porta Nuova und am Flughafen. Vom/zum Flughafen fahren Busse von **Sadem** (www.sadem.it) vom Bahnhof Porta Nuova aus (40 Min.). Am Bahnhof Porta Susa (30 Min.) ist ebenfalls eine Haltestelle. Zwischen 5.15 und 22.30 Uhr (6.30 und 23.30 Uhr vom Flughafen) verkehren die Busse alle 30 Min. Die einfache

PIEMONT – EINE REGION FÜR FEINSCHMECKER

Das Piemont dürfte wohl kulinarisch betrachtet die fortschrittlichste Region Italiens sein. Dort hat man in den letzten Jahren die Vorherrschaft von Pizza und Spaghetti infrage gestellt und verlockende Alternativen entwickelt. Heute gibt es Gruppen der Slowfood-Bewegung (in Bra gegründet) in über 150 Ländern. Der Turiner Eataly-Lebensmittelmarkt, gegründet von Oscar Farinetti, ist in New York sehr erfolgreich, und der Eismacher Grom, der mit einem hohem Qualitätsanspruch produziert, betreibt sogar Filialen in Tokio, New York und Paris. Außerdem gibt es eine wachsende Anzahl renommierter Sterne-Restaurants, ein regelrechtes Sternbild könnte man sagen.

Die Menschen im Piemont hatten immer schon andere Essensgewohnheiten als ihre südlichen Verwandten. Traditionell isst man dort lieber Risotto statt Pizza, Butter statt Olivenöl und bevorzugt Eiernudeln statt reiner Hartweizennudeln. Allgemein ist die dortige Küche dadurch gekennzeichnet, dass regionaltypische Gerichte aus hochwertigen einheimischen Zutaten (u. a. weiße Trüffel, Arborio-Reis, Haselnüsse und Castelmagno-Käse) zubereitet werden. Dazu kommt eine hoch entwickelte Weinkultur (zwei der besten italienischen Weine, Barolo und Barbaresco, kommen aus der Region).

Zu den verbreiteten Klassikern im Piemont gehören *agnolotti al plin* (Fleischravioli in Rindfleischbrühe und Butter), *risotto al barolo* (manchmal mit Würstchen), und *vitello tonnato* (kaltes Kalbfleisch mit cremiger Thunfischsauce). Ganz verwunderlich wirken daneben die kunstvollen, coolen Ideen einer neuen Gastronomie, die von internationalen Einflüssen bestimmt wird, von Eataly und der Begeisterung für lokale Produkte und der molekularen Küche des Spaniers Ferran Adrià. Im Restaurant Piazza Duomo in Alba steht z. B. „Salat 41" auf der Karte, weil er aus 41 einzelnen Blättern besteht. Davide Scabin bietet im Combal Zero ein Gericht namens „virtuelle Austern" an. Es schmeckt wie Austern, besteht aber aus Wassermelone, Sardellen und Mandeln. Ein anderes heißt „hambook" (Schinken und Melonengelee wird in einem ausgehöhlten Buch serviert). All das ist seltsam, spielerisch und absichtlich witzig und weit weg von der traditionellen neapolitanischen Pizza.

Fahrt kostet beim Fahrkartenverkauf 5 € in der **Confetteria Avvignano** (Piazza Carlo Felice 50) gegenüber der Bushaltestelle oder im Bus 5,50 €.

Für eine Taxifahrt zwischen Flughafen und Stadtzentrum werden 35 bis 40 € fällig.

ÖFFENTLICHE VERKEHRSMITTEL

Die Stadt verfügt über ein dichtes Netz an Bussen, Straßenbahnen und eine Zahnradbahn der Gruppo Torinese Trasporti (S. 251). Ein **Informationsbüro** (☺ 7–21 Uhr) gibt es am Bahnhof Porta Nuova. Busse und Straßenbahnen verkehren zwischen 6 und 24 Uhr. Fahrkarten kosten 1 € (13,50 € für einen 15ner-Block und 3,50 € für eine Tageskarte).

Die einzige Linie der **Metro** (www.metrotorino.it) verkehrt zwischen Fermi und Lingotto. Sie wurde im Februar 2006 für die Olympischen Winterspiele eröffnet und im Oktober 2007 bis zum Bahnhof Porta Nuova und im März 2011 bis nach Lingotto verlängert. Derzeit wird die Linie weiter nach Süden zur Piazza Bengazi, zwei Stationen südlich von Lingotto ausgebaut. Tickets kosten 1,50 €.

TAXI

Anruf bei **Centrale Radio** (☎ 011 57 37) oder **Radio Taxi** (☎ 011 57 30).

Via Lattea (Milchstraße)

Viele Turiner denken nicht an eine Galaxie, wenn sie Via Lattea (Milchstraße) hören, sondern an zwei parallel verlaufende Täler westlich der Stadt mit einem erstklassigen Angebot für Skifahrer. Das nördlicher gelegene **Valle di Susa** (Susatal) windet sich an einer düsteren Abtei und der ursprünglich keltischen Siedlung Susa vorbei durch hübsche Bergdörfer. Das südliche **Valle di Chisione** steht für Skiurlaub pur. In beiden Tälern fanden viele Wettbewerbe der Olympischen Spiele 2006 statt. Die Anlagen und die Infrastruktur sind auf dem allerneuesten Stand.

◉ Sehenswertes

Etwa 35 km entfernt von Turin liegt hoch über der Straße die **Sacra di San Michele** (Eintritt 4 €; ☺ April–Sept. Di–Fr 9.30–12.30 & 14.30–18, Sa & So 9.30–12 & 14.40–18.30 Uhr). Die gotisch-romanische Abtei thront seit dem 10. Jh. als ein Bollwerk auf dem Monte Pirchiriano (962 m). Nicht übersehen sollte man einen kuriosen Eingang mit Sternzeichen aus dem 12. Jh., der mit Putten versehen ist, die sich an den Haaren ziehen. Wer zur Abtei möchte, steigt am Bahnhof von Sant'Ambrogio aus und marschiert etwa 1½ Stunden einen steilen Pfad hoch. Eine Alternative ist, in einen Sonderbus, der von Mai bis September 6-mal täglich fährt, am Bahnhof Avigliana einzusteigen. Im Sommer finden in der Abtei samstagabends Konzerte statt. Infos dazu hat die Touristeninformation im 12 km westlich gelegenen **Avigliana** (10 500 Ew.).

In **Susa** (6580 Ew., 503 m) weist eine Druidenquelle auf den keltischen Ursprung der Stadt hin, bevor sie in die Hände der Römer fiel. Es lohnt sich, einen Zwischenstopp auf der Fahrt zu den Skiorten zu machen und sich die römischen Ruinen anzuschauen. Neben den Resten eines römischen **Aquädukts** gibt es auch ein noch heute benutztes **Amphitheater** und den Triumphbogen **Arco d'Augusto** aus dem 9. v. Chr. zu sehen. Ebenfalls interessant ist die **Kathedrale** der Stadt aus dem frühen 11. Jh.

Ebenfalls lohnend ist ein kurzer Halt an der gewaltigen Festung **Forte di Exilles** (www.fortediexilles.com; Eintritt 10/8 €; ☺ April–Sept. Di–So 10–19 Uhr, Okt.–März bis 14 Uhr), die über dem stillen Dörfchen Exilles liegt, 15 km westlich von Susa. Die Anlage wurde bis 1943 militärisch genutzt.

Aktivitäten

Rafting

OK Adventure (www.okadventure.it; 3-Std.-Touren 40–50 €) bietet von Cesana Torinese aus Rafting- und Kajakfahrten an.

Ski fahren

Zum renommierten Skigebiet **Via Lattea** (www.vialattea.it) gehören fünf miteinander verbundene Wintersportorte: Sestriere (2035 m), Sauze d'Oulx (1509 m), Sansicario (1700 m), Cesana Torinese (1350 m) und Claviere (1760 m) in Italien und dazu Montgenèvre (1850 m) im benachbarten Frankreich. Die vielen Pisten – insgesamt 400 km Pistenlänge – und die relativ verlässlich guten Schneebedingungen haben Ski- und Snowboardfahrern in allen Leistungsstufen etwas zu bieten. Mit einem Skipass für 34 € können Besucher einen Tag lang alle Pisten der Via Lattea nutzen, auch die auf der französischen Seite.

Sestriere (885 Ew.) wurde in den 1930er-Jahren von der Familie Agnelli (den Besitzern von Fiat) gebaut. Durch seine hervorragende Lage im westlichen Teil der ausgedehnten Via Lattea gehört Sestriere zu Europas mondänsten Skiorten.

In den Touristeninformationen gibt es bergeweise Material über jede erdenkliche Sommer- und Wintersportart, über Heli-Skiing und Schlittenfahren ebenso wie über Golfen auf Europas höchstem Golfplatz, Walking, Freeclimbing und Mountainbiking.

Der Skilanglauf konzentriert sich auf **Bardonecchia** (3084 Ew., 1312 m), den letzten Ort in Italien vor dem Fréjus-Tunnel.

Wandern

Bei der Touristeninformation in Avigliana bekommt man Karten und Tourenvorschläge für Wanderungen und Mountainbiketouren im Sommer. Die Touren führen auch zu den Seen und Mooren des **Parco Naturale dei Laghi di Avigliana** (www.parks.it/parco.laghi.avigliana) im Westen des Ortes. Erfahrene Wanderer können von Avigliana aus den recht mühsamen Aufstieg zur Abtei Sacra di San Michele wählen oder dem rund 30 km langen Radrundweg folgen.

🛏 Schlafen & Essen

Viele Hotels schließen außerhalb der Winter- und Sommersaison. Hotelbuchungen sind über die regionalen Tourismusbüros möglich.

Am Hauptplatz von Sestriere gibt es viele Lokale, u. a. die dauerhaft beliebte Pizzeria **Pinky** (Piazza Fraiteve 5n; Pizzas 4–6 €) und das trendige **Napapijri** (Piazza Agnelli 1; Menü 17–18 €).

Casa Cesana HOTEL €
(☎ 0122 8 94 62; www.hotelcasacesana.com; Viale Bouvier, Cesana Torinese; DZ 550 €, Halbpension 70 €; P ❄) Das Holzhaus direkt gegenüber vom Skilift in Cesana Torinese wurde für die Olympischen Spiele 2006 gebaut. Die Zimmer sind sehr hell und in makellosem Zustand. Es gibt ein gut besuchtes Restaurant, das jedem offensteht (feste Menüs etwa 18 €). In der Bar geht es oft sehr lebhaft zu.

Hotel Susa Stazione HOTEL €
(☎ 0122 62 22 26; www.hotelsusa.it; Corso Stati Uniti 4/6, Susa; EZ/DZ 59/88 €; P) Das Hotel direkt gegenüber dem Bahnhof ist ein praktischer Ausgangspunkt für die Erkundung der Umgebung. Es verfügt über zwölf gleich ausgestattete Zimmer mit eigenem Bad sowie ein Restaurant (Menü 20 €). Radfahrer sind gerne willkommen; bei den Angestellten bekommt man Karten und Tipps für Touren.

ⓘ Praktische Informationen

In den Tälern gibt es zahlreiche Tourismusbüros. **Touristeninformation** Avigliana (☎ 011 936 60 37; Piazza del Popolo 2, ⊙ Mo–Fr 9–13 & 14–18 Uhr), Cesana Torinese (Piazza Vittorio Amedeo 3,; ⊙ 9–12.30 & 14.30–19 Uhr) und Sestriere (www.sestriere.it; Via Louset; ⊙ 9–12.30 & 14.30–19 Uhr).

ⓘ An- & Weiterreise

Die Hauptstrecken sowohl für Autos und Züge von Italien nach Frankreich verlaufen durch das Valle di Susa. Dadurch gelangen Besucher sowohl mit öffentlichen Verkehrsmitteln als auch mit dem eigenen Wagen bequem dorthin (Autofahrer sollten allerdings für die zahlreichen Mautstellen genügend Kleingeld bereithalten).

Sapav-Busse (www (www.sapav.it) verbinden Susa mit Avigliana (3,05 €, 35 Min.), Oulx (2,25 €, 45 Min.), Turin (3,95 €, 1¼ Std.) und den Skiorten der Via Lattea. Von Sestriere aus fahren bis zu 5-mal täglich Busse nach Cesana Torinese (1,75 €, 25 Min.), Oulx (2,25 €, 45 Min.) und Turin (5,77 €, 2 bis 3 Std.)

Südliches & Östliches Piemont

Gourmets, die sich nach einer Feinschmeckertour durch die Emilia-Romagna (gemästet mit Balsamico und Parmesan) hierhin zurückschleppen, könnten denken, dass es nicht mehr besser kommen kann. Doch, das kann es und das tut es. Die beschaulichen Hügel, Täler und Städtchen im Süden und Osten Piemonts sind eine riesige Speisekammer für Italien, die voll gestopft ist mit aromatischen Haselnüssen, seltenen weißen Trüffeln, Arborio-Reis, zartem Kalbfleisch, raffinierten Käsesorten und Weintrauben, die sich auf wundersame Weise in Barolo und Barbaresco verwandeln. Hier im feuchten Flussbecken des Po werden die Michelin-Sterne so verteilt wie anderswo übereifrige Lehrer Extrapunkte an ihre Schüler vergeben. Aber es gibt gute Gründe dafür. Das Essen ist großartig, geprägt von Traditionen, die so alt sind wie die Städte, in denen sie entstanden sind. Bra ist die Heimat der Slowfood-Bewegung, in Pollenzo gibt es eine Universität der gastronomischen Wissenschaften, Asti ist bestens versorgt mit weißen Trüffeln und Wein, und in Alba sind die Barolo-Weine beheimatet.

Die meisten benutzen das Auto für eine Feinschmeckertour. Wer allerdings wieder ein paar Kalorien loswerden möchte, sollte die ausgezeichneten Möglichkeiten zum Wandern und Radfahren nutzen.

Südlich von Cuneo sind die oft vergessenen Seealpen, die einst Jagdgebiet waren für die Könige von Savoyen. Heute gehört die Natur den Wanderern.

Cuneo & Umgebung

55 464 EW. / 543 M

Cuneo ist wie eine komprimierte Version von Turin, aber ohne den Lärm. Es gibt eine Menge Gründe, warum es sich lohnt herzukommen, das Essen auf jeden Fall, die günstigen Voraussetzungen für Radfahrer, die Wandermöglichkeiten in den nahen Seealpen und die *cuneesi*, mit Rum gefüllte Pralinen.

Cuneo liegt zwischen zwei Flüssen auf einer Hochebene mit herrlichem Blick auf die Alpen. Mittelpunkt dieses Panoramas ist der pyramidenförmige Monte Viso (3841 m) in den Cottischen Alpen.

Sehenswertes

Die Alleen aus napoleonischer Zeit geben der Stadt ein beinahe französisches Flair.

Piazza Galimberti   PIAZZA

Wer zu dem riesigen Hauptplatz von Cuneo kommt, könnte denken, er wäre in einer Hauptstadt gelandet. Der übergroße Platz wurde 1884 fertiggestellt und befindet sich neben der 1198 gegründeten Altstadt mit den Säulengängen. Einige der größeren Bögen stammen noch aus dem Mittelalter.

Museo Civico di Cuneo   MUSEUM

(Via Santa María 10; Eintritt 2,60 €; ⊙ Di–Do 9–13 & 15–17.30, Fr & Sa bis 19 Uhr) Cuneo hat einige wunderbar düstere und geheimnisvolle Kirchen zu bieten. Die älteste gehört zu einem säkularisierten Franziskanerkloster, in dem heute das Museum zur Geschichte der Stadt und der Provinz untergebracht ist.

Aktivitäten

Im Südwesten liegen die Seealpen, ein zerklüftetes Terrain für abwechslungsreiche Unternehmungen, wo französische und italienische Einflüsse sich vermischen.

Der Skiort, der die meisten Möglichkeiten bietet, ist **Limone Piemonte** (www.limone piemonte.it), 20 km südlich von Cuneo und mit dem Zug (2,50 €, 40 Min.) gut zu erreichen. Limone ist seit 1907 Skigebiet und unterhält über 15 Lifte und 80 km Piste, darunter auch einige Langlaufloipen. Der Ort (1600 Ew.) verfügt über zahlreiche Hotels und Skiverleiher. Einzelheiten dazu finden sich auf der Website.

Schlafen

★ Hotel Royal Superga   HOTEL €

(☎ 0171 69 32 23; www.hotelroyalsuperga.com; Via Pascal 3; EZ/DZ 86/109 €; P ✳ @ ☎) Superga steht in diesem Fall für supergut. Das einladende traditionelle Hotel, das versteckt an einer Ecke der Piazza Galimberti liegt, verbindet einen gewissen Glanz mit einer großen Anzahl kostenloser Extras. Dazu gehören auf jeden Fall WLAN, DVDs im Zimmer, interessante Bücher zum Stöbern im Erdgeschoss und Leihräder. Zum Frühstück (im Preis inbegriffen) gibt es eine leckere Auswahl an Bioprodukten.

Die freundlichen, gut geschulten Angestellten tun mehr als nur ihre Pflicht.

Hotel Ligure   HOTEL €

(☎ 0171 63 45 45; www.ligurehotel.com; Via Savigliano 11; EZ 55–65 €, DZ 75–85 €; P ✳ ☎) Das 2-Sterne-Hotel im Herzen der Altstadt verfügt über einige Apartments, jedes mit eigener Küche (Mindestaufenthalt sieben Tage). Für Kurzaufenthalte gibt es einfache, aber tadellose Zimmer (mit Frühstück), die erst kürzlich renoviert wurden. Der freundliche Service in drei Sprachen ist ein weiteres Plus des Hotels.

Hotel Palazzo Lovera   HOTEL €€

(☎ 0171 69 04 20; www.palazzolovera.com; Via Roma 37; EZ 85–115 €, DZ 120–140 €; P ✳ ☎) Ein französischer König und ein italienischer Papst haben hier einst übernachtet. So viel zur beeindruckenden Vergangenheit des Lovera. Die Zimmer sind komfortabel, eher aufwendig ausgestattet. Im Zimmerpreis sind viele Extras enthalten, die in italienischen Kleinstädten selten sind, z. B. ein Fitnessraum, eine Sauna und zwei angeschlossene Restaurants. Eines davon, das Delle Antiche Contrade, hat verdientermaßen einen Michelin-Stern.

Essen & Ausgehen

Wie im Piemont zu erwarten, hat Cuneo einige besondere Restaurants zu bieten, wo man es sich gutgehen lassen kann.

★ 4 Ciance   PIEMONTESISCH €

(☎ 0171 48 90 27; www.4cianceristorante.it; Via Dronero 8C; 2-Gänge-Menü mit Wein 22 €; ⊙ Mittag- und Abendessen) Cuneo ist, ebenso wie

WANDERN IN DEN SEEALPEN

Norditalien ist überlaufen? Nicht für diejenigen, die ihre Wanderschuhe dabei haben. Eingezwängt zwischen den Reisanbauflächen im Piemont und der strahlend blauen Küste Liguriens liegen die dunklen Seealpen. Die spektakulären Berggipfel ziehen sich wie steinerne Wächter die Grenze zwischen Frankreich und Italien entlang. Die Gipfel der Seealpen sind niedriger, aber nicht weniger majestätisch als die alpinen Verwandten im Norden. Man trifft immer wieder auf klare Bergseen, wilde Steinböcke und ein kulturelles Erbe, in dem sich südfranzösische und norditalienische Einflüsse vermischen.

Trotz der geringen Fläche vermittelt die Region den Eindruck von Wildnis zwischen den dunklen Gipfeln. Wenn man die bewohnten Täler verlässt und auf das imposante Zentralmassiv kommt, stellt sich das Gefühl ein, in ein hoch gelegenes Arkadien gelangt zu sein. Pfeifende Murmeltiere huschen unter Felsvorsprünge, die von leichtem Nebel umhüllt sind. Er hat sich über ein gut markiertes Netz von Wanderwegen gelegt in einer Gegend, wo der Anblick eines anderen Wanderers, selbst in der Hauptsaison, so selten ist wie eine menschenleere Piazza in Rom. Auch das ist Italien, ein Ort der Zufriedenheit und Stille. Keine 20 km Richtung Süden liegen schicke Ferienorte wie Portofino und San Remo, wo berühmte Personen am Martini nippen und sich ein Leben ohne teure Handtaschen und Privatjacht nicht vorstellen können. Aber hier oben an der unsichtbaren Grenze zwischen Italien und Frankreich ist alles, was man braucht, eine Wanderkarte, ein Paar gute Schuhe und genug Käse und Ciabatta bis zum Abendessen.

Die Hauptausgangspunkte für Wanderungen liegen südlich von Cuneo in wunderbar wilden Naturparks, dem **Parco Naturale delle Alpi Marittime** und dem **Parco Naturale dell' Alta Valle Pesio e Tamaro**. Der Rundweg „Lago di Valscura" (21 km) beginnt im hübschen Thermalort **Valdieri**, folgt einer alten Militärstraße über die Valasco-Ebene bis zu einem eiskalten See an der französischen Grenze. Der Weg führt in einer Schleife zurück über die Questa-Hütte und dann die gleiche Route bergab. Ein guter Vorschlag für eine Zweitageswanderung ist der Marguareis-Rundweg (35 km), der im kleinen Skiort Limone Piemonte beginnt und über Gipfel und Bergkämme zur **Rifugio Garelli** (☏ 0171 73 80 78; B 36 €; ⏱ Juni–Sept.) führt. Am zweiten Tag geht es nach einem kleinen Teilstück in Frankreich zurück zum Ausgangspunkt in Limone. Genauere Informationen über beide Wanderungen stehen im Lonely-Planet-Führer *Hiking in Italy* oder man erkundigt sich in der Touristeninformation (ATP) in Terme oder Limone.

Alba, eine der kulinarischen Hochburgen, die nach wie vor noch merkwürdig unterbewertet sind. Dabei hat die Qualität der Gastronomie noch zugenommen seit der Eröffnung des neuen 4 Ciance, wo die Liebe zu regionalen Produkten buchstäblich bei jeder Gabel zu spüren ist. Das freundliche, unaufdringliche Personal serviert herzhafte, aber edel dekorierte Gerichte zu wirklich fairen Preisen.

Alles ist hausgemacht, auch das Brot, und die Weinkarte ist hervorragend.

Arione   CHOCOLATERIE €

(www.arione-cuneo.com; Piazza Galimberti 14; ⏱ Di–Sa 8–20, So 8–13 & 15.30–20 Uhr) Die feine, 1923 gegründete Konditorei hat die köstlichen *cuneesi al rhum* erfunden. Das ist eine große, mit Rum verfeinerte Praline, , die in Zellophan verpackt ist. Als Hemingway von den Pralinen hörte, nahm er 1954 auf der Fahrt von Mailand nach Nizza sogar extra einen Umweg in Kauf. Im Schaufenster des Ladens hängt ein Foto von seinem Besuch.

Bar Gelateria Corso   EISCAFÉ €

(Corso Nizza 16; Snacks 2–5 €; ⏱ Do–Di 7–1 Uhr nachts) Hier gibt es jede Menge Eis, Klatsch und Tratsch oder auch eine üppige heiße Schokolade.

Osteria della Chiocciola   FEINSCHMECKER €€

(☏ 0171 6 62 77; Via Fossano 1; Gerichte 28–33 €; ⏱ Mo–Sa 12.30–23 Uhr) 🍴 Es spricht für das Selbstbewusstsein des Chiocciola, dass der Name nicht am Haus steht. Hier vollbringen erfahrene Köche kleine Wunder. Es ist zwar ein Slowfood-Restaurant, aber Eilige können im Erdgeschoss Käse und Salami zu einem Glas Wein bekommen.

Im ersten Stock dagegen können die Müßiggänger und Feinschmecker zwischen den Zaubereien auf der handgeschriebenen Karte wählen.

Delle Antiche Contrade
FEINSCHMECKER €€€

(☎ 0171 48 04 88; www.antichecontrade.it; Via Savigliano 11; Gerichte 60 €; ⊗ Di–So Mittagessen, Di–Sa Abendessen) Die ehemalige Poststation aus dem 17. Jh. ist das kulinarische Reich des ligurischen Küchenchefs Luigi Taglienti. Er verbindet seine heimatliche Vorliebe für Fisch mit dem Fleisch und der Pasta seiner Wahlheimat. Das Ergebnis seiner Kochkünste ist ein Michelin-Stern. Wer überhaupt nicht aufs Geld schauen muss, kann einen Tisch reservieren mit Blick auf das Geschehen in der Küche, allerdings für 130 € pro Person.

ⓘ Praktische Informationen

Touristeninformation (www.comune.cuneo.it; Via Roma 28; ⊗ Mo–Sa 9.30–12.30 & 15–18.30 Uhr)

ⓘ An- & Weiterreise

Vom Hauptbahnhof in Cuneo an der Piazzale Libertà fahren regelmäßig Züge nach Turin (5,90 €, 1¼ Std., bis 8-mal tgl.), San Remo (8 €, 2¼ Std., 3-mal tgl.) und Ventimiglia (7 €, 2 Std., ca. 4-mal tgl.), außerdem nach Nizza (15 €, 2 ¾ Std., mindestens 6-mal tgl.) in Frankreich. Vom zweiten Bahnhof in Cuneo-Gesso gibt es eine Verbindung nach Mondovì und dort Anschluss nach Savona und Genua.

Saluzzo

16 877 EW. /...395 M

Wie Asti und Alba war Saluzzo einst ein mächtiger Stadtstaat. Das historische Erbe des heute unbedeutenden Ortes hat tiefe Spuren in den roten Ziegelsteinmauern hinterlassen.

Die Stadt ist in alte und neue Viertel unterteilt. Beide Teile sind nur einen kurzen Fußweg voneinander entfernt. Saluzzo war einst eine mittelalterliche Bastion, die ihre Unabhängigkeit behielt, bis das Haus Savoyen nach einem Vertrag mit Frankreich von 1601 dort die Herrschaft übernahm.

Einer der bekannten Söhne der Stadt war der Schriftsteller Silvio Pellico (1788–1854), der wegen seiner patriotischen Haltung gegenüber der österreichischen Fremdherrschaft in Norditalien verhaftet wurde. Im Gefängnis schrieb er große Teile seines Romans *Le mie Prigioni* (Meine Gefängnisse), indem er sein eigenes Blut als Tinte benutzte. Ebenfalls bekannt ist General Carlo dalla Chiesa (1920 bis 1982), der wegen seines unermüdlichen Kampfes gegen die Mafia ermordet wurde.

⊙ Sehenswertes

Torre Civica
WAHRZEICHEN

(Via San Giovanni; Eintritt 2 €, inkl. Museo Civico di Casa Cavassa €6; ⊗ Fr–So 10.30–12.30 & 14.30–18.30 Uhr) Von der Loggia unter dem Glockenturm aus dem 15. Jh. bietet sich die Altstadt von Saluzzo mit den roten Ziegeldächern ein zeitloses Bild. Eine steile Treppe führt nach oben.

La Castiglia
BURG

(Piazza Castello; Erw./erm. 5/2,50 €) Die mittelalterlichen Stadtherren von Saluzzo haben auf dem Castello dei Marchesi oberhalb der Altstadt Gerichtsurteile gefällt. Öffnungszeit ist nur sonntags von 15 bis 19 Uhr. Die Touristeninformation gibt Auskunft zu geführten Rundgängen.

Museo Civico di Casa Cavassa
MUSEUM

(www.casacavassa.it; Via San Giovanni 5; Erw./erm. 5/2,50 €, Eintritt einschl. Torre Civica 6 €; ⊗ Di & Mi 10–13 & 15–17, Do–So bis 19 Uhr) Ein schönes Beispiel für einen Adelssitz aus dem 16. Jh. Die Sammlung enthält auch ein wertvolles, mit Blattgold verziertes Gemälde *Nostra Signora delle Grazie* (Die barmherzige Muttergottes) von Hans Klemer.

🛏 Schlafen & Essen

Albergo Ristorante Persico
HOTEL €

(☎ 0175 4 12 13; www.albergopersico.net; Vicolo Mercati 10; EZ/DZ 45/67 €; ⚑✴@🛜) Das einfache, aber gemütliche Hotel liegt etwas versteckt fast direkt an der Piazza Cavour im neuen Teil der Stadt. Es gibt günstige Preise für die Halbpension. Im Restaurant (montags geschlossen) werden regionale Gerichte für 15 bis 25 € für Nicht-Hotelgäste angeboten. Kostenloses WLAN in der Hotelhalle.

Perpöin
HOTEL, INTERNATIONAL €

(☎ 0175 4 23 83; www.hotelsaluzzo.com; Via Spielberg 19–27; EZ 40–70 €, DZ 70–100 €, festes Menü 12–25 €; Ⓟ) Das familiengeführte Hotel-Restaurant mitten im neuen Teil von Saluzzo bietet herzhafte, hausgemachte Gerichte (inkl. ofenfrische Croissants mit Nutella gefüllt zum Frühstück). Es gibt keine Rezeption und das Haus ist ein Labyrinth von Fluren. Deshalb lieber kurz vor der Ankunft anrufen.

Le Quattro Stagioni
MEDITERRAN €€

(Via Volta 21; ⊗ Mi–Mo Mittag- & Abendessen) Wie der Name (Vier Jahreszeiten) schon sagt, ändert sich das Angebot je nach Jahreszeit in diesem Weinkeller mit Restaurant. Das Lokal liegt in einer romantischen Straße mit dunklen Säulengängen und schummerigen Arkaden. Wer dem fruchtigen Weingeruch folgt, stößt auf knusprige Pizza und Pasta al dente. Zum Lokal gehört auch ein hübscher Garten.

❶ Praktische Informationen

Touristeninformation (www.comune.saluzzo.it; Piazza Risorgimento; ⊙ Mo–Sa 9–12.30 & 15–18.30, So 9–12 & 15–19 Uhr)

❶ An- & Weiterreise

Von Saluzzo aus gibt es Busverbindungen nach Turin (3,50 €, 1½ Std., stündl.). Ansonsten muss man mit dem Zug nach Savigliano fahren und von dort aus weiter nach Turin (1,70 €, 30 Min., bis 6-mal tgl.).

Alba

31 272 EW. / 172 M

Im kulinarischen Paradies Italien besetzt Alba einen der Spitzenplätze, wegen der weißen Trüffeln, der dunklen Schokolade und des Weins, darunter auch der unvergleichliche Barolo, der Ferrari unter den Rotweinen. Hier wird auf den verbreiteten Hang zu Fertiggerichten verzichtet. Der einst mächtige Stadtstaat verwendet heute seine Energien darauf zu zeigen, was echte Kochkunst wirklich bedeutet und dazu gehören Zutaten, die einen Speerwurf vom Tisch des Restaurants entfernt geerntet wurden. All das wird sehr deutlich beim jährlichen Trüffelfest und der *vendemmia* (Weinlese), die ebenso begeistert gefeiert wird.

Die Weinhänge der Langhe breiten sich um die Stadt aus wie ein großer, gewellter Obstgarten, voller Reben, Haselnusshainen und gepflegter Weingüter. Albas Speisekammer zu Fuß oder mit dem Rad zu erkunden, ist ein ganz besonderes Vergnügen.

◎ Sehenswertes

Die Blütezeit der historisch einflussreichen Stadt reichte vom Mittelalter bis 1628, als die Savoyer die Herrschaft übernahmen. Alba verfügte zu dieser Zeit über mehr als 100 Geschlechtertürme; davon sind nur vier erhalten geblieben.

Cattedrale di San Lorenzo   KATHEDRALE

(Piazza Duomo) Bereits seit dem 12. Jh. steht hier eine Kathedrale, aber das jetzige Bauwerk mit der roten Ziegelsteinfassade ist ein nahezu vollständiger neugotischer Umbau aus dem 19. Jh. Das verschnörkelte Chorgestühl stammt von 1512.

Museo Civico Archeologico ‚ Federico Eusebio'   MUSEUM

(Via Vittorio Emanuele II; Eintritt 3 €; ⊙ Di–Fr 15–18, Sa bis 19, So 10–13 & 14–19 Uhr) Es lohnt sich, einen Blick in das 1887 gegründete Museum zu werfen, vor allem wenn man zwischen den Weinproben wieder nüchtern werden möchte. Es gibt eine archäologische und eine naturkundliche Abteilung.

Centro Culturale San Giuseppe   KULTURZENTRUM

(☐ 0173 29 61 63; www.centroculturalesangiuseppe.it; Piazza Vernazza 6) Wer sich von Tagen, an denen eine Weinprobe der nächsten folgt, oder von absurd langen Mittagessen losreißen kann, sollte die umgebaute Kirche ansteuern. Es ist heute ein Kulturzentrum für Konzerte (Chöre und Kammermusik) und Kunstausstellungen oder man steigt die 134 Stufen zum 36 m hohen Glockenturm hinauf (1 €). Im Keller hat man Reste aus römischer Zeit aus dem 2. Jh. freigelegt.

☞ Geführte Touren

Consorzio Turistico Langhe Monferrato Roero   GEFÜHRTE TOUREN

(☐ 0173 36 25 62; www.tartufoevino.it; Piazza Risorgimento 2) Das Konsortium mit Sitz in Alba organisiert eine breite Palette an Touren und Kursen, die charakteristisch sind für die Region und deren Gastronomie. Man kann in der entsprechenden Saison für 80 € pro Person an der Suche nach weißen Trüffeln (September bis Dezember) oder schwarzen Trüffeln (Mai bis September) teilnehmen. Das ganze Jahr gibt es die Möglichkeit, einen Haselnuss-Hof zu besichtigen für 30 € pro Person oder man nimmt für 130 € an einem vierstündigen Kochkurs teil.

Es gibt außerdem verschiedene Angebote zum Thema Wein, einschließlich eines Rundgangs auf einem Weingut in Barolo für 55 €. Wer wirklich keinen Hunger mehr hat, kann sich für das „Langhe Photo Experience" mit einem professionellen Fotografen anmelden (60 bis 90 €). Alle Angebote können bis zu einem Tag im Voraus in der Touristeninformation von Alba gebucht werden.

✴ Feste & Events

Trüffelfest   ESSEN

🏷 In der Gegend rund um Alba wachsen die kostbaren weißen Trüffel. Bei dem Fest, das

INSIDERWISSEN

CHERASCO & SEINE SCHNECKEN

Cherasco liegt 23 km westlich von Alba inmitten des fruchtbaren Langhe-Weinanbaugebiets und ist eigentlich vor allem bekannt wegen der *lumache* (Schnecken). In der Stadt befindet sich das **Istituto Internazionale di Elicicoltura** (Internationales Institut für Helizikultur; ☎ 0172 48 92 18; www.lumache-elici.com; Via Vittorio Emanuele 55), dessen Aufgabe es ist, Schneckenzüchter zu beraten. (Helizikultur ist die Zucht essbarer Schnecken.) Sie werden in diesem Landstrich *nudo* (ohne Haus) zubereitet und kommen gebraten, geröstet, mit Artischockensauce übergossen oder als Ravioifüllung auf den Tisch. Zu den typischen piemontesischen Schneckengerichten gehören *lumache al barbera* (in Rotweinsauce geköchelt mit geriebenen Nüssen) und *lumache alla piemontese* (mit Zwiebeln, Nüssen, Sardellen und Petersilie in Tomatensauce geschmort).

Zu den traditionellen Trattorien, die solche Gerichte servieren, gehört die **Osteria della Rosa Rossa** (☎ 0172 48 81 33; Via San Pietro 31; Menü 30–35 €; ☺ Fr–Di 12–14 & 19–23 Uhr). Eine Reservierung ist erforderlich.

jedes Jahr im Oktober stattfindet, werden wahnwitzige Preise dafür bezahlt.

🛏 Schlafen

★ Hotel Langhe
HOTEL €

(☎ 0173 36 69 33; www.hotellanghe.it; Strada Profonda 21; DZ/ Suite 78/160 €; P✴🛜) 2 km vom Stadtzentrum entfernt, aber jeden Schritt wert (sogar wenn man tatsächlich zu Fuß geht), liegt das Hotel Langhe am Fuß der Weinberge, die sich vor den Randbezirken Albas erheben. Trotz der Nähe zur Stadt hat man hier tatsächlich ein Gefühl ländlicher Idylle.

Die gesamte Anlage ist wunderbar: ein Wintergarten, ein heller Frühstücksraum und Zimmer im Erdgeschoss, deren Fenster auf einen sonnigen Hof hinausgehen.

Casa Bona
B&B, APARTMENTS €

(☎ 0173 29 05 35; Corso Nino Bixio 22; Zi. 85 €; P🛜) Das nichtssagende Aussehen des Gebäudes sollte man nicht zum Maßstab nehmen. Die persönliche Atmosphäre und die ausgezeichnete Ausstattung machen die Casa Bona zu einem Highlight. Die Apartments mit Küche, Schlafzimmer und Bad sind fantastisch (es gibt hier sogar einen Espressokocher).

Ausschlaggebend ist allerdings der Besitzer Massimo, der z. B. vorbeikommt und hausgemachten Kuchen mitbringt und alles tut, um den Aufenthalt unvergesslich zu machen. Die Bezahlung mit Kreditkarte ist nicht möglich.

🍴 Essen & Ausgehen

Wer die fantastische Küche in Alba kennenlernen will, sollte nicht die Michelin-Sterne zählen, sondern sich auf die Mundpropaganda verlassen. Hier gibt es einige der besten Lokale nördlich Siziliens, in denen noch die Großmutter kocht.

★ Osteria dei Sognatori
OSTERIA €

(Via Macrino 8b; Gerichte 12–20 €; ☺ Do–Di 12–14 & 19–23 Uhr) Speisekarte? Welche Speisekarte? Die Gäste in dem schlichten, leicht zu übersehenden Lokal nehmen, was gerade im Topf ist und das ist immer lecker. Ganz sicher sind hausgemachte Pasta in einer pesto-ähnlichen, nussigen Sauce und die allerbesten Grissini dabei. An den Wänden hängen viele Fußballmemorabilien und Schwarz-Weiß-Fotos bärtiger Partisanen.

Vincafé
WEINBAR €

(www.vincafe.com; Via Vittorio Emanuele II 12; Menü 10–25 €) Es ist angesagt, aber keineswegs exklusiv. Jeder kann hier sein Weinchen schlürfen, wenn er es schafft, sich hineinzuquetschen (das beliebte Lokal ist klein) und die Zeit oder Kenntnisse hat, sich zwischen den 350 angebotenen Weinen zu entscheiden. Wer unsicher ist, nimmt am besten Barolo.

Unten im kühlen Gewölbekeller werden üppige, gesunde Salate und Pastagerichte serviert.

Locanda Cortiletto D'Alba
TRADITIONELL ITALIENISCH €€

(www.cortilettodalba.com; Corso M Coppino 27; Menü 20–30 € ☺12–24 Uhr) Das Cortiletto ist eines der Lokale, wo man einfach hereinschaut, wie ein Freund der Familie empfangen und wie ein König bewirtet wird. Die Tische stehen oben auf einer Terrasse oder unten im Weinkeller. Die Küche orientiert sich an den Produkten der Langhe, z. B. *plin* (Ravioli) mit Salbeibutter, Käsefondue oder Kalbfleisch in Nebbiolo-Wein.

Eines der fünf hübschen, thematisch eingerichteten Doppelzimmer im Haus kann man ab 80 € mieten.

Piazza Duomo-La Piola   FEINSCHMECKER €€€
(0173 44 28 00; www.piazzaduomoalba.it; Piazza Risorgimento 4; Gerichte 20–30 €, festes Menü 60–80 €; Di–Sa 12.30–14 & 19.30–22 Uhr) Hier kommt das Beste aus zwei Welten zusammen. Eigentlich sind es zwei Lokale auf dem Hauptplatz von Alba, für jedes Portemonnaie geeignet und kulinarisch erste Klasse. Im Erdgeschoss stehen Tagesgerichte auf einer Tafel, und die Gäste können sich ihre Teller selbst zusammenstellen. Oben im Sternelokal des Küchenchefs Enrico Crippa geht es internationaler zu. Hier werden kreative Gerichte serviert, während die Gäste auf bunte moderne Wandmalereien des Künstlers Francesco Clemente blicken.

🛈 Praktische Informationen

Touristeninformation (www.langheroero.it; Piazza Risorgimento 2; Mo–Fr 9–18.30, Sa & So 10–18.30 Uhr) Das Büro im historischen Zentrum der Stadt verkauft auch Wanderkarten und bietet Internetzugang.

🛈 Anreise & Unterwegs vor Ort

Vom **Busbahnhof** (Corso Matteotti 10) fahren häufig Busse nach Turin (4,50 €, 1½ Std., bis zu 10-mal tgl.) sowie seltener Busse nach Barolo (2,20 €, 25 Min., 2-mal tgl.) und zu anderen Orten in der Umgebung.

Vom **Bahnhof** (Piazza Trento e Trieste) in Alba gibt es eine regelmäßige Zugverbindung nach Turin (4,85 € über Bra/Asti, 1½ Std., stündl.).

Da Busse so sporadisch fahren, ist es besser die Langhe mit dem Auto oder Rad zu erkunden. Ein Rad kann man über die Touristeninformation ausleihen (ab 20 € pro Tag). Die Miete für ein Auto kostet ab 35 € pro Tag. Das Tourismusbüro vermittelt auf Wunsch auch einen Fahrer (unterschiedliche Preise).

Das Barolo-Gebiet

Weinliebhaber sind wahrhaft begeistert. Das winzige 1800 ha große Fleckchen sanft gewellter Landschaft unmittelbar südwestlich von Alba produziert wohl (nur wenige würden dies bezweifeln) den besten *vino* Italiens. Unwissende Laien nennen ihn Barolo (nach dem gleichnamigen Dorf), aber sonst lobt ihn jeder als „Wein der Könige"

und erörtert nahezu ehrfürchtig das samtige Trüffelaroma.

BAROLO
750 EW.

In Barolo wird seit Jahrhunderten Wein angebaut, d. h. es ist keines dieser Anbaugebiete der Neuen Welt, wo man arrogant auf einem hohen Anspruch besteht. Die Gründung des Ortes reicht ins 13. Jh. zurück und der Weinanbau ist seit Ende des 17. Jh. verbreitet.

⊙ Sehenswertes & Aktivitäten

Castello Falletti   BURG

(www.baroloworld.it; Piazza Falletti; Enoteca Regionale del Barolo Fr–Mi 10–12.30 & 15–18.30 Uhr) Das Dorf Barolo liegt im Schatten einer Burg, die einst der mächtigen Bankiersfamilie Falletti gehörte. Die Ursprünge der Burg reichen ins 10. Jh. zurück, aber das heutige Bauwerk stammt aus dem 17. Jh. Heute befindet sich in der Burg das Weinmuseum von Barolo und in den Kellern die **Enoteca Regionale del Barolo**, die von den elf Weinbauorten der Region betrieben wird.

Die *enoteca* (Weinbar) bietet täglich Barolo-Weine an für 2 € je Wein oder 6 € für fünf Weine.

★ Museo del Vino a Barolo   MUSEUM

(www.wimubarolo.it; Castello di Barolo; Erw./erm. 8/6 €; 10.30–19 Uhr, Jan & Feb. geschl.) Dies ist nicht einfach ein Weinmuseum. Es ist eher eine Achterbahnfahrt durch ein mittelalterliches Schloss, in dem alle Aspekte des Weinanbaus mit Lichteffekten, Filmen und den eigenwilligen, kreativen Ideen des Schweizer Designers François Confino (der auch das Kinomuseum in Turin entworfen hat) präsentiert werden.

Es wäre in jeder Stadt ein Glanzstück, aber der Standort im winzigen Dorf Barolo veranlasst manchen Besucher sich zu zwicken. Eventuell hat man doch zu viel Alkohol getrunken und schon Halluzinationen. Die acht Euro sind gut angelegt.

Museo dei Cavatappi   MUSEUM

(Piazza Castello 4; Erw./erm. 4/3 €; Fr–Mi 10–13 & 14–18.30 Uhr) Sich auf diese Art, mit der Geschichte des Korkenziehers (Verzierung, Miniatur-, Multifunktionswerkzeug usw.) auseinanderzusetzen, ist eine ziemlich aufwendige Angelegenheit. Es

WANDERN UND WEINPROBEN

Die drei Hauptorte des winzigen Barbaresco-Gebiets – Barbaresco, Neive und Treiso – liegen ein paar Kilometer (jeweils) östlich, nordöstlich und südöstlich von Alba. Mit etwas Beinarbeit und einer kurzen Busfahrt kann man bei einem Ausflug in allen drei Dörfern Weinproben machen, ohne dass man sich ans Steuer setzen muss. Jede Stunde fährt am Bahnhof in Alba ein Bus in Richtung der Dörfer. Der Bus hält in Neive, einem der hübschesten Dörfer im Piemont, mit barocken Gebäuden und durchkreuzt von mehreren Fußwegen. Der Weg zum eigentlichen Dorf führt von der Haltestelle aus durch den Torbogen von San Rocco den Hügel hinauf. Zwar spielt der Barbaresco die Hauptrolle, aber Neive ist das Dorf der „vier Weine", d. h. es gibt mehr Auswahl zum Probieren. Schön nebeneinander gereiht stehen Barbaresco, Dolcetto, Barbera und Moscato in der Bottega dei Quattro Vini (S. 268). Wer von Neive 6 km Richtung Süden läuft, kommt auf dem **Sentiero delle Rocche dei Sette Fratelli** nach Treiso, dem höchstgelegenen Dorf der Region, das für seinen leichteren Barbaresco bekannt ist. Hier schwelgt man in Weinaromen in der **Bottega dei Grandi Vini di Treiso** (Piazza Baracco; ⊙ Do–Mo 10–13 & 14–19 Uhr). Ebenfalls verlockend ist die kürzere Wanderung von Neive ins 5 km entfernte nordwestlich gelegene Barbaresco über den Sentiero Barbaresco. Das kleine Barbaresco produziert über 45 % des Weins der Region, verfügt über ein Dutzend *cantine* (Weinkeller), zwei *enoteche* (Weinbars/Läden) und ein Sternerestaurant, das **Antinè** (☎ 0173 63 52 94; www.antine.it; Via Torino 34; Gerichte 50 €; ⊙ Do–Di 11.30–14.30 & 18.30–22.30 Uhr). Hier kann man den Nachmittag verbringen, um die einheimischen Tropfen zu probieren, auszuschenken, zu erörtern und einigermaßen betrunken zu werden. Eventuell braucht man aber genügend Power für den Fußweg zurück nach Neive. Eine Alternative ist der direkte Wanderweg (etwa 5 km) nach Alba, der in etwa dem Lauf des Flusses Tanaro folgt. Brauchbare Karten gibt es für 5 € in der Touristeninformation von Alba zu kaufen.

gibt auch eine Sammlung alter (leerer) Barolo-Flaschen und einen entsprechend teuren Museumsladen.

🛏 Schlafen & Essen

⭐ **Hotel Barolo** HOTEL €
(☎ 0173 5 63 54; www.hotelbarolo.it; Via Lomondo 2; EZ/DZ 70/100 €; 🅿 @ ⊠) Das Hotel Barolo am Fuße der berühmten Burg mit *Vinothek* ist der beste Ort, um ein Gläschen Barolo – was denn sonst! – auf der Terrasse zu genießen und die piemontesische Architektur des 18. Jhs. jenseits des Swimmingpools auf sich wirken zu lassen. Um gut zu essen, ist der Weg nicht weit. Im hoteleigenen Restaurant Brezza werden seit vier Generationen Trüffeln und ähnliche Dinge zubereitet. Seit 1885 produziert die Familie Wein.

**Trattoria della Posta
di Barolo** PIEMONTESISCH €€
(Piazza Municipio 4; 30 €) Das Posta ist teils Weinbar, teils Pension. Aber auch das gemütlichste Restaurant im Dorf. Im gewölbeartigen, gepflegt eingerichteten Innenraum riecht es ziemlich nach Barolo. Wer den Wein hier nicht in seinem Glas hat

(klingt eher unwahrscheinlich), sollte ihn im Risotto oder Fleischgericht genießen. Einfach herrlich!

LA MORRA
2668 EW.
La Morra liegt auf einem Hügel inmitten von Weinhängen mit den Alpen im Hintergrund. Es ist stiller als Barolo, aber keineswegs weniger verlockend. Man glaubt, in der Toskana zu sein, bis man den Wein probiert, der nur eines sein kann – der Wein der Könige!

Villa Carita B&B B&B €€
(☎ 0173 50 96 33; www.villacarita.it; Via Roma 105, La Morra; EZ/DZ/Suite 90/120/150; 🅿) Träumt man von Italien, kommt man bald auch der Blick auf einen sonnigen Weinberg vor. In dem B&B können die Gäste von jedem Zimmer und von der Panoramaterrasse aus diese Aussicht genießen nach dem Motto „Kneif' mich, damit ich weiß, dass ich nicht träume". Doch nicht nur tagsüber, sondern auch nachts bieten sich romantische Ausblicke auf die Lichter in den Dörfchen.

Etwas versteckt unterhalb des Haupthauses gelegen gibt es noch ein Zimmer und eine Suite mit eigener Terrasse.

Ristorante Bovio
FEINSCHMECKER

(☑ 0173 59 03 03; www.ristorantebovio.it; Via Alba 17; Hauptgerichte 18–20 €; ⊘ Fr–Di 12.30–14 & 19.30–21.15 Uhr). Die Familie Bovio gehört zu den einheimischen Zauberern in der Küche. Sie ist kürzlich umgezogen vom Belvedere in ein schönes Gebäude auf dem Altstadthügel von La Morra mit fantastischem Blick. Das berühmte *Risotto al Barolo* ist immer noch zu haben ebenso wie Rindfleisch in Barbera-Sauce und ein verführerisches schokoladiges Dessert. All das kann schon von der Aussicht ablenken, ebenso wie die Verwirrung angesichts der Auswahl zwischen mehr als 1000 Weinen.

Das Barbaresco-Gebiet

Die gleiche Traube, aber ein anderer Geschmack! Nur wenige Kilometer trennen Barolo von Barbaresco, der Heimat des bekannten gleichnamigen Weins.

Das Mikroklima ist hier etwas feuchter und der Wein muss nicht so lange reifen. Deshalb ist der Barbaresco der weichere und mildere Rotwein, eben wie eine „Königin" im Vergleich zum „König", dem Barolo aus der Nachbarschaft.

BARBARESCO
650 EW.

Das Dorf Barbaresco ist von Weingärten umgeben und aus der Ferne sofort ins erkennen am charakteristischen 30 m hohen Turm aus dem 11. Jh. Es gibt über 40 Weinkellereien und zwei Vinotheken in dem Anbaugebiet.

🏃 Aktivitäten

★ Enoteca Regionale del Barbaresco

(Piazza del Municipio 7; ⊘ Do–Di 9.30–18 Uhr) Es mag frevelhaft scheinen, aber in der gemütlichen Vinothek, die in einer säkularisierten Kirche untergebracht ist, können Barbaresco-Weine gepriesen werden. Die Flaschen sind da aufgereiht, wo früher der Altar stand. Es kostet 1,50 €, einen der sechs Barbaresco-Weine zu probieren, die täglich angeboten werden.

Sentiero dei Barbaresco
WANDERN

In der Umgebung des Dorfes verlaufen diverse schöne Wanderwege, u. a. dieser 13 km lange Rundweg durch eine sanft gewellte Landschaft mit Weinbergen. Die örtliche Vinothek und das Informationszentrum haben Karten dazu.

🛏 Schlafen & Essen

Im Dorf gibt es vier ausgezeichnete Restaurants. Eins davon, das Antinè – hat einen Michelin-Stern.

Casa Boffa
PENSION €

(☑ 0173 63 51 74, www.boffacarlo.it; Via Torino 9a; EZ/DZ/3BZ 70/85/105; ☎) Die Pension in einem hübschen Haus im Dorfzentrum verfügt über vier modern, minimalistisch eingerichtete Zimmer und eine Suite über einer fantastischen Terrasse mit Fernblick über die Langhe-Täler. Es gibt einen netten Frühstücksraum im Erdgeschoss und eine *enoteca* (tgl. 11–18 Uhr geöffnet, außer mittwochs).

Ristorante Rabayà
TRADITIONELL ITALIENISCH €€

(☑ 0173 63 52 23; Via Rabayà 9; Menü 30–45 €; ⊘ Fr–Mi Mittagessen, Mitte Feb.–Anfang März geschl.) Das Rabayà am Ortsrand, eines von vier Restaurants in Barbaresco, ist erstklassig. Es hat eher das Ambiente eines privaten Wohnhauses. In dem mit Antiquitäten eingerichteten Speiseraum flackert ein Feuer im Kamin. Aber bei Sonnenschein ist der schönste Platz die Terrasse oberhalb der Weinberge.

Ein guter Tipp ist z. B. Kaninchen „Rabayà" in Barbaresco geschmort und eine Käseplatte danach.

NEIVE
2930 EW.

Während Neive im Mittelalter zwischen Alba und Asti hin- und hergeschoben wurde, geht es heute dort entspannter zu. Das mittelalterlich geprägte Dorf auf einem Hügel wird oft als einer der *borghi più belli* (schönsten Dörfer) Italiens eingestuft. Inmitten prächtiger violetter Glyzinien und auf sonnengesprenkelten Plätzen bieten sich vier berühmte Weine zum Probieren an, Dolcetto d'Alba, Barbaresco, Moscato und Barbera d'Alba.

🏃 Aktivitäten

In der Touristeninformation ist eine Liste mit sechs Tageswanderungen zwischen 12,5 und 20 km Entfernung erhältlich.

Bottega dei Quattro Vini
WEINPROBE

(www.bottegadei4vini.com; Piazza Italia 2; ⊘ unterschiedl.) Die beiden Räume der Probierstube wurden von der Gemeinde eingerichtet, um die vier DOC-Weine vorzustellen, die auf den Hügeln um Neive wachsen. Man

kann den Wein pro Glas probieren (1,80 €
bis 4,50 €) und bekommt dazu kalte regionale Spezialitäten (3,50 € bis 10 €).

🛏Schlafen & Essen

La Contea   PENSION €
(☏0173 67 12 6; www.la-contea.it; Piazza Cocito
8; EZ/DZ 70/100 €; 🕿) Das familiengeführte Contea ist *enoteca*, Laden, Restaurant
und kleines Hotel zugleich und schon ewig
fester Bestandteil von Neive. Die Köche
pflücken die Kräuter vor dem Fenster, um
Gerichte, wie Kaninchen, *ravioli al plin*
und *brasato al barbaresco* aufzupeppen.
Die Zimmer sind traditionell eingerichtet
und komfortabel.

ℹ An- & Weiterreise

Neive liegt an der Zugstrecke zwischen Alba
und Asti. Nach letztem Kenntnisstand wurde die
Verbindung eingestellt. Stündlich fahren aber
Busse von und nach Alba (1,50 €), die vor dem
Bahnhof halten.

Bra & Pollenzo

29 796 EW.

Die kleine, bescheidene Stadt Bra im Piemont ist die Heimat manch wunderbarer
kulinarischer Zaubereien. Hier kam auch
1986 erstmals die Idee des Slowfood auf.
Einige Journalisten aus der Region stellten
ein Manifest auf. Es löste einen globalen
Kreuzzug gegen Fastfood aus. Der Gegenschlag gegen moderne Essgewohnheiten
funktionierte und in Bra wurde glücklich der Erfolg gemeldet. Es gibt keine
Autos, keine Supermärkte und eine erfreulich entspannte Atmosphäre im historischen
Zentrum. Kleine Familienbetriebe (die
aus Überzeugung zweimal pro Woche einen
Tag der Entschleunigung einlegen) quellen über mit Bio-Wurstprodukten, hausgemachten Pralinen und frischen regionalen
Agrarprodukten.

◎ Sehenswertes

Kirchen   KIRCHE
Auf dem leicht abschüssigen Hauptplatz von
Bra stehen einige imposante barocke Bauten. An erster Stelle ist die **Chiesa di San
Andrea** (Piazza Caduti), zu nennen, die nach
einem Entwurf von Bernini erbaut wurde.
Beim Bau der **Wallfahrtskirche Madonna
dei Fiori** (Viale Madonna dei Fiori) wurden barocker und klassizistischer Stil miteinander
kombiniert. Sie ist der hl. Maria geweiht, die

hier 1336 erschienen sein soll. Die **Chiesa
di Santa Chiara** (Via Craveri) mit der prachtvollen Kuppel hingegen ist ein Meisterwerk
des piemontesischen Rokoko.

Museo Civico Artistico-Storico   MUSEUM
(Palazzo Traversa, Via Parpera 4; ◷Di–Do 15–18,
am 2. Wochenende des Monats Sa & So 10–12 &
15–18 Uhr) GRATIS Das Museum im Palazzo
Traversa ist der Stadtgeschichte gewidmet,
die ja sehr viel weiter zurückreicht als die
Initiative für Slowfood 1986. Zu den Ausstellungsstücken gehören Objekte aus römischer Zeit, Gemälde des 18. Jhs. und mittelalterliche Waffen.

Università di Scienze
Gastronomiche   UNIVERSITÄT
(Universität der gastronomischen Wissenschaften;
www.unisg.it; Piazza Vittorio Emanuele 9) 🍂 Die
Universität ist eine weitere Initiative von
Carlo Petrini, dem Gründer der Slowfood-Bewegung. Sie wurde 2004 im Dorf Pollenzo
(4 km südöstlich von Bra) in einem ehemals
königlichen Landgut eingerichtet und ermöglicht eine dreijährige Ausbildung in
Gastronomie und Food Management.

Nebenan befinden sich der **Albergo
Dell'Agenzia** (EZ 155 €, DZ 195–240 €) und
der Weinkeller **Banca del Vino** (www.bancadelvino.it; Piazza Vittorio Emanuele II 13), eine
Art Archiv italienischer Weine. Kostenlose
Weinproben mit Erläuterungen sind nach
Voranmeldung möglich.

🛏Schlafen & Essen

★ Albergo Cantine Ascheri   HOTEL €€
(☏0172 43 03 12; www.ascherihotel.it; Via Piumati
25; EZ/DZ 105/140 €; 🅿❄@) Das Hotel wurde auf dem 1880 gegründeten Weingut der
Familie Ascheri erbaut. Es ist supermodern
mit Holz, Stahldrahtgeflecht und Glas. Das
Gebäude ist mit 27 sonnendurchfluteten
Zimmern sowie einer Bibliothek im Zwischengeschoss ausgestattet. Außerdem gibt
es eine von Wein umrankte Terrasse mit
Blick über die Dächer. Von der Hotelhalle
aus sind die Fässer im Keller zu sehen (für
Gäste gibt es eine kostenlose Führung). Das
Hotel befindet sich vom Bahnhof aus nur
eine Straße weiter Richtung Süden.

Osteria del Boccondivino   OSTERIA €€
(☏0172 42 56 74; www.boccondivinoslow.it; Via
Mendicità Istruita 14; festes Menü 26–28 €; ◷Di–
Sa 12–14.30 & 19–22 Uhr) 🍂 Das gemütliche
kleine Lokal mit den vielen Weinschränken
befindet sich im ersten Stock eines zurück-

ESSKULTUR: ERHALTUNG ECHTER WERTE

„Frisch, regional und nachhaltig", das ist das überzeugende Mantra im fruchtbaren Piemont. Dort haben kleine Lebensmittelproduzenten und familiengeführte Restaurants für ethische Prinzipien in der Esskultur gestritten, wonach Lebensmittel möglichst unmittelbar vom Hof auf den Tisch kommen sollen, und zwar schon lange bevor berühmte Küchenchefs dies zum Trend erklärten. Es ist kein Zufall, dass die Slowfood-Bewegung der geniale Einfall einer Gruppe desillusionierter italienischer Journalisten war, die aus Bra im Piemont stammten. Sie entfachten einen globalen Kreuzzug gegen die Fastfood-Industrie, die sich mit ihren Plastiktentakeln gerade anschickte, jahrhundertealte kulinarische Traditionen Italiens zu zerstören. Die Bewegung nahm sehr schnell Fahrt auf und inspirierte eine neue Generation von Menschen, die auf alte Werte und Eigenanbau setzen. Grom, der Slowfood-Eisproduzent, wurde 2003 in Turin von Frederico Grom und seinem Freund, dem Winzer Guido Martinetti, gegründet. Deren Slogan *come una volta* verspricht Eis, wie es einmal war. Seitdem sind über 60 Filialen entstanden, sogar in New York, Tokio und Paris. Vier Jahre später eröffnete Oscar Farinetti aus Alba den Lebensmittelmarkt Eataly mit einem unglaublich breiten Angebot im Turiner Stadtteil Lingotto. Sein Ziel war, die Begeisterung für das Kochen, die Gastronomie und *alti cibi* (hochwertige Lebensmittel) zu wecken. Das hat er auch geschafft. Es gibt heute Eataly-Filialen in Rom, New York, Chicago und Tokio. Was kommt als Nächstes? Da sind z. B. Andrea Perino, der Bäckermeister aus Turin, und der neue Eismacher Alberto Marchetti. Überall auf der Welt fängt man an, sich in der Esskultur wieder auf echte Werte und regionale Produkte zu besinnen, und das Piemont hat dabei eine Vorreiterrolle.

gesetzten Innenhofs, der zur Slowfood-Geschäftsstelle gehört. Es war das erste Lokal, das in den 1980er-Jahren von der neu gegründeten Bewegung eröffnet wurde. Das Essen ist selbstverständlich frisch und ausgezeichnet. Die Speisekarte mit regionalen Gerichten der.Langhe ändert sich täglich.

❶ Praktische Informationen

Touristeninformation (www.comune.bra.cn.it; Via Moffa di Lisio 14; ⊙ März–Nov. Mo–Fr 9–13 & 15–18, Sa & So bis 12 Uhr) Informationsmaterial zu beiden Orten und der Umgebung.

❶ An- & Weiterreise

Vom Bahnhof in Bra an der Piazza Roma fahren Züge nach Turin (3,95 €, 45 Min.) über Carmagnola. Eine Buslinie verbindet Bra mit Pollenzo (1 €, 15 Min., Mo–Sa vormittag).

Asti

75 910 EW. / 123 M

Die 30 km voneinander entfernt liegenden Städte Asti und Alba waren im Mittelalter erbitterte Gegner. Sie traten resolut als unabhängige Mächte gegeneinander an, die von gegeneinander Fehde führenden Königsfamilien abhängig waren. Heute ist der Weinanbau der Bereich, der beide Städte

eint anstatt sie zu spalten. Asti, die deutlich größere Stadt, produziert den spritzigen weißen Asti Spumante aus der Muskateller-Traube, während in Alba Barolo und Barbaresco hergestellt werden.

⊙ Sehenswertes & Aktivitäten

Das weitgehend verkehrsberuhigte Zentrum von Asti ist reizvoll, aber weniger beschaulich als Alba.

Torre Troyana o Dell'Orologio WAHRZEICHEN

(Piazza Medici; Eintritt frei; ⊙ April–Sept. 10–13 & 16–19 Uhr, Okt. Sa & So 10–13 & & 15–18 Uhr) GRATIS Während des späten 13. Jhs. wurde die Region zu einer der reichsten Italiens. Allein in Asti wurden etwa 150 Geschlechtertürme errichtet. Davon sind zwölf übrig geblieben und nur einer kann besichtigt werden. Der 38 m hohe Turm stammt aus dem 12. Jh. und wird wegen der Uhr, die 1420 hinzugefügt wurde, auch Torre dell' Orologio genannt.

Cattedrale di Santa Maria Assunta KATHEDRALE

(Piazza Cattedrale) Der imposante Glockenturm der romanisch-gotischen Kathedrale aus dem 13. Jh. überragt das Altstadtzentrum von Asti. Ein Blick ins Innere lohnt sich wegen des farblich großartigen Innenraums.

Palazzo Mazzetti
MUSEUM

(www.palazzomazzetti.it, Corso Alfieri 357; ⊙ Di-
So 10.30–18.30 Uhr) `GRATIS` Im Wohnsitz der
Familie Mazzetti sind das Städtische Museum und ein Informationsbüro untergebracht. Im Erdgeschoss sind Artefakte aus
römischer Zeit und ein Modell der Stadt
ausgestellt. Eine Etage höher findet man
italienische Gemälde aus dem 17. und 19. Jh.

Enoteca Boero di Boero Mario
WEINPROBE

(Piazza Astesano 17; ⊙ tgl. 9–12 & 15–18 Uhr, Mo
morgens geschl.) Man krempelt die Ärmel
hoch und stürzt sich auf die angenehms-
te Beschäftigung in Asti, die Weinproben.
In der kleinen, bescheidenen Vinothek werden morgens und nachmittags Gläser mit
Wein gefüllt. Man darf kostenlos probieren
und von den kenntnisreichen Erläuterungen des Besitzers profitieren. Unbedingt
den Barbera d'Asti und den spritzigen
Moscato probieren.

🎆 Feste & Events

Palio d'Asti
PFERDERENNEN

Das Rennen auf ungesattelten Pferden findet am dritten Sonntag im September statt.
Es erinnert an eine siegreiche mittelalterliche Schlacht gegen Alba und zieht über eine
Viertelmillion Besucher aus der Umgebung
an. (Albas Antwort darauf ist ein nicht allzu ernst gemeintes Eselsrennen am ersten
Sonntag im Oktober.)

Douja d'Or
ESSEN

🏺 Das zehntägige Weinfest (*douja* ist ein
für Asti typischer Weinkrug aus Terrakotta)
Anfang September wird komplettiert durch
das **Festival delle Sagre**, ein Volksfest mit
kulinarischem Schwerpunkt am zweiten
Sonntag im September.

🛏 Schlafen & Essen

Außerhalb des Stadtzentrums gibt es einige hübsche Übernachtungsmöglichkeiten
in den nahen Weinbergen um Monferrato.
Dazu sollte man im Tourismusbüro nach
einem Verzeichnis der Unterkünfte, einschließlich der *agriturismi*, fragen.

Frische Lebensmittel, Kleidung und
Haushaltsartikel aller Art werden mittwochs
und samstagmorgens auf dem Markt an
der Piazza Alfieri und der Piazza Campo del
Palio verkauft.

Hotel Palio
HOTEL €€

(📞 0141 3 43 71; www.hotelpalio.com; Via Cavour
106; EZ/DZ 85/115 €; P ✳ @ 🛜) Das zweckmäßige Äußere des Hotels zwischen Bahnhof und Altstadt täuscht, denn innen sieht
es exklusiver aus. Hier spiegelt sich das für
Asti typische Nebeneinander von Alt und
Neu wider. Die schicken, eleganten Zimmer
haben Satelliten-TV und WLAN, und es gibt
einen stimmungsvoll dekorierten Innenhof.
Die Besitzer betreiben auch das Ristorante
Falcon Vecchia, das 1607 eröffnet wurde und
damit eines der ältesten der Stadt ist.

★ Osteria La Vecchia Carrozza
OSTERIA €

(Via Caducci 41; Gerichte 18–25 €; ⊙ Mo–Sa Mit-
tag- & Abendessen) Es kann sein, dass dort ein
paar Nonnen am Tisch sitzen oder Studenten Geburtstag feiern. Charakteristisch für
das Lokal mit weiß gedeckten Tischen und
polierten Gläsern ist ein sehr bodenständi-
ges regionales Ambiente. Das ist eben Asti
und deshalb spielen Trüffel und Barolo bei
der Zubereitung eine große Rolle. Die *agnolotti di astigiana* sind bemerkenswert.

Ristorante Rué
PIEMONTESISCH €€

(Via Giuliani 3; Gerichte 25 €; ⊙ sonntagabends
& montagmittags geschl.) Das kleine Lokal ist
recht einfach eingerichtet und liegt in einer
schmalen Seitenstraße. Das Angebot an regionalen Klassikern ist lecker; das gilt besonders für die Tagesangebote, d. h. für alles
vom Kaninchen bis zur Spinatquiche.

❶ Praktische Informationen

Touristeninformation (www.astiturismo.it; Piazza Alfieri 29; ⊙ 9–13 14.30–18.30 Uhr) Auch
Infos zu den vielen Weinfesten im September.

❶ An- & Weiterreise

Asti liegt an der Bahnstrecke Turin–Genua.
Stündlich fahren Züge in beide Richtungen. Die
Fahrzeit beträgt zwischen 30 und 55 Minuten
nach/von Turin (4,35 €) und 1¾ Std. nach/von
Genua (7,60 €). Nach Alba fahren nur Busse.

Das Monferrato-Gebiet

Rund um Asti breiten sich Weinberge aus, in
denen verstreut Burgen und berühmte Restaurants liegen. Viele Dörfer sind von Asti
aus mit dem Bus zu erreichen. Fahrpläne
gibt es in der Touristeninformation.

Dies ist die Heimat literarischer Größen (der Wissenschaftler und Schriftsteller Umberto Eco und Vittorio Alfieri, ein
Dramatiker des 18. Jhs., lassen grüßen)
und eines weiteren klassischen Weins (des-
intensiven Barbera del Monferrato). Das
Monferrato umfasst das fruchtbare Dreieck

zwischen Asti, Alessandria und der historischen Hauptstadt **Casale Monferrato** (38 500 Ew.).

Sehenswertes

Das Dörfchen **Moncalvo** (3320 Ew.) 15 km nördlich von Asti liegt an der S457. Es ist perfekt für eine Fotopause mit einem Aussichtspunkt oberhalb der **Burg**. Dort ist auch ein **Informationsbüro** (Piazza Antico Castello; ⊙ Sa & So unterschiedl. Zeiten) und eine Gelegenheit zur Weinprobe.

Viele Erzeuger bieten Führungen durch ihre Weinkeller an. Das **Consorzio Operatori Turistici Asti e Monferrato** (www.terre dasti.it; Piazza Alfieri 29) in Asti hat eine genaue Liste der Anbieter und Tipps zur Anfahrt.

Schlafen & Essen

Tenuta del Barone — AGRITURISMO €
(☎ 0141 91 01 61; www.tenutadelbarone.com; Via Barone 18, Penango; EZ/DZ 50/75 €; P ✱) Der Bauernhof in Familienbesitz, dessen Ursprünge bis 1550 zurückreichen, wurde in ein fröhliches B&B verwandelt. Die Gäste schlafen in den umgebauten, ehemaligen Ställen und bekommen jede Menge selbst gemachter Gerichte zu essen (Abendessen ohne Wein 25 €). Es werden häufig Kochkurse mit mittelalterlichem Schwerpunkt und Weinproben angeboten. Penango liegt nur 2 km von Moncalvo entfernt und ist am Südende des Dorfes ausgeschildert.

Tenuta Castello di Razzano — BOUTIQUEHOTEL €€
(☎ 0141 92 21 24; www.castellodirazzano.it; Frazione Casarello 2, Alfiano Natta; Zi. 115–150 €; P ✱ @) Die weitläufige Burg kann man während einer Führung durch die Kellerei und einer gemütlichen Weinprobe kennenlernen (ab 6 € für fünf Weine und Snacks). Aber um die Atmosphäre so richtig zu erleben, muss man dort schon in einem der Zimmer (so groß wie ein kleines Apartment) übernachten, durch die Gänge spazieren und es sich im Lesezimmer zwischen den Bücherregalen gemütlich machen.

Das **Museo Artevino Razzano** (Eintritt 10 €) bezeichnet sich selbst als Kunst- und Weinmuseum. Besichtigung nur nach Voranmeldung. Alfiano Natta liegt 6 km westlich von Moncalvo.

Locanda del Sant'Uffizio — LUXUSHOTEL €€
(☎ 0141 91 62 92; www.relaissantuffizio.com; Strada Sant'Uffizio 1; DZ/Suite 130/220 €, Restaurant Mittags-/Abendmenü 23/55 €; P ✱ @ ✱) Das beeindruckende, restaurierte Klostergebäude aus dem 17. Jh. (mit schickem Wellness-Bereich) liegt inmitten von 4 ha Weinbergen. Viele der Zimmer, manche noch mit Originalfresken, sind in den Farben der Blumen gehalten, nach denen sie benannt sind. Die Ausleihe von Rädern ist kostenlos und die Gäste werden auf Wunsch von Asti abgeholt.

Zum Sant'Uffizio gehört ein kleines, elegantes **Restaurant**, das auch für Nicht-Hotelgäste geöffnet ist, doch eine vorherige Reservierung ist erforderlich. Die *locanda* (Landgasthof) liegt 3,3 km südlich von Moncalvo.

Varallo & das Valsesia

66 km nordwestlich von Vercelli im Norden Piemonts bewahrt der Ort **Varallo** den bemerkenswerten **Sacro Monte di Varallo** (www.sacromontedivarallo.it; ⊙ 7.30–18.30 Uhr). GRATIS Es ist der älteste der neun *Sacri Monti* (Heilige Berge) in Italien, die zusammen seit 2003 von der Unesco als Weltkulturerbe klassifiziert sind. Der Komplex besteht aus 45 außergewöhnlichen Kapellen mit 800 religiösen Statuen, die das Leiden Christi nacherzählen. Er liegt hoch über Varallo auf einen Felsen an den Hängen des Monte Tre Croci. Ein Franziskanermönch hatte 1491 die Idee, Jerusalem nachzubauen und für die einheimischen Gläubigen eine Ersatzpilgerstätte zu schaffen. Die Kapellen, in deren Zentrum eine 1614 geweihte Basilika steht, stellen nacheinander die Stationen im Leben Christi dar mit Hilfe von Fresken und lebensgroßen Terrakotta-Statuen. Einige der Szenen sind makaber. Der Heilige Berg ist zu Fuß über einen gewundenen Pfad von der Piazza Ferrari aus zu erreichen.

Hinter Varallo ist der Verlauf der Sesia bis zum Fuß des Monte-Rosa-Massivs im Norden zunehmend spektakulär. Hier steigen die Berge der Alpen steil nach oben und bieten viele Möglichkeiten zum Wandern, Radfahren und Wildwasser-Rafting. Das letzte Dorf im Sesiatal **Alagna Valsesia** ist eine alte Walsersiedlung, die sich zu einem Skiort entwickelt hat und zum **Skigebiet Monterosa** (S. 297) gehört. Der Ort ist sehr bekannt für Routen abseits präparierter Pisten. Eine Seilbahn fährt hinauf zur Punta Indren (3260 m) und geübte Wanderer/Kletterer von dort aufbrechen zur höchsten Hütte Europas, der **Capanna Regina Margherita** (☎ 0163 9 10 39; B 85 €), die in beeindruckenden 4554 m Höhe auf dem Gipfel „Punta Gnifetti" an der schweizerisch-italienischen Grenze liegt. Zum Aufstieg gehört auch die Überquerung eines Gletschers. Wer keine Erfahrung hat, kann über **Corpo Guide Alagna** (www. guidealagna.com; Piazza Grober 1) einen Führer mieten. Dies kostet für eine vierköpfige Gruppe und eine fünftägige Exkursion 300 € (Juni bis Sept.).

AOSTATAL (VALLE D'AOSTA)

126 620 EW.

Während die Dolomiten erkennbar deutsche Tendenzen zeigen, ist das Aostatal von Frankreich beeinflusst. Das Ergebnis ist eine eigenartige Kreuzung von Kulturen, das Valdostanische. Dies ist eine historisch gewachsene Mischung aus Französisch-Provenzalisch und Norditalienisch, die sich zum einen in der Esskultur (Polenta, gut gewürzte Wurstprodukte und der berühmte *Fontina*-Käse) widerspiegelt und zum anderen als exotische regionale Sprache weiter fortbesteht. Franko-Provenzalisch oder Valdostanisch ist ein Dialekt, der hier immer noch von etwa 55 % der Bevölkerung gesprochen wird.

Das Aostatal ist ein großes von Ost nach West verlaufendes Gletschertal, von dem mehrere kleinere Seitentäler abgehen. Einige der höchsten Berge Europas – Montblanc (4810 m), Matterhorn (Monte Cervino; 4478 m), Monte Rosa (4633 m) und Gran Paradiso (4061 m) – überragen das politisch halbautonome Tal. Deshalb ist es auch nicht erstaunlich, dass hier hervorragende Skigebiete liegen. Skifahrer können entweder über schwindelnd hohe Gletscher haarsträubende Abfahrten Richtung Frankreich oder Schweiz wählen oder die Gletscher in ebenso spektakulären Seilbahnen überqueren.

Wenn der Schnee schmilzt, sind die Wandermöglichkeiten fast noch schöner. Wer will, kann in die 165 km lange Tour du Mont Blanc einsteigen, den Nationalpark Gran Paradiso erkunden oder auf den beiden Höhenwegen (Blaues Band) Alta Via 1 und 2 wandern.

Die historischen Wurzeln der Region sind römisch, wie einige bedeutende Ruinen in der Stadt Aosta belegen. Später, im 11. und 13. Jh., als das Aostatal unter die Herrschaft der Savoyer geriet, wurden zahlreiche Burgen gebaut. Im 12. und 13. Jh. kamen deutschsprachige Walser aus der Schweiz in das Val di Gressoney. Einige Dörfer haben deren Dialekt und die traditionelle Bauweise bewahrt.

Aosta

35 078 EW. / 565 M

Zerklüftete Alpengipfel erheben sich wie marmorverkleidete Kathedralen über

AUF IN DIE TÄLER

Das Aostatal ist eher französisch beeinflusst, aber die drei Täler Ayas, Gressoney und Sesia (Letzteres im Piemont) sind die Heimat der seit 800 Jahren hier ansässigen deutschstämmigen Walser. Sie sind im 13. Jh. aus dem Schweizer Wallis eingewandert und haben als Volksgruppe ihre Traditionen bewahrt. Viele Menschen, die in der rauen Gegend leben, sprechen noch Walserdeutsch (Titsch) als Muttersprache und die traditionellen schindelverkleideten Walserhäuser sind weiterhin bewohnt.

Hauptanziehungspunkt im Valsesia ist **Alagna Valsesia** (1191 m), ein kleiner Skiort am Ende des Tals. Wer ohne Auto unterwegs ist, kann von Turin mit dem Bus nach Varallo (2¼ Std., 2-mal tgl.) fahren und dort in den Bus nach Alagna Valsesia umsteigen.

Das westlich gelegene **Valle d'Ayas** verfügt über ein eigenes Skigebiet in Champoluc (500 Ew., 1560 m). Es ist ein Bilderbuchort, wo der Tourismus sich in Grenzen hält, weil er nur über eine schwierige Strecke zu erreichen ist, die sich ab der A5, Ausfahrt Verrès, in mehreren Haarnadelkurven zum Ort hochschlängelt. Verrès liegt an der Bahnstrecke Turin–Aosta und ist Ausgangspunkt für das Ayas-Tal. Von hier aus gibt es eine regelmäßige Busverbindung nach Champoluc (3 €, 1 Std., 9-mal tgl.).

Die Hauptorte im **Val di Gressoney** sind das hübsche **Gressoney-St-Jean** (816 Ew., 1385 m) am See und **Gressoney-La-Trinité** (306 Ew., 1637 m) ein paar Kilometer Richtung Norden. Beides sind Walserdörfer.

Aostatal (Valle d'Aosta)

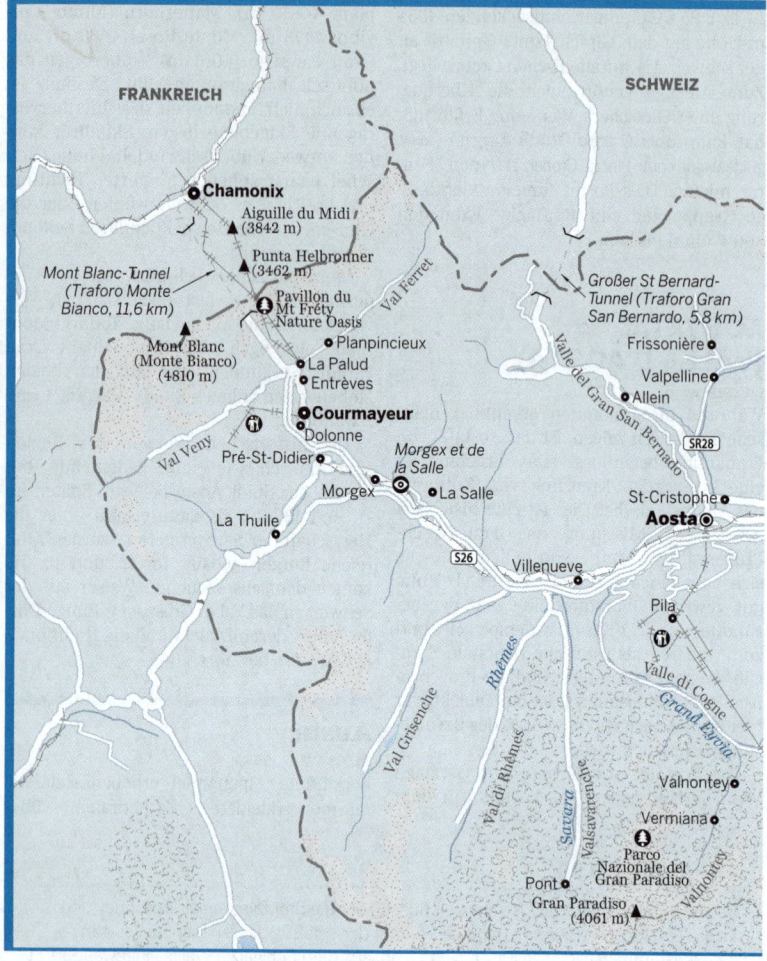

der sehenswerten Stadt Aosta. Die in der Vergangheit bedeutende Römersiedlung hat sich seit der Eröffnung des Mont-Blanc-Tunnels in den 1960er-Jahren ziemlich unstrukturiert über das gesamte Tal ausgebreitet.

Schon im Mittelalter war die Stadt Spielball zwischen Burgund (Franreich) und Savoyen (Italien). So ist die Stadt auch bis heute zweisprachig geblieben mit einer Kultur, die sich als valdostanisch versteht, was sich heutzutage vor allem auf den Singsang des einheimischen Dialekts und die einfache, herzhafte Küche bezieht.

⊙ Sehenswertes

Chiesa di Sant'Orso
KIRCHE

(Via Sant'Orso; ⊙ 9–19 Uhr) Die interessanteste Kirche in Aosta gehört zu einem heute noch genutzten Kloster. Sie wurde im 10. Jh. errichtet, jedoch mehrfach umgebaut, vor allem im 15. Jh., als Giorgio di Challant, ein Mitglied der herrschenden Adelsfamilie, die Originalfresken übermalen und ein neues, niedrigeres Dach einbauen ließ.

Immerhin war damit nicht alles verloren. Der obere Teil der Fresken über der neuen Dachhöhe blieb erhalten. Besucher können

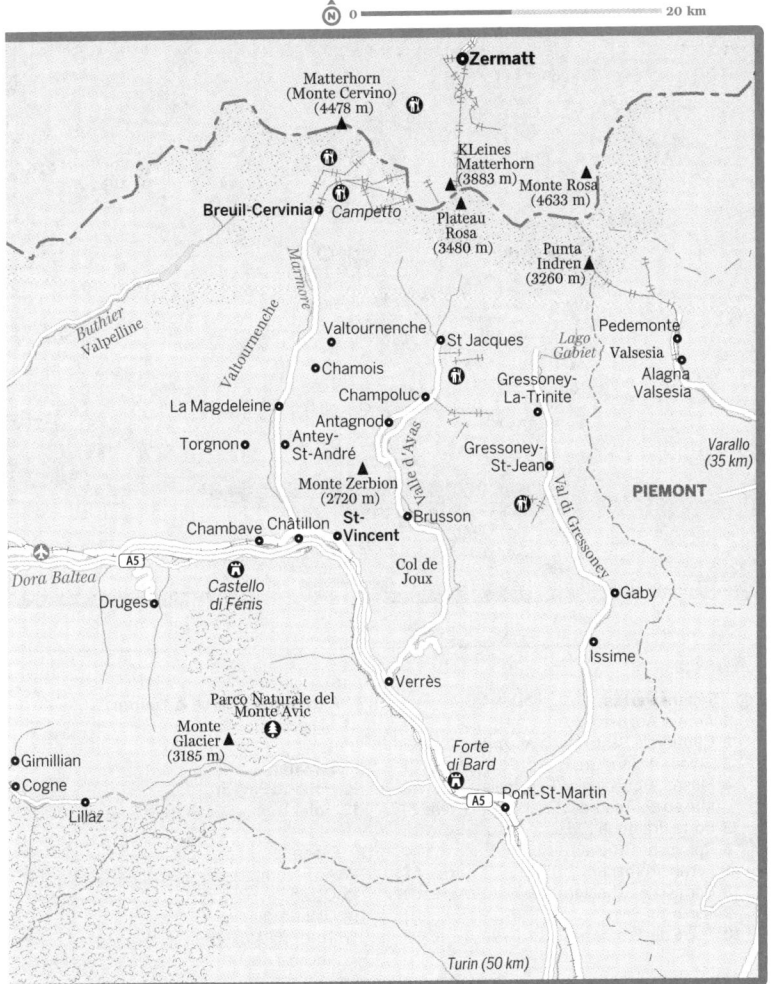

den Küster bitten, die Tür aufzuschließen, sodass sie über eine enge Holztreppe in den Zwischenraum über dem Dach aus dem 15. Jh. hinaufsteigen und die gut erhaltenen verbliebenen Fresken anschauen können. Der Innenraum und das aufwendig geschnitzte Chorgestühl sind im gotischen Stil gehalten, doch bei Ausgrabungen wurden noch Reste eines älteren Kirchenbaus freigelegt.

Unter dem Altar befindet sich ein mit einer Glasplatte geschütztes Mosaik aus dem 12. Jh., das erst im Jahr 1999 bei Wartungsarbeiten an der Heizung der Klosteranlage entdeckt wurde.

Rechts neben der Kirche befindet sich der wunderschöne romanische Kreuzgang des Klosters, mit prächtigen, geschnitzten Kapitellen, auf denen biblische Szenen dargestellt sind.

Museo Archeologico Regional MUSEUM
(Piazza Roncas 12) GRATIS In dem kleinen, kostenlosen Museum werden die römischen Ursprünge der Stadt sehr gut dargestellt. Es gibt ein maßstabgetreues Modell der römischen Stadtanlage und verschiedene sehr alte Überreste. Eine ansonsten eher langweilige Münzsammlung ist chronologisch

Aosta

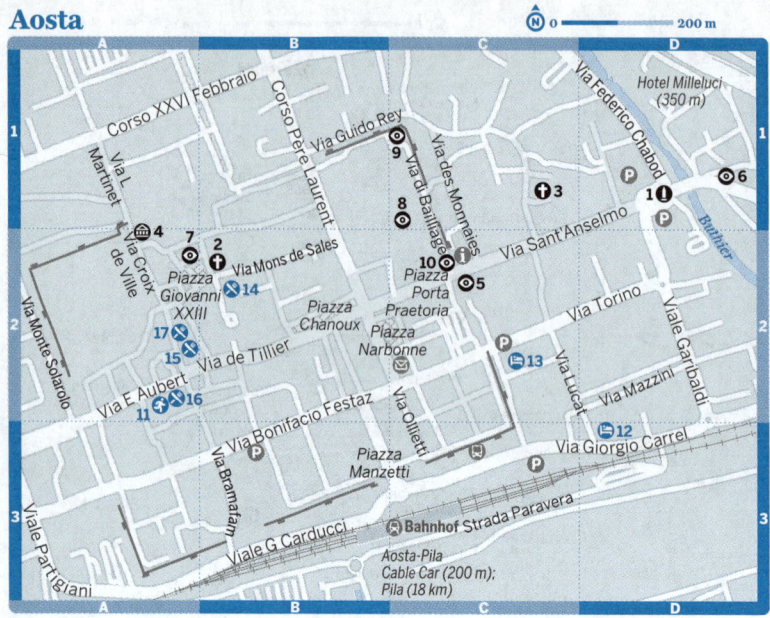

Aosta

◎ Sehenswertes

✪ Aktivitäten, Kurse & Touren

🛏 Schlafen

✖ Essen

so geordnet, dass man die Herrschaftszeiten und Münzprofile der römischen Kaiser nachverfolgen kann.

Römische Ruinen   ARCHÄOLOGISCHE STÄTTE
(⊙ Torre dei Fromage je nach Ausstellung) GRATIS
Während die Vororte nicht ganz so erfreulich wirken, gibt es im 2000 Jahre alten Zentrum von Aosta jede Menge interessanter römische Ruinen. In der Mitte des imposanten Triumphbogens **Arco di Augusto** (Piazza Arco di Augusto) wurde schon im Mittelalter ein Kruzifix befestigt. Von dort führt der Weg Richtung Osten über die Brücke des Buthier zur kopfsteingepflasterten **Römischen Brücke**, die bereits seit dem 1. Jh. n. Chr. genutzt wird. Hier verlief früher das Flussbett. 300 m nach Westen die Via Sant'Anselmo entlang steht die **Porta Praetoria**, das Haupttor der Römerstadt.

Geht man Richtung Norden die Via di Bailliage und dann einen Trampelpfad entlang, kommt man zum Römischen Theater (Via Porta Praetoria; ⊙ Sept.–Juni 9–19 Uhr, Juli & Aug. bis 20 Uhr) von Aosta. Ein Teil der 22 m hohen Fassade ist weiterhin intakt. Im Sommer finden im unteren, besser erhaltenen Teil Aufführungen statt. Etwas nördlich markiert der düstere **Torre** dei Balivi, der einst ein Gefängnis war, eine Ecke der alten römischen Stadtmauer. Von hier aus blickt man hinunter auf den kleineren **Torre dei Fromage**, dessen Name nicht etwa Käse bedeutet, sondern auf eine einheimische Familie zurückgeht. Er ist nur zeitweilig für Ausstellungen geöffnet. Ein entsprechendes Programm ist in der Touristeninformation erhältlich.

Der sogenannte **Kryptoportikus**, ein unterirdischer Säulengang, ist alles, was noch vom **Römischen Forum** ein paar Straßen weiter westlich unter der Piazza Giovanni XXIII erhalten geblieben ist.

Cattedrale Santa Maria Assunta   KIRCHE
(Piazza Giovanni XXIII; ⊘6.30–12 & 15–19 Uhr) Hinter der klassizistischen Fassade der **Kathedrale** in Aosta verbirgt sich ein beeindruckender gotischer Innenraum. Besonders schön ist das sorgfältig und aufwendig geschnitzte Chorgestühl aus Walnussholz aus dem 15. Jh. Auch die beiden Bodenmosaiken aus dem 12. und 13. Jh. sind sehenswert, ebenso wie die sorgfältig gehüteten, religiösen Kunstschätze im **Museo del Tesoro** (Schatzkammer; Eintritt 2,10 €; ⊘Mo–Sa 9–11.30 & 15–17.30, So 8.30–10 & 10.45–11.30 Uhr).

Aktivitäten

Skifahren

Das nächstgelegene Skigebiet befindet sich in **Pila** (www.pila.it; Skipass ½/1 Tag 25/34 €; ⊘Mitte Dez.–Mitte April), das von Aosta mit der Seilbahn zu erreichen ist oder mit dem Auto über eine 18 km lange kurvenreiche Straße Richtung Süden. Mit 70 km Piste und 13 Liften gehört das Skigebiet Pila zu den größten im Aostatal. Der höchstgelegene Hang mit Blick auf den Gran Paradiso liegt auf 2700 m und bietet einen Snowpark mit Halfpipe und Freestyle-Bereich (Schanzen, Buckel usw.) für Snowboarder und Freestyle-Skifahrer. Die Bergstation ist ein Dörfchen für sich, aber Dienstleistungen, z. B. Touristeninformation, Polizei und medizinische Versorgung, gibt es nur in Aosta.

Wandern & Mountainbiking

An den tiefer gelegenen Hängen von Pila hinunter ins Tal des Dora Baltea finden Besucher malerische Wege zum Wandern und Radfahren. Mountainbikes kann man in der **Seilbahn Aosta–Pila** (einfache Fahrt/hin & zurück 3/5 €; ⊘8–12.15 & 14–17 oder Juni–Aug. 18 Uhr) kostenlos mitnehmen. Wer mit dem Rad unterwegs ist, kann für 13 € eine Tageskarte kaufen und damit Seilbahnen und Sessellifte uneingeschränkt nutzen.

LIGURIEN, PIEMONT & ITALIENISCHE RIVIERA AOSTA

SKIFAHREN IM AOSTATAL

Das Aostatal bietet Zugang zu drei der bekanntesten Skigebiete Europas, Courmayeur, Breuil Cervinia und Monte Rosa, sowie zu zahlreichen kleineren Skiorten.

Beherrschender Eindruck in **Courmayeur** (www.courmayeur.com) ist der herrliche Panoramablick auf den Mont Blanc. Hier beginnen bekannte Skirouten wie die Vallée Blanche. Unten in dem hübschen Alpendorf geht es nach dem Skifahren entspannt und locker zu. **Breuil-Cervinia** (www.cervinia.it) an der Südflanke des Matterhorns liegt höher, deshalb sind dort in der Nachsaison die Schneeverhältnisse verlässlicher. Es gibt gute mittelschwere Strecken und Angebote für Kinder, aber der Ort ist hässlich und teilweise etwas schäbig. Positiv ist allerdings, dass man auf Skiern nach Zermatt in der Schweiz gelangen kann.

Die drei Täler im Osten bilden zusammen das **Skigebiet Monte Rosa** (www. monterosa-ski.com). Campoluc ist Hauptort im Val d'Ayas, das hübsche Gressoney im Val di Gressoney und Alagna Valsesia ist Mittelpunkt des Valsesia. In diesen Tälern geht es touristisch gesehen ruhiger zu, und es gibt noch einige stille Walserdörfer. Skifahren allerdings ist eine aufregende Sache hier mit vielen Routen abseits präparierter Pisten und Möglichkeiten zum Helikopter-Skiing, besonders im Valsesia.

Zu den besten kleinen Skigebieten gehört Pila (s. oben), das leicht mit der Seilbahn von Aosta aus zu erreichen ist. Das ursprüngliche **Valle di Cogne** dagegen im Nationalpark Gran Paradiso ist eine idyllische Gegend, die sich gut zum Langlauf in relativer Einsamkeit eignet.

Ein Skipass für das gesamte Aostatal kostet 111/241 € für drei/sieben Tage. Nimmt man noch Zermatt hinzu, kostet das Ganze 171/285 €. Aktuelle Preise und Skipassvarianten sind unter www.skivallee.it zu finden.

Die folgenden Wandervereine organisieren Wanderungen und können Bergführer vermitteln:

Club Alpino Italiano WANDERN

(CAI; www.caivda.it; Corso Battaglione Aosta 81; ⊗ Di 18.30–20, Fr 20–22 Uhr) Westlich des Stadtzentrums.

Meinardi Sport OUTDOOR-AUSRÜSTUNG

(Via E Aubert; ⊗ Mo 15–19.30, Di–Sa 9–12.30 & 15–19.30 Uhr) Ein gut sortierter Sportladen, in dem auch Wanderausrüstung und Karten verkauft werden.

Wein- und Käseverkostung Morgex et de La Sall WEINPROBE

(www.caveduvinblanc.com; Chemin des Iles 31) Im Aostatal werden einige begehrte Weine hergestellt, die außerhalb der Region kaum zu bekommen sind. Einer davon ist dieser Wein vom höchsten Weinberg Europas, der zu den beiden namensgebenden Dörfern gehört. In der Touristeninformation von Aosta ist ein kostenloses, ausführliches Informationsheft erhältlich zu den Winzern, die Führungen und Proben anbieten.

Man erreicht das Weingebiet 25 km westlich von Aosta, über die A5 kommend, die auf die SS26 abbiegt.

Valpelline, Besucherzentrum KÄSEVERKOSTUNG

(www.fontinacoop.it; Frissonière; ⊗ Mo–Fr 8.30–12.30 & 14.30–18.30, Sa & So 9–12 & 15–18 Uhr) F In einem Land, in dem Käse zu Fehden, Streitigkeiten, wenn nicht gar zu massiven Angriffen führen kann, ist es wichtig über die regionale Käsesorten, im speziellen Fall den *fontina*, Bescheid zu wissen, bevor man eine Meinung äußert. In der Ausstellung mit Besucherzentrum erfährt man einiges über den typischen Käse des Aostatals, über seine Geschichte, *terroir* (Herstellungsgebiet) und Produktion des *fontina* und anderer Käsesorten. Um von Aosta hierher zu kommen, braucht man ein Auto. Zunächst geht es auf der SR 28 7 km Richtung Norden nach Valpelline, dann östlich Richtung Ollomont und nach 1,5 km auf einer Bergstraße westlich nach Frissonière.

⭐ Feste & Events

Fiera di Sant'Orso HOLZSCHNITZEREI

Seit über 1000 Jahren veranstalten die Bewohner von Aosta die Fiera di Sant'Orso, den alljährlichen Winter-Holzmarkt. Er findet am 30. und 31. Januar rund um die Porta Praetoria zu Ehren des Schutzheiligen von Aosta statt, der für die Armen Holzschuhe angefertigt hatte (deshalb sieht man in vielen Handwerksbetrieben der Stadt auch hölzerne Schuhe). Holzschnitzer aus dem ganzen Tal präsentieren ihre Arbeit und bringen dem Heiligen in der Chiesa di Sant'Orso eine Opfergabe dar.

🛏 Schlafen

Abgesehen vom hervorragenden (allerdings teuren) Hotel Milleluci, gibt es nicht so viel Grund, von der Hotellandschaft des Aostatals zu schwärmen. Aber wer Wandern und Ski fahren will, verbringt vermutlich ohnehin nicht viel Zeit im Hotelzimmer.

Hotel Turin HOTEL €

(☑ 0165 4 45 93; www.hotelturin.it; Via Torino 14; EZ/DZ 52/84 €; P @) Der moderne Kasten aus Glas und Stahl ist praktisch gelegen, vom Bahnhof aus zu Fuß leicht zu erreichen und auch mit Ausrüstung hat man es nicht weit zur Seilbahn.

Hotel Le Pageot HOTEL €€

(☑ 0165 3 24 33; www.lepageot.info; Via Giorgio Carrel 31; EZ/DZ 70/110 €; P 🛜) Das familiengeführte und saubere Pageot, ein Hotel ohne Schnickschnack, liegt neben einer Bushaltestelle und wird Wanderern und Skifahrern gefallen, die preisgünstig wohnen wollen, auch wenn die Architektur und die Einrichtung unscheinbar sind.

⭐ Hotel Milleluci LUXUSHOTEL €€€

(☑ 0165 4 42 74; www.hotelmilleluci.com; Loc Porossan 15; Zi. 170–220 €; P ❄ @ 🏊) Alte Holzskier, traditionell geschnitzte Holzschuhe, Badewannen mit Löwenfüßen, Innen- und Außenpool, Whirlpool, Sauna, Fitnessraum und ein üppiges Frühstück. All diese Dinge machen das große, familiengeführte Hotel in einem umgestalteten Bauernhaus eher zu einem Schloss. Es liegt auf einem Hügel und von den Balkonen der Zimmer blickt man nach unten auf die *mille luci* (tausend Lichter) von Aosta.

 Essen

Zu den traditionellen Gerichten gehören *seupa valpellinentze* (ein Eintopf aus Kohl, Brot, Rinderbrühe und *fontina*) und *carbonada con polenta* (Suppe, die traditionell mit Gämsenfleisch, heute meist mit Rindfleisch zubereitet wird). Im Sommer gibt es an der Piazza Chanoux viele Cafés mit Sitzplätzen im Freien.

Osteria del Calvino
PIZZERIA €

(Via Croix de Ville 24; Gerichte 18–25 €; Di–So 12–14.30 & 19–22.15 Uhr) Weinbar, Restaurant und Pizzeria verteilen sich auf drei Etagen und bieten für jeden etwas. Die Angestellten sind freundlich, das Essen ist einfach und gut.

⭐ Trattoria
Aldente
VALDOSTANISCH, ITALIENISCH €€

(0165 19 45 96; Via Croce de Ville 34; Gerichte 26–28 €; 12–14.30 & 19–22.30 Uhr) In der bistroähnlichen Trattoria ist die Pasta auf jeden Fall *al dente*. Die verlockende Speisekarte mit regionalen und anderen italienischen Gerichten wird noch verlockender durch den behaglichen Innenraum (der hintere Teil des Raums ähnelt einer gemütlichen Höhle an einem Wintertag).

Osteria dell'Oca
VALDOSTANISCH €€

(0165 23 14 19; www.ristoranteosteriadelloca.com; Via E Aubert 15; Gerichte 25–32 €; Di–So 12.30–14.30 & 19.30–22.30 Uhr) *Oca* bedeutet Gans und in dem charmanten Lokal unter einem Torbogen an der Via E Aubert sind sie auf der Speisekarte und aus Porzellan im ganzen Raum zu finden. Es ist ein Paradies der regionalen Küche. Hier kann man die üblichen *primi* (erster Gang) und *secondi* (zweiter Gang) vergessen und sich gleich über Schmortopf mit Kalbfleisch und Polenta oder Würstchen mit *fontina* überbacken hermachen.

Desserts stehen auf der Bar beim Ausgang, nur für den Fall, dass jemand den Nerv hat zu gehen, ohne eines davon probiert zu haben.

Ad Forum
MODERN ITALIENISCH €€

(0165 4 00 11; Via Mons de Sales 11; Gerichte 22–30 €; Di–So 12–14.30 & 19–22.45 Uhr) Ein weiteres hervorragendes Restaurant mit gepflegtem Garten und ansprechenden Innenräumen. Es befindet sich in einem Gebäude, das auf den Resten des römischen Forums steht. Hier wird kreativer gekocht, Risotto mit Erdbeeren und Spumante oder *Lasagnetta* mit Birnen und Blauschimmelkäse. Die Portionen sind großzügig, und dazu gibt es einen Aperitif auf Kosten des Hauses, um die Wartezeit zu verkürzen.

Angeschlossen ist eine *enoteca* mit einer erstklassigen Auswahl an Weinen.

Vecchia Aosta
TRADITIONELL ITALIENISCH €€

(0165 36 11 86; Piazza Porta Praetoria 4; festes Menü 30–35 €; 12.15–14.30 & 19.30–22 Uhr) Vielleicht ist es der französische Einfluss, aber Restaurants in Aosta, wie auch dieses, schneiden meist gut ab, wenn es um kreative Kochkunst geht. Es befindet sich in einem Haus, das auf einem Teil der alten römischen Mauer steht. Das ganze Drumherum ist wunderbar und die Kellner kennen sich bestens aus. Es lohnt sich, deren Tipps zu folgen und z. B. Lamm zu essen, ein echtes Highlight.

🛍 Shoppen

Viele Geschäfte in der Stadt verkaufen traditionelles Kunsthandwerk aus dem Aostatal, meist Geschnitztes, etwa Holzschuhe oder auch Keramik und Figuren aus Speckstein. Eine lokale Besonderheit ist die *grolla*, ein großes, hölzernes Trinkgefäß. Der Name ist vom Wort für Gral abgeleitet; gemeint ist der Heilige Gral, der angeblich einmal durch das Dorf kam und von den Handwerkern des Orts kopiert wurde.

Eine Tradition des Tals beinhaltet die *coppa dell'amicizia*, den Kelch der Freundschaft – Kaffee mit Zitronenschale und starker Grappa werden in ein Holzgefäß geschüttet und angezündet. Der Deckel des Kelches besitzt 2 bis 15 Mundstücke, aus denen die versammelten Freunde abwechselnd trinken. Da die *grolla* einen neuen Gag für Partys liefert, ist sie ein beliebtes Souvenir.

ℹ Praktische Informationen

Unweit der Piazza Chanoux gibt es verschiedene Banken.

Touristeninformation Aosta (www.lovevda.it; Piazza Porta Praetoria 3; 9–19 Uhr; ☎) Befindet sich im alten römischen Stadttor.

Farmacia Centrale (0165 26 22 05; Piazza Chanoux 35; Mo–Fr 8.30–12.30 & 15.30–19.30 Uhr) Apotheke.

Krankenhaus (Ospedale Regionale; 0165 30 41; Viale Ginevra 3)

Polizei (0165 26 21 69; Corso Battaglione Aosta 169) Westlich des Stadtzentrums.

Postamt (Piazza Narbonne; Mo–Fr 8.15–18, Sa bis 13 Uhr)

ℹ An- & Weiterreise

Busse von **Savda** (www.savda.it) fahren nach Mailand (1½–3½ Std., 2-mal tgl.), Turin (2 Std., bis zu 10-mal tgl.) und Courmayeur (3,20 €, 1 Std., bis zu 8-mal tgl.), außerdem nach Frankreich (u. a. nach Chamonix). Die Busse fahren am **Busbahnhof** (Via Giorgio Carrel) ab, gleich gegenüber vom eigentlichen Bahnhof. Nach

Breuil-Cervinia nehmen Fahrgäste zunächst einen Bus Richtung Turin bis Châtillon (30 Min., 8-mal tgl.) und von dort aus einen Anschlussbus (1 Std., 7-mal tgl.) bis zum Ziel.

Aostas Bahnhof an der Piazza Manzetti wird von Zügen aus vielen Teilen Italiens angefahren. Bei allen Fahrten nach Turin (8,40 €, 2–2½ Std., mehr als 10-mal tgl.) muss man in Ivrea umsteigen.

Aosta selbst liegt an der A5, die Turin über den Montblanc-Tunnel mit Frankreich verbindet. Eine weitere Ausfallstraße im Norden der Stadt führt zum Großen-Sankt-Bernhard-Tunnel und von dort weiter in die Schweiz.

Courmayeur

2923 EW. / 1224 M

Courmayeur liegt kurz vor der Grenze und ist über eine spektakuläre Seilbahn mit dem französischen Chamonix verbunden. Das Dorf bietet ein breites Angebot an Freizeitmöglichkeiten, und auf dem alten römischen Kern wurde ein exklusives Skizentrum errichtet. Eingeschränkt wird das Ganze nur durch den hoch aufragenden Montblanc, den höchsten Berg Europas. 4810 m Felsen und Eis erheben sich wie eine undurchdringliche Wand über das enge Tal im Nordwesten Italiens.

Im Winter erinnert Courmayeur an eine Modenschau für Skifahrer, die unterwegs sind zu den Hängen oberhalb des Ortes, wo auch am Ende des Winters noch viel Schnee liegt.

Im Sommer wirkt alles ganz anders. Die Società delle Guide Alpine di Courmayeur (Bergführerverband) hat hier ihren Sitz und die Stadt ist ein wichtiger Zwischenstopp für Wanderer auf einer der drei berühmten Fernwanderrouten: Tour du Mont Blanc (TMB), Alta Via 1 und Alta Via 2.

◎ Sehenswertes

★ Funivie Monte Bianco   SEILBAHN
(www.montebianco.com; hin & zurück 35 €, Pavillon du Mt Fréty hin & zurück 16 €; ⏱8.30–12.40 & 14–16.30) Der Mund bleibt einem offen stehen und man ist sprachlos. Die Seilbahn auf den Mont Blanc ist vielleicht nicht die höchste der Welt, wohl aber die spektakulärste. Mit diesem grandiosen Wunderwerk der Technik erreicht man eine Höhe von drei Vierteln des höchsten Berges in Europa, bevor es (über mehrere Gletscher) weiter geht nach Frankreich. Die Seilbahn fährt alle 20 Minuten vom Ortsteil **La Palud** aus,

der vom Hauptplatz in Courmayeur mit einem kostenlosen Pendelbus zu erreichen ist.

Erster Halt ist auf der 2173 m hoch gelegenen Mittelstation **Pavillon du Mt Fréty**, mit einem Restaurant. Hier befindet sich auch das Naturschutzgebiet von Mont Fréty. Der Gebirgskamm ganz oben ist die **Punta Helbronner** (3642 m). Hier sind warme Kleidung und eine Sonnenbrille gegen den stark blendenden Schnee unerlässlich. Besser fährt man frühmorgens, denn am frühen Nachmittag werden die Wetterbedingungen oft schwierig. Auf der Punta Helbronner gibt es ein kleines, kostenloses **Museum** mit einer Sammlung von Bergkristallen.

Von der Punta Helbronner bringt eine weitere Seilbahn (von Ende Mai bis Ende Sept., je nach Wetterbedingungen) die Touristen in einer atemberaubenden, 5 km langen Fahrt über die Grenze nach Frankreich auf die **Aiguille du Midi** (3842 m), und von dort geht es mit der zweithöchsten Seilbahn Europas hinunter nach Chamonix. Die Fahrt von Courmayeur bis Chamonix kostet insgesamt 50 €, einschließlich einer Rückfahrt mit dem Bus durch den Mont Blanc-Tunnel. Die ganze Unternehmung ist wirklich jeden Cent wert.

Naturschutzgebiet
Mt Fréty Nature   NATURSCHUTZGEBIET
 Das 1200 ha große Naturschutzgebiet liegt zwischen zwei Gletschern und ist von der Mittelstation der Mont Blanc-Seilbahn, Pavillon du Mt Fréty, aus zugänglich.

Im Sommer kann man durch den blühenden Alpengarten **Giardino Botanico Alpino Saussurea** (Eintritt 2 €; ⏱Juli–Sept. 9.30–18 Uhr) spazieren (im Winter unter einer Schneedecke) oder einen der vielen anderen Pfade wählen, u. a. auch den **Sentiero Francesco e Giuditta Gatti**, wo durchaus die Chance besteht, Steinböcke, Murmeltiere oder Hirsche zu sehen.

Museo Alpino Duca degli Abruzzi   MUSEUM
(Piazza Henry 2; Eintritt 3 €; ⏱Do-Di 9-12 & 15.30–18.30, Mi 15.30–18.30 Uhr) Das kleine, aber interessante Museum ist der dramatischen Geschichte der Bergführer in Courmayeur gewidmet und veranschaulicht die enormen Leistungen der Bergsteiger früherer Zeiten.

🏃 Aktivitäten

Courmayeur ist ein Eldorado für Aktivitäten in der freien Natur. Die wenigsten wollen hier nur faulenzen.

Società delle Guide Alpine di Courmayeur
BERGSTEIGEN

(www.guidecourmayeur.com; Strada del Villair) Der älteste Bergführerverband Italiens wurde 1859 gegründet. Im Winter begleiten die Führer Abenteuerlustige auf Routen abseits präparierter Pisten, hinab über vereiste Wasserfälle und zum Helikopter-Skiing. Im Sommer gehören Felsklettern, Canyoning, Kanu- und Kajakfahren und Wandern zu den vielen angebotenen Aktivitäten.

Terme di Pré-Saint-Didier
THERMALBAD

(☑ 0165 86 72 72; www.termedipre.it; Allée des Thermes; Eintritt 34–49 €; ☺ Mo–Do 9.30–21, Fr & Sa 8.30–23, Sa bis 21 Uhr) Das Thermalwasser in Pré-Saint-Didier sprudelt mit einer Temperatur von bis zu 36 °C aus den Tiefen der Felsen und schon die bäderliebenden Römer nutzten das Wasser für Heilzwecke. Bereits 1838 wurde ein Thermalbad eröffnet, aber das jetzige, renovierte Gebäude stammt aus den 1920er-Jahren. Im Eintritt inbegriffen sind Bademantel, Handtuch und Badeschuhe, außerdem frisch gepresste Säfte, Früchte- und Kräutertees.

Neben Saunen, Whirlpools und Wasserfällen zur Muskelentspannung, gibt es ein Innen- und Außenbecken. Der Pool wird samstagabends mit Fackeln und Kerzen beleuchtet, was mit Blick auf den Schnee und den Sternenhimmel wunderschön aussieht. Nach dem Verlassen des Bades sollte man sich die kleine römische Brücke über einem Fluss voller Forellen anschauen. Es sind nur etwa 50 m jenseits des Parkplatzes in entgegengesetzter Richtung zum Dorf.

Skifahren

Courmayeur bietet einige herausragende Skirouten vor dem spektakulären Hintergrund des Mont Blanc. Die beiden größten Skigebiete, Plan Checrouit und Pré de Pascal, sind durch mehrere Pisten (insgesamt 100 km) und ein Netz von Sesselliften miteinander verbunden. Es gibt drei Lifte, die vom Tal aus nach oben führen, in Courmayeur selbst, in Dolonne und im nahe gelegenen Val Veny. Sie werden von **Funivie Courmayeur Mont Blanc** (www.courmayeur-montblanc.com; Strada Regionale 47) betrieben. Warteschlangen sind selten.

Skiunterricht kostet in der 1922 gegründeten **Scuola di Sci Monte Bianco** (www.scuolascimontebianco.com; Strada Regionale 51) etwa ab 38 € pro Stunde. Die Skischule bietet zu ähnlichen Preisen auch Unterricht im Langlaufen und Telemarken an.

Vallée Blanche
SKIFAHREN

Dies ist eine aufregende Freeride-Abfahrt von der Punta Helbronner über den Gletscher Mer de Glace bis nach Chamonix in Frankreich. Die Route selbst ist nicht schwierig (jeder mit mittelmäßigen, verlässlichen Kenntnissen kann sie bewältigen), aber ein erfahrener Führer, der den Skifahrern hilft, Gletscherspalten sicher zu vermeiden, ist unverzichtbar. Alles in allem dauert die 24 km lange Abfahrt etwa vier bis fünf Stunden, wenn man sich gelegentlich Zeit nimmt, den Blick zu genießen.

Toula-Gletscher
SKIFAHREN

Nur sehr erfahrene, gut trainierte Skifahrer können sich an diese beängstigende Abfahrt heranwagen. Sie beginnt ebenfalls auf der Punta Helbronner und stürzt steile 6 km hinab nach La Palud. Meist ist es einfach, sich einer geführten Gruppe anzuschließen.

Wandern

Im Juli und August bringen die Seilbahnen in Courmayeur unentwegt Wanderer und Mountainbiker nach oben in die Berge. Der Transport eines Rads ist kostenlos.

Tour du Mont Blanc
WANDERROUTE

Für viele Wanderer (etwa 30 000 jeden Sommer) ist die Tour du Mont Blanc (TMB) die ultimative Strecke. Der 169 km lange Rundweg führt durch neun Dörfer in Italien, Frankreich und der Schweiz. Den Großteil des Jahres über ist der Weg wegen Schnee unpassierbar. Im Durchschnitt brauchen Wanderer zwischen 7 und 12 Tagen, oder sie laufen nur einen Teil der Strecke. Man kann den Weg zwar auch ohne Bergführer meistern, aber wer sich in dem Gebiet nicht auskennt, ist gut beraten, einen Führer zu engagieren, weil die Strecke zum Teil über Gletscher führt.

Leichte Tageswanderungen auf der TMB führen zur Berghütte Maison Vieille (1 Std. 50 Min.) und zur Hütte Bertone (2 Std.). Von der Piazzale Monte Bianco im Ortszentrum ist der Weg mit gelben Markierungen gekennzeichnet.

Mountainbiking

Für 15 € pro Tag kann man Mountainbikes bei **Noleggio Sci e Mountain Bike** (Strada Regionale 17) ausleihen.

🛏 Schlafen

In der Touristeninformation ist eine Liste der (Berghütten) erhältlich, die normaler-

LIGURIEN, PIEMONT & ITALIENISCHE RIVIERA COURMAYEUR

weise von Ende Juni bis Mitte September geöffnet sind.

Hotel Bouton d'Or HOTEL €€

(☎0165 84 67 29; www.hotelboutondor.com; Strada Statale 26/10; EZ 80–95 €, DZ 130–175 €; P✶@☎⚑) Ist es nur ein Traum? Man öffnet die Augen und blickt auf das imposante Massiv des Mont Blanc. Es kann nicht viele Hotels geben, mit so einer Aussicht, wo die Zimmer so sauber sind und der Service so aufmerksam ist.

Obendrein befindet sich das Bouton d'Or im Zentrum von Courmayeur, bietet eine Sauna, ein Frühstück, einen Pendelservice zur Seilbahn und eine Hotelhalle, die mit vielen interessanten, regionaltypischen Dingen ausgestattet ist.

Hotel Triolet HOTEL €€

(☎0165 84 68 22; www.hoteltriolet.com; Strada Regionale 63; EZ 80–100 €, DZ 130–160 €; P✶☎⚑) Das Triolet ist einen Tick feiner als durchschnittliche Skihotels und mit nur 20 Zimmern auch kleiner. Der Umgangsstil ist deshalb persönlich und freundlich. Neben den üblichen Komfort gibt es ein hübsches Spa (Whirlpool, Dampfbad, Sauna), Schränke für die Skier und einen Frühstücksraum mit schönem Blick.

Mont Blanc Hotel Village LUXUSHOTEL €€€

(☎0165 86 41 11; www.hotelmontblanc.it; La Croisette 36; EZ/DZ 290/320 €; P✶@⚑) Das Hotel liegt in La Salle an einem Hang, 10 km östlich von Courmayeur. Die schönen Zimmer dieses luxuriösen Domizils werden von Stein und Holz dominiert. Viele haben einen sehr großen Balkon mit hinreißendem Blick über das Tal. In einer Reihe höhlenartiger Nischen sind Räumlichkeiten eingebaut für Wellness-Behandlungen und Dampfbäder. Halbpension ist möglich; die Mahlzeiten nimmt man im Hotelrestaurant ein.

Wer stilvoll zu Abend essen will, egal ob er im Hotel wohnt oder nicht, geht in das Gourmetrestaurant des Hotels.

Essen

An der Via Roma befinden sich eine Reihe guter Lebensmittelläden und Restaurants.

Petit Bistrot INTERNATIONAL €

(Via Marconi 6; Crepes 5–7 €) Ein Straßenverkauf für Crêpes verführt zum Eintreten in das Café-Restaurant. Es gibt regionale Klassiker (z. B. *tagliere di lardo* – Speckscheiben mit Feigenmarmelade) und abgewandelte bekannte Snacks (Hamburger mit Rucola und Parmesan).

Pan Per Focaccia SNACKS €

(Via dei Giardini 2a; Focaccia 2–5 €) Das gemütliche Plätzchen liegt versteckt in einer Seitenstraße. Man sitzt auf Holzhockern und hat die Wahl zwischen günstigen Crêpes und *focaccia* direkt aus dem Ofen.

La Terraza INTERNATIONAL €€€

(Via Circonvalazione 73; Menü 35–45 €; ☺Mittag- & Abendessen) Das gut besuchte Lokal bietet das ganze Spektrum an Pizzas, Steaks und anderen Gerichten, auf die hungrige Skifahrer sich nach der Abfahrt stürzen. Man ist der einheimischen Küche treu geblieben und serviert auch viel Typisches, u. a. Polenta, kräftig gewürzte Wurst, Fondue und Pasta mit dem berühmten *fontina*.

Praktische Informationen

Rettungsdienst (☎0165 84 46 84)

Centro Traumatologico (☎0165 84 46 84; Strada dei Volpi 3) Unfallklinik. Das nächste Krankenhaus ist in Aosta.

Touristeninformation (www.courmayeur. net; Piazzale Monte Bianco 13; ☺9–12.30 & 15–18.30 Uhr)

ℹ An- & Weiterreise

Täglich fahren drei Züge aus Aosta bis zur Endhaltestelle Pré-St.-Didier. Hier gibt es Busanbindungen (20–30 Min., 8- bis 10-mal tgl.) zum **Busbahnhof Courmayeur** (Piazzale Monte Bianco) vor dem Eingang der Touristeninformation. Zudem fahren täglich bis zu acht durchgehende Busse von Aosta nach Courmayeur (3,50 €, 1 Std.) und Fernbusse verkehren nach Mailand (15,50 €, 4½ Std., 3- bis 5-mal tgl.) und Turin (9 €, 3½–4½ Std., 2- bis 4-mal tgl.).

Gleich nördlich von Courmayeur führt der 11,6 km lange Montblanc-Tunnel nach Chamonix. Es ist eine Röhre mit nur zwei Fahrspuren. Auf der italienischen Seite erinnert eine Plakette neben dem Tunneleingang an Pierlucio Tinazzi, einen Pannenhelfer, der 1999 bei dem katastrophalen Lastwagenbrand im Tunnel mindestens ein Dutzend Menschen rettete und dabei selbst starb. Der verheerende Brand konnte erst nach zwei Tagen gelöscht werden.

Nationalpark Gran Paradiso

Der älteste Nationalpark Italiens ist auch einer der abwechslungsreichsten und trägt obendrein den passenden Namen. Der Parco

Nazionale del Gran Paradiso wurde 1922 gegründet, nachdem Vittorio Emanuele II sein Jagdgebiet dem Staat schenkte, angeblich um den gefährdeten Steinbock zu schützen. Hier trifft man auf ein echtes „großes Paradies", das die Besonderheit aufweist, dass die Wildnis fühlbar geblieben ist – eine eher seltene Erfahrung in Italien. Da der Park früh gegründet wurde, bevor überall moderne Skiorte entstanden, hat man hier der lukrativen Versuchung des Tourismus widerstanden mit all den Liften, der zweifelhaften Bauweise und den Après-Ski-Clubs.

Der Nationalpark umfasst die Täler rund um den 4061 m hohen Gran Paradiso, drei der Täler gehören zum Aostatal: das Valsavarenche, das Val di Rhêmes und das wunderschöne Valle di Cogne. Auf piemontesischer Seite sind die Täler Soana und Orco Teil des Parks. Hauptausgangspunkt für eine Erkundung des Parks ist das ruhige Cogne, das einen erfreulichen Kontrast bietet zum zersiedelten Cervinia auf der gegenüberliegenden Seite des Aostatals. Hier gibt es eine Fülle an Freizeitmöglichkeiten, aber Cogne ist auch bekannt für die Herstellung von Spitzen. Diese können z. B. in dem hübschen Kunstgewerbe- und Antiquitätenladen Le Marché Aux Puces (Rue Grand Paradis 4; ⊙ Mi geschl.) erworben werden.

 **Sehenswertes**

Giardino Alpino Paradisia GARTEN
(Erw./erm. 3/1.50 €; ⊙ Juni–Mitte Sept. 10–17.30 Uhr, Juli & Aug. bis 18.30 Uhr) 🌿 Im Sommer kann man die unglaubliche Vielfalt der alpinen Flora und Schmetterlinge bewundern. Der Alpengarten befindet sich im Dörfchen Valnontey 3 km südlich von Cogne. Von Juli bis September bietet die **Associazione Guide della Natura** (www.guidenaturacogne.net; Piazza Chanoux 36; ⊙ Mi & Sa 9–12 Uhr) geführte Wanderungen an.

 Aktivitäten

Der Nationalpark Gran Paradiso ist eines der besten Wandergebiete Italiens, mit über 700 km Wanderpfaden und einem Netzwerk von *rifugi*.

In der Touristeninformation sind kostenlose Karten für Touren im Winter und im Sommer erhältlich.

Reiten

Reiten (Std. 25 €) über die Bergwiesen und 45-minütige **Kutschfahrten** (Kutsche für bis zu 4 Pers. 40 €) bietet **Le Traîneau Equestrain Tourism Centre** (📞 333 3147248; www.letraineau.too.it; ⊙ 10–12.30 & 14–19 Uhr) in Valnontey an.

LIGURIEN, PIEMONT & ITALIENISCHE RIVIERA NATIONALPARK GRAN PARADISO

ABSTECHER

FORTE DI BARD

Die Festung Forte di Bard wäre eine passende Kulisse für ein Shakespeare-Stück und auch der Blick nach unten ins Tal würde Dichter inspirieren. Die riesige, imposante Festung liegt auf einem steilen Felsen am Eingang des Aostatals. Mutige italienische Soldaten, zahlenmäßig mit 1 zu 100 weit unterlegen, bekämpften im Jahre 1800 zwei Wochen lang die napoleonischen Truppen von den hoch aufragenden Mauern. Der französische Kaiser war so verärgert darüber, dass er die Festung schleifen ließ. Das heutige **Forte di Bard** (www.fortedibard.it; ⊙ Di–Fr 10–18, Sa & So bis 19 Uhr) GRATIS stammt aus den 1830er-Jahren und wurde 2006 komplett restauriert. Es ist ein Bauwerk voller Geschichte mit großartigem Ausblick und deshalb eine sehr gute Idee für einen Tag, an dem man mal nicht Ski fahren oder wandern möchte (70 Minuten von Aosta mit dem Linienbus). Der Zutritt zum Hauptgebäude ist kostenlos. Den Innenbereich oben auf dem Felsen erreicht man mit Hilfe supermoderner Aufzüge. Kostenlos ist natürlich die tolle Aussicht auf die Bergwelt und der **Espace Alpe Culture** (Raum der Alpenkultur), wo Interessantes zur Geschichte und Kultur des Aostatals gezeigt wird. Wer aber wirklich etwas von dem Tag haben möchte, sollte ins **Museo delle Alpi** (Erw./erm. 8/6 €) gehen. Es ist ein gut geplantes, interaktives Museum, in dem die Besucher auf eine Bildungsreise durch die Alpen geschickt werden. Besonders bemerkenswert ist im Museumskino ein simulierter Flug über die Alpen, in dem man wie ein Adler über Täler, Dörfer, Seen und schneebedeckte Berge fliegt. Ebenfalls sehenswert ist das **Gefängnis** (Erw./erm. 4/2 €), das bis Ende des Zweiten Weltkriegs benutzt wurde. Zur Anlage gehören ein Café, ein Restaurant und einige Läden. Im Sommer finden hier auch Konzerte statt.

Skifahren

Es gibt einen (gewollten) Mangel an Abfahrtspisten, aber dafür 80 km gut markierte **Langlaufloipen** (Tageskarte 5 €) durch das unberührte Valle di Cogne. Empfehlenswert ist etwa die Loipe 23 nach Valnontey und **Vermiana** oder auch die Route Richtung Osten nach Lillaz. Leider Gottes sind da aber immer noch 9 km Skipiste. Ein Tagespass für die einzige Seilbahn in Cogne, Sessel- und Schlepplift kostet 23 €.

Die Skischule Gran Paradiso bietet Skikurse an und wer etwas Außergewöhnliches tun möchte, kann sich bei der Bergführergemeinschaft **Società Guide Alpine di Cogne** (www.guidealpi necogne.it; Piazza Chanoux 1) zu einer **Eisklettertour** am Lillaz-Wasserfall anmelden.

Wandern

Zu den leichten Wanderungen bei Cogne gehört der 3 km lange Spaziergang (auch für Rollstuhlfahrer geeignet) auf der Route 23 nach Lillaz. Dort befinden sich ein geologischer Park und ein Wasserfall, der in drei Stufen 150 m in die Tiefe stürzt. Die Routen 22 und 23 führen auch zum Dörfchen Vermiana (nur Hinweg, 1½ Std.). Route 8 führt von Cogne über das Dorf Gimillian zu einem anderen Wasserfall (Pila).

Eine mäßig anstrengende Wanderroute führt von Valnontey zum **Rifugio Sella** (0165 7 43 10; www.rifugiosella.com; Bett 17 €), einer früheren Jagdhütte von König Vittorio Emanuele II. Von der Brücke im Ort geht die Alta Via 2 ca. 2 bis 2½ Std. nach oben. Wagemutigere Wanderer können über die abwechslungsreiche Route Sella–Herbetet Traverse (15 km) weitergehen. Der Rundweg führt in etwa sieben Stunden zurück nach Valnontey. Wer sich für die Tour interessiert, sollte keine Höhenangst haben. Auch eine gute Karte ist Bedingung.

Bergsteigen

Pont im Valsavarenche ist der Hauptausgangspunkt für den Aufstieg auf den Gipfel des Gran Paradiso. Das ist nicht so anspruchsvoll wie der Mont Blanc und in einem Tag zu schaffen, aber man braucht einen Führer (eine Zweitagestour für zwei Personen kostet 500 €). Ansprechpartner ist die Società Guide Alpine di Cogne (s. oben).

🛏 Schlafen & Essen

Wildes Campen ist im Nationalpark verboten, aber es gibt elf *rifugi*.

Hotel Sant'Orso   HOTEL €

(0165 7 48 21; www.cognevacanza.com; Via Bourgeois 2; EZ/DZ 73/84 €, EZ/DZ mit HP 109/121 €; Betriebsurlaub im Frühling und Herbst zu unterschiedl. Zeiten; P 🗙 📶) Das Sant'Orso ist ruhig, höflich und schlicht, eben genauso wie der Ort selbst. Daneben gibt es diverse versteckte Pluspunkte, ein Restaurant, ein kleines Kino, eine Sauna, ein Kinderspielzimmer und eine Terrasse. Außerdem führt die Loipe unmittelbar am Hotel vorbei. Den Besitzern gehört auch das Hotel du Gran Paradis in der Nähe.

Camping Lo Stambecco   CAMPINGPLATZ €

(0165 7 41 52; www.campinglostambecco.com; Person/Zelt/Auto 7/5/3; Mai–Sept.; P) Ein gepflegter und angenehmer Campingplatz, wo man sein Zelt unter Kiefern mitten im Nationalpark aufstellen kann.

Hotel Ristorante
Petit Dahu   TRADITIONELL ITALIENISCH €€

(0165 7 41 46; www.hotelpetitdahu.com; EZ/DZ mit HP 74/146 €, Menü 35 €; Mai & Okt. geschl.; P) Das angenehme, inhabergeführte Hotel ist in zwei traditionellen Häusern aus Stein mit viel Holz untergebracht. Dazu gehört ein sehr gutes Restaurant (auch Nicht-Hotelgäste sind willkommen, aber unbedingt vorher reservieren), in dem rustikale Gerichte der Bergregion gewürzt mit wilden Kräutern serviert werden. Die reine Unterkunft kostet 36–50 € (Einzelzimmer) oder 72–100 € (Doppelzimmer).

★ Hotel Bellevue   LUXUSHOTEL €€€

(0165 7 48 25; www.hotelbellevue.it; Rue Grand Paradis 22; EZ/DZ 220/240 €, Chalet f. 2 Pers. 250–320 €; Mitte Dez.–Mitte Okt.; P 🗙) Ein Refugium in den Bergen mit grünen Fensterläden, in dem Details, z. B. Betten mit einem Himmel aus Stoff und Holz und Badewannen mit Löwenfüßen, an die Gründungszeit des Hotels in den 1920er-Jahren erinnern. In einigen Zimmern gibt es auch einen offenen Kamin. Im Preis eingeschlossen sind der Tee bzw. Kaffee am Nachmittag, die Benutzung des Wellness-Bereichs sowie die Ausleihe von Mountainbikes und Schneeschuhen.

Vier Restaurants gehören zum Hotel, ein Sternerestaurant (mittwochs geschl.), eines (dienstags geschl.), wo Käse aus eigener Herstellung angeboten wird, eine Terrasse für Mittagsgerichte und eine Brasserie (montags geschl.) ein paar Meter entfernt am Hauptplatz des Dorfes gelegen.

🛈 Praktische Informationen

Consorzio Gran Paradiso Natura (www.granpa radisonatura.it; Loc Trépont 91)

Touristeninformation (www.cogne.org; Piazza Chanoux 36; ⊙ Mo–Sa 9–12.30 & 14.30–17.30 Uhr).

🛈 Anreise & Unterwegs vor Ort

Bis zu 7 Busse verkehren täglich zwischen Cogne und Aosta (50 Min.). Cogne ist von Pila auch mit der Seilbahn zu erreichen.

Regionalbusse (bis 10-mal tgl.) fahren auch nach Valnontey (0,90 €, 5 Min.) und Lillaz (0,90 €, 5 Min.).

Valtournenche

Valtournenche wird überragt von einem der spektakulärsten Berge Europas, dem eindrucksvollen Matterhorn (4478 m) mit seiner unverwechselbaren Silhouette. Als der englische Dichter Byron hier einst stand, nannte er es „Europas edelsten Felsen." Heute würde er allerdings leider auch einen der hässlichsten Skiorte in den Alpen finden, Breuil-Cervinia. Dafür sind die unzähligen Möglichkeiten für Skifahrer hier unübertroffen. Man kann das ganze Jahr über Ski fahren und sogar einen kleinen Abstecher hinüber nach Zermatt in der Schweiz machen.

Aktivitäten

Das Plateau Rosa (3480 m) und das Kleine Matterhorn (3883 m) im Skigebiet von Breuil-Cervinia gehören zu den höchstgelegenen Abfahrten Europas. Bei Campetto kann sogar nachts Ski gefahren werden. Es gibt ein paar Dutzend Seilbahnen, vier davon in Breuil-Cervinia, über die 200 km Skipiste erschlossen worden sind. Ein Tagesskipass für Breuil-Cervinia und Valtournenche kostet 36 €.

Unterricht im Ski- und Snowboardfahren erteilen die **Scuola Sci del Breuil-Cervinia** (www.scuolascibreuil.com) und die **Scuola Sci del Cervino** (www.scuolacervino.com). Wer abseits der Skipisten am Matterhorn Ski fahren will, wendet sich an den Bergführerverband **Società Guide del Cervino** (www.guidedelcervino.com; Via J Antoine Carrel 20).

Zwischen Juli und September sind mehrere der Seilbahnen und Lifte zum **Plateau Rosa** weiterhin in Betrieb. So ist es möglich, auf der Schweizer Seite das ganze Jahr über Ski zu fahren. Ein internationaler Tagespass kostet 50 €.

🛈 An- & Weiterreise

Busse der Firma **Savda** (☑ 0165 36 12 44) fahren von Breuil-Cervinia nach Châtillon (1 Std., 7-mal tgl.). Von dort gibt es Anschlussbusse nach Aosta.

Mailand & die Oberitalienischen Seen

Inhalt ➡

Gut essen

➡ Trattoria del Nuovo Macello (S. 300)

➡ Gatto Nero (S. 330)

➡ Osteria Le Servite (S. 341)

➡ Osteria al Bianchi (S. 348)

➡ Dal Pescatore (S. 352)

Schön übernachten

➡ Maison Borella (S. 299)

➡ Hotel Pironi (S. 320)

➡ Hotel Silvio (S. 329)

➡ Residence Filanda (S. 340)

➡ Armellino (S. 352)

Auf nach Mailand & an die Oberitalienischen Seen!

Die Lombardei (Lombardia), die sich zwischen den Alpen und der Poebene erstreckt, besteht aus unterschiedlichsten Landschaften: Industriestädten, Bergstädtchen und Ferienorten an den Seen. Dazwischen dehnen sich Berghänge, Zitronenhaine, Weingärten und Reisfelder aus. Mittelpunkt ist Mailand, die Hauptstadt der Lombardei und das Wirtschaftszentrum Italiens. Die zweitgrößte Stadt des Landes ist Sitz der wichtigsten Börse Italiens, ein Messezentrum und Hochburg der internationalen Modebranche.

Gletscherseen reihen sich im Norden an die Ausläufer der Berge. Villen mit Gärten schmücken elegante Städte und Dörfer an den Seeufern. Weiter im Norden gehen das Valtellina (Veltlin) und die Bergamasker Alpen (Alpi Orobie) in spektakuläre Nationalparks über. Südlich der Seenkette liegen historische Städte, wie das Bergamo, das alte Geigenbauzentrum Cremona und die Renaissancestadt Mantua.

Reisezeit
Mailand

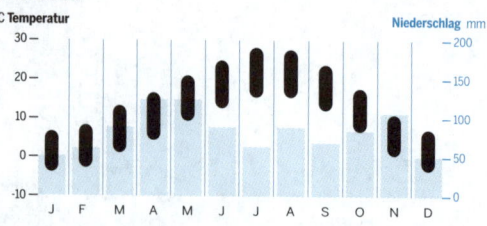

°C Temperatur — Niederschlag mm

Mai & Juni Frühlingsblumen, mildes Wetter und Konzerte in Cremona kündigen den Sommer an.

September Bis zu 350 Boote nehmen an der Centomiglia teil, der Regatta auf dem Gardasee.

Dez. Höhepunkte sind das Sant'Ambrogio-Fest und die Opernsaison der Scala.

Expo 2015

1851 wurde in London die erste Weltausstellung veranstaltet. Gezeigt wurden die „Ergebnisse des Fleißes aller Nationen". 25 Länder nahmen daran teil, und von den Gewinnen wurden das Victoria & Albert Museum, das Science Museum und das Natural History Museum errichtet. Bereits 128 Länder haben sich zur Expo in Mailand angemeldet, die am 1. Mai 2015 beginnt (www.expo2015.org). Die Kosten belaufen sich auf 13,5 Mrd. €; der sechsmonatige Rummel, so schätzt die Bocconi Universität, wird aber 25 Milliarden € an Investitionen nach sich ziehen und mehr als 200 000 Jobs schaffen. Es ist eine kühne Vision, doch die instabile italienische Regierung setzt darauf, um das Land aus seiner wirtschaftlichen Flaute zu holen. Wer während dieser Veranstaltung (Mai bis Oktober 2015) einen Besuch in der Stadt plant, sollte alles weit im Voraus buchen.

PREISE JE NACH SAISON

Rund um die Oberitalienischen Seen können die Preise saisonabhängig erheblich schwanken. An Ostern, in den Sommermonaten und an den Tagen um Weihnachten und Neujahr herrscht touristisch gesehen Hochsaison. Viele Hotels an den Seen sind nur von Ostern bis Oktober geöffnet, wenn die kältere Witterung einsetzt, sinken sie in den Winterschlaf. In Verona schnellen während der Opernsaison von Juni bis September die Preise nach oben, und Zimmer werden knapp.

Mailand ist ein Fall für sich. Hier hängen die Schwankungen der Preise mit der Handelsmesse und dem Event-Kalender zusammen – je größer die Messe, desto höher die Preise und desto schwerer ist es, ein Zimmer zu ergattern. Im April während des Salone Internazionale del Mobile können die Preise um bis zu 200 % steigen, und im Umkreis von 100 km ist kein einziges Hotelzimmer mehr zu finden. Der August ist dagegen für Mailand Nebensaison, weil alle zum Jahresurlaub an die Oberitalienischen Seen entfliehen.

Abseits des Trubels

➡ Mal raus ins Grüne zu einem Picknick und Sonnenbad im Parco Sempione (S. 295).

➡ Sich in der Menge der entschlossenen Schnäppchenjäger auf dem wöchentlichen Flohmarkt in Luino verlieren (S. 321).

➡ Auf eigene Faust Touren auf den Seen unternehmen mit Kajaks von Bellagio Water Sports (S. 329).

➡ Lorenzo Lotto entdecken bei einem Zug durch die Kirchen zu einigen der schönsten Meisterwerke von Bergamo (S. 346).

➡ Felskunst erforschen im Valle Camonica, das als Unesco-Welterbe geschützt ist (S. 332).

➡ Auf einer einwöchigen Tour mit Avemaria per Schiff und Fahrrad den Fluss Mincio hinunterzuckeln (S. 351).

NICHT VERSÄUMEN

Im Voraus buchen sollte man die faszinierende Führung durch die Kostümschneidereien und **Werkstätten der Mailänder Scala** (Karte S. 292; ☎ 390 243353521; www.teatro allascala.org; Via Bergognone 34; 5 €; Ⓜ Porto Genova).

Top-Touren & -Kurse

➡ Bike & the City (S. 298) Mailand mit Einheimischen kennenlernen

➡ Bellagio Cooking Classes (S. 329) Kochen lernen bei Hausfrauen vor Ort

➡ Visit Mantua (S. 352) Eine Führung durch die Renaissancezeit in Mantua

Reiseplanung

➡ **3 Monate vorher** Karten für Opernbesuche in Mailand und Verona buchen

➡ **2 Monate vorher** Tickets für *das Abendmahl* und Fußballspiele kaufen

➡ **1 Monat vorher** Führer und Kurse buchen

➡ **1 Woche vorher** Sich im *Corriere della Sera* über Veranstaltungen informieren

Infos im Internet

➡ **Cenacolo Vinciano** (www.cenacolovinciano.org) Buchung für *Das Abendmahl*

➡ **Milan is Tourism** (www. turismo.milano.it)

➡ **Navigazione Laghi** (☎ 800 55 18 01; www.naviga zionelaghi.it) Fähren auf dem Lago Maggiore, Comer und Gardasee

Highlights

1 Den Mailänder Erfindergeist im **Quadrilatero d'Oro** (S. 306) bewundern und da Vincis *Das Abendmahl* (S. 295) bestaunen.

2 Die Inselgärten des Lago Maggiore durchstreifen auf der **Isola Bella** (S. 318) und den **Isole di Brissago** (S. 320).

3 Mit dem Boot von Cannobio ins schweizerische **Locarno** (S. 320) tuckern.

4 Den Comer See im eigenen **Cigarette-Boot** (S. 329) oder **Kajak** (S. 329) befahren.

5 Dableiben, wenn die Massen sich verflüchtigen, und **Bellagio** für sich allein haben (S. 328).

6 Ein Boot besteigen oder Windsurfen unterhalb der schneebedeckten Gipfel in **Riva del Garda** (S. 340).

7 Zu den ersten gehören, die das **Museo del Violino** in Cremona (S. 353) und die renovierte **Accademia Carrara** (S. 343) in Bergamo besuchen.

8 Die Fresken der Olympischen Götter und Renaissance-fürsten bestaunen im **Palazzo Ducale** (S. 348) und im **Palazzo Te** (S. 349) in Mantua.

9 Zum Abendessen die Küche der Lombardei genießen im preisgekrönten Restaurant **Dal Pescatore** (S. 352) in Canneto sull'Oglio.

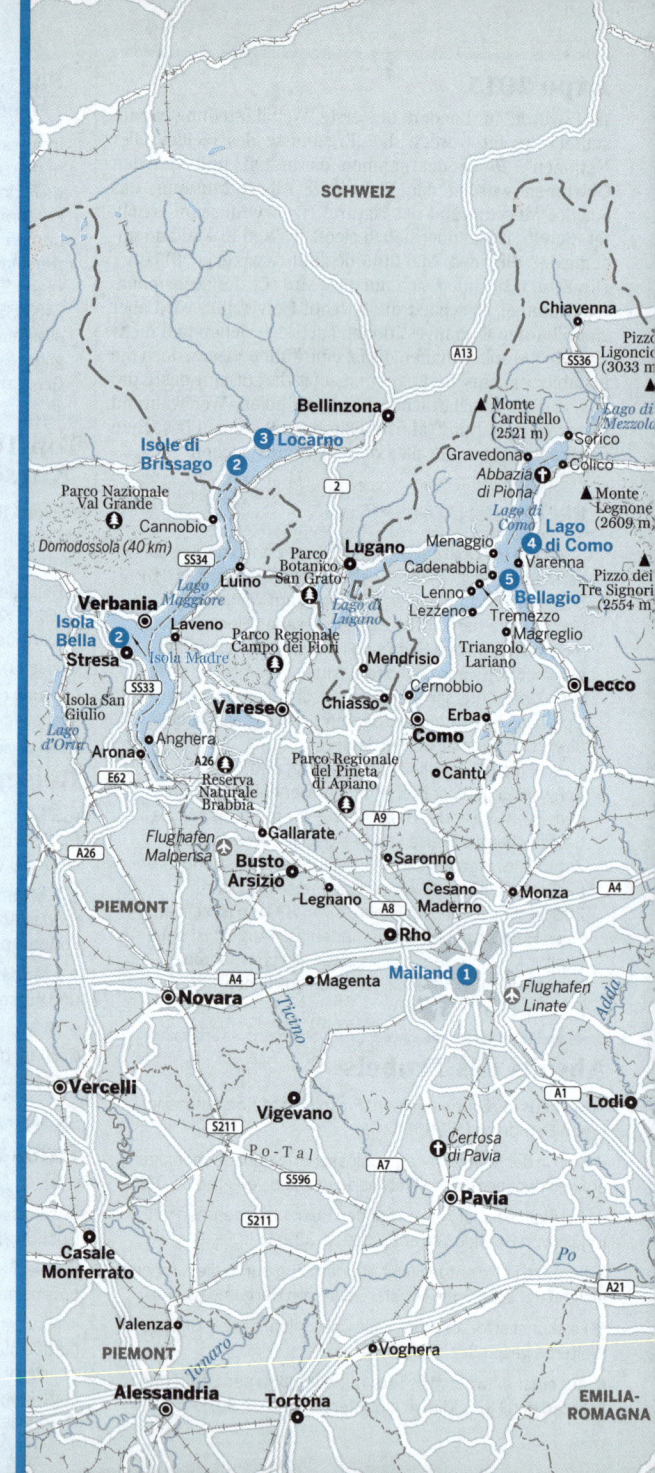

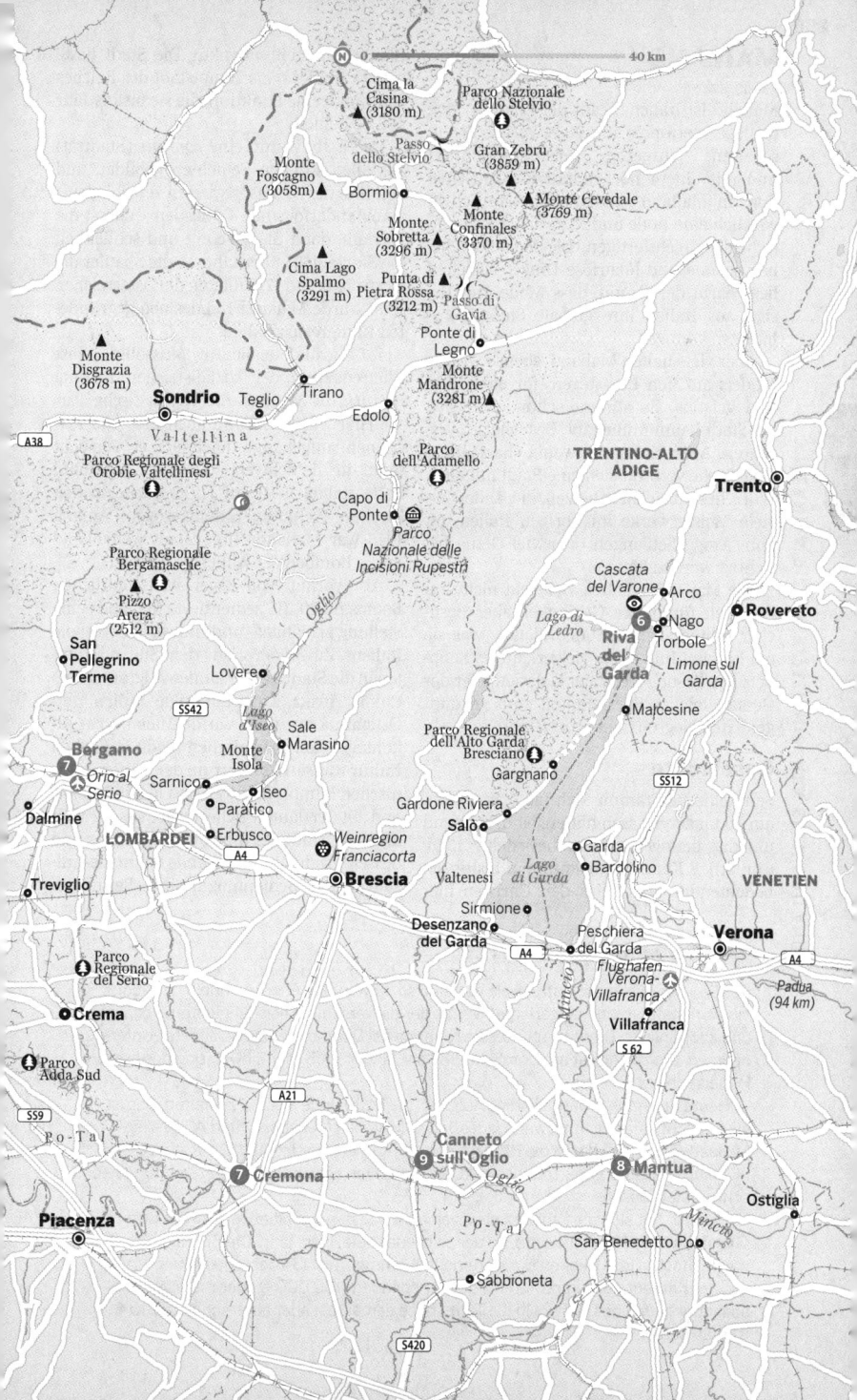

MAILAND

1,3 MIO. EW.

Mailand ist Italiens Stadt der Zukunft, eine rastlose Metropole mit New Yorker Eigenschaften: ehrgeizig, leistungsorientiert und mit einem höchst individualistischen Zug. In Mailand spielt der äußere Schein wirklich eine Rolle und Materialismus muss sich nicht rechtfertigen. Die Mailänder lieben schöne und luxuriöse Dinge. Vielleicht liegt darin der Grund, dass Mode und Design aus Italien ihre globale Stellung behaupten können.

Aber viele halten Mailand, ebenso wie die Models auf den Laufstegen, für eitel, kühl und geistlos. Es stimmt schon, dass sich die Stadt kaum Mühe gibt, Besucher zu verführen. Aber hinter der wenig charmanten Oberfläche verbirgt sich eine Stadt mit alten Wurzeln und vielen Schätzen, die, anders als viele Meisterwerke im übrigen Italien, oft ohne lange Schlangen oder viel Getue besichtigt werden können.

Die Mailänder haben vielleicht nicht immer Zeit für nettes Geplänkel, aber Besucher sollten sich dem anschließen, was sie am liebsten tun, sei es zielgerichtetes Shoppen, der Besuch trendiger Galerien oder der Genuss lokaler Spezialitäten zum gekonnt gemixten Negroni zum *aperitivo*. *Cin-cin!*

Geschichte

Seit keltische Stämme sich im 7. Jh. v. Chr. am Po niedergelassen hatten, ist die Gegend um das heutige Mailand besiedelt. 313 n. Chr. erließ Kaiser Konstantin ein historisch bedeutendes Edikt, das den Christen hier Glaubensfreiheit schenkte. Die Stadt hatte bereits 286 Rom als Hauptstadt des Reiches verdrängt, eine Funktion, die sie bis ins Jahr 402 beibehielt.

Im 11. Jh. wurde eine *comune* (Stadtrat) aus allen sozialen Schichten gebildet, und ab Mitte des 13. Jhs. regierten verschiedene, aufeinanderfolgende Dynastien – zuerst die Torriani, dann die Visconti und schließlich die Sforza. 1525 übernahmen die Spanier die Herrschaft und 1713 folgten die Österreicher. 1860 wurde Mailand Teil des neu gegründeten Königreichs Italien.

1919 gründete Benito Mussolini, einst Chefredakteur der sozialistischen Zeitung *Avanti!*, in Mailand die Faschistische Partei. Hier wurde er dann auch 1945 von Partisanen aufgehängt, nachdem er versucht hatte, in die Schweiz zu fliehen. Mussolini hatte Italien 1940 auf Hitlers Seite in den Zweiten Weltkrieg hineingezogen. Anfang 1945 war Mailands Innenstadt weitgehend durch Bomben der Alliierten zerstört.

Als Vorhut zweier wirtschaftlichen Booms im 20. Jh. zementierte Mailand seine Stellung als Finanz- und Industriemetropole Italiens. Zuwanderer aus dem Süden strömten in die Stadt, später kamen Migranten aus China, Afrika, Lateinamerika, Indien und Osteuropa hinzu. So wurde Mailand zur inhomogensten italienischen Stadt. In Sachen Kultur war sie das Zentrum der frühen italienischen Filmproduktion, und in den 1980er- und 1990er-Jahren beherrschte sie die Welt als Hauptstadt des innovativen Designs und dessen Produktion. Mailands Selfmade-Aufsteiger und Medienmogul Silvio Berlusconi

PATE FÜR EINE TURMSPITZE

Der Bau der Mailänder Kathedrale war eine so aufwendige Angelegenheit, dass dafür ein Werkstattverband eingerichtet wurde, der die verschiedenen Tätigkeiten organisierte und koordinierte. Diese Bauhütte, die Fabbrica del Duomo, ist Italiens ältestes Unternehmen, das die Arbeit am Dom von 1387 bis Januar 1965 (der Einweihung des letzten Portals) überwacht hat.

Heute obliegt ihm die gewaltige Aufgabe, die Kathedrale instand zu halten. Das ist eine beachtliche Leistung, wenn jedes Jahr 5 Millionen Menschen (und 40 % aller Mailand-Besucher) durch die Bronzetüren der Kathedrale strömen. Die Aufgabe wird nicht leichter durch Sparmaßnahmen, die das italienische Kulturbudget um 30 % haben schrumpfen lassen.

Deshalb hat sich die Fabbrica etwas einfallen lassen, die Initiative **Adotta una Guglia** (www.getyourspire.com), an der sich jeder beteiligen kann. Die Spenden-Kampagne möchte 25 Millionen € zusammenbekommen, um 134 der fabelhaften Turmspitzen der Kathedrale zu renovieren. Für Großspenden (100 000 € oder mehr) wird sogar der Name des Gebers in die Turmspitze gemeißelt, aber auch schon mit 10 € ist man dabei.

trat in den 1990er-Jahren in die Politik ein und wurde dann dreimal als Regierungschef wiedergewählt – Skandale und wirtschaftlicher Niedergang trieben ihn schließlich 2011 aus dem Amt.

Das nächste große Schicksalsdatum der Stadt ist die Expo 2015. Mailand hofft mit einer Weltausstellung zum Thema „Den Planeten ernähren, Energie für das Leben" auf 20 Mio. Besucher.

Sehenswertes

Mailands flaches Gelände und seine monumentalen Gebäude sind von konzentrischen Ringstraßen umgeben, die dem Verlauf der ursprünglichen Festungsmauern folgen. Von den Mauern ist zwar kaum noch etwas erhalten, aber die alten Tore – porta – bilden klare Orientierungspunkte. Nahezu alles, was es hier zu sehen, tun oder kaufen gibt, befindet sich innerhalb dieser Stadttore.

★ Dom KATHEDRALE

(Karte S. 296; www.duomomilano.it; Piazza del Duomo; Erw./erm. Battistero di San Giovanni 4/2 €, Treppe zur Terrasse 7/3,50 €, Aufzug zur Terrasse 12/6 €, Schatzkammer 2 €; 7–18.45 Uhr, Dachterrasse 9–18 Uhr, Baptisterium 9.30–17 Uhr, Schatzkammer Mo–Sa 9.30–17 Uhr; M Duomo) Die Mailänder Kathedrale, eine Vision aus rosafarbenem Candoglia-Marmor, ist ein perfektes Spiegelbild für den kreativen Elan und den Ehrgeiz der Stadt. Ihre perlweiße Fassade, die von 135 Turmspitzen und 3200 Figuren geschmückt wird, ragt wie eine filigrane Märchentiara empor und fasziniert die Massen mit ihren extravaganten Details. Der gewaltige Innenraum mit dem größten Buntglasfenster der Christenheit ist nicht weniger eindrucksvoll. Darunter befinden sich das frühchristliche Baptisterium und die Krypta, in der die sterblichen Überreste des heiligen Carlo Borromeo in einem Sarkophag aus Bergkristall liegen.

Die Konstruktion des Bauwerks, das unter Giangaleazzo Visconti ab 1387 errichtet wurde, galt ursprünglich als undurchführbar. Kanäle wurden zum Transport der gewaltigen Mengen Marmor ins Zentrum der Stadt gegraben und neue Technologien erfunden, um die nie zuvor versuchte gewaltige Aufgabe zu bewältigen. Hinzu kam die kleine Nebensache des Stils. Die Gotik kam aus der Mode und wurde für „zu französisch" befunden. Und so nahm der Dom mehrere Stile an, als sich die Jahre und dann die Jahrhunderte dahinzogen. Der langsame Bau wurde zum Synonym für eine

ℹ STRASSENBAHNTOUR AUF EIGENE FAUST

Eine individuelle Stadttour kann jeder mit der Straßenbahn Nr. 1 genießen. Dieses altmodische, orangefarbene Prachtstück mit Holzsitzen und originaler Ausstattung fährt die Via Settembrini entlang und dann durch das historische Zentrum auf der Via Manzoni, über die Piazza Cordusio und zurück Richtung Piazza Cairoli und Castello Sforzesco. Eine 75 Minuten gültige Fahrkarte (1,50 €), die auch für Bus und Metro gilt, muss vor der Fahrt in jedem beliebigen Tabakladen gekauft und dann in der jeweiligen obliteratrice (Entwerter) in der Straßenbahn gestempelt werden.

aussichtslose Aufgabe (fabrica del Duomo im Mailänder Dialekt). Tatsächlich ist ein Großteil der Ausschmückung Neogotik des 19. Jhs., die letzten Handgriffe stammen aus den 1960er-Jahren. Gekrönt wird der Bau von einer vergoldeten Kupferstatue der Madonnina (kleine Madonna), der traditionellen Schutzpatronin der Stadt.

Der spektakulärste Blick ist aber der durch die unzähligen Marmorturmspitzen und Fialen, die das Dach krönen. An klaren Tagen sind von hier aus die Alpen zu sehen.

★ Museo del Novecento KUNSTGALERIE

(Karte S. 296; ☎ 02 8844 4072; www.museodelnovecento.org; Piazza del Duomo 12; Erw./erm. 5/3 €; Di–So 9.30–19.30, Mo 14.30–19.30 Uhr; M Duomo) An der Piazza del Duomo bietet Mussolinis Arengario (Karte S. 296; M Duomo) einen fantastischen Blick auf die Kathedrale. Von hier aus beschwor der Diktator in der Blütezeit seines Regimes die Menschenmassen. Heute beherbergt das Gebäude Mailands Museum für Kunst des 20. Jhs. Die unteren Stockwerke, die um eine futuristische spiralförmige Rampe herumgebaut sind (eine Hommage ans Guggenheim), sind ziemlich vollgestopft. Aber die aufregende Sammlung, zu der Künstler wie Boccioni, Campigli, de Chirico und Marinetti zählen, macht das mehr als wett.

Wie wäre es zum Abschluss mit einem Besuch im Bistro (Karte S. 296; ☎ 02 7209 3814; www.giacomoarengario.com; Via Guglielmo Marconi 1; Gerichte 30–40 €; 12–24 Uhr; M Duomo) im 3. Stock mit Blick auf den Dom?

Mailand

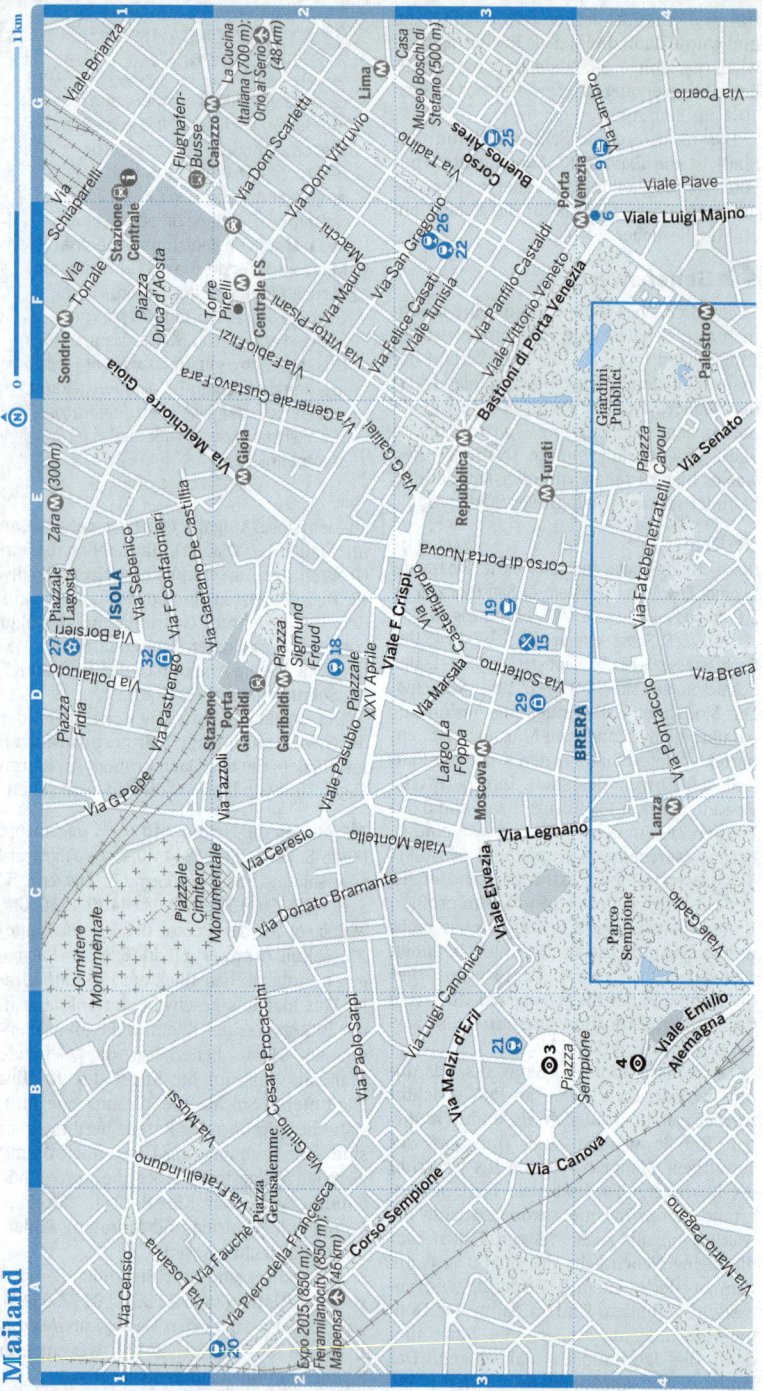

Via Carlo Goldoni

Piazza Risorgimento

Via Macedonio Melloni

Via Pasquale Sottocorno

Il Salvagente

Corso XXII Marzo 24

Linate (5 km)

Trattoria del Nuovo Macello (2 km)

Via Spartaco

Via Fogazzaro

Via Bergamo

Via Lazio

Via Pier Lombardo

Piazzale Libia

Via Sigieri

Lodi TIBB (250 m)

10

16 13

Piazza Cinque Giornate

Corso di Porta Vittoria

Viale Monte Nero

Viale Emilio Caldara

Via S. Luttuada

Via Bernardino Corio

Via Crema

14

Corso Monforte

Via Pietro Mascagni

Via Pace

PORTA ROMANA

Porta Romana

Corso Venezia

San Babila

Giardino della Guastalla

s. Karte Mailand Zentrum (S. 296)

Via A. Lamarmora

Via Orti

Corso di Porta Romana

Via A. Filippetti

Viale Sabotino 23

Salumeria della Musica (1,3 km); Plastic (1,8 km)

Montenapoleone

Piazza della Scala

Piazza del Duomo

Via Larga

Corso di Porta Vigentina

Crocetta

Via G. Mercalli

Corso di Porta Vigentina

Via G Ripamonti

Via dell'Orso

Duomo

Missori

Via Santa Sofia

Via S. Martino

Viale Beatrice d'Este

Viale Bligny

Magazzini Generali (500 m)

Piazza Castello

Cordusio

Corso Italia

Via F Bocconi

Cairoli

Parco delle Basiliche

Via Pietro Teulié

Via Col Di Lana

Sadler (800 m); Mediolanum Forum (6 km)

Cadorna Triennale

Basilica di San Lorenzo

Via Arena

Corso di Porta Ticinese

12

Corso San Gottardo

17

Stazione Nord (Stazione Cadorna)

Via Edmondo de Amicis

Via Gaudenzio Ferrari

Viale Gabriele Annunzio

Darsena

Ripa di Porta Ticinese

30

7

Via Giovanni Boccaccio

1 Il Cenacolo Vinciano

8

Piazza Sant'Ambrogio

Via Ariberto

Viale Col Di Lana

11

34

Corso Magenta

Sant'Ambrogio

Via Cesare da Sesto

Via Vigevano

31

Via XX Settembre

Museo Nazionale della Scienza e della Tecnologia 2

Via San Vittore

33

Via Ausonio

Via Savona

Porta Genova

Via Paoli

Via Valenza

Piazza Nicolò Tommaseo

Conciliazione

Porto Magenta

Corso Vercelli

Tara Verde (1,1 km); Lampugnano (4 km); Stadion San Siro (4 km)

Sant'Agostino

Parco Solari

Viale Papiniano

28

Stazione Porta Genova

ZONA TORTONA

Via Andrea Solari

Via Bugatti

Via Tortona

Via Bergognone

5

Naviglio Grande

Alzaia Naviglio Grande

Mailand

Palazzo Reale

MUSEUM, PALAST

(Karte S. 296; www.comune.milano.it/palazzo reale; Piazza del Duomo 12; Ausstellungen 5–12 €, Museo della Reggia frei; ⊙ Ausstellungen Mo 14.30–19.30, Di, Mi, Fr & So 9.30–19.30, Do & Sa 9.30–22.30 Uhr, Museum Di–So 9.30–17.30 Uhr; Ⓜ Duomo) Giuseppe Piermarini, der Lieblingsarchitekt von Kaiserin Maria Theresia, verpasste dem Rathaus und dem Visconti-Palast im späten 18. Jh. eine klassizistische Instandsetzung. Die ausgesprochen eleganten Innenräume wurden im Zweiten Weltkrieg durch Bomben weitgehend zerstört; die **Sala delle Cariatidi** beließ man als Mahnung an die wahllose Zerstörungskraft des Krieges in diesem Zustand. Heute locken Blockbuster-Ausstellungen von so unterschiedlichen Künstlern wie Tizian, Bacon und Dario Fo die Besuchermassen an.

Teatro alla Scala

OPERNHAUS

(La Scala; Karte S. 296; www.teatroallascala.org; Via Filodrammatici 2; Ⓜ Cordusio, Duomo) Giuseppe Piermarinis grandioses Theater mit 2800 Plätzen wurde 1778 mit Antonio Salieris *Europa Riconosciuta* eingeweiht. Es ersetzte den Vorgängerbau, der nach einer Karnevalsgala durch ein Feuer vernichtet worden war. Finanziert wurde der Bau durch den Verkauf von *palchi* (privaten Logen), die in Gold und Purpur gehalten sind und sich über sechs Etagen ziehen. Wenn nicht gerade Proben laufen, können Besucher einen Blick in die prachtvoll ausgestatteten Logen 13, 15 und 18 werfen.

Im zugehörigen **Museum** (La Scala Museum; Karte S. 296; ☎ 02 4335 3521; Largo Ghiringhelli 1; Eintritt 6 €; ⊙ 9–12.30 & 13.30–17.30 Uhr) künden Harlekin-Kostüme und ein Spinett mit der Inschrift „Unkundige Hände, rührt mich nicht an!" von der Jahrhunderte währenden Tradition des Mailänder Musikdramas auf und neben der Bühne.

★ Pinacoteca di Brera

GALERIE

(Karte S. 296; ☎ 02 7226 3264; www.brera. beniculturali.it; Via Brera 28; Erw./erm. Kind 6/3 €; ⊙ Di–So 8.30–19.15 Uhr; Ⓜ Lanza) Im Obergeschoss der jahrhundertealten **Accademia di Belle Arti** (immer noch eine der prestigeträchtigsten Kunstschulen Italiens) beherbergt diese Galerie Mailands eindrucksvollste Sammlung Alter Meister, ein Großteil gehört zu der Beute, die Napoleon in Venedig mitgehen ließ. Rembrandt, Goya und van Dyck haben alle ihren Platz in der Sammlung, aber wer hierher kommt, will natürlich die bekannten Italiener sehen: Tizian, Tintoretto, den herrlichen Veronese, den wegweisenden Mantegna, die Bellini-Brüder und einen Caravaggio.

★ Museo Poldi Pezzoli
MUSEUM

(Karte S. 296; ☎ 02 79 48 89; www.museopoldipezzoli.it; Via Alessandro Manzoni 12; Erw./erm. 9/6 €; ⊙ Mi–Mo 10–18 Uhr; Ⓜ Montenapoleone) Gian Giacomo Poldi Pezzoli erbte im Alter von 24 Jahren nicht nur ein gewaltiges Vermögen, sondern auch die Liebe seiner Mutter zur Kunst. Auf ausgedehnten Reisen durch Europa inspirierte ihn vor allem das „Hausmuseum", das später zum Londoner V&A (Victoria and Albert Museum) wurde. Während seine Sammlung wuchs, entwickelte Pezzoli die Idee, seine Wohnräume entsprechend den großen Kunstepochen der Vergangenheit (Mittelalter, Frührenaissance, Barock und Rokoko) umzugestalten. Mit ihrer Sammlung kostbarer Kunstwerke, darunter Botticelli, Bellini und das wunderschöne *Bildnis einer jungen Frau* von Pollaiuolo, wirken die Räumlichkeiten etwas überladen, aber so eine *Sala d'Artista* ist auch für sich selbst genommen ein exquisites Kunstwerke.

Castello Sforzesco
BURG, MUSEUM

(Karte S. 296; ☎ 02 884 63 700; www.milanocastello.it; Piazza Castello; ⊙ Sommer 7–19 Uhr, Winter bis 18 Uhr; Ⓜ Cairoli) Die gewaltige Burg aus roten Ziegeln gehörte ursprünglich den Visconti und war später im Besitz der mächtigen Sforza-Dynastie, die Mailand in der Renaissance beherrschte. Die Festungsanlagen entwarf der vielseitige Leonardo da Vinci; Napoleon ließ später den Burggraben trockenlegen und die Zugbrücken entfernen. Heute beherbergt die Burg sieben Spezialmuseen, die faszinierende Fragmente aus Mailands Kultur- und Stadtgeschichte, gotische Meisterwerke aus der Lombardei und Michelangelos letzte Arbeit, die schockierend moderne *Rondanini Pietà* umfassen.

Hinter der Burg liegt der **Parco Sempione** (Karte S. 296; ⊙ 6.30 Uhr bis zur Dunkelheit; Ⓜ Cadorna, Cairoli) GRATIS, die Grüne Lunge der Stadt mit gewundenen Pfaden, dekorativen Teichen und Giò Pontis spindeldürrem Turm, **Torre Branca** (Karte S. 292; ☎ 02 331 41 20; Aufzug 4 €; ⊙ Mai–Mitte Okt. Di & Do 9.30–24, Mi 10.30–12.30, 18.30 & 21.30–24, Fr 14.30–18 & 21.30–24, Sa & So 10.30–14, 14.30–19.30 & 21.30–24 Uhr, im Winter kürzere Öffnungszeiten; Ⓜ Cadorna) von 1933.

★ Das Abendmahl
(Il Cenacolo Vinciano)
WANDBILD

(Karte S. 292; ☎ 02 8942 1146; www.architetonicimilano.lombardia.beniculturali.it; Erw./erm. 6,50/3,25 €, Buchungsgebühr 1,50 €; Ⓜ Cadorna-Triennale) Mailands berühmtestes Wandbild, Leonardo da Vincis *Abendmahl* (*Il Cenacolo*), findet sich versteckt an einer Wand des Refektoriums, das an die **Basilica di Santa Maria delle Grazie** (Corso Magenta; ⊙ Di–So 8.30–19 Uhr; Ⓜ Conciliazione, Cadorna) GRATIS angrenzt. Es zeigt Christus und seine Jünger in dem dramatischen Moment, als Christus zu erkennen gibt, dass er sich des künftigen Verrats bewusst ist. Die meisterhafte psychologische Studie ist eines der berühmtesten Gemälde der Welt.

Die Restaurierung von *Il Cenacolo* wurde 1999 nach mehr als 22 Jahren abgeschlossen. Das Wandbild war durch jahrhundertelange Beschädigungen in einem beklagenswerten Zustand. Daran hat auch da Vinci selbst eine gewisse Schuld: Er trug seinen experimentellen Mix aus Öl und Tempera zwischen 1495 und 1498 auf, und nicht – wie bei Fresken üblich – innerhalb einer Woche. Die Dominikaner machten die Sache nicht besser, als sie 1652 den Boden des Refektoriums anhoben und dabei den unteren Teil der Szene einschließlich Jesus' Füßen kappten. Den größten Schaden richteten Restaurateure im 19. Jh. an, die durch ihr Reinigungsverfahren mit Alkohol und Watte eine ganze Farbschicht entfernten. Der Zustand des Bildes mindert jedoch nicht im Geringsten seine erstaunliche Schönheit. Wer die ätherischen, durchscheinenden Fenster hinter der Erzählhandlung betrachtet, fragt sich, ob da Vincis ungewöhnliche Kurzsichtigkeit nicht göttlich inspiriert war.

Während er an dem Meisterwerk arbeitete, bemerkte ein völlig hingerissener Mönch, dass da Vinci manchmal morgens ankam, die gestrigen Arbeiten betrachtete, und dann gleich wieder ging. Ähnlich kurz (15 Minuten) fällt heutzutage ein normaler Besuch aus, es sei denn, man investiert in **Tickitalys** (www.tickitaly.com; Führung 69 €; ⊙ 19.15 & 20 Uhr) Führungen nach den Öffnungszeiten. In diesem Rahmen dürfen die Besucher 30 Minuten bleiben.

★ Museo Nazionale della Scienza e della Tecnologia
MUSEUM

(Karte S. 292; ☎ 02 48 55 51; www.museoscienza.org; Via San Vittore 21; Erw./Kind 10/7 €, U-Boot-Tour 8 €; ⊙ Di–Fr 9.30–17, Sa, So & feiertags bis 18.30 Uhr; Ⓜ Sant'Ambrogio) Kinder, Möchte-

Mailand Zentrum

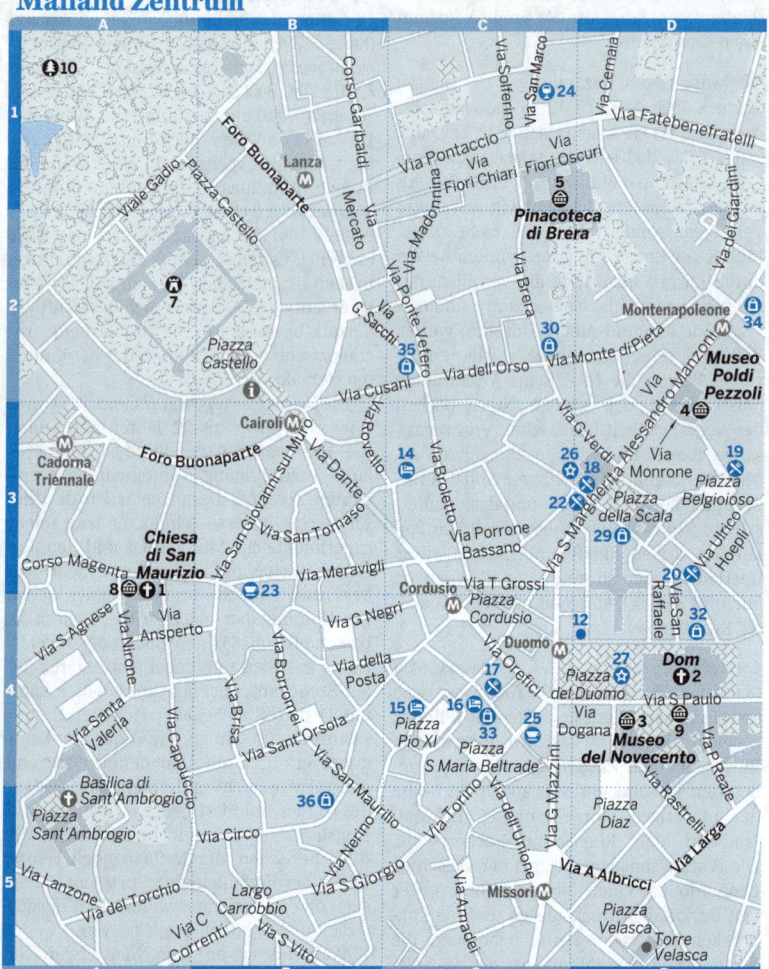

gern-Erfinder und Computerfreaks bekommen Stielaugen in Mailands eindrucksvollem Wissenschaftsmuseum, dem größten seiner Art in Italien. Es ist eine passende Errungenschaft in einer Stadt, in der Leonardo da Vinci, Konstrukteur der Leonardo-Brücke, einen Großteil seiner schönsten Arbeiten schuf. Das Museum, untergebracht in einem Kloster aus dem 16. Jh., präsentiert eine Sammlung mit über 10 000 Gegenständen, darunter Modelle nach da Vincis Konstruktionsskizzen, Säle, die sich der Physik, der Astronomie und der Zeitmessung widmen, und Hangars im Außenbereich, in de-

nen es Dampfzüge, Flugzeuge, Galeonen in Originalgröße und Italiens erstes Unterseeboot zu sehen gibt.

★ **Chiesa di San Maurizio** KAPELLE, KLOSTER
(Karte S. 296; Corso Magenta 15; ⏱Di–So 9–12 & 14–17.30 Uhr; Ⓜ Cadorna-Triennale) Die königliche Kapelle aus dem 16. Jh. und das Kloster San Maurizio sind Mailands geheimes Kronjuwel. Jeder Zentimeter ist mit Bernardino Luinis atemberaubenden Fresken bedeckt. Viele von ihnen verewigen den Star der damaligen Mailänder Literaturszene, Ippolita Sforza, und ihre Familie. Durch

kloster der Stadt und heute Kulisse für das Archäologische Museum. Zugänglich ist es über einen Kreuzgang, in dem Fragmente der römischen Stadtmauer zu sehen sind, und durch den mit Fresken versehenen **Ansperto-Turm** aus dem 3. Jh. Das Museum vermittelt einen guten Einblick ins alte Mediolanum mit sorgfältig kuratierten Sammlungen etruskischer, griechischer, römischer, gotischer und lombardischer Artefakte.

Villa Necchi Campiglio
HAUSMUSEUM

(Karte S. 296; 02 7634 0121; www.casemuseo. it; Via Mozart 14; Erw./Kind 8/4 €; Mi–So 10–18 Uhr; San Babila) In einem schönen Garten mit hohen Magnolienbäumen steht diese Villa, ein Musterbeispiel für die modernistischen Vorstellungen im Mailand der frühen 1930er-Jahre. Entworfen hat sie der Architekt Piero Portaluppi für die aus Pavia stammenden Erbinnen Nedda und Gigina Necchi. Das Haus verbindet Art Déco und den Stil des Rationalismus. Die Einrichtungen für alltäglichen Gebrauch sind ebenso spannend wie die eleganten architektonischen Linien und die bedeutenden Kunstwerke von Morandi und de Chirico.

🏃 Aktivitäten

Navigli Lombardi
BOOTSTOUR

(Karte S. 292; 02 9227 3118; www.navigli lombardi.it; Alzaia Naviglio Grande 4; Erw./Ermäßigung 12/10 €; Porta Genova, 3) Von April bis Mitte Oktober werden Bootstouren auf dem Naviglio Grande angeboten mit schönem Blick auf die Kirchen, Bauernhöfe und Villen, die seine Ufer säumen.

Spiga 8 Spa at Hotel Baglioni
SPA

(Karte S. 296; 02 4547 3111; www.baglioni hotels.com; Via della Spiga 8; San Babila) Spiga 8 Spa bietet eine minimalistische Ästhetik in Weiß und eine Palette an Behandlungen, die vielleicht auch zum Essen taugen, z. B. die Schokoladen-Gesichtsmaske.

👉 Geführte Touren

Autostradale
GEFÜHRTE TOUR

(Karte S. 296; 02 720 01 304; www. autostradale.it; Ticket 60 €; Sept.–Juli Di–So 9.30 Uhr) Die Touristeninformation verkauft Tickets (die den ganzen Tag gelten) für Autostradales dreistündige Stadtrundfahrten, inklusive Eintritt für das *Abendmahl,* das Castello Sforzesco und das Museum der Scala. Die Busse fahren vom Taxistand auf der Westseite der Piazza del Duomo ab.

einen kleinen Durchlass auf der linken Seite geht es zu einem abgeschiedenen Klostersaal, in dem glückselige Märtyrerinnen ihre Drangsal gelassen ertragen – bemerkenswert sind Santa Lucia, die in aller Ruhe ihre verlorenen Augen hält, und Santa Agata, die ganz locker ihre Brüste in einer Schale trägt.

Civico Museo Archeologico
MUSEUM

(Karte S. 296; 02 8844 5208; Corso Magenta 15; Erw./erm. 2/1 €; Di–So 9–17.30 Uhr; Cadorna-Triennale) An die Kirche San Maurizio grenzt das Monastero Maggiore aus dem 9. Jh., einst das bedeutendste Benediktiner-

Mailand Zentrum

Bike & the City
FAHRRADTOUR

(Karte S. 292; ☎346 9498623; www.bike
andthecity.it; Tages-/Dämmerungstour 35/
30 €; ☺Vormittags-/Nachmittags-/Dämme-
rungstour 9.30/15.30/18.30 Uhr) Neue Be-
kanntschaften schließen und Insiderwissen
über die Sehenswürdigkeiten der Stadt erwerben kann man bei diesen gemächlichen
vierstündigen Fahrradtouren.

 ## Feste & Events

In Mailand gibt es zwei Messegelände, die
Fiera Milano (www.fieramilano.it), die miteinander verbunden sind. Das ältere, die
Fieramilanocity, liegt in Zentrumsnähe
(Metrolinie 2, Haltestelle Lotto Fieramilanocity), das
größere Gelände, die **Fieramilano**, befindet
sich westlich Mailands in der Trabanten-
stadt Rho (Metrolinie 2, Haltestelle Rho Fiera). Hier
finden die Möbelmesse, die großen Modenschauen und die meisten wichtigen Han-
delsmessen statt.

Carnevale Ambrosiano
KULTUR

(☺Februar) Der längste Karneval der Welt
gipfelt in einer prächtigen Prozession zum
Mailänder Dom.

Salone Internazionale del Mobile
MESSE

(www.cosmit.it) Die weltweit renommierteste (und am stärksten vom Profit getriebe-
ne) Möbelmesse öffnet jedes Jahr im April
ihre Tore in der Fieramilano (in Rho) mit
weiteren Ausstellungen in der Zona Tortona. Gleichzeitig mit dem Salone läuft der
Fuorisalone (http://fuorisalone.it), wörtlich:
der Salon im Freien. Er umfasst Dutzende
spontaner, mit Design zusammenhängender
Events, Partys, Ausstellungen und Shows,
die die ganze Stadt beleben.

Cortili Aperti
KULTUR

Im Mai öffnen sich für einen Sonntag einige
der schönsten privaten Innenhöfe der Stadt.
Am besten druckt man sich einen Stadtplan
aus und legt eine eigene Besuchs-Route fest.

Festa del Naviglio
KULTUR

Paraden, Musik und Darbietungen gibt es
während der ersten zehn Tage im Juni.

La Bella Estate
MUSIK

(www.comune.milano.it) Konzerte in der Stadt
und im Umland von Juni bis August. Genau-

eres ist auf der Website der Kommunalverwaltung zu finden.

Festa di Sant'Ambrogio & Fiera degli Obei Obei
RELIGION

Der Gedenktag für Mailands Schutzpatron (7. Dezember) wird mit einem großen Weihnachtsmarkt begangen, der Obej! Obej! genannt wird.

🛏 Schlafen

Eine preiswerte Unterkunft ist in Mailand nur schwer zu finden und überhaupt nicht während der Möbelmesse Salone del Mobile, den Modenschauen und anderen großen Messen. Zu anderen Zeiten können frühzeitige Buchung und Preisvergleiche zu guten Angeboten führen. Die Touristeninformation gibt die Broschüre *Milano Hotels* mit über 350 Adressen heraus.

Ostello Burigozzo 11
HOSTEL €

(Karte S. 292; ☎ 02 5831 4675; www.ostelloburi gozzo11.com; Via Burigozzo 11; B/EZ/DZ 21/50/ 80 €; P @ 🛜 🚋 9, 29, 30) Das spartanische, aber blitzsaubere Hostel putzt sich mit einer Prise Designerpep heraus. In den nach Geschlechtern getrennten Schlafsälen (jeder mit eigener Dusche) stehen Stockbetten, außerdem gibt es Doppel-, Drei- und Vierbettzimmer.

Euro Hotel
HOTEL €

(Karte S. 292; ☎ 02 3040 4010; www.euro hotelmilano.it; Via Giuseppe Sirtori 24; DZ 75– 120 €; P ❄ @ 🛜 🚋; M Porta Venezia) Das recht große, gut in Schuss gehaltene Hotel unweit der Porta Venezia bietet eine riesige Auswahl an bequemen, modernen Zimmern und effizienten Service. Gruppen quartieren sich gern hier ein, und in Zeiten von Messen und sonstigen Events ist das Haus schnell ausgebucht. Bei Online-Buchung sind die Preise am günstigsten.

★ Maison Borella
BOUTIQUEHOTEL €€

(Karte S. 292; ☎ 02 5810 9114; www.hotelmai son borella.com; Alzaia Naviglio Grande 8; DZ 140– 220 €; ❄ @ 🛜; M Porta Genova) Mit seinen geraniengeschmückten Balkons, die über den Naviglio Grande hinausgehen, dem auffälligen Dekor in Schwarz, Weiß und Grau und der Bettwäsche mit feinen Nadelstreifen bringt das Maison Borella einen – dringend benötigten – Hauch von Klasse nach Navigli und ist erstaunlicherweise das erste Hotel am Kanalufer. Das Hotel ist ein umgebautes Wohnhaus mit Innenhof, seine historischen Zimmer präsentieren sich mit Parkettbo-

den, Deckenbalken und eleganter *boiserie* (Holztäfelung).

Foresteria Monforte
B&B €€

(Karte S. 292; ☎ 02 7631 8516; www.foresteria monforte.it; Piazza del Tricolore 2; DZ 150–250 €; ❄ @ 🛜; M San Babila) Die drei noblen Zimmer in diesem hochklassigen B&B sind mit Philippe-Starck-Stühlen, Flachbild-Fernsehern und einer Gemeinschaftsküche ausgestattet. Die Räume mit ihren hohen Decken haben viel natürliches Licht, und die Badezimmer sind sehr modern. Zu Fuß sind es bis zum Dom etwa 1,5 km.

Hotel Gran Duca di York
HOTEL €€

(Karte S. 296; ☎ 02 87 48 63; www.ducadiyork. com; Via Moneta 1; DZ 160–205 €; ❄ @ 🛜 🚋; M Duomo) Der zitronengelbe *palazzo*, buchstäblich einen Steinwurf vom *dumo* entfernt, war einst eine Unterkunft für Wissenschaftler, die in der nahe gelegenen Ambrosiana-Bibliothek arbeiteten. Heute bietet das Hotel freundlichen Service und 33 kleine, flotte Zimmer (einige mit Balkon) mit großen Betten und gepflegten Marmorbädern. Wir raten dazu, auf das mäßige Frühstück zu verzichten und stattdessen lieber beim 5-Sterne-Gebäck bei Princi ein paar Straßen weiter zuzugreifen.

Tara Verde
B&B €€

(☎ 02 3653 4959; www.taraverde.it; Via Delleani 22; DZ 110–120 €; ❄ @ 🛜; M De Angeli) Der bemalte *palazzo* in einer ruhigen Wohnstraße bietet drei Zimmer in aufregenden Farben – Hellgrün mit Wisch-Technik, Zitronengelb oder Himbeere. Die Besitzerin Roberta hat ein Designerauge für Details: Gepäckablagen, orthopädische Matratzen und Gratis-Minibars.

INSIDERWISSEN

HINTER DEN KULISSEN DER SCALA

Wer einen Blick auf die internen Vorgänge der Scala werfen möchte, kann die Ansaldo-Werkstätten besuchen (S. 287). Dort werden die Kulissen gebaut und bemalt und in jeder Spielzeit etwa 800 bis 1000 neue Kostüme von Hand genäht. Die Führungen durch die Leiter jeder kreativen Abteilung muss man im Voraus buchen.

Antica Locanda Leonardo
HOTEL €€

(Karte S. 292; ☑ 02 4801 4197; www.anticalocan daleonardo.com; Corso Magenta 78; EZ 80–120 €, DZ 90–200 €; ❋ @ ☎; Ⓜ Conciliazione) Die Zimmer verströmen heimeligen Komfort, von den Stilmöbeln und dem Parkettboden bis zu den plüschigen Vorhängen. Das Frühstück wird im ruhigen, duftenden Innengarten des Domizils aus dem 19. Jh. serviert.

Hotel Spadari Duomo
DESIGNHOTEL €€€

(Karte S. 296; ☑ 02 7200 2371; www.spadari hotel.com; Via Spadari 11; DZ 185–345 €; ❋ ☎; Ⓜ Duomo) Die Zimmer im Spadari, Mailands erstem Designhotel, sind Miniaturgalerien für die Arbeiten junger Künstler. Das Hotelgebäude ist eine Schöpfung der angesehenen Architekten und Ingenieure Urbano Pierini und Ugo La Pietra, die den Look des Hotels in jedem Detail gestaltet haben, bis hin zu den kunstvoll verzierten Möbeln aus hellem Holz.

Alle Meraviglie
HOTEL €€€

(Karte S. 296; ☑ 02 805 10 23; www.allemeravi glie.it; Via San Tomaso 6; DZ 225–295 €; P ❋ ☎; Ⓜ Cairoli) In diesem Boutiquehotel in einer hübschen Seitenstraße im Stadtzentrum gibt es sechs ruhige Zimmer. Jedes ist individuell mit wunderschönen Stoffen und frischen Blumen bestückt. Es gibt keine Fernseher. In diesem Rückzugsort vom Alltagsgewimmel vor der Tür herrscht wirklich eine angenehm gedämpfte Atmosphäre.

3Rooms
B&B €€€

(Karte S. 292; ☑ 02 62 61 63; www.10corsocomo. com; Corso Como 10; DZ 270–340 €; P ❋ @ ☎; Ⓜ Garibaldi) Wer sich und seine Einkaufstaschen gar nicht vom Konzeptladen Corso Como losreißen kann, bleibt einfach hda! Die drei Gästezimmer der Villa laden zum Schlaf zwischen Eames-Tagesdecken, Arne-Jacobsen-Sesseln und Saarinen-Lederstühlen ein. Dazu kommen klassische Accessoires und Kunstwerke.

✗ Essen

Die Restaurantszene Mailands gleicht der Modeszene: Eröffnungen neuer Restaurants werden heiß diskutiert und ein Tisch in einem Restaurant mit Michelin-Sternen ist nur schwer zu bekommen. Ob nun durch und durch traditionelle oder Fusionsküche, hier werden einige der innovativsten und anspruchsvollsten Speisen Italiens geboten.

Zu Mailands Regionalspezialitäten gehören Polenta, *risotto alla milane-* *se* (Safranrisotto in Knochenmarksud), *busecca* (gekochte Kutteln mit Bohnen) und *cotoletta alla milanese* (paniertes Kalbsschnitzel). Aus Mailand stammt auch der *panettone* (Weihnachtskuchen mit Trockenfrüchten), der mittlerweile zu Ostern und Weihnachten auch international angeboten wird.

Für die meisten beliebten Restaurants ist eine Reservierung erforderlich und in Spitzenrestaurants unerlässlich.

Latteria di San Marco
TRATTORIA €

(Karte S. 292; ☑ 02 659 76 53; Via San Marco 24; Gerichte 18–25 €; ◷ Mo–Fr 19–23 Uhr; ☝; Ⓜ Moscova) Wer einen Platz in diesem winzigen, beliebten Restaurant ergattert, trifft auf der ständig wechselnden Karte alte Bekannte wie *spaghetti alla carbonara* neben Eigenkreationen von Küchenchef Arturo, z.B. *polpettine al limone* (Fleischbällchen mit Zitrone) oder *riso al salto* (Risottopuffer), überwiegend mit Bio-Zutaten zubereitet.

Trattoria da Pino
MAILÄNDISCH €

(Karte S. 296; ☑ 02 7600 0532; Via Cerva 14; Gerichte 20–25 €; ◷ Mo–Sa 12–15 Uhr; Ⓜ San Babila) In einer Stadt voller Models in Restaurants mit Michelin-Sternen bietet das proletarische Da Pino das perfekte Gegenstück. Hier sitzen die Gäste dicht an dicht an langen Tischen im Cafeteria-Stil und stellen Schüsseln mit *bollito misto* (verschiedene gekochte Fleischsorten), hausgemachte Pasta und Kalbsklößchen mit Curry.

Luini
GEBÄCK & KUCHEN €

(Karte S. 296; www.luini.it; Via Santa Radegonda 16; Panzerotti 2,50 €; ◷ Mo 10–15, Di–So bis 20 Uhr; ☝; Ⓜ Duomo) *Panzerotti* ist das Mailänder Synonym für lecker – jedenfalls bei diesem traditionellen Hersteller der Pasteten aus Pizzateig, die mit Käse, Spinat, Tomate, Pesto und Schinken gefüllt sind.

★ Trattoria del Nuovo Macello
MAILÄNDISCH €€

(☑ 02 5990 2122; www.trattoriadelnuovomacel lo.it; Via Cesare Lombroso 20; Gerichte 28–50 €; ◷ Mo–Fr 12–14.15 & 20–22.30, Sa 20–22.30 Uhr) Ein echter Mailänder kann bestätigen, dass die dünnen, zerschlagenen „Elefantenohren", die gegenwärtig als *cotoletta alla Milanese* (Mailänder Schnitzel) ausgegeben werden, eine armselige Imitation des Originals sind. Um ein authetisches Mailänder *cotoletta* zu essen, fährt man am besten mit dem Taxi hinaus zum alten Schlachthofviertel Nuovo Macello. Dort bekommt man ein

NAVIGLI-MÄRKTE

An der Darsena, dem einstigen Haupt-hafen der Stadt, liegt der **Mercato Comunale** (Lebensmittelmarkt; Karte S. 292; Piazza XXIV Maggio; ☺ Mo 8.30–13, Di–Fr 8.30–13 & 16–19.30, Sa 8.30–13.30 & 15.30–18.30 Uh; Ⓜ Porta Genova, ⊟ 3). In der Markthalle werden frisches Obst, Gemüse und Fisch verkauft. Richtung Nordwesten geht der Viale Gabriele d'Annunzio in den Viale Papiano über, wo der größte **Flohmarkt** (Karte S. 292; Viale Papiniano; ☺ Di 8–14, Sa bis 17 Uhr) der Stadt zu finden ist. Die beste Zeit für einen Besuch ist der Samstagmorgen.

Besonders malerisch ist der **Mercatore Antiquario di Navigli** (Karte S. 292; www.naviglilive.it; ☺ letzter So im Monat 9–18 Uhr; Ⓜ Porta Genova), der eine 2 km lange Strecke am Naviglio Grande besetzt. Mit mehr als 400 geprüften Antiquitätenhändlern und Trödlern ist ein stundenlanges Vergnügen bei der Schatzsuche garantiert.

dickes, saftiges Stück Kalbfleisch am Knochen, in Butter langsam perfekt gebraten.

Al Bacco
MAILÄNDISCH €€

(Karte S. 292; ✐ 02 5412 1637; Via Marcona 1; Gerichte 25–30 €; ☺ Mo–Sa Abendessen) Andrea, einstiger Schüler des berühmten Küchenchefs Claudio Sadler, besitzt heute sein eigenes Slow-Food-empfohlenes Restaurant, in dem er liebevoll Mailänder Klassiker zubereitet. Einen Versuch wert sind die hausgemachte Pasta mit Favabohnen, Pancetta und Pecorino oder das Kaninchen mit Taggiasche-Oliven.

Dongiò
KALABRISCH €€

(Karte S. 292; ✐ 02 551 13 72; Via Bernardino Corio 3; Gerichte 30–40 €; ☺ Mo–Fr 12–14.30 & 19.30–23.30, Sa 19.30–23.30 Uhr; ⌀; Ⓜ Porta Romana) Die großzügige kalabrische Trattoria ist eines der preiswertesten Restaurants in Mailand und serviert köstliche hausgemachte Pasta auf die würzige Art des Südens. Als Vorspeise gibt es u. a. Salami und pikanten Käse. Eine Reservierung wird empfohlen.

Sushi Koboo
JAPANISCH €€

(Karte S. 292; ✐ 02 837 26 08; www.sushi-koboo.com; Viale Col di Lana 1; Gerichte

20–35 €; ☺ Di–So 12–14.30 & 19.30–23.30 Uhr; ⊟ 3, 9) Das schicke Sushi Koboo serviert köstliche Sushi, Sashimi und Tempura an einem traditionellen *kaiten* (Förderband) und Tischen in mehreren durchgestylten Restauranträumen. Die Atmosphäre ist warm und einladend, die Tische strahlen unter großen mondähnlichen Leuchten. Als Gruppe kann man das gemischte Sushi-Boot bestellen, das tatsächlich in einem handgearbeiteten Schiff kommt.

L'Antico Ristorante Boeucc
MAILÄNDISCH €€€

(Karte S. 296; ✐ 02 7602 0224; www.boeucc.com; Piazza Belgioioso 2; Gerichte 60–80 €; ☺ Mo–Fr Mittag- & Abendessen, So Mittagessen; Ⓜ Duomo) Mailands ältestes Restaurant liegt im Untergeschoss des prächtigen klassizistischen Palazzo Belgioioso und empfängt seit 1696 Gäste. Speiseräume mit gewölbten Decken und ein Service, der an hoheitsvollere Zeiten erinnert, verleihen dem Abendessen etwas Theatralisches. Auf *crespelle al prosciutto* (eine Kreuzung zwischen Pasta und Crêpe mit Schinken) könnte *trancio di salmone al pepe verde* (Lachs mit grünem Pfeffer) folgen.

Ristorante Da Giacomo
FISCH €€€

(Karte S. 292; ✐ 02 7602 3313; www.giacomomilano.com; Via Pasquale Sottocorno 6; Gerichte 40–60 €; ⊟ 9, 23) Das sonnige toskanische Restaurant mit seinen senfgelben Wänden und mintgrüner Wandverkleidung präsentiert eine unprätenziöse Speisekarte, auf der vor allem Fisch und Schalentiere stehen. Unser Vorschlag: Mit einem Stück Pizza mit Sardinen und Kapern beginnen, gefolgt von frischen Linguine mit Scampi und Zucchiniblüten.

Ausgehen & Nachtleben

Die Bars in Mailand haben bis 2 oder 3 Uhr morgens geöffnet, und praktisch alle servieren *aperitivi*. Das Kanal-Viertel Navigli, die gepflasterten Gassen von Brera, der schicke Corso Como und seine Umgebung sind alles tolle Gegenden für einen Drink à la Milano. Clubs sind normalerweise von Dienstag bis Sonntag bis 3 oder 4 Uhr morgens geöffnet; der Eintritt variiert von 10 bis zu 25 €. Je später es wird, desto strenger werden oft die Einlasskriterien.

Princi
CAFÉ

(Karte S. 296; ✐ 02 87 47 97; www.princi.it; Via Speronari 6; ☺ Mo–Sa) Kaffeebar mit hausgemachtem Gebäck, Brot und Pizza.

NICHT VERSÄUMEN

HUNGER AUF PECK?

Was ist schon das Abendmahl? Leckermäulchen steuern das Feinkost- und Weingeschäft **Peck** (Karte S.296; ☎ 02 802 31 61; www.peck.it; Via Spadari 7-9; ⏱ Mo 15–19.30 Uhr, Di–Sa 8.45–19.30 Ut; Ⓜ Duomo) an. Diese Mailänder Institution öffnete ihre Türen im Jahr 1883. Seither ist sie um eine Restaurant-Bar im Obergeschoss und eine *enoteca* (Weinbar) erweitert worden. Der Feinkosttempel, der an Aladins Höhle erinnert, ist der beste in Mailand. Nur als kleines Beispiel zum Beleg: An der Käsetheke gibt es etwa 3200 Sorten *parmigiano reggiano* (Parmesan) zu kaufen.

Caffeteria degli Atellani   CAFÉ, BAR

(Karte S. 292; ☎ 02 3653 5959; www.atellani.it; Via della Moscova 28; ⏱ Mo–Fr 8.30–21.30, Sa & So 9.30–19.30 Uhr; ☎; Ⓜ Moscova, Turati) Das Café ist einem tropischen Gewächshaus nachempfunden und öffnet sich hin zu einem ruhigen Garten. Drinnen steht an der Bar eine umfassende Auswahl italienischer Weine, die man nach dem Durchstöbern der Film-Buchhandlung genießen kann.

Torrefazione Il Caffè
Ambrosiano   CAFÉ

(Karte S. 292; ☎ 02 2952 5069; http://torrefazioneambrosiano.it; Corso Buenos Aires 20; ⏱ 7–20 Uhr; Ⓜ Porta Venezia) Es gibt keine Sitzgelegenheiten, einfach nur den besten Kaffee in Mailand. Eine **Filiale** (Karte S. 292; Corso XXII Marzo 18; ⏱ 7–20 Uhr; 🚌 9, 23) liegt am Corso XXII Marzo.

Marchesi   CAFÉ

(Karte S. 296; ☎ 02 876 730; www.pasticcerriamarchesi.it; Via Santa Maria alla Porta 11a; ⏱ Mo–Sa; Ⓜ Cardusio, Cairoli) Seit 1824 stets perfekter Kaffee.

Pandenus   BAR

(Karte S. 292; ☎ 02 2952 8016; www.pandenus.it; Via Alessandro Tadino 15; Cocktails 8 €; Brunch 20 €; ⏱ 7–22 Uhr; ☎; Ⓜ Porta Venezia) Die ehemalige Bäckerei ist nach dem Walnussbrot benannt, das hier früher aus dem Ofen kam (er ist immer noch in Betrieb). Heute zählen Focaccia, *pizzetta* und Bruschetta an der aufstrebenden *aperitivo*-Bar zu den besten der Stadt. Wegen der Nähe zur Marconi-Stiftung (die sich zeitgenössischer Kunst widmet) ist

das Publikum zumeist gut aussehend und kunstbeflissen.

10 Corso Como   BAR

(Karte S. 292; ☎ 02 29 01 35 81; www. 10corsocomo.com; Corso Como 10; ⏱ Mo–Fr 12.30–24, Sa & So 11.30–1.30 Uhr; Ⓜ Garibaldi) Ein bildschöner Innenhof, erstklassiges Leutegucken und eine elegante *aperitivo*-Szene unter funkelnden Lichterketten bei Nacht: einfach die beste Lifestyle-Bar Mailands.

Living   BAR

(Karte S. 292; ☎ 02 3310 0824; www.livingmilano.com; Piazza Sempione 2; ⏱ Mo–Fr 8–2, Sa & So 9–2 Uhr; Ⓜ Moscova) Das Living liegt wunderschön an einer Ecke mit bodentiefen Fenstern mit Blick auf den **Arco della Pace** (Karte S. 292). Die großzügige Auswahl an *aperitivi* zieht vor allem ein smart-lässiges Publikum zwischen 20 und 30 Jahren an. Das Schwesterunternehmen **Refeel** (Karte S. 292; ☎ 02 5832 4227; www.refeel.it; Viale Sabotino 20; ⏱ Mo–Sa 7–2, So 12–16 Uhr; Ⓜ Porta Romana) in Porta Romana ist ebenfalls einen Besuch wert.

N'Ombra de Vin   WEINBAR

(Karte S. 296; ☎ 02 659 96 50; www.nombradevin.it; Via San Marco 2; ⏱ Mo–Sa 9–24 Uhr; Ⓜ Monte napoleone) Diese *enoteca* hat ihren Platz in einem ehemaligen Augustiner-Refektorium. Den ganzen Tag über gibt es Verkostungen, und man kann sich auch an Speisen wie *carpaccio di pesce spade agli agrumi* (Schwertfisch-Carpaccio, mit Zitrusfrüchten zubereitet) von einer kleinen Speisekarte gütlich tun.

Vinile   BAR

(Karte S. 292; www.vinilemilano.com; Via Alessandro Tadino 17; ⏱ 11–24 Uhr; Ⓜ Porta Venezia) Comic-Fans und Computerfreaks aufgepasst! Das Vinile präsentiert eine exklusive Weinkarte und hausgemachten Aufschnitt inmitten einer eindrucksvollen Sammlung von *Star-Wars*- und Marvel-Memorabilien. Auf der Facebookseite sind Infos zu Kunst- und Musikveranstaltungen zu finden.

Plastic   NACHTCLUB

(☎ 02 73 39 96; Via Gargano 15; ⏱ Mitte Sept.–Juni Fr–So 23–4 Uhr; Ⓜ Lodi TIBB) „London Loves" am Freitag ist kompromisslos mit seinem abgefahrenen Indie-Mix und Mailands coolsten Kids. Wer fantastisch aussieht, darf am Sonntag auch zum privaten Match à Paris des Club-Artdirectors Nicola Guiducci, der französischen Pop, Indie und

Avantgarde-Sounds mischt. Zu finden ist der Club südlich der Metrostation Lodi unweit des Viale Brenta.

Il Gattopardo NACHTCLUB

(Karte S. 292; ☎02 3453 7699; www.ilgatto pardocafe.it; Via Piero della Francesca 47; ⊙Sept.–Juni Di–Sa 18–4 Uhr; 🚊1, 14, 19, 33) Der hinreißende, champagnerfarbene Club in einer ehemaligen Kirche ist mit Kerzen und Mobiliar im Barockstil ausgestattet. Die Gäste des Gattopardo sind ebenfalls eine Augenweide. Nur wer vorher reserviert, kommt hinein.

Magazzini Generali NACHTCLUB

(☎02 539 39 48; www.magazzinigenerali.it; Via Pietrasanta 14; ⊙Okt.–Mai Mi–Sa 23–4 Uhr; Ⓜ Lodi TIBB, 🚊24) Wenn in dem früheren Lagerhaus die Massen zu einer internationalen Indie-Band abtanzen, gibt es in Mailand keinen besseren Ort. Die meisten Gigs kosten unter 20 €; an den Abenden, an denen ein DJ die Party ins Rollen bringt, ist der Eintritt frei.

⭐ Unterhaltung

Die Stars mit den großen Namen treten in Mailand meist in den größeren Hallen außerhalb des Stadtzentrums auf. Bei Konzerten werden Shuttlebusse eingesetzt. Veranstaltungen laufen z. B. im **Mediolanum Forum** (☎02 48 85 71; www.forumnet.it; Via Giuseppe di Vittorio 6; Ⓜ Assago Milanofiori) und im Stadion San Siro (S. 304).

La Salumeria della Musica CLUB

(☎02 5680 7350; www.lasalumeriadellamusica. com; Via Pasinetti 4; ⊙Sept.–Juni Mo–Sa 23–2 Uhr; 🚊24) Der „musikalische Feinkostladen" ist ein fester Bestandteil von Mailands Alternativszene. Geboten werden neue Acts, literarische Salons, Kulturevents und Jazz. Die Veranstaltungen beginnen gegen 22.30 Uhr, und wem zwischendurch der Magen knurrt, der bestellt sich einen Teller mit Käse und Aufschnitt.

Blue Note JAZZ

(Karte S. 292; ☎02 6901 6888; www.blueno temilano.com; Via Borsieri 37; Karten 20–35 €; ⊙Sept.–Juli Di–So; Ⓜ Zara, Garibaldi) Jazz-Acts der Spitzenklasse aus aller Welt treten hier auf; Karten gibt es telefonisch, online oder ab 19.30 Uhr an der Kasse. Außerdem steigt hier sonntags ein beliebter Brunch mit Musikberieselung (35 € oder 55 € für zwei Erwachsene und zwei Kinder).

Teatro alla Scala OPER

(Karte S. 296; ☎02 8 87 91; www.teatroallasca la.org; Piazza della Scala; Ⓜ Duomo) Um Opernkarten für die Scala (13–210 €, Premieren bis zu 2000 €) zu ergattern, braucht man Hartnäckigkeit und auch Glück. Die Tickets gehen jeweils zwei Monate vor der Vorstellung an der **Theaterkasse** (Karte S. 296; Galleria del Sagrato, Piazza del Duomo; ⊙12–18 Uhr; Ⓜ Duomo) in den Verkauf. Am jeweiligen Veranstaltungstag werden zwei Stunden vor Vorstellungsbeginn 140 Karten für die

---

MAILANDS STRAHLENDSTE MICHELIN-STERNE

Mailands wichtigste Restaurants mit moderner italienischer Küche konzentrieren sich ebenso sehr auf die Ausstattung wie auf das Essen:

Cracco (Karte S. 296; ☎02 87 67 74; www.ristorantecracco.it; Via Victor Hugo 4; Gerichte 130-160 €; ⊙Mo & Sa 19.30–23, Di–Fr 12.30–14.30 & 19.30–23 Uhr; Ⓜ Duomo) Starkoch Carlo Cracco zaubert mustergültige *alta cucina* (*haute cuisine*) mit „Dekonstruktionen" in einem formellen, modernen Ambiente.

Il Marchesino (Karte S. 296; ☎02 7209 4338; www.ilmarchesino.it; Via Filodrammatici 2; Gerichte 50–80 €, Degustationsmenü 110 € ⊙Mo–Sa 8–1 Uhr; Ⓜ Duomo) Gualtiero Marchesi, Italiens meistverehrter Küchenchef, waltet über das elegante, moderne Restaurant in der Scala.

Sadler (☎02 87 67 30; www.sadler.it; Via Ascanio Sforza 77; Gerichte 120 €; ⊙Mo–Sa 19.30–23 Uhr; Ⓜ Romolo, 🚊3) Claudio Sadler zählt seit 1995 zur Mailänder Gourmetszene, und seine kulinarische Weisheit ist nach wie vor unangefochten.

Trussardi alla Scala (Karte S. 296; ☎02 8068 8201; www.trussardiallascala.com; Piazza della Scala 5; Gerichte 120 €; ⊙Mo–Fr 7.30–23, Sa nur abends; Ⓜ Duomo) Andrea Berton, ein Schüler von Gualtiero Marchesi, führt die Küche dieses dezenten, betörenden Lokals mit Blick auf die Scala.

Galerie verkauft (nur eine Karte pro Kunde). Also rechtzeitig anstellen.

Die Spielzeit dauert von November bis Juli, aber außer im August laufen im Teatro alla Scala das ganze Jahr über Theater- und Ballettaufführungen und Konzerte.

Stadion San Siro FUSSBALL
(Stadio Giuseppe Meazza; ☏ 02 404 24 32; www.sansiro.net; Via dei Piccolomini 5, Museum Eintritt 7 €, plus Führung Erw./erm. 13/10 €; ⏱ an spielfreien Tagen 10–18 Uhr; Ⓜ Lotto) Die beiden Fußballclubs der Stadt sind der 1899 gegründete AC Milan, der dem früheren Premier Silvio Berlusconi gehört, und der 1908 gegründete FC Internazionale Milano (alias „Inter"). Sie spielen während der Saison abwechselnd an den Sonntagen im Stadion. Zu den Führungen durch das Stadion aus den 1920er-Jahren gehören auch ein Blick in die Spielerkabinen und der Besuch des **Museo Inter e Milan** (☏ 02 404 2432; www.sansiro.net; Gate 21, Via Piccolomini 5; Museum & Führung Erw./Ermäßigung 13/10 €; ⏱ 10–18 Uhr, Führungen alle 20 Min.; ⏱; Ⓜ Lotto, 🅿 16, Shuttle-Bus von der Piazzale Lotto zum Stadion), eines Schreins voller Memorabilien, Spielerfiguren aus Pappmaché und Archivfilmen. Mit der Straßenbahnlinie 24, den Bussen 95, 49 oder 72 kommt man hin, oder mit der Metro bis zur Haltestelle Lotto und dann weiter mit dem kostenlosen Shuttle-Bus zum Stadion.

🛍 Shoppen

Jenseits der geheiligten Straßen des Quadrilatero d'Oro sind Designer-Filialen und Ketten am Corso Buenos Aires und Corso Vercelli zu finden, jüngere, hippere Labels an der Via Brera und am Corso Magenta; am Corso di Porta Ticinese und in Navigli sind die Mailänder Szene und Subkulturläden zu Hause. Für innovative Talente und tolle Schnäppchen empfiehlt sich ein Bummel durch die angesagte Via Tortona.

★ Spazio Rossana Orlandi EINRICHTUNG, GARTEN
(Karte S. 292; ☏ 02 467 44 71; www.rossanaorlandi.com; Via Matteo Bandello 14; ⏱ Mo 15.30–19.30, Di–Fr 10–19.30 Uhr; Ⓜ Conciliazione) Das Einrichtungshaus in einer ehemaligen Schlipsfabrik im Magenta-Viertel zu finden, ist eine Herausforderung. Aber wer drinnen ist, wird sich kaum von der Schatzkammer losreißen können: Sie steckt voller Vintage-Teile und aktueller Stücke in limitierter Auflage von aufstrebenden Nachwuchskünstlern.

Monica Castiglioni JUWELIER
(Karte S. 292; ☏ 02 87 23 79 79; www.monicacastiglioni.com; Via Pastrengo 4; ⏱ Do–Sa 11–20 Uhr; Ⓜ Garibaldi) Monicas Atelier im Trendviertel Isola produziert organischen Bronze-, Silber- und Goldschmuck im Industriedesign. Diese „Statement"-Stücke sind tief in der modernistischen Tradition Mailands verwurzelt und für ihre Qualität preisgünstig.

La Vetrina Di Beryl SCHUHE
(Karte S. 292; ☏ 02 65 42 78; Via Statuto 4; Ⓜ Moscova) Barbara Beryls Namen kannten Fans in aller Welt lange bevor „Manolo"-Schuhe zum Synonym für weibliches Begehren wurden. Wer über diesen trügerisch unscheinbaren Laden stolpert, fühlt sich wie vor den Schuhregalen bei einem Photoshoot für die *Vogue Italia*.

Borsalino Outlet ACCESSOIRES
(Karte S. 296; ☏ 02 8901 5436; www.borsalino.com; Galleria Vittorio Emanuele II 92; ⏱ Mo 15–19, Di–Sa 10–19 Uhr; Ⓜ Duomo) Der legendäre Hutmacher aus dem piemontesischen Alessandria hat mit Designerstars wie Achille Castiglioni zusammengearbeitet, der einst einen Bowler-Hut nach einer Napfkuchenform entwarf. Die Niederlassung in der Galleria Vittorio Emanuele II hat vor allem Saisonware auf Lager. Ansonsten kann man auch den **Hauptverkaufsraum** besuchen (Karte S.296; ☏ 02 7601 7072; www.borsalino.com; Via Sant'Andrea 5; Ⓜ Montenapoleone).

Pellini SCHMUCK, ACCESSOIRES
(Karte S. 296; ☏ 02 7600 8084; www.pellini.it; Via Alessandro Manzoni 20; ⏱ Sept.–Juli Mo 15.30–19.30, Di–Sa 9.30–19.30 Uhr; Ⓜ Montenapoleone) Wer einzigartige oder nach den

---

ℹ WAS LÄUFT WO?

Die Touristeninformation hat mehrere Programmzeitschriften auch auf Englisch: *Milano Mese*, *Hello Milano* (www.hellomilano.it) und *Easy Milano* (www.easymilano.it). Die kostenlosen italienischen Tageszeitungen, die in der Metro verteilt werden, haben ebenfalls aktuelle Programmverzeichnisse.

Clubevents stehen im *Vivi Milano* (http://milano.corriere.it), das mittwochs als Beilage im *Corriere della Sera* erscheint, und am Donnerstag in *La Repubblica Milano2night* (http://milano.2night.it).

eigenen Wünschen angefertigte Schmuckstücke sucht, braucht nur die Boutique von Donatella Pellini, der Enkelin der berühmten Kostümbildnerin Emma Pellini, aufzusuchen. Seit drei Generationen stellen die Pellini-Frauen Schmuck her, und ihre fantasievollen, handgearbeiteten Kreationen sind erstaunlich erschwinglich.

G Lorenzi
HAUSHALTSWAREN, DESIGN

(Karte S. 296; ☎ 02 7602 2848; www.lorenzi.it; Via Monte Napoleone 9; ⊙ Mo 15–19.30, Di–Sa 9–12.30 & 15–19.30 Uhr; Ⓜ San Babila) G Lorenzi, eines der verbliebenen Mailänder Schmuckstücke aus dem frühen 20. Jh., ist auf hochwertige Putz- und Küchenutensilien spezialisiert. Hier gibt es Dinge – z. B. handgearbeitete Taschenmesser mit Hirschhorngriff – die so schön und funktional sind, dass sie als klassische Beispiele für Gebrauchsdesign gelten können.

10 Corso Como
MODE

(Karte S.292; ☎ 02 2900 2674; www. 10corsocomo.com; Corso Como 10; ⊙ Do & Fr–So 10.30–19.30, Mi & Do bis 21, Mo 15.30–19.30 Uhr; Ⓜ Garibaldi) Um kaum einen „Konzeptladen" wird ein solcher Hype gemacht, und tatsächlich macht Carla Sozzanis Auswahl an begehrenswerten Dingen (Ballerinas von Lanvin, Holzpuppen von Alexander Girard, ein Demi-Couture-Kleid von einem Designer, von dem man *noch* nichts gehört hat) 10 Corso Como zu einem verführerischen Shopping-Erlebnis. Neben der Galerie im Obergeschoss liegt eine Buchhandlung mit Kunst- und Designtiteln.

La Rinascente
KAUFHAUS

(Karte S. 296; ☎ 02 8 85 21; www.rinascente.it; Piazza del Duomo; ⊙ 10–24 Uhr; Ⓜ Duomo) Italiens renommiertestes Kaufhaus wird mit seinem Angebot der Modehauptstadt durchaus gerecht – zu haben sind hier italienische Zweitlinien, Schönes aus Frankreich und LA-Upstarts. Das Untergeschoss birgt außerdem eine fantastische Haushaltswarenabteilung. Essbare Souvenirs kann man im Lebensmittelmarkt im 7. Stock erstehen (und von hier auch einmal zum Dom hinüberschauen, wenn man schon mal da ist).

Wait and See
MODE

(Karte S. 296; ☎ 02 7208 0195; www.waitandsee.it; Via Santa Marta 14; ⊙ Mo 15.30–19.30, Di–Sa 10.30–19.30 Uhr; Ⓜ Missori) Mit Kooperationen mit Missoni, Etro und Molinari im Gepäck startete Uberta Zambeletti 2010 ihre eigene Kollektion. Im Wait and

ALTES NEU ENTDECKT

Il Salvagente (☎ 02 7611 0328; www.salvagentemilano.it; Via Fratelli Bronzetti 16; ⊙ Di–Sa 10–19, Mo 15–19 Uhr; 🚌 60, 62 & 92) Im Untergeschoss gibt es kräftig herabgesetzte große Marken.

Cavalli e Nastri (Karte S.296; ☎ 02 7200 0449; www.cavallienastri.com; Via Brera 2; ⊙ 10–19 Uhr; Ⓜ Montenapoleone) Legendäre italienische Modehäuser von Anfang und Mitte des 20. Jhs.

Vintage Delirium (Karte S.296; ☎ 02 8646 2076; www.vintagedeliriumfj.com; Via Sacchi 3; ⊙ Sept.–Jun Mo–Fr 10–13 & 14–19 Uhr; Ⓜ Cairoli) Makellos erhaltene Stricksachen, Abendgarderobe aus den 1930er-Jahren von Chanel und neapolitanische Seidenkrawatten aus den 1960er-Jahren.

Superfly (Karte S. 292; ☎ 339 579 2838; www.superflyvintage.com; Ripa di Porta Ticinese 27; ⊙ Di–Sa 11–20, So 15–19 Uhr; Ⓜ Porta Genova, 🚌 2, 3) Schöne Fundstücke à la Disco-Diva aus den 1970er-Jahren.

See frönt sie ihrem vielfältigen Geschmack mit unbekannten Marken und Sachen, die exklusiv für den Laden entworfen wurden, z.B. grandiose Raptus & Rose Kleider.

ⓘ Praktische Informationen

MEDIZINISCHE VERSORGUNG

24-Stunden-Apotheke (☎ 02 669 09 35; Galleria delle Partenze, Stazione Centrale; Ⓜ Centrale FS) im Obergeschoss des Hauptbahnhofs.

Krankenhaus (Ospedale Maggiore Policlinico; ☎ 02 5503 3137; www.policlinico.mi.it; Via Francesco Sforza 35; Ⓜ Crocetta)

Milan Clinic (☎ 02 7601 6047; www.milanclinic.com; Via Cerva 25; Ⓜ San Babila) Englisch sprechende Ärzte.

NOTFALL

Polizeistation (☎ 02 6 22 61; Via Fatebenefratelli 11; Ⓜ Turati, Montenapoleone)

Touristenpolizei (☎ 02 863 701) Englischsprachiger Service für Beschwerden von Touristen.

TOURISTENINFORMATION

Mailand Touristeninformation (Karte S. 296; ☎ 02 7740 4343; www.turismo.milano.it; Piazza Castello 1; ⊙ Mo–Fr 9–18, Sa 9–13.30 & 14–18, So bis 17 Uhr; Ⓜ Duomo)

Stazione Centrale Touristeninformation
(Karte S. 292; ☎ 02 7740 4318; gegenüber
Bahnsteig 13, Stazione Centrale; ◷ Mo–Fr
9–18, Sa 9–13.30 & 14–18, So bis 17 Uhr)
Linate Airport Informationsschalter (☎ 02
7020 0443; Flughafen Linate, Ankunft, Erdge-
schoss; ◷ 7.30–23.30 Uhr)
Malpensa Airport Informationsschalter
(☎ 02 5858 0080; Malpensa Airport, Terminal
B, Erdgeschoss; ◷ 8–20 Uhr)

ⓘ An- & Weiterreise

AUTO & BUS

Busse im In- und Ausland fahren am **Busbahnhof Lampugnano** (Via Giulia Natta, in der Nähe
der Metrostation Lampugnano), 5 km westlich
des Zentrums ab. Wichtiger nationaler Anbieter
ist Autostradale (S. 307). Fahrkarten sind in der
Haupttouristeninformation erhältlich.

FLUGZEUG

Flughafen Orio al Serio (☎ 035 32 63 23;
www.sacbo.it)
Flughafen Linate (☎ 02 232323; www.sea-
aero portimilano.it) 7 km östlich des Stadtzentrums; Inlands- und einige europäische Flüge.
Flughafen Malpensa (☎ 02 232323; www.sea-
aeroportimilano.it) Etwa 50 km nordwestlich
der Stadt; wichtigster internationaler Flughafen
in Norditalien.

MOTORRAD

Die Autobahnen A1, A4, A7 und A8 führen aus
verschiedenen Richtung nach Mailand.

ZUG

Internationale Hochgeschwindigkeitszüge aus
Deutschland, der Schweiz und aus Frankreich
kommen an der **Stazione Centrale** (Piazza
Duca d'Aosta) an. Der Fahrkartenverkauf und die
Gepäckaufbewahrung liegen im Erdgeschoss,

der Stand der Touristeninformation (S. 305)
befindet sich gegenüber dem Bahnsteig 13. Für
Fahrten in der Region braucht man nicht anzustehen, sondern kann die Tickets an den mehrsprachigen Fahrkartenautomaten mit Touch-
Screen kaufen, akzeptiert werden Bargeld und
Kreditkarten.

Folgende internationale und inneritalienische
Fernziele werden täglich angefahren (Auswahl):
Florenz (19–50 €, 1½–3½ Std., stündl.)
Genf (78 €, 4 Std., 3x tgl.)
München (99–130 €, 7½–8½ Std., 7x tgl.) über
Verona, Bologna oder Venedig
Paris (ab 80 €, 7½–9 Std., 3x tgl.) über Genf,
Lausanne, Basel oder Dijon
Rom (55–58 €, 3 Std., jede halbe Std.)
Venedig (18,50–37 €, 2½–3½ Std.,
jede halbe Std.)
Wien (ab 80 €, 11–14 Std. über Nacht, 2x tgl.)

ⓘ Unterwegs vor Ort

AUTO & MOTORRAD

In Mailand lohnt es sich einfach nicht, ein Auto
zu haben. Für viele Straßen gelten Zugangs-
beschränkungen, und die Parkplatzsuche ist
ein Alptraum. Im Zentrum kostet Parken an
der Straße 1,50 € pro Stunde. Dafür muss man
in einem Tabakladen eine SostaMilano-Karte
kaufen, Datum und Stunde freikratzen und sie
sichtbar hinter die Windschutzscheibe legen.
Unterirdische Garagen verlangen 25 bis 40 € für
24 Stunden.

FAHRRAD

BikeMi (www.bikemi.it) ist Mailands öffentliches
Fahrradnetzwerk. Es gibt Tages-, Wochen- oder
Jahreskarten. Man kann die Fahrräder an ver-
schiedenen Stationen abholen und abgeben.
Karten bekommt man online oder am **ATM Info
Point** (☎ 800 80 81 81; www.atm.it; ◷ Mo–Sa
7.45–19.15 Uhr).

MAILAND & DIE OBERITALIENISCHEN SEEN MAILAND

NICHT VERSÄUMEN

QUADRILATERO D'ORO

Für alle, die sich für den Wurf eines Kleides oder den Schnitt eines Jacketts interessie-
ren, ist ein Bummel im **Quadrilatero d'Oro** (Goldenes Karree; Karte S. 296), dem
berühmtesten Einkaufsviertel der Welt, ein Muss. Das anheimelnde Straßenkarree mag
zwar schon immer für Eleganz und Geld gestanden haben (in der Via Monte Napoleone
verwaltete Napoleons Regierung Kredite), aber der legendäre Modestatus ist allein dem
Neubeginn Mailands in der Nachkriegszeit geschuldet. In der Blütezeit der 1950er-Jahre
eröffneten die Modehäuser der Stadt in der Gegend zwischen Via Monte Napoleone, Via
Sant'Andrea, Via della Spiga und Via Alessandro Manzoni ihre Ateliers. In den 1960er-
Jahren hatte Mailand Florenz und Rom als Haute-Couture-Hauptstadt überflügelt.
Heute präsentieren hier die Topdesigner der Welt im Februar/März und September/
Oktober ihre Damenkollektionen, während die Herrenmode im Januar und Juni/Juli auf
die Laufstege geschickt wird.

VOM/ZUM FLUGHAFEN

Bus

Air Bus (Karte S. 292; www.atm-mi.it) ATM-Busse fahren von 6 bis 23 Uhr alle 30 Minuten von der Piazza Luigi di Savoia, seitlich der Stazione Centrale, zum **Flughafen Linate** (Erw./Kind 5/2,50 €, 25 Min.).

Autostradale (Karte S. 292; 02 720 01 304; www.autostradale.it) unterhält Busse vom Orio al Serio Airport (Bergamo 02 330 91 1; 1 Std.). Sie fahren von 2.45 bis 23.30 Uhr alle 30 Minuten von der Piazza Luigi di Savoia.

Malpensa Shuttle (Karte S. 292; 02 585 83 185; www.malpensashuttle.it; Fahrkarte 10 €) Busse fahren von 3.45 bis 00.30 Uhr alle 20 Minuten ab Piazza Luigi di Savoia, an der Stazione Centrale, und brauchen 50 Minuten zum Flughafen Malpensa.

ÖFFENTLICHE VERKEHRSMITTEL

ATM (800 80 81 81; www.atm.it) ist der Betreiber von U-Bahn, Bussen und Straßenbahnen. Die U-Bahn ist die bequemste Art der Fortbewegung vor Ort. Es gibt drei Hauptlinien und den blauen Passante Ferroviario, die von 6 bis 0.30 Uhr verkehren, danach verkehrt ein Nachtservice bis 2.30 Uhr. Ein Ticket kostet 1,50 € und gilt für eine Metrofahrt oder Fahrten bis zu 90 Minuten mit ATM-Bussen und der Straßenbahn. Fahrkarten werden an den Metrostationen, in Tabakläden und Zeitungskiosken verkauft. Sie müssen in den Straßenbahnen und Bussen entwertet werden.

M1 (rot) verbindet Duomo, Corso Venezia, Castello Sforzesco und die Fiera.

M2 (grün) verbindet Porta Garibaldi, Brera und Navigli.

M3 (gelb) verbindet Quadrilatero d'Oro mit Porta Romana.

Taxi

Für Fahrten vom Flughafen Malpensa in die Innenstadt und umgekehrt gilt ein Festpreis von 90 €. Die Fahrt dauert außerhalb der Stoßzeiten etwa 50 Minuten. Für Reisende zum Terminal 2 kann dies die schnellste Option sein.

Der Taxitarif für Fahrten zum Flughafen Linate liegt bei 10 bis 20 €.

Zug

Malpensa Express (02 7249 4494; www.malpensaexpress.it) Züge fahren zwischen 5.25 und 23.40 Uhr alle 30 Minuten vom Terminal 1 nach Stazione Centrale (Erw./Kind 10/5 €, 50 Min.) und Cadorna Nord (Stazione Nord; www.ferronord.it; Piazza Luigi Cadorna) (Erw./Kind 11/5 €, 30 Min.). Passagiere, die am Terminal 2 ankommen oder von dort abfliegen, benutzen den kostenlosen Shuttle-Bus zum Bahnhof im Terminal 1.

ⓘ PLÄNE & TICKETS

Übersichtspläne für Bus- und Straßenbahnrouten sind an den ATM Info-Points erhältlich. Ansonsten kann man auch die IATM-App herunterladen. Für den öffentlichen Nahverkehr gibt es verschiedene Mehrfachtickets, die wirklich Geld sparen:

Tageskarte 24 Stunden gültig, 4,50 €

Dreitageskarte 72 Stunden gültig, 8,25 €

Sammelkarte mit 10 Fahrkarten Jede ist 90 Minuten gültig, 13,80 €

TAXI

Taxis stehen nur an festen Taxiständen; sie können nicht herangewinkt werden. Ansonsten gibt es den Taxiruf 02 40 40, 02 69 69 oder 02 85 85. Eine kurze Fahrt in der City kostet durchschnittlich 10 €.

Wenn man telefonisch ein Taxi bestellt, läuft die Uhr ab dem Eingang des Anrufs.

Rund um Mailand

Pavia

68 350 EW.

Von den Römern als Militärgarnison gegründet, war Pavia lange Zeit eine in geografischer wie politischer Hinsicht strategisch wichtige Stadt. Sie liegt im Zentrum einer landwirtschaftlich genutzten Ebene (daher ihre hässliche Peripherie) und ist ein wichtiges Regionalzentrum mit Neigung zur Lega Nord. Ihre Universität (gegründet im 14. Jh.) ist eine der besten in Italien. Abgesehen von seiner studentischen Atmosphäre besitzt Pavia ein historisches Zentrum und ist Standort des Kartäuserklosters Certosa di Pavia.

★ Certosa di Pavia

(Kartause von Pavia; 0382 92 56 13; www.certosadipavia.com; Viale Monumento; Spenden erwünscht; Di–So 9–11.30 & 14.30–17.30 Uhr) ist eines der beachtlichsten Gebäude der italienischen Renaissance. Giangaleazzo Visconti aus Mailand gründete das Kloster 1396 als private Kapelle und Mausoleum für die Visconti. Der Bau dauerte bis weit ins 16. Jh. an, weswegen das Ensemble ein gutes Beispiel des Übergangs von der Gotik zur Renaissance darstellt.

Die Innenräume sind meist gotisch, das Äußere im Stil der Renaissance. Vor der Kirche öffnet sich ein großer Vorplatz, an ihrer Seite ist ein kleiner Kreuzgang, der wiederum zu einem zweiten, wesentlich prächtigeren Kreuzgang führt. Unter dessen Bögen befinden sich 24 Zellen, jeweils eine für einen Mönch. Einige Zellen dürfen besichtigt werden. Die Kapellen sind mit Fresken von u. a. Bernardino Luini und dem umbrischen Meister Il Perugino geschmückt.

Der Bus 175 von **Sila** (☏ 199 15 31 55; www.sila.it) auf der Strecke Pavia–Binasco–Mailand fährt vom Busbahnhof Pavia (Via Trieste) und Certosa di Pavia (15 Min., mindestens 7-mal tgl.) ab.

Von der Stazione Centrale in Mailand gibt es viele direkte Zugverbindungen nach Pavia (3,80 €, 25–40 Min.).

Monza

120 000 EW.

Vielen Leuten ist Monza als Standort eines klassischen europäischen Formel-1-Kurses ein Begriff (seit 1950 werden hier jedes Jahr im September Rennen ausgetragen), von Mailand-Touristen wird die Stadt aber leider meist links liegen gelassen. Wer sich für Geschichte und Architektur interessiert, findet hier ein reiches Feld.

Die **Rennstrecke von Monza** (☏ 039 2 48 21; www.monzanet.it; Via Vedano 5, Parco di Monza; Karten für Rennen Erw. 10–20 €, erm. 8–14 €, Nutzung der Strecke 45 €; ◷ März–Sept. 8–13 & 14.30–18.30 Uhr, Okt.–Feb. 8–13 & 14–18 Uhr), auf der man an den meisten Tagen im Winter sogar selbst fahren kann, ist ebenso einen Besuch wert wie der gotische **Dom** (☏ 039 38 94 20; www.duomomonza.it; Piazza Duomo; Corona Ferrea Erw./erm. 4/3 €; ◷ 9–12 & 14–18 Uhr) mit seiner grün-weiß gebänderten Fassade. Er birgt einen bedeutenden Schatz aus dem Frühmittelalter. **Corona Ferrea** (Eiserne Krone), in die der Legende nach ein Nagel vom Kreuz Christi eingearbeitet ist. Karl der Große, der 800 zum ersten römischen Kaiser seit über 300 Jahren gekrönt wurde, betrachtete sie als ein Symbol des Reiches und stand damit nicht allein. Mehrere weitere Herrscher, darunter Friedrich I. (Barbarossa) und Napoleon, ließen sich mit ihr krönen. Die Krone ist in der Kapelle, die der lombardischen Königin Theodolinda gewidmet ist, zu besichtigen (nur Di–So). Das **Museo e Tesoro del Duomo** (☏ 039 32 63 83; www.museoduomomonza.it;

Piazza del Duomo; Erw./erm. 6/4 €, mit Corono Ferrea 8/6 €; ◷ Di–So 9–13 & 14–18 Uhr) nebenan beherbergt eine der größten Sammlungen früher religiöser Kunst in Europa.

Der **Parco di Monza** (Porta Monza, Viale Cavriga; ◷ 7–19 Uhr) liegt am Fluss Lambro und umfasst nicht nur das Autodromo, sondern auch eine Pferderennbahn, einen Golfkurs, Tennisplätze, ein olympisches **Schwimmbecken** mit 50-m-Bahnen (☏ 039 248 22 32; Porta Santa Maria delle Selve, Via Vedano; Erw./erm. 8/3 €; ◷ Juni–Aug. 10–19 Uhr), Reit- und Radwege. Am Eingang Porta di Monza befindet sich ein Fahrradverleih (3 € pro Std.).

Regelmäßig verkehren Züge zwischen dem Bahnhof Porta Garibaldi in Mailand und Monza (2,10 €, 15–20 Min.), 23 km nördlich. Der Ausflug ist an einem halben Tag gut zu schaffen.

DIE OBERITALIENISCHEN SEEN

Schriftsteller von Goethe und Stendhal bis zu D. H. Lawrence und Hemingway haben Loblieder auf die dramatisch von schneebedeckten Bergen umgebenen oberitalienischen Seen gesungen.

Der westliche der größeren Seen, der Lago d'Orta, liegt im Piemont. Die drei großen Seen sind, von Westen nach Osten, der Lago Maggiore mit seinen Borromäischen Inseln, der Lago di Como (Comer See) inmitten dicht bewaldeter Berge und der Lago di Garda (Gardasee), der größte und meistbesuchte. In der südwestlichen Ecke (in Venetien) gibt es disneyartige Freizeitparks, darunter Gardaland, den größten Italiens. Die Nordausläufer des Gardasees reichen bis in die Alpenregion Trentino-Südtirol.

Lago Maggiore

Wer mit dem Zug oder Auto von der Schweiz aus über den Simplonpass nach Italien hineinfährt, schlängelt sich auf kurvenreichen Strecken die Alpenhänge hinunter zum Westufer des Lago Maggiore. Hauptattraktion sind die Borromäischen Inseln, die wie eine Flotte edler Schiffe im Borromäischen Golf vor Anker liegen. Mehr noch als der Comer oder der Gardasee hat der Lago Maggiore das Flair der Belle Époque aus seiner Blütezeit im 19. Jh. bewahrt, als das europäische Großbürgertum in Scharen hierher kam, um am Seeufer prächtige Villen zu bauen oder zu kaufen, und viele außergewöhnlich üppige Gärten angelegt wurden.

Das nördliche Ende des Sees, dort wo er sich zwischen den Bergen verengt und auf Schweizer Gebiet übergeht, ist der hübschere, abgeschiedenere Teil. Eine Fahrt auf der reizvollen Küstenstraße SS34 und SS33 Richtung Süden lohnt sich unbedingt.

ℹ Anreise & Unterwegs vor Ort

BUS

SAF (☏ 0323 55 21 72; www.safduemila.com) bietet eine tägliche Verbindung von Stresa nach Mailand (8,75 €, 1½ Std.) und fährt auch nach Verbania Pallanza (2,25, 20 Min.) und Arona (2,25 €, 20 Min.); Abfahrt ist am Seeufer.

SCHIFF

Autofähren verbinden alle 20 Minuten Verbania Intra mit Laveno; eine Strecke kostet 6,90 bis 11,50 € für ein Auto plus Fahrer bzw. 4,30 € für ein Fahrrad plus Fahrer.
Navigazione Lago Maggiore (☏ 800 551801; www.navigazionelaghi.it) unterhält Fähren und Tragflügelboote. In jedem Ort gibt es Fahrkartenhäuschen an der Anlegestelle; das Hauptbüro befindet sich in Arona. Tageskarten kosten je nach Abfahrtshafen 15,50/8,80 € bis 21,50/11,80 € für Erwachsene/Kinder und schließen die Schweizer Stadt Locarno als Haltepunkt ein.

ZUG

Stresa liegt an der Strecke Domodossola–Mailand. Domodossola liegt etwa 30 Minuten nordwestlich an der Grenze zur Schweiz, von dort führt die Strecke weiter nach Brig und bis nach Genf.

Stresa

5230 EW.

Stresa am Westufer des Sees hat einen Logenplatz für den flammend orangefarbenen Sonnenaufgang jenseits des Wassers. Die Stadt zieht seit dem 18. Jh. dank ihrer leichten Erreichbarkeit von Mailand aus Künstler und Schriftsteller auf der Suche nach Inspiration an. Zu ihnen gehörte auch Hemingway, der 1918 nach Stresa kam, um sich von einer Kriegsverletzung zu erholen. Ein paar Schlüsselszenen am Ende seines Romans *In einem anderen Land* spielen im Grand Hôtel des Iles Borromées, dem feudalsten Hotel am Seeufer.

⦿ Sehenswertes & Aktivitäten

Die Menschen strömen nach Stresa, um über die Uferpromenade zu flanieren und die Berromäischen Inseln zu besuchen. Der Kiesstrand gleich westlich des Hauptfähranlegers eignet sich gut zum Sonnenbaden.

Parco della Villa Pallavicino   ZOO
(☏ 0323 3 15 33; www.parcozoopallavicino.it; Erw./Kind 9,50/6,50 €; ⊙ März–Okt. 9–18 Uhr) Kaum 1 km auf der SS33 südöstlich von Stresa tummeln sich exotische Vögel und Tiere relativ frei im kinderfreundlichen Parco della Villa Pallavicino. 40 Tierarten, darunter Lamas, Sardinische Hausesel, Flamingos und Tukane, halten jeden bei Laune.

Funivia Stresa–Mottarone   SEILBAHN
(☏ 0323 3 02 95; www.stresa-mottarone.it; Piazzale della Funivia, Mottarone; hin & zurück Erw./Kind 18/12 €, bis Station Alpino 12,50/8,50 €; ⊙ April–Okt. 9.30–17.30 Uhr, Nov.–März 8.10–17.30 Uhr; ☗ Stresa) Die 20-minütige Seilbahnfahrt zur Spitze des 1491 m hohen Monte Mottarone eröffnet einen tollen Seeblick. Die Kabinen fahren im Sommer alle 20 Minuten. An klaren Tagen sind der Lago Maggiore, der Lago d'Orta und der Monte Rosa an der Schweizer Grenze zu sehen.

An der Mittelstation Alpino (803m) gedeihen mehr als 1000 alpine und subalpine Pflanzenarten im **Giardino Botanico Alpinia** (☏ 0323 3 02 95; www.giardinoalpinia.it/info.htm; Erw./Kind 3/2,50 €; ⊙ April–Okt. 9.30–18 Uhr). Der Botanische Garten wurde im Jahr 1934 angelegt.

Oben am Berg bestehen gute Mountainbike-Trails und Wandermöglichkeiten. **Bicicò** (☏ 0340 357 21 89; www.bicico.it; Miete halbe/ganze Tage 23/28 €, Führer halbe/ganze Tage 80/150 €; ⊙ 9.30–12.30 & 13.30–17.30 Uhr) vermietet Mountainbikes an der Seilbahnstation in Stresa. Im Preis sind Helm und Wegekarte für Abfahrten mit Panoramablick (befahrbar von so ziemlich jedem, der Radfahren kann) vom Gipfel des Mottarone zurück nach Stresa enthalten. Eine Fahrt mit dem Rad in der Seilbahn nach Alpino/Mottarone kostet 9/12 €.

🛏 Schlafen & Essen

Am Westufer des Sees gibt es mehr als 40 Campingplätze. Ein Verzeichnis ist in der Touristeninformation erhältlich. Geschlossen sind sie (auch die Hotels) meist
Fortsetzung auf S. 318

FLAVIO VALLENARI / GETTY IMAGES ©

1. Gardasee (S. 334)
Seine Villen und die Architektur machen Gardone Riviera zu einem eleganten Ferienort.

2. Villa Carlotta (S. 330)
Diese Villa aus dem 17. Jh. muss man als Besucher des Comer Sees einfach gesehen haben.

3. Comer See (S. 323)
Häuser in Pastellfarben säumen die steilen Straßen an den Hügeln im hübschen Varenna.

4. Lago Maggiore (S. 308)
Villa und Gärten auf der Isola Bella, einer der Borromäischen Inseln, wurden so angelegt, dass sie einem Schiff ähneln.

1

DENNIS K. JOHNSON / GETTY IMAGES ©

2

4

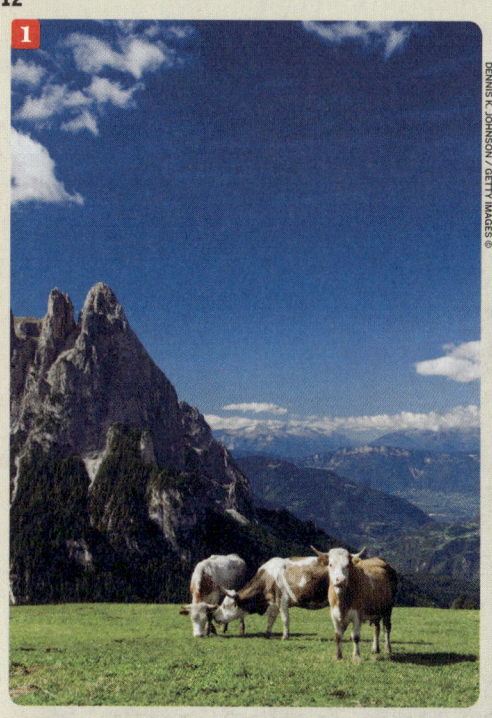

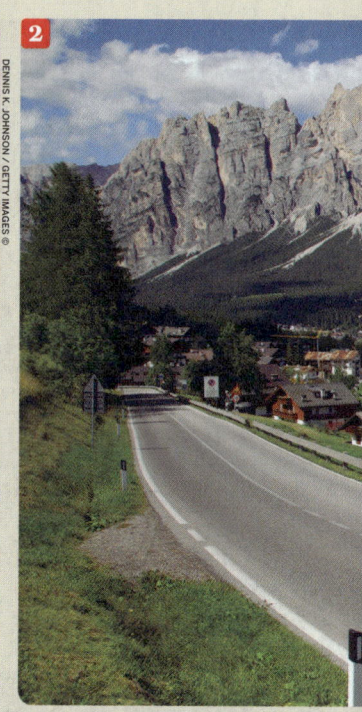

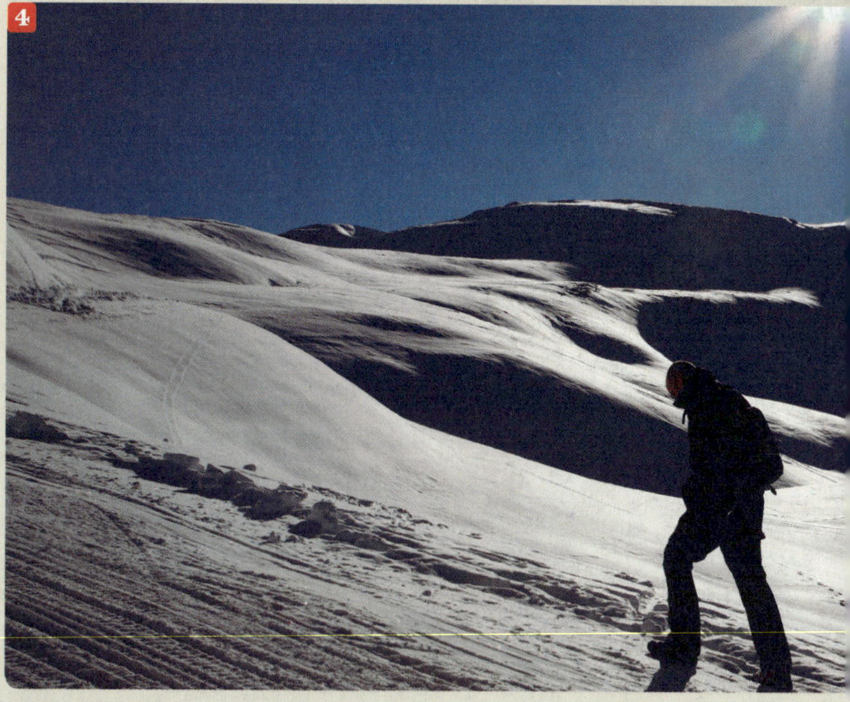

FRANK FELL / GETTY IMAGES ©

RUTH EASTHAM & MAX PAOLI / GETTY IMAGES ©

GLENN VAN DER KNIJFF / GETTY IMAGES ©

3

1. Seiser Alm (S. 385)
Kühe auf den grünen Weiden der größten europäischen Hochebene in den Dolomiten.

2. Cortina d'Ampezzo (S. 462)
Im Winter ist es hier oft eisig, doch im Sommer eignet sich die herrliche Umgebung der Stadt wunderbar zum Radeln.

3. Bozen (S. 373)
Die Hauptstadt der Provinz Südtirol (Alto Adige) punktet mit einem täglichen Markt, auf dem frische regionale Erzeugnisse angeboten werden.

4. Pustertal (S. 388)
Das Tal führt zu den Drei Zinnen (Tre Cime), die auch für unerfahrene Wanderer zugänglich sind.

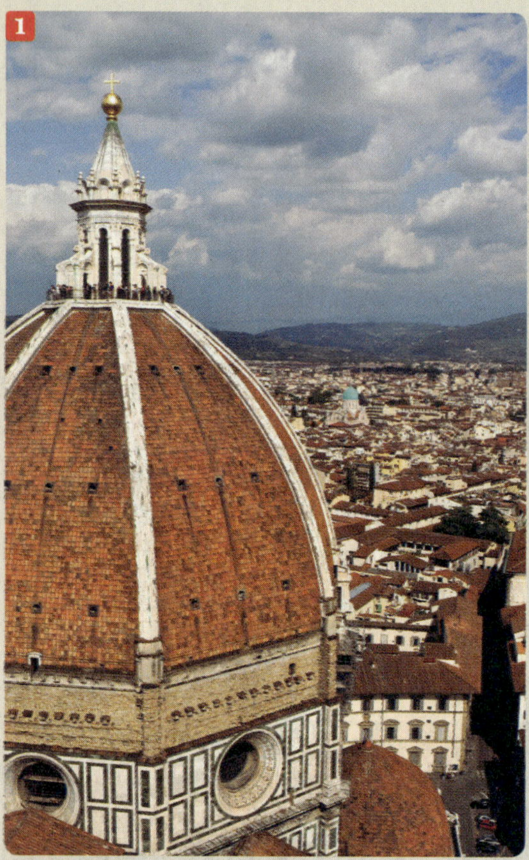

RICHARD I'ANSON / GETTY IMAGES ©

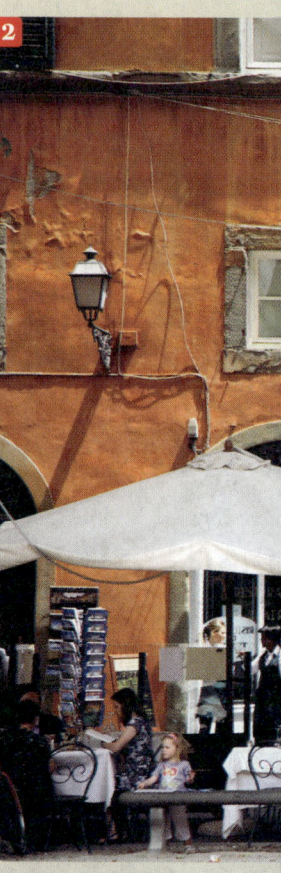

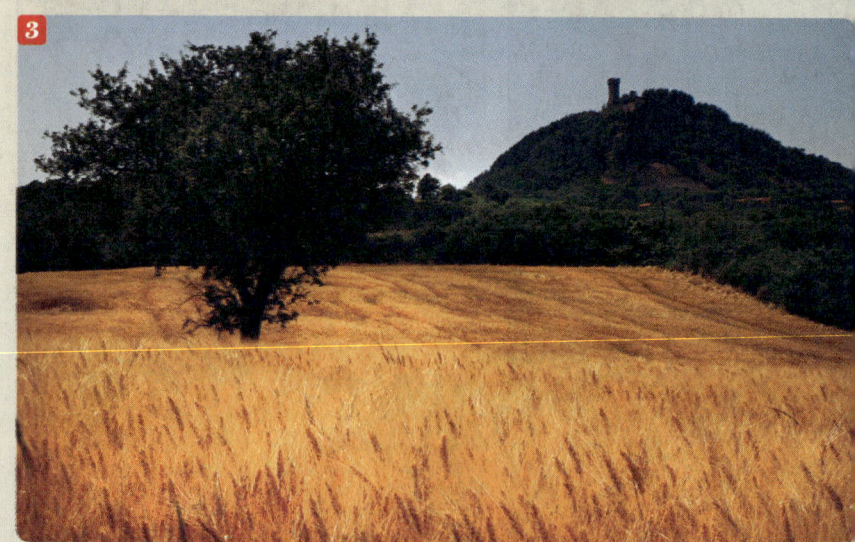

1. Duomo (S. 544), Florenz

Die Errichtung des bekanntesten Wahrzeichens der Stadt nahm fast 150 Jahre in Anspruch.

2. Lucca (S. 589)

An nahezu jeder Ecke laden Tische vor den Lokalen ein, im Freien zu essen.

3. Siena (S. 602)

Klassische Landschaft in der Toskana: sanfte Hügel, von der Sonne verwöhnte Felder und Weingärten und von Zypressen gesäumte Straßen.

4. Köstlichkeiten aus der Toskana

Die Toskana ist ein Eldorado für Leute, die gern gut essen – und ein Faible für Süßes haben..

1

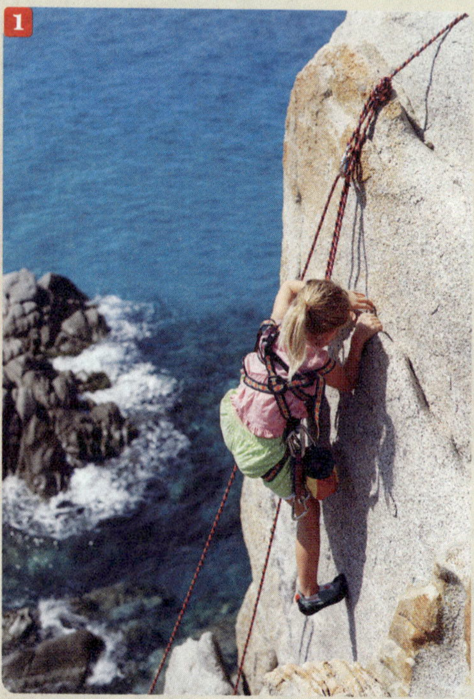

PHILIP AND KAREN SMITH / GETTY IMAGES ©

2

4

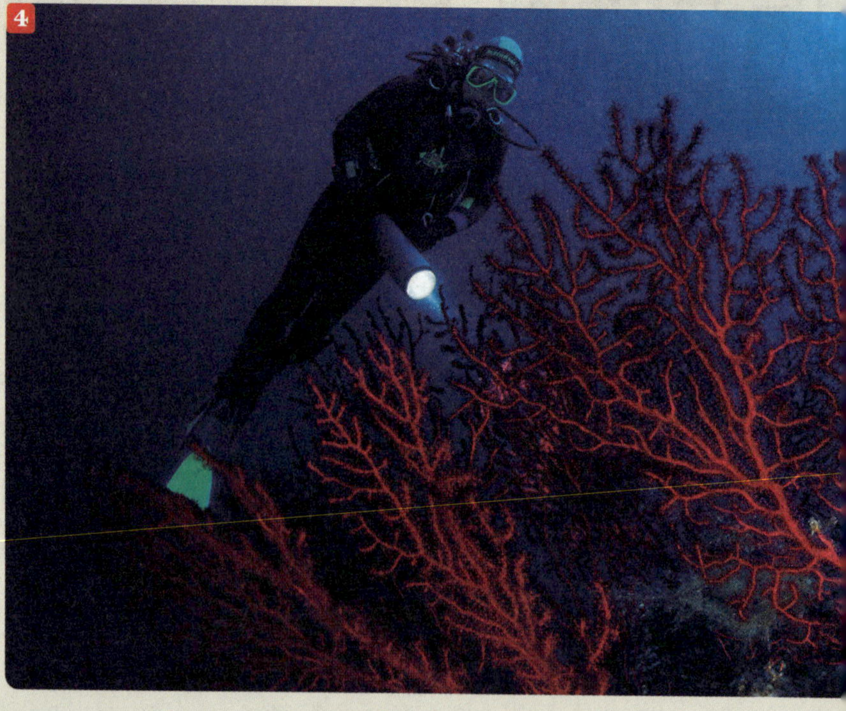

IMAGE SOURCE / GETTY IMAGES ©

FRANCO BANFI / GETTY IMAGES ©

ANDY CHRISTIANI / GETTY IMAGES ©

3

1. Klettern, Santa Teresa di Gallura (S. 972)
Die Felsformationen Sardiniens sind spannende Herausforderungen für Klettersportler.

2. Windsurfen
Porto Pollo und Chia – Top-Spots der Windsurfer auf Sardinien mit Windgarantie.

3. Wandern, Gola Su Gorropu (S. 979)
Die spektakuläre Schlucht, die von 400 m hohen, vertikal aufragenden Felswänden flankiert ist, wird auch „Grand Canyon Europas" genannt.

4. Tauchen
Von den glasklaren Meerestiefen vor der Küste Sardiniens träumt jeder Taucher.

Fortsetzung von S. 309

Fortsetzung von S. 309

ⓘ LAGO MAGGIORE EXPRESS

Der **Lago Maggiore Express** (www. lagomaggioreexpress.com; Erw./Kind Tageskarte 32/16 €, 2-Tages-Karte 42/21 €) ist ein malerischer Tagesausflug, den man auf eigene Faust unternehmen kann. Er umfasst die Zugfahrt von Arona oder Stresa nach Domodossola, von dort geht es mit dem bezaubernden Zug Centovalli (100 Täler) ins Schweizerische Locarno und mit der Fähre zurück nach Stresa. Die zweitägige Version bietet mehr fürs Geld, wenn man die Zeit dafür hat. Tickets sind an den Fahrkartenhäuschen des Navigazione Lago Maggiore in jedem Hafen erhältlich.

von November bis Februar, was aber variieren kann. Am besten sollte man sich vorher erkundigen.

Hotel Elena HOTEL €

(☎ 0323 3 10 43; www.hotelelena.com; Piazza Cadorna 15, Stresa; EZ/DZ 60/85 €; Ⓟ) Elena, das an ein Café angrenzt, liegt am zentralen Platz in der Fußgängerzone von Stresa. Es ist rollstuhltauglich, und die komfortablen Zimmer mit Parkettboden haben alle einen Balkon, viele davon mit Blick auf den Platz.

Casa Kinka B&B €€

(☎ 0323 3 24 43; www.casakinka.it; Strada Comunale Lombartino 21, Magognino; EZ/DZ 90/130 €; Ⓜärz–Okt.; Ⓟ @) Das hübsche B&B liegt an einem Hang oberhalb von Stresa, etwa 6 km außerhalb des Orts. Die freundlichen Besitzer vermieten zwei bequeme Räume. Die Gäste können sich in den Liegestühlen im Garten zurücklehnen und auf den See hinunterschauen. Zu erreichen ist das Haus von Stresa über die Straße zum Mottarone und über den Abzweig Richtung Vedasco.

Villa Aminta HOTEL €€€

(☎ 0323 93 38 18; www.villa-aminta.it; Via Sempione Nord 123; DZ 295–440 €; Ⓟ ✳ 🛜 ☒) Die märchenhafte Villa Aminta im Stil der Jahrhundertwende bietet einen bildschönen Blick auf die Isola Bella. Die Zimmer sind mit Kronleuchtern aus Muranoglas, Seidenvorhängen und massenhaft Gold und Samt ausgestattet und gleichen der barocken

Opulenz des Palazzo Borromeo. Das Hotel besitzt auch einen privaten Strand, einen beheizten Pool, ein Fitnesszentrum und einen regelmäßigen Transportservice nach Stresa.

La Botte PIEMONTESISCH €€

(☎ 0323 3 04 62; Via Mazzini 6; Gerichte 25–30 €; ⓈFr–Mi 12–14 & 18.30–21 Uhr) Die traditionelle *osteria* (zwangloses Lokal, dem ein Wirt vorsteht) mit dunklen Holzmöbeln und über Jahrzehnte angesammeltem Schnickschnack an den Wänden liegt am Seeufer. Die gegrillte Polenta oder das Risotto mit Blauschimmelkäse und Birnen sind für den Anfang schon mal eine gute Wahl.

Piemontese ITALIENISCH €€

(☎ 0323 3 02 35; www.ristorantepiemontese.com; Via Mazzini 25; Menü ab 28 €, Gerichte 35-45 €; Ⓢ12.30–14 & 18.30–21.30 Uhr) Das renommierte Lokal vereint raffiniertes Ambiente und hochwertige Küche. Gäste sollten die Polenta mit Käsefondue und luftgetrocknetem Rindfleisch oder das *menu di mezzogiorno* (Mittagsmenü) probieren.

ⓘ Praktische Informationen

Touristeninformation (☎ 0323 3 13 08; www.stresaturismo.it; Piazza Marconi 16; Ⓢ Mitte März–Mitte Okt. 10–12.30 & 15–18.30 Uhr, in den Wintermonaten kürzere Öffnungszeiten am Wochenende)

Borromäische Inseln

Der Borromäische Golf ist die schönste Ecke des Lago Maggiore. Die Borromäischen Inseln sind von verschiedenen Orten um den See erreichbar, am besten allerdings von Stresa und Baveno.

ISOLA BELLA

Nach Isabella, Frau des Grafen Carlo III., wurde die Isola Bella im 17. Jh. benannt, als ihr zentraler Bau, der **Palazzo Borromeo** (☎ 0323 3 05 56; www.isoleborromee.it; Erw./Kind 13/5,50 €, Kombiticket mit Isola Madre 18/8 €, Galleria dei Quadri 3 €; Ⓢ April–Mitte Okt. 9–17.30 Uhr), für die Familie Borromeo errichtet wurde. Villa und Gärten wurden so angelegt, dass sie die Insel wie ein Schiff erscheinen lassen; mit dem Haus als Bug und den Gärten in zehn abgestuften Terrassen als Heck. Zu den Gästen zählen Napoleon und Josephine 1797 (das Bett, in dem sie geschlafen haben, ist zu besichtigen) sowie Prinz Charles und Prinzessin Diana 1985. Für die **Galleria dei Quadri** gilt eine separate Eintrittskarte (3 €). Die Gemäldegalerie besteht aus einer

Flucht von Sälen, die vom Boden bis zur Decke mit der Kunstsammlung der Borromeos bedeckt sind, darunter auch Werke von Rubens, Tizian, Paolo Veronese und Andrea Mantegna.

In den unterirdischen Grotten des Palastes ist ein 3000 Jahre altes versteinertes Boot ausgestellt. Die Gewölbe selbst sind mit rosafarbenem Marmor, Lavastein und Kieseln vom Seegrund gespickt. Draußen stolzieren weiße Pfauen durch ein beispielhaftes Exemplar barocker italienischer Gartenkunst.

Im **Elvezia** (☎ 0323 3 00 43; Gerichte 30–35 €; ☺ März–Okt. Di-So 12–14 & 18.30-21 Uhr. Nov.–Feb. nur Fr–So) gibt es authentische Hausmannskost.

ISOLA MADRE

Die gesamte Isola Madre wird vom märchenhaften **Palazzo Madre** (☎ 0323 3 05 56; Erw./Kind inkl. Gärten 11/5,50 €, Kombiticket mit Isola Bella 18/8 €; ☺ März–Okt. 9–18 Uhr), erbaut im 16. bis 18. Jh., und seinen Gärten eingenommen. Letztere fließen geradezu über von Azaleen, Rhododendren, Kamelien und Hibiskus, zwischen denen weiße Pfauen und leuchtend bunte Goldfasane umherstreifen. Zu den Highlights des Palastes zählen ein klassizistisches Puppentheater, das ein Bühnenbildner der Mailänder Scala entworfen hat, und ein „Horror"-Theater mit einem Satz teuflischer Marionetten.

Isola Superiore (Pescatori)

Die winzige „Fischerinsel" besitzt dank fehlender Sehenswürdigkeiten noch viel von ihrer ursprünglichen Dorfatmosphäre. Abgesehen von einer Apsis aus dem 11. Jh. und einem Fresko aus dem 16. Jh. in der **Chiesa di San Vittore** gibt es nichts zu sehen; deshalb kommen viele Besucher hier nur zum Mittagessen her. Die Restaurants um den Bootsanleger servieren alle gegrillten Fisch frisch aus dem See für etwa 15 €.

Übernachten kann man auf der Insel im **Albergo Belvedere** (☎ 0323 3 22 92; www.belvedere-isolapescatori.it; Isola Superiore; Zi 99–199 €; ❄); die Zimmer haben Balkons mit Blick auf den See.

Verbania

31 200 EW.

Verbania, nördlich von Stresa gelegen, ist die größte Stadt am See und hat drei Ortsteile. Der interessanteste ist Verbania Pallanza mit einem dichten Netz von Gassen im alten Stadtzentrum. Verbania Intra punktet durch die hübsche Lage am Seeufer und praktische Autofähren nach Laveno am Ostufer. Die Via Vittorio Veneto, die von Pallanza nach Norden führt, verfügt über einen Jogging- und Fahrradweg, der dem Uferverlauf folgt.

Das Highlight der Stadt ist das Gelände der **Villa Taranto** (☎ 0323 40 45 55; www.villataranto.it; Via Vittorio Veneto 111, Verbania Pallanza; Erw./Kind 10/5,50 €; ☺ 8.30-18.30 Uhr; ▣ Villa Taranto) aus dem späten 19. Jh. 1931 kaufte der schottische Hauptmann Neil McEacharn, Angehöriger der Royal Archers, die Villa von der Familie Savoy und pflanzte hier im Verlauf von 30 Jahren etwa 20 000 Gewächse. Der Botanische Garten, der als einer der schönsten in Europa gilt, lockt mit sanften Hügeln voll purpurfarbener Rhododendren und Kamelien, riesigen Tulpenfeldern und Gewächshäusern mit exotischen Lilien. In der letzten Aprilwoche entfalten Zehntausende Tulpen ihre vielfarbige Blütenpracht in der **Settimana del Tulipano**, im Frühling und Herbst ist Verbania Gastgeber der Kamelien-Schau (www.camelieinmostra.it).

Das neugotische **Ristorante Milano** (☎ 0323 55 68 16; www.ristorantemilanolagomaggiore.it; Corso Zanitelli 2, Verbania Pallanza; Gerichte 60–70 €; ☺ Mi-So 12–14 & 19–21, Mo 12–14 Uhr) liegt am Seeufer mitten in einem schattigen Garten mit Blick auf den entzückenden Hafen von Pallanza und Isolino San Giovanni. Die moderne Karte bietet u. a. Flussbarsch und Saibling mit saisonalem Gemüse. Das **Caffè Bolongaro** (☎ 0323 50 32 54; Piazza Garibaldi 9; pizzas €4.50-8) am Seeufer in Pallanza serviert gute Pizza.

Verbanias **Touristeninformation** (☎ 0323 50 32 49; www.verbania-turismo.it; Corso Zanitello 6–8; ☺ Mo–Fr 9–13 Uhr) befindet sich am Seeufer in Verbania Pallanza.

In einem hübschen Gebäude aus dem 19. Jh. an der Uferpromenade ist das **Hotel Belvedere** (☎ 0323 50 32 02; www.pallanzahotels.com; Viale Magnolie 6, Verbania Pallanza; DZ mit/ohne Seeblick ab 99/110 €; ❄ ☎) untergebracht, eine vorzügliche Ausgangsbasis für Unternehmungen am Lago Maggiore.

Cannobio

5230 EW.

Nur 5 km vor der Schweizer Grenze liegt im Tal des Flüsschens Cannobino, geschützt von einem hohen Berg, der mittelalterliche Weiler Cannobio. Auch wenn der verträumte Ort keine besonderen Sehenswürdigkeiten aufzuweisen hat, zählen seine Restaurants und Hotels zu den besten am See. Sonntags lockt der Markt am Seeufer Besucher aus der Schweiz an.

Die **Touristeninformation** (☑ 0323 7 12 12; www.procannobio.it; Via Giovanola 25; ☺ Mo–Sa 9–12 & 16–19, So & feiertags 9–12 Uhr) liegt von der Hauptstraße am Seeufer ein Stückchen landeinwärts.

Aktivitäten

In Cannobio gibt es neben dem Kiesstrand am Nordrand des Dorfs eine aktive Segel- und Windsurfingschule, **Tomaso Surf & Sail** (☑ 0323 722 14; www.tomaso.com; Via Nazionale 7). Mit einem geliehenen kleinen Segelboot (120 € pro Tag) lassen sich auch nette Ausflüge zur Ruine der **Castelli della Malpaga** machen. Sie liegen auf zwei Felsinselchen südlich von Cannobio gleich vor der Cannero Riviera.

Zu Land bietet sich eine Fahrradtour durch die wilde Schönheit des Val Cannobino an. Die Strecke folgt der malerischen SP75 über kurvige 28 km entlang dem rauschenden Bach Torrente Cannobino bis in die dicht bewaldeten Berge und schließlich bis Malesco im Valle Vigezzo. 2,5 km durch das Tal zwängt sich in Sant'Anna der Torrente Cannobino machtvoll seinen Weg durch

die enge Klamm **Orrido di Sant'Anna**, die an ihrer schmalsten Stelle von einer romanischen Brücke überspannt wird. Nach weiteren 7 km führt eine steile, 3 km lange Nebenstraße voller Haarnadelkurven nach **Falmenta**, dem größten Ort im Zentrum des Tals. In Cannobio gibt es den Fahrradverleih **Cicli Prezan** (☑ 0323 7 12 30; www.cicliprezan.it; Viale Vittorio Veneto 9; pro Std./Tag 5/15 €; ☺ Mo–Sa 8.30–12 & 15–19, So 8.30–12 Uhr).

Schlafen & Essen

★ Hotel Pironi   HOTEL €€

(☑ 0323 7 06 24; www.pironihotel.it; Via Marconi 35, Cannobio; EZ 110–120 €, DZ 150–190 €; P 🛜 ♿) Das Hotel Pironi in einem Minikloster aus dem 15. Jh. (später war es das Wohnhaus der Adelsfamilie Pironi) mitten im Labyrinth der gepflasterten Gassen von Cannobio ist eine bezaubernde Wahl. Hinter den massiven Steinmauern erwartet ein Ausflug in die wunderbar restaurierte Vergangenheit die Gäste: antikes Mobiliar, bemalte Gewölbedecken, freiliegende Holzbalken, Treppen, die in alle möglichen Richtungen nach oben führen, ein mit Fresken geschmückter Frühstücksraum und eine Auswahl geschmackvoll eingerichteter Gästezimmer, davon einige mit Seeblick.

> ### ABSTECHER
>
> #### AUSFLUG IN DIE SCHWEIZ
>
> Mit ihren viel gerühmten 2300 Sonnenstunden im Jahr stehen **Locarno** (15 300 Ew.) und der ebenso hübsche Nachbarort **Ascona** (5450 Ew.) seit Langem hoch in der Gunst der Mitteleuropäer, die Klasse und Kultur in der Sonne suchen. Zu erreichen sind die Städte mit dem Centovalli-Zug von Domodossola oder per Fähre von Cannobio. Schon bei der Ankunft ist unschwer zu erkennen, worum hier so viel Aufhebens gemacht wird.
>
> Man kann über die hübschen, italienisch anmutenden Plätze von Locarno schlendern oder sich unter die mit Sonnenbrillen bewaffnete Menschenmenge auf dem blumenbestandenen *lungolago* (Uferpromenade) mischen, die **Standseilbahn** (Erw. eine Strecke/ hin & zurück 4,80/7,20 SFr, Kind 2,20/3,60 SFr;; ☺ 7–20 Uhr) hinauf zum Santuario della Madonna del Sasso besteigen, um Bramantinos Flucht nach Ägypten zu betrachten, oder – noch viel weiter hinauf – mit dem Sessellift auf den **Cimetta** (1672 m) fahren. Dort oben warten ein Panoramablick und gemächliche Wanderungen. Zum Übernachten bietet sich das angesagte **Caffè dell'Arte** (☑ +41 091 751 9 333; www.caffedellarte. ch; Via Cittadella 9, Locarno; ☺ Di–Sa 8.30–21 Uhr; 🚇 Locarno) an, und einen oder zwei Tage kann man leicht damit verbringen, das **Museo Comunale d'Arte Moderna** (Erw./erm. 7/5 SFr ☑ 091 759 81 40; www.museoascona.ch; Via Borgo 34; Erw./erm. 7/5 SFr; ☺ März–Dez. Di–Sa 10–12 & 15–18 So 10.30–12.30 Uhr) im nahe gelegenen Ascona moderne Kunst zu entdecken oder mit der Fähre zu den **Isole di Brissago** (☑ 091 791 43 61; www.isolebrissago.ch; Via Borgo 34; Erw./Kind 8/2,50 SFr; ☺ April–Ende Okt. 9–18 Uhr) zu fahren.
>
> Im August kommt die Filmszene zu einem der bedeutendsten europäischen Filmfestivals, dem **Festival Internazionale di Film**, nach Locarno. Dann verwandelt sich die Piazza Grande allabendlich in ein riesiges Freilufttheater unter dem Sternenhimmel.

LUINO

Der ansonsten verschlafene Ort Luino ist mittwochs Standort für den größten **Markt** (Markt; ⊙ Mi 8.30–16.30 Uhr) am Lago Maggiore. Es handelt sich nicht um einen gewöhnlichen lokalen Flohmarkt, sondern um einen riesigen Basar, der sich mit allen Arten von Schund und Schätzen in die Straßen der Umgebung ergießt, gar nicht zu reden von den guten Imbissbuden. Alten Aufzeichnungen ist zu entnehmen, dass hier 1535 zum ersten Mal ein wichtiger Wochenmarkt eingerichtet wurde. Heute werden im Stadtzentrum über 350 Stände aufgestellt, die alles vom lokalen Käse bis zu Second-Hand-Mode verkaufen. Sogar aus den Niederlanden kommen Schnäppchenjäger hierher.

Lo Scalo MODERN ITALIENISCH €€
(☎ 0323 7 14 80; www.loscalo.com; Piazza Vittorio Emanuele III 32, Cannobio; Gerichte 35–45 €; ⊙ Mi–So 11.30–14.30 & 18–21, Di 18–21 Uhr; ⊕ Cannobio) Lo Scalo mit seinem noblen Ambiente ist unter den Restaurants an der Hauptpromenade erste Wahl. Die Küche ist anspruchsvoll und geradlinig mit Gerichten wie bändchendünnen *tagliolini* (Pasta) mit schwarzen Trüffeln und Bergbutter.

Santa Caterina del Sasso

Das Kloster **Santa Caterina del Sasso** (www.santacaterinadelsasso.com; ⊙ April–Sept. 8.30–12 & 14.30–18 Uhr, März bis 17 Uhr, Nov.–Feb. werktags geschl.) klebt spektakulär an einer hohen Felswand in Leggiuno am Südostufer des Lago Maggiore. Es ist über eine Wendeltreppe erreichbar, 267 Stufen sind es von der Straße oberhalb, 80 Stufen vom See aus (es gibt auch einen Aufzug). Pater Roberto Comolli, der einzige Karmelitermönch, der noch hier lebt, ist der geistliche Führer der sieben Benediktiner-Laienbrüder, die dafür sorgen, dass die Kerzen in den mit Fresken versehenen Kapellen aus dem 13. und 14. Jh. brennen. Einige Fähren von Stresa legen von März bis Oktober hier an (hin & zurück 6,80 €). Mit dem Auto oder Bus sind es von Laveno 5,6 km nach Süden (die Straße ist erst nach Leggiuno ausgeschildert, dann zum Kloster, das 1 km von der Hauptstraße entfernt liegt).

Arona

14 600 EW.
In Arona wurde der Sohn des Grafen von Arona und Margherita de' Medici geboren, der spätere San Carlo Borromeo (1538 bis 1584). Sein Geburtshaus, die Burg Rocca Borromea, wurde 1801 zerstört und ihre Steine auf Befehl Napoleons als Pflaster für die Via del Sempione verwendet. 1610 wurde San Carlo heilig gesprochen und sein Vetter Federico befahl die Schaffung eines *sacro monte* (heiligen Bergs) mit 15 Kapellen, die sich an einem Pfad bis nach oben zu einer Kirche des Heiligen reihen sollten. Die Kirche und drei der Kapellen wurden errichtet, ebenso ein Denkmal auf der Spitze des **Sacro Monte di San Carlo** (☎ 0322 24 96 69; Piazza San Carlo, Arona; Eintritt 4 €; ⊙ März–Okt. 9–12.30 & 14.30–18 Uhr, Okt. Nov.–Feb. Sa & So bis 16.30 Uhr; ⊕ Arona), eine hohle, 35 m hohe Statue des Heiligen aus Bronze und Kupfer, die im Volksmund Sancarlone (heiliger Riesenkarl) genannt wird. Sie kann im Inneren bestiegen werden und bietet von oben einen spektakulären Blick (Kinder unter sechs Jahren dürfen nicht mit hoch).

Der Berg liegt 2 km westlich der Piazza del Popolo, der zauberhaftesten Piazza Aronas, und ist zu Fuß oder mit dem Auto zu erreichen.

Ortasee (Lago d'Orta)

Der kleine, von dichten und dunklen Wäldern umgebene Lago d'Orta ist 13,4 km lang und nur 2,5 km breit. Der Monte Mattarone trennt ihn vom größeren und bekannteren östlichen Nachbarn, dem Lago Maggiore.

⊙ Sehenswertes

Zentraler Ort des Sees ist das mittelalterliche Dorf **Orta San Giulio** (1170 Ew.), oft auch nur Orta genannt. Über seine cremefarbenen Häuser mit schweren Dachziegeln und den zentralen Platz, die Piazza Motta, wacht der Palazzotto, ein freskengeschmücktes Haus aus dem 16. Jh., das auf Pfeilern über einem kleinen Laubengang steht. Gleich vor dem Ort liegt die **Isola San Giulio** im See. Das südliche Ende der Insel wird von der **Basilica di San Giulio** (⊙ April–Sept. Di–So 9.30–18.45, Mo 14–17 Uhr, Okt.–März Di–So 9.30–12 & 14–17, Mo 14–17 Uhr) aus dem 12. Jh. beherrscht. Allein für diese

Kirche voller Fresken lohnt sich der Ausflug. Wenn an den Wochenenden viel los ist, öffnet auch das einzige Snackrestaurant der Insel. Reguläre Fähren (hin & zurück 2,85 €) und Privatboote (hin & zurück 8 €) übernehmen die fünfminütige Überfahrt.

Gelassener geht es auf dem **Sacro Monte** zu, einem Hügel, der mit 20 kleinen, Franz von Assisi gewidmeten Kapellen besetzt ist. Die schöne Parklandschaft drum herum ist ein toller Platz für ein Picknick: Die Zutaten bekommt man mittwochs auf dem Markt in Orta San Giulio. Ein **Touristenzug** (www.treninodiorta.it/ita; eine Strecke/hin & zurück 2,50/4 €; ⊙ Mai–Sept. 9–19 Uhr, März, April & Okt. 9–17.30 Uhr, übrige Monate 9.30–17.30 Uhr) verkehrt zwischen dem Ortszentrum und dem Sacro Monte.

🛏 Schlafen & Essen

★ Locanda di Orta   HOTEL €
(☏ 0322 90 51 88; www.locandaorta.com; Via Olina 18; EZ/DZ/Suite ab 60/70/150 €; 🛜) Das neu eröffnete Hotel bietet ein recht gutes Preis-Leistungs-Verhältnis, mühelos vereint es Mittelalterliches mit modernem Design. Die meisten Zimmer haben freiliegende Steinwände, die die aktuelle Einrichtung gut zur Geltung bringen. Es werden auch Inklusiv-Pakete mit Abendessen und Boots-Tickets zur Isola San Giulio angeboten.

Piccolo Hotel Olina   HOTEL €
(☏ 0322 90 56 56; www.ortainfo.com; Via Olina 40, Orta San Giulio; EZ 64–75 €, DZ 90–105 €; ❄) Das sorgfältig mit leuchtenden Farben und hellen Holzmöbeln eingerichtete Öko-Hotel im mittelalterlichen Zentrum von Orta San Giulio ist ein Juwel. Im Untergeschoss befindet sich ein exzellentes, fast avantgardistisches Restaurant, und falls einmal alles ausgebucht sein sollte, verfügt es über weitere Hoteloptionen in der Altstadt.

Enoteca Al Boeuc   PIEMONTESISCH €
(☏ 339 584 00 39; http://alboeuc.beepworld. it; Via Bersani 28, Orta San Giulio; Gerichte 15–20 €; ⊙ Mi–Mo 11.30–15 & 18.30–24 Uhr) Das von zahlreichen Kerzen erhellte Steingewölbe existiert bereits seit dem 16. Jh. In seiner aktuellen Inkarnation werden leichte Mahlzeiten (*bruschette,* Aufschnitt und *bagna cauda,* ein Anchovis-Knoblauch-Dip) serviert, dazu kann man edle Weine genießen, die glasweise verkauft werden.

Ristorante Sant'Antonio   ITALIENISCH €€
(☏ 0322 91 19 63; Tortirogno; Gerichte 25–30 €; ⊙ Mi–So 12–14 & 19–21.30 Uhr) Auf der Hauptstraße etwa 1,5 km nördlich von Orta liegt dieser Familienbetrieb mit seiner überzeugenden Kombination aus Tischen am Seeufer und einfacher Küche ohne jeden Firlefanz. Kein Wunder, dass es verdientermaßen so beliebt ist. Fisch heißt hier die Devise, auch wenn gelegentlich ein Fleischgericht auf der Karte erscheint.

Agriturismo Cucchiaio di Legno   AGROTOURISMUS €€
(☏ 0322 90 52 80; www.ilcucchiaiodilegno. com; Via Prisciola 10, Località Legro; Menü 24 €; ⊙ Do & Fr 18–21, Sa & So 12–14.30 Uhr) Das waschechte *agriturismo*-Restaurant tischt köstliche lokale Gerichte auf, darunter Risotto, Fisch direkt aus dem See sowie Salami und Käse aus den Tälern rundum. Vom Bahnhof Orta Miasino sind es ungefähr 800 m bis hierher.

🛍 Shoppen

Alessi   FABRIKVERKAUF
(☏ 0323 86 86 48; www.alessi.com; Via Privata Alessi 6, Omegna; ⊙ Mo–Sa 9.30–18, So 14.30–18 Uhr) Alessi, gegründet 1921 im kleinen Örtchen Omegna am Ortasee, läutete mit witzigem, ultracoolem Zubehör einen Wandel in den modernen Küchen ein. Entworfen wurden die Utensilien von einer ganzen Heerschar namhafter Architekten und bekannter Designer, darunter erst kürzlich Zaha Hadid. In dem riesigen Fabrikverkauf wird das ganze Sortiment angeboten, dazu kommen Auslaufprodukte – der Wahnsinn!

ℹ Praktische Informationen

Touristeninformation   TOURISTENINFORMATION
(☏ 0322 90 51 63; www.comune.ortasangiulio. no.it; Via Panoramica; ⊙ April–Okt. Mi–So 9–13 & 14–18 Uhr, Nov.–März Sa & So 8.30–13.30 & 14.30–17.30 Uhr) Die Touristeninformation Orta San Giulio gibt Infos zum See.

Pro Loco   TOURISTENINFORMATION
(☏ 0322 9 01 55; Via Bossi 10; ⊙ Mo & Mi–Fr 11–13 & 14–18, Sa & So 10–13 & 14–18 Uhr) Im Ortszentrum.

ℹ Anreise & Unterwegs vor Ort

BUS
Von Juni bis September fahren täglich drei Busse von Orta nach Stresa (4 €).

Vertical left margin: MAILAND & DIE OBERITALIENISCHEN SEEN ORTASEE (LAGO D'ORTA)

SCHIFF/FÄHRE

Navigazione Lago d'Orta (☎0322 84 48 62; www.navigazionelagodorta.it) betreibt Fähren von Piazza Motta, einschließlich Isola San Giulio (eine Fahrt/hin & zurück 2/2,85 €). Eine Tageskarte für unbegrenzte Fahrten kostet 8,50 €.

ZUG

Der Bahnhof Orta Miasino liegt 3 km außerhalb des Zentrums von Orta San Giulio. In Mailand fahren die Züge an der Stazione Centrale ab (Umsteigen in Novara; 6,50 €, 2 Std.).

Comer See (Lago di Como)

Der Comer See (auch Lago Lario genannt) ist der spektakulärste und am wenigsten besuchte der drei großen Seen. Er liegt im Schatten der schneebedeckten Rätischen Alpen, ist an beiden Seiten von steilen, bewaldeten Bergen umgeben und wie ein umgekehrtes Ypsilon geformt. Sein kurviges Ufer ist von Dörfern gesäumt, darunter das reizvolle Bellagio, das im Zentrum der beiden südlichen Ausläufer auf einer Landspitze liegt. Wo sich das südliche und westliche Ufer treffen, befindet sich Como, die größte Stadt des Sees.

Wer im Mai oder Juni kommt, sollte auf die Konzerte achten, die im Rahmen des Lake Como Festivals in einigen der schönsten Villen am Comer See stattfinden (www.lakecomofestival.com, in italienischer Sprache).

❶ Anreise & Unterwegs vor Ort

AUTO

Autofahrer nehmen ab Mailand die Autobahn A9 und zweigen in Monte Olimpino nach Como ab. Die SS36 führt ostwärts nach Lecco und die SS233 westwärts nach Varesa. Die Straßen rund um den See sind sehr malerisch, aber auch kurvig, eng und in den Sommermonaten ziemlich stark befahren.

BUS

ASF Autolinee (☎ 031 24 72 47; www.sptlinea. it) betreibt regelmäßige Buslinien rund um den Comer See. Die Busse fahren vom Busbahnhof auf der Piazza Giacomo Matteotti ab. Hauptstrecken sind Como–Colico (5,90 €, 1½ Std., 3- bis 5-mal tgl.) über die Dörfer am Westufer und Como–Bellagio (3,20 €, 70 Min., stündl.). Betrieben wird auch eine Busverbindung von Como nach Bergamo (5,90 €, 2¼ Std., bis zu 6-mal tgl.).

Autofähren verbinden Cadenabbia am Westufer mit Varenna am Ostufer und mit Bellagio.

SCHIFF/FÄHRE

Navigazione Lago di Como (☎ 800 551801, 031 57 92 11; www.navigazionelaghi.it; Piazza Cavour) Die Fähren und Tragflügelboote der Gesellschaft verkehren ganzjährig auf Routen kreuz und quer über den See. Sie starten vom Landungssteg am Nordende der Piazza Cavour in Como. Einfache Fahrten kosten von 2,50 € (Como–Cernobbio) bis 12,60 € (Como–Lecco oder Como–Gravedona). Bei der Nutzung von schnellen Tragflügelbootverbindungen ist allerdings ein Preiszuschlag von 1,40–4,90 € zu entrichten.

COMER SEIDE

Hersteller vom Comer See, insbesondere aus der Gegend um Lecco, erzeugten und veredelten einige der schönsten und haltbarsten Seiden der Welt. Im 18. und 19. Jh. war Como (nur knapp hinter China und Japan) das drittgrößte Zentrum der Seidenproduktion weltweit, und Seide war das wichtigste Exportgut Italiens. Die Ware war so kostbar, dass ein Drittel aller italienischen Exporteinnahmen auf Seide entfiel.

Die *prebina*-Epidemie rottete 1855 praktisch sämtliche italienischen Falterarten aus, woraufhin Rohseide aus dem Fernen Osten eingeführt werden musste. Doch auch nach dieser verheerenden Krankheit blieben die Seidenwebereien von Como auf dem Weltmarkt von Bedeutung. Erst im 20. Jh. erlebte die Seidenindustrie in der Folge der Weltwirtschaftskrise 1929 und des Aufkommens synthetischer Fasern schließlich ihren Niedergang.

Heute wird Rohseide aus China importiert, die in Como lediglich veredelt, gefärbt und kunstvoll bedruckt wird. Von einst Hunderten von Seidenhäusern hatten nur drei große Firmen in Como Bestand: **Seteria Ratti** (www.ratti.it), **Mantero** (www.mantero. com) und **Canepa** (www.canepa.it). Sie beschäftigen immer noch ein Drittel der Comer Bevölkerung, und das 1869 gegründete Comer Istituto Tecnico Industriale di Setificio bringt weiterhin Designer, Textildrucker und Experten für chemische Färbeprozesse von Weltrang hervor.

Como

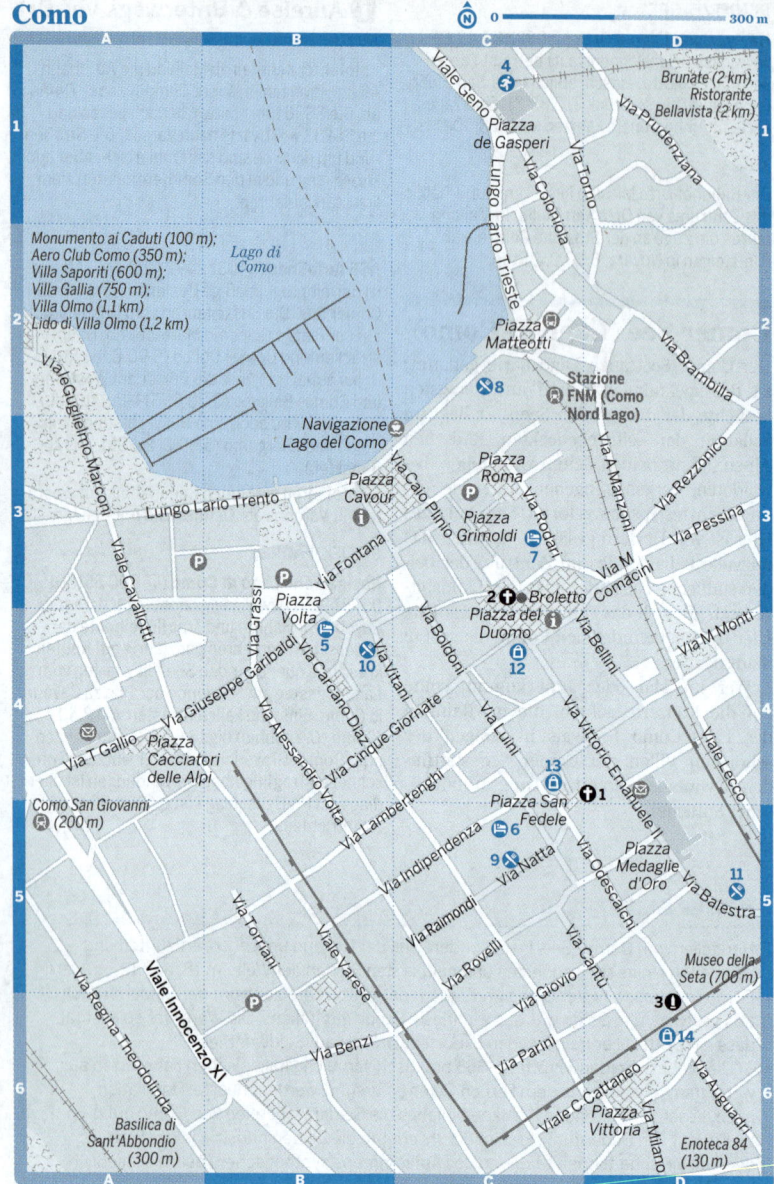

N   0 ————————————— 300 m

Brunate (2 km);
Ristorante
Bellavista (2 km)

Piazza
de Gasperi

Monumento ai Caduti (100 m);
Aero Club Como (350 m);
Villa Saporiti (600 m);
Villa Gallia (750 m);
Villa Olmo (1,1 km);
Lido di Villa Olmo (1,2 km)

Lago di
Como

Piazza
Matteotti

Stazione
FNM (Como
Nord Lago)

Navigazione
Lago del Como

Piazza
Roma

Piazza
Cavour

Piazza
Grimoldi

Lungo Lario Trento

Broletto

Piazza
Volta

Piazza del
Duomo

Piazza
Cacciatori
delle Alpi

Como San Giovanni
(200 m)

Piazza San
Fedele

Piazza
Medaglie
d'Oro

Museo della
Seta (700 m)

Piazza
Vittoria

Basilica di
Sant'Abbondio
(300 m)

Enoteca 84
(130 m)

ZUG

Von der Stazione Centrale und dem Bahnhof Porta Garibaldi in Mailand verkehren Züge zum Hauptbahnhof Como San Giovanni (4,55–13,30 €, 30 Min.–1 Std., stündl.), einige fahren weiter in die Schweiz. Die Züge ab der Stazione Nord in Mailand halten in Como an der Stazione FNM, auch Como Nord Lago genannt (4,10 €, 1 Std.). Die Züge von Mailand nach Lecco fahren weiter am Ostufer entlang Richtung Norden. Wer nach Bellagio will, sollte lieber mit dem Zug weiter nach Varenna fahren und von dort für das kurze Stück die Fähre nehmen.

Como

Como

85 300 EW.

Como ist eine elegante und wohlhabende Stadt, besitzt eine zauberhafte Altstadt, Stadtmauern aus dem 12. Jh. und ein selbstbewusstes Flair. Sein Reichtum beruht auf der Seidenherstellung, und noch heute ist Como der bedeutendste Seidenproduzent Europas. Schals und Krawatten werden hier oft zu einem Bruchteil des Preises, den sie andernorts kosten.

◉ Sehenswertes & Aktivitäten

Comos Lage am See ist hinreißend und die Uferpromenaden sind wunderbare Spazierwege zu den verschiedenen Sehenswürdigkeiten. Die Touristeninformation hat Material zu Wander- und Radtourwegen.

Villa Olmo   VILLA, MUSEUM
(☎ 031 57 61 69; www.grandimostrecomo.it; Via Cantoni 1; Erw./erm. 10/8 €; ⊙während Ausstellungen Mo-Sa 9–12.30 & 14–17 Uhr, Gärten Sept.–Mai 7.30–19, Juni-Aug. 7.30–23 Uhr) Die cremefarbene klassizistische Villa Olmo in grandioser Lage am See ist eines der Wahrzeichen Comos. Das extravagante Gebäude wurde 1728 von der Familie Odescalchi errichtet, die mit Papst Innozenz XI. verwandt war. Wenn in dem Haus eine Ausstellung stattfindet, können Besucher auch die luxuriösen Innenräume im Jugendstildekor bewundern. Ansonsten stehen immerhin die Außenanlagen mit italienischen und englischen Gärten ganztags Besuchern offen.

Fast so schön wie die Gärten ist ein Uferspaziergang ab der Piazza Cavour. Die Uferpromenade Passeggiata Lino Gelpi führt am **Monumento ai Caduti** (Kriegerdenkmal; Viale Puecher 9) vorbei. Diese Gedenkstätte für die Opfer des Ersten Weltkriegs stammt aus dem Jahr 1931 und ist ein Musterbeispiel für die Architektur des Faschismus. Im weiteren Verlauf passiert man etliche Landhäuser und Villen, darunter die **Villa Saporiti** und die angrenzende **Villa Gallia**, beide heute im Besitz der Provinzregierung.

Im Sommer ist der **Lido di Villa Olmo** (www.lidovillaolmo.it; Via Cernobbio 2; Erw./erm. ganztags 6/4 €, halbtags 4,50/2,50 €; ⊙Mitte Mai–Sept. 9–19 Uhr), ein Freibad mit Bar am See, für die Allgemeinheit geöffnet.

Duomo   DOM
(Piazza del Duomo; ⊙8–12 & 15–19 Uhr) Comos edler, marmorverkleideter Dom wurde vom 14. bis zum 18. Jh. errichtet. Er ist zwar überwiegend gotisch, enthält aber auch romanische, Renaissance- und Barockelemente. Bekrönt ist er von einer hohen, achteckigen Kuppel. Ungewöhnlich ist, dass der vielfarbige Broletto, ein mittelalterliches Rathaus, direkt an die Fassade des Doms angrenzt und von ihm quasi in den Schatten gestellt wird.

Basilica di Sant'Abbondio   KIRCHE
(Via Regina; ⊙April–Sept. 8–18 Uhr, Okt.–März bis 16 Uhr) Etwa 500 m südlich der Stadtmauern und gleich hinter dem eher unansehnlichen Viale Innocenzo XI steht diese bemerkenswerte romanische Basilika. Abgesehen von ihrer stolzen und hohen Konstruktion und der eindrucksvollen Apsis mit schönen geometrischen Reliefs rund um die Außenfenster sind die eindringlichen Fresken in der Apsis das Highlight. Sie stellen verschiedene Szenen aus dem Leben Christi dar.

Basilica di San Fedele   KIRCHE
(Piazza San Fedele; ⊙8–12 & 15.30– 19 Uhr) Die kreisförmige Anlage der ursprünglich aus dem 6. Jh. stammenden Basilika mit drei Kirchenschiffen und drei Apsiden wird gern mit einem Kleeblatt verglichen. Die Fensterrosette aus dem 16. Jh. und kostbare Fresken aus dem 16. und 17. Jh. ge-

MAILAND & DIE OBERITALIENISCHEN SEEN COMER SEE (LAGO DI COMO)

ben ihr weiterer Reiz. Die Fassade wurde 1914 rekonstruiert, doch die Apsiden mit den markanten Skulpturen an der rechten Seite sind Originale.

Museo della Seta
MUSEUM

(Seidenmuseum; ☑031 30 31 80; www.museosetacomo.com; Via Castelnuovo 9; Erw./Kind 10/4 €; ⊙Di–Fr 9–12 & 15–18 Uhr) Das Museum ist in den hässlichen 1970er-Jahre-Gebäuden der Textilfachschule Istitut Tecnico Industriale di Setificio (wo die Seidenhersteller und -designer heute ihr Handwerk erlernen) untergebracht. Es entwirft die Geschichte der Stadt in puncto Seide und stellt alte Färbe- und Druckgerätschaften aus.

Funicolare Como-Brunate
SEILBAHN

(☑031 30 36 08; www.funicolarecomo.it; Piazza de Gasperi 4, Como; Erw. einfach/hin und zurück 2,90/5,25 €, Kind 1,90/3,20 €; ⊙Abfahrt halbstündl. Mitte April–Mitte Sept. 8–24 Uhr, Mitte Sept.–Mitte April bis 22.30 Uhr) Die Talstation der Seilbahn zwischen Como und Brunate, die 1894 erbaut wurde, liegt hinter der Piazza Matteotti und dem Bahnhof am Nordostufer. Sie braucht sieben Minuten hinauf nach **Brunate** (720 m), einem stillen Bergdorf mit herrlicher Aussicht. Von der Bergstation führt ein 30-minütiger steiler Weg hinauf nach **San Maurizio** zum Leuchtturm. 143 Stufen sind es dann noch bis auf dessen Spitze. Er wurde 1927 anlässlich des 100. Todestags von Alessandro Volta errichtet. Die Touristeninformation in Como hat eine Karte mit Wandervorschlägen um Brunate.

Schön ist es, auf der Terrasse des **Ristorante Bellavista** in Brunate den Abend zu verbringen und den Sonnenuntergang zu genießen (☑031 22 10 31; Piazza di Bonacossa 2, Brunate; Gerichte 30–35 €; ⊙Mi–Mo 12–14.30 & 18.30–22.30 Uhr).

★ Aero Club Como
WASSERFLUGZEUG

(☑031 57 44 95; www.aeroclubcomo.com; Viale Masia 44, Como; 2 Pers. 140 €; ⊛Como) Einen Hauch von Hollywood-Glamour bietet ein 30-minütiger Flug mit dem Wasserflugzeug, der vom Gelände des Aero Club startet und dann über Bellagio kreist. Längere Flüge über den gesamten Lago Maggiore und den Lago Lugano sind ebenfalls im Angebot. Im Sommer müssen Flüge mindestens drei oder vier Tage im Voraus gebucht werden.

🛏 Schlafen

Le Stanze del Lago
APARTMENT €

(☑339 5446515; www.lestanzedellago.com; Via Rodari 6; 2-/4-Pers.-Apt. 100/130 €; ⊛) Die fünf gemütlichen, modern, aber dezent eingerichteten Apartments sind eine preiswerte Unterkunft inmitten von Como. Bei einem Aufenthalt ab fünf Tagen steht auch die Küche zur Verfügung. Alle Apartments sind mit einem Doppelbett, einem Schlafsofa, Holzdecken und Fliesenböden ausgestattet.

★ Avenue Hotel
BOUTIQUEHOTEL €€

(☑031 27 21 86; www.avenuehotel.it; Piazzole Terragni 6; DZ/Suite ab 170/220 €; ⊛🐾) Das Avenue Hotel verbindet eine ruhige Lage im Herzen der Altstadt mit ultramodernen Zimmern, in denen kräftige Farben vor einen minimalistischen weißen Hintergrund gesetzt sind. Das Hotel ist entsprechend beliebt. Die Gratis-Fahrradausleihe ist ein nettes Angebot, ebenso der Flachbildfernseher und das Tresorfach für den Laptop. Der Service ist freundlich, aber diskret.

Albergo Firenze
HOTEL €€

(☑031 30 03 33; www.hotelfirenzecomo.it; Piazza Volta 16; EZ 92 €, DZ ohne/mit Blick auf die Piazza 125/145 €; ⊛🐾) Dieses reizvolle Hotel liegt über einer Boutique für Damenmode an der Piazza Volta und bietet helle, makellose Räume, von denen etliche für Rollstuhlfahrer geeignet sind. Von der etwas düsteren Rezeption sollte man sich nicht abschrecken lassen. Es lohnt sich aber, für ein Zimmer mit Blick auf die Piazza ein wenig mehr auszugeben, denn die rückwärtigen Zimmer sind eher dunkel.

🍴 Essen

Selbstversorger können sich sehr gut auf dem **Markt** (⊙Di & Do 8.30–13, Sa 8.30–19 Uhr) vor der Porta Torre mit frischem Obst und Gemüse eindecken.

★ Natta Café
CAFÉ €

(☑031 26 91 23; Via Natta 16; Gerichte 10–15 €; ⊙Mo 9.30–15.30, Di–Do 9.30–24, Fr 9.30–2, Sa 11.30–2 Uhr; 🐾) Dieser abgefahrene Ort in der Altstadt, aber ein ganz klein wenig von den belebten Verkehrswegen entfernt, ist Comos Gegengift gegen die traditionellen Trattorien und Osterien. Dieses schräge Café mit freiem W-LAN hat regelmäßig wechselnde leichte Mahlzeiten im Angebot, Baguettes, Salate, glasweise ausgeschenkten Wein und Cocktails zu vernünftigen

Preisen (5–8 €). Es ist ein nettes, zwangloses Örtchen zum Verweilen.

Gelateria Ceccato EIS €

(☎ 031 2 33 91; Lungo Lario Trieste 16; Eis 1,50–4 €; ⊗12–24 Uhr) Seit Generationen kehren die Comaschi am Sonntagnachmittag bei Ceccato (im Palace Hotel) ein, um sich ein Eis zu holen. Nach dem Ritual folgt dann eine *passeggiata* (Abendspaziergang) am Seeufer mit tröpfelnden Waffeltüten.

Enoteca 84 ITALIENISCH €

(☎ 031 27 04 82; Via Milano 84; Gerichte 20–25 €; ⊗ Fr & Sa 12–14.30 & 19–22, Mo–Do 19–14.30 Uhr) Auf der einen Seite dieses winzigen Lokals sind Tische aufgereiht, auf der anderen liegen gute Weine im Weinregal. Die Speisekarte wechselt oft, die Gerichte reichen von Tellern mit kaltem Fleisch und Käse bis zu Klassikern der Lombardei wie *pizzocheri artigianali* (handgemachte Buchweizen-Tagliatele).

★ Osteria del Gallo ITALIENISCH €€

(☎ 031 27 25 91; www.osteriadelgallo-como.it; Via Vitani 16; Gerichte 25–30 €; ⊗ Mo 12.30–15, Di–Sa 12.30–21 Uhr) Diese alterslose Osteria ist ein Muss. Fröhliche grün-weiß karierte Tischdecken sind auf kleinen Holztischen ausgebreitet. Rundum stehen Weine und andere Leckereien im Regal. Die Kellner sagen (auf Wunsch auch auf Französisch) die Speisekarte auf. Auf ihr stehen möglicherweise riesige Ravioli als Vorspeise, gefolgt von leicht angebratenen Filets von Süßwasserfischen. Man kann auch einfach nur auf ein Glas Wein hereinschauen.

Trattoria dei Combattenti TRATTORIA €€

(☎ 031 27 05 74; www.trattoriadeicombattenti. com; Via Balestra 5/9; Gerichte 30–35 €; ⊗ Di–Sa 12.15-14.30 & 19.30–22.15 Uhr, So & Mo 12.15–14.30 Uhr; 🖫) Diese beliebte Trattoria in einer urigen Gasse mit Kopfsteinpflaster innerhalb der Altstadtmauern hat im Innern Holztische und gedämpftes Dekor zu bieten, außerdem einen Innenhof oder einen sonnigen, mit Kies bedeckten Hof an der Vorderfront. Wer einen großen Salat möchte, bestellt einen *insalatone* (9 €), ansonsten gibt es für 14 € ein Zwei-Gänge-Menü. Gegrillte Fleischgerichte spielen hier eine gewichtige Rolle.

🛍 Shoppen

Jeden Samstag findet von 9–19 Uhr auf der Piazza vor der Basilica di San Fedele ein

Kunsthandwerks- und Antiquitäten-markt (Piazza San Fedele; ⊗ Sa 9–19 Uhr) statt.

A Picci SEIDE

(☎ 031 26 13 69; Via Vittorio Emanuele II 54, Como; ⊗ Mo 15–19.30, Di–Sa 9–12.30 & 15–19.30 Uhr; 🚋 Como) Das letzte verbliebene Seidengeschäft der Stadt besteht seit 1919 und verkauft in Como entworfene und hergestellte Seidenerzeugnisse wie Krawatten, Schals, Überwürfe und Sarongs. Die Waren sind nach Preiskategorien geordnet (mit 15 € für eine Krawatte beginnend), die sich nach Aufwand und Kunstfertigkeit bei der Herstellung jedes Stücks richten. Die Verkäufer beraten gern in puncto Farbe und Stil und verpacken das Gewünschte gerne auch als Geschenk.

ℹ Praktische Informationen

Post (Via T Gallio 6; ⊗ Mo–Fr 8.30–19, Sa 8.30–12.30 Uhr) Es gibt auch eine Filiale in der Altstadt (Via Vittorio Emanuele II, 113; ⊗ Mo–Fr 8.30–19, Sa 8.30–12.30 Uhr).

Touristeninformation (☎ 031 26 97 12; www. lakecomo.org; Piazza Cavour 17; ⊗ Mo–Sa 9–13 & 14–17 Uhr) Es gibt auch einen weiteren Informationsstand (⊗ 10–13 & 14–17 Uhr) am Dom und einen weiteren am Bahnhof (⊗ 10–13 & 14–17 Uhr).

Triangolo Lariano

Die Bergregion zwischen Como und Lecco im Süden und Bellagio im Norden wird Triangolo Lariano genannt, das Lario-Dreieck. An der Straße zwischen Como und Bellagio liegen am See die Dörfer **Torno**, **Careno** und **Lezzeno**. Es gibt dort zahlreiche schöne Wanderwege.

Der klassische Wanderweg ist der **Dorsale** (Grat). Er schlängelt sich über 31 km von der Seilbahnstation Brunate in Como quer durch das „Dreieck" nach Bellagio. Die übliche Wanderung, die alten Maultierpfaden folgt, dauert etwa zwölf Stunden und wird üblicherweise in zwei Etappen zurückgelegt. Eine anspruchsvollere Strecke ist der **Dorsale Creste** über mehrere Berggipfel hinweg. Mehrere *rifugi* (Berghütten), darunter das **Agriturismo Munt de Volt** (☎ 031 91 88 98; www.muntdevolt.altervista.org; Via Monti di Là 3, Pian del Tivano; Zi pro Pers. 20 €), findet man unterwegs in **Pian del Tivano**.

Eine weitere Wandermöglichkeit bietet die 32 km lange **Strada Regia** (Königsweg), ein teilweise gepflasteteter Pfad, der von Como über Torno und Lezzeno nach

Bellagio führt. Die einfachste Etappe ist die zwischen Torno und Pognana Lario (etwa 5 Std.). In der Touristeninformation in Como ist die ausgezeichnete *Carta dei Sentieri* (Wanderkarte, 1:25 000) erhältlich.

Bellagio

3050 EW.

Es ist unmöglich, nicht von Bellagio mit seinen schaukelnden Booten am Ufer, dem Gewirr steiler Steintreppen, schattigen Zypressenhainen und prächtigen Rhododendrongärten bezaubert zu sein. Im Sommer und an Wochenenden drängen sich hier zwar die Besucher, aber an Wochentagen außerhalb der Hochsaison hat man das kleine Dorf fast für sich allein.

Bellagios **Touristeninformation** (☑ 031 95 02 04; Piazza Mazzini; ◷ Mo–Sa 9–12.30 & 13–18, So 10–14 Uhr) neben dem Landungssteg versorgt mit Informationen über Wassersport, Mountainbiken und andere Aktivitäten rund um den See. Auch **PromoBellagio** (☑ 031 95 15 55; www.bellagiolakecomo.com; Piazza della Chiesa 14; ◷ Mo 9.30–13, Di 9.30–11 & 14–16, Do & Fr 9.30–11 & 14–15.30, Mi 10–11 & 14–15.30, Sa 10–11 & 14–15.30 Uhr, im Winter frühere Schließung) im Keller eines Wachturms aus dem 11. Jh. hat Infomaterial.

◉ Sehenswertes & Aktivitäten

Vor der Stadterkundung auf eigene Faust sollte man sich die drei Broschüren mit Touren auf eigene Faust aus der Touristeninformation holen.

Villa Serbelloni
VILLA, GARTEN

(☑ 031 95 15 55; Via Garibaldi 8; Erw./Kind 9/5 €; ◷ Führungen April–Okt. Di–So 11.30 & 15.30 Uhr) Die üppigen Gärten der Villa Serbelloni nehmen einen Großteil der Landzunge ein, auf der sich Bellagio befindet. In der Villa haben sich viele Berühmtheiten aufgehalten, darunter Kaiser Maximilian I. und die britische Königin Viktoria. Heute gehört das Gebäude der Rockefeller-Stiftung und ist öffentlich nicht zugänglich.

Eine Besichtigung der wunderschönen Gärten im Rahmen einer Führung ist jedoch möglich. Karten werden im PromoBellagio-Büro im Torre di Defensa Medievale in der Nähe der Kirche verkauft.

Villa Melzi D'Eril
VILLA, GARTEN

(☑ 339 4573838; www.giardinidivillamelzi.it; Lungo Lario Manzoni; Erw./Kind 6,50/4 €; ◷ Ende März–Okt. 9.30–18.30 Uhr) Gartenenthusiasten können auch über das Gelände der klassizistischen Villa Melzi d'Eril schlendern. Sie wurde 1808 für einen Verbündeten Napoleons erbaut und erstrahlt im Frühling durch die blühenden Azaleen und Rhododendren in herrlicher Farbenpracht. Die Gärten sind mit Statuen geschmückt und waren die ersten am Comer See, die im englischen Stil angelegt wurden.

Barindelli's
BOOTSTOUR

(☑ 338 2110337; www.barindellitaxiboats.com; Piazza Mazzini; 1 Std., 140 €) Einen Hauch George-Clooney-Glamour bietet eine Fahrt in einem der schnieken, schlanken Mahagoni-Schnellboote. Die einstündigen Touren zum Sonnenuntergang um die Landzunge

---

MADONNA DEL GHISALLO

Im hoch gelegenen Dorf **Magreglio** (497 m), 7 km südlich von Bellagio, steht eine schlichte Kirche aus dem 17. Jh., **Santuario della Madonna del Ghisallo**. Doch sie ist nicht einfach irgendeine alte Bergkapelle.

Die Route hier hinauf wird als klassische Etappe oft in das Radrennen Giro d'Italia aufgenommen und ist bei Amateur- und Profiradsportlern gleichermaßen bekannt. Das Heiligtum wurde schon vor langer Zeit zur symbolischen Ziellinie für Radsportler, die hier Andenken zurückließen. Der Ort hatte für die begeisterten Anhänger dieser Sportart eine solche Bedeutung, dass Papst Pius XII. die Madonna del Ghisallo zur Schutzpatronin der Radfahrer erklärte. Mit der Zeit nahmen die Geschenke und Erinnerungsstücke in der Kirche einen solchen Umfang an, dass man sich entschloss, sie nahebei in einem Museum unterzubringen. Das **Museo del Ciclismo** (☑ 031 96 58 85; www.museodelghisallo.it; Via Gino Bartali 4; Erw./Kind 6/3 €; ◷ April–Okt. Di–So 9.30–17.30 Uhr, Nov.–März Sa & So 9.30–17.30 Uhr) widmet sich allen Aspekten des Geschäfts mit dem Radsport, mit 100 Filmausschnitten zur Geschichte dieses Sports in Italien, Erinnerungsstücken (darunter auch Fahrräder) und Wechselausstellungen – ein reicher Lohn für den anstrengenden Aufstieg.

MAILAND & DIE OBERITALIENISCHEN SEEN COMER SEE (LAGO DI COMO)

von Bellagio für Gruppen bis zu zwölf Personen sind ihr Geld wert. Es werden auch Touren auf dem See nach individuellen Wünschen zusammengestellt; auch dienen die Boote als Taxis zu einem Abendessen der Spitzenklasse.

Bellagio Water Sports BOOTSTOUR
(☎ 340 394 93 75; www.bellagiowatersports.com) Kajaktouren (auch zur Villa Balbianello) und Kajakverleih bietet diese erfahrene Einrichtung in Pescallo.

🛶 Kurse

Bellagio Cooking Classes KOCHEN
(☎ 333 786 00 90; www.gustoitalianobellagio. com; Salita Plinio 5; pro Pers. 60–75 €) Diese Kochkurse mit persönlicher Note sind eine wunderbare Möglichkeit, Bellagio wirklich kennenzulernen. Die Teilnehmer besuchen die örtlichen Läden, um dort frische Zutaten einzukaufen, und Frauen aus dem Ort geben die Kurse, die nur für sehr kleine Gruppen ausgelegt sind (zwischen zwei und fünf Personen).

🛏 Schlafen

Für einen solch gefragten Ort gibt es überraschend viele erschwingliche Unterkünfte und Restaurants.

Residence La Limonera APARTMENT €
(☎ 031 95 21 24; www.residencelalimonera.com; Via Bellosio 2; Studio 80–105 €, 4-Pers.-Apt 90–170 €; @ 🛜 🅿) Diese elegante Villa in einem alten Zitronenhain im oberen Teil der Stadt gelegen, wurde in elf äußerst geräumige, mit Bedacht eingerichtete Ferienapartments für zwei bis vier Personen (für Selbstversorger) aufgeteilt.

★ Hotel Silvio HOTEL €€
(☎ 031 95 03 22; www.bellagiosilvio.com; Via Carcano 10-12, Bellagio; DZ ab 180 €; ⏲ März–Mitte Nov. & Weihnachtswoche; 🅿 ✳ 🏊) Das familiengeführte Hotel bietet in Bellagio am meisten fürs Geld. Es liegt oberhalb des Fischerdörfchens Loppia, nur ein kurzes Stück zu Fuß vom Zentrum Bellagios durch die herrlichen Gärten der Villa Melzi. Von den modernen Zimmern mit Zen-Ausstrahlung am Seeufer hat man einen schönen Blick auf die Kirche Santa Maria aus dem 10. Jh. und hinüber zur Villa Carlotta am Westufer. Das hervorragende Hotelrestaurant mit einer Terrasse wird auch von Einheimischen sehr geschätzt (Gerichte 30–40 €).

🍴 Essen & Ausgehen

★ Ittiturismo Da Abate FISCH €€
(☎ 338 584 38 14; www.ittiturismodaabate. it; Frazione Villa 4, Lezzeno; Gerichte 25–35 €; ⏲ Di-Sa 19–22.30, So 12–14.30 & 19–22.30 Uhr; 🅿 🛜 🚈 Lezzeno) Das Da Abate liegt 8 km südlich von Bellagio in dem Weiler Lezzeno. Das von Claudio und Giuseppe geführte Restaurant besitzt einen der wenigen Fischzuchtbetriebe, die es am See noch gibt, und wird von Slow Food empfohlen. Zu den traditionellen Fischspezialitäten, die man kosten sollte, gehören *lavarello* in Balsamico und deftiger *missoltino* (getrockneter Fisch, in Salz und Lorbeerblättern eingelegt).

Terrazza Barchetta ITALIENISCH €€
(☎ 031 95 13 89; www.ristorantebarchetta.com; Salita Mella 13; Gerichte 40–45 €; ⏲ 12–14.30 & 19–22.30 Uhr) Auf der intimen Terrasse in der Altstadt von Bellagio kann man gut eine Mahlzeit genießen. Das Restaurant besteht seit 1887, und entsprechend lange hatte man hier Zeit, um die Gerichte zu vervollkommnen, etwa Flussbarsch mit Pistazienkruste oder Perlhuhn mit Whisky und Pilzsauce.

Bar Rossi CAFE, BAR
(☎ 031 95 01 96; Piazza Mazzini 22-24, Bellagio; Snacks 2–6 €; ⏲ April–Sept. 7.30–24 Uhr, Okt.–März bis 22.30 Uhr) Jeder Besucher sollte sich in der Jugendstilbar Rossi zumindest einen Kaffee gönnen.

Westufer

Das Westufer ist die sonnigste Seite des Sees. Deshalb stehen dort auch zahlreiche opulente Villen, in denen reiche Promis, arabische Scheichs und Filmstars residieren. Der Uferabschnitt erstreckt sich von Como über 75 km nordwärts bis Sorico. Von dort geht es nach Norden weiter in die Schweiz oder nach Osten durch das Valtellina-Tal ins Trentino-Südtirol.

Von Cernobbio bis Lenno

Ocean's 11 wurde zwar in Bellagios Namensvetter in Las Vegas gefilmt, aber Szenen für *Ocean's 12* entstanden in dem Dorf Cernobbio am Comer See in der **Villa Erba** (Largo Luchino Visconti; nicht zugänglich) aus dem 19. Jh. In Cernobbio steht auch das prächtigste Hotel des Sees, die **Villa d'Este** (☎ 031 34 81; www.villadeste.it; Via Regina 40; ⏲ März–Nov. 10.30–11.30 & 15.30–

16 Uhr). Aber wer nicht locker mal 800–950 € pro Nacht ausgeben kann, wird das feudale Innere nicht zu Gesicht bekommen. Der Garten kann allerdings in Gruppen ab zehn Personen nach Voranmeldung besucht werden. Ein weiterer Grund, nach Cernobbio zu kommen, ist die Gourmet-Pilgerfahrt zum romantischen **Gatto Nero** (☏ 031 51 20 42; www.gattonerocernobbio.com; Via Monte Santo 69, Rovenna, Cernobbio; Gerichte 60–70 €; ☺ Mi-So 12–14 & 19.30–22, Di 19.30–22 Uhr) in einzigartiger Lage über dem See.

Autofahrer folgen der unteren Uferstraße (Via Regina Vecchia) von Cernobbio nach Norden, die an einigen großartigen Villen aus dem 19. Jh. (alle privat) um **Moltrasio** vorbeiführt. Ein paar Kilometer weiter nördlich liegt das villengesäumte Dorf **Laglio**, Wohnsitz des *Ocean's*-Stars George Clooney (ihm gehört die Villa Oleandra). In beiden Orten lohnt sich ein Stopp und ein Bummel über die Pflastergassen zum See hinab. Wer den Promis nahe kommen möchte, logiert am besten im prachtvollen **Relais Regina Teodolinda** (☏ 031 40 00 31; www.relaisreginateodolinda.it; Via Vecchia Regina 58, Laglio; Zi. 180–520 €; P ✳ ☺ ☎ ☒).

Die **Villa Balbianello** (☏ 0344 561 10; www.fondoambiente.it; Via Comoedia 5, Località Balbianello; Villa & Gärten Erw./Kind 13/7 €, bei Vorabreservierung 10/5 €, nur Gärten 7/3 €; ☺ Mitte März–Mitte Nov. Di & Do–So 10–18 Uhr) in Lenno schließlich nimmt den ersten Platz ein für die dramatischste Lage eines Gartens: Er schmiegt sich atemberaubend an die Seiten einer steilen Landzunge. Szenen für *Star Wars: Episode II* und das James-Bond-Remake von 2006, *Casino Royale,* wurden hier gefilmt. Die Villa wurde 1787 von Kardinal Angelo Durini gebaut. Heute birgt sie ein Museum mit der Sammlung eines früheren Besitzers, eines Polarforschers. Wer die Villa von innen besichtigen will, muss sich einer Führung um 16.15 Uhr anschließen (in der Regel auf Italienisch). Besucher dürfen den 1 km langen Weg vom Bootsanleger in Lenno bis zum Anwesen nur dienstags und an Wochenenden benutzen, ansonsten müssen sie in Lenno ein **Taxiboot** (☏ 0349 229 09 53; www.taxiboatlecco.com; hin & zurück 7 €) nehmen.

TREMEZZO

Tremezzo (1260 Ew.) steht wegen der **Villa Carlotta** (☏ 0344 4 04 05; www.villacarlotta.it; Via Regina 2; Erw./erm. 9/5 €; ☺ Ostern–Sept. 9–17 Uhr, Mitte März–Ostern & Okt.–Mitte Nov. 10–16 Uhr; ☒ Cadenabbia) aus dem 17. Jh. bei

allen ganz oben auf der Besuchsliste. In ihren botanischen Gärten gedeihen Orangenbäume, die zu Laubengängen gestutzt wurden, und einige der schönsten Rhododendren, Azaleen und Kamelien Europas. Die Villa, die mit Gemälden und edlen, alabasterweißen Skulpturen (insbesondere von Antonio Canova) ausgeschmückt ist, erhielt ihren Namen nach einer preußischen Prinzessin, die das Anwesen 1847 von ihrer Mutter als Hochzeitsgeschenk erhielt.

Tremezzos **Touristeninformation** (☏ 03 44 4 04 93; Via Statale Regina; ☺ April–Okt. Mi–Mo 9–12 & 15.30–18.30 Uhr) liegt direkt neben dem Bootsanleger.

★ Hotel La Perla · HOTEL €€

(☏ 034 44 17 07; www.laperlatremezzo.com; Via Romolo Quaglino 7, Tremezzo; DZ 125–145 €, mit Seeblick 140–160 €, Familiensuite 185–235 €; ✳ ☎ ☒) Es kommt selten vor, dass ein Hotel so einhellig gelobt wird wie dieses. Die Zimmer sind makellos sauber, der Service ist herzlich und zuvorkommend, und die Aussicht von Tremezzo über den Comer See gilt als eine der schönsten. Alles ist in einer kunstvollen 1960er-Jahre-Rekonstruktion einer Villa untergebracht; der Zuschlag für ein Zimmer mit Seeblick lohnt sich.

Al Veluu · RESTAURANT, GASTHOF €€€

(☏ 0344 4 05 10; www.alveluu.com; Via Rogaro 11, Tremezzo; Gerichte 50–70 €; ☺ Mi–Mo; ♿; ☒ Cadenabbia) Das Al Veluu an einem steilen Berghang über dem See bietet einen weiten Blick und Gerichte mit saisonalen Zutaten von Bergen und See. Die Terrasse bietet am 15. August einen Superblick auf das Ferragasto-Feuerwerk. Im Obergeschoss werden zwei behagliche Suiten (130–250 € pro Nacht, 850–1200 € pro Woche) für jeweils bis zu vier Personen vermietet. Der Gasthof holt Gäste auf Wunsch vom Anleger ab.

CADENABBIA & MENAGGIO

Cadenabbia nördlich von Tremezzo ist ein Verkehrsknotenpunkt; hier legen die Autofähren ab. Da der Ort kaum Sehenswürdigkeiten besitzt, gibt es einige preiswerte Unterkünfte wie das schlichte **Alberghetto della Marianna** (☏ 0344 4 30 95; www.lamarianna.com; Via Regina 57, Cadenabbia di Griante; DZ 80–95 €; ✳ ☎), das behagliche Zimmer mit Messingbetten, Parkettböden und kleinen Balkons hat. Das zugehörige Restaurant **La Cucina di Marianna** (☏ 0344 4 31 11; www.lamarianna.com; Via Regina 57, Cadenabbia; Menüs

21–50 €; ⊙ Di–So; 🚹 🚢 Bellagio, Varenna) bietet gutes Esssen.

Menaggio (3260 Ew.), 3 km weiter nördlich, hat ein niedliches kopfsteingepflastertes Zentrum und einen Hauptplatz voller Cafés mit schönem Seeblick. Menaggio ist der Ausgangsort zum **Lago di Piano** im Val Menaggio, einem abgelegenen Tal, das den Lago di Como mit dem Lago di Lugano weiter im Westen verbindet, der sich bis in die Schweiz hinein erstreckt. Informationen über Wander- und Radfahrmöglichkeiten erhält man im **Touristenbüro** (📞 0344 3 29 24; www.menaggio.com; Piazza Garibaldi 3; ⊙ April–Okt. 9–12.30 & 14.30–18 Uhr, Nov.–März Mi & So geschl.)

ALTO LARIO

Der nördliche Abschnitt des Sees hinter Menaggio wird Alto Lario (Oberer Lario) genannt. Er ist weitaus weniger touristisch als die südlichen Seeufer und landschaftlich wunderschön. In **Rezzonico** gibt es einen stillen Kieselstrand mit Anglersitzen aus Holz.

Die Städte Dongo, Gravedona und Sorico bildeten früher einmal die unabhängige Republik Tre Pievi (Drei Gemeinden); hier gedieh die häretische Glaubensbewegung der Katharer. Heute sind die drei Städte eher bei Wassersportfreunden als bei Inquisitoren beliebt. Gravedona (2750 Ew.), die größte unter ihnen, liegt an einer sanft geschwungenen Bucht mit Blick hinüber zum Monte Legnone. **Comolakeboats** (📞 333 401 49 95; www.comolakeboats.it; Via Antica Regina 26) vermietet Schlauchboote (65 € für 2 Std.) und bietet Wasserski (55 € für 30 Min.) und Wakeboarding (50 € für 30 Min.).

Die **Chiesa di Sant'Eusebio e Vittore** (Peglio; ⊙ Juli–Sept. Sa & So 15–18 Uhr) oben auf dem Plateau bietet eine Aussicht über den See und meisterhafte Fresken des Mailänder Malers Giovan Mauro della Rovere, besser bekannt unter dem Namen Il Fiammenghino (Kleiner Flame), aus dem 17. Jh. Er suchte hier Zuflucht, nachdem er einen Mann ermordet hatte, und malte zur Buße das eindrucksvolle *Jüngste Gericht*.

Sorico, die nördlichste der drei Städte, liegt an der Mündung des Flusses Mera, der sich in den flachen **Mezzola-See** ergießt. Er gehörte früher zum Comer See und ist heute als Vogelbrutstätte ein Naturreservat. Über den Weg am Fluss kommt man zum winzigen **Oratorio di San Fedelino** mit einem 1000 Jahre alten Fresko von Jesus und den

Aposteln. Es ist lediglich zu Fuß oder von Sorico aus mit dem Boot erreichbar.

Valtellina (Veltlin)

Vom Nordende des Comer Sees aus bildet das Valtellina mit dem Fluss Adda eine breite Schneise zwischen den Bergen an der Schweizer Grenze im Norden und den Bergamasker Alpen im Süden. Am steilen Nordhang des Tals werden Nebbio-Trauben angebaut, aus denen ein leichter Rotwein gekeltert wird. Sowohl der Körper als auch der Alkoholgehalt nehmen mit der Höhe zu, weshalb die Valtenesi seit Generation, den Weinanbau weit oben betreiben und die Erde in geflochtenen Körben zu den hoch gelegenen Bergterrassen transportieren. Ihr Lohn: Seit 1968 wird der Valtellina Superiore mit dem regionalen Qualitätssiegel DOC klassifiziert. Eine Besichtigung der Weinkeller ist im Hauptort des Tals, Sondrio, bei **Pellizzatti Perego** (www.arpepe.com; Via Buon Consiglio, Sondrio) möglich und in Chiuri bei **Nino Negri** (www.ninonegri.it; Via Ghibellini 3). In Sondrio findet sich auch die **Touristeninformation** des Tals (📞 0342 21 59 21; www.valtellina.it; Piazzale Bertacchi 77, Sondrio; ⊙ Mo–Fr 9–12.30 & 15.30–18.30, Sa 9–12 Uhr).

Das hübscheste Städtchen im Tal ist Tirano, in das einst Maultierpfade aus Venedig und Brescia führten. Der Ort ist bekannt als Startpunkt des **Trenino Rosso del Bernina** (📞 0342 70 62 63; www.treninorosso.it; einfach/hin und zurück 24,50/49 €), eine die Schwerkraft herausfordernde Bahnverbindung, die auf dem Weg nach Sankt Moritz in der Schweiz den höchsten Bergpass Europas (2253 m) erklimmt.

Inmitten der schönsten Weingärten von Valtellina liegt Anna Bertolas zauberhaftes Bergchalet **Altavilla** (📞 0342 72 03 55; www.altavilla.info; Via ai Monti 46, Bianzone; Gerichte 30 €; ⊙ Di–Sa 12–14.30 & 19–22 Uhr, im Aug. tgl.; 🅿🤶📶🚹), eines der gastronomischen Schmankerl der Region. Hier werden traditionelle Berggerichte wie *sciàtt* (Buchweizenpfannkuchen, gefüllt mit Bitto-Käse), *pizzocheri* (Buchweizenpasta) und Wild serviert. Es gibt auch Zimmer zum Übernachten (EZ 25–50 €, DZ 55–70 €).

Ostufer

Das schattigere Ostufer des Comer Sees hat ein urtümlicheres Flair. Die größte Stadt ist Lecco (47 000 Ew.) mit einer geschwunge-

MAILAND & DIE OBERITALIENISCHEN SEEN COMER SEE (LAGO DI COMO)

nen Uferlinie, aber sonst wenig Sehenswertem. Die Hauptattraktion ist das hübsche Varenna, das nur einen kleinen Trip über das Wasser von Bellagio entfert ist. Autofahrer sollten die Fernstraße meiden und von Colico südlich von Lecco aus die kurvige SS36 nehmen. Am nördlichen Ende des Sees führt 3 km südlich von Colico eine Nebenstraße 2 km weit ab der SP72 zum **Zisterzienser-kloster** (☎ 0341 94 03 31; www.cistercensi.info/piona; ⏱ 7–19.30 Uhr), das malerisch auf einer Landspitze im See liegt. Die Kirche ist romanisch, aber die Highlights sind der Kreuzgang aus dem 13. Jh. und der unvergleichliche Blick über den See bis nach Gravedona.

VARENNA
810 EW.

Das villenreiche Varenna liegt gegenüber von Bellagio am anderen Seeufer und wetteifert mit seinen bekannteren Nachbarn um den Titel als hübschestes Dorf am See. Die pastellfarbenen Häuser ziehen sich steil den Berghang hoch und die Gärten und Wege sind erfüllt mit Blumen und Vogelgesang. Ein paar Gassen mit Treppen führen den Hang hinab zum Wasser. Etwa auf halbem Weg befindet sich die Hauptstraße Varennas, die verkehrsfreie Via XX Settembre. Weiter oben führt die SP72 Richtung Norden an den beiden luxuriösesten Villen des Ortes und dem gepflasterten Hauptplatz, der **Piazza San Giorgio**, vorbei.

Die Fähre legt am Piazzale Martiri della Libertà an. Von dort aus führt ein 15- bis 20-minütiger Spaziergang auf dem blumengeschmückten Uferweg zur Piazza San Giovanni und zu den Hauptattraktionen des Ortes, den Gärten der **Villa Cipressi** (☎ 0341 83 01 13; www.hotelvillacipressi.it; Via IV Novembre

22; Erw./Kind 4/2 €; ⏱ März–Okt. 9–19 Uhr), die ein Luxushotel ist, und 100 m weiter südlich der **Villa Monastero** (☎ 0341 29 54 50; www.villamonastero.eu; Via IV Novembre; Villa & Gärten Erw./erm. 8/4 €, nur Gärten 5/2 €; ⏱ März–Okt. Gärten Fr 9–19 Uhr, Villa Fr 14–19, Sa & So 9–19 Uhr, Nov–Feb. geschl.), einem ehemaligen Kloster, das von den Monricos im 17. Jh. zu einem Familiensitz umgebaut wurde.

Vom Nordrand Varennas kann man eine halbstündige Wanderung über einen alten, steilen Maultierpfad hinauf zum Bergdorf Vezio nehmen (oder mit dem Auto 3 km auf der SP 65 fahren). Dominiert wird der Ort vom **Castello di Vezio** (www.castellodivezio.it; Erw./Kind 4/2 €; ⏱ März–Okt. 10–18 Uhr) aus dem 13. Jh., einst Teil einer Kette mittelalterlicher Wachttürme. Von hier aus sind die Terrakottadächer Varennas zu sehen, und am Dienstag, Mittwoch, Samstag und Sonntag wird eine Falkenvorführung geboten.

Die Spitzenunterkunft in Varenna ist das **Albergo Milano** (☎ 0341 83 02 98; www.varenna.net; Via XX Settembre 35, Varenna; EZ 115–125 €, DZ 140–180 €; ✳ @ 🛜) auf halber Höhe am Hang. Es bietet zwölf Zimmer mit herrlichem Blick über den See und eine schöne Cocktailterrasse. Zum Haus gehört auch ein gutes Restaurant.

Eine gute Wahl zum Essengehen sind die **Osteria Quattro Pass** (☎ 0341 81 50 91; www.quattropass.com; Via XX Settembre 20; Gerichte 35–40 €; ⏱ Juni–Aug. tgl. 12–15 & 18.30–21.30 Uhr, Sept.–Mai nur Do–So) abseits vom Seeufer und das **Ristorante La Vista** (☎ 0341 83 02 98; www.varenna.net/eng/ristorante-lavista.php; Via XX Settembre 35; 3-/4-Gänge-Menüs 38/45 €, Gerichte 35–40 €; ⏱ März–Ende Okt. Mi–Sa & Mo 19–22 Uhr) mit Terrasse und Nouvelle Cuisine vom See für unverbesserliche Romantiker.

ABSTECHER

VALLE CAMONICA

Das Valle Camonica im Nordosten des Iseosees ist mit Felsritzungen übersät, die zum Unesco-Welterbe gehören. Sie sind an mehreren Stellen rund um die kleine Stadt **Capo di Ponte** (www.capodiponte.eu) konzentriert. Die wichtigste Stätte ist der **Parco Nazionale delle Incisioni Rupestri** (☎ 0364 4 21 40; www.arterupestre.it; Località Naquane; Eintritt 4 €; ⏱ März–Okt. 9–17.30 Uhr, Nov.–Feb. bis 16 Uhr), ein 30 ha großes Freilichtmuseum mit Felsritzungen aus der Bronzezeit. In unterschiedlichen Farben markierte Wege führen an riesigen Felsplatten vorbei, die eigens dafür geschaffen scheinen, dass Leute darauf herumklettern und ihre künstlerischen Vorstellungen von Tieren (darunter ein Hirsch mit einem eindrucksvollen Geweih) und Mitmenschen einritzen. Besonders viel zu bieten hat der Fels Nr. 1 (Roccia Grande). Wer mit dem Auto kommt, muss für die Nutzung des Parkplatzes am Startpunkt des Weges 2 € zahlen.

WEINSTRASSEN

Südlich des Lago d'Iseo erstrecken sich bis hin nach Brescia die blühenden Weingärten der **Weinbauregion Franciacorta** (www.stradadelfranciacorta.it). Das Gebiet ist ideal zum Radfahren, da es keine steilen Steigungen und reichlich Dörfer zum Erkunden gibt. Im Mittelalter erhielten hier lebende Mönche das Hoheitsrecht zum Ackerbau. Diese Privilegien, oder *franchae curtes*, waren von der Steuer befreit und verliehen der Region ihren Namen. Die Touristeninformationen in Iseo und Brescia verteilen Broschüren; dort können Interessierte auch Besuche auf den Weingütern buchen (an Werktagen).

Die Weinstraße beginnt in **Paràtico** an der Nordwestspitze der Region. Die malerischen Dörfer **Nigoline Bonomelli**, **Colombaro**, **Timoline** und **Borgonato** bilden das Herz der Gemeinde Corte Franca und sind Sitz der renommiertesten Kellermeister der Gegend. Gleich nördlich von ihnen liegt **Provaglio d'Iseo** mit seinem Monastero **San Pietro in Lamosa** (www.sanpietroinlamosa.org) aus dem 11. Jh., das von jenen Kluniazensermönchen gegründet wurde, die das Gebiet erstmals kultiviert hatten. Unterhalb davon erstreckt sich ein 2 km² großes geschütztes **Feuchtgebiet** (www.torbiere.it), das aus einem Moor aus dem 18. Jh. hervorgegangen ist. Spät im Frühling ist der Torf hier mit Seerosen bedeckt.

Wer mit dem Auto unterwegs ist, könnte einen Tisch im **Ristorante Gualtiero Marchesi** (www.marchesi.it; Gerichte 150–200 €; ⊘ Di–Sa 12–14.30 & 19.30–22 Uhr, So 12–14.30 Uhr) im luxuriösen Landhaushotel L'Albereta in Erbusco bestellen. Geführt wird es von Gualtiero Marchesi, einem der bekanntesten Namen in der modernen italienischen Küche.

Die Weinstraße endet in **Rodengo-Saiano** mit einer weiteren beeindruckenden Klosteranlage, der **Abbazia di San Nicol** (www.benedettiniabbaziaolivetana.org).

Varennas **Touristeninformation** (☑ 0341 83 03 67; www.varennaitaly.com; Via del IV Novembre 7; ⊘ Juli Di–Sa 9.30–12.30 & 14–18.30, So 9.30–12.30 Uhr, in den anderen Monaten kürzere Öffnungszeiten) bietet Informationen zum gesamten Ostufer des Sees.

Iseosee (Lago d'Iseo)

Der Iseosee (oder auch Sebino-See) liegt in einem tiefen Gletschertal von Bergamo und Brescia jeweils knapp 50 km entfernt und ist einer der unbekanntesten lombardischen Seen. Er ist mit den hohen Bergen ringsum ein prachtvoller Anblick. Im Norden des Sees erstreckt sich die **Valle Camonica**, die für ihre steinzeitlichen Felsritzungen bekannt ist. Im Süden liegt das hügelige Weingebiet **Franciacorta** und im Westen der bildhübsche **Lago di Endine**.

Die Straße führt, außer am Südufer, rund um den See dicht am Wasser entlang und ist südlich von Lovere besonders dramatisch.

⊙ Sehenswertes & Aktivitäten

An der Südwestecke des Sees geht die Sonne direkt vor der Uferpromenade in **Iseo** (9200 Ew.) unter. Es ist ein netter Ort mit ein paar Plätzen gleich hinter dem Ufer und einem öffentlichen Strand, an dem Kanus und Paddelboote vermietet werden. **Iseobike** (☑ 340 3 96 20 95; www.iseobike.com; Via Colombera 2; Fahrrad pro Stunde/Tag 4,50/12 €, Helm 3 €; ⊘ Mai–Aug. tgl. 9.30–12.15 & 14.30–19 Uhr, Sept.–April nur Fr–So) verleiht Fahrräder und stellt auch individuelle Radtouren um den See in die Weinregion Franciacorta zusammen.

Direkt westlich von Iseo liegt **Sarnico** (6550 Ew.) mit seinen hübschen Jugendstilvillen, von denen viele von Giuseppe Sommaruga entworfen wurden. Die Villa Faccanoni (Via Veneto) am Ufer ist die schönste von ihnen. Die Altstadt, die Contrada, liegt am Ufer des Flusses Oglio und ist ideal für einen Bummel am Fluss entlang nach dem Morgenkaffee.

Nördlich von Iseo steigt der **Monte Isola** (1800 Ew.) aus dem See empor, mit 4,28 km² Europas größte Seeinsel und mit Abstand der markanteste Anblick des Sees. Francesco Sforza gewährte im 15. Jh. den Inselbewohnern besondere Fischereirechte, und noch heute gibt es auf der Insel zahlreiche Fischerdörfer. Ab Carzano im Nordosten (wo die Boote anlegen) führen grobe Stufen zum Gipfel hoch (599 m). Auf einem 15 km langen Weg können Wanderer und Radfahrer die Insel umrunden (Autos dürfen hier nicht fahren).

Lovere (5600 Ew.) an der Nordwestspitze des Sees ist ein rühriges Hafenstädtchen mit einer verwinkelten Altstadt und zahlreichen Wanderwegen in den Bergen dahinter. Die **Accademia Tadini** (☎ 035 96 27 80; www.accademiatadini.it; Via Tadini 40; Erw./erm. 7/5 €; ☉ Mai–Sept. Di–Sa 15–19, So & Feiertage 10–12 & 15–19 Uhr, April & Okt. Sa 15–19, So & Feiertage 10–12 & 15–19 Uhr) besitzt eine durchaus beachtliche Kunstsammlung mit Werken von Jacopo Bellini, Giambattista Tiepolo und Antonio Canova.

Kurze Autoausflüge von Lovere zu den Nachbardörfern **Bossico** und **Esmate** führen zu großartigen Aussichtspunkten hoch über dem See.

🛏 Schlafen & Essen

Hotel Milano   HOTEL €
(☎ 030 98 04 49; www.hotelmilano.info; Lungolargo Marconi 4, Iseo; EZ 42–47 €, DZ 84–92 €; ❄ @ 🛜) Es gibt nur zwei Hotels im Zentrum von Iseo, und das Milano am Seeufer ist eine sehr gute Wahl für einen Aufenthalt. Es lohnt sich unbedingt, für die angenehmen Zimmer mit Seeblick ein paar Euro mehr zu zahlen (Mitte Juli bis Mitte August ist der Mindestaufenthalt eine Woche), damit hat man einen Platz in der ersten Reihe, wenn hinter den Bergen über dem See die Sonne malerisch untergeht.

Ristorante Monte Isola   ITALIENISCH €€
(☎ 030 982 52 84; www.ristorantemonteisola.it; Località Carzano 144, Carzano; Gerichte 25–35 €; ☉ Di 12–15, Mi–So 12–15 & 19–22 Uhr) Es lohnt sich, in Sale Marasino in ein Boot zu steigen und zu diesem Restaurant auf der Monte Isola überzusetzen. Hier serviert man frischen Fisch aus dem See und bietet einen endlosen Blick übers Wasser.

ℹ Praktische Informationen

Touristeninformation Iseo (☎ 030 98 02 09; www.agenzialagoiseofranciacorta.it; Lungolago Marconi 2, Iseo; ☉ Ostern–Sept. tgl. 10–12.30 & 15.30–18.30 Uhr, Okt.–Ostern Mo–Fr 10–12.30 & 15–18, Sa 10–12.30 Uhr)
Touristeninformation Sarnico (☎ 035 4 20 80; www.prolocosarnico.it; Via Lantieri 6, Sarnico; ☉ Di–Sa 9.30–12.30 & 15–18.30, So 9.30–12.30 Uhr)

ℹ Anreise & Unterwegs vor Ort

SAB (☎ 035 28 90 00; www.sab-autoservizi.it) Busgesellschaft mit Verbindungen zwischen Sarnico und Bergamo (Linie E, 3,30 €, 50 Min.). Die Linie C fährt über den Lago di Endine nach Lovere und weiter nach Boario im Valle Camonica.

Bahnhof Iseo Verbindungen nach Brescia (3,25 €, 30 Min., stündl.), mit Anschluss nach Bergamo.

Navigazione sul Lago d'Iseo (☎ 035 97 14 83; www.navigazionelagoiseo.it) Von April bis September gibt es regelmäßige Verbindungen über den See von Lovere und Sarnico im Süden bis nach Pisogne (6, 65 €, 2–3 Std.) im Norden.

Kleine Boote setzen von Sale Marasino und Sulzano am Ostufer nach Carzano und Peschiera Maraglio auf der Monte Isola über (10 Min., 2,20/3,60 € einfach/hin und zurück).

Gardasee (Lago di Garda)

Poeten und Politiker, Diven und Diktatoren, sie alle zog es an den Gardasee. Mit 370 km² ist er der größte der Oberitalienischen Seen. Er breitet sich über die Grenze zwischen der Lombardei und dem Veneto aus und ist im Norden von hohen Bergen und im Süden von sanfteren Hügeln umgeben. An den Hängen gedeihen Weinfelder, Olivenhaine und Zitronengärten, Dörfer schmiegen sich an die natürlichen Häfen. Desenzano del Garda an der Südwestecke hat gute Verkehrsanbindungen.

Der Gardasee ist der erschlossenste der Seen und trotz zahlloser Unterkünfte ist hier eine vorherige Reservierung ratsam.

ℹ Anreise & Unterwegs vor Ort

AUTO

Der Gardasee liegt nördlich der Autobahn A4 Mailand–Venedig und knapp westlich der A22-Strecke Modena–Trient. Eine einspurige Straße führt um das Seeufer herum; sie ist im Sommer stark befahren. Die Touristeninformationen vor Ort geben Hinweise auf Autoverleiher.

BUS

APTV (☎ 045 805 78 11; www.aptv.it) Verbindet den Bahnhof Desenzano del Garda und Riva del Garda (4,70 €, 2 Std., bis zu 6-mal tgl.). Der Bahnhof Peschiera del Garda liegt an der APTV-Busstrecke Riva del Garda–Malcesine–Garda–Verona. Die Busse fahren stündlich nach Riva (4,10 €, 1 Std. 40 Min.) und Verona (3,20 €, 30 Min.).

GARDASEE: DIE SCHÖNSTEN STRÄNDE

Rocca di Manerba Ein ausgewiesenes Naturschutzgebiet 10 km südlich von Salò.

Parco la Fontanella Ein weißer Kieselstrand nördlich von Gargnano mit Olivenhainen im Hinterland.

Campione del Garda Ein Strand vor einer Klippe nördlich von Gargnano, wo die Windsurfer unterwegs sind.

Riva del Garda Eine rund 3 km lange Uferlinie mit einer familienfreundlichen Landschaftsformation.

Punta San Vigilio Eine von Zypressen bewachsene Landzunge, die 3 km nördlich von Garda in den See ragt.

Trasporti Brescia (☎030 440 61; www. trasportibrescia.it; Via Cassale 3/a, Brescia) Betreibt Buslinien von Brescia am Westufer des Sees entlang nach Riva del Garda.

Trentino Trasporti (☎0461 821 000; www. ttesercizio.it) Verbindet Riva del Garda mit Arco (20 Min.) und Trient (4,20 €, 1 ¾ Std.).

FLUGZEUG

Verona-Villafranca Airport (☎045 809 56 66; www.aeroportoverona.it) Der Flughafen von Verona ist der nächstgelegene. Es gibt regelmäßige Zuverbindungen von Verona nach Peschiera del Garda (2,85 €, 15 Min.) und Desenzano del Garda (3,80 €, 25 Min.).

SCHIFF/FÄHRE

Navigazione Lago di Garda (☎800 551801; www.navigazionelaghi.it; Piazza Matteotti 2, Desenzano del Garda) Die Fähren verkehren das ganze Jahr über. Eine Tageskarte für unbegrenzte Farten auf dem Alto Garda (Oberen Gardasee) kostet 24,30/17,60 € pro Erw./ Kind, auf dem Basso Garda (Unteren Gardasee) 27,40/16,40 € pro Erw./Kind.

Autofahrer können die Autofähre zwischen Toscolano-Maderno und Torri del Benaco benutzen, je nach Saison auch die Fähre zwischen Limone und Malcesine. Eine einfache Fahrt kostet pro Auto 10,70 €.

ZUG

Desenzano del Garda und Peschiera del Garda liegen an der Zugstrecke Mailand–Venedig.

Sirmione

7420 EW.

Sirmione, das malerischste Dorf am Gardasee, liegt auf einer recht schmalen Halbinsel am Südufer des Sees. Es zog im Lauf der Geschichte schon Berühmtheiten wie den römischen Dichter Catullus und Maria Callas an. Heute folgen Tausende Besucher in deren Fußstapfen.

Die **Touristeninformation** (☎030 91 61 14; Viale Marconi 8; ⊙Mo–Fr 9–12.30 & 15–18, Sa 9–12.30 Uhr) liegt direkt neben dem Busbahnhof. Ab hier sind Motorfahrzeuge verboten, außer für Gäste der anliegenden Hotels.

◉ Sehenswertes & Aktivitäten

Wer auch nur einen kurzen Blick auf die märchenhafte Naturschönheit von Sirmione erhaschen möchte, sollte außerhalb der Saison (im April oder Oktober) oder am Abend kommen, wenn die meisten Tagesausflügler abgereist sind. Dann kann man die Rocca Scaligera ohne Dutzende von eisschleckenden Besuchern im Vordergrund fotografieren und über den 4 km langen Panoramaweg um die Halbinsel schlendern.

Vom Bootsanleger nahe der Burg starten Rundfahrten über den See.

Rocca Scaligera BURG
(Castello Scaligero; Erw./erm. 4/2 €; ⊙Di–So 8.30–19 Uhr) Um ihren Einfluss nach Norden auszudehnen, ließ die Familie Scala diese riesige rechteckige Burg direkt am Eingang zur Insel errichten. Sie wacht mit ihren eindrucksvollen Zinnentürmen über die einzige Fußgängerbrücke nach Sirmione. Innen gibt es nicht viel zu sehen, doch wenn man auf die Spitze des Turms klettert (146 Stufen), hat man einen schönen Blick auf die Dächer von Sirmione und das Hafenbecken.

Grotte di Catullo HISTORISCHE STÄTTE
(☎030 91 61 57; Erw./erm. 4/2 €; ⊙März–Okt. Di–Sa 8.30–20, So 9.30–18.30 Uhr, Nov.–März Di–So 8.30–14 Uhr) Die Ruine einer römischen Villa aus dem 1. Jh. n. Chr. auf einem 2 ha großen Gelände an der Nordspitze von Sirmione ist eine malerische Anlage aus wackligen Steinbögen und brüchigen Mauern, einige drei Stockwerke hoch. Es ist das größte

römische Wohnhaus in Norditalien, und ein kleiner Spaziergang über die Hangterrassen eröffnet fantastische Aussichten über den See und das Hinterland.

★ Aquaria

WELLNESS

(☏ 030 91 60 44; www.termedisirmione.com; Piazza Don Angelo Piatti; Becken pro Tag/Abend 33/27 €, Behandlungen ab 25 €; ⊙ Becken März–Dez. Mo 14–20, Di–So 10–22 Uhr, Jan. & Feb. wechselnde Öffnungszeiten) Vor Sirmione entspringen mehrere Thermalquellen im See, die eine natürliche Temperatur von 37 °C besitzen. Im Wellnesszentrum Aquaria kann man es sich in zwei Thermalbecken gut gehen lassen, eines davon liegt im Freien unmittelbar neben dem See. Badekleidung und Flipflops sind mitzubringen, Handtücher und Bademäntel werden gestellt. Man kann auch Badekleidung vor Ort kaufen.

Weitere Behandlungen wie Schlammbäder (50 €) und Massagen (80 €) müssen im Voraus gebucht werden.

🛏 Schlafen & Essen

In Sirmione gibt es eine sehr große Zahl an Hotels, von denen viele von Ende Oktober bis März geschlossen sind.

In direkter Ortsnähe befinden sich vier Campingplätze, über weitere Campingeinrichtungen um den See informiert die Touristeninformation.

DER GARDASEE FÜR KINDER

Ein See, haufenweise Freizeitparks mit genügend Fahrgeschäften und Stuntshows, die den ganzen Tag über durchschütteln zu lassen.

➜ **Gardaland** (☏ 045 644 97 77; www.gardaland.it; Via Dema 4, Castelnuovo del Garda; Erw./erm. 37,50/31 €; ⊙ Mitte Juni–Mitte Sept. 10–23 Uhr, April–Mitte Juni & die letzten 2 Wochen im Sept. 10–18 Uhr, Oktober, Ende Dezember/Anfang Januar Sa & So 10–18 Uhr)

➜ **CanevaWorld** (☏ 045 696 99 00; www.canevaworld.it; Via Fossalta 1; Erw./erm. 25/19 €)

➜ **Aquaparadise** (Erw./erm. 25/19 €; ⊙ Juli & Aug. 10–19 Uhr, Mitte Mai–Mitte Juni & Sept. 10–18 Uhr)

➜ **Movieland** (⊙ Ostern–Mitte Sept. tgl. 10–18 Uhr, April & Okt. Sa & So bis 18 Uhr)

Hotel Marconi

HOTEL €€

(☏ 030 91 60 07; www.hotelmarconi.net; Via Vittorio Emanuele II 51, Sirmione; EZ 45–75 €, DZ 80–135 €; 🅿 ❄) Blau-weiß gestreifte Sonnenschirme schmücken die Veranda dieses eleganten familiengeführten Hotels. Die Zimmer sind in zarten Farben und mit gestärkter Wäsche eingerichtet. Das Frühstück und die Kuchen sind ein Gaumenschmaus.

La Fiasca

TRATTORIA €€

(☏ 030 990 61 11; www.trattorialafiasca.it; Via Santa Maria Maggiore; Gerichte 30 €; ⊙ Do–Di 12–14.30 & 19–22.30 Uhr) Diese authentische Trattoria liegt in einer Seitenstraße ganz nah am Hauptplatz. Hier gibt es die Sorte Saucen, in die man einfach das Brot tunken muss. Die Atmosphäre ist herzlich und trubelig, und auf den Tellern häufen sich die traditionellen Produkte vom Gardasee: Tagliatelle mit Flussbarsch und Steinpilzen oder Ente mit Cognac und Wacholder.

Desenzano del Garda

26 900 EW.

Die heitere Pendlerstadt Desenzano del Garda, 9 km südwestlich von Sirmione, gilt als das „Tor zum See" (*porta del lago*). Es ist nicht so hübsch wie einige der anderen Orte, aber der alte Hafen, die breiten Promenaden und die lebhafte Piazza Matteotti laden zu einem netten Bummel ein. Es ist im Sommer auch ein Zentrum des Nachtlebens.

Desenzanos bekannteste Sehenswürdigkeit sind die gut erhaltenen Mosaiken in der **römischen Villa** (☏ 030 914 35 47; Via Crocifisso 2; Erw./erm. 2/1 €; ⊙ März–Okt. 8.30–19 Uhr, Nov.–Feb. bis 17 Uhr). Die vor 2000 Jahren errichtete Villa wurde im 2. Jh. umgebaut und erhielt im 4. Jh. einen Großteil ihrer Bodenmosaike. Hölzerne Laufstege führen direkt über anschauliche Szenen von Streitwagen und Putten, die nach Trauben greifen, hinweg.

Weitere Informationen zur Stadt gibt es in der **Touristeninformation** (☏ 030 914 15 10; Via Porto Vecchio 34; ⊙ Mo–Sa 9–12 & 15–18 Uhr). Für ein leichtes Mittagessen und einen feinen Aperitif sollte man das **Caffé Italia** ansteuern (☏ 030 914 12 43; www.ristorantecaffeitalia.it; Piazza Malvezzi 19; Gerichte 25–35 €; ⊙ 12.30–14.30 & 19.30–22.30 Uhr).

Das Valtenesi

Das Valtenesi erstreckt sich gemächlich mit sanften, durch Weinanbau und Olivenhaine geprägte Hügel zwischen Desenzano

VERKOSTUNG VON OLIVENÖL

Das Mikroklima des Gardasees ist nahezu mediterran und bietet ideale Bedingungen für Olivenbäume. Die Produktion an den Seeufern erbringt nur winzige 1 % der italienischen Olivenölproduktion, aber das hiesige Öl ist bekannt für seinen leichten, weichen und süßen Geschmack. Um die 15 Olivensorten werden hier angebaut. Die schwarzen Früchte ergeben ein zarter schmeckendes Öl, die grünen ein kräftigeres.

Comincioli (☎ 0365 65 11 41; www.comincioli.it; Via Roma 10, Puegnago del Garda; ☺ nach Reservierung Mo–Sa 9.30–12 & 14.30–19 Uhr) GRATIS in den Hügeln des Valtenesi ist der perfekte Ort für eine angeleitete Verkostung des Öls aus der Region um den See. Ein und dieselbe Familie erntet hier seit 500 Jahren Oliven, und ihr Numero Uno gilt als eines der besten Olivenöle in ganz Italien.

und Salò. Die sonst am See entlangführende Hauptstraße wendet sich hier ins Landesinnere, sodass sich über sie eine Reihe von Weingütern und Kleinstädten wie Padenghe sul Garda, Moniga del Garda, Manerba del Garda und San Felice del Benaco erkunden lassen.

⊙ Sehenswertes & Aktivitäten

Das Valtenesi lässt sich gut per Fahrrad erkunden. Ausleihen kann man es bei **Cicli Mata** (☎ 0365 55 43 01; www.matashop.it; Via Nazionale 63, Raffa di Puegnago; halb-/ganztags 18/25 €; ☺ Di–Sa 9–13 & 14.30–19.30, So & Mo 14.30–19.30 Uhr) und dann auf der Website der Gemeinde (www.pisteciclabili.com) eine Route wählen. Eine andere gute Quelle ist die App **Garda Bello e Buono** (www.gardabelloebuono.it), die man für beispielsweise iPhones und Android-Smartphones herunterladen kann.

★ Parco Archeologico
Rocca di Manerba   NATURSCHUTZGEBIET
(www.parcoroccamanerba.net; ☺ April–Sept. tgl. 10–20 Uhr, Okt.–März Do–So bis 18 Uhr) GRATIS Der von der Unesco geschützte „Fels der Minerva" (so benannt, weil hier vor langer, langer Zeit ein römischer Minervatempel stand), mittlerweile ein Naturschutzgebiet, ragt unmittelbar nördlich von Moniga del Garda malerisch in den See. Die einzigen Überreste, die man hier heute noch findet, sind die Ruinen einer mittelalterlichen Burg inmitten eines erholsamen, von Wander- und Radwegen durchzogenen Naturschutzgebietes.

Santuario della Madonna
del Carmine   KLOSTER
(☎ 0365 6 20 32; www.santuariodelcarmine-sanfelice.it; Via Fontanamonte 1, San Felice del Be-

naco; ☺ 7–12 & 15–18 Uhr) GRATIS Madonna del Carmine im Dörfchen San Felice del Benaco stammt aus dem Jahr 1452. Das unscheinbare gotisch-romanische Äußere lässt nicht vermuten, welche Technicolor-Pracht die Fresken im Inneren bieten. Wer sie gemalt hat, ist nicht bekannt, doch von einigen meint man aufgrund der Qualität und der perspektivischen Darstellung, sie könnten Werke von Mantegna, Paolo Uccello und Vicenzo Foppa sein.

In der angrenzenden Anlage kann man auch übernachten (www.carminesanfelice.it).

La Basia   REITEN
(☎ 0365 55 59 58; www.labasia.it; Via Predefitte 31, Puegnago del Garda; 30 Min./1 Std. Unterricht 15/25 €) Direkt oberhalb des Viale Panoramico zwischen Puegnago und Salò liegt Elena Paronas großes Weingut mit Reitschule. Während die Eltern auf der Terrasse Wein und wilden Honig verkosten, können die Kinder Reitstunden nehmen oder durch die Weingärten der Umgebung reiten. Zwischen März und September lassen sich auch Apartments für Familien mieten (345–550 € pro Woche).

🛏 Schlafen & Essen

★ Campeggio Fornella   CAMPINGPLATZ €
(☎ 0365 6 22 94; www.fornella.it; Via Fornella 1, San Felice del Benaco; Stellplätze 13–37 €, Bungalows 45–198 €; P ❄ @ ☕ 🚣) Dieser luxuriöse 4-Sterne-Campingplatz hat viel zu bieten: Privatstrand, Strandpool, Wellnessbereich, Bootszentrum, Restaurant, Bar und Pizzeria. Man muss nur einen schön gelegenen Stellplatz suchen oder einen Bungalow in entsprechender Lage mieten und schon steht dem Urlaubsvergnügen nichts im Wege.

La Dispensa
MODERN ITALIENISCH €€

(📞 0365 55 70 23; Piazza Municipio 10, San Felice del Benaco; Gerichte 25–40 €; ⏱ 19–23.30 Uhr) Diese bunte Weinbar mit Restaurant (und dem Geschäft VinoeLino direkt nebenan) hat ein modernes italienisches Speisenangebot. Schwerpunkt sind sensationelle Fischgerichte und Delikatess-Platten, die einem das Wasser im Mund zusammenlaufen lassen. Die Zutaten haben Spitzenqualität und stammen aus der Gegend, oft gibt es als Begleitung zum Essen Jazz.

Salò
10 400 EW.

Salò liegt eingezwängt zwischen See und steilen Bergen und verströmt ein Flair von Erhabenheit. Die lange Uferpromenade ist gesäumt von verschnörkelten Häusern und Palmen, und über die malerischen Sträßchen ragt der anmutige Glockenturm des Doms aus dem 15. Jh. empor.

1943 wurde Salò zur Hauptstadt der Italienischen Sozialrepublik ernannt, ein letzter verzweifelter Versuch von Mussolini und Hitler, den italienischen Faschismus angesichts der vorrückenden Alliierten zu organisieren. Während der sogenannten Republik von Salò wurden über 16 öffentliche und private Gebäude in der Stadt beschlagnahmt und zu Mussolinis Ministerien und Büros umfunktioniert. Ein Spaziergang zwischen diesen Stätten ist eine surreale Tour durch den todgeweihten Ministaat des Diktators. Die Touristeninformation hat einen Ortsplan mit Broschüre (auch auf Englisch) mit wichtigen Schauplätzen.

Es gibt nicht oft die Gelegenheit, eine private Insel in Begleitung des adligen Besitzers zu erkunden. Aber auf der winzigen, kommaförmigen **Isola del Garda** (📞 0328 384 92 26; www.isoladelgarda.com; Tour inkl. Bootsfahrt 25–30 €; ⏱ April–Okt.) vor Salò ist es möglich. Die luxuriöse, neogotisch-venezianische Villa gehört der Contessa Cavazza, und Besucher werden meist von einem Familienmitglied begleitet. Die zweistündige Besichtigung führt durch etliche opulente Zimmer, einige weisen eine echte Familienatmosphäre auf.

Bootsverbindungen zur Isola del Garda gibt es ab Salò, Gardone Riviera, Garda und Sirmione, doch jeweils nur ein- oder zweimal die Woche. Bei der Rückkehr nach Salò sollte man nach einem Tisch am See im **Ristorante Papillon** (📞 0365 4 14 29; www. ristorantepapillon.it; Lungolago Zanardelli 69/70;

Pizza 8–14 €; ⏱ Di–So 8–22 Uhr; 🚗) Ausschau halten, um eine überraschend gute Pizza mit dünner Kruste zu genießen.

Salò ist auch ein guter Ort für die Unterkunft. Warum nicht in Mussolinis früherem Außenministerium, der Villa Simonini, einchecken, das zu einem netten Hotel umgebaut wurde? **Hotel Laurin** (📞 0365 2 20 22; www.laurinhotelsalo.com; Viale Angelo Landi 9; DZ 155–250 €; 🅿 ❄ @ 🛜 🏊).

Gardone Riviera
2700 EW.

Gardones Glanzzeit war Ende des 19. und Anfang des 20. Jhs. Heute ist es dank der opulenten Villen und der verschnörkelten Architektur einer der elegantesten Urlaubsorte am See. Etwa 12 km nördlich von Gardone liegt **Gargnano** (3050 Ew.), dessen kleiner Hafen sich im September mit millionenteuren Jachten füllt. Dann nämlich versammeln sich hier die Segelfans zur **Centomiglia**, der renommiertesten Segelregatta des Sees.

Die **Touristeninformation** (📞 0365 374 87 36; Corso della Repubblica 8; ⏱ Mo–Sa 9–12.30 & 14.30–18 Uhr) hat Infomaterial zu Aktivitäten.

🔵 Sehenswertes

⭐ Il Vittoriale degli Italiani
MUSEUM

(📞 0365 29 65 11; www.vittoriale.it; Piazza Vittoriale; Gärten & Museen Erw./erm. 16/12 €; ⏱ Gelände April–Sept. 8.30–20 Uhr, Okt.–März bis 17 Uhr, Museen bis 19 Uhr, Okt.–März Di–So 9–13 & 14–17 Uhr) Der Dichter, Soldat, Hypochonder und Protofaschist Gabriele d'Annunzio (1863–1938) entzieht sich einer eindeutigen Festlegung, ebenso wie sein Anwesen. Bombastisch, extravagant und verstörend – hier wurde jede nur vorstellbare architektonische und dekorative Ausschweifung umgesetzt, und das Dekor gibt sicherlich auch Aufschluss über den exzentrischen Mann. In den 1920er-Jahren wurde d'Annunzio zu einem starken Befürworter des Faschismus und Mussolini-Anhänger, und seine Affären mit wohlhabenden Frauen sind zur Legende geworden.

In seinem Haupthaus, der **Prioria**, hängen schwarze Samtvorhänge, und durch bleiverglaste Fenster fällt ein gespenstisches Licht in die düsteren Räume (Sonnenlicht war für ihn aufgrund des Zustands seiner Augen schmerzhaft), die mit klassischen Statuen, Lederbänden, Leopardenfellen, vergoldeten Ornamenten, Lackkästchen und Chinoiserien vollgestopft sind. Zu den

AKTIVITÄTEN RUND UM RIVA

Obwohl man rund um den Gardasee reiten, Rad fahren, wandern und segeln kann, ist die Drehscheibe von Aktivitäten am See doch das Dreieck der Städte Riva del Garda, Arco und Torbole.

Wassersport

Ausrüstung und Unterricht sind bei zahllosen Anbietern in Riva und Torbole am Seeufer zu haben. Zu den größten gehört **Surfsegnana** (☎ 0464 50 59 63; www.surfsegnana.it; Foci del Sarca, Torbole), der am Lido di Torbole und am Porfina Beach in Riva zu finden ist. Im Angebot sind Stunden im Windsurfen (72 €), Kitesurfen (110 €) und Segeln (75 €), man kann aber auch ein Surfbrett (40 € für den halben Tag), Segelboote (32–52 € pro Std.) und Kajaks (9/14 € für 1-/2-Personen-Boote) ausleihen. Weitere Anbieter sind www.sailingdulac.com, www.pierwindsurf.it und www.vascorenna.com

Klettern

Das mit ausgezeichneten Kalksteinformationen gesegnete Arco gehört zu den beliebtesten Kletterzielen in Europa. Hier findet im September auch das **Rockmaster Festival** (www.rockmasterfestival.com) statt.

Die Klettermöglichkeiten von Arco mit Hunderten von Routen in allen Schwierigkeitsgraden sind unterteilt in kurze Einseil-Sportrouten mit Bohrhaken und lange Klettertouren im Dolomiten-Stil, die teils über 1400 m hoch führen. Der 300 m hohe **Zanzara** ist weltweit ein Klassiker, eine 7a+-Klettertour direkt oberhalb der Wand für den Rockmaster-Wettbewerb.

Informationen über Kletterkurse und Routen gibt es bei www.friendsofarco.it. **Guide Alpine Arco** (www.guidealpinearco.com) ist eine weitere gute Quelle.

Canyoning

Dank des Gletscherschmelzwassers, das die Kalksteinberge rund um Riva und das Val di Ledro glatt geschliffen hat, ist die Gegend ideal fürs Canyoning: Es gibt Unmengen von Möglichkeiten zum Abseilen, Abklettern und Springen. **Friends of Arco** und **Guide Alpine Arco** arrangieren Ausflüge in die Palvi- und Rio-Negro-Schlucht im Val di Ledro (69 € pro Pers.) und in die Vione-Schlucht in Tignale (125 €), ebenso **Cann Adventures** (www.canyonadv.com).

Highlights gehören die Bronzeschildkröte auf dem Esstisch für Gäste (Als Mahnung für allzu Gefräßige: Sie ist nach einem Tier gestaltet, das sich zu Tode gefressen hatte.); die hellblaue Badezimmerflucht mit 2000 Nippsachen; sein bescheidenes Schlafzimmer, in dem er sich in einem wie ein Sarg gestalteten Bett legte, um über den Tod nachzudenken; und sein Arbeitszimmer mit dem absichtlich niedrigen Türsturz – die Gäste sollten sich beim Eintreten bücken. Besuche sind nur im Rahmen einer halbstündigen Führung auf Italienisch möglich, Start alle 10 Min.

Giardino Botanico Fondazione André Heller
GARTEN

(☎ 336 41 08 77; www.hellergarden.com; Via Roma 2; Erw./Kind 10/5 €; ☉ März–Okt. 9–19 Uhr) Gardones Blüte verdankt sich größtenteils dem durchgängig milden Klima, von dem auch Tausende von exotischen Blumen in André Hellers Skulpturenpark profitieren. Angelegt wurde der Garten 1912 von Arturo Hruska, einem Zahnarzt, der die europäischen Königshäuser offenbar gut behandelte. Die Anlage ist in kleine Klimazonen unterteilt und mit 30 zeitgenössischen Skulpturen geschmückt, darunter Werke von Keith Haring und Roy Lichtenstein.

🛏 Schlafen & Essen

Locanda Agli Angeli
HOTEL €€

(☎ 0365 209 91; www.agliangeli.com; Via Dosso 7; EZ 45–70 €, DZ 80–180 €; ▣ ≋) Eine *locanda* (Gasthaus) aus dem 18. Jh. wurde hinreißend restauriert und ist nun ein Hotel mit lackiertem Holz, zarten Vorhängen und Tupfern aus Hellgrün, Orange und Aquamarin. Die Terrasse hat einen kleinen Pool mit Aussicht über die Dächer und den See dahinter. Das gute Restaurant serviert klassische Gardaseeküche (Gerichte 25–35 €).

Riva del Garda

15 800 EW.

Selbst an einem See voller großartiger Landschaftsbilder sticht Riva del Garda noch hervor. Das reizvolle Zentrum, umgeben von hohen Felswänden und einem gebogenen Strandstreifen, besteht aus einem Gemisch prachtvoller Bauten, labyrinthartiger Straßen und weiter Plätze. Riva liegt jenseits der lombardischen Grenze in der Alpenregion Trentino–Südtirol. Über Jahrhunderte wurde die Stadt wegen ihrer strategischen Lage von den rivalisierenden Mächten der Bischöfe von Trento, der Republik Venedig, den Mailänder Visconti und den Della Scala aus Verona umkämpft. Bis 1919 gehörte sie zu Österreich, war anschließend in die heftigen Kämpfe der italienischen Unabhängigkeitskriege verwickelt und im Zweiten Weltkrieg Schlupfwinkel antifaschistischer Widerstandsgruppen.

Die **Touristeninformation** (☎0464 55 44 44; www.gardatrentino.it; Largo Medaglie d'Oro; ◷Mai–Sept. 9–19 Uhr, Okt.–April bis 18 Uhr) hat Infos zum Klettern, Paragliding, Weinverkostung, Märkten und dergleichen.

◉ Sehenswertes & Aktivitäten

Riva ist der ideale Ausgangspunkt für Aktivitäten, etwa für Wanderungen und Fahrradtouren rund um den Monte Rocchetta (1575 m). Deutlich weniger anstrengende Betätigungen bieten sich am landschaftlich großartigen Seeufer an: Schwimmen, Sonnenbaden und den 3 km langen Weg am See nach Torbole radeln. Am Porfina Beach kann man bei Windsurfing-Schulen Surfausrüstungen ausleihen.

Museo Alto Garda　　　　　MUSEUM
(La Rocca; ☎0464 57 38 69; www.museoaltogarda.it; Piazza Cesare Battisti 3; Erw./Kind

3/1,50 €; ◷März–Nov. Di–So 10–18 Uhr, Dez.–Feb. bis 17 Uhr) Das in Rivas kümmerlicher mittelalterlicher Burg (die Einheimische La Rocca nennen) untergebrachte städtische Museum bietet eine bescheidene Sammlung zur örtlichen Archäologie, Fresken aus dem römischen Riva, historische Dokumente und Gemälde. Die vielleicht aufschlussreichsten Ausstellungsstücke sind die alten Landkarten aus den Jahren 1579 und 1667 und ein *Atlas Tyrolensis* von 1774, auf denen die wechselnden Grenzverläufe in der Gegend zu sehen sind.

Cascata del Varone　　　　WASSERFALL
(www.cascata-varone.com; Erw./erm. 5,50/2,50 €; ◷Mai–Aug. 9–19 Uhr, April & Sept. bis 18 Uhr, März & Okt. bis 17 Uhr) Der Wasserfall donnert über steile Kalksteinfelsen 100 m tief in eine gewaltige, feuchte Klamm. Laufstege führen neben dem tosenden Sturzbach 50 m weit in den Berg hinein, und auf ihnen fühlt man sich wie auf einer Wanderung bei anhaltendem Unwetter. Die Ausschilderung zum Wasserfall findet sich 3 km nordwestlich vom Zentrum Rivas.

🛏 Schlafen & Essen

Hotel Garni Villa Maria　　APARTHOTEL €
(☎0464 55 22 88; www.garnimaria.com; Viale dei Tigli, Riva del Garda; EZ 35 €, DZ 60–100 €, Apartment 280–340 €; Ⓟ✳🛜🅟) Ein kleines, adrettes Hotel mit skandinavischem Flair: schneeweiße Bettwäsche, schlichte, moderne Bäder und frische lindgrüne und orangefarbene Akzente. Es liegt direkt am historischen Stadtzentrum, und von den Zimmern mit Balkon eröffnet sich eine Aussicht auf steil aufragende Berge.

★ **Residence Filanda**　　APARTHOTEL €€
(☎0464 55 47 34; www.residencefilanda.com; Via Sant'Alessandro, 51; DZ 105–135 €, 4 BZ 165–210 €; Ⓟ✳@🏊🅟) Diese in einem freund-

ABSTECHER

DER LEDROSEE

Von Riva aus winden sich erst die SP37 und dann die SS240 Richtung Westen die Berge hinauf, vorbei an Olivenhainen und Weinterrassen. Nach etwa 11 km wird die Straße flacher, und der Ledrosee kommt in den Blick. Der kleine See ist nur 2,5 km lang und 2 km breit und liegt auf einer Höhe von 650 m in einem hinreißenden Tal inmitten bewaldeter Berge. **Molina di Ledro** liegt am Ostufer des Sees, das von winzigen Reetdachhütten, Stränden und Pontons von Bootsverleihern gesäumt ist. Ein Aufenthalt in der Ökolodge mit viel Glas und Holz bietet sich an. **Hotel Elda** (☎0464 59 10 40; www.hotelelda.com; Via 3 Giugno 3; 🛏 70–120 €, 🍴 94–160 €; Ⓟ@🏊🅟) 🍃

lichen dunklen Orangeton gestrichene Residenz, 2 km außerhalb von Riva inmitten von Olivenhainen gelegen, ist ein Zufluchtsort für Familien. Vor den Zimmern und Apartments erstrecken sich großzügige Anlagen, darunter ein geheizter Pool, Tennis- und Volleyballplätze und 1 ha große kinderfreundliche Gärten. Die Einrichtung ist ebenfalls exzellent, mit voll ausgestatteten Küchenzeilen, einem Waschsalon und allen für kleine Kinder nötigen Utensilien.

★ Lido Palace   LUXUSHOTEL €€€

(✆ 0464 02 18 99; www.lido-palace.it; Viale Carducci 10, Riva del Garda; DZ 270–380 €, Suite 450–550 €; P ✳ @ 🛜 🛝) Wer so richtig Geld ausgeben will, sollte es hier tun. Das historische, auf das Jahr 1899 zurückgehende Lido Palace in Riva ist ein echtes Luxushotel. Durch behutsame Renovierung hat der Jugendstilpalast eine durch und durch moderne Inneneinrichtung erhalten. Hinzu kommen ein Restaurant mit Michelin-Stern, ein unvergleichlicher Blick über die Landschaft und den See sowie prächtige Wellnesseinrichtungen (gegen Reservierung auch für Nicht-Hotelgäste offen).

★ Cristallo Caffè   EIS €

(✆ 0464 55 38 44; www.cristallogelateria.com; Piazza Catena 11; Waffel 2,50 €; ⊙ 7–1 Uhr) Speiseeis in über 60 Geschmacksrichtungen wird in riesigen Eisbechern serviert. Ein idealer Ort auch, um einen gekühlten Sprizz mit Blick über den See zu genießen.

★ Osteria Le Servite   OSTERIA, GARDA-KÜCHE €€

(✆ 0464 55 74 11; www.leservite.com; Via Passirone 68, Arco; Gerichte 30–45 €; ⊙ April–Sept. Di–So 19–22.30 Uhr, Okt.–März Do–So 19–22.30 Uhr; P 🚹) Versteckt inmitten der Weingüter von Arco liegt diese elegante kleine *osteria*, in der Alessandro und seine Frau mimosengelbe Gnocchi, zarten Saibling und Schweinefilet mit Traubenmost servieren. Im Sommer kann man draußen im Patio sitzen und DOC-Trentino-Weine von kleinen Winzern probieren.

★ Trattoria Piè di Castello   TRENTINO €€

(✆ 0464 52 10 65; www.piedicastello.it; Via al Cingol Ros 38, Tenno; Gerichte 20–25 €; ⊙ Mi–Mo 12–14.30 & 19–22 Uhr; P 🚹)Der Weg hierhin lohnt sich wegen des typischen Trentino-Gerichts *carne salada*: gesalzenes, in einer Kräuterlake eingelegtes Rindfleisch auf einem Keramikteller mit verschiedenen eingelegten Zutaten. Das Gericht ist seit dem Mittelalter bekannt.

Malcesine

3650 EW.

Ein weiterer beliebter Ort am Gardasee ist Malcesine, wo der See bis an die Tische der Uferrestaurants plätschert und sich dahinter der gewaltige Bergzug des Monte Baldo erhebt. Wie Riva del Garda und Torbole ist der Ort, dessen Straßen mit Tausenden von Seekieseln gepflastert sind, ebenfalls ein Windsurfzentrum. Überragt wird das Ganze vom kalkweißen **Castello Scaligero**, wo Goethe für kurze Zeit inhaftiert war, weil er für einen Spion gehalten wurde.

Die rotierenden Glaskabinen der Malcesiner Seilbahn, der **Funivia Malcesine-Monte Baldo** (✆ 045 740 02 06; www.funiviedelbaldo.it; Via Navene Vecchia; Erw./erm. hin und zurück 19/15 €; ⊙ April–Aug. 8–19 Uhr, Sept. bis 18 Uhr, Okt. bis 17 Uhr) sausen auf 1760 m über den See. Der Berg ist Teil einer 40 km langen Kette, deren Kämme Startpunkt für Mountainbiketouren und Paragliding und im Winter für Skiabfahrten sind. Die Zwischenstation **San Michele** (einfach/hin und zurück 5/7 €) ist Ausgangspunkt für einige exzellente Wanderwege. Die halbstündige Wanderung zurück nach Malcesine auf schlingenen Straßen und felsigen Bergpfaden offenbart eine ländliche Welt abseits vom Gedränge um den See. Fahrräder verleiht **Bikextreme** (✆ 045 740 0105; www.bikextrememalcesine.com; Via Navene Vecchia 10; pro Rad und Tag 15–30 €), und wer ausgedehntere Erkundungen in die Berge plant, kann sich im Rifugio Monte Baldo weitere Auskünfte geben lassen.

Die Olivenernte um Malcesine wird vom **Consorzio Olivicoltori di Malcesine** (✆ 045 740 12 86; Via Navene 21; ⊙ 9–13 & 16.30–19 Uhr) zu Olivenöl extra vergine gepresst. Das Öl ist für seinen leichten, fruchtigen Geschmack mit einem Hauch von Mandeln berühmt. Das kalt gepresste DOP-Öl extra vergine kostet ab 11 € pro 0,5 l.

Wer der Menge entfliehen will, kann das mit einem Michelin-Stern ausgezeichnete **Vecchia Malcesine** (✆ 045 740 04 69; www.vecchiamalcesine.com; Via Pisort 6; Gerichte 45–100 €; ⊙ Do–Di 12–14.30 & 19–22.30 Uhr) ansteuern, um dort kunstvoll zubereitete Speisen oder mit Olivenöl vom Gardasee gefüllte „Meteoriten"-Schokolade zu genießen. Ansonsten ist die **Speck Stube** (✆ 0457 40 11 77; www.speckstube.com; Via Navene Vecchia 139, Campagnola; Gerichte 8–20 €; ⊙ März–Okt. 12–24 Uhr; P 🚹) am Stadtrand eine nette Möglichkeit, um Grillgerichte zu sich zu nehmen.

Die **Touristeninformation** (☎ 045 740 00 44; www.malcesinepiu.it; Via Capitanato 6; ☺ Mo–Sa 9.30–12.30 & 15–18, So 9.30–12.30 Uhr) hat Infomaterial zum Windsurfen, Segeln, Wandern und Skifahren.

Garda & Punta San Vigilio

Im Schatten der Rocca del Garda liegt das Fischerdörfchen Garda aus dem 10. Jh., das dem See den Namen gab. Die malerische Stadt ist heute von der Hauptstraße durchschnitten, mit dichtem Verkehr in den Sommermonaten. Außerhalb der Saison ist Garda mit seiner perfekt geschwungenen Bucht und feinen Kiesstränden ideal für eine Einkehr zum Mittagessen. Bootsausflüge zur Isola del Garda (S. 338) starten am Mittwochmorgen von Garda vor dem Hotel Miralago.

Drei Kilometer weiter nördlich erstreckt sich die grüne Landzunge **Punta San Vigilio** in den See und bietet dem besten Strand am Ostufer Schutz. Im privaten **Parco Baia delle Sirene** (☎ 045 725 58 84; www.parcobaia dellesirene.it; Punta San Vigilio; Erw./Kind 9/6 €, geringerer Eintritt nach 16.30 Uhr; ☺ April & Mai 10–19 Uhr, Juni & Aug. 9.30–20 Uhr) kann man Liegen unter Bäumen mieten. Die Preise variieren zwischen April und Oktober zwischen 5 und 9 € pro Erw. und 4 und 6 € pro Kind.

Auf der winzigen Landzunge steht die exklusive **Locanda San Vigilio** (☎ 045 725 66 88; www.punta-sanvigilio.it; Punta San Vigilio; DZ 270–375 €, Suite 440–890 €; ⓟ✳@☒), in der man vornehm speisen kann.

Bardolino

Über 70 Weingüter und Kellereien (viele davon mit Zertifikat DOC oder sogar DOCG) erstrecken sich über die sanften Hügel östlich von Bardolino am Ostufer des Gardasees. Sie produzieren beeindruckenden roten Classico, trockenen Superiore, jungen Novello. und einem Rosé, den Ciaretto

Am stimmungsvollsten erschließt sich ihr Aroma bei einer Weinprobe auf dem Weingut **Guerrieri Rizzardi** (☎ 045 721 00 28; www.guerrieri-rizzardi.com; Via Verdi 4; Verkostungen 15 €; ☺ Mai–Okt. Mi 17 Uhr). Nach einer Tour durch die Weinkeller voller Flaschen, die mit Spinnweben überzogen sind, findet die zwanglose Weinprobe im ummauerten Küchengarten statt. Oder man kehrt für regionaltypische Delikatessen mit passenden, vom Sommelier-Besitzer empfohlenen

Weinen im **Il Giardino delle Esperidi** ein (☎ 045 621 04 77; Via Goffredo Mameli 1; Gerichte 35–50 €; ☺ Mi–Fr & Mo 19–22, Sa & So 12–14.30 & 19–22 Uhr).

Richtig bacchanalisch geht es in Bardolino auf der **Festa dell'Uva e del Vino** Anfang Oktober zu, wenn am Ufer der Stadt Ess- und Weinstände ihre Waren anbieten. Die **Touristeninformation** (☎ 045 721 00 78; www.tourism.verona.it; Piazzale Aldo Moro; ☺ Sept.–Mai 9–13 & 14–18, So 10–16 Uhr, Ende Juni–Aug. 9–19 Uhr) bietet Material über die Route von Winzern an der **Strada del Vino** (www.stradadelbardolino.com).

DIE POEBENE

Die lombardische Tiefebene, bekannt als Poebene oder auf Italienisch Pianura Padana, östlich und westlich von Mailand erstreckt sich etwa über 650 km von Turin und Cuneo im Westen bis nach Mantua und Modena im Osten. Aus dem Norden fließen aus den westlichen Alpen und den großen Seen die Flüsse Ticino, Adda, Oglio und Mincio ins Tal.

Die Region an der Handelsroute Mailand–Aquileia zwischen den westlichen Alpen und dem Golf von Triest ist seit der Zeit der Römer von politischer und wirtschaftlicher Bedeutung. Damals hatte Julius Cäsar die Bewohner der Ebene zu römischen Bürgern erklärt. Als Napoleon Ende des 18. Jhs. Norditalien eroberte, fand er in der Ebene zahlreiche wohlhabende Städte vor, wie Bergamo, Brescia und Mantua, die noch heute eine wichtige Bedeutung für Italiens Landwirtschaft und Leichtindustrie haben.

Bergamo

119 600 EW.

Bergamo ist eine der reizvollsten und interessantesten Städte Norditaliens. Es besteht aus der moderneren Unterstadt (*Città Bassa*) und der bezaubernden Oberstadt (*Città Alta*) mit ihrer Mittelalter-, Renaissance- und Barockarchitektur. Mit der bevorzugten Lage am Fuß der Voralpen zwischen den Tälern der Flüsse Brembo und Serio wird Bergamo nicht nur als wichtiges Handelszentrum geschätzt (für Textilien und Metall), sondern auch als Aussichtspunkt über die lombardische Tiefebene.

Zwar sind die Hochhäuser Mailands im Südwesten an klaren Tagen zu sehen, aber historisch war Bergamo enger mit Venedig verbunden, das die Stadt über 350 Jahre (1428–1797) bis zum Eintreffen Napoleons beherrschte.

⊙ Sehenswertes

Das mittelalterliche Straßengewirr der Città Alta ist von einer 5 km langen venezianischen Mauer umgeben. Das kräftig schlagende Herz dieser Oberstadt ist die von unzähligen Cafés gesäumte Piazza Vecchia (Alter Platz), umgeben von eleganten Gebäuden, die von Bergamos langer und bunter Geschichte zeugen. Der Renaissance-Platz wurde geschaffen, indem man den Wirrwarr an mittelalterlichen Behausungen niederwalzte. So schuf man den Platz, den Le Corbusier „den schönsten in Europa" nannte.

Mit der Seilbahn geht es von der Westspitze der Oberstadt in das idyllische Viertel San Vigilio mit herrlichen Aussichten. Auf der Ebene darunter breitet sich die moderne Città Bassa aus, wo die Restaurantauswahl sehr viel besser ist.

Palazzo Nuovo
HISTORISCHES GEBÄUDE
Das Gebäude mit dem weißen Portikus beherrscht die Nordseite der Piazza Vecchia. Entworfen hat den Palazzo Nuovo 1611 ein Architektengenie aus Vicenza, Vincenzo Scamozzi (1548–1616). Vollendet war der Bau allerdings erst 1928. Lange Zeit diente der Palast als Rathaus, doch seit 1873 ist hier die Angelo-Mai-Bibliothek untergebracht, die u. a. Giovannino Grassis seltenes gotisches Musterbuch verwahrt.

Palazzo del Podestà
HISTORISCHES GEBÄUDE
Im Palazzo del Podestà an der Nordwestseite der Piazza Vecchia hatte lange der Vertreter Venedigs in Bergamo seinen Sitz.

Palazzo della Ragione
HISTORISCHES GEBÄUDE
Dieser Palast aus dem 12. Jh. steht an der Südseite der Piazza. Der Markuslöwe erinnert an die lange Herrschaft Venedigs. Es ist eine Replik von Anfang des 20. Jh. nach dem Original aus dem 15. Jh., das nach dem Einmarsch Napoleons 1797 zerstört wurde. Beachtung verdienen die Sonnenuhr im Pflaster unter den Bögen und die merkwürdigen romanischen und gotischen Tiere und Büsten, die die Bogensäulen schmücken. Als dieser Reiseführer entstand, fand im Palazzo gerade eine Wechselausstellung mit Kunstwerken aus der Carrara-Sammlung statt.

Torre del Campanone
TURM
(Erw./Kind 3 €/frei; ⊙April–Okt. Di–Fr 9.30–18, Sa & So 9.30–20 Uhr, Nov.–März Di–Fr 9.30–13 & 14.30–18, Sa & So 9.30–18 Uhr) Der rechteckige Torre del Campanone an der Piazza Vecchia schlägt um 22 Uhr die alte Sperrstunde. Ursprünglich im 12. Jh. errichtet und im 14. Jh. teils als Gefängnis genutzt, hat der Turm zahlreiche Veränderungen erfahren. Mit dem rollstuhlgerechten Aufzug gelangt man auf die Spitze, die eine herrliche Aussicht bietet.

Duomo
DOM
(☎035 21 02 23; Piazza del Duomo; ⊙7.30–11.45 & 15–18.30 Uhr) Steht auf der Piazza del Duomo, dem spirituellen Zentrum Bergamos. Bei der Renovierung des bescheidenen, überwiegend barocken Doms wurden Überreste aus der Römerzeit entdeckt. Die eher gedrungene rotbraune Kathedrale hat eine strahlend weiße Fassade.

Basilica di Santa Maria Maggiore
KIRCHE
(Piazza del Duomo; ⊙April–Okt. 9–12.30 & 14.30–18 Uhr, Nov.–März kürzere Öffnungszeiten) Eine faszinierende romanische Basilika direkt neben dem Dom. Auf die ausschwingenden romanischen Apsiden, die ab 1137 entstanden, wurden gotische Elemente aufgesetzt. Einflüsse aus fernen Gegenden ebenfalls zu erkennen, darunter die typisch toskanische Bandornamentik in Schwarz-Weiß und Rosa-Weiß und ein interessantes Trompe-l'Œil-Muster an Teilen der Fassade.

Etwas ganz Besonderes ist jedoch die Renaissance-Kapelle, gestiftet von Bartolomeo Colleoni (um 1400–1475), die **Cappella Colleoni** (⊙März–Okt. 9–12.30 & 14–18.30 Uhr, Nov.–Feb. 9–12.30 & 14–16.30 Uhr), die zwischen 1472 und 1476 demonstrativ an die Fassade zum Platz angefügt wurde. Die Kapelle wurde als Mausoleum für den Bergamasker Söldnerführer erbaut, der die venezianischen Truppen in Feldzügen quer durch Norditalien führte, und ist mit Fresken des venezianischen Rokokokünstlers Giambattista Tiepolo (1696–1770) ausgeschmückt. Bartolomeos Grab ist mit einem prächtigen Grabmonument versehen.

Abseits der Kirche steht die achteckige **Taufkapelle**, die 1340 erbaut, aber erst 1898 an den heutigen Standort versetzt.

★ Accademia Carrara
KUNSTGALERIE
(☎035 39 96 40; www.accademiacarrara.berga mo.it; Piazza Carrara 82a) Gleich östlich der

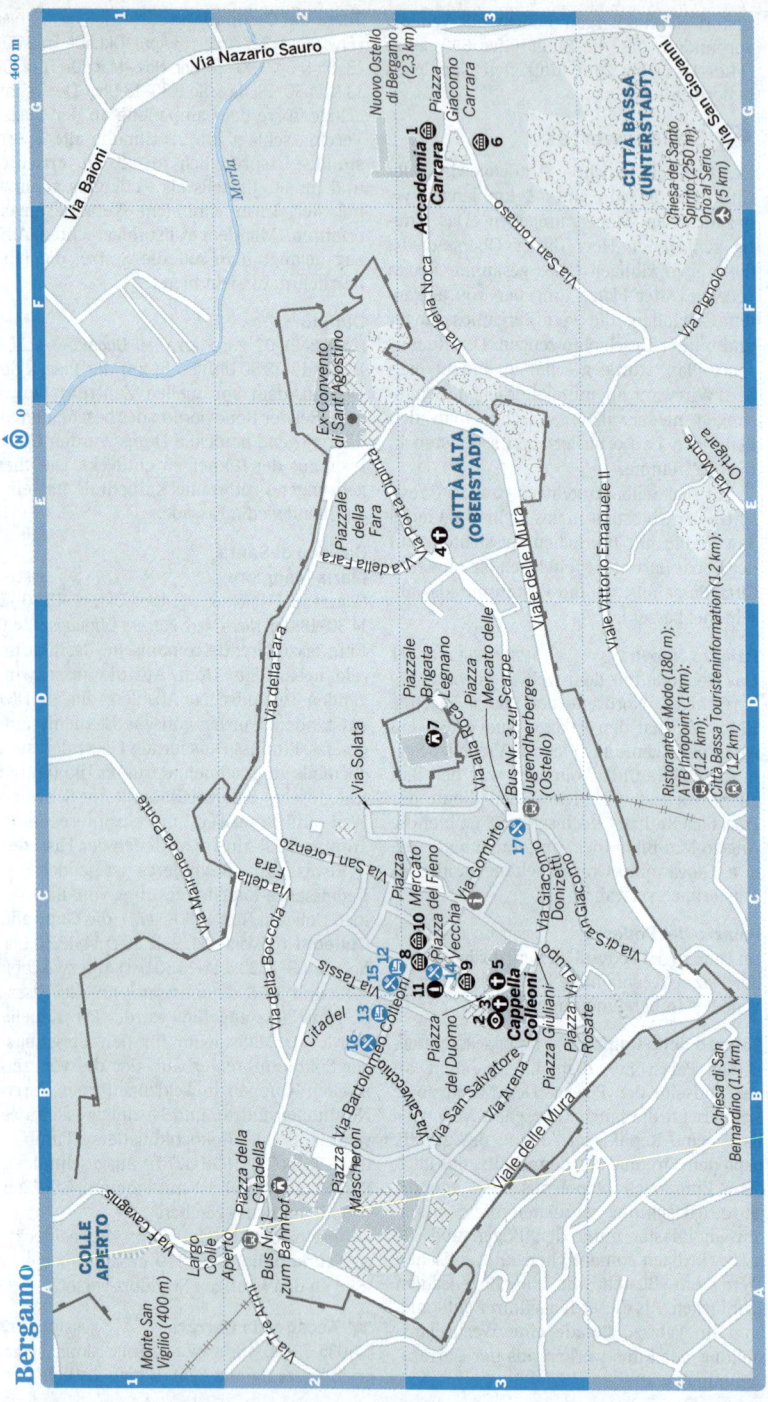

Bergamo

Bergamo

alten Stadtmauern steht der Bau für eine der bedeutendsten Kunstsammlungen Italiens, der allerdings für umfangreiche Renovierungsarbeiten seit 2007 geschlossen ist. Die Wiedereröffnung wurde mehrmals aufgeschoben, bei unserem letzten Besuch war der Mai 2014 als Termin angepeilt. Bis zur Wiedereröffnung wird eine Auswahl der Meisterwerke im Palazzo della Ragione ausgestellt.

Die 1780 begründete Sammlung umfasst italienische Meister in herausragender Bandbreite. Ein Highlight ist Raffaels *San Sebastiano*, doch auch andere berühmte Namen wie Botticelli, Canaletto, Mantegna und Tizian sind hier vertreten.

**Galleria d'Arte Moderna e
Contemporanea**　　　　　　KUNSTGALERIE
(GAMeC; 📞 035 27 02 72; www.gamec.it; Via Tomaso 53; 🕙 Di–So 10–13 & 15–19 Uhr) GRATIS Auf der anderen Seite des Platzes gegenüber der Accademia Carrara liegt diese Galerie, die die kleine Dauerstellung der Akademie mit Werken italienischer Künstler der Moderne präsentiert, darunter Giacomo Balla, Giorgio Morandi, Giorgio de Chirico und Filippo de Pisis. Ein Beitrag von Wassily Kandinsky sorgt für internationalen Touch. Für Wechselausstellungen können sich die Eintrittspreise und Öffnungszeiten ändern.

La Rocca　　　　　　　　　　FESTUNG
(Piazzale Brigata Legnano; Erw./Kind 3 €/frei; 🕙 Juni–Sept. Di–Fr 9.30–13 & 14.30–18, Sa & So 9.30–19 Uhr, Okt.–Mai Di–So 9.30–13 & 14.30–18 Uhr) In dieser eindrucksvollen Festung ist ein Teil des **Geschichtsmuseums** der Stadt untergebracht. Umgeben ist sie von einem Park mit herrlicher Aussicht auf Bergamo. Von der Spitze des Turms hat man einen noch besseren Blick.

🛏 Schlafen

Nuovo Ostello di Bergamo　　　HOSTEL €
(📞 035 369 23 76; www.ostellodibergamo.it; Via Galileo Ferraris 1, Monterosso; B/EZ/DZ 18/35/50 €; 🅿 @) Bergamos modernes HI-Hostel liegt etwa 4 km nördlich des Bahnhofs. Von den 27 Zimmern hat man einen Blick auf die Città Alta von Bergamo. Zu erreichen mit dem Bus 6 ab Largo Porta Nuova in der Nähe des Bahnhofs (an der Haltestelle Leonardo da Vinci aussteigen) oder mit Bus 3 Richtung Ostello von der Città Alta.

★ **Hotel Piazza Vecchia**　　　　HOTEL €€
(📞 035 428 42 11; www.hotelpiazzavecchia.it; Via Bartolomeo Colleoni 3; EZ/DZ ab 120/145 €; ❄ @ 🛜) Das charmante Hotel in einem Gebäude aus dem 13. Jh. liegt nur ein paar Schritte von der Piazza Vecchia entfernt. Alle 13 Zimmer haben Parkettboden und ein in Stein gesetztes Bad, unterscheiden sich aber in Einrichtung und Dekor: Einige haben offene Holzbalken, einige einen Balkon, einige ein übergroßes Doppelbett.

Albergo Il Sole　　　　　　　HOTEL €€
(📞 035 21 82 38; www.ilsolebergamo.com; Via Bartolomeo Colleoni 1; EZ/DZ 70/90 €) Die Panoramafenster und bunten Tagesdecken geben den ansonsten recht schlichten, aber makellos erhaltenen Zimmern ein ländliches Flair.

✖ Essen

Die Bewohner Bergamos lieben ihre Polenta und benannten sogar eine klassische Süßspeise danach: *polenta e osei* sind puddingförmige, mit Marmelade und Sahne gefüllte Kuchen, die mit Zuckerguss überzogen und mit Vögelchen aus Schokolade dekoriert sind. Bergamos anderes berühmtes Gericht ist *casonsèi* oder *casoncelli* (eine Art Ravioli, die mit würzigem Mett gefüllt sind).

Il Fornaio　　　　　　PIZZA, BÄCKEREI €
(Via Bartolomeo Colleoni 1; Pizzaschnitten 1,10–2 €; 🕙 Mo–Sa 8–20, So 7.30–20 Uhr; ♿) Ber-

gamos wohl bester Kaffee ist hier die Verlockung, dazu dampfend heiße Pizzaschnitten und Gebäck.

Polentone ITALIENISCH €
(☑ 348 804 60 21; Piazza Mercato delle Scarpe 1, Città Alta; Gerichte 10–15 €; ☺ Mo–Do 11.30–15.30 & 18–21.30, Fr bis 0.30, Sa 11.30–1, So 11.30–21 Uhr) Das Polentone verkauft sich als erster Polenta-Imbiss und serviert dampfende Schüsseln von Polenta mit Saucen in ungewöhnlichen Geschmacksrichtungen wie Wildschwein oder Hirsch. Man kann wählen zwischen *gialla* (einfache Maispolenta) und *taragna* (mit Käse und Butter). Das Lokal liegt unter den Bögen gegenüber der Oberstadt-Seilbahnstation.

Ristorante a Modo MODERN ITALIENISCH €€
(☑ 035 21 02 95; www.ristoranteamodo.com; Viale Vittorio Emanuele II 19; Gerichte 35 €; ☺ Mo–Sa 12–15 & 20–24 Uhr) Die innovativen Interpretationen moderner italienischer Küche haben uns dazu bewogen, dieses Restaurant in der Unterstadt auszuwählen. Die mit Kürbis oder Walnüssen gefüllten Ravioli oder das Wolfsbarsch-Carpaccio mit Krustentieren nach Tagesangebot sollte man unbedingt probieren. Das Mittagsmenü an Werktagen ist mit 13/17/22 € für ein/zwei/drei Gänge sehr preiswert.

La Cantina di Via Colleoni BERGAMO-KÜCHE €€
(☑ 035 21 58 64; www.lacantinadiviacolleoni. it; Via Bartolomeo Colleoni 5; Gerichte 25–30 €; ☺ 10–15 & 18–24 Uhr) Dieses zwanglose Esslokal mit Bar läuft nach zehn Jahren immer noch gut. Es tischt in einem freundlichen, mit Ziegeln verblendeten Raum zu cooler Musik feine Regionalgerichte (wie Pökelfleisch, Käse aus der Gegend und *casoncelli*) auf. Mittags gibt es ein exzellentes *menu Bergamasco* (Bergamo-Menü) für 15 €.

★ Colleoni & Dell'Angelo ITALIENISCH €€€
(☑ 035 23 25 96; www.colleonidellangelo.com; Piazza Vecchia 7, Città Alta; Gerichte 50–60 €, Verkostungsmenüs 75 €; ☺ Di–So 12–14.30 & 19–22.30 Uhr) Die Piazza Vecchia bildet den idealen Hintergrund, um innovative Regionalküche zu genießen. Im Sommer kann man einen Tisch draußen zu erhaschen versuchen, oder man gibt dem edlen Innenraum aus dem 15. Jh. mit glänzendem Kachelboden, blütenweißer Tischwäsche und überall herumstehenden Rüstungen den Vorzug. Das Spektrum klassischer Gerichte reicht von der ortstypischen Kichererbsensuppe mit Kabeljaukutteln bis zu den italienischen Lieblingsspeisen wie gegrillten Steinbutt mit Zesten sizilianischer Zitronen oder *tagliolini* mit Königskrabbe.

❶ Praktische Informationen

Touristeninformation Airport (☑ 035 32 04 02; www.turismo-bergamo.it; Flughafen-Ankunftshalle; ☺ 8–21 Uhr)

AUF DEN SPUREN VON LORENZO LOTTO

Lorenzo Lotto, einer der großen Namen der venezianischen Hochrenaissance, arbeitete ab 1513 zwölf Jahre in und um Bergamo. Einige seiner umwerfenden Meisterwerke – darunter einige *Sacre conversazioni*, die die Madonna umgeben von Heiligen zeigen – finden sich noch an ihrem Ursprungsort in den Kirchen von Bergamo:

Chiesa dei Santi Bartolomeo e Stefano (Largo Bortolo Belotti 1; ☺ Mo–Fr 7.30–12 & 15.30–19.15 Uhr, Sa bis 20, So bis 22 Uhr) Lottos größtes Altarbild (*pala*) ist die Pala Martinengo (um 1513–1516), in der die Madonna, umgeben von Heiligen, in einer Art Bramante-Tempel sitzt, mit einer von Mantegna inspirierten runden Öffnung darüber.

Chiesa del Santo Spirito (Kirche des Heiligen Geistes; Via Torquato Tasso) In der Pala di Santo Spirito (1521) ist der antikisierende Tempel verschwunden und durch eine venezianisch inspirierte Landschaft und Farbpalette ersetzt. Die Madonna sitzt hier unter einer Girlande dynamisch gestalteter geflügelter Putten (Cherubim).

Chiesa di San Bernardino (Via San Bernardino) Lottos letztes, stilistisch weiterentwickeltes Altarbild, die Pala di San Bernardino (1521), zeigt die Madonna unter einem perspektivisch dargestellten Baldachin im intensiven Gespräch mit ihren heiligen Begleitern.

Chiesa di San Michele al Pozzo (Kirche des heiligen Michael an der Quelle; Via Porta Dipinta, Città Alta; ☺ 9–17 Uhr) Hier gibt es kein Altarbild von Lotto, sondern einen ganzen Freskenzyklus zu den *Storie della Vergine* (Geschichten der Jungfrau Maria; 1525).

Touristeninformation Città Alta (☏035 24 22 26; www.turismo-bergamo.it; Via Gombito 13; ⏲9–17.30 Uhr)
Touristeninformation Città Bassa (☏035 21 02 04; www.turismo.bergamo.it; Piazza Gugliemo Marconi; ⏲9–12.30 & 14–17.30 Uhr) Informationen über die ganze Provinz, auch über Bergsteigeraktivitäten. Infos auch auf www.apt.bergamo.it

ℹ An- & Weiterreise

BUS

Busbahnhof (☏035 28 90 00, 800 139392; www.bergamotrasporti.it) Liegt gleich hinter der Piazza Gugliemo Marconi. Busse von **SAB** (☏035 28 90 00; www.sab-autoservizi.it) fahren nach Brescia, Mantua und zu den Seen.

FLUGZEUG

Orio al Serio (☏035 32 63 23; www.sacbo.it) Bergamos Flughafen liegt 4 km südöstlich vom Bahnhof.

ZUG

Bahnhof (☏035 24 79 50; Piazza Gugliemo Marconi) Verbindungen nach Mailand (5,25 €, 65 Min.), Lecco (3,45 €, 40 Min.) und Brescia (4,55 €, 1 Std., mit Anschluss zum Gardasee und nach Venedig).

ℹ Unterwegs vor Ort

ZUM/VOM FLUGHAFEN

ATB (☏035 23 60 26; www.atb.bergamo.it) Alle 20 Min. ab Bus- und Eisenbahnhof in Bergamo (2,10 €, 15 Min). Es gibt auch direkte Busverbindungen nach Mailand und Brescia.

ÖFFENTLICHE VERKEHRSMITTEL

ATB-Bus 1 verbindet den Bahnhof mit der Seilbahnstation in der Oberstadt und mit dem Colle Aperto (zurück halten nicht alle Busse am Bahnhof, sondern manche an der Haltestelle Porta Nuova). Vom Colle Aperto fährt entweder der Bus 21 oder die Seilbahn weiter hoch nach San Vigilio. Fahrkarten, die für eine Busfahrt von 75 Min. gültig sind, gibt es für 1,25 € am Automaten im Bahnhof und an den Seilbahnstationen sowie am Kiosk.

Brescia

193 900 EW.

Zersiedelung, ein schäbiger Bus- und Eisenbahnhof und vereinzelte Hochhäuser aus den 1960er-Jahren lassen nicht vermuten, dass Brescia eine faszinierende, durchaus geschichtsträchtige Altstadt hat. In den recht engen Straßen finden sich einige der bedeutendsten römischen Ruinen in der Lombardei und eine außergewöhnliche romanische Rundkirche. Auf der Spitze des Colle Cidneo, der das Stadtbild beherrscht, steht Brescias weitläufige Burg; hier oben kann man einen Spaziergang unternehmen.

◎ Sehenswertes

Museo della Città   MUSEUM, KLOSTER
(Stadtmuseum; ☏030 297 78 34; www.bresciamusei.com; Via dei Musei 81b; Erw./Kind 10 €/frei, Wechselausstellungen extra; ⏲Mitte Juni–Sept. 10.30–19 Uhr, sonst kürzere Öffnungszeiten) Das **Monastero di Santa Giulia & Basilica di San Salvatore** ist Brescias interessanteste Sehenswürdigkeit. In dem weitläufigen Kirchen- und Klosterkomplex ist das Museo della Città untergebracht, mit Sammlungen, die von der Frühgeschichte bis zur venezianischen Herrschaft reichen. Starstück der Sammlung ist das Croce di Desiderio aus dem 8. Jh., ein außergewöhnliches, mit Edelsteinen besetztes Kreuz.

In das Klostergebäude, das bis ins 8. Jh. zurückreicht, sind zwei *domus* (Wohnhäuser der Römerzeit) integriert. Sie blieben auf dem Gelände des späteren Klostergartens (Ortaglia) in der Nähe des nördlichen Kreuzgangs stehen. Die als **Domus dell'Ortaglia** bezeichneten Überreste wurden durch die Klostermauern über die Jahrhunderte geschützt. Auf erhöhten Laufstegen kann man im **Domus di Dioniso** (benannt nach einem Mosaik des Dionysos, des Weingottes) herumlaufen, ebenso im **Domus delle Fontane** (benannt nach den beiden Marmorbrunnen im Innern). Die herrlichen Bodenmosaiken und farbenprächtigen Fresken sind echte Highlights.

Piazza Paolo VI   PIAZZA
Der **Duomo Vecchio** (alter Dom; Piazza Paolo VI; ⏲Mi-Sa 9–12 & 15–18, So 9–10.45 & 15–18 Uhr) ist ein seltenes Beispiel für eine romanische Rundkirche, die über einem Bau aus dem 6. Jh. errichtet wurde. Besonderes Interesse verdienen die Fragmente von Bodenmosaiken und der kunstvolle Sarkophag für Bischof Berado Maggi aus dem 14. Jh.

Der benachbarte **Duomo Nuovo** (Neuer Dom; Piazza Paolo VI; ⏲Mo-Sa 7.30–12 & 16–19, So 8–13 & 16–19 Uhr) von 1604 ist größer als sein Gegenstück, aber weniger interessant.

Museo Mille Miglia   MUSEUM
(☏030 336 56 31; www.museomillemiglia.it; Viale della Rimembranza 3; Erw./erm. 7/5 €; ⏲10–18 Uhr) Die Mille Miglia war ein klassisches italienisches Autorennen, das zwischen

1927 und 1957 einmal im Jahr stattfand, mit Start und Ziel in Brescia. Für die 1000 Meilen brauchten die Rennfahrer etwa 16 Stunden. Das bunte Museum steht voller toller Autos, die einst über die Ziellinie rasten.

Zu finden ist es außerhalb des Zentrums von Brescia in der ausgedehnten Anlage des Monastero di Sant'Eufemia della Fonte aus dem 11. Jh.

🛏 Schlafen & Essen

Risotto, Rindfleischgerichte und *lumache alla Bresciana* (mit Parmesan und frischem Spinat zubereitete Schnecken) gehören zu den üblichen Speisen in Brescia. Das kleine, aber kräftig pulsierende Zentrum für abendliche Aktivitäten ist die Via Beccaria. Zwanglose Einkehrmöglichkeiten finden sich am Corso Cavour, in der Via Gabriele Rosa und an der Piazza Paolo VI.

★ **Albergo Orologio**   BOUTIQUEHOTEL €€
(☑030 375 54 11; www.albergoorologio.it; Via Beccaria 17; EZ 85–150 €; DZ 110–200 €; 🌼@🛜) Dieses Boutiquehotel liegt direkt neben dem gleichnamigen Uhrturm und schmückt sich mit Kunst und Artefakten, zartgoldenen, braunen und olivfarbenen Interieurs und Terrakottaböden. Es hat nur 16 in das mittelalterliche Gebäude eingefügte Zimmer mit warmem Dekor und Bädern im Design unserer Zeit.

★ **Osteria al Bianchi**   OSTERIA €
(☑030 29 23 28; www.osteriaalbianchi.it; Via Gasparo da Salò 32; Gerichte 20–25 €; ⊙Do–Mo 9–14 & 16.30–24 Uhr) Wer sich in diese klassische alte Bar drängt, kann sich von *pappardelle al Taleggio e zucca* (breite Bandnudeln mit Taleggio-Käse und Kürbis) verführen lassen, gefolgt etwa von *brasato d'asino* (geschmortem Esel) oder der regionalen Spezialität *pestöm* (Schweinehack mit Polenta).

❶ Praktische Informationen

Info Point (☑030 240 03 57; www.brescia tourism.it; Via Trieste 1; ⊙9.30–13 & 13.30–17.30 Uhr) Die Haupt-Touristeninformation der Stadt. Es gibt einen weiteren, kleineren Info Point am Bahnhof (☑030 837 85 59; Piazzale Stazione).

❶ Anreise & Unterwegs vor Ort

Bahnhof (☑030 4 41 08; Viale della Stazione 7) Liegt an der Strecke Mailand–Venedig und hat regelmäßige Verbindungen nach Mailand (7–20,50 €, 45–75 Min.) und Verona (6,25 €, 40 Min.). Nebenstrecken führen auch nach Cremona und Bergamo.

Busbahnhof (☑030 4 49 15; Via Solferino) Busse von **SAIA Trasporti** (☑800 883999, 030 288 99 11; www.saiatrasporti.it) fahren zu Orten in der gesamten Provinz, auch nach Desenzano del Garda und Mantua. Einige fahren von einem anderen Bahnhof an der Via della Stazione ab.

Mantua
46 600 EW.

Mit seinen prächtigen herzoglichen Palästen und gepflasterten Plätzen voller Atmosphäre ist Mantua ebenso beschaulich wie die drei Seen, an denen es liegt. Die im 10. Jh. von Etruskern besiedelte Stadt und das Agrarland der Umgebung waren seit jeher sehr wohlhabend. Am Rand der heutigen Stadt wurde im Jahr 70 v. Chr. der römische Dichter Vergil geboren, Shakespeares Romeo erfuhr hier von Julias Tod, und Verdi machte die melancholischen Straßen von Mantua im 19. Jh. zum Schauplatz seiner Operntragödie *Rigoletto*. 1328 erlangte die lebenslustige und kunstsinnige Dynastie der Gonzaga die Herrschaft über die Stadt, die unter ihnen erblühte, bis die Österreicher sie 1708 eroberten. Obwohl 2012 durch ein Erdbeben einiges bedenklich ins Wanken geriet, hat die Stadt bis heute ihr Erbe in Kunst und Architektur bewahrt.

👁 Sehenswertes

Das dicht gedrängte Zentrum von Mantua ist so etwas wie ein Freilicht-Architekturmuseum, mit ineinander übergehenden Plätzen quasi als Raumflucht, die vom Mittelalter bis zur Renaissance reicht. Dazu gehören von Nord nach Süd: Piazza Sordello, Piazza Broletto, Piazza delle Erbe und Piazza Mantegna. Alle vier sind am Wochenende mit Marktständen vollgestellt, und am Vorabend fluten die Bewohner von Mantua ins Marktgeschehen.

★ **Palazzo Ducale**   PALAZZO
(☑0376 22 48 32, Reservierungen 041 241 18 97; www.mantovaducale.beniculturali.it; Piazza Sordello 40; Erw./erm. 6,50/3,25 €; ⊙Di–So 8.15–19.15 Uhr) Über 300 Jahre lang war der gewaltige Palazzo Ducale der Sitz der Gonzaga – einer wohlhabenden Familie, die im 14. Jh. an die Herrschaft gelangte und eine der führenden Dynastien im Italien der Renaissance werden sollte. Auf dem Höhepunkt ihrer Macht waren die über 500 Räume,

drei Plätze und 15 Höfe des Palastes mit über 2000 Kunstwerken geschmückt. Leider ließ Vicenzo II. 1627 die Sammlung an den englischen König Karl I. versteigern; drei Jahre später stand die Familie vor dem finanziellen Ruin.

Die Tour durch den Palast, für die mehrere Stunden zu veranschlagen sind, führt lediglich durch die 40 schönsten Räume. Größter Anziehungspunkt sind die Fresken von Andrea Mantegna aus der Mitte des 15. Jhs. in der **Camera degli Sposi** (Hochzeitszimmer). Der zwischen 1465 und 1474 vollständig ausgemalte Raum zeigt Markgraf Ludovico mit Familie und Höflingen bei der Ausübung seiner höfischen Geschäfte. Besonders neckisch ist die runde Trompe-L'Œil-Deckenöffnung, auf deren gemalter Balustrade Putten mit nacktem Hintern kaum die Balance halten können, während feixende Hofnarren drauf und dran sind, eine große Topfpflanze auf die gaffenden Touristen herunterfallen zu lassen.

Weitere Highlights im Palast sind Domenico Morones Gemälde *Die Vertreibung der Bonacolsi* (1494) in Raum 1, das den Putsch der Gonzagas von 1328 darstellt, und Rubens' riesige *Anbetung der Heiligen Dreifaltigkeit durch die Familie Gonzaga* in der **Sala degli Arcieri** (Saal der Bogenschützen), die von napoleonischen Truppen 1797 brutal zerschnitten wurde. In der **Sala del Pisanello** sind Pisanellos faszinierende unvollendete Fresken zu den Artusrittern erhalten geblieben, während die in Creme und Gold gehaltene **Galleria degli Specchi** (Spiegelgalerie) tatsächlich komplett im 17. Jh. durch die Österreicher neu gestaltet wurde – unter den Gonzagas beherbergte die Galerie wertvolle Gemälde, darunter Caravaggios radikaler *Marientod* (heute im Louvre).

In den Räumen 34 bis 36, den **Stanze degli Arazzi**, finden sich zu guter Letzt einige der wenigen von der Familie in Auftrag gegebenen Originalwerke: neun flämische Wandteppiche aus dem 16. Jh., gestaltet nach Raffaels Entwürfen für die Ausstattung der Sixtinischen Kapelle im Vatikan. Diese mit feinster englischer Wolle, indischer Seide und Gold- und Silberfäden aus Zypern in Brüssel gewebten Exemplare stehen für die kosmopolitische Verfeinerung am Hof, als die Gonzagas auf der Höhe ihrer Macht standen.

Basilica di Sant'Andrea KIRCHE

(☏ 0376 32 85 04; Piazza Andrea Mantegna; ⏰ Mo–Fr 8–12 & 15–19, Sa 10.30–12 & 15–18, So 11.45–12.15 & 15–18 Uhr) In dieser gewaltigen Basilika sind die goldenen Gefäße verwahrt, die mit dem Blut Christi durchtränkte Erde enthalten sollen. Der römische Söldner Longinus, der Christus am Kreuz mit der Lanze stach, soll die Erde aufgesammelt und später, nachdem er Palästina verlassen hatte, in Mantua begraben haben. Heute ruhen diese Behältnisse unter einem Marmorachteck vor dem Altar und werden am Karfreitag in einer feierlichen Prozession durch die Stadt getragen.

Ludovico II. Gonzaga erteilte Leon Battista Alberti 1472 den Auftrag, eine Basilika zu entwerfen. Sie sollte die Reliquien aufnehmen und entsprechend monumental ausfallen. Das riesige Kircheninnere mit Tonnengewölbe ist frei von Stützen und hat nur ein einziges beeindruckendes Mittelschiff, geschmückt mit Fresken, vergoldeten Deckenkassetten und raffiniert aufgemalten Säulen, die wie gemeißelter Stein aussehen.

Vom Eingang aus die erste Kapelle links enthält das Grab des Hofmalers Andrea Mantegna, des Mannes, der für die Pracht in der Camera degli Sposi des Palazzo verantwortlich ist. Die Kapelle ist hübsch erleuchtet und mit einem Gemälde geschmückt, das die Heilige Familie mit Johannes dem Täufer darstellt und Mantegna und seiner Schule zugeschrieben wird.

★ Palazzo Te PALAZZO

(☏ 0376 32 32 66; www.palazzote.it; Viale Te; Erw./erm. 8/5 €; ⏰ Mo 13–18, Di–So 9–18 Uhr) Kaum bescheidener in den Ausmaßen als der Palazzo Ducale ist die Vorortvilla von Federico II. (1500–1540), die dieser nach Art eines Playboys mit umwerfenden Fresken und verschlüsselten Symbolen dekorieren ließ. Dieses Renaissance-Lustschloss ist das Meisterwerk des manieristischen Architekten und Malers Giulio Romano.

Romano war gerade einer Gefängnisstrafe wegen seiner pornografischen Druckgrafik entkommen und deshalb der richtige Mann für diesen Auftrag. Er nutzte die Trompe-l'Œil-Technik und erteilte dem kühlen Klassizismus der Vergangenheit eine Absage zugunsten einer fantastischen manieristischen Gestaltung mit wilden perspektivischen Verzerrungen, Pastellfarben und esoterischen Symbolen.

Im zweiten Raum, der **Camera delle Imprese** (Raum der Wappenmotive), findet

Mantua

200 m

0

Lago di
Mezzo

Lago
Inferiore

Lago
Superiore

Via Legnano

Boote nach San Benedetto
Po & Venedig

Anlegehafen für
Motonavi Andes

Parco
della Scienza

Verona
(38 km)

Boote nach San
Benedetto Po

Lungolago del Gonzaga

Porta
San Giorgio

Piazza
Castello

Palazzo
Ducale

Piazza
Santa
Barbara

Piazza
Arche

La Rigola
(330 m)

Bike Trail

Viale Mincio

Via Montanari

Cattedrale

Piazza
Sordello

Torre della
Gabbia

Piazza
della Accademia

Via Ardigo

Piazza
Broletto

Piazza
Concordia

Via Cavour

Via Broletto

Via G Bertani

Piazza
Virgiliana

Vicolo Alberto

Vicolo
Nazione

Piazza
Mantegna

Piazza
delle
Erbe

Palazzo Te
(1,1 km)

Via Fratelli Cairoli

Via Cappuccine

Via Due Catene

Via Dario Tassoni

Via Elnzi

Via Ippolito Nievo

Corso del
Sogliari

Corso Umberto I

Via Roma

Viale Mincio

Peschiera del
Garda (36 km)

Porta
Mulini

Via Trento

Via Concezione

Piazza
San
Giovanni

Via Domenico Fernelli

Via Giovanni Arrivabene

Via XXV Aprile

Via Porto

Piazza
d'Arco

Via A Scarsellini

Via Fratelli Bandiera

Via Marangoni

Piazza
Cavallotti

Via Alberto Pitentino

Bootsfahrten auf dem
Lago Superiore

Navi
Andes

Fahrradweg

Via Solferino e San Martino

Corso Vittorio Emanuele II

Sattoriva

Piazza
Don
Leoni

Dal Pescatore
(38 km)

Bahnhof

Mantua

sich eine Reihe von Schlüsselsymbolen: der Salamander, Federicos Symbol, die typischen Gonzaga-Adler und der Olymp, Symbol von Kaiser Karl V., von dem die Gonzagas ihre Titel erhielten. Solche Renaissance-Motive enthielten verschlüsselte Botschaften, aus denen die Besucher des Palastes die politischen und persönlichen Machtstrukturen herauslesen konnten. Zu Federicos Motiv, dem Salamander, gehört die Inschrift *quod hic deest, me torquet* („was dir fehlt, peinigt mich"), eine Anspielung auf Federicos nicht zu zügelnde Leidenschaft im Vergleich zur Kaltblütigkeit des Salamanders.

Ihren Höhepunkt erreichen die anschaulichen Darstellungen der Villa in der **Camera dei Giganti** (Kammer der Riesen), einem überkuppelten Raum mit Fresken von gewaltigen Figuren der rebellischen Riesen (illoyale Untertanen), die sich ihren Weg auf den Olymp (Symbol Karls V.) zu bahnen suchen und dabei von Jupiters (Karls) Blitz niedergeworfen werden. Als Besucher ist man nicht nur Betrachter, sondern aktiver Teilnehmer: Wenn man in der Mitte der Szene steht, blicken die olympischen Götter sorgenvoll auf einen herab – ist das ein verhinderter aufständischer Riese oder ein ergebener Untertan?

Bei seinem Besuch des Palasts blieb die Symbolik auf Kaiser Karl V. nicht ohne Wirkung. Er erhob Federico danach vom Markgrafen zum Herzog.

🏃 Aktivitäten

An sonnigen Tagen begeben sich die Menschen in Mantua ans Wasser. Das Ufer des **Lago di Mezzo** samt dem kinderfreundlichen **Parco della Scienza** (Wissenschaftspark) ist dann am vollsten. Der ruhigere Pfad am **Lago Superiore** schlängelt sich am Schilfufer entlang und verläuft sich dann. Das Ufer des **Lago Inferiore** hingegen eröffnet weite Ausblicke. An allen drei Seen gibt es Imbissbuden.

La Rigola RADFAHREN
(📞 0376 36 66 77; Via Trieste 7; pro Tag ab 10 €) Hier kann man Fahrräder ausleihen, und die Touristeninformation (S. 353) hat die englischsprachige Broschüre *Mantova in Bici* vorrätig, mit Fahrradrouten rund um die Seen, am Po entlang und in den Parco del Mincio (www.parcodelmincio.it).

🧭 Geführte Touren

Bootstouren BOOTSTOUR
Ein- bis zweistündige Touren auf dem Lago Superiore bieten zwei miteinander konkurrierende Gesellschaften zwischen April und Oktober an: **Navi Andes** (📞 0376 32 45 06; www.naviandes.com; Anleger am Lago di Mezzo jetty; Mo–Sa 9 €, So 10 €; 1½ Std.) und **Motonavi Andes** (📞 0376 36 08 70; www. motonavides.it; Via San Giorgio 2). Das Geschäft von Montonavi Andes liegt zwar in der Stadt,

---

AVEMARIA RAD & BOOT

Durchs Bullauge kann man Kormoranen dabei zusehen, wie sie auf Zweigen sitzend die Sonne genießen, während man von Mantua die Flüsse Mincio und Po nach Ferrara oder Venedig hinuntergleitet. **Avemaria** (📞 0444 32 36 39; www.avemariaboat.com; Contrà Manin, Vicenza; pro Pers. ein Wochenende 160–250 €, eine Woche 955 €; 📶 🛏) 🚲 ist ein Hotel auf einem Kahn mit viertägigen oder eine Woche dauernden Kulturausflügen, bei denen die friedvollen Schlupfwinkel und Verstecke des Deltas erkundet werden. An Bord stehen 40 Unisex-Fahrräder bereit (Kindersitze auf Anfrage erhältlich), sodass man zwischendurch leicht mal eine Strecke mit dem Fahrrad zurücklegen kann. Das Sonnendeck ist eine Terrasse der Superlative für Cocktails oder romantische Abendessen.

doch der **Anlegeplatz** befindet sich in der Nähe des Parco della Scienza. Die Boote fahren an Lotusblumen, Röhricht und Schlafplätzen von Reihern vorbei und bieten eine herrliche Aussicht auf die Stadt.

Beide Gesellschaften haben auch längere Ausflüge durch den Mincio-Park zur Abtei **San Benedetto Po** (einfach/hin und zurück Mo–Sa 13,50/19 €, So 15,50/20 €; eine Strecke 2½ Std.) im Angebot. Die Boote legen am Anleger Lungolago dei Gonzaga ab.

 ★ **Visit Mantua** RUNDGANG

(☏347 402 20 20; www.visitmantua.blogspot. co.uk) Eine Insider-Perspektive auf die Renaissance-Herzöge und -Herzoginnen gewinnt man bei den faszinierenden Gesprächsrundgängen durch Mantuas bedeutende Paläste (in englischer Sprache).

 ## Feste & Events

Mantova Jazz MUSIK

Dieses alljährliche Jazzfestival dauert von Ende März bis Anfang Mai. Auf der Facebook-Seite finden sich Details zu den Veranstaltungen.

🛏 Schlafen

 ★ **Armellino** B&B €

(☏346 314 80 60; www.bebarmellino.it; Via Cavour 67; EZ 65 €, DZ 75–85 €; @🛜🛗) In Antonellas und Massimos fantastischem Palast können Gäste einen Hauch herzoglicher Pracht genießen. Die großartigen Zimmer sind mit Antiquitäten aus dem 18. Jh. eingerichtet, die Holzböden, Kamine und Deckenfresken sind original erhalten. Nicht alle Zimmer haben ein eigenes Bad, doch dieser Ort vermittelt eher das Gefühl, in einer exklusiven Privatwohnung zu sein, als in einem Bed & Breakfast.

C'a delle Erbe B&B €€

(☏0376 22 61 61; www.cadelleerbe.it; Via Broletto 24; DZ 130–160 €; ❄🛜) Das Stadthaus aus dem 16. Jh. mit seiner unschlagbaren Lage im Herzen des alten Mantua verbindet unverputzte Ziegelmauern mit moderner Kunst und zeitgenössischem Design. Man sollte nach dem Zimmer mit Balkon zur Piazza delle Erbe fragen.

 ## Essen

Mantuas berühmtestes Gericht sind die Genießern der Zunge zergehenden *tortelli di zucca* (mit Kürbis gefüllte Nudeltaschen). Auch Schweinefleisch taucht auf dem Speiseplan häufig auf, wie *salumi* (Wurstwaren), *prosciutto crudo* (roher Schinken) and *risotto alla pilota* (Risotto mit Schweinehack). Zu vielen Gerichten wird ein süßer Senf gereicht, *mostarda di mele* oder *mantovana* (hergestellt mit Äpfeln oder Birnen).

Regionale Süßwaren gibt es in der **Bar Caravatti** (☏0376 32 78 26; Portici Broletto 16; ⏱7–20.30 Uhr) und Zutaten fürs Picknick bei **Zapparoli** (☏0376 32 33 45; Via Cavour 49; ⏱Di–So 8.15–13 & 16.30–19.30, Mo 8.15–13 Uhr).

ABSTECHER

DAL PESCATORE

Schichten von Eiernudeln umrahmen mit Safranhonig karamellisierte Perlhuhnscheiben, während seidige Tortellini prall mit Kürbis, Muskat, Zimt und süßem Senf gefüllt sind. In Nadia Santinis international gefeiertem Restaurant **Dal Pescatore** (☏0376 72 30 01; www.dalpescatore.com; Località Runate, Canneto sull'Oglio; Gerichte 150–250 €; ⏱Do–So 12–16 & 19.30 Uhr – spät abends, Mi 19.30 Uhr– spät abends; 🅿) kann man das ländliche Mantua quasi am Gaumen spüren. Besonders erstaunlich ist, dass die beste Köchin Italiens (2013) sich alles selbst beigebracht und bislang nur in diesem einen Restaurant gekocht hat, ursprünglich die bescheidene Trattoria der Familie ihres Mannes. Unter Anleitung ihrer mittlerweile 84-jährigen Schwiegermutter, die immer noch in der Küche steht, erlernte die ebenso geschickte wie kreative Nadia die Zubereitung mantuanesischer Gerichte. Trotz ihres ernährungswissenschaftlichen Hintergrunds sind die Speisen nicht abgehoben und Hightech, sondern auf unauffällige Weise perfekt und auf das Wesentliche konzentriert, in einer feinen Balance von Einfachheit und allerfeinsten Erzeugnissen der Natur.

Das Restaurant liegt 40 km westlich von Mantua in einer Lichtung am Fluss Oglio. In der Nähe bietet **9 Muse B&B** (☏335 800 76 01; www.9muse.it; Via Giordano Bruno 42/a, Canneto sull'Oglio; EZ/DZ 45/75 €; 🅿❄@🛗) elegante, reizvolle Unterkünfte.

DIE GEIGEN VON CREMONA

In Cremona baute der Geigenbaumeister Antonio Stradivari einst seine ersten Geigen und trug somit zu einer Tradition bei, die bis heute andauert. Die *Stradivari*-Geige besteht typischerweise aus Fichte (die Decke), Weide (der innere Körper und die Auskleidung) und Ahorn (der Rücken, die Zargen und der Hals) und ist in der ganzen Welt für ihre einzigartige Klangqualität berühmt. Diese ist der besonderen Holzdichte und vermutlich der speziellen Behandlung und Lackierung, die Stradivari nutzte, zu verdanken.

Stradivari war jedoch keineswegs der einzige Geigenbaumeister in Cremona. Zu den weiteren großen Geigenbaudynastien gehören auch die Amati und die Guarneri. Und noch heute gibt es um die 100 Geigenbauwerkstätten in den Straßen um die Piazza del Comune.

Das Warten auf das lange überfällige **Museo del Violino** (☑ 037 2 80 18 01; www. museodelviolino.org; Piazza Marconi; Erw./erm. 10/7 €; ☾ Di–So 10–18 Uhr) hat sich gelohnt. Das nagelneue, hochmoderne Museum präsentiert die städtische Sammlung historischer Geigen neben dem Handwerkszeug und stellt die Instrumente in den Kontext der Entwicklung des Geigenbaus und der zunehmenden internationalen Beliebtheit des Instruments. Zu der Anlage gehört auch ein speziell auf sie zugeschnittenes Auditorium als Veranstaltungsort für die zahlreichen klassischen Konzerte in Cremona.

Zu hören sind Cremonas Geigen von Oktober bis Juni im **Teatro Amilcare Ponchielli** (☑ 0372 02 20 01; www.teatroponchielli.it; Corso Vittorio Emanuele II 52), einem Bauaus dem 19. Jh.

Osteria delle Quattro Tette MANTUA-KÜCHE **€**
(☑ 0376 32 94 78; Vicolo Nazione 4; Gerichte 10–15 €; ☾ Mo–Sa 12.30–14.30 Uhr) Hier sitzt man an Holztischen unter hallenden Tonnengewölben, um Kürbispfannkuchen, Hecht in süßer Sauce oder *risotto alla pilota* zu genießen. Ein rustikaler Ort mit extrem gutem Preis-Leistungs-Verhältnis.

Fragoletta Antica MANTUA-KÜCHE **€€**
(☑ 0376 32 33 00; www.fragoletta.it; Piazza Arche 5; Gerichte 35 €; ☾ Di–So 12–15 & 19–23.30 Uhr; 📶) Genießer lassen sich in dieser freundlichen, regional orientierten Trattoria das von Slow Food anerkannte *culatello di Zibello* (Schmalz) schmecken. Auch andere örtliche Spezialitäten wie *risotto alla pilota* und perfekt gewürzte Steaks tauchen auf der Speisekarte auf. Im hinteren Raum mit farbenfroher Laienkunst kann man zwischen Stapeln von Weinkisten dinieren.

★ **Il Cigno** MANTUA-KÜCHE **€€€**
(☑ 0376 32 71 01; www.lesoste.it; Piazza d'Arco 1; Gerichte 55–65 €; ☾ Mi–So 12.30–14.30 & 19–23 Uhr, Aug. geschl.) Das Gebäude ist so schön, wie das Essen fein ist: eine zitronengelbe Fassade mit Fensterläden in zartem Olivgrün und mit venezianischem Glas dekorierte Speiseräume. Die Gourmets von Mantua bevorzugen das Risotto mit Frühlingsgemüse, pochierten Kabeljau mit Polenta oder das abgehangene Perlhuhn mit scharfem Mantua-Senf.

❶ Praktische Informationen

Touristeninformation (☑ 0376 43 24 32; www. turismo.mantova.it; Piazza Mantegna 6; ☾ Mo–Fr 9–13.30 & 14.30–18, Sa & So 10–18 Uhr)

❶ Anreise & Unterwegs vor Ort

Bahnhof (Piazza Don Leoni) Regelmäßige Verbindungen mit Cremona (5,80 €, 40–60 Min.), Mailand (11,05 €, 2 Std.), Verona (3,45 €, 1 Std.) und Peschiera del Garda (5,40 €, 1½ Std., über Verona).

Busbahnhof (☑ 0376 23 03 46; www.apam. it; Piazza Don Leoni; ☾ Di–Do 7.30–12.45 & 15–17.45, Mi & Sa 7.30–12.45 Uhr) Busse verkehren nach Sabbioneta, San Benedetto Po und Brescia. Die meisten fahren an der Piazza Don Leoni ab, einige aber auch im Viale Risorgimento.

Eine neue Expressverbindung zum Flughafen Verona startet an der Piazza Sordello und der Piazza don Leoni (Erw./Kind 5 €/frei, 45 Min., 4 x tgl.).

Cremona

72 200 EW.

Cremona war über Jahrhunderte ein reicher, unabhängiger Stadtstaat und ist vor allem für seinen Geigenbau bekannt.

Sehenswertes

Piazza del Comune
PIAZZA

Diese schöne Piazza gehört zu den am besten erhaltenen mittelalterlichen Plätzen in ganz Italien. Um Profan- und Sakralbauten voneinander zu trennen, wurden die Kirchengebäude an der Ostseite der Piazza del Comune errichtet, die weltlichen Gebäude auf der gegenüberliegenden Seite.

Die Stadtverwaltung ist seit jeher im **Palazzo Comunale** (Piazza del Comune) aus dem 13. Jh. untergebracht. Am mittleren Pfeiler der Hauptfassade wurde 1507 ein marmorner *arengario* (Balkon, von dem Anordnungen verkündet und Reden gehalten wurden) hinzugefügt. Die **Loggia dei Militi** (Piazza del Comune) auf der südlichen Straßenseite ist ein reizendes kleines gotisches Schmuckstück aus dem Jahr 1292.

Duomo
DOM

(📞 0372 2 73 86; www.cattedraledicremona.it; Piazza del Comune; ⏱ 7.30–12 & 15.30–19 Uhr) Cremonas stattliche Kathedrale war ursprünglich eine romanische Basilika, die aber bei der Vollendung 1190 bereits stark von gotischer Eleganz geprägt war. Das Hauptschiff und die Apsis sind reich mit Fresken aus dem Leben Christi und der Jungfrau Maria geschmückt. Herausragend sind die *Storie di Cristo* (Geschichten Christi) von Pordenone.

Der kostbarste Besitz der Kathedrale ist die Sacra Spina (heiliger Dorn), die angeblich aus der Dornenkrone Christi stammt. Der Dorn wird hinter Gittern in der **Capella delle Reliquie** verwahrt.

Torrazzo
TURM

(Piazza del Comune; Erw./Kind 5/4 €, inkl. Baptisterium 6/5 €; ⏱ März–Nov. Di–So 10–13 & 14.30–18 Uhr) Der 111 m hohe Glockenturm ist mit einer Renaissance-Loggia, der **Bertazzola**, mit dem Dom verbunden. Zur Piazza hin ist er mit einer schönen, 1583 angebrachten astronomischen Uhr von 8 m Durchmesser geschmückt. Über 502 Stufen gelangt man auf die Turmspitze und kann den Blick über die Stadt genießen.

Chiesa di Sant'Agostino
KIRCHE

(Piazza Sant'Agostino) In der Chiesa di Sant'Agostino findet sich in der **Cappella Cavalcabò** (dritte Kapelle rechts) ein atemberaubender spätgotischer Freskenzyklus von Bonifacio Bembo und seiner Werkstatt. Einen der Altäre schmückt ein Gemälde von Pietro Perugino, *Madonna in trono e san-*

ti (Thronende Madonna mit Heiligen) aus dem Jahr 1494.

Chiesa di San Sigismondo
KIRCHE

(Largo Visconti) Die ein paar Kilometer außerhalb der Altstadt gelegene Chiesa di San Sigismondo (1463–1492) wurde zur Erinnerung an die Eheschließung zwischen Francesco Sforza und Bianca Maria Visconti 1441 errichtet. Der Freskenzyklus aus dem 16. Jh. ist ein großartiges Beispiel für den Stil des Manierismus.

Festivals & Events

Festival di Cremona
Claudio Monteverdi
MUSIK

(www.teatroponchielli.it) Ab Anfang Mai gibt es einen Monat lang Konzerte mit Werken von Claudio Monteverdi und anderen Barockkomponisten.

Festa del Torrone
ESSEN

(www.festadeltorronecremona.it) Im Spätherbst ist ein ganzes Wochenende Kostproben der Cremona-Spezialität *torrone* (Nougat) gewidmet.

Schlafen & Essen

Albergo Duomo
HOTEL €

(📞 0372 3 52 42; www.hotelduomocremona.com; Via Gonfalonieri 13; EZ/DZ 60/85 €; P ✳ 🛜) Nur ein paar Schritte vom Dom entfernt steht das Albergo Duomo. Es ist 2013 generalüberholt worden und bietet nun preisgünstige Zimmer mit modernem Flair.

Delliarti Design Hotel
DESIGNHOTEL €€

(📞 0372 2 31 31; www.hoteldellearti.com; Via Bonomelli 8; EZ/DZ ab 109/139 €; ✳ 🛜) Die High-Tech-Vision aus Glas, Beton und Stahl zeigt im Wechsel zeitgenössische Gemälde und Fotografien. Sie hat ein türkisches Bad, einen Fitnessraum und schicke Zimmer mit klaren Linien, kräftigen Farben und kunstvoller Beleuchtung. Wer sich so fühlen möchte, als hätte er die Modeszene Mailands nie verlassen, ist hier richtig.

★ Hosteria '700
CREMONA-KÜCHE €€

(📞 0372 3 61 75; www.hosteria700.it; Piazza Gallina 1; Gerichte 30–35 €; ⏱ Mi–Mo 12–15 & 19.30–22 Uhr) Hinter der heruntergekommenen Fassade verbirgt sich ein echtes Schmuckstück. Vom Eingang aus eröffnet sich eine Flucht von Räumen mit Gewölben, einige mit Deckenfresken. Mit den antiken Schränken und den dunklen Holztischen und -stühlen hat die Einrichtung etwas Nobles. Die deftige lombardische Küche kommt zu erfrischend wettbewerbsfähigen Preisen daher.

La Sosta OSTERIA €€

(☑0372 45 66 56; www.osterialasosta.it; Via Vescovo Sicardo 9; Gerichte 30–35 €; ⊙Di–Sa 12.15-14.30 & 18.15–22, So 12.15–14.30 Uhr) Ein wunderbares, von Geigenbauwerkstätten umgebenes Lokal, wo man in regionalen Köstlichkeiten wie Käse und gebackenen Schnecken schwelgen kann.

❶ Praktische Informationen

Touristeninformation (☑0372 40 63 91; www.turismocremona.it; Piazza del Comune 5; ⊙Sept.–Juni 9–13 & 14–17 Uhr, Juli & Aug. So 9–13 Uhr)

❶ An- & Weiterreise

Bahnhof (Via Dante) Die Stadt ist von Mailand (ab 7 €, 1–2 Std., mehrmals tgl.) und Brescia (5,25 €, 1 Std., stündl.) aus mit dem Zug erreichbar.

Trentino & die Dolomiten

Auf in die Dolomiten!

Die Gipfel der Dolomiten mögen nicht die höchsten Berge Italiens sein, doch sie sind die spektakulärsten. Schon seit Jahrhunderten ziehen sie eine treue Fangemeinde von Wanderern, Skifahrern, Dichtern und Freiluft-Anhängern an.

Beschützt durch sieben Naturparks haben die halb-autonomen Provinzen Trentino und Alto Adige/Südtirol eine Vielzahl umwerfender Wildnisgebiete im Angebot. Bauernhäuser aus Holz liegen in Tälern verstreut, die von Weinbergen und Obsthöfen durchzogen sind. Die Städte dieser Region – die südliche italienische Enklave Trient (Trento), das österreichisch-italienische Bozen (Bolzano) und das wienerische Meran (Merano) sind überschaubar und kultiviert.

Egal ob 5-Sterne-Wellnesstempel oder bescheidenste Berghütte: Alle Unterkünfte werden mit echter Herzlichkeit und mit Professionalität betrieben. In der regionalen Küche zeigt sich die oft unklare Grenzgeschichte der nördlichen Spitze Italiens so deutlich wie nirgends sonst.

Reisezeit
Bozen

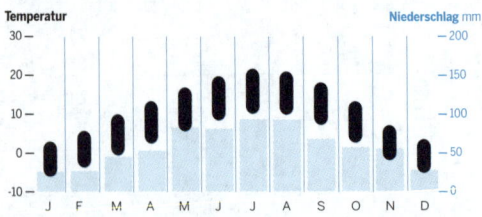

Jan. Nach der weihnachtlichen Hochsaison zum echten Schnäppchenpreis Ski fahren.

Juli Auf zu den eindrucksvollen Höhenwanderwegen und schönen Berghütten des Alta Vie.

Dez. Auf den Weihnachtsmärkten von Bozen, Meran und Brixen in Adventsstimmung kommen.

Reisezeit

Die Skisaison beginnt Anfang Dezember und endet Anfang April. Mitte Dezember bis zum 6. Januar ist Hochsaison, dazu kommen die letzten beiden Wochen des Februar und Ostern, wenn es früh im Jahr liegt. Im Sommer ist es, bis auf den August, deutlich billiger. Manche Ferienorte schließen im April/Mai und Oktober/November, während die *rifugi* (Berghütten) von Ende Juni bis September, der Hauptwanderzeit, geöffnet haben.

Sprache

Hauptsprache des Trentino ist Italienisch. Aber wer sich gen Norden nach Südtirol (Alto Adige) begibt, stellt fest, dass dort Dreiviertel der Bevölkerung Deutsch sprechen – ein Vermächtnis der österreichisch-ungarischen Geschichte der Region. In beiden Provinzen wird auch Ladinisch gesprochen, und zwar in fünf Tälern entlang der östlichen Dolomiten. Ladinisch hat sich direkt aus dem Vulgärlatein entwickelt.

TRENTINO

Trient (Trento)

117 300 EW. / 194 M

Trient kommt heutzutage selten in den Nachrichten vor, aber in der Mitte des 16. Jhs. war das ganz anders. Während der stürmischen Jahre der Gegenreformation trat hier das Konzil von Trient zusammen, um gegen die aufstrebenden Protestanten weitreichende Verwarnungen auszusprechen. Das moderne Trient ist weniger moralisierend, sondern angenehm selbstbewusst, liberal und liebenswert. Fahrräder gleiten durch die blitzsauberen Straßen, die von der stimmungsvollen, kleinen Piazza del Duomo ausgehen. Sportlich aussehende Studierende stoßen mit Weinschorle neben Renaissance-Springbrunnen an, und ein Dutzend Geschichtsepochen gehen inmitten von steinernen Burgen, schattigen Säulengängen und der mittelalterlichen Fresken, für die die Stadt berühmt ist, nahtlos ineinander über. In Trient mag es nicht so deutsch zugehen wie in Bozen oder Meran, aber ein österreichischer Einfluss ist auch hier erkennbar: Apfelstrudel ist allgegenwärtig und Bierstuben sind keine Seltenheit. Durch seine Lage in einem breiten Gletschertal mit den Zinnen der Brenta-Dolomiten als Wachtürme, inmitten eines Schachbretts aus Weinbergen und Apfelhöfen, bildet es einen idealen Ausgangspunkt zum Wandern, Radfahren und Skifahren oder für Weinproben. Von hier aus kann man ein asphaltiertes relativ gut ausgebautes Radwegenetz von 400 km nutzen; langweilig wird es da so schnell nicht.

⊙ Sehenswertes

Nützliche Infotafeln nennen jeweils die Epoche(n), aus der Gebäude stammen – in dieser vielschichtigen Stadt können das oftmals mehrere sein.

Castello del Buonconsiglio   MUSEUM

(☑ 0461 23 37 70; www.buonconsiglio.it; Via Clesio 5; Erw./erm./Fam. 8/5/7 €; ⊙ Di–So 9.30–17 Uhr) Beschützt von wuchtigen Wehrbauten verschanzten sich hier die Trienter Kurfürsten bis zu Napoleons Ankunft 1801. Hinter den Mauern befinden sich die ursprüngliche Burg aus dem 13. Jh., das Castelvecchio sowie die Renaissance-Residenz Magno Palazzo. Letztere bildet eine stimmungsvolle Kulisse für eine bunt gemischte Sammlung von Artefakten.

Duomo   KATHEDRALE

(Cattedrale di San Vigilio; ⊙ 6.30–18 Uhr) In dieser nur schwach beleuchteten romanischen Kathedrale, in der einst das Konzil von Trient tagte, befinden sich innerhalb des Querschiffs Überreste mittelalterlicher Fresken. Zwei Kolonnadentreppen flankieren das Längsschiff und führen, so scheint es, geradewegs in den Himmel. Erbaut wurde die Kathedrale auf den Überresten eines Tempels aus dem 6. Jh. zu Ehren von San Vigilio, dem Schutzheiligen Trients. Die Fundamente bilden einen Teil einer **paläochristlichen archäologischen Stätte** (Mo–Sa 10–12 & 14.30–17.30 Uhr, Eintritt 1,50 € bzw. bereits im Eintritt zum Museo Diocesano Tridentino enthalten).

Museo Diocesano Tridentino   MUSEUM

(Palazzo Pretorio; ☑ 0461 23 44 19; Piazza del Duomo 18; Erw./erm. 5/3 € inkl. archäologische Stätte Duomo; ⊙ Mi–Mo 9.30–12.30 & 14.30–17.30 Uhr) Auf der anderen Seite des Platzes, dem *duomo* gegenüber, steht diese ehemalige Bischofsresidenz aus dem 11. Jh. Sie beherbergt inzwischen eine der bedeutendsten Sammlungen an Kirchenschätzen Italiens, darunter riesige Gemälde, die das Konzil

Highlights

1 Sich auf den Pisten in Höhenlage Appetit holen und dann die Gourmetregion **Alta Badia** aufsuchen (S. 386).

2 Sich von den endlosen grünen Weiden der **Seiser Alm (Alpe di Siusi)** (S. 385) verzaubern lassen.

3 Auf einer schwindelerregenden **Via ferrata** (Klettersteig) in den Brenta-Dolomiten (S. 365) einen kühlen Kopf bewahren.

4 In **Trient** (S. 357) auf einer mit Fresken umgebenen Piazza eine venezianische Weinschorle genießen.

5 Sich in der **Meraner Therme** unter Palmen treiben lassen und auf schneebedeckte Gipfel blicken (S. 379).

6 In **Rovereto** (S. 364), **Bozen** (S. 373) und **Meran** (S. 378) ausgezeichnete Sammlungen moderner Kunst entdecken.

7 Entlang der **Weinstraße** (S. 381) die elegantesten Weißweine Italiens kosten.

8 In einer von drei **Seilbahnen** (S. 375) hoch über den hübschen Straßen **Bozens** schweben.

9 Im **Pustertal** (S. 388) Schnitzel, Spätzle, Knödeln und Strudel schlemmen.

10 Mit dem Mountainbike die schönen Hügel des **Val di Sole** (S. 369) mit ihren vielen Apfelbäumen hinauffahren.

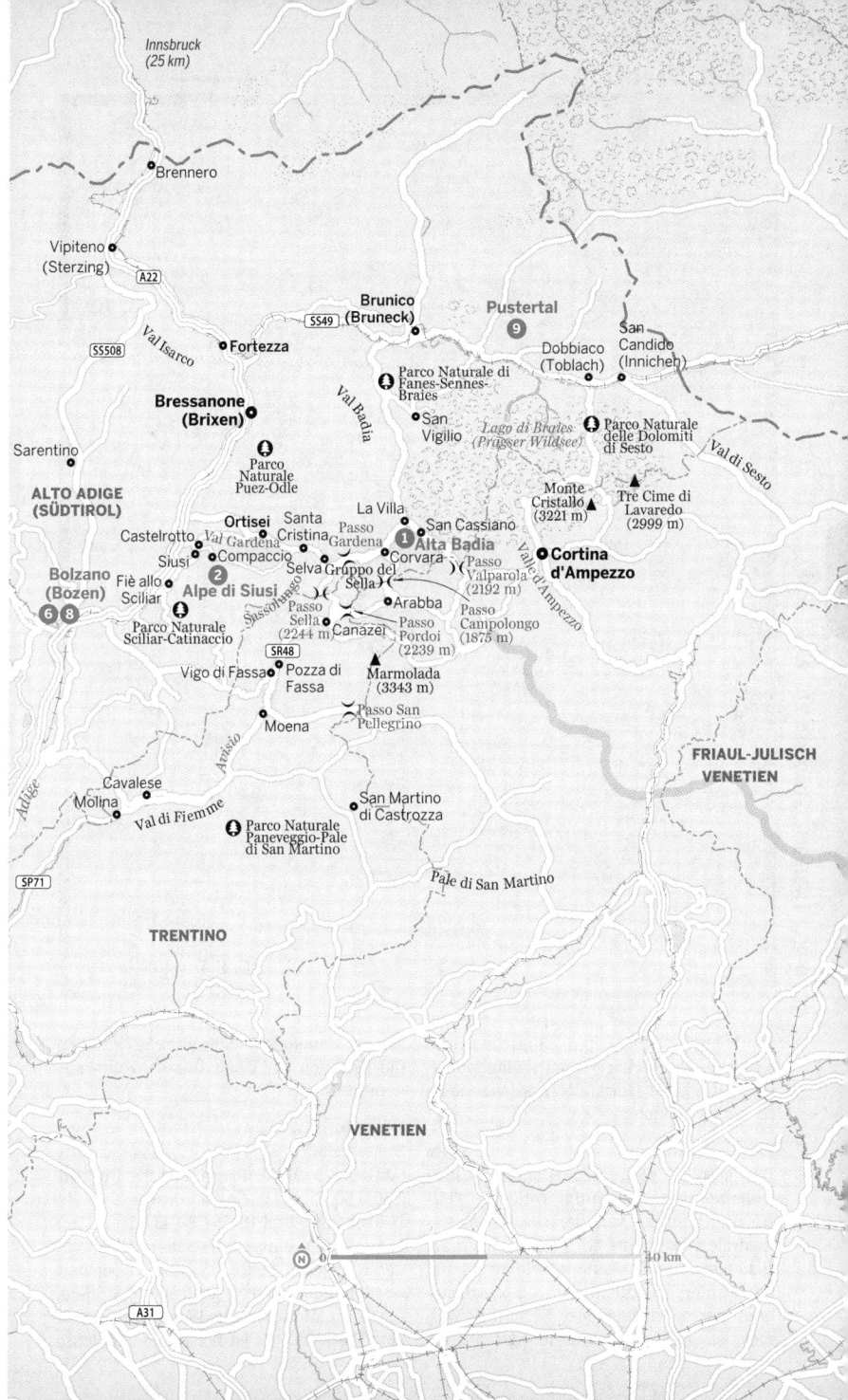

Trient (Trento)

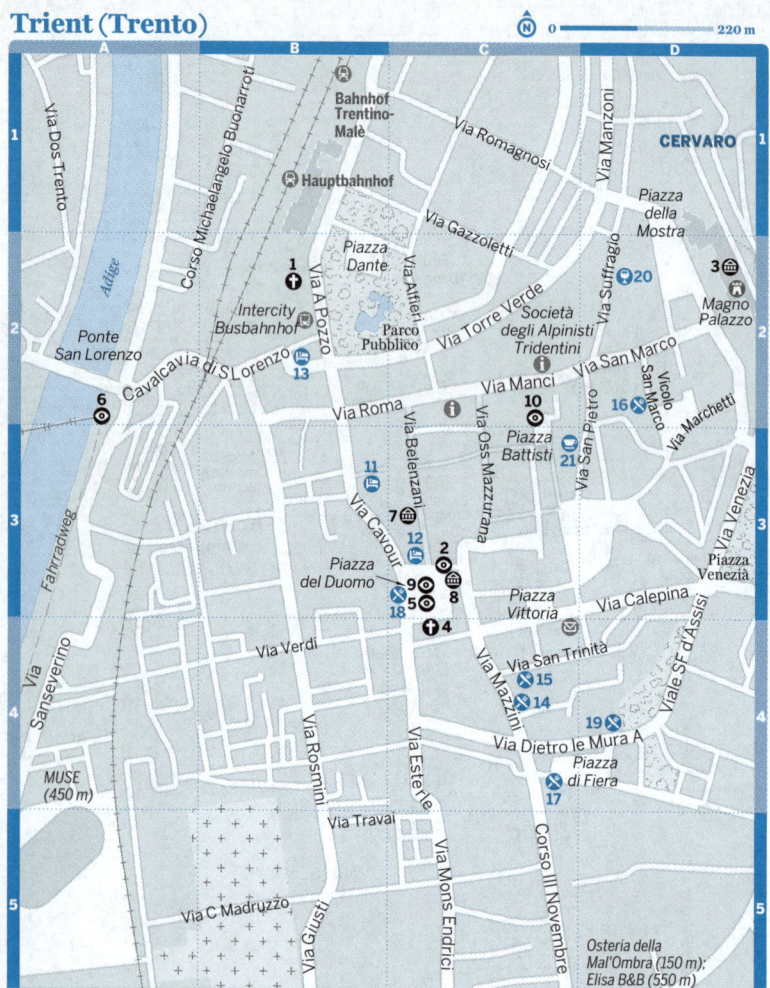

von Trient dokumentieren, flämische Wandteppiche, wunderbar verzierte Handschriften, liturgische Gewänder und besonders prächtige Reliquien.

Piazza del Duomo
PIAZZA

Das absolute Herzstück Trients ist diese lebhafte, aber doch intim wirkende Piazza, die natürlich von der prächtigen Kathedrale bestimmt wird. Hier befindet sich auch die **Fontana di Nettuno,** ein imposanter, spätbarocker Springbrunnen, der seltsamerweise Neptun gewidmet ist. Auf der Nordseite des Platzes

zieren detailreiche allegorische Fresken die Fassaden der **Casa Cazuffi-Rella** aus dem 16. Jh.

Tridentum La Città Sotterranea
RÖMISCHE STÄTTE

(☏ 0461 23 01 71; Piazza Battisti; Erw./erm. 2,50/1,50 €; ⊙ Di–So, Okt.–Mai 9–12 & 14–17.30 Uhr, Juni–Sept. Di–So 9.30–13 & 14–18 Uhr,) Hier können einige interessante Überreste der römischen Stadt Tridentum besichtigt werden: Stadtmauern, gepflasterte Straßen, ein Turm, Mosaiken aus Wohnhäusern und eine Werkstatt. Es ist noch keine 20 Jahre

Trient (Trento)

her, dass diese Überreste während der Renovierungsarbeiten am benachbarten Theater entdeckt wurden.

MUSE · MUSEUM

(Museo della Scienze; ☏0461 27 03 11; www.muse.it; Corso del Lavoro e della Scienza 3; Erw./erm. 9/7 €; ⊙ Di-Fr 10–18, Sa & So 10–19 Uhr; 🚻) ✎ Ein umwerfendes neues architektonisches Kunstwerk, vom international bekannten Architekten Renzo Piano entworfen, beherbergt in Trient nun dieses Museum für Wissenschaft des 21. Jhs. Der Entwurf des Gebäudes spiegelt geschickt die Landschaft der Region wider, und das Museum selbst verkörpert den intellektuellen Wissensdurst der Bewohner Trients. Interaktive Exponate lassen die Besucher Landschaft, Biodiversität und Nachhaltigkeit, Gesellschaft und Technologie der Alpenregion erforschen.

Funivia Trento-Sardagna · SEILBAHN

(☏0461 23 21 54; Via Montegrappa 1; eine Strecke/hin & zurück 3/5 €; ⊙7–22 Uhr, 15 Min./halbstdl.) Eine kurze, aber spektakuläre Seilbahnfahrt befördert Besucher vom Talboden in Trient hinauf zu dem hübschen Dorf Sardagna. Bei einem – oder auch zwei – Grappa lässt sich von dort ein herrlicher Ausblick genießen.

Badia di San Lorenzo · KIRCHE

(Via Andrea Pozzo 2; ⊙Mo–Sa 9–12 & 15–19Uhr) Die harmonischen Proportionen dieser Kirche aus dem 12. Jh. verkörpern die ruhige Schlichtheit, die ihre benediktinischen Erbauer aus Bergamo so schätzten. Es lohnt der Blick hinauf ins Kreuzgewölbe, das wunderhübsch mit rostroten Sternen verziert ist.

Galleria Civica di Trento · KUNSTGALERIE

(☏0461 98 55 11; www.mart.it/galleriacivica; Via Belenzani 46; ⊙Di–So 10–18 Uhr) GRATIS Dieser neue städtische Kunstraum springt derzeit in die Bresche, während die Zukunft des Trienter Teils des MART (Museo di Arte Moderna e Contemporanea di Trento e Rovereto) noch in der Schwebe hängt.

🥾 Aktivitäten

Die kleine Skistation **Vaneze di Monte** (1350 m) liegt 17 km von Trient entfernt am Ende einer kurvenreichen Autofahrt. Eine Seilbahn führt zu ihrem höher gelegenen Pendant, **Vasòn**, sowie zu den sanften, makellosen Hängen des **Monte Bondone** (www.montebondone.it), die in den Wintermonaten von 37 km Langlaufloipen und neun Abfahrtpisten durchkreuzt werden. Hier befindet sich auch der **Giardino Alpine Botanico** (Alpiner Botanischer Garten; ☏0461 94 80 50; www.mtsn.tn.it/Viote_giardino_botanico; Viote di Monte Bondone; Erw./erm. 3,50/2,50 €; ⊙ Juni & Sept. 9–17 Uhr, Juli & Aug. 9–18 Uhr), der eine interessante Sammlung alpiner Pflanzen aus ganz Europa sowie einen Naturlehrpfad zu einheimischen Pflanzen beherbergt. Von Dezember bis März betreibt Trentino Trasporti am Wochenende den Skibus Monte Bondone, der von Trient aus Vason und Viote anfährt (eine Strecke 3 €, 7-Tages-Karte 15 €, in der TrentoRovereto Karte enthalten).

Wer Vorschläge zu Wandertouren und Infos zu den *vie ferrate* (Wege mit fest verankerten Stahlseilen und Leitern) und *rifugi* (Berghütten) benötigt, sollte sich an die örtliche **Società degli Alpinisti Tridentini** (SAT; ☏0461 98 28 04; www.sat.tn.it; Palazzo Saracini Cresseri, Via Manci 57; ⊙Mo–Fr 9–12 & 15–

19 Uhr, im Winter nur nachmittags) wenden, die von freundlichen Bergsteigern mit bester Ortskenntnis betrieben wird.

Geführte Touren

Die Touristeninformation bietet jeden Samstag zweistündige Stadtführungen (6 €) an, die entweder zum Castello del Buonconsiglio führen (10 Uhr) oder aber die Stadtmitte erkunden (15 Uhr).

Schlafen

Die Hotels in der Stadtmitte sind Anfang Juni, wenn das **Festival Economia** (2012. festivaleconomia.eu) stattfindet, schnell ausgebucht sowie auch während anderer Tagungen. **Agritur Trentino** (☑ 0461 23 53 23; www. agriturismotrentino.com; Via Aconcio 13; ⏱ Mo–Fr 9–12 Uhr) vermittelt ländliche B&Bs und *agriturismi* (Bauernhofunterkünfte), die sich oft nur eine kurze Autofahrt außerhalb der Stadt befinden.

★ **Elisa B&B** B&B €

(☑ 0461 92 21 33; www.bbelisa.com; Viale Rovereto 17; EZ/DZ 60/90 €; ❄️☎️) Dies ist ein richtiges B&B im Wohnhaus eines Architekten mit drei privaten, schicken Zimmern und einem charmanten Gastgeber, der das Bio-Frühstück (selbst gebackener Kuchen, frischer Orangensaft, regionaler Käse, Eier) zusammen mit unbezahlbaren Tipps über die Region serviert. Das Haus liegt in einer ruhigen Wohngegend. Ein netter Spaziergang führt zur Stadtmitte und bietet auf dem Weg viele Möglichkeiten zum Essen, Shoppen und Trinken.

Hotel Venezia HOTEL €

(☑ 0461 23 41 14; www.hotelveneziatn.it; Piazza del Duomo 45; mit/ohne Bad EZ 44/57 €, DZ 60/80 €; ☎️) Die Zimmer dieses freundlichen Hotels überblicken entweder die Piazza del Duomo, die hübsche Via Belanzani oder einen ruhigen Innenhof. Das Hotel ist kürzlich generalüberholt worden (inkl. schicker Badezimmer) – bei unveränderten Preisen.

Ostello Giovane Europa HOSTEL €

(☑ 0461 26 34 84; www.gayaproject.org; Via Torre Vanga 9; B/EZ/DZ 16/26/43 €; ⏱ Rezeption 5–22 Uhr) Dieses blitzsaubere Hostel liegt mitten in der Stadt, nur ein paar Minuten Fußweg vom Hauptbahnhof entfernt (praktische Lage – aber auch laut). Die Zimmer sind bequem und einige haben einen Balkon und bieten Ausblick auf die Berge.

Albergo Accademia HOTEL €€

(☑ 0461 23 36 00; www.accademiahotel.it; Vicolo Colico 4/6; EZ 100 €, DZ 165 €; 🅿️❄️@) Elegantes kleines Hotel in einem historischen Haus aus dem Mittelalter. Die Zimmer sind modern und luftig (wenngleich ein bisschen bieder eingerichtet). Die Suiten bieten außerordentlich viel Platz; es gibt sogar eine mit Terrasse und Sauna.

Essen & Ausgehen

Die regionale Trienter Küche ist herzhaft und bezieht viele ihrer Zutaten – Rindfleisch, Wild, frischen Käse oder Pilze – aus ihrem fruchtbaren Hinterland. Außerdem gibt es viele interkulturelle Einflüsse: *cotoletta* (Schnitzel) und *canederli* (Knödel) stammen aus dem Norden, während Polenta und Spargel an Venetien und Gardas Olivenöl an die Mittelmeerregion erinnern. Die Bäckereien quellen über vor köstlichem Apfelstrudel, aber auch der örtliche Möhrenkuchen ist zu empfehlen. Was Weine angeht, sollte man nach dem Trento DOC, einem Schaumwein aus Chardonnay-Trauben, dem weißen Nosiola oder dem sehr trinkbaren roten Teroldego Rotaliano DOC Ausschau halten. Das Trienter Surgiva Mineralwasser in seinen schicken Flaschen gilt, was Reinheit und Geschmack angeht, als eines der besten Italiens.

Uva et Mente PIZZERIA €

(☑ 0461 190 31 62; Via Dietro le Mura A 35; Pizzas 7 €, Gerichte 15–30 €; ⏱ Di–So 12–24 Uhr) Ein junges, freundliches Mitarbeiterteam hält hier die vielen Gäste bei Laune, die sich im gut besuchten Erdgeschoss oder draußen auf der sonnigen Terrasse die Steaks, Pastagerichte und Risottos schmecken lassen, bei denen ganz viele Produkte der Region verarbeitet werden. Ein Mittagsmenü ist für 10 € zu haben, und es gibt eine eigene Bierkarte. Die Pizza ist aber das Highlight – und es gibt sie sogar mit Vollkornteig oder glutenfrei.

Al Tino TRENTINO €

(☑ 0461 98 41 09; Via San Trinita 10; Gerichte 20 €; ⏱ Mo–Sa 6.45–21.30 Uhr) Al Tino hat einen putzigen, altmodischen Speiseraum und die passende Bedienung. Die Speisekarte ist auf traditionelle Gerichte wie Gerstensuppe, *canederli in brodo* (Knödel in Brühe) und Schweinekoteletts spezialisiert.

Pedavena BRAUEREI €

(☑ 0461 98 62 55; Piazza di Fiera 13; Gerichte 18–30 €; ⏱ Mi–Mo 9–24, Fr & Sa 9–1 Uhr) Diese geräumige Bierstube aus den 1920er-Jahren (inkl. gärendem Gebräu in einer Ecke) ist ein beliebter Dauerbrenner. Serviert werden, wie zu erwarten, Wohlfühlgerichte: Bratwurst, Schnitzel und dampfende Teller eines Polentagerichts mit Pilzragout und schmelzendem *tosella*-Käse.

Scrigno del Duomo GOURMETRESTAURANT €€
(☑0461 22 00 30; www.scrignodelduomo.com; Piazza del Duomo 29; Gerichte 35 €, Degustationen ab 50 €; ⊘Weinbar 11–14.30 & 18–23 Uhr, Speiseraum Di–So 12.30–14.30 & 19.30–22 Uhr, samstags nur Abendessen) Trients kulinarisches und gesellschaftliches Epizentrum befindet sich in dezenter Lage hinter einem Gebäude aus dem 13. Jh. Zum Restaurant mit edlen Speisen und Degustationen geht es zunächst einmal die Treppe hinunter. Dort blicken die Gäste auf einen verglasten Keller aus der Römerzeit. Wer oben bleibt, bewundert die wunderschön bemalte Holzdecke und genießt geradlinige, aber stilvolle regionale Spezialitäten, z. B. gefülltes Kaninchen, Süßwasserfisch, Spargellasagne mit *puzzone*-Käse aus Moena oder Crème brûlée mit Thymianduft. Viele der Zutaten stammen direkt aus dem Ort. Oder man setzt sich einfach an die Bar, um ein Glas Wein zu genießen und dazu eine großzügige Portion von Scrignos *grissini* (Brotstangen nach Turiner Art), Parmesanbrocken und Oliven zu knabbern. Die Bedienung liegt mit ihren Weinempfehlungen übrigens meistens genau richtig.

Ai Tre Garofani MODERN TRIENTINISCH €€
(☑0461 23 75 43; Via Mazzini 33; Gerichte 38 €; ⊘Mo–Sa 12.30–14 & 19.30–22 Uhr) Das Lokalambiente mag mit seiner niedrigen Balkendecke und den üppigen Vorhängen zwar traditionell wirken, die Mitarbeiter sorgen jedoch für ein Esserlebnis voller neuer Ideen und regionaler Geschmacksrichtungen. Begrüßt werden die Gäste mit einem *Amuse-bouche* (z. B. einer Wild- und Joghurtmousse) sowie hausgemachten Brotsorten (Milch-, Kartoffel-, Dinkel- und Körnervarianten). Bergkieferduft veredelt *tagliatelle*, während Hasenbraten mit Haselnusskruste zusammen mit einem dunklen Kakaosorbet und bittersüßen Wurzeln und Blättern serviert wird. Die Weinkarte ist gut und – natürlich – regional.

Il Cappello TRENTINISCH €€
(☑0461 23 58 50; www.osteriailcappello.it; Piazzetta Lunelli 5; Gerichte 35 €; ⊘Di–Sa 12–14.30 & 19–22, So 12–15, Mo 19–22 Uhr) Dieses inti-

me Restaurant wirkt überraschend rustikal, mit seinen Holzbalken und der Terrasse in einem ruhigen Innenhof. Die Karte ist durch und durch trientinisch, und die schlichte Präsentation der Gerichte wirft den Fokus auf die guten regionalen Produkte. Die Weinkarte kann sich ebenfalls sehenlassen.

Casa del Caffé CAFÉ
(Via San Pietro 38; ⊘Mo–Sa 7.30–12.30 & 15–19.30 Uhr) Einfach dem herrlichen Duft zu dieser Kombination aus Röstbar und Schokoladengeschäft folgen und Trients besten Espresso genießen. Die Kaffeebohnen werden an Ort und Stelle geröstet, und auf den vollen Regalen findet sich edelste italienische Designerschokolade.

Osteria della Mal'Ombra BAR
(www.osteriadellamalombra.com; Corso III Novembre 43; ⊘Mo–Fr 8.30–14.30 & 15.30–24, Sa 16–1 Uhr) Hier kann man sich zu den Einheimischen gesellen, um guten Wein, Grappa, vielleicht auch lebhafte politische Diskussionen und (dienstags) Livemusik zu genießen.

Cafe de la Paix BAR
(www.cafedelapaix.org; Passaggio Teatro Osele, (off Via Suffragio); ⊘Mo–Sa 10–24, So 17.30–24 Uhr) Mit seinem Vintage-Look und lässiger Bedienung weicht diese versteckt liegende Bar von der konservativen Norm Trients ab. Studierende beginnen hier ihren Tag mit einem Toast (2 €), und voller wird es später bei einer internationalen Snack-Karte, erschwinglichem Wein und Rock'n'Roll-Musik im Hintergrund.

❶ Praktische Informationen

Krankenhaus (☑0461 90 31 11; Largo Medaglie d'Oro 9)
Polizei (☑0461 89 95 11; Piazza della Mostra 3)
Post (Piazza Vittoria; ⊘Mo–Fr 8–18.30, Sa bis 12.30 Uhr)
Touristeninformation (☑0461 21 60 00; www.apt.trento.it; Via Manci 2; ⊘9–19 Uhr)

❶ An- & Weiterreise
ZUG
Trient hat eine gute Verkehrsanbindung. Vom Hauptbahnhof (Piazza Dante) fahren regelmäßig Züge in die folgenden Städte:
Bologna (14 €, 3¼ Std., alle zwei Stunden)
Bozen (6,40 €, 30 Min., 4-mal tgl.)
Venedig (10 €, 2½ Std., stündl.)
Verona (7,10 €, 1 Std., alle 30 Min.)

Die Bahnlinie Trient–Malè, die neben dem Hauptbahnhof abfährt, verbindet die Stadt mit Cles (3,70 €, 1¼ Std.) und Malé (4,40 €, 1½ Std.) im Val di Non.

BUS

Trentino Trasporti (☑ 0461 82 10 00; www.ttesercizio.it)

Vom InterCity Busbahnhof (Via Andrea Pozzo) fahren Busse der örtlichen Busgesellschaft nach Madonna di Campiglio, San Martino di Castrozza, Molveno, Canazei bzw. Rovereto und zurück.

Rovereto

37 500 EW.

Im Winter 1769 besuchte Leopold Mozart mit seinem längst als Wunderkind berühmten Sohn Wolfgang Amadeus Rovereto und fand es „voller emsiger Personen, die mit Weinanbau und Seidenweberei beschäftigt sind". Die Region ist heute nicht mehr für Seide bekannt, sehr wohl aber für ihre herausragenden Weine, wie z. B. den dunklen, nach Kirschen duftenden Marzemino. (Die auffällige Verwendung dieses Weins in *Don Giovanni* lässt vermuten, dass Familie Mozart ihn ebenfalls sehr geschätzt hat.) Wer sich auf eine musikalische Pilgerreise begeben möchte, sollte das jährliche **Mozartfestival** (www.festivalmozartrovereto.it) im August besuchen. Die Stadt, die schon Mozart kannte, besitzt noch immer ihre urigen, eng verschlungenen Straßen, aber es ist der Schock des Neuen, der die meisten Besucher anzieht – nämlich eines der besten Museen Italiens für die Kunst des 20. Jhs. und der Gegenwart.

◉ Sehenswertes

★ Museo di Arte Moderna e Contemporanea Rovereto   KUNSTGALERIE

(MART; ☑ 0464 43 88 87; deutsch.mart.trento.it; Corso Bettini 43; Erw./erm. 11/7 €, inkl. Casa del Depero 13/9 Di–Do, Sa & So 10–18, Fr 10–21 Uhr) Dieses große Gebäude mit vier Stockwerken und 12 000 m² an Stahl, Glas und Marmor, entworfen vom Tessiner Architekten Mario Botta, wirkt sowohl imposant als auch menschlich. In der Mitte des Gebäudes durchflutet das sanfte Licht der Bergregion ein Atrium mit hoher Glaskuppel. Hier sind riesige Werke des 20. Jhs. zu Hause, darunter Warhols *Four Marilyns* (1962), mehrere Picassos und ein Schwung zeitgenössischer Künstler, wie etwa Bill Viola, Kara Walker, Arnulf Rainer und ein Anselm Kiefer. Italienische Kunst ist natürlich auch gut repräsentiert, u. a. Werke von Giacomo Balla, Giorgio Morandi, Lucio Fontana und Piero Manzoni. Wechselausstellungen decken ein breites Spektrum ab, von eingängigen Monet- oder Modigliani-Ausstellungen bis hin zu topaktuellen Überblicksausstellungen zeitgenössischer Kunst.

Casa del Depero   MUSEUM

(☑ 0424 60 04 35; Via Portici 38; Erw./erm. 7/4 €, inkl. MART 13/9 €; ☉ Di–Sa 10–18 Uhr) Die Futuristen schreckten nie vor etwas Selbstverherrlichung zurück und der einheimische Künstler Fortunato Depero bildete da keine Ausnahme. Dieses von ihm selbst entworfene Museum eröffnete 1960 kurz vor seinem Tod. Es wurde mittlerweile renoviert und ist inzwischen wieder für die Öffentlichkeit zugänglich. Die Besessenheiten des Italiens des frühen 20. Jhs. vermischen sich hier auf nostalgische – wenn auch etwas beunruhigende – Weise mit der Geschichte: verwegene Wandteppiche und Möbel nach dem Motto Maschinenzeitalter trifft Troubadourzeit zieren ein renoviertes Stadthaus aus dem Mittelalter.

San-Marco-Kirche   KIRCHE

(Piazza San Marco; ☉ 8.30–12 & 14–19 Uhr) Hier versetzte der 13-jährige Wolfgang Amadeus Mozart die Bewohner Roveretos in Erstaunen.

Ausgehen & Nachtleben

Osteria del Pettirosso   WEINBAR

(www.osteriadelpettirosso.com; Corso Bettini 24; ☉ Mo–Sa 10–23 Uhr) Unten ist ein stimmungsvoller Speiseraum, aber die meisten Gäste kommen wegen der aktuellen Weinangebote (angeboten per Glas), vielfach von kleinen Weinbauern, einem köstlichen Käse-

SKI TRENTINO

- ➔ Val di Fassa (S. 371)
- ➔ Val di Fiemme (S. 370)
- ➔ Val di Non (S. 369)
- ➔ Andalo & Fai della Paganella (S. 365)
- ➔ Alta Badia (S. 386)
- ➔ Madonna di Campiglio & Pinzolo (S. 367)
- ➔ Monte Bondone (S. 361)

teller (7 €) oder ein paar leckeren *crostone all lardo* (Toast mit geräuchertem Schweineschmalz; 2,50 €).

❶ Praktische Informationen

Touristeninformation (☎ 0464 43 03 63; www.visitrovereto.it; Piazza Rosmini 16; ☺ Mo–Sa 9–13 & 14–18, So 10–16 Uhr) Die Touristeninformation hält viel Infomaterial zu Rovereto bereit, u. a. Stadtpläne und Infos zu Radwegen.

❶ An- & Weiterreise

Mit dem Zug liegt Rovereto nur ca. 15 Minuten von Trient entfernt (Bahnstrecke Bologna–Brennero); die angenehm ländliche Busfahrt dauert etwas länger (2,90 €, 45 Min.).

Brenta-Dolomiten

Die landschaftlich faszinierende Brentagruppe liegt wie eine felsige Insel westlich der Hauptdolomiten. Geschützt durch den Parco Naturale Adamello-Brenta sind diese scharfkantigen, majestätischen Gipfel unter Bergsteigern wegen ihrer steil abfallenden Felsen und der anspruchsvollen Anstiege beliebt. Hier wurden einige der berühmtesten Klettersteige – die sog. *vie ferrate* – der Alpen angelegt. Dazu zählt auch die Via Ferrata delle Bocchette, die vom britischen Kletterpionier Francis Fox Tuckett in den 1860er-Jahren erschlossen wurde.

Auf der östlichen Seite der Brentagruppe erstreckt sich das Altipiano della Paganella, ein Hochplateau, das neben Skimöglichkeiten eine Palette an weiteren Sportmöglichkeiten bietet. Auf der dicht bewaldeten

❶ TRENTO-ROVERETO-KARTE

Diese Karte, die in der Touristeninformation und in manchen Museen erhältlich ist (Erw. plus 1 Kind 20 €, 48 Std.), schließt den Eintritt zu allen städtischen und regionalen Museen sowie dem Alpinen Botanischen Garten ein, ferner Weinproben und geführte Wanderungen, Fahrradverleih und die kostenlose Benutzung öffentlicher Verkehrsmittel – einschließlich der Trient–Sardagna Seilbahn und der Regionalzüge und -busse. Registriert man sich online, gilt die Karte (nur ohne die öffentlichen Verkehrsmittel) weitere drei Monate.

Westseite liegt der schicke Skiort Madonna di Campiglio. Die serpentinenreichen Bergstraßen S421, S237 und S239, die beide verbinden, bieten wunderbare Aussichten sowie Nervenkitzel beim Fahren. In der Hochsaison verkehren regelmäßig Busse von und nach Trient.

Während der **Superskirama-Pass** (www.skirama.it; 1/3/7 Tage 47/136/277 €) das ganze Brentagebiet abdeckt, gibt es auch Einzelskipässe. Skiarea-Pässe gelten für Madonna di Campiglio, Pinzolo und Folgarida-Marilleva (1/3/7 Tage 46/131/266 €); Skipässe ausschließlich für Madonna di Campiglio oder Pinzolo sind ein paar Euro billiger. Paganella-Pässe kosten 37/95/165 €, außerdem gibt es einen 5-Tages-Pass (170 €), der einen kostenlosen Tag in einem anderen Brentagebiet einschließt.

Altipiano Della Paganella

5000 EW. / 2098 M

Dieses balkonartige Plateau, das weniger als eine Stunde Autofahrt nordwestlich von Trient liegt, blickt auf die hoch emporragenden Brenta-Dolomiten. Die Altipiano Hochebene bietet fünf kleinen Dörfern Platz: dem Skiort **Fai della Paganella**, dem touristischen **Andalo**, **Molveno** am See, dem kleinen **Cavedago** sowie **Spormaggiore**.

◉ Sehenswertes & Aktivitäten

Parco Naturale Adamello Brenta   PARK (http://www.parks.it/parco.adamello.brenta) Der Parco Naturale Adamello Brenta – ein naturbelassenes, wunderschönes Gebiet, das über 80 Seen und den riesigen Adamellogletscher umfasst – war einst Heimat der einzigen Braunbären in den Alpen. Zwar wurde es 1967 ein Schutzgebiet, aber die Bärenpopulation ging letztlich auf nur drei Tiere zurück. 1999 begannen die Parkbehörden, wieder Bären anzusiedeln und holten zehn Braunbären aus Slowenien. Die ersten Bärenjungen wurden 2002 im Park geboren, und seither hat es jeden Winter neue Bärenkinder gegeben, sodass sich derzeit 20 Bären im Park befinden.

Abgesehen von Bären beheimatet der 620 km² große Park, Trentinos größtes Naturschutzgebiet, auch Steinböcke, Rotwild, Murmeltiere, Gämsen sowie 82 Vogelarten. Außerdem gibt es 1200 verschiedene Arten von Gebirgsblumen, darunter zwei (*Nigritella luschmannie* und *Eryshimum auran-*

HIGHLIGHTS: WANDERN

➡ Seiser Alm, Schlern und Rosengarten (S. 385)

➡ Brenta-Dolomiten (S. 365)

➡ Sellagruppe (S. 371)

➡ Sextener Dolomiten (S. 388)

➡ Val di Genova/Adamello-gruppe (S. 368)

thiacum), die nur in dieser Region wachsen. An den Ufern des Lago di Tovel, der tief im Wald ca. 30 km nördlich von Spormaggiore im Herzen des Parks liegt, gibt es eine reichhaltige Tierwelt.

Ein leichter einstündiger Spazierweg führt um den ehemals roten See. Das Besucherzentrum am See hält ausführliches Infomaterial über andere Wanderungen im Park bereit.

Casa dell'orso Spormaggiore   TIERRESERVAT

(☏0461 65 36 22; Via Alt Spaur 6; Erw./erm. 6/5 €, inkl. Parkeintritt; ⊙Juni–Sept. Di–So 10–13 & 14–18.30 Uhr, zu anderen Zeiten Reservierung erforderlich) Am besten lassen sich die ca. 20 Braunbären des Parco Naturale Adamello Brenta hier beobachten. Es gibt ganz putzige Exponate für Kinder, und mit Hilfe einer Infrarotkamera können Bären sogar während ihres Winterschlafs beobachtet werden (Reservierung erforderlich). Lage: 15 km nordöstlich von Molveno.

Funivie Molveno Pradel   SEILBAHN

(eine Strecke/hin & zurück 4/7,20 €) Vom oberen Teil des Dorfs Moveno fährt eine Zweisitzer-Seilbahn in zwei Etappen nach Pradel (1400 m). Von hier aus führt der Weg Nr. 340, ein schöner, einfacher Spaziergang von einer Stunde Dauer, zur Rifugio Croz dell'Altissimo auf 1430 m. Mehrere andere Wege von unterschiedlicher Schwierigkeit beginnen ebenfalls hier.

Skigebiet Paganella   SKIFAHREN

Das Paganella-Skigebiet ist von Andalo aus mit der Seilbahn und von Fai della Paganella aus mit dem Sessellift gut zu erreichen. Es bietet zwei Langlaufloipen und 50 km an Abfahrten aller Schwierigkeitsgrade für Skifahrer – von grünen Abfahrten für Anfänger bis hin zu den Furcht einflößenden schwarzen.

Bergführerverband Dolomiti di Brenta   WANDERN, FELSKLETTERN

(☏0461 58 53 53; guidealpine@visitdolomitipaganella.it) Organisiert im Sommer Klettertouren und geführte Wanderungen und im Winter Ski-Bergwanderungen, Eisklettern und Schneeschuhwanderungen.

🛏 Schlafen & Essen

Zusammen haben die fünf Dörfer auf dem Plateau eine riesige Anzahl an Hotels im Angebot. Dazu kommen viele Bauernhofunterkünfte und Ferienwohnungen. Infos hierzu gibt es bei den Touristeninformationen.

Agriturismo Florandonole   AGRITURISMO €

(☏0461 58 10 39; www.florandonole.it; Via ai Dossi 22, Fai della Paganella; DZ 100 €; P🅿🛜📶) Dieses moderne Bauernhaus mag von außen eher unscheinbar wirken. Innen jedoch sorgen schicke Holzmöbel aus der Region und frische Bettwäsche mit Gänsedaunen für viel Komfort. Wen der Blick über die Felder in Richtung Brenta-Dolomiten oder Paganellagruppe ansporn, kann sich auf ein hauseigenes Mountainbike schwingen. Der Hof wird noch zur Honigerzeugung bewirtschaftet, daher gibt es Bienenstöcke, Herstellungsanlagen und einen Hofladen.

Camping Spiaggia   CAMPINGPLATZ €

(☏0461 58 69 78; www.campingmolveno.it; Via Lungolago 25, Molveno; 2 Pers., Auto & Zelt 43 €; ⊙Rezeption ganzjährig 9–12 & 14–19 Uhr; P@📶) Zu diesen schönen Campingplätzen am Ufer des Lago di Molveno kommt noch freie Benutzung der benachbarten Sportanlagen (Freibad, Tennisplatz, Tischtennis) hinzu. Ein kurzer Spaziergang führt zum lebendigen Dorfkern von Molveno. Im Hochsommer bietet der Ort jede Menge Unterhaltung und Wassersport.

Al Penny   TRENTINO €€

(☏0461 58 52 51; Viale Trento 23, Andalo; Gerichte 28 €; ⊙11–14.30 & 17–24 Uhr) Auf den ersten Blick wirkt die Einrichtung etwas daneben, aber es ist wirklich ein richtig gemütliches Lokal. Nach einem Glas wärmenden Marzemino zum Auftakt werden authentische, leckere Trienter Spezialitäten serviert – Hirsch-*ragù* (Fleisch mit Tomatensauce) mit Pinienkernen, *taiadele smalzade* (gebratene dicke Nudeln) oder *canederli* (Knödel) mit Pilzen. Dazu wird selbst gebackenes Brot gereicht.

ℹ Praktische Informationen

Die folgenden Touristeninformationen teilen sich eine gemeinsame Webseite (www.visitdolomiti paganella.it):

Andalo Touristeninformation (☎ 0461 58 58 36; Piazza Dolomiti 1; ⊘ Mo–Sa 9–12.30 & 15–18.30, So 9.30–12.30 Uhr) Das Hauptbüro mit guten Infos zu Winter- und Sommeraktivitäten.

Fai della Paganella Touristeninformation (☎ 0461 58 31 30; Via Villa; ⊘ Mo–Sa 9–12.30 & 15–18.30, So 9.30–12.30 Uhr)

Guardia Medica Notturna (☎ 0461 58 56 37; Piazza Centrale 1, Andalo; ⊘ 20–8 Uhr) Nächtlicher medizinischer Notdienst.

Molveno Touristeninformation (☎ 0461 58 69 24; Piazza Marconi; ⊘ Mo–Sa 9–12.30 & 15–18.30, So 9.30–12.30 Uhr)

ℹ An- & Weiterreise

Im Winter versorgen kostenlose Skibusse das Gebiet.

Trentino Trasporti (☎ 0461 82 10 00; www. ttesercizio.it) Betreibt Busse zwischen allen fünf Dörfern und Trient (3,10–4,40 €, 1–2½ Std., bis zu 9-mal tgl.) sowie nach Madonna di Campiglio (5,10 €) und Riva del Garda (6,20 €) am Gardasee. Fahrpläne gibt es in den Touristeninformationen.

Madonna Di Campiglio & Pinzolo

700 EW. / 1522 M

Madonna di Campiglio ist zweifelsohne der glamouröseste Ort in den Dolomiten. Knöchellange Pelzmäntel sind hier die standardmäßige Après-Ski-Bekleidung und die anspruchsvollen Abfahrten können da schon mal zur Nebensache werden. Der österreichische Adel, insbesondere Kaiser Franz Josef und seine Sisi, besuchten den Ort im 19. Jh., und an diese frühe Begünstigung durch die Reichen und Schönen wird Ende Februar erinnert, wenn Feuerwerke erstrahlen und Kostümparaden während des jährlichen **Habsburger Karnevals** durch die Stadt ziehen. Trotz des hohen Verkehrsaufkommens und der großen Hotelkomplexe hat sich der zentrale Dorfplatz noch etwas von seinem ursprünglichen Charme bewahrt und bietet den Blick auf eine hübsche Steinkirche und die burgähnlichen Zinnen der Brentagipfel dahinter. Im Sommer ist dies ein idealer Ausgangsort für Wanderer und *vie-ferrate*-Enthusiasten.

Das weniger protzige Pinzolo (2000 Ew., 800 m) liegt 16 km südlich in einem wunderschönen Tal und hat einen lebendigen alten Dorfkern.

TRENTINO & DIE DOLOMITEN BRENTA-DOLOMITEN

HIMMELSSTÜRMER

Während des Ersten Weltkriegs, als britische, französische und deutsche Soldaten im Schlamm von Flandern umkamen, bestritten italienische Soldaten einen nicht minder furchterregenden Krieg gegen ihre österreichischen Gegner entlang einer Front, die die Dolomiten durchschnitt. Die Narben dieses brutalen und langwierigen Feldzugs des Ersten Weltkriegs haben sich unauslöschlich in die alpine Landschaft eingegraben. Überall finden sich Tunnel, Gräben und Kampfstellungen, aber die Höhenwege sind das andauernde Vermächtnis.

Um sich in den zerklüfteten, gefährlichen Gipfelregionen möglichst gut bewegen zu können, befestigten beide Armeen Seile und Leitern an zuvor unüberwindbar scheinenden Felsen und schufen so eine Reihe von dauerhaft gesicherten Klettersteigen, die sog. *vie ferrate* (Eisenwege). Nach dem Krieg wurden sie mit Stahlsprossen, Brücken und strapazierfähigen Drähten instand gesetzt. Auf den *vie ferrate* entwickelte sich seither eine Mischung aus normalem Wandern und richtigem Klettern. Somit wurde auch Nicht-Alpinisten ein Zugang zu Regionen verschafft, die normalerweise für sie zu anspruchsvoll wären.

Madonna di Campiglio und Cortina d'Ampezzo bieten Zugang zu den spektakulärsten Routen, aber *vie ferrate* gibt es überall in den Dolomiten, und die Wege sind in die Schwierigkeitsgrade 1 bis 5 eingeteilt. Eine Kletterausrüstung (Helm, Schoner und Handschuhe) ist absolut erforderlich, ebenso spezielle Ausrüstung, wie z. B. ein Y-Klettergeschirr mit zwei Karabinern, um sich an den Drähten sichern zu können.

Von Mitte Juni bis Mitte September bietet ein Netz von Berghütten die notwendige Infrastruktur für Unterkunft und Versorgung. Auskunft erteilt **Tourism Südtirol** (www. trekking.suedtirol.info); die Touristeninformationen halten Karten bereit und informieren auch über die Schwierigkeitsgrade der einzelnen Routen; ausführliche Beschreibungen findet man unter www.dolomiti-altevie.it.

⊙ Sehenswertes & Aktivitäten

Chiesa di San Vigilio
KIRCHE

Die wunderschön gelegene Chiesa di San Vigilio aus dem 16. Jh. in Pinzolo lohnt wegen ihrer *Danza-La-macabra* (Totentanz-) Außenfresken einen Besuch.

Val di Genova
TAL

Nördlich von Pinzolo befindet sich der Eingang zum Val di Genova. Es wird oft als eines der schönsten Alpentäler bezeichnet. Eine Reihe spektakulärer Wasserfälle unterstreicht seinen Ruf als großartiges Wandergebiet. Vier Berghütten am Rand der Talsenke ermöglichen Übernachtungen entlang des Weges. Die Touristeninformation in Pinzolo kann deren Öffnungszeiten und Preise mitteilen.

Funivie Madonna di Campiglio
SEILBAHN

(☎ 0465 44 77 44; www.funiviecampiglio.it) Ein Netz von Seilbahnen bringt im Winter Skifahrer und Snowboarder von Madonna aus zu den zahlreichen Pisten und dem Snowboardpark und erschließt im Sommer Wander- und Mountainbikerouten. In Campo Carlo Magno, 2 km nördlich von Madonna, befördert die Cabinovia Grostè Wanderer zum Passo Grostè (2440 m). Brentas berühmteste *via ferrata*, die **Via Bocchetta di Tuckett** (Weg Nr. 305), beginnt direkt an der Seilbahnstation.

Funivia Pinzolo
SEILBAHN

(☎ 0465 50 12 56; www.doss.to; Via Nepomuceno Bolognini 84; eine Strecke/hin & zurück 8/11 €; ⊙ Mitte Dez.–April & Juni–Mitte Sept. 8.30–12.30 & 14–18 Uhr) Diese Seilbahn klettert via Mittelstation **Pra Rodont** hinauf zum 2100 m hohen **Doss del Sabion**. Es gibt hier auch einen Mountainbikeverleih.

🛏 Schlafen & Essen

Im Winter gibt es in Madonna keine Budgetunterkünfte, und die meisten Mittelklassehotels bestehen während der Hauptsaison auf Voll- oder Halbpension sowie einem Mindestaufenthalt. Vom Val di Sole aus zu den Skigebieten zu pendeln ist eine durchaus machbare Variante, und in Pinzolo finden sich ein paar deutlich erschwinglichere Alternativen.

Camping Parco Adamello
CAMPINGPLATZ €

(☎ 0465 50 17 93; www.campingparcoadamello.it; Localita Magnabò, Pinzolo; Camping 2 Pers., Auto & Zelt 40 €; ⊙ ganzjährig; P) Dieser Campingplatz liegt wunderschön 1 km nördlich von Pinzolo im Nationalpark und ist somit der ideale Ausgangspunkt für Aktivitäten im Freien, wie etwa Skifahren, Schneeschuhwandern, Wandern und Radfahren. Außerdem können Ferienwohnungen wochenweise gemietet werden.

Chalet Fogajard
AGRITURISMO €€

(Località Fogajard 36, Madonna di Campiglio; DZ HP 190 €; ☎) 🖉 Wer einen schönen Rückzugsort in den Bergen sucht, wird in dieser alpinen Idylle mit sechs Zimmern fündig. Die abgeschiedene Lage am Ende eines steilen unbefestigten Wegs und ein ganzes Stück südlich von Madonnas Ansammlung an Ferienanlagen ist unwerfend schön und wunderbar ruhig. Die Zimmer haben eine kunsthandwerkliche Einrichtung, die aus einer anderen Ära zu stammen scheint, und im urigen Speiseraum werden herzhafte, schmackhafte Mahlzeiten mit Zutaten der Region serviert. Die Zimmer mit Balkon sind ihren Aufpreis wert, liefern sie doch einen traumhaften Blick auf ein tiefes, bewaldetes Tal mit den Gipfeln der Brentagruppe dahinter.

Hotel Chalet Del Brenta
HOTEL €€

(☎ 0465 44 31 59; www.hotelchaletdelbrenta. com; Via Castelletto Inferiore 4, Madonna di Campiglio; DZ 140 €; P ❄ 🛜 🏊 🍴) Dieses große Haus bietet schicke, bequeme Zimmer – alle mit Balkon – sowie die volle Palette an Annehmlichkeiten, einschließlich eines Kinderclubs. Das Hotel liegt in einer der hübschesten Straßen Madonnas, nahe am Dorf, aber doch ruhig gelegen. Ein Shuttleservice bringt Gäste schnell zu den Skiliften.

Chalet La Dolce Vita
DESIGNHOTEL €€€

(☎ 0465 44 31 91; www.dvchalet.it; Via Castelletto Inferiore 10, Madonna di Campiglio; DZ 300 €; P ❄ 🛜 🏊) Dies ist das neueste der ultraluxuriösen Hotels in Madonna, mit freundlichen Mitarbeitern und einer ruhigen Lage am Wald. Zur *aperitivo*-Stunde trifft sich die Mailänder Modewelt in der Bar; oben entspannen sich die Gäste in wunderschönen, ganz in Holz und Erdfarben gehaltenen Zimmern.

ℹ Praktische Informationen

Madonna Touristeninformation (☎ 0465 44 75 01; www.campigliodolomiti.it; Via Pradalago 4; ⊙ Mo–Sa 9–12.30 & 15–19, So 10–13 Uhr) Madonnas Touristeninformation bietet im Hochsommer in Zusammenarbeit mit dem

Parco Naturale Adamello-Brenta geführte Themenwanderungen an.

Medizinischer Dienst für Touristen (☎0465 44 08 81; Centro Rainalter, Madonna; ☺Anfang Dez.–Ostern 8–20 Uhr)

Pinzolo Touristeninformation (☎0465 50 10 07; www.campigliodolomiti.it; Piazzale Ciciamimo; ☺Mi–Mo 9–13 & 14–18 Uhr)

❶ An- & Weiterreise

Madonna di Campiglio und Pinzolo sind per Bus von Trient (9 €, 1½ Std., 5-mal tgl.), Brescia (13 €, 1½ Std.) und Mailand (24 €, 3¾ Std., 1-mal tgl.) erreichbar. Ein privater Shuttlebus fährt ebenfalls ganzjährig; Infos stehen auf der Webseite der Touristeninformation.

Flyski (☎0461 39 11 11; www.flyskishuttle. com; eine Strecke/hin & zurück 19/32 €) Von Mitte Dezember bis Mitte April verbindet der Flyski Shuttlebus einmal wöchentlich Madonna bzw. Pinzolo mit den Flughäfen Verona, Bergamo, Treviso und Venedig.

Val di Non, Val di Sole & Val di Rabbi

Diese italienischsprachigen, landwirtschaftlich geprägten Täler liegen eingebettet zwischen der Brentagruppe und dem Nationalpark Stilfserjoch und sind von Trient aus gut mit dem Zug zu erreichen.

Val di Non (Nonstal)

Herausragendes Merkmal des Val di Non sind seine Apfelbäume mit knorrigen Ästen, die sich kilometerweit erstrecken – und deren Blüten im Frühjahr einen wunderbaren Duft verströmen. Markante Burgen sehen von den umliegenden Felsen herab, darunter das atemberaubende **Castel Thun** (☎0461 49 28 29; Erw./erm. 6/4 €; ☺Di–So 10–17 Uhr). Hauptort des Tals ist **Cles**, dessen **Touristeninformation** (☎0463 422 88 83; Corso Dante 30; ☺Juli & Aug. 9–12.30 & 15–18, So 9–12 Uhr) sich in der Nähe der Hauptstraße befindet. Im historischen Ortskern ist die **Antica Trattoria** (☎0463 42 16 31; www.anticatrattoriacles.it; via Roma 13, Cles; Gerichte 38 €; ☺So–Fr 12–14.30 & 19–22 Uhr), zu finden, ein wunderbar stimmungsvolles Lokal, das moderne Interpretationen Trentiner Spezialitäten serviert.

Italiens Apfelriese Melinda ist ein Talgewächs und bei Mollaro, ein paar Dörfer hinter Cles, zu finden. **Melinda Mondo** (☎0463 46 92 99; www.melinda.it; Via della Cooperazione 21; ☺Okt.–Juli Mo–Sa 8.30–12.30 & 15–19 Uhr, Juli So 9–12 Uhr) bietet interessante Führungen durch Apfelplantagen und die zugehörigen Verarbeitungsanlagen an. In einem einladenden Geschäft werden Äpfel und jede Art „apfeliger" Produkte angeboten. Ein großer Käse gleich nebenan weist den Weg zu **Trentingrana**, dem Betrieb, der Trentinos süßlich-dezenten parmesanartigen Grana-Käse herstellt.

Val di Sole (Sulztal)

Lassen Besucher Cles hinter sich, so führen die Apfelplantagen sie westlich entlang des schäumenden Noce-Flusses ins passend benannte Val di Sole (wörtlich: Sonnental) mit seinem charmanten **Hauptort Malè**. Das Tal ist für die ganze Bandbreite an Outdoor-Aktivitäten bekannt, und somit bei den jüngeren Bewohnern des Trentino sehr beliebt. Der Noce ist zum Rafting und Angeln ideal.

WINTERWUNDERLAND

Die gezackten Gipfel der Dolomiten (Dolomiti) erstrecken sich über die beiden Provinzen Trentino und Südtirol (Alto Adige) und ragen noch ins benachbarte Venetien (Veneto) hinein. Europäische Touristen zieht es wegen der grandiosen Landschaft und der ausgedehnten, gut vernetzten Skigebiete in Scharen in diese außerordentlich gastfreundlichen Ferienorte. Besucher haben die Wahl zwischen Abfahrten, Langlauf und Snowboarden, ganz zu schweigen von *sci alpinismo*, eine aufregende Kombination aus Skifahren und Bergsteigen, Freeriden und einer ganzen Palette an weiteren Winteraktivitäten. Und an einem stärkenden Teller Knödel, Gulasch oder Pasta nebst einem Glas ausgezeichnetem Wein der Region (es ist ja schließlich Italien) fehlt es auch nie.

Die beiden flexiblen Skipässe der Region sind der **Dolomiti Superski** (www.dolomitisuperski.com; 1-/3-/6-Tagespass 42/116/205 €) im Osten der Region, mit 450 Skiliften und 1200 km an Abfahrten, die sich auf 12 Ferienorte verteilen, und der **Superskirama** (www.skirama.it; 3-/6-Tagespass 106/192 €), der die westlichen Brenta-Dolomiten mit ihren 150 Liften, 380 km an Abfahrten und acht Ferienorten abdeckt.

TRENTINO & DIE DOLOMITEN VAL DI NON, VAL DI SOLE & VAL DI RABBI

Im Winter stellt das Tal durchaus eine gute Unterkunftsalternative zu den Brentaferienorten dar.

Aktivitäten

Centro Rafting
Val di Sole
WILDWASSERFAHREN

(☑ 0463 97 32 78; www.rafting center.it; Via Gole 105, Dimaro; ⊙ Juni–Sept.) Organisiert Raftingausflüge (ab 67 €) sowie Kajaktouren, Canyoning, Nordic Walking und andere Abenteuer.

Cicli Andreis
RADFAHREN

(☑ 0463 90 28 22; www.andreissnc.com; Via Conci 19, Malè; ⊙ Mo–Sa 8.30–12 & 15–19 Uhr) Hat eine riesige Auswahl an Rädern im Verleih, bietet freundlichen und sachkundigen Service und liegt praktischerweise unweit der Hauptstraße von Malè. Mountainbikes kosten ab 18/55 € pro Tag/Woche.

Dolomiti di Brenta Bike
FAHRRADROUTE

(www.dolomitibrentabike.it) Das Sulztal bewacht ein eher flaches, 35 km langes Teilstück der Radrundfahrt Brenta-Dolomiten. Von Juni bis September ist ein spezieller Fahrradzug in Betrieb, bei dem Radfahrer zu- und absteigen können, wann immer sie möchten.

Schlafen

Agritur il Tempo delle Mele
AGRITURISMO €

(☑ 0463 90 13 89; www.agriturdellemele.it; Via Strada Provinciale 65, Caldes; EZ/DZ 70/94 €; P🐾📶) S Bietet helle, bequeme, moderne Zimmer und einfachen Zugang zu den Skigebieten Folgarida-Marilleva und Pejo 3000, von denen man nach Madonna di Campiglio Ski fahren kann.

Dolomiti Camping Village
CAMPINGPLATZ €

(☑ 0463 97 43 32; www.campingdolomiti.com; Via Gole 105, Dimaro; Camping 2 Pers., Auto & Zelt 44 €, Apt. 75 €; ⊙ Mitte Mai–Mitte Okt. & Dez.–Ostern; P@📶) Liegt am Fluss und direkt neben dem Raftingzentrum. Neben ordentlichen Zeltplätzen und Bungalows bietet es Zugang zu einem Wellnesszentrum, einem Hallen- und Freibad, Volleyballplätzen und Trampolinen.

ℹ Praktische Informationen

Malè Touristeninformation (☑ 0463 90 12 80; www.valdisole.net; Piazza Regina Elena 19; ⊙ Mo–Sa 16–19 Uhr) Hält nützliche Informationen über das gesamte Tal parat und berät zu Ski- und Wandermöglichkeiten im benachbarten Stilfs (Stelvio).

Val di Rabbi

Das schmale, tiefgrüne Val di Rabbi ist ein erfrischend ruhiges und hübsch-rustikales Alpental, das von Süden aus den besten Zugang zum Nationalpark Stilfser Joch bietet. In Europa ist es für sein Antica-Fonte-Quellwasser bekannt, das heilende Wirkung haben soll. Die **Terme di Rabbi** (☑ 0463 98 30 00; www.termedirabbi.it; Località Fonti di Rabbi 162; ⊙ Juli & Aug. Mo–Sa 8.30–12 & 16–20, So 17–19 Uhr) bietet eine Vielzahl an traditionellen Behandlungen und wird vom grandiosen **Grand Hotel Rabbi** (☑ 0463 98 30 50; www.grandhotelrabbi.it; Fonti di Rabbi 153; HP DZ 90–140 €; ⊙ Mai–Sept.; P🏊) betrieben. Daneben gibt es ein kleines **Besucherzentrum** (☑ 0463 98 51 90; ⊙ Juni–Sept. Do–Di 8.30–13 & 15–19 Uhr, Okt.–Mai 9–12 & 14–17 Uhr), und hier beginnt auch ein ganzes Netz an Wanderwegen in das Stelvio-Gebiet, von denen manche bis zum Val Martello in Südtirol führen. Busse ins Tal fahren regelmäßig vor dem Bahnhof in Malè ab.

ℹ An- & Weiterreise

Die Folgarida-Marilleva und Daolasa-Commezzadura-**Seilbahnen** befördern Skifahrer und Wanderer von den Bahnhöfen aus den Berg hinauf und bieten auch Schließfächer.

Kostenlose Skibusse fahren im Winter in einer Schleife durch das Gebiet; die Fahrpläne gibt es in den Touristeninformationen.

Ferrovia Trento-Malè (☑ 0463 90 11 50) Bietet häufige Verbindungen nach Cles (2,90 €, 45 Min.) und Malè (5 €, 1½ Std., 8-mal tgl.), die nach Dimaro und Marilleva weiterfahren.

Trentino Transporti (www.ttesercizio.it) Busse fahren von Rabbi und Madonna di Campiglio nach Malè.

Fleimstal (Val di Fiemme)

In einer Region, in der in fast jedem Tal ein anderer Dialekt gesprochen wird (und man sich auch nicht auf ein Käserezept einigen kann), fällt das Val di Fiemme etwas aus dem Rahmen. Im 12. Jh. schufen hiesige Adlige quasi ihre eigene „Republik", die Magnifica Comunità della Val di Fiemme – das Ethos und der Freiheitsgeist der Gründer sind noch heute zu spüren.

Von Cavalese aus befördert eine Seilbahn Skifahrer zum **Cermis Skigebiet** (2229 m), das zum weitläufigen Gebiet Dolomiti Superski gehört. Im Angebot ist ein Fiemme-Obereggen-Skipass (1/3/7 Tage 42/120/227 €), aber Dolomiti-Superski-Pässe können ebenfalls benutzt werden. Cavaleses Touristeninformation fungiert als Kontaktpunkt für örtliche Bergführer, die u. a. eine Bergtour zu Pale di San Martino, Cima della Madonna und Sass Maor organisieren, eine 120 km lange Höhenskiwanderung.

◉ Sehenswertes

Palazzo Vescovile PALAST
Die heutige Talgemeinde Fleims (Magnifica Comunità di Fiemme) hat ihren Hauptsitz im wunderbar mit Fresken geschmückten Palazzo Vescovile in Cavalese, dem Hauptort des Tals. Es lohnt sich, das Gebäude von außen zu bewundern.

🛏 Schlafen & Essen

Agritur la Regina dei Prati AGRITURISMO €
(www.lareginadeiprati.it; Via Margherita Dellafiore 17, Masi di Cavalese; EZ/DZ 50/85 €; P ❄ 🛜 🛗) Diese gemütliche Unterkunft in Familienhand liegt auf der anderen Seite des Flusses in einem „Vorort"-Dorf von Cavalese. Die modernen Zimmer sind geräumig und haben willkommene Extras wie Fußbodenheizung und Balkone. Die ländliche Lage ist umwerfend, und im Winter kann man hier Skifahren.

★ Park Hotel Azalea WELLNESSHOTEL €€
(☎0462 34 01 09; www.parkhotelazalea.it; Via delle Cesure 1; HP DZ 90–180 €; P 🛜 🛗) 🖊 Dieses Hotel verbindet erstklassige Ökostandards, superschicke Einrichtung und eine ausgesprochen gastfreundliche Atmosphäre. Die Zimmer sind individuell eingerichtet, und das beruhigende Farbschema lädt zum Entspannen ein. Manche Zimmer bieten einen Blick auf die Berge, andere auf die hübschen Gemüsegärten des Dorfs. Bei der

---

WEITERE HINWEISE

➡ Einen Bergführer kann man unter www.bergfuehrer-suedtirol.it finden.

➡ Lonely Planets *Hiking in Italy* beschreibt fünf klassische Dolomitenwanderungen.

➡ **Cicerone** (www.cicerone.co.uk) veröffentlicht spezielle Routenführer (auf Englisch).

Kinderausstattung wird auf Kunststoff und Tand zugunsten von Holz und Naturtextilien verzichtet. Zu den täglichen kleinen Extras gehört ein üppig aufgetragener Nachmittagstee (alles Bioprodukte natürlich).

El Molin GOURMETRESTAURANT €€€
(☎0462 34 00 74; www.elmolin.info; Piazza Battisti 11, Cavalese; Gerichte 20–30 €, Degustationen 70–110 €; ⊙Mi–Mo 12–14.30 & 19–23 Uhr) Diese alte, von Michelin ausgezeichnete Mühle liegt mitten im Ortskern von Cavalese und genießt im Dorf einen legendären Status. Unten, neben den alten Wasserrädern, erfreuen sich die Gäste an verspielten Feinschmeckergerichten aus regionalen, saisonal wechselnden Zutaten. Im Erdgeschoss serviert die Weinbar Eier nach Wunsch mit Trentingrana oder Trüffel, außerdem Burger, herzhafte Hauptgerichte und fantasievolle Nachspeisen.

ℹ Praktische Informationen

Val di Fiemme Touristeninformation (☎0462 24 11 11; www.visitfiemme.it; Via Bronzetti 60; ⊙Mo–Sa 9–12 & 15.30–19 Uhr).

Val di Fassa

Val di Fassa ist das einzige ladinischsprachige Tal im Trentino. Eingerahmt wird es von den imposanten Gipfeln der **Sellagruppe** im Norden, vom **Catinaccio** im Westen und von der **Marmolada** (3342 m) im Südosten. Zwei Orte bestimmen das Tal: **Canazei** (1866 Ew., 1465 m) in wunderschöner Lage, aber fast schon überentwickelt, und **Moena** (2690 Ew., 1114 m), das hübsche Dorf am Fluss, das bodenständiger und zunehmend umweltbewusst ist. Der Ort Fassa ist Zentrum der italienischen Langlaufszene. Der italienische Langlaufchampion Christian Zorzi kommt jedoch aus Moena. Der Ort ist auch Ausrichter des angesehendsten Massenrennens, des jährlich stattfindenden **Marcialonga** (www.marcialonga.it).

Dolomiti-Superski-Pässe gelten hier; außerdem gibt es 1-/3-/7-Tagespässe für Val di Fassa/Carezza oder Tre Valli (42/125/230 €), welches das Moenagebiet und das San Pellegrino Tal einschließt.

◉ Sehenswertes & Aktivitäten

In der Vielfalt liegt bekannterweise die Würze, und die gibt es für Skifahrer hier. Zur Auswahl stehen 120 km an Abfahrts- und

PALE DI SAN MARTINO

Rosa geht im Pale di San Martino (1467 m) nahtlos in Grün über, denn hier ragen die leuchtenden Dolomitengipfel wie Gespenster über dem uralten Wald des Paneveggio hervor. Aus seinem Holz werden hochwertige Geigen hergestellt. Das Gebirge liegt im **Parco Naturale Paneveggio-Pale di San Martino** (☎ 0439 76 88 59; http://parcopan.org; Via Laghetto, San Martino) – der Heimat von Rotwild, Gämsen, Murmeltieren, Wildgeflügel und Greifvögeln wie dem Steinadler. Die Parkverwaltung hat ihren Sitz in der eindrucksvollen **Villa Welsperg** (☎ 0439 6 48 54; www.parcopan.org; Via Castelpietra 2; ⊙ Sommer 9.30–12.30 & 15–18 Uhr, Winter 14–17 Uhr) aus dem Jahr 1835. In aufgehängten Aquarien wird dort der Lebensraum der Parkgewässer gezeigt.

Zu Füßen der Berge des Parks kauert **San Martino di Castrozza**, ein kleiner, aber beliebter Ski- und Wanderort, der von Trient per Bus zu erreichen ist.

Langlaufstrecken sowie anspruchsvolle Bergtouren und das Sella-Ronda-Skikarussell. Im Sommer kann man den Marmoladagletscher hinunterfahren.

Die Sellagruppe erreicht man vom **Passo Pordoi** aus, von wo eine Seilbahn auf fast 3000 m hoch fährt. Die Catinacciogruppe lässt sich am besten von **Vigo di Fassa** aus erreichen. Der Ort liegt 11 km südwestlich von Canazei bei Pozza di Fassa. Hier klettert die Seilbahn auf 2000 m Höhe und hält in der Nähe der einladenden Berghütte Baita Checco.

Wer leichtere Sommerwanderungen bevorzugt, sollte in der Touristeninformation nach der entsprechenden Broschüre für das Fassatal fragen, die 29 Wandertouren (von 1,5 bis 8 km lang) beschreibt, darunter Wege, die zu alten ladinischen Wahrzeichen führen.

🛏 Schlafen, Essen & Ausgehen

Garnì Ladin
B&B €

(☎ 0462 76 44 93; www.ladin.it; Strada de la Piazedela 9, Vigo di Fassa; EZ/DZ 70/100 €; P 🛜) Liegt mitten im dörflichen Vigo di Fassa, auf halber Strecke zwischen Moena and Canazei. Die Zimmer enthalten viel putzigkitschiges Ladinisches, haben aber supermoderne Badezimmer.

Villa Kofler
DESIGNHOTEL €€

(☎ 0462 75 04 44; www.villakofler.it; Via Dolomiti 63, Campitello di Fassa; DZ 160–220; P 🛜) Ein angenehm kleines Hotel in einem Tal von Giganten, das dem Rummel von Canazei entrinnen kann. Zur Wahl stehen Zimmer in ganz unterschiedlichen (modernen) Design- und Geschmacksrichtungen. Hinzu kommen ein kleiner Fitnessraum, ein Lesezimmer und, wie herrlich, eine Infrarotsauna in jedem Zimmer.

El Paél
TRENTINISCH €€

(☎ 0462 60 14 33; www.elpael.com; Via Roma 58, Canazei; Gerichte 25–35 €; ⊙ Di–So 12–14.30 & 18.30–22 Uhr) Diese *osteria tipica trentina* bietet traditionelle Küche mit ladinischen Spezialitäten des Tals – Brennnesselknödel, Spargel mit Lakritzsauce und Wild mit gedünstetem Kürbis.

Malga Panna
GOURMETRESTAURANT €€€

(☎ 0462 57 34 89; www.malgapanna.it; Via Costalunga 29, Moena; Degustationen ab 65 €; ⊙ 12.30–14 & 19.30–22 Uhr) Anspruchsvolle Varianten der Bergküche bleiben ihren Wurzeln treu und werden in einem atmosphärisch einfachen Ambiente serviert. Gäste können sich auf das Aroma von Alpenkräutern und -blumen sowie auf Wildgerichte einstellen.

Kusk La Locanda
BAR

(Via dei Colli 7, Moena; ⊙ Mi–Mo 8–2 Uhr) Das Après-Ski hier ist im ganzen Val di Fassa legendär. Trotz seiner Vierteilung in Pizzeria, amerikanische Bar, Disko und italienisches Restaurant herrscht ladinische Gemütlichkeit.

ℹ Praktische Informationen

Canazei Touristeninformation (☎ 0462 60 96 00; www.fassa.com; Piazza Marconi 5; ⊙ Mo–Sa 8.30–12 & 14.30–18, So 10–12.30 Uhr)
Moena Touristeninformation (☎ 0462 60 97 70; www.fassa.com; Piazza del Navalge 4; ⊙ Mo–Sa 8.30–12 & 14.30–18, So 10–12.30 Uhr)

ℹ An- & Weiterreise

Kostenlose Skibusse versorgen die Region im Winter.

Trentino Trasporti (📞 0461 82 10 00; www.ttesercizio.it) Betreibt ganzjährig Busse von Trient zum Val di Fassa (6,10 €, 1½– 2½ Std.).

SAD (www.sad.it) Busse von Bozen und dem Val Gardena zwischen Juni und Mitte September.

SÜDTIROL (ALTO ADIGE)

Bozen (Bolzano)

104 000 EW. / 265 M

Die Provinzhauptstadt Südtirols (Alto Adige) ist alles andere als provinziell. Einst Haltestation auf der Kutschenroute zwischen Trient und der aufstrebenden österreichisch-ungarischen Doppelmonarchie, ist diese kleine Stadt weltoffen und engagiert und seit Langem gewohnt, Vermittler zwischen den Kulturen zu sein. Der Bozener Lebensstandard – einer der höchsten in Italien – spiegelt sich in der Offenheit und jugendlichen Dynamik der Stadt sowie im allgegenwärtigen Grün wider. Wie gemalt bilden die runden grünen Hügel eine Hintergrundkulisse für die vielen Reihen pastellfarbener Stadthäuser. Radfahrer radeln am Fluss entlang, und die hölzernen Marktstände mit ihrem Käse und Speck verströmen ein typisch mitteleuropäisches Aroma. Deutsch mag überall sonst in Südtirol für 95 Prozent der Bewohner die erste Sprache sein, aber Bozen ist da anders. Seine italienisch sprechende Mehrheit – ein Vermächtnis von Mussolinis Italianisierungspro-

gramm der 1920er-Jahre sowie in neuerer Zeit motiviert durch die Aussicht auf bessere Bildungs- und Berufschancen – sucht sich seine Anregungen heutzutage sowohl im Norden als auch im Süden.

👁 Sehenswertes

★ Museo Archeologico dell'Alto Adige MUSEUM

(📞 0471 32 01 00; www.iceman.it; Via Museo 43; Erw./erm. 9/7 €; ⏰ Di–So 10–18 Uhr) Hauptattraktion des Museo Archeologico dell'Alto Adige ist Ötzi, der Eismann, und fast das ganze Museum ist diesem mumifizierten Körper aus der Kupferzeit gewidmet. Aufbewahrt wird er in einem exakt temperierten „Iglu" Raum, wo er durch ein kleines Fenster betrachtet werden kann. Wer genau hinschaut, kann die schwach sichtbaren Tattoos an seinen Beinen erkennen. Ötzis Bekleidung – eine wundervolle Kombination aus Patchworkleggings, einem Umhang aus geflochtenem Gras und Fellmütze – sowie andere Gegenstände in seinem Besitz sind ebenfalls ausgestellt. Verschiedene Exponate berichten über seine Entdeckung, die Welt, in der er lebte, und seinen frühen gewaltsamen Tod.

Messner Mountain Museum MUSEUM

(MMM; 📞 0471 63 31 45; www.messner-mountain-museum.it; Via Castel Firmiano 53; Erw./erm. 9/7 €; ⏰ März–Nov. Di–So 10–18 Uhr) Das imposante Castel Firmiano, das von 945 stammt, beherbergt das Kernstück der fünf Museen von Bergsteiger Reinhold Messner. Grundlage des Museumskonzepts ist die Beziehung

---

DER MANN AUS DEM EIS

Als deutsche Wanderer 1991 eine menschliche Leiche in einem abtauenden Gletscher am Hauslabjoch Pass fanden, nahmen sie an, dass es sich um die Überreste eines unglückseligen Wanderers handelte, der in einen Wintersturm geraten war. Aber als die mumifizierte Leiche dann in die Gerichtsmedizin gebrachte wurde, stellte sich heraus, dass sie mehr als 5300 Jahre alt war.

Bei der männlichen Leiche, die seither Ötzi oder der Eismann genannt wird, handelt es sich um den ältesten mumifizierten Leichnam, der je in Europa gefunden wurde. Der Mann gehörte einer uralten Kulturgruppe aus der Kupferzeit an, die etwa zu der Zeit lebte, als das alte Ägypten entstand. Was Ötzi wohl in einer Höhe von 3200 m an einem Gletscherhang machte, immerhin 52 Jahrhunderte bevor das Bergsteigen ernsthaft als Sport betrieben wurde, wird noch immer diskutiert.

Obwohl zunächst die österreichische Regierung Anspruch auf den Leichnam erhob, wurde später festgestellt, dass Ötzi 100 m innerhalb der italienischen Grenze auf dem Schnalstalgletscher gefunden wurde. Nach kurzem diplomatischem Disput und Stabilisierungsmaßnahmen in Innsbruck wurde die Mumie nach Italien zurückgebracht. Seit 1998 kann sie in Bozens Museo Archeologico dell'Alto Adige bestaunt werden.

Bozen (Bolzano)

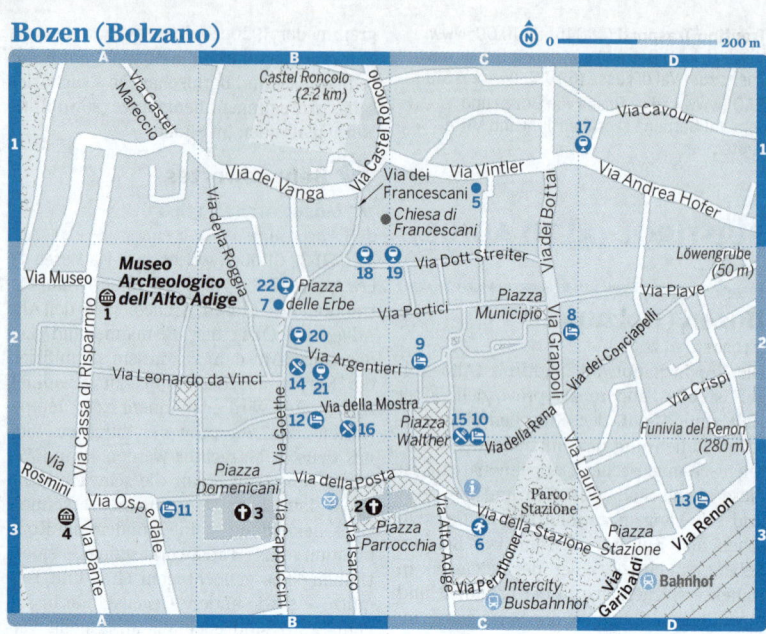

Bozen (Bolzano)

von Mensch und Berg in den verschiedenen Kulturen. Schon die Architektur ist daraufhin angelegt, den Besuchern ein Gefühl für wechselnde Höhen zu vermitteln, da sie Hunderte von Stufen erklimmen und Maschenwege überqueren müssen. Die Sammlung ist etwas eigenwillig, aber wo sie funktioniert, ist sie sehr überzeugend. Das Museum liegt auf der BoBus Route; im Winter empfiehlt sich ein Taxi. (Regionalzüge fahren bis Ponte Adige/Sigmundskron;

allerdings folgt dann ein langer Fußweg entlang einer stark befahrenen Straße.) Die anderen Messner Museen verteilen sich über Südtirol, u. a. in Ortles.

Museion   KUNSTGALERIE
(☏ 0471 22 34 13; www.museion.it; Via Dante 2; Erw./erm. 6/4 €, Do ab 18 Uhr freier Eintritt; ⏲ Di–So 10–18, Do bis 22 Uhr) Der zeitgenössische Kunstraum der Stadt befindet sich in einem riesigen, vieleckigen Glaskubus, ein

überraschendes architektonisches Statement, das die Dächer der Altstadt und die umgebenden Berge von innen wunderschön vignettiert. Die Dauerausstellung besteht aus einer beeindruckenden Sammlung von Werken internationaler Künstler. Wechselausstellungen zeugen von der Lebendigkeit der regionalen Kunstszene, oft im Dialog mit österreichischer und deutscher Kunst. Die Caféterrasse mit Blick auf den Fluss ist der perfekte Ort, um nach dem Kunstgenuss noch eine Weinschorle zu genießen.

Castel Roncolo
SCHLOSS

(Schloss Runkelstein; ☎ 0471 32 98 08; www.runkelstein.info; Via San Antonio 15; Erw./Kind 8/5,50 €; ⏱ Di–So 10–18 Uhr) Diese Burg in umwerfender Lage wurde 1237 erbaut und ist für ihre Fresken aus dem 14. Jh. bekannt. Diese sind besonders selten und stellen Szenen weltlicher Literatur dar, darunter die Geschichte von Tristan und Isolde, sowie Abbildungen des alltäglichen Lebens am Hof. Mit dem BoBus erreicht man die Burg, und es gibt noch die Buslinien 12 und 14.

Chiesa dei Domenicani
KIRCHE

(Piazza Domenicani; Mo–Sa 9.30–18 Uhr) Im Kreuzgang und in der Kapelle befinden sich leuchtende, anrührende Fresken im Stile Giottos aus dem 14 Jh.

Kathedrale
KATHEDRALE

(Piazza Parrocchia; ⏱ Mo–Sa 9.30–17.30 Uhr) Dieser herrliche gotische Dom ist Bozens Wahrzeichen. Die imposanten Kirchturmspitzen spiegeln die ebenfalls gotisch anmutenden Spitzen der nahen Dolomiten wider.

Aktivitäten

Bozens drei Seilbahnen befördern Gäste aus der Stadt hinaus und bescheren einen herrlichen Blick auf die Stadt und den Talgrund – und auf Weinbergsterrassen, winzige Bauernhöfe und die hoch emporragenden Gipfel dahinter. Die erreichten Dörfer sind reizende Ausflugsziele, aber auch Ausgangspunkte für Spaziergänge oder längere Wanderungen.

Funivia del Renon
SEILBAHN

(Via Renon; eine Strecke/hin & zurück 6/10 €) Die Fahrt über das Rittenplateau (Renon) nach Oberbozen (Soprabolzano) ist mit einer Länge von 4,56 km die längste Einzelseilbahnstrecke der Welt und führt über gespenstische rote Erdpyramiden.

Funivia del Colle
SEILBAHN

(Via Campegno 4; eine Strecke/hin & zurück 5/6,50 €) Die älteste Seilbahn der Welt wurde bereits im Jahr 1908 von einem pfiffigen Kneipier erdacht.

Funivia San Genesio
SEILBAHN

(Via Sarentino; eine Strecke/hin & zurück 3,50/6 €) Ein supersteiler Anstieg entführt Gäste zum wunderschönen Plateaudorf Jenesien (San Genesio), wo es atemberaubende Ausblicke zu bestaunen und verschiedenene Forstwege zu erwandern gibt.

Salewa Cube
FELSKLETTERN

(☎ 0471 188 6867; www.salewa-cube.com; Via Waltraud-Gebert-Deeg, Bolzano Sud; Eintritt tgl. 12/10 €; ⏱ 9–23 Uhr) Diese größte Kletterhalle Italiens ist Teil des Hauptsitzes des Outdoor-Giganten und bietet über 2000 m² an Kletterfläche und 180 verschiedene Kletterrouten. Bei gutem Wetter steht der riesige Eingang offen, sodass es sich fast wie draußen klettert. Die Halle liegt an der BoBus Route, oder man nimmt die Buslinie 10A/B von der Ortsmitte.

Fahrradverleihstand
FAHRRADVERLEIH

(☎ 0471 99 75 78; Via della Stazione 2; ⏱ Ostern–Okt. 7.30–19.45 Uhr) Fahrräder gibt es am Fahrradverleihstand unweit des Bahnhofs. Der Verleih ist kostenlos, aber die Räder müssen abends wieder zurückgebracht werden. Ein Ausweis und Bargeld für den Pfand sind erforderlich.

Geführte Touren

Die Touristeninformation organisiert je nach Saison geführte Spaziergänge und leichte Wanderungen (auf Italienisch und Deutsch). Infos zu anspruchsvolleren Wan-

ⓘ BOLZANO BOZEN CARD

Diese Karte (Erw./Kind 28/16 €) gewährt Eintritt zu den meisten städtischen und regionalen Museen. Benutzung der örtlichen Busse, Regionalzüge und Bozens drei Seilbahnen sowie Fahrradverleih, Stadtrundgänge und Nationalparkausflüge sind auch inklusiv. Erhältlich ist die Karte in der Touristeninformation; sie schließt auch den Sommer-BoBus ein, den stündlichen Shuttlebus zu den Sehenswürdigkeiten sowie Seilbahnen, die außerhalb der Stadt liegen.

NICHT VERSÄUMEN

BIER & WURST

In Canazei sollte man nach dem ladinischen Würstchenkoch Ausschau halten. Sein Straßenstand unweit der Piazza Marconi zieht den ganzen Winter über Schlangen mordshungriger Skifahrer an.

dertouren gibt es bespielsweise bei den örtlichen Wandervereinen.

Club Alpino Italiano WANDERTOUR
(☎ 0471 97 81 72; Piazza delle Erbe 46; ☺ 1 Mi 11–13 & 17–19, Di, Do & Fr 13–17 Uhr)

Alpenverein Südtirol WANDERTOUR
(Alpenverein Südtirol; ☎ 0471 81 41 55; www.alpenverein.it; Galleria Vintler 16)

🛏 Schlafen

Hotel Figl HOTEL €
(☎ 0471 97 84 12; www.figl.net; Piazza del Grano 9; EZ/DZ 100/120 €; ❋ @) Nette Mitarbeiter und eine gut besuchte Bar lassen Gäste sich gleich heimisch fühlen. Die Zimmer im modernen europäischen Stil sind umwerfend bequem und blicken auf eine hübsche Piazza oder die Dächer der Stadt. Geschäftsreisende und Gäste mit längerer Verweildauer erhalten Rabatt.

Jugendherberge Bozen HOSTEL €
(Jugendherberge Bozen; ☎ 0471 30 08 65; www.bozen.jugendherberge.it; Via Renon 23; B/EZ 22/28 €; ☎) Die 3- und 4-Bett-Zimmer in diesem luftigen und gastfreundlichen Hostel sind gut durchdacht und auf Privatsphäre ausgerichtet. Bei Bedarf kann auch mal ein weiteres Klappbett in ein Zimmer gestellt werden. Die Zimmer nach hinten raus haben einen Balkon, bieten aber leider keinen Ausblick.

Hotel Feichter HOTEL €
(☎ 0471 97 87 68; www.hotelfeichter.it; Via Grappoli 15; EZ/DZ 60/90 €) Dieses zentral gelegene (und total tirolerische) Hotel bietet schlichte, gemütliche Zimmer, davon viele mit Balkon oder Frühstücksnischen.

Kolpinghaus Bozen HOSTEL €
(☎ 0471 308400; www.kolpingbozen.it; Largo Kolping 3; EZ/ZBZ 65/99 €; ❋☎) Dieses große katholische Hostel bietet gemütliche Zimmer. Die Einzelzimmer sind besonders geräumig und haben polierte Holzböden. Es gibt die Möglichkeit, Fahrräder unterzustellen und zu reparieren. Ein Mittagessen ist für 10 € zusätzlich zu haben. Es gibt nur Zweibettzimmer und keine Einzelzimmer.

Hotel Greif DESIGNHOTEL €€
(☎ 0471 31 80 00; www.greif.it; Piazza Walther; EZ/DZ 117/176 €; ❋☎) Gäste werden im Treppenhaus von goldfarbenen Textausschnitten des amerikanischen Dichters Ezra Pound begrüßt (scheinbar war das Greif schon lange vor seiner Modernisierung ein Designerhotel). Alle Zimmer sind großzügig bemessen, lichtdurchflutet und mit üppigen Vorhängen sowie Badewanne ausgestattet. Gäste können den großzügigen Garten des **Parkhotel Laurin**, des Mutterhotels auf der gleichen Straße, nutzen, um einen Cocktail zu trinken oder schwimmen zu gehen.

Residence Fink FERIENWOHNUNGEN €€
(☎ 335 7189411; www.residence-fink.it; Via della Mostra 9; Apt. 80–200 €; ☎) Wer die Ausstattung und den Service eines Hotels nicht benötigt, ist hier richtig. Die schicken, gemütlichen Ferienwohnungen sind wegen ihrer tollen Lage und Ausstattung unschlagbar. Größenmäßig rangieren sie von Studios bis zu Wohnungen für bis zu acht Personen.

 Essen

Mal erinnern sie an die ländliche Bergwelt, mal an die Pracht der Habsburger, in jedem Fall aber sind Bozens Restaurants ein klarer Hinweis darauf, wie weit nördlich man sich hier schon befindet. Ziege oder Kaninchen werden im Ofen gebraten, *canederli* verstecken sich in wärmenden Suppen, Wild taucht als Gulasch auf und regionaler Speck (ob kalt geräuchert oder mit Holunder- oder Pfefferaroma) wird bis auf die Nachspeisen in nahezu alle Gerichten als Zutat verwendet. Die Auslagen der vielen Konditoreien der Stadt strotzen nur so vor Sachertorte, Käsestrudel, Krapfen und Buchweizenkuchen mit Beeren. Die Bäckereien produzieren dunkle, feste Vollkornbrote, darunter Schüttelbrot, ein knuspriges, würziges Roggenbrot, und Weizenfladenbrot. Regionale Erzeugnisse findet man auch auf dem täglichen Markt auf der Piazza delle Erbe.

Gasthaus Fink SÜDTIROLERISCH €
(☎ 0471 97 50 47; Via della Mostra 9; Gerichte 24 €; ☺ Mittag- & Abendessen Do–Mo, Mi nur Mittagessen) Man isst hier in einer ruhigen, mo-

dernen Variante einer „Stube", mit frischen Blumen auf den Tischen und aufmerksamen jungen Servicekräften. Hier kann man sich an leckeren regionalen Gerichten satt essen, die mit Sorgfalt zubereitet wurden. Eine ausgezeichnete Wahl zum Mittagessen mit Pastagerichten unter 10 €.

Vögele
SÜDTIROLERISCH €

(0471 97 39 38; Via Goethe 3; Gerichte 19–24 €; 9–1 Uhr) Dieses Restaurant aus dem Jahr 1277, das seit 1840 im Besitz derselben Familie ist, verteilt sich auf mehrere Geschosse voller Antiquitäten. Bekannt ist es für Schnitzel, Steak und Spanferkel. In der dazugehörigen Bar ist immer etwas los.

⭐ Löwengrube
MODERN SÜDTIROLERISCH €€

(0471 98 00 32; www.loewengrube.it; Piazza Dogana 3; Gerichte 45 €; Mo–Sa 10–24 Uhr) Eine himmlische „Stube" aus dem 16. Jh. ist das überraschende Designelement in einer ansonsten supermodernen Ausstattung im beliebtesten neuen Restaurant Bozens. Auf der Karte stehen regionale und mediterrane Gerichte; die geschmacklichen Kombinationen und die Präsentation der Gerichte erweitern kulinarische und geografische Grenzen. Die Servicekräfte sind kompetent und zuvorkommend. Gäste sollten auf jeden Fall einen Blick in den Keller werfen, der von 1280 stammt und eine riesige Weinsammlung beherbergt. Hier sind sowohl international bekannte Weinkellereien vertreten als auch regionale Kleinsterzeuger (die Korkgebühr beträgt moderate 10 €).

Zur Kaiserkron
MODERN SÜDTIROLERISCH €€

(0471 98 02 14; www.kaiserkron.bz; Piazza della Mostra 2; Gerichte 40 €; Mo–Sa 12–14.30 & 17–21.30 Uhr) Zuvorkommend effiziente Servicekräfte begrüßen die Gäste am Eingang zum ruhigen und eleganten Speiseraum. Raffinierte, aber unprätentiöse Varianten regionaler Favoriten füllen die Karte, und die ausgezeichneten Zutaten werden ordentlich in Szene gesetzt. Man ist versucht, einfach nur unter den interessanten Vorspeisen und Pastagerichten zu wählen, aber die Fleischgerichte sind besonders exzellent. Die Weinkarte glänzt mit hervorragenden regionalen Produkten.

Walthers'
MODERN ITALIENISCH €€

(0471 98 25 48; www.walthers.it; Piazza Walther 6; Gerichte 27 €; Mo–Sa 8–1, So bis 19 Uhr) Es empfiehlt sich, erst eine Weinschorle auf der Piazzaterrasse zu genießen, bevor es dann hinein in das gemütlich beleuchtete hintere Zimmer geht, um aromatische, sattmachende Gerichte zu verspeisen, die eine kulinarische Reise von Sizilien bis nach Bozen bieten. Eine lebhafte Klientel und die musikalische Vorliebe der Betreiber für Prince und Blondie – da kann auch einmal aus dem geplanten kurzen Essen durchaus ein kurzweiliger langer Abend werden.

Ausgehen & Nachtleben

Verglichen mit dem schicken, aber ruhigen Trient kann das nächtliche Bozen überraschen. Die makellose Innenstadt mag um 20 Uhr ganz verlassen sein, aber um Mitternacht sieht die Sache anders aus. Einfach den Einheimischen entlang der Via Argentieri und Via Goethe Richtung Piazza delle Erbe oder den Bierhallen – darunter das örtliche Forst und das bayerische Paulaner – folgen.

Enovit
WEINBAR

(Via Dott Streiter 30; Mo–Fr 10–13 & 15.30–20.30, Sa 10–13 Uhr) Eine ältere, gut gekleidete Klientel frequentiert dieses warme, holzverkleidete Ecklokal mit Geschäft. Hier wird nach fachkundiger Beratung regionaler Wein großzügig per Glas ausgeschenkt. Ist es ziemlich voll, wie freitags eigentlich immer, werden die Schließungszeiten schon mal ignoriert.

Il Baccaro
WEINBAR

(Via Argentieri 17; Mo–Fr 9–20, Sa 9–15 Uhr) Diese wundervolle Weinbar in einem Kopfsteinpflastergässchen bietet eine gute, oft wechselnde Auswahl an regionalen oder friaulischen Weinen. Und die Betreiber sind wunderbar. *Stuzzichini* (Snacks) kosten nur ein paar Euro und werden auf Bestellung frisch zubereitet.

Hopfen & Co
SÜDTIROLER KNEIPE

(0471 30 07 88; Piazza delle Erbe 17; Mo–Sa 9.30–1 Uhr) Diese schummerige Kneipe ist ideal, um das dunkle, ungefilterte Bier zu probieren, das im Hause gebraut wird. In diesem ehrwürdigen, 800 Jahre alten Gasthof werden auch herzhafte Portionen traditioneller Gerichte serviert, darunter Sauerkraut und Würstchen, die in Bier zubereitet werden (Gerichte 18 €).

Fischbänke
WEINBAR

(Via Dott Streiter 26; Mo–Fr 12–Sonnenuntergang) Regionale Weine und Bruschetta (ab

6 €) am alten Fischmarkt dank des Bonvivant Cobo; Gäste sitzen an den ursprünglichen Marmortresen des Fischmarkts.

Batzen Bräu
KNEIPE

(☎ 471 05 09 50; www.batzen.it; Via Andreas-Hofer 30; ☯ 12–Mitternacht) Eine Kombination aus traditioneller und moderner Architektur lässt Gäste viele verschiedene Stimmungen erleben, während sie sich den Weg von einem Ende zum anderen bahnen. Ein Biergarten kommt in den plötzlich auftretenden Hitzephasen Bozens sehr gelegen; die Theaterfläche unten verwandelt sich am Wochenende in einen Nachtclub.

Nadamas
BAR

(Piazza delle Erbe 43; ☯ Mo–Sa 9–1 Uhr) Bozens Partyruf hat in dieser Traditionsbar an der Piazza delle Erbe erst so richtig begonnen. Wer sich durch den lebhaften Pulk vorn an der Bar durchkämpfen kann, findet weiter hinten Tische und eine Tapaskarte.

❶ Praktische Informationen

Krankenhaus (☎ 0471 90 81 11; Via Böhler) Liegt außerhalb des Zentrums von Bozen in Richtung Meran.

Polizei (☎ 0471 94 76 80, 0471 94 76 11; Via Marconi 33)

Touristeninformation (☎ 0471 30 70 00; www.bolzano-bozen.it; Piazza Walther 8; ☯ Mo–Fr 9–19, Sa 9.30–18 Uhr)

❶ Unterwegs vor Ort

BUS

SAD (☎ 0471 45 01 11; www.sad.it) Die regionalen SAD Busse fahren vom Busbahnhof aus verschiedene Orte in der ganzen Provinz an, darunter stündliche Verbindungen ins Grödnertal, nach Bruneck und Meran. Mit SAD Bussen kommt man auch in Ferienorte außerhalb der Provinz, wie z. B. nach Cortina d'Ampezzo.

FLUGZEUG

Flughafen Bozen (Aeroporto di Bolzano; ☎ 0471 25 52 55; www.abd-airport.it) Bozens Mini-Flughafen wird zweimal pro Woche aus Rom angeflogen sowie saisonal aus Olbia.

ZUG

Bahnhof (Piazza Stazione) Von Bozens Bahnhof fahren stündlich Züge nach Meran (5 €, 40 Min.), Trient (6,75 €, 30 Min.) und Verona (8 €, 2½ Std.). Weniger häufige Verbindungen gibt es nach Brixen (6 €, 25 Min.) und Bruneck (11,50 €, 1½ Std.) im Pustertal. Züge der Deutschen Bahn fahren via Brenner nach Innsbruck und München.

Meran (Merano)

38 200 EW. / 325 M

Grüne Boulevards, Vogelgezwitscher, Oleander und Kakteen, und das mitten in einer Stadt: Meran hat mitunter schon etwas von einem Shangri-La. Schon lange für ihr sonniges Mikroklima bekannt, war diese außerordentlich hübsche Stadt (und ehemalige Hauptstadt Tirols) bereits im 19. Jh. bei europäischen Urlaubern beliebt. In der Zeit der Habsburger wurde Meran zum angesagten Kurort. Hierher kamen die österreichische königliche Familie, Freud, Kafka und Ezra Pound. Die Jugendstilvillen, Spazierwege im Kurpark und das prächtige Kurhaus am Fluss, die aus dieser Zeit stammen, breiten sich vor dem gut erhaltenen mittelalterlichen Stadtkern aus. Die Kurtradition der Stadt hat ihr im neuen Jahrtausend gute Dienste geleistet: Die Wellnesshotels ziehen eine neue Generation an gesundheitsbewussten Besuchern an und in den benachbarten Tälern boomt der Biotrend.

Hier wird fast durchweg Deutsch gesprochen. In der Stadt finden sich hier und da Würstchen- und Bierstände. Eine jährlich stattfindende Freilichtaufführung feiert Andreas Hofer, den Tiroler Freiheitskämpfer der Napoleonzeit. Trotz der Palmen ist man hier Österreich näher als Rom.

◉ Sehenswertes

Castel Trauttmansdorff
GARTEN

(www.trauttmansdorff.it; Via San Valentino 51a; Garten & Museum Erw./erm. 10,80/7,90 €; ☯ April–Nov. 9–18 Uhr, Sommer Fr bis 23 Uhr) In diesem wunderschönen Botanischen Garten unweit von Meran lässt sich locker ein ganzer Tag verbringen. Exotische Kakteen und Palmen, Obstbäume und Weinreben sowie Beete mit Lilien, Schwertlilien und Tulpen

---

SKIFAHREN IN SÜDTIROL (ALTO ADIGE)

DER ZAUBER DES BERGES

Die Kurkultur ist in Südtirol keine vorübergehende Modeerscheinung. Kuranbieter operieren hier seit über 200 Jahren äußerst erfolgreich und Wellness wird weiterhin sehr ernst genommen. Kuranwender besitzen vielfach eine Sanitäterausbildung, und vielen Gästen bezahlt die Krankenversicherung den Kuraufenthalt. Massage und Hautpflege werden nicht als Luxus angesehen, sondern als Teil eines gesunden Lebensstils.

Für die lokalen Kuranwendungen werden Zutaten aus Feld und Wald verwendet – Pinien, Honig, Äpfel, Weintrauben und Molke, sei es gerührt, zerstoßen oder in Puderform in Päckchen, als Peelings, Massageöl oder Badezusatz. Die ungewöhnlichste und typisch tirolerische Anwendung ist das Heubad. Die „Erfindung" der Heubäder geht auf Landarbeiter zurück, die in frisch gewendeten Heuhaufen ein kurzes, erholsames Nickerchen machten. Heutzutage werden Kurgäste in aromatische Alpengräser, -blumen und -kräuter eingemummelt. Dieser Mulch erhitzt langsam den Körper und setzt eine intensive Mischung heilender Öle frei. Heilende Wirkung? Wer weiß. Entspannend? Ja.

Die Herstellung von schicken Körperpflegeprodukten und Kräutertees, die auf regionalen Traditionen beruhen und Alpenpflanzen verarbeiten, ist hier ebenfalls ein florierendes Geschäft. Wer es nicht in ein Wellnesszentrum schafft, kann sich in Reformhäusern eindecken.

ziehen sich den Hang um die Burg aus der Mitte des 19. Jhs. herunter. Hier verbrachte Kaiserin Sisi manchmal den Sommer. Innen dokumentiert das **Touriseum** zwei Jahrhunderte an Reisen in der Region und stellt dar, wie sich unsere Sehnsucht nach Bergen im Lauf der Zeit verändert hat. Am Seerosenteich befinden sich ein Restaurant und Café.

Kunst Meran　　　　　KUNSTGALERIE
(☏0473 21 26 43; www.kunstmeranoarte.org; Via Portici 16; Erw./erm. 5/4 €; ☺Di–So 10–18, Sommer 11–19 Uhr) In diesem Museum für Moderne Kunst finden Ausstellungen mit Werken bekannter internationaler und regionaler Künstler statt. Das Gebäude stellt einen wohlüberlegten Umbau eines schmalen mittelalterlichen Stadthauses dar. Jeden Monat finden hier bei einem *aperitivo* Vorträge statt.

Castel Tirolo　　　　　MUSEUM
(☏0473 22 02 21; www.schlosstirol.it; Eintritt 6 €; ☺Mitte März–Dez. Di–So 10–17 Uhr, Aug. bis 18 Uhr) Der Stammsitz der Grafen von Tirol beherbergt inzwischen das lebendig kuratierte Museum der Geschichte Tirols. Im Bergfried befindet sich die Darstellung der turbulenten Jahre des 20. Jhs. Man erreicht das Schloss per Sessellift, der von Meran nach Dorf Tirol (Tirolo) führt.

 **Aktivitäten**

6 km östlich der Stadt transportiert eine **Seilbahn** (Via Val di Nova) Wintersportenthu-

siasten hinauf nach **Piffing** im Skigebiet **Meran 2000** (www.hafling-meran2000.eu), das 30 km an Abfahrten (hauptsächlich für Anfänger) bietet. Bus 1B fährt von Meran zur Talstation. Ein **Sessellift** (Via Galilei; eine Strecke/hin & zurück 2,70/4 €; ☺April–Nov. 9–18 Uhr, Sommer bis 19 Uhr) führt zum **Dorf Tirol** (Tirolo). Die Touristeninformation hält Infos zu den vielen anderen Seilbahnen und Sessselliften bereit, die die Stadt umgeben.

Der Abendspaziergang (*passeggiata*) hat in Meran schon lange Tradition. Wege aus dem Fin de Siècle führen am Fluss entlang, durchqueren hübsche Parks und umrunden den **Monte Benedetto** (514 m). Ein Winter- und ein Sommerweg, einer schattig, einer sonnig, liegen an unterschiedlichen Flussufern. Die **Gilfpromenade** folgt 24 Gedichten, die in Holzbänke eingraviert sind. (Die Bänke laden auch zu einer Pause ein.) Die **Tappeiner** windet sich 4 km oberhalb der Stadt entlang. Die Touristeninformation bietet im Sommer Führer oder stellt detailliertes Kartenmaterial bereit. Alle Routen sind gut ausgeschildert.

Terme Merano　　　　　THERMALBAD
(☏0473 25 20 00; www.thermemeran.it; Piazza Terme 1; Schwimmpass 2 Std. Erw./Kind 12/8 €, Tageskarte 18/11 €; ☺9–22 Uhr) 2005 wurde die Meraner Therme nach einer grundlegenden Modernisierung wiedereröffnet – für den gebürtigen Meraner Matteo Thun war dies ein Traumauftrag. 13 Innenpools und verschiedene Saunen werden von einem riesigen Glaskubus umgeben; im Sommer

TRENTINO & DIE DOLOMITEN MERAN (MERANO)

kommen noch 12 Außenpools dazu. Wer durch die Schleuse hindurchschwimmt, kann sich am Anblick von Palmengärten und schneebedeckten Bergen erfreuen. Wer zum ersten Mal die Therme besucht, kann sich von den freundlichen Mitarbeitern am Empfang erklären lassen, wie das potenziell verwirrende System an Umkleiden funktioniert. Auf der Webseite befinden sich Infos zum ausgezeichneten Wellnesszentrum.

🛏 Schlafen

Jugendherberge Meran HOSTEL €
(☎0473 20 14 75; meran.jugendherberge.it; Via Carducci 77; B/EZ 22/24,50 €; P@🛜♿) Nur einen kurzen Fußweg vom Bahnhof und von der Flusspromenade entfernt, liegt dieses helle und moderne Hostel mit sonniger Terrasse and weiteren Freizeitextras. Es gibt 59 Betten, entweder Einzelzimmer oder Mehrbettzimmer mit eigenem Bad.

⭐ Miramonti BOUTIQUEHOTEL €€
(☎0473 27 93 35; www.hotel-miramonti.com; Via Santa Caterina 14, Avelengo; DZ 170 €; P✳🛰♿) Dieses außergewöhnliche kleine Hotel, das 15 Minuten Autofahrt außerhalb der Stadt liegt, schmiegt sich auf 1230 m Höhe an einen Berghang. Die Zimmer sind riesig, gemütlich und bieten einen umwerfenden Ausblick – bei dieser traumhaften Kombination möchten Gäste das Zimmer am liebsten gar nicht mehr verlassen. Aber die Wellnesseinrichtungen, eine Sonnenterrasse mit Lammfellen und Decken bzw. ein bisschen Waldtherapie im benachbarten Forst sind ebenfalls verlockend. Das gläserne **Panoramarestaurant** steht auch Nicht-Gästen offen und serviert gewagte, wunderbar präsentierte Gerichte aus regionalen Zutaten. Das gesamte junge Team ist ein Paradebeispiel Südtiroler Gastlichkeit – durchaus entspannt, aber mit einem wachsamen Auge für jedes Detail.

Hotel Aurora HOTEL €€
(☎0473 21 18 00; www.hotelaurora.bz; Passeggiata lungo Passirio 38; EZ/DZ 120/180 €; P✳🛜) Dieses traditionelle Familienhotel, das der Therme auf der anderen Flussseite direkt gegenüberliegt, setzt moderne Ideen um. Die neuen Zimmer haben italienisches Design, sind hell und schick. Aber die Zimmer aus den 1960er-Jahren mit Parkettboden haben durchaus ihren eigenen Charme (und Balkon). Überall in den Fluren befinden sich Möbelstücke aus der Mitte des 20. Jhs, die auch einem New Yorker Loft gut zu Gesicht stünden.

Ottmanngut BOUTIQUEHOTEL €€€
(☎0473 44 96 56; www.ottmanngut.it; Via Verdi 18; EZ/DZ 115/230 €; 🛜) 🍃 Dieses Boutiquehotel ist der Inbegriff von Merans bezaubernder Mischung aus würdevoller Eleganz, natürlicher Schönheit und leicht bohèmehaftem Flair. Das umgebaute Stadthaus bietet auf seinen drei Etagen neun Zimmer und liegt in einem terrassenförmigen Weinberg nur fünf Minuten zu Fuß vom Ortskern. Das Innendekor ist durchdacht und vielschichtig: Es zollt der langen Geschichte des Gebäudes Respekt, ist aber erfrischend zeitgenössisch. Die individuell eingerichteten Zimmer mit ihren vielen Antiquitäten erzeugen alle eine unterschiedliche Stimmung und untermalen die jeweilige Landschaft, die vom Fenster aus zu erblicken ist.

Imperial Art Hotel DESIGNHOTEL €€€
(☎0473 23 71 72; www.imperialart.it; Corso della Libertà 110; DZ 200–350 €; ✳🛜) Dieses unscheinbare, aber äußerst angenehme Hotel befindet sich im Obergeschoss eines ehemaligen Kaffeepalasts aus der Zeit des Belle Époque. Die elf Zimmer wurden jeweils von verschiedenen Künstlern eingerichtet – Tiroler Möbel wandeln sich in eine Neo-Geo-Abstraktion, samtene Bezüge und dunkel getönte Wände erinnern an das ehemalige Hotel Bristol, ein Kleiderschrank und Wände glänzen wie Aluminium.

🍴 Essen & Ausgehen

Passend zu einer Stadt, die sich inzwischen dem körperlichen Wohlbefinden widmet, hat Meran einige ausgezeichnete Restaurants zu bieten, darunter **Sissi** und **Castel Fragsburg**, die beide mit Michelin-Sternen ausgezeichnet worden sind. Die Via Portici quillt über vor Speck-Delikatessen, Konditoreien säumen den Corso della Libertà, und es gibt mehr Lokale, als man sich vorstellen kann – oft in kleinen Nebenstraßen versteckt.

⭐ Pur Südtirol KUNSTHANDWERK, WEINBAR €
(www.pursuedtirol.com; Corso della Libertà 35; Tellergerichte ab 7 €; ♿) Dieser schicke Laden für regionale Produkte bietet eine gute Bandbreite an landwirtschaftlichen Produkten: Wein, Most, Käse (an die 80 Sorten), Speck und Wurst, Teilchen und Brot, Kräutertees und Körperpflegeprodukte. Regio-

IMMER DEM WEIN NACH

Wer Südtirols Weinstraße von Bozen aus weit genug nach Süden folgt, trifft auf das **Paradeis** (Alois Lageder; ☏ 0471 80 95 80; www.aloislageder.eu/paradeis; Piazza Geltrude 5, Magrè; ⊙ 10–20 Uhr, Speiseraum Mo–Sa 12–16, Do bis 23 Uhr). Alle Gäste sitzen zusammen an einem langen Holztisch, der aus einer 250 Jahre alten Eiche gefertigt wurde, um in der biodynamischen Weinschenke/*vineria* von Alois Lageder, Winzer in der vierten Generation, Wein zu verkosten. Man hat die Wahl – entweder für mittags einen Tisch im umwerfenden Speiseraum reservieren oder genüsslich eine Flasche Wein und einen Käseteller im hübschen Innenhof konsumieren. Weißweine – hochwertig, fast deutsch anmutend, aber mit der Wärme und der *joie de vivre* eines italienischen Sommers – stehen hier hoch im Kurs. Über 70 % der Produktion ist Pinot Grigio, Chardonnay und Gewürztraminer gewidmet. Aber auch Lageders Pinot Noir und regionaler Lagrein werden sehr geschätzt.

Wem der Sinn nach noch mehr Weinproben steht oder wer einfach einen schönen Tag auf dem Rad verbringen möchte, kann der Weinstraße folgen, die nördlich von Bozen in Nals beginnt und sich dann an Terlan (Terlano) vorbei durch Überetsch (Oltradige) und Unterland (Bassa Atesina) bis nach Salurn (Salorno) schlängelt. Regionale Trauben säumen die Straße: Lagrein, Vernatsch und örtlicher Gewürztraminer, daneben die gut angepassten, importierten Sorten Pinot Blanc, Sauvignon, Merlot und Cabernet. Infos zu Weinkellern, Unterkünften und Radwegen sind unter www.weinstrasse.com zu finden.

naler können Produkte nicht sein. Anton Oberhöllers Schokolade gibt es mit Äpfeln, Zitronenmelisse oder Schüttelbrot als überraschende Zutaten. In einer Ecke des Ladens finden sich Auftragsarbeiten aus Holz, Glas und Stoff. Hier kann man auch einen Kaffee, ein Glas Wein oder eine zünftige *Brettljause* – einen deftigen Wursteller – an einem der Gemeinschaftstische zu sich nehmen.

Forsterbräu BRAUEREI €€
(☏ 0473 23 65 35; Corso della Libertà 90; Gerichte 25 €; ⊙ 10.30–Mitternacht) Dieses Brauereirestaurant hat einen riesigen Biergarten und mehrere wunderbar entworfene und gemütliche Speiseräume. Hier trinkt man ein Bier oder isst Gulaschsuppe, Forelle und Wildschweinbraten in großzügigen Portionen.

Kallmünz GOURMETRESTAURANT €€€
(☏ 0473 21 29 17; www.kallmuenz.it; Piazza della Rena 12; Gerichte 47 €, Degustation 50–65 €; ⊙ Di–So) Mit grob verputzten Wänden und dunklen Deckenbalken ist der Speiseraum theatralisch schlicht, und auch das Essen findet einen Mittelweg zwischen witzigem Experimentieren und dem Ansatz, großartige (meiste regionale) Zutaten für sich sprechen zu lassen. Der Wein stammt von örtlichen Weinbergen und ist gar nicht teuer. Wer den Empfehlungen des vier- und fünfsprachigen, schwarz gekleideten Servicepersonals folgt, liegt eigentlich immer richtig.

Café Kunsthaus BAR, CAFÉ
(Via Portici 16; ⊙ Mo–Do & So 9–19, Fr & Sa 9–1 Uhr) In dieser legeren Galerie mit Café kann man ein paar Stunden verbringen – und ehe man sich versieht ist man immer noch da, wenn die DJs loslegen und Bier und Pizza die Runde machen. Abends ist der Eingang hinten von der Gasse, die von der Via Risparmio abführt.

ℹ Praktische Informationen

Ospedale Civile Tappeiner (☏ 0473 26 33 33; Via Rossini 5) Für medizinische Notfälle.
Touristeninformation (☏ 0473 23 52 23; www.meraninfo.it; Corso Libertà 35; ⊙ Mo–Sa 9–18, So 10–12 Uhr)

ℹ Unterwegs vor Ort

SAD Busse fahren von Merans **Busbahnhof** (Piazza Stazione) aus Dörfer in der Texlergruppe (Gruppo del Tessa), Silandro und den Tälern, die zum Stilfserjoch Nationalpark und dem Ortlergebiet führen, an.

Bozen (5 €, fast stdl.) ist nur 40 Minuten per Zug vom Meraner Bahnhof (Piazza Stazione) entfernt, während die Vinschgau/Venosta Bahnlinie westlich nach Malles fährt, von wo aus Busse in die Schweiz oder nach Österreich abfahren.

Neben dem **Bahnhof** können Fahrräder und Helme ausgeliehen werden; die **Bikemobil Card** (www.suedtirolbike.it; 1/3/7 Tage 24/30/34 €, Kinder halber Preis; ⊙ April–Nov.) umfasst neben dem Verleih auch unbegrenzte Fahrten mit den Regionalzügen. Radwege verlaufen entlang der 65 km langen Strecke zwischen Bozen, Meran und Malles.

Vinschgau (Val Venosta)

In diesem hübschen, landwirtschaftlich geprägten Gebirgstal im Nordwesten finden sich hier und da Obsthöfe, Bauernhöfe und kleine, meist kulturwirtschaftliche Betriebe, darunter Marmorsteinbrüche und Werkstätten. Das Tal mag etwas entlegen wirken, da es von riesigen schneebedeckten Alpengipfeln umgeben ist, aber für einen Großteil seiner Geschichte war dies ein überaus lebendiges Grenzgebiet, durch das viele Reisende kamen.

⊙ Sehenswertes

Glurns
DORF

(Glorenza) Diese mittelalterliche Stadt mit einer Stadtmauer spielte einst im Salzhandel der Region eine zentrale Rolle. Ihre adretten Bürgerhäuser, kleinen Geschäfte mit Kolonnaden, Stadttore, Befestigungen und Wälle wurden in den 1970er-Jahren geschichtstreu restauriert. Zwar wirkt die Stadt durchaus pittoresk, sie hat sich aber auch eine beruhigende Normalität bewahrt, und die Straße in die Schweiz führt mitten durch den Ort.

Marienberg
KLOSTER

(www.marienberg.it; Malles; Museumseintritt Erw./erm. 5/2,50 €; ⊙ Mo–Sa 10–19 Uhr, Jan., Feb. & Nov. geschlossen) Das wunderschöne Benediktinerkloster Marienberg, das 1340 m oberhalb von **Malles** thront, beherbergt ein Museum, das seine acht Jahrhunderte klösterlichen Lebens dokumentiert. Die Fahrt hinauf lohnt bereits für den prächtigen Ausblick und die Architektur der Anlage.

Reschensee
SEE

Der tiefblaue Reschensee (Lago di Resia), der kurz vor dem Reschenpass (Passo di Resia) und der österreichischen Grenze liegt, verdankt seine Existenz Staudammprojekten der 1950er-Jahre. Er ist im Sommer beliebtes Ausflugsziel für Segler und Kiteboarder und im Winter für Eisangler und Snowkiter. Außerdem ist er Tor zum Skiparadies Reschenpass. Der versunkene romanische Kirchturm, der aus dem See herausragt, ist hier das Fotomotiv schlechthin, aber ein berührender Anblick ist es auch.

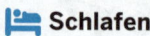 Schlafen

Gasthof Grüner Baum
BOUTIQUEHOTEL €€

(☏ 0473 83 12 06; www.gasthofgruenerbaum.it; Piazza della Città 7, Glorenza; DZ 116 €; P✳🛜) Der kultivierte Gasthof Grüner Baum verbindet überwältigende moderne Architektur, authentischen Charme und dezenten Luxus. Alle Zimmer sind standardmäßig mit frei stehenden Badewannen, schönen Antiquitäten und handgefertigten Möbeln ausgestattet.

ⓘ An- & Weiterreise

Zum Vinschgau verkehrt von Meran aus eine Linie der SüdtirolBahn; von Malles fahren Busse der PostAuto Schweiz nach Zernez jenseits der Grenze, und die SAD Buslinie 273 fährt Nauders in Österreich an. Mit Südtirol Express kommt man per Bus nach Zürich.

Ein Teil der uralten Via Claudia Augusta ist inzwischen ein einfacher und faszinierender Radweg (80 km) von Meran nach Malles.

Nationalpark Stilfserjoch (Parco Nazionale dello Stelvio)

Mit einer Gesamtfläche von 1346 km² ist der **Nationalpark Stilfserjoch (Parco Nazionale dello Stelvio)** (☏ 0469 0 30 46; www.stelviopark.it) der größte Nationalpark Norditaliens (und der Alpen). Er reicht bis in die benachbarte Lombardei und grenzt an den Schweizer Nationalpark.

Das Schutzgebiet zieht mit seinem ausgedehnten Netz an gut organisierten Berghütten und ausgewiesenen Wegen hauptsächlich Wanderer an. Die Routen sind zwar oft anspruchsvoll, setzen jedoch, anders als sonst in den Dolomiten, keine Klettererfahrung voraus. Das Zentralmassiv wird durch die Gipfel **Monte Cevedale** (3769 m) und **Ortles** (3905 m) gekrönt; der Park schützt Gletscher, Wälder und viele Tierarten, ganz zu schweigen von der Geschichte und dem Brauchtum der Region.

Skianlagen sind hier eher selten, doch bietet auch das Stilfserjoch ein paar gut gepflegte Abfahrtspisten; man findet sie in **Sulden (Solda)** und am **Stilfserjoch** (Passo dello Stelvio; 2757 m). Beide ermöglichen ganzjähriges Skivergnügen. Das Stilfserjoch ist der zweithöchste Pass der Alpen: Von Norden erreicht man über das Bergdörfchen **Trafoi** (1543 m) den Alpenpass, der wegen seiner zahlreichen Serpentinen zu den spektakulärsten Straßen Europas gehört. Auf der 15 km langen Serpentinenstrecke gibt es einige steile Anstiege (und Haarnadelkurven). Auch deshalb genießt der Alpenpass unter Radsportlern einen berühmt-berüchtigten Ruf: Sie trainieren den ganzen Winter, um sich auf den knochenharten Anstieg (der schon öfters Teil des *Giro d'Italia* war) vorzubereiten. Der hoch gelegene, spektakuläre Pass ist nur von Juni bis September geöffnet, und auch dann kann die Straße jederzeit geschlossen werden, falls es zu (sehr späten bzw. frühen) Schneefällen kommt.

Bormio

Bormio (1125 m), das südlich des Passo dello Stelvio liegt, befindet sich übrigens in der Lombardei, fungiert aber als inoffizielle Zentrale des Nationalparks. Aufgrund seiner Nähe zu einigen der höchsten Abfahrten Italiens ist es ein beliebter Skiort. Von Oktober bis Mai fährt man am besten aus Richtung Sondalo in der Lombardei nach Bormio oder aber via Tubre in die Schweiz, um dann den Tunnel Munt la Schera nach Livigno zu nehmen. Die **Cima Bianca** erhebt sich direkt hinter ddem Ort, während die ganzjährig befahrbare **Pista Stelvio** auf einer Gesamtstrecke von 8 km einen Höhenunterschied von 1800 m überwindet.

Die inzwischen sehr schicken Thermalquellen der Stadt sind bereits seit der Römerzeit berühmt (auch Leonardo da Vinci badete hier schon gerne). Die Bormio **Touristeninformation** (☑ 0342 90 33 00; www.bormioonline.com; Via Roma 131b) hält Landkarten, aktuelle Wettervorhersagen und Wandertipps bereit.

Suldental (Val di Solda)

Das Dorf **Sulden** (Solda; 1906 m) liegt ganz am Ende des tiefen, dunklen Tals gleichen Namens und wird von 14 Gipfeln umringt, die mehr als 3000 m hoch sind. Dieser ruhige Skiort verwandelt sich im Sommer in einen geschäftigen Ausgangspunkt für Wanderer und Kletterer. Anspruchsvolle Wege führen schnell hoch hinaus, darunter Weg Nr. 28, der über den Passo di Madriccio (3123 m) ins Martelltal führt.

Das **Messner Mountain Museum – Ortles** (☑ 0473 61 32 66; www.messner-mountain-museum.it; Erw./erm. 6/5 €; ⊗ Mi–Mo 14–18, Sommer 13–19 Uhr, Mai & Nov. geschlossen), das sich tatsächlich in einem Berg befindet, hat den thematischen Schwerpunkt „ewiges Eis". Messners Restaurant **Yak & Yeti** (☑ 0473 61 35 77; Località Solda 55) befindet sich direkt am Eingang, in einem Bauernhaus aus dem 17. Jh.

Soldas **Touristeninformation** (☑ 0473 61 30 15; www.ortlergebiet.it; ⊗ Mo–Fr 9–12 & 15–18, Sa 9–12 Uhr) hält Infos zu Aktivitäten bereit, und die Ortles Tourismuswebseite bietet einen umfassenden Buchungsservice für Unterkünfte. SAD Busse verbinden Sulden mit Meran (via Spondigna), allerdings nur an Werktagen im Sommer.

Grödnertal (Val Gardena/ Gherdëina)

Trotz seiner Nähe zu Bozen hat die historische Isolation des Grödnertals inmitten der Zinnen der Sellagruppe und dem Sassolungo (Langkofel) dazu geführt, dass viele Traditionen aus der Zeit vor dem Massentourismus überlebt haben. Hier wird noch hauptsächlich Ladinisch gesprochen, und dieses sprachliche Erbe wird sorgfältig bewahrt. Die hübschen, lebendigen Dörfer enthalten viele Hinweise auf ihre eigene Kultur, seien es traditionell-rustikale Architektur oder eine Vielzahl von Läden, die Holzschnitzarbeiten verkaufen.

In jüngster Zeit ist das Tal ein Skigebiet für jedermann geworden. Der Schwerpunkt liegt eindeutig auf klassischen Abfahrten und feinem Pulverschnee. Die dreisprachigen Hauptorte des Tals **St. Ulrich** (Ortisei; 5650 Ew., 1236 m), **Santa Cristina** (1900 Erw., 1428 m) und **Wolkenstein** (Selva; 2580 Ew., 1563 m) bieten gute Skimöglichkeiten.

⊚ Sehenswertes

Museum de Gherdëina   MUSEUM
(☑ 0471 79 75 54; www.museumgherdeina.it; Via Rezia 83, Ortisei; Erw./erm. 7/4,50 €; ⊗ Mo–Fr 10–12 & 14–18 Uhr, im Winter montags geschlossen) St. Ulrichs Museum de Gherdëina beherbergt eine zauberhafte Ausstellung an Holzfiguren und -skulpturen.

🏃 Aktivitäten

Zusätzlich zu seinen eigenen guten Abfahrten ist das Tal Teil der Sella Ronda und des Dolomiti-Superski-Gebiets. Die Skipässe für Grödnertal–Seiser Alm kosten für 1/3/ 7 Tage 42/121/226 €.

Vallunga bei Selva ist einer der besten Langlauforte der Region. Um Forcella

Pordoi und Val Lasties in der Sellagruppe und am Langkofel gibt es herrliche Loipen.

Das Gebiet ist aber auch ein Wanderparadies. Es bietet sich viele Möglichkeiten – von den anspruchsvollen **Alte Vie** der Sellagruppe und dem wunderbaren **Naturpark Puez-Geisler (Parco Naturale Puez-Odle)** bis hin zu malerischen Spaziergängen für Wanderer aller Fitnessstufen, darunter die **Naturonda**, ein ausgeschilderter Natur- und Geologielehrpfad, der am **Passo di Sella** (2244 m) beginnt.

Im Sommer bringen Seilbahnen Wanderer von allen drei Orten im Tal in die Berge. Von St. Ulrich aus führt die Seilbahn nach **Seceda** auf 2518 m Höhe. Von hier hat man einen unvergesslichen Blick auf die Geislergruppe (Gruppo di Odle), deren Gipfel an die Türme einer gotischen Kathedrale erinnern. Von Seceda aus führt Weg Nr. 2A durch eine typische Alpenlandschaft – unglaublich grüne, sanft abfallende Weiden, auf denen hier und da hölzerne *malghe* (Schäferhütten) stehen.

Die Sella und Langkofel-Wanderwege erreicht man von den Ferienorten des Grödnertals (oder Canazei) aus mit dem Bus nach Passo di Sella oder **Passo di Pordoi** (auf einige Serpentinen gefasst machen). Vom Passo di Pordoi (2239 m) fährt eine Seilbahn zum Sasso Pordoi (2950 m) hinauf.

🛏 Schlafen & Essen

Wer eine Woche oder länger in den Bergen verbringen möchte, tut gut daran, sich die attraktiven Hotelangebote für eine Woche Halbpension anzuschauen. Sie sind preiswerter als die Hotels in Alta Badia oder Val di Fassa, und die Hotelrestaurants hier sind ebenfalls oft sehr gut.

Saslong Smart Hotel   HOTEL €

(☎0471 77 44 44; www.saslong.eu; Strada Palua; DZ 80 €; 🐾) Die Zimmer sind klein, aber elegant (Antonio Citterio war beim Design beteiligt) und komfortabel; das smarte Konzept hält die Zimmerpreise niedrig, denn tägliche Zimmerreinigung und Frühstück sind optional. Bei kurzen Aufenthalten wird ein Aufschlag erhoben, meist 15 € pro Nacht.

Charme Hotel Uridl   HOTEL €€

(☎0471 79 32 15; www.uridl.it; Via Chemun 43; HP EZ/DZ 100/190 €; P✳@) Dieses freundliche, urige Hotel liegt etwas versteckt hinter der Kirche im ehemals oberen Dorf. Es bietet schlichte, aber helle Zimmer, eine traditionelle Stube und vom sonnigen Garten aus einen wunderbaren Blick zurück über das Tal.

Chalet Gerard   HOTEL €€€

(☎0471 79 52 74; www.chalet-gerard.com; Plan de Gralba; HP EZ/DZ 150/260 €; 🐾🚗) Ein wahrhaft umwerfendes modernes Chalet mit Panoramablick und tollen Zimmern, nur 10 Minuten mit dem Auto von Wolkenstein entfernt. Im Angebot: Relaxen an den von einem Architekten entworfenen Feuerstellen oder ein Dampfbad – und man kann sogar auf Skiern bis zum Haus fahren. Das Restaurant ist romantisch – mit viel Kiefernholz, Filz und Kerzenlicht – und hat einen sehr guten Ruf.

ℹ Praktische Informationen

Ortisei Touristeninformation (☎0471 77 76 00; www.valgardena.it; Via Rezia 1; ◷Mo–Sa 8.30–12.30 & 14.30–18.30pm, So 9–12 & 17–18.30 Uhr)

Santa Cristina Touristeninformation (☎0471 77 78 00; www.valgardena.it; Via Chemun 9; ◷Mo–Sa 8.30–12.30 & 14.30–18.30, So 9–12 Uhr)

Scuola di Alpinismo Catores (☎0471 79 82 23; www.catores.com; Piazza Stettenect 1; ◷17.30–19 Uhr) Bietet Botanikwanderungen, Kletterkurse, Gletscherexkursionen und Trekkingtouren.

Selva Touristeninformation (☎0471 77 79 00; www.valgardena.it; Via Mëisules 213; ◷Mo–Sa 8.30–12 & 15–18.30, So 9–12 & 17–18.30 Uhr)

Medizinisches Zentrum (☎Dolomiti Sportclinic, Zweigstellen in Ortisei 0471 08 60 00, Ortisei 0471 79 77 85 und Selva 0471 79 42 66)

ℹ An- & Weiterreise

Das Grödnertal erreicht man von Bozen und Brixen aus ganzjährig mit SAD Bussen, im Sommer auch von den Nachbartälern.

Regelmäßige Busse verbinden das ganze Jahr über die Orte entlang des Tals, darunter ein Nachtbus am Wochenende. Im Winter fährt der **Val Gardena Ski Express** eine Schleife zwischen den Dörfern und den Skilifts (7-Tages-Pass 7 €). Die Touristeninformationen haben den Fahrplan.

Im Sommer lässt sich die **Sella Ronda** mit dem Bus umfahren; dabei werden Passo Gardena, Passo Campolongo, Passo Sella und Passo Pordoi angefahren.

Mit dem **Val Gardena Ticket** lassen sich die regionalen Verkehrsmittel und die in Betrieb befindlichen Sommerlifte unbegrenzt benutzen (3/6 Tage 62/82 €).

Seiser Alm (Alpe di Siusi) & Naturpark Schlern-Rosengarten (Parco Naturale Sciliar-Catinaccio)

Es gibt wenige Kontraste, die schärfer oder schöner sind als die sanft gewellten grünen Weiden der Seiser Alm – der größten Alm Europas – vor der imposanten Kulisse des Schlerngebirges. Im Südosten erhebt sich der stärker gezackte Rosengarten (Catinaccio). Seinen deutschen Namen verdankt der Bergstock der schön-schaurigen Rosafärbung des Dolomitengesteins bei Sonnenuntergang. Beide Gebiete werden durch den Naturpark Schlern-Rosengarten (Parco Naturale Sciliar-Catinaccio) geschützt. Typisch für die Gegend sind Kirchen mit Zwiebeltürmen; die Dörfer in den sanften Tälern – darunter **Kastelruth** (Castelrotto), **Völs am Schlern** (Fiè allo Sciliar) und **Seis** (Siusi) – werden liebevoll gepflegt.

Aktivitäten

Die Gegend gehört zum Skiverbund Superski-Dolomiti. Die Gegend ist ideal für Skifahrer und für Langläufer, aber auch für Schneeschuhwanderungen geeignet.

Die sanften Hänge der Seiser Alm eignen sich besonders als Wanderregion für Familien mit Kindern; eine durchschnittliche Fitness reicht, um den **Rifugio Bolzano** (☏ 0471 61 20 24; www.schlernhaus.it; ⊙ Juni–Okt.) zu erreichen. Die Hütte zählt zu den ältesten Alpenhütten und liegt auf 2457 m direkt unter dem **Petz** (Monte Pez; 2564 m), dem Hauptgipfel des Schlern. Von Compatsch (Compaccio) fährt ein **Panorama-Sessellift** (einfache Fahrt/hin & zurück 3,50/5 €) zum Alpenhotel hinauf, von dort führen die Wanderwege 5 und 1 zur Hütte, von der aus der Petz einfach erreichbar ist (insgesamt 3 Std. Gehzeit). Die gezackten Gipfel des Rosengartens und des Langkofel (Sassolungo) sind ebenfalls nicht weit entfernt und bei Bergsteigern aus aller Welt bekannt. Neben mehreren Klettersteigen (*vie ferrate*) gibt es auch eine Reihe guter Mountainbikerouten. Am besten lassen sich die Gipfel von Vigo di Fassa im Fassatal (Val di Fassa) erreichen.

Pferde sind ein wichtiger Bestandteil des hiesigen Lebens und Brauchtums. Es ist schon schön anzusehen, wie ein fuchsfarbenes Haflingerpony über diese endlosen Weiden galoppiert. Reitställe finden sich in der ganzen Region.

Die **Seiser Alm Bahn** (www.seiseralmbahn.it; eine Strecke/hin & zurück 9/13,50 €; ⊙ Mitte Dez.–März & Mitte Mai–Okt. 8–18 Uhr) befördert Gäste auf einer schwindelerregenden, 15-minütigen Fahrt die 4300 m (800 Höhenmeter) von Seis nach Compatsch (Compaccio). Die Straße zwischen den beiden Orten ist während der Betriebszeit der Seilbahn für den normalen Verkehr gesperrt.

Schlafen & Essen

Martina Breakfast Lodge
HOTEL €

(☏ 0471 70 6 361; www.martina-lodge.com; Via Panider 19, Castelrotto; DZ 110 €; P ⊕ 🖥 👪) Dieses kürzlich renovierte Hotel liegt an der Straße unweit des historischen Ortskerns von Kastelruth und bietet helle, moderne Zimmer. Besonders zu empfehlen sind die Zimmer mit Balkon und Ausblick auf Schlern (Sciliar) und Puflatsch (Bullaccia). Zu den willkommenen Extras gehören Küchen in den größeren Ferienwohnungen, kostenlose Waschmaschinenbenutzung und eine Sauna.

★ Hotel Heubad
WELLNESSHOTEL €€

(☏ 0471 72 50 20; www.hotelheubad.com; Via Sciliar 12, Fiè; EZ/DZ 99/180 €; P ⊕ 🖥 👪) Als wären der hübsche Garten, die schönen Aufenthaltsbereiche sowie der Ausblick nicht schon entspannend genug – dieses Hotel ist außerdem für die typisch Tiroler Heubäder bekannt, die es seit 1903 gibt und nach denen das Hotel benannt ist. Der herrliche Service liegt in den Händen der Ur- bzw. Ur-Ur-Enkel des Hotelbegründers; die Zimmer sind modern, hell und geräumig.

Schagaguler
HOTEL €€€

(☏ 0471 71 21 00; www.schgaguler.com; Via Dolomiti 2; HP pro Pers. 99–170 €; P ⊕ 🛜) Elegante Zimmer mit viel hellem Holz bieten umwerfende Landschaftspanoramen vom Badezimmer aus, vom Schlafzimmer, vom Wohnzimmer. Die Weinbar Rubin im Erdgeschoss ist ein urbaner Treff.

ⓘ Praktische Informationen

Castelrotto Touristeninformation (☏ 0471 70 63 33; www.alpedisiusi.info; Piazza Kraus 1; ⊙ Mo–Fr 8–12 & 14–18, Sa 8–12 Uhr)
Fiè allo Sciliar Touristeninformation (☏ 0471 72 50 27; www.alpedisiusi.info; Via Bolzano 4; ⊙ Mo–Fr 8–12 & 14–18, Sa 8–12 Uhr)

REINHOLD MESSNER

Zwar kommt ein Großteil der Wanderer in den Dolomiten aus Deutschland, aber Reinhold Messner, der als bester Bergsteiger aller Zeiten verehrt wird, ist tatsächlich Italiener (wenn auch ein deutschsprachiger) und stammt aus der Südtiroler Stadt Brixen (Bressanone).

Messner wuchs in der Welt der spitzen, verlockenden Dolomitengipfeln auf. Mit fünf bestieg er seinen ersten Alpengipfel, mit Anfang 20 wurde er in der harten Bergsteigerwelt als Nachwuchstalent bekannt. Er lehnte die „Belagerungstaktiken" der traditionellen Himalaya-Expeditionen der 1960er-Jahre entschieden ab. Messner sprach sich stattdessen für eine einfachere, alpine Form des Kletterns aus – zügige Aufstiege mit minimaler Ausrüstung. In den 1970er-Jahren hatte er den Mount Everest im Visier und verkündete selbstbewusst sein Vorhaben, den Berg „mit fairen Mitteln", d. h. ohne zusätzlichen Sauerstoff, zu besteigen.

Sein Vorhaben gelang ihm auf heroische Weise 1978, als Messner und der Österreicher Peter Habeler als Erste ohne Sauerstoff den Gipfel erreichten – eine Leistung, die zur damaligen Zeit als physisch unmöglich, wenn nicht sogar als selbstmörderisch galt. Die Teamleistung reichte ihm jedoch nicht: Messner kehrte zwei Jahre später zurück und kämpfte sich – wieder ohne Sauerstoff – allein an der Nordseite des Bergs bis zum Gipfel hoch. Eine schier übermenschliche Leistung.

Messners Leistungen haben seine Bergsteigerkollegen schon lange fasziniert. Nicht nur war seine aerobische Kapazität für einen Mann seines Alters eher durchschnittlich, außerdem fehlten ihm während eines Großteils seiner Bergsteigerkarriere drei Finger und sieben Zehen, die ihm bei der unglückseligen Himalaya-Expedition 1970, bei der tragischerweise sein jüngerer Bruder Günther starb, abgefroren waren.

Trotz fortschreitenden Alters schaffte Messner mit eisernem Willen 1986 einen weiteren Rekord, als er mit 42 Jahren als erster Mensch der Welt alle Achttausender (14 Gipfel mit über 8000 m) bestiegen hatte. Statt des wohlverdienten Ruhestands nahm er anschließend an der ersten Überquerung der Antarktis zu Fuß teil.

Inzwischen lässt es Messner bei seinen Touren etwas ruhiger angehen und ist hauptsächlich in den Dolomiten unterwegs. Nach dem Ende seines Mandats als Europaabgeordneter für die italienischen Grünen widmet er sich nun seinem Museumsquintett, das die Berge der ganzen Welt erkundet.

Siusi Touristeninformation (☏ 0471 70 70 24; www.alpedisiusi.info; Via Sciliar 16; ⏱ Mo–Fr 8–12 & 14–18, Sa 8–12 Uhr)

ℹ An- & Weiterreise

SAD (www.sad.it) Betreibt Busse von Bozen, dem Val Gardena und Brixen zur Seiser Alm.
Silbernagl (☏ 0471 70 74 00; www.silbernagl. it) Die Busse fahren von Kastelruth und Seis zur Seiser Alm.

Gadertal (Val Badia) & Fanes-Alpe (Alpe di Fanes)

Seit Jahrhunderten ranken sich stimmungsvolle ladinische Legenden um diese mystische Landschaft, die auch JRR Tolkien inspiriert hat. Es überrascht daher nicht, dass sowohl das Tal als auch die benachbarte Fanes-Hochebene oft zu den stimmungsvollsten Orten in den Dolomiten

gezählt werden. Seit 1980 stehen sie als Teil des Naturparks Fanes-Sennes-Prags (Parco Naturale di Fanes-Sennes-Braies) unter Schutz. Die Dörfer des Tals – **Colfosco** (1645 m), **Pedraces** (1324 m), **La Villa** (1433 m), **San Cassiano** (St Kassian; 1537 m) und **Corvara** (1568 m) – bilden zusammen das Skigebiet Alta Badia. Zwar sind es schon exklusive Skiorte, aber sie haben sich trotzdem eine relative Ruhe und einen eigenen Charakter bewahrt.

Aktivitäten

Das Skigebiet Alta Badia liegt an der Sella Ronda und lässt sich am besten von Corvara erreichen. Es ist Teil des Gebiets Dolomiti Superski. Alta-Badia-Skipässe für 1/3/7 Tage kosten ab 41/121/226 €. Von den 130 km an Abfahrten, die das Skigebiet umfasst, ist **Gran Risa**, 4,5 km nördlich von Corvara in La Villa, zweifellos die berühmteste.

Im Sommer fährt eine Seilbahn vom Passo Falzarego (2105 m) zum Naturpark Fanes-Sennes-Prags. Man kann auch den Wanderweg Nr. 12 in der Nähe von La Villa nehmen bzw. Weg Nr. 11, der die Alta Via Nr. 1 an der Capanna Alpina trifft, ein paar Kilometer von der Hauptstraße zwischen Passo Valparola und San Cassiano entfernt. Beide Wege führen hoch zur Fanes Alm und den beiden *rifugi* Lavarella und Fanes.

Außerdem sind Reiten, Mountainbikefahren und Paragliden beliebte Aktivitäten hier im Tal. Viele Hotels verleihen Fahrräder.

👉 Geführte Touren

Alta Badia Guides   BERGFÜHRER

(☎0471 83 68 98; www.altabadiaguides.com; Via Col Alt 94, Corvara; ⏱17–19 Uhr) Freeriding, Skizirkus und Eiskletterkurse bzw. –touren sowie Schneeschuhwanderungen im Winter. Im Sommer organisieren sie Klettertouren, inkl. *vie ferrate*, Trekkingtouren und Ausflüge zu den Naturschutzgebieten und Stätten des Ersten Weltkriegs.

🛏 Schlafen & Essen

Diese Ferienorte sind für ihre diskreten Luxushotels bekannt. Budgetunterkünfte sind eher selten, aber in der Nebensaison fallen die Preise schon deutlich. Ferienwohnungen und Berghütten können eine gute Alternative sein, wenn man sie weit im Voraus bucht. Alta Badia zeichnet sich ferner durch seine hohe Anzahl an Gourmetrestaurants

aus (davon viele mit Michelinsternen). In diesem wahren Koch-Mekka findet im Januar außerdem das **Chef's Cup Food Festival** (www.chefscup.it) statt, und von Juli bis September nehmen **Bio-Bauernmärkte** die Dorfplätze in Beschlag.

Garni Ciasa Urban   HOTEL €

(www.garniurban.it; Via Pantansarè 35, Badia; DZ 85 €, Apt. 100 €) Ein schlichtes, gastfreundliches Hotel in Familienhand. Die Lage in einem ruhigen Flecken am oberen Dorfrand ist wunderbar. Die geradlinigen, geräumigen Zimmer bieten einen spektakulären Ausblick auf Santa Croce; auf Bestellung gibt es ein warmes Abendessen. Nur am Rande: Das Urban im Namen bezieht sich auf den Heiligen und nicht auf eine Stilrichtung!

Dolomit B&B   B&B €€

(☎0471 84 71 20; www.dolomit.it; Via Colz 9, La Villa; DZ 125 €; [P][❄][@][🛜][🏊]) Die Zimmer sind hübsch hergerichtet und auch erstaunlich groß (Badewannen und begehbare Kleiderschränke). Trotz der Lage mitten im Ort ist der Ausblick auf die Berge einfach nur umwerfend. Das zugehörige Restaurant **La Tor** serviert ladinische Gerichte und Pizza; bei den Einheimischen beliebt, ist es das ganze Jahr über gut besucht.

Hotel Rezia   HOTEL €€

(☎0471 84 71 55; www.hotelrezia.com; Via Cianins 3, La Villa; HP DZ 180 €) Eine wunderbar ländliche Lage, kurz vor dem Dorf an der Stra-

---

LADINISCHE LANDSCHAFTEN

Wie eine junge Frau aus dem Grödnertal (Val Gardena) sagt, ist das Ladinersein „einfach eine Lebensart ... Ich bin mit der Sprache aufgewachsen; ich fühle mich nicht als Italienerin oder Südtirolerin, sondern als Ladinerin." Sie ist eine von 20 000 ladinischen Muttersprachlern, von denen fast die Hälfte im Grödnertal (Val Gardena) lebt. Die anderen verteilen sich auf die benachbarten Täler Val Badia und Val di Fassa sowie Arabba und Ampezzo bei Cortina in Venetien.

Die Kinder, die in diesen Tälern aufwachsen, lernen neben Deutsch und Italienisch auch Ladinisch in der Schule, und die ladinische Kultur und sprachliche Identität sind im EU-Recht verankert. Die ladinische Kultur ist geprägt von lebendigen Gedichten sowie Legenden, in denen die gutmütigen *salvan* (ein dolomitischer Verwandter des Zwergs) und eine Heerschar an Feen, Riesen und Helden vorkommen. Diesen Traditionen begegnet man in mehreren Museen der Täler:

Museo Ladin (☎0474 52 40 20; www.museumladin.it; Tor 65, St Martin de Tor; Erw./erm. 8/6.50 €; ⏱ Sommer Di–Sa 10–17, So 14–18 Uhr, Winter Do–Sa 15–19 Uhr)

Museo Ladin de Fascia (☎0462 76 01 82; www.istladin.net; Località S. Giovanni, Vigo di Fassa; Erw./erm. 5/3 €; ⏱ Sommer 10– 12.30 & 15–19 Uhr, Winter 15–19 Uhr)

Museum de Gherdëina (S. 383)

TRENTINO & DIE DOLOMITEN GADERTAL (VAL BADIA) & FANES-ALPE (ALPE DI FANES)

ße nach San Cassiano. Zwar ist das Hotel groß und es wurde kürzlich ein ultramoderner Flügel angebaut, aber es hat seinen ausgesprochen individuellen, regionalen Charakter bewahrt.

Lagacio Mountain Residence
APARTHOTEL €€€

(☑0471 84 95 03; www.lagacio.com; Strada Micurá de Rü 48, San Cassiano; Apt. 290 €; P❄🐶) Ein schickes Apartmenthotel mit entspanntem Ambiente. Die etwas minimalistischen Ferienwohnungen sind mit viel Holz, Wolle und Leder eingerichtet; alle haben Fußbodenheizung, große Bäder und Balkone. Die Küchen sind mit WMF-Utensilien, Nespressomaschinen und natürlichem, gefiltertem Bergwasser ausgestattet. Die Wellnesseinrichtungen sind ebenfalls gut, ebenso die Bar, die ausschließlich für Gäste des Hauses betrieben wird. Das Frühstücksbüfett umfasst Kuchen aus Tirol und Italien, Gemüsesäfte zum Selbermixen und leckeres Gebratenes.

Delizius
DELIKATESSEN €

(☑0471 84 01 55; www.delizius.it; Micurá de Rü 51, San Cassiano; ⊙8.30–21 Uhr) Spezielle Käse- und Speckthekеn, erschwinglicher hiesiger Wein und Grappa sowie eine ausgezeichnete Auswahl an fertig zubereiteten Gerichten – *canederli*, Gulasch oder Lasagne. Also ideal für Selbstverpfleger.

Rifugio Scotoni
SÜDTIROLERISCH €

(☑0471 84 73 30; www.scotoni.it; Alpe Lagazuoi 2; Gerichte 25 €; ⊙ganzjährig) Der Ausblick auf 1985 m Höhe ist wunderbar. Dank der traditionellen Küche und der typischen Gebirgsgastfreundlichkeit ist dies ein besonderes Badia-Esserlebnis. Wer in einer der schlichten, in hellem Holz eingerichteten Unterkünfte übernachten möchte, muss sehr frühzeitig buchen.

Stüa de Michil
GOURMETRESTAURANT €€€

(Hotel La Perla; ☑0471 83 10 00; www.hotellaperla.it; Col Alt 105, Corvara; Gerichte 100 €; ⊙Mo-Sa 19–21.30 Uhr). Das Stüa de Michil, vollgestopft mit alpinen Antiquitäten und komplett aus Holz erbaut, ist intim und absolut charaktervoll. Wunderbar präsentierte Gerichte bieten moderne Varianten traditioneller ladinischer oder Tiroler Speisen, unter Verwendung biodynamisch produzierter Zutaten. Seltene Weine sind ebenfalls eine Spezialität dieses Restaurants.

St. Hubertus
GOURMETRESTAURANT €€€

(Hotel Rosa Alpina; ☑0471 84 95 00; www. rosalpina.it; Micurá de Rü 20, San Cassiano; Menus 100 €; ⊙Mi-Mo 19–22 Uhr) Dieses mit zwei Michelinsternen ausgezeichnete Restaurant ist gleichzeitig gemütlich sowie von schlichter Eleganz und ist Teil des Rosa Alpina Hotel & Spa. Klassiker auf der Karte sind in Salz und Heu zubereitetes Bergrind sowie Spanferkel, aber es gibt auch feine, kreative Gerichte.

La Siriola
GOURMETRESTAURANT €€€

(Hotel Ciasa Salares; ☑0471 84 94 45; Pré de Ví 31, San Cassiano; Gerichte 70 €; ⊙ Di-So 19.15-21.30 Uhr) Eine wunderbare Lage kurz vor dem Dorf und eine breit angelegte Speisekarte. Die Auswahl an Weinen, die per Glas erhältlich sind, ist größer als in den meisten Gourmetrestaurants, und für Gäste, die Schwein oder Wild einfach satthaben, gibt es eine Nachtischdegustation.

ⓘ Praktische Informationen

Alle Infos zu den Preisen und Verkaufsstellen der Skipässe sowie zu Skilifts sind online (www. altabadia.org) oder in den Touristeninformationen erhältlich.

Corvara Touristeninformation (☑0471 83 61 76; Via Col Alt 36; ⊙8–12, 15–18 Uhr)
La Villa Touristeninformation (☑0471 84 70 37; Via Colz 75; ⊙9–12 & 15–18 Uhr)
San Cassiano Touristeninformation (☑0471 84 94 22; Strada Micurá de Rü 24; ⊙Mo–Sa 8.30–12 & 15–19, So 10–12 & 16–18 Uhr)

ⓘ An- & Weiterreise

SAD (☑800 84 60 47; www.sad.it) Busse verbinden die Dörfer mit Bozen (2½ Std.) und Brixen (1¼ Std.) etwa stündlich. Im Sommer fahren auch Busse von Corvara aus nach Val Gardena, zum Passo di Sella und Passo Pordoi, Canazei und dem Passo Falzarego.

Pustertal (Val Pusteria)

Das schmale, grüne Pustertal erstreckt sich vom Eisacktal (Valle Isarco) bei **Brixen** (Bressanone) bis nach **San Candido** (Innichen) ganz im Osten; es ist stark tirolerisch geprägt und mehrheitlich deutschsprachig.

Toblach (Dobbiaco) bildet das Tor zum ätherischen **Naturpark Sextener Dolomiten (Parco Naturale delle Dolomiti di Sesto)**, in dem die viel fotografierten **Drei Zinnen (Tre Cime di Lavaredo)** zu finden sind. Am Ende eines weiteren dicht bewaldeten Tals befindet sich der juwelenhafte **Pragser Wildsee (Lago di Braies)**, der ideale Ort für einen beschaulichen Seespaziergang – und für ein wunderschönes altes Hotel, das **Hotel Pragser Wildsee** (www.lagodibraies.com; St. Veit 27, Prags; HP DZ 170 €). Anspruchsvolle Wanderer nehmen von hier aus einen Teil der Alta Via Nr. 1 in Angriff.

Das schöne Skigebiet **Kronplatz** (Plan de Corones), Teil des Superski-Passes, liegt 4 km südlich des lebhaften **Bruneck** und ist per Seilbahn zu erreichen. Hier gibt es jede Menge spektakulär gelegene grüne und blaue Abfahrten, die besonders für Anfänger geeignet sind.

Ganz im Nordosten, an den Grenzen zu Österreich und Venetien, liegen die **Sextener Dolomiten** (Sesto Dolomiti), ein riesiges, naturbelassenes Gebiet. Durch sowohl Valle Campo di Dentro als auch Val Fiscalina ziehen sich spektakuläre Wander- und Skilanglaufrouten. Die meisten Wege rund um die Drei Zinnen sind auch für unerfahrene Wanderer und Familien machbar. Vom Val Fiscalina führt der lange, aber einfache Weg Nr. 102 zur Rifugio Locatelli (2405 m), von wo aus die Tre Cime di Lavaredo in all ihrer Pracht bestaunt werden können.

Brixen (Bressanone)

Südtirols älteste Stadt, die von 901 datiert, mag als Verkörperung kleinstädtischer Ruhe erscheinen, aber sie hat eine prächtige kirchengeschichtliche Vergangenheit und eine lebhafte kulturelle Gegenwart. Umwerfende Barockarchitektur wird von einem betörenden Alpenpanorama eingerahmt, eine prächtige Piazza führt zu einem engen mittelalterlichen Ortskern, und hübsche Wege folgen dem schnell-fließenden Fluss Isarco.

◉ Sehenswertes

Museo Diocesano   MUSEUM
(☎0472 83 05 05; www.hofburg.it; Piazza Palazzo Vescovile 2; Erw./erm. 7/6 €; ⏰Sommer & Dez.–Anfang Jan. Di–So 10 – 17 Uhr) Dieses Museum ist wesentlich interessanter als die meisten seiner Art; der prächtige Palast, der es beherbergt, verdeutlicht überzeugend die frühere religiöse Bedeutung der Stadt. Und wenn Scharen von Weihnachtsmarktbesuchern im Dezember kommen, liegt das an seiner umfangreichen Krippensammlung – Krippenfiguren und Dioramen.

🛏 Schlafen

★ Hotel Elephant   HISTORISCHES HOTEL €€
(☎0472 83 27 50; www.hotelelephant.com; Via Rio Bianco 4; EZ/DZ 100/190 €; 🅿✳🌐🤵) Dieser Gasthof aus dem 15. Jh. steht am Eingang zum alten Brixen. Wie der Name andeutet, wurde hier einmal ein indischer Elefant untergebracht, der als Geschenk für Erzherzog Massimiliano von Österreich geschickt worden war. Innen erwarten die Gäste außerordentlich bequeme Zimmer und ein wunderbar professioneller Service, hochwertige Buntglasfenster und Gemälde von Museumsniveau. Ein Gästebuch enthält eine unheimliche Bandbreite an Vertretern des europäischen Adels, angefangen mit der Herzogin von Aosta.

Hotel Pupp   BOUTIQUEHOTEL €€
(☎0472 26 83 55; www.small-luxury.it; Via Mercato Vecchio 36; DZ 180 €; 🅿✳🌐) Die wundervoll gestalteten Zimmer haben die Größe von Suiten, sind mit Nespressomaschinen ausgestattet, und im Kühlschrank liegt jeweils schon der gekühlte Wein bereit. Manche haben sogar eine Terrasse mit eigenem Whirlpool.

🍴 Essen & Ausgehen

Oste Scuro   SÜDTIROLERISCH €€
(Restaurant Finsterwirt; ☎0472 83 53 43; www.ostescuro.com; Vicolo del Duomo 3; Gerichte 43 €; ⏰Di–Sa 11.45–14.15 & 18.45– 21.15, So 12–15 Uhr) Ein Besuch des Restaurants würde sich allein schon wegen des Dekors lohnen, aber auch die angebotenen Speisen sind richtig gut. Die Speisekarte hält sich an traditionelle Gerichte, zaubert aber bei der Verwendung von regionalen Kräutern und Gemüse der Saison. Die Mittagsmenüs sind wahrhaft preiswert (15/20 €), und einen Digestif auf Nussbasis sollte man sich auch auf keinen Fall entgehen lassen.

Pupp Konditorei Cafe   CAFÉ, KONDITOREI
(www.pupp.it; Via Mercato Vecchio 37; ⏰Di–Sa 7–19, So 7–12 Uhr) Dieses Brixener Lieblingscafé ist seit fast 100 Jahren im Besitz der Familie Pupp. In den kuscheligen Samtplätzen finden sich die Einheimischen ein, um sich tollen Kaffee und Kuchen einzuverleiben. Die Mohn- bzw. Walnuss-*potize* (gefüllte Brioche) sind berühmt.

La Habana   WEINBAR
(Via Portici Maggiore 14; ⏰ 8–24 Uhr) Schicke kleine Bar mit einer breit gefächerten Klientel: Arbeitnehmer, die ihren Morgenes-

presso schlürfen, Damen, die etwas später zum Spritz einkehren, Studenten, die sich an einem *hugo* (Sekt mit Holunderblüte) festhalten.

Peter's Weinstube WEINBAR
(Vinus; www.vinothekvinus.it; Via Mercato Vecchio 6; ⊙ Mo–Fr 10–22, Sa 10–19 Uhr) Ein stilvolles, dunkles und niedriges Lokal mit einer breit aufgestellten Weinkarte (per Glas). Mittwochs, freitags und samstags ist eine *tavola calda* (kleine warme Karte) im Angebot (Gerichte 20 €).

Bruneck (Brunico)

Bruneck hat einen für Tirol typischen historischen Ortskern und lohnt wirklich einen Abstecher.

Am besten begibt man sich direkt zu **Acherer Patisserie & Blumen** (☏ 0474 41 00 30; www.acherer.com; Via Centrale; ⊙ Mo–Fr 8–19, Sa & So bis 17 Uhr) am Stadttor, deren Apfelstrudel, Käsekuchen und Sachertorte zu den besten der Region zählen. Wer noch einen Kaffee dazu möchte, bekommt den Kuchen problemlos eingepackt und kann dann nach nebenan zu **Wörtz Bäck** (Via Centrale 12;

⊙ Mi–Fr 8 Uhr bis spät, Mo, Di & Sa bis 19 Uhr) verschwinden. In dieser einladenden Bar treffen sich die Einheimischen auf einen Kaffee, einen Krug Bier oder einen Wein, oft auch auf alles gleichzeitig.

Im Outletladen der Tuchfabrik **Moessmer** (Via Vogelweide; ⊙ Mo – Fr 9 – 12.30 & 14.30–18, Sa 9–14.30 Uhr) am Stadtrand kann man Bekleidung aus Kaschmir und Tiroler Tweed erstehen.

Hotel Blitzburg (☏ 0474 55 57 23; www.blitzburg.it; Via Europa 10; HP DZ 140 €; ℗) in der Neustadt ist ein weitläufiges altes Haus mit großen, hellen Zimmern und einer schönen Ausrichtung auf die Berge.

ℹ Praktische Informationen

Touristeninformation (☏ 0474 55 57 22; www.bruneck.com; Piazza Municipio 7; ⊙ Mo–Fr 9–12.30 & 15–18, Sa 9–12 Uhr) Brixen liegt an der Hauptbahnlinie zwischen Bozen und Innsbruck (25 Min., 8 €). Regionale Val Pusteria Züge bilden bei Franzensfeste (Fortezza) eine Anschlussverbindung, die bis nach San Candido das Tal hinunter reicht. SAD Busse verbinden auch Bruneck (45 Min., stdl.) und Cortina (1 Std., 4-mal tgl.) mit San Candido.

Venedig & Venetien

Gut essen

➡ All'Arco (S. 432)

➡ Anice Stellato (S. 433)

➡ Pescheria I
Masenini (S. 456)

➡ L'Antica Osteria
Le Piere (S.459)

➡ Rifugio Averau (S. 463)

Schön
übernachten

➡ Allo Squero (S. 428)

➡ Novecento (S. 426)

➡ Corte delle Pigne (S. 455)

➡ Agriturismo San
Mattia (S. 458)

➡ Alla Casetta (S. 461)

Auf nach Venedig & Venetien!

Manch einer ist versucht, sich selbst in den Arm zu kneifen, um aus diesem Traum aus rosa Palästen, blaugrünem Wasser und goldenen Kuppeln wieder zu erwachen. Gondolieri rufen an Kanalbiegungen laut „Uuuuuueeee!", aus 250 Jahre alten Cafés wabert der Duft von frisch gebrühtem Espresso, auf dem Rialto-Markt machen die tiefroten Artischocken Appetit, und überall plätschert unter einem das Wasser.

An der venezianischen Küste gibt es durchaus auch Zeichen modernen Lebens wie Strandhotels, Einkaufszentren und verkehrsreiche Straßen. Doch wer genauer hinschaut, entdeckt die Villen der Riviera del Brenta und frisch restaurierte Meisterwerke: Tizians und Veroneses in Venedig, Palladios und Tiepolos in Vicenza und Giottos in Padua.

Darauf lässt sich mit spritzigem Prosecco aus der Region oder einem Kultwein aus Valpolicella oder Soave anstoßen. Anderswo in Italien tut's ein *cin-cin* (Prosit) – in Venetien erhebt man sein Glas auf *la bea vita* (das schöne Leben)!

Reisezeit

Venedig

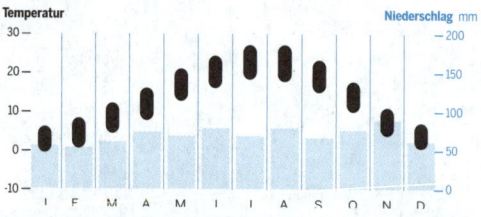

°C Temperatur   Niederschlag mm

Jan. & Feb. Wintersport in den Dolomiten, schneebedeckte Gondeln und Karneval in Venedig.

April–Juni Essen am Kanal, Eröffnung von Vinitaly und Biennale (teuer sind die Osterferien).

Sept.–Nov. Filmfestspiele in Venedig, Wildenten-Pasta und feudale Unterkünfte zu niedrigen Preisen.

Unterwegs in Venedig

Züge und Busse fahren bis an den westlichen Stadtrand, in Venedig selbst kommt man dann nur zu Fuß oder per Boot voran. Seit 1171 sind die 117 Inseln Venedigs in sechs *sestieri* (Stadtteile) aufgeteilt: Cannaregio, Castello, San Marco, San Polo, Dorsoduro und Santa Croce. Auf den Fußgängerbrücken über den Kanälen weisen weiße Schilder darauf hin, welchen *sestiere* man gerade betritt. Hinweisschilder zur Piazza San Marco, Rialtobrücke und Accademia sind gelb – doch für alle Abenteuerlustigen gilt: Schilder ignorieren und einfach auf eigene Faust durch Venedigs *calli* (Gassen) schlendern.

VENETIEN – DICHTUNG & WAHRHEIT

Verona ist die Heimat von Romeo und Julia
… auch wenn es sich bei dem Liebespaar eigentlich um fiktive Figuren handelt. Besucher mit Liebeskummer hinterlassen an der Tür eines Renaissancehauses mit Balkon noch immer Botschaften für Julia.

In Padua gibt es nichts zu sehen… außer jenen bedeutenden Giotto-Fresken, die die Verbindung zwischen mittelalterlicher Kunst und Renaissancekunst darstellen, außer den 1545 angelegten botanischen Gärten, in denen im Zweiten Weltkrieg die italienische Widerstandsbewegung gegründet wurde, und außer Galileos Anatomischem Theater, das die Wissenschaft revolutionierte.

In Venetien trinken alle Prosecco… wenn sie nicht in Valpolicella oder Soave Wein probieren oder in den *enoteche* (Weinbars) oder auf Veronas alljährlicher Vinitaly-Messe die selten exportierten IGT-Tafelweine (mit der Indicazione Geografica Tipica) verkosten.

Wer ein palladianisches Bauwerk gesehen hat, kennt sie alle … mit Ausnahme von Palladios 24 von der Unesco gelisteten Villen, die sich in Venetien in den Himmel erheben, drei blendend weißen Kirchen aus istrischem Stein, die Venedigs Giudecca-Kanal zieren, und der gesamten griechischen Metropole innerhalb von Vicenzas Teatro Olimpico.

In Venedig gibt es keine Unterkünfte … außer all die Paläste, die zu Pensionen und Ferienwohnungen umgestaltet wurden, seit Venedig entsprechende Vorschriften gelockert hat und nun Familien erlaubt, Besuchern ihre Wohnungen zur Verfügung zu stellen.

Die besten Gratis-Tipps

➡ **Basilica di San Marco** (Markusdom; S. 397) Ost trifft West unter schimmernden goldenen Mosaikkuppeln.

➡ **Paduas Märkte** Schon seit dem Mittelalter werden an den Ständen die besten venezianischen Waren gehandelt.

➡ **Veronas Weinhänge** Nach Vereinbarung gibt es in den Weinkellern Gratis-Weinproben.

➡ **Historisches Vicenza** Von der Unesco geschütztes Stadtzentrum mit Palladios Bauten an jeder Ecke.

NICHT VERSÄUMEN

Wintersport und Sommervergnügen liegen quasi vor Venedigs Haustür. Skifahrer bevölkern die Dolomiten, sobald Schnee fällt. Taut er dann, ist alle Welt an den Lido-Stränden.

Kurzinfos

➡ Einwohner: 4,85 Mio.

➡ Fläche: 18 378 km^2

➡ 30 Unesco-Welterbestätten, darunter drei Städte (Vicenza, Venedig und Verona), Venedigs Lagune und die Dolomiten

➡ Anzahl der gewerkschaftlich organisierten Handwerker in Venedig: 2000

VENEDIG & VENETIEN

Tipps für die Hauptsaison

Venedigs Biennale und Veronas Opernfestspiele in der Arena sollte man nicht versäumen – schon allein, um einmal den sommerlichen Menschenmassen zu entfliehen. Wer größere Chancen auf freie Zimmer und Restauranttische haben möchte, besucht die Städte an einem Werktag und fährt am Wochenende aufs Land.

Infos im Internet

➡ **Veneto Regional Tourism** (www.veneto.to) liefert Tipps, was in Venetien geboten wird – von Strandpartys bis zu Mountainbiketouren in den Dolomiten.

Highlights

1 Das kollektive „Ah" und „Oh" angesichts der goldenen Mosaikkuppeln von Venedigs **Basilica di San Marco** (S. 397).

2 Ein Vergleich von Tizians leuchtenden Rottönen und Tintorettos blitzartigen Pinselstrichen in Venedigs **I Frari** (S. 411) und der **Scuola Grande di San Rocco** (S. 411).

3 Flucht vor den Massen an die **Lido-Strände** (S. 421) und Fahrt zu den idyllischen äußeren Inseln, an Bord eines traditionellen *bragozzo*.

4 In **Hinterhof-ateliers** (S. 438) nach einzigartigen, von Venedigs Handwerkern gefertigten Schätzen suchen.

5 Besuch der vielen Villen an der **Riviera del Brenta** (S. 442) – wie einst die Schickeria des 17. Jhs.

6 Der Operndiva in Veronas **römischer Arena** (S. 453) als Bitte um Zugabe „Brava" zurufen.

7 Die Geburtsstunde der Renaissance mit Hilfe von Giottos bewegenden Fresken in der **Capella degli Scrovegni** (S. 443) nachvollziehen.

8 In den **Valpolicella-Weingütern** (S. 458) Amarone, einen der kräftigsten Rotweine Italiens, verkosten.

9 Inmitten der imposanten Gipfel der **Cinque Torri** (S. 463) wandern, klettern und frische Bergküche genießen.

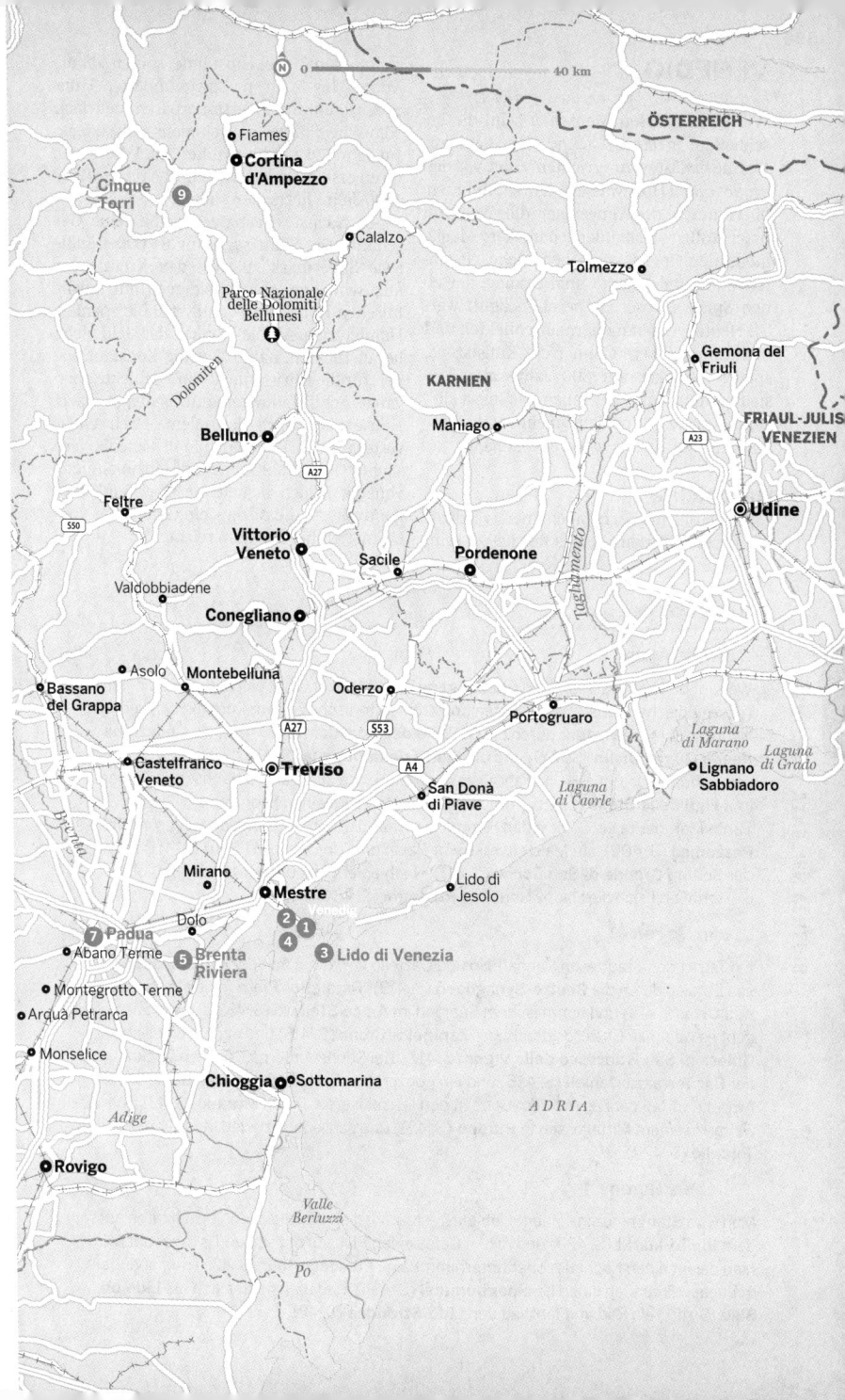

VENEDIG

EW.: 59 000 (STADT), 261 400 (INKL. FESTLAND)

Wie kühn müssen Menschen sein, die beschließen, in einer Lagune eine Stadt aus Marmorpalästen zu errichten? Statt vor den *acque alte* (Hochwasser) zu kapitulieren, überfluteten die Venezianer die Welt mit prachtvollen Gemälden, barocker Musik, modernen Opern, köstlicher Küche, eleganter Mode und einem Canal Grande, der einen Spritz (Prosecco-Aperol-Cocktail) wert ist. Heute würzen moderne Architekten und milliardenschwere Gönner die Kunstszene, spielen Musiker auf 300 Jahre alten Instrumenten, und gewinnen versteckt liegende *osterie* (Kneipen) mehr und mehr Stammgäste, die Slowfood bevorzugen.

Geschichte

Ein Malariasumpf scheint ein merkwürdiger Ort für die Gründung eines Reiches zu sein, es sei denn, die Umstände sorgen dafür: Vom 5. bis 8. Jh. n. Chr. plünderten Hunnen, Goten und diverse Barbaren mehrfach römische Städte an Venetiens Adriaküste. Im Jahr 726 n. Chr. wählten die Venezianer ihren ersten Dogen, dessen Nachfolger über 1000 Jahre herrschen sollten.

Als Nächstes festigte Venedig seine Geschäfte. Die Stadt sagte für 84 000 fränkische Silbermark zu, sich den Kreuzzügen anzuschließen, obwohl sie auch mit muslimischen Herrschern von Syrien bis Spanien Handel trieb. Als die Franken das Geld nicht herausrückten, nahm Venedig Konstantinopel „für die Christenheit" ein – schickte aber ganze Schiffsladungen mit Beutegut nach Hause statt nach Jerusalem. Nach einer verheerenden Pestepidemie in Venedig versuchte Genua 1380 die Stadt einzunehmen. Venedig jedoch behielt die Oberhand und kontrollierte die Adria – ein Gebiet, das von Dalmatien bis Bergamo reichte.

VENEDIG IN …

… zwei Tagen

Wer auf dem vorgeschlagenen **Spaziergang** (S. 424) Abstecher einplant, lernt *cicheti* (venezianischen Tapas), Werkstätten und architektonische Sehenswürdigkeiten kennen. Nach einer Museumstour durch die **Gallerie dell'Accademia** (S. 408), die **Collezione Peggy Guggenheim** (S. 409) und die **Punta della Dogana** (S. 410) bringt das *vaporetto* (Wasserbus) seine Fahrgäste nach Giudecca zu einem romantischen Dinner im **I Figli delle Stelle** (S. 433). Am zweiten Tag folgt auf einen Espresso am Campo Santa Margherita ein Blick in den Himmel bzw. auf die Tiepolo-Gemäldedecken im **Ca' Rezzonico** (S. 409), auf Meisterwerke von Tizian und Tintoretto in **I Frari** (S. 411) und in der **Scuola Grande di San Rocco** (S. 411). Nach einer Einkaufstour auf der Rialtobrücke empfiehlt sich die Happy Hour im **I Rusteghi** (S. 434).

… vier Tagen

Ein Tag ist den Stadtteilen Cannaregio und Castello gewidmet, mit der Führung des Museo Ebraico durch die **Ghetto-Synagogen** (S. 413), Tintorettos Pfarrkirche **Madonna dell'Orto** (S. 413) und himmlischem Seafood im **Anice Stellato** (S. 433). Über Kanäle geht es weiter zu Castellos prächtiger **Zanipolo-Kirche** (S. 415) und der beschaulichen **Chiesa di San Francesco della Vigna** (S. 417). Bei Sonnenuntergang locken Cocktails in der **Bar Terrazza Danieli** (S. 436) und ein Konzert bei den **Interpreti Veneziani** (S. 437). Am letzten Tag geht es mit dem Boot zu den Glasbläsereien nach **Murano** (S. 421), dann weiter zu einem Mittagessen in **Burano** (S. 421) und schließlich zu den Mosaiken in **Torcello** (S. 422).

… sieben Tagen

Man wird Stammgast in seinem Lieblingsrestaurant, kennt die lokalen Spezialitäten auf dem **Rialto-Markt** (S. 429) und hält in Cafés einen Plausch mit seinen Tischnachbarn. Man belegt einen Kochkurs oder unternimmt eine **Prosecco-Tour** (S. 423) und abends mit neuen Freunden einen **Kneipenbummel** (S. 434), und man mietet sich bei **Lido on Bike** (S. 421) ein Rad und fährt zu den **Lido-Stränden** (S. 421).

Mit Beginn des Zeitalters der Entdeckungen verlor Venedig sein Monopol auf die Handelswege zur See. Nach dem Niedergang Konstantinopels 1453 und des venezianischen Territoriums Morea (in Griechenland) 1499 kontrollierten die Osmanen die Adria. Die Genueser erschlossen auf Kolumbus' Spuren, der 1492 Amerika entdeckte, transatlantische Routen, und der Portugiese Vasco da Gama umrundete 1498 das südafrikanische Kap der Guten Hoffnung.

Mit der Einsicht, die Meere nicht mehr kontrollieren zu können, änderte Venedig seine Taktik und eroberte Europa mit seinem Charme. Venezianische Kunst war unglaublich kühn und verlieh selbst religiösen Themen sinnenfreudige Farben und mitunter einen listigen sozialkritischen Kontext. Ende des 16. Jhs. war Venedig in Europa für seine Malerei, seine eingängige Musik – und seine 12 000 registrierten Prostituierten bekannt.

Doch der hochgeschätzte Name Venedigs hielt Napoleon nicht davon ab, die Stadt 1797 für sich zu beanspruchen und ihre Kunstschätze zu rauben. 1817 war ein Viertel der Stadtbevölkerung bettelarm. Als sich Venedig 1848/49 gegen die österreichische Besatzung auflehnte, führte die nachfolgende Blockade zu einer Choleraepidemie und Hungersnot. Venezianische Rebellen verloren den Kampf, nicht jedoch den Krieg: Sie wurden zu Märtyrern für die italienische Unabhängigkeit. 1866 trat Venedig dem autonomen Königreich Italien bei.

Die einst so glamouröse Stadt wandte sich allmählich der industriellen Fertigung zu. Seit 1843 war Venedig durch die Bahn mit dem Festland verbunden, Fabriken entstanden auf Giudecca, und Mussolini ließ von Mestre aus eine Straße bauen. Italienische Partisanen kämpften an der Seite alliierter Truppen, um Venetien vom Faschismus zu befreien. Doch der Krieg und der Schock über die Massendeportation der jüdischen Bevölkerung Venedigs zwischen 1942 und 1944 erschütterten die Stadt bis in ihre Grundpfeiler. Viele Venezianer zogen nach dem Krieg nach Mailand und in andere Wirtschaftszentren.

Am 4. November 1966 kam es zur Katastrophe: Fluten in Rekordhöhe überschwemmten 16 000 venezianische Wohnhäuser und ließen die Bewohner in den Trümmern von 1200 Jahren Zivilisation zurück. Doch wieder einmal war der kosmopolitische Charakter Venedigs die Rettung:

❶ SCHNELLER ZUTRITT ZUM MARKUSDOM

An den Eingängen des Markusdoms warten stets Menschenmassen. Glücklicherweise werden die Schlangen schnell kürzer – Besucher warten selten länger als eine Viertelstunde, auch wenn die Warteschlange bis zum Dogenpalast reicht. Um noch schneller in den Dom hineinzukommen, hier ein paar Tipps::

➡ Wer die Eintrittskarte **online** (www. venetoinside.com; 1 € Gebühr) bucht, kann an den Warteschlangen vorbei direkt zum Hauptportal gehen.

➡ Reisegruppen treffen meist genau zur halben oder vollen Stunde ein – wer in der Zeit dazwischen kommt, muss weniger lang warten.

➡ Die Diözese bietet **kostenlose Führungen** (April–Okt. Mo–Sa 11 Uhr nach vorheriger Reservierung) an, in deren Rahmen die theologische Bedeutung der Mosaiken erklärt wird, Die Teilnehmer kommen in den Genuss eines Express-Einlasses am Hauptportal.

Hilfe von Bewunderern aus aller Welt – von Mexiko bis Australien, von Millionären bis Rentnern – erreichte die Stadt. 27 internationale Organisationen unter der Schirmherrschaft der Unesco versuchten, die Flutschäden so gut es ging, zu beheben.

Allen düsteren Vorhersagen zum Trotz ist Venedig weder eine karnevalistische Parodie seiner selbst geworden noch wie Atlantis untergegangen. Die Stadt ist nach wie vor bedeutend und authentisch, eine Startrampe für neuartige Kunst und Filme, innovative Handwerkskunst, Opernpremieren und musikalisches Revival, auch wenn sie nach nachhaltigen Lösungen für den steigenden Wasserstand suchen muss.

⊙ Sehenswertes

⊙ Piazza San Marco & Umgebung

★ **Basilica di San Marco** KIRCHE
(Markusdom; Karte S. 402; ☎ 041 270 83 11; www. basilicasanmarco.it; Piazza San Marco; ⊙Mo–Sa

Venedig

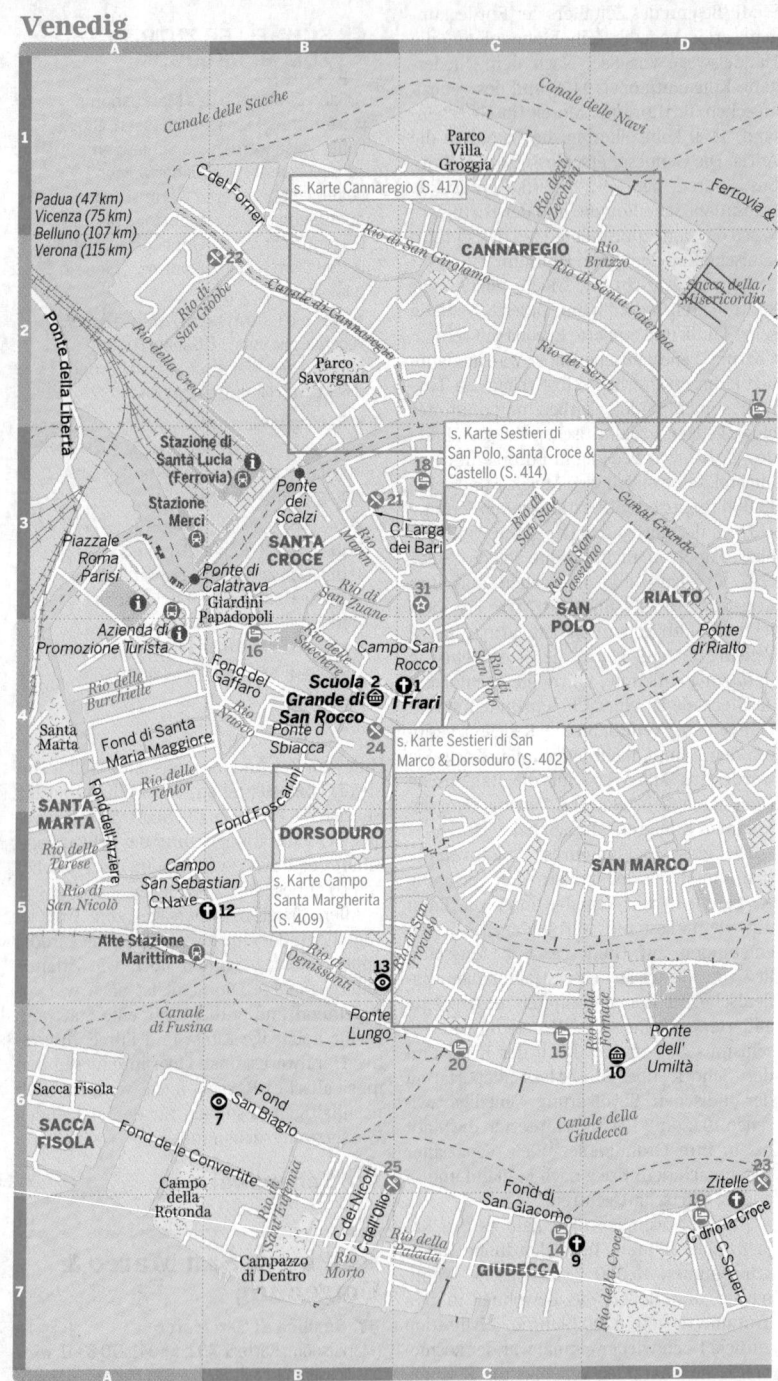

Padua (47 km)
Vicenza (75 km)
Belluno (107 km)
Verona (115 km)

Canale delle Sacche

Canale delle Navi

Parco Villa Groggia

s. Karte Cannaregio (S. 417)

CANNAREGIO

Ponte della Libertà

C del Forner

Rio di San Girolamo

Rio delle Zecchini

Rio Brazzo

Fertovia &

Sacca della Misericordia

Rio di Santa Caterina

Rio dei Serti

22

Rio della Crea

Canale di Cannaregio

Parco Savorgnan

s. Karte Sestieri di San Polo, Santa Croce & Castello (S. 414)

17

Stazione di Santa Lucia (Ferrovia)

Stazione Merci

Ponte dei Scalzi

18

21

C Larga dei Bari

SANTA CROCE

Rio Marin

Rio di San Stae

Canal Grande

Piazzale Roma Parisi

Ponte di Calatrava

Giardini Papadopoli

Azienda di Promozione Turista

Rio di San Zuane

31

Rio di San Cassiano

SAN POLO

RIALTO

Ponte di Rialto

Rio delle Burchielle

Fond del Gaffaro

Rio delle Sechere

Campo San Rocco

Rio di San Polo

Scuola Grande di San Rocco

2

1

I Frari

Santa Marta

Fond di Santa Maria Maggiore

Rio Novo

Ponte d Sbiacca

24

s. Karte Sestieri di San Marco & Dorsoduro (S. 402)

Rio delle Terese

Fond dell'Arziere

Rio delle Tentor

Fond Foscarini

DORSODURO

SAN MARCO

SANTA MARTA

Rio di San Nicolò

Campo San Sebastian C Nave

12

s. Karte Campo Santa Margherita (S. 409)

Rio di San Trovaso

Alte Stazione Marittima

Rio di Ognissanti

13

Canale di Fusina

Ponte Lungo

Rio della Fornace

Ponte dell' Umiltà

20

15

10

Sacca Fisola

Fond San Biagio

7

Canale della Giudecca

SACCA FISOLA

Fond de le Convertite

Campo della Rotonda

Rio di Sant'Eufemia

25

C dei Nicoli

C dell'Olio

Fond di San Giacomo

Zitelle

23

19

C drio la Croce

14

9

C Squero

Campazzo di Dentro

Rio Morto

Rio della Palada

GIUDECCA

Rio della Croce

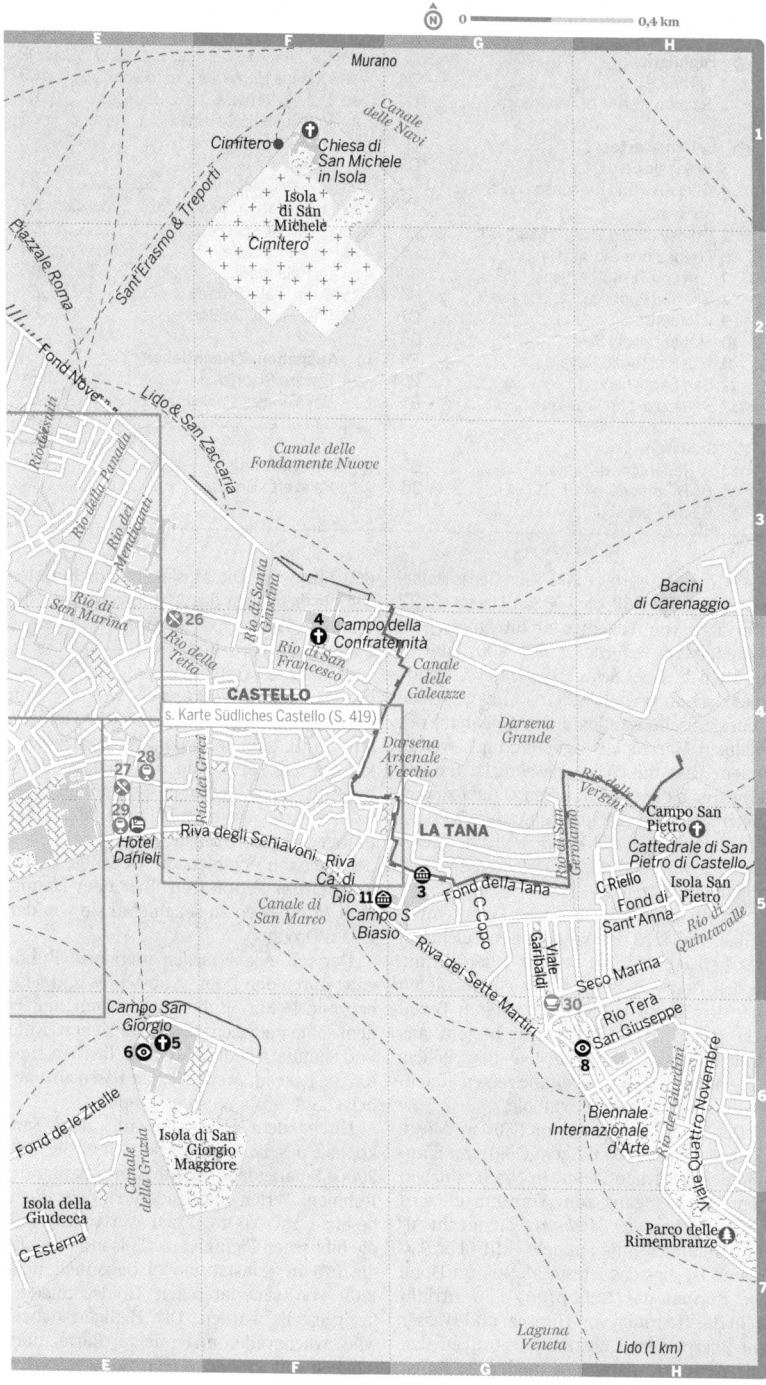

N

0 — 0,4 km

Murano

Canale delle Navi

Cimitero ●
 Chiesa di
 San Michele <br> in Isola

Isola <br> di San
 Michele

Cimitero

Sant'Erasmo & Treporti

Piazzale Roma

Fond Nove

Lido & San Zaccaria

Canale delle
 Fondamente Nuove

Rio dei Mendicanti

Rio della Panada

Rio di
 San Marina

✕ 26

Rio della
 Tetta

Rio di Santa Ginestina

Rio di San
 Francesco

4
 Campo della
 Confraternità

Bacini <br> di Carenaggio

CASTELLO

s. Karte Südliches Castello (S. 419)

Canale <br> delle
 Galeazze

Darsena
 Grande

Rio di San Gerolamo

28

27 ✕

29

Hotel
 Danieli

Riva degli Schiavoni

Darsena
 Arsenale
 Vecchio

Rio dei Greci

LA TANA

Rio delle
 Vergini

Campo San
 Pietro

Cattedrale di San
 Pietro di Castello

Riva
 Ca' di
 Dio 11

3

Fond della Tana

C Riello

Isola San
 Pietro

Canale di
 San Marco

Campo S
 Biasio

C Copo

Fond di
 Sant'Anna

Rio di
 Quintacalle

Riva dei Sette Martiri

Viale
 Garibaldi

Seco Marina

30

Rio Terà
 San Giuseppe

Campo San
 Giorgio

6 ◉ 5

8

Biennale
 Internazionale <br> d'Arte

Viale Quattro Novembre

Rio dei Giardini

Fond de le Zitelle

Isola di San
 Giorgio
 Maggiore

Canale della Grazia

Isola della
 Giudecca

C Esterna

Parco delle
 Rimembranze

Laguna
 Veneta

Lido (1 km)

Venedig

9.45–17, So & Feiertage 14–17 Uhr, Gepäckaufbewahrung 9.30–17.30 Uhr; 🚉San Marco) GRATIS
Der Bau von Venedigs architektonischem
Wunderwerk erforderte fast 800 Jahre –
und ein heiliges Schmalzfass. Der Legende
nach schmuggelten 828 n. Chr. gerissene
venezianische Kaufleute den Leichnam des
heiligen Markus aus Ägypten, und zwar in
einem Fass mit Schweineschmalz, um die
Kontrollen der muslimischen Zöllner zu umgehen. Venedig errichtete eine goldene Basilika für seinen gestohlenen Heiligen, dessen
Gebeine während der Bauarbeiten zweimal
abhanden kamen.

Im Portal ganz links zeigen Lünettenmo-
saiken von 1270 den gestohlenen Leichnam
des heiligen Markus bei der Überführung
in den Dom – dieselbe Geschichte erzählen
die Mosaiken von 1660 am zweiten Portal
von rechts. Das Hauptportal besteht aus
drei reich verzierten Bögen mit Reliefs
(13.–14.Jh.) aus Weinreben, sie zeigen Tugenden und astrologische Symbole.

Der Innenraum protzt mit 8500 m² Mosaiken, viele aus 24-karätigem Gold und Sinnbild des göttlichen Lichts. In Nischen neben
dem Haupteingang zum Vorraum glitzern
die *Apostel mit der Madonna*, die für ihr Alter erstaunlich jung aussieht: Mit über 950
Jahren ist dies das älteste Mosaik im Dom.
Die **Kuppel der Schöpfung** im Atrium
stellt die Trennung von Himmel und Wasser
mit überraschend abstrakten Motiven dar.
Das Werk griff damit der modernen Kunst

650 Jahre vor. Die Mosaiken zum Jüngsten
Gericht bedecken das Atriumgewölbe, während die Apokalypse in Gewölbemosaiken
über die Empore droht.

Mystische Transfusionen sind Thema
in der **Heiliggeistkuppel**, wo das Blut
einer Taube in die Häupter von Heiligen
strömt. In der zentralen **Himmelfahrts-
kuppel** (13. Jh.) ruht der heilige Markus mit verträumtem Blick auf dem Ge-
wölbzwickel, während Engel über ihm
umherwirbeln. Szenen aus dem Leben
des Heiligen erzählen die Gewölbe in der
Kuppel der Propheten über dem Hauptaltar (am besten zu sehen sind sie von der
Pala d'Oro aus).

Der mit Absperrseilen markierte Rundgang durch den Dom ist kostenlos und dauert rund 15 Min. Ruhe wird erbeten, außerdem sollte man sich passend anziehen (Knie
und Schultern bedeckt). Große Taschen sind
um die Ecke im Ateneo di San Basso abzuge-
ben (1 Std. Aufbewahrung gratis).

Hinter dem Hauptaltar mit dem Sarkophag des heiligen Markus liegt die mit
2000 Smaragden, Amethysten, Saphiren,
Rubinen, Perlen und anderen Edelsteinen
besetzte Pala d'Oro. Noch wertvoller sind
die biblischen Figuren aus Cloisonné-Email,
die 976 in Konstantinopel begonnen und
1209 von venezianischen Goldschmieden
fertiggestellt wurden. Die Heiligen haben
wild wuchernde, ungepflegte Bärte und
schauen mit großen Augen auf Jesus, der

zur Seite zum Studiosus Markus blickt, während Maria verwundert ihre Hände hebt.

San Marco war bis 1807 die Kapelle des Dogen, und die herzoglichen Schätze oben im **Museo** lassen einen König vor Neid erblassen. Vergoldete Bronzepferde, die einst Venedig aus Konstantinopel entführt hatte, fielen später in Napoleons Hände, gelangten jedoch schließlich in den Dom zurück und wurden hier im 1. Stock aufgestellt. Türen führen von der Galerie auf die schwindelerregende **Loggia dei Cavalli**, auf der Kopien der Pferde scheinbar über den Balkon auf die Piazza San Marco galoppieren. Über dem Altar versteckt liegt der **Bankettsaal des Dogen**, in dem die Dogen inmitten schlanker Stuckfiguren (Musik, Poesie und Frieden) gediegen speisten.

Kreuzfahrerbeute füllt den **Tesoro** (Schatzkammer), darunter eine Bergkristallkaraffe (10. Jh.) mit einem Henkel in Gazellenform und geflügelten Füßen, angefertigt für die Fatimiden-Kalifen Al-Aziz-Billah. Mit Samt ausgekleidete Kästen enthalten Überreste der Dogen sowie Heiligenreliktе, z. B. einen Oberschenkelknochen des heiligen Rochus, einen Daumen des heiligen Markus, einen Arm des heiligen Georg (mit dem er den Drachen getötet haben soll) und sogar eine Haarlocke Marias.

★ **Palazzo Ducale**   MUSEUM
(Dogenpalast; Karte S. 402; ☎ 848 08 20 00; www.palazzoducale.visitmuve.it; Piazzetta San Marco 52; inkl. Museo Correr Erw./erm. 16/8 €; ☉ April–Okt. tgl. 8.30–19 Uhr, Nov.–März tgl. 8.30–17.30 Uhr; ☑ San Zaccaria) Die vornehme gotische Eleganz täuscht: Hinter der rosa Hülle spielt der Dogenpalast ordentlich mit den Muskeln. Dieses Machtzentrum, das seit annähernd sieben Jahrhunderten Sitz von Venedigs Regierung ist, hat Stürme, Krisen und Verschwörungen überstanden – doch der berüchtigte Verführer Casanova schaffte es, den Bau zu überlisten und aus dem Verlies auf dem Dachboden zu fliehen.

Nach einem schlimmen Brand 1577 bekam Antonio da Ponte den Auftrag, die gotische Fassade des Palastes mit weißem istrischen Stein und rosa Veroneser Marmor zu restaurieren. Da Pontes Palast mit einer eleganten Kolonnade mit mittelalterlichen Kapitellen, die wichtige venezianische Gilden darstellen, kombiniert mühelos Einst und Jetzt sowie Geschäft mit Vergnügen.

Die **Scala dei Censori** (Treppe der Zensoren) führt zu den Privatgemächern des Dogen. Hier lebte dieser einst rund um die Uhr bewacht und nutzte einen kurzen Arbeitsweg über eine geheime Treppe, über der Tizians *Heiliger Christophorus* wacht. Die Wände der **Sala dello Scudo** (Schildsaal) sind mit Weltkarten (1483–1762) bedeckt, die den einstigen Machtbereich Venedigs (und die Grenzen damaliger Kartografenkunst) belegen. Die auf den Kopf gestellte Karte der Neuen Welt etwa platziert Kanada oberhalb von Virginia und Florida nahe an Asien, während die Britischen Inseln eigentlich nur aus Schottland und Newcastle bestehen.

Sansovinos Stuckarbeiten, die mit 24-karätigem Gold belegt sind, schmücken die **Scala d'Oro** (Goldtreppe), über die Besucher in prachtvoll ausgestattete Räume gelangen. In der Sala delle Quattro Porte (Saal

---

STAATSGEHEIMNISSE ENTHÜLLT: ITINERARI SEGRETI

Auf einer faszinierenden 75-minütigen **Führung** (Geheimgang; ☎ 041 4273 0892; Erw./erm. 20/14 €; ☉ Führungen auf Englisch: 9.55, 10.45 & 11.35 Uhr, auf Italienisch: 9.30 & 11.10 Uhr, auf Französisch: 10.20 & 12 Uhr) durchs Dachgeschoss des Dogenpalastes wandelt man auf den Spuren von historischen Staatsgeheimnissen. Ein als Aktenschrank getarnter Durchgang führt in die **Sala del Consiglio dei Dieci** (Kammer des Rates der Zehn) mit fröhlichen Cherubim und dem optimistischen Sieg der Tugend über das Laster. Unvermittelt folgt das enge, schmucklose **Geheime Hauptquartier des Rates der Zehn**, an das die **Strafkammer** mit ihren streng geheimen Aktenschränken grenzt.

Der Weg führte die Angeklagten weiter in das fensterlose **Verhörzimmer**, in dem sich ein Strick befindet, mit dem bis ins 17. Jh. hinein vom Delinquenten Informationen erzwungen wurden. Danach folgen die Gefängniszellen unterm Dach, die berüchtigten **Piombi** (Bleikammern). 1756 wurde Casanova wegen Bestechung von Nonnen und Freimaurerei zu fünf Jahren Haft in diesem Verlies verurteilt, doch er konnte durch das Dach seiner Zelle fliehen. Unten marschierte er einfach durch die Ausgangstür und genehmigte sich auf der Piazza San Marco erst einmal einen Kaffee.

Sestiere di San Marco & Dorsoduro (Venedig)

der Vier Tore) ist eine von Palladio entworfene und von Tintoretto mit Fresken verzierte Decke zu bewundern, auf der Justitia dem Dogen Girolamo Priuli Schwert und Waage überreicht, sowie Tizians Gemälde *Der Doge Antonio Grimani vor dem Glauben kniend*, umgeben von einem Schwarm *putti* (1576).

Nur wenigen wurde die Ehre zuteil, im von Palladio entworfenen **Collegio** (Ratssaal) empfangen, in dem Veroneses Deckengemälde *Tugenden der Republik* (1577–1578) Venedig als betörende Blondine zeigt, die ihr Zepter wie einen Zauberstab schwingt. Jacopo und Domenico Tinto-

retto, Vater und Sohn, versuchten zu werden sich in ähnlicher Schmeichelei und malten in ihrem Deckenfresko *Triumph Venedigs* in der **Sala del Senato** (Senatssaal) Venedig zusammen mit den Göttern Apollo, Mars und Merkur – doch wild umhertollende Seeungeheuer stehlen allen die Schau.

Dubiose Taktiken waren nie so reizvoll wie in der **Sala Consiglio dei Dieci** (Gerichtssaal des Rats der Zehn; Raum 20), in der sich Venedigs Star-Gerichtskammer gegen politische Gegner verschwor – unter Veroneses *Juno überschüttet Venedig mit*

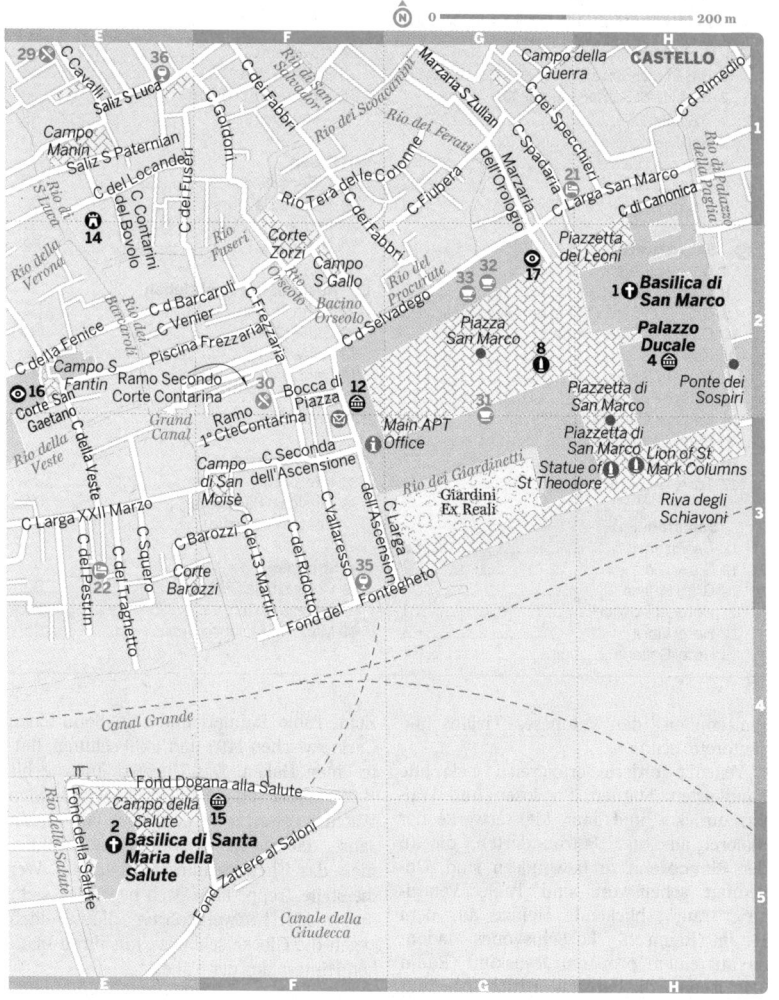

Gaben, auf dem die Göttin mit Golddukaten um sich wirft. In der Sala della Bussola (Kompass-Saal; Raum 21) prangt über dem Schlitz, in den die anonymen Vorwürfe des Hochverrats geworfen wurden, Veroneses *Heiliger Markus in der Glorie.*

Hinter dem Dogenthron in der höhlenartigen Sala del Maggior Consiglio (Saal des Großen Rats; 1419) hängt das 22 x 7 m große *Paradies* von Domenico Tintoretto, das eher politisch korrekt denn anziehend ist: Im Himmel drängen sich 500 prominente Venezianer, u. a. mehrere Mäzene Tintorettos.

Museo Correr MUSEUM
(Karte S. 402; ☑041 4273 0892; http://correr.
visitmuve.it/; Piazza San Marco 52; Erw./erm.
inkl. Palazzo Ducale 16/8 €; ⊙ April–Okt. tgl. 10–
19 Uhr, Nov.–März tgl. 10–17 Uhr; ⊠ San Marco)
Napoleon stopfte seine königlichen Gemächer über der Piazza San Marco mit den Reichtümern der Dogen voll; einige der schönsten venezianischen Erbstücke schaffte er als Trophäen nach Frankreich. Doch den größten Schatz konnte er nicht heben: Jacopo Sansovinos Libreria Nazionale Marciana aus dem 16. Jh., geschmückt mit überlebensgroßen Bildnissen von

Sestiere di San Marco & Dorsoduro (Venedig)

Philosophen, die Veronese, Tizian und Tintoretto schufen.

Venedig forderte erfolgreich viele alte Landkarten, Statuen, Preziosen und Waffen zurück – und auch Meisterwerke der Malerei aus vier Jahrhunderten, die in der **Pinacoteca** zu bewundern sind. Unbedingt sehenswert sind Paolo Venezianos traurig blickende Heilige aus dem 14. Jh. (Raum 25), Lo Schiavones Madonna mit einem properen Jesuskind (Raum 31), Jacopo di Barbaris Druckstock mit einem detailreichen Blick auf Venedig (Raum 32) und ein ganzer Raum voller Bellini-Heiliger mit leuchtenden Augen und rosa Wangen (Raum 36) sowie ein wunderbares anonymes Porträt (1784) der Ruderin und fünffachen Regattasiegerin Maria Boscola (Raum 47).

Torre dell'Orologio   WAHRZEICHEN
(Uhrturm; Karte S. 402; ☎ 041 4273 0892; www.museicivicivenesiani.it; Piazza San Marco; Erw./erm. mit Museumspass 12/7 €; ⊙ Führungen auf Englisch: Mo–Mi 10 & 11, Do–So 14 & 15 Uhr, auf Italienisch: tgl. 12 & 16 Uhr, auf Französisch Mo–Mi 14 & 15, Do–So 10 & 11 Uhr; 🚤 San Marco) Venedigs blattgoldverzierter Zeitmesser, den

Zuan Paolo Rainieri und sein Sohn Zuan Carlo zwischen 1493 und 1499 schufen, hatte einen Haken: Das Uhrwerk musste bis 1998 ständig von einem vor Ort wohnenden Wächter gewartet werden. Nach einer neun Jahre dauernden Überarbeitung funktioniert das Uhrwerk nun selbstständig. Wer die steile Treppe aufs Dach bewältigt, sieht die „Do Mori" („Zwei Mohren") die stündlich gegen die Glocke schlagen, mit ihren blanken Hintern aus der Nähe.

Campanile   TURM
(Glockenturm; Karte S. 402; www.basilicasanmarco.it; Piazza San Marco; Eintritt 8 €; ⊙ Juli–Sept. tgl. 9–21 Uhr, April–Juni & Okt. tgl. 9–19 Uhr, Nov.–März tgl. 9.30–15.45 Uhr; 🚤 San Marco) Der 99 m hohe Glockenturm des Doms wurde nach seiner Errichtung 888 zweimal umgebaut. Galileo Galilei fand ihn perfekt, um 1609 sein Teleskop zu testen. Kritiker beschimpften Bartolomeo Bons Umgestaltung im 16. Jh. als plump, doch als die Konstruktion 1902 urplötzlich zusammenbrach, bauten die Venezianer den Turm eins zu eins nach Bons Entwurf wieder auf.

Teatro La Fenice THEATER
(Karte S. 402; ☑041 78 65 11; www.teatrolafenice.it;
Campo San Fantin 1965; Theaterbesuch Erw./erm.
8,50/6 €, Opernkarten ab 40 €; ⊙ Führungen tgl.
9.30–18 Uhr; ⛴ Santa Maria del Giglio) Als seine
Herrschaft über die Weltmeere geschwun-
den war, entdeckte Venedig die Macht des
hohen Cs. Man heuerte Claudio Monteverdi, den Vater der modernen Oper, an und
eröffnete 1792 La Fenice („Phönix"). Rossini
und Bellini inszenierten hier Opern, ganz
Europa war neidisch – bis La Fenice 1836 in
Flammen aufging.

Venedig ohne Oper? Das war undenkbar,
und innerhalb eines Jahres war das Opernhaus wieder aufgebaut. Verdis *Rigoletto*
und *La Traviata* wurden hier uraufgeführt,
internationale Größen wie Strawinski,
Prokofiew und Britten komponierten extra für La Fenice. Doch 1996 brannte das
Haus erneut ab – zwei Elektriker, die eine
Strafe wegen Arbeitsverzugs zu erwarten
gehabt hätten, wurden der Brandstiftung
überführt. Eine 90 Mio. € teure Kopie des
Opernhauses wurde 2004 eingeweiht. Und
obwohl einige Kritiker dem Avantgarde-
Design der Stararchitektin Gae Aulenti
liebend gern den Vorzug gegeben hätten,
war die Aufführung von *La Traviata* in der
Urfassung eine Sensation.

Museo Fortuny MUSEUM
(Karte S. 402; ☑041 4273 0892; http://fortuny.
visitmuve.it/; Campo San Beneto 3758; Erw./
erm. mit Museumspass 10/8 €; ⊙ Mi–Mo 10–
18 Uhr; ⛴ Sant'Angelo) Im Atelier des venezi-
anisch-spanischen Modeschöpfers Mariano
Fortuny y Madrazo, dessen schockierend
niederfreie Delphi-Göttinnen-Kostüme
weltweit Standards für die Bohème-Mode
setzten, kann man sich modische Inspirationen holen. Die Salonwände im ersten
Stock sind riesige Moodboards, tapeziert
mit Fortuny-Mode und Isfahan-Gobelins,
Familienporträts und James Turrells unvergleichlichen Rotlicht-Installationen.

Haben diese Salons das Interesse geweckt, sollte man auch Fortuny Tessuti Artistici (S. 420) in Giudecca aufsuchen, wo
Stoffe noch immer nach Fortunys geheimer Methode von Hand bedruckt werden.

★ **Palazzo Grassi** MUSEUM
(Karte S. 402; ☑ Kasse 199 13 91 39, 041 523 16
80; www.palazzograssi.it; Campo San Samuele
3231; Erw./erm. 15/10 €, 72-Std.-Ticket inkl. Punta
della Dogana 20/15 €; ⊙ Mi–Mo 10–19 Uhr; ⛴ San
Samuele) Vielen Gondelpassagieren auf
dem Canal Grande bleibt vor Staunen der
Mund offen stehen, wenn sie die massiven
Installationen von Künstlern wie Thomas
Houseago erblicken, die vor Giorgio Masa-
ris neoklassischem Palast von 1749 vertäut
sind. Die provokante Kunstsammlung des
französischen Milliardärs François Pinault
füllt den Palazzo Grassi, aber Tado Andos
kreativ umgestaltetes Interieur stiehlt ihr
immer noch die Show.

ℹ **MEHR FÜRS GELD**

Mit diesen Pässen erhalten Besucher Ermäßigungen bei den Eintrittsgeldern für einige
der vielen Sehenswürdigkeiten in Venedig.

→ **Museumspass** (Musei Civici Pass; ☑041 240 52 11; www.visitmuve.it; Erw./erm. 20/14 €)
Gilt sechs Monate lang für den jeweils einmaligen Besuch von elf städtischen Museen
bzw. nur für die fünf Museen am Markusplatz (Erw./erm. 16/8 €). Online oder in den
einzelnen Museen erhältlich.

→ **Chorus-Pass** (☑041 275 04 62; www.chorusvenezia.org; Erw./erm. 10/7 €)
Gilt sechs Monate lang für den jeweils einmaligen Besuch von elf Kirchen in Venedig.
Online oder an den Kassenschaltern der Kirchen erhältlich.

→ **Venice Card** (☑041 24 24; www.venicecard.com; ab 30 Jahre/6–29 Jahre 39,90/29,90€;
⊙ Callcenter 8–19.30 Uhr) Kombiniert Museumspass und Chorus-Pass, zudem erhält
man Ermäßigung bei der Guggenheim-Sammlung, auf der Biennale, in zwei öffentlichen
Bädern sowie bei Konzerten, Sonderausstellungen und Parkgebühren. Erhältlich in
Touristeninformationen und bei HelloVenezia an den Anlegestellen der *vaporetti*.

→ **Rolling Venice** (☑041 24 24; www.hellovenezia.com; 14–29 Jahre 4 €) Verschafft jungen
Besuchern ermäßigten Zutritt zu Denkmälern und kulturellen Events. Zudem kostet
damit das 72-Stunden-Ticket für öffentliche Verkehrsmittel nur 18 statt 33 €. Beim Kauf
in Informationsbüros oder an Hello-Venezia-Schaltern ist der Ausweis vorzulegen.

VENEDIG & VENETIEN SEHENSWERTES

Canal Grande

Das ist öffentlicher Nahverkehr der glamourösen Art: Die 3,5 km lange Fahrt mit der *Vaporetto*-Linie 1 führt an etwa 50 *palazzi*, sechs Kirchen und weiteren filmreifen Szenerien vorbei.

Der Canal Grande beginnt am **Ponte di Calatrava** 1. Die Glas-Stahl-Brücke kostete schlussendlich das Dreifache der veranschlagten 4 Mio. Euro. Danach passiert das Boot den burgartigen **Fondaco dei Turchi** (das historische osmanische Handelshaus) 2, den **Palazzo Vendramin** 3 mit dem Kasino und **Ca' Pesaro** 4 mit der von zwei Säulengeschossen gegliederten Fassade. Ein gotisches Juwel ist die **Ca' d'Oro** 5 aus den 1430er-Jahren.

Stolz sind die Venezianer auf die **Pescaria** 6, wo Fischhändler schon seit 600 Jahren Garnelen verkaufen, und auf den **Rialto-Markt** 7. Die Kosten für den **Ponte di Rialto** (Rialtobrücke, 1592) 8 waren ähnlich hoch wie die für die Calatrava-Brücke, doch sein Marmor hat bereits Jahrhunderte überdauert.

Dem von Sanmicheli entworfenen Renaissancepalast **Palazzo Grimani** 9 und Mauro Codussis **Palazzo Corner-Spinelli** 10 folgen der **Palazzo Grassi** 11 (Giorgio Masari) sowie Baldassare Longhenas barockes Schmuckkästchen **Ca' Rezzonico** 12.

Der hölzerne **Ponte dell' Accademia** 13 von 1930 war eigentlich nur eine Behelfsbrücke, doch kürzlich wurde das geschätzte Wahrzeichen sogar verstärkt. Steinlöwen flankieren die **Peggy Guggenheim Collection** 14, in der die Millionenerbin Ideen, Liebhaber und Kunst versammelt hat. Nicht zu übersehen sind die dramatische Kuppel von Longhenas **Chiesa di Santa Maria della Salute** 15 und die **Punta della Dogana** 16, Venedigs dreieckiges Zollverschlusslager, in dem heute zeitgenössische Kunst präsentiert wird. Das Grande Finale des Canal Grande bilden der rosafarbene gotische **Palazzo Ducale** (Dogenpalast) 17 und der anschließende, neuerdings von Werbetafeln verschandelte **Ponte dei Sospiri** (Seufzerbrücke) 18.

Palazzo Grassi
Der französische Magnat François Pinault empörte Paris, als er seine Sammlung moderner Kunst hierher umsiedelte. Die Kunstgalerien entwarfen Gae Aulenti und Tadao Ando.

LONELY PLANET/GETTY IMAGES ©

Ca' Rezzonico
In dem Museum (18. Jh.) mit Tiepolo-Deckenmalereien, mit Seide ausgekleideten Boudoirs und einer eigenen Apotheke tauchen Besucher in den Luxus der Barockzeit ein.

Ponte dell'Accademia

Collezione Peggy Guggenheim

Chiesa di Santa Maria della Salute

Punta della Dogana
Der minimalistische Architekt Tadao Ando baute leer stehende Lagerhäuser zu Kunstgalerien um, in denen zeitgenössische Installationen aus François Pinaults Sammlung präsentiert werden.

ALVARO LEIVA/GETTY IMAGES ©

Ponte di Calatrava
Die 2008 eingeweihte Brücke mit ihrer stromlinienförmigen Flossenform war nach 75 Jahren der erste Brückenneubau über den Canal Grande.

Fondaco dei Turchi
Der Palast ist an seinem doppelten Bogengang und den Wachtürmen zu erkennen. In der Loggia des Museo di Storia Naturale fällt ein Einbaumkanu ins Auge.

Ca' d'Oro
Hinter den dreireihigen gotischen Säulengängen verbergen sich wertvolle Meisterwerke: von Napoleon geraubte Tizians, ein seltener Mantegna und Mosaikböden aus Halbedelsteinen.

2

3 Palazzo Vendramin

4

5

6 Pescaria

7 Rialto-Markt

10 Palazzo Corner-Spinelli

Palazzo Grimani

9

8 Ponte di Rialto (Rialtobrücke)

Ponte dei Sospiri (Seufzerbrücke)

Palazzo Ducale (Dogenpalast) **17**

18

Ca' Pesaro
Der von Baldassare Longhena gestaltete Palast wurde 1898 der Stadt vermacht, um darin der Galleria d'Arte Moderna und dem Museo d'Arte Orientale ein Zuhause zu geben.

Ponte di Rialto (Rialtobrücke)
Antonio da Ponte schlug Palladio bei der Ausschreibung zum Bau der Rialtobrücke, doch die Konstruktionskosten beliefen sich schließlich auf 250 000 venezianische Dukaten – heute etwa 19 Mio. Euro.

Clevere Zusammenstellung und schamloses Kunst-Namedropping kennzeichnen die rotierenden Ausstellungen, bei denen Andos Design die Aufmerksamkeit auf zeitgenössische Kunst lenkt, aber auch die barocken Deckenfresken einbezieht. Auch das stilvolle Café mit Blick auf den Canal Grande gestalten Künstler für jede Show neu.

Chiesa di Santo Stefano KIRCHE

(Karte S. 402; www.chorusvenezia.org; Campo Santo Stefano; Eintritt 3 €, mit Chorus-Pass frei; ◷ Mo-Sa 10–17 Uhr; ⚓ Accademia) Der frei stehende Glockenturm hinter der Kirche neigt sich bedenklich zur Seite, doch das gotische Ziegelbauwerk steht seit 1325 seinen Mann. Zu verdanken ist die grandiose Erscheinung der Kirche dem Baumeister Bartolomeo Bon und seinen marmornen Portalen sowie venezianischen Schiffsbauern, die die gewaltige hölzerne Decke in Form einer *carena di nave* (Schiffskiel) schufen, die wie eine umgedrehte Arche Noah aussieht.

Im Kreuzgangmuseum sind Canovas Grabstelen von 1808, Tullio Lombardos großäugiger Heiliger von 1505 und drei düstere Tintoretto-Gemälde von 1575–1580 zu sehen: *Das Letzte Abendmahl* mit einem geisterhaften Hund, der um Brot bettelt, das dräuende Unheil des *Christus am Ölberg* und die abstrakte, überwiegend in schwärzlichen Tönen gehaltene *Fußwaschung*.

Chiesa di Santa Maria del Giglio KIRCHE

(Santa Maria Zobenigo; Karte S. 402; www.chorusvenezia.org; Campo di Santa Maria del Giglio; Eintritt 3 €, mit Chorus-Pass frei; ◷ Mo-Sa 10–17 Uhr; ⚓ Santa Maria del Giglio) Die kompakte Kirche flößt Ehrfurcht vor der Vergangenheit ein: Der byzantinische Grundriss stammt aus dem 10. Jh., in die Barockfassade sind herrlich falsche Karten europäischer Städte von ca. 1678 eingearbeitet, und drei Meisterwerke sind zu bewundern: Veroneses *Madonna mit Kind* versteckt sich hinterm Altar, Tintorettos vier Evangelisten flankieren die Orgel, und in Peter Paul Rubens *Maria mit dem heiligen Johannes* in der Molin-Kapelle ist ein wahrlich rubenshaftes Jesuskind zu sehen.

⊙ Dorsoduro

★ Gallerie dell'Accademia KUNSTGALERIE

(Karte S. 402; ☏ 041 520 03 45; www.gallerieaccademia.org; Campo della Carità 1050; Eintritt inkl. Palazzo Grimani Erw./erm. 14/11 €; ◷ Mo 8.15–14, Di-So 8.15–19.15 Uhr, letzter Einlass

45 Min. vor Schließung; Ⓟ; ⚓ Accademia) Diese alles andere als „akademische" Galerie präsentiert mehr mörderische Intrigen, verbotene Affären und schamlose politische Machenschaften als die skandalösesten venezianischen Orgien. Jahrhundertelang bewahrte das ehemalige Kloster Santa Maria della Carità seine beschauliche Ruhe, doch seit Napoleon 1807 hier seine erbeutete venezianische Kunst unterbrachte, spielt sich innerhalb dieser Gemäuer ein unaufhörliches visuelles Drama ab.

Säle 1–5 Dieser visuelle Ansturm ist lose nach Stilen und Themen, vom 14. bis zum 18. Jh., gegliedert. Nach kürzlich erfolgten Restaurierungen und neuen Leihgaben sind auch ein paar Meisterwerke umplatziert worden. In der großen Galerie im Obergeschoss zeugen lebendige Frühwerke von Venedigs Gespür für Farben und Dramatik. Paradebeispiel ist Jacobello Alberegnos *Apokalypse* (Saal 1) aus dem späten 14. Jh., in der die Hure Babylon eine Hydra reitet, während aus ihrem Mund Blut strömt.

Säle 6–10 Thema in Saal 6 ist Venedigs Renaissance, mit Werken von Tizian und Tintoretto. Dessen *Erschaffung der Tiere* ist ein fantastisches Bestiarium, das vermuten lässt, dass Gott den größen Wert auf die Erfindung venezianischen Seafoods legte. Tintorettos *Der heilige Markus rettet einen schiffbrüchigen Sarazenen* (1562) ist ein actiongeladener Knüller mit furchtlosen venezianischen Kaufleuten und einem unglaublich muskulösen, langarmigen Heiligen, der einen Seemann rettet. Ein künstlerischer

Campo Santa Margherita

0 — 40 m

Campo Santa Margherita

⊗ Essen
1 Do Farai B2
2 Enoteca Ai Artisti B3
3 Grom...B2
4 Pane Vino e San Daniele A2
5 Ristorante La Bitta B3

⊜ Ausgehen & Nachtleben
6 Il Caffè Rosso.......................................A1
7 Osteria alla Bifora A1

⊜ Shoppen
8 Ca' Macana B2
9 Danghyra...B2

Triumph über die Macht der Zensur dominiert Saal 10: Paolo Veroneses frisch restauriertes *Gastmahl im Haus des Levi*, das ursprünglich *Das Letzte Abendmahl* hieß, bis die Inquisition Veronese für die Abbildung von Hunden, Trunkenbolden, Zwergen, Muslimen und reformatorischen Deutschen inmitten der Apostel maßregelte. Er weigerte sich jedoch, irgendetwas an dem Gemälde zu verändern – außer den Titel.

Saal 11 Betritt man den Raum, fällt einem der leichtere barocke Touch auf: Geschwätzige venezianische Promis hängen in Tiepolos Lünetten (1743–45) über der Balustrade. Diese zauberhaften Details an der Decke hingen ursprünglich in der Scalzi-Kirche und wurden nach der österreichischen Bombardierung von 1915 mühevoll restauriert.

Säle 12–19 Diese Räume werden derzeit renoviert und sollen Canalettos ausladende Ansichten von Venedig und Giorgiones dramatisches Gemälde *La Tempesta* („Der Sturm") präsentieren. In den restaurierten Porträtgalerien werden überlebensgroße venezianische Persönlichkeiten zu sehen sein: Lorenzo Lottos eindringliches *Porträt eines jungen Gelehrten* und eine aufreizende Dame in Giambattista Piazzettas *Wahrsagerin*.

Säle 20–24 Die letzten Räume bilden ein wahrlich furioses Finale. Saal 20 wird der-

zeit restauriert, hier sind Gentile Bellinis und Vittore Carpaccios venezianische Versionen der *Geschichten vom Heiligen Kreuz* mit einer multikulturellen Händlerschar zu sehen. Nach sorgfältiger Restaurierung bildet die ursprüngliche **Klosterkapelle** (Saal 23) einen ruhigen Zwischenstopp mit einem **Bellini-Altarbild** und Wechselausstellung.

★ **Collezione Peggy Guggenheim** MUSEUM
(Karte S. 402; ☎ 041 240 54 11; www.guggenheim-venice.it; Palazzo Venier dei Leoni 704; Erw./Senior/erm. 14/11/8 €; ☺ Mi–Mo 10–18 Uhr; ☒ Accademia) Nach dem tragischen Tod ihres Vaters auf der *Titanic* freundete sich die Erbin Peggy Guggenheim mit Dadaisten an, floh vor den Nationalsozialisten in die USA und kehrte schließlich nach Europa zurück, wo sie in ihrem palastartigen Haus am Canal Grande die Kunstgeschichte verändern sollte. Der Palazzo Venier dei Leoni ist ein Schaukasten des Surrealismus, Futurismus und des abstrakten Expressionismus mit Werken von rund 200 richtungsweisenden modernen Künstlern wie Peggys Exmann Max Ernst und Jackson Pollock, einem ihrer vielen angeblichen Liebhaber.

Im **Skulpturengarten**, in dem die Stadt 1979 Peggy Guggenheim ein Ehrengrab neben ihren Hunden gewährte, wandert man vorbei an Bronzen von Moore, Giacometti und Brancusi, an Yoko Onos *Wish Tree* und einem glänzenden schwarzen Granitklumpen von Anish Kapoor. In einem **Pavillon** sind ein Café, ein Buchladen, Toiletten und Wechselausstellungen über modernistische Rebellen untergebracht.

Ca' Rezzonico MUSEUM
(Museum des 18. Jh.; Karte S. 402; ☎ 041 241 01 00; www.visitmuve.it; Fondamenta Rezzonico

3136; Erw./erm. 8/5,50 €; ☉April–Okt. Mi–Mo 10–18 Uhr, Nov.–März Mi–Mo 10–17 Uhr; 🚊Ca' Rezzonico) In Baldassare Longhenas Palast am Canal Grande werden Barockträume wahr: Marmortreppen führen in vergoldete Ballsäle, mit Fresken verzierte Salons und opulente Boudoirs. Giambattista Tiepolos Deckengemälde im **Thronsaal** ist ein Meisterwerk über den gesellschaftlichen Aufstieg: Ein Sinnbild des Verdienstes steigt hoch zum Glorientempel, mit dem Goldenen Buch, in dem die Namen venezianischer Aristokraten verzeichnet sind in den Händen – darunter freilich Tiepolos Gönner, die Familie Rezzonico.

Im **Pietro-Longhi-Salon** stehen die reizenden spöttischen Genrebilder von Gesellschaftspossen, missbilligend von Schoßhündchen beobachtet, den Ansichten des Canal Grande die Schau. In der **Sala Rosalba Carriera** sind Carrieras ironische Prominentenpor-träts zu sehen, und Giandomenico Tiepolos tanzende Hofnarren sorgen für den Humor in den Zianigo-Villa-Fresken.

Am Eingang stehen die Termine der Konzerte im mit Trompe-l'Œil-Fresken ausgeschmückten Ballsaal.

Punta della Dogana   KUNSTGALERIE
(Karte S. 402; ☏041 271 90 39; www.palazzo grassi.it; Erw./erm. 15/10 €, inkl. Palazzo Grassi 20/15 €; ☉Mi–Mo 10–19 Uhr; 🚊Salute) Fortuna, die Figur auf dem Dach der Punta della Dogana, schwang 2005 vor Freude, als der französische Milliardär und Kunstsammler François Pinault wegen bürokratischer Scherereien in Paris seine Kunstschätze fortan lieber in diesem leerstehenden Zollhaus präsentierte. Das Gemäuer, das Giuseppe Benoni 1677 errichtete, damit kein Schiff in den Canal Grande einfuhr, ohne die allfällige Zollgebühr zu entrichten, beherbergt heute massive, provokante Installationen vor den vorbeifahrenden Schiffen.

★ Basilica di Santa Maria della Salute   KIRCHE
(La Salute; Karte S. 402; ☏041 241 10 18; www. seminariovenezia.it; Campo della Salute 1b; Eintritt frei, Sakristei Erw./erm. 3/1,50 €; ☉tgl. 9–12 & 15–17.30 Uhr; 🚊Salute) Die Kirche, sozusagen Ausdruck eines gewaltigen erleichterten Seufzens, bauten Überlebende der Pest aus Dankbarkeit für ihre Verschonung. Baldassare Longhenas erbaulicher Entwurf ist ein technischer Kraftakt, der der simplen Logik trotzt. Und tatsächlich sollen der Kirche magische Heilkräfte innewohnen: Tizian entging bis zum Alter von 94 Jahren der Pest und hinterließ zwölf Meisterwerke, die in der **Sakristei** zu sehen sind.

Gesuati   KIRCHE
(Santa Maria del Rosario; Karte S. 402; www.chorus venezia.org; Fondamenta delle Zattere 918; Eintritt 3 €, mit Chorus-Pass frei; ☉Mo–Sa 10–17 Uhr) Egal, wie draußen das Wetter ist: In dieser von Giorgio Massari gestalteten Barockkirche scheint immer die Sonne. Der leuchtende Himmel um den heiligen Dominikus in Tiepolos Deckenfresko (1737–39) wirkt derart authentisch, dass sich der Betrachter unwillkürlich fragt, ob er genügend Sonnencreme aufgetragen hat. Eine trübere Stimmung verbreitet Tintorettos *Kreuzigung* (1565) an der rechten Seite des Kirchenschiffs: Maria wird vor Gram ohnmächtig. Doch in Sebastiano Riccis *Die Heiligen Petrus und Thomas mit Papst Pius V.* (1730 bis 1733) sorgen pummelige umhertollende Putten wieder für himmlische Erleichterung.

Magazzini del Sale   KUNSTGALERIE
(Karte S. 398; ☏041 522 66 26; www.fonda zionevedova.org; Zattere 266; Spende erbeten; ☉während Ausstellungen Mi–Mo 10.30–18 Uhr; 🚊Zattere) Der Pritzker-Preisträger Renzo Piano hat Venedigs historische Salzlager in die Kunstgalerie Fondazione Vedova verwandelt, die dem venezianischen abstrakten Maler Emilio Vedova gewidmet ist. Die Ausstellungen sind häufig beweglich und im Wortsinn rotierend: Angetrieben von erneuerbaren Energiequellen schwenken zehn von Vedova und Piano ausgetüftelte Roboterarme Kunstwerke aus den Lagerräumen heraus und wieder hinein.

INSIDERWISSEN

SQUERO DI SAN TROVASO

Der **Holzverschlag** (Karte S. 398; Campo San Trovaso 1097; 🚊Zattere) am Rio di San Trovaso sieht wie eine nach Venedig verirrte Skihütte aus, ist aber eine von Venedigs drei noch betriebenen *squeri* (Gondelwerften), auf deren Vorplatz frisch gestrichene Gondeln zum Trocknen liegen. Wenn das Tor offen ist, darf man gegen eine Spende (die man am Eingang in eine Dose wirft) hineinschauen. Um die Gondelbauer, die mit scharfen Werkzeugen hantieren, nicht zu erschrecken, ist Fotografieren mit Blitz verboten.

☉ San Polo & Santa Croce

★ Scuola Grande di San Rocco   MUSEUM

(Karte S. 398; ☎041 523 48 64; www.scuola grandesanrocco.it; Campo San Rocco 3052, San Polo; Erw. 8 €, inkl. Scuola Grande dei Carmini 12 €; ☉tgl. 9.30–17.30 Uhr, Tesoro 9.30–17.15 Uhr; ⊠San Tomà) Da der Auftrag zur Ausgestaltung dieses dem Schutzpatron der Pestkranken gewidmeten Gebäudes hart umkämpft war, griff Tintoretto zu einer List: Statt wie seine Rivalen Entwürfe anzufertigen, überreichte er den Verantwortlichen ein herrliches Deckengemälde des heiligen Rochus als Geschenk – das konnten diese schließlich schlecht ablehnen.

Die alttestamentarischen Szenen, die Tintoretto 1575–87 für die Decke der Sala Grande Superiore malte, lesen sich wie ein moderner Bilderroman: Wer das Kunstwerk betrachtet, meint fast, über sich ein Rauschen zu hören, wenn ein Engel herabtaucht, um den schwachen Elias zu füttern. Vor dem düsteren Hintergrund des Schwarzen Todes tauchen Blitze Tintorettos Episoden aus dem Neuen Testament in ein gespenstisches Licht. Als Tintoretto diese Szenen malte, waren Venedigs Zukunftsaussichten in der Tat betrüblich: Die Pest hatte 50 000 Venezianer dahingerafft, darunter auch den großen Künstler Tizian.

In der Aula erzählt Tintoretto die Lebensgeschichte der Jungfrau Maria, von der *Verkündigung* an der linken Wand bis zur dunklen, katastrophenartig dargestellten *Himmelfahrt* gegenüber. Hier werden gelegentlich gregorianische Gesänge zum Besten gegeben (am Schalter erfragen), die in Tintorettos eindringlichen Gemälden widerzuhallen scheinen.

★ I Frari   KIRCHE

(Basilica di Santa Maria Gloriosa dei Frari; Karte S. 398; www.chorusvenezia.org; Campo dei Frari 3004, San Polo; Erw./erm. 3/1,50 €; ☉Mo–Sa 9–18, So 13–18 Uhr, letzter Einlass 17.30 Uhr; ⊠San Tomà) Die hohe gotische Kirche präsentiert sich mit Einlegearbeiten im Chorgestühl, Canovas Pyramidenmausoleum, Bellinis schmerzlich süßem Triptychon *Madonna mit Kind* in der Sakristei und Longhenas gruseligem Grabmal für den Dogen Pesaro, das von kräftigen Sklaven getragen wird, deren verschlissene Klamotten unter ihren Muskeln zerreißen. Viele fühlen sich von einem kleinen Altarbild magisch angezogen: In Tizians *Mariä Himmelfahrt*

(1518) steigt eine leuchtende Madonna in tizianrotem Gewand auf eine Wolke und entkommt so der Sterblichkeit. Tizian übertraf sich hier selbst, seine *Himmelfahrt* stiehlt sogar seinem eigenen Pesaro-Altarbild beim Eingangsportal die Schau. Der Künstler starb 1576 an der Pest; angeblich umging man die strengen Quarantänevorschriften der Stadt, als man ihn in der Nähe seines Meisterwerks bestattete.

Museo di Storia Naturale di Venezia   MUSEUM

(Fondaco dei Turchi; Karte S. 414; ☎041 275 02 06; msn.visitmuve.it; Salizada del Fontego dei Turchi 1730, Santa Croce; Erw./erm. 8/5,50 €; ☉Nov.–Mai Sa & So 10–18, Di–Fr 10–17 Uhr, Juni–Okt. tgl. 10–18 Uhr; ⊠San Stae) Wen kümmert der Doge? Unersättliche Neugier beherrscht Venedig, und im Naturhistorischen Museum läuft sie geradezu Amok. Das Abenteuer beginnt oben mit Dinosauriern und rast dann durch die Evolution bis hin zu Venedigs Zeitalter der Entdeckungen, als Männer wie Marco Polo seltsame Dinge aus fernen Ländern mitbrachten. Auf Schritt und Tritt trifft man in neuen Ausstellungen auf Wunderwerke der Natur.

NICHT VERSÄUMEN

CHIESA DI SAN SEBASTIANO

Über drei Jahrzehnte verbrachte Paolo Veronese damit, die schlichte Pfarrkirche (Karte S. 398; www.chorusvenezia. org; Campo San Sebastiano 1687; Eintritt 3 €, mit Chorus-Pass frei; ☉Mo–Sa 10–17 Uhr) vom Boden bis zur Decke mit Meisterwerken zu verzieren. Pferde springen schier aus den Rahmen der Kassettendecke, lebhafte Szenen zieren die Orgelflügel, und im *Martyrium des heiligen Sebastian* beim Altar zwingt der gefesselte Heilige den Blick seiner Peiniger trotzig nieder, umgeben von venezianischen Prominenten, Turban tragenden Händlern und Veroneses Markenzeichen, dem drolligen Spaniel. Besucher können auch Veronese selbst die Ehre erweisen, der hier inmitten seiner Meisterwerke bestattet ist. Nicht versäumen sollte man jedoch Tizians *San Niccolò* und die Tintorettos in der strahlenden, frisch restaurierten Sakristei.

DER ULTIMATIVE BEGEHBARE SCHRANK

Modefreaks aufgepasst: Aufgrund zahlreicher Nachfragen öffnet nun der Palazzo Mocenigo jeden letzten Freitag im Monat ein geheimes Lager unter dem Dach für faszinierende Touren durch die Geschichte der Mode. Kostümhistoriker führen bis zu 15 Personen durch den „begehbaren Kleiderschrank" und öffnen Schränke, in denen tief ausgeschnittene Fähnchen aus dem 18. Jh., hautfarbene Seidenkleider, bestickte Herrengehröcke mit aufgebauschten Hüften aus dem 17. Jh. und andere gewagte Kreationen gehütet werden. Sie alle sind zu empfindlich, um permanent ausgestellt zu werden, Die Führungen auf Italienisch und Englisch (11 & 14 Uhr) müssen im Voraus gebucht werden (☑ 041 270 03 70; Führung 12 €).

Wie von dieser Lagunenstadt zu erwarten, sind die Exponate zur Meeresbiologie besonders phänomenal. Das erstaunlichste Deckengemälde in Venedig ist nicht etwa ein Tiepolo-Fresko, sondern jenes in der „Wunderkammer" des Museums aus dem 19. Jh., auf dem sich Haizähne, giftige Kugelfische und andere schreckliche Meereskreaturen tummeln.

Palazzo Mocenigo   MUSEUM

(Karte S. 414; ☑ 041 72 17 98; http://mocenigo.visitmuve.it; Salizada di San Stae 1992, Santa Croce; Erw./erm. 5/3,50 €; ⏲ April–Okt. Di–So 10–17 Uhr, Nov.–März Di–So 10–16 Uhr; 🚤 San Stae) Von der *Adrienne* (Kleid mit üppigem Reifrock) bis zu Anne Hathaways megagerafftem Versace-Kleid, das sie 2008 bei den Filmfestspielen von Venedig trug – inmitten der im Palazzo Mocenigo präsentierten Mode fühlt man sich richtig glamourös. Im Piano nobile dieses noblen Palastes am Canal Grande entfalten sich wahre Kostümdramen, wie sie sich schon zu Zeiten der angesagten venezianischen Partys im 18. Jh. hier abspielten. Im **Roten Salon** geben Ausschnitte viel preis, im **Schlafgemach der Contessa** fallen einschnürende Korsetts, und im **Speisezimmer** zeigen Paisley-Kniebundhosen manch Männerbein.

Ca' Pesaro   MUSEUM

(Galleria Internazionale d'Arte Moderna e Museo d'Arte Orientale; Karte S. 414; ☑ 041 72 11 27; www.visitmuve.it; Fondamenta di Ca' Pesaro 2070, Santa Croce; Erw./erm. 8/5,50 €; ⏲ April–Okt. Di–So 10–18 Uhr, Nov.–März Di–So 10–17 Uhr; 🚤 San Stae) Wie ein Karnevalskostüm für zwei beherbergt dieser von Baldassare Longhena gestaltete Palast (1710) zwei eigentümliche Museen: die **Galleria Internazionale d'Arte Moderna** und das **Museo d'Arte Orientale**. Erstere erzählt von Venedigs Rolle in der Geschichte moderner Kunst, Letzteres zeigt Schätze, die der Graf Enrico di Borbone 1887–1889 bei seiner Einkaufsorgie durch Asien zusammenkaufte.

Die Sammlung moderner Kunst präsentiert zunächst Exponate aus den ersten Biennalen, darunter venezianische Landschaften und Prominente, gemalt von einheimischen Künstlern (allen voran Giacomo Favretto und Guglielmo Ciardi). Die cleveren Biennale-Organisatoren zeigten jedoch bald auch Ausländer, z. B. Gustav Klimts *Judith II (Salome)* von 1909 und Marc Chagalls *Rabbi von Witebsk* (1914–1922). 1961 fügte das De-Lisi-Vermächtnis der Sammlung der Moderne den Arbeiten von De Chirico, Miró und Moore noch Kandinskys und Morandis hinzu. Zu sehen sind auch radikal abstrakte Werke der hiesigen Nachkriegskünstler Giuseppe Santomaso und Emilio Vedova.

An der knirschenden Treppe ins Dachgeschoss stehen Samuraikrieger, die die fürstliche Sammlung asiatischer Reiseandenken bewachen. Enrico di Borbone weilte in Japan, als Edo-Kunst geringer geschätzt wurde als die modernere Meiji-Kunst. Netsuke (kleine geschnitzte Holzfiguren aus Japan), Schirme und eine Lacksänfte aus der Edo-Zeit sind Highlights der 30 000 Stücke umfassenden Sammlung.

Chiesa di San Polo   KIRCHE

(Karte S. 414; www.chorusvenezia.org; Campo San Polo 2118, San Polo; Eintritt 3 €, mit Chorus-Pass frei; ⏲ Mo–Sa 10–17 Uhr; 🚤 San Tomà) Venedigbesucher hasten meist an dieser bescheidenen byzantinischen Backsteinkirche (9. Jh.) zwischen I Frari und Rialtobrücke vorbei, ohne etwas von den großen Dramen hinter den Portalen zu ahnen: Unter der mittelalterlichen hölzernen **Carena-di-nave-Decke** zeigt Tintorettos *Letztes Abendmahl* die Apostel in Aufruhr, nachdem Jesus verkündet hat, dass ihn einer von ihnen verraten wird. In Giandomenico Tiepolos verstörenden *Stationen des Kreuzwegs* in der **Sakristei** wird Jesus von johlenden Zuschauern schikaniert, doch in einem Deckengemälde steigt er schließlich triumphierend aus seinem Grab.

⊙ Cannaregio

Museo Ebraico   MUSEUM
(Karte S. 417; ☏ 041 71 53 59; www.museo ebraico.it; Campo del Ghetto Nuovo 2902b; Erw./erm. 3/2 €; ⊙ Juni–Sept. So–Fr (außer jüdische Feiertage) 10–19 Uhr, Okt.–Mai 10–18 Uhr; 🚊 Guglie) Das Museum im Herzen des Ghettos erzählt anhand von Alltagsgegenständen die Geschichte von Venedigs jüdischer Gemeinde und von ihrem wichtigen Beitrag für die venezianische, italienische und weltweite Geschichte. Das 1955 eröffnete Museum zeigt eine kleine Sammlung fein gearbeiteter Silberwaren und anderer jüdischer Kunstobjekte sowie Bücher aus der Renaissance. Der Eintritt ist in den Tickets für die Synagogen-Führungen enthalten. Hier kann man auch nach Führungen über den **Antico Cimitero Israelitico** (Alter Jüdischer Friedhof) auf dem Lido fragen.

Beim Museum beginnen die einstündigen englischsprachigen **Führungen** (Führung inkl. Eintritt Erw./erm. 8,50/7 €; ⊙ tgl. ab 10.30 Uhr vier Führungen, nach Voranmeldung auch in Deutsch), die drei der sieben kleinen Ghetto-Synagogen vorstellen: die 1528 erbaute **Schola Tedescha** (Deutsche Synagoge) mit einer nach dem Vorbild einer Opernloge gestalteten vergoldeten Frauenempore, die 1531 errichtete **Schola Canton** (Französische Synagoge) mit acht bezaubernden Landschaften aus biblischen Gleichnissen sowie entweder die schlichte **Schola Italiana** (Italienische Synagoge) mit dunklem Holz oder die noch immer genutzte **Schola Spagnola** (Spanische Synagoge), deren Interieur Baldassare Longhena gestaltete.

★ Chiesa della Madonna dell'Orto   KIRCHE
(Karte S. 417; Campo della Madonna dell'Orto 3520; Eintritt 3 €, mit Chorus-Pass frei; ⊙ Mo–Sa 10–17 Uhr; 🚊; 🚊 Madonna dell'Orto) Die elegante schlanke gotische Ziegelkathedrale von 1365 – ursprünglich dem heiligen Christophorus, dem Schutzpatron der Reisenden, gewidmet – ist eines der bestgehüteten Geheimnisse Venedigs. Sie war die Gemeindekirche des Renaissancemeisters Tintoretto, der in der Eckkapelle begraben ist und für

---

DAS URSPRÜNGLICHE GHETTO

Im Mittelalter beherbergte diese abgelegene Insel des Stadtteils Cannaregio ein *getto* (Gießerei). Erst im 16. bis 18. Jh., als das Gebiet zum ausgewiesenen Jüdischen Viertel wurde, bekam der Begriff eine völlig neue Bedeutung. Gemäß einem Erlass der Republik Venedig von 1516 durften jüdische Pfandleiher, Ärzte und Tuchhändler zwar bei Tage an Venedigs Wirtschaftsleben teilhaben, nachts aber und an christlichen Feiertagen war es den meisten verwehrt, die geschlossene Wohninsel des Ghetto Nuovo zu verlassen. Im Gegensatz zu den meisten anderen europäischen Städten jener Zeit gewährte das pragmatische Venedig jüdischen Ärzten jedoch nach wie vor Ausgang für ihre Patientenbesuche. Es ist sogar maßgeblich jüdischen und muslimischen Ärzten der Stadt zuzuschreiben, dass ankommende Schiffe unter Quarantäne gestellt wurden und Venedig dadurch das verheerende Wüten der Pest erspart blieb.

Als jüdische Händler 1541 vor der spanischen Inquisition nach Venedig flohen, konnte man im Ghetto nicht mehr an-, sondern nur noch in die Höhe bauen. Rund um den Campo del Ghetto Nuovo fanden in zusätzlichen Stockwerken neben Neuankömmlingen auch Synagogen und Verlage Platz. Trotz eines zehnjährigen Zensurbefehls, den die römische Kirche 1553 erließ, steuerten jüdische Verleger aus Venedig Hunderte von Titeln zur Verbreitung neuer Gedanken zu Religion, humanistischer Philosophie und Medizin bei. Im 17. Jh. organisierten die Philosophin Sara Copio Sullam, Rabbi Leon da Modena und andere Persönlichkeiten Literarische Salons und holten führende Denker aller Glaubensrichtungen ins Ghetto.

Nachdem Napoleon 1797 die Restriktionen lockerte, erlangten 1626 Ghettobewohner den Status venezianischer Bürger. Die Rassengesetze Mussolinis von 1938 katapultierten Italien jedoch ins 16. Jh. zurück. Bis 1943 waren die meisten jüdischen Venezianer verhaftet und in Konzentrationslager deportiert worden. Nur 37 kehrten zurück. Heute leben die wenigsten Mitglieder der 400-köpfigen jüdischen Gemeinde noch im Ghetto, aber ihre Kinder kommen zum Spielen zum Campo del Ghetto Nuovo, umgeben vom Erbe des Ghettos mit seinen Buchhandlungen, Kunstgalerien und religiösen Institutionen.

Sestiere di San Polo, Santa Croce & Castello (Venedig)

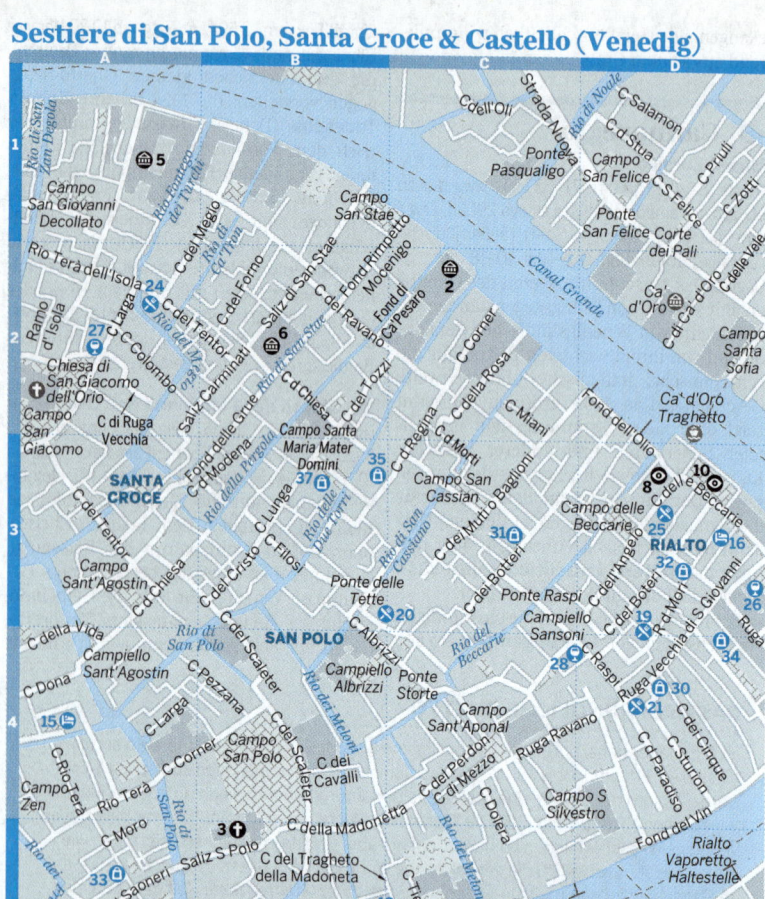

die Apsis zwei seiner schönsten Werke schuf: *Die Darstellung der Jungfrau im Tempel* mit Scharen von Engeln und Sterblichen, die einen Blick auf Maria erheischen wollen, und sein *Jüngstes Gericht* (1546), in dem verlorene Seelen eine blaugrüne Flutwelle aufhalten wollen, während ein Engel einen letzten Menschen vor der ultimativen *acque alte* rettet.

Ca' d'Oro   MUSEUM

(Karte S. 414; ☏ 041 520 03 45; www.cadoro.org; Calle di Ca' d'Oro 3932; Erw./erm. 6/3 €; ⊙ Mo–Sa 8.15–19.15, So 9–12.30 Uhr; 🚇 Ca' d'Oro) Am Canal Grande nicht zu übersehen ist die filigrane **gotische Arkadenfassade** dieses Palastes aus dem 15. Jh., der auch ohne den einstigen Blattgoldschmuck, der ihm den Namen „Goldenes Haus" gab, eine glänzende Erscheinung ist. Baron Franchetti vermachte der Stadt Venedig dieses Schatzkästchen voller Meisterwerke, die in der **Galleria Franchetti** im Obergeschoss präsentiert werden – neben Renaissancewerken, die Napoleon einst bei seiner Eroberung Italiens aus Kirchen in Venetien geraubt hatte.

Zu den Highlights gehören Tizians leuchtende *Venus vor dem Spiegel* (ca. 1550),

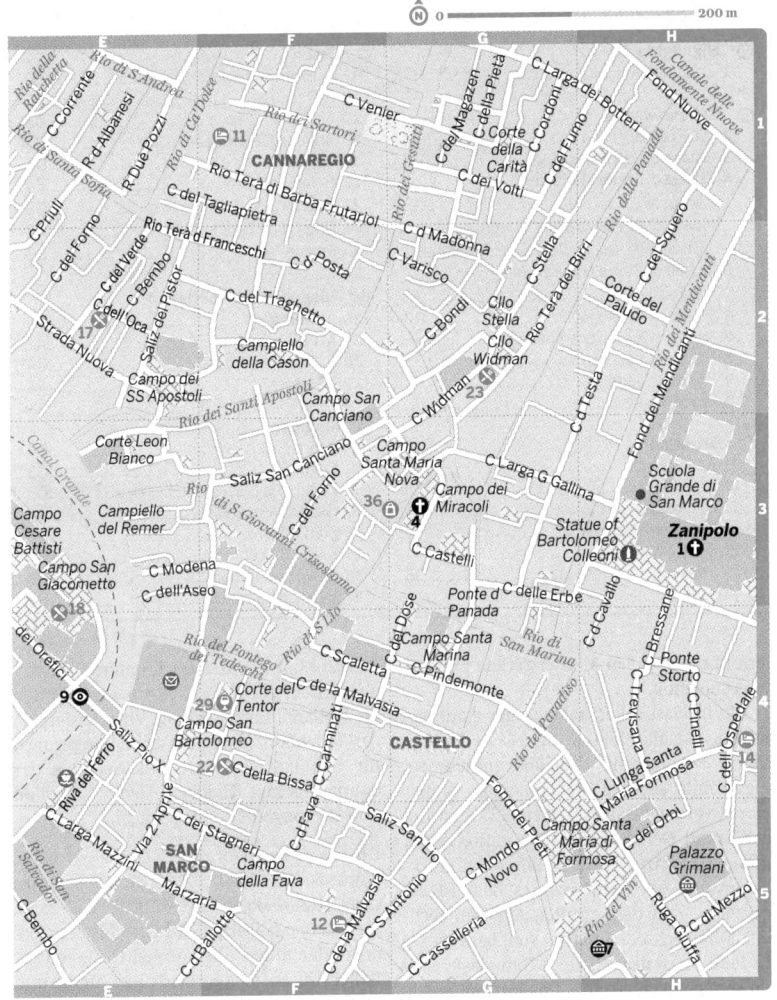

Mantegnas von Pfeilen durchbohrter *Heiliger Sebastian* und Pietro Lombardos *Jesuskind*, gefertigt aus Carrara-Marmor, der irgendwie weich aussieht. In der Galerie finden Restaurierungsarbeiten statt, sodass Besucher eventuell dabei zusehen können, wie Kunstschätze in akribischer Detailarbeit wiederhergestellt werden.

⊙ Castello

★ **Zanipolo**   BASILIKA
(Chiesa dei SS Giovanni e Paolo; Karte S. 414;
☎ 041 523 59 13; www.basilicasantigiovannie

paolo.it; Campo Zanipolo; Erw./Schüler 2,50/
1,25 €; ☉ Mo–Sa 9–18, So 12–18 Uhr; 🚣 Ospedale) Als die Dominikaner 1333 mit der Errichtung von Zanipolo begannen, in Konkurrenz zur I-Frari-Kirche der Franziskaner (S. 411), erregte das scheunenartige Gotteshaus Begeisterungsstürme, die eher zum Profifußball passten als zu einem Bauwerk. Beide Kirchen haben rote Ziegelfassaden mit kontrastierenden Elementen, doch da Zanipolos Fassade nicht vollendet wurde, ging I Frari schon bald als Sieger hervor. Im Lauf der Jahrhunderte hat Zanipolo jedoch mit seinem Pantheon aus Dogen-Grabmä-

Sestiere di San Polo, Santa Croce & Castello (Venedig)

lern und den vielen Meisterwerken mindestens aufgeholt.

Die in klassischer italienischer Gotik gehaltene Basilika konnte im 14. Jh. die gesamte Bevölkerung Castellos aufnehmen, die Wände säumen die opulenten Gräber von 25 venezianischen Dogen. 1867 zerstörte ein Brand Gemälde von Tintoretto, Palma il Giovane, Tizian und Bellini, doch glücklicherweise blieb ein weiteres Bellini-Polyptychon – auf dem zweiten Altar im rechten Seitenschiff – intakt. Von besonderer Bedeutung ist das erhaltene Buntglasfenster im südlichen Querschiff. Das Fenster wurde nach Entwürfen von Bartolomeo Vivarini und Girolamo Mocetto auf Murano gefertigt.

★ **Scuola di San Giorgio degli Schiavoni**   KIRCHE
(Karte S. 419; ☑ 041 522 88 28; Calle dei Furlani 3259a; Erw./erm. 5/3 €; ◷ Mo 14.45–18, Di–Sa 9.15–13 & 14.45–18, So 9.15–13 Uhr; ♿; ☖ Pietà) Im 15. Jh. eignete sich Venedig Dalmatien an – ein Gebiet, das grob dem ehemaligen Jugoslawien entsprach. Viele Dalmatiner, von den Venezianern Schiavoni (Slawen) genannt, zogen damals nach Venedig. Als Beweis des venezianischen Pluralismus bekamen sie 1451 ihre eigene *scuola* (religiöse

Bruderschaft). Um 1500 begannen sie mit der Errichtung ihres Zentrums und trafen die brillante Entscheidung, Vittorio Carpaccio (ebenfalls dalmatinischen Ursprungs) für den fantastischen Gemäldezyklus der dalmatinischen Heiligen Georg, Tryphon und Hieronymus zu beauftragen.

Chiesa di San Giorgio dei Greci   KIRCHE
(Karte S. 419; ☑ 041 522 65 81; Campiello dei Greci 3412; ◷ Mo, Mi–Sa 9–12.30 & 14.30–16.30, So 9–13 Uhr; ☖ Pietà) GRATIS Griechisch-orthodoxe Flüchtlinge, die vor den Osmanen geflohen waren, bauten 1536 diese Kirche und stützten sich dabei auf eine spezielle Erlaubnis Venedigs, von einlaufenden griechischen Schiffen Steuern verlangen zu dürfen. Die kleine Kirche mit dem Namen „Heiliger Georg der Griechen" hat eine imposante Ikonostase. Weitere hervorragende Werke aus der venezianischen Schule der Ikonenmalerei sind im **Museo delle Icone** (Ikonenmuseum; Karte S. 419; ☑ 041 522 65 81; www.istitutoelleni co.org; Campiello dei Greci 3412; Erw./Schüler 4/2 €; ◷ tgl. 10–17 Uhr; ☖ Pietà) zu sehen.

Palazzo Querini Stampalia   MUSEUM
(Karte S. 414; ☑ 041 271 14 11; www.querinis tampalia.it; Campiello Querini Stampalia 5252; ☖ Rialto, San Zaccaria) 1869 schenkte Conte

Cannaregio (Venedig)

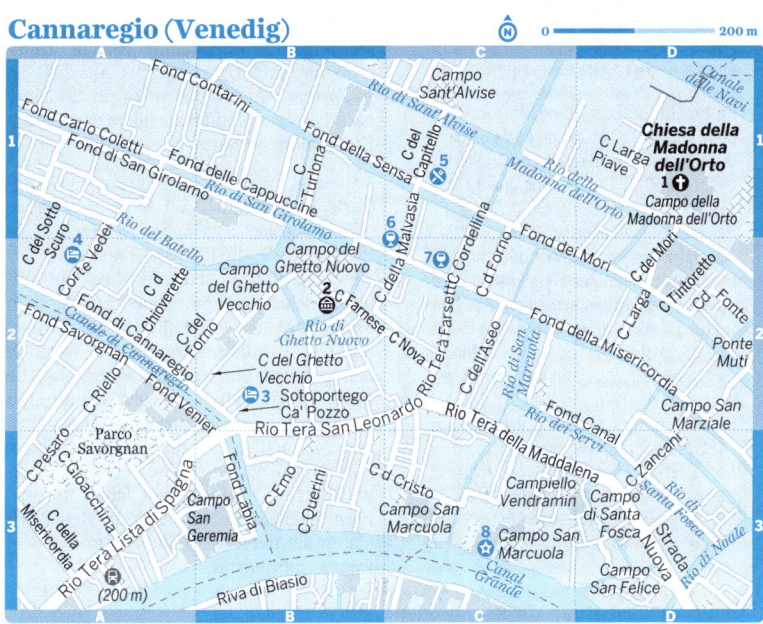

Giovanni Querini Stampalia der Stadt seinen Familienpalast – unter der vorausschauenden Bedingung, dass die 700 Jahre alte Bibliothek auch spät am Abend geöffnet hätte. Unten kann man im hochmodernen Ambiente des von Carlo Scarpa gestalteten **Garten** einen *aperitivo* mit Snacks genießen, oben sorgen Wechselausstellungen in den mit Seide ausgekleideten Salons zeitgenössischer Kunst für die eine oder andere Überraschung.

Durch den von Mario Botta entworfenen QShop gelangt man kostenlos ins Café und in den Garten. Im Laden kauft man auch die Tickets für das **Museo della Fondazione Querini Stampalia** (Karte S. 414; Erw./ erm. 10/8 €; ⊙ Di–Do, So 10–18, Fr & Sa 10–22 Uhr; 🚤 Rialto, San Zaccaria). Das Museum in den Privatgemächern des Conte gewährt einen Eindruck vom Zeitgeschmack des 18. Jhs. und von den Interessen des Grafen: Porzellan aus Meißen und Sèvres, Marmorbüsten und um die 400 Gemälde, unter denen Gabriela Bellas (1730–1799) *Szenen des öffentlichen Lebens in Venedig* am meisten fesseln. Sie dokumentieren auf gewinnend-naive Weise das Leben in Venedig zur damaligen Zeit, inklusive der zugefrorenen Lagune im Jahr 1708 und der Regatta der Kurtisanen auf dem Rio della Sensa. Im Sommer finden im *palazzo* freitags und samstags Kammermusikkonzerte statt (Eintritt 3 €).

Chiesa di San Francesco della Vigna
KIRCHE

(Karte S. 398; ☎ 041 520 61 02; www. sanfrancescodellavigna.it; Campo San Francesco della Vigna 2786; ⊙ Mo–Sa 9. 30–12.30 & 15–18, So 15–18 Uhr; 🚤 Celestia, Ospedale) GRATIS Diese

CHIESA DI SANTA MARIA DEI MIRACOLI

Pietro Lombardos kleine Marmorkapelle (Karte S. 414; Campo dei Miracoli 6074; Eintritt 3 € oder mit Chorus-Pass; ⊙ Mo–Sa 10–17 Uhr; 🚤 Fondamenta Nuove) ist ein kleines *miracolo* (Wunder) der Frührenaissance-Architektur. Sie war ihrer Zeit voraus, wendete sie sich doch ab vom gotischen Prunk und hin zu einer maßvollen klassischen Architektur. Die Gemeinde sammelte Geld und durchstöberte die Restehalde des Markusdoms nach farbigem Marmor, um eine Kirche für Niccolò di Pietros Madonna zu errichten, die um 1480 plötzlich angefangen hatte zu weinen. Dem Gemeinschaftssinn folgend, bemalte Pier Maria Pennacchi die 50 Deckentafeln mit Porträts von Propheten in venezianischer Kleidung.

entzückende Franziskanerkirche, entworfen und erbaut von Jacopo Sansovino, mit einer Fassade von Palladio ist eine der meistunterschätzten Sehenswürdigkeiten der Stadt. Die Madonna in Bellinis *Madonna und Heilige* (1507) in der **Cappella Santa**, gleich beim blumenbewachsenen **Kreuzgang**, leuchtet förmlich, während in Antonio da Negropontes **Thronender Jungfrau** (um 1460–70) schwimmende Engel und stolzierende Vögel der Maria die Schau stehlen. Für 20 Cent kann man sie beleuchten.

Es folgen Palladio und seine Madonnen, aber der **Cappella Giustiniani** haben das Bildhauerteam Pietro und Tullio Lombardo (Vater und Sohn) mit fabelhaften Marmorreliefs über das Leben von Christus und ein paar Heiligen (15. Jh.) ihren Stempel aufgedrückt.

Auf dem *campo* nach hinten raus findet alljährlich Venedigs bestes Stadtteilfest statt, die **Festa di Francesco della Vigna** mit Wein und rustikaler Kost; gewöhnlich steigt sie in der dritten Juniwoche.

Chiesa di San Zaccaria   KIRCHE

(Karte S. 419; 📞 041 522 12 57; Campo San Zaccaria 4693; ⊙ Mo–Sa 10–12 & 16–18, So 16–18 Uhr; 🚤 San Zaccaria) **GRATIS** Wenn im 15. Jh. venezianische Mädchen mehr Interesse an Matrosen als an Heiligen zeigten, schickte man sie ins Kloster neben San Zaccaria. Dankbare Eltern überschütteten die Kirche

mit Reichtümern. An den Wänden hängen Meisterwerke von Bellini, Tizian, Tintoretto und van Dyck. Bellinis Altarbild ist so kostbar, dass Napoleon es für 20 Jahre nach Paris verschaffte, nachdem er die Stadt 1797 geplündert hatte.

Arsenale   HISTORISCHES BAUWERK

(Karte S. 398; 📞 041 521 88 28; www.labiennale.org; Campo della Tana; Erw./erm. 20/12–16 €; ⊙ Di–So 10–18 Uhr; 🚤 Arsenale) Das 1104 gegründete Arsenale stieg im mittelalterlichen Europa schnell zur größten Schiffswerft auf – mit 300 Schiffsfabriken und bis zu 16 000 Arbeitern. Die Werft, in der an einem einzigen Tag eine komplette neue Galeere gebaut werden konnte, gilt als Vorreiter der industriellen Massenfertigung. Zumeist ist sie für die Öffentlichkeit geschlossen, doch während Venedigs Kunst- und Architektur-Biennalen fallen künstlerisch interessierte Besucher in der Werft ein, in der dann Ausstellungen und andere Events stattfinden.

Giardini Pubblici   PARK

(Karte S. 398; www.labiennale.org; 🚤 Giardini, Biennale) Venedigs öffentlicher Garten wurde zwischen 1808 und 1812 auf Geheiß Napoleons angelegt, der beschlossen hatte, dass die Stadt etwas Ruhe bräuchte – dass dafür ein ganzes Wohnviertel abgerissen wurde, war egal. Der Park, eine schöne Kombination aus formellen Gärten und gewundenen Spazierwegen, erstreckt sich heute von der Via Garibaldi über die Biennale-Pavillons bis Sant'Elena und bildet Venedigs größte Grünfläche.

Ein großer Teil des Parks ist inzwischen Ausstellungsfläche der Biennale. In 30 modernistischen Pavillons, die jeweils einer Nation zugeteilt sind, wird in ungeraden Jahren internationale Kunst und in geraden Jahren Architektur präsentiert. Von Juni bis September drängeln sich Kunstbeflissene z. B. in Geza Rintel Mariotis sezessionistischem ungarischem Pavillon (1909) oder in Philip Cox' kastenförmigem gelbem australischem Pavillon, der häufig für einen Bauwagen gehalten wird.

La Pietà   KIRCHE

(Karte S. 419; 📞 041 522 21 71; www.pietavenezia.it; Riva degli Schiavoni; Eintritt 3 €, Führung 5 €; ⊙ Di–Fr 10.15–12 & 15–17, Sa & So 10.15–13 & 14–17 Uhr; 🚤 Pietà) Die von Giorgio Massari harmonisch gestaltete Kirche, die eigentlich Chiesa di Santa Maria della Visitazione heißt, aber liebevoll La Pietà ge-

Südliches Castello (Venedig)

nannt wird, ist für ihre Verbindung mit dem Komponisten Vivaldi berühmt, der hier im frühen 18. Jh. als Kapellmeister fungierte. Die heutige Kirche wurde zwar erst nach Vivaldis Tod erbaut, ihre für die Akustik vorteilhafte Ovalform zollt jedoch seinem Andenken Tribut und wird regelmäßig für Konzerte genutzt.

Museo Storico Navale MUSEUM
(Karte S. 398; ☎041 244 13 99; Riva San Biagio 2148; Erw./erm. 1,55 €/frei; ☉Mo–Fr 8.45–13.30, Sa 8.45–13 Uhr; ♿; ⛴Arsenale) Venedigs Seefahrtsgeschichte ist Thema der 42 Säle, in denen etwa Miniaturversionen von venezianischen Schiffen, aber auch Peggy Guggenheims alles andere als minimalistische Gondel zu sehen sind. Das Erdgeschoss zeigt umfangreiche Ausstellungen mit erschreckenden Waffen und Dioramen von Festungen und Häfen des 17. Jhs. Oben steht u. a. ein Nachbau des luxuriösen *bucintoro*, der vergoldeten Zeremonienbarkasse des Dogen, die Napoleons Truppen 1798 zerstörten.

⊙ Giudecca

Giudecca, wegen seiner Form ursprünglich *spina longa* (lange Fischgräte) genannt, hat etliche Schicksalsschläge überstanden,

ohne seinen Lebensmut zu verlieren. Hier lebte Venedigs jüdische Gemeinde vor der Entstehung des Ghetto. Die Bezeichnung Giudecca hat aber nichts mit dem Wort „jüdisch" – *ebraico* auf Italienisch – zu tun. Er leitet sich vermutlich von dem Wort *zudega* ab, einer Form von *giudicato* oder der „Verurteilte", ein Name, der rebellischen venezianischen Adligen verliehen wurde, die auf die Insel Giudecca verbannt wurden. Diese Verbannung ging jedoch nach hinten los: Giudecca wurde zum Trend, und Venezianer bauten ihre Wochenendvillen auf der Insel. Viele wurden in Pest- und Kriegszeiten von ihren Besitzern aufgegeben und schließlich im 19. Jh. durch Industrieanlagen ersetzt.

Heute verwandeln sich die Backsteinfabriken in Künstler-Lofts, die Fondamenta San Biagio wird von Galerien erobert; die Giudecca erlebt eine dritten Akt. Dank der *Vaporetti*-Linien 41, 42, 82 und N (Nacht) ist die zwischen San Marco und Dorsoduro gelegene Insel Giudecca leicht zu erreichen.

Il Redentore
KIRCHE

(Chiesa del SS Redentore; Karte S. 398; Campo del SS Redentore 194; Eintritt 3 €, mit Chorus-Pass frei; ☉Mo–Sa 10–17 Uhr) Die 1577 von Palladio erbaute Kirche Il Redentore sollte niemand verpassen! Mit dem Wunderwerk aus weißem Marmor am Ufer des Canal Grande wurde die Errettung der Stadt von der Pest gefeiert. Innen, über dem Portal, zeigt Paolo Piazzas auffallend modernes Kunstwerk *Dankbarkeit Venedigs für die Erlösung von der Pest* (1619) die von Engeln emporgehaltene Stadt in ernüchternden Grautönen. Das Überleben ist keine Selbstverständlichkeit für die Venezianer, die den Giudecca-Kanal während der Festa del Redentore von den Zattere aus auf einer wackeligen Pontonbrücke überqueren.

Fortuny Tessuti Artistici
FABRIKVERKAUF

(Karte S. 398; ☎041 522 40 78; www.fortuny.com; Fondamenta San Biagio 805; ☉Mo–Sa 10–13 & 14–18 Uhr; ☸Palanca) Marcel Proust schwärmte ekstatisch von Fortunys seidigen, mit schicken Jugendstilmustern bedruckten Baumwollstoffen. Den Grund dafür findet man in Fortunys Version eines Fabrikladens, in dessen Showroom Besucher durch 260 Textilkreationen stöbern können. Mehr Fortuny-Originale und sein Atelier präsentiert das Museo Fortuny (S. 405).

⊙ Isola di San Giorgio Maggiore

Chiesa di San Giorgio Maggiore
KIRCHE

(Karte S. 398; ☎041 522 78 27; Isola di San Giorgio Maggiore; Glockenturm Erw./erm. 3/2 €; ☉Mai–Sept. Mo–Sa 9–12.30 & 14.30–18.30 Uhr, Okt–April 14.30–17 Uhr; ☸San Giorgio Maggiore) Nur die Sonne selbst ist noch etwas blendender als Palladios weiße Fassade aus istrischem Marmor. Der in den 1560er-Jahren begonnene Bau hat mehr von einem alten römischen Tempel als vom Barock jener Zeit. Die Decken im Kircheninneren wölben sich über ein großzügiges Kirchenschiff, hohe Fenster verbreiten gefiltertes Sonnenlicht; den Altar säumen zwei Meisterwerke Tintorettos. Der 60 m hohe **Glockenturm** kann per Aufzug erklommen werden, die Aussicht von dort oben über die Stadt ist atemberaubend und eine großartige Alternative zu den langen Warteschlangen am *Campanile* des Markusdoms.

Das hinter der Kirche befindliche Gebäude einer einstigen Marineakademie wurde von der **Fondazione Giorgio Cini** (Karte S. 398; ☎041 220 12 15; www.cini.it; Isola di San Giorgio Maggiore; Erw./erm. 12/10 €; ☉Führungen auf Englisch & Französisch Sa & So 11, 13, 15 & 17 Uhr, auf Italienisch Sa & So 10, 12, 14 & 16 Uhr; ☸San Giorgio Maggiore) zu einer Galerie umgebaut. Nachdem Vittorio Cini mit seinem Sohn Giorgio aus dem Konzentrationslager Dachau geflohen war, kehrte er nach Venedig zurück. Seine Mission war, San Giorgio Maggiore zu retten, die sich 1949 in einem äußerst maroden Zustand befand. Cinis Stiftung baute die Insel zu einem Kulturzentrum aus. Neben der Dauerausstellung mit Werken Alter Meister und moderner Kunst sind in der Galerie auch wichtige zeitgenössische Arbeiten zu sehen – von Peter Greenaway bis hin zu Anish Kapoor.

⊙ Der Lido

Mit den *Vaporetto*-Linien 1, 51, 52, 61, 62, 82 oder N sind es vom Markusplatz nur 15 Min. zur Düneninsel Lido, seit Jahrhunderten Strand und Bollwerk der Venezianer. Im 19. Jh. fand der Lido eine neue Bestimmung als glamouröser Badeort, in dessen noblen Jugendstilhotels reiche Europäer urlaubten. Hier spielt Thomas Manns Novelle *Tod in Venedig*, und noch immer sieht man viele Villen aus jenen dekadenten Tagen. Vorschläge für Spaziergänge zu den extravagantesten Bauten findet man als Download unter www2.comune.venezia.it/lidoliberty.

Lido-Strände wie der Blue-Moon-Komplex säumen die südliche, zum Meer ausgerichtete Seite der Insel und sind von der *Vaporetto*-Anlegestelle aus über den Gran Viale leicht zu erreichen. Wer weiter herumkommen möchte, leiht sich am besten ein Fahrrad bei **Lido on Bike** (☎ 041 526 80 19; www.lidoonbike.it; Gran Viale 21b; Räder für 90 Min./1 Tag 5/9 €; ☺ Mitte März–Okt. 9 bis 19 Uhr; ⛴ Lido) und fährt gen Süden über den Ponte di Borgo zum winzigen **Malamocco**, einer Miniaturversion von Venedig – bis hin zu den Markuslöwen an den mittelalterlichen Fassaden.

Am südlichen Ende der Insel radelt man durch den **Alberoni-Pinienwald** zum ursprünglichsten und malerischsten Strand des Lido, wo Vögel in seichten Meerbecken fischen. Die meisten Strände hier sind öffentlich zugänglich, wem jedoch der Sinn nach einem Restaurant und Sonnenliegen steht, ist im **Bagni Alberoni** (☎ 041 73 10 29; www.bagnialberoni.com; Strada Nuova dei Bagni 26; Sonnenschirm/Sonnenliege/Liegestuhl 8/7/5 €; ☺ Juni–Sept. 8–24 Uhr; ⛴ Lido) richtig.

Das größte Event im Kalender Lidos sind die Internationalen Filmfestspiele im September, wenn Stars und Sternchen die Paparazzi mit italienischer Couture zu blenden suchen. Die Hauptveranstaltungen finden im 1930 erbauten **Palazzo del Cinema** statt, der ohne seinen roten Teppich einem faschistischen Flughafen ähnelt.

◉ Isola di San Michele

Auf der Strecke zwischen Murano und den Fondamente Nuove halten die *vaporetti* 41 und 42 an Venedigs **Städtischem Friedhof**, der unter Napoleon auf der Isola di San Michele angelegt wurde. Bis zu diesem Zeitpunkt waren die Venezianer auf Pfarrparzellen überall in der Stadt beerdigt worden – nicht gerade die zuträglichste Lösung, wie Napoleons Inspektoren bald feststellten. Heute kommen Gruftis, unverbesserliche Romantiker und Musikliebhaber hierher, um Ezra Pound, Sergei Djagilew und Igor Strawinsky die letzte Ehre zu erweisen.

◉ Murano

Seit dem 10. Jh. stellen die Venezianer Glas- und Kristallwaren her, doch wegen der Feuergefahr, die von den vielen Glasbläsereien ausging, wurden die Werkstätten im 13. Jh. auf die Insel Murano verlagert. Wehe dem Glasbläser mit Wanderlust: Die Betriebsgeheimnisse wurden so eifersüchtig gehütet, dass jeder Glasbläser, der die Stadt verließ, des Hochverrats beschuldigt und hingerich-

tet wurde. Heute betreiben sie ihr Handwerk in Werkstätten an der **Fondamenta dei Vetrai** in Murano, die mit dem Schild „Fornace" (Schmelzofen) gekennzeichnet sind. Dass in Venedig gekaufte Glaswaren tatsächlich in Murano mundgeblasen wurden und nicht anderswo in Fabriken hergestellt worden sind, ist am herzförmigen Gütesiegel zu erkennen.

Museo del Vetro   MUSEUM
(Glasmuseum; ☎ 041 73 95 86; www.museovetro.visitmuve.it; Fondamenta Giustinian 8; Erw./erm. 8/5,50 €; ☺ April–Okt. 10–18 Uhr, Nov.–März 10–17 Uhr; ⛴ Museo) Seit 1861 wird das Können von Muranos Glasproduzenten im Palazzo Giustinian (von 1659 bis zur Auflösung Sitz des Bistums Torcello) präsentiert. Unten sind wertvolle, 1500 Jahre alte schillernde römische Glaswaren zu sehen, in dem mit Fresken verzierten **Salone Maggiore** (Großer Saal) dagegen Murano-Preziosen – von goldgesprenkelten Aventurin-Kelchen aus dem 17. Jh. bis zu einem botanisch durchaus überzeugenden Glaskaktus aus den 1930er-Jahren.

◉ Burano

Wer angesichts der hochvornehmen gotischen Architektur Venedigs langsam sichzudrehen droht, den bringt Burano mit einer belebenden Farbflut wieder zur Besinnung. Die Fähre, die von den Fondamente

BOOTSFAHRT IN DER NÖRDLICHEN LAGUNE

Während die Geschichte anderer Städte tief in Fundamenten versenkt ist, treibt Venedig im Patchwork sich ständig verändernder Wattflächen. Um Venedig zu verstehen, muss man also etwas über die Lagune wissen. Die Unesco erkannte dies und erklärte 1987 die 550 km² große Lagune – das größte küstennahe Feuchtgebiet Europas – zusammen mit Venedig zum Weltkulturerbe.

Die an einzigartiger Flora und Fauna reichen, den Gezeiten ausgesetzten *barene* (Untiefen) und Salzmarschen sind fester Bestandteil von Venedigs Seele. Zwischen September und Januar nisten, tauchen und planschen über 130 000 Zugvögel in den seichten Flächen, während Fischer das ganze Jahr über ihre Netze und Fallen auslegen und städtische Arbeiter Kanäle ausbaggern und schwimmende Inseln aus Schlickgras und Salzkraut verfestigen, die so wichtig fürs Ökosystem der Lagune sind.

Eine Bootsfahrt mit Terra e Acqua (S. 423) umfasst eine Weinprobe in der *cantina* Sant'Erasmo, die Fahrt zur Quarantäne-Insel Lazzaretto Nuovo und die Besichtigung von Sant'Andrea, der schönsten Festung der Lagune. Bei der Rückfahrt nach Venedig taucht die untergehende Sonne die Glockentürme der Stadt in rosarotes Licht.

Nuove in 50 Min. dorthin fährt, ist voller Fotografen, die in Buranos Gassen um die besten Motive wetteifern, z. B. die erbsengrünen Strümpfe, die zwischen knallpinken, königsblauen und grellorangefarbenen Häusern zum Trocknen aufgehängt sind.

Burano ist auch für handgefertigte Spitze berühmt, die einst die Dekolletés der europäischen Aristokratie zierte. Leider kamen der verspielte Stil und die kostspieligen Tischdeckchen in den mageren Zeiten nach dem Zweiten Weltkrieg aus der Mode, und das Gewerbe war zum Sterben verurteilt. Einige Frauen halten die Traditionen aufrecht, aber es gibt nur noch wenige Produktionsstätten. Mit Ausnahme von **Emilia** (☏ 041 73 52 99; www.emiliaburano.it; Piazza Galuppi 205; 🚤 Burano) verkaufen die meisten Läden importierte, maschinengefertigte Spitzen.

Für einen Spaziergang bietet sich Buranos noch idyllische Schwesterinsel **Mazzorbo** an, zu der eine 60 m lange Brücke führt. Mazzorbo ist kaum mehr als ein breites grünes Hügelchen – perfekt für ein Picknick oder ein ausgedehntes, gemütliches Mittagessen in der Weinkellerei **Venissa** (☏ 041 527 22 81; www.venissa.it; Fondamenta Santa Caterina 3; ⊙ Di–So 12–15 & 19–21.30 Uhr; 🚤 Mazzorbo) 🍴. Der LN-*Vaporetto* hält auch bei Mazzorbo.

Museo del Merletto　　　　　MUSEUM
(Spitzenmuseum; ☏ 041 4273 0892; www.visit-muve.it; Erw./erm. 5/3,50 €; ⊙ April–Okt. Di–So 10–18 Uhr, Nov.–März 10–16.30 Uhr; 🚤 Burano) Buranos frisch renoviertes Spitzenmuseum erzählt die Geschichte eines Handwerks, das gesellschaftliche Grenzen überwand, Jahr-

hunderte überdauerte und in der Blütezeit der Republik den Inbegriff der Zivilisation verkörperte. Von den dreiblättrigen Blumenkronen am Mantelsaum der Madonna in den Torcello-Mosaiken aus dem 12. Jh. bis zu den spinnennetzfeinen Fäustlingen von Königin Margarethe aus dem 20. Jh. – die Spitzenherstellung war sowohl kreativer Ausdruck weiblichen Zartgefühls als auch hochlukratives Handwerk.

Einige lokale Spitzenstickerinnen hauchen dem Ganzen heute wieder Leben ein. Sie sitzen klöppelnd und plaudernd unter Bildern der Spitzenschule, in denen viele von ihnen ihr Handwerk gelernt haben. Die Schule war hier von 1872 bis 1970 untergebracht.

⦿ Torcello

Auf der malerischen Insel Torcello, drei Fährminuten von Burano entfernt, sind die Schafe den etwa 14 menschlichen Bewohnern zahlenmäßig weit überlegen. Das ländliche Nest war einst eine byzantinische Metropole mit 20 000 Einwohnern. Heute sind von den ursprünglich neun Kirchen und zwei Klöstern lediglich die bemerkenswerte Backsteinkirche **Chiesa di Santa Fosca** (⊙ 10–16.30 Uhr; 🚤 Torcello) und die Basilika Santa Maria Assunta mit ihren herrlichen Mosaiken erhalten geblieben.

Basilica di Santa Maria Assunta　　KIRCHE
(Piazza Torcello; Erw./erm. 5/4 €, inkl. Museum 8/6 €; ⊙ März–Okt. 10–18 Uhr, Nov.–Feb. 10–17 Uhr; 🚤 Torcello) Die lebhaften Ausschmückungen dieser Kirche geben ein unmiss-

verständliches warnendes Beispiel: Hoch oben winkt ein goldenes Leben nach dem Tode, inmitten von Heiligen und einer glückseligen Madonna, und auf der anderen Seite weidet sich ein grimmiger Teufel an verlorenen Seelen.

Die über 1000 Jahre alte Kirche ist das älteste byzantinisch-romanische Bauwerk in der Lagune. Hinter der zurückhaltenden Fassade (um 824) verbirgt sich eine farbenprächtige Szenerie. Die Madonna erhebt sich im Apsis-Mosaik im Osten (12. Jh.) wie die Sonne über einem Klatschmohnfeld, und die Rückwand zeigt die schrecklichen Folgen für den, der die biblischen Gebote bricht. In dem außergewöhnlichen Mosaik *Das letzte Gericht* ist die Adria als Meeresnymphe dargestellt, die dem heiligen Petrus im Meer verlorene Seelen überbringt, während ein hinterhältiger Teufel die Waage der Gerechtigkeit kippt und seine Lakaien Sünder in eine Hölle voller aufgedunsener Vielfraße und habgierige, juwelengeschmückte Kaufleuten schleifen.

 Aktivitäten

Eine Gondelfahrt ist alles andere als langweilig. So ermöglicht sie z. B. auch Blicke in die Höfe der *palazzi* und in verborgene Kanäle, die für Fußgänger unsichtbar bleiben. Die offiziellen Tagespreise liegen bei 80 € für 40 Min. (max. 6 Pers.) und nachts (19 bis 8 Uhr) bei 100 €. Musikalische Ständchen werden separat verhandelt, Trinkgelder sind nicht im Preis eingeschlossen. Zeitlich darüber hinausgehende Fahrten werden in 20-Minuten-Abschnitten verrechnet (Tag/Nacht 40/50 €). Die Preise sind unter Umständen verhandelbar, z. B. bei schlechtem Wetter oder um die Mittagszeit, wenn andere Reisende die Sonne meiden oder essen gehen. Vorherige Absprachen über Preis, Zeitdauer und Gesang helfen dabei, überraschende Aufpreise zu vermeiden. Die Gondeln warten an den *stazi* (Haltestellen) am Canal Grande, am Bahnhof (☎ 041 71 85 43), in Rialto (☎ 041 522 49 04) und nahe den größeren Baudenkmälern (Frari, Ponte Sospiri und Accademia). Es kann aber auch ein Startpunkt an anderen Kanälen vereinbart werden (☎ 041 528 50 75).

⚓ Geführte Touren

Von April bis Oktober bieten die Fremdenverkehrsbüros von APT (www.turismovenezia.it) Touren an, die von der klassischen Gondel-

Rundfahrt (40 € pro Pers.) über eine detaillierte Führung durch die Basilica di San Marco (21 € pro Pers.) bis hin zum vierstündigen Ausflug nach Murano, Burano und Torcello (20 € pro Pers.) reichen.

Laguna Eco Adventures   SEGELTÖRN
(☎ 329 722 62 89; www.lagunaecoadventures. com; 2½- bis 8-stündige Fahrten pro Pers. 40–150 €) Erkundungen der entferntesten Winkel der Lagune am Tag oder versteckter venezianischer Kanäle bei Nacht in einer traditionellen *sampierota*, einem schmalen Boot mit zwei Segeln. Buchungen im Voraus sind erforderlich; Fahrten finden abhängig vom Wetter statt.

★ **Row Venice**   RUDERKURS
(☎ 345 241 52 66; www.rowvenice.com; 2-Std.-Kurs für 1–2 Pers. 80 €, für 4 Pers. 120 €) Fast so schön, wie übers Wasser zu laufen: stehend wie die Gondolieri mit einem *sandolo* (venezianischem Boot) zu rudern, unter Anleitung der australisch-venezianischen Ruderlehrerin Jane Caporal.

★ **Terra e Acqua**   BOOTSFAHRT
(☎ 347 420 50 04; www.veneziainbarca.it; Tagesausflug inkl. Mittagessen für 9–12 Pers. 380–460 €) Seltene Lagunentiere sehen, Buranos und Torcellos architektonische Juwelen bewundern und für einen leckeren Fischeintopf an Land gehen – all das bietet ein Ausflug mit dem *bragosso* (venezianischer Kahn).

Venice Day Trips   KULTUR-TOUR
(☎ 049 60 06 72; www.venicedaytrips.com; Via Saetta 18, Padua; halbprivate/private Führungen pro Pers. 165/275 €) Vorgefertigte oder individuelle Angebote, von Kochkursen in Cannaregio und Einkaufstouren an der Brenta bis zu Käseherstellung auf dem Monte Veronese und Weinproben mit Sommelier in Valdobbiadene und Valpolicella. Treffpunkt für Ausflüge außerhalb Venedigs ist die *Vaporetto*-Anlegestelle Isola di Tronchetto.

Venicescapes   SPAZIERGANG
(☎ 041 520 63 61; www.venicescapes.org; 4- bis 6-stündige Tour inkl. Broschüre für 2 Erw. 250–290 US$, jeder weitere Erw./unter 18-Jährige 60/30 US$) Eine gemeinnützige historische Gesellschaft, die laufende Geschichtsprojekte in Venedig unterstützt, bietet faszinierende Touren, z. B. eine zum Thema „Stadt der Nationen", auf der Venedigs multiethnische Wurzeln erklärt werden.

🏃 Stadtspaziergang: Labyrinth Venedig

START PIAZZA SAN MARCO
ZIEL CAMPO SAN GIACOMO DELL'ORIO
LÄNGE 6 KM/2 STD. PLUS MITTAGSPAUSE

Das Abenteuer beginnt mit dem Besuch der **1 Basilica di San Marco** (S. 397). Der Weg führt durch den **2 Torre dell'Orologio** (S. 404) hindurch, die *calle* entlang rechts ab in den schmalen **3 Campo della Guerra**. Weiter geht's über die Brücke, die Calle Casselleria entlang zum **4 Campo Santa Maria Formosa**. Nun geradeaus in die Calle Santa Maria della Formosa, nach links über zwei Brücken zur Salizada Santi Giovanni e Paolo, die linkerhand zur gewaltigen gotischen Kirche **5 Zanipolo** (S. 415) führen. Die Calle Larga Gallina führt über eine Brücke, danach geht's nach links, um einen Blick auf Venedigs kleines Wunder, die **6 Chiesa di Santa Maria dei Miracoli** (S. 418), zu werfen. Wieder zurück auf die Brücke, diese überqueren und durch den **7 Campo Santa Maria Nova** zur Salizada San Canciano spazieren, der bis zum schmalen **8 Campo San Bartolomeo** zu folgen ist.

Rechts befindet sich der **9 Ponte di Rialto**. Auf der Brücke hält man sich rechts, um den Happy-Hour-Hotspot **10 Campo Cesare Battisti** zu umgehen. Weiter geht's am **11 Canal Grande** entlang zu Venedigs kulinarischsten *campo*, dem **12 Campo Rialto Mercato** und der Fischmarkthalle **13 Pescaria** (S. 429).

Dann geht es links die Calle dei Botteri entlang, weiter auf der von Boutiquen gesäumten Calle di Cristi zum **14 Campo San Cassian**, an dem das älteste öffentliche Opernhaus der Welt steht. Jetzt die Brücke zur Calle della Regina überqueren, danach führt rechts eine weitere Brücke auf den lebhaften **15 Campo Santa Maria Mater Domini** mit Cafés und einem alten Stadtbrunnen. Weiter geht's links die Calle Lunga runter und über eine Brücke bis zum Ende der Gasse, dann links zum Rio Tera Seconda und rechts auf die Calle del Tentor. In gerader Linie befinden sich eine mittelalterliche Kirche, **16 San Giacomo dell'Orio**, und die Bar **17 Al Prosecco** (S. 435) mit den besten italienischen Bio-Weinen. *Cin cin!*

Walks Inside Venice SPAZIERGANG

(☎041 524 17 06; www.walksinsidevenice.com; 1 Std. 75 €, für Gruppen bis zu 6 Pers.; ) Drei Venezianerinnen bieten geistreiche nachmittägliche Touren durch die versteckten Seitengassen der Stadt – anhand von Gemälden, die von Venedigs Farbenliebe zeugen, oder auf den Spuren der Pest oder auf einem familienfreundlichen Rundgang.

✦ Feste & Events

Carnevale KARNEVAL

(www.carnevale.venezia.it) Im Februar vor der Fastenzeit erfüllt verrückter Mummenschanz zwei Wochen lang die Stadt. Tickets für den Maskenball im La Fenice kosten 200 € und mehr, aber es gibt kostenlose Weinbrunnen zu Beginn des Carnevale, Kostümpartys auf jedem *campo* und eine *flotilla* auf dem Canal Grande, mit der das Fest zu Ende geht.

La Biennale di Venezia KULTUR

(www.labiennale.org) In ungeraden Jahren findet von Juni bis Oktober die Kunst-Biennale statt, in geraden Jahren von September bis November die Architektur-Biennale. Hauptschauplätze sind die Pavillons in den Giardini Pubblici und die Arsenale.

Festa del Redentore RELIGIÖSES FEST

(Erlöserfest; www.turismovenezia.it) Auf einer Pontonbrücke über den Giudecca-Kanal geht man am dritten Samstag und Sonntag im Juli hinüber nach Il Redentore, um von den Zattere aus das Feuerwerk zu beobachten.

Internationale Filmfestspiele FILM

(Mostra del Cinema di Venezia; www.labiennale. org/en/cinema) Heißer als ein Lido-Strand ist im August einzig der mit Stars übersäte rote Teppich der Filmfestspiele, der am letzten Wochenende des Monats für eine Woche ausgerollt wird.

Regata Storica BOOTSRENNEN

(www.regatastoricavenezia.it) Hier kommt es weniger auf den Sieg als auf die coole Ausrüstung an: Kostüme aus dem 16. Jh., Achter-Gondeln und Zeremonienkähne nehmen an einer historischen Prozession (meist im September) teil, mit der die Ankunft der Königin von Zypern nachgestellt wird.

Festa della Madonna della Salute KULTUR

(www.turismovenezia.it) Wer die Pest überlebt hat, hat Grund zum Feiern. Seit dem 17. Jh. schlagen die Venezianer alljährlich am 21. November eine Pontonbrücke über den Canal Grande, um in der Chiesa di Santa Maria della Salute Dank zu sagen.

🛏 Schlafen

Das **APT-Tourismusbüro** (www.turismo venezia.it) verzeichnet allein in Venedig Hunderte von B&Bs, *affittacamere* (Zimmer zur Miete) und Apartments. Mehr findet man bei **BB Planet** (www.bbplanet.it), www.guestinitaly.com und www.veniceapartment.com.

Hotels sind normalerweise im November, Anfang Dezember, Januar und zwischen Karneval und Ostern am günstigsten, aber auch im Juli und August sind gute Angebote zu finden.

🛏 Piazza San Marco & Umgebung

Giò & Giò B&B €

(Karte S. 402; ☎347 366 50 16; www.giogio venice.com; Calle delle Ostreghe 2439; DZ inkl. Frühstück 90–150 €; ❄🛜; 🚤Santa Maria del Giglio) Zurückhaltender Barock klingt widersprüchlich, aber voilà, so sieht er aus: Wurzelholzbetten, perlgraue Seidenüberwürfe, polierte Parkettböden und angestrahlte Kunstwerke. In der Gemeinschaftsküche sind Frühstückspakete erhältlich. Ideal gelegen an einem Seitenkanal nahe dem Markusplatz, gleich neben dem Gritti-Palast. Nach einem Zimmer mit Blick auf die Anlegestelle der Gondeln fragen – dann wird man vom vielstimmigen *Volare, oh-oh-oooooh* geweckt.

Hotel Ai Do Mori HOTEL €

(Karte S. 402; ☎041 520 48 17; www.hotelai domori.com; Calle Larga San Marco 658; DZ 50–150 €; ❄🛜; 🚤San Zaccaria) Die Künstlermansarden gleich beim Markusplatz sind lauschig wie Arsenale-Schiffskabinen. Wer in einer der Dachstuben mit Holzbalkendecke, Parkettboden, Wandbehang sowie Blick auf die Basilikakuppeln und die Mohren des Uhrenturms nächtigen will, muss frühzeitig buchen. Zimmer Nr. 11 hat eine eigene Terrasse. Leichtes Gepäck ist vorteilhaft, weil es keinen Aufzug gibt.

Palazzo Paruta HOTEL €

(Karte S. 402; ☎041 241 08 35; www.palazzo paruta.com; Campo Sant'Angelo 3824; DZ inkl. Frühstück 90–320 €; ❄🛜; 🚤Sant'Angelo) Selbst wenn man einen Frosch küsst, versetzt einen das nicht in solch fürstliches Palastambiente: Von Laternen beschie-

VENEDIG & VENETIEN VENEDIG

DER SANIERTE GRITTI-PALAST

Gäste des Hotels **Gritti Palace** (Karte S. 402; ☑ 041 79 46 11; www.hotelgritti palacevenice.com; Campo di Santa Maria del Giglio 2467; DZ 425–700 €, Suite ab 1100 €; ❄ 🛜; 🚇 Santa Maria del Giglio) am Canal Grande müssen zum Sightseeing ihre Balkone nur verlassen: Dieser Dogenpalast von 1525 öffnete 2013 wieder seine Pforten, nachdem er umfassend renoviert wurde – von den mit Rubelli-Seidendamast ausgestatteten Suiten ganz oben bis zur Fußbodenheizung unter den Terrazzo-Marmorböden in der hauseigenen Kochschule. Auch die klassischen venezianischen Zimmer wurden mit restaurierten antiken Chaiselongues, Stuckdecken und marmorverkleideten Bädern aufgehübscht. Die Zimmer nach Norden und Westen haben keinen Kanalblick, sind aber genauso luxuriös. Die Starwood-Kette ist für das Management zuständig, Küchenchef Daniele Turco kreiert einfallsreiche venezianische Gerichte, die die Gäste auf der Terrasse am Kanal genießen können.

nene Treppen führen vom Hof in seidene Boudoirs mit verspiegelten Betten und Carrara-Marmor-Bädern. Die museumsreifen Suiten präsentieren sich mit samtenen Bettüberwürfen, Stuckdecken und Parkettböden. Unbedingt nach einem Zimmer mit Marmorkamin und Kanalblick fragen! Das Frühstück verwöhnt Gourmets mit frisch gepressten Säften, preisgekröntem heimischem Käse und Schinken, Gebäck sowie leckeren Pfannkuchen und Eiern.

Hotel Flora
HOTEL €

(Karte S. 402; ☑ 041 520 58 44; www.hotelflora.it; Calle Bergamaschi 2283a; DZ inkl. Frühstück 100–358 €; ❄ 🛜; 🚇 Santa Maria del Giglio) Das efeuumrankte Haus in einer Seitengasse der schillernden Calle Larga XXII Marzo stellt seine aufdringlichen Designer-Nachbarn still in den Schatten: Es bietet eine wunderbare Teestube, Frühstück am Springbrunnen im Garten und einen Fitnessbereich mit Shiatsu-Massage. Die Gästezimmer haben antike Spiegel, flauschige Daunendecken auf handgeschnitzten Bettgestellen und Bäder mit Apothekenschränkchen. Von den mit Damast ausgekleideten Superior-Zimmern

überblickt man den Garten. Kinderwagen und Kindertee sind inklusive; Babysitting wird angeboten.

★ Novecento
BOUTIQUEHOTEL €€

(Karte S. 402; ☑ 041 241 37 65; www.novecento.biz; Calle del Dose 2683/84; DZ 140–300 €; ❄ 🛜; 🚇 Santa Maria del Giglio) Weltenbummler schlagen in den neun unkonventionell-elegant ausgestatteten Zimmern mit türkischen Kelim-Kissen, Fortuny-Stoffen und geschnitzten Bettgestellen (19. Jh.) mit Federbetten gerne Wurzeln. Die Gäste genießen im Garten unter indischen Sonnenschirmen ihr Frühstück, lassen sich im Schwesterhotel Flora massieren, belegen einen Kurs für venezianische Küche oder Landschaftsmalerei und plauschen abends mit anderen kreativen Reisenden in der Bar.

🛏 Dorsoduro

B&B Dorsoduro 461
B&B €

(Karte S. 398; ☑ 041 582 61 72; www.dorso duro461.com; Rio Terà San Vio 461; DZ 70–120 €; ❄ 🛜; 🚇 Accademia) In Sylvias und Francescos heimeligem B&B, gleich um die Ecke von Peggy Guggenheims Haus, lernt man Venedig so richtig kennen. Von der Liebe der Gastgeber zu Büchern, Antiquitäten und Design zeugen der Frühstücksraum mit Bücherregalen und die drei sorgfältig eingerichteten Gästezimmer, in denen Kartell-Lampen auf Pokertischen aus dem 19. Jh. stehen. Der Englisch sprechende Geigenbauer Francesco bäckt leckere Pfannkuchen und hat exzellente Venedig-Tipps in petto.

Hotel Galleria
PENSION €

(Karte S. 402; ☑ 041 523 24 89; www.hotel galleria.it; Campo della Carità 878a; DZ inkl. Frühstück 110–220 €; 🛜; 🚇 Accademia) Das umgebaute Herrenhaus aus dem 18. Jh. steht direkt am Canal Grande, neben dem Ponte dell'Accademia. Eine Buchung im Voraus ist zu empfehlen, besonders für Zimmer 7 und 9 (kleine Doppelzimmer mit Kanalblick) und für Nummer 8 mit Jugendstilmöbeln und ebenfalls Blick auf den Canal Grande. In Zimmer 10 mit Original-Deckenfresken und Fenstern zum Kanal haben fünf Personen Platz. Die meisten Zimmer teilen sich modernisierte Gemeinschaftsbäder.

★ Pensione Accademia Villa Maravege
PENSION €€

(Karte S. 402; ☑ 041 521 01 88; www.pensio neaccademia.it; Fondamenta Bollani 1058; DZ

145–340 €; ❄ 🛜 📶; 🚤 Accademia) Wer durch das efeuberankte Tor dieser Gartenvilla aus dem 17. Jh., gleich beim Canal Grande, schreitet, vergisst sofort, dass er einen Block von der Accademia entfernt ist. Alle 27 Gästezimmer sind frisch renoviert und unaufgeregt elegant, mit Parkettböden, antiken Schreibtischen, cremefarbenen Wänden und komfortablen, glänzenden modernen Badezimmern – ein paar haben Himmelbetten, Holzbalkendecken und Kanalblick.

Pensione La Calcina HOTEL €€

(Karte S. 398; ☎ 041 520 64 66; www.lacalcina. com; Fondamenta Zattere ai Gesuati 780, Dorsoduro 780; EZ 90–170 €, DZ 110–310 €; ❄ 🛜) Die idyllische ufernahe Unterkunft bietet Frühstück auf der Dachterrasse, ein elegantes Restaurant am Kanal und 29 luftige, mit Parkett ausgestattete Gästezimmer, von denen einige zum Giudecca-kanal und zu Palladios Erlöserkirche (Il Redentore) hinausgehen. Wer im Voraus bucht, kann sich ein Zimmer mit Bad/Dusche und/oder Aussicht sichern. In Zimmer Nr. 2 wohnte 1876 John Ruskin, Schöpfer des Venedigklassikers (und Palladio-Verrisses) *Die Steine von Venedig*.

Ca' Pisani DESIGNERHOTEL €€

(Karte S. 402; ☎ 041 240 14 11; www.capisani hotel.it; Rio Terà Antonio Foscarini 979a; DZ 140–351 €; ❄ 🛜; 🚤 Accademia) Gleich hinter der Accademia lässt es sich stilvoll relaxen und in Schlittenbetten, Jacuzzis und begehbaren Schränken schwelgen. Die Zimmer unten mit gedämpftem Licht und schallisolierten, gepolsterten Lederwänden sind ideal fürs Stelldichein, Familien bevorzugen eher die Zimmer ganz oben. Im kalten venezianischen Winter lockt das hauseigene türkische Dampfbad, im Sommer die Dachterrasse; Frühstück im Patio und Happy-Hours in der Weinbar werden das ganze Jahr über angeboten.

🛏 San Polo & Santa Croce

Ca' dei Polo B&B €

(Karte S. 398; ☎ 041 244 02 13; www.cadeipolo. com; Fondamenta dei Tolentini 203, Santa Croce; DZ inkl. Frühstück 90–260 €; ❄ 🛜; 🚤 Piazzale Roma) Eine schicke, stilvolle neue Unterkunft – das Frühstück auf der Terrasse am Canal Grande und der Sundowner auf der Dachterrasse sind gute Gründe, länger zu bleiben. Murano-Glas-Lüster zieren die großen Suiten und Superior-Zimmer wie

außerirdische Lilien, und selbst die kleineren Zimmer haben Holzböden und Details wie aus dem Designmagazin, z. B. Bäder mit hervorragendem Wasserdruck.

Ca' Angeli BOUTIQUEHOTEL €

(Karte S. 414; ☎ 041 523 24 80; www.caangeli.it; Calle del Traghetto de la Madonnetta 1434, San Polo; DZ inkl. Frühstück 70–215 €; ❄ 🛜; 🚤 San Silvestro) 🍃 Die Brüder Giorgio und Matteo haben diesen Palast am Canal Grande geerbt und die Murano-Glas-Leuchten, Ludwig-XIV.-Sofas und namengebenden Engel aus dem 16. Jh. restauriert. Die Gästezimmer haben Holzbalkendecken, antike Teppiche und große Bäder; einige bieten Blick auf den Canal Grande, andere in den ruhigen Innenhof. Das herzhafte Frühstück aus Bioprodukten wird im Speiseraum mit Kanalblick auf antikem Porzellan serviert.

Pensione Guerrato PENSION €€

(Karte S. 414; ☎ 041 528 59 27; www. pensioneguerrato.it; Calle Drio la Scimia 240a, San Polo; DZ/3BZ/4BZ inkl. Frühstück 145/165/185 €; ❄ 🛜 📶; 🚤 Rialto-Mercato) Die Zimmer in diesem Gebäude von 1227, in dem einst Ritter nächtigten, ehe sie in den Dritten Kreuzzug zogen, haben sich trotz der Modernisierung ihr historisches Flair bewahrt. Einige haben Fresken oder bieten Ausblick auf den Canal Grande. Die Top-Lage am Rialto-Markt inmitten von Gourmet-*bacari* (Restaurants) macht die Pensione Guerrato zum heiligen Gral für Feinschmecker. Die frisch renovierten Apartments haben sogar eigene Küchen. WLAN in der Lobby.

Domina Home Ca' Zusto BOUTIQUEHOTEL €€

(Karte S. 398; ☎ 051 639 18 01; www.dominava canze.it; Campo Rielo 1358, Santa Croce; DZ inkl. Frühstück 110–210 €; ❄ 🛜 📶; 🚤 Riva di Biasio) Gotik auf Pop-Art: Die venezianisch-byzantinische Fassade des Palastes verbirgt einen Farbenrausch. Der Designer Gianmarco Cavagnino zwinkert mit seinen 22 jacquardgestreiften Suiten im Haremstil – die alle türkische Frauennamen tragen – quasi hinüber zum nahen Fondaco dei Turchi (türkisches Handelshaus) und zur Fondazione Prada. Säulentischchchen flankieren barocke Betten, die jedem Pascha gerecht werden. Pantoffeln, Jacuzzis und iPod-Docks gehören zu den weiteren Annehmlichkeiten. Frühstück und WLAN gibt es in der 60er-Jahre-Lounge.

★ Oltre il Giardino BOUTIQUEHOTEL €€

(Karte S. 414; ☎ 041 275 00 15; www.oltreil giardino-venezia.com; Fondamenta Contarini, San

VENEDIG & VENETIEN SCHLAFEN

Polo 2542; DZ inkl. Frühstück 180–250 €; ✳ @ 📶;
🚇San Tomà) Ein Traum aus dem Design-Magazin: Die Gartenvilla strotzt nur so von historischem Charme und modernem Komfort – intarsienverzierte Komponiertische und Flatscreen-Fernseher, Kronleuchter und Minibars, Pokersessel aus dem 19. Jh. und Babysitter-Service. Die sechs Zimmer mit hohen Decken sind lichtdurchflutet. Das geräumige türkisfarbene Zimmer blickt auf den Kanal, das grüne versteckt sich im ummauerten Garten, das graue hat ein schmiedeeisernes Bettgestell unter einer kathedralähnlichen Decke.

🛏 Cannaregio

★ Allo Squero
B&B €

(Karte S. 414; 📞 041 523 69 73; www.allosquero.it; Corte dello Squero 4692; DZ inkl. Frühstück 80–130 €; 🛜📶; 🚇Fondamenta Nuove) In dieser historischen Gondelwerft (*squero*), die vor Kurzem in eine Gartenunterkunft verwandelt wurde, lässt es sich gut für ein paar Nächte anlegen. Von den modernen, sonnigen Zimmern im Obergeschoss – mit Terrazzo-Marmor-Böden und glänzenden Bädern (einige mit Wanne) – sieht man die Gondeln auf zwei Kanälen vorüberziehen. Die Gastgeber Andrea und Hiroko liefern beim Frühstück mit Cappuccino und Gebäck im duftenden, von Glyzinien überwucherten Garten Insidertipps über Venedig. Kinderbetten stehen zur Verfügung.

Ca' Pozzo
PENSION €

(Karte S. 417; 📞 041 524 05 04; www.capozzovenice.com; Sotoportego Ca' Pozzo 1279; DZ 90–190 €; ✳ @ 🛜; 🚇Guglie) Erholung von Venedigs Angriff auf die Sinne bietet diese Unterkunft mit minimalistischem Chic nahe dem Ghetto. Die schnittigen modernen Gästezimmer sind mit Plattformbetten, abstrakter Kunst und würfelförmiger Badezimmereinrichtung ausgestattet. Manche haben Balkone, zwei sind barrierefrei, und im riesigen Zimmer 208 fände eine ganze Damien-Hirst-Entourage Platz. Wäschedienst, Konzertkarten-Vorbestellung und Ticket-Drucker gehören zum Angebot. Auf der Website wird über interessante Foto-Expeditionen mit National-Geographic-Fotografen informiert. Im April bis Juni werden zwei Nächte Mindestaufenthalt verlangt.

★ Ca' Zanardi
BOUTIQUEHOTEL €€

(Karte S. 398; 📞 041 241 33 05; www.cazanardi.com; Calle Zanardi 4132; DZ 130–300 €; 📞; 🚇Madonna dell'Orto) Ca' Zanardi ist ein authentischer venezianischer Palast aus dem 16. Jh. und zugleich eine internationale Galerie für zeitgenössische Kunst. Das Hotel hat einen idyllischen Garten direkt am Kanal – da ist es schon ein echtes Privileg, hier ein Wochenende verbringen zu dürfen. Die throngleichen Sessel, Wandteppiche und Silberglas-Spiegel sind nicht bloß Dekoration, sondern die Originaleinrichtung, die seit Jahrhunderten im Besitz derselben Familie ist. Noch immer werden hier Salonkonzerte und Maskenbälle veranstaltet.

Domus Orsoni
B&B €€

(Karte S. 417; 📞 041 275 95 38; www.domusorsoni.it; Corte Vedei 1045; DZ inkl. Frühstück 100–250 €; ✳ @; 🚇Guglie) Überraschung: In einer ruhigen Seitengasse im Ghetto befindet sich hinter einer rosaroten historischen Fassade Venedigs originellste Künstlerabsteige. Frühstück gibt's im palmenbestandenen Garten neben der Mosaikfabrik Orsoni, die hier seit 1885 ansässig ist – daher die maßgefertigten Mosaike, die an Wänden, in Bädern und auf Tischen schillern. In den fünf Zimmern findet man künstlerische Glückseligkeit, und um die Ecke kann man mit Venezianern einen trinken.

🛏 Castello

Foresteria Valdese
HERBERGE €

(Palazzo Cavagnis; Karte S. 414; 📞 041 528 67 97; www.foresteriavenezia.it; Castello 5170; B 30–35 €, DZ 70–140 €, 4BZ 95–190 €; 📶; 🚇Ospedale, San Zaccaria) Heilige Herberge! Dieser weitläufige Palast im Besitz der Waldenserkirche bietet im ersten Stock Gästezimmer mit Bevilacqua-Fresken aus dem 18. Jh. und einen Stock darüber Zimmer mit Kanalblick. Schlafsaalbetten werden nur an Familien oder Gruppen vergeben und müssen weit im Voraus gebucht werden. Das Frühstück ist im Preis inbegriffen.

★ Palazzo Soderini
B&B €€

(Karte S. 419; 📞 041 296 08 23; www.palazzosoderini.it; Campo di Bandiera e Mori 3611; DZ inkl. Frühstück 150–200 €; ✳ 🛜; 🚇Arsenale) Ob nach der topmodernen Kunst auf der Biennale oder nach barocken Meistern im Dogenpalast: Dieses ruhige, ganz in Weiß gehaltene B&B mit Seerosenteich im Garten ist eine willkommene Abwechslung von Ve-

GOURMET-ZENTRUM: DAS RIALTO-VIERTEL

Der **Rialto-Markt** (Karte S. 414; ☑ 041 296 06 58; ⏱ 7–14 Uhr; 🚢 Rialto-Mercato) bietet erlesene regionale Produkte. Er befindet sich neben der legendären **Pescaria** (Karte S. 414; Rialto; ⏱ Di–So 7–14 Uhr; 🚢 Rialto), Venedigs 600 Jahre altem Fischmarkt.

Die angrenzenden Seitenstraßen werden von Bäckereien, *bacari* (Bars) und zwei namhaften Feinkostläden gesäumt: **Aliani** (Karte S. 414; ☑ 041 522 49 13; Ruga Vecchia di San Giovanni, San Polo 654; ⏱ Di–Sa 8.30–13 & 17–19.30 Uhr; 🚢 Rialto Mercato) verkauft Käse, Schinken und Spezialitäten von 40 Jahre altem Balsamico-Essig bis zu *bottarga* (Paste aus getrocknetem Fischrogen).

Die **Drogheria Mascari** (Karte S. 414; ☑ 041 522 97 62; www.imascari.com; Ruga degli Spezieri 381, San Polo; ⏱ Mo, Di & Do–Sa, 8–13 & 16–19.30, Mi 8–13 Uhr; 🚢 Rialto) ist ein Laden voller Gefäße mit Kupferverschluss, Gewürzen und Trüffel und mit einem Nebenraum voller edler italienischer Weine. Bioprodukte und nachhaltig produzierte Weine führt das **Rialto Biocenter** (Karte S. 414; ☑ 041 523 95 15; www.rialtobiocenter.it; Calle della Regina, Santa Croce 2264; ⏱ Mo–Do 8.30–13 & 16.30–20, Fr & Sa 8.30–20 Uhr; 🚢 San Stae).

nedigs visueller Offensive. Minimalistische Dekoration betont die nüchternen Formen und klaren Linien, die Stahlrahmenmöbel und weiß getünchten Wände. Die drei Gästezimmer bieten alle Annehmlichkeiten: Fernseher, Minibar, Klimaanlage und Heizung. Unbedingt weit im Voraus buchen.

Palazzo Schiavoni
APARTHOTEL €€
(Karte S. 419; ☑ 041 241 12 75; www.palazzo schiavoni.com; Fondamente dei Furlani 3288; DZ 155–263 €, 2-Personen-Apt. 170–295 €, 4-Pers.-Apt. 210–380 €; ❄@🛜🍴; 🚢 San Zaccaria, Arsenale) In dem Palast aus dem 18. Jh. kann man unter dem Betthimmel liegend Deckenfresken bewundern. Die sorgfältige Modernisierung hat viele Originaldetails erhalten, aber immer an den Komfort der Gäste gedacht. Mit dem Aufzug gelangt man zu den geräumigen Zimmern mit reproduzierten Stilmöbeln und zu den Apartments mit Designerküchen und großen Wohnbereichen. Perfekt für Familien, die für einen vernünftigen Preis ein bisschen *dolce vita* genießen wollen.

Aqua Palace
LUXUSHOTEL €€€
(Palazzo Scalfarotto; Karte S. 414; ☑ 041 296 04 42; www.aquapalace.it; Calle de la Malvasia 5492; EZ 150–350 €, DZ 200–490 €; ❄@🛜; 🚢 San Marco, San Zaccaria) Mit seinem exotischen Gewürzrouten-Flair und seiner glänzenden Farbpalette aus Gold, Bronze und Altgrau ist der Aqua Palace eine berauschende Mixtur aus modernen Annehmlichkeiten und fernöstlicher Romantik. Die Suiten „interpretieren" die Geschichte des Marco Polo, und da es nur 25 gibt,

sind aristokratische Ausmaße, Massen von schweren Stoffen und gänzlich mit Marmor ausgestattete Bäder zu erwarten. Das Hotel mit eigenem Gondelanleger ist ideal für Turteltauben.

🛏 Giudecca

Ostello Venezia
HERBERGE €
(Karte S. 398; ☑ 041 523 82 11; www.ostello venezia.it; Fondamenta delle Zitelle 86, Giudecca; B 21–33 €, EZ 39–60 €, DZ 65–95 €; ❄@; 🚢 Zitelle) Nachdem Generator Venice 2012 die Herberge schick aufmöbeln ließ, hat sie jetzt ein pfiffiges, modernes Interieur samt fabelhaftem neuen Bar-Restaurant. Um sich einen Schlafplatz am Fenster zu sichern, muss man pünktlich zur Öffnung um 15.30 Uhr da sein. Betttücher, Decken und Kissen sind im Preis inklusive, das Frühstücksbüfett kostet 3,50 € extra.

Check-in ist von 15.30 bis 22 Uhr, Checkout um 9.30 Uhr. Es gibt keine Sperrstunde. Die beiden Séparées ohne Aussicht müssen im Voraus reserviert werden.

Al Redentore di Venezia
APARTMENTS €
(Karte S. 398; ☑ 041 522 94 02; www.alreden toredivenezia.com; Fondamenta Ponte Lungo 234a, Giudecca; 2-Pers.-Apt. 70–190 €, 4-Pers.-Apt. 205–270 €; ❄🛜🍴; 🚢 Redentore) Die Apartments mit Komplettservice im Schatten von Il Redentore bieten eine göttliche Sicht übers Wasser nach San Marco – und das für den halben Preis des Bauer-Hotels ein paar Türen weiter. Und man hat dennoch nicht an Details gespart: Von der

VENEDIGS BESTE EISDIELEN

⭐**Alaska** (Karte S. 398; 📱041 71 52 11; Calle Larga dei Bari 1159, Santa Croce; Eis 1–2 €; 🕐12–20 Uhr; ♿; 🚢 Riva de Biasio) 🍴 Ausgefallene Bio-Eissorten, z. B. aus selbst gerösteten regionalen Pistazien und leicht minzigen *carciofi* (Artischocken).

Gelateria Suso (Karte S. 414; 📱348 564 65 45; Calle della Bissa 5453; Eis 2–5 €; 🕐10–22 Uhr; ♿; 🚢 Rialto) 🍴 Vor Ort gemachtes, sehr cremiges Eis wie das demonstrativ mächtige „Doge" aus Mascarponecreme, Feigenmus und Walnüssen.

Grom (Karte S. 409; 📱041 099 17 51; www.grom.it; Campo San Barnaba 2461; Eis 2,50–4 €; 🕐So–Do 11–24, Fr & Sa 11–1 Uhr; ♿; 🚢 Ca' Rezzonico) Eiscreme aus Slowfood-Produkten aus ganz Italien (Zitronen von der Amalfiküste und Erdbeeren aus Sizilien) sowie Fair-Trade-Schokolade und -Kaffee.

Travertin-Marmor-Lobby über die mit Esche ausgekleidete Treppe bis zu den antiallergischen Kissen und Badeartikel, der Extraklasse – bei Al Redentore hat man an alles gedacht.

Essen

Angesichts der kosmopolitischen Geschichte der Stadt ist die lokale Küche nicht eben einheitlich. Da können echt venezianische Gerichte schon mal einen leichten türkischen oder griechischen Touch haben, statt strikt italienisch daherzukommen – das zeugt davon, mit welchen Ländern Venedig über 1000 Jahre lang am liebsten Handel trieb. Gewürzrouten-Aromen vom Mittelmeer und darüber hinaus werden in typisch venezianischen Gerichten wie *sarde in saor* verwendet, das traditionell aus Sardinen und einer scharfen Zwiebelsauce mit Pinienkernen und Sultaninen besteht.

Piazza San Marco & Umgebung

Bacaro Da Fiore CICHETI-BAR, VENEZIANISCH €
(Karte S. 402; 📱041 523 53 10; www.dafiore. it; Calle delle Botteghe 3461; Gerichte 10–15 €; 🕐Mi–Mo 17.30–21 Uhr; 🚢San Samuele) Die zu einer noblen Trattoria gehörige *cicheti*-Bar gewann die Herzen der Venezianer mit kleinen Portionen *baccala mantecato* (Fischmus), Oktopus-Fenchel-Salat, *arancini* (Risottobällchen) und venezianischen *trippa* (Kutteln), die man am Tresen oder in der *calle* verzehrt. Selbst mit einem Glas Soave aus Denominazione di Origine Controllata (DOC) kostet eine Mahlzeit nur einen Bruchteil dessen, was man bezahlt, wenn man sich am Tisch bedienen lässt.

Enoteca al Volto CICHETI-BAR, VENEZIANISCH €
(Karte S. 402; 📱041 522 89 45; Calle Cavalli 4081; *cicheti* 2–4 €, Gerichte unter 25 €; 🕐Mo–Sa 10–15 & 17.30–22 Uhr; 🚢Rialto) Hier gilt: Einreihen in die Menschenmenge am Tresen und sich durch die riesige Auswahl an Wein und *cicheti* arbeiten. Wer im Sommer frühzeitig kommt, ergattert vielleicht sogar noch einen Tisch im Freien. Aber auch im lauschigen Hinterzimmer, das an einen Schiffsbauch erinnert, genießt man seetaugliche Schüsseln Pasta mit *bottarga* (getrocknetem Rogen), mit altem Balsamico beträufelte Steaks und selbst gemachte Ravioli. Nur Barzahlung.

Osteria da Carla OSTERIA, CICHETI-BAR
(Karte S. 402; 📱041 523 78 55; Frezzaria 1535; Gerichte 20–25 €; 🕐Mo–Sa 10–21 Uhr; 🚢Vallaresso) Eingeweihte schlemmen in diesem versteckten Innenhof selbst gemachte Ravioli mit Mohn, Birne und Schafkäse zum Preis einer heißen Schokolade auf dem Markusplatz. Mittags und in der Happy Hour ist mit Wartezeiten zu rechnen, denn dann verlassen die Gondolieri ihre Boote für einen DOC-Soave und *sopressa crostini* (weiche Salami auf Toast).

⭐**A Beccafico** ITALIENISCH €€
(Karte S. 402; 📱041 527 48 79; www.abeccafico.com; Campo Santo Stefano 2801; Gerichte 25–45 €; 🕐12–15 & 19–23 Uhr; 🚢Accademia) A Beccafico aalt sich, anders als die schummrigen Kneipen in Venedigs Gassen, auf dem Campo Santo Stefano im Sonnenschein und in der Bewunderung der Venezianer. Statt kalter Meeresfrüchte auf Toast serviert Küchenchef Adeli Far große Schüsseln mit Muscheln unter einer blubbernden, blättrigen Kruste. Er bricht Venedigs ehernes Gesetz, niemals Meeresfrüchte mit Käse zu kombinieren, und kredenzt Tintenfischtinten-

Pasta mit Zitronenschale und Ricotta. Nach einem weiteren Glas federleichten Pieoropan Soave Classico verlässt man das Lokal mit überraschend vollem Bauch – und ebensolchem Geldbeutel.

✗ Dorsoduro

Impronta Café ITALIENISCH €
(Karte S. 398; ☑041 275 03 86; Calle Crosera 3815; Gerichte 8–15 €; ⊙Mo–Sa 7–2 Uhr; ⊕; ⊜San Tomá) Hier genießt Venedigs wert-orientierter Jetset Prosecco und preiswerte Polenta-Salami-Kombinationen, umgeben von witzigen Darstellungen des Kochgeschirrs. Wenn andere Restaurants schließen, bietet das Impronta ein spätes Mittagessen, Teatime (mit einer großen Teeauswahl) und mitternächtliche Clubsandwiches. Die Mitarbeiter sind auch um diese Zeit noch putzmunter und die Toiletten blitzblank sauber.

Pane Vino e San Daniele ITALIENISCH €
(Karte S. 409; ☑041 243 98 65; www.panevinovenice.com; Calle Lunga San Barnaba 2861; Gerichte 15–30 €; ⊙Di–So 10–14 Uhr; ⊜Ca' Rezzonico) Keiner der hier verkehrenden Künstler könnte behaupten, in dieser Trattoria, die sowohl bei Studenten wie Professoren beliebt ist, nicht satt zu werden. Hier gibt's große Portionen Gnocchi mit Trüffelkäse, regionales Wild wie Hasen- und Entenbraten, üppige Vorspeisen wie den namengebenden San-Daniele-Schinken und Hausweine aus dem Friaul – selbst gekeltert von der Familie Fantinel, der das Lokal gehört.

Ristorante La Bitta RISTORANTE €€
(Karte S. 409; ☑041 523 05 31; Calle Lunga San Barnaba 2753a; Gerichte 30–40 €; ⊙Mo–Sa Abendessen; ⊜Ca' Rezzonico) Die Tageskarte steht auf einer Künstlerstaffelei, und die herzhaft-rustikalen Gerichte sehen wie Stillleben aus – und sind der Traum eines jeden Fleischessers: Steaks werden in Speck gewickelt, gebratener Hase mit mariniertem Rucola gekrönt. Das Bistro (bitta heißt übrigens Poller) ist auf lokales Fleisch spezialisiert und hat nur 35 Sitz-plätze, daher unbedingt reservieren. Nur Barzahlung möglich.

Do Farai MEERESFRÜCHTE, VENEZIANISCH €€
(Karte S. 409; ☑041 277 03 69; Calle del Cappeller 3278; Gerichte 25–35 €; ⊙Mo–Sa 11–15 & 19–22 Uhr; ⊜Ca' Rezzonico) Einhei-

CICHETI: VENEDIGS GÜNSTIGSTE GERICHTE

Selbst in Venedigs einfachsten *osterie* (Kneipen) kosten die meisten Gerichte ein paar Euro mehr als anderswo in Italien – an sich ist nichts dagegen zu sagen, weil ja die frischen Meeresfrüchte und regionalen Produkte per Boot geliefert werden. Die *cicheti*, original venezianische Snacks, gehören zu den besten Feinschmeckerfunden des Landes. Sie werden mittags und zwischen 18 und 20 Uhr am Tresen venezianischer *osterie* aufgefahren. Es gibt sie als einfache Barsnacks (würzige Fleischbällchen, frische Tomanten-Bruschetta) für 1 bis 2 € bis zu herrlich kreativen kleinen Platten für 2 bis 5 €: Im All'Arco werden z. B. in Pancetta gewickelte Bassano-Spargel und dicke Lagunenkrabben, im ProntoPesce Fenchel-Oktopus-Salat frisch vom Fischmarkt und bei Dai Zemei Crostini mit *sopressa* (weicher regionaler Salami) und mariniertem Radicchio serviert. Auch viele *bacari* (Bars) und *enoteche* (Weinstuben) bieten abends eine Auswahl an *cicheti*, die durchaus als Abendessen reicht.

mische Stammgäste füllen den holzvertäfelten Raum, in dem Wimpel von Fußballmeisterschaften hängen und der Duft nach Meeresfrüchten Appetit macht auf Pasta mit Seafood, süße Garnelen, gegrillte *orata* (Dorade) mit Kräutern oder venezianische *tris di saor sarde, scampi e sogliole* (Sardinen, Garnelen und Seezunge in scharfer *Saor*-Marinade). Das Personal hat's nicht eilig, am besten vertreibt man sich die Zeit mit einem Negroni als Aperitif. Nach dem Essen gibt es ein Sgropin, ein Prosecco-Zitronen-Sorbet.

Enoteca Ai Artisti RISTORANTE €€€
(Karte S. 409; ☑041 523 89 44; www.enotecaartisti.com; Fondamenta della Toletta 1169a; Gerichte 40–50 €; ⊙Mo–Sa 12–16 & 18.30–22 Uhr; ⊜Ca' Rezzonico) Milder Käse, hervorragende Pasta mit *nero di seppia* (Tintenfischtinte) und butterweiche *tagliata* (Fleischscheiben) mit altem Balsamico auf Rucola kombinieren die Gastgeber – echte Weinkenner – mit erstklassigen offenen Rebensäften. Die Zweiertische draußen sind ideal zum Leutebeobachten.

✖ San Polo & Santa Croce

★ All'Arco   VENEZIANISCH €

(Karte S. 414; ☑ 041 520 56 66; Calle dell'Ochialer 436; *cicheti* 1,50–4 €; ⏱ Sept.–Juni Mo–Sa 8–15.30 Uhr, April–Okt. auch 18–21 Uhr; ⛴ Rialto-Mercato) Das Vater-Sohn-Team Francesco und Matteo kreiert tagtäglich aus dem Angebot des Rialto-Markts Venedigs beste *cicheti*. Hinter dem Marmortresen wickelt Francesco weißen Bassano-Spargel in gewürzten Pancetta, während Matteo *otrega crudo* (Butterfisch) mit Olivenöl-Minz-Marinade und rotem Hawaii-Salz zubereitet.

ProntoPesce   MEERESFRÜCHTE, CICHETI €

(Karte S. 414; ☑ 041 822 02 98; www.pronto pesce.it; Rialto Pescheria 319, San Polo; *cicheti* 3–8 €; ⏱ Di–Sa 9–14.45 & 19–22.30 Uhr; ⛴ Rialto-Mercato) Der Designer-Feinkostladen mit Imbiss neben Venedigs Fischmarkt bietet kunstvoll komponierte *crudi* (venezianisches Sushi), leckere Meeresfrüchtesalate, legendäres Fischrisotto (nur Sa um 13 Uhr) und hervorragende Meeresfrüchte-Eintöpfe im Winter. Die Gäste schnappen sich einen Stuhl, einen DOC-Soave (leider im Plastikbecher) und einen Salat aus *polpetti* (Baby-Oktopus) oder dicke Garnelen-*crudi* – oder sie essen draußen am Canal Grande.

Dai Zemei   VENEZIANISCH, CICHETI €

(Karte S. 414; ☑ 041 520 85 46; www.ostari adaizemei.it; Ruga Vecchia San Giovanni 1045, San Polo; *cicheti* 1,50–4 €; ⏱ Mi–Mo 9–20 Uhr; ⛴ San Silvestro) Die *zemei* (Zwillinge), die die schrankgroße *Cicheti*-Bar betreiben, verkösti-gen ihre Stammgäste und gut informierten Gourmet-Touristen mit kleinen, aber fanta-sievollen Gerichten wie Oktopus-Salat mit mariniertem Rucola, Entenbrust mit Trüffel-öl oder Crostini mit Thunfisch-Lauch-Salat.

★ Antiche Carampane   VENEZIANISCH €€

(Karte S. 414; ☑ 041 524 01 65; www.antiche carampane.com; Rio Terà delle Carampane 1911, San Polo; Gerichte 30–45 €; ⏱ Di–Sa 12–14.30 & 19–23 Uhr; ⛴ San Stae) Das kulinarische Juwel, das sich in den einst anrüchigen Gas-sen hinter dem Ponte delle Tette versteckt, ist nicht leicht zu finden. Das Schild mit der stolzen Aufschrift „No Menu Turistico" verspricht eine tolle Abwechslung: Ciao, pampige Lasagne – willkommen frischeste *crudi*, Salat aus Spargel und *granseola* (La-gunenkrebsen), wolkengleiche Gnocchi und San Pietro (Petersfisch) auf gegrilltem *radic-chio trevisano*!

Osteria La Zucca   MODERN ITALIENISCH €€

(Karte S. 414; ☑ 041 524 15 70; www.lazucca. it; Calle del Tentor 1762, Santa Croce; Gerichte 30–45 €; ⏱ Mo–Sa 12.30–14.30 & 19–22.30 Uhr; 🌱; ⛴ San Stae) Die gemüselastigen, saiso-nalen kleinen Gerichte vereinen Venedigs Gewürzhandelstraditionen mit lokalen Pro-dukten: Zucchini mit Ingwer, Kürbiskuchen mit Zimt und Himbeer-Gewürzkuchen. Auch der Lammbraten mit Kräutern ist zu empfehlen, doch im Vordergrund stehen die regional angebauten Produkte. Im gemüt-lichen, holzgetäfelten Innenraum wird es ganz schön warm – im Sommer sollte man daher lieber einen Tisch draußen am Kanal reservieren.

Al Pesador   MODERN ITALIENISCH €€€

(Karte S. 414; ☑ 041 523 94 92; www.alpesador. it; Campo San Giacometto 125, San Polo; *cicheti* 1,50–5 €, Gerichte 40–55 €; ⏱ Mo–Sa 12–15 & 19–23 Uhr; ⛴ Rialto-Mercato) Draußen schaut man den Booten auf dem Canal Grande hinterher, drinnen kuschelt man sich zu-sammen. Sobald aber das Essen kommt, ist man allein darauf konzentriert. Das Pesador erfindet die venezianische Küche mit kulinarischer Raffinesse neu: mit *cicheti* wie Makrelen mit Balsamico-*saor*-Marina-de und papierdünnen *Lardo*-Crostini mit Minzöl oder *primi* (Hauptgerichten) wie Flammenmuscheln mit Wildkräutern auf Tintenfischtinten-Gnocchi.

✖ Cannaregio

Dalla Marisa   VENEZIANISCH €

(Karte S. 398; ☑ 041 72 02 11; Fondamenta di San Giobbe 652b; Menüs 15–35 €; ⏱ Di & Do–Sa 12–15 & 19–23, Mo & Mi 12–15 Uhr; ⛴ Crea) Im Dalla Marisa werden die Gäste dort hingesetzt, wo gerade Platz ist. Es gibt keine Speisekar-te, stattdessen wird gegessen, was Marisa auf den Tisch bringt. Bei der Reservierung erfährt man, ob es Fisch oder Fleisch gibt. Hauswein ist im Preis inbegriffen. Stamm-gäste geben zu, dass Marisas *fegato alla veneziana* (Kalbsleber auf venezianische Art) besser ist als die der eigenen Großmut-ter. An Fischabenden gibt es ganze Schwär-me von Lagunentieren – gegrillt, gebraten oder auf Pasta und Rucola.

Ai Promessi Sposi   VENEZIANISCH €€

(Karte S. 414; ☑ 041 241 27 47; Calle d'Oca 4367; Gerichte 25–35 €; ⏱ Do–So 11.30–15 & 18–23, Mo & Mi 18–23 Uhr; ⛴ Ca' d'Oro) Plaudernde Venezianer, die sich am Tresen drängen, sind die einzige Konstante in dieser neu belebten Osteria. Auf der handgeschriebenen Tageskarte stehen frische venezianische Meeresfrüchte und Fleisch aus Venetien zu exzellenten Preisen. Saisonale Hits sind etwa *seppie in umido* (Tintenfisch in dicker Tomatensoße) und selbst gemachte Tagliatelle mit *anatra* (Wildente).

⭐ **Anice Stellato** VENEZIANISCH €€€
(Karte S. 417; ☎ 041 72 07 44; Fondamenta della Sensa 3272; Hauptgerichte 18–23 €; ⏱ Mi-So 12–14 & 19.30–23 Uhr; 🚤 Madonna dell'Orto) 🖋 Wem schon die Suche nach dieser düsteren Ecke Cannaregios wie ein Abenteuer erscheint, der sollte das Essen abwarten: Lammkotelett in Pistazienkruste, leckere selbst gemachte Garnelen-Ravioli und kurzgebratene *moeche* (Weichschalenkrabben), die man im Ganzen verspeist. Blechlampen und Platzdeckchen aus recyceltem Papier auf den großen Tischen lenken die Aufmerksamkeit auf heimische Speisen in heimischer Gesellschaft – unvergesslich! Im Voraus reservieren.

Osteria Boccadoro VENEZIANISCH €€€
(Karte S. 414; ☎ 041 521 10 21; www.boccadoro venezia.it; Campiello Widmann 5405a; Gerichte 40–55 €; ⏱ Di-So 12–15 & 19–22 Uhr; 🚤 Fondamenta Nuove) Die Vögel, die in diesem *campo* so herzig zwitschern, haben es vermutlich nur auf Essensreste abgesehen – aber sie haben keine Chance. Die einfallsreichen *crudi* von Besitzer und Küchenchef Luciano sind Zwei-Bissen-Genüsse: Thunfisch mit Blutorange, süße Garnele auf säuerlichem grünem Apfel und fluffigen Gnocchi mit Krabbenspinne sind viel zu schnell aufgegessen als das man sie mit den Vögeln teilt.

✖ Castello

Pasticceria Da Bonifacio KUCHEN & GEBÄCK €
(Karte S. 398; ☎ 041 522 75 07; Calle degli Albanesi 4237; Gebäck 1,50–4 €; ⏱ Fr-Mi 7–20 Uhr; 🚤 San Zaccaria) Konditoren-Auszeichnungen zieren die Wände dieser kleinen Bäckerei, in der Gondolieri und einheimische Hausfrauen buttrige, frisch gebackene Mandelcroissants und Schachteln voller venezianischer Spezialitäten wie *zaletti* (Maiskekse mit Sultaninen) kaufen. Gegen Ende des Nachmittags verwandelt sich die Bäckerei in eine behelfsmäßige Bar, in der Anwohner auf einen Spritz und *mammalucchi* (frittierte Teigbällchen mit kandierten Früchten) hereinkommen.

⭐ **Osteria alla Staffa** MODERN VENEZIANISCH €€
(Karte S. 398; ☎ 041 523 91 60; Calle dell'Ospedale 6397a; Gerichte 20–35 €; ⏱ 11.30–15 & 18–23 Uhr; 🚤 Ospedale) Jeden Morgen frisch gelieferte Renken und die Vorliebe für Bio-Gemüse und -Käse – Albertos Versionen von venezianischen Klassikern bestehen aus geschmackvollen Zutaten. Dies ist Hausmannskost mit Raffinesse: Die Meeresfrüchteauswahl mit butterweichem *baccalà* (Kabeljau) auf einem dicken roten Radicchioblatt und Baby-Oktopus, der wie eine Blume neben apricotfarbenem Lachs angerichtet ist, sieht wie ein modernistisches Gemälde aus.

Trattoria Corte Sconta MODERN VENEZIANISCH €€€
(Karte S. 419; ☎ 041 522 70 24; Calle del Pestrin 3886; Gerichte 50–65 €; ⏱ Di-Sa 12.30–14.30 & 19–21.30 Uhr, Jan. & Aug. geschl.; 🚤 Arsenale) Eingeweihte Touristen und Einheimische mit Grund zum Feiern kommen in diesen weinberankten *corte sconta* (versteckter Hinterhof) wegen der köstlichen Meeresfrüchte-Antipasti und der fantasievollen selbst gemachten Pastagerichte. Innovative Geschmackspaarungen geben den Klassikern einen neue Note: Muscheln mit dem scharfen Aroma des Ingwers, Garnelen-Zucchini-Linguine mit Safran sowie mit Balsamico-Reduktion beträufelter gebratener Aal.

Al Covo VENEZIANISCH €€€
(Karte S. 419; ☎ 041 522 38 12; www.ristorante alcovo.com; Campiello della Pescaria 3968; Gerichte 55–80 €; ⏱ Fr-Di 12.45–14 & 19.30–22 Uhr; 🚤 Arsenale) Seit Jahren widmen sich Diane Rankin und Cesare Benelli ganz dem Erhalt alter Produkte und venezianischer Rezepte, die sie fest auf der Feinschmecker-Landkarte verankert haben. Nur die frischesten saisonalen Fische verdienen, im Covo zubereitet zu werden, in Begleitung von Artischocken, Auberginen, *cipollini*-Zwiebeln und Pilzen aus den Lagunen-Speisekammern von Sant'Erasmus, Vignole, Treporti und Cavallino.

✖ Giudecca

⭐ **I Figli delle Stelle** ITALIENISCH €€
(Karte S. 398; ☎ 041 523 00 04; www.ifiglidelle stelle.it; Zitelle 70; Gerichte 30–40 €; ⏱ Di-So 12.30–14.30 & 19–22 Uhr, Mitte Nov.–Mitte März geschl.; 🚤 Zitelle) In einem der romantischsten Restaurants Venedigs sollte man auf Liebeserklärungen gefasst sein: Hört man da

nicht die samtige Pasta und die sämige Suppe des apulischen Küchenchefs Luigi flüstern? Die cremige Ackerbohnensuppe mit bissfestem Chicoree und frischen Tomaten umschmeichelt neckisch die Zunge, und die Grillplatte für zwei mit Hummer, Seezunge und frischen Sardinen ist ein guter Fang.

La Palanca   VENEZIANISCH €€

(Karte S. 398; ☑041 528 77 19; Fondamenta al Ponte Piccolo 448; Gerichte 20–30 €; ⊙Mo-Sa 8–20.30 Uhr; ☺Palanca) Das mittägliche Gerangel um die Tische am Kanal ist heftig, aber bei dieser Aussicht auf die Zattere schmecken nun mal *tagliolini ai calamaretti* (schmale Bandnudeln mit winzigen Calamari) und Thunfischsteak mit Balsamico nochmal so gut. Für einen Teller voll Pasta muss man nur halb so viel hinblättern wie etwa in San Marco, nämlich nur 7 bis 9 €. Ein Abendessen wird nicht serviert, aber am Tresen sind *cicheti* zu haben.

✗ Der Lido

★ Le Garzette   AGRITURISMO €€

(☑041 712 16 53; www.legarzette.it; Lungomare Alberoni 32, Lido; Gerichte 35–45 €; ⊙Mitte Jan.–Mitte Dez. tgl. 12.30–14.30 & 19–22.30 Uhr; ⊞; ☺Lido) ✐ Inmitten von Gärten mit rotem Radicchio, hellgrünem Fenchel und dunkelgrünen Zucchini steht das rostrote *agriturismo* (Bauernhofunterkunft) von Renza und Salvatore. Zur Wahl stehen Fleisch und Fisch sowie eine Parade von Biogerichten: Crêpes mit saftigem Spargel, kurzgebratene Mala-

---

KNEIPENTOUR MIT FREUNDEN

Warum alleine feiern? Damit sich Besucher in Venedigs riesigem cicheti-Angebot und im labyrinthartigen Gassengewirr zurechtfinden lernen, bietet **Venice Urban Adventures** (www.urbanadventures.com; *Cicheti*-Tour 52 €) Touren zu Happy-Hour-Bars unter Leitung von kompetenten, enthusiastischen, Englisch sprechenden lokalen Feinschmeckern. Bei den Touren (mit bis zu 12 Teilnehmern) sind *ombre* (kleine Gläser Wein) und *cicheti* in fünf (ja, fünf) *bacari* und eine angesäuselte Gondelfahrt im Preis enthalten. Der Startpunkt wechselt je nach Jahreszeit, Infos stehen auf der Website.

---

mocco-Artischocken und appetitlicher Birnenkuchen, der mit Hofeiern gebacken wird.

La Favorita   MEERESFRÜCHTE €€

(☑041 526 16 26; Via Francesco Duodo 33; Gerichte 35–50 €; ⊙Mi-So 12.30–14.30 & 19.30–22.30, Di 19.30–22.30 Uhr, Jan.–Mitte Feb. geschl.; ☺Lido) La Favorita ist ideal für ausgedehnte Mittagessen mit feinen Weinen. Der Service ist hervorragend und die Speisekarte so elegant wie das Ambiente: *rhombo* (Steinbutt) mit Kapern und Oliven, Krabbenspinnen-*gnochetti* (Mini-Gnocchi) und klassisches Fischrisotto. Tischreservierung für den glyzinienüberwachsenen Garten sowie während der Filmfestspiele (wenn die Singvögel von den Handyklingeltönen der Filmmoguln übertönt werden) sind obligatorisch.

🍷 Ausgehen & Nachtleben

Die üblichen „Regeln" in Sachen Drinks scheinen in Venedig außer Kraft gesetzt zu sein. Spirituosen und Wein darf man nicht kombinieren? Venedigs klassische Cocktails sagen da etwas anderes: Das beste Beispiel ist der Spritz aus Prosecco, Soda und bittersüßem Aperol oder bitterem Campari. Das ist Weiberkram? Na, das höre mal der stämmige Bootsbauer, der gerade seinen eiskalten Prosecco schlürft!

🍸 Piazza San Marco & Umgebung

★ I Rusteghi   WEINBAR

(Karte S. 414; ☑041 523 22 05; www.osteriairusteghi.com; Corte del Tentor 5513; Mini-Panini 2–5 €; ⊙Mo-Sa 10.30–15 & 18–23.30 Uhr; ☺Rialto) Ganz im Sinne von Venedigs jahrhundertealter *Enoteca*-Tradition öffnet Giovanni d'Este – Sommelier in vierter Generation – gern jede Flasche in seinen Regalen, um dem Gast eine *ombra* (kleines Glas Wein) einzuschenken – u. a. Sammlerweine wie einen Cannubi Barolo. Wer *qualcosa di particolare* (etwas Besonderes) wünscht, dem kredenzt Giovanni einen sinnlichen Ribolla Gialla und dazu Mini-Panini mit Trüffelkäse oder Schinken aus Spanien und Venetien.

Harry's Bar   BAR

(Karte S. 402; ☑041 528 57 77; Calle Vallaresso 1323; Cocktails 12–22 €; ⊙10.30–23 Uhr; ☺San Marco) Aufstrebende Autorenfilmer halten an Bistrotischen Hof, die schon Ernest Hemingway, Charlie Chaplin, Truman Capote und Orson Welles abgewetzt haben. Sie genießen die Spezialität des Hauses – Bellini (16,50 €) nach Giuseppe Ciprianis Rezept aus dem Jahr 1948: weißer Pfirsichsaft mit Prosecco – und den Abglanz vergangenen Ruhms. Oben befindet sich eines der – unerklärlicherweise – teuersten Restaurants Italiens. Also lieber in der Bar bleiben, um Geld für den eigenen bahnbrechenden Film zu sparen.

Torino@Notte BAR
(Karte S. 402; 🖉 041 522 39 14; Campo San Luca 4592; ⏰ Di-Sa 19–1 Uhr; 🚤 Rialto) Das unkonventionelle, abgefahrene und laute Torino sorgt im ansonsten biederen San Marco für Abwechslung. Tagsüber ist es ein Café, ab 19 Uhr strömen Anwohner herein, um bei Drinks für 2 bis 5 € den Marathon-DJ-Sessions mit Reggae und Soul (auf Vinyl!) zu lauschen. Freitags und samstags gibt es ab 21 Uhr Live-Jazz, -Blues oder -Rock und leichte Snacks.

🍷 Dorsoduro

★ Cantinone Già Schiavi BAR
(Karte S. 402; 🖉 041 523 95 77; Fondamenta Nani 992; ⏰ Mo-Sa 8.30–20.30 Uhr; 🚤 Zattere) Die Stammgäste reichen hier schon mal die Bestellungen schüchterner Neulinge weiter, die ansonsten nicht in den Genuss von Thunfisch-Lauch-*cicheti* mit erstklassigem Soave oder große Portionen *Sopressa*-Panini kämen. In dem legendären Lokal am Kanal drängen sich Kunsthistoriker der Accademia und Gondelbauer aus San Trovaso aneinander vorbei, ohne einen Tropfen zu verschütten. Ein herrliches Chaos!

Osteria alla Bifora BAR
(Karte S. 409; 🖉 041 523 61 19; Campo Santa Margherita 2930; ⏰ Mi-Mo 12–15 & 18–1 Uhr; 🚤 Ca' Rezzonico) Andere Bars an diesem *campo* sind auf Spritz süffelnde Studenten ausgerichtet, doch diese von Kronleuchtern beschienene mittelalterliche Weinstube bildet die Kulisse für den Flirt bei edlem Veneto-Merlot. Mit dem ferrariroten Fleischschneider wird Schinken nach Bestellung tranchiert, auf die Platzdeckchen darf gekritzelt werden, und an den großen Tischen schließt man schnell Freundschaft.

Il Caffè Rosso CAFÉ, BAR
(Karte S. 409; 🖉 041 528 79 98; Campo Santa Margherita 2963; ⏰ Mo-Sa 7–1 Uhr; 🚤

Ca' Rezzonico) Ein sonniger Sitzplatz auf der Piazza ist ideal, um sich mit Espresso vom Gelage der letzten Nacht zu erholen. Um 18 Uhr beginnt die nächste Runde, wenn zur Happy Hour nur Platz zum Stehen ist. Die Anwohner nennen das Lokal mit der roten Ladenfront einfach *al rosso*, und der günstige Spritz mit einem großzügigen Schuss rotem Aperol lässt Besucher wie Einheimische sofort venezianisch erröten.

🍷 San Polo & Santa Croce

★ Al Prosecco WEINBAR
(Karte S. 414; 🖉 041 524 02 22; www.alprosecco.com; Campo San Giacomo dell'Orio, Santa Croce 1503; ⏰ Mo-Sa 9–22.30 Uhr, im Winter 9–20 Uhr; 🚤 San Stae) 🌿 Der Wunsch, auf Venedigs reizvollstem *campo* bei Sonnenuntergang anzustoßen, ist natürlich – und ebenso ist es der Wein bei Al Prosecco: Die fortschrittliche Bar ist auf *vini naturi*

HISTORISCHE CAFÉS

In touristischen Vierteln kommt der Preis für einen am Tisch servierten Kaffee der Lokalmiete gleich. Am besten also den Kaffee im Stehen trinken oder gleich in die architektonisch grandiosen Cafés im Museo Correr, im Palazzo Querini Stampalia oder auf dem Markusplatz gehen.

Historische barocke Kaffeehäuser rund um den Markusplatz, etwa das **Caffé Florian** (Karte S. 402; 🖉 041 520 56 41; www.caffeflorian.com; Piazza San Marco 56/59; Getränke 6,50–16 €; ⏰ Do-Di 10–24 Uhr; 🚤 San Marco) und das **Caffé Quadri** (Karte S. 402; 🖉 041 522 21 05; www.alajmo.it; Piazza San Marco 120; Getränke 6–25 €; ⏰ 9–23.30 Uhr; 🚤 San Marco), bieten Kaffee und Kakao mit Live-Orchester – das Herz schlägt in einem schnelleren Takt, sobald die Rechnung (inkl. Musikzuschlag) kommt. Ein Tipp: Das **Caffe Lavena** (Karte S. 402; 🖉 041 522 40 70; www.lavena.it; Piazza San Marco 133/4; Getränke 1–12 €; ⏰ 9.30–23 Uhr; 🚤 San Marco) bietet Espresso am Tresen für 1 €. Aber das ist nun mal Venedig, und Dekadenz geht immer – auch mal einen *caffè correto* (mit Hochprozentigem „verbesserter" Espresso) bestellen und mit einem/einer Fremden Tango tanzen.

LA SERRA DEI GIARDINI

Inmitten der Pflanzen und Blumen in Napoleons Gewächshaus von 1894 lässt sich gemütlich ein Birnen-Bellini genießen. Ursprünglich sollten hier nur die Palmen für Biennale-Events untergebracht werden, doch bald entwickelte sich La Serra dei Giardini zu einem Gemeindetreff und Pflanzenzentrum: Viele hier gezogene Pflanzen schmückten die Blumenbeete des Lido und die Ballsäle aristokratischer *palazzi*. 2010 restaurierte die Kooperative Nonsoloverde **La Serra** (Serra dei Giardini; Karte S. 398; ☑ 041 296 03 60; www.serradeigiardini.org; Viale Giuseppe Garibaldi 1254; Snacks 4–15 €; ☉ Di–Fr 11–20, Sa & So 10–21 Uhr; 🛜 📶; 🚤 Giardini). Heute finden hier Veranstaltungen sowie Kurse von Gartenbau über Paperherstellung bis hin zu Yoga und Tango statt.

Das Café unten bietet leichte Snacks und Kuchen, Biere aus Mikrobrauereien, Kräutertees und Lurisia-Limonaden mit Slowfood-Presidia-Aromen.

(natürlich hergestellte Weine) – ökologisch, biodynamisch und mit Naturhefe fermentiert – spezialisiert. Das gilt für den ungefilterten, naturtrüben Prosecco (3,50 €) genauso wie für den Veneto Venegazzú für 5 €, der sich seidig über die Zunge schmiegt und lange im Gedächtnis bleibt.

Al Mercà
WEINBAR

(Karte S. 414; ☑ 393 992 47 81; Campo Cesare Battisti 213, San Polo; ☉ Mo–Sa 9.30–14.30 & 18–21 Uhr; 🚤 Rialto) In dieser kammergroßen Bar drängeln sich anspruchsvolle Weinkenner bei *cicheti* und 60 verschiedenen Tröpfchen, darunter erstklassige Proseccos und offene DOC-Weine (Glas 2–3,50 €). In Venedigs nettester Tresenbar gibt's keine Tische und auch kaum Platz zum Stehen. Wer einen Platz am Tresen ergattern und sich dort an Fleischbällchen und Mini-Panini (1–2 €) gütlich tun möchte, sollte pünktlich um 18.30 Uhr da sein. Andernfalls mischt man sich unter die Menge im Freien, die sich bis zu den Docks des Canal Grande erstreckt.

Cantina Do Spade
KNEIPE

(Karte S. 414; ☑ 041 521 05 83; www.cantina dospade.it; Calle delle Do Spade 860, San Polo; ☉ 10–15 & 18–22 Uhr; 🚤 Rialto) Seit 1488 hält diese Bar die Venezianer bei bester Laune. Die gelassenen jungen Betreiber heißen die Spritz schlürfenden Stammgäste ebenso freundlich willkommen wie hereinschneiende Kenner, die nach Doppelmalzbier aus den Dolomiten und preiswertem venezianischem DOC-Cabernet Franc dürsten. Wer rechtzeitig da ist, kommt in den Genuss marktfrischer *fritture* (Meeresfrüchte im Teigmantel, 2–6 €) und der neuesten Gerüchte aus der Nachbarschaft (gratis).

Cannaregio

★ Al Timon
WEINBAR

(Karte S. 417; ☑ 041 524 60 66; Fondamenta degli Ormesini 2754; ☉ Do–Di 11–1, Mi 18–1 Uhr; 🚤 Guglie) Von dem Boot aus, das vor der Bar im Kanal vertäut ist, kann man der kunterbunten Parade aus Feiernden und Träumern zusehen, die hier auf Seafood und gute Bio- und DOC-Weine in der *ombra* oder Karaffe vorbeikommen. Bei gutem Wetter treten draußen Folkloresänger auf, bei schlechtem rutschen drinnen die Stammgäste zusammen, um Neuankömmlingen Platz zu machen.

Agli Ormesini
KNEIPE

(Da Aldo; Karte S. 417; ☑ 041 71 58 34; Fondamenta degli Ormesini 2710; ☉ Mo–Sa 20–1 Uhr; 🚤 Madonna dell'Orto) Während der Rest der Stadt im Wein badet, bietet das Ormesini mehr als 100 Biere, darunter günstige Spezialgebräue und das hiesige Birra Venezia. Das fröhliche, bierselige Publikum schwappt häufig auf die Straße hinaus – aber bitte nicht so laut, sonst reagieren die Nachbarn gereizt!

Castello

Bar Terrazza Danieli
BAR

(Karte S. 398; ☑ 041 522 64 80; www.starwood hotels.com; Riva degli Schiavoni 4196; Cocktails 18–22 €; ☉ Mai–Sept. 15.30–18.30 Uhr; 🚤 San Zaccaria) Gondeln gleiten am Kai vorbei, während sich der weiße Marmor von Palladios San Giorgio Maggiore auf der anderen Seite der Lagune zuerst golden, dann rosarot im Wasser spiegelt: Das spätnachmittägliche Schauspiel, das sich vor der Balkonbar im obersten Stock des Hotel Danieli eröffnet, ist einen Trinkspruch wert – entweder zum Spritz (10 €) oder zu einem Cocktail (vorzugsweise dem Danieli aus Gin, Aprikosen- und Orangensaft und einem Schuss Grenadine) in der Farbe des Sonnenuntergangs.

Bacaro Risorto   BAR
(Karte S. 398; Campo San Provolo 4700; *ciceti* 1,50–4 €; ⊙ Mo–Sa 9–21 Uhr; 🚤 San Zaccaria) Vom Markusplatz führt eine Fußgängerbrücke zu dieser schuhschachtelgroßen Eckbar voller glückseliger Gäste, die hier gute Weine und verschiedenste *cicheti*, z. B. Crostini mit *sarde in saòr*, cremigen Käse und in Prosciutto gewickelte Melonenstücke genießen. Die Öffnungszeiten sind flexibel.

Unterhaltung

Was in Venedig gerade auf dem Veranstaltungskalender steht, erfährt man in Gratismagazinen, die in der Stadt ausliegen, und im Internet: *VeNews* (www.venezianews.it), *Venezia da Vivere* (www.vene ziadavivere.com) und *2Venice* (www.2venice.it).

Casinos

Casinò Di Venezia   CASINO
(Palazzo Vendramin-Calergi; Karte S. 417; ✆ 041 529 71 11; www.casinovenezia.it; Palazzo Vendramin-Calergi 2040; Eintritt 5 €, beim Erwerb von Jetons für 10 € frei; ⊙ So–Do 11–2.30, Fr & Sa 11–3 Uhr; 🚤 San Marcuola) Seit dem 16. Jh. wurden in diesem palastartigen Casino Vermögen gewonnen und verspielt. Die Spielautomaten sind ab 11 Uhr geöffnet. Wer an Tischen spielen will, kommt hingegen – mit Jackett und Pokerface – nach 15.30 Uhr. Im Hotel kriegt man eventuell ein paar Coupons für einen freien Eintritt, und die Anfahrt von der Piazzale Roma im Wassertaxi ist kostenlos. Superangebote, bis man seine Verluste gegenrechnet. Eintritt ab 18 Jahren.

Oper & Klassische Musik

★ Teatro La Fenice   OPER
(Karte S. 402; ✆ 041 78 65 11; www.teatrola fenice.it; Campo San Fantin 1965; Theaterkarten Erw./erm. 8,50/6 €, Opernkarten ab 40 €; ⊙ Führungen 9.30–18 Uhr; 🚤 Santa Maria dei Giglio) Führungen werden nach Voranmeldung angeboten (✆ 041 24 24), doch am besten besichtigt man La Fenice mit *loggione* – Opernfans, die auf den billigsten Plätzen ganz oben ihr Urteil abgeben. In der Spielzeitpause der Oper werden Symphonien und Kammermusikkonzerte gegeben.

★ Palazzetto Bru Zane   KLASSISCHE MUSIK
(Centre du Musique Romantique Française; Karte S. 398; ✆ 041 521 10 05; www.bru-zane.com; Palazzetto Bru Zane 2368, San Polo; Erw./erm. 25/15 €; ⊙ Kasse Mo–Fr 14.30–17.30 Uhr; 🚤 San Tomà) Lustpaläste können nicht romantischer sein als der Palazzetto Bru Zane an Konzertabenden, wenn exquisite Harmonien Sebastiano-Ricci-Engel kitzeln, die über die stuckverzierten Decken purzeln.

Nach einer mehrjährigen Restaurierung geht der Musikraum des Casino Zane (1695 bis 1697) heute wieder seiner ursprünglichen Funktion nach und lockt mit seiner guten Akustik Musiker von Weltrang an.

Interpreti Veneziani   KLASSISCHE MUSIK
(Karte S. 402; ✆ 041 277 05 61; www.inter pretiveneziani.com; Chiesa San Vidal, Campo di San Vidal 2862; Erw./erm. 25/20 €; ⊙ Einlass ab 20.30 Uhr; 🚤 Accademia) Wer Vivaldi nur von Hochzeiten oder Klingeltönen kannte, wird von den Interpreti Veneziani eines sehr viel Besseren belehrt. Sie spielen Vivaldis Kompositionen auf Instrumenten aus dem 18. Jh. als Soundtrack für diese Stadt der Intrigen.

Konzerte in La Pietà   LIVEMUSIK
(Karte S. 419; ✆ 041 522 21 71; www.pieta venezia.org; Riva degli Schiavoni; Erw./erm. 25/20 €; ⊙ Konzerte 20.30 Uhr; 🚤 Pietà) Die Kirche mit hervorragender Akustik, hohen Tiepolo-Decken und einer langen Verbindung zu Vivaldi ist der ideale Veranstaltungsort für live vorgetragene Barockmusik.

Musica a Palazzo   OPER
(Karte S. 402; ✆ 340 971 72 72; www.musica palazzo.com; Palazzo Barbarigo-Minotto, Fondamenta Barbarigo o Duodo 2504; Tickets inkl. Getränk 60 €; ⊙ Einlass ab 20 Uhr; 🚤 Santa Maria del Giglio) Während der eineinhalbstündigen Darbietungen ausgewählter Verdi- oder Ros-

---

ⓘ EINTRITTSKARTEN FÜR VERANSTALTUNGEN

Für die Biennale oder Opern im Teatro La Fenice ist eine Online-Buchung im Voraus erforderlich, über die entsprechenden Websites oder www.venice connected.com. Tickets bekommt man auch an den Kassenschaltern der Veranstaltungsorte, unter www.musicinvenice.com oder bei den Verkaufsstellen von **HelloVenezia** (✆ 041 24 24; www. hello venezia.it; Tickets 15–20 €) bei den Anlegestellen der *vaporetti*.

sini-Arien folgt das Publikum den Sängern von der Ouvertüre in der Empfangshalle zu Duetten in den Salon mit Blick auf den Canal Grande, zum zweiten Akt ins Speisezimmer mit Tiepolo-Decke und zum großen Finale ins Schlafzimmer.

Shoppen

Die ultimativen Shopping-Treffer in Venedig sind einzigartige Funde zu überraschend günstigen Preisen, handgefertigt von Künstlern auf Murano und in Hinterhofateliers.

★ Cárte
PAPIERWAREN

(Karte S. 414; ☎320 024 87 76; www.carte venezia.it; Calle dei Cristi 1731, San Polo; ◷Mo–Sa 11–17 Uhr, Nov.–März 11–15 Uhr; ⛴Rialto-Mercato) Lagunenwellen kräuseln sich auf Halsketten aus Marmorpapier und Künstler-Portfolios – dank der ruhigen Hand und der unerschöpflichen Fantasie von Rosanna Corrò, ihres Zeichens carta marmorizzata maestra (Marmorpapier-Meisterin). Nachdem sie jahrelang venezianische Bücher restauriert hatte, begann sie, ihre eigenen Originalwerke zu kreieren: marmorierte Cocktailringe, Op-Art-Schmuckkästchen und Handtaschen mit hypnotischen Kreismustern.

Ca' Macana
MASKEN, KOSTÜME

(Karte S. 409; ☎041 277 61 42; www.camacana. com; Calle delle Botteghe 3172; Kurse in Maskenherstellung ab 60 €; ◷So–Fr 10–18.30, Sa 10–20 Uhr, Kurse Mo–Fr 11–13 & 14–18 Uhr; 👫; ⛴Ca' Rezzonico) Ein Blick auf die Talente hinter den venezianischen Karnevalsmasken, die Stanley Kubrick so beeindruckten, dass er für seinen Film Eyes Wide Shut gleich mehrere bestellte. In den ein- bis zweistündigen Workshops für Einzelpersonen und Familien wählt man aus einem Pappmaché-Sortiment – von der Halbmaske einer koketten Kurtisane bis zur karierten Casanova-Maske – eine Verhüllung aus, oder man kreiert seine eigene Maske.

★ Chiarastella Cattana
HEIMTEXTILIEN

(Karte S. 402; ☎041 522 43 69; www. chiarastellacattana.it; Salizada San Samuele 3357; ◷Mo–Sa 10–13 & 15–19 Uhr; ⛴San Samuele) Die eindeutig venezianischen Leinenwaren aus lokaler Produktion verwandeln jedes Haus in einen durch und durch modernen palazzo. Unter den netten Kissen befinden sich etwa ein pummeliges lila Nashorn und miesepetrige rote Elefanten, die direkt einem Pietro-Longhi-Gemälde ent-

sprungen zu sein scheinen. Und mit den venezianischen Jacquard-Handtüchern mit Quasten trocknet sich jeder Gast gar königlich ab.

Danghyra
KUNSTGEWERBE, KERAMIK

(Karte S. 409; ☎041 522 41 95; www.danghyra. com; Calle delle Botteghe 3220; ◷Di–So 10–13 & 15–19 Uhr; ⛴San Tomà) Die schlanken weißen Porzellantassen scheinen perfekt für die Zen-Teezeremonie – die schillernde lila Glasur auf der Innenseite jedoch ist Karneval pur! Danghyras tolle Keramikwaren werden auf Murano von Hand geformt und mit einem magischen Touch versehen – in ihren mit Platin glasierten Schüsseln ist selbst das simpelste Nudelgericht eines modernen Dogen würdig.

Fiorella Gallery
MODE

(Karte S. 402; ☎041 520 92 28; www.fiorella gallery.com; Campo Santo Stefano 2806; ◷Di–Sa 9.30–13.30 & 15.30–19, Mo 15–19 Uhr; ⛴Accademia) Groupies sind das einzige Accessoire, das man mit Fiorellas seidig-samtigen Smoking-Jacketts braucht. Die Jacken sind in dekadentem Lavendel- und Ochsenblut-Ton gehalten und handbedruckt mit Schädeln, Pfauen oder Fiorellas Markenzeichen, großäugigen Ratten. Schockierende Gehröcke, deren Preise im mittleren dreistelligen Bereich beginnen, lassen Alexander McQueen retro erscheinen. Die genannten Öffnungszeiten sind nicht unbedingt bindend.

★ Gilberto Penzo
KUNSTGEWERBE, BOOTE

(Karte S. 414; ☎041 71 93 72; www.veniceboats. com; Calle 2 dei Saoneri 2681, San Polo; ◷Mo–Sa 9–12.30 & 15–18 Uhr; 👫; ⛴San Tomà) Wer schon von den Modellen im Museo Storico Navale fasziniert war, wird hier schier verrückt, angesichts der handgefertigten Holzmodelle aller möglichen venezianischen Boote, darunter durchaus see- oder wenigstens badewannentaugliche. Signor Penzo stellt auch Baukästen her, mit denen Kids selbst ein Boot bauen können.

★ Marina e Susanna Sent
KUNSTGEWERBE, GLAS

(Karte S. 402; ☎041 520 81 36; www.marinae susannasent.com; Campo San Vio 669; ◷Di–Sa 10–13 & 15–18.30, Mo 15–18.30 Uhr; ⛴Accademia) Tragbare Wasserfälle und unplatzbare Seifenblasen-Halsketten sind dank der auf Murano geborenen Sent-Schwestern inzwischen unverkennbar venezianisch. Entgegen dem jahrhundertealten Glauben, dass die Arbeit mit geschmolzenem Glas nichts für Frauen sei, wird ihr minimalistischer Glasschmuck inzwischen in Museumsläden in aller Welt verkauft. Ihre neue Kollektion findet man in diesem Laden, in ihrem **Atelier auf Murano** (☏ 041 527 46 65; Fondamenta Serenella 20; ⊙ Sept.–Juli; 🚊 Colonna) und in der **Niederlassung in San Marco** (Ponte San Moise 2090).

Pied à Terre   KUNSTGERWERBE, SCHUHE
(Karte S. 414; ☏ 041 528 55 13; www.piedaterre-venice.com; Sotoportego degli Oresi 60, San Polo; ⊙ Di–Sa 10–13 & 15–19, Mo 15–19 Uhr; 🚊 Rialto) Pied à Terres farbenfrohe *furlane* (Slipper) werden von Hand gefertigt, die Sohlen bestehen aus recycelten Fahrradreifen. Zur Wahl stehen Schuhe aus Samt, Brokat und Rohseide in schillernden Farben wie Zitronengelb und Rubinrot, optional mit Paspeln. Die eigene Größe fehlt? Kein Problem, die Schuhe werden maßgefertigt und nachgeschickt.

Spilli Lab & Shop   KLEIDUNG
(Karte S. 414; ☏ 340 276 72 96; Ponte dei Miracoli 6091; ⊙ Di–So 9.30–12.30 & 15.30–19.30, Mo 15.30–19.30 Uhr; 🚊 Fondamente Nuove) Im venezianischen Designladen für bestickte Tunikakleider, Graphit-Woll-Wickelkleider und breitkrempige Filzhüte ist Glamour leicht zu haben. Alessia Sopelsa hat ein Auge für luxuriöse Stoffe und originelle Details – und trotzdem ist alles überraschend erschwinglich.

Veneziastampa   PAPIERWAREN
(Karte S. 414; ☏ 041 71 54 55; www.venezia stampa.com; Campo Santa Maria Mater Domini 2173, Santa Croce; ⊙ Mo–Fr 8.30–19.30, Sa 9–12.30 Uhr; 🚊 San Stae) Die beste Zeit, um die Heidelberger Druckmaschine aus den 1930er-Jahren in Aktion zu erleben, ist morgens – aber zu jeder Tageszeit gibt es druckfrische Werke zu bestaunen. Veneziastampa erinnert an elegante Zeiten, als Postkarten prächtig lithografiert wurden und die Casanovas Damen nach oben baten, um ihnen „meine Radierungen" zu zeigen.

ℹ Praktische Informationen
GELD

Geldautomaten gibt es überall in der Stadt, besonders viele rund um Rialtobrücke und den Markusplatz.
Travelex (☏ 041 528 73 58; Piazza San Marco 142; ⊙ Mo–Fr 9–19, Sa 9–18, So 9.20–18 Uhr)

INTERNETZUGANG

WLAN wird in Hotels und Internetcafés in der ganzen Stadt bereitgestellt. Zudem gibt es einen stadtweiten **WLAN-Service** (www.veniceconnected.com; 1 Std./72 Std./Woche 5/8/15 €).

MEDIZINISCHE VERSORGUNG

Infos über Apotheken mit Notdienst hängen in den Apothekenfenstern und sind im kostenlosen Magazin *Un Ospite di Venezia* aufgelistet, das in den Touristenbüros ausliegt.

Ospedale Civile (☏ 041 529 41 11; Campo SS Giovanni e Paolo 6777) Venedigs größtes Krankenhaus; für Notfallversorgung und Zahnbehandlungen nach *pronto soccorso* (Notaufnahme) fragen.

NOTFÄLLE
Rettungswagen (☏ 118)
Polizei (☏ 113, 112) In Castello (☏ 041 271 5511; www.poliziadistato.it; Fondamenta di San Lorenzo 505) und Piazza San Marco (Piazza San Marco 63).

POST

In jedem *sestiere* (Stadtteil) gibt es ein Postamt, die Adressen und Öffnungszeiten stehen auf www.poste.it. Am günstigsten liegt die Post in der **Calle Larga de l'Ascension** (Karte S. 402; Calle Larga de l'Ascension 1241; ⊙ Mo–Fr 8.25–13.25, Sa 8.25–12.35 Uhr) gleich hinter San Marco.

TOURISTENINFORMATIONEN

Azienda di Promozione Turistica (Azienda di Promozione Turistica; ☏ 041 529 87 11; www.turismovenezia.it) hat mehrere Niederlassungen, u. a. am Flughafen Marco Polo (Ankunftshalle; ⊙ 9–20 Uhr), an der Piazzale Roma (Karte S. 398; Piazzale Roma, mehrstöckiges Parkhaus, Erdgeschoss; ⊙ 9.30–14.30 Uhr; 🚊 Santa Chiara), am Markusplatz (Piazza San Marco 71f; ⊙ 9–19 Uhr; 🚊 San Marco) und in der Stazione di Santa Lucia (Karte S. 398; Stazione di Santa Lucia; ⊙ Nov–März 9–19 Uhr, April–Okt. 13.30–19 Uhr; 🚊 Ferrovia Santa Lucia).

ℹ An- & Weiterreise
AUTO & MOTORRAD

Die verstopfte A4 zwischen Triest und Turin führt durch Mestre, dort geht es über die Ausfahrt Venezia weiter. Vom südlichen Bologna aus fährt man über die A13, die bei Padua auf die A4 mündet.

Nach Überquerung der Brücke Ponte della Libertà ab Mestre muss das Auto auf dem Parkplatz auf der Piazzale Roma oder im Parkhaus in Tronchetto abgestellt werden; es kostet ab 20 € pro 24 Std. Parkplätze in Mestre sind dagegen

ℹ️ VAPORETTO DELL'ARTE

Seit 2012 bietet dieses **Vaporetto dell'Arte** (☎ 041 24 24; www.vaporetto arte.com; ⊙ 9–19 Uhr alle 30 Min.) eine feudale Hop-on-/Hop-off-Fahrt auf dem Canale Grande. Anders als die öffentlichen *vaporetti*, die zuweilen rammelvoll sind, hat das Vaporetto dell'Arte plüschige Armlehnensitze samt Rückenlehnen-Monitoren, auf denen in mehreren Sprachen über die Attraktionen am Kanalufer informiert wird. Die meisten Passagiere achten kaum darauf, denn der Blick aus dem Fenster ist bei weitem fesselnder. Um den größten Nutzen aus diesem Service zu ziehen, kauft man das Ticket gleich mit der Venice Card, dann beträgt die +ARTE-Gebühr nur 10 €. Das Ticket ist genauso lange gültig wie die Venice Card.

billiger. Die Autofähre 17 transportiert Fahrzeuge von Tronchetto zum Lido.

Avis, Europcar und Hertz haben Niederlassungen am Piazzale Roma und am Flughafen Marco Polo. Mehrere Unternehmen unterhalten auch im oder beim Bahnhof Mestre Büros.

Interparking (Tronchetto Car Park; ☎ 041 520 75 55; www.veniceparking.it; Isola del Tronchetto; 2/24 Std. 6/21 €; ⊙ 24 Std.) hat das größte Parkhaus mit dem günstigsten 24-Std.-Preis. *Vaporetti* fahren es vom Markusplatz aus direkt an.

BUS

Sämtliche Busse fahren am **Busbahnhof** (Karte S. 398) am Piazzale Roma ab.

Azienda del Consorzio Trasporti Veneziano (ACTV; ☎ 041 24 24; www.actv.it) bietet Busse nach Mestre und Umgebung.

Azienda Trasporti Veneto Orientale (ATVO; ☎ 0421 59 46 71; www.atvo.it) betreibt Busverbindungen in Ortschaften im östlichen Venetien, auch zu und von Flughäfen.

Eurolines (☎ 041 538 21 18; www.eurolines.com) bedient viele internationale Busstrecken.

FLUGZEUG

Die meisten Flüge landen und starten am **Flughafen Marco Polo** (VCE; ☎ 041 260 92 60; www.veniceairport.it), 12 km außerhalb von Venedig und östlich von Mestre gelegen. Ryanair fliegt auch den **Flughafen San Giuseppe** an (☎ 042 231 51 11; www.trevisoairport.it), er liegt ca. 5 km südwestlich von Treviso und 30 km (1 Autostunde) von Venedig entfernt.

SCHIFF

Anek (www.anek.gr) betreibt regelmäßig zwischen Venedig und Griechenland verkehrende Fähren, im Sommer fahren Schnellboote von **Venezia Lines** (S. 1068) von Kroatien und Slowenien nach Venedig. Fahrten auf großen Schiffen sind jedoch immer abzuwägen, da Langstreckenfähren und Kreuzfahrtschiffe einen überdimensional schädlichen Umwelteinfluss auf das kleine Venedig mit seiner fragilen Lagunen-Aquakultur haben. Umweltverträglicher reist man mit dem Zug: Venedig wird es einem danken. Boote fahren vom Fährhafen in der Nähe des Piazzale Roma ab.

ZUG

Pünktlich, bezahlbar, landschaftlich reizvoll und umweltfreundlich – die Bahn ist die beste Möglichkeit, nach Venedig zu reisen. Züge fahren regelmäßig Venedigs Stazione Santa Lucia (innerhalb Venedigs als Ferrovia ausgeschildert) an. Daneben gibt es InterCity-Direktverbindungen nach Frankreich, Deutschland, Österreich und Slowenien.

REISE-ZIEL	FAHR-PREIS (€)	FAHRT-DAUER (STD.)	HÄUFIGKEIT
Florenz	26–45	2–3	1–2
Mailand	19–38	2½–3½	2–3
Neapel	64–123	5½–9	1
Padua	3,50	½–1	3–4
Rom	46–80	3½–6	1–2
Verona	7,50	1¾	3–4

ℹ️ Unterwegs vor Ort

ZUM/VOM FLUGHAFEN

Bus

ATVO-Busse fahren vom Piazzale Roma zum Flughafen (6 €, 1 Std., 8–24 Uhr, alle 30 Min.).

Schiff/Fähre

Alilaguna (☎ 041 240 17 01; www.alilaguna.com; Flughafen Marco Polo) betreibt mehrere Linien, die den Flughafen mit verschiedenen Teilen Venetiens verbinden, unter anderen die Linea Blu (Blaue Linie, mit Zwischenstopps am Lido, am Markusplatz, an der Stazione Marittima und Haltepunkten dazwischen), die Linea Rossa (Rote Linie, mit Halt auf Murano und am Lido) und die Linea Arancio (Orange Linie, mit Halt an der Stazione Santa Lucia, dem Rialto und dem Markusplatz über den Canal Grande). Fahrten nach Venedig kosten 15 €; Abfahrt ab Flughafen-Fähranleger (acht Fußminuten vom Terminal entfernt).

VAPORETTO

Wichtigste Verkehrsmittel der Stadt sind die *vaporetti* – Venedigs markante Wasserbusse. Fahrkarten gibt's an den Kartenhäuschen von **HelloVenezia** (☎041 24 24; www.hellovenezia.it) an den meisten Anlegestellen. Aber auch beim Zusteigen können noch Tickets gekauft werden. Hat man Gepäck dabei, zahlt man eventuell das Doppelte.

Statt 7 € für eine einfache Fahrt auszugeben, lohnt sich vielleicht der Erwerb einer Venice Card, die zu beliebig vielen Fahrten in einem festgelegten Zeitraum berechtigt (vom Zeitpunkt der ersten Entwertung an). Karten für 12/24/36/48/72 Std. kosten 18/20/25/30/35 €, eine Wochenkarte 60 €. Die Karte ist bei jeder Fahrt durch den Scanner zu ziehen, obwohl sie bei der ersten Fahrt bereits entwertet wurde.

WASSERTAXIS

Die Fahrt vom Flughafen Marco Polo nach Venedig kostet im normalen **Wassertaxi** (Consorzio Motoscafi Venezia; Karte S. 414; ☎041 240 67 11, 24 Std. 041 522 23 03; www.motoscafivenezia.it) einfach 110 €. Teilt man sich ein Taxi, bezahlt man 32 € pro Person. Zur offiziellen Grundgebühr von 8,90 € kommen pro Minute 1,80 € hinzu, plus 6 €, wenn man das Taxi zum Hotel bestellt hat, und noch mehr für Nachtfahrten, viel Gepäck und große Gruppen. Statt sich nach dem Taxameter zu richten, kann der Preis auch im Voraus ausgehandelt werden.

VENETIEN

Die meisten Veneto-Besucher widmen all ihre Zeit Venedig selbst, was durchaus verständlich ist – zumindest so lange, bis man die große Vielfalt an Sehenswürdigkeiten entdeckt hat, die Besucher schon eine oder zwei Stunden entfernt erwarten.

Zunächst sind da die Stadtstaaten, die Venedig im 15. Jh. annektierte: Padua mit seinen lebhaften Studenten und den Freskenzyklen aus der Vorrenaissance, Vicenza mit seinem Löwenanteil an Palladios einzigartiger Architektur und Verona mit seinem kultivierten Gedränge auf antiken römischen Fundamenten. Alle drei sind von Venedig aus einfach per Zug zu erreichen.

Dann gibt es da noch die Weine. Das bei Verona gelegene Anbaugebiet Valpolicella war lange Zeit für seine süffigen Rotweine, Soave hingegen für seine verhaltenen Weißweine bekannt. Heute erfinden sich beide Gebiete neu. Besonders der eindrucksvolle Amarone aus dem Valpolicella betört Kenner und Unkundige gleichermaßen. In Partylaune? Auf den Hügeln um Conegliano wird Italiens bester Schampus hergestellt: der Prosecco Superiore. Trinkfestere Gäste mögen zum lieblichen Bassano del Grappa greifen, der seinem namengebenden Feuerwasser alle Ehre macht.

An seltenen Tagen, wenn die Adria den Nebel aus Venedig vertreibt, lassen sich sogar flüchtige Blicke auf die schneebe-

VENEDIG & VENETIEN VENETIEN

VAPORETTO-ROUTEN

Hier eine Liste der wichtigsten Vaporetto-Linien und ihrer Hauptanlegestellen; sie unterliegen jedoch saisonalen Änderungen:

1 Piazzale Roma – Ferrovia – Canal Grande (alle Haltestellen) – Lido und zurück

2 San Zaccaria – Redentore – Zattere – Tronchetto – Ferrovia – Rialto – Accademia – San Marco

5 San Zaccaria – Murano und zurück

41 Murano – Fondamente Nuove – Ferrovia – Piazzale Roma – Redentore – San Zaccaria – Fondamente Nuove – San Michele – Murano

42 Gegenrichtung zu Linie 41

51 Lido–Fondamente Nuove – Ferrovia – Piazzale Roma – Zattere – San Zaccaria – Giardini – Lido

52 Gegenrichtung zu Linie 51

N (Nachtlinie, alle Haltestellen, 23.30–5 Uhr) Lido – Giardini – San Zaccaria – Canal Grande (alle Haltestellen) – Ferrovia – Piazzale Roma – Tronchetto – Zattere – Redentore – San Giorgio – San Zaccaria

DM (Diretto Murano) Tronchetto – Piazzale Roma – Ferrovia – Murano und zurück

T Torcello – Burano und zurück (7–20.30 Uhr, alle 30 Min.)

deckten Dolomiten erhaschen. Kaum zu glauben, aber von den verhangenen Kanälen bis zur klaren, alpinen Frische von Belluno und Cortina d'Ampezzo braucht es weniger als 2 Std. – eine Fahrt durch eine Landschaft idyllischer Wanderwege und messerscharfer Gipfel sowie durch das modebewussteste Skigebiet der Welt.

Riviera del Brenta

300 Jahre lang begann der Sommer offiziell am 13. Juni mit einem Stau entlang des Canal Grande, wenn eine ganze Flottille modischer Venezianer zu ihren kühlen Villen entlang der Ufer des Brenta-Kanals strömte. Jedes Ballkleid und jeder Pokerstuhl wurde auf die Barken geladen und kam vor November nicht zurück.

Als Napoleon 1797 landete, war Schluss mit den Feiern, doch entlang des Brenta-Kanals posieren immer noch 80 Villen zeitlos elegant. Vier der historischen Villen wurden inzwischen als Museen geöffnet.

◉ Sehenswertes

Villa Foscari HISTORISCHES GEBÄUDE
(☎ 041 520 39 66; www.lamalcontenta.com; Via dei Turisti 9, Malcontenta; Erw./Schüler 10/8 €; ⊙ Di & Sa 9–12, Nov.–April geschl.) Die romantischste Villa an der Riviera ist die 1555–60 von Palladio gestaltete Villa Foscari, die nach einer Grande Dame aus dem Foscari-Clan den Spitznamen „La Malcontenta" („Die Unzufriedene") bekam. Sie wurde angeblich wegen Ehebruchs hierher ins Exil geschickt – doch die freundlichen, geselligen Salons dürften kaum eine Strafe gewesen sein. Die Villa stand jahrelang leer,

---

BRENTA MIT DEM RAD

An Land die Ausflugsboote auf dem Wasser überholen, das ermöglichen die insgesamt 150 km langen Radwege entlang der Riviera del Brenta. **Veloce** (☎ 346 84 71 14; www.rental bikeitaly.com; Via Gramsci 85, Mira; Tourenrad/Mountainbike pro Tag 20/25 €; ⊙ 8–20 Uhr) bietet einen Abhol- und Bring-Service von/zu Bahnhöfen und Hotels in vielen Städten Venetiens, u. a. Padua, Venedig und Mira. Es gibt Touren- und Mountainbikes sowie GPS-Geräte mit Routenbeschreibungen in mehreren Sprachen (10 €).

---

doch inzwischen hat man Giovanni Zelottis Fresken restauriert, und sie sind wieder in ihrer traumhaften Pracht zu bewundern.

Villa Widmann Rezzonico Foscari HISTORISCHES GEBÄUDE
(☎ 041 560 06 90; Via Nazionale 420, Mira; Erw./Schüler 5/4 €; ⊙ Mai–Sept. Di–So 10–17 Uhr, Nov.–Feb. Sa & So 10–17 Uhr) Sowohl Gartenkunst als auch soziale Manipulation auf venezianische Art sind in der Villa Widman Rezzonico Foscari gleich westlich von Oriago zu bewundern. In der im 18. Jh. erbauten Villa, die einst persisch-venezianischen Aristokraten gehörte, spiegeln sich die letzten Tage der Rokoko-Dekadenz, z. B. mit Seeungeheuer-Lüstern aus Murano-Glas und einem freskenverzierten Ballsaal mit Galerie. Dort oben befindet sich auch ein Spielsaal für Damen, in dem angeblich einst ganze Villen verspielt wurden.

Villa Pisani Nazionale HISTORISCHES GEBÄUDE
(☎ 049 50 20 74; www.villapisani.beniculturali.it; Via Doge Pisani 7, Stra; Erw./erm. 7,50/3,75 €, nur Park 4,50/2,25 €; ⊙ April–Sept. Di–So 9–19 Uhr, Nov.–März 9–17 Uhr) Um den ausdauernd feiernden venezianischen Adel bei der Stange zu halten, schuf der Doge Alvise Pisani einen Versailles-artigen Palast – er wollte sie damit daran erinnern, wer das Sagen hat. Die 1774 fertiggestellte Villa ist von gigantischen Gärten, einem Heckenlabyrinth und Teichen umgeben, die den Ruhm des Dogen untermauerten. Und könnten diese 114 Räume sprechen, wäre schamloses Namedropping sicher. Im Badezimmer steht ein hölzernes Thrönchen, das Napoleon benutzte; in dem durchgelegenen Bett schlief einst der frischgebackene König Vittorio Emanuele II.; und – welch Ironie der Geschichte! – im Empfangssaal trafen sich 1934 Mussolini und Hitler unter Tiepolos Deckengemälde *Die Genien des Friedens*.

Villa Foscarini Rossi HISTORISCHES GEBÄUDE
(☎ 049 980 10 91; www.villafoscarini.it; Via Doge Pisani 1/2, Stra; Erw./erm. 5/2,50 €; ⊙ April–Okt. Mo–Fr 9–13 & 14–18, Sa & So 14.30–18 Uhr, Nov.–März Mo–Fr 9–13 Uhr) Gut betuchte Venezianer hätten es einst niemals gewagt, ohne ihren Lieblingsschuster zu den Brenta-Ufern aufzubrechen, und legten damit den Grundstein für die lokale Schuhmachertradition. Die Leistung der Brenta-Schuster wird heute in dieser Villa aus dem 18. Jh. mit einem **Schuhmachermuseum** gewür-

digt, einem wahren Schuhschrank-Traum mit Pantoffeln aus dem 18. Jh., Stöckelschuhen für Trendsetterin Marlene Dietrich und von Yves Saint Laurent eigenhändig gefertigten Modellen.

Geführte Touren

Bei einer Bootsfahrt auf dem Brenta-Kanal ist ein Wunder der Technik zu bestaunen: das geniale hydraulische Schleusensystem, das bereits im 15. Jh. entwickelt wurde, um die Lagune vor hereinschwappendem Flussschlamm zu schützen.

 Il Burchiello　　　　BOOTSTOUR
(☎049 876 02 33; www.ilburchiello.it; Erw./erm. Halbtagestour 55/45 €, Tagestour 94/55 €) Auf diesem modernen Luxusboot sitzen die Fahrgäste auf Samtbänken, in der Hand ein Glas Prosecco, und treiben an 50 Villen vorbei. Bei Tagesausflügen wird an den Villen Malcontenta, Widmann und Pisani ein Halt eingelegt, bei halbtägigen Touren nur an zwei Villen. Tagestouren starten in Venedigs Stazione Maritima (Di, Do & Sa) oder Padua (Mi, Fr & So); der Bustransfer ist inklusive.

Feste & Events

Riviera Fiorita　　　　KULTUR
(www.rivierafiorita.it) Feiern wie 1527 – das ist das Motto der Barockkostümfeste in der Villa Pisani und in der Villa Widmann sowie der originalgetreuen Jahrmärkte, auf denen es sogar Eis in barocken Aromen gibt. Alljährlich am ersten oder zweiten Wochenende im September.

Essen

Osteria Da Conte　　MODERN VENEZIANISCH €€
(☎049 47 95 71; www.osteriadaconte.it; Via Caltana 133, Mira; Gerichte 35–45 €; ⊙Di–Sa 10–16 & 18–22 Uhr) Diese Bastion der Raffinesse befindet sich unpassenderweise bei einer Eisenbahnbrücke. Hier findet man eine der besten Weinkarten der Region sowie kreativ abgewandelte Lagunenklassiker, von gebratenen Wachteln bis zu Kaiserhummer mit Ingwer.

ⓘ Anreise & Unterwegs vor Ort

Der Überlandbus Nr. 53 Venedig – Padua von ACTV fährt ungefähr alle 30 Min. vom Piazzale Roma los und hält unterwegs in wichtigen Ortschaften. Regionalzüge Venedig – Padua halten in Dolo (2,85 €, 25 Min., alle 1 oder 2 Std.). Autofahrer nehmen die SS11 von Mestre in

Venedig Richtung Padua und dann die Autobahn Richtung Dolo/Padua.

Padua
214 900 EW.

Padua liegt zwar nur eine knappe Autostunde westlich von Venedig, aber mit seinen mittelalterlichen Marktplätzen, den Fassaden aus faschistischer Zeit und den hippen Studentenscharen wirkt es Welten entfernt. Als mittelalterlicher Stadtstaat und Heimat von Italiens zweitältester Universität konkurrierte es mit Venedig und Verona um die regionale Vorherrschaft. Eine Reihe außergewöhnlicher Freskenzyklen erinnert an jene goldene Zeit, darunter Giottos famose Capella degli Scrovegni, Menabuois himmlische Schar im Baptisterium und Tizians Heiliger Antonius in der Scoletta del Santo. Die nächsten Jahrhunderte waren geprägt vom Gerangel Paduas und Veronas um die Vorherrschaft über die Venezianische Tiefebene. 1405 schließlich machte Venedig das Rennen, indem es Padua dauerhaft besetzte.

Als strategisch wichtiges militärisch-industrielles Zentrum wurde Padua zum Paradeplatz für Mussolinis Reden, zum Bombenziel der Alliierten und zu einem heimlichen Treff des italienischen Widerstands an der Universität. Nach der Befreiung Paduas 1945 entstand innerhalb eines Jahres östlich der Stadt ein neues Industriegebiet, die Universität lehrte wieder, und in Padua begann eine neue Epoche.

Sehenswertes

★ **Cappella degli Scrovegni**　　KIRCHE
(☎049 201 00 20; www.cappelladegliscrovegni.it; Piazza Eremitani 8; Erw./erm. 13/8 €; ⊙März–Okt. Mo 9–19, Di–So 9–22 Uhr, Nov.–Dez. 9–19 Uhr,

---

ⓘ **MEHR FÜRS GELD**

Mit der **PadovaCard** (www.padova card.it; für 48/72 Std. 16/21 €) können ein Erwachsener und ein Kind unter 14 Jahren kostenlos die öffentlichen Verkehrsmittel nutzen und fast alle Hauptattraktionen in Padua besuchen, inklusive der Cappella degli Scrovegni (plus 1 € Buchungsgebühr; Buchung obligatorisch). Die PadovaCard ist in allen Touristenbüros und an den entsprechenden Sehenswürdigkeiten erhältlich.

Anmeldung obligatorisch) Dante, da Vinci und Vasari priesen Giotto als den Künstler, der mit seinen Fresken (1303–1305) das finstere Mittelalter beendete. Seine bewegenden, modern anmutenden Darstellungen veränderten die Sicht der Menschen auf sich selbst: Sie waren nicht länger niedere Vasallen, sondern Gefäße des Göttlichen, wenn auch mit Fehlern behaftet. Dieser menschenliebende Aspekt passte besonders gut für die Kapelle, die Enrico Scrovegni im Gedenken an seinen Vater in Auftrag gegeben hatte, dem als Geldverleiher ein christliches Begräbnis verweigert worden war.

Bislang waren die Gläubigen an leere Blicke von Heiligen auf hohen goldenen Thronen gewohnt gewesen, doch Giotto zeigte biblische Figuren als Charaktere in bekannten Kulissen: Schaulustige tratschen, als Anna – in mittleren Jahren – zärtlich Joachim küsst, und Jesus blickt auf Judas herab, als der Verräter seine Lippen zum verhängnisvollen Kuss spitzt. Der zehnminütige Einführungsfilm liefert hilfreiche Infos, ehe man in die Kapelle geht.

Die reservierten Eintrittskarten sind in den Musei Civici agli Eremitani abzuholen, von denen aus man die Kapelle betritt. Die

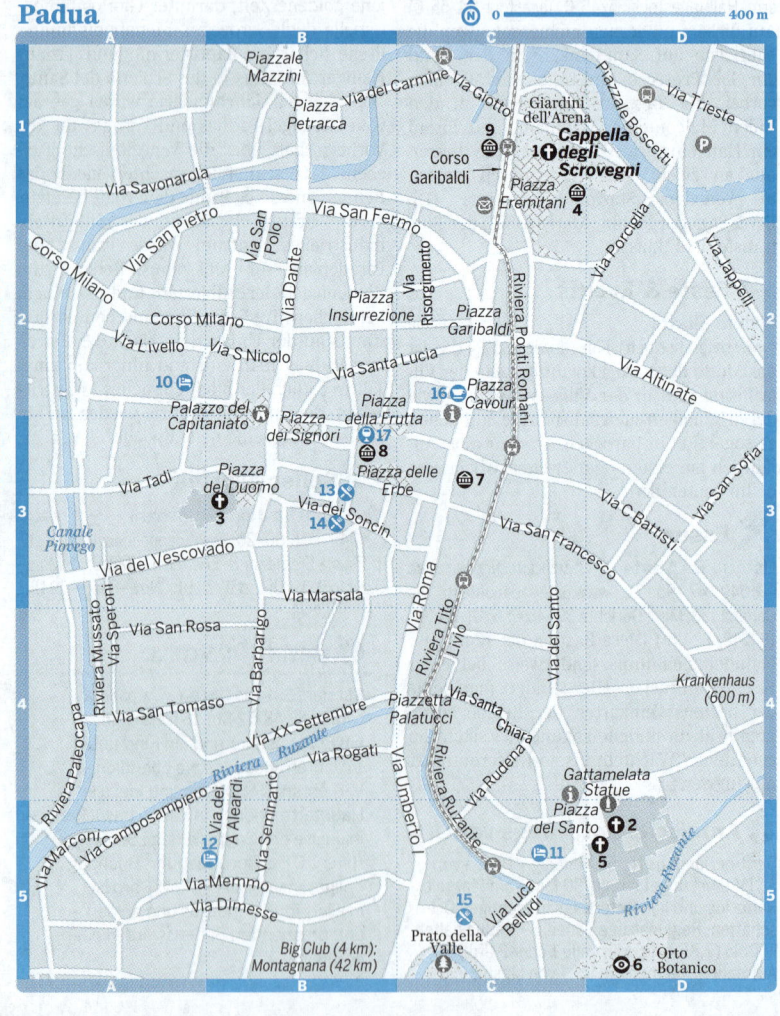

Padua

VENEDIG & VENETIEN PADUA

Besichtigung selbst dauert 15 Min. (plus 10 Min. fürs Video), nur das „Doppel"-Ticket (Erw./erm. 12/6 €) erlaubt einen 40-minütigen Aufenthalt in der Kapelle.

Musei Civici agli Eremitani
MUSEEN

(☎ 049 8204 5450; Piazza Eremitani 8; Erw./erm. 10/8 €; ☉ Di–So 9–19 Uhr) Das Erdgeschoss dieses Klosters beherbergt Artefakte aus Paduas römischer und vorrömischer Geschichte. Die umfangreiche interessante Sammlung im Obergeschoss rühmt sich einiger beachtlicher Werke aus dem 14. bis 18. Jh., u. a. von Bellini, Giorgione, Tintoretto und Veronese. Absolutes Highlight ist ein Kruzifix von Giotto: Maria kniet mit gebrochenem Herzen händeringend vor Jesus, dessen Blut in die leeren Augenhöhlen eines menschlichen Schädels tropft.

Palazzo del Bò
HISTORISCHES GEBÄUDE

(☎ 049 827 30 47; Via VIII Febbraio; Erw./erm. 5/3,50 €; ☉ Führungen Di, Do & Sa 9.15, 10.15 & 11.15, Mo, Mi & Fr 16.15 & 17.15 Uhr) Der Renaissancepalast ist Sitz von Paduas Universität, die einst Geschichte schrieb. Abtrünnige Gelehrte aus Bologna, die mehr intellektuelle Freiheiten wollten, gründeten die Hochschule, an einige der größten und umstrittensten Denker Italiens lehrten, darunter Kopernikus, Galileo, Casanova und die weltweit erste promovierte Philosophin, Eleonora Lucrezia Cornaro Piscopia (deren Statue die Treppe ziert). Bei Führungen werden **Galileos Lehrsaal** und der erste **Anatomie-Hörsaal** der Welt gezeigt.

Von November bis März finden täglich nur zwei Führungen statt.

Duomo
KATHEDRALE

(☎ 049 66 28 14; Piazza del Duomo; Baptisterium Erw./erm. 2,80/1,80 €; ☉ Mo–Sa 7.30–12 & 16–19.30, So & Feiertage 8–13 & 16–20.45 Uhr, Baptisterium tgl. 10–18 Uhr) Paduas Dom, der nach einem stark veränderten Entwurf von Michelangelo erbaut wurde, ist mit seiner kahlen symmetrischen Fassade weit entfernt vom Konkurrenzbau auf dem Markusplatz. Das angrenzende **Baptisterium** aus dem 13. Jh. jedoch ist ein romanisches Kleinod mit leuchtenden Fresken von Giusto de' Menabuoi. Hunderte von männlichen und weiblichen Heiligen drängen sich in der Kuppel, aufgestellt wie fürs Abiturfoto, tauschen Blicke aus und schauen heimlich zur Madonna hinüber.

Basilica di Sant'Antonio
KIRCHE

(Il Santo; www.basilicadelsanto.org; Piazza del Santo; ☉ April–Okt. 6.20–19.45 Uhr, Nov.–März bis 19 Uhr) GRATIS Il Santo ist die Seele der Stadt, bedeutendes Pilgerziel und letzte Ruhestätte ihres Schutzheiligen, des hl. Antonius von Padua (1193–1231). Das ab 1232 erbaute Gotteshaus präsentiert sich in einem Stil-Mischmasch: Die hohen, östlich anmutenden Kuppeln krönen einen gotischen Backsteinbau voller Renaissanceschätze. Ein breiter, von neun Kapellen unterbrochener Wandelgang hinter dem Hochaltar führt zur **Cappella del Tesoro** (Schatzkapelle), in der die Reliquien des hl. Antonius aufbewahrt werden.

Im rechten Seitenschiff warten immer Dutzende von Leuten darauf, in die **Cappella del Santo** eingelassen zu werden. Hier befindet sich Antonius' Grab, das mit Bitten und Danksagungen für Heilungen und wiedergefundene Gegenstände übersät ist. Die Kapelle, ein lichterfülltes Renaissancekunstwerk, säumen außergewöhnliche Reliefs, die neun Szenen aus dem Leben des hl. Antonius zeigen. Sie werden den in Padua geborenen Lombardo-Brüdern zugeschrieben und wurden um 1510 fertiggestellt.

Weitere bedeutende Werke sind etwa das naturgetreue Kruzifix (um 1360) des

Veroneser Meisters Altichiero da Zevio in der freskengeschmückten **Cappella di San Giacomo**, das wunderbare Sakristeifresko (1528), in dem Antonius vor faszinierten Fischen predigt (geschaffen von einem Anhänger Girolamo Tessaris), sowie die Reliefs am Hochaltar (1444–50) des Florentiner Renaissancemeisters Donatello (die Wärter gewähren Einlass). Durch das Ostportal der Basilika gelangt man ins dazugehörige Kloster mit seinen fünf Kreuzgängen. Der älteste davon, der **Chiostro della Magnolia** aus dem 13. Jh., ist nach dem prächtigen Baum in der Mitte benannt.

Oratorio di San Giorgio & Scoletta del Santo KIRCHE
(Piazza del Santo; Eintritt 4 €; ⊙ Okt.–März 9–12.30 & 14.30–17 Uhr, April–Sept. bis 19 Uhr) An jedem anderen Ort wären die Freskenzyklus des Oratorio di San Giorgio und die Gemälde in der Scoletta del Santo echte Highlights, doch in Padua müssen sie mit Giottos Scrovegni-Brillanz konkurrieren. Das heißt, dass man Altichiero da Zevio und Jacopo Avanzis juwelengleiche Fresken der Heiligen Georg, Luzia und Katharina (14. Jh.) meist für sich alleine hat, und auch die Tizian-Gemälde in der *scoletta* (Haus der Bruderschaft) lassen sich meist in aller Ruhe betrachten.

Orto Botanico GARTEN
(☎ 049 827 21 19; www.ortobotanico.unipd.it; Via dell'Orto Botanico 15; Erw./erm. 4/3 €; ⊙ April–Okt. 9–13 & 15–19 Uhr, Nov.–März Mo–Sa 9–13 Uhr) Südlich der Piazza del Santo gedeiht eine Unesco-Welterbestätte. Paduas Botanischer Garten wurde 1545 von der medizinischen Fakultät der Universität zum Studium der Heilwirkungen seltener Pflanzen angelegt. Im Zweiten Weltkrieg diente er als geheime Zentrale der Widerstandsbewegung. Der älteste, 1585 gepflanzte Baum wird „Goethes Palme" genannt, weil ihn der Dichterfürst in seiner *Italienischen Reise* erwähnte.

🛏 Schlafen

Die Touristeninformation gibt Broschüren zu Unterkünften heraus und stellt Verzeichnisse mit Dutzenden von B&Bs und Hotels ins Internet.

Albergo Verdi HOTEL €
(☎ 049 836 41 63; www.albergoverdipadova.it; Via Dondi dall'Orologio 7; EZ/DZ 70/100 €; ❋ @ 🖥) Mit frischen Orchideen auf den Zimmern und hellen, modernen Farben sorgt die Albergo Verdi für frischen Wind in Paduas konservativer Hotel-Szene. Die Zimmer oben bieten einen schönen Blick auf die Piazza del Capitaniato, das Frühstücksbüfett biegt sich unter frischen Früchten, Gebäck, Wurst, Eiern und Käse.

Ostello Città di Padova HERBERGE €
(☎ 049 875 22 19; www.ostellopadova.it; Via dei Aleardi 30; B 19–23 €, DZ 76 €; ⊙ Rezeption 7.15–9.30 & 15.30–23.30 Uhr; 🖥) Das zentral in einer Seitenstraße gelegene Hostel bietet anständige Schlafzimmer mit vier bis sechs Betten. Bettwäsche und WLAN sind kostenlos, es gibt jedoch keine Küche. Um 11.30 Uhr ist Zapfenstreich (außer bei bestimmten Events), Check-out ist bis 9.30 Uhr. Die Busse 3, 8 und 12 fahren hierhin, ebenso die neue Straßenbahn ab dem Hauptbahnhof.

Belludi37 BOUTIQUEHOTEL €€
(☎ 049 66 56 33; www.belludi37.it; Via Luca Belludi 37; EZ/DZ 97/120–145 €; ❋ 🖥) Wegen seiner zentralen Lage und der modernen Einrichtung hat sich das Belludi eine Schar von Stammgästen gesichert. Die schwarz-braunen Gästezimmer könnten zwar eine Auffrischung vertragen, die großen Betten, die kostenlose Minibar und das üppige Frühstücksbüfett machen das aber mehr als wett. Das Personal ist immer mit Schnäppchen-Tipps zur Stelle und schlägt auch gern Rad- und Wandertouren vor.

🍴 Essen

⭐ **Godenda** MODERN ITALIENISCH €€
(☎ 049 877 41 92; www.godenda.it; Via Squarcione 4/6; Gerichte 25–40 €; ⊙ Mo–Sa 10–15 & 18–2 Uhr) Obwohl sich dieses Lieblingslokal einheimischer Gourmets unter einem antiken Säulengang versteckt, ist es luftig und modern, mit roten Ledersesseln, einem langen, glänzenden Tresen und heißem Jazz im Hintergrund. Auf der saisonalen Speisekarte stehen kreative Versionen alter venezianischer Klassiker wie Reh und Linsen mit gedünsteten Äpfeln. Die Auswahl offener Weine ist erstklassig.

L'Anfora OSTERIA €€
(☎ 049 65 66 29; Via dei Soncin 13; Gerichte 25–30 €; ⊙ Mo–Sa 9–23 Uhr) Das L'Anfora pflegt die alte Tradition der Unikneipe und ist immer voller Studenten und Professoren, die sich lautstark Gehör verschaffen, angeheizt

COLLI EUGANEI (EUGANEISCHE HÜGEL)

Die Euganeischen Hügel südwestlich von Padua wirken Welten entfernt vom urbanen Flair Venedigs und der umliegenden Ebene. Für alle, die die ummauerten Hügeldörfer, die nebelverhangenen Weingüter und die sprudelnden heißen Quellen erkunden möchten, stellt das Fremdenverkehrsbüro in Padua online Karten sowie Infos zu Wandertouren und Verkehrsmittel bereit (www.turismotermeeuganee.it). Alle Ortschaften außer Arquà Petrarca sind mit dem Zug erreichbar.

Gleich südlich von Padua liegen die Kurorte **Abano Terme** und **Montegrotto Terme** mit ihren bekannten Thermalquellen. Schon in römischer Zeit bauten sich die Paduaner hier auf dem Monte Montirone ihre Villen. Die Ortschaften selbst sind langweilig, aber das Wasser lindert Schmerzen.

Im mittelalterlichen Dorf **Arquà Petrarca** steht ein elegantes kleines Haus (☏0429 71 82 94; Via Valleselle 4; Erw./erm. 4/2 €; ⏲ März–Okt. Di–So 9–12.30 & 15–19 Uhr, Nov.–Feb. Di–So 9–12.30 & 14.30–17.30 Uhr), in dem der große italienische Dichter Petrarca um 1370 seine letzten Lebensjahre verbrachte.

In den südlichen Ausläufern der Colli Euganei befinden sich Monselice mit einer beachtlichen mittelalterlichen Burg, Montagnana mit einer herrlichen, 2 km langen Stadtmauer und Este mit reichem architektonischem Erbe, einem bedeutsamen **Archäologischem Museum** (☏0429 20 85; www.atestino.beniculturali.it; Via Guido Negri 9c; Erw./erm. 4 €/frei; ⏲ 8.30–19.30 Uhr) und einer der ältesten Keramikfabriken Europas: **Este Ceramiche Porcellane** (☏0429 22 70; www.esteceramiche.com; Via Zanchi 22a; ⏲ Mo–Fr 9–12 & 14–17.30 Uhr). Hier wird seit Jahren Geschirr für Dior, Tiffany und Barneys produziert, dennoch sind im Outlet-Shop fabelhafte Schnäppchen zu finden.

Wer in den Colli übernachten möchte, kann das beispielsweise in einem der zwei Apartments **Villa Vescovi** (☏049 993 04 73; www.villadeivescovi.it; Luvigliano; Führungen Erw./erm. 7/3,50 €, Apt. 200 €; ⏲ April–Okt. Mi–Fr 10–18 Uhr, Nov. & Dez. 10–17 Uhr; ☎⛟) tun. Sie ist eine der besterhaltenen vorpalladianischen Renaissancevillen Venetiens.

von Spritz und Snacks. Auf der Tafel sind die Tagesgerichte angeschrieben: schnörkellose *cucina casalinga* (Hausmannskost) aus Venetien, von Sardinen in *saor* bis zu *orecchiette* mit Stielmus und Ricotta.

Trattoria al Prato
TRATTORIA €€

(☏049 66 24 29; Prato della Valle 4/5; Gerichte 20–30 €; ⏲ Do–Di 12.15–14.30 & 19–23 Uhr) Im verglasten Wintergarten genießt man den Blick auf den Prato della Valle sowie Kaninchenterrine mit Kürbispüree oder seidige Tagliatelle mit *guanciale* (Schweinebacke). Die Gäste – heimliche Lunch-Dates, Geschäftsleute und Damen in Pelz – wissen den eleganten und diskreten Service zu schätzen. Ein Schnäppchen ist das zweigängige Mittagessen für 10 €.

 Ausgehen & Unterhaltung

Solange man sich noch nicht auf einen Spritz unter die Menge auf der Piazza delle Erbe oder die Piazza dei Signori gemischt hat, ist der Abend nicht eingeläutet. Padua gilt übrigens als Venetiens inoffizielle Hochburg der Lesben und Schwulen.

★ **Caffè Pedrocchi**
CAFÉ

(☏049 878 12 31; www.caffepedrocchi.it; Via VIII Febbraio 15; ⏲ So–Mi 9–22, Do–Sa 9–1 Uhr) Schon 1831 war dieses neoklassizistische Wahrzeichen ein Lieblingslokal von Stendhal und Prominenten aus Paduas Schickeria. Das aus drei Räumen bestehende Pedrocchi (in Rot, Weiß und Grün gehalten wie die Nationalflagge) war lange Zeit Ort von Intrigen und Revolten. Der grüne Raum rechts vom Tresen war eine Lounge „ohne Verpflichtung", in der Intellektuelle diskutierten, und im weißen Raum markiert eine kleine Plakette die Stelle, wo 1848 während des Studentenaufstands eine Kugel in die Mauer einschlug.

Enoteca Il Tira Bouchon
WEINBAR

(☏049 875 21 38; Sotto il Salone 23/24; ⏲ Mo–Sa 17–21 Uhr) Da der Tresen in französischer Hand ist, sind Prosecco und Spritz in dieser traditionellen Weinbar im Säulengang des Palazzo Ragione garantiert exzellent. Viele Einheimische kommen auf *spunciotti* (Brot mit Olivenöl und Käse) und Prosecco vorbei.

PADUAS MÄRKTE

Einer der schönsten Zeitvertreibe in Padua ist die Erkundung der Märkte auf der **Piazza delle Erbe** und der **Piazza della Frutta**, die noch fast so aussehen wie im Mittelalter. Die Stände auf der Piazza delle Erbe sind auf frisches Obst und Gemüse spezialisiert und der Qualität nach angeordnet. Jene mit weniger guten Waren stehen ganz außen, die besseren näher am gotischen **Palazzo della Ragione** (☎049 820 50 06; Piazza delle Erbe; Erw./erm. 4/2 €; ◷Di–So 9–19 Uhr, Nov.–Jan. 9–18 Uhr). Unter den Arkaden, bekannt als **Sotto il Salone** (www.sottoilsalone.it), verkaufen Metzger, Käser, Fischhändler, *salumerie* (Wurstläden) und Pastaproduzenten ihre Waren, während auf der anderen Seite des *palazzo*, auf der Piazza della Frutta, an Ständen nicht heimische Produkte – Gewürze, Nüsse, Trockenfrüchte, Kräuter und Körner – angeboten werden. Die Märkte sind außer sonntags den ganzen Tag über geöffnet, die beste Zeit zum Schlendern ist jedoch der Vormittag.

Big Club   NACHTCLUB
(☎049 68 09 34; www.big-club.com; Via Armistizio 68; Eintritt 7–12 €; ◷Fr–So 20.30–3 Uhr) Welcher Club hat schon eine 30-jährige Geschichte? Paduas Big Club schon: Hier traten bereits in den 1970er-Jahren die Größen der Londoner Untergrund-Szene auf. Heute liegt der Schwerpunkt bei Disco-Revival, und die hiesige DJane Lady Vega legt in Latin- und Karibik-Nächten auf. Aus dem Holzofen vor Ort bekommen ausgehungerte Partylöwen ihre Pizza.

ℹ Praktische Informationen

Krankenhaus (☎049 821 11 11; Via Giustiniani 1) Größtes öffentliches Krankenhaus.
Polizei (☎049 83 31 11; Piazzetta Palatucci 5)
Touristeninformation (☎049 875 20 77; www.turismopadova.it; ◷Mo–Sa 9–19, So 9–12.30 Uhr) Im Bahnhof.

ℹ Anreise & Unterwegs vor Ort

BUS

SITA-Busse (☎049 820 68 34; www.fsbusitalia.it) fahren vom Piazzale Roma in Venedig (4,10 €, 45–60 Min., stündl.) und kommen auf dem Piazzale Boschetti, 500 m südöstlich des Bahnhofs, an. Infos über die Busse zu Orten in den Colli Euganei findet man im Internet.

STRASSENBAHN

Die Sehenswürdigkeiten der Stadt sind von Bahnhof oder Busstation aus eigentlich leicht zu Fuß zu erreichen. Es fährt aber auch eine neue eingleisige Straßenbahnlinie vom Bahnhof aus alle Hauptattraktionen an bzw. auf mindestens 100 m an sie heran. Tickets (1,20 €) sind in Tabakläden oder an Zeitungskiosken erhältlich.

ZUG

Am besten zu erreichen ist Padua von Venedig (4–19,50 €, 25–50 Min., 3- bis 4-mal stündl.), Verona (6–18 €, 40–90 Min., 2- oder 3-mal stündl.), Vicenza (3,50–15 €, 15–30 Min., 2- oder 3-mal stündl.), aber auch von vielen anderen italienischen Städten aus; der Bahnhof befindet sich etwa 500 m nördlich der Cappella degli Scrovegni.

Vicenza

115 900 EW.

Als der noch junge Palladio wegen eines groben Arbeitgebers seiner Heimatstadt Padua den Rücken kehrte, hätte kaum jemand für möglich gehalten, dass der ärmliche Steinmetz innerhalb weniger Jahrzehnte nicht nur seine Wahlheimat Vicenza, sondern sogar die europäische Architekturgeschichte verändern würde. Sein Talent wurde im Jahr 1520 zufällig von einem ansässigen Grafen entdeckt, der ihn daraufhin ausschickte, die Ruinen von Rom zu studieren. Als Palladio nach Vicenza zurückkehrte, begann der Autodidakt mit dem Bau seiner außergewöhnlichen Gebäude, die Raffinesse mit rustikaler Einfachheit, ehrfürchtigem Klassizismus und kühner Innovation vereinen. Folglich ist es kein Wunder, dass Vicenza mitsamt seiner Villen zu einem grandiosen Unesco-Weltkulturerbe erklärt wurde.

⊙ Sehenswertes

Das Herzstück des historischen Vicenza ist die **Piazza dei Signori** mit ihren von Palladio errichteten Regierungsgebäuden, deren typisches Spiel mit Licht und Schatten anmutig fröhlich daherkommt. Grellweiße Bögen aus Piovene-Stein rahmen die dunklen Doppelarkaden der Basilica Palladiana. Gegenüber zieren weißer Stein und Stuckarbeiten die exponierte rote Backstein-Kolonnade der 1571 entworfenen **Loggia del Capitaniato**.

Vicenza

Zwei von Palladios Villen, La Rotonda und Villa Valmarana „Ai Nani", liegen 20 Gehminuten vom Bahnhof entfernt. Auch die Buslinie 8 (1,50 €) fährt vom Bahnhof dorthin.

Basilica Palladiana
KUNSTGALERIE

(☏ 0444 22 21 14; Piazza dei Signori; Wechselausstellungen 9–12 €) Die Palladianische Basilika mit ihrer gewaltigen Kupferkuppel, die einem umgedrehten Schiffsrumpf ähnelt, beherrscht die Piazza dei Signori. Palladio selbst nannte dieses Rathaus „Basilika", da er sich dafür von römischen Bauten inspirieren ließ. Er war glücklich, 1549 den Auftrag zu erhalten (sein Mäzen hatte jahrelang auf den Rat der Stadt eingeredet): Der ursprüngliche Palast aus dem 15. Jh. sollte radikal umgestaltet und an der Fassade zwei Etagen von Loggias angebaut werden. Eine Aufgabe, die Palladio mit Bravour erfüllte.

Im Ehrfurchtgebietenden, 52 m langen Ratssaal trat der Rat der Vierhundert zusammen. Heute, nach umfangreichen Renovierungsarbeiten, finden hier international bedeutende Wechselausstellungen statt. Dazwischen ist das Gebäude für die Öffentlichkeit geschlossen.

Vicenza

◉ **Highlights**
1 Teatro Olimpico D1

◉ **Sehenswertes**
2 Basilica Palladiana C2
3 Chiesa di Santa Corona C1
4 Gallerie di Palazzo Leoni
 Montanari... C1
5 Loggia del Capitaniato B2
6 Museo Civico D1
7 Palladio Museum B2

🛏 **Schlafen**
8 Hotel Palladio C2
9 Ostello Olimpico................................ D1
10 Relais Santa Corona C1

✖ **Essen**
11 Al Bersagliere C2
12 Antico Ristorante agli Schioppi A3
13 Gastronomia Il Ceppo........................ C2
14 Julien D2

◑ **Ausgehen & Nachtleben**
15 Osteria al Campanile B3
16 Pasticceria Sorarù C2

Gallerie di Palazzo Leoni Montanari
MUSEUM

(☏ 800 578875; www.gallerieditalia.com; Contrà di Santa Corona 25; Erw./erm. 5/4 €; ☺ Di–So

10–18 Uhr) Von außen sieht das Gebäude aus wie eine Bank, doch der Schatz im Inneren übertrifft die Erwartungen jedes Buchhalters! Auf der extravaganten, stuckverzierten Treppe geht es, vorbei an Nymphen, nach oben in prächtige Salons mit Canalettos nebligen Lagunenlandschaften und Pietro Longhis Karikaturen aus dem 18. Jh. Ganz oben wird die herrliche Sammlung der Banca Intesa aus 400 russischen Ikonen präsentiert, die in abgedunkelten Gängen prächtig angestrahlt werden, im Hintergrund ertönen dazu wundervolle und erhebende gregorianische Gesänge.

Chiesa di Santa Corona
KIRCHE

(☑ 0444 22 28 11; Contrà di Santa Corona; ☺ Di–So 9–12 & 15–18 Uhr) GRATIS 1261 bauten die Dominikaner diese romanische Kirche für eine Reliquie der Dornenkrone Christi, die Ludwig IX. von Frankreich dem Bischof von Vicenza geschenkt hatte. Zudem beherbergt die Kirche drei schillernde Meisterwerke: Palladios Valmarana-Kapelle (1576) in der Krypta, Paolo Veroneses *Anbetung der Könige* (die Goethe in den höchsten Tönen lobte) und Giovanni Bellinis leuchtende *Taufe Christi*, der drei venezianische Schönheiten und ein neugieriger roter Vogel beiwohnen.

★ Teatro Olimpico
THEATER

(☑ 0444 22 28 00; www.olimpicovicenza.it; Piazza Matteotti 11; Erw./erm. inkl. Museo Civico 10/8 €; ☺ Di–So 9–17 Uhr) Hinter einem malerischen umfriedeten Garten liegt ein wahres Wunderwerk der Renaissance: das Teatro Olimpico, das Palladio nach dem Vorbild römischer Amphitheater 1580 zu bauen begann. Vincenzo Scamozzi vollendete nach Palladios Tod das elliptische Theater und fügte ein Bühnenbild hinzu, das dem antiken griechischen Theben nachempfunden war. Die Straßen wurden nach oben hin extrem verjüngt, um die Illusion einer Stadt zu erzeugen, die sich bis zum fernen Horizont erstreckt.

Heute wetteifern Italiens Darsteller darum, auf dieser ungewöhnlichen Bühne aufzutreten. Infos zu Opern-, Klassik- und Jazzaufführungen stehen auf der Website.

Museo Civico
MUSEUM

(Palazzo Chiericati; ☑ 0444 22 28 11; www.museicivicivicenza.it; Piazza Matteotti 37/39; Erw./erm. inkl. Teatro Olimpico 10/8 €; ☺ Di–So 9–17 Uhr) Vicenzas Museo Civico ist in einem der schönsten Bauwerken Palladios

untergebracht. Der 1550 entworfene Palast präsentiert sich mit Säulen und Fresken im Erdgeschoss und einer zweistöckigen Loggia. Im Erdgeschoss befindet sich der ultimative barocke Partyraum: die Sala dal Firmamento (Salon des Firmaments) mit Domenico Brusasorcis Deckenfresko, auf dem die Mondgöttin Diana über den Himmel galoppiert, um sich mit dem Sonnengott Helios (mit blankem Hintern dargestellt) zu treffen.

Die Galerien oben zeigen Werke von hiesigen Meistern im Kontext bedeutender Werke venezianischer Künstler wie Veronese, Tiepolo und Tintoretto.

La Rotonda
HISTORISCHES GEBÄUDE

(☑ 049 879 13 80; www.villalarotonda.it; Via della Rotonda 45; Villa/Gärten 10/5 €; ☺ Gärten Mitte März–Mitte Nov. Di–So 10–12 & 15–18 Uhr, Mitte Nov.–Mitte März bis 17 Uhr, Villa nur Mi & Sa) Wie man sie auch betrachtet: Diese Villa ist etwas ganz Besonderes: Die namengebende Kuppel krönt einen viereckigen Bau mit identischen Säulenvorhallen an allen Seiten und zählt zu den meistbewunderten Schöpfungen Palladios. Sie fand in ganz Europa und in den USA Nachahmer, darunter Thomas Jefferson, der sich davon für sein Monticello inspirieren ließ.

Villa Valmarana „Ai Nani"
HISTORISCHES GEBÄUDE

(☑ 0444 32 18 03; www.villavalmarana.com; Stradella dei Nani 8; Erw./erm. 9/6 €; ☺ März–Okt. Di–So 10–12.30 & 15–18 Uhr, Nov.–Jan. Di–Fr 10–12.30, Sa & So 10–12.30 & 14.30–16.30 Uhr) Von La Rotonda führt ein netter Fußweg zu ca. 500 m entfernten elegant neoklassischen Villa Valmarana „ai Nani" („Zu den Zwergen" – nach den 17 Zwergenstatuen auf den Randmauern des Anwesens). Drinnen befinden sich Fresken, die Giambattista Tiepolo und sein Sohn Giandomenico 1757 schufen. Giambattista bemalte den Palazzina-Flügel mit seinen typischen mythologischen Epen, während sein Sohn die Foresteria mit ländlichen, karnevalistischen und chinesischen Motiven verzierte.

Das Anwesen bildet eine herrliche Kulisse für gelegentliche Sommerkonzerte; die Termine stehen auf der Website.

🛏 Schlafen

Zahlreiche Hotels in Vicenza und Umgebung sind auf der Website des Fremdenverkehrsbüros aufgelistet, und gut ein Dutzend B&Bs sind unter www.vitourism.it zu finden.

NICHT VERSÄUMEN

PALLADIANISCHE HIGHLIGHTS

➜ **Basilica Palladiana** (S. 449) Erstrahlt nach einer sechs Jahre dauernden und 20 Mio. € teuren Renovierung wieder in alter Pracht.

➜ **La Rotonda** Palladios genialste, weltweit kopierte Konstruktion.

➜ **Villa di Masèr** (Villa Barbaro; ☑ 0423 92 30 04; www.villadimaser.it; Via Barbaro 4; Erw./erm. 6/5 €; ☺ April–Juni, Sept. & Okt. tgl. 10.30–18 Uhr, März, Juli & Aug. Di, Do, Sa & So 10.30–18 Uhr, Nov.–Feb. 11–17 Uhr; ℗) Buttergelbe Villa vor grünem Hügel – Palladios hübscheste Kompostion.

➜ **Villa Foscari** (S. 442) Die hohen ionischen Säulen an der Fassade zum Fluss ziehen Blicke und Laune hoch.

➜ **Palladio Museum** (Palazzo Barbarano; ☑ 0444 32 30 14; www.palladiomuseum. org; Contrà Porti 11; Erw./erm. 6/4 €; hDi–So 10–18 Uhr) 2012 eröffnetes Museum, verantwortlich zeichnet Howard Burns, die weltweit anerkannten Autorität in Sachen Palladio.

➜ **Teatro Olimpico** (S. 450) Palladios visionäres elliptisches Theater.

Ostello Olimpico
HERBERGE €

(☑ 0444 54 02 22; www.ostellovicenza.com; Via Antonio Giuriolo 9; B/EZ/DZ 20/29/50 €; ☺ Rezeption 7.30–9.30 & 15.30–23.30 Uhr; ☎) Die HI-Jugendherberge in einem schönen Gebäude befindet sich unweit des Teatro Olimpico. Keine Sperrstunde, kostenloses WLAN.

Hotel Palladio
HOTEL €€

(☑ 0444 32 53 47; www.hotel-palladio.it; Contrà Oratorio dei Servi 25; EZ/DZ 110/170 €; ℗ ✳ @ ☎) Das Vier-Sterne-Hotel ist die beste Bleibe in Vicenzas Zentrum. Es bietet gut ausgestattete, weiß getünchte Gästezimmer mit minimalistischem Dekor und wahrt dennoch wichtige Originalelemente des Renaissancepalastes, in dem es untergebracht ist.

Relais Santa Corona
HOTEL €€

(☑ 0444 32 46 78; www.relaissantacorona. it; Contrà Santa Corona 19; EZ/DZ 100/150 €; ℗ ✳ @ ☎) In dem günstigen Boutiquehotel in einem Palast aus dem 18. Jh. wohnt man mit Stil. Das Gebäude liegt an einer Straße voller Attraktionen, die schönen Zimmer sind gut isoliert, haben exzellente Matratzen, minimalistisch-elegantes Dekor und kostenloses WLAN.

 **Essen**

Gastronomia Il Ceppo
FEINKOST €

(☑ 0444 54 44 14; www.gastronomiailceppo.com; Corso Palladio 196; zubereitete Speisen 3–5 € pro 100 g; ☺ Mo, Di & Do–Sa 8–13 & 15.30–19.45, Mi 8–13 Uhr) San-Daniele-Schinken baumeln über der riesigen gläsernen Ladentheke, die mit frischen Seafood-Salaten, hausgemachten Pastagerichten und Käse gefüllt ist. dann

gilt es noch einen hiesigen Wein auszuwählen, und das romantische Traumpicknick bei La Rotonda ist perfekt.

Julien
MODERN ITALIENISCH €

(☑ 0444 32 61 68; Contrà Jacopo Cabianca 13; Gerichte 18–25 €; ☺ 8.30– 2 Uhr) Es ist cool, es ist immer voll, und mit seinen Fenstern vom Boden bis zur Decke der Platz für Vicenzas Hipster, um sehen und gesehen zu werden. Auf der Karte steht Fusionküche wie Basmatireis mit Garnelen und Zucchini, Caesar's Salad und Grillsteak, aber man ist ja nicht zum Essen gekommen. Einfach einen Cocktail bestellen und einen Abend lang abhängen.

Al Bersagliere
OSTERIA €€

(☑ 0444 32 35 07; Contrà Pescaria 11; Gerichte 25–35 €; ☺ Di-Sa 12.30–14 & 19.30–22, So 12.30–2 Uhr) In Marias Salat aus *Datterino*-Tomaten und Mozzarella den Sommer schmecken oder zum Glas Recioto gefüllte Wachteln oder Perlhuhn-Pasta schlemmen – die Küche im Bersagliere ist erstklassig, die Preise sind überraschend demokratisch. Ein weiteres Plus: Das Interieur mit Zwischengeschoss ist stilvoll-behaglich.

Antico Ristorante agli Schioppi
OSTERIA €€

(☑ 0444 54 37 01; www.ristoranteaglischioppi. com; Contrà Piazza del Castello 26; Gerichte 30–40 €; ☺ Mo Abendessen, Di–Sa Mittag- & Abendessen) Eines der schlichtesten und besten Restaurants versteckt sich diskret unter einem Bogengang gleich bei der Piazza del Castello. Die Betreiber sind große Fans regionaler Produkte, von wilden Waldkräutern

VENEDIG & VENETIEN VICENZA

bis zu jungen Bachforellen – da kennen sie sich einfach am besten aus.

Ausgehen & Nachtleben

★ Osteria al Campanile   BAR
(☎ 0444 54 40 36; Piazza della Posta; ⏲ 9–14 & 17–21 Uhr) Seit über drei Generationen ist die alte hölzerne Bar, eine der historischen Kneipen der Stadt, in der Hand derselben Familie. Im Keller des Lokals unter dem römischen Glockenturm bei der Kathedrale lagern außergewöhnliche Tropfen wie etwa der hellrote Tai Rosso und der spritzige Durelio.

Pasticceria Sorarù   CAFÉ
(☎ 0444 32 09 15; Piazzetta Palladio; ⏲ Do–Di 7.30–12.30 & 15.30–19.30 Uhr) Am Marmortresen dieses Lokals atmet man förmlich Geschichte, während man Espresso und hausgemachtes Gebäck genießt. Auf den kunstvoll vergoldeten Regalen stehen Krüge voller verlockender Süßigkeiten. Von den wenigen Tischen im Freien überblickt man einen der schönsten Plätze Italiens.

ⓘ Praktische Informationen

Polizei (☎ 0444 33 75 11; Viale G Mazzini 213)
Post (Contrà Garibaldi 1; ⏲ Mo–Fr 8.30–18.30, Sa 8.30–13 Uhr)
Touristeninformation (☎ 0444 32 08 54; www.vicenzae.org; Piazza Matteotti 12; ⏲ Mo–Do 9.30–18, Fr–So bis 19.30 Uhr) Bietet zahlreiche Infos über die Villen der Umgebung.

ⓘ An- & Weiterreise

Große Parkhäuser gibt es in der Nähe von Piazza Castello und am Bahnhof.

BUS

FTV-Busse (☎ 0444 22 31 15; www.ftv.vi.it) fahren vom Busbahnhof (neben dem Bahnhof) in die Umgebung.

ZUG

Stündlich kommen 4 bis 5 Züge aus Venedig (5,20–19,50 €, 30–75 Min.), Padua (3,50–15 €, 15–45 Min.) und Verona (4,70–16 €, 30–60 Min.) an.

Verona

263 950 EW.

Shakespeare siedelte die unglückliche Liebe zwischen Romeo Montague und Julia Capulet aus gutem Grund in Verona an: Romantik, Tragik und verhängnisvolle Familienfehden prägen die Stadt seit Jahrhunderten. Ab dem 3. Jh. v. Chr. war Verona ein römisches

Handelszentrum mit antiken Stadttoren, einem Forum (heute Piazza delle Erbe) und einer imposanten römischen Arena, die noch heute als eine der größten Opernbühnen der Welt fungiert. Im Mittelalter florierte die Stadt unter dem grimmigen Scaliger-Clan, dessen Mitglieder sowohl leidenschaftliche Förderer der Künste als auch blutrünstige Tyrannen waren. Ihre kunstvollen gotischen Grabmäler, die **Arche Scaligere**, befinden sich gleich hinter der Piazza dei Signori.

Cangrande I. (1308–1328) unterwarf Padua und Vicenza; Dante, Petrarca und Giotto profitierten von der Schirmherrschaft der Stadt. Der von Cangrande II (1351–1359) angezettelte Bruderkrieg verkomplizierte die Lage allerdings; schließlich wurden die Scaliger 1387 aus der Stadt gejagt. Venedig übernahm 1404 die endgültige Kontrolle über Verona und herrschte dort bis zum Eintreffen Napoleons 1797.

1938 bis 1945 war die Stadt ein faschistisches Machtzentrum, wo Widerständler mit harten Methoden verhört und der Abtransport italienischer Juden in deutsche Konzentrationslager organisiert wurde. Heute ringt die Stadt um eine im Wandel begriffene Identität als internationales Handelszentrum und ist eine Hochburg der Lega Nord geworden. Doch sie ist auch eine Unesco-Weltkulturerbestätte und ein Tummelplatz für Kosmopoliten, besonders im Sommer, wenn in der 2000 Jahre alten Arena die größten Opernstars der Welt auftreten.

⊙ Sehenswertes

Römische Arena HISTORISCHES BAUWERK
(☎045 800 32 04; www.arena.it; Piazza Brà; Opernkarten 21–220 €, Erw./erm. 6/4,50 € oder VeronaCard; ⊙Di–So 8.30–19.30, Mo 13.30–19.30 Uhr; 👪) Das in römischer Zeit (im 1. Jh. n. Chr.) aus rosa Marmor erbaute Amphitheater überstand im 12. Jh. ein Erdbeben. Heute ist es Veronas legendäres Open-Air-Opernhaus mit 30 000 Sitzplätzen. Die Arena ist das ganze Jahr über zu besichtigen, am besten freilich kommt man in der Opernsaison im Juli und August. Die **Kasse** (☎045 800 51 51; Via Dietro Anfiteatro 6b) befindet sich direkt davor.

Museo di Castelvecchio MUSEUM
(☎045 806 26 11; Corso Castelvecchio 2; Erw./erm. 6/4,50 € oder VeronaCard; ⊙Di–So 8.30–19.30, Mo 13.30–19.30 Uhr; 👪) Die vor Zinnen strotzende Festung Castelvecchio an der Etsch wurde Mitte des 14. Jhs. unter Cangrande II erbaut. Napoleons Truppen und die Bomben des Zweiten Weltkriegs beschädigten das Kastell so schwer, dass viele fürchteten, es sei unwiederbringlich zerstört. Doch statt mit Restaurierungen die Vergangenheit auszuradieren, erfand Carlo Scarpa das Bauwerk quasi neu. Er überspannte frei liegende Fundamente mit Brücken, füllte klaffende Lücken mit Glas und installierte auf einem Betonsteg über dem Innenhof eine Statue von Cangrande I.

Scarpas wiedererstandenes Castelvecchio ist die passende Kulisse für Veronas größtes Museum mit einer umfangreichen Sammlung von Statuen, Schmuck, Fresken, mittelalterlichen Artefakten sowie Gemälden

Verona

von Pisanello, Giovanni Bellini, Tiepolo und Veronese.

Basilica di San Zeno Maggiore BASILIKA

(www.chieseverona.it; Piazza San Zeno; Erw./Kind 2,50 €/frei, Kombi-Kirchenticket 6 € oder Verona Card; ☺März–Okt. Di-Sa 8.30–18, So 12.30–18 Uhr, Nov.–Feb. Di-Sa 10–13 & 13.30–17, So 12.30–17 Uhr) Die gestreifte Ziegel-Stein-Basilika, ein Meisterwerk romanischer Architektur, wurde zu Ehren des Schutzpatrons der Stadt errichtet. Durch den blumengefüllten Kreuzgang geht es ins Kirchenschiff, einen riesigen Raum mit Fresken aus dem 12. bis 15. Jh. Sorgfältig renoviert wurde Mantegnas Altarbild *Maria mit dem Jesuskind* (1457–59), dessen perspektivische Darstellung so überzeugend ist, dass der Betrachter meint, hinter dem Thron Mariens hingen echte Girlanden aus frischen Früchten.

Duomo DOM

(☎045 59 28 13; www.chieseverona.it; Piazza Duomo; Erw./erm. 2,50/2 € oder VeronaCard; ☺März–Okt. Mo-Sa 10–17.30, So 13.30–17.30 Uhr, Nov.–Feb. Di-Sa 10–13 & 13.30–17, So 13.30–17 Uhr) Veronas Kathedrale aus dem 12. Jh. ist ein markant gestreiftes romanisches Bauwerk. Die glupschäugigen Statuen am Westportal zeigen Roland und Olivier – Paladine Karls des Großen –, geschaffen vom mittelalterlichen Meister Nicolò. Die nüchterne Fassade lässt nichts ahnen vom extravanten, im 16. und 17. Jh. mit Fresken ausgeschmückten Innenraum, in dem inmitten der Trompel'Œil-Architektur hoch droben Engel schweben. Am linken Ende des Kirchenschiffs befindet sich die vom Renaissancemeister Jacopo Sansovino gestaltete **Cartolari-Nichesola-Kapelle** mit einer lebendig wirkenden *Himmelfahrt Mariens* von Tizian.

Torre dei Lamberti TURM

(☎045 927 30 27; Erw./erm. 6/4,50 €; ☺8.30–19.30 Uhr) Für einen tollen Blick auf Verona geht es mit dem Aufzug oder über die Treppe auf den 84 m hohen Turm, der ab dem

---

ⓘ MEHR FÜRS GELD

Die VeronaCard (www.veronacard.it; 2/5 Tage 15/20 €), erhältlich an Touristenattraktionen und Tabakläden, berechtigt zu freiem Eintritt in den meisten Baudenkmälern und Kirchen sowie zur unbegrenzten Nutzung der Stadtbusse.

---

12. Jh. etappenweise erbaut wurde (mit einem herben Rückschlag 1403, als ein Blitz die Spitze abschlug). Die beiden Glocken im achteckigen Glockentürmchen ganz oben tragen noch ihre ursprünglichen Namen: Rengo berief einst die Ratsherren zu Sitzungen ein, und Marangona gab Feueralarm.

★ Basilica di Sant'Anastasia BASILIKA

(www.chieseverona.it; Piazza di Sant'Anastasia; Erw./erm. 6/2€ oder VeronaCard; ☺März–Okt. Di-Sa 9–18, So 13–18 Uhr, Nov.–Feb. Di-Sa 13.30–17, So 13–17 Uhr) Die gotische Chiesa di Sant'Anastasia aus dem 13. bis 15. Jh. ist Veronas größte Kirche und Schaukästchen hiesiger Kunst. Die Masse an Fresken ist schier überwältigend, nicht übersehen sollte man aber Pisanellos bilderbuchgleiche Darstellung vom *Aufbruch des hl. Georg zum Kampf mit dem Drachen* in der **Pellegrini-Kapelle** und das Weihwasserbecken (1495), das ein von Paolo Veroneses Vater, Gabriele Caliari, gemeißelter Buckliger trägt.

★ Giardino Giusti GARTEN

(☎045 803 40 29; Via Giardino Giusti 2; Erw./erm. 6/5€; ☺April–Sept. 9–20 Uhr, Okt.–März 9–19 Uhr; ♿) Der Giardino Giusti, ein Meisterwerk der Gartenkunst in der Renaissance, lohnt den Ausflug aufs andere Etschufer. Er trägt den Namen der Familie, die ihn seit der Eröffnung 1591 pflegt, und hat nichts von seinem Zauber verloren. Die Vegetation ist ein typisch italienischer Mix aus akkurat manikürten und natürlichen Teilen. Eine der hoch aufragenden Zypressen hat Johann Wolfgang von Goethe in seinen Reisebeschreibungen verewigt.

☆ Feste & Events

VinItaly WEIN

(www.vinitaly.com) Jedes Jahr im April findet hier die größte Weinausstellung des Landes statt, an der nur Lebensmittel- und Weinexperten teilnehmen können. Die Fachmesse bietet Verkostungen, Präsentationen zu Verfahren der Weinherstellung und unübertroffene Einblicke in Bandbreite und Tiefe der italienischen Weine.

Estate Teatrale Veronese THEATER, JAZZ

(www.estateteatraleveronese.it) Eine der schönsten Möglichkeiten, Veronas römisches Theater aus dem 1. Jh. v. Chr. zu erleben, ist dieses Sommerfestival. Dann werden dort Theater mit Blick über die Stadt Sprechtheater (mit der eindeutigen Vorliebe

BASSANO DEL GRAPPA, ASOLO & PALLADIOS VILLA MASER

Ein Ausflug in den Norden von Vicenza führt durch einen der reizvollsten Landstriche Italiens. Alle wichtigen Sehenswürdigkeiten sind dort versammelt und selbst nach einem späten Start und einem geruhsamen Mittagessen gut zu erreichen.

Zuerst geht es nach Bassano del Grappa, das charmant und schlicht an den Ufern der Brenta liegt, die sich dort aus dem Alpenvorland windet. Die 35 km nordöstlich von Vicenza gelegene Stadt ist vor allem durch ihre gleichnamige Spirituose berühmt, ein feuriges Destillat aus den Pressrückständen der Weinherstellung: Beerenschalen, Fruchtfleisch, Kerne und Stiele. Das bedeutendste Bauwerk der Stadt ist die **Ponte degli Alpini** (alias Ponte Vecchio), eine von Palladio entworfene überdachte Holzbrücke. Im **Poli Museo della Grappa** (☑ 0424 52 44 26; www.poligrappa.com; Via Gamba 6; Eintritt frei; ☉ 9–19.30 Uhr) GRATIS können Besucher umhüllt von 400 Jahren Geschichte einen in Bassano gebrannten Grappa trinken (auch Gratis-Verkostung möglich). Bevor die Zeit knapp wird, empfiehlt sich ein Mittagessen im strahlend modernen **Ristorante Al Ponte** (☑ 0424 21 92 74; www.alpontedibassano.com; Via Volpato 60; Gerichte 35–50 €; ☉ Mi–So Mitta-, Di–So Abendessen), das saisonale Gerichte, eine lange Weinliste, Sitzplätze im Garten und eine herrliche Aussicht auf den Fluss bietet.

Etwa 17 km östlich von Bassano erhebt sich **Asolo**, wegen ihrer hügelseitigen Panoramalage auch bekannt als die „Stadt der 100 Aussichten". Einst war sie ein Schlupfwinkel der Römer und Veneter, im 15. Jh. dann ein persönliches Geschenk Venedigs an Caterina, Königin von Zypern, als Ausgleich für die Abtretung der Krone. Auch unter Schriftstellern war Asolo beliebt, darunter Pietro Bembo, Gabriele d'Annunzio und Robert Browning; ihr intellektuelles Erbe überflügelt die eher bescheidene Größe der Stadt.

Weitere 5 km östlich steht die **Villa Maser** (☑ 423 92 30 04; www.villadimaser.it; Erw./erm. 6/5 €; ☉ April–Juni, Sept. & Okt. Di–So 10–18 Uhr, März, Juli & Aug. Di, Do, Sa & So 10.30–18 Uhr, Nov.–Feb. Sa & So 11–17 Uhr). Palladio und Paolo Veronese hatten sich zusammengetan, um das schönste Baudenkmal für *la bella vita* (das schöne Leben) in ganz Venetien zu schaffen. Palladio setzte die gelbe Villa mit Bogengängen in der üppig grünen Hügellandschaft vor eine fantastische Grotte. In der Villa stiehlt Veronese seinem Kollegen mit seiner überbordend fantasievollen Trompe-l'Œil-Architektur aber fast die Schau. Da klettert wilder Wein die Wände der Stanza di Baccho hinauf, ein aufmerksamer Wachhund behält die bemalte Tür der Stanza di Canuccio (Hündchen-Zimmer) im Auge, und in einer Ecke des mit Fresken verzierten großen Saals hat der Meister offenbar seine beklecksten Schuhe und seinen Pinsel vergessen.

für Shakespeare und Goldoni), Tanz und Jazz geboten.

🛏 Schlafen

Cooperativa Albergatori Veronesi (☑ 045 800 98 44; www.veronabooking.com) Die Kooperative bietet kostenlose Reservierung von Zimmern in Zwei-Sterne-Hotels. Wer privat und außerhalb des Zentrums unterkommen möchte, werfe einen Blick auf die Website von **Verona Bed & Breakfast** (www.bedandbreakfastverona.com).

Villa Francescatti HERBERGE €
(☑ 045 59 03 60; www.ostelloverona.it; Salita Fontana del Ferro 15; B 18–20 €; ☉ 7–23.30 Uhr) Die HI-Jugendherberge in einer Villa aus dem 16. Jh. inmitten schöner Gärten ist vom Zentrum in 20 Gehminuten erreichbar. Zwischen 9 und 17 Uhr dürfen die Gäste die Zimmer nicht betreten, für das Abendessen ist eine Reservierung erforderlich. Vom Bahnhof fahren Bus 73 (Mo–Sa) bzw. Bus 90 (So & Feiertage) dorthin. Strikter Zapfenstreich ist um 23.30 Uhr.

★ Corte delle Pigne B&B €
(☑ 333 7584141; www.cortedellepigne.it; Via Pigna 6a; EZ 60–90 €, DZ 90–130 €, 3BZ & 4BZ 110–150 €; P ❋ 🛜 🍴) Das B&B ist der Star im historischen Zentrum. Die gerade mal drei Gästezimmer liegen am ruhigen Innenhof einer historischen Villa. Überall sind persönliche Noten zu erkennen: ein Gefäß mit Süßigkeiten für alle, luxuriöse Badeartikel und sogar ein Jacuzzi für ein glückliches Pärchen.

Albergo Aurora HOTEL €€
(☑ 045 59 47 17; www.hotelaurora.biz; Piazza XIV Novembre 2; EZ 90–135€, DZ 100–160 €; ❋) Das

ROMEO & JULIA IN VERONA

Shakespeare konnte nicht ahnen, was er lostrat, als er seine (von anderen Dichtungen inspirierte) Geschichte der unglücklich Liebenden in Verona ansiedelte. Die Stadt ergriff das darin schlummernde kommerzielle Potenzial mit beiden Händen – von *osterie* und Hotels bis zu bestickten Schürzen trägt alles Mögliche die R&J-Marke. Während die Darstellung verfeindeter Familien durchaus echte Vorbilder hatte, sind die Protagonisten erfundene Figuren. Unverzagt erklärten die Stadtoberen in den 1930er-Jahren ein Haus in der Via Cappello (dabei dachten sie wohl an den Namen Capulet) zu Julias Haus und fügten einen Balkon im Stil des 14. Jh. sowie eine Bronzestatue der Heldin an. Mit Glück erhascht man durch die Menschenmassen vor der **Casa di Giulietta** (Julias Haus; ☎045 803 43 03; Via Cappello 23; Erw./erm. 6/4,50 € oder VeronaCard; ⌚Di–So 8.30–19.30, Mo 13.30–19.30 Uhr) einen Blick auf den Balkon, unter dem ein wahrer Zirkus veranstaltet wird. Die Mauern um den Platz davor zieren unzählige Zettel mit Liebesschwüren.

Hotel gleich bei der geschäftigen Piazza delle Erbe ist behaglich und wunderbar ruhig. Von einigen der geräumigen, schnörkellosen Gästezimmer hat man einen Blick auf die Stadt. Es gibt auch billigere Einzelzimmer mit Gemeinschaftsbad (58–80 €). Auf der sonnigen Terrasse über der Piazza lässt es sich gut bei einem Drink verweilen.

Hotel Gabbia d'Oro HOTEL €€€
(☎045 59 02 93; www.hotelgabbiadoro.it; Corso Porta Borsari 4a; DZ ab 220 €; P ❄ @ ≋) Eine der Topadressen der Stadt – und dazu eine der romantischsten – ist das in einem *palazzo* aus dem 18. Jh. untergebrachte Gabbia d'Oro mit seinen Luxuszimmern, die sowohl elegant als auch gemütlich daherkommen. Die Dachterrasse und die zentrale Lage des Hotels sind die Sahnetüpfelchen auf dieser Hochzeitstorte.

Essen

Veronas historisches Zentrum strotzt nur so vor *osterie* und Weinbars, in denen herzhafte Landküche mit viel Fleisch und dicken Soßen serviert wird. Tipps fürs Picknick: Frisches Obst und Gemüse verkaufen die Stände auf der Piazza delle Erbe, bei **De Rossi** (☎045 800 24 89; Corso Porta Borsari 3) deckt man sich mit Brot, Gebäck und drallen Oliven ein (daneben gibt es Berge hausgemachter Gnocchi), und für Wurst, Fleisch und Käse marschiert man 50 m gen Nordosten zu **Albertini** (☎045 803 10 74; Corso Sant'Anastasia 41).

Gelateria Ponte Pietra EISDIELE €
(☎340 4717294; Via Ponte Pietra 23; ⌚Juni–Aug. 14.30–22 Uhr, Sept. & Okt., März–Mai 14.30–19.30 Uhr, Nov.–Feb. geschl.) Das erstklassige Eis wird vor Ort hergestellt. Wie wär es mit den Sorten *bacio bianco* (weiße Schokolade und Haselnuss) oder kandierte Orange mit Zimt – oder aber mit *mille fiori* (Sahne mit Honig und Blütenstaub von den Hügeln der Umgebung)?

Osteria Sottoriva OSTERIA €
(☎045 801 43 23; Via Sottoriva 9a; Gerichte 15–20 €; ⌚Do–Di 11–22.30 Uhr) Von den historischen *osterie* an dieser Gasse am Fluss ist nur noch diese übrig. Viele Einheimische zieht es an die groben Holztische unterm Bogengang, um erschwingliche offene Weine und traditionelle Schweinswürste und Pferdefleischbällchen zu genießen.

La Taverna di Via Stella VERONESISCH €€
(☎045 800 80 08; www.tavernadiviastella.com; Via Stella 5c; Gerichte 20–30 €; ⌚Do–So & Di 11.30–14.30 & 18.30–23, Mo 11.30–14.30 Uhr) Vorbei an den Prosciutto-Keulen über dem Feinkosttresen gelangt man in einen Speiseraum, der im Tiepolo-Stil mit ländlichen Wandgemälden von ritterlichen Knappen und Jungfern dekoriert ist. Dies ist der rechte Platz, um traditionelle Veroneser Gerichte wie *pastissada* (Pferdefleischeintopf), *bigoli* (dicke Röhrennudeln) mit Enten-Tomaten-Ragout und als Denominazione-di-Origine-Protetta (DOP) zertifizierten Monte-Veronese-Käse aus Lessinia zu probieren.

★ **Pescheria I Masenini** MEERESFRÜCHTE €€€
(☎045 929 80 15; www.imasenini.com; Piazzetta Pescheria 9; Gerichte 50–60 €; ⌚Mi–So 12.30–14, Di–So 19.30–22 Uhr) Das Masenini steht an der Piazza, auf der sich in römischer Zeit Veronas Fischmarkt befand. Dezent werden hier Veronas einfallsreichste moderne Fischgerichte aufgefahren – Tatar von der Meerbarbe mit frischem Tomaten-Basilikum-Püree, gebratener Oktopus mit Brokkoli und Sardellen oder Muschelgratin mit gebackenem Chicorée.

VERONAS OPERNFESTSPIELE

An warmen Sommerabenden, wenn 14 000 Musikliebhaber die römische Arena füllen und bei Sonnenuntergang ihre Kerzen anzünden, ist schon vor der Vorstellung Gänsehaut garantiert. Die **Opernfestspiele** (☑ 045 800 51 51; www.arena.it; Via Dietro Anfiteatro 6), die von Mitte Juni bis Ende August dauern, wurden 1913 erstmals veranstaltet und sind heute das größte Event für Open-Air-Musiktheater. Es treten internationale Stars auf, und die Inszenierungen sind legendär – zu den Highlights gehörten etwa Franco Zeffirellis pompöse Inszenierungen von *Carmen* und *Aida*.

Die Preise – die am Wochenende steigen – reichen von 21 bis 25 € (für nicht reservierte Plätze auf den Steinstufen) bis zu 183 bis 198 € für goldene Sitze in der Mitte. Die Aufführungen beginnen gegen 21 Uhr – die Italiener reservieren danach einen Tisch für das Abendessen. Aber auch ein Picknick vor der Vorstellung, direkt auf den Steinstufen, ist eine schöne Angelegenheit. Also flugs den Wein in Plastikflaschen umfüllen (Glas und Messer sind verboten), früh genug zur Arena gehen, sich ein Kissen ausleihen und sich auf einen unvergesslichen Opernabend einstimmen.

Ausgehen & Nachtleben

Die Piazza delle Erbe ist umringt von Cafés und Bars, gegen Abend füllt sich der Platz mit modisch gekleideten Partygängern. Die meisten versammeln sich vor dem historischen **Caffè Filippini** (☑ 045 800 45 49; Piazza delle Erbe 26; ⏰ Juni–Aug. tgl. 18–2 Uhr, Sept.–Mai Do–Di) und der hippen **Casa Mazzanti** (☑ 045 800 32 17; www.casamazzanti caffe.it; Piazza delle Erbe 32; ⏰ 8–2 Uhr).

⭐ **Osteria del Bugiardo**　　WEINBAR
(☑ 045 59 18 69; Corso Porta Borsari 17a; ⏰ So–Do 11–23, Fr & Sa 11–24 Uhr) Der Betrieb am lebhaften Corso Porta Borsari verdichtet sich am Bugiardo, in das die Leute auf ein Glas des extra für die Osteria abgefüllten Valpolicella strömen. Polenta und *sopressa* sind die richtigen Begleiter zum kräftigen Amarone.

Antica Bottega del Vino　　WEINBAR
(☑ 045 800 45 35; www.bottegavini.it; Vicolo Scudo di Francia 3; 3 Probierportionen 27 €; ⏰ 12–23 Uhr) Wein steht im Mittelpunkt in dieser historischen, holzvertäfelten Weinbar. Der Sommelier empfiehlt gern den richtigen Jahrgang zu Hummer-*crudo*-Salat, Amarone-Risotto oder Spanferkel. Einige der besten Tropfen werden extra für diese *bottega* abgefüllt. Im November und Februar hat sie manchmal geschlossen.

Terrazza Bar al Ponte　　BAR
(☑ 045 927 50 32; www.terrazzabaralponte. eu; Via Ponte di Pietra 26; ⏰ 9–2 Uhr) Hippe junge Veroneser treffen sich in dieser retro-coolen Bar mit dem riesigen Lüster auf einen Spritz. Wer früh genug kommt, ergattert vielleicht einen Tisch auf der kleinen Terrasse mit Blick auf die Etsch und den Ponte Pietra.

🛈 Praktische Informationen

Ospedale Borgo Trento (☑ 045 807 11 11; Piazza A Stefani) Krankenhaus nordwestlich vom Ponte Vittoria.

Polizei (☑ 113; Lungadige Galtarossa 11) Nahe Ponte Navi.

Touristeninformation (www.tourism.verona. it) Am Flughafen (☑ 045 861 91 63; Verona-Villafranca; ⏰ Mo & Di 10–16, Mi–Sa 10–17 Uhr) und in der Via degli Alpini (☑ 045 806 86 80; Via degli Alpini 9; ⏰ Mo–Sa 9–19, So 10–16 Uhr). Sehr kompetent und hilfsbereit.

🛈 Anreise & Unterwegs vor Ort

BUS

Überlandbusse von und nach Padua, Vicenza und Venedig halten hauptsächlich an der Station vor dem Bahnhof im Porta-Nuova-Viertel.

Azienda Trasporti Verona (AVT, ☑ 045 805 79 22; www.atv.verona.it) Die Stadtbusse 11, 12, 13 und 14 (So & Feiertage Bus 91 oder 92) verbinden den Bahnhof mit der Piazza Brà. In Zeitungskiosken und Tabakläden kauft man vor der Fahrt die Fahrkarten (1 Std. 1,50 €).

FLUGZEUG

Der Flughafen Verona-Villafranca (www. aeroportoverona.it) liegt 12 km außerhalb der Stadt und ist mit dem ATV-Aerobus ab dem Bahnhof erreichbar (6 €, 15 Min., alle 20 Min. von 6.30–23.30 Uhr). Mit dem Taxi kostet die Fahrt 30 €. Flugverbindungen gibt es nach ganz Italien sowie nach Berlin, Frankfurt/Main, Düsseldorf, München und Wien.

ZUG

Stündlich fahren mindestens drei Züge nach Venedig (7,50–23 €, 1¼–2½ Std.), Padua (6–18 €, 40–90 Min.) und Vicenza (4,70–16 €, 30–60 Min.). Darüber hinaus gibt es reguläre Verbindungen nach Mailand (11,50–21,50 €, 1½–2 Std.), nach Florenz (24–57 €, 1½–3 Std.) und weiter in den Süden. Auch nach Österreich und Deutschland gibt es direkte Zugverbindungen.

Veronas Weinland

Eine Fahrt durch Veronas Hinterland ist eine Lektion in Sachen guter Wein. Im Norden und Nordwesten liegen die Valpolicella-Weingüter, die es schon vor der römischen Besatzung gab; östlich der Straße nach Vicenza wachsen die Trauben für den weißen Soave.

Soave

Im Ort Soave südöstlich von Verona wird der gleichnamige DOC-Weißwein produziert. Die Kleinstadt ist zwar vollständig von der mittelalterlichen Stadtmauer mit ihren 24 bedrohlich wirkenden Wachtürmen umgeben, doch heute sind Fremde mehr als willkommen. In der **Azienda Agricola Coffele** (☎ 045 768 00 07; www.coffele.it; Via Roma 5; ☉ Mo–Sa 9–12.30 & 14.30–18.30 Uhr & nach Vereinbarung) gegenüber der Altstadtkirche probieren sie die guten Tropfen.

Wer ein bisschen Bewegung braucht, steigt den Hügel hoch zum mittelalterlichen **Castello** (☎ 045 768 00 36; www.castellodisoave.it; Eintritt €6; ☉ April–Okt. Di–So 9–12 & 15–18.30 Uhr, Okt.–März 9–12 & 14–16 Uhr) und genießt von oben den grandiosen Blick über die Landschaft. Hat man einen eigenen Wagen, sollte man nach Fittà (ca. 8 km nördlich von Soave) fahren. Das dortige richtungweisende Weingut **Suavia** (☎ 045 767 50 89; www.suavia.it; Via Centro 14, Fittà; ☉ Mo–Fr 9–13 & 14.30–18.30, Sa 9–13 Uhr & nach Vereinbarung; ℗) wird von den drei Tessari-Schwestern betrieben. Sie verwandeln den ansonsten recht leichten Soave, den sie aus sonnenreifen Garganega-Trauben gewinnen, in einen komplexeren Wein mit Akzenten von Lakritze, Anis und Fenchel.

Direkt vor der mittelalterlichen Stadtmauer steht das **Locanda Lo Scudo** (☎ 045 768 07 66; www.loscudo.vr.it; Via Covergnino 9, Soave; Gerichte 35–45 €, EZ/DZ 75/110 €; ☉ Sept.–Juli Di–Sa 12.30–14.30 & 19–22.30 Uhr), halb Landgasthof, halb Hochleistungsgastronomie. Wer hier einen Tisch reserviert hat, kommt in den Genuss der täglich wechselnden Fischgerichte oder des Risottos mit Veronas pikantem Käse. Über dem Restaurant liegen vier hübsche Gästezimmer.

Anfahrt nach Soave: Mit dem Zug Mailand – Venedig bis San Bonifacio (2,85 €, 20 Min.) fahren, dann in den lokalen ATV-Bus 30 (1,80 €, 10 Min., 2-mal stündl.) umsteigen. Mit dem Auto die A4 nehmen, Ausfahrt San Bonifacio, danach auf der Viala delle Vittoria 2 km gen Norden nach Soave fahren.

Valpolicella

Im Valpolicella, dem „Tal der vielen Keller", wird Wein produziert, seit die alten Griechen ihre *Passito*-Technik (die Verwendung teils getrockneter Trauben) einführten und tolle Aromen schufen, die wir immer noch im Amarone und im Recioto aus dieser Region genießen.

Das Tal in den Ausläufern der Lessinischen Berge profitiert von einem idealen Mikroklima, das durch den riesigen Gardasee im Westen und die kühlen Brisen aus den Alpen im Norden entsteht. Da ist es verständlich, dass sich Veroneser Aristokraten hier gern Wochenendhäuser bauten. Viele davon, wie etwa die außergewöhnliche Villa della Torre, sind nach wie vor noble Winzerbetriebe. Andere wie die **Villa Spinosa** (☎ 045 750 00 93; www.villaspinosa.it; Via Colle Masua 12, Negrar; Apt. für 2/4/6 Pers. 110/235/300€; ℗) und der fabelhafte, auf Feinschmecker eingestellte **Agriturismo San Mattia** (☎ 045 91 37 97; www.agriturismosanmattia.it; Via Santa Giuliana 2, Verona; EZ 60–70 €, DZ 85–105 €, Apt. pro Woche 500–1150 €; ℗ 🖶) 🍴 bieten komfortable Unterkünfte.

ⓘ WEINTOUREN

Für alle, die nicht extra einen Wagen mieten wollen, bietet **Pagus** (☎ 045 751 44 28; www.pagusvalpolicella.net) halb- und ganztägige Ausflüge durchs Valpolicella und nach Soave an, Startpunkt ist Verona. Die Touren beinhalten Besuche schöner, ländlicher Stätten, spontane Streifzüge, Mittagessen in typischen Restaurants und Weinproben. Die Ausflüge können auch individuell nach Kundenwünschen gestaltet werden.

TOP-WEINE

→ **Allegrini** (☎ 045 683 20 11; www.allgerini.it; Via Giare 9/11, Fumane; Führungen 12–60 €; ⊗ nach Vereinbarung ℗) Valpolicella-Aristokratie: Die Familie Allegrini keltert seit dem 16. Jh. aus Corvina- und Rondinella-Trauben Grand Crus.

→ **Fratelli Vogadori** (☎ 328 941 72 28; www.amaronevalpolicella.org; Via Vigolo 16, Negrar; ⊗ nach Vereinbarung) Die Vogadori-Brüder produzieren nur 10 000 Flaschen im Jahr. Sie setzen organische Methoden und ungewöhnliche heimische Trauben wie Oselata und Negrara ein.

→ ★ **Massimago** (☎ 045 888 01 43; www.massimago.com; Via Giare 21, Mezzane di Sotto; ⊗ Mo–Fr 9–15.30 Uhr) Camilla Chauvet bricht in ihrem Weingut mit alten Traditionen und konzentriert sich auf eine kleine Auswahl an leichteren, moderneren Valpolicellas, darunter einen Rosé und einen untypischen Schaumwein.

→ **Tezza** (☎ 045 55 02 67; www.tezzawines.it; Stradella Maioli, Valpantena; ⊗ nach Vereinbarung) Im geschützten Valpantena-Tal stellen die Tezza-Brüder in einer Kombination aus traditionellen und modernen Methoden starke, tanninbetonte trockene Weine her.

→ **Valentina Cubi** (☎ 045 770 18 06; www.valentinacubi.it; Località Casterna 60, Fumane; ⊗ nach Vereinbarung) Die Winzerlehrerin ist mit ihrem Betrieb, einem der wenigen zertifizierten Bio-Weingüter der Region, wegweisend. Der San Cero ist einer der wenigen „natürlichen" Valpolicellas, der völlig ohne Sulfate auskommt.

◉ Sehenswertes

Sieben *comuni* bilden das Weinbaugebiet mit DOC-Status: Pescantina, San Pietro in Cariano, Negrar, Marano di Valpolicella, Fumane, Sant'Ambrogio di Valpolicella und Sant'Anna d'Alfaedo. Wer mit dem Auto anfährt, folgt der SS12 von Verona Richtung Nordwesten, biegt dann scharf nach Norden auf die SP4 ab und fährt auf der Straße gen Westen Richtung **San Pietro in Cariano**, dem Dreh- und Angelpunkt der Region. Oder man nimmt den APT-Bus 3, der etwa alle 30 Min. von Veronas Porta Nuova nach San Pietro fährt (2,60 €, 40 Min.). Allgemeine Infos sowie Tipps für Rad- und Wandertouren bietet die **Touristeninformation Valpolicella** (☎ 045 770 19 20; www.valpolicella web.it; Via Ingelheim 7; ⊗ Mo–Fr 9–12.30, Di & Do–So 15–18, Sa & So 9.30–12.30 Uhr).

Villa della Torre   HISTORISCHES GEBÄUDE
(www.villadellatorre.it; Via della Torre 25, Fumane; Führungen durch die Villa/mit Weinprobe/mit Mittagessen 10/30/60 €; ℗) Diese Villa, das Juwel in der Krone des Allegrini-Weinguts, ließ sich der Intellektuelle und Humanist Giulio della Torre im 16. Jh. bauen. An der Errichtung waren Star-Architekten wie Giulio Romana (der durch den Palazzo del Te berühmt wurde), Michele Sanmicheli und Bartolomeo Ridolfo beteiligt. Heute finden im Peristyl oder vor Ridolfos offenen Kaminen in Form monströser aufgerissener Mäuler Weinproben statt.

Pieve di San Giorgio   KIRCHE
(San Giorgio, Valpolicella; ⊗ 7–18 Uhr) GRATIS Im Dörfchen San Giorgio steht auf einem Hügel, ein paar Kilometer nordwestlich von San Pietro in Cariano, diese romanische Kirche mit vielen Fresken und einem Kreuzgang aus dem 8. Jh. Das ist noch nicht alt genug? Okay, im kleinen Garten links davon sind Fragmente eines antiken römischen Tempels zu sehen.

✖ Essen

★ **L'Antica Osteria Le Piere**   OSTERIA €
(☎ 045 884 10 30; Via Nicolini 43, Mizzole; Gerichte 15 €; ⊗ 12–14.30 & 19–22 Uhr) In dem großen Steinhaus im Dorf Mizzole serviert der autodidaktische Koch Maurizio Poerio mittags den Dorfbewohnern und Arbeitern in den Weinbergen herzhafte Drei-Gänge-Menüs, z. B. mit saisonalem wildem Spargel, Kürbis, Wild und Räucherschinken. Die Weinkarte umfasst 250 verschiedene Rebensäfte. Und Mauro verspricht, jeden davon zu öffnen, auch für ein einziges Glas.

Trattoria Caprini   TRATTORIA €€
(☎ 045 750 05 11; www.trattoriacaprini.it; Via Zanotti 9, Negrar; Gerichte 25–30 €; ⊗ Do–Mo 12–14.30 & 19–22 Uhr) Die familiengeführte Trattoria im Zentrum von Negrar bietet

PROSECCO-FAKTEN

Wie ist der Prosecco entstanden? Schon die Römer kannten *Prosecco* unter dem Namen pucino. Von Aquileia, wo er aus Trauben aus dem Weinbaugebiet Carso gekeltert wurde, schickte man ihn direkt an den Hof der Kaiserin Livia. Zur Zeit der Venezianischen Republik wurden die Reben ins Prosecco-DOCG-Gebiet, ein kleines Dreieck zwischen den Städten Valdobbiadene, Conegliano und Vittorio Veneto, versetzt.

Was macht guten Prosecco aus? Er ist strohgelb mit glitzernden grünlichen Reflexionen. Die natürlich entstehenden Luftblasen sind winzig, zahlreich und sind lange im Glas zu sehen. Er duftet leicht und frisch nach weißen Früchten und frischem Gras. Mit seiner Frische und seinen Aromen schmeichelt er dem Gaumen. Diese Kennzeichen sind jedoch nicht von langer Dauer – Prosecco sollte jung getrunken werden.

Prosecco in der Gesellschaft Hier in Venetien trinken wir Prosecco wie Wasser – zuweilen ist er sogar billiger als Wasser!

Mario Piccinin, Sommelier und Tourführer bei
Venice Day Trips (S. 423)

gute Hausmannskost. Vieles ist selbst gemacht, so auch die leckere *lasagnetta* aus handgemachter Pasta und einem Ragout aus Rindfleisch, Tomaten, Steinpilzen und Pfifferlingen. Im Keller kann man am beheizten alten Backofen der ehemaligen *pistoria* (Bäckerei) rund 200 Valpolicella-Weine verkosten.

Prosecco-Land

Conegliano (34 250 Ew.) und **Valdobbiadene** (10 700 Ew.) an den Ausläufern der Alpen sind der Stolz Venetiens. Aus der Ernte ihrer Weinberge wird Prosecco hergestellt, ein trockener, frischer Weißwein in den Varianten *spumante* (Schaumwein), *frizzante* (Perlwein) und still.

Um die Region wirklich kennenzulernen, ist ein Auto nötig. Die A27 führt von Mestre gen Norden nach Conegliano. Von Venedig fahren stündlich zwei bis drei Züge nach Conegliano (4,15 €, 1 Std.).

◉ Sehenswertes & Aktivitäten

Auf einer Probiertour auf der **Strada di Prosecco** (Strada Prosecco; www.coneglia novaldobbiadene.it) von Conegliano nach Valdobbiadene liegen nette Familien-Weingüter wie die **Azienda Agricola Barichel** (☏ 0423 97 57 43; www.barichel.net; Via Zanzago 9, Valdobbiadene) und die **Azienda Agricola Frozza** (☏ 0423 98 70 69; www. frozza.it; Via Martiri 31, Colbertaldo di Vidor),

in denen man erstklassigen Prosecco für 4 bis 7 € die Flasche bekommt. Coneglianos **Touristeninformation** (☏ 0438 212 30; Via XX Settembre 61, Conegliano; ⊙ Di–So 9–12.30, Do–So 15–18 Uhr) hat viele Infos auf Lager und kann bei der Buchung von Führungen behilflich sein.

In Conegliano ein Muss: die auffällige **Scuola dei Battuti**, die innen und außen mit Fresken von Ludovico Pozzoserrato (16. Jh.) bedeckt ist. Das Gebäude war einst Sitz einer religiösen Laienbruderschaft, deren Mitglieder wegen ihrer leidenschaftlichen Selbstgeißelung *battuti* (Schläger) genannt wurden. Durch die Scuola gelangt man in den **Duomo** mit frühen Werken venezianischer Künstler wie einem Altarbild (1492/93) von Meister Cima da Conegliano.

🛏 Schlafen & Essen

Azienda Agricola Campion AGROTURISMO €
(☏ 0423 98 04 32; www.campionspumanti.it; Via Campion 2, San Giovanni di Valdobbiadene; EZ/DZ 45/65–75 €; ⊙ Probierstube 9–12 & 15–19 Uhr; ℗ ❄ ≋) Wer nicht das Risiko eingehen will, nach einer Prosecco-Verkostung noch Auto zu fahren, kann auf diesem Hof inmitten von 14 ha Weinbergen im Herzen Valdobbiadenes nächtigen. Die vier zauberhaften Gästezimmer wurden in warmem ländlichen Stil renoviert.

★ Agriturismo Da Ottavio AGRITURISMO €
(☏ 0423 98 11 13; Via Campion 2, San Giovanni di Valdobiaddene; Gerichte 15–20 €; ⊙ Sa, So & Feiertage 12–15 Uhr, Sept. geschlossen; 🐾) 🍴 Ty-

pischerweise wird zum Prosecco *soppressa*, eine regionale Salami, gegessen, denn der prickelnde *spumante* reinigt den Gaumen und erfrischt den Mund. Am besten probiert man das im Da Ottavio, wo alles, was auf den Tisch kommt, eigenhändig von der Familie Spada hergestellt ist, inklusive *soppressa* und Prosecco.

Dolomiten

Die gezackten Gipfel und die smaragdgrünen Täler der Belluneser Dolomiten stehen als Parco Nazionale dell Dolomiti Bellunesi unter Naturschutz. Der 31 500 ha große Nationalpark erstreckt sich nördlich der Piave und der historischen Stadt Belluno. Modebewusste Schneehasen strömen nach Cortina d'Ampezzo weiter im Norden, wo die Cinque Torri und der Parco Naturale di Fanes-Sennes-Braies (in der Nachbarregion Trentino-Südtirol, S. 356 gelegen) exzellente Bedingungen für Wintersportler und Wanderer bieten.

Belluno

35 500 EW. / 390 M

Mit seiner Lage am hohen Steilufer des Flusses Piave, die schneebedeckten Dolomiten majestätisch im Rücken, ist Belluno landschaftlich wie strategisch ein guter Ausgangspunkt, um die umliegenden Berge zu erkunden. In der historischen Altstadt stehen schöne Renaissancegebäude. Zur gebirgstypischen Küche zählen einige der bemerkenswertesten italienischen Käsesorten wie Schiz (halbweicher Kuhmilchkäse; wird in Butter gebraten verzehrt) und der brüchige, buttergelbe Malga Bellunese.

🔵 Sehenswertes & Aktivitäten

Bellunos bedeutendste Fußgängerzone ist die **Piazza dei Martiri**, benannt nach den vier Partisanen, die im Zweiten Weltkrieg hier erhängt wurden. Die nahe gelegene **Piazza del Duomo** wird von der **Cattedrale di San Martino** (Anfang 16. Jh.), dem **Palazzo Rosso** (16. Jh.) und dem **Palazzo dei Vescovi** mit seinem eindrucksvollen Turm aus dem 12. Jh. umrahmt.

Parco Nazionale delle Dolomiti Bellunesi   NATIONALPARK

(www.dolomitipark.it) Nordwestlich von Belluno erstreckt sich der Nationalpark mit Wanderrouten in allen Schwierigkeitsgraden,

Wildblumen im Frühling und Sommer sowie Bergluft. Von Ende Juni bis Anfang September kommen Wanderer, die auf einem der sechs **Alte Vie delle Dolomiti** (Höhenwanderwegen) unterwegs sind, durch Belluno. Route 1 beginnt in Belluno und führt 150 km (ca. 13 Tage) gen Norden zum **Lago di Braies** im Pustertal. Detaillierte Infos über die unterschiedlich langen und schwierigen Wanderwege, darunter Themenrouten und Karten, findet man unter www.parks.it/parco.nazionale.dol.bellunesi/Eiti.php.

🛏 Schlafen & Essen

Hotels, B&Bs, Campingplätze und *agriturismo* in Belluno, im Nationalpark und im Umland sind auf www.infodolomiti.it genannt.

⭐ **Alla Casetta**   B&B €

(☎ 0439 428 91; www.allacasetta.com; Via Strada delle Negre 10, Cesiomaggiore; EZ 40–50 €, DZ 56–64 €; P @ 🚐) Um dieses Stückchen Paradies am Fluss Caorama zu finden, sind die Navigationskünste eines Alpinisten nötig. Ist man aber erst mal da, möchte man so schnell nicht wieder weg. Die supernetten Gastgeber Christian und Amy zeichnen gerne Karten mit Wander- und Mountainbikerouten (der Wanderweg Alta Via 2 und der Radweg Via Claudia Augusta verlaufen ganz in der Nähe) und lotsen ihre Gäste zur nächstgelegenen *malga* (Käsereihütte) und zu den besten Angel- und Kajakplätzen am Fluss.

Ostello Imperina   HERBERGE €

(☎ 0437 624 51; www.ostellodelledolomiti.it; Località Le Miniere; B 25 €, Halbpension/Vollpension 45/60 €; ⊙ April–Okt. 7.30–22 Uhr) Die einzige Jugendherberge der Region befindet sich innerhalb des Parco Nazionale delle Dolomiti Bellunesi, 35 km nordwestlich von Belluno in Rivamonte Agordino. Im Sommer vorher reservieren. Von Belluno fährt der Agordo-Bus dorthin (50 Min.).

Al Borgo   TRADITIONELL ITALIENISCH €€

(☎ 0437 92 67 55; www.alborgo.to; Via Anconetta 8, Belluno; Gerichte 30–40 €; ⊙ Mo 12–14.30, Mi–So 12–14.30 & 19–22 Uhr) Mit dem Auto oder sportlich zu Fuß bzw. mit dem Rad lohnt sich der Ausflug zu diesem einladenden Restaurant in einer Villa aus dem 18. Jh., die in den Hügeln 3 km südlich von Belluno steht. Die Küche gilt als die beste ganz Bellunos. Alles ist selbstgemacht, von der Salami über den Lammbraten bis zur kunstvollen Eiscreme. Auch die Weine sind gekonnt ausgewählt.

Ristorante Terracotta
BELLUNESISCH €€

(☎ 0437 29 16 92; www.ristoranteterracotta.it; Borgo Garibaldi 61, Belluno; Mittagsmenü 16 €, Gerichte 30–40 €; ⊙ tgl. 19–22.30 Uhr, Do–Mo 12–14.30 Uhr) Die Familie Larese hat ein historisches Wohnhaus mitten in Belluno umgebaut, in dem sie nun sorgfältig zubereitete saisonale Gerichte serviert. Der junge Küchenchef interpretiert traditionelle Rezepte auf interessante Weise. Ein Tipp: Wild-Carpaccio mit Senfeis und Preiselbeeren.

❶ Praktische Informationen

Touristeninformation (℡ 0437 94 00 83; www.infodolomiti.it; Piazza Duomo 2; ⊙ tgl. 9–12.30, Mo–Sa 15.30–18.30 Uhr)

❶ An- & Weiterreise

AUTO

Autofahrer nehmen die A27 von Venedig (Mestre), die zugegebenermaßen nicht die malerischste Strecke ist, dafür aber den dichten Verkehr um Treviso meiden hilft.

BUS

Von der Haltestelle gegenüber dem Bahnhof fährt der **Dolomiti Bus** (☎ 0437 21 71 11; www.dolomitibus.it) regelmäßig Cortina d'Ampezzo, Conegliano und kleinere Bergstädte an.

ZUG

In Belluno halten Züge aus Venedig (7 €, 2–2½ Std., 5- bis 10-mal tgl.) mit Zwischenhalt in Treviso und/oder Conegliano. Bei einigen Verbindungen ist Umsteigen notwendig, was eine Stunde mehr Reisezeit bedeutet.

Cortina d'Ampezzo

5900 EW. / 1224 M

Das italienische Supermodel unter den Ski-Resorts, Cortina d'Ampezzo, ist modern, hochpreisig, eisig und unleugbar schön. Die Turmspitze der Steinkirche und die freundlichen Plätze werden von prachtvollen Berggipfeln eingerahmt. Auch im Sommer ist der Ort ein beeindruckender, wenn auch etwas weniger glamouröser Stützpunkt für Wanderer, Biker und Kletterer.

🏃 Aktivitäten

Scharen von Wintersportlern tummeln sich von Dezember bis Ende März oder April auf den erstklassigen Pisten und Loipen. Von Juni bis Oktober suchen Kletter- und Wanderfreunde in Cortina das Abenteuer. Zwei Seilbahnen bringen Wintersportler und Wanderer von Cortinas Zentrum zum Knotenpunkt, an dem Sessellifte, weitere Seilbahnen und Wanderwege beginnen. Die Lifte sind normalerweise von Mitte Dezember bis April täglich von 9 bis 17 Uhr sowie von Juni bis Oktober in Betrieb.

Für Ski- und Snowboardfahrer gibt es alle möglichen Pisten, von Skihaserl-Hängen bis zur legendären schwarzen Buckelpiste Staunies, die auf 3000 m beginnt. Mit dem Dolomiti-Superski-Pass kann man zwölf Pisten in der Region befahren. Es gibt ihn in Cortinas **Skipass-Büro** (☎ 0436 86 21 71; www.dolomitisuperski.com; Via G Marconi 15; Pass für 1/2/3/7 Tage 45/90/133/248 €; ⊙ wechselnde Öffnungszeiten) zu kaufen. Senioren, Kinder bis 16 Jahre und Familien fahren günstiger, auch Saisonpässe lohnen sich. Wer die Pässe im Voraus online kauft, spart ebenfalls Geld.

Weitere Winteraktivitäten in Cortina sind etwa Hundeschlittenfahrten, Eisklettern und Schlittschuhlaufen im **Olympischen Eisstadion** (☎ 0436 88 18 11; Via dello Stadio 1; Erw./Kind inkl. Leih-Schlittschuhe 10/9 €; ⊙ wechselnde Öffnungszeiten), das für die Olympischen Winterspiele von 1956 gebaut wurde. In den nahen Cinque Torri kann man sich winters im **Snowkiting** (www.kite4freedom.it) und sommers im Felsklettern versuchen.

Gruppo Guide Alpine Cortina (☎ 0436 86 85 05; www.guidecortina.com; Corso Italia 69a) bietet Felskletterkurse (3-Tages-Kurs inkl. Ausrüstung 260 €), Bergsteigen und geführte Naturwanderungen (Preise variabel). Das Winterangebot umfasst u. a. Kurse im Skiwandern und Schneeschuhwandern.

🛏 Schlafen

Weitere Übernachtungsmöglichkeiten sind auf der Website www.infodolomiti.it aufgeführt. Die Preise schwanken beträchtlich je nach Saison, am höchsten sind sie in den Weihnachtsferien. Viele Unterkünfte sind April, Mai und/oder November geschlossen.

International Camping Olympia
CAMPINGPLATZ €

(☎ 0436 50 57; www.campingolympiacortina.it; Località Fiames 1; Erw./Kind ab 6/3 €, Zelt & Auto 7–9 €; ⊙ Mai–Okt.; 🅿🚻) Auf dem Platz in Fiames, 4 km nördlich von Cortina, schlägt man sein Zelt unter hohen Kiefern auf. Pizzeria, Laden, Waschküche, Sauna und kostenloser Shuttle in die Stadt gehören zum Angebot.

Hotel Montana
HOTEL €

(☎ 0436 86 21 26; www.cortina-hotel.com; Corso Italia 94, Cortina d'Ampezzo; EZ 46–78 €, DZ 85–175 €; @) Das nette alpenländische Hotel aus den 1920er-Jahren bietet einfache, aber gepflegte Gästezimmer. Im Winter muss man mindestens sieben Nächte bleiben (320–560 € pro Pers.), es lohnt sich aber, telefonisch nachzufragen – vielleicht ist ein Zimmer vor der Frist frei geworden. Der Empfangsbereich fungiert gleichzeitig als Galerie für hiesige Künstler.

Baita Fraina　　　　　　　PENSION €
(☎ 0436 36 34; www.baitafraina.it; Via Fraina 1, Cortina d'Ampezzo; DZ Jan.–Nov. 60–100 €, Dez. 100–140 €; ☻Mai & Nov. geschlossen; ℙ) In der Hauptsaison sollte man im beliebten Gasthaus im Schweizer Stil im Voraus reservieren, um eines der schlichten, aber makellosen Zimmer mit viel Kiefernholz zu bekommen. Auf der Karte dominieren regionale Zutaten wie Bergkräuter und Wild.

Essen

Cortinas Fußgängerzone säumen Pizzerien und Cafés mit gutem Essen zu vernünftigen Preisen. Echte Feinschmecker zieht es in die umliegenden Hügel, wo in einer Reihe von *rifugi* (Berghütten) die herzhafteste und beste Küche der gesamten Alpen geboten wird.

★ **Agriturismo**
El Brite de Larieto　　　　AGRITURISMO €
(☎ 368 700 80 83; www.elbritedelarieto.it; Passo Tre Croci, Località Larieto; Gerichte 20 €; ☻Hauptsaison 12–15 & 19–22 Uhr, Nebensaison nur Sa & So; 🚶) ✐ 5 km nordwestlich von Cortina, abseits der SS48 Richtung Passo Tre Croci, befindet sich dieses zauberhafte Landgut in einer herrlich sonnigen Lichtung inmitten eines dichten Nadelwalds.

Milchprodukte, Gemüse und Fleisch für die sensationelle Hausmannskost stammen aus eigener Produktion. Die mit Käse, Artischocken oder roter Beete gefüllten Knödel sind ein wahrer Gaumenschmaus.

Ristorante Da'Aurelio　　KULINARISCH €€
(☎ 0437 72 01 18; www.da-aurelio.it; Passo Giau 5, Colle Santa Lucia; Gerichte 30–45 €, Probiermenü 55 €) Das elegante Da'Aurelio auf 2175 m liegt an der Straße zwischen Cortina und Selva (SP638) und bietet in seinem klassischen Restaurant gehobene Bergküche. Es gehört **Alto Gusto** (www.ristorantialtogusto. eu), einem Netzwerk von Gourmetköchen an. Küchenchef Luigi Dariz kreiert denn auch aus frischesten Produkten der Berge erstaunliche Gerichte wie etwa seine köstlichen Eier mit duftenden Pfifferlingen oder Lammrücken mit Kräuterkruste.

Wer sich schon vom Probiermenü hat verwöhnen lassen, kann auch gleich die Übernachtung in einem der zwei komfortablen Gästezimmer erwägen.

Il Meloncino　　TRADITIONELL ITALIENISCH €€€
(☎ 0436 44 32; www.ilmeloncino.it; Locale Rumerlo 1, Cortina d'Ampezzo; Gerichte 45–60 €; ☻Mi–Mo 12–14.30 & 19–22 Uhr) Das Il Meloncino mit seinem rustikal-eleganten Gastraum und einer spektakulären Terrasse ist eines der wenigen nobleren Restaurants, die das ganze Jahr über geöffnet haben (ein paar Wochen im Mai und Juni ist jedoch auch dieses Lokal geschlossen). Der Wildschweinbraten und die Ravioli mit Wildfleischfüllung in Haselnusssauce sind ebenso umwerfend wie der Bergblick.

VENEDIG & VENETIEN DOLOMITEN

CINQUE TORRI

Mitten in den Dolomiten, nur 16 km westlich von Cortina, befindet sich dort, wo die Täler Ampezzo, Badia und Cordevole aufeinandertreffen, die eindrucksvolle Felsenformation **Cinque Torri** (www.5torri.it). Von Cortina fährt ein Bus dorthin: im Winter ein Ski-Shuttlebus (mit Skipass kostenlos) und im Sommer der Dolomitibus, der die **Passo Falzarego** verbindet.

Es ist kaum zu glauben, aber in dieser malerischen Berglandschaft wurden im Ersten Weltkrieg einige der erbittertsten Kämpfe zwischen Italien und Österreich-Ungarn ausgetragen. Heute wandert man in einem gigantischen Freiluftmuseum zwischen Lagazuoi und der Festung Tre Sassi über 5 km durch restaurierte Schützengräben, Gruppo Guide Alpine organisiert Touren mit Führer. Im Winter können Skitourengeher mit dem Dolomiti Superski-Pass die 80 km lange **Kriegsrunde** absolvieren. Unterwegs locken Berghütten wie das **Rifugio Scoiattoli** (☎ 333 814 69 60; www.5torri.it/rifugio-scoiattoli; Località Potor, 2255 m; Gerichte 15–25 €, Halbpension pro Pers. 55 €; ☻9–21 Uhr) und das **Rifugio Averau** (☎ 0436 46 60; www.5torri.it/rifugio-averau; Forcella Averau, 2413 m; Gerichte 35 €; ☻9–22 Uhr; 🚶) mit gutem Mittagessen bei herrlicher Aussicht.

ℹ Praktische Informationen

Touristeninformation (☎ 0436 32 31; www.
infodolomiti.it; Piazzetta San Francesco 8;
🕑 Mo–Sa 9–12.30 & 15.30–18.30 Uhr)

ℹ An- & Weiterreise

Die folgenden drei Unternehmen fahren zu Cortinas **Busbahnhof** (Via G Marconi):

Cortina Express (☎ 0437 86 73 50; www.
cortinaexpress.it) Tägliche Direktverbindungen
zum Bahnhof Mestre (20 €, 2¼ Std.) und zum
Flughafen Venedig (2 Std.).

Dolomiti Bus (☎ 0437 21 71 11; www.
dolomitibus.it) Fährt kleinere Bergdörfer,
Belluno und andere Ortschaften an.

SAD-Busse (☎ 0471 45 01 11; www.sad.it)
fahren in Orte der Umgebung, nach Bozen und
zu anderen Ziele in Südtirol.

Der nächste Bahnhof befindet sich in Calalzo di
Cadore, 35 km südlich von Cortina. Stündlich
fährt ein Bus vom Bahnhof direkt ins Zentrum
von Cortina.

Friaul-Julisch Venetien

Inhalt ➡

Gut essen

➡ La Frasca (S. 478)

➡ La Subida (S. 478)

➡ SaluMare (S. 472)

Schön übernachten

➡ L'Albero Nascosto (S. 471)

➡ Palazzo Lantieri (S. 477)

➡ Albergo Diffuso
Sauris (S. 490)

Auf nach Friaul-Julisch Venetien!

In der kleinen, von Touristen kaum besuchten Region an Italiens nordöstlicher Grenze zu Österreich und Slowenien wird kulturelle Vielfalt großgeschrieben. Friaul-Julisch Venetien ist eine abwechslungsreiche Region. Die nördliche Grenze bilden die Julischen und Karnischen Alpen. Im Inneren des Landes wird Wein angebaut. Im Süden befinden sich Strände und Lagunen, die an Venedig erinnern, und im Osten in der Gegend von Triest wird das Land von einer merkwürdigen Karstlandschaft dominiert.

Obwohl es eine erstaunliche Anzahl an kaum besuchten historischen Sehenswürdigkeiten gibt, angefangen von römischen Ruinen bis hin zu österreich-ungarischen Palästen, sollte man die Gegend auch dazu nutzen, sich unter die Einheimischen zu mischen, die berühmten Weinsorten zu verkosten und ein kulinarisches Erbe zu entdecken, das die Vorstellungen von der italienischen Küche noch verstärkt. Das heitere, faszinierende Triest und das freundliche, lebendige Udine sind wirklich einen Besuch wert.

Reisezeit

Triest

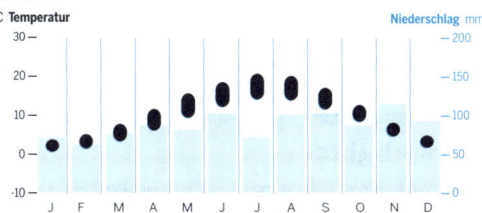

Feb. Entdeckung der traumhaften, herrlich leeren Pisten der Karnischen und Julischen Alpen.

Juni Das ausgelassene Fest des wundervollen *prosciutto* in San Danieles Aria di Festa.

Okt. Ein Blick auf die prächtigen Segelboote bei der Regatta Barcolana vor Triest.

Geschichte

Die halbautonome Region Friaul-Julisch Venetien entstand erst im Jahr 1954. Ihre Hauptstadt Triest wurde seit Beginn des Jahrhunderts bereits fünf Mal von anderen Staaten beherrscht. Die oft kriegerische und blutige Geschichte des Landes begann in Aquileia mit den Römern, unter den Lombarden erlangte Cividale Berühmtheit und unter venezianischer Herrschaft erlebten Pordenone und Udine eine glanzvolle

Zeit. Am längsten hielten sich jedoch die Österreicher hier auf und machten Triest zu einer bedeutenden Hafenstadt. Heute ist die Region ziemlich wohlhabend, aber das war lange Zeit nicht so. Im 20. Jh. herrschten Krieg, Armut und politische Unsicherheit; hinzu kam ein verheerendes Erdbeben, sodass sich die meisten Friauler oft gezwungen sahen, ihr Glück in der Fremde zu suchen: Sie wanderten aus, u. a. nach Australien und Argentinien.

Highlights

1 Die Kommunikation mit den literarischen Geistern der Vergangenheit in den Cafés von **Triest** (S. 467).

2 Die Wildnis der **Karnischen Alpen** (S. 489).

3 Eine Zeitreise in einen römischen Hafen des 4. Jh.

v. Chr. beim Bummel durch **Aquileia** (S. 479).

4 Der Genuss von Friulano und *frico* (Bratkartoffeln mit Käse) in einer rustikalen Bar in **Udine** (S. 482).

5 Die Kapelle (8. Jh.) in **Cividale del Friuli** (S. 487).

6 Durch die Altstadt von **Grado** bummeln (S. 480).

7 Weinproben in den Weingärten der Colli Orientali und des **Carso** (S. 475).

8 Grenzübergreifende Skitouren an der **Sella Nevea** (S. 490).

ⓘ An- & Weiterreise

Die meisten wichtigen Reiseziele der Region lassen sich von Venedig aus per Zug, Bus oder Auto in etwa zwei Stunden erreichen. Der **Flughafen Friuli Venezia Giulia** (No-Borders; www.aeroporto.fvg.it; Via Aquileia 46, Ronchi dei Legionari), auch Ronchi dei Legionari oder Trieste No-Borders genannt, liegt 33 km nordwestlich von Triest, bei Monfalcone. Von hier gibt es tägliche Flüge nach Rom, London, München und Frankfurt, seltener starten Flugzeuge nach Belgrad und Tirana. Die österreichischen Städte Salzburg und Graz sind rund vier Stunden Fahrt von Udine entfernt.

ⓘ FRIAUL-JULISCH VENETIEN: TOURISMUS ONLINE

Die Touristeninformationen in der Region unterstehen der FVG-Tourismusorganisation und haben die gleiche Website (www.turismofvg.it). Die hilfsbereiten Mitarbeiter verfügen über gutes Kartenmaterial und Informationen über die gesamte Region.

Triest

205 500 EW.

Nach Ansicht der Reiseschriftstellerin Jan Morris hat Triest „keine unvergessliche Wahrzeichen, keine universell bekannte Melodie, keine unverwechselbare Küche", aber irgendwie bezaubert diese Stadt eben doch. Ihr „widerspenstiger Charme" inspirierte zahlreiche Schriftsteller, Reisende, Vertriebene und Außenseiter. Freunde der Stadt frequentieren die glanzvollen Belle Epoque-Kaffeehäuser und dunklen Bars und tun oft so, als gehörten sie ihnen, ebenso wie der eisige Bora-Wind. Angesichts des fehlenden Tourismus kommt dies der Wahrheit manchmal auch ziemlich nahe.

Die Stadt, die auf einem Karstplateau liegt und von Slowenien und der Adria umgeben wird, fühlt sich etwas isoliert vom Rest der italienischen Halbinsel. Ihre historische Einzigartigkeit ist ebenfalls kein Zufall. Seit dem 13. Jh. ist Triest nach Osten ausgerichtet und wurde unter österreichischer Herrschaft zum Freihafen erklärt. Unter den Habsburgern im 18. und 19. Jh. erlebte die Stadt eine Blütezeit. Der Badeort der Wiener war auch offenes Grenzgebiet, wo sich einst die italienische, slawische, jüdische, deutsche und sogar griechische Kultur vermischten.

◉ Sehenswertes

Die meisten Sehenswürdigkeiten von Triest sind vom Zentrum der Stadt, der weitläufigen Piazza dell'Unità, aus zu Fuß oder mit dem gut funktionierenden Bussystem bequem zu erreichen.

★ **Castello di Miramare** HISTORISCHES GEBÄUDE (☎0412 77 04 70; www.castello-miramare.it; Erw./erm. 4/2 €; ⊙9–19 Uhr im Sommer, bis 16 Uhr im Winter) Auf einem Felsen, 7 km vom Stadtzentrum entfernt, liegt das Castello di Miramare, der fantastische neogotische Wohnsitz des glücklosen Erzherzogs Maximilian von Österreich.

Maximilian kam in den 1850er-Jahren als Oberbefehlshaber der österreichischen kaiserlichen Marine nach Triest – ein ehrgeiziger junger Adeliger, der für seine liberalen Ansichten bekannt war. Er beschloss seinen Wohnsitz auf dem Felsen zu bauen, den er zufällig beim Segeln entdeckt hatte. 1864, als die Arbeiten an Schloss Miramare noch in vollem Gang waren, wurde er überredet, die Krone von Mexiko zu übernehmen. Doch nachdem Benito Juárez 1867 die mexikanische Republik wiederhergestellt hatte, wurde Maximilian von einem Exekutionskommando erschossen. Seine Frau, Prinzessin Charlotte von Belgien, wurde so von Trauer überwältigt, dass sie bis ans Ende ihrer Tage glaubte, Maximilian sei noch am Leben. Sie kehrte nur für eine kurze Zeit nach Miramare zurück.

Der Bau ist im Wesentlichen, wie sie ihn verlassen hat. Er zeugt von Maximilians exzentrischem Fernweh, außerdem gibt es für diese Zeit typische Ausstattungen: Das Schlafzimmer sieht aus wie die Kabine auf einer Fregatte; es gibt orientalische Salons und einen Thronsaal, der mit roter Seide ausgeschlagen ist. Im oberen Stockwerk ist eine Reihe von Zimmern, die der anglophile Militärheld Herzog Amadeo di Savoia-Aosta in den 1930er-Jahren bewohnte, noch original im Stil des italienischen Razionalismo möbliert. Amadeo erwies sich als ebenso glücklos wie Maximilian: 1937 zum Vizekönig von Äthiopien ernannt, starb er fünf Jahre später in einem britischen Kriegsgefangenenlager in Kenia.

Maximilian interessierte sich sehr für Botanik; 22 Hektar **Gärten** (⊙Sommer 8–19 Uhr, Winter bis Sonnenuntergang) umgeben

Triest

das Schloss; hier duften seltene und exotische Bäume und blühen in vielen leuchtenden Farben.

Piazza dell'Unità d'Italia
PIAZZA

Die riesige, elegante Piazza dell'Unità d'Italia – angeblich der größte zum Meer hin offene Platz Italiens – ist ein Paradebeispiel für Stadtplanung in der k.u.k.-Zeit. Der makellose, aber von Menschen bevölkerte Platz lädt nicht nur zum Plaudern und Trinken ein, sondern auch dazu, einen Moment innezuhalten und die in der Ferne vorbeifahrenden Schiffe zu betrachten.

Borgo Teresiano
STADTVIERTEL

Ein großer Teil des eleganten Stadtzentrums nördlich des Corso Italia geht auf die Herrschaft von Kaiserin Maria Theresa im 18. Jh. zurück, darunter der malerische **Canal Grande**. Als Symbol für viele Jahrhunderte religiöser Toleranz steht die mosaikgeschmückte serbisch-orthodoxe **Chiesa di Santo Spiridione** (1868) direkt neben der neoklassizistischen katholischen **Chiesa di Sant'Antonio Taumaturgo** (Via Della Zonta). Auf der Via-Roma-Brücke befindet sich eine lebensgroße **Statue von James Joyce** (eine ähnliche Bronzestatue von **Italo Svevo** steht auf der Piazza Hortis).

Castello di San Giusto
MUSEUM

(☎040 30 93 62; Piazza della Cattedrale 3; Erw./ erm. 6/3 €; ⊙Sommer 9–19 Uhr, Winter bis 13 Uhr) Das Schloss aus dem 15. Jh., einst eine römische Festung, wurde von Friedrich von Habsburg erbaut und von venezianischen Herrschern fertiggestellt. Zum Schloss gehört das Stadtmuseum mit Wechselausstellungen und einer gut bestückten Waffenkammer. Von der Schlossmauer aus bieten sich fantastische Ausblicke.

Basilica di San Giusto
KIRCHE

(⊙8–17 Uhr) Die Basilika wurde 1400 vollendet. In ihrem Bau sind zwei frühchristliche

Triest

Kirchen eingeschlossen, daher auch die Vermischung unterschiedlicher Baustile (Ravenna und Byzanz). Das Innere der Kirche beherbergt Fresken aus dem 13. Jh. sowie wunderbar erhaltene Mosaike aus dem 12. und 13. Jh., darunter ein herrliches Mosaik, das San Giusto, den Schutzheiligen der Stadt, darstellt.

Synagoge
SYNAGOGE

(☎ 040 672 67 36; www.triestebraica.it; Via San Francesco d'Assisi 19; Eintritt 3,50 €; ◎ Führungen So 10, 11 & 12 Uhr) Diese imposante und reich ausgestattete klassizistische Synagoge – 1912 erbaut – zeugt von der Bedeutung der jüdischen Gemeinde Triests. Die schweren Schäden des Zweiten Weltkriegs wurden sorgfältig renoviert und sie zählt noch heute zu den wichtigsten Synagogen Italiens.

Arco di Riccardo
RÖMISCHE STÄTTE

(Via del Trionfo) Der Arco di Riccardo ist ein Relikt aus früher römischer Zeit, eines der alten Stadttore, das 33 v. Chr. entstand. Er steht an einem hübschen Platz mit Wohngebäuden. Benannt wurde er nach dem englischen König Richard, der während der Kreuzzüge auf dem Rückweg vom Heiligen Land hier durchgezogen sein soll.

ℹ FVG CARD

Diese Karte (48 Std./72 Std./7 Tage 15/20/29 €) bietet freien Eintritt in allen städtischen Museen, kostenlose Benutzung der öffentlichen Verkehrsmittel in Udine und Lignano sowie des Zugs von Udine nach Cividale del Friuli; dazu kostenlose Audiotours sowie zahlreiche Vergünstigungen in Läden, Spas, Parks und an Stränden der Region. Die Karte gibt es bei allen FVG-Touristeninformationen, in einigen Hotels und online.

Römisches Theater · RÖMISCHE STÄTTE

(Via del Teatro Romano) Hinter der Piazza dell'Unità d'Italia erhebt sich das römische Theater, das zwischen dem 1. und 2. Jh. n. Chr. erbaut wurde. Im Sommer finden gelegentlich Konzerte statt.

Museo Revoltella · MUSEUM

(☏ 040 675 43 50; www.museorevoltella.it; Via Diaz 27; Erw./erm. 7/5 €; ⊙ Mi–Mo 10–19 Uhr) Das Stadtmuseum wurde im Jahr 1872 gegründet und erstreckt sich heute auch auf zwei benachbarte Gebäude. Baron Revoltellas Originalhaus aus dem 19. Jh. versprüht nach wie vor das Flair von anno dazumal. Zum Inventar gehören u. a. Kronleuchter, vergoldeter Gipsstuck und prächtige Seidentapeten. Der moderne Palazzo Brunner beherbergt eine sehr interessante Sammlung von Werken Triester Künstler aus dem 19. und 20. Jh., darunter befinden sich einige faszinierende Porträtmalereien und Büsten aus dem frühen 20. Jh. Zum Museum gehören auch ein hübsches Dachcafé und ein gut sortierter Buchladen.

Civico Museo Sartorio · MUSEUM

(☏ 040 30 14 79; Largo Papa Giovanni XXIII 1; Erw./Kind 6/3 €; ⊙ Di–So 9–18 Uhr) Dieses Museum ist ein weiteres großartiges Stadthaus, das zahlreiche Kunstwerke, Keramiken und Schmuckstücke beherbergt. Die Decken zieren wunderschöne, kunstvolle Fresken – einige davon gehen auf das späte 18. Jh. zurück. Außerdem befindet sich im Tiefgeschoss ein römisches Mosaik. Unbedingt besichtigen sollte man den Saal mit den herausragenden **Tiepolo-Zeichnungen**, virtuos und doch intim, und den **Trittico di Santa Chiara**, ein fantastisch detailliertes Altargemälde, das aus dem 14. Jh. stammt, auf Holzgrund.

Civico Museo di Storia ed Arte ed Orto Lapidario · MUSEUM

(Geschichts- und Kunstmuseum & Garten; ☏ 040 31 05 00; Piazza della Cattedrale 1; Erw./erm. 5/3 €; ⊙ Sommer Di–So 9–19 Uhr, Winter bis 13 Uhr) Dieses altertümliche Museum beherbergt römische Relikte, die in und um Triest und Aquileia ausgegraben wurden, sowie eisenzeitliche Funde aus der Nekropole von Reka an der Grenze zu Slowenien. Der **Orto Lapidario** („Steingarten") bietet eine Sammlung von wetterbeständigen Steinen, verstreut zwischen Blumen und Obstbäumen.

Museo Joyce & Svevo · MUSEUM

(☏ 040 359 36 06; 2. Stock, Via Madonna del Mare 13; ⊙ Mo–Sa 9–13 & Di 15–19 Uhr) Joyce würde sich über die Ironie amüsieren: Sein Museum ist eigentlich seinem Freund und Autorenkollegen Italo Svevo gewidmet. Hier findet sich eine bedeutende Sammlung mit Erstausgaben, Fotos und anderen Erinnerungsstücken des Triesters. Joyce wird mehr am Rande abgehandelt, mit einer Wandkarte, die seine Wohnungen und Lieblingsorte zeigt und einer Bloomsday-Party im Juni. (Auch Svevos Geburtstag am 19. Dezember wird gefeiert.)

Museo della Comunità Ebraica Carlo e Vera Wagner · MUSEUM

(☏ 040 63 38 19; Via del Monte 5; Erw./erm. 5/3 €; ⊙ Mo, Mi, Fr & So 10–13, Di & Do 16–19 Uhr) Eine kleine hochgelobte Sammlung liturgischer Geräte, Textilien, Dokumente und Fotografien, darunter eine Anzahl anrührender persönlicher Gegenstände, die 1945 von deutschen Truppen gestohlen wurden.

Civico Museo Teatrale Carlo Schmidl · MUSEUM

(☏ 040 675 40 72; Via Rossini 4; Erw./erm. 4/3 €; ⊙ Di–So 9–19 Uhr) Von Triests langjähriger kultureller Bedeutung zeugt dieses Museum im Palazzo Gopcevich; die Sammlung präsentiert Stücke aus dem reichen Musik- und Theatererbe der Stadt seit dem 18. Jh.

🏃 Aktivitäten

Jeder Sonnenstrahl lockt die Triestiner auf die Betonplattformen am Wasser entlang des **Viale Miramare** (dort ist es hübscher, als es klingt).

Bagno Marino Lanterna · SCHWIMMEN

(☏ 040 30 59 22; Molo Fratelli Bandiera 3; Erw. 1 €; ⊙ Mai–Sept. 7.30–19.30 Uhr) Der richtige Platz für Sonnenanbeter und für einen Sprung ins kühle Nass ist das Bagno Marino Lanterna, das hinter dem Leuchtturm aus dem 19. Jh. liegt, der heute nicht mehr betrieben wird. Der Kiesstrand, ein lebendiges Stück österreichisch-ungarischer Geschichte, ist noch immer nach Geschlechtern getrennt.

Straßenbahn Nr. 2 STRASSENBAHN

(Abfahrt an der Piazza Oberdan; Trieste Trasporti Ticket pro Std./Tag 1,25/4,10 €; ☺ Abfahrt 7–18 Uhr halbstündlich) Schöne Blicke auf Meer und Stadt bietet eine Fahrt mit der historischen Straßenbahn nach **Villa Opicina**. Auf dem Großteil der 5 km langen Strecke fährt sie als normale Straßenbahn, doch auf dem steilen Teilstück hinauf zum Carso wird sie zur Standseilbahn. Die kurze Fahrt führt in eine andere Welt: In Villa Opicina sprach man einst nur Slowenisch und der Ort wirkt auch heute noch ziemlich unitalienisch.

🛏 Schlafen

Viele Hotels der mittleren und gehobenen Preisklasse reduzieren am Wochenende ihre Tarife. Verglichen mit anderen italienischen Städten kommen die Gäste hier noch voll auf ihre Kosten.

Residenzale 6a BOUTIQUEHOTEL €

(☏ 0406 72 67 15; www.residenzale6a.it; Via Santa Caterina 7; EZ/DZ 65/85 €; ✳🛜) Im oberen Stockwerk eines imposanten Gebäudes im Borgo Teresiano bietet dieses kleine behagliche Hotel Zimmer mit traditioneller Möblierung und modernem Badezimmer. Jedes der eleganten Zimmer ist nach einer der Heldinnen Italo Svevos benannt. Es gibt eine große Lounge und einen begrünten Innenhof, in dem Gäste bei einer Tasse Tee entspannen können.

Residence del Mare APARTMENT €

(☏ 040 30 73 46; www.residencedelmare.it; Via della Madonna del Mare 4; Apt. für 1/2 Personen 85/100 €; ✳🛜) Wer nicht nach schickem Design oder starker Atmosphäre sucht, findet hier große, gut ausgestattete und günstig gelegene Apartments. Das obere Stockwerk bietet Ausblicke auf die Stadt; das Personal ist hilfsbereit.

★ L'Albero Nascosto BOUTIQUEHOTEL €€

(☏ 040 30 01 88; www.alberonascosto.it; Via Felice Venezian 18; EZ/DZ 85/150 € ; ✳🛜🚶) Das freundliche kleine Hotel liegt versteckt inmitten der Altstadt. Das Nascosto ist ein Beispiel für den diskreten, unkomplizierten Stil der Stadt. Die großzügigen Zimmer sind mit klassischen Stücken ausgestattet. Mit Ausnahme des Einzelzimmers verfügen alle über eine kleine Küche. Das Frühstück ist einfach, aber mit viel Sorgfalt angerichtet. Es gibt Käse aus der Region, ausgezeichnete Konfitüren und frischen Illy-Kaffee.

Hotel Savoia Excelsior Palace LUXUSHOTEL €€

(☏ 040 7 79 41; http://savoiaexcelsiorpalace. starhotels.com; Riva del Mandracchio 4; DZ 170 €; ✳🛜) Das Savoia ist der glamouröse Newcomer unter den Hotels, eine klassische, aber zeitgenössische (und etwas übertriebene) Nachbildung des grandiosen Grand Hotel aus der Habsburger Ära. Mit seinen mehr als 100 lichtdurchfluteten Luxuszimmern, den ausgezeichneten öffentlichen Einrichtungen, dem Meerblick und den

---

ABSTECHER

RISIERA DI SAN SABBA

Aus dem ehemaligen Reisschälwerk wurde 1943 ein Konzentrationslager, das einzige in Italien. In den 1960er-Jahren entstand an dieser Stelle ein **Nationaldenkmal und Museum** (☏ 040 82 62 02; Via Palatucci 5; Eintritt frei; ☺ 9–19 Uhr).

Der Ort erinnert an die 5000 Menschen, die hier starben, und die Tausende, die auf dem Weg zu den Zwangsarbeits- und Konzentrationslagern hier vorbeikamen. Unter ihnen befanden sich viele jüdische Bürger von Triest sowie Triester und slowenische Widerstandskämpfer.

Die Todeszellen sind zwar noch vorhanden, aber der Großteil des Lagers wurde 1945 von der auf dem Rückzug befindlichen deutschen Armee zerstört. Das Denkmal aus Metall und Stein bietet viel Raum zum Nachdenken. Fotos, Briefe sowie andere persönliche Gegenstände der hier Inhaftierten erinnern an die Zeit des Grauens.

Vom Bahnhof fahren die Buslinie 8 oder der Bus Nr. 10 von den Haltestellen entlang der Riva; die Fahrt dauert 20 Minuten. An der letzten Haltestelle aussteigen, am Stadion vorbei und links in die Via Palatucci einbiegen.

DER DUBLINER

„Stellen Sie sich vor, Sie sind auf der Flucht und laufen sich selbst in die Arme. Der weiteste Umweg ist womöglich der kürzeste Weg nach Hause."

James Joyce, *Ulysses*

James Joyce, dem das Leben im düsteren Dublin schwer zu schaffen machte, floh 1905 nach Triest, wo er an der Sprachenschule Berlitz unterrichtete. Im Alter von 22 Jahren ließ sich der hochbegabte, aber noch weitgehend unbekannte irische Schriftsteller mit seiner Geliebten (und späteren Frau) Nora Barnacle in einer Stadt nieder, die von der anachronistischen österreichisch-ungarischen Monarchie geprägt war.

Triest war eine blühende, weltoffene Stadt, in der sich zahlreiche Künstler und Aristokraten, die dem Lotterleben nicht abgeneigt waren, niedergelassen hatten. Der gesellige Ire vergeudete nicht viel Zeit und schloss sich dieser Szene an. Rasch erlernte er den Triester Dialekt. Tagsüber unterrichtete er Englisch und hatte diverse Geschäftsideen, aus denen jedoch selten etwas wurde. Abends gab er sich dem Alkohol hin und machte sich langsam daran, die Texte zu seinen ersten beiden bahnbrechenden Werken *Dubliners* und *Ein Porträt des Künstlers als junger Mann* zu schreiben. Joyce war ständig mittellos und verbrachte die meiste Zeit in den Kaffeehäusern der Stadt, wo er seine Romane schrieb.

Die Joyces blieben bis 1915 in Triest. Durch den Ausbruch des Ersten Weltkriegs waren sie gezwungen, ins neutrale Zürich überzusiedeln. Nach dem Krieg kehrte Joyce in eine völlig veränderte Stadt zurück. Nicht gerade begeistert von der neuen, dreisten Staatsordnung, machte er sich umgehend nach Paris auf. Die literarische Gestaltung seines Romans *Ulysses* erfolgte in Paris, entstanden ist er jedoch ohne jeden Zweifel im vielsprachigen Schmelztiegel, der Triest vor dem Ersten Weltkrieg gewesen war.

akzeptablen Preisen hat das Hotel nichts von seinem Reiz verloren.

Hotel Victoria HOTEL €€

(📞040 36 24 15; www.hotelvictoriatrieste.com; Via Oriani 2; DZ 130 €; ❄🖥📶) Das nicht geschäftsmäßige, interessante Hotel verfügt über wunderschöne Zimmer und einen Lesesaal. Sauna und Hammam sind ausschließlich Hotelgästen vorbehalten. Auch James Joyce residierte einst hier. Überall findet man kleine Erinnerungsstücke an ihn sowie zeitgenössische Kunstwerke. Eine Suite wurde ausschließlich ihm gewidmet.

Hotel Miramare HOTEL €€

(📞040 224 70 85; www.hotelmiramaretrieste.it; Viale Miramare 325/1; DZ 150 €; 🅿❄🖥) Alle Zimmer haben Meerblick und sind mit Strandmotiven versehen. Das gute Restaurant mit Bar und bequemen Ledersesseln ist elegant, aber preisgünstig.

Grand Hotel Duchi d'Aosta LUXUSHOTEL €€€

(📞040 760 00 11; www.grandhotelduchidaosta.com; Piazza dell'Unità d'Italia 2; 140–259 €; ❄🖥🏊) Seit der Römerzeit gab es in dieser erstklassigen Lage immer Hotels. Geblieben ist das „Duchi", das Hotel Triests. Die öffentlichen Bereiche sind intim, die Zimmer sind mit antiken Möbeln ausgestattet, denn ge-

nau so mögen es die Stammgäste. Die Badezimmer sind für ein 5-Sterne-Hotel vielleicht nicht ganz so schick, dafür entschädigt der Pool im Souterrain.

Hotel Vis a Vis HOTEL

(📞040 760 00 11; www.hotelvisavis.net; Piazza dello Squero Vecchio 1; EZ/DZ 160/175 €) Das Vis a Vis ist der moderne Ableger des Duchi; es verfügt über kleine, aber luxuriöse Zimmer mit allem modernen Komfort. Die perfekte Wahl für alle, die zeitgenössischen Stil bevorzugen, aber nicht auf die Annehmlichkeiten des Duchi verzichten möchten.

✖ Essen

In keinem Bereich in Triest zeigen sich seine langen Jahre als wichtigster Hafen der österreichisch-ungarischen Monarchie mit slawischem Hinterland deutlicher als in seiner Küche. Fisch und Meeresfrüchte sind fantastisch; die Gerichte erinnern an die venezianische Küche. Doch das für Triest wohl typischste kulinarische Erlebnis sind die Büfetts. Die Bäckereien von Triest sind ein süßer Traum – etwa eine *putizza* (nussgefülltes Hefegebäck) mit einem Illy-Kaffee.

★ SaluMare MEERESFRÜCHTE €

(www.salumare.it; Via Cavana 13a; Gerichte 15 €; ⊙Di-Sa 11.30–14.30 & 18–22 Uhr) In diesem hellen Triester Büfett stehen Fisch und Meeresfrüchte im Mittelpunkt. An der Bar stehen kleine Gerichte zur Auswahl: weiße Polenta und *baccalà mantecato* (Stockfisch-püree), Garnelen-Ceviche, geräucherter Aal und *tartines* mit grünen Äpfeln. Dazu einen Weißwein aus Friaul oder dem Veneto. Es gibt viele Gründe hier länger zu verweilen: die große Bibliothek mit Kochbüchern und Restaurantführern, der Gemeinschaftstisch und die internationalen Zeitungen.

Buffet da Siora Rosa BÜFETT €
(☏ 040 30 14 60; Piazza Hortis 3; Gerichte 24 €; ◷ Di-Sa 8–21.30 Uhr) Vor dem Zweiten Welt-krieg eröffnete Rosa Caltaruzza (ein Porträt von ihr ziert noch immer die Wand) diesen Familienbetrieb. Das Siora Rosa ist bis heu-te eines der traditionellsten Büfetts Triests. In einem herrlich altmodischen Raum wer-den Würste, Sauerkraut und andere deut-sche und ungarische Gerichte serviert, da-neben auch Gnocchi oder Fischeintopf mit gebratener Polenta.

Buffet Da Pepi BÜFETT €
(Via Cassa di Risparmio 3; Gerichte 15 €; ◷ Mo-Sa 8.30–20 Uhr) Die Theke präsentiert die verschiedensten Teile vom Schwein: Beine, Hals, Bauch, Zunge und Hoden – all das wartet nur auf einen Klecks Relish und geriebenen *kren* (Meerrettich). Lecke-re Brötchen mit heißem Schweinefleisch zum Mitnehmen (3 €) eignen sich großartig als Lunch.

Buffet Rudy BÜFETT €
(Via Valdirivo 32; Gerichte 20 €; ◷ Mo-Sa 10–24 Uhr) Im Rudy werden seit 1897 traditio-nelle Fleischgerichte, Aufschnitt und Bier angeboten. Ein Besuch lohnt sich wegen des Schweinerückens, der mit hausgemachtem Sauerkraut serviert wird, oder auch nur für Drinks und Snacks an der Bar.

Pirona GEBÄCK & KUCHEN €
(Largo Barriera Vecchia 12; ◷ Di-Sa 7.30–20 Uhr) Dieses Schmuckstück von Konditorei und Café gehörte zu Joyces Favoriten. Die würzi-gen, nussigen, alkoholgetränkten Triestiner Kuchenspezialitäten, *putizza*, *presnitz* und *pinza*, schmecken besonders gut.

Gelateria Zampolli GELATO €
(Via Carlo Ghega 10; ◷ Do-Di 9.30–12 Uhr) Wer das beste Eis der Stadt kosten will, muss sich auf großen Andrang einstellen: Das Eis mit Sachertortengeschmack ist ein Muss.

Al Bagotto MEERESFRÜCHTE €€€
(☏ 040 30 17 71; www.albagatto.it; Via Cadorna 7; Gerichte/Degustationsmenü 50/60 €; ◷ Mo-Sa 7.30–24 Uhr) Dieses altbewährte Lokal mit dem dunklen Saal könnte düster wir-ken, doch junges engagiertes Personal und kühne Kompositionen auf dem Teller sor-gen für frischen Wind. Die Meeresfrüchte-*degustazione* – dazu gehören Tintenfischtin-te und *fritto misto* (gebratene gemischte Meeresfrüchte) – ist sehr üppig und einfach köstlich. Die Speisekarte stellt sich einfalls-reich auf die Jahreszeiten ein; die Stamm-gäste bestellen häufig absolut frischen Fisch per *etto* (100 g), am Tisch gewogen und filetiert.

Ausgehen & Nachtleben

Die historischen Cafés von Triest bilden ein Stück lebendige Vergangenheit, doch sie bil-den auch einen florierenden und sehr ange-nehmen Teil vom Alltagsleben der Stadt.Ca-fés, Bars and Büfetts gibt es allerorten, sehr beliebt ist auch der *aperitivo* (Drinks vor dem Abendessen mit einem Snack). Abend-liches Ausgehen ist bei Jung und Alt beliebt, alle sind schick und entspannt; Drinks am frühen Abend erstrecken sich oft bis in die Nacht – dazu gibt es herzhafte Snacks vom Büfett. Die Bars an der Via San Nicolo bedie-nen eine elegante After-Work-Gesellschaft, während die Bars, die sich in der Altstadt drängen, eine eher bohemehafte Atmosphä-re besitzen. Im Sommer gibt es viele Lokale im Freien am Viale Miramare.

Chocolat CAFÉ
(Via Cavana 15b; ◷ Di-Sa 7.30–20 Uhr) Dieses hübsche Café mit Schokoladengeschäft stellt alles vor Ort her, darunter auch die heiße Schokolade, die in einem großen Topf hin-ter der Theke vor sich hin köchelt, und im Sommer Gelato. Erfreulicherweise kostet es nicht extra, am großen Gemeinschaftstisch draußen auf dem Platz zu sitzen.

Caffè Torinese CAFÉ
(Corso Italia 2; ◷ Di-So 7–21 Uhr) Das kleinste und vielleicht freundlichste der historischen Cafés ist für einen Wein am Abend ebenso beliebt wie am Morgen für ein *capo un' b* (Macchiato im Glas).

Osteria da Marino WEINBAR
(Via della Ponte 5; ◷ Mo-Fr ab 12.30, Sa & So ab 18 Uhr) Das Personal in der mit Weinflaschen und Fässern gefüllten Osteria kennt seine Weinsorten gut. Wer es nicht bis ins Carso

schafft, kann die verschiedenen Weinsorten gleich hier verkosten (das Angebot an Vitovska-Weinen ist breit gefächert). Zu den kleinen Frikadellen passt ein Franciacorte Perlwein oder ein Rotwein aus der Toskana.

Grip Wunderbar
BAR

(Via San Giusto 22; ⊘ Di–Do 19–2, Fr & Sa 19–4 Uhr) Bier vom Fass und Vinyl! Die Eckbar unterhalb des Castello di San Giusto bietet einen völlig anderen Eindruck von Triest.

Buffet Al Spaceto
BÜFETT

(Via Belpoggio 3 a; Snacks 1,80–3 €; ⊘ Mo–Fr 8–22, Sa 8–15 Uhr) Hier treffen sich die Einheimischen auf ein Glas Wein und Snacks vom Tresen.

Caffè San Marco
CAFÉ

(Via Battisti 18; ⊘ Di–Sa 8–21 Uhr) Diese melancholische Lokalität wurde kurz vor dem Ersten Weltkrieg eröffnet; die Ausstattung mit Gemälden von Theatermasken, dunkelbraunen Wänden und endlos langen Marmortischen ist großartig. Das Personal ist mitunter unfreundlich.

Caffè Tommaseo
BAR

(☎ 040 36 26 66; www.caffetommaseo.com; Riva III Novembre; ⊘ 8–0.30 Uhr) Seit der Eröffnung im Jahr 1830 buchstäblich unverändert glänzt dieses Lokal mit reich verzierten Decken, primelgelben Wänden und barocken Spiegeln. Bei einem Kaffee an der Bar oder einem Schnitzel (Gerichte 22 €) an einem der Tische lässt sich die glorreiche Vergangenheit genießen.

☆ Unterhaltung

Teatro Verdi
OPER

(☎ 040 672 21 11; www.teatroverdi-trieste.com; Riva III Novembre 1) Die Triester Oper ist eine Mischung aus Mailänder Scala und dem Opernhaus La Fenice von Venedig. Dies ist den beiden miteinander im Streit liegenden Architekten zu verdanken. Die Aufführungen sind absolut sehenswert. Die Triester sind begeisterte Opernanhänger und ein großartiges Publikum.

☞ Geführte Touren

Stadtspaziergänge
STADTSPAZIERGANG

(7 €, FVG Card frei; ⊘ April–Sept. tgl., Okt. Sa & So, Nov.–März Sa 10.30 Uhr) Zu buchen bei der Touristeninformation.
Praktische Informationen
Krankenhaus (☎ 0403 99 11 11; Piazza dell'Ospedale 2)
Polizeirevier (☎ 0403 66 111; Via Genova 6)

① Praktische Informationen

Touristeninformation (☎ 0403 47 83 12; turismofvg.it; Via dell'Orologio 1; ⊘ Mo–Sa 9–18, So bis 13 Uhr)

① An- & Weiterreise
BUS

Nationale und internationale Busse halten am **Busbahnhof** (☎ 040 42 50 20; www.autostazionetrieste.it; Via Fabio Severo 24). Hier gibt es auch Fahrten nach Slowenien und Kroatien, darunter Zagreb (22.50 €, 5 Std.,

---

Di–Sa tgl.) und Dubrovnik (79 €, 15 Std., 2-mal wöchentlich).

APT (Azienda Provinciale Trasporti Gorizia; ☑ 800 955957; www.aptgorizia.it) Bus 51 fährt zwischen 4.30 und 22.35 Uhr etwa alle 30 Minuten vom Busbahnhof zum Flughafen (4 €, 1 Std.).

Florentia Bus (☑ 040 42 50 20; www.florentia bus.it) bietet Busfahrten nach Ljubljana (14,50 €, 2 ¾ Std., tgl.), Belgrad (55 €, 10 Std., an zwei Tagen pro Woche) und ins bulgarische Sofia (55 €, 16½ Std., tgl.).

FLUGZEUG

Der Flughafen Friuli Venezia Giulia (S. 467; auch Ronchi dei Legionari oder Trieste No-Borders genannt) bietet tägliche Verbindungen mit Rom, London, München und Frankfurt; weitaus seltener sind die Flüge von und nach Belgrad und Tirana. Venedigs Flughafen Marco Polo liegt nur etwa 1½ Stunden Autofahrt entfernt. Oder aber man fährt mit dem Zug nach Mestre (zwei bis drei Stunden) und nimmt dort den Bus für die Weiterfahrt.

SCHIFF/FÄHRE

Von Mitte Juni bis Ende September fahren Motorboote von und nach Grado, Lignano und zu einigen Orten der istrischen Küste in Slowenien und Kroatien; die Touristeninformation bietet detailliertere Informationen zu den jeweiligen Anbietern.

Agemar (☑ 040 36 37 37; Nuova Stazione Marittima – Molo IV; Deckplatz einfache Fahrt Winter/Sommer 65/80 €) verkauft Tickets für die zweimal wöchentlich verkehrende Autofähre von und nach Durres in Albanien.

ZUG

Bahnhof (Piazza della Libertà 8) Von hier verkehren Züge nach Gorizia (3,80 €, 50 Min., stündl.), Udine (6,70 €, 1 bis 1½ Std., mindestens stündl.), Venedig (9,20–13,50 €, 2 Std., mindestens stdl.) und Rom (70 €, 6½ bis 7½ Std.; meist mit Umsteigen in Mestre).

UNTERWEGS VOR ORTSCHIFF

Trieste Trasporti (☑ 800 016675; www.trieste trasporti.it) Von der Stazione Marittima startet ein ganzjähriger Shuttle-Service nach Muggia (einfache Fahrt/hin & zurück 4/7 €, 30 Min., 6- bis 10-mal tgl.). Über weitere Anbieter während der Saison informiert die Touristeninformation.

BUS

Trieste Trasporti (☑ 800 016675; www. triestetrasporti.it) Die Buslinie 30 verbindet den Bahnhof mit der Via Roma und dem Hafenviertel; Linie 24 fährt vom Bahnhof zum Castello di San Giusto; Linie 36 verkehrt

zwischen dem Busbahnhof und Miramare. Das Ticket für 1 Std. kostet 1,25 €, für den ganzen Tag 4,15 €.

TAXI

Radio Taxi Trieste (☑ 040 30 77 30; www. radiotaxitrieste.it) 24-Stunden-Betrieb, eine Fahrt vom Bahnhof ins Zentrum kostet etwa 7 €.

Zwischen 22 und 6 Uhr kommt zur Grundgebühr von 3 € ein Zuschlag von 2 €, auch an Feiertagen wird ein Zuschlag von 2 € berechnet.

Muggia

13 400 EW.

Das Fischerdörfchen Muggia, 5 km südlich von Triest, ist die einzige italienische Siedlung auf der historischen istrischen Halbinsel. Die Grenze zu Slowenien liegt nur 4 km südlich von hier; nach Kroatien, das den Hauptteil der Insel einnimmt, ist es etwas weiter. Mit seinem Kastell aus dem 14. Jh., von dem nur noch einige Mauern erhalten sind, hat Muggia eine venezianisch geprägte Atmosphäre. Von den Hügeln bieten sich fantastische Ausblicke bis nach Triest.

Im **Pane, Vine e San Daniele** (Piazza Marconi 5; ⊙ Mo–Sa 8–14 & 20–2 Uhr) am Hauptplatz hinter dem Hafen treffen sich die Einheimischen auf einen Krug Wein und diverse Platten mit Wild- und Wildschweinsalami. Am Hafen gibt es auch einige Fischrestaurants. Zwischen Muggia und Triest verkehren Fähren.

Il Carso

Die Liste der Triester Kuriositäten wird noch durch Il Carso (deutsch: *Karst*, slowenisch: *Kras*) ergänzt, dessen Hinterland von Slowenien und dem Adriatischen Meer umgeben wird. Es handelt sich um ein windumtostes kalkartiges Plateau, das von zahlreichen Höhlen und Kratern durchzogen ist. Die wilde Landschaft war lange Zeit Gegenstand von Mythen und Legenden. Der Name bezieht sich auf die Topografie der Landschaft. Der Karst ist in jeder Jahreszeit einen Besuch wert. Besonders schön ist es hier jedoch im Frühling, wenn die graugrünen Berge von einer Blütenpracht überzogen sind, oder im Herbst, wenn die Weinberge und *ruje* – Perückenbäume – sich dunkelrot verfärben.

WEINLÄDEN ÜBERALL

Die osmize genannten Heurigen sind einige Hundert Jahre älter als die angesagten Weinläden, die überall aus dem Boden gestampft werden. Laut einem österreichischen Gesetz aus dem 18. Jh. waren die Landwirte des Karst berechtigt, einmal im Jahr ihre überschüssigen Wein- und Getreideernten zu verkaufen. (Der Ausdruck osmiza kommt von dem slowenischen Ausdruck für acht, die Anzahl der Tage, die die ursprüngliche Lizenz gültig war.) Heutzutage ist der osmiza hauptsächlich auf den Weingütern erhältlich, wo auch Bauernkäse und Sülze verkauft werden. Obwohl der Karst für seine mutigen, innovativen Winzer bekannt ist, üben die Osmize-Traditionen immer noch einen großen Einfluss aus. Osmiza-Adressen gibt es kaum. Am besten man hält an der Straße nach den roten Pfeilen Ausschau. An Toren oder Fenstern sind Schilder mit einer frasca angebracht, einem belaubten Ast, der von oben nach unten hängt. Dies bedeutet, dass die osmiza geöffnet ist. Man sollte sich keineswegs die Verkostung der einheimischen Weine entgehen lassen, wie z. B. die oft trüben und manchmal kräftigen Weißweinsorten Vitovska und Terrano bzw. Teran, einen nach Beeren duftenden Rotwein. Die Winzer **Zidarich** (☎ 040 20 12 23; www.zidarich.it; Prepotto 23) und **Skerk** (☎ 040 20 01 56; www.skerk.com; Prepotto 20) geben die Termine der osmiza, meist im November und im April, auf ihrer Website bekannt; Besuche der Weinkeller können natürlich auch zu anderen Zeiten arrangiert werden.

⊙ Sehenswertes

Grotta Gigante
HÖHLE

(☎ 040 32 73 12; www.grottagigante.it; Erw./erm. 11/9 €; ⊙ 50-minütige Führungen im Sommer tgl. zur vollen Stunde 10–18 Uhr, im Winter Di–Sa 10–16 Uhr) Die Super-Attraktion der Gegend liegt bei Villa Opicina, 5 km nordöstlich von Triest. Auf 120 m Höhe gelegen, zählt die 280 m lange und 65 m breite Höhle zu den größten und spektakulärsten zugänglichen Höhlen Europas. Sie ist von Triest aus gut mit dem Bus 42 oder mit der Straßenbahn 2 und dem Bus 42 zu erreichen.

Casa Carsica
MUSEUM

(☎ 040 32 71 24; Rupingrande 31; ⊙ April–Okt. So 10–11.30 & 15–17 Uhr) GRATIS Dieses Museumshaus in Rupingrande lässt das Leben im alten slowenischsprachigen Carso wieder lebendig werden. Es organisiert auch das wichtigste Folk-Festival des Carso, die Nozze Carsiche (Kraška ohcet; Karst-Hochzeit), das alle zwei Jahre Ende August vier Tage lang in der Burg von Monrupino (16. Jh.) abgehalten wird.

Castello di Duino
SCHLOSS

(☎ 040 20 81 20; www.castellodiduino.it; Erw./erm. 8/5 €; ⊙ April–Sept. Mi–Mo 9.30–17.30 Uhr, März & Okt.–Nov. geringerer Eintrittspreis & kürzere Öffnungszeiten) 14 km in Richtung Nordwesten an der Küste von Miramare liegt das malerische Schloss aus dem 14. und 15. Jh. hoch auf den Klippen, umgeben von einem üppigen Park. Der Dichter Rainer Maria Rilke war hier ab 1911 zu Gast und schuf in einem melancholischen, stürmischen Winter seine Duineser Elegien. Der Bus 41 fährt von der Piazza Oberdan in Triest hierher.

Gorizia
36 000 EW. / 86 M

Wer das heutige, moderne Gorizia besucht, macht sich keine Vorstellung von der komplizierten Geschichte des Landes. Die oft umkämpfte Grenzstadt war einst Schauplatz bitterer Gefechte im Ersten Weltkrieg. Bis vor Kurzem war die Stadt ein wichtiger Grenzübergang am Eisernen Vorhang. Der Ursprung des Namens ist slowenisch. Vor dem Ersten Weltkrieg war es nicht ungewöhnlich, auf dem Marktplatz verschiedene Sprachen zu hören – Deutsch, Slowenisch, Friaulisch, Italienisch, Venezianisch und Jiddisch.

Gorizias Charme ist auf seine aristokratische Atmosphäre zurückzuführen, die einzigartige friaulisch-slowenische Küche und den einfachen Zugang zur umliegenden Gegend, die für ihre Weine und Landrestaurants bekannt ist.

⊙ Sehenswertes

Borgo Castello
BURG

(☎ 0481 53 51 46; Borgo Castello 36; Erw./erm. 3,50/2,50 €; ⊙ Di–So 10–19 Uhr) Hauptsehenswürdigkeit von Gorizia ist die Burg, die auf einem Hügel liegt. Im Inneren ist eine schöne große Halle mit Holzvertäfelung. Unterhalb der Burg liegen zwei sehr gegensätzliche Museen. Die tragische Geschichte der italienisch-österreichischen Front im Ersten Weltkrieg erforscht das **Museo della Grande Guerra;** dort ist eine maßstabsgetreue Reproduktion eines Schützengrabens zu sehen. Und dann gibt es da die Mode: Jene des 19. und frühen 20. Jh. präsentiert das **Museo della Moda e delle Arti Applicate**. Die Eintrittskarte gilt für den Borgo Castello, das Museo della Grande Guerra und das Museo della Moda e delle Arti Applicate

Piazza Transalpina　　HISTORISCHE STÄTTE
Der Platz ist ein Relikt aus dem Kalten Krieg. Die slowenische Grenze – seit Dezember 2007 eine reine Formalität – verlief früher durch Gorizia. Da Schengen jetzt den Eisernen Vorhang ersetzt, sind verfallene Zäune, Grenzposten und Wachtürme die einzigen Sehenswürdigkeiten hier.

Palazzo Coronini Cronberg　　PALAST
(☎0481 53 34 85; www.coronini.it; Viale XX Settembre 14; Erw./erm. 5/3 €; ☻Di–So 10–13 & 14–19 Uhr) Die Residenz aus dem 16. Jh. ist mit Antiquitäten vollgestellt und wird von einer üppigen Gartenanlage umgeben, die kostenlos besichtigt werden kann.

Chiesa di Sant'Ignazio　　KIRCHE
(Piazza della Vittoria; ☻8–12 & 15–19 Uhr) Die Barockkirche wurde zwischen 1654 und 1724 erbaut. Mit ihren beiden Zwiebeltürmen überragt sie das Stadtzentrum.

🍴 Schlafen & Essen

Auf dem Corso Italia und der Via Terza Armata gibt es zahlreiche Cafés und Bars. Jede Menge Restaurants findet man in den Altstadtstraßen unterhalb des Kastells und um die **Markthalle** (Via Verdi 30) herum.

★ Palazzo Lantieri　　B&B €€
(☎0481 53 32 84; www.palazzo-lantieri.com; Piazza Sant'Antonio 6; EZ/DZ 80/140 €; P🐶📶) Dieser Palazzo bietet helle, geräumige Zimmer im Haupthaus und Apartments für Selbstversorger in den früheren Wirtschaftsgebäuden, alles in einem herrlichen Garten im persischen Stil. Goethe, Kant und Kaiserin Maria Theresa waren einst wiederholt hier zu Gast. Antiquitäten schmücken öffentliche und private Räume, doch die charmante Familie Lantieri ist ganz und gar nicht antiquiert. Ihre Hingabe an die zeitge-

nössische Kunst zeigt sich im Michelangelo Pistoletto an der Decke und dem Jannis Kounellis im Dachgeschoss. Für Nichtgäste werden Führungen organisiert.

Grand Hotel Entourage　　HOTEL €€
(☎0481 55 02 35; www.entouragegorizia.com; Piazza Sant'Antonio 2; EZ/DZ 80/120 €; P❄@) Ein traditionelles mitteleuropäisches Hotel mit sonnengelben Wänden, Biedermeiermöbeln und Eichenparkett. Tipp: Die besseren Zimmer verfügen über ein Bad mit modernen Mosaikfliesen.

Majda　　GORIZIANISCH €
(☎0481 3 08 71; Via Duca D'Aosta 71; Gerichte 20–30 € ; ☻Mo–Sa 12–15 & 19.30–23 Uhr) Das Hotel hat eine Bar im Innenhof, freundliches Personal und eine geschmackvolle Einrichtung. Im Majda gibt es einheimische Spezialitäten wie Ravioli mit Roter Bete und einheimischen Kräutern oder auf slowenische Art mit Kartoffeln, Wildschwein auf Polenta und interessante Beilagen wie gedünsteten Löwenzahn.

Pasticeria Centrale　　GEBÄCK & KUCHEN €
(Via Garibaldi 4 a; ☻7.30–19.30 Uhr) Ein Besuch in Gorizia wäre nicht vollkommen, ohne das einheimische Gebäck *gubana* probiert zu haben, eine dicke Mürbeteig-Schnecke mit Nüssen, Sultaninen und Gewürzen.

① Praktische Informationen
Touristeninformation (☎0481 53 57 64; Corso Italia 9; ☻Mo–Sa 9–18, So–13 Uhr)

① An- & Weiterreise
Der **Bahnhof** (Piazzale Martiri Libertà d'Italia), 2 km südwestlich des Zentrums, besitzt regelmäßige Verbindungen nach Udine (3,80 €, 30 Min., mindestens stündl.) und Triest (3,90 €, 50 Min., stündl.).
APT (☎800 955957; www.aptgorizia.it) betreibt Busse, die vom Bahnhof zum Busbahnhof Nova Gorica in Slowenien verkehren (1,15 €, 25 Min.).

Palmanova
5340 EW.

Palmanova, das die Form eines neunzackigen Sterns hat (was man natürlich nur aus der Luft beurteilen kann), ist eine Stadt mit Festungsanlage. Sie wurde im Jahr 1593 von den Venezianern erbaut. Diese militärischen Monolithen, die einst in Europa gang und gäbe waren, wurden „Sternen-

RUSTIKAL TAFELN

Die Küche in Friaul ist im Wesentlichen ländlich geprägt. Die kühnen Aromen und die heimischen Zutaten machen das Beste aus den Jahreszeiten und den traditionellen Techniken der *miseria* (Armut), und das auch noch, wenn sie schick geworden sind. Die folgenden viel gepriesenen Landhausrestaurants liegen alle etwa eine Stunde Fahrt von Udine entfernt, entweder in den Colli Orientali oder südlich in Richtung Küste.

★ **La Frasca** (☎0432 67 51 50; Viale Grado 10, Pavia di Udine; Gerichte 35 €; ⊗ Do–Di 12–15 & 19–22 Uhr) Die *Frasca*-Tradition ähnelt jener der *osmize*, ein rustikales Lokal, in dem *salumi* (Pökelfleisch) und Wein serviert werden. Das legere Speiselokal von Walter Scarbolo am Straßenrand erinnert noch an ein *Frasca*-Erlebnis. Hier treffen sich die Liebhaber des hervorragenden Pökelfleischs, der Menüs, in deren Mittelpunkt ein Produkt der Saison steht, und natürlich der Weine von Scarbolo.

★ **La Subida** (☎0481 6 05 31; www.lasubida.it; Via Subida, Cormons; Gerichte 50 €; ⊗ Sa & So Mittag- & Abendessen, Mo, Do, Fr Abendessen) Ein bekannter familiengeführter Gasthof, mit Gerichten und Zutaten von beiden Seiten der Grenze – Kaninchen, Wildschwein, Blüten und Beeren –, die auf moderne Art die Landschaft auf den Teller zaubern. Auch eine Übernachtung in einem der wunderbaren Waldhäuser lohnt, wo Vögel und raschelndes Laub das Wecken übernehmen.

Terre e Vini (☎0481 6 00 28; www.terraevini.it; Via XXIV Maggio, Brazzano di Cormons; Gerichte 52 €; ⊗ Di–Sa Abendessen, Di–So Mittagessen) Die Familie Felluga gehört zum Weinadel Friauls und ihre Osteria aus dem 19. Jh. bietet den Ausblick auf die Weingärten. Spezialität am Donnerstag sind Kutteln, am Freitag Stockfisch und Gänseeintopf oder Frittata mit Kräutern an jedem Tag.

Elliott (☎0432 75 13 83; www.elliotenoteca.com; Via Orsaria 50, Buttrio; Gerichte 32€; ⊗10–15 & 17–24 Uhr) Ein gutes friaulisches Essen an Holztischen im Freien mit Blick über den Collio auf die schneebedeckten Berge und Slowenien. Im oberen Stock gibt es 12 B&B- Zimmer mit privater Terrasse und ebenso großartigem Ausblick.

Orsone at Bastianich (S. 488) Dieser behagliche Gasthof liegt inmitten der Weingärten. Es werden regionale Produkte verwendet und traditionelle Gerichte angeboten, doch man spürt auch einen Touch der Neuen Welt, so stehen einige Gerichte der typischen New Yorker italienischen Küche auf der Speisekarte der Bar.

festung" oder *trace italienne* „italienischer Umriss" genannt. Die Verteidigungsanlagen Palmanovas waren so unbezwingbar, dass Napoleon sie gegen Ende des 17. Jhs. benutzte und erweitern ließ. Das Gleiche taten die Österreicher im Ersten Weltkrieg. Bis zum heutigen Tage hat die italienische Armee hier eine Garnison stationiert.

⊙ Sehenswertes

Von der sechseckigen Piazza Grande im Zentrum des Sterns führen sechs Straßen strahlenförmig zu den Stadtmauern. Ein hübscher Pfad verbindet die drei Haupttore: Udine, Cividale und Aquileia.

Civico Museo Storico   MUSEUM
(☎0432 91 91 06; Borgo Udine 4; Erw./erm. 2/1,50 €; ⊗ Sommer Di–So 9.30–12.30 oder nach Vereinbarung) Am Borgo Udine im Civico Museo Storico, im **Palazzo Trevisan** lässt sich die Ortsgeschichte entdecken und man

kann Waffen aus der venezianischen und napoleonischen Zeit betrachten. Das Museum dient gleichzeitig auch als **Touristeninformation** (☎0432 92 48 15; ⊗Mo, Di & Do–Sa 9.30–12.30 & 15.30–18.30 Uhr) und bietet detaillierte Informationen zu Führungen durch die geheimen Tunnels, die sich in einem Gewirr unter der Stadtmauer entlangziehen.

Museo Storico Militare   MUSEUM
(☎0432 92 81 75; Piazza Grande 21; ⊗tgl. 9–12 & Mo–Sa 16–18 Uhr) GRATIS Das Museo Storico Militare befindet sich in der Porta Cividale. Das Militärmuseum zeichnet die Geschichte der in Palmanova stationierten Truppen von 1593 bis zum Zweiten Weltkrieg nach.

ⓘ An- & Weiterreise

Regelmäßige Busverbindungen bestehen zwischen Palmanova und Udine (3,15 €, 30 Min.)

sowie Aquileia (2,65 €, 40 Min.). Abfahrt ist in der Via Rota, direkt innerhalb der Stadtmauer.

Aquileia

3500 EW.

Aquileia, 181 v. Chr. gegründet, war einst eine der größten und reichsten Städte des Römischen Reiches und zählte zu seiner Blütezeit 100 000 Einwohner. Nachdem die Stadt von den gefürchteten Hunnen unter Attila im Jahr 452 in Schutt und Asche gelegt worden war, flohen ihre Einwohner nach Süden und Westen und gründeten Grado und Venedig. Bereits im frühen Mittelalter entstand an dieser Stelle eine kleinere Stadt und es wurde die heutige Basilika erbaut. Hier entstand die größte christliche Diözese in Europa. Im Jahr 1998 wurde die Stadt auf die Liste des Unesco-Weltkulturerbes gesetzt, denn diese Gegend birgt noch immer eine der am besten erhaltenen und noch immer nicht komplett freigelegten römischen Fundstätten in ganz Europa.

◉ Sehenswertes

★ Basilica   KIRCHE

(Piazza Capitolo; Krypten Erw./erm. 3/ 2,50 €, Glockenturm 2 €; ☉ Mo–Sa 9–18, So ab 11.30 Uhr; Glockenturm nur im Sommer) Der gesamte Fußboden der kreuzförmigen Basilika, die nach einem Erdbeben im Jahr 1348 wieder aufgebaut wurde, ist von einem der größten und spektakulärsten Mosaike aus der römischen Ära bedeckt. Der 760 m² große Boden, der noch vom Vorgängerbau aus dem 4. Jh. stammt, ist von begehbaren Glasplatten geschützt. Neben biblischen Szenen wie Jonas, der vom Walfisch verschlungen wird, oder dem Gleichnis vom guten Hirten finden sich diverse Meereslebewesen sowie Porträts, die vermutlich wohlhabende römische Förderer und ihre Geschäftsinteressen zeigen.

Bemerkenswert sind auch die Kunstschätze der beiden Krypten der Basilika. In der Cripta degli Affreschi (Fresken-Krypta) aus dem 9. Jh. sind auf verblassten Fresken aus dem 12. Jh. verschiedene Heiligenmartyrien dargestellt. Die Cripta degli Scavi (Ausgrabungskrypta) enthält weitere, unterschiedlich gut erhaltene Mosaikböden. Einige Mosaike wurden zerstört oder stark beschädigt, als man 1030 den 73 m hohen Glockenturm aus dem Material des römischen Amphitheaters baute.

Römische Ruinen   RUINEN

Über das Gelände verstreut finden sich Reste der römischen Stadt wie etwa die weitläufigen Ruinen des Porto Fluviale (Binnenhafen; Via Sacra; ☉ 8.30–1 Std. vor Sonnenuntergang). Der alte Binnenhafen verband einst die Siedlung mit dem Meer. Auch die teilweise rekonstruierten Häuser, Straßen und die frei stehenden Säulen des alten Forums auf der Via Giulia Augusta können kostenlos besichtigt werden.

Die Touristeninformation (☎0431 91 94 91; ☉ Sommer 9–19, Winter 9–13 & 14–18 Uhr) organisiert Führungen zu den hochinteressanten römischen Sehenswürdigkeiten; ansonsten kann man auch allein dort herumspazieren.

Museo Archeologico
Nazionale   MUSEUM

(☎0431 9 10 16; www.museoarcheo-aquileia.it; Via Roma 1; Erw./erm. 4/2 €; ☉ Di–Sa 8.30–19.30 Uhr) Das Museum präsentiert eine riesige Anzahl an Statuen, Keramik- und Glasarbeiten sowie kunstvolle Schmuckstücke, die alle vor Ort ausgegraben wurden. Es gilt als eine der wichtigsten Sammlungen römischer Kunst in Norditalien.

Museo Paleocristiano   MUSEUM

(☎0431 9 11 31; Piazza Pirano; ☉ Di–So 8.30–13.45) GRATIS Dieses sehenswerte Museum, das zum Museo Archeologico Nazionale gehört, beherbergt Mosaiken und Grabdenkmäler aus der frühchristlichen Zeit, die aus den antiken Ruinen der näheren Umgebung geborgen wurden.

🛏 Schlafen

Camping Aquileia   CAMPINGPLATZ €

(☎043 19 10 42; www.campingaquileia.it; Via Gemina 10; Camping 2 Personen, Auto & Zelt 28 €, Bungalows 56 €) Dieser gepflegte Campingplatz liegt neben hübschen Feldern. Von den bequemen neuen Bungalows aus geht der Blick zur Basilika und dem alten römischen Hafen.

Ostello Domus Augusta   HOSTEL €

(☎0431 9 10 24; www.ostelloaquileia.it; Via Roma 25; EZ/DZ 28/46 €; P 🅿) Ein makelloses, wenn auch im wenig einfallsloses Hostel mit Zwei- bis Sechsbettzimmern und Etagenbädern am Ende des Flurs. Das freundliche, legere Personal hilft bei Wünschen und Fragen gern aus und liefert Karten und Fahrpläne.

Ausgehen

Taberna Marciani Aquileia WEINBAR
(www.tabernamarciani.com; Via Roma 10) Die
bärtigen und etwas ungepflegt aussehenden Barkeeper in dieser Weinbar mit Themen aus dem 2. Jh. n. Chr. sehen aus wie
Mitglieder einer Rockgruppe auf Ausgra-
bungsmission. Die Bar ist sehr beliebt, denn
es gibt hier Riesenportionen einheimischer
Fleischgerichte, verschiedene Käsesorten
(3–4 €) sowie hervorragenden Wein, ganz zu
schweigen von den langen Öffnungszeiten.

Grado

8600 EW.

Ein weiteres friaulisches Highlight ist der
geschmackvolle Badeort Grado 14 km südlich von Aquileia. Er liegt auf einer schmalen Insel in einer Lagune, von einem Damm
mit dem Festland verbunden. Hinter den
eher unspektakulären Stränden befindet
sich ein Gewirr aus verwinkelten *calli* (Gassen), die den mittelalterlichen Stadtkern
durchziehen. Blickfang ist die romanische
Basilica di Sant'Eufemia (Campo dei Parri-
archi). Ganz in der Nähe sind die Fragmente
eines **Kirchenmosaiks** (Piazza Biagio Marin)
aus dem 4. bis 5. Jh. zu bewundern. An der
heiteren Strandpromenade reihen sich Jugendstilvillen, Strandbuden und Thermalbäder aneinander (Der graue Sand gilt als
Heilmittel und wird für Anwendungen benutzt). Von Mai bis September wird in Grado eine Menge geboten. Der Ort eignet sich
hervorragend für eine *passeggiata* (Spaziergang) am Abend bei schönem Wetter.

Kleine *casoni* (Hütten mit Strohdach) der
Fischer liegen auf den winzigen Inseln in
der Lagune. Im Sommer können einige davon per Schiff besucht werden. Viele Inseln
stehen aber auch unter Naturschutz und
sind nicht zugänglich. Die **Touristeninformation** (☑ 0431 87 71 11; Viale Dante Alighieri 66;
⊙ 9–19 Uhr) informiert darüber. Am ersten
Sonntag im Juli führt eine Schiffsprozession
zum **Santuario di Barbana** (☑ 0431 8 04 53;
www.santuariodibarbana.it), einer Kirche aus
dem 8. Jh. auf einer der Laguneninseln.
Diese Tradition der Fischer besteht seit 1237,
als es hieß, dass die Madonna von Barbana
wunderbarerweise die Stadt vor der Pest
beschützt hatte. Schiffe verbinden das Heiligtum mit Grado; über Abfahrtszeiten und
Preise informiert **Motoscafisti Gradesi**
(☑ 0431 8 01 15; www.motoscafistigradesi.it; Riva
Scaramuzza; ⊙ Sommer tgl., Winter nur So).

Schlafen & Essen

In der Stadt gibt es eine große Anzahl von
Hotels und Ferienwohnungen, doch im
Sommer können die Unterkünfte knapp
und oft nur für eine volle Woche zu buchen
sein. Die Straßen der Altstadt beleben fröhliche Weinbars, legere *fritterias* und schicke
Fischrestaurants.

Albergo Alla Spiaggia HOTEL €€
(☑ 0431 8 48 41; www.albergoallaspiaggia.it;
Via Mazzini 2; EZ/DZ 77–140 €; ⊙ April–Okt.;
P ❉ @) Das Spiaggia befindet sich in einem
hübschen Vorkriegsgebäude, das mit mari-
timem Touch ausgestattet ist. Großartig ist
seine Lage zwischen Fußgängerzone, historischer Altstadt und Strand.

Trattoria de Toni MEERESFRÜCHTE €€
(☑ 0431 8 01 04; Piazza Duca d'Aosta 37; Gerichte 37 €; ⊙ Do–Di 12–15 & 18.30–22 Uhr) Ein
Restaurant der alten Schule mit sehr viel
Charme, in dem der perfekte Service und
die besten Fisch- und Meeresfrüchtegerichte
sich wunderbar ergänzen. Nicht versäumen:
den für Grado typischen *boreto,* ein Eintopf
mit den Fischen der Lagune, zu dem die weiße
Polenta serviert wird. Doch auch die Pastagerichte mit Meeresfrüchten und die superfrischen ganzen gegrillten Fische, die am
Tisch filetiert werden, lohnen den Besuch.

Max'in Botega de Mar MEERESFRÜCHTE
(Piazza Duca d'Aosta 7; ⊙ Mi–Mo 11–15 & 18–
23 Uhr) Zu einer *tartine* aus dem umfangreichen Angebot an Toasts mit Fisch und
Meeresfrüchten (je 1–3 €) passt perfekt eine
Weißweinschorle mit einem Spritzer Zitronensaft – das alles genossen an einem Tisch
im Freien. Noch hungrig nach dem Snack?
Es gibt auch *polpettone* (Bällchen) aus Fisch
und große Rohkostplatten. Keine Reservierungen, daher früh kommen.

L'Osteria da Sandra WEINBAR
(Campo San Niceta 16; ⊙ Di–So 10–23 Uhr) Nette Eckkneipe, in der sich die Einheimischen
am Rand der Altstadt zu einem Spritz am
frühen Abend treffen. Wer ein Picknick
plant, findet hier eine ausgezeichnete Auswahl an gekühlten Weißweinen.

ℹ An- & Weiterreise

Regelmäßige Busse der **SAF** (☑ 0432 60 81 11,
800 915303; www.saf.ud.it) verbinden Aquileia
mit Grado (1,50 €, 45 Min.) und Palmanova
(3,15 €, 45 Min., bis zu 8-mal tgl.), andere
Busse verkehren über Aquileia zwischen Grado

und Udine (4,50 €, 1¼ Std., 12-mal tgl.). Züge nach Venedig und Triest halten am Bahnhof Cervignano-Aquileia-Grado in Cervignano, etwa 15 km entfernt.

Rund um Grado

Nicht weit von Grados ständigem Ferientrubel liegen zwei malerische Naturschutzgebiete. Eine Fahrt von nur 15 Minuten führt in ein feuchtes Land von Moor und Schilf mit reichem Tierleben und faszinierenden Beispielen für das traditionelle Leben an der Küste.

◉ Sehenswertes

Riserva Naturale Regionale della Valle Cavanata NATURSCHUTZGEBIET
(☑ 0431 8 82 72; www.vallecavanata.it; ⊙ Mo, Mi & Fr 9–12.30, Sa & So 10–18 Uhr) Dieses Naturschutzgebiet schützt den Fischzuchtbereich aus den 1920er-Jahren und eine außergewöhnliche Vielzahl von Vögeln im Osten der Lagune. Es wurden mehr als 230 Vogelarten beobachtet, darunter Graugänse und zahlreiche Watvögel.

Riserva Naturale Regionale Foce dell'Isonzo NATURSCHUTZGEBIET
(☑ 0432 99 81 33; www.parks.it/riserva.foce.ison zo; Isola della Cona; Erw./erm. 5/3,50 €; ⊙ Fr–Mi 9–17 Uhr) Das letzte Stück Weg des Isonzo zur Adria führt durch dieses 23,5 km² große Naturschutzgebiet. Besucher können in den Salzsümpfen und im Watt Vögel beobachten, reiten, Rad fahren oder spazieren gehen. Das Besucherzentrum verfügt auch über ein Café.

Laguna di Marano

Eingebettet zwischen den Strandorten Grado und Lignano liegt die Laguna di Marano mit ihrer üppigen Vogelwelt.

Marano Lagunare, ein ehemaliger römischer Fischerhafen, der später durch eine Festung geschützt wurde, ist die einzige Siedlung am Ufer der Lagune. Wer Ruhe und Frieden sucht, findet sie jenseits der lauten Docks und der mittelalterlichen Gassen in zwei Naturschutzgebieten. Die 1377 ha große **Riserva Naturale della Foci dello Stella** liegt im Sumpfgebiet an der Stella-Mündung und ist mit dem Boot erreichbar. Die 121 ha große **Riserva Naturale della Valle Canal Novo** liegt in einem Tal, in dem früher Fischer lebten. Die beiden Parks

teilen sich das **Besucherzentrum** (☑ 0431 6 75 51; www.riservenaturali.maranolagunare.com; Via delle Valli 2; Parkeintritt Erw./erm. 2,50 €/1,50 €; ⊙ Di–So 9–18 Uhr), das sich in einer traditionellen Reethütte einquartiert hat.

Lignano

Das moderne Lignano gehört zu den besten Urlaubsorten Norditaliens. **Lignano Pineta** und **Lignano Riviera** haben wunderbare Sandstrände, dahinter liegen dunkle Pinienwälder, während der bunte und niemals langweilige Badeort **Lignano Sabbiadoro** mit Themenparks und mehrstöckigen Parkhäusern aufwartet.

Drei Campingplätze, darunter der **Pino Mare** (☑ 0431 42 44 24; www.campingpinomare. it; Lungomare Riva 15; Camping 2 Personen, Auto & Zelt 60 €), ein Hüttendorf im Schatten von Bäumen an der Mündung des Tagliamento, ergänzen die mehr als 100 Hotels.

Die **Touristeninformation** (☑ 0431 42 21 69; Via dei Pini 53, Lignano Pineta; ⊙ Sommer 9–14 Uhr) vermittelt Unterkünfte. Lignano Sabbiadoro ist per Bus mit Udine (6,50 €, 2 Std., viele Male tgl.) verbunden.

Pordenone

51 300 EW.

Pordenone steht sicher nicht auf der Wunschliste vieler Reisender, doch das heißt nicht, dass es nicht ein sehr quirliger Ort ist, an dem man gern leben würde. Die Fußgängerzone des Corso Vittorio Emanuele II zieht mit elegantem Schwung von der Piazza Cavour zum *duomo* (Kathedrale). Beinahe durchgängig gesäumt von *portici* (Laubengängen) wimmelt es in der historischen Straße von schicken Läden und belebten Cafés.

◉ Sehenswertes

Duomo di San Marco KATHEDRALE
(Piazza San Marco; ⊙ 7.30–12 & 15–19 Uhr) Die kahle romanisch-gotische Fassade des Duomo di San Marco zeugt von den vielen Veränderungen im Lauf der Jahrhunderte. Im Inneren ist unter den vielen Fresken und anderen Kunstwerken die *Madonna della misericordia* des Renaissance-Meisters Il Pordenone (1484–1539).

Palazzo del Comune RATHAUS
In Verachtung des Jenseitigen wendet sich der Palazzo del Comune (Rathaus) vom *du-*

omo ab. Der Backsteinbau aus dem 13. Jh. besitzt drei gotische Bögen und einige extravagante Ergänzungen aus der Renaissance.

Museo Civico d'Arte   MUSEUM

(☏ 0434 39 29 35; www.comune.pordenone.it/museoarte; Corso Vittorio Emanuele II 51; Erw./erm. 3/1 €; ⏱ Di–So 15.30–19.30, So auch 10–13 Uhr) In den reich verzierten oberen Sälen des Palazzo Ricchieri befindet sich das bescheidene Museo d'Arte der Stadt. Die beachtenswerte Sammlung friaulischer und venezianischer Werke reicht vom 15. bis zum 18. Jh. Das Gebäude selbst ist ein wahrer architektonischer Kunstschatz mit rustikalen Holzdecken und Resten von Fresken aus dem 14. Jh.

🍴 Essen & Trinken

La Vecia Osteria del Moro   REGIONAL €€

(☏ 0434 2 86 58; www.laveciaosteriadelmoro.it; Via Castello 2; Gerichte 35 €; ⏱ Mo–Sa 12–14 & 19–22 Uhr) La Vecia Osteria del Moro, abseits des Corso beim Palazzo del Comune, bietet in einem Raum mit Gewölbebögen Snacks, Grillgerichte und regionale Spezialitäten wie *baccalá* (Stockfisch) auf venezianische Art und Schnecken.

Al Campanile   WEINBAR

(☏ 0434 52 06 28; Vicolo del Campanile 1/C; ⏱ Di–So 12–23 Uhr) Die Fässer an der Straße bilden einen malerischen und stimmungsvollen Hintergrund für ein Gläschen oder gar zwei.

🛏 Schlafen

Civico 22   B&B €

(☏ 335 67 9 13 30; www.bbcivico22.it; Via San Quirino 22; EZ/DZ 45/80 €; ❄🛜) Besucher träumen in Friaul vielleicht von einem rustikalen Gasthof, doch als Stützpunkt in der Stadt ist dieses moderne B&B auch nicht zu verachten. Drei helle, in Weiß gestaltete Zimmer liegen in einem beeindruckenden Beispiel moderner Architektur an einer etwas ruhigeren Straße.

ℹ Praktische Information

Touristeninformation (☏ 0434 52 03 81; Piazza XX Settembre 11; ⏱ tgl. 9–13 & Mo–Fr 14.30–18.30 Uhr)

ℹ An- & Weiterreise

Pordenone liegt an der Bahnstrecke Venedig–Udine. Es gibt häufige Verbindungen von und

nach Udine (3,80 €, 30–40 Min.) und Mestre (4,95 €, 1¼ Std.). **ATAP** (☏ 800 101040; www.atap.pn.it) betreibt Busverbindungen in die Orte der Umgebung.

Sacile

20 200 EW.

Sacile trägt den Beinamen Giardino della Serenissima (Garten der Heiterkeit) wird von zwei Inseln gebildet, die im Fluss Livenza liegen. Das Ufer ist von Weiden gesäumt; die Stadt wird von zahlreichen Kanälen durchzogen. Sacile wurde in architektonischer Hinsicht von der Republik Venedig inspiriert, was an den typisch venezianischen Stadthäusern und Palästen erkennbar ist, die trotz diverser Erdbeben und Bombardierungen im Zweiten Weltkrieg bis heute die kleinen ruhigen Wasserläufe säumen. Von den Palästen ist der beeindruckende **Palazzo Ragazzoni-Flangini-Billia** mit seinen vielen Fresken einen Besuch wert.

Seit 1274 findet jedes Jahr im August das **Sagra dei Osei** (Vogelfest) statt, eines der ältesten Feste in Italien mit Ausstellungen, einem Markt und einem (Vogel-) Gesangswettbewerb.

Die Terrasse des freundlichen **La Piola** (☏ 0434 78 18 93; www.lapiolasacile.it; Piazza del Popolo 9; Gerichte 28 €; ⏱ Di–Sa 12–14.30 & 19–22, So 12–15 Uhr) liegt am Kanal. Die Speisekarte bietet einfallsreiche Fisch- und Meeresfrüchtegerichte im Stil Venedigs; die Weinkarte führt eine beeindruckende Auswahl auf. Wer beim Bummel am Fluss entlang Lust auf ein Eis bekommt, geht zu **Il Gelatone** (Viale Pietro Zancanaro 1; ⏱ Di–So 10–22 Uhr).

Sacile liegt an der Hauptzugstrecke zwischen Venedig (4,60 €, 1 Std.) und Udine (5,50 €, 45 Min.).

Udine

98 400 EW. / 114 M

Obwohl die reiche Provinzstadt in den 1950er-Jahren den ersten Rang an Triest abtreten musste, ist sie noch immer die geistige und kulinarische Hauptstadt Friauls. Mit ihren großen Vororten ist Udine keine schöne Stadt. Innerhalb des äußeren Stadtrings befindet sich jedoch ein großartiges mittelalterliches Zentrum, eine dramatische Mischung aus venezianischen Gewölben, griechischen Statuen und römischen Säulen. Die Altstadt ist in tadellosem Zustand und aufgrund der vielen Bars sehr lebhaft.

Udine

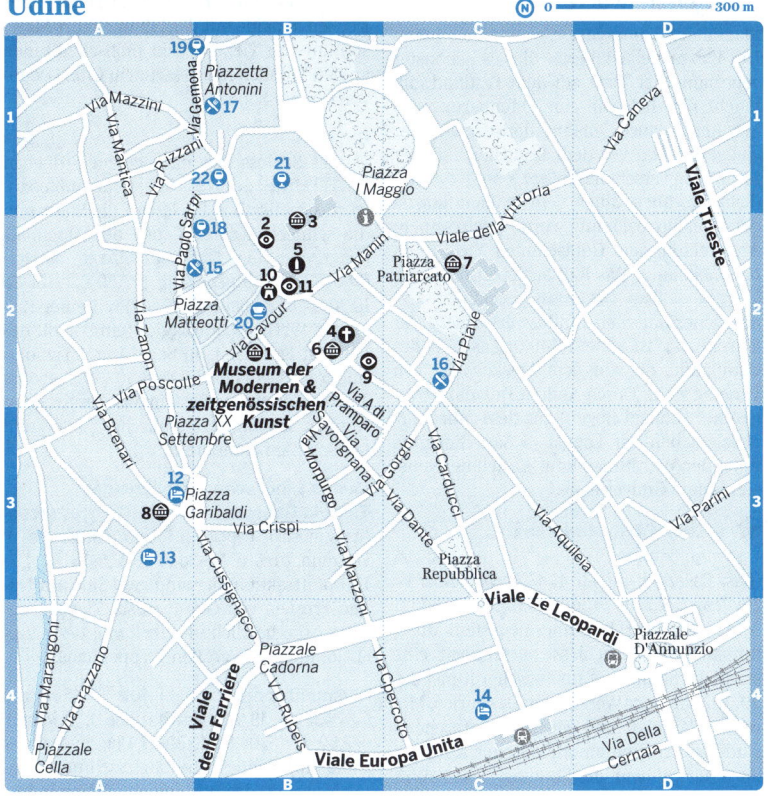

Udine

◎ Highlights

1 Museum der Modernen und
 zeitgenössischen Kunst...................... B2

◎ Sehenswertes

🛏 Schlafen

❌ Essen

☕ Ausgehen & Nachtleben

FRIAUL-JULISCH VENETIEN UDINE

◉ Sehenswertes

Piazza della Libertà
PIAZZA

Die Piazza della Libertà, die als schönster venezianischer Platz auf dem Festland gilt, taucht plötzlich wie eine Offenbarung aus der Renaissance-Zeit aus dem Gewirr der vielen Straßen vor dem Besucher auf. Der mit Bögen versehene **Palazzo del Comune** (Rathaus), auch unter dem Namen Loggia del Lionello bekannt, wurde nach seinem Architekten, dem Goldschmied Nicolò Lionello, benannt. Das Rathaus ebenso wie die **Loggia di San Giovanni** gegenüber lässt den venezianischen Einfluss erkennen. Der Uhrenturm ist eine Miniaturausgabe des Campanile, der auf dem Markusplatz von Venedig steht. Durch Andrea Palladios **Arco Bollani** (Bollani-Bogen) aus dem Jahr 1556, gleich neben der Loggia di San Giovanni, führt der Weg hinauf zum Kastell der venezianischen Gouverneure.

★ Museo d'Arte Moderna e Contemporanea
KUNSTMUSEUM

(Casa Cavazzini; ☏ 0432 41 47 72; Via Cavour 14; Erw./erm. 5/2,50 €; ◷ So, Mo, Mi & Do 10.30–17, Fr & Sa bis 19.30 Uhr) In Udines neuestem Museum sind einige Nachlässe versammelt, eine stattliche Sammlung italienischer Kunst des 20. Jh., darunter Werken von De Chirico, Morandi, Campigli und Mušič. Überraschend sind die Arbeiten amerikanischer Künstler, darunter Willem de Kooning, Sol LeWitt und Carl Andre, alle von den Meistern nach dem Erdbeben in Friaul 1976 gestiftet. Der historische Bau selbst ist ein Kunstwerk; seine kühne Umgestaltung führte die jüngst verstorbene Gae Aulenti durch. Es gibt faszinierende Relikte aus der Vergangenheit des im 16. Jh. erbauten Hauses zu entdecken: großartige Fresken des 14. Jh., die erst beim Umbau entdeckt wurden. Außerdem die im Stil des Rationalismus der 1930er-Jahre eingerichtete Wohnung der Familie Cavazzini mit altmodischen Turngeräten im Bad und Wandgemälden im Speisesaal.

Kathedrale
KATHEDRALE

(Piazza Duomo) In den Kapellen der teils romanisch, teils gotischen Kathedrale (13. Jh.) von Udine befindet sich das **Museo del Duomo** (☏ 0432 50 68 30; ◷ Di–Sa 9–12 & 16–18, So 16–18 Uhr) GRATIS mit Fresken aus dem 13. bis 17. Jh. in der **Cappella di San Nicolò**. Das auf der anderen Straßenseite gelegene **Oratorio della Purità** (Piazza del Duomo; nur Führungen) GRATIS gehört zur Kathedrale und war ursprünglich ein Theater. Das Deckengemälde mit der Himmelfahrt Mariä stammt von Tiepolo, acht biblische Szenen an den Wänden in großartigem Chiaroscuro von seinem Sohn.

Castello
MUSEUM

Udines Schloss, das nach einem Erdbeben (1511) Mitte des 16. Jh. wiederaufgebaut wurde, bietet tolle Blicke auf die Stadt und die schneebedeckten Gipfel der Alpen. Es beherbergt die **Galleria d'Arte Antica** (☏ 0432 27 15 91; Erw./erm. 5/2,50 €; ◷ Di–So 10.30–17, im Sommer bis 19 Uhr) mit einer Reihe von Werken Caravaggios (ein Porträt des heiligen Franziskus in Saal 7) und Tiepolos (mehrere Gemälde in Saal 10). Der größte Teil der Sammlung besteht aus den Arbeiten weniger bekannter friulischer Maler und aus sakralen Skulpuren.

Museo Diocesano e Gallerie del Tiepolo Galleries
KUNSTMUSEUM

(www.musdioc-tiepolo.it; Piazza Patriarcato 1; Erw./erm. 7/5 €; ◷ Mi–So 10–13 & 15–18 Uhr) Die Hauptattraktion hier sind zwei Säle mit frühen Fresken von Giambattista Tiepolo, darunter die herrliche *Vertreibung der Engel* (1726) über dem großen Treppenhaus.

Museo Etnografico del Friuli
MUSEUM

(☏ 0432 27 19 20; Via Grazzano 1; Erw./erm. 5/2,50 €; ◷ Di–So 10.30–17 Uhr, im Sommer bis 19 Uhr) Kleines, aber äußerst interessantes Museum, das das tägliche Leben in der Stadt zeigt. Verschiedene Ausstellungen widmen sich dem friaulischen Kamin, ungewöhnlichen spirituellen Praktiken, der Volksmedizin und traditioneller Kleidung. Das Gebäude selbst ist gekennzeichnet durch aufwendige Holzarbeiten aus dem 19. Jh., z. B. geschnitzte friaulische Waldmotive. Am Eingang fließt ein kleiner Kanal vorbei.

🛏 Schlafen

Im Zentrum von Udine gibt es seine Reihe von kleinen, guten Mittelklassehotels, aber nur eine erwähnenswerte Budget-Unterkunft. Wer mit dem Auto unterwegs ist, sollte ein B&B oder einen Bauernhof in den Vororten oder der Umgebung in Betracht ziehen. Die Touristeninformation bietet online Informationen.

★ Stop & Sleep
B&B €

(www.stopsleepudine.com; EZ/DZ 35/55 €; ❄ 🕾) Die unattraktive Lage sollte nicht abschrecken. Dies ist eine der seltenen Budget-Unterkünfte und wird von einem fürsorglichen und sachkundigen Besitzer geführt. Das B&B nimmt eine Wohnung im obersten Stockwerk ein und besitzt bunte, hübsch ausgestattete Zimmer, Bäder mit Mosaikfliesen, eine Küche, in der sich die Gäste das Frühstück und andere kleine Gerichte zubereiten können. Ein Zimmer ist mit Bad, die anderen vier Zimmer teilen sich zwei (makellose) Bäder.

Albergo Vechhio Tram   HOTEL **€€**
(☎0432 50 71 64; www.hotelvecchiotram.com; Via Brenari 28; EZ/DZ 80/130 €; ❄ 🛜) Dieses kleine, freundliche Hotel, das vorwiegend Geschäftsleute beherbergt, liegt in einem Stadthaus an einer Straßenecke. Die Zimmer sind zeitgenössisch ausgestattet, in den größeren sind die Dachsparren und Mansardfenster des ursprünglichen Stadthauses erhalten. Es gibt eine Bar und einen Innenhof.

Hotel Clocchiatti Next   DESIGNHOTEL **€€**
(☎0432 50 50 47; www.hotelclocchiatti.it; Via Cividale 29; Zi. Villa/Next 95/140 €; 🅿 ❄ 🛜 🏊) Zwei Anwesen, die zusammengehören: Die altmodischeren (preiswerteren) Zimmer liegen in der originalen Villa, während die Zimmer des im zeitgenössischen Stahl- und Glas-Stil errichteten „Next" um einen Pool und eine Bar im Freien gruppiert sind. Frische Kuchen, Tee von Mariage Frères und aufmerksamer Serivce lassen das Frühstück zum Erlebnis werden. Vom Zentrum führt ein angenehmer Spaziergang hierher; wer mit dem Auto unterwegs ist, kommt problemlos aus der Stadt heraus.

Hotel Allegria   BOUTIQUEHOTEL **€€**
(☎0432 20 11 16; www.hotelallegria.it; Via Grazzano 18; EZ/DZ 95/135 €; 🅿 ❄ @) Dieses Hotel befindet sich in einem historischen Stadthaus gegenüber einer der hübschesten kleinen Kirchen von Udine. Die Zimmer sind groß und im typischen Stil von Udine ausgestattet, mit Holzbalken, Parkettböden und

---

INSIDERWISSEN

TIPPS FÜR WEINLIEBHABER

Die Friauler sind ein stolzes, hart arbeitendes und eng miteinander verbundenes Volk. Sie bezeichnen sich selbst oft als unterkühlt, was jedoch nicht so ganz der Wahrheit entspricht, denn sie mischen sich gerne unter die Leute und sind Besuchern gegenüber sehr aufgeschlossen. Da Friaul nicht sehr touristisch ist, genießen sie es, ein wenig Aufmerksamkeit von den Fremden zu bekommen. Es ist daher relativ einfach, bei einem Glas Wein oder einem Espresso mit den Einheimischen ins Gespräch zu kommen.

Weltbekannte Weißweine

Die Kombination von Boden, Klima und das Zusammenspiel von Bergen und Meer sind einzigartig in der Welt und liefern hervorragende Bedingungen für den Weinanbau. Der einheimische Friulano ist frisch und aromatisch ebenso wie die Sauvignon-blancs-Weißweine. Auch die Weißweinverschnitte (*uvaggi*) sind nicht zu verachten. Zu den Rotweinen gehören Refosco, Merlot und der interessante Schioppettino.

Empfehlungen

Hervorragend sind die Weine von Ronchi di Cialla, Moschioni, Venica & Venica und Vie di Romans. Und nicht zu vergessen die Weine von Bastianich!

Magenfüller

Frico ist ein Pfannkuchen aus Montasio-Schmelzkäse, der mit Kartoffeln und manchmal auch Schinken und Zwiebeln gefüllt ist... einfach köstlich.

Ausgehen

Udine ist eine fantastische kleine Stadt. Im Caffè Caucigh, einer ausgezeichneten alten Bar gibt es jede Menge Wein, Kaffee und sogar Live-Jazz. Das angesagte Restaurant La Frasca auf dem Land serviert Salumi und Prosciutto.

Wayne Young: Öffentlichkeitsarbeit und Marketing (und ehemaliger Angestellter eines Weinbaubetriebs), Weinkellerei Bastianich

Fenstern mit Fensterläden. Im Hotel gibt es eine *bocciofila* (Bowlingbahn).

 Essen

Die Küche Udines ist genauso interessant wie die Stadt selbst. Hervorragend sind die verschiedenen Käsesorten, – geräucherter Ricotta, Montasio – Wild, Prosciutto (Schinken) aus San Daniele sowie köstliche Gnocchi und Knödel. Um die Piazza Matteotti herum und in der Fußgängerzone befinden sich zahlreiche Straßencafés und Restaurants. An der Via Paolo Sarpi und in den umliegenden Straßen findet man viele gut besuchte Bars.

Antica Maddalena
FRIAULISCH €

(☑ 0432 50 05 44; Via Pellicerie 4; Gerichte 24 €; ☺ Di–Sa 12–15 & 18–22, Mo 18–22 Uhr) Dieses schlichte Restaurant, das sich über zwei Stockwerke erstreckt, ist für seine Zutaten von hoher Qualität bekannt. Hier serviert man einen ausgezeichneten *frico* – sowohl *morbido*, ein Omelett mit Käse und Kartoffeln, als auch *croccante*, die knusprigere gebratene Variante. Zur Zeit des *aperitivo* gibt es an einem Tisch auf der Straße Meeresfrüchte-*stuzzichini* (Snacks, meist Toast mit verschiedenem Belag) im venezianischen Stil.

Trattoria ai Frati
FRIAULISCH €€

(☑ 0432 50 69 26; Piazzetta Antonini 5; Gerichte 25–30 €; ☺ Mo–Sa) Die beliebte alte Trattoria versteckt sich in einer kopfsteingepflasterten Sackgasse. Hier gibt es allerlei regionaltypische Spezialitäten wie *frico*, Kürbis-Gnocchi mit geräuchertem Ricotta oder je nach Saison weißen Spargel und Fischeintopf. Die Trattoria ist bei den Einheimischen wegen der riesigen Steaks und der lebhaftlauten Bar im Vorraum äußerst beliebt.

Aquila Nera
FRIAULISCH €€

(☑ 0432 21 645; www.aquilanera.biz; Via Piave 2/A; Gerichte 28 €; ☺ Mo–Sa 10–15 & 18–23.30 Uhr) Ein heller und legerer Speisesaal mit einer Terrasse oberhalb des Kanals und eine Küche, die zwar keine großen Überraschungen, aber solide friaulische Kost bietet. Auf der Speisekarte finden sich neben Meeresfrüchten eine ganze Reihe von *taglieri* – Prosciutto, Käse, Gemüse –, die eine komplette Mahlzeit ersetzen können.

Ausgehen & Nachtleben

Die Udineser haben den Ruf, gern ein Gläschen (oder zwei oder drei) zu trinken. Und wer könnte ihnen das verdenken, bei den grandiosen Weinen, die vor ihrer Tür produziert werden. Die Weinbars sind unspektakulär, nehmen aber die Auswahl ihrer Weine sehr ernst; die meisten bieten viele lokale Tropfen. *Stuzzichini* gibt es in den meisten Bars reichlich und wenn sie nicht ganz frei sind, kosten sie nur wenig Geld.

Osteria delle Mortadele
WEINBAR

(Riva Bartolini 8; ☺ Mo–Sa) Es gibt ein beliebtes Restaurant ganz hinten raus, doch die Bar, die bis auf die Straße überquillt, ist das interessantere Lokal. Rock 'n' Roll, ausgezeichnete offene Weine und angenehme Gesellschaft lassen die Gäste hier für mehr als ein Glas verweilen.

Caffè Caucigh
BAR

(www.caucigh.com; Via Gemona 36) Diese mit dunklem Holz ausgekleidete Bar ist ein idealer Treffpunkt in Udine – sie erinnert allerdings mehr an Prag als an den Süden. Stammgäste nehmen ihr Glas mit Rotwein mit nach draußen, um mit Passanten zu plaudern. An Freitagabenden treten im Caffè Caucigh ab 22 Uhr die besten Jazzmusiker des Friaul und sogar einige internationale Jazzgrößen auf.

Caffè Contarena
CAFÉ

(Via Cavour 11; ☺ So geschl.) Unter den Arkaden des Palazzo d'Aronco prunken die Decken des Contarena mit Blattgold und Jugendstilornamenten. Vom einheimschen Meister des Stils Raimondo d'Aronco entworfen, bietet es ein glamouröses Ambiente für einen Espresso oder einen Cocktail.

Al Cappello
WEINBAR

(Via Paolo Sarpi 5; ☺ So Abend geschl.) Besucher sollten es den Einheimischen gleichtun und durch das Fenster Italiens vielleicht preisgünstigsten Spritz (1,50 €) bestellen. Die *Stuzzichini* hier sind so üppig, dass sie ein Abendessen ersetzen können.

Casa della Contadinanza
BAR, CAFÉ

(☑ 0432 50 96 96; Via Daniele Manin; ☺ Di–So 9.30–18 Uhr) Beim einzigen *aperitivo* von Udine mit Ausblick lässt sich Geschichte ganz entspannt genießen.

 Information

Krankenhaus (☑ 0432 55 21; Piazza Santa Maria della Misericordia 15) Etwa 2 km nördlich des Zentrums.

Touristeninformation (☑ 0432 29 59 72; Piazza I Maggio 7; ☺ Mo–Sa 9–19, So bis 13 Uhr)

NICHT VERSÄUMEN

KERAMIK AUS CIVIDALE

Die einheimische Keramikkünstlerin Stefania Zurchi schafft mit alten römischen und nahöstlichen Techniken Skulpturen, Reliefs und schön verzierte Gefäße. Ihre Farbpalette spiegelt die friaulische Landschaft wider: zwischen stimmungsvollen Indigo- und Olivtönen blitzen leuchtende Gelb- und Pinktöne auf. Ihre Mädchenfiguren, die für die Jahreszeiten stehen, sind sehr begehrt, ebenso wie ihre anrührenden Reliefs der Madonna mit Kind. Ihre Arbeiten werden in ihrem zentralen Laden in Cividale verkauft, **Tirare** (Via Ristori 12; ⊙ Mo–Sa 9.30–12.30 & 16–19 Uhr).

🛈 An- & Weiterreise

SAF (S. 480) betreibt Busse, die von und nach Triest (7 €, 1¼ Std., stündl.), Aquileia (3 €, 1–1¼ Std., bis zu 8-mal tgl.), Lignano Sabbiadoro (5 €, 1½ Std., 8- bis 11-mal tgl.) und Grado (4,50 €, 1¼ Std., 12-mal tgl.) verkehren.

APT-Busse (S. 475) verbinden Udine mit dem Flughafen Friuli Venezia Giulia (3,55 €, 1 Std., stündl.)

Busbahnhof (📞 0432 50 69 41; Viale Europa Unita 31)

Bahnhof (Viale Europa Unita) Vom Bahnhof Udine verkehren Züge nach Triest (8 €, 1 Std.), Venedig (11 €, 2 Std., mehrmals tgl.) Gorizia (3,80 €, 30 Min., stündl.) und Salzburg (19 €, 4 Std.).

Cividale del Friuli

11 600 / 138 M

Cividale del Friuli (15 km östlich von Udine) ist heute nur mehr eine Kleinstadt, war aber in vergangenen Zeiten sehr bedeutend. Im Jahr 50 v. Chr. von Julius Caesar unter dem Namen Forum de Lulii (und später „Friuli" genannt) gegründet, erreichte die Siedlung ihren Höhepunkt unter den Langobarden, die sich im Jahre 568 hier niederließen und im 8. Jh. die römische Stadt Aquileia besetzten. Cividale ist immer noch außerordentlich malerisch und einen Besuch wert – nicht zuletzt wegen der herzhaften Küche und der gut frequentierten Bars und Kneipen.

🔘 Sehenswertes

Tempietto Longobardo KAPELLE
(Oratorio di Santa Maria in Valle; 📞 0432 70 08 67; www.tempiettolongobardo.it; Borgo Brossano; Kombiticket mit Museo Cristiano Erw./erm. 6/4 €; ⊙ Mo–Fr 10–13 & 15–19, im Winter bis 17, Sa & So 10–18 Uhr) Cividales wohl bedeutendste Sehenswürdigkeit ist dieser überwältigende Komplex, zu dem das einzige Beispiel langobardischer Architektur und Kunst in Europa gehört. Die herrlichen Stuckaturen und die späteren hölzernen Kirchenbänke sind ungewöhnlich und sogar sehr berührend. Einige der Elemente gehen bis auf das 8. Jh. zurück.

Ponte del Diavolo BRÜCKE
Die „Teufelsbrücke", die über den Natisone führt, scheint den Ort in zwei Teile zu gliedern. Die 22 m hohe Brücke wurde zuerst im 15. Jh. gebaut; die Legende sagt, dass der Teufel den großen Stein, der den zentralen Bogen stützte, in den Fluss warf. Sie wurde nach dem Ersten Weltkrieg wiederaufgebaut, nachdem sie während des Krieges gesprengt worden war.

Kathedrale KATHEDRALE
(Piazza del Duomo) Die Kathedrale aus dem 16. Jh. beherbergt das **Museo Cristiano** (📞 0432 73 04 03; Erw./erm. 4/3 €; ⊙ Mi–So 10–13 & 15–18 Uhr). Der Ratchis-Altar aus dem 8. Jh. weist faszinierende frühchristliche Reliefs auf. In Stein geätzte Schnitzereien, darunter ein Jesus mit durchdringendem Blick, tauchen vor dem glatten weißen Hintergrund auf.

🍴 Essen & Ausgehen

Antico Leon d'Oro FRIAULISCH €
(📞 0432 73 11 00; Borgo di Ponte 24; Gerichte 22 €) Wer im Hof dieses freundlichen, festlichen Lokals isst, das gleich auf der anderen Seite des Ponte del Diavolo liegt, kann mit etwas Glück dem Koch beim Zubereiten der Polenta zusehen. Die Küche ist absolut regional: herrlicher *prosciutto crudo* (roher Schinken), Pasta der Jahreszeit mit Spargel und *sclupit* (einem Bergkraut), ein würziger friaulischer *frico*, Salami und Frittata mit Kräutern sowie Wildbraten.

Al Monastero FRIAULISCH €€
(📞 0432 70 08 08; www.almonastero.com; Via Ristori 9; Gerichte 26 €; ⊙ Di–So 12–14.30 & Di–Sa 19–21 Uhr) Ein Besuch in diesem schicken,

zweifellos touristischen, aber gut geführten Restaurant lohnt für die *cjalcions* (Knödel), Ente mit Karottenpudding und *gubana* mit Zwetschgenschnaps.

Central Caffè del Corso
CAFÉ

(**Corso Mazzini 38**) *Der* Ort am Platz, um einen hervorragend zubereiteten Spritz oder Kaffee zu genießen.

Bastianich
WEINKELLER

(☎ 0432 70 09 43; www.bastianich.com; Via Darnazzacco 44/2, Gagliano) Joe Bastiniach ist eine anerkannte Koryphäe in den USA, doch in seinen italienischen Weingärten, ein paar Minuten Fahrt von Cividale, geht es nur um Wein und friaulische Gastlichkeit. Im neu entstandenen Raum für Weinproben werden die Tropfen der umgebenden Weingärten und des Besitzes von Bastianich bei Buttrio verkostet. Friaul in einer Flasche: der komplexe von Wildblumen und Honig geprägte Geschmack von Vespa Bianco, einem „Superweißen" aus Sauvignon, Chardonnay und ein wenig Picolit. Für einen Besuch vorab per E-Mail anfragen.

ⓘ Praktische Informationen

Cividale, Homepage (www.cividale.com) Im Kapitel „Essen und Schlafen" auf der Website der Stadt gibt es seine umfassende Liste von *agriturismi* (Ferien auf dem Bauernhof) und bäuerlichen Restaurants.

Touristeninformation (☎ 0432 71 04 60; Piazza Paolo Diacono 10; ⏱ 10–13 & 15–17 Uhr) Hier gibt es Information zu Spaziergängen durch das mittelalterliche Herz der Stadt.

ⓘ An- & Weiterreise

Ferrovie Udine Cividale (☎ 0432 58 18 44; www.ferrovieudinecividale.it) Private (niedliche) Züge verbinden Cividale mit Udine (2 €, 20 Min.), mindestens stdl.

San Daniele del Friuli
8200 EW.

San Daniele liegt auf einem Hügel in einer sanftwelligen Landschaft, die sich zwischen die venezianische Ebene und die am Horizont hochaufragenden Karnischen Alpen einfügt. Während das Hauptthema der Stadt natürlich der Schinken ist, sind auch die anderen gastronomischen Angebote nicht zu verachten, etwa die zahlreichen guten *alimentari* (Lebensmittelläden) und andere kulinarische Industrien, wie etwa die nachhaltige Züchtung von Forellen.

◉ Sehenswertes & Aktivitäten

Auch für Fresken ist San Daniele bekannt; einige herausragende Beispiele finden sich in der kleinen romanischen **Chiesa di San Antonio Abate** (Via Ga-

---

PROSCIUTTO

In Italien werden zwei weltbekannte *prosciutti* (Schinken) hergestellt: der magere, herrlich nussige (und bekanntere) Parma-Schinken sowie der dunkle, süßliche Prosciutto di San Daniele. Es mag viele überraschen, dass Letzterer – Friaul-Julisch Venetiens Geschenk an die Welt – aus einem Dorf mit nur 8000 Einwohnern stammt. Dort wird er gesalzen und in 27 *prosciuttifici* (Schinkenräucherfabriken) nach EU-Richtlinien verarbeitet.

Die Auflagen sind streng. Für den San-Daniele-*prosciutto* werden nur Schenkel von Schweinen verwendet, die in geringer Zahl in Norditalien gezüchtet werden. Salz ist die einzige erlaubte Konservierungsmethode. Chemikalien oder andere Konservierungsmethoden sind nicht erlaubt. Essenziell ist natürlich das *terroir*, das Land selbst. Nach Auffassung einiger *prosciuttifici* ist es die kühle, harzreiche Alpenluft, die auf die feuchte, salzige Adrialuft trifft und den Schinken so einzigartig macht. Andere wiederum behaupten, dass der schnell trocknende Boden in San Daniele und die damit zusammenhängende Belüftung die perfekten Voraussetzungen für das Räuchern des Schinkens schaffen.

Jedes Jahr im August findet die **Aria di Festa** statt, ein viertägiges Schinkenfest. Dann öffnen die *prosciuttifici* ihre Tore und der Besucher kann den Schinken verkosten. Es gibt Livemusik und alle lassen es sich schmecken. Die Touristeninformation von San Daniele hält eine Liste von *prosciuttifici* bereit, die das ganze Jahr über besucht werden können. Es empfiehlt sich, im Voraus zu buchen.

ribaldi); sie stammen von Pellegrino da San Daniele alias Martino da Urbino (1467–1547). Die **Biblioteca Guarneriana** (☏0432 95 79 30; www.guarneriana.it; Via Roma 1; Führungen 3 €; ⊙Mi–Sa, nur nach Vereinbarung), neben der Kirche, zählt zu den ältesten, ehrwürdigsten Bibliotheken Italiens. 1466 gegründet, beherbergt sie 12 000 alte Bücher, darunter eine unbezahlbare Handschrift von Dantes Inferno.

Wer die Umgebung besuchen möchte, findet drei Radwege, jeder etwa 22 km lang, die an unberührten Seen vorbei durch die hügelige Landschaft mit vielen Burgen führen. Auskunft erteilt die **Touristeninformation** (☏0432 94 07 65; Via Roma 3; ⊙Mo–Fr 9.30–12, Di, Mi & Fr 16–18, Sa & So 10.30–12.30 & 16–18 Uhr).

 Essen & Ausgehen

Bottega di Prosciutto   FEINKOST
(www.bottegadelprosciutto.com; Via Umberto I; ⊙9–13 & 15–19 Uhr, Mo & Mi Nachm. geschl.) Hier gibt es Schinken, wie das Herz sie begehrt, doch die Bottega di Prosciutto bietet auch köstliche Käse und Weine aus der Region sowie eine breite Produktpalette aus ganz Italien.

Osteria di Tancredi   REGIONALKÜCHE €€
(☏0432 94 15 94; www.osteriaditancredi.it; Via Sabotino 10; Tellergerichte 8 €, Gerichte 25–30 €; ⊙Do–Di 12–22 Uhr) Hier werden die friaulischen Klassiker serviert: *cjalcions*, *frico* und Apfel-Gnocchi.

Enoteca la Trappola   WEINBAR
(☏0432 94 20 90; Via Cairoli 2; Tellergerichte 8 €) Im düsteren La Trappola werden beliebte Platten mit Schinken oder Forelle und ein preisgünstiges Glas angeboten.

 An- & Weiterreise

Es verkehren regelmäßig Busse von Udine nach San Daniele (4,50 €, 45 Min.), 25 km südöstlich gelegen.

Nördlich von Udine

Wer in den Norden von Italiens nordöstlichster Region kommt, findet sich umgeben von den Karnischen und den Julischen Alpen. Letztere wurden nach Julius Caesar benannt. Die Karnischen Alpen reichen im Westen bis zu den Dolomiten und im Norden bis zur österreichischen Grenze. Die zerklüfteten Gipfel der hochaufragenden

Julischen Alpen teilt Italien sich mit Slowenien – der Triglavski Narodni Park liegt direkt hinter der Grenze. Der ganze Bereich ist ausgezeichnetes Wandergebiet und bietet einige der einsamsten, malerischsten Wege in Italien. Da die Region am Treffpunkt dreier verschiedener Kulturen liegt, können Sprachkenntnisse sich durchaus als sehr nützlich erweisen. Wanderer sollten bereit sein das sympathische *salve* (italienisch) gegen *Grüß Gott* oder *dober dan* (slowenisch) auszutauschen.

Tolmezzo & Carnia

Die Region namens Carnia (Karnien) ist friaulisch geprägt (hier wird überall Friaulisch gesprochen) und wurde nach den keltischen Ureinwohnern, den Karnikern, benannt. Geografisch gesehen umfasst die Region den westlichen und mittleren Teil der Karnischen Alpen mit wunderschönen, wildromantischen Wandergebieten und kleinen, kuriosen Dörfern.

Tolmezzo

10 700 EW. / 323 M

Tolmezzo – in fantastischer Lage – ist der Hauptort und das Eingangstor der Region. Das **Museo Carnico delle Arti e Tradizioni Popolari** (☏0433 4 32 33; www.carnia musei.org; Via della Vittoria 2; Erw./erm. 5/3 €; ⊙Di–So 9–13 & 15–18 Uhr) präsentiert eine reiche Sammlung zum Leben in den Bergen und zur Volkskunst. Die hübschen Zimmer des **Albergo Roma** (☏0433 46 80 31; www. albergoromatolmezzo.it; Piazza XX Settembre 14; EZ/DZ 80/100 €; [P][✿][@]) blicken zum Hauptplatz oder zu einem der zahlreichen Hügel des Ortes. Einen Umweg lohnt **Illegio**, 6 km nordöstlich von Tolmezzo, ein Bergdorf aus dem 4. Jh. mit einer noch in Betrieb befindlichen Mühle aus dem 16. Jh. und einer Molkerei. Die **Touristeninformation** (☏0433 4 48 98; Piazza XX Settembre 9, Tolmezzo; ⊙tgl. 9–13 & Mo–Sa 14.30–18.30 Uhr) hilft mit Informationen über die Wanderwege und *agriturismi* in der Umgebung.

Etwa stündlich verkehren SAF-Busse nach Udine (3,90 €, 50 Min.); Abfahrt in der Via Carnia Libera.

Sauris di Sotto & Sauris di Sopra

Im Nordwesten führt eine kleine Straße mit verrückten Kurven vorbei an der tiefen

Mehrtagespässe (1/3/6 Tage für 35/95/168 €) ermöglichen das Skifahren in Italien, Slowenien und Österreich auf den Pisten von Sella Nevea-Kanin, Tarvisio, Zoncolan, Bovec und Arnoldstein. Tages- und Mehrtagespässe gelten auch in den friaulischen Skiorten Piancavallo und Forni di Sopra. Wer die FVG Card besitzt, benützt den Monte-Canin-Skilift kostenlos und erhält Rabatte auf Mehrtagespässe und bei Skiverleihfirmen. **Promotur** (☎ 0428 65 39 15; www.promotur.org) verkauft in jedem der Orte Skipässe.

Lumiei-Schlucht zum kobaltblauen **Lago di Sauris,** einem künstlichen See 4 km östlich von Sauris di Sotto. Noch 4 km weiter (acht Haarnadelkurven und einige Tunnels durch den Fels) liegt das hinreißend hübsche Sauris di Sopra. Dieses kleine Doppeldorf (auf Deutsch Zahre) besteht aus seiner Gruppe dunkler Holzhäuser mit deutschsprachigen Bewohnern. Es ist bekannt für seine guten Schinken, Würste und das hier gebraute Bier. Zahlreiche gute Wanderwege bieten viel frische Luft und Ruhe.

Der **Albergo Diffuso Sauris** (www.albergo diffusosauris.com; Apt. 100–200 €) zählt zu der Bewegung *alberghi diffusi* in den Karnischen Alpen und bietet verschiedene Apartments in renovierten Dorfhäusern im regionaltypischen Stil. Die Balkone sind durch senkrechte Balken unterteilt. Im Inneren sind sie ausgesprochen gemütlich und gut ausgestattet. Die Gäste können leben wie die Einheimischen: Zahre-Bier trinken, sich am Dorfklatsch beteiligen, die Vorräte in der **Speck Stube** (Via Sauris di Sopra 44, Sauris di Sopra; ⊙ 8–21.30 Uhr) aufstocken und dann „nach Hause" gehen, um das Abendessen zuzubereiten und im Kamin ein Feuer anzuzünden.

Forni di Sopra

Das nahe der Grenze zum Veneto, gelegene Forni di Sopra ist ein beliebter Skiort, der im Winter reichlich Schnee abbekommt und Rodeln, Schlittschuhlaufen, Eisklettern und alpinen Skilauf bietet. Bekannt ist Forni aber auch für seine Teppiche aus Wildblumen und Kräutern, die vor allem im Frühling in bunten Farben leuchten; Letztere werden auch in der regionalen Küche verwendet und sind das Thema des jährlichen Frühlingsfests **Festa delle Erbe di Primavera**. Es gibt zahlreiche Hotels in der Stadt, die meisten sind sehr familienfreundlich. Die **Touristeninformation** (☎ 0433 88 67 67; Via Cadore 1; ⊙ 9–13 & 14–18 Uhr) bietet Informationen zu Unterkünften, Aktivitäten und Liften.

Regelmäßig verkehren SAF-Busse von Tolmezzo nach Ampezzo (3,15 €, 35 Min.) und Forni de Sopra (4,50 €, 1½ Std.).

Tarvisio & und die Julischen Alpen
5000 EW. / 754 M HÖHE

Die Julischen Alpen sind dramatische Kalkstein-Monolithe, die stark den Dolomiten ähneln. Obwohl die Region in letzter Zeit teilweise erschlossen wurde – so wurde etwa ein grenzübergreifender Skilift gebaut –, ist das Gebiet immer noch relativ unberührt und hat sich eine Wildheit erhalten, die im Westen häufig fehlt.

Tarvisio

Von Tarvisio (Tarvis) sind es 7 km zur österreichischen Grenze und 11 km nach Slowenien. Hübsch ins Val Canale zwischen den Julischen und den östlichen Karnischen Alpen eingeschmiegt, ist es im Sommer ebenso wie im Winter ein guter Standort für einen Aktivurlaub.

Tarvisio ist bekannt für seinen historischen **Markt** am Samstag, der lang Tagesausflügler aus Österreich und Slowenien anlockte. Der Ort besitzt eindeutig Grenzstadtflair.

 Aktivitäten

Die kälteste und schneereichste Ecke der gesamten Alpenregion wirbt immer stärker mit ihren relativ leeren Pisten. Die wichtigsten Skigebiete sind in Tarvisio – mit einer etwa 4 km langen Abfahrtsstrecke mit atemberaubenden Ausblicken weit ins Land und etwa 60 km Loipen – und in Sella Nevea direkt südlich davon.

Der Skiort **Sella Nevea** (www.sellanevea. net) ist direkt mit dem immer schicker werdenden **Bovec** in Slowenien verbunden. Hier gibt es rund 30 km Pisten, darunter einige gute rote Pisten, sowie Möglichkeiten zum Freeriden. Im Sommer stehen Wandern, Höhlenerkundung, Kanufahren und Windsurfen zur Auswahl.

🛏 Schlafen

Casa Oberrichter   BOUTIQUEHOTEL €
(📞 3482 713157; www.casaoberrichter.com; Via Superiore 4, Malborghetto; DZ 95 €) In einem Ort 12 km westlich gelegen, hebt die Casa Oberrichter die volkstümliche friaulische Ästhetik auf ein neues Niveau: schöne Speisesäle und eine Reihe von Veranstaltungen und Ausstellungen.

Hotel Edelhof   HOTEL €€
(📞 0428 4 00 81; www.hoteledelhof.com; Via Armando Diaz 13; EZ/DZ 75/120 €; 🅿 🛜) Direkt bei den Liften gelegen; große, gemütliche Zimmer mit handbemalten hölzernen Möbeln und einem Spa.

ⓘ Praktische Informationen

Touristeninformation (📞 0428 21 35; Via Roma 14; ⊗ 9–13 & 14–19 Uhr)

ⓘ An- & Weiterreise

Züge verbinden Tarvisio mit Udine (9 €, 1½ Std., bis zu 7-mal tgl.).

Laghi di Fusine

Die Laghi di Fusine sind im Sommer bei Wanderern, im Winter bei Skilangläufern beliebt. Wege verlaufen um den Lago Superiore und Lago Inferiore, die im **Parco Naturale di Fusine** liegen. Wanderer können hinauf (11 km) zum **Rifugio Zacchi** (www.rifugiozacchi.it; Località Conca delle Ponze; B 27 €; ⊗ Mitte Juni–Mitte Sept.). Im Sommer fahren viermal pro Tag Busse ab Tarvisio (1,50 €, 15 Min.).

Emilia-Romagna & San Marino

Gut essen

➡ Osteria dell'Orsa (S. 503)

➡ Trattoria del
Tribunale (S. 518)

➡ Trattoria Aldina (S. 510)

➡ Trattoria dal
Biassanot (S. 504)

Schön übernachten

➡ Hotel Metro-
politan (S. 501)

➡ Hotel Centrale
Byron (S. 531)

➡ Hotel Button (S. 518)

➡ Grand Hotel (S. 535)

Auf in die Emilia-Romagna & nach San Marino!

Das Geheimnis liegt unter der Erde. Die Wurzeln der rasant wachsenden Wirtschaft der Region Emilia-Romagna liegen nicht in den Motoren der Ferraris, sondern in ihrem besonders fruchtbaren Boden. Seit der Antike bringt die grüne Poebene einen so großen landwirtschaftlichen Überfluss hervor, dass er ein ganzes Land ernähren und eine endlose Reihe luxuriöser Erzeugnisse fördern kann: Luxusautos, herrschaftliche Palazzi, romanische Kirchen, blühende Städte, eine solide industrielle Infrastruktur, ein gewaltiges Erbe der Opernmusik und – nicht zu vergessen – die Kochkunst.

In dieser Region lässt es sich speisen wie ein römischer Kaiser, und wer dann noch Appetit auf Kunst und Kulinarisches hat, kann herrliche Städte kennenlernen: das ruppige Bologna, bekannt für *ragù* und Arkaden, das vornehme Parma, berühmt für Opernhaus und Käse, Modena (Balsamessig!), den wohlhabenden Kleinstaat San Marino und Ravenna mit den großartigen Mosaiken.

Reisezeit

Bologna

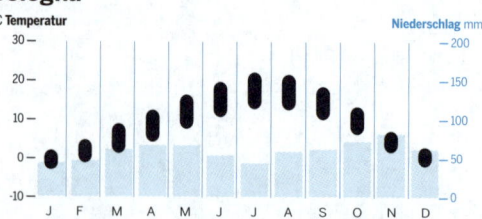

März–April In der Poebene mildere Temperaturen, die Strände von Rimini sind nicht überfüllt.

Juni–Aug. Sommerfestivals finden in Bologna, Modena, Ravenna und Rimini statt.

Sept. Ideale Bedingungen für Wanderungen im Parco Nazionale dell'Appennino Tosco-Emiliano.

Highlights

1 Ein köstliches Mittagsmahl in die Länge ziehen – in **Parma** (S. 518), einer Stadt mit kulinarischer Tradition.

2 Die Begeisterung für dunkle italienische Kirchen entdecken: beim Anblick der leuchtenden Mosaike in der **Basilica di San Vitale** (S. 527) in Ravenna.

3 Hinter die Fassade der schnellen Karossen blicken: im **Museo Casa Enzo Ferrari** (S. 508) in Modena.

4 Mit dem Fahrrad die mittelalterlichen Mauern der Renaissancestadt **Ferrara** (S. 522) umrunden.

5 Die Ebene hinter sich lassen und mit dem Bus zum Wandern zur **Pietra di Bismantova** (S. 515) fahren.

6 Studentischen Wegen folgen und preiswerte Bars und Restaurants entdecken – im **Universitätsviertel** (S. 498) von Bologna.

7 In die berühmte **Club-szene** von Rimini (S. 535) eintauchen.

EMILIA-ROMAGNA

Bologna

380 000 EW.

Einem mittelalterlich gewachsenen Stadtplan folgen die wunderschönen Arkadengänge der Stadt, in der sich eine hochmütige Eleganz mit einer ungeschminkten, bodenständigen Urbanität vereint. Bologna ist eine Metropole mit zwei faszinierenden Seiten. Auf der einen Seite eine Stadt in der wohlhabenden Poebene, geprägt von industrieller Arbeit und Hochtechnologie. Hier strömen elegante Musikliebhaber aus fürstlichen Opernhäusern und begegnen sich in Restaurants und Trattorien, die zu den edelsten des Landes zählen. Auf der anderen Seite eine rebellische, politisch aufrührerische Stadt mit der ältesten Universität der Welt – ihre graffitiverzierten Piazze mit Scharen von leicht angetrunkenen Studenten, die Modetipps für Gruftis austauschen, sind berüchtigt. Kein Wunder, dass der Stadt seit jeher Spitznamen anhaften. „La Grassa" (die Fette) weist auf das reiche kulinarische Erbe (tagliatelle al ragù stammen von hier). „La Dotta" (die Gelehrte) ist eine Verbeugung vor der Universität, die 1088 gegründet wurde. „La Rossa" (die Rote) verweist auf den allgegenwärtigen Terrakotta-Farbton der mittelalterlichen Bauwerke, die sich über endlos langen Säulengängen erheben, und zugleich auf die traditionelle politische Linkslastigkeit der Stadt. In allen drei Namen steckt viel Wahrheit. In Bologna ist es möglich, eben noch mit einem kommunistischen Zeitungshändler über die Theorien des anarchistischen Sprachwissenschaftlers Chomsky zu diskutieren und im nächsten Augenblick in einem noblen Restaurant zu sitzen und fürstlich wie in alter Zeit zu speisen.

◉ Sehenswertes

◉ Rund um die Piazza Maggiore

Alle Straßen führen zur zentralen Piazza Maggiore, die von einer hochragenden Basilika und mehreren imposanten Renaissance-Palästen begrenzt wird.

Fontana del Nettuno   BRUNNEN

(Neptunbrunnen; Piazza del Nettuno) An die Piazza Maggiore grenzt die Piazza del Nettuno, die ihren Namen einer kraftstrotzenden Bronzestatue verdankt, die 1566 von Giambologna geschafffen wurde. Unterhalb des muskulösen Meeresgottes symbolisieren vier Cherubinen die Winde und vier vollbusige, wassersprühende Sirenen die vier in damaliger Zeit bekannten Kontinente.

★ Museo della Storia di Bologna   MUSEUM

(☎051 1993 6370; Via Castiglione 8; Eintritt 10 €; ⊙Di–So 10–19 Uhr) Besucher kommen als Neulinge in dieses Museum und treten als Kenner der ereignisreichen Geschichte Bolognas wieder ins Freie. Das prachtvolle neue, interaktive Museum wurde geschickt in den fürstlichen Palazzo Pepoli integriert und ist – im wahrsten Sinne des Wortes – ein „Bildungserlebnis".

Die innovativen Ausstellungen, in denen ein 3D-Film, der Nachbau eines alten römischen Kanals in Originalgröße und hypermoderne Präsentationen von antiken Relikten zum Einsatz kommen, beginnen in einer futuristischen, offen angelegten Eingangshalle und setzen sich durch 34 in chronologischer Folge nach Themen angeordnete Säle fort – sie erzählen die 2500 Jahre alte Geschichte Bolognas unmittelbar eindringlich und in lebendiger Breite. Vieles vielleicht Unbekannte ist zu entdecken (z. B. dass Karl V. in Bologna zum Kaiser des Heiligen Römischen Reiches gekrönt wurde). Der einzige eklatante Fehler ist der breite Raum, der Mussolini gewidmet ist, der „gleich um die Ecke" in Forli geboren wurde.

Palazzo Comunale   KUNSTGALERIE

(Piazza Maggiore; ⊙Kunstgalerie Di–Fr 9–18.30, Sa & So 10–18.30 Uhr) GRATIS Am westlichen Rand der Piazza Maggiore steht der Palazzo Comunale, in dem die Bologneser Stadtherren seit 1336 residieren. Das heutige Erscheinungsbild, eine Mischung architektonischer Stile, geht zum größten Teil auf Umgestaltungen im 15. und 16. Jh. zurück.

Die Statue von Papst Gregor XIII. schmückt seit 1580 das Hauptportal. Der einstige Prälat aus Bologna veranlasste die Kalenderreform und führte 1582 den nach ihm benannten Gregorianischen Kalender ein. Für das Innere des Palazzo entwarf Donato Bramante im 16. Jh. einen Treppenaufgang, über ihn konnten Pferdewagen direkt bis hinauf in den 1. Stock fahren.

Im 2. Stock des palazzo befindet sich eine Kunstgalerie, die Collezioni Comunali d'Arte (☎051 20 36 29; Palazzo Comunale; Erw./erm. 5/3 €; ⊙Di–Fr 9–18.30, Sa & So 10–

18.30 Uhr) mit interessanten Sammlungen von Gemälden, Plastiken und Möbeln aus dem 13. bis 19. Jh.

Außen sind drei große Schaukästen mit mehreren Hundert Fotos zu sehen. Sie zeigen Partisanenkämpfer, die beim Widerstand gegen die deutsche Besatzung ums Leben kamen – viele von ihnen direkt an Ort und Stelle.

Palazzo Fava GALERIE

(☎051 1993 6305; www.genusbononiae.it; Via Manzoni 2; Eintritt 10 €; ⊙Di–So 10–19 Uhr) Das erstaunliche Museum ist ein Ausstellungsraum, der in ein Herrenhaus der Renaissance integriert wurde. Es ist vorrangig der zeitgenössischen Kunst gewidmet. Die größten Anziehungspunkte sind jedoch die mit reichen Freskomalereien verzierten Säle im 1. Stock – sie wurden in einem leuchtenden, naturalistischen Stil von den Carraccis (den Brüdern Annibale und Agostino und ihres Vetters Lodovico) in der Zeit um 1580 geschaffen.

Zum hervorragendem Museum gehört auch ein wunderbares Café.

Palazzo del Re Enzo PALAZZO

(Piazza del Nettuno) Der Palazzo del Re Enzo aus dem 13. Jh. ist nach König Enzo benannt, dem unehelichen Sohn des Stauferkaisers Friedrich II., der hier von 1249 bis 1272 in päpstlicher Herrschaft in Haft saß. Aus derselben Zeit stammt auch der benachbarte **Palazzo del Podestà** (Piazza Maggiore 1), der einstige Sitz der Bologneser Podestà.

Unterhalb kreuzen sich zwei Durchgänge und bilden eine **Flüstergalerie**. Flüstert man einer gegenüberstehenden Person etwas zu, erlebt man eine verblüffende Akustik. Beide *palazzi* sind nur im Rahmen von Ausstellungen zugänglich (Informationen im Touristenbüro am gleichen Platz).

★ Basilica di San Petronio KIRCHE

(Piazza Maggiore; ⊙8–13 & 15–18 Uhr) Die fünftgrößte Kirche der Welt ist 132 m lang, 66 m breit und 47 m hoch. Sie birgt einige interessante Besonderheiten. Erstens: Obwohl der Bau 1390 begonnen worden war, wurde die Kirche erst 1954 offiziell geweiht. Zweitens: Die Basilika war das Ziel zweier vereitelter terroristischer Anschläge (2002 und 2006). Drittens: Das Innere des sakralen Baues weist einen ungewöhnlichen Stilbruch durch die Wissenschaft auf; auf dem Boden des östlichen Seitenschiffs erstreckt

sich eine riesige Sonnenuhr auf 67,7 m. Sie wurde 1656 von Gian Cassini und Domenico Guglielmi entworfen und spielte eine entscheidende Rolle bei der Entdeckung von Abweichungen des Julianischen Kalenders, was schließlich zur Einführung des Schaltjahres führte.

Und viertens: Bei einem Blick auf die unfertige Fassade ist zu erkennen, dass die Kirche nie vollendet wurde. Ursprünglich sollte sie größer werden als der Petersdom in Rom, doch der Bau kam 1561, genau 169 Jahre nach Baubeginn, ins Stocken, denn Papst Pius IV. gab einen neuen Universitätsbau an der östlichen Seite der Basilika in Auftrag. An der Via dell'Archiginnasio sind deshalb auch seltsam unfertige Altarnischen zu sehen.

Quadrilatero HISTORISCHE ALTSTADT

Östlich der Piazza Maggiore rund um die Via Clavature (Straße der Schlosser) markiert das Netz der Straßen die Position der einstigen römischen Stadt. Das Quadrilatero, wie dieses kompakte Viertel genannt wird, ist gepflegter als das angrenzende Universitätsviertel. In Spezialitätenläden alten Stils werden die weltberühmten Erzeugnisse der Region angeboten.

⦿ Im Süden & Westen der Piazza Maggiore

Museo Civico Archeologico MUSEUM

(Via dell'Archiginnasio 2; Erw./erm. 5/3 €; ⊙Di–Fr 9–15, Sa & So 10–18.30 Uhr) Eindrucksvoll in seiner Breite der historischen Epochen, zeigt das Museum gut dokumentierte ägyptische und römische Kunstgegenstände sowie eine Sammlung aus etruskischer Zeit, die zu den besten Italiens zählt.

Palazzo dell'Archiginnasio PALAZZO, MUSEUM

(Piazza Galvani 1) GRATIS Der Palast war das Bauprojekt, dem Papst Pius IV. vor der Basilica di San Petronio den Vorzug gab. Hier war die Universität der Stadt von 1563 bis 1805 untergebracht. Noch heute befindet sich darin die **Biblioteca Comunale** (Städtische Bibliothek; ⊙Mo–Fr 8.45, Sa 9–13.45 Uhr) mit 700 000 Bänden. Im faszinierenden **Teatro Anatomico** (⊙Mo–Fr 9–18.45, Sa 9–13.45 Uhr) aus dem 17. Jh. fanden öffentliche Leichensezierungen unter den strengen Blicken eines päpstlichen Inquisitors statt. Er war dafür zuständig, sofort einzugreifen, wenn die Vorgänge religiös bedenklich zu werden drohten.

Bologna

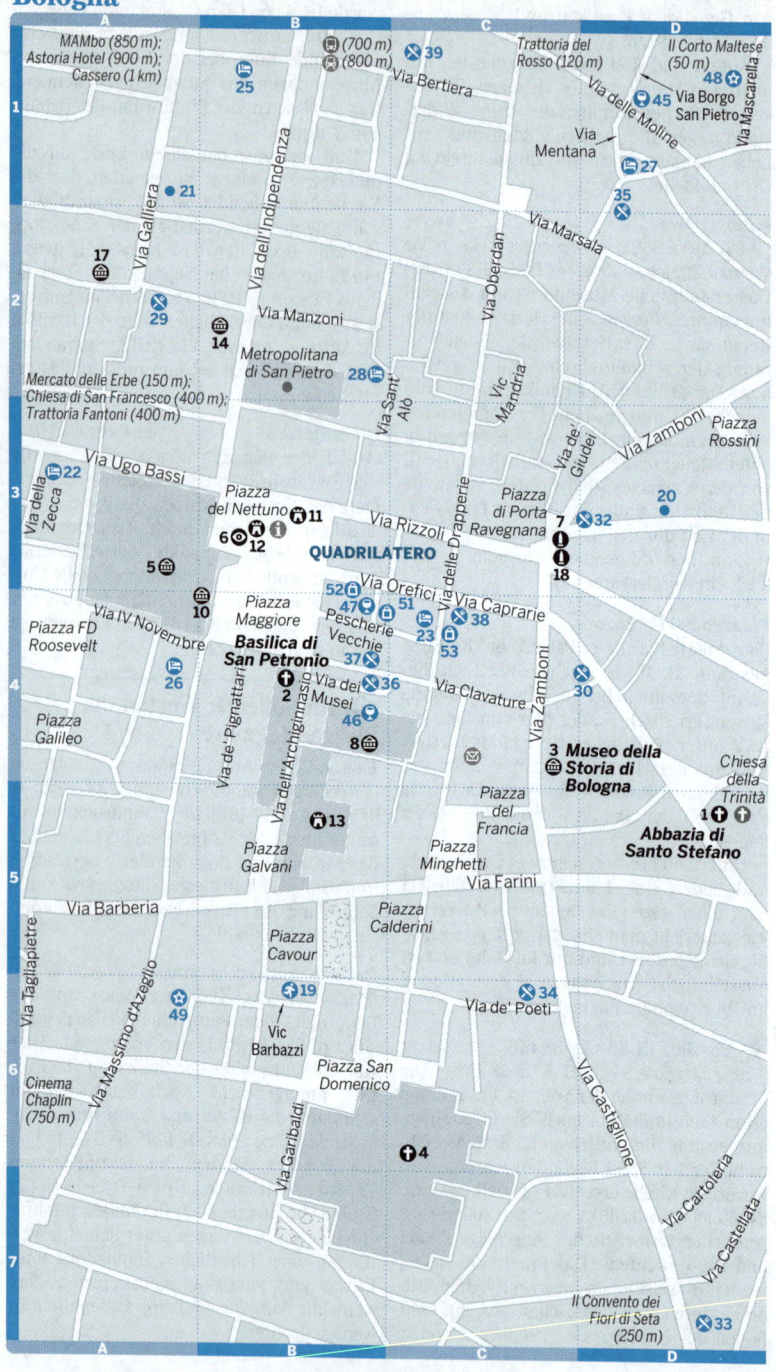

MAMbo (850 m);
Astoria Hotel (900 m);
Cassero (1 km)

25

(700 m)
(800 m)

39

Via Bertiera

Trattoria del
Rosso (120 m)

Il Corto Maltese
(50 m)

48

45 Via Borgo
San Pietro

Via delle Moline

Via Galliera

21

Via Mentana

27

Via dell'Indipendenza

Via Marsala

35

17

Via Manzoni

29

14

Via Oberdan

Via Sant'
Alò

Metropolitana
di San Pietro

28

Via de' Giudei

Via Zamboni

Piazza
Rossini

Mercato delle Erbe (150 m);
Chiesa di San Francesco (400 m);
Trattoria Fantoni (400 m)

Via della Zecca

22

Via Ugo Bassi

Piazza
del Nettuno

11

Via delle Drapperie

Piazza
di Porta
Ravegnana

7

32

20

6 12

Via Rizzoli

18

5

QUADRILATERO

Via Orefici

52

47 51

Via Caprarie

Via IV Novembre

10

Piazza
Maggiore

Pescherie
Vecchie

23

38

Piazza FD
Roosevelt

Basilica di
San Petronio

37

53

Via Zamboni

26

2 Via dei
Musei

36

Via Clavature

30

Piazza
Galileo

8

Via de' Pignattari

46

Via dell'Archiginnasio

3 Museo della
Storia di
Bologna

Chiesa
della
Trinità

Piazza
del
Francia

1

Abbazia di
Santo Stefano

13

Piazza
Galvani

Piazza
Minghetti

Via Barberia

Via Farini

Piazza
Calderini

Via Tagliapietre

Piazza
Cavour

Piazza
Cavour

49

19

34

Via de' Poeti

Vic
Barbazzi

Piazza San
Domenico

Via Massimo d'Azeglio

Cinema
Chaplin
(750 m)

Via Garibaldi

4

Via Castiglione

Via Cartoleria

Via Castellata

Il Convento dei
Fiori di Seta
(250 m)

33

Der große Saal ist weniger ein Museum als ein unverändert erhaltener Anatomiesaal; hier studierten früher angehende Chirurgen. In der Mitte steht ein Tisch mit Marmorplatte, umgeben von aufsteigenden Sitzreihen aus Zedernholz, von der Decke blickt eine Apollobüste herab. Der Baldachin über dem Professorenstuhl wird von zwei Holzfiguren getragen, die selbst wie anatomische Studienobjekte wirken.

Basilica di San Domenico KIRCHE

(Piazza San Domenico 13; ⏱ Mo–Fr 9.30–12.30 & 15.30–18.30, Sa & So bis 17.30 Uhr) Der Zauber und Mythos, der von Italien ausgeht, liegt zum Teil in seinem geweihten Boden begründet. Jede Kapelle einer beliebigen Kirche erzählt eine eigene Geschichte. Der Reiz dieser Basilika besteht in der Legende des hl. Dominikus, Gründer des Dominikanerordens. Er starb im Jahr 1221.

Sein schmuckvoller Sarkophag steht in der **Cappella di San Domenico**, die nach einem Entwurf von Nicola Pisano entstand. Später haben zahlreiche Künstler daran weitergearbeitet. Große Geister scheinen in der Kirche noch präsent zu sein; von Michelangelo stammt der Engel auf der rechten Altarseite, den er bereits im Alter von 19 Jahren schuf, und als Wolfgang Amadeus Mozart vier Wochen an der Musikakademie der Stadt verbrachte, spielte er gelegentlich auf der Orgel der Kirche.

San Colombano – Collezione Tagliavini MUSEUM

(☑ 051 1993 6366; www.genusbononiae.it; Via Parigi 5; Eintritt 10 €; ⏱ Di–So 10–13 & 15–19 Uhr) Die auffallend schön restaurierte Kirche des hl. Columban mit originalen Fresken und einer mittelalterlichen Krypta, die 2007 freigelegt wurde, birgt eine wundervolle Sammlung von mehr als 80 Musikinstrumenten, die von Luigi Tagliavini, einem achtzigjährigen Organisten, zusammengetragen wurden. Viele der Cembali, Klaviere und Oboen der Sammlung stammen aus der Zeit um 1500 – noch erstaunlicher ist es, dass sie völlig funktionstüchtig sind.

Es lohnt sich, auf die Ankündigung der regelmäßig stattfindenden, kostenlosen Konzerte zu achten.

Chiesa di San Francesco KIRCHE

(Piazza San Francesco; ⏱ 6.30–12 & 15–19 Uhr) Typisch gotisch, dunkel und geheimnisvoll ist diese Kirche, die als eine der ersten italienischen Kirchen im Stil der französischen

Bologna

Gotik gebaut wurde. Im Innern befinden sich das Grab von Papst Alexander V. und ein bemerkenswertes Marmoraltarbild des 14. Jhs., auf dem verschiedene Heilige und Szenen aus dem Leben des hl. Franziskus dargestellt sind.

◉ Universitätsviertel

Rotzfreche Graffiti, kommunistische Zeitungsverkäufer und der Bierdunst vergangener Nächte kennzeichnen die heruntergekommenen, aber eigenartig anziehenden Straßen des Universitätsviertel, das an der Stelle des einstigen jüdischen Ghettos von Bologna liegt.

Le Due Torri   TURM

(Piazza di Porta Ravegnana) Sie halten Wache an der Piazza di Porta Ravegnana: Die schiefen Türme von Bologna sind unverwechselbare Wahrzeichen der Stadt. Der größere der

beiden Türme, die 97,6 m hohe **Torre degli Asinelli** (Eintritt 3 €; ⊙9–18 Uhr, Okt.–Mai bis 17 Uhr), kann bestiegen werden. Das empfiehlt sich allerdings nicht für Personen, die zu Schwindelanfällen oder Knieproblemen neigen (498 Stufen führen eine halb frei stehende Holztreppe hinauf).

Abergläubische Studenten verzichten ebenso darauf, denn eine Volksweisheit besagt: Wer den Turm hinaufsteigt, kommt nie zu einem universitären Abschluss. Der Geschlechterturm der Asinelli wurde zwischen 1109 und 1119 errichtet – heute weicht er 1,3 m von der Senkrechten ab. Die benachbarte, 48 m hohe **Torre Garisenda** hat sogar eine Schlagseite von 3,2 m.

★ Abbazia di Santo Stefano   KIRCHE

(www.abbaziasantostefano.it; Via Santo Stefano 24; ⊙10–12.30 & 15.30–18.45 Uhr) Streng genommen ist Santo Stefano keine weitere Kirche, sondern eher ein – sehr stimmungsvoller –

mittelalterlicher Komplex aus Sakralbauten. Ursprünglich gab es hier sieben Kirchen, daher der Spitzname der Basilika: Sette Chiese, aber nur vier blieben erhalten.

Der Eingang zur Kirche erfolgt über die **Chiesa del Crocefisso** aus dem 11. Jh., in der die Gebeine San Petronios aufbewahrt werden, als Nächstes folgt die **Chiesa del Santo Sepolcro**. Dieser achteckige Bau war vermutlich ursprünglich eine Taufkapelle. Der benachbarte **Cortile di Pilato** ist nach dem Becken benannt, in dem Pontius Pilatus seine Hände gewaschen haben soll, nachdem er Jesus zum Tode verurteilt hatte. In Wirklichkeit ist es eine langobardische Arbeit aus dem 8. Jh. Die **Chiesa della Trinità** ist mit einem bescheidenen Kreuzgang und einem kleinen **Museum** verbunden. Die vierte Kirche, **Santi Vitale e Agricola**, ist die älteste der Stadt. In den Bau wurden römische Mauern und Bildhauerarbeiten integriert, der größte Teil stammt jedoch aus dem 11. Jh. Die erheblich älteren Gräber der beiden Heiligen in den Seitenschiffen dienten als Altäre.

Oratorio di Santa Cecilia　　KIRCHE
(Via Zamboni 15; ⊙ 10–13 & 14–18 Uhr) Die Kirche ist einer der unbekanntesten Schätze Bolognas. Im Innern stellen prachtvolle, im 16. Jh. von Lorenzo Costa geschaffene Fresken in leuchtenden Farben Leben und Tod der hl. Cäcilia und ihres Gatten Valeriano dar. Die Fresken sind in bemerkenswert gutem Zustand, ihre Farben lebhaft und ihre Bildersprache kühn und

schonungslos. Im Oratorio finden regelmäßig kostenlose Kammermusikkonzerte statt. Draußen an einer Tafel findet man Hinweise auf das Programmangebot.

Universitätsmuseen　　MUSEUM
GRATIS　Die älteste Universität der Welt besitzt etliche Museen, die einen erholsamen Abstand von geistlicher Kunst und düsteren Kirchen gewähren. Einige von ihnen sind kostenlos zugänglich. Die meisten befinden sich im **Palazzo Poggi** (www. museopalazzopoggi.unibo.it; Via Zamboni 33; Eintritt 3 €; ⊙ Di–Fr 10–13 & 14–16, Sa & So 10.30–13.30 & 14.30–17.30 Uhr), wo im **Anatomischen Museum** z. B. Uterusmodelle aus Wachs und im **Naturkundlichen Museum** riesige Schildkrötenpanzer studiert werden können.

Einen freien Eintritt zur Betrachtung ausgestopfter und präparierter Ausstellungsstücke gewähren das **Museo di Zoologia** und das **Museo di Antropologia** an der nahen Via Selma 3.

Pinacoteca Nazionale　　KUNSTGALERIE
(Via delle Belle Arti 56; Eintritt 4 €; ⊙ Di–Mi 9–13.30, Do 9–19, Fr–So 14–19 Uhr) Das wichtigste Kunstmuseum der Stadt zeigt eine hervorragende Sammlung von Werken Bologneser Künstler ab dem 14. Jh., darunter bedeutende Ölgemälde der drei Vettern Carracci (Ludovico, Agostino und Annibale) aus dem späten 16. Jh.

Die Carracci gehörten zu den Gründervätern der italienischen Barockkunst, sie waren zu-

EMILIA-ROMAGNA & SAN MARINO BOLOGNA

BOLOGNAS ZWEITE RENAISSANCE

Eine Stadt mit einer 3000 Jahre alten Geschichte kommt eigentlich ohne eine zweite Renaissance aus, vor allem, da die erste so eindrucksvolle Spuren hinterlassen hat. Dank mehrerer restaurierter Kirchen, eines innovativen neuen Geschichtsmuseums und reichlich fließenden Geldmittel aus dem Fonds einer regionalen Bank ist in Bologna ein Experiment gelungen. Das Projekt zum Schutz und zur Aufwertung des historischen Erbes der Stadt wurde erstmals 2003 aufgelegt und hat den ohnehin schon beeindruckenden Bestand von Kulturschätzen bis heute um acht neue Stätten bereichert. Das Projekt mit dem Namen „Genus Bononiae: Museen in der Stadt" wurde im Januar 2012 mit der Eröffnung des **Museo della Storia di Bologna** (S. 494) abgeschlossen. In diesem Museum werden die Besucher auf faszinierend moderne Art auf eine Reise in die Vergangenheit der Stadt mitgenommen – dank des erfinderischen Architekten Mario Bellini. Die drei wichtigsten Stätten des Genus Bononiae – das bereits genannte Museum zur Stadtgeschichte, der, **Palazzo Fava** (S. 495) und **San Colombano – Collezione Tagliavini** – sind mit einem Kombiticket (10 €) zugänglich. Die übrigen Stätten sind die Kirche **Santa Maria della Vita** (Via Clavature 8–10; ⊙ Di–So 10–12 & 15–19 Uhr) GRATIS, ein Santuario mit Skulpturenmuseum, die Bibliothek **San Giorgio Poggiale** (Via Nazario Sauro 20/2; ⊙ Mo, Mi–Fr 9–13, Di 9–17 Uhr) GRATIS mit einer riesigen Sammlung historischer Bücher und die **Chiesa di Santa Cristina** (Piazzetta Morandi 2), die heute als Veranstaltungsort für klassische Konzerte dient. Sporadisch für Ausstellungen geöffnet ist der Renaissancebau der **Casa Saraceni** (Via Farini 15). Auch die Kirche des alten Klosters **San Michele in Bosco** (Piazzale di San Michele in Bosco; ⊙ –12 & 16–18 Uhr) steht Besuchern offen.

NICHT VERSÄUMEN

KIRCHE AUF DEM BERG

3,5 km südwestlich außerhalb des Stadtzentrums steht die **Basilica Santuario della Madonna di San Luca** (Via di San Luca 36; ☉ April–Sept. 7–12.30 & 14.30–19 Uhr, März bis 18 Uhr, Okt.–Feb. bis 17 Uhr) auf einem Berg; von ihrer Höhe nimmt sie eine machtvolle und angemessen himmelsnahe Position hoch über dem Gewimmel in der rötlichen Stadt ein, die sich in der Tiefe ausdehnt. In der Kirche hängt ein Madonnengemälde, angeblich ein Werk des hl. Lukas, das im 12. Jh. aus dem Vorderen Orient nach Bologna gebracht wurde. Die Kirche erinnert ein wenig an die Wallfahrtskirche „Superga" bei Turin. Der Altarraum aus dem 18. Jh. ist durch einen Arkadengang mit der Stadtmauer verbunden: Er steht im Ruf, mit 666 Bögen der längste Säulengang der Welt zu sein, und beginnt an der Piazza di Porta Saragozza. Die Buslinie 20 führt vom Stadtzentrum zur Villa Spada, von wo aus ein Minibus weiter zur Kirche führt. Wer noch eine Haltestelle weiter mit der Buslinie 20 fährt, kommt zum Meloncello-Bogen und kann sich bei einem 2 km langen Spaziergang unter den Arkaden die Beine vertreten.

tiefst von der Gegenreformation beeinflusst, die in der zweiten Hälfte des 16. Jhs. in Italien an Bedeutung gewann. Viele ihrer Arbeiten sind religiös motiviert, ihre Bildersprache ist oft explosiv und emotional, dazu bestimmt, an die Frömmigkeit der Betrachter zu appellieren und diese zu fördern. Besonders beachtenswerte Werke sind u. a. die *Madonna Bargellini* von Ludovico, die *Comunione di San Girolamo* von Agostino und die *Madonna di San Ludovico* von Annibale. Die Galerie zeigt daneben mehrere Werke von Giotto sowie Raffaels *Estasi di Santa Cecilia* (Verzückung der hl. Cäcilia). El Greco und Tizian sind ebenfalls vertreten, wenn auch mit vergleichsweise unbekannten Werken.

☉ Nördlich der Piazza Maggiore

MAMbo　　　　　　　　　　　　KUNSTGALERIE
(Museo d'Arte Moderna di Bologna; www.mambo-bologna.org; Via Don Minzoni 14; Erw./erm. 6/4 €; ☉ Di, Mi & Fr 12–18, Do, Sa & So 12–20 Uhr) Avantgardisten, Atheisten und andere, deren Bedarf an dunkler, religiöser Kunst gedeckt ist, finden Trost in einem der neueren Museen Bolognas. Es wurde 2007 in den weiten, kargen Räumen einer ehemaligen städtischen Bäckerei eröffnet. In dauerhaften und wechselnden Ausstellungen zeigt die Galerie Werke von aufstrebenden italienischen Künstlern. Der Eintritt zur Dauerausstellung ist mittwochs kostenlos.

Aktivitäten

Hammam Bleu　　　　　　　　　　WELLNESS
(☎ 051 58 01 62; www.hammam.it; Vicolo Barbazzi 4; ☉ Mo–Fr 12–22, Sa & So 11–19 Uhr) Wenn der Friede der stillen Kirchen noch nicht beruhigend gewirkt hat, empfiehlt sich dieses türkische Bad in der historischen Altstadt. Die Preise beginnen bei 50 € für eine halbstündige Behandlung oder 40 € für den Besuch der Wellness-Einrichtungen (Dampfbad, Sauna, Whirlpool).

Kurse

La Vecchia Scuola Bolognese　　　KOCHEN
(☎ 051 649 15 76; www.lavecchiascuola.com; Via Galliera 11) Es ist keine Überraschung: In Bologna lässt sich gut kochen lernen. Dies ist eine von mehreren Schulen, die Kochkurse in englischer Sprache anbieten. Die Preise liegen bei 80 € für einen zusammenhängenden vierstündigen Unterricht und bei 210 € für einen dreitägigen Kurs.

La Chiocciola　　　　　　　　SPAZIERGÄNGE
(☎ 051 22 09 64; www.bolognawelcome.com/guida-turistica; Via San Vitale 22) Die offizielle Reiseleitergruppe führt Besucher auf Spaziergängen durch die Stadt.

City Red Bus　　　　　　　　　　BUSTOUR
(www.cityredbus.com) Veranstaltet einstündige Stadtrundfahrten im Bus mit der Möglichkeit, immer wieder ein- und auszusteigen. Abfahrt ist mehrmals täglich am Bahnhof. Tickets (12 €) sind im Bus erhältlich.

Feste & Events

Bologna hat einen vollen und abwechslungsreichen Veranstaltungskalender, der sich hauptsächlich um Musik dreht. Die Bandbreite der Darbietungen – Performances in der Sprache des Rock 'n' Roll – reicht von Straßen-Raves bis zu Jazz-Konzerten, von

Ballett bis zu feierlichen Prozessionen. Der Sommer ist die beste Zeit für Feste.

Bologna Estate
KUNST

(www.bolognaestate.it) Dreimonatiges Programm (Mitte Juni bis Mitte Sept.) mit Konzerten, Film, Tanz und vielem mehr. Open-Air-Bühnen gibt es in der ganzen Stadt, viele Events sind kostenlos. Infos in den Touristeninformationen.

🛏 Schlafen

Die Hotels in Bologna orientieren sich am Markt für Geschäftsreisende; es gibt ein Überangebot an Mittel- und Spitzenklassehotels im Kongressviertel im Norden der Stadt. Hochbetrieb herrscht zur Messesaison im Frühjahr und Herbst, wenn die Preise in die Höhe klettern, die Hotels ausgebucht und frühzeitige Buchungen unerlässlich sind. Wenn gerade keine Messe stattfindet, bieten manche Hotels Ermäßigungen von bis zu 50 % und attraktive Tarife an Wochenenden an.

Hotel University Bologna
HOTEL €

(📌051 22 97 13; www.hoteluniversitybologna. com; Via Mentana 7; EZ/DZ 61/75 €; ❄@🛜) Wer bei dem Namen an studentische Wohngemeinschaften denkt, darf beruhigt sein; es besteht keine Ähnlichkeit. Vielmehr ist es erfreulich, dass die älteste Universitätsstadt der Welt ein Hotel besitzt, dessen Preisklasse die finanziellen Möglichkeiten der studentischen Bevölkerung nicht maßlos übersteigt. Das HU Bologna wird bescheiden als 3-Sterne-Hotel klassifiziert, wurde jedoch modernisiert und liegt weit über dem gewohnten Niveau.

Astoria Hotel
HOTEL, APARTMENTS €

(📌051 52 14 10; www.astoria.bo.it; Via Fratelli Rosselli 14; 1-/2-/3-Pers.-Apt. 60/70/88 €; 🛜) Anstatt sich für die eher farblosen Hotelzimmer zu entscheiden, sollten Gäste nach einem der geräumigen Apartments fragen, die in bequem erreichbarer Lage zwischen Bahnhof und Stadtzentrum liegen.

Albergo delle Drapperie
HOTEL €

(📌051 22 39 55; www.albergodrapperie.com; Via delle Drapperie 5; EZ/DZ 70/85 €; ❄🛜) Direkt im Herzen des stimmungsvollen Quadrilatero liegt das Hotel, „verschachtelt" in den oberen Stockwerken eines größeren Hauses. Per Türöffner werden die Gäste im Erdgeschoss eingelassen und finden am oberen Ende einer Treppe 21 einladende Zimmer mit Holzbalken an den Decken,

dem einen oder anderen Ziegelsteinbogen und Deckenfresken in kräftigen Farben. Das Frühstück kostet zusätzlich 5 €.

Albergo Rossini
HOTEL €

(📌051 23 77 16; www.albergorossini.com; Via dei Bibiena 11; EZ/DZ 62/72 €; ⊙Mitte Juli–Mitte Aug. geschl.; ❄) Der kurze Weg von der Piazza Verdi zum Hotel ist nicht vielversprechend. Er führt durch eine Gasse, die von Trunkenbolden gern als Freilufttoilette benutzt wird. Im (durchschnittlichen) Hotel selbst ist die Atmosphäre herzlich, freundlich und entgegenkommend. Am besten sind die Zimmer unterm Dach, wo durch günstig liegende Dachfenster das Sonnenlicht hereinfällt.

Ostello Due Torri-San Sisto
HOSTEL €

(📌051 50 18 10; www.ostellodibologna.com; Via Viadagola 5 & 14; B 18 €, EZ/DZ 26/46 €, ohne Bad 23/42 €; P@🛜) Rund 6 km nördlich des Stadtzentrums befinden sich die beiden HI-Hostels der Stadt – kaum 100 m voneinander entfernt. Sie sind modern, zweckmäßig eingerichtet und preiswert. Die Buslinie 93 (Mo–Sa bis 20.20 Uhr) fährt von der Via Irnerio ab, Buslinie 301 (So) am Busbahnhof und der Nachtbus 21B (stündlich ab 21.40 bis 0.40 Uhr) gegenüber dem Hauptbahnhof.

Albergo Centrale
HOTEL €

(📌051 22 51 14; www.albergocentralebologna.it; Via della Zecca 2; EZ/DZ 63/82 €, ohne Bad 49/72 €; ❄) Hier wird viel Komfort und eine günstige Lage geboten. Die großen altmodischen Zimmer des Albergo Centrale sind mit Parkettfußböden und modernen Möbeln ausgestattet. Es gibt ein reichhaltiges Frühstücksbuffet.

Hotel Orologio
DESIGNHOTEL €€

(📌051 745 74 11; www.bolognarthotels.it; Via IV Novembre 10; Zi. ab 140 €; P❄@🛜) Eines von vier anspruchsvollen Hotels, die unter dem Markennamen Bologna Art Hotels betrieben werden. Das noble Haus abseits der Piazza Maggiore überzeugt mit tadellosem Service, schicken Zimmern in eleganten Gold-, Blau- und Burgundertönen, Bädern aus wolkigem grauen und weißen Marmor, einer Begrüßungszeremonie mit Schokolade und einer unübertrefflichen Lage in der Altstadt.

⭐ Hotel Metropolitan
BOUTIQUEHOTEL €€€

(📌051 22 93 93; www.hotelmetropolitan.com; Via dell'Orso 6; Zi. ab 140 €; ❄@🛜) Dieses Hotel ist ein wahres Schaustück für meisterhafte italienische Innenarchitektur. Hier verbindet sich Funktionalität mit einem attraktiven und modernen Einrichtungsstil; das Gesamtbild ist von einem alles beherrschenden thailändisch-buddhistischen Thema bestimmt, das vielleicht ein wenig Ruhe und Gelassenheit in das hektische Stadtzentrum tragen soll. Es funktioniert.

Prendiparte B&B
B&B €€€

(☑ 051 58 90 23; www.prendiparte.it; Via Sant'Alò 7; Zi. ab 350 €) Wer einmal hier gewesen ist, wird niemals wieder woanders übernachten wollen. Die Bezeichnung B&B ist irreführend: Hier bekommen die Gäste nicht einfach ein Zimmer, sondern einen ganzen, 900 Jahre alten Turm (den zweithöchsten Bolognas). Der Wohnbereich (Schlafzimmer, Küche und Wohnzimmer) erstreckt sich über drei Ebenen, doch es sind noch neun weitere Etagen zu entdecken. Auf halber Höhe liegt ein Gefängnis aus dem

17. Jh. verborgen, und die Terrasse auf dem Turmdach bietet einen wunderbaren Blick auf die Stadt.

Wie wäre es, mit einem Millionär (oder seiner Gattin) anzubändeln, um dann vorzugeben, ein(e) verwunschene(r) Prinz(essin) zu sein?

Il Convento dei Fiori di Seta
BOUTIQUEHOTEL €€€

(☑ 051 27 20 39; www.silkflowersnunnery.com; Via Orfeo 34; Zi. 140–420 €, Suite 250–520 €; ❋☎) Bevor die Wahl auf eine der Budgetunterkünfte Bolognas fällt, sollten die zahlreichen Spitzenhotels wenigstens bewundert werden, beispielsweise dieses schicke Boutiquehotel, das in einem Frauenkloster aus dem 14. Jh. eingerichtet wurde. Zu Fresken mit frommen Motiven gesellen sich Blumenstillleben im Stil des Fotografen Mapplethorpe und schicke moderne Lampen, die Betten sind mit Leinen bezogen und die Badezimmer mit kühlen Mosaikfliesen gekachelt.

INSIDERWISSEN

SPAGHETTI BOLOGNESE

Wer sich in der Emilia-Romagna auf die Suche nach den altbekannten Spaghetti bolognese macht, wird eine Enttäuschung erleben. Der Name ist irreführend. „Spaghetti bolognese" hat so wenig mit einem Bologneser Gericht zu tun wie Roastbeef oder Yorkshirepudding, und auf den Speisekarten der standhaft traditionsbewussten Bologneser Trattorien kommt es nicht vor. Vielmehr ist man in der Stadt stolz auf eine hochwertige Fleischsauce, das *ragù*. Es besteht aus gehacktem Rindfleisch, das mit *pancetta* (rohem Speck), Karotten und Zwiebeln bei milder Hitze langsam gegart und mit reichlich Milch und Wein gebunden wird.

Wie ist der irreführende Name entstanden? Einer modernen Legende nach geht die Erfindung der Spaghetti bolognese möglicherweise auf das traditionelle Ragù alla bolognese zurück. Britische und amerikanische Militärangehörige, die im Zweiten Weltkrieg in die Emilia-Romagna kamen, fanden Gefallen an dem Gericht. Bei Kriegsende nach Hause zurückgekehrt, wirkten sie auf immigrierte italienische Köche ein, etwas Vergleichbares zuzubereiten. Feinheiten gingen offenbar bei der Übermittlung verloren. Die Spaghetti bolognese, die heute in London oder New York aufgetischt werden, sind etwas grundsätzlich anderes als das jahrhundertealte Rezept für *ragù* aus Bologna.

Zunächst ist da die Sauce selbst. Die Bolognesesauce ist sehr tomatenhaltig, während es beim Ragù vor allem um das Fleisch geht. Dann die Pasta: Anstatt trockene Spaghetti aus Hartweizengrieß aus der Verpackung zu schälen, wird beim Traditionsgericht das *ragù* über frisch gemachte Eiernudeln, die *tagliatelle* (Bandnudeln), gegeben, wobei sich die reichhaltige Fleischsauce mit den breiten, bissfest gekochten Nudelbändern verbinden kann.

Streng darauf bedacht, die traditionelle Fleischsauce vor dem Absinken in die Mittelmäßigkeit zu bewahren, wurde in der Handelskammer von Bologna 1982 ein offizielles Rezept für das Ragù alla bolognese hinterlegt. Dennoch ist es so gut wie unmöglich, irgendwo in Bologna zwei *ragù*-Gerichte zu finden, die absolut identisch sind. So gilt die Kreation, die in der Osteria dell'Orsa zubereitet wird, ebenfalls als so vorbildhaft und maßgebend für die Kochkunst, wie es Verdi für die Opernmusik war.

 **Essen**

Erste gastronomische Regel: Im Restaurant Sprachkenntnisse anwenden und *tagliatelle al ragù* bestellen. (Die berühmte Fleischsauce der Stadt „Spaghetti Bolognese" zu nennen wäre wie Champagner als „Schaumwein" zu bezeichnen.) Nach einigen Mahlzeiten in Bologna wird verständlich, warum die Stadt auch *La Grassa* genannt wird: Die Küche folgt gleich an zweiter Stelle nach der katholischen Kirche.

Im Universitätsviertel nordöstlich der Via Rizzoli konzentrieren sich Hunderte von Restaurants, Trattorien, Imbissständen und Cafés, die sowohl klamme Studenten als auch spendable Gourmets zufriedenstellen. Zutaten zum Selbstkochen findet man in den traditionsreichen Feinkostläden des Quadrilatero.

★ **Osteria dell'Orsa**   ITALIENISCH €

(051 23 15 76; www.osteriadellorsa.com; Via Mentana 1; Gerichte 22–25 €; 12–24 Uhr) In einer Aufzählung der Wunder Italiens dürften neben den venezianischen Kanälen und dem Kolosseum von Rom ist das Essen gleichbleibend perfekt, und die preiswerten, anspruchslosen *osterie* (einfache Gasthäuser in Familienhand) nicht fehlen – wie z. B. die Osteria dell'Orsa. Dort ist das Essen gleichbleibend perfekt, und die Preise sind billig. Was macht es schon, wenn der Kellner ein T-Shirt mit dem Schriftzug des AC Mailand trägt und der Wein in einem Wasserglas serviert wird?

Nichts reicht an bissfest zubereitete *cappellacci* (eine Art Ravioli) mit Kürbis heran, die in Butter und Salbei geschwenkt werden.

Trattoria del Rosso   TRATTORIA €

(051 23 67 30; www.trattoriadelrosso.com; Via A Righi 30; Hauptgerichte 7,50–10 €; 12–23 Uhr) Gutes Essen muss in Bologna nicht teuer sein. Wer daran zweifelt, sollte sich den zahlreichen Gästen anschließen, die vom schlichten Ambiente, den günstigen Preisen und der (auch mittags) schnellen Bedienung hierher gezogen werden. Es heißt, die Trattoria sei die älteste der Stadt, ein weiterer Beweis dafür, dass sich Altes doch bewährt.

Colazione da Bianco   FRÜHSTÜCK €

(051 588 44 25; Via Santa Stefano 1; Snacks 5–10 €; Mi–Mo 7.30–21 Uhr) Ein idealer Ort für das Frühstück oder eine Pause am Nachmittag: La Colazione verströmt eine Eleganz, wie sie nur in Italien vorkommen kann, mit theatralischen Vorhängen, prunkvollen Kronleuchtern und zarten *Cornetti* (Hörnchen). Viel Platz an den Tischen verführt zu längerem Verweilen – und zu einem zweiten Stück Kuchen.

Tamburini   CAFETERIA, FEINKOST €

(www.tamburini.com; Via Caprarie 1; Gerichte 10–20 €; Mo–Sa 8.30–20, So 10–18.30 Uhr) Büfettgerichte, die frisch und fantasievoll gemacht sind – das ist kein Widerspruch im Tamburini, einem traditionellen Spezialitätengeschäft voller baumelnder Schinken und aromatischer Käse, zu dem eine beliebte Cafeteria gehört. Dort gibt es eine verführerisch dekorierte Käse- und Fleischauswahl, bunte Salatschüsseln und täglich drei oder vier Pastagerichte. Mit Warteschlangen ist zu rechnen.

Gelateria Gianni   EISCAFÉ €

(www.gelateriagianni.com; Via San Vitale 2; 12–22 Uhr) Sie verweist die Turiner Eisdielenkette Grom (die größte Italiens) auf den dritten Platz. In dieser Gelateria haben schon sehr viele studentische Rendezvous bei großzügigen Portionen von weißem Schokoladen- oder Kirscheis ein süßes Happy End gefunden.

La Sorbetteria Castiglione   EISCAFÉ €

(www.lasorbetteria.it; Via Castiglione 44; Di–Sa 8.30–24, So 9–23.30 Uhr) Unzählige Eiscremelegenden sind von Italien zu erzählen. Etliche (eine davon ist sogar schon in der *New York Times* erschienen) haben in diesem Tempel der Eisliebhaber ihren Ursprung. Die Gelateria liegt etwas abseits vom Stadtzentrum, aber der Weg dorthin lohnt sich.

Trattoria Fantoni   TRATTORIA €

(Via del Pratello 11a; Gerichte 15 €; Di–Sa 12–14.15 & 20–22, Mo 12–14.15 Uhr) Eine sehr beliebte Trattoria, wo italienische Klassiker zu angenehmen Preisen aufgetischt werden. Die Atmosphäre ist herzlich und die Inneneinrichtung ein ansprechendes Durcheinander von altem Kram und moderner Kunst.

P122@s   PIZZERIA €

(Via dei Musei 2–4; Pizzas 6–9 €; 12.30–15.30 & 19.30–1 Uhr) Puristen kommen nicht nach Bologna, um Pizza zu essen, wer jedoch nach einer mentalen Einstimmung auf Süditalien sucht, sollte zu dieser angesagten Pizzeria unter den Arkaden bei der Piazza Maggiore kommen und eine Pizza aus dem Holzofen probieren.

⭐ **Trattoria dal Biassanot** TRATTORIA €€
(☎ 051 23 06 44; www.dalbiassanot.it; Via Piella 16a; Gerichte ab 25 €; ⏱ Di–Sa 12–14.30 & 19–22.30, So 12–14.30 Uhr) Die Kellner tragen Fliegen und lassen eine subtile Überheblichkeit vermuten, doch das Biassanot ist so erdverbunden wie seine ländliche Speisekarte, auf der althergebrachte Klassiker wie Wildschwein oder Zicklein sowie Kalbsbraten mit Balsamessig und Pilzen verzeichnet sind. Gäste sollten rechtzeitig herkommen: Die Tische mit gewürfelten Decken sind schnell besetzt. Eine *torta* (Kuchen) mit Birnen und ein warmes Dessert mit Vanillesauce runden ein Essen wunderbar ab.

Buca Manzoni EMILIANISCH €€
(☎ 051 27 13 07; www.bucamanzoni.it; Via Manzoni 6g; Gerichte 25–30 €; ⏱ Mi–Sa & Mo 12.30–15.30 & 19–23, So 12.30–16 Uhr) „Wir servieren hier nur echte Bologneser Küche, nicht dieses Spaghettizeug", stellt der schlagfertige, humorvolle Kellner nachdrücklich klar. Im Buca Manzoni ist die Speisekarte im Bologneser Dialekt verfasst, die Lasagne ist *verde* (grün), und jene langen Nudelschnüre heißen *tagliatelle* und haben – selbstverständlich! – nichts mit Spaghetti bolognese gemein.

Drogheria della Rosa TRATTORIA €€
(☎ 051 22 25 29; www.drogheriadellarosa.it; Via Cartoleria 10; Gerichte 35–40 €; ⏱ 12–15 & 19.30–23.45 Uhr) Holzregale und Apothekergläser – es fällt nicht schwer, sich vorzustellen, dass die charmante, anspruchsvolle Trattoria früher eine Apotheke war. Der sympathische Wirt scheint immer Zeit zu finden, an jeden Tisch zu kommen und die kleine, feine Tageskarte zu erklären.

Auf die Gäste warten vorzüglich zubereitete Variationen von Bologneser Klassikern wie Tortellini oder Steak mit Balsamico.

Osteria de' Poeti OSTERIA €€
(www.osteriadepoeti.com; Via de' Poeti 1b; Hauptgerichte 12 €; ⏱ Di–Sa 19.30–3, So 12.30–14.30 Uhr) Das Traditionslokal liegt im Weinkeller eines *palazzo* aus dem 14. Jh. und ist ein stimmungsvoller Ort, wo herzhafte regionale Gerichte zu haben sind. Besonders schön sind die Plätze am imposanten Steinkamin. Empfehlenswert sind z. B. Klassiker wie *tagliolone con fiori di zucca, zucchini e prosciutto di Parma* (Nudeln mit Kürbisblüten, Zucchini und Parma-

schinken). Am Abend ist regelmäßig Livemusik zu hören.

Selbstversorger

Lebensmittel werden auf dem größten überdachten Markt Bolognas, dem **Mercato delle Erbe** (Via U Bassi 27; ⏱ Mo–Sa 7–13.15 & Mo–Mi & Fr 17–19.30 Uhr), verkauft. Alternativ dazu gibt es im Quadrilatero östlich der Piazza Maggiore einen täglichen **Obst- und Gemüsemarkt** (Via Clavature; ⏱ Mo–Sa 7–13 & Mo–Mi, Fr & Sa 16.15 bis 19.30 Uhr), auf dem einige der bekanntesten und beliebtesten Bologneser Spezialitäten zu kaufen sind.

Ausgehen & Nachtleben

Die mit Graffiti bemalten Straßen des Universitätsviertels strahlen bei Einbruch der Nacht eine so elektrisierende Energie aus, dass es ansteckend wirkt. Aus lärmenden Bars quellen die Gäste bis auf die Straße hinaus, schwermütige Trinker hocken in Runden direkt auf dem harten Pflaster, Musiker improvisieren talentvoll alte Jazz-Stücke. Die Piazza Verdi ist *der* Anziehungspunkt für durstige Studenten; wer es anspruchsvoller und eleganter liebt, wird im Quadrilatero das Richtige finden.

⭐ **Le Stanze** WEINBAR
(www.lestanzecafe.com; Via Borgo San Pietro 1; ⏱ Mo–Sa 11–3 Uhr) Im Gegensatz zur studentischen Atmosphäre der Scuderia geht es im eleganteren Le Stanze viel ruhiger zu; in der einstigen Kapelle zeigen die vier Innenräume einen jeweils eigenen Gestaltungsstil. Das Büfett zum *aperitivo* (Getränke plus Snacks vor dem Abendessen) ist erstklassig: Paella, Pasta und andere Köstlichkeiten begleiten die Auswahl von Weinen und Cocktails.

La Scuderia BAR, CAFÉ
(www.lascuderia.bo.it; Piazza Verdi 2; ⏱ 8–2.30 Uhr; ☎) In guten Nächten entfaltet sich im nachlässig-eleganten La Scuderia an der Piazza Verdi ein Panorama des ganzen Viertels. Wie in Bologna zu erwarten, setzt sich das Publikum aus einer bunten Mischung von Flaneuren, langhaarigen Gruftis, verbummelten Studenten und vereinzelten Opernbesuchern zusammen, die sich, in Erinnerungen an ihre Studentenzeit verloren, hierher verirren.

Die Bar befindet sich im einstigen Stallgebäude der Bentivoglio und weist hohe Säulen, Deckengewölbe und Kunstfotos auf.

INSIDERWISSEN

BOLOGNA FÜR WENIG GELD

Bologna ist eine Studentenstadt – entsprechend vielfältig sind die Möglichkeiten, mit wenig Geld durch die Stadt zu kommen – vorausgesetzt, man kennt die richtigen Adressen. Die preiswertesten Mahlzeiten gibt es in der **Cafeteria der Universität** (Via Zamboni 33; ☺ Mo–Fr Mittag- & Abendessen). Ein Essen mit drei Gängen kostet nur 8 € (auch für Nichtstudenten). Danach ist **Il Corto Maltese** (Via Borgo San Pietro 9/2a; ☺ 21–3 Uhr) eine gute Adresse für Cocktails „2 for 1" und Live-Auftritte von DJs. Eine Koffeindosis in Form eines Cappuccino ist bei La Scuderia für weniger als 1 € zu haben. *Aperitivi* werden gegen 18.30 Uhr an der Bar angeboten und sind kostenlos im Preis eines Getränks enthalten. Im nahe gelegenen ITIT können Gäste stundenlang ohne schlechtes Gewissen beim selben Kaffee sitzen und im kostenlosen WLAN-Netz surfen.

Alle Universitätsmuseen (S. 499) der Stadt gewähren freien Eintritt, wie auch die meisten Kirchen Bolognas (darunter die Basilika). Darüber hinaus finden regelmäßig klassische Konzerte im Oratorio di Santa Cecilia (S. 499) und in der Chiesa di Santa Cristina (S. 499) bei freiem Eintritt statt.

English Empire
BAR

(Via Zamboni 24a; ☺ 19–3 Uhr) Obwohl Bologna nie in irgendeiner Beziehung zum britischen Empire stand, macht diese Kneipe mit frisch gezapftem Guinness und Bass gute Geschäfte. Die Gästeschar drängt sich bis unter die Arkaden hinaus. Am frühen Morgen schlängeln sich Jogger durch die Gruppen übernächtigter Kneipengänger.

Osteria del Sole
BAR

(www.osteriadelsole.it; Vicolo Ranocchi 1d; ☺ Mo–Sa 10.30–21.30 Uhr) Willkommen im liebenswürdigen Chaos! Auf dem Schild vor dieser altertümlichen Kneipe im Quadrilatero ist zu lesen, was man wissen muss: *vino*. So einfach ist es.

Hier können die Gäste ihr eigenes Essen mitbringen, einen Platz in einer Menge von stockbetrunkenen, lärmenden Studenten, leicht angeheiterten älteren Herren und vereinzelten englischen Touristen erkämpfen und sich einen Weg an die Theke bahnen, wo ihnen nachlässig ein Chianti, Sangiovese oder Lambrusco ins Glas geschüttet wird. Kaum vorstellbar: Mit diesem Rezept besteht die Osteria seit 1465.

ITIT
CAFÉ

(Largo dei Respighi 2; ☺ 8–20 Uhr; 🛜) Ein neuer Konsumtrend? Dieses Café gibt es noch nicht lange im Studentenviertel – ein Paradies der Internetfreaks, verkaterten Partygänger und Angestellten in der Mittagspause, die nach abgepackten Sandwiches greifen. Kaffee wird in Bechern zum Mitnehmen, als Doubleshot, mit fettreduzierter Milch und in vielen anderen „amerikanisierten" Varianten angeboten.

Modo Infoshop
BAR

(www.modoinfoshop.com; Via Mascarella 24; ☺ Mo–Fr 10–13 & 16–24, Sa & So 18–24 Uhr) Wenn Bologna eine Stadt mit zwei Seiten ist, steht der Modo Infoshop eindeutig auf der studentischen, „roten" Seite – ein alternativer Buchladen mit einer dazugehörigen Café-Bar nebenan. Hier sitzen Studenten und schreiben an ihren Abschlussarbeiten, an den Wänden hängen *Antifascismo*-Transparente, David Bowie ist pausenlos zu hören.

Es gibt billiges Bier, guten Wein, einfache kleine Speisen und verlockenden Schokoladenkuchen. Nach 20 Uhr beginnen die Gespräche interessant zu werden.

Nu-Lounge Bar
BAR

(Via dei Musei 6f; ☺ 20.30–2.30 Uhr) In der eleganten Bar im Quadrilatero treffen sich gutsituierte einheimische Gäste, um an *aperitivi* zu naschen. Der eine oder andere prüft dabei in den reflektierenden Glasscheiben der Arkadenterrasse diskret sein (gepflegtes) Äußeres.

Bravo Caffè
BAR

(Via Mascarella 1; ☺ 20 Uhr–spät abends) Gegenüber der Cantina Bentivoglio liegt die reizvolle Weinbar mit roten Wänden, schwarzen Möbeln und einer weichen, indirekten Beleuchtung. Regelmäßig wird Jazz-Musik live gespielt, die Speisekarte ist sehr umfangreich.

⭐ Unterhaltung

In Bologna weiß man, dank der großen studentischen Bevölkerungsgruppe, rockige Feste zu feiern; aber man versteht auch

MYTHOS FERRARI

Ein Fiat mag funktional sein, doch die wahre Schönheit italienischer Qualitätsarbeit erschließt sich erst bei einem Besuch der Gegend zwischen Modena und Bologna, die auch als „Land der Motoren" bekannt ist. Hier werden die schönsten Luxusautos der Welt gebaut: Ferrari und Lamborghini. Das Mekka aller Automobil- und Motorsportfreunde ist die **Galleria Ferrari** (www.galleria.ferrari.com; Via Ferrari 43; Erw./erm. 13/9 €; ☺ Mai–Sept. 9.30–19 Uhr, Okt.–April 9.30–18 U) in Maranello. Hier ist die weltweit größte Sammlung von Ferraris zu bestaunen, darunter Formel-1-Rennwagen und 40 Sondermodelle, die den mechanischen Fortschritt der Sportwagen erkennen lassen. Ein zweites Ferrari-Museum, das Museo Casa Enzo Ferrari, wurde kürzlich in Modena eröffnet (zwischen beiden Stätten pendelt ein Shuttlebus).

Viel zu sehen gibt es auch im **Lamborghini Museum** (☎ 051 681 76 11; www.lamborghini.com; Via Modena 12; Erw./erm. 13/10 €; ☺ 10–12.30 & 13.30–17 Uhr) es liegt 20 km östlich von Modena im Dorf Sant'Agata Bolognese. Hier haben Besucher Gelegenheit, die Fabrikhalle zu besichtigen, wo Lamborghinis in Maßarbeit entstehen. Fabrikführungen müssen im Voraus gebucht werden und kosten 40 € – wenig Geld im Vergleich mit den rollenden Vermögenswerten, die hier zu sehen sind. Busse der Linie 576 fahren vom Busbahnhof in Bologna nach Sant'Agata Bolognese.

in der Oper dezenten Applaus zu spenden. Der umfangreichste Veranstaltungskalender, *Bologna Spettacolo* (1,50 €, in italienischer Sprache), ist in Zeitschriftenläden erhältlich.

Cantina Bentivoglio
JAZZ
(www.cantina bentivoglio.it; Via Mascarella 4b; ☺ 20–2 Uhr) Die beste Jazz-Adresse in Bologna ist vieles: teils Weinbar (mit einer Auswahl von rund 500 Sorten), teils Restaurant (das Tagesgericht kostet 28 €) und teils Jazzclub (jede Nacht Livemusik). Diese viel geliebte Institution strahlt mit ihren alten Backsteinböden, Deckengewölben und Regalen voller Weinflaschen einen behaglichen Charme aus.

Cassero
NACHTCLUB
(www.cassero.it; Via Don Minzoni 18; ☺ 20.30 Uhr) Mittwoch- und Samstagnacht sind die Big Nights in diesem legendären Club (nicht ausschließlich) für Schwule und Lesben – hier hat auch die italienische Organisation Arcigay ihren Sitz.

Villa Serena
LIVEMUSIK
(www.villaserena.bo.it; Via della Barca 1; ☺ Fr & Sa 21.30–3 Uhr) Auf drei Ebenen flimmern Videoclips über Bildschirme, Musik wird gelegentlich live gespielt oder kommt aus der Konserve. Zum Entspannen im Freien gibt es einen Garten.

Cinema Chaplin
KINO
(www.cinemachaplin.it; Piazza di Porta Saragozza 5; Eintritt 5 €) Von September bis einschließlich

Mai werden jeden Montag Filme in englischer Sprache gezeigt.

Teatro Comunale
THEATER
(www.tcbo.it; Largo Respighi 1) Die wichtigste Bühne Bolognas für Oper und klassische Musik. Hier waren die Werke Wagners zum ersten Mal in Italien zu hören.

 ## Shoppen

Für Liebhaber guten Essens ist das Quadrilatero das erste Ziel, die Feinkost- und Spezialitätengeschäfte sind oft Familienunternehmen. Führend auf diesem Gebiet sind **Paolo Atti** (Via delle Drapperie 6; ☺ Mo–Sa 7.30–13.30 & 16–19.15 Uhr) und **La Baita** (Via Pescheria Vecchie 3; ☺ 8–20 Uhr, Juni–Aug. So geschl.)

Librerie Coop
BUCHLADEN
(Via Orefici 19; ☺ Mo–Sa 9–24, So bis 20 Uhr) Ein Paradies für hungrige Bücherwürmer (oder belesene Gourmands): Auf drei Ebenen ist dieses Gemeinschaftsprojekt einer Buchhandlung und der Turiner Supermarktkette Eataly untergebracht. Es gibt zwei Restaurants und Tausende von Büchern.

❶ Praktische Informationen

Ospedale Maggiore (☎ 051 647 81 11; Largo Nigrisoli 2) Westlich des Stadtzentrums; Buslinie 19 ab Via Bassi.

Post (Piazza Minghetti 4)

Touristeninformation (www.bolognaturismo.info; Piazza Maggiore 1e; ☺ 9–19 Uhr) Weitere Büros befinden sich am Flughafen und am Hauptbahnhof.

ℹ An- & Weiterreise

AUTO & MOTORRAD

Die Stadt ist über die Autostrada del Sole (A1) an Mailand, Florenz und Rom angebunden. Die A13 führt direkt nach Ferrara, Padua und Venedig und die A14 nach Rimini und Ravenna. Über die SS9 (Via Emilia) ist man relativ schnell in Mailand oder an der Adriaküste. Die SS64 führt nach Ferrara.

Die wichtigsten Autovermieter sind am Flughafen Guglielmo Marconi und um am Hauptbahnhof vertreten. In der Innenstadt haben u. a. **Budget** (Via G Amendola 12f) und **Hertz** (Via G Amendola 16a) ein Büro.

BUS

Intercity-Busse fahren vom **Hauptbusbahnhof** (www.autostazionebo.it) bei der Piazza XX Settembre südöstlich vom Hauptbahnhof ab. Fast alle Ziele sind jedoch besser mit dem Zug zu erreichen.

FLUGZEUG

Der Flughafen **Guglielmo Marconi** (☎ 051 647 96 15; www.bologna-airport.it) liegt etwa 8 km nordwestlich von Bologna. Er wird von zahlreichen Fluggesellschaften angeflogen, u. a. easyJet (tägliche Flüge nach London Gatwick) und Ryanair (mit täglichen Flüge nach London Stansted).

ZUG

Bologna ist ein wichtiger Verkehrsknotenpunkt in Oberitalien. Der Hochgeschwindigkeitszug nach Florenz (24 €) benötigt nur 37 Minuten. Schnelle Zugverbindungen führen nach Rom (Eurostar 56 €, 2 Std. 20 Min.) und auch nach Mailand (Regionalzug 16 €, 2¼ Std.; Eurostar 40 €, 1 Std.).

Regelmäßige Zugverbindungen bestehen zwischen Bologna und weiteren Städten der Region Emilia-Romagna.

UNTERWEGS VOR ORT
FLUGHAFEN

Aerobus-Shuttles (www.atc.bo.it) fahren vom Hauptbahnhof zum Flughafen Guglielmo Marconi (ab 5.30 bis 23.10 Uhr alle 15 bis 30 Min.). Die 20-minütige Fahrt kostet 5 €, Fahrkarten werden im Bus verkauft.

AUTO & MOTORRAD

Ein großer Teil des Stadtzentrums ist für den Autoverkehr gesperrt. Wer in einem Hotel der Innenstadt wohnt, kann sich von diesem eine Bescheinigung (7 € pro Tag) ausstellen lassen, die zum Befahren dieser Fahrverbotszone (Zona a Traffico Limitato, ZTL), zum Parken auf ausgewiesenen Parkplätzen und rund um die Uhr zur Nutzung der Stadtbusse berechtigt.

FAHRRÄDER

Fahrräder können bei **Autorimessa Pincio** (Via dell'Indipendenza 71z; pro 12/24 Std. 13/18 €; ⊙ Mo–Sa 7–24 Uhr) in der Nähe des Busbahnhofs geliehen werden.

ÖFFENTLICHE VERKEHRSMITTEL

Bologna besitzt ein effizientes Buslinennetz, das von **ATC** (www.atc.bo.it) betrieben wird. Es gibt Informationsschalter am Hauptbahnhof, am Busbahnhof und an der Via Marconi. Busse der Linien 25 und 30 pendeln neben weiteren Linien zwischen Hauptbahnhof und Stadtzentrum.

Westlich von Bologna

Modena

186 000 EW.

Modena ist so gehaltvoll wie eine italienische Mahlzeit. In der Ebene des geruhsam strömenden Po liegt eine Stadt voll italienischer Kreativität, die zu den wichtigsten gastronomischen Zentren des Landes gehört, hier ist der Ursprung des *echten* Balsámico-Essigs, der Tortellini mit verführerischen Füllungen, des moussierenden Lambrusco-Weines. In Seitengassen verbergen sich zahlreiche gute Restaurants ohne große Namen. Noch ein hochgelobtes Kulturgut ist mit der Stadt verbunden: Automobile. Das berühmte Ferrari-Museum befindet sich im Nachbarort Maranello. Modena besitzt einen düsteren romanischen Dom und ist der Geburtsort des großen italienischen Tenors Luciano Pavarotti.

◉ Sehenswertes

★ Dom   DOM

(Corso Duomo; ⊙ 7–12.30 & 15.30–19 Uhr) Der berühmte Dom von Modena verbindet die Strenge des Mittelalters mit einer Rückwendung zu römisch-antiken Bauformen, die später als romanischer Stil bezeichnet wurden. Die Kirche sticht unter den zahlreichen Sakralbauten der Region Emilia-Romagna wegen ihrer bemerkenswerten architektonischen Reinheit hervor. Sie gilt als die vollendetste romanische Kirche Italiens; seit 1997 gehört sie zum Weltkulturerbe der Unesco.

Der Dom ist dem Stadtheiligen Geminianus geweiht und ist zwar nicht so groß und spektakulär wie andere italienische Kirchen, weist aber eine Reihe eindrucksvoller Merkmale auf. Die Hauptfassade wird von einer riesigen gotischen **Fensterrose** beherrscht (einer Ergänzung aus dem 13. Jh.), durch die

UNBEDINGT PROBIEREN

Jede Stadt der Region Emilia-Romagna birgt kulinarische Geheimnisse – wunderbar fremdartige, regionale Rezepturen, die wahrscheinlich auf keiner Speisekarte der heimischen italienischen Restaurants zu finden sind. Unbedingt probieren:

➡ **Piacenza** Anolini in brodo – Nudeltaschen, mit Fleisch, Parmesan und Brotkrumen gefüllt, als Einlage in einer gehaltvollen Fleischbrühe.

➡ **Parma** Trippa alla Parmigiano – Kutteln in Rindfleischbrühe mit Parmesan.

➡ **Modena** Cotechino di Modena – Kochwurst aus Schweinefleisch, zu Linsen und Kartoffelpüree.

➡ **Bologna** Tagliatelle al ragù – Eiernudeln mit einer gehaltvollen Rindfleischsauce.

➡ **Ferrara** Cappellaci di zucca – hütchenförmige Nudeltaschen, mit Kürbis, Kräutern und Muskat gefüllt und in Butter und Salbei geschwenkt.

➡ **Ravenna** Piadina – Brotfladen mit Rucola, Tomaten und *squaccquerone*, einem regionalen Frischkäse.

➡ **Rimini** Brodetto – eine kräftige Fischsuppe, die über leicht geröstete Brotstücke gegeben wird.

Lichtstrahlen in die prachtvolle mittlere Apsis fallen. An den Seiten stellen ausdrucksstarke Reliefs Szenen aus der Schöpfungsgeschichte dar. Es sind Werke des Bildhauers Wiligelmo aus dem 12. Jh. Auch im düsteren Innern gibt es viel zu sehen, u. a. einen aufwendig gearbeiteten Lettner von Anselmo da Campione und in der Krypta eine Gruppe von fünf bemalten Terrakottafiguren von Guido Mazzoni, die *Madonna della pappa* (Madonna mit dem Brei).

Gegenüber dem Eingang zum Dom liegen die **Musei del Duomo** (Via Lanfranco 6; Erw./Kind 3/2 €; Di–So 9.30–12.30 & 15.30–18.30 Uhr) mit weiteren fesselnden Bildwerken von Wiligelmo.

Untrennbar mit dem Dom verbunden ist die **Torre Ghirlandina** (Corso Duomo; Eintritt 2 €; April–Sept. Sa–So 9.30–12.30 & 15–19 Uhr) aus dem frühen 13. Jh. Der 87 m hohe Turm endet in einer schlanken gotischen Spitze, sie wurde von spanischen Juden, die im frühen 16. Jh. in Modena aufgenommen wurden, nach dem berühmten Turm „Giralda" in Sevilla benannt. Auf der gegenüberliegenden Seite der Piazza Grande erhebt sich die elegante Fassade des **Palazzo Comunale**.

Museo Casa Enzo Ferrari   MUSEUM
(www.museocasaenzoferrari.it; Via Paolo Ferrari 85; Erw./erm. 13/11 €; 9.30–19 Uhr) Im Gegensatz zum Ferrari-Museum in Maranello, in dem sich alles um schnelle Autos dreht, ist dieses neue Museum (es wurde 2012 eröffnet) eine Verbeugung vor dem Gründer – Signore Enzo Ferrari. Das Museum liegt fünf Minuten zu Fuß vom Bahnhof Modena entfernt.

Die sehenswerten Ausstellungen werden geschickt in zwei getrennten Gebäuden einander gegenübergestellt.

Im Traditionshaus, wo Enzo Ferrari im Jahr 1898 geboren wurde, wird die Lebensgeschichte des Firmengründers nacherzählt (durch filmische und Audio-Erläuterungen in mehreren Sprachen). In einem eleganten modernen Bau befindet sich eine riesige Ausstellungshalle in leuchtendem „Modena-Gelb". Hier werden Eintrittskarten verkauft, es gibt ein Café. Ferraris und Maseratis werden in großer Zahl den bewundernden Blicken präsentiert. Ein Shuttlebus (Hinfahrt 6 €) pendelt sechsmal täglich zwischen der Casa Enzo Ferrari und dem Museum in Maranello.

Palazzo dei Musei   MUSEUM
(Piazzale Sant'Agostino 337) Die wichtigsten Museen und Galerien der Stadt finden Kunstinteressierte im **Palazzo dei Musei** am westlichen Rand der Altstadt.

Am interessantesten ist die **Galleria Estense** (Eintritt 4 €; Di–So 8.30–19.30 Uhr): Sie zeigt die Familiensammlung der Este mit oberitalienischen Gemälden, eine Zeitspanne vom späten Mittelalter bis zum 18. Jh. umfassend. Daneben gibt es schöne flämische Werke und das eine oder andere Gemälde von Diego de Velázquez, Antonio da Correggio und El Greco. Im Untergeschoss befindet sich die **Biblioteca Estense** (Eintritt frei; Mo–Sa 9–13 Uhr) mit einer Sammlung von Büchern, Briefen und Manuskripten, die zu den kostbarsten Italiens gehören. Dazu zählt die berühmte *Bibbia di Borso*

Modena

Modena

d'Este, eine Bibel, die zu den mittelalterlichen Meisterwerken Buchillustration zählt.

Ein Kombiticket (4 €) berechtigt zum Eintritt ins **Museo Archeologico Etnologico** (☉ Di–Fr 10–12, Sa & So 10–19 Uhr) und ins

Museo Civico d'Arte (☉ Di–Fr 9–12, Sa & So 10–13 & 15–18 Uhr). Das Erste zeigt gut aufbereitete regionale Funde aus der Altsteinzeit bis ins Mittelalter sowie völkerkundliche Exponate aus aller Welt, aus Afrika, Asien, Peru und Neuguinea. Am interessantesten unter den bunten Sammlungen des Museo Civico d'Arte sind die Abteilungen zu den Themen traditionelle Papierherstellung, Textilien und Musikinstrumente.

Museo della Figurina
MUSEUM

(Corso Canalgrande 103; ⊙ Mi–Fr 10.30–13 & 16–19.30, Sa & So 10.30–19.30 Uhr) GRATIS Eine sentimentale Reise in die Vergangenheit für alle, die als Kinder eine *Panini*-Fußballbildersammlung besaßen: Das überflüssige Museum liegt im oberen Stockwerk des Palazzo Santa Margherita. Hier ist neben Kartensammlungen, Kalendern und Sammelalben endlich auch der Aufkleber mit dem Porträt Paolo Rossis zu sehen, der immer in der Sammlung fehlte.

🎉 Feste & Events

Modena Terra di Motori
AUTOS

(www.modenaterradimotori.com) Alljährlich zwischen Ende März und Anfang Mai nehmen Oldtimer und schnittige Ferraris die Straßen von Modena in ihren Besitz.

🛏 Schlafen

Hotel San Geminiano
HOTEL €

(☏ 059 21 03 03; www.hotelsangeminiano.it; Viale Moreali 41; EZ/DZ 60/80 €; P 🛜) Die Lage etwas abseits vom Stadtkern und die dunklen, unscheinbaren Zimmer des Geminiano werden von einem tatkräftigen Service und einem benachbarten Restaurant mit gehaltvoller Küche aufgewogen. Dort gibt es unglaublich preiswerte Pizzas (4,50 €) und eine Pestosauce, die an den fruchtbaren Boden der Emilia-Romagna denken lässt.

Ostello San Filippo Neri
HOSTEL €

(☏ 059 23 45 98; www.ostellomodena.it; Via Santa Orsola 48–52; B/EZ/DZ 18,50/25/40 €; @ 🛜) Das zweckmäßige HI-Hostel von Modena bietet 80 Betten in Schlafsälen (nach Geschlechtern getrennt) und Mehrbettzimmer. Zu den Pluspunkten zählen ein barrierefreier Eingang, geräumige Schließfächer, großzügige Räume (maximal drei Betten pro Zimmer) und ein Abstellraum für Fahrräder. Leider werden die Gäste zwischen 10 und 14 Uhr ausgesperrt, und es gibt kein Frühstück (Proviant darf in den Speiseraum des Hostels mitgenommen werden).

Hotel Cervetta 5
HOTEL €€

(☏ 059 23 84 47; www.hotelcervetta5.com; Via Cervetta 5; EZ/DZ/3BZ 80/120/155 €; ❄ 🛜) Das Cervetta ist so elegant wie in Modena

irgend möglich, ohne sich an Konventionen anzupassen. Die Lage nahe der gemütlichen Piazza Grande wird durch die Ausstattung eines Boutiquehotels angenehm ergänzt: gepflegte, moderne Bäder und modernste Fernsehgeräte. Im Preis sind ein Frühstück mit viel Obst und WLAN-Zugang inbegriffen, ein Garagenplatz allerdings nicht er kostet 12 €.

Canalgrande Hotel
HOTEL €€

(☏ 059 21 71 60; www.canalgrandehotel.it; Corso Canalgrande 6; EZ/DZ 90/120 €; ❄ @ 🛜) Diese ehrwürdige Institution von Modena strahlt die Eleganz längst vergangener Zeiten aus: großzügige Marmorflächen, Gemälde in vergoldeten Rahmen, glitzernde Kronleuchter und eine weite Terrasse, die auf einen Garten hinausführt. Ein Parkplatz kostet 12 €.

 Essen

Modena würde in einer Rangliste der kulinarischen Zentren Italiens weit oben stehen. Der Zauber liegt nicht im Essen allein, sondern auch in der natürlichen Selbstverständlichkeit, mit der es in bescheidenen, schlichten Restaurants auf den Tisch kommt. Die Gaststätten sind oft am Ende von Sackgassen oder in anonymen Büroblocks verborgen – häufig auch ohne Namensschild.

★ Trattoria Aldina
TRATTORIA €

(Via Albinelli 40; Gerichte 17 €; ⊙ Mo–Sa Mittag, Fr & Sa Abend) Hier glänzen keine Michelin-Sterne. Im oberen Stock eines nüchternen Wohnblocks gelegen, wird die Trattoria wie ein kostbares Geheimnis von einheimischen Marktbesuchern gehütet, die nach dem Einkauf hierherkommen. Die Mittagsgerichte sind von der bodenständigen Art, wie sie nur eine italienische *Nonna* (Großmutter) hervorbringt, die noch mit eigenen Händen Pasta herstellen kann. Es gibt keine Speisekarte; gegessen wird, was gerade da ist. Nebenbei bieten sich erfreuliche Gelegenheiten zum Leutegucken.

Trattoria Ermes
TRATTORIA €

(Via Ganaceto 89; Gerichte 20 €; ⊙ Mo–Sa Mittag) Noch eine wunderbare, preiswerte kleine Trattoria. Sie ist in einem einzigen holzgetäfelten Raum am nördlichen Rand der Altstadt von Modena untergebracht. Ein älteres Ehepaar führt den Betrieb, d. h. sie kocht, und er jongliert mit Tellern und Bestellungen, während er pausenlos mit den Gästen scherzt. Die Speisekarte wechselt täglich, je nachdem, was der Markt an frischen Erzeugnissen zu bieten hat.

Trattoria Il Fantino
TRATTORIA €

(📞059 22 36 46; www.gustamodena.it/ilfantino; Via Donzi 7; Gerichte 15 €; ◷ Di–Sa 19–22.30 Uhr) Noch mehr hausgemachte Modeneser Genüsse, hervorgezaubert in einem winzigen Speiseraum, der sich seit der Zeit des Risorgimento nicht wesentlich verändert haben kann. Wer rechtzeitig kommt, kann sich auf einen der 45 Sitzplätze zwängen, die eng wie Kirchenbänke sind.

Ristorante da Danilo
TRADITIONELL ITALIENISCH €€

(Via Coltellini 29–31; Gerichte 25–30 €; ◷ Mo–Sa 12–15 & 19–24 Uhr) Flinke Kellner eilen von Tisch zu Tisch und balancieren Brotkörbe, Weinflaschen und Pastateller in diesem wundervoll traditionellen Restaurant, wo sich Pärchen zum ersten Rendezvous, fröhliche Familien und Bürokollegen zur Geburtstagsfeier treffen.

Was überall sonst als ungewöhnlich auffallen würde, ist im Danilo ganz normal: Antipasti mit Salami, Pecorino-Käse und Feigenmarmelade, ein *secondo* mit *bollito misto* (Fleischeintopf) oder ein vegetarisches *risotto al radicchio trevigiano* (mit rotem Radicchio).

Hosteria Giusti
KULINARISCH €€€

(📞059 22 25 33; www.hosteriagiusti.it; Vicolo Squallore 46; Gerichte 70 €; ◷ Di–Sa 12.30–14 Uhr) Nur vier Tische, eine Adresse in einer engen Seitengasse, kein richtiges Namensschild und lediglich 90 Minuten am Tag geöffnet: Die überraschend unaufdringliche *Osteria* trägt selbst nicht viel zur Legendenbildung bei. Doch ein vorsichtiges Lob wird zu offener Begeisterung, wenn regionale Spezialitäten wie *cotechino fritto con zabaglione al lambrusco* (Kochwurst aus Schweinefleisch mit Weinschaumcreme) auf den Tisch kommen.

Die Lobeshymnen häufen sich zunehmend. Selbst der anspruchsvolle italienisch-amerikanische Küchenchef Mario Batelli zählt die Osteria zu seinen Lieblingsrestaurants in Italien.

Osteria Francescana
KULINARISCH €€€

(📞059 21 01 18; www.osteriafrancescana.it; Via Stella 22; Probiermenü 110 €; ◷ Mo–Fr Mittag- & Abendessen, Sa Abendessen, Jan. & Aug. geschl.) In der viel beachteten Liste der „50 besten Restaurants der Welt" des Mineralwasserherstellers San Pellegrino hält diese Osteria den dritten Platz. Das ist beachtlich, vor allem da ihr Standort nicht Paris oder New York, sondern … Modena heißt. Inhaber Massimo Bottura hat 2011 seinen dritten Michelin-Stern erkocht, eine seltene Auszeichnung für ein kleines Restaurant mit elf Tischen wie dieses, wo die Aufmerksamkeit ausschließlich der Küche gewidmet wird, Äußerlichkeiten zweitrangig sind und ein Probiermenü schlappe 110 € kostet.

Eine preisgünstigere Wahl ist Botturas kleines Bistro **Franceschetta 58** (📞059 309 10 08; www.franceschetta58.it; Via Vignolese 58; Gänge 8,50 €; ◷ Mo–Sa Abend), es befindet sich in einem ehemaligen Autohaus in einem Vorort Modenas.

Selbstversorger
Der **Obst- und Gemüsemarkt** (◷ ganzjährig Mo–Sa 6.30–14.30 Uhr, Okt.–Mai Sa 16.30–19 Uhr) von Modena ist über den Haupteingang an der Via Albinelli zugänglich.

Ausgehen

Ein jugendliches Szenepublikum trifft sich an der Via dei Gallucci. Eine Auswahl von guten Bars befindet sich rund um die Via Emilia in Nähe des Doms.

Compagnia del Taglio
BAR

(www.compagniadeltaglio.it; Via Taglio 12; ◷ Mo–Fr 10–15 & 16.30–2, Sa 17–2, So 17–24 Uhr) Lebhafte Bar mit nur wenig Platz, aber zahlreichen Gästen.

Cafe-Ristorante Concerto
CAFÉ, BAR

(www.cafeconcertomodena.com; Piazza Grande 26; ◷ 8–3 Uhr) In dieser Institution an der Piazza Grande gelingt eine Gratwanderung zwischen Modernität (hypermoderne Inneneinrichtung) und historischem Standort (am holperigen Pflaster des Platzes), ohne gekünstelt zu wirken. Im Verlauf der Öffnungszeit von täglich 19 Stunden schlüpft das Lokal nacheinander in drei Rollen: Café (ganztägig), Restaurant (teuer) und Bar/Club am Abend.

Letzteres ist die beste Rolle, vor allem wegen der kostenlosen kleinen Bargerichte (Mindestverzehr 5 €), des gekühlten Lambrusco und der unbeschwerten Partyatmosphäre, die in den Renaissancestädten Italiens eher selten ist.

Unterhaltung

Im Juli und August finden Open-Air-Konzerte und Ballettaufführungen auf der Piazza Grande statt.

Teatro Comunale Luciano Pavarotti
THEATER

(www.teatrocomunalemodena.it; Corso Canalgrande 85) Es muss nicht betont zu werden, dass der Geburtsort Luciano Pavarottis ein renommiertes Opernhaus besitzt. Das Teatro Comunale wurde im Jahr 1841 eröffnet und hat 900 Parkettplätze und 112 Logen. Nach dem Tode des großen Sohnes der Stadt im September 2007 wurde es ihm zu Ehren umbenannt.

Shoppen

Enoteca Ducale
ESSEN, WEIN

(Corso Vittorio Emanuele II 15; ⊘ Di–So 9–19 Uhr) Wer den Daheimgebliebenen eine kleine Freude machen möchte, der findet hier Geschenke und Mitbringsel aller Art mit Bezug zum Balsamico – dessen Alter zwischen drei und 100 Jahren variieren kann (Kostproben sind selbstverständlich erlaubt). Und die Beschenkten werden nie wieder Essig in einem Supermarkt kaufen!

🛈 Praktische Informationen

Modenatur (www.modenatur.it; Via Scudari 8; ⊘ Mo 14.30–18.30, Di–Sa 9–13 & 14.30–18.30 Uhr) Die private Agentur organisiert Fahrten mit Besichtigungen zu Erzeugern von Balsamico-Essigen und *Parmigiano Reggiano* (Parmesan).

Post (Via Emilia 86)

Touristeninformation (☏ 059 203 26 60; http://turismo.comune.modena.it; Piazza Grande 14; ⊘ Mo 15–18, Di–Sa 9–13 & 15–18, So 9.30–12.30 Uhr) Stadtpläne und die nützliche Broschüre *Welcome to Modena* liegen zum Mitnehmen bereit.

🛈 Anreise & Unterwegs vor Ort

Der Busbahnhof liegt an der Via Molza, nordwestlich des Stadtzentrums. Die Busse von **ATCM** (www.atcm.mo.it) verbinden Modena mit den allermeisten Ortschaften in der Emilia-Romagna.

Wer mit dem Auto aus Rom oder Mailand kommt, nimmt am besten die A1 (Autostrada del Sole); von Mantua und Verona führt die A22 nach Modena.

Der Bahnhof liegt nördlich des historischen Stadtkerns an der Piazza Dante. Von hier fahren Züge u. a. nach Bologna (3,60 €, 30 Min., alle 30 Min.), Parma (5 €, 30 Min., alle 30 Min.) und Mailand (Regionalzug 14,65 €, 2 Std., stündl.; Expresszug 27,50 €, 1¾ Std., alle 2 Std.).

Die Busse der ATCM-Linie 7 fahren vom Bahnhof zum Busbahnhof und auch in das Stadtzentrum.

Reggio Emilia

170 000 EW.

Die Stadt wird oft als bloße Durchgangsstation an der Via Emilia verkannt. Doch Reggio Emilia, wo die berühmte italienische Trikolore in Rot, Weiß und Grün zur Nationalflagge erklärt wurde, ist ein guter Ausgangsort für Ausflüge zum größten landschaftlichen Anziehungspunkt der Region – dem Parco Nazionale dell'Appennino Tosco-Emiliano. Wer sich Zeit nimmt, aus dem Zug/Auto/Bus auszusteigen, entdeckt eine Großstadt mit schönen Plätzen, imposanten öffentlichen Gebäuden und einem baumreichen Park. 2010 wurde Reggio Emilia zur fahrradfreundlichsten Stadt Italiens ernannt.

Reggio nell'Emilia, wie die Stadt eigentlich heißt, ging im 2. Jh. v. Chr. aus einer römischen Kolonie an der Via Emilia hervor. Der größte Teil der heutigen Stadt entstand während der Herrschaft des italienischen Adelsgeschlechts der Este, die ab dem Jahr 1406 regierten und deren Regentschaft rund 400 Jahre andauerte.

💿 Sehenswertes

Das Stadtzentrum von Reggio Emilia eignet sich als autofreie Zone gut zum Spaziergehen oder Radfahren. Die Sehenswürdigkeiten konzentrieren sich rund um die Piazza Prampolini und die angrenzende Piazza San Prospero.

Duomo
DOM

(Piazza Prampolini; ⊘ 8–12 & 16–19 Uhr) Der Dom von Reggio Emilia wurde bereits im 13. Jh. in romanischem Stil erbaut, jedoch rund 300 Jahre später vollkommen umgestaltet. Heute sind die obere Fassade und die Krypta im Innern praktisch alles, was vom ursprünglichen Bau noch erhalten geblieben ist.

Museo del Tricolore
MUSEUM

(Piazza Prampolini; ⊘ Di–Fr 9–12, Sa–So 10–13 & 15–19 Uhr) GRATIS Eine kleine Ausstellung behandelt ein großes Thema: Das stolze Andenken an die italienische Trikolore wird an der Piazza Prampolini bewahrt. Nebenan steht der **Palazzo del Comune** aus dem 14. Jh., in dessen **Sala del Tricolore** 1797 die kurzlebige Cispadanische Republik Napoleons von Vertretern der Stadtrepubliken ausgerufen und die grün-weiß-rote Fahne zum ersten Mal verwendet wurde.

Basilica della Beata
Vergine della Ghiara KIRCHE

(Corso Garibaldi) Die bedeutendste Kirche von Reggio Emilia steht mit der wundersamen Heilung eines kleinen taubstummen Jungen in Verbindung. Der kleine Marchino soll seine Stimme und sein Gehör wiedererlangt haben, nachdem ihm im Jahr 1569 die Jungfrau Maria vor einem Gemälde der *Beata Vergine della Ghiara* (von Giovanni de' Bianchi) erschienen war.

Die Kirche wurde 1597 als Heiligtum zu Ehren des Wunders erbaut und das Madonnenbild in einer Kapelle im Innern verwahrt. Die Kirche ist im Stil des Hochbarock gebaut. Die bemerkenswerten Malereien und Fresken stammen von den besten einheimischen Künstlern der damaligen Zeit.

Musei Civici MUSEUM

(www.musei.re.it; ⊙ Di–Fr 9–12, Sa & So 10–13 & 16–19 Uhr) GRATIS Reggio Emilia besitzt fünf Museumsstandorte, die zu den Musei Civici gehören, die besten Ausstellungen sind jedoch im **Palazzo San Francesco** (Via Spallanzani; ⊙ Di–Sa 9–12 & 21–23, So 21–23 Uhr) zu sehen. Zu den thematisch gegliederten Sammlungen gehören u. a. archäologische Fundstücke aus römischer Zeit (besonders sehenswert sind die Mosaike), außerdem Kunstwerke des 18. Jhs., naturkundliche Ausstellungsstücke und eine Zusammenfassung der Stadtgeschichte von Reggio Emilia.

Galleria Parmeggiani KUNSTGALERIE

(Corso Cairoli 1; ⊙ Di–Fr 9–12, Sa & So 10–13 & 16–19 Uhr) GRATIS Die wichtigste Kunstgalerie der Stadt beherbergt zahlreiche sehenswerte Gemälde italienischer, flämischer und spanischer Künstler sowie verschiedenartige, bunte Sammlungen von Trachten, Waffen, Schmuck und Tafelbesteck.

🛏 Schlafen

Ostello Basilica della Ghiara HOSTEL €

(☎ 0522 45 23 23; Via Guasco 6; B 18 €, DZ 50 €, ohne Bad 44 €) An Platz herrscht in diesem beeindruckenden HI-Hostel der Stadt kein Mangel, es ist in einem ehemaligen Frauenkloster eingerichtet. Die Zimmer (mit zwei bis sechs Betten) liegen an weiten, hallenden Korridoren. Im Sommer wird das Frühstück in einem Säulengang im Innenhofgarten serviert.

Albergo Morandi HOTEL €

(☎ 0522 45 43 97; www.albergomorandi.com; Via Emilia San Pietro 64; EZ/DZ 65/100 €; P ❄ 🛜)

Auf halbem Weg zwischen Bahnhof und historischer Altstadt liegt das Hotel Morandi. Es bietet hübsche Zimmer mit großen Betten, blitzsauberen Bädern und Satellitenfernsehen. Parkplätze sind kostenlos. Der Service ist von gleichbleibender Höflichkeit.

Hotel Posta HOTEL €€

(☎ 0522 43 29 44; www.hotelposta.re.it; Piazza del Monte 2; EZ/DZ/3BZ 80/120/150 €; ❄ @ 🛜) Innen ist es so nobel wie außen; das stilvolle 4-Sterne-Hotel Posta ist im Palazzo del Capitano del Popolo aus dem 13. Jh. untergebracht. Hier hat früher der Stadtherr von Reggio Emilia residiert. Die Zimmer sind individuell gestaltet, allen gemeinsam sind schwere Blumenstoffe, in Goldrahmen gefasste Spiegel und antike Möbel. Ein Parkplatz kostet 12 €. In seinem Anbau bietet das Hotel noch weitere 16 Zimmer, die etwas günstiger sind: **Albergo Reggio** (☎ 0522 45 15 33; www.albergoreggio.it; Via San Giuseppe 7; EZ/DZ 75/105 €).

 Essen

Ein **Wochenmarkt** (Piazza Prampolini; ⊙ Di & Fr 7–13 Uhr) wird regelmäßig auf den Marktplätzen der Innenstadt abgehalten. Typische regionale Kleinigkeiten sind z. B. *erbazzone* (Kräuterteigtaschen mit Käse oder Schinken) und *gnocco fritto* (ein Salzgebäck). Aus regionaler Erzeugung stammt natürlich auch der echte Parmesan.

Ristorante da Penna TRADITIONELL ITALIENISCH €

(Via dell'Aquila 6a; Gerichte 20–25 €; ⊙ Di–Sa) Mit seiner farbenfrohen, flippigen Inneneinrichtung, der sanften Jazzmusik und den köstlichen hausgemachten Gerichten unterscheidet sich das freundliche Lokal von den klassischen Trattoria im Holz- und Weinflaschen-Stil. Die Tagesgerichte (6–12 €) sind ihr Geld unbedingt wert.

La Bottega dei Briganti OSTERIA €€

(☎ 522 43 66 43; www.bottegadeibriganti.it; Via San Carlo 14b; Gerichte 25–35 €; ⊙ Di–So Mittag- & Abendessen) In einem Säulengang verborgen liegt die gemütliche *osteria*, die eine geheimnisvolle Atmosphäre ausstrahlt und einen kleinen begrünten Innenhof besitzt. Das Essen ist hervorragend, vor allem die Pastagerichte und Risotti.

⭐ Unterhaltung

Teatro Municipale Valli THEATER

(www.iteatri.re.it; Piazza Martiri VII Luglio) Das prachtvolle Stadttheater in klassizistischem

Stil – es gilt als eines der schönsten dieser Art in Italien – hat einen umfangreichen Spielplan mit Tanz, Oper und Theater. Es wurde nach dem Schauspieler Romolo Valli benannt, einem Sohn der Stadt, der an der Seite von Burt Lancaster in *Der Leopard* (1963) zu sehen war.

❶ Praktische Informationen

Touristeninformation (www.municipio.re.it/turismo; Via Farini 1a; ☺ Mo–Sa 8.30–13 & 14.30–18, So 9–12 Uhr)

❶ Anreise & Unterwegs vor Ort

Das Busnetz des Betreibers **ACT** (www.actre.it) umspannt Stadt und Umland von seinem neuen Busbahnhof aus direkt hinter dem Hauptbahnhof Reggio Emilia. Verbindungen bestehen u. a. nach Carpi (3,50 €, 1 Std., 10-mal tgl.) und Castelnovo ne'Monti (4,30 €, 1¼ Std., 7- bis 14-mal tgl.).

Reggio Emilia liegt an der Via Emilia (SS9) und der A1. Die SS63 ist eine anstrengende, aber landschaftlich schöne Straße, die südwestwärts durch die Berge des ligurischen Apennin bis nach La Spezia an der ligurischen Küste führt.

Der Bahnhof liegt im Osten des Stadtzentrums. Regelmäßig fahren Züge, die in allen Orten an der Bahnstrecke Mailand– Bologna halten, u. a. Mailand (Regional-/Expresszug 12,25/25,50 €, 1½ bis 2½ Std., stündl.), Parma (2,80 €, 15 Min., alle 30 Min.), Modena (2,80 €, 15 Min., alle 30 Min.) und Bologna (5,60 €, 45 Min., alle 30 Min.).

Parma

187 000 EW.

Wenn sich irgendwann die Frage der Reinkarnation stellt, kann es nur einen Wunsch geben: in Parma wiedergeboren zu werden. Wo sonst ist es möglich, auf holperigem Pflaster und ohne Ampeln in unzerknittertem Prada zur Arbeit zu radeln, mittags Schinken frisch vom Dachboden sowie gereiften *Parmigiano Reggiano* zu genießen, schweren Sangiovese-Wein in einem fürstlichen Jugendstilcafé zu schlürfen und an schwülen Sommerabenden in imposanten Opernhäusern klassischer Musik zu lauschen? Parma gilt als eine der wohlhabendsten Städte Italiens und hat allen Grund, sich im Glanz zu sonnen. Die Stadt ist weltoffener als Modena, doch weniger laut als Bologna, sie hat der Welt den Lamborghini und einen Komponisten namens Verdi vermacht und produziert genügend Schinken und Käse, um eine ganze Kette von Feinkostläden zu

beliefern. Hierher zu kommen ist keine Option, sondern eine Verpflichtung.

◉ Sehenswertes

★ Duomo   DOM

(Piazza del Duomo; ☺ 9–12.30 & 15–19 Uhr) Noch eine herbe romanische Schönheit? Ja und nein. Der Dom von Parma wurde 1106 geweiht, seine Fassade zeigt einen klassischen langobardisch-romanischen Stil. Innen erschlägt einen förmlich der Barock der vergoldeten Kanzel und der Zierleuchter.

Doch es gibt einzigartige Schätze: die *Assunzione della Vergine* (Himmelfahrt Mariens) hoch oben in der Kuppel, ein Werk von Antonio Correggio, und ein farbenprächtiger Strudel von Cherubinen und anderen wirbelnden Engeln. Unten im südlichen Querschiff zählt das Relief *Deposizione* (Kreuzabnahme, 1178) von Benedetto Antelami zu den Meisterwerken über dieses wiederkehrende Thema.

★ Battistero   BAPTISTERIUM

(Piazza del Duomo; Erw./erm. 5/3 €; ☺ 9–12.30 & 15–18.45 Uhr) Es stellt sogar den Dom in den Schatten: Das achteckige Baptisterium aus rosa Marmor am südlichen Rand der Piazza gehört zu den bedeutendsten Bauwerken seiner Art in Italien. Hier verbinden sich romanische und gotische Stilelemente; mit dem Bau wurde 1196, an der Schwelle zu einer neuen großen Architekturepoche, begonnen.

Der Baumeister und Bildhauer Benedetto Antelami war für den Bau verantwortlich, seine besten Arbeiten sind darin enthalten, u. a. eine berühmte Figurengruppe, die die Monate, Jahreszeiten und Tierkreiszeichen darstellt. Der Bau des Taufhauses war erst 1307 abgeschlossen. Grund dafür waren mehrere Unterbrechungen, vor allem aber der Umstand, dass der Vorrat an rosa Veroneser Marmor zur Neige ging.

Pinacoteca Stuard   MUSEUM

(Borgo del Parmigianino 2; Erw./erm. 4/2 €; ☺ Mi-Mo 9–18.30 Uhr) Giuseppe Stuard, ein Parmeser Kunstsammler des 19. Jhs., trug epochale Werke aus fünf Jahrhunderten zusammen; seine Sammlung schlägt einen Bogen von den toskanischen Meistern aus der Zeit um 1300 zu den Romantikern des *Novecento*. 2002 wurde die Sammlung in einen Flügel dieses Benediktinerklosters aus dem 10. Jh. verlegt. Das Kloster war dem hl. Paulus gewidmet und wurde am Standort einer antiken römischen Villa errichtet. Hier wurde

NATIONALPARK TOSKANISCH-EMILIANISCHER APPENNIN

In den späten 1980er-Jahren gab es in Italien sechs Nationalparks, heute sind es 24. Eines der neuesten Naturschutzgebiete ist der **Parco Nazionale dell'Appennino Tosco-Emiliano** (www.appenninoreggiano.it) mit einer Fläche von 260 km², der sich an der Grenze zwischen Toskana und Emilia-Romagna ausdehnt. Der Nationalpark am Apenninkamm ist für schöne Wanderwege, ausgedehnte Buchenwälder und eine kleine Population von Wölfen bekannt.

Unter den zahlreichen majestätischen Gipfeln ist der **Monte Cusna** mit 2121 m der höchste; vom Dorf Civago an der Grenze zur Toskana ist der Aufstieg leicht zugänglich. Der Bergpfad (Sentiero No 605) führt am **Rifugio Cesare Battisti** (☎ 0522 89 74 97; www.rifugio-battisti.it), der besten Berghütte der Region, vorbei. Das Rifugio liegt auch an einem der großartigen Fernwanderwege Italiens: In drei Wochen ist der 375 km lange **Grande Escursione Appenninica** (GEA) zu bewältigen, er unterteilt das Parkgelände in fünf Stufen vom Passo della Forbici nahe beim Rifugio Cesare Battisti bis hinauf zum Endpunkt am nordwestlichen Parkrand in Montelungo. Einzelne Sektionen des GEA eignen sich für Tageswanderungen. In einem hervorragenden, detaillierten Wanderführer, *Trekking in the Apennines* von Gillian Price (erscheint bei Cicerone) wird die gesamte Strecke eingehend beschrieben.

Einen der schönsten Zugänge zum Park bietet das Dorf **Castelnovo ne' Monti**, es liegt 40 km südlich von Reggio Emilia an der kurvenreichen SS 63, einer landschaftlich schönen Strecke, die von ACT-Bussen befahren wird. Das große Dorf besitzt eine besonders hilfreiche **Touristeninformation** (www.reappennino.com; Via Roma 15b; ⊙ Mo–Sa 9–13 & 15–18 Uhr), die stapelweise kostenloses Informationsmaterial und preiswerte Karten der Region für Wanderer, Radfahrer und Reiter bereithält.

Wer mit dem Bus ankommt, kann von der Dorfmitte zu einem der charakteristischen Wahrzeichen des Nationalparks hinaufwandern (3 km). Die unwirklich wirkende **Pietra di Bismantova** (1047 m) ist ein karger Kalkfelsen, der in weitem Umkreis sichtbar ist – ein beliebtes Ziel von Bergsteigern und Wochenendausflüglern. In seinem Schatten liegen das **Rifugio della Pietra**, im Sommer (mit Speisen und Getränken) geöffnet, und das winzige Kloster **Eremo di Bismantova** aus der Zeit um 1400. Von dort verzweigen sich mehrere Wanderwege zum Felsengipfel (25 Min.). Auf einem schönen Rundweg, dem 5 km langen **Anello della Pietra**, kann der Felsen umrundet und sogar auf einer schwierigen *Via ferrata* (Klettersteig mit Eisenleitern und -seilen) mit Hilfe geeigneter Ausrüstung bezwungen werden.

Castelnovo ne' Monti bietet eine Vielfalt von Übernachtungsmöglichkeiten, z. B. **Albergo Residence Tre Re** (☎ 0522 61 13 73; www.residencetrere.it; Via Roma 17; Studio/2B-Apt. 65/80 €). Hungrige Wanderer werden in der **Trattoria da Geremia** (☎ 0522 81 11 94; Via Franceschini 10; Gerichte 20–25 €; ⊙ Fr–Mi 12–14.30, Fr–Di 19.30–22.30 Uhr) bewirtet. Es gibt Busverbindungen zum Park, und zwar von **ACT** (www.actre.it) aus Reggio Emilia und **TEP** (www.tep.pr.it) aus Parma. Die Busse fahren mehrmals täglich.

die Sammlung wirkungsvoll auf insgesamt 24 Säle verteilt.

Museo Bocchi MUSEUM
(☎ 0521 22 82 89; www.museobocchi.it; Via Cairoli; ⊙ Di–So 10.30–13 Uhr) Amedeo Bocchi war ein Maler des 20. Jhs., der leider zu Unrecht wenig bekannt ist. Er wurde in Parma geboren, in seiner Malerei war er vom Symbolismus Gustav Klimts beeinflusst. In diesem Museum werden seine bewegenden Arbeiten in sechs Sälen gezeigt. Besonders berührend sind impressionistische Studien von seiner geliebten Tochter Bianca, die bereits im Jahr

1934 im Alter von nur 26 Jahren auf tragische Weise ums Leben kam.

Museo Diocesano MUSEUM
(Vicolo del Vescovado 3a; Eintritt 4 €; ⊙ 9–12.30 & 15–18.30 Uhr) Gegenüber dem Dom befindet sich dieses Museum in den Kellerräumen des einstigen Bischofspalastes, es präsentiert Werke der Bildhauerkunst. Zu den Highlights gehören u. a. eine fein modellierte Gruppe von Salomon und Bathseba und ein frühchristliches Mosaik aus dem 5. Jh., das unterhalb der Piazza del Duomo freigelegt wurde.

Parma

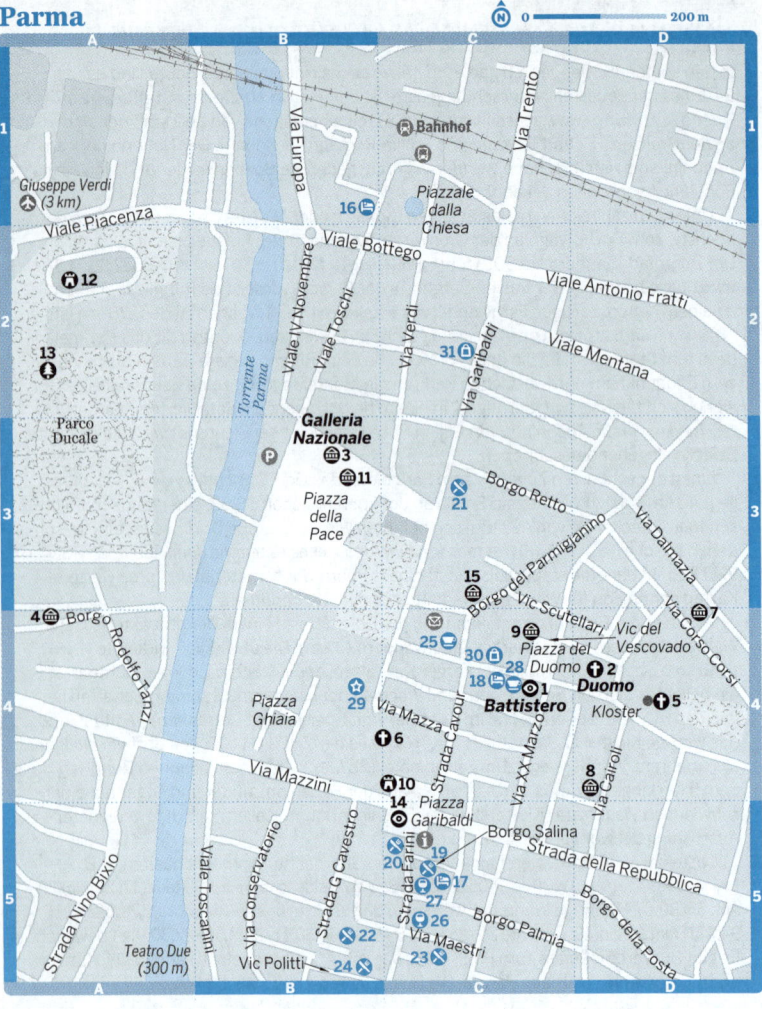

Ein Kombiticket, das 6 € kostet, berechtigt zum Eintritt ins Baptisterium und ins Museo Diocesano.

Chiesa di San Giovanni Evangelista KIRCHE

(Piazzale San Giovanni; ⏱ 8.30–11.45 & 15–17.30 Uhr, Kloster Mo–Mi, Fr & Sa 9–11.45 & 15–17 Uhr) Diese Abteikirche gehört zu einem Kloster und erhebt sich direkt hinter dem Duomo. Die Fassade aus dem 16. Jh. zeigt charakteristische Merkmale des Manierismus (der übertreibende und gekünstelte Stil folgte auf die Hochrenaissance). Die wohl größte Sehenswürdigkeit ist das prachtvolle Fresko, das die gesamte Kuppel ausfüllt, es ist ein Werk von Antonio da Correggio und übte in damaliger Zeit sehr großen Einfluss, auch auf nachfolgende Künstler, aus.

Das angrenzende Kloster ist nicht nur für seine Öle und Salben berühmt, die von den Mönchen eigenhändig hergestellt werden, sondern auch für seinen beeindruckenden Renaissance-Kreuzgang. Im oberen Stockwerk befindet sich eine Bibliothek mit einem etwas modrigen Leseraum, dessen Wände mit riesigen alten Landkarten bedeckt sind.

Parma

EMILIA-ROMAGNA & SAN MARINO WESTLICH VON BOLOGNA

Palazzo della Pilotta MUSEUM
(Piazza della Pilotta) Der monumentale *palazzo* ragt eindrucksvoll über den penibel gepflegten Rasenflächen und modernen Springbrunnen der Piazza della Pace auf. Sein Name stammt mutmaßlich von dem baskischen Ballspiel *pelota*, das man in seinen Mauern spielte. Der Bau entstand im Auftrag der Farnese zwischen 1583 und 1622. Im Zweiten Weltkrieg schwer beschädigt, wurde er zum größten Teil wiederaufgebaut und beherbergt heute eine Reihe von interessanten Museen.

Das bedeutendste ist die **Galleria Nazionale** (Erw./erm. inkl. Teatro Farnese 6/3 €; ⊙ Di–So 8.30–13.30 Uhr), in der die wichtigste Kunstsammlung der Stadt zu sehen ist. Neben Werken der Meister Correggio und Parmigianino werden Gemälde von Fra Angelico und El Greco sowie eine Arbeit gezeigt, die Leonardo da Vinci zugeschrieben wird. Der Weg zur Galerie führt durch das **Teatro Farnese** (☎ 23 33 09; Piazzale della Pilotta 15; Erw./Kind 2 €/frei; ⊙ Di–So 8.30–14 Uhr), es ist eine Nachbildung des Teatro Olimpico von Andrea Palladio in Vicenza. Der Holzbau wurde im Zweiten Weltkrieg zerstört und musste fast vollständig rekonstruiert und neu aufgebaut werden.

In eine andere Zeit führt das **Museo Archeologico Nazionale** (☎ 0521 23 37 18; Eintritt 4 €; ⊙ Di–Fr 9–17, Sa & So 12.30–19.30 Uhr) seine Besucher. Hier werden römische Kunstgegenstände aus der Umgebung von Parma und etruskische Funde aus der Po-ebene gezeigt.

Piazza Garibaldi PIAZZA
An der Stelle eines römischen Forums liegt heute die Piazza Garibaldi. Sie ist der Mittelpunkt der Stadt, die von der Via Mazzini (der ost-westlichen Hauptverkehrsader) und ihrer Fortsetzung, der Strada della Repubblica, durchschnitten wird. Am nördlichen Rand des Platzes ragt die Fassade des **Palazzo del Governatore** aus dem 17. Jh. auf, heute hat hier die Stadtverwaltung ihren Sitz. Eine riesige Sonnenuhr wurde im Jahr 1829 hinzugefügt.

Hinter dem Palast befinden sich in der **Chiesa di Santa Maria della Steccata** (Piazza Steccata 9; ⊙ 9–12 & 15–18 Uhr) einige der außergewöhnlichsten Werke des manieristischen Malers Parmigianino. Dazu zählen vor allem die fantastischen, wenn auch verblassten Fresken an den Bögen über dem Altar. Viele Angehörige der Farnese und Bourbonen liegen hier begraben.

Parco Ducale PARK
(⊙ April–Okt. 6–24 Uhr, Nov.–März 7–20 Uhr) Am Westufer des Flusses Parma breiten sich diese architektonischen Gärten aus und sind –

wie die Stadt selbst – vornehm und anmutig, jeder Grashalm hat seinen Platz. Sie wurden im Jahr 1560 um den Familiensitz der Farnese, den **Palazzo Ducale**, angelegt. Heute haben hier die *Carabinieri* der Provinz ihr Hauptquartier.

Casa Natale di Toscanini   MUSEUM

(www.museotoscanini.it; Borgo R Tanzi 13; Eintritt 2 €; ⊙ Di 9–13, Mi–Sa 9–13 & 14–18, So 14–18 Uhr) An der südöstlichen Ecke des Parco Ducale steht das Geburtshaus eines der größten Dirigenten Italiens, Arturo Toscanini (1867–1957). Eine Sammlung von persönlichen Gegenständen und Schallplattenaufnahmen zeichnet das Leben und Werk Toscaninis nach. Interessant ist die Zusammenarbeit mit dem gefeierten italienischen Tenor Aureliano Pertile.

La Casa del Suono   MUSEUM

(Piazzale Salvo D'Acquisto; Eintritt 2 €; ⊙ Do–Sa 9–18, So 14–18 Uhr) Nicht noch eine Kirche, könnte man denken, bis man entdeckt, dass die Chiesa di Santa Elisabetta aus dem 17. Jh. heute ein ausgefallenes Museum zur Geschichte der Musikproduktionstechnik ist. Sehenswert sind altertümliche Tonbandgeräte aus den 1970er- und Grammophone aus den 1920er-Jahren. Unter dem „Lampadario Acustico", einem „akustischen Kronleuchter", werden Besucher aus 228 Lautsprechern mit Klängen berieselt.

🛏 Schlafen

★ Hotel Button   HOTEL €

(☑ 0521 20 80 39; www.hotelbutton.it; Borgo Salina 7; EZ/DZ 75/100 €; ✳@🛜) Das Hotel Button gefällt erst auf den zweiten Blick. Hier wird nicht versucht, Jagd auf zahlungskräftige Touristen zu machen – was auch für die meisten anderen Gasthäuser in Parma gilt. Gäste, die das wissen, verlieben sich in die schlichten Reize des Hauses: frische *cornetti* zum Frühstück, *cappuccini* nach Wunsch, geräumige Zimmer und eine Atmosphäre von ruhiger Ordnung und gepflegter Sauberkeit. Auch die Lage im Stadtkern ist nahezu perfekt.

Century Hotel   HOTEL €€

(☑ 0521 03 98 00; www.centuryhotel.it; Piazzale dalla Chiesa 5a; EZ/DZ/Suite 80/120/200 €; ✳@🛜) Hotels in Bahnhofsnähe sind häufig verwahrloste Absteigen für sparsame Gäste auf der Durchreise. Nicht so das modernisierte Hotel Century. Es profitiert von einer geschickten Neugestaltung und

bietet 4-Sterne-Ausstattung und Komfort zu 3-Sterne-Preisen.

Palazzo dalla Rosa Prati   BOUTIQUEHOTEL €€€

(☑ 0521 38 64 29; www.palazzodallarosaprati.co.uk; Piazza del Duomo 7; EZ/DZ 150/300 €; ✳🛜) Wohnen wie Königin Marie Antoinette: Die fürstliche Unterkunft liegt in direkter Nachbarschaft des Domes von Parma. Die Gäste können unter sieben historischen Suiten wählen, die angemessen vornehm und palastartig hergerichtet wurden.

Essen

Spezialitäten aus Parma bedürfen keiner näheren Erklärung. Einfach hervorragend sind *prosciutto di Parma* (Parma-Schinken) und *parmigiano reggiano*, wunderbare Zutaten auf jedem Antipasto-Teller, vor allem in Begleitung eines guten Sangiovese-Rotweines. An den folgenden Adressen kann man sich davon überzeugen.

★ Trattoria del Tribunale   TRATTORIA €

(www.trattoriadeltribunale.it; Vicolo Politti 5; Gerichte 22 €; ⊙ So–Fr 12–23, Sa 17–23 Uhr) In einem hallenartigen Foyer schieben sich die Gäste an Trauben von Kellnern vorbei, die mit Aufschnittmessern Schinken bearbeiten und Späne aus riesigen Parmesanlaiben hobeln, und betreten eines von etwa 25 Restaurants, die als Anwärter auf den Titel als bestes Restaurant von Parma gelten. Als Antipasto eine aufwendige Platte mit Parma-Schinken, anschließend *tortelli di erbette* (gefüllte Pasta mit Mangold in Butter und Parmesan) und zum Schluss (wer es mag) *trippa alla parmigiana* (Kutteln mit Parmesan- und Brotkruste) – Parma in Reinkultur!

La Duchessa   PIZZERIA, EMILIANISCH €

(☑ 0521 23 59 62; www.laduchessaparma.com; Piazza Garibaldi; Pizzas ab 5 €; ⊙ Di–So 12–15.30 & 19–24 Uhr) Die Atmosphäre des Restaurants an der Piazza Garibaldi ist allein einen Besuch wert. Hungrige Opernstars kommen nach den Vorstellungen in Scharen in diese Pizzeria, auf deren Speisekarte noch andere köstliche Gerichte verzeichnet sind, z. B. Tortelli mit Kürbis (*zucca*). Sportliche Kellner eilen zu den Geräuschen von klapperndem Besteck und opernhaft klangvollen Stimmen die Treppen auf und ab.

Gallo d'Oro   TRADITIONELL ITALIENISCH €€

(☑ 0521 20 88 46; www.gallodororistorante.it; Borgo Salina 3; Gerichte 25 €; ⊙ Mo–Sa 12–14.30 & 19–23, So 12–14.30 Uhr) Im Restaurant mit dem verheißungsvollen Namen „Goldener Hahn" schneiden junge *camenieri* (Kellner) Fleisch in Scheiben, laufen geschickt zwischen den Tischen umher und stellen mit Nachdruck Teller mit Pferdetatar, Ravioli und Kalbfleisch vor den Gästen ab. Alles wird auf verschiedenste Art (und immer hervorragend) zubereitet. Titelseiten von Zeitschriften bedecken die Wände, der ganze Raum strahlt die gedämpfte, angenehme Energie eines kleinen Bistros aus.

Osteria del Gesso
EMILIANISCH €€
(☏0521 23 05 05; www.osteriadelgesso.it; Via Maestri 11; Gerichte 30–35 €; ⊙Mo–Fr 12–15 & 19.30–23 Uhr) Ein typisch italienisches Restaurant: Familienunternehmen, wunderbares regionales Essen, eine liebenswürdig romantische Inneneinrichtung, ein entspannter (d. h. eher langsamer) Service und eine geballte Ladung Atmosphäre und Tradition. Wie die meisten Restaurants in Parma ist man hier nicht auf Touristenfang aus, sondern verwöhnt die Gäste auf selbstverständliche Art mit einer fantastischen und dennoch einfachen Küche.

Osteria dei Mascalzoni
OSTERIA €€
(www.osteriadeimascalzoniparma.it; Vicolo delle Cinque Piaghe 1; Gerichte 25–35 €; ⊙Mo–Fr 12.30–15 & 19.30–22.30, Sa 19.30–22.30 Uhr) Das behagliche Restaurant mit einem Speiseraum unter freiliegenden Deckenbalken hat auch gemütliche Tische im Freien, die an warmen Sommerabenden die ganze angrenzende Gasse ausfüllen. Auf der Speisekarte liegt die Betonung auf Grillgerichten. Dazu kommt eine hervorragende Auswahl der berühmten Käse- und Schweinefleischspezialitäten von Parma, z. B. *culatello* und *fiocchetto*.

La Greppia
KULINARISCH €€€
(☏0521 23 36 86; Via Garibaldi 39a; Gerichte ab 45 €; ⊙Mi–So Mittag- & Abendessen) Zur Mittags- und Abendzeit ist die Legende La Greppia ein Pilgerziel für alle Liebhaber der emilianischen Küche, die ein echtes *ragù* von einer Bolognesesauce unterscheiden können. Aus der Verbindung von Tradition und Modernität geht eine große Vielfalt von überraschenden Kreationen hervor, wie z. B. Parmesan-Mousse oder Weißweinbirnen. Der Service ist tadellos.

 Ausgehen

Enoteca Fontana
BAR
(☏0521 28 60 37; Strada Farini 24a; offene Weine ab 1,20 €, Sandwiches ab 2,80 €; ⊙Di–Sa 12–20 Uhr) Eine laute Weinbar (es kann brechend voll werden!) mit Tischen in einem hinteren Raum, wo Gäste an Weingläsern nippen und an gerösteten *panini* knabbern. Zahlreiche einheimische Gäste mischen sich in das lebhafte Gedränge.

T-Cafe
CAFÉ, BAR
(Strada Duomo 7; ⊙Mo–Mi 8–20, Do & So 8–15, Fr & Sa 8–21 Uhr) Ein ultramodernes Café in einem historischen Gemäuer neben dem Baptisterium. Hier lassen sich die Gäste in runde, futuristische Sofas sinken oder hocken auf nüchternen Stühlen und stärken sich mit Wein, Kaffee oder kleinen mediterranen Gerichten für die nächste Kirchenbesichtigung.

Cavour Gran Caffè
CAFÉ
(Strada Cavour 30b; ⊙7–20 Uhr) Anklänge an Turin sind in dem mit schönen Fresken verzierten Innenraum des klassischen Cafés nicht zu übersehen. Hier kostet ein Cappucino selbstverständlich etwas mehr.

Le Malve
BAR
(Via Farini 12a; ⊙Mo–Sa 11–24 Uhr) Eine coole, junge Szene startet an der Via Farini mit Cocktails und Bier ins Nachtleben. Es gibt auch Tische im Freien. Clubgänger fallen regelmäßig ein, um kostenlose *aperitivi* zu erbeuten.

 Unterhaltung

Die Stadt gehört zu den hochrangigen Veranstaltungsorten Italiens, wenn es um Opern-, Konzert- und Theateraufführungen geht. Die Spielzeit dauert von Oktober bis April. Im Sommer finden viele Veranstaltungen unter freiem Himmel statt.

Teatro Regio
THEATER
(www.teatroregioparma.org; Via Garibaldi 16a) Ein selbst für hohe italienische Ansprüche besonders umfangreicher Spielplan mit Konzerten und Opern.

Teatro Due
THEATER
(www.teatrodue.org; Via Salnitrara 10) Theateraufführungen auf höchstem Niveau.

 Shoppen

Libreria Fiaccadori
BUCHLADEN
(Strada Duomo 8a; ⊙Mo–Sa 9–19.30, So 10–13 & 15.30–19.30 Uhr) Gute, altmodische Buchhandlung mit Bibliotheksleitern an hohen Regalen und zahlreichen Titeln in englischer Sprache.

Salumeria Garibaldi ESSEN
(Via Garibaldi 42; ⊘ Mo–Sa 8–20 Uhr) Die Verführung wartet nur wenige Schritte vom Bahnhof entfernt. Das Feinkostgeschäft führt beinahe alles, was das fruchtbare Land hervorbringt: Hier hängt der Himmel voller Würste, die Regale biegen sich unter Lambrusco-Flaschen, Parmaschinken in jeder Größe und riesigen Laiben von *parmigiano reggiano*.

ℹ Praktische Informationen

Polizei (☏ 0521 21 94; Borgo della Posta 16a)
Post (Via Melloni)
Touristeninformation (Piazza Garibaldi; ⊘ Mo 9–13 & 15–19, Di–Sa 9–19, So 9–13 Uhr)

ℹ An- & Weiterreise

Der Flughafen **Giuseppe Verdi** (www.parma-airport.it) von Parma liegt nur 2,5 km vom Stadtzentrum entfernt. Die Fluglinie Ryanair bietet drei Flüge pro Woche nach London Stansted an. Die Buslinie 6 verbindet den Flughafen mit dem Bahnhof.

Von der Piazzale dalla Chiesa vor dem Bahnhof von Parma ausgehend, befahren Busse von **TEP** (www.tep.pr.it) die gesamte Region.

Über die A1 ist Parma an Bologna und Mailand angebunden. Die A15, die nach La Spezia führt, verläuft östlich der Stadt. Die Staatsstraße Via Emilia (SS9) führt direkt durch die Stadt.

Regelmäßige Zugverbindungen bestehen nach Mailand (Regional-/Expresszug 10,45/23 €, 1¼ bis 1¾ Std., stündl.), Bologna (6,80 €, 1 Std., alle 30 Min.), Modena (5 €, 30 Min., alle 30 Min.) und Piacenza (5 €, 40 Min., alle 30 Min.).

ℹ Unterwegs vor Ort

Der Autoverkehr wurde aus dem historischen Stadtzentrum verbannt; Autos können in der Tiefgarage am Viale Toschi abgestellt werden. Nebenan werden Fahrräder verliehen: **Parma Punto Bici** (www.parmapuntobici.com; Viale Toschi 2a; pro Std./Tag Fahrräder 0,70/10 €, Elektrofahrräder 0,90/20 €; ⊘ Mo–Sa 9–13 & 15–19, So 10–13 & 14.30–19.30 Uhr).

Busseto & Verdi-Land

In der zweiten Hälfte des 19. Jhs., einer neuen Blütezeit der Oper, konnte nur Wagner einen ähnlich hohen Rang beanspruchen wie Giuseppe Verdi, das Operngenie Italiens. 1813 kam er im kleinen Dorf Le Roncole (heute Roncole Verdi) zur Welt. Sein gewaltiges musikalisches Erbe wird auf einer Rundtour erlebbar – ausgehend von der kleinen Stadt Busseto, 35 km nordwestlich von

Parma gelegen; der angenehme, geschichtsträchtige Ort besitzt einige gute Cafés und Restaurants. Es gibt genug Sehenswürdigkeiten für einen langen Ausflug in die Musikgeschichte.

◉ Sehenswertes

★ Museo Nazionale Giuseppe Verdi MUSEUM
(www.museogiuseppeverdi.it; Via Provesi 35; Erw./erm. 9/7 €; ⊘ Di–So 10–18.30 Uhr) In seinem Allerweltsnamen („Grün") deutet nichts darauf hin, welche Ausnahmeerscheinung Giuseppe Verdi war. Zweihundert Jahre nach seiner Geburt klingt seine Musik so lebendig wie seit jeher und ist in den Seelen der meisten Menschen tiefer verwurzelt, als es ihnen selbst oft bewusst ist. Bei einem Rundgang durch die Räume des Museums in einem wunderschönen, ländlichen Herrenhaus kommen den Besuchern unwillkürlich zahlreiche Melodien aus den großen klassischen Opern wie *Il Trovatore* oder *Aida* in den Sinn.

Das Museum am Stadtrand von Busseto stellt das Leben Verdis durch Gemälde, Musik und Audio-Guides (im Preis inbegriffen) auf gut durchdachte Weise dar.

Teatro Verdi THEATER
(Piazza Verdi; Erw./erm. 4/3 €; ⊘ Di–So 9.30–13 & 15–18.30 Uhr) Das stattliche Theater an der Piazza Verdi von Busseto sollte den Namen des Komponisten tragen. Verdi selbst hatte sich anfangs gegen diese Pläne gewehrt. Das Haus wurde im Jahr 1868 mit einer Aufführung seines Meisterwerks *Rigoletto* eröffnet.

Casa Natale di Giuseppe Verdi MUSEUM
(Erw./Kind 4/3 €; ⊘ Di–So 9.30–12.30 & 14.30–18.30 Uhr) Das bescheidene Bauernhaus, in dem Giuseppe Verdi im Jahr 1813 zur Welt kam, ist heute ein kleines Museum. Es befindet sich im Dorf Roncole Verdi, 5 km südöstlich von Busseto.

Casa Barezzi MUSEUM
(Via Roma 119; Erw./Kind 4/3 €; ⊘ Di–So 10–12.30 & 15–18.30 Uhr) Ein weiteres Museum im Stadtzentrum von Busseto liegt im einstigen Wohnsitz von Verdis Förderer und Schwiegervater verborgen, hier war auch sein erstes Konzert zu hören. Es wird liebevoll betreut und zeigt eine Fülle von persönlichen Gegenständen des Komponisten, darunter Papiere, Einrichtungsstücke und wertvolle Aufzeichnungen.

Villa Verdi
MUSEUM

(www.villaverdi.org; Via Verdi 22; Erw./erm. 8/6,50 €; ⊙ Di–So 9–11.45 & 14.30–18.45 Uhr, Dez. & Jan. geschl.) Verdis Villa, in der viele seiner Hauptwerke entstanden sind, liegt in Sant'Agata di Villanova sull'Arda, 5 km nordwestlich von Busseto. Verdi lebte und arbeitete seit 1851 auf seinem Landsitz. Ein Besuch mit Führung zu Einrichtungsgegenständen und Musikinstrumenten sollte vorab unter der Internetadresse reserviert werden.

ⓘ Praktische Informationen

Ein Kombiticket für die Casa Natale di Giuseppe Verdi, die Casa Barezzi und die Villa Verdi kostet 8,50 €. Näheres erfährt man in der **Touristeninformation** (www.bussetolive.com; Piazza Verdi 10; ⊙ Di–So 9.30–13 & 15–18.30 Uhr).

ⓘ An- & Weiterreise

Busse von **TEP** (www.tep.pr.it) fahren von Parma 6-mal täglich nach Busseto . Außerdem verkehren Züge von Parma nach Busseto (3,60 €, 45 Min.) mit Umsteigen in Fidenza.

Piacenza

100 300 EW.

Von den Römern „angenehmer Ort" (Placentia) genannt, erwies sich Piacenza auch als strategisch wichtiger Ort. Die heutige Stadt liegt nahe an der Grenze zur Lombardei und bietet sich für einen Tagesausflug an. Es gibt jedoch auch mehrere nette Hotels, die preisgünstiger sind als in Parma. In der malerischen Altstadt sind ein schönes gotisches Rathaus und mehrere majestätische Kirchen zu entdecken.

◉ Sehenswertes

Piazza dei Cavalli
PIAZZA

Beherrschender Anblick an der Piazza dei Cavalli ist der **Palazzo Gotico**, das imposante Rathaus aus dem 13. Jh. Die Piazza selbst ist nach ihren beiden martialischen Reiterstandbildern aus Bronze benannt. Die beiden barocken Herren stellen die Herzöge Alessandro und Ranuccio Farnese dar. Die Werke des toskanischen Bildhauers Francesco Mochi entstanden zwischen 1612 und 1625.

Duomo
DOM

(Piazza del Duomo 33; ⊙ 7–12 & 16–19 Uhr) Eine selbst für italienische Verhältnisse besonders dunkle Kirche ist der kalte, kerkerartige Dom von Piacenza, ein Bauwerk der Hochromanik. Wenn sich die Augen an die Dunkelheit gewöhnt haben, sind zwei Dutzend Säulen zu erkennen, die das Kuppeldach tragen, sowie die kunstvollen Fresken von Morazzone und Guercino, mit denen die Kuppel verziert ist.

Als einer von drei hochromanischen Dombauten in der Emilia ist der Dom (wie auch der von Parma) aus den Ruinen des verheerenden Erdbebens des Jahres 1117 hervorgegangen.

Palazzo Farnese
MUSEUM

(www.musei.piacenza.it; Piazza Citadella; Kombi-Eintritt 6 €; ⊙ Di–Do 9–13, Fr–So 9–13 & 15–18 Uhr) Am nördlichen Rand des Centro storico ragt der riesige Palazzo Farnese auf. Der Bau wurde 1558 begonnen, jedoch nie völlig abgeschlossen. Heute befinden sich darin die **Pinacoteca**, eine Kunstgalerie, und vier kleinere Abteilungen mit den Themen Archäologie und Risorgimento sowie Ausstellungen von Kutschen und Keramik.

Ricci Oddi Galleria d'Arte Moderna
KUNSTGALERIE

(☑ 0523 32 07 42; www.riccioddi.it; Via San Siro 13; Eintritt 5 €; ⊙ Di–So 9.30–12.30, Fr–So 9.30–12.30 & 15–18 Uhr) Die meisten Stadtführer über Piacenza lenken den Weg unweigerlich zum eindrucksvollen Palazzo Farnese, doch der verborgene Schatz der Stadt ist die Sammlung moderner Kunst, die der heimische Kunstliebhaber Ricci Oddi im frühen 20. Jh. zusammengetragen hat.

Der Mann besaß offensichtlich Geschmack. In einer zweckmäßigen Galerie gibt die Sammlung in guter Beleuchtung und geschickter Anordnung einen Überblick über die künstlerischen (emilianische und lombardische) Schulen und stilistischen Bewegungen (Symbolismus, Novecento) seit der Zeit um 1830 bis in die 1930er-Jahre. Besonders eindrucksvoll sind z. B. das Ritratto di Signora von Giovanni Boldini und das von strahlendem Licht erfüllte Bild La Colazione del Mattino von Amadeo Bocchi.

🛏 Schlafen & Essen

Ostello Don Zermani
HOSTEL €

(☑ 0523 71 23 19; www.ostellodipiacenza.it; Via Zoni 38-40; B/EZ/DZ 19/26/48 €; P) Das gut geführte, private Hostel liegt in einem ruhigen Wohngebiet südwestlich des Stadtzentrums, etwa 20 Min. zu Fuß entfernt. Die Zimmer sind hell und makellos, es gibt einen Waschsalon. Das Haus hat einen barrierefreien Eingang. Die Buslinien 1, 16 und 17 fahren vom Bahnhof zum Hostel.

EMILIA-ROMAGNA & SAN MARINO WESTLICH VON BOLOGNA

Antica Trattoria Dell'Angelo TRATTORIA €
(Via Tibini 14; Gerichte 20–25 €; ☺ Do–Di 12–14 &
19.30–22 Uhr) Mit Deckenbalken, Holzkohleofen und rotkarierten Tischdecken kommt
dieses ungezwungene, traditionelle Lokal
dem Idealbild einer Trattoria ziemlich nahe.
Das Essen ist herzhaft und hausgemacht,
so gibt es z. B. Tortelloni mit Spinat und
Ricotta oder Braten. Der spritzige Rotwein
stammt natürlich aus der Region. Ein gutes
Angebot sind die Mittagsgerichte an Wochentagen, mit Pasta/Hauptgang kosten sie
lediglich 4/5 €.

ℹ Praktische Informationen

Touristeninformation (www.comune.piacenza.
it/english; Piazza dei Cavalli 7; ☺ Di–Sa 9–
13 & 15–18, So & Mo 9.30–12.30 Uhr) Zentral
und gut erreichbar an der Piazza dei Cavalli.

ℹ Anreise & Unterwegs vor Ort

Der Busbahnhof von Piacenza liegt an der Piazza
Citadella. Die meisten Ziele sind jedoch mit
dem Zug besser zu erreichen als mit dem Bus.
Es gibt direkte Zugverbindungen von/nach
Mailand (regulär/Eurostar 6,45/14 €, 1 Std.,
stündl.), Parma (5 €, 40 Min., alle 30 Min.)
und Bologna (regulär/Eurostar10,40/22,50 €,
1½ Std., stündl.).

Piacenza liegt etwas abseits der A1 (die Mailand und Bologna verbindet) und der A21 nach
Brescia und Turin. Die Via Emilia (SS9) führt auf
ihrem Weg nach Rimini und der Adria an Piacenza vorbei.

Busse der Linie 2 (1 €) pendeln zwischen dem
Bahnhof und der Piazza dei Cavalli.

Östlich von Bologna

Ferrara

135 000 EW.

Die Stadt ist ein Schwergewicht der Renaissancekunst, in der sich kolossale Paläste aneinanderreihen und eine bis heute intakte
mittelalterliche Stadtmauer zu finden ist –
Ferrara überrascht Besucher auf der Durchreise wie ein durchgebrannter Casanova
(der sich hier auch einmal aufhielt) auf halber Strecke zwischen Bologna und Venedig.
Doch wie jede Stadt in unmittelbarer Nähe
der *Serenissima* wird auch Ferrara regelmäßig und zu Unrecht übergangen. In der Folge
erscheinen die fahrradfreundlichen Straßen
und die in der Zeit stehengebliebenen *palazzi* von Ferrara allen Venedigflüchtlingen

wie unentdeckte Schätze und bewahren eine
wunderbare Ruhe und Gelassenheit.

Historisch gesehen war Ferrara bedeutend als Residenzstadt der mächtigen Adelsdynastie der Este, die mit den Medici von
Florenz um Macht und Ansehen rang; sie
beschenkte die Stadt mit ihrem markantesten Bauwerk – die gewaltige Burg ragt, von
einem Graben umgeben, mitten in der Altstadt auf. Ferrara wurde im Zweiten Weltkrieg durch Luftangriffe stark zerstört, der
historische Stadtkern blieb jedoch erhalten.
Von besonderem Interesse ist das einstige
jüdische Ghetto (1627–1859), das größte und
älteste der Region.

☉ Sehenswertes

Renaissancepaläste, die in Museen umgewandelt wurden, sind die große Stärke der
Stadt. Sehenswert ist auch die verwinkelte
Altstadt mit dem einstigen jüdischen Ghetto. Eine Eintrittskarte, die zum Besuch von
sieben Museen der Stadt berechtigt, kostet
11,50 €, ist an 15 Tagen gültig und in der Touristeninformation erhältlich. Die meisten
Museen sind montags geschlossen.

★ Castello Estense BURG

(Viale Cavour; Erw./erm. 8/6,50 €, Turm extra 1 €;
☺ 9.30–17.30 Uhr) Komplett mit Burggraben
und Zugbrücke ragt die Burg von Ferrara
über der Stadt auf. Der Bau wurde von
Nicolò II. d'Este 1385 in Auftrag gegeben.
Anfänglich sollte die Burg ihre Bewohner
vor dem Zorn empörter Bürger schützen,
denen Steuererhöhungen zugemutet worden waren. Im späten 15. Jh. diente sie der
Familie als ständige Residenz.

Obwohl bestimmte Gebäudeteile heute
als Verwaltungssitz genutzt werden, sind
einige wenige Räume, darunter die königlichen Suiten, zur Besichtigung geöffnet.
Highlights sind die **Sala dei Giganti** (Saal
der Riesen), der **Salone dei Giochi** (Spielesalon), die **Cappella di Renée de France**
und der (Platzangst auslösende) **Kerker**.
Hier ließ Fürst Nicolò III. d'Este 1425 seine
junge zweite Frau Parisina Malatesta und
seinen Sohn Ugo enthaupten, nachdem er
entdeckt hatte, dass die beiden ein Liebespaar waren. Die Enthauptung diente Robert
Browning als Vorlage für seinen Roman *My
Last Duchess*.

Über einen Durchgang mit dem Castello
verbunden ist der mit Zinnen bewehrte **Palazzo Municipale** (Eintritt frei; ☺ Mo–Fr 9–14
Uhr) aus dem 13. Jh. Er war der Familiensitz
der Este, bis sie im späten 15. Jh. ins be-

nachbarte Castello Estense umzogen. Heute wird der Palast zum größten Teil von Verwaltungsbüros eingenommen, die beiden Innenhöfe sind aber frei zugänglich.

Duomo
DOM

(Piazza Cattedrale; ⏰ Mo-Sa 7.30–12 & 15–18.30, So 7.30–12.30 & 15.30–19.30 Uhr) Das hervorstechende Merkmal des rosa-weißen Doms aus dem 12. Jh. ist die dreigliedrige Marmorfassade, in der im unteren und oberen Drittel romanische und gotische Stilelemente verbunden sind. Die obere Ebene wird zum großen Teil von drastischen Darstellungen des Jüngsten Gerichts und von Himmel und Hölle eingenommen (beachtenswert sind die vier unheimlichen Gestalten, die aus ihren Särgen klettern).

Über einem schönen Löwenpaar am Sockel der Frontfassade hocken zwei seltsam irdisch anmutende Wesen mit vor Anstrengung offenen Mäulern – ihnen ist die Mühe, die Säulen auf beiden Seiten des Hauptportals aufrechtzuhalten, deutlich anzusehen.

Auf der gegenüberliegenden Seite der Piazza Trento Trieste befindet sich das **Museo della Cattedrale** (Via San Romano; Erw./erm. 6/3 €; ⏰ Di–So 9–13 & 15–18 Uhr) mit Kunstgegenständen aus dem Dom, darunter eine heitere *Madonna* von Jacopo della Quercia, expressive Gemälde von Cosimo Tura und geistvolle Reliefs, die die Monate des Jahres darstellen.

★ Palazzo dei Diamanti
PALAZZO, MUSEUM

(Corso Ercole I d'Este 21) Nach dem diamantförmigen Quadersteinen seiner Fassade ist der Palast benannt. Er wurde im Auftrag von Sigismondo d'Este im späten 15. Jh. gebaut.

Viele geheimnisvolle Seiten der italienischen Kunstgeschichte können in der **Pinacoteca Nazionale** (www.pinacotecaferrara.it; Erw./erm. 2/1 €; ⏰ Di–So 9–14, Do 9–19 Uhr), die im Palazzo untergebracht ist, zum Teil enträtselt werden. Hier lernen Besucher die schöpferische Kraft der sogenannten Ferrareser Schule (16. bis 17. Jh.) kennen, deren führende Vertreter eher durch merkwürdige Spitznamen bekannt sind, z. B. Il Guercino („der Schieler") oder El Maestro degli Occhi Spalancati („Meister der weit geöffneten Augen"). Kostenlose Führungen vertiefen die hier gewonnenen Eindrücke.

Museo del Risorgimento e della Resistenza
MUSEUM

(Corso Ercole I d'Este 19; Erw./erm. 4/2 €; ⏰ Di–So 9–13 & 15–18 Uhr) Neben der Pinacoteca Nazionale zeigt das kleine Museum Dokumente, Aufrufe und Plakate aus der Zeit des Risorgimento und des Zweiten Weltkriegs sowie viele Uniformen und ein Arsenal von Waffen.

Casa Romei
PALAZZO, MUSEUM

(Via Savonarola 30; Erw./erm. 3/1,50 €; ⏰ Di–So 8.30–19.30 Uhr) Der Palast befand sich einst im Besitz eines hochrangigen Verwalters der Familie Este, Giovanni Romei – seine Bedeutung spiegelt sich im Baustil wider. Hinter der strengen Ziegelfassade verbirgt sich ein friedlicher Innenhof (der früher zu einem angrenzenden Kloster gehörte). Im oberen Stockwerk sind Wohnräume aus dem 16. Jh. in ursprünglichem Zustand erhalten. Zahlreiche Kunstwerke und Fresken sind zu sehen.

Palazzo Schifanoia
PALAZZO, MUSEUM

(Via Scandiana 23; Erw./erm. 6/3 €; ⏰ Di–So 9–18 Uhr) Die berühmtesten Fresken von Ferrara befinden sich in einem Palais der Este aus dem 14. Jh., es wurde im Jahr 1385 erbaut. Auf den ersten Blick birgt dieses Museum nichts Außergewöhnliches, bis man den **Salone dei Mesi** (Saal der Monate) betritt. Darin sind wunderbare Fresken von Francesco del Cossa aus dem Jahr 1470 zu sehen, sie stellen die Monate, Jahreszeiten und Tierkreiszeichen dar.

Die Darstellungen in zum Teil verblassten Farben zeigen eine ungewöhnlich unreligiöse Tendenz und sind in ihrer Art in Italien einzigartig.

Museo Lapidario
MUSEUM

(Via Camposabbionario; ⏰ Di–So 9–18 Uhr) Die Eintrittskarte zum Palazzo Schifanoia erlaubt auch den Besuch des benachbarten Museums, das eine kleine, allerdings undokumentierte Sammlung römischer und etruskischer Stelen, Grabdenkmäler und Inschriften zeigt.

Palazzo Massari
PALAZZO, MUSEUM

(Corso Porta Mare 9) In diesem Palast der Frührenaissance sind die Kunstwerke im Innern expressiv und modern. Unter den Museen des Palazzo Massari ist das **Museo Giovanni Boldini** (Erw./erm. inkl. Museo dell'Ottocento 6/3 €; ⏰ Di–So 9–13 & 15–18 Uhr) das beste; es ist ausschließlich den Werken von Giovanni Boldini, einem Sohn der Stadt, gewidmet. Hier kann der ausdrucksvolle, skizzenhafte Pinselduktus des impressionistischen Meisters studiert werden. Die Frauenportraits zeigen eine Entwicklung von der Sittsamkeit

Ferrara

des 19. Jhs. zum aufreizenden Schick der 1920er-Jahre.

Die Eintrittskarte gewährt auch Zugang zum **Museo dell'Ottocento** (Erw./erm. inkl. Museo Giovanni Boldini 6/3 €; ☺Di-So 9-13 & 15-18 Uhr) mit Kunstwerken des 19. Jhs. und einem hübschen Skulpturenpark. Nicht in der Eintrittskarte enthalten ist das **Museo d'Arte Moderna e Contemporanea Filippo de Pisis** (Erw./erm. 4/2 €; ☺Di-So 9-13 & 15-18 Uhr), es ist zur Hälfte dem namengebenden modernen Maler aus Ferrara gewidmet, dessen Landschaften und Stillleben berühmt sind.

Der Palazzo und die Museen waren zum Zeitpunkt der Recherche wegen Renovierungsarbeiten vorübergehend geschlossen, dürften in der Zwischenzeit jedoch wieder geöffnet sein.

✦ Feste & Events

Il Palio   PFERDERENNEN
(www.paliodiferrara.it) Alljährlich am letzten Maisonntag tragen die acht *Contrade* (Stadtviertel) von Ferrara ein Pferderennen aus. Dabei verwandelt sich die Piazza Ariostea vorübergehend in ein mittelalterliches Tollhaus. Das Rennen gilt als ältes-

Ferrara

EMILIA-ROMAGNA & SAN MARINO ÖSTLICH VON BOLOGNA

tes seiner Art in Italien, der erste offizielle Wettkampf wurde 1279 veranstaltet.

🛏 Schlafen

Hotel Astra   HOTEL €

(☎0532 20 60 88; www.astrahotel.info; Viale Cavour 55; EZ/DZ 59/85 €; ❄ @) Ein altes Möbel, das ein wenig aufpoliert werden könnte: Das Astra kommt bei preisbewussten Gästen aber immer noch gut an, das liegt an geräumigen Zimmern, ebenso weitläufigen Bädern, einem für italienische Verhältnisse üppigen Frühstück und zahlreichen Sitzgelegenheiten im Erdgeschoss, wo die vorsintflutlichen Möbel ihr Bestes geben, um antik zu wirken. Das Centro storico ist nur ein paar Gehminuten entfernt, auch der Bahnhof liegt nahe genug, dass man den Koffer selbst hintragen kann.

Student's Hostel Estense   HOSTEL €

(☎0532 20 11 58; www.ostelloferrara.it; Corso Biagio Rossetti 24; B/EZ/DZ/3BZ inkl. Frühstück 16/35/40/48 €; ☎) ✎ Das Hostel von Ferrara bietet klassische Jugendherbergszimmer. Ungewöhnliche Extras sind warmes Wasser, das durch Erdwärme erhitzt wird, eine Bar, ein Innenhof und eine hervorragende Ausstattung für Radfahrer (Fahrradpumpen und viel Platz für Wartung und Aufbewahrung der Räder).

★ Albergo Annunziata   HOTEL €€

(☎0532 20 11 11; www.annunziata.it; Piazza della Repubblica 5; Zi. ab 120 €; P❄@☎) In einem so blank geputzten Hotel, in dem selbst die Äpfel in der Rezeption wie wahre Schmuckstücke glänzen, ist keine Enttäuschung zu befürchten. In den todschicken, minimalistisch eingerichteten Zimmern mit Mosaikbädern und weißen flauschigen Bademänteln würden Romantiker möglicherweise lieber Casanova erscheinen sehen (der hier auch schon einmal zu Gast war). Im Erdgeschoss wird ein exquisites Frühstücksbüfett serviert, Kinder können (kostenfrei) Tischfußball spielen.

Hotel Ferrara   HOTEL €€

(☎0532 20 50 48; www.hotelferrara.com; Largo Castello 36; EZ/DZ/Apt. 80/110/160 €; ❄@☎) Ein Einrichtungsstil von moderner Eleganz mitten in der historischen Innenstadt, nur einen Katzensprung von der Burg entfernt: Designkritiker würden das Hotel als „zeitgenössisch" bezeichnen – d. h. akzentuierte Farben, minimalistische Linien, hypermoderne Elektronik sowie sehr viel Glas und schimmernde Oberflächen. Aber alle Designambitionen werden von einem guten Service und viel Gegenwert fürs Geld noch überboten. Das Hotel verfügt außerdem noch über 10 Apartmentsuiten (ab 160 €).

Hotel de Prati   HOTEL €€

(☎0532 24 19 05; www.hoteldeprati.com; Via Padiglioni 5; EZ 49–85 €, DZ 85–110 €, Suite 110–150 €; ❄) Das Hotel de Prati ist besser als durchschnittliche 3-Sterne-Häuser und bezaubert durch eine zentrale Lage in Burg-nähe, antike Möbel und einen freundlichen Inhaber. Der Stil der oben liegenden

Zimmer wird von schmiedeeisernen Betten bestimmt. Im unteren Stockwerk werden die Gesellschaftsräume durch moderne Kunstwerke belebt.

 Essen

Wie in allen emilianischen Städten gibt es auch in Ferrara gastronomische Besonderheiten. Man sollte nicht von hier weggehen, ohne *cappellacci di zucca,* (Nudeltaschen mit Kürbis- und Kräuterfüllung, in Salbei und Butter geschwenkt) probiert zu haben. Einfach köstlich! *Salama da sugo* ist eine Kochwurst aus Schweineleber im Hackfleischmantel, *pasticcio di maccheroni* ist ein Nudelauflauf mit Parmesan. Selbst das Brot aus Ferrara ist eine Spezialität: mit knusprig-duftender Kruste und zu einem Knoten verdreht.

Selbstversorger können ihre Vorräte in der **Markthalle** (Via Vegri; ⊙ Mo–Sa 7–13.30 Uhr) auffüllen.

Pizzeria-Ristorante Este Bar PIZZERIA €
(☏ 0532 24 03 23; www.pizzeriaestebar.com; Via delle Scienze 15; Gerichte 20 €; ⊙ Di–So Mittag- & Abendessen) Keine Fanfaren verkünden das Lob dieses einfachen, anständigen Restaurants; der Familienbetrieb besteht schon seit dem Jahr 1975. Am bewährten Erfolgsrezept – hervorragende Pizzas, ungewöhnlich gute Fischgerichte und schlichte, dafür aber gehaltvolle emilianische Pastaspezialitäten – wird, aufgrund der guten Erfahrungen, eisern festgehalten.

Il Sorpasso TRATTORIA €
(www.trattoriailsorpasso.it; Via Sarceno 120; Gerichte 20–25 €; ⊙ Mi–Fr, So & Mo 12–14.30 & 19.30–23.30, Sa 19.30–23.30 Uhr) Eine gelbe Leuchtreklame weist den Weg in diese lässige Trattoria, wo kreative Interpretationen traditioneller emilianischer Gerichte ausprobiert werden können. Der Stolz des Hauses ist die Lasagne mit saftigem Schweinefleisch, dazu werden rote, grüne und schwarze Pastaplatten *al dente* gekocht. Kochbücher und Kinderspiele verkürzen die Wartezeit auf das leckere Mahl.

★ Osteria del Ghetto OSTERIA €€
(☏ 0532 76 49 36; www.osteriadelghetto.it; Via Vittoria 26; Gerichte 25–30 €; ⊙ Di–So 12–14.30 & 19.30–22.30 Uhr) Noch ein unterschätztes Juwel inmitten der alten Gassen des jüdischen Viertels von Ferrara: Durch einen schlichten Barraum führt der Weg in dieser Osteria in einen hellen Speiseraum hinauf, der mit

eindrucksvollen modernen Wandmalereien verziert ist. Auf der ausgezeichneten Speisekarte mischen sich Ferrara-Klassiker wie *cappellacci di zucca* unter die vielfältigen Fischgerichte.

Al Brindisi OSTERIA €€
(www.albrindisi.net; Via Adelardi 11; Gerichte 25–30 €; ⊙ Di–So 11–24 Uhr) Diese Weinbar, optisch eine Mischung aus schmuddelig und elegant, ist die älteste *Osteria* der Welt (laut Guiness-Buch), schon 1435 wurde hier kräftig gebechert – Tizian war hier zu Gast und 550 Jahre später schaute der spätere Papst Johannes Paul II. vorbei. Minimalistische Pastagerichte werden durch gute Weine vervollständigt, die lange Zeit in staubbedeckten Regalen lagern.

Trattoria de Noemi TRATTORIA €€
(☏ 0532 76 90 70; www.trattoriadanoemi.it; Via Ragno 31; Gerichte 25–35 €; ⊙ Mi–Mo Mittag- & Abendessen) Alle Ferrareser Klassiker werden hier *con molto amore* serviert. Unbedingt rechtzeitig eintreffen (es wird schnell voll), um in den Genuss köstlicher *cappellacci di zucca*, Grillspezialitäten und Makkaroniauflauf zu kommen. Genug gesagt!

Osteria Quattro Angeli TRADITIONELL ITALIENISCH €€
(www.osteriaquattroangeli.it; Piazza della Repubblica; Gerichte 25 €; ⊙ Di–So 8–1 Uhr) Gegenüber der Burg lässt es sich unter baumelnden Salamiwürsten gut entspannen und Ferrareser Klassiker in riesigen Portionen genießen, ergänzt von Scheiben heimischen Aufschnitts aus gepökeltem Fleisch. Gegen 18 Uhr verwandelt sich der Sitzbereich draußen unter einem Zeltdach in eine quirlige Straßenbar und lässt Geräuschpegel und Stimmung hochschnellen.

Il Don Giovanni KULINARISCH €€€
(☎ 0532 24 33 63; www.ildongiovanni.com; Corso
Ercole I d'Este 1; Gerichte 45–75 €; ⏱ Di–So 20–
23 Uhr) Das gefeierte Restaurant ist nur
abends geöffnet. Die Spezialitäten sind fangfrischer Fisch von der Adriaküste, Gemüse
aus dem hauseigenen Garten, acht Brotvari-
ationen, die täglich frisch gebacken werden,
und eine Weinkarte, die rund 600 italienische und internationale Namen verzeichnet. Die Speisekarte ist ein fantasievolles
Feuerwerk unkonventioneller Kreationen;
besonders ausgefallen sind z. B. Pasta mit
Perlhuhn und gebratener Aal.

Unterhaltung

Jazz Club NACHTCLUB, LIVEMUSIK
(www.jazzclubferrara.com; Via Rampari di Belfi-
ore 167; Eintritt 15–25 €; ⏱ 19.30 Uhr) Klänge
von Bebop und Jazzfunk sind in einem Turm
an der alten Stadtmauer von Ferrara zu hören. Konzerte beginnen um 21.30 Uhr. An
Montag- und Mittwochabenden ist der Eintritt kostenlos .

ⓘ Praktische Informationen

Polizei (☎ 0532 29 43 11; Corso Ercole I d'Este
26)
Post (Viale Cavour 27)
Touristeninformation (☎ 0532 20 93 70;
www.ferrarainfo.com; ⏱ Mo–Sa 9–13 & 14–18,
So 9.30–13 & 14–17 Uhr) Im Hof des Castello
Estense.

ⓘ Anreise & Unterwegs vor Ort

Die Busse von **ACFT** (www.acft.it) fahren im
Stadtgebiet und ins Umland, z. B. nach Comac-
chio (4,10 €, 1 Std., 11-mal tgl.) sowie zu den
Stränden der Adria. Fernreisebusse fahren vom
Busbahnhof an der Via Rampari San Paolo ab
und passieren auf dem Weg stadtauswärts den
Bahnhof. Nach Bologna (4,40 €, 30–50 Min.,
alle 30 Min.) und Ravenna (6,20 €, 1¼ Std.,
14-mal tgl.) empfiehlt sich der Zug.

Der Autoverkehr ist zum größten Teil aus dem
Stadtzentrum verbannt. Auf dem großen Parkplatz an der Via Darsena (gleich außerhalb des
Centro storico) können Autos über Nacht (3 €
pro 24 Std.) abgestellt werden.

In einer Stadt, die zu den radfahrerfreund-
lichsten Städten Italiens gehört, fällt es leicht,
sich den Hunderten von Radfahrern anzuschließen, die täglich in Ferrara unterwegs sind. Fahr-
radverleihe sind zahlreich (7–10 € pro Tag), z. B.
Romanelli (Via Aldighieri 28a; ⏱ 9.30–12.30 &
15.15–19 Uhr).

Ravenna
160 000 EW.

Entfernt man sich einige Straßen weit
vom winzigen Bahnhof Ravennas, wird die
Andersartigkeit der Stadt plötzlich wahr-
nehmbar, die selbst in einem Land mit so
reich verzweigten historischen Wurzeln wie
Italien auffallend ist. Die Blüte der Stadt
fiel in eine wenig bekannte Zeit zwischen
dem Untergang des Römischen Reiches
und dem Anbruch des Hochmittelalters. In
dieser Epoche hatte das übrige Land unter
den einfallenden Stämmen der Westgoten
und Vandalen zu leiden. Von 402 bis 476
war Ravenna die Hauptstadt des Weströmischen Reiches und ein ergiebiges Betä-
tigungsfeld für geschickte byzantinische
Künstler, die ihre farbig leuchtenden Mosaike überall in den rötlichen Ziegelbau-
ten der christlichen Kirchen hinterließen.
Auch wer keinen Zugang zur Frömmigkeit der kirchlichen Kunstwerke findet,
wird dennoch sprachlos vor den Meisterwerken des 4. bis 6. Jhs. stehen, die in
kraftvollen Gold-, Grün- und Blautönen
leuchten. Der gleichermaßen beeindruckte
Dante beschrieb sie als eine „Symphonie der
Farben" und verbrachte seine letzten Lebensjahre voller Bewunderung in Ravenna. Der romantische Dichter Lord Byron
sorgte für eine weitere literaturgeschichtli-
che Anekdote, indem er mehrere Jahre in
Ravenna verbrachte, bevor er nach Griechenland aufbrach. 1996 wurden die Mosaike in die Weltkulturerbeliste der Unesco
aufgenommen.

⊙ Sehenswertes

Die großen Glanzpunkte Ravennas sind die
acht Weltkulturerbestätten der Unesco. Die
meisten von ihnen liegen über das Stadtgebiet verstreut (eine befindet sich 5 km
außerhalb). Fünf Kulturdenkmäler können
mit einem Kombiticket (11,50 €) besucht
werden, das bei der **Touristeninformation**
(Via Argentario; ⏱ 9–17.15 Uhr) erhältlich ist. Ein
Denkmal ist kostenlos zugänglich, für die
beiden übrigen sind zusätzliche Eintrittskarten zu kaufen. Nähere Informationen
sind auf der Website www.ravennamosaici.
it nachzulesen.

★ Basilica di San Vitale KIRCHE
(Via Fiandrini, Eingang Via San Vitale; ⏱ April–
Sept. 9–19 Uhr, März & Okt. bis 17.30 Uhr, Nov.–Feb.
9.30–17 Uhr) Nach unzähligen Besichtigun-

EMILIA-ROMAGNA & SAN MARINO ÖSTLICH VON BOLOGNA

Ravenna

Ravenna

gen dunkler italienischer Kirchen, droht die Fähigkeit zu staunen allmählich nachzulassen. Nicht hier! Die Basilika wurde 547 durch Erzbischof Massimiano geweiht. Die Leuchtkraft der Mosaike, die den Altarraum schmücken, wirkt überwältigend.

Die intensiven und strahlenden Grün- und Gold- und die tiefen Blautöne, die im weichen, fahlen Sonnenlicht leuchten, sind faszinierend anzusehen.

Die Mosaike an den seitlichen und hinteren Wänden zeigen alttestamentarische Szenen: links Abraham, der im Begriff ist, Isaac in Anwesenheit dreier Engel zu opfern, auf der rechten Seite der Tod Abels und die Huldigungen des Melchisedek. Im Altarraum porträtieren zwei prachtvolle Mosaike den byzantinischen Kaiser Justinian mit San Massimiano und die ausgesprochen ernste und ausdrucksvolle Kaiserin Theodora, seine Gemahlin.

Mausoleo di Galla Placidia   MAUSOLEUM
(Via Fiandrini; ☺ April–Sept. 9–19 Uhr, März & Okt. bis 17.30 Uhr, Nov.–Feb. 9.30–17 Uhr) Zum selben Gebäudekomplex wie die Basilica di San Vitale gehört das kleine, aber ebenso strahlende Mausoleo di Galla Placidia. Das Grabmonument wurde für die Halbschwester von Kaiser Honorius errichtet. Ihm verdankt die Stadt viele ihrer schönsten Baudenkmäler. Die Mosaiken sind die ältesten von Ravenna, sie stammen vermutlich aus der Zeit um 430.

Museo Arcivescovile   MUSEUM
(Piazza Arcivescovado; ☺ April–Sept. 9–19 Uhr, Okt. & März 9–17.30 Uhr, Nov.–Feb. 10–17 Uhr) Ein Museum der etwas anderen Art. Das kürzlich renovierte Schmuckstück befindet sich im 2. Stock des Erzbischöflichen Palastes. Es birgt zwei Ausstellungsstücke, die nicht versäumt werden dürfen: einen exquisit geschnitzten Thron aus dem 6. Jh., er wurde für Kaiser Maximilian von byzantinischen Meistern aus Elfenbein angefertigt (das erhalten gebliebene Stück ist erstaunlich), und die unglaublichsten Mosaiken von Ravenna. Sie werden in der Kapelle San Andrea aus dem 5. Jh. gezeigt, die geschickt in die feudalen, modernen Innenräume des Museums integriert wurde.

Battistero Neoniano   BAPTISTERIUM
(Piazza del Duomo; ☺ April–Sept. 9–19 Uhr, März & Okt. 9.30–17.30 Uhr, Nov.–Feb. 10–17 Uhr) Von den römischen Ruinen abgesehen ist das Baptisterium Ravennas ältestes intaktes Bauwerk. Es wurde im späten 4. Jh. an der Stelle eines römischen Bades errichtet. Wie alle Taufhäuser aus frühchristlicher Zeit hatte es einen achteckigen Grundriss und gehörte ursprünglich zu einer (leider nicht mehr erhaltenen) Kirche.

Die schönen Mosaike, in denen die Taufe Christi durch Johannes den Täufer im Fluss Jordan dargestellt ist, wurden im späten 5. Jh. hinzugefügt.

★ **Basilica di Sant'Apollinare Nuovo**   KIRCHE
(Via di Roma; ☺ April–Sept. 9–19 Uhr, März & Okt. 9.30–17.30 Uhr, Nov.–Feb. 10–17 Uhr) Nach einer Legende befahl Papst Gregor der Große, dass die Mosaike der Basilika geschwärzt werden sollten, da sie die Gläubigen von der Andacht ablenkten. Anderthalb Jahrtausende später haben die blendenden religiösen Werke noch dieselbe Wirkung. Es ist fast unmöglich, den Blick von den 26 weiß gewandeten Märtyrern, die sich auf Christus und die Apostel zubewegen (an der rechten, südlichen Wand) zu lösen.

Auf der linken Seite ist eine ebenso ausdrucksvolle Prozession von Jungfrauen zu sehen, die der Muttergottes huldigen. Die Basilika geht auf die Zeit um das Jahr 560 zurück; die architektonische Verschmelzung von ost- und weströmischen Stilelementen ist in ihren Marmorarkaden und ihrem deutlich konischen Glockenturm sehr gut zu erkennen.

Mausoleo di Teodorico   MAUSOLEUM
(Via delle Industrie 14; Eintritt 3 €; ☺ 8.30–19 Uhr) In seiner Geschichte und Architektur unterscheidet es sich von den anderen Weltkulturerbestätten der Stadt (es gibt hier keine Mosaike); das zweigeschossige Mausoleum wurde 520 für den ostgotischen König Theoderich gebaut, der als Statthalter des oströmischen Kaisers in Italien herrschte. Bemerkenswert sind die byzantinischen Stilelemente (selten in spätantiker Zeit) und die römischen Baumethoden: Die riesigen Steinblöcke wurden ganz ohne Mörtel zusammengefügt.

Mittelpunkt des Mausoleums ist ein römisches Porphyrbecken, das später als Sarkophag Verwendung fand. Busse der Linien 2 oder 5 fahren vom Stadtzentrum zum 2 km entfernten Mausoleum.

Basilica di Sant'Apollinare in Classe   KIRCHE
(Via Romea Sud; Erw./erm 5/2,50 €; ☺ Mo–Sa 8.30–19.30, So 13–19.30 Uhr) Noch mehr prachtvolle Mosaike – diesmal in einer typischen frühchristlichen Kirche. Sie liegt 5 km südöstlich des Stadtzentrums von Ravenna im kleinen Dorf Classe. Der (kurze) Abstecher dorthin lohnt sich unbedingt. Sie wirkt

EMILIA-ROMAGNA & SAN MARINO ÖSTLICH VON BOLOGNA

heller als andere Kirchen der Stadt, das leuchtende, von Sternen übersäte Mosaik des Altarraumes stellt die Symbole der vier Evangelisten Matthäus, Markus, Lukas und Johannes dar.

Weitere Mosaike in der Apsis zeigen den byzantinischen Kaiser Konstantin IV. (652–685) und altthestamentarische Gestalten wie beispielsweise Abel und Abraham. Die Basilika – in ihrem Stil die vollkommenste der Stadt – entstand im frühen 6. Jh. an der Grabstätte des Stadtheiligen von Ravenna, der die Stadt im 2. Jh. christianisiert hatte. Busse der Linie 4 sowie die Züge in Richtung Rimini halten in Classe.

Battistero degli Ariani BAPTISTERIUM

(Via degli Ariani; ☉ April–Sept. 8.30–19.30 Uhr, Okt.–März bis 16.30 Uhr) Außer dem atemberaubenden Kuppelmosaik, das die Taufe Christi darstellt, besitzt das Taufhaus eine weitere Besonderheit, es ist die einzige Weltkulturerbestätte der Stadt, deren Besuch kostenlos ist. Das sagt jedoch nichts über die Qualität der Kunstwerke im Innern aus, eine anschauliche Darstellung der Taufe Christi, umgeben von den 12 Aposteln.

Die Mosaike des Baptisteriums wurden im 5. Jh. über mehrere Jahre fertiggestellt. An leichten Farbabweichungen mancher grüner Steine ist die Langwierigkeit der Arbeiten deutlich zu sehen.

Museo d'Arte della Città di Ravenna GALERIE

(www.museocitta.ra.it; Via di Roma 13; Erw./erm. 9/7 €; ☉ Di–Do 9–18, Fr 9–21, Sa & So 9–19 Uhr) Die Kunstausstellung der Stadt, zusammengetragen in einem umgewandelten Kloster aus dem 15. Jh., das an einen öffentlichen Park grenzt, wird dauerhaft gezeigt und von regelmäßigen Wechselausstellungen ergänzt. Das obere Stockwerk ist ziemlich ansprechenden neuzeitlichen Mosaiken gewidmet, die in den 1950er-Jahren zusammengesetzt wurden.

Domus dei Tappeti di Pietra MUSEUM

(Via B Gianbattista; Erw./erm. 4/3 €; ☉ Di–Fr 10–17, Sa & So bis 18 Uhr) Noch mehr, aber deutlich andersartige Mosaike: In einem spätrömischen Palast des 6. Jhs. (mit 14 Zimmern) wurden Fußbodenmosaike erst 1993/94 freigelegt. Heute sind sie vollständig restauriert und weisen einen hohen künstlerischen Wert auf; sie sind mit geometrischen und floralen Mustern verziert.

Tomba di Dante MAUSOLEUM

(Via D Alighieri 9; ☉ 9.30–18.30 Uhr) GRATIS Italiens *Sommo Poeta* (größter Dichter) Dante Alighieri, ein Sohn der Stadt Florenz, wurde 1302 aus politischen Gründen aus seiner Geburtsstadt verbannt und verbrachte viele rastlose Jahre auf Reisen. Schließlich fand er Zuflucht in Ravenna, wo er im Jahr 1321 starb. Zum Zeichen ewigwährender Buße spendet die Stadt Florenz bis heute das Öl für die ständig brennende Lampe auf seinem Grab.

 Kurse

Gruppo Mosaicisti MOSAIKE

(www.gruppomosaicisti.com; Via Fiandrini; Anfängerkurse 550 €) Die Mosaikkurse richten sich – von Anfängern bis zu professionellen Künstlern – an alle Interessierten.

Mosaic Art School MOSAIKE

(www.mosaicschool.com; Via Francesco Negri 14; 1-wöchige Kurse 660–760 €) Die Mosaikkurse richten sich – von Anfängern bis zu professionellen Künstlern – an alle Interessierten.

Feste & Events

In Ravenna findet eine der bedeutendsten Veranstaltungen klassischer Musik in Italien statt, aber auch Jazz-Fans kommen auf ihre Kosten – beim Jazz-Festival, das alljährlich im Mai stattfindet.

Ravenna Festival MUSIK

(www.ravennafestival.org) Riccardo Muti, Italiens großer Dirigent, pflegt enge Beziehungen zu Ravenna und wirkt am alljährlich stattfindenden Festival mit. Konzerte werden von Juni bis Ende Juli überall in der Stadt gegeben, u. a. im **Teatro Alighieri** (www.teatroalighieri.org; Via Mariani 2). Die günstigsten Eintrittspreise liegen bei etwa 15 €.

Schlafen

Hotel Ravenna HOTEL €

(☎ 0544 21 22 04; www.hotelravenna.ra.it; Via Maroncelli 12; EZ 45–55 €; DZ 60–90 €; P ❄ 🛜) In Bahnhofsnähe liegt das empfehlenswerte Hotel Ravenna. Die nüchternen Zimmer in blassem Hellbraun mit Golddekor sind eher schlicht möbliert, aber groß und einigermaßen komfortabel. Parkplätze sind kostenlos, Ein WLAN-Zugang ins Internet steht für 4 € pro Std. zur Verfügung.

Ostello Galletti Abbiosi HOSTEL €

(☎ 0544 3 13 13; www.galletti.ra.it; Via Roma 140; Zi. 84–94 €; P ❄ @ 🛜) Von den Mauern eines monumentalen Herrenhauses aus dem 18. Jh. umschlossen, gleicht das Hostel eher einem Hotel. Es besitzt große Zimmer mit hohen Decken, ein kleines Fitness-Studio, einen Innenhof und sogar eine eigene kleine Kapelle – eine hervorragende Wahl.

★ **Hotel Centrale Byron**   HOTEL €€
(☎ 0544 21 22 25; www.hotelbyron.com; Via IV Novembre 14; EZ 55–65 €, DZ 90–110 €; ❄@☎) Eine bessere Lage für ein Hotel wie in den autofreien, anziehenden Straßen der Altstadt von Ravenna kann man sich kaum vorstellen. Vom Fenster eines der gepflegten, modernen Zimmer des Centrale Byron ist die zentrale (und wunderschöne) Piazza del Popolo zu sehen. Regelmäßig wird das Hotel modernisiert und verschönert, um auf der Höhe der Zeit zu bleiben. So stört es auch nicht, dass der Dichter Byron nie im Hotel zu Gast war.

Albergo Cappello   BOUTIQUEHOTEL €€
(☎ 0544 21 98 13; www.albergocappello.it; Via IV Novembre 41; Zi. ab 110 €; P❄@☎) Die in verschiedenen Farben gestalteten Zimmer heißen „Suiten" in diesem fein gemachten Hotel. Kronleuchter aus Muranoglas, Fresken aus dem 15. Jh. und Kassettendecken bilden einen auffallenden Kontrast zu den modernen Leuchten und Flachbildfernsehern. Zum reichhaltigen Frühstück gehört Gebäck aus der feinsten *pasticceria* von Ravenna. Das Hotel besitzt ein hervorragendes Restaurant und eine Weinbar.

✕ **Essen**

Selbstversorger und Sandwichliebhaber decken sich in der **Markthalle** (Piazza Andrea Costa; ☺Mo–Sa 9–17 Uhr) der Stadt ein.

La Gardela   TRATTORIA €
(☎ 0544 21 71 47; Via Ponte Marino 3; Hauptgerichte 8–16 €, Festpreismenü 15/25 €; ☺Fr–Mi 12–14.30 & 19–22 Uhr) Mit günstigen Preisen und einer ungewöhnlich guten Hausmannskost lockt diese Trattoria eine große Gästeschar an, die aber eine angenehme und sehr gesellige Atmosphäre um sich verbreitet. Geschickte und aufmerksame Kellner eilen mit Tellern voller italienischer Klassiker vorüber: Pizza mit dünnem Boden, *ragù*, Fisch. Einfach lecker!

Babaleus   PIZZERIA €
(www.ristorantebabaleus.com; V Gabbiani 7; Pizza ab 4 €, Gerichte 20–25 €; ☺12–14.30 & 19–24 Uhr) Früher fanden hart arbeitende Köche noch Zeit, sich zu den Gästen zu setzen und ein Glas Wein mit ihnen zu trinken. Das preiswerte und fröhliche Babaleus ist seiner Tradition absolut treu geblieben; die ofenheiße Pizza wird von ebenso fröhlichen Pizzabäckern in abgetragenen Schürzen und unter Scherzen direkt an den Tisch gebracht.

La Piadina del Melarancio   FASTFOOD €
(☎ 0544 21 20 71; Via IV Novembre 31; piadine 3–5 €; ☺11.30–20.30 Uhr) Zwischen den Regionalküchen der Emilia und der Romagna sind deutliche Unterschiede zu bemerken, die letztgenannte ist vor allem für regionale Interpretationen der gerösteten *panini* bekannt: die *piadina* (ein gefülltes Fladenbrot). Eine typische *piadina* von Ravenna (die üppiger ist als die in Rimini) läßt sich in diesem einfachen Restaurant im Stadtkern am besten probieren. Die Gäste geben ihre Bestellung an der Theke auf und warten in einem hinteren Raum, bis ihre Nummer aufgerufen wird.

Die Brote sind heiß und frisch und schmecken am besten mit Tomatensauce und Würstchen.

★ **Osteria La Mariola**   MODERN ITALIENISCH €€
(☎ 0544 20 14 45; Via P Costa 1; Gerichte 35–40 €; ☺12–14.30 & 20–23.30 Uhr) Die Küche zu „modernisieren" ist eine schwierige Aufgabe in einem Land, wo Tradition und Einfachheit hochgehalten werden. Grund genug, der Osteria La Mariola Respekt zu zollen. Die Küche ist kreativer als die übliche Hausmannskost, Weine können im *quartino* (Viertelliter) bestellt werden. Die Osteria ist mit drei eleganten Räumen (Bar, Restaurant und *enoteca* – einer Weinbar) mit purpurroten Akzenten im Palazzo Grossi aus dem 16. Jh. untergebracht.

📍 **Ausgehen**

★ **Ca' de Vèn**   BAR
(www.cadeven.it; Via Corrado Ricci 24; Gerichte 25–35 €; ☺Di–So) Alte Männer mit ihren Hunden mischen sich in dieser Weinbar mit Restaurant und stimmungsvoller Atmosphäre unter blasierte Weinkenner. Das Lokal wird noch verschönert durch Regale, die vom Fußboden bis zur Decke reichen und mit Flaschen, Büchern und Kuriositäten vollgepackt sind. Hier gibt es exzellente *aperitivi* – wenn sich die Fresken an der Decke zu drehen beginnen, wird es Zeit, entweder sitzen zu bleiben oder zum Hauptgang ins nächste Restaurant aufzubrechen.

ℹ️ Praktische Informationen

Post (Piazza Garibaldi 1)

Touristeninformation (Via Salara 8–12; ⊙ Mo–Sa 8.30–19, So 10–18 Uhr)

ℹ️ Anreise & Unterwegs vor Ort

Örtliche Busse von **ATM** (www.atm.ra.it) fahren von der Piazza Farini ab. Intercity-Busse nach Ferrara. Jene in Richtung der Küstenorte starten vom Busbahnhof auf der östlichen Seite der Bahngleise (durch eine Fußgängerunterführung zu erreichen). Bei **Punto Bus** (Piazza Fanini; ⊙ Mo–Sa 6.30–19.30, So ab 7.30 Uhr) an der Piazza bekommt man Informationen und Fahrkarten für die Busse von ATM.

Ravenna liegt an einer Abzweigung (A14 dir) der östlichen Küstenautobahn A14. Die SS16 (Via Adriatica) führt südwärts nach Rimini und weiter an der Küste entlang. Parkplätze befinden sich östlich des Bahnhofs und auch nördlich der Basilica di San Vitale.

Es gibt Zugverbindungen nach Bologna (6,80 €, 1¼ Std., stündl.), Ferrara (6,20 €, 1¼ Std., 14-mal tgl.), Rimini (4,40 €, 1 Std., stündl.) und zur Südküste.

In der Stadt ist Radfahren sehr beliebt. Die Hauptstelle der Touristeninformation (Via Salara) bietet einen kostenlosen Fahrradverleih für Gäste an. Nach Vorlage eines Ausweises kann sich jeder ein gelbes Fahrrad von einem der Fahrradständer nehmen. Wichtig ist, dass die Räder innerhalb der üblichen Öffnungszeiten an denselben Ständer zurückgebracht werden.

Vor dem Bahnhof verleiht die **Cooperativa Sociale la Formica** (Piazza Farini; Fahrräder pro Std./Tag 1,10/8,50 €; ⊙ Mo–Fr 7–19 Uhr) ebenfalls Fahrräder.

Rimini

146 000 EW.

Römische Überreste, überfüllte Strände, vergnügungsfreudige Nachtclubs und das Vermächtnis (und die Erinnerungen) des Filmregisseurs und Sohnes der Stadt Federico Fellini prallen in der Küstenstadt Rimini manchmal kontrastvoll und schmerzhaft aufeinander. Seit mehr als 2000 Jahren hat es an dieser Stelle menschliche Siedlungen gegeben, doch die Küste Riminis bestand bis ins Jahr 1843 hinein aus Sanddünen, als sich ein erstes Seebad an der Adriaküste gründete. Die Strandhütten wichen bald einer ausgedehnten Feriensiedlung, die in den 1990er-Jahren von einer ausufernden Nachtclubszene verdrängt wurde.

Eine geschichtsträchtige Vergangenheit, zahlreiche Erinnerungen an die Spielfilme Fellinis und eine gepflegte kulinarische Tradition können nicht verhindern, dass etwa 95 % aller Rimini-Touristen ausschließlich wegen der langen, lärmenden und manchmal auch heruntergekommenen Strände hierherkommen.

In römischer Zeit war der Ort eine bedeutende Kolonie namens Ariminum. Im Mittelalter herrschten byzantinische, langobardische und päpstliche Mächte über Rimini; die Reihe der Herrscher erreichte im 15. Jh. mit der dämonischen Gestalt des Sigismondo Malatesta ihr Ende. Doch das Schlimmste stand Rimini noch bevor, es wurde im Zweiten Weltkrieg weitaus mehr als andere italienische Städte durch Luftangriffe getroffen. Hinzu kam noch die schwere „Schlacht von Rimini", mit massiven Angriffen amerikanischer und britischer Armeen auf die deutschen Verteidigungsstellungen.

👁️ Sehenswertes

Die schönsten Paläste der Stadt umrahmen die Piazza Cavour, darunter der **Palazzo del Municipio** aus dem 16. Jh., er wurde nach seiner Zerstörung im Zweiten Weltkrieg wieder aufgebaut, und der gotische **Palazzo del Podestà** aus dem 14. Jh. Die Paläste sind nicht öffentlich zugänglich, bilden aber einen ansprechenden Hintergrund für das moderne, lebhafte Treiben auf der Piazza.

⭐ Tempio Malatestiano   KIRCHE

(Via IV Novembre 35; ⊙ Mo–Sa 8.30–12.30 & 15.30–19, So 9–13 & 15.30–19 Uhr) Das Templum Malatestianum von Rimini ist das Ergebnis einer mittelalterlichen Liebesgeschichte. Um 1200 wurde der Bau im gotischen Stil errichtet und dem hl. Franziskus geweiht. Im 15. Jh. wurde die Kirche als ein „Taj Mahal" der Renaissance zu einem Grabmal für Isotta degli Atti umgebaut. Isotta war die geliebte Mätresse des berüchtigten Stadtherrn Sigismondo Malatesta.

Sigismondo, der „Wolf von Rimini", beauftragte Leon Battista Alberti, einen Florentiner Baumeister mit grandiosen Ideen von der römischen Antike, 1450 mit dem Umbau der Kirche. Die Fertigstellung dieses Auftrags wurde jedoch unterbrochen; Sigismondo hatte sich wegen seiner Eroberungsfeldzüge mit Papst Pius II. überworfen. Der Papst, selbst kein Heiliger, verbrannte Sigismondos Bildnis in Rom und verfluchte ihn wegen seines langen Sündenregisters, das Vergewaltigung, Mord, Inzest, Ehe-

Rimini

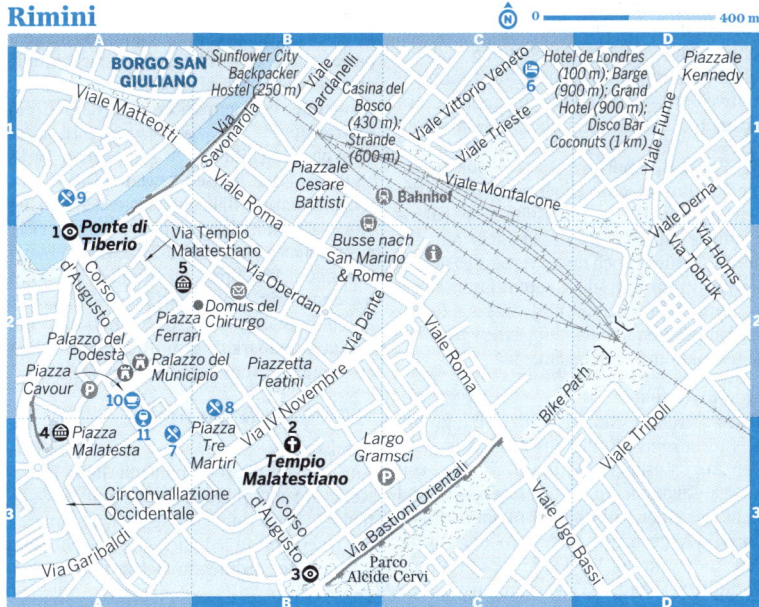

N 0 ————— 400 m

bruch und Volksunterdrückung aufzählte. Schließlich wurde Sigismondo, der einstige oberste Hauptmann der römischen Kirche, vom Papst exkommuniziert. Noch heute glauben manche, er habe die Kirche als heidnischen Liebestempel entweiht. Besucher können sich selbst ein Urteil bilden; die Sarkophage Sigismondos und Isottas werden im Innern aufbewahrt.

Castel Sismondo   MUSEUM

(Piazza Malatesta; Eintritt 2 €; ⏱ 8.30–13.30 Uhr) Die Burg von Rimini ist ein klassischer Renaissancebau, sie ist auch als Rocca Malatestiana bekannt und wurde vom Kriegsherrn Sigismondo Malatesta selbst entworfen. In einem kleinen Raum im Untergeschoss werden Informationen über die Burgen und Naturparks der Region vermittelt.

Museo della Città   MUSEUM

(Via Tonini 1; Erw./erm. 6/4 €; ⏱ Di–Sa 10–12.30 & 16.30–19.30, So 16.30–19.30 Uhr) Dies ist derzeit das einzige städtische Museum in Rimini – bis die Fondazione Federico Fellini sich dazu durchringt, das Fellini-Museum wiederzuöffnen. In der Zwischenzeit können Bewunderer des großen italienischen Filmregisseurs originale und faksimilierte Blätter seiner fantasievollen Traumzeich-

Rimini

◎ **Highlights**
  1 Ponte di Tiberio A2
  2 Tempio Malatestiano B3

◎ **Sehenswertes**
  3 Arco di Augusto B3
  4 Castel Sismondo A3
  5 Museo della Città A2

🛏 **Schlafen**
  6 Hotel Villa Lalla C1

✴ **Essen**
  7 Brodo di Giuggiole A3
  8 Gelateria Pellicano B2
  9 Tonino Il Lurido A1

🍷 **Ausgehen & Nachtleben**
  10 Caffè Cavour A2
  11 Il Vecchio e Il Mare A3

nungen in seinem *Libro dei Miei Sogni* („Buch meiner Träume") ansehen. Im Mittelpunkt des weitläufigen Museums steht jedoch die sehenswerte römische Abteilung.

Auf mehrere Räumlichkeiten verteilt befinden sich Fundstücke (mit hervorragenden Beschriftungen in italienischer und englischer Sprache), die in zwei ganz in der

Nähe gelegenen römischen Villen entdeckt wurden, darunter prachtvolle Mosaike, eine seltene und exquisite Darstellung von Fischen (in farbigem Glas ausgeführt) und die weltweit größte Sammlung chirurgischer Instrumente, die aus römischer Zeit stammen.

★ Ponte di Tiberio   WAHRZEICHEN

Die Via Emilia, eine Lebensader in antiker Zeit, beginnt an der majestätischen Tiberiusbrücke mit fünf Bögen, sie geht auf das Jahr 21 zurück. Noch heute verbindet sie das Stadtzentrum mit dem alten Fischerviertel Borgo San Giuliano und ruht auf ihrem ursprünglichen Fundament, einer genialen Konstruktion aus Holzpfählen.

Arco di Augusto   WAHRZEICHEN

(Corso d'Augusto) Rimini besitzt eine zweite beeindruckende Ruine aus römischer Zeit: Der Augustusbogen wurde 27 v. Chr. von Kaiser Augustus in Auftrag gegeben und steht mit einer Höhe von 17 m am heutigen Corso d'Augusto. Er bildete in der Antike den Endpunkt der Via Flaminia, die Rimini mit Rom verband. 1935 wurden umstehende Gebäude, die den Augustusbogen an Höhe überragten, abgerissen, um den Bogen besser zur Geltung zu bringen.

Borgo San Giuliano   STADTVIERTEL

Am anderen Ende des Ponte di Tiberio liegt das alte Fischerviertel von Rimini. Es wurde saniert und ist heute ein buntes Flickwerk aus Kopfsteinpflastergassen, schicken Trattorien, Weinbars und adretten Reihenhäusern (soll heißen: Immobilien in bevorzugter Lage). Zahlreiche Wandmalereien sind zu entdecken.

Aktivitäten

Strände   STRAND

Riminis Strände prägen Lebensstile. Wer im August dem Treiben an der Promenade nur 10 Minuten zusieht, bemerkt, dass Trends aller Art hier geboren werden. Eifrige Nordic-Walker stöckeln durch den Sand, Büroangestellte entspannen bei einer Reiki-Behandlung, Fitness-Fanatiker stemmen Gewichte, verkaterte Clubgänger suchen nach Linderung, Computerfreaks gehen auf ihren Sonnenliegen ins Netz.

In der Hochsaison ist der Strand vor lauter Sonnenschirmen, Strandliegen, Vergnügungsparks und überfüllten Strandbars nicht mehr zu sehen. Die Hotelneubauten, die sich auf einer Länge von 40 km hinziehen, sprechen für sich.

Themenparks   VERGNÜGUNGSPARK

In einem Ferienort sind grellbunte Themenparks eine unvermeidliche Erscheinung, an der auch Rimini einen Anteil hat. Bekennende Themenparkfreunde kaufen ein **Fantasticket** (www.larivieradeiparchi.it/fantasticket.php), das Zutritt zu zahlreichen Parks zu ermäßigten Preisen gewährt. Die Touristeninformation hält eine Liste bereit. Hier eine Auswahl: **Fiabilandia** (www.fiabilandia.it; Via Cardano 15; Erw./Kind 23/16 €;) bietet besonders viel Spaß für Kinder; **Aquafàn** (www.aquafan.it; Via Ascoli Piceno 6; Erw./Kind 28/20 €; ⊙ Juni–Mitte Sept. 10–18.30 Uhr), der riesige Aquapark, liegt in Riccione; Buslinien 42 und 45 vom Bahnhof Riccione.

✵ Feste & Events

Gradisca   KARNEVAL

Am 21. Juni feiert Rimini mit Tanz, Feuerwerk und gutem Essen den Beginn des Sommers – Schätzungen zufolge konsumieren die Feiernden in lediglich einer Nacht rund 2 t gegrillte Sardinen und etwa 12 000 l Sangiovese-Wein.

🛏 Schlafen

In einer Stadt, die über 1200 Hotels besitzt, ist es nur schwer zu verstehen, dass das Finden einer Unterkunft in weiten Teilen des Jahres so kompliziert sein kann. Im Juli und August sind viele Häuser ausgebucht, die Preise steigen dann ins Unermessliche. Das liegt vor allem daran, dass viele Inhaber auf Vollpension bestehen. Den Winter über sind wiederum viele Häuser geschlossen.

Hotel Villa Lalla   HOTEL €

(✆ 0541 5 51 55; www.villalalla.com; Viale V Veneto 22; EZ/DZ 48/96 €; P ❄ @) Eines der besseren Hotels in diesem grünen Wohnviertel zwischen Strand und Bahnhof. Die schicken weißen Zimmer wirken frisch und kühl, im Winter werden die Zimmer zu Schnäppchenpreisen vergeben. Von Mitte Juni bis Mitte September hat das Restaurant geöffnet: Dann empfiehlt es sich, Halb- oder Vollpension (nur 8 € extra pro Mahlzeit) zu buchen. Gäste können sich kostenlos Fahrräder ausleihen.

Sunflower City Backpacker Hostel   HOSTEL €

(✆ 0541 2 51 80; www.sunflowerhostel.com; Viale Dardanelli 102; B 18–27 €, EZ 26–49 €, DZ 46–79 €; @ 🕾) Drei ehemalige Backpacker betreiben das lässige Sunflower-Hostel und

RIMINIS CLUBSZENE

Manche kommen auf der Suche nach römischen Ruinen nach Rimini. Andere suchen in den modernen Nachtclubs den verschwenderischen Glanz von Vergnügungspalästen. Der Ruf Riminis als Hauptstadt der hyperschicken Nachtclubs wurde in den 1990er-Jahren begründet, als sich eine rastlose nächtliche Szene in die Hügel von **Misano Monte** und **Riccone**, einige Kilometer im Süden des Stadtzentrums, aufmachte. Alles andere als eine blasse Neuauflage von Torremolinos oder Magaluf, etablierten sich die neuen Clubs von Rimini schon bald als schicke, populäre Adressen, die für größere Altersgruppen als die bisherigen 18- bis 30-Jährigen attraktiv wurden. Das soll nicht bedeuten, dass sie langweilig sind.

Byblos (www.byblosclub.com; Via Pozzo Castello 24, Misano Monte), ein umgestalteter Villenkomplex mit Swimmingpool, Restaurant und berühmten DJs strahlt eher die Atmosphäre einer genussfreudigen Hausparty in Beverly Hills als die eines Nachtclubs aus. Jede Nacht kommen Scharen von sehr schönen Leute hierher. Das **Baia Imperiale** (www.baiaimperiale.net; Via Panoramica 195; ⏱ 22–4 Uhr) überwältigt mit Marmortreppen, Swimmingpools und etlichen Obelisken und Statuen römischer Kaiser. Selbst die nüchternsten Betrachter sind davon überzeugt, dass es sich um eine der schönsten Diskos der Welt handelt. Im **Cocoricò** (www.cocorico.it; Viale Chieti 44; ⏱ 23–5.30 Uhr) tanzen bis zu 2000 Gäste unter einer Glaspyramide. Fremde werden vereint von einem Klanggewebe aus Techno, House und Underground. Die **Disco Bar Coconuts** (www.coconuts.it; Lungomare C Tintori 5; ⏱ 23.30–4 Uhr) in direkter Strandlage verströmt die Atmosphäre einer rauschenden Sommerstrandparty: Auf einer Holzveranda wachsen Palmen, draußen ist ein zum Flowerpower-Gefährt umgewandelter VW-Käfer geparkt.

Ein wesentlicher Teil der Clubszene von Rimini ist die **Blue Line** (www.bluelinebus.com; Tickets 4 €; ⏱ 22–6 Uhr), ein bunter Fuhrpark von Diskobussen (mit DJs und Kaffeebars an Bord). Sie befördern Clubbesucher von der Piazzale Kennedy im Stadtzentrum zu den verschiedenen südlich gelegenen Nachtclubs und zurück.

überzeugen Reisende mit Waschmaschinen und Kochgelegenheiten, geräumigen Schließfächern, Retro-Tapeten, die an die 007-Parodie von Austin Powers denken lassen, Billardtischen, einer Bar und einem kostenlosen Fahrradverleih. Ein **zweites Hostel** (☎ 0541 37 34 32; Viale Siracusa 25; ⏱ März–Okt.) des Backpacker-Trios befindet sich in Strandnähe.

Hotel de Londres · HOTEL €€

(☎ 0541 5 01 14; www.hoteldelondres.it; Viale Amerigo Vespucci 24; EZ/DZ 115/139 €; P 🛜) Ein gut gepflegtes kleines Hotel in Strandnähe mit genügend gut durchdachten Extras, um die Konkurrenz beiseite zu drängen. Besonders lohnend wird der Aufenthalt im Hotel durch einen Spa-Bereich auf dem Dach, ein kleines Fitness-Studio, eine Blumenterrasse und einen kostenlosen Fahrradverleih.

★ Grand Hotel · LUXUSHOTEL €€€

(☎ 0541 5 60 00; www.grandhotelrimini.com; Parco Federico Fellini; EZ 110–315 €; DZ 155–400 €; P ✹ @ 🛜 ≋) Das einzige 5-Sterne-Haus von Rimini ist nicht nur ein Hotel, sondern auch ein architektonisches Denkmal. Trotz eines

Feuers im Jahr 1920 und schwerer Beschädigungen durch den Zweiten Weltkrieg hat das Haus seine ursprüngliche Erscheinung von 1908 bewahrt. Die Zimmer sind mit venezianischen Antiquitäten aus dem 18. Jh. ausgestattet. Fellini schätzte das Hotel sehr, das schon viele andere prominente Gäste mit einem Swimmingpool, einem eigenen Strand und eleganten Außenanlagen für sich eingenommen hat.

✖ Essen

In der Küche Riminis dreht sich alles um *piadina* und *pesce azzurro* (in Öl eingelegter Fisch), vor allem Sardinen und Anchovis. Dazu trinkt man am liebsten den roten Sangiovese-Wein.

Casina del Bosco · SNACKS €

(Via Beccadelli 15; Piadine 4–7 €; ⏱ 12 Uhr–spät abends) Es ist sehr einfach (trifft das nicht auf jedes gute Essen zu?). Man nennt es *piadina* – das geröstete, halbmondförmige Brot mit pikanter Füllung ist sozusagen die scharfe Antwort der Romagna auf die heute so beliebten Wraps. Sie sind überall zu haben, doch selten so stimmig und vielfältig wie in diesem effizient arbeitenden Restaurant unter freiem Himmel mit Blick auf den Parco Federico Fellini in Strandnähe.

Gelateria Pellicano
EISCAFÉ €

(www.gelateriapellicano.com; Via S Mentana 10; ☺Mo–Sa 7.30–19.30 Uhr) In dieser Rimini-Filiale einer Eisdielenkette wird richtig gutes Eis gemacht. Unbedingt probieren: *pinoli* mit gerösteten Pinienkernen.

Brodo di Giuggiole
TRADITIONELL ITALIENISCH €€

(www.brododigiuggiole.info; Via Soardi 11; Gerichte 35 €; ☺Fr–Mi 11.30–23.30 Uhr; 🕭) In einer Seitenstraße der Piazza Tre Martiri verborgen liegt dieses behagliche Restaurant, das mit einem holzgetäfelten Speiseraum und einer von Lampions erhellten Terrasse ideal für einen eleganten Abend ist. Auf der abwechslungsreichen Speisekarte sind Fischgerichte aufgeführt, die nicht frischer und besser zubereitet sein könnten. Reservierungen sind notwendig, vor allem dienstags, wenn Jazz live zu hören ist.

Tonino Il Lurido
FISCH €€€

(www.ristoranteillurido.com; Via Ortaggi 7; Gerichte 45 €; ☺Mi–Mo 12–14.30 & 19.30–22.30 Uhr) Als Fellini sagte, es sei „leichter, einem Restaurant treu zu sein als einer Frau", könnte er dieses Fischrestaurant gemeint haben. Das (angebliche) Lieblingsrestaurant des großen Filmregisseurs besteht seit 1949 in Rimini. Ist es noch auf der Höhe der Zeit? Das muss jeder Gast, der die köstlichen kleinen Portionen vom frischem Fisch probiert, selbst entscheiden.

🍷 Ausgehen & Nachtleben

Die meisten Trends des abendlichen Lebensstils gehen in Italien von Rimini aus – das behaupten zumindest die Einheimischen, so z. B. Straßenbars oder kostenlose Snacks zum *aperitivo*. Die abendliche Szene ist wie eine Ellipse mit zwei Brennpunkten: die alte *pescaria* (Fischmarkt) – von der Piazza Cavour durch einen Ziegelsteinbogengang zu erreichen – und der schöne Strand beim Marino Centro.

Caffè Cavour
CAFÉ

(Piazza Cavour 12; ☺7–24 Uhr) Frühaufsteher treffen in diesem schicken Café an der Piazza Cavour mit müde getanzten Clubgängern aufeinander. Der Morgen ist dem Cappuccino gewidmet, der Abend den *aperitivi*, die edlen Ledersessel drinnen passen zu allen Tageszeiten.

Rock Island
BAR

(www.rockislandrimini.net; Piazzale Boscovich; ☺Fr–Mi 19–24 Uhr, zusätzlich So Mittag; 🕭) Direkt über dem Meeressaum der Adriaküste steht die Bar auf Pfählen an der Seebrücke bei der Marina. Rock Island ist die richtige Adresse für Bier, Cocktails zum Sonnenuntergang, live gespielte Rockmusik und bärtige Biker.

Barge
IRISH PUB

(Lungomare C Tintori 13; ☺Winter Mo geschl.) Ein Anziehungspunkt für modebewusste Twens. Die Strandbar hat drei unwiderstehliche Pluspunkte: Guinness vom Fass, DJ-Auftritte und Livemusik in regelmäßiger Folge.

Il Vecchio e Il Mare
BAR

(Via Pisacane 10; ☺17–1 Uhr) Die schlichte Bar im Hof des historischen Fischmarktes trägt seit kurzem nicht nur einen neuen Namen, sondern hat auch ihr appetitliches Buffetangebot erweitert. Zu einem Mindestpreis von 5 € können sich die Gäste nach Wunsch bedienen. Klaviermusik trägt von 19 bis 21 Uhr zum schönen Ambiente bei.

❶ Praktische Informationen

Hospital (☎0541 70 51 11; Viale L Settembrini 2) 1,2 km südöstlich des Stadtzentrums.

Polizei (☎0541 35 31 11; Corso d'Augusto 192)

Post (Via Gambalunga 40)

Touristeninformation (www.riminiturismo.it)

Parco Federico Fellini (Parco Federico Fellino 3; ☺Mo–Sa 8.30–19, So 8.30–14 Uhr)

Bahnhof (Piazzale Cesare Battisti, Bahnhof; ☺Mo–Sa 8.30–19, So 8.30–13.30 Uhr)

❶ An- & Weiterreise

Darwin Airlines bietet Direktflüge von Rom nach Rimini zum Flughafen Federico Fellini, er befindet sich 8 km südlich des Stadtzentrums. Air Berlin bietet Flüge zu deutschen Städten an.

Regelmäßig fahren Busse vom Bahnhof Rimini nach San Marino (hin & zurück 9 €, 45 Min., 11-mal tgl.).

Autofahrer haben die Wahl zwischen der A14 (nach Süden in die Marken oder in nordwestlicher Richtung nach Bologna und Mailand) und der mautfreien, aber vielbefahrenen SS16.

Stündlich fahren Züge an der Küste entlang zu den Fährhäfen von Ancona (Regionalzug/Eurostar 5,70/15 €, 1 bis 1¼ Std.) und Bari (48,50/62,50 €, 5 bis 6 Std.). Es gibt Zugverbindungen nach Ravenna (4,40 €, 1 Std., stündl.) und Bologna (Regionalzug/Eurostar 9,20/20 €, 1 bis 1½ Std., alle 30 Min.).

❶ Unterwegs vor Ort

TRAMServizi (www.tramservizi.it) betreibt Busse im Stadtgebiet. Busse der Linie 9 pendeln zwischen dem Bahnhof und dem Flughafen von Rimini (1 €, 25 Min.). Nach Riccione (1,50 €, 30 Min.) fährt die Buslinie 11 vom Bahnhof oder an der Uferpromenade (*lungomare*) entlang; die Busse fahren zwischen 6 und 2 Uhr alle 8 bis 15 Minuten.

Mehrere Kioske an der Piazzale Kennedy verleihen Fahrräder und Motorroller. Die Stadtverwaltung von Rimini (Corso d'Augusto 158) stellt Fahrräder sogar kostenlos zur Verfügung.

SAN MARINO

Von den 193 unabhängigen Staaten der Welt steht San Marino unter den kleinsten an fünfter Stelle, dürfte aber wohl der Kurioseste von allen sein. Die bloße Existenz des Zwergstaates ist ein Rätsel. Als Einziger der einst mächtigen Stadtstaaten Italiens hat er bis heute Bestand. Der winzige, von Land eingeschlossene Staat blieb bestehen, lange nachdem die mächtigeren Adelsrepubliken Genua und Venedig zerfallen waren. Noch heute ruht er sicher in seiner Position als ältester souveräner Staat und älteste Republik der Welt (seit dem Jahr 301). San Marino verzeichnet außerdem die niedrigste Arbeitslosenquote Europas und eines der höchsten Bruttoinlandsprodukte der Welt.

Das kleine Land hat immerhin eine Fläche von 61 km², es setzt sich aus neun Gemeinden mit je einem Hauptort zusammen. Der größte Ort ist Dogana (an der Busstrecke aus Italien), es wird von den allermeisten der jährlich 2 Mio. Besucher auf den Weg zur Città di San Marino ignoriert. Die mittelalterliche Stadt San Marino an den Hängen des 750 m hohen Monte Titano wurde im Jahr 2008 von der Unesco zum Weltkulturerbe erklärt.

Der Reiz von San Marino liegt in seiner langen Geschichte und in erstaunlichen landschaftlichen Ausblicken, doch mitunter macht der Ministaat einen etwas kulissenhaften Eindruck.

◉ Sehenswertes & Aktivitäten

Die Anziehungspunkte von Cittá di San Marino sind sensationelle Ausblicke, der Status als Weltkulturerbe und eine Auswahl sehr ungewöhnlicher Museen, die sich mit Vampiren, Folterinstrumenten, Wachsfigu-

ren und kuriosen Tatsachen beschäftigen. Nach wie vor populär ist der halbstündliche **Wachwechsel** (☉Mai–Sept.) auf der Piazza della Libertà.

Castello della Cesta   BURG

(Eintritt 4,50 €; ☉Mitte Juni–Mitte Sept. 8–20 Uhr, Mitte Sept.–Mitte Juni 9–17 Uhr) Die Befestigungsanlage beherrscht den Horizont und bietet grandiose Fernblicke in Richtung Rimini und Küste. Das Castello della Cesta auf dem Gipfel des 750 m hohen Monte Titano geht auf das 13. Jh. zurück. Besucher können die Wälle durchwandern und einen Blick in ein kleines **Museum** werfen, das mittelalterlichen Waffen gewidmet ist.

Im Eintrittspreis ist auch der Zugang zum **Castello della Guaita** (Salita alla Roca; Eintritt 4,50 €; ☉Mitte Juni–Mitte Sept. 8–20 Uhr, Mitte Sept.–Mitte Juni 9–17 Uhr) enthalten; die ältere der Burgen von San Marino stammt aus dem 11. Jh. Noch bis ins Jahr 1975 diente sie als Gefängnis.

Museo delle Curiosità   MUSEUM

(www.museodellecuriosita.sm; Salità alla Rocca 26; Erw./erm. 7/4 €; ☉10–18 Uhr) Neugierige (oder aber gelangweilte) Besucher können sich hier mehr oder weniger nutzloses Wissen aneignen.

Museo di Stato   MUSEUM

(www.museidistato.sm; Piazza Titano 1; ☉Mitte Juni–Mitte Sept. 8–20 Uhr, Mitte Sept.–Mitte Juni 9–17 Uhr) GRATIS Das beste Museum von San Marino zeigt eine gut präsentierte, wenn auch zusammenhanglose Sammlung zu Kunst, Geschichte, Möbeln und Kultur.

🛏 Schlafen & Essen

Albergo Diamond   PENSION €

(☎0549 99 10 03; Contrada del Collegio 50; Zi. 50 €) Von den jährlich 2 Mio. Besuchern bleiben nur wenige über Nacht in San Marino. Wer aber die Schnäppchenpreise des Diamond kennt, kommt vielleicht in Versuchung. Niedliche, bescheidene Zimmer, liebevoll zurechtgemacht, unten gibt es ein großes, gut besuchtes Restaurant.

Hotel Titano   HOTEL €€

(☎0549 99 10 07; www.hoteltitano.com; Contrada del Collegio 31; Zi. mit/ohne Aussicht 115/88 €; 🅿@🛜) Das beste Allround-Hotel von San Marino besitzt eine Teestube, ein Restaurant (La Terraza) mit schönem Blick und genügend Annehmlichkeiten, dass es für drei Sterne reicht.

Caffè Titano INTERNATIONAL €
(Pizzetta del Titano 4; ⊙8–20 Uhr) Am gleichnamigen Platz, aber ohne Bezug zum Hotel gleichen Namens, liegt das eleganteste preiswerte Café von San Marino. Die Gäste sitzen in hübschen Nischen und sehen dem Treiben zu. Die Vorspeisenteller mit hauchdünn geschnittenem Rindfleisch sind köstlich.

🛍 Shoppen

Azienda Filatelica-Numismatica SOUVENIRS
(www.aasfn.sm; Piazza Garibaldi 5; ⊙Mo & Do 8.15–18, Di, Mi & Fr 8.15–14.15 Uhr) In dem kleinen Laden finden Sammler seltene Briefmarken und Münzen aus San Marino.

ℹ Praktische Informationen

Post (Viale A Onofri 87) Unverzichtbar zum Verschicken beweiskräftiger Postkarten.

Touristeninformation (www.visitsanmarino. com; Contrada del Collegio 40; ⊙10–17 Uhr) Wer will, kann sich für 5 € ein Visum der Republik San Marino in den Pass eintragen lassen.

ℹ An- & Weiterreise

Busse fahren von/nach Rimini (Hin- und Rückfahrt 9 €, 45 Min., 11-mal tgl.). Die Busse halten an der Piazzale Calcigni. Die SS72 führt von Rimini nach San Marino.

Es empfiehlt sich, das Auto auf einem der zahlreichen Parkplätze stehen zu lassen und dann zu Fuß zum Centro storico hinaufzuwandern. Eine etwas bequemere und spannendere Alternative ist es, das Auto auf dem Parkplatz 11 abzustellen um sich im Anschluss schnell von der **Funivia** (Seilbahn; Berg- und Talfahrt 4,50 €; ⊙ Sept.–Juni 7.50 Uhr bis Sonnenuntergang, Juli & Aug. 7.50–1 Uhr) nach oben in die Altstadt bringen zu lassen.

Florenz & Toskana

Inhalt ➡

Gut essen

➡ Il Santo Bevitore (S. 572)

➡ iO Osteria Personale (S. 573)

➡ Filippo (S. 595)

➡ Enoteca I Terzi (S. 609)

Schön übernachten

➡ Antica Torre di Via de' Tornabuoni 1 (S. 565)

➡ Academy Hostel (S. 566)

➡ Villa Sassolini (S. 615)

➡ La Bandita (S. 626)

Auf nach Florenz & in die Toskana!

Die Toskana bietet sich als die perfekte Einführung ins legendäre *dolce vita* Italiens geradezu an. Denn hier wird wirklich alles geboten: herausragende Kunst und Architektur, herrliche Landschaften, spannende Festivals und eine an den Jahreszeiten orientierte Küche, die auf der ganzen Welt eifrig nachgeahmt wird. Es finden sich nur wenige Orte auf Erden, wo sich Kulinarisches, Mode, Kunst und Natur so mühelos ein Stelldichein geben.

Diese Region Italiens erlebt seit den Zeiten der Etrusker in jeder Hinsicht einen Wertezuwachs. Man kann morgens eine Stätte des Weltkulturerbes besuchen, am Nachmittag ein Weingut erkunden und sich abends in einer feudalen Villa oder in einem malerischen *agriturismo* aufs Ohr hauen. Ein Renaissance-Gemälde oder ein gotischer Dom gefällig? Auch gut. Eine tolle Wanderung oder sagenhaftes Slowfood? Gebongt. Hügel mit Weinstöcken und Olivenhainen? Mehr, als man sich überhaupt vorstellen kann.

Reisezeit
Florenz

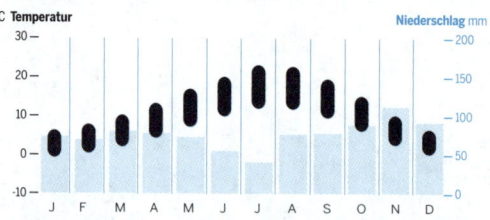

Mai–Juni Die Landschaften laden zu Aktivitäten ein wie Wandern, Radfahren oder Ausritten.

Juli Dieser Monat ist nicht so hektisch wie der August, und es finden viele Musikfestivals statt.

Sept.–Nov. Wein und Oliven werden geerntet, die Wälder sind voller Trüffeln und Steinpilze.

Abseits der üblichen Pfade

Viele der Städte und Monumente in der Toskana sind das ganze Jahr überfüllt, doch selbst bei den Topdestinationen besteht die Möglichkeit, auf weniger ausgetretenen Pfaden zu wandeln. In **Florenz** kommen die Besucher auch in weniger renommierten Museen wie dem Palazzo Medici-Riccardi (S. 555), dem Museo Marino Marini (S. 554) und dem Museo di Orsanmichele (S. 552) in den Genuss herausragender Kunstwerke. In **Pisa** sollte man sich den Schiefen Turm für den Sonnenuntergang aufheben, wenn die Busse mit den Tagesgästen abgefahren sind, und tagsüber lieber am Fluss Arno (S. 582) spazieren gehen. In **Siena** macht es Spaß, im beschaulichen Ambiente des Orto de' Pecci (S. 602) zu entspannen oder die oft verschmähte Pinacoteca (S. 606) mit einer wunderbaren Sammlung Sieneser Kunst zu besuchen.

REISEROUTEN

Vier Tage

Am besten quartiert man sich vier Tage in **Florenz** ein. Am ersten Tag steht der Besuch der Uffizien auf dem Programm, am zweiten ein Bummel durch die Viertel San Marco, Santa Maria Novella und San Lorenzo, und am dritten Tag überquert man den Arno, um das Künstlerviertel Oltrarno zu erkunden. Am letzten Tag verlockt dann ein Ausflug ins Umland. **Fiesole**, **Siena** und **San Gimignano** lassen sich problemlos mit dem **Bus**, **Lucca**, **Pisa** und **Arezzo** mit dem Zug erreichen.

Eine Woche

Wer drei Tage in **Florenz**, zwei in **Siena** und die letzten paar Tage auf dem Land verbringt, lernt den Charme der Toskana kennen. Mit dem Auto besteht die Möglichkeit, zwei Tage durch **Chianti** oder durch das **Val d'Orcia** und **Val di Chiana** zu kutschieren – eine lohnende Tour.

Zehn Tage

Diese Variante entspricht den Interessen der meisten Urlauber am besten. Nachdem man drei Tage in Florenz verbracht hat, geht es für eine Übernachtung nach **Lucca**. Am nächsten Vormittag schaut man in **Pisa** vorbei, um die Piazza dei Miracoli zu besichtigen. Weiter führt die Fahrt nach **Pietrasanta** oder **Volterra**. In einem dieser beiden weniger bekannten Orte verbringt man nun zwei Nächte, bevor es zwei Tage lang an den Strand von **Elba** oder in die Weinregion **Chianti** geht. Die Tour endet mit zwei Übernachtungen im grandiosen gotischen **Siena**.

Top 5: Weinverkostung

➡ Vernaccia (S. 619) in San Gimignano

➡ Brunello (S. 624) in Montalcino

➡ Chianti in … klar, richtig geraten! (S. 611)

➡ Vino Nobile (S. 628) in Montepulciano

➡ Vin Santo (S. 612) mit *cantuccini* (knuspriges Mandelgebäck)

GESCHMACKSSENSATIONEN

Die Küche der Toskana ist zu Recht so berühmt. Hier munden Köstlichkeiten wie die weißen Trüffeln von San Miniato, Chianina-Rind (am leckersten als *bistecca alla fiorentina*), *cinghiale* (heimisches Wildschwein), Steinpilze und köstliche *ricciarelli* (Mandelkekse).

Spannende Blogs

➡ www.arttrav.com

➡ www.freyasflorence.com/blog

➡ http://tuscantraveler.com

Reiseplanung

➡ Die Karten und die Unterkunft für den Palio in Siena ein Jahr im Voraus buchen!

➡ Die Eintrittskarten für den Schiefen Turm von Pisa sowie für die Galleria degli Uffizi und die Galleria dell'Accademia in Florenz 12 bis 20 Tage vor dem Besuch kaufen.

➡ Für die bedeutendsten Musikfestivals der Toskana – den Maggio Musicale Fiorentino in Florenz (April–Juni), die Settimana Musicale Senese (Juli) und den Estate Musicale Chigiana in Siena (Juli & Aug.).

Infos im Internet

➡ **Firenze Turismo** (www.firenzeturismo.it)

➡ **Terre di Siena** (www.terresiena.it)

➡ **Turismo in Toscana** (www.turismo.intoscana.it)

Highlights

1 In Florenz die Renaissance-Schätze in den **Uffizien** (S. 549) bewundern.

2 In **Lucca** (S. 589) auf der Stadtmauer aus der Zeit der Renaissance mit dem Fahrrad fahren und picknicken.

3 Den legendären **Schiefen Turm** (S. 583) von Pisa bei Sonnenuntergang erklimmen.

4 In See stechen, um die klassische Mittelmeerinsel **Elba** (S. 598) zu besuchen.

5 In der weltberühmten Region **Chianti** (S. 611) von einem Weingut zum nächsten ziehen.

6 In **Siena** (S. 602) der Architektur der Gotik und dem Mandelgebäck frönen.

7 In der **Abbazia di Sant'Antimo** (S. 625) gregorianische Gesänge hören.

8 Die sagenhafte Etruskerstätte **Città del Tufa** (S. 630) erkunden.

9 Die Gemälde von Piero della Francesca in seinem Geburtsort **Sansepolcro** (S. 636) bewundern.

FLORENZ

357 300 EW.

Wie oft jemand auch zu Besuch nach Florenz (Firenze) wiederkehrt, er wird nie alles gesehen haben. Florenz ist zwar überraschend klein, jedoch mit Sehenswürdigkeiten überladen, mit Geschichte überfrachtet und zudem berühmt für seine herzhafte Küche und den großbürgerlichen Charme. Türme und *palazzi* erwecken Tausende Geschichten aus der mittelalterlichen Vergangenheit zu neuem Leben; Designer-Boutiquen und Ateliers von Handwerkskünstlern finden sich zuhauf in den Straßen, außerdem gibt es eine lebendige Café-, Restaurant- und Kneipenszene. Die Wiege der Renaissance und die Heimat von Machiavelli, Michelangelo und den berühmten Medici ist eine attraktive, romantische Stadt, die man – vor allem – nie vergisst.

Geschichte

Bis heute ist nicht geklärt, wer Florenz gegründet hat. Die populärste Legende besagt, dass Julius Caesar um 59 v. Chr. die Kolonie Florentia als Garnisonsstadt anlegte. Von hier aus konnte er die Via Flaminia überwachen, die Rom mit Norditalien und Gallien (Frankreich) verband. Archäologische Funde zeugen allerdings von einer noch früheren Siedlung, die die Etrusker aus der Nachbarstadt Fiesole etwa um 200 v. Chr. gegründet hatten.

Im 12. Jh. wurde Florenz zu einer freien *comune* (Stadtstaat), regiert von zwölf *priori* (Konsuln). Ihnen stand der *consiglio di cento* (Rat der Hundert) zur Seite, dessen Mitglieder überwiegend aus der wohlhabenden Klasse der Kaufleute stammten. Ständige Interessenkonflikte unter den verschiedenen Regierungsmitgliedern führten 1207 zur Ernennung eines Magistrats (*podestà*).

Die ersten Konflikte zwischen zwei rivalisierenden Lagern, den papsttreuen Guelfen (Guelfi) und den kaisertreuen Ghibellinen (Ghibellini), kamen Mitte des 13. Jhs. auf. Fast ein ganzes Jahrhundert lang wetteiferten sie teils unerbittlich und mit abwechselndem Erfolg um die Vormachtstellung.

Die Pest im Jahr 1348 dezimierte die Bevölkerung der Stadt auf die Hälfte, und 1378 wurde die Regierung durch einen Aufstand der *ciompi* (Wollkämmer) erschüttert, die für ein größeres Mitspracherecht bei Entscheidungsprozessen der *comune* kämpften. Die größeren und kleineren Zünfte hatten anfangs durchaus Erfolg, traten jedoch bald in den Hintergrund, sodass die tradierte Ordnung wiederhergestellt wurde, wobei Mitglieder der Familie Medici und Finanzbeauftragte des Papsts führende Rollen in der Stadtverwaltung übernahmen.

Im Jahr 1434 wurde Cosimo il Vecchio (der Ältere, auch bekannt als Cosimo de' Medici, 1389–1464) Herrscher über Florenz. Mit seinem Gespür für Talente erkannte er das Potenzial, das in einer Konstellation von Künstlern wie Alberti, Brunelleschi, Lorenzo Ghiberti, Donatello, Fra' Angelico und Fra' Filippo Lippi steckte.

Unter der Herrschaft von Lorenzo il Magnifico (1469–1492), Cosimos Enkel, erblühte die glanzvollste Periode der florentinischen Kultur: die italienische Renaissance. An Lorenzos Hof wurden sowohl die bildenden Künste als auch Musik und Dichtkunst gefördert, und Florenz avancierte zur Kulturhauptstadt Italiens. Kurz vor Lorenzos Tod ging die Medici-Bank Bankrott, und die Familie wurde aus Florenz vertrieben.

Die Stadt fiel daraufhin unter die Theokratie des gestrengen Dominikanermönchs Girolamo Savonarola. Savonarola ließ alle sogenannten Luxusgegenstände – dazu zählten seiner Ansicht nach auch die kulturellen Schätze der Stadt – auf einem „Scheiterhaufen der Eitelkeiten" verbrennen. Doch

FLORENZ & TOSKANA FLORENZ

ℹ MUSEUMSPASS

Die **Firenze Card** (www.firenzecard.it; 72 €) ist 72 Stunden gültig. Sie gewährt Eintritt in 72 Museen, Villen und Gärten in Florenz und ermöglicht die unbegrenzte Nutzung der öffentlichen Verkehrsmittel. Der Pass lässt sich online erwerben (und kann dann bei der Ankunft in Florenz abgeholt werden); er ist jedoch auch in den Touristeninformationen der Stadt sowie an den Kartenschaltern der Uffizien (Eingang 2), des Palazzo Pitti, des Palazzo Vecchio, des Museo del Bargello, der Cappella Brancacci, der Basilica e Chiostri Monumentali di Santa Maria Novella und der Giardini Bardini erhältlich. Bei EU-Bürgern schließt der Pass Kinder und Jugendliche unter 18 Jahren ein, die mit unterwegs sind.

Ein **Kombi-Ticket** für die Kuppel, den Campanile, die Krypta, den Battistero di San Giovanni und das Museo dell'Opera di Santa Maria del Fiore des Doms kostet 10 €.

Florenz

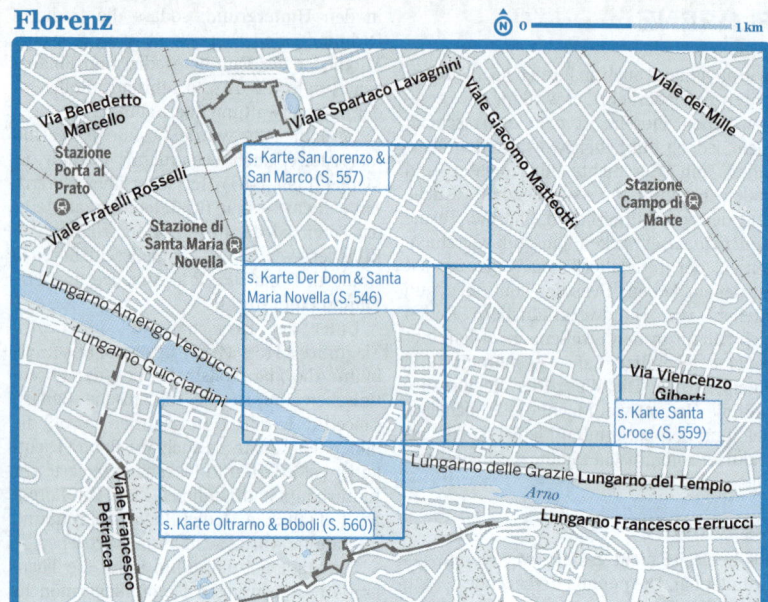

N 0   1 km

- s. Karte San Lorenzo & San Marco (S. 557)
- s. Karte Der Dom & Santa Maria Novella (S. 546)
- s. Karte Santa Croce (S. 559)
- s. Karte Oltrarno & Boboli (S. 560)

schon bald fiel er wegen seiner Zwanghaftigkeit selbst in Ungnade, wurde als Ketzer gebrandmarkt und 1498 auf der Piazza della Signora hingerichtet.

Nach dem Sieg der Spanier über Florenz 1512 verheiratete Kaiser Karl V. seine Tochter mit Lorenzos Urenkel Alessandro de' Medici, den er 1530 zum Herzog von Florenz ernannte. Sieben Jahre später ergriff Cosimo I., einer der letzten wirklich fähigen Medici-Herrscher, die Macht. Nachdem Siena 1569 Florenz zugefallen war, wurde Cosimo I. Großherzog der Toskana.

1737 fiel das Großherzogtum Toskana dem Haus Lothringen zu, das (abgesehen von einer kurzen Unterbrechung unter Napoleon) die Kontrolle behielt, bis die Toskana 1860 ins Königreich Italien eingegliedert wurde. Für kurze Zeit war Florenz sogar die Hauptstadt Italiens, doch schon 1870 übernahm Rom diese Rolle auf Dauer.

Im Zweiten Weltkrieg wurde Florenz ziemlich stark zerstört. 1966 verwüsteten verheerende Fluten die Stadt, und 1993 zündete die Mafia eine gewaltige Autobombe. Dabei wurde ein Teil der Uffizien zerstört. Die Renovierung und Erweiterung der Gemäldegalerie befindet sich immer noch in Arbeit.

◉ Sehenswertes

Die Hauptsehenswürdigkeiten von Florenz befinden sich im geografischen, historischen und kulturellen Herz der Stadt – den engen Straßen zwischen der Piazza del Duomo und der Piazza della Signoria.

◉ Piazza del Duomo

★ Duomo   DOM

(Cattedrale di Santa Maria del Fiore oder Hl. Maria der Blumen; Karte S. 546; www.operaduomo. firenze.it; Piazza del Duomo; Dom Eintritt frei, Kombiticket für Kuppel, Baptisterium, Campanile, Krypta und Museum Erw./Kind unter 14 Jahren 10 €/frei; ◷ Mo-Mi & Fr 10–17, Do bis 16, Sa bis 16.45, So 13.30–16.45 Uhr; Kuppel 8.30–18.20, Sa bis 17 Uhr; Krypta Mo–Fr 10–17, Do bis 16, Sa bis 16.45 Uhr; Campanile 8.30–18.50 Uhr) Das bekannteste Wahrzeichen der Stadt zählt (mit dem Schiefen Turm von Pisa und dem Kolosseum in Rom) zu den „Großen Drei"Italiens. Der Dom mit seiner Kuppel aus roten Ziegeln, dem anmutigen *campanile* (Glockenturm) und der atemberaubenden Fassade in rosa, weißem und grünem Marmor ist einfach unglaublich schön.

Die Errichtung des Doms begann 1296 nach einem Entwurf des Sieneser Architekten Arnolfo di Cambio und nahm fast 150 Jahre in Anspruch. Die gotische Fassade, die der Architekt Emilio de Fabris im 19. Jh. entwarf, sollte der im 16. Jh. zerstörten Originalfassade ein neues Gesicht geben.

Nach dem visuellen Kick der Fassade und der Kuppel überrascht die spärliche Dekoration im weitläufigen Kirchenraum des 155 m langen und 90 m breiten Doms dann schon – die meisten Schätze wurden im Lauf der Jahrhunderte entfernt, um den Launen der jeweiligen Mode zu entsprechen, und sind heute im Museo dell'Opera di Santa Maria del Fiore ausgestellt.

Überaus empfehlenswert ist es, die 463 steilen Treppen zur **Kuppel**; sie wurde 1420 bis 1436 nach einem Entwurf von Filippo Brunelleschi erbaut. Leute, die zur Klaustrophobie neigen oder nicht fit sind, sollten allerdings besser unten bleiben. Ansonsten bietet sich beim Hinaufgehen durch die schmalen Fenster immer wieder ein schöner Blick auf Florenz. Der letzte Treppenabsatz bis oben – gerade, aber doch irgendwie gewagte Stufen in die innere Wölbung der Kuppel – wird dann mit einem unvergesslichen 360-Grad-Panorama über eine der herrlichsten Städte Europas belohnt.

Nicht minder anstrengend sind die 414 Treppen auf den 85 m hohen **Campanile**, ein Entwurf Giottos.

Battistero di San Giovanni   BAPTISTERIUM
(Karte S. 546; Piazza di San Giovanni; Kombiticket für Kuppel, Baptisterium, Campanile, Krypta und Museum Erw./Kind unter 14 Jahren 10 €/ frei; ☺ Mo–Sa 11.15–18.30, So & 1. Sa im Monat 8.30–13.30 Uhr) Lorenzo Ghiberti entwarf die berühmten vergoldeten Bronze-Basreliefs, die ursprünglich die Ostportale des achteckigen romanischen Baptisteriums aus dem 11. Jh. schmückten (was heute zu sehen ist, sind Kopien; die Originale befinden sich im Museo dell'Opera di Santa Maria del Fiore). Dante zählt zu den vielen berühmten Florentinern, die hier im Taufbecken Bekanntschaft mit dem Wasser machten. Eintrittskarten sind am Kartenschalter gegenüber der Nordportale in der Via de' Cerretani 7 erhältlich.

Grande Museo del Duomo   MUSEUM
(Dommuseum; Karte S. 546; www.operaduomo. firenze.it; Piazza del Duomo 9; Kombiticket für Kuppel, Baptisterium, Campanile, Krypta und Museum Erw./Kind unter 14 Jahren 10 €/frei; ☺ Mo– Sa 9–18.50, So 9–13.05 Uhr) Es ist erstaunlich,

wie oft dieses beeindruckende Museum – es wird derzeit grundlegend umstrukturiert und vergrößert – links liegengelassen wird. Es birgt in seinen Mauern sakrale und liturgische Objekte, die einst den *duomo*, das *battistero* und den *campanile* schmückten. Nichts wie hin also in den Hof mit Glasdach, in dem das herrlichste Stück in einer Vitrine ausgestellt ist: Ghibertis originales Meisterwerk aus dem 15. Jh., die *Porta del Paradiso* (Paradies-Tor); das Portal wurde für den Osteingang zum *battistero* entworfen. Anschließend sollte man sich noch Michelangelos *Pietà* ansehen, die für sein eigenes Grab gedacht war.

⊙ **Piazza della Signoria & Umgebung**

Die fotogene Piazza mit Renaissance-Skulpturen wird vom prachtvollen Palazzo Vecchio dominiert und ist seit Jahrhunderten Dreh- und Angelpunkt des städtischen Lebens. Die Florentiner strömen herbei, um hier ihre *passeggiata* (Abendspaziergang) zu machen, auch legen sie gern eine Pause ein für einen Kaffee, eine heiße Schokolade oder einen *aperitivo* im berühmtesten Café der Stadt, dem Caffè Rivoire (S. 574).

An diesem Platz steckte der Predigerführer Savonarola 1497 in seinem berühmten Scheiterhaufen der Eitelkeiten die Kunst der Stadt in Brand – Bücher, Gemälde, Musikinstrumente, Spiegel, noble Kleidung und vieles mehr. Ein Jahr später wurde der Dominikanermönch an just dieser Stelle wegen Ketzerei verbrannt – woran eine Bronzeplakette vor der monumentalen, aber hässlichen **Fontana di Nettuno** (Neptun-Brunnen; Karte S. 546) von Ammannati erinnert. Weitere Denkmäler auf der Piazza sind die Reiterstatue von **Cosimo I.** (Karte S. 546), ein Werk von Giambologna, und eine viel fotografierte Kopie von Michelangelos *David,* der seit 1910 den Westeingang zum Palazzo Vecchio bewacht (das Original stand bis 1873 hier, befindet sich nun aber in der Galleria dell'Accademia).

Am Südende der Piazza beeindruckt die **Loggia dei Lanzi** (Karte S. 546) `GRATIS` aus dem 14. Jh., ein Freilichtmuseum, in dem Werke wie Giambolognas *Raub der Sabinerinnen* (um 1583), Benvenuto Cellinis bronzener *Perseus* (1554) und Agnolo Gaddis *Sieben Tugenden* (1384–1389) ausgestellt sind. Die *loggia* verdankt ihren Namen den Lanzichenecchi

Der Dom & Santa Maria Novella

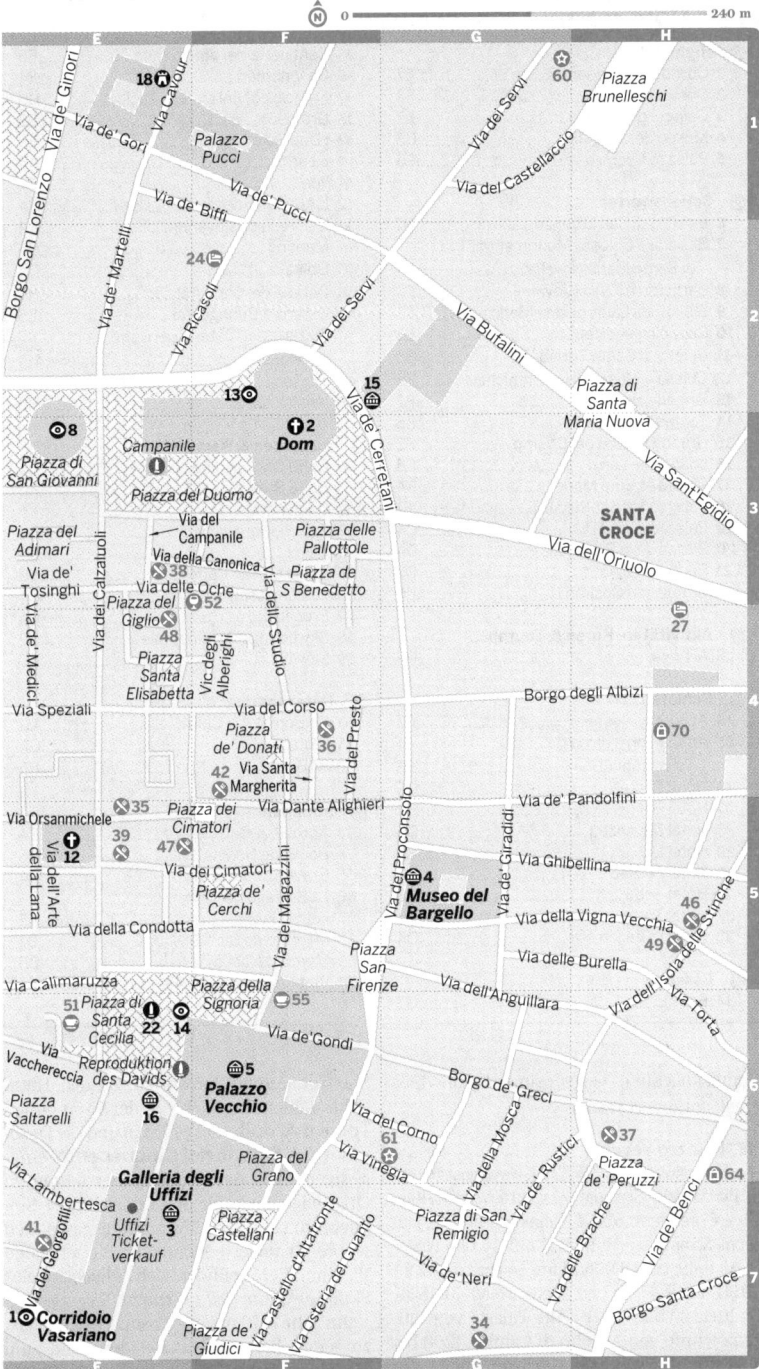

N 0 ———————— 240 m

Via de' Ginori
Via de' Gori
Palazzo Pucci
Via de' Biffi
Via de' Pucci
Borgo San Lorenzo
Via de' Martelli
Via Ricasoli
18
24

Via dei Servi
Via del Castellaccio
60
Piazza Brunelleschi

Via Bufalini

Piazza di Santa Maria Nuova

Via Sant'Egidio

13
15
Via de' Cerretani
2 Dom
Campanile
Piazza di San Giovanni
8
Piazza del Duomo

SANTA CROCE
Via dell'Oriuolo

Piazza del Adimari
Via de' Tosinghi
Via Speziali
Via de' Medici
Via de' Calzaiuoli
Via del Campanile
Via della Canonica
38
Via delle Oche
52
Piazza del Giglio
48
Piazza Santa Elisabetta
Vic degli Alberighi
Via dello Studio
Piazza delle Pallottole
Piazza de S Benedetto

27

Via del Corso
Piazza de' Donati
42 Via Santa Margherita
Via Dante Alighieri
36
Via del Presto
Via del Proconsolo
Borgo degli Albizi
70
Via de' Pandolfini
Via Ghibellina

Via Orsanmichele
12
35
39
47
Piazza dei Cimatori
Via dei Cimatori
Piazza de' Cerchi
Via dell'Arte della Lana
Via dei Magazzini
4 Museo del Bargello
Via della Vigna Vecchia
46
49
Via delle Burella
Via de' Giradidi
Via delle Stinche

Via della Condotta
Via Calimaruzza
51 Piazza di Santa Cecilia
Via Vaccherreccia
Piazza Saltarelli
22 14
Piazza della Signoria
55
Piazza San Firenze
Via dell'Anguillara
Via de' Gondi
Reproduktion des Davids
16
5 Palazzo Vecchio
Piazza del Grano
Via del Corno
61
Via Vinegia
Borgo de' Greci
Via della Mosca
Via de' Rustici
37
Piazza de' Peruzzi
Via delle Brache
Via de' Benci
64
Via Torta

Galleria degli Uffizi
41
Uffizi Ticketverkauf
3
Piazza Castellani
Piazza de' Giudici
Via Castello d'Altafronte
Via Osteria del Guanto
Piazza di San Remigio
Via de' Neri
34
Borgo Santa Croce
Via Lambertesca
Via dei Georgofili
1 Corridoio Vasariano

Der Dom & Santa Maria Novella

(Landsknechten) von Cosimo I., die hier einst stationiert waren.

★ **Palazzo Vecchio**　MUSEUM
(Karte S. 546; ☎ 055 276 82 24; www.musefirenze.it; Piazza della Signoria; Museum Erw./erm./Kind 10/8 €/frei, Turm 6,50 €, Führungen 2 €; ☺ Museum Sommer Fr–Mi 9–24, Do 9–14 Uhr, Winter Fr–Mi 9–19, Do 9–14 Uhr; Turm Sommer Fr–Mi 9–20.30, Do 9–13.30 Uhr, Winter Fr–Mi 10–16.30, Do 10–13.30 Uhr)　Der „Alte Palast" von Florenz wurde von Arnolfo di Cambio 1298 bis 1314 für die *signoria* (höchste Ebene der Stadtverwaltung) entworfen. Zu den Highlights zählen der Blick von der 94 m hohen **Torre d'Arnolfo** des *palazzo* und die Dekoration des **Salone dei Cinquecento**, eines riesigen Saals, der in den 1490er-Jahren im Originalgebäude für den Consiglio dei Cinquecento (Rat der Fünfhundert) geschaffen wurde. Er regierte Florenz im ausgehenden 15. Jh. Hier befindet sich Michelangelos Skulptur *Genio della Vittoria (Siegesgeist)*.

Im Jahr 1540 machte Cosimo I. den Palast zu seiner herzoglichen Residenz und zum Mittelpunkt der Regierung. Er beauftragte

Vasari, die Räumlichkeiten zu renovieren und auszugestalten. Nicht lange nach den Restaurationsarbeiten kamen er und seine Frau Eleonora di Toledo zu dem Schluss, dass die frisch hergerichteten Gemächer für die große Familie zu wenig komfortabel seien, um das ganze Jahr dort zu verbringen. Und so erwarb Cosimo I. den Palazzo Pitti als Sommerresidenz. Nachdem Eleonora und seine Söhne Giovanni und Garzia 1562 an Malaria gestorben waren, zog Cosimo mit der restlichen Familie für immer in den Palazzo Pitti um. Zu dieser Zeit wurde das Gebäude dann unter dem Namen Palazzo Vecchio bekannt. Hier befindet sich bis heute die Schaltzentrale der Macht von Florenz – die Amtsräume des Bürgermeisters und des Stadtrats. Die beste Möglichkeit, diese Höhle politischer Intrigen und Dramen zu erkunden, bietet eine Führung (frühzeitig buchen).

⭐ **Galleria degli Uffizi**   MUSEUM
(Uffizien; Karte S. 546; www.uffizi.firenze.it; Piazzale degli Uffizi 6; Erw./erm. 6,50/3,25 €, inkl. Wechselausstellung 11/5,50 €; ⏰ Di–So 8.15–18.05 Uhr) Dieses Museum von Weltrang befindet sich im Palazzo degli Uffizi, der von 1560 bis 1580 als Regierungsgebäude errichtet wurde – *uffizi* ist das italienische Wort für „Amt". Präsentiert wird die Privatsammlung der Familie Medici, die sie der Stadt 1743 unter der Auflage vermachte, dass sie Florenz nie verlassen dürfe.

Zu den längst überfälligen Restaurierungsarbeiten und Umgestaltungsmaßnahmen, die derzeit noch im Gange sind und sich schließlich auf satte 65 Mio. € belaufen werden, gehören der Anbau einer neuen Loggia als Ausgang (ein Entwurf des japanischen Architekten Arato Isozaki) sowie die Verdopplung der Ausstellungsfläche. Wie in Italien üblich, will sich niemand – selbst der verantwortliche Architekt Antonio Godoli nicht – auf einen Fertigstellungstermin festlegen; ursprünglich hatte man das Jahr 2013 angepeilt. Bis das sogenannte Projekt Nuovi Uffizi (www.nuoviuffizi.it) vollendet ist, bleiben diverse Säle geschlossen; welche Werke ausgestellt sind, ändert sich daher immer wieder.

Die Sammlung umfasst die ganze Spannbreite der Kunstgeschichte – von griechischer Bildhauerei bis hin zu venezianischen Gemälden aus dem 18. Jh. Die Werke werden in chronologischer Reihenfolge nach Schulen präsentiert. Im Mittelpunkt steht jedoch die vor Meisterwerken strotzende Renaissancesammlung.

Am besten beschränkt man seinen Besuch auf drei bis maximal vier Stunden. Sind die Grenzen der Aufnahmefähigkeit erreicht, lohnt ein Abstecher ins Dachcafé. Vom Dachgarten genossen die Medici einst die Musikdarbietungen auf dem Platz unter ihnen. Ein bisschen frische Luft tut immer gut, und die Aussicht ist ebenfalls herrlich.

Links vom Treppenhaus widmet sich der Saal 2 der Kunst aus dem 13. Jh. Er ist wie eine mittelalterliche Kapelle konzipiert, was vortrefflich zu den sagenhaften Exponaten passt: drei großformatige Altargemälde, die von den toskanischen Meistern Duccio di Buoninsegna, Cimabue und Giotto stammen. Sie reflektieren deutlich den Übergang von der Gotik zur aufkeimenden Renaissance.

Im Saal 3 geht es dann ins 14. Jh.; der Hauptakzent liegt auf Werken Sieneser Künstler. Das Highlight ist Simone Martinis schillernde *Verkündigung* (1333), die er zusammen mit Lippo Memmi malte; das Gemälde stellt die Madonna in einem Meer aus Gold dar. Sehenswert ist auch das Triptychon *Madonna mit Kind und Heiligen* (1340) von Pietro Lorenzetti.

Wie in Raum 4 zu sehen ist, legten die florentinischen Meister des 14. Jhs. genauso viel Wert aufs Detail wie ihre sienesischen Malerkollegen: Das zeigt auch die realistische *San Reminio Pietà* (1360–1365) des ebenfalls sehr begabten Giotto-Schülers Giottino.

Das Ringen um die Perspektive gilt als Charakteristikum der Florentiner Schule des 15. Jhs. (Saal 7), die der Renaissance den Weg bereitete. Eine Bildtafel von Paolo Uccellos bemerkenswertem Triptychon *Schlacht von San Romano* (die anderen beiden hängen im Louvre und in der Londoner National Gallery) zeigt die Bemühungen des Künstlers, eine Perspektive mit amüsanter Wirkung zu schaffen, wenn er die Lanzen, Pferde und Soldaten auf einen zentralen Fluchtpunkt hin ausrichten. Das Gemälde feiert den Sieg der Florentiner über Siena im Jahr 1432.

Im Saal 8 gehören Piero della Francescas berühmte Profilporträts des Herzogs und der Herzogin von Urbino – Letzterer in roten Gewändern und mit Hakennase – (1472–1475) zu den Attraktionen. Im selben Saal sind auch die Werke des Karmelitermönchs Fra' Filippo Lippi zu bewundern;

Die Uffizien

REISE IN DIE RENAISSANCE

Die Besichtigung der Kunstsammlung der Uffizien, die sich über 45 Säle auf einer Etage verteilt, bereitet keine Probleme; die Entscheidung, welche der rund 1500 Meisterwerke bewundert werden sollen, dagegen schon.

Die Besucher geben zuerst einmal Mantel und Tasche im Erdgeschoss ab und erhalten einen Saalplan sowie einen Audioguide. Dann geht es in die Toskana des 16. Jhs., genau gesagt die mit Büsten gesäumte Treppe des *palazzo* hinauf.

Für die Reise in die Hochrenaissance sind vier Stunden einzuplanen. Am oberen Ende der Treppe im zweiten Stock wird die Eintrittskarte vorgezeigt, dann biegt man links ab und hält zuerst einmal inne, um den ersten Korridor in seiner vollen Länge auf sich wirken zu lassen; er verläuft in Richtung Süden zum Fluss Arno. Nun geht es in den Saal 2, wo es die ersten Schritte der toskanischen Kunst zu bestaunen gibt: schillernde Altarbilder von **Giotto** **1** und anderen Meistern. Anschließend schlendert man durch die Kunst des Mittelalters zum Saal 8 mit **Piero della Francescas** **2** berühmtem Porträt. Im Korridor davor beeindruckt die **kunstvolle Decke** **3**. Nach den Renaissancegrößen **Botticelli** **4** und **da Vinci** **5**, spaziert man an der Tribuna (ggf. Abstecher) vorbei, um das Tageslicht durch die großzügigen Fenster des **zweiten Korridors am Fluss** **6** einfallen zu sehen und die sagenhafte Aussicht zu genießen: auf den Arno, über den sich der Ponte Vecchio spannt, die dahinter liegenden vier weiteren Brücken vor den Apuanischen Alpen, die sich am Horizont abzeichnen – ein wahrlich erhebender Anblick! Nun betritt man den dritten Korridor und legt zwischen den Sälen 25 und 34 eine Pause ein, um den Eingang zum geheimnisvollen Vasarikorridor auf sich wirken zu lassen. Am Ende der Besichtigung stehen die beiden Maestri der Hochrenaissance: **Michelangelo** **7** und **Raffael** **8**.

Die Ognissanti-Madonna
Saal 2
Die schamhaft geröteten Wangen und der volle Busen von Giottos sehr menschlich dargestellter *Jungfrau Maria* (Maestà; 1310) wirken überaus feminin im Vergleich zu den Gemälden Duccios und Cimabues, die nur 25 Jahre früher entstanden.

Doppelbildnis des Herzogs und der Herzogin von Urbino
Saal 8
Die beiden Porträts mit allen Fehlern und Schwächen (1472–1475) von Piero della Francesca könnten realistischer nicht sein. Sie weisen nicht mehr als ein A3-Format auf und wurden ursprünglich in einen Rahmen mit Scharnieren gesteckt, der sich wie ein Buch klappen ließ.

Ausgangspunkt des Vasari-Korridors (der den Palazzo Vecchio mit den Uffizien und dem Palazzo Pitti verbindet)

Eingang zur Galerie im 2. Stock

Palazzo Vecchio

Piazza della Signoria

Groteske Deckenfresken
Erster Korridor
Interessant sind die vermeintlichen Ungeheuer und die unerwartet witzigen Darstellungen (z. B. ein Satyr, der einen Pfeil abschießt, vor Saal 15 in den Deckenfresken (1581) des Ostkorridors.

Genie Botticelli
Säle 10–14
Botticellis Meisterwerk der Frührenaissance, *Auffindung des toten Holofernes* (um 1470), wirkt aufgrund seines Miniaturformats besonders beeindruckend. Links vom Ausgang sollte man die *Anbetung der Könige* (1475) nicht verpassen – der Meister wirft einen Blick auf den Betrachter.

Blick auf den Arno
Von dem kurzen Korridor – einem Meisterwerk der Architektur – bieten sich gute Ausblicke auf die Stadt. Direkt unterhalb des Hügelkamms ragt einer von 73 Wehrtürmen auf, die zur Verteidigung von Florenz und seiner 15 Stadttore errichtet wurden.

Zweiter Korridor

Tribuna

Erster Korridor

Arno (Fluss)

Tribuna
Kein anderer Saal in den Uffizien ist so winzig und gleichzeitig so exquisit. Er wurde 1851 als „Schatztruhe" für den Großherzog Francesco geschaffen; die Medici-Venus war damals das Highlight einer jeden Grand Tour.

Dritter Korridor

Eingang zum Vasari-Korridor

⓵ ⓶ ⓷ ⓸ ⓹ ⓺ ⓻ ⓼

Tatsache
Die Sammlung in den Uffizien umfasst Werke aus dem 13. Jh. bis 18. Jh., die Hauptattraktion ist jedoch die Renaissancekunst aus dem 15. Jh. und 16. Jh.

Doni Tondo
Saal 35
Dass Michelangelo, der den David geschaffen hat, im Wesentlichen Bildhauer und nicht Maler war, vermittelt kein Gemälde so überzeugend wie der *Doni Tondo* (1506–1508). Die muskulösen Arme Marias vor dem Hintergrund üppiger nackter Schönheiten wirken prägnant wie in 3D.

Verkündigung
Saal 15
Das Gemälde (um 1472) mit einer herrlichen Darstellung der toskanischen Landschaft ist eines der wenigen Werke Leonardo da Vincis, das in Florenz verblieben ist.

Preiswert essen
Das Dachcafé der Uffizien ist eine Möglichkeit, noch günstiger sind die *panini* im 'Ino (www.ino-firenze.com; Via dei Georgofili 3-7r).

ℹ KEIN SCHLANGESTEHEN: RESERVIERTE EINTRITTSKARTEN

Im Juli, August und zu anderen Zeiten, wenn es hoch hergeht wie beispielsweise an Ostern, sind lange Warteschlagen vor den Topmuseen von Florenz schlichtweg eine Tatsache. Wenn jemand seine Eintrittskarte nicht reserviert hat, muss er womöglich vier Stunden oder gar noch länger anstehen.

Gegen eine Gebühr von 3 € pro Eintrittskarte (4 € für die Uffizien und die Galleria dell'Accademia) besteht die Möglichkeit, Eintrittskarten zu neun *musei statali* (staatliche Museen), darunter die Uffizien, die Galleria dell'Accademia (wo der *David* zu Hause ist), der Palazzo Pitti, das Museo del Bargello und die Cappelle Medicee, zu reservieren. Die einzigen Museen, für die sich diese Reservierung tatsächlich empfiehlt, sind die Uffizien und die Accademia. Wer sich eine Eintrittskarte organisieren will, ruft bei **Firenze Musei** (Florenz-Museen; 📞 055 29 48 83; www.firenzemusei.it; ⏰ telefon. Buchung Mo–Fr 8.30–18.30, Sa bis 12.30 Uhr) an oder besucht die Website des Unternehmens. Auch die Kartenschalter hinter der Chiesa di Orsanmichele und in jedem staatlichen Museum der Stadt, d. h. in den Uffizien, im Museo del Bargello, im Palazzo Pitti und im Museo di San Marco, nehmen Reservierungen vor – nicht jedoch die Accademia.

In den Uffizien weisen Schilder Besuchern mit reservierten Karten den Weg ins Gebäude gegenüber der Galerie, wo die Eintrittskarte abzuholen ist; mit diesem Ticket geht man dann zur Tür 1 des Museums (ausschließlich mit reservierten Karten) und stellt sich an, um in die Galerie eingelassen zu werden. Diese Prozedur nervt, erspart einem insgesamt aber doch eine stundenlange Warterei.

Viele Hotels in Florenz reservieren für ihre Gäste Eintrittskarten in die Museen.

besonders interessant sind sein Selbstporträt als pummeliger Klosterbruder in dem Gemälde *Marienkrönung* (1439–1447) sowie sein späteres Werk *Madonna mit Kind und zwei Engeln* (1460–1465), ein herrliches Bild, das ganz eindeutig seinen Schüler Sandro Botticelli beeinflusste.

Die spektakuläre Sala del Botticelli trägt die Nummern zehn bis 14, ist in Wirklichkeit jedoch ein einziger großer Raum – einer der beliebtesten in den Uffizien. Von den 15 Werken des Renaissance-Meisters sind die *Geburt der Venus* (um 1485), *La Primavera* (Frühling; c 1482), *Verkündigung* (1489–1490), die *Anbetung der Könige* (1475) und die *Madonna del Magnificat* (1483) am bekanntesten. Der Saal 15 präsentiert zwei frühe Florentiner Arbeiten von Leonardo da Vinci: die unvollendete *Anbetung der Könige* (1481–1482) in rötlichem Erdpigment und seine *Verkündigung* (um 1475–1480).

Der Naturalismus, der den Werken der venezianischen Schule innewohnt, lässt sich am besten im Saal 28 bewundern, in dem elf Gemälde von Tizian hängen. Zu den Meisterwerken zählen die sinnliche, nackte *Venus von Urbino* (1538), die verführerische *Flora* (1515) und das eindrucksvolle Porträt von *Eleonora Gonzaga, Herzogin von Urbino* (1536–1537).

Im Saal 35 brilliert Michelangelo mit dem *Doni Tondo*, der Darstellung der Heiligen Familie, die der Hoch-Renaissance die Schau stiehlt. Die Komposition ist ungewöhnlich – Josef hält ein ausgelassenes Jesuskind, das auf der muskulösen Schulter seiner Mutter sitzt, während sie sich umdreht, um ihn anzusehen; und die Farben sind so intensiv wie bei ihrem ersten Auftrag 1506 bis 1508.

Ein Stockwerk weiter unten präsentiert die Sala di Caravaggio drei Werke dieses genialen, aber zu unlauteren Machenschaften neigenden Malers.

Chiesa e Museo di Orsanmichele
KIRCHE, MUSEUM

(Karte S. 546; Via dell'Arte della Lana; ⏰ Kirche 10–17 Uhr, Museum Mo 10–17 Uhr) GRATIS Diese ungewöhnliche Kirche entstand im 14. Jh., als die Arkaden des Kornmarkts von 1290 mit einbezogen und zwei Stockwerke ergänzt wurden. Im Kirchenraum beeindruckt das herrliche gotische Tabernakel von Andrea Orcagna.

Die exquisite Fassade des Gebäudes zieren Nischen und Tabernakel mit Statuen. Sie stellen die Schutzpatrone von Florenz und vieler Zünfte dar und wurden im 15. und 16. Jh. in Auftrag gegeben, nachdem die *signoria* (Stadtregierung) die Zünfte angewiesen hatte, die Dekoration der Kirche zu finanzieren. Zu den Statuen zählen Werke der größten Künstler der Renaissance. Heute schmücken allerdings Kopien die Fassade – die Originale sind in dem wenig bekannten Kirchenmuseum, zwei Etagen über der Kirche, wunderschön ausgestellt; es hat nur montags geöffnet.

⭐**Museo del Bargello** KUNSTMUSEUM
(Karte S. 546; www.polomuseale.firenze.it; Via del Proconsolo 4; Erw./erm. 4/2 €, Wechselausstellungen 6/3 €; ⊙Di–So 8.15–16.20 & 1. & 3. Mo im Monat, Winter bis 14 Uhr) Hinter den massiven Mauern des Palazzo del Bargello, des ersten öffentlichen Gebäudes von Florenz, sprach der *podestà* vom ausgehenden 13. Jh. bis 1502 Recht. Heute wird in diesem Gebäude die umfassendste Sammlung toskanischer Renaissance-Skulpturen in ganz Italien präsentiert.

Menschenmassen drängen sich in der Galleria dell'Accademia, um Michelangelos *David* zu sehen, doch nur wenige kommen zum Bargello, wo im Parterre, in der **Sala di Michelangelo**, frühe Werke des Meisters ausgestellt sind. Der Künstler war erst 21 Jahre alt, als ein Kardinal bei ihm den betrunkenen, mit Trauben geschmückten *Bacchus* (1496–1497) bestellte, der hier gezeigt wird. Weitere Werke Michelangelos im Bargello sind die Marmorbüste des *Brutus* (ca. 1539–1540), der *David/Apollo* von 1530–1532 und das große unvollendete Rundrelief der *Madonna mit dem Kind und dem Johannesknaben* (1503–1505, auch *Tondo Pitti* genannt).

Im ersten Stock, rechts von der Treppe, sind in der **Sala di Donatello** zwei Versionen des *David* ausgestellt, eines bei Bildhauern beliebten Themas. Donatello fertigte sein schlankes, jugendliches Bildnis 1408 in Marmor; die berühmte Bronze entstand von 1440 bis 1450. Letztere ist wirklich außergewöhnlich – und zwar schon aufgrund der Tatsache, dass es sich um die erste frei stehende unbekleidete Statue handelt, die seit der Antike geschaffen wurde.

Im zweiten Stock geht es ins 16. Jh. mit einer exquisiten Sammlung von Terracotta-Objekten der genialen Familie della Robbia.

Museo Galileo MUSEUM FÜR WISSENSCHAFTSGESCHICHTE
(Karte S. 560; ☎055 26 53 11; www.museogalileo.it; Piazza dei Giudici 1; Erw./erm./Fam. 9/5,50/22 €; ⊙Mi–Mo 9.30–17.30, Di 9.30–12.30 Uhr) Am Arno steht gleich neben den Uffizien der Palazzo Castellani aus dem 12. Jh. – einfach nach der Sonnenuhr Ausschau halten, die auf dem Gehsteig die Zeit anzeigt. Dieses erstklassige Museum für Wissenschaftsgeschichte ist nach dem gro-

ßen in Pisa geborenen Naturwissenschaftler benannt, den die Medici 1610 an den Florentiner Hof holten.

Ein Besuch hier vermittelt Einblicke in die spannende Kuriositätensammlung mit astronomischen und mathematischen Schätzen, also beispielsweise Teleskopen, herrlich bemalten Globen, Barometer, Uhren, Zeitmessern und vielem mehr. All diese Objekte wurden von Cosimo I. und anderen Mitgliedern der Familie Medici ab 1562 zusammengetragen, später auch von der Dynastie der Lothringer . Viel Zeit sollte man sich für den interaktiven Bereich nehmen, in dem die Besucher mit ein paar Handgriffen entdecken können, wie einige der im Museum ausgestellten historischen Geräte tatsächlich funktionieren.

◉ **Rund um die Piazza della Repubblica**

Piazza della Repubblica PIAZZA
(Karte S. 546) Hier befand sich ursprünglich das römische Forum, hier schlug das Herz des mittelalterlichen Florenz. Der betriebsame Platz wurde in den 1880er-Jahren angelegt und war Bestandteil eines umstrittenen Konzepts, das „urbane Verbesserungen" für die Bürger vorsah wie den Abriss des alten Markts, des jüdischen Ghettos und der Elendsviertel sowie die Zwangsumsiedlung von fast 6000 Anwohnern. Heutzutage ist die Piazza für ihre Unmengen historischer Cafés bekannt.

Palazzo Strozzi KUNSTGALERIE
(Karte S. 546; www.palazzostrozzi.org; Via de' Tornabuoni; unterschiedl. Eintrittspreise; ⊙Di–So 10–20, Do bis 23 Uhr) Dieser *palazzo* aus dem 15. Jh. gilt als eines der beeindruckendsten Renaissance-Anwesen in Florenz. Er wurde für den reichen Kaufmann Filippo Strozzi, erbaut, einen der politisch und wirtschaftlich bedeutendsten Widersacher der Medici. Heute werden hier die spannendsten Kunstausstellungen der Stadt gezeigt. Die zeitgenössische Kunst in der Galerie Strozzini (freier Eintritt Do nach 18 Uhr) im Basement und der imposante Innenhof sind nicht minder attraktiv.

Hier ist jedenfalls immer viel los, da sich die jungen Florentiner gern im Hof des Renaissance Café (S. 574) treffen, das kein Geringerer als der berühmte Florentiner Modeschöpfer Roberto Cavalli betreibt; übrigens eine der besten Stellen der Stadt für kostenloses WLAN.

Museo Marino Marini
KUNSTGALERIE

(Karte S. 546; Piazza San Pancrazio 1; Erw./erm. 4/2 €; ⊙ Mi–Sa & Mi 10–17 Uhr) Die im 19. Jh. in einen Profanbau umfunktionierte Chiesa di San Pancrazio beherbergt dieses kleine Kunstmuseum, in dem Skulpturen, Porträts und Zeichnungen des in Pistoia geborenen Bildhauers Marino Marini (1901–1980) ausgestellt sind. Wirklich beeindruckend ist jedoch die herrlich restaurierte **Cappella Rucellai** mit einer winzigen maßstabsgetreuen Kopie des Heiligen Grabes in Jerusalem – ein Kleinod der Renaissance von Leon Battista Alberti.

⊙ Santa Maria Novella

Basilica e Chiostri Monumentali di Santa Maria Novella
KIRCHE, KREUZGÄNGE

(Karte S. 546; www.chiesasantamarianovella.it; Piazza di Santa Maria Novella 18; Erw./erm. 5/3 €; ⊙ Mo–Do 9–17.30, Fr 11–17.30, Sa 9–17, So 13–17 Uhr) Zum monumentalen Gebäudekomplex mit der grün-weißen Marmorfassade der **Basilica di Santa Maria di Novella** aus dem 13. bis 15. Jh. gehören romanische Kreuzgänge und eine herrliche, mit sagenhaften Fresken ausgeschmückte Kapelle. Die Basilika selbst ist die reinste Schatztruhe an Meisterwerken; als Highlight gilt ein Freskenzyklus von Domenico Ghirlandaio. Um alles auf sich wirken zu lassen, sollte man mindestens ein paar Stunden für den Besuch einplanen.

Wenn man die Basilika betritt, sieht man geradeaus vor sich Masaccios wunderbares Fresko *Dreifaltigkeit* (1424–1425), eines der ersten Kunstwerke, die sich die neue Technik von Perspektive und Proportion zunutze machten. Gleich in der Nähe hängt im Hauptschiff ein farbenprächtig bemaltes *Kruzifix* von Giotto (um 1290).

Die erste Kapelle rechts vom Altar, die **Cappella di Filippo Strozzi**, lässt lebendige Fresken von Flippino Lippi (dem Sohn von Fra' Filippo Lippi) aus dem späten 15. Jh. sehen; sie stellen das Leben des Evangelisten Johannes und des Apostels Philippus dar.

Hinter dem Hauptaltar befindet sich die Hauptattraktion des Kirchenraums: Domenico Ghirlandaios Freskenzyklus in der **Cappella Maggiore**. Die lebhaften Fresken

entstanden von 1485 bis 1490 und erzählen das Leben der hl. Jungfrau Maria; berühmt sind sie für die Darstellung des Florentiner Lebens zur Zeit der Renaissance. Außerdem enthalten sie Porträts von Zeitgenossen Ghirlandaios, darunter diversen Mitgliedern der Familie Tornabuoni, die den Freskenzyklus in Auftrag gab.

Ganz links vom Altar geht es ein paar Treppenstufen hinauf zur **Cappella Strozzi di Mantova**, die mit herrlichen Fresken aus dem 14. Jh. von Niccolò di Tommaso und Nardo di Cione ausgeschmückt ist. Das wunderschöne Altargemälde (1354–1357) malte Andrea di Cione, der Bruder von Nardo, besser bekannt als Andrea Orcagna.

Von der Kirche gelangt man durch eine Seitentür in den **Chiostro Verde** (Grüner Kreuzgang; 1332–1362) von beschaulicher Schönheit. Er gehört zu einem weitläufigen Klosterkomplex, den die Dominikanermönche bei ihrer Ankunft in Florenz im Jahr 1219 einnahmen; zwei Jahre später ließen sie sich dann in Santa Maria Novella nieder. An der Nordseite liegt die spektakuläre **Cappellone degli Spagnoli** (Spanische Kapelle). Sie war ursprünglich das Kapitelhaus der Mönche, wurde 1566 jedoch in Spanische Kapelle umbenannt, weil sie seinerzeit die spanische Kolonie in Florenz nutzte. Die winzige Kapelle ist mit außergewöhnlichen Fresken (um 1365–1367) von Andrea di Bonaiuto bedeckt.

Der Gebäudekomplex Santa Maria Novella hat zwei Eingänge: den Haupteingang zur Basilika oder durch die Touristeninformation gegenüber vom Bahnhof in der Via de' Partzani. Besucher mit der Firenze Card dürfen leider nur den zweiten Eingang benutzen.

Chiesa di Santa Trìnita
KIRCHE

(Karte S. 546; Piazza Santa Trinita; ⊙ Mo–Sa 8–12 & 16–17.45, So 8–10.45 & 16–19 Uhr) GRATIS Die Kirche aus dem 14. Jh. wurde im gotischen Stil erbaut und später mit einer manieristischen Fassade versehen. Hier befinden sich einige der herrlichsten Fresken der Stadt, darunter Lorenzo Monacos *Verkündigung* (1422) in der **Cappella Salimbenes/Bartholini** und die auffälligen Fresken von Ghirlandaio, die das Leben des hl. Franz von Assisi darstellen, in der **Cappella Sassetti**, rechts vom Altar. Dieser Freskenzyklus wurde 1483 bis 1485 gemalt und lässt Porträts berühmter Florentiner dieser Epoche sehen.

⊙ San Lorenzo

Basilica di San Lorenzo
KIRCHE

(Karte S. 546; Piazza San Lorenzo; Eintritt 4,50 €, mit Biblioteca Medicea Laurenziana 7 €; ⊙ Mo–Sa 10–17.30, plus März–Okt. 13.30–17 Uhr) Im Jahr 1425 beauftragte Cosimo der Ältere, der nicht weit von hier wohnte, Brunelleschi, die ursprüngliche Basilika aus dem 4. Jh. umzubauen. Das neue Gebäude sollte als Gemeindekirche und Mausoleum der Familie Medici dienen.

Die Basilika, die als eines der harmonischsten Beispiele der Renaissance-Architektur gilt, wurde allerdings nie vollendet. 1518 beauftragte man Michelangelo, die Fassade zu konzipieren, doch wurde sein Entwurf aus weißem Carrara-Marmor nie umgesetzt – daher der unvollendete Eindruck, den das Gebäude macht.

Im nüchternen Inneren trennen Säulen aus *pietra serena* (grauem Stein) mit korinthischen Kapitellen das Hauptschiff von den zwei Seitenschiffen. Der Bildhauer Donatello, der noch kurz vor seinem Tod an den zwei Bronzekanzeln (1460–1467) mit Szenen der Kreuzigung arbeitete, ist in der Kapelle begraben. In der Kapelle ist auch Fra' Filippo Lippis *Verkündigung* (ca. 1450) zu sehen. Links vom Altar gelangt man zur **Sagrestia Vecchia** (Alte Sakristei), die von Brunelleschi entworfen und vorwiegend von Donatello ausgestattet wurde.

Biblioteca Medicea Laurenziana
BIBLIOTHEK

(Medici-Bibliothek; Karte S. 546; www.bml.firen ze.sbn.it; Piazza San Lorenzo 9; Eintritt 3 €, inkl. Basilika 7 €; ⊙ Mo–Fr 9.30–13.30 Uhr) Hinter dem Kartenschalter der Basilika erstrecken sich die beschaulichen Kreuzgänge, die einen hübschen Garten mit üppigen Orangenbäumen säumen. Treppen führen zu einer Loggia und zur Biblioteca Laurenziana Medicea hinauf, die 1524 von Giulio de' Medici (Papst Clemens VII.) in Auftrag gegeben wurde, um die umfangreiche Bibliothek der Medici zu beherbergen. Die außergewöhnliche Treppe in der Halle war als „düsteres Präludium" zur herrlichen *Sala di Lettura* (Lesesaal) gedacht – ein Entwurf Michelangelos.

Cappelle Medicee
MAUSOLEUM

(Karte S. 546; ☎ 055 294 883; www.polomuse ale.firenze.it; Piazza Madonna degli Aldobrandini; Erw./erm. 6/3 €; ⊙ 8.15–13.20 Uhr, 2. & 4. So & 1., 3. & 5. Mo im Monat geschl.) Nirgendwo ist das Selbstbewusstsein der Medici so greifbar wie in ihrem Mausoleum, den Medici-Kapellen. Sie dienen als die letzte Ruhestätte von 49 Mitgliedern dieser Dynastie und sind mit Granit, Marmor, Halbedelsteinen und einigen der schönsten Skulpturen Michelangelos geschmückt.

Francesco I. liegt in der grandiosen **Cappella dei Principi** (Füstenkapelle) neben Ferdinando I. und II. sowie Cosimo I., II. und III. begraben. Lorenzo il Magnifico ruht in der nüchternen, jedoch anmutigen **Sagrestia Nuova** (Neue Sakristei), Michelangelos Erstlingswerk als Architekt mit drei seiner aufwühlendsten Skulpturen: *Morgen- und Abenddämmerung* auf dem Sarkophag von Lorenzo, dem Herzog von Urbino, *Tag und Nacht* auf dem Sarkophag von Lorenzos Sohn Giuliano sowie *Madonna mit Kind* auf dem Grabmal von Lorenzo.

Palazzo Medici-Riccardi
PALAZZO

(Karte S. 546; ☎ 055 276 03 40; www.palazzo-medici.it; Via Cavour 3; Erw./erm. 7/4 €; ⊙ Sommer Do–Di 9–18.30 Uhr, Winter bis 17.30 Uhr) Cosimo der Ältere beauftragte 1444 Michelozzo mit dem Entwurf des Stadtdomizils für seine Familie. Das Ergebnis war dieser *palazzo*, ein Gebäude, das in den Folgejahren viele Anwesen in Florenz beeinflusste wie beispielsweise den Palazzo Pitti und den Palazzo Strozzi. Innen beherbergt die **Cappella dei Magi** im Obergeschoss eines der herrlichsten Renaissance-Gemälde überhaupt – und ist somit ein Muss für jeden Kunstliebhaber.

Die kleine Kapelle ist bedeckt mit einer Reihe herrlich detaillierter und jüngst restaurierter Fresken (ca. 1459 bis 1463) von Benozzo Gozzoli, einem Schüler Fra' Angelicos. Das Bild *Zug der Heiligen Drei Könige nach Bethlehem* ist nur ein Vorwand, um die Mitglieder der Familie Medici im besten Licht zu porträtieren; Lorenzo il Magnifico und Cosimo il Vecchio sind unter den vielen Menschen zu entdecken. Nur zehn Besucher dürfen gleichzeitig in die Kapelle. Am besten ist es, zumindest in der Hauptsaison vorher einen Einlasstermin am Kartenschalter zu buchen.

Mercato Centrale
MARKT

(Zentraler Markt; Karte S. 557; Piazza del Mercato Centrale; ⊙ Mo–Fr 7–14, Sa bis 17 Uhr) Der älteste und größte Lebensmittelmarkt von Florenz befindet sich in einem Gebäude aus Eisen und Glas aus dem 19. Jh. Er ist laut, es riecht und duftet nach allem Möglichen – und es sind hervorragende frische

Lebensmittel erhältlich, aus denen man ein herrliches Essen zubereiten kann. Wer sich während seines Besuchs hier lieber einen Snack gönnen will, sollte sich den Besitzern der Marktstände anschließen, die gern ins Da Nerbone (S. 570) gehen.

⊙ San Marco

★ Galleria dell'Accademia   KUNSTGALERIE

(Karte S. 557; www.polomuseale.firenze.it; Via Ricasoli 60; Erw./erm. 6,50/3,25 €; ⊙ Di–So 8.15–18.50 Uhr) Der Eingang zu dieser Galerie lässt sich sofort an der recht langen Warteschlange erkennen. Die Accademia wurde ins Leben gerufen, um eines der bedeutendsten Meisterwerke der Renaissance zu beherbergen: Michelangelos *David*. Und die bekannteste Skulptur der Welt ist die Wartezeit zum Glück auch wirklich wert.

Die aus einem Marmorblock skulptierte Statue stellt einen nackten Krieger dar, der angeblich 1504 auf einem Podest vor dem Palazzo Vecchio auf der Piazza della Signoria stand – ein Sinnbild der mächtigen Stadt, der Freiheit und des Bürgerstolzes.

Meister Michelangelo zeichnet auch verantwortlich für den unvollendeten *San Matteo* (hl. Matthäus; 1504–1508) und die vier *Prigioni* (*Gefangene oder Sklaven*; 1521–1530), die ebenfalls in der Galerie ausgestellt sind. In den angrenzenden Sälen sind Gemälde von Andrea Orcagna, Taddeo Gaddi, Domenico Ghirlandaio, Filippino Lippi und Sandro Botticelli zu bewundern.

★ Museo di San Marco   MUSEUM

(Karte S. 557; www.polomuseale.firenze.it; Piazza San Marco 1; Erw./erm. 4/2 €; ⊙ Mo–Fr 8.15–13.20, Sa & So 8.15–16.20 Uhr, 1., 3. & 5. So & 2. & 4. Mo im Monat geschl.) Im Herzen des Universitätsviertels von Florenz ragt die **Chiesa di San Marco** auf, eine Dominikanerkirche mit Kloster aus dem 15. Jh.; dort dienten der talentierte Maler Fra' Angelico (um 1395–1455) und der scharfzüngige Savonarola dem Herrgott. Heute zählt das Kloster, in dem die Werke Fra' Angelicos ausgestellt sind, zu den spirituell erhebendsten Museen der Stadt überhaupt.

Der Eingang führt durch Michelozzos **Kreuzgang des hl. Antonius** (1440) ins Gebäude. Dort hält man sich scharf rechts, um in die **Sala dell'Ospizio** (Pilgerhospital) zu gelangen, wo Fra' Angelicos Geschick für Perspektive und realistische Naturdarstellung in vielen bedeutenden Gemälden zum Ausdruck kommt, beispielsweise in seinem Werk *Grablegung Christi* (1432).

Giovanni Antonio Soglianis Fresko *Abendmahl des hl. Dominikus* (1536) dominiert das ehemalige **Refektorium** der Mönche im Kreuzgang; und Fra' Angelicos riesiges Fresko *Kreuzigung und Heilige* (1441–1442) ziert das ehemalige Kapitelhaus.

Die Hauptattraktionen des Museums befinden sich im ersten Stock. Am Ende der Treppe zieht das bekannteste Werk von Fra' Angelico, die *Verkündigung* (um 1440), alle Blicke auf sich. Ein Stück weiter lassen die Mönchszellen Bruchstücke von zig weiteren herrlichen Fresken religiösen Inhalts des in der Toskana geborenen Mönchs sehen; er gestaltete die Zellen in den Jahren 1440/1441 mit zutiefst frommen Fresken aus, die seine Klosterbrüder während der Meditation als Anleitung dienen sollten. Zu den Meisterwerken zählen das herrliche Werk *Anbetung der Könige* in der Zelle, die Cosimo der Ältere als Hort der Besinnung nutzte (Nr. 38 und 39).

In krassem Gegensatz zur reinen Schönheit dieser Fresken stehen die kargen eher schmucklosen Räume, die Savonarola ab 1489 zu seinem Zuhause machte. Es befinden sich dort ein Porträt sowie einige persönliche Gegenstände.

Piazza della Santissima Annunziata   PIAZZA

(Karte S. 557) Giambolognas Reiterstandbild des Großherzogs Ferdinando I. de' Medici beherrscht die Szenerie in der Mitte des majestätischen Platzes, der von den Fassaden der **Chiesa della Santissima Annunziata** (Karte S. 557) (1250) und dem **Ospedale degli Innocenti** (Krankenhaus der Unschuldigen; Karte S. 557; Piazza della SS Annunziata 12), Europas erstem Waisenhaus (1421 gegründet), geprägt wird.

Ein Blick nach oben lohnt, um den vom Klassizismus beeinflussten Portikus zu bewundern, ein Entwurf Brunelleschis. Ausgeschmückt wurde die berühmte Struktur von Andrea della Robbia (1435–1525) mit Terrakotta-Medaillons, die Babys in Windeln zeigen. Die mit Gittern umgebene Scheintür am nördlichen Ende des Portikus war früher eine Drehtür, an der unerwünschte Kinder abgelegt werden konnten. Wer den hübschen Hof (Mo–Sa 10–15.30, So bis 13.30 Uhr) besichtigen möchte, bezahlt 1 € Eintritt. Die Räumlichkeiten sind wegen umfassender Restaurierungsarbeiten bis April 2015 geschlossen; dann öffnen sie als Museum der Kindheit wieder ihre Pforten.

San Lorenzo & San Marco

San Lorenzo & San Marco

⊙ Santa Croce

Basilica di Santa Croce KIRCHE
(Karte S. 559; www.santacroceopera.it; Piazza di
Santa Croce; Erw./erm. 6/4 €, Familienticket 12 €;
⊙ Mo–Sa 9.30–17, So 14–17 Uhr) Als Lucy Honey-
church, die Heldin in E. M. Forsters Roman
Zimmer mit Aussicht, ohne einen Baedeker
in Santa Croce strandete, schaute sie sich
um und wunderte sich, weshalb die Basilika
als derart bedeutendes Gebäude galt. Sah sie
nicht eher wie eine Scheune aus? Viele Besucher überkommt beim Betreten der gewaltigen Franziskanerkirche heute ein ähnliches
Gefühl – der schmucklose Kirchenraum löst
nach der klein teiligen gotischen Fassade in
verschiedenen Marmortönen schon irgendwie einen Schock aus. Die meisten Besucher
zieht es in die Basilika, um sich die Grabmäler bedeutender Florentiner anzusehen, die

hier ihre letzte Ruhestätte gefunden haben
– darunter Michelangelo, Galileo, Ghiberti
und Machiavelli. Doch eigentlich sind die
Fresken von Giotto und seiner Schule in den
Kapellen rechts vom Altar die Hauptattraktion. Manche sind schöner erhalten, besser
weniger. Giottos Werke in der Cappella Peruzzi befinden sich jedenfalls leider in besonders schlechtem Zustand.

Von den Kapellen des Querschiffs führt
ein von Michelozzo entworfenes Portal in
einen Korridor, an dem die **Sagrestia** liegt,
ein herrlicher Raum des 14. Jhs., dessen linke Seite von Taddeo Gaddis Fresko mit der
Darstellung der Kreuzigung bestimmt wird.
Es gibt hier auch einige Reliquien des heiligen Franziskus, wie seine Kutte und seinen Gürtel. Durch den nächsten Raum, die
Buchhandlung der Kirche, besteht Zugang
zur **Scuola del Cuoio**, wo man beim Anfer-

tigen von Taschen zusehen und die fertigen Produkte auch kaufen kann.

Den zweiten der beschaulichen Kreuzgänge von Santa Croce entwarf Brunelleschi kurz vor seinem Tod 1446. Seine unvollendete **Cappella de' Pazzi** am Ende des ersten Kreuzgangs lohnt einen Besuch wegen der harmonischen Linien und der Terrakotta-Medaillons mit den Aposteln von Luca della Robbia. Diese Kapelle ist ein absolutes Meisterwerk der Renaissance-Baukunst.

Im ersten Kreuzgang ist das **Museo dell'Opera di Santa Croce** (Eintritt inkl. Basilika Erw./erm. 5/3 €) untergebracht. Es zeigt eine *Kreuzigung* von Cimabue, die nach der Überschwemmung 1966, als das Viertel Santa Croce 4 m unter Wasser stand, so gut wie irgend möglich restauriert wurde. An weiteren Highlights warten eine wunderschöne Terrakotta-Büste des hl. Franziskus, der die Wundmale empfängt, aus der Werkstatt della Robbia sowie diverse Fresken von Taddeo Gaddi, darunter *Das letzte Abendmahl* (1333).

◉ Oltrarno

Das malerische Viertel Oltrarno liegt im wahrsten Sinn des Wortes „jenseits des Arno", genau gesagt nimmt es das gesamte Florentiner Stadtgebiet südlich vom Fluss ein.

Ponte Vecchio
BRÜCKE

(Karte S. 546; ▣B) Das Wahrzeichen von Florenz funkelt schon seit dem 16. Jh. nur so wegen der glitzernden Schmuckstücke in den vielen Juweliergeschäften. Damals befahl Ferdinando I. de' Medici den Juwelieren, sich hier niederzulassen, um die oft übel riechenden Metzgereien, die noch dazu unerwünschte Reste kurzerhand in den Fluss warfen, zu ersetzen.

Die Steinbrücke an der schmalsten Stelle des gesamten Flusses wurde erstmals 972 erwähnt. Der Arno macht im Allgemeinen einen eher sanften Eindruck, doch wenn er außer Rand und Band gerät, dann kennt er keine Gnade. In den Jahren 1177 und 1333 zerstörte eine Flut die Brücke, und 1966 fehlte auch nicht viel. Die Brücke, wie sie sich heute präsentiert, datiert aus dem Jahr 1345 und war die einzige, die 1944 vor der Zerstörung durch die auf dem Rückzug befindlichen deutschen Truppen bewahrt werden konnte. Über den Geschäften auf der Ostseite befindet sich der berühmt-berüchtigte **Corridoio Vasariano** (✆055 29 48 83; ☺Führung), der irgendwie seltsam um – und nicht direkt durch – die mittelalterliche **Torre dei Mannelli** am Südende der Brücke erbaut wurde.

Palazzo Pitti
MUSEUM

(Karte S. 560; www.polomuseale.firenze.it; Piazza dei Pitti; Ticket 1 Erw./EU-Bürger 18–25/EU Kind & Senior 8,50/4,25 €/frei, Ticket 2 7/3,50 €/frei, Ticket 3 11,50/5,75 €/frei ☺Di–So 8.15–18.05 Uhr) Dieser weitläufige Palast wurde 1458 für die Familie Pitti errichtet, den Rivalen der Medici. Cosimo I. und Eleonora di Toledo erwarben ihn 1549; von da an fungierte er als offizielle Residenz der Florentiner Herrscher bis 1919, als die Savoyer das Gebäude dem Staat übergaben.

Im Erdgeschoss des **Museo degli Argenti** (Silbermuseum; ☺ Sommer 8.15–18.05 Uhr, restl. Jahr kürzer, 1. & letzter Mo im Monat geschl.) werden in den Audienzräumen mit kunstvollen Fresken Wechselausstellungen präsentiert.

Werke von Raffael und Rubens, Teile der beneidenswerten Sammlung von Kunst des 16. bis 18. Jhs., die von den Medici und den Herzögen von Lothringen angesammelt wurde, stehen im Mittelpunkt im ersten Stock der **Galleria Palatina** (☺Sommer Di–So 8.15–18.50 Uhr, im Winter kürzer). Zu den Höhepunkten zählen Filippo Lippis *Tondo Bartolini* (*Madonna und Kind mit Szenen*

ℹ️ PALAZZO PITTI: EINTRITTSKARTEN

Die Eintrittskarten für den Palastkomplex und die umliegenden Gärten sind eine komplizierte Angelegenheit. Alle drei nachfolgend aufgeführten Varianten sind jedenfalls am Kartenschalter rechts vom Eingang zum Palazzo Pitti erhältlich.

Eintrittskarte 1 Zutritt zur Galleria Palatina, den Appartamenti Reali und zur Galleria d'Arte Moderna.

Eintrittskarte 2 Zutritt zur Galleria del Costume, zum Museo degli Argenti, zum Giardino di Boboli, zum Giardino Bardini und zum Museo delle Porcellane.

Eintrittskarte 3 Zutritt zu allen Sehenswürdigkeiten; das Ticket ist drei Tage gültig.

Santa Croce

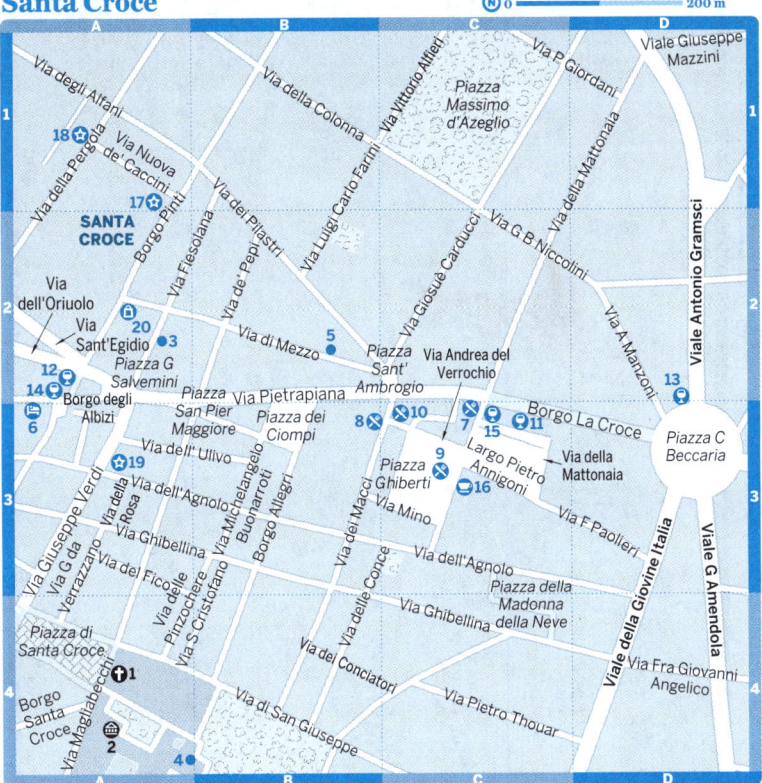

Santa Croce

◎ Sehenswertes
1 Basilica di Santa Croce A4
2 Museo dell'Opera di Santa Croce A4

✛ Aktivitäten, Kurse & Touren
3 Florence by Bike..................................... A2
4 Scuola del Cuoio A4
5 Scuola di Arte Culinaria Cordon
   Bleu... B2

🛏 Schlafen
6 Hotel Orchidea A3

⊗ Essen
7 Il Giova... C3
8 Il Pizzaiuolo B3
   Il Teatro del Sale ....(siehe 8)
9 Mercato di Sant'Ambrogio C3
   Pollini ....(siehe 10)

10 Trattoria Cibrèo C3

⊖ Ausgehen & Nachtleben
11 Drogheria.. C3
12 Eby's Bar A2
13 Kitsch D2
14 Lion's Fountain A2
15 Monkey Bar C3
16 Nano Caffè C3

✿ Unterhaltung
17 Jazz Club A1
18 Teatro della Pergola.............................. A1
19 Twice Club A3

🔒 Shoppen
20 Mrs Macis A2

FLORENZ & TOSKANA SEHENSWERTES

Oltrarno & Boboli

200 m

0

N

Via de' Neri

Piazza della Signoria

Piazza Castellani

Via de' Giudici

Piazza Mentana

Lungarno Generale Diaz

9

Corridoio Vasariano

Borgo SS Apostoli

Lungarno degli Acciaiuoli

Arno

Lungarno Torrigiani

Via de' Bardi

Costa Scarpuccia

Costa di San Giorgio

Costa di San Giorgio

Vicolo della Cava

Zoè (190 m); Porta San Niccolò (400 m); James Joyce (1 km)

5

Chiesa di San Niccolò Oltrarno (50 m); Porta San Miniato (200 m)

10

Torre dei Mannelli

12

29

Via de' Bardi

28

Piazza dei Rossi

Piazza di Santa Maria Soprarno

Piazza di Santa Felicità

Via Stracciatella

Vicolo della Cava

7

6

20

Via de' Ramaglianti

Via de' Barbadori

Via de' Guicciardini

16

Borgo San Jacopo

Palazzo Frescobaldi

Ponte Santa Trinita

Piazza de' Frescobaldi

s. Karte Der Dom & Santa Maria Novella (S. 546)

Piazza della Passera

Via de' Vellutini

Via de' Velluti

Via de' Sguazza

34

33

8

4

11

1

Piazza de' Pitti

Palazzo Pitti Ticketverkauf

Piazza Santo Spirito

SANTO SPIRITO

13

Via Maggio

Via S Martino

Via Presto di

2

Via de' Michelozzi

23

19

Sor de' Pitti

Via Maggio

31

25

17

Piazza San Felice

Via Mazzetta

Lungarno Guicciardini

Piazza degli Scarlatti

Via di Santo Spirito

24

22

21

27

Piazza N Sauro

Borgo San Frediano

18

26

Via de' Serragli

Via Sant' Agostino

Borgo Tegolaio

Via Romana

32

30

14

Via Santa Monaca

Via dell'Ardiglione

Borgo della Stella

SAN FREDIANO

Piazza del Carmine

3

Via delle Caldaie

Via Santa Maria

Via della Chiesa

Via del Campuccio

Via de' Serragli

Giardino Torrigiani

Oltrarno & Boboli

aus dem Leben der hl. Anna; 1452–1453) und Botticellis *Madonna mit Kind und dem Johannesknaben* (ca. 1490–1495) in der Sala di Prometeo, Raffaels *Madonna mit dem Fensterrahmen* (1513–1514) in der Sala di Ulisse und Caravaggios *Schlafender Amor* (1608) in der Sala dell'Educazione di Giove. In der Sala di Saturno hängt eine Reihe herausragender Arbeiten von Raffael. Der Favorit aller romantisch Veranlagten, Tiberio Titis charmantes Porträt des jungen Fürsten Leopoldo de' Medici, hängt in der Sala di Apollo. Dagegen prunkt Tizians *La Bella* (ca. 1536) in der Sala di Venere.

Hinter der Sala di Venere liegen die **Appartamenti Reali** (Königliche Gemächer; ⊙ Feb.–Dez. Di–So 8.15–18.50 Uhr), einige Räumen, die so präsentiert werden, wie sie die Mitglieder des Hauses Savoyen in den Jahren von 1880 bis 1891 bewohnten. Der Stil und die Einteilung der Räume erinnern an spanische Königspaläste; alle Gemächer präsentieren eine Überfülle an schweren Vorhängen, Seide und Kronleuchtern.

Nicht Marini, Mertz oder Clemente gibt es hier zu sehen – in der Sammlung der **Galleria d'Arte Moderna** (Galerie moderner Kunst; ⊙ Sommer Di–So 8.15–18.50 Uhr, im Winter kürzer) im zweiten Stock herrschen die Werke der Florentiner Schule der Macchiaioli (die toskanische Entsprechung der Impressionisten) vom Ende des 19. Jhs. vor. Nur wenige Besucher besichtigen die **Galleria del Costume** (Kostümgalerie; ⊙ Sommer 8.15–18.05 Uhr, restl. Jahr kürzer, 1. & letzter Mo im Monat geschl.), wodurch ihnen die faszinierende, wenngleich makabre Ausstellung der halb zersetzten Totengewänder von Cosimo I., seiner Frau Eleonora di Toledo und ihres Sohns Don Garzia entgeht.

Giardino di Boboli   GÄRTEN
(Boboli-Gärten; Karte S. 560; Piazza Pitti; Erw./erm./Kind 7/3,50 €/frei; ⊙ Sommer 8.15–19.30 Uhr, Winter weniger lang) Die Gärten des Palazzo Pitti wurden Mitte des 16. Jhs. nach einem Entwurf des Architekten Niccolò Pericoli angelegt und sind ein Paradebeispiel für einen toskanischen Garten. An der oberen südlichen Grenze unterhalb des mit einer Buchsbaumhecke umgebenen Rosengartens und des Museo delle Porcellane (Porzellanmuseum) bietet sich ein herrlicher Blick über die Florentiner Landschaft.

Der Garten ist mit einer Fülle von Statuen und verborgenen Pfaden gesegnet. Weitere Elemente sind die eher verwahrloste **Zypressen-Allee**, der von einer Mauer umgebene **Giardino del Cavaliere** (Rittergarten) und der **Isoletto**, ein herrlich gestalteter Teich.

Am Ausgang des Gartens schmücken viele hundert Muscheln die Fassade der

Grotta del Buontalenti (🕐11, 13, 15, 16 & 17 Uhr), einer fantasievollen Grotte von Giambologna. Wer einen Blick ins Innere wirft, sieht, wie sich eine wohlgenährte Venere (Venus) aus den Wellen erhebt. Die Mauer links von der Grotte ist die Fassade des letzten Teilstücks des Corridoio Vasariano (Vasari-Korridor, S. 558), der den Palast mit den Uffizien verbindet.

Giardino Bardini   GÄRTEN
(Karte S. 560; www.bardinipeyron.it; Eingänge in der Via de' Bardi 1r & Costa di San Giorgio 2; Erw./EU-Bürger erm. 10 €/frei, Eintritt auch im Palazzo Pitti-Kombiticket 2 oder 3 enthalten; 🕐 Sommer 8.15–19.30 Uhr, Winter weniger lang) Der beschauliche Garten wurde nach dem Kunstsammler Stefano Bardini (1836–1922) benannt, der die Villa 1913 erwarb und den mittelalterlichen Garten restaurierte. Er ist kleiner und gepflegter als der Giardino di Boboli, weist aber dennoch alle Merkmale eines typisch toskanischen Gartens auf – allerdings ohne die Menschenmassen, die sich nebenan oft tummeln. In der Villa präsentiert das **Museo Roberto Capucci** (www.bardinipeyron. it; Giardini Bardini; Erw./erm. 8/6 €; 🕐 April–Okt. Mi–So 10–21 Uhr) eine Sammlung von Haute Couture – alles Entwürfe Capuccis – sowie Wechselausstellungen.

Ein idyllisches Erlebnis ist ein Spaziergang an den künstlichen Grotten, der Orangerie, den Marmorstatuen und Brunnen vorbei. Blumenbeete mit Azaleen, Päonien und Glyzinien blühen im April und Mai, Schwertlilien im Juni. Das romantische **Sommercafé** (April–Sept. 10–18 Uhr) befindet sich in einer Steinloggia mit Aussicht auf die Florentiner Skyline und ist ein herrlicher Flecken, um sich zum Mittagessen ein *panino* oder auch nachmittags ein Eis oder einen Kaffee zu gönnen.

Piazzale Michelangelo   AUSSICHTSPUNKT
Am besten kehrt man dem Wust von Andenkenläden mit irgendwelchem Krimskrams und David-Boxershorts den Rücken, und genießt lieber vom weitläufigen Platz – mit einer der beiden *David*-Kopien in Florenz – das imposante Stadtpanorama. Der Sonnenuntergang ist hier oft wirklich dramatisch. Wie man dorthin kommt? Zu Fuß läuft man zehn Minuten auf einer Serpentinenstraße, auf Pfaden und über Treppen vom Fluss und der Piazza Giuseppe Poggi zur Anhöhe hinauf. Von der Piazza San Nicolò marschiert man bergauf und nimmt dann links die

Treppe, die mit „Viale Michelangelo" ausgeschildert ist. Eine Alternative wäre die Fahrt mit Bus 13.

Basilica di San Miniato al Monte   KIRCHE
(www.sanminiatoalmonte.it; Via Monte alle Croce; 🕐 Mai–Okt. 8–19 Uhr, Nov.–April 8–12 & 15–18 Uhr) Fünf Minuten oberhalb des Piazzale Michelangelo befindet sich diese schöne romanische Kirche. Die Chiesa di San Miniato ist dem hl. Minias geweiht, einem frühchristlichen Märtyrer aus Florenz, der hier heraufgeflogen sein soll, nachdem man ihn in der Stadt zum Tode verurteilt hatte. Es gibt jedoch noch eine andere, etwas gruseligere Version dieser Legende: Er soll mit dem Kopf unter dem Arm den Hügel hinaufmarschiert sein.

Die Kirche stammt aus dem frühen 11. Jh., wobei die typisch toskanische Fassade aus mehrfarbigem Marmor erst in paar Jahrhunderte später hinzugefügt wurde. In Innern zieren Fresken aus dem 13. bis 15. Jh. die Südwand, und das Kirchenschiff ist von aufwendigen Marmorintarsien gesäumt. Vom Kirchenschiff geht es in eine schöne romanische Krypta. Die Sakristei in der südöstlichen Ecke ist mit Fresken von Spinello Arentino geschmückt, die über das Leben des hl. Benedikt von darstellen. Mitten im Hauptschiff befindet sich die **Cappella del Crocefisso**, die dank der Arbeit von Michelozzo, Agnolo Gaddi und Luca della Robbia zu einem echten Schmuckstück wurde.

Cappella Brancacci   KAPELLE
(Karte S. 560; 📞 055 276 82 24; www.musefirenze.it; Piazza del Carmine 14; Erw./erm. 6/4,50 €; 🕐 Mi–Sa & Mo 10–16.30, So 13–16.30 Uhr) Im 18. Jh. zerstörte ein Feuer die **Basilica di Santa Maria del Carmine** fast völlig, doch die herrlichen Fresken in der Kapelle, rechts vom Eingang zur Kirche, blieben auf wundersame Weise verschont. Die Kapelle kann ausschließlich im Rahmen einer Führung (20 Min., 20-Minutentakt) besichtigt werden. Während der Hochsaison empfiehlt es sich, frühzeitig zu reservieren, da immer nur 30 Personen gleichzeitig Einlass finden.

Die Kapelle ist ein wahres Kleinod mit Gemälden von Masolino da Panicale, Masaccio und Filippino Lippi. Masaccios Freskenzyklus, der das Leben des hl. Petrus darstellt, gilt als eines seiner hervorragendsten Werke; es bedeutet einen klaren Bruch mit der Kunst der Gotik und den Aufbruch in die neue Ausdruckswelt der Frührenaissance.

Zu den Highlights zählen *Die Vertreibung aus dem Paradies* und *Der Zinsgroschen*, beide auf der linken Seite der Kapelle.

Basilica di Santo Spirito
KIRCHE
(Karte S. 560; Piazza Santo Spirito; ☺ Do–Di 8.30–12.30 & 16.30–17.30 Uhr) GRATIS Die Fassade dieser Kirche von Brunelleschi an der schäbig-schicksten Piazza von Florenz ist besonders im Sommer beeindruckend, wenn sie die malerische Kulisse für Open-Air-Konzerte und das rege Treiben abgibt. Im Kirchenraum beeindrucken Kunstwerke wie Domenico di Zanobis *Madonna der Errettung* (1485) in der Cappella Velutti, auf dem die hl. Jungfrau Maria mit einem Stock einen kleinen Teufel vertreibt, und auch Filippino Lippis schlecht beleuchtete *Madonna mit Kind und Heiligen* (1493/1494) in der dunkleren Cappella Nerli im rechten Querschiff.

Die Tür neben der Capella Segni im linken Seitenschiff sollte man nicht übersehen. Sie führt in die **Sakristei**. Dort befindet sich ein Holzkruzifix, das manche Experten Michelangelo zuschreiben.

 Kurse

Scuola di Arte Culinaria
Cordon Bleu
KOCHEN
(Karte S. 559; ☎ 055 234 54 68; www.cordon bleu-it.com; Via di Mezzo 55r) Eine ernst zu nehmende Kochschule für Amateure und Profis, die eine Fülle von Kochkursen anbietet – kurze Workshops, Langzeitkurse und auch Einzelunterricht.

Scuola del Cuoio
LEDERVERARBEITUNG
(Karte S. 559; ☎ 055 24 45 34; www.scuoladelcuoio.com; Via San Giuseppe 5r) Kurse für Lederverarbeitung offeriert diese Ledermacherschule, die nach dem Zweiten Weltkrieg von Franziskanermönchen ins Leben gerufen wurde.

In Tavola
KOCHEN
(Karte S. 560; ☎ 055 21 76 72; www.intavola.org; Via dei Velluti 18r) Unter den Dutzenden sorgsam konzipierte Kurse für Anfänger bis zum Profi findet garantiert jeder das Richtige: Pizza und Gelato, die Herstellung von Pasta, einfache toskanische Abendessen und vieles mehr.

 Geführte Touren

City Sightseeing Firenze
BUSTOUR
(Karte S. 557; ☎ 055 29 04 51; www.firenze.citysightseeing.it; Piazza della Stazione 1; Erw. 1/2/ 3 Tage 20/25/30 €) Es macht Spaß, Florenz im oben offenen Aussichtsbus zu erkunden. Die Fahrgäste können ganz nach Lust und Laune an den 15 Haltstellen in der ganzen Stadt ein- und aussteigen. Fahrkarten sind beim Fahrer erhältlich; sie sind 24 Stunden gültig.

★ 500 Touring Club
OLDTIMERTOUR
(☎ 346 826 23 24; www.500touringclub.com; Via Gherardo Silvani 149a) Im Florentiner 500 Touring Club kann man sich zu einer Oldtimertour mit Führer anmelden – und sich sogar selbst hinters Steuer setzen! Jedes Auto der Flotte mit nostalgischen Fiats 500 aus den 1960er-Jahren hat einen Namen – Giacomo ist der Playboy, Olivia eine Art Revoluzzerin etc. Die Autoausflüge finden unter Leitung eines Führers statt – man setzt sich in den Oldtimer und fährt ihm einfach hinterher; und unter einem Motto stehen die Touren auch immer.

Familien sind stets vom Picknick-Ausflug begeistert, Paare von der Weinverkostung. Von März bis November müssen diese Touren lang im Voraus gebucht werden.

Artviva
SPAZIERGANG
(Karte S. 546; ☎ 055 264 50 33; www.italy.artviva.com; Via de' Sassetti 1; pro Pers. ab 25 €) Kunsthistoriker und Historiker leiten die dreistündigen Stadtspaziergänge (25–39 €). Es gibt u. a. eine Führung durch die Uffizien, eine „David-Tour" sowie eine spannenden Abendspaziergang (Murder Mystery Tour). ArtViva bietet auch Ausflüge ins Chianti (Weinverkostung) und zu einer Renaissancevilla in der Umgebung von Florenz (inkl. Mittagessen und Schwimmen) an.

Freya's Florence Tours
SPAZIERGANG
(☎ 349 074 89 07; www.freyasflorence.com; 70 € pro Std.) Die private Stadtführerin, eine gebürtige Australierin, hat sich in Florenz etabliert. Im Preis für die Führung sind die Eintrittsgebühren nicht enthalten.

Faith Willinger -
Lessons & Tours
KULINARISCHE TOUR
(www.faithwillinger.com) Exkursionen für Freunde kulinarischer Genüsse mit Stadtspaziergängen, Kochunterricht, Marktbummel und vielem mehr bietet die in Florenz stationierte und in den USA geborene Kochbuchautorin Faith Willinger an.

Accidental Tourist
WEIN, KULINARISCHE TOUR
(☎ 055 69 93 76; www.accidentaltourist.com) Am besten wird man zuerst einmal Mit-

glied bei Accidental Tourist (Mitgliedschaft 10 €), dann meldet man sich für eine Weintour an (60 €), für einen Kochkurs (70 €), ein Gourmet-Picknick (35 €) und vieles mehr; die Exkursionen finden in und rund um Florenz statt.

 Feste & Events

Festa di Anna Maria Medici
HISTORISCHER EVENT

Beim Fest zu Ehren von Anna Maria Medici, die 1743 als letzte Medici verstarb, findet ein Umzug mit historischen Kostümen statt, der vom Palazzo Vecchio zu Anna Marias Grabmal in den Cappelle Medicee führt (am 18. Feb.).

Scoppio del Carro
FEUERWERK

Am Ostersonntag um 11 Uhr wird vor dem Dom ein Karren mit Feuerwerk in die Luft gejagt – mindestens zwei Stunden früher kommen, sonst sind alle guten Plätze schon weg.

Maggio Musicale Fiorentino
KUNST

(www.maggiofiorentino.com) Das älteste Kunstfestival Italiens (April–Juni) findet im Teatro del Maggio Musicale Fiorentino in Florenz statt. Auf dem Programm stehen Theateraufführungen von Weltrang, klassische Musik, Jazz und Tanz.

Festa di San Giovanni
SOMMERFEST

Florenz feiert seinen Schutzpatron, den hl. Johannes, mit einem *calcio storico* – einer Art historischem Fußballspiel auf der Piazza di Santa Croce und einem Feuerwerk am Piazzale Michelangelo (am 24. Juni).

Festival Firenze Classica
MUSIK

(www.orcafi.it) Im Juli gibt das überaus renommierte Florentiner Orchestra da Camera Toscana Konzerte mit klassischer Musik im stimmungsvollen Ambiente des Oratorio di San Michele a Castello sowie im Palazzo Strozzi.

Schlafen

 Rund um die Piazza del Duomo & die Piazza della Signoria

★ Hotel Scoti
HISTORISCHES HOTEL €

(Karte S. 546; ☎ 055 29 21 28; www.hotelscoti.com; Via de' Tornabuoni 7; EZ/DZ/3BZ/4BZ 80/125/150/175 €; ☎ ⌂) Das zwischen den

Modelabels Prada und McQueen eingekeilte Hotel ist eine vortreffliche Mischung aus altmodischem Charme und einem prima Preis-Leistungs-Verhältnis. Die Australierin Doreen und der Italiener Carmello führen das Hotel mit Gelassenheit und einem Lächeln auf den Lippen. Das Scoti befindet sich in einem *palazzo* aus dem 16. Jh. in der schicksten Einkaufsstraße der Stadt. Die 16 Zimmer sind sauber und gemütlich, die Hauptattraktion ist jedoch die mit Fresken verzierte Lounge aus dem Jahr 1780. Das Frühstück kostet 5 € extra.

Hotel Cestelli
BOUTIQUEHOTEL €

(Karte S. 546; ☎ 055 21 42 13; www.hotelcestelli.com; Borgo SS Apostoli 25; DZ 100–115 €, EZ/DZ mit Gemeinschaftsbad 60/80 €, extra Bett 25 €; ☺ Jan./Feb. 4 Wo. & Aug. 3 Wo. geschl.) Das Hotel mit acht Zimmern in einem *palazzo* aus dem 12. Jh. ist ein wahres Schmuckkästchen und liegt bloß ein paar schwankende Stöckelschuh-Schritte vom Arno und der schicken Via de' Tornabuoni entfernt. Die großen, ruhigen Zimmer zeugen von dezenter Eleganz, die schon wie ein Understatement wirkt – also beispielsweise Waschbecken mit Siebdruck und nostalgische Kunstwerke. Vor der Stadtbesichtigung sollte man das Paar, den italienischen Fotografen Alessio und die anmutige Japanerin Asumi, unbedingt noch nach den angesagtesten Speiselokalen, Kneipen und Geschäften fragen.

Hotel Torre Guelfa
HISTORISCHES HOTEL €€

(Karte S. 546; ☎ 055 239 63 38; www.hoteltorreguelfa.com; Borgo SS Apostoli 8; DZ/3BZ/4BZ 200/250/300 €; ✳ @ ⌂) Wohl jeder träumt davon, einmal in einem echten Florentiner *palazzo* zu wohnen, ohne gleich das Sparschwein schlachten zu müssen. Dieses Hotel mit 31 Zimmern lässt diesen Traum Wirklichkeit werden. Das Gebäude mit einer Fassade, die wie eine Festung anmutet, stammt aus dem 13. Jh. Im zugehörigen 50 m hohen Turm – der höchsten *torre* in Privatbesitz in Florenz – sind die Gäste hin und weg, wenn sie sich einen Sundowner mit Blick über die Stadt genehmigen. In der deutlich günstigeren Nebensaison halbieren sich die Preise so etwa.

Hotel Davanzati
HOTEL €€

(Karte S. 546; ☎ 055 28 66 66; www.hoteldavanzati.it; Via Porta Rossa 5; EZ/DZ/4BZ 132/199/342 €; ✳ @ ⌂ ⌂) An die 20 Treppenstufen geht es hinauf zu diesem schicken Hotel, das sich an den Palazzo Davanzati

DIE VIER BESTEN GELATERIE

Die Florentiner nehmen ihr Eis sehr ernst, und somit besteht ein gesunder Konkurrenzkampf zwischen den *gelaterie artigianale*, die in Florenz selbst gemachtes Eis anbieten. Jede will mit den cremigsten, aromatischsten und frischesten Eis der Stadt Furore machen. Die Geschmacksrichtungen definieren sich durch die Jahreszeiten; eine kleine/mittlere/große/riesige Portion in der Waffel oder im Becher kostet 2/3/4/5 €.

➡ **Vivoli** (Karte S. 546; Via dell'Isola delle Stinche 7; Becher 2–10 €; ☺ Sommer Di–Sa 7.30–24, So 9–24 Uhr, Winter bis 21 Uhr)) Die Eisdiele mit einigen Tischen im Laden und das erweiterte Angebot mit Kaffee, Tee und Kuchen sind wirklich etwas Besonderes. Bezahlt wird zuerst am Tresen, gegen den Bon gibts dann das gewünschte Eis. Keine Waffeln, nur Becher.

➡ **Grom** (Karte S. 546; www.grom.it; Ecke Via del Campanile & Via delle Oche; ☺ April–Sept. 10.30–24 Uhr, Okt.–März bis 23 Uhr) Ob bei Regen, Hagel oder Sonnenschein – die Schlangen stehen an dieser süßen Adresse immer die halbe Straße hinunter. Und die Sorten schmecken ja auch wirklich alle himmlisch; viele der Zutaten sind Bioprodukte. Außerdem sind hier noch heiße Schokolade und Milkshakes erhältlich, die zu probieren sich lohnen.

➡ **La Carraia** (Karte S. 560; Piazza Nazario Sauro 25r; ☺ Sommer 9–23 Uhr, Winter bis 22 Uhr) Ein Blick auf die Schlange, die ständig vor der Tür dieser Eisdiele in leuchtendem Grün und Zitronengelb wartet, genügt, und eines ist klar: La Carraia steht bei den Florentinern hoch im Kurs. Die Sorten sind spannend – wie wäre es beispielsweise mit Ricotta und Birne?

➡ **Carabé** (Karte S. 557; www.gelatocarabe.com; Via Ricasoli 60r; ☺ 10–24 Uhr, Mitte Dez.–Mitte Jan. geschl.) Hier verlocken *gelato* (Eis) aus Sizilien, *granita* (Sorbet) und brioche (Eis-Sandwich); die Eisdiele liegt praktisch, wenn man anstehen muss, um sich den *David* anzusehen.

schmiegt. Es hat jede Menge Charisma, was dem verführerischen Labyrinth an reizenden Zimmern, den unerwarteten Fresken und dem modernen Komfort geschuldet ist – und natürlich auch dem Florentiner Charme von Tommaso und seinem Vater Fabrizio, die den Laden gemeinsam in Schwung halten (unter dem gestrengen Blick von Großvater Marcello). In jedem Zimmer steht ein Laptop, die Rezeption ist mit iPads bestückt.

Hotel Perseo HOTEL €€
(Karte S. 546; ☎ 055 21 25 04; www.hotelperseo.it; Via de' Cerretani 1; EZ 125 €, DZ 147–165 €, 3BZ 166–195 €, 4BZ 205–230 €; ✳@☎▥) Das für Familien perfekt geeignete Hotel kann mit 20 großen Zimmern aufwarten, ganz normalem Dekor ohne viel Schnickschnack und freundlichen Wirtsleuten, nämlich der Neuseeländerin Louise und dem Italiener Giacinto. Die Zimmer in der obersten Etage geben sich ein Stelldichein mit den Dächern – und bieten einen tollen Blick auf den *duomo*. Wer ein Problem hat, die (schwarze) Hausnummer eins auf der Straße unten ausfindig zu machen, kann auch nach der roten Nummer 23 Ausschau halten. In der Nebensaison fallen die Preise um über 50 %.

★ **Antica Torre di Via de' Tornabuoni 1** BOUTIQUEHOTEL €€€
(Karte S. 546; ☎ 055 21 92 48; www.tornabuoni1.com; Via de' Tournabuoni 1; DZ ab 325 €; ☺ Rezeption 7–22 Uhr; ☎▥) Nur ein paar Schritte vom Arno entfernt befindet sich dieses hochgelobte Hotel im wunderschönen Palazzo Gianfigliazzi aus dem 14. Jh. Die 20 geräumigen Zimmer geben sich schick und modern. Die Schau stiehlt ihnen jedoch die fantastische Dachterrasse, auf der das Frühstück aufgetragen wird – die tollste der ganzen Stadt, und zwar mit Abstand.

Palazzo Vecchietti LUXUSHOTEL €€€
(Karte S. 546; ☎ 055 230 28 02; www.palazzovecchietti.com; Via degli Strozzi 4; DZ ab 285 €; ✳@☎) Diese *residenza d'epoca* mit 14 hoffnungslos romantischen Zimmern in einem *palazzo* aus dem 15. Jh. ist gleichsam das Synonym für ein schickes Hotel. Wandteppiche, Bücherregale und Kunst-

TIPP: DIE BESTEN PIZZERIEN

In den drei empfohlenen Lokalen kostet eine Pizza 4,50 € bis 10 €:

➜ **Gustapizza** (Karte S. 560; Via Maggio 46r; Pizza 4,50–8 €; ⊘ Di–So 11.30–15 & 19–23 Uhr) Diese ganz normale Pizzeria in der Nähe der Piazza Santa Spirito verleiht dem Wort „voll" eine neue Qualität. Nur wer frühzeitig kommt, erwischt hier noch einen Barhocker an einem der Tische in Form eines Holzfasses und kann sich dann von den acht Sorten seine Wunschpizza aussuchen.

➜ **Pizzeria del' Osteria del Caffè Italiano** (Karte S. 546; www.osteriacaffeitaliano.com; Via dell'Isola delle Stinche 11–13r; Pizza 8 €; ⊘ 19.30–23 Uhr) Einfachheit lautet die Losung in dieser kleinen Pizzeria, in der es gerade einmal drei Varianten gibt: Margherita, Napoli und Marinara. Keine Kreditkarten.

➜ **Il Pizzaiuolo** (Karte S. 559; ☑ 055 24 11 71; Via dei Macci 113r; Pizza 5–10 €, Pasta 6,50–12 €; ⊘ Mo–Sa Mittag- & Abendessen, im Aug. geschl.) Junge Florentiner strömen in Scharen in das Lokal, um sich eine neapolitanische Pizza mit dicker Kruste einzuverleiben, die heiß aus dem Holzofen kommt. Abends sollte man unbedingt einen Tisch reservieren.

werke zieren die Wände, und auch farblich bietet das Hotel einen erfreulichen Anblick in seiner Mischung aus traditionellen Tönen und kräftigerem Blau, Rot und Lila. Drei Zimmer haben eine Terrasse, auf der die Gäste zwischen den Dächern das Frühstück einnehmen können.

🛏 Santa Maria Novella

Hotel L'O   LUXUSHOTEL €€€

(Karte S. 546; ☑ 055 27 73 80; www.hotelorologioflorence.com; Piazza di Santa Maria Novella 24; DZ ab 315 €; P ❄ @ 🕾) Das megaschicke Hotel mit viel Flair ist eine so verführerische Adresse, dass sich James Bond hier zu Hause fühlen würde. Das für den (stinkreichen) Besitzer einer (stinkteuren) Sammlung von Armbanduhren als Ausstellungsraum entworfene L'O – Hotel L'Orologio für die Hippen – hat vier Sterne. Die Zimmer sind nach den Uhren benannt, die auch überall herumstehen und -hängen. Also immer schön pünktlich sein ...

🛏 San Lorenzo & San Marco

★ Academy Hostel   HOSTEL €

(Karte S. 546; ☑ 055 239 86 65; www.academyhostel.eu; Via Ricasoli 9; B 32–34 €, DZ mit Gemeinschaftsbad 76 €, EZ/DZ 42/86 €; ❄ @ 🕾) Auch wenn eine Unterkunft preiswert ist, darf dies nicht auf Kosten des Komforts gehen – so lautet die allseits geschätzte Philosophie dieses modernen Hostels mit

zehn Zimmern, das den ersten Stock des *palazzo* (17. Jh.) von Baron Ricasoli einnimmt. Die Rezeption war ein Theater. In den Schlafsälen stehen maximal vier oder sechs Betten, außerdem haben sie hohe Decken, freundliche bunte Schließschränke und Paravents mit schickem Blumenmuster. Rechnungen unter 150 € können nicht mit der Kreditkarte beglichen werden; das Frühstück ist inklusive.

Ostello Archi Rossi   HOSTEL €

(Karte S. 557; ☑ 055 29 08 04; www.hostelarchirossi.com; Via Faenza 94r; B 28–32 €, EZ/DZ 62/90 €; ⊘ Dez. 2 Wo. geschl.; @ 🕾) Die Wände dieses Privathostels in der Nähe vom Bahnhof Santa Maria Novella sind mit Bildern und Kunstwerken der Gäste aufgepeppt. Die hellen weißen Schlafsäle sind mit bis zu zwölf Betten bestückt (die jenseits vom Garten sind ruhiger). Außerdem stehen den Gästen Waschmaschinen, Mikrowellengeräte und Automaten mit Tiefkühlkost zu Verfügung. Sperrstunde gibt es keine – wer nach 2 Uhr kommt, muss klopfen, um Einlass zu finden. Es werden täglich um 10 Uhr kostenlose Spaziergänge von zwei Stunden Dauer für die Gäste veranstaltet.

Hotel Morandi alla Crocetta   BOUTIQUEHOTEL €€

(Karte S. 557; ☑ 055 234 47 47; www.hotelmorandi.it; Via Laura 50; EZ 70–120 €, DZ 100–170 €, 3BZ 130–210 €, 4BZ 150–250 €; P ❄ 🕾) Das Hotel abseits vom Trubel in San Marco war früher ein mittelalterliches Kloster und beeindruckt seit seiner Umgestaltung seine Gäste. Die edlen, geschmackvollen Zimmer sind mit echten Antiquitäten und Gemälden vollgestopft. Ein paar Zimmer verfügen sogar über einen taschentuchgroßen Garten, der zum Faulenzen einlädt. Der eigentliche Hit ist jedoch das mit schönen Fresken geschmückte Zimmer 29 – die ehemalige Kapelle.

Antica Dimora Johlea
B&B €€

(Karte S. 557; ☎ 055 463 32 92; www.johanna.it; Via San Gallo 80; EZ 50–160 €, DZ 70–220 €; ❄ @ 🛜) Das etablierte und überaus renommierte Hotel ist eines von insgesamt fünf wunderschön gestalteten und gut ausgestatteten B&Bs, die sich in diversen historischen Residenzen rund um die Via San Gallo befinden. Dieses verfügt über eine Terrasse mit herrlichem Blick; es gibt ein leckeres Frühstück sowie den ganzen Tag über Tee und Kaffee (Nespresso) und leckeren Kuchen.

Hotel Azzi
HOTEL €€

(Locanda degli Artisti; Karte S. 557; ☎ 055 21 38 06; www.hotelazzi.com; Via Faenza 56/88r; DZ 105–115 €, 3BZ/4BZ 130/150 €; ❄ 🛜) Vom zentralen Markt und vom Bahnhof sind es gerade einmal fünf Minuten zu Fuß bis zu diesem Hotel – was das gepflegte Hotel umso attraktiver macht. Die Verbindung von gediegenem Charme und einer Lounge, einer Bibliothek voller Bücher, einer Terrasse und einem Whirlpool machen das Azzi besonders bei älteren Gästen beliebt. Das Hotel verfügt auch über preiswertere Zimmer und Apartments für Selbstversorger in den Dependancen gleich in der Nähe.

🛏 Santa Croce

★ Hotel Dalí
HOTEL €

(Karte S. 546; ☎ 055 234 07 06; www.hoteldali.com; Via dell'Oriuolo 17; DZ/3BZ 85/110 €, Apt. ab 95 €, EZ/DZ mit Gemeinschaftsbad 40/70 €; P @ 🛜 ♿) Das unglaublich freundliche Hotel ist die Leidenschaft und ewige Liebe von Marco und Samanta, zwei Globetrottern, die nun Eltern sind. („Ein Hotel zu führen ist wie eine Reise, nur fortbewegen tut man sich nicht.") Die zehn geräumigen, anheimelnden Zimmer sind mit einem Wasserkocher, Kaffee und Tee ausgestattet. Eine Mikrowelle, die alle Gäste benutzen dürfen, steht auch noch bereit. Die Bäder sind modern eingerichtet.

Das Tüpfelchen auf dem i sind jedoch die drei tollen Apartments für Selbstversorger – eines mit Aussicht auf den *duomo* –, in denen zwei, vier oder sechs Personen übernachten können. Frühstück gibt es keines; die Gäste können im schattigen Innenhof dafür aber kostenlos parken. In der Nebensaison fällt der Preis um 30 %.

Hotel Orchidea
HOTEL €

(Karte S. 559; ☎ 055 248 03 46; www.hotelorchideaflorence.it; Borgo degli Albizi 11; EZ/DZ/3BZ/4BZ mit Gemeinschaftsbad 60/75/100/120 €) Diese altmodische *pensione* in einem herrschaftlichen Anwesen, in dem die Familie Donati im 13. Jh. wohnte, ist ein wahrer Ausbund an Charme. Dantes Frau Gemma soll hier übrigens im Turm zur Welt gekommen sein. Jedenfalls sind die sieben Zimmer mit Waschbecken am Gemeinschaftsbad einfach; die Aussicht bekommt dafür fünf Sterne. Die Zimmer 5, 6 und 7 haben riesige Fenster auf den herrlichen Garten hinaus, die Nummer 4 verfügt über eine alte Steinterrasse. Frühstück wird leider keines serviert, aber in den Zimmern stehen Wasserkocher, sodass sich die Gäste selbst (kostenlos) Tee und Kaffee zubereiten können.

Hotel Balestri
HISTORISCHES HOTEL €€

(Karte S. 560; ☎ 055 21 47 43; www.hotel-balestri.it; Piazza Mentana 7; DZ 100–160 €, 3BZ 140–165 €; ❄ @ 🛜) Das Balestri aus dem Jahr 1888 liegt am Ufer des Arno – das einzige Hotel in der Innenstadt von Florenz am Fluss. Es gehört zur schicken, qualitativ hochwertigen Florentiner Hotelgruppe Whythebest, die auch das Hotel L'O, die Villa Cora und andere Nobelhäuser betreibt. Das Balestri ist dementsprechend komfortabel und modern, hat sich aber dennoch seinen typischen alten Charme bewahrt.

Villa Landucci
B&B €€

(☎ 055 66 05 95; www.villalanducci.it; Via Luca Landucci 7; DZ 100–120 €; P 🛜 ♿) In diesem B&B mit Gourmet-Motto sind die fünf eleganten und erfrischend großen Zimmer nach Weinen aus der Toskana benannt. Die Villa liegt nur ein kurzes Stück zu Fuß von Santa Croce entfernt. Die schönsten Zimmer sind „Bolgheri" und „Chianti", die auf den herrlichen Garten hinter dem Haus mit vielen Blumen hinausgehen; auch ein Kinderspielplatz befindet sich dort.

Die Wirtsleute Debora und Matteo verfügen über einen reichen Wissensfundus in

Sachen gutes Essen; sie organisieren kulinarische Ausflüge und Exkursionen mit Weinverkostung für ihre Gäste. Das Frühstück besteht überwiegend aus Bio-Esswaren; parken können die Gäste kostenlos – was in Florenz eine Seltenheit ist.

🛏 Oltrarno

Hostel Santa Monaca   HOSTEL €

(Karte S. 560; ☎ 055 26 83 38; www.ostellosantamonaca.com; Via Santa Monaca 6; B 18–22 €, DZ/4BZ pro Pers. 25,50/22 €; ⊗ Rezeption 6–14 Uhr; @ 🛜) Das Hostel mit 112 Betten befindet sich in einem Kloster aus den 1880er-Jahren. Es öffnete 1966 seine Pforten, um Opfer der Flutkatastrophe aufzunehmen, und ist überaus empfehlenswert. Es hat eine tolle kleine Terrasse in der Größe eines Papiertaschentuchs, außerdem können die Gäste hier Fahrräder (2/10 € pro Std./Tag) ausleihen und dann damit die Stadt erkunden.

An Einrichtungen warten eine gut ausgestattete Küche, eine Münz-Waschmaschine, ein kostenloser Safe, gratis WLAN und zwei PCs zum Surfen. Die Schlafsäle sind entweder nur für Mädels oder gemischt und weisen vier bis 22 Betten auf. Von 10 Uhr bis 14 Uhr sind sie geschlossen – dann wird geputzt. Sperrstunde ist um 2 Uhr.

★ Palazzo Guadagni Hotel   HOTEL €€

(Karte S. 560; ☎ 055 265 83 76; www.palazzoguadagni.com; Piazza Santo Spirito 9; EZ 100–140 €, DZ 140–180 €, extra Bett 35 €; ❄ 🛜 🚶) Das legendäre Hotel mit seiner unglaublich romantischen Loggia – die Zeffirelli in seinem Film *Tee mit Mussolini* verewigte – liegt oberhalb von einem der – vor allem im Sommer – lebhaftesten Plätze der Stadt.

Die beiden Florentiner Laura und Ferdinando sind das kreative Duo, das für die Umgestaltung dieses Renaissance-Palastes in ein Hotel mit super Preis-Leistungs-Verhältnis verantwortlich zeichnet. Die 15 geräumigen Zimmer zeigen eine geschmackvolle Mischung aus Alt und Neu.

Hotel La Scaletta   HOTEL €€

(Karte S. 560; ☎ 055 28 30 28; www.hotellascaletta.it; Via Guicciardini 13; EZ 94–119 €, DZ 110–154 €) Ein irgendwie asketisches Flair hängt in der Luft dieses Irrgartens von einem Hotel, das sich in einem Palazzo aus dem 15. Jh. in der Nähe vom Palazzo Pitti versteckt. Doch die Zimmer – die teuersten gehen auf die Boboli-Gärten hinaus – sind geräumig, und der Blick von der Dachterrasse ist einfach sagenhaft.

Palazzo Magnani Feroni   LUXUSHOTEL €€€

(Karte S. 560; ☎ 055 239 95 44; www.florencepalace.com; Borgo San Frediano 5; DZ ab 379 €; P ❄ @ 🛜 🚶) Dieser außergewöhnliche alte *palazzo* ist der Stoff, aus dem die Träume sind. Die zwölf eleganten Suiten auf vier Etagen – samt dem dazwischen eingeklemmten Domizil der Familie – sind weitläufig und lassen echte Antiquitäten sehen, herrliche Stoffe und Toilettenartikel von Bulgari. Der 360-Grad-Panoramablick, der sich von der Dachterrasse bietet, ist unvergesslich.

🍴 Essen

Hochwertige Zutaten und einfache Zubereitung sind die Markenzeichen der Florentiner Küche, die in der sagenhaften *bistecca alla fiorentina* gipfelt, einem riesigen T-Bone-Steak vom Feinsten, das mit Olivenöl eingerieben kurz auf den Holzkohlegrill ge-

FLORENZ & TOSKANA FLORENZ / FLORENZ

KUTTELN, DER FASTFOOD-HIT

Wenn die Florentiner unterwegs einen Happen essen wollen, suchen sie sich einen *trippaio*, einen Karren oder fahrbaren Stand, um sich ein *panino* mit Kutteln zu kaufen. Der gehackte Kuhmagen wird gekocht und gewürzt ins Brötchen geschoben.

Wahre Bastionen dieses traditionellen und bei den Einheimischen sehr beliebten Florentiner Gerichts sind der Karren an der Südwestecke des Mercato Nuovo (S. 577), das **L'Antico Trippaio** (Karte S. 546; Piazza dei Cimatori), das **Pollini** (Karte S. 559; Piazza Sant' Ambrogio) und das kleine **Da Vinattieri** (Karte S. 546; Via Santa Margherita 4; ⊗ Mo–Fr 10–19.30, Sa & So bis 20 Uhr). Ein *panino* mit Kutteln und *salsa verde* (erbsengrüner Sauce aus passierter Petersilie, Knoblauch, Kapern und Sardellen) oder mit Salz, Pfeffer und Chilipulver kostet bis etwa 4,50 €. Die Alternative ist aber auch recht spannend: eine Schale *lampredotto* (5,50–7 €) – Labmagen vom Rind, der in Stücke geschnitten stundenlang gekocht wird.

legt wird, um dann mit Salz und Pfeffer bestreut *al sangue* (blutig) serviert zu werden.

Weitere typische Gerichte sind *crostini* (Toast mit Hühnerleberpastete oder anderem), *ribollita* (dicke Gemüsesuppe mit Brot und Bohnen), *pappa al pomodoro* (Suppe mit Brot und Tomaten) und *trippa alla fiorentina* (Kutteln in Tomatensauce).

✕ Rund um die Piazza del Duomo & die Piazza della Signoria

★ Osteria Il Buongustai   OSTERIA €

(Karte S. 546; Via dei Cerchi 15r; Gerichte 15 €; ◷ Mo–Sa 11.30–15.30 Uhr) Laura und Lucia schmeißen den Laden mit atemberaubender Geschwindigkeit und Anmut zugleich. Jedenfalls brummt es hier mittags nur so, wenn die Einheimischen, die in der Nähe arbeiten, und gewitzte Studenten hierher strömen, um sich an köstlicher Hausmannskost aus der Toskana zu laben – die bloß einen Bruchteil im Vergleich zu anderen Restaurants kostet. Die Osteria verzichtet auf Schnickschnack jeder Art. Die Gäste sitzen an den Tischen beisammen, bezahlt wird bar – keine Kreditkarten.

★ Mariano   SANDWICHES €

(Karte S. 546; Via del Parione 19r; ◷ Mo–Fr 8–15 & 17–19.30, Sa 8–15 Uhr) Das Lokal existiert schon seit 1973 und ist gerade wegen seiner Einfachheit so empfehlenswert. Von Sonnenaufgang bis Sonnenuntergang wimmelt es in dem Steingewölbekeller aus dem 13. Jh. nur so vor Florentinern, die am langen Tresen sitzen und Kaffee oder Wein trinken und sich die Salate und *panini* schmecken lassen.

'Ino   SANDWICHES €

(Karte S. 546; Via dei Georgofili 3r–7r; Panini 8 €, Degustationsteller 12 €; ◷ Mo–Sa 11–20, So 12–17 Uhr) Die edlen Zutaten stammen alle aus der Umgebung und werden von dem passionierten Gourmet Alessandro Frassica kreativ zubereitet – das Geheimnis der schicken Gourmet-Sandwichbar in der Nähe der Uffizien. Die Gäste können sich aus Dutzenden Spezialitäten des Hauses ihr individuelles Sandwich jedoch auch selbst zusammenstellen oder sich für den Degustationsteller (Salami, Käse, Pecorino-Schafskäse) entscheiden.

I Due Fratellini   SANDWICHES €

(Karte S. 546; www.iduefratellini.com; Via dei Cimatori 38r; Panini 3 €; ◷ Mo–Sa 9–20, 2. Junihälfte & Aug. Fr & Sa geschl.) Das kleine Lokal ist schon seit 1875 im Geschäft. Zu den *panini* passt eine Karaffe Wein, das gebrauchte Geschirr stellt man anschließend einfach draußen in ein Holzregal.

Cantinetta dei Verrazzano   BÄCKEREI €

(Karte S. 546; Via dei Tavolini 18–20; Focaccia 2,50–3 €; ◷ Mo–Sa 12–21, So 10–16.30 Uhr) Ein *forno* (Backofen) und eine *cantinetta* (kleiner Keller) sind wahrlich eine himmlische Kombination. Die Gäste sitzen an Marmortischen, bewundern die prämierten edlen Tropfen, die in Glasvitrinen ausgestellt sind, und genießen ein Glas Wein (4–10 €), das aus dem Weingut Verrazzano im Chianti kommt. Die *focaccia* mit karamellisiertem Radicchio ist ein Muss – was allerdings auch für die Platte mit allerlei kaltem Braten gilt (die stoppeligen Wildschweinläufe in der offenen Küche sollte man geflissentlich ignorieren).

Tic Toc   BURGER €

(Karte S. 546; Via dell' Oche 15r; Burger 10 €, Club-Sandwiches 7 €; ◷ Mo–Sa 11–23 Uhr) Dieser Neuzugang in der Gastro-Szene ist einen Abstecher wert. Hier herrscht eine Atmosphäre wie in einem amerikanischen Speiselokal, die Burger werden mit bestem, von Hand klein geschnittenem Rindfleisch, Huhn oder Gemüsen zubereitet und mit hausgemachter Sauce, Speck und Pommes gereicht – und zwar zwölf Stunden am Tag.

★ Obikà   KÄSE €€

(Karte S. 546; ☎ 055 277 35 26; www.obika.it; Via de' Tornabuoni 16; 2/3/5 Mozzarella 13/20/30 €, Pizza 10–13,50 €; ◷ Mo–Fr 12–16 & 18.30–23.30, Sa & So 12–23 Uhr) In Anbetracht der exklusiven Location im Palazzo Tornabuoni ist dieses Designer-Lokal natürlich schon megatrendig. Die Gäste können im kathedralenartigen Speiseraum oder im eleganten Hof mit Heizstrahlern auf kuscheligen Sofas unterm Sternenhimmel Platz nehmen und die verschiedenen Sorten Mozzarella mit Basilikum, Biogemüse oder in der Sonne getrockneten Tomaten goutieren. Die *aperitivi* zu 9 € mit einem Drink und zwei Degustationstellern (Mozzarella und *prosciutto*) fallen üppig aus – was im Übrigen auch für den Brunch am Sonntag gilt.

FLORENZ & TOSKANA ESSEN

✕ Santa Maria Novella

L'Osteria di Giovanni
TOSKANISCH €€

(Karte S. 546; ☎055 28 48 97; www.osteriadigio
vanni.it; Via del Moro 22; Gerichte 35 €; ⊘Mo–
Fr Abendessen, Sa & So Mittag- & Abendessen)
In diesem netten Lokal im Viertel beeindruckt nicht die Einrichtung, sondern die
Küche – toskanisch und kreativ. Und das
kann man sich dann so vorstellen: Kichererbsensuppe mit Tintenfisch oder mit Birne und Ricotta gefüllte *tortelli* in Lauch-
Mandel-Creme. Wenn man dann noch das
Glas *prosecco* auf Kosten des Hauses und
den Teller *coccoli* (traditionelles Florentiner Salzgebäck) als *aperitivo* bedenkt,
dann ist klar, weshalb so viele Gäste immer
wieder gern herkommen.

Il Latini
TRATTORIA €€

(Karte S. 546; ☎055 21 09 16; www.illatini.
com; Via dei Palchetti 6r; Gerichte 35 €; ⊘Di–
So Mittag- & Abendessen) Diese Trattoria
wird in Reiseführern schon seit ewigen
Zeiten wegen ihrer leckeren *crostini*, dem
Fleisch aus der Toskana, Pasta und Braten
empfohlen, die an großen Tischen gemeinsam verspeist werden. Gegessen wird in
zwei Durchgängen (19.30 Uhr und 21 Uhr;
der Service reicht von reizend bis gar nicht
so reizend. Ohne Reservierung geht hier
jedenfalls gar nichts.

✕ San Lorenzo & San Marco

★ Trattoria Mario
TOSKANISCH €

(Karte S. 557; www.trattoriamario.com; Via Rosina
2; Gerichte 20 €; ⊘Mo–Sa 12–15.30 Uhr, Aug. 3
Wo. geschl.) Wer mittags um zwölf eintrifft,
hat noch gute Aussichten auf einen Stuhl
an einem der großen Tische in dieser lauten, lebendigen und einfach genialen Trattoria. Sie ist eine Legende, die sich ihr Flair
bewahrt hat (und ihre Anziehungskraft auf
die Einheimischen), obwohl sie in jedem
Reiseführer steht. Der reizende Fabio,
dessen Großvater 1953 das Lokal eröffnete, führt den Laden, während sein großer
Bruder Romeo und sein Neffe Francesco
mit Lichtgeschwindigkeit in der Küche die
Gerichte zubereiten.

Montag und Donnerstag stehen Kutteln
auf der Speisekarte, Freitag ist Fischtag, und
samstags strömen die Florentiner hierher,
um sich eine brillante *bistecca alla fiorentina* (35 € pro kg) munden zu lassen – ein
gegrilltes T-Bone-Steak vom Feinsten. Tischreservierung nicht möglich, keine Kreditkarten.

Da Nerbone
MARKTSTAND €

(Karte S. 557; Mercato Centrale, Piazza del Mercato Centrale; ⊘Mo–Sa 7–14 Uhr) GRATIS Vorbei an den Ständen mit Käse, Fleisch und
Wurst geht es durchs Gedränge des Mercato Centrale von Florenz, um sich mittags im Nerbone in die Warteschlange zu
stellen, einem Lokal, das schon seit
1872 gut im Geschäft ist. Wagemutige
tun es den Einheimischen gleich und bestellen *trippa alla fiorentina* (Kutteln in
Tomateneintopf) oder gehen mit der Masse und nehmen *panini con bollito* (Brötchen mit gekochtem Rindfleisch, das vor
dem Servieren in Fleischsauce getunkt
wird). Gegessen wird im Stehen – aber
man kann sich auch in den Kampf um einen Tisch stürzen.

La Forchetta Rotta
TOSKANISCH €

(☎055 384 19 98; Via San Zanobi 126r; Mittag-/
Abendessen 7,50/25 €; ⊘Mo–Sa Mittag- &
Abendessen) Diese Restaurant-Filiale des
dynamischen Duos hinter der Monkey Bar
in Santa Croce überzeugt mit einem irre
guten Preis-Leistungs-Verhältnis – das Essen schmeckt einfach sagenhaft lecker. Die
Küche kümmert sich vorwiegend um das
Wohl der Mitarbeiter in den Büros der Umgebung, und das Resultat kann sich wahrlich sehen lassen: Wer sich drei oder vier
hausgemachte *primi*, *secondi* und *contorni*
(Beilagen) aussucht, bezahlt gerade einmal
7,50 €. Das Fingerfood zum *aperitivo*, der
ab 19 Uhr auf dem Programm steht, fällt
ebenso großzügig aus.

Clubhouse
AMERIKANISCH, PIZZERIA €

(Karte S. 557; ☎055 21 14 27; www.theclub house.
it; Via de' Ginori 6r; Pizza 6–12 €, Gerichte 20 €;
⊘12–24 Uhr) Dieses höhlenartige Lokal –
amerikanische Bar, Pizzeria und Restaurant in einem – liegt in der Nähe der Accademia und ist aufgrund seiner Kombination aus Kneipe und Speiselokal rund um
die Uhr die perfekte Anlaufstelle – sogar
zum Brunch am Sonntag. Wer ein Faible
für Design hat, wird sicher das Industrie-
Dekor schätzen. Freunde von gutem Essen
finden die Pizza-Kurse super, die hier stattfinden. Die Speisen auf der Karte sind glutenfrei, ein Cocktail während des *aperitivo*
ab 18 Uhr kostet 7 €.

Antica Trattoria da Tito
TRATTORIA €€

(☑ 055 47 24 75; www.trattoriadatito.it; Via San Gallo 112r; Gerichte 30 €; ⊘ Mo–Sa Mittag- & Abendessen) Das Schild „Kein durchgebratenes Fleisch" im Fenster sagt eigentlich alles: In dieser bekannten Trattoria kommen nur Gerichte in bester kulinarischer Tradition auf den Tisch. Das Da Tito ist schon seit 1913 im Geschäft und hat den Dreh raus – köstliche toskanische Gerichte wie Zwiebelsuppe oder Pasta mit Wildschwein werden den einheimischen Gästen mit einem freundlichen Gesicht und Wohlwollen vorgesetzt. Und bloß keine Scheu – einfach reingehen!

La Cucina del Garga
TOSKANISCH €€

(Karte S. 557; ☑ 055 47 52 86; www.garga.it; Via San Zanobi 33r; Gerichte 30 €) Das Restaurant ist eine Art zeitgenössische Reinkarnation des ursprünglichen Garga – eine der kulinarischen Legenden in Florenz – und wurde vom New Yorker Küchenchef Alessandro Gargani eröffnet. Die in kühnen Farben gestrichenen Wände sind nur so vollgepflastert mit moderner Kunst. Aus der Küche kommen Klassiker des Garga wie *tagliatelle de magnifico* (breite Nudeln mit Minze- und Zitrusaroma in einer cremigen Brandysauce), die Spezialität von Alessandros Vater, Giuliano „Garga" Gargani. Am Wochenende sollte man auf alle Fälle reservieren.

✗ Santa Croce

Mercato di Sant'Ambrogio
MARKT €

(Karte S. 559; Piazza Ghiberti; ⊘ Mo–Sa 7–14 Uhr) Ein Lebensmittelmarkt unter freiem Himmel mit Lokalkolorit und persönlichem Flair.

Il Giova
TRATTORIA €

(Karte S. 559; ☑ 055 248 06 39; www.ilgiova.com; Borgo La Croce 73r; Gerichte 25 €; ⊘ Mo–Sa Mittag- & Abendessen) Die fröhliche Trattoria im Miniaturformat ist immer knallvoll und bietet alles, was man sich von einem traditionellen Speiselokal in Florenz erwartet. Die Touristen aus dem Ausland lassen sich traditionelle Gerichte schmecken wie *zuppa della nonna* (Großmutter-Suppe), *risotto del giorno* (Risotto des Tages) oder *mafalde al ragù* (lange Bandnudeln mit Fleischsauce) und freuen sich, ein so tolles Lokal entdeckt zu haben, in dem sie sich auch noch unter die Einheimischen mischen können.

Brac
VEGETARISCH €

(Karte S. 546; ☑ 055 094 48 77; www.libreriabrac. net; Via dei Vagellai 18r; Gerichte 20 €; ⊘ 12–24 Uhr, Mitte Aug. 2 Wo. geschl.; ✎) Das hippe Brac ist eine Mischung aus Café und Buchgeschäft – und eine super Adresse für *aperitivi* und gute Speisen. Hier kommen einfallsreiche, vegetarische und vegane Gerichte im Stil von Hausmannskost auf den Tisch. Das Dekor lässt sich als recycelte Nostalgie beschreiben, und es herrscht ein künstlerisch angehauchtes Flair. Am Wochenende muss man hier einen Tisch reservieren. Das Brac ist relativ schwierig zu finden – ein Schild mit dem Namenszug ist nämlich nicht vorhanden. Ein unauffälliger Durchgang einen Block vom Fluss zurückversetzt führt hin; im Schaufenster liegt ein Haufen Bücher.

★ Il Teatro del Sale
TOSKANISCH €€

(Karte S. 559; ☑ 055 200 14 92; www.teat rodel sale.com; Via dei Macci 111r; Frühstück/Mittag-/Abendessen 7/20/30 €; ⊘ Di–Sa 9–11, 12.30–14.15 & 19–23 Uhr, Aug. geschl.) Der Florentiner Küchenchef Fabio Picchi zählt zu den lebendigen Legenden dieser Stadt. Es gelingt ihm, in seinem exzentrischen Club (für Mitglieder, wobei jeder willkommen ist; Jahresgebühr 7 €) in einem alten Theater mit seinem gutem Preis-Leistungsverhältnis dem Sant'Ambrogio die Schau zu stehlen. Jedenfalls zaubert er hier Frühstück, Mittag- und Abendessen; der Höhepunkt ist eine Vorstellung mit Theater, Musik und Komödie um 21.30 Uhr, die seine Frau, die künstlerische Direktorin und Comedy-Schauspielerin Maria Cassi, inszeniert.

Das Abendessen gestaltet sich hektisch: Die Gäste schnappen sich einen Stuhl, schenken sich Wasser und Wein ein und bedienen sich an den Antipasti – und warten dann, bis der Küchenchef lauthals verkündet, was es zum Essen gibt; dann stellen sich alle an der Glas-Durchreiche an, um sich ihren *primo* (Vorspeise) und *secondo* (Hauptgericht) zu holen. Das Dessert und der Kaffee stehen dann kurz vor der Vorstellung in Form von einem Büffet bereit.

Trattoria Cibrèo
TRATTORIA €€

(Karte S. 559; www.edizioniteatrodelsalecibreo firenze.it; Via dei Macci 122r; Gerichte 30 €; ⊘ Di–Sa Mittag- & Abendessen, Aug. geschl.) Wer einmal hier gegessen hat, versteht, weshalb die Gäste vor dem Restaurant schon Schlange stehen, bevor es überhaupt aufmacht. Dann wird in toskanischer Küche vom Feinsten geschlemmt, die in eher kleinen Portionen serviert wird. Einen Tisch kann man hier nicht reservieren, Kaffee gibt es auch nicht, und mit der Kreditkarte kann man ebenfalls nicht zahlen. Also frühzeitig kommen.

Francesco Vini
TOSKANISCH €€

(Karte S. 546; ☎ 055 21 87 37; www.francesco vini.com; Piazza de' Peruzzi 8r, Borgo de' Greci 7r; Gerichte 40 €; ☺ Mo–Sa 9–24 Uhr) Das auf römischen Ruinen erbaute Weinlokal hat zwei Eingänge – einen am lebhaften Borgo de' Greci mit Terrasse am Bürgersteig und einen zweiten – und schöneren – an einem versteckten typisch Florentiner Platz. Im Winter speisen die Gäste in der Gaststube, in der sich an den unverputzten Wänden die Flaschen aneinanderreihen; im Sommer drängt es alle nach draußen.

Osteria del Caffè Italiano
TOSKANISCH €€€

(Karte S. 546; ☎ 055 28 93 68; www.osteria caffeitaliano.com; Via dell'Isola delle Stinche 11-13r; Gerichte 45 €; ☺ Di–So Mittag- & Abendessen) Die Speisekarte in diesem alteingesessenen Florentiner Traditionsrestaurant strotzt nur so vor Klassikern wie *mozzarella di bufala* mit Parmaschinken, Ravioli mit Ricotta-Füllung und *cavolo nero* (Schwarzkohl) sowie der berühmten *bistecca alla fiorentina* (60 €/Kilo), einem T-Bone-Steak vom Feinsten. Das Gelage beschließen teuflisch gute *profiteroles* mit heißer Schokoladensauce, die am Tisch aus einem nostalgisch anmutenden Kupferbehälter geschöpft wird.

✗ Oltrarno

★ Tamerò
PASTABAR €

(Karte S. 560; ☎ 055 28 25 96; www.tamero.it; Piazza Santa Spirito 11r; Gerichte 20 €; ☺ Di–So Mittag- & Abendessen) Die Gäste können den Pasta-Köchen in der offenen Küche bei der Arbeit zuschauen, während sie mit jeder Menge Feierfreudigen auf einen Tisch warten, um dann die einfallsreichen, frisch zubereiteten Pasta-Gerichte (7,50–10€), riesigen Salate (7,50 €) und üppigen Käse- und Salamiteller (9 €) zu goutieren. Am Wochenende legen ab 22 Uhr DJs auf.

La Casalinga
TRATTORIA €

(Karte S. 560; www.trattorialacasalinga.it; ☎ 055 21 86 24; Via de' Michelozzi 9r; Gerichte 25 €; ☺ Mo–Sa Mittag- & Abendessen) Das lebhafte,

unprätentiöse Casalinga – ein Familienbetrieb – steht bei den Einheimischen hoch im Kurs, denn es ist eine der preiswertesten Trattorien in der ganzen Stadt. Jedenfalls sollte man sich nicht wundern, wenn Paolo, der patriarchalisch hinter der Bar das wahnwitzige Szenario dirigiert, einen in der Schlange hinter die Einheimischen zurückschickt. So ist das Leben nun mal, aber am Ende wird man dafür mit herzhaften toskanischen Gerichten belohnt, die wahrlich meisterhaft zubereitet wurden.

Il Ristoro
TOSKANISCH €

(Karte S. 560; http://ilristorodeiperditempo.it; ☎ 055 264 55 69; Borgo San Jacopo 48r; Gerichte 20 €; ☺ Mo 12–16, Di–So 12–22 Uhr) Das Restaurant mit zwei Gaststuben und Deli-Theke ist eine entwaffnend einfache Adresse, die man aber keinesfalls verpassen sollte, denn hier freut sich nicht nur der Geldbeutel. Das Zwei-Gänge-Mittagsmenü kostet gerade einmal 10 €, was wirklich fast schon geschenkt ist. Die Gäste haben die Qual der Wahl unter Klassikern wie *pappa al pomodoro* oder auch einer Vorspeisenplatte – und der Blick auf den Arno, der einem zu Füßen dahinfließt, ist auch toll.

★ Il Santo Bevitore
MODERN TOSKANISCH €€

(Karte S. 560; ☎ 055 21 12 64; www.ilsantobevitore.com; Via di Santo Spirito 64–66r; Gerichte 35 €; ☺ Sept.–Juli Mittag- & Abendessen) Es gibt zwei Möglichkeiten: Entweder man reserviert einen Tisch oder man trifft Punkt 19.30 Uhr ein, um den letzten Tisch in diesem hochgelobten Restaurant zu ergattern – einer Hommage an stilvolles Speisen. Die Gourmets sitzen bei Kerzenschein in einer weiß getünchten Gaststube mit Gewölbedecke, in der sich die Flaschen an den Wänden entlangreihen. Auf der Speisekarte stehen saisonale Klassiker, kreativ und lecker zubereitet; es gibt eine Mittags- und eine Abendkarte.

Olio & Convivium
TOSKANISCH €€

(Karte S. 560; ☎ 055 265 81 98; Via di Santo Spirito 4; Gerichte 35 €; ☺ Di–Sa Mittag- & Abendessen, Mo Mittagessen) Eine Location der Spitzenklasse, die in keinem kulinarischen Programm fehlen darf: Die Geschmacksknospen erheben sich in froher Erwartung beim Anblick der Schinken, Trüffeln, Wagenrädern von Käse, selbst gebackenem Brot und anderen Delikatessen, die in diesem Geschäft verkauft werden. Gespeist wird hinter dem Haus im Freien.

Da Ruggero TOSKANISCH €€
(☑055 22 05 42; Via Senese 89r; Gerichte 25 €; ✆Do–Mo Mittag- & Abendessen, Mitte Juli–Mitte Aug. geschl.) Ein Spaziergang von zehn Minuten durch die Boboli-Gärten (oder auf der Straße ab der Porta Romana), und schon ist diese Trattoria erreicht. Sie wird seit 1981 von der reizenden Familie Corsi geführt und ist wegen ihrer unverfälschten Florentiner Tradition allseits beliebt. Die Küche ist einfach, herzhaft und rundum köstlich.

★ **iO Osteria
Personale** MODERN TOSKANISCH €€€
(☑055 933 13 41; www.io-osteriapersonale.it; Borgo San Frediano 167r; Gerichte 45 €; ✆Mo–Sa Abendessen) Am besten überredet man seine Tischgenossen, das Degustationsmenü zu bestellen, denn nur so entgeht man der Qual, sich für eines der Gerichte entscheiden zu müssen. In dieser unglaublich modernen und kreativen Osteria schmeckt nämlich einfach alles zum Sterben lecker. Küchenchef Nicolo' Baretti verwendet ausschließlich saisonale Produkte, natürliche Zutaten und traditionelle Aromen – und zwar mit sensationellem Effekt. Abendessen wird ab 20 Uhr serviert.

🍷 **Ausgehen & Nachtleben**

Die Kneipenszene in Florenz teilt sich auf in *enoteche* (Weinbars, die immer auch eine gute Adresse sind, um einen Happen zu essen), Szenebars mit üppigen *aperitivo*-Büffets sowie Cafés, die oft auch ein gutes Mittagessen servieren.

Viele Bars bieten *aperitivi* an; darunter versteht man Drinks vor dem Essen, die von etwa 19 Uhr bis 22 Uhr erhältlich sind, oder auch Cocktails zu später Stunde (also etwa um Mitternacht, bevor es ab in die Clubs geht) – zwei Trends, die von den Florentinern mit Begeisterung aufgenommen wurden.

Wer sich in den Clubs von Florenz amüsieren will, sollte nicht vor Mitternacht eintreffen – die Tanzflächen füllen sich im Allgemeinen erst so ab 2 Uhr. Von Juni bis September, wenn die Einheimischen Urlaub am Meer machen, ist gar nichts los, und viele der Clubs haben dann sogar komplett geschlossen. Der Eintrittspreis definiert sich durch die jeweilige Nacht. Generell zahlen Männer mehr als Frauen; wer besonders früh kommt (21.30–23 Uhr), darf manchmal kostenlos rein.

🍷 **Rund um die Piazza del Duomo & die Piazza della Signoria**

La Terrazza BAR
(Karte S. 546; www.continentale.it; Vicolo dell Oro 6r; ✆April–Sept. 14.30–23.30 Uhr) Der Zugang zu dieser Dachterrassenbar mit Holzdeck liegt im schicken Hotel Continentale (5. Stock), das zu Ferragamo gehört. Das *aperitivo*-Büfett ist nicht der Rede wert, was jedoch angesichts der umwerfenden und fantastischen Aussicht auf eine der schönsten Städte Europas absolut niemanden interessiert. Wer passend gestylt kommt, ist hier richtig.

Coquinarius WEINBAR
(Karte S. 546; www.coquinarius.com; Via delle Oche 11r; Crostini & Carpacci 4 €; ✆12–22.30 Uhr) Mit den alten Steingewölben, den blankgescheuerten Holztischen und der erfrischend modernen Atmosphäre wirkt diese *enoteca*, die von dem energiegeladenen und charismatischen Igor geführt wird, recht großzügig und stilvoll. Auf der Weinkarte stehen seitenweise toskanische Berühmtheiten neben ihren unbekannten Größen. Die solide Speisekarte mit *crostini* und *carpacci* garantiert, dass keiner hungrig das Lokal verlässt.

Slowly LOUNGEBAR
(Karte S. 546; www.slowlycafe.com; Via Porta Rossa 63r; ✆ Mo–Sa 21–3 Uhr, Aug. geschl.) Diese edle und vielleicht etwas versnobte Loungebar, wo Kerzen auf jedem Tisch stehen, ist bekannt für ihre glamouröse Einrichtung, die florentinischen Womanizer und die üppig mit Früchten garnierten Cocktails – 10 € inkl. Büfett während der äußest verführerischen *aperitivo*-Hour (18.30–22 Uhr).

Procacci CAFÉ
(Karte S. 546; www.procacci1885.it; Via de' Tornabuoni 64r; ✆Mo–Sa 10–20 Uhr) Dieses winzige Café in der Via de' Tornabuoni wurde bereits 1885 als Feinkostladen eröffnet, der in seinem Repertoire leckerer Häppchen auch Trüffel anbot. Heute ist das Café die letzte Bastion florentinischer Eleganz aus der guten alten Zeit. Nach wie vor sind die mundgerechten *panini tartufati* (kleine Brotscheiben mit Trüffelpastete) zu empfehlen, am besten ergänzt durch ein Glas *Prosecco*.

TOP-CAFÉS

Gute Cafés gibt es in Florenz zuhauf. Auf der Piazza della Repubblica, Piazza Santo Spirito und Piazza della Signoria sitzt es sich am schönsten, wenn man vom Straßencafé aus Leute beobachten möchte. Dabei sollte man wissen, dass ein am Tisch getrunkener Kaffee bis zu vier Mal teurer ist als ein Stehkaffee an der Bar (ein Cappuccino kostet rund 1,40/5,50 € im Stehen/Sitzen).

Caffè Rivoire (Karte S. 546; Piazza della Signoria 4; ☉ Di–So) Ein Golden Oldie zum Auftanken nach dem Besuch der Uffizien, entweder drinnen oder draußen. Das teure, kleine Café mit der unschlagbar schönen Terrasse zum Leutebeobachten serviert schon seit 1872 Kaffee, Cocktails und köstliche heiße Schokolade.

Gilli (Karte S. 546; www.gilli.it; Piazza della Repubblica 39r; ☉ Mi–Mo) Das Gilli ist das berühmteste der historischen Cafés auf dem alten römischen Forum der Stadt. Bereits 1733 servierte Gilli unglaublich leckere Kuchen, Schokoladen und unwiderstehliche Obsttörtchen. Das Café mit der wunderbar erhaltenen Jugendstileinrichtung zog 1910 in das jetzige Gebäude an der Piazza della Repubblica um.

Caffè Concerto Paszkowski (Karte S. 546; www.paszkowski.com; Piazza della Repubblica 31-35r; ☉ Di–So) Diese florentinische Institution wurde 1846 ursprünglich als Brauerei mit Blick auf den Fischmarkt der Stadt gegründet. Ein Jahrhundert später tummelten sich Literaten auf der beheizten Terrasse und im eleganten Café mit Piano. Heute lockt es die ganze Bandbreite von Kunden an, vom aufs Handy und Smartphone fixierten Florentiner Jungvolk über Geschäftsleute im Businessanzug bis zu gut gekleideten älteren Damen, die an ihrem Tee nipppen.

Cuculia (Karte S. 560; www.cuculia.it; Via dei Serragli 11; ☉ Di–Fr 10–24, Sa 10–1 Uhr) Diese Café-Buchhandlung eignet sich wunderbar, um in aller Ruhe ein paar Stunden bei klassischer Musik zwischen wohlgefüllten Bücherregalen zu verbringen. Sehr stilvoll und zivilisiert. Die kleine, in Kerzenlicht getauchte Ecke am hinteren Ende ist das richtige Fleckchen für einen romantischen Cocktail. Essen gibt es auch.

Gucci Museo Caffè (Karte S. 546; Piazza della Signoria 10; Gerichte 25 €; ☉ 10–23 Uhr; ☎) Vom Geschirr bis zu den G-förmigen Zucker-„Würfeln" ist wirklich alles in diesem kürzlich eröffneten Café neben dem Palazzo Vecchio mit dem Gucci-Monogramm verziert. Abgesehen vom übereifrigen Branding ist dieses smarte, lässige Café einer der hippsten Orte der Stadt für einen Kaffee, ein Mittagessen und einen *aperitivo* oder um einen Blick in die Zeitung, diverse Designbücher oder die hauseigenen iPads zu werfen. Ein großer Tisch mit Anschlussbuchsen ist ein beliebter Treffpunkt für Laptop-User.

Le Renaissance Café (Karte S. 546; Piazza Strozzi; ☉ Renaissance Café (Karte S. 546; Piazza Strozzi; ☉ Fr–Mi 9–20, Do 9–23 Uhr) Ein hohes Gewölbe, glatte, schwarze Panton Chairs und außergewöhnlich niedrige Getränkepreise ziehen in diesem am Palazzo Strozzi in der designergesäumten Straße angesiedelten, künstlerisch angehauchten Hangout ein gemischtes Publikum an. Der Cappuccino mit Chocolateswirl (1,40 € am Tisch) zählt zu den besten der Stadt.

Fiaschetteria Nuvoli
WEINBAR

(Karte S. 546; Piazza dell'Olio 15r; ☉ Mo–Sa 7–21 Uhr) Einfach einen Stuhl vor dieser altmodischen *fiaschetteria* schnappen, die nur eine Straße vom *duomo* entfernt liegt, und bei einem Glas *vino della casa* (Hauswein) mit einem Stammgast plaudern.

YAB
NACHTCLUB

(Karte S. 546; www.yab.it; Via de' Sassetti 5r; ☉ Okt.–Mai 21–4 Uhr) Im angesagtesten Diskoclub von Florenz kommt es darauf an, den richtigen Abend zu erwischen. Donnerstags erobern die Ü-30er den Dancefloor – an anderen Tagen sind junge Studenten in der Überzahl.

☟ Santa Maria Novella

Sei Divino
WEINBAR

(Borgo Ognissanti 42r; ☉ 10–2 Uhr) Diese stylishe Weinbar, die sich in einem Backsteingewölbe versteckt, beherbergt eine der aktivsten *aperitivo*-Szenen der Stadt. Von der im Inneren geparkten hellblauen Vespa über die Musik und gelegentliche Ausstellungen bis zum lebhaften sommerlichen Treiben vor dem Lokal ist das Sei Divino ein ewiger Klassiker. *Aperitivi*-Hour ist von 17 bis 22 Uhr.

Space Club
NACHTCLUB

(www.spaceclubfirenze.com; Via Palazzuolo 37r; Eintritt 16 € inkl. ein Getränk; 22–4 Uhr) Schon allein die Größe dieses riesigen Clubs in Santa Maria Novella beeindruckt alle Besucher, die sich unter das gemischte Partyvolk aus Studenten und internationalem Publikum mischen. Bereits nach den ersten Schritten weiß man, dass eine tolle Nacht mit Tanzen, Trinken und Videokaraoke in der Bar vor einem liegt. Die Drinks einfach auf eine elektronische Karte speichern lassen und am Ende alles bezahlen (wer die Karte verliert, zahlt allerdings 50 €).

Santa Croce

Drogheria
LOUNGEBAR

(Karte S. 559; www.drogheriafirenze.it; Largo Annigoni 22; 10–3 Uhr) Ein geräumiges Lokal im Vintage-Chic mit dunklen Holzmöbeln und weichen, blattgrünen Stühlen, ideal zum stundenlangen Abhängen. Im Frühling wandern alle Gäste hinaus auf die Terrasse, direkt an der großen Piazza hinter dem Sant'Ambrogio-Markt. Die Küche fabriziert verschiedene schnelle Gerichte darunter Burger – aus Rindfleisch, vegetarisch, mit Tofu oder Faelafel.

Nano Caffè
CAFÉ, BAR

(Karte S. 559; www.nanocaffe.info; Largo Annigoni, Piazza Ghiberti; 9–3 Uhr) Diese L-förmige Bar hinter dem Sant'Ambrogio-Markt lieben die Florentiner besonders wegen der Terrasse, die für ihre fantastische Kombination aus cremefarbenen Sonnenschirmen und einer eklektischen Sammlung von bunt bemalten Stühlen, Hockern und mit Sackleinen bedeckten Bänken bekannt ist. Besonders an warmen Sommertagen, finden sich hier Vertreter aller Altersgruppen und unterschiedlichste Typen ein.

Monkey Bar
PUB

(Karte S. 559; Via della Mattonaia 20r; 18–2 Uhr) Gleich hinter dem Sant' Ambrogio versteckt sich dieses beliebte Pub, das fast jeden Abend voller florentinischer und

ausländischer Studenten ist, die sich einen Shot genehmigen oder Cocktails schlürfen. Hinter dem Laden steckt die italienische Doppelspitze Lorenzo und Freddy.

Lion's Fountain
IRISH PUB

(Karte S. 559; www.thelionsfountain.com; Borgo degli Albizi 34r; 10–2 Uhr) Wer mal lieber Englisch als Italienisch oder Bands aus der Gegend hören möchte, ist hier am richtigen Fleck. Das direkt an einem belebten Platz ohne Autoverkehr gelegene Lokal ist das angesagteste Irish Pub in Florenz. Im Sommer tummelt sich das Biertrinkervölkchen fast auf dem ganzen Platz.

Eby's Bar
LATINOBAR

(Karte S. 559; Via dell'Oriuolo 5r; Mo–Sa 10–3 Uhr) Diese junge und bunte Fun-Bar ist meist gerammelt voll: Muntere Studenten bevölkern die Holzbänke, die einen überdachten Durchgang vor dem Lokal säumen. Die Küche ist mexikanisch.

Kitsch
BAR

(Karte S. 559; www.kitschfirenze.com; Viale A Gramsci 5; 18.30–2.30 Uhr;) Die Hipster-Bar im American Style ist unter sparsamen Florentinern für ihre üppige Auswahl zur *aperitivi*–Zeit bekannt – 8,50 € für einen Drink und reichlich Knabbereien, sodass das Abendessen ausfallen kann. Die Einrichtung ist dunkelrot und theatralisch und zieht fröhliche 20 bis Anfang 30-jährige an, die sich hier amüsieren wollen. Wenn es dunkel wird, bringen diverse DJs die Stimmung in der Bar zum Kochen.

Blob Club
NACHTCLUB

(Karte S. 546; Via Vinegia 21r; Mo–Mi 23–3, Do–So 23–5 Uhr) Es ist kein Wunder, das der momentan trendigste Club von Florenz sich im hippsten Teil der Stadt befindet. Das kleine und coole Blob lockt ein internationales Publikum mit seinen Themenmusik-Nächten an – eine Menge 60er, Hip-Hop, Alternative Rock, einfach unterschiedlichste Sounds. Der Eintritt ist kostenlos, aber wer allerdings zum ersten Mal hier ist, muss eine Mitgliedskarte kaufen (20 €).

Twice Club
NACHTCLUB

(Karte S. 559; www.twiceclub.com; Via Giuseppe Verdi 57r; 21–4 Uhr) Zwar muss man hier keinen Eintritt zahlen, sollte aber präsentabel aussehen, um an den Türstehern dieses Santa-Croce-Clubs vorbeizukommen. Wer's ins Twice geschafft hat, entdeckt einen entspannten Club mit stylisher Einrichtung und einem hippen, an Cocktails nippendem Publikum. Die Musikrichtung ist Mainstream Dance. Happy Hour ist von 21–23 Uhr; auf der Tanzfläche geht es erst spät nach Mitternacht zur Sache.

Oltrano

⭐ Il Santino
WEINBAR

(Karte S. 560; Via Santo Spirito 34; ein Glas Wein & Crostini 6,50–8 €; ⏱10–22 Uhr) Nur ein paar Türen neben der besten Gourmetadresse von Florenz, dem Il Santo Bevitore, liegt diese Weinbar im Westentaschenformat, die von derselben Crew gemanagt wird. Im Inneren kontrastieren die modernen, gedrungenen Stühle mit den alten Ziegelmauern. Aber richtig rund geht es draußen ab etwa 21 Uhr, wenn sich die Weinliebhaber auch vor der Bar tummeln.

⭐ Volume
BAR

(Karte S. 560; www.volumefirenze.com; Piazza Santo Spirito 3r; ⏱9–1.30 Uhr) Fabelhafte Fauteuils, Unmengen von Vintage-Möbeln im Recycle- und Upcycle-Look, Bücher und eine Juke Box verleihen dieser in einer alten Hutmacher-Werkstatt untergebrachten Mischung aus Café, Bar und Galerie das gewisse Etwas. Augen auf, um nicht die verschiedenen Musik-, Kunst- und DJ-Events und Happenings zu verpassen.

Vivanda
WEINBAR

(Karte S. 560; www.vivandafirenze.it; Via Santa Monaca 7r; Gerichte 25 €; ⏱Mittag- & Abendessen) Eine Novität für die florentinische Gourmetwelt: Der Fokus dieser freundlichen, modernen *enoteca* liegt auf Bioweinen. Regionale Produkte verbinden sich zu einem köstlichen Mittagessen. Wer reserviert, kann eine Weinprobe mit vier Bioweinen am frühen Abend buchen, die durch Pecorino im Aschemantel, Büffelricotta, Cinta-Senese-Salami und zahlreichen anderen Köstlichkeiten ideal abgerundet werden (25 €).

⭐ Le Volpi e l'Uva
WEINBAR

(Karte S. 560; www.levolpieluva.com; Piazza dei Rossi 1; Crostini 6,50 €, Käse-/Wurstplatte 8–10 €; ⏱Mo–Sa 11–21 Uhr) Die beste *enoteca con degustazione*-Bar der Stadt: In dieser kleinen Weinbar mit Marmortheke über zwei Eichenweinfässern steht eine eindrucksvolle Liste offener Weine auf der Tafel. Wer den Genießergipfel erklimmen möchte, sollte sich vielleicht die *crostini* (6,50 €) mit Honigschinken gönnen oder *lardo* oder vielleicht eine toskanische Käseplatte.

Flò
LOUNGEBAR

(www.flofirenze.com; Piazzale Michelangelo 84; ⏱ Sommer 19.30 Uhr bis spät abends) Zweifellos der hotteste und hippste Ort für eine schwüle Sommernacht – zum Sehen und Gesehenwerden. Diese fantastische Loungebar wird jeden Mai oder Juni aufs Neue auf der Piazzale Michelangelo eröffnet. Zu den Lounge Areas mit unterschiedlichen Themen zählen ein Dance Floor und ein VIP-Bereich (wo man leider nicht die geringste Chance auf einen Tisch hat, wenn man nicht gerade zur florentinischen In-Szene gehört).

Open Bar
LOUNGEBAR

(Karte S. 560; www.goldenviewopenbar.com; Via de' Bardi 58; ⏱7.30–1.30 Uhr) Die Lage nahe dem Ponte Vecchio zieht zwar viele Touristen an, doch die Bar lohnt trotzdem einen Kurzstopp – besonders zur *aperitivo*-Hour, wenn schicke Florentiner hier Cocktails und Austern schlürfen und alle den „goldenen Ausblick" auf den Arno genießen, der zu ihren Füßen dahinströmt.

Zoé
BAR

(Via dei Renai 13r; ⏱8–3 Uhr) Diese strahlend weiße und schimmernde Bar ist genau das, was sich die coolen Gäste wünschen-lässige, leicht industriell angehauchten Ort zum Abhängen rund um die Uhr (na ja, fast). Ob Frühstück oder Mittagessen, Cocktails oder After-Dinner-Party, Zoé ist die richtige Frau dafür. Sobald es im Frühling wärmer wird, drängen alle nach draußen auf die Terrasse mit Holzdeck vor dem Lokal.

James Joyce
PUB

(☎055 658 08 56; Lungarno Benvenuto Cellini 1r; ⏱So–Do 18–2, Fr & Sa 18–3 Uhr) Dieses alteingesessene Pub mit Biergarten ist weder so irisch noch so literarisch, wie sein Name vermuten lässt. Hier tummelt sich ein lebhaftes (post-)studentisches Publikum auf der grandiosen, riesigen Terrasse am Fluss und genießt frisch gezapftes Guinness, Tischfußball und den unerlässlichen U2-Soundtrack.

☆Unterhaltung

Neben den warmen Sommerabenden auf Café- und Barterrassen lockt in Florenz außerdem noch eine mächtig pulsierende Unterhaltungsszene, was die Stadt nicht zuletzt ihrem beachtlichen studentischen Bevölkerungsanteil verdankt.

La Cité
LIVEMUSIK

(Karte S. 560; www.lacitelibreria.info; Borgo San Frediano 20r; ☺ Mo–Do 15–1, Fr & Sa 17–2 Uhr; ☎) Tagsüber ist diese Café–Buchhandlung ein hipper Ort für einen Cappuccino, mit einer umfassenden Auswahl an Vintage-Sitzgelegenheiten, um sich bequem niederzulassen. Ab 22 Uhr verwandelt sich der von Bücherregalen gesäumte Laden jedoch in eine Bar mit pulsierender Livemusik: Swing, Fusion, Jam–Session Jazz und mehr. Die Treppe neben der Bar führt zu einer bequemen Sitzfläche im Zwischengeschoss weiter oben.

Jazz Club
JAZZ

(Karte S. 559; www.jazzclubfirenze.com; Via Nuovo de' Caccini 3; ☺ Di–Sa 22–2 Uhr, Juli & Aug. geschl.) In Florenz' ultimativer Jazzkneipe sind Salsa, Blues, Dixieland und World Music ebenso angesagt wie Jazz.

Be Bop Music Club
LIVEMUSIK

(Karte S. 546; Via dei Servi 76r; ☺ 20–2 Uhr) Inspiriert von den Swinging Sixties, bietet dieser heiß geliebte Retroschuppen unterschiedlichste Musikrichtungen, von Led Zeppelin- und Beatles-Cover-Bands bis hin zu Swing Jazz und Funk aus den 1970ern.

Teatro del Maggio Musicale Fiorentino
OPER, BALLETT

(☑ 055 28 72 22; www.maggiofiorentino.com; Corso Italia 16) In diesem hübschen Theater, das im Frühsommer den Maggio Musicale Fiorentina ausrichtet, öffnet sich der Vorhang auch für Opernaufführungen, klassische Konzerte und Ballett.

Teatro della Pergola
THEATER

(Karte S. 559; ☑ 055 2 26 41; www.teatrodellapergola.com; Via della Pergola 18) Ein entzückendes Stadttheater mit atemberaubendem Entrée; von Oktober bis April finden hier klassische Konzerte statt.

 ## Shoppen

Kitschige Souvenirs (mit dem Unterleib von Michelangelos *David* geschmückte Boxer Shorts) und billige Lederwaren sind überall zu sehen, nicht zuletzt auf den beiden Hauptmärkten der Stadt: **Mercato de San Lorenzo** (Karte S. 546; Piazza San Lorenzo; ☺ Mo–Sa 9–19 Uhr) und **Mercato Nuovo** (Karte S. 546; Loggia Mercato Nuovo; ☺ Mo–Sa 8.30–19 Uhr).

Für ernsthafte Shopper dagegen, die eine Stadt erkunden wollen, welche seit dem Mittelalter als Synonym für Kunsthandwerk steht, gibt es zahlreiche Ateliers und Boutiquen zu besichtigen. Lederwaren, Schmuck, handbesticktes Leinen, Designermode, Parfüm, marmoriertes Papier, Wein und Delikatessen sind nur ein paar Beispiele für die unverwechselbar florentinischen Schätze.

★ Mrs Macis
MODE

(Karte S. 559; Borgo Pinti 38r; ☺ Mo 16–19.30, Di–Sa 10.30–13 & 16–19.30 Uhr) Werkstatt und Ausstellungsraum in einem. Die Boutique der talentierten Carla Macis erinnert im Design ein wenig an eine Puppenstube. Sie ist spezialisiert auf sehr feminine Klamotten im 1950er-, '60er- und '70er-Look sowie auf Schmuck, der aus neuen und recycel-

---

DESIGNER-OUTLETS

Wer möchte nicht gern seine Garderobe mit ein paar Designerteilen auffrischen, ohne sich dabei zu ruinieren? Nichts wie los zu den Outlet Malls außerhalb von Florenz: Hier gibt es Designerklamotten der letzten Saison 30–50 % günstiger.

Barberino Designer Outlet (www.mcarthurglen.it; Via Meucci, Barberino di Mugello; ☺ Mo–Fr 10–20, Sa & So 10–21 Uhr) Polo Ralph Lauren, D&G, Prada, Class Roberto Cavalli, Missoni, Furla, Benetton und Bruno Magli sind nur ein paar der über 100 Labels, die hier mit einem Shop vertreten sind. Ein Pendelbus (Erw./erm. hin & zurück 15/8 €, 35 Min.) fährt von der Piazza Stazione um 10 sowie um 14.30 Uhr ab, Rückkehr vom Outlet in Barberino di Mugello um 13.30 oder 18 Uhr.

The Mall (www.themall.it; Via Europa 8, Leccio; ☺ 0–19 Uhr) Gucci, Ferragamo, Burberry, Ermenegildo Zegna, Yves Saint Laurent, Tod's, Fendi, Giorgio Armani, Marni, Valentino und andere sind in dieser Mall, 30 km von Florenz entfernt, vertreten. Busse (5 €, 7-mal tgl.) fahren vom SITA-Busbahnhof zwischen 8.50 und 13 Uhr ab und kehren zwischen 14 und 18.30 Uhr zurück. Mit dem Auto nimmt man die Ausfahrt Incisa von der A1 (Richtung Norden) und folgt dann den Schildern nach Leccio.

TAGESTOUR NACH FIESOLE

Die kleine Stadt, hoch oben auf einem Hügel 9 km nordöstlich von Florenz, lockt bereits seit Jahrhunderten mit kühlerer Luft, Olivenhainen, Renaissancevillen und spektakulären Ausblicken. Nicht nur Boccaccio, Marcel Proust, Gertrude Stein und Frank Lloyd Wright ließen sich von dem Ort verführen.

Morgens

Einfach auf Florenz' Piazza San Marco in den ATAF-Bus 7 einsteigen (1,20 €) und 30 Minuten später auf Fiesoles Piazza Mino di Fiesole wieder aussteigen. Gegründet wurde Fiesole im 7. Jh. v. Chr. von den Etruskern; es war die wichtigste Stadt im nördlichen Etrurien.

Ihre **Area Archeologica** (www.museidifiesole.it; Via Portigiani 1; Erw./erm. Fr–So 10/6 €, Mo–Do 8/4 €, Familien 20 €; ⊙ Sommer 10–19 Uhr, restliches Jahr kürzere Öffnungszeiten) in der Nähe der **Touristeninformation** (☎ 055 596 13 23, 055 596 13 11; www.fiesoleforyou. it; Via Portigiani 3, Fiesole; ⊙ Sommer 10–18.30 Uhr, restliches Jahr kürzere Öffnungszeiten) bietet eine wunderbare Zeitreise in diese fantastische Vergangenheit. Man kann herrlich in den Ruinen des kleinen etruskischen Tempels, in römischen Bädern und einem archäologischem Museum mit Ausstellungsstücken von der Bronzezeit bis zur römischen Ära herumstromern. Später bietet sich eine Pause im Freien an, z. B. auf den Steinstufen des römischen Amphitheaters aus dem 1. Jh. v. Chr., wo im Sommer Musiker, Schauspieler und Künstler während des ältesten Open-air-Festivals Italiens auftreten, des **Estate Fiesolana** (www.estatefiesolana.it). Das **Vivere Jazz Festival** (www. viverejazz.it) im Juli ist der zweite wichtige Termin in diesem stimmungsvollen Theater.

Anschließend lohnt ein Blick ins **Museo Bandini** (www.museidifiesole.it; Via Dupré; Erw./erm. 5/3 € oder kostenlos mit einem Area-Archeologica-Ticket; ⊙ Sommer 10–19 Uhr, restliches Jahr kürzere Öffnungszeiten), um frühe toskanische Renaissancekunst zu bewundern, darunter erlesene Medaillons (ca. 1505–1520) von Giovanni della Robbia und Taddeo Gaddis brillante *Mariä Verkündigung* (1340–1345).

Vom Museum aus führt ein 300 m langer Spaziergang entlang der Via Giovanni Dupré zur **Fondazione Primo Conti** (☎ 055 59 70 95; www.fondazioneprimoconti.org; Via Giovanni Dupré 18; Eintritt 3 €, mit Archiven 5 €; ⊙ Mo–Fr 9–14 Uhr), wo der namengebende Avantgardekünstler lebte und arbeitete. Innen gibt es über 60 seiner Gemälde zu bewundern, und der Ausblick vom Garten aus ist wirklich inspirierend. Für Einlass bitte am Eingang klingeln.

Mittagessen

Zurück geht es zur Piazza Minoda Fiesole; dort laden Cafés und Restaurants mit ihrer Außengastronomie zu einer Pause ein. Jeden ersten Sonntag im Monat findet hier ein Antiquitätenmarkt statt. Die Terrasse des 1860 eröffneten 4-Sterne-Hotelrestaurants **Villa Aurora** (☎ 055 5 93 63; www.villaurora.net; Piazza Mino Fiesole 39; Gerichte 50 €; ⊙ Mittag- & Abendessen, im Winter Mo geschl.) ist die klassische Wahl – weniger wegen der erlesenen Küche, sondern vielmehr wegen des spektakulären Panoramablicks auf Florenz. Ein rundum rustikales und typisch toskanisches Mittagessen, das aus regionaler Salami und Käse, hausgemachter Pasta und einem Chianina-Steak besteht, bekommt man im Enoteca-cum-Bistro **Vinandro** (☎ 055 5 91 21; www.vinandrofiesole.com; Piazza Mino da Fiesole 33; Gerichte 20 €; ⊙ Sommer Mittag- & Abendessen).

Nachmittags

Und danach? Wie wär's mit einem Bummel rund um die **Cattedrale di San Romolo** (Piazza Mino da Fiesole; ⊙ 7.30–12 & 15–17 Uhr) GRATIS, das Herzstück des Platzes? Das Bauwerk wurde im 11. Jh. begonnen und im 19. Jh. renoviert. Eine Terrakottastatue des heiligen Romolo von Giovanni della Robbia bewacht den Eingangsbereich.

Danach geht es vom anderen Ende des Platzes aus steil aufwärts zur **Via San Francesco** mit einem schlichtweg umwerfenden Panoramablick auf Florenz: Von der Terrasse bei der **Basilica di Sant'Alessandro** (15. Jh.) nach unten blickend liegt einem die ganze Stadt zu Füßen. Mit etwas Glück ist auch die Kirche offen, meist dann, wenn eine der Wechselausstellungen läuft. Für alle, die sich gerne noch bewegen wollen, bietet die Touristeninformation Broschüren mit Vorschlägen für kurze Spaziergänge (1–3,5 km), die hier allesamt beginnen.

Anreise & Unterwegs vor Ort

Der ATAF-Bus 7 (1,20 €, 20 Min., alle 15 Min.) führt von der Piazza San Marco in Florenz bergauf zur Piazza Mino di Fiesole.

ten Teilen gefertigt wurde. Jedes Stück ist einzigartig und wunderbar.

★ Casini Firenze   MODE

(Karte S. 560; www.casinifirenze.it; Piazza Pitti 30–31r; Mo-Sa 10–19, So 11–18 Uhr) Eines der ältesten und angesehensten Modehäuser von Florenz. Diese hübsche Boutique gegenüber dem Palazzo Pitti überzeugt auch heute noch dank der amerikanisch-florentinischen Designerin und Stylistin Jennifer Tattanelli.

★ Letizia Fiorini   PUPPEN

(Karte S. 546; Via del Parione 60r; Di-Sa 10–19 Uhr) Dieser charmante Laden ist eine One-Woman-Affair – Letizia Fiorini sitzt an der Kasse und fertigt ihre unverwechselbaren Puppen von Hand, bis der nächste Kunde kommt. Ausgestellt sind Pulcinella, der Clown Arlecchino, die schöne Magd Colombina, Dottor Peste (inkl. Pestmaske), der lebenslustige Brighella, der verwegene Capitano und viele andere Figuren aus dem klassischen italienischen Commedia dell'Arte.

★ Giulio Giannini e Figlio   SCHREIBWAREN

(Karte S. 560; www.giuliogiannini.it; Piazza Pitti 37r; Mo-Sa 10–19, So 11–18.30 Uhr) Durch die altmodische Ladenfront sah man schon 1856, wie die Abendsonne die Mauern des Palazzo Pitti rot färbte. Die Gianninis –, eine der ältesten Kunsthandwerksfamilien der Stadt und allesamt Buchbinder – stellen hier marmoriertes Papier her. Sie verkaufen es zusammen mit wunderschön gebundenen Büchern, Briefpapier etc. Es lohnt sich auch, einen Blick in den oben liegenden Arbeitsraum zu werfen.

Boutique Nadine   VINTAGE

(Karte S. 546; www.boutiquenadine.com; Via de' Benci 32r; Mo 14.30–19.30, Di-Sa 10.30–20, So 12–19 Uhr) Es existiert keine elegantere Adresse für Vintage-Kleidung, -Schmuck, -Einrichtungsgegenstände und anderen hübschen Schnickschnack. Vom Holzbo-

den und den antiken Vitrinen bis zu der alten Umkleidekabine – Nadine achtet wirklich auf jedes Detail.

Officina Profumo-Farmaceutica di Santa Maria Novella   PARFÜMERIE

(www.santamarianovella.com.br; Via della Scala 16; 9.30–19.30 Uhr) Die Parfümerie-Apotheke entstand bereits im Jahre 1612, als die Dominikanermönche von Santa Maria Novella damit begannen, aus Heilkräutern des Klostergartens Heilmittel und süß duftende Cremes zusammenzurühren. Heute verkauft der Laden eine große Auswahl an Düften, Arzneimitteln, Tees und Hautpflegeprodukten. Trotz Touchscreen-Katalogen und allerneuestem Zahlungssystem verströmt der Shop noch immer einen gewissen altmodischen Charme.

Aprosio & Co   ACCESSOIRES, SCHMUCK

(Karte S. 546; www.aprosio.it; Via della Spada 38; Mo-Sa 10.30–13.30 & 14.30–17.30 Uhr) Ornella Aprosio zaubert aus winzigen Glas- und Kristallperlen umwerfende Schmuckstücke, Haarschmuck, Broschen in Tierform, Handtaschen und sogar glasbestickte Kaschmirstoffe. Geradezu magisch.

Grevi   HÜTE

(Karte S. 546; www.grevi.com; Via della Spada 11–13r; Mo-Sa 10–14 & 15–20 Uhr) In dem Film *Tee mit Mussolini* trug die Schauspielerin Cher einen vom Hutmacher Grevi angefertigten Hut, ebenso Maggie Smith in *Mein Haus in Umbrien*. Wer sich also beim Einkaufen wie ein Star fühlen möchte, sollte es in dieser hoffnungslos romantischen Boutique ausprobieren. Die Preise beginnen bei 30 € und enden im Nirgendwo.

Vintage di Antonini Alessandra   MODE

(Karte S. 546; Piazza Piero Calamandrei; Mo 15.30–19.30, Di-Sa 10.30–13.15 & 15.30–19.30 Uhr) Hier, in dieser schicken Boutique nahe der Via delle Seggiole, gibt's die wirklich echten Haute-Couture-Teile – Chanel-Handtaschen, 1970er-Dior-Riemchensandalen usw.

FLORENZ & TOSKANA SHOPPEN

La Bottega dell'Olio
OLIVENÖL

(Karte S. 546; Piazza del Limbo 2r; ☺Di–Sa 10–13 & 14–18.30 Uhr) Diese Miniboutique legt sehr viel Wert auf die gekonnte Präsentation der Olivenöle und -seifen, der Teller aus Olivenholz und der Hautpflegeprodukte aus Olivenöl (besonders gut sind die Produkte von Lepo).

ℹ Praktische Informationen

MEDIZINISCHE VERSORGUNG

24-Std.-Apotheke (Stazione di Santa Maria Novella)

Dr Stephen Kerr: Medizinische Versorgung (☑ 335 836 16 82, 055 28 80 55; www.dr-kerr. com; 4th fl, Piazza Mercato Nuovo 1; ☺ Mo–Fr 15–17 Uhr (oder nach Vereinbarung) Ortsansässiger britischer Arzt.

NOTFALL

Polizeiwache (Questura; ☑ 055 4 97 71; http://questure.poliziadistato.it; Via Zara 2; ☺ 24 Std.).

Touristenpolizei (Polizia Assistenza Turistica; ☑ 055 20 39 11; Via Pietrapiana 50r; ☺ Mo–Fr 8.30–18.30, Sa 8.30–13 Uhr) Englisch sprechender Service beispielsweise für die Aufnahme von Anzeigen von Diebstählen, Überfällen und ähnlicher Verbrechen.

TOURISTENINFORMATION

Touristeninformation (☑ 055 31 58 74; Via del Termine, Flughafen; ☺ Mo–Sa 9–19, So 9–16 Uhr).

Touristeninformation (Karte S. 546; ☑ 055 21 22 45; Piazza della Stazione 4; ☺ Mo–Sa 9–19, So 9–16 Uhr).

Touristeninformation (Karte S. 557; ☑ 055 29 08 33, 055 29 08 32; www.firenzeturismo.it; Via Cavour 1r; ☺ Mo–Sa 8.30–18.30 Uhr).

WEBSITES

Firenze Spettacolo (www.firenzespettacolo.it)
The Florentine (www.theflorentine.net)

ℹ An- & Weiterreise

AUTO & MOTORRAD

Florenz ist durch die A1 nach Norden hin mit Bologna und Mailand verbunden, Richtung Süden führt die A1 nach Rom und Neapel. Die Autostrada del Mare (A11) verbindet Florenz mit Pistoia, Lucca, Pisa und der Küste. Die meisten Einheimischen benutzen die FI-PI-LI (steht für Firenze–Pisa–Livorno) – eine superstrada (nur eine Spur pro Richtung, daher keine Autobahngebühren). Blaue Schilder leiten auf die FI-PI-LI. Eine weitere zweispurige, autobahnähnliche Schnellstraße, die S2, verbindet Florenz mit Siena.

BUS

Vom **SITA-Busbahnhof** (www.sitabus.it); Via Santa Caterina da Siena 17r; ☺ Informationsbüro Mo–Fr 8.30–12.30 & 15–18, Sa 8.30–12.30 Uhr), westlich der Piazza della Stazione, fahren Busse zu folgenden Zielen:

Assisi, Umbria 12,50 €, 2½ Std., 2-mal wöchentlich

Greve in Chianti 3,30 €, 1 Std., stündl.

Montepulciano 11,20 €, 1½ Std., 3-mal tgl.

Siena Corso rapide 7,80 €, 1¼ Std., mind. stündl.

San Gimignano 6,80 €, 1¼–2 Std., 14-mal tgl., oft über Poggibonsi

Volterra 8,35 €, 2 Std., 4-mal tgl. – meist mit Umsteigen in Colle di Val d'Elsa

FLUGZEUG

Flughafen Florenz (www.aeroporto.firenze. it) Auch Amerigo-Vespucci- oder Peretola-Flughafen genannt. Liegt 5 km nordwestlich des Stadtzentrums; Inlandsflüge und einige Flüge zu europäischen Zielen.

Flughafen Pisa (www.pisa-airport.com) Der wichtigste internationale Flughafen der Toskana (nach Galileo Galilei benannt) befindet sich bei Pisa, ist aber von Florenz aus mit öffentlichen Verkehrsmitteln zu erreichen.

ZUG

Der Hauptbahnhof von Florenz heißt **Stazione di Santa Maria Novella** (Piazza della Stazione). Die **Gepäckaufbewahrung** (Deposito Bagagliamano; die ersten 5 Std. 5 €, danach für 6–12 Std. 0,70 € pro Std. und schließlich 0,30 € pro Std.; ☺ 6–23.50 Uhr) befindet sich am Gleis 16; das Büro der Assistenza Disabili (Hilfe für behinderte Fahrgäste) ist am Gleis 5 untergebracht. Internationale Zugtickets kauft man in der **Schalterhalle** (☺ 6–21 Uhr). Für Inlandstickets ist kein Schlangestehen nötig: Man kann die Fahrkarten an Fahrkartenautomaten (Touchscreen, englische Menüoberfläche) kaufen. Bezahlt wird bar oder mit Kreditkarte.

Florenz liegt an der Bahnlinie Rom–Mailand (Milano). Es gibt folgende Verbindungen

Lucca (5,10 €, 1½–1¾ Std., alle 30 Min.)

Pisa (5,80 €, 45–60 Min., alle 30 Min.)

Pistoia (3,10 €, 45–60 Min., alle 30 Min.)

Rom (17,25 €, 1¾–4¼ Std.)

Bologna (10,50–25 €, 1–1¾ Std.)

Mailand (29,50–53 €, 2¼–3½ Std.)

Venedig (24–43 €, 2¾–4½ Std.)

ℹ Unterwegs vor Ort

BUS ZUM/VOM FLUGHAFEN

Ein Shuttlebus (Hinfahrt/Hin- und Rückfahrt 6/8 €, 25 Min.) verkehrt von 6–23.30 Uhr (5.30–23 Uhr vom Stadtzentrum aus) alle

30 Min. zwischen dem Flughafen Florenz und dem Hauptbahnhof Stazione di Santa Maria Novella. **Terravision** (www.terravision.eu) bietet tägliche Fahrten (einfach 4,99 €, 1¼ Std., stündl.) zwischen der Bushaltestelle an der Stazione di Santa Maria Novella an der Via Alamanni (unter der Digitaluhr des Bahnhofs) und Pisas Flughafen Galileo Galilei – Tickets gibt es online zu kaufen, im Bus oder am Terravision-Schalter in der Bar Deanna. Am Flughafen Galileo Galilei befindet sich der Terravision-Fahrkartenschalter in der Ankunftshalle.

Taxi

Ein Taxi zwischen dem Flughafen Florenz und der Stadt kostet pauschal 20 € (So und Feiertags 22 €, 22–6 Uhr 23,30 €, 1 € pro Gepäckstück). Nach Verlassen des Terminalgebäudes muss man sich rechts halten, dann kommt der Taxistand in Sicht.

Zug

Es verkehren regelmäßig Züge zwischen der Stazione di Santa Maria Novella in Florenz und dem Flughafen Galileo Galilei bei Pisa (7,80 €, 1½ Std., 4.30–22.25 Uhr, mind. stündl.).

AUTO & MOTORRAD

Im historischen Zentrum von Florenz besteht eine strikte ZTL (*Zona a Traffico Limitato; Umweltzone*), Mo–Fr 7.30–19.30 Uhr und Sa von 7.30–18 Uhr, die für alle Nicht-Anwohner gültig ist. Die Überwachung erfolgt mit Kameras, die an allen Zufahrten installiert sind. Mitte Mai–Mitte Sept. gilt die Sperrung zusätzlich auch Mi, Fr, Sa von 23–4 Uhr. Motorisierte Gäste eines Hotels in der Umweltzone können zum Gepäckausladen vorfahren. Sie müssen dann allerdings ihr Nummernschild und die Zeit, die sie in der „Autoverbotszone" verbracht haben, an der Rezeption melden (es gibt ein Zeitfenster von zwei Stunden), damit dass Hotel eine Genehmigung beantragen kann. Bei Nichtbeachtung droht ein Bußgeld von rund 150 €. Weitere Informationen unter www.comune.fi.it

Rund um die Piazzale Michelangelo sind einige Straßenparkplätze zu finden, jedoch nicht innerhalb der ZTL. Blaue Linien zeigen kostenpflichtige Straßenparkplätze an. Teure Tiefgaragen (um die 20 € pro Tag) gibt es bei der Fortezza da Basso und in Oltrarno neben der Piazzale di Porta Romana. Ansonsten kann man auch auf www.firenzeparcheggi.it nach einem Parkplatz suchen oder sich im Hotel nach Parkmöglichkeiten erkundigen.

FAHRRAD & MOTORROLLER

Milleunabici (www.bicifirenze.it; Piazza della Stazione; 2/5 € pro Std./Tag; ⊙ März–Okt. 10–19 Uhr) Lila Leihräder vor der Stazione di Santa Maria Novella; man muss seinen Ausweis als Pfand hinterlegen.

Florence by Bike (Karte S. 557; www.florencebybike.com; Via San Zanobi 120r; ⊙ Mo–Sa 9–13 & 15.30–19.30 Uhr) Bikeshop der Spitzenklasse, Tourenvorschläge, Radtouren und Leihräder (City Bike/Motorroller 14,50/68 €).

ÖFFENTLICHE VERKEHRSMITTEL

In der Stadt verkehren Busse, elektrische *bussini* (Minibusse) und Straßenbahnen (alle Linien sollen ab 2016 komplett im Einsatz sein) der **ATAF** (☑ 199 104245, 800 424500; www.ataf. net). Start- und Zielbahnhof der meisten Busse sind die ATAF-Bushaltestellen gegenüber dem südöstlichen Ausgang der Stazione di Santa Maria Novella.

Tickets sind gültig für 90 Minuten (nur einfach) und kosten 1,20 € (2 € im Bus). Sie werden an Kiosken, beim Tabakhändler und dem **ATAF Ticket & Informationsbüro** (Karte S. 557; Piazza della Stazione; ⊙ 7.30–19.30 Uhr) neben dem Bahnhof verkauft.

Ein Travel-Pass für 1/3/7 Tage kommt auf 5/12/18 €. Fahrgäste ohne Ticket (im Bus entwerten!) zahlen Strafe.

TAXI

Taxis kann man nicht einfach auf der Straße anhalten. Am besten gleich am Bahnhof eines nehmen oder telefonisch bestellen: ☑ 055 42 42 oder ☑ 055 43 90.

NORDWESTLICHE TOSKANA

In diesem Teil der Toskana lässt sich gut verstehen, was der Begriff *slow travel* wirklich bedeutet. Reisende gewöhnen sich rasch daran, mittags in aller Ruhe regionale Spezialitäten zu genießen und durch die mittelalterlichen Gassen der Orte auf den Hügeln zu bummeln. Oder sie unternehmen eine gemächliche Fahrradtour entlang der Weinstraße mit der tollen Aussicht an der Küste oder wandern über die Insel, auf die einst Napoleon verbannt war. Selbst die größeren Städte hier – einschließlich Lucca und der Universitätsstadt Pisa – strahlen eine Ruhe und Liebe zur Tradition aus, die Gäste zu einigen Tagen ruhigen Aufenthalts einlädt.

Pisa

85 500 EW.

Einst war sie eine mächtige Seemacht, die in Konkurrenz mit Genua und Venedig stand, heute bezieht Pisa seinem Ruhm vor allem aus einem architektonischen Projekt, das gründlich schiefgelaufen ist. Allerdings ist der weltberühmte Schiefe Turm nur eine von vielen bemerkenswerten Sehenswürdigkeiten in dieser fesselnden Stadt. Das Bildungswesen war der Motor, der die lokale Ökonomie seit dem 15. Jh. am Laufen hielt, Studenten aus ganz Italien kämpfen auch heute noch um einen Platz an der Eliteuniversität und den zahlreichen Forschungseinrichtungen. Das wiederum sorgt in der Innenstadt für eine lebhafte und bezahlbare Café- und Barszene und schafft einen Ausgleich zu den gut erhaltenen romanischen Bauwerken, gotischen Kirchen und Renaissanceplätzen: Das Straßenleben wird stärker von den Einheimischen als von Touristen dominiert.

Geschichte

Vermutlich ist Pisa eine griechische Gründung. Unter Rom entwickelte es sich sehr schnell zu einem wichtigen Flottenstützpunkt und blieb für viele Jahrhunderte ein bedeutender Hafen. Die sogenannten Goldenen Zeiten der Stadt begannen im 9. Jh., als sie zu einer unabhängigen Seerepublik aufstieg und mit Genua und Venedig rivalisierte. Die Blütezeit zog sich bis ins 12. und 13. Jh. Zur damaligen Zeit kontrollierte Pisa Korsika, Sardinien und den Großteil der Festlandküste, Richtung Süden reichte die Macht bis Civitavecchia. Die meisten der erlesenen Gebäude in der Stadt stammen aus dieser Zeit, als auch der markante pisanisch-romanische Architekturstil seine große Blüte hatte.

Pisas Unterstützung der kaisertreuen Ghibellinen brachte die Stadt in Konflikt mit ihren Nachbarn Siena, Lucca und Florenz, die größtenteils papsttreue Guelfen waren. Während der Seeschlacht bei Meloria 1284 schließlich versetzte Genuas Flotte Pisa den vernichtenden Schlag. Nachdem die Stadt 1406 an Florenz gefallen war, förderten die Medici die großen künstlerischen, literarischen und wissenschaftlichen Bestrebungen und erweckten Pisas Universität zu neuem Leben. Galileo Galilei, berühmtester Sohn der Stadt, unterrichtete später hier.

◉ Sehenswertes

◉ Am Arno entlang

In sicherer Entfernung zur überfüllten Piazza dei Miracoli kommt Pisas Reiz am Ufer des Arno erst richtig zur Geltung. Glanzvolle Paläste in ganz unterschiedlichen Farben säumen den südlichen *lungarno* (Uferstraße), von dem aus sich Pisas Einkaufsboulevard, der Corso Italia, nach Süden in Richtung Bahnhof zieht.

Pisas mittelalterliches Zentrum liegt nördlich vom Wasser. Von der am Flussufer gelegenen **Piazza Cairoli** mit ihren vielen Bars kann man gemütlich die Via Cavour entlangschlendern und sich in den umliegenden engen Gassen verlieren. Ein täglicher Obst- und Gemüsemarkt füllt die **Piazza delle Vettovaglie**, die von Säulengängen aus dem 15. Jh. und beliebten Bars und Caféterrassen eingerahmt wird. Die Graffiti auf der Fassade der **Chiesa di San Michele in Borgo** (Borgo Stretto), die ins 15. Jh. zurückreicht, waren übrigens eine Wahlkampagne für den Rektor einer lokalen Schule.

Am Südufer steht die herrliche **Chiesa di Santa Maria della Spina** (Lungarno Gambacorti), ein erlesenes Beispiel für den pisanisch-gotischen Stil. Die Kirche ist momentan für Besucher geschlossen.

Palazzo Blu   KUNSTGALERIE
(www.palazzoblu.it; Lungarno Gambacorti 9; ⊙ Di–Fr 10–19, Sa & So 10–20 Uhr) `GRATIS` Das großartig restaurierte Gebäude aus dem 14. Jh. mit seiner staubblauen Fassade steht am Ufer des Arno. Innen bilden die Ausschmückungen aus dem 19. Jh. die perfekte Kulisse für die Sammlung der Fondazione CariPisa – pisanische Arbeiten vom 14. bis ins 20. Jh. – sowie für kurze Zeit laufende Wechselausstellungen (Wechselausstellungen sind teilweise kostenpflichtig).

Museo Nazionale di San Matteo KUNSTGALERIE
(Piazza San Matteo in Soarta; Erw./erm. 5/2,50 €; ⊙ Di–Sa 8.30–19, So 8.30–13.30 Uhr) Diese Schatzkiste mittelalterlicher Meisterwerke ist in einem Benediktinerkloster aus dem 13. Jahrhundert auf dem nördlichen Uferkorso des Arno untergebracht. Die bemerkenswerte Gemäldesammlung der Toskanischen Schule (ca. 12.–14. Jh.) umfasst u. a. Arbeiten von Lippo Memmi, Taddeo Gaddi, Gentile da Fabriano und Ghirlandaio. Nicht verpassen: Masaccios *Hl. Paulus*, Fra Angelicos *Madonna der Demut* und Simone Martinis *Polyptychon von Santa Catarina*.

Ebenso faszinierend ist die Sammlung pisanischer Skulpturen aus dem 14. und 15. Jh., darunter Werke von Nicola und Giovanni Pisano, Andrea und Nino Pisano,

Francesco di Valdambrino, Donatello, Michelozzo und Andrea della Robbia.

⊙ Piazza dei Miracoli

Keine toskanische Sehenswürdigkeit wurde öfter in kitschigen Souvenirs verewigt als der Schiefe Turm auf diesem gigantischen Platz, der auch als **Campo dei Miracoli** (Feld der Wunder) oder **Piazza del Duomo** bekannt ist. Die ausgedehnten grünen Rasenanlagen auf der Piazza bilden so etwas wie einen städtischen Teppich, auf dem Europas wohl außergewöhnlichste Sammlung romanischer Bauwerke zu finden ist – in Form einer Kathedrale, eines Baptisteriums und eines Turms. 2 Mio. Besucher pro Jahr strömen hierher – viele kommen mit Reisebussen extra aus Florenz für eine Stippvisite.

★ **Schiefer Turm**　　　　　WAHRZEICHEN
(Torre Pendente; www.opapisa.it; Piazza dei Miracoli; inkl. Eintritt zum Dom 18 €, Kombiticket für Battistero, Camposanto, Museo dell'Opera del Duomo und Museo delle Sinópie 1/2/3/4 Sehenswürdigkeiten 5/7/8/9 € (erm. 3/4/5/6 €); ⊙ Sommer 8.30–20 Uhr, Winter 10–16.30 Uhr) Es stimmt tatsächlich: Der Schiefe Turm ist *wirklich* schief. Die Bauarbeiten begannen 1173, kamen jedoch ein Jahrzehnt später zum Stillstand, als die ersten drei Stockwerke sich zu neigen begannen. 1272 wurden die Arbeiten erneut aufgenommen, wobei die Kunsthandwerker und Maurer vergeblich versuchten, das Fundament zu stützen. Trotz allem arbeiteten sie weiter und bemühten sich dabei, die Neigung zu kompensieren, indem sie von den unteren Etagen aus schrittweise gerade nach oben bauten.

Im Laufe der Jahrhunderte neigte sich der Turm jeweils um einen weiteren Millimeter pro Jahr. 1993 war er schon 4,47 m aus dem Lot. Die neueste Lösung sah Stahlverstrebungen vor, die um den dritten Stock geschlungen wurden und danach mit Stahlkabeln an den benachbarten Gebäuden befestigt wurden. Das hielt den Turm aufrecht, als Ingenieure begannen, behutsam die Erde unterhalb des nördlichen Fundaments zu entfernen. Nachdem etwa 70 t Erdreich von der Nordseite weggeschaufelt worden waren, sank der Turm zurück auf das Niveau, das er im 18. Jh. hatte. Dabei korrigierte sich die Neigung um 43,8 cm. Experten glauben, dass mit diesen Werten die Zukunft des Turmes für die nächsten drei Jahrhunderte gesichert ist.

ⓘ TURM- & KOMBITICKETS

Am besten, man reserviert und kauft die Tickets für den Schiefen Turm bei einem der beiden gut beschilderten Ticketschalter: dem Hauptschalter hinter dem Turm oder dem kleineren Schalter im **Museo delle Sinópie** (www. opapisa.it; Piazza dei Miracoli; ⊙ Sommer 8–20 Uhr (Winter 10–17 Uhr).

Wer sich seine Besichtigung des Turms wirklich sichern und die lange Schlange in der Hauptsaison vermeiden will, kann die Tickets über die Webseite 20 Tage im Voraus buchen, aber mindestens 12 Tage vor dem Besuch.

Die Schalter in Pisa verkaufen auch Kombitickets, in denen der Eintritt zum Baptisterium, zum Camposanto, dem Museo dell'Opera del Duomo und Museo delle Sinópie enthalten ist: Ein Ticket, das 1/2/3/4 Eintrittsmöglichkeiten beinhaltet, kostet 5/7/8/9 € (erm. 3/4/5/6 €). Der Eintritt zur Kathedrale ist kostenlos. Allerdings muss man eine Eintrittskarte vorzeigen können – entweder von einer der anderen Sehenswürdigkeiten oder einen Kathedralenschein, der an den Ticketschaltern ausgegeben wird. Die Kombitickets für vier Sehenswürdigkeiten gelten zwei Tage lang.

Der Zutritt zum Schiefen Turm ist auf jeweils 40 Personen pro Besichtigung beschränkt – Kinder unter acht Jahren haben gar keinen Zutritt und Kinder unter zwölf Jahren müssen ständig die Hand eines Erwachsenen halten. Wer sichergehen will, sollte online im Voraus buchen oder direkt nach der Ankunft in Pisa zu einem Ticketschalter gehen, um für den Nachmittag Eintrittskarten zu organisieren. Die Besichtigung dauert 30 Minuten, ein steiler Aufstieg über rund 300 manchmal rutschige Stufen gehört dazu. Taschen und Handtaschen müssen am kostenlosen Gepäckschalter neben dem zentralen Ticketbüro abgegeben werden – Kameras sind so ziemlich das Einzige, was mit hochgenommen werden darf.

★ **Duomo**　　　　　　　　　DOM
(Piazza dei Miracoli; Eintritt frei (mit Coupon vom Ticketschalter); ⊙ Sommer 10–19.30 Uhr, Winter 10–12.45 & 14–16.30 Uhr) Der Bau des Doms wurde mit Schätzen finanziert, die 1063

Pisa

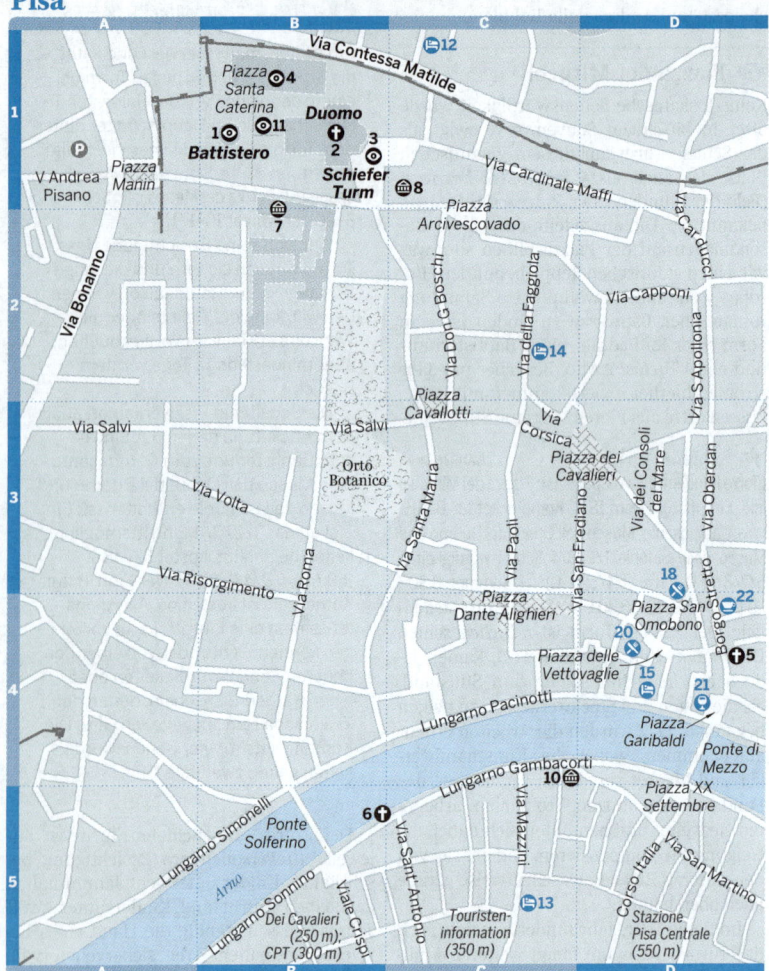

Piazza Santa Caterina

Duomo

Battistero

Schiefer Turm

V Andrea Pisano

Piazza Manin

Piazza Arcivescovado

Via Contessa Matilde

Via Cardinale Maffi

Via Bonanno

Via Salvi

Via Don G Boschi

Via della Faggiola

Via Capponi

Piazza Cavallotti

Via Salvi

Orto Botanico

Via Corsica

Piazza dei Cavalieri

Via S Apollonia

Via Oberdan

Via Volta

Via Santa Maria

Via Roma

Via Paoli

Via San Frediano

Via dei Consoli del Mare

Via Car ducci

Piazza Dante Alighieri

Via Resorgimento

Piazza delle Vettovaglie

Piazza San Omobono

Borgo Stretto

Lungarno Pacinotti

Piazza Garibaldi

Ponte di Mezzo

Lungarno Gambacorti

Piazza XX Settembre

Ponte Solferino

Lungarno Simonelli

Arno

Lungarno Sonnino

Viale Crispi

Viale Sant'Antonio

Via Mazzini

Corso Italia

Via San Martino

Dei Cavalieri (250 m); CPT (300 m)

Touristen-information (350 m)

Stazione Pisa Centrale (550 m)

die Pisaner von einer sarazenischen Flotte vor Palermo erbeutet hatten. Der Dom mit seiner auffälligen gestreiften Fassade aus grünem und cremefarbenem Marmor, mit dessen Bau im darauffolgenden Jahr begonnen werden konnte, sollte zum Vorbild für romanische Kirchen in der gesamten Toskana werden. Die elliptische Kuppel – die Erste ihrer Art in ganz Europa – wurde 1380 hinzugefügt.

Die Kathedrale war zu Bauzeiten die größte Europas; ihre atemberaubenden Proportionen wurden entworfen, um Pisas Vorherrschaft im Mittelmeerraum zu unter-

streichen. Die Hauptfassade wurde erst im 13. Jh. vervollständigt und zeigt vier zierliche, übereinander errichtete Säulenreihen. Das großzügige Innere – 96 m lang und 28 m hoch – dagegen wird von 68 mächtigen Granitsäulen im klassischen Stil gestützt. Die mit 24-karätigem Gold verzierte Kassettendecke stammt aus der Zeit der Medici.

Vor dem Eintreten lohnt sich ein genauer Blick auf die drei Paar **Bronzetüren** am Haupteingang (16. Jh.). Der Entwurf stammt aus der Schule Giambolognas und ersetzte die ursprünglichen hölzernen Türen, die 1596 von einem Feuer zerstört wurden (zu-

0 ————— 200 m

Strada Statale

Via San Zeno

Piazza Santa Caterina

Via Buonarroti

Piazza Martiri della Libertà

Via San Lorenzo

Via Simone

Via Fucini

Via Santa Cecilia

16 Via San Francesco

Piazza San Paolo all'Orto

23
Via Cavour
19 Via Calafati

Via Sant'Andrea

Via M Lalli

17 Via Palestro
Via delle Belle Torri

Piazza Cairoli

Lungarno Mediceo

Piazza Mazzini

Lungarno Galilei

Piazza San Matteo in Soarta **9**

Ponta Della Fortezza

Pisa International Galileo Galilei (2,4 km)

die realistische Darstellungsweise waren wegweisend für die gotische Bildhauerei. Pisanos Arbeit bildet einen auffallenden Gegensatz zur modernen Kanzel und dem Altar des italienischen Bildhauers Giuliano Vangi, die 2001 umstrittenerweise ebenfalls hier ihren Platz fanden.

★ **Battistero**   BAPTISTERIUM
(Baptisterium; Piazza dei Miracoli; Erw./erm. 5/ 3 €, Kombiticket für Battistero, Camposanto, Museo dell'Opera del Duomo und Museo delle Sinópie 1/2/3/4 Sehenswürdigkeiten 5/7/8/9 € (erm. 3/4/5/6 €); ☉ Sommer 8–19.30 Uhr, Winter 10–16.30 Uhr) Bei dem ungewöhnlichen runden Baptisterium wurde eine Kuppel über der anderen errichtet, wobei eine Hälfte mit Bleiplatten, die andere mit Dachziegeln gedeckt wurde, gekrönt von einer Bronzefigur Johannes des Täufers (1395). 1152 begannen die Bauarbeiten, wurden jedoch bald wieder unterbrochen und erst über ein Jahrhundert später von Nicola und Giovanni Pisano fortgesetzt, die den

sammen mit dem Großteil der Innenein-richtung). Die Türen üben eine geradezu magische Faszination aus – Betrachter kön-nen Stunden damit verbringen, die bibli-schen Szenen zu deuten, die die unbefleckte Empfängnis und die Geburt Christi zeigen (mittlere Türen), den Weg nach Golgatha, die Kreuzigung Christi, den Dienst Jesu etc. Kinder können nach dem Nashorn suchen.

Unbedingt sehenswert ist auch die außer-gewöhnliche achteckige **Kanzel**. Sie stammt aus dem frühen 14. Jh. und befindet sich im Nordgang. Giovanni Pisano schuf sie aus Carrara-Marmor; ihre Detailreichtum und

Bau auch neu gestalteten. Endgültig fertig war das Baptisterium im 14. Jahrhundert. Der untere Abschnitt der Bogengänge ist pisanisch-romanisch, der zugespitzte obere Teil sowie die Kuppel sind gotisch.

Im Inneren bildet die wunderbare sechseckige **Kanzel** aus Marmor von Nicola Pisano (bearbeitet 1259–1260) den Höhepunkt.

Der pisanische Wissenschaftler Galileo Galilei (welcher der Sage nach auf seine Pendelversuche kam, als er eine Lampe in Pisas Kathedrale hin und her schwingen sah) wurde in dem achteckigen Taufbecken getauft (1246).

Keinesfalls versäumen sollte man den Aufstieg zur **Oberen Galerie**, um zu hören, wie der Küster jeweils zur halben und vollen Stunde die bemerkenswerte Akustik der Doppelkuppel und die Echoeffekte vorführt.

Camposanto
FRIEDHOF

(Piazza dei Miracoli; Erw./erm. 5/3 €, Kombiticket mit Battistero, Camposanto, Museo dell'Opera del Duomo und Museo delle Sinópie 1/2/3/4 Sehenswürdigkeiten 5/7/8/9 € (erm. 3/4/5/6 €); ⏰ Sommer 8–19.30 Uhr, Winter 10–16.30 Uhr) Während der Zeit der Kreuzzüge, so heißt es, wurde Erde vom Kalvarienberg hierher transportiert. Sie bedeckt nun den Boden zwischen den weißen Mauern dieser ergreifenden letzten Ruhestätte vieler prominenter Pisaner. Im Zweiten Weltkrieg zerstörte die Artillerie der Alliierten viele der kostbaren Fresken des Kreuzgangs. Die noch erhaltenen Fresken sind nun in der **Sala Affreschi** (Freskensaal) zu besichtigen.

Am interessantesten ist der *Triumph des Todes* (1336–1341), eine bemerkenswerte Höllendarstellung, die Buonamico Buffalmacco zugeschrieben wird, einem Maler des 14. Jhs. Glücklicherweise hat man die Spiegel, die einst direkt neben den plastischen Abbildern der Verdammten angebracht waren, die auf einem Rost lebendig gebraten werden, inzwischen entfernt – Betrachter fühlen sich nun nicht ganz so unwohl wie zuvor, als sie durch den Spiegeltrick ihre eigenen Gesichter aus dem recht drastischen Wandgemälde herausstarren sahen. Buffalmaccos *Jüngstes Gericht & Hölle* (1336–1341) im selben Saal ist ebenso grausam.

Museo delle Sinópie
MUSEUM

(Piazza dei Miracoli; Erw./erm. 5/3 €, Kombiticket mit Battistero, Camposanto, Museo dell'Opera del Duomo und Museo delle Sinópie 1/2/3/4 Sehenswürdigkeiten 5/7/8/9 € (erm. 3/4/5/6 €); ⏰ Sommer 8–19.30 Uhr, Winter 10–16.30 Uhr) Dieses Museum beherbergt mehrere *sinópie* (Skizzen) des 14. und 15. Jhs., die von Künstlern mit roten Erdpigmenten auf die Mauern des Camposanto aufgetragen wurden. Die Ausstellung überzeugt durch die umfassende Behandlung der Freskenmalerei: Die zahlreichen Gemälde werden durch Kurzfilme und maßstabsgetreue Modelle ergänzt.

Museo dell'Opera del Duomo
MUSEUM

(Piazza dei Miracoli; Erw./erm. 5/3 €, Kombiticket mit Battistero, Camposanto, Museo dell'Opera del Duomo und Museo delle Sinópie 1/2/3/4 Sehenswürdigkeiten 5/7/8/9 € (erm. 3/4/5/6 €); ⏰ Sommer 8–20 Uhr, Winter 10–17 Uhr)

Einst im Dom und im Baptisterium ausgestellte Kunstwerke haben nun ein Heim in diesem Museum gefunden. Zu den Höhepunkten zählen Giovanni Pisanos Elfenbeinschnitzerei *Madonna und Kind* (1299), die für den Hauptaltar der Kathedrale gefertigt wurde, und seine *Madonna del colloquio* (Mitte 13. Jh.), die ursprünglich ein Tor des *duomo* zierte. Unbedingt durch den wunderschönen und ruhigen Klostergarten wandeln – der Blick auf den Schiefen Turm ist beeindruckend.

🎆 Feste & Events

Luminaria
LICHTERSHOW

Der heilige Ranieri – Pisas Schutzpatron – wird am 17. Juni geehrt. Die Nacht davor ist magisch: Tausende von Kerzen und Fackeln erhellen das Flussufer, und ein Feuerwerk verzaubert den nächtlichen Himmel.

Regata Storica di San Ranieri
SPORT

Viel Betrieb herrscht auf dem Arno während der Ruderregatta zu Ehren des Schutzpatrons am 17. Juni.

Gioco del Ponte
KULTUR

Beim Gioco del Ponte (Brückenspiel) tragen zwei Teams in mittelalterlichen Kostümen auf der Ponte di Mezzo am letzten Sonntag im Juni ihre Kämpfe aus.

Palio delle Quattro Antiche Repubbliche Marinare
REGATTA

(Regatta der Vier Antiken Seerepubliken) Die vier historischen Seerivalen – Pisa, Venedig, Amalfi und Genua – treffen sich jedes Jahr im Juni zu einer Bootsprozession und einem dramatischen Rennen; in Pisa findet das nächste Rennen 2017 statt.

🛏 Schlafen

Hostel Pisa Tower
HOSTEL €

(☎329 7017387, 05 0520 2454; www.hostelpisatower.it; Via Piave 4; Bett 18–22 €, Apt. 49–69 €; @🛜) Dieses Hostel nahe der Piazza dei Miracoli ist in einer Vorstadtvilla mit Garten untergebracht. Die Atmosphäre ist ausgesprochen freundlich, die Zimmer wirken fröhlich, sind sauber und bequem, haben aber kein eigenes Bad (nur zwei Duschen und zwei Toiletten für 22 Betten). Gemeinschaftsküche gibt es auch keine. Im Apartment (mit kleiner Küche und Privatparkplatz) haben zwei bis drei Personen Platz. WLAN ist vorhanden, kostet aber 4 € pro Stunde.

Royal Victoria Hotel
HOTEL €€

(☎05 094 01 11; www.royalvictoria.it; Lungarno Pacinotti 12; DZ 110–170 €, 3BZ 130–170 €, 4BZ 170 €, EZ/DZ mit Gemeinschaftsbad 70/80 €; ❄🛜🅿) Das älteste unter den Hotels in Pisa wird seit 1837 von der Familie Piegaja betrieben und bietet gediegenen Luxus kombiniert mit freundlichem, aufmerksamem Service. Angeblich sind die Zimmer recht unterschiedlich, aber die zuletzt gesehenen waren der perfekte Mix aus Shabby und Chic, aus altehrwürdiger Bildungsreise und modernem Komfort. Ein Traum sind die Parkettböden und die an manchen Stellen freigelegten Steinstrukturen. Ein Garagenparkplatz/Leihfahrrad kosten 20/15 € pro Tag, WLAN 2,50 € pro Stunde, der Presi für das Frühstück liegt bei 5€.

Hotel Bologna
HOTEL €€

(☎05 050 21 20; www.hotelbologna.pisa.it; Via Mazzini 57; DZ 134–198 €, 3BZ 188–278 €, 4BZ 194–298 €; ❄@🛜🅿) Ein gutes Stück vom Trubel der Piazza dei Miracoli entfernt (ca. 1 km zu Fuß oder per Fahrrad) liegt südlich des Arno diese mit 68 Zimmern ausgestattete Oase der Ruhe und des Friedens, ein Vier-Sterne-Hotel. Die Räume haben Holzböden und hohe Decken, einige sind hübsch mit Fresken verziert. Die Zimmer für vier Personen sind eine praktische, wenn auch kostspielige Option für Familien. Parkplatz im Hof/Leihfahrrad kosten 10/12 € pro Tag.

Hotel Relais dell'Orologio
HOTEL €€€

(☎05 083 03 61; www.hotelrelaisorologio.com; Via della Faggiola 12–14; EZ/DZ ab 120/195 €; ❄🛜) Bestens geeignet für die Flitterwochen: Pisas verträumtes Fünf-Sterne-Hotel befindet sich in einer ruhigen Straße in einem geschmackvoll restaurierten, befestigten Wohnturm aus dem 14. Jh. Einige Zimmer sind mit Fresken ausgestattet. Das mit üppigem Blumenschmuck dekorierte Restaurant im Innenhof bietet sich als idealer Rückzugsort an. Wer über die Webseite bucht, kommt preislich günstiger weg.

✗ Essen

Als Universitätsstadt hat Pisa eine gute Auswahl an Lokalen, sie konzentrieren sich vor allem um den Borgo Stretto und südlich des Flusses im trendigen San-Martino-Viertel.

Il Montino
PIZZERIA €

(Vicolo del Monte 1; Pizzas 3–6,50 €; ⊙Mo–Sa 10.30–15 & 17–22 Uhr) Diese pisanische Institution will nicht durch Glitzer und Schnickschnack überzeugen: Man kann seine Pizza mitnehmen oder auch an der Bar bestellen, sich dann drinnen oder draußen niederlassen und sich durch die Hausspezialitäten futtern: *cecina* (Kichererbsenpizza), *castagnacci* (Kastanienkuchen) und *spuma* (ein süßer, alkoholfreier Drink). Außerdem gibt es *foccacine* (flache Brötchen) mit Salami, *pancetta* oder *porchetta* (Spanferkel). Il Montino liegt versteckt in einer Seitengasse; am schnellsten ist es zu finden, wenn man in westlicher Richtung auf die Via Ulisse Dini geht, vom Nordende von Borgo Stretto (gegenüber dem Café Lo Sfizio, Borgo Stretto 54) zur Piazza San Felice. Hier ist es mit seinem blauen Neonschild „Pizzeria" zur Linken kaum zu übersehen.

Il Crudo
SANDWICHES €

(www.ilcrudopisa.it; Piazza Cairoli 7; Panini 4,50–6 €; ⊙Mo–Do 11–15.30 & 17–1, Fr 11–15.30 & 17–2, Sa 11–2, So 11–1 Uhr) In dieser *panineria* und *vineria* im Taschenformat kann man sich gut gefüllte *panini* für unterwegs holen oder sie sich im Freien mit einem Glas Wein schmecken lassen. Der Laden liegt beim Fluss, an einem der hübschesten Plätze Pisas.

Osteria Bernardo
MODERN TOSKANISCH €€

(☎05 057 52 16; www.osteriabernardo.it; Piazza San Paolo all'Orto 1; Gerichte 30 €; ⊙ Di–So Mittag- & Abendessen) Diese kleine *osteria* auf einem von Pisas wunderbarsten Plätzen besticht durch die perfekte Verschmelzung von unkompliziertem Essen und Gourmetniveau. Die Speisekarte ist kurz – es gibt jeden Tag nur vier oder fünf Gerichte zur Auswahl – die Küche dafür umso kreativer.

Osteria del Porton Rosso
OSTERIA €€

(☑ 05 058 05 66; www.portonrosso.com; Vicolo del Porton Rosso 11; Gerichte 25 €; ⊙ Mo-Sa Mittag- & Abendessen) Nur nicht abschrecken lassen von der etwas düsteren Gasse, die zu dieser beliebten *osteria* eine Straße nördlich des Flusses führt. Im Lokal erwarten freundliches Personal und exzellente regionale Gerichte (Land und Meer) die Gäste. Pisanische Spezialitäten wie frische Ravioli mit Stockfisch und Kichererbsen koexistieren hier friedlich mit toskanischen Klassikern wie gegrilltem Filet. 10 € für ein schmackhaftes Mittagessen sind zudem einfach unschlagbar.

biOsteria 050
BIO €€

(☑ 05 054 31 06; Via San Francesco 36; Gerichte 20–30 €; ⊙ Mo-So Mittagessen, Di-So Abendessen; 🖉) Marco und Raffaele kochen im Zero Cinquanta (Null Fünfzig) streng saisonal, regional und bio. Die Produkte werden von Höfen in einem Umkreis von 50 km rund um Pisa geliefert. Empfehlenswert sind Pasta, Risotto, Fleischgerichte oder die preisgünstigen Mittags-Specials. Es gibt eine breite Auswahl für Vegetarier wie auch für alle, die unter Zölikalie leiden.

🍷 Ausgehen & Nachtleben

Das abendliche Studentenleben spielt sich überwiegend rund um die Piazza delle Vettovaglie und die Universität ab, auf der von Cafés umgebenen Piazza Dante Alighieri.

Sottobosco
CAFÉ

(www.sottoboscocafe.it; Piazza San Paolo all'Orto; ⊙ Di–Fr 10–24, Sa 12–1, So 19–24 Uhr) Das Sottobosco, ein kreatives Café mit Buchverkauf und Vintage-Deko, ist ein durchaus hübsches Plätzchen für einen Kaffee, ein leichtes Mittagessen oder einen Drink. Sobald es dämmert, spielen hier Jazz Bands oder DJs legen auf.

Bazeel
BAR

(www.bazeel.it; Lungarno Pacinotti 1; ⊙ 17–2 Uhr) Eine reichliche *aperitivo*-Auswahl, Livemusik oder ein DJ sowie die tolle kleine Terrasse vor der Bar sorgen im Bazeel für erheblichen Andrang. Am besten den Twitter-Feed fürs Programm checken.

Salza
CAFÉ

(Borgo Stretto 44; ⊙ Sommer 8–20.30 Uhr, Winter Di–So verkürzte Öffnungszeiten) Diese altmodische Konditorei lockt Pisaner schon seit 1898 vom Borgo Stretto und verführt sie zu zuckersüßen Sünden. Auch für einen Cocktail – egal zu welcher Stunde – eignet sich das Salza bestens.

❶ Praktische Informationen

Touristeninformation (☑ 05 091 03 50; www.pisaunicaterra.it; Piazza Vittorio Emanuele II, 16; ⊙ 9–18 Uhr)

❶ An- & Weiterreise

AUTO
Pisa liegt in der Nähe der Autobahnen A11 und A12. Die Schnellstraße SCG FI-PI-LI (SS67) ist eine gebührenfreie Alternative für die Fahrt nach Florenz und Livorno, während die nord-südlich verlaufende SS1, die Via Aurelia, die Stadt mit La Spezia und Rom verbindet.

BUS
Das pisanische Unternehmen **CPT** (www.cpt.pisa.it; Piazza Sant'Antonio) unterhält Buslinien von/nach Volterra (6,10 €, 2 Std., bis zu 10-mal tgl.) und Livorno (2,75 €, 55 Min., halbstündl. bis stündl.).

FLUGZEUG
Flughafen Galileo Galilei (www.pisa-airport.com) Der wichtigste internationale Flughafen, 2 km südlich der Stadt, bietet Flüge in die meisten europäischen Städte an.

ZUG
Es gibt eine praktische **Gepäckaufbewahrung** (Deposito Bagagli; die ersten 12 Std. 4 €, folgende 12 Std. 2 €; ⊙ 6–21 Uhr) am Bahnhof **Pisa Centrale** (Piazza della Stazione)– nicht zu verwechseln mit dem Bahnhof Pisa San Rossore nördlich der Stadt. Regionalzüge fahren von Pisa Centrale nach:

Florenz 7 €, 1¼ Std., häufig.

Livorno 2,50 €, 15 Min., häufig.

Lucca 3,30 €, 30 Min., alle 30 Min.

Viareggio 3,30 €, 15 Min., alle 20 Min.

❶ Unterwegs vor Ort
ZUM/VOM FLUGHAFEN
Auto & Motorrad
Die Parkgebühren belaufen sich auf bis zu 2 € die Stunde. Man sollte allerdings darauf achten, dass der Parkplatz nicht in der Umweltzone der Stadt liegt. Es gibt außerdem einen kostenlosen Parkplatz außerhalb der Zone am Lungarno Guadalongo nahe der Fortezza di San Gallo, südlich des Arno.

Bus
Die (rote) Buslinie LAM Rossa (1,10 €, 10 Min., alle 10–20 Min.) fährt auf dem Weg zum/vom Flughafen durchs Stadtzentrum und am Bahnhof

FLORENZ & TOSKANA NORDWESTLICHE TOSKANA

vorbei. Fahrkarten gibt's an den blauen Fahrkartenautomaten neben den Bushaltestellen rechts vom Bahnhofsausgang.

FAHRRAD

Die meisten Hotels verleihen Fahrräder. Außerdem gibt es Stände am Nordende der Via Santa Maria und anderen Straßen, die von der Piazza dei Miracoli abgehen. Sie vermieten Vierrad-Rikschas (5 € pro 40 Min.) mit Plätzen für bis zu 3/6 Personen und normale Fahrräder (3 € pro Std.).

PFERDEKUTSCHE

Von Ostern bis Oktober warten Pferdekutschen vor dem Museo dell'Opera del Duomo an der Piazza dei Miracoli auf Fahrgäste. Der Preis liegt bei etwa 40 € für eine 20-minütige Stadtfahrt.

TAXI

Ein Taxi zwischen Flughafen und Stadtzentrum kostet etwa 10 €. Für eine Reservierung **Radio Taxi Pisa** anrufen (📞 050 54 16 00; www.cotapi.it).

ZUG

Es gibt eine Verbindung zu/von der Stazione Pisa Centrale (2,50 €, 5 Min., mind. 30-mal pro Tag); vor Besteigen des Zuges Ticket kaufen und entwerten.

Lucca

86 884 EW.

Lucca ist eine liebenswerte alte Stadt mit viel Geschichte, hübschen Kirchen und guten Restaurants. Hinter imposanten Renaissancemauern versteckt sich Lucca – eine unverzichtbare Station auf jeder Tour durch die Toskana und außerdem eine perfekte Ausgangsbasis für Ausflüge in die Apuanischen Alpen und das Tal der Garfagnana.

Lucca, gegründet von den Etruskern, wurde 180 v. Chr. eine römische Kolonie und im 12. Jh. eine freie *comune* (selbstverwaltete Stadt). Damals war die Stadt durch den Seidenhandel verhältnismäßig reich. 1314 fiel Lucca für kurze Zeit an Pisa, doch unter Führung des Abenteurers Castruccio Castracani degli Antelminelli gewann die Stadt ihre Freiheit zurück und blieb beinahe 500 Jahre lang eine unabhängige Republik in Mittelitalien.

Napoleon setzte all dem 1805 ein Ende, als er das Herzogtum Lucca schuf und seiner Schwester Elisa und deren Mann dort die Herrschaft übertrug. Zwölf Jahre später ging die Stadt in bourbonischen Besitz über, bevor sie dann ins Königreich Italien eingegliedert wurde. Wunderbarerweise entging die Stadt den Bombenangriffen des Zweiten Weltkriegs, sodass die Struktur des historischen Kerns seit Jahrhunderten nahezu unverändert blieb.

⊙ Sehenswertes

Die kopfsteingepflasterte **Via Fillungo** führt durch das mittelalterliche Herz der Stadt. Hier haben sich moderne Boutiquen in alten Prachtbauten angesiedelt – wer den Blick nach oben richtet, weg von der Hektik der Straße, kann sich gratis am Anblick architektonischer Details erfreuen.

Östlich der Via Fillungo liegt einer der hübschesten Plätze der Toskana – die ovale, von Cafés übersäte **Piazza Anfiteatro**. Ihren Namen verdankt sie einem Amphitheater, das sich in römischen Zeiten hier befand. Bei näherem Hinsehen entdeckt man Überreste der Backsteinbögen und anderer Gemäuer an den Außenwänden der mittelalterlichen Häuser, die die Piazza umgeben.

Palazzo Pfanner
PALAZZO

(www.palazzopfanner.it; Via degli Asili 33; Palazzi oder Garten Erw./erm. 4,50/4 €, beide 6/5 €; ⊙ Sommer 10–18 Uhr) Ein Spaziergang durch diesen Palast – er stammt aus dem 17. Jahrhundert und befindet sich in Privatbesitz – weckt in jedem Besucher den Romantiker. Hier wurden Teile von *Portrait of a Lady* (1996) mit Nicole Kidman und John Malkovich gedreht. Der Barockgarten mit dem Zierteich, der Belle-Époque-Orangerie und den zwischen Zitronenbäumchen im Kübel. dekorativ herumstehenden Statuen griechischer Götter (18. Jh.) ist einfach unwiderstehlich. Zudem ist dies der einzig wirklich bedeutende Garten innerhalb der Stadtmauern. Auf der eleganten Außentreppe geht es weiter zu dem mit Fresken geschmückten *piano nobile* (Beletage). Felix Pfanner war übrigens ein österreichischer Emigrant, der als Erster Bier in Italien einführte: Er braute es von 1846–1929 im Keller der Villa. Im Sommer finden hier oft Kammermusikkonzerte statt.

Stadtmauer
STADTMAUER

Luccas monumentale *mura* (Mauer) wurde im 16. und 17. Jh. rund um die Stadt errichtet; noch heute steht die Mauern aufgrund der langen Friedenszeiten, die der Stadt gegönnt waren, in beinahe perfektem Zustand. Sie sind 12 m hoch und 4 km lang, und der Wall ist von einem baumgesäumten Fußpfad gekrönt, der auf das Centro Storico hi-

Lucca

200 m
0

Via Del Bachcchettoni

Baluardo San Salvatore

Porta Elisa

Baluardo della Libertà

Via del Bacchettoni

Via Paoli

Via Elisa

Orto Botanico

Baluardo San Regolo

Via della Quarquonia

Piazza San Francesco

Via Santa Chiara

Via San Micheletto

Via del Fosso

Via del Fosso

Porta San Gervasio

Via San Nicolao

Via Santa Gemma Galgani

Via della Fratta

Via Dell'Angelo Custode

Via del Giardino Botanico

Piazza Santa Maria

Via della Quarquonia

Piazza San Pietro

Via Guinigi

Via Santa Croce

Via Della Rosa

Via Canuleia

✗12

Via dei Fonti di Lago

Via della Quarquonia

Piazza Anfiteatro

✗5

Via Mordini

Via Sant'Andrea

Piazza dei Servi

Piazza Antelminelli

1 ✝ Cattedrale di San Martino

Via Vallisneri

✗15

Piazza Scarpellini

Piazza del Carmine

11 ✗

Piazza Bernardini

Piazza San Martino

Via del Molinetto

Via del Battistero

Piazza San Giovanni

Via Fillungo

Via della Cavallerizza

Via Della Mura

7 ⚐

Piazza San Frediano

Via degli Angeli

6 ⚐

Via Santa Lucia

13 ✗

18 ⛶

19 ⛶

Via Cenami

3 ⛪

Piazza del Giglio

16 ✗

Passeggiata della Mura

Via Battisti

Via del Moro

Via Buia

14 ✗

2 ⛶

Piazza San Michele

Via Napoleone

Mura

4 ✝

Piazza Sant'Agostino

Via San Giorgio

17 ✗

Via di Poggio

8 ⛶

Via Veneto

Corte Campana

9 ✗

Orto Botanico

Passeggiata della Mura

Via Delle Conce

Via Santa Giustina

Via San Paolino

10 ✗

Via del Toro

Via Vittorio Emanuele II

Piazza San Romano

Baluardo Santa Croce

Porta San Donato

Piazzale San Donato

Piazzale Verdi

Piazzale Boccherini

Via Galli Tassi

Lucca

nunter- und hinaus auf die Apuanischen Alpen blickt. Diesen Pfad nutzen die Einwohner von Lucca gerne zu einer *passeggiata* – zu Fuß, per Fahrrad oder auf den Inlinern. Spielplätze, Schaukeln und Picknicktische unter schattigen Platanen sind auf dem Weg vorbei an Baluardo San Regolo, Baluardo San Salvatore und Baluardo Santa Croce (drei der elf Bastionen) beliebte Treffpunkte. Die älteren Kinder kicken auf den großen Grünflächen von Baluardo San Donato den einen oder anderen Ball.

★ **Cattedrale di San Martino**   KATHEDRALE
(Piazza San Martino; Sakristei Erw./erm. 3/2 €, mit Kathedralmuseum & Chiesa dei SS Giovanni e Reparata 7/5 €; ⏰ Sommer 7–18 Uhr, Winter 7–17 Uhr; Sakristei Mo–Fr 9.30–16.45, Sa 9.30–18.45, So 11.30–17 Uhr) Luccas vorwiegend romanische Kathedrale wurde zu Beginn des 11. Jhs. errichtet. Die atemberaubende Fassade zeigt den damals vorherrschenden pisanisch-lucchesischen Stil; sie wurde passend zu dem schon existierenden *campanile* entworfen. Die Reliefs über dem linken Eingang des Portikus werden Nicola Pisano zugeschrieben.

Das Innere wurde im 14. und 15. Jh. umgebaut, daher auch der gotische Anstrich. Unbedingt ansehen sollte man sich den **Volto Santo** (wörtlich „Heiliges Antlitz"), einen schlicht gestalteten, dunkelhäutigen Christus in Lebensgröße auf einem hölzernen Kruzifix. Die Legende erzählt, dass dieser von Nikodemus, der die Kreuzigung miterlebte, selbst geschnitzt worden sein soll. Tatsächlich aber wurde das Kunstwerk erst kürzlich auf das 13. Jh. datiert. Die Skulptur ist Ziel vieler Pilgerreisen. Jedes Jahr am 13. September wird sie in der Dämmerung in einer Prozession durch die Straßen getragen. Die Luminaria di Santa Croce – eine feierliche Fackelprozession – erinnert an ihre wundersame Ankunft in Lucca.

Zu den vielen anderen Kunstwerken der Kathedrale gehören ein großartiges *Letztes Abendmahl* von Tintoretto und Domenico Ghirlandaios *Thronende Madonna und Kind mit Heiligen* aus dem Jahre 1479. Das eindrucksvolle Werk des Lehrers von Michelangelo hängt momentan in der **Sakristei**. Gegenüber liegt ein erlesenes Marmordenkmal für Ilaria del Carretto, eine Arbeit von Jacopo della Quercia aus dem Jahr 1407. Ilaria, die junge zweite Frau des Stadtherrn Paolo Guinigi, starb im 15. Jh. während der Geburt ihres Kindes mit nur 24 Jahren. Zu ihren Füßen liegt ihr treuer Hund.

Chiesa e Battistero dei SS Giovanni e Reparata   KIRCHE
(Piazza San Giovanni; Erw./erm. 4/3 €, mit Kathedralmuseum & Sakristei 7/5 €; ⏰ Sommer 10–18 Uhr, Winter Sa & So 10–17 Uhr) Diese säkularisierte Kirche aus dem 12. Jh. ist ein unheimlich atmosphärischer Ort und wird im Sommer für **Opernaufführungen** genutzt; Tickets gibt es im Vorverkauf in der Kirche. Im nördlichen Querschiff krönt das gotische **Baptisterium** ein archäologisches Ensemble, das fünf Bauschichten umfasst, die bis zur Römerzeit zurückreichen. Zum Abschluss unbedingt den Backstein-**Campanile** erklimmen – was für eine Aussicht!

Chiesa di San Michele in Foro   KIRCHE
(Piazza San Michele; ⏰ Sommer 7.40–12 & 15–18 Uhr, Winter 9–12 & 15–17 Uhr) Diese glanzvolle romanische Kirche markiert die Stelle, an der sich einst das Forum Romanum der Stadt befand. Das heutige Gebäude mit

seiner erlesenen Fassade im Zuckerbäckerstil wurde ab dem 11. Jh. an der Stelle seines Vorgängers aus dem 8. Jh. über einen Zeitraum von nahezu 300 Jahren erbaut. Eine Figur des drachentötenden Erzengels Michael krönt das Bauwerk. Innen lohnt vor allem die Besichtigung des Gemäldes *Hl. Helena, Hieronymus, Sebastian und Rochus* (inkl. Pestbeulen) von Filippino Lippi aus dem Jahre 1479, das im südlichen Querschiff zu bewundern ist.

Feste & Events

Summer Festival
MUSIK

(www.summer-festival.com) Bei diesem Fest im Juli treten zahlreiche internationale Top-Künstler in einer bunten Auswahl musikalischer Genres auf.

Puccini Festival
MUSIK

(www.puccinifestival.it; Torre del Lago) Dieses Festival wird in den Monaten Juli und August seit mehr als 50 Jahren von dem nahe gelegenen Dorf Torre del Lago ausgerichtet.

Schlafen

In den Touristeninformationen liegen Unterkunftsverzeichnisse aus. Wer selbst vorbeigeht, kann dort auch gleich reservieren (gebührenfrei): einfach 10 % des Zimmerpreises anzahlen und den restlichen Betrag im Hotel begleichen.

★ Piccolo Hotel Puccini
HOTEL €

(☑ 05 835 54 21; www.hotelpuccini.com; Via di Poggio 9; EZ/DZ 73/98 €; ✿ ☎) Um die Ecke, nicht weit von dem großen Mann höchstpersönlich (oder seiner Bronzekopie) und seinem Geburtshaus, liegt dieses Hotel. Die Einrichtung ist altmodisch; die 14 Zimmer haben hohe Decken, jeweils ein modernes Bad und Deckenventilatoren im Vintage-Chic. Das einfache Frühstück kostet 3,50 €. Die Zimmerpreise sind im Winter 30 % günstiger.

Ostello San Frediano
HOSTEL €

(☑ 05 8346 9957; www.ostellolucca.it; Via della Cavallerizza 12; B/EZ/DZ/3BZ/4BZ 22/45/65/80/105 €; ⊙ Mitte Feb–Dez.; ☎) Als Hostelbesucher kann man es nicht besser treffen als in diesem umwerfenden historischen Gebäude mitten in Luccas Altstadt: Es ist erstklassig, was Komfort und Service betrifft. Das bei Hostelling International eingetragene Hostel mit seinen 141 Betten hat gewaltige Räume, eine Bar und einen grandiosen Speisesaal (Frühstück 3 €, Mittag- oder Abendessen 11 €). Nicht–HI-Mitglieder können vor Ort für 2 € pro Jahr eine durchaus lohnende Mitgliedschaft beantragen.

★ Locanda Vigna Ilaria
B&B €€

(☑ 05 833 32 09; www.locandavignailaria.it; Via della Pieve Santo Stefano 967c, St Alessio; DZ/4BZ 110/120 €; P) Wer per Auto durch die Toskana gondelt, wird sich garantiert in dieses wunderschöne Steinhaus 4 km nördlich von Lucca verlieben. Am besten stellt man das Auto auf dem kostenlosen Parkplatz ab und spaziert einfach durchs Grüne, vorbei an ausladenden Villen zwischen Olivenhainen. Das *locanda* (Gasthaus) verfügt über fünf Zimmer verschiedener Größe. Die Einrichtung ist eine Mischung aus alt, neu und upcycled. Die Restaurant im Erdgeschoss öffnet abends und ist ein gastronomischer Schatz für Fischliebhaber (Gerichte 45 €, Menüs 30–79 €).

2italia
APARTMENT €€

(☑ 392 9960271; www.2italia.com; Via della Anfiteatro 74; Apt. für 2 Erw. & bis zu 4 Kinder 190 €; ☎ ✚) Fünf familienfreundliche abgeschlossene Apartments, die auf die Piazza Anfiteatro blicken, und ein Gemeinschaftsspielzimmer unterm Dach. Pro Nacht zu buchen (Minimum sind allerdings zwei Nächte); es ist ein Projekt von weit gereisten Eltern: Kristin (Engländerin) und Kaare (Norweger). Geräumige Apartments mit Schlafplätzen für sechs und voll ausgestatteten Küchen inkl. Waschmaschine. Bettwäsche und Handtücher sind vorhanden.

Alla Corte degli Angeli
BOUTIQUEHOTEL €€

(☑ 05 8346 9204; www.allacortedegliangeli.com; Via degli Angeli 23; EZ/DZ 120/190 €; ✿ @ ☎) Dieses Vier-Sterne-Boutiquehotel mit zehn Zimmern belegt drei Stockwerke eines Stadthauses aus dem 15. Jahrhundert. Sein Foyer besticht durch alte Deckenbalken. Die mit wunderbaren Fresken ausgestalteten Räume wurden nach Blumen benannt: Liebespärchen können beispielsweise in dem wahnsinnig romantischen Rosa-Zimmer unter einer Pergola und einem Himmel voller Schwalben die Nacht verbringen, während Gäste im Zimmer Orchidea eine Dusche mit Sauna ihr Eigen nennen können. Das Frühstück kostet 10 €.

 Essen

Da Felice
PIZZERIA €

(www.pizzeriadafelice.com; Via Buia 12; Focaccias 1–3 €, Pizzastück 1,30 €; ⊙ Mo–Sa 10–20.30 Uhr) Dieses geschäftige Lokal, seit 1960 hinter

EIN PICKNICK AUF DEN MAUERN

Ein Picknick auf Luccas Stadtmauern ist eine nette und typisch lucchesische Form des Mittagessens, ob im Gras oder an einem der hölzernen Picknicktische.

Als Erstes gilt es natürlich, frische Pizza und Focaccia mit unterschiedlichen Füllungen und Belägen in der fabelhaften Bäckerei **Forno Amedeo Giusti** (Via Santa Lucia 20; Pizzas & gefüllte Focaccias 9–16 € pro kg; ⊘ Mo–Sa 7–13 & 16–19.30, So 16–19.30 Uhr) zu bestellen, dann quert man die Straße, um eine Flasche Wein und *biscotti al farro* in der **Antica Bodega di Prospero** (Via Santa Lucia 13; ⊘ 9–13 & 16–19.30 Uhr) zu erstehen. Alleine schon das Schaufenster der Bodega ist sehenswert: altmodisch und gefüllt mit Säcken voll Bohnen, Linsen und anderen regionalen Hülsenfrüchten.

Eine Scheibe *buccellato*, ein traditionelles Früchtebrot mit Sultaninen und Anis, rundet das perfekte Picknick ab. Gebacken wird es seit 1881 von **Taddeucci** (www.buccella totaddeucci.com; Piazza San Michele 34; Buccellato 300/600/900 g-Laib 4,50/9/ 13,50 €; ⊘ 8.30–19.45 Uhr, Winter Do geschl.). Die Geschmacksknospen lassen sich auch mit Trüffeln und anderen himmlischen Schokoladenkreationen von **Caniparoli** (www. caniparolicioccola teria.it; Via San Paolino 96; ⊘ 9.30–13 & 15.30–21.30 Uhr) kitzeln, der besten *cioccolateria* (Chocolatier) der Stadt.

der Piazza San Michele gelegen, ist leicht zu finden – ab mittags einfach nur Ausschau nach den Menschenmassen halten, die sich um die beiden kleinen Tische innen scharen, aus der Türe quellen oder auf einer Bank an der Straße sitzen. *Cecina* und *castagnacci* sind das Ziel dieser Pilgerreise.

Trattoria da Leo — TRATTORIA €
(☑ 05 8349 2236; Via Tegrimi 1; Gerichte 25 €; ⊘ Mo–Sa Mittag- & Abendessen) Eine weitere Adresse, die hier jeder kennt und schätzt: Leo ist in ganz Lucca bekannt für seine freundliche Atmosphäre und das günstige Essen – das zwischen akzeptabel und köstlich rangiert. Im Sommer besser früh kommen, um eines der Tischchen mit karierten Tischdecken zu ergattern, die unter den Sonnenschirmen auf der engen Straße stehen. Keine Kreditkarten.

Cantine Bernardini — TOSKANISCH €€
(☑ 05 8349 4336; www.cantinebernardini.com; Via del Suffragio 7; Gerichte 40 €; ⊘ Di–So Mittag- & Abendessen) Diese labyrinthische Mischung aus *osteria* und *enoteca*, versteckt in den Backsteingewölben des Palazzo Bernardini (16. Jh.), überzeugt durch ein ausgewogenes Konzept. Saisonale toskanische Gerichte und die außergewöhnlich Weinkarte verlocken die Gäste. Hut ab für die Kinderkarte! Freitagabend gibt es auch noch DJs und Livemusik.

Canuleia — TOSKANISCH €€
(☑ 05 8346 7470; Via Canuleia 14; Gerichte 35 €; ⊘ Di–So Mittag- & Abendessen) Das Besondere an dieser Trattoria ist ihr geheimer, ummau-

erter Garten – der perfekte Ort, um den Touristenmassen zu entkommen und dem Vogelgezwitscher zu lauschen, während man sich an Rebhuhnrisotto erfreut, Artischocken- und Krabbenspaghetti genießt oder ein traditionelles *peposa* (ein Rindfleisch-Pfeffer-Schmorgericht) verspeist.

Osteria Baralla — OSTERIA €€
(☑ 05 8344 0240; www.osteriabaralla.it; Via Anfiteatro 5; Gerichte 30 €; ⊘ Mo–Sa Mittag- & Abendessen) Diese 1860 gegründete *osteria* steht zu Recht in jedem Reiseführer. In dem Backsteingewölbe kommen herrliche regionale Spezialitäten auf den Tisch. Donnerstags ist *bollito misto* (gemischtes Fleisch, gekocht) angesagt, samstags gibt es Schweinebraten.

★ Ristorante Giglio — TOSKANISCH €€€
(☑ 05 8349 4058; www.ristorantegiglio.com; Piazza del Giglio 2; Gerichte 40 €, Degustationsmenü für 2 Pers. 70 €; ⊘ Do–Mo Mittag- & Abendessen, Mi Abendessen) Nur nicht von der geschmacklosen, mit viel Plastik ausgestatteten Terrasse in Luccas größter Fußgängerzone abschrecken lassen. Das Innere von Giglio ist einfach umwerfend. Die Gäste speisen an Tischen mit weißer Decke, nippen dazu an einem Gläschen *Prosecco*, bewundern das prasselnde Feuer in dem verzierten Marmorkamin und wissen, dass sie im edelsten Restaurant der Stadt sitzen. Die Küche ist traditionell toskanisch mit modernen Elementen.

Buca di Sant'Antonio — TOSKANISCH €€€
(☑ 05 835 58 81; www.bucadisantantonio.com; Via della Cervia 3; Gerichte 50 €; ⊘ Di–Sa Mittag-

& Abendessen, So Mittagessen) Was für eine fantastische Sammlung an Kupfertöpfen hängt da von der Holzbalkendecke! Dieses ausgesprochen atmosphärische Restaurant verführt seine Gäste schon seit 1782 mit romantischen Abendessen und hat auch heute noch Erfolg damit. Die toskanische Küche kann mit der außergewöhnlichen Weinkarte nicht ganz mithalten, es zählt aber trotzdem zu den beliebtesten Adressen.

ℹ Praktische Informationen

Touristeninformation (☎ 05 8358 3150; www.comune.lucca.it; Piazzale Verdi; ☻ Sommer 9–19 Uhr, Winter 9–17.30 Uhr) Kostenlose Hotelreservierungen, Fahrradverleih und eine Gepäckaufbewahrung.

ℹ An- & Weiterreise

AUTO & MOTORRAD
Die A11 führt in westlicher Richtung nach Pisa und Viareggio und in östlicher Richtung nach Florenz. Die Garfagnana ist über die SS12, dann weiter auf der SS445 erreichbar.

Die beste Parkmöglichkeit besteht beim Parcheggio Carducci, direkt vor der Porta Sant'Anna. Innerhalb der Mauern sind die meisten Parkplätze für Anwohner reserviert (durch gelbe Linien gekennzeichnet). Bei den blauen Linien dürfen alle Fahrer, also auch Touristen, parken (1,50–2 € pro Std.). Wer eine Unterkunft innerhalb der Stadtmauern hat, sollte sich beim Hotel vor der Ankunft nach einem zeitlich begrenzten Anwohnerparkausweis erkundigen.

BUS
An den Haltestellen rund um die Piazzale Verdi bietet **Vaibus** (www.vaibus.it) Verbindungen in die ganze Region an, darunter zum Flughafen Pisa (3,20 €, 45 Min.–1 Std., 30-mal tgl.) und nach Castelnuovo di Garfagnana (4,20 €, 1½ Std., 8-mal tgl.)

ZUG
Der Bahnhof liegt südlich der Stadtmauern: Ein Pfad führt über den Festungsgraben und durch den Tunnel unter Baluardo San Colombano hindurch.
Florenz 7 €, 1¼–1¾ Std., stündl.
Pisa 3,30 €, 30 Min., jede halbe Std.
Viareggio 3,30 €, 25 Min., stündl.

ℹ Unterwegs vor Ort

Fahrräder (3/15 € pro Std./Tag; gegen Ausweisvorlage) gibt es bei der Touristeninformation auf der Piazzale Verdi zu mieten oder bei folgenden Stellen:

Cicli Bizzarri (☎ 05 8349 6682; www.ciclibizzarri.net; Piazza Santa Maria 32; 15 € pro Tag; ☻ Sommer 9–19 Uhr)
Biciclette Poli (☎ 05 8349 3787; www.biciclettepoli.com; Piazza Santa Maria 42; 15 € pro Tag; ☻ Sommer 9–19 Uhr)

Viareggio

Italiens strandbegeisterte Sommerurlauber strömen alljährlich an den 32 km langen Küstenstreifen, der sich von Viareggio Richtung Norden bis zur ligurischen Grenze erstreckt.

Der lange Sandstrand und die prachtvolle Reihe der am Meer liegenden Jugendstilhäuser aus den 1920er-Jahren sind weitere Gründe, der Küste einen Besuch abzustatten. Viareggio sollte man wegen seines grellen, vierwöchigen Carnevale (www.viareggio.ilcarnevale.com) im Februar besuchen, dann verwandelt sich die Stadt in eine wildes Party mit unzähligen Festwagen.

Pietrasanta

24 900 EW.

Oft wird sie von Toskanareisenden übergangen, doch diese kultivierte Kunststadt – leicht auf einem Tagesausflug von Pisa aus zu erreichen (3,30 €, 25 Min.) – birgt echte und reizvolle Überraschungen. Ihr hübsches historisches Zentrum mit den Stadtmauern ist eine autofreie Fußgängerzone und voller kleiner Kunstgalerien, Werkstätten und schicken Modeboutiquen – und eignet sich perfekt zum Bummeln.

Pietrasanta wurde 1255 von Guiscardo da Pietrasanta gegründet, der damals *podestà* von Lucca war. Genua, Lucca, Pisa und Florenz rangen damals um den Besitz der Marmorsteinbrüche und Bronzegießereien. Erwartungsgemäß gewann Florenz, und Leo X. (Giovanni de' Medici) übernahm 1513 die Kontrolle. Er stellte Michelangelo die berühmten Steinbrüche zu Verfügung, aus denen der Künstler im Jahr 1518 seinen Marmor für die Fassade der florentinischen Kirche San Lorenzo bezog. Pietrasantas Hang zum Künstlerischen geht wohl auf diese Zeit zurück: Heute ist der Ort die Heimat vieler Künstler, darunter der des international bekannten, in Kolumbien geborenen Bildhauers Fernando Botero, dessen Arbeiten hier besichtigt werden können.

⊙ Sehenswertes

Vom **Bahnhof** Pietrasantra (Piazza della Stazione) geht es über die Piazza Carducci zum alten Stadttor und auf die zentrale **Piazza del Duomo,** wo der sehenswerte **Duomo di San Martino** (1256) mit seinem 36 m hohen Glockenturm aus Backstein und die benachbarte **Chiesa di Sant'Agostino** (Piazza del Duomo; ⊙wechselnde Öffnungszeiten) aus dem 13. Jh. warten. Letztere wurde säkularisiert und ist nun ein sinnträchtiger Veranstaltungsort für Kunstausstellungen. Außerdem lohnt es sich, in Pietrasantas Kunsterbe mit Dutzenden von Abgüssen berühmter Skulpturen einzutauchen, die in der Stadt gefertigt wurden. Ausgestellt sind sie im **Museo dei Bozzetti** (☎05 8479 5500; www.museodei bozzetti.it; Via Sant'Agostino 1; ⊙Di–Sa 14–19, So 16–19 Uhr) im Kloster neben der Kirche.

Auf der gegenüberliegenden Seite des Platzes geht es weiter entlang der **Via Giuseppe Mazzini,** der Haupteinkaufsstraße der Stadt. Zwischen Boutiquen liegt bei Haus Nr. 103 die herrliche **Chiesa della Misericordia** mit den Fresken *Tor zum Paradies* und *Tor zur Hölle* von Botero (der Künstler hat sein Porträt im Höllenbereich gestellt).

🛏 Schlafen

⭐ **Albergo Pietrasanta** BOUTIQUEHOTEL **€€€**
(☎05 8479 3726; www.albergopietrasanta.com; Via Garibaldi 35; EZ 132–231 €, DZ 213–277 €; P✳@🛜) Wer von Pietrasanta so fasziniert ist, dass er gar nicht mehr abreisen will, findet in diesem schicken *palazzo* aus dem 17. Jh. eines der hübschesten Boutiquehotels der Toskana – eine perfekte Verschmelzung alter und neuer Elemente.

✕ Essen & Ausgehen

⭐ **Filippo** MODERN TOSKANISCH **€€**
(☎05 847 00 10; http://ristorantefilippo.com; Via Stagio Stagi 22; Gerichte 30 €; ⊙Mittag- & Abendessen, Winter Mo geschl.) Diese außergewöhnliche Gourmetadresse hat noch niemanden enttäuscht. Die Küche ist saisonal und ebenso kreativ wie die Inneneinrichtung. Besonders die Salate und die ungewöhnlichen Pasta *primi* sind hervorragend. Wer vor 13 Uhr eintrifft, bekommt einen Tisch. Zum Abendessen empfiehlt sich eine Reservierung.

⭐ **L'Enoteca Marcucci** WEINBAR
(☎05 8479 1962; www.enotecamarcucci.it; Via Garibaldi 40; ⊙Di–So 10–13 & 17–1 Uhr) Den köstlichen toskanischen Wein können die Gäste hier auf Barhockern an hohen Holztischen oder unter großen Sonnenschirmen draußen auf der Straße probieren. Ob drinnen oder draußen, der ausgesprochen künstlerische funky Spirit in Pietrasantas beliebtester *enoteca* nimmt jeden gefangen.

Livorno
156 800 EW.

Die zweitgrößte Stadt der Toskana ist in erster Linie eine Hafenstadt und obwohl der erste Eindruck nicht besonders ansprechend ist, kann man sich doch mit der Zeit richtig mit der Stadt anfreunden. Ihre etwas heruntergekommene Altstadt ist durchzogen von Kanälen im venezianischen Stil, Kiesstrände erstrecken sich südlich der Uferpromenade mit ihren Belle Époque-Häusern. Egal, ob die Stadt im Rahmen einer Stippvisite bis zur Abfahrt der Fähre oder einem Tagesausflug von Florenz oder Pisa aus besucht wird: Das schlichte und liebenswürdige Livorno lohnt eine Besichtigung.

⊙ Sehenswertes & Aktivitäten

⭐ **Terrazza Mascagni** PROMENADE
(Viale Italia) Eine Reise nach Livorno ist nicht vollständig ohne einen (auch fotografisch festgehaltenen) Spaziergang entlang dieses bestechenden „Kunstwerks" – einer 1920 angelegten Terrasse mit steinerner Balustrade, die sich elegant am Meeresufer entlangzieht, gepflastert in dramatischem Schachbrettmuster. Zwischen der Terrasse und Livornos Marineakademie stehen etwas weiter südlich die **Bagni Pancaldi** mit ihrer stilvollen Fassade in zartem Apricot: ein altmodisches Strandbad, wo man schwimmen, Tretboote oder Kanus mieten, in den bunten Kabinen aus Segeltuch abhängen und sich in der warmen Sonne aalen kann.

⭐ **Piccola Venezia** HISTORISCHES VIERTEL
„Klein-Venedig" ist von kleinen Kanälen durchzogen, die im 17. Jahrhundert entstanden. Die Kanäle verbinden die halb verfallene **Fortezza Nuova** (Neue Festung; ⊙24 Std.), die für den Hof der Medici im späten 16. Jahrhundert errichtet wurde und die Hauptattraktion des Viertels bildet, mit der **Fortezza Vecchia** (Alte Festung; ⊙24 Std.), die 60 Jahre zuvor am Wasser gebaut worden war.

Die Erkundungstour durchs Viertel endet an der **Piazza dei Domenicani**, auf der

Livorno

Livorno

anderen Seite der Brücke am Nordende der Via Borra. Die **Chiesa di Santa Catarina** hält mit ihren uralten, dicken Steinmauern an der Westseite des Platzes Wache, so wie sie es schon vor 400 Jahren für die Medici tat. Weiter geht es auf dem Damm bei der Brücke zu **La Bodeguita** (Scala Rosciano 9; ☺ Mo–Sa 21–1 Uhr), einer urigen Kellerbar im Backstein-Look mit sonniger Holzdeckterrasse, die verankert auf dem Wasser des Kanals treibt.

Museo Civico Giovanni Fattori KUNSTGALERIE (Via San Jacopo in Acquaviva 65; Erw./erm. 4/ 2 €; ☺ Di–So 10–13 & 16–19 Uhr) Dieses Kunstmuseum liegt in einem hübschen Park und zeigt Arbeiten der impressionistischen Macchiaioli-Schule, die von dem aus Livorno stammenden Künstler Giovanni Fattori geleitet wurde. Die von der Pariser Schule von Barbizon inspirierte Gruppe setzte sich einfach über strenge akademische Kunstkonventionen hinweg. Sie nahm sich stattdessen die Natur zum Vorbild und betonte die Unmittelbarkeit und Frische durch „Farbflecken" (*macchia*).

🛏 Schlafen

⭐ Hotel al Teatro · BOUTIQUEHOTEL €

(📞05 8689 8705; www.hotelalteatro.it; Via Mayer 42; EZ/DZ 85/110 €; 🅿🌡@🛜) Dieses Schmuckstück mit seinen acht individuell eingerichteten Zimmern, Marmortreppe, antikem Mobiliar und Gobelins ist eines der reizvollsten städtischen Hotels in der Toskana. Aber der größte Pluspunkt ist der Garten, wo man auf grünen Korbstühlen unter einem atemberaubend schönen, 350 Jahre alten Magnolienbaum faulenzen kann.

Camping Miramare · CAMPINGPLATZ €

(📞05 8658 0402; www.campingmiramare.it; Via del Littorale 220; Camping 2 Pers., Auto & Zelt 40–80 €; 🏊🚐)) Sei es nun das Zelt unter den Bäumen oder die Luxusversion mit Holzterrasse und Sonnenstühlen am Sandstrand, dieser ganzjährig geöffnete Platz bietet einfach alles. Außerhalb der Hauptsaison sind die Preise mind. 50 % günstiger. Er liegt 8 km südlich der Stadt, in Antignano.

Grand Hotel Palazzo · LUXUSHOTEL €€

(📞05 8626 0836; www.grandhotelpalazzo.com; Viale Italia 195; DZ 140–180 €; 🅿🌡@🛜🏊) Wie ein Traumschiff erhebt sich der Palast aus dem 19. Jh. am Ufer. 123 perfekt durchdachte Zimmer und der Blick aufs glänzende Meer lässt Erinnerungen an Livorno während der Belle Époque aufsteigen. Zuerst in den Dachterrassen-Infinitypool hüpfen und anschließend daneben einen Aperitif zum Sonnenuntergang schlürfen, um das Meerespanorama zu genießen. Das Hotel liegt 3 km südlich des Stadtzentrums.

🍴 Essen

Allein der traditionelle *cacciucco,* ein bunt gemischter & köstlicher Eintopf aus Meeresfrüchten, ist schon Grund genug für einen Besuch in Livorno.

Mercato Centrale · MARKT €

(Via Buontalenti; 🕐Mo–Sa 6–14 Uhr) Livornos grandioser, neoklassizistischer Lebensmittelmarkt vom Ende des 19. Jh. überlebte wundersamerweise die Bombardierung durch die Alliierten im Zweiten Weltkrieg. Der gastronomisch wie architektonisch spannende Markt ist ein riesiges Labyrinth aus Ständen mit köstlichen Leckereien aus der Region, darunter die unglaublichsten Fische und Meeresfrüchte.

⭐ Surfer Joe's Diner · AMERIKANISCH €

(📞05 8680 9211; www.surferjoe.it/diner; Terrazza Mascagni; Gerichte 15–30 €; 🕐Di–So 12–1 Uhr) Dynamik und Aufbruch – dafür steht diese spritzige Surfbar am Meeresufer und erweitert so das Repertoire der Gastronomie und des Nachtlebens von Livorno! Burger, Zwiebelringe, Pfannkuchen und Smoothies stehen auf der Karte, der Look entspricht einem Diner aus den 1950er-Jahren und gespielt wird überwiegend Surf Music. Die von der Meeresbrise umwehte, großzügige Terrasse mit Bambushütten als Sonnenschutz ist die Krönung des Lokals. Tagsüber finden sich viele Familien hier ein, aber wenn es dunkel wird, zieht es eher ein jüngeres Publikum an, die DJ-Auftritte, Jam Sessions, Konzerte und andere Events erleben wollen.

Cantina Nardi · TOSKANISCH €

(📞05 8680 8006; Via Cambini 6–8; Gerichte 20 €; 🕐Mo–Sa Mittag- & Abendessen) Die Nardis sind seit 1965 im Geschäft und sind bestens darin bewandert, herzhaftes, wirklich erschwingliches toskanisches Essen und fabelhaften Wein auf den Tisch zu bringen – und das mit einem freundlichen, erfahrenen Team. Das Bistro versteht sich als *enoteca* (Weinbar) und Slowfood-Tempel und organisiert Weinproben sowie *aperitivi*-Stunden vor dem Abendessen. Drinnen speisen die Gäste zwischen flaschengefüllten Regalen, draußen sitzen sie im Hof oder auf der Terrasse an der Straße.

⭐ L'Ancora · MEERESFRÜCHTE €€

(📞05 8688 1401; www.ristoranteancoralivorno.com; Scali delle Ancora 10; Gerichte 35 €; 🕐Sommer Mittag- & Abendessen, Winter Mi–Mo) Einfach umwerfend! Die Terrasse draußen am Kanal ist bei schönem Wetter allererste Wahl, obwohl es auch keine Qual ist, sich im eleganten, aber schlichten Inneren des Backsteinbootshauses aus dem 17. Jh. einen Tisch auszusuchen. Hier gibt es *cacciucco,* doch der ganze Stolz der Familie ist *carbonara di mare* (Meeresfrüchte und Pasta in weißer Sauce).

ℹ Praktische Informationen

Touristeninformation (📞05 8689 4236; www.costadeglietruschi.it; Via Pieroni 18; 🕐Sommer 8–17.30 Uhr, Winter kürzere Öffnungszeiten)

ℹ️ An- & Weiterreise

AUTO

Die A12 führt an der Stadt vorbei; die SS1 verbindet Livorno und Rom. Es gibt mehrere Parkplätze am Meer.

SCHIFF/FÄHRE

Die Fähren nach Sardinien und Korsika legen an der Calata Carrara neben der Stazione Marittima ab. Fähren nach Capraia und Gorgona fahren im kleineren Porto Mediceo unweit der Piazza dell'Arsenale ab. Schiffe nach Spanien und Sizilien sowie einige Fähren nach Sardinien starten im Porto Nuovo, 3 km nördlich entlang der Via Salvatore Orlando.

Die folgenden Fährgesellschaften bieten Verbindungen zu oben genannten Zielen ab Livorno an:

Corsica Ferries (www.corsica-ferries.it) 2–7 Verbindungen pro Woche nach Bastia auf Korsika (ab 36 €, 4 Std.) und Golfo Aranci auf Sardinien (ab 45 €, mehr als 6 Std.).

Grimaldi Lines (www.grimaldi-ferries.com) Wöchentliche Verbindungen nach Barcelona (35–85 €, 21 Std.) und Tanger in Marokko (80–240 €, 58 Std.).

Moby (www.moby.it) Schiffe nach Bastia auf Korsika (ab 28 €, 4 Std.) und Olbia auf Sardinien (46–97 €, 6–10½ Std.).

Toremar (www.toremar.it) Das ganze Jahr über Verbindungen nach Capraia (20 €, 2¾ Std.).

ZUG

Vom **Hauptbahnhof** aus (Piazza Dante) geht es in westlicher Richtung (einfach geradeaus) auf dem Viale Carducci und der Via de Larderel, dann auf der Via Grande zur zentralen Piazza Grande. An der **Stazione Marittima**, dem Hafenbahnhof, fahren die Züge nicht so häufig.

Florenz 9 €, 1½ Std., 16-mal tgl.

Pisa 2,50 €, 15 Min., häufig

Rom 21,65–33 €, 3–4 Std., 12-mal tgl.

ℹ️ Unterwegs vor Ort

ATL Terminus (www.atl.livorno.it; Largo Duomo 2) Bus 1 fährt vom Hauptbahnhof nach Porto Mediceo (1,20 €, im Bus 1,70 €), via Piazza Grande. Wer zur Stazione Marittima will, muss den Bus 1 zur Piazza Grande nehmen, danach den Bus 5 von Via Cogorano, bei der Piazza Grande.

Isola d'Elba

Napoleon würde es sich heute zweimal überlegen, ob er noch von Elba fliehen möchte. Die Insel ist mittlerweile erheblich dichter besiedelt als 1814, als er hierher ins Exil geschickt wurde (er organisierte seine Flucht in weniger als einem Jahr), doch noch immer hat sie eine prächtige Kulisse aus Buchten, Weingärten, blauem Meer, fantastischen Haarnadelkurvenstraßen und überwältigenden Ausblicken. Im Westen erhebt sich der Monte Capanne, und auch sonst ist die Insel gebirgig und eignet sich gut zum Wandern und Radfahren.

Elba ist die größte und am dichtesten bevölkerte Insel im **Parco Nazionale Arcipelago Toscano**, Europas größtem Meeresschutzgebiet. Über eine Million Besucher pro Jahr nehmen die Fähre, die in einer Stunde von Piombino in den Inselhauptort Portoferraio fährt. Im August hat man allerdings ab und zu das Gefühl, als ob alle am selben Wochenende angereist wären. Wer kann, sollte unbedingt den Hauptferienmonat der Italiener meiden!

Im Frühling und den frühen Sommermonaten sowie im Herbst zur Weinlese und Olivenernte finden sich zahlreiche stille Ecken auf dieser malerischen, 28 km langen und 19 km breiten Insel.

Aktivitäten

Ein geradezu verwirrendes Netz aus Wanderpfaden und Wegen für Mountainbiker überzieht Elba. Viele beginnen in Portoferraio, doch einige der besten entlegenen Ausgangspunkte befinden sich an anderen Orten der Insel.

Von Marciana nach Chiessi Die 12 km lange Wanderung startet hoch oben im Bergdorf Marciana und führt den Monte Capanne bergab an alten Kirchen und bizarren Granitfelsen vorbei – immer mit herrlichem Blick aufs Meer. Die rund sechs Stunden dauernde, anspruchsvolle Wanderung endet im Küstenort Chiessi.

Grande Traversata Elbana Die Große Fernwanderung führt in drei bis vier Tagen einmal quer durch die Insel von Osten nach Westen (60 km) über den Monte Capanne, Elbas höchstem Gipfel. Übernachtungsmöglichkeiten gibt es unten an der Küste, Zelten unterwegs ist nicht gestattet. Der schönste Teil ist der 19 km lange Abschnitt von Poggio nach Pomonte. Er führt am Heiligtum der Madonna del Monte sowie an den Felsformationen des Masso dell'Aquila vorbei.

Von Colle Reciso nach San Martino Ein 15 km langer Rundweg mittlerer Schwie-

TOP-STRÄNDE AUF ELBA

Wer sich mit den *spiagge* (Stränden) auskennt, ist fein raus, wenn man bedenkt, dass Elbas Küstenlinie 147 km lang ist und jede erdenkliche Art von Strand aufweist – ob aus Sand, Kies oder Fels. Die ruhigsten, exklusivsten Strände liegen versteckt in felsigen Buchten und sind nur durch steile Kletterei von der Straße aus zu erreichen. Parkmöglichkeiten gibt es kaum, nur einige am Straßenrand.

Enfola

Es sind nicht unbedingt die grauen Kieselsteine, die hier als Publikumsmagnet wirken, sondern die Outdoor Action: Tretboote, Tauchschule am Strand und ein familienfreundlicher, 2,5 km langer **Wanderrundweg** ums grüne Kap. **Das Besucherzentrum Parco Nazionale dell'Arcipelago Toscano** (Toskanischer Arcipelago-Nationalpark; ☑ 05 6591 9411; www.isleparkt.it; Enfola) befindet sich ebenfalls hier. Der Strand liegt nur 6 km westlich von Portoferraio.

Sansone & Sorgenta

Das Doppel aus klippengesäumten Stränden mit weißem Kies besticht durch das türkise, glasklare Wasser, das sich perfekt zum **Schnorcheln** eignet. Wer mit dem Auto von Portoferraio kommt, folgt der SP27 nach Enfola. Allerdings kann die Parkplatzsuche eine Herausforderung sein.

Morcone, Pareti & Innamorata

Das Trio aus charmanten Sand-Kiesel-Buchten ist umgeben von süß duftenden Kiefern und Eukalyptusbäumen und liegt etwa 3 km südlich von Capoliveri, auf der südöstlichen Seite der Insel. Man kann ein Kajak mieten und von Innamorata aus, der ursprünglichsten der drei, aufs Meer hinaus paddeln; oder fein zu Abend essen und am Pareti-Strand im **Hotel Stella Maris** übernachten (☑ 05 6596 8425; www.albergostellamaris.com; Pareti; half-board per person d €70-110; P ❄), in einem der wenigen Hotels auf der Insel, die direkt am Sandstrand stehen.

Colle d'Orano & Fetovaia

Das absolute Highlight bei diesen beiden fantastischen Stränden an Elbas Westküste ist die **dramatische Fahrt** auf der die beiden Strände verbindenden SP25, die man keinesfalls verpassen sollte. Man erzählt sich, Napoleon sei häufig nach Colle d'Orano gekommen, um hier zu sitzen und zu seiner Geburtsinsel Korsika hinüberzuschauen. Ein stark duftendes, von Macchia bedecktes Kap beschützt das sandige Fetovaia, wo FKKler auf den nahen Granitfelsen, die als **Le Piscine** bekannt sind, in der Sonne liegen.

rigkeitsstufe für Mountainbiker (höchster Punkt 280 m). Der Trail führt nach San Martino weiter bergab bis nach Marmi. Doch man sollte sich nicht völlig verausgaben, da die Rückfahrt auf der Hauptstraße von Marmi nach Portoferraio in der Hauptsaison weder angenehm noch besonders sicher ist.

❶ An- & Weiterreise

Elba (Portoferraio) ist mit der Fähre von Piombino auf dem Festland in einer Stunde zu erreichen (mind. stündl., Passagier/Auto mit Fahrer 10/50 €); während der Saison fahren auch einige Schiffe von Piombino zu den kleineren Häfen Cavo und Rio Marina auf Elba.

Elbas Flughafen **Aeroporto Isola d'Elba** (www.elbaisland-airport.it) liegt 2 km nördlich von Marina di Campo in La Pila.

❶ Unterwegs vor Ort

Am einfachsten kommt man auf der Insel mit dem Auto voran – außer im vom Verkehrsinfarkt bedrohten August, wenn man wirklich so gut wie gar nicht meht vorwärtskommt. Die dramatischsten und landschaftlich schönsten Strecken führen an der Südwestküste entlang. Wenn man den Verkehr vernachlässigt, braucht man für die 35 km von Procchio nach Cavoli eine Stunde.

In Portoferraio empfiehlt es sich ein Mountainbike, Scooter oder Fahrrad zu mieten von **Twn Rent** (www.twn-rent.it; Viale Elba 32); fast genau gegenüber dem Toremar-Landungssteg liegt auch der Busbahnhof, von dem die ATL-Busse zu allen möglichen Destinationen abfahren.

Portoferraio

11 600 EW.

Unter den Römern war der Hafen unter dem Namen Fabricia bekannt, später wurde er Ferraia genannt, da von hier aus Eisenerz verschifft wurde. Cosimo I. de' Medici nahm den kleinen Hafen Mitte des 16. Jhs. in Besitz und befestigte ihn.

In der Hochsaison kann es hier sehr hektisch werden, dennoch lohnt es sich, durch die Straßen der Altstadt zu bummeln, das eine oder andere elbatypische Gericht zu probieren und mit den Fischern am alten Hafen um den Preis der Sardinen zu feilschen.

⊙ Sehenswertes & Aktivitäten

Altstadt HISTORISCHES VIERTEL

Vom Fährhafen aus geht es etwas weniger als 1 km am Ufer entlang bis zur Altstadt mit ihrem Geflecht aus engen Gassen, die sich vom alten Hafen hinauf zu den beiden für die Stadt so typischen mächtigen Festungen ziehen – zur **Forte Falcone** und zur lachsfarbenen **Forte Stella**.

Vom Hauptplatz Piazza Cavour führt der Weg bergauf durch die Via Giuseppe Garibaldi bis zum Fuß der monumentalen **Scalinata Medici**, einem Wunderwerk aus 140 schiefen Steinstufen, die bis zur düsteren, kaum beleuchteten **Chiesa della Misericordia** (Via della Misericordia) aus dem 17. Jh reichen. Im Inneren ruht Napoleons Totenmaske. Wer bis ganz nach oben weitergeht, gelangt zu den Festungen und der Napoleonischen Villa.

Museo Nazionale della Residenza Napoleoniche HAUSMUSEUM

(Piazzale Napoleone; ⊙ Mo & Mi–Sa 9–19, So 9–13 Uhr) Am Berghang zwischen den beiden Forts liegt die Villa dei Mulini (oder Palazzo dei Mulini), Napoleons Stadtresidenz während seiner Amtszeit als Herrscher dieser kleinen Insel. Mit seiner schön möblierten Bibliothek, den italienisch anmutenden Gärten mit ihren Feigenbäumen und dem herrlichen Meeresblick ging es dem Herrscher hier offensichtlich nicht schlecht – verglichen mit den schlichten Feldbetten während seiner Feldzüge.

🛏 Schlafen

Halbpension ist im August meist die einzige Übernachtungsmöglichkeit; zudem schließen viele Hotels zwischen November und Ostern. Die besten Unterkünfte finden sich ein paar Minuten zu Fuß außerhalb des Stadtzentrums.

Villa Ombrosa HOTEL €

(📞 05 6591 4363; www.villaombrosa.it; Via Alcide de Gasperi 3; DZ ab 95 €; P 🛜 🐾) Eines der wenigen Hotels in Portoferraio, das außerdem das ganze Jahr geöffnet hat. Das Ombrosa, ein Drei-Sterne-Hotel, überzeugt durch seine großartige Lage mit Blick aufs Meer und die winzige Insel Lo Scoglietto. Die Einrichtung folgt einem bunten Stilmix. Im Sommer sind eine Sonnenliege und ein Schirm am Spiaggia delle Ghiaie (Ghiaie-Strand) im Preis inbegriffen. Die Zimmer mit Meerblick haben auch einen winzigen Balkon.

Rosselba Le Palme CAMPINGPLATZ €

(📞 05 6593 3101; www.rosselbalepalme.it; Ottone; Erw./Zelt/Auto 12/14,50/5,40 €; ⊙ Mitte April–Sept.; P 🛜 🏊 🐾) Er ist rund um einen botanischen Garten vor einem mediterranen Wald angelegt und gilt als einer der grünsten und größten Campingplätze. Zum Strand führt ein 400 m langer Weg zwischen den Bäumen hindurch. Die Unterkünfte reichen von schlichten Stellplätzen über hübsche Holzhütten, „Glamping"-Zelte mit fließendem Wasser und Badewannen auf Füßen bis zu Apartments in einer typisch toskanischen Villa. Der Platz liegt etwa 9 km östlich von Portoferraio bei Ottone.

🍴 Essen

★ Il Castagnacciao PIZZERIA €

(Via del Mercato Vecchio 5; Pizza 4,50–7 €; ⊙ Do–Di 9–14.30 & 16.30–23 Uhr) Diese fabelhafte Adresse mit Bänken und Holztischen versteckt sich in einer Gasse nahe der Piazza Cavour und ist gleichbedeutend mit schnörkelloser Pizzaglückseligkeit. Die Gäste können zusehen, wie ihre rechteckige Pizza mit dünner Kruste in den Holzofen hineingeschoben und wieder herausgeholt wird. Unbedingt noch Platz lassen fürs Dessert *castagnaccio* (Maronenkuchen), das ebenfalls im Holzofen gebacken wird.

Osteria Libertaria TOSKANISCH €€

(📞 05 6591 4978; Calata Giacomo Matteotti 12; Gerichte 30 €; ⊙ Sommer Mittag- & Abendessen) Dieses elegante, am Ufer in der Nähe der Fischerboote gelegene Lokal bietet eine herausragende Cuisine. Fisch steht dabei im Mittelpunkt. Die Gerichte sind simpel – frittierte Calamari oder *tonno in crosta di pis-*

tacchi (Thunfischfilet in Pistazienkruste) – aber frischer als frisch und jederzeit perfekt zubereitet. Man kann draußen an einem der gekachelten Tische an der verkehrsreichen Straße essen oder auf der Terrasse in der Seitengasse. Leider wird in der Osteria kein Kaffee serviert.

🛈 Praktische Informationen

Touristeninformation (☎ 05 6591 4671; www.isoleditoscana.it; Viale Elba 4; ⊙ Sommer Mo–Sa 9–19, So 10–13 & 15–18 Uhr, Winter Mo–Do 9–17, Fr 9–13 Uhr) Das freundliche Personal hilft gerne mit reichlich Infomaterial zum Thema Wander- und Radwege auf der Insel. Das Büro liegt in der Nähe des Fährhafens, ums Eck von Calata Italia 33.

Portoferraio & Umgebung

⭐ **Tenuta La Chiusa** (☎ 05 6593 3046; www.tenutalachiusa.it; Magazzini 93; DZ 65–120 €, bis zu 5 Pers. 110–185 €, DZ 450–850 € pro Woche, bis zu 5 Pers. 750–1300 € pro Woche; 🅿 📶), Elbas ältestes Weingut befindet sich 8 km östlich von Portoferraio an der SP26 und SP28. Ein direkt am Meer gelegenes Landhaus aus dem 17. Jh., eine Villa aus dem 18. Jh., fast 8 ha Weinberge, die sich bis zum Ufer hinunterziehen, Olivenhaine, Palmen und schließlich zehn attraktive Apartments, die es zu mieten gibt – einige ehemalige Landarbeiterhäuschen stehen am Strand. Die abgeschlossene Unterkunft (Sept.–Juli mind. zwei Nächte, Aug. fünf Nächte) besticht durch ihre Schlichtheit; die Gäste können an der Rezeption Olivenöl und Wein kaufen. Wer nicht gerne kocht, schlendert zwei Minuten am Kiesstrand entlang zum Hotel e Ristorante Mare am Hafen von Magazzini. Das Gut veranstaltet auch Weinproben im Weinkeller.

Marciana

2190 Ew.

Von Portoferraio fährt man rund 20 km nach Westen entlang der Küste nach **Marciana Marina**. Vom Küstenort sind es weitere 9 km ins Inland bis zum höchsten (375 m) und ältesten Dorf der Insel, **Marciana**. Parkmöglichkeiten gibt es am Dorfeingang, danach führt der Weg weiter auf der Via delle Fonti und ihrer Fortsetzung, der Via delle Coste, ins Dorf hinein. Außerhalb des Dorfes liegt der Wallfahrtsort **Santuario della Madonna del Monte** (627 m) – ein gepflasterter Pilgerweg führt in 40 Minuten dorthin, es geht bergauf durch duftende Schirmpinien und Kastanienwälder. 14 Stationen liegen auf dem Weg zur Wallfahrtskirche, das Küstenpanorama, das sich unterwegs bietet, ist überwältigend: Man schaut bis nach Korsika.

Zurück im Dorf Marciana probiert man zu Mittag Slowfood in der **Osteria del Noce** (☎ 05 6590 1285; Via della Madonna 27; Gerichte 25 €; ⊙ Mittag- & Abendessen), einem schlichten Familienbetrieb, der leckere Spaghetti mit Granseolo Elbano (eine große, für Elba typische Krabbenart) auftischt. Nach dem Festschmaus kann man im Dorf herumstreifen, an Bögen, Blumenkästen und kleinen Balkons vorbei zu einem Steilhang mit gigantischem Ausblick auf Marciana Marina und das benachbarte **Poggio**.

Monte Capanne

Wer nur Zeit für einen Ausflug von Portoferraio aus hat, dem bleibt keine andere Wahl als der Monte Capanne: Etwa 750 m südlich von Marciana an der Straße nach Poggio, entführt die **Cabinovia Monte Capanne** (Seilbahn; ☎ 0565 90 10 20; einfache Fahrt/hin & zurück 12/18 €; ⊙ Sommer. 10–13 & 14.20–17 Uhr) die Wanderer hinauf zum Gipfel des **Monte Capanne (1019 m)**. Die offenen, vergitterten Kabinen erinnern sehr an kanariengelbe Papageienkäfige und bieten jeweils zwei Personen Platz. Die Fahrt auf Elbas höchsten Gipfel dauert 20 Minuten. Wer oben angekommen noch etwas weiter wandert, wird mit einem 360-Grad-Panorama belohnt: Nicht nur die gesamte Insel Elba liegt einem zu Füßen, sondern auch weite Teile des Toskanischen Archipels, die Riviera degli Etruschi und Korsika.

DAS ZENTRUM DER TOSKANA

Wenn sich die Leute eine klassische Toskanalandschaft vorstellen, dann haben sie für gewöhnlich die Bilder der Zentraltoskana vor Augen. Allerdings bietet die beliebte Region viel mehr als nur sanft gewellte Hügel, sonnige Weinberge und kunstvoll gepflanzte Zypressenalleen. Die eigentlichen Juwelen sind die historischen Städte, von denen die meisten wie Zeitkapseln aus Mittelalter und Renaissance wirken, die magischerweise in die Gegenwart versetzt wurden.

Siena

52 800 EW.

Die historische Rivalität zwischen Siena und Florenz dauert bis heute an, und sie beschränkt sich nicht nur auf die Einheimischen: Auch die meisten Reisenden entwickeln eine starke Vorliebe für die eine oder die andere Stadt. Die Entscheidung ist meist eine rein ästhetische: Florenz erlebte seine größte Blütezeit in der Epoche der Renaissance, Sienas architektonische Höhepunkte stammen aus der Gotik.

Leider wurde die Stadt in jüngster Zeit schwer vom finanziellen Missmanagement der Banca Monte di Paschi di Siena beeinträchtigt – der ältesten Bank der Welt, die bis vor kurzem eine Quelle des Stolzes für die Einwohner der Stadt war, für Jobs sorgte und die Künste förderte.

Geschichte

Es heißt, dass Siena vom Sohn des Remus gegründet wurde. Und die römische Wölfin, die die Zwillinge Romulus und Remus säugte, ist in Siena fast so häufig zu sehen wie in Rom. In Wirklichkeit ist die Stadt wahrscheinlich etruskischen Ursprungs, obwohl sie erst Ende des 1. Jhs. v. Chr. zu einer richtigen Stadt heranwuchs. Damals gründeten die Römer hier eine Militärkolonie namens Sena Julia.

Im 12. Jh. gedieh mit Sienas Engagement im Handel auch sein Reichtum, seine Größe und seine Macht. Parallel dazu nahm die Rivalität mit dem benachbarten Florenz zu. Sie führte in der ersten Hälfte des 13. Jhs. zu vielen kriegerischen Auseinandersetzungen zwischen dem guelfischen Florenz und dem ghibellinischen Siena. 1270 sah Siena sich schließlich gezwungen, sich mit dem Rivalen zu verbünden.

Im darauffolgenden Jahrhundert wurde die Stadt vom Rat der Neun (Consiglio dei Nove) regiert – einer Bürgergruppe, die sich in ständiger Fehde mit den Aristokraten befand –, und erlebte ihre Blütezeit.

1348 allerdings starben zwei Drittel der 100 000 Einwohner im Verlauf einer Pestepidemie, die eine Periode des Niedergangs einläutete. Er gipfelte schließlich in der Übergabe der Stadt durch den Kaiser an Cosimo I. de' Medici. Dieser verbot den Einwohnern das Bankgeschäft und beschnitt Sienas Macht damit empfindlich.

Der jahrhundertelange wirtschaftliche Niedergang als Folge der Übernahme durch die Medici erwies sich im Nachhinein jedoch als Segen: Durch das Fehlen von Geldmitteln wurde die Stadt kaum weiterentwickelt oder modernisiert. So präsentiert sich die Altstadt heute als lebendige Verkörperung einer mittelalterlichen Stadt und wurde aus diesem Grund von der Unesco zum Weltkulturerbe erklärt.

◉ Sehenswertes

★ Piazza del Campo   PIAZZA

Diese abschüssige Piazza, die allgemein als Il Campo bekannt ist, bildet Sienas städtisches und soziales Zentrum, seit sie Mitte des 12. Jhs. vom Consiglio dei Nove dort angelegt wurde, wo sich früher der römische Marktplatz befand. Das Pflaster ist wie ein Kuchen in neun Sektoren unterteilt, die die neun Ratsmitglieder symbolisieren. Bereits 1346 sprudelte das Wasser aus der Fonte Gaia (Brunnen der Freude; Piazza del Campo) im oberen Teil des Platzes. Heutzutage schmücken nur noch Reproduktionen den Brunnen; die schwer mitgenommenen Originale, die Jacopo della Quercia im frühen 15. Jh. schuf, sind nun im Complesso Museale Santa Maria della Scala ausgestellt.

ABSEITS DER ÜBLICHEN PFADE

ORTO DE' PECCI

Hinter dem Palazzo Comunale geht es bergab an der Piazza del Mercato und der historischen, nun stillgelegten Wäscherei vorbei zu dieser **Oase mitten in der Stadt** (www.ortodepecci.it; ⊙ 24 Std.) GRATIS. Die Kinder lieben es, den Gänsen, Ziegen, Enten und Eseln, die hier leben, einen Besuch abzustatten. Oft flüchten auch Einheimische vor den Touristenmassen hierher ins Grüne (perfekt für ein Picknick oder ein Nachmittagsschläfchen). Es gibt zudem eine Biokooperative, die Obst und Gemüse anbaut und das **Restaurant vor Ort** damit versorgt (⊙ März–Okt. Di-Sa 12.30–14.30 & 19.30–22, So 12.30–14.30 Uhr, Nov.–Feb. Fr & Sa 12.30–14.30 & 19.30–22, So 12.30–14.30 Uhr). Außerdem locken ein mittelalterlicher Garten und ein experimentelles Weingut, auf dem die Fakultät für Landwirtschaft der Universität von Siena Klone mittelalterlicher Weinreben angepflanzt hat. Im Sommer finden abends manchmal Konzerte statt.

Am unteren Ende des Platzes steht der elegante **Palazzo Comunale** (Palazzo Pubblico), der im späten 13. Jh. als Herzstück der Piazza erbaut wurde und heute das Museo Civico beherbergt. Der Palazzo ist eines der anmutigsten gotischen Gebäude in Italien und besitzt eine genial entworfene konkave Fassade, die die gegenüberliegende konvexe Kurve der Piazza spiegelt.

Der Eintritt zum zentralen Innenhof des *palazzo* ist kostenlos. Darin ragt der **Torre del Mangia** (Eintritt 8 €; ⊙ März–Mitte Okt. 10–18.15, Mitte Okt.–Feb. 10–15.15 Uhr.) mit seinen 102 m Höhe und 500 schiefen Stufen auf. Der Blick von oben ist grandios, wird allerdings in der Hauptsaison nur denen zuteil, die warten können: Es dürfen immer nur jeweils 30 Personen hinauf.

★ Museo Civico   MUSEUM

(www.comune.siena.it; Palazzo Comunale, Il Campo; Erw./EU-erm. 8/4,50 €; ⊙ Mitte März–Okt. 10–18.15, Nov.–Mitte März 10–17.15 Uhr) Das berühmteste Museum der Stadt ist in Räumen untergebracht, die von Sieneser Künstlern reich mit Fresken ausgemalt wurden. Ungewöhnlich daran ist, dass sie vom Stadtrat in Auftrag gegeben wurden, nicht von der Kirche, und zudem viele davon weltliche Motive zeigen statt der damals sehr beliebten religiösen Themen.

Eintrittskarten gibt es am Schalter rechts neben dem Eingang. Dann geht es hinauf am Museumsshop vorbei zur **Sala del Risorgimento**, in der sich beeindruckende Fresken vom Ende des 19. Jhs. befinden, die eine Reihe wichtiger Ereignisse aus der Zeit des Risorgimento (Einigung Italiens) zeigen. Als Nächstes kommt die **Sala di Balìa** (Saal der Herrschaft). Die Wandfresken erzählen in 15 Szenen Episoden aus dem Leben von Papst Alexander III. (der Sieneser Rolando Bandinelli), darunter seine Auseinandersetzungen mit Friedrich Barbarossa, dem Kaiser des Heiligen Römischen Reiches. Geradeaus liegt die **Sala del Concistoro** (Ratshalle), die von dem allegorischen Deckengemälde des Manieristen Domenico Beccafumi dominiert wird; durch ein Vestibül gelangt man links in die Anticappella (Kapellenvorraum) und Cappella (Kapelle). Von Taddeo di Bartolo im Jahre 1415 gemalte Fresken zieren die **Anticappella**. Dazu gehören Figuren, die die Tugenden repräsentieren, die zur wahren Ausübung von Macht vonnöten sind (Gerechtigkeit, Großherzigkeit, Stärke, Klugheit, Religion), sowie Abbildungen der führenden Köpfe der Römischen Republik der Antike. Die **Cappella** beherbergt ein sehenswertes Gemälde der Heiligen Familie und einen hl. Leonhard von Il Sodoma. Neben der Anticappella befindet sich das **Vestibolo** (Vestibül), dessen Hauptattraktion ein mächtiger Bronzewolf ist, das Wappentier der Stadt.

Doch das Beste kommt zum Schluss. Vom Vestibül schreiten die Besucher in die **Sala del Mappamondo** (Saal der Weltkarte), wo der Höhepunkt des Museums wartet: Simone Martinis kraftvolle und beeindruckende **Maestà**. Das 1315 fertiggestellte Kunstwerk, das Martinis erste bekannte Arbeit ist, zeigt die Jungfrau Maria unter einem Baldachin, umgeben von Heiligen und Engeln. Auf der anderen Seite des Raumes befindet sich ein weiteres Werk Martinis: sein oft reproduziertes Fresko (1328–1330) von Guidoriccio da Fogliano, einem Sieneser Hauptmann.

Im nächsten Raum, der **Sala dei Nove** (Saal der Neun) residierte der Neunerrat. Dekoriert ist er mit Ambrogio Lorenzettis Freskenzyklus, der unter dem Namen *Allegorie der guten und schlechten Regierung* (1338–1340) bekannt ist. Die zentrale Allegorie umfasst Szenen mit Personifikationen von Gerechtigkeit, Weisheit, Tugend und Frieden, die ungewöhnlicherweise (für die damalige Zeit) alle als Frauen dargestellt waren. Daneben sind Szenen zu sehen, in denen die Bestrafung von Missetaten und die Belohnung für rechtes Verhalten gezeigt wurden. Im rechten Winkel dazu befinden sich die Fresken *Allegorie der guten Regierung* und *Allegorie der schlechten Regierung* mit stark kontrastierenden Motiven, die in der klar erkennbaren Umgebung von Siena angesiedelt sind. Die gute Regierung wird durch eine sonnendurchflutete, idyllische Stadt mit fröhlichen Bürgern inmitten üppiger Felder verdeutlicht; die schlechte Stadt ist geprägt von Laster, Verbrechen und Krankheit. Diese Fresken werden oft als die wichtigsten weltlichen Gemälde der Renaissance bezeichnet – also unbedingt ansehen!

★ Duomo   KIRCHE

(www.operaduomo.siena.it; Piazza del Duomo; März–Okt. 4 €, Nov.–Feb. Eintritt frei; ⊙ März–Okt. Mo-Sa 10.30–18.30, So 13.30–17.30 Uhr, Nov.–Feb. bis 17 Uhr) Mit dem Bau des *duomo*, der erst im 14. Jh. fertiggestellt wurde, begann man bereits im Jahre 1215. Giovanni Pisano entwarf die großartige Fassade aus weißem, grünem und rotem mehrfarbigem Marmor (die Philosophen- und Propheten-

Siena

statuen sind Kopien; die Originale befinden sich im Museo dell'Opera.

Im Inneren sticht vor allem ein wunderbarer Marmorfußboden mit Intarsienarbeiten hervor, den 56 Paneele mit historischen und biblischen Themen zieren. Rund 40 Künstler arbeiteten über 200 Jahre lang (14.–16. Jh.). Leider ist etwa die Hälfte der Paneele mit unschönen Schutzabdeckungen verhüllt. Diese Tafeln werden nur vom 21. Aug.–27. Okt. jeden Jahres freigelegt (während dieser Zeit kostet der Eintritt 6 €).

Der Innenraum ist wahrlich atemberaubend. Das zauberhafte Muster aus schwarzen und weißen Streifen von der Fassade setzt sich im Inneren auf Wänden und Säulen fort, während die herrlichen Gewölbe blau ausgemalt und mit goldenen Sternen geschmückt wurden.

Ein weiterer Anziehungspunkt ist die kunstfertige Marmor- und Porphyrkanzel von Nicola Pisano, die mit der Unterstützung von Arnolfo di Cambio entstand (er entwarf später den *duomo* in Florenz). Die kunstvoll gearbeiteten Szenen mit lebhaften, realistischen Gruppen von Menschen gelten als Meisterwerk der gotischen Bildhauerkunst.

Siena

Durch den Nordgang betritt man die zauberhafte **Libreria Piccolomini**, welche die Bücher von Enea Silvio Piccolomini beherbergt, besser bekannt als Pius II. Die Wände des kleinen Saals sind mit ausdrucksvollen Fresken in lebhaften Farben von Bernardino Pinturicchio geschmückt (1502–1507) und zeigen Ereignisse aus Piccolominis Leben.

Museo dell'Opera del Duomo   MUSEUM
(Piazza del Duomo; Eintritt 7 €; ⊙ März–Okt. Mo-Sa 10.30–18.30, So 13.30–17.30 Uhr, Nov.–Feb. bis 17 Uhr) Die Sammlung umfasst Kunstwerke, die früher im Dom zu finden waren, darunter der ehemals die Fassade schmückenden zwölf Propheten- und Philosophenstatuen von Giovanni Pisano. Er gestaltete sie so, dass sie für den Betrachter vom Boden aus gut zu sehen waren: Deshalb wirken die Figuren, die sich eigenartig nach vorne neigen, etwas verzerrt.

Höhepunkt eines Museumsbesuchs ist Duccio di Buoninsegnas eindrucksvolle *Maestà* (1311), ein Retabel beim Hochaltar. Das Hauptgemälde zeigt die Jungfrau umgeben von Engeln, Heiligen und prominenten Sieneser Bürgern der damaligen Zeit; die hinteren Tafeln (leider nicht vollständig) porträtieren Szenen der Passion Christi.

Battistero di San Giovanni   BAPTISTERIUM
(Piazza San Giovanni; Eintritt 4 €; ⊙ März–Okt. Mo-Sa 10.30–18.30, So 13.30–17.30 Uhr, Nov.–Feb. bis 17 Uhr) Hinter dem *duomo* geht es steile Stufen hinunter zum Baptisterium, das reich mit Fresken ausgemalt ist. In der Mitte steht ein sechseckiges Marmoraufbecken von Jacopo della Quercia. Es ist mit Bronzereliefs verziert, die Szenen aus dem Leben Johannes des Täufers zeigen und von Lorenzo Ghiberti *(Taufe Christi* und *Johannes im Gefängnis)*, Donatello *(Kopf Johannes des Täufers wird Herodes gezeigt)* und anderen Künstlern angefertigt wurden.

Cripta   KRYPTA
(Piazza San Giovanni; Eintritt inkl. Audioguide 6 €; ⊙ März–Okt. Mo-Sa 10.30–18.30, So 13.30–17.30 Uhr, Nov.–Feb. bis 17 Uhr) Diese Krypta unter der Kanzel des Domes wurde 1999 wiederentdeckt und restauriert, nachdem sie im 14. Jh. bis zur Decke mit Bauschutt gefüllt worden war. Die Wände sind vollständig mit *pintura a secco* („Trockenmalerei") aus dem 13. Jahrhundert bedeckt.

Panorama del Facciatone   TURM
(⊙ März–Okt. Mo-Sa 10.30–18.30, So 13.30–17.30 Uhr) Wem der Sinn nach einer fan-

tastischen Aussicht steht, kämpft sich die 131-stufige, enge Wendeltreppe des Turmes empor und genießt oben die Aussicht auf die Fassade des nie vollendeten Duomo Nuovo (Neuer Dom). Mit dem Ticket vom Museo dell'Opera ist der Eintritt frei.

★ Complesso Museale
Santa Maria della Scala   KULTURZENTRUM
(www.santamariadellascala.com; Piazza del Duomo 1; Erw./erm./Kind unter 11 Jahren 6/3,50 €/freier Eintritt; ⊙ 10.30–16, in der Hochsaison 10.30–18.30 Uhr) Teile des einstigen Krankenhauses direkt gegenüber dem *duomo* stammen aus dem 13. Jh.; ursprünglich wurde es als Pilgerherberge auf der Via Francigena eingerichtet, die dem Weg von Canterbury nach Rom folgten. Der Pellegrinaio (Pilgerhalle) gilt als unbestrittener Höhepunkt des Komplexes. Mit seinen anschaulichen Fresken (15. Jh.) von Lorenzo Vecchietta, Priamo della Quercia und Domenico di Bartolo ist er eine Hommage an die Arbeit des Krankenhauses und seiner Förderer.

Das Gebäude wird nun als Kulturzentrum genutzt und beherbergt drei Museen – das Archäologische Museum, das Kunstmuseum für Kinder und das Zentrum für Zeitgenössische Kunst (SMS Contemporanea). Dazu kommen eine Reihe von historischen Sälen, Kapellen und nur zeitweise genutzten Ausstellungsräumen. Äußerst sehenswert ist das atmosphärische Archäologische Museum in den Kellergewölben und der mittelalterliche *fienile* (Heuboden) auf Ebene 3, wo Jacopo della Quercias Fonte-Gaia-Skulpturen untergebracht sind.

★ Pinacoteca Nazionale   KUNSTGALERIE
(Via San Pietro 29; Erw./erm. 4/2 €; ⊙ Di–Sa 10–17.45, So & Mo 9–12.45 Uhr) Die labyrinthartige Galerie liegt in dem einst prachtvollen, doch nun traurig heruntergekommenen Palazzo Buonsignori aus dem 14. Jh. Hier wird eine äußerst eindrucksvolle Sammlung Sieneser Kunstwerke aus der Gotik gezeigt. Die Highlights befinden sich alle im 2. Stock.

Die Sammlung verdeutlicht den Graben, der sich im 15. Jh. zwischen dem künstlerischen Schaffen in Siena und Florenz auftat. Während 70 km weiter nördlich die Renaissance ihre Blütezeit hatte, blieben Meister und Auftraggeber in Siena byzantinischen und gotischen Traditionen verhaftet, die ihnen seit dem frühen 13. Jh. bestens zustattengekommen waren. Religiöse Bilder und Szenen dominieren, sind meist großzügig mit Gold gemalt und weisen keine der künstlerischen Neuerungen auf (z. B. Perspektive, Gefühl oder Bewegung), die Künstler in Florenz durchaus ausprobierten. Das heißt nicht, dass die hier versammelten Arbeiten zweitklassig sind – die meisten von ihnen zählen zu den schönsten und wichtigsten Werken ihrer Zeit.

Im zweiten Stock hängen so viele grandiose Kunstwerke, dass hier nicht alle aufgezählt werden können. Nicht verpassen sollte man *Duccios Madonna und Kind* (Raum 2), *Madonna mit Kind und vier Heiligen* (Raum 4) und *Santa Maria Maddalena* (Raum 5); Simone Martinis *Madonna della Misericordia* und *Madonna mit Kind* (beide in Raum 4); *Madonna und Kind*

---

❶ MUSEUMSPÄSSE FÜR SIENA

Wer die wichtigsten Bauwerke besichtigen will, sollte einen oder mehrere der geldsparenden Kombipässe kaufen.

OPA SI Pass ist drei Tage lang gültig und gilt für Duomo, Libreria Piccolomini, Museo dell'Opera, Battistero di San Giovanni, Cripta und Oratorio di San Bernardino. Er kostet von März–Okt. 12 € und von Nov.–Feb. 8 €.

SIA Summer gilt für Museo Civico, Complesso Museale Santa Maria della Scala, Museo dell'Opera, Battistero di San Giovanni, Oratorio di San Bernardino und Chiesa di San Agostino. Er kostet 17 € und ist sieben Tage gültig (15. März–31. Okt.).

SIA Winter gilt für Museo Civico, Complesso Museale Santa Maria della Scala, Museo dell'Opera und Battistero di San Giovanni. Er kostet 14 € und ist sieben Tage gültig (1. Nov.–14. März).

Es gibt noch zwei weiter Kombitickets: für das **Museo Civico and Torre del Mangia** (13 €) und für das **Museo Civico und Complesso Museale Santa Maria della Scala** (11 €, zwei Tage gültig).

Der OPA SI Pass kann im Voraus gebucht werden unter www.operaduomo.siena.it; alle anderen Pässe sind direkt bei den Museen erhältlich.

und das Altarbild *Seliger Augustinus* (beide in Raum 6); Lippo Memmis *Anbetung der Heiligen Drei Könige* (Raum 6); Ambrogio Lorenzettis brillante *Verkündigung* und *Madonna mit Kind* (beide in Raum 8); Pietro Lorenzettis *Thronende Madonna mit dem hl. Nikolaus und dem Propheten Elias und Kreuzigung* (beide in Raum 8) und schließlich die überwältigende *Mariä Verkündigung* (Raum 11) von Taddeo di Bartolo.

Die Galerie hängt übrigens die Bilder immer mal wieder um; die oben angeführten Raumnummern entsprechen dem letzten Besuch unseres Autorenteams.

Chiesa di San Domenico KIRCHE

(Piazza San Domenico; ⊘ 9–12.30 & 15–19 Uhr) Diese imposante Kirche ist dem Schutzpatron der Stadt gewidmet. Die Fresken von Sodoma in der **Cappella di Santa Caterina** zeigen Ereignissen aus dem Leben der hl. Katharina. Sie starb in Rom, wo auch der Großteil ihres Körpers verblieb. Ihr Kopf wurde jedoch nach Siena zurückgebracht (er befindet sich in einem zauberhaften Tabernakel aus dem 15. Jh. über dem Altar in der *cappella*).

Oratorio di San Bernardino KUNSTGALERIE

(www.operaduomo.siena.it; Piazza San Francesco 9; Erw./erm. 3/2,50 €; ⊘ März–Okt. 13.30–18.30 Uhr) Im Schatten der riesigen gotischen Kirche San Francesco liegt dieses Oratorium aus dem 15. Jh., das dem hl. Bernhard gewidmet ist und mit den manieristischen Fresken eines Sodoma, Beccafumi und Pacchia ausgeschmückt. Oben befindet sich das kleine **Museo Diocesano di Arte Sacra** mit einigen hübschen Gemälden, darunter eine *Madonna del Latte* (Stillende Madonna, 1340) von Ambrogio Lorenzetti.

Der Eintritt zum **Oratorio** ist im OPA-SI-Pass inbegriffen.

 Kurse

Accademia Musicale Chigiana MUSIK

(☎ 0577 2 20 91; www.chigiana.it; Via di Città 89) Bietet jeden Sommer Meisterkurse in klassischer Musik sowie Workshops.

Fondazione Siena Jazz MUSIK

(☎ 0577 27 14 01; www.sienajazz.it; Fortezza Medicea 1) Eine der führenden Institutionen ihrer Art in Europa, sie veranstaltet interessante Kurse und Workshops für erfahrene Jazzmusiker.

Scuola Leonardo da Vinci SPRACHE

(☎ 0577 24 90 97; www.scuolaleonardo.com; Via del Paradiso 16) Italienische Sprachschule mit ergänzenden Kulturprogrammen.

Società Dante Alighieri SPRACHE

(☎ 0577 4 95 33; www.dantealighieri.com; Via Tommaso Pendola 37) Sprach- und Kulturkurse südwestlich vom Stadtzentrum.

Tuscan Wine School WEINPROBE

(☎ 333 7229716; www.tuscanwineschool.com; Via Stalloreggi 26) Täglich zweistündige Weinproben, in denen italienische und toskanische Weine vorgestellt werden (40 €).

Università per Stranieri SPRACHE

(Universität für Ausländer; ☎ 0577 24 01 00; www.unistrasi.it; Piazza Carlo Rosselli 27–28) Bietet diverse Kurse in italienischer Sprache und Kultur. In der Nähe des Hauptbahnhofs.

Geführte Touren

Centro Guide Turistiche Siena e Provincia (☎ 0577 4 32 73; info@guidesiena.it; Galleria Odeon, Via Banchi di Sopra 31; ⊘ Mo–Fr 10–13 & 15–17 Uhr), eine Vereinigung geprüfter professioneller Tour-Guides, die von Ostern bis Okt. vier empfehlenswerte Touren anbietet: eine einstündige Führung durch den **Duomo** (tgl. 11, 12 und 16 Uhr; 5 € plus Eintritt), ein 90-minütiger **Klassischer Spaziergang durch Siena** (Mo–Fr 11 Uhr; 20 € inkl. Eintritt zum *duomo*), und eine 90-minütige Tour **Sienas Geheimnisse** (So 11 Uhr; 20 € inkl. Eintritt zum Complesso Museale Santa Maria della Scala). Treffpunkt für die Duomo-Führung ist der OPA SI-Ticketschalter am Dom; die Spaziergänge starten an der Touristeninformation auf dem Campo. Die Führungen finden auf Englisch und Italienisch statt; es ist sinnvoll, im Voraus zu buchen. Kinder unter 11 Jahren zahlen nichts.

Feste & Events

Die Accademia Musicale Chigiana präsentiert drei hoch angesehene Konzertreihen mit klassischen Musikern aus aller Welt: **Micat in Vertice** von Nov.–April, **Settimana Musicale Senese** im Juli und **Estate Musicale Chigiana** von Juli–Aug. Die Veranstaltungen finden im Teatro dei Rinnovati auf dem Campo, im Teatro dei Rozzi an der Piazza Indipendenza, in der Chiesa di Sant'Agostino und im Palazzo Chigi-Saraconi in der Via di Città statt.

🛏 Schlafen

⭐ Hotel Alma Domus
HOTEL €

(☎ 0577 4 41 77; www.hotelalmadomus.it; Via Camporegio 37; EZ 43–48 €, DZ ohne Aussicht 60–75 €, DZ mit Aussicht 65–85 €, 4BZ 95–125 €; ✳@🖎) Es gehört der Katholischen Diözese, und noch immer wohnen hier acht Dominikanernonnen. Der Konvent wird nun als Budget-Hotel geführt. Obwohl die Preise niedrig sind, lässt sich das vom Standard der kürzlich renovierten Zimmer im vierten Stock nicht sagen – im Gegenteil. Die meisten Zimmer haben neue Bäder und Betten sowie eine Klimaanlage und blicken über das schmale grüne Fontebranda-Tal direkt auf den mächtigen *duomo*.

Familien sind willkommen und werden sich besonders in das hübsche Zimmer Nr. 12 verlieben, das für vier Personen eingerichtet ist und einen Balkon hat. Wichtig: Um 1 Uhr nachts wird zugesperrt.

Antica Residenza Cicogna
B&B €

(☎ 0577 28 56 13; www.anticaresidenzacicogna.it; Via dei Terme 67; EZ 65–90 €, DZ 85–110 €, Suite 120–150 €; ✳@🖎) Die charmante Hausherrin Elisa beaufsichtigte die Restaurierungsarbeiten dieses Gebäudes aus dem 13. Jh. und erzählt gerne dessen Geschichte (es gehört ihrer Familie bereits seit Generationen). Die sieben Zimmer sind sauber und gut in Schuss, mit bequemen Betten, bemalten Decken und Fliesenböden. Es gibt auch eine winzige Lounge, wo man es sich bei einem Vin Santo (geht aufs Haus) und *cantucci* (harte, süße Mandelkekse) so richtig gutgehen lassen kann.

Bed and Breakfast Alle Due Porte
B&B €

(☎ 0577 28 76 70; www.sienatur.it; Via Stalloreggi 51; EZ 65 €, DZ 75–85 €; ✳🖎) Dieses gut platzierte B&B verdankt seinen Namen dem nahe gelegenen Stadttor. Ein eigener Charakter und das „Wie-daheim“-Gefühl sind weitere Pluspunkte. Die Besitzer, ein älteres Ehepaar, vermieten drei Zimmer (zwei mit Klimaanlage) mit kleinem Frühstücksraum im ersten Stock eines umgebauten Wohnturms aus dem 12. Jh.

Albergo Bernini
PENSION €

(☎ 0577 28 90 47; www.albergobernini.com; Via della Sapienza 15; DZ 85/65 €; 🖎) Ein gastfreundlicher Familienbetrieb mit zehn hübschen Zimmern und einer fabelhaften Terrasse mit Blick hinüber zum *duomo* und der Chiesa di San Domenico. Der Nachteil sind die unbequemen Betten sowie die Tatsache, dass nur zwei der Zimmer – das Single- und das Dreibettzimmer – eine Klimaanlage haben. Das Frühstück kostet 3–7,50 €. Über den Zimmerpreis kann im Winter verhandelt werden; nur Barzahlung.

⭐ Pensione Palazzo Ravizza
BOUTIQUEHOTEL €€

(☎ 0577 28 04 62; www.palazzoravizza.it; Pian dei Mantellini 34; Loft-Zi. 80–150 €, DZ 100–220 €, Suite 180–320 €; P✳@🖎) In dem Renaissance-*palazzo*, der in einem stillen, aber bequem erreichbaren Teil der Stadt steht, bietet dieses ausgesprochen freundliche Hotel Zimmer mit Freskendecken, riesigen Betten und kleinen, aber gut ausgestatteten Badezimmern. Die bequemen Suiten sind mit ihrem Blick auf den reizvollen Garten sogar noch beeindruckender. Auch nicht zu verachten ist der kostenlose Hotelparkplatz. Außerhalb der Saison sind die Zimmerpreise wirklich günstig.

Hotel Athena
HOTEL €

(☎ 0577 28 63 13; www.hotelathena.com; Via Paolo Mascagni 55; EZ 54–140 €, gehobenes DZ 65–180 €, Deluxe-DZ 90–280 €; ⊙ Feb. geschl.; P✳@🖎) Hotelmanagement-Schulen auf der Suche nach einem Vorzeigehotel könnten ohne Weiteres das Athena wählen. Die Familie Bianciardi führt seit 40 Jahren dieses saubere, komfortable und freundliche Hotel, das zudem gut in Schuss ist. Die Deluxe-Zimmer im Landhausstil sind umwerfend und jeden Cent wert. Von der Sommer-Terrassenbar und dem Restaurant schwärmt man bestimmt noch Jahre später.

Die normalen Zimmer in den unteren Etagen sind lange nicht so schön wie die gehobenen Zimmer und die Deluxe-Zimmer ganz oben. Dafür zahlt man auch wesentlich weniger – Informationen zu Preisnachlässen gibt es auf der Website. Der gut befahrbare Parkplatz am Hotel ist kostenlos.

Hotel Villa Liberty
HOTEL €€

(☎ 0577 4 49 66; www.villaliberty.it; Viale Vittorio Veneto 11; EZ 62–167 €, DZ 102–294 €, Suite 122–368 €; ✳🖎) Das Hotel befindet sich auf einem von Bäumen gesäumten Boulevard gegenüber der Fortezza Medicea. Die Jugendstilvilla wurde in ein Hotel mit 17 Zimmern umgestaltet und gehört zu den besten Mittelklassehotels der Stadt. Der Campo liegt zwar nur einen 15-minütigen Spaziergang entfernt, das Viertel ist aber dennoch weniger touristisch als das historische Zentrum und es gibt freie (allerdings umkämpfte) Parkmöglichkeiten direkt vor dem Hotel. Moderne, helle Zimmer mit bequemen Betten und kleinen, aber völlig ausreichenden Badezimmern.

★ Campo Regio Relais   BOUTIQUEHOTEL €€€
(📞0577 22 20 73; www.camporegio.com; Via della Sapienza 25; EZ 150–300 €, DZ 190–300 €, 250–600 €; ✳@🛰) Sienas charmantestes Hotel hat nur sechs Zimmer, von denen jedes einzelne individuell dekoriert und luxuriös ausgestattet ist. Das Frühstück wird in der prächtigen Lounge serviert oder auf der Terrasse, die einen sensationellen Blick auf den *duomo* und Torre del Mangia gewährt.

✗ Essen & Ausgehen

Morbidi   FEINKOST €
(www.morbidi.com; Via Banchi di Sopra 75; ⊙Mo–Sa 9–20, Mittagsbüffet 12.30–14.30 Uhr) Die örtlichen Gastronomen decken sich hier ein, denn die Auswahl an Käse, Geräuchertem und importierten Delikatessen ist die beste in ganz Siena. Nicht versäumen sollte man das Mittagsbüffet unten, das supergünstig ist: Für nur 12 € dürfen die Platten mit *antipasti*, Salaten, Pastas und das Dessert des Tages geplündert werden. Mineralwasser gibt es kostenlos dazu, für Wein und Kaffee muss man extra zahlen.

Consorzio Agrario di Siena   FEINKOST €
(Via Pianigiani 13; ⊙Mo–Sa 8–19.30 Uhr) Diese landwirtschaftliche Kooperative existiert seit 1901 und ist ein Reich des Essens und des Weins, die zum Teil aus regionaler Produktion stammen. Es gibt eine kleine Bar, wo man frisch gebackene Pizza essen kann (12–14,30 € pro kg).

Grom   GELATO €
(www.grom.it; Via Banchi di Sopra 11–13; Eis 2,50–5,50 €; ⊙April–Sept. So–Do 11–24, Fr & Sa 11–0.30, Okt.–März So–Do 11–23, Fr & Sa 11–24 Uhr) Köstliches *gelato* mit saisonal wechselnden Geschmacksrichtungen; viele der Zutaten sind aus ökologisch kontrolliertem oder Slowfood-anerkannt.

Kopa Kabana   GELATO €
(www.gelateriakopakabana.it; Via dei Rossi 52–55; Eis 1,80–16,30€; ⊙Mitte Feb.–Mitte Nov. 12–20 Uhr, bei schönem Wetter längere Öffnungszeiten) Hier gibt es frisch gemachtes *gelato* von Fabio, dem selbsternannten Meister der Eiscreme (da kann man nur aus vollem Herzen zustimmen).

★ Enoteca I Terzi   MODERN TOSKANISCH €€
(📞0577 4 43 29; www.enotecaiterzi.it; Via dei Termini 7; Gerichte 35 €, Antipastiteller 9 €; ⊙Mo–Sa 11–13 Uhr) Die moderne *enoteca* liegt in der Nähe des Campo, aber abseits der ausgetretenen Touristenpfade. Sie gehört zu den Lieblingslokalen der kultivierten Einheimischen, die sich hier zum Geschäftsessen treffen, *aperitivi*-Sessions abhalten und entspannte Abendessen mit edelstem *salumi* (Räucherfleisch), köstlicher hausgemachter Pasta, aromatischem Risotto und saftigem Grillfleisch genießen. Die Weinkarte ist

IL PALIO

Das spektakulärste Ereignis des Jahres stammt aus dem Mittelalter und umfasst eine Reihe farbenfroher Festumzüge sowie zwei wilde Pferderennen am 2. Juli und 16. August. Zehn von Sienas 17 *contrade* (Stadtdistrikten) treten gegeneinander an und kämpfen um den *palio* (Seidenbanner). Jede *contrada* hat ihre eigenen Traditionen, Symbole und Farben sowie ihre eigene Kirche und ein Palio-Museum.

Ab etwa 17 Uhr ziehen die Repräsentanten jeder *contrada* in historischen Kostümen zur Parade um den Campo auf.

Das Rennen findet im Juli um 19.45 Uhr und im August um 19 Uhr statt. Nur knapp eine Minute rasen die zehn Pferde und ihre Reiter drei Mal um den Campo mit einer Geschwindigkeit und Heftigkeit, die den Zuschauern die Haare zu Berge stehen lässt.

Wer mittendrin sein will, sollte sich mindestens vier Stunden vor dem Start in die Massen im Zentrum des Campo stürzen. Allerdings sollte man bedenken, dass der Platz in der Mitte nicht mehr verlassen werden kann, bis das Rennen gelaufen ist. Alternativ dazu verkaufen die Cafés am Campo Plätze auf ihren Terrassen: Sie kosten zwischen 350 und 400 € pro Ticket und können in der Touristeninformation bis zu einem Jahr im Voraus gebucht werden.

Während des Palio erhöhen die Hotels ihre Preise um 10 bis 50 % und verlangen einen Mindestaufenthalt von zwei Tagen.

wirklich fantastisch und bietet auch eine tolle Auswahl an offenen Weinen.

Ristorante Grotta Santa Caterina da Bagoga
TOSKANISCH €€

(☎ 0577 28 22 08; www.bagoga.it; Via della Galluzza 26; Gerichte 28 €; ⊙ Di–Sa 12.30–14.30 & 19.30–22.30, So 12.30–14.30 Uhr) Pierino Fagnani („Bagogoga"), einer der berühmtesten Paliojockeys von Siena, tauschte seinen Sattel 1973 gegen eine Schürze ein und betreibt seitdem dieses sehr beliebte Restaurant nahe der Casa Santuario di Santa Caterina. Traditionelle toskanische Gaumenkitzler stehen auf der Karte. Am besten das viergängige „tipico"- (35 €) oder das „degustazione"-Menü (50 € mit Wein) probieren.

La Compagnia dei Vinattieri
WEINBAR €€

(☎ 0577 23 65 68; www.vinattieri.net; Via delle Terme 79; Vospeisenteller 7–9 €, Gerichte 35 €; ⊙ 12–22 Uhr, Ende Feb.–Ende März geschl.) Wer ein schnelles Glas Wein mit Wurst- oder Käseteller zu sich nehmen oder sich gemütlich zu einem Essen niederlassen möchte und dazu eine Wein von der beeindruckenden Weinkarte trinken will, sollte die Stufen zu diesem Keller hinuntersteigen und dabei den Kopf einziehen. Beliebt bei Einheimischen und Touristen. Für einen Drink einfach vorbeischauen, für ein Essen sollte man besser einen Tisch reservieren.

Tre Cristi
MEERESFRÜCHTE €€€

(☎ 0577 28 06 08; www.trecristi.com; Vicolo di Provenzano 1; 3-gängiges Degustationsmenü 35–45 €, 5-gängige Menüs 65 €; ⊙ Mo–Sa 12.30–15 & 19.30–22.30 Uhr) Fischrestaurants sind in dieser fleischlastigen Region eher dünn gesät. Deshalb sollte das Durchhaltevermögen des Tre Cristi (existieret seit 1830) ordentlich gefeiert werden. Die Speisekarte ist ebenso elegant wie die Inneneinrichtung. Kleine Extras, wie das obligatorische Glas Prosecco zum Beginn des köstlichen Mahls, lassen das leckere Essen zu einem besonderen Erlebnis werden.

Enoteca Italiana
WEINBAR

(www.enoteca-italiana.it; Fortezza Medicea; ⊙ April–Sept. Mo–Sa 12–1 Uhr, Okt.–März 12–24 Uhr) Der einstige Munitionskeller und Kerker der Medici-Festung wurde kunstvoll in eine noble enoteca mit über 1500 italienischen Sorten umgestaltet. Man kann eine Flasche kaufen oder direkt vor Ort eine oder zwei Gläser im hübschen Innenhof oder den stimmungsvollen Innenräumen probieren.

In der Regel bekommt man dazu auch eine Kleinigkeit zu essen.

Caffè Fiorella
CAFÉ

(www.torrefazionefiorella.it; Via di Città 13; ⊙ Mo–Sa 7–20 Uhr) Das kleine Café hinter dem Campo serviert den besten Kaffee der Stadt. Im Sommer gibt es eine herrliche Kaffeegranita mit einem Klecks Sahne.

Bar Il Palio
CAFÉ

(Piazza del Campo 47; ⊙ 8–24 Uhr) Der beste Kaffee auf dem Campo; im Stehen an der Bar trinken oder die finanziellen Konsequenzen tragen.

🛍 Shoppen

Panificio Il Magnifico
ESSEN

(www.ilmagnifico.siena.it; Via dei Pellegrini 27; ⊙ Mo–Sa 7.30–19.30 Uhr) Lorenzo Rossi ist Sienas bester Bäcker: Die meisten Einheimischen kaufen jede Woche sein panforte, die ricciarelli (überzuckerte, toffeeartige Mandelkekse) und cavallucci (Mandelkekse mit toskanischem Millefiori-Honig). Einfach in der Bäckerei hinter dem duomo probieren, dann kennt man den Grund.

Il Pellicano
KERAMIK

(☎ 0577 24 79 14; www.siena-ilpellicano.it; Via Diacceto 17a; ⊙ Ostern–Okt. 10.30–19, Nov.–Ostern Mo–Sa 10.30–19 Uhr) Elisabetta Ricci fertigt seit über 30 Jahren von Hand traditionelle Sieneser Keramik an. Sie formt, brennt und bemalt ihre Keramikreationen in ihrem Atelier – oft greift sie dabei auf Stilelemente aus der Renaissance oder typische contrade-Designs zurück. Verkauft werden die Kunstwerke in diesem Laden nahe dem duomo. Elisabetta gibt auch Kurse in traditionellen Keramiktechniken. Weitere Informationen auf Anfrage.

Mittwochsmarkt
MARKT

(⊙ 7.30–13 Uhr) Rund um die Fortezza Medicea und Richtung Stadio Comunale wird einer der größten Märkte der Toskana veranstaltet, mit einem großartigen und verlockenden Angebot an Nahrungsmitteln und günstiger Kleidung.

Am dritten Sonntag jeden Monats findet hier auch ein Antiquitätenmarkt statt.

ℹ Praktische Informationen

Krankenhaus (☎ 0577 58 51 11; Viale Bracci) Nördlich von Siena bei Le Scotte.

Polizeistation (☎ 0577 20 11 11; Via del Castoro 6)

Touristeninformation (☎0577 28 05 51; www.terresiena.it; Piazza del Campo 56; ⊙Ostern–Sept. 9.30–18.30, Okt.–Ostern Mo–Fr 9.30–17.30, So 9.30–12.30 Uhr) Reserviert Unterkünfte, organisiert Auto- und Motorrollerverleih und verkauft einen Stadtplan von Siena (1 €) sowie Zugtickets (gegen Kommission).

➊ An- & Weiterreise

AUTO & MOTORRAD

Nach Florenz führen die RA3 (Superstrada Siena–Florenz) und die landschaftlich schönere SR222.

BUS

Siena Mobilità (☎800 570530; www.sienamobilita.it) gehört zur Busgesellschaft Tiemme und bietet Verbindungen zwischen Siena und anderen Teilen der Toskana an.

Der **Ticketschalter** (⊙Mo–Fr 6.30–19.30, Sa & So 7–19.30 Uhr) befindet sich unterhalb des Busbahnhofs bei der Piazza Gramsci; hier gibt es auch eine Gepäckaufbewahrung (24 Std. 5,50 €).

Regelmäßig fahren Expressbusse – Corse Rapide – nach Florenz (7,80 €, 1¼ Std.); sie sind empfehlenswerter als die regulären Corse-Ordinarie-Busse, die unterwegs in Poggibonsi und Colle di Val d'Elsa halten. Andere Busse fahren auch nach:

Arezzo 6,60 €, 1½ Std., 8-mal tgl.

San Gimignano 6 €, 1–1½ Std., 10-mal tgl. entweder direkt oder mit Umsteigen in Poggibonsi

Montalcino 3,65 €, 1½ Std., 6-mal tgl.

Poggibonsi 4,35 €, 50 Min., alle 40 Min.

Montepulciano 5,15 €, 1¾ Std.

Colle di Val d'Elsa 3,40 €, 30 Min., stündl., mit Anschluss nach Volterra (2,75 €)

Busse nach Montalcino, Montepulciano und Pienza fahren vor dem Bahnhof ab.

Sena-Busse (☎861 199 19 00; www.sena.it) fahren nach/von Rom Tibertina (23 €, 3½ Std., 6-mal tgl.), Flughafen Fiumicino (23 €, 3¾ Std., 2-mal tgl.), Turin (36 €, 8¼ Std., 1-mal tgl.), Mailand (36 €, 4¼ Std., 2-mal tgl.), Venedig (29 €, 5½ Std., 1-mal tgl.) und Perugia (12 €, 1½ Std., 1-mal tgl.).

Der **Ticketschalter** (⊙Mo–Sa 8.30–19.45 Uhr) liegt ebenfalls unterhalb der Busstation an der Piazza Gramsci.

ZUG

Siena liegt auf keiner der Hauptbahnstrecken, daher sind Busse normalerweise die besseren Verkehrsmittel. Wer nach Rom will, muss in Chiusi umsteigen, auf der Fahrt nach Florenz ist Empoli der Umsteigebahnhof.

➊ Unterwegs vor Ort

AUTO & MOTORRAD

Es gibt eine ZTL (Zona a Traffico Limitato) in der Altstadt, allerdings können Besucher ihr Gepäck zum Hotel bringen und das Auto danach außerhalb parken (nicht vergessen: die Rezeption darum zu bitten, das Autokennzeichen vorab anzumelden – geschieht das nicht, riskiert man ein deftiges und nicht zu knappes Bußgeld).

Es gibt große, bequem erreichbare Parkplätze beim Stadio Comunale und rund um die Fortezza Medicea, beide liegen nördlich der Piazza San Domenico. Einige freie Parkplätze auf der Straße (nach den weißen Linien Ausschau halten) gibt es im Viale Vittorio Veneto und an der Südecke der Fortezza Medicea, aber die sind natürlich heiß begehrt. Die gebührenpflichtigen Parkplätze bei San Francesco und Santa Caterina (oder Fontebranda) haben beide eine *scala mobile* (Rolltreppe), die ins Zentrum hochführt.

Auf allen gebührenpflichtigen Parkplätzen kostet eine Stunde 1,70 €. Weitere Informationen über die Parksituation finden sich beispielsweise auf der Website www.sienaparcheggi.com (auf Italienisch).

BUS

Siena Mobilità betreibt einen Stadtbus (90 Min. 1,10 €), außerdem verkehren die Buslinien 8 und 9 zwischen dem Bahnhof und der Piazza Gramsci.

ZUM/VOM FLUGHAFEN

Ein Siena-Mobilità-Bus pendelt zwischen dem Flughafen von Pisa und Siena (einfache Fahrt/hin & zurück, 14/26 €, 2 Std.). Er startet in Siena um 7.10 Uhr und in Pisa um 13 Uhr. Tickets sollten mindestens einen Tag im Voraus am Busbahnhof oder online gekauft werden.

Chianti

Auf den uralten Weinbergen in diesem postkartenreifen Teil der Toskana wachsen die Trauben, die für den Chianti Classico verwendet werden, ein Sangiovese-dominierter Tropfen, der unter dem Markenzeichen Gallo Nero (Schwarzer Hahn) verkauft wird. Die Region Chianti liegt sowohl in der Provinz Florenz (Chianti Fiorentino) als auch in der Provinz Siena (Chianti Sienese), das Einfallstor in die Region ist die Via Chiantigiana, die SR222. Das Gebiet ist überzogen mit einem Netzwerk an *strade provinciale* (Provinzstraßen) und *strade secondaria* (Nebenstraßen), von denen einige nicht einmal asphaltiert sind. Sie führen vorbei an makellosen Weingütern, Weinbergen und Olivenhainen, Bauernhöfen aus goldfarbenem Stein, anmutigen romanischen *pieve* (Landkirchen) und hübschen Renaissancevillen. Die vielen imposanten Burgen wurden im Mittelalter von den Florentiner und Sieneser Kriegsherren erbaut.

Weitere Informationen über das Consorzio Vino Chianti Classico (das berühmte Konsortium der lokalen Produzenten) findet man unter www.chianticlassico.com/en.

Greve in Chianti

13 888 EW.

Greve ist die größte Stadt des Chianti Fiorentino und liegt 26 km südlich von Florenz. Die Stadt ist sowohl das Zentrum des regionalen Weinbaus als auch die Heimat der geschäftstüchtigen Familie Falorni, die die beiden Hauptsehenswürdigkeiten des Ortes betreibt. Greves jährliche Weinmesse findet in der ersten oder zweiten Septemberwoche statt, wer zu dieser Zeit nach Greve reisen will, sollte seine Unterkunft unbedingt sehr zeitig buchen.

⊙ Sehenswertes & Aktivitäten

Museo del Vino MUSEUM
(Weinmuseum; www.museovino.it; Piazza Nino Tirinnanzi 10; ⊙ unterschiedliche Öffnungszeiten) Das private Museum wurde 2010 eröffnet und wird von Lorenzo und Stefano Falorni mit viel Liebe geführt. Schon seit über 40 Jahren dokumentieren sie die Geschichte der regionalen Weinindustrie und erweitern die Sammlung ihres Vaters aus Artefakten und diversen anderen Objekten. Der Audioguide und eine auf Interviews basierende audiovisuelle Präsentation erzählen die faszinierende Geschichte.

Zu Redaktionsschluss war eine Voranmeldung nötig. Am besten sollte man vorher e-mailen und nachfragen.

Le Cantine di Greve in Chianti WEINPROBE
In dieser ebenfalls der Familie Falorni gehörenden *enoteca* stehen über 1200 Sorten Wein zur Auswahl. 140 davon kann man probieren (z.B. Chianti, Supertoskaner, erstklassige DOCs und DOCGs, *Vin Santo* und Grappa) und zwar mit einer Prepaid-Weinkarte, die man für 10 bis 25 € an der zentralen Bar erstehen kann. Die Karte wird einfach in eine der vielen Schankhähne gesteckt und raus kommt der köstliche Wein. Das Restguthaben wird am Ende zurückerstattet. Spaß macht das Probieren hier allemal – ausgenommen sind leider jene, die Auto fahren müssen. Der Eingang zu den *cantine* befindet sich am unteren Ende der Treppe gegenüber vom Supermarkt auf der Hauptstraße.

❶ Praktische Informationen

Touristeninformation (☏ 055 854 62 99; Piazza Matteotti 11; ⊙ 10–19 Uhr) Sehr hilfreich bei der Buchung von Unterkunft und geführten Touren, Besuchen der *cantine* und Bustickets.

RADFAHREN IM CHIANTI

Das Chianti mit dem Rad zu erkunden ist für viele Besucher ein Highlight. Die Touristeninformation in Greve in Chianti veröffentlicht Broschüren mit Wander- und Radwegen in der Gegend um Greve. **Ramuzzi** verleiht Fahrräder vor Ort (☏ 055 85 30 37; www.ramuzzi.com; Via Italo Stecchi 23; Tourenrad 125-ccm-Scooter pro Tag 20/55 €; ⊙ Mo–Fr 9–13 & 15–19, Sa 9–13 Uhr).

Einige Anbieter organisieren geführte Radtouren von Florenz aus:

Florence by Bike (Karte S. 559; ☏ 055 48 89 92; www.florencebybike.it; Via San Zanobi 120r) Tagestour durch das nördliche Chianti mit Mittagessen und Weinprobe (März bis Oktober, 74 €).

I Bike Italy (☏ 342 935 23 95; www.ibikeitaly.com) Bietet eine Tagestour mit Mittagessen auf einem Weingut an (Mitte März bis Oktober, 83 €). Ein Shuttlebus fährt von Florenz zum Ausgangspunkt im Chianti. 10 % Studentenrabatt.

I Bike Tuscany (S. 58) Das ganze Jahr über werden Tagestouren (120–150 €) für Radfahrer jeglicher Fitness angeboten. Ein Minibus holt die Teilnehmer vom Hotel in Florenz ab und bringt sie ins Chianti, wo die Tour startet. Hybrid- und elektrische Fahrräder werden auch verliehen und auf Wunsch fährt ein Begleitfahrzeug mit. Es sind auch Tagestouren von Florenz nach Siena (145 €) möglich.

① An- & Weiterreise

AUTO & MOTORRAD

Die Straßen des Chianti sind oft beängstigend eng und verwirrend. *Le strade del Gallo Nero* (2,50 €), eine Straßenkarte der Weinregion, vermindert unnötigen Stress. Neben Haupt- und Nebenstraßen verfügt sie außerdem über ein umfassendes Weingutverzeichnis. Es gibt sie in den Kiosken der Region zu kaufen.

Greve liegt an der Via Chiantigiana. Im zweistöckigen Parkhaus an der Piazza della Resistenza gegenüber der Hauptstraße zur Piazza Matteotti ist das Parken kostenlos. Freitags lässt man sein Auto am besten nicht über Nacht auf den kostenpflichtigen Parkplätzen der Piazza Matteotti stehen – es wird sonst abgeschleppt um Platz für den Samstagsmarkt zu schaffen.

BUS

SITA-Busse verkehren zwischen Greve und Florenz (3,30 €, 1 Std., stündl.).

Rund um Greve in Chianti

★ **Antinori nel Chianti Classico** WEINGUT
(www.antinorichianticlassico.it; Via Cassia per Siena 133, Località Bargino; Führung & Verkostung 20 €, reservierungspflichtig; ☉ Mo–Sa 11–18, So bis 14 Uhr) Dieses Kellerlabyrinth scheint aus einem James-Bond-Film zu stammen. Am bewachten Eingang zeigt man eine Kopie seiner Reservierung und gelangt zum imposanten Hauptgebäude am Hang. Die einstündige Führung (auf Englisch oder Italienisch) endet mit der Verkostung von drei Antinori-Weinen in einem Raum aus purem Glas, der über den Fässern des Weinkellers schwebt (wow!).

In der supermodernen Bar können 16 weitere Weine probiert werden (4 bis 9 € pro Probe), auch unter „Führung" eines Sommeliers (9 oder 12 €), oder man trinkt einfach so ein Glas Wein (von 7 € für ein Glas Marchese Antinori 2009 bis 35 € für ein Glas Solaia 2009). Danach schmeckt es im Restaurant Rinuccio 1180 (S. 615) besonders gut.

Bargino liegt eine schöne, 20 km lange Autofahrt von Greve entfernt über die SS222, SP3 und SS2.

Badia a Passignano WEINGUT
(www.osteriadipassignano.com) Die Abtei aus dem 11. Jh. liegt 6 km westlich von Montefioralle und ist umgeben von Weinstöcken und Olivenbäumen.

Das Hauptgebäude ist wegen Restaurierung geschlossen, die wohl noch ein paar Jahre dauern wird. Die Weinberge und der historische Keller können allerdings als Teil einer Vielzahl von Führungen besucht werden. Die beliebteste unter ihnen ist die vierstündige „Antinori at Badia a Passignano"-Tour (150 €, montags und samstags um 11.15 und 18.15 Uhr), welche einen Besuch des Weinbergs und der Keller sowie ein Mittag- bzw. Abendessen mit vier Antinori-Weinen beinhaltet.

Eine Voranmeldung zu den Führungen ist notwendig. Im Gutsladen La Bottega werden Wein und Olivenöl auch ohne Reservierung verkauft.

Castello di Verrazzano WEINGUT
(☎ 055 85 42 43; www.verrazzano.com; Via Citille, Greti) Das Schloss auf dem Weingut 3 km nördlich von Greve war Sitz von Giovanni da Verrazzano (1485–1528), der unter anderem die nordamerikanische Küste erkundete. An ihn erinnert in New York die Verrazano-Narrows-Bridge (der berühmte Kapitän verlor allerdings irgendwo auf dem Atlantik ein „z"). Heute ist das Schloss der Mittelpunkt eines 220 ha großen Weinguts.

Alle angebotenen Führungen beinhalten einen kurzen Besuch der historischen Weinkeller und der Gärten sowie eine Verkostung der Gutsweine (inklusive dem bekannten Chianti Classico). Details stehen auf der Website.

Castellina in Chianti
2873 EW.
Von den Etruskern wurde der Ort gegründet und von den Florentinern im 15. Jh. als Verteidigungsfestung gegen die Sienesen ausgebaut. Heute spielt er eine zentrale Rolle im Weinbau, was die zylinderförmigen Silos voller Chianti Classico eindrucksvoll dokumentieren. Wer den hiesigen Wein kennenlernen möchte, begibt sich zur **Antica Fattoria la Castellina** (Via Ferruccio 26), dem bekanntesten Weinladen des Ortes.

Vom südlichen Parkplatz aus führen die Via Ferruccio und der Panoramaweg unterhalb der östlichen Stadtmauern zur stimmungsvollen **Via delle Volte**, einer mittelalterlichen Gasse, in der man einst heilige Rituale durchführte und die später überdacht und Teil der florentinischen Festung wurde.

In der Region gefundene, archäologisch wertvolle Objekte der Etrusker zeigt das **Museo Archeologico del Chianti Senese**

(www.museoarcheologicochianti.it; Piazza del Comune 18; Erw./erm. 5/3 €; ☺April–Mai & Sept.–
Okt. tgl. 10–18 Uhr, Juni–Aug. 11–19 Uhr; Nov.–März
Sa & So 10–17 Uhr), welches in der mittelalterlichen *rocca* (Festung) des Ortes zu Hause
ist. Zimmer 4 zeigt Artefakte aus den aus
dem 7. Jh. v. Chr. stammenden etruskischen Gräbern von **Montecalvario** (Ipogeo
Etrusco di Monte Calvario; ☺immer offen), die
sich am nördlichen Ende der Stadt an der
SR222 befinden.

ℹ️ Praktische Informationen

Touristeninformation (☎0577 74 13 92;
ufficioturistico@comune.castelina.si.it; Via
Ferruccio 40; ☺Mitte März–Mai Di, Do, Sa &
So 10–12 & 15–18 Uhr, Juni–Okt. 10–12 & 15–19
Uhr, Nov. Sa & So 15–18 Uhr, Dez.–Mitte Jan.
Fr 10–12 Sa. & So. 10–12 & 15–18 Uhr) Hilft mit
Karten, Führungen, Unterkunft und Informa-
tionen.

ℹ️ An- & Weiterreise

AUTO & MOTORRAD

Der am günstigsten gelegene Parkplatz befindet
sich am Südende des Ortes an der Via IV Novembre (1/5 € pro Std./Tag).

BUS

Busse von **Siena Mobilità** (www.sienamobilita.
it) verkehren zwischen Castellina und Siena
(3.40 €, 35 Min., 10-mal tgl.).

Radda in Chianti

1688 EW.

Schutz- und Wappenschilder geben der
Fassade des **Palazzo del Podestà** auf dem
Hauptplatz dieses wichtigen Weinzentrums
11 km östlich von Castellina einen Schuss
Dramatik. Die Touristeninformation (☎0577
73 84 94; proradda@chiantinet.it; Piazza Castello 2;
☺Ostern–Sept. 10–13 & 15–19 Uhr, Okt.–Ostern
10.30–12.30 & 15.30–18.30 Uhr) kann Unterkunft sowie geführte Touren für diesen Teil
des Chianti buchen und informiert über
Wanderungen in der Gegend.

Rund um Radda in Chianti

◉ Sehenswertes & Aktivitäten

Castello di Brolio   BURG

(☎0577 73 02 80; www.ricasoli.it; selbstgeführter
Besuch von Museum, Kirche & Krypta 5 €, Führun-
gen durch Museum, Kirche & Krypta 8 €; ☺Mitte
März–Nov. 10–17.30 Uhr, Führungen alle 30 Min.

Di–So 10–13 & 14.30–17.30 Uhr) Der Stammsitz
der Adelsfamilie Ricasoli aus dem 11. Jh.
ist das älteste Weingut Italiens. Das Zuhause des 32. Barons öffnet seine Gartenanlage, die Panoramaterrasse und das Museum
den Tagesausflüglern.

Das kleine, aber interessante Museum
in den drei Turmzimmern ist dem faszinierenden Leben des berühmten Barons Betti-
no Ricasoli (1809–1880) gewidmet. Er war
der zweite Premierminister der Republik
Italien und offensichtlich ein wahrer Alles-
könner – Wissenschaftler, Bauer, Winzer,
Staats- und Geschäftsmann. Obwohl er einer
der führenden Köpfe des Risorgimento war,
ist sein größter Verdienst (jedenfalls unserer
Meinung nach), dass er die Formel des
Chianti Classico erfunden hat. Dieser wundervolle Wein ist fest durch das System
der kontrollierten Herkunftsbezeichnung
Italiens (Denominazione di origine controllata – DOC) geschützt.

Das Gut produziert Wein sowie Olivenöl
und von der riesigen Terrasse aus hat man
einen atemberaubenden Blick auf Weinberg
und Olivenhain.

In der Nähe des Parkplatzes liegt die **Osteria del Castello** (☎0577 73 02 90; 4-Gänge-
Probiermenü mit Weinen 50 €; ☺Ende März–Okt.
Fr–Mi 12–14.30 & 19.30–21.30 Uhr) und genau
am Eingangstor des Gutes, an der SP484,
gibt's eine moderne **Cantina** (☺März–Dez.
Mo–Fr 9–19 & Sa & So 11–19 Uhr, Jan. & Feb.
Mo–Fr 9–18 Uhr), in welcher der gutseigene,
hoch angesehene Chianti Classico probiert
werden kann.

Castello di Ama   WEINGUT

(☎0577 74 60 31; http://arte.castellodiama.com;
Führungen 15 €, mit Wein- und Ölverkostung 35 €;
☺rund ums Jahr nach Vereinbarung) Das hoch-
geschätzte Gut produziert u. a. den interna-
tional bekannten Merlot „L'Apparita", den
Verschnitt „Haiku" aus Sangiovese/Cabernet
Franc/Merlot und den köstlichen Chianti
Classico „Vigneto Bellavista".

In den letzten Jahren ist zum Gut außerdem ein Skulpturenpark hinzugekom-
men, der 13 standortbezogene Kunstwerke
von bekannten Künstlern wie Louise Bourgeois, Chen Zhen, Anish Kapoor, Kendell
Geers und Daniel Buren zeigt. Führungen
durch Keller, Villa und Skulpturenpark
gibt es auch auf Deutsch. Das Gut liegt
11 km südwestlich von Gaiole, nahe
Lecchi in Chianti.

Castello di Volpaia
WEINGUT

(📞 0577 73 80 66; www.volpaia.it; Località Volpaia) Auf diesem Gut im Dorf Volpaia (der Gutsname ist irreführend, denn es gibt hier gar keine richtige Burg) auf dem Hügel wird schon seit Jahrhunderten Wein produziert, Olivenöl, Essig und Honig. Kellerführungen sollte man am besten im Voraus buchen. Die *enoteca* befindet sich im Hauptturm.

Einen Snack bietet **Bar Ucci** (www.barucci.it; Crostoni 4,50–6 €, Antipastiteller 8 €, Salate 4–8 €; ⊘ Di–So 8–21 Uhr). Für ein etwas gehobeneres Essen bietet sich das **Ristorante La Bottega** (📞 0577 73 80 01; www.labottegadivolpaia.it; Gerichte 25 €; ⊘ Ostern–Jan. Mi–Mo 12–14.30 & 19.30–22 Uhr) an, ein hübsches Restaurant, das *cucina contadina* (Essen aus der Bauernküche) serviert. Beide werden von Mitgliedern der Familie Barucci geführt und befinden sich am Haupt-platz des netten Dorfes. Die herrliche Außenterrasse des Restaurants (mit der wundervollen Aussicht) liegt unmittelbar neben dem ertragreichen Küchengarten der Baruccis.

🛏 Schlafen

Ostello del Chianti
HOSTEL €

(📞 055 805 02 65; www.ostellodelchianti.it; Via Roma 137, Tavarnelle Val di Pesa; B 14–16 €, 4BZ mit/ohne eig. Bad 70/76 €; ⊘ Rezeption 8.30–11 & 16–24 Uhr, Nov.–Mitte März geschl.; 🅿 @ 🛜) Eines der ältesten Hostels Italiens, das sein hässliches Äußeres und seine Lage im absolut unsehenswerten Tavarnelle Val di Pesa durch freundliches Personal und Schnäppchenpreise wettmacht. Die Schlafsäle haben maximal sechs Betten und Fahrräder können für 8 € pro Tag ausgeliehen werden. Frühstück kostet 2 €. Die Stadt Florenz ist leicht mit den SITA-Bussen zu erreichen (3,30 €, eine Stunde).

Fattoria di Rignana
AGRITURISMO €€

(📞 055 85 20 65; www.rignana.it; Rignana; DZ mit/ohne Bad in der Fattoria 90/100 €, DZ Villa 110–130 €; 🅿 @ 🛜 🏊) Das alte Bauernhaus und seine noble Villa, 3,8 km von Badia a Passignano entfernt, haben alles, was man für den perfekten Chianti-Urlaub braucht – Geschichte, wunderschöne Aussichten, einen großen Pool und ein zu Fuß zu erreichendes, nettes Restaurant. Es gibt zwei Unterkunftsmöglichkeiten: elegante Zimmer in der Villa aus dem 17. Jh. und rustikalere Zimmer in der *fattoria* (Bauernhaus) nebenan.

Villa Il Poggiale
BOUTIQUEHOTEL €€

(📞 055 82 83 11; www.villailpoggiale.it; Via Empolese 69, San Casciano Val di Pesa; DZ 80–250 €, Suite 120–350 €; ⊘ Mitte Jan.–Mitte Feb. geschl.; 🅿 @ 🛜 🏊) Unterkunft im Chianti ist oft zu teuer, aber diese Renaissance-Villa mit Blick von oben auf das Val d'Elsa (Il Poggiale bedeutet Bergkuppe) stemmt sich dagegen. Fast wie ein Labyrinth sind die 24 großen Zimmer und Suiten angelegt, von denen jedes anders dekoriert ist. In einigen gibt es sogar Himmelbetten und Deckenfresken. Gäste freuen sich über den im Preis inbegriffenen Nachmittagstee, der im anmutigen Empfangssaal serviert wird. Das Büfett am Abend ist nach einem langen Sightseeing-Tag genau das Richtige.

Villa I Barronci
HOTEL €€

(📞 055 82 05 98; www.villaibarronci.com; Via Sorripa 10, San Casciano Val di Pesa; EZ 85–150 €, DZ 115–230 €; 🅿 @ 🛜 🏊 🍴) Im äußersten Nordwesten des Chianti, zwischen Florenz und Pisa gelegen, bietet dieses sehr komfortable, moderne Landhotel einen beispielhaften Service mit ebensolchen Annehmlichkeiten. In Bar und Restaurant lässt es sich gut entspannen, aus dem Wellnessbereich kommt man verjüngt heraus wieder und am Pool kann man einfach mal faulenzen. Volterra, San Gimignano und Siena lassen sich gut in Tagesausflügen erreichen.

★ Villa Sassolini
BOUTIQUEHOTEL €€€

(📞 055 970 22 46; www.villasassolini.it; Largo Moncioni, Località Moncioni; DZ 198–355 €, Suite 324–443 €, Abendessen 50 €; ⊘ Nov.–Mitte März geschl.; ❄ 🛜 🏊) In Sachen Romantik kann dieses fantastische Hotel hoch oben im dichten Wald an der Grenze zwischen dem Chianti und dem Valdarno nicht übertroffen werden. Luxuszimmer, ein gemütliches Restaurant und eine spektakuläre Poolterrasse sind nur drei der zahlreichen Highlights, die einen Aufenthalt hier so unwiderstehlich machen.

🍴 Essen & Ausgehen

Rinuccio 1180
MODERN TOSKANISCH €€

(📞 055 235 97 20; www.antinorichianticlassico.it; Via Cassia per Siena 133, Bargino; Gerichte 32 €, Probierplatten 9–12 €; ⊘ 12–16 Uhr) Man stellt sich vor in einem Glaskasten zu Mittag zu essen, aus dem man eine atemberaubende Aussicht auf erbsengrüne Weinberge und die sanfte Hügellandschaften hat. So ist es im jüngsten Starrestaurant des Chianti im neuen Antinori-Weinkeller in Bargino. Die Küche ist toskanisch, modern, saisonabhängig und mutig. Unbedingt vorher einen Tisch reservieren.

La Locanda di Pietracupa FÜR GOURMETS €€

(☏ 055 807 24 00; www.locandapietracupa.com; Via Madonna di Pietracupa 31, San Donato in Poggio; Gerichte 40 €; ⊙ Di geschl.; ☎) Die Preise in diesem Restaurant nahe des Sanktuariums der Madonna di Pietracupa aus der Spätrenaissance sind erstaunlich günstig für die sehr gute Qualität der angebotenen modernen toskanischen Küche. Die schöne Außenterrasse eignet sich für ein ausgedehntes Mittagessen, oder man nimmt sich einfach ein Zimmer (Einzel-/Doppelzimmer 70/80 €) und genießt ein sündiges Abendessen bei Kerzenschein im eleganten Speisesaal.

Osteria Mangiando Mangiando TOSKANISCH €€

(☏ 055 854 63 72; www.mangiandomangiando.it; Piazza Matteotti 80, Greve in Chianti; Gerichte 36 €; ⊙ Feb.–Dez. 12–14.30 & 19–22 Uhr) Obwohl es für sein „Slowfood" preisgekrönt wurde, geht's in diesem schlichten Restaurant an Greves Hauptplatz freundlich und entspannt zu. Das Dekor ist einfach aber fröhlich und auf der Speisekarte stehen typisch toskanische Gerichte, sowie einige leichte, aber leckere Optionen (besonders die Suppen), die nicht so typisch sind.

L'Antica Macelleria Cecchini TRADITIONELL ITALIENISCH €€

(www.dariocecchini.com; Via XX Luglio 11; ⊙ 9–16 Uhr) Der kleine Ort Panzano in Chianti südwestlich von Greve ist in ganz Italien für seine *macellerìa* (Metzgerei) bekannt, die von dem extrovertierten Metzger Dario Cecchini geführt wird. Diese toskanische Berühmtheit ist der einzigartige, dichtende Beschützer der *bistecca* (Beefsteak) und anderer toskanischer Fleischspezialitäten. Neben seiner *macellaria* betreibt er drei Restaurants: **Officina della Bistecca** (☏ 055 85 21 76; Tagesmenü 50 €; ⊙ Di, Fr & Sa ab 20, So ab 13 Uhr) bietet ein einfaches Tagesmenü rund um die berühmte *bistecca* an; **Solociccia** (☏ 055 85 27 27; Tagesmenü 30 €; ⊙ Do, Fr & Sa ab 19 & 21, So ab 13 Uhr), wo Gäste an einem Gemeinschaftstisch andere Fleischgerichte als *bistecca* probieren können; und **Dario DOC** (Burger 10–15 €, leichtes Menü 20 €; ⊙ Mo–Sa 12–15 Uhr), sein

lockeres Mittagsrestaurant. Für Officina und Solociccia sollte man vorbestellen.

L'Antica Scuderia TOSKANISCH €€

(☏ 055 807 16 23; www.ristorolanticascuderia.com; Via di Passignano 17, Badia a Passignano; Gerichte 44 €, Pizzen 7–15 €; ⊙ Mi–Mo 12.30–14.30 & 19.30–22.30 Uhr) Wer gerne auf einer Gartenterrasse mit Blick auf die Antinori-Weinberge isst, ist in diesem lockeren Restaurant genau richtig. Zu Mittag gibt es Antipasti, Pasta sowie gegrilltes Fleisch und am Abend Pizza. Kinder lieben den Spielplatz und den Erwachsenen gefällt es, dass er am anderen Ende des Gartens liegt.

Ristorante Albergaccio FÜR GOURMETS €€€

(☏ 0577 74 10 42; www.albergacciocast.com; Via Fiorentina 63, Castellina in Chianti; 3-Gänge-Kindermenü 27 €, 4-Gänge-Menü 58 €, 5-Gänge-Menü 68 €; ⊙ Mo-Sa Mittag- und Abendessen, Dez.–März teilw. geschl.) Das vornehmere Restaurant in einem restaurierten Bauernhaus liegt einen Kilometer außerhalb von Castellina in Chianti an der Straße nach Donato in Poggio. Es bietet „das Land auf einem Teller" an – Gerichte aus saisonalen, regionalen Bioprodukten.

Val d'Elsa

Dieses Tal zieht sich von Chianti bis zur Maremma und ist ein idealer Standort für die Erkundung der restlichen Toskana. Das Tal selbst bietet viel Gelegenheit, toskanisches Essen, Wein, Museen und schöne Landschaften zu genießen.

San Gimignano

7638 EW.

Von Osten kommend sehen die 15 Türme dieses ummauerten Ortes aus wie ein mittelalterliches Manhattan. Das einst etruskische Dorf wurde nach dem Bischof von Modena, San Gimignano, benannt. Er soll das Städtchen angeblich vor dem Hunnen Attila gerettet haben. 1199 wurde es zur *comune* und durch seine Lage an der Pilgerroute Via Francigena sehr wohlhabend. Geld war also genug vorhanden und so entspann sich ein Wettlauf um den höchsten Turm des Ortes (es gab einmal 72 davon): Jede der bedeutendsten Familien der Stadt wollte höher als der Nachbar bauen, um die eigene Macht und den Reichtum zu demonstrieren. Die Pest von 1348 raffte dann allerdings den

Großteil der Bevölkerung hin und schwächte die Wirtschaft nachhaltig. Schlussendlich kam es 1353 zur Angliederung an Florenz. Heute würde nicht einmal die Pest die Schwärme von Tagesausflüglern fernhalten, die im Sommer in den Ort einfallen: Sie kommen wegen der historischen Atmosphäre, den zauberhaften gut erhaltenen mittelalterlichen Straßenzügen und der hübschen Lage des Städtchens.

◉ Sehenswertes & Aktivitäten

Die zwei wichtigsten Sehenswürdigkeiten des Ortes sind die Collegiata und das Museo Civico. Eintrittskarten werden separat oder je als Teil zweier kombinierter Sparkarten angeboten. Die erste (Erw./Kind 7,50/5,50 €) gilt für das Museo Civico, den archäologischen Museumskomplex und das ornithologische Museum. Mit der zweiten (Erw./Kind 5,50/2,50 €) gelangt man in die Collegiata und das Museo d'Arte Sacra.

★ Collegiata   KIRCHE
(Duomo Collegiata o Basilica di Santa Maria Assunta; Piazza del Duomo; Erw./Kind 3,50/1,50 €; ◷ April–Okt. Mo–Fr 10–19.10, Sa bis 17.10, So 12.30–19.10 Uhr, den Rest des Jahres kürzere Öffnungszeiten, 2. Novemberhälfte & Jan. geschl.) San Gimignanos romanische Kathedrale ist nach dem Priesterkollegium benannt, das ursprünglich für sie zuständig war. Teile des Gebäudes stammen aus der zweiten Hälfte des 11. Jhs. Die einem mittelalterlichen Comicband gleichenden Fresken sind aus dem 14. Jh.

Der Eingang liegt am oberen Ende der Seitentreppe durch eine Loggia, die früher überdacht war und als Taufkapelle diente. Nachdem man den Hauptraum betritt, dreht man sich zum Altar und schaut nach links (Norden). Die Wand ist mit Szenen der Schöpfungsgeschichte und des Alten Testaments von Bartolo di Fredi geschmückt, die um 1367 entstanden. Die oberste Reihe reicht von der Schöpfung der Welt bis zur Szene der verbotenen Frucht. Diese wiederum führt zur Adam und Evas Verbannung aus dem Paradies im nächsten Fresko in der nächsten Reihe, die unter ein paar Kriegsschäden litt. In den folgenden Szenen sind u. a. der Mord Abels an Kain sowie die Geschichten der Arche Noah und Josefs Mantel dargestellt. Auf der letzten Reihe geht es weiter mit Moses, der die Juden aus Ägypten führte und der Geschichte Hiobs.

ABSEITS DER ÜBLICHEN PFADE

VIA FRANCIGENA

Für einen etwas anderen Urlaub läuft oder fährt man Teile dieser mittelalterlichen Pilgerstraße ab, die Canterbury mit Rom verbindet. In der Zentraltoskana führt die Route u. a. durch bzw. an San Gimignano, Monteriggioni, San Quirico d'Orcia und Radicófani vorbei. Globalmap veröffentlicht *Via Francigena in Toscana*, eine sehr gute Wanderkarte (1:50 000) mit detaillierten Streckeninfos und Übernachtungsmöglichkeiten für Pilger. Zu Kaufen gibt es die Karte in den Touristeninformationen und Buchläden der Region. Auf der Website www.francigenalibrari.beniculturali.it findet man Streckenkarten und GPS-Koordinaten.

Auf der rechten Wand (im Süden) sieht man Szenen aus dem Neuen Testament, die aus der Werkstatt von Simone Martini (wahrscheinlich war ihr Leiter Lippo Memmi, Martinis Schwager) stammen und 1336 fertiggestellt wurden. Die Fresken sind wieder auf drei Reihen angeordnet und beginnen mit den sechs obersten Lünetten (halbmondförmigen Bögen). Begonnen wird mit Mariä Verkündigung, die weiteren Tafeln zeigen Szenen wie den Dreikönigstag, die Darbringung Christi im Tempel und den Kindermord durch Herodes.

Die Tafeln der unteren Reihen fassen das Leben und den Tod Christi zusammen, seine Auferstehung usw. Trotz einiger Schäden sind die meisten in gutem Zustand.

Auf der Innenseite der Frontfassade und auf den Nachbarswänden ist Taddeo di Bartolos beeindruckende Darstellung des Jüngsten Gerichts zu sehen – auf der oberen linken Seite ein Bildnis des *Paradiso* (Himmel) und auf der oberen rechten Seite *des Inferno* (Hölle). Das Fresko San Sebastians unterhalb von ihnen ist von Benozzo Gozzoli. Am Südgang nahe dem Hauptaltar befindet sich die **Cappella di Santa Fina**, eine Renaissancekapelle, die mit naiven und rührenden Fresken von Domenico Ghirlandaio über das Leben eines Schutzheiligen des Ortes geschmückt ist.

★ Museo Civico   MUSEUM
(Piazza del Duomo 2; Erw./erm. 5/4 €; ◷ April–Sept. 9.30–19 Uhr, Okt.–März 11–17.30 Uhr) Der **Palazzo Civico** aus dem 12. Jh. ist seit eh

San Gimignano

und je Sitz der Kommunalverwaltung. Im **Sala di Dante** wandte sich der große Dichter Dante 1299 an den Gemeinderat und bat um Unterstützung für die Guelfen. In der **Pinacoteca** ist eine bezaubernde Sammlung von diversen Gemälden der sienesischen und florentinischen Schulen des 12. bis 15. Jhs. zu sehen.

Im Sala di Dante (auch Sala del Consiglio genannt) ist Lippo Memmis *Maestà* aus dem frühen 14. Jh. zu Hause. Sie zeigt die hl. Jungfrau mit Kind umgeben von Engeln, Heiligen und lokalen Würdenträgern – der kniende Adelige in Rot und Schwarz war

zu jener Zeit *podestà* (Stadtvogt). Weitere Fresken im Saal zeigen ritterliche Turniere, Jagdszenen, Schlösser und andere mittelalterliche Aktivitäten.

Über der Sala di Dante liegt die kleine aber bezaubernde *pinacoteca*. Die Höhepunkte der sehenswerten Sammlung sind die zwei großen Tafeln der Verkündigung von Filippino Lippi (1482), Benozzo Gozzolis *Madonna der Demut* und *Maria mit Kind und Heiligen* (beide 1466), sowie ein beeindruckendes Altargemälde von Taddeo di Bartolo (1401) über das Leben des San Gimignano.

San Gimignano

In der **Camera del Podestà** am oberen Ende der Treppe befindet sich ein sorgfältig restaurierter Freskenzyklus von Memmo di Filipuccio, der eine Moralgeschichte nach damaligem Verständnis illustriert – die Vorzüge der Ehe werden durch Szenen von Mann und Frau nackt im Bad und im Bett dargestellt.

Die **Torre Grossa**, den Turm des Palazzo mit seinen 154 Stufen, sollte man unbedingt erklimmen, denn von oben hat man einen spektakulären Blick auf den Ort und seine Umgebung.

Chiesa di Sant'Agostino KIRCHE
(Piazza Sant'Agostino; ⊙ Mitte März–Okt. 9–12 & 15–19 Uhr, Nov.–Dez. bis 18 Uhr, Jan.–Mitte März Mo 16–18, Di–So 10–12 & 15–18 Uhr) Die Kirche am nördlichen Ende des Ortes stammt aus dem 13. Jh. und ist am besten bekannt für Benozzo Gozzolis schönen Freskenzyklus über das Leben des hl. Augustinus. Er befindet sich hinter dem Altar und wird, wenn auch nur für kurze Zeit, für ein kleines Entgelt (0,50 €) angestrahlt.

Gozzoli schuf auch das sehr außergewöhnliche Fresko des hl. Sebastian an der Nordwand. Es zeigt den komplett bekleideten Heiligen, wie er mit Hilfe einer barbusigen Jungfrau Maria und einem halbbekleideten Jesus die Bewohner San Gimignanos vor den Gewalten der Welt beschützt. Das Fresko bezieht sich auf das angebliche Eingreifen des Heiligen in die Rettung der Bewohner von San Gimignano während der verheerenden Pest von 1464.

Museo del Vino MUSEUM, WEINPROBE
(Weinmuseum; museodelvino@sangimignano.com; Parco della Rocca; ⊙ April–Okt. 11.30–18.30 Uhr) Das Museum ist in einer unscheinbaren Galerie neben der *rocca* (Festung) zu Hause und ist ganz San Gimignanos berühmtem Weißwein, dem Vernaccia, gewidmet. Eine kleine Ausstellung gibt Auskunft über die Geschichte der Rebsorte (nur auf Italienisch) und in der *enoteca* kann man sich ein Glas Vernaccia kaufen, um es auf der Terrasse mit Panoramablick zu genießen.

🗺 Geführte Touren

Die Touristeninformation nimmt Anmeldungen für eine Reihe geführter Touren auf Englisch entgegen. So kann z. B. das **Weingut Vernaccia di San Gimignano** (20 €; ⊙ April–Okt. Di & Do 17–19 Uhr) besucht werden. Als Teil der Führung werden regionale Spezialitäten und Wein verkostet. Bei geführten **Wanderungen in der Natur** (15 bis 22 €) erkundet man die Hügel um San Gimignano, einen 6 km langen Teil der Via Francigena sowie die Riserva Naturale di Castelvecchio südwestlich des Ortes.

Feste & Events

San Gimignano Estate KUNST
(www.sangimignano.com) Es werden z. B. Opern auf der Piazza Duomo aufgeführt, Filme in der *rocca* gezeigt sowie Konzerte, Theater- und Tanzdarbietungen organisiert. Findet zwischen Juni und September statt.

Ferie delle Messi KULTURELL
Die Parade findet normalerweise am dritten Juniwochenende statt und erweckt die mittelalterliche Vergangenheit durch nachgestellte Schlachten, Bogenschießwettkämpfe und Theaterstücke zum Leben.

Festival Barocco di San Gimignano MUSIK
Eine Serie von Barockkonzerten im September und frühen Oktober.

🛏 Schlafen

★ Al Pozzo dei Desideri B&B €
(📱 370 310 25 38, 0577 90 71 99; www.alpozzo deidesideri.it; Piazza della Cisterna 32; DZ 75–110 €, 3BZ 95–120 €, 4BZ 115–160 €; ❄ 🛜) Drei Zimmer haben Aussicht (zwei aufs umliegende Land und eins auf die Hauptpiazza des Ortes) in diesem kürzlich eröffneten B&B. Alle Zimmer sind hübsch dekoriert, haben moderne Badezimmer, einen Kühlschrank

sowie Wasserkocher für Tee oder Kaffee. Es gibt kein Frühstück, dafür aber ein gutes Café in der Nähe.

Foresteria Monastero di San Girolamo
HOSTEL €

(☏ 0577 94 05 73; www.monasterosangirolamo.it; Via Folgore da San Gimignano 26–32; EZ/2BZ/3BZ 37,50/75/112,50 €) Super für ein kleines Budget. Das Hostel wird von Benediktinerinnen geführt und hat einfache aber komfortable Zimmer (mit angeschlossenen Badezimmern) für zwei bis fünf Personen. Parkplatz und Küche können gegen eine kleine Gebühr benutzt werden. Am besten vorher über www.monasterystays.com buchen, da es normalerweise voll ist.

Ohne Reservierung kommt man am besten zwischen 9.00 und 12.30 oder 15.30 und 17.45 Uhr und betätigt die Klosterklingel (nicht die für die Foresteria, dort meldet sich nie jemand).

Hotel L'Antico Pozzo
BOUTIQUEHOTEL €€

(☏ 0577 94 20 14; www.anticopozzo.com; Via San Matteo 87; EZ 80–95 €, DZ 90–135 €, höherwertige DZ 169–180 €; ⊗ in den ersten zwei November- und Januarwochen geschl.; ❄@🔊) Dieses Hotel, benannt nach seinem alten, leicht angestrahlten *pozzo* (Brunnen) neben der Lobby, befindet sich in einem Palazzo aus dem 15. Jh. auf der geschäftigen Via San Matteo. Die meisten Zimmer haben hohe Decken, sind einfach, aber elegant ausgestattet und haben recht große (wenn auch etwas veraltete) Badezimmer. Die billigeren Zimmer im Obergeschoss sollte man besser meiden. Es gibt ein nettes Frühstückszimmer und einen hübschen Hinterhof.

✗ Essen & Ausgehen

San Gimignano ist für seinen *zafferano* (Safran) bekannt. Fleisch, Gemüse, Fisch sowie fertige Speisen werden auf dem **Markt am Donnerstagmorgen** (Piazza delle Erbe) in und um die Piazze Cisterna, Duomo und Erbe verkauft.

Dal Bertelli
SANDWICHES €

(Via Capassi 30; Panini 3–5 €, Glas Wein 1,50 €; ⊗ März–Anf. Jan. 13–19 Uhr) Die Familie Bertelli lebt schon seit 1779 in San Gimignano, ihr derzeitiges Familienoberhaupt ist genauso stolz auf sein Erbe wie auf seine *panini*. Signore Brunello Bertelli bezieht Salami, Käse, Brot und Wein von regionalen Produzenten und verkauft seine großzügig bemessenen Portionen an einem stimmungsvollen

Platz, der so weit weg wie möglich von dem „großen Touristenbasar" des Ortes (Zitat) liegt. Wunderbar!

Gelateria Dondoli
GELATO €

(www.gelateriadipiazza.com; Piazza della Cisterna 4; Eis 2–3 €; ⊗ März–Mitte Nov. 8.30–23 Uhr) Der Meister-*gelato*-Hersteller Sergio Dondoli verwendet nur die ausgesuchtesten Zutaten für seine eisig-cremigen Leckereien. Das *Crema di Santa Fina-gelato* (Safran-Sahne) und das verführerische Vernaccia-Sorbet sind sehr zu empfehlen.

★ Ristorante La Mandragola
TOSKANISCH €€

(☏ 0577 94 03 77; www.locandalamandragola.it; Via Berignano 58; Gerichte 37 €, Tagesmenü 14–25 €, Kindermenü 10 €; ⊗ 12–14.30 & 19.30–21.30 Uhr, Nov.–Anfang März Do geschl.) Den Ortsbewohnern würde es nicht im Traum einfallen, in einem der Touristenlokale auf der Via San Giovanni zu essen, aber La Mandragola lieben sie. Das Restaurant ist in die Stadtmauer eingebaut und hat genug Platz für Stammgäste, italienische Tagesausflügler, ausländische Tourgruppen und alle anderen. Leckeres Essen (besonders die Pasta), ein ausgezeichneter Haus-Vernaccia und die freundliche Bedienung machen es zu einem Gewinner.

Perucà
TOSKANISCH €€

(☏ 0577 94 31 36; www.peruca.eu; Via Capassi 16; Gerichte 30 €; ⊗ Mitte Feb.–Anfang Dez. 12.30–14 & 19.30–22 Uhr, April–Dez. Mo geöffnet) Das Wissen und die Begeisterung der Chefin für regionale Küche und Weine sind erfrischend und ihr Essen schmeckt wunderbar. *fagottini del contadino* (Ravioli mit Pecorino, Birnen und Safrancreme) sind die Hausspezialität und schmecken am besten mit einem Glas Vernaccia aus der Fattoria San Donato.

❶ Praktische Informationen

Die ausgesprochen hilfreiche **Touristeninformation** (☏ 0577 94 00 08; www.sangimignano.com; Piazza Duomo 1; ⊗ März–Okt. 10–13 & 15–19 Uhr, Nov.–Feb. 10–13 & 14–18 Uhr) organisiert geführte Touren, verkauft Karten und kann Unterkunft buchen.

Kostenloses WLAN gibt es beispielsweise auf der Piazza del Duomo.

❶ An- & Weiterreise
AUTO & MOTORRAD

Von Florenz oder Siena aus nimmt man die Superstrada Siena-Florenz, dann die SR2 und letztendlich die SP1 nach Poggibonsi. Von

Volterra aus nimmt man die SR68 ostwärts und biegt in nördliche Richtung auf die SP47 nach San Gimignano ab.

Parken ist in der Stadt teuer. Der billigste Parkplatz ist der Parcheggio Giubileo im Süden des Ortes (Std./24 Std. 1,50/6 €), der bequemste der Parcheggio Montemaggio an der Porta San Giovanni (Std./24 Std. 2/20 €).

BUS

Der **Busbahnhof** liegt neben der Polizeistation der Carabinieri an der Porta San Giovanni. Fahrkarten gibt's an der Touristeninformation. Busse fahren von/nach Florenz (6,80 €, 1¼ bis 2 Std., 14-mal tgl.), allerdings muss fast immer in Poggibonsi umgestiegen werden. Busse fahren auch von/nach Siena (6 €, 1 bis 1½ Std., Mo-Sa 10-mal tgl.). Nach Volterra kommt man über Colle di Val d'Elsa (3,40 €, 35 Min., 4-mal tgl.), wo man das Ticket nach Volterra kauft (2,75 €, 50 Min., 4-mal tgl.).

ZUG

Der nächste Bahnhof ist in Poggibonsi (mit dem Bus 2,50 €, ca. 30 Min., fährt regelmäßig).

Volterra

10 675 EW.

Volterras gut erhaltene mittelalterliche Festungswälle lassen den windgeplagten Ort stolz, aber auch etwas bedrohlich wirken. Für Autorin Stephenie Meyer war er das ideale Setting für die böse Vampirfamilie Volturi aus der weltweit beliebten *Twilight*-Saga. Zum Glück ist der Ort in Wirklichkeit viel hübscher, was spätestens beim Spaziergang durch die kopfsteingepflasterten Straßen deutlich wird.

⊙ Sehenswertes

Obwohl Volterra recht klein ist, gibt es überraschend viele Museen, Kirchen und archäologische Stätten. Wenn man mehrere davon besuchen möchte, lohnt sich das *biglietto cumulativo* mit dem man ins Museo Etrusco Guarnacci, die Pinacoteca Comunale und das Ecomuseo dell'Alabastro kommt (Erw. 10€, Studenten und Kinder 6 €, Familien 20 €).

★ Museo Etrusco Guarnacci   MUSEUM
(Via Don Minzoni 15; Erw./Student 8/6 €; ⊙ Mitte März–Okt. 9–19 Uhr, Nov.–Mitte März 10–16.30 Uhr) Hier ist eine der beeindruckendsten Sammlungen etruskischer Artefakte Italiens zu sehen. Alle Exponate stammen aus der Region. Unter ihnen sind um die 600 Urnen, die hauptsächlich aus

Alabaster und Tuffstein geschnitzt wurden und nach Thema und Zeitalter geordnet sind. Die besten Exemplare befinden sich im zweiten und dritten Stock.

Höhepunkte sind z. B. die *Urne des Ehepaares,* eine ungewöhnlich realistische Darstellung eines älteren Paares aus Terrakotta, ein Kammhelm aus der Tomba del Guerno im nahen Poggio alle Croci und *L'Ombra della Sera* (Abendschatten), eine gestreckte Aktfigurine aus Bronze, die stark an die Werke des italienischen Bildhauers Alberto Giacometti erinnert.

Cattedrale di Santa Maria Assunta   KATHEDRALE
(Duomo di Volterra; Piazza San Giovanni; ⊙ Sa–Do 8–12.30 & 15–18, Fr 16–18 Uhr) Das Innere des *duomo* aus dem 12. und 13. Jh. wurde im 16. Jh. umgestaltet und ist geprägt von einer hübschen Kassettendecke. In der Kapelle Unserer Lieben Frau der Sorgen (auf der linken Seite von der Piazza San Giovanni aus kommend) sind zwei Skulpturen von Andrea della Robbia und das Fresko *Der Zug der Heiligen Drei Könige* von Benozzo Gozzoli zu sehen.

In der **Taufkapelle** (Piazza San Giovanni) aus dem 13. Jh. gegenüber der Kathedrale steht ein kleines Taufbecken aus Marmor (1502) von Andrea Sansovino.

★ Pinacoteca Comunale   KUNSTGALERIE
(Via dei Sarti 1; Erw./Student 8/6 €; ⊙ Mitte März–Anfang Nov. 9–19 Uhr, Anfang Nov.–Mitte März 10–16.30 Uhr) Die bescheidene Sammlung regionaler, sienesischer und florentinischer Kunst im Palazzo Minucci Solaini beinhaltet Taddeo di Bartolos schöne *Thronende Madonna mit Kind* (1411) und Rosso Fiorentinos überraschend moderne Version der *Kreuzabnahme* (1521).

Ecomuseo dell'Alabastro   MUSEUM
(Via dei Sarti 1; Eintritt mit Pinacoteca-Ticket; ⊙ Mitte März–Okt. 9.30–19 Uhr, Nov.–Mitte März 10.30–16.30 Uhr) Das wertvolle Gestein wird schon seit der Zeit der Etrusker in den nahe gelegenen Steinbrüchen abgebaut – kein Wunder also, dass Volterra der stolze Besitzer eines Alabastermuseums ist. Im Erdgeschoss sind eine Vielzahl moderner Werke ausgestellt, während in den zwei oberen Geschossen einige Beispiele ab der Zeit der Etrusker sowie nachgebaute Werkstätten zu sehen sind.

Das Museum liegt im selben Gebäude wie die *pinacoteca.*

FLORENZ & TOSKANA VAL D'ELSA

Volterra

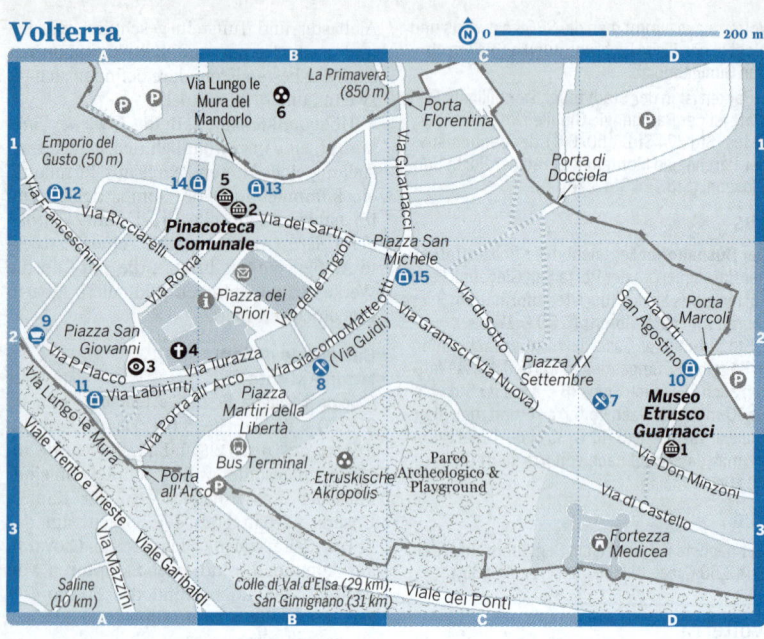

Volterra

Römisches Theater AUSGRABESTÄTTE
(Eintritt 3,50 €; ⊗ Mitte März–Okt. 10.30–17.30 Uhr,
Nov.–Mitte März Sa & So bis 16.30 Uhr) Unter der
mittelalterlichen Müllhalde wurde in den
1950er Jahren eine Anlage aus dem 1. Jh.
v. Chr. gefunden. Zwei Treppengänge und
19 Sitzreihen sind leicht zu erkennen. Man
braucht keine Eintrittskarte, da das Theater
gut von der Via Lungo Le Mura del Mandorlo aus zu sehen ist.

👉 Geführte Touren

Volterra Walking Tour
(✆0588 08 62 01; www.volterrawalkingtour.com;
pro Pers. (mind. drei) 10 €; ⊗ April–Juli & Sept.–

Okt. 18 Uhr) organisiert einstündige Stadtrundgänge zu Fuß und auch auf Englisch.
Die meisten offiziellen Führer beginnen an
der Piazza Martiri della Libertà. Reservierungen sind nicht erforderlich und bezahlt
wird nur bar.

Die Touristeninformation der wundervollen Stadt organisiert beispielsweise
90-minütige Spaziergänge durch **Volterra
bei Nacht** (www.volterratur.it/en/ volterra-
by-night; Erw./Kind 10 €/gratis; ⊗ Mitte Juni–
Mitte Sept. 21.30 Uhr) auf Englisch und Italienisch. Für diese Spaziergänge muss
man sich bei Volterras Touristeninformation anmelden.

 Feste & Events

Volterra AD 1398   KULTURELL
(www.volterra1398.it; Tageskarte 9 €) Am dritten und vierten Sonntag im August drehen die Bewohner Volterras die Zeit ca. 600 Jahre zurück, verkleiden sich und feiern ihr Mittelalterfest auf den Straßen des Ortes.

Volterragusto   KULINARISCH
(www.volterragusto.com) Auf Events Mitte März, Ende Oktober und Anfang November werden regionale Produkte wie z. B. Käse, weiße Trüffel und Schokolade präsentiert.

Schlafen

★ Podere San Lorenzo   AGRITURISMO €
(☑0588 3 90 80; www.agriturismo-volterra.it; Via Allori 80; B&B DZ 100 €, 2-/3-/4-Bett-Apt. ohne Frühstück 100–130 €; 🛜🏊♿) Dieses Paradebeispiel des entschleunigten Tourismus liegt auf einer Olivenplantage 3,4 km außerhalb von Volterra. Die zwei Zimmer und fünf Ferienwohnungen (zwei mit Privatterrassen) sind recht einfach, aber die Umgebung ist idyllisch. Es gibt ein ökologisches Schwimmbecken mit Bergquellwasser und die Gourmet-Abendessen (30 € pro Pers. mit Wein) werden in einer französischen Kapelle aus dem 12. Jh. serviert.

Man kann Wandern, Radfahren und bei der Olivenölproduktion (Oktober bis November) mithelfen sowie in Kochkursen von der Chefköchin Mariana lernen (pro Pers. 100 €). Auf der SS68 von Siena, Florenz und San Gimignano kommend fährt man an der Skulptur eines roten Kreises vorbei und biegt dann rechts in die enge Gasse hinter dem Autohandel ein.

★ La Primavera   B&B €
(☑0588 8 72 95; www.affittacamere-laprimavera.com; Via Porta Diana 15; EZ/DZ/3BZ 50/75/100 €; ⊘Mitte März–Mitte Nov.; 🅿🛜) In Silvia Pineschis einfach wunderschönem B&B fühlt man sich wie zu Hause. Es liegt knapp außerhalb der Stadtmauer, nur fünf Gehminuten von der Piazza dei Priori entfernt. Die vier Zimmer in beruhigenden Pastelltönen sind recht groß, außerdem gibt's ein gemeinschaftliches Wohnzimmer und einen hübschen Garten. Das Parken auf dem Grundstück ist gratis. Nimmt keine Kreditkarten.

Chiosco delle Monache   HOSTEL €
(☑0588 8 66 13; www.ostellovolterra.it; Via del Teatro 4, Località San Girolamo; B 16–20 €, B&B EZ 48–53 €, B&B DZ 62–69 €; ⊘Mitte März–Okt.; 🅿🛜) Nach großer Sanierung wurde dieses wunderbare, private Hostel in einem Kloster aus dem 13. Jh. im Jahr 2009 wiedereröffnet. Frühstück gibt es in einem mit Fresken verzierten Refektorium des alten Klosters. Die luftigen Zimmer haben Ausblick auf den Kreuzgang und gute Betten sowie Badezimmer. In den Schlafsälen haben maximal sechs Personen Platz und das Frühstück kostet dort 6 € extra.

Das Hostel liegt zwar außerhalb des Ortes, in der Nähe des Krankenhauses, aber der historische Stadtkern ist nur 30 Gehminuten (allerdings auf steiler Strecke) entfernt und Linienbusse von der Piazza Martiri della Libertà halten direkt vor der Hosteltür (1 €). Die Rezeption hat von 8.00 bis 12.00 und 17.00 bis 23.00 Uhr geöffnet, im Hochsommer bleibt sie aber häufig den ganzen Tag offen.

Essen & Ausgehen

La Carabaccia   TOSKANISCH €
(☑0588 8 62 39; www.lacarabacciavolterra.it; Piazza XX Settembre 4–5; Gerichte 20 €; ⊘12–14.30 & 19.30–21.30 Uhr, Okt.–Ostern Mo geschl.; ☑) Die Schwestern Sara, Lalla und Patrizia stecken mit Leib und Seele in dieser fantastischen Trattoria, in der es das beste Mittagessen der Stadt gibt. Benannt ist sie nach einer einfachen toskanischen Gemüsesuppe. Die kurze Speisekarte ändert sich täglich je nach Angebot der regionalen Produzenten und bietet immer vegetarische Alternativen an. Man kann im rustikalen Inneren oder draußen auf der Terrasse sitzen.

L'Incontro   CAFÉ €
(Via G Matteotti 18; Sandwiches 2,50–3,50 €; ⊘Do–Di 6.30–13 Uhr) Im hinteren *salone* des L'Incontro lässt es sich gut eine schnelle *antipasto*-Platte oder ein *panino* zu Mittag essen. Die Bar im vorderen Raum ist immer voll mit Einheimischen, die einen Kaffee oder *aperitivo* trinken. Besonders lecker sind die hausgebackenen Kekse – am besten probiert man die klebrig-nussigen *brutti ma buoni* („hässlich aber gut") oder ihre alabasterfarbene Version, die *ossi di morto* (Totenknochen).

Caffè dei Fornelli   CAFÉ, BAR
(www.caffedeifornelli.it; Piazza dei Fornelli 3–4; ⊘9 Uhr–spät, im Winter Do geschl.) Hier trifft sich die Künstlerszene der Stadt, angelockt vom billigen Hauswein (1,50 € pro Glas) des herzlichen Wirts Carlo Bigazzi, Live-Jazzmusik, Dichterlesungen und Ausstellungen. Ob-

wohl es drinnen angenehm ist, zieht es die meisten auf die Straßenterrasse.

 Shoppen

Informationen zu Kunsthandwerkern in Volterra gibt es auf der Website www.arteinbottegavolterra.it.

Emporio del Gusto ESSEN

(Via San Lino 2; ☺ Mo–Fr 9.30–13 & 16.30–20 Uhr) Das kooperativ geführte Lebensmittelgeschäft wird von der Gemeinde unterstützt und verkauft regionale Produkte. Es führt Olivenölprodukte (auch Kosmetik), frische Milch und Joghurt, Safran, Trüffel, Pasta, Brot und Wein.

Fabula Etrusca SCHMUCK

(www.fabulaetrusca.it; Via Lungo Le Mura del Mandorlo 10; ☺ Ostern bis Weihnachten 10–19 Uhr) In diesem Atelier an der nördlichen Stadtmauer werden aparte Teile in 18-karätigem Gold handgefertigt, viele erinnern an etruskische Muster und Formen.

Alabasterwerkstätten KUNSTHANDWERK

Volterra ist als Stadt des Alabasters bekannt. So werden vielerorts handgearbeitete Alabasterskulpturen verkauft, oft sogar in den Werkstätten, in denen sie von Kunsthandwerkern hergestellt werden. Zu den schönsten zählen **Opus Artis** (www.opusartis.com; Piazza Minucci 1), **Paolo Sabatini** (www.paolosabatini.com; Via Matteotti 56) und das Atelier des Bildhauers **Alessandro Marzetti** (www.alessandromarzetti.it; Via dei Labirinti). Wer sehen möchte, wie Alabaster verarbeitet wird, sollte bei **Alab'Arte** (Via Orti San Agostino 28; ☺ Mo–Sa 9.30–12.30 & 15–19 Uhr) vorbeischauen.

ⓘ Praktische Informationen

Die extrem effiziente **Touristeninformation** (☎ 0588 8 72 57; www.volterratur.it; Piazza dei Priori 19–20; ☺ 9.30–13 & 14–18 Uhr) bietet kostenlose Karten, reserviert gratis Hotels und verleiht Audioguides (5 €) für selbstgeführte Stadtrundgänge.

ⓘ An- & Weiterreise

AUTO & MOTORRAD

Volterra liegt an der SR68, der Küstenstraße zwischen Cecina und Colle di Val d'Elsa, nur wenige Meter hinter der Superstrada Siena–Florenz.

Der historische Stadtkern ist ein verkehrsberuhigter Bereich. Am besten parkt man im Parkhaus unter der Piazza Martiri della Libertà (Std./Tag 1,50/11 €). In den Außenbezirken gibt es weitere Parkhäuser; P5, P6 und P8 sind gratis. Im P5 sollte man das Auto nicht am Freitagabend abstellen, denn am Samstag findet dort der Wochenmarkt statt.

BUS

Die Busstation befindet sich auf der Piazza Martiri della Libertà. Busse des Unternehmens **CPT** (☎ 800 570530; www.cpt.pisa.it) fahren regelmäßig nach Pisa (6,10 €, 2 Std., bis zu 10-mal tgl.).

Wer Anschlusszüge nach San Gimignano (3,40 €, 35 Min., 4-mal tgl.) und Siena (3,40 €, 2 Std.) erreichen will, fährt bis Colle di Val d'Elsa (2,75 €, 50 Min., 4-mal tgl.) und steigt dort um. Wer nach Florenz will, braucht nur ein Ticket, muss aber meist in Colle di Val d'Elsa (2,75 €, 50 Min., 4-mal tgl.) umsteigen. Sonntags fahren übrigens deutlich weniger Busse.

Val d'Orcia & Val di Chiana

Diese zwei Täler stehen exemplarisch für die klassische Landschaft der Toskana. Die Landschaft des Val d'Orcia ist so großartig, dass sie zum Unesco-Welterbe gehört. Eine weitere Verlockung stellen die Speisen und die Getränke der Region dar, die zu den besten Italiens zählen.

Montalcino

5155 EW.

Das beschauliche mittelalterliche Bergstädtchen wurde durch seinen begehrten Wein berühmt, den Brunello. Jedes Jahr im Februar wird das neue Weinjahr mit **Benvenuto Brunello** willkommen geheißen, einem Verkostungswochenende mit Präsentation der Preisträger. Veranstalter ist das Consorzio del Vino Brunello di Montalcino (www.consorziobrunellodimontalcino.it), der Verband der regionalen Weinbauern.

◉ Sehenswertes

In dieser Stadt ist die Lieblingsbeschäftigung das Besichtigen von *enoteche*. Wer eine nicht-alkoholische Abwechslung braucht, könnte das schlichte **Museo Civico e Diocesano d'Arte Sacra** (☎ 0577 84 60 14; Via Ricasoli 31; Erw./Kind 4,50/3 €; ☺ Di–So 10–13 & 14–17.50 Uhr) aufsuchen, nahe der Piazza Sant'Agostino. Zu sehen gibt es eine nette Sammlung bemalter Holzskulpturen der Sieneser Schule.

ABBAZIA DI SANT'ANTIMO

Diese schöne romanische **Kirche** (www.antimo.it; Castelnuovo dell'Abate; ⊘ Mo–Sa 10.30–12.30 & 15–18.30, So 9.15–10.45 & 15–18 Uhr) GRATIS steht in einem abgelegenen Tal direkt unterhalb des Dorfes Castelnuovo dell'Abate, 10,5 km von Montalcino entfernt. Man sollte sie am besten morgens besichtigen, wenn die Sonne durch die Ostfenster fällt und eine beinahe surreale Atmosphäre entstehen lässt. Auch nachts ist die wie ein Leuchtturm erhellte Kirche ein beeindruckender Anblick.

Alte Geschichten besagen, dass Karl der Große das ursprüngliche Kloster im Jahre 781 gründete. Das aus hellem Travertin erbaute Gebäude wirkt von außen eher unscheinbar, wenn man von den Steinmetzarbeiten – verschiedenen fantastischen Tierfiguren – absieht. Im Inneren lohnt sich ein genauer Blick auf die Kapitelle der Säulen entlang des Kirchenschiffs, besonders auf das mit Daniel in der Löwengrube (zweites von rechts vom Eingang aus gesehen).

Während des täglichen Gottesdienstes singen Mönche gregorianische Choräle in der Abtei – die Zeiten stehen auf der Webseite.

Drei bis vier Busse täglich (1,50 €, 15 Min., nur Mo–Sa) verbinden Montalcino mit dem Dorf Castelnuovo dell'Abate.

Von Montalcino marschiert man zwei bis drei Stunden bis zur Abtei. Der Startpunkt befindet sich neben der Polizeistation nahe der Hauptverkehrsinsel der Stadt. Viele Besucher wandern hin und fahren mit dem Bus zurück – Abfahrtszeiten erfährt man in der Touristeninformation.

In der **Fortezza** (Piazzale Fortezza; Hof kostenlos, Wall Erw./Kind 4/2 €; ⊘ April–Okt. 9–20, Nov.–März 10–18 Uhr) aus dem 14. Jh. befindet sich eine *enoteca,* wo man regionale Weine probieren und kaufen kann (Probe von 2/3/5 Brunellos 9/13/19 €). Der Festungswall ist zudem begehbar.

Ein Kombiticket für das Museum und die Fortezza kostet 6 €.

🛏 Schlafen

Hotel Vecchia Oliviera BOUTIQUEHOTEL **€€**
(☎ 0577 84 60 28; www.vecchiaoliviera.com; Via Landi 1; EZ 70–85 €, DZ 120–190 €, Suite 200–240 €; ⊘ Dez.–Mitte Feb. geschl.; 🅿 ❄ 🛜 🏊) Diese ehemalige Olivenmühle direkt neben der Porta Cerbaia wurde geschmackvoll restauriert und in ein stilvolles kleines Hotel verwandelt. Jedes der elf Zimmer ist individuell eingerichtet. Die gehobenen Zimmer haben zudem eine schöne Aussicht und ein Jacuzzi. Der Blick von der Gartenterrasse aus ist grandios; ein hübsches Extra stellt der Pool im Garten dar.

Hotel Il Giglio HOTEL **€€**
(☎ 0577 84 81 67; www.gigliohotel.com; Via Soccorso Saloni 5; EZ 95 €, DZ 135–145 €, Anbau EZ/DZ 60/95 €, Apt. 100–150 €; 🅿 🛜) Ein gemalter *giglio* (Lilie) schmückt jeweils die bequemen, schmiedeeisernen Betten. Von den Doppelzimmern im Haupthaus bietet sich ein schöner Panoramablick. Zimmer Nr. 1

hat eine eigene Terrasse; besonders hübsch ist außerdem das kleine Einzelzimmer.

Essen & Ausgehen

⭐ **Osticcio** WEINBAR **€€**
(www.osticcio.it; Via Matteotti 23; Antipasti-Teller 13–24 €, Gerichte 37 €; ⊘ Mitte Feb.–Mitte Jan. Fr–Mi 12–16 & 19–23, Do 12–19 Uhr) Eine enorme Auswahl an Brunello und seines bescheidenen – aber trotzdem sehr wohlschmeckenden – Bruders Rosso di Montalcino steht in dieser hervorragenden *enoteca* einträchtig neben Dutzenden von Weinflaschen aus aller Welt. Zuerst unten die Weinauswahl begutachten, dann oben einen Tisch besetzen, um ein Glas des herrlichen Weins mit einem Teller köstlicher Antipasti oder Pasta genießen.

Fiaschetteria Italiana 1888 CAFÉ
(Piazza del Popolo 6; ⊘ Okt.–Ostern 7.30–24 Uhr, Do geschl.) Vor dieser atmosphärischen *enoteca*/Café am Hauptplatz kann man nur den Hut ziehen: Seit 1888 trinken die Einheimischen hier ihren Kaffee oder genehmigen sich das eine oder andere Glas Brunello, wobei Dekorationen und Charme die Jahre schadlos überdauert haben.

ℹ Praktische Informationen

Touristeninformation (☎ 0577 84 93 31; www.prolocomontalcino.com; Costa del Municipio 1; ⊘ 10–13 & 14–17.50 Uhr)

ℹ️ An- & Weiterreise

AUTO & MOTORRAD

Von Siena geht es auf die SR2 (Via Cassia) bis zur Ausfahrt die SP14 nach Lama. Rund um die *fortezza* gibt es reichlich Parkplätze (8–20 Uhr 1,50 € pro Std.).

BUS

Die Linienbusse von Siena Mobilità (4,90 €, 1½ Std., Mo–Sa 6-mal tgl.) fahren nach/von Siena.

Rund um Montalcino

Poggio Antico   WEINGUT

(📱 0577 84 80 44; www.poggioantico.com; ⊙ April–Okt. Di–So Cantina 10–18 Uhr, Restaurant 12.30–14.30 & 19.30–21.30 Uhr, Nov.–Dez. & Feb. Di–So 12.30–14.30 Uhr) Poggio Antico liegt etwa 4,5 km außerhalb von Montalcino an der Straße nach Grosseto. Das Weingut produziert preisgekrönte Weine (wie den Brunello Altero oder den Riserva) und bietet kostenlose Führungen durch den Weinkeller, und zwar auf Italienisch, Englisch und Deutsch. Nach der Weinprobe (ca. 25 € je nach Wahl der Weine) können Gäste auch noch das Restaurant (Degustationsmenü ohne Wein 40–50 €) aufsuchen. Führungen sollte man unbedingt im Voraus buchen!

⭐ Il Leccio   TOSKANISCH €€

(📱 0577 84 41 75; www.illeccio.net; Costa Castellare 1/3, Sant'Angelo in Colle; Gerichte 40 €; ⊙ Do–Di 12.30–14.30 & 19.30–21.30 Uhr) Manchmal ist es am schwierigsten, schlichte Gerichte perfekt hinzubekommen. Aber wenn man über diese Trattoria im Herzen des Brunellolandes spricht, passt nur das Wörtchen „perfekt". Wer dem Koch dabei zusieht, wie er zwischen Küchengarten und Herd hin und her eilt, um für jede Bestellung die Zutaten zu ernten, wird der Bezeichnung „frisch" eine ganz neue Bedeutung beimessen. Die hervorragenden Ergebnisse und der Haus-Brunello sind spektakulär.

Pienza

2134 EW.

Hätte die Straße nach Montepulciano nicht mitten durch die Stadt geführt, wäre Pienza womöglich noch immer ein verschlafenes Dörfchen. Doch Enea Silvio Piccolomini (später Pius II.) verwandelte Pienza mit großartigen Renaissancebauten und änderte damit das Schicksal des Ortes. Was nicht unbedingt positiv war, denn im Sommer kann es an den Wochenenden hier einfach grauenvoll sein: Dann kommen auf einen Einwohner mindestens 50 Touristen. Wenn möglich, sollte man also besser unter der Woche anreisen.

Die Unesco setzte Pienzas historisches Zentrum 1996 auf die Welterbeliste, und verwies auf die revolutionäre Gestaltung städtischen Raums an der Piazza Pio II und den umgebenden Gebäuden.

◉ Sehenswertes

Piazza Pio II   PIAZZA

Wer Pienzas wichtigste Bauwerke betrachten will, muss sich einfach auf diesem grandiosen Platz im Kreis herumdrehen. Diese Perlen der Renaissance-Baukunst wurden in nur drei Jahren errichtet (1459–1462). Sie sind nach dem Stadtentwurf von Bernardo Rossellino angeordnet, der, seinem Mentor Leon Battista Alberti folgend, die Prinzipien der Stadtplanung anwandte, wie sie für die Renaissance typisch waren.

Der *duomo* bildet den Mittelpunkt der Piazza. Daneben (rechts, mit Blick auf den *duomo*) steht der **Palazzo Piccolomini** (www.palazzopiccolominipienza.it; Führung 30 Min. Erw./erm. 7/5 €; ⊙ Mitte März–Mitte Okt. Di–So 10–18, Mitte Okt.–Mitte März bis 16 Uhr), der als Residenz für Pius II. errichtet wurde. Eine dreigeschossige Loggia und Räume mit einer Mischung aus antiken Möbeln, schlichten Kunstwerken und Ähnlichem können bei einer Führung durch den ersten Stock, die alle 30 Min. stattfindet, besichtigt werden. Der Blick auf den schönen Innenhof ist kostenlos.

Links vom *duomo* befindet sich der **Palazzo Vescovile**, den Roderigo Borgia, der spätere Papst Alexander VI., 1492 umbaute und vergrößerte. Dieses Gebäude beherbergt zusammen mit dem anschließenden **Palazzo Borgia e Jouffrey** das **Museo Diocesano** (📱 0578 74 99 05; Corso Rossellino 30; Erw./erm. 4,50/3 €; ⊙ Mitte März–Okt. Mi–Mo 10–13 & 14–17 Uhr, Nov.–Mitte März Sa & So 10–16 Uhr), sowie die Touristeninformation (Zugang zum Corso Rossellino über den Hof). Versteckt hinter dem Palazzo Vescovile, neben dem *duomo*, steht die **Casa dei Canonici** (Haus der Domherren).

🛏️ Schlafen & Essen

⭐ La Bandita Townhouse   BOUTIQUEHOTEL €€€

(📱 0578 74 90 05; www.labanditatownhouse.com; Corso Rossellino 111; Zi. 195–495 €, Suite 275–695 €; 🅿️❄️@🛜♿) Dieses kürzlich eröffnete Hotel ist die beste Unterkunft in Pienza und möchte den Besuchern einen Einblick ins toskanische Dorfleben ermöglichen. Der umgebaute Konvent aus der Renaissance umfasst nun zwölf luxuriöse Zimmer und Suiten mit minimalistischer Einrichtung sowie eine Gemeinschaftsbibliothek/Lounge. Die Besitzer betreiben auch das idyllische **La Bandita** (📞 333 4046704; www.la-bandita. com; DZ 195–500 €; ⊘ März–Dez.; 🅿 ❄ @ 🛜 ✈ 🐾), ein 14 km südöstlich der Stadt gelegenes ländliches Refugium.

Pummarò PIZZERIA €

(Via del Giglio 4; Stück 2,20 €, ganze Pizza 5,50–9 €; ⊘ Di–So bis 23 Uhr; 📞) Wer diese winzige Pizzeria sucht, die ideal für einen günstigen und schnellen Snack ist, sollte Ausschau nach den roten, grünen und weißen Fahrrädern halten, die auf einem Weg an der Via Rossellino abgestellt sind. Empfehlenswert ist die *pizza pummarò* (mit Kirschtomaten, *mozzarella di bufala* und Basilikum).

Townhouse Caffè MODERN TOSKANISCH €€

(📞 0578 74 90 05; www.labanditatownhouse. com; Via Rossellino 111, Zugang von der Via San Andrea; Frühstück 10 €, leichtes Mittagessen 15 €, Abendessen 30 €; ⊘ Mo & Di 7–23, Mi–So 8–23 Uhr) Nach der Besichtigung der Piazza Pio II sollte man ein, zwei gemütliche Stunden im mittelalterlichen ummauerten Garten dieses Cafés einlegen und ein leichtes Mittagessen, einen Kaffee oder ein Glas Wein genießen. Der Schwerpunkt der Speisekarte liegt auf regionalen Bioprodukten (wie wäre es mit einem Burger aus Chianina-Rindfleisch, gekrönt von geschmolzenem frischem Pecorino und Minzmayonnaise?); doch auch die gut sortierte Weinkarte kann sich sehen lassen.

ℹ️ An- & Weiterreise

AUTO & MOTORRAD

Der öffentliche Parkplatz in Zentrumsnähe kostet 1,50 € pro Stunde und ist schnell voll. Vorsicht! Die kommunale Verkehrsüberwachung kennt absolut keine Gnade, wenn der Parkschein abgelaufen ist.

BUS

Zwei Busse von Siena Mobilità verkehren regelmäßig zwischen Siena und Pienza (5,50 €, 70 Min.) und neun fahren nach/von Montepulciano (2,50 €). Die Bushaltestellen liegen nahe der Piazza Dante Alighieri. Fahrkarten gibt es in den umliegenden Bars.

Montepulciano

14 188 EW.

Wer diesen schmalen Vulkanfelsen erforschen will, muss seine Oberschenkelmuskeln bis zur Schmerzgrenze beanspruchen. In diesem Fall zum alten Hausmittel greifen und einen guten Schluck des hochgeschätzten Vino Nobile einnehmen und sich gleichzeitig am spektakulären Ausblick auf das Val di Chiana und Val d'Orcia laben.

👁️ Sehenswertes

Die Straßen Montepulcianos sind gesäumt von zahlreichen Palazzi, sonstigen schönen Gebäuden und Kirchen.

Die Hauptstraße, deren einzelne Abschnitte Via di Gracciano nel Corso, Via di Voltaia del Corso und Via dell'Opio nel Corso (der „Corso") heißen, beginnt an der Porta dal Prato in der Nähe des Parkhauses auf der Piazza Don Minzoni und führt steil bergan. Auf halber Höhe befinden sich Michelozzos **Chiesa di Sant' Agostino** (Piazza Michelozzo; ⊘ 9–12 & 15–18 Uhr) und der **Torre di Pulcinella**, ein mittelalterlicher Wohnturm, auf dessen Dach eine buckelige Pulcinella-Figur (Kasper oder Hanswurst) steht und der Stadt die Stunde schlägt.

Nach dem **Caffè Poliziano**, das seit 1868 geöffnet hat, macht der Corso schließlich an der Via del Teatro einen Knick und führt weiter bergauf, vorbei an den **Cantine Contucci** (www.contucci.it; Via del Teatro 1; kostenpflichtige Weinprobe; ⊘ Mo–Fr 9.30–12.30 & 14.30–18 Uhr, Sa & So ab 9.30 Uhr, unter dem Dach des gleichnamigen, hübschen Palazzo. Besucher können die historischen Keller besichtigen und regionale Tropfen probieren. Der Palazzo Contucci steht direkt an der **Piazza Grande**, dem höchsten Punkt der Stadt. Ebenfalls hier befinden sich der **Palazzo Comunale** (Aussichtsterrasse 2 €) aus dem 14. Jh. sowie der *duomo* (Piazza Grande), aus dem späten 16. Jh., dessen Fassade nie vollendet wurde. Hinter dem Hochalter lässt sich Taddeo di Bartolos herrlicher Triptychon *Mariä Himmelfahrt* (1401) bewundern.

Von der Piazza Grande führt die Via Ricci bergab am **Palazzo Ricci** (www.palazzoricci. com; Via Ricci 9–11) vorbei; im schönen Hauptsalon finden gelegentlich Konzerte statt (mehr Informationen s. Webseite). Vom Hof des *palazzo*s steigt man die Treppe hinab in einen weiteren historischen Weinkeller, die **Cantina del Redi** (Via Ricci; kostenpflichtige Weinproben; ⊘ Mitte März–Anfang Jan 10.30–

19 Uhr., Anfang Jan.–Mitte März nur Sa & So) Die Via Ricci zieht sich weiter bis zum **Museo Civico** (www.museocivicomontepulciano.it; Via Ricci 10; Erw./erm. 5/3 €; ☺ März–Juli & Sept.–Okt. Di–So 10–13 & 15–18 Uhr, Aug. Di–So 10–19 Uhr, Nov.–Feb. Sa & So 10–13 & 15–18 Uhr), das eine eklektische Sammlung von Kunstwerken und Artefakten beherbergt. Die Straße endet schließlich an der Piazza San Francesco, wo sich ein Panoramablick auf das Val di Chiana bietet.

Kurse & Touren

Das Büro der **Strada del Vino Nobile di Montepulciano** (www.stradavinonobile.it) organisiert eine ganze Reihe von Touren und Kursen, von Kochkursen (60–180 €) und Slowfood-Touren (100–155 €) über Weingut-Exkursionen (18–48 €) und Weinseminare (37 €) bis hin zu Wanderungen durch die Weinhänge inkl. einer Weinverkostung (45–60 €). Alle Veranstaltungen können im Informationsbüro auf der Piazza Grande gebucht werden.

Feste & Events

Musica di Stelle KULTUR
(www.fondazionecantiere.it) An verschiedenen Orten der Stadt werden Opern, Theaterstücke und Konzerte mit klassischer sowie zeitgenössischer Musik aufgeführt.

Bravio delle Botti KULTUR
(www.braviodellebotti.com) Mitglieder der acht *contrade* der Stadt nehmen am letzten Augustsamstag an einem Rennen teil, bei dem 80 kg schwere Weinfässer bergauf gerollt werden müssen.

Festival der Kammermusik MUSIK
(www.palazzoricci.com) Findet Ende August und September im Palazzo Ricci statt.

 Schlafen

Camere Bellavista HOTEL €
(☎ 347 8232314; www.camerebellavista.it; Via Ricci 25; EZ 65–70 €, DZ 75 €; P ☎) Fast jedes der zehn hohen Doppelzimmer dieses hervorragenden günstigen Hotels verfügt über eine fantastische Aussicht, Zimmer 6 sogar über eine eigene Terrasse (100 €). Bewohnt wird dieses Haus nicht, eine vorherige Absprache ist daher nötig, um die Schlüsselübergabe zu organisieren. (Wer das nicht getan hat oder spontan vorbeischaut, kann vom Foyer aus anrufen.) Kein Frühstück.

★ **Locanda San Francesco** B&B €€
(☎ 349 6721302; www.locandasanfrancesco.it; Piazza San Francesco 5; Zi. 150–240 €; ☺ Mitte Jan. geschl.; P ☀ @ ☎) Vier hübsche Zimmer mit toller Aussicht und nettem Bad erwarten die Gäste in diesem luxuriösen B&B. Die Hausherrin Cinzia Caporali leitet das B&B sowie die angeschlossene Weinbar „E Lucevan Le Stelle" mit freundlicher Effizienz.

★ **Fattoria San Martino** AGROTURISMO €€
(☎ 0578 71 74 63; www.fattoriasanmartino.it; Via di Martiena 3; Zi. 140–180 €; ☺ Dez.–Ostern geschl.; P ☎ ☀ ☀) Die Niederländerin Karin und der Italiener Antonio begegneten einander, als sie noch beide in Mailands schnelllebiger Modeindustrie arbeiteten. Bald stellten sie fest, dass ein Biobauernhof besser zu ihnen passte als die Haute Couture. Die mit schlichter Eleganz eingerichteten Räume dieses umgebauten Bauernhofs aus dem 12. Jh. werden sicher Begeisterung auslösen, ebenso wie die vegetarischen Gerichte (Abendessen 35 € plus Wein), der hübsche Garten, der biologisch gefilterte Pool und die nachhaltige Bewirtschaftung.

Essen & Ausgehen

Osteria Acquacheta OSTERIA €
(☎ 0578 71 70 86; www.acquacheta.eu; Via del Teatro 22; Gerichte 20 €; ☺ Mi–Mo 12.15–16 & 19.30–22.30 Uhr) Das bei Einheimischen wie Touristen gleichermaßen beliebte Lokal ist stets gut gefüllt. Eine Spezialität ist die *bistecca alla fiorentina* (T-Bone-Steak vom Holzkohlegrill), die als riesiges, scharf angebratenes und unglaublich schmackhaftes Fleischstück serviert wird. Mittagessen gibt es von 12.15–14.15 Uhr, Abendessen von 19.30–21.15 Uhr – man sollte rechtzeitig einen Tisch reservieren.

★ **La Grotta** TRADITIONELL ITALIENISCH €€€
(☎ 0578 75 74 79; www.lagrottamontepulciano.it; Via San Biagio 15; Gerichte 44 €, 6-gängiges Degustationsmenü 48 €; ☺ Do–Di 12.30–14.30 & 19.30–22 Uhr, Mitte Jan.–Mitte März geschl.) Das gegenüber der Kirche Tempio di San Biagio (Hoch-Renaissance) an der Straße nach Chiusi gelegene La Grotta besticht durch seine eleganten Räumlichkeiten und den großartigen Gartenhof, der sich perfekt für ein sommerliches Abendessen eignet. Gekocht wird traditionell mit einer modernen Note, der Service ist vorbildlich. Ein Hinweis: keinesfalls die Nachspeise auslassen!

ℹ️ Praktische Informationen

Touristeninformation (☎ 0578 75 73 41; www.prolocomontepulciano.it; Piazza Don Minzoni 1; ☺ Ostern–Sept. Mo–Sa 9.30–12.30 & 15–19, So 9–13 Uhr, Okt.–Ostern Mo–Sa 9.30–12.30 & 15–18, So 9.30–12.30 Uhr) Reserviert Unterkünfte, bietet einen Internetzugang (3,50 € pro Std.), verteilt Stadtpläne, verleiht Mountain Bikes (2,50/15 € pro Std./Tag) und verkauft Bus- und Zugfahrkarten (Zugtickets mit Kommission).

ℹ️ Anreise & Unterwegs vor Ort

AUTO & MOTORRAD

Von Florenz aus kommend, auf der A1 (Richtung Bettole-Sinalunga) die Ausfahrt Valdichiana nehmen und dann der Ausschilderung folgen; von Siena aus die Autostrada Siena-Bettole-Perugia nehmen.

Von Mai–Sept. gilt im historischen Zentrum eine 24h-Umweltzone; Okt. und April ist sie von 8–20 Uhr gültig, von Nov.–März von 8–17 Uhr. Die Hotels geben meist einen Anwohnerausweis aus. Der bestgelegenste Parkplatz ist an der Piazza Don Minzoni (April–Okt. 1,30 € pro Std., Nov.–März kostenlos). Von dort aus schlängeln sich Minibusse (1 €) bergauf zur Piazza Grande.

BUS

Die Bushaltestelle befindet sich neben dem Parkplatz Nr. 5. Siena Mobilità unterhält vier tägliche Busverbindungen zwischen Siena und Montepulciano (6,60 €, 1 Std.), die in Pienza (2,50 €) einen Zwischenstopp einlegen. Nach/von Florenz verkehren drei Busse täglich (11,20 €, 90 Min.). Linienbusse fahren nach Chiusi-Chianciano Terme (3,40 €, 40 Min.), von wo aus ein Zug über Arezzo (6,40 €, 50 Min.) nach Florenz geht (12,50 €, 2 Std., häufig).

SÜDLICHE TOSKANA

Mit ihrer dramatischen Küste, den geheimnisvollen etruskischen Stätten und den mittelalterlichen Dörfern hoch oben auf den Hügeln bietet diese wenig besuchte Gegend eine Unzahl an Kontrasten.

Massa Marittima

8820 EW.

Die mittelalterliche Bergstadt liegt in den *Colline Metallifere* („metallhaltigen Hügeln") zwischen Siena und der Küste. Trotz der enormen und doch reizvollen Vielfalt an Museen und einem der zauberhaftesten Hauptplätze der Toskana gibt es hier erstaunlich wenige Touristen.

Kurze Zeit wurde Massa von Pisa beherrscht, im Jahr 1225 wurde es dann eine unabhängige *comune*, doch schon ein Jahrhundert später Siena einverleibt. Der Pest von 1348 folgte 50 Jahre später der Niedergang der lukrativen Bergbauindustrie, was die Stadt an den Rand des Untergangs trieb. Erst im 18. Jh. wurde Massa durch die Trockenlegung der umliegenden Sumpfgebiete (früher ein Malariaherd) und der Wiederbelebung des Bergbaus mit Leben erfüllt.

Größtes Ereignis der Stadt ist das **Ballestro del Girifalco**, ein mittelalterliches Armbrustschützenfest, das zweimal im Jahr stattfindet (am ersten Sonntag nach dem 20. Mai und an einem Sonntag im Juli oder August, normalerweise am zweiten Augustwochenende).

👁️ Sehenswertes

Die *città vecchia* (Altstadt) wird von dem eindrucksvollen Bau des *duomo* dominiert (☺ 8–12 & 15–17 Uhr), der die fotogene **Piazza Garibaldi** (oder Piazza Duomo) überragt. Der 1260 errichtete Dom steht asymmetrisch zum Platz und bringt so seine ganze Pracht zur Geltung. Er ist St. Cerbonius geweiht, dem Schutzheiligen von Massa, der immer mit einer Schar Gänse abgebildet ist. Steinerne Tafeln an der Fassade zeigen Szenen aus seinem Leben. Im Inneren unbedingt einen Blick auf die freistehende *Maestà* (Madonna und Kind, majestätisch thronend; 1316) werfen, die manche Experten Duccio di Buoninsegna zuschreiben.

Der *duomo* beherbergte einst eine großartige *Maestà* von Ambrogio Lorenzetti, die nun das wichtigste Ausstellungsstück im kleinen **Museo di Arte Sacra** (Museum für Sakralkunst; www.museiartesacra.net; Corso Diaz 36; Erw./Kind 5/3 €; ☺ Sommer Di–So 10–13 & 15–18 Uhr, Winter Di–So 11–13 & 15–17 Uhr) in der *città nuova* (Neustadt) ist.

Im Palazzo del Podestà neben dem Dom ist Massas muffiges **Museo Archeologico** (Piazza Garibaldi 1; Erw./Kind 3/2 €; ☺ Sommer Di–So 10–12.30 & 15.30–19 Uhr, Winter Di–So 10–12.30 & 15–17 Uhr) untergebracht, dessen einzig sehenswertes Ausstellungsstück die *Stele del Vado all'Arancio* ist, eine schlichte, aber fesselnde Steinstele (einst Grab- oder Gedenkstein), deren Alter auf 3000 Jahre v. Chr. datiert wird.

Unterhalb der Piazza Garibaldi und gegenüber dem großen Parkhaus steht ein Gebäude aus dem 13. Jh., in dem man früher Weizen lagerte. Unter dessen Loggia befindet sich ein stillgelegter öffentlicher Trinkbrunnen, den ein wunderschönes Fresko vom *Albero della Fecondità* (Baum der Fruchtbarkeit) ziert. Wer genau hinschaut, sieht, was für eine Art Früchte dieser Baum trägt!

Ein Sammelticket (Erw./erm. 15/10 €) verschafft Zutritt zu allen Museen der Stadt.

🛏 Schlafen

Residenza d'Epoca
Palazzo Malfatti   APARTMENT €
(☏ 05 6690 4181; www.palazzomalfattiresidenza depoca.com; Via Moncini 10; DZ 60–115 €, 3BZ 90–165 €, 4BZ 120–230 €, 5BZ 150–290 €; 🖨) Diese sieben Apartments in einem *palazzo* aus dem 13. Jh. an der Piazza Garibaldi sind eine attraktive Unterkunft für Selbstversorger, die eine Weile hier bleiben wollen (ab drei Nächten sinken die Preise). Der Umbau des Gebäudes wirkt nicht optimal. Doch die etwas seltsam geschnittenen Räume sind bequem und ganz gut ausgestattet und haben zudem ordentliche Badezimmer.

🍴 Essen & Ausgehen

⭐ La Tana del Brillo
Parlante   TOSKANISCH €€
(☏ 05 6690 1274; Vicolo del Ciambellano 4; Gerichte 32 €; ⏱ Dez.–Okt. Do–Di 12–14.30 & 19.30–22 Uhr) Eine buchstabengetreue Umsetzung des Slowfood-Gedankens: Diese nach eigenem Bekunden „kleinste *osteria* Italiens" bietet Platz für nur zehn Personen (im Sommer können sich sechs weitere an winzige Tischchen vor der Tür quetschen) und serviert köstliche und authentische Gerichte der Maremma. Wer hier im Sommer oder am Wochenende essen möchte, sollte wirklich rechtzeitig reservieren. Keine Kreditkarten.

L'Osteria da Tronca   TOSKANISCH €€
(☏ 05 6690 1991; Vicolo Porte 5; Gerichte 28 €; ⏱ März–Juli & Sept.–Mitte Dez. Do–Di 19.30–22.30, Aug. 19.30–22 Uhr) Das versteckt in einer Seitenstraße (hinter dem Hotel Il Sole) liegende Restaurant hinter Steinmauern spezialisiert sich auf rustikale Gerichte der Maremma. Zu den Spezialitäten zählen *acquacotta* (eine deftige Gemüsesuppe mit Brot und Ei), *tortelli alla maremma* (mit Ricotta und

einer Art Spinat gefüllte Teigtäschchen) und *coniglio in porchetta* (gebratenes, gefülltes Kaninchen).

ℹ Praktische Informationen

Die **Touristeninformation** (☏ 05 6690 2756; www.altamaremmaturismo.it; Via Todini 3–5; ⏱ Di–So 9.30–13 & 14–18.30 Uhr) befindet sich in einer kleinen Seitenstraße unterhalb des Museo Archeologico.

ℹ An- & Weiterreise
AUTO & MOTORRAD

Nahe der Piazza Garibaldi gibt es einen günstig gelegenen Parkplatz (tagsüber 1 €/pro Std., nachts kostenlos): den Berg hinauf und dann gleich links. Weiter unten am Berg, bei der Piazza di Borgo gibt es ebenfalls einen kostenlosen Parkplatz.

BUS

Die Bushaltestelle liegt an der Piazza del Risorgimento, 800 m bergabwärts von der Piazza Garibaldi. Es fahren täglich um 7.05 Uhr und um 16.40 Uhr ein Bus nach Grosseto (3,70 €, 1 Std.) und zwei nach Siena (5,30 €, 2 Std.). Wer nach Volterra will, muss in Monterotondo Marittimo umsteigen. **Massa Veternensis** (Piazza Garibaldi 18) verkauft Bus- und Bahnfahrkarten.

ZUG

Die nächste Bahnstation ist Follonica, 22 km südwestlich von Massa. Sie wird regelmäßig von einem Shuttlebus angefahren (2,60 €, 25 Min., 10-mal tgl.).

Città del Tufa

Die pittoresken Städtchen Pitigliano, Sovana und Sorano bilden ein Dreieck, das eine dramatische Landschaft umschließt: Seit den Etruskern haben die Einheimischen ihre Häuser aus dem porösen Tuffstein (Tufa) errichtet. Diese Gegend im Landesinneren wird deshalb Città del Tufa (Stadt des Tufa) oder gelegentlich auch Paese del Tuffs (Land des Tuffs) genannt.

Pitigliano
3840 EW.

Die Lage dieser Stadt ist spektakulär: Die natürliche Bastion wird auf drei Seiten von Schluchten begrenzt und im Osten zusätzlich von einer erbauten Festung beschützt. In der Altstadt winden sich Treppen um die Ecken, Gassen mit Kopfsteinpflaster verschwinden unter anmutig geschwungenen

PARCO REGIONALE DELLA MAREMMA

Dieser spektakuläre **Regionalpark** (www.parco-maremma.it; erm. 10/5 €, Mountain Bike 15 € pro Tag) umfasst die Uccellina-Bergkette, einen 600 ha großen Kiefernwald, Marschland und einen 20 km langen Streifen unberührter Küste. Das **Hauptbesucherzentrum** (☑ 05 6440 7098; Via del Bersagliere 7–9; ☺ Mitte Juni–Mitte Sept. 8.30–18 Uhr, Mitte Sept.–Mitte Nov bis 17 Uhr, Mitte Nov.–Mitte Juni bis 14 Uhr) befindet sich in Alberese, am Nordrand des Parks.

Der Park darf nur auf den 13 ausgeschilderten Wanderwegen betreten werden, die eine Länge von 2,5–13 km haben; der beliebteste ist der A2 („Le Torri"), ein 5,8 km langer Spaziergang zum Strand. Der im Besucherzentrum zu zahlende Eintrittspreis variiert je nach Wetter. Ein parkeigener Bus bringt die Besucher vom Zentrum zum Ausgangspunkt der gewählten Route. Vom 15. Juni bis zum 15. Sept. kann der Park nur im Rahmen einer Führung besichtigt werden, da zu dieser Zeit die Waldbrandgefahr besonders groß ist.

Neben den Wanderungen gibt es auch vier geführte Mountain-Bike-Touren (10–15 € plus Fahrradleihgebühr, 2–6 Std.) und eine geführte 2½-stündige Kanutour (Erw./Kind 16/10 €); die Touren sind im Besucherzentrum zu buchen. Eine Reihe privater Veranstalter unternimmt Pferde- und Ponytouren durch den Park – Anfragen an **Il Gelsomino** (☑ 347 7746476; www.ilgelsomino.com; Via Strada del Barbicato 4, Alberese) oder **Circolo Ippico Uccellina** (☑ 334 9797181; www.circoloippicouccellina.it; Località Collecchio 38, Magliano in Toscana); beide bieten Unterkunft, Reitausflüge und -unterricht an.

Teile des Regionalparks werden wie seit Jahrhunderten landwirtschaftlich genutzt: Meist als Weideland für die berühmten Maremmaner Rinder. Die riesige **Agienza Regionale Agricola di Alberese** (☑ 05 6440 7180; www.alberese.com; Via della Spergolaia) produziert Rindfleisch, Wein, Olivenöl und hauseigene Biopasta. Außerdem residiert hier die regionale Zentrale von Slow Food. Besucher können erleben, wie es auf einem **Hof** (☑ 05 6440 7100; €25; ☺ Juli & Aug. Do 10–13 Uhr, sonst nach Reservierung) zugeht, und den berühmten *butteri* (traditionellen Cowboys) der Maremma bei der Arbeit zusehen. Auch die Bauernhofprodukte dürfen probiert werden..

Der Hof bietet eine Unterkunft in der **Villa Fattoria Granducale** (☑ 05 6440 7100; www.alberese.com/fattoria-granducale; B&B DZ & 3BZ 90–100 €, abgeschlossenes Apt. 75–125 €; jew. Minimum 2 Nächte) aus dem 15. Jh. und vermietet auch schlichte Apartments in umliegenden Hofgebäuden; weitere Informationen auf der Webseite.

Bögen und locken die Besucher, schlichte Steinhäuser stehen kreuz und quer eng zusammengedrängt.

Die Gründer der Stadt waren die Etrusker, die eine Vielzahl an Gräbern und *vie cave* (Hohlwege) hinterließen. Danach herrschten die Römer in Pitigliano, bevor es ein Lehen der reichen Familien Aldobrandeschi und Orsini wurde. Die aus Rom stammenden Orsinis vergrößerten die Festung, verstärkten die Verteidigungswälle und bauten außerdem einen imposanten und kolossalen Aquädukt. Ihre Herrschaft endete 1608, als die Stadt unter Cosimo I. de' Medici in das Großherzogtums Toskana eingegliedert wurde.

Von Pitigliano führt ein schöner Weg nach Sovana (8 km), der auch in Abschnitten den *vie cave* folgt. Eine Wegbeschreibung und eine Karte (pdf-Datei zum Download) finden sich auf www.trekking.it im Abschnitt „Maremma".

Das wichtigste Ereignis des Jahres ist die **Torciata di San Giuseppe**, eine Fackelprozession am 19. März. Sie schlängelt sich die Via Cava di San Giuseppe hinunter und endet schließlich mit einem großen Feuer auf der Piazza Garibaldi.

◉ Sehenswertes

La Piccola Gerusalemme MUSEUM (Klein-Jerusalem; ☑ 05 6461 4230; www.lapiccola gerusalemme.it; Vicolo Manin 30; Erw./erm. 4/3 €; ☺ Sommer So–Fr 10–13.30 & 14.30–18.30 Uhr, Winter So–Fr 10–12.30 & 15–17.30 Uhr) Die Via Zuccarelli hinunter und am Schild „La Piccola Gerusalemme" (Klein-Jerusalem) nach links und schon steht man vor dieser faszinierenden kleinen Zeitkapsel, die Pitiglianos reiche, doch leider fast ausgelöschte jüdische

Kultur wieder zum Leben erweckt. Sie umfasst eine winzige, üppig verzierte Synagoge (1598 gegründet, eine von nur fünf Synagogen in der Toskana), ein rituelles Tauchbad, einen koscheren Metzger und Bäcker, einen Weinkeller und Färbereien.

Museo Civico Archeologico di Pitigliano
MUSEUM
(Piazza della Fortezza; Erw./Kind 3/2 €; ☉ Juni–Aug. Mo, Do & Fr 10–17, Sa & So bis 18 Uhr, Ostern–Mai Sa & So 10–17 Uhr) Die zu diesem kleinen, aber gut geführten Museum führende Steintreppe befindet sich gegenüber dem Eingang zum Palazzo Orsini. Ausgestellt sind zahlreiche Funde von etruskischen Stätten der Umgebung. Zu den Höhepunkten der Sammlung zählen eine ganze Reihe von Urnen – riesige *bucchero* (schwarze Töpferwaren) – aus dem 6. Jh. v. Chr. sowie einige ansprechende zartrosa Tongefäße in Hirschform, in denen Öl aufbewahrt wurde.

🛏 Schlafen & Essen

★ Le Camere del Ceccottino
PENSION €€
(☎ 05 6461 4273; www.ceccottino.com; Via Roma 159; Zi. 80–150 €; ❉ 🌐) Chiara und Alessandro sind die Besitzer der Pension und leben auch dort. Die beiden sind äußerst hilfsbereit und betreiben zudem die nahe gelegene und gleichnamige *osteria* und *enoteca*. Die Lage der *pensione* unweit des *duomo* ist hervorragend, ebenso wie die vier sehr gepflegten und gut ausgestatteten Zimmer. Am besten das Luxuszimmer nehmen, da die Standardzimmer etwas vollgestellt sind. Kein Frühstück.

La Rocca
WEINBAR €
(Piazza della Repubblica 92; Panino 3,50 €, Gerichte 24 €; ☉ Di–So 10–23 Uhr) In dieser Mischung aus Gewölbe-Weinbar, Café und Restaurant wird der Wein der Region großzügig eingeschenkt. Auf den Tisch kommen *prodotti tipici* (typische regionale Produkte), darunter deftige Pastagerichte, Antipasti und mit Pecorino und Schinken belegte *panini*.

★ Il Tufo Allegro
TRADITIONELL ITALIENISCH €€
(☎ 05 6461 6192; www.iltufoallegro.com; Vicolo della Costituzione 5; Gerichte 35 €; ☉ März–Dez. Do–Mo 12–13.30 Uhr; Mi–Mo 19.30–21.30 Uhr) Die Aromen, die aus der Küche in einer Seitenstraße der Via Zuccarelli nahe dem Piccola Gerusalemme aufsteigen, reichen eigentlich aus, um jeden Spaziergänger die Treppen hinab in das gemütliche Restaurant zu locken, das aus dem Tuffstein herausgehöhlt wurde. Der Koch Domenico Pichini bietet zwei Menüs an, eins traditionell, das andere modern: Bei seinen Kreationen lässt er sich von Produkten der Region inspirieren.

ℹ Praktische Informationen

Touristeninformation (☎ 05 6461 7111; www.comune.pitigliano.gr.it; Piazza Garibaldi 12; ☉ Sommer Di–Sa 10–12.20 & 15.30–18 Uhr, Winter Fr & Sa 10–12.30 & 14.30–17 Uhr, So 10–12.30 Uhr)

Direkt im alten Haupttor der Stadt.

ℹ An- & Weiterreise

AUTO & MOTORRAD

In der Stadt findet man reichlich kostenlose Parkplätze – einfach nach den weißen Linien Ausschau halten. Ansonsten zahlt man auf dem Parkplatz nahe der Piazza Petruccioli 0,50 € pro Std. (8–13 & 15–20 Uhr).

BUS

Die Busse von **Rama Mobilità** (☎ 199 848787; www.ramamobilita.it) verkehren vier Mal täglich zwischen der Via Santa Chiara, unweit der Piazza Petruccioli, und Grosseto (5,80 €, 2 Std.). Es existiert auch eine tägliche Verbindung nach Siena (8,50 €, 3 Std.), vier Fahrten nach Sorano (1,35 €, 20 Min.) und eine Verbindung nach Sovana (1,35 €, 10 Min.). Sonntags verkehren die Busse normalerweise nicht. Fahrkarten gibt es in der Bar Guastini an der Piazza Petruccioli.

Rund um Pitigliano

Die bedeutendsten etruskischen Gräber der Toskana befinden sich im **Parco Archeologico 'Città del Tufa'** (Necropoli di Sovana; www.leviecave.it; 5 €; ☉ Sommer 10–19 Uhr, Nov. & März Sa & So bis 17 Uhr) 9 km nordöstlich von Pitigliano, nahe dem bildschönen Ort Sorano. Auf Ausstellungstafeln stehen auf Italienisch und Englisch interessante Informationen zu den Stätten.

Insgesamt gibt es vier Gräber. Die **Tomba dei Demoni Alati** (Grab der geflügelten Dämonen) wurde 2004 entdeckt und zeigt eine kopflose, liegende Terrakottafigur. Ein steinernes Seeungeheuer mit Riesenflügeln, das ursprüngliche Herzstück des Grabes, ist nun geschützt in einem nahen, überdachten Unterstand untergebracht. Die **Tomba Ildebranda**, benannt nach dem Mönch Hildebrand, dem späteren Papst Gregor VII., weist noch immer Teile der aus Stein gemeißelten Säulen und Treppen auf. Dieses Tempelgrab ist das Paradestück des Parks.

Die **Tomba del Tifone** (Grab des Taifuns) erreicht man nach 300 m auf einem Pfad, der entlang einer Reihe von Grabfassaden führt, die aus der groben Felsoberfläche herausgehauen wurden. Zwei eindrucksvolle Abschnitte der *via cave* (einer namens „Cavone", der andere „Poggio Prisca" genannt) sind nicht allzu weit entfernt.

Am entgegengesetzten Ende des Geländes befindet sich die **Tomba della Sirena** und eine weitere *via cava* („San Sebastiano"), die zur Zeit der Recherche aus Sicherheitsgründen geschlossen war.

Sant'Egle
AGROTOURISMO **€€**

(☑ 34 8888 4810; www.santegle.it; Case Sparse Sant'Egle 18; DZ 110 €, Suite 160 €; P ☎) Stimmungsvolle Zimmer, eine hübsche Gartenanlage und viel Einsatz für nachhaltiges Wirtschaften machen Sant'Egle zu einer tollen Unterkunft. Die schönen Zimmer sind in einem sorgfältigst restaurierten Zollhaus aus dem 17. Jh. auf einem Biobauernhof untergebracht, zwischen Sorano und Pitigliano. Im zum Haus gehörenden Restaurant kommen Obst und Gemüse vom Hof auf den Tisch, dazu handgefertigte Pasta, Brot und Fleisch von Tieren aus Freilandhaltung (30 €). Die Gäste können aber auch auf den für sie reservierten Mountain Bikes die Umgebung erkunden.

ÖSTLICHE TOSKANA

Der östliche Rand der Toskana ist bei einheimischen und internationalen Filmregisseuren gleichermaßen beliebt: Sie haben diese Landschaft, die Hügelstädte und die lässigen Einheimischen in einer Reihe von hervorragenden Filmen verewigt. Trotzdem mangelt es dieser Gegend seltsamerweise an Touristen aus dem Ausland, weshalb hier noch unerforschte Pfade diejenigen Besucher locken, die sich etwa eine Woche Zeit nehmen, sie zu erkunden.

Arezzo
98 018 EW.

Wenn Arezzo auch kein Aushängeschild für die Toskana ist, so sind doch jene Teile des historischen Stadtkerns, die im Zweiten Weltkrieg nicht gnadenlos zerbombt wurden, genau so beeindruckend wie jeder andere Ort der Toskana. Die Stadt diente übrigens Roberto Benigni für weite Teile seines oscarprämierten Films *La vita è bella* (Das Leben ist schön) als Kulisse.

Arezzo war einst eine wichtige Etruskerstadt und wurde später dem Römischen Reich einverleibt. Schon im 10. Jh. wurde es eine freie Republik und unterstützte die Ghibellinen in ihrem erbitterten Kampf zwischen Papst und Kaiser. 1384 wurde die Stadt schließlich von Florenz bezwungen.

Heute ist die Stadt für ihre Kirchen, Museen und Einkaufsläden bekannt. Die Arentini (Einwohner von Arezzo) strömen in Scharen zur riesigen Antiquitätenmesse, die jeweils am ersten Wochenende eines Monats auf der Piazza Grande veranstaltet wird, und lieben nichts mehr, als die *passeggiata* mit einem kleinen, aber feinen Kaufrausch auf dem Corso Italia zu verbinden.

◉ Sehenswertes

Ein Kombiticket (12 €) ermöglicht den Eintritt zur Cappella Bacci, zum Museo Archeologico Nazionale und zur Casa di Vasari.

★ Cappella Bacci
KIRCHE

(☑ 0575 35 27 27; www.pierodellafrancesca.it; Piazza San Francesco; Erw./erm. 8/5 €; ☺ Mai–Aug. Mo–Fr 9–18.30, Sa bis 17.30 & So 13–17.30 Uhr; Sept.–April Mo–Fr 9–18.30, Sa bis 17 & So 13–17 Uhr) In der Apsis der **Basilica di San Francesco** (14. Jh.) befindet sich die Capella Bacci, eine Kapelle, die eines der großartigsten Werke der italienischen Kunst beherbergt, nämlich Piero della Francescas Freskenzyklus der *Legende des Wahren Kreuzes*. Der zwischen 1452 und 1466 gemalte Zyklus erzählt in zehn Episoden die Geschichte des Kreuzes, an das Christus geschlagen wurde.

Diese mittelalterliche Legende ist ebenso unterhaltsam wie unfassbar: Die Erzählung beginnt in der oberen rechten Ecke und folgt der Geschichte des Baumes, den Seth auf dem Grab seines Vaters Adam gepflanzt hat und aus dessen Holz schließlich das Wahre Kreuz gefertigt wurde.

An kaum einem anderen Ort werden einem die Parallelen zwischen mittelalterlichen Fresken und modernen Comicstrips deutlicher bewusst. Diese Fresken erzählen ihre Geschichte mit großer Kraft und reiner Schönheit. Kunstfreaks werden verblüfft sein über Pieros innovativen Umgang mit Licht und Perspektive und über seine geometrische Perfektion; Filmfans werden sich an die berühmte Szene aus Anthony Minghellas Adaption von Michael Ondaatjes Roman *Der Englische Patient* (1996) erinnern, als die durch die Luft schwingende Juliette

Arezzo

Arezzo

Binoche die Fresken im Licht einer Fackel bewundert.

Jede halbe Stunde dürfen lediglich 25 Personen die Kapelle betreten (max. 30 Min. lang), weshalb eine Reservierung zu empfehlen ist. Eintrittskarten gibt es am Schalter gleich hinter der Treppe beim Eingang der Basilika.

★ **Pieve di Santa Maria** KIRCHE
(Corso Italia 7; ⊙ Mai–Sept. 8.30–12.30 & 15–19 Uhr, Okt.–April bis 12 & 15–18 Uhr) Arezzos älteste Kirche (12. Jh.) besitzt eine großartige romanische Fassade mit Arkaden, deren zahlreiche Säulen alle einzigartig verziert sind. Über dem Haupttor prangen Reliefs aus dem 13. Jh., die unter dem Namen *Ciclo dei Mesi* bekannt sind, da auf ihnen alle Monate abgebildet sind. Die Figur des Januars hat zwei Gesichter: Eines blickt zurück aufs vergangene Jahr, das andere schaut in die Zukunft.

Das unbestrittene Highlight im Innenraum ist Pietro Lorenzettis Polyptychon *Madonna und Heilige* (1320-1324) unter der Halbkuppel der Apsis.

Piazza Grande
PIAZZA

Diese schiefe und steil abfallende Piazza befindet sich hinter der *pieve* (Pfarrhaus). Am oberen Ende wird sie vom Säulengang des 1573 fertiggestellten **Palazzo delle Logge Vasariane** begrenzt. Baubeginn für den kirchenartigen **Palazzo della Fraternità dei Laici** im nordwestlichen Ecke war im Jahre 1375. Das Gebäude wurde anfangs in gotischer Manier errichtet, aber nach Beginn der Renaissance fertiggestellt.

★ Duomo di Arezzo
DOM

(Cattedrale di SS Donato e Pietro; Piazza del Duomo; ⊘7–12.30 & 15–18.30 Uhr) Obwohl mit dem Bau schon im 13. Jh. begonnen wurde, konnte Arezzos *duomo* erst im 15. Jh. vollendet werden. In der nordöstlichen Ecke findet sich links des kunstvoll aus Stein gehauenen Hauptaltars ein exquisites Fresko der *Maria Magdalena* (1459) von Piero della Francesca. Beachtenswert sind auch die fünf wunderbar glasierten Terrakotten aus der Werkstatt von Andrea della Robbia.

★ Museo Archeologico Nazionale 'Gaio Cilnio Mecenate'
MUSEUM

(Via Margaritone 10; Erw./erm./Kind 6/3/kostenlos €; ⊘Mitte März–Mitte Jan. 8.30–19.30 Uhr, Mitte Jan.–Mitte März bis 14 Uhr) Dieses Museum blickt auf ein römisches Amphitheater, in dem einst bis zu 10 000 Zuschauer Platz fanden. In der in einem Konvent aus dem 14. Jh. untergebrachte Sammlung etruskischer und römischer Artefakte ist beachtlich: Das Highlight ist der *Cratere di Euphronios,* eine große etruskische Vase aus dem 6. Jh. v. Chr., die mit eindrucksvollen Kampfszenen aus dem Leben des Herkules geschmückt ist. Die Vase ist im Raum Nr. 6 im oberen Stockwerk ausgestellt.

Casa Vasari
MUSEUM

(Via XX Settembre 55; Erw./erm. 4/2 €; ⊘Mo & Mi-Sa 9–19, So bis 13) Der in Arezzo geborene Maler, Architekt und Kunsthistoriker Giorgio Vasari (1511-1574) errichtete dieses kleine, üppig verzierte Haus. Wer Einlass begehrt, muss zuerst klingeln.

☞ Geführte Touren

Von Mai bis Oktober finden donnerstags um 11 Uhr zweistündige, englischsprachige **Wandertouren** (✆0575 40 33 19, 334 3340608; www.centroguidearezzo.it; Erw./Kind 10 €/Eintritt frei) statt. Unbedingt reservieren.

✿ Feste & Events

Fiera Antiquaria di Arezzo
ANTIQUITÄTEN

(Arezzo Antiquitätenmesse; www.arezzofieraan tiquaria.org) Die Antiquitätenmesse der Toskana findet am ersten Sonntag (und Samstag davor) eines jeden Monats statt.

Giostra del Saracino
KULTUR

(Sarazenenturnier; www.giostradelsaracino.arezzo. it; Piazza Grande) Dieses mittelalterliche Turnier wird jedes Jahr auf der Piazza Grande am dritten Samstag im Juni und am ersten Sonntag im September durchgeführt. Für die vier *quartieri* (Viertel) der Stadt, die jeweils eine Gruppe von „Rittern" stellen, ist es der Höhepunkt des Jahres.

☐ Schlafen

Palazzo dei Bostoli
B&B €

(✆334 1490558; www.palazzobostoli.it; 2. St., Via G Mazzini 1; EZ/DZ/3BZ 50/70/90 €; ❄️🈂️) Diese altmodische Pension in einem *palazzo* (13. Jh.) nahe der Piazza Grande bietet fünf einfache, aber komfortable Zimmer. Das Frühstück – ein Kaffee mit *cornetto* (Croissant) – gibt es in der Bar Stefano am nahe gelegenen Corso Italia.

La Corte Del Re
B&B €€

(✆0575 40 16 03; www.lacortedelre.com; Via Borgunto 5; EZ 80–100 €, DZ 90–120 €; ❄️🈂️) Die Besitzerin Franca ist lebhaft und hilfsbereit (sie holt ihre Gäste sogar vom Bahnhof ab). Ihr nur ein paar Zentimeter von der Piazza Grande entferntes B&B hat neun schlichte Zimmer, manche davon mit kleiner Küche und Blick auf den Platz. Die meisten sind nicht lärmisoliert. Das Frühstück wird zur vereinbarten Zeit aufs Zimmer gebracht.

★ Villa Fontelunga
BOUTIQUEHOTEL €€

(✆0575 66 04 10; www.fontelunga.com; Via Cunicchio 5, Foiano della Chiana; DZ/2BZ 160–350 €; Suite 210–395 €; ⊘Nov.–Anfang März geschl.; 🅿️❄️🈂️🛗) Nur mit „traumhaft" lässt sich die Villa aus dem 19. Jh. beschreiben, die 30 Minuten südwestlich von Arezzo liegt. Das restaurierte, geschmackvoll gestaltete und von drei charmanten Freunden (einem Architekten, einem Landschaftsgestalter und einem ehemaligen internationalen Banker) geführte Hotel ist eine ausgewogene Mischung aus traditioneller toskanischer Eleganz und Jetset-Flair. Der Mindestaufenthalt liegt bei zwei Nächten.

✕ Essen & Ausgehen

★ LAB Pasticceria · PATISSERIE €
(www.pasticcerialab.com; Corso Italia 40; Kaffee & Kuchen 3,50 €; ⊙ Mi–So 10–13.30 & 16.30–20.30 Uhr) In diesem Labor arbeiten hinter der Glasfront keine verrückten Wissenschaftler, sondern ein Team von Konditoren, die mit ihren köstlichen süßen Kreationen alle verzaubern. Hinein gelangt man durch den überdachten Hof am Corso Italia: Hier erwartet die Gäste ein äußerst stilvolles Café mit Sitzplätzen drinnen und draußen, freundlichem Personal und mit Kuchen, Gebäck, Keksen und *grissini* gefüllte Vitrinen.

La Bottega di Gnicche · SANDWICH-LADEN €
(www.bottegadignicche.com; Piazza Grande 4; Panini 3–5 €; ⊙ Do–Di 11–20 Uhr) Wer in diesem wunderbaren *alimentari* (Lebensmittelladen) auf dem Hauptplatz in Arezzo *panini imbottiti* bestellt (mit Wurst und Käse), kann den Belag aus einer köstlichen Vielfalt an hausgemachten Wurst-/Fleisch- und Käsespezialitäten auswählen. Verspeisen kann man sie auf der kleinen Terrasse vor dem Laden oder auf einem Schemel drinnen.

La Torre di Gnicche · WEINBAR €
(www.latorredignicche.it; Piaggia San Martino 8; Suppe 7 €, Wurst- & Käseteller 11 €; ⊙ Do–Di 12–15 & 18–1 Uhr, im Jan. 2 Wo. geschl.) Dieser gemütliche Raum nahe der Piazza Grande bietet eine Auswahl an toskanischen Weinen (offen oder Flasche), Käse- und Wurstteller sowie deftige kleine Gerichte wie *pappa al pomodoro* (eine Brot-Tomaten-Suppe, die im Sommer serviert wird) und *ribollita* („wieder aufgekochte" Bohnen-Gemüse-Kraut-Brot-Suppe, ein typisches Wintergericht).

★ Trattoria del Leone · MODERN TOSKANISCH €€
(☏ 0575 35 79 27; Scalinata Camillo Berneri 2; Gerichte 28 €; ⊙ Di–So 12–14.30 & Di–Sa 19.30–22 Uhr, Aug. geschl.) Das Lokal entspricht genau dem momentan in der Toskana angesagten Trattoria-Typus. Das del Leone befindet sich in einer etwas düsteren Ecke an einer Treppe, die hinunter zur Piazza del Popolo führt. Das Essen ist einfach hervorragend – kleine Portionen von wunderbar hergerichteten modernen Interpretationen toskanischer Klassiker, mit hausgemachter Pasta, *bruschette* und frischen Salaten.

ℹ Praktische Informationen

Centro di Accoglienza Turistica Benvenuti ad Arezzo
(☏ 0575 40 19 45; www.benvenuti adarezzo.it; Palazzo Comunale, Via Ricasoli; ⊙ Juni–Sept. Mo–Fr 10–13 & 14–19, Sa & So 10–13, Okt.–Mai bis 16 Uhr) Die Haupttouristeninformation der Region liegt gegenüber dem *duomo*. Ein weiteres Büro mit ähnlichen Öffnungszeiten ist an der Piazza della Repubblica neben dem Bahnhof.

Una Vetrina per Arezzo e Le Sue Vallate
(☏ 0575 182 27 70; ⊙ 9–19 Uhr) Ein privates Touristenbüro an der *scala mobile*, die zur Piazza del Duomo hinaufführt. Hier kann man zur Toilette gehen (0,50 €) und Stadtpläne kaufen (0,50 €). Es unterhält eine weitere Filiale an der Piazza Grande (Sa & So 10.30–17.30 Uhr).

ℹ An- & Weiterreise

AUTO & MOTORRAD

Von Florenz aus zuerst auf die A1; die SS73 führt dann westlich nach Siena. Parkplätze gibt es an der Via Pietri (einige sind kostenlos, andere kosten 0,70/5 € pro Std./Tag), von wo aus es auf einer *scala mobile* (Rolltreppe) hinauf zur Piazza del Duomo geht. Die Parkplätze am Bahnhof kosten 1,50 € pro Stunde.

BUS

Die Busse von Siena Mobilità fahren von der Piazza della Repubblica nach Siena (6,60 €, 1½ Std., 7-mal tgl.) und die Busse von Etruria Mobilità nach Sansepolcro (4,10 €, 1 Std., unter der Woche häufig, am Wochenende seltener) und Cortona (3,50 €, 1 Std., häufig).

ZUG

Arezzo liegt an der Florenz-Rom-Strecke, weshalb die Züge nach Florenz (Regionalzug 7,80 €, 1½ Std.) und Rom (Intercity 19–25 €, 2 Std.) ziemlich häufig verkehren. Auch nach Cortona (3,30 €, 20 Min.) fahren stündlich Regionalzüge.

Sansepolcro

16 077 EW.

Sansepolcro ist der Geburtsort des Künstlers Piero della Francesca (15. Jh.). Das großartige Museo Civico hütet drei seiner Meisterwerke. Weitere wichtige Arbeiten sind in den Kirchen der Stadt zu besichtigen – Peruginos *Himmelfahrt* in der **Cattedrale di San Giovanni Evangelista** (Duomo di Sansepolcro; Via Giacomo Matteotti 4; ⊙ Mitte Juni–Mitte Sept. 8.30–12.30 & 15–19 Uhr, Mitte Sept.–Mitte Juni bis 18 Uhr) Luca Signorellis Prozessionsfahne in der **Chiesa di Sant'Antonio Abate** (Ecke Via San Antonio & Via del Campaccio; ⊙ 8.30–13 & 15–18 Uhr), Rosso Fiorentinos *Christi Kreuzabnahme* in der **Chiesa di San Lorenzo** (Ecke Via di San Croce & Via Lucca Pacioli) und Raffaellino del Colles *Madonna delle Grazie* in der **Chiesa di Santa Maria delle Grazie** (Piazza Beato Ranieri; ◷ 8.30–13 & 15–18 Uhr). Doch nach Sansepolcro kommt man nicht nur der Kunst wegen. Das historische Zentrum („Il Borgo") ist voller Renaissancekirchen und -*palazzi*. Zudem stehen gute Restaurants zur Auswahl. Am zweiten Sonntag im September findet hier der **Palio della Ballestra** statt, ein Armbrustturnier, das zwischen einheimischen Bogenschützen und Gegnern der benachbarten umbrischen Stadt Gubbio ausgetragen wird. Wettkämpfer und Zuschauer tragen mittelalterliche Kostüme.

◉ Sehenswertes

★ Museo Civico   MUSEUM
(www.museocivicosansepolcro.it; Via Niccolò Aggiunti 65; Erw./erm./Kind 8/5/3 €; ◷ Mitte Juni–Mitte Sept. 9.30–13.30 & 14.30–19 Uhr, Mitte Sept.–Mitte Juni 9.30–13 & 14.30–18Uhr) Das Flagship-Museum der Stadt beherbergt eine kleine edle Kunstsammlung. Den Höhepunkt bilden drei Meisterwerke von Piero della Francesca: *Auferstehung* (1458–1474), das Polyptychon *Madonna della Misericordia* (1445–1456) und der *Heilige Julian* (1455–1458). Ob Piero der Schöpfer eines weiteren Werkes ist, nämlich des *hl. Ludwig von Toulouse* (1460), gilt unter Kunsthistorikern als umstritten. Im Hauptausstellungsraum sind zwei Arbeiten aus der Werkstatt von Andrea della Robbia sehenswert: das polychrome Terrakottarelief *Die Geburt Jesu und die Anbetung der Könige* (1485) und ein *tondo* (Rundskulptur): *Jungfrau Maria mit Kind und Manetti-Wappen* (1503).

🛏 Schlafen

★ Relais Palazzo Magi   B&B €
(📱 0575 74 04 77; www.hotelmagisansepolcro.it; Via XX Settembre 160–162; EZ 65–80 €, DZ 90–100 €, Suite 120–200 €; 🕸 🛜) Komfort und Charme zeichnen diese beste Unterkunft von Sansepolcro aus. In dem *palazzo* (15. Jh.) im Herzen des historischen Zentrums sind sechzehn Zimmer, ein Billardzimmer und eine TV-Lounge untergebracht. In der Nebensaison hat die Rezeption tagsüber geöffnet, die Gäste erhalten einen Hausschlüssel für den Abend.

Foresteria Ostello Santa Maria dei Servi   HOSTEL €
(📱 339 6246194, 0575 74 23 47; www.santamariadeiservi.it; Piazza Andrea Dotti 2; B 20 €;

◷ Mai–Okt.; @ 🛜) Dieses an die gleichnamige Kirche (14. Jh.) angeschlossene, ehemalige Kloster bietet von Mai–Okt. eine Unterkunft in fünf kleinen Schlafräumen (zwei mit Badezimmer).

🍴 Essen & Ausgehen

★ Ristorante Da Ventura   TRADITIONELL ITALIENISCH €€
(📱 0575 74 25 60; www.albergodaventura.it; Via Niccolò Aggiunti 30; Gerichte 32 €; ◷ Di–So 12–14.30, Di–Sa 7.30–22 Uhr) Auf die Servierwägen in diesem fabelhaften Lokal achten! Sie sind schwer beladen mit riesigen Bratenstücken, für die dieses Restaurant berühmt ist (Schweinebraten, in Chianti Classico geschmortes Rindfleisch und gebratene Kalbshaxe). Die Ober flitzen damit durch den altmodischen Speisesaal, um den Gästen ordentlich aufzutischen. Vegetarier müssen keine Angst haben – das *uova con tartufo marzolino fresco* (Omelett mit schwarzem Trüffel) schmeckt ebenso hervorragend wie die hausgemachte Pasta mit Trüffeln oder frischen Steinpilzen, die *antipasti*-Auswahl und die Gemüse-*cortorni* (Beilagen).

Enoteca Guidi   WEINBAR
(📱 0575 74 19 07; www.locandaguidi.it; Via Luca Pacioli 44–46; ◷ Do–Sa, Mo & Di 11–24, So 6–23 Uhr) Der Inhaber Saverio residiert in der winzigen *enoteca*, hat aber auch ein waches Auge auf den Essbereich im hinteren Teil, wo einfache Gerichte auf den Tisch kommen. Die Gäste können sich ein handwerklich hergestelltes Bier der Region schmecken lassen (Saverio empfiehlt „La Tipografica") oder ein Glas *vino* (alles vom lokalen Tropfen bis zum schicken Super-Toskana-Wein).

Torrefazione Alessandrini   CAFÉ
(Via Luca Pacioli 31; ◷ Juni–Sept. Mo–Sa 7.45–13 & 16.30–20 Uhr, Okt.–Mai Mo–Sa 7.45–13 & 16–19.30 Uhr) Das Innere des Cafés der Stadt hat sich in den letzten Jahrzehnten kaum verändert. Schön, dass mittags für drei Stunden geschlossen ist, sodass das Personal nach Hause gehen und mit der Familie essen kann. Auch schön, dass eine Tüte der aromatischen Hausmischung, die vor Ort geröstet wird, traditionell auf der wöchentlichen Einkaufsliste der meisten Einheimischen steht.

ℹ Praktische Informationen

Ufficio Turistico Valtiberina Toscana
(📱 0575 74 05 36; info@valtiberinatoscana.it; Via Giacomo Matteotti 8; ◷ April–Okt. tgl. 9.30–13 & 14.30–18.30 Uhr, Nov.–März tgl.

10–13 & Fr–So 15–17 Uhr; @ 📶) Die ausgesprochen hilfsbereite Touristeninformation liegt gegenüber der Cattedrale di San Giovanni Evangelista. Kostenloser öffentlicher Internetzugang und WLAN.

ℹ An- & Weiterreise

AUTO & MOTORRAD

Innerhalb der Stadtmauern liegt die ZTL (Umweltzone); kostenlose Parkplätze gibt es gleich außerhalb des Zentrums.

BUS

Die Busse von **Etruria Mobilità** (www.etruria mobilita.it) verbinden Sansepolcro mit Arezzo (4,10 €, 1 Std., häufig unter der Woche, seltener am Wochenende). **Sulga** (www.sulga.it) bietet um 7 Uhr eine Verbindung nach Rom und zum Flughafen Fiumicino an (18,50 €, 3½–4¼ Std., Mo–Sa). Alle Busse fahren von der Bushaltestelle an der Via G Marconi, nahe der Porta Fiorentina, ab. Fahrkarten gibt es in der Bar Autostazione.

ZUG

Umbria Mobilità (www.umbriamobilita.it) unterhält eine Ferroviaria e Interscambio FS (Zug)-Verbindung zwischen Sansepolcro und Perugia (4,60 €, 2 Std., Mo–Sa 7-mal tgl., So 3-mal tgl.).

Cortona

22 487 EW.

Zimmer mit Aussicht sind eher die Regel als die Ausnahme in dieser eindrucksvoll gelegenen Hügelstadt. Fra' Angelico lebte und arbeitete hier im ausgehenden 14. Jh., auch seine Künstlerkollegen Luca Signorelli und Pietro da Cortona wurden innerhalb dieser Mauern geboren; Werke aller drei Künstler zeigt das Museo Diocesano. Hier wurden einige Szenen des Films *Unter der Sonne der Toskana* gedreht, das Drehbuch entstand nach einem Roman von Frances Mayes.

◉ Sehenswertes

Über der schrägen Piazza della Repubblica ragt der im 13. Jh. erbaute **Palazzo Comunale** auf. Nordwestlich liegt die schöne **Piazza Signorelli** und im Westen der **Palazzo Casali**, ebenfalls aus dem 13. Jh., dessen schlichte Fassade im 17. Jh. angefügt wurde.

Mit einem Kombiticket (Erw./Kind 13/9 €) kommt man ins Museo Diocesano und ins Museo dell'Accademia Etrusca.

★ Museo Diocesano   MUSEUM

(Piazza del Duomo 1; Erw./Kind 5/3 €, Audioguide 3 €; ⊙ April–Okt. Di–So 10–19 Uhr, Nov.–März

Di–So bis 17 Uhr) Vom ursprünglich romanischen Baustil des *duomo* ist wenig erhalten geblieben. Die Kirche steht nordwestlich der Piazza Signorelli und wurde mehrfach umgebaut – das Ergebnis ist nicht wirklich gelungen. Glücklicherweise konnten die Kunstwerke bewahrt werden: Sie sind nun in diesem Museum ausgestellt, das in der ehemaligen Gesù-Kirche auf der gegenüberliegenden Seite der Piazza untergebracht ist.

Raum 1 zeigt einen römischen Sarkophag, der mit einer Szene aus einem wilden Kampf zwischen Dionysos und den Amazonen geschmückt ist. Doch die Schätze des Museums befinden sich in Raum 3. Dazu zählen eine *Kreuzigung* (1320) von Pietro Lorenzetti und zwei Arbeiten von Fra' Angelico: *Mariä Verkündigung* (1436) und *Madonna mit Kind und Heiligen* (1436–1437).

★ Museo dell'Accademia Etrusca   MUSEUM

(MAEC; www.cortonamaec.org; Piazza Signorelli 9; Erw./Kind 6–12 Jahre 10/7 €; ⊙ April–Okt. tgl. 10–19 Uhr, Nov.–März Di–So bis 17 Uhr) Dieses Museum ist im Palazzo Casali untergebracht: Zu sehen sind wichtige etruskische und römische Funde aus der Umgebung, Globusse der Renaissance, ornamentale Kunst des 18. Jhs. und zeitgenössische Malerei. Das absolute Highlight ist die etruskische Sammlung, besonders die Objekte aus dem Grab von Sodo, gleich vor der Stadt.

Fortezza Medicea   SEHENSWÜRDIGKEIT

(Erw./Kind 3/1,50€; ⊙ Mai & Juni Sa & So 10–13 & 15–18 Uhr, Juli–Sept. 10–13 & 16–19 Uhr) Von der Ruine dieser Medici-Festung am höchsten Punkt der Stadt schweift der Blick über das Val di Chiana zum Trasimenischen See in Umbrien – eine grandiose Aussicht. Wer nicht so fit ist, kann das Panorama auch von dem **belvedere** am Ostende der Via Nazionale, unten im Stadtzentrum, genießen.

☞ Geführte Touren

Englischsprachige **Stadtrundgänge** (📞 334 3340608, 0575 40 33 19; www.centroguidearezzo.it; Erw./erm. 10 €/Eintritt frei) finden von Mai–Okt. jeden Montag von 11–13 Uhr statt. Das Ticket umfasst den Eintritt zum Museo dell'Accademia Etrusca. Im Voraus buchen.

 Feste & Events

Giostra dell'Archidado   KULTUR

(www.giostraarchidado.com) Eine Woche mit mittelalterlichen Vergnügungen findet im Mai oder Juni statt (das Datum hängt von

Mariä Himmelfahrt ab); der Höhepunkt ist der Wettbewerb im Armbrustschießen.

Festival der Geistlichen Musik   MUSIK
(www.cortonacristiana.it) Findet jedes Jahr Ende Juni/Anfang Juli statt.

Cortona Mix Festival   KUNST
(www.mixfestival.it) Kunstfestival, das jährlich Ende Juli/Anfang Aug. stattfindet.

Cortonantiquaria   ANTIQUITÄTEN
(www.cortonantiquaria.it) Cortonas bekannter Antiquitätenmarkt wird Ende Aug./Anfang Sept. in den wunderbaren Sälen des Palazzo Vagnotti (18. Jh.) durchgeführt.

🛏 Schlafen

★ Casa Chilenne   B&B €
(☎0575 60 33 20; www.casachilenne.com; Via Nazionale 65; EZ 80–85 €, DZ 88–110 €; ❄ @ 🛜 🛗) Das von der Amerikanerin Jeanette und ihrem Cortonesischen Ehemann Luciano geführte B&B heißt alle Gäste willkommen. Großartige Gastgeber, zentrale Lage, komfortable Zimmer, ein üppiges Frühstück und scharf kalkulierte Preise. Alle fünf Zimmer haben Sat-TV, doch es gibt auch eine Gemeinschaftslounge mit Fernseher, eine kleine Terrasse sowie ein Kochecke.

Villa Marsili   HOTEL €€
(☎0575 60 52 52; www.villamarsili.net; Viale C Battisti 13; EZ 90–110 €, DZ 99–250 €, Suite 240–340 €; ❄ @ 🛜 🛗) Das Markenzeichen dieser hübschen Villa, die sich an die Stadtmauer schmiegt, ist der gute Service. Die Gäste sind völlig begeistert vom hilfsbereiten Personal, dem üppigen Frühstücksbüfett und dem *aperitivo* am frühen Abend, den man im Garten zu sich nimmt. Es ist durchaus überlegenswert, eine der Suiten mit Jacuzzis und herrlichem Blick über das Val di Chiana zum Trasimenischen See zu wählen.

✕ Essen & Ausgehen

Taverna Pane e Vino   WEINBAR €
(www.pane-vino.it; Piazza Signorelli 27; Gerichte 6–11 €; ⊙ Ostern–Jan. Di–So 12–23, Feb. & März Di–Sa 17–23 & So 12–23 Uhr) Diese relaxte Weinbar mit ihren über 900 Weinen eignet sich ideal für ein leichtes Mittagessen (Bruschetta 4 €, Wurst- und Käseteller 6–11 €, Pasta 6,50–9 €), einen Drink am Nachmittag oder ein deftiges Abendessen. Einfach einen Tisch im vorderen Hof oder im Gewölbe schnappen und sich gemütlich zu einem oder zwei Glas Wein niederlassen –

dann steht der Entspannung, gemeinsam mit den einheimischen Bonvivants, nichts mehr im Wege.

La Bucaccia   TOSKANISCH €€
(☎0575 60 60 39; www.labucaccia.it; Via Ghibellina 17; Gerichte 35 €; ⊙ Di–So 12–14.30 & 19.30–22 Uhr) Dieses atmosphärische und angenehme Lokal ist in einem mittelalterlichen Stall untergebracht, der Teil eines Renaissance-*palazzo* war. Leider wirkt es mittags ein wenig düster. Das viergängige Menü (29 € mit einem Glas Wein und Wasser) ist äußerst preisgünstig.

ⓘ Praktische Informationen

Touristeninformation (☎0575 63 72 23; infocortona@apt.arezzo.it; Palazzo Comunale; ⊙Ende April–Sept. Mo–Sa 9–13 & 15–18, So 9–13 Uhr, Okt.–Ende April Mo–Fr 9–13 & 15–18, So 9–13 Uhr) Diese freundliche Information hat Stadtpläne, Broschüren und Fahrpläne im Angebot. Die Mitarbeiter verkaufen auch Bus- und Zugfahrkarten und buchen Unterkünfte.

ⓘ Anreise & Unterwegs vor Ort

AUTO & MOTORRAD

Die Stadt liegt an der Nord-Süd-SS71, die nach Arezzo führt. Auch die Siena-Bettolle-Perugia-Autostrada, die Verbindungsroute zur A1, ist nicht weit weg. Entlang der Stadtmauer gibt es kostenpflichtige Parkplätze. Ein kostenloser Parkplatz befindet sich am Parcheggio San Spirito Santo, der mit dem historischen Zentrum durch eine *scala mobile* (Rolltreppe) verbunden ist. Das Gebiet innerhalb der Stadtmauer ist eine ZTL (Umweltzone).

BUS

Die Busse von Etruria Mobilità verbinden die Stadt mit Arezzo (3,50 €, 1 Std., häufig).

ZUG

Der nächstgelegene Bahnhof befindet sich im 6 km entfernten Camucia und ist mit dem örtlichen Bus erreichbar (1,30 €, 15 Min., stündl.). Von dort gibt es Zugverbindungen nach Arezzo (3,30 €, 25 Min., stündl.), Florenz (9,80 €, 1¾ Std., stündl.), Rom (11,15 €, 2¼ Std., 8-mal tgl.), Perugia (4,25 €, 55 Min., 6-mal tgl.) und Orvieto (7 €, 55 Min., 7-mal tgl.).

Zu beachten ist, dass der Bahnhof in Camucia keinen Fahrkartenschalter, sondern nur Automaten hat. Wer sich bei der Buchung der Tickets beraten lassen möchte, sollte sich stattdessen zum südlich von Camucia gelegenen Bahnhof Terontola begeben.

Umbrien & die Marken

Inhalt ➡

Gut essen

➡ La Taverna (S. 650)

➡ DivinPeccato (S. 656)

➡ Osteria dei Priori (S. 663)

➡ Tempio del Gusto (S. 672)

Schön übernachten

➡ B&B San Fiorenzo (S. 649)

➡ Casale della Staffa (S. 655)

➡ Palazzo Seneca (S. 675)

➡ Acanto Country House (S. 686)

➡ Misia Resort (S. 678)

Auf nach Umbrien!

Seit Jahren haben alle Italienfans die Toskana mit ihrer Landschaft, Kultur und Küche gepriesen, die Nachbarn, Umbrien und die Marken, aber kaum eines Blickes gewürdigt. Und was sie alles verpasst haben! Diese unbeschreiblich schöne, aber kaum bekannte Region bietet ganz Italien in einer Nussschale: Olivenhaine, Weinberge und sonnenverwöhnte Getreidefelder mit Feldblumen, dazu von Zypressen gesäumte Hügel, die nach Westen zu den verschneiten Gipfeln des Apennin auslaufen und nach Osten am glitzernden Wasser der Adria enden. Dazwischen locken mittelalterliche Bergstädte mit ihren Burgen, die im blassen Licht der untergehenden Sonne wie Honig schimmern.

Dazu kommen die kulturellen Attraktionen der Region, die vom Geburtsort der Renaissancekünstler Raffael und Perugino bis zum Heimatort des Komponisten Rossini reichen. Die Heiligen Franziskus, Benedikt und Valentin sorgen für das spirituelle Erlebnis.

Reisezeit
Perugia

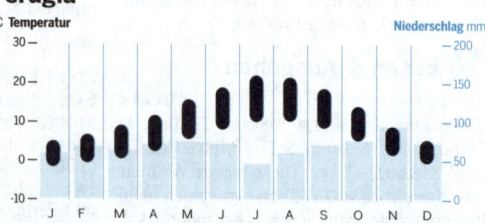

Feb. Während der Mostra Mercato del Tartufo Nero genießt man in Norcia alles rund um die Trüffel.

Mai Die Strände der Marken locken zum Sonnenbad und die Wildblumen blühen auf dem Piano Grande.

Juni & Juli Musikliebhaber besuchen das Spoleto Festival und das Festival Umbria Jazz in Perugia.

UMBRIEN

Umbrien, das „grüne Herz Italiens", ist die einzige Region, die weder ans Meer noch an einen anderen Staat grenzt. Hier haben viele der alten italienischen Traditionen überlebt. Großmütter in Schürzen machen die Pasta noch selbst, und viele Haustüren sind schon seit Jahrhunderten nicht mehr abgeschlossen worden.

Von den Marken durch die zerklüfteten Bergrücken der Monti Sibillini getrennt, stehen sich hier wilde, provokative Schönheit und sanfte Hügel mit von Wildblumen übersäten Wiesen gegenüber. Die Etrusker, Römer und sich befehdende Familien aus dem Mittelalter haben ihre unauslöschlichen Spuren in den hübschen Bergstädten hinterlassen. Hier lauert die Geschichte hinter jeder Ecke – von der gotischen Wunderwelt Orvietos bis zu Assisis heiligem Ruf.

Feinschmecker werden die Küche der Region lieben – der süchtig machende *tartufo* (Trüffel), das leckere Schweinefleisch aus Norcia und die vollmundigen einheimischen Weine finden sich auf jeder Speisekarte.

Geschichte

Umbrien wurde nach seinen ersten Bewohnern benannt, dem Stamm der Umbrer, die das Land östlich des Tibers ca. 1000 v. Chr. besiedelten. Sie gründeten die Städte Spoleto, Gubbio und Assisi. Mit den westlich des Tibers siedelnden Etruskern – den Gründern der Städte Perugia und Orvieto – kämpften sie um die Vorherrschaft in diesem Gebiet. Um 300 v. Chr. änderte sich die Situation, als römische Soldaten die beiden Stämme besiegten.

Nach dem Untergang des Römischen Reiches wurden im Mittelalter viele Jahre vom andauernden Kampf der Unterstützer des Heiligen Römischen Reiches (Ghibellinen) gegen die Anhänger des Papstes (Guelfen) geprägt. Interessanterweise wurde ausgerechnet während dieser unruhigen Zeit der friedfertige hl. Franziskus in Assisi geboren.

Schließlich kam die Region zum Kirchenstaat, was sich nicht als Vorteil erwies. Historiker behaupten, dass 1540 die Zeit in Umbrien stehen blieb. Der Papst erhob eine Salzsteuer, der daraus entstehende Salzkrieg führte zu einem Stillstand des kulturellen Lebens in der Region. Als Folge davon blieb aber auch der mittelalterliche Charakter der meisten Städte erhalten.

Perugia hat eine lange künstlerische Tradition. Im 15. Jh. lebten hier die Freskenmaler Bernardino Pinturicchio und sein Lehrer Pietro Vannucci (genannt Perugino), der später auch Lehrer des Malers Raffael wurde. Diese künstlerische Tradition lebt heute in der Universität von Perugia und der Università per Stranieri (Ausländeruniversität) fort; in Letzterer beschäftigen sich Tausende von Studenten aus aller Welt mit Italienisch, Kunst und Kultur.

ⓘ Unterwegs vor Ort

Ganz sicher erleichtert ein eigenes Fahrzeug das Erkunden der abgelegenen Bergstädte und ländlichen Flecken Umbriens enorm. Mit etwas Planung erreicht man viele Orte aber auch mit öffentlichen Verkehrsmitteln.

Von Perugia aus fahren Busse in fast jede Stadt; genauere Angaben erhält man in der Touristeninformation oder an den Busbahnhöfen. Nur wenige Züge von **Trenitalia** (Ferrovie dello Stato; ☑ 892021; www.trenitalia.com) durchqueren Umbrien. Die Lücken werden durch das Schienennetz von **Umbria Mobilità** (☑ 075 963 70 01; www.umbriamobilita.it) gefüllt.

Perugia

162 100 EW.

Perugia, die kleine, liebenswerte Hauptstadt Umbriens, liegt hoch oben auf einem Berg. Unten im Tal fließt der klare Tiber rauschend durch die Felder. Das Centro storico (historische Zentrum) erhebt sich in einem wilden Durcheinander aus gepflasterten Straßen, gebogenen Treppen und Plätzen, die von prächtigen *palazzi* (Herrenhäusern) gesäumt werden. Geschichte wird in

NÜTZLICHE WEBSITES

Bella Umbria (www.bellaumbria.net) Unterkünfte und Restaurants sowie Festivals und Events in ganz Umbrien findet man unter dem Ortsnamen oder dem Datum.

Regione Umbria (www.regioneumbria. eu) Die offizielle Website der Region Umbrien.

Sistema Museo (www.sistemamuseo. it) Detaillierte Informationen über Umbriens Museen und Veranstaltungshinweise.

Umbria Online (www.umbriaonline. com) Informationen über Unterkünfte, Veranstaltungen und Wissenswertes zu allen Orten Umbriens.

Highlights

1 Eine spirituelle Pilgertour auf den Wegen eines friedliebenden Heiligen zur **Basilica di San Francesco** in Assisi (S. 658).

2 Eine Wanderung über Wildblumenwiesen oder auf die schneebedeckten Gipfel der **Monti Sibillini** (S. 696).

3 Ein Besuch der **Grotte di Frasassi** (S. 691), Europas größter Höhle, mit ihrem Wald von Stalaktiten.

4 Schwimmen, relaxen und frisch gefangenen Fisch aus der Adria im **Parco del Conero** (S. 685) genießen.

5 Mit Gubbios klappriger **Funivia Colle Eletto** (S. 665) auf den Monte Ingino fahren und von dort die prächtige Aussicht bewundern.

6 Eine Besichtigung der **Casa del Cioccolato Perugina** (S. 646).

7 Das entspannte Leben am See genießen und am **Lago Trasimeno** (S. 653) schwimmen, Rad fahren und den einheimischen Wein kosten.

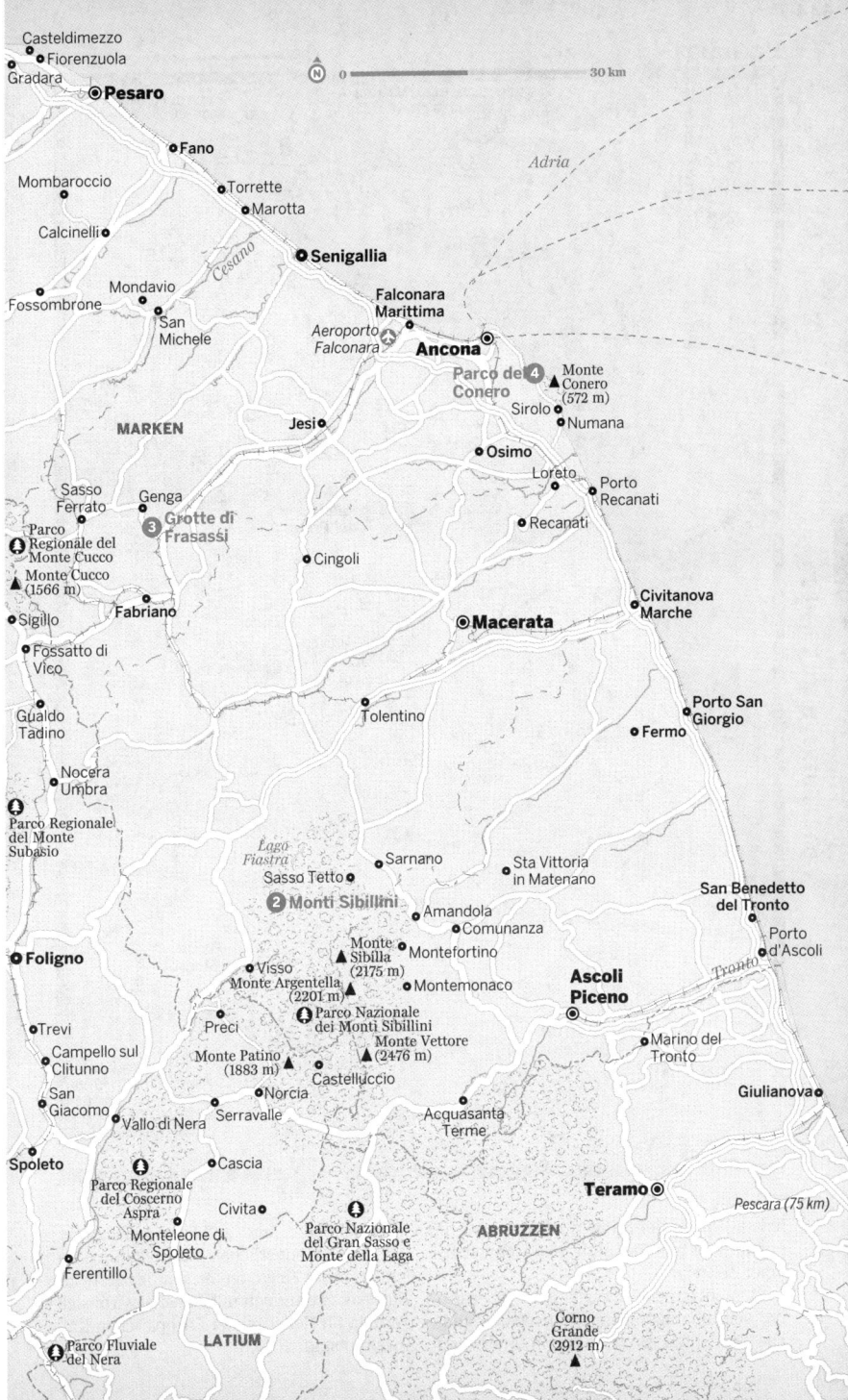

Perugia

jedem Winkel der Straßen sichtbar und bei einem Stadtbummel fühlt man sich wie bei einer Zeitreise.

Heutzutage ist Perugia eine lebensfrohe, vergnügungssüchtige Universitätsstadt. Die Studenten sorgen für ein interessan-tes Nachtleben und gefüllte Straßencafés. Auf dem sommerlichen Veranstaltungskalender steht eines der besten Jazzfestivals Europas. Zusammen mit Assisi bewirbt sich Perugia für den Titel der Europäischen Kulturhauptstadt 2019.

Perugia

◉ Sehenswertes

Alle Straßen Perugias scheinen auf die **Piazza IV Novembre** zu führen, hier trafen sich die alte etruskische und römische Kultur. Im Mittelalter war der Platz das politische Zentrum der Stadt. Heute treffen sich hier Studenten und Touristen zum Plaudern und Eisessen oder um Straßenkünstler, darunter auch gelegentlich angehende Opernsänger, anzusehen.

★ Palazzo dei Priori   MUSEUM

Der stolze Palast aus dem 13. und 14. Jh. erhebt sich über dem Hauptplatz. Er beeindruckt durch die dreigliedrigen Fenster, das gotische Tor und seine an eine Festung erinnernden Zinnen. Der Palast diente ursprünglich als Sitz der Stadtverwaltung.

Heute befinden sich hier einige der schönsten Museen der Stadt. Dazu gehört auch Umbriens bekanntestes Kunstmuseum, die beeindruckende **Galleria Nazionale dell'Umbria** (www.gallerianazionaleumbria.it; Corso Vannucci 19; Erw./erm. 8/4 €; ⏱Di–So 8.30–19.30 Uhr). Der Eingang zum Traum eines jeden Kunsthistorikers liegt am Corso Vannucci. In seinen 30 Räumen präsentiert

das Museum jede Menge Kunst – von der byzantinischen Kunst bis zu den Arbeiten der einheimischen Renaissancekünstler Pinturicchio und Perugino.

Bereits im Mittelalter besaß Perugia eine Bank; die reich verzierte **Nobile Collegio del Cambio** (Wechselbörse; Corso Vannucci 25; Eintritt 4,50 €, Kombiticket mit Nobile Collegio della Mercanzia 5,50 €; ⏱Mo–Sa 9–12.30 & 14.30–17.30, So 9–13 Uhr) hat drei Säle: die Sala dei Legisti (Juristensaal), deren Holzsitze im 17. Jh. von Giampiero Zuccari geschnitzt wurden, die Sala dell'Udienza (Audienzsaal) mit wunderbaren Renaissancefresken von Perugino

① PERUGIA CITTÀ MUSEO CARD

Wer mehrere Sehenswürdigkeiten erkunden will, sollte in die **Perugia Città Museo Card** (www.perugiacittamuseo.it; Erw./ erm. 10/6 €), investieren. Sie bietet kostenlosen Eintritt in fünf Museen nach eigener Wahl. Man erhält die Karte in allen teilnehmenden Museen und in der Touristeninformation.

TOP 5: UMBRISCHE DELIKATESSEN

Lange galt die Region als tiefste Provinz, jetzt aber schließen sich viele Feinschmecker auf der ganzen Welt der umbrischen Slowfood-Bewegung an. Dreistündige Essen, Zutaten aus biologischem Anbau und regionale Hausmannskost gehörten schon immer zur umbrischen Küche. Die folgenden Spezialitäten sollte man unbedingt in Umbrien probieren:

Cinghiale Das zarte Fleisch des Wildschweins mit feinem Wildgeschmack wird oft mit Nudeln oder geschmort in Sauce serviert.

Tartufi Die beliebten schwarzen Trüffel aus Umbrien (besonders die geschmacksintensive Sorte *nero*) verleihen Gerichten ein erdiges Aroma. Sie werden hauptsächlich im Herbst geerntet.

Lenticchie Die kleinen, dünnen Linsen aus Castelluccio schmecken am besten als dicke Suppe mit Bruschetta und kalt gepresstem Olivenöl.

Piccione Die Umbrier bestellen selbst in den besten Restaurants Taube. Das delikate Geflügel war während der Belagerungen im Mittelalter ein Hauptnahrungsmittel für die Stadtbevölkerung.

Farro Dinkel kommt heute noch in vielen Gerichten vor. Die klassische *zuppa di farro* ist eine reichhaltige, nussige umbrische Spezialität und an einem kalten, nebligen Tag in den Bergen das perfekte Mittagessen.

und die Kapelle San Giovanni Battista, die von Giannicola di Paolo, einem Schüler Peruginos ausgemalt wurde. Nebenan befindet sich das **Nobile Collegio della Mercanzia** (Kaufmannshaus; Corso Vannucci 15; Eintritt 1,50 €, Kombiticket mit Nobile Collegio del Cambio 5,50 €; ☉ Di–Sa 9–13 & 14.30–17.30, So 9–13 Uhr); hier beeindruckt ein Audienzsaal mit geschnitzter Holztäfelung aus dem 14. Jh.

Die **Sala dei Notari** (Saal der Notare; Piazza IV Novembre; Eintritt frei; ☉ tgl. 9–13 & 15–19 Uhr) wurde 1293 bis 1297 als Versammlungsort der Adligen erbaut. Das romanische Gewölbe schmücken Fresken mit Darstellungen aus der Bibel und den Fabeln von Aesop. Man erreicht den Saal über einige Stufen von der Piazza IV Novembre.

Cattedrale di San Lorenzo — KIRCHE

(Piazza IV Novembre; ☉ 7.30–12 & 16–18.30 Uhr) Bereits im 9. Jh. stand hier eine Kirche, mit dem Bau des heutigen Gebäudes am Nord-ende der Piazza IV Novembre wurde 1345 nach den Plänen von Fra Bevignate begonnen. Der Dom wurde erst 1587 fertiggestellt, die Fassade blieb jedoch unvollendet. Der spätgotische Innenraum ist beeindruckend, ebenso das Altarbild von Signorelli und die Plastiken von Duccio.

Auf den Stufen vor der Fassade scheint sich ganz Perugia zu treffen – von hier bietet sich ein guter Blick auf die Hauptattraktion der Piazza: die zierliche **Fontana Maggiore** (Großer Brunnen; Piazza IV Novembre) aus rosa-weißem Marmor. Sie ist ebenfalls ein Entwurf von Fra Bevignate und wurde 1278 von den berühmten Bildhauern Nicola und Giovanni Pisano fertiggestellt. Das polygonale Becken schmücken Basreliefs, die Szenen aus dem Alten Testament, die Gründung Roms, die sieben „freien Künste", die Sternkreiszeichen und den Greif mit einem Löwen darstellen. Der Greif ist das Symbol Perugias, der Löwe das der Guelfen, die im Mittelalter auf der Seite des Papstes gegen das Heilige Römische Reich standen.

Museo Archeologico Nazionale dell'Umbria — MUSEUM

(Piazza Giordano Bruno 10; Erw./erm. 4/2 €; ☉ Di–So 8.30–19.30, Mo 10–19.30 Uhr) Das Kloster neben der Chiesa di San Domenico bietet eine tolle Sammlung an Ausstellungsstücken aus etruskischer und prähistorischer Zeit, darunter geschnitzte Graburnen, Münzen und Statuen aus der Bronzezeit – einige Stücke stammen aus dem 16. Jh. v. Chr. Auf dem *Cippo Perugino* (Gedenkstein aus Perugia) steht das längste Epigraph in etruskischer Sprache, ein wahrer Schatz für Sprachwissenschaftler.

Casa del Cioccolato Perugina — MUSEUM

(☎ 075 527 67 96; www.perugina.it; Van San Sisto 207, Loc San Sisto; Erw./erm. 5/4 €; ☉ Mo–Fr 9–12 & 14–16 Uhr; ⚐) Individualreisende, die die verlockende Schokoladenwelt von Perugina besichtigen möchten, sollten vorher anrufen, damit sie an dem 1¼-stündigen geführten Rundgang (auf Italienisch oder Englisch) teilnehmen können. Nach dem Besuch des Museums führt der Weg durch einen verglasten Verbindungsgang, von dem aus die Arbeiter in ihren weißen Kitteln bei ihrem köstlichen Tun beobachtet werden können.

Auf der Website werden auch drei- bis vierstündige Schokoladen-Workshops angeboten. Sie finden samstags zwischen 10 und 15.30 Uhr statt und kosten zwischen 55 und 65 €. Auf dem Eingangstor zur Fabrik steht ganz unauffällig Nestlé. Die Fabrik ist auch mit dem Bus in Richtung San Sisto zu erreichen.

Chiesa di San Pietro KIRCHE

(Borgo XX Giugno 74; ☺8–12 & 15–18 Uhr) Südlich des Stadtzentrums, hinter der Porta di San Pietro, steht diese Kirche aus dem 11. Jh. Das Innere präsentiert sich als unglaubliche Mischung aus Gold und Marmor und bietet sogar eine *Pietà* (Maria mit dem Leichnam Christi auf dem Schoß) von Perugino. Hinter der Kirche lädt der ruhige mittelalterliche Garten **Orto Medievale** (Borgo XX Giugno 74; Eintritt frei; ☺Mo–Fr 8–17 Uhr) zum Picknick oder zu einem Spaziergang ein.

Im Mittelalter besaßen Klöster oft Gärten, die mit Pflanzen voller Symbolgehalt an das Paradies und Bibelgeschichten erinnern sollten. Unter anderem sind in dem Garten folgende Pflanzen zu sehen: der Kosmische Baum als Symbol für den allerersten Baum, der Baum des Lichtes und der Weisheit sowie der Baum des Guten und Bösen.

Rocca Paolina FESTUNG, GARTEN

(Piazza Italia) `GRATIS` Am südlichen Ende des Corso Vannucci liegen die kleinen **Giardini Carducci** mit großartiger Aussicht über die Türme der Stadt und die Umgebung bis hin zu den von Zypressen gesäumten Hügeln. Die Gärten wurden über den Grundmauern einer Festung aus dem 16. Jh. angelegt, heute bekannt als Rocca Paolina. Papst Paul III. errichtete das Bauwerk in den 1540er-Jahren, dafür wurden die umliegenden Häuser und Paläste abgerissen.

Hier verlaufen heute die *scale mobili* (Rolltreppen). In den verwinkelten Ecken finden Kunstausstellungen statt und immer am letzten Wochenende des Monats Perugias Flohmarkt.

Casa Museo di Palazzo Sorbello MUSEUM

(www.casamuseosorbello.org; Piazza Piccinino 9; Erw./erm. 5/3 €; ☺Führungen 11–14 Uhr) Nur wenige Schritte von der Piazza IV Novembre entfernt liegt dieser beeindruckende Palast aus dem 17. Jh. Der ehemalige Wohnsitz der adligen Familie Sorbello erhielt erst kürzlich seine frühere Pracht zurück. Bei einer Führung (auf Italienisch) kann man nicht nur die Fresken, die Vergoldungen und Kronleuchter bewundern, sondern auch die üppige Sammlung von Kunst, Porzellan, Stickerei und Manuskripten.

Capella di San Severo KIRCHE

(Piazza Raffaello; Erw./erm. 3/2 €; ☺10–13.30 & 14.30–18 Uhr, im Winter geschl.) Ein kurzer Spaziergang Richtung Nordosten führt von der Piazza IV Novembre zu dieser sehr schlicht aussehenden Kirche. Im Inneren beeindruckt jedoch Raffaels *Dreifaltigkeit mit Heiligen*, entstanden während seines Aufenthalts in Perugia (1505–1508) und häufig als sein erstes Fresko betrachtet.

Ipogeo dei Volumni HISTORISCHE STÄTTE

(Via Assisana 53, Località Ponte San Giovanni; Erw./erm. 3/1,50 €; ☺9–13 & 15.30–18.30 Uhr) Ungefähr 5 km südöstlich der Stadt liegt der Ipogeo dei Volumni. In dieser etruskischen Grabstätte aus dem 2. Jh. v. Chr. befinden sich Grabkammern mit Urnen der Familie Volumni. Zur Anlage gehören auch mehrere z. T. noch nicht ausgegrabene Kammern und Gebäude mit erhaltenen Kunstgegenständen, vieles wurde allerdings bereits gestohlen.

Besucher erreichen die Anlage mit dem Zug von der Piazza Italia zum Ponte San Giovanni, von dort zu Fuß in westliche Richtung. Mit dem Auto fährt man auf der E45 nach Süden bis zur Ausfahrt Bonanzano.

Pozzo Etrusco HISTORISCHE STÄTTE

(etruskischer Brunnen; Piazza Danti 18; Erw./erm. 3/2 €; ☺Sommer Di–So 10–13.30 & 14.30–18 Uhr, Winter Di–So 11–13.30 & 14.30–17 Uhr) Direkt nördlich der Piazza IV Novembre liegt der etruskische Brunnen aus dem 3. Jh. v. Chr. Der 37 m tiefe Brunnen, in den man auch hinabsteigen kann, war die Hauptwasserversorgung der etruskischen Stadt und wurde auch während der Bombenangriffe im Zweiten Weltkrieg als Trinkwasserquelle genutzt.

Chiesa di San Domenico KIRCHE

(Piazza Giordano Bruno; ☺7–12 & 16–19 Uhr) Die größte Kirche der Stadt stammt aus dem frühen 14. Jh. Der Innenraum wurde im 17. Jh. gestaltet und wird durch riesige Glasfenster beleuchtet. Der größte Stolz der

JAZZ, JAZZ, JAZZ

Bereits mit dem Debüt 1973 wurde das zehntägige **Festival Umbria Jazz** (☎ 075 573 24 32; www.umbriajazz.com) zu einem festen Termin für Jazzliebhaber auf der ganzen Welt. Internationale Größen wie BB King, Van Morrison, James Brown, Sting, Chet Baker und später Herbie Hancock und Diana Krall treffen sich im Juli in Perugia. Hauptveranstaltungsort ist die Arena Santa Giuliana, aber auch an anderen Orten, wie dem Teatro Morlacchi und der **Galleria Nazionale dell'Umbria** finden Veranstaltungen statt. Tickets kosten zwischen 15 und 120 €. Alle Informationen findet man auf der Website.

Kirche ist das gotische Grabmal von Papst Benedikt XI., der 1304 nach dem Verzehr vergifteter Feigen starb.

Arco Etrusco
HISTORISCHE STÄTTE

(Etruskisches Stadttor) Das alte etruskische Stadttor aus dem 3. Jh. v. Chr. befindet sich am Ende der Via Ulisse Rocchi Richtung Piazza Fortebraccio und Università per Stranieri. Der obere Teil stammt aus der Römerzeit und trägt die Inschrift „Augusta Perusia".

Chiesa di Sant'Agostino
KIRCHE

(Piazza Lupattelli; ⊙Mo–Sa 10–13 & 17.30–19, So 8–12.30 Uhr) Nördlich der Università per Stranieri steht am Corso Giuseppe Garibaldi diese früher beeindruckende Kirche. Ihr schöner Chor wurde im 16. Jh. vom Bildhauer Baccio d'Agnolo gestaltet. Dezente Zeichen markieren die Stellen, wo einst die Bilder hingen, die von Napoleons Truppen nach Frankreich gebracht wurden.

Chiesa di Sant'Angelo
KIRCHE

(Via Sant'Angelo; ⊙tgl. 9–17 Uhr) Weiter Richtung Norden auf dem Corso Garibaldi zweigt die Via del Tempio ab und führt zu einer der ältesten Kirchen Italiens. Teile der romanischen Kirche, die auf dem Platz eines römischen Tempels steht, stammen noch aus dem 5. Jh.

Museo delle Porte e delle Mura Urbiche
MUSEUM

(Museum der Stadtmauern und -tore; Porta Sant'Angelo; Erw./erm. 3/2 €; ⊙Di–So 10.30–13.30 & 15–18 Uhr) Das Museum befindet sich direkt neben der Chiesa di Sant'Angelo

in der aus dem 14. Jh. stammenden Porta Sant'Angelo, dem größten mittelalterlichen Stadttor. Es informiert über die Geschichte der Verteidigungsanlagen der Stadt. Die Hauptattraktion ist jedoch die beeindruckende Sicht auf Perugia von diesem Aussichtspunkt.

 Kurse

Università per Stranieri
SPRACHE

(☎ 075 5 74 61; www.unistrapg.it; Piazza Fortebraccio 4) Italiens führende akademische Einrichtung für Ausländer bietet Sprachkurse sowie Kurse in Literatur, Geschichte, Kunst, Musik, Oper und Architektur. Die ein-, drei- oder sechsmonatigen Kurse kosten ab 400 € pro Monat; Intensivkurse im Sommer kosten 600 € pro Monat.

✳ Feste & Events

Genaue Informationen über die Abertausende von Festen, Konzerten, Freiluftkinos und *sagre* (traditionelle Feste) findet man unter www.bellaumbria.net oder www.regioneumbria.eu.

Eurochocolate
ESSEN

(www.eurochocolate.com) Jedes Jahr Mitte Oktober huldigt Perugia der Kakaobohne in einer neuntägigen Veranstaltung. Mehr als eine Million Schokoladenliebhaber besuchen Ausstellungen, Kochkurse, bewundern riesige Schokoladenskulpturen und – das ist der eigentliche Grund für den Besuch – genießen die kostenlosen Proben. Wer ebenso dabei sein will, sollte die Unterkunft frühzeitig reservieren.

🛏 Schlafen

Hotel Signa
HOTEL €

(☎ 075 572 41 80; www.hotelsigna.it; Via del Grillo 9; EZ 40–58 €, DZ 65–80 €, 3BZ 80–90 €, 4BZ 98–120 €; ❄ ✿ 🖥 📶) Das Signa, eine der besten Budgetunterkünfte Perugias, liegt an einer Nebenstraße unweit des Corso Cavour. Die kleinen Zimmer sind einfach, aber hell und gut in Schuss; viele haben einen Balkon mit einer umwerfenden Sicht über die Stadt. Außerdem bieten sie kostenloses WLAN und einen Wasserkocher. Frühstück kostet 7 €. Mario, der Besitzer, hilft gerne mit Tipps und Stadtplänen.

Hotel Morlacchi
HOTEL €

(☎ 075 572 03 19; www.hotelmorlacchi.it; Via Tiberi 2; EZ 46–66 €, DZ 72–92 €, 3BZ 95–115 €; 🖥 📶) Das freundliche Hotel im Familienbesitz befindet sich in einem Haus aus dem 17. Jh.

und liegt günstig in der Altstadt in der Nähe der Università per Stranieri. Die makellos sauberen Zimmer sind einfach, aber mit hübschen alten Möbeln eingerichtet, einige bieten sogar einen Kamin.

Primavera Minihotel
PENSION €

(📞 075 572 16 57; www.primaveraminihotel.it; Via Vincioli 8; EZ 45–65 €, DZ 65–90 €, 3BZ 95–105 €; ❄ @ 🛜 ♿) Das zentral gelegene Hotel wird von einem engagierten Mutter-Tochter-Gespann geführt; die beiden sprechen Englisch und Französisch. Es liegt in einer ruhigen Ecke der Stadt. Die hübschen Zimmer bieten nicht nur eine tolle Aussicht, sondern auch antike Möblierung, Holzfußböden und freigelegte Steine und Balken. Das Frühstück kostet zwischen 5 und 8 €.

Ostello di Perugia
HOSTEL €

(📞 075 572 28 80; www.ostello.perugia.it; Via Bontempi 13; B 17 €; @ 🛜) Perugias Herberge bietet nicht nur Deckenfresken aus dem 16. Jh., sondern auch nette, absolut saubere Vier- bis Sechsbettzimmer, eine Bibliothek und einen tollen Blick über das Umland von der Terrasse. Allerdings gibt es eine Sperrzeit von 11 bis 15.30 Uhr.

★ B&B San Fiorenzo
B&B €€

(📞 393 3869987; www.sanfiorenzo.com; Via Alessi 45; Zi. 70–120 €; 🛜 ♿) Mitten in den verwinkelten Altstadtgassen befindet sich dieser bezaubernde *palazzo* aus dem 15. Jh., in dem Luigi und Monica drei einzigartige Zimmer vermieten. Ein Architekt hat das Haus behutsam modernisiert und in die großzügigen Räume moderne Annehmlichkeiten und Marmorbäder eingebaut. Dazu kommen Ziegelgewölbe, gekalkte Wände und antike Möbel. Das Apartment bietet sogar eine Dusche in einem Brunnen aus dem 11. Jh. sowie ein Turmzimmer aus dem 13. Jh.

Zum Frühstück werden hausgemachtes Gebäck, frisches Obst und ein leckerer Cappuccino serviert. Gegenüber des B&B liegt die gleichnamige Kirche. Hier befand sich ursprünglich Raffaels Altarbild *Ansidei Madonna*, das mittlerweile in der Londoner National Gallery ausgestellt wird.

Castello di Monterone
SCHLOSSHOTEL €€

(📞 075 572 42 14; www.castellomonterone.com; Strada Montevile 3; EZ 100–160 €, DZ 160–250 €; P ❄ @ ♿) Wer wollte noch nicht eine Nacht in einem mittelalterlichen Schloss verbringen? Das Haus ist wie aus dem Bilderbuch: jede Menge Efeu, Türmchen und Gewölbe.

Jedes der schicken Zimmer ist unterschiedlich; alle bieten freigelegte Mauern, Holzmöbel, handgefertigte schmiedeeiserne Betten und Antiquitäten. Vom Pool hat man eine wunderbare Aussicht über das Land und das erstklassige Restaurant ist auch nicht zu verachten.

Das Hotel befindet sich 3 km südöstlich des Stadtzentrums. Weitere Informationen stehen auf der Website.

Hotel Brufani Palace
LUXUSHOTEL €€€

(📞 075 573 25 41; www.brufanipalace.com; Piazza Italia 12; EZ 115–175 €, DZ 125–220 €, Suite 263–530 €; P ❄ @ 🛜 🏊) Das 5-Sterne-Hotel liegt oben auf dem Berg und bietet einen einzigartigen Blick über die Landschaft. Der erste Eindruck vom Haus täuscht nicht: mit Fresken geschmückte Räume, perfekt ausgestattete Zimmer mit Marmorbädern und zuvorkommendes dreisprachiges Personal. Im Sommer kann man auf der Terrasse essen und anschließend im Fitness-Center über etruskische Ruinen schwimmen. Das Hotel ist behindertengerecht.

Essen

In Perugia gibt es unendlich viele Restaurants. Sobald es im Frühjahr wärmer wird (normalerweise im März), öffnen die Straßencafés entlang des Corso Vannucci.

Pizzeria Mediterranea
PIZZERIA €

(📞 075 572 13 22; Piazza Piccinino 11/12; Pizzas 5–12 €; ⏰ tgl.) Perugini wissen, dass es hier die beste Pizza der Stadt gibt. Ein riesiger Holzofen produziert Pizza jeder Art, von der einfachen *margherita* bis zur Pizza mit 12 Belägen. Samstags ist es so voll, dass man anstehen muss.

Ristorante Nanà
KLASSISCH ITALIENISCH €

(📞 075 573 35 71; www.ristorantenana.it; Corso Cavour 202; Gerichte 25–35 €; ⏰ Mo-Sa) Die Lampenschirme aus Stroh verleihen dem Familienbetrieb mit 15 Tischen eine rustikale Atmosphäre. Auf der kleinen Speisekarte stehen herzhafte, lecker zubereitete Gerichte. Einen Versuch wert ist das Täubchen mit Kapern.

Al Mangiar Bene
BIO, PIZZERIA €

(📞 075 573 10 47; www.almangiarbene.com; Via della Luna 21; Pizzas 5–8,50 €, Gerichte 25–30 €; ⏰ Mo-Sa) Das Kellerrestaurant, das am Ende einer schmalen Gasse liegt, erhält fast alle Zutaten von einheimischen Biobauern – vom Mehl für die Pasta bis zum zarten Rindfleisch, das dünn geschnitten mit

Rucola oder Trüffel serviert wird. Die Pizza und Calzone werden im Steinofen gebacken. Sogar das Bier und der Wein stammen aus Bio-Anbau.

Ristorante dal Mi'Cocco
UMBRISCH €

(☎ 075 573 25 11; Corso Garibaldi 12; Menü 13 €; ☺ Di–So) Nach der Karte fragen lohnt sich nicht – es gibt keine. Das Tagesgericht besteht aus Vorspeise, Hauptgericht mit Beilage und Dessert. Im Mai gibt es vielleicht Spargelrisotto, im November *tagliatelle* mit Erbsen und Schinken. Besonders beliebt bei Studenten, daher besser reservieren.

Markthalle
MARKT €

(Piazza Matteotti; ☺ Mo–Fr 7–13.30, Sa 7.30–13.30 & 16.30–19.30 Uhr) Die Markthalle in der Nähe eines ziemlichen Ramschmarktes mit Kunsthandwerk und Souvenirs bietet alles, was frisch ist – von Brot bis zu Käse und Fleisch. Man erreicht sie durch den Torbogen direkt rechts neben der Touristeninformation.

★ La Taverna
ITALIENISCH €€

(☎ 075 572 41 28; www.ristorantelataverna.com; Via delle Streghe 8; Gerichte 30–40 €; ☺ tgl. mittags & abends) La Taverna steht ganz oben in der Gunst der Genießer und erhält von den einheimischen Feinschmeckern höchstes Lob. Claudio, der Koch, zaubert mit marktfrischen Produkten, die Kellner behandeln alle Gäste als gehörten sie zur Familie.

Ziegelgewölbe und Kerzenlicht schaffen eine gemütliche Atmosphäre für jahreszeitliche Gerichte, von der hausgemachten Pasta mit schwarzen Trüffeln bis zum Lamm in Kräuterkruste, dazu gibt es hervorragende Weine.

Osteria a Priori
OSTERIA €€

(☎ 075 572 70 98; www.osteriaapriori.it; Via del Priori 39; Gerichte 20–30 €; ☺ Mi–Mo) Über einer Weinhandlung und einem Delikatessengeschäft mit umbrischen Weinen, exzellentem Olivenöl und Bierspezialitäten befindet sich die *osteria* (ungezwungene Kneipe oder Lokal). Ausgewählte lokale Produkte und ganz frische Zutaten werden zu köstlichen Gerichten wie dem zarten Lamm mit schwarzen Trüffeln. Während der Woche gibt es das Mittagessen für nur 9 €.

Wine Bartolo Hosteria
OSTERIA €€

(☎ 075 571 60 27; Via Bartolo 30; Gerichte 25–35 €; ☺ Do–Di abends) Eine Treppe führt hinunter in eine Art Hobbit-Höhle mit einigen Tischen unter einem tiefen Gewölbe und

Weinflaschen an den Wänden. Die Küche zaubert frische, der Jahreszeit angepasste Köstlichkeiten wie *taglierini* mit schwarzen Trüffeln aus Norcia oder Chianina-Rind geschmort in Sangiovese.

Il Gufo
UMBRISCH €€

(☎ 075 573 41 26; Via della Viola 18; Gerichte 29 €; ☺ Di–Sa 20–1 Uhr) Der Besitzer, der gleichzeitig auch Koch ist, bereitet das zu, was es gerade auf dem Markt gibt. Einen Versuch wert sind das Wildschwein mit Fenchel oder Pappardelle mit *ragù* vom Kaninchen.

Ausgehen

Ein großer Teil von Perugias Nachtleben findet rund um den Dom und die Fontana Maggiore statt. Hier treffen sich einheimische und ausländische Studenten, reden, flirten und machen Musik. Am besten kauft man ein Eis und genießt bei einer *passeggiata* (Bummel) diese Art von Freilichttheater.

Wenn im Sommer zur Stunde des *aperitivo* die Sonne untergeht und sich der Tag verabschiedet, bevölkern die Einheimischen die Straßencafés und Terrassen mit grandioser Aussicht über die umgebende Landschaft.

Sandri
CAFÉ, PATISSERIE

(Corso Vannucci 32; ☺ Di–So 8–20 Uhr) Bereits seit 1860 existiert das mit Fresken und Kronleuchtern geschmückte Café und lockt Kunden an seinen Marmortresen. Es gibt nicht nur eine köstliche Schokoladentorte, sondern auch guten Kuchen, Espresso und kandierte Früchte. Alle Einkäufe werden in hübsches rotes Papier mit einer Schleife verpackt.

Bottega del Vino
WEINBAR

(Via del Sole 1; ☺ Mo–Sa 19–1 Uhr) Auf der Terrasse brennen ganz romantisch Kerzen oder ein Feuer, drinnen gibt es Live Jazz und auf den Wandregalen Hunderte von Weinflaschen. Das Lokal hat ein gutes Angebot an umbrischen Weinen, die alle probiert und gekauft werden können. Dazu gibt es eine fachkundige Beratung.

Il Sole
BAR

(Via delle Rupe 1; ☺ Di–So) Hier kann man besser trinken als essen, aber die Terrasse bietet einen umwerfenden Ausblick über die Stadt und ihre Umgebung. Ein toller Ort für einen Sundowner.

Caffè Morlacchi · CAFÉ
(Piazza Morlacchi 6/8; ⊙Mo–Sa 8–1, So 16–22 Uhr; ☎) Hier trifft man sich. Egal, ob Studenten, Professoren oder sonst wer – alle kommen in das farbenfrohe, relaxte Café, um hier tagsüber Kaffee zu genießen und abends Cocktails zur Musik vom DJ.

Lunabar Ferrari · BAR
(Via Scura 1/6; ⊙8–1.30 Uhr) Diese schicke Bar bietet nicht nur Fresken an den Wänden und teure Teppiche, sondern auch moderne Kunst und verrückte Leuchter. Es gibt Cocktails, Musik vom DJ und leckere Snacks.

Gold · WEINBAR
(Via dei Priori 7; ⊙18–1 Uhr) Das Thema „Gold" wird in dieser Bar mit Restaurant vielleicht ein bisschen übertrieben. Das Publikum ist jedoch sehenswert und die Weinauswahl ist gut. Happy Hour ist ab 18 Uhr.

☆ Unterhaltung
Wenn die Zahl der Studenten wächst, schicken einige der außerhalb der Stadt gelegenen Clubs ab 23 Uhr einen Bus zum Palazzo Gallenga. Studenten verteilen am Corso Vannucci Flyer, hier oder an den Treppen findet man genauere Information. So richtig was los ist in den Clubs ab Mitternacht. Achtung: Die *scale mobili* verkehren nur bis 2 Uhr.

Cinema Teatro del Pavone · KINO
(☑075 572 81 53; www.teatrodelpavone.it; Corso Vannucci 67) Das ehemalige Theater stammt aus dem Jahr 1717. Heute werden hier nicht nur Filme vorgeführt, sondern auch Konzerte und andere Events veranstaltet.

🛍 Shoppen
Auf der Via Oberdan, der Hauptstraße Corso Vannucci und der steilen Via Sant'Ercolano, eingeklemmt zwischen den hohen Häusern des Centro Storico, befinden sich die meisten Boutiquen, Musikläden, Buchgeschäfte und Juweliere.

Augusta Perusia Cioccolato e Gelateria · SCHOKOLADE
(www.cioccolatoaugustaperusia.it; Via Pinturicchio 2; ⊙10.30–20 Uhr;) Giordano arbeitete 25 Jahre für Perugina, dann eröffnete er 2000 sein eigenes Geschäft. Hier kreiert er Köstlichkeiten nach alter Tradition, natürlich auch die *baci* (Haselnussküsse in Schokolade) nach dem Originalrezept.

ⓘ Praktische Informationen
Auf dem Corso Vannucci befinden sich eine Reihe von Banken mit Geldautomaten.

InfoUmbria (☑075 3 26 39; www.umbriabest.com; Via della Pallotta 5; ⊙Mo–Fr 9–13 & 14.30–18.30, Sa 9–13 Uhr) Das auch als Info-Tourist bekannte Büro bietet Informationen über ganz Umbrien und fantastische Adressen für *agriturismi* (Urlaub auf dem Bauernhof).

Ospedale Perugia (☑075 57 81)

Post (Piazza Matteotti 1; ⊙Mo–Fr 8.20–19.05, Sa 8–12.35 Uhr)

Touristeninformation (☑075 573 64 58; http://turismo.comune.perugia.it; Piazza Matteotti 18; ⊙9–19 Uhr) In der aus dem 14. Jh. stammenden Loggia dei Lanari befindet sich Perugias Touristeninformation. Hier erhält man jede Menge Informationen über die Stadt, Karten und aktuelle Bus- und Zugfahrpläne.

ⓘ An- & Weiterreise
AUTO & MOTORRAD
Wer aus Rom kommt, verlässt die A1 an der Ausfahrt Orte und folgt den Hinweisschildern nach Terni. Hier auf der SS 3 bis E 45 Richtung Perugia fahren. Besucher aus dem Norden müssen die A1 bei Valdichiana verlassen und ab dort auf der Schnellstraße SS 75 Richtung Perugia fahren. Die SS 75 Richtung Osten verbindet Perugia nach einer Fahrt von 20 km mit Assisi.

Autovermietungen gibt es am Flughafen und am Bahnhof.

BUS
Umbria Mobilità (S. 641) betreibt alle Überlandbusse, die ab der Piazza Partigiani im Süden der Stadt fahren (erreichbar ab der Piazza Italia über die *scale mobili* durch die Rocca Paolina). Verbindungen gibt es zu den unten angegebenen Orten:

REISEZIEL	FAHRPREIS (€)	FAHRZEIT	HÄUFIGKEIT
Assisi	4	45 Min.	9-mal tgl.
Castiglione del Lago	6	1 Std.	9-mal tgl.
Deruta	3,50	30 Min.	13-mal tgl.
Florenz	10	2 Std.	1-mal tgl.
Gubbio	5,50	1¼ Std.	10-mal tgl.
Todi	6,50	1¼ Std.	9-mal tgl.
Torgiano	3	30 Min.	9-mal tgl.

FLUGZEUG

Aeroporto Sant'Egidio (PEG; ☑ 075 59 21 41; www.airport.umbria.it; Via dell'Aeroporto, Sant'Egidio), der kleine, übersichtliche Flughafen liegt 13 km östlich der Stadt. **Ryanair** (www.ryanair.com) fliegt ab hier fünfmal wöchentlich nach London Stansted.

ZUG

Von Perugias **Hauptbahnhof** (☑ 075 963 78 91; Piazza Vittorio Veneto) im Südwesten der Stadt fahren Züge zu den folgenden Städten:

REISE-ZIEL	FAHR-PREIS (€)	FAHRZEIT	HÄUFIGKEIT
Arezzo	7–12	1 Std.	alle 2 Std.
Assisi	2,50	20 Min.	stündl.
Florenz	13,50–19	2 Std.	alle 2 Std.
Orvieto	7–14,50	1¾–3 Std.	10-mal tgl.
Rom	11–23	2¼–3½ Std.	17-mal tgl.
Spello	3	30 Min.	stündl.
Spoleto	5–9	1 Std.	stündl.
Terni	6–12,50	1½ Std.	stündl.

❶ Unterwegs vor Ort

Wer nicht zu viel Gepäck dabei hat, erreicht das Stadtzentrum von Perugias Busbahnhof aus am einfachsten mit den *scale mobili*, die die Piazza Partigiani mit der Piazza Italia verbinden. Auch vom Parkplatz an der Piazzale della Cuppa vor der Stadtmauer führen *scale mobili* zur Via dei Priori.

AUTO & MOTORRAD

Autofahren ist in Perugia unendlich kompliziert, und der größte Teil der Innenstadt darf nur von Anwohnern oder vom Lieferverkehr befahren

AN- ODER ABFLUG AB ROM?

Die blau-weißen Busse von **Sulga** (☑ 075 500 96 41; www.sulga.it) fahren vom Busbahnhof an der Piazza Partigiani zum Terminal 3 an Roms Flughafen Fiumicino (FCO) (22 €, 3¼ Std.); Abfahrt ist täglich von Montag bis Samstag um 6.30, 8 und 9 Uhr. Dieselben Busse fahren auch zum römischen Bahnhof Tiburtina (17 €, 2½ Std., 5-mal tgl.). Einige Busse halten in Deruta und Todi. Genaue Informationen stehen auf der Website.

werden. In Perugia gibt es mehrere gebührenpflichtige Parkplätze (Std. 0,80–1,60 €, 24 Std.). Die Parkplätze an der Piazza Partigiani und dem Mercato Coperto sind am zentralsten und bequemsten gelegen.

Einen gebührenfreien Parkplatz findet man an der Piazza Cupa.

BUS

Der Weg vom Bahnhof zur Innenstadt ist lang (1,5 km) und steil, deswegen lohnt sich gerade mit viel Gepäck die Fahrt mit dem Bus, der zur Piazza Italia fährt. Tickets kosten 1,50 € am Kiosk vor dem Bahnhof oder 2 € im Bus. Das Ticket muss unbedingt beim Einsteigen entwertet werden, denn Schwarzfahren ist teuer. Eine Zehnerkarte kostet 12,90 €.

MINIMETRÒ

Diese Art Schienenbus verkehrt im Minutentakt zwischen dem Bahnhof und Pincetto (direkt an der Piazza Matteotti). Das Ticket für 1,50 € gilt für Busse, aber auch für die Minimetrò, die rechts im Bahnhof abfährt.

ZUM/VOM FLUGHAFEN

Umbria Mobilità (S. 641) bietet eine regelmäßige Verbindung vom Flughafen nach Perugia (3 €, 30 Min.) und Assisi (3 €, 20 Min.); man benötigt das passende Kleingeld. Tickets kosten ein Drittel weniger, wenn man sie an der Bar im Flughafen kauft.

Eine Alternative ist der Shuttlebus (8 €) von der Piazza Italia zum Flughafen. Er fährt etwa zwei Stunden vor dem geplanten Abflug ab und hält auch am Bahnhof. Bei der Rückfahrt ab dem Flughafen fahren die Busse erst los, wenn alle Passagiere eingestiegen sind.

Ein Taxi kostet ca. 30 €.

TAXI

Taxis können von 6 Uhr morgens bis 2 Uhr nachts (von Juli bis September rund um die Uhr) bestellt werden: ☑ 075 500 48 88. Eine Fahrt vom Stadtzentrum zum Hauptbahnhof kostet etwa 10 bis 15 €, jedes größere Gepäckstück kostet 1 € zusätzlich.

Torgiano

6510 EW.

Weinreben und Olivenbäume wachsen an den Bergen bis zu den mittelalterlichen Mauern der Stadt. Torgiano, hoch oben über dem Zusammenfluss von Chiascio und Tiber, zieht Feinschmecker magisch an. Die Stadt ist bekannt für ihr dickflüssiges, grünes natives Olivenöl und ihre gehaltvollen dunklen Rotweine wie den Rubesco Rosso DOC, der zu 70 % aus Sangiovese-Trauben besteht.

Torgiano bietet zwei außergewöhnliche Museen. Da ist einmal das **Museo del Vino** (Weinmuseum; www.lungarotti.it/fondazione/muvit; Corso Vittorio Emanuele 31; Erw./erm. inkl. Museo dell'Olivo e dell'Olio 7/4 €; ⏱ im Sommer tgl. 10–18 Uhr, im Winter bis 17 Uhr & Mo geschl.), das in einem *palazzo* aus dem 17. Jh. in 20 Zimmern einen Überblick über den Weinbau gibt. Griechische, etruskische und römische Keramik, Krüge und Gefäße, Glas und diverse Geräte für die Weinproduktion von der Bronzezeit bis heute werden ausgestellt, dazu gibt es Sonderthemen wie Wein als Medizin oder die Rolle des Weins in der Mythologie.

Das **Museo dell'Olivo e dell'Olio** (www.lungarotti.it/fondazione/moo; Via Garibaldi 10; Erw./erm. inkl. Museo del Vino 7/4 €; ⏱ im Sommer tgl. 10–18 Uhr, im Winter bis 17 Uhr & Mo geschl.) zeigt Ölmühlen und -pressen sowie Werkzeuge und singt ein Loblied auf das Olivenöl und seine Verwendung in der Medizin, der Ernährung und der Symbolik. Im Eintrittspreis ist ein Audioguide inbegriffen.

🛏 Schlafen & Essen

Al Grappolo d'Oro   HOTEL €€
(☎ 075 98 22 53; www.algrappolodoro.net; Via Principe Umberto 24; EZ 55 €, DZ 95–110 €; 🅿❄🛜🏊) Der Blick über die Weinberge vom mit Bäumen umrandeten Pool ist Erholung pur. Das nette Hotel im Stadtzentrum bietet helle, saubere und hübsch eingerichtete Zimmer aus dem 19. Jh. Wer möchte, kann kostenlos ein Fahrrad leihen und das Land erkunden. Das Frühstück ist im Preis inbegriffen.

Ristorante Siro   KLASSISCH ITALIENISCH €€
(☎ 075 98 20 10; Via Giordano Bruno 16; Gerichte 25 €) In dem geselligen, mit Bildern übersäten Restaurant der alten Schule treffen sich viele Stammgäste. Die gemischte Vorspeisenplatte für zwei Personen reicht für eine ganze Familie. Man sollte den Gürtel ein Loch weiter schnallen und dann die Gnocchi in Rubesco-Rotweinsauce und Hauptgerichte wie geschmortes Wildschwein oder butterweiche Steaks bestellen.

ℹ An- & Weiterreise

Die Fernbusse (*extraurbano*) von **Umbria Mobilità** (S. 641) fahren nach Perugia (3 €, 30 Min., 9-mal tgl.).

Lago Trasimeno

Ein tintenblauer Spritzer in der hügeligen Landschaft – das ist der Lago Trasimeno an Umbriens Grenze zur Toskana. Italiens viertgrößter See ist ein toller Ort für alle, die die ausgetretenen Wege verlassen wollen und den entspannten Rhythmus am Wasser genießen wollen. Rund um den 128 km² großen See wachsen silbergrüne Olivenbäume, Weinstöcke, Wälder mit Eichen und Zypressen und Felder mit leuchtend gelben Sonnenblumen und rahmen die am See liegenden mittelalterlichen Städte wie Castiglione del Lago und Passignano ein. Eine sanfte, unaufgeregte Stimmung liegt über den drei Inseln im See – Maggiore, Minore und Polvese – alle wunderbare Hideaways.

Hannibal vernichtete hier 217 v. Ch. die römische Armee. Die vielen Festungen am See zeugen noch heute von der strategischen Lage und seiner turbulenten Vergangenheit.

NICHT VERSÄUMEN

ÖL- & WEINVERKOSTUNG

Die Familie Lungarotti, die die meisten Weinberge hier besitzt, ist sozusagen die herrschende Adelsfamilie Umbriens. Auf ihrem Weingut, der **Cantine Giorgio Lungarotti** (☎ 075 988 66 49; http://lungarotti.it; Viale Giorgio Lungarotti 2; ⏱ Mo–Fr 9–13 & 15–18, Sa 9.30–13 & 15.30–18 Uhr) kann man die Keller besichtigen und an einer Weinprobe teilnehmen. Für den Preis von 12 € probiert man drei Weine: einen vollmundigen roten Rubino, einen frischen, goldgelben Torre di Giano und den Grifone, einen frischen, blumigen Roséwein. Wer mehr investiert (18 bis 25 €), bekommt einige der besten Tropfen serviert. Zu allen Weinproben wird umbrisches Brot und frisches Olivenöl serviert. In der *enoteca* (Weinstube) kann man alle Produkte von Lungarotti (Wein, Olivenöl, Balsamicoessig und Grappa) käuflich erwerben.

ABSTECHER

1000 TÖPFE IN DERUTA

Im Gegensatz zu Torgiano hat **Deruta**, ein paar Kilometer weiter südlich, nur eine Attraktion: die Majolika-Keramik. Die Technik für die blau-gelbe Metalloxidglasur wurde im 15. Jh. von Mallorca hierher gebracht und ist seitdem der Hauptwirtschaftsfaktor.

Keramik aus Massenfabrikation, die billiger, aber schlechter ist, sollte man links liegen lassen. Die qualitativ beste Ware bieten die kleinen Betriebe an, die nach jahrhundertealter Tradition arbeiten.

Bei **Maioliche Nulli** (☎ 075 97 23 84; www.maiolichenulli.com; Via Tiberina 142; ⏲ tgl.) fertigt Rolando Nulli jedes einzelne Stück in Handarbeit, sein Bruder Goffredo gibt ihm mit seiner Bemalung den letzten Schliff. Er ist auf traditionelle mittelalterliche Muster spezialisiert. Wenn nicht allzu viel los ist und man freundlich auf Italienisch fragt, kann es sogar passieren, dass man selber ein Gefäß auf der Töpferscheibe drehen darf.

Wer mehr über die Kunst und die Geschichte der Keramik in Deruta vom 14. bis zum 20. Jh. erfahren möchte, sollte das **Museo Regionale della Ceramica** (Largo San Francesco; Erw./erm. 5/4 €; ⏲ Mi–So 10.30–13 & 15–18 Uhr) in einem ehemaligen Franziskanerkloster besuchen.

Südlich von Deruta befindet sich in dem kleinen verschlafenen Dörfchen **Casalina** das **Antico Forziere** (☎ 075 972 43 14; www.anticoforziere.it; Via della Rocca 2; EZ/DZ 75/100 €, inkl. Halbpension 113/138 €, Gerichte 30–40 €; ⏲ Restaurant Di–So; P ❄ ≋), ein Bauernhaus aus dem 17. Jh., das zu einem schicken *agriturismo* umgebaut wurde. Die beiden Brüder Stefano und Andrea Rodella stehen in der Küche und verzaubern ihre Gäste mit kulinarischen Höchstleistungen. Ihre einfallsreiche Speisekarte lockt mit jahreszeitlich inspirierten, innovativen Köstlichkeiten wie Bierrisotto mit Brie und 30 Monate gereiftem Parmesan oder geräuchertem Perlhuhn mit Gorgonzolamousse. Dazu serviert exzellente Weine.

Nach Perugia gibt es eine Busverbindung (3,50 €, 30 Minuten, 13-mal tgl.).

Sehenswertes & Aktivitäten

Jede Menge Naturschutzgebiete und gut ausgeschilderte Wanderwege laden zu den unterschiedlichsten Aktivitäten am See ein. Genaue Informationen über alle Aktivitäten von Wandern und Radfahren bis zu Segeln und Weinproben findet man unter www.lagotrasimeno.co.uk

Eine Broschüre über die Wander- und Reitwege gibt es in allen Touristeninformationen am See und in Perugia. Reiten ist z. B. bei **La Rosa Canina** (☎ 075 835 06 60; www.larosacanina.com; Via dei Mandorli 23, Panicale) im Süden des Sees möglich.

Einer der besten Orte für einen Urlaub ist **Castiglione del Lago**. Hier gibt es einen schönen Strand zum Sonnenbaden, Schwimmen und Windsurfen oder um mit einem Tretboot oder Kajak den See zu erobern. Dazu bietet der Ort einiges an Sehenswürdigkeiten. Ein überdachter Gang verbindet den **Palazzo della Corgna** (Piazza Gramsci; Erw./erm. 3/2 € inkl. Rocca del Leone; ⏲ im Sommer 10–13 & 16–19.30 Uhr, im Winter Sa & So 9.30–16.30 Uhr), einen alten Herzogspalast aus dem 16. Jh. mit Fresken von Giovanni Antonio Pandolfi und Salvio Savini, mit der aus dem 13. Jh. stammenden **Rocca del Leone**, einem ausgezeichneten Beispiel mittelalterlicher Wehrarchitektur.

Die größte bewohnte Insel des Sees – die **Isola Maggiore** bei Passignano – liebte Franz von Assisi. Auf einem Berg liegt die Kirche **Chiesa di San Michele Arcangelo** mit einer Kreuzigungsszene von Bartolomeo Caporali von 1460.

Die unbewohnte Insel **Isola Polvese** und die Fattoria Il Poggio können im Rahmen eines Tagesausflugs besucht werden.

Schlafen

★ **Fattoria Il Poggio** HOSTEL €
(☎ 075 965 95 50; www.fattoriaisolapolvese.com; Isola Polvese; B 18 €, DZ 40–56 €, Apt. 80 €, Gerichte 12–14 €; ⏲ März–Okt., Rezeption von 15–19 Uhr geschl.; @ ≋ 👪) Kaum zu glauben, dass das eine HI-Jugendherberge ist! Der Öko-Bauernhof liegt inmitten von herrlichen Gärten auf der ruhigen Insel Isola Polvese; die freundlichen, blitzblanken Zimmer haben eine tolle Sicht auf den See. Wer kein Problem damit hat, dass die letzte Fähre bereits um 19 Uhr fährt, bekommt hier leckere

Hausmannskost mit Bio-Zutaten und selbst gezogenen Kräutern.

Die Herbergseltern sind großartig und versuchen ihren Gästen jeden Wunsch zu erfüllen – egal, ob es um Kanufahren, Angeln, einen makrobiotischen Kochkurs oder Reiki- oder Yogakurse geht.

La Casa sul Lago
HOSTEL €

(☎ 075 840 00 42; www.lacasasullago.com; Via del Lavoro 25, Torricella di Magione; B 18 €, Zi. pro Pers. 25–30 €, Gerichte 15 €; P@☎☎☎) Dieses Haus gehört zu den Top-Hostels in Mittelitalien. Die Zimmer könnten auch in einem 3-Sterne-Hotel sein und den Gästen werden alle Annehmlichkeiten geboten: Fahrräder und WLAN (beides kostenlos!), Spiele, Hausmannskost, ein Pool und ein Garten, wo man in Hängematten träumen kann – das alles nur 50 m vom See entfernt.

Il Torrione
B&B €

(☎ 075 95 32 36; www.iltorrionetrasimeno.com; Via delle Mura 4, Castiglione del Lago; Zi. 50 €, DZ/ Apt. 70/80 €) Ein unendlich romantischer und ruhiger Zufluchtsort; jedes Zimmer wurde mit selbst gemalten Bildern des Besitzers ausgestattet, der Garten voll Blumen bietet Blick auf den See, besitzt Liegen und sogar einen Turm aus dem 16. Jh. Im Turm gibt es ein intimes Einzelapartment. Frühstück inklusive.

La Torre
HOTEL €

(☎ 075 95 16 66; www.latorretrasimeno.com; Via Vittorio Emanuele 50, Castiglione del Lago; EZ 40–70 €, DZ 45–100 €; ☀☎) Das Hotel befindet sich in einem liebevoll renovierten, weißen *palazzo* in der Altstadt von Castiglione und genauso liebevoll werden Gäste von der Besitzerfamilie willkommen geheißen. Die makellosen, altmodischen Zimmer sind in Blumenmustern und Pastelltönen gehalten. Das leckere Frühstück kostet allerdings 6 € extra.

Camping Badiaccia
CAMPINGPLATZ €

(☎ 075 965 90 97; www.badiaccia.com; Via Pratovecchio 1, Badiaccia; Camping 2 Personen, Auto & Zelt 24 €; P@☎☎☎) Direkt am Seeufer liegt dieser schattige Campingplatz – ein wahres Paradies für Kinder mit Spielplatz, Pizzeria, Tennisplätzen, einem eigenen Strand, zwei Pools, Minigolf und jeder Menge Aktivitäten, um die *bambini* (und ihre Eltern) bei Laune zu halten. Außerdem kann man hier Kajaks, Fahrräder und Tretboote mieten.

★ Casale della Staffa
AGRITURISMO €€

(☎ 075 847 26 02; www.casaledellastaffa. com; Case Sparse 7, Magione; EZ/DZ/3BZ/4BZ 100/120/145/170 €; ☎☎) Ah, was für eine wunderbare Aussicht! Vom Pool des *agriturismo* schaut man auf Weinberge, Olivenbäume und die Berge. Das reizvoll ausgebaute Bauernhaus aus dem 15. Jh. befindet sich 8 km südlich von Magione. Balken, schmiedeeiserne Betten und handgewebte Stoffe geben den großen Zimmern einen eleganten, ländlichen Touch. Zum Frühstück wird selbst gemachte Marmelade und Gebäck gereicht.

Die freundlichen Besitzer geben gerne ein Lunchpaket mit oder arrangieren Fahrradtouren oder Ausritte. Wenn man früh genug fragt, organisieren sie alles – von Mal- und Töpferkursen bis zu Kochkursen.

Essen

Spezialitäten der Gegend rund um den Lago di Trasimeno sind *fagioline* (kleine weiße Bohnen), Karpfen in *porchetta* (gegart im Holzofen mit Knoblauch, Fenchel und Kräutern) und *tegamaccio,* eine Art Eintopf aus den besten einheimischen Fischsorten mit Kräutern in Olivenöl und Weißwein.

DURCH DIE WEINBERGE

Schon beim ersten Blick auf die Olivenbäume an den Berghängen und die Weinberge, die sich bis zum See hinabziehen, offenbaren sich die kulinarischen Highlights der Gegend. Das Mikroklima am See ist günstig für Wein und Oliven und die einheimischen Produzenten sind zu Recht stolz auf ihre erstklassigen DOC Weiß- und Rotweine und das goldgrüne Olivenöl. Die **Strada del Vino Colli del Trasimeno** (☎ 075 84 74 11; www.stradadel vinotrasimeno.it) lädt zum Genießen ein; an ihr liegen Weingüter (*cantine*) und Weinhandlungen, die Weinproben anbieten, dazu kommen Bauernhöfe und *agriturismi*, in denen man sich von der Völlerei erholen kann. Auf der Website findet man Informationen und Karten über fünf Ausflugsziele, die alle mit Wein zu tun haben. Auch in der Touristeninformation in Castiglione del Lago gibt es dazu Informationen.

DivinPeccato
TRATTORIA €€

(☎075 968 01 18; www.ristorantedivinpecca
to.com; Via Trasimeno 95, Panicarola; Gerichte
30–35 €; ⊙Do–Di) Nicola, der Koch dieser
wunderbaren Trattoria, kann am Küchenherd zaubern. Daher lohnt sich auch die
10 km lange Anreise von Castiglione del
Lago. Das Menü beginnt mit hausgemachtem Brot, danach gibt es verschiedene Leckereien je nach Jahreszeit – Entenbrust in
Erdbeersauce, Wildschwein oder Ravioli in
Steinpilzsauce. Der Sommelier Mirko empfiehlt dazu die passenden einheimischen
Weine. Perfekt.

Ristorante Monna Lisa
UMBRISCH €€

(☎075 95 10 71; www.ristorantemonnalisa.
com; Via del Forte 2, Castiglione del Lago; Gerichte 30–35 €; ⊙im Sommer tgl., im Winter
Do–Di) Man kann sich gut vorstellen, dass
Mona Lisa gelächelt hat, als sie das Essen
in diesem intimen, mit Kunst gepflasterten
Restaurant mitten in der Stadt gesehen hat.
Und wer freut sich nicht über Spezialitäten
wie *fagiolina,* Carpaccio vom Wildschwein
auf Rucola oder einen Eintopf aus fangfrischen Fischen vom Lago Trasimeno.
Auch die köstlichen Spaghetti Vongole verdienen einen Stern.

La Cantina
UMBRISCH €€

(☎075 965 24 32; Via Vittoria Emanuele 91, Castiglione del Lago; Gerichte 20–30 €; ⊙Di–So)
Beim Sonnenuntergang ist es besonders
schön auf der blumengeschmückten Terrasse des Restaurants, das sich in einer ehemaligen Ölmühle aus dem 17. Jh. befindet. An
kühlen Abenden wärmt ein Kaminfeuer das
Ziegelgewölbe. Hier bekommt man eine tolle Pizza vom Holzofen zu einem super Preis,
außerdem gibt es einheimische Spezialitäten wie Forelle mit *fagiolina.*

❶ Praktische Informationen

Touristeninformation (☎075 965 24 84; info@
iat.castiglione-del-lago-pg.it; Piazza Mazzini
10; ⊙Mo–Sa 8.30–13 & 15.30–13, So 9–13
Uhr) Auskunft über *agriturismi*, Radtouren und
Wassersportmöglichkeiten, dazu kommt ein
beeindruckendes Angebot an Landkarten.

❶ Anreise & Unterwegs vor Ort

AUTO & MOTORRAD
Zwei wichtige Straßen verlaufen um den See:
die SS71, die im Westen von Chiusi nach Arezzo
(Toskana) führt, und im Norden die SS75bis,
die am Nordende des Trasimenischen Sees

vorbeiführt und von der A1 abzweigend nach
Perugia führt.

BUS
Die Busse von **Umbria Mobilità** (S. 641) verbinden Perugia mit Passignano (4 €, 1 Std., 10-mal
tgl.) und mit Castiglione del Lago (6 €, 1 Std.,
9-mal tgl.).

FAHRRAD
Die meisten Campingplätze vermieten Fahrrä-
der, eine andere Möglichkeit ist **Cicli Valentini**
(☎075 95 16 63; www.ciclivalentini.it; Via
Firenze 68b; pro halben/ganzen Tag 8/10 €;
⊙Mo–Sa 9–20 Uhr).

SCHIFF/FÄHRE
Umbria Mobilità (S. 641) betreibt von Ende
März bis Ende September einige Fähren: Stündlich fahren Schiffe von San Feliciano zur Isola
Polvese (hin & zurück 5,60 €, 10 Min.), von Tuoro
zur Isola Maggiore (hin & zurück 5,60 €, 10 Min.),
von Castiglione del Lago zur Isola Maggiore (hin
& zurück 7,50 €, 30 Min.) und von Passignano
zur Isola Maggiore (hin & zurück 6,80 €, 25
Min.). Der Fährbetrieb endet etwa um 19 Uhr.

ZUG
Von Perugia fahren Züge ungefähr im Stundentakt nach Passignano (3 €, 35 Min.) und Castiglione del Lago (4,40–10,50 €, 50 Min.), zweimal täglich gibt es Verbindungen nach Torricella
(2,40 €, 25 Min.).

Todi
16 900 EW.

Todi sieht aus, als wäre es für ein Märchenbuch gebaut worden: eine Ansammlung von
Steinhäusern, *palazzi* und Glockentürmen
an einem Hügel. Beim Gang durch die steilen Gassen der Stadt muss man unwillkürlich an das Leiterbild denken. Die Uhren
gehen langsamer, gleichsam im Rhythmus
der Wildblumen und Weinstöcke, die im Tal
blühen und wachsen.

Todis Vergangenheit ähnelt den Jahres-
ringen eines Baumstamms: Die inneren
Stadtmauern spiegeln den etruskischen und
umbrischen Einfluss, die mittleren Wälle
zeigen römische Handwerkskunst und die
neuen Stadtmauern künden von Todis wirtschaftlicher Stärke im Mittelalter.

◉ Sehenswertes

Wer die **Piazza del Popolo** überquert, bekommt unweigerlich das Bedürfnis, sich auf
die mittelalterlichen Stufen zu setzen und
eine Postkarte nach Hause zu schreiben.
Der aus dem 13. Jh. stammende **Palazzo**

del Capitano bildet zusammen mit dem Palazzo del Popolo das heutige **Museo Pinacoteca e Museo della Città di Todi** (Piazza del Popolo; Eintritt 3,10 €; ☉ Sommer 10–13.30 & 15–18 Uhr, Winter Di–So 10.30–13 & 14.30–17 Uhr) und beherbergt eine schöne Gemäldesammlung sowie eine interessante archäologische Abteilung mit vielen Münzen und Keramik.

Der **Dom** (☎ 075 894 30 41; Piazza del Popolo; ☉ 8.30–13 & 15.30–18.30 Uhr) mit seiner wunderbaren Fensterrosette steht an der nordwestlichen Seite der Piazza. Noch lohnenswerter ist allerdings der Besuch von zwei anderen beeindruckenden Kirchen: Dazu gehört die hoch aufragende Kirche **Tempio di San Fortunato** (Piazza Umberto 1; ☉ Sommer 10–13 & 14.30–19 Uhr, Winter Mi–Mo 10–13 & 14.30–17 Uhr) mit Fresken von Masolino da Panicale und dem Grab von Beato Jacopone, Todis Schutzpatron. Ein Erlebnis ist die Besteigung des **Campanile di San Fortunato** (Erw./erm. 1,50/1 €; ☉ April–Okt. 10–13 & 15–18.30 Uhr, Nov.–März 10.30–13 & 14.30–17 Uhr, Mo geschl.). Von oben bietet sich eine grandiose Sicht auf die Umgebung von Todi.

Die meisten Ansichtskarten in Todi zeigen Todis berühmteste Kirche, die **Chiesa di Santa Maria della Consolazione** (Via della Consolazione; ☉ Sommer 9.30–12.30 & 14.30–18.30 Uhr, Winter Mi–Mo 9.30–12.30 & 14.30–17 Uhr), ein Meisterwerk der Spätrenaissance. Der Innenraum fasziniert durch eine perfekte Geometrie.

✴ Feste & Events

Todi Arte Festival KULTUR
(www.todiartefestival.com) Jedes Jahr im September bietet das Festival 10 Tage lang eine Mischung aus klassischen Konzerten mit Jazz, Theater, Ballett und Kino.

Schlafen

San Lorenzo Tre B&B €
(☎ 075 894 45 55; www.sanlorenzo3.it; Via San Lorenzo 3; EZ 55–95 €, DZ 75–110 €, Suite 85–150 €; @) Seit fünf Generationen lebt die Familie in diesem Haus aus dem 17. Jh. Die Gäste erwarten Zimmer mit viel Atmosphäre, mit glänzenden Holzfußböden, gestrichenen Balken und sorgfältig ausgesuchten Antiquitäten. Es gibt kein Fernsehen, aber dafür jede Menge Bücher, die zum guten Urlaubsgefühl beitragen. Das Frühstück bietet hausgemachte Leckereien, vom Garten und der Dachterrasse bietet sich ein traumhafter Blick.

Fonte Cesia BOUTIQUEHOTEL €€
(☎ 075 894 37 37; www.fontecesia.it; Via Lorenzo Leonj 3; EZ 80–120 €, DZ 90–219 €, Suite 180–219 €; P ✸ @) Direkt südlich der Piazza befindet sich der renovierte *palazzo* aus dem 17. Jh. mit viel Atmosphäre. Die Zimmer sind relativ klein, entschädigen aber durch die elegante Einrichtung; manche bieten auch einen schönen Ausblick über die Hügel der Umgebung. Die Suiten des Hauses sind das Nonplusultra – eine bietet einen Whirlpool, die andere ein Himmelbett.

Todi Castle HISTORISCHES HOTEL €€€
(☎ 074 495 20 04; www.todicastle.com; Vocabolo Capecchio; Villa pro Woche 1250–4950 €, Schloss pro Woche 3250–7300 €; P 🖥 ♨ 🚲) Die Adresse für alle, die schon immer mal in einem waschechten Schloss wohnen wollten – oder in einer von drei wunderbaren (und etwas erschwinglicheren) Villen. Alle bieten einen eigenen Pool, mittelalterliche Ruinen, einen Wildpark und Personal, das sich perfekt um die Gäste kümmert (dazu gehören auch Babysitten und Besuche auf dem Bauernhof

---

ABSTECHER

NARNI – DAS MAGISCHE ZENTRUM ITALIENS

Wie Greenwich oder der Nordpol ist **Narni** ein Ort, der hauptsächlich wegen seiner Lage bekannt ist, denn er markiert das geografische Zentrum Italiens. Direkt vor der Stadt markiert ein Stein die genaue Stelle. Aber Narni bietet mehr als das: Der Ort besitzt eines der schönsten mittelalterlichen Stadtzentren Umbriens mit sehenswerten Kirchen, Plätzen, Palästen und Festungen, die wie verzaubert wirken – so inspirierend, dass C. S. Lewis den römischen Namen des Ortes für sein imaginäres magisches Königreich verwendete: Narnia.

Narni liegt 21 km südlich von Todi direkt östlich der A1 (aus Richtung Süden nimmt man die Ausfahrt Magliano Sabina, von Norden die Ausfahrt Orte). Von Terni (3 €, 30 Min.) und Orvieto (6,50 €, 1½ Std.) verkehren regelmäßig Busse.

für die Kinder) – hier fühlt man sich wirklich wie ein König.

 Essen

Bar Pianegiani
EISDIELE €

(Corso Cavour 40; ⊙ Di–So 6–24 Uhr) Seit rund einem halben Jahrhundert wird in der Bar Pianegiani das beste Eis der Welt hergestellt. Besonders köstlich sind schwarze Kirsche (*spagnola*) und Haselnuss (*nocciola*).

Antica Hosteria de la Valle
OSTERIA €€

(☏ 075 894 48 48; Via Ciuffelli; Gerichte 25–40 €; ⊙ Di–So) Die Kunst wetteifert in diesem kreativen Restaurant mit dem Essen um die Aufmerksamkeit der Gäste. John und seine Frau Eleanor tun alles, damit sich ihre Gäste wohlfühlen und kochen wunderbare, jahreszeitlich inspirierte Gerichte. Es gibt jede Menge Trüffel – besonders gut sind sie mit *tagliolini*, aber auch auf Rinderfilet. Da das Restaurant nur wenige Tische hat und recht beliebt ist, sollte man rechtzeitig reservieren.

Pizzeria Ristorante Cavour
PIZZERIA €€

(☏ 075 894 37 30; Coro Cavour 21; Gerichte 20–30 €; ⊙ Di–So) Bei gutem Wetter sollte man direkt nach draußen auf die Terrasse mit der tollen Sicht gehen. Sehr lecker ist die knusprige Pizza, aber auch die Spezialitäten wie Fettuccine mit *ragù* von der Gans sind großartig.

❶ Praktische Informationen

Post (Piazza Garibaldi 4; ⊙ Mo–Fr 8.20–13.35, Sa 8.20–12.35 Uhr)

Touristeninformation (☏ 075 895 62 27; Piazza del Popolo 38; ⊙ Mo–Sa 9.30–13 & 15–18, So 10–13 Uhr)

❶ An- & Weiterreise

Die Busse von **Umbria Mobilità** (S. 641) verkehren zwischen Todi und Perugia (6,50 €, 1¼ Std., 9-mal tgl.).

Mit dem Auto erreicht man Todi über die SS3bis-E45, die zwischen Perugia und Terni verläuft, oder über die A1 (Strecke Mailand–Rom–Neapel), die Abfahrt Orvieto nehmen.

Züge fahren nach Perugia (5,10 €, 50 Min., 18-mal tgl.). Der Bahnhof liegt etwa 3 km entfernt, die Abfahrtszeiten der Buslinie C (1,50 €, 8 Min.) richten sich nach den ankommenden Zügen. Sonntags fahren die Züge alle zwei Stunden.

Assisi
27 400 EW.

Schon beim Anblick der Stadt in der dunstigen Abenddämmerung öffnen sich die Herzen der Pilger zum Himmel. Assisi liegt über dem Tal, der bewaldete Monte Subasio ragt steil dahinter empor, als würde die Stadt in den Händen des himmlischen Schöpfers gehalten. Am Abend, wenn das Getrappel der Tagestouristen verstummt ist und die Stadt in himmlischer Ruhe liegt, spürt man am intensivsten den Geist des hl. Franz von Assisi, der 1181 hier geboren wurde.

◉ Sehenswertes

★ Basilica di San Francesco
KIRCHE

(Piazza di San Francesco; ⊙ Oberkirche im Sommer 8.30–18.45 Uhr, im Winter 8.30–18 Uhr, Unterkirche im Sommer 6–18.45 Uhr, im Winter 6–18 Uhr) F Schon von Weitem sieht man die Basilica di San Francesco, das geistige und architektonische Glanzstück im als Unesco Weltkulturerbe ausgezeichneten Assisi. Seit fast sechs Jahrhunderten sind die beiden Kirchen ein Anziehungspunkt für büßende Pilger, Mönche in braunen Kutten, Liebhaber der italienischen Kunst und zahlreiche Touristen.

Das Halbdunkel und die architektonische Zurückhaltung der romanischen Unterkirche verkörpern am besten den asketischen, zurückgezogenen Geist des Franziskanerordens. Die helle Oberkirche ist dagegen ein gotisches Wunderwerk mit einem kunstvollen Freskenzyklus. Die göttlichen Gemälde der aus Siena und Florenz stammenden Meister, wie Giotto, Cimabue, Pietro Lorenzetti und Simone Martini, waren stilprägend für die weitere Entwicklung der bildenden Kunst.

Der Dom hat eine eigene **Touristeninformation** (☏ 075 819 00 84; ⊙ Mo–Sa 9.15–12 & 14.15–17.30 Uhr), die sich gegenüber vom Eingang zur Unterkirche befindet. Hier werden einstündige Touren auf Englisch oder Italienisch angeboten, die von kenntnisreichen Franziskanermönchen geführt werden. Die Touren finden montags bis samstags zwischen 9 und 17 Uhr statt. Es wird eine Spende in Höhe von 5 bis 10 € pro Person empfohlen.

Rocca Maggiore
FESTUNG

(Via della Rocca; Erw./erm. 5/3,50 €; ⊙ 10 Uhr bis Sonnenuntergang) Die Stadt wird beherrscht von der gewaltigen Rocca Maggiore, einer immer wieder ausgebauten und geplünderten Festung aus dem 14. Jh. Sie bietet einen schönen Rundumblick über die Landschaft bis nach Perugia. Mutige können die engen, dunklen Treppen bis zu den Schießscharten hoch gehen, die Assisis Einwohner in früheren Kriegszeiten immer wieder benutzt haben.

Basilica di Santa Chiara KIRCHE

(Piazza Santa Chiara; im Sommer 6.30–12 & 14–19 Uhr, im Winter bis 18 Uhr) Die Basilika, ein romanischer Bau mit hohen Mauern und einer beeindruckenden Fassade in Weiß und Rosa, wurde im 13. Jh. zu Ehren der hl. Klara erbaut. Sie war eine geistige Mitstreiterin des hl. Franziskus und gründete den Orden der Sorelle Povere di Santa Chiara (Orden der Armen Frauen), auch bekannt als Klarissinnen. Klaras Grab befindet sich in der Krypta. Auch das byzantinische Kreuz, das zum hl. Franziskus gesprochen haben soll, steht hier.

Basilica di Santa Maria degli Angeli KIRCHE

(Santa Maria degli Angeli; 6.15–12.30 & 14.30–19.30 Uhr) Die riesige, kuppelförmige Kirche, die man sieht, wenn man sich Assisi vom Tibertal her nähert, gehört zur aus dem 16. Jh. stammenden Basilica di Santa Maria degli Angeli, der siebtgrößten Kirche der Welt, die etwa 4 km westlich und mehrere Meter unterhalb des alten Assisi liegt.

Sie wurde zwischen 1565 und 1685 errichtet und umfasst auch die kleine **Porziuncola-Kapelle**, in der der hl. Franziskus Zuflucht suchte, nachdem er seine Berufung gefunden und seinen weltlichen Besitz aufgegeben hatte. Die Kapelle wird als der Geburtsort des Franziskanerordens betrachtet. Der hl. Franziskus starb am 3. Oktober 1226 an der Stelle der **Cappella del Transito**.

Eremo delle Carceri KIRCHLICH

(www.eremocarceri.it; im Sommer 6.30–19 Uhr, im Winter 6.30–18 Uhr) F Der hl. Franziskus zog sich um 1205 in diese Höhlen oberhalb von Assisi zurück, um sich in Ruhe mit religiösen Fragen zu beschäftigen und um eins mit der Natur zu sein. Die *carceri* (isolierte Orte oder Kerker) an den bewaldeten Hängen des Monte Subasio wirken heute noch genauso friedlich wie damals, auch wenn sich jetzt hier mehrere kirchliche Gebäude befinden.

Die Stelle ist auch ein guter Ausgangspunkt für eine besinnliche Wanderung oder für ein Picknick unter Eichen. Die Höhlen liegen 4 km östlich von Assisi. In der Umgebung befinden sich ein Dutzend gut ausgeschilderter Wanderwege.

Chiesa di San Damiano KIRCHE

(Via San Damiano; im Sommer 10–12 & 14–18 Uhr, im Winter bis 16.30 Uhr) Ein 1,5 km langer Spaziergang durch Olivenbäume führt zu der Kirche, in der der hl. Franziskus zum ersten Mal die Stimme Gottes hörte. Hier schrieb er auch seinen *Sonnengesang*. Der Ort und seine Umgebung sind beliebte Pilgerziele.

Foro Romano HISTORISCHE STÄTTE

(Roman Forum; Via Portica; Erw./erm. 4/2,50 €, mit Rocca Maggiore 8/5 €; im Sommer 10–13 & 14.30–18 Uhr, im Winter bis 17 Uhr) An der Piazza del Comune, unmittelbar um die Ecke der Touristeninformation gelegen, befindet sich der Eingang zum teilweise freigelegten römischen Forum. An der Nordseite der Piazza steht die gut erhaltene Fassade eines römischen Tempels aus dem 1. Jh., der **Tempio di Minerva** (Tempel der Minerva; Eintritt frei; Mo–Sa 7.30–12 & 14–19, So 8.30–12 & 14–19 Uhr), dahinter befindet sich eine eher uninteressante Kirche aus dem 17. Jh.

Duomo di San Rufino KIRCHE

(Piazza San Rufino; im Sommer 8–13 & 14–19 Uhr, im Winter bis 18 Uhr) Die romanische Kirche aus dem 13. Jh. wurde im 16. Jh. von Galeazzo Alessi neu gestaltet. Hier steht das Taufbecken, in dem Franz und Klara getauft wurden. Die Fassade schmücken groteske Figuren und fantastische Tiere.

Chiesa Nuova KIRCHE

(Piazza Chiesa Nuova; im Sommer 6.30–12 & 14.30–18 Uhr, im Winter bis 17 Uhr) Die Kuppelkirche südlich der Piazza del Comune ist ein wunderbarer Ort zur inneren Einkehr. Sie wurde im 17. Jh. von König Philip III. von Spanien an dem Ort erbaut, an dem das Haus der Familie des hl. Franziskus gestanden haben soll. Vor der Kirche steht eine Bronzestatue der Eltern des Heiligen.

🏃 Aktivitäten

Wer den Geist von Assisi spüren möchte, sollte es wie Franziskus machen und Wanderungen in die Wälder in der Umgebung unternehmen. Ein beliebter Pilgerweg führt zum **Eremo delle Carceri** oder zum **Santuario di San Damiano**. Die Touristenin-

Assisi

200 m

N

◎ ① **Basilica di**
8 1 **San Francesco**

Piazza Superiore
di San Francesco

Basilica
di San Francesco
Informationsbüro

Via D Stella

V Frate Elia

Alla Madonna
del Piatto (8 km)

Via San
Giacomo

14

17

Porta San
Pietro

Piazza
Unità
d'Italia

Intercity
Busbahnhof

(4 km)

Ostello della Pace (2,5 km);
Basilica di Santa Maria
degli Angeli (4 km)

Via Fontebella

Via del Fosso Cupo

Via Giorgetti

Via San Francesco

Via Metastasio

Via San Croce

Via San Paolo

Via Aluigi

Via Brizi

Piazzetta
Garibaldi

Via
Giotto

15

Via Antonio Crisofani

Via B da Quintavalle

Via Borga San Pietro

Viale Vittorio Emanuele

Viale G Marconi

Via Capobove

Via S Maria delle Rose

Via della Rocca

Via del Colle

Via Portica

5
7

Piazza del
Comune

18

3

Via Macelli Vecchi

Via Sant'Antonio

Via Acro

Via Sant'Agnese

Piazza
Vescovado

12

Via dei Priori

20

Corso Mazzini

9

Via San Rufino

19 16

Via S Gabriele dell'Addolorata

Piazza San
Rufino

4

Via Villamena

Via Portei Pertici

Vicolo Bovi

Piazza
Matteotti

APM Bus
bahnhof

11

Via Eremo delle Carceri

Eremo
delle Carceri
(3,5 km)

Viale Umberto I

Via Galeazo Alessi

10

13

APM (250 m)

Piazza Santa
Chiara

Via S Chiara

2

Via Porta Moiano

Chiesa di San
Damiano (1,5 km)

Via S Apollinare

6

P

Assisi

formation bietet Karten für solche Touren an, dazu gehört auch eine Wanderung nach Gubbio (18 km) auf den Spuren von Franziskus. Der nahe gelegene **Monte Subasio** bietet sich ebenfalls für Wanderungen an. In den Buchgeschäften bekommt man Karten der Umgebung sowie Führer für Wanderungen und Mountainbike-Touren.

Fahrräder vermietet **Angelucci Andrea Cicli Riparazione Noleggio** (☏ 075 804 25 50; www.angeluccicicli.it; Via Risorgimento 54a; Fahrrad pro Std./Tag 5/20 €) in Santa Maria degli Angeli.

✦ Feste & Events

Die **Festa di San Francesco** findet am 3. und 4. Oktober statt und ist das wichtigste religiöse Fest der Stadt.

Die **Settimana Santa** (Osterwoche) wird mit Prozessionen und Vorstellungen gefeiert.

Festa di Calendimaggio   KULTUR

(www.calendimaggiodiassisi.com) Das farbenfrohe Fest begrüßt den Frühling mit bunten Kostümumzügen, Turnieren und anderen mittelalterlichen Vergnügungen. Es beginnt am ersten Donnerstag nach dem 1. Mai.

🛏 Schlafen

Besucher sollten während der Hochsaison zu Ostern, im August und September und während der Festa di San Francesco frühzeitig reservieren. Die Touristeninformation verfügt über ein Verzeichnis aller Privatunterkünfte, Wohnmöglichkeiten in kirchlichen Einrichtungen (es gibt insgesamt 17), Apartments und *agriturismi* in und um Assisi.

St Anthony's Guesthouse   B&B €

(☏ 075 81 25 42; atoneassisi@tiscali.it; Via Galeazzo Alessi 10; EZ/DZ/3BZ 45/65/85 €; ⊙ März–Mitte Nov.; ℗) Direkt an der Statue des hl. Franziskus, der die Vögel füttert, liegt ein kleines Paradies – ein ruhiges Kloster, das von charmanten Schwestern geführt wird. Die Zimmer sind spartanisch, aber freundlich und sechs Zimmer haben sogar einen Balkon mit traumhafter Aussicht. Ein schattiger Garten mit Olivenbäumen und der 800 Jahre alte Frühstücksraum sind weitere Pluspunkte der Herberge. Der Mindestaufenthalt beträgt zwei Tage, Sperrstunde ist um 23 Uhr.

Ostello della Pace   HOSTEL €

(☏ 075 81 67 67; www.assisihostel.com; Via Valecchie 177; B 17 €, DZ 44 €; ⊙ 1. März–8. Nov. & 27. Dez.–6. Jan.; ℗ @) Die Herberge liegt unterhalb der Stadtmauern in einem schönen umgebauten Bauernhaus aus dem 17. Jh. und ist ein Volltreffer. Die Schlafsäle und die Handvoll Zimmer sind blitzsauber, der gut gepflegte Garten bietet eine faszinierende Sicht auf Assisi und die berühmte Basilika. Wenn man von Santa Maria degli Angeli kommt, liegt das Hostel fast am Weg.

Hotel Ideale   B&B €

(☏ 075 81 35 70; www.hotelideale.it; Piazza Matteotti 1; EZ/DZ 50/85 €; ℗✳☏) Wirklich ideal, das einladende B&B im Familienbetrieb liegt direkt an der Piazza Matteotti. Romeo, die Katze, hat hier das Sagen. Viele der hellen, einfachen Zimmer bieten einen Balkon mit tollem Blick auf die Rocca Maggiore. Das leckere Frühstück mit frischem Gebäck, Obst und gutem Cappuccino kann man bei gutem Wetter im Garten genießen.

★ Alla Madonna del Piatto   AGRITURISMO €€

(☏ 075 819 90 50; www.incampagna.com; Via Petrata 37; DZ 85–105 €; ⊙ März–Nov.; ℗🛆) Der

KIRCHENBESICHTIGUNG

Basilica di San Francesco

➤ **Dauer**: 1½ Stunden

➤ **Siehe** S. 658

Wer die romanische **Unterkirche** betritt, findet direkt auf der linken Seite die **Cappella di San Martino**. Sie wird geprägt von den Bildern des sienesischen Künstlers Simone Martini, dessen zehnteiliger Freskenzyklus (1313–1318) das Leben und die Werke des hl. Martin von Tours darstellen. Pietro Lorenzettis Fresken *Die Passionsgeschichte Christi* (1320) befinden sich auf den Wänden des linken Querschiffs, während Cimabues *Die Jungfrau Maria mit Engeln und dem hl. Franziskus auf dem Thron* (1289) die Besucher des rechten Querschiffs in seinen Bann zieht. Die Decke über dem Hauptaltar zieren vier Bildern des sogenannten **Quattro Vele** (1315–1320), neben einem Fresko mit der Verklärung des Heiligen auch ein Lobgesang auf die franziskanischen Tugenden der Armut, Keuschheit und des Gehorsams. In der Krypta befindet sich das **Grab des hl. Franziskus**. Nachdem es fast 600 Jahre verborgen war, wurde es im Jahr 1818 nach einer 52-tägigen Ausgrabung freigelegt und im Jahr 2011 sorgfältig restauriert.

Vom Hof führen Stufen zur **Oberkirche**, die wegen ihrer Fensterrose sehr viel heller ist. Im **Hauptschiff** lohnt sich ein Blick nach oben, denn das Kreuzrippengewölbe schimmert mit kleinen Sternen wie der nächtliche Sternenhimmel. Die Wände bilden riesige Leinwände für eines der schönsten Kunstwerke der Welt: den 28-teiligen Freskenzyklus mit Szenen aus dem **Leben des hl. Franziskus** (1297–1300). Die Fresken werden dem florentinischen Künstler Giotto zugeschrieben, auch wenn das unter Kunsthistorikern nicht unumstritten ist. Werke wie die *Entsagung weltlicher Genüsse*, *Wunder der Quelle* und *Tod und Auferstehung des hl. Franziskus* sind absolut faszinierend. Die hingebungsvoll gemalten Fresken spiegeln ein beeindruckendes Bild des Heiligen, der Entsagung predigte. Über den Bildern der Sockelzone befinden sich Fresken mit Szenen aus dem **Alten und Neuen Testament**, von der *Schaffung der Welt* bis zu den *Drei Marien am Grab*.

Starker Verfall und Oxidation haben Cimabues Fresken (1280) in der Apsis und in den Querschiffen leider sehr zugesetzt und nur noch Silhouetten übrig gelassen, die aber besonders enigmatisch wirken; **Die Kreuzigung** zeigt einen hl. Franziskus, der unter dem Kreuz kniet.

ruhige *agriturismo* liegt nur 15 Fahrminuten von Assisis Basilika entfernt. Beim Aufwachen schweift der Blick über Wiesen und Olivenbäume und bringt Schwung für den neuen Tag. Jedes der sechs Zimmer wurde mit viel Liebe und Sorgfalt eingerichtet, alle haben handgedrechselte Betten, antike Möbel, handgefertigte Stoffe und viel Charakter.

Wer sich von der Terrasse losreißen kann, sollte unbedingt einen Kochkurs bei Letizia mitmachen. Sie finden zweimal pro Woche auf Italienisch oder Englisch statt. Der Tag beginnt mit dem Einkaufen auf dem Markt und endet mit einem Festmahl aus selbst gekochten Spezialitäten. Ein sechsstündiger Kurs kostet 120 € pro Person. Der Mindestaufenthalt ist zwei Tage.

Hotel Alexander
B&B €€
(📞 075 81 61 90; www.hotelalexanderassisi.it; Piazza Chiesa Nuova 6; EZ 60–80 €, DZ 80–140 €;

❉ 🛜) Das Haus liegt an der Chiesa Nuova und bietet nur wenige Zimmer. Am besten ist das Zimmer im obersten Stock, denn es ist riesig und bietet eine tolle Aussicht. Das Hotel ist relativ laut – zum einen wegen der Lage, zum anderen wegen der kargen Möblierung (Holzfußboden und keine Teppiche). Die moderne Einrichtung bildet einen schönen Kontrast zu den gut erhaltenen Altertümern ringsum.

Nun Assisi
LUXUSHOTEL €€€
(📞 075 815 51 50; www.nunassisi.com; Via Eremo delle Carceri 1a; EZ 230–280 €, DZ 280–330 €, Suite 320–550 €; 🅿 @ 🌊 🛝) Das ehemalige Kloster wurde zu einem superschicken, modernen Boutiquehotel umgebaut. Steinbögen und Deckenbalken sorgen für die ursprüngliche Atmosphäre in den modernistischen Räumen mit schlichten weißen Wänden und Flachbildfernsehern. Das

Restaurant (Gerichte 30–40 €) bietet eine moderne, jahreszeitlich orientierte umbrische Küche. Das tolle Spa des Hotels wurde zwischen römischen Ruinen aus dem 1. Jh. errichtet.

Residenza D'Epoca San

Crispino　　　　　HISTORISCHES HOTEL €€€
(☎075 815 51 24; www.assisibenessere.it; Via Sant'Agnese 11; Suite 150–330 €; @🅿) Die Villa aus dem 14. Jh. bietet nicht nur mittelalterlichen Charme, sondern auch einen begeisternden Blick auf Assisi vom Garten aus. Jede der großzügigen Suiten ist anders, aber alle bezaubern durch Originalgewölbe und so nette Sachen wie Kamin, Himmelbetten und antikes Drum und Dran. Ein kurzer Spaziergang führt zur Basilica di Santa Chiara. Das Frühstück ist im Preis inbegriffen.

Essen & Ausgehen

Pizzeria da Andrea　　　　PIZZERIA €
(Via San Ruffino 26; Stück Pizza 1,20 €; ⏱8.30–20.30 Uhr) Wer auf der Piazza eine perfekte dünne, knusprige Pizza *pizza al taglio* (im Stück) sucht oder als Abwechslung *torta al testo* (gefülltes umbrisches Brot) is(s)t hier richtig.

Trattoria Pallotta　　　　UMBRISCH €€
(☎075 81 26 49; www.pallottaassisi.it; Vicolo della Volta Pinta; Gedeck 18–27 €; ⏱Mi–Mo mittags & abends; 🖊) Der Weg führt von der Piazza del Comune durch die Volta Pinta – aber aufpassen, wenn man nach oben zu den Fresken aus dem 16. Jh. schaut – zu diesem hübschen Restaurant mit Ziegelmauern und Holzbalken. Hier werden die Klassiker der umbrischen Küche serviert: Kaninchen, hausgemachte *strangozzi* (Nudeln) und Täubchen.

Osteria dei Priori　　　　UMBRISCH €€
(☎075 81 21 49; Via Giotto 4; Gerichte 25–35 €; ⏱Di–So) Sabrina schafft für ihre wunderbare gemütliche *osteria* die besten Zutaten der Region herbei. Wer vorher reserviert hat, kann an den weiß gedeckten Tischen unter Ziegelgewölbe umbrische Spezialitäten wie *norcina* (Nudeln in sahniger Pilz-Wurst-Sauce) oder Wildschweinragout speisen – alles ist frisch zubereitet, schmeckt lecker und wird liebevoll angerichtet.

La Locanda del Podestà　　　UMBRISCH €€
(☎075 81 65 53; www.locandadelpodesta.it; Via San Giacomo 6; Gerichte 20–30 €; ⏱tgl.) Das niedliche, aber winzige Restaurant mit niedrigen Gewölben und Steinmauern

ALLE HEILIGEN

Was Heilige betrifft, so bietet Umbrien eine Starbesetzung. Hier befindet sich nicht nur der viel besuchte Geburtsort des hl. Franziskus, sondern auch zwei andere bedeutende Heilige stammen aus der Region: der hl. Benedikt und der hl. Valentin, der Casanova unter den Heiligen. Der hl. Benedikt, Begründer des Benediktinerordens und des westlichen Mönchtums, wurde 480 n. Chr. in **Norcia** geboren. Der hl. Valentin dagegen war Bischof in **Terni**, angeblich starb er am 14. Februar 273 den Märtyrertod. Seine sterblichen Überreste befinden sich in der **Basilica di San Valentino**, die heute ein beliebter Ort für Trauungen ist und in der alljährlich am Valentinstag ein großes Fest stattfindet. Wer jemanden ganz besonders beeindrucken möchte, sollte zu einem romantischen Wochenende hierher reisen – das ist um Längen besser als ein Rosenstrauß von der Tankstelle. Mehr Inspiration findet man unter www.sanvalentinoterni.it

steckt voller Charme. Die Küche bietet die typischen umbrischen Gerichte wie *torta al testo* mit Schinken oder *strangozzi* mit Trüffel, dazu gibt es einheimische Weine. Auch das freundliche Personal trägt dazu bei, dass man sich wohlfühlt.

Ristorante Metastasio　　　ITALIENISCH €€
(☎075 81 65 25; Via Metastasio 9; Gerichte 20–30 €; ⏱Do–Di) Bei Sonnenuntergang ist die Terrasse des Restaurants besonders beliebt – vor den Tischen liegt sehr pittoresk das Tal unterhalb von Assisi. Auch das Essen lohnt den Besuch, besonders zu empfehlen sind die Nudelgerichte, z. B. Pappardelle mit Steinpilzen und Wildschwein.

Bibenda Assisi　　　　WEINBAR
(www.bibendaassisi.it; Via Nepis 9; 🛜) In letzter Zeit lobt jeder diese rustikale Weinbar. Zu den einheimischen *vini* kann man lokale Leckereien wie *salumi e formaggi* (Wurst und Käse) bestellen. Nila gibt Empfehlungen zu den Weinen.

Gran Caffè　　　　　CAFÉ
(Corso Mazzini 16; ⏱8–23 Uhr) Hier gibt es fantastisches *gelato*, Kuchen und Kaffee. Der

tè freddo alla pesca (Eistee mit Pfirsich) ist optimal an einem heißen Tag.

ℹ Praktische Informationen

Post (Porta San Pietro; ⊙ Mo–Fr 8.20–13.45, Sa 8.20–12.45 Uhr)

Touristeninformation (☏ 075 813 86 80; www.assisi.regioneumbria.eu; Piazza del Comune 22; ⊙ Mo–Fr 8–14 & 15–18 Uhr, im Sommer So 10–13 & 14–17 Uhr, im Winter 9–13 Uhr) Hier erhält man Karten, Broschüren und Informationen über Unterkünfte.

ℹ Anreise & Unterwegs vor Ort

AUTO & MOTORRAD

Wer mit dem Auto von Perugia kommt, nimmt auf der SS75 die Ausfahrt Ospedalicchio und folgt der Beschilderung.

In der Innenstadt ist tagsüber das Parken unmöglich. Der am nächsten an der Altstadt gelegene Parkplatz befindet sich an der Piazza Giovanni Paolo II; das Parken kostet 1 € pro Stunde.

BUS

Die Busse von **Umbria Mobilità** (S. 641) fahren von der Piazza Matteotti nach Perugia (4 €, 45 Min., 9-mal tgl.) und Gubbio (6,50 €, 70 Min., 11-mal tgl.). Die Busse von **Sulga** (☏ 075 500 96 41; www.sulga.it) fahren ab der Porta San Pietro nach Florenz (12 €, 2½ Std., 1-mal tgl. um 7 Uhr) und zum Bahnhof Tiburtina in Rom (18,50 €, 3¼ Std., 3-mal tgl.).

TAXI

Ein Taxi bestellt man unter der Nummer ☏ 075 81 31 00.

ZUG

Assisi liegt an der Strecke Foligno–Terontola mit regelmäßiger Verbindung nach Perugia (2,50 €, 20 Min., stündl.). In Terontola kann man nach Florenz umsteigen (14,50–21 €, 2–3 Std., 11-mal tgl.) und in Foligno nach Rom (10–22 €, 2–3 Std., 14-mal tgl.). Der Bahnhof von Assisi befindet sich 4 km westlich in Santa Maria degli Angeli; der Shuttlebus C (1 €, 13 Min.) verkehrt alle 30 Minuten zwischen dem Bahnhof und der Piazza Matteotti. Fahrscheine verkaufen die *tabaccaio* am Bahnhof oder in der Stadt.

Spello

8620 EW.

Manchmal ist es kaum vorstellbar, dass der nächste umbrische Ort noch schöner sein könnte als der letzte. Und dann kommt man nach Spello: auf den ersten Blick ein Durcheinander von honigfarbenen Häusern

entlang eines Berges, das von drei soliden römischen Toren und schachspielähnlichen Türmen bewacht wird.

Im Sommer zeigen die Einwohner mit dem grünen Daumen, was sie können. Die Straßen laufen über von prächtigen Blumenampeln und -töpfen, überall blüht und duftet es.

⊙ Sehenswertes

In Spello beginnt man den Rundgang am besten an der **Porta Consolare**, die noch aus römischen Zeiten stammt. Von dort führt der Weg zur Piazza Matteotti, dem Zentrum Spellos, an der sich auch die beeindruckende **Chiesa di Santa Maria Maggiore** (Piazza Matteotti; ⊙ März–Okt. 8.30–12.30 & 15–19 Uhr, Nov.–Feb. bis 18 Uhr) aus dem 12. Jh. erhebt. Hier befindet sich rechts in der **Cappella Baglioni** die größte Sehenswürdigkeit Spellos: Pinturicchios wunderbare Frührenaissance-Fresken, die das Leben Christi zeigen. Auch der Fußboden von 1566 lohnt einen Blick. An der Piazza steht auch die etwas düster erscheinende **Chiesa di Sant'Andrea** (Piazza Matteotti; ⊙ 8–19 Uhr), in der sich Pinturicchios *Madonna mit Kind und Heiligen* bewundern lässt.

Der beste Blick bietet sich hinter dem **Arco Romano** an der **Chiesa di San Severino**. Das Kloster der Kapuzinermönche ist für Besucher nicht geöffnet, aber seine romanische Fassade ist mindestens so beeindruckend wie die Aussicht auf die Umgebung.

✺ Feste & Events

Corpus Domini RELIGIÖS
Im Juni (am dem Sonntag, der 60 Tage nach Ostern liegt) feiern die Einwohner von Spello das Fest Fronleichnam (Corpus Domini). Aus diesem Anlass dekorieren sie die Hauptstraße höchst kunstvoll mit bunten Mustern aus frischen Blumen. Wer am Samstagabend vor der Prozession im Ort ist, kann beim Legen der Blumenfantasien zuschauen (ab ca. 20.30 Uhr). Die Fronleichnamsprozession beginnt am Sonntag um 11 Uhr.

🛏 Schlafen

Agriturismo il Bastione AGRITURISMO €
(☏ 320 6761004; www.bastione.it; Via Fontemonte 3; DZ 75–90 €, inkl. Halbpension 125–140 €; ❀ ⓦ) Das Gut aus dem Mittelalter ist ein wahres Vergnügen! Der *agriturismo* liegt umgeben von Olivenbäumen an den Hängen

des 1290 m hohen Monte Subasio und bietet eine wunderbare Aussicht auf die nahen Berge und Täler. Die rustikal eingerichteten Zimmer und Suiten besitzen schmiedeeiserne Betten, Holzbalken und Steinwände. Das Abendessen wird in einem Restaurant mit Tonnengewölbe serviert, auf den Tisch kommen Erzeugnisse vom eigenen Hof.

Man kann hier gut und gerne ein oder zwei Tage verbringen, Radfahren (Mountainbikes stehen zur Verfügung), Ausritte unternehmen oder durch den Naturpark Monte Subasio nach Assisi wandern, das nur etwa 6 km entfernt ist.

La Residenza dei Cappuccini B&B €
(☑331 4358591; www.residenzadeicappuccini.it; Via Cappuccini 5; DZ 50–65 €; ☎) Das hübsche kleine B&B liegt in einer steilen, verwinkelten Gasse. Es schmückt sich mit einem Innenhof mit freigelegten Balken und Mauern. Alle Zimmer bieten eine Kochecke und einen gefüllten Frühstückskorb. Am schönsten ist Saio mit eigenem Kamin. Der Besitzer kann auch Ausritte organisieren.

Palazzo Bocci HISTORISCHES HOTEL €€
(☑0742 30 10 21; www.palazzobocci.com; Via Cavour 17; EZ/DZ/Suite 100/160/230 €; P ❋ ☎ ♿) In den Mauern des aus dem 17. Jh. stammenden *palazzo*, besonders im reich mit Fresken geschmückten Salon, bekommt man das richtige Gefühl für die Geschichte Spellos. Die schlichten, aber eleganten Zimmer haben Fliesen und Holzbalken oder Deckenmalereien. Von der Terrasse im Garten bietet sich ein hübscher Blick auf die Landschaft. Das zum Hotel gehörende Restaurant befindet sich in einer Mühle aus dem 14.; auf den Tisch kommen das beste Erzeugnisse Umbriens, wie z. B. Trüffel aus Norcia.

✕ Essen & Ausgehen

Osteria del Buchetto OSTERIA €€
(☑0742 30 30 52; Via Cappuccini 19; Gerichte 25–30 €; ⊘Di–So) Das Restaurant hoch oben in der Stadt in der Nähe des Arco Romano besitzt eine Terrasse mit romantischer Aussicht über das Tal Richtung Assisi. Hier werden regionale Spezialitäten mit viel Zeit zum Genießen serviert. Man könnte mit den *strangozzi* mit Trüffel (oder, je nach Saison, auch Spargel) beginnen und dann mit der Spezialität des Hauses – perfekt gegrillten Steaks – weitermachen.

Enoteca Properzio WEINBAR
(☑074 230 1521; www.enotecaproperzio.com; Palazzo dei Canonici, Piazza Matteotti 8; ⊘im Sommer 9–23 Uhr, im Winter 9–20 Uhr) In der schönsten *enoteca* der Stadt kann man für 30 € ein halbes Dutzend Weine aus Umbrien probieren, dazu werden Käse, Schinken und Bruschetta serviert.

❶ Praktische Informationen

Touristeninformation (Pro Loco; ☑074 230 1009; www.prospello.it; Piazza Matteotti 3; ⊘9.30–12.30 & 15.30–18 Uhr) Hier gibt es Stadtpläne, ein Verzeichnis der Unterkünfte und Wanderkarten (u. a. für eine 8 km lange Wanderung über die Berge nach Assisi).

❶ An- & Weiterreise

AUTO & MOTORRAD

Spello liegt an der SS75 zwischen Perugia und Foligno.

ZUG

Mindestens stündlich fahren Züge nach Perugia (3 €, 30 Min.) und Assisi (1,70 €, 10 Min.). Da der Bahnhof häufig unbesetzt ist, sollten Fahrgäste die Tickets an den Automaten kaufen. Der Fußweg vom Bahnhof zum Zentrum dauert 10 Minuten.

Gubbio

32 400 EW.

Während der größte Teil Umbriens im Laufe der Jahrhunderte weich und sanft wurde, wirkt Gubbio immer noch eckig, nüchtern, beeindruckend und durch und durch mittelalterlich. Die Stadt thront auf den steilen Hängen des Monte Ingino, die gotischen Gebäude winden sich den Berg empor zur *funivia* – einer Art umbrischer Achterbahn.

◉ Sehenswertes

★ Funivia Colle Eletto AUSSICHTSPUNKT
Auch wenn die **Basilica di Sant'Ubaldo** hoch oben auf dem Monte Ingino eine wunderschöne Kirche ist, ist das eigentliche Abenteuer der Weg dorthin. Die Fahrt mit der **Funivia** (Erw./erm. 5/4 €; ⊘im Sommer tgl. 9–20 Uhr, im Winter Do–Di 10–17 Uhr; ♿) ist genauso amüsant wie eine Fahrt mit der Achterbahn. Während das Wort *funivia* eine geschlossene Gondel vermuten lässt, besteht die Bahn in Wirklichkeit aus einer Art Skilift, der die Besucher in gefährlich aussehenden Metallkäfigen den Berg hinaufbefördert.

UMBRIEN & DIE MARKEN GUBBIO

Gubbio

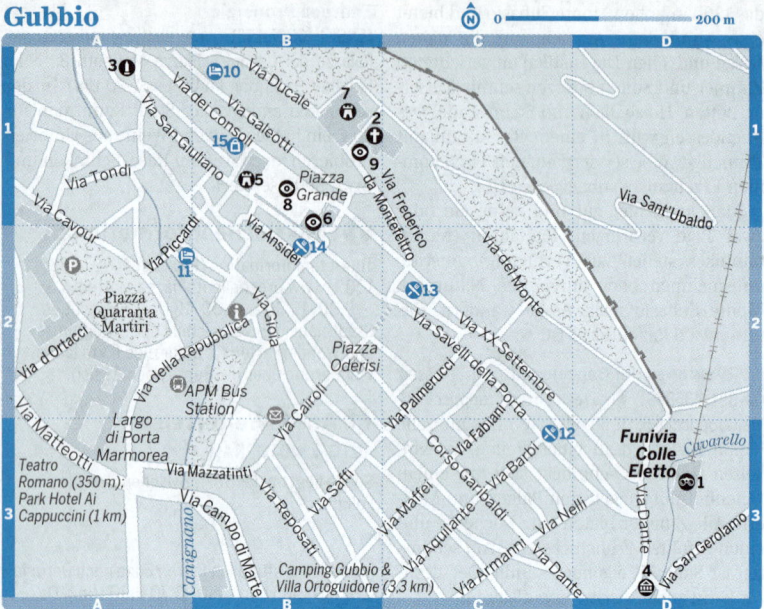

Gubbio

Zum Einsteigen muss man sich auf einen roten Punkt stellen und wird dann von einem Mitarbeiter in den fahrenden Käfig geschoben – wer fragt hier schon nach Sicherheit oder dem persönlichen Befinden? Wenn der erste Schreck überstanden ist, kann man die Fahrt über Gubbio genießen – die eigentlich so bergige Stadt wird allmählich zu einer kleinen, flachen Spielzeugstadt und das gesamte Tal breitet sich malerisch vor einem aus.

Die Basilika ist nach der aufregenden Fahrt zu ihr fast ein bisschen enttäuschend. Über dem Altar befindet sich der gläserne Sarg des hl. Ubaldo, der im 12. Jh. Bischof von Gubbio war. Zur Kirche gehört auch ein kleines Museum, das der Corsa dei Ceri gewidmet ist. Hier werden die riesigen Statuen gezeigt, die während der Corsa dei Ceri (des wohl beliebtesten Festes in Gubbio) durch den Ort getragen werden.

Auf dem Berg befindet sich am Eingang zur Funivia ein Café, aber am schönsten verbringt man den Tag mit einem kleinen Picknick und einer Wanderung durch die Umgebung.

Piazza Grande   PIAZZA
Die mittelalterlichen Attraktionen Gubbios stehen rund um die Piazza Grande; hier findet auch die Corsa dei Ceri statt. Beherrschendes Gebäude ist der aus dem 14. Jh. stammende **Palazzo dei Consoli**,

der Gattapone zugeschrieben wird. Die von Zinnen bekrönte Fassade und der Turm sind von überall aus zu sehen. Im Inneren des Gebäudes befindet sich das **Museo Civico** (Piazza Grande; Erw./erm. inkl. Galerie 5/ 2,50 €; ☺Sommer 10–13 & 14.30–17.30 Uhr, Winter 10–13 & 14.30–17.30 Uhr) mit den berühmten Eugubinischen (auch: Iguvinischen) Tafeln, die 1444 entdeckt wurden. Diese sieben Bronzetafeln, die zwischen 300 und 100 v. Chr. geschaffen wurden, sind die beste existierende Quelle der alten umbrischen Schrift. Im Obergeschoss befindet sich eine Gemäldegalerie mit Werken aus Gubbio, im Untergeschoss – von der Rückseite aus erreichbar – ein kleines archäologisches Museum.

Auf der gegenüberliegenden Seite der Piazza steht der **Palazzo del Podestà**. Er ähnelt in seiner Gestaltung dem größeren Palast vis-à-vis und wird heute als Rathaus genutzt.

Via Federico da Montefeltro STRASSE
Von der Via Ducale führt der Weg zur Via Federico da Montefeltro, wo man auf ein historisches Dreigespann trifft. Dazu gehört der aus dem 13. Jh. stammende rosafarbene **Dom** (Via Federico da Montefeltro; Spenden willkommen; ☺10–17 Uhr) mit einem wunderbaren Glasfenster aus dem 12. Jh. und einem Fresko, das Bernardino Pinturicchio zugeschrieben wird. Gegenüber steht der **Palazzo Ducale** (Erw./erm. 5/2,50 €; ☺8.30– 19.30 Uhr), der von der Familie des Herzogs von Montefeltro als verkleinerte Version ihres großen *palazzo* in Urbino gebaut wurde. Daneben befindet sich das **Museo Diocesano** (Erw./erm. 5/2,50 €; ☺Di–So 10.30– 18 Uhr) mit einer recht sehenswerten Kunstsammlung, die 2000 Jahre Kirchengeschichte beleuchtet.

Museo della Maiolica a Lustro MUSEUM
(Via Dante 24; Eintritt 2,50 €; ☺10.30–13 & 15.30–19 Uhr) Direkt unterhalb der Funivia

---

NICHT VERSÄUMEN

OH TANNENBAUM!

1991 wurde er im Guinness Buch der Rekorde aufgeführt, im Jahr 2011 schaltete Papst Benedikt XVI. vom Vatikan aus die Leuchten an und 2012 übernahm das der italienische Staatspräsident Giorgio Napolitano – Gubbios leuchtendes, 650 m hohes Riesenteil von Weihnachtsbaum ist ganz offiziell der größte der Welt. An der Flanke des Monte Ingino leuchten 3000 solarbetriebene Lichter, gekrönt von einer Sternschnuppe. Den Tannenbaum sieht man schon von Weitem und jedes Jahr lockt er zwischen dem 7. Dezember (Mariä Empfängnis) und dem 6. Januar (Dreikönigstag) Tausende von Besuchern in die mittelalterliche Stadt. Genaue Information über das alljährliche Ereignis findet man unter www.alberodigubbio.com

Colle Eletto befindet sich das Museum, das der *A-lustro*-Keramik gewidmet ist. Diese Keramik hat ihren Ursprung im muslimischen Spanien des 11. Jhs. Im zweiten Stock teilen sich Keramiken aus vorgeschichtlicher Zeit den Platz mit Stücken aus dem Mittelalter und der Renaissance.

Fontana dei Pazzi DENKMAL
Vor dem aus dem 14. Jh. stammenden **Palazzo del Bargello**, im Mittelalter eine Polizeistation und das Gefängnis der Stadt, steht die Fontana dei Pazzi (Brunnen der Verrückten). Wer dreimal um ihn herumgeht, soll angeblich verrückt werden. An jedem Wochenende im Sommer macht man sich schon so seine Gedanken über die geistige Gesundheit der Touristenscharen, die genau das tun!

Teatro Romano HISTORISCHE STÄTTE
(Römisches Theater; ☺April–Sept. 8.30– 19.30 Uhr, Okt.–März 8–13.30 Uhr) GRATIS Südwestlich der Piazza Quaranta Martiri liegen hinter dem Viale del Teatro Romano die überwucherten Überreste des römischen Theaters aus dem 1. Jh.

🎇 Feste & Events

Corsa dei Ceri KULTUR
(www.ceri.it) Das Kerzenrennen ist ein jahrhundertealtes Ereignis, das jedes Jahr am 15. Mai in Erinnerung an den Schutzpatron

der Stadt, den hl. Urbano, über die Bühne geht. Es beginnt um 5.30 Uhr; jede der drei teilnehmenden Mannschaften trägt ein *cero* (eine massive 400 kg schwere Holzsäule mit der Statue eines „rivalisierenden" Heiligen) und rennt damit durch die Straßen der Stadt. Der Wettlauf ist eines der lebendigsten Feste Italiens und lohnt wirklich den Besuch.

Palio della Balestra KULTUR

Am letzten Sonntag im Mai findet der jährliche Bogenwettbewerb statt. Die Bogenschützen aus Gubbio kämpfen mit mittelalterlichen Armbrüsten gegen ihre Nachbarn aus Sansepolcro. Das ganze Jahr über kann man in den Touristenläden alles kaufen, was dazu gehört.

🛏 Schlafen

Camping Gubbio & Villa Ortoguidone CAMPINGPLATZ €

(☎075 927 20 37; www.gubbiocamping.com; Loc Ortoguidone, Cipoletto 49; Camping 2 Pers., Auto & Zelt 29 €; ☉Ostern–Sept.; 🏊) Dieser Campingplatz gefällt mit Sicherheit der ganzen Familie. Er bietet alle erdenklichen Annehmlichkeiten, dazu einen Tennisplatz, Pool, Whirlpool, einen schönen Spielplatz und eine Snackbar. Von der SS298 folgt man 3 km lang der Beschilderung zum Agriclub Villa Ortoguidone.

Residenza di Via Piccardi HISTORISCHES HOTEL €

(☎075 927 61 08; www.residenzadiviapiccardi.it; Via Piccardi 12; EZ/DZ 40/60 €) Durch einen Torbogen betritt man den romantischen kleinen Garten dieses alten Wohnhauses. Wer möchte, kann auch ein romantisches Frühstück im Garten genießen oder in der Kochecke des Mini-Apartments selber kochen. Das mittelalterliche Haus im Familienbesitz bietet gemütliche Zimmer mit reichlich Blumendekor und allem notwendigen Komfort.

Relais Ducale HOTEL €€

(☎075 922 01 57; www.relaisducale.com; Via Galeotti 19; EZ 75–105 €, DZ 85–175 €; @) Wer hier übernachten möchte, sollte gut in Form sein, um den steilen Anstieg zum Hotel und zwei Treppen zu bewältigen – aber das Hotel ist diese Mühen wert. Es befindet sich in einem umgebauten Anbau des Palazzo Ducale und besticht durch wunderschöne Zimmer mit glänzenden Holzfußböden und ausgewählten Antiquitäten; ein Zimmer hat sogar ein gemauertes Tonnengewölbe. Die Terras-se bietet nicht nur viele Blumen, sondern auch einen schönen Blick über die Piazza della Signoria.

Park Hotel Ai Cappuccini BOUTIQUEHOTEL €€€

(☎075 92 34; www.parkhotelaicappuccini.it; Via Tifernate; EZ 140–190 €, DZ 160–240 €, Gerichte 35–45 €; P ✳ 🛜 🏊) Die Stille hängt wie eine Mönchskutte über diesem fantastisch umgebauten Kloster aus dem 17. Jh. Geschichte und moderner Komfort werden in diesem Haus geschickt vermischt. Die klassisch eleganten Zimmer sind mit schönen Stoffen und viel poliertem Holz ausgestattet. Das Hotel besitzt eine eigene Kunstgalerie, ein ausgezeichnetes Restaurant mit mediterraner Küche, ein Hallenbad mit Spa und einen wunderschönen Garten – eines der Tophäuser in der Stadt.

 Essen

Eine schnelle Pizza oder Pasta findet man in den Snackbars auf dem Corso Garibaldi und der Via dei Consoli.

Picchio Verde KLASSISCH ITALIENISCH €

(☎075 927 66 49; www.ristorantepicchioverde. com; Via Savelli della Porta 65; Gerichte 15–25 €; ☉tgl.) Der grüne Specht in der Altstadt lockt eine große Anzahl Stammgäste, die das gute Essen und die moderaten Preise zu schätzen wissen, in sein gemütliches Gewölbe. Nach der selbst gemachten Pasta (besonders lecker sind die mit geschmortem Hasen gefüllten *mezzelune*) wird als Hauptgericht perfekt über dem Feuer gegrilltes Fleisch serviert. Das Menü mit zwei Gängen, Wein, Wasser und Kaffee kostet nur 15 €.

Ristorante Ulisse e Letizia UMBRISCH €€

(☎075 922 19 70; Via Mastro Giorgio 2; Gerichte 25–35 €; ☉Di-So) Früher war das stimmungsvolle Restaurant mit Ziegelwänden und Holzbalken eine Keramikwerkstatt. Die Atmosphäre hier ist herzlich und familiär und das Essen ist hausgemacht (auch das Olivenöl und die Nudeln) oder aber in der Region erzeugt (Trüffeln und andere Pilze).

Taverna del Lupo UMBRISCH €€€

(☎075 927 43 68; www.tavernadellupo.it; Via Ansidei 21; Gerichte 35–45 €; ☉Di-So) Sanftes Licht wirft flackernde Schatten auf das Tonnengewölbe in Gubbios feinstem Restaurant. Hier wird eine kreative umbrische Küche mit mittelalterlichem Charme serviert. Die Atmosphäre ist gepflegt, auf den Tischen liegen weiße Tischdecken, serviert wird auf edlem Porzellan. Besonders zu empfehlen sind die Ravioli in Spargel-Steinpilz-Sauce und der zarte Kapaun mit Trüffel, dazu wird der passende Wein kredenzt.

 Shoppen

Leo Grilli Arte
KUNSTHANDWERK

(Via dei Consoli 78) Im Mittelalter war Keramik eine der Haupteinnahmequellen von Gubbio. Tolle moderne Töpferware wird in dieser schon etwas renovierungsbedürftigen Villa aus dem 15. Jh. verkauft.

ⓘ Praktische Informationen

Post (☎ 075 927 39 25; Via Cairoli 11; ⏱ Mo–Fr 8–18.30, Sa 9–12.30 Uhr)

Touristeninformation (☎ 075 922 06 93; www. comune.gubbio.pg.it; Via della Repubblica 15; ⏱ Mo–Fr 8.30–13.45 & 15.30–18.30, Sa & So 9–13 & 15–18.30 Uhr) Hier erhält man die Gubbio Turisticard und mehrsprachige Audioguides (3 €).

ⓘ Anreise & Unterwegs vor Ort

Gubbio hat keinen Bahnhof, aber die Busse von **Umbria Mobilità** (S. 641) fahren ab der Piazza Quaranta Martiri nach Perugia (5,50 €, 1¼ Std., 10-mal tgl.).

Wer mit dem Auto anreist, nimmt die SS298 von Perugia oder die SS76 von Ancona und folgt den Hinweisschildern.

Spoleto

39 300 EW.

Der Anblick von Spoleto ist wirklich umwerfend – die Stadt wird gekrönt von einer imposanten mittelalterlichen Festung und dahinter erheben sich die Berge des Apennin, von einer weißen Schneehaube bedeckt.

In der Bergstadt haben viele Völker ihren historischen Fußabdruck hinterlassen: Die Römer bauten große Bögen und ein Amphitheater, die Lombarden machten Spoleto 570 zur Hauptstadt ihres Herzogtums. Die Stadt wurde groß und mächtig und die Lombarden hinterließen als Abschiedsgeschenk einen romanischen Dom aus dem frühen 13. Jh.

Heute steht die Stadt auch wegen des riesigen Festival dei Due Mondi im Rampenlicht – das 17-tägige Spektakel mit Oper, Tanz, Musik und Kunst findet alljährlich im Sommer statt –ebenso wie sein Gegenstück (Spoleto-Festival) in Charleston.

◉ Sehenswertes

Rocca Albornoziana
FESTUNG, MUSEUM

(Piazza Campello; Erw./erm. 7,50/6,50 €; ⏱ im Sommer 9.30–19.30 Uhr, im Winter bis 18.30 Uhr) Die Rocca, eine finstere ehemalige päpstliche Festung aus dem 14. Jh., die sich hoch und mächtig über Spoleto erhebt, ist heute schnell und bequem mit der Rolltreppe von der Via della Ponzianina zu erreichen. In der Festung befindet sich das **Museo Nazionale del Ducato**, das die Geschichte des Herzogtums Spoleto anhand einer Reihe von Artefakten aus römischer, byzantinischer, karolingischer und lombardischer Zeit zeigt, vom Sarkophag aus dem 5. Jh. bis zu byzantinischem Schmuck.

Museo Archeologico
MUSEUM

(Via S Agata; Erw./erm. 4/2 €; ⏱ 8.30–19.30 Uhr) Wichtigster Sightseeing-Stopp im Stadtzentrum ist das Archäologische Museum im Westen der Piazza della Libertà. Es zeigt auf vier Stockwerken eine hervorragende Sammlung römischer und etruskischer Funde aus der Region. Vor der Tür liegt das recht gut erhaltene **Teatro Romano** (Römisches Amphitheater) aus dem 1. Jh. Im Sommer finden hier häufig Liveaufführungen statt. Näheres dazu erfährt man im Museum und in der Touristeninformation.

Museo Carandente
MUSEUM

(www.palazzocollicola.it; Piazza Collicola; Erw./erm. 4/3 €; ⏱ Mi–So 10.30–13 & 15.30–19 Uhr) Die einstige Galleria d'Arte Moderna – eine ausgezeichnete Sammlung von Kunstwerken der Moderne– wurde inzwischen nach ihrem ehemaligen Direktor, der auch als Kunstkritiker einen guten Namen hatte, Giovanni Carandente benannt und weiter ausgebaut. Zu sehen gibt es italienische Kunst aus dem späten 20. Jh., u. a. Arbeiten des Bildhauers Leonardo Leoncillo.

Casa Romana
HISTORISCHES GEBÄUDE

(Römisches Haus; Via di Visiale; Erw./erm. 3/2 €; ⏱ im Sommer Mi–Mo 11–19 Uhr, im Winter bis 17 Uhr) Das ausgegrabene römische Haus ist zwar nicht mit den zahlreichen gut erhaltenen Relikten von Pompeji zu vergleichen, vermittelt aber dennoch einen guten Eindruck, wie ein typisches Haus im 1. Jh. v. Chr. ausgesehen haben könnte. Südlich davon, unweit der Piazza Fontana, stehen die Überreste des **Arco di Druso e Germanico** (Bogen des Drusus und Germanicus, Söhne des Kaisers Tiberius), der den Eingang zum antiken Forum bildete.

Spoleto

N 0 ————————————————— 200 m

UMBRIEN & DIE MARKEN SPOLETO

Piazza della Vittoria
Busbahnhof
Piazza Garibaldi
10
Viale Martiri della Resistenza
Corso Garibaldi
Via dell'Anfiteatro
Via Cacciatori delle Alpi
Tessino
Via Flaminia
P
Via del Trivio
14
Hotel San Luca (20 m)
Via Salaria Vecchia
12
S Andrea
Via Viata S
Largo B Gigli
Via Filitteria
Via del Duomo
Piazza della Signoria
3
Piazza S Domenico
Via Adriano Belli
Piazza Mentana
Piazza Pianciani
Piazza Collicola
Piazza del Duomo
5
Via Plinio il Giovane
Corso Giuseppe Mazzini
Via di Fontesecca
Via A Saffi
Via Matteo Gattaponi
16 Piazza Sordini
Via del Mercato
Piazza del Mercato 2
Piazza del Municipio
Piazza Campello
8
7
6
15
Via della Trattoria
Via dell'Arco Druso
Via di Visiale
Via Brignone
Via S Agata 4
9
Piazza Fontana
1
17
Via degli Eremiti
13
Via del Ponte
P
Piazza della Libertà
Largo Possenti
Viale delle Terme
11
Viale Giacomo Matteotti
Via Benedetto Egio
Via Monterone
Via Sant'Angelo
Via Flaminia
Tessino
Chiesa di San Pietro (600 m)

Duomo di Spoleto

KIRCHE

(Piazza Duomo; ⏰ im Sommer 8.30–12.30 & 15.30–19 Uhr, im Winter bis 18 Uhr) Eine Treppenflucht führt zum hübschen sandfarbigen Dom, der im 11. Jh. errichtet wurde. Dabei verwendete man für den schlichten Glockenturm riesige Steinblöcke aus früheren römischen Gebäuden. Beim Umbau im 17. Jh. wurde ein schönes Renaissanceportal errichtet. Die bunten Mosaikfresken in der Apsis sind ein Werk von Filippo Lippi und seinen Schülern. Lippi starb bevor er sein

Spoleto

Werk vollenden konnte. Der von Florenz nach Spoleto gereiste Lorenzo de Medici beauftragte Lippis Sohn Filippino, ein Mausoleum für den Vater zu bauen; es steht im Querschiff des Doms auf der rechten Seite.

Museo del Tessile e del Costume MUSEUM
(Textil- und Trachtenmuseum; Via delle Terme; Erw./erm. 3/2,50 €; ⊙ Sa & So 15–19 Uhr) Das Museum im Palazzo Rosari-Spada in der Nähe des neu gestalteten Kunstmuseums zeigt eine Sammlung edler Kleidung aus dem 15. bis 20. Jh., die von einigen der führenden Familien der Region zur Verfügung gestellt wurde.

Chiesa di San Pietro KIRCHE
(Località San Pietro; ⊙ im Sommer 9–18.30 Uhr, im Winter 9–12 & 15.30–17 Uhr) Ein einstündiger Spaziergang führt entlang der Via del Ponte zum **Ponte delle Torri**, der im 14. Jh. auf den Fundamenten eines römischen Aquäduktes errichtet wurde. Wer über die Brücke geht und der Strada di Monteluco folgt, erreicht die Chiesa di San Pietro. Ihre Fassade aus dem 13. Jh. ist über und über mit Tierreliefs bedeckt.

⊙ Giro dei Condotti

So beeindruckend wie die Rocca ist, ihre Festungsmauern sind der Anziehungspunkt für Fotografen, mutige Wanderer und für alle, die einen umwerfenden Blick zu

schätzen wissen. Die meisten Leute halten wirklich die Luft an, wenn sie zum ersten Mal die mittelalterliche **Ponte delle Torri** sehen. Die zehnbögige Brücke spannt sich spektakulär über eine tiefe, bewaldete Schlucht – der Anblick wurde bereits 1840 in einem Ölgemälde von Turner eingefangen. Wer möglichst viel von dieser Attraktion sehen möchte, sollte sich bequeme Wanderschuhe anziehen und den 6 km langen **Giro dei Condotti** unternehmen. Die Wanderung führt auf sonnigen Waldwegen zu einem Aussichtspunkt mit dem klassischen Postkartenblick auf die Brücke, das Tal und die auf dem Berg thronende Festung.

Feste & Events

Spoleto Festival KUNST
(www.festivaldispoleto.it; ⊙ Ende Juni–Mitte Juli) Der italo-amerikanische Komponist Gian Carlo Menotti hatte 1958 die Idee für das Festival dei Due Mondi (Festival zweier Welten). Es ist auch als Spoleto Festival bekannt und hat dem Ort zu weltweiter Berühmtheit verholfen. Die zahlreichen Vorstellungen während des 17-tägigen Festivals reichen von Oper und Theatervorstellungen bis zu Ballett und Kunstausstellungen. Genauere Informationen und Tickets erhält man auf der Website.

🛏 Schlafen

Die örtliche Touristeninformation hilft bei der Suche von *affittacamere* (Fremdenzimmer), Hostels, Campingplätzen und *agriturismi* in der Umgebung. Während des Festivals explodieren die Übernachtungspreise, in der Nebensaison fallen sie wieder. In vielen der unten genannten Unterkünfte erhält man bei Buchung über das Internet einen Rabatt.

Ein großer Teil der Altstadt ist Fußgängerzone und für den Verkehr gesperrt – die Hotels bieten meistens kostenlose Parkplätze außerhalb der Stadtmauern an.

L'Aura B&B €
(074 34 46 43; Piazza Torre dell'Olio 5; EZ 40–50 €, DZ 60–70 €; ℗ @) Dieses nette B&B im obersten Stock eines 200 Jahre alten *palazzo* ist ein gemütlicher Rückzugsort. Claudia sorgt dafür, dass sich ihre Gäste wohlfühlen und hat ausgezeichnete Tipps für Spoleto. Das Haus ist sauber und gepflegt, bietet eine Terrasse mit Blick über die Dächer bis zu den Bergen und die hellen Zimmer haben Holzbalken. Man muss allerdings sein

JÄGER UND SAMMLER

Gastronomisch gesprochen ist Norcia eine Stadt der Jäger und Sammler. Die Geschäfte in der Hauptstadt des geräucherten Fleisches laufen über mit leckerem Schinken vom Schwein oder Wildschwein, Salami und anderen Würsten. Tatsächlich ist das Wort „Norcineria" in ganz Italien ein Synonym für „Fleischerei" geworden.

Schweine sind jedoch nicht die einzigen Tiere, die gerne im Unterholz unter den Eichen der umgebenden Wälder wühlen. In der Gegend gibt es auch die größten Vorkommen der Region des seltenen *tartufo nero*. Sie werden von Hunden entdeckt, die von einem *cavatore* (Trüffeljäger) geführt werden. Wer gerne selbst einmal auf Trüffeljagd gehen möchte, kann an einer vom Palazzo Seneca organisierten **Trüffelsuche** teilnehmen. Oder man bittet in der Touristeninformation um Kontakt zu einem einheimischen Führer, der auf der Suche nach dem kulinarischen Gold ist.

Wer am letzten Februarwochenende oder am ersten Wochenende im März in Norcia ist, sollte die **Mostra Mercato del Tartufo Nero** (www.neronorcia.it) besuchen. Zu dieser Messe kommen Tausende Besucher, um die leckeren Trüffel und *salumi* zu probieren und direkt von den Händlern zu kaufen.

Gepäck die Treppen hochwuchten, da es keinen Aufzug gibt.

Hotel dei Duchi HOTEL €€

(☎ 074 34 45 41; www.hoteldeiduchi.com; Viale Giacomo Matteotti 4; EZ 75–85 €, DZ 90–200 €; P ❄ @ 🛜) Der Zweckbau neben einem gepflegten Park etwas außerhalb der Altstadt bietet große, saubere und gut ausgestattete Zimmer, denen es aber etwas an Charme fehlt. Dafür entschädigt das Panorama: Durch die erhöhte Lage hat man von der Terrasse einen guten Blick über das Land und das Römische Theater.

Cavaliere Palace HISTORISCHES HOTEL €€

(☎ 074 322 03 50; www.hotelcavaliere.eu; Corso Garibaldi 49; EZ 70 €, DZ 80–115 €, 3BZ 110–150 €; ❄ 🛜) Das Hotel befindet sich in einem *palazzo* aus dem 17. Jh. und bietet ein Stück Luxus, das man sich leisten kann. Es ist hübsch eingerichtet, die klassisch eleganten Zimmer sind rund um einen Innenhof und einen lauschigen Garten angeordnet. Am schönsten ist der Frühstücksraum – umgeben von Originalfresken genießt man frisches Gebäck und einen Cappuccino mit perfekter *crema*.

Hotel San Luca BOUTIQUEHOTEL €€

(☎ 074 322 33 99; www.hotelsanluca.com; Via Interna delle Mura 21; EZ 110–240 €, DZ 210–300 €; ❄ @ 🛜) Das ehemalige Kloster wurde zu einem himmlischen Boutiquehotel. Das San Luca bietet exzellenten Service und kultivierte Innenräume und kann mit jedem anderen 5-Sterne-Hotel in Umbrien mithalten. Und doch ist die Atmosphäre entspannt genug, dass sich hier auch Wanderer und Radfahrer wohlfühlen. Pastelltöne und antike Möbel ergänzen den gepflegten Garten aus dem 17. Jh. Und schließlich ist der hausgemachte Kuchen das Nonplusultra beim Frühstücksbüfett.

Palazzo Leti PENSION €€€

(☎ 074 322 49 30; www.palazzoleti.com; Via degli Eremiti 10; EZ 110–200 €, DZ 130–250 €; P ❄ @ 🛜) Der wunderschön umgebaute *palazzo* liegt im südöstlichen Teil der Stadt mit Blick auf die Berge. Bis zum kleinsten Detail strahlt alles Stil und Charme aus, vom edlen Geschirr bis zur antiken Einrichtung mit Eichenholz und Schmiedeeisen. Die perfekte Ruhe und die Aussicht sorgen für das Gefühl vom Leben auf dem Land, dabei liegt das Hotel nur drei Minuten Fußweg vom Stadtzentrum entfernt.

 Essen

⭐ Tempio del Gusto MODERNE ITALIENISCHE KÜCHE €€

(☎ 074 34 71 12; www.iltempiodelgusto.com; Via Arco di Druso 11; Gerichte 25–40 €; ⊙ Fr–Mi) Intim, einfallsreich und nicht zu verfehlen. Tempio del Gusto bedeutet eine erstklassige Küchenleistung ohne erstklassiges Preisniveau. Der Koch geht mit echter Überzeugung und Stolz auf die Zutatensuche und kocht und serviert ebenso überzeugend. Eros Patrizi heißt der Zauberer am Küchenherd. Frisch zubereitete Pasta, ein leckeres Trio von geräuchertem Fisch, Schweinefleisch in Kräuterkruste – jedes Gericht ist absolut perfekt und entsprechend köstlich.

Osteria del Trivio OSTERIA €€

(☎074 34 43 49; Via del Trivio 16; Gerichte 25–30 €; ⊘Mi–Mo, Jan. geschl.) Einige Knoblauch- und Peperonizöpfe sowie alte schwarz-weiße Familienfotos schmücken die Wände dieses gemütlichen Restaurants, das von einem Ehepaar geführt wird. Von der Speisekarte sollte man unbedingt die *strangozzi alla spoletina* (Nudeln in einer scharfen Tomatensauce) probieren und die exzellenten gefüllten Artischocken.

San Lorenzo MODERNE ITALIENISCHE KÜCHE €€

(☎074 322 18 47; www.ristorantesanlorenzo.com; Piazza Sordini 6, Hotel Clitunno; Gerichte 25–35 €; ⊘tgl.) Direkt neben der gleichnamigen mittelalterlichen Kirche liegt das exklusive Restaurant. Geboten werden neben einer eleganten Einrichtung, romantischem Kerzenlicht und gestärkten Tischtüchern auch ein ausgezeichneter Service und eine erstklassige, raffinierte mediterrane Küche. Bei allen Gerichten schmeckt man deutlich die frischen Zutaten, von den *strangozzi* in scharfer Tomatensauce bis zum argentinischen Rinderfilet mit Zitronen aus Sorrent. Dazu bietet die Weinkarte wunderbare passende Weine.

Ristorante Apollinaire UMBRISCH €€

(☎074 322 32 56; www.ristoranteapollinare.it; Via S Agata 14; Gerichte 25–35 €; ⊘Mi–So) Talent und Kreativität treffen im Apollinaire auf umbrische Tradition, der Koch kombiniert Verstand und ein Gespür für Kleinigkeiten mit absolut frischen Zutaten. Auf der Speisekarte stehen saisonale Publikumslieblinge wie Schweinefilet in *pecorino*-Sauce mit in Wein gedämpften Birnen oder Kaninchen in einer Sauce mit schwarzen Oliven. Man sitzt hier gemütlich umgeben von niedrigen Holzbalken und Ziegelmauern bei flackerndem Kerzenschein.

ⓘ Praktische Informationen

Post (Viale Giacomo Matteotti 2; ⊘Mo–Fr 8.20–19.05, Sa 8.20–12.35 Uhr)

Touristeninformation (☎074 321 86 20; www.visitspoleto.it; Piazza della Libertà 7; ⊘Mo–Sa 9–13.30 & 14.30–18.15, So 9–13 & 15–17 Uhr)

ⓘ Anreise & Unterwegs vor Ort

Die Busse von **Umbria Mobilità** (S. 641) verkehren regelmäßig nach Norcia (6 €, 50 Min., 7-mal tgl.).

Vom Bahnhof aus fahren Züge nach Rom (8–12,30 €, 1½ Std., stündl.), Perugia (4,80 €, 1 Std., 9-mal tgl.) und Assisi (3,25 €, 40 Min.,

stündl.). Vom Bahnhof, der etwa 1 km vom Stadtzentrum entfernt liegt, fahren die Busse der Linien A, B oder C für 1 € zur Piazza dell Libertà (aufpassen, dass am Bus auch „Centro" angeschrieben steht).

Spoleto liegt an der E45 und hat über die SS209 eine gute Verbindung zur Valnerina.

Norcia & die Valnerina

Nach all der anstrengenden Kletterei in den Bergstädten des westlichen und nördlichen Umbrien ist die Ebene rund um Norcia eine echte Erleichterung. Trotzdem sollte man etwas unternehmen, um genügend Appetit zu bekommen. Schon bei der bloßen Erwähnung des Namens Norcia geraten italienische Feinschmecker in Verzückung und denken an Genüsse wie den *tartufo nero* (schwarze Trüffel) und die ausgezeichneten *salumi* von den Eicheln fressenden Schweinen; Beides ist reichlich auf den Speisekarten und in den Schaufenstern der Restaurants und Geschäfte zu finden.

Eine klare Bergluft, märchenhafte mittelalterliche Anblicke und der geistige Anspruch auf Ruhm als Geburtsort des hl. Benedikt sprechen ebenfalls für einen Besuch der Stadt.

Norcias andere große Attraktion ist seine Nähe zur schroffen, begeisternden Wildnis der **Monti Sibillini** (S. 696). Landschaftlich fast genauso schön ist das Tal rund um Norcia, die steile Valnerina, die im Sommer von Wildblumen übersät ist und die man am besten auf einer kurvenreichen Fahrt auf der SS209 erkundet.

⊙ Sehenswertes

Norcias kleine, von einer Stadtmauer umgebene Altstadt wurde schon oft von Erdbeben verwüstet – das letzte größere Beben war 1979. Man erkundet die Stadt am besten zu Fuß. An ihren mittelalterlichen Gebäuden wurde immer wieder herumgeflickt, aber die Stadt hat ihren Zauber behalten. Auf der zentralen **Piazza San Benedetto** steht stolz eine Statue des berühmten Sohnes der Stadt, des **hl. Benedikt**, die Hände zum Segen ausgestreckt. Der Heilige und seine Zwillingsschwester, die hl. Scholastica, wurden hier 480 n. Chr. als Kinder einer wohlhabenden Familie geboren, anscheinend in der romanischen Krypta der aus dem 13. Jh. stammenden **Basilica di San Benedetto** (Piazza San Benedetto; ⊘9–18 Uhr). Die blasse, zarte Fassade der

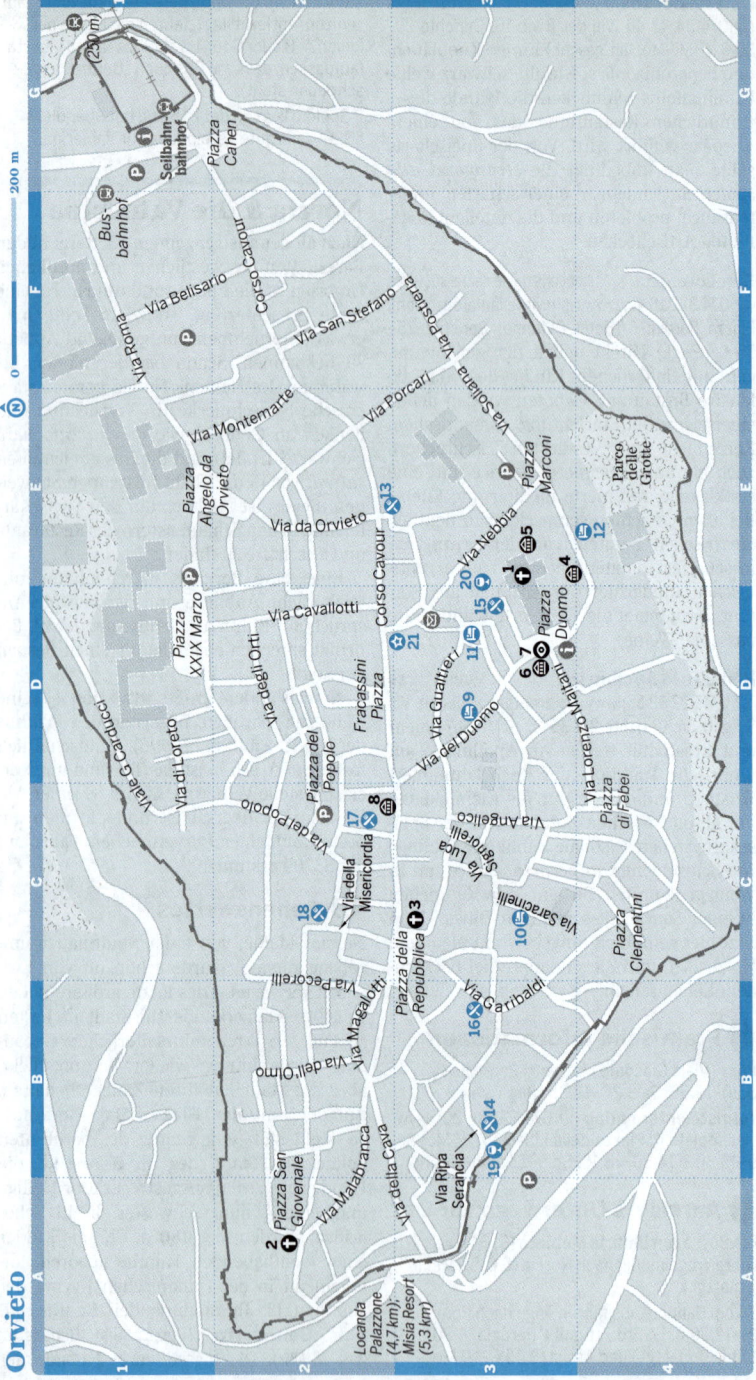

200 m

0

Kristallisch (300 m)

Sellbahnbahnhof

Bus-bahnhof

Piazza Cahen

Corso Cavour

Via Belisario

Via Roma

Via San Stefano

Via Soliana

Viale della Posta

Via Porcari

Via Montemarte

Piazza Angelo da Orvieto

Via da Orvieto

Piazza Marconi

Parco delle Grotte

Piazza XXIX Marzo

Via degli Orti

Via di Loreto

Viale G. Carducci

Via Cavallotti

Corso Cavour

Fracassini Piazza

Piazza del Popolo

Via della Misericordia

Via dell'Popolo

Piazza della Repubblica

Via Magalotti

Via Pecorelli

Via dell'Olmo

Via Malabranca

Piazza San Giovenale

Via della Cava

Via Ripa Serancia

Via Garibaldi

Via Saracinelli

Via Luca Signorelli

Via Angelico

Piazza di Febei

Via Lorenzo Maitani

Via del Duomo

Via Gualtieri

Piazza Duomo

Piazza Clementini

Via Nébbia

Locanda Palazzone (4,7 km); Misia Resort (5,3 km)

1
20
5
4
12
13
21
15
11
7
6
9
8
17
18
3
10
16
14
19
2

Orvieto

Kirche weicht einem ruhigen, besinnlichen Innenraum. Mönche mit Gebetbüchern sind zu sehen, abends sind sie auf dem Weg zu den Gregorianischen Chorgesängen um 19.45 Uhr. Das aus dem frühen 17. Jh. stammende Fresko von Filippo Napoletano zeigt Szenen aus dem Leben des Heiligen.

Neben der Kirche steht der aus dem 14. Jh. stammende **Palazzo Comunale** mit einem beeindruckenden Portikus und Glockenturm, der nach zahlreichen Erdbebenschäden im 19. Jh etliche Umbauten erfuhr. Gegenüber liegt die **Castellina**, eine päpstliche Festung aus dem 16. Jh.

🛏 Schlafen & Essen

Hotel Grotta Azzura   HOTEL €€
(☏074 381 65 13; www.hotelgrottaazzurra.com; Via Alfieri 12; EZ 76–115 €, DZ 113–135 €; ✳) Dieser *palazzo* aus dem 18. Jh. bietet unter der Woche und im Winter tolle Angebote. An der Rezeption empfangen den Gast alte Rüstungen. Die prächtigen, aber etwas dunklen Zimmer haben Kreuzgewölbe, geschnitzte Balken und ganz neue Bäder. Das Restaurant ist ein bisschen touristisch, aber die Küche ist ausgezeichnet und verwendet jede Menge regionale Produkte – natürlich auch Trüffel.

★ Palazzo Seneca   HISTORISCHES HOTEL €€€
(☏074 381 74 34; www.palazzoseneca.com; Via Cesare Battisti 12; EZ 105–155 €, DZ 130–245 €, Suite 300–700 €; P✳☎) Manchmal fühlt man sich wirklich, als würde man in einem Schloss leben, selbst wenn es nur für ein oder zwei Nächte ist. Das Gefühl kommt z. B. bei einer Partie Schach in einem der Ledersessel vor dem Kamin oder bei einer entspannenden Thai-Massage im unterir-dischen Spa auf. Das seit 1850 in Familienbesitz befindliche Palazzo Seneca gewährt seinen Gästen einen verlockenden Einblick in die High Society.

Himmelbetten und Marmorbäder mischen sich gekonnt mit altem Gemäuer und Eichendielen. Und das zum Hotel gehörende Restaurant Vespasia verwöhnt jeden Feinschmecker. Auf der Website findet man Informationen über spezielle Angebote wie Kochkurse oder Trüffelsuche.

Trattoria dal Francese   TRATTORIA €€
(☏074 381 62 90; Via Riguardati 16; Gerichte 30 €; ☉Sa–Do) Vielleicht ist das Restaurant immer so überlaufen, weil es in so vielen Restaurantführern erwähnt ist (oft müssen hier sogar Gäste abgewiesen werden, während in anderen Restaurants dagegen die Tische leer bleiben). Vielleicht liegt es aber auch einfach an der Qualität des Essens, die selbst für diese anerkannte Feinschmeckerstadt oberhalb des Standards liegt. Typisch für Norcia sind die Mahlzeiten mit Schweinefleisch (Salami, Schinken, Würste), Trüffel und Käse.

Ristorante Vespasia   UMBRISCH €€€
(☏074 381 74 34; www.palazzoseneca.com; Via Cesare Battisti 10; Gerichte 55–110 €; ☉tgl.) Das schlichte, aber elegant eingerichtete Restaurant liegt in einem *palazzo* aus dem 16. Jh. Die Küche ist ebenso einfach, aber exzellent. Ausgesprochen lecker sind die hausgemachten Nudeln mit Trüffel oder Steinpilzen, selbst angebauter Safran begleitet Risotto und Schweinefleisch aus der Region. Die Kräuter stammen aus dem hauseigenen Garten. In den Sommermonaten dinieren die Gäste im Garten bei Jazz- oder Bluesmusikuntermalung.

ℹ Praktische Informationen

Casa del Parco (📞 074 382 81 73; www.sibillini.
net; Piazza San Benedetto; ⊙9.30–12.30 &
15.30–18.30 Uhr) Die Touristeninformation
bietet nützliche Informationen über die Gegend
und gibt Auskünfte über die nahe gelegenen
Monti Sibillini.

ℹ Anreise & Unterwegs vor Ort

Busse fahren nach Spoleto (6 €, 50 Min., 7-mal
tgl.) und Perugia (8,50 €, 2 Std., 1-mal tgl.).

Mit dem Auto nimmt man die SS209 zur
SS396. Der nächste Bahnhof ist in Spoleto.

Orvieto

21 100 EW.

Schon der erste Blick auf Orvieto ist umwerfend: Die Stadt thront auf einem Fels-
block aus Tuffstein, darunter erstrecken
sich Felder mit Olivenbäumen, ausgedehnte Weinberge und schlanke Zypressen.
Orvieto liegt auf halber Strecke zwischen
Rom und Florenz und jede kopfsteingepflasterte Gasse, jede mittelalterliche Piazza und Kirche dieser Bilderbuchstadt
steckt voll Geschichte. Und nur wenige
Kirchen Italiens können mit der gotischen
Kathedrale mithalten, deren exquisite Feinheiten immer wieder Ausrufe des Bewun-
derns auslösen.

⊙ Sehenswertes

Cattedrale di Orvieto   KIRCHE
(📞076 334 11 67; www.opsm.it; Piazza Duomo;
Eintritt 3 €; ⊙im Sommer Mo–Sa 9.30–19, So
13–18.30 Uhr, im Winter Mo–Sa 9.30–13 & 14.30–
17, So 14.30–17.30 Uhr) Nichts kann einen auf
den visuellen Schock vorbereiten, den der
gotische Dom von Orvieto beim ersten Anblick auslöst. Begonnen wurde das fantastische Bauwerk 1290. Die schwarz-weißen
Marmorbänder des Hauptgebäudes werden
überstrahlt von den prächtigen Regenbo-
genfarben der Fassade, die mit Fresken,
leuchtenden Mosaiken, Basreliefs und zarten Blumen- und Weinranken - so fein wie
von Hand gestickt - geschmückt ist. Der
Anblick bei Sonnenuntergang, wenn der
Dom ganz in Gold getaucht ist, ist wahrlich
unvergesslich.

30 Jahre dauerte die Planung des Gebäudes und 300 Jahre dauerte es, bis es fertiggestellt war. Fra Bevignate begann das Projekt,
spätere Ergänzungen stammen von dem aus
Siena stammenden Meister Lorenzo Maitani, von Andrea Pisano (der durch den Dom

in Florenz bekannt wurde) und seinem Sohn
Nino Pisano, von Andrea Orcagna und Michele Sanmicheli.

Im Innenraum scheint Luca Signorellis
Freskenzyklus *Das Jüngste Gericht* zu leben. Es befindet sich rechts vom Altar in der
Cappella di San Brizio. Signorelli begann
1499 mit der Arbeit an diesem Werk, angeblich hat sich Michelangelo hier Anregungen
für sein eigenes Schaffen geholt. Und für
manche sind die Fresken tatsächlich gelun-
gener als Michelangelos Werk.

Die **Cappella del Corporale** enthält eine
blutbefleckte Altardecke aus dem 13. Jh. Das
Blut floss während des Abendmahls aus der
Hostie eines Priesters, der die Transsubstan-
tiation (die Wandlung von Brot und Wein in
Leib und Blut Christi) anzweifelte.

Neben dem Dom steht das **Museo
dell'Opera del Duomo** (Museale dell'Opera
del Duomo di Orvieto; 📞 076 334 24 77; www.mu
seomodo.it; Piazza Duomo 26; 4 €, inklusive Palazzi
Papali & Chiesa S Agostino; ⊙im Sommer 9.30–
19 Uhr, im Winter 10–17 Uhr), in dem die unterschiedlichsten Artefakte ausgestellt werden:
von Reliquien des Doms über etruskische
Stücke bis hin zu Kunstwerken von Simone
Martini und den drei Pisanos (Andrea, Nino
und Giovanni).

**Orvieto Underground –
die „unterirdische Stadt"**   HISTORISCHE STÄTTE
(www.orvietounderground.it; Piazza Duomo 24;
Erw./erm. 6/5 €; ⊙Führungen tgl. 11, 12.15, 16 &
17.15 Uhr) Der coolste Ort in Orvieto – wort-
wörtlich – sind diese etwa 440 Höhlen, die
seit Jahrtausenden von den Einheimischen
für verschiedenste Zwecke genutzt werden.
Während des Zweiten Weltkriegs dienten
sie als Bunker, während der Belagerungen
durch Römer und Barbaren als Kühlkam-
mern und Brunnen und oft auch als Tauben-
schläge, um etwas Abwechslung in den Speiseplan zu bringen. (Noch heute findet man
palombo – Taube – auf der Speisekarte.)
Die 45-minütigen Führungen (auf Englisch,
während der Hochsaison auch auf Deutsch)
starten vor der Touristeninformation.

Museo Claudio Faina e Civico   MUSEUM
(www.museofaina.it; Piazza Duomo 29; Erw./erm.
4,50/3 €; ⊙im Sommer 9.30–18 Uhr, im Winter
Di–So 10–17 Uhr) In diesem beeindruckenden
Museum gegenüber dem Dom kann man
seine eigene Grabung veranstalten. Es beherbergt eine der bedeutendsten Sammlungen etruskischer Artefakte in Italien. Dazu

gehören eine große Anzahl Sarkophage aus Stein und Keramikarbeiten sowie einige interessante griechische Keramiken.

Torre del Moro · HISTORISCHES GEBÄUDE
(Maurenturm; Corso Cavour 87; Erw./erm. 2,80/ 2 €; ☺im Sommer 10–20 Uhr, im Winter 10.30– 13 & 14.30–17 Uhr) Von der Piazza Duomo nach Nordwesten auf der Via del Duomo laufend, kommt man zum Corso Cavour und zum Torre del Moro aus dem 13. Jh. Wer die 250 Stufen erklommen hat, wird mit einem tollen Blick über die Stadt belohnt.

Chiesa di San Giovenale · KIRCHE
(Piazza San Giovenale; ☺8–12.30 & 15.30– 18 Uhr) Am Westrand der Stadt steht die kleine Kirche aus dem Jahr 1000. Hier bilden romanisch-gotische Kunst und Fresken aus der spätmittelalterlichen Schule von Orvieto einen erstaunlichen Kontrast. Von der Stadtmauer bietet sich ein toller Blick ins Umland.

Museo Archeologico Nazionale · MUSEUM
(Piazza Duomo, Palazzo Papale; Erw./erm. 3/ 1,50 €; ☺8.30–19.30 Uhr) Das archäologische Museum, versteckt im mittelalterlichen Palazzo Papale, bietet viele interessante Ausstellungsstücke, manche sind mehr als 2500 Jahre alt. Zu sehen sind u. a. etruskische Keramik, Reliquien aus den Nekropolen, Bronzen sowie bemalte Grabkammern.

Chiesa di Sant'Andrea · KIRCHE
(Piazza della Repubblica; ☺8.30–12.30 & 15.30–19.30 Uhr) Die Kirche aus dem 12. Jh. mit ihrem eigenartigen, zehneckigen Kirchturm beherrscht die Piazza della Repubblica, das Zentrum der mittelalterlichen Stadt. Noch früher befand sich hier das römische Forum, heute reiht sich ein Café an das andere.

✹ Feste & Events

Palombella · KIRCHLICH
(☺Pfingstsonntag) Für Traditionalisten wird mit diesem Fest bereits seit 1404 die Aussendung des Heiligen Geistes gefeiert. Für Tierschützer bedeutet dieses Ereignis nicht mehr, als dass eine arme Taube dabei zu Tode erschreckt wird. Eine Taube wird in einen Käfig gesperrt, der umgeben von explodierenden Feuerwerkskörpern an einem Seil 300 m bis zu den Stufen des Doms saust. Wenn die Taube lebt (und das ist der Normalfall), wird das Brautpaar, das

zuletzt im Dom geheiratet hat, fortan für die Taube sorgen.

Umbria Jazz Winter · MUSIK
(www.umbriajazz.com; ☺Ende Dez.–Anfang Jan.) Die coole Veranstaltung mit allen Arten von Jazz peppt die dunklen Wintertage auf. Dazu gehört eine große Party mit Festessen zu Silvester.

🛏 Schlafen

Im Sommer, an den Wochenenden oder zu Silvester während des Umbria Jazz Winter sollte man besser im Voraus reservieren.

B&B Michelangeli · B&B €
(☑ 076 339 38 62; www.bbmichelangeli.com; Via Saracinelli 22; EZ 60–100 €, DZ 70–160 €; ℗) Die nette Gastgeberin in diesem hübschen B&B heißt Francesca. Das Haus liegt direkt in Orvietos historischer Altstadt, nur zwei Minuten zu Fuß vom Dom entfernt. Hier erwartet die Gäste ein helles, geräumiges Apartment mit nettem Schnickschnack und einer gut ausgestatteten Küche, in der man auch mal schnell Nudeln kochen kann, falls man das möchte. Besonders schön sind die Holzschnitzereien und die schmiedeeisernen Betten.

B&B La Magnolia · B&B €
(☑ 349 4620733, 076 334 28 08; www.bblamag nolia.it; Via del Duomo 29; DZ 60–90 €; ❄) Das B&B liegt in einer Seitenstraße nördlich des Doms (das Hinweisschild kann leicht übersehen werden). Der helle Renaissancebau bietet entzückende Zimmer und Apartments, eine englischsprachige Besitzerin, eine große Gemeinschaftsküche und einen

Balkon mit Blick über die Dächer der Stadt. Serena kann eine Fülle an Details über Orvieto erzählen – wer etwas wissen möchte, kann einfach fragen.

Villa Mercede
B&B €

(☎ 076 334 17 66; www.villamercede.it; Via Soliana 2; EZ/DZ/3BZ 50/70/90 €; P) Die Villa Mercede liegt himmlisch nah am Dom und ist mit 23 Zimmern groß genug für eine ganze Horde Pilger. Da das Gebäude aus dem 16. Jh. stammt, sind einige Zimmer mit wunderbaren Fresken geschmückt. Hohe Räume, ein ruhiger Garten und kostenlose Parkplätze machen das Ganze zu einer lohnenden Unterkunft. Allerdings müssen die Zimmer jeden Morgen um 9.30 Uhr geräumt werden.

★ Misia Resort
BOUTIQUEHOTEL €€

(☎ 076 334 23 36; Località Rocca Ripesena 51/52; EZ 80 €, DZ 130–160 €; ❄🛜♿) Auch wenn das Hotel etwas abseits liegt, lohnt sich die Übernachtung hier. Vom Felsen, auf dem die Unterkunft liegt, bietet sich ein fantastischer Blick auf Orvieto. Die Umwandlung des Landhauses in ein Hotel wurde mit sehr viel Geschick und Geschmack durchgeführt. Die hellen, geräumigen Zimmer sind in sanften Erdfarben gehalten und haben so nette Kleinigkeiten zu bieten wie ein Chesterfieldsofa oder auch mal einen freigelegten, alten Holzbalken.

Ein Hotel ist angeblich nur so gut wie der Chef, aber Giorgio (zusammen mit seinem Hund Rocco) ist einfach gut. Die Gäste werden mit einem Glas Wein begrüßt und das

Frühstück ist köstlich. Das Misia befindet sich 6 km westlich von Orvieto.

Hotel Duomo
HOTEL €€

(☎ 076 334 18 87; www.orvietohotelduomo.com; Vicolo di Maurizio 7; EZ 70–90 €, DZ 100–130 €, Suite 120–160 €; P🛜♿) Der beeindruckende *duomo* von Orvieto liegt fast in Griffweite vom Hotel Duomo und wahrscheinlich werden die Gäste vom Läuten der Kirchenglocken geweckt. In dem *palazzo* im Jugendstil hat der in Orvieto geborene Künstler Livio Orazio Valentini seine kühnen, abstrakten Spuren in den schicken, in gedeckten Farben gehaltenen Zimmern (mit schönen Marmorbädern) hinterlassen. Der Service ist diskret, aber zuvorkommend.

Essen

Pasqualetti
EISDIELE €

(Piazza Duomo 14; 3 Kugeln 3 €) Diese *gelateria* stellt superleckeres Eis her. Auf der Piazza stehen jede Menge Tische, sodass man die kalten Köstlichkeiten im Angesicht der Schönheit des Doms genießen kann.

Trattoria del Moro Aronne
TRATTORIA €

(☎ 076 334 27 63; www.trattoriadelmoro.info; Via San Leonardo 7; Gerichte 20–30 €; ✏Mi–Mo) Diese süße kleine Trattoria wirkt wie ein Esszimmer und bietet eine entspannte Atmosphäre, authentisches Essen und reelle Preise. Es gibt nur wenige Tische – wer einen davon erwischt, den erwartet ein wunderbarer Genuss. Spezialitäten wie *scafata di fave fresche* (Eintopf mit dicken Bohnen) und *nidi di rondine* (Nudelnester mit Käse)

DER GESCHMACK VON ORVIETO

Wer gerne eine Schürze anziehen und hinter den Herd schlüpfen möchte, kann das am besten in Orvieto tun. Im Ristorante Zeppelin veranstaltet Lorenzo Polegri, der englischsprachige Koch, eintägige Kochkurse. Die Teilnehmer lernen umbrische Spezialitäten, wie Wildschweinragout und hausgemachte *umbricelli*-Nudeln zuzubereiten. Außerdem bietet er ein Fünfgängemenü als kulinarischen Höhepunkt der Trüffelsuche an sowie begleitete Marktbesuche und Besichtigungen bei einheimischen *pecorino*-, Olivenöl und Weinproduzenten. Die Preise liegen bei 50 bis 120 € pro Person; mehr Informationen dazu stehen auf der Website.

Das Gut **Decugnano dei Barbi** (☎ 076 330 82 55; www.decugnanodeibarbi.com; Località Fossatello 50) liegt 18 km östlich von Orvieto inmitten von Weinbergen und bietet einmalige Verkostungen und vierstündige Kochkurse an. Das Weingut existiert bereits seit 800 Jahren und die nette Sommelière Anna Rita führt Besucher nicht nur durch die Keller, sondern erklärt auch die Aromen der mineralischen Weißweine und der vollmundigen Orvieto Classico Rotweine. Oder man meldet sich für die Zubereitung eines Viergangmenüs mit Rosanna an, das (natürlich) mit regionalen Weinen serviert wird und das in der stimmungsvollen Atmosphäre einer umgebauten Kapelle stattfindet.

NICHT VERSÄUMEN

ORVIETOS WEINBERGE

Nicht erst seit jüngster Zeit ist Orvieto für seine DOC-Weißweine berühmt. Es waren die Etrusker, die vor mehr als 2000 Jahren das Potenzial der Gegend erkannten. Der Boden und das Klima waren für den Weinbau ideal, zum Fermentieren und Lagern des Weins bot sich der überall vorkommende Tuffstein an, in dessen weichen Fels wunderbar Weinkeller gegraben werden konnten. Ab dem Mittelalter war Orvieto berühmt für seinen goldfarbenen süßen Wein. Inzwischen wird der Wein wieder trockener ausgebaut und unter der Bezeichnung Orvieto und Orvieto Classico angeboten.

Wer mehr wissen (und auch probieren) möchte, sollte im Palazzo del Gusto in Orvieto die Enoteca **Regionale dell'Umbria** (✆0763 34 18 18; www.ilpalazzodelgusto.it; Via Ripa Serancia 16; ⊙im Sommer Mo–Fr 11–13 & 17–19 Uhr, im Winter Mo–Fr 11–13 & 15–17 Uhr) besuchen, hier kann man die unterschiedlichsten Weine für 8 bis 30 € probieren.

Wer noch tiefer in die Kunst des Weinbaus einsteigen möchte, kann ein bis zwei Nächte in der **Locanda Palazzone** (✆076 339 36 14; www.locandapalazzone.com; Località Rocca Ripesena; DZ 185–320 €, 4BZ 280–390 €) verbringen, einem bekannten Weingut etwas außerhalb von Orvieto, das sehr schicke Suiten in einem renovierten Gut aus dem Mittelalter anbietet.

zusammen mit umbrischem Wein sind ein echter Traum.

Trattoria dell'Orso
TRATTORIA €€
(✆076 334 16 42; Via della Misericordia 18; Gerichte 25–35 €; ⊙Mi–So) Gabriele, der Besitzer des ältesten Restaurants von Orvieto, hält nichts von so neumodischen Erfindungen wie einer Speisekarte. Am Eingang bekommen Besucher gleich das Menü aufgezählt. Man sollte seinen Empfehlungen folgen – vielleicht zuerst eine *zuppa di farro* (Dinkelsuppe), dann Fettuccine mit Steinpilzen – denn er weiß, was er sagt. Und man sollte Zeit mitbringen.

Ristorante Zeppelin
UMBRISCH €€
(✆076 334 14 47; www.ristorantezeppelin.it; Via Garibaldi 28; Gerichte 30–35 €; ⊙Mo–Sa, So Mittagessen; 🖊🚳) Das schicke Restaurant bietet eine coole 1920er-Jahre-Atmosphäre, Jazzmusik und eine lange Holztheke, an der sich Ingrid Bergman zu Hause gefühlt hätte. Gut gelaunte Kellner bringen einfallsreiche umbrische Gerichte, dazu gehören Spezialitäten wie hausgemachte *umbrichelli* (umbrische Spaghetti) und mit schwarzen Oliven und Tomaten geschmortes Wildschwein in einer Schokoladensauce.

Le Grotte del Funaro
UMBRISCH €€
(✆076 334 32 76; www.grottedelfunaro.it; Via Ripa Serancia 41; Pizza 5–7,50 €, Gerichte 25–35 €; ⊙tgl.) Was könnte denn romantischer sein – na ja, ein bisschen wie aus dem Märchen – als in einer richtigen Felsenhöhle zu speisen? Aber das Restaurant hat nicht nur einen besonderen Ort zu bieten. Alfredo

und Sandra sind ein eingespieltes Team und machen nicht nur Pizza aus dem Holzofen, sondern auch umbrische Leckereien wie Ravioli mit Ricotta und Trüffel oder Schmorbraten vom Chianina-Rind.

I Sette Consoli
MODERNE ITALIENISCHE KÜCHE €€€
(✆076 334 39 11; www.isetteconsoli.it; Piazza Sant'Angelo 1a; Gerichte 40 €, 6-Gang-Degustationsmenü 42 €; ⊙Do–Di 12.30–15 & 19.30–22 Uhr) Das Restaurant gehört zu Umbriens kulinarischen Topadressen. Die innovativen Gerichte werden kunstvoll angerichtet – es gibt köstliche, leichte Nudeln oder Perlhuhn mit Kastanienfüllung. Wer Glück hat, findet bei gutem Wetter sogar einen Platz im Garten mit herrlichem Blick auf den *duomo*. Man sollte unbedingt reservieren und sich schick anziehen.

Ausgehen

Vinosus
WEINBAR
(Piazza Duomo 15; ⊙Di–So) Ganz dicht an der Nordwestseite des Doms liegt diese Weinbar mit Restaurant. Eine leckere Ergänzung zum Wein ist die Käseplatte mit einheimischem Honig und Birnen. Das Lokal eignet sich auch für Nachschwärmer.

Unterhaltung

Teatro Mancinelli
THEATER
(✆076 334 04 93; www.teatromancinelli.com; Corso Cavour 122; Erw./erm. 2/1 €, Karten 15–60 €; ⊙Theaterkasse Di–Sa 10–13 & 16–18 Uhr) In diesem Theater findet im Winter das Festival Umbria Jazz statt. Ansonsten

kommt hier alles von Ballett und Oper bis zu Volksmusik oder Pink Floyd Revival zur Aufführung. Auch ohne Veranstaltung lohnt sich eine Besichtigung des Hauses wegen der allegorischen Fresken und Tuffsteinwände.

ℹ Praktische Informationen

Farmacia del Moro (📞 076 334 41 00; Corso Cavour 89; ⊙ Mo–Sa 9–13 & 16.30–19.30 Uhr) Informiert rund um die Uhr über Notdienste.

Polizei (📞 076 33 92 11; Piazza Cahen)

Post (Via Largo M Ravelli; ⊙ Mo–Fr 8.20–19.05, Sa 8.20–12.35 Uhr)

Touristeninformation (📞 076 334 17 72; info@ iat.orvieto.tr.it; Piazza Duomo 24; ⊙ Mo–Fr 8.15–13.50 & 16–19, Sa & So 10–13 & 15–18 Uhr) Im Sommer werden hier die Tickets für Bus und Seilbahn verkauft sowie die Carta Unica Orvieto.

ℹ An- & Weiterreise

AUTO & MOTORRAD

Orvieto liegt an der A1 von Rom nach Florenz, die SS71 führt nach Norden zum Lago Trasimeno. Ausreichend kostenpflichtige Parkplätze gibt es an der Piazza Cahen und an einigen Stellen außerhalb der Stadtmauer, z. B. dem Campo della Fiera.

BUS

Die Busse fahren von der Piazza Cahen ab mit einem Stopp am Bahnhof. Verbindungen gibt es u. a. nach Todi (5 €, 2 Std., 1-mal tgl.) und Terni (7 €, 2 Std. 2-mal tgl.).

ZUG

Es gibt Verbindungen u. a. nach Rom (7,50–16 €, 1¼ Std., stündl.), Florenz (15–21 €, 1½–2½ Std., stündl.) und Perugia (7,10–14,40 €, 1¼ Std., alle 2 Std.).

ℹ Unterwegs vor Ort

Eine uralte **Seilbahn** (1 € einfache Fahrt; ⊙ Mo–Fr 7.05–20.25 Uhr, alle 10 Min., Sa & So 8.15–20 Uhr, alle 15 Min.) verbindet den Bahnhof westlich des Stadtzentrums mit der Piazza Cahen. Im Fahrpreis ist die Busfahrt von der Piazza Cahen zur Piazza Duomo eingeschlossen.

Die Buslinie 1 fährt vom Bahnhof zur Altstadt (1 €), die Linie A von ATC verbindet die Piazza Cahen mit der Piazza Duomo und die Buslinie B fährt zur Piazza della Repubblica.

DIE MARKEN (LE MARCHE)

Die Marken gehören zu den wenig bekannten Schmuckstücken Italiens und reichen von den weißen, durch Klippen geschützen Kieselstränden an der Adria über die ansteigenden Bergstädte in der Mitte bis zu den hohen Gipfeln der Monti Sibillini.

Im Landesinneren bezaubern die Marken immer wieder aufs Neue. Urbino, der Geburtsort von Raffael, bietet eine reiche Auswahl an Renaissancekunst und an jeder Straßenecke trifft man auf Geschichte.

Das blasse, aber liebenswerte Ascoli Piceno bietet in seinen Mauern Schönheit und Geschichte. Genauso lohnenswert ist Macerata mit seinen berühmten Freilicht-Opernfestspielen.

Im Westen der Marken befindet sich der wunderbare, natürlich wilde Parco Nazionale dei Monti Sibillini, der bis nach Umbrien reicht.

Geschichte

Die frühesten bekannten Siedler in den Marken waren die Piceni, deren 3000 Jahre alten Artefakte im Museo Archeologico in Ascoli Piceno gezeigt werden. Die Römer drangen zu Beginn des 3. Jh. v. Chr. in diese Region vor und beherrschten sie fast 700 Jahre lang. Als dann das Römische Reich zusammenbrach, wurden die Marken nacheinander von den Goten, den Vandalen und Ostgoten und schließlich von den Langobarden verwüstet.

Im 8. Jh. wandte sich Papst Stephan II. (übrigens als Erster) an die Franken, um die gottlosen Langobarden zu vertreiben. Zuerst kam König Pippin der Kurze mit dem Frankenheer und kämpfte erfolgreich gegen die Eindringlinge. Aber erst sein groß gewachsener Sohn Karl der Große konnte die Herrschaft von den Langobarden auf Dauer zurückerobern. Am Weihnachtstag des Jahres 800 n. Chr. krönte ihn Papst Leo III. zum Kaiser des Heiligen Römischen Reiches.

Nach dem Tod Karls des Großen begannen für die Marken jahrhundertelange Kriege und eine dunkle Zeit der Anarchie und des Chaos. In Mittelitalien bildeten sich zwei Gruppierungen heraus, die Guelfen (die den Papst unterstützten) und die Ghibellinen (die für den Kaiser waren). Die Guelfen siegten schließlich und die Marken wurden

Teil des Kirchenstaates. Die Marken blieben Teil des Kirchenstaates bis zur italienischen Einigung 1861.

❶ Anreise & Unterwegs vor Ort

Auto- und Motorradfahrer haben an der Küste zwei Möglichkeiten: die Autobahn A14 oder die *strada statale* (Staatsstraße) SS16. Die Straßen im Inland sind weniger ausgebaut, und man kommt langsamer voran.

Regelmäßige Bahnverbindungen gibt es entlang der Küste auf der Strecke Bologna–Lecce und Seitenstrecken nach Macerata und Ascoli Piceno.

Ancona

102 500 EW.

Ancona wird oft als düster und prollig abgestempelt und beim ersten Blick von der Fähre auf die Stadt trifft das auch zu. Aber ein zweiter Blick auf die Stadt lohnt sich, wer hier einfach nur vorbeifährt verpasst viel. In der vom beeindruckenden *duomo* gekrönten Altstadt lässt sich jede Menge Geschichte entdecken – Ancona wurde 387 v. Chr. von Griechen aus Syrakus besiedelt –, man kann römische Ruinen bestaunen, die Schätze im archäologischen Museum bewundern und Renaissance-*palazzi*, die im Abendlicht wunderbar glänzen. Wer lange genug durch die Parkanlagen mit Blick auf die Adria bummelt oder durch die belebten Einkaufsstraßen und die Plätze mit ihren Straßencafés schlendert, entdeckt mit Sicherheit eine viel liebens- und sehenswertere Seite der Hauptstadt der Region Marken.

◉ Sehenswertes

★ Museo Archeologico Nazionale delle Marche   MUSEUM

(Via Ferretti 6; Erw./erm. 4/2 €; ◷Di–So 8.30–19.30Uhr) Das Museum befindet sich im wunderschönen, aus dem 16. Jh. stammenden **Palazzo Ferretti**, dessen Decken mit Originalfresken und Basreliefs verziert sind. Das Museum bietet eine faszinierende Bandbreite an Ausstellungsstücken von der Altsteinzeit bis zum Mittelalter. Auch wenn die Sammlung nicht sehr gut präsentiert wird (es gibt kaum Informationen auf Englisch), lohnt sie sich, denn das Museum bietet einige Schätze.

Dazu gehören neolithische Feuersteindolche, reich verzierte attische Vasen, etruskische Votivbronzen, keltisches Gold (die Torques sind fantastisch) und eine ta-

dellose Kopie der berühmten Bronzen von Pergola (50–30 v. Chr.). Sehenswert ist auch die Venus von Frasassi, die nur 8,7 cm große Statuette einer vollbusigen Frau, die vor 28 000 Jahren aus einem Stalaktiten geschnitzt wurde.

Chiesa di San Domenico   KIRCHE

(Piazza del Plebiscito; ◷10–12 & 16–20 Uhr) Die elegante Piazza del Plebiscito mit ihren Cafés ist seit dem Mittelalter Anconas Treffpunkt. Sie wird beherrscht von der barocken Kirche mit einer herrlichen *Kreuzigung* von Tizian und einer *Verkündigung* von Guercino. Die riesige Statue davor zeigt Papst Clemens XII. Das Denkmal errichtete die Stadt als Dank für den Status eines Freihafens. Der Brunnen davor stammt aus dem 19. Jh. Ein Stück weiter steht auf dem Corso Mazzini ein Brunnen aus dem 16. Jh.

Cattedrale di San Ciriaco   KIRCHE

(Piazzale del Duomo; ◷im Sommer 8–12 & 15–19 Uhr, im Winter bis 18 Uhr) Ein steiler, aber schöner Weg führt von der Altstadt zum Dom von Ancona. Von hier oben bietet sich ein toller Blick über die Stadt und den Hafen. Die Kathedrale thront, bewacht von zwei Löwen aus Marmor, an der Stelle eines alten heidnischen Tempels und ist eine Stilmischung aus byzantinischen, romanischen und gotischen Elementen.

Auf dem Weg nach unten kommt man zur Piazza Anfiteatro, wo man die Überreste des **römischen Amphitheaters** sehen kann, das wahrscheinlich zu Zeiten von Kaiser Augustus erbaut wurde.

Parco del Cardeto   PARK

(www.parcodelcardeto.it; ◷im Sommer 8.30–20.30 Uhr, im Winter 8–17.30 Uhr) In diesem Park an den Hängen hinter Ancona wird der Lärm der Stadt nur noch zu einem fernen Summen. Von hier bietet sich eine schöne Aussicht über die Dächer der Altstadt bis zum Hafen und der Adria. Im Sommer findet man unter den Pinien Schatten und die Seeluft bietet Erfrischung. Im Park selber stehen Befestigungsanlagen, ein Leuchtturm aus dem 19. Jh. und ein Friedhof aus der Zeit Napoleons.

Fontana del Calamo   BRUNNEN

(Corso Mazzini) Auf dem Corso Mazzini steht die aus dem 16. Jh. stammende Fontana del Calamo. Die 13 Wasserspeier sind angeblich

Ancona

Piazzale del Duomo ❺

❸3
❷2
❹4

Lungomare Luigi Vanvitelli

Via Giovanni XXIII

Molo Rizzo

Nazario Sauro

Römisches ✛ *Amphitheater*

Adria

Piazza Anfiteatro

Piazza del Senato

1 🏛 **Museo Archeologico Nazionale delle Marche**

Piazza Dante Alighieri

❽8

Via Ferretti

Porto

Marche Info ❶

11 🏨
10 🏨

Largo Dogana

Via della Loggia

Via Ciriaco Pizzecolli

Piazza del Plebiscito

❻6

Via Giacomo Matteotti

9 ❺ 15

13 ❌

Piazza della Repubblica

Piazza Kennedy

Banchina Giovanni da Chio

Corso Mazzini 7

14 *Via Frediani*

17 ❌ 16 ❌ 12 ❌

Corso Garibaldi

Corso Stamira

Via XXIX Settembre

🚉 (1,5 km); Porta Pia (250 m)

Piazza Roma

Trestelle (200 m)

Abbildungen von Personen, die zur Strafe geköpft wurden.

Anconas Bögen
DENKMAL

Nördlich der Piazza Dante Alighieri steht am anderen Ende des Hafens der **Arco di Traiano** (Trajansbogen), der 115 v. Chr. von Apollodorus von Damaskus zu Ehren des römischen Kaisers Trajan errichtet wurde. Von ihm wurde Luigi Vanvitelli zu seinem **Arco Clementino** (Clemensbogen) inspiriert, der nahe dem Molo Rizzo steht und Papst Clemens XII. gewidmet ist.

Wer noch etwa 750 m an der Küstenstraße entlang weitergeht, kommt zur großen **Mole Vanvitelliana**, die 1732 von Luigi Vanvitelli für Papst Clemens entworfen wurde. Direkt hinter dem fünfeckigen Gebäude steht an der Via XXIX Settembre die barocke **Porta Pia**, die Ende des 18. Jhs. auf Wunsch von Papst Pius VI. als monumentaler Eingang zur Stadt gebaut wurde.

Teatro delle Muse
THEATER

(☎071 5 25 25; www.teatrodellemuse.org; Via della Loggia) Das prächtige Theater an der Piazza della Republica wurde im Jahr 1826 errichtet. In der klassizistischen Fassade befinden sich griechische Friese, auf denen Apoll und die Musen zu sehen sind.

🛏 Schlafen

Rund um den Bahnhof gibt es einige einfache Hotels. Die Gegend ist nicht besonders einladend, aber hier ist genug Betrieb, um sich tagsüber sicher zu fühlen.

Wer seinen Aufenthalt etwas schicker gestalten möchte, muss in der Stadt übernachten.

Trestelle
B&B €

(☎345 4562337; www.bbtrestelle.it; Via San Martino 10; EZ/DZ 40/70 €; ❄) Das einladende B&B liegt mitten im Geschehen, nur 3 Minu-

Ancona

ten Fußweg von der Piazza Roma entfernt. Die Zimmer sind einfach, aber modern und sehr sauber; sie haben gefliese Böden und bunte Farbtupfer.

Grand Hotel Passetto HOTEL €€
(☎071 3 13 07; www.hotelpassetto.it; Via Thaon de Revel 1; EZ 90–130 €, DZ 140–190 €, Suite 195–215 €; P ✱ @ 🛜 ✉) Das Hotel liegt in der Nähe des Kiesstrandes, rund 20 Minuten Fußweg vom Zentrum entfernt, und bietet eine angenehme Atmosphäre, einen schönen Poolbereich sowie einen fantastischen Meerblick. Die hellen Zimmer haben Parkettböden und gestärkte Bettwäsche; die besten Zimmer bieten Himmelbetten, die Suite sogar einen Whirlpool. An Wochenenden und Feiertagen werden interessante Rabatte gewährt.

Residence Vanvitelli APARTMENT €€
(☎071 20 60 23; www.residencevanvitelli.it; Piazza Saffi; Studio pro Nacht/Woche 65/375 €, 1-Zi. Apt. 80/475 €, 2-Zi. Apt. 95/575 €; P @) Die komfortable, ruhige Unterkunft befindet sich an einer kleinen Piazza, nur wenige Minuten vom Fährhafen und Anconas Sehenswürdigkeiten entfernt. Die Apartments sind nicht Besonderes, liegen aber zentral und

sind gut in Schuss. Alle haben eine Kochecke zum Kaffeekochen.

Grand Hotel Palace HOTEL €€
(☎071 20 18 13; www.hotelancona.it; Lungomare Vanvitelli 24; EZ 85–110 €, DZ 100–170 €; P ✱ 🛜) Die Bezeichnung „Grand" im Hotelnamen ist leider etwas übertrieben, aber der *palazzo* aus dem frühen 19. Jh. hat das eine oder andere antike Stück zu bieten. Die hohen Räume sind klassisch in gedämpften Tönen eingerichtet, allerdings könnten manche auf Vordermann gebracht werden. Das Hotel liegt günstig zum Fährhafen; beim üppigen Frühstück im obersten Stock kann man gut die Fähren beim Auslaufen aus dem Hafen beobachten.

 **Essen**

Rund um den Corso Garibaldi und den Corso Mazzini befinden sich zahlreiche Restaurants, Eisdielen und Pizzastände, die während der Mittagspause sehr voll sein können (also rechtzeitig kommen).

Pizzeria Bontà Delle Marche PIZZERIA €
(☎071 5 57 76; Via Benincasa 7; Stück Pizza ca. 1,50 €; ⏱Mo–Sa 10.30–14.45 & 16.30–22.30, So 16.30–23 Uhr; 🖐) Wer eine gute, reelle Pizza für unter 5 € sucht, ist hier richtig. Die Pizzeria ist immer gerammelt voll, aber die Pizzas sausen schneller aus dem Ofen als man *delizioso!* sagen kann. Und es sind die richtigen: dünn, knusprig, gut zu essen und jede Menge Belag. Man kann sie stückweise (*al taglio*) kaufen oder als Ganzes zum Mitnehmen.

Bontà Delle Marche DELIKATESSEN €
(☎071 5 39 85; http://bontadellemarche.it; Corso Mazzini 96; Mittagessen 10 €; ⏱Mo–Mi 9–20, Do–Sa 9–23, So 10–15 & 18–23 Uhr) Die Besitzer sind die gleichen wie in der gleichnamigen Pizzeria. Wer auf die Schnelle mittags Nudeln, Salat oder Antipasti essen möchte, sollte in diesen tollen Delikatessenladen gehen. Außerdem gibt es natürlich ein verlockendes Angebot an einheimischen Olivenöl, Wein, *salumi* und Käse.

Mercato delle Erbe MARKT €
(Piazza dell'Erbe; ⏱Mo–Sa 7.30–13 & 17–20 Uhr) Die Markthalle existiert seit 1926 und verkauft alles, was frisch ist, Gebäck und Brot, Käse, *salumi* und was man sonst noch zum Picknick braucht. Der perfekte Ort für Selbstversorger, die Vorräte einkaufen wollen.

Osteria del Pozzo

OSTERIA €€

(☎ 071 207 39 96; Via Bonda 2; Gerichte 25–35 €; ⊗ Mo–Sa) Wer nicht reserviert hat, erwischt mit viel Glück vielleicht noch einen der kleinen Tische in dieser einladenden *osteria*. Hierher kommen die Einheimischen gerne, um Fisch zu essen: Nudeln mit Muscheln, wunderbaren gekochten Wolfsbarsch und andere Leckereien. Dazu gibt es günstigen Hauswein.

Enopolis

KLASSISCH ITALIENISCH €€

(☎ 071 207 15 05; www.enopolis.it; Corso Mazzini 7; Gerichte 35–45 €; ⊗ Mi–Mo) Ein Besuch dieses Restaurants mit *enoteca* lohnt sich schon allein wegen der labyrinthartigen Keller im aus dem 18. Jh. stammenden Palazzo Jona. Man sitzt zwischen moderner Kunst oder neben einem alten Brunnen und genießt dabei fangfrischen Fisch (besonders zu empfehlen) mit den passenden Weinen. Guten Appetit!

🍷 Ausgehen

Die Piazza del Plebiscito eignet sich bestens für den einen oder anderen entspannten Drink im Freien – auf dem hübschen Platz stehen überall Tische.

Liberty Cocktail Lounge

BAR

(Via Traffico 7–10; ⊗ Do–Di 11.30–2 Uhr) Das Art-decó-Café liegt versteckt in einer Seitengasse und weist sich nur durch ein kleines Schild aus, aber hier kann man gut den Abend bei einem Cocktail (8 €) verbringen. Tiffany-Lampen und jede Menge Bohemiens – man sollte die Szene malen und als Poster verkaufen.

ℹ️ Praktische Informationen

Farmacia Centrale (☎ 071 20 27 46; Corso Mazzini 1)

Marche Info (☎ 071 35 89 91; www.comune.ancona.it; Via della Loggia 50; ⊗ im Sommer Mo–Sa 9–13 & 15–20 Uhr, im Winter Mo–Sa 9–13, plus Di–Sa 15–17 Uhr) Die Touristeninformation für die Provinz Ancona Le Marche befindet sich im Fährhafen. Hier gibt es Broschüren, Karten, Veranstaltungskalender und vieles mehr.

Polizei (☎ 071 2 28 81; Via Giovanni Gervasoni 19) Südlich des Stadtzentrums.

Post (Largo XXIV Maggio; ⊗ Mo–Fr 8.30–19, Sa 8.30–12.30 Uhr)

ℹ️ An- & Weiterreise

AUTO & MOTORRAD

Ancona liegt an der A14, die Bologna mit Bari verbindet. Die Küstenstraße SS16 verläuft parallel zur Autobahn und ist eine angenehme gebührenfreie Alternative für alle, die etwas Zeit haben. Die SS76 verbindet Ancona mit Perugia und Rom.

Ancona hat viele Parkplätze, die allerdings umso teurer werden, je dichter sie am Zentrum liegen (Std. 1,20–2,70 €). Im großen Parkhaus Parcheggio Degli Archi in der Nähe des Bahnhofs gelegen, kostet das Parken nur 2 € für den ganzen Tag.

Die großen Autovermieter sind alle am Flughafen, dazu gehören **Europcar** (☎ 071 916 22 40; www.europcar.it), **Maggiore** (☎ 071 918 88 05), **Avis** (☎ 071 5 22 22; www.avis.com) und **Hertz** (☎ 071 207 37 98; www.hertz.com).

BUS

Die meisten Busse fahren an der Piazza Cavour ab, dorthin gelangt man vom Hafen in einem fünfminütigen Spaziergang Richtung Osten auf dem Corso Giuseppe Garibaldi. Einige Busse nach Falconara und Portonovo starten bereits am Bahnhof.

REISEZIEL	FAHR-PREIS (€)	FAHRZEIT	HÄUFIGKEIT
Flughafen Falconara	1,80	45 Min.	stündl.
Jesi	2,60	45 Min.	stündl.
Macerata	3,75	1½ Std.	12-mal tgl.
Numana	2,10	45 Min.	stündl.
Portonovo	2,20	30 Min.	Juni–Aug. 9-mal tgl.
Recanati	2,85	1¼ Std.	stündl.
Senigallia	2,40	1 Std.	stündl.

FÄHRE

Fähren fahren nach Griechenland, Kroatien, Albanien und in die Türkei. Siehe S. 1068.

FLUGZEUG

Flughafen **Falconara** (☎ 071 2 82 71; www.ancona-airport.com) Der kleine, übersichtliche Flughafen Falconara liegt 19 km westlich von Ancona. Er wird u. a. von Lufthansa, Alitalia und Ryanair angeflogen; Ryanair fliegt täglich nach London Stansted.

ZUG

Ancona liegt an der Strecke Bologna–Lecce. Reisende sollten jedoch aufmerksam sein, dass sie sich für ihre Fahrt keinen Eurostar aussuchen, da für diesen Zug ein teurer Aufschlag verlangt wird.

DAS FLIEGENDE HAUS VON LORETO

Loreto dehnt sich auf einem Hügel aus und ist schon von Weitem sichtbar. Die Stadt wird dominiert von der Kuppel der **Basilica della Santa Casa** (Piazza della Madonna; ⊘ im Sommer 6.15–19.45 Uhr, im Winter bis 19.15 Uhr). Mit dem Bau der ursprünglich gotischen Basilika wurde 1468 begonnen, während der Renaissance kamen dann weitere Anbauten dazu und machten die Basilika zu dem, was sie heute ist: ein architektonisches Meisterstück mit Unmengen von goldenen Heiligenscheinen, beeindruckenden Fresken und religiösen Triptychen. In der Basilika steht die kunstvoll aus Marmor gefertigte Santa Casa di Loreto, oder der Schrein vom Heiligen Haus, in dem sich die Pilger drängeln, um einen Blick auf eine mit Juwelen geschmückte schwarze Statue der Jungfrau Maria zu werfen und im Schein der Kerzen zu beten. Die Kapelle soll der Ort sein, an dem Jesus angeblich aufwuchs. Nach der Legende soll eine Schar Engel die Kapelle 1294 von Nazareth hierher gebracht haben, nachdem die Kreuzritter aus Palästina vertrieben wurden.

Wer die Nacht in der ruhigen, hübschen Altstadt verbringen möchte, sollte sich das aus dem 18. Jh. stammende **B&B Antica Maison** (☑ 366 1754341; www.anticamaison. net; Via Francesco Asdrubali 24; EZ/DZ 55/65 €; ☎) aussuchen. Das Haus ist randvoll mit netten Besonderheiten wie Holzbalken und Himmelbetten, die Besitzer Fausta und Livio sind überaus herzlich. Feinschmecker dürfen das exzellente gegrillte Fleisch im Sternerestaurant **Ristorante Andreina** (☑ 071 97 01 24; www.ristoranteandreina.it; Via Buffolareccia 14; Gerichte 25–60 €; ⊘ Di–Mo) nicht verpassen.

Loreto erreicht man von Ancona leicht mit dem Zug (2,20 €, 15 Min., stündl.).

REISE-ZIEL	FAHR-PREIS (€)	FAHRZEIT	HÄUFIGKEIT
Bari	42–55	4 Std.	stündl.
Bologna	14–40	2–3 Std.	alle 30 Min.
Florenz	21–56	3 Std.	stündl.
Mailand	29–71	3–4 Std.	stündl.
Pesaro	9–12	25–35 Min.	alle 2 Std.
Rom	16–35	3–4 Std.	alle 2 Std.

🛈 Unterwegs vor Ort

BUS

Es sind sechs Linien von **Conero Bus** (www. conerobus.it) unterwegs, die den Bahnhof mit dem Zentrum (Piazza Cavour) verbinden, darunter die Linien 1/3, 1/4 und 1/5. Dagegen fährt die Linie 12 vom Bahnhof zum Fährhafen (1,20 €); auf dem Haltestellenschild steht „Centro" bzw. „Porto".

TAXI

Ein Taxi lässt sich unter ☑ 071 4 33 21 am Bahnhof und unter ☑ 071 20 28 95 in der Innenstadt rufen.

ZUM/VOM FLUGHAFEN

Zwischen dem Bahnhof Castelferreti gegenüber vom Terminal gibt es eine regelmäßige Zugverbindung nach Ancona (15–25 Min., 1,50 €). Alternativ fährt auch die Buslinie J von Conero

etwa stündlich vom Bahnhof zum Flughafen (Mo–Sa 6.50–20.30 Uhr). Die Buslinie C verkehrt sonn- und feiertags viermal täglich; die Fahrt kostet 1,80 € und dauert 35–45 Minuten. Vom Flughafen nach Ancona verkehrt bis 23.30 Uhr die Buslinie J.

Taxis vom Flughafen bestellt man über ein **Taxi-Konsortium** (☑ 334 1548899). Sie fahren ins Stadtzentrum von Ancona (38 €) und nach Portonovo (57 €).

Parco del Conero

Nur wenige Minuten von Ancona entfernt, aber eine kleine Welt in sich selbst, liegt der Parco del Conero. Beeindruckende Kalksteinklippen ragen hinter dem kobaltblauen Meer auf und mondsichelförmige weiße Kieselstrände werden von duftenden Wäldern mit Pinien, Eichen, Buchen, Ginster und Oleander eingerahmt. Durch den 60 km² großen Park, ein Naturschutzgebiet, ziehen sich Wanderwege. Da nur wenige Touristen hierher kommen, ist der Park so friedlich und unberührt wie kaum eine andere Stelle an der Küste der Marken.

Der höchste Berg ist der 572 m hohe Monte Conero, der spektakulär ins Meer abfällt. An den Weinstöcken an seinen Hängen wachsen die Trauben für den ausgezeichneten, vollmundigen Rotwein Rosso Conero.

Zum Parco del Conero gehören die klippengesäumten Strandorte Portonovo, Sirolo und Numana, die sich alle als sehr gute Ausgangsorte für Ausflüge in die Umgebung eignen. Von Portonovo und Sirolo kann man bei Schiffsausflügen Höhlen entdecken.

🛏 Schlafen

Camping Internazionale
CAMPINGPLATZ €

(☎ 071 933 08 84; www.campinginternazionale. com; Via San Michele 10, Sirolo; Camping 2 Pers., Auto & Zelt 30–52 €; ⊙ Mitte Mai–Mitte Sept.; @🛜🏊🚣) Der Campingplatz mit allem Komfort liegt unter Schatten spendenden Bäumen nur wenige Meter von den Stränden bei Sirolo entfernt. Er verfügt über einen Pool, eine Pizzeria, eine Bar und ein Lebensmittelgeschäft. Der zugehörige Kinderclub bietet jede Menge Aktivitäten für die Kleinen. Im Sommer werden kostenlose Wanderungen im Park angeboten.

⭐ Acanto Country House
PENSION €€

(☎ 071 933 11 95; www.acantocountryhouse. com; Via Ancarano 18, Sirolo; EZ 65–70 €, DZ 110–130 €, 3BZ 135–150 €; P🌡🛜🏊) Etwas abseits von Sirolos Stränden, umgeben von weiten Getreidefeldern, Weiden und knorrigen Olivenbäumen liegt dieses hübsch umgebaute Gut, ein wunderbarer Zufluchtsort. Die Zimmer tragen Blumennamen wie Päonie oder Rose und wurden mit größter Sorgfalt eingerichtet; alle haben glänzende Holzdielen, freigelegte Mauern und hübsche bestickte Bettdecken.

Es gibt einen Pool und einen Whirlpool und die Besitzer helfen gerne, wenn ein Gast ein Fahrrad mieten oder den Grill im Garten benutzen möchte.

Hotel Fortino Napoleonico
LUXUSHOTEL €€€

(☎ 071 80 14 50; www.hotelfortino.it; Via Poggio 166, Portonovo; EZ 130–150 €, DZ 180–250 €; 🌡@🛜🏊) Die ehemalige Festung Napoleons ist heute eines der tollsten Strandhotels

Urbino

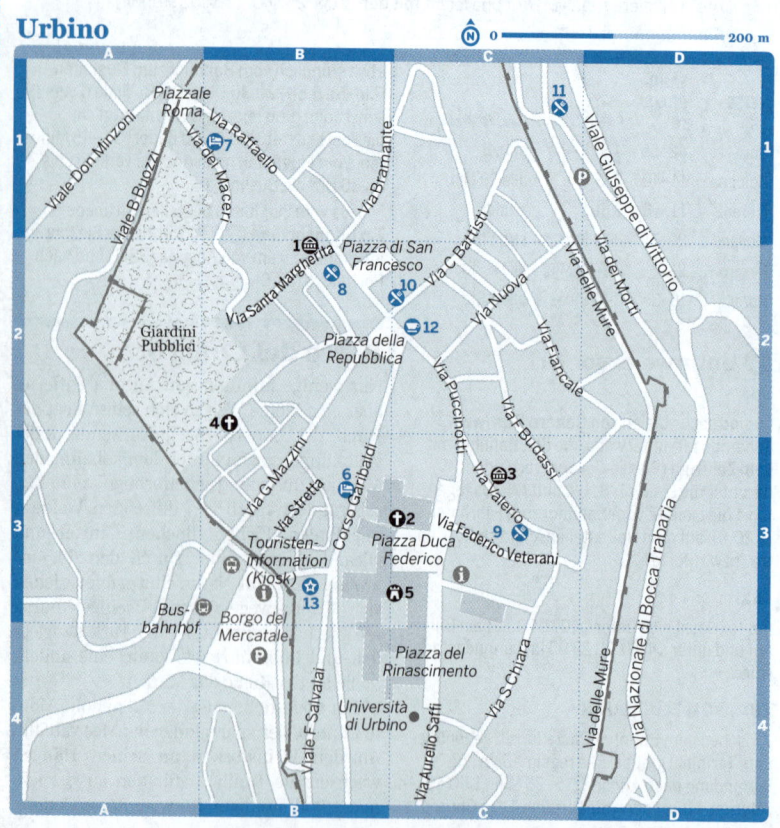

in den Marken, das Ambiente eignet sich perfekt für ein romantisches Rendezvous. Alte Mauern, antike Möbel und plüschige Sitzecken locken die Besucher von der Terrasse mit schönem Meerblick ins Haus. Ein weiterer Grund das Innere aufzusuchen ist das stilvolle Restaurant (tgl. geöffnet, Gerichte 50 €), dessen Spezialitäten Gerichte mit frischem Fisch sind.

 Essen

Il Clandestino MEERESFRÜCHTE €€
(☏071 80 14 22; www.morenocedroni.it; Via Portonovo, Portonovo; Gerichte 35–45 €; ☺tgl.) Das coole blaue Clandestino am Meer ist so etwas wie eine Gourmet-Strandbar. Es besitzt eine wunderbare Terrasse am Wasser und wird von den italienischen Restaurantkritikern sehr empfohlen. Hier geht es ganz zwanglos zu: Nach einem Bad im Meer kann man mediterrane Sushi, Tapas oder frischen Fisch genießen.

La Torre MEERESFRÜCHTE €€
(☏071 933 07 47; www.latorrenumana.it; Via la Torre 1, Numana; Gerichte 30–40 €; ☺Mi–Mo, So abend geschl.) Große bodentiefe Fenster geben den Blick aufs Meer frei in diesem schicken minimalistischen Restaurant mit nackten Holzfußböden, gestärkten weißen

Urbino

Tischdecken und freigelegten Leitungen. Alles was aus der Küche auf den Tisch kommt ist ganz frisch: Sushi, Antipasti und die kunstvoll angerichteten Hauptgerichte – dass das hauptsächlich Fisch ist, wird niemanden wundern. Das Restaurant ist sehr beliebt bei den Einheimischen.

Il Molo MEERESFRÜCHTE €€
(☏071 80 10 40; www.ilmolo.it; Spaggia di Portonovo, Portonovo; Gerichte 30 €; ☺Juni–Aug. tgl., April–Mai & Okt. Mi–Mo) Alles was vor der Küste von Monte Conero schwimmt, findet sich auch auf der Speisekarte von Il Molo. Jeden Morgen bieten die Fischer der Umgebung ihren frischen Fang dem Koch an. Gut sind die kreativen Kombinationen von Pasta und Schalentieren.

❶ Praktische Informationen

Touristeninformation (☏071 933 18 79; www.parcodelconero.com; Via Peschiera 30, Sirolo; ☺Mitte Juni–Mitte Sept. 9–13 & 16–19 Uhr, Mitte Sept.–Dez. Mo–Sa 9–13 Uhr, Jan. & Feb. geschl.) Informationen über den Park und geführte Touren.

❶ An- & Weiterreise

Das ganze Jahr über fahren sporadisch Busse von Ancona aus der Gegend an, am häufigsten im Juli und August. Die Gegend lässt sich jedoch mit den eigenen vier Rädern viel leichter erkunden.

Urbino

15 500 EW.

Viele Besucher der Marken fahren zuerst nach Urbino. Der Patriarch der Familie Montefeltro, Herzog Federico da Montefeltro, sammelte die besten Künstler, Architekten und Gelehrten des 15. Jhs. um sich und schuf eine Art Ideenfabrik der Renaissance. Die Universität beherrscht heute noch das Leben in der Stadt. Die Unesco hat die Stadt zum Weltkulturerbe erklärt.

◉ Sehenswertes

Palazzo Ducale PALAST, MUSEUM
(www.palazzoducaleurbino.it; Erw./erm. 5/2,50 €; ☺Di–So 8.30–19.15, Mo 8.30–14 Uhr) Der Palazzo Ducale spiegelt die Architektur, Kunst und Geschichte der Renaissance. Hier befinden sich auch die **Galleria Nazionale delle Marche**, das **Museo Archeologico** und das **Museo della Ceramica**. Der Renaissancebau von Federico da Montefeltro,

der die drei Museen beherbergt, ist schon ein Kunstwerk an sich. Für die Realisierung des Gebäudes beschäftigte der Herzog einige der besten Künstler und Architekten der Renaissance.

Ein monumentales Treppenhaus, eines der ersten in Italien, führt zum *piano nobile* und den Gemächern des Herzogs. Piero della Francesca war einer der Künstler, und sein Werk *La Flagellazione* (Die *Geißelung Christi*; um 1455) schmückt die Bibliothek. Zur Sammlung gehören auch unendlich viele Zeichnungen des auf Altarbilder spezialisierten Federico Barocci und beeindruckende Werke von Raffael, Tizian und Signorelli.

Der Corso Garibaldi bietet den besten Blick auf den Gebäudekomplex mit der ungewöhnlichen Facciata dei Torricini, einer dreistöckigen Loggia in Form von Triumphbögen, flankiert von Rundtürmen.

Cattedrale di Urbino · KIRCHE

(⊙7.30–13 & 14–19 Uhr) Die nüchterne Fassade von Urbinos *duomo*, der im frühen 19. Jh. im neoklassizistischen Stil umgebaut wurde, ist weit weniger interessant als der Innenraum. Besonders erwähnenswert ist Federico Baroccis *Letztes Abendmahl*. Das Dommuseum **Museo Diocesano Albani** (www. museodiocesanourbino.it; Eintritt 3 €; ⊙Mi–Mo 7.30–13 & 14.30–18.30 Uhr) zeigt liturgisches Gerät, Messgewänder und Gemälde, dazu gehört auch Andrea da Bolognas *Madonna del Latte* (stillende Madonna).

Casa Natale di Raffaello · HAUSMUSEUM

(Via Raffaello 57; Erw./erm. 3,50/2,50 €; ⊙im Sommer Mo–Fr 9–13 & 15–19, Sa & So 10–13 Uhr, im Winter Mo–Fr 9–14 Uhr) Nördlich der Piazza della Repubblica steht das aus dem 15. Jh. stammende Haus, in dem 1483 Raffael geboren wurde und die ersten 16 Jahre seines Lebens verbrachte. Im ersten Stock befindet sich wahrscheinlich eine der frühesten Fresken Raffaels, eine Madonna mit Kind. Das Museum gibt einen rührenden Einblick in Raffaels Familienleben.

Es betont besonders den Einfluss von Raffaels Vater Giovanni Santi, der Hofmaler war und seinem talentierten Sohn alles zeigte, was er wusste.

Museo della Città · MUSEUM

(Via Valerio 1; Erw./erm. 1/0,50 €; ⊙Mo & Mi–Fr 9.30–13.30, Sa & So 10–18 Uhr) Das Stadtmuseum befindet sich im Renaissancepalast Odasi südlich der Piazza. Es bietet einen Einblick in die Geschichte von Urbino

sowie ein maßstabsgetreues Modell der Stadt (sehr nützlich, um sich später bei einem Stadtrundgang zurechtzufinden) und präsentiert verschiedene Exponate aus der Antike. Der Palast hat einen wunderschönen Arkadenhof.

Oratorio di San Giovanni · KIRCHE

(Via Barocci 31; Eintritt 2,50 €; ⊙Mo–Sa 10–12.30 & 15–17.30, So 10–12.30 Uhr) Das Oratorium aus dem 14. Jh. besticht durch die leuchtenden Fresken von Lorenzo und Giacomo Salimbeni.

⭐ Feste & Events

Der Sommer beginnt in Urbino im Juni mit dem weit über die Grenzen der Stadt hinaus bekannten **Urbino Jazz Festival** mit Veranstaltungen in der ganzen Stadt.

Im Anschluss folgt im Juli das **Internationale Festival für Alte Musik** und jeweils am ersten Wochenende im September die **Festa dell'Aquilone**, ein lebendiges, buntes Drachenfest.

Festa dell'Duca · KULTUR

(⊙3. So im Aug.) An diesem Tag fällt Urbino ins Mittelalter zurück: Die Straßen der Stadt werden dann Schauplatz eines kostümierten Umzugs und eines Ritterturniers.

🛏 Schlafen

B&B Albornoz · B&B €

(☎347 2987897; www.bbalbornoz.com; Via dei Maceri 23; EZ 50 €, DZ 70–80 €) Das wirklich hübsche B&B befindet sich in einer ruhigen Ecke der Altstadt. Eine Wendeltreppe verbindet die drei Studios im Designerstil mit freigelegtem Mauerwerk, witziger Beleuchtung und gewagten Kunstwerken – vom monochromen „Du und Ich" bis zur floralen, fliederfarbenen Romanze „Osaka". Alle Studios besitzen eine Kochecke und einen Espressokocher. Die freundlichen Besitzer stellen für 20 € auf Wunsch auch noch ein Extrabett ins Zimmer.

⭐ Locanda della Valle Nuova · AGRITURISMO €€

(☎0722 33 03 03; www.vallenuova.it; La Cappella 14, Sagrata di Fermignano; EZ/DZ 81/112 €, Halbpension 30 € pro Pers.; ⊙Juni–Nov.; P @ 🛜 ✉) Dieser Bio-Bauernhof mit hellen, makellosen Zimmern und schönem Blick über bewaldete Hügel bis zu den Bergen ist ein Volltreffer. Giulia organisiert alles – egal, ob ihre Gäste einen Kochkurs machen möchten, ausreiten oder Korbflechten lernen wollen. Sie ist außerdem eine tolle Köchin und zum Abendessen serviert sie Speisen mit selbst angebauten Leckereien.

Der Hof liegt 16 km südlich von Urbino (zuerst der Beschilderung nach Fermignano folgen, dann nach Sagrata), die englischsprachigen Besitzer organisieren aber auch gerne den Transport und Ausflüge in die Umgebung. Der Mindestaufenthalt beträgt drei Nächte.

Urbino Resort
AGRITURISMO, SPAHOTEL €€

(www.tenutasantigiacomoefilippo.it; Via San Giacomo in Foglia 7, Pantiere; EZ 108–132 €, DZ 120–175 €, Suite 180–240 €, Gerichte 30–40 €; P ✳ ⊛ ⚡) ⚑ Und hier einmal so richtig entspannen und abschalten ... Wer in diesem fantastischen Landresort inmitten von Weinbergen und Gärten mit duftenden Blumen und Kräutern eincheckt, kann gar nicht anders. In sechs schick umgebauten Gebäuden des Bauernhofes befinden sich die individuell designten Zimmer mit Holzfußböden – manche sind in ruhigen Pastelltönen mit Stoffen von Laura Ashley gehalten, andere sind eher gradlinig und modern gestaltet.

Vom Infinitypool sieht man auf die Berge, ein Spa bietet Behandlungen, Massagen und Shiatsu an, es gibt einen Reitstall und das Restaurant am See verwendet für seine kreative Küche Erzeugnisse von Biohöfen. Da bleibt man gerne länger als ein bis zwei Nächte hier. Das Resort liegt 13 km nördlich von Urbino.

Albergo Italia
HOTEL €€

(📞 0722 27 01; www.albergo-italia-urbino.it; Corso Garibaldi 32; EZ 50–70 €, DZ 80–120 €; ✳ 🛜) Das Italia liegt perfekt – direkt hinter dem Palazzo Ducale. Das Haus mit den Fensterläden ist modern und gut geplant, es ist ruhig und die Mitarbeiter sind sehr freundlich. Während der Sommermonate kann man auf dem Balkon frühstücken.

Essen & Ausgehen

Italiens laut ihrem Namen einzige gemeingefährliche Nudeln - *strozzapreti* (Priesterwürger) – sollte man unbedingt probieren, sie werden in den meisten Restaurants angeboten. Eine Legende besagt, dass diese Nudelschnipsel erfunden wurden, damit sie Priestern, die ohne Bezahlung in Restaurants aßen, im Hals stecken blieben. Priester sollten also aufpassen.

La Trattoria del Leone
TRATTORIA €

(📞 0722 32 98 94; www.latrattoriadelleone.it; Via Cesare Battisti 5; Gerichte 20–25 €; ⊙ Mo–Sa Abendessen, Sa & So Mittagessen) Die gemütliche rustikale Trattoria sucht sich aus den Vorratskammern der Marken die besten regionalen Erzeugnisse. *Olive all'ascolana* (panierte gefüllte Oliven) machen Appetit auf Gerichte wie die Ravioli, die mit dem einheimischen Casciotta d'Urbino Käse gefüllt sind oder Kaninchen aus dem Ofen mit Oliven, Speck und Würstchen. Unbedingt etwas Platz für den ausgezeichneten Schokoladenkuchen lassen.

La Balestra
ITALIENISCH €

(📞 0722 29 42; Via Valerio 16; Gerichte 20–25 €; ⊙ tgl. Mittag- & Abendessen) Urbinos Gelehrte und Studenten treffen sich hier in alten Ziegelgewölben oder draußen auf der gut besuchten Terrasse. Einen Versuch wert sind Spezialitäten wie die berühmten *strozzapreti* und Pappardelle mit Wildschwein. Man kann auch einfach eine Pizza vom Holzofen bestellen.

★ Antica Osteria de la Stella
OSTERIA €€

(📞 0722 32 02 28; www.anticaosteriadalastella. com; Via Santa Margherita 1; Gerichte 25–40 €; ⊙ Di–So mittags & abends) Das ländlich elegante Restaurant aus dem 15. Jh. liegt in einer ruhigen Seitenstraße. Hierhin gingen schon so berühmte Leute wie Piero della Francesca. Die Osteria de la Stella ist berühmt wegen ihrer einfallsreichen saisonalen Küche. Jedes Gericht harmoniert perfekt, egal ob es die Kakaoravioli sind oder der Hirsch mit Wildbeeren und Polenta.

Der Besitzer der Osteria ist stolz darauf, dass vom Brot mit dickflüssigem Balsamicoessig bis hin zu den traumhaft leichten Nudeln und den *petits fours* alles selbst gemacht wird.

Osteria L'Angolo Divino
OSTERIA €€

(📞 0722 32 75 59; www.angolodivino.com; Via Sant'Andrea 14; Gerichte 30 €; ⊙ tgl.) Stimmungsvolle *osteria* in einem Keller, unter dessen gewölbten Ziegelalkoven unzählige Weinflaschen stehen, die alle probiert werden können. Sogar Abstinenzler lieben diesen Ort, denn die Karte bietet einfache, aber schmackhafte Nudelspezialitäten. Dazu gehören auch Gnocchi mit Trüffeln und *pasta nel sacco* (Nudeln im Sack): Hinter diesem ungewöhnlichen Namen verbergen sich panierte Nudeln mit Ei.

Caffè Centrale
CAFÉ

(Piazza della Repubblica; ⊙6.30–2 Uhr) Beliebt bei den Studenten in Urbino und eines der besten Pizza-Cafés. Nachmittags können die Gäste draußen in der Sonne sitzen. Zu jeder Tageszeit lassen sich Gebäck, Sandwiches und Eis bestellen, abends werden zu den Getränken *aperitivi* gereicht.

Unterhaltung

Teatro Sanzio
THEATER

(☎0722 22 81; Corso Garibaldi) In dem faszinierenden alten Theater aus dem 19. Jh. finden besonders zwischen Juli und September Theateraufführungen und Konzerte statt. Den Veranstaltungskalender gibt es in der Touristeninformation.

❶ Praktische Informationen

Touristeninformation (☎0722 26 31; Piazza Mercatale; ⊙Mo–Sa 9–18 Uhr) Am Eingang zum Lift in die Stadt.

Touristeninformation (☎0722 26 13; Via Puccinotti 3; ⊙Mo–Sa 9–13, Di–Fr 15–18 Uhr) Hier erhält man einen kostenlosen Stadtplan und den Miniführer *Urbino City of Art* (5 €).

❶ Anreise & Unterwegs vor Ort

AUTO

Innerhalb der Stadtmauern dürfen so gut wie keine Autos fahren. Parkplätze befinden sich vor den Stadttoren, der größte am Borgo del Mercatale (1,20 € pro Std.).

BUS

Adriabus (☎0722 37 67 38, 0800 66 43 32; www.adriabus.eu) verkehrt täglich im Stundentakt zwischen Urbino und Pesaro (3,20 €, 48 Min.). Von dort kann man mit dem Zug nach Bologna fahren.

TAXI

Taxis bekommt man unter ☎0722 25 50; Shuttlebusse fahren von der Piazza della Repubblica und der Piazza Mercatale ab.

ZUG

Urbino hat keinen Anschluss an das Streckennetz der Bahn. Der nächste Bahnhof befindet sich in Pesaro, ungefähr 35 km entfernt.

Pesaro

94 600 EW.

Wer die riesigen Bettenburgen aus Beton und die Zehntausende sonnenhungriger Urlauber, die im August am Strand um einen Platz für ihr Badelaken kämpfen, einfach ignoriert, wird in Pesaro eine Menge Hübsches entdecken.

Die Lage der Stadt ist perfekt: goldgelbe Sandstrände an der Adria, im Hintergrund sanfte Hügel und eine hübsche Altstadt rund um die Piazza del Popolo mit ihren Straßencafés. Hier steht auch der stolze Palazzo Ducale aus der Renaissance. Der Komponist Rossini liebte seine Heimatstadt so sehr, dass er ihr all seinen Besitz vermachte als er starb (die Casa Rossini ist einen Besuch wert).

◉ Sehenswertes & Aktivitäten

Der berühmte Komponist Rossini wurde 1792 in einem der typischen Häuser Pesaros geboren, in der **Casa Rossini** (Via Rossini 34; Erw./erm. 4/2 €, inkl. Eintritt in die Musei Civici 7/3 €; ⊙Di–So 10–13 & 16–19.30 Uhr, Mi Nachm. geschl.). Seine Mutter war Sängerin, sein Vater Hornist und schon als Kind begann der junge Rossini zu komponieren. Durch Drucke, persönliche Gegenstände und Porträts erfahren Besucher viel über das Leben des Virtuosen und seine Opern, wie z. B. über den munteren *Barbier von Sevilla*.

In den 1860er-Jahren wurde direkt nach der italienischen Wiedervereinigung eine städtische Kunstgalerie eröffnet, die heutigen **Musei Civici** (www.museicivicipesaro.it; Piazza Toschi Mosca 29; Erw./erm. 4/2 €, inkl. Eintritt in die Casa Rossini 7/3 €; ⊙Di–So 10–13 & 16–19.30 Uhr, Mi Nachm. geschl.). Hier erhält man einen Überblick über die 700-jährige Keramiktradition Pesaros. Zu sehen sind einige der schönsten Majolika-Arbeiten Italiens.

Pesaro hat vier große Strände: die mit der Blauen Flagge ausgezeichneten **Levante**, **Ponente**, **Baia Flaminia** und den **freien Strand**. Levante und Ponente liegen vor den Hotelklötzen und sind überlaufen. Viel besser ist der freie Strand (*spiaggia libera*) südlich der Stadt am Monte Ardizio.

✷ Feste & Events

Rossini Opera Festival
MUSIK

(☎0721 380 02 94; www.rossinioperafestival.it; Via Rossini 24; ⊙Kasse während des Festivals 10–12 & 16–18.30 Uhr) Das zweiwöchige Festival im August ist eine Liebeserklärung an Rossini. Die Opern und Konzerte werden im Teatro Rossini und der Adriatic Arena aufgeführt. Tickets kosten zwischen 20 und 150 €, Ermäßigung gibt es für Studenten und Kurzentschlossene.

🛏 Schlafen & Essen

Die meisten Hotels schließen zwischen Oktober und Ostern. Sehr viele sind hässliche Betonklötze aus den 1960er-Jahren, es gibt aber auch ein paar Ausnahmen. Zimmer vermitteln die **Associazione Pesarese di Albergatori** (✆ 0721 6 79 59; www.apahotel.it; Piazzale della Libertà 10) oder die Touristeninformation.

Marinella CAMPINGPLATZ €
(✆ 0721 5 57 95; www.campingmarinella.it; SS16 km244; Camping 2 Pers., Auto & Zelt 24–39,50 €; ☉ Ostern– Sept.; 🛜 🦽) Einschlafen beim Rauschen der Wellen, die sich dicht am Zelt am Strand brechen. Auf dem Platz gibt es eine Pizzeria, einen kleinen Laden, Beach-Volleyball und viele Aktivitäten für Kinder.

Hotel Clipper HOTEL €€
(✆ 0721 3 09 15; www.hotelclipper.it; Viale Guglielmo Marconi 53; EZ 55–105 €, DZ 85–120 €, 3BZ 105–145 €; 🅿 ❄ 🛜 🦽) Das Hotel befindet sich bei der freundlichen Familie Gasparini in guten Händen, es liegt direkt am Strand und nur fünf Minuten vom Stadtzentrum entfernt. Die hellen, luftigen Zimmer sind gut in Schuss und haben einen Balkon. Es lohnt sich, 5 € mehr pro Tag für ein Zimmer mit Meerblick auszugeben. Im Preis inbegriffen sind Leihfahrräder und Badetücher.

L'Angolo di Mario MEERESFRÜCHTE, PIZZERIA €€
(✆ 0721 6 58 50; http://angolodimario.it; Via Nazario Sauro; Pizza 2,50–10 €, Gerichte 20–30 €; ☉ tgl.) L'Angolo di Mario verbindet Meerblick mit modernem Interieur, freundlichem Service und tollem Essen. Am schönsten ist ein Tisch auf der Terrasse – beim Blick auf die Adria schmecken die Teller mit Muscheln oder Pasta mit Meeresfrüchten noch besser. Als Hauptgericht gibt es Fisch oder Fleisch vom Grill. Auch die Pizza ist fantastisch.

⭐ Unterhaltung

Teatro Rossini THEATER
(✆ 0721 3 24 82; www.enteconcerti.it; Via Rossini) Das Theater trägt den Namen des Komponisten. Mit seiner beeindruckenden Decke und den verzierten Logen ist es ein atemberaubender Ort für ein Konzert, besonders während des Rossini Opera Festivals.

ℹ Praktische Informationen

Pesaro Urbino Tourism (www.turismo.pesarourbino.it) Ausgezeichnete Informationen mit Karten, ein Unterkunftsverzeichnis und Informationen zu Sehenswürdigkeiten.

ℹ **HÖHLENEXPEDITION FÜR FORTGESCHRITTENE**

Wem die 70-minütige Tour durch den tropfenden Wald aus Stalagmiten und Stalaktiten in der Grotte di Frasassi nicht genug Abenteuer ist, der kann an der Expedition **Speleo Avventura** teilnehmen. Hier steigt der Adrenalinspiegel beträchtlich, denn diese Höhlentour führt über 30 m tiefe Felsspalten und durch enge Gänge, durch die man auf Händen und Knien kriechen muss. Zur Auswahl stehen zwei unterschiedliche Routen: die blaue Tour (relativ leicht) dauert zwei Stunden und kostet 35 €, die rote Tour (schwierig, denn man geht weit in das Innere der Höhle) dauert drei bis vier Stunden und kostet 45 €. Beide Touren müssen mindestens eine Woche im Voraus gebucht werden. Viel Spaß!

Touristeninformation (✆ 0721 6 93 41; www.comune.pesaro.ps.it; Piazzale della Libertà 11; ☉ Mo–Sa 9–13, Di & Fr auch 15–18 Uhr)

ℹ Anreise & Unterwegs vor Ort

BUS

Der Busbahnhof befindet sich an der Piazza Matteotti. Von hier fahren regelmäßig Busse nach Ancona (3,10 €, 1¼ Std., 4-mal tgl.). **Adriabus** (✆ 0722 37 67 38, 0800 66 43 32; www.adriabus.eu) fährt 2-mal tgl. nach Rom (38 €, 4¾ Std.) und stündl. nach Urbino (3,20 €, 48 Min.).

ZUG

Pesaro liegt an der Strecke Bologna–Lecce. Rom (18–45 €, 3½ bis 5¾ Std., 9-mal tgl.) erreicht man mit Umsteigen in Falconara Marittima, kurz vor Ancona. Mindestens stündlich fahren Züge nach Ancona (3,65–12 €, 30–50 Min.), Rimini (3,60–11 €, 19–33 Min.) und Bologna (10,40–121,50 €, 1¼ bis 2 Std.). Der Bahnhof befindet sich am Westrand der Stadt, ungefähr 2 km vom Strand entfernt.

Grotte di Frasassi

Im September 1971 stolperte eine Gruppe Kletterer über ein Loch in der Hügellandschaft um Genga. Bei einer genaueren Untersuchung stellte sich dabei heraus, dass dieses „Loch" eines der größten Höhlensysteme Europas ist, die **Grotte di Frasassi** (✆ 0732 9 00 90, 0732 9 00 80; www.frasassi.com; Erw./erm. 15,50/13,50 €; ☉ 10–17 Uhr). Sie sind ein geologisches Wunder, das man nicht verpassen sollte.

Der schnellfließende Fluss Sentino hat diese Wunderwelt in den Karst gegraben; das Gewirr aus Kammern und Tunneln kann bei einer 70-minütigen Tour bewundert werden. Führungen auf Deutsch oder Englisch beginnen täglich um 11.15, 12.45, 14.45 und 16.15 Uhr (von 1.–15.10. nur um 11.15, 12.45 und 14.45 Uhr). Bequeme Schuhe und ein warmer Pullover sind auch im Sommer nötig.

Bei der Führung sieht man die beeindruckendsten Teile der Höhle. Zuerst kommt der **Ancona Abyss**, eine riesige 200 m hohe, 180 m lange Kammer, in die bequem der Mailänder Dom passen würde. Zu den Highlights gehört hier **Niagara**, ein versteinerter Wasserfall aus Kalkspat und ein kristallisierter See. Im sogenannten **Gran Canyon** beeindrucken parallele Stalaktiten, die an eine Orgel denken lassen und Stalagmiten, die aussehen wie Kerzen aus geschmolzenem Wachs.

Wer aus Richtung Ancona kommt, nimmt die A14 und wechselt dann auf die SS76, der man bis zur Ausfahrt Genga-Sassoferrato folgt. Der Parkplatz liegt 1,5 km östlich des Eingangs bei San Vittore Terme. Vom Parkplatz, wo man auch die Tickets kauft, fährt ein Bus zu den Höhlen. Der nächstgelegene Bahnhof befindet sich in Genga San Vittore Terme, in der Nähe des Parkplatzes und der Kasse.

Macerata

42 000 EW.

In Macerata vermischt sich der Charme einer Bergstadt mit dem Schwung des Studentenlebens – die hiesige Universität ist eine der ältesten Europas, sie wurde 1290 gegründet. Die Altstadt, ein Wirrwarr von Pflasterstraßen und honigfarbenen *palazzi*, wird während des einmonatigen Opernfestivals lebendig.

◎ Sehenswertes & Aktivitäten

Eines der umwerfendsten Freilichttheater Europas ist die klassizistische **Arena Sferisterio** (☎0733 23 07 35; www.sferisterio.it; Piazza Mazzini 10; Erw./erm. 3/2 €, inkl. Führung 5/4 €; ☼Mo 10–15, Di–So 9–13 & 15–19, Führungen 12 & 17 Uhr), die an eine antike römische Arena erinnert, aber erst zwischen 1820 und 1829 errichtet wurde. Sie besitzt eine einzigartige Akkustik. Von Mitte Juli bis Mitte August findet hier das **Macerata Opera Festival** statt, eines der renommiertesten Musikfestivals Italiens, bei dem die Großen der Oper auftreten.

Das historische Zentrum (Renaissance) wird beherrscht von der **Loggia dei Mercanti** an der Piazza della Libertà. Das 1505 für Kardinal Alessandro Farnese, den künftigen Papst Paul III., gebaute Haus mit Bogengängen beherbergte früher durchreisende Händler, die hier ihre Waren verkauften. Auf der anderen Seite des Platzes steht das **Teatro Lauro Rossi** (☎0733 23 35 08; Piazza della Libertà), ein elegantes Theater, das 1774 für den Adel gebaut wurde, heute steht es aber allen gut gekleideten Leuten und natürlich Besuchern offen.

Maceratas Museen sammeln sich jetzt als **Musei Civici di Palazzo Buonaccorsi** (☎0733 25 63 61; www.maceratamusei.it; Via Don Minzoni 24; Erw./erm. 3/2 €; ☼Di–Sa 10–18 Uhr). Im Erdgeschoss befindet sich das **Museo della Carozza** mit einer umfangreichen Kollektion von Kutschen vom 18. bis zum 20. Jh. (war zur Zeit der Drucklegung dieses Führers wegen Renovierung teilweise geschlossen). Im ersten Stock wird alte Kunst **Arte Antica** gezeigt.Die Werke stammen aus dem 13. bis 19. Jh., während der zweiten Stock der modernen Kunst **Arte Moderna** gewidmet ist.

In mehreren Räumen werden Werke des in Macerata geborenen Malers Ivo Pannaggi ausgestellt, der eine treibende Kraft im italienischen Futurismo der 1920er- und 1930er-Jahre war.

🛏 Schlafen

Albergo Arena · HOTEL €
(☎0733 23 09 31; www.albergoarena.com; Vicolo Sferisterio 16; EZ 45–65 €, DZ 65–95 €; P ✲ @ 🕏) Mitten in der Altstadt liegt das mit Fensterläden versehene Haus. Es bietet schlichte, makellos saubere Zimmer und ist ein guter Ausgangspunkt, um das historische Zentrum zu erkunden.

Hotel Arcadia · HOTEL €
(☎0733 23 59 61; www.harcadia.it/dove.htm; Via Matteo Ricci 134; EZ 40–65 €, DZ 65–95 €; P ✲ 🕏) Das 3-Sterne-Hotel liegt in einer ruhigen Straße in der Nähe des Doms. Es bietet den für diese Kategorie üblichen Komfort zu vernünftigen Preisen. Die Zimmer wurden kürzlich renoviert, sind modernisiert und mit warmen Farben, Parkettfußboden und Flachbildfernseher ausgestattet.

⭐ Le Case
AGRITURISMO €€

(☎ 0733 23 18 97; www.ristorantelecase.it; Via Mozzavinci 16/17; EZ 105–110 €, DZ 140–150 €, Suite 230 €, Gerichte 40–90 €; ❄️📶🏊💻) 🅿️
Ein von Zypressen gesäumter Weg führt zum Landgut und dem Biohof, der ganz einsam 9 km westlich von Macerata liegt. Die in blassen Farben gehaltenen Zimmer mit Holzböden kombinieren diskreten Luxus mit antiken Balken und Fliesen sowie altem Mobiliar. Das Haus bietet ein Spa mit Innenpool mit schönem Blick über die Berge, zwei Gourmetrestaurants (dazu gehört auch das L'Enoteca, das mit einem Michelin-Stern ausgezeichnet ist) und einen Streichelzoo für die Kinder. Auf dem Frühstückstisch stehen hausgemachte Marmeladen sowie selbst gemachtes Brot und Kuchen. Wer entsprechenden Bedarf hat, bekommt auch noch ein Extrabett oder ein Babybett ins Zimmer gestellt.

Le Case erreicht man, wenn man von Macerata Richtung Norden nach Villa Potenza fährt und dann ab der Kapelle den Wegweiser nach Le Case folgt; eine genaue Wegbeschreibung steht auf der Website.

🍴 Essen & Ausgehen

Osteria dei Fiori
OSTERIA €

(☎ 0733 26 01 42; www.osteriadeifiori.it; Via Lauro Rossi 61; Gerichte 25–30 €; ⏲ Mo–Sa; 🖊️👶) Die *osteria* bietet eine gemütliche, zwanglose Atmosphäre und im Sommer kann man wunderbar draußen sitzen. Die Küche ist jahreszeitlich geprägt, als kreatives Menü könnten Spaghetti mit Chicorée und Haselnüssen serviert werden, danach gebratenes Kaninchen mit Fenchel und als Dessert Mokka-Anis-Eiscreme. Auch für Kinder und Vegetarier wird gut gesorgt.

Da Secondo
TRATTORIA €€

(☎ 0733 26 09 12; Via Pescheria Vecchia 26/28; Gerichte 30–40 €; ⏲ Di–So) *Der* Ort in Macerata, um die einheimische Küche auszuprobieren. Die Geschichte der Stadt bezeugen die vielen Fotos an den Wänden und die regionalen Zutaten: *pecorino* (Schafskäse), *tartufo* (Trüffel) und *osso buco* mit *porcini* (Beinscheibe mit Steinpilzen). Im Sommer wird draußen auf der romantischen Terrasse gegessen. Die berühmte warme Schokoladentorte (*torta*) krönt zum Abschluss das perfekte Mahl.

⭐ L'Enoteca
GASTRONOMISCH €€€

(☎ 0733 23 18 97; www.enotecalecase.it; Via Mozzavinci 16/17; Gerichte 40–55 €, Degustations-

menü 40–90 €; ⏲ Di–Sa Abendessen) Das mit einem Michelin-Stern ausgezeichnete Restaurant lohnt die Fahrt aufs Land und viele Feinschmecker kommen von weit her. Holzbalken und freigelegtes Mauerwerk schaffen eine rustikale, aber elegante Atmosphäre. Das Fleisch stammt vom eigenen Biohof, ebenso Kräuter, Blumen und Gemüse. Michele Biagiola entwirft seine Menüs mit Liebe und Präzision.

Da auf der Weinkarte 1700 Weine stehen, wird man das passende Getränk zu Leckereien wie Apfelkuchen mit süßen Schweinerippchen und Ingwereis oder mit Perlhuhn gefüllten Tortellini leicht finden.

Caffè Venanzetti
CAFÉ

(Via Gramsci 21/23, Galleria Scipione; ⏲ 7–23 Uhr) Nicht nur die hohen Räume und die altmodische Einrichtung mit viel Holz und Spiegeln machen das Café zu einem Anziehungspunkt, sondern auch die leckeren Torten und der gute Cappuccino.

ℹ️ Praktische Informationen

Post (Via Gramsci 44; ⏲ Mo–Fr 8.20–19.05, Sa 8.20–12.35 Uhr)
Touristeninformation (☎ 0733 23 48 07; www.turismo.provinciamc.it; Piazza della Libertà 12; ⏲ Mo–Sa 9–13 & 15–18, So 9–13 Uhr) Hier gibt es Informationen über Macerata und Umgebung, außerdem kann man Ausflüge buchen.

ℹ️ Anreise & Unterwegs vor Ort

AUTO & MOTORRAD
Die SS77 verbindet die Stadt mit der A14 im Osten und den Straßen nach Rom im Westen. Gebührenpflichtige Parkplätze (von 8–20 Uhr) gibt es entlang der Stadtmauern. Kostenlose Parkplätze befinden sich an den Giardini Diaz, wo die Busse ankommen.

BUS
Busse fahren nach Rom (23 €, 4 Std., 6-mal tgl.) und Citanova Marche (2,25 €, 1 Std., stündl.). Fahrpläne gibt es am Busbahnhof.

ZUG
Vom **Bahnhof** (☎ 0733 24 03 54; Piazza XXV Aprile 8/10) bestehen gute Verbindungen nach Ancona (4,70 €, 1¼ Std., stündl.) und nach Rom (15,40–32 €, 4–5 Std., 8-mal tgl.). Wer nach Ascoli Piceno (6,30 €, 2¼ bis 3 Std., 10-mal tgl.) reisen möchte, muss in San Benedetto del Tronto und Civitanova Marche umsteigen. Die Buslinie 6 verbindet den Bahnhof mit der Piazza della Libertà im Stadtzentrum.

Ascoli Piceno

49 900 EW.

Die Geschichte Ascolis reicht zurück bis zu den Sabinern im 9. Jh und den Picenern. Der Ort ist eine gelungene Mischung aus altem Rom und einem kleinen *Marchigiani*-Städtchen – sprich: Er bietet viel Geschichte und gutes Essen. Müde Füße werden sich freuen, dass der Stadt die Berge fehlen. Stattdessen findet man historische Reichtümer, eine ausgezeichnete *pinacoteca*, perfekte Piazze und die örtliche Spezialität: dicke, saftige mit Hackfleisch gefüllte und frittierte Oliven (*olive all'ascolana*).

◉ Sehenswertes

Chiesa di San Francesco   KIRCHE
(Piazza del Popolo; ⊙ 7–12.30 & 15.30–20 Uhr) Mit dem Bau der schönen Kirche wurde 1262 beim Besuch des hl. Franziskus begonnen. Im Längsschiff befindet sich ein Holzkreuz aus dem 15. Jh., das wunderbarerweise 1535 ein Feuer im Palazzo dei Capitani überstand. Von ihm soll bereits zweimal Blut geflossen sein. Direkt an der Kirche steht die **Loggia dei Mercanti**, die im 16. Jh. von der einflussreichen Zunft der Wollhändler angebaut wurde, um das Durcheinander ihrer Lager etwas zu verstecken.

Die Kirche steht auf der beeindruckenden Piazza del Popolo, die bereits seit römischen Zeiten Ascolis *salotto* (Salon) darstellt. Der rechteckige Platz wird im Westen vom Palazzo dei Capitani del Popolo aus dem 13. Jh. begrenzt. Die Statue Papst Pauls III. über dem Haupteingang wurde in Anerkennung seiner Verdienste um den Frieden in der Stadt errichtet.

Pinacoteca   MUSEUM
(www.ascolimusei.it; Piazza Arringo; Erw./erm. 8/5 €; ⊙ im Sommer Di–So 10–19 Uhr, im Winter Di–So 10.30–17 Uhr) Die zweitgrößte Kunstsammlung der Marken befindet sich im aus dem 17. Jh. stammenden **Palazzo Comunale** mit seinem schönen, schattigen Innenhof. Sie bietet eine außergewöhnliche Sammlung von Kunst, Skulpturen und liturgischem Gerät; insgesamt befinden sich in der Pinacoteca 400 Werke, darunter Gemälde von Van Dyck, Tizian und Rembrandt sowie ein prächtiger bestickter Umhang aus dem 13. Jh., den der in Ascoli geborene Papst Nikolaus IV. getragen hat.

Die Eintrittskarte gilt auch für zwei kleine Museen in Ascolis Altstadt: die **Galleria d'Arte Contemporanea** und das **Museo dell'Arte Ceramica** (☎ 0736 29 82 13; Piazza San Tommaso), das Keramiken aus den wichtigsten italienischen Töpferstädten, darunter Deruta, Faenza und Genua, zeigt.

Duomo della Città di Ascoli Piceno   KIRCHE
(Piazza Arringo; ⊙ 7–18 Uhr) Ascolis *duomo*, der von einem Paar nicht zusammenpassender Türme überragt wird, wurde im 16. Jh. über einem mittelalterlichen Gebäude errichtet. Gewidmet ist er dem hl. Emidio, dem Schutzpatron der Stadt. In der **Cappella del Sacramento** befindet sich das *Polittico*, ein Flügelaltar von Carlo Crivelli aus dem Jahr 1473. Die **Krypta von Sant Emidio** besitzt mehrere hübsche Mosaiken.

Neben dem Dom (und heute eine Art Verkehrshindernis) steht der **Battistero** (Taufkirche), der unverändert so erhalten blieb, wie er im 11. Jh. errichtet wurde.

Vecchio Quartiere   HISTORISCHER STADTTEIL
Das Vecchio Quartiere (Altstadt) erstreckt sich vom Corso Mazzini (der Hauptstraße der Siedlung aus römischer Zeit) zum Fluss Castellano. Die wichtigste Straße ist die malerische Via delle Torri, die später Via Solestà heißt – ein idealer Ort zum Bummeln.

An der Via delle Donne (Straße der Frauen) steht die **Chiesa di San Pietro Martire** (Piazza Ventidio Basso; ⊙ 7.30–12.30 & 15.30–19 Uhr) aus dem 14. Jh. Sie ist dem Heiligen geweiht, der die Gemeinschaft der Dominikaner in Ascoli begründete. In diesem gotischen Haus befindet sich das **Reliquario della Santa Spina** mit einem Dorn aus der Krone Christi – so wird jedenfalls behauptet.

Torre degli Ercolani   HISTORISCHES GEBÄUDE
Der 40 m hohe Turm in der Via dei Soderini westlich der Chiesa di San Pietro Martire ist der höchste mittelalterliche Turm der Stadt. An ihn grenzt der **Palazzetto Longobardo**, eine langobardisch-romanische Verteidigungsfestung aus dem 12. Jh. Heute befindet sich hier das Ostello dei Longobardi, eine Jugendherberge. Direkt nördlich davon steht die gut erhaltene **Ponte Romano**, eine einbögige römische Brücke.

Museo Archeologico   MUSEUM
(Piazza Arringo; Erw./erm. 2/1 €; ⊙ Di–So 8.30–19.30 Uhr) Ascolis archäologisches Museum besitzt eine kleine Sammlung von Werkzeugen, die von den Picenern und an-

deren europäischen Stämmen in den ersten Jahrhunderten n. Chr. verwendet wurden.

Feste & Events

Fritto Misto all'Italiana
ESSEN

(www.frittomistoallitaliana.it; ⊘ Ende April) Das viertägige Festival zu Ehren von gebratenem Essen will das Vorurteil „Frittiertes ist ungesund" entkräften. Nach einem mehrstündigen Rundgang und Probierständen mit *cannoli* aus Sizilien oder Ständen mit *panzerotti* aus Apulien bis zu frittierten gefüllten Oliven aus Ascoli mag der Magen protestieren, für die Geschmacksnerven ist es aber ein echtes Erlebnis.

Quintana
KULTUR

(www.quintanadiascoli.it; ⊘ 2. Sa im Juli & 1. So im Aug.) Das ist eines der berühmtesten mittelalterlichen Feste in Italien, und zwar aus gutem Grund. Tausende von Einheimischen laufen in mittelalterlichen Kostümen durch die Stadt: Ritter in Rüstungen, Fahnenschwinger und Damen in Samt und Seide. Prozessionen und Wettkämpfe im Fahnenschwingen finden während des gesamten Juli und August statt, aber der Höhepunkt ist das Ritterturnier Quintana, wenn sechs *sestieri* (Stadtteile) gegeneinander antreten.

Schlafen

Für solch eine kleine Stadt, hat Ascoli Piceno ein außergewöhnliches Angebot an netten Hotels. Viele Häuser bieten auch einen Frühbucherrabatt. Die Touristeninformation hat ein Verzeichnis der Apartments, *agriturismi* und B&B.

★ Hotel Palazzo dei Mercanti
HISTORISCHES HOTEL €€

(☑0736 25 60 44; www.palazzodeimercanti.it; Corso Trento e Trieste 35; Zi. 80–190 €; P ♠) Der *palazzo* aus dem 16. Jh. gehörte ursprünglich zum Kloster Sant'Egido. Heute genießen Reisende die Zimmer in sanften Pastelltönen und mit handgefertigten Möbeln; dazu kommen nette Aufmerksamkeiten wie Bademäntel (schön für den Whirlpool, die Sauna und den Hamam). Geschickt werden im *palazzo* alte Mauergewölbe mit modernen Elementen kombiniert.

Palazzo Guiderocchi
BOUTIQUEHOTEL €€

(☑0736 25 97 10; www.palazzoguiderocchi. com; via Cesare Battisti 3; EZ 60–140 €, DZ 70–170 €; P ❄ @ ♠) Nicht viele Hotels bieten die Geschichte, Atmosphäre und Komfort dieses *palazzo* aus dem 16. Jh. Die Zimmer gruppieren sich um einen Innenhof; im ersten Stock haben die Zimmer hohe Gewölbe, im zweiten Stock niedrige Holzbalken, dazu gibt es überall Fresken und original erhaltene Türen. In der Nachsaison sind die Zimmerpreise günstig.

Albergo Piceno
BOUTIQUEHOTEL €€

(☑0736 25 30 17; www.albergopiceno.it; Via Minucia 10; EZ 60–75 €; DZ 90–115 €; ❄ @) Nur wenige Meter vom Dom entfernt befindet sich dieses empfehlenswerte Hotel in einer schmalen Gasse. Ein alter *palazzo* aus dem 17. Jh. wurde hier zu einem hübschen Boutiquehotel umgebaut. Die großen Zimmer sind freundlich und modern ausgestattet (hier und da findet sich etwas sichtbares Mauerwerk und gibt den Räumen Charakter). Das Frühstück ist so umfangreich, dass man gerne die zusätzlichen Kalorien wieder im hauseigenen Fitnessraum abarbeitet.

Essen & Ausgehen

Degusteria 25 Doc & Dop
ITALIENISCH €

(☑0736 31 33 24; Via Panichi 3; Gerichte 15 €; ⊘ Di–So) Knoblauch- und Peperonizöpfe schmücken die *enoteca*, in der sich die Einheimischen drängen oder draußen auf der Terrasse Wein und Leckereien wie *salumi*, Käse und, natürlich, *olive all'ascolana* genießen. Für wenig Geld (6 €) werden auch leckere Tagesgerichte angeboten.

★ Il Desco
MEDITERRAN €€

(☑0736 25 07 57; www.ildescoristorante.it; Via Vidacilio 10; Gerichte 30–40 €; ⊘ Mo geschl. und Sa Abendessen) Flippige Kronleuchter, hohe Räume und weißes Holz schaffen in dem schicken *palazzo* eine lässige Country-Atmosphäre. Im Sommer kann man im Gartenhof bei Kerzenlicht essen. Der Fokus der Küche liegt auf Meeresfrüchten, dazu kommen viele Kräuter. Auf der Speisekarte steht hausgemachte Pasta mit Garnelen oder Filet vom Wolfsbarsch mit Zitronen – alles ist sehr lecker.

Rua dei Notari
KLASSISCH ITALIENISCH €€

(☑0736 25 83 93; www.ruadeinotari.it; Via Cesare Battisti 3; Gerichte 30–35 €; ⊘ Mi–Sa & Mo Abendessen, So Mittag- & Abendessen) Das schicke Restaurant befindet sich in den Mauern des Palazzo Guiderocchi aus dem 16. Jh. und ist eine der Top-Adressen der Stadt. Kunstvoll präsentierte Spezialitäten bieten saisonale und regionale Aromen: Die Pappardelle mit Steinpilzen und Wintertrüffel könnten gefolgt werden von einem perfek-

PIANO GRANDE

Was sich nach einem gut gestimmten Instrument anhört, ist in Wirklichkeit eine lyrische Landschaft. Piano Grande, in der hintersten östlichen Ecke Umbriens zwischen Castellucio und Norcia gelegen, ist eine 1270 m hohe Hochebene, die von den Gipfeln des Apennin eingerahmt wird. Wenn der Schnee im Frühling schmilzt, gibt es auf den Wiesen eine regelrechte Explosion von Wildblumen – noch schöner als ein Gemälde von Monet; die Leinwand hat rote, goldene, violette und weiße Streifen aus Goldmohn, Kornblumen, wilden Tulpen, Gänseblümchen, Krokussen und Narzissen. Es ist das Paradies für Blumenliebhaber, die Hölle für Menschen mit Heuschnupfen und eine Faszination für Wanderer mit Fotoapparaten, die auf ihren Wanderungen durch die Wiesen Tausende von Fotos machen.

ten *millefeuille* aus Kalb und Auberginen. Das fünfgängige Degustationsmenü ist für 30 € zu haben.

Caffè Meletti CAFÉ
(Piazza del Popolo 20; ⊙ Di–So 7.30–23 Uhr) Man sitzt im Schatten des alten Säulengangs, trinkt einen Kaffee oder genießt ein Glas der berühmten hausgemachten *anisette* mit *olive all'ascolana* und schaut auf das muntere Treiben auf der Piazza. Das Café, gegründet 1904, war früher ein beliebter Treffpunkt von Ernest Hemingway und Jean-Paul Sartre.

ℹ Praktische Informationen

Polizei (☑ 0736 35 51 11; Viale della Repubblica 8)

Post (Via Crispi 2; ⊙ Mo–Fr 8.20–19.05, Sa 8.20–12.35 Uhr)

Touristeninformation (☑ 0736 29 82 04; turismo@comune.ascolipiceno.it; Piazza Arringo 7; ⊙ Mo–Fr 9–18.30, Sa 9–13 & 15–18.30, So 10–18 Uhr)

ℹ An- & Weiterreise

BUS
Busse starten am Piazzale della Stazione vor dem Bahnhof in der Neustadt östlich des Flusses Castellano. Busse von **Start** (☑ 0736 33 80 28; www.startspa.it) fahren nach Rom (14,50 €,

3 Std., 8-mal tgl.) und Civitanova Marche (4,95 €, 2 Std., 12-mal tgl.).

ZUG
Es gibt eine Bahnverbindung nach Ancona (6,95 €, 2 Std., 14-mal tgl.), oft muss man dabei in Porto d'Ascoli umsteigen. Wer nach Macerata möchte, muss ein- oder zweimal umsteigen (6,30 €, 2¼ Std., 10-mal tgl.). Zum Bahnhof sind es 15 Minuten Fußweg vom Stadtzentrum Richtung Osten.

Monti Sibillini

Zu beiden Seiten der Grenze zwischen den Marken und Umbrien erstreckt sich in wilder Schönheit der **Parco Nazionale dei Monti Sibillini**. Der Park ist immer sehenswert – egal, ob man ihn im Winter besucht, wenn die Gipfel schneebedeckt sind, oder im Sommer, wenn die Wiesen mit einem Meer von Wildblumen übersät sind. Der rund 70 000 ha große Nationalpark bietet eine der dramatischsten Landschaften Mittelitaliens mit von Gletschern geformten Tälern, wunderschönen alten Bergdörfern, stillen Buchenwäldern, durch die Hirsche streifen, und hohen Bergen, von denen 10 höher als 2000 m sind.

Der Park ist ein Paradies für alle, die Outdoor-Aktivitäten und die Natur lieben; ein ausgedehntes Netz an Wanderwegen zieht sich durch das Gebiet. *Rifugi* (Berghütten) warten bereits nach wenigen Kilometern mit einem herzhaften Mahl und warmen Betten auf Wanderer. Die meisten *rifugi* sind allerdings nur im Sommer geöffnet, genaue Informationen gibt es in allen Touristeninformationen.

Sowohl von Norcia (Umbrien) als auch von Ascoli Piceno, Macerata und Ancona aus ist eine wunderschöne Rundfahrt durch die Sibillinischen Berge möglich. Wer im Südwesten startet, beginnt in Norcia und fährt dann nach Castelluccio und folgt ab dort der Beschilderung nach Montemonaco, Montefortino und Amandola. Direkt hinter **Montefortino** zweigt die Straße nach Madonna dell'Ambro ab; sie führt direkt zur **Gola dell'Infernaccio**, dem beeindruckendsten Wasserfall der Monti Sibillini. Dann geht es zurück nach Montefortino und weiter auf der Hauptstrecke.

Der größte und schönste Ort – obwohl er nicht direkt im Nationalpark liegt –, ist **Sarnano** an der SS78, die nach **Sasso Tetto** führt (gleichzeitig das Hauptskigebiet der Monti Sibillini). Von geht führt die Straße-

dann hinunter zum Lago Fiastra. Eine ähnlich faszinierende Strecke verläuft weiter zur SS209 durch die Valnerina in Umbrien.

Aktivitäten

Hoch oben auf 1452 m Höhe und umgeben von den mächtigen Gipfeln des Apennin liegt wie ein Adlerhorst **Castelluccio**, seine nur 150 Einwohner bewundern täglich die grandiose Umgebung. Der Ort liegt gerade noch in Umbrien und ist ein wunderbarer Ausgangspunkt für Wanderungen im Park. Berühmt ist Castelluccio wegen seiner *lenticchie* (kleine, süße Linsen), des *pecorino* und *ricotta*, doch die meisten Besucher kommen wegen der fantastischen Lage. Die Casa del Parco (S. 676) in Norcia bietet Informationen über Wanderungen und andere Aktivitäten in der Umgebung, dazu gehören auch Paragliding, Mountainbike-Touren und Ausritte.

🛏 Schlafen & Essen

Taverna di Castelluccio
PENSION €
(☏0743 82 11 58; www.tavernacastelluccio.it; Via Dietro la Torre 8; EZ 45–60 €, DZ 65–100 €, 3BZ 82,50–120 €, mit Halbpension 63–78 €, 100–136 €, 135–174 €; 🖥) Eines der wenigen Hotels in Castelluccio. Es bietet helle, angenehm schlichte Zimmer, manche haben einen Traumblick zum Piano Grande. Die Mehrausgabe für die Halbpension lohnt sich, denn das Essen (dicke Linsensuppe, hausgemachte Nudeln, gegrilltes Lamm und Ähnliches) ist ausgezeichnet.

La Quercia della Memoria
AGRITURISMO €
(☏0733 69 44 31; www.querciadellamemoria.it; Contrada Vellato, San Ginesio; Zi. pro Pers. 35–40 €, Gerichte 30 €; P🖥) 🐾 Pandas leiten den Weg zu diesem Schatz. Das Hotel liegt 15 Minuten abseits der Rundfahrt um die Monti Sibillini, lohnt aber den Abstecher. Die renovierten Steinhäuser sind ökologisch ausgestattet, u. a. mit einer Fußbodenheizung aus Weinflaschen. Außerdem gibt es ein Bio-Restaurant. Kinder werden garantiert die grauen, manchmal störiischen Bewohner der *asineria* (Eselfarm) lieben.

Casa Sibillini
B&B €
(☏0736 85 90 44; www.casasibillini.com; Via dei Tiratori 11, Montefortino; EZ/DZ/Apt. inkl. Frühstück 40/60/80 €; 🖥🖥) Die englischsprachigen Besitzer bieten in ihrem liebenswürdigen B&B eine Vielfalt an Annehmlichkeiten: einen Kachelofen, einen gemütlichen Auf-enthaltsraum mit großer Auswahl an Büchern und jeden Morgen ein tolles sättigendes Frühstück. Außerdem helfen sie bei der Planung des Ferientages oder von Ausflügen in die Berge.

Hotel Paradiso
HOTEL €
(☏0737 84 74 68; www.sibillinihotels.it; Piazza Umberto I, Amandola; EZ 40 €, DZ 65–100 €; P) Dieser ruhige Zufluchtsort ist nicht einfach zu finden, aber allein die Aussicht lohnt schon den Aufwand der Suche. Das Hotel bietet 40 blitzsaubere Zimmer (die meisten mit einem Balkon), ein Restaurant mit umbrischer Hausmannskost (Frühstück 5 €, Mittag- oder Abendessen 20 €), Tennisplätze und einen romantischen Wanderweg – ein toller Ausgangspunkt für Urlaubsfreuden in den Bergen.

La Citadella
AGRITURISMO €
(☏0736 85 63 61; www.cittadelladeisibillini.it; Loc Citadella, Montemonaco; EZ 55–65 €, DZ 80–100 €, Gerichte 15 €; 🖥🖥) In diesem freundlichen *agriturismo* nördlich des Ortes Montemonaco wird man liebevoll vom Läuten der Ziegenglocken geweckt. Die Zimmer sind ziemlich einfach, aber da es ein tolles Restaurant mit Produkten aus eigenem Anbau gibt, einen Pool und die Wanderwege der Monti Sibillini direkt vor der Tür liegen, wird man nicht viel Zeit in ihnen verbringen. Der Mindestaufenthalt im La Citadella beträgt zwei Nächte.

ℹ Praktische Informationen

Die offizielle Website des Parks (www.sibillini.net) bietet zahlreiche Informationen über Unterkünfte, Aktivitäten und Anreisemöglichkeiten. Es gibt auch elf „Casa del Parco" Besucherzentren, u. a. jeweils eins in Norcia (S. 676) und **Amandola** (☏0736 84 85 98; Chiostro di San Francesco, Largo Leopardi 4; ⏱10–12.30 & 15.30–18.30 Uhr).

ℹ An- & Weiterreise

Die Monti Sibillini sind am besten mit dem Bus von Ascoli Piceno oder Macerata zu erreichen. Die Busse fahren während der Schulzeit am häufigsten, in den Ferien kann es für Touristen schwierig werden. Auskünfte bekommt man bei den Touristeninformationen in Ascoli oder Macerata oder bei den Busunternehmen: **Contram** (☏0733 23 09 06; www.contram.it) in Macerata und **Start** (☏0736 33 80 28; www.startspa.it) in Ascoli Piceno.

Die nächsten Bahnhöfe befinden sich in Ascoli Piceno im Süden und Tolentino im Norden.

Sarnano

Sarnano sieht genauso aus, wie man sich ein typisch italienisches Bergstädtchen vorstellt: Es breitet sich fotogen auf einem Hügel aus, der mittelalterliche Stadtkern ist ein Wirrwarr aus engen, gepflasterten Straßen und Gassen. Im Schein der untergehenden Sonne leuchten die Ziegelfassaden der Häuser in warmem Rot. Sarnano ist ein bezaubernder, gastfreundlicher Ausgangspunkt, um von hier aus die Monti Sibillini zu erkunden.

Allein der ruhige, mit Blumen übersäte Garten des **Albergo La Villa** (☑ 0733 65 72 18; www.hrlavilla.com; Viale della Rimembranza 46; EZ/DZ 36/56 €; Ⓟ 🖶) ist Grund genug, um hier zu übernachten, aber auch die absolute Stille, der kurze Weg ins Zentrum (5 Min.), der Preis, das Restaurant mit regionalen Spezialitäten (Kaninchen, Trüffel, Lamm etc.) und der Kinderspielplatz machen es zu einer ausgezeichneten Wahl.

An der Straße nach Sassotetto liegt das nagelneue **Hotel Eden** (☑ 0733 65 71 23; www.hoteledensarnano.it; Via de Gasperi 26; EZ 50–65 €; DZ 90–120 €, inkl. Frühstück; Ⓟ ✳ @ 🛜 🖶) – ein Paradies für müde Skifahrer, Badebegeisterte und Urlauber, die eine schöne Aussicht suchen. Die hellen Zimmer mit Holzdielen sind ein guter Ausgangspunkt für alle, die sich in der Wärme des nahe gelegenen Spa Novidra verwöhnen lassen möchten.

Direkt im Stadtzentrum befindet sich das Restaurant **Le Clarisse** (☑ 345 4959389; www.osterialeclarisse.it; Via Mazzini 240; Gerichte 15–€; ⊙ tgl.), eine klassische *osteria*, in deren warmen, mit Kerzen beleuchteten Ziegelmauern eine frische, regionale Küche (besonders gut sind die einheimischen Trüffel) serviert wird.

Die **Touristeninformation Sarnano** (☑ 0733 65 71 44; Largo Ricciardi 1; ⊙ Mo–Sa 9–13, Di–Do auch 15–18 Uhr) bietet Informationen über Wanderungen und Klettertouren sowie über Unterkünfte im Park.

Abruzzen & Molise

Inhalt ➜

Gut essen

➜ Locanda Sotto gli Archi (S. 703)

➜ Hosteria dell'Arco (S. 704)

➜ Ristorante Clemente (S. 704)

➜ Ristorante da Paolino (S. 706)

Schön übernachten

➜ Sextantio (S. 703)

➜ Locanda Alfieri (S. 716)

➜ Le Torri Hotel (S. 706)

Auf in die Abruzzen & in die Molise!

Die Abruzzen sind eine atemraubende Bergregion – ein Gebiet voll unberührter Naturschönheit und mit viel Hinterlandcharme. Der Landstrich liegt nur eine Stunde von Rom entfernt und präsentiert sich mit seinen Berggipfeln, den stillen Tälern und den hübschen Bergstädtchen doch als eine ganz andere Welt.

Molise im Süden mutet ähnlich an, ist aber kleiner und etwas weniger dramatisch. Die Landschaft ist spektakulär: In den drei Nationalparks weichen dichte Wälder und blühende Wiesen kargen Hochebenen und schneebedeckten Granitgipfeln; Wölfe und Bären streifen in den ausgedehnten Buchenwäldern frei umher. Ein Mekka für Naturfreunde – mit wunderschönen Wanderwegen, Skipisten, Langlaufloipen und Radstrecken. Die Küste wiederum bietet herrliche Sandstrände. Die Vergangenheit spiegelt sich im barocken Zentrum von Pescocostanzo und den *palazzi* von Sulmona, die zusammen mit uralten Bräuchen wie der Schlangenbeschwörer-Prozession nur in dieser Abgeschiedenheit überdauern konnten.

Reisezeit

L'Aquila

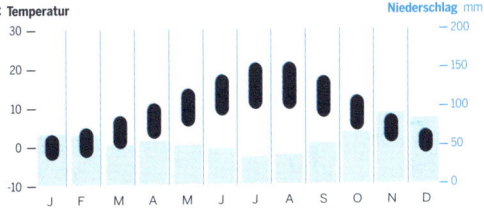

Mai Beim Schlangenfest in Cocullo wird die Statue des hl. Dominikus mit Schlangen behängt.

Juli Der Platz in Sulmona füllt sich während des mittelalterlichen Turniers mit Pferden.

Mai, Juni & Sept. Wildblumen und warme Sommersonne – perfekt für einen Wanderurlaub.

Highlights

1 Zu den verborgenen Schätzen der Abruzzen zählt **Pescocostanzo** (S. 706), das mit reiner Bergluft lockt.

2 Das Dorf **Civitella Alfedena** (S. 709) eignet sich hervorragend für eine Übernachtung. In den umliegenden Bergen hausen Bären, Wölfe und Luchse.

3 Das windgepeitschte Plateau des **Campo Imperatore** (S. 702) wird auch Italiens „Klein-Tibet" genannt: Es lässt sich wunderbar per Auto oder zu Fuß erkunden.

4 **Corno Grande** (S. 702) ist der höchste Gipfel des Gran Sasso und des gesamten Apennin. Bei seiner Besteigung spürt man den Ruf der Wildnis.

5 Ein Bummel durch die alte römische Stadt **Saepinum** (S. 714) ist wie eine Reise in eine längst vergangene Zeit.

6 Spektakulär ist die Fahrt durch die atemberaubende Schlucht **Gole di Sagittario** (S. 708), sie liegt zwischen Sulmona und Scanno.

7 Zu den eindrucksvollen Höhenburgen der Region zählt auch die **Rocca Calascio** (S. 702).

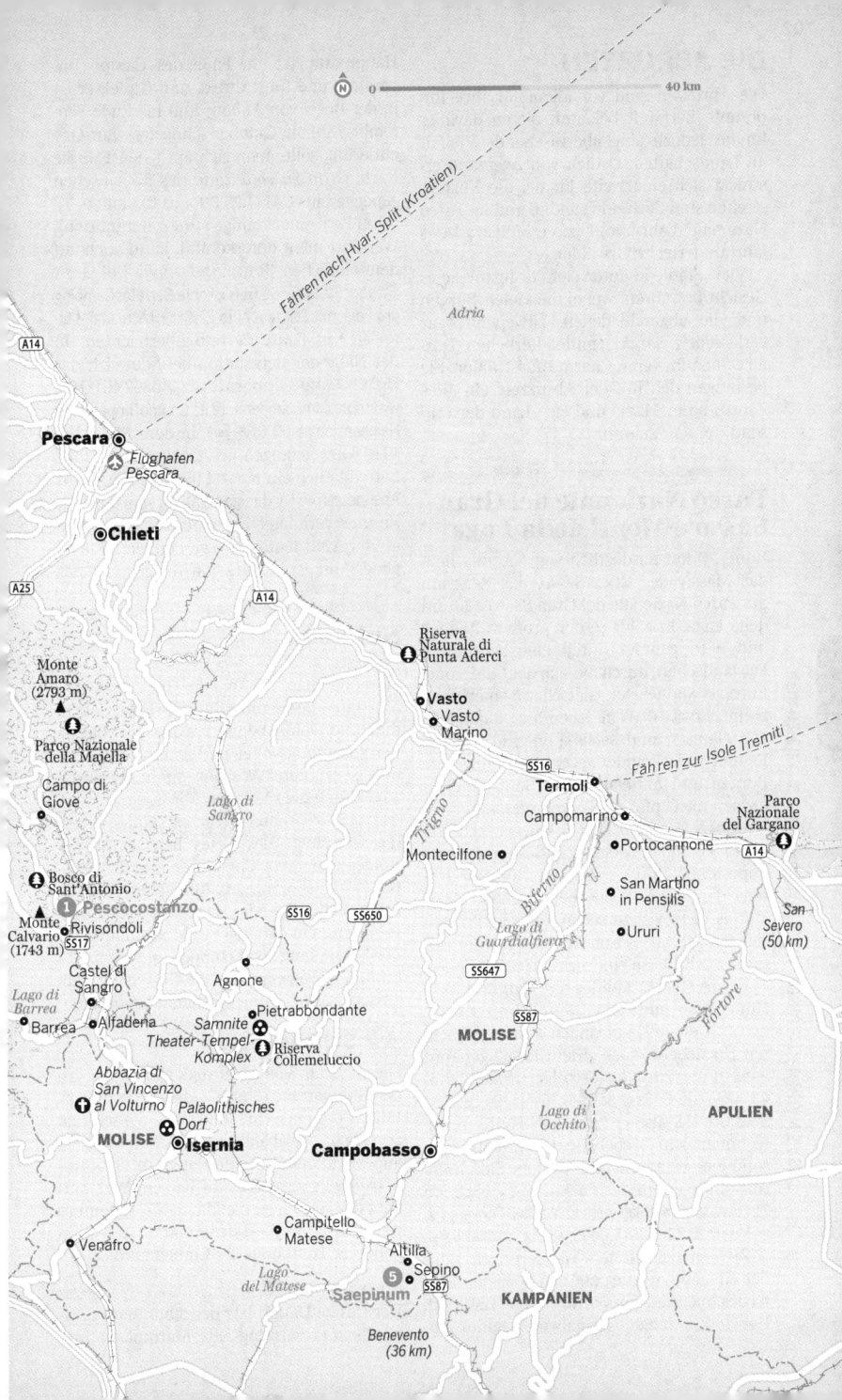

DIE ABRUZZEN

Die Abruzzen sind vor allem für ihre imposante Bergwelt bekannt, bieten darüber hinaus jedoch eine überraschende Vielfalt an Landschaft. Östlich von Avezzano erstreckt sich eine weite Ebene, die Küstenstreifen sind flach und sandig, und im Parco Nazionale d'Abruzzo, Lazio e Molise gibt es jahrhundertealte Urwälder.

Viele Städte konnten sich ihr historisches Gesicht bewahren, wobei die vielen Burgen und die abgeschiedenen, zuweilen sogar verlassenen *borghi* (mittelalterlichen Dörfer) einen finsteren Charme ausstrahlen. Sie bestätigen den Ruf der Abruzzen, ein altes Zentrum der Magie und ein „Land der tausend Burgen" zu sein.

Parco Nazionale del Gran Sasso e Monti della Laga

Rund 20 km nordöstlich von L'Aquila liegt das Massiv des Gran Sasso, das Zentrum des Parco Nazionale del Gran Sasso e Monti della Laga. Er zählt zu den größten Italiens und wird geprägt durch eine zerklüftete Felslandschaft, durch die sich der Calderone, Europas südlichster Gletscher, seinen Weg bahnt. Etwa 40 Wölfe leben hier, außerdem 350 Gämsen und sechs Königsadlerpaare. Es gibt viele Wanderwege; stimmungsvolle Burgen und mittelalterliche Bergstädtchen krönen die Gipfel des Vorgebirges.

Rocca Calascio liegt 6 km westlich von Santo Stefano di Sessanio und ist eine dieser imposanten Burgen, die den Horizont jenseits der Navelli-Ebene beherrschen. Innen gibt es nicht viel zu sehen, von oben bieten sich fantastische Ausblicke. Auch aus der Ferne ist die Burg ein eindrucksvolles Fotomotiv.

Fonte Cerreto bildet das Haupttor zum Gran Sasso und dem **Campo Imperatore** (2117 m), einer 27 km langen, windgepeitschten Hochebene, auch „Klein-Tibet" genannt wird. Eine **Funivia** (Seilbahn; ☎ 0862 60 61 43; Mo–Fr 15 €, Sa & So 17 €; ◷ Mo–Sa 8–17, So 8–18 Uhr, Mai geschl.) fährt von Fonte Cerreto hinauf zur Hochebene. Oben kann man sommers wandern und winters Skifahren. Auskünfte erteilt das **Parkbüro** (☎ 0862 605 21; www.gransassolagapark.it; Via del Convento 1; ◷ Mo–Fr 10.30–13, Di & Do 16–18 Uhr) in **Assergi**.

Zu den beliebtesten Wanderungen zählt der einfache Aufstieg auf den höchsten Gipfel des Apennin, den **Corno Grande** (2912 m). Der 9 km lange Normalweg beginnt am Hauptparkplatz am Fuße des Campo Imperatore und führt direkt zum Gipfel; er ist in der Regel von Anfang Juni bis Ende September/Anfang Oktober schneefrei. Zur Orientierung sollte man sich auf jeden Fall die Karte *Gran Sasso d'Italia* des italienischen Alpenvereins CAI (1:25 000, 10 €) kaufen.

Im Park gibt es einige *rifugi* (Berghütten). Wer dort nicht unterkommt, kann auch auf dem einfachen **Camping Funivia del Gran Sasso** (☎ 0862 60 61 63; Fonte Cerreto; Camping pro Pers. mit Zelt und Auto 27 €; ◷ Mitte Mai–Mitte Sept.) in Fonte Cerreto übernachten. In der Nähe der Bergstation befindet sich das **Hotel Campo Imperatore** (☎ 0862 40 00 00; www.hotelcampoimperatore.it; Campo Imperatore; Halbpension ab 60 €; ☎ ☀), in dem Mussolini 1943 kurz gefangen gesetzt war. Das Hotel betreibt auch ein **Hostel** (Ü pro Pers. 30 €, inkl. Abendessen 45 €), das ganzjährig spartanische Zimmer vermietet. Fonte Cerreto liegt direkt an der A24 (deutlich ausgeschildert). Ein eigenes Auto ist im Park von Vorteil.

Sulmona

25 200 EW.

Sulmona liegt in einem Tal, das vom Morrone-Massiv umrahmt wird. Die lebendige und wohlhabende Provinzstadt hat einen stimmungsvollen mittelalterlichen Kern und ist ein guter Ausgangspunkt für Streifzüge durch die südlichen Abruzzen.

Trotz des mittelalterlichen Flairs liegen die Ursprünge des Ortes bereits vor der Römerzeit (43 vor Chr. wurde hier der Dichter Ovid geboren). Im Mittelalter war die Stadt ein bedeutendes Handelszentrum; heute stammt ein Großteil des Wohlstandes aus der Herstellung von Schmuck und *confetti* – bunten Zuckermandeln, die Gästen auf italienischen Hochzeiten geschenkt bekommen.

◉ Sehenswertes

Die meisten Sehenswürdigkeiten liegen an der Hauptstraße Corso Ovidio, die vom Park Villa Comunale in südöstlicher Richtung zur Piazza Garibaldi verläuft. Der *corso* ist außerhalb der Geschäftszeiten für den Straßenverkehr gesperrt. Auf halbem Weg entlang des *corso* liegt die Piazza XX Settembre mit dem **Standbild des Ovid** – sie ist ein beliebter Treffpunkt der Einheimischen.

Piazza Garibaldi   PIAZZA

Der riesige Hauptplatz der Stadt dient mittwochs und samstags als Marktplatz; hier

ABRUZZEN & MOLISE PARCO NAZIONALE DEL GRAN SASSO

SANTO STEFANO DI SESSANIO

In den Tagen des Römischen Reiches war das idyllische Bergdorf mit seiner souveränen Lage und dem Blick über zwei Täler bekannt als Sextantio. Das Erdbeben von 2009, das L'Aquila so hart traf, zerstörte auch in Santo Stefano einige Gebäude – darunter auch das Wahrzeichen des Ortes, den 18 m hohen Wachturm, der jetzt in Trümmern liegt. Ein Bummel durch das *centro storico* macht schnell klar, warum dieses Dorf als eines der malerischsten des Gran Sasso gilt und in die Liste der *borghi più belli d'Italia* (schönste Dörfer Italiens) aufgenommen wurde. Unter der Herrschaft der Familie Medici erlebte die Gemeinde im 16. Jh. ihre Blütezeit; das Familienwappen ist heute noch am Eingangstor zum Hauptplatz zu sehen. Danach blieb Santo Stefano weitgehend unberührt von weiteren Entwicklungen und wurde damit ein idealer Ort für die radikal-ökologischen Arbeiten von Daniele Kihlgren. Er hat im Einvernehmen mit den Behörden in das Dorf investiert und erwirkt, dass keine hässlichen Bauten seine Visionen beeinträchtigen.

Das **Sextantio** (☎0862 89 91 12; www.sextantio.it; Via Principe Umberto; Zi. 150–450 €; 🛜) ist eine bezaubernde *albergo diffuso* (verstreute Herberge), die verschiedene in der Altstadt liegende Zimmer und Apartments vermietet. Die Räume wirken mit ihrer handgearbeiteten Bettwäsche und dem rustikalen, im Dorf hergestellten Mobiliar sehr authentisch. Zu den modernen Annehmlichkeiten zählen eine Fußbodenheizung, stimmungsvolles Licht und traumhaft tiefe Badewannen.

Das Sextantio verfügt auch über ein Restaurant, die **Locanda Sotto gli Archi** (Gerichte 50 €; ⊗tgl. Abendessen, Sa & So Mittagessen), deren Tische in mildes Kerzenlicht getaucht sind. Die Speisekarte umfasst traditionelle Abruzzen-Gerichte.

Wer von L'Aquila die SS 17 nimmt, erreicht Santo Stefano di Sessanio nach 27 km; die 17bis ist aber eine sehr viel schönere Strecke, die durch Fonte Cerreto und über das große Plateau des Campo Imperatore führt, bevor es in Richtung Süden nach Santo Stefano geht (etwa 50 km).

bekommt man frisches Obst, Gemüse, Blumen und die allgegenwärtigen Brötchen mit Schweinebraten (*porchetta*). Überreste eines **Aquädukts** aus dem 13. Jh. sind als beeindruckende Reihe von Bögen entlang des Corso Ovidio zu bewundern. Mitten auf dem Platz steht die **Fontana del Vecchio** aus der Renaissance, die der Überlieferung zufolge Solimo, den Stadtgründer, darstellen soll. Im Nordosten erhebt sich die **Chiesa di San Filippo Neri** aus dem 14. Jh., sie hat ein imposantes gotisches Portal.

Ebenfalls auf dem Platz befindet sich das **Polo Museale Santa Chiara** (☎0864 21 29 62; Eintritt 3 €; ⊗Di–So 9–13 & 15.30–19.30 Uhr), ein kleines Museum mit einer vielseitigen Sammlung religiöser und zeitgenössischer Kunst, u. a. einer faszinierenden *presepe* (Krippe), die Sulmona im 19. Jh. zeigt.

Palazzo dell'Annunziata PALAST
(Corso Ovidio) Der eindrucksvollste der vielen *palazzi* wurde 1320 auf den Grundmauern eines römischen *domus* (Villa) aus dem 1. Jh. v. Chr. errichtet und seither mehrmals umgebaut. Das Gebäude weist eine harmonische Mischung aus gotischer Architektur und Elementen der Renaissance auf. Innen zeigt das **Museo Archeologico in situ** (⊗Mi, Fr & Sa 9–13 Uhr, Di & Do 15.30–19.30 Uhr) GRATIS Relikte und Überreste der römischen Villa. Das **Museo Civico** im Haus beherbergt eine kleine Sammlung römischer Mosaiken und Skulpturen aus der Renaissance.

Porta Napoli LANDMARKE
(Piazza Vittorio Veneto) Das imposante Stadttor (14. Jh.) hat eine ungewöhnliche Oberfläche.

Museo dell'Arte Confettiera MUSEUM
(☎0864 21 00 47; www.pelino.it; Via Stazione Introdacqua 55; ⊗Mo–Sa 9–12.30 & 15.30–18.30 Uhr) Das Museum ist in der **Fabbrica Confetti Pelino** untergebracht, beim berühmtesten *Confetti*-Hersteller der Stadt. Das umgebaute Laboratorium aus dem 16. Jh. gleicht eher einem alten Wissenschaftslabor denn einer Süßwarenfabrik. Das Museum liegt etwa 1 km von der Porta Napoli entfernt am südlichen Ende des Corso Ovidio.

🎉 Feste & Events

Madonna che Scappa in Piazza RELIGIÖS
Bei diesem einzigartigen Ostersonntagsritual rennt eine trauernde, schwarz gekleidete Jungfrau Maria über den Platz, wo sie

SCHLANGEN IN COCULLO

Cocullo ist ein kleines Kaff in den Hügeln westlich von Sulmona und ein ungewöhnlicher Ort für eines der schrägsten Feste Italiens. Die hiesige **Processione dei Serpari** (Schlangenbeschwörer-Prozession) ist der Höhepunkt der Feiern zu Ehren des Heiligen Dominikus, Schutzpatron von Cocullo und Beschützer vor Schlangenbissen. Begonnen wird am Mittag des ersten Donnerstags im Mai; dann versammelt sich die Dorfbewohner auf dem Hauptplatz, um die Statue des heiligen Dominikus mit Schmuck, Banknoten und Dutzenden lebendiger Schlangen zu verzieren. Derart geschmückt wird der Heilige dann von furchtlosen *serpari* in einer Prozession durch die Straßen getragen. Den hiesigen Überlieferungen nach bedeutet es Glück für das kommende Jahr, wenn sich die Schlangen um den Kopf des Heiligen winden; kriechen sie die Arme hinab, stehen die Zeichen schlecht.

Trotz der religiösen Elemente dieses Festes sind die Wurzeln offenbar heidnisch. Vor der Christianisierung verehrten die Einheimischen eine Göttin namens Angizia, die angeblich Schlangenbisse heilen konnte. Mit der Verbreitung des Christentums wurden die alten Gottheiten durch christliche Heilige ersetzt und so schlüpfte der heilige Dominikus in den Mantel der Angizia.

Die beim Festival verwendeten Schlangen sind harmlose *cervoni* und *saettoni* (Vierstreifen- und Äskulapnattern), die im späten März in der Umgebung eingefangen und nach dem Ende der Feiern wieder freigelassen werden.

Cocullo ist von Sulmona aus mit dem täglich fahrenden Bus (1,80 €, 30 Min.) zu erreichen, während der Festtage zusätzliche Busse. Genauere Informationen erhält man in der Touristeninformation von Sulmona.

ihren eben auferstandenen Sohn erblickt. In Wirklichkeit rennen die Träger der Statue, der Traueumhang der Muttergottes weht davon und eine Schar weißer Tauben erhebt sich in die Lüfte.

Giostra Cavalleresca di Sulmona KULTURELL (www.giostrasulmona.it) Bei diesem mittelalterlichen Turnier am letzten Juliwochenende galoppieren einheimische Reiter um die Piazza Garibaldi. Eine Woche später findet die **Giostra Cavalleresca d'Europa** statt, ein Turnier für Reiter aus ganz Europa.

🛏 Schlafen

★ **B&B Il Marchese del Grillo** B&B € (📞0327 3570889; www.bebilmarchesedelgrillo.it; Via Corfinio 62; DZ/DBZ 90/110 €; 🅿🛜) Ein wunderschönes B&B in der Altstadt, mit Terrakotta-Bodenfliesen, rauen Steinwänden, aber auch viel Komfort wie riesige Holzbetten. Die Gäste werden herzlich empfangen, das Frühstück mit Obst, hausgemachter Salami und Backwaren ist hervorragend.

Albergo Ristorante Stella HOTEL € (📞0864 526 53; www.hasr.it; Via Panfilo Mazara 18; EZ 40–50 €, DZ 70–80 €; ❄@) Das Stella ist ein helles, kleines Drei-Sterne-Hotel im *centro storico* und bietet zehn luftige, moderne Räume und ein elegantes Weinbar-

Restaurant im Erdgeschoss (15–25 €). Ab der zweiten Nacht erhält man einen Rabatt von etwa 20 %.

🍴 Essen & Trinken

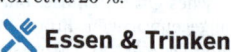

★ **Hosteria dell'Arco** TRADITIONELL ITALIENISCH € (📞0864 21 05 53; Via M D'Eramo 20; Gerichte 20–25 €; ⊙Mo abend & So geschl.) Hervorragendes Essen, ein herrlich rustikales Ambiente, eine lässige Atmosphäre und eine freundliche Bedienung – was will man mehr? Den Anfang macht das sagenhafte Antipasti-Büfett, das jeden Abend frisch zubereitet wird. Es folgen vorzüglich gegrilltes Lamm und leckere hausgemachte Desserts.

★ **Ristorante Clemente** TRADITIONELL ITALIENISCH €€ (📞0864 21 06 79; Vico Quercia 5; Gerichte 25 €; ⊙Fr–Mi) Fotos von Verwandten an der Wand erinnern daran, dass dies hier ein stolz geführtes Familienunternehmen ist – und so fühlt es sich auch an. Das Menü basiert auf den Grundpfeilern der typischen Abruzzen-Küche: Lebensmittel der Saison, aus denen vorzügliche Gerichte zubereitet werden.

La Cantina di Biffi TRADITIONELL ITALIENISCH €€ (📞0864 320 25; www.cantinadibiffi.it; Via Barbato 1; Gerichte 25 €; ⊙So abend & Mo geschl.) Die-

L'AQUILA: NACH DER SCHOCKWELLE

Die Zerstörungen durch das verheerende Erdbeben (6,3 auf der Richterskala), das die nördlichen Abruzzen 2009 heimsuchte, waren enorm. 309 Menschen starben allein in der Provinzhauptstadt L'Aquila. Die Innenstadt – berühmt für ihre Universität, die eleganten Piazzas und die historischen *palazzi* (Herrenhäuser) – wurde teilweise zerstört; 65 000 Bewohner, deren Häuser nicht mehr bewohnbar waren mussten in Lager am Rande der Stadt evakuiert werden. In einer seiner häufig vorkommenden geschmacklosen Äußerungen ermunterte der damalige Ministerpräsident Silvio Berlusconi die Bewohner, ihr „Campingwochenende" zu genießen.

Die Kontroverse setzte sich fort, als 2012 sechs Wissenschaftler und ein Beamter wegen mehrfachen Totschlags verurteilt wurden, weil sie die Bevölkerung nicht rechtzeitig vor dem Erdbeben gewarnt hatten. 2013 wurden zusätzlich drei Bauträger und ein Techniker des Totschlags für schuldig befunden, weil sie ein Studentenwohnheim, in dem acht Menschen umgekommen waren, nur mangelhaft instand gehalten hatten.

Viele Jahre nach dem Beben gleicht das Centro Storico von L'Aquila noch immer einer riesigen Baustelle. Fast zwei Drittel der evakuierten Bewohner konnten in ihre Häuser zurückkehren; der Rest ist in erdbebensicheren Übergangswohnungen am Stadtrand untergebracht. Die Bemühungen konzentrieren sich auf die Restaurierung der historischen Gebäude und den Versuch, die Innenstadt durch die Eröffnung von Bars und Restaurants wieder mit neuem Leben zu füllen. Doch wegen der tiefen Rezession in Italien geht es für die Bürger von L'Aquila nur sehr schleppend voran. Zudem bleiben die Touristen aus.

Die Abruzzen und das benachbarte Molise sind besonders erdbebengefährdet, weil sie auf einer großen Bruchlinie im Apennin liegen, die von Sizilien bis Genua verläuft.

---

se charmante und stimmungsvolle Bistro-Weinbar liegt direkt am Corso Ovidio. Unverputzte Steinwände und Gewölbedecken sind die Kulisse für exzellente hausgemachte Gerichte und regionale Weine (offene Weine ab 4 € das Glas).

Gran Caffè dell'Annunziata   CAFÉ
(☑0864 21 11 21; Piazza SS Annunziata 2; ⊙tgl. 9–13, Mo–Sa 16–20 Uhr) Man schnappe sich einen Tisch im Freien, schlürfe ein kühles Getränk und beobachte die abendliche Parade der Einheimischen und Besucher auf dem Platz am Corso Ovidio.

❶ Praktische Informationen

Touristenbüro (☑0864 5 32 76; www.abruzzoturismo.it; Corso Ovidio 208; ⊙Mitte Mai–Mitte Sept. tgl. 9–13 & Mo–Sa 16–19 Uhr, Mitte Sept.–Mitte Mai Mo–Sa 9–13, Mo, Mi & Fr 15–18 Uhr)

❶ An- & Weiterreise

BUS

Agenzia Fai (☑0864 3 33 49; Via Circonvallazione Orientale 3; ⊙Mo–Sa 9–13 Uhr & 16–19.30 Uhr) Die Busse fahren von verwirrend vielen Stationen ab, darunter von der Villa Comunale, dem Krankenhaus, dem Bahnhof und von unterhalb der Ponte Capograssi.

Tickets gibt es an der Porta Napoli; dort kann man sich auch erkundigen, welche Haltestelle am nächsten liegt.

ARPA (☑800 762 622; www.arpaonline.it) Die Busse fahren von/nach L'Aquila (12,60 €, 1½ Std., 9-mal tgl.).

SATAM (☑0871 34 49 76; www.gruppolapanoramica.it/satam/) Betreibt Busse nach Pescara (7 €, 1 Std., 4-mal tgl.) und in andere umliegende Städte sowie vier Mal täglich Busse nach Neapel (18 €, 2½ Std.).

ZUG

Es fahren Züge nach L'Aquila (4,50 €, 1 Std., 10-mal tgl.), Pescara (4,50 €, 1¼ Std., 16-mal tgl.) und Rom (15,60 €, 3 bis 4½ Std., 10-mal tgl.). Der Bahnhof befindet sich 2 km nordwestlich des historischen Stadtzentrums, von dort fährt halbstündlich der Bus A zum Bahnhof und zurück .

Parco Nazionale della Majella

Über die Hälfte des 750 km² großen Nationalparks liegt über 2000 m hoch. Wölfe durchstreifen die Wälder, rund 500 km Wander- und Radwege verlaufen kreuz und quer durch das Gebiet. Der Monte Amaro (2793 m), der zweithöchste Gipfel des Apen-

TOP 5: BERGSTÄDTE IN DEN ABRUZZEN

In den Bergregionen der Abruzzen thronen auf den Bergkuppen verfallene Burgen und mittelalterliche Dörfer. Es lohnt sich, diese hübschen und malerischen Bergstädtchen zu erkunden:

→ **Pescocostanzo** (S. 706)
→ **Scanno** (S. 708)
→ **Vasto** (S. 712)
→ **Chieti** (S. 712)
→ **Sulmona** (S. 702) Es liegt zwar nicht direkt auf einem Berg, aber der Geburtsort von Ovid ist ein guter Ausgangspunkt für die Erkundung des Parco Nazionale della Majella.

nin, liegt inmitten einer dramatischen Landschaft mit unheilvoll drohenden Bergen und unbesiedelten Tälern.

Von Sulmona aus sind insbesondere zwei Ortschaften leicht zu erreichen: **Campo di Giove** (1064 m), ein kleiner Wintersportort, 18 mühsame Kilometer Richtung Südosten, und das nette Örtchen Pescocostanzo, 33 km südlich von Sulmona (an der SS17 gelegen).

Pescocostanzo

1400 m

Pescocostanzo liegt inmitten grüner Hochebenen und ist ein wahres Schmuckstück, ein Wind und Wetter ausgesetztes Bergstädtchen, dessen historischer Ortskern sich seit über 500 Jahren kaum verändert hat. Ein Großteil des mit Kopfstein gepflasterten Ortskerns stammt aus dem 16. und 17. Jh., als die Stadt ein wichtiger Ort an der „Via degli Abruzzi" war, der Hauptverbindungsstraße zwischen Neapel und Florenz.

Sehenswertes & Aktivitäten

Besonders bemerkenswert ist die **Collegiata di Santa Maria del Colle**, eine stimmungsvolle Kirche, deren ausladendes barockes Innere man über ein herrliches romanisches Portal betritt. Ganz in der Nähe wird die **Piazza del Municipio** von einigen eindrucksvollen *palazzi* flankiert, darunter dem **Palazzo Comunale** mit seinem markanten Glockenturm und dem **Palazzo Fanzago**, der vom großen Barockarchitekten Cosimo Fanzago 1624 entworfen wurde. Zu beachten sind die holzgeschnitzten Drachen unter dem Dach!

Unabhängig von diesen historischen Sehenswürdigkeiten bietet Pescocostanzo auch gute Möglichkeiten zum Skifahren auf dem **Monte Calvario** und zum Wandern im **Bosco di Sant'Antonio**.

🛏 Schlafen & Essen

⭐ **Albergo La Rua**   HOTEL €
(☎ 0864 64 00 83; www.larua.it; Via Rua Mozza 1; DZ 70–100 €; 🅿) Wanderer sollten direkt in diesem bezaubernden kleinen Hotel in der Altstadt einchecken. Die niedrigen Holzbalkendecken und der steinerne Kamin verleihen ihm einen gemütlichen Landhausatmosphäre. Der Inhaber ist wirklich nett und weiß viel über die eigentümliche Architektur der Stadt, ihren feinen Schmuck und den typischen Dialekt der Region.

⭐ **Le Torri Hotel**   HOTEL €€
(☎ 0864 64 20 40; www.letorrihotel.it; Via del Vallone 4; DZ 100–160 €; ❄ @) Das ebenso elegante wie einladende Hotel in einem *palazzo*, der einst einem Baron gehörte, verfügt über große komfortable Zimmer mit Holzböden, antiken Möbeln und einladender weißer Bettwäsche.

⭐ **Ristorante da Paolino**   TRADITIONELL ITALIENISCH €€
(☎ 0864 64 00 80; www.ristorantedapaolino.com; Strada Vulpes 34; Gericht 30 €) Ein lebhaftes und beliebtes kleines Restaurant im Herzen des Dorfes unweit des Palazzo Fanzago: Unbedingt vorher reservieren! Für die Nudelgerichte werden einheimische Zutaten der Saison wie Trüffel und Maronen verwendet. Es gibt Kaninchen, Kalb oder Rind – und leckere Desserts.

Il Gallo di Pietra   TRADITIONELL ITALIENISCH €€
(☎ 0864 64 20 40; www.ilgallodipietra.it; Via del Vallone 4; Gerichte 35 €; ⊙ Mittag- & Abendessen) Neben dem Hotel Le Torri gelegen, kann hier im Garten oder am Feuer im gemütlichen Speiseraum des Restaurants gegessen werden. Auf der Karte stehen verlockende Gerichte der Abruzzen und der neapolitanischen Küche.

ℹ Praktische Informationen

Touristenbüro (☎ 0864 64 14 40; Vico delle Carceri; ⊙ Sept.–Juni Mo–Fr 9–13 & 15–18 Uhr, Juli & Aug. tgl. 9–13 & 16–19 Uhr) Unweit der zentralen Piazza del Municipio. Siehe auch die umfangreiche Website des Parco Nazionale della Majella (www.parcomajella.it).

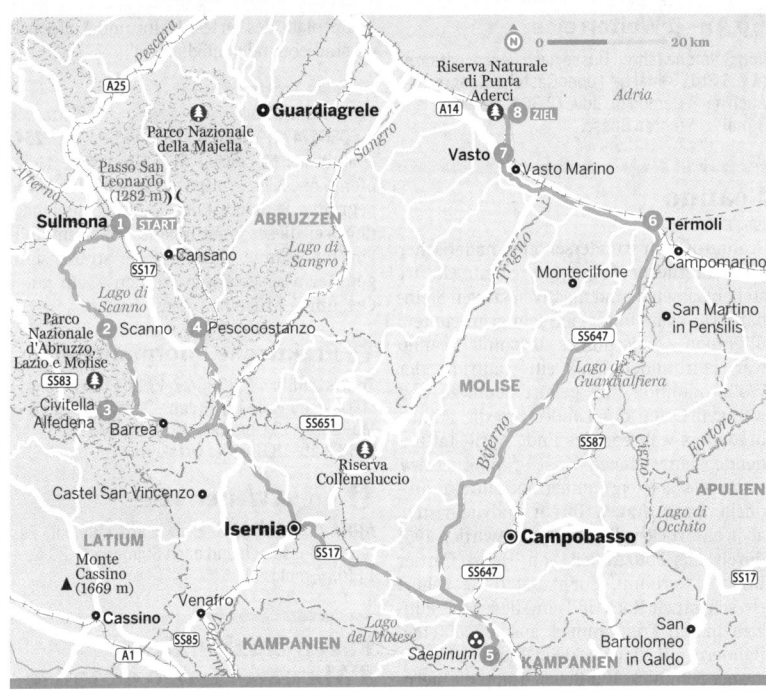

Autotour
Ins Herz der Abruzzen

START SULMONA
ZIEL RISERVA NATURALE DI PUNTA ADERCI
LÄNGE 245–310 KM; EINE WOCHE

1 Sulmona (S. 702) erscheint wie eine Oase in der sonst so gebirgigen Region der südlichen Abruzzen und ist der ideale Ausgangspunkt für eine Autorundfahrt. Mit ihrer hübschen Altstadt, der einladenden Stimmung und den großartigen Trattorien ist sie der Urtyp einer italienischen Stadt. Die Marktstände an der Piazza Garibaldi laden zum Stöbern ein und die Einheimischen zur *passeggiata* (Abendbummel) am Corso Ovidio. Nach der Übernachtung in Sulmona geht es südwärts ins Bergdorf **2 Scanno** (S. 708). Die Fahrt ist gemütlich und malerisch und führt durch die atemberaubenden Gole di Sagittario, eine felsige Schlucht, die die Straße wie in einem natürlichen Schraubstock einengt, und führt dann am wunderschönen Lago di Scanno vorbei. Durch seine dramatische Lage in den Bergen wurde Scanno eine Touristenattraktion, außerhalb des Sommers ist es hier aber ruhig.

Von Scanno aus führt die nächste Teilstrecke in die Nationalparks. Vom Lago di Barrea kann man tief in den wunderbaren Parco Nazionale d'Abruzzo, Lazio e Molise vordringen und sein Quartier in **3 Civitella Alfedena** (S. 709) aufschlagen. Die Alternative ist die Fahrt nach Norden ins hübsche **4 Pescocostanzo** (S. 706) im Parco Nazionale della Majella. Egal, wofür man sich entscheidet: Ein paar Tage in den umliegenden Bergen sind sehr zu empfehlen. Nach den erholsamen Tagen geht es an Isernia vorbei weiter zu den gut erhaltenen römischen Ruinen in **5 Saepinum** (S. 714).

Nach den Bergen ist nun die Küste dran, wo man sich in **6 Termoli** (S. 715) oder weiter an der Straße entlang in **7 Vasto** (S. 713) – beides beliebte Urlaubsorte an der Adria – sonnen kann. Von Termoli aus ist die Isole Tremiti im Rahmen eines Tagesausflugs erreichbar. Wenn es zu voll wird (was im Sommer sehr wahrscheinlich ist), sollte man nordwärts zur Spiaggia di Punta Penna, einem wunderschönen Strand in der **8 Riserva Naturale di Punta Aderci** (S. 712), weiterfahren.

ℹ An- & Weiterreise

Von Sulmona fahren Busse nach Pescocostanzo (4 €, 1 Std., 3-mal tgl.) über Castel di Sangro. Auch nach Campo di Giove (2,30 €, 45 Min., 3-mal tgl.) fahren Busse.

Scanno

1990 EINW.

Scanno ist ein wunderschöner, malerischer mittelalterlicher *borgo* mit einem Gewirr steiler Gässchen und massiven grauen Steinhäusern; es ist für seinen fein gearbeiteten, filigranen Goldschmuck bekannt. Scanno war jahrhundertelang ein Zentrum der Wollproduktion und gehört heute zu den wenigen Orten des Landes, wo die Frauen besonders während des Ende April stattfindenden einwöchigen **Kostümfestes** (www.costumediscanno.org) immer noch ihre traditionelle Tracht tragen. Ihre irgendwie tristen, aber eindrucksvollen Trachten wurden 1951 durch die Fotografien von Henri Cartier Bresson berühmt. Zur Ausstattung gehört ein schwarzer Rock und ein Mieder mit Puffärmeln, ein Kopfschmuck aus geflochtenen Bändern mit einer eckigen Kappe und filigraner Schmuck. Ein Beispiel sind die sternförmigen Amulette, die die Schafhirten ihren Geliebten früher zum Verlobungsgeschenk machten, bevor sie zur langen *transhumanza* (Fernweidewirtschaft) aufbrachen.

Am spektakulärsten ist die Fahrt von Sulmona nach Scanno durch die felsigen **Gole di Sagittario**, eine tiefe Schlucht in einem Schutzgebiet des WWF, und die Weiterfahrt entlang des beschaulichen Lago di Scanno. Am See gibt es einige Bars und Cafés. Im Sommer lassen sich auch Boote mieten.

🛏 Schlafen & Essen

★ **Il Palazzo** B&B €

(☎ 0864 74 78 60; www.ilpalazzobb.it; Via Ciorla 25; 60–90 €; ☉ 🕾) Das elegante und einladende B&B vermietet sieben Zimmer im 2. Stock eines alten *palazzo* im Centro Storico. Die Zimmer sind hübsch mit antiken Möbeln eingerichtet; das Frühstück wird in einem Raum mit freskenverzierter Decke serviert.

Hotel Belvedere HOTEL €

(☎ 0864 7 43 14; www.belvederescanno.it; Piazza Santa Maria della Valle 3; Zi. pro Person inkl. Frühstück 35–60 €) Das schöne Hotel mit einwandfreien modernen Zimmern mit viel Holz und Parkett liegt sehr günstig direkt am Hauptplatz des Ortes. Halb- und Vollpension sind ebenfalls möglich.

Pizzeria Trattoria
Vecchio Mulino TRATTORIA €

(☎ 0864747219; Via Silla 50; Pizzas/Gerichte 7/25 €; ☉ im Winter Mi geschl.) Wer klassische Holzofenpizza, Käse-Antipasti und auf Holzkohle gegrilltes Schwein oder Lamm essen mag, dem sei dieses traditionelle Lokal empfohlen. Im Sommer kann auf der straßenseitigen Terrasse gegessen werden – ein guter Ort, um dem Treiben zuzuschauen.

ℹ Praktische Informationen

Touristenbüro (☎ 0864 7 43 17; Piazza Santa Maria della Valle 12; ☉ Juni–Sept. tgl. 9–13 & Mo–Sa 16–19 Uhr, Okt.–Mitte Mai Mo–Sa 9–13 & 15–18 Uhr) Im Ortskern.

ℹ An- & Weiterreise

APRA (☎ 800 762 622; www.arpaonline.it) Es fahren Busse von und nach Sulmona (3,20 €, 1 Std., 7-mal tgl.)

Parco Nazionale d'Abruzzo, Lazio e Molise

Ganze 1100 km² misst die spektakuläre Gebirgslandschaft des Parco Nazionale d'Abruzzo, Lazio e Molise. Der älteste und beliebteste Nationalpark der Abruzzen wurde 1922 eingerichtet. Der Park ist ein wichtiger Lebensraum einer lokalen Unterart der Braunbären und des italienischen Wolfs. Wer sehr viel Glück hat, sieht vielleicht einen der selten gewordenen Luchse.

Im Park kann man wunderbar wandern, Ski fahren, mountainbiken sowie vielen weiteren Outdooraktivitäten nachgehen. Pescasseroli bietet die meisten Annehmlichkeiten für Touristen, aber es fehlt das Gefühl der Abgeschiedenheit und des Zaubers wirklich winziger Orte wie des hoch oben thronenden Weilers Opi. Civitella Alfedena ist Ausgangspunkt vieler Wanderungen.

◉ Sehenswertes & Aktivitäten

Das Hauptzentrum des Parks ist das lebendige **Pescasseroli** (1167 m), ein recht ausgedehntes Dorf mit einem alten Ortskern, das 80 km südwestlich von Sulmona liegt. 6 km von Pescasseroli entfernt thront **Opi**, ein weiterer der *borghi più belli d'Italia*, auf einem Berg. Opi ist einer der am höchsten gelegenen Orte des Nationalparks und ein guter Ausgangspunkt für Ausflüge.

Das kleine **Centro Visita del Camoscio** (Opi; ⊙ Sa & So 10–13 & 15–19 Uhr, Juli & Aug. tgl.) mit Tierpark ist der apenninischen Gämse gewidmet. Von einem Aussichtspunkt aus lassen sich die Tiere beobachten.

Am östlichen Rand des Parks, ca. 17 km von Opi entfernt, liegt der malerische **Lago di Barrea** mit der altehrwürdigen und hübschen Stadt **Barrea**, die auf einem felsigen Bergsporn über dem See thront.

Im nahe gelegenen **Civitella Alfedena**, einem hübschen Weiler, der durch eine Brücke über den See erreichbar ist, kann man im **Centro Lupo** (Wolfszentrum; ☏ 0864 89 01 41; Einlass 3 €; ⊙ 10–14 & 14.30–17.30 Uhr) die heimische Flora und Fauna kennenlernen und beeindruckend viel über Wölfe und deren Rolle in Mythologie und Literatur erfahren (nur auf Italienisch). Zudem gibt es eine große Fotoausstellung, die den Besuchern bei der Bestimmung seltener Orchideen und Tiere helfen soll. Mit etwas Glück kann man auch die beiden Wölfe sehen, die regelmäßig durch ihr großes Ge-

hege in der **Area Faunistica del Lupo** hinter dem Museum streifen. Um den seltenen Luchs zu sehen, folgt man den Schildern zur **Area Faunistica delle Lince**.

Wandermöglichkeiten gibt es viele, egal ob auf eigene Faust oder organisiert mit einer Gruppe. Zu den Anbietern zählt das Unternehmen **Ecotur** (☏ 0863 91 27 60; www. ecotur.org; Via Piave 9, Pescasseroli), das Wanderungen, Radtouren und verschiedene weitere Exkursionen im Programm hat.

Von Mai bis Oktober bietet das **Centro Ippico Vallecupa** (☏ 0863 91 04 44; www. agriturismomaneggiovallecupa.it; Via della Difesa, Pescasseroli; Ausritte 1 Std./Tag 20/80 €) geführte Ausritte durch den Park an.

🛏 Schlafen & Essen

⭐ **Albergo Antico Borga La Torre**　HOTEL **€** (☏ 0864 89 01 21; www.albergolatorre.com; Via Castello 3, Civitella Alfedena; EZ 30–40 €, DZ 45–60 €; P @) Das hübsche und tadellos geführte Hotel steckt in einem malerischen Palazzo aus dem 18. Jh. im mittelalterlichen Ortskern von Civitella Alfedena und ist bei

---

WANDERUNGEN & HEIMISCHE TIERWELT

Mit etwa 150 gut ausgeschilderten Routen (mit weiß-roten Markierungen) ist der Parco Nazionale d'Abruzzo, Lazio e Molise ein Mekka für Wanderer. Dabei reichen die Schwierigkeitsgrade vom leichten Familienausflug bis zu Mehrtageswanderungen zwischen felsigen Gipfeln und in kahlem Hochland. Die beste Zeit dafür sind die Monate Juni bis September; der Zugang zu einigen der viel frequentierten Routen um Pescasseroli ist im Juli und August jedoch zahlenmäßig begrenzt. Wer auf Nummer sicher gehen will, bucht die Erlaubnis für diese Wanderrouten rechtzeitig im Centro di Visita in Pescasseroli oder im Centro Lupo in Civitella Alfedena.

Niemals ohne die offizielle Wanderkarte der Region aufbrechen (12 €), die in allen Touristenbüros vor Ort erhältlich ist. Die genannten Zeitangaben sind nur Durchschnittswerte und beziehen sich jeweils nur auf den Hinweg.

Zwei der beliebtesten Wanderwege sind die Besteigung des Monte Amaro (2793 m; Route F1) und des Monte Tranquillo (1841 m; Route C3). Die **Monte-Amaro-Route** (2¼ Std.) beginnt an einem Parkplatz 7 km südöstlich von Pescasseroli (hinter Opi etwa 2 km der SS83 folgen) und führt von dort steil bergauf auf die Bergkämme. Oben wird man mit fantastischen Ausblicken über das Valle del Sangro belohnt. Die Chancen, unterwegs Gämsen zu sichten, stehen ziemlich gut.

Der Aufstieg zum **Monte Tranquillo** dauert rund 2½ Std. und beginnt etwa 1 km südlich von Pescasseroli (der Beschilderung zum Hotel Iris und dem Centro Ippico Vallecupa folgen). Wer oben noch Energie hat, kann nordwärts dem Gebirgskamm folgen und dann von Norden aus nach Pescasseroli absteigen. Diese schöne, aber anstrengende Rundwanderung ist 19,5 km lang und dauert 6 bis 7 Std.

Mit etwas Glück kann man bei der Wanderung einen **Wolf** oder einen **Apenninen-Braunbären** sehen: Das hört sich gefährlicher an, als es ist, denn die Tiere beider Arten sind extrem scheu. Lediglich einer Bärin, die ihre Jungen beschützen will, sollte man unbedingt aus dem Weg gehen! Luchs, Gämse, Rehwild, Wildschwein, Steinadler und Wanderfalke haben ebenfalls im Park eine sichere Heimat gefunden, zu den seltenen Pflanzen gehört der Gelbe Frauenschuh.

Wanderern sehr beliebt. Angeschlossen ist ein kleines Restaurant, das warme, sättigende Mahlzeiten serviert. Danach lädt der Inhaber die Gäste manchmal zu einem selbst gemachten scharfen *digestivo* ein.

B&B La Sosta
B&B €

(☎ 0863 91 60 57; Via Marsicana 17, Opi; Zi. pro Pers. 25 €; Ⓟ) Das B&B an der Hauptstraße unterhalb von Opi wird mit liebevoller Fürsorge von einem gastfreundlichen älteren Ehepaar betrieben. Es gibt sechs saubere, elegante Zimmer, eine sonnige Terrasse und einen direkten Zugang zu den nahe gelegenen Bergen. Das Frühstück ist fantastisch, mit Kuchen und vielen Sorten hausgemachter Marmeladen. Ausgezeichnetes Preis-Leistungs-Verhältnis!

Campeggio Wolf
CAMPINGPLATZ €

(☎ 0864 89 03 60; Via Sotto i Cerri, Civitella Alfedena; Camping 13–16,50 €; ☉ Mai–Sept.) Dieser Campingplatz ist recht einfach ausgestattet, bietet aber kostenlose heiße Duschen.

Il Duca degli Abruzzi
RESTAURANT €€

(☎ 0863 91 10 75; www.pescasseroli.net/ducade gliabruzzi/; Piazza Duca degli Abruzzi, Pescasseroli; Gericht 25 €) Das hübsche Hotel-Restaurant liegt an einem ruhige Platz im Centro Storico. Alles ist hier selbst gemacht bzw. gekocht: die Trüffelpasta, die Gnocchi, der gebackene Kabeljau oder das gegrillte Schweinefleisch. Dazu mundet ein Montepulciano d' Abruzzo.

❶ Praktische Informationen

Centro di Visita (☎ 0863 911 32 21; Viale Colli d'Oro; ☉ April–Aug. 9–19.30 Uhr, Sept.–März 10–17.30 Uhr) Liegt in Pescasseroli. Hier erhält man Infos, kann aber auch ein kleines Museum und die Tierklinik besuchen: Vielleicht hat man Glück und bekommt einen Bären zu sehen.

❶ An- & Weiterreise

Pescasseroli, Civitella Alfedena und andere Dörfer im Nationalpark sind durch täglich verkehrende Busse mit Avezzano verbunden (5 €, 1½ Std.); von dort fahren Züge nach L'Aquila, Pescara und Rom. Es gibt auch Verbindungen mit Castel di Sangro (3,90 €, 1¼ Std.), von dort geht es per Bahn nach Sulmona und Neapel.

Pescara

123 100 EW.

Die größte Stadt der Abruzzen ist ein dicht besiedelter Küstenort mit einem der bedeutendsten Jachthäfen der Adria. Während des Zweiten Weltkriegs wurde die Stadt schwer zerstört; ein großer Teil der Innenstadt lag in Schutt und Asche. Heute ist Pescara eine lebhafte Stadt mit regem Treiben am Ufer, vor allem im Sommer. Viel mehr Gründe für einen Besuch als die 16 km langen Sandstrände gibt es allerdings nicht. Zu den raren Sehenswürdigkeit zählt das Museo delle Genti d'Abruzzo, dessen Exponate teilweise auch für Kinder ganz unterhaltsam sind.

◉ Sehenswertes

Die Hauptattraktion von Pescara ist der lange Strand und das Einkaufsviertel um die Fußgängerzone des Corso Umberto. Vom Piazzale della Repubblica läuft man nur ein kurzes Stück den Corso Umberto hinunter zum Strand. Ein paar Sehenswürdigkeiten verdienen einen Abstecher:

Museo delle Genti d'Abruzzo
MUSEUM

(☎ 085 451 00 26; www.gentidabruzzo.it; Via delle Caserme 24; Erw./erm. 6/3 €, So halber Preis; ☉ Sept.–Juni Mo–Sa 9–13.30, So 17–20 Uhr, Juli & Aug. Fr & Sa bis 24 Uhr) Das wundervolle Museum liegt in einer ruhigen, parallel zum Fluss verlaufenden Straße auf der dem Ortszentrum gegenüberliegenden Flussseite. Der Schwerpunkt sind Objekte der bäuerlichen Kultur der Abruzzen. Die Erläuterungen sind zumeist italienisch gehalten, die Ausstellungsstücke sprechen aber in der Regel für sich: Da gibt es Umhänge von Schäfern, Karnevalsmasken, ausgefallene silberne Sattelknöpfe und sogar eine kegelförmige Steinhütte. Die Abteilung zu Kostümen und Schmuck aus Scanno ist herausragend – insgesamt also eine anregende Reise in eine verloren gegangene Zeit.

Museo Casa Natale Gabriele D'Annunzio
MUSEUM

(☎ 0865 603 91; Corso Manthonè 116; Eintritt 2 €; ☉ 9–13.30 Uhr) Geburtshaus des umstrittenen faschistischen Dichters Gabriele D'Annunzio.

Museo d'Arte Moderna Vittoria Colonna
KUNSTGALERIE

(☎ 085 428 37 59; Via Gramsci 26; Erw./erm. 6/4 €; ☉ 9.30–13.30 & 16–20 Uhr) Die Galerie liegt am Wasser, nur einen Häuserblock vom Strand entfernt, die kleine Sammlung moderner Kunst besitzt sogar einen Picasso und einen Miró.

AUF DIE PISTEN!

Den Abruzzen und der Molise mag der Zauber der nördlichen Alpen fehlen, doch auch hier wird begeistert Ski gefahren und es gibt einige Skigebiete (Tagespass circa 35 €).

➡ **Campitello Matese** Campitello in den Monti del Matese (Molise) bietet 40 km Pisten sowie 15 km Langlaufloipen.

➡ **Campo di Giove** Das Skigebiet am Fuße des Parco Nazionale della Majella ist mit 2350 m das höchstgelegene Skigebiet der Abruzzen.

➡ **Campo Felice** Eine kleine Anlage 40 km südlich von L'Aquila mit insgesamt 40 km Pisten, davon 30 km Abfahrtspisten und 10 km Langlaufloipen.

➡ **Campo Imperatore** 22 km Abfahrtsstrecke und über 60 km Langlaufloipen im Parco Nazionale del Gran Sasso e Monti della Laga.

➡ **Ovindoli** Das größte Skigebiet der Abruzzen mit 30 km Abfahrtspisten und 50 km Langlaufloipen.

➡ **Pescasseroli** Ein beliebter Wintersportort tief im Parco Nazionale d'Abruzzo mit 30 Pistenkilometern.

➡ **Pescocostanzo** Eine gute Adresse für Skiwanderer und Skifahrer und beliebt wegen seiner mittelalterlichen Architektur.

➡ **Rivisondoli-Roccaraso** Das Skigebiet bei Pescocostanzo zählt zu den bestausgestatteten, es verfügt über 28 Skilifte, zwei Seilbahnen und über 100 Pistenkilometer.

 ## Geführte Touren

Absolutely Abruzzo Tours
TOUR
(☑ 0699 19 74 60; www.absolutelyabruzzo.com; Tagestouren ab 250 €; ☉ Mai–Okt.) Die Australo-Italienerin Luciana leitet eintägige bis einwöchige kleine Privattouren (u. a. Kochkurse, Kulturtrips und Wanderungen) und bietet zudem eine individuelle Ahnenforschung für alle an, die Familienangehörige in den Abruzzen ausfindig machen wollen. Eine Buchung ist erforderlich!

Feste & Events

Pescara Jazz
MUSIK
(www.pescarajazz.com) Das internationale Jazzfestival wird Mitte Juli im Teatro D'Annunzio veranstaltet. In der Vergangenheit traten hier Größen wie Keith Jarrett, Herbie Hancock und Stan Getz auf.

Schlafen & Essen

B&B Villa del Pavone
B&B €
(☑ 085 421 17 70; www.villadelpavone.it; Via Pizzoferrato 30; DZ 70–80 €; P ❄ 🖃) Jenseits der Gleise, in einer ruhigen Wohnstraße etwa 300 m hinter dem Bahnhof, befindet sich dieses B&B, in dem man sich rasch wie zu Hause fühlt. Voller Stolz werden die herrlichen Antiquitäten und der viele bunte Schnickschnack präsentiert. Im üppig grünen Garten regiert ein Pfau.

Hotel Alba
HOTEL €
(☑ 085 38 91 45; www.hotelalba.pescara.it; Via Michelangelo Forti 14; EZ 50–80 €, DZ 75–120 €, DBZ 135–150 €; P ❄ @) Das Alba ist ein glanzvolles Drei-Sterne-Hotel und bietet Komfort und zentrale Lage. Die Zimmer sind recht unterschiedlich, in den besten finden sich poliertes Holz, solide Betten und viel Sonnenlicht. Am Wochenende sind die Preise am niedrigsten. Ein Stellplatz in der Garage kostet 10 €.

Caffè Letterario
CAFÉ €
(☑ 085 642 43; Via delle Caserme 62; Mittagessens 7–12 €; ☉ So–Mi 9–18, Do–Sa 9–15 Uhr) Das Letterario mit seinen bodentiefen Fenstern und den blanken Steinwänden ist mittags sehr beliebt. Das Tagesmenü wird mit Kreide an die Tafel geschrieben und umfasst meist ein paar Haupt- und einige Beilagengerichte. Donnerstags bis samstags wird abends Livemusik gespielt.

Ristorante Marechiaro da Bruno
MEERESFRÜCHTE €€
(☑ 085 421 38 49; www.ristorantemarechiaro.eu; Lungomare Matteotti 70; Pizza 6,50–9 €, Gerichte 30 €; ☉ Di–Do) Liegt direkt am Meer. Daher sind die Spezialität des Hauses natürlich Meeresfrüchte – in jeder Form und Größe. Es ist immer viel los, denn hier ist es viel netter als in den benachbarten Restaurants.

Die Kellner bedienen im eleganten Anzug, weiße Tischdecken schmücken die Tische. Abends wird eine beachtliche Auswahl an Pizzas angeboten.

ℹ Praktische Informationen

Touristenbüro Gibt es an der Piazzale della Republica (☎ 085 422 54 62; www.proloco. pescara.it; Piazzale della Repubblica; ⊙ Okt.–Mai 9–13 & 15–18 Uhr, Juni–Sept. 9–13 & 16–19 Uhr) und am Flughafen (☎ 085 432 21 20).

ℹ An- & Weiterreise

BUS

ARPA (☎ 800 762 622; www.arpaonline.it) Vom Piazzale della Repubblica fahren Busse nach L'Aquila (8 €, 2 Std., 10-mal tgl.), Sulmona (6 €, 1 Std., 11-mal tgl.), Neapel (26 €, 4½ Std., 4-mal tgl.), Rom (17 €, 2¾ Std., 11-mal tgl.) und in verschiedene Städte in den Abruzzen und Molise.

FÄHRE/SCHIFF

Agenzia Sanmar (☎ 0854 451 08 73; www. sanmar.it; Stazione Marittima Banchina Sud) Infos zu Fähren und Tickets bei der Agenzia Sanmar.

SNAV (☎ 071 207 61 16; www.snav.it) Den ganzen August über fährt ein Tragflächenboot von SNAV zur kroatischen Insel Hvar und weiter nach Split (italienisch: Spalato). Die einfache Fahrt (5¾ Std.) kostet 120 € pro Person und Auto.

FLUGZEUG

Flughafen Pescara (☎ 899 130 310; www. abruzzoairport.com) Pescara hat einen Flughafen, der 3 km von der Stadt entfernt liegt und leicht mit dem Bus 38 (1,10 €, 20 Min., alle 15 Min.) vom Bahnhofsvorplatz erreichbar ist. Ryanair und Air One sind zwei der Fluglinien, die Pescara anfliegen.

ZUG

Direkte Zugverbindungen bestehen nach Ancona (ab 8,15 €, 1¼ bis 2 Std., 20-mal tgl.), Bari (ab 19 €, 3 Std., 16-mal tgl.), Rom (ab 11,90 €, 4 Std., 6-mal tgl.) und Sulmona (4,50 €, 1¼ Std., 16-mal tgl.).

Chieti

54 300 EW.

Hoch oben über dem Aterno-Tal liegt die Bergstadt Chieti, deren Wurzeln noch vor der Römerzeit liegen. Damals war sie Hauptstadt des Marrucini-Volkes und hieß Teate Marrucinorum. Später, im 4. Jh. v. Chr., wurde die Siedlung von den Römern erobert und dem Römischen Reich angegliedert.

Heute ist vor allem der Besuch der beiden faszinierenden archäologischen Museen der Stadt interessant: ★ Das **Museo Archeologico Nazionale dell'Abruzzo** (☎ 0871 40 43 92; www.archeoabruzzo.beniculturali.it; Villa Frigerj; Erw./erm. 4/2 €; ⊙ Di–So 9–19.30 Uhr) ist in einer klassizistischen Villa im Villa-Comunale-Park untergebracht. Es zeigt eine umfassende Sammlung regionaler Fundstücke, darunter den herausragenden *Krieger von Capestrano* aus dem 6. Jh. v. Chr., der als bedeutendster vorrömischer Fund Mittelitaliens gilt. Die Identität des Kriegers gibt nach wie vor Rätsel auf: Manche halten ihn für Numa Pompilius, den sagenhaften zweiten König von Rom und Nachfolger von Romulus. Darüber hinaus zeigt das Museum Grabstelen aus dem 5. Jh. v. Chr., eine beeindruckende Münzsammlung und ein paar gigantische Statuen, darunter die eines sitzenden Herkules aus dem 1. Jh. v. Chr.

Ganz in der Nähe befindet sich der **Complesso Archeologico la Civitella** (☎ 0871 6 31 37; www.lacivitella.it; Via Pianell; Erw./erm. 4/2 €; ⊙ Di–So 9–19.30 Uhr), ein modernes Museum, das um ein römisches Amphitheater herum gebaut wurde. Die Ausstellungsstücke, darunter Waffen und Keramik aus der Eisenzeit, zeichnen die Geschichte Chietis nach.

Rund 3 km unterhalb der Altstadt befindet sich der **Agriturismo Il Quadrifoglio** (☎ 0871 63 4 00; www.agriturismoilquadrifoglio. com; Strada Licini 22; EZ/DZ 40/50 €; P), ein malerischer Bauernhof mit rustikalen Gästezimmern, herrlicher Aussicht und einem hübschen üppig grünen Garten. Gerichte kosten hier zwischen 15 und 20 €. Die Schilder nach Colle Marcone weisen den Weg.

Chietis **Touristeninformation** (☎ 0871 636 40; Via Spaventa 47; ⊙ Juli–Sept. Mo–Sa 8–13 & 16–19 Uhr, Okt.–Juni Mo–Sa 8–13 & Di, Do & Fr 15–18 Uhr) stellt Listen mit Informationen und Unterkünften für Stadt und Umgebung bereit. Linienbusse (2,20 €, 20 Min.) verkehren zwischen Chieti und Pescara.

Vasto

39 800 EW.

Die Bergstadt liegt am südlichen Teil der Abruzzenküste; sie besitzt ein stimmungsvolles mittelalterliches Viertel und einen ausgezeichneten Blick aufs Meer. Ein Großteil des *centro storico* stammt aus dem 15. Jh., jenem Goldenen Zeitalter, in dem die Stadt als das „Athen der Abruzzen" bekannt war. Vasto ist auch der Geburtsort des Dichters Dante Gabriele Rossetti.

2 km den Berg hinunter befindet sich das heruntergekommene Resort **Vasto Marina**, ein Streifen von Hotels, Restaurants und Campingplätzen vor einem langen Sandstrand. Etwa 5 km weiter nördlich liegt die wunderschöne **Spiaggia di Punta Penna** und die **Riserva Naturale di Punta Aderci** (www.puntaderci.it), ein 285 ha großes Gebiet unberührter Felsküste, das sich hervorragend für lange Strandspaziergänge und Tauchgänge eignet.

Sehenswertes & Aktivitäten

Im Sommer spielt sich das Leben am Strand der Vasto Marina ab. Oben in der alten Stadt konzentriert sich das Interesse auf das kleine historische Zentrum mit dem **Castello Caldoresco** an der Piazza Rossetti.

Cattedrale di San Giuseppe KATHEDRALE
(0873 36 71 93; Piazza Pudente; 8.30–12 & 16.30–19 Uhr) Die Fassade ist ein herrliches Beispiel für einfach gehaltene romanische Architektur; der Rest des Gebäudes wurde 1566 bei der Plünderung durch die Türken zerstört und später wieder aufgebaut.

Museo Civico Archaeologica MUSEUM
(0873 36 77 73; Piazza Pudente; Eintritt 1,50 €; Di–So 9.30–12.30 & 16.30–19.30 Uhr) Das Museum im **Palazzo d'Avalos** aus der Renaissance zeigt eine vielseitige Sammlung antiker Bronzen, Glasarbeiten und Gemälde. Drei weitere Museen liegen ebenfalls im Palazzo d'Avalos: die **Pinacoteca Comunale** (Eintritt 3,50 €), die **Galleria d'Arte Moderna** (freier Eintritt) und das **Museo del Costume** (Eintritt 1,50 €). Ein Kombi-Ticket für alle vier Museen kostet 5 €.

Schlafen & Essen

Locanda dei Baroni HOTEL €€
(0873 37 07 37; www.locandadeibaroni.it; San Francesco d'Assisi 68/70; EZ 60–75 €, DZ 80–140 €;) Ein attraktives Hotel in einem historischen *palazzo* am östlichen Rand der Altstadt mit Terrakotta-Fußböden und Himmelbetten. Entspannung findet man auf der Dachterrasse. Für das leibliche Wohl gibt es ein elegantes Restaurant mit Gewölbedecke.

Sunrise RESTAURANT €
(0873 6 93 41; Loggia Amblingh 51; Hauptgerichte 6,50–8,50 €; Mi–Mo;) Ein freundliches,

etwas freches Restaurant mit toller Aussicht auf die Adria und leckerer Hausmacherkost, darunter verführerische Risottos. Um es zu finden, folgt man den Schildern *passeggiata* rechts vom Museo Civico.

Praktische Informationen

Touristenbüro (0873 36 73 12; Piazza del Popolo 18; Juli–Mitte Sept. tgl. 9–13 & Mo–Sa 16–19 Uhr, Mitte Sept.–Juni Mo–Fr 9–13 & Di, Do & Fr 15–18 Uhr) Im *centro storico*.

An- & Weiterreise

Der Bahnhof (Vasto-San Salvo) befindet sich ca. 2 km südlich von Vasto Marina. Regelmäßig fahren Züge nach Pescara (4,50 €, 1 Std.) und Termoli (ab 2,40 €, 15 Min.). Die Busse 1 und 4 fahren vom Bahnhof nach Vasto Marina und ins Stadtzentrum.

MOLISE

Die Molise ist einer der vergessenen und noch weitgehend unberührten Landstriche Italiens. Obwohl hier der Glanz des nördlichen Nachbarn fehlt, verleiht die mangelnde touristische Infrastruktur und die unberührte Landschaft der Region eine gewisse Ursprünglichkeit und Echtheit, die man in den touristisch erschlossenen Gebieten des Landes oft vermisst.

Die Region Molise lässt sich am besten mit dem Auto bereisen.

Campobasso

51 000 EW.

Campobasso ist Molises Regionalhauptstadt und der Hauptverkehrsknotenpunkt. Die großflächige und eher langweilige Stadt hat wenig empfehlenswerte Einrichtungen. Das kleine *centro storico* lohnt jedoch einen kurzen Besuch.

Auch wenn sie selten geöffnet sind, sollte man es versuchen: Die romanischen Kirchen **San Bartolomeo** (Salita San Bartolomeo) und **San Giorgio** (Viale della Rimembranza) gelten als großartige Beispiele ihrer Zeit. Weiter oben, am Ende einer steilen dreispurigen Straße, thront das **Castello Monforte** (0874 632 99; Di–So 9–13 & 15.30–18.30 Uhr) GRATIS. Die Keramiken, die in der Burg gefunden wurden, sind nun zusammen mit Artefakten umliegender archäologischer Fundstätten im kleinen **Museo Samnitico**

(Sabeller-Museum; ☎0874 41 22 65; Via Chiarizia 12; ⊙9–17.30 Uhr) F zu sehen.

Wer Hunger hat, besucht die **Trattoria La Grotta di Zi Concetta** (☎0874 31 13 78; Via Larino 9; Gerichte 25 €; ⊙Mo–Fr Mittag- & Abendessen); eine traditionelle Trattoria, in der vorzügliche hausgemachte Pasta und hervorragende Fleischgerichte serviert werden.

Die **Touristeninformation** (☎0874 41 56 62; Piazza della Vittoria 14; ⊙Mo–Fr 8.30–13.30, Mo & Mi 15–17.30 Uhr) stellt weitere Informationen über die Stadt und die Provinz Campobasso bereit.

Wer nicht gerade von Isernia kommt, erreicht Campobasso am besten mit dem Bus. Es gibt viele Verbindungen von Termoli (3,50 €, 1¼ Std. 10-mal tgl.), Neapel (9,80 €, 2¾ Std., werktags 4-mal tgl.) und von Rom (12,10 €, 3 Std., 5-mal tgl.). Bis zu 14 Mal am Tag verkehren Züge nach und von Isernia (3 €, 1 Std.).

Rund um Campobasso

Über Campobasso und die Ruinen von Saepinum ragen die **Monti del Matese** (Matese-Berge) empor. **Campitello Matese** (1430 m) ist ein beliebter Wintersportort, der aber auch Möglichkeiten für sportliche Betätigungen im Sommer bietet. Außerhalb der Ski- und Sommersaison ist der Ort allerdings ziemlich ausgestorben.

Von Dezember bis März fahren drei Mal täglich Busse der Busgesellschaft **Autolinee Micone** (☎0874 78 01 20) von Campobasso nach Campitello Matese (1 Std.) hinauf.

Saepinum

Einer der verborgenen Schätze der Molise sind die **römischen Überreste** von Saepinum. Sie sind besser erhalten als alle anderen und gehören doch zu den am wenigsten besuchten des Landes. Anders als die einst großen Hafenstädte Pompeii und Ostia Antica war Saepinum eine kleine Provinzstadt ohne nennenswerte Bedeutung. Ursprünglich von den Samniten erbaut, wurde sie 293 v. Chr. von den Römern erobert, die damit den Weg für einen wirtschaftlichen Aufschwung im 1. und 2. Jh. n. Chr. bereiteten. Ca. 700 Jahre später wurde Saepinum von arabischen Eindringlingen geplündert. In der Stadtmauer sind drei der ursprünglich vier Stadttore sowie die beiden Hauptstraßen *cardo maximus* und *decumanus maximus* erhalten. Zu den Highlights zählen das Forum, die Basilika und das Theater, in dessen Nähe sich das **Museo Archeologico Vittoriano** (Eintritt 2 €; ⊙Di–So 9–13 & 15–18 Uhr) befindet. Es zeigt Fundstücke aus der Stätte selbst.

Es ist nicht einfach, Saepinum mit öffentlichen Verkehrsmitteln zu erreichen, aber der Bus von Campobasso nach Sepinio (1,20 €, werktags 6-mal tgl.) hält in der Regel in der Nähe des Ortes in Altilia; am besten sicherheitshalber den Fahrer fragen.

Isernia

22 000 EW.

Isernia liegt inmitten entlegener, nur spärlich besiedelter Hügel und hinterlässt keinen bleibenden Eindruck. Erdbeben und massive Bombenangriffe im Zweiten Weltkrieg haben nur wenig vom ursprünglichen Centro Storico übrig gelassen. Im modernen Zentrum herrscht nur grauer Arbeitsalltag. Einziger Grund für einen Zwischenstopp ist der Besuch einer der ältesten menschlichen Siedlungen Europas: Das 700 000 Jahre alte Dorf wurde 1978 zufällig von Straßenarbeitern entdeckt. Die Ausgrabungen laufen noch; vor einem Besuch sollte man deshalb das zuständige **Archäologische Büro** (☎0865 41 35 26; Contrada Ramiera Vecchia 1) anrufen.

Wer es nicht bis zur Grabungsstelle schafft, kann sich viele der dort geborgenen Funde im angestaubten **Museo Santa Maria delle Monache** (☎0865 41 05 00; Corso Marcelli 48; Eintritt 2 €; ⊙8.30–19 Uhr) anschauen, darunter jeden Menge Elefanten- und Nashornknochen, Fossilien und Steinwerkzeuge.

Zum Übernachten eignet sich das **Hotel Sayonara** (☎0865 509 92; www.sayonara.is.it; Via G Berta 131; EZ/DZ 55/85 €; ✵), das zentralste Hotel der Stadt. Es wirkt anonym und geschäftsmäßig, bietet aber komfortable Zimmer und ein zweckmäßiges Restaurant.

Isernias **Touristeninformation** (☎0865 39 92; 5. Stock, Via Farinacci 9, Palazzo della Regione; ⊙Mo–Sa 8–14 Uhr) hält Listen mit Unterkünften bereit, bietet ansonsten aber wenig brauchbare Informationen.

Am Busbahnhof an der Piazza della Repubblica betreibt die **Azienda di Trasporti Molisana** (www.atm-molise.it) Busse nach Campobasso (3,50 €, 50 Min., 5-mal tgl.) und nach Termoli (8,80 €, 1¾ Std., 3-mal tgl.). Fahrkarten verkauft die Bar Ragno d'Oro an der Piazza.

Zugverbindungen gehen von Isernia nach Sulmona (7,10 €, 3–4 Std., 2-mal tgl.), Campobasso (2,80 €, 1 Std., 14-mal tgl.), Neapel (6 €, 2 Std., 6-mal tgl.) und nach Rom (10,70 €, 2 Std., 6-mal tgl.).

Rund um Isernia

Während der Ort Isernia selbst eher enttäuschend ist, sind die umliegenden Berge und Hügel voller historisch bedeutender Sehenswürdigkeiten: Dazu zählen so interessante Highlights wie ein antikes Theater, Tempel der Samniten sowie ein Freskenzyklus aus dem 9. Jh.

Sehenswertes

Abbazia di San
Vincenzo al Volturno   KIRCHE
(☏0865 95 52 46; ⊘nach Vereinbarung) 30 km nordwestlich von Isernia, unweit von Castel San Vincenzo, liegt die Kirche Abbazia di San Vincenzo al Volturno, die wegen ihres Freskenzyklus von Epifanio (824–842) berühmt ist. In der Abtei, die einst ein führendes klösterliches und kulturelles Zentrum in Europa des 9. Jhs. war, lebt heute eine Gemeinschaft von Benediktinerinnen.

Marinelli Pontificia
Fonderia di Campane   MUSEUM
(☏0865 7 82 35; www.campanemarinelli.com; Via D'Onofrio 14; Erw./erm. 5/3,50 €; ⊘Führungen Aug. Mo–Sa 11, 12, 16 & 18, So 11 Uhr, Sept.–Juli Mo–Sa 12 & 16, So 12 Uhr) Agnone ist ein altes Bergstädtchen, das in erster Linie für seine Glockengießerei bekannt ist. Seit mehr als 1000 Jahre fertigen einheimische Kunsthandwerker die Kirchenglocken für einige der berühmtesten Kirchen Italiens, darunter für den Petersdom in Rom. In diesem Museum erhält man ausführliche Informationen über die Herstellung der Glocken. Weitere Infos und Einzelheiten zu Unterkunftsmöglichkeiten in dieser Gegend bekommt man bei den hilfsbereiten Mitarbeitern des **Touristeninformation** (☏0865 7 72 49; www.prolocoagnone.

com; Corso Vittorio Emanuele 78; ⊘10.30 – 12.30 & 15.30–18 Uhr).

Riserva Collemeluccio   PARK
(⊘Juni–Sept. 9.30–19 Uhr, April–Mai 9.30–17.30 Uhr, Okt.–Mai 9.30–16.30 Uhr) Die 350 ha große Riserva Collemeluccio ist ein beliebter Picknickort. Man kann hier aber auch gut wandern; viele Wege beginnen am Besucherzentrum, das direkt an der Straße liegt.

Samnitischer Theater- und
Tempelkomplex   ARCHÄOLOGISCHE STÄTTE
(☏0865 7 61 29; Erw./erm. 2/1 €; ⊘10–18 Uhr) Etwa 30 km nordöstlich von Isernia unweit von Pietrabbondante laden die Überreste eines samnitischen Theater- und Tempelkomplexes aus dem 2. Jh. v. Chr. zu einem Besuch ein. Die Lage hoch über der sanften, grünen Hügellandschaft ist an sich schon eine Reise wert.

ⓘ An- & Weiterreise

Von Isernia fahren Busse der Busgesellschaft **SATI** (☏0874 60 52 20) nach Pietrabbondante (1,60 €, 35 Min., 2-mal tgl.) und Agnone (2,10 €, 1 Std., 9-mal tgl.). Tickets gibt es im Bus. Auch zwischen Isernia und Castel San Vincenzo fahren Busse (1,30 €, 45 Min., 2-mal tgl.). Vom Ort aus geht man nochmals 1 km zu Fuß zur Abbazia di San Vincenzo al Volturno.

Termoli
32 600 EW.

Trotz seiner touristischen Trattorien und Bars hat Molises Top-Badeort seinen gewinnenden, lässigen Charme behalten. Am östlichen Ende des Uferstreifens ragt der malerische *borgo antico* auf einer natürlichen Landzunge ins Meer hinaus und trennt damit den Sandstrand von Termolis kleinem Hafen. Vom Hafen aus fahren ganzjährig Fähren zu den Isole Tremiti.

Das berühmteste Wahrzeichen der Stadt ist das **Castello Svevo** (☏0875 71 23 54; ⊘auf Nachfrage), das der Stauferkaiser Friedrich II. im 13. Jh. bauen ließ. Es wacht über den Zutritt zum winzigen *borgo* – einem Gewirr aus schmalen Gassen, pastellfarbenen Häusern und Souvenirläden. Vom Kastell führt eine Straße hinauf zur Piazza Duomo mit Termolis majestätischer **Kathedrale** (☏0875 70 80 25) aus dem 12. Jh., einem Meisterwerk der apulischen Romanik. Ein auffälliges zentrales Rundbogenportal prägt die cremefarbene Fassade.

🛏 Schlafen

⭐ Locanda Alfieri ALBERGO DIFFUSO €

(☑ 0875 70 81 13; www.locandalfieri.com; Via Duomo 39; EZ inkl. Frühstück 40–55 €, DZ inkl. Frühstück 75–110 €; ❄ 🛜) Eine sogenannte „verstreute Herberge" mit Zimmern, die sich über das ganze *centro storico* verteilen. Von hier aus lassen sich Termoli, die Isole Tremiti und die Molise hervorragend erkunden. Die Zimmer sind unterschiedlich gestaltet: mal „kreativ"-traditionell, mal schick und modern und teilweise mit supercoolen Duschen und dimmbarer Beleuchtung.

Coppola Villaggio Camping Azzurra CAMPINGPLATZ €

(☑ 0875 5 24 04; www.camping.it/molise/azzurra; SS16 km538; Camping 17–27 €, 4-Pers.-Bungalow 60–120 €; ⊙ Mitte Mai–Sept.; 🅿) Der einzige Campingplatz in Termoli ist modern und liegt am Strand, 2 km außerhalb der Stadt an der Küstenstraße SS16. Zu den schattigen Zeltplätzen und Bungalows gehören ein Minimarkt und ein Restaurant.

⭐ Residenza Sveva ALBERGO DIFFUSO €€

(☑ 0875 70 68 03; www.residenzasveva.com; Piazza Duomo 11; EZ 50–80 €, DZ 89–180 €; ❄ 🛜) Diese elegante „verstreute Herberge" im *centro storico* hat ihre Rezeption auf der Piazza Duomo, ganz in der Nähe der Kathedrale. Die 21 Zimmer befinden sich in verschiedenen Palästen der Altstadt und sind in sommerlichem Stil gehalten – mit schimmernden blauen Fliesen und traditionellen Stickarbeiten. Zum Hotel gehört ein hervorragendes Fischrestaurant (Mi-So).

🍴 Essen

La Sacrestia TRADITIONELL ITALIENISCH €

(☑ 0875 70 56 03; Via Ruffini 48–50; Pizzas 7–8 €, Gerichte 25 €; ⊙ im Sommer tgl., im Winter Mi–Mo) Das Sacrestia ist eines der besseren Restaurants im lebhaften Viertel zwischen Corso Nazionale und Via Fratelli Brigida. Hier sitzt man entweder draußen oder drinnen unter Backsteingewölbe und genießt hervorragende Pizza oder fangfrischen Fisch.

Ristorante Da Nicolino MEERESFRÜCHTE €€

(☑ 0875 70 68 04; Via Roma 3; Gericht 35 €; ⊙ Fr–Mi) Das dezente Restaurant am Rand der Altstadt wird von den Einheimischen hoch geschätzt und serviert die besten Meeresfrüchte der Stadt. Sehr empfehlenswert ist der *brodetto di pesce* (Fischsuppe).

ℹ Praktische Informationen

Touristenbüro (☑ 0875 70 39 13; www.termoli. net; 1. Stock, Piazza Bega 42; ⊙ Mo–Fr 8–14 Uhr & Mo & Mi–Fr 15–18 Uhr) Sehr hilfsbereite Mitarbeiter, aber schwer zu finden, da es an einem wenig einladenden Parkplatz hinter einem kleinen Einkaufszentrum liegt, 100 m östlich des Bahnhofs.

ℹ An- & Weiterreise

BUS

Termolis Busbahnhof findet man neben der Via Martiri della Resistenza. Etliche Busunternehmen bieten Fahrten nach/von Campobasso (3,50 €, 1¼ Std., 10-mal tgl.), Isernia (7,20 €, 1¾ Std., 3-mal tgl.), Pescara (6,40 €, 1¼ Std., 4-mal tgl.), Neapel (14,20 €, 3½ Std., 4-mal tgl.) und Rom (15,50 €, 4 Std., häufig) an.

SCHIFF/FÄHRE

Termoli ist der einzige Hafen, von dem aus das ganze Jahr über Fähren zu den Isole Tremiti fahren. **Tirrenia Navigazione** (☑ 0875 70 53 43; www.tirrenia.it; Tickets 16–20 €) bietet einen ganzjährigen Fährdienst. **Navigazione Libera del Golfo** (☑ 0875 70 48 59; www.navlib.it; Rundfahrt 36,50 €; ⊙ April–Sept.) betreibt die schnelleren Tragflächenboote. Tickets werden am Hafen verkauft.

ZUG

Es gibt Direktverbindungen nach Bologna (ab 41 €, 4–5 ½ Std., 10-mal tgl.), Lecce (ab 29 €, 3½–4½ Std., 10-mal tgl.) und zu weiteren Orten an der Adriaküste.

Albanische Dörfer

Einige Dörfer südlich von Termoli bilden eine albanische Enklave, deren Existenz bis ins 15. Jh. zurückreicht. Dazu zählen die Orte **Campomarino, Portocannone, San Martino in Pensilis** und **Ururi**. Obwohl die Bewohner im 18. Jh. ihre orthodoxe Religion abgelegt haben, sprechen sie noch immer eine Variante des Albanischen, die für Außenstehende kaum verständlich ist. Landesweit bekannt sind die Dörfer durch ihre ausgelassenen und kämpferischen **carressi** (Wagenrennen). Diese Rennen, bei denen alles erlaubt ist, finden in San Martino in Pensilis (30. April), in Ururi (3. Mai) und in Portocannone (Pfingstmontag, sieben Wochen nach Ostern) statt. Die Wagen (sie sehen eher wie Pferdekarren aus) werden von Ochsen gezogen und legen eine traditionell festgelegte Strecke zurück, Reiter aus dem

jeweiligen Dorf treiben sie an. So Aufsehen erregend diese Festivals auch sein mögen, sind sie doch in erster Linie eine Unterhaltung der Einheimischen und nicht für Touristen gedacht.

Ohne eigenes Auto kann man in diese Dörfer nur schwerlich reisen, **ATM-Busse** (☑ 0874 64 744; www.atm-molise.it) fahren täglich vom Bahnhof in Termoli in alle vier albanischer Dörfer.

Neapel & Kampanien

Gut essen

➡ L'Ebbrezza di Noè (S. 741)

➡ Il Focolare (S. 756)

➡ Da Gelsomina (S. 753)

➡ Viva Lo Re (S. 762)

Schön übernachten

➡ La Minerva (S. 753)

➡ Hotel Piazza Bellini (S. 738)

➡ Hotel Luna Convento (S. 782)

➡ Casale Giancesare (S. 790)

Auf nach Neapel & Kampanien!

Kampanien könnte ein mehrfacher Oscarpreisträger sein. Übersät mit Tempeln, Burgen, Schlössern und Palästen aus drei Jahrtausenden, sprudelt es hier nur so von Legenden und Mythen – Ikarus stürzte über den Campi Flegrei in den Tod, Sirenen brachten Seefahrer vor Sorrent von ihrem Kurs ab, und Richard Wagner komponierte in Ravello. Zur Region Kampanien gehören einige der legendärsten Reiseziele Europas – angefangen beim geheimnisumwitterten Pompeji und Herculaneum bis zur VIP-Insel Capri oder Positano. Im Herzen der Region liegt Neapel mit seinen Opern-*palazzi* und Kirchen, seinen quirligen Märkten, die einem den Mund wässrig machen, und seinen randvoll mit Kunst gefüllten Museen. Jenseits des dröhnenden Straßenlärms erschließt sich rund um die Inseln von Bucht zu Bucht ein Zauberland mit üppiger Vegetation sowie nostalgischen Fischerdörfern und unberührten Berglandschaften.

Reisezeit

Neapel

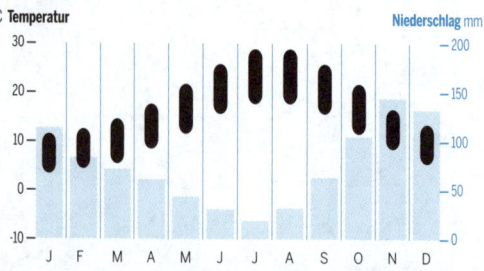

Ostern Beeindruckende Osterprozessionen in Sorrent und Procida.

Mai Neapel feiert den „Maggio dei Monumenti".

Sept. Noch lässiger ist das Dolce Far Niente an den Küsten im August.

Unterirdische Stadt

Mysteriöse Schreine, geheime Stollen, vergessene Krypten: Das klingt nach dem Setting für einen Indiana-Jones-Film, ist aber in Wirklichkeit eine Szenerie, die unter den lauten, schmutzigen Straßen von Neapel lauert. Das unterirdische Neapel ist eine der spannendsten städtischen Unterwelten weltweit; ein stilles, meist noch unentdecktes Labyrinth aus Zisternen, ähnlich einer Kathedrale, mit einem dicht gedrängten Rohrsystem, Katakomben und antiken Ruinen.

Nach Schätzungen von Speleologen (Höhlenspezialisten) sollen ca. 60 % der Neapolitaner über diesem Netzwerk – bekannt als *sottosuolo* (Untergrund) – leben und arbeiten. Seit dem Ende des Zweiten Weltkrieges wurden an die 700 Hohlräume entdeckt, angefangen bei original griechischen Grotten über frühchristliche Grabkammern bis hin zu Fluchtwegen für die königlichen Bourbonen. Experten gehen davon aus, dass es sich hier nur um ein Präludium handelt und dass noch weitere 2 Mio. m² troglodytischer Schätze nur darauf warten gehoben zu werden.

2500 Jahre Geschichte! Neapels berühmter Schutzheiliger San Gennaro wurde im 5. Jh. in der Catacomba di San Gennaro bestattet. Ein Jahrhundert später, im Jahr 536, erstürmten Belisario und seine Truppen von unten her die Stadt über das alte Tunnelnetz. Der Legende nach wandte Alfonso von Aragon im Jahr 1442 den gleichen Trick an und umging die Stadtmauern durch eine unterirdische Passage, die zu einem Frisörladen führte und von dort aus direkt in die Stadt. Sogar die gefürchtete Camorra, Neapels Mafia, hat sich das Stollensystem zunutze gemacht. Im Jahr 1992 flog der berühmt-berüchtigte Stolder-Clan auf. Die Fluchtwege des unterirdischen „Labors" führten direkt zum Drogenboss.

KAMPANIENS NATURWUNDER

➜ **Grotta Azzurra** (S. 750) Hier sticht die Natur alles aus, was Disneylandzauber zu bieten hat – die Blaue Grotte ist pure Magie.

➜ Der **Sentiero degli Dei** (S. 775) entlang der Amalfiküste eröffnet von ganz oben himmlische Ausblicke über die Meeresbuchten.

➜ **Parco Nazionale del Cilento e Vallo di Diano** (S. 791) – ein wild zerklüftetes Naturparadies, das erwandert werden will.

➜ **Vesuv** (S. 762) Ein Blick in den Krater gleicht dem Blick auf eine Zeitbombe

➜ **Inselwanderungen auf Capri** (S. 751) Landidylle hautnah genießen – auf Capris Wanderwegen

Nicht versäumen

Neapels Capella Sansevero (S. 723) birgt den *Cristo Velato* (Verhüllten Christus) – der marmorne Schleier ist so unsagbar durchsichtig, dass er auch heute noch das Auge des Betrachters täuscht.

WO SIND DIE GARNELEN?

Wer in Neapel eine Pizza Marinara bestellt, bekommt eine mit Tomaten, Knoblauch und Olivenöl. Und wo sind die Meeresfrüchte? Es gibt keine. Die Pizza wurde nach den Fischern benannt, die sie für ihre Mittagspause mitnahmen..

Wo ein „Ti Amo" am schönsten klingt

➜ Villa Cimbrone (S. 784)

➜ Palazzo Petrucci (S. 740)

➜ Monte Solaro (S. 751)

➜ Teatro San Carlo (S. 733)

➜ La Conchiglia (S. 759)

Neapels Top-Museen

➜ **Museo Archeologico Nazionale** Antike Kunst – und Erotik-Kunst (S. 725)

➜ **Museo di Capodimonte** (S. 736) Von Caravaggio bis Warhol.

➜ **Novecento a Napoli** (S. 732) Eine stilvolle Ode an Neapels Kunstszene des 20. Jhs.

Infos im Internet

➜ **Turismo Regione Campania** (www.incampania.it) Aktuelle Events und Reiserouten.

➜ **Napoli Unplugged** (www.napoliunplugged.com) Sehenswürdigkeiten, Events, News.

➜ **Italy Traveller** (www.italy traveller.com) Boutiquehotels und Reiseideen.

Highlights

1 Neapels Katakomben auf der Tour durch den **Tunnel Borbonico** (S. 734) erforschen.

2 Die Geister der Antike beschwören auf den Straßen von **Pompeji** (S. 766).

3 Den himmlischen Zauber der **Grotta Azzurra** (S. 750) auf Capri erfahren.

4 Mittagessen mit Meeresrauschen auf **Procida** (S. 758).

5 Ein Konzert in Ravellos **Villa Rufolo** (S. 783).

6 Sich vorstellen, wie es wäre, selbst als königliche Hoheit im **Palazzo Reale** (S. 734) zu residieren.

7 Künstlerische Raffinesse in Neapels **Cappella Sansevero** (S. 723) neu bewerten.

8 Thermalkuren auf **Ischia** (S. 755) genießen.

9 Entlang der **Amalfiküste** (S. 775) wandeln.

10 Hellenische Baukunst beim Anblick der Welterbetempel von **Paestum** (S. 789) bewundern.

NEAPEL

970 400 EW.

Neapel ist die Stadt Italiens, die am meisten missverstanden wird. Andererseits wird sie von kaum einer anderen Stadt übertroffen, was das fröhliche Durcheinander an bombastischen Barockkirchen, rotzfrechen Barkeepern und pulsierendem Straßenleben anbelangt. Die ihr innewohnende Widersprüchlichkeit ist es, die am besten den Charakter der Stadt beschreibt. Neapel ist ein Ort, wo Anarchie und Umweltverschmutzung neben prächtigen Palästen, stillen Kreuzgängen und Bilderbuchburgen am Meer das Gesamtbild der Stadt prägen. Neapels Centro Storico, die historische Altstadt, ist Unesco-Weltkulturerbe. Hier bergen die Museen Europas feinste Kunstschätze und archäologische Funde, und mit seinen vergoldeten Königspalästen stellt Neapel sogar Rom in den Schatten.

Und was ist mit den Taschendieben? Und der Camorra? Klar hat Neapel seinen fairen Anteil an Problemen, jedoch ist die Stadt sicherer als viele glauben, und in den Straßen trifft man auf die freundlichsten und warmherzigsten Italiener in ganz Italien. Wer also erwartet, dass er ins Kreuzfeuer der Camorra gerät, wird glatt desillusioniert sein. Wer hingegen eine Stadt erwartet, die viel Geschichte, Menschlichkeit und guten Geschmack verströmt, der wird sich dort rundherum wohlfühlen.

Geschichte

Der Legende nach sollen Händler aus Rhodos etwa 680 v. Chr. die Stadt Neapel auf der Insel Megaris gegründet haben (wo heute das Castel dell'Ovo steht). Ursprünglich Parthenope genannt, nämlich zu Ehren der gleichnamigen Sirene, deren Leichnam hier an den Strand gespült worden war (sie ertränkte sich selbst nach ihrem missglückten Versuch, Odysseus zu verführen), wuchs die Siedlung schließlich mit der neuen Stadt Neapolis zusammen. Gegründet wurde die Stadt von den Griechen aus Cuma 474 v. Chr. Allerdings fiel der Ort schon 150 Jahre später in römische Hand. Unter den Römern mauserte sich die Stadt zu einem elitären Badeort, dem Lieblingsrefugium der Kaiser Pompeius, Caesar und Tiberius. Nach dem Untergang des Römischen Reiches wurde Neapel zunächst unter den Byzantinern ein Großfürstentum, später dann ein unabhängiges Herzogtum. 1139 schließlich wurde es von den Normannen im Sturm erobert und gehörte damit zum geteilten „Königreich der Zwei Sizilien".

Später wurden die Normannen ihrerseits von den Staufern abgelöst, deren charisma-

Neapel

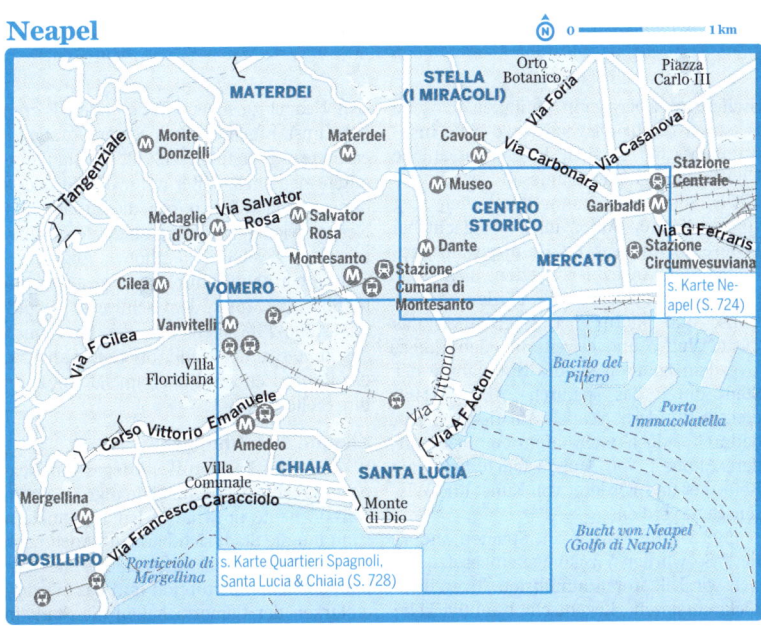

NEAPEL IN...

... zwei Tagen

Der Rundgang beginnt gleich mit einem Farbenrausch im Kreuzgang der **Basilica di Santa Chiara** (S. 725); danach lädt ein Meisterwerk von Caravaggio in der Kirche **Pio Monte della Misericordia** (S. 727) zum Meditieren ein; ganz in der Nähe wird einem beim Anblick des Kuppelfreskos von Lanfranco in der **Cappella di San Gennaro** (S. 730) geradezu schwindelig. Nach dem Mittagessen geht es hinab zu den Katakomben Neapels im Rahmen der **Napoli Sotterranea-Tour** (S. 737); danach versetzt einen der berühmte *Cristo velato* (Verhüllter Christus) in der **Cappella Sansevero** (S. 723) in atemloses Staunen. Der erste Tag klingt schließlich entspannt auf der Piazza Bellini aus.

Am nächsten Morgen geht es zunächst auf Erkundungstour zu den antiken Schätzen im **Museo Archeologico Nazionale** (S. 725), danach direkt hinauf zum Museumspalast **Certosa e Museo di San Martino** (S. 732), wo es außergewöhnliche Barock-Interieurs und neapolitanische Kunst zu bestaunen gibt, inklusive Panoramablick über die ganze Stadt. Gegen Abend heißt es Eintauchen in die neapolitanische *Movida* (= man trifft sich zum aperitivo) in den vielen Bars und Kneipen des Ausgeh- und Szeneviertels **Chiaia**. (S. 733).

... vier Tagen

Der dritte Tag beginnt mit einem Blick in den Vulkanschlund des **Vesuv** mit einem Fuß im Krater (S. 762); danach geht's zu den Ruinenstädten **Herculaneum** (S. 760) oder **Pompeji** (S. 766), wo einen das verheerende Ausmaß der heißen Lavafluten heute noch erschauern lässt. Alternativ bietet sich auch Casertas riesiger **Palazzo Reale** (S. 747) mit seinem Überangebot an Kunstschätzen zur Besichtigung an. Am vierten Tag geht es los mit einem Streifzug durch den **Mercato di Porta Nolana** (S. 731), um feine Sachen für ein Picknick einzukaufen, die dann in der Parkanlage des **Palazzo Reale di Capodimonte** (S. 736) richtig gut schmecken. Gut gestärkt lässt sich die Fülle an kunstvollen Meisterwerken im Inneren des Palasts umso besser bestaunen! Am Abend wird es dann noch romantisch, wenn die Zuschauer im üppig verzierten **Teatro San Carlo** (S. 742), dem größten Opernhaus in Neapel, begeistert nach „Zugaben" rufen.

tischer Herrscher, der in Süditalien erzogene Friedrich II., für die Stadt viele neue Institutionen schuf, so auch die erste staatliche Universität des Abendlandes in Neapel.

Die Staufer-Ära nahm durch den Sieg von Karl I. von Anjou in der Schlacht bei Benevento im Jahr 1266 ein gewaltsames Ende. Die Angeviner setzten sich sehr für Neapel ein, was die Förderung von Kunst und Kultur betraf, erbauten das Castel Nuovo und erweiterten den Hafen. Trotzdem konnten sie die Übernahme der Stadt durch das spanische Aragon 1442 nicht verhindern. Neapels Aufstieg ließ sich dadurch jedoch nicht bremsen. Insbesondere Alfons I. von Aragon machte sich als Reformer und Förderer von Kunst und Wissenschaft verdient.

1503 wurde Neapel von Spanien annektiert. So wurden Vizekönige eingesetzt, die sich wie Diktatoren aufführten. Trotz ihrer rücksichtslosen Regentschaft entwickelte sich Neapel zu einem florierenden Forum der Kunst. Einen Großteil seiner Grandezza erlangte es eben in dieser Zeit. Die Stadt entfaltete sich auch weiter unter den Fittichen der spanischen Bourbonen, die im Jahr 1734 Neapel wieder zur Hauptstadt des Königreichs der Zwei Sizilien erhoben. Abgesehen von einem napoleonischen Intermezzo unter Joachim Murat, dem Schwager Napoleons (1806–1815) behielten die Bourbonen das Zepter in der Hand, bis Garibaldi bzw. das Königreich von Italien im Jahr 1860 an ihre Stelle trat.

Kämpfe & Hoffnungen

Während des Zweiten Weltkrieges war Neapel das Ziel schwerer Bombenangriffe, deren Narben heute noch an vielen Denkmälern rund um die Stadt sichtbar sind. Auch nach 1945 litt Kampaniens Hauptstadt weiter. Die hausgemachte Korruption und das Wiedererstarken der Camorra haben die Stadt in ihrer Erholungsphase nach dem Krieg stark gebeutelt. Mit dem schweren Erdbeben von 1980 schlitterte Neapel in den Folgejahren erneut seinem Tiefpunkt entgegen.

2011 flammte die bis dahin sporadisch auftretende Müllentsorgungskrise wieder auf und veranlasste viele frustrierte Einwohner, den in den Straßen herumliegenden Müll einfach anzuzünden.

Im März 2013 ging dann die allseits beliebte Città della Scienza (Wissenschaftsstadt), buchstäblich in Flammen auf – die Brandstiftung wurde hauptsächlich der Camorra vorgeworfen.

Hingegen sind die Fährnisse dieser Stadt, in der Prozesse und Proteste an der Tagesordnung stehen, nicht nur von Tod und Verhängnis geprägt. Die Einweihung der Metrostation Toledo im Jahr 2013 – die u. a. nach Entwürfen der international renommierten Künstler William Kentridge und Bob Wilson gestaltet wurde – machte weltweit Schlagzeilen. Im gleichen Jahr richtete Neapel das Internationale Forum der Kulturen aus.

⊙ Sehenswertes

⊙ Centro Storico

Die drei Ost-West-Verkehrsadern – auf Italienisch *decumani* (Hauptstraßen) – des historischen Stadtkerns (Unesco-Weltkulturerbe) verlaufen nach dem ursprünglichen Straßenverkehrsnetz des antiken Neapolis. Die meisten Hauptsehenswürdigkeiten gruppieren sich rund um die zwei belebtesten dieses klassischen Straßentrios – entlang der „Spaccaneapoli" (bestehend aus der Via Benedetto Croce, Via San Biagio dei Librai und Via Vicaria Vecchia) und der Via dei Tribunali. Nördlich der Via dei Tribunali geht es auf der Via della Sapienza, der Via Anticaglia und der Via Santissimi Apostoli, dem dritten Straßenzug, im Singular *decumanus*, etwas ruhiger zu.

★ **Cappella Sansevero**　　　KAPELLE
(Karte S. 724; ☑ 081 551 84 70; www.museosansevero.it; Via Francesco de Sanctis 19; Erw./Stud. 7/5 €; ⊙ Mo & Mi–Sa 10–17.40 Uhr, So bis 13.10 Uhr; Ⓜ Dante) Der unglaublich faszinierende *Cristo velato* (Verhüllte Christus) von Giuseppe Sanmartino befindet sich in der Kapelle, deren Stil auf die Freimaurer verweist. Der marmorne Schleier der Christusfigur ist so realistisch, dass man ihn am liebsten lüften wollte, um das Antlitz Christi zu erblicken. Es ist eines von mehreren Wundern der Sakralkunst, zu denen auch Francesco Queirolos Skulptur *Disinganno* (Ernüchterung), Antonio Corradinis *Pudicizia* (Mäßigung) und die grell-bunten Fresken von Francesco Maria Russo gehören, die seit der Zeit ihres Entstehens im Jahr 1749 praktisch niemand mehr berührt hat.

Eine Treppe tiefer zeugt das detailreich erhaltene, präparierte Geäder zweier menschlicher Körper von der unersättlichen Neugier und dem Erfindergeist des Alchimisten Raimondo di Sangro (1710–1771), auch als Schwarzer Prinz von Neapel bekannt. In dessen Auftrag wurde die Kapelle aus dem 18. Jh. verschönert. Di Sangro, so behauptete der italienische Philosoph Benedetto Croce (1866–1952) war gleichsam „faustisch" angetrieben von einem aufgebrachten Pöbel inmitten des Centro Storico, der ihn alles Möglichen beschuldigte – die Anklagen reichten von dem Vorwurf, dass er das Blutwunder von San Gennaro (dem Schutzpatron von Neapel) gefälscht hatte, bis hin zur Mutmaßung, dass er angeblich aus den Gebeinen und der Haut von sieben Kardinälen Möbel gemacht hatte.

ℹ **MEHR FÜRS GELD**

Die **Campania artecard** (☑ 800 600601, 0639 96 76 50; www.campaniaartecard.it ist eine ausgezeichnete Investition für alle, die einmal alle Sehenswürdigkeiten im Schnelldurchlauf sehen wollen. Es handelt sich um ein Pauschalticket, das den Zugang zu allen Museen und die Benutzung des öffentlichen Nahverkehrs beinhaltet. Es ist in verschiedenen Varianten erhältlich: Das Drei-Tage-Ticket für Neapel und Campi Flegrei (Erw./EU-Bürger 18–25 Jahre 16/10 €) gewährt freien Eintritt zu drei teilnehmenden Stätten bzw. Museen, einen Rabatt von 50 % auf andere Optionen und freie Nutzung der öffentlichen Verkehrsmittel in Neapel und in Campi Flegrei. Andere Möglichkeiten reichen von 12 € bis 30 € und decken den Zugang zu entfernteren historischen Stätten wie Pompeji und Paestum ab. Die Tickets können am Infopoint im Hauptbahnhof (Stazione Centrale) gekauft werden sowie in allen teilnehmenden Museen bzw. allen archäologischen Stätten, online oder telefonisch über das Call-Center.

Neapel Zentrum

500 m

N

Museo
Archeologico
Nazionale

Piazza Museo

Catacomba di Gennaro (1 km);
Palazzo Reale di Capodimonte (2 km)

MADRE (50 m)

Ceraselllo B&B
(350 m)

Via Tommasi

Via Santa Maria di Costantinopoli

Via Broggia

Via Bellini

Via Enrico Pessina

Via Port'Alba

Dante
Piazza
Dante

Via Pessina

Corso Novara

Intercity
Busbahnhof
Stazione
Centrale
SITA Sud
& CTS
Bushaltestelle

Piazza
Principe
Umberto

Via Firenze

ANM Bus-
Informations-
stand

Piazza
Garibaldi

ANM Bus-
Haltestelle

Garibaldi

Via Carbonara

Via Cesare Rosaroll

Via Duchesca

Via Mancini

Via G Pica

Via S Cosmo Fuori Porta Nolana

Via Porta
Nolana

Corso G Garibaldi

Via C Carmignano

Via E Cosenz

Vico S Giovanni

Via Amerigo Vespucci

Via Nuova Marina

Via della Marinella

Stazione
Circumvesuviana

Via Sopramuro

Via Nolana

Via Lavinaio

Via G Savarese

Piazza del
Mercato

Piazza del
Mercato

Chiesa di
Carmine

Piazza
Masaniello Santa Maria del
Carmine

SITA Sud
Bushaltestelle (180 m)

Via Ranieri

Via A de Pace

Vico Barre

Via Duca di
San Donato

MERCATO

Via S Nicola
dei Caserti

Via dei Tribunali

Via S Nicola
dei Caserti

Via P Colletta

Via della Pace

Via della Zite

Via Vicaria Vecchia

Via dei
Cimbri

Piazza
Nicola
Amore

Via Duomo

CENTRO
STORICO

Via Zuroli

Vicolo Sedil
Capuano

Via Santissimi Apostoli

Via Duomo

Via d'Anticaglia

Duomo (in Bau)

Via Scialoia

Piazzetta
Orefici

Corso Umberto I

Via San
Gregorio Armeno

Via San Biagio dei Librai

Via San Paolo

Vico Giganti

Via S Gaudioso

Via San Pisanelli

Via Atri

Via F del Giudice

Via del Sole

Vico San
Domenico Maggiore

Via B Capasso

Vico S Severino

Vico S Nicola al Nilo

Vico
Donnaromita

Via G Paladino

Via Mezzocannone

Piazza San
Domenico
Maggiore

Cappella
Sansevero

Piazza
Luigi
Miraglia

Piazza
Bellini

Via San Sebastiano

Vico San Domenico
Maggiore

Via Benedetto Croce

Basilica di
Santa
Chiara

Via Santa Chiara

Largo
Banchi
Nuovi

Largo
Giusso

Vico San Geronimo

s. Karte Quartieri Spagnoli, Santa Lucia & Chiaia (S. 728)

Corso Umberto I

Piazza del
Gesù
Nuovo

Via S Anna dei Lombardi

Via D Lioy

Piazza
Carità

Via Toledo

Via Pignasecca

Via G Brombeis

Via Sedile di
Porto

Via Medina

Neapel Zentrum

⭐ **Basilica di Santa Chiara** BASILIKA, KREUZGANG
(Karte S. 724; ☏ 081 797 12 31; www.monastero disantachiara.eu; Via Benedetto Croce; Kreuzgang Erw./Stud. 6/4,50 €; ⊙ Basilika 7.30–13 & 16.30–20 Uhr, Kreuzgang Mo–Sa 9.30–17 Uhr, So 10–14 Uhr; Ⓜ Dante) Die majestätisch anmutende gotische Basilika schafft es auf raffinierte Art, den Betrachter irrezuführen, denn es handelt sich hierbei in Wirklichkeit um eine neu erbaute Replik aus dem 20. Jh., die das Original von Gagliardo Primario aus dem 14. Jh., eine Schöpfung im Stil der Baukunst im Anjou, nur nachahmt. Die Kathedrale war im August 1943 bei den Bombenangriffen der Alliierten schwer beschädigt worden. Hingegen sollte eine „pièce de résistance" der Zerstörungswelle standhalten: der herrliche **Majolika-Kreuzgang** mit seinen wunderbaren Wandfliesen.

Die Säulengänge aus dem 14. Jh. sind mit franziskanischen Fresken reich verziert. Im Garten des Kreuzgangs wiederum erinnern prächtige Keramikfliesen aus dem 18. Jh. in idealisierender Weise an die Landidylle der damaligen Zeit. Nebenan befindet sich ein kleines **Museum** mit noch erhaltenen Objekten der Originalkirche: fein gearbeitete Kirchenrequisiten sowie Fundstücke von Ausgrabungen, insbesondere ein bemerkenswert gut erhaltenes *laconicum*

(Sauna), das einst zu einem Badehaus aus dem 1. Jh. gehörte.

⭐ **Museo Archeologico Nazionale** MUSEUM
(Karte S. 724; ☏ 081 44 01 66; www.coopculture. it; Piazza Museo Nazionale 19; Eintritt 8 €; ⊙ Mi–Mo 9–19.30 Uhr; Ⓜ Museo, Piazza Cavour) Das Museum lockt mit den weltweit kostbarsten Sammlungen griechisch-römischer Kunstwerke. Einst war es eine Kaserne der Kavallerie und später Sitz der städtischen Universität. Erbaut wurde das Museum vom Bourbonenkönig Karl VII. im ausgehenden 18. Jh. Darin sollten seine umfangreiche Antiquitätensammlung, das Vermächtnis seiner Mutter Elisabetta Farnese sowie die Schätze aus Pompeji und Herculaneum ihren Platz finden.

Wer sich in den weitläufigen Galerien nicht verirren will, legt sich am besten den zweisprachigen Führer *Nationales Archäologisches Museum von Neapel* (hrsg. von Electa) zu oder setzt seinen Schwerpunkt auf die Besichtigung der wichtigsten Werke mit dem Audioguide (in verschiedenen Sprachen verfügbar). Es lohnt sich vorher telefonisch abzuklären, ob die Galerien auch wirklich geöffnet sind, denn aufgrund des Personalmangels sind Teile des Museums zu bestimmten Tageszeiten geschlossen.

DIE KUNST DER NEAPOLITANISCHEN KRIPPE

Weihnachtskrippen gehören wohl zu einem Brauchtum, das nicht nur in Neapel gepflegt wird, jedoch gibt es keine Krippenfiguren, die auch nur annähernd die künstlerische Brillanz der *presepe napoletane* (neapolitanische Krippenfiguren) erreichen. Im Gegensatz zu anderen Krippenfiguren sind sie unglaublich detailreich, angefangen bei den täuschend echt wirkenden *prosciutti* (Schinkenkeulen) in Miniatur, die in der Taverne von der Decke hängen, bis hin zu den aufwendig kostümierten *pastori* (Schafhirten), die das neugeborene Christuskind freudig anhimmeln.

Für den Adel und das Bürgertum im Neapel des 18. Jhs. vereinte die Zurschaustellung der *presepe* Glauben und Selbstherrlichkeit. Die Krippenfiguren wurden zu einem Statussymbol, das von Wohlstand und gutem Geschmack zeugte. Es diente aber auch dazu, über das Wunder von Christi Geburt zu meditieren. Beauftragt wurden die besten Bildhauer der damaligen Zeit, und für die Gewänder wurden die feinsten Stoffe verwendet. Sogar das Königshaus beteiligte sich an der *presepe*-Begeisterung: Der Bourbonenkönig Karl III. ließ den Dominikanermönch Padre Rocco an den Hof kommen. Der renommierte presepe-Experte sollte 5000 seiner *pastori*-Figuren gestalten. Die spektakulär anmutenden Krippenfiguren sind heute noch im Palazzo Reale (S. 734) ausgestellt. Doch sogar diese Ausstellung verblasst im Vergleich zu den Figuren der wahrlich riesigen Cuciniello-Krippe, die im Museumspalast Certosa e Museo di San Martino zu sehen ist. Es soll die weltgrößte Krippe sein.

Über Jahrhunderte danach setzte sich dieses Erbe fort. Das pulsierende Zentrum des Krippenhandwerks befindet sich in der **Via San Gregorio Armeno** (Karte S. 724) mitten im Centro Storico (Altstadt). In dieser Straße reiht sich ein Krippenladen an den anderen, dazwischen unzählige Werkstätten, wo man alles kaufen kann, von süßen Eselchen bis hin zu kitschigen Promi-Karikaturen. Echte Kenner hingegen können einige wenige Läden empfehlen, wo die *pastori* noch auf traditionelle Art und hundert Prozent in Handarbeit hergestellt werden, u. a. bei **Ars Neapolitana** (Karte S. 724; ☑ 392 537 71 16; Via dei Tribunali 303; ☻ Mo–Fr 10–18.30 Uhr, Sa bis 15 Uhr sowie So 10–18.30 Uhr und Ende Okt.–Anfang Jan. Sa & So; 🚌 C55 bis Via Duomo) und **La Scarabattola** (Karte S. 724; ☑ 081 29 17 35; www.lascarabattola.it; Via dei Tribunali 50; ☻ Mo–Sa 10–14 & 15.30–19.30 Uhr; 🚌 C55 bis Via Duomo); beide Werkstätten befinden sich im Centro Storico.

Während das Untergeschoss die Sammlung Borgia mit ägyptischen Funden und Grabinschriften enthält, sind die Räume im Parterre der **Sammlung Farnese** gewidmet. Unter den kolossalen griechischen und römischen Skulpturen gibt es zwei Meisterwerke: den massiven *Toro Farnese* (Farnese-Stier) im Raum XVI und den gigantischen *Ercole* (Herkules) im Raum XI. Der *Toro Farnese* stammt aus dem frühen 3. Jh. n. Chr. und ist wahrscheinlich die römische Kopie eines griechischen Originals. Dargestellt ist der Tod von Dirce, Königin von Theben, die an einen Stier gefesselt über den Felsen zerfetzt wurde. Die Skulptur entstand aus einem einzigen Block. Sie wurde 1545 in Rom entdeckt und von Michelangelo restauriert, bevor sie 1787 nach Neapel verbracht wurde. *Ercole* wurde ebenfalls in der römischen Ausgrabungsstätte entdeckt. Zunächst barg man ihn ohne Beine, aber die Bourbonen ließen ihn mit Originalbolzen, die bei einer späteren Ausgrabung gefunden wurden, wieder zusammensetzen.

Auch wenn die Zeit knapp ist, sollte man diese beiden Skulpturen nicht auslassen, bevor es auf direktem Wege ins Mezzanin-Geschoss geht. Dort befindet sich eine exquisite Sammlung feinster **Mosaiken**. Die meisten stammen aus Pompeji. Aus der Reihe, die einmal die Casa del Fauno in Pompeji zierte, sticht das ehrfurchterregende Mosaik *La Battaglia di Alessandro Contro Dario* (Schlacht Alexanders gegen Darius) im Raum LXI hervor. Mit einer Gesamtfläche von 20 m^2 ist es die bekannteste Darstellung Alexanders des Großen, die es überhaupt gibt. Wahrscheinlich wurde das Mosaik von Handwerkern aus Alexandria gestaltet, die ungefähr gegen Ende des 2. Jhs. v. Chr. in Italien arbeiteten.

Neben den Mosaiken lockt auch noch das **Gabinetto Segreto** (Geheimkabinett), ein Ausstellungsraum, der sich antiken erotischen Darstellungen widmet. Am Eingang wacht die Marmorstatue eines lasziv anmutenden Pan, des Hirtengottes, der sich in ein wallendes Gewand gehüllt einer schamhaftneckischen Daphne annähert. Auf einem anderen Mosaik –dem Höhepunkt der Ausstellung – macht sich Pan über eine alte Ziege her. Die kleiner aber überraschend raffiniert gestaltete Figur wurde in der Villa dei Papiri in Herculaneum gefunden. Daneben sind neun aufeinanderfolgende Malereien mit verschiedenen Sexstellungen zu sehen. Sie sollten den Appetit der Bordellkunden anregen.

In der ersten Etage steht in der großzügigen **Sala Meridiana** (Großer Saal der Sonnenuhr), ursprünglich Bibliothek des Königs, die Statue des Farnese Atlante bzw. des Atlas. Dieser trägt eine Weltkugel auf seiner Schulter. Außerdem sind auch hier verschiedene Gemälde der Sammlung Farnese zu sehen. Das grellbunte imposante Deckenfresko stammt aus dem Jahr 1781 und zeigt den Triumphzug des Bourbonenkönigs Ferdinands IV. mit seiner Gemahlin Maria Karolina von Österreich.

Der restliche Raum widmet sich größtenteils den interessanten Funden aus Pompeji, Herculaneum, Boscoreale, Stabiae und Cuma. Darunter befinden sich farbenprächtige **Fresken** aus der Villa di Agrippa Postumus und der Casa di Meleagro bis hin zu verschiedenen Keramikwaren, Glasgeschirr und griechischen Urnen.

Complesso Monumentale di San Lorenzo Maggiore
BASILIKA

(Karte S. 724; ☏ 081 211 08 60; www.sanloren zomaggiorenapoli.it; Via dei Tribunali 316; Kirche Eintritt frei, Ausgrabungen & Museum Erw./Stud. 9/7 €; ⊙ Mo–Sa 9.30–17.30 Uhr, bis So 13.30; 🚍 C55 bis Via Duomo) Diese Kirche aus dem späten 13. Jh. ist ein Meisterwerk der französischen Gotik. Im Kircheninnern liegt das mosaikverzierte Grabmal von Katharina von Österreich aus dem 14. Jh. verborgen. Außerdem sind im Chorumgang Ausschnitte von Fresken zu sehen, die Giovanni Barile unter seinem Meister Giotto angefertigt hatte. Angeblich wurde hier Boccaccio zu seiner Figur Fiammetta inspiriert, nachdem er sich unsterblich in Marie von Anjou verliebt hatte. Der Dichter Petrarcha wiederum erkor das angrenzende Kloster im Jahr 1345 zu seinem neuen Zuhause.

Unterhalb des Gebäudekomplexes befinden sich einige bemerkenswerte *scavi* (Ausgrabungen) der ursprünglich griechischrömischen Stadt. Entlang des gesamten Ausgrabungsabschnittes verläuft eine Straße, gesäumt von alten Bäckereien, Weinläden und städtischen Wäschereien. Ganz am Ende der unterirdischen *cardo* (Straße) befindet sich ein *cryptoporticus* (Überdachter Markt) mit sieben riesigen Tonnengewölbe-Sälen.

In einem Teil der sakralen Anlage ist das **Museo dell'Opera di San Lorenzo Maggiore** beheimatet. Das Museum birgt eine Fülle von archäologischen Fundstücken aus der Region, u. a. griechisch-römische Sarkophage, Keramiken und Geschirr, die bei den Ausgrabungen in den Fundamenten der Gebäude zum Vorschein kamen.

Pio Monte della Misericordia
KIRCHE, MUSEUM

(Karte S. 724; ☏ 081 44 69 44; www.piomontedel lamisericordia.it; Via dei Tribunali 253; Eintritt 6 €; ⊙ Do–Di 9–14 Uhr; 🚍 C55 bis Via Duomo) Caravaggios Meisterwerk *Le sette opere di Misericordia* (*Die Sieben Werke der Barmherzigkeit*) gilt bei vielen als das einzig wichtige Gemälde in ganz Neapel. Und in dieser kleinen achteckigen Kirche ist es zu bestaunen.

Im ersten Stock des Museums liegt die *Declaratoria del 14 Ottobre 1607* aus, ein Originaldokument der Kirche, das offiziell die Bezahlung von 400 Dukaten für Caravaggios Meisterwerk bestätigt. Zur Sammlung gehört auch eine kleine, aber feine Serie von Kunstwerken aus der Zeit der Renaissance, des Barock und Exponate aus dem 19. Jh., darunter auch Werke von Francesco de Mura und Giuseppe de Ribera.

Duomo
KATHEDRALE

(Karte S. 724; ☏ 081 44 90 97; www.duomodina poli.com/it/main.htm; Via Duomo; Taufkapelle Eintritt 1,50 €; ⊙ Kathedrale & Taufkapelle Mo–Sa 8–12.30 & 16.30–19 Uhr, So 8–13.30 & 17–19.30 Uhr; 🚍 C55 bis Via Duomo) Der Dom von Neapel ist das geistige Herzstück der Stadt. Ihn und seine Glanzstücke sollte man unbedingt gesehen haben, wie etwa das Fresko von Giovanni Lanfranco in der Cappella di San Gennaro (Kapelle des hl. Januarius), die Mosaiken in der Taufkapelle aus dem 4. Jh. oder das Blutwunder von San Gennaro, das drei Mal im Jahr geschieht.

Der Grundstein für den Dom wurde im Jahr 1272 von Karl I. von Anjou gelegt, genau an der Stelle, wo einst ein antiker Neptuntempel stand. Eingeweiht wurde das Gotteshaus dann im Jahr 1315. 1456 fiel ein Großteil des Gebäudes einem Erdbeben zum Opfer. Aufwendige Schönheitsreparaturen, die sich über Jahrhunderte hinzogen,

Quartieri Spagnoli, Santa Lucia & Chiaia

Jazzclub New Around
Midnight (110 m)

VOMERO

Via Tito Angelini

Largo
San Martino

M Vanvitelli

6

1
Certosa e
Museo di
San Martino

18

Via Annibale
Caccavello

Piazza
Fuga

Via Gaetano Donizetti

Via G
Puccini

Corso Vittorio Emanuele

Via de Deo

Via Luigia Sanfelice

Via G Toma

Via F Palizzi

Piazzetta
Cariati

QUARTIERI
SPAGNOLI

Corso Vittorio Emanuele

Via Santa Caterina da Siena

Funicolare
di Chiaia

Via del Parco Margherita

Vico
Vetriera

20

Via G Nicotera

Vico Sergente
Maggiore
Vico Cario
de Cesare

Amedeo
M

Piazza Amedeo

Via F Crispi

Via Vittorio Colonna

Via dei Mille

Via G Filangieri

Via G Martucci

Via Santa
Teresa a Chiaia

Via S Pasquale a Chiaia

Piazza
Amendola

Via Cavalerizza a Chiaia

Piazza Santa
Maria degli
Angeli

Vico Santo
Spirito

11

Via G Piscicelli

Via V Imbriani

Via Ascensione

Via G Bausan

Vico Belledonne a
Chiaia

24

Via Ferrigni

Via Alabardieri

Piazza dei
Martiri

Via Monte di Dio

Via Egiziaca
a Pizzofalcone

Via V Cuoco

CHIAIA

Vico
Satriano

Via Domenico Morelli

12

Monte
Echia

Largo
Principessa
R Pignatelli

Via C Poerio

25

Riviera di Chiaia

Via Calabritto

Vico Santa Maria a
Cappella Vecchia

Viale Anton Dohrn

Stazione
Zoologica

Villa
Comunale

Vico
Ischitella

Piazza
Vittoria

Via G Arcoleo

Largo
Nunziatella

Via Francesco Caracciolo

Fähranleger Mergellina
(600 m)

Via Partenope

PIZZOFALCONE
Monte
di Dio

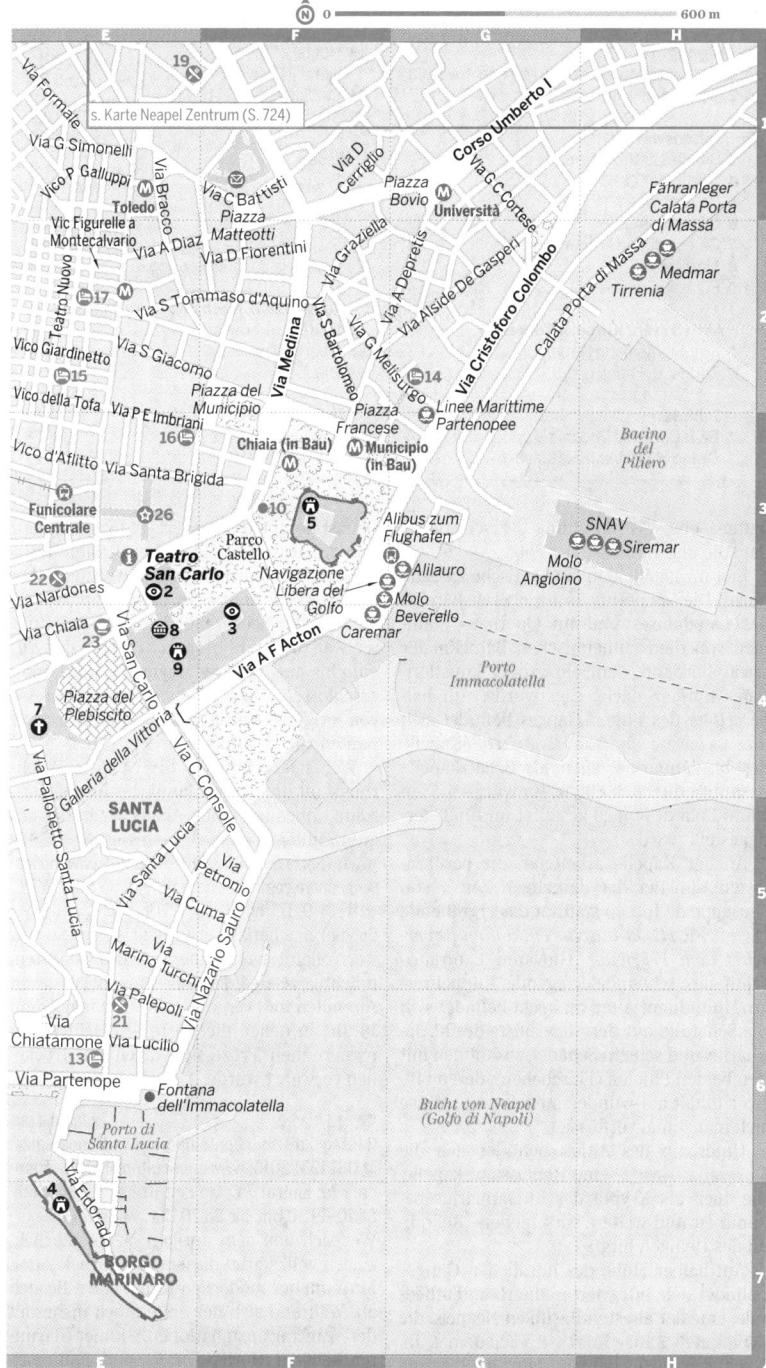

0 ————————————— 600 m

Via Formale

19

s. Karte Neapel Zentrum (S. 724)

Via G Simonelli

Corso Umberto I

Vico P Galluppi

Via Bracco

Via C Battisti

Toledo

Via D Cerriglio

Via G C Cortese

Piazza Bovio

Fähranleger Calata Porta di Massa

Vic Figurelle a Montecalvario

Piazza Matteotti

Università

Medmar Tirrenia

Via A Diaz

Via D Fiorentini

Via Graziella

Teatro Nuovo

17

Via S Tommaso d'Aquino

Via A Depretis

Calata Porta di Massa

Via Cristoforo Colombo

Via Medina

Via S Bartolomeo

Via Alside De Gasperi

Vico Giardinetto

Via S Giacomo

15

Via G Melisurgo

14

Vico della Tofa

Via P E Imbriani

Piazza del Municipio

Piazza Francese

Linee Marittime Partenope

Bacino del Piliero

Vico d'Aflitto

Via Santa Brigida

16

Chiaia (in Bau)

Municipio (in Bau)

Funicolare Centrale

26

Parco Castello

10

5

Alibus zum Flughafen

SNAV

Siremar

i **Teatro San Carlo** **2**

Navigazione Libera del Golfo

Alilauro

Molo Angioino

22

Via Nardones

Alibus

Molo Beverello

Via Chiaia

23

8

3

Caremar

9

Via A F Acton

Porto Immacolatella

7

Piazza del Plebiscito

Galleria della Vittoria

Via C Console

SANTA LUCIA

Via Santa Lucia

Via Petronio

Via Pallonetto Santa Lucia

Via Cuma

Via Nazario Sauro

Via Marino Turchi

Via Palepoli

21

Via Lucilio

Porto Immacolatella

Via Chiatamone

13

Via Partenope

Fontana dell'Immacolatella

Bucht von Neapel (Golfo di Napoli)

Porto di Santa Lucia

Via Eldorado

4

BORGO MARINARO

Quartieri Spagnoli, Santa Lucia & Chiaia

hatten eine Vermischung verschiedener Baustile und Einflüsse zur Folge.

Erst im 19. Jh. kam eine gotische Fassade hinzu. Die Verzierungen im oberen Bereich des Langhauses und im Querhaus stammen von dem einheimischen Barockmaler Luca Giordano, dem ein großer künstlerischer Ehrgeiz nachgesagt wurde. Auf halber Höhe des linken Ganges befindet sich die **Cappella di San Gennaro** (Kapelle des hl. Januarius, auch als Schatzkapelle bekannt), die nach einem Entwurf von Giovanni Cola di Franco gestaltet und 1637 fertiggestellt wurde.

An der Kapelle arbeiteten die berühmtesten Künstler der damaligen Zeit – von Giuseppe de Ribera stammt das ergreifende Ölgemälde *Hl. Januarius entkommt unversehrt dem Fegefeuer,* Giovanni Lanfranco schuf das schwindelerregende Kuppelfresko. Hinter dem Altar versteckt befindet sich die Schatulle mit der Silberbüste des hl. Januarius und seinem Schädel, zusammen mit den beiden Phiolen (Fläschchen), deren blutiger Inhalt auf wundersame Art und Weise sich manchmal verflüssigt.

Unterhalb des Altars befindet sich die **Cappella Carafa**, eine Renaissancekapelle, die auch als Krypta des hl. Januarius bekannt ist und weitere verschiedene Reliquien des Heiligen birgt.

Auf halber Höhe des nördlichen Ganges befindet sich, integriert in die Hauptkathedrale, eine der ältesten Basiliken Neapels, die **Basilica di Santa Restituta** aus dem 4. Jh. Nach dem Erdbeben im Jahr 1688 wurde

sie fast komplett renoviert und verschönert. Von da aus gelangt man zur ältesten **Taufkapelle** Westeuropas, die mit glitzernden Mosaiken aus dem 4. Jh. aufgepeppt wurde. Zur Zeit der Recherche für diesen Reiseführer war die **archäologische Zone** des *duomo* bis auf Weiteres wegen Restaurierung geschlossen. Dort sollen derzeit Überreste von original griechischen und römischen Bauten zutage fördert werden.

Wer sich brennend für Neapels Verehrungskult um den hl. Januarius interessiert, sollte unbedingt einen Abstecher in das angrenzende **Museo del Tesoro di San Gennaro** (Karte S. 724; ☏ 081 29 49 80; www.museosangennaro.com; Via Duomo 149; Erw./Stud. 7/5 €; ⊙ Fr–Di 9–17 Uhr, Do bis 15 Uhr; 🚌C55 bis Via Duomo) machen. Dort funkelt es nur so von wertvollen Devotionalien wie Bronzebüsten, prächtige Gemälden bis hin zu silbernen Ampullen und vergoldeten Sänften aus dem 18. Jh., in denen die Büste des Heiligen an regnerischen Prozessionstagen im Trockenen verwahrt wurde.

★ **MADRE**   KUNSTGALERIE
(Museo d'Arte Contemporanea Donnaregina; ☏ 081 1931 3016; www.coopculture.it; Via Settembrini 79; Eintritt 7 €, Mo Eintritt frei; ⊙ Mo & Mi–Sa 10–19.30 Uhr, bis So 20 Uhr; Ⓜ Piazza Cavour) Wer sich aus dem antiken Neapel zurückziehen will, stattet diesem beeindruckenden Museum der modernen Kunst einen Besuch ab. Während sich der erste Stock insbesondere Auftragsinstallationen widmet (darunter Rebecca Horns *Spirits* und Francesco

Clementes erotisch aufgeladenes, neapolitanisches Fresko *Ave Ovo*, sind im zweiten Stockwerk moderne Gemälde, Fotokunst, Skulpturen und Installationen zu bestaunen, u. a. Werke von Koryphäen wie Damien Hirst, Cindy Sherman und Olafur Eliasson.

Das Museum lebt auch von hochkarätigen Ausstellungen mit Werken von Meistern der italienischen Moderne oder Künstlern aus der ganzen Welt.

Chiesa del Gesù Nuovo   KIRCHE

(Karte S. 724; ☎ 081 551 86 13; Piazza del Gesù Nuovo; ◷ Mo–Sa 7–13 & 16.15–20, So 7–13.45 Uhr; Ⓜ Dante) Einst Palast, heute Kirche: Im Zuge eines architektonischen Wandlungsprozesses hat die Kirche aus dem 16. Jh. die Fassade des Palazzo Sanseverino, die schon im 15. Jh. von Giuseppe Valeriani gestaltet worden war, einfach beibehalten. Das barocke Kircheninnere trägt die Handschrift großer Meister Francesco Solimena, Luca Giordano und Cosimo Fanzago, die das Tonnengewölbe mit herrlichen Fresken ausgeschmückt haben. Mitten auf der Piazza del Gesù ragt die **Guglia dell'Immacolata** (Karte S. 724) in den Himmel. Der aufwendig verzierte Obelisk aus dem 18. Jh. ist ein Meisterwerk von Giuseppe Genuino.

Mercato di Porta Nolana   MARKT

(Karte S. 724; Porta Nolana; ◷ Mo–Sa 8–18 Uhr, So bis 14 Uhr; 🚉 R2 bis Corso Umberto I) Da gluckert und blubbert es in so manchen Mägen: Der verführerische Straßenmarkt, einer der besten der Stadt, regt den Appetit an! Seinen Namen verdankt er dem mittelalterlichen Stadttor **Porta Nolana** am oberen Ende der Via Sopramuro. „Glaube" und „Hoffnung", so heißen seine zwei zylinderförmigen Türme. Sie tragen einen Bogen, den ein Relief von Ferdinand I. von Aragon hoch zu Ross ziert.

Der *mercato* an sich ist ein berauschender Platz, wo alles vertreten ist, was der Gaumen begehrt: Da bieten Fischer und *frutti vendoli* (Obst- und Gemüsehändler) lauthals ihre Ware an, Aromen wabern wild durcheinander, dringen aus Feinkostläden, Bäckereien auf die Straße und vermischen sich mit den Gerüchen aus Imbissläden, die Snacks aus aller Herren Länder anbieten.

Chiesa e Chiostro di San Gregorio Armeno   KIRCHE, KREUZGANG

(Karte S. 724; ☎ 081 420 63 85; Via San Gregorio Armeno 44; ◷ Mo–Fr 9–12 Uhr, Sa & So bis 13 Uhr; 🚉 C55 bis Via Duomo) In diesem reich verzierten Klosterkomplex aus dem 16. Jh. herrscht im wahrsten Sinne des Wortes grenzenlose Übertreibung. Die Kirche beeindruckt mit ihrem aufwendig geschnitzten Chorgestühl, teils aus Holz, teils aus Pappmaché. Nicht minder faszinierend ist der prächtige Altar von Dionisio Lazzari und ein Meisterwerk von Luca Giordano, das Fresko *Die Einschiffung, Seereise und Ankunft der armenischen Nonnen mit den Reliquien des hl. Gregor.*

Durch ein Tor am Vicolo Giuseppe Maffei betritt man den prächtigen Kreuzgang der Klosteranlage. Darin befindet sich der bizarre barocke Springbrunnen von Matteo Bottigliero und (am südlichen Ende des Kreuzgangs) die alte Klosterbäckerei.

An der südöstlichen Ecke des Kreuzgangs geht es durch eine Tür zum wunderschönen *coro delle monache* (Chorgestühl der Nonnen) mit dem Blick von oben auf die Kirche. Die raffinierten Fenster entlang der sich darüber wölbenden ovalen Kuppel gehören zu einem weiteren Chorgestühl.

Chiesa di San Domenico Maggiore   KIRCHE

(Karte S. 724; ☎ 081 45 91 88; Piazza San Domenico Maggiore 8a; ◷ Mo–Sa 8.30–12 & 16–19 Uhr, So 9–13 & 16.30 Uhr; Ⓜ Dante) Nach ihrer Fertigstellung 1324 auf Geheiß von Karl I. von Anjou, war sie die königliche Kirche der Herrscher von Anjou. Nur wenige Überreste aus dem 14. Jh. haben die unzähligen Verschönerungs- und Restaurierungsarbeiten an der Kirche erfolgreich überstanden: die Fresken von Pietro Cavallini in der Cappella Brancaccio. Bemerkenswert ist auch die Sakristei mit ihrem wunderschönen Deckenfresko von Francesco Solimena und mit den 45 Särgen der Fürsten von Aragon und anderer Adeliger.

In der Kreuzigungskapelle Cappellone del Crocifisso aus dem 13. Jh. soll das *Crocifisso tra La Vergine e San Giovanni* folgende Frage an Thomas von Aquin gerichtet haben: *'Bene scripsisti di me, Thoma; quam recipies a me pro tu labore mercedem?'* (Du hast gute Dinge über mich geschrieben, Thomas, was bekommst du dafür im Gegenzug?). Und wie lautete Thomas' diplomatische Antwort? *'Domine, non aliam nisi te'* (Nichts, o Herr, außer dich!).

Draußen steht mitten auf der Piazza di San Domenico Maggiore die **Guglia di San Domenico**, ein Obelisk aus dem 17. Jh., erbaut nach einem Entwurf von drei Bildhauern: Cosimo Fanzago, Francesco Antonio Picchiatti und Domenico Antonio Vaccaro.

☉ Vomero

Der atemberaubende Kloster- und Museumskomplex Certosa di San Martino erhebt sich weithin sichtbar auf dem Hügel über der Stadt und das allein ist schon ein zwingender Grund, die Standseilbahn nach Vomero (sprich: *vom* -e-ro) zu nehmen – einem Stadtviertel mit Mittelklasse-Flair.

★ Certosa e Museo di San Martino
KLOSTER, MUSEUM

(Karte S. 728; ☎ 848 800288; www.coopculture.it; Largo San Martino 5; Erw./Stud. 6/3 €; ☉ Do–Di 8.30–19.30 Uhr, letzter Einlass 18.30 Uhr; Ⓜ Vanvitelli, Standseilbahn von Montesanto bis Morghen) Certosa ist der Höhepunkt des neapolitanischen Barock im wahrsten Sinne des Wortes: Die einstige Kartause ist heute ein Museum. Das Kartäuserkloster wurde im 14. Jh. gegründet. Certosa ist heute eine sagenhafte Fundgrube für neapolitanische Kunst. Das Kloster verdankt ihr heutiges Erscheinungsbild den Verschönerungsarbeiten, die im 16. Jh. vor allem unter Leitung von Giovanni Antonnio Dosio durchgeführt wurden. Ein Jahrhundert später hinterließ dann der Barockmeister Cosimo Fanzago hier seine Handschrift.

Die Klosterkirche und die Räume, die zu beiden Seiten angrenzen, bergen eine Fülle an Fresken und Gemälden, die von einigen der größten Künstler Neapels des 17. Jhs. geschaffen wurden, darunter Francesco Solimena, Massimo Stanzione, Giuseppe de Ribera und Battista Caracciolo. Ganz außergewöhnlich sind die Marmorintarsien von Cosimo Fanzago im Hauptschiff.

An die Kirche grenzt direkt der Chiostro dei Procuratori an. Es ist der kleinere von zwei Kreuzgängen. Linker Hand führt ein langer Korridor zum größeren Chiostro Grande (Großer Kreuzgang). Und dieser gilt auch als einer der schönsten in ganz Italien! Ursprünglich von Giovanni Antonio Dosio im späten 16. Jh. entworfen und durch Fanzago erweitert, präsentiert er sich als eine erhabene Komposition aus weißen toskanisch-dorischen Säulengängen mit Garten und Marmorstatuen. Die unheimlichen Totenköpfe, die an der Balustrade angebracht sind, sollten die Mönche auf gewisse Art an ihre eigene Sterblichkeit erinnern.

Gleich hinter dem Chiostro dei Procuratori befindet sich die Sezione Navale, die schwerpunktmäßig die Schifffahrtsgeschichte der Bourbonen im Zeitraum von 1734 bis 1860 dokumentiert. Dort ist eine kleine Sammlung an wunderschönen, königlichen Schiffen zu sehen.

Die Sezione Presepiale birgt eine originelle Sammlung mit seltenen neapolitanischen *presepe* (Krippenszenen), die im 18. und 19. Jh. geschnitzt wurden. Dazu gehört auch die Cuciniello-Krippe, die sich in der einstigen Klosterküche über eine ganze Wand zieht.

Das Quarto del Priore im südlichen Gebäudeflügel beherbergt den größten Teil der bemerkenswerten Gemäldesammlung, darunter auch eines der berühmten Meisterwerke von Pietro Bernini: die anrührend zarte *Vergine col bambino e San Giovannino* (*Heilige Jungfrau mit Jesuskind und Johannes dem Täufer als Kind*).

In der Abteilung Immagini e Memorie di Napoli (Bilder und Erinnerungen an Neapel) wird die Geschichte Neapels in Bildern nacherzählt. Hier gibt es Porträts von historischen Persönlichkeiten zu bestaunen; im Raum 45 sind antike Stadtpläne zu sehen, so auch ein 35-teiliger Kupferstich auf Wandpaneelen, die Neapel im 18. Jh. zeigen; andere Säle widmen sich größeren geschichtsträchtigen Ereignissen wie etwa dem Masaniello-Aufstand (Raum 36) und der Pest (Raum 37). Im Raum 32 ist die wunderschöne Tavola Strozzi (Panoramabild mit Hafen) zu bestaunen; darauf ist der Hafen von Neapel im 15. Jh. dargestellt. Das Gemälde gehört zu den berühmtesten historischen Schätzen der Stadt.

Castel Sant'Elmo
KASTELL, MUSEUM

(Karte S. 728; ☎ 081 558 77 08; www.coopculture.it; Via Tito Angelini 22; Erw./Stud. 5/2,50 €; ☉ Kastell Mi–Mo 8.30–19.30 Uhr, letzter Einlass 18.30 Uhr; Ⓜ Vanvitelli, Standseilbahn Montesanto nach Morghen) Das im Grundriss sternförmig angelegte Kastell – ursprünglich eine Kirche, die dem hl. Erasmus geweiht war – bietet spektakuläre Ausblicke über die Stadt und die Bucht von Neapel. Etwa 400 Jahre später, im Jahr 1349, wurde die Kirche unter Robert von Anjou in eine Burg umgewandelt. Im Jahr 1538 wurde es dann unter der Herrschaft des spanischen Vizekönigs Don Pedro de Toledo zu einer richtigen Festung ausgebaut. Bis in die 1970er-Jahre hinein diente sie als Militärgefängnis. Heute beherbergt die imposante Burg das Novecento a Napoli (☎ 081 558 77 08; ☉ Mi–Mo 9–18 Uhr, Einlass jeder vollen Stunde für eine Stunde), ein Museum, das sich süditalienischer Kunst aus dem 20. Jh. widmet.

CAMPI FLEGREI

Die Campi Flegrei (Phlegräische oder Flammende Felder) erstrecken sich westlich vom Hügelzug Posillipo bis hin zum Tyrrhenischen Meer. Dort sind Kampaniens bemerkenswerteste griechisch-römische Ruinen beheimatet. Das Eingangstor zu dieser Gegend ist die Hafenstadt Pozzuoli. Die Stadt wurde 530 v. Chr. von den Griechen erbaut. Highlight ist das **Anfiteatro Flavio** (☑ 081 526 60 07; Via Terracciano 75; Eintritt 4 €, inklusive Eintritt zum Parco Archeologico di Baia, Museo Archeologico dei Campi Flegrei & Scavi Archeologici di Cuma; ◷ unterschiedliche Öffnungszeiten, normalerweise Mi–Mo zu jeder vollen Stunde zwischen 9–13 Uhr), Das Amphitheater ist das drittgrößte Italiens.

Etwa 6 km weiter westlich liegt Baia, zur Römerzeit ein mondäner Badeort, der häufig von sonnenhungrigen Kaisern aufgesucht wurde. Fragmente des einstigen Überflusses bestehen unter den Ruinen aus dem 1. Jh. fort. So können heute noch im **Parco Archeologico di Baia** (☑ 081 868 75 92; Via Sella di Baia; Sa & So Erw./Stud. 4/2 €, inklusive Eintritt zum Anfiteatro Flavio, Museo Archeologico dei Campi Flegrei & Scavi Archeologici di Cuma, Di–Fr frei; ◷ Di–So 9 Uhr bis 1 Std. vor Sonnenuntergang; ▣ EAV BUS nach Baia oder ▣ Cumana nach Fusaro, dann 900 m zu Fuß) Mosaiken, ein stuckverziertes *balneum* (Bad) und der imposante Tempio di Mercurio (Merkurtempel), einst Teil eines weitläufigen Palastes mit Spa, bestaunt werden. Während die Ruinen am Wochenende kostenlos zugänglich sind, müssen Wochenendbesucher für das ebenso faszinierende Museo **Archeologico dei Campi Flegrei** (Archäologisches Museum Campi Flegrei; ☑ 081 523 37 97; http://museoarcheologicocampiflegrei.campaniabeniculturali.it; Via Castello 39; 39; Sa & So 4 €, Eintritt inklusive Eintritt zum Anfiteatro Flavio, Parco Archeoligico di Baia & Scavi Archeologici di Cuma, Di–Fr frei; ◷ unterschiedliche Zeiten, normalerweise Di–So 9–14.30 Uhr, letzter Einlass 13 Uhr ▣ EAV BUS bis Baia) Eintrittskarten kaufen. Das Museum liegt 2 km weiter südlich direkt an der Küste.

Noch einmal 2 km weiter südlich, in dem verschlafenen Städtchen Bacoli, lockt die magische **Piscina Mirabilis** (Wunderbares Schwimmbad; ☑ 333 6853278; Via Piscina Mirabilis; Spende erbeten; ◷ unterschiedliche Öffnungszeiten; ▣ EAV BUS nach Bacoli, dann ▣ Cumana nach Fusaro), die weltgrößte römische Zisterne. Man muss das Wachpersonal rufen, um Zugang zum Gelände zu bekommen, aber diese Mühe ist es wirklich wert. Das sogenannte Wunderbare Schwimmbad, in himmlisches Licht getaucht und mit 48 hoch aufragenden Säulen, die ein Tonnengewölbe tragen, ist mehr eine „unterirdische Kathedrale" als ein „riesiges Wasser-Reservoir". Zwar ist der Eintritt kostenlos, aber es gehört zum guten Ton, dem Wächter 2 bis 3 € Trinkgeld zu geben.

Nach Pozzuoli verkehren sowohl die Ferrovia Cumana als auch die Metro Neapel (Linie 2); außerdem legen hier regelmäßig Auto- und Personenfähren nach Ischia und Procida ab. Nach Baia fährt ein Zug der Ferrovia Cumana bis zur Haltestelle Fusaro; von da geht es 150 m weiter zu Fuß in Richtung Norden; dann rechts abbiegen in die Via Carlo Vanvitelli (die schließlich in die Via Bellavista übergeht). Die Ruinen befinden sich 750 m östlich davon. Ab Fusaro verkehrt ein EAV-Bus in Richtung Bacoli.

Leider ist die Infrastruktur rund um die Campi Flegrei nicht so gut ausgebaut und die Verbindungen im öffentlichen Nahverkehr sind nicht zuverlässig. Hinzu kommt der Umstand, dass die Öffnungszeiten der einzelnen Anlagen variieren können. Ein bisschen Vorausplanen kann deswegen nicht schaden. Aktuelle Auskünfte zu den verschiedenen Sehenswürdigkeiten und den jeweiligen Öffnungszeiten gibt die **Tourismusinformation** (☑ 081 526 66 39; www.infocampiflegrei.it; Largo Matteotti 1a; ◷ Mo–Fr 9–15 Uhr; Ⓜ Pozzuoli, ▣ Cumana bis Pozzuoli) in Pozzuoli, oder aber man bucht eine geführte Tour bei der beliebten Agentur Yellow Sud Marine (S. 767).

⊙ Santa Lucia & Chiaia

★ **Teatro San Carlo**   THEATER
(Karte S. 728; ☑ 081 797 24 68; www.teatrosancarlo.it; Via San Carlo 98; geführte Tour Erw./

Stud. 6/3 €; ◷ geführte Touren Mo–Sa stündl. 10.30–16.30 Uhr, So bis 12.30 Uhr, Jan. & Feb. nur vormittags; ▣ R2 bis Via San Carlo) Selbst für Leute, die nicht unbedingt Opernfans sind, lohnt sich eine „Zugabe" im Rahmen einer geführten Tour durch Italiens größtes und

INSIDERWISSEN

VIELSEITIGES NEAPEL

Der ortsansässige Historiker, Architekt und Autor Andrea Maglio empfiehlt, nach folgenden leicht übersehbaren Besonderheiten Neapels Ausschau zu halten, die man jedoch einmal gesehen haben muss.

Tunnel Borbonico

In diesem unterirdischen Tunnel (S. 736) sind immer noch alte verstaubte Fahrzeuge, Graffiti und Toiletten zu sehen, die aus dem Zweiten Weltkrieg stammen. Damals diente der Tunnel als Luftschutzbunker. Hier lässt sich wunderbar die ereignisreiche Historie der Stadt nachvollziehen.

Obelisken im Wettstreit

Die *guglie* (Obelisken), die in beeindruckender Anzahl die Spaccanapoli säumen, stehen exemplarisch für den ideologischen Zusammenprall von Religion und Politik in Neapel. Als eine Abordnung Adeliger zu Ehren des hl. Januarius die **Guglia di San Gennaro** (Karte S. 724; Piazza Riario Sforza; C55 bis Via Duomo) errichten ließ, gaben die rivalisierenden Dominikaner sofort die **Guglia di San Domenico** (Karte S. 724; Piazza San Domenico Maggiore) in Auftrag, mit der Begründung, Neapels wahrer Schutzheiliger sei San Domenico gewesen. Die Streithähne ersuchten daraufhin den Papst um Schlichtung es entbrannten Streits. Schließlich erklärte dieser alle beide zu heiligen Schutzpatronen der Stadt.

„Heilige" Gotteslästerung

In Neapel verwischen oft die Grenzen zwischen dem Heiligen und dem Profanen. Dafür ist die Stadt geradezu berühmt. An der Stelle, wo heute die Guglia di San Gennaro aufragt, fand man unter der Stadt begraben einen antiken römischen Obelisken. Hingegen ist der Totenschädelkult auf dem Cimitero delle Fontanelle (S. 736) eine Erfindung der katholischen Kirche, welcher inzwischen allerdings verboten ist. Auf Gemälden wie *Der heilige Hiernoymus* und der *Erzengel des Jüngsten Gerichts* von Jusepe de Ribera im Palazzo Reale di Capodimonte standen oft die Ärmsten der Stadt im Mittelpunkt. Daraus ergab sich eine sehr menschliche Interpretation des Göttlichen. Hierin spiegelt sich die plumpe Vertraulichkeit und Pietätlosigkeit wider, die Neapolitaner seit jeher für ihre heiß geliebten Heiligen empfinden bzw. ihnen gegenüber walten lassen.

ältestes Opernhaus. Zwar fiel das Original im Jahr 1816 einem Großbrand zum Opfer, jedoch präsentiert sich seine Rekonstruktion als im 19. Jh. unter der Leitung von Antonio Niccolini heute als ein architektonisches Juwel der besonderen Art. Der Zuschauerraum ist auf sechs Etagen mit reich verzierten Logen bestückt, die von Neapels einstigem Status als Europas Hauptstadt der Musik ein lebendiges Zeugnis ablegen. Karten für die geführte Tour sind an der Theaterkasse erhältlich.

Der angrenzende Palazzo Reale beherbergt das faszinierende **Theatermuseum Memus** (Museum & Historisches Archiv des Teatro San Carlo; Karte S. 728; http://memus.squarespace. com; Piazza del Plebiscito, Palazzo Reale; Erw./Stud. inklusive Palazzo Reale 10/5 €; Mo, Di, Do & Fr 10–17 Uhr, Sa & So bis 19 Uhr; R2 bis Piazza Trieste e Trento). Die Sammlung umfasst eine Vielzahl Kostüme, Bühnenbildentwür-

fe und diverse, interessante Multimedia-Musik-Features.

Gegenüber dem Theater befindet sich die **Galleria Umberto I**, eine atemberaubende Einkaufspassage aus dem 19. Jh. mit großer Glaskuppel und Arkaden.

Palazzo Reale   PALAZZO, MUSEUM

(Königlicher Palast; 081 40 04 54; www. coopculture.it; Piazza del Plebiscito; Erw./Stud. 4/3 €; Do–Di 9–19 Uhr; R2 bis Via San Carlo) Ursprünglich sollte der Palazzo der ruhmreichen Zeit unter der damaligen spanischen Herrschaft ein Denkmal setzen. Heute ist in dem herrlichen Palazzo Reale das **Museo del Palazzo Reale** beheimatet. Die reich bestückte, eklektische Sammlung umfasst Mobiliar aus der Zeit des Barock und des Klassizismus, Porzellan, Wandteppiche sowie Skulpturen und Gemälde, die überall in den Königlichen

Gemächern des Palastes verteilt zu bestaunen sind.

Unter den vielen Glanzstücken ist auch das restaurierte Teatrino di Corte zu bewundern. Das üppig verzierte Hoftheater wurde im Jahr 1768 von Ferdinando Fuga geschaffen, um die Vermählung von Ferdinand IV. mit Maria Karolina von Österreich feierlich zu begehen. Die Cappella Reale (Königliche Kapelle) birgt eine riesengroße *presepe* (Krippenspiel) aus dem 18. Jh. Die *pastori* (Schafhirten und andere Krippenfiguren) wurden von einer ganzen Reihe berühmter neapolitanischer Künstler in Handarbeit hergestellt, u. a. von Giuseppe Sanmartino, der auch den *Cristo velato* (Verhüllten Christus) in der Cappella Sansevero (S. 723) schuf.

Der *palazzo* beherbergt außerdem die **Biblioteca Nazionale** (National Library; Karte S. 728; ☑ 081 781 92 31; www.bnnonline.it; Piazza del Plebiscito, Palazzo Reale; Eintritt frei; ⊙ Mo–Fr 8.30–19.15 Uhr, Sa bis 13.15 Uhr, Papyrus-Ausstellung schließt um 13 Uhr; 🚌 R2 bis Piazza Trieste e Trento). Der Palazzo entstand nach einem Entwurf von Domenico Fontana und wurde zwei Jahrhunderte später im Jahr 1841 fertiggestellt. In der Bibliothek sind mindestens 2000 Papyrusrollen aufbewahrt, die in Herculaneum entdeckt wurden, sowie Fragmente einer koptischen Bibel aus dem 5. Jh. Achtung: Der Zutritt zur Bibliothek ist nur mit Lichtbildausweis möglich!

Gegenüber dem *palazzo* an der Piazza del Plebiscito befindet sich die **Chiesa di San Francesco di Paola** (Karte S. 728; ☑ 081 74 51 33; Piazza del Plebiscito; ⊙ 8.30–12 & 16–19 Uhr; 🚌 R2 to Via San Carlo) aus dem 19. Jh. Das großartige antike Pantheon in Rom diente den Baumeistern der Kirche als architektonisches Vorbild.

Castel Nuovo
KASTELL, MUSEUM

(Karte S. 728; ☑ 081 795 58 77; Piazza Municipio; Eintritt 6 €; ⊙ Mo–Sa 9–19 Uhr, letzter Einlass 18 Uhr; 🚌 R2 bis Piazza Municipio) Das Maschio Angioino (Kastell der Herrscherfamilie von Anjou), eine täuschende echte Kopie der Kastelle von Anjou, ist eine Trutzburg, die Ende des 13. Jhs. von Karl I. von Anjou im Zuge eines ehrgeizigen Stadterweiterungsplans erbaut wurde. Um es vom früheren Castel dell'Ovo und dem Castel Capuano unterscheiden zu können, wurde es auf Castrum Novum (Neues Kastell) umgetauft. Alles was vom ursprünglichen Bau erhalten blieb, ist die Cappella Palatina. Der Rest ist das Ergebnis von Renovierungsarbeiten

unter der Regie der Aragoneser zwei Jahrhunderte später sowie der Bestrebung, das Gebäude möglichst detailgetreu zu rekonstruieren. All diese umfangreichen Arbeiten wurden noch vor dem Zweiten Weltkrieg durchgeführt.

Der zweistöckige Triumphbogen im Stil der italienischen Renaissance – der Torre della Guardia – direkt am Eingang erinnert an den siegreichen Einzug von Alfonso I. von Aragon nach Neapel im Jahr 1443. Die **Sala dei Baroni** (Saal der Barone) aus massivem Steingemäuer hingegen ist nach den Baronen benannt, die im Jahr 1486 wegen eines Putschversuchs gegen den König Ferdinand I. von Aragon niedergemetzelt wurden. Im verblüffend fein ausgearbeiteten Kreuzrippengewölbe vermischen sich eine ganze Reihe stilistischer Einflüsse aus dem antiken Rom und aus der üppigen spanischen Spätgotik.

Von den Giotto-Fresken in der **Cappella Palatina** sind nur noch Fragmente rund um die gotischen Fenstereinfassungen erhalten. Links neben der Kapelle kann man in der **Sala dell'Armeria** (Waffensaal) unter einem Glasboden Überreste eines römischen Vorgängerbaus betrachten, die während der Restaurierungsarbeiten der Sala dei Baroni zum Vorschein kamen.

Heute gehören all diese Bestandteile zum **Museo Civico**, das auf drei Etagen in mehreren Sälen eingerichtet wurde. Am interessantesten sind die Fresken und Skulpturen aus dem 14. und 15. Jh., wie auch die Bronzetür von Guglielmo Monaco aus dem 15. Jh., in der immer noch eine Kanonenkugel steckt.

Castel dell'Ovo
KASTELL

(Karte S. 728; ☑ 081 795 45 93; Borgo Marinaro; ⊙ Mo–Sa 9–19.30 Uhr, So bis 14 Uhr; 🚌 154 bis Via Santa Lucia) GRATIS Das älteste Kastell Neapels wurde im 12. Jh. von den Normannen erbaut. Seinen Namen verdankt das Eierkastell dem römischen Schriftsteller Vergil. Dieser soll an der Stelle, wo heute das Kastell steht, ein Ei vergraben haben, um Neapel vor dem Untergang zu warnen: Wenn das Ei bräche, würde das Kastell einstürzen und Neapel fallen. Gott sei Dank sind beide bis heute noch ganz. Ein Spaziergang hinauf zu den Festungsmauern lohnt sich: Der Panoramablick von dort oben ist atemberaubend schön … hier tummeln sich auch jede Menge verliebte Paare, die sich lang und innig küssen.

NEAPEL & KAMPANIEN NEAPEL

⊙ Capodimonte & La Sanità

★ Palazzo Reale di Capodimonte
PALAZZO, MUSEUM, PARK

(☑ 081 749 91 11; www.coopculture.it; Parco di Capodimonte; Museum Erw./Stud. 7,50/3,75 €, Park Eintritt frei; ⊙ Museum Do–Di 8.30–19.30 Uhr, letzter Einlass 1 Std. vor Torschluss, Park tgl. 7–20 Uhr; ☒ 2M oder 178) Am nördlichen Stadtrand entstand innerhalb vor mehr als hundert Jahren dieser kolossale *palazzo*. Ursprünglich sollte er einmal dem Bourbonenkönig Karl VII. als Jagdschloss dienen. Jedoch wuchsen die Pläne mit Beginn der Bauarbeiten ab 1738 immer weiter in den Himmel. Mit seiner Fertigstellung im Jahr 1759 hatte Neapel einen neuen *palazzo*. Und dieser beherbergt heute das außergewöhnliche **Museo Nazionale di Capodimonte**.

Das Museum besteht aus 160 Räumen auf drei Etagen. Es ist unmöglich, das ganze Museum mit all seinen Kunstwerken an einem Tag zu besichtigen, doch reicht den meisten Leuten ein kompletter Vor- oder Nachmittag für eine kompakte Best-of-Tour. Die Investition von 5 € in einen Audioguide, der einen guten Einblick gibt, lohnt sich allemal. Leider bleiben aufgrund von Sparmaßnahmen ganze Abteilungen des Museums teilweise geschlossen, sind also nicht ganztägig geöffnet. Wer also bestimmte Werke sehen will, erkundigt sich besser vorher telefonisch, was es dort alles zu besichtigen gibt.

Im ersten Stock befinden sich bedeutende Werke von Bellini, Botticelli, Caravaggio, Masaccio und Tizian. Dazu gehören zahlreiche Glanzstücke, insbesondere Masaccios *Crocifissione* (*Die Kreuzigung*), Bellinis und Parmigianinos *Antea*.

Die Säle im 1. Stock zeigen Werke neapolitanischer Künstler aus dem 13. Jh. bis 19 Jh. sowie einige herrliche belgische Gobelins. Publikumsmagnet ist Caravaggios *Flagellazione* (*Geißelung Christi*; 1607–1610). Das Gemälde hängt im Saal 78 am Ende eines langen Korridors in ehrerbietiger Einsamkeit, aber stets umlagert.

Wer dann immer noch genug Energie hat, für den lohnt sich ein kurzer Abstecher in die kleine Galerie der Moderne im zweiten Stock. Schon allein die Pop-Art-Version des *Vesuv* von Andy Warhol ist sehenswert.

Wer das Museum besichtigt hat, kann in dem angrenzenden 130 ha großen **Parco di Capodimonte** erst mal frische Luft schnappen – was dann auch dringend nötig ist!

★ Cimitero delle Fontanelle
FRIEDHOF

(☑ 081 744 37 14; Piazza Fontanelle alla Sanità 154; ⊙ 10–17 Uhr; ☒ C51 bis Via Fontanelle) Auf dem Friedhof liegen derzeit schätzungsweise an die acht Millionen Gebeine begraben. Zunächst wurde der schaurige Friedhof Fontanelle während der Pestepidemie von 1656 angelegt. Später dann, in den Zeiten der Cholera 1837 wuchs die Begräbnisstätte zum Hauptfriedhof der Stadt an. Gegen Ende des 19. Jhs. setzte sich der Totenschädelkult durch. Einheimische „adoptierten" hier *post mortem* Totenschädel und beteten für ihre Seelen. Wenn einmal eine Seele aus dem Fegefeuer erlöst würde, so hoffte man, würde diese aus Dankbarkeit all jenen Segnungen schenken, die für sie gebetet hatten.

Der Friedhof lässt sich auch unabhängig von den geführten Touren besichtigen. Jedoch lohnt es sich bei Anbietern wie etwa der Cooperativa Sociale Onlus „La Paranza" zu buchen, weil deren Touren sehr viel informativer sind. Gästeführer, die sich direkt am Eingang anbieten, sollte man hingegen meiden.

☞ Geführte Touren

★ Tunnel Borbonico
RUNDGANG, GEFÜHRTE TOUR

(Karte S. 728; ☑ 366 2484151, 081 764 58 08; www.tunnelborbonico.info; Vico del Grottone 4; Standardtour 75 Min. Erw./Stud. 10/5 €; ⊙ Fr–So Standardtour um 10, 12, 15.30 & 17.30 Uhr; ☒ R2 bis Via San Carlo) Die Tour durch den fesselnden Bourbonentunnel ist wie ein Streifzug durch fünf Jahrhunderte Stadtgeschichte. Der von Ferdinand II. im Jahr 1853 konzipierte Fluchtweg, der den Palazzo Reale mit den Militärbaracken und dem Meer verbinden sollte, wurde nie vollendet. Er ist Teil eines Wasserversorgungssystems. Das Aquädukt Carmignano aus dem 17. Jh. und diverse Zisternen waren bereits ein Jahrhundert zuvor in Gebrauch. Während des Zweiten Weltkriegs diente der Tunnel als Luftschutzbunker und Militärkrankenhaus. Die Artefakte aus Kriegszeiten lassen in diesem unterirdischen Labyrinth die Vergangenheit wiederaufleben.

Neben der Standardtour gibt es auch eine Adventure Tour (80 Min.; Erw./Stud. 15/10 €) und eine Speleo Tour (2½ Std.; 40 €) nur für Erwachsene. Beide Touren müssen im Voraus gebucht werden.

Ein weiterer Eingang in den Tunnel Borbonico befindet sich am **Parcheggio Morelli** (Via Domenico Morelli 40), einem großen Parkhaus im Chiaia-Viertel.

NICHT VERSÄUMEN

CATACOMBA DI SAN GENNARO

Catacomba di San Gennaro (☑ 081 744 37 14; www.catacombedinapoli.it; Via Tondo di Capodimonte 13; Erw./Stud. 8/5 €; ☺ einstündige Touren, Mo–Sa, zu jeder vollen Stunde, 10–17 Uhr, So bis 13 Uhr) In dieser rätselhaften Gegenwelt aus Gräbern, unterirdischen Gängen und großzügigen Vorräumen ist die Katakombe des hl. Januarius Neapels älteste und heiligste Katakombe überhaupt. Sie birgt nicht nur verschiedene Fresken des Christentums aus dem 2. Jh. und Mosaiken aus dem 5. Jh., sondern auch das älteste bekannte Bildnis des hl. Januarius als Schutzpatron Neapels. Seit der Grablegung seines heiligen Leichnams im 5. Jh. ist die berühmte Totenstadt dann tatsächlich zu einer christlichen Pilgerstätte geworden.

Geführte Touren zur Katakombe werden von der **Cooperativa Sociale Onlus 'La Paranza'** (☑ 081 744 37 14; www.catacombedinapoli.it; Via Tondo di Capodimonte 13; ☺ Infopoint 10–17 Uhr; ☐ R4 bis Via Capodimonte), veranstaltet. Das Kartenbüro befindet sich links von der **Chiesa di Madre di Buon Consiglio** (☑ 081 741 00 06; Via Tondo di Capodimonte 13; ☺ Mo–Sa 8–12.30 & 17–19 Uhr, So 9–13 & 17–19 Uhr), Die 1960 erbaute Kirche ist eine Miniaturreplik des Petersdoms in Rom. Die Genossenschaft bietet auch eine faszinierende Tour entlang des Miglio Sacro (Heilige Meile) zur Erkundung des benachbarten Stadtbezirks Sanità an. Mehr nützliche Infos auf der Website.

Napoli Sotterranea   RUNDGANG
(Das unterirdische Neapel; Karte S. 724; ☑ 081 29 69 44; www.napolisotterranea.org; Piazza San Gaetano 68; Geführte Touren 9 €; ☺ Englischsprachige Touren 10, 12, 14, 16 & 18 Uhr; ☐ C55 bis Via Duomo) Die stimmungsvolle 80-minütige Tour führt 40 m in die Tiefe. Unter der Straße verborgen, will das Labyrinth aus Aquädukten, Stollen und Zisternen erkundet werden.

Ursprünglich hatten die Griechen unterirdische Tunnel ausgehöhlt, um Tuffstein zu fördern. Das Gestein diente als Baumaterial und das geheimnisvolle Labyrinth als Dränage für das vom Vesuv herabfließende Regen- und Sickerwasser. Danach wurde das Tunnelsystem von den Römern erweitert. In jüngerer Vergangenheit diente das Netzwerk aus Schächten und Zisternen im Zweiten Weltkrieg als Luftschutzbunker.

Kayak Napoli Boat   GEFÜHRTE TOUR
(☑ 331 9874271; www.kayaknapoli.com; 3-stündige Tour 20 €) Auf dieser beliebten Kayak-Tour gleitet man in kleinen Abstechern in diverse Grotten entlang der Küste Neapels, die von antiken Ruinen und klassizistischen Villen gesäumt ist. Dabei gibt es Touren für Neulinge, aber auch für erfahrene Paddler. Ausgangspunkt ist die wunderschöne Villa Volpicelli an der Via Ferdinando Russo im Stadtbezirk Posillipo.

City Sightseeing Napoli   BUSTOUR
(Karte S. 728; ☑ 081 551 72 79; www.napoli.citysightseeing.it; Erw./Stud. 22/11 €) Die Agentur City Sightseeing Napoli betreibt einen Hop-on-Hop-off-Service auf insgesamt vier Routen quer durch die Stadt. Alle Busse starten an der Piazza Municipio–Largo Castello, Fahrkarten sind im Bus erhältlich. Die Kommentare sind in acht Sprachen einschließlich Deutsch.

✪ Feste & Events

Festa di San Gennaro   RELIGIÖSE FESTE
(☺ Sa vor dem 1. So Mai, 19 Sept., 16. Dez.) Jeden Samstag vor dem ersten Sonntag im Mai pilgert eine Schar von Gläubigen zum *duomo*, um das weit über die Stadttore hinaus bekannte Blutwunder des hl. Januarius zu erleben. Wiederholungen des „Spektakels" finden am 19. September und am 16. Dezember jeden Jahres statt.

Maggio dei Monumenti   KULTUREVENTS
(☺ Mai) Mit dem großen Festival im Mai, das einen ganzen Monat dauert, feiert die Stadt sich selbst und ihre Kultur. Das reichhaltige Programm bietet überall in der Stadt Konzerte, Aufführungen und Performances, Ausstellungen, geführte Touren und andere Events an.

Napoli Teatro Festival   THEATER
(www.napoliteatrofestival.it) Auch im Juni ist einiges geboten: Drei Wochen lang heißt es Bühne frei für italienische und internationale Theater- und Schauspielkunst, mal klassisch, mal unkonventionell. Im September dann nochmal das Gleiche kompakt im Zeitraffer, sprich nur auf sechs Tage verteilt.

🛏 Schlafen

Die Schlummeroptionen in Neapel reichen von unkonventionellen Frühstückspensionen über pfiffige Herbergen bis hin zu luxuriösen Prachtbauten am Wasser. Auf jeden Fall sind sie vielfältig, zahlreich und relativ günstig. Wer möglichst viel authentisches Flair mitbekommen will, sollte sich eine Unterkunft im Centro Storico suchen, wo viele der Sehenswürdigkeiten praktisch direkt vor der Haustür liegen.

🛏 Centro Storico & Hafenviertel

Cerasiello   B&B €

(☏ 338 9264453, 081 033 09 77; www.cerasiello.it; Via Supportico Lopez 20; EZ 40–60 €, DZ 55–80 €, 3BZ 70–95 €, 4BZ 85–110 €; ✴🛜; ⓜ Piazza Cavour, Museo) Diese hinreißende Frühstückspension bietet vier Gästezimmer mit eigenem Bad und eine bezaubernde Gemeinschaftsterrasse. Im Dekor des Innenraums vermischt sich neapolitanische Kunst mit nordafrikanischem Mobiliar. Die stilvolle Küche, aber auch alle anderen Zimmern (bis auf das Zimmer *fuoco* = Feuer) bieten sagenhafte Ausblicke auf die Certosa di San Martino. Für den Aufzug ist eine 10-Cent-Münze nötig.

DiLetto a Napoli   B&B €

(Karte S. 724; ☏ 338 9264453, 081 033 09 77; www.dilettoanapoli.it; Vicolo Sedil Capuano 16; EZ 35–55 €, DZ 50–75 €, 3BZ 65–90 €, 4BZ 80–105 €; P ✴🛜; ⓜ Piazza Cavour) Die Inhaber dieser pfiffigen Frühstückspension in einem Palazzo aus dem 15. Jh. sind Architekten: Das Haus bietet vier Zimmer mit traditionellen Terrakottafliesen, Organza-Gardinen, rustikalen Lampen und handgemachte Möbelstücke. Stilvoll sind auch die Bäder. Die Gemeinschafts-Lounge hingegen verströmt städtisches Flair. Dort ist auch eine Küchenzeile und ein Esstisch, wo sich in netter Rund ein Snack futtern lässt – oder einfach nur zum Abhängen!

★ Hotel Piazza Bellini   BOUTIQUEHOTEL €€

(Karte S. 724; ☏ 081 45 17 32; www.hotelpiazzabellini.com; Via Santa Maria di Costantinopoli 101; EZ 70–140 €, DZ 80–165 €; ✴@🛜; ⓜ Dante) Das Kunsthotel hat einen Palazzo aus dem 16. Jh. bezogen – die kühlen, weißen Räume zieren Original-Fayencefliesen und Werke vielversprechender Nachwuchskünstler. Die Designzimmer wirken nüchtern und unverschnörkelt, die Badezimmer sind sehr schick und mit großen Wandspiegeln ausgestattet. Im fünften und sechsten Stock befinden sich Balkonzimmer mit Panoramablick.

Costantinopoli 104   BOUTIQUEHOTEL €€

(Karte S. 724; ☏ 081 557 10 35; www.costantinopoli104.it; Via Santa Maria di Costantinopoli 104; EZ 140–170 €, DZ 160–280 €, Suite 200–250 €; ✴@🛜🏊; ⓜ Dante) Diese schmucke klassizistische Stadtvilla liegt mitten im unkonventionellen historischen Stadtkern. Zwar wirkt das Innere da und dort etwas angestaubt, die Zimmer sind jedoch nach wie vor elegant, komfortabel und blitzsauber – im 1. Stock öffnen sich die Balkontüren zu einer Sonnenterrasse, in den Zimmern im Erdgeschoss schaut man direkt auf den kleinen, palmengesäumten Swimmingpool.

Decumani Hotel de Charme   BOUTIQUEHOTEL €€

(Karte S. 724; ☏ 081 551 81 88; www.decumani.it; Via San Giovanni Maggiore Pignatelli 15; EZ 99–124 €, DZ 99–164 €; ✴@🛜; 🚌R2 bis Via Mezzocannone) Das Boutiquehotel befindet sich in den Räumen des *palazzo*, in dem einst Kardinal Sisto Riario Sforza residierte. Er war der letzte Bischof des Königreichs der Bourbonen. Die einfachen, aber stilvollen Räume haben hohe Decken sowie Möbel aus dem 19. Jh., moderne Badezimmer mit geräumigen Duschen und rustikale Auftischgeräte aus Holz. Die Deluxe-Zimmer sind mit Whirlpool ausgestattet.

🛏 Toledo & Quartieri Spagnoli

Sui Tetti di Napoli   B&B €

(Karte S. 728; ☏ 338 9264453, 081 033 09 77; www.suitettidinapoli.net; Vico Figurelle a Montecalvario 6; EZ 35–65 €, DZ 45–80 €, 3BZ 60–95 €, 4BZ 80–115 €; ✴🛜; ⓜ Toledo) Diese günstige Frühstückspension mit vier platzsparenden Apartments am Ende einer steilen Treppe ist mehr als nur eine Gelegenheit, die Oberschenkel zu trainieren. Während sich zwei Apartments eine Terrasse teilen, hat das oberste Wohnstudio eine eigene Dachterrasse mit fantastischen Ausblicken. Alle Wohnungen verfügen über eine Kochnische (die günstigsten zwei Zimmer teilen sich eine Küche). Die einfachen, aber hellen Möbel sorgen für ein gemütliches Ambiente.

⭐ **La Ciliegina**
Lifestyle Hotel　　　　BOUTIQUEHOTEL €€
(Karte S. 728; ☎ 081 1971 8800; www.ciliegina
hotel.it; Via PE Imbriani 30; DZ 170–230 €, Juniorsuite 260–300 €; ❄ @ 🛜; 🚇 R2 bis Piazza del
Municipio) Alle 13 Zimmer dieses schicken
Designhotels sind geräumig und minimalistisch gestaltet. Die Einrichtung besteht
aus erstklassigen Hästens-Betten, Flachbildschirm-TV und Marmorbädern mit Wellness-Duschen (eine Juniorsuite hat sogar
eine Whirlpool-Wanne). Ob beim Frühstück
im Bett oder auf der Dachterrasse mit Sonnenliegen, oder bei einem heißen Bad mit
Blick auf den Vesuvs – das Setting dieses
unkomplizierten Boutiquehotels ist einfach
nicht zu toppen!

Hotel Il Convento　　　　HOTEL €€
(Karte S. 728; ☎ 081 40 39 77; www.hotelilco
nvento.com; Via Speranzella 137a; EZ 45–90 €, DZ
55–150 €, 3BZ 65–140 €; ❄ 🛜; 🚇 R2 bis Via San
Carlo) Dieses behagliche Hotel mitten im atmosphärischen Quartiere Spagnoli (Spanisches Viertel) hat echtes Flair: antike toskanische Möbeln, Bücherregalen mit erlesenen
Werken und eine in Kerzenlicht getauchten
Treppe. Die cremefarben gehaltenen Interieurs stehen in schönem Kontrast zum dunklen Holz, und auch die Backsteinwände aus
dem 16. Jh. wirken elegant. Für 80 € bis
180 € ist sogar ein tolles Zimmer mit kleinem Dachgarten zu bekommen.

🛏 Santa Lucia & Chiaia

Hostel of the Sun　　　　HOSTEL €
(Karte S. 728; ☎ 081 420 63 93; www.hostel
napoli.com; Via G Melisurgo 15; B 16–18 €, EZ
30–35 €, DZ 60–70 €; ❄ @ 🛜; 🚇 R2 bis Via Depretis) Das HOTS ist eine superfreundliche
Unterkunft in der Nähe das Hafenterminals.
Die Zimmer befinden sich im siebten Stock
(5 Cent für den Lift!); die bunt gestalteten
Schlafsäle wirken hell und einladend. Es
gibt dort außerdem eine schicke hauseigene
Bar, und einige Stockwerke tiefer befinden
sich eine Reihe von separaten Standardhotelzimmern mit Bad.

B&B Cappella Vecchia　　　　B&B €
(Karte S. 728; ☎ 081 240 51 17; www.cappella
vecchia11.it; Vico Santa Maria a Cappella Vecchia
11; EZ 60–65 €, DZ 80–90 €; ❄ @ 🛜; 🚇 C24 bis
Piazza dei Martiri) Diese Frühstückspension
ist erste Wahl! Sie wird von einem überaus
serviceorientiertem jungen Paar betrieben.

Das Haus hat sechs einfache Komfortzimmer mit originellen Bädern und verschiedenen neapolitanischen Motiven. Gefrühstückt wird in dem großzügigen Gemeinschaftsraum. Dort gibt es rund um die Uhr
kostenlosen Zugang zum Internet. Auf der
Website stehen jeden Monat neue Pauschalarrangements.

Grand Hotel Vesuvio　　　　LUXUSHOTEL €€€
(Karte S. 728; ☎ 081 764 00 44; www.vesuvio.it;
Via Partenope 45; EZ 199–500 €, DZ 215–520 €;
❄ @ 🛜; 🚇 154 bis Via Santa Lucia) In diesem
5-Sterne-Palast haben schon Filmlegenden logiert, darunter Hollywoodstars wie
Rita Hayworth und Humphrey Bogart. Unter den Kerzenkronleuchtern und in den
prunkvollen, mit Antiquitäten bestückten
Zimmern fühlt es sich an wie in „Alice im
Wunderland". Und über allem liegt ein
Hauch von Dekadenz. Die Glückssterne lassen sich besonders gut mit einem Martini in
der Hand zählen – hoch oben im Restaurant
auf der Dachterrasse!

🍴 Essen

Die Neapolitaner wollen ihr Essen, wie es
schon immer war – einfach, jahreszeitgemäß und frisch – und ganz wichtig, mit
Zutaten von gleichbleibend guter Qualität. Und genauso bekommen sie es auch
auf den Tisch in den zahlreichen Pizzerien, Trattorien und *ristoranti*, von denen
es in der ganzen Stadt nur so wimmelt.

　Auch der Straßenimbiss ist hier eine
Gaumenfreude. Ein herrlicher Snack
z. B. ist *Misto di frittura* – eine Komposition
aus Zucchiniblüten, Bratkartoffeln und Auberginen. Besonders gut schmeckt der Happen auf der Hand, mit Papier umwickelt,
beispielsweise vor einem kleinen Straßenkiosk. Viele Imbisslokale schließen im August
für wenigstens zwei Wochen.

　An Freitag- und Samstagabenden macht
es natürlich immer Sinn, einen Tisch im Restaurant zu reservieren. Allerdings bleiben
viele Lokale im August zwei bis vier Wochen
wegen der Sommerpause geschlossen. Vorher kurz telefonisch Gegenchecken ist eine
gute Idee und empfehlenswert.

🍴 Centro Storico

⭐ **Pizzeria Gino Sorbillo**　　　　PIZZERIA €
(Karte S. 724; ☎ 081 44 66 43; www.accademia
dellapizza.it; Via dei Tribunali 32; Pizzas 3–7.30 €;
🕑 Mo-Sa 12-15.30 & 19-23.30 Uhr; Ⓜ Dante)

Gino Sorbillo ist der König unter den Pizzabäckern von Neapel. Hier kommen die XXL-Pizzas aus dem Holzofen formvollendet auf den Tisch. Und danach am besten ein samtiges Dessert wie *semifreddo* – die Kombination aus Schokolade und *torroncino* (Mandelnougat) ist einfach göttlich! Wer zu spät kommt, den bestraft der Hunger – die Warteschlangen sind im Gino Sorbillos immer lang, und das zu Recht.

Trattoria Mangia e Bevi   KAMPANISCH €

(Karte S. 724; ☏ 081 552 95 46; Via Sedile di Porto 92; Gerichte 7 €; ⊗ Mo–Fr 12.30–15.30 Uhr; Ⓜ Università) Das Publikum hier ist gemischt, hier drängeln sich gepiercte Studenten neben bebrillten *professori* auf engstem Raum. An den großen Gemeinschaftstischen geht es lebhaft zu. Es gibt ausgezeichnete Gerichte wie bei Großmuttern zu supergünstigen Preisen. Die Speisekarte (alles auf Italienisch) wechselt täglich. Also schnell überfliegen und auswählen! Superlecker sind die saftigen *salsiccie* (Schweinswürste) und die *friarielli* (neapolitanischer Brokkoli) mit *peperoncino* gewürzt.

Attanasio   BÄCKEREI €

(Karte S. 724; ☏ 081 28 56 75; Vico Ferrovia 1–4; Snacks ab 1,10 €; ⊗ Do–So 6.30–20 Uhr; Ⓜ Garibaldi) In dieser nostalgisch anmutenden Bäckerei und Konditorei gibt es herrliche Spezialitäten wie riesige *sfogliatelle* (süßes Blätterteiggebäck mit Ricottafüllung), ganz zu schweigen von den sahnigen *cannolli siciliani* (Teigmuscheln mit süßer Ricottafüllung) und den in Rum getränkten *babà* (Hefegebäck). Gourmets sollten sich das herzhafte, rustikale *pasticcino rustico* (schmackhaftes Brot), gefüllt mit *provola* (Knetkäse), Ricotta und feiner Salami nicht entgehen lassen.

La Campagnola   KAMPANISCH €€

(Karte S. 724; ☏ 081 45 90 34; www.campagnolatribunali.com; Via dei Tribunali 47; Gerichte 18 €; ⊗ Mi–Mo 12.30–16 & 19–23.30 Uhr; Ⓜ Dante) Laut geht es hier zu, aber freundlich: Aufgetischt werden herzhafte Klassiker, wie es sich für einen Dauerbrenner in der neapolitanischen Gastrolandschaft gehört. Zu den gängigen Tagesgerichten gehören etwa die unwiderstehlichen *genovese* (Pasta mit zartgeschmortem Lammfleisch-, Tomaten- und Zwiebel-*ragù*) oder die dekadenten *penne alla siciliana* (Pasta mit gebratener Aubergine, *fior di latte*-Käse, Tomate und Basilikum).

Palazzo Petrucci   MODERN ITALIENISCH €€€

(Karte S. 724; ☏ 081 552 40 68; www.palazzopetrucci.it; Piazza San Domenico Maggiore 4; Gerichte 50 €; ⊗ Di–Sa 13–14.30 & 19.30–22.30 Uhr, nur Abendessen am Mo, nur Mittagessen am So; Ⓜ Dante) Der innovative Palazzo Petrucci lässt Gourmetherzen höher schlagen, nämlich mit Kreationen der „Neuen Schule" z.B. Kichererbsensuppe mit Garnelen und starkem Kaffee, oder saftiges Lammfleisch mit getrockneten Aprikosen, *pecorino* (Schafsmilchkäse) und Minze. Der Service ist erstklassig und die feine Atmosphäre macht das Lokal zum perfekten Ort, um etwas Besonderes zu feiern.

✕ Toledo, Quartieri Spagnoli & Vomero

Friggitoria Vomero   SNACKS €

(Karte S. 728; ☏ 081 578 31 30; Via Cimarosa 44; Snacks ab 0,20 €; ⊗ Mo–Fr 9.30–14.30 & 17–21.30 Uhr, Sa bis 23 Uhr; 🚠 Centrale bis Fuga) In dieser spartanisch eingerichteten Snackbar ist Knusperspaß angesagt: Wer kennt sie nicht? – die leckeren *fritture* (frittierte Pfannengerichte), z.B. *frittatine di maccheroni* (frittierte Nudeln mit Ei) und *supplì di riso* (Reisbällchen). Das Imbisslokal liegt gleich gegenüber der Standseilbahn, also sehr praktisch für einen kleinen Boxenstopp, bevor es gestärkt und zu Fuß zur Certosa di San Martino hinaufgeht.

Il Garum   ITALIENISCH €€

(Karte S. 728; ☏ 081 542 32 28; Piazza Monteoliveto 2a; Gerichte 35 €; ⊗ 12–15.30 & 19–23.30 Uhr; Ⓜ Toledo) Eines der seltenen Restaurants, die auch am Sonntagabend geöffnet haben: In weichem Dämmerlicht kommen Klassiker auf den Tisch, fein gewürzt und etwas aufgemotzt. Besonders empfehlenswert sind die ausgezeichneten gegrillten Kalamari, gefüllt mit Käse und Gemüse der Saison. Bitte noch Platz lassen für ein Dessert, z. B. für eine *torta di ricotta e pera* (Birnenkuchen mit Ricotta) – alle Nachspeisen sind hausgemacht.

Trattoria San Ferdinando   KAMPANISCH €€

(Karte S. 728; ☏ 081 42 19 64; Via Nardones 117; Gerichte €30; ⊗ Mo–Sa 12.30–15.30 Uhr, Di–Fr 19–23.30 Uhr; 🚌 R2 bis Piazza Trieste e Trento) Die Wände sind zugepflastert mit Erinnerungsstücken an das einstige Theater, so zieht das Lokal auch dementsprechend wortgewaltige Theatertypen und Intellektuelle an. Man lasse sich schnell die Tagesgerichte aufsagen und wähle aus verschiedenen Vorspeisen sein ganz individuelles *antipasto misto* mit Lieblingshäppchen! Die hausgemachten Desserts eignen sich hervorragend für ein gelungenes „Happy End".

Santa Lucia & Chiaia

★ L'Ebbrezza di Noè KAMPANISCH €€
(Karte S. 728; ☏ 081 40 01 04; www.lebbrezzadinoe.com; Vico Vetriera 9; Gerichte 30 €; ⊙ Di–So 20.30 Uhr–Mitternacht; Ⓜ Piazza Amedeo) Tagsüber ein Weinladen, nachts ein kulinarischer Hotspot. In „Noahs Rausch" lässt sich ein Gläschen Wein trinken und an der Bar plauschen. Und wer was Feines essen will, z.B. wunderschön angerichtete kreative Gerichte mit frischen Zutaten vom Markt, wechselt hinüber zu den behaglichen Speisetischen vor Weinregalkulisse. Das gewisse Etwas darf nicht fehlen: Der Sommelier Luca Di Leva hat alle 2000 Weine mit viel Finesse ausgewählt.

★ Ristorantino dell'Avvocato KAMPANISCH €€
(Karte S. 728; ☏ 081 032 00 47; www.ilristorantinodellavvocato.it; Via Santa Lucia 115–117; Gerichte 37 €, Degustationsmenüs 35–40 €; ⊙ 12–15 & 19.30–23 Uhr, Mittagessen nur Mo & So; ☎; 🚍 154 bis zur Via Santa Lucia) Der leutselige Inhaber und Koch Raffaele Cardillo hat richtig den Dreh raus: In seinem eleganten Ristorantino lässt er seiner Leidenschaft für traditionelle Küche freien Lauf. Dazu gehören überraschende Kreationen wie Gnocchi mit frischen Miesmuscheln, Kammmuscheln, fein garniert mit gehackten Pistazien und mit Zitrone, etwas Ingwer und Knoblauch dezent abgeschmeckt.

Die Degustationsmenüs sind ihren Preis wert, genauso aber auch das Drei-Gänge-Mittagsmenü (15 €), montags und freitags.

✗ La Sanità

Pizzeria Starita PIZZA €
(☏ 081 557 46 82; Via Materdei 28; Pizzas 3,50–13 €; ⊙ Mo–Sa 12–15.30 & 19.30 Uhr bis Mitternacht, So nur Abendessen; Ⓜ Materdei) Die Riesengabel und die Schöpfkelle an der Wand dieser Kult-Pizzeria hat schon Sophia Loren geschwungen, nämlich im Film *L'Oro di Napoli*. Die Pizzeria macht bis heute die *pizze fritte*, die seinerzeit von der Diva im Film verkauft wurden. Zu den über 60 verschiedenen Pizza-Varianten gehören auch die leckeren *fiorilli e zucchini* (Zucchini, Zucchiniblüten und Provola). Doch auch hier geht nichts über die klassische Marinara!

Cantina del Gallo KAMPANISCH €
(www.cantinadelgallo.com; Via Alessandro Telesino 21; Pizzas 4–8 €, Gerichte 15 €; ⊙ Mo–Sa 11–16 & 19–24, So 12.30–16 Uhr; ☎; 🚍 C51 bis Via Fontanelle) Katholischer Kitsch und ein Eimer mit heißer Kohle zum Aufwärmen der Füße unter dem Tisch. Nein, wir sind nicht bei Großmuttern! Nur in einem der besten Geheimtipplokale Neapels. Hier macht das Speisen echt Freude: z. B. mit selteneren Spezialitäten wie *calzoncini* (Holzofenpizzateig mit verschiedenen Belägen) oder *A'Cafona*, einer Holzofenpizza mit einer geballten Ladung Knoblauch und pikant gewürzt! Das Personal ist supernett, spricht aber nur ein wenig Englisch.

Ausgehen & Nachtleben

Die Studenten- bzw. alternative Szene Neapels ist rund um die Piazze und in den engen Gassen des Centro Storico zu Hause. Wer's noch schicker und eleganter mag, stöckelt entlang den Kopfsteinpflasterstraßen des Nobelviertels Chiaia. Während einige Bars schon um 8 Uhr morgens öffnen, sind die meisten doch erst ab 17.30 Uhr auf und schließen um 2 Uhr früh.

Die Nachtclubs machen gewöhnlich um 22.30 bzw. 23 Uhr auf, und werden vor Mitternacht nicht voll. Viele bleiben in den Sommermonaten (Juli bis September) geschlossen, einige ziehen an den Strand außerhalb der Stadt um. Die Eintrittspreise sind unterschiedlich, liegen jedoch zwischen 5 € und 30 € (mal mit, mal ohne Getränk).

Caffè Gambrinus CAFÉ
(Karte S. 728; ☏ 081 41 75 82; www.grancaffegambrinus.com; Via Chiaia 12; ⊙ So–Do 7–1 Uhr, Fr bis 2, Sa bis 3 Uhr; 🚍 R2 zur Via San Carlo) Grandezza bei Kerzenlicht: So gibt sich Neapels ältestes und nobelstes Café. Oscar Wilde hat hier nicht schlecht gebechert, und Mussolini reservierte einige Räume ganz für sich und seine Entourage, um sich die linksorientierten Intellektuellen vom Hals zu halten. Zwar sind die Preise vielleicht gesalzener, aber der Kaffee ist spitzenmäßig, und auch der *aperitivo* mit Häppchen dazu ist recht ordentlich. Was man auf jeden Fall genießen sollte: einen *Spritz* (Prosecco mit Aperol) auf der Piazza Triesto e Trento.

Intra Moenia CAFÉ

(Karte S. 724; ☑ 081 29 07 20; Piazza Bellini 70; ◷ 10–2 Uhr; 🛜; Ⓜ Dante) Das Intra Moenia, eine Mischung aus Café, Buchladen und Verlag gleich an der stimmungsvollen Piazza Bellini ist ein guter Ort zum Abschalten. Hier lässt es sich in seltenen literarischen Perlen der neapolitanischen Kultur blättern. Dem einen gefällt es, eine nostalgische Postkarte zu ergattern, der andere gönnt sich hier einfach nur einen Schluck Prosecco. Hier kann jeder seine intellektuelle Ader ausleben. Ein Gläschen Hauswein kostet 4 €, und wer bei so viel geistiger Aktivität Hunger bekommt, kann aus einer Reihe von Salaten, Snacks und klassischen neapolitanischen Leckerbissen auswählen.

Clu BAR, RESTAURANT

(Karte S. 728; www.clunapoli.com; Via Carlo Poerio 47; ◷ Sept.–Mai Mo-So 8–1 Uhr, Juni bis 17 Uhr; 🚍 128 bis Riviera di Chiaia) Wie der Name schon sagt, das Clu ist voll der Clou, auf gut Deutsch, ein echter Knüller! Hier treffen sich alle aus dem Chaia-Viertel zum obligatorischen *aperitivo*. Wer sich einen Martini mit würzigem Kümmelaroma bestellt, bekommt raffinierte Häppchen gratis dazu: Reisbällchen aus dem Backofen, Pasta und Ricotta-Spinat-Quiche im Kleinformat. Hinten drin ist auch noch ein Restaurant (Gerichte 25 €), aber warum zahlen, wenn man sich auch kostenlos durchfuttern kann?

Chandelier BAR

(Karte S. 728; ☑ 081 41 45 76; Vico Belledonne a Chiaia 34; ◷ 18 Uhr bis spät in die Nacht; 🚍 C25 bis Piazza dei Martiri) Schick und sexy: Das angenehme Ambiente dieser Bar lebt von den getönten Glasscheiben in Kombination mit grellrotem Neonlicht. Das Chandelier ist ein After-Work-Treffpunkt. Ein echter Publikumsmagnet sind die raffinierten Getränke und die fabelhaften *aperitivi*. Unbedingt bestellen: einen Negroni *sbagliato* (eine mildere Abwandlung des klassischen Negroni, einem Cocktail mit Wermut, Gin und Campari); dazu Appetithäppchen wie *bruschetta*, *focaccie* und Pasta, alles mini und alles gratis zusammen mit einem individuell gemixten Cocktail.

⭐ Unterhaltung

Das Spektrum der Ausgehmöglichkeiten reicht von nervenkitzeligen Fußballderbys bis hin zu Weltklasseopern. Über weitere Kulturevents informiert www.incampania.it. Das Neueste rund um die Nachtclubs können Interessierte in dem kostenlosen Minimagazin Zero (www.zero.eu) nachlesen, das in vielen Bars ausliegt.

Von Mai bis September finden überall in der Stadt jede Menge Open-Air-Konzerte statt. Wer mehr darüber wissen will, holt sich am besten Auskunft bei der Touristeninformation ein.

Tickets für die meisten kulturellen Veranstaltungen sind im Kartenbüro **Feltrinelli** (☑ 081 764 21 11; Piazza dei Martiri; ◷ Mo-Sa 16.30–20 Uhr) erhältlich.

Teatro San Carlo OPER, BALLETT

(Karte S. 728; ☑ 081 797 23 31; www.teatrosancarlo.it; Via San Carlo 98; ◷ Kartenbüro Mo-Sa 10–19, So bis 15.30 Uhr; 🚍 R2 bis Via San Carlo) Eines von Italiens führenden Opernhäusern mit ganzjährigem Opern-, Ballett- und Konzertprogramm. Karten für diese Aufführungen zu bekommen ist aber nicht gerade einfach.

Galleria 19 CLUB

(Karte S. 724; www.galleria19.it; Via San Sebastiano 19; ◷ Di-So 23–5 Uhr; Ⓜ Dante) Der Nachtclub befindet sich in einem lang gezogenen Kellergewölbe. An der Wand stehen Sofas, von der Decke hängen Industrielampen. Dieser lässige und ziemlich exzentrische Club zieht zu Beginn der Woche vor allem studentisches Publikum an, freitags tanzt dann die Zielgruppe 20 bis 30-plus zu Livemusik und samstags zu Technomusik. Hier mixt auch Gianluca Morziello, einer der besten Barkeeper Neapels tolle Cocktails: Mit dem Cucumber Slumber hat er sich z. B. einen Namen gemacht!

New Around Midnight LIVEMUSIK

(☑ 331 2326093; www.newaroundmidnight.it; Via Bonito 32a; Eintritt 15 €; ◷ Mitte Sept.–Juni Do-So 19.30–2 Uhr; Ⓜ Vanvitelli, Standseilbahn Montesanto bis Morghen) Eine Mischung aus Jazzclub und Esslokal: Hier treten hauptsächlich italienische Bands auf, gelegentlich auch Blues-Bands. Das aktuelle Programm steht auf der Website.

Fußball

Neapels Fußballmannschaft Napoli steht in der Gunst der Sponsoren gleich an dritter Stelle nach „Juventus Turin" und „Milan" Bei Heimspielen herrscht im **Stadio San Paolo** (Piazzale Vincenzo Tecchio; Ⓜ Napoli Campi Flegrei) immer ein großer Andrang. Die Spielsaison dauert von Ende August bis Ende Mai. Ein Sitzplatz kostet zwischen 20 und 100 €. Karten sind im Vorverkauf erhältlich bei **Azzurro Service** (☎ 081 593 40 01; www.azzurroservice.net; Via Francesco Galeota 19; ⊙ Mo–Fr 9–13 & 15.30–19 Uhr, und Sa & So an Spieltagen; Ⓜ Napoli Campi Flegrei), beim **Kartenbüro** (Karte S. 728; ☎ 081 551 91 88; www.boxofficenapoli.it; Galleria Umberto I 17; ⊙ Mo–Fr 9.30–20, Sa 9.30–13.30 & 16.30–20 Uhr; Ⓡ R2 bis Piazza Trieste e Trento) sowie in einigen Tabakwarengeschäften (jedoch nur gegen Vorlage eines Personalausweises). An Spieltagen sind Tickets auch direkt am Stadion erhältlich.

Shoppen

Vico San Domenico Maggiore
KUNSTHANDWERK

Entlang der schmalen Verbindungsgasse zwischen der Via dei Tribunali und der Piazza San Domenico Maggiore gibt es eine Handvoll Kunsthandwerksläden, wie etwa die winzige **Bottega 21** (Karte S. 724; bottega21@live.it; Vico San Domenico Maggiore 21; ⊙ Mo–Sa 10.30–13.30 & 15–20 Uhr) mit wunderschönen, handgemachten Lederwaren, angefangen bei schicken Handtaschen mit künstlerischem Touch über Rucksäckchen bis hin zu Schmuck, Gürtel und geschmeidigen Notebook-Hüllen. Das **Laboratorio Galleria Pensatoio** (Karte S. 724; ☎ 339 1175276; Vico San Domenico Maggiore 2; ⊙ Fr–Sa 11–14 & 17–20 Uhr, nach Terminabsprache auch an anderen Tagen geöffnet) gehört dem Künstlerpaar Sergio und Teresa Cervo. Während sich Sergio vor allem mit schwungvollem Funktionsdesign (Metallskulpturen) und Möbeln einen Namen gemacht hat, setzt Teresa auf Recycling-Kunst. Sie verwandelt gebrauchtes Material in alles Mögliche, z.B. in witzige Lampenschirme oder in neapolitanische Espressotassen in Form einer Drahtskulptur. Nebenan bietet das von Parfümduft durchwaberte **Kiphy** (Karte S. 724; ☎ 393 8703280; www.kiphy.it; Vico San Domenico Maggiore 3; ⊙ Di–Sa 10.30–14 & 15–20 Uhr, Juni & Juli auch Mo geöffnet & Sa & So geschl., im Aug. geschl.; Ⓜ Dante) reine, handgeschöpfte Naturseifen, frisch angerührte Shampoos, Cremes und Hautöle feil – alles Bioware und alle Zutaten sind aus dem Fair Trade!

ⓘ Praktische Informationen

I Neapel (www.inaples.it) Neapels offizielle Website des Tourismusverbands.
In Campania (www.incampana.com) Kampaniens offizielle Tourismus-Website.
Loreto-Mare Hospital (Ospedale Loreto-Mare; ☎ 081 20 10 33; Via Amerigo Vespucci 26)

Napoli Unplugged (www.napoliunplugged.com) Pfiffige Website mit allen Sehenswürdigkeiten, Events, News und praktischen Tipps und Tricks – immer aktuell!
Pharmacy (Stazione Centrale; ⊙ Mo–Sa 7–22 Uhr, So 8–21 Uhr)
Polizeistation (☎ 081 794 11 11; Via Medina 75) Bei Autosdiebstahl oder in anderen dringenden Fällen, Notruf ☎ 113.
Post (Piazza Matteotti; ⊙ Mo–Sa 8–18.30)
In verschiedenen Tourismusbüros sind praktische Informationen und Stadtpläne erhältlich, wie zum Beispiel an der *Piazza del Gesù Nuovo 7* (Karte S. 724; Piazza del Gesù Nuovo 7; ⊙ Mo–Sa 9.30–13.30 & 14.30–18.30, So 9–13.30 Uhr); *Stazione Centrale* (Karte S. 724; Stazione Centrale; ⊙ 9–18 Uhr); *Via San Carlo 9* (Karte S. 728; Via San Carlo 9; ⊙ Mo–Sa 9.30–13.30 & 14.30–18.30 Uhr, So 9–13.30 Uhr; Ⓡ R2 bis Piazza Trieste e Trento)

ⓘ An- & Weiterreise

AUTO & MOTORRAD

Neapel liegt nahe der Autostrada del Sole, die als A 1 nach Norden in Richtung Rom und Mailand führt und als A 3 südwärts nach Salerno und Reggio di Calabria. Die A 30 umgeht im Nordosten Neapel, die A 16 verläuft quer durch die Apenninen nach Bari.

Kurz vor der Stadt münden die Autobahnen in die Tangenziale di Napoli, einen größeren Verkehrsring, der rund um die Stadt verläuft. Die Ringstraße führt am nördlichen Stadtrand entlang und zweigt in Richtung Osten auf die A 1 nach Rom ab; westwärts geht's zu den Campi Flegrei (Phlegräische Felder) und nach Pozzuoli.

BUS

Die meisten in- und ausländischen Busse fahren am Corso Meridionale auf der nördlichen Seite der Stazione Centrale (Hauptbahnhof) ab.

An der Piazza Garibaldi hängen bei der **Biglietteria Vecchione** (☎ 081 563 03 20; Piazza Garibaldi; ⊙ Mo–Sa 6:30–19.30 Uhr) Fahrpläne aus. Dort sind auch Fahrkarten für die meisten Regional- und Intercity-Busse erhältlich sowie Tickets für die Unico-Napoli-Busse und für die U-Bahn (Metro).

Der Regionalbusverkehr liegt in der Hand zahlreicher Busgesellschaften, besonders zu empfehlen sind die Busse von SITA Sud (S. 773). Die Verbindungen ab Neapel zu den jeweiligen Städten/Regionen sind wie folgt:
Amalfi 4,10 €, 2 Std., 3-mal tgl. Mo bis Sa
Salerno 4,10 , 75 Min., Mo bis Sa alle 15 bis 60 Min.

Mit einem SITA Sud-Ticket kann man entweder im Porto Immacolatella, nahe dem Molo Angioino zusteigen oder vor der Stazione Centrale

TRAGFLÜGELBOOTE & HOCHGESCHWINDIGKEITSFÄHREN

REISEZIEL (AB NEAPEL–MOLO BEVERELLO)	FÄHRGESELLSCHAFT	FAHRPREIS (€)	DAUER (MIN.)	TÄGLICHE VERBINDUNGEN (HAUPTSAISON)
Capri	Caremar / Navigazione Libera del Golfo / SNAV	16,30 / 20,50 / 20,10	50	4 / 9 / 24
Ischia (Casamicciola Terme & Forio)	Caremar / Alilauro / SNAV	16,40 / 17,60 / 18,60	50–65	6 / 10 / 8
Procida	Caremar / SNAV	13,20 / 15,90	40	8 / 4
Sorrent	Alilauro / Navigazione Libera del Golfo	12 / 12,30	35–40	6

(HBF). Fahrkarten sind auch in Bars oder in Tabakwarengeschäften erhältlich, die ein Unico-Campania-Schild aushängen haben.

Die Busse von **ATC** (☎ 0823 96 90 57; www. atcbus.it) verkehren ab Neapel wie folgt:
Assisi 5¼ Std., 2-mal tgl.
Perugia 4½ Std., 2-mal tgl.
Die Busse von **Miccolis** (☎ 081 563 03 20; www.miccolis-spa.it) fahren von Neapel nach:
Brindisi 31 €, 5 Std., 3-mal tgl.
Lecce 34 €, 5½ bis 6 Std., 3-mal tgl.
Taranto 23 €, 4 Std., 3-mal tgl.
Die Busse von **Marino** (☎ 080 311 23 35; www. marinobus.it) fahren ab Neapel nach:
Bari 17 €, 3 bis 3¾ Std., 3- bis 5-mal tgl.

FLUGZEUG

Flughafen Capodichino (NAP; ☎ 081 789 61 11; www.gesac.it). 7 km nordöstlich vom Stadtzentrum liegt Süditaliens Hauptflughafen, mit Flugverbindungen zu den meisten italienischen Städten und verschiedenen Großstädten Europas. Hier landen und starten auch einige Billigfluglinien wie easyJet mit Flügen nach London (Gatwick, Stansted), Paris (Orly) und Berlin (aktuellen Stand der Flughafenplanung vor der Reise erfragen).

SCHIFF/FÄHRE

Neapel, die zahlreichen Inseln im Golf von Neapel und die Amalfiküste sind durch ein umfangreiches Schiffs- und Fährverkehrsnetz verbunden. Im Zentrum Neapels legen Schiffe, Fähren und Tragflügelboote an verschiedenen Terminals an und ab.

Am Kai **Molo Beverello** (Karte S. 728), direkt vor dem Castel Nuovo verkehren schnelle Fähren und Tragflügelboote nach Capri, Sorrent, Ischia (mit Zielhäfen Ischia Porto und Forio) sowie nach Procida ab; ab Mergellina, 5 km weiter westlich, fahren auch Tragflügelboote nach Capri, Ischia und Procida.

Am Kai **Molo Angioino** (Karte S. 728), gleich neben dem Molo Beverello legen langsamere Fähren von/nach Sizilien, von/zu den Liparischen Inseln und von/nach Sardinien an und ab.

Am Terminal **Calata Porta di Massa** (Karte S. 728), neben dem Molo Angioino starten langsamere Fähren nach Ischia, Procida und Capri.

Im Winter ist der Fährverkehr stark eingeschränkt und auch schlechte See kann den Fahrplan beeinträchtigen.

Auf den folgenden Tabellen sind Reiseziele von Tragflügelbooten und Fähren ab Neapel verzeichnet. Die Preise gelten, falls nicht anderweitig angegeben, für Einzelfahrten pro Person, 2. Klasse, in der Hauptsaison.

Fahrkarten für kürzere Reisen sind an den Ticketständen am Molo Beverello, Calata Porta di Massa und am Mergellina-Terminal erhältlich. Bei längeren Seereisen helfen direkt die Büros der Fährgesellschaften weiter – oder aber einfach übers Reisebüro buchen!

Hier folgt ein Verzeichnis der Fährgesellschaften (Tragflügelboote und Fähren):
Alilauro (Karte S. 728; ☎ 081 497 22 01; www. alilauro.it)
Caremar (Karte S. 728; ☎ 081 551 38 82; www. caremar.it)
Medmar (Karte S. 728; ☎ 081 333 44 11; www. medmargroup.it)
Navigazione Libera del Golfo (NLG; Karte S. 728; ☎ 081 552 07 63; www.navlib.it)
Siremar (Karte S. 728; ☎ 081 497 2999; www. siremar.it)
SNAV (Karte S. 728; ☎ 081 428 55 55; www. snav.it)
Tirrenia (Karte S. 728; ☎ 892123; www. tirrenia.it)

ZUG

Neapel ist der Bahnverkehrsknotenpunkt Süditaliens. Die meisten inländischen Züge kommen an der **Stazione Centrale** (☎ 081 554 31 88; Piazza Garibaldi) an und fahren auch dort ab bzw. im Untergeschossbahnhof Stazione Garibaldi. Einige Züge halten auch am Bahnhof Mergellina.

Täglich verkehren bis zu 42 Züge der italienischen Bahngesellschaft Trenitalia (S. 1075) nach Rom. Reisezeiten und Preise sind unterschiedlich. Folgende Optionen gibt es für Fahrten von/nach Rom:

Frecciarossa Hochgeschwindigkeitszug; 2. Klasse, einfache Fahrt 43 €, 70 Min.

IC InterCity; 2. Klasse, einfache Fahrt 24,50 €, 2 Std.

Regionale regionaler Bahnverkehr; einfache Fahrt 11,20 €, 2¾ Std.

Die private Bahngesellschaft **Italo** (🖉 060708; www.italotreno.it) betreibt Hochgeschwindigkeitszüge mit Verbindungen zu zahlreichen italienischen Großstädten ab der Stazione Centrale in Neapel, einschließlich Rom (2. Klasse, einfache Fahrt 43 €, 70 Min.). Italo-Züge ab Neapel nach Rom halten am Bahnhof Roma-Tiburtina und nicht im Hauptbahnhofsterminal Roma-Termini.

Bei einige Tagen Vorausbuchung sind Fahrkarten für Hochgeschwindigkeitszüge oft auch günstiger.

Circumvesuviana-Züge (S. 769) verbinden Neapel mit Sorrent (4,10 €, 68 Min., ca. 30-mal tgl.). Haltestellen entlang dieser Strecke sind Ercolano (2,20 €, 19 Min.) und Pompeji (2,90 €, 38 Min.). Die Züge fahren ab der **Stazione Circumvesuviana** (🖉 800 211388; www.eav campania.it; Corso Garibaldi), gleich neben der Stazione Centrale ab (einfach den Wegweisern in der Ankunftshalle folgen).

Die Züge der **Ferrovia Cumana** (🖉 800 211388; www.eavKampanien.it) fahren an der Stazione Cumana di Montesanto an der Piazza Montesanto 500 m südwestlich der Piazza Dante ab. Sie verkehren auf den Strecken nach Pozzuoli (1,30 €, 22 Min., alle 20 Min.) und zu andere Städten in der Region der Campi Flegrei.

Die Züge der Ferrovia Circumflegrea fahren ebenfalls ab der Stazione Cumana di Montesanto zu verschiedenen Städten der Campi Flegrei. Die meisten sind jedoch nicht besonders interessant.

Unterwegs vor Ort

AUTO & MOTORRAD

Autodiebstahl und Anarchie im Verkehr stehen in Neapel an der Tagesordnung. Sich mit dem Mietwagen oder dem eigenen Auto ins Verkehrsgetümmel zu stürzen ist also keine gute Idee.

Offiziell ist ein Großteil des Stadtzentrums für Nichtanlieger fast den ganzen Tag gesperrt. Trotzdem geht es rund, tagsüber gibt es Einschränkungen in Centro Storico, in der Zone rund um die Piazza del Municipio und Via Toledo sowie im Stadtteil Chiaia. Die Sperrzeiten variieren, jedoch sind sie normalerweise von 7 bis 18 Uhr, eventuell auch später.

Östlich des Stadtzentrums befindet sich ein 24-Stunden-Parkplatz in der Via Brin (1,30 € für die ersten 4 Std., 7,20 € für 24 Std.).

Ein günstiges Mietauto oder ein Mietroller kosten ca. 60 € pro Tag. In Neapel sind alle größeren Autovermietungen vertreten.

Avis (🖉 081 28 40 41; www.avisautonoleggio. it; Corso Novara 5) auch am Flughafen Capodichino.

Hertz (🖉 081 20 28 60; www.hertz.it; Corso Arnaldo Lucci 171) auch in der Via Marina Varco Pisacane (neben dem Fährterminal), am Flughafen Capdichino und in Mergellina.

Maggiore (🖉 081 28 78 58; www.maggiore.it; Stazione Centrale) auch am Flughafen Capodichino.

Rent Sprint (🖉 081 764 34 52; www.rentsprint. it; Via Santa Lucia 32) nur Vesparoller.

BUS

In Neapel verkehren die Stadtbuslinien des Verkehrsunternehmens **ANM** (🖉 800 639525; www.anm.it). Es gibt keinen zentralen Busbahn-

FÄHREN

REISEZIEL (AB NEAPEL–CALATA PORTA DI MASSA & MOLO ANGIOINO)	FÄHRGESELL-SCHAFT	FAHR-PREIS (€)	DAUER	VERBINDUNGEN (HAUPTSAISON)
Liparische Inseln	Siremar / SNAV (nur im Sommer)	ab 50 / ab 65	9¾ / 4½ Std.	2 wöchentl. / 1 tgl.
Cagliari (Sardinien)	Tirrenia	ab 49	16¼ Std.	2 wöchentl.
Capri	Caremar	12,70	80 Min.	3 tgl.
Ischia (Ischia, Hafen)	Caremar / Medmar	12,20 / 11,30	90 / 75 Min.	5 / 6 tgl.
Milazzo (Sizilien)	Siremar	ab 57	10½ Std.	2 wöchentl.
Palermo (Sizilien)	SNAV / Tirrenia	ab 57 / ab 49	10¼–11¾ Std.	1 bis 2 / 1 tgl.
Procida	Caremar	12,2	65 Min.	5 tgl.

ℹ FAHRKARTEN, BITTE!

Fahrkarten für den öffentlichen Nahverkehr in Neapel und Umgebung werden von der **Unico Campania** (www.unicocampania.it) gemanagt und an allen Bahnhöfen, ANM-Schaltern und in Tabakwarenläden verkauft. Je nach Reiseziel gibt es verschiedene Tarife. Nachfolgend ein kurzer Überblick über verschiedene Angebote:

➡ **Unico Napoli** (90 Min. 1,30 €; tgl. 3,70 € werktags; 3,10 € am Wochenende) unbegrenzte Anzahl von Fahrten mit Bus, Tram, Standseilbahn, Metro, Ferrovia Cumana oder auch mit Circumflegrea.

➡ **Unico 3T** (Drei-Tage-Ticket 20 €) unbegrenzte Anzahl von Fahrten quer durch Kampanien, einschließlich Alibus, EAV-Busse zum Vesuv sowie Fähren nach Ischia und Procida.

➡ **Unico Ischia** (90 Min. 1,90 €; 1/2/3 Tage 6/10/13 €) unbegrenzte Anzahl an Fahrten auf Ischia.

➡ **Unico Capri** (60 Min. 2,70 €; 24 Std. 8,60 €) unbegrenzte Anzahl an Busfahrten auf Capri. Das 60-Minuten-Ticket gilt auch für eine einfache Fahrt mit der Standseilbahn, die zwischen der Marina Grande und Capri-Stadt verkehrt; eine Tageskarte gilt für zwei Fahrten mit der Standseilbahn..

➡ **Unico Costiera** (45 Min. 2,50 €; 90 Min. 3,80 €; 1/3 Tage 7,60/18 €) ein echtes Sparangebot für alle, die viel mit SITA Sud oder EAV-Bussen und/oder dem Circumvesuviana-Zug die Bucht von Neapel und die Amalfiküste entlangreisen. Die Tageskarte und der Drei-Tage-Pass gelten auch für den City Sightseeing-Bus zwischen Amalfi und Ravello, sowie Amalfi und Maiori. Dieser verkehrt dort allerdings nur von April bis Oktober.

hof, jedoch passieren die meisten Busse die Piazza Garibaldi, den chaotischen Verkehrsknotenpunkt der Stadt.

VOM/ZUM FLUGHAFEN

Wer den Flughafen im öffentlichen Nahverkehr erreichen möchte, nimmt den **Alibus** (☎800 639525; www.unicocampana.it) von/nach Molo Beverello oder Piazza Garibaldi (3 €, 45 Min., alle 20 bis 30 Min.). Fahrkarten sind im Shuttlebus erhältlich.

Die offiziellen Taxitarife für Fahrten zum Flughafen sind wie folgt: 23 € ab einem Hotel direkt am Meer oder ab dem Fährterminal Mergellina; 19 € ab der Piazza del Municipio; und 15,50 € ab der Stazione Centrale.

SEILBAHN

Die Unico-Neapoli-Tickets sind auf allen Standseilbahnen gültig. Drei der vier Standseilbahnen führen vom Zentrum nach Vomero (die vierte, Funicolare di Mergellina, verbindet das Meeresufer an der Via Mergellina mit der Via Manzoni).

Funicolare Centrale fährt von der Via Toledo hinauf zur Piazza Fuga.

Funicolare di Chiaia fährt von der Via del Parco Margherita hinauf zur Via Domenico Cimarosa.

Funicolare di Montesanto fährt von der Piazza Montesanto hinauf zur Via Raffaele Morghen.

METRO

U-Bahn, die **Metropolitana** (☎800 568866; www.metro.na.it); wird von Unico Napoli betrieben.

Linie 1 verkehrt nördlich der Università (Piazza Bovio) und hält bei Toledo, Piazza Dante, Museo (Piazza Cavour und Umsteigen in Linie 2), Materdei, Salvator Rosa, Cilea, Piazza Vanvitelli, Piazza Medaglie D'Oro und weitere sieben Haltestellen. Bis 2014 soll die Linie 1 noch auf folgende Haltestellen erweitert werden: Garibaldi (Stazione Centrale) sowie Piazza Municipio (zwischen Università und Toledo).

Linie 2 verkehrt zu Gianturco, gleich östlich der Stazione Centrale, mit Haltestellen an der Piazza Garibaldi (Stazione Centrale), Piazza Cavour, Montesanto, Piazza Amedeo, Mergellina, Piazza Leopardi, Campi Flegrei, Cavaleggeri d'Aosta, Bagnoli und Pozzuoli.

TAXI

Die offiziellen Taxis sind an ihrer weißen Farbe zu erkennen und verfügen über Taxameter. Diese sollten bei Fahrtbeginn immer eingeschaltet sein. Taxistände sind an allen großen Plätzen der Stadt zu finden; Fahrgäste können aber auch direkt bei einer der folgenden Taxizentralen anrufen:

Consortaxi (☎081 22 22)

Consorzio Taxi Napoli (☎081 88 88; www.consorziotaxinapoli.it)

Radio Taxi La Partenope (☎081 01 01; www.radiotaxilapartenope.it)

Der Mindestfahrpreis beträgt 4,50 € mit einem Grundpreis von 3 €, von 22 bis 7 Uhr, sonntags und feiertags von 5,50 €. Die Liste der Zuschläge ist verblüffend lang: 1 € ein Taxifunkruf, 50 Cent pro Gepäckstück, das im Kofferraum transportiert wird.

Auf einigen Strecken gibt es feste offizielle Tarife, einschließlich vom/zum Flughafen, Stazione Centrale und Fährhäfen. Soweit verfügbar müssen Pauschaltarife zu Beginn der Reise erfragt werden.

Ab der Stazione Centrale gibt es ebenfalls verschiedene Strecken mit festen Preisen, wie etwa nach Mergellina (13,50 €), zu den Hotels am Meer (11,50 €) und zum Molo Beverello (10,50 €).

Auf den Websites der jeweiligen Taxigesellschaften sind detaillierte Tarifpläne und weitere Informationen abrufbar.

GOLF VON NEAPEL

Capri

☑ 13 400 EW.

Capri ist ein gewaltiges Kalksteinmassiv, das gestochen scharf aus unwirklich blauem Wasser emporragt. Die Insel ist ein perfekter Mikrokosmos mit mediterranem Flair –

ABSTECHER

PALAZZO REALE DI CASERTA

Was Caserta, sonst eine eher recht unscheinbare Stadt 22 km nördlich von Neapel, für eine Stippvisite so unwiderstehlich macht, ist der **Palazzo Reale** (Karte S. 728; ☎ 0823 44 80 84; www.reggiadicaserta.beniculturali.it; Viale Douhet 22; Erw./Stud. 12/6 €; ⊙ Mi–Mo Palast 8.30–19 Uhr, Mo–Mi Park 8.30–2 Std. vor Sonnenuntergang, Giardino Inglese Mo–Mi 8.30–3 Std. vor Sonnenuntergang) – ein Juwel auf der Unesco-Weltkulturerbeliste. Der riesige Königspalast gehört zu den größten – aber auch letzten – architektonischen Meisterwerken des italienischen Barock. Verschiedenen Hollywoodfilmen diente er bereits als Kulisse, so z.B. in *Mission Impossible III* mit Tom Cruise und in *Star Wars: Episode 1 – Die dunkle Bedrohung* und *Star Wars: Episode II – Angriff der Klonkrieger*.

Die Bauarbeiten am *palazzo* (bzw. an den Herrenhäusern), bei den Italienern auch als Reggia di Caserta bekannt, begannen im Jahr 1752. Mit der erklärten Absicht, dem Schloss des französischen Sonnenkönigs in Versailles Konkurrenz zu machen, ließ der Bourbonenkönig Karl VII. einen *palazzo* erbauen. Beauftragt wurde der Neapolitaner Luigi Vanvitelli. Dieser stellte ihm ein Schloss hin, das nicht wie Versailles aussehen, sondern dieses sogar noch an Größe übertreffen sollte. Mit seinen 1200 Räumen, 1790 Fenstern, 34 Treppenhäusern und einer 250 m breiten Fassade rühmte sich der Palast seinerzeit sogar, das größte Bauwerk Europas des 18. Jhs. zu sein.

Vanvitellis monumentale Treppe, ein Meisterwerk des überschwänglichen Barocks führt hinauf zu den Königsgemächern, die aufwendig mit Gobelins, edlem Mobiliar und funkelndem Kristall ausgeschmückt sind. Die vor Kurzem erst restaurierten Räume hinter dem Thronsaal bergen eine außergewöhnliche Sammlung an historischen, aus Holz geschnitzten Palastmodellen. Daneben sind auch frühe architektonische Skizzen und Entwürfe zu sehen, die Luigi Vanvitelli und sein Sohn Carlo angefertigt hatten.

In den Königsgemächern hat auch die Ausstellung „Mostra Terrea Motus" ein Zuhause gefunden: Es handelt sich hierbei um eine bisher unterschätzte Sammlung moderner Werke internationaler Künstler, die nach dem verheerenden Erdbeben im Jahr 1980 in Auftrag gegeben wurden.

Wer sich bei so viel Prunk erst einmal erholen muss, unternimmt einfach einen Spaziergang durch den eleganten Landschaftspark. Ungefähr 3 km sind es bis zum Wasserfall, zum Diana-Brunnen und zum berühmten Giardino Inglese (Englischen Garten) mit seinen verschlungenen Pfaden, exotischen Pflanzen, Teichen und Kaskaden. Vor Ort können auch Fahrräder gemietet werden (4 €).

Wenn sich durch Magenknurren ein kleiner Hunger anmeldet, ist ein Abstecher in die Cafeteria 250 m weiter östlich vom Palast nicht verkehrt. Die Räumlichkeiten sind nicht gerade inspirierend, aber der Kaffee im **Martucci** schmeckt ganz gut (☎ 0823 32 08 03; Via Roma 9, Caserta; süße Teilchen ab 0,80 €, Salate ab 4 €; ⊙ 5–22.30 Uhr). Die Theke lockt mit Bergen von frisch belegten *panini* (Sandwiches), Salaten, vegetarischen Gerichten, feinem Gebäck, Süßigkeiten und anständigen Mahlzeiten.

Zwischen Neapel und Caserta verkehren regelmäßig Züge (Mo–Sa, 3,50 €, 35 bis 50 Min.). Sonntags gibt es weniger Verbindungen, die zudem etwas umständlicher sind. Der Bahnhof Caserta liegt gegenüber der Palastanlage. Wer mit dem Auto unterwegs ist, folgt den Wegweisern nach Reggia.

Capri

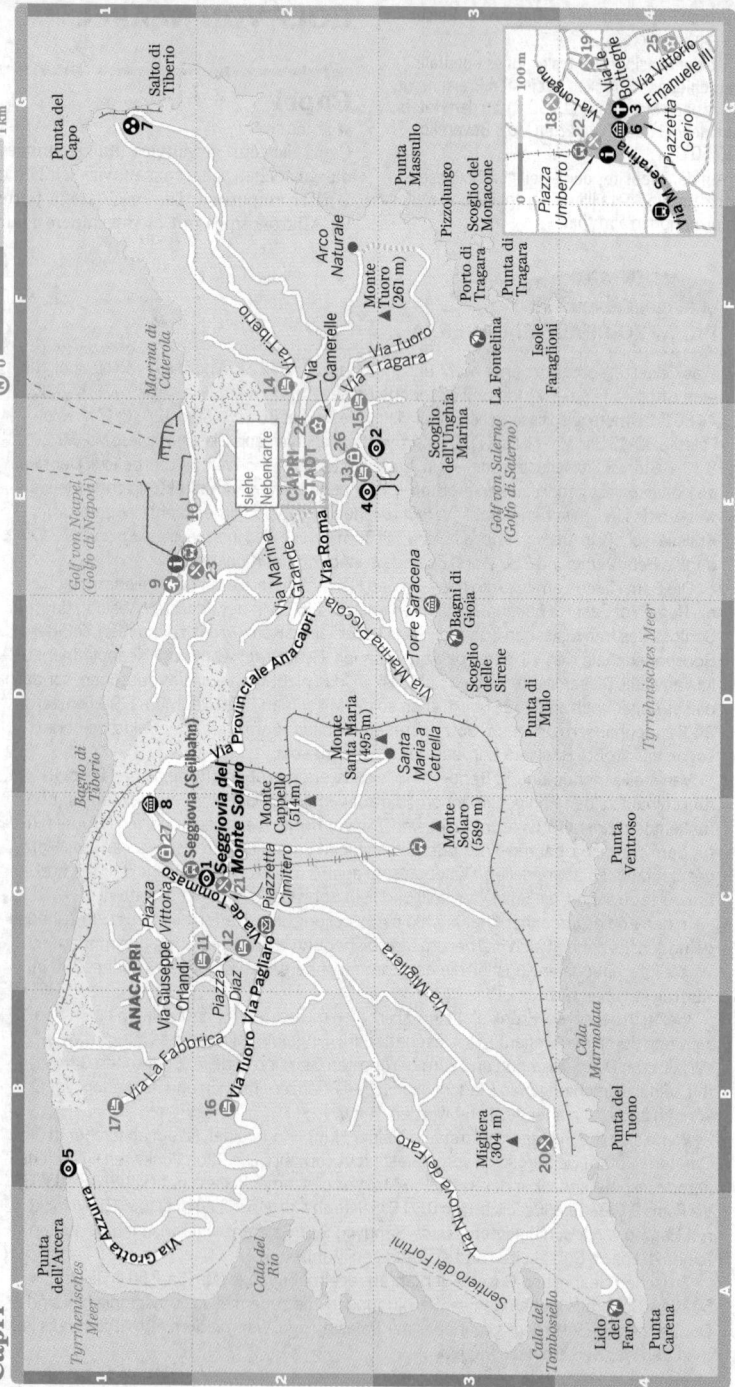

Tyrrhenisches Meer

Tyrrhenisches Meer

Golf von Neapel (Golfo di Napoli)

Golf von Salerno (Golfo di Salerno)

ANACAPRI

CAPRI STADT

siehe Nebenkarte

Salto di Tiberio

Punta del Capo

Punta Massullo

Arco Naturale

Monte Tuoro (261 m)

Pizzolungo

Scoglio del Monacone

Porto di Tragara

Punta di Tragara

Isole Faraglioni

La Fontelina

Scoglio dell'Unghia Marina

Scoglio delle Sirene

Bagni di Gioia

Torre Saracena

Punta di Mulo

Punta Ventroso

Punta del Tuono

Migliera (304 m)

Monte Solaro (589 m)

Santa Maria a Cetrella

Monte Santa Maria (495 m)

Monte Cappello (514 m)

Bagno di Tiberio

Marina di Cuterola

Punta dell'Arcera

Lido del Faro

Punta Carena

Cala del Rio

Cala del Tombosiello

Cala Marmolata

Via Tiberio

Via Camerelle

Via Tragara

Via Tuoro

Via Marina Grande

Via Roma

Via Marina Piccola

Via Provinciale Anacapri

Via Giuseppe Orlandi

Via Tuoro

Via La Fabbrica

Via Nuova del Faro

Via Grotta Azzurra

Via Migliera

Via Pagliaro

Via de Tommaso

Seggiovia (Seilbahn)

Seggiovia del Monte Solaro

Piazzetta Cimitero

Piazza Diaz

Piazza Giuseppe Vittoria Orlandi

Piazza Umberto I

Piazzetta Cerio

Via Vittorio Emanuele III

Via Botteghe

Via Longano

Via Le Botteghe

Via Serafina

N — 0 — 1 km

100 m

Capri

eine sanfte Komposition aus trendigen Plätzen und lässigen Cafés, römischen Ruinen, zerklüfteten Küstenlandschaften und eine mondäne VIP-Sommerenklave. Zugleich ist die Insel ein überaus beliebtes Ziel für Tagesausflügler, und man sollte ruhig ein paar Übernachtungen einplanen, um jenseits von Capri-Stadt die Gegend zu erkunden – inklusive dem konkurrierenden Bergstädtchen Anacapri.

Abseits des städtischen Ballungsgebietes hat Capris Hinterland nichts von seinem ländlichen Charme eingebüßt: üppige Gemüsegärten, sonnengebleichter Stuck und unvergleichlich schöne Wanderwege verführen praktisch jeden Besucher.

⊙ Sehenswertes

⊙ Capri Stadt & Umgebung

Weiß getünchte Steinhäuser, Gassengewirr und darin verstreut Luxusboutiquen und Cafés: Capri-Stadt versprüht Glanz und Glamour mit mediterranem Flair für hochkarätige Klientel.

Piazza Umberto I   PIAZZA

Die *piazzetta* (kleiner Platz) hat diesen Touch von „Zeig-was-du-hast, Schätzchen!" und ist wie geschaffen zum Sehen- und Gesehenwerden. Hier darf sich jeder einfach großartig fühlen! Zwar kann eine Tour durch die Cafés und Kneipen eine teure Angelegenheit sein, jedoch gehört das unbedingt zum Capri-Erlebnis, insbesondere am

Abend, wenn es dann nur noch darum geht, sich in Schale zu werfen und die Stars und Sternchen in der Menge zu orten.

Ganz in der Nähe steht die **Chiesa di Santo Stefano** (Piazza Umberto I; ⊙8 bis 20 Uhr) aus dem 17. Jh. Bekannt ist die Kirche für ihren gut erhaltenen Marmorboden (der einmal die Villa Jovis zierte). Gegenüber der Kirche befindet sich das **Museo Cerio** (☎081 837 66 81; Piazzetta Cerio 5; Erw./Stud. 2,50/1€; ⊙Di–Sa 10–13 Uhr). Das Museum birgt eine interessante Bibliothek mit Büchern und Zeitschriften mit Wissenswertem rund um die Insel (meist allerdings auf Italienisch) und eine Sammlung von Fossilienfunden aus der Gegend.

Villa Jovis   RUINEN

(Jupiter-Villa; ☎081 837 06 86; Via Amaiuri; Erw./Stud. 2/1€; ⊙11–15 Uhr, 1. Di bis 15. des Monats geschl., restlichen Monat am So geschl.) Ein bequemer 2 km langer Fußweg entlang der Via Tiberio führt bis zur Villa Jovis. Einst war sie unter 12 römischen Villen auf der Insel die größte und prächtigste. Zugleich war sie die Hauptresidenz des Kaisers Tiberius auf Capri. Zwar besteht sie heute nur noch aus Ruinen, doch lässt sich bei einem Spaziergang noch ganz gut auf die Maßstäbe schließen, die Tiberius für seinen persönlichen Lebensstil gerne ansetzte.

In dem weitläufigen Vergnügungskomplex konnte der Kaiser seine sexuellen Gelüste befriedigen. Zur Anlage gehörten die repräsentativen Räume der kaiserlichen

Residenz sowie großzügige Badebereiche, umgeben von üppigen Gärten und Wäldern, die vor Blicken schützten. Seine privaten Rückzugsräume waren an der nördlichen und östlichen Seite angesiedelt.

Der Treppenweg hinter der Villa führt zum 330 m hoch gelegenen **Salto di Tiberio** (Tiberiussprung) hinauf, von wo aus der Kaiser der Legende nach in Ungnade gefallene Untertanen über eine Steilklippe ins Meer hinabschleudern ließ. Wie dem auch sei, die Ausblicke sind wirklich atemberaubend. Wer jedoch nicht schwindelfrei ist, sollte unbedingt vorsichtig jeweils einen Fuß vor den anderen setzen.

Von der Villa aus führt ein kurzer Spaziergang über die Via Tiberio und die Via Matermània zum **Arco Naturale.** Der riesige, fotogene Felsbogen entstand durch mächtige Brandungswellen.

Certosa di San Giacomo KLOSTER
(☎ 081 837 62 18; Viale Certosa 40; ⊙ Di–So 9–14 Uhr) GRATIS Dieses malerische Kloster gilt weithin als schönstes Beispiel für traditionelle Architektur auf Capri. Hinter dem

Klostergemäuer verbergen sich heute eine Schule, eine Bibliothek, eine moderne Galerie für zeitgenössiche Kunst und ein Museum mit Gemälden aus dem 17. Jh. Sie alle versetzen einen nur so ins Staunen. Neben einigen wohlgefälligen Fresken aus dem 17. Jh. verströmen hauptsächlich die beiden Kreuzgänge den einstigen Glanz einer ruhmreichen Zeit (der kleinere Kreuzgang geht auf das 14. Jh., der größere auf das 16. Jh. zurück).

Der befestigte Weg zum Kloster führt die Via Vittorio Emanuele entlang und östlich an der Piazza Umberto I. vorbei; von da an schlängelt er sich in zahlreichen Windungen weiter bis zum Kloster.

Giardini di Augusto GÄRTEN
(Augustusgärten; Eintritt 1 €; ⊙ 9–1 Std. vor Sonnenuntergang) Um dem Massenandrang auszuweichen, geht man am besten vom Kloster südwestlich bis ans Ende der Via G. Matteotti, wo Kaiser August einst eine grüne Oase anlegen ließ, in der es auch heute noch üppig blüht. Es

---

NICHT VERSÄUMEN

GROTTA AZZURRA

In überirdisches Licht getaucht, ist die bezaubernde **Grotta Azzurra** (Blaue Grotte; grotto Eintritt 12,50 €; per Ausflugsboot hin und zurück 13,50 €; ⊙ 9 Uhr bis 1 Std. vor Sonnenuntergang) Capris berühmteste Touristenattraktion, die auch für sich allein stehen kann.

Heimische Fischer kannten sie schon seit jeher. Neu entdeckt wurde sie dann 1826 von zwei Deutschen, dem Schriftsteller August Kopisch und dem Maler Ernst Fries. Recherchen ergaben jedoch, dass im Auftrag von Kaiser Tiberius bereits im Jahr 30 n. Chr. eine Kaimauer mit *nymphaeum* in der Grotte angelegt worden war. Den in Stein gehauenen römischen Landungssteg können Besucher im hinteren Teil der Grotte immer noch deutlich erkennen.

Mit einer Gesamtfläche von 54 m auf 30 m und einer Höhe von 15 m soll die Grotte in vorgeschichtlichen Zeiten bis zu 20 m tief im Meer gelegen haben. Damit war bis auf den 1,3 m hohen Höhleneingang jeder Zugang zur Grotte gesperrt. Und eben das erklärt das magisch-blaue Licht. Die Sonnenstrahlen fallen durch eine kleine Öffnung unter dem Wasser ein und werden reflektiert. In Verbindung mit dem vom sandigen Meeresboden gespiegelten Licht, entfaltet sich so das intensiv blaue Licht, dem die Grotte ihren Namen verdankt.

Der einfachste Weg für eine Besichtigung der Grotta Azzurra ist eine Bootstour ab der Marina Grande. Die Fahrt hin und zurück kostet 26 €. Darin enthalten sind die Motorbootfahrt bis zur Grotte und die Weiterfahrt im Ruderboot bis in die Grotte hinein (ohne weiteres Eintrittsgeld). Der Ausflug dauert eine gute Stunde.

Bei stürmischem Seegang bleibt die Grotte geschlossen; das Baden in der Grotte ist dann auch verboten, jedoch darf man vor dem Eingang schwimmen – dazu nimmt man am besten einen Bus bis zur Grotta Azzurra, geht die Treppe hinunter an der rechten Seite vorbei und springt von einer kleinen Betonplattform aus ins Wasser.

Die fröhlich singenden Bootsführer sind im Rahmen der Besichtigung im Preis inbegriffen, niemand muss sich also zu einem Trinkgeld verpflichtet fühlen.

WOHLTUENDE INSELWANDERUNGEN

Weit weg von den Strandtouristen, den Jachthäfen und edlen Boutiquen bietet Capri auch noch einige ordentliche Wanderwege, die der Seele Flügel verleihen. Die Lieblingsrouten führen u.a. vom Arco Naturale zum Belvedere di Tragara (1,2 km, 1¼ Std.), und am besten auch in eben dieser Richtung, um einen steilen Anstieg auf dem letzten Stück zum Arco Naturale zu vermeiden. Eine andere beliebte Route geht von Anacapri zum Monte Solaro (2 km, 2 Std.), dem höchsten Punkt der Insel. Wer sich nicht so gern zu Fuß nach oben quält, kann auch den *seggiovia* (Sessellift) nehmen und dann zu Fuß wieder hinablaufen.

Entlang der oft vernachlässigten Westküste führt der Sentiero dei Fortini (Pfad der kleinen Festungen; 5,2 km, 3 Std.) von der Punta dell'Arcera nahe der Blauen Grotte bis zur Punta Carena. Diese Route verspricht pures Glücksgefühl in ländlicher Idylle. Am besten startet man an der Punta dell'Arcera und rundet die Wanderung mit einem Sundowner an der Punta Carena ab. In allen Touristenbüros Capris sind praktische Informationen und entsprechende Wanderkarten erhältlich.

lohnt sich, hier einige Minuten zu verweilen, um den atemberaubenden Ausblick zu genießen: Hier liegen einem die **Isole Faraglioni** zu Füßen. Das gesamte Inseltrio besteht aus drei Kalksteinspitzen, die eindrucksvoll aus dem Meer aufragen.

◉ Anacapri & Umgebung

Hinter der Villa San Michele di Axel Munthe und den Souvenirläden, wird es erst richtig spannend: denn das etwas dezentere Pendant zu Capri-Stadt ist in seinem Herzen immer noch das lässig-ländliche Dorf, dass es immer schon war.

★ Seggiovia del
Monte Solaro AUSSICHTSPUNKT

(☏ 081 837 14 28; hin & zurück 7,50/10 €; ◔ im Sommer 9.30–16.30 Uhr, im Winter bis 15.30 Uhr) Ein Sessellift, auf Italienisch *seggiovia*, schaukelt die Besucher hinauf zum Gipfel des **Monte Solaro** (589 m), dem höchsten Punkt der ganzen Insel. Die Ausblicke von dort oben sind schier unvergesslich – an einem klaren Tag mit guter Sicht schweift der Blick weit über den Golf von Neapel, zur Amalfiküste und bis zu den Inseln Ischia und Procida hinüber.

Villa San Michele di
Axel Munthe MUSEUM, GÄRTEN

(☏ 081 837 14 01; www.villasanmichele.eu; Via Axel Munthe 34; Eintritt 7 €; ◔ im Sommer 9–18 Uhr, eingeschränkte Öffnungszeiten im restlichen Jahr) Von der Piazza Vittoria aus ist es nur ein kurzer Fußmarsch zur Villa San Michele, dem ehemaligen Wohnhaus des selbstherrlichen schwedischen Arztes Axel

Munthe. Von den wunderbar gepflegten Gärten, in denen zahlreiche römische Skulpturen stehen, hat man inspirierende Ausblicke auf die Umgebung.

Wer zwischen Juli und Anfang August nach Anacapri reist, könnte das Glück haben, ein Klassik-Konzert in den Gärten mitzuerleben – auf der Website der Axel-Munthe-Stiftung ist nebst Informationen bezüglich Reservierungen ein detaillierter Konzertkalender zu finden.

Hinter der Villa verläuft die Via Axel Munthe über einen langen, anstrengenden Treppenweg mit insgesamt 800 Stufen bis zur Stadt hinunter.

⚹ Aktivitäten

Strände STRAND

Der Sommer ist die beste Reisezeit. Dann kann kaum einer dem türkisfarbenen Meer auf Capri noch widerstehen. Zu den besten Bademöglichkeiten gehören der Strand von **La Fontelina** (☏ 081 837 08 45; www.fontelina-capri.com), welcher von der Via Tragara aus zugänglich ist, allerdings nur gegen eine Gebühr von 20 €. Damit verbunden ist jedoch das Privileg, sich gleich neben den zerklüfteten Felsnadeln, den sogenannten Faraglioni, aufhalten zu dürfen. Außerdem ist La Fontelina einer der wenigen Strände, die bis in den späten Nachmittag direkt von der Sonne beschienen werden.

An der Westküste der Insel bietet sich eine weitere gute Bademöglichkeit auf dem Privatstrand des **Lido del Faro** (☏ 081 837 17 98; www.lidofaro.com) an der Punta Carena; hier kostet der Aufenthalt 20 € inklusive Benutzung des Swimmingpools und

Zugang zu einem teuren, jedoch sagenhaften Restaurant. Als Alternative lädt auch der benachbarte öffentliche Strand zum kostenlosen Badevergnügen ein; die Snackbar Da Antonio lockt mit ganz ordentlichen Happen für den kleinen Hunger zwischendurch. Wer den Strand erreichen möchte, nimmt den Bus nach Faro (alle 20 Min., April bis Oktober) und steigt die Treppenstufen hinab zum Strand.

Sercomar TAUCHZENTRUM

(☎081 837 87 81; www.capriseaservice.com; Via Colombo 64, Marina Grande; ⏲April–Okt.; 👪) Die Marina Grande ist die Drehscheibe in Capris blühendem Wassersport-Business. Die dortige Tauchbasis ist eine gute Wahl für alle Tauchfreunde: Einfache Touren für max. drei Teilnehmer kosten ab 100 €, ein individueller Tauchgang 150 €. Ein Anfängerkurs mit vier Tauchgängen kommt auf 350 €.

Banana Sport BOOTSTOUREN

(☎081 837 51 88; Marina Grande; 2 Std./pro Tag 120/220 €; ⏲Mai–Okt.) An der Marina Grande vermietet Banana Sport motorisierte Kähne für fünf Personen zur individuellen Erkundung der etwas abgeschiedeneren Buchten und Grotten.

Schlafen

Capri hat mit die teuersten Unterkünfte überhaupt. Neben den vielen 4- und 5-Sterne-Hotels ist die Auswahl an Budgetunterkünften eher eingeschränkt. Allerdings haben viele Hotels ihre Preise infolge der Wirtschaftskrise in den letzten Jahren etwas nach unten geschraubt, sodass die Insel heute ein bisschen erschwinglicher geworden ist als früher. Oft sind die Preise von Montag bis Donnerstag günstiger, und als Faustregel gilt: Je weiter weg von Capri-Stadt, desto günstiger! Campen ist auf der Insel grundsätzlich verboten.

Ohne Reservierung geht aber gar nichts. Im Sommer sind die Hotelkapazitäten praktisch immer voll ausgelastet, und im Winter zwischen November und März ist vielerorts sogar geschlossen.

Capri Suite FERIENWOHNUNG €€

(☎349 5252881, 335 5280647; www.caprisuite.it; Via Finestrale 9, Anacapri; Standard Suite 140–190 €, Superior Suite 190–260 €; ❄📶) Diese auffällig schmucke Pension mitten in Anacapri hat nur zwei Ferienwohnungen, die in den ehemaligen Räumlichkeiten eines Klosters aus dem 17. Jh. untergebracht sind. Die Deckenlampen hängen niedrig und die Kochnische ist unter riesigen Fensterbögen eingebaut. Spuren alter Fresken stehen in starkem Kontrast zu den Kunstharzböden und der großformatigen modernen Fotokunst an der Wand sowie den Designermöbeln im Wohnzimmer. Die Superior Suite, die ihrem Namen alle Ehre macht, hat eine riesige Badewanne mit Farbtherapie direkt am Fußende des Betts.

Villa Eva HOTEL €€

(☎081 837 15 49; www.villaeva.com; Via La Fabbrica 8, Anacapri; DZ 100–140 €, 3BZ 150–180 €, Apartment pro Pers. 55–65 €; ⏲Ostern–Okt.; 🏊) Die Villa Eva ist eine erstklassige Option für eine Budgetunterkunft. Zum Anwesen gehören ein kleiner Swimmingpool und ein von Palmen gesäumter üppig blühender Park. Ob Buntglasfenster oder Vintage-Kamin, jeder Raum hat seinen ganz eigenen Charme. Einige Räume haben Terrassen mit Meerblick. Die Ferienwohnungen für vier bis sechs Personen sind für Familien und „Urlaub mit Freunden" geeignet. Am Pool ist der WLAN-Zugang kostenlos. Die Klimaanlage ist optional und wird separat berechnet.

Casa Mariantonia BOUTIQUEHOTEL €€

(☎081 837 29 23; www.casamariantonia.com; Via Guiseppe Orlandi 80, Anacapri; Zi. 100–260 €; P❄📶🏊) Berühmte Gäste wie Jean-Paul Sartre und Alberto Moravia haben in diesem Luxusrefugium schon logiert – darüber lässt sich gut sinnieren, während man am fabelhaften Pool auf Lounge-Möbeln entspannt. Die Zimmer sind in dezente Farben getaucht und strahlen zurückhaltende Eleganz aus, ebenso die eigenen Terrassen mit herrlichem Gartenblick.

Hotel Villa Sarah HOTEL €€

(☎081 837 78 17; www.villasarah.it; Via Tiberio 3, Capri-Stadt; EZ 90–160 €, DZ 135–235 €; ⏲Ostern–Okt.; ❄🏊) Die Villa Sarah liegt auf dem Weg hinauf zur Villa Jovis – ca. 10 Gehminuten vom Stadtzentrum entfernt. Sie hat sich diesen rustikalen Charme bewahrt, der so vielen Landhaushotels auf Capri schon abhandengekommen ist. Das Gebäude ist von eigenen Obstgärten umgeben, wo immer noch geerntet wird. Ein Swimmingpool gehört auch dazu. Die 20 lässigen Zimmer sind alle im klassischen Inselstil gehalten, d. h. sie sind mit Keramikfliesen und nostalgischen Möbeln ausgestattet. Das gesunde und schmackhafte Frühstück besteht u. a. aus Bio-Produkten.

Hotel La Tosca
PENSION €€

(☎ 081 837 09 89; www.latoscahotel.com; Via Dalmazio Birago 5, Capri-Stadt; EZ 50–100 €, DZ 75–160 €; ⊙ April–Okt.; ✳ 🛜) Diese reizende *pensione* fernab vom Glamour der Innenstadt hat nur einem Stern und liegt versteckt an einer ruhigen Seitenstraße mit Blick auf das Kloster Certosa di San Giacomo und die umliegenden Berge. Die Zimmer sind luftigleicht und komfortabel, haben wohltuend weiß getünchte Wände, und das Interieur besteht aus gestreiften Stoffen. Die Bäder sind großzügig. Einige Zimmer haben auch eine eigene Terrasse mit Rattanmöbeln.

★ La Minerva
BOUTIQUEHOTEL €€€

(☎ 081 837 70 67; www.laminervacapri.com; Via Occhio Marino 8, Capri-Stadt; Superior DZ 170–410 €, Deluxe-DZ 230–520 €; ⊙ Mitte–März–Anfang Nov.; ✳ 🛜 🏊) Dieses stilvolle, familiengeführte Hotel ist heiß begehrt (mindestens fünf bis sechs Monate im Voraus buchen!). Alle 16 Zimmer sind luxuriös ausgestattet: alles in Weiß, angefangen von Seidengardinen über edle Sofas und Bettlaken aus 100 % Leinen bis hin zu himmlischen Matratzen und einer ganzen Kissenlandschaft. Die Deluxe-Zimmer haben Whirlpool-Badewannen und größere Terrassen. Und dann gibt es da auch noch den Pool, umgeben von üppigem Grün mit Ausblicken aufs Meer.

Orsa Maggiore
BOUTIQUEHOTEL €€€

(☎ 081 837 33 51; www.orsamaggiore-capri.com; Via Tuoro 30, Anacapri; DZ 160–340 €; ⊙ Mitte April–Mitte Okt.; ✳ @ 🛜 🏊) Wenn der Blick auf die untergehende Sonne vom mosaikverzierten Pool aus eine Saite zum Schwingen bringt, dann ist dieses luftig-lässige Boutiquehotel mit seinen weiß getünchten Wänden genau das richtige für Wiederkehrer. Böden mit antik anmutenden Steinfliesen aus Umbrien, von blühenden Glyzinien umrankte Terrassen und üppiges Grün sorgen für eine angenehm malerische Szenerie. Alle 14 Zimmer haben eine große Terrasse mit Liegestühlen: Hier kann man sich beim Sonnenbad in aller Ruhe entspannen.

Ein kleiner, privater Spabereich (60 Min., 60 € pro Paar) bietet eine Sauna, ein Hamam, einen Whirlpool und Farbtherapieduschen.

✗ Essen

Auf Capri ist nach wie vor alles echt italienisch, so auch die Gerichte in den traditionellen Trattorien. Ihr kulinarisches Geschenk an die Welt ist die *insalata caprese,* ein Salat mit frischen Tomaten, Basilikum und Mozzarella mit Olivenöl. Man halte außerdem Ausschau nach dem echten *caprese.* Dieser Käse ist ein Verschnitt aus Mozzarella und Ricotta. Die *ravioli caprese* wiederum sind mit Ricotta und Kräutern gefüllt.

Wie die Hotels sind auch viele Restaurants im Winter geschlossen.

Capri Pasta
TAKEAWAY €

(Via Parrocco R. Canale 12, Capri-Stadt; Hauptgerichte 8 €; ⊙ Mo geschl.) Einheimische kommen gerne hierher, denn die Mittagsgerichte sind günstig, schmackhaft und eignen sich auch zum Mitnehmen. Die frisch zubereitete „Seelennahrung" könnten z. B. die *parmigiana di melanzana* (Auberginen mit Parmesan überbacken) oder *friarelle* (Brokkoli nach Capri-Art) sein. Die Ravioli des Hauses sind legendär. Sie werden entweder frisch oder frittiert als *ravioli fritti* (frittierte Ravioli), gefüllt mit Caciotta-Käse und Majoran, serviert.

Salumeria da Aldo
FEINKOST €

(Via Cristoforo Colombo 26, Marina Grande; Panini ab 3,50 €) Nur nicht auf die Kundenfänger entlang des Weges hören! Am besten schnurstracks den authentischen Sandwichladen „Salumeria" direkt am Hafen ansteuern, wo Aldo – unverwechselbar durch seine Brille – die fantastischen und legendären *panini alla Caprese* (Krustenbrot mit seidenweichem Mozzarella und Tomaten aus dem eigenen Garten) zaubert. Dazu schmeckt eine Flasche Falanghina, und das Picknick am Strand ist perfekt!

★ Da Gelsomina
KAMPANISCH €€

(☎ 081 837 14 99; www.dagelsomina.com; Via Migliera 72, Anacapri; Gerichte 38 €; ⊙ Mittagessen & Abendessen Mo–So Mai–Sept., eingeschränkte Öffnungszeiten im restl. Jahr; 🛜) Erlesene Zutaten aus heimischem Anbau und Wein aus Italien; Ausblicke aufs Meer und in den Weingarten; ein Swimmingpool für einen Sprung ins Wasser nach dem Essen – kein Wunder, dass man im Sommer hier schon drei Tage im Voraus buchen sollte! Da Gelsomina lässt alle kulinarischen Klischees hinter sich und tauscht sie gegen konkurrenzlose Klassiker ein wie etwa *coniglio alla cacciatore* (Kaninchen mit feingewürzter Tomate, Salbei und Rosmarin) und den unwiderstehlichen *ravioli caprese,* gefüllt mit Caciotta-Käse.

Das Anwesen bietet auch fünf angenehme Zimmer (DZ 120 € bis 160 €) mit Terrassen und Meerblick. Von Anacapri aus sind es an der verschlafenen Via Migliera entlang 20 Gehminuten bis Da Gelsomina. Oder man lässt sich einfach in Anacapri abholen. Telefonanruf genügt!

Pulalli
WEINBAR €€

(📱 081 837 41 08; Piazza Umberto I 4, Capri-Stadt; Gerichte 25 €; ☺ Mittagessen & Abendessen Mi–Mo Ostern–Okt., Aug. Abendessen Di) Am Uhrenturm vorbei geht es rechts neben der Touristeninformation von Capri-Stadt eine steile Treppe hinauf. Oben wird man dann durch die Einkehr in ein lässiges Weinlokal belohnt. Dort gibt es eine fabelhafte „Vino"-Auswahl, kombiniert mit Appetithäppchen, z. B. verschiedene Käsepröbchen, *salumi* (Wursthäppchen), aber auch etwas Größeres wie Spaghetti mit Zucchiniblüten. Mit etwas Glück findet sich noch ein Platz auf der Terrasse oder an einem der heiß begehrten gedeckten Tische auf einem eigenen Balkönchen.

Buca di Bacco
KAMPANISCH, PIZZERIA €€

(📱 081 837 07 23; Via Longano 35, Capri-Stadt; Pizzas 6,50–12,50 €, Gerichte 40 €; ☺ 12–15 & 19–23 Uhr) Einst ein berühmtes Stammlokal für Künstler zu Beginn des letzten Jahrhunderts, ist heute dieser verborgene Schatz mitten in Capri-Stadt noch besser bekannt für seine deftige Inselküche, originellen Pizzas und sein freundliches Personal. Fische und Meeresfrüchte schmecken hier besonders gut. Ebenso gut hat man es erwischt, wenn noch ein Fensterplatz mit traumhaftem Meerblick frei ist.

Le Arcate
KAMPANISCH, PIZZERIA €€

(📱 081 837 35 88; Via de Tommaso 24, Anacapri; Pizzas 7–11 €, Gerichte 30 €; ☺ 12–15 & 19 Uhr bis Mitternacht). Deko und Einrichtung dieses unprätentiösen Lokals bestehen aus Efeu-umrankten Blumenampeln, leuchtend gelben Tischdecken und antik anmutenden Terrakottafliesen. Le Arcate hat sich auf köstliche *primi* (Hauptspeisen) und Pizzas spezialisiert. Phänomenal gut schmeckt auch das *seppie con verdure all'aceto balsamico* (Tintenfisch mit Gemüse und einem Schuss Balsamico-Essig).

🍷 Ausgehen & Nachtleben

In Capris Nachtleben dreht sich alles darum, sich in Schale zu werfen und idealerweise rund um die Piazzetta abzuhängen. Hier gibt es nur eine Handvoll nennenswer-ter Nachtclubs und ein paar wenige Edeltavernen. Die meisten Lokale öffnen um 22 Uhr (vor Mitternacht ist fast nichts los). Die Eintrittspreise liegen zwischen 30 und 40 €. Von November bis Ostern bleiben viele geschlossen.

Taverna Anema e Core
CLUB

(📱 081 837 64 61; Via Sella Orta 39e, Capri-Stadt; ☺ 23.30 Uhr bis spät in die Nacht, tgl. Juli & Aug., Ostern–Juni, Sept. & Okt. Mo & Mi geschl.) Dieser VIP-Nachtclub in Capri-Stadt ist ein Dauerbrenner: Eine Art Urlaubsenklave von Promis mit ewig gebräuntem Teint. Die Abendgarderobe sollte so schick wie möglich sein – man kann ja nie wissen, über wen man dort alles so stolpert!

Il Celeste
CLUB

(📱 081 837 73 08; www.celestecapri.it; Via Camerelle 63, Capri-Stadt; ☺ Fr–So 23.45–4 Uhr) Dort wimmelt es vor allem von Jungvolk zwischen 18 und 25. Im Celeste überrascht eine konträre Mischung aus Retro-Look (kitschige Kerzenständer und Kronleuchter) und modern-eleganten Sofas. Auch hier gilt: Man werfe sich in Schale und mische sich bei House-Musik und Mainstream-Klängen unter die Tanzenden.

Shoppen

Wer es nicht gerade auf eine neue Rolex oder eine Prada-Tasche abgesehen hat, sollte nach Keramik oder nach irgendeinem Duft mit Zitronenaroma und *limoncello* (Zitronenlikör) Ausschau halten. Tolle Parfüms gibt es bei **Carthusia I Profumi di Capri** (📱 081 837 53 35; www.carthusia.it; Via F Serena 28, Capri-Stadt; ☺ 9–18 Uhr); in Capri-Stadt, den besten *limoncello* oben in Anacapri und bei **Limoncello Capri** (📱 081 837 29 27; Via Capodimonte 27; ☺ 9–19.30 Uhr).

Wer aber nun *wirklich* den Wunsch nach einer neuen Rolex oder einer Prada-Handtasche hat, wird in der Via Vittorio Emanuele und in der Via Camerelle fündig.

ℹ Praktische Informationen

Touristeninformation (Marina Grande; ☺ Mo–Sa 9.15–13 & 15–18.15 Uhr, So 9–15 Uhr April–Sept.) Bei jeder Touristeninformation sind kostenlose Stadt- und Umgebungspläne von Capri und Anacapri erhältlich sowie eine detailliertere Karte für 1 €. Hotelverzeichnisse und andere praktische Informationen liefert *Capri è*; auf Anfrage ist ein kostenloses Exemplar erhältlich. Weitere Zweigstellen in Capri-Stadt (📱 081 837 06 86; www.capritourism.com; Piazza Umberto l; ☻8.30–20.30 Uhr) und Anacapri. (☑081 837 15 24; Via G Orlando 59; ☻Mo–Sa April–Sept 9–15 Uhr).

Capri Island (www.capri.net) mit Verzeichnissen, Reiserouten und Fährplänen.

Capri Tourism (www.capritourism.com) Offizielle Webseite des Tourismusverbandes von Capri.

Farmacia Internazionale (Via Roma 45) Internationale Apotheke

Krankenhaus (☑081 838 12 05; Via Provinciale Anacapri 5)

Polizei (☑081 837 42 11; Via Roma 68)

Post (Via Roma 50; ☻Mo–Fr 8–18.30 Mo–Fr, Sa 8–12.30 Uhr) weitere Zweigstelle in Anacapri (Viale de Tommaso 8)

❶ An- & Weiterreise

Siehe Neapel und Sorrent mit mehr Details zum Schiffsverkehr mit Fähren und Tragflügelbooten.

Im Sommer verkehren Tragflügelboote zwischen Positano (17,40 bis 19,30 €, 30 bis 40 Min.) und Ischia (18 €, 1 Std.).

Die Fährgesellschaften verlangen normalerweise einen kleinen Aufpreis für Gepäck um die 2 €.

❶ Unterwegs vor Ort

BUS

Sippic (☑081 837 04 20; Via Roma, Bus Station, Capri-Stadt; 1,80 €) Zwischen Capri-Stadt und der Marina Grande bzw. Anacapri und der Marina Piccola verkehren regelmäßig Busse. Die Firma Sippic betreibt auch Verbindungen ab der Marina Grande bzw. der Marina Piccola nach Anacapri.

Ab **Staiano Autotrasporti**, (☑081 837 24 22; Via Tommaso, Busbahnhof, Anacapri; 1,80 €) dem Busterminal von Anacapri, fahren diverse Busse zur Grotta Azzurra und zum Faro der Punta Carena.

STANDSEILBAHN

Die **Standseilbahn** (1,80 €; ☻6.30–12.30 Uhr) verbindet die Marina Grande mit Capri-Stadt. Wie auch bei den Bussen kostet eine Einzelfahrkarte 1,80 €.

TAXI

Ab der Marina Grande kostet die einfache Fahrt mit einem **Taxi** (☑ in Anacapri 081 837 11 75, in Capri-Stadt ☑081 837 05 43) ca. 20 € nach Capri und 25 € nach Anacapri und schließlich von Capri nach Anacapri ca. 16 €.

VESPAROLLER

Ciro dei Motorini (☑081 837 80 18; www.capriscooter.com; Via Marina Grande 55, Marina Grande; 3/24 Std. 40/65 €) Rollerverleih an der Marina Grande.

Ischia

61.100 EW.

Unter allen Inseln im Golf von Neapel ist Ischia mit einer Gesamtfläche von über 46 km² die größte und auch die quirligste. Sie ist ein brodelndes Potpourri aus unzähligen Spa- und Wellness-Badeorten, deutschen Urlaubern auf Schlammkur und antiken Schätzen. Berühmt ist sie auch wegen ihrer heißen Quellen. Einige wunderschöne Strände und spektakuläre Landschaften runden die Landschaftskulissen ab.

Die meisten Besucher halten sich auf der touristisch geprägten Nordküste auf. Jedoch bezaubert das Binnenland mit einer ländlichen Landschaft aus märchenhaften Kastanienwäldern, idyllischen Bauernhöfen und urigen Bergstädtchen.

◉ Sehenswertes

★ Castello Aragonese   BURG

(Burg D'Aragona; ☑081 99 28 34; Rocca del Castello, Ischia Ponte; Erw./Stud. 10/6 €; ☻9 Uhr bis 1½ Std. vor Sonnenuntergang) Ischias berühmtestes Wahrzeichen ist das Castello Aragonese. Es thront auf einer kleinen Ferieninsel unweit von Ischia Ponte. Das gewaltige Ensemble besteht aus mehreren Gebäuden, die weitgehend aus der Zeit um 1400 stammen, als König Alfonso von Aragón das Anjou-Kastell rundumerneuerte.

Zu den Attraktionen zählen das ausgefallene Folter- und Waffenmuseum, historische Kirchengemäuer, eine makabre mittelalterliche Grabkammer und ein mittelalterliches Zeughaus. Wirklich atemberaubend sind auch die herrlichen Panoramablicke auf die Küste.

★ La Mortella   GARTEN

(☑081 98 62 20; www.lamortella.it; Via F Calese 39, Forio; Erw./Stud. 12/7 €; ☻April–Anfang Nov. Di, Do, Sa & So 9–19 Uhr). An Ischias Westküste befindet sich eine regelrechte Version des Gartens Eden. Über 1000 seltene, exotische Pflanzen blühen auf dem Gelände. Den Garten entwarf Russel Page nach dem Vorbild der maurischen Alhambra-Gärten in Granada. Der britische Komponist Sir William Walton und seine argentinische Frau Susana machten La Mortella 1949 zu ihrem neuen Zuhause. Zu bestimmten Jahreszeiten finden hier Klassik-Konzerte unter freiem

ABSTECHER

IL FOCOLARE: EIN ECHTES SLOWFOOD-WUNDER

In den Hügeln Casamicciola Terme versteckt liegt ein Restaurant, dass ausgewiesene Gourmets einfach nicht versäumen dürfen – Il Focolare (081 90 29 44; Via Creajo al Crocefisso, Barano d'Ischia; Gerichte 30 €; 12.30–14.45 Uhr Fr–So, 7.30–23.45 Uhr, Nov.–Mai Mi. geschl.). Vergessen wir mal die *spaghetti alle vongole* (Spaghetti mit Venusmuscheln) – hier, in dieser stolzen Slowfood-Oase gibt es nichts, was nicht aus der unmittelbaren Umgebung wäre. Nirgendwo anders könnte das legendäre *coniglio all'Ischitana* (im Römertopf geschmortes Ischia-Kaninchen mit Knoblauch, Zwiebel, Tomaten, wildem Thymian und Weißwein) besser schmecken. Zwei Tage im Voraus bestellen ist ein Muss!

Wer das Kaninchen nicht vorbestellt hat, muss sich auch keine Sorgen machen – die tägliche Speisekarte bietet eine herrliche Auswahl an wunderbaren saisonalen Gerichten, ob es nun die *tagliatelle al ragù di cinghiale* (Bandnudeln mit Wildschweinragout) sind oder das ausgezeichnete *antipasto misto*: Hier scheint die kulinarische Vielfalt grenzenlos, angefangen bei *rotolino di zucchini* (mit Semmelbrösel überbackene Zucchini, gefüllt mit Büffelmozzarella) bis hin zur *terrina di parmigiano tartufata con i funghi* (sowas Ähnliches wie Crème brûlée mit Steinpilzen).

Zum Restaurant hinauf fährt der Bus 16 ab der Piazza Marina in Casamicciola Terme. Auf Bitte lässt der Fahrer die Fahrgäste direkt vorm Restaurant aussteigen (letzte Haltestelle). Während der Hochsaison im Sommer geht der letzte Bus um ca. 12.50 Uhr zurück in die Stadt.

Himmel statt. Nähere Auskunft zum aktuellen Programm liefert die Website.

Aktivitäten

Strände
STRAND

Im Unterschied zu Capri hat Ischia einige herrliche Strände. Von dem schicken Hafenstädtchen Sant'Angelo aus an der Südküste verkehren Wassertaxis zur sandigen **Spiaggia dei Maronti** (einfache Fahrt 5 €) und zur idyllischen Bucht **Il Sorgeto** (einfache Fahrt 7 €; April–Okt.) mit ihrer dampfend heißen Thermalquelle. Il Sorgeto ist auch zu Fuß gut erreichbar. Ein etwas spärlich ausgeschilderter kleiner Weg führt vom Dorf Panza hinab zum Meer.

Giardini Poseidon
SPA

(Poseidon Gardens; 081 908 71 11; www.giardiniposeidonterme.com; Via Mazzella, Spiaggia di Citara; Tageskarte 32 €; im Sommer 9–19 Uhr) Nein, noch ist es nicht so weit, an der Himmelstür anzuklopfen! Nur ist es südlich von Forio fast so schön wie im Paradies: Das weitläufige Spa ähnelt dem Nirvana. Es bietet das komplette Verwöhnprogramm mit einem großen Angebot an Behandlungen und Wellness-Anlagen, einschließlich Massagen, Saunas, Whirlpools und Pools auf verschiedenen Terrassen, wo sich das Wasser über die Küste aus Vulkangestein bis ins Meer ergießt. Am Fuß der Anlage steht ein eigener Privatstrand zur Verfügung.

Monte Epomeo
WANDERWEG

Ab dem Dorf Fontana führt ein ca. 2,5 km langer Wanderweg in 50 Min. serpentinenartig bergauf zum höchsten Punkt der Insel (788 m), dem **Monte Epomeo**. Entstanden ist der Berg durch einen Vulkanausbruch unter Wasser. Heute bieten sich hier fantastische Ausblicke von ganz oben auf den türkisblauen Golf von Neapel.

Gleich in der Nähe steht die sehenswerte **Cappella di San Nicola di Bari**, eine entzückende kleine Kirche mit einem hübschen Fayence-Boden.

Ischia Diving
TAUCHZENTRUM

(081 98 18 52; www.ischiadiving.net; Via Iasolino 106, Ischia Porto; einzelner Tauchgang 60 €) Die altbewährte Tauchbasis bietet Leihmaterial und Kurse zu attraktiven Pauschalpreisen an, z. B. fünf Tauchgänge (einschließlich Ausrüstung) für 225 €.

Schlafen

Die meisten Hotels schließen üblicherweise im Winter. Bei den wenigen, die ganzjährig geöffnet sind, gehen die Preise normalerweise stark nach unten.

Camping Mirage
CAMPINGPLATZ €

(081 99 05 51; www.campingmirage.it; Via Maronti 37, Spiaggia dei Maronti, Barano d'Ischia; Camping für 2 Pers., Auto & Zelt 34,50–41.50 €;) Einer der besten Campingplätze Ischias ist zu Fuß von Sant'Angelo aus erreichbar.

Er bietet 50 Stellplätze mit viel Schatten, Duschen, Sanitäranlagen, eine kleine Bar und ein fantastisches Restaurant. Dort gibt es auch leckere Pasta mit Meeresfrüchten! Unbedingt probieren!

Albergo Macrì · HOTEL €
(☏ 081 99 26 03; Via Iasolino 78a, Ischia Porto; EZ 45–65 €, DZ 84–110 €; ᴾ❄) Am Ende einer Sackgasse nahe am Hauptfafen verströmt diese Pension eine nette, unprätentiöse Atmosphäre. Geführt wird sie von einer stets freundlich lächelnden Dame. Zwar würden die Möbel aus Kiefernholz und Bambus vermutlich keinen Designerpreis gewinnen, die Zimmer aber sind sauber, hell und komfortabel. Im Erdgeschoss haben alle Zimmer eine Terrasse. Unten befindet sich eine kleine Bar, wo ein anständiger Espresso zu bekommen ist.

Albergo il Monastero · HOTEL €€
(☏ 081 99 24 35; www.albergoilmonastero.it; Castello Aragonese, Rocca del Castello; EZ 85 €, DZ 120–170 €; ⊗Ostern–Okt.; ❄) Die einstigen Mönchszellen wirken heute auch noch etwas nüchtern, sind aber gemütlich. Die Zimmer sind mit Möbeln aus dunklem Holz und Terrakottafliesen ausgestattet. Fernseher gibt es keinen (dafür können die Ausblicke aber durchaus mit dem Programm der Hauptsendezeit mithalten!). Sonst ist es überall geräumig und stilvoll, die Zimmer sind mit Gewölbedecken und Plüschsofas gemütlich eingerichtet. Da und dort stehen Antiquitäten, oder es hängt mutige moderne Kunst an der Wand, die von dem letzten Inhaber und Künstler Gabriele Mattera stammt. Das Hotelrestaurant hat einen ausgezeichneten Ruf.

Hotel Semiramis · HOTEL €€
(☏ 081 90 75 11; www.hotelsemiramisischia.it; Spiaggia di Citara, Forio; DZ 118–156 €; ⊗Ende April–Okt.; ᴾ❄🛜🌊) Dieses helle Hotel befindet sich nur ein paar Gehminuten von dem Spakomplex Poseidon entfernt. Geführt wird es von dem freundlichen Giovanni und seiner deutschen Frau. Die Atmosphäre hat tropisches Flair. Mitten in der Anlage liegt der Pool, umgeben von hoch aufragenden Palmen. Die Zimmer sind groß und schön gefliest in traditionell gelb-türkisfarbenen Tönen. Der Garten ist eine himmlische, üppig blühende Oase mit Feigenbäumen, Weinranken und Ausblicken auf den weiten Meereshorizont.

Essen

Mal abgesehen von Fisch & Meeresfrüchten ist Ischia berühmt für seine Kaninchen aus eigener Binnenlandzucht. Eine weitere lokale Spezialität ist *rucolino* – ein grüner Likör mit Lakritzaroma, der aus Rucolablättern hergestellt wird.

Montecorvo · ITALIENISCH €€
(☏ 081 99 80 29; www.montecorvo.it; Via Montecorvo 33, Forio; Gerichte 30 €; ⊗12.30–15.30 & 19.30–1 Uhr) Allein schon der Speisesaal im Kellergewölbe und die von Blätterwerk umrankte Terrasse sind unvergesslich schön. Noch unvergesslicher aber ist die fantasievolle Kochkunst des Inhabers Giovanni. Das Essen dort ist einfach sagenhaft! Die Antipasti-Kompositionen sind wirklich raffiniert, ob es nun die Garnelen mit Orangen sind oder die im Ofen gebackenen Sardinen mit Mozzarella. Zu den ausgezeichneten Pastagerichten zählen die saftigen *linguine al limone* (Linguine mit Zitrone). Das Grillfleisch zergeht auf der Zunge: Ambrosia, einfach himmlisch!

★ Cantine di Pietratorcia · KAMPANISCH €€
(☏ 081 90 82 06; www.pietratorcia.it; Via Provinciale Panza 267, Forio; Gerichte 30 €; ⊗Mo–Do Mittagessen & Abendessen, Fr–So bis spät) In diesem familiengeführten Weinlokal, umrankt von Weinreben und umgeben vom Duft der Rosmarinsträucher, fühlen sich Gourmets wie im siebten Himmel. Bei einem Besuch der Weinkeller in einem Steingewölbe aus dem 18. Jh. lassen sich gute heimische Edeltropfen degustieren; dazu gibt es seltene Käsesorten zum Naschen. Die Gratis-Häppchen werden von Cilentos verehrtem Vater-und-Sohn-Team Antonio und Angelo Madaio kredenzt.

Die Inhaber züchten ihre eigenen Kaninchen in den traditionellen *fosse* (Gruben) und tischen auf Anfrage ein außergewöhnliches *coniglio all'ischitana* (Kaninchen nach Ischia-Art mit heimischen Kräutern) auf. Zum Mittagessen muss reserviert werden, die Verkostungen am Abend sollte man auch möglichst früh buchen. Von Mitte Juni bis Mitte September ist das Weinlokal mittags geschlossen, von Mitte November bis Ende März ganz zu.

Ristorante da Ciccio · KAMPANISCH €€
(☏ 081 99 16 86; Via Luigi Mazzella 32, Ischia Ponte; Gerichte 25 €; ⊗12–15.30 & 19.30–23.30 Uhr, Dez.–Feb. geschl.) Die Atmosphäre dieses

gemütlichen Restaurants lebt von seinen leckeren Meeresfrüchten und Fischgerichten und dem besonderen Charme des Gastgebers Carlo. Zu den Topgerichten zählen die *tubattone* (Pasta mit Miesmuscheln) und *pecorino*-Käse, eine saftige Muschelsuppe mit gerösteten Brotwürfeln und *peperoncino* (Chili) sowie ein köstlicher Schoko-Mandel-Kuchen. Im Sommer stehen die Tische auch draußen auf dem Kopfsteinpflaster. Der Blick auf die Burg ist einfach fantastisch!

❶ Praktische Informationen

Ischia online (www.ischiaonline.it) Vielseitige Webseite mit Sehenwürdigkeiten, Restaurants und Hotels.

Touristeninformation (www.infoischiaprocida. it; Via Sogliuzzo 72; ☺9–14 & 15–20 Uhr Mo–Sa, sowie So Juli–Sept. 9–13 Uhr)

❶ An- & Weiterreise

Von und nach Neapel verkehren regelmäßig Tragflügelboote und Fähren. Es gibt auch Direktverbindungen mit Tragflügelbooten nach Capri (18 €) und Procida (8,20 €).

❶ Unterwegs vor Ort

Der zentrale Busbahnhof befindet sich in Ischia Porto. Es gibt zwei Hauptlinien: die Circo Sinistra CS, die gegen den Uhrzeigersinn um die Insel fährt und die Circo Destra CD, die im Uhrzeigersinn verkehrt. Diese halten in jeder Stadt und fahren alle 30 Min. ab. Sie halten auch an sämtlichen Hotels und Campingplätzen, je nach Bedarf. Eine einfache Fahrkarte gilt für 90 Min. und kostet 1,90 €; eine Tageskarte für mehrere Fahrten kostet 6 €; ein Ticket für 2 Tage kostet 10 €. Taxis und Minitaxis (Dreiradfahrzeuge mit Rollerantrieb) sind auch verfügbar.

Wer kein eigenes Auto mitbringt, verhindert Staus und Luftverschmutzung und tut der Insel damit einen Gefallen. Zum Anmieten eines Autos oder Rollers gibt es jede Menge Fahrzeugvermietungen, z.B. **Fratelli del Franco** (☎081 99 13 34; www.noleggiodelfranco.it; Via A de Luca 127). Dort kann man Autos (ab 30 € pro Tag), Mopeds (ca. 30 €) und Mountainbikes (ca. 10 € pro Tag) ausleihen. Mietfahrzeuge dürfen die Insel nicht verlassen.

Procida

10.200 EW.

Eine Bilderbuchkulisse für Hobbymaler: Procida, die kleinste Insel im Golf von Neapel (und zugleich das bestgehütete Geheimnis Italiens) bietet eine segensreiche Mischung aus versteckten Zitronenhainen, Häusern mit pastellfarbenen Fassaden und einheimischen Fischern, denen Wind und Wetter ins Gesicht geschrieben stehen. Abgesehen vom Monat August – wenn Horden strandbegeisterter Urlauber vom Festland herüber an Procidas Küsten strömen – tummeln sich auf den engen, sonnenbeschienen Straßen nur Einheimische.

◉ Sehenswertes & Aktivitäten

Die Insel ist nur etwa 4 km² groß. Am besten ist man hier zu Fuß unterwegs oder per Rad, denn die engen Straßen sind oft mit Autos verstopft – eine der wenigen Kehrseiten.

Die Piazza dei Martiri in **Corricella** hat einen herrlichen Panoramablick. Von dort aus geht es steil hinunter zum Freizeithafen mit einem aufregenden Farbenspiel in Rosa, Gelb und Weiß. Weiter südlich führt eine steile Treppe hinunter zum Strand von **Chiaia**, mit Abstand einem der schönsten auf der ganzen Insel.

In der kleinen **Marina di Chiaiolella** wimmelt es nur so von Jachten in Rosa, Weiß und Blau. Dort findet man noch die alten Fischerkneipen, und die Uhren ticken hier einfach anders. Außerdem ist der **Lido**, ein beliebter Strand, ganz in der Nähe.

Abbazia di San Michele Arcangelo
KIRCHE, MUSEUM

(☎334 8514028, 334 8514252; associazionemil lennium@virgilio.it; Via Terra Murata 89, Terra Murata; Spende erwünscht; ☺9.45–12.45 & 15.30–18 Uhr) Die ehemalige Benediktinerabtei wurde im 11. Jh. erbaut und zwischen dem 18. und 19. Jh. rundumverschönert. Während die Hauptkirche jederzeit besucht werden kann, lohnt es sich außerdem auch, sich im Rahmen einer geführten Tour Zugang zu der schönen Bibliothek mit dem Tonnengewölbe sowie zur „Geheimen Kapelle" zu verschaffen.

Letztere birgt seltsame Särge aus dem 18. Jh., darunter ein Sarg mit Aussparungen, die groß genug sind, um die Hände der Verstorbenen zu küssen. Wer an einer englischsprachigen Tour teilnehmen will, sollte sich ein paar Tage vorher anmelden.

Procida Diving Centre
TAUCHZENTRUM

(☎081 896 83 85; www.vacanzeaprocida.it; Via Cristoforo Colombo 6, Marina di Chiaiolella; ☺Juni–Sept.; ♿) Diese Tauchbasis liegt gleich rechts vom Freizeithafen. Sie bietet

Tauchkurse an und verleiht auch Ausrüstungen. Die Preisspanne bewegt sich zwischen 45 € für einen Tauchgang und 180 € für einen Schnorchelkurs. Für fortgeschrittene Taucher werden auch Tauchgänge im offenen Meer sowie Rettungskurse angeboten.

Blue Dream
SEGELN

(☑ 339 5720874, 081 896 05 79; www.blue dreamcharter.com; Via Vittorio Emanuele 14, Marina Grande) Wem ein Segeltörn mit Sektumtrunk an Deck vorschwebt, kann hier immer eine Jacht für bis zu sechs Personen chartern (ab 1500 € pro Woche).

Feste & Events

Prozession der Misteri
RELIGIÖS

Procidas berühmte Prozession findet immer am Karfreitag statt. Dann rollen Wagen mit Holzfiguren des gekreuzigten Christus und der Madonna Addolorata (der Schmerzensmutter) quer über die Insel. Dabei werden großformatige Passionsszenen auf Gips- und Kartonagen dargestellt.

Schlafen

★ Hotel La Vigna
BOUTIQUEHOTEL €€

(☑ 081 896 04 69; www.albergolavigna.it; Via Principessa Margherita 46; EZ 75–150 €, DZ 90–180 €, Suite 140–230 €; ❄@🛜) Die Villa aus dem 18. Jh. ist eine echte Wellness-Oase, nicht zuletzt aufgrund ihrer tollen Lage direkt an der Steilklippe, 1 km östlich vom Haupthafen. Fünf der geräumigen, einfach möblierten Standardzimmer bieten direkten Zugang zu den idyllischen Gärten. Die Superior-Zimmer (110 € bis 200 €) bestehen aus familienfreundlichen Zwischengeschossen. Die Suite ist echt der Hammer: Gleich neben dem Bett ist ein Whirlpool – perfekt für romantisch-verliebte Pärchen.

Casa Sul Mare
HOTEL €€

(☑ 081 896 87 99; www.lacasasulmare.it; Salita Castello 13; Zi. 99–170 €; ❄🛜) Das freundliche „Haus am Meer" bietet nicht nur einen total malerischen Blick auf die Marina Corricella, sondern bietet auch Zimmer mit feinen Terrakottafliesen und schmiedeisernen Bettgestellen. Im Sommer fahren von dort aus Boote zu den nächstgelegenen Stränden.

Casa Giovanni da Procida
B&B €€

(☑ 081 896 03 58; www.casagiovannidaprocida. it; Via Giovanni da Procida 3; DZ 80–130 €, 100–145 €; P❄🛜) Diese schicke Frühstückspension war einmal ein Gutshof. Die minimalistisch ausgestatteten Split-Level-Zimmer

haben niedrige Betten und sind modern möbliert. Die Bäder sind klein, aber blitzblank, die Duschköpfe riesig. Einige Zimmer haben eine Gewölbedecke.

Essen

La Conchiglia
FISCH UND MEERESFRÜCHTE €€

(☑ 081 896 76 02; www.laconchigliaristorante. com; Via Pizzaco 10, Solchiaro; Gerichte 25 €; ⏱im Sommer 13–15.30 & 20–21.30 Uhr) Türkisfarbene Wellen umschäumen die Füße, während sich Corricella in Pastelltönen am Horizont abzeichnet – dieses Lokal ist ein kulinarischer Hotspot und bestens dazu geeignet, *spaghetti alla povera* (Spaghetti mit Peperoncino, grüner Paprika, Kirschtomaten und Sardellen) zu probieren. Von der Via Pizzaco aus führt eine steile Treppe hinunter zum Restaurant. In Corricella werden die Gäste auch mit Boot zum Restaurant gebracht. Anruf genügt!

Caracalè
FISCH UND MEERESFRÜCHTE €€

(☑ 081 896 91 92; Via Marina Corricella 6, Marina Corricella; Gerichte 28 €; ⏱12.30–15.30 & 19–23 Uhr, Di März–Juni & Sept. Mitte Nov. geschl.) Das Lokal liegt direkt am Wasser mitten in der „Kinokulisse" der Marina von Corricella. Das Caracalè zaubert aus herrlichen Gerichte mit frischen Meereszutaten auf den Tisch, wie etwa Spaghetti mit Kalamari und Artischocken und saftigen Schwertfisch vom Grill. Je nach Tagesfang (morgens und nachmittags) wechselt die Speisekarte.

ⓘ Praktische Informationen

Procida Holidays (☑ 081 896 95 94; www.isola diprocida.it; Via Roma 117; ⏱April–Okt. Mo–Sa 9–13 & 16–20 Uhr, Nov.–März Sa nachmittags geschl.) kann Unterkünfte vermitteln (EZ/DZ ab 90/120 €). Ebenfalls ist dort eine kostenlose Inselkarte erhältlich.

ⓘ Anreise & Unterwegs vor Ort

Procida ist per Schiff und Tragflächenboot an Ischia (8,20 €), Pozzuoli (8,20 €) und Neapel angebunden.

Es gibt ein paar Busverbindungen (1 €) mit vier Linien ab Marina Grande in alle Richtungen. Bus L1 fährt vom Hafen zur Marina di Chiaiolella.

Wer Motorroller und elektrische Fahrräder ausleihen will, geht am besten zu **Sprint** (☑ 339 8659600, 081 896 94 35; www.sprintprocida. com; Via Roma 28; Motorroller 25–30 € pro Tag; ⏱Mo–Sa 8–13 & 16–20 Uhr, So 10–13 Uhr).

Außerdem besteht die Möglichkeit, Taxis zu mieten. Zwei bis drei Stunden kosten um die 35 €, je nach Verhandlungsgeschick.

NEAPEL & KAMPANIEN PROCIDA

SÜDLICH VON NEAPEL

Ercolano & Herculaneum

In Ercolano, einem unscheinbaren Vorort Neapels, befindet sich eine der besterhaltenen antiken Stätten Italiens – Herculaneum. Als einstige römische Fischerstadt ist Herculaneum kleiner und weniger einschüchternd als Pompeji, d. h. man hat beim Besichtigen nicht ständig dieses unangenehme Gefühl, als verpasse man etwas.

Geschichte

Im Gegensatz zum heutigen Ercolano, war Herculaneum einmal eine friedliche Fischer- und Hafenstadt mit rund 4000 Einwohnern. Zugleich war es auch eine Art Urlaubsrefugium für wohlhabende Römer und Kampanier.

Herculaneum ereilte dasselbe Schicksal wie das nahe gelegene Pompeji. Nach einem schweren Erdbeben im Jahr 63 n. Chr. wurde es 79 n. Chr. beim Ausbruch des Vesuvs völlig verschüttet. Allerdings lag es viel näher am Vulkan wie Pompeji. Während Herculaneum unter einer 16 m dicken, vulkanischen Mure versank, regnete es auf Pompeji nur Asche nieder, und es blieb unter einer robusten Schicht Lapilli (glühende Bimssteinbrocken) weitgehend erhalten. So versteinerte die Stadt samt Hab und Gut. Zu den erstaunlich gut erhaltenen Fundstücken gehören deshalb auch empfindliche Gegenstände wie Möbel und Kleidung.

Herculaneum wurde 1709 wieder entdeckt und bis 1874 immer wieder von Amateurarchäologen durchforstet, die viele Fundstücke nach Neapel verschleppten. Dort landeten sie als Deko in begüterten Haushalten oder auch in Museen. Erst 1927 setzte wieder eine ernsthafte archäologische Forschungswelle ein, die bis heute anhält. Allerdings gehen die Ausgrabungsarbeiten unter dem modernen Ercolano nur langsam voran, da ein Großteil der alten Stadt unter der neuen verborgen liegt.

Sehenswertes

★ Ruinen von Herculaneum   RUINEN

(☎ 081 732 43 38; www.pompeisites.org; Corso Resina 6, Ercolano; Erw./Stud. 11/5,50 €, Kombiticket inklusive Pompeji 20/10 €; ☉ im Sommer 8.30–19.30 Uhr, im Winter bis 17 Uhr, letzter Einlass 90 Min. vor Schluss; ▣ Circumvesuviana bis Ercolano-Scavi) Auch wenn Pompeji um vieles größer sein mag, haben die Ruinen von Herculaneum eine ganze Fülle an archäologisch wertvollen Fundstücken zu bieten. Das einstige römische Fischerstädtchen mit damals 4000 Einwohnern ist kleiner und leichter zu erkunden als Pompeji. Und das geht auch ganz einfach auf eigene Faust mit einer Karte und einem Audioguide (6,50 €, 10 € für zwei Personen). Die Ausgrabungen wurden 1927 wieder aufgenommen und dauern bis zum heutigen Tag an.

Vom Haupteingangstor am Corso Resina geht es einen breiten Boulevard hinunter zum Kartenschalter auf der linken Seite. Dort sind Freikarten und ein Leitfaden für den Rundgang erhältlich. Danach folgt man dem Boulevard nach rechts zum eigentlichen Eingang zu den Ruinen.

Als der Vesuv ausbrach, versuchten Tausende von Menschen mit dem Boot aufs Meer hinaus zu flüchten, erstickten jedoch beim Einatmen der giftigen Gase. Was heute wie ein Burggraben aussieht, der die Stadt umschlingt, ist in Wirklichkeit der Verlauf des einstigen Küstenstreifens. Genau hier fanden Archäologen im Jahr 1980 etwa 300 Skelette – Überreste einer Menschenmasse, die in Richtung Strand geflohen war, nur um den sengend heißen Aschewolken zu entkommen, die sich wellenartig über die Hänge des Vesuvs ergossen.

CASA D'ARGO & CASA DELLO SCHELETRO

Zu Beginn der Erkundung Richtung Nordosten entlang dem Cardo III. kommt man unweigerlich an der Casa d'Argo (Argus-Haus) vorbei. Dieses noble, römische Familienanwesen war einst zur Cardo II. (erst kürzlich ausgegraben) hin offen. Im und um den Garten herum befinden sich ein Portikus, ein *triclinium* (Speisebereich) und andere Wohnräume.

Gleich gegenüber steht die **Casa dello Scheletro** (Skeletthaus), ein Haus von bescheidener Größe mit fünf verschiedenen Mosaikböden. Darin eingearbeitet sind weiße Pfeile, die orientierungslosen Besuchern den Weg zum Eingang weisen. Im Innenhof fallen die Überreste eines antiken Sicherheitsgitters auf, das dem Schutz vor einfallendem Sonnenlicht diente. Sehr sehenswert! Von den mythenerzählenden Wandmosaiken sind nur noch die ausgebliebenen Exemplare original erhalten; die anderen sind ins Museo Archeologico Nazionale verbracht worden.

TERME MASCHILI

Auf der anderen Seite des Decumano Inferiore (einer der Hauptstraßen durch das alte Herculaneum) liegen die **Terme Maschili** (Herrenbäder) die innerhalb der **Terme del Foro** (Forumbäder) den Männern vorbehalten waren. Bemerkenswert sind auch die alten Latrinen links vom Eingang, wo es zum *apodyterium* (Umkleideraum) ging. Darin stand eine Bank für die wartenden Stammkunden und auf einem raffinierten Wandregal lagen Sandalen und Badetücher bereit. Während die einen direkt nach ausgiebigem Duschen links ins *frigidarium* (Kaltwasserbecken) eintauchten, gingen die weniger abgehärteten auf der rechten Seite ins *tepidarium* (Warmwasserbecken). Der eingesunkene Mosaikboden dort zeugt heute noch von dem Erdbeben, das dem Ausbruch des Vesuvs vorausging. Gleich dahinter liegt das *caldarium* (Dampfbad) und ein Bereich für Leibesübungen.

DECUMANO MASSIMO

Am Ende des Cardo III. biegt man rechts ein in den Decumano Massimo. Die einstige Hauptverkehrsachse Herculaneums ist gesäumt von Läden mit Werbetafeln (bzw. Überresten davon) am Eingang wie etwa rechts von der Casa del Salone Nero. Diese antiken Produktbeschreibungen enthielten eine Vielzahl möglicher Informationen, angefangen beim Gewicht der Ware bis zum jeweiligen Preis.

Weiter östlich den Decumano Massimo entlang fand man ein Kruzifix in einem Raum im oberen Bereich der Casa del Bicentenario (Zweijahrhunderthaus), ein Hinweis darauf, dass vor dem Vesuvausbruch in Herculaneum Christen lebten.

CASA DI NETTUNO E ANFITRITE

Vom Decumano Massimo aus biegt man ab in den Cardo IV. Wenig später taucht dann die Casa di Nettuno e Anfitrite (Haus von Neptun und Amphitrite) auf, ein aristokratisches Anwesen, benannt nach dem außergewöhnlichen Mosaik im *nymphaeum* (Springbrunnen und Bad). Die warmen Farben, in denen der Meeresgott und seine Nymphenbraut dargestellt sind, weisen darauf hin, wie farbenprächtig das Original-Interieur damals gewesen sein muss.Nur wenige Schritte weiter südwestlich den Cardo IV. entlang befinden sich die Terme Femminili, der Damenbereich der Terme del Foro; zwar sind diese flächenmäßig kleiner als der Badebereich für die Männer, jedoch sind die Mosaikböden hier noch feiner gearbeitet – wunderschön ist die formvollendete Skulptur des nackten Triton im *apodyterium* (Umkleideraum).

CASA DEL TRAMEZZO DI LEGNO

Gleich gegenüber dem Decumano Inferiore steht die Casa del Tramezzo di Legno (Haus mit Raumteilern aus Holz). Die Raumaufteilung in zwei Atrien ist ungewöhnlich. Wahrscheinlich gehörte das Atrium zu zwei separaten Häusern, die im 1. Jh. v. Chr. in einem Haus vereint wurden. Das berühmteste Relikt in diesem Haus ist – wen würde das jetzt noch wundern? – ein wunderbar erhaltener Raumteiler aus Holz, der das Atrium vom *tablinum* trennt. Dort fanden die geschäftlichen Gespräche zwischen dem Hausherrn und seinen Kunden statt. Der zweite Raum links vom Atrium birgt wenige Überreste eines antiken Betts.

CASA DELL'ATRIO A MOSAICO

Weiter südwestlich auf dem Cardo IV. kommt die Casa dell'Atrio a Mosaico (Haus mit Mosaikatrium) mit zahlreichen Bodenmosaiken. Allerdings haben der Zahn der Zeit und Witterungsschäden auch dort ihre Spuren hinterlassen. Der Boden ist leider uneben und wellig. Ein besonderer Hingucker ist das schwarz-weiße Schachbrettmuster im Atrium.

Von da geht es wieder zurück zum Cardo IV. und rechts in den Decumano Inferiore. Dort steht die Casa del Gran Portale (Haus mit dem Großen Portal), das nach den eleganten Backsteinsäulen mit korinthischem Kapitell zu beiden Seiten des Haupteingangs benannt ist. Im Innerendes Hauses sind einige gut erhaltene Wandmalereien zu bewundern.

CASA DEI CERVI

Von dem Cardo V. aus gelangt man zur Casa dei Cervi (Haus der Hirsche), einem imposanten Beispiel für ein nobles, römisches Familienanwesen. Bevor es unter den Schlammmassen der Lavaströme begraben wurde, war es eine wunderschöne Villa direkt am Meer. Das zweistöckige Anwesen, um einen zentralen Innenhof herum angelegt, zierten Wandfresken und Stillleben. Im Innenhof stehen zwei marmorne Miniaturhirsche, die von Hunden angekläfft werden. Ein witziger Hingucker ist die Herkules-Statue, die den Helden beim Pinkeln darstellt.

TERME SUBURBANE

Am südlichsten Zipfel des Ruinenareals liegen die Terme Suburbane (Vorstadtthermen) aus dem 1. Jh. n.Chr. Sie gehören überhaupt zu den besterhaltenen Zeugnissen römischer Badekultur. Die tiefen Becken, Stuckfriese und Reliefs sind schlichtweg beeindruckend; genauso wie die Sitzstufen und herrlich gestalteten Marmorböden. Von hier aus lassen sich auch am besten die sich auftürmenden Vulkangesteinsschichten beobachten, die buchstäblich die einstige Küste unter ihren mächtigen Lava- und Aschemassen erstickten.

MAV   MUSEUM

(Museo Archeologico Virtuale; ☑ 081 1980 6511; www.museomav.com; Via IV Novembre 44; Erw./ Stud. 7,50/6 €, 3D-Dokumentarfilm 4 €, optional; ☺ Di–Fr 9–16.30 Uhr, Sa & So 17.30 Uhr; ⊞ Circumvesuviana nach Ercolano-Scavi) Das „virtuelle Archäologische Museum" erweckt die Ruinen von Pompejis Forum und die Villa Jovis auf Capri mit Hightech-Hologrammen und computergeneriertem Bildmaterial zu neuem Leben. Das besonders kinderfreundliche und sehenswerte Museum liegt direkt an der Hauptstraße, die den Bahnhof Ercolano-Scavi mit den Ruinen von Herculaneum verbindet.

Essen

★ Viva Lo Re   KAMPANISCH €€

(☑ 081 739 02 07; www.vivalore.it; Corso Resina 261, Ercolano; Gerichte 27 €; ☺ Di–Sa 12–16 & 20.30 Uhr bis spät, So Mittagessen; ⊞ Circumvesuviana nach Ercolano-Scavi) Das stilvolle Viva Lo Re (Lang lebe der König!) bringt Vintage-Grafiken und Bücherregale mit feinsten Weinen auf einen Nenner: Der Service hat ebenfalls Stil, die raffinierten Gerichte sind regional und traditionell, jedoch mit innovativer Note. Als Vorspeise gibt es ein kunstvoll angerichtetes *antipasto* – „zum Degustieren" gibt es beispielsweise *polpettina di baccalà* (salzige Dorschfrikadellen) oder *crocchetta di taleggio con porcino* (Taleggio- und Steinpilzkroketten; taleggio = weicher Frischkäse). Abgerundet wird das Menü mit den *tris*, einem dekadenten Dessert dreierlei Art.

ⓘ Praktische Informationen

Touristeninformation (☑ 081 788 12 74; Via IV Novembre 82; ☺ Mo–Sa 8–18 Uhr) Auf dem Weg vom Bahnhof zur Ausgrabungsstätte liegt rechter Hand die Touristeninformation.

ⓘ An- & Weiterreise

Am besten fährt man mit der Circumvesuviana-Bahn nach Ercolano und steigt in Ercolano-Scavi aus. Von dort sind es bis zu den Ruinen noch 500 m zu Fuß bergab. Auf den Wegweisern entlang der Via IV Novembre (Hauptstraße) steht *scavi*. Die Züge verkehren regelmäßig von/ nach Neapel (2,20 €), Pompeji (1,60 €) und Sorrent (2,20 €).

Wer mit dem Auto anreist, fährt über die A3 ab Neapel und folgt ab der Ausfahrt Ercolano Portico den Schildern Richtung Parkplätze nahe dem Eingang zur archäologischen Stätte.

Vesuv

In dunkler Erhabenheit ragt der Vesuv über Neapel und seinem Umland auf. Der Vesuv (Vesuvio; 1281 m) ist der einzige noch aktive Vulkan auf dem europäischen Festland. Seit seinem legendären Ausbruch im Jahr 79 n. Chr., bei dem Pompeji und Herculaneum ausgelöscht wurden, hat sich die Küste gleichzeitig um mehrere Kilometer hinaus aufs Meer verschoben. Der Vesuv spuckte noch 30 weitere Male seine Lava aus. Die verheerendste Eruption ereignete sich im Jahr 1631, die letzte 1944.

Ein wirklich heftiger Vulkanausbruch wäre heute ein Fiasko. Denn in der Nähe des Kraters, in einem Umkreis von 7 km, leben rund 600 000 Menschen. Trotz diverser Anreize zugunsten einer Umsiedlung sind nur wenige bereit, wirklich umzuziehen.

Der **Parco Nazionale del Vesuvio** (☑ 081 239 5653; Erw./erm. 10/8 €; ☺ Juli & Aug. 9– 19 Uhr, April–Juni & Sept. bis 17 Uhr, März & Okt. bis 16 Uhr, Nov.–Feb. bis 15 Uhr; Ticketschalter schließt eine Stunde eher als der Krater) wurde 1995 angelegt und zieht heute jährlich ca. 400 000 Besucher an. Ab dem Gipfelparkplatz führt ein 860 m langer Pfad bis zum **Krater** (Eintritt inkl. geführte Tour 8 €; ☺ Juli & Aug. 9–18 Uhr, April–Juni & Sept. bis 17 Uhr, März & Okt. bis 16 Uhr, Nov.–Feb. bis 15 Uhr). Der Aufstieg ist zwar nicht besonders anstrengend, aber trotzdem sind Turnschuhe sicher besser geeignet als Sandalen oder Flip-Flops.

Eine Sonnenbrille ist ebenfalls sehr nützlich – vielleicht auch als Schutz gegen aufgewirbelte Asche. Selbst im Sommer kann es ganz oben frostig werden, deshalb besser einen Pulli mitnehmen!

Zwischen Ercolano und dem Vesuv verkehren die Shuttlebusse von **Vesuvio**

Das alte Pompeji

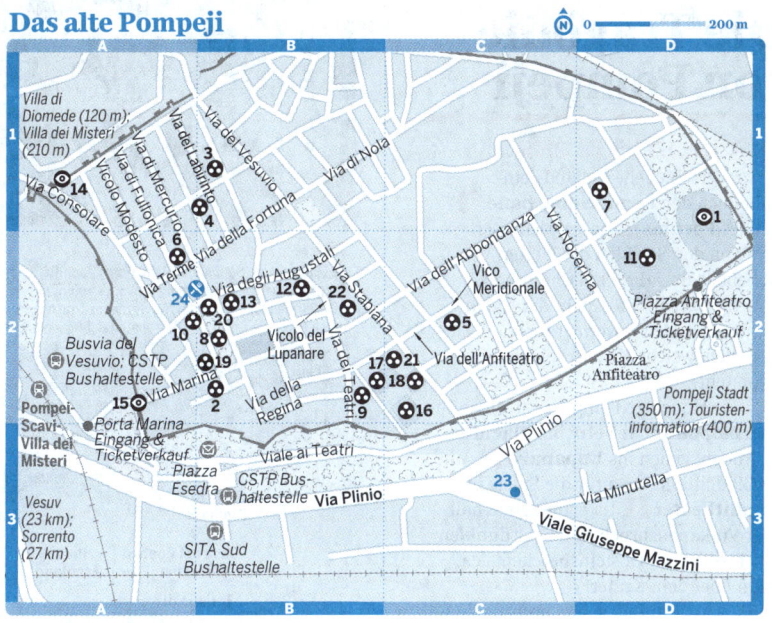

Das alte Pompeji

⊚ **Sehenswertes**

1 Anfiteatro	D1
2 Basilica	B2
3 Casa dei Vettii	B1
4 Casa del Fauno	B1
5 Casa del Menandro	C2
6 Casa del Poeta Tragico	A2
7 Casa della Venere in Conchiglia	D1
8 Foro	B2
9 Foro Triangolare	B2
10 Granai del Foro	A2
11 Grande Palestra	D2
12 Lupanare	B2
13 Macellum	B2
14 Porta Ercolano	A1
15 Porta Marina	A2
16 Quadriportico dei Teatri	C2
17 Teatro Grande	B2
18 Teatro Piccolo	C2
19 Tempio di Apollo	B2
20 Tempio di Giove	B2
21 Tempio di Iside	C2
22 Terme Stabiane	B2

🚲 **Aktivitäten. Kurse & Touren**

23 Torres Travel	C3

🍴 **Essen**

24 Cafeteria	A2

Express (☎ 081 739 36 66; www.vesuvioexpress.
it; Piazzale Stazione Circumvesuviana, Ercoloano),
die an der Piazza Stazione Circumvesuviana draußen vor dem Bahnhof Ercolano-Scavi auf der rechten Seite abfahren.
Die Busse fahren täglich alle 40 Min.
zwischen 9.30 und 16 Uhr; die einfache
Fahrt dauert 20 Min. Die Fahrkarten für hin
und zurück (inklusive Zugang zum Vulkangipfel) kosten 18 €.

Ab Pompeji verkehren die Shuttlebusse
von **Busvia del Vesuvio** (☎ 340 9352616;
www.busviadelvesuvio.com; Via Villa dei Misteri,

Pompeji). Die Abfahrt-Haltestelle befindet
sich vor dem Bahnhof Pompeji-Villa dei
Misteri (stündl. zwischen 9 und 15 Uhr). Die
Busse enden anschließend im Busterminal
des nahe gelegenen Boscoreale. Von dort
geht es in einer 25-minütigen Fahrt durchs
Gelände (Kleinbus mit Allradantrieb) weiter
den Nationalpark hinauf. Die Fahrkarten für
hin und zurück (einschießlich Zugang zum
Vulkangipfel) kosten um 22 €.

Wer unbedingt den Nationalpark besuchen will, bucht am besten bei **Naples**

Die Tragödie von Pompeji

24. AUGUST 79 N. CHR

8 Uhr Verschiedene Gebäude ein-. schließlich der **Terme Suburbane** **1** und des **Forums** **2** haben sich noch nicht von den Schäden des letzten Erdbebens im Jahr 63 n. Chr. erholt. Trotz heftiger Erdstößen in der Nacht können sich die Einwohner nicht vorstellen, welche Katastrophe ihnen bevorsteht.

Mittags Hungrige Pompejier strömen ins **Thermopolium di Vetutius Placidus** **3**. Andere gehen ins **Lupanare** **4**, und die Gladiatoren üben für die Spiele im **Amphitheater** **5**. Da ertönt ein Knall – der Vulkanausbruch mit einer dunklen Rauchwolke mit Gesteinsbrocken – ca. 14 km über dem Krater!

15–17 Uhr Ein Regen aus brennendem Bimstein geht nieder. Innerhalb von zwei Stunden ist die Aschewolke 25 km hoch. Dächer stürzen ein und begraben die Schutzsuchenden unter sich.

25. AUGUST 79 N. CHR.

Mitternacht Schlammlawinen schieben sich über Herculaneum. Bimstein und Asche regnen weiter auf Pompeji herab, zertrümmern Gebäude und ersticken alle.

4–8 Uhr Aschewolken erreichen Herculaneum. Weitere Lavaströme begraben Pompeji unter sich und töten alle Einwohner einschließlich jener, die im **Orto dei Fuggiaschi** **6**. Schutz gesucht haben. Die Gesteinsdecke wird über fast zwei Jahrtausende lang freskenverzierte Schätze wie die **Casa del Menandro** **7** und die **Villa dei Misteri** **8** unter sich aufbewahren.

TOP-TIPPS

» Besuch am Nachmittag
» 3 Stunden einplanen
» Bequeme Schuhe und eine Kopfbedeckung
» Trinkwasser mitbringen
» Beim Fotografieren kein Blitzlicht verwenden

Terme Suburbane

Das Laconicum (Sauna),das Caldarium (Dampfbad) und der große, beheizte Swimmingpool waren nicht die einzigen Wärmequellen hier; die Wände dieser Therme zieren frivolste Fresken, die beim Betrachten richtig einheizen!

8

Villa di Diomede

Casa dei Vettii

Casa del Poeta Tragico

Porta Ercolano

Casa del Fauno

Basilica

Tempio di Apollo

Porta Marina **1**

2

4

Terme del Foro

Macellum

Teatro Grande

Porta di Stabia

Quadriportico dei Teatri

Teatro Piccolo

Foro

Eine Art Times Square der Antike; das Forum liegt an der Kreuzung der Hauptverkehrsachsen von Pompeji und war im 1. Jh. v. Chr. verkehrsfrei. Die Säulensockel (Plinthen) am südlichen Stadtrand trugen Statuen der kaiserlichen Familie.

CRISTIAN BONETTO ©

Villa dei Misteri

Die Villenanlage birgt das weltberühmte Dionysische Fries mit gegeißeltem Mädchen und Bacchantin. Andere Highlights der Mysterienvilla sind die Trompe l'Œil-Wandverzierungen im Cubiculum (Schlafzimmer) und die ägyptischen Kunstwerke im Tablinum (Empfangsraum).

Lupanare

Die Prostituierten in diesem Bordell waren oft Sklavinnen aus Griechenland und Asien. Einst lagen Matratzen auf den Steinbetten und die eingravierten Namen erinnern wohl an die Liebesdienerinnen und ihre Kunden.

Thermopolium di Vetutius Placidus

Die Theke in dieser antiken Snackbar hatte einst Behälter mit warmem Essen. Das Lararium (Haushaltsschrein) auf der Rückseite stellt Dionysos dar (den Weingott) und Merkur (den Gott der Diebe und Kaufleute).

Augenzeugenbericht

Plinius der Jüngere (61 v. Chr.– 112 n. Chr.) lieferte in seinen Briefen an Tacitus (56 v. Chr.–117 n. Chr.) einen fesselnden Katastrophenbericht aus erster Hand.

Porta del Vesuvio

Porta di Nola

Porta di Sarno

Casa della Venere in Conchiglia

3

7

6

Grande Palestra

5

Tempio di Iside

Casa del Menandro

Diese Stadtvilla gehört sehr wahrscheinlich der Familie von Poppaea Sabina, Neros zweiter Gemahlin. Ein Raum links vom Atrium ist mit Bildern zum Trojanischen Krieg dekoriert sowie mit einem farbenprächtigen Mosaik, auf dem Pygmäen nilabwärts rudern.

Orto dei Fuggiaschi

Der Garten der Flüchtlinge stellt die Gipsabdrücke von 13 Einwohnern aus, die beim Vesuvausbruch dort Zuflucht suchten – die größte Anzahl an Opfern, die an einem Ort gefunden wurden. Die aneinander gekauerten Menschen geben ein bewegendes Bild ab.

Anfiteatro

Magistrate, lokale Senatoren, Sponsoren und Veranstalter von Gladiatorenkämpfen saßen immer in der ersten Reihe dieses Veteranenamphitheaters. Das Geländer rundum das Stadion ist mit Kampf- und Jagdszenen sowie mit Bildern von Siegesfeiern ausgeschmückt.

Trips & Tours (☎ 349 7155270; www.naples tripsandtours.com). Je nach Wetterlage werden für 50 € geführte drei- bis vierstündige Ausritte angeboten. Darin beinhaltet sind Transferfahrten von/nach Neapel oder dem Bahnhof Ercolano-Scavi.

Wer mit dem Auto auf der A3 anreist, nimmt die Ausfahrt Ercolano Portico und folgt den Schildern Richtung Parco Nazionale del Vesuvio. Bei schlechtem Wetter ist der Gipfelpfad geschlossen und es verkehren dann keine Busse.

Pompeji

25 500 EW.

Pompeji macht auf ernüchternde Art bewusst, welch unheilvollen Kräfte tief im Vesuv schlummern. Die untergegangene Stadt ist die faszinierendste Ausgrabungsstätte Europas. Rund 2,5 Mio. Menschen strömen jedes Jahr scharenweise hierher, um vor einer Geisterkulisse durch die Ruinenstadt zu wandeln. In der Antike war sie einmal ein blühender Mittelpunkt des Handels.

Anklang findet Pompeji aber nicht nur bei den Touristen. In den Augen von Archäologen ist der historische Wert unbezahlbar, denn sie können hier erkunden, wie der Alltag im alten Rom aussah. Dies ist darauf zurückzuführen, dass die Stadt nicht einfach durch den Vulkanausbruch hinweggefegt wurde: Stattdessen wurde sie unter einer Schicht Lapilli begraben, so schreibt Plinius der Jüngere in seinem legendären Bericht über den genauen Hergang der Eruption. Dementsprechend ist ein anschauliches Stück antiken Lebens gut erhalten geblieben. Besucher können heute römische Straßen entlangschlendern und in Jahrtausende alten Residenzen und Geschäften herumschnüffeln (einschließlich einem antiken Bordell).

Geschichte

Der Ausbruch des Vesuv war nicht die erste Katastrophe, die über die römische Hafenstadt hereinbrach. Bereits 63 n. Chr. legte sie ein Erdbeben weitgehend in Schutt und Asche. Ein Großteil der damals 20 000 Pompejaner musste evakuiert werden. Viele davon waren noch nicht wieder in ihre Stadt zurückgekehrt, als der Vesuv am 24. August 79 n. Chr. mit ungeheuren Massen von Lava und Lapilli seine Kuppe in die Luft sprengte und so 2000 Männer, Frauen und Kinder in der Stadt zu seinen Füßen unter einer Geröllschicht begrub.

Die Ursprünge von Pompeji sind ungewiss, jedoch scheint die Stadt im 7. Jh. v. Chr. von den kampanischen Oskern gegründet worden zu sein. Im Laufe der darauffolgenden sieben Jahrhunderte fiel die Stadt an die alten Griechen und Samniten, bis sie 80 v. Chr. schließlich römische Kolonie wurde. Nach seinem tragischen Untergang verschwand Pompeji zunächst gänzlich von der Landkarte, bis der Architekt Domenico Fontana im Jahr 1594 bei Kanalbauarbeiten zufällig auf die Ruinen stieß. Er meldete den Fund, erkannte seine Bedeutung aber nicht und kümmerte sich nicht weiter darum. Die eigentliche Erforschung des Areals begann erst 1748 unter dem Bourbonenkönig Karl von Neapel. Systematisch gegraben wurde bis ins 19. Jh. Ganz zu Beginn der Ausgrabungen wurden viele der eindrucksvolleren Mosaike zur Ausschmückung des Königspalasts nach Portici verschleppt; allerdings gelangten danach die meisten gottlob nach Neapel, wo sie nunmehr einen würdigen Platz im Museo Archeologico Nazionale (S. 725) gefunden haben.

⊙ Sehenswertes

★ Ruinen von Pompeji   RUINEN

(☎ 081 857 53 47; www.Pompejisites.org; Eingänge an der Porta Marina & Piazza Anfiteatro; Erw./Stud. 11/5,50 €, Kombiticket inkl. Herculaneum 20/10 €; ☉ im Sommer 8.30–19.30 Uhr, im Winter bis 17 Uhr, letzter Einlass 90 Min. vor Schluss) Von den ursprünglichen 66 ha sind bis heute 44 ha ausgegraben. Natürlich heißt das nicht, dass bis in den kleinsten Winkel freier Zugang zu den als Unesco-Weltkulturerbe gelisteten Ruinen gegeben ist. Es gibt Zonen, die ohne Grund gesperrt sind. Anderswo wiederum fehlen klare Ausschilderungen. Da und dort streunt ein seltsamer alter Hund herum. Es lohnt sich auf jeden Fall, ein wenig Geld in einen Audioguide zu investieren.

Zum Zeitpunkt der Recherche war die Casa dei Vettii (Haus der Vettier) wegen Restaurierung geschlossen. Die Terme Suburbane direkt außerhalb der Stadtmauern können am Wochenende besichtigt werden, jedoch nur bei Vorausbuchung auf www. arethusa.net. Hier stößt man auch auf die erotischen Fresken, die im Jahr ihrer Enthüllung 2001 im Vatikan für einen Skandal sorgten. Die obszönen Wandtafeln zieren die Umkleideräume, die einst zu einem privaten Bäderkomplex gehörten.

PORTA MARINA

Der Haupteingang befindet sich an der Porta Marina. Dieses Tor ist das eindrucksvollste der sieben antiken Tore der alten Stadtmauern. Gestern wie heute ist hier immer viel los. Einst war das Tor das Bindeglied zwischen der Stadt und dem Hafen, daher auch sein Name. Gleich rechter Hand hinter dem Eingang steht der Tempio di Venere (Venustempel) aus dem 1. Jh. v. Chr., früher einer der prächtigsten Tempel der Stadt.

FORUM

Ein Stück weiter nordöstlich entlang der Via Marina gelangt man zum heute grasbewachsenen **Foro** (Forum). Zu beiden Seiten ragen Kalksteinsäulen auf. Hier befand sich also der Hauptplatz der Stadt, gesäumt von Gebäuden, die von seiner damaligen Rolle als Drehscheibe des städtischen Lebens zeugen, mit allem, was eine Zivilgesellschaft damals wie heute ausmacht inklusive Handel, Politik und Religion.

Am südwestlichen Ende des Platzes befinden sich die Überreste der **Basilika**. Im 2. Jh. v. Chr. war sie Sitz der Gerichtshöfe und der Börse. Die halbkreisförmigen Apsen sollten später die Architektur der frühchristlichen Kirchen beeinflussen. Gleich gegenüber befindet sich der **Tempio di Apollo** (Apollotempel). Es ist der älteste und wichtigste aller Sakralbauten Pompejis. das meiste von dem, was heute noch zu sehen ist, einschließlich des auffälligen Säulenvorbaus stammt aus dem 2. Jh. v. Chr. Der Ursprung einiger Überreste geht auch bis ins 6. Jh. v. Chr. zurück und verweist damit auf einen Vorgängerbau.

Am nördlichen Ende des Forums steht der **Tempio di Giove** (Jupitertempel), bei dem einer der zwei seitlichen Triumphbögen noch erhalten ist; gleich daneben befinden sich

der **Granai del Foro** (Kornspeicher), wo heute Hunderte von Amphoren und verschiedene Gussformen gelagert sind. Diese wurden gegen Ende des 19. Jhs. als Gipseinfüllungen in Hohlräume gegossen, um zerstückelte Körper wieder zusammenzufügen. Ganz in der Nähe befindet sich das **Macellum**, einst Hauptstandort des städtischen Fleisch- und Fischmarkts.

LUPANARE

Vom Markt aus läuft man auf der Via degli Augustali bis zum Vicolo del Lupanare. Auf halber Höhe dieser schmalen Straße stößt man auf ein winziges, zweistöckiges Gebäude namens **Lupanare**, dem damals einzigen Bordell der Stadt. Auf jeder Etage befinden sich fünf Räume; dort sind extrem obszöne erotische Fresken zu sehen, die für die sexbessene Kundschaft gedacht waren.

TEATRO GRANDE

Weiter südlich mündet die Via dei Teatri schließlich ins begrünte **Foro Triangolare**, einst mit Blick aufs Meer und den Sarno (Fluss). Die Hauptattraktion dieses Platzes ist seit jeher das Teatro Grande aus dem 2. Jh. v. Chr., welches Platz für insgesamt 5000 Zuschauer bot. Die Sitzreihen waren in das erkaltete Lavagestein gehauen, auf dem Pompeji einst erbaut wurde. Hinter der Bühne befand sich der **Quadriportico dei Teatri**, ein Säulengang, der ursprünglich den Theaterbesuchern in den Pausen der Aufführungen als Flanierzeile diente. Später fanden dort die Gladiatorenbarracken ihren Platz. Nebenan befindet sich das **Teatro Piccolo** (auch bekannt als Odeion). Das überdachte Theater war einst berühmt für seine gute Akustik, während die prärömische **Tempio di Iside** (Isis-Tempel) eine beliebte Kultstätte war.

ℹ️ GEFÜHRTE TOUREN

Vor dem Kartenbüro der *scavi* (Ausgrabungsstätten) steht fast immer irgendein Gästeführer. Autorisierte Gästeführer erkennt man an personalisierten Plaketten. Eine zweistündige Führung kostet zwischen 100€ und 120 €, ob für einen Einzelperson oder für eine ganze Gruppe. Seriöse Tourenveranstalter sind **Yellow Sud Marine** (☎329 1010328, 334 1047036; www.yellowsudmarine.com) und **Torres Travel** (☎081 856 78 02; www.torrestravel.it). Beide bieten geführte Touren zu den Ruinen sowie Ausflüge zu den regionalen Highlights an, inklusive Neapel, Capri und Amalfiküste.

Bei Yellow Sud Marine werden auch günstigere Rundgänge durch Pompeji angeboten. Diese kosten 12 € pro Person (exklusive Eingang zu den Ruinen). Diese zweistündigen Rundgänge fangen jeweils samstags und donnerstags um 11 Uhr an (freitags um 15 Uhr), und zwar vor dem Circumvesuviana-Bahnhof Pompeji Scavi-Villa dei Misteri. Die Touren solllten einen Tag im Voraus gebucht werden (per E-Mail oder telefonisch).

CASA DEL MENANDRO

Etwas weiter östlich, in der Via dell' Anfiteatro (die in den Vico Meridionale übergeht), findet man die Casa del Menandro. Die Stadtvilla gehört zu den prächtigsten Privathäusern Pompejis; zu ihren Glanzstücken zählen ein eleganter Säulenhof (Garten mit Kolonnade) und ein auffallend schöner Mosaikboden im *caldarium* (Dampfbad).

TERME STABIANE & CASA DELLA VENERE IN CONCHIGLIA

In ihrer östlichen Verlängerung geht die Via Marina in die Via dell'Abbondanza (Straße der Fülle) über, die einstige Hauptverkehrsader der Stadt, gesäumt von zahlreichen antiken Läden. Dort stößt man dann auf die **Stabianer Thermen** (Terme Stabiane) aus dem 2. Jh. v. Chr. Und so sah ein typischer Bäderkomplex jener Zeit aus: Die Badegäste betraten das Spa über eine Vorhalle, wo sie erst einmal unter dem Gewölbe des *apodyterium* (Umkleideräume) haltmachten. Danach gingen sie zum *tepidarium* (Sauna) und *caldarium* (Dampfbad) weiter. Besonders eindrucksvoll ist das stuckverzierte Gewölbe im Herrenumkleideraum. Die Decke ist mit kessen *putti* (Engelchen mit Flügeln) und Nymphen verziert.

In Richtung nordöstliches Ende der Via dell'Abbondanza taucht die **Casa della Venere in Conchiglia** (Haus der Venus in der Muschel) im Blickfeld auf. Die Villa stand 1943 unter Bombenhagel, hat sich jedoch gut von den Schäden des Zweiten Weltkriegs erholt. Zwar wirkt sie von außen eher unscheinbar, jedoch birgt sie ein herrliches Peristyl (einen von Säulen umgebenen Innenhof) mit Blick auf einen kleinen, gepflegten Garten. Und in diesem Garten befindet sich auch das Fresko der Venus, nach dem das Haus benannt ist.

ANFITEATRO

Gleich südöstlich von der Casa della Venere in Conchiglia befindet sich das heute mit Gras bewachsene **anfiteatro** (Amphitheater). Erbaut wurde es im Jahr 70 v. Chr. Es ist das älteste bekannte römische Freilufttheater. Seinerzeit bot es Platz für 20 000 Zuschauer, die wie besessen die Gladiatorenspiele verfolgten. Unweit davon befindet sich die **Grande Palestra**, ehemals ein Übungsplatz für Leichtathleten, mit einem beeindruckenden Säulenvorbau aus der Augustus-Ära und den Überresten eines Schwimmbeckens in der Mitte.

CASA DEL FAUNO

Von der Grande Palestra aus geht es zurück auf die Via dell'Abbondanza und dann rechts in die Via Stabiana zu einigen der herrschaftlichsten Anwesen im antiken Pompeji. In der Via della Fortuna (erste Nebenstraße rechts die Via del Labirinto entlang bis zum Vicolo del Mercurio) kommt man bis vor die **Casa del Fauna** (Haus des Fauns; Via Stabiana), Pompejis größte Privatvilla. Ihre Gesamtfläche erstreckt sich auf eine ganze *insula* (Wohnblock). Die Räumlichkeiten bestehen aus zwei Atrien an der Vorderseite (bescheidenere Häuser hatten nur ein Atrium). Benannt ist dieser Bereich nach der kleinen, feinen Bronzefigur im *impluvium* (Regenbassin). Hier stießen die Archäologen der ersten Stunde auf die herrlichsten Mosaiken Pompejis. Die meisten davon befinden sich heute im Museo Archeologico Nazionale in Neapel. Ein weiteres wertvolles Relikt der Antike ist u. a. ein wunderschönes Bodenmosaik mit geometrischem Muster.

Einige Häuserblocks weiter taucht die **Casa del Poeta Tragico** (Haus des Tragödiendichters) auf. Dort kann man die ersten Hundewarnschilder der Zivilisationsgeschichte mit der Aufschrift *cave canem* (Warnung vor dem Hunde) bestaunen.

Nördlich davon, an der Via di Mercurio, steht die derzeit geschlossene **Casa dei Vettii** (Haus der Kaufmannsbrüder Vetius). Im Innern des Hauses verbirgt sich die berühmte Darstellung des Priapus mit seinem überdimensionalen Phallus, der eine Waagschale berührt – und dessen Anblick so manchen männlichen Betrachter beunruhigt.

VILLA DEI MISTERI

Ab der Casa del Faunoa läuft man die Straße westlich weiter entlang und biegt in die Via Consolare ein, die durch die **Porta Ercolano** aus der Stadt hinausführt. Dann geht es an der **Villa di Diomede** vorbei. Gleich danach stößt man auf die riesige **Villa dei Misteri** mit ihren 90 Räumen: eine der vollständigsten Bauten, die in Pompeji erhalten geblieben sind. Dort ist noch immer das bedeutendste Fresko zu sehen, das in der Ausgrabungsstätte verblieben ist: der *Dionysiosfries*. Es erstreckt sich komplett über die Wände des großen Speisesaals. Der Fries ist eines der größten erhaltenen antiken Gemälde überhaupt. Dargestellt ist die Initiation einer künftigen Braut in den Kult des griechischen Weingottes. Seinerzeit wurde hier auch Wein produziert. Am nördlichen

Ende der Villa kann man die einstige Weinkellerei sowie die dazugehörigen Anbauflächen noch erkennen.

🛏 Schlafen & Essen

Eine Übernachtung in Pompeji ist wirklich nicht notwendig. Am besten lassen sich die Ruinen im Rahmen eines Tagesausflugs ab Neapel, Sorrent oder Salerno besuchen. Sobald die Ausgrabungsstätten geschlossen sind, wirkt die Gegend rund um die Stätte richtig verwahrlost. Die meisten Restaurants in der Nähe der Ruinen sind charakterlose Lokale, die ganze Busladungen an Touristen abfertigen. Wer ein bisschen weiter in die moderne Stadt hineinschlendert, wird ein paar ordentliche Restaurants finden, die ausgezeichnetes italienisches Essen servieren.

Für alle, die lieber innerhalb des Ruinenareals speisen möchten, bietet die **Kantine** (Via di Mercurio) nahe am Tempio di Giove eine Standardauswahl von *panini*, Pizzastücken, Salaten, heißen Gerichten und Eis an.

⭐ **President**   KAMPANISCH **€€**
(☎ 081 850 72 45; www.ristorantepresident.it; Piazza Schettini 12; Gerichte 35 €; ⊙ Di–So 11.40–15.30 & 19 Uhr bis Mitternacht, Jan. geschl.; 🚈 FS bis Pompeji, 🚈 Circumvesuviana nach Pompei Scavi-Villa dei Misteri) Hier wird unter Kronleuchtern gespeist, von denen das Kerzenwachs heruntertropft, und der Service hat Stil! Man kommt sich ein bisschen vor wie in „Frühstück bei Tiffany" mit Audrey Hepburn. Hinter der besonderen Atmosphäre steht die Persönlichkeit des Inhabers Paolo Gramaglia, dessen Leidenschaft für das Besondere in den Kreationen aus heimischen Zutaten aufblitzt, wie etwa in den *millefoglie* mit Auberginen mit Cetara-Sardellen (Auberginenmus in flockig-leichtem Blätterteigmantel), Mozzarella *filante* (geschmolzener Mozzarella) und geraspelter *tarallo* (leckerer Mandelkeks). Auch mit einem Degustationsmenü lässt sich der Gaumen verwöhnen (30 € bis 50 €).

❶ Praktische Informationen

Polizei (☎ 081 856 35 11; Piazza Porta Marina Inferiore)
Ausgrabungsstätten von Pompeji (www.pompeisites.org) Hintergrundwissen und praktische Hinweise rund um Pompeji, Herculaneum und andere archäologische Stätten, die man unbedingt gesehen haben sollte.
Post (Piazza Esedra)

Touristeninformation (☎ 081 850 72 55; www.pompeiturismo.it; Via Sacra 1; ⊙ Mo–Fr 8–15.30, Sa bis 13 Uhr)

❶ An- & Weiterreise

Die Circumvesuviana-Züge verkehren zwischen dem Bahnhof Pompeji Scavi-Villa dei Misteri und Neapel (2,90 €, 35 Min.) und Sorrent (2,20 €, 30 Min.).

CSTP (☎ 800 016659; www.cstp.it) Bus 4 fährt von/nach Salerno (2,20 €, 90 Min.).

Shuttlebusse zum Vesuv fahren direkt vor dem Bahnhof Pompeji-Scavi-Villa dei Misteri ab.

Wer mit dem Auto anreist, nimmt die A3 ab Neapel, Ausfahrt Pompeji und folgt den Schildern nach Pompeji Scavi. Die Parkplätze sind klar ausgeschildert (ca. 5 € pro Std.), aber Achtung: Dort treiben sich gerne aufdringliche Kundenfänger herum.

Sorrent
16 500 EW.

Sorrent, so liest man über den auf einer Klippe thronenden Ort, sollte man eher meiden – eine Destination für Pauschalreisende, mit nur wenigen Attraktionen, vom Strand ganz zu schweigen. Auch gibt es dort jede Menge Pubs im englischen Stil, mit Messingbeschlägen, versteht sich ... In Wirklichkeit aber hat das Städtchen einen seltsam eigenwilligen Reiz, der sich in der Lässigkeit süditalienischer Lebensart ausdrückt. So widersteht Sorrent allen Versuchen, im Souvenirkitsch unterzugehen. Der Tourismus entwickelt sich hier nicht ganz so ungnädig wie anderswo.

Das römische Surrentum auf einem Felsplateau mit schwarzen Steilklippen aus vulkanischem Gestein ist ein idealer Ausgangspunkt für Erkundungstouren in die nähere Umgebung: Im Westen erwartet die Besucher das Beste, was die ursprüngliche Landschaft der Halbinsel zu bieten hat, ein Stück weiter fängt die Amalfiküste an; im Norden lockt Pompeji mit seinen archäologischen Stätten; vor der Küste liegt die sagenumwobene Insel der Blauen Grotte Capri.

Der griechischen Sage nach lebten einst in den Gewässern rund um Sorrent die mythischen Sirenen. Seefahrer der Antike ließen sich willenlos von dem wunderschönen Gesang der mädchenhaften Ungeheuer verzaubern und mit ihren Schiffen ins Verderben leiten. Der listige Odysseus aber entwich ihrem Bann, indem er seinen Ruderern mit Wachs die Ohren verstopfte und sich selbst

Sorrent

Sorrent

◎ Sehenswertes
1 Chiesa di San Francesco A2
2 Duomo...A3
3 Museo Correale.............................D1

✪ Aktivitäten, Kurse & Touren
4 Sic Sic B1

🛏 Schlafen
5 Casa Astarita A3

✕ Essen
6 Inn Bufalito A3
7 La Basilica...................................B2
8 Ristorante il Buco B2

✪ Ausgehen & Nachtleben
9 Bollicine......................................A2
10 Cafè Latino A3
11 Fauno Bar..................................B3

✪ Unterhaltung
12 Teatro Tasso B2

an den Schiffsmast fesseln ließ, während das Schiff die Stelle passierte.

◉ Sehenswertes

Direkt ab der Piazza Tasso beginnt mit dem Corso Italia (verkehrsfrei von 19 Uhr bis 1 Uhr im Sommer sowie sonn- und feiertags von 10 bis 13 Uhr) das Centro Storico, wo es an Sommerabenden in den engen Gassen nur so von Touristen wimmelt. In dieser attraktiven Zone mit Souvenirläden, Cafés, Kirchen und Restaurants herrscht quirliges Treiben.

Chiesa di San Francesco   KIRCHE
(Via San Francesco; ◷8–13 & 14–20 Uhr) Nicht die Kirche an sich, sondern ihr wunderschöner Kreuzgang ist die eigentliche Attraktion. Der besondere Reiz liegt in der harmonischen Verbindung verschiedener Baustile – an zwei Seiten befinden sich Kreuzbögen aus dem 14. Jh., die anderen zwei sind Rundbögen, getragen von achteckigen Stützpfeilern. Hier finden oft Ausstellungen und Sommerkonzerte statt.

Museo Correale   MUSEUM
(☑081 878 18 46; www.museocorreale.it; Via Correale 50; Eintritt 7 €; ◷im Sommer Di–Sa 9.30–18.30 Uhr, So 13.30 Uhr, im Winter eingeschränkte Öffnungszeiten). Ein Besuch dieses Museums, östlich vom Stadtzentrum gelegen, lohnt sich auf jeden Fall. Neben einer reichen Sammlung mit neapolitanischem Kunsthandwerk aus dem 17. Jh. bis zu Jugendstilobjekten aus dem 19. Jh. sind

hier auch japanische, chinesische und europäische Keramikwaren, Uhren und Möbel sowie griechische und römische Artefakte zu finden.

Museo Bottega della Tarsia Lignea MUSEUM

(☏ 081 877 19 42; www.museomuta.it; Via San Nicola 28; Erw./Stud. 8/5 €; ☺ im Sommer 10–18.30 Uhr, im Winter bis 17 Uhr) Seit dem 18. Jh. ist Sorrent berühmt für seine Intarsienmöbel, die in edles Holz mit feinen Mustern eingearbeitet sind. In diesem Museum, das in den Räumlichkeiten eines Palastes mit wunderschönen Fresken untergebracht ist, sind einige exquisite Beispiele zu finden. Daneben gibt es auch noch eine interessante Sammlung mit Gemälden, Druckgrafiken und Fotografien, auf denen Sorrent und Umgebung im 19. Jh. dargestellt sind.

Duomo KATHEDRALE

(Corso Italia; ☺ 8–12.30 & 16.30–20.30 Uhr) Um ein Gefühl für Sorrents Geschichte zu bekommen, bietet sich ein kleiner Stadtbummel zwischen der Via Pietà und der Piazza Tasso an, der auf dem Weg zur Kathedrale an zwei mittelalterlichen *palazzi* vorbeiführt. Besonders auffällig sind das Fresko an der Außenfassade, der dreigeschossige Campanile und die vier klassischen Säulen am Toreingang, den ein elegantes Zifferblatt eine Uhr ziert. Es besteht aus feinen Majolikafliesen. Bemerkenswert sind auch der marmorne Bischofsthron (1573) und und das wunderschön holzgeschnitzte Chorgestühl im Sorrenter *intarsio*-Stil.

🏃 Aktivitäten

Bagni Regina Giovanna STRAND

(Pollio Felix) In Sorrent selbst gibt es gar keinen richtigen Strand. Also am besten auf nach Bagni Regina Giovanna, 2 km westlich der Stadt! Dort gibt es einen schönen Felsstrand mit den Ruinen der römischen Villa Pollio Felix als Kulisse. Das Wasser ist dort sauber und klar. Zwar ist der Strand auch zu Fuß erreichbar (die Via Capo entlang), bequemer geht's jedoch dem SITA-Bus oder dem EAV-Bus (Linea A) nach Massa Lubrense. Dann bleibt auch noch Kraft zum Schwimmen übrig!

Sic Sic BOOTSTOUREN

(☏ 081 807 22 83; www.nauticasicsic.com; Marina Piccola; ☺ Mai–Okt.) Um sich die besten Badestrände herauspicken zu können, mietet man am besten ein Boot. Hier bietet Sic Sic eine ganze Reihe von Möglichkeiten; die Ta-

rife beginnen bei ca. 50 € pro Stunde oder 150 € pro Tag. Außerdem werden geführte Bootstouren angeboten.

Geführte Touren

City Sightseeing Sorrento BUSTOUR

(☏ 081 877 47 07; www.sorrento.city-sightseeing. it; Erw./Stud. 12/6 €; ☺ April–Okt.) Dieses Busunternehmen bietet Stadtrundfahrten rund um Sorrent und innerhalb der Stadt, bei denen Fahrgäste jederzeit aus- und zusteigen können. Die Busse starten täglich um 9.30, 11.30, 13.30 und 15.30 Uhr ab der Piazza De Curtis (Circumvesuviana-Bahnhof). Die Kommentare werden meist auf Englisch gesprochen. Fahrkarten können im Bus erworben werden und gelten für sechs Stunden.

🎆 Feste & Events

Sant'Antonino RELIGIÖS

(☺ 14. Feb.) Dem Schutzpatron von Sorrent, dem hl. Antoninus, wird jedes Jahr mit Prozessionen und riesigen Märkten gehuldigt. Der Heilige soll die Stadt vor der Zerstörungswelle im Zweiten Weltkrieg gerettet haben, als auf Salerno und Neapel ein Bombenhagel niederging.

Settimana Santa RELIGIÖS

(Karwoche) Sorrent ist in ganz Italien berühmt für seine Prozessionen in der Karwoche. Die zwei wichtigsten sind die beeindruckenden Mitternachtsprozessionen am Donnerstag vor Karfreitag und am Karfreitag selbst.

🛌 Schlafen

Die meisten Unterkünfte finden sich im Stadtzentrum oder westlich davon, entlang der Küstenstraße Via Capo. In der Sommersaison zahlt sich frühes Buchen aus.

Casa Astarita B&B €

(☏ 081 877 49 06; www.casastarita.com; Corso Italia 67, Sorrent; DZ 90–120 €, 3BZ 110–140 €; ✳ @ 🛜) In dieser hübschen Frühstückspension sind ursprüngliche Raumelemente wie Nischen und Gewölbedecken erhalten. Und doch bieten alle sechs Zimmer modernen Komfort mit Flachbildschirmfernseher und Kühlschrank. Der Wasserdruck der Sanitäranlagen ist ausgezeichnet. Die Türen sind hell und freundlich gestrichen. Geschmackvolle Kunst und schöne Antiquitäten runden die kunterbunt zusammengewürfelte Einrichtung ab. Die Zimmer liegen rund um einen zentralen Salon, wo das Frühstück auf einem großen, rustikalen Tisch serviert wird.

Seven Hostel
HOSTEL €

(☎ 081 878 67 58; www.sevenhostel.com; Via Lommella Grande 99, Sant'Agnello; B/EZ/DZ 30/75/80 €; ❄@🛜) Das kleine, aber feine Designhotel hat die Räumlichkeiten eines ehemaligen Klosters aus dem 19. Jh. bezogen. Das raffinierte Hostel ist umgeben von Oliven- und Zitronenbäumen und bietet auch schicke Dachterrassen. Manchmal spielt dort auch Livemusik. Der hauseigene Waschsalon mit eher bodenständigem Charakter ist ein echter Bonus. Die geräumigen Zimmer sind modern eingerichtet.

Nube d'Argento
CAMPINGPLATZ €

(☎ 081 878 13 44; www.nubedargento.com; Via Capo 21, Sorrent; Stellplatz für 2 Pers., Auto & Zelt 35 €, 2-Pers.-Bungalows 60–85 €, 4-Pers.-Bungalows 90–120 €; ❄ März–Dez.; @🐕🏠) Dieser einladende Campingplatz ist leicht erreichbar. Er liegt nur etwa 1 km westlich vom Sorrenter Stadtzentrum. Die Stellplätze und bungalowartigen Chalets liegen schön verstreut unter dem Blätterdach von Olivenbäumen. Im Sommer sind die Schattenplätze heiß begehrt. Die Anlagen sind hervorragend in Schuss. Besonders für Kinder und Jugendliche wird hier einiges geboten: ein Freibecken, Tischtennis sowie verschiedene Rutschen und Schaukeln.

La Tonnarella
LUXUSHOTEL €€

(☎ 081 878 11 53; www.latonnarella.it; Via Capo 31; DZ 112–140 €, Suite 240–350 €; ❄ April–Okt. & Weihnachten; P❄@🛜) Das Innendekor von La Tonnarella besteht aus Fayence-Fliesen mit einem schwindelerregenden blaugelben Muster, Antiquitäten, Kronleuchtern und Skulpturen. Die Zimmer – meist mit Balkon oder kleiner Terrasse – sind traditionell möbliert und wirken elitär-klassisch mit allem Komfort. Über einen Aufzug geht es zum hoteleigenen Strand. Von den Gästen überaus geschätzt wird auch das hervorragende Restaurant mit Terrasse.

Hotel Cristina
HOTEL €€

(☎ 081 878 35 62; www.hotelcristinasorrento.it; Via Privata Rubinacci 6, Sant'Agnello; EZ 120 €, DZ 120–200 €, 3BZ 230 €; ❄ März–Okt.; ❄🛜🐕) Hoch oben über Sant'Agnello bietet dieses Hotel herrliche Ausblicke, besonders vom Pool aus. Die geräumigen Zimmer haben alle Balkone mit Meerblick. Die Einrichtung besteht aus Intarsienmöbeln in Kombina-

tion mit modernen Stühlen von Philippe Starck. Es gibt ein hauseigenes Restaurant und einen kostenlosen Shuttle-Service von/ zum Circumvesuviana-Bahnhof.

Essen

Eine lokale Spezialität, nach der man unbedingt Ausschau halten sollte, sind die *gnocchi alla sorrentina* (Gnocchi mit Tomatensoße und Mozzarella überbacken).

Inn Bufalito
KAMPANISCH €€

(☎ 081 365 69 75; www.innbufalito.it; Vico Fuoro 21; Gerichte 25 €; ❄ im Sommer 12 Uhr bis Mitternacht, im Winter eingeschränkte Öffnungszeiten; 🛜🍴) Ein ausgezeichnetes Restaurant mit Bar, das sich dem Slowfood verschrieben hat, mit Schwerpunkt auf Mozzarella! Wer gerne landestypische Kompositionen probiert, die nach mehr schmecken, ist hier goldrichtig! Dazu gehört z.B. das Käsefondue nach Sorrenter Art, das Büffelfleisch-Carpaccio und echt italienische salsicce (Bratwürste) mit Brokkoli. Außerdem gibt es eine gute Auswahl an vegetarischen Gerichten und glutenfreie Speisen sowie regelmäßige Käseverkostungen. Gelegentlich findet auch eine Kunstausstellung statt.

La Basilica
ITALIENISCH, PIZZERIA €€

(Via S Antonino 12; Pizzas 12 €, Gerichte 40 €; ❄12–24 Uhr) Ein elegantes Lokal ohne Starallüren: Unter dem Tonnengewölbe des Kellerrestaurants kommen regionale Leckerbissen auf den Tisch, die einen Tick modern verfremdet sind, wie zum Beispiel hausgemachte schwarze *scialatielli* mit Kalamari und Cocktailtomaten oder süße Sünden wie Schokoladentarte mit Whisky). Wer günstiger essen will, wird auch von den ausgezeichneten Holzofen-Pizzas nicht genug bekommen können.

Ristorante il Buco
KAMPANISCH €€€

(☎ 081 878 23 54; Rampa Marina Piccola 5; Gerichte 60 €; ❄ Feb. Dez. Do–Di 12.30–14.30 & 19.30–23 Uhr) Wie der Name schon sagt, war dieses Lokal einmal ein klösterlicher Weinkeller. Heute ist es ein feines Restaurant, für das man sich abends auch in Schale wirft, und die Küche ist weit entfernt von bescheidener Mönchskost. Der Schwerpunkt liegt auf regionaler Kochkunst. Dazu gehören in etwa moderne Kombinationen wie Mozzarella und Ravioli mit Zitronenfüllung oder ein saftiges Risotto mit geräuchertem Provola, grünem Apfel und Garnelen. Eine Reservierung ist auf jeden Fall ratsam.

Ausgehen & Nachtleben

An Kneipen mangelt es in Sorrent nicht, angefangen bei holzvertäfelten Weinbars bis zu Nachtcafés mit einer guten Auswahl an leckeren Cocktails.

Cafè Latino CAFÉ, BAR
(☎ 081 878 37 18; Vico Fuoro 4a; ☺ im Sommer 10–1 Uhr) Ein guter Ort zum Flirten: Auf der Terrasse des Café Latino, umgeben von Orangen- und Zitronenbäumen, lässt sich wirklich jede „Auserwählte" mit einem guten Cocktail beeindrucken (ab 7 €). Man schlürfe an einem Mary Pickford (Rum, Grapefruit, *grenadino* und Marschino) oder an einem Glas eisgekühlten Weißwein. Wer dann immer noch nicht loskommt, kann auch zum Essen gleich hier bleiben (Gerichte um die 30 €).

Bollicine WEINBAR
(☎ 081 878 46 16; Via Accademia 9; ☺ 19.30–2 Uhr) Mit ihrem dunklem Holzinterieur wirkt diese Weinbar eher schlicht: Auf der Weinkarte stehen hingegen alle großen italienischen Namen und auch eine Auswahl an interessanten Marken aus der näheren Umgebung. Unentschlossene berät das freundliche Barpersonal gerne. Außerdem gibt es hier eine kleine *panini*-Speisekarte, Bruschetta und ein oder zwei verschiedene Pastagerichte.

Fauno Bar CAFÉ
(☎ 081 878 11 35; Piazza Tasso; ☺ Mitte März–Mitte Jan. 7–2 Uhr) Dieses elegante Café nimmt die halbe Piazza Tasso ein und ist damit in der ganzen Stadt der beste Ort zum Leutebeobachten. Die Preise sind allerdings gesalzen. Cocktails kosten ab 7 €, Snacks, Sandwiches und Pizzas bekommt man schon ab 6 €.

 Unterhaltung

Teatro Tasso THEATER
(☎ 081 807 55 25; www.teatrotasso.com; Piazza Sant'Antonino; Eintritt 25 €; ☺ im Sommer 21.30 Uhr) Das Pendant der Londoner Grand Music Hall: Hier wird im Sommer jeden Abend das *Sorrent Musical* dargeboten, eine 75-minütige sentimentale Reise mit neapolitanische Klassikern wie „O Sole Mio" und „Torna a Sorrento".

 Praktische Informationen

Krankenhaus (☎ 081 533 11 11; Corso Italia 1)
Polizei (☎ 081 807 31 11; Via Capasso 11)

Post (Corso Italia 210)

Sorrento Tour (www.sorrentotour.it) Umfangreiche Website mit praktischen Hinweisen zu Transportmöglichkeiten und andere touristische Auskünfte für Unternehmungen in Sorrent und Umgebung.

Touristeninformation Karten und andere nützliche Informationen sind an allen Infokiosken vor dem Bahnhof Circumvesuviana erhältlich (Piazza de Curtis, Bahnhof Circumvesuviana; ☺ im Sommer 10–13 & 15–19 Uhr, im Winter bis 17 Uhr), in der Stadt am Corso Italia (☺ 9–13 & 15–22 Uhr) und im Foreigners' Club (Via Luigi De Maio 35; ☺ Mo–Fr 8.30–16.15 Uhr) sowie am Fährhafen (Marina Piccola; ☺ im Sommer 9–17 Uhr, im Winter geschl.).

 An- & Weiterreise

BUS

Curreri (☎ 081 801 54 20; www.curreriviaggi.it) bietet täglich sechs Verbindungen nach Sorrent ab dem Flughafen Capodichino (Neapel). Die Busse fahren vor der Ankunftshalle des Flughafens ab und kommen an der Piazza Tasso an. Die Fahrkarten (10 €) für eine 75-minütige Busfahrt sind an Bord erhältlich. Die Busse von **SITA Sud** (☎ 089 40 51 45; www.sitasudtrasporti.it) fahren an die Amalfiküste und nach Sant'Agata sui Due Golfi (Abfahrt vor dem Bahnhof Circumvesuviana). Fahrkarten sind in der Bahnhofskneipe oder in Läden mit dem blauen SITA-Schild erhältlich.

SCHIFF/FÄHRE

Sorrent ist die Hauptablegestelle für Überfahrten nach Capri, hat aber auch gute Fährverbindungen nach Neapel, Ischia und zu den Küstenstädtchen der Amalfiküste.

Caremar (S. 744) betreibt Fähren nach Capri (13,20 €, 25 Min., 4-mal tgl.). Die Tragflügelboote von **Alilauro** (☎ 081 497 22 22; www.alilauro.it) verkehren bis zu 5-mal tgl. zwischen Neapel und Sorrent (12,30 €, 40 Min.).

Zwischen Sorrent und Capri pendeln von April bis November die Tragflügelboote der Linee Marittime Partenopee (S. 780). Eine einfache Fahrt kostet 18,30 €, 20 Min., 17-mal tgl.).

Alle Fähren und Tragflügelboote legen an der Marina Piccola ab, wo auch die Tickets erhältlich sind.

ZUG

Circumvesuviana (☎ 800 211388; www.eavcampania.it) Alle 30 Min. verkehren Züge zwischen Sorrent and Neapel (4,10 €) via Pompeji (2,20 €) und Ercolano (2,20 €).

 Unterwegs vor Ort

Der lokale Linienbus B fährt ab der Piazza Sant'Antonino zur Marina Piccola (1,30 €).

Jolly Service & Rent (✆ 081 877 34 50; www. jollyrent.eu; Via degli Aranci 180) hat Smart-Autos ab 60 € pro Tag und 50ccm-Roller ab 27 €.

Oder telefonisch ein **Taxi** bestellen, ✆ 081 878 22 04.

Westlich von Sorrent

In der Gegend westlich von Sorrent zeigt sich Süditalien in seiner ganzen Authentizität: Dort schlängeln sich Serpentinenstraßen durch die Hügellandschaft, vorbei an Hainen mit Oliven-, Orangen- und Zitronenbäumen, durch verschlafene malerische Dörfer und winzige Fischerhäfen hindurch. Bei jeder Kehre eröffnen sich herrliche Blicke aufs Meer. Die schönste Aussicht hat man von Sant'Agata sui Due Golfi aus und von der Landspitze Punta Campanella im äußersten Westen der Halbinsel von Sorrent.

Sant'Agata sui Due Golfi

Das verschlafene Nest Sant'Agata sui Due Golfi, hoch oben auf den Hügeln über Sorrent gelegen, bietet grandiose Ausblicke über den Golf von Neapel auf der einen und die Bucht von Salerno auf der anderen Seite (daher der Name hl. Agatha an den zwei Golfen). Der beste Aussichtspunkt ist beim **Convento del Deserto** (✆ 081 878 01 99; Via Deserto; ⊙ Gärten 8–19 Uhr, Panorama-Aussichtspunkt im Sommer 10–12 & 17–19 Uhr, im Winter 10–12 & 15–17 Uhr). Das Karmeliterkloster liegt 1,5 km oberhalb der Ortsmitte direkt am Hang.

Agriturismo Le Tore (✆ 081 808 06 37; www.letore.com; Via Pontone 43; EZ 50–80 €, DZ 90–120 €, Abendessen 25–35 €; ⊙ Ostern– Anfang Nov.; P 🐕 @ 📶) Der wunderschöne Ökobauernhof bietet acht scheunenartige Zimmer und eine Ferienwohnung mit sechs Schlafplätzen (600–1100 € pro Woche). Eine kurze Autofahrt oder einen langen Fußmarsch vom Dorf entfernt liegt der idyllische Gutshof hinter Obst- und Olivenhainen verborgen – eine wirklich traumhafte Kulisse! Das Zimmer „Terrazzo" hat, wie der Name schon sagt, eine große Terrasse, und verströmt ein besonderes Flair. Die Inhaber bieten auch einen Abholservice mit Shuttlebus ab dem Flughafen von Neapel oder dem Hauptbahnhof (Stazione Centrale) an. Kostenpunkt: ca. 25 € pro Person, einfache Fahrt.

Von Sorrent führt ein malerischer, 3 km langer Wanderpfad (ca. 1 Std. Gehzeit) hinauf nach Sant'Agata. Wer es bequemer möchte kann auch den Bus nehmen: SITA-Busse fahren im Stundentakt ab dem Bahnhof Circumvesuviana nach Sant'Agata.

Marina del Cantone

Von Sorrent kommend folgt man der Küstenstraße bis nach **Termini**. Dort lohnt sich ein kurzer Halt, um die herrlichen Ausblicke zu genießen. Danach geht's weiter nach **Nerano**, von wo ein wunderschöner Wanderpfad zur traumhaften **Bucht von Ieranto** hinunterführt, einem der besten Badeplätze an der Küste; der Weg führt außerdem zum ruhigen und eher unauffälligen Dorf **Marina del Cantone**.

◉ Sehenswertes & Aktivitäten

Sorrent ist auch eine beliebte Taucherdestination. Das umweltgeschützte Tauchrevier gehört zum 11 km² großen Unterwasserreservat **Punta Campanella** mit seinen herrlichen Grotten, deren Fauna und Flora sehr artenreich ist.

Nettuno Diving   TAUCHEN
(✆ 081 808 10 51; www.sorrentodiving.com; Via Vespucci 39; 🤿) Die Tauchbasis mit PADI-Zulassung bietet verschiedene Unterwasseraktivitäten an, wie etwa Schnorchelausflüge, Anfängerkurse und Höhlentauchen. Die Preise für Erwachsene beginnen bei 25 € für einen Tagesausflug in der Bucht von Ieranto.

🛏 Schlafen & Essen

**Villaggio Residence
Nettuno**   CAMPINGPLATZ, APARTMENTS €
(✆ 081 808 10 51; www.villaggionettuno.it; Via A Vespucci 39; Stellplatz für 2 Pers., Zelt & Auto pro Pers. 15–35 €, Bungalows 35–85 €, Apt. 60– 250 €; ⊙ März–Anfang Nov.; P ❄ @ 🐕 ♿) Der Campingplatz befindet sich gleich am Ortseingang im Schatten von Olivenbäumen. Zu den verschiedenen Unterkunftsmöglichkeiten gehören Stellplätze, Wohnmobile und (im Idealfall) eine Ferienwohnung in einem Turm aus dem 16. Jh. für zwei bis fünf Personen. Alles in allem eine umweltfreundliche Anlage mit ausgezeichneter Ausstattung und einer langen Liste von Aktivitäten.

DIE KÜSTE ENTLANG WANDERN

Über der Steilküste der dicht bewaldeten Monti Lattari bieten sich einige herrliche Wandermöglichkeiten. Das weit verzweigte Wegenetz führt entlang der Gipfel des zerklüfteten Kalkmassivs; es zieht sich hinauf zu entlegenen Bauernhöfen und führt durch urwüchsige Täler und wilde Natur. Die Wege sind allerdings recht strapaziös –Stufe für Stufe bergauf laufen lässt sich bei den langen Anstiegen praktisch nicht vermeiden.

Der wohl bekannteste Wanderweg ist der 12 km lange **Sentiero degli Dei** (Pfad der Götter; 5½ bis 6 Std.), der aus mehreren steilen, of felsigen Abschnitten besteht und von Positano nach Praiano führt. Der spektakuläre Pfad führt durch einige der unberührtesten Landschaften der Küstengegend. Felsen und Bäume entlang des Weges sind mit rot-weißen Streifen markiert, allerdings sind einige Markierungen durch die Witterung verblasst und nicht mehr so leicht erkennbar. Am besten besorgt man sich bei der örtlichen Touristeninformation eine Wanderkarte. Diese ist Teil einer ausgezeichneten Reihe aus drei Prospekten mit den beliebtesten Wanderwegen der Gegend einschließlich der ebenfalls berühmten Via degli Incanti, romantischerweise „Zauberpfad" genannt, die von Amalfi nach Positano führt.

Weiter westlich befindet sich direkt auf der Landspitze der Sorrentiner Halbinsel ein weiterer Hotspot für Wanderer. Das Wegenetz besteht aus 110 km Wanderpfaden, die zwischen der spektakulären Küste und dem ländlich geprägten Hinterland in alle möglichen Richtungen verlaufen. Darunter sind Wege für ganztägiges Trekking, die eine sehr gute Kondition voraussetzen, z.B. die 14,1 km lange Alta Via dei Monti Lattari von den Colli di Fontanelle nahe Positano bis hinunter zur Punta Campanella – es gibt aber auch kürzere, familienfreundliche Wanderwege. Überall in der Gegend ist bei den Touristeninformtionen Kartenmaterial erhältlich, auf dem die farbigen Wanderrouten übersichtlich dargestellt sind. Mit Ausnahme der Alta Via dei Monti Lattari (rot-weiß markiert) sind längere Routen in Rot, Küstenwanderwege in Blau, Wege von Dorf zu Dorf in Grün und Rundwanderwege in Gelb ausgewiesen.

Wer vorhat, eine der anspruchsvolleren Routen in der Region auszuprobieren, sollte ein paar Euro mehr für eine detaillierte Wanderkarte ausgeben wie z. B. für die Karte Monti Lattari, Penisola Sorrentina, Costiera Amalfitana: Carta dei Sentieri (9 €) mit einem Maßstab von 1:30.000, herausgegeben vom Club Alpino Italiano (CAI). Und wer lieber an einer geführten Tour teilnimmt, wendet sich am besten an einen der vielen verlässlichen Wanderführer mit guter Ortskenntnis wie etwa **Zia Lucy** (www.zialucy.it).

Lo Scoglio

ITALIENISCH €€€

(☑ 081 808 10 26; Marina del Cantone; Gerichte 60 €; ⏱12.30–17 & 19.30–23 Uhr) Das absolute Lieblingslokal anspruchsvoller Promis und VIPs ist Lo Scoglio. Und es ist auch das einzige Restaurant in Marina, das direkt vom Meer aus zugänglich ist. Neben den klassischen Fleischgerichten wäre es ein Frevel, nicht die köstlichen Gerichte mit Fisch und Meeresfrüchten zu probieren. Zu den Topgerichten zählen u. a. das *antipasto* mit rohen Meeresfrüchten und die *spaghetti al riccio* (Spaghetti mit Seeigeln).

❶ Anreise & Unterwegs vor Ort

Busse von SITA Sud (S. 772) verkehren regelmäßig zwischen Sorrent und Marina del Cantone (auf den Fahrplänen heißt es Nerano Cantone; 2,50 €, 1 Std.).

AMALFIKÜSTE

Die Costiera Amalfitana, eine der atemberaubendsten Küsten ganz Europas, erstreckt sich 50 km entlang der Südküste der sorrentinischen Halbinsel. Über den Steilklippen, die beängstigend schroff ins schimmernde Türkis des Meeres abfallen, blüht es auf Landschaftsterrassen voller duftender Zitronenhaine; cremefarbene elegante Villen klammern sich an schwindelerregende Steilhänge, während das Meer und der Himmel am weiten blauen Horizont förmlich miteinander zu verschmelzen scheinen.

Allerdings war diese atemberaubende Topografie nicht immer ein Segen. Über Jahrhunderte hinweg, nachdem Amalfis ruhmreiche Tage als Großseemacht bereits der Geschichte angehörten (vom 9. bis 12. Jh.),

Positano

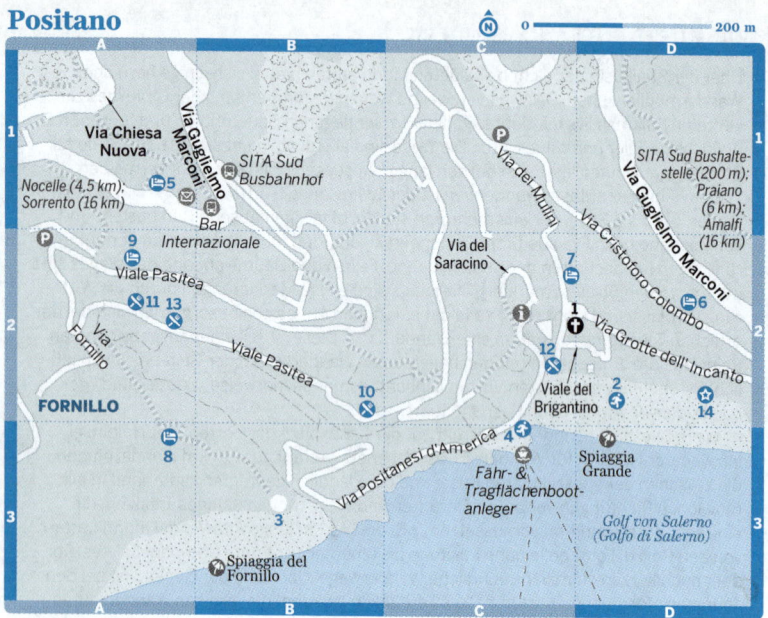

Positano

◎ **Sehenswertes**
1 Chiesa di Santa Maria Assunta C2

✛ **Aktivitäten, Kurse & Touren**
2 Blue Star D2
3 Centro Sub Costiera Amalfitana........B3
4 L'Uomo e il Mare C3

▭ **Schlafen**
5 Hostel Brikette A1
6 Hotel California D2
7 Hotel Palazzo Murat C2
8 Pensione Maria Luisa A3
9 Villa Gabrisa..A2

✕ **Essen**
10 Da Vincenzo...B2
11 Il Saraceno d'Oro A2
12 La Brezza C2
13 Next2 ....A2

✪ **Unterhaltung**
14 Music on the Rocks D2

war die Gegend arm und ihre isolierten Dörfer fielen oft fremden Übergriffen, Erdbeben und Erdrutschen zum Opfer. Diese Abgeschiedenheit war aber wiederum genau der Grund, warum es Anfang des

19. Jhs. die ersten Besucher hierher zog. Somit war der Weg für die Entwicklung des Tourismus in der zweiten Hälfte des 19. Jhs. geebnet. Heute ist die Amalfiküste eine der führenden Destinationen Italiens. Besonders beliebt ist sie bei betuchten Jetsettern und Paaren auf der Suche nach Romantik.

Die beste Reisezeit ist im Frühling oder zum Sommeranfang. Im Sommer wird es auf der einzigen Küstenstraße (SS 163) ziemlich hektisch und auch die Preise schnellen in ungeahnte Höhen; im Winter sind vielerorts die Schotten dicht.

❶ An- & Weiterreise

AUTO & MOTORRAD

Vom Norden kommend fährt man bei der Ausfahrt Vietri sul Mare von der A3 ab und einfach auf der SS163 entlang der Küste weiter. Vom Süden her verlässt man die A 3 bei Salerno und fährtanschließend in Richtung Vietri sul Mare auf der SS163 weiter.

BUS

Die Küstenbuslinien von SITA Sud (S. 773) verkehren regelmäßig und ganzjährig entlang der SS163 zwischen Sorrent und Salerno (3,40 €) via Amalfi.

SCHIFF/FÄHRE

Die Fährverbindungen zu den Hafenstädten der Amalfiküste sind in der Regel auf den Zeitraum zwischen April und Oktober beschränkt.

Alicost (☑ 089 87 14 83; www.alicost.it; Salita Sopramuro 2, Amalfi) betreibt von Mitte April bis Okt. eine Fährverbindung tgl. von Salerno nach Amalfi (7 €), Positano (11 €) und Capri (20,70 €). Montags, mittwochs, freitags und sonntags verkehren auch 2-mal tgl. Tragflügelboote zwischen Sorrent und Positano (15,80 €) sowie Amalfi (16,80 €).

TraVelMar (S. 783) verbindet Salerno mit Amalfi (8 €, 6-mal tgl.) und Positano (12 €, 6-mal tgl.) von April bis Oktober.

ZUG

Ab Neapel kann man entweder mit der Circumvesuviana nach Sorrent oder mit einem Trenitalia-Zug nach Salerno reisen. Danach geht es ost- oder westwärts mit einem SITA-Sud-Bus weiter die Amalfiküste entlang.

Positano

3860 EW.

Positano, die Perle unter den Küstenstädten, ist die meistfotografierte und teuerste Stadt in der Gegend. Die steil übereinander geschachtelten Häuser sind geprägt von einer Farbmischung aus Pfirsich-, Rosa- und Terrakottatönen. Die fast senkrecht abfallenden Straßen (de facto meist Treppen) sind gesäumt von teureren, edlen Boutiquen mit modischen Schaufensterauslagen, Schmuckständen, eleganten Hotels und schicken Restaurants. Wer jedoch genauer hinschaut, stellt fest, dass es in Positano auch nicht besser ist als anderswo – Stuck bröckelt, Farbanstriche sind fleckig, gelegentlich liegt sogar der Schwefelduft einer Kloake in der Luft.

Über einen Besuch notierte John Steinbeck im Mai 1953: „Positano geht bis ins Mark. Es ist ein traumhafter Ort, der den Eindruck vermittelt, nicht ganz von dieser Welt zu sein. Allerdings wird er unwiderstehlich real, sobald man ihn verlassen hat." Nach über 60 Jahren steckt immer noch viel Wahrheit in den Worten des amerikanischen Autors.

⊙ Sehenswertes

Chiesa di Santa Maria Assunta   KIRCHE

(Piazza Flavio Gioia; ⊙ 8–12 & 16–21 Uhr) Die berühmteste der – nun ja – eher raren Sehenswürdigkeiten der Stadt ist die Marienkirche.

Überhaupt ist sie die einzig größere Sehenswürdigkeit in Positano. Die klassizistische Strenge im Innern ist durch vergoldete ionische Kapitelle der Säulen und Putti, die keck aus den Bogenscheiteln hervorgucken, etwas durchbrochen. Über dem Hochaltar thront eine byzantinische Schwarze Madonna mit Jesuskind aus dem 13. Jh.

Aktivitäten

Zwar ist die Spiaggia Grande mit ihrem gräulichen Sand und Tausenden von grellbunten Sonnenschirmen nicht gerade ein Traumstrand, doch ist das Wasser sauber und die Kulisse ist außergewöhnlich schön. In den eingezäunten Bereichen kosten Sonnenschirme und Liegestühle ca. 20 € pro Person und pro Tag. Die meistens gut besuchten öffentlichen Strandabschnitte hingegen sind kostenlos.

Blue Star   SEGELN, TOUREN

(☑ 089 81 18 88; www.bluestarpositano.it; Spiaggia Grande; ⊙ im Sommer 8.30–21 Uhr) Der Bootsverleih betreibt seine Geschäfte an einem Kiosk an der Spiaggia Grande. Blue Star verleiht kleine Motorboote für ca. 70 € pro Stunde (250 € für 4 Std.) und organisiert auch Ausflüge nach Capri und zur Grotta dello Smeraldo (55 €).

L'Uomo e il Mare   SEGELN, TOUREN

(☑ 089 81 16 13; www.gennaroesalvatore.it; ⊙ im Sommer 9–20 Uhr) Die Betreiber, ein italienisch-englisches Paar, bieten eine Reihe von Touren an, einschließlich nach Capri und Tagesausflüge nach Amalfi (ab 55 €). Der kleine Kiosk befindet sich nahe dem Fährterminal.

🛌 Schlafen

Die meisten Hotels liegen im 3-Sterne-Bereich und darüber. Das Preisniveau ist überall hoch. Günstigere Unterkünfte sind rarer und müssen für die Sommersaison gewöhnlich weit im Voraus gebucht werden. Die Touristeninformation vermittelt auch Zimmer oder Apartments von privat.

Hostel Brikette   HOSTEL €

(☑ 089 87 58 57; www.hostel-positano.com; Via Marconi 358; B 20–26 €, Premium B 25–40 €, DZ 55–100 €, Apt. 60–130 €; ⊙ Ende März–Nov.; ❄ @ 🛜) Einen kleinen Fußmarsch von der Bushaltestelle Chiesa Nuova (vor der Bar Internazionale) entfernt befindet sich diese helle, freundliche Herberge, die die günstigsten Betten der ganzen Stadt anbietet.

ABSEITS DER ÜBLICHEN PFADE

NOCELLE

Nocelle (450 m), ein winziges, immer noch abgeschiedenes Bergdorf, bietet die spektakulärsten Ausblicke über die ganze Küste. Zwischen der dörflichen Idylle und dem selbstbewussten Positano liegen Welten. Es ist ein verschlafener, stiller Ort am Sentiero degli Dei (Götterpfad), in dem sich kaum was rührt. Und genau das kommt den ganz wenigen Einwohnern entgegen.

Wer sich nicht so schnell von hier loslösen kann, sollte eine Übernachtung in der Villa della Quercia (☑ 089 812 34 97; www.villadellaquercia.com; Via Nocelle 5; Zi. 70–75 €; ⊙ April–Okt.; 🕾), in Betracht ziehen, einem ehemaligen Kloster mit himmlischen Ausblicken. Für Anspruchsvolle bietet sich ein Abstecher in die **Trattoria Santa Croce** (Via Nocelle 19; ⊙ April–Okt.) an, ein bewährtes Lokal mit christlichen Preisen direkt im alten Dorfkern. Am bequemsten gelangt man hierher mit dem örtlichen Linienbus ab Positano (1,30 €, 30 Min., 17-mal tgl.).

Verschiedene Optionen stehen zur Wahl: Mehrbettzimmer für fünf bis zehn Personen (getrennt oder gemischt), Premium-Mehrbettzimmer (mit eigenem Bad und Aussichtsterrasse), Doppelzimmer und Apartments für zwei bis acht Personen. Es gibt auch eine Wäscherei (10 €) und Gepäckschließfächer sowie günstige, leckere Gerichte – alle hausgemacht.

Echt praktisch: Das Hostel bietet auch externen Tagesausflüglern für 10 € Tagespauschale die Nutzung diverser Einrichtungen und Anlagen an (inklusive Duschen, WLAN-Anschluss und Gepäckaufbewahrung).

Pensione Maria Luisa
PENSION €

(☑ 089 87 50 23; www.pensionemarialuisa.com; Via Fornillo 42; Zi. 70–85 €; ⊙ März–Okt.; @ 🕾) Die Villa Maria Luisa ist eine preiswerte Budgetunterkunft, die der überaus sympathische Carlo mit Herzblut führt. Die Zimmer mit Bad sind blitzblank und mit leuchtend blauen Kacheln gefliest; für die bescheidenen Zimmer mit eigener Terrasse und Meerblick kommen 10 € extra dazu. Die meisten Zimmer haben einen Kühlschrank und der sonnenbeschienene Gemeinschaftsbereich ist ein echtes Plus. Das Frühstück kostet 5 € zusätzlich.

Hotel California
HOTEL €€

(☑ 089 87 53 82; www.hotelcaliforniapositano. com; Via Cristoforo Colombo 141; DZ 160–185 €; P 🌸 🕾) Nein, die Band Eagles, von denen das berühmte Lied „Hotel California" stammt, ist hier nicht anzutreffen! Dafür aber kommen die Gäste in den Genuss eines herrlichen Palazzo aus dem 18. Jh. in pastellfarbenen Tönen. Die Räume im älteren Teil des Prachtbaus haben wunderschön verzierte, original erhaltene Deckenfriese.

Die neueren Räume sind geräumig und luxuriös ausgestattet. Das Frühstück wird auf einer blätterumrankten Terrasse serviert, die nach vorne rausgeht.

★ Hotel Palazzo Murat
LUXUSHOTEL €€€

(☑ 089 87 51 77; www.palazzomurat.it; Via dei Mulini 23; Zi. 175–260 €; ⊙ Mai–Mitte Jan.; 🌸 @ 🕾) Gut abgeschirmt von den Touristenmassen, die sich tagtäglich durch die verkehrsfreie Hauptstraße drängen, und hinter einem alten Gemäuer versteckt befindet sich der Palazzo Murat, heute ein herrliches Hotel. Einst dient der Palazzo aus dem 18. Jh. dem König von Neapel als Sommerresidenz. In der üppig grünen Gartenanlage gedeihen Bananenbäume wie auch feuerrot leuchtende Zylinderputzer-Sträucher, japanischer Ahorn und Pinien. Die Räume, darunter fünf im original erhaltenen Teil des Gebäudes (und deswegen etwas teurer) und 25 im neueren Teil, sind mit prächtigen Antiquitäten und Original-Ölgemälden dekoriert. Überall im Haus und auch außen glänzen helle Marmorflächen.

Villa Gabrisa
BOUTIQUEHOTEL €€€

(☑ 089 81 14 98; www.villagabrisa.it; Via Pasitea 223; DZ 220 €; 🌸 🕾) Das geschmackvoll restaurierte, denkmalgeschützte Gebäude stammt aus dem 18. Jh. Die Räume sind im Stil des italienischenn Klassizismus gehalten, sprich die Einrichtung besteht aus toskanischen Möbeln im Landhausstil, schmiedeeisernen Betten, Kerzenleuchtern aus Murano-Glas, und die Böden sind mit Majolika- und Terrakottafliesen gefliest. Alle Zimmer haben einen Kühlschrank und eine Terrasse mit Meerblick, einige sogar ein munter sprudelndes Whirlpool-Becken. Zu den Extras gehören ein SKY TV-Anschluss und ein hoteleigenes Restaurant mit regional geprägten Küche.

 Essen

Die meisten Restaurants, Bars und Trattorien, darunter viele unverschämt touristische, sind im Winter geschlossen, außer zu Weihnachten und Neujahr.

La Brezza · CAFÉ, BAR €
(☑089 87 58 11; Via Regina Giovanna 2; Snacks ca. 6 €; ☺9–1 Uhr; ☏) Modern und trendig: Diese Snackbar bietet nicht nur kostenloses WLAN, PCs mit Internetanschluss (5 € für 30 Min.) und eine Terrasse mit Blick auf den Strand, auch ein *panino* oder ein kleiner Happen für zwischendurch schmecken hier gut. Regelmäßig finden hier auch Kunstausstellungen statt, und täglich lockt die Happy Hour (von 18 bis 20 Uhr) mit Getränken und leichten Appetithäppchen. Die Tugendhaften regeln ihren Flüssigkeitshaushalt mit frisch gepressten Obstsäften und Smoothies, schön brav ohne Alkohol!

★ Next2 · KAMPANISCH €€
(☑089 812 35 16; www.next2.it; Viale Pasitea 242; Gerichte 40 €; ☺6.30–23.30 Uhr) Gepflegte Atmosphäre und mit erfrischend moderner Note: Diese Mischung aus Weinbar und Restaurant bietet eine recht innovative Küche mit regionalem Touch. Wann immer möglich werden Biozutaten zu neuen Kreationen verarbeitet wie etwa gebratene Ravioli mit Ricotta und Mozzarella auf frischen Tomaten oder *parmigiana di pesce bandiera*, eine regional angehauchte Variation des klassischen Auberginengerichts. Die Desserts sind unverschämt cremig, und im Sommer ist das Schlemmen auf der Terrasse im Freien ein Nonplusultra!

Da Vincenzo · KAMPANISCH €€
(☑089 87 51 28; Viale Pasitea 172–178; Gerichte 40 €; ☺Mi–Mo 12–14.30 & 18–23 Uhr, Di 18.30–23 Uhr) Nun schon in der dritten Generation der Gastronomen, werden hier fantastische Gerichte aufgetischt, vor allem leckere Fischgerichte. Die Palette reicht von abenteuerlichen Kreationen wie Grillspieß mit Kalamari-Tentakeln und frittierten Artischocken bis hin zu Pastagerichten mit saisonalen Zutaten. In den Sommermonaten sind hier auch neapolitanische Gitarrenklänge zu hören. Für die legendären von Marcella kreierten Desserts sollte man sich auf jeden Fall etwas Platz im Magen aufheben. Sie gelten nämlich als die besten in der ganzen Stadt. Vorab reservieren ist ratsam!

Il Saraceno d'Oro · ITALIENISCH €€
(Viale Pasitea 254; Pizzas 6–10 €, Gerichte 35 €; ☺im Sommer tgl. 12.30–15 & 18.30–23 Uhr) Hier pulsiert das Leben: Der sarazenische Mix aus gut gelaunten Kellnern, unkompliziertem, aber leckerem Essen und vernünftigen Preisen lockt das Genussvolk an. Die Pizzas sind gut, die Pasta schmeckt prima und die *contorni* (Beilagen) sind ausgezeichnet. Das *antipasto* mit gegrilltem Gemüse ist bestens geeignet für Vegetarier. Die legendären *Profiteroles* (kleine Windbeutel) in Schokoladensauce sind der krönende Abschluss eines kompletten Menüs; hinterher gibt es dann noch ein Glas *limoncello*.

☆ Unterhaltung

In der Regel ist Positanos Nachtleben elegant, mondän und keiner läuft Gefahr, belästigt zu werden.

Music on the Rocks · CLUB
(☑089 87 58 74; www.musicontherocks.it; Via Grotte dell'Incanto 51; Eintritt 10–30 €; ☺Sommer) Dieser Nachtclub ist einer unter ganz wenigen in der Stadt, aber auch einer der besten direkt an der Küste. Das Music on the Rocks ist in ein Turmgemäuer hineingehauen, das am östlichen Ende der Spiaggia Grande liegt. Das Publikum besteht aus flirtlustigen, wirklich gut aussehenden Leuten. Einige der besten DJs der Gegend legen hier Mainstream (House-Musik) und bewährte Diskomusik auf.

❶ Praktische Informationen

Positano (www.positano.com) Die raffiniert aufgebaute Website hat immer aktuelle Hotel- und Restaurantverzeichnisse, Vorschläge für Reiserouten und praktische Hinweise rund um Transport und Verkehr.

Post (Via Marconi 318)

BUS

Nach/von Amalfi (2,50 €, 40–50 Min.) und Sorrent (2,50 €, 1 Std.) verkehren regelmäßig SITA-Sud-Busse (S. 772). Sie stoppen an zwei wichtigen Haltestellen: aus Sorrent kommend, also im Westen gegenüber der Bar Internazionale und aus Amalfi kommend, also im Osten oben an der Via Colombo. Busfahrkarten bekommt man vor der Abfahrt in der Bar Internazionale oder, wenn es ostwärts gehen soll, beim Tabakladen unterhalb der Via Colombo.

ℹ Unterwegs vor Ort

Wer sich in Positano umsehen möchte, tut dies am besten zu Fuß, vorausgesetzt die Kniegelenke spielen mit. So ist es möglich, relativ leicht und unbeschwert und zudem verkehrsfrei durch Dutzende schmaler Gassen zu kommen und über Treppen rauf- und runterzulaufen. Alternativ verkehrt auch alle halbe Stunde ein kleiner orangefarbener Bus die untere Ringstraße entlang (Viale Pasitea, Via Colombo und Via Marconi. Fahrscheine sind im Bus erhältlich (1,60 €) oder auch beim *tabaccaio* (Tabakladen, 1,30 €). Der Bus kommt an beiden SITA-Bushaltestellen vorbei.

Touristeninformation (☏ 089 87 50 67; Via del Saracino 4; ⊙ Mo–Sa 8.30–19 Uhr, Ostern–Okt. So bis 14 Uhr, Nov.–Ostern Mo–Sa 9–16.30 Uhr).

ℹ An- & Weiterreise

SCHIFF/FÄHRE

Positano hat von April bis Oktober ausgezeichnete Fährverbindungen zu den Küstenstädten und hinüber nach Capri.

Alicost (S. 777) betreibt eine Fähre 1-mal tgl. nach Amalfi (7 €), Salerno (11 €) und Capri (17,40 €). Montags, mittwochs, freitags und sonntags fährt auch ein Schiff nach Sorrent (15,80 €).

Fähren von TraVelMar (S. 782) verkehren 6-mal tgl. nach Amalfi (8 €) und Salerno (12 €).

Linee Marittime Partenopee (Karte S. 728; ☏ 081 704 19 11; www.consorziolmp.it) bietet 4-mal tgl. eine Überfahrt an Bord eines Tragflügelboots, und 4-mal tgl. legen auch Fähren nach Capri (18,90 €) ab.

Praiano & Furore

Das einstige Fischerdorf Praiano lockt mit einem der beliebtesten Strände, der Marina di Praia. An der SS 163 (gleich hinter dem Hotel Continentale) führt ein steiler Klippenweg zu einem Inselchen mit einem schmalen, grobsandigen Strand und tiefblauem Wasser.

Das Tauchzentrum **Centro Sub Costiera Amalfitana** (☏ 089 81 21 48; www.centrosub.it; Via Marina di Praia; Tauchgänge ab 80 €; 🚻) bietet Anfänger- und Fortgeschrittenenkurse an. Dabei lassen sich Korallenriffe, Unterwasserwelt und Meeresgrotten entlang der Küste erforschen.

Einen atemberaubenden Blick von der Steilküste herab auf die Marina di Praia bietet das **Hotel Onda Verde** (☏ 089 87 41 43; www.hotelondaverde.com; Via Terramare 3, Praiano;

Zi. 110–230 €; ⊙ April–Nov.; ❄ ☎). Das Hotel ist eine wirklich solide Übernachtungsmöglichkeit. Die 25 Zimmer bieten jeglichen Komfort, angefangen bei Satinbettwäsche über Florentiner Möbel bis hin zu Liegestühlen auf der Terrasse. Das hoteleigene Restaurant ist ebenfalls eine gute Adresse. Frühstück und Parkplatz sind im Preis inbegriffen.

Nur ein paar Kilometer weiter kommt man nach Marina di Furore. Die Ortschaft liegt am Fuß des sogenannten Fjords von Furore, der sich wie ein riesiger Spalt durch die Lattari-Berge zieht. Das Hauptdorf liegt jedoch 300 m oberhalb, am oberen Ende des Vallone del Furore. Es ist ein Ort mit besonders ländlichem Flair, trotz der farbenfrohen Wandmalereien und der unwahrscheinlich modernen Skulpturen. Erreichbar ist er nur auf dem Rücken eines Pferdes. Folglich sind hier nur wenige Touristen zu sehen.

Die Anfahrt mit dem Auto zum oberen Furore erfolgt über die SS163 und weiter auf der SS366 Richtung Agerola; ab Positano sind es 15 km. Alternativ verkehren in regelmäßigen Zeitabständen SITA-Sud-Busse ab dem Busbahnhof in Amalfi (2,50 €, 25 Min., 5-mal tgl.).

Amalfi

5160 EW.

Es ist schwer, den ganzen Charme des kleinen Amalfi in Worte zu fassen, mit seinen sonnengetränkten Plätzen und dem kleinen Strand. Amalfi war einst eine Supermacht an der Küste mit einer Bevölkerung von über 70 000 Einwohnern. Heute ist es jedoch kein großer Ort mehr. Amalfi lässt sich zu Fuß in nur knapp 20 Minuten von einem Ende zum anderen durchstreifen. Es gibt hier auch keine erwähnenswerten historischen Bauten. Die Erklärung hierfür lässt einen erschauern: Die größten Teile der Altstadt und ihre Einwohner fielen bereits im Jahr 1343 einem Erdbeben zum Opfer, d. h. die Menschen und Häuser glitten einfach hinab ins Meer.

Auf der anderen Seite der Landspitze liegt das benachbarte Atrani. Rings um den pulsierenden Hauptplatz gruppiert sich ein malerisches Gassengewirr mit weiß getünchten Fassaden und Bögen beim Streifzug durch die Gassen. Auch der schöne Strand ist bei Einheimischen und Besuchern beliebt.

⊙ Sehenswertes

Cattedrale di Sant'Andrea · KATHEDRALE
(☎089 87 10 59; Piazza del Duomo; ⊙7.30–19.30 Uhr) Der ikonenhafte Dom von Amalfi mit seiner auffällig breiten Freitreppe ist eine wirklich imposante Sehenswürdigkeit, in der sich verschiedene Baustile vermischt haben.

Zwischen 10 und 17 Uhr (So ab 12.15 Uhr) kann man die Kathedale über den angrenzenden Chiostro del Paradiso (Paradieskreuzgang) betreten. Der Eintritt kostet 3 €. Die Ausgabe lohnt sich. Der Sakralbau stammt teilweise aus dem frühen 10. Jh., aber die auffallend gestreifte Fassade wurde zweimal erneuert, zuletzt Ende des 19. Jhs.

Außen verweisen das zweifarbige Mauerwerk und der Glockenturm aus dem 13. Jh. auf den arabisch-normannischen Stil Siziliens, das Kircheninnere hingegen ist vorwiegend barock gestaltet. Die reich verzierte **Krypta** birgt die Reliqien des hl. Apostels Andreas. Das Fresko gegenüber dem Altar der Krypta stammt vom neapolitanischen Barockmeister Aniello Falcone.

Der winzige Kreuzgang **Chiostro del Paradiso** wurde anno 1266 erbaut. Dort sind die Grabmäler herausragender Bürger untergebracht. Hier befindet sich auch der Eingang zur **Basilica del Crucifisso** (Jan. und Feb. geschl.), Amalfis ursprüngliche Kathedrale aus dem 9. Jh. Erbaut wurde sie auf den Überresten eines frühchristlichen Tempels. Sie birgt eine kleine, aber faszinierende Sammlung von Kirchenschätzen.

Museo della Carta · MUSEUM
(☎089 830 45 61; www.museodellacarta.it; Via delle Cartiere 23; Eintritt 4 €; ⊙10–18.30 Uhr) Das faszinierende Museo della Carta ist in einer Papiermühle aus dem 13. Jh. untergebracht, einer der ältesten in Europa. Dort befinden sich Original-Papierpressen, die noch immer voll funktionstüchtig sind, wovon man sich im Rahmen einer 15-minütigen Führung (auf Englisch, bitte drei Tage im Voraus buchen) überzeugen kann. Erklärt werden u. a. die Papierherstellung auf Basis von Original-Baumwolle und die darauffolgende Herstellung von Zellstoff.

Einmal mit den Details vertraut gemacht, sind viele Besucher so sehr inspiriert, dass sie gerne einige vor Ort produzierte Souvenirs kaufen. Im Geschenkeladen gibt es auch noch Kalligrafie-Serien und Papier mit gepressten Blüten.

Museo Arsenale Amalfi · MUSEUM
(☎089 87 11 70; Largo Cesareo Console 3; Eintritt 2 €; ⊙10–13.30 & 15.30–19 Uhr) Ein weiteres bemerkenswertes Museum bewahrt die *Tavole Amalfitane,* einen alten handgeschriebenen Entwurf des Amalfitanischen Seefahrtkodex sowie andere historische Dokumente. Das höhlenartige Arsenale, einst Hauptwerft, erlaubt eine Spurensuche bis in die Zeit zurück, als Amalfi noch eine große Seerepublik war.

✈ Aktivitäten

Angesichts seiner großen Seefahrtsgeschichte ist Amalfis Hauptstrand nicht gerade attraktiv zum Baden. Wer wirklich einmal ins Wasser springen will, sollte sich ein Boot ausleihen und zum Baden etwas rausfahren. Entlang der Küstenstraße Lungomare dei Cavalieri gibt es verschiedene Anbieter. Die Leihgebühr liegt bei ca. 50 € für einige Stunden.

Grotta dello Smeraldo · GROTTE
(Smaragdgrotte; Eintritt 5 €; ⊙im Sommer 9–16 Uhr, im Winter bis 15 Uhr) In Conca dei Marini, 4 km westlich von Amalfi, befindet sich eine der beliebtesten Sehenswürdigkeiten an der Amalfiküste. Die Höhle ist wirklich einen Besuch wert. Benannt wurde sie nach dem überirdisch leuchtendem Smaragdgrün, das vom Meeresgrund herauf durchschimmert. Von der 24 m hohen Höhlendecke hängen Stalaktiten, während die Stalagmiten von unten her 10 m in die Höhe schießen. Alljährlich pilgern jedes Jahr zwischen dem 24. Dezember und dem 6. Januar Sporttaucher aus ganz Italien hierher, um das *presepe* (Krippenspiel mit Keramikfiguren) unter Wasser zu bestaunen.

Oberhalb des Höhleneingangs kommen auch regelmäßig die SITA-Busse auf dem Autoparkplatz am (von dort aus einen Aufzug nehmen oder die Treppen zu den Ruderbooten hinunterlaufen).

Alternativ bietet Coop Sant'Andrea (S. 783) von März bis November zwischen 9.30 und 15.30 Uhr täglich Bootstouren ab Amalfi (15 € hin & zurück) an. Die Rundfahrten dauern ca. 1½ Stunden.

✦ Feste & Events

Zwischen dem 24. Dezember und 6. Januar pilgern Taucher aus ganz Italien zum *presepe* (Krippenspiel mit Keramikfiguren), einer bekannten Unterwasserkrippe in der Grotta dello Smeraldo.

Die **Regatta delle Antiche Republiche Marinare** (Regatta der Vier Alten Seerepubliken Amalfi, Venedig, Pisa und Genua) findet jedes Jahr am ersten Sonntag im Juni statt. Nach dem Rotationsprinzip wird sie 2017 wieder in Amalfi stattfinden.

🛏 Schlafen

A'Scalinatella Hostel HOSTEL €
(☎ 089 87 14 92; www.hostelscalinatella.com; Piazza Umberto I; B 20–25 €, EZ 35–50 €, DZ 70–90 €, inkl. Frühstück) Diese einfache Herberge, gleich an der Halbinsel von Atrani, vermietet Mehrbettzimmer und Zimmer sowie Apartments, die überall im ganzen Dorf verstreut liegen. Es gibt auch einen Waschsalon (7 €). Die Türen schließen um 2 Uhr früh.

Hotel Lidomare HOTEL €€
(☎ 089 87 13 32; www.lidomare.it; Largo Duchi Piccolomini 9; EZ/DZ 50/120 €; ❋🤶) Dieses schmucke, familiengeführte Hotel hat echten Charakter. Die Zimmer sind geräumig, willkürlich aber stilvoll dekoriert, mit Fliesen im Vintage-Stil und Antiquitäten. Einige Zimmer haben eine Badewanne mit Whirlpool-Düsen. Andere haben einen Balkon mit Meerblick, wieder andere beides. Das Frühstück wird auf einem großen Klavierflügel serviert. Rundherum empfehlenswert!

Hotel Centrale HOTEL €€
(☎ 089 87 26 08; www.amalfihotelcentrale.it; Largo Piccolomini 1; EZ 60–120 €, DZ 70–140 €, 3BZ 90–170 €, 4BZ 100–180 €; 🅿❋@🤶) Das Centrale gehört in Amalfi zu den Hotels mit dem besten Preis-Leistungs-Verhältnis. Der Eingang ist an einer winzig kleinen Piazza im Centro Storico, aber die meisten Zimmer haben Ausblick auf den Domplatz (Nr. 21 bis 24 gehören zu den besten). Das hellgrünblaue Fliesenmuster verleiht dem Hotel eine lebendige, frische Optik, und die Ausblicke von der Dachterrasse sind großartig.

★ Hotel Luna Convento HOTEL €€€
(☎ 089 87 10 02; www.lunahotel.it; Via Pantaleone Comite 33; EZ 230–290 €, DZ 250–300 €; 🅿❋@🤶⛱) Dieses ehemalige Kloster wurde von heiligen Franziskus im Jahr 1222 gegründet. Seit 170 Jahren schon ist es nun ein Hotel. Die Zimmer im ursprünglichen Gebäude waren einst die Mönchszellen. Jedoch haben sie heute mit ihren hellen Fliesen, den Balkonen und dem Meerblick nicht mehr diesen Gefängnischarakter. Der neuere Flügel ist ebenfalls betörend.

Über den Betten sind Fresken mit religiösen Motiven zu bewundern (die jedes Fehlverhalten verhindern). Der Kreuzgang mit Innenhof ist herrlich.

 Essen

Pasticceria Pansa GEBÄCK & KUCHEN €
(Piazza Duomo 40; Gebäck ab 1,50 €; ⊘ im Sommer 7.30–1 Uhr, im Winter bis 22.30 Uhr) Bereits seit 1830 sorgt die Konditorei dafür, dass Taillen nicht zu schlank bleiben. Für Naschkatzen ist diese Pasticceria mit Retro-Flair ein absolutes Muss. Unbedingt probieren sollte man *scorzetta d'arancia*, in Schokolade getauchte, kandierte Zitronenschalen, *torta setteveli* (ein mehrschichtiger Schokoladen-und Haselnusskuchen) sowie *delizia al limone* mit *limoncello* getränkt.

Le Arcate KAMPANISCH €€
(☎ 089 87 13 67; www.learcate.net; Largo Orlando Buonocore, Atrani; Pizzas ab 6 €, Gerichte 25 €; ⊘ Di–So 12.30–15 & 19.30–23.30 Uhr, Juli & Aug. auch Mo geöffnet) An einem sonnigen Tag ist die traumhafte Lage der Pizzeria fast unschlagbar. Sie liegt nämlich am äußersten östlichen Ende des Hafens mit Blick auf den Strand und über der alten Dächerlandschaft von Antrani mit Kirche. Hinter den locker hingestreuten Tischen unter riesigen Sonnenschirmen geht es ins Lokal hinein, dass in eine Felsenhöhle gehauen ist. Hier werden knusprige Pizzas gebacken, während tagsüber deftigere Speisen serviert werden wie etwa Risotto mit Meeresfrüchten und gegrilltem Schwertfisch; das Essen ist gut, allerdings kommt es an die Bilderbuchkulisse nicht heran.

Trattoria Il Mulino ITALIENISCH €€
(Via delle Cartiere 36; Pizzas 6–11 €, Gerichte 29 €; ⊘ 12 Uhr bis Mitternacht) Authentischer als diese ist keine Trattoria in Amalfi: In der Ecke steht eine Flimmerkiste und zwischen den Tischen tollen spielende Kinder herum. Die Speisekarte gibt sich unkompliziert ganz ohne kulinarische Kunstgriffe; da stehen einfach nur herzhafte, ordentliche Pastagerichte und einfach gegrilltes Fleisch, Fisch und Meeresfrüchte zur Auswahl. Schlicht aber schön saftig sind die *calamari alla griglia* (gegrillter Tintenfisch). Das Lokal liegt in der Nähe des Museo della Carta (Papiermuseum).

Ristorante La Caravella KAMPANISCH €€€
(☎ 089 87 10 29; www.ristorantelacaravella.it; Via Matteo Camera 12; Verkostungsmenüs 50–120 €;

⊙Mi–Mo 12–14.30 & 19.30–23 Uhr) Das erst kürzlich mit einem Michelin-Stern ausgezeichnete Ristorante bietet eine Reihe von Gerichten mit innovativer Note wie z. B. schwarze Ravioli mit Tintenfischsoße, Scampi und Ricotta, oder auch Klassiker, die ungeheuer schlicht sind, abhängig vom Fischfang des Tages. Der wird dann nur gegrillt und kommt mit Zitronenblättern garniert auf den Tisch. Weinfreunde werden auf einer Weinkarte mit 1001 Rebsorten womöglich auch gut fündig. Eine Reservierung wird unbedingt empfohlen.

❶ Praktische Informationen

Post (Corso delle Repubbliche Marinare 31) Gleich neben der Touristeninformationen.

Touristeninformation (www.amalfitourist office.it; Corso delle Repubbliche Marinare 27; ⊙Mo–Sa 9–13 & 14–18 Uhr, So 9–13 Uhr, April, Mai & Sept. geschl., Okt.–März Sa & So geschl.) Hier sind auch diverse Fahrpläne für Busse und Fähren erhältlich.

❶ An- & Weiterreise

BUS

Die Busse von SITA Sud (S. 773) fahren mindestens 17-mal tgl. ab der Piazza Flavio Gioia nach Sorrent (3,80 €, 100 Min.) via Positano (2,50 €, 50 Min.). Außerdem fahren mindestens 24-mal tgl. verschiedene Busse nach Ravello (2,50 €, 25 Min.) und mindestens 9-mal tgl. nach Salerno (2,50 €, 1¼ Std.).

Am frühen Morgen gibt es außerdem Busverbindungen nach Neapel (4,10 €, 2 Std.) außer sonntags. Besser nimmt man also einen Bus nach Sorrent und fährt von dort weiter mit dem Circumvesuviana-Zug nach Neapel.

Fahrkarten und Fahrplanaushänge gibt es in der **Bar Il Giardino delle Palme** (Piazza Flavio Gioia) gegenüber der Bushaltestelle.

SCHIFF/FÄHRE

Zwischen April und Oktober verkehren täglich Fähren von/nach Amalfi.

Alicost (S. 777) betreibt 1-mal tgl. eine Fährverbindung nach Amalfi (7 €), Salerno (11 €) und Capri (19 €). Montags, mittwochs, freitags und sonntags fährt ein Schiff einmal pro Tag nach Sorrent (16,80 €).

TraVelMar (☑089 87 29 50; www.travelmar. it) betreibt Fährverbindungen nach Positano (8 €, 7-mal tgl.) und Salerno (8 €, 6-mal tgl.).

Linee Marittime Partenopee (S. 780) betreibt drei Fährverbindung täglich mit Tragflügelbooten, 4-mal tgl. verkehren auch einige Fähren nach Capri (21/20,50 €).

Coop Sant'Andrea (☑089 87 29 50; www. coopsantandrea.com; Lungomare dei Cavalieri 1) verbindet Amalfi mit Salerno (8 €, 6-mal tgl.) und Positano (8 €, 7-mal tgl.).

Ravello

2460 EW.

Das schmucke Touristenstädtchen Ravello liegt auf den Hügeln, hoch oben über Amalfi. Fein herausgeputzt präsentiert es sich heute mit traumhaften Gärten und dem „besten Panorama der Welt", wie es der US-Schriftsteller Gore Vidal einmal beschrieb, als er hier wohnte. Außer ihm hat noch eine ganze Künstlerschar einige Zeit hier verbracht, darunter der Komponist Richard Wagner sowie die Autoren D. H. Lawrence und Virginia Woolf.

Die meisten Leute kommen im Rahmen eines Tagesausflugs von Amalfi herauf: Die 7 km lange Anreise durchs Valle del Dragone hinauf ist ein echter Nervenkitzel. Wer jedoch Ravellos Romantik der überirdischen Art in vollen Zügen genießen will, sollte eine Übernachtung einplanen.

⊙ Sehenswertes & Aktivitäten

★ Villa Rufolo   GÄRTEN

(☑089 85 76 21; Piazza Duomo; Erw./Stud. 5/3 €; ⊙9 Uhr bis Sonnenuntergang) Südlich des Doms befindet sich die Villa Rufolo. Am Eingang zur Villa ragt ein markanter Turm aus dem 14. Jh. auf. Die Villa ist berühmt wegen ihrer zauberhaften „hängenden" **Gärten**. Angelegt wurde die Parkanlage von dem schottischen Landschaftsarchitekten Scott Neville Reid im Jahr 1853. Die Panoramablicke sind einfach himmlisch! Der Park ist ein exotisches Kaleidoskop aus zerbröckelnden Türmen mit künstlerischem Flair und üppiger Blütenpracht. Die Villa als solche wurde bereits im 13. Jh. im Auftrag der Rufolo-Dynastie erbaut. Einige Päpste und auch König Robert von Anjou residierten dort. Als Richard Wagner am 26. Mai 1880 die Gärten um ersten Mal erblickte, rief er aus, er habe nun endlich die bezaubernden Gärten von Klingsor gefunden (die Kulisse für den zweiten Akt seiner Oper *Parsifal*). Heute dient die Gartenanlage im Rahmen des jährlichen Stadtfestes auch als Konzertbühne.

Kathedrale   KATHEDRALE

(Piazza Duomo; Museum Eintritt 3; ⊙8.30–12 & 17.30–20.30 Uhr) Der Dom von Ravello an der Ostseite der Piazza del Duomo wurde ursprünglich im Jahr 1086 erbaut, seine äußere Hülle wurde seither aber mehrmals verändert. Die Fassade stammt aus dem 16. Jh., auch wenn das bronzene Haupttor (eines von nur zwei Dutzend in ganz Italien) ein Original aus dem Jahr 1179 ist. Innen ist die Kirche so eingerichtet, wie man sich im 20. Jh. ihren Vorgängerbau vorstellte.

Besonders interessant ist die auffällige Kanzel. Der Sockel besteht aus sechs Zwirbelsäulen. Das Ensemble wird ergänzt durch Marmorlöwen und herrliche Mosaike, auf denen Pfaue, Vögel und tanzende Löwen zu sehen sind. Bemerkenswert ist auch der abgeschrägte Boden des Vorplatzes – dadurch sollte der Dom in der Perspektive optisch größer wirken.

Links vom Hauptschiff befindet sich der Eingang zum Dommuseum. Dort ist eine kleine bescheidene Sammlung religiöser Artefakte zu sehen. Nachmittags betritt man die Kirche über die Seitenstraße Viale Richard Wagner. Der Eintritt kostet 3 € inkl. Museum.

Villa Cimbrone   GÄRTEN

(☎089 85 80 72; Via Santa Chiara 26; Erw./Stud. 6/3 €; ⊙9 Uhr bis Sonnenuntergang) Wer nach den Gärten der Villa Rufolo immer noch sehnsuchtstrunken ist, wird vielleicht beim Besuch der Villa Cimbrone aus dem 20. Jh. dann richtig satt. Der schön verwilderte Landschaftsgarten eröffnet wirklich grandiose Ausblicke. Höhepunkt ist der „Belvedere der Unendlichkeit", eine Landschaftsterrasse, die gefährlich nahe an den Klippen liegt, gesäumt von antik anmutenden Skulpturen und Büsten. Die Villa befindet sich ca. 600 m südlich der Piazza del Duomo (Domplatz).

✦ Feste & Events

★ Ravello Festival   KULTURELL

(☎089 85 83 60; www.ravellofestival.com; ⊙Juni–Mitte Sept.) In den Sommermonaten verwandelt sich während des Ravello-Festivals fast das ganze Stadtzentrum in eine einzige Bühne. Die Events reichen von Orchesterkonzerten und Kammermusik bis hin zu Ballett, Kinoaufführungen und Ausstellungen an verschiedenen, recht stimmungsvollen Standorten im Freien; die schönste Freiluftbühne von allen sind die berühmten hängenden Terrassengärten der Villa Rufolo.

Nicht alles jedoch findet im Hochsommer statt. Auf dem städtischen Konzertplan wird von April bis Oktober Kammermusik geboten. Konzertkarten können telefonisch oder online gebucht werden. Die Preise beginnen bei 25 € (zuzüglich 2 € Buchungsgebühr). Weitere praktische Hinweise sind bei der **Ravello Concert Society** (www.ravelloarts.org) erhältlich.

🛏 Schlafen

Agriturismo
Monte Brusara   AGRITURISMO €

(☎089 85 74 67; www.montebrusara.com; Via Monte Brusara 32; EZ/DZ 45/90 €) Von Ravellos Stadtmitte führt ein 30-minütiger Fußmarsch zum 1,5 km entfernten Berghof Agriturismo Monte Brusara (Unterkunft im Bauernhof; Abholung kann per Anruf von den Inhabern organisiert werden). Der authentische Bergbauernhof ist besonders familienfreundlich: Während die Kinder Ponys füttern, kann man sich gelassen hinsetzen und die tollen Ausblicke genießen. Der Ort ist auch geeignet für Menschen, die dem Massentrubel entkommen wollen. Geboten sind drei komfortable, jedoch schlichte Zimmer. Das Essen schmeckt spitze!

Hotel Villa Amore   PENSION €€

(☎089 85 71 35; www.villaamore.it; Via dei Fusco 5; EZ/DZ inkl. Frühstück 80/120 €; ⊙Mai–Okt.; @) Diese gastfreundliche *pensione* ist in der Kategorie Budgetunterkünfte das Beste, was die Stadt zu bieten hat. Die Zimmer – alle mit eigenem Balkon, einige auch mit Badewanne – sind schlicht und gemütlich, die Bäder sind blitzsauber. Das hauseigene Restaurant (Gerichte ca. 25 €) ist ein weiterer Pluspunkt.

Hotel Caruso   LUXUSHOTEL €€€

(☎089 85 88 01; www.hotelcaruso.com; Piazza San Giovanni del Toro 2; EZ 575–720 €; DZ 757–976 €, beide inkl. Frühstück; ⊙April–Nov.; P✳🛜🏊) Einen besseren Ort zum Baden gibt es nicht: Der riesige Pool im Hotel Caruso ist einfach sensationell! Die Hotelanlage befindet sich beinahe am Rand einer Steilküste, sodass die Grenze zwischen dem blauen Wasser des Pools und dem Meer bzw. dem Himmelshorizont magisch verschwimmt. Innen ist der sublim restaurierte *palazzo* aus dem 11. Jh. nicht minder beeindruckend: Maurische Arkadenbögen wirken wie doppelte Fenstereinrahmungen; bemerkenswert sind auch die Gewölbedecken aus dem 15. Jh. und die erstklassigen Keramikkunstwerke. Die Zimmer bieten jeden erdenklichen Komfort.

Essen

Cumpà Cosimo
KAMPANISCH €€

(☎089 85 71 56; Via Roma 44–46; Pizzas 7–12 €, Gerichte 40 €; ☺12.30–15 & 19.30 Uhr bis Mitternacht) Netta Bottones rustikale Kochkunst ist so gut, dass sogar der US-Star Rosie O'Donnell versucht hat, sie für ihre Show zu engagieren. Aus Hollywood wurde für Netta dann doch nichts, jedoch ist sie in der Küche der historischen Trattoria immer noch die Größte. Empfehlenswert ist die *piatto misto* (gemischte Platte), zu der unter anderem Ravellos *crespolini* (Käse und Crêpes, mit Schinken gefüllt) gehören. Am Abend können sich Gäste auch eine Pizza bestellen.

Da Salvatore
KAMPANISCH €€

(☎089 85 72 27; www.salvatoreravello.com; Via della Republicca 2; Gerichte 28 €; ☺Di–So 12–15 & 19.30–22 Uhr) Vor der Bushaltestelle und direkt vor dem Albergo Ristorante Garden gelegen, bietet dieses durchschnittlich aussehende Lokal einen umso beeindruckenderen Ausblick, ganz zu schweigen von den kreativen Gerichten, wie etwa Tintenfisch auf Kichererbsenpüree mit scharfem *peperoncino*. Am Abend hat man die Wahl zwischen mehreren erstklassigen Holzofen-Pizzas.

❶ Praktische Informationen

Touristeninformation (☎089 85 70 96; www. ravellotime.it; Via Roma 18bis; ☺9–20 Uhr) mit praktischen Hinweisen rund um die Stadt und einer nützlichen Wanderkarte.

❶ An- & Weiterreise

Mindestens 24 SITA-Sud-Busse fahren täglich an der Ostseite der Piazza Flavio Gioia in Amalfi ab (2,50 €, 25 Min.). Wer mit dem Auto fährt, biegt ca. 2 km östlich von Amalfi in Richtung Norden ab. Ravellos Ortskern ist verkehrsfrei. Jedoch gibt es im näheren Umkreis jede Menge bewachte Parkplätze.

Südlich von Amalfi

Von Amalfi nach Salerno

Die 26 km lange Fahrt nach Salerno macht so richtig gute Laune, auch wenn sie weniger abenteuerlich ist als die 16 km lange Route westlich von Positano. Die Strecke ist gesäumt von einer Reihe kleiner Ortschaften, wobei jede ihren ganz eigenen Charakter hat und eine kleine Stippvisite wert ist.

3,5 km östlich von Amalfi bzw. zu Fuß ab Ravello einen steilen, 1 km langen Fußweg hinab, befindet sich das kleine, alltägliche **Minori**, welches bei italienischen Feriengästen überaus beliebt ist. Wer auf süße Sachen steht, macht einen kurzen Zwischenstopp in Minoris berühmter Konditorei **Sal De Riso** (☎089 85 36 18; www.salderiso.it; Piazza Cantilena 1, Minori; Eis ab 2 €, Focaccie 3,70 €, Gebäck 4 €; ☺7.30 Uhr bis Spätsommer, eingeschränkte Öffnungszeiten im Winter). Inhaber ist einer der verehrtesten Konditoren Italiens, Salvatore De Riso. Hier gibt es auch ordentliche *focaccie* und *gelati*.

Ein Stück weiter gelangt man zum Ferienresort **Maiori**, einem der größten touristischen Komplexe an der Küste mit jeder Menge Hotels am Meer, Restaurants und Strandclubs.

Direkt hinter **Erchie** und seinem wunderschönen Strand liegt das malerische, jedoch langsam verfallende Fischerdorf **Cetara**, das sich als kulinarische Oase einen Namen gemacht hat. Zu den lokalen Spezialitäten zählen Thunfisch und Sardellen, die im **Al Convento** (☎089 26 10 39; www. alconvento.net; Piazza San Francesco 16, Cetara; Gerichte 25 €; ☺im Sommer 12.30–15 & 19–23 Uhr, im Winter Mi geschl.), einem edlen Ristorante für Meeresgerichte unweit des kleinen Hafens, in verschiedenen Variationen aufgetischt werden.

Kurz vor Salerno fährt man in **Vietri sul Mare** vorbei, der Keramikhauptstadt Kampaniens. Bei **Ceramica Artistica Solimene** (☎089 21 02 43; www.solimene. com; Via Madonna degli Angeli 7, Vietri sul Mare; ☺Mo–Fr 9–19, Sa 10–13 & 16–19 Uhr) kann man in dem Laden mit einer außergewöhnlichen Glas-Keramik-Fassade schöne Objekte ab Werk kaufen.

Salerno
132 700 EW.

Salerno ist ein Spiegel italienischer Realität. Inmitten der Flut an Bilderbuchstädten entlang der Amalfiküste ist die zweitgrößte Stadt Kampaniens wirklich eine angenehme Überraschung. Nach zehn Jahren ambitionierter Stadtplanungsmaßnahmen hat sich diese wichtige Hafenstadt in eine der quirligsten Städte Süditaliens verwandelt. Denn das Centro Storico ist ein Stadtviertel, wo das Leben pulsiert, mit einem spannenden Mix aus mittelalterlichen Kirchen,

Salerno

300 m
0

A3 (Richtung Süden);
Paestum (36 km)

Lungomare Guglielmo Marconi

Via Torrione

Piazza
Vittorio
Veneto

4

Piazza della
Concordia

Piazza
Giuseppe
Mazzini

CSTP

Porto Turistico
Fähr- & Tragflächen-
bootanleger

Corso Garibaldi

SITA Sud
Busse nach
Neapel

Via Nizza

Via Volpe

Corso Vittorio Emanuele II

Via Diaz

Lungomare Trieste

Piazza
XXIV
Maggio

Via Cilento

Via Dalmazia

Via San Benedetto

Via Vella

Touristen-
Infopoint

Via Roma

Golf von Salerno
(Golfo di Salerno)

Piazza Alfano

Via S Michele

Via Iannelli

6

3

Piazza
Matteotti

2

Touristen-
information

1 Kathe-
drale

Via Duomo

Via Mercanti

8

7

Vico della Neve

5

Via del Canali

Piazza
Sedile del
Campo

Piazza
Amendola

Amalfi (26 km);
Positano (42 km)

Porto Commerciale
Fähr- & Tragflächen-
bootanleger
Molo
Manfredi

Salerno

◎ **Highlights**

◎ **Sehenswertes**

🛏 **Schlafen**

✖ **Essen**

gaumenkitzelnden Trattorien sowie Bars und Kneipen mit Ambiente, die zum Rundumschlag einladen.

Ursprünglich eine etruskische und später eine römische Siedlung, erlebte Salerno seine Blütezeit im 11. Jh. unter den Normannen. Robert Guiscard machte es 1076 zur Hauptstadt seines Herzogtums. Unter seiner Ägide stieg die Scuola Medica Salernitana zu einer der berühmtesten Medizinfakultäten des mittelalterlichen Europas auf. Kurz vor Ende des Zweiten Weltkrieges tobten rund um Salerno erbitterte Kämpfe. Nach der Landung der amerikanischen Truppen gleich südlich der Stadt (1943) lag sie leider schon bald in Trümmern.

◎ Sehenswertes

★ Duomo
KATHEDRALE

(Piazza Alfano; ⊙ Mo–Sa 9.30–18, So 16–18 Uhr) Diese beeindruckende Kathedrale muss man einfach gesehen haben, hat sie doch fast etwas Überirdisches an sich: Sie gilt weithin als die schönste mittelalterliche Kirche in Italien. Erbaut wurde sie im 11. Jh. von den Normannen, im 18. Jh. wurde sie dann erstmals umgestaltet. Bei einem Erdbeben im Jahr 1980 trug sie schwere Schäden davon.

Die Kathedrale ist San Matteo (dem hl. Matthäus) geweiht, dessen sterbliche Überreste im Jahr 954 in die Stadt gebracht worden sein sollen. Seither liegen diese unter dem beeindruckendem Hochaltar in der erhabenen Gewölbekrypta.

Besonders sehenswert ist der herrliche Haupteingang mit der **Porta dei Leoni**, aus dem 12. Jh., benannt nach den Marmorlö-

wen am Fuß der Freitreppe. Von da geht es weiter durch einen wunderbar harmonisch angelegten Innenhof, umgeben von anmutigen Bögen. Darüber erhebt sich der Glockenturm aus dem 12. Jh.

Während die Bronzetüren (auch von Löwen bewacht) schon im 11. Jh. in Konstantinopel gegossen wurden, ist das Innere mit seinen drei Kirchengängen größtenteils barock gestaltet. Nur einige wenige Elemente verweisen auf die ursprüngliche Kirche. Dazu gehören Teile des Querschiffes und der Chorboden sowie zwei vor dem Chorgestühl aufragende Kanzeln. Die Kirche ist mit überaus fein gearbeiteten und farbenprächtigen Mosaiken aus dem 13. Jh. ausgeschmückt.

Rechts von der Apsis befindet sich die **Capella delle Crociate** (Kreuzfahrtkapelle) mit großartigen Fresken und weiteren wunderbaren Mosaiken. Ihren Namen verdankt sie der Tatsache, dass hier im Mittelater die Kreuzfahrer ihre Waffen segnen ließen. Unter dem Altar der Kapelle befindet sich das Grabmal von Papst Gregor VII. aus dem 11. Jh.

Museo Virtuale della Scuola Medica Salernitana
MUSEUM

(📞 089 257 61 26; Via Mercanti 74; Erw./Stud. 3/1 €; ⊙ Mo–Sa 9–13 Uhr; ♿) Mitten im Herzen von Salernos historischem Stadtkern lädt dieses spannende Museum zum interaktiven Rundgang ein – mit 3D und Touchscreen-Technologie. Zu erkunden ist Salernos Medizinische Fakultät, die einst berühmt war, heute jedoch längst ausgedient hat. Das Institut wurde im 9. Jh. eingerichtet. Es war das erste und prestigeträchtigste Medizinzentrum im mittelalterlichen Europa und erlebte seine Blütezeit im 11. Jh. Anfang des 19. Jhs. wurde es geschlossen.

Museo Pinacoteca Provinciale
MUSEUM

(📞 089 258 30 73; Via Mercanti 63; ⊙ Di–So 9–19.45 Uhr) GRATIS Kunstbegeisterte sollten sich unbedingt im Museo Pinacoteca Provinciale umschauen. Das Museum liegt direkt im historischen Stadtkern. Die Galerieräume sind auf sechs Etagen verteilt. Hier ist auch eine interessante Kunstsammlung aus der Zeit der Renaissance (erste Hälfte des 20. Jhs.) untergebracht. Unter den ausgestellten Werken sind einige feine Ölgemälde des Salerner Künstlers Andrea Sabatini da Salerno zu sehen, dessen künstlerisches Schaffen deutlich unter dem Einfluss Leonardo da Vincis stand.

Castello di Arechi
BURG

(📱089 296 40 15; www.ilcastellodiarechi.it; Via Benedetto Croce; Erw./Stud. 3/1,50 €; ⊙ im Sommer Di–Sa 9–19, So bis 18.30 Uhr, im Winter Di–So bis 17 Uhr) Das berühmteste Wahrzeichen Salernos, das trutzige Castello di Arche, thront in schwindelerregender Höhe 263 m hoch über der Stadt und ist mit Bus 19 ab der Piazza XXIV Maggio im Stadtzentrum gut erreichbar Die ursprünglich byzantinische Festung wurde im 8. Jh. vom lombardischen Herzog Arechi II. von Benevento errichtet und später, d. h. im 16 Jh. unter den Normannen und Aragonesen, umgestaltet. Die Ausblicke auf den Golf von Salerno und das Dächermeer sind spektakulär. Sehenswert ist auch die ständige Ausstellung mit Keramik, Waffen und Münzen.

🛏 Schlafen

Ostello Ave Gratia Plena
HOSTEL €

(📱089 23 47 76; www.ostellodisalerno.it; Via dei Canali; B/EZ/DZ 16/45/52 €; @ 🖥). Im einstigen Kloster aus dem 16. Jh. ist heute Salernos Jugendherberge untergebracht. Sie befindet sich im Herzen des Centro Storico. Hinter dem Gemäuer verbergen sich ein idyllischer Innenhof und eine ganze Reihe heller Räume: Mehrbettzimmer oder Doppelzimmer mit eigenem Bad. Die Mehrbettzimmer sind ab 2 Uhr früh abgesperrt. Das Hostel vermietet auch Fahrräder (2 € für die erste Stunde, 1 € für jede weitere Stunde oder 10 € pro Tag).

Hotel Plaza
HOTEL €

(📱089 22 44 77; www.plazasalerno.it; Piazza Vittorio Veneto 42; EZ/DZ 65/100 €; ✳ @ 🖥) Das Plaza, nur 2 Min. vom Bahnhof entfernt, ist praktisch gelegen und bequem, hat jedoch wenig Pep (besonders die schäbigen öffentlichen Bereiche). Der Ort an sich wirkt jedoch nicht unfreundlich und die einigermaßen großen Zimmer mit braunem Teppichboden und blitzsauberen Bädern haben wirklich ein gesundes Preis-Leistungs-Verhältnis. Die rückwärtigen Zimmer haben eine Terrasse mit Blick auf die Stadt bzw. auf die Berge dahinter.

🍴 Essen

In der quirligen Altstadt wird vor allem entlang der Via Roma und der Via Mercanti vor allem etwas geboten. Das Spektrum reicht von traditionellen, familiengeführten Trattorien über Weinbars mit Jazzmusik bis hin zu Kneipen und teuren Restaurants.

Cicirinella
KAMPANISCH €€

(📱089 22 65 61; Via Genovesi 28; Gerichte 25 €; ⊙ 20 Uhr bis Mitternacht tgl., Sa & So auch 13–15 Uhr) Wo sich einst erschöpfte Pferde ausruhten, lassen es heute die Gastronomen krachen: Das Cicirinella gehört zu Salernos kulinarischen Hotspots. Hier schwelgen die Gäste nur so im Genuss. Das Interieur passt auch dazu: Es besteht aus weißer Tischwäsche, Steingemäuer und gut gefüllten Weinregalen. In der Schauküche werden vor den Augen der Gäste saisonale Zutaten verarbeitet – nach traditionellen Rezepten, aber mit innovativer Note. Echte Knüller sind das wunderschön angerichtete *antipasto misto* und das Entrecôte, butterweich und himmlisch zart! Am Freitag und Samstag sollte man einen Tisch reservieren.

La Cucina di Edoardo
KAMPANISCH €€

(📱089 296 26 67; Vico della Neve 14; Gerichte 30 €; ⊙ 12.30–15 & 19.30–23 Uhr) „Edoardos Küche" liegt in einer Seitenstraße im Centro Storico versteckt. Das gemütliche Lokal hat wirklich leckeres Essen, das jeder einheimische *buongustaio* (Feinschmecker) spontan empfehlen würde. Der Schwerpunkt liegt auf deftiger Regionalküche mit kreativer Note wie etwa Thunfischfilet mit *pistachio*-Kruste, auf Artischocken gebettet. Man sollte auch noch Platz im Magen aufheben für den *tortino al cioccolato* (saftiger Schokoladenkuchen); am Wochenende reservieren!

Pasticceria Pantaleone
GEBÄCK & KUCHEN €

(Via Mercanti 75; Gebäck ab 1,50 €; ⊙ 8–14 & 16.30–20.30 Uhr, Di & So nur vormittags) Wo ließen sich besser süße Sünden begehen als in einer entweihten Kirche? Heute beherbergen die einstigen sakralen Räume Salernos beste Konditorei, die ist allseits bekannt für die Erfindung der *scazzetta – das* Gebäck besteht aus *pan di spagna* (flockig-feuchtem Teig), frischen Beeren und Schlagsahne, in Strega-Likör getränkt und mit einem Erdbeerzuckerguss überzogen. Gewissensbisse spült man am besten mit einem Gläschen *Elisir* hinunter, einem Kräuterlikör mit Orangenaroma.

ℹ Praktische Informationen

Post (Corso Garibaldi 203)

Touristeninformation (📱089 23 14 32; Lungomare Trieste 7; ⊙ Mo–Sa 9–13 & 15–19 Uhr) Hauptniederlassung direkt am Meer.

Infopoint (📱089 662 951; Corso Vittorio Emanuele II 193; ⊙ Mo–Fr 9–13 & 17–20 Uhr, Sa 9–13 Uhr) In der Einkaufspassage Galleria Capitol Cinema sind Prospekte, Fahrpläne für Busse unf Fähren sowie praktische Hinweise rund um Übernachtungsmöglichkeiten erhältlich.

ℹ An- & Weiterreise

AUTO & MOTORRAD

Salerno liegt an der A3 zwischen Neapel und Reggio di Calabria. Die Autobahn ist ab Salerno in Richtung Süden mautfrei.

BUS

Die Busse von SITA Sud (S. 773) nach Amalfi (2,50 €, 1¼ Std., mindestens stündl.) fahren an der **Piazza Vittorio Veneto** neben dem Bahnhof los und halten unterwegs in Vietri sul Mare, Cetara, Maiori und Minori. Fahrkarten sind im Bahnhof erhältlich.

Bus 50 von **CSTP** (☎ 089 48 70 01; www.cstp. it) verkehrt ab der Piazza Vittorio Veneto nach Pompeji (2,20 €, 70 Min., 17-mal tgl.). Nach Paestum (3,40 €, 1 Std., stündl.) fährt Bus 34 ab der Piazza della Concordia.

SCHIFF/FÄHRE

Von April bis Oktober verkehren täglich Fähren von/nach Salerno.

Alicost (S. 777) betreibt eine Fährverbindung pro Tag nach Amalfi (7 €), Positano (11 €) und Capri (20,70 €).

Linee Marittime Partenopee (S. 780) bietet 1-mal tgl. eine Überfahrt mit dem Tragflügelboot, die Fährschiffe verkehren 3-mal tgl.nach Capri (23/22,20 €).

Die Fähren von **TraVelMar** (S. 783) legen 6-mal tgl. in Richtung Amalfi (8 €) und Positano (12 €) ab.

Alle Schiffe fahhren ab dem Porto Turistico, 200 m ab der Piazza della Concordia am Kai entlang. Fahrkarten sind in den Ständen direkt an der Anlegestelle erhältlich.

Die Fähren nach Capri legen am Molo Manfredi im Porto Commerciale ab.

ZUG

Salerno ist ein wichtiger Zwischenstopp an den Strecken in Richtung Süden nach Kalabrien, zum Ionischen Meer und an die Adriaküste. Nach Neapel (IC 8,50 €, 35 Min), Rom (Frecciarossa 39 €, 2 Std.) und Reggio di Calabria (IC 41 €, 4½ Std.) verkehren regelmäßig Züge ab dem Bahnhof an der Piazza Vittorio Veneto.

ℹ Unterwegs vor Ort

In Salerno läuft man am besten zu Fuß; vom Bahnhof aus sind es auf dem Corso Vittorio Emanuele II nur 1,2 km bis zur Altstadt. Wer lieber ein Mietauto fährt, geht zu **Europcar** (☎ 089 258 07 75; www.europcar.com; Via Clemente Mauro 18) nahe dem Bahnhof.

Paestum

Die Tempel von Paestum, mit festem Platz auf der Unesco-Weltkulturerbeliste, gehören zu den besterhaltenen Bauwerken der Magna Graecia. Diese antike griechische Kolonie ca. 35 km südöstlich von Salerno erstreckte sich einst über weite Teile Süditaliens und Siziliens.

Von Salerno oder Agropoli aus sind die Tempel leicht innerhalb einer Tagestour zu besichtigen. Als eine der malerischsten historischen Stätten in der ganzen Gegend, sollte man sie auf keinen Fall auslassen.

Paestum oder Poseidonia, wie der Ort zu Ehren des griechischen Meeresgottes Poseidon ursprünglich hieß, wurde im 6. Jh. v. Chr. von griechischen Siedlern gegründet. Ab 273 v. Chr. unter römischer Herrschaft, wurde es zu einem wichtigen Handelshafen. Doch die Blütezeit währte nur bis zum Untergang des Römischen Reiches. Malariaepidemien und Sarazenenüberfälle hatten die sowieso schon geschwächten Bürger veranlasst, die Stadt zu verlassen.

Erst Ende des 18. Jhs. entdeckten Bauarbeiter bei Straßenarbeiten die Tempel wieder – was sie jedoch nicht darin hinderte, eine Schneise quer durch die Ruinenstadt zu schlagen. Die **Touristeninformation** (☎ 0828 81 10 16; www.infopaestum.it; Via Magna Grecia 887, Paestum; ⊙ Mo–So 9–13 & 15–17 Uhr) hält für Besucher praktische Informationen über Paestum und Umgebung sowie zur Costiera Cilentana bereit.

◉ Sehenswertes

Ruinen von Paestum   RUINEN
(☎ 0828 72 26 54; Erw./Stud., inkl. Museum 10/5 €; ⊙ 8.45 Uhr bis 2 Std. vor Sonnenuntergang) Eintrittskarten für die Ruinen sind am Haupteingang nahe der Touristeninformation erhältlich oder direkt im Museum, wo Besucher auch einen Audioguide ausleihen können (5 €).

Vom Haupteingang stößt man zuerst auf den **Tempio di Cerere** (Cerestempel) aus dem 6. Jh. Dieser kleinste der drei Tempel von Paestum diente im Mittelalter den Christen als Gotteshaus.

Ein Stück weiter südlich lassen sich die Umrisse eines großen rechteckigen Forums erkennen, das Herz der antiken Stadt. Die teilweise noch erhaltenen Gebäude zeugen von einem ehemals weitläufigen Wohnviertel. Noch etwas weiter südlich liegt ein Amphitheater; hier lässt sich ein guter Einblick in den römischen Alltag der damaligen Zeit gewinnen.

Der **Tempio di Nettuno** (Neptuntempel), der aus der Zeit um 450 v. Chr. stammt, ist der größte und besterhaltene der drei Tempel von Paestum; es fehlen lediglich Teile der Innenwände und des Daches.

Fast nebenan steht die sogenannte **Basilika** (eigentlich ein Heratempel), Paestums ältestes erhaltenes Monument aus der Mitte des 6. Jhs. v. Chr. Der Sakralbau wirkt majestätisch: An den Schmalseiten reihen sich neun, an den Längsseiten 18 Säulen hintereinander. Hier sollte man sich unbedingt vor einer der zahlreichen Säulen fotografieren lassen, um sich der Größenverhältnisse besser gewahr zu werden.

Gleich östlich der Ruinen liegt das **Museum** (☏ 0828 81 10 23; ☉ 8.30–19.30 Uhr, letzter Einlass 18.45 Uhr, 1. und 3. Mo im Monat geschl.). Es beherbergt eine Sammlung arg verwitterter *metopes* (Relieffriese), darunter 33 der ursprünglich 36 Teile vom **Tempio di Argive Hera** (Argiva-Heratempel). Er befand sich 9 km nördlich von Paestum. Von ihm ist sonst praktisch nichts erhalten geblieben.

Interessantestes Exponat der Ausstellung ist jedoch die Tomba del Truffatore (Grab des Tauchers) aus dem 5. Jh. v. Chr. Der Sprung des Tauchers ins Wasser soll den Übergang vom Leben zum Tod symbolisieren (bitte nicht selbst ausprobieren!).

🛏 Schlafen & Essen

⭐ Casale Giancesare
B&B €

(☏ 333 1897737, 0828 72 80 61; www.casalegiancesare.it; Via Giancesare 8; EZ 45–90 €; DZ 65–120 €, Apt. pro Woche 600–1300 €; P ✸ @ 🛜 🏊) In dem umgebauten Bauernhof aus dem 19. Jh. befindet sich heute eine reizvolle, mit Steinfassade versehene B&B-Pension. Betrieben wird sie von der Familie Voza, die ihre Gäste gerne mit hausgemachtem Wein, *limoncello* und fabelhaftem Essen verwöhnt. Der Bauernhof liegt etwa 2,5 km von Paestum entfernt (Abholung ab Bahnhof Paestum lässt sich arrangieren). Das Anwesen ist von Weinbergen, Oliven- und Maulbeerbäumen umgeben. Die Ausblicke sind atemberaubend, insbesondere vom Swimmingpool aus.

Bitte nicht verwechseln: Auf den Werbeschildern an der Straße steht auch noch eine andere B&B-Pension mit fast gleichem Namen: Residenza Giancesere.

Nonna Scepa
KAMPANISCH €€

(☏ 0828 85 10 64; Via Laura 53; Gerichte 35 €; ☉ 12–15 & 19.30–23 Uhr, Do im Winter geschl.; ♿) An der Ausgrabungstätte stehen mehrere Restaurants zur Auswahl, jedoch schmeckt das Essen meist mittelmäßig und die Preise sind überhöht. Eine herrliche Alternative sind die wunderschön angerichteten, deftigen Gerichte im Nonna Scepa, einem familienfreundlichen Restaurant, dessen ausgezeichneter Ruf sich in der Region immer schneller herumspricht. Die Gerichte sind grundsätzlich mit frischen Zutaten der Saison zubereitet. Im Sommer liegt der Schwerpunkt auf frischen Meeresfrüchten wie z.B. einfachem gegrilltem Fisch mit Zitrone.

Zu den anderen beliebten Gerichten zählen Risotto mit Zucchini und Artischocken und Spaghetti mit Hummer.

ℹ An- & Weiterreise

Am besten erreicht man Paestum mit öffentlichen Verkehrsmitteln. Die Buslinie 34 von **CSTP** (☏ 089 48 70 01; www.cstp.it) fährt an der Piazza della Concordia in Salerno (3,40 €, 1 Std., stündl.) ab bzw. vom Süden kommend ab Agropoli (1,30 €, 15 Min., stündl.).

Wer mit dem eigenen Fahrzeug unterwegs ist, fährt ab Salerno auf die A3 und nimmt die Ausfahrt in Richtung Battipaglia auf die SS18. Noch besser und insgesamt angenehmer ist eine Fahrt auf der Litoranea, einer kleineren Küstenstraße: Man fährt schon eine Ausfahrt früher von der A3 ab, nämlich bei Pontecagnano, und folgt der Ausschilderung nach Agropoli und Paestum.

COSTIERA CILENTANA

Südöstlich des Golfs von Salerno geht die küstennahe Ebene allmählich in eine wilde, zerklüftete Klippenlandschaft über. Der urtümliche Charakter dieser Gegend lässt bereits erahnen, wie es ein Stück weiter in den kargen Hügeln der Basilikata und auf den bewaldeten Gipfeln Kalabriens aussieht. Landeinwärts ragen über dem abgeschiedenen Hochland des Parco Nazionale del Cilento e Vallo di Diano dunkle Bergsilhouetten am Horizont auf. Der Nationalpark ist der bestgehütete Geheimtipp Kampaniens.

Verschiedene Reiseziele an der Cilento-Küste sind über die Hauptbahnstrecke von Neapel nach Reggio di Calabria erreichbar. Auf der Website **Trenitalia** (www.trenitalia.it) finden sich praktische Informationen und aktuelle Fahrpreise.

Wer mit dem Auto unterwegs ist, nimmt landeinwärts die SS18 von Agropoli nach Velia oder die SS267 entlang der Küste.

Agropoli

20 600 EW.

Als größte Stadt am südlichen Küstenabschnitt ist Agropoli ein guter Ausgangspunkt für Ausflüge nach Paestum und zu den Stränden im Nordwesten. Hier machen Italiener gerne Urlaub, sonst aber ist es ein ruhiger Ort mit einem baufälligen mittelalterlichen Kern. Agropoli liegt direkt am Meer und am Ausläufer eines Vorgebirges.

Bei der **Touristeninformation** (✆ 0974 82 74 14; Piazza della Repubblica 3; ⊙ Mo–So 10–13 & 16–20 Uhr) ist ein Stadtplan erhältlich.

🛏 Schlafen & Essen

Anna B&B, APARTMENTS €
(✆ 0974 82 37 63; www.bbanna.it; Via S Marco 28–30, Agropoli; EZ 35–50 €, DZ 50–120 €; ⓟ ❄) An Agropolis weitläufigem Sandstrand befindet sich das Hotel Anna. Die Zimmer sind hell und geräumig, die Stoffe mit pfiffigem Streifenmuster. Die meisten Zimmer haben Balkon, einige sogar Meerblick. Sonnenliegen und Leihräder sind kostenlos. Im beliebten Restaurant im Parterre (Pizzas ab 3 €, andere Gerichte 22 €) gibt es auch glutenfreie Gerichte. Die sehr freundlichen Inhaber bieten auch 300 m von der Pension entfernt zwei einfache Ferienwohnungen für vier Personen an (80 bis 150 €), beide mit moderner Kochnische und kleinem Patio.

Ostello La Lanterna HOSTEL €
(✆ 0974 83 83 64; lanterna@cilento.it; Via Lanterna 8; B 13–16 €, EZ 17–20 €, DZ 32–45 €, 3BZ 45–54 €; ⊙ März–Okt.). Agropolis freundliche Jugendherberge bietet Mehrbettzimmer, Doppel- und Familienzimmer mit vier Betten sowie einen schönen Garten. Auf Wunsch gibt es auch Abendessen (10 €). Der Strand ist nur zwei kurze Gehminuten entfernt.

Il Vecchio Saracino FISCHE UND MEERESFRÜCHTE €€
(✆ 0974 82 64 15; www.vecchiosaracino.it; Via Granatelle 18, Agropoli; Gerichte 25 €; ⊙ tgl. 20.30 Uhr bis Mitternacht, So 13–16 Uhr; ☎) Hier stimmt das Preis-Leistungs-Verhältnis, dass Essen schmeckt so gut, dass man am liebsten auch noch die Teller abschlecken würde.

Das Restaurant ist eine echte „lokale" Größe. Verführerisch duftend sind z. B. die wunderschön knackigen Shrimps im Artischocken-Auflauf (aus selbst gemachten Konserven), die *paccheri* (große rohrähnliche Nudeln) mit Venusmuscheln und Seeteufel oder die Cilento-Fischsuppe, eine Streicheleinheit für die Seele. Viele Zutaten und Produkte sind mit viel Liebe hausgemacht, angefangen bei den in Salz eingelegten Sardellen bis hin zu einer Reihe samtiger Liköre.

Parco Nazionale del Cilento e Vallo di Diano

Der Parco Nazionale del Cilento e Vallo di Diano erstreckt sich von der Küste bis hinauf zu Kampaniens höchstem Gipfel, dem Monte Cervati (1900 m), und noch ein Stück weiter landeinwärts bis zur Grenze zur Basilikata. Er ist der zweitgrößte Nationalpark Italiens. Nur wenige erkunden diese Gegend, die von kargen Höhen und öden Tälern geprägt ist. Sie bietet allerdings das Kontrastprogramm schlechthin zum Ferienfiasko an der Küste.

Weitere praktische Hinweise sowie Informationsmaterial, Bücher und Prospekte sind unter anderem in der **Touristeninformation** (S. 789) in Paestum erhältlich.

⊙ Sehenswertes & Aktivitäten

★ Grotte di Castelcivita HÖHLEN
(✆ 0828 77 23 97; www.grottedicastelcivita.com; Piazzale N Zonzi, Castelcivita; Erw./Stud. 10/8 €; ⊙ Standardtouren März–Okt. 10.30, 12, 13.30, 15 Uhr, April–Sept. auch 16.30 & 18 Uhr, vierstündige Touren Juni–Okt. ab 10 Uhr; ⓟ 🚗) Ungefähr 20 km nordöstlich von Paestum befinden sich die Grotte di Castelcivita. Der Höhlenkomplex soll Spartacus nach dem Sklavenaufstand im Jahr 71 v. Chr. als Zufluchtstätte gedient haben. Der einstündige Rundgang führt durch ein Labyrinth von außergewöhnlich bizarren Stalagmiten und Stalaktiten mit hypnotisierenden Farben. Das Zusammenspiel von Algen, Kalzium und Eisen taucht die auf natürliche Art entstandenen Felsformationen in ein besonderes Licht.

Die längere vierstündige Höhlentour (25 €) findet zwischen Juni und Oktober statt, wenn das tief drinnen in der Höhle stehende Wasser ausgetrocknet ist. Für den Besuch ist das Tragen von Helmen erforderlich, ebenso eine gewisse körperliche

Fitness bzw. Beweglichkeit. Besichtigungen sollten einen Tag im Voraus gebucht werden. Die Anreise mit dem Auto führt über die SS18 ab Paestum in Richtung Salerno; im Prinzip braucht man immer nur den Schildern zu folgen

Grotte dell'Angelo HÖHLEN

(0975 39 70 37; www.grottedellangelo.sa.it; Pertosa; guided visits Erw./Stud. 13/10 €; April & Mai 9–19 Uhr, Juni–Aug. 10–19 Uhr, Sept. 10–18 Uhr, eingeschränktes Öffnungszeiten restl. Jahr;) Am östlichen Rand des Parks liegt dieses im Vergleich zu der Grotta di Castelcivita etwas jüngere Höhlensystem, mit anderen Worten, es ist vor ca. 35 Millionen Jahren während der Jungsteinzeit entstanden. Die alten Griechen und Römer nutzten die Höhlen als Kultstätte. Die Tropfsteinhöhlen durchdringen 2,5 km weit das Bergmassiv, darunter lange Stollen und erhabene Grotten mit unzähligen Stalagmiten und Stalaktiten.

Die Anreise mit dem Auto führt über die A3 ab Salerno in Richtung Süden, Ausfahrt Petina. Von da sind es dann noch knappe 9 km auf der SS19.

Certosa di San Lorenzo KLOSTER

(0975 77 74 45; Padula; Erw./Stud. 4/2 €; Mi–Mo 9–19 Uhr) Mit ihren 250 000 m² Grundfläche ist die Certosa di San Lorenzo eines der größten Klöster Südeuropas. Nach seiner Erbauung im 14 Jh. wurde es im Lauf der Zeit mehrmals umgestaltet und im 19. Jh. schließlich aufgelöst. Danach mutierte es zum Schullandheim und später zum Konzentrationslager. Numerologen können hier nur so in Zahlen schwelgen: 320 Räume und Säle, 2500 m Korridore, Galerien und Gänge, 300 Säulen, 500 Türen, 550 Fenster, 13 Innenhöfe, 100 Kamine, 52 Treppen und 41 Springbrunnen – die Anlage ist einfach gigantisch groß.

Es ist eher unwahrscheinlich, dass die Zeit ausreicht, um alles zu sehen. Was man jedoch unbedingt gesehen haben sollte, sind der weitläufige zentrale Innenhof, die großartige holzvertäfelte Bibliothek, die mit prächtigen Fresken ausgeschmückten Kapellen und die Küche mit ihrem grandiosen Kamin und den herrlichen Majolika-Fliesen. Eine berühmte Anekdote geht so: Hier soll nämlich im Jahr 1534 für König Karl V. ein legendäres Omelett aus 1000 Eiern zubereitet worden sein. Leider ist die geschichtsträchtige Bratpfanne nicht mehr zu sehen –

man fragt sich allerdings, wie groß die wohl gewesen sein mag!

Innerhalb des Klosters lässt sich auch durchgehend das **Museo Archeologico Provinciale della Lucania Occidentale** (0975 7 71 17; Di–Sa 8–13.15 & 14–15 Uhr, So 9–13 Uhr) GRATIS mit einer bescheidenen Sammlung antiker Artefakte besichtigen.

Wer sich für geführte Wandertouren interessiert, wendet sich an **Gruppo Escursionistico Trekking** (0975 7 25 86; www.getvallodidiano.it; Via Provinciale 29, Silla di Sassano) oder an die **Associazione Trekking Cilento** (0974 84 33 45; www.trekkingcilento.it; Via Canneтiello 6, Agropoli).

🛏 Schlafen & Essen

★ Agriturismo i Moresani AGRITURISMO €

(0974 90 20 86; www.imoresani.com; Località Moresani; EZ 45–55 €, DZ 90–110 €; März–Okt.;) Von einer sanften Hügellandschaft umgeben und mit Weinbergen, Weiden und Olivenbäumen gesegnet, bietet dieser familiengeführte Bauernhof im eigenen Restaurant seine hausgemachten Spezialitäten an, wie *caprino* (Ziegenkäse), Wein und Olivenöl. Nach dem Schlemmen schlummert es sich in den warmen, rustikalen Räumen recht gut. Wem nach etwas mehr Bewegung und Action ist, meldet sich für regelmäßige Reit-, Koch- und Malkurse an.

Fattoria Alvaneta KAMPANISCH €

(0975 7 71 39; www.fattoriaalvaneta.it; Contrada Pantagnoni, Padula; Gerichte 20 €; Mi–Mo 13–15 & 19.30–22.30 Uhr, Aug. auch Di geöffnet, 1. Woche im Juli geschl.) Wer auf üppig-herzhafte Landkost steht, liegt mit dieser Art von *agriturismo* hoch oben an den Berghängen mit weiten Ausblicken auf das Vallo di Diano genau richtig. Die Speisekarte bietet überwiegend deftig-aromatische Gerichte an wie etwa mit Wildschwein, Kalb- und Schweinefleisch aus eigener Zucht. Damit werden dann auch entsprechend die *pasta fresca* (frisch gemachte Pasta mit Eiern) mit *cinghiale* (Wildschwein) und *porcini* (Steinpilzen) verfeinert.

Das kreative *antipasto misto* liefert Leckerbissen wie *zeppole* (frittierter Pizzateig, gewürzt mit Sardellen) oder *parmigiana di scarola* (glatte Endivie mit Parmesankäse), eine clevere Abwandlung des klassischen Auberginenrezepts. Der junge, leutselige Francesco ist mit Herz und Seele ein Freund des Cilento. Er bietet direkt im Park Unterkünfte an (EZ/DZ/3BZ 35/50/65 €) und organisiert geführte Touren. Wer vom Kloster Certosa aus herkommt, fährt nordöstlich den Viale Certosa (Richtung Stadtzentrum) entlang, biegt rechts in die Strada Provinciale 180 ein und folgt den Schildern zur Fattoria Alvaneta.

❶ An- & Weiterreise

Um das Beste vom Park und in der näher gelegenen Umgebung zu besichtigen, ist ein Auto notwendig. In Salerno gibt es eine Autovermietung (S. 789).

Auf öffentliche Verkehrsmittel kann man sich in der Gegend nicht verlassen. Erstens gibt es wenige Verbindungen und zweitens sind sie fürchterlich unpraktisch. Einen zuverlässigen Taxi-Service bietet für die ganze Gegend rund um Agropoli **Gennaro Di Giovanni** (✆ 338 8743105) oder **Raffaello Perez** (✆ 333 1324422).

NEAPEL & KAMPANIEN PARCO NAZIONALE DEL CILENTO E VALLO DI DIANO

Apulien, Basilikata & Kalabrien

Gut essen

➜ Cucina Casareccia (S. 825)

➜ La Locanda di
Federico (S. 800)

➜ Il Frantoio (S. 815)

➜ Taverna Al Cantinone (S.808)

Schön übernachten

➜ Sotto le Cummerse (S.817)

➜ Palazzo Rollo (S. 823)

➜ Locanda delle Donne
Monache (S. 848)

➜ Le Monacelle (S. 843)

➜ Donnaciccina (S. 863)

Auf nach Apulien, in die Basilikata & nach Kalabrien!

Apulien, die Basilikata und Kalabrien liegen im *mezzogiorno* – Italiens Süden. (Der Name – wörtlich „Mittag" – meint die Mittagssonne.) Alle drei Regionen nehmen den italienischen Stiefel vom Absatz bis zur Spitze ein. Ihre Landschaften spiegeln das Wesen ihrer Bewohner wider: Ein reizvoller Küstenabschnitt säumt die Basilikata mit ihrem Reigen an Bergen und Hügeln; schöne Strände und Gebirgszüge mit Burgruinen kennzeichnen Kalabrien. Hübsche Ortschaften an einer 800 km langen Küste, Agrarland, Wälder und Olivenhaine zeichnen das weltoffene Apulien aus.

Die Geschichte des Südens mit Invasionen und wirtschaftlicher Not schmiedete einen stolzen Menschenschlag und prägte die regionale Kultur und Küche. Mehr als der urbane Norden lockt der heiße, abgelegene Süden mit verborgenen Plätzen jenseits der ausgetretenen Pfade.

Reisezeit

Bari

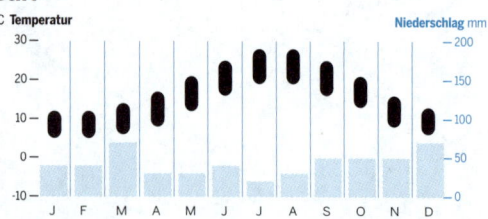

April–Juni Frühlingsblüte zahlreicher Wildblumen: die ideale Zeit für Bergwanderungen.

Juli & Aug. Sommer, Strandwetter und die beste Zeit für Festivals und andere Events

Sept. & Okt. Keine Menschenmassen, mildes Wetter und unzählige Wildpilze zum Sammeln.

APULIEN

Apulien ist eine von der Sonne verwöhnte Region mit silbrig glänzenden Olivenhainen, reizvollen Küstenlandschaften sowie sehenswerten Berg- und Küstenstädten. Fruchtbares, weitgehend flaches Agrarland zieht sich durch große Teile der Region. An ihrer langen Küste wechseln sich Kalksteinklippen und ausgedehnte Strände ab.

Apulien reicht vom Sporn des italienischen Stiefels bis zum Stiefelabsatz, der sich als Halbinsel zwischen die Adria und das Ionische Meer schiebt. Beide Meere sind umwerfend schön, die Farben ihres Wassers schwanken zwischen durchscheinendem Smaragdgrün und düsterem Graublau.

An der langen apulischen Küstenlinie haben erfolgreiche Invasoren ihre Spuren hinterlassen: Normannen, Spanier, Türken, Schwaben und Griechen. Doch trotz dieser verschiedenen Einflüsse ist Apulien authentisch geblieben.

In einem Land, in dem die Kochkunst einen hohen Rang besitzt, ist Apuliens *cucina povera*, die Küche der Bauern, geradezu legendär. Ihre kulinarischen Grundlagen bilden Olivenöl, Weintrauben, Tomaten, Auberginen, Artischocken, Paprika, Oliven, Salami, Pilze, Fisch und Meeresfrüchte. Obwohl die Region einige der besten Gerichte und Weine Italiens zu bieten hat, lassen sich an manchen Orten nur selten auswärtige Besucher blicken. Im Juli und August jedoch geht es in Apulien hoch her. In dieser Zeit schwelgt die Region in *sagre*, in Volksfesten, die teilweise ein spezielles Nahrungsmittel feiern. Zahlreiche Konzerte und viele andere Veranstaltungen finden dann statt. In diesen Wochen überfallen italienische Urlauber die Region zu Tausenden.

ZU TISCH IN APULIEN

Apuliens traditionelle Küche ist die deftigste und die unverfälschste Regionalküche Italiens. Entwickelt hat sie sich aus der *cucina povera*, der Armeleute- bzw. bäuerlichen Küche. Typisch dafür sind die ohne Eier hergestellte Pasta und zahlreiche Gerichte mit selbst gesammelten Wildpflanzen.

Apuliens Fischerei hat den größten Anteil an Italiens Fischfangerträgen. In der Region werden 80 % der europäischen Pasta produziert, ebenso stammen 80 % des italienischen Olivenöls aus Apulien und Kalabrien. Tomaten, Brokkoli, Chicorée, Fenchel, Feigen, Melonen, Kirschen und Weintrauben schmecken hier besser als irgendwo anders. Mandeln aus der Umgebung von Ruvo di Puglia zählen zu den Zutaten sehr teurer Kuchen und köstlicher Kekse.

Wie ihre antiken griechischen Vorfahren essen auch die Apulier *agnello* (Lamm) und *capretto* (Ziegenkitz). *Carne di cavallo* (Pferdefleisch) rückte erst in jüngerer Zeit auf den Speiseplan, auf dem auch *trippa* (Kutteln) einen festen Platz einnehmen. Fleisch wird in der Regel gebraten oder gegrillt und mit frischen, aromatischen Kräutern oder Tomatensauce serviert.

Anchovis (Sardellenfilets) und *calamaretti* (sogenannte Babytintenfische) werden roh in Olivenöl und Zitronensaft mariniert. Auf unzählige Arten werden *cozze* (Muscheln) zubereitet, z. B. paniert und mit Knoblauch gewürzt oder als *riso cozze patata* (Muscheln mit Reis und Kartoffeln gebacken) zubereitet. Für dieses Gericht schwört jede Gegend auf ihr eigenes Rezept.

Brot und Pasta liegen den Apuliern am Herzen, der Pro-Kopf-Verbrauch ist doppelt so hoch wie in den USA. Eine Hauptrolle im Speiseplan spielen die *orecchiette* (kleine ohrenförmige Pasta), die man häufig mit den Varianten *cavatelli* oder *strascinati* mischt. Sie ähneln den beidseitig eingerollten *orecchiette*. Serviert werden sie mit Brokkoli oder *ragù* (Ragout) und obendrauf kommt immer *ricotta forte*, eine beißend scharfe, aber köstliche apulische Käsespezialität.

Die früher eher für Quantität als für ihre Qualität bekannten apulischen Weine haben sich rasant verbessert. Die besten Weine kommen von der Halbinsel Salento, z. B der Salice Salentino, einer der besten Rotweine des Landes, sowie aus der Trulli-Gegend bei Locorotondo (berühmt für ihre Weißweine). Spitzenweine werden auch in der Umgebung von Cisternino (z. B. der elegante schwere Primitivo – ein Rotwein) sowie in den Ebenen rund um die Städte Foggia und Lucera gekeltert.

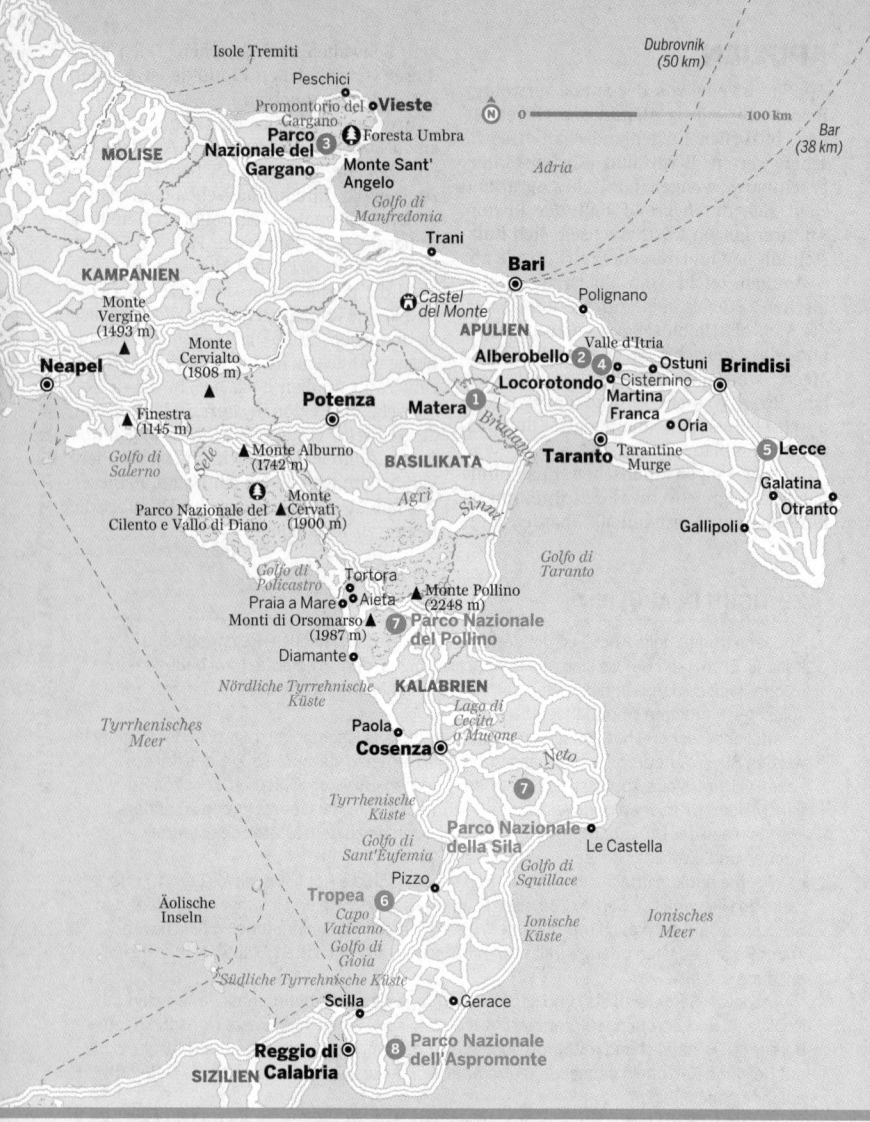

Highlights

1 Die beeindruckenden *sassi* (Wohnhöhlen) und die Zeugen der Frühgeschichte von **Matera** (S. 837).

2 Die *trulli*, die charakteristischen Rundhäuser mit konischem Dach, in **Alberobello** (S. 814).

3 Waldwanderung im **Parco Nazionale del Gargano**

(S. 806) und ein Bad in seinen azurblauen Bergseen.

4 Ein gemütlicher Streifzug durch die Altstadt von **Locorotondo** (S. 817), eine der schönsten Städte Apuliens.

5 Die reich verzierten Barockfassaden in **Lecce** (S. 820).

6 Kalabriens malerische Küste bei **Tropea** (S. 862).

7 Wanderungen durch die weite Hügellandschaft des **Parco Nazionale della Sila** (S. 853) oder des **Parco Nazionale del Pollino** (S. 854).

8 Eine Fahrt oder Wanderung durch den geheimnisvollen **Parco Nazionale dell'Aspromonte** (S. 858).

Geschichte

Zeitweise fühlte sich Apulien griechisch – und das aus gutem Grund. Dieses spürbare Vermächtnis geht auf die Zeiten zurück, da die Griechen während des 8. Jhs. v. Chr. eine Reihe von Siedlungen entlang der Ionischen Küste gründeten. Eine Art griechischer Dialekt, Griko genannt, wird noch heute in einigen Städten südöstlich von Lecce gesprochen. In historischer Hinsicht war Taras (Taranto) die bedeutendste Stadt, besiedelt von Auswanderern aus Sparta, die dort vorherrschten, bis sie im Jahre 272 v. Chr. schließlich von den Römern besiegt wurden.

Die lange Küstenlinie machte die Region anfällig für Eroberungen. Die Normannen hinterließen dort ihre schönen, romanischen Kirchen, die Staufer ihre mächtigen Festungen und die Spanier ihre überladenen Barockgebäude. Niemand kennt jedoch exakt die Ursprünge der außergewöhnlichen Trulli, massive Steinhäuser mit konischem Dach. Die auf das 16. Jh. zurückgehenden Gebäude gibt es nur in Apulien.

Von Invasoren und Piraten einmal abgesehen, war die Malaria lange Zeit die schlimmste Geißel des Südens. Sie erzwang, dass viele Städte von der Küste entfernt, auf den Hügeln erbaut wurden. Nach Mussolinis Machtergreifung 1922 wurde der Süden zur Frontlinie in seiner „Weizenschlacht". Diese Initiative zielte darauf ab, Italien auf dem Lebensmittelsektor autark zu machen, als über das Land nach der Eroberung von Äthiopien Sanktionen verhängt wurden. Heute ist Apulien mit Weizenfeldern, Olivenhainen und Obstgärten überzogen.

Bari

320 200 EW.

Ihren früheren schlechten Ruf als „Bronx von Süditalien" hat Apuliens Hauptstadt allmählich in den Griff bekommen. Als eine der wohlhabendsten Städte des Südens verdient Bari inzwischen mehr als einen flüchtigen Blick. Aufgemöbelt und zu neuem Leben erweckt, bildet das Bari Vecchia, die historische Altstadt, ein interessantes Straßenlabyrinth mit viel Atmosphäre. Auf den Plätzen und ihren rundum liegenden trendigen Restaurants und Bars geht es allabendlich hoch her. Allerdings sind immer noch einige Gegenden der Altstadt mit Vorsicht zu genießen.

ℹ️ Gefahren & Ärgernisse

Da man mit Kleinkriminalität rechnen muss, sind entsprechende Vorsichtsmaßnahmen angebracht: Im Auto sollte nichts verbleiben, was auch nur einen Hauch von Wert besitzt. Weder das eigene Geld noch irgendwelche Wertsachen sollten andere zu Gesicht bekommen. Auch vor Handtaschenräubern auf Motorrollern sollte man sich in Acht nehmen und nachts möglichst die dunklen Straßen im Bari Vecchia meiden bzw. besonders vorsichtig sein.

👁️ Sehenswertes

In der Bari Vecchia genannten Altstadt und ihrer unmittelbaren Umgebung konzentrieren sich die meisten Sehenswürdigkeiten. Die Altstadt nimmt komplett eine schmale Halbinsel ein, die sich zwischen dem neuen Hafen im Westen und dem alten Hafen im Südosten erstreckt. Das reizvolle Stadtviertel mit seinem mittelalterlichen Labyrinth an engen Gassen und charmanten Plätzen beherbergt über 40 Kirchen und mehr als 120 Heiligenschreine.

Castello Svevo   BURG

(Schwabenkastell; ☎ 083 184 00 09; Piazza Federico II di Svevia; Eintritt Erw./erm. 2/1 €; ⊗ Do–Di 8.30–19.30 Uhr) Ursprünglich errichteten die Normannen die Burg auf den Ruinen einer römischen Festung. Später ließ Friedrich II., Kaiser des Heiligen Römischen Reiches und Spross der schwäbischen Adelsgeschlechts der Staufer, die Burg restaurieren und erweitern. Sein Bauplan bezog das normannische Bauwerk ein – dessen beiden Türme stehen heute noch.

TOP 5: HISTORISCHE STÄDTE IN APULIEN

Locorotondo Strahlend weiße Fassaden, die mit blutroten Geranien geschmückt sind (S. 817).

Ostuni Schmale Gassen winden sich hinauf zu einer imposanten Kathedrale aus dem 15. Jh. (S. 819).

Vieste Weiß gestrichene Häuser und faszinierende Gassen an der Adriaküste (S. 806).

Martina Franca Barock- und Rokokogebäude prägen das wunderschöne, malerische Stadtbild (S. 818).

Lecce Reich verzierte Villen und Kirchen aus golden glänzendem Tuffstein (S. 820).

Apulien

Unter der spanischen Herrschaft im 16. Jh. wurden die Bastionen (die äußeren Verteidigungsanlagen) hinzugefügt, ihre Ecktürme ragen in den Burggraben. In dieser Zeit muss die Burganlage eine prachtvolle Residenz gewesen sein.

Basilica di San Nicola
BASILIKA

(www.basilicasannicola.it; Piazza San Nicola; ◷ Mo–Sa 7–13, 16–19, So 7–13, 16–21 Uhr) Die bemerkenswerte Basilika ist eine der ersten normannischen Kirchen des Südens. Sie ist ein ausgezeichnetes Beispiel für den apulisch-romanischen Stil und wurde erbaut, um die Reliquien des hl. Nikolaus zu beherbergen, die einheimische Fischer 1087 in der Türkei geraubt hatten. Die Überreste des Heiligen sollen flüssiges Manna absondern, eine wundersame Substanz mit besonderen Kräften. Deshalb – und natürlich weil Nikolaus auch als Schutzherr der Gefangenen und der Kinder fungiert – ist die Basilika bis heute eine bedeutende Pilgerstätte. Der Innenraum ist von monumentaler Größe, aber schlicht, mit einer dekorativen Holzdecke aus dem 17. Jh. Das großartige Ziborium aus dem 13. Jh. über dem Altar ist das älteste in Apulien. Wunderschön ist auch der Schrein in der von Hängelampen erleuchteten Krypta.

Kathedrale
KATHEDRALE

(Piazza dell'Odegitria; ◷ Mo–Fr 8–12.30 & 16–19.30, Sa & So 8–12.30 & 17–20.30 Uhr) Die romanische Kathedrale aus dem 11. Jh. steht auf den Überresten einer byzantinischen Kirche. Mit ihren glatten, von tiefen Arkaden unterbrochenen Mauern und zahlreichen anderen Details spiegelt die Kathedrale die ursprüngliche Basilika-Bauweise wider. Eine Vielzahl von Pflanzen- und Tiermotiven schmückt das Ostfenster. In jüngster Zeit förderten **Ausgrabungen** (1 €; ◷ April–Okt. So–Mi 12.30–16 Uhr) die Überreste einer frühen christlichen Basilika zutage, darunter einen bemerkenswer-

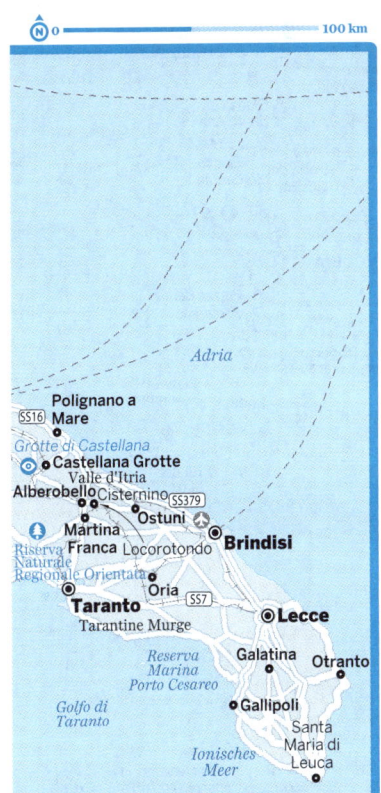

gramm und die Statue des Heiligen wird in einem Bootskorso an der Küste entlang gefahren. Der Abend endet, ebenso wie der darauffolgende, mit einem fulminanten Feuerwerk. An diesem fröhlichen Fest für Familien nehmen wahre Massen teil, darunter auch zahlreiche russische Besucher, die sich die Reliquien ansehen wollen.

Schlafen

Die meisten Unterkünfte in Bari sind auf Geschäftsleute eingestellt, daher ziemlich langweilig und häufig überteuert. Im Allgemeinen sind B&Bs die bessere Wahl.

Santa Maria del Buon Consiglio   B&B $

(☏ 0388 1063436; www.santamariadelbuonconsiglio.com; Via Forno Santa Scolastica 1–3; EZ 35–70 €, DZ 60–100 €, 3BZ 85–90 €; ❋ ☎) Das gastfreundliche B&B liegt im Herzen von Baris Altstadt nahe dem Hafen. Die Zimmer haben Rauputzwände und in einigen stehen romantisch drapierte Himmelbetten.

B&B Casa Pimpolini   B&B $

(☏ 080 521 99 38; www.casapimpolini.com; Via Calefati 249; EZ 45–60, DZ 70–80 €; ❋ @) Von diesem hübschen B&B in Baris Neustadt lassen sich Läden, Restaurants und Bari Vecchia leicht zu Fuß erreichen. Mit ihren gemütlichen, einladenden Zimmern und dem köstlichen Frühstück ist die Casa Pimpolini alles in allem eine sehr angenehme Unterkunft.

Villa Romanazzi Carducci   HOTEL $$$

(☏ 080 542 74 00; www.villaromanazzi.com, auch auf Deutsch; Via Capruzzi 326; DZ 79 €; ☎) Das in hellem Rosa angestrichene Hotel befindet sich in der ehemaligen Villa Rachele aus dem 19. Jh. Im Gegensatz zu vielen anderen Hotels in Bari strahlt es ein gewisses Flair aus. Eine Mixtur aus Altem und Modernem prägt die Ausstattung der Zimmer, allerdings besitzt das Ambiente der anderen Räumlichkeiten mehr Charakter. Vorhanden sind auch ein riesiges Fitnesscenter, ein Pool und ein großer, üppiger Park. Unterm Strich betrachtet, ist es vielleicht das beste Hotel in Bari.

ten Mosaikfußboden mit Kraken-, Fisch- und Pflanzenmotiven.

Piazza Mercantile   PIAZZA

Der **Sedile**, der mittelalterliche Sitz des Rats der Adligen von Bari, säumt die schöne Piazza. An der nordöstlichen Ecke ragt die **Colonna della Giustizia** (Säule der Gerechtigkeit) empor. Hier wurden in früheren Zeiten Schuldner angebunden und ausgepeitscht.

Feste & Events

Festa di San Nicola   RELIGIÖSES FEST

(☺ 7.–9. Mai) Baris größtes jährliches Spektakel ist das St.-Nikolaus-Fest. Gefeiert wird die im 11. Jh. stattgefundene Ankunft der Reliquien des hl. Nikolaus aus der Türkei. Am ersten Abend zieht eine Prozession vom Castello Svevo zur Basilica di San Nicola. Am nächsten Tag steht eine ohrenbetäubende Flugschau auf dem Pro-

Essen & Ausgehen

★ Terranima   APULISCH $

(☏ 080 521 97 25; www.terranima.com; Via Putignani 215; Gerichte 8–15 €; ☺ Mo-Sa 19–23 Uhr, So Mittagessen) Schöne Spitzengardinen, eine coole Einrichtung mit Stilmöbeln und

Bari

der abgetretene Steinfußboden verleihen der rustikalen Trattoria die Atmosphäre eines mediterranen Wohnzimmers. Auf der Speisekarte stehen so bodenständige Gerichte wie *capocollo* (Wurst, die vorwiegend aus Schweinenacken hergestellt ist und die hauchdünn geschnitten wird), Kartoffeln mit *cardoncelli* (Wildpilze, genau gesagt: in der Region wachsende Kräuter-Seitlinge) und *sporcamusi* (Blätterteig mit Zitronencreme gefüllt).

Paglionico Vini e Cucina   OSTERIA $

(☎ 338 212 03 91; Strada Vallisa 23; Hauptgerichte 10 €; ⊙ Mittag- & Abendessen) Seit mehr als einem Jahrhundert führt dieselbe Familie diese überaus lebhafte *osteria*. Als Tagesgericht wird immer ein gut zubereitetes, sättigendes apulisches Gericht angeboten. Der Speiseraum erinnert an einen Backsteintunnel, wer hier einen Platz ergattert,

wartet (und wartet ...) auf eine beeindruckend unermüdliche Bedienung.

Caffè Borghese   CAFÉ $

(☎ 080 524 21 56; Corso Vittorio Emanuele II 22; kleine Gerichte 6–10 €; ⊙ Di–So 8–2 Uhr) Echte Gastfreundlichkeit und einen sympathischen Service erleben die Gäste dieses kleinen Cafés. Sein schlichter Charme und die einfachen Gerichte verführen zum Wiederkommen, sei es zum Frühstück, Mittagessen oder auf einen *aperitivo* (Snacks und Getränke, die vor dem eigentlichen Abendessen gegessen werden).

★ La Locanda di Federico   APULISCH $$

(☎ 080 522 77 05; www.lalocandadifederico.com; Piazza Mercantile 63–64; Gerichte 30 €; ⊙ Mittag- & Abendessen) Torbögen, Deckengewölbe und vom Mittelalter inspirierte Kunstwerke an den Wänden verleihen diesem Restaurant viel Atmosphäre. Die Gerichte der typisch apulischen Speisekarte schme-

Bari

cken ausgezeichnet und die Preise sind angemessen. Sehr zu empfehlen sind die *orecchiette con cima di rapa* („Öhrchen-Pasta" mit Stängelkohl).

Barcollo BAR
(☎ 080 521 38 89; Piazza Mercantile 69/70; Cocktails 7 €; ⊙ 8–3 Uhr) Wenn die Piazza abends im Glanz der Lichter funkelt, laden die Plätze im Freien ein, hier einen Cocktail zu schlürfen und köstliche Hors'd'œuvres zu knabbern. Weniger stimmungsvoll ist der Ausblick auf die Gerichtssäule, an der früher Schuldner festgebunden und ausgepeitscht wurden.

Shoppen

In der Via Sparano da Bari reihen sich die Designer-Shops und die Läden der großen italienischen Modeketten. Feinkostläden und andere Lebensmittelgeschäfte verteilen sich über die ganze Stadt.

Il Salumaio LEBENSMITTEL
(☎ 080 521 93 45; www.ilsalumaio.it; Via Piccinni 168; ⊙ Mo–Sa 8.30–14 & 17.30–21.30 Uhr) Appetitanregend duften die regionalen Produkte des altehrwürdigen Feinkostladens.

Enoteca Vinarius de Pasquale WEIN
(☎ 080 521 31 92; Via Marchese di Montrone 87; ⊙ Mo–Sa 8–14 & 16–20.30 Uhr) In dem wundervollen alten Laden, der 1911 gegründet wurde, gibt es apulische Weine wie z. B. den Primitivo di Manduria.

ⓘ Praktische Informationen

Die Straßen, die vor dem Hauptbahnhof von der Piazza Aldo Moro Richtung Norden verlaufen, führen zum Corso Vittorio Emanuele II. Er trennt den alten vom neuen Teil der Stadt.

CTS (☎ 080 521 88 73; Via Garruba 65–67) Gut geeignet zum Buchen von Studentenreisen und Billigflügen.

Hospital (☎ 080 559 11 11; Piazza Cesare)

Morfimare Travel Agency (☎ 080 578 98 26, Buchungsbüro 080 578 98 11; www.morfimare. it, auch auf Deutsch; Corso de Tullio 36-40) Tickets für die Fähren.

Polizeistation (☎ 080 529 11 11; Via Murat 4)

Post (Piazza Umberto I 33/8)

Touristeninformation (☎ 080 990 93 41; www.viaggiareinpuglia.it; 1. Stock, Piazza Moro 33a; ⊙ Mo–Fr 8.30–13 & 15–18, Sa 10–13 Uhr). Hat auch einen Informationsstand (⊙ Mai–Sept. 9–19 Uhr) vor dem Bahnhof auf der Piazza Aldo Moro.

An- & Weiterreise

BUS

Die Haupthaltestellen der Überlandbusse verteilen sich auf drei Standorte. In der Via Capruzzi südlich des Hauptbahnhofs befindet sich die Haltestelle der Regionalbusse der **SITA** (☎ 080 579 01 11; www.sitabus.it). Hier starten auch die Busse von **Ferrovie Appulo-Lucane** (☎ 080 572 52 29; http://ferrovieappulolucane.it) nach Matera (4,50 €, 1¼ Std., 6-mal tgl.) sowie die Busse von **Marozzi** (☎ 080 556 24 46; www. marozzivt.it) nach Rom (ab 33,50 €, 8 Std., 8-mal tgl. – der Übernachtbus fährt an der Piazza Moro ab) und zu weiteren Langstreckenzielen.

Am Largo Ciaia südlich der Piazza Aldo Moro liegt die Bushaltestelle der **Ferrovie del Sud-Est** (FSE; ☎ 080 546 21 11; www.fseonline.it). Hier starten die Busse zu folgenden Zielen: **Alberobello** 3,90 €, 1¼ Std., stündl.; fährt weiter nach **Locorotondo** (5 €, 1 Std. 35 Min.) und **Martina Franca** (5 €, 1 Std. 50 Min.)

Grotte di Castellana 2,60 €, 1 Std., 5-mal tgl.

Taranto 7,50 €, 1¾–2¼ Std., regelmäßig

FLUGZEUG

Baris Flughafen, der **Airporto di Bari Palese** (www.aeroportidipuglia.it), wird von zahlreichen internationalen Fluglinien, z. B. Alitalia, British Airways und Lufthansa, sowie von Billigfluggesellschaften wie Germanwings und Ryanair angeflogen.

Pugliairbus (http://pugliairbus.aeroportidipuglia.it) verbindet den Flughafen mit Bari, Brindisi, Taranto und Foggia. Es fahren auch Busse von Baris Flughafen nach Matera (5 €, 1¼ Std., 3-mal tgl.) und nach Vieste (Mai–Sept., 20 €, 3½ Std., 4-mal tgl.).

SCHIFF/FÄHRE

Fähren verkehren zwischen Bari und Albanien, Kroatien, Griechenland und Montenegro. Alle

Schifffahrtsgesellschaften betreiben ein Büro am Fährterminal. Dorthin gelangt man mit der Buslinie 20, die am Hauptbahnhof abfährt. Da sich die Ticketpreise der Gesellschaften erheblich unterscheiden, ist es einfacher, die Fähre in einem Reisebüro zu buchen, z. B. bei Morfimare (S. 801).

Die wichtigsten Fährgesellschaften und ihre Zielorte:

Jadrolinija (www.jadrolinija.hr, auch auf Deutsch)

Montenegro Lines (🖰 382 3031 1164; www.montenegrolines.net) Bar in Montenegro; Kefalonia, Korfu, Igoumenitsa in Griechenland, Durrës in Albanien.

Superfast (🖰 080 528 28 28; www.superfast.com, auch auf Deutsch) Korfu, Igoumenitsa und Patras in Griechenland; je nach Route Abfahrt um 19 oder 20 Uhr.

Ventouris Ferries (🖰 für Albanien 080 521 27 56, für Griechenland 080 521 76 99; www.ventouris.gr) Regelmäßige Fährverbindung nach Griechenland zur Insel Korfu und nach Igoumenitsa sowie täglich Fähren nach Durrës in Albanien.

ZUG

Bari ist in ein weites Bahnstreckennetz eingebunden. Am Wochenende verkehren die Züge seltener.

Der **Hauptbahnhof** (🖰 080 524 43 86) bietet Zugverbindungen zu Zielorten innerhalb und außerhalb von Apulien. z. B. nach:

Brindisi ab 14 €, 1 Std., stündl.

Foggia ab 19 €, 1 Std., stündl.

> ### ❶ AUF DEM WEG NACH OSTEN
>
> Für zahlreiche Reisende bildet Apulien ein beliebtes Sprungbrett für eine Überfahrt nach Griechenland, Kroatien oder Albanien; die wichtigsten Hafenstädte sind Bari und Brindisi. Von dort aus verkehren Fähren nach Vlore in Albanien, Bar in Montenegro sowie nach Griechenland zu den Zielorten Kefalonia, Korfu, Igoumenitsa und Patras. Die Fähren von Bari nach Griechenland sind durchweg teurer als diejenigen ab Brindisi. An Steuern und Gebühren werden in der Regel mehr als 9 € pro Person und etwa 12 € pro Fahrzeug verlangt. Juli und August ist Hochsaison. Während der Nebensaison ist der Fährverkehr eingeschränkt und die Ticketpreise können um bis zu einem Drittel fallen.

Mailand ab 77,50 €, ca. 8 Std., alle 4 Std.

Rom ab 50 €, 4 Std., alle 4 Std.

Die beiden wichtigsten Zielorte der Ferrovie Appulo-Lucane sind:

Matera 4,50 €, 1½ Std., 12-mal tgl.

Potenza 9,50 €, 4 Std., 4-mal tgl.

Die Züge der FSE fahren vom Bahnhof in der Via Oberdan ab. Um vom Hauptbahnhof aus dorthin zu gelangen, muss man die Bahnunterführung südlich der Piazza Luigi di Savoia durchqueren und dann auf der Via Capruzzi etwa 500 m in östlicher Richtung laufen. Die FSE-Züge fahren nach:

Alberobello 4,50 €, 1½ Std., stündl.

Martina Franca 5 €, 2 Std., stündl.

Taranto ab 7,50 €, 2½ Std., 9-mal tgl.

❶ Unterwegs vor Ort

Das Zentrum von Bari ist kompakt – der Fußweg von der Piazza Aldo Moro zur Altstadt dauert gerade einmal 15 Minuten.

Die Buslinie 20 fährt von der Piazza Aldo Moro zum Fährhafen (1,50 €).

Kopfschmerzen bereitet Einheimischen und Besuchern das Parken im Stadtgebiet. Südlich vom Haupteingang des Hafens befindet sich ein weitläufiger Parkplatz (ab 1 €), ein großes Parkhaus liegt zwischen dem Hauptbahnhof und dem FSE-Bahnhof. In der Via Zuppetta gegenüber vom Hotel Adria befindet sich ein weiteres Parkhaus.

VOM/ZUM FLUGHAFEN

Die Shuttlebusse der Busgesellschaft **Tempesta** pendeln zwischen Flughafen und Hauptbahnhof (4 €, 30 Min., stündl.). Unterwegs hält der Bus an der Piazza Garibaldi sowie an der Ecke Via Andrea da Bari und Via Calefati. Der Bus der regulären Stadtbuslinie 16 fährt die gleiche Route und kostet deutlich weniger (1 €), aber die Fahrt dauert länger (40 Min.).

Eine Taxifahrt vom Flughafen in die Stadt kostet um 24 €.

Rund um Bari

Terra di Bari (Land von Bari) wird die Umgebung der Provinzhauptstadt genannt. In dem weitläufigen Landstrich liegen unzählige Olivenhaine und Obstplantagen sowie einige imposante Kathedralen, die eine beeindruckende Architekturgeschichte widerspiegeln. An dem dazugehörigen Küstenabschnitt reihen sich trotzige Burgen und charmante Küstenorte wie Trani und Polignano a Mare. Weiter landeinwärts steht das Castel del Monte, eine Burg, die bis heute viele Rätsel aufgibt.

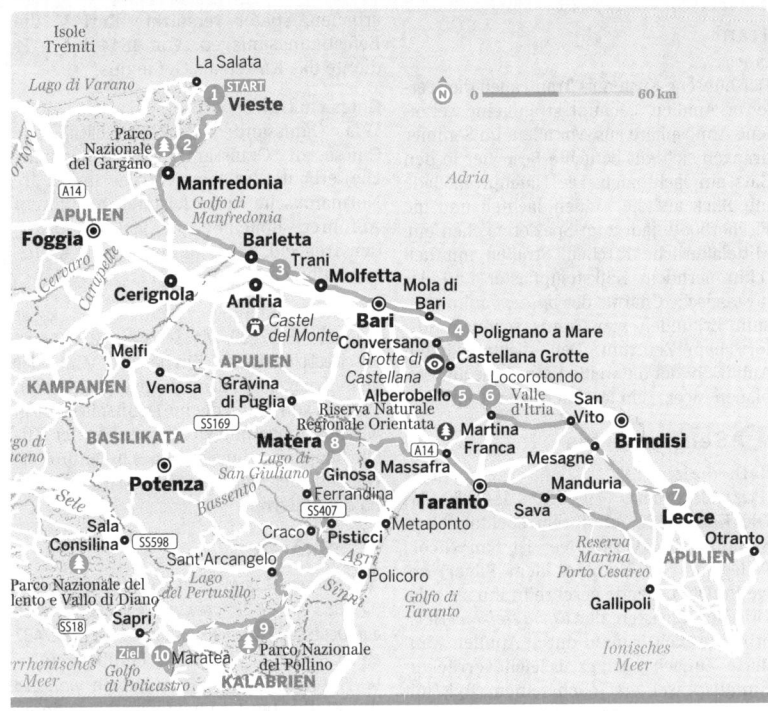

Autotour
Italiens wahrer Süden

START VIESTE
ZIEL MARATEA
LÄNGE 650–700 KM; **DAUER** 1 WOCHE

Die Tour beginnt in **1** **Vieste** (S. 806) mit seinen weißen Sandstränden und mittelalterlichen Gassen. Zum Auftakt lohnt sich eine halbtägige Wander- oder Radtour durch die Wälder des **2** **Parco Nazionale del Gargano** (S. 806). Vorbei an Klippen, Salzseen und Feldern führt die Küstenstraße dann nach **3** **Trani** (S. 804) mit malerischem Hafen und beeindruckender Kathedrale direkt am Meer. Auf brandungsumwogten Klippen thront das Städtchen **4** **Polignano a Mare** (S. 805), die nächste Station vor der Weiterfahrt nach **5** **Alberobello** (S. 814). Eines seiner Stadtviertel besteht aus *trulli*. In diesen für Apulien typischen steinernen Rundhäusern mit kegelförmigem Dach können Besucher übernachten. Ein Streifzug durch eines der malerischsten Centri Storici (Altstadtviertel) Süditaliens wartet in **6** **Locorotondo** (S. 817). Nächster Halt ist die Barockstadt **7** **Lecce** (S. 820),

wo beim Erkunden der sehenswerten Stätten und Läden, der markanten Fassaden der *palazzi* und der Kirchen, darunter die Basilica di Santa Croce, ein ganzer Tag wie im Flug vergeht.

Tag fünf bleibt mit dem Besuch der Stadt **8** **Matera** (S. 837) in der Basilikata unvergessen, denn auf die hiesigen *sassi* (ehemalige Wohnhöhlen) kann einen niemand wirklich vorbereiten. Drastisch und erschütternd erinnern sie an die von Armut geplagte Vergangenheit der Stadt.

Nach den Tagen mit Pasta, *fave* (Puffbohnen, Dicke Bohnen) und *cornetti* (italienische Croissants) ist es Zeit, die Wanderschuhe zu schnüren: Im **9** **Parco Nazionale del Pollino** (S. 854) mangelt es weder an Wegen noch an Naturerlebnissen. Danach geht es nach **10** **Maratea** (S. 847) zum Badespaß im Meer. Mit Ferienanlagen an der Küste, mittelalterlichem Dorf, kosmopolitischem Hafen und einer dicht bewaldeten Berglandschaft im Hintergrund sind die Stadt und ihre Umgebung eine wahre Postkartenidylle.

Trani

53 900 EW.

Der hübsche Küstenort Trani, auch die „Perle von Apulien" genannt, strahlt eine weltoffene Atmosphäre aus. Vor allem im Sommer drängen sich gut betuchte Besucher in den Bars am Jachthafen. Die Hafenpromenade mit Blick auf die weißen Jachten und die Fischerboote lädt zum Spazierengehen ein. Mittelalterliche Kirchen, Straßen mit hell schimmerndem Kalksteinpflaster und der nostalgische Charme der *palazzi* animieren zum Erkunden von Tranis schönem historischem Zentrum. Den spektakulärsten Anblick bildet die weiße Kathedrale am tiefblauen Meer – ein faszinierender Kontrast.

Sehenswertes

Kathedrale

KATHEDRALE

(Piazza del Duomo; 9–12.30 & 15–18.30 Uhr) Die Kathedrale mit ihrem spektakulären Standort direkt am Meer ist San Nicola Pellegrino (St. Nikolaus dem Pilger) geweiht. Die Legende beschreibt ihn als griechischen Christen, der *Kyrie eleison* (Herr, erbarme dich) rufend durch Apulien wanderte. Zunächst galt er als leicht verrückter Einfaltspinsel, erst nach seinem Tod (mit 19 Jahren) wurde er verehrt, nachdem man einige Wunder auf ihn zurückführte.

Der Bau der Kathedrale am Standort einer früheren byzantinischen Kirche begann 1097 und endete erst im 13. Jh. Die ursprünglichen Türen aus Bronzeguss stammen von Barisano da Trani, einem renommierten Künstler des 12. Jhs., heute sind sie im Kircheninneren ausgestellt. Säulengänge säumen das Kirchenschiff, in dem sich die typische normannische Schlichtheit widerspiegelt. Nahe dem Hauptaltar sind Reste des Mosaikbodens aus dem 12. Jh. zu sehen. Stilistisch gleicht er den Bodenmosaiken der Kathedrale Santa Annunziata in Otranto. Unter dem Altar in der Krypta ruhen die Gebeine von San Nicola. Eine wahre Säulenallee trägt das Gewölbe der Krypta. Besichtigt werden kann auch der **Campanile** (Glockenturm; Eintritt 3 €).

Kastell

BURG

(0883 50 66 03; www.castelloditrani.benicul turali.it; Piazza Manfredi 16; Eintritt 2 €; 8.30-19.30 Uhr) Nur 200 m nördlich der Kathedrale liegt das zweite markante Wahrzeichen von Trani, das „Schwabenkastell". Die weitläufige, fast modern wirkende Burganlage ließ Kaiser Friedrich II. 1233

erbauen, später verstärkte Karl V. die Befestigungsanlagen. Von 1844 bis 1974 diente das Kastell als Gefängnis.

Chiesa di Ognissanti

KIRCHE

(Via Ognissanti; unterschiedlich) Die Chiesa di Ognissanti (Allerheiligenkirche) erbaute der Templerorden im 12. Jh. Normannische Ritter leisteten hier ihrem Anführer, Bohemond I. von Antiochia, den Treueeid, bevor sie zum Ersten Kreuzzug aufbrachen.

Chiesa di Scolanova

KIRCHE

(0883 48 17 99; Via Scolanova 23; unterschiedlich) Diese Kirche war eine der vier Synagogen des einstigen jüdischen Viertels von Trani, die im 14. Jh. allesamt in Kirchen umgewandelt wurden. In der Kirche hängt ein wunderschönes byzantinische Gemälde der Madonna dei Martiri (Madonna der Märtyrer).

Schlafen

⭐ Albergo Lucy

HOTEL $

(0883 48 10 22; www.albergolucy.com, auch auf Deutsch; Piazza Plebiscito 11; DZ/3BZ/4BZ ab 65/85/105 €;) Das familiengeführte Hotel in einem restaurierten *palazzo* des 17. Jhs. besitzt einen ganz besonderen Charme. Es liegt an einem begrünten Platz in der Nähe des reizvollen Hafens. Zu seinem Angebot zählen ein Fahrradverleih und geführte Touren. Frühstück wird zwar nicht serviert, aber in der näheren Umgebung befinden sich zahlreiche Cafés.

B&B Centro Storico Trani

B&B $

(0883 50 61 76; www.bbtrani.it; Via Leopardi 28; EZ 35–50 €, DZ 50–70 €, 3BZ 70–80 €, 4BZ 85–100 €, 5BZ 100–125 €) Das schlichte, altmodische B&B liegt in einer Seitengasse und befindet sich in den Räumen eines ehemaligen Klosters. Betrieben wird es von einem älteren Ehepaar. Es ist zwar einfach, aber die Zimmer sind groß und „*la mama*" backt eine recht gute *crostata* (flacher Mürbeteigkuchen, der unterschiedlich belegt wird).

Hotel Regia

HOTEL $$

(0883 58 44 44; www.hotelregia.it; Piazza del Duomo 2; EZ 120–130 €, DZ 130–150 €;) Das bezaubernde Hotel residiert in dem frei stehenden Palazzo Filisio gegenüber der Kathedrale. Seine Atmosphäre harmoniert hervorragend mit der unaufdringlichen Würde des Bauwerks aus dem

18. Jh. Mit schlichter Eleganz warten auch die Gästezimmer auf.

 Essen

★ **Corteinfiore**   FISCH & MEERESFRÜCHTE **$$**
(☑ 0883 50 84 02; www.corteinfiore.it; Via Ognissanti 18; Gerichte 30 €; ☺ Di–So) Romantisch, urban, kultiviert – so präsentiert sich das Restaurant seinen Gästen. Sein Gastraum, eine Art Wintergarten mit Markisendach und Dielenboden, wirkt genauso erfrischend wie die butterblumengelben Tischdecken. Die Weine sind hervorragend und das Essen schmeckt köstlich. Und zu alledem gibt es auch noch moderne Gästezimmer (ab 100 €), die in hellen Farben gehalten sind.

La Darsena   FISCH & MEERESFRÜCHTE **$$**
(☑ 0883 48 73 33; Via Statuti Marittimi 98; Hauptgerichte 30 €; ☺ Di–So) Das schicke Restaurant in einem Palazzo am Meer ist bekannt für seine Gerichte aus Fisch und Meeresfrüchten. Wer draußen Platz nimmt, hat einen freien Blick auf den Hafen. Historische Fotos vom alten Apulien bedecken die Wände des Gastraumes. Dort hängt auch ein riesiger schmiedeeiserner Kronleuchter mit Drachenmotiven.

ⓘ Praktische Informationen

Vom Bahnhof führt die Via Cavour über die Piazza della Repubblica zur Piazza Plebiscito und zum Stadtpark. Von dort aus geht es links zum Hafen und zur Kathedrale.
Touristeninformation (☑ 0883 58 88 30; www.traniweb.it; 1. Stock, Palazzo Palmieri, Piazza Trieste 10; ☺ Mo–Fr 8.30–13.30, Di & Do auch 15.30–17.30 Uhr) Liegt 200 m südlich der Kathedrale.

ⓘ An- & Weiterreise

Die **STP** (☑ 0883 49 18 00; www.stpspa.it) bietet regelmäßige Busverbindungen nach Bari (3,90 €, 45 Min.). Alle Busse fahren vor der **Bar Stazione** (Piazza 20. Settembre 23) ab, in der auch Fahrpläne und Bustickets erhältlich sind.
    Trani liegt an der Hauptbahnstrecke zwischen Bari (4,40 €, 40–60 Min.) und Foggia (9,50 €, 1 Std.), auf der die Züge regelmäßig in beide Richtungen verkehren.

Castel del Monte

Schon von Weitem ist das auf einem Hügel thronende **Castel del Monte** (☑ 0883 56 99 97; www.casteldelmonte.beniculturali.it; Erw./erm. 5/2,50 €; ☺ Okt.–Feb. 9–18 Uhr, März–Sept.

10.15–19.45 Uhr) zu sehen. Das zum Unesco-Welterbe deklarierte Bauwerk zählt zu den Sehenswürdigkeiten Süditaliens, über die besonders viel spekuliert wird. Nicht nur seine ungewöhnliche geometrische Architektur mit einem akkuraten achteckigen Grundriss gibt so manches Rätsel auf.

Niemand weiß, warum Stauferkaiser Friedrich II. diese Burg errichten ließ. Weder eine Stadt noch eine damals strategisch wichtige Straße liegen in ihrer Nähe. Als Verteidigungsanlage war der Bau gewiss nicht gedacht, denn es fehlen so entscheidende Elemente wie Burggraben, Zugbrücke, Schießscharten und Falltüren, durch die man damals Eindringlinge mit heißem Öl übergoss.

Eine der vielen Theorien stützt sich auf den Mitte des 13. Jhs. herrschenden Glauben an die Symbolik der Geometrie. Demnach verkörpert das Achteck die Verbindung von Kreis und Quadrat – den Symbolen für Gottes Allmacht (das Unendliche) und die Vollkommenheit des Menschen (das Endliche). So war die Burg wohl nichts anderes als eine Hommage an die Beziehung zwischen Gott und der Menschheit.

An jeder der acht Ecken der Burg steht ein achteckiger Turm. In den Verbindungsräumen zwischen den Türmen finden sich dekorative Marmorsäulen und offene Kamine. Die Tore und Fenster sind mit Korallengestein eingefasst. Ein Großteil der Türme ist mit Toiletten ausgestattet – möglicherweise sind es die ältesten Toiletten mit Wasserspülung in ganz Europa. Friedrich II. legte – wie auch die arabische Welt, die er so bewunderte – großen Wert auf Sauberkeit.

Mit öffentlichen Verkehrsmitteln lässt sich die Burg nur schwer erreichen. Von Trani aus beträgt die Autostrecke ungefähr 35 km.

Polignano a Mare

Allein wegen der spektakulären Lage lohnt sich ein Abstecher in die kleine Stadt, 34 km südlich von Bari an der Küstenstraße S16. Polignano a Mare wurde auf dem Kamm einer felsigen, von Höhlen geradezu pockennarbig durchzogenen Schlucht erbaut. Die Stadt wird als eine der bedeutendsten antiken Siedlungen in Apulien angesehen. In späterer Zeit bewohnten aufeinanderfolgende Invasoren – von den Hunnen bis hin zu den Normannen – den Ort.

🔵 Sehenswertes & Aktivitäten

An Sonntagen sind die *logge* (Balkone) überfüllt mit Tagesausflüglern aus Bari. Diese Besucher kommen hierher, um die donnernde Brandung zu bewundern, die Höhlen anzuschauen und im reizvollen Centro Storico (Altstadtviertel) die *cornetterie* (auf italienische Croissants spezialisierte Geschäfte) zu stürmen. In dem Städtchen gibt es mehrere Barockkirchen, ein imposantes normannisches Kloster und die mittelalterliche **Porta Grande**, die bis zum 18. Jh. den einzigen Zugang zum historischen Zentrum bildete. Noch heute kann man die Mauerlöcher für die Seile sehen, mit denen die schwere Zugbrücke betrieben wurde. Erhalten geblieben sind auch die Maueröffnungen, durch die einst siedendes Öl auf unwillkommene Besucher der Stadt gegossen wurde.

Mehrere Veranstalter, z. B. **Dorino** (📞 329 6465 904), bieten Bootstouren zu den Grotten (um 20 € pro Pers.).

🛏️ Schlafen & Essen

B&B Santo Stefano   B&B **$**
(www.santostefano.info; Vico Santo Stefano 9–13; DZ 69–99 €; 🔊) Das B&B liegt im alten Teil von Polignano in einem historischen Turm. Unverputzte Wände aus Kalktuff (als Baumaterial auch Travertin genannt), Stilmöbel und helle Badezimmer zeichnen seine sechs Zimmer aus.

Antiche Mura   APULISCH **$$**
(📞 080 424 24 76; www.ristoranteantichemura.it; Via Roma 11; Gerichte 20–35 €) Gewölbedecken verleihen dem hübschen kleinen Restaurant einen höhlenartigen Charakter. Laternen und kleine Glocken schmücken seine Wände. Fisch und Meeresfrüchte, darunter Zackenbarsch, Oktopus und Hummer, sind seine Spezialität, was in der Gegend nicht überrascht.

ℹ️ An- & Weiterreise

Zwar fährt zweimal am Tag ein Bus von Bari nach Polignano, aber wesentlich bequemer gestaltet sich die Fahrt mit einem eigenen Fahrzeug.

Promontorio del Gargano

Tagsüber wirkt die Küste des Kaps fast immer so, als sei sie in rosa schimmerndes Licht getaucht. So entsteht ein malerischer Kontrast zum tiefblauen Meer, dessen Farbe in der Abenddämmerung in ein Graublau übergeht. Mit seinen weißen Kalksteinklippen, den alten Wäldern, seltenen Orchideen, den märchenhaften Grotten, einer aromatisch duftenden Macchie und dem glitzernden Meer zählt der Gargano zu Italiens schönsten Regionen. Vor Urzeiten war das Kap – der Sporn des italienischen Stiefels – mit dem heutigen Dalmatien (Teil von Kroatien) verbunden. So weist es noch heute mit der Landmasse jenseits der Adria mehr Gemeinsamkeiten auf als mit dem restlichen Italien. Um der zunehmenden Urbanisierung entgegenzusteuern, wurde 1991 der **Parco Nazionale del Gargano** gegründet. Neben seinem großartigen Nationalpark beherbergt der Gargano eine ganze Reihe Pilgerstätten sowie die reizvollen Küstenorte Vieste und Peschici.

Einzigartig für die Gegend sind die eigenartigen Konstruktionen an der Küste: Sie bestehen aus hölzernen Pfählen, Planken und Gerüsten sowie einem Gewirr an Seilen, das an ein Fadenspiel erinnert. Es handelt sich dabei um *trabucchi*, d. h. um althergebrachte Fischfangvorrichtungen, deren Ursprung möglicherweise auf die Phönizier zurückgeht. Von hier aus versenken die Fischer große Netze ins Wasser. Über die schwankenden Planken laufend, holen sie ihren Fang anschließend mit Hilfe ausgeklügelter Seilzüge ein.

Vieste

13 900 EW.

Die attraktive kleine Stadt mit weiß verputzten Häusern liegt am östlichsten Punkt des Gargano auf einer hohen Felszunge, die in die Adria ragt. Sie ist die Ferienmetropole des Gargano. Unterhalb der Stadt erstreckt sich der spektakulärste Strand der Region, ein breites, schimmerndes Sandband vor weißen Klippen im Schatten des **Scoglio di Pizzomunno**, eines hoch aufragenden Monolithen. Im Sommer ist der Strand voller Sonnenhungriger, im Winter gespenstisch leer.

🔵 Sehenswertes

Vieste ist in erster Linie ein Badeort, doch auch die steilen Gassen seiner Altstadt laden zu einem stimmungsvollen Streifzug ein. Die von Friedrich II. erbaute **Burg** hat das Militär in Beschlag genommen; sie ist daher für Öffentlichkeit nicht zugänglich.

CAMPEN MIT STIL

Zelten im Pfadfinderstil mit flatternden Zelten, Frieren in den Nächten und Ravioli aus der Dose – damit hat das Campen im Gargano nichts zu tun. In dieser Region ist vielmehr das genussvolle Campen auf 5-Sterne-Niveau angesagt. Obendrein mangelt es weder im noch rund um den Nationalpark an Campingplätzen. Mit sage und schreibe 100 Campinganlagen wartet der Gargano auf – erstaunlich viel im Vergleich zu der relativ bescheidenen Zahl an *pensioni* und Hotels. Wer nicht gern im Zelt schläft oder eine Steckdose in greifbarer Nähe braucht (für Thermo-Lockenwickler u. Ä.), findet Unterkunft in einem Bungalow.

Fast alle dieser Camping-*villaggios* (Campingdörfer) verfügen über hübsch möblierte und gut ausgestattete Bungalows für Selbstversorger. So lassen sich einige Kosten fürs Essengehen einsparen und gleichzeitig die Annehmlichkeiten der Campinganlage genießen. Häufig sind Tennisplätze, Swimmingpool, Kinderspielplatz und ein kleiner Supermarkt vorhanden. Die Preise für einen Bungalow (in der Regel nur wochenweise buchbar) oder ein Wohnmobil beginnen bei 200/500 € (Neben-/Hochsaison) für zwei Personen. Klassisches Campen im Zelt kostet pro Tag ungefähr 15/25 € (Winter/Sommer) für zwei Personen, den Zeltplatz und einen Abstellplatz fürs Auto.

Ausführliche Informationen und eine Liste der Campingplätze finden sich unter www.camping-italy.net, auch auf Deutsch) und www.caravanandcampsites.eu

Chianca Amara   HISTORISCHE STÄTTE

(Bitterer Stein; Via Cimaglia) Auf diesem Stein – Viestes schaurigste Stätte – wurden Tausende Menschen geköpft, als die Türken im 16. Jh. die Stadt einnahmen.

Museo Malacologico   MUSEUM

(☎ 0884 70 76 88; Via Pola 8; ⊙ April–Okt. 9.30–12.30 & 16–22 Uhr, Nov.–März nur bis 20 Uhr) Das beeindruckende Museum der Malakologie (Weichtierkunde) zeigt in seinen vier Räumen Fossilien und Mollusken. Einige der Exponate sind riesengroß und die ausgestellten Muschelgehäuse haben alle schöne Muster und hübsche Farben.

Kathedrale   KATHEDRALE

(Via Duomo) Auf den Ruinen eines Vesta-Tempels errichteten die Normannen die Kathedrale im apulisch-römischen Stil. Die Form ihres Turmes erinnert an einen Kardinalshut; um 1800 wurde er umgebaut.

La Salata   HISTORISCHE STÄTTE

(Führungen: Erw./Kind 4 €/frei; ⊙ Juni Mo, Mi & Fr 17.30 & 18.30 Uhr, Juli & Aug. Mo–Fr 17.30 & 18.30 Uhr, Sept. Mi & Fr 16 & 16.45 Uhr, Okt.–Mai auf Anfrage) Der frühchristliche Friedhof aus dem 4. bis 6. Jh. befindet sich 9 km von Vieste entfernt in einer Höhle. Die meisten der vielen Grabstätten sind aus der Felswand gemeißelte enge Grabkammern, die vom Boden bis zur Decke neben- und übereinanderliegen. Einige Gräber bestehen nur aus flachen Mulden im Höhlenboden. Besichtigt werden kann dieser Höhlen-friedhof nur im Rahmen einer Führung. Buchen kann man sie z. B. bei der **Agenzia Sinergie** (☎ 338 840 62 15; www.agenziasinergie.com), die auch verschiedene Touren durch den Gargano organisiert.

Aktivitäten

In der Umgebung von Vieste erstrecken sich traumhafte Strände. Südlich der Stadt liegen die Spiagga del Castello, die Cala San Felice und die Cala Sanguinaria. Im Norden lockt die La Salata mit weiteren schönen Stränden. An der gesamten Felsküste des Gargano finden Taucher ein hervorragendes Tauchrevier, besonders attraktiv sind die zahllosen Meeresgrotten.

Von Mai bis September düsen Schnellboote zu den Isole Tremiti (S. 812).

Wer ein Boot leihen oder eine Bootstour buchen möchte, kann sich am Hafen an folgendes Unternehmen wenden:

Centro Ormeggi e Sub   BOOTSTOUREN

(☎ 0884 70 79 83) Bietet Tauchkurse und verleiht und Segel- und Motorboote.

Geführte Touren

Agenzia Sol   GEFÜHRTE TOUREN

(☎ 0884 70 15 58; www.solvieste.it, auch auf Deutsch); Via Trepiccioni 5; ⊙ Sommer 9.20–13.15 & 17–24 Uhr, Winter 9.20–13.15 & 17–21 Uhr) Die Agentur organisiert Wander-, Rad- und Geländewagentouren in die Foresta Umbra sowie Bootstouren rund um den Gargano. Kulinarische Ausflüge und Touren in kleinen Gruppen zu anderen apulischen Zielen stehen ebenfalls auf dem Programm. Auch Bustickets und Tickets für die Fähre zu den Isole Tremiti sind hier erhältlich.

Leonarda Motobarche
BOOTSTOUREN

(📞0884 70 13 17; pro Pers. 13 €; ⊙April–Sept.) Bootstouren zu den Meeresgrotten.

🛏 Schlafen

★ B&B Rocca sul Mare
B&B $

(📞0884 70 27 19; www.roccasulmare.it; Via Mafrolla 32; pro Pers. 25–70€; 📶) Das beliebte, recht preisgünstige B&B in einem ehemaligen Kloster im Altstadtviertel besitzt viel Charme. Seine großen, komfortablen Zimmer haben hohe Decken. Eine Suite verfügt über ein Dampfbad. Von der großen Dachterrasse reicht der Blick weit über die ganze Stadt. Zum Service zählen einfache Mahlzeiten (4-Gänge-Menü 18 €) und Leihfahrräder. Das Personal organisiert auch Angeltouren und bereitet am Abend aus dem Fang ein Essen zu. Gäste werden auf Wunsch von Baris Flughafen abgeholt.

Campeggio Capo Vieste
CAMPINGPLATZ $

(📞0884 70 63 26; www.capovieste.it; Km 8; Camping 2 Pers., Fahrzeug & Zelt 33 €; Bungalow mit 1 Schlafraum 77–164 €; ⊙März–Okt.; 🏊) Der von Bäumen beschattete Campingplatz liegt direkt am Sandstrand von La Salata. Zwischen der Campinganlage und dem ungefähr 8 km entfernten Vieste verkehrt ein Bus. Zu den möglichen sportlichen Aktivitäten zählen Tennisspielen und Kurse in einer Segelschule.

Hotel Seggio
HOTEL $$

(📞0884 70 81 23; www.hotelseggio.it; Via Veste 7; DZ 80–150 €; ⊙April–Okt.; 🅿✳@📶🏊) Das familiengeführte Hotel befindet sich in einem butterfarbenen Palazzo in der Altstadt. Eine Treppe windet sich hinunter zum Pool und der Sonnenterrasse mit Meerblick. Die Zimmer sind modern und sauber.

🍴 Essen

★ Osteria Al Duomo
OSTERIA $

(📞0884 70 82 43; www.osterialduomo.it; Via Alessandro III 23; Hauptgerichte 25 €; ⊙März–Nov. Mittag- & Abendessen) In einer engen Gasse im Herzen der Altstadt liegt diese Osteria mit ihrem gemütlichen, gewölbeartigen Gastraum. Wer will, kann auch vor der Tür unter einer schattigen, begrünten Pergola

Platz nehmen. Besonders gut schmeckt die hausgemachte Pasta mit Meeresfrüchten.

★ Taverna Al Cantinone
TRADITIONELL ITALIENISCH $$

(📞0884 70 77 53; Via Mafrolla 26; Gerichte 25–30 €; ⊙Mi–Mo Mittag- & Abendessen) Ein charmantes italienisch-spanisches Ehepaar mit einer Passion fürs Kochen sorgt hier für hervorragende und aufs Feinste präsentierte Gerichte. Die Speisekarte wechselt mit den Jahreszeiten.

Enoteca Vesta
TRADITIONELL ITALIENISCH $$

(📞0884 70 64 11; www.enotecavesta.it; Via Duomo 14; Gerichte 30–35 €) In einem kühlen Gewölbe lassen sich hervorragende apulische Weine und innovative Gerichte aus Fisch und Meeresfrüchten genießen.

ℹ Praktische Informationen

Post (Via Vittorio Veneto)

Touristeninformation (📞0884 70 88 06; Piazza Kennedy; ⊙Juni–Sept. 8–20 Uhr, Okt.–Mai Mo 8–13.30, Di–Do 8–13.30 & 16–19, Fr 8–13.30 Uhr)

ℹ Anreise & Unterwegs vor Ort

BUS

Die Überlandbusse halten an der Piazzale Manzoni, zehn Gehminuten von der Altstadt entfernt. Von hier läuft man 10 Minuten in östlicher Richtung über den Viale 24 Maggio, die in den Corso Fazzini übergeht, in die Altstadt sowie zur hübschen Promenade der Marina Piccola. Im Sommer halten die Busse in der Via Verdi.

Die Busse der **SITA** (📞0881 35 20 11; www.sitabus.it) fahren von Vieste über Manfredonia nach Foggia (6,50 €, 2¾ Std., 4-mal tgl.). Die SITA-Busse nach Monte Sant'Angelo (5 €) nehmen ebenfalls die Route über Manfredonia. Die **Ferrovie del Gargano** (📞0881 58 72 11; www.ferroviedelgargano.com) betreibt eine direkte Buslinie nach Monte Sant'Angelo (6 €, 2 Std.) sowie eine regelmäßige Verbindung nach Peschici (1,70 €, 35 Min.).

Im Zeitraum von Mai bis September bietet **Pugliairbus** (📞080 580 03 58; pugliairbus. aeroportidipuglia.it, auch auf Deutsch) eine Busverbindung vom Flughafen Bari in den Gargano. Der Bus macht auch in Vieste Halt (20 €, 3½ Std., 4-mal tgl.).

SCHIFF/FÄHRE

Der Hafen von Vieste liegt im Norden der Stadt, etwa fünf Gehminuten von der Touristeninformation entfernt. Verschiedene Reedereien, darunter **Navigazione Libera del Golfo** (📞0884 70 74 89; www.navlib.it), lassen Fähren zu den

LUCERA

Das hübsche Städtchen Lucera beherbergt eine der imposantesten Burgen Apuliens. Häuser und Bauwerke aus hellen sandfarbenen Ziegelsteinen prägen das Bild der schönen Altstadt. Ihre breiten, blanken Pflasterstraßen säumen schicke Läden. Gegründet wurde Lucera im 4. Jh. v. Chr. von den Römern, wenig später aber wieder aufgegeben. Erst im 13. Jh., als Friedrich II. 20 000 Sarazenen von Sizilien nach Lucera umsiedelte, kam neues Leben in die Stadt. Nach seiner Exkommunizierung durch Papst Gregor IX. wollte Friedrich II. damit seine Nachschubbasis in Apulien stärken. Gleichzeitig verringerte er so die Anzahl der Muslime auf Sizilien, die ihm dort schwer zu schaffen machten. Für einen christlichen Monarchen war die Umsiedlung allerdings ein außergewöhnlicher Schritt. Umso mehr, da Friedrich Luceras neuen muslimischen Einwohnern den Bau einer Moschee und die Ausübung ihrer Religion erlaubte. Und das gerade mal 290 km von Rom entfernt! Doch die Geschichte zeigte sich weniger freundlich: Als der fanatische Christ Karl von Anjou 1269 die Stadt einnahm, ließ er alle Muslime, die nicht konvertierten, hinrichten.

Friedrichs II. riesige **Burg** (⊘ April–Sept. 9–14 & 15–19 Uhr, Okt.–März 9–14 Uhr) GRATIS zeigt, welch große Bedeutung Lucera seinerzeit in Apulien besaß. Die im Jahr 1233 erbaute Burg liegt auf einem kleinen felsigen Hügel 14 km nordwestlich der Stadt. Ihre 1 km lange, rundum verlaufende und von 24 Türmen bewachte Schutzmauer bildet ein perfektes Fünfeck.

Am Standort der zerstörten Großen Moschee von Lucera ließ Karl II. von Anjou 1301 Apuliens einzige gotische **Kathedrale** (⊘ Mai–Sept. 8–12 & 16–19 Uhr, Okt.–April 8–12 & 17–20 Uhr) errichten. Als Altar wurde die ehemalige Banketttafel der Burg aufgebaut.

Zur gleichen Zeit entstand auch die **Chiesa di San Francesco** (⊘ 8–12 & 16–19 Uhr), die im gotischen Stil erbaut ist. Ihre riesige Fensterrosette beherrscht das Bild der Kirche. In dem Bauwerk wurden auch Steine aus Luceras römischem **Amphitheater** (⊘ April–Sept. Di–So 9–14 & 15.15–18.45 Uhr) GRATIS verarbeitet. Das aus dem 1. Jh. v. Chr. stammende Amphitheater diente als Arena für Gladiatorenkämpfe und bot Platz für mehr als 18 000 Menschen.

Die **Touristeninformation** (☎ 0881 52 27 62; ⊘ April–Sept. Di–So 9–14 & 15–20 Uhr, Okt.–März 9–14 Uhr) befindet sich in der Nähe der Kathedrale.

Züge der Ferrovie del Gargano verbinden Lucera mit der Stadt Foggia (1,50 €, 20 Min., 3-mal tgl.), die an der Ostküstenbahnstrecke zwischen Bari und Pescara liegt.

Isole Tremiti (14,50–20 €, 1½ Std.) fahren. Die Tickets können an Bord gekauft werden. Einige der Schiffe verkehren täglich rund ums Jahr.

Mehrere Gesellschaften bieten Ausflüge in die Meeresgrotten an, von denen die Küste des Gargano nur so gespickt ist. Eine dreistündige Tour kostet um die 13 €.

Monte Sant'Angelo

13 300 EW. / 796 M

Auf einem abgelegenen Berggipfel thront eine von Europas bedeutendsten Pilgerstätten mit einer ganz besonderen Atmosphäre. Seit Jahrhunderten kommen Pilger hierher und mit ihnen allerdings auch die Gauner, die vom religiösen Kitsch bis zum Parkplatz alles zu Geld machen.

Ziel der hingebungsvollen Verehrung ist das Santuario di San Michele, die Wallfahrtskirche St. Michael. In der Grotte soll 490 n. Chr. der Erzengel Michael dem Bischof von Siponto erschienen sein. Neben seinem roten Umhang hinterließ der Erzengel die Anweisung, die Grotte nicht zu weihen, da er dies bereits selbst getan habe.

Im Mittelalter bildete die heilige Stätte den Endpunkt des Michaelswegs, der in Mont-Saint-Michel (in der Normandie in Frankreich) begann und über Rom führte. Otto III., Kaiser des Heiligen Römischen Reiches, pilgerte 999 zum Santuario di San Michele. Inbrünstig betete er hier darum, die Prophezeiung, im Jahr 1000 ginge die Welt unter, möge sich nicht erfüllen. Seine Gebete wurden erhört, der Weltuntergang fand nicht statt und der Ruhm der heiligen Stätte vergrößerte sich noch mehr.

⊙ Sehenswertes

Mit ihren gewundenen Gassen und dem Wirrwarr ihrer Häuser animiert die Stadt, einfach mal ziellos durch die Straßen zu schlendern. Wer mit offenem Blick unterwegs ist, wird so hübsche Details wie die ganz unterschiedlich gestalteten *cappelletti* (Schornsteinaufsätze) auf den weiß gekalkten Häusern entdecken.

Santuario di San Michele GROTTE

(Via Reale Basilica; ⊙ Juli–Sept. 7.30–19.30 Uhr, April–Juni & Okt. 7.30–12.30 & 14.30–19 Uhr, Nov.–März 7.30–12.30 & 14–17 Uhr) Beim Hinabsteigen der Treppe zur Grotte lassen sich Ritzspuren entdecken. Sie stammen von Pilgern des 17. Jhs., die damals die Umrisse ihrer Hände und Füße in den Fels ritzten. Damit folgten sie einem Brauch, der auf der Legende basiert, der hl. Michael habe einen Fußabdruck im Felsboden der Grotte hinterlassen. Ein byzantinisches Tor aus Bronze und Silber mit eingeätzten Szenen bildet den Eingang zur Grotte; es wurde 1076 in Konstantinopel gegossen. In der Grotte bedeckt eine aus dem 16. Jh. stammende Statue des Erzengels den Fußabdruck des hl. Michaels.

Tomba di Rotari HISTORISCHE STÄTTE

(Eintritt 1 €; ⊙ April–Okt. 10–13 & 15–19 Uhr) Gegenüber dem Santuario di San Michele führen einige Treppenstufen zur Tomba di Rorati. Es ist (wie der Name vermuten lässt) kein Grab, sondern ein Baptisterium, eine Taufkapelle aus dem 12. Jh. In dem tiefen, abgesenkten Taufbecken konnte man auch erwachsene Täuflinge vollkommen untertauchen. Der Eingang zur Taufkapelle liegt hinter der Fassade der **Chiesa di San Pietro**. Lediglich diese Fassade blieb nach einem Erdbeben im 19. Jh. von der Kirche erhalten. Die detailreiche Fensterrose zeigt u. a. sich windende Schlangen. Einige schöne Flachreliefs schmücken das romanische Portal der angrenzenden **Chiesa di Santa Maria Maggiore** aus dem 11. Jh.

Burg HISTORISCHE STÄTTE

(Largo Roberto Giuscardo 2; Eintritt 2 €; ⊙ 9.30–13 & 14.30–19 Uhr) Auf dem höchsten Punkt des Berges thront ein imposantes Kleinod: eine massive normannische Burg mit schwäbischen und aragonesischen Elementen – und einem tollen Panoramablick.

🛏 Schlafen & Essen

Hotel Michael HOTEL $

(📞 0884 56 55 19; www.hotelmichael.com; Via Basilica 86; EZ 50–60 €, DZ 70–80 €; 📶) Gleich gegenüber vom Santuario di San Michele liegt in der Hauptstraße dieses traditionelle Hotel in einem schmalen Gebäude mit Fensterläden. Auf den Betten in den geräumigen

---

PADRE PIO: HEILIGER DES GARGANO

Pilger strömen in Scharen nach San Giovanni Rotondo, die Heimat von Padre Pio (1887–1968). Bei dem bescheidenen und zutiefst frommen Kapuzinerpater traten die Stigmata (die Wundmale Christi) auf. Außerdem besaß er eine legendäre Fähigkeit, Kranke zu heilen. 2002 wurde er heilig gesprochen und in einer Unzahl vorgefertigter Statuen verewigt. So gut wie in jedem Winkel des Gargano ist die Heiligenfigur zu finden, sogar auf den Isole Tremiti.

Als der kränkelnde Kapuzinerpater 1916 nach San Giovanni Rotondo kam, war der Ort noch ein kleines Dorf mit mittelalterlichem Charakter. Mit Padre Pios wachsendem Ruhm veränderte sich auch das Dorf Zug um Zug auf zwiespältig wundersame Weise. Massen an funktionalen Hotels und Restaurants für die 8 Mio. Pilger im Jahr beherrschen heute das Stadtbild. Überragt wird alles von dem palastartigen Hospital, der Casa Sollievo della Sofferenza (Haus zur Linderung des Leids). Es wurde 1947 von Padre Pio gegründet und zählt heute zu den besten Krankenhäusern Italiens.

Im **Konvent des Kapuzinerordens** (genauer gesagt: des Ordens der Minderen Brüder, abgekürzt OFMCap) (📞 0882 41 71; www.conventosantuariopadrepio.it; Piazza Santa Maria delle Grazie) befindet sich die **Mönchszelle** von Padre Pio (⊙ Sommer 7–19 Uhr, Winter 7.30–18.30 Uhr). Der schlichte Raum enthält Erinnerungsstücke, darunter seine blutbefleckten Socken. Die **alte Kirche**, in der Padre Pio Messen abhielt, stammt aus dem 16. Jh. Die spektakuläre **neue Kirche** hat der Genueser Architekt Renzo Piano entworfen. Die Kirche erinnert an eine riesige futuristische Muschel mit Gewölbebögen im Inneren, die wie ein knöchernes Skelett wirken. Der Sarg mit Padre Pios Leichnam steht genau in der Mitte der halbkreisförmigen Krypta.

Täglich fahren SITA-Busse von Monte Sant'Angelo (2 €, 50 Min.) und Vieste (6 €, 2½ Std.) nach San Giovanni Rotondo.

Zimmern liegen Tagesdecken in grellem Pink. Es lohnt sich, nach den Zimmern mit schöner Aussicht zu fragen.

Casa li Jalantuúmene

TRATTORIA **$$**

(☎ 0884 56 54 84; www.li-jalantuumene.it; Piazza de Galganis 5; Gerichte 40 €; ⊘ Feb.–Dez. Mi–Mo Mittagessen; ☎) Gegè Mangano, der unterhaltsame, exzentrische Küchenchef des bekannten Restaurants, serviert ausgezeichnete Speisen. Hinzu kommen eine erlesene Weinkarte und die intime Atmosphäre der Restauranträume. Im Sommer stehen auch Tische und Stühle vor dem Restaurant auf der Piazza. Darüber hinaus bietet die Trattoria für eine Übernachtung auch fünf Suiten (130 €) mit einer Einrichtung im traditionellen apulischen Stil.

✦ An- & Weiterreise

Ferrovie del Gargano bietet von Vieste aus eine Direktverbindung (5,90 €, 2 Std., 5-mal tgl.). Tickets sind in der Bar Esperia neben dem Santuario di San Michele erhältlich.

Busse der **SITA** (☎ 0881 35 20 11; www.sitabus.it) fahren von Foggia (4,60 €, 1¾ Std., 4-mal tgl.) und Vieste über Manfredonia nach Monte Sant'Angelo.

Peschici

4400 EW.

Die Ortschaft schmiegt sich an einen Hang der hügeligen, bewaldeten Küste, zu seinen Füßen erstrecken sich ein verlockender Strand und das türkisfarbene Meer. Peschici ist ein hübscher Ferienort: Seine eng stehenden, weiß gekalkten Häuser sind teilweise noch von der alten Stadtmauer umgeben. Im Sommer ist das Städtchen gesteckt voll, was eine Vorausbuchung ratsam macht. In der Hochsaison fahren Boote von hier aus zu den Isole Tremiti (S. 812).

🛏 Schlafen & Essen

Locanda al Castello

B&B **$**

(☎ 0884 96 40 38; www.peschicialcastello.it; Via Castello 29; EZ 35–70 €; DZ 70–120 €; 🅿 ✻ ☎) Das B&B gleicht einem großen, einladenden Haus einer Familie. Das Gebäude steht auf den Klippen und bietet fantastische Ausblicke. In seinem Restaurant kommt herzhafte Hausmannskost (Gerichte 18 €) auf den Tisch.

Baia San Nicola

CAMPINGPLATZ **$**

(☎ 0884 96 42 31; www.baiasannicola.it; Camping 22–37 €, 2-Pers.-Bungalow pro Woche 320–

620 €; ⊘ Mitte Mai–Mitte Okt.) Das ist der beste Campingplatz der Gegend. Er liegt 2 km südlich von Peschici Richtung Vieste an einem von Kiefern beschatteten Strand. Neben Plätzen zum Zelten bietet er Bungalows, Apartments und zahlreiche Annehmlichkeiten.

★ Il Trabucco da Mimi

FISCH & MEERESFRÜCHTE **$$**

(☎ 0884 96 25 56; Località Punta San Nicola; Gerichte 30–40 €; ⊘ Ostern–Okt. Mittag- & Abendessen) Wenn es um absolut frischen Fisch geht, sind *trabucchi* unschlagbar. Diese traditionellen hölzernen Pfahlbauten der Fischer säumen die Küste. Im Trabucco da Mimi können die Gäste die Fischer beobachten. Wer will, darf ihnen sogar bei der Arbeit helfen. Zum Abschluss kommt an Ort und Stelle zubereiteter fangfrischer Fisch auf den Tisch. In dem einfachen und rustikalen Ambiente bezahlt man vor allem für das Erlebnis, aber das ist sein Geld wert.

Porta di Basso

FISCH & MEERESFRÜCHTE **$$**

(☎ 0884 91 53 64; http://www.portadibasso.it; Via Colombo 38; Gerichte 30–40 €; ⊘ Fr–Mi) Das elegante Restaurant thront auf einer Klippe. Bodentiefe Fenster gewähren in gemütlichen Nischen einen hervorragenden Ausblick aufs Meer. Die Speisekarte mit Fisch und Meeresfrüchten aus der Region wechselt täglich. In der Nähe des Restaurants befinden sich zwei ausgesprochen stylische Suiten im Albergo-diffuso-Stil (110–120 €) mit fantastischem Meerblick.

✦ Praktische Informationen

Touristeninformation (☎ 0884 91 53 62; Via Magenta 3; ⊘ Sommer Mo–Sa 8–14 & 17–21 Uhr, Winter Mo–Fr 8–14, Sa 9–14 & 16–19 Uhr)

✦ An- & Weiterreise

Der Busbahnhof liegt neben dem Sportplatz, zu dem der Corso Garibaldi, die Hauptstraße, hinaufführt.

Busse der **Ferrovie del Gargano** (S. 808) verkehren täglich und regelmäßig zwischen Peschici und Vieste (1,70 €, 35 Min.).

Von April bis September bieten mehrere Reedereien, darunter die **MS&G Società di Navigazione** (☎ 0884 96 27 32; www.msgnavigazioni.it; Corso Umberto I 20) und **Navigare SRL** (☎ 0884 96 42 34; Corso Garibaldi 30) Fährverbindungen zu den Isole Tremiti (Erw. 25–30 €, Kind 16–21 €, 1–1½ Std.).

Foresta Umbra

Der „schattige Wald" bildet das Herzstück des Gargano-Nationalparks. Im dichten Wald liegen verstreut zahlreiche Picknickplätze im lichten Schatten hoher und altehrwürdiger Bäume. Aleppokiefern, Eichen, Eiben und Buchen bilden den Rest von Apuliens alten Wäldern. Mehr als 65 Orchideenarten wurden hier entdeckt. Zur Tierwelt des Waldes zählen Rehe, Wildschweine, Füchse, Dachse und die immer seltener werdende Wildkatze.

⊙ Sehenswertes & Aktivitäten

Wanderer und Mountainbiker finden in dem 5790 km² großen Wald eine Fülle gut markierter Wege.

Mitten im Wald liegt ein kleines Besucherzentrum mit einem **Museum und Naturzentrum** (www.ecogargano.it; Eintritt 1,20 €; ⊙ Mitte April–Mitte Okt. 9–19 Uhr). Ausgestellt sind hauptsächlich Fossilien und Fotos sowie ausgestopfte Vögel und andere präparierte Tiere. Das Besucherzentrum veranstaltet halbtägige geführte Wanderungen (pro Person 10 €) sowie Radtouren (pro Stunde/Tag 5/25 €) und verkauft auch regionale Wanderkarten (2,50 €).

Spezialisierte Tourveranstalter, z. B. **Agenzia Sol** (S. 807) und **Explora Gargano** (☎ 0884 70 22 37; www.exploragargano.it; Via Santa Maria di Merino 62; halbtägige Wander- oder Mountainbike-Tour ab 70 €, Quadtour oder Jeep-Safari pro Tag ab 50 €) in Vieste und **Soc Cooperative**

ALBERGO DIFFUSO

Albergo diffuso bedeutet sinngemäß übersetzt so viel wie „verstreut liegende Unterkünfte". Dahinter steckt ein Konzept des italienischen Hotel- und Gastgewerbes der 1980er-Jahre: Ausgehend vom Bestreben, das historische Zentrum kleiner Städte und Ortschaften wiederzubeleben, entstand das *Albergo-diffuso*-System. Und das beinhaltet: Eine Art zentrale Hotelrezeption organisiert und fördert die Vermietung von Apartments und Häusern an Gäste in den alten Vierteln. Zielsetzung dabei ist, den Charakter der alten Gebäude zu respektieren, sodass sich die Gästeunterkünfte harmonisch in das vorhandene Straßenbild einfügen.

Ecogargano (☎ 0884 56 54 44; www.ecogargano.it) in Monte Sant'Angelo organisieren Wanderungen und Radtouren sowie Geländewagenfahrten durch den Nationalpark.

🛏 Schlafen

La Chiusa delle More   B&B **$$$**
(☎ 330 54 37 66; www.lachiusadellemore.it; B&B pro Pers. 200–240 €; ⊙ Mai–Sept.; P ✳ 🤲 🕮) La Chiusa delle More ist eine Oase abseits der überfüllten Küste. Der attraktive *agriturismo* (Ferienbauernhof) mit Gebäuden aus Natursteinen liegt nur 1,5 km von Peschici entfernt inmitten eines riesigen Olivenhains. Gäste können sich an den Produkten der hauseigenen Landwirtschaft erfreuen, Mountainbikes ausleihen oder am Pool faulenzen und den herrlichen Rundumblick auf die Umgebung genießen. Die Mindestaufenthaltsdauer beträgt drei Übernachtungen.

Isole Tremiti

500 EW.

Die wunderschöne Inselgruppe besteht aus drei Inseln und liegt 36 km von der Küste entfernt. Umgeben vom tiefblau schimmernden Meer bestechen sie mit ihren malerischen Landschaften aus zerklüfteten Klippen, sandigen Buchten und dichten Kiefernwäldern.

Leider sind die Isole Tremiti sehr bekannt und werden alljährlich in den Sommermonaten Juli und August von mehr als Hunderttausend Besuchern besucht. In diesen beiden Monaten geht es dann sehr trubelig, laut und heiß zu. Wer die Stille und Beschaulichkeit der Inseln genießen will, muss seinen Besuch in die Nebensaison legen, dann sind die meisten touristischen Einrichtungen geschlossen und die wenigen einheimischen Inselbewohner nehmen ihr beschauliches Leben in der Abgeschiedenheit wieder auf.

Die für Besucher interessanten Attraktionen befinden sich auf San Domino, der größten und fruchtbarsten Insel. Früher wurde hier Getreide angebaut. An ihrer Küste wechseln sich Sandstrände und Kalksteinklippen ab. Im Inselinneren breitet sich eine dichte, mit Rosmarin und Fingerhut bestandene Macchie aus. Das dörfliche Städtchen mit dem Haupthafen und einigen Hotels hat keinen Namen.

Die kleine Insel San Nicola ist traditionell das Verwaltungszentrum der Isole Tremiti. Wie eine Festungsanlage thront die Ansammlung von mittelalterlichen Gebäuden auf den Felsen. Dadurch ließ sich San Nicola früher gut verteidigen. Unbewohnt ist die dritte Insel, Capraia (auch Caprara oder Capperaia genannt).

Ziel der meisten Boote und Fähren ist San Domino. Während der Hochsaison verkehren regelmäßig kleine Boote zwischen San Domino und San Nicola (hin & zurück 6 €). Von Oktober bis März übernimmt ein einziges Boot die Überfahrt. Sein Fahrplan richtet sich nach den Ankunfts- und Abfahrtszeiten der Schiffe vom bzw. zum Festland.

⊙ Sehenswertes & Aktivitäten

San Domino   INSEL

San Domino lockt mit Wandermöglichkeiten, Grotten und Meeresbuchten. Schön sind die unberührten Küstenabschnitte der Insel sowie die Cala delle Arene, der einzige Sandstrand der ganzen Inselgruppe. Neben dem Strand liegt eine kleine Höhle mit klarem, stillem Wasser, die Grotta dell'Arene, in die man hineinschwimmen kann.

Eine Bootstour (12–15 €, Abfahrt am Hafen) bietet die Möglichkeit, die Grotten an der Küste rund um die Insel zu erkunden. Die größte Grotte, die **Grotta del Bue Marino**, ist 70 m lang. Eine Bootsfahrt rund um alle drei Inseln kostet 15 bis 17 €. Zu einem Taucherlebnis im kristallklaren Wasser des Meeres verhilft das **Tremiti Diving Center** (🕿 337 64 89 17; www.tremitidivingcenter.com; Via Federico 2). Rings um die Insel führt ein leichter, aber überaus reizvoller Wanderweg, der am Dorfausgang beginnt.

San Nicola   INSEL

Die mittelalterlichen Gebäude auf den Felsen an der Küste von **San Nicola** haben die gleiche helle Sandfarbe wie die kahlen Klippen. Zu den bedeutenden Bauwerken zählt die **Abbazia e Chiesa di Santa Maria**. Die Abtei wurde 1010 von Benediktinermönchen gegründet. In den folgenden 700 Jahren regierten Äbte die Insel und häuften dabei Vermögen und Schätze an.

Doch nur ein verwittertes Renaissanceportal und ein wertvoller Mosaikfußboden aus dem 11. Jh. weisen auf den einstigen Reichtum hin. Alle anderen Kostbarkeiten wurden im Verlauf der wechselvollen Geschichte der Abtei entweder gestohlen oder

zerstört. Doch zwei Ausnahmen gibt es: Verschont blieb ein farbiges byzantinisches Kruzifix aus Holz, das 747 auf die Inseln gelangte, sowie eine schwarze Madonna, die vermutlich im Mittelalter von Konstantinopel hergebracht wurde.

Capraia   INSEL

Capraia (benannt nach einem wild wachsenden Kaperngewächs) ist die dritte und unbewohnte Insel der Isole Tremiti. Sie beherbergt eine reiche Vogelwelt, darunter beeindruckende Scharen an Seemöwen. Wer auf die Insel möchte, kann einen Ausflug mit den einheimischen Fischern aushandeln, organisierte Touren gibt es nicht.

🛏 Schlafen & Essen

Im Sommer ist eine frühzeitige Buchung der Unterkunft nötig. Viele Hotels bestehen in der Jahreszeit auf Vollpension. Campen ist auf den Isole Tremiti nicht erlaubt.

La Casa di Gino   B&B $$

(🕿 0882 46 34 10; www.hotel-gabbiano.com; Piazza Belvedere; Zi 180 €; 🌸) Als ruhig gelegene Alternative zum Trubel auf San Domino bietet sich La Casa di Gino auf San Nicola an. Das B&B gehört zum Hotel Gabbiano. Seine stylischen Zimmer sind in Weiß gehalten.

Hotel Gabbiano   HOTEL $$

(🕿 0882 46 34 10; www.hotel-gabbiano.com; Piazza Belvedere; EZ inkl. Frühstück 45–105 €, DZ inkl. Frühstück 120–128 €; 🌸🛜) Das hübsche Hotel ist gewissermaßen eine Institution auf San Nicola. Seit mehr als 30 Jahren wird es von einer neapolitanischen Familie geführt. Seine in Pastelltönen gehaltenen Zimmer haben alle einen Balkon mit Ausblick auf die Insel und auf das Meer. Zum Hotel gehört auch ein Fischrestaurant.

Architiello   FISCH & MEERESFRÜCHTE $$

(🕿 0882 46 30 54; Gerichte 25 €; ⊙ April–Okt.) Seine Terrasse mit Meerblick macht dieses Lokal zu einer feinen Sache. Seine Spezialität sind: Fisch und Meeresfrüchte, fangfrisch natürlich.

❶ An- & Weiterreise

Von mehreren Häfen auf dem italienischen Festland fahren Schiffe zu den Isole Tremiti: im Sommer von Manfredonia, Vieste sowie Peschici und ganzjährig von Termoli in der benachbarten Region Molise.

Valle d'Itria

Zwischen der Ionischen und der Adriatischen Küste erhebt sich ein großes Kalksteinplateau, die Murgia (473 m) mit ihrer seltsamen Verkarstung. Die Landschaft ist von Löchern und Einschnitten durchzogen, durch die kleine Flüsse und Bäche gluckern, sie wirkt wie ein riesiger Schwamm. Im Herzen der Murgia liegt das idyllische Valle d'Itria. Hier stehen in der Landschaft verstreut viele seltsame kreisrunde Steinhäuser, deren Dächer spitz zulaufen und in einem liebenswert stoppeligen Zipfel enden. Dies sind die *trulli*, Apuliens einzigartiger Beitrag zur ländlichen Architektur. Es ist unklar, wie sich diese Bauweise entwickelt hat. Eine beliebte Erklärung lautet, die Trockensteinkonstruktion lasse sich schnell abtragen; damit müssen im Fall der Fälle keine Gebäudesteuern gezahlt werden.

Das sanft-hügelige grüne Tiefland ist von Trockensteinmauern, Weingärten, Mandel- und Olivenhainen und kurvenreichen Landstraßen durchzogen. Dieser Teil Apuliens zieht die meisten ausländischen Touristen an und verfügt daher über das dichteste Netz von Hotels und Luxus- *masserie* (Gutshöfen). In dieser Gegend liegen auch viele Ferienhäuser zur Selbstverpflegung, zu finden sind solche Unterkünfte auf Websites wie www.nonsolocasa.de, www.puglia-ferien.de, www.salentodolcevi ta.com, www.fewo-direkt.de und www. 1001-ferienhaus.de.

Grotte di Castellana

Ein absolutes Muss sind die spektakulären **Kalksteinhöhlen** (☎ 080 499 82 11/21; www.grottedicastellana.it; Piazzale Anelli; Eintritt 15 €; ⏰ 9–18 Uhr) 40 km südöstlich von Bari, das längste natürliche Höhlensystem Italiens. Die 1938 entdeckten Grotten enthalten eine unglaubliche Vielfalt unterirdischer Landschaften sowie außergewöhnliche Stalaktiten- und Stalagmitenformationen. Besonders hübsch anzusehen sind die „Quale", der „Speck" und der „Kniestrumpf". Das Highlight dieser Märchenwelt aber ist die Grotta Bianca (Weiße Grotte), eine unheimliche weiße Alabasterhöhle, in der bleistiftdünne Stalaktiten von der Decke hängen.

Es gibt zwei Führungen auf Englisch. In der über 1 km langen, 50 Minuten dauernden Version ist die Grotta Bianca nicht enthalten (10 €, für die halbe Stunde). Die zweite Variante ist eine über 3 km führende, zweistündige Tour (15 € die Std.), bei der diese Grotte mit inbegriffen ist. Die Temperaturen in der Höhle bewegen sich durchschnittlich um 18 Grad, deshalb sollte man eine leichte Jacke mitnehmen. Empfehlenswert ist ferner das **Museo Speleologico Franco Anelli** (☎ 080 499 82 30; ⏰ Mitte März– Okt. 9.30–13 & 15.30–18.30 Uhr, Nov.–Mitte März 10–13 Uhr) oder die Sternwarte **Osservatorio Astronomico Sirio** (☎ 080 499 82 13; ⏰ Eintritt 4 €), deren Teleskop und Solarfilter Solarsystembeobachtungen mit maximaler Sicht ermöglichen. Nur geführte Touren sind möglich, sie müssen zuvor angemeldet werden.

Von Bari aus ist die Grotte di Castellana mit dem Zug erreichbar. Sie liegt an der FSE-Bahnstrecke Bari–Tarent. Doch nicht alle Züge machen direkt an der Grotte Halt. Alle halten jedoch 2 km vorher am Bahnhof der Stadt Castellana Grotte (2,90 €, 50 Min., etwa stündl.). Von hier aus fährt ein Stadtbus (1,10 €) zu den Höhlen.

Alberobello

11 000 EW.

Von der Unesco zum Weltkulturerbe erhoben, gleicht Alberobello einem Mini-Ballungsraum – allerdings für Zwerge. Die Zona dei Trulli auf dem westlichen Stadthügel ist eine dichte Masse von 1500 Häusern in Bienenkorbform, deren weiße Spitzen aussehen, als seien sie schneebedeckt. Diese aus Trockenstein errichteten Gebäude bestehen aus lokalem Kalkstein, keines der Häuser entstand vor dem 14. Jh. Nun tragen die Bewohner zwar nicht spitze Hüte, dafür verkaufen sie so ziemlich alles, was sich ein Besucher wünschen könnte, angefangen von Miniatur-*Trulli* bis hin zu Wollschals.

Benannt ist die Stadt nach dem Eichenurwald Arboris Belli (schöne Bäume), der einst dieses Gebiet bedeckte. Es ist eine Gegend, die Staunen hervorruft, allerdings hat sie auch etwas von einer Touristenfalle. Von Mai bis Oktober drängen sich ganze Busladungen von Touristen in *Trullo*-Wohnungen, genehmigen sich ein Glas in *Trullo*-Bars und kaufen in *Trullo*-Shops ein.

Vom Parkplatz Largo Martellotta geht es die Treppenstufen hinauf zur Piazza del Popolo, wo das Belvedere Trulli fabelhafte Ausblicke auf das ganze malerische Drunter und Drüber bietet.

LA MASSERIA: EIN BAUERNHOF DELUXE

Le Masserie (Plural von *la masseria*) gibt es nur in Süditalien: Dabei handelt es sich um befestigte Gutshöfe, die wie eine Mischung aus klassischer römischer Villa und einem kleinen Kastell wirken. Solche Landgüter beherbergen neben dem Gutshaus und den Stallungen auch Ölmühlen, Weinkeller, Kirchen, Lagerhäuser und Unterkünfte für das gesamte Gesinde. Kurz gesagt, eine *masseria* bietet alles, was eine autarke, sich selbst versorgende Gemeinde ausmacht – und genau darin zeigt sich der ursprüngliche Zweck der *masserie*. Heutzutage erzeugen sie nur noch den größten Teil der italienischen Olivenölproduktion. Inzwischen sind viele *masserie* in luxuriöse Hotels, *agriturismi*, Ferienapartments oder Restaurants umgewandelt worden. Der Aufenthalt in einer *masseria* ist ein einmaliges Erlebnis, vor allem, wenn die Küche Produkte aus der hauseigenen Landwirtschaft verarbeitet.

Empfehlenswerte *masserie* sind z. B.:

★ **Il Frantoio** (☑ 0831 33 02 76; www.trecolline.it; SS16, Km 874; DZ 140–260 €, Apt. 320–350 €; P @) Die Gäste wohnen in dem bezaubernden, weiß getünchten Gutshaus, in dem auch die Besitzer leben. Das Essen schmeckt ausgezeichnet, besonders Hungrige können sich ein Marathon-Menü mit acht Gängen bestellen. Der landwirtschaftliche Betrieb produziert hochwertiges Bio-Olivenöl. Jeden Abend kutschiert Armando wissbegierige Gäste in seinem 1949er-Fiat durch das Gutsgelände. Il Frantoio liegt 5 km von Ostuni entfernt. Der Weg führt über die SS16 Richtung Fasano, das Hinweisschild taucht bei Km 874 an der linken Straßenseite auf.

Masseria Torre Coccaro (☑ 080 482 93 10; www.masseriatorrecoccaro.com; auch auf Deutsch; Contrada Coccaro 8; DZ 284–1365 €; ✹ @ 🛜 🏊) Luxus pur bietet diese superschicke, aber immer noch ländliche *masseria*. Zu den Annehmlichkeiten zählen ein Spa in einer Höhle, ein Swimmingpool mit Strand-Feeling, Kochkurse und ein Restaurant (Gerichte 90 €), in dem die Zutaten für die Gerichte aus der hauseigenen Landwirtschaft stammen.

Masseria Maizza (www.masseriatorremaizza.com; auch auf Deutsch; DZ 290–548 €, Suite 422–1522 €; ✹ @ 🛜 🏊) Der Gutshof ist der Nachbar der Masseria Torre Coccaro und wird auch von deren Betreibern geführt. Also ist auch hier Luxus garantiert. Beiden *masserie* gehören gemeinsam ein ruhiger Strandclub (etwa 4 km entfernt) und ein benachbarter Golfplatz.

Borgo San Marco (☑ 080 439 57 57; www.borgosanmarco.it; Contrada Sant'Angelo 33; EZ 130–140 €, DZ 160–230 €; P ✹ 🛜 🏊) Die *masseria* mit 16 Zimmern und einem Jacuzzi im Obstgarten war in früheren Zeiten ein *borgo* (mittelalterliches befestigtes Dorf). Ihr an sich traditionelles Ambiente besitzt einen unkonventionellen Touch. In der näheren Umgebung befinden sich einige Felsenkirchen mit Freskenmalereien. Die *masseria* liegt 8 km von Ostuni entfernt, der Weg führt über die SS379 Richtung Bari bis zu dem Schild „SC San Marco–Zona Industriale Sud Fasano", ab hier ist die *masseria* ausgeschildert. Im Hauptferienmonat August beträgt die Mindestaufenthaltsdauer eine Woche.

👁 Sehenswertes

Rione Monti   ALTSTADTVIERTEL

Wie eine Kaskade überziehen mehr als 1000 *trulli* im Altstadtviertel von Rione Monti den Hang. In den meisten dieser traditionellen Rundhäuser befinden sich heute Souvenirläden. Das Viertel ist erstaunlich ruhig und wenn am späten Abend die ganzen Kitschstände verschwunden sind, herrscht eine stimmungsvolle Atmosphäre.

Rione Aia Piccola   ALTSTADTVIERTEL

Östlich, auf der anderen Seite der Via Indipendenza, liegt Rione Aia Piccola. Dieses Viertel ist sehr viel weniger kommerzialisiert, und von den 400 *trulli* werden viele noch als Familienwohnungen genutzt. Man darf auf das Dach der Läden klettern, um sich die Umgebung von oben anzusehen, an vielen Stellen erinnern jedoch strategisch günstig aufgestellte Körbe daran, dass als Gegenleistung Spenden gerne gesehen werden.

Trullo Sovrano
HISTORISCHES GEBÄUDE
(☏ 080 432 60 30; Piazza Sacramento; Eintritt 1,50 €; ◷ 10–18 Uhr) Der Trullo Sovrano liegt im modernen Teil der Stadt und ist der einzige zweigeschossige *trullo* in Alberobello. Erbaut wurde er im 18. Jh. von der wohlhabenden Familie eines Priesters. Heute befindet sich darin ein kleines Museum, das ein wenig von der Atmosphäre des Lebens in einem *trullo* vermittelt. In den niedlichen runden Räumen wurden eine Bäckerei, ein Schlafzimmer und die Küche originalgetreu restauriert. Der Souvenirladen bietet eine große Auswahl an Literatur über die Stadt und ihre Umgebung. Auch ein Kochbuch mit typischen Rezepten aus Alberobello ist erhältlich.

🛏 Schlafen

In einem *trullo* zu übernachten, ist ein einmaliges Erlebnis. Doch wegen des Touristenrummels in Alberobello übernachten manche Reisende lieber in anderen Orten.

Trullidea
TRULLI **$$**
(☏ 080 432 38 60; www.trullidea.it; Via Monte San Gabriele 1; 2-Pers.-*trullo* 99–150 €) Die 15 renovierten *trulli* in Alberobellos Trulli-Zone sind malerisch, gemütlich und stimmungsvoll. Zur Auswahl stehen Arrangements mit Selbstversorgung, B&B, Halb- oder Vollpension.

Fascino Antico
TRULLI **$$**
(☏ 080 432 50 89; www.fascinoantico.eu, auch auf Deutsch; *trullo* für 1 Person 49–89 €, für 2 Pers. 59–119 €, für 3 Pers. 69–139 €, für 4 Pers. 89–149 €; 🐾) Nur 500 m von Alberobellos Stadtrand entfernt an der SS172 Richtung Locorotondo liegt der hübsche *Trulli*-Komplex in einem schönen Landschaftsgarten. Die Zimmer mit Kochgelegenheit und Terrakottafußboden sind hell und komfortabel. Einige davon verfügen über zusätzliche Etagenbetten und sind daher auch für Familien gut geeignet.

Camping dei Trulli
CAMPINGPLATZ **$**
(☏ 080 432 36 99; www.campingdeitrulli.com, auch auf Deutsch); Via Castellana Grotte; Camping 2 Pers., Fahrzeug & Zelt 26,50 €, Bungalows pro Pers. 25–40 €, Trulli 30–60 €; 🅿@🐾) Der Campingplatz liegt 1,5 km außerhalb der Stadt und bietet einige schöne Plätze zum Zelten. Vor Ort findet man ein Restaurant, einen kleinen Supermarkt, zwei

Swimmingpools, einen Tennisplatz und einen Fahrradverleih. Als Unterkunft stehen auch *trulli* zur Verfügung.

🍴 Essen

Trattoria Amatulli
TRATTORIA **$**
(☏ 080 432 29 79; Via Garibaldi 13; Hauptgerichte 16 €; ◷ Di–So) Mit einem Sammelsurium an Fotos lächelnder Restaurantgäste sind die Wände der ausgezeichneten Trattoria tapeziert. Ein Gedicht sind die bodenständigen Gerichte wie *orecchiette scure con cacioricotta pomodoro e rucola* (Öhrchennudeln mit regionalem Käse aus Ziegen- und Schafsmilch, Tomaten und Rucola). Dazu passt der erstaunlich gute Hauswein, der gerade mal 4 € pro Liter kostet.

La Cantina
TRADITIONELL ITALIENISCH **$**
(☏ 080 432 34 73; www.ilristorantelacantina.it; Ecke Corso Vittorio Emanuele & Vico Lippolis; Gerichte 25 €; ◷ Mi–Mo) In dem Restaurant neben einem kleinen dorischen Tempel zählen inzwischen auch zahlreiche Touristen zu den Gästen. Dennoch hält es seit 1958 kontinuierlich seinen hohen Qualitätsstandard und bietet nach wie vor köstliche Gerichte, die aus Produkten der Saison zubereitet werden. Da La Cantina über nur sieben Tische verfügt, ist eine frühzeitige Reservierung notwendig.

Il Poeta Contadino
TRADITIONEL ITALIENISCH **$$$**
(☏ 080 432 19 17; www.ilpoetacontadino.it; Via Indipendenza 21; Gerichte 65 €; ◷ Feb.–Dez. Di–So) Das Restaurant liegt abseits des Menschengewühls. Mit seinem opulenten Dekor und den imposanten Kronleuchtern wirkt sein Speiseraum wie ein mittelalterlicher Bankettsaal. Auf der „poetischen" Speisekarte stehen bäuerliche Gerichte (*contadino* heißt übersetzt Bauer), darunter Püree aus Puffbohnen (Dicken Bohnen) mit *cavatelli* (stabförmige Pasta) und Meeresfrüchten.

❶ Praktische Informationen

Touristeninformation (☏ 080 432 51 71; Via Garibaldi; ◷ Mo, Mi & Fr 8–13, Di & Do 8–13 & 15–18 Uhr) Liegt direkt am Hauptplatz. Eine weitere Touristeninformation (☏ 080 432 28 22; www.prolocoalberobello.it; Monte Nero 1; ◷ 9–19.30 Uhr) befindet sich in der Zona dei Trulli.

❶ An- & Weiterreise

Alberobello ist von Bari (4,50 €, 1½ Std., stündl.) mit der FSE-Bahnverbindung Bari–Tarent leicht zu erreichen. Vom Bahnhof geht es zu Fuß geradeaus die Via Mazzini und deren Fortsetzung, die Via Garibaldi, entlang bis zur Piazza del Popolo.

Locorotondo

14 200 EW.

Locorotondo präsentiert sich als außergewöhnlich schöner und ruhiger, fußgängerfreundlicher Ort, im dem alles weiß schimmert, abgesehen von den blutroten Geranien in den Blumenkästen der Fenster. Es liegt auf einer Hügelkuppe auf dem Murgiaplateau. Locorotondo zählt zu den *borghi più belli d'Italia* (www.borghitalia.it), ist also als einer der schönsten Orte Italiens eingestuft. Die Straßen sind mit glatten, elfenbeinfarbenen Steinen gepflastert, den sonnenbeschienenen Mittelpunkt bildet die Kirche **Santa Maria della Greca**.

Ein Panoramablick über das ganze Tal lässt sich im Stadtpark, auf Italienisch **Villa Comunale** genannt, genießen. Direkt gegenüber vom Park beginnt das Altstadtviertel.

Die Stadt ist nicht nur ein von *trulli* besonders geprägtes Gebiet, sondern auch das Herz der apulischen Weinregion. Zum Kennenlernen des regionalen Sekts empfiehlt sich eine Verkostung in der **Cantina del Locorotondo** (☑ 080 431 16 44; www.locorotondodoc.com; Via Madonna della Catena 99; ☺ 9–13 & 15–19 Uhr).

🛏 Schlafen

⭐ Truddhi   TRULLI $
(☑ 080 443 13 26; www.trulliresidence.it, auch auf Deutsch; Contrada da Trito 292; DZ 65–80 €, Apt. 100–150 €, pro Woche ab 450–741 €; Ⓟ ✖) Die reizvolle Ferienanlage mit zehn *trulli* für Selbstversorger liegt in der Nähe von Locorotondo im kleinen Dorf Trito. Mino, Lehrer an einer Hotelfachschule, veranstaltet Kochkurse (Tag 80 €) für die Gäste.

⭐ Sotto le Cummerse   APARTMENT $$
(☑ 080 431 32 98; www.sottolecummerse.it; Via Vittorio Veneto 138; Apt. inkl. Frühstück 82–298 €; ✖ ✖) Da es sich hier um ein *albergo diffuso* (sinngemäß übersetzt: verstreut liegende Unterkünfte) handelt, sind die geschmackvoll eingerichteten Apartments über das Centro Storico verteilt. Sie befinden sich in wunderschön restaurierten und gut ausgestatteten traditionellen Häusern. Als Ausgangspunkt zum Erkunden der Region ist ein solches Apartment eine feine Sache.

🍴 Essen

⭐ Quanto Basta   PIZZERIA $
(☑ 080 431 28 55; Via Morelli 12; Pizza 6–7 €; ☺ Di–So Abendessen) Holztische, gedämpfte Beleuchtung und Steinfußboden verleihen der Pizzeria in der Altstadt eine gemütliche und einladende Atmosphäre. Die Pizzas schmecken köstlich und die Auswahl an Biersorten ist beachtlich groß.

La Taverna del Duca   TRATTORIA $$
(☑ 080 431 30 07; Via Papadotero 3; Gerichte 35 €; ☺ Mittag- & Abendessen, im Winter sonntagabends geschl.) Die angesehene Trattoria liegt in einer engen Seitenstraße, die von der Piazza Vittorio Emanuele abgeht. Sie wartet auf ihrer Speisekarte mit regionalen Klassikern auf, z. B. *orecchiette* mit verschiedenen Gemüsesorten.

ℹ Praktische Informationen

Touristeninformation (☑ 080 431 30 99; www.prolocolocorotondo.it; Piazza Vittorio Emanuele 27; ☺ Mo–Fr 10–13 & 15–18, Sa 10–13 Uhr) Bietet kostenlosen Internetzugang.

ℹ An- & Weiterreise

Locorotondo liegt an der FSE-Bahnstrecke Bari–Tarent und ist mit den regelmäßig verkehrenden Zügen ab Bari (5,20 €, 1½–2 Std.) leicht zu erreichen.

Cisternino

12 000 EW.

Die hübsche, gemütliche Kleinstadt mit weiß getünchten Häusern thront auf einer Hügelkuppe. Oberhalb der langweiligen, modernen Außenbezirke erstreckt sich das charmante Centro Storico (Altstadtviertel) mit seinem kasbahähnlichen Gassengewirr. Cisternino zählt zu den offiziell ausgezeichneten *borghi più belli d'Italia* (schönste Ortschaften Italiens). Bei der **Chiesa Matrice** aus dem 13. Jh. und der **Torre Civica** (Stadtturm) liegt ein Gemeindepark mit Ausblick auf die ländliche Umgebung. Wer neben dem Turm in die Via Basiliani einbiegt, kann auf einer schicken Route direkt bis zur zentralen Piazza Vittorio Emanuele schlendern.

Die **Touristeninformation** (☑ 080 444 66 61; www.prolococisternino.it; Via San Quirico 18; ☺ Mo–Sa 10.15–12.15 & 16.30–19.30 Uhr) liegt am Rand der Altstadt. Sie gibt Auskunft über B&Bs in der Altstadt, hält sich aber nicht zuverlässig an die Öffnungszeiten.

APULIEN, BASILIKATA & KALABRIEN VALLE D'ITRIA

In Cisternino hat *fornello pronto* (was so viel bedeutet wie „startbereiter Herd") eine große Tradition. Zahlreiche Metzgereien und Trattorien der Stadt praktizieren diesen speziellen Service und das heißt: Man sucht sich selbst ein Stück frisches Fleisch aus, das dann sofort an Ort und Stelle gegrillt oder gebraten wird. Ausprobieren lässt sich das z. B. in einem weiß gestrichenen Gewölbe der schlichten, aber überaus beliebten **Rosticceria L'Antico Borgo** (☑ 080 444 64 00; www.rosticceria-lanticoborgo.it; Via Tarantini 9; Grillfleisch 18–28 €).

Cisternino ist von Bari aus mit einem regelmäßig verkehrenden Zug erreichbar (6 €, 45 Min.).

Martina Franca

49 800 EW.

Die Altstadt besticht mit ihren blendend weißen Häusern, blutrotem Geranienschmuck und hübschen gewundenen Gassen. Dort befinden sich auch luftige Plätze, elegante Gebäude im Stil des Barock und des Rokoko und verschnörkelte schmiedeeiserne Balkone, die einander beinahe über die engen Gassen hinweg berühren. Die Stadt ist die höchstgelegene in der Murgia. Sie wurde im 10. Jh. von Flüchtlingen gegründet, die vor der Invasion der Araber aus Tarent geflohen waren. Sie blühte erst im 14. Jh. auf, als Philipp von Anjou ihr Steuerbefreiung gewährte. Ihren Namen verdankt die Stadt dem entsprechenden Begriff *franchigie*, der zu Franca wurde. Der Ort wurde so wohlhabend, dass er sich ein Schloss und Verteidigungswälle mit insgesamt 24 soliden Bastionen zulegte.

⊙ Sehenswertes & Aktivitäten

Den besten Einblick in die Schönheit von Martina Franca bietet ein gemütlicher Streifzug durch die engen Gassen und Gässchen des *centro storico*.

Unter dem barocken **Arco di Sant'Antonio** am westlichen Ende der Fußgängerzone auf der Piazza XX Settembre hindurch geht es auf die Piazza Roma, die vom eindrucksvollen **Palazzo Ducale** aus dem 17. Jh. beherrscht wird. Der Palast wurde über einer älteren Burg errichtet und beherbergt heute städtische Büros.

Von der Piazza Roma führt der schöne Corso Vittorio Emanuele mit seinen barocken Stadthäusern zur Piazza Plebiscito, dem barocken Herz des Stadtzentrums. Der Platz wird überragt von der **Basilica di San Martino** aus dem 18. Jh. Deren Fassade zeigt den Stadtpatron St. Martin, der sein Schwert schwingt und seinen Umhang mit einem Bettler teilt.

Wer gerne wandert, kann sich in den örtlichen Touristeninformationen die kostenlose *Carta dei Sentieri del Bosco delle Pianelle* besorgen. In der Karte sind zehn einfache Wanderrouten durch den **Bosco delle Pianelle** verzeichnet. Das nur 10 km westlich der Stadt gelegene Waldgebiet gehört zur insgesamt 12 km² großen **Riserva Naturale Regionale Orientata**. Wanderer finden hier beeindruckend hohe Bäume und wilde Orchideen sowie eine reiche Vogelwelt mit Falken, Eulen, Bussarden, Sperber und dem Wiedehopf.

✦ Feste & Events

Festival della Valle d'Itria   MUSIK

Das Festival della Valle d'Itria ist ein internationales Musikfestival, das jährlich von Ende Juli bis Anfang August stattfindet. Auf dem Programm stehen Opern, klassische Konzerte und Jazz. Ausführliche Informationen bietet das **Centro Artistico Musicale Paolo Grassi** (☑ 080 480 51 00; www.festivaldellavalleditria.it; ◷ Mo–Fr 10–13 Uhr) im Palazzo Ducale.

🛏 Schlafen

B&B San Martino   B&B $

(☑ 080 48 56 01; http://xoomer.virgilio.it/bed-and-breakfast-sanmartino; Via Abate Fighera 32; DZ 40–120 €; ❄) Zimmer mit Aussicht auf die elegante Piazza XX Settembre bietet dieses stylische B&B, das in einem historischen *palazzo* untergebracht ist. In den Apartments mit unverputzten Backsteinwänden und blankpoliertem Parkettfußboden gibt es schmiedeeiserne Betten und eine kleine Küchenzeile.

Villaggio In   APARTMENTS $$

(☑ 080 480 59 11; www.villaggioincasesparse.it; Via Arco Grassi 8; Apt. pro Nacht 75–170 €, pro Woche 335–1030 €; ❄) Die reizvollen Apartments mit schönen Rundbögen und Gewölbedecken befinden sich in einem historischen Wohnhaus direkt im Centro Storico. Stilmöbel und Landhausmöbel schmücken die großen, in Pastelltönen gestrichenen Zimmer. Das Haus bietet unterschiedliche Apartments für zwei bis sechs Personen.

 Essen

Il Ritrovo degli Amici TRADITIONELL ITALIENISCH **$$**
(☎ 080 483 92 49; www.ilritrovodegliamici.it; Corso Messapia 8; Hauptgerichte 35 €; ⊘ Mittag- & Abendessen Di–Sa, März–Jan. auch So Mittagessen) In dem ausgezeichneten Restaurant in einer Nebenstraße des Corso Italia prägen Backsteinwände und -gewölbe das Ambiente. Zu seiner geselligen Atmosphäre trägt aber auch der regionale Sekt sein Scherflein bei. Auf der Speisekarte finden sich traditionelle Gerichte, darunter Spezialitäten mit verschiedenen Salami- und anderen Wurstsorten.

Ciacco APULISCH **$$**
(☎ 080 480 04 72; Via Ugolino; Gerichte 30 €; ⊘ Di–So Mittag- & Abendessen) Tief im Herzen der Altstadt befindet sich gegenüber dem Gemeindepark das Ciacco, ein traditionelles Restaurant mit weiß eingedeckten Tischen und einem heimeligen Kamin. Serviert wird apulische Küche mit moderner Note. Das Lokal liegt in einer engen Fußgängergasse, einige Straßenzüge von der Chiesa del Carmine entfernt.

La Piazzetta Garibaldi OSTERIA **$$**
(☎ 080 430 49 00; Piazza Garibaldi; Gerichte 20–30 €; ⊘ Do–Di Mittag- & Abendessen) Die Osteria mit grünen Fensterläden im Centro Storico wird vielfach empfohlen. Köstlich duftende Aromen locken in dieses katakombenartige Restaurant. Seine *cucina tipica* (traditionelle regionale Küche) enttäuscht so gut wie nie. Hier ein ausgedehntes Mittagessen einzunehmen, lohnt sich.

❶ Praktische Informationen

Touristeninformation (☎ 080 480 57 02; Piazza Roma 37; ⊘ Mo–Fr 9–13, Di & Do auch 16.30–19, Sa 9–12.30 Uhr) Befindet sich im Palazzo Ducale (Teil der Biblioteca Comunal).

❶ Anreise & Unterwegs vor Ort

Der Bahnhof der FSE liegt oberhalb des historischen Zentrums. Vom Bahnhofsvorplatz führt der Weg ins Zentrum rechts den Viale della Stazione hinunter bis zum Kreisel. Von hier aus geht es weiter auf die Via Alessandro Fighera bis zum Corso Italia, in den man links einbiegt. Er führt zur Piazza 20. Settembre. Die Züge der **FSE** (☎ 080 546 21 11) verkehren zwischen Martina Franca und folgenden Orten:
Bari (5,20 €, 2 Std., stündl.)
Lecce (7,10 €, 2 Std., 5-mal tgl.)
Taranto (2,30 €, 40 Min., in regelmäßigen Abständen)

Nach Alberobello (1,50 €, 30 Min., Mo–Sa 5-mal tgl.). fahren FSE-Busse.

Ostuni
32 500 EW.

Ostuni überstrahlt seine Umgebung wie ein perlweißes Diadem, das sich über die Hügel erstreckt. Als funkelnder Mittelpunkt erhebt sich die Kathedrale wie ein wundervoller Edelstein. Hier endet die Trulliregion, und es beginnt das heiße, trockene Salento. Im Sommer ist es in dieser Gegend, die einige ausgezeichnete Restaurants und stillvolle Bars sowie noble und trotzdem lauschige Plätze besitzt, brechend voll.

◉ Sehenswertes

Ausgedehnte Olivenhaine umgeben das Städtchen – eine gute Gelegenheit, Olivenöl direkt vom Erzeuger zu kaufen. Die regionale Spezialität heißt Collina di Brindisi. Es ist ein DOP-zertifiziertes natives Olivenöl und in den Intensitätskategorien mild, medium und intensiv erhältlich (DOP, *Denominazione d'Origine Protetta*, ist das italienische Siegel für Produkte mit geschützter Herkunftsbezeichnung).

Kathedrale KATHEDRALE
(Via Cattedrale; Eintritt 1 €; ⊘ 9–13 & 15–19 Uhr) Ostunis spektakuläre Kathedrale stammt aus dem 15. Jh. Eine reich verzierte Fensterrose und ein spiegelverkehrter Schweifgiebel schmücken ihre außergewöhnliche gotisch-romanische Fassade.

Museo di Civiltà
Preclassiche della Murgia MUSEUM
(☎ 0831 33 63 83; Via Cattedrale 15; ⊘ Di–Fr 10–13, Sa & So 10–13 & 16–19 Uhr) Delia heißt der Star der berühmtesten Ausstellung des archäologischen Museums im Convento delle Monacelle. Die junge Frau lebte vor 25 000 Jahren und war schwanger, als sie starb. Ihr gut erhaltenes Skelett wurde in einer Höhle in Ostunis Umgebung entdeckt. Viele Exponate des Museums stammen von einer nahen Begräbnisstätte aus der Altsteinzeit, dem heutigen **Parco Archeologico e Naturale di Arignano** (☎ 0831 30 39 73). Auf Anfrage können Besucher die archäologische Stätte besichtigen.

🏃 Aktivitäten

Die Umgebung von Ostuni eignet sich ausgezeichnet für Radtouren.

Ciclovagando
RADTOUREN

(330 985255; www.ciclovagando.com; halber/ganzer Tag 30/40 €) Organisiert geführte Radtouren über unterschiedliche Strecken von rund 20 km Länge. In verschiedenen Städten des Distrikts, darunter Ostuni und Brindisi, startet täglich jeweils eine Tour. Für zusätzliche 15 € gibt es unterwegs Verpflegung mit typisch apulischer Kost.

⚜ Feste & Events

La Cavalcata
RELIGIÖSES FEST

Ostunis jährlich zelebrietes Stadtfest fällt auf den 26. August. Prozessionen von Reitern in glitzernden rot-weißen Uniformen, in denen sie aussehen wie indische Bräutigame auf dem Weg zur Hochzeit, ziehen durch die Stadt, gefolgt von der Statue des Lokalheiligen Oronzo.

🛏 Schlafen

Le Sole Blu
B&B $

(☎ 0831 30 38 56; www.webalice.it/solebluostuni; Corso Vittorio Emanuele II 16; EZ 30–40 €, DZ 60–80 €) Le Sole Blu liegt in dem Stadtteil, der weitgehend im 18. Jh. entstand (abseits der mittelalterlichen Altstadt). Das B&B bietet nur ein großes Zimmer mit einem winzigen Bad und separatem Eingang. Allerdings stehen in der Nähe noch zwei ausgezeichnete Apartments für Selbstversorger zur Verfügung.

★ La Terra
HOTEL $$

(☎ 0831 33 66 51; www.laterrahotel.it; Via Petrarolo; DZ 130–170 €; P ✳ ☎) Dieser frühere *palazzo* aus dem 13. Jh bietet eine stimmungs- und stilvolle Übernachtung mit Wandnischen, Balken und Möbeln aus dunklem Holz sowie als Kontrast dazu helles Mauerwerk und weiß getünchte Wände. Das Ergebnis dieses Zusammenspiels ist ein kühles, modernes Erscheinungsbild. Die wie eine Höhle wirkende Bar ist tatsächlich aus einer Höhle herausmodelliert.

✕ Essen

Osteria Piazzetta Cattedrale
OSTERIA $$

(0831 33 50 26; www.piazzettacattedrale.it; Via Arcidiacono Trinchera 7; Hauptgerichte 25–30 €; ⊙ Mi–Mo; ✐) Die winzige, einladende Osteria besticht mit ihrer reizvollen Lage gleich hinter dem Torbogen gegenüber der Kathedrale. Hinzu kommt ihre Speisekarte mit tollen Gerichten, die auch reichlich vegetarische Kost umfassen.

Osteria del Tempo Perso
OSTERIA $$

(☎ 0831 30 33 20; www.osteriadeltempoperso.com; Via Gaetano Tanzarella Vitale 47; Gerichte 30 €; ⊙ Di–So) Das anspruchsvolle, rustikale Restaurant in einer höhlenartigen ehemaligen Bäckerei wartet mit großartigem apulischen Essen auf, Grillspezialitäten stehen im Mittelpunkt. Man gelangt dorthin von der Südfassade der Kathedrale aus, geht dann links durch zwei Bögen in den Largo Giuseppe Spennati und hält sich nun an die Wegweiser zum Restaurant.

Porta Nova
MODERNE ITALIENISCHE KÜCHE $$

(☎ 0831 33 89 83; www.ristoranteportanova.com; Via Petrarolo 38; Gerichte 45 €) Auf der alten Stadtmauer untergebracht, bietet dieses Lokal einen überwältigenden Ausblick von der Terrasse oder vom eleganten Innenraum aus. Die erstklassige regionale Küche hat sich auf Fisch und Meeresfrüchte spezialisiert.

❶ Praktische Informationen

Touristeninformation (☎ 0831 30 12 68; Corso Mazzini 8; ⊙ Mo–Fr 9–13, Sa & So 17.30–20.30 Uhr) Liegt abseits der Piazza della Libertà und bietet im Sommer Stadtführungen und einen Fahrradverleih.

❶ An- & Weiterreise

Von der Piazza Italia im neueren Teil von Ostuni starten Busse der STP nach Brindisi (2,50 €, 50 Min., 6-mal tgl.) und nach Martina Franca (2,30 €, 45 Min., 3-mal tgl.).

Züge fahren regelmäßig nach Brindisi (4 €, 25 Min.) und Bari (9,50 €, 50 Min.). Ein Stadtbus verkehrt halbstündlich auf der 2,5 km langen Strecke zwischen dem Bahnhof und der Stadt.

Lecce

95 000 EW.

Das historische Zentrum von Lecce präsentiert sich als wundervolles barockes Kleinod, ein prächtiges Gebilde aus Palästen und Kirchen, auf komplizierte Weise aus dem weichen Sandstein der Umgebung herausmodelliert. Lecce ist eine Stadt voller Überraschungen. Gerade noch hat man elegante Designerkleidung aus Mailand unter die Lupe genommen, schon steht man vor einer Kirche mit verrückten Verzierungen in Form von Spargelspitzensäulen, dekorativen Dodos und fröhlich herumtollenden Kobolden. Thomas Ashe, ein schwärmender Reisender des 18. Jhs. hielt

Lecce

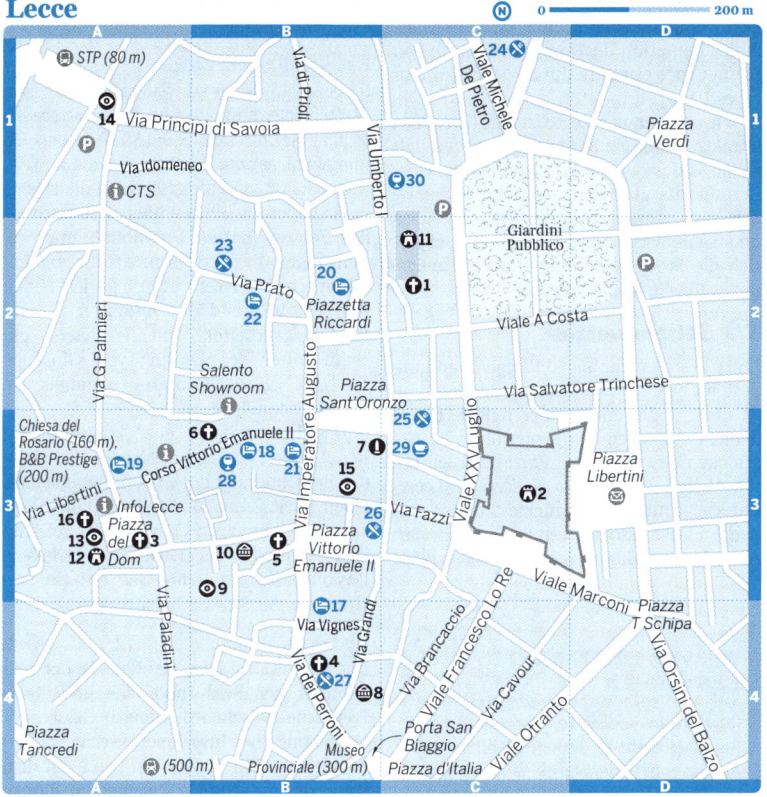

Lecce

◎ Sehenswertes

1 Basilica di Santa Croce	C2
2 Castello di Carlo V	C3
3 Dom	A3
4 Chiesa di San Matteo	B4
5 Chiesa di Santa Chiara	B3
6 Chiesa di Sant'Irene	B3
7 Colonna di Sant'Oronzo	B3
8 Museo Faggiano	B4
9 Museo Teatro Romano	B3
10 MUST	B3
11 Palazzo del Governo	C2
12 Palazzo Vescovile	A3
13 Piazza del Duomo	A3
14 Porta Napoli	A1
15 Römisches Amphitheater	B3
16 Seminario	A3

🛏 Schlafen

17 Azzurretta B&B	B4
Centro Storico B&B	(siehe 17)
18 Palazzo Belli B&B	B3
19 Palazzo Rollo	A3
20 Patria Palace Hotel	B2
21 Risorgimento Resort	B3
22 Suite 68	B2

✴ Essen

23 Alle due Corti	B2
24 Cucina Casareccia	C1
25 Gelateria Natale	C3
26 Mamma Lupa	B3
27 Trattoria di Nonna Tetti	B4

🍸 Ausgehen & Nachtleben

28 All'Ombra del Barocco	B3
29 Caffè Alvino	C3
30 Shui 13 Wine Bar	C1

Lecce für „die schönste Stadt Italiens". Der weniger beeindruckte Marchese Grimaldi bemerkte dagegen, die Fassade von Santa Croce erinnere ihn an den Alptraum eines Irren.

Wie auch immer, Lecce ist eine lebendige, attraktive und sehr lockere Universitätsstadt voller Edelboutiquen, Antiquitätenläden, Restaurants und kleinen Kneipen. Nur einen Katzensprung entfernt liegen die Adria und das Ionische Meer. Alles in allem eignet sich die Stadt hervorragend als Ausgangspunkt für die Erkundung des Salento.

Sehenswertes

Lecce besitzt mehr als 40 Kirchen und mindestens ebenso viele *palazzi*, allesamt im 17. und 18. Jh. erbaut oder renoviert, was dem Stadtbild eine außergewöhnliche Geschlossenheit vermittelt. Zwei der wichtigsten Vertreter des *barocco leccese* (Lecce-Barock – mit den verrücktesten und üppigsten Dekorationen weit und breit) waren Antonio und Giuseppe Zimbalo, die beide

---

WIE VON DER TARANTEL GESTOCHEN

Rund 30 km südlich von Lecce liegt die Stadt Melpignano, die jedes Jahr im August zum Schauplatz eines der größten Feste des Salento wird: **La Notte della Taranta** (www.lanottedellataranta. it). Diese Nacht gehört der *pizzica*, der regionalen Form der Tarantella. Angeblich entwickelte sich der Tanz aus dem *tarantismo* (Tanzkrankheit, Veitstanz), der nach dem Stich einer Tarantel auftrat. Der Betroffene tanzte wie wild geworden, um das Gift aus dem Körper zu treiben. Wahrscheinlicher ist, dass die hysterische Tanzerei einst tiefer gehende gesellschaftliche Missstände symbolisierte. Der wilde Tanz fungierte als Ventil für Menschen, die in Trostlosigkeit und Unterdrückung lebten, ihren aufgestauten Wünschen, vergeblichen Hoffnungen und ihrer Verzweiflung Ausdruck zu verleihen. Heute steht die *pizzica* (die durchaus ein sinnlich-sanfter Tanz sein kann) im Salento für Party und durchtanzte Nächte den ganzen Sommer über – und das in verschiedenen Städten. Höhepunkt und besonders gut ist das Fest in Melpignano.

---

am Bau der fantastischen Basilica di Santa Croce mitwirkten.

Basilica di Santa Croce KIRCHE
(☎ 0832 24 19 57; www.basilicasantacroce.eu; auf Deutsch unter http://www.basilicasantacroce.eu/de.html; Via Umberto I; ◷ 9–12 & 17–20 Uhr) Ob hier wohl paranoide Steinmetze am Werk waren? Fast scheint es so, denn die riesige Fassade der Basilika ist übersät mit grotesken Figuren, Putten, Cherubinen und bestienartigen Zwitterwesen. An diesem fulminanten Feuerwerk an Allegorien haben Künstler während des gesamten 16. und 17. Jhs. gearbeitet. Vollendet hat es ein Team unter der Leitung von Giuseppe Zimbalo, dessen Konterfei ebenfalls die Fassade schmückt.

Das Innere bietet eher konventionelle Renaissance, verdient aber nach eingehender Bewunderung der Außenseite ebenfalls einen Blick. Zimbalo hat seine Handschrift auch im ehemaligen Convento dei Celestini gleich nördlich der Basilika hinterlassen. Das Gebäude ist heute der **Palazzo del Governo**, der Sitz der Lokalregierung.

Piazza del Duomo PIAZZA
Der Platz ist ein barocker Rausch, der Mittelpunkt der Stadt und eine großzügige Freifläche zwischen den engen Gassen der Umgebung. Bei Invasionen verbarrikadierten sich die Einwohner von Lecce auf dem Platz, dessen schmale Zugänge zu diesem Zweck wie geschaffen waren. Der **Dom** (Piazza del Duomo; ◷ tgl. 8.30–12.30 & 16–18.30 Uhr) aus dem 12. Jh. ist eine der schönsten Arbeiten Giuseppe Zimbalos, der auch für den imposanten, 68 m hohen **Glockenturm** verantwortlich zeichnete. Die Kathedrale ist insofern ungewöhnlich, als sie zwei Fassaden besitzt, eine an der Westseite, die andere, stärker ausgeschmückte, zur Piazza hin. Eingerahmt wird die Kirche vom **Palazzo Vescovile** (Bischofspalast; Piazza del Duomo) und vom **Seminario** (Piazza del Duomo; ◷ nur bei Ausstellungen), das im 18. Jh. von Giuseppe Cino entworfen wurde.

Museo Faggiano MUSEUM
(☎ 360 72 24 48; www.museofaggiano.it; Via Grandi 56/58; Eintritt 3 €; ◷ 9.30–13 & 16–20 Uhr) Entstanden ist das Museum, als der Besitzer des Wohnhauses alte Abwasserrohre ersetzen musste. Beim Aufgraben des Bodens stieß er auf eine wahre archäologische Fundgrube. Die nachfolgenden Ausgrabungen brachten eine Fülle an his-

torischer Bausubstanz ans Tageslicht. An dem Dachturm des Hauses ist ein Symbol zu entdecken, das wie das Kreuz der Tempelritter wirkt.

Museo Provinciale MUSEUM
(☎ 0832 68 35 03; Via Gallipoli 28; ◷ Mo–Sa 8.30–19.30, So 8.30–13.30 Uhr) GRATIS Auf eine stilvolle Art deckt das Museum 10 000 Jahre der regionalen Geschichte ab. Neben allerlei Überbleibseln aus der Alt- und Jungsteinzeit zeigt es in einer attraktiven Ausstellung Schmuck, Waffen und Ziergegenstände aus der römischen und griechischen Antike. Die Attraktionen stammen jedoch von den Messapiern: Es sind 2500 Jahre alte, schwungvoll modellierte und von der mykenischen Kultur inspirierte Krüge und Schalen.

Römisches Amphitheater HISTORISCHE STÄTTE
(Piazza Sant'Oronzo; Erw./erm. 2/1 €; ◷ Mai–Sept. 10– 12 & 17–19 Uhr) Das restaurierte Amphitheater aus dem 2. Jh. n. Chr. liegt unter dem Bodenniveau der Piazza, es wurde 1901 von Bauarbeitern entdeckt. Bei den Ausgrabungen in den 1930er-Jahren kam eine vollständige, hufeisenförmige Zuschauertribüne mit 15 000 Plätzen zum Vorschein.

MUST KUNSTGALERIE
(www.mustlecce.it; Via degli Ammirati 11; Eintritt 3 €; ◷ 10–13.30 & 14.30–19.30 Uhr) Die Galerie zeigt in schön umgebauten Räumen des ehemaligen Klosters Santa Chiara Kunstwerke regionaler Künstler. Allerdings ist die zeitgenössische Kunst derzeit noch spärlich vertreten. Ein Fenster an der Rückseite bietet einen faszinierenden Ausblick auf ein römisches Amphitheater. Geplant ist, zusätzliche Räume zu nutzen, um die regionale Geschichte in Ausstellungen abzudecken.

Colonna di Sant'Oronzo DENKMAL
(Piazza Sant'Oronzo) Auf einer schwindelerregend hohen Säule steht der Schutzheilige der Stadt mitten auf der Piazza. Die Säule stammt aus Brindisi und markierte einst den Endpunkt der Via Appia – der bedeutenden Römerstraße, die von Rom bis nach Brindisi verlief.

Museo Teatro Romano HISTORISCHE STÄTTE
(☎ 0832 27 91 96; Via degli Ammirati; Erw./erm. 3/2 €; ◷ Mo–Fr 9.30–13.30 & 17–19, Sa 9.30–13.30 Uhr) Das kleine römische Amphitheater wurde in den 1930er-Jahren ausgegraben. Dabei kamen auch gut erhaltene rostbraun kolorierte römische Mosaiken und Fresken zum Vorschein.

Castello di Carlo V BURG
(☎ 0832 24 65 17; ◷ 9–13 & 17–21 Uhr) GRATIS Karl V. ließ beim Bau der Burganlage im 16. Jh. einen normannischen Turm aus dem 12. Jh. einbeziehen. Die Burg besteht aus zwei konzentrisch angeordneten trapezförmigen Bauwerken. Im Verlauf der Zeit diente die Burg als Fürstenhof, Gefängnis und Hauptquartier des Militärs. Heute können Besucher durch die fürstlichen Räumlichkeiten schlendern und die gelegentlich stattfindenden Ausstellungen besuchen.

 Kurse

Awaiting Table KOCHKURSE
(www.awaitingtable.com; Tag/Woche 195/1995 €) In der berühmten Koch- und Weinschule von Silvestro Silvestori werden von namhaften Dozenten Tages- und einwöchige Kurse abgehalten. Neben dem intensiven Kochunterricht stehen auch Einkäufe auf dem örtlichen Markt, themenbezogene Ausflüge und verschiedene Verkostungen auf dem Programm. Eine frühzeitige Anmeldung ist ratsam, da die beliebten Kurse schnell ausgebucht sind.

🛏 Schlafen

★ Palazzo Belli B&B B&B $
(☎ 380 7758456; www.palazzobelli.it; Corso Vittorio Emanuele II 33; EZ 50–60 €, DZ 70–80 €; 🕾) sehr zentral gelegen, recht schick und zudem preisgünstig ist das B&B in einer schönen Villa nahe der Kathedrale. Seine Zimmer sind mit Marmorfußboden und schmiedeeisernen Betten auf. Das Frühstück wird den Gästen des Hauses in der benachbarten Bar All'Ombra del Barocco serviert.

★ Palazzo Rollo APARTMENTS & B&B $
(☎ 0832 30 71 52; www.palazzorollo.it; Corso Vittorio Emanuele II 14; EZ 50–60 €, DZ 70–90 €, Suite 100–120 €, Apt. 70–90 €; P ✳ @) Über 200 Jahre lang war dieser *palazzo* aus dem 17. Jh. der Sitz der Familie Rollo. Zur Ausstattung der drei großen B&B-Suiten mit hohen gewölbten Decken zählen Küchenzeile und Kronleuchter. In den schicken, modernen Studios im Erdgeschoss führt eine Tür direkt in den efeubewachse-

BEACHTENSWERTE KIRCHEN IN LECCE

In der **Chiesa di Sant'Irene** aus dem 17. Jh., die am Corso Vittorio Emanuele steht, ist ein großartiges Paar spiegelbildlicher barocker Altarbilder zu bestaunen, die im Querschiff einander gegenüberhängen.

Chiesa di Santa Chiara (Piazza Vittorio Emanuele II; ⊙ Mo–Sa 9.30–11.30 & 16.30–18.30, So 9.30–11.30 Uhr) In der beeindruckenden Barockkirche ist jede Nische mit schwindelerregend verdrehten Säulen und reich verzierten Statuen angefüllt.

Chiesa di San Matteo (Via dei Perroni 29; ⊙ 7.30–11 & 16–18 Uhr) Die Kirche liegt 200 m südlich der Chiesa di Santa Chiara und ist das letzte Meisterwerk von Giuseppe Zimbalo.

Chiesa del Rosario (Via Libertini) Die Kirche ist ebenfalls ein Bauwerk von Zimbalo. Da der Architekt vor der Fertigstellung des Bauwerks starb, erhielt sie anstelle des geplanten Kuppeldachs als schnelle Lösung nur ein Holzdach.

Chiesa dei SS Nicolò e Cataldo (Via San Nicola; ⊙ Sept.–April 9–12 Uhr) Normannen erbauten 1180 diese Kirche in der Nähe der Porta Napoli. Als das „Barockfieber" die Stadt erfasste, wurde sie von dem überaus produktiven Architekten und Bildhauer Giuseppe Cino umgestaltet, der jedoch die romanische Fensterrosette und das Portal beibehielt.

nen Innenhof. Der Dachgarten bietet herrliche Ausblicke.

Azzurretta B&B
B&B $

(☎ 0832 24 22 11; www.hostelecce.com; Via Vignes 2; EZ 30–38 €, DZ 55–70 €; P ⊛) Der freundliche Bruder des Besitzers vom Centro Storico B&B betreibt diese mehr künstlerisch angehauchte Unterkunft. Beide B&Bs befinden sich in demselben Gebäude. Besonders empfehlenswert ist das große Doppelzimmer mit Balkon, Holzfußboden und gewölbter Decke. Massagen werden im eigenen Zimmer oder auf der Dachterrasse ausgeführt. Fürs Frühstück gibt es einen Café-Gutschein. Die Brüder bieten auch eine kleine Einzimmerwohnung an, die zwar etwas dunkel, aber eine gute Möglichkeit für Selbstversorger mit schmalem Geldbeutel ist.

Suite 68
BOUTIQUEHOTEL $

(☎ 0832 30 35 06; www.kalekora.it; Via Prato 7–9; EZ 70–80 €, DZ 80–120 €; ⊛@⊛) Kräftige Farben, abstrakte Gemälde auf Leinwand und lebhaft gemusterte kleine Teppiche verleihen den großen, hellen Zimmern einen modernen Touch. In dem schlichten, stylischen Hotel gibt es auch Fahrräder zu leihen.

Centro Storico B&B
B&B $

(☎ 338 5881265; www.bedandbreakfast.lecce.it; Via Vignes 2b; EZ 35–40 €, DZ 70–100 €; P ⊛) Das freundliche, gut geführte B&B in einem historischen Palast bietet geräumige Zimmer mit doppelt verglasten Fenstern und hübschem, altmodischem Dekor. Eine große Dachterrasse lockt mit Sonnenliegen und einem schönen Ausblick. Fürs Frühstück erhalten die Gäste einen Café-Gutschein, außerdem besteht die Möglichkeit, im B&B selbst Kaffee oder Tee aufzubrühen.

B&B Prestige
B&B $

(☎ 349 7751290; www.bbprestige-lecce.it; Giuseppe Libertini 7; EZ 60–70 €, DZ 70–90 €, 3BZ 100–110 €; P @⊛) Die Zimmer des hübschen B&B an der Ecke der Via Santa Maria del Paradiso in der Altstadt sind hell, luftig und schön eingerichtet. Von der gemeinschaftlichen Sonnenterrasse fällt der Blick auf die Kirche San Giovanni Battista.

Risorgimento Resort
HOTEL $$

(☎ 0832 24 63 11; www.risorgimentoresort.it; Via Imperatore Augusto 19; DZ 145–165 €, Suite 190–290 €; P ⊛@⊛) Das einladende stylische 5-Sterne-Hotel liegt im Zentrum von Lecce. Seine geräumigen, hohen Zimmer mit riesigem Bad sind modern eingerichtet. In vielen Details spiegeln sich die Farben des Salento wider. Das Hotel verfügt über ein Restaurant, eine Weinbar und einen Dachgarten.

Patria Palace Hotel
HOTEL $$

(☎ 0832 24 51 11; www.patriapalacelecce.com; Piazzetta Riccardi 13; EZ 106–210 €, DZ 165–350 €; P ⊛@⊛) Dieses prächtige Hotel besitzt Räume im traditionell italienischen

Stil mit großen Spiegeln und Möbeln aus dunklem Holz. Die Lage ist wundervoll. Die Bar erstrahlt in herrlichem Art déco mit einer großartig geschnitzten Decke, und die schattige Dachterrasse ermöglicht den Blick hinüber zur Basilica die Santa Croce.

 **Essen**

Gelateria Natale
GELATERIA $

(Via Trinchese 7a) Im besten Eissalon in Lecce gibt es auch eine große Auswahl an unglaublich leckeren Süßigkeiten.

Mamma Lupa
OSTERIA $

(☎ 340 7832765; Via Acaja 12; Gerichte 20 bis 25 €; ⏰ So–Fr Mittagessen, tgl. Abendessen) Passend zum ländlichen Ambiente steht hier zünftige bäuerliche Kost auf der Speisekarte, z. B. Tomaten, Kartoffeln und Artischocken, jeweils gebraten, oder Hackbällchen aus Pferdefleisch. Die gemütliche Osteria mit Gewölbedecke hat nur wenige Tische.

Trattoria di Nonna Tetti
TRATTORIA $

(☎ 0832 24 60 36; Piazzetta Regina Maria 28; Gerichte 8–12 €; ⏰ Mittag- & Abendessen) Unabhängig vom Alter und vom mehr oder weniger gefüllten Geldbeutel, in diese gemütliche, einladende Trattoria geht es eigentlich jeder gern. Sie bietet eine große Auswahl an traditionellen Gerichten, allen voran die charakteristische apulische Kost, z. B. gedünstete *cicorie selvatiche* (Wildzichorie) mit Püree aus weichgekochten *fave* (Dicke Bohnen, Saubohnen). Dazu gibt es *contorni* (Beilagen) wie *patate casarecce* (frisch frittierte hauchdünne Kartoffelscheiben).

★ Cucina Casareccia
TRATTORIA $$

(☎ 0832 24 51 78; Viale Costadura 19; Hauptgerichte 12 €; ⏰ Di–So Mittagessen, Di–Sa Abendessen) In das Lokal kann man nicht einfach reinmarschieren, sondern muss erst einmal an der Haustür klingeln. Eigentlich kein Wunder: Mit ihrem gemusterten Fliesenboden, einem Schreibtisch, auf dem sich die Zeitungen stapeln, und der charmanten Besitzerin Carmela Perrone wirkt die Trattoria wie eine Privatwohnung. Dazu passt auch der vor Ort gebräuchliche Spitzname „le Zie" (die Tanten). Und erst recht die Tatsache, dass hier echte *cucina povera* (Armeleuteessen) auf den Tisch kommt, z. B. Pferdefleisch in einer *salsa piccante* (pikanter Sauce). Eine Reservierung ist ein Muss.

Alle due Corti
APULISCH $$

(☎ 0832 24 22 23; www.alleduecorti.com; Via Prato 42; Hauptgerichte 12 €; ⏰ Mittag- & Abendessen tgl., im Winter geschl.) In dem schlichten, bodenständigen Traditionsrestaurant spiegelt sich der sonnige Salento wider. Die klassische apulische Speisekarte richtet sich nach der Erntesaison und ist in einem Dialekt geschrieben, den selbst viele Italiener nicht so richtig verstehen. Hier warten authentische kulinarische Genüsse wie

LECCE IN EINEM TAG

Der Tag beginnt am besten mit einem Cappuccino und *pasticciotto* (einen kleinen Kuchen mit Käsecremefüllung) im Caffè Alvino an der Piazza Sant'Oronzo. All der Zucker und Schaum machen fit, um sich mindestens eine Stunde der Basilica di Santa Croce (S. 822) mit ihren fantasievollen Details zu widmen.

Anschließend vermittelt ein Besuch des faszinierenden Museo Faggiano (S. 822) einen Einblick in die Vergangenheit von Lecce. In die Gegenwart zurück bringt einen ein Schaufensterbummel über den Corso Vittorio Emanuele II mit seiner unterhaltsamen Mixtur an Läden. Nicht versäumen sollte man, einen Campari Soda in einer der vielen kleinen Kneipen der Stadt zu trinken. Für ein typisches apulisches Mittagessen lohnt sich das fest im Tradition verankerte Restaurant Alle due Corti.

Damit die Kalorien von Pasta und Bohnen nicht anschlagen, geht es danach quer durch die Stadt zum ausgezeichneten Museo Provinciale (S. 823). Liebhaber fantasievoller Fassaden können sich bis zum Abend am Lecceser Barock erfreuen. Neben den Kirchen und der Kathedrale (S. 822) sind ganze Straßenzüge, z. B. die Via Palmieri, von *palazzi* in diesem speziellen regionalen Baustil gesäumt. Die Krönung des Tages bildet ein Abendessen in der Cucina Casareccia (s. oben), wo sich die Gäste wie Familienmitglieder fühlen. Auf dem Heimweg zur Unterkunft lässt sich der Tag noch mit einem Blick auf die spektakulär angestrahlte Basilica di Santa Croce abschließen.

ciceri e tria (knusprig gebratene Pasta mit Kichererbsen).

Ausgehen

In der Via Imperatore Augusto reihen sich die Bars dicht an dicht. An Sommerabenden wirkt es, als sei die ganze Straße eine einzige Party. Hier findet bestimmt jeder das Passende für sich.

All'Ombra del Barocco
WEINBAR

(www.allombradelbarocco.it; Corte dei Cicala 9; ⊙8–1 Uhr) All'Ombra, der Nachbar des Buchladens Liberrima, ist eine coole Kombination aus Restaurant, Café und Weinbar mit einer großen Auswahl an Tees, Cocktails und *aperitivi*. Auch Musikevents finden hier statt. Morgens gibt es Frühstück, doch die auf moderne Art zubereiteten Gerichte sind immer einen Versuch wert. Tische und Stühle füllen den kleinen Platz vor dem Restaurant – ein idealer Ort, um die *passeggiata* (Abendspaziergang) zu beobachten.

Caffè Alvino
CAFÉ

(Piazza Sant'Oronzo; ⊙Mi–Mo) Das Café am Hauptplatz in Lecce begeistert nicht nur mit seinen kultigen Lüstern an der Decke, sondern auch mit gutem Kaffee und köstlichen *pasticciotto* (Kuchen mit Cremefüllung). Darüber hinaus ist die Auswahl an Kuchen mehr als üppig.

Shui 13 Wine Bar
WEINBAR

(Via Umberto I 21; ⊙Sommer 10–spätnachts, Winter 10–15 & 18–24 Uhr) Eine angesagte Weinbar mit angenehmer Atmosphäre und einer guten Auswahl an apulischen Weinen. Auf den Tischen im Freien stehen abends Kerzen.

Praktische Informationen

Der Corso Vittorio Emanuele II (Fußgängerzone) verbindet die beiden Hauptplätze des Stadtzentrums: die Piazza Sant'Oronzo und die Piazza del Duomo.

CTS (☑0832 30 18 62; Via Palmieri 89; ⊙Di bis Sa 9–13, So & Mo 9–13 & 16–19.30 Uhr) Gute Adresse für Studentenreisen.

InfoLecce (☑0832 52 18 77; www.infolecce. it; Piazza del Duomo 2; ⊙Mo–Sa 9.30–13.30 & 15.30–19.30 Uhr, So erst ab 10 Uhr) Eine unabhängige, hilfreiche Touristeninformation, organisiert geführte Touren und verleiht Fahrräder (Std./Tag 3/15 €).

Krankenhaus (☑0832 66 11 11; Via San Cesario) Liegt etwa 2 km südlich des Stadtzentrums an der Straße nach Gallipoli.

Polizei (☑0832 69 11 11; Viale Otranto 1)

Post (Piazza Libertini)

Puglia Blog (www.thepuglia.com) Ist Italiens beliebtester Blog zum Thema Apulien. Betrieben wird die informative Website von Fabio Ingrosso. Die Beiträge befassen sich mit verschiedenen Themen, darunter Kultur, Geschichte, Essen, Wein, Unterkünften und Reisen in Apulien.

Salento Showroom (☑0832 179 03 57; www.salentotime.it; Via Revina Isabella 22; ⊙Mo–Sa 9.30–13.30 & 15.30–19.30 Uhr, So erst ab 10 Uhr) Unabhängige Touristeninformation mit Internetzugang (Std. 3 €), bietet hilfreiche Informationen über Unterkünfte und Autoverleiher.

Touristeninformation (☑0832 24 80 92; www.viaggiareinpuglia.it; Corso Vittorio Emanuele II 24; ⊙ Mo–Do 9–13 & 16–19, Fr & Sa 9–13 Uhr)

An- & Weiterreise

BUS

Das Busterminal der Stadtbusse liegt nördlich der Porta Napoli.

Vom **STP-Busbahnhof** (☑800 43 03 46; Viale Porta D'Europa) fahren die Busse der **STP** (☑0832 35 91 42; www.stplecce.it) nach Brindisi (6,30 €, 35 Min., 9-mal tgl.) und zu verschiedenen Zielen in ganz Apulien.

Die Busse der **FSE** (☑0832 66 81 11; www. fseonline.it) fahren nach Gallipoli (2,60 €, 1 Std., 4-mal tgl.) und Otranto (2,60 €, 1½ Std., 2-mal tgl.). Die Bushaltestelle befindet sich am Largo Vittime del Terrorismo.

Pugliairbus (http://pugliairbus.aeroportidi puglia.it) verbindet Lecce mit dem Flughafen von Brindisi (7 €, 40 Min., 9-mal tgl.). Dorthin fahren auch die Busse von **SITA** (6 €, 45 Min., 9-mal tgl.). Die Haltestelle für die Fahrt zum Flughafen befindet sich im Viale Porte d'Europa.

ZUG

Der Bahnhof liegt 1 km südwestlich von Lecces Altstadt. Regelmäßige Zugverbindungen gibt es nach:

Bari ab 9 €, 1½–2 Std.

Bologna ab 82,50 €, 7½–9½ Std.

Brindisi ab 9 €, 30 Min.

Neapel ab 41 €, 5½ Std. (mit einem Umstieg in Caserta)

Rom ab 66 €, 5½–9 Std.)

Züge der FSE fahren nach Otranto, Gallipoli und Martina Franca. Der Ticketschalter befindet sich auf Gleis 1.

Brindisi

89 800 EW.

Wie alle Hafenstädte hat Brindisi seine Schattenseiten. Doch die Stadt besitzt auch ein erstaunlich gemächliches und friedliches Gesicht, wie der mit Palmen gesäumte Corso Garibaldi beweist, der den Hafen mit dem Bahnhof verbindet. Angenehm ist auch die Promenade, die am interessanten Hafen entlangführt.

In Brindisi endete die bedeutende Via Appia, die in Rom ihren Ausgangspunkt hatte. Auf dieser Römerstraße zogen unzählbare Scharen von Legionären, Pilgern, Kreuzrittern und Händlern gen Süden, um sich in Brindisi einzuschiffen. Ihre fernen Ziele lagen in Griechenland und im Nahen Osten. Daran hat sich bis heute nicht sehr viel geändert, der Hafen spielt noch immer eine strategisch wichtige Rolle, vor allem aks Fährhafen zu Zielenin Griechenland. Nur sind Brindisis Pilger heute eher sonnenhungrige Besucher als Seelenheilsuchende.

Sehenswertes

★ Museo Archeologico Provinciale Ribezzo   MUSEUM

(☑ 0831 56 55 08; Piazza del Duomo 8; ◷ Di–Sa 9.30–13.30, Di, Do & Sa auch 15.30–8.30 Uhr) GRATIS Das ausgezeichnete Museum zeigt seine Exponate auf mehreren Stockwerken in gut dokumentierten Ausstellungen (Erläuterungen auch in Englisch). Der Fundus umfasst 3000 Bronzeskulpturen und Fragmente aus der griechischen Antike, Terrakottafigurinen aus dem 7. Jh. und archäologische Funde vom Meeresboden. Hinzu kommen römische Statuen und Statuenköpfe. Allerdings wird nicht alles gleichzeitig gezeigt, sondern in wechselnden Ausstellungen.

Chiesa di Santa Maria del Casale   KIRCHE

(☑ 0831 41 85 45; Via Ruggero de Simone; ◷ 8–20 Uhr) Die Kirche liegt 4 km nördlich der Stadt Richtung Flughafen und wurde um 1300 von Fürst Philipp I. von Tarent erbaut. Das Bauwerk ist eine architektonische Mixtur aus romanischen, gotischen und byzantinischen Elementen. Opulente byzantinische Fresken schmücken den Innenraum. Ein riesiges Fresko an der Wand am Eingang stellt das Jüngste Gericht mit viel Blut und gewaltigem Gewitter dar. Es stammt vom Freskenmaler Rinaldo di Taranto.

Römische Säule   DENKMAL

(Via Colonne) Die glänzend weiße Säule steht an einer breiten, von der Sonne ausgebleichten Treppe, die hinunter zur Hafenpromenade führt. An der Säule endete einst die Via Appia, die wichtigste Heerstraße des römischen Imperiums. Ursprünglich standen hier zwei Säulen, doch eine schenkte 1666 der Stadt Lecce als Dank an Sant'Oronzo, der Brindisi von der Pest befreit hatte.

Kathedrale   KATHEDRALE

(Piazza del Duomo; ◷ Mo–Fr & So 8–21, Sa 8–12 Uhr) Die im 11. Jh. errichtete Kathedrale wurde 700 Jahre später vollkommen umgebaut. Wie sie einmal ausgesehen haben könnte, lässt sich an der nahen **Porta dei Cavalieri Templari** erkennen. Diese reich verzierte Säulenhalle mit Spitzbögen aus der Zeit der Kreuzzüge ist das einzige Überbleibsel der örtlichen Hauptkirche der Tempelritter.

Tempio di San Giovanni al Sepolcro   KIRCHE

(Via San Giovanni) Das massige normannische Bauwerk ist ebenfalls eine Templerkirche. Mauern aus plumpen Steinquadern bilden einen runden Grundriss, wie ihn die Templer so liebten.

Denkmal für die italienischen Seeleute   DENKMAL

Einen wunderschönen Rundumblick über Brindisis Hafen bietet eine **Bootsfahrt** (hin & zurück 1,80 €) zum Denkmal. Die Boote starten in regelmäßigen Abständen vom Landesteg am Viale Regina Margherita und tuckern quer durch den Hafen. Das Denkmal ließ Mussolini 1933 errichten.

Schlafen

B&B Federico II   APARTMENTS $

(☑ 0328 9277735; www.bbfederico2.it; Via Federico II di Svevia 27; EZ 35–40 €, DZ 60–70 €; ☎) Das B&B in Hafennähe bietet zwei einfache, aber attraktive Apartments, die an einem von Palmen beschatteten Innenhof liegen. Zu seinen Vorzügen zählen die herzliche Begrüßung, der gute Service und ein fürsorglich gefüllter Kühlschrank.

Brindisi

Seno di Ponente

Boote zum Denkmal für italienische Seeleute

Mussolini-Brunnen

Via S.Chiara

Porto Interno

4

Museo Archeologico Provinciale Ribezzo

Via Colonne

Viale Regina Margherita

Piazza Santa Teresa

3 **1**

2

Piazza del Duomo

Via San Francesco

Piazza Vittorio Emanuele

Via Annibale de Leo

7

Via Tarantini

Via Guerrieri

Via Salita di Ripalta

Busse zur Costa Morena

Via San Giovanni

8

Via Duomo

Via Santi

5

Via M.Pacuvio

Via Lauro

Via G.B Casimiro

Via del Mare

Via F Consiglio

Corso Garibaldi

Via Giudea

Via S Ippolito

6

Via Pergola

Piazza Vittoria

Via Annunziata

Via Scrasce

Endeavour Lines

Via Pisanelli

STP (550 m)
(600 m)

Hotel Orientale
HOTEL **$$**

(☎ 0831 56 84 51; www.hotelorientale.it (auch auf Deutsch); Corso Garibaldi 40; EZ/DZ 75/ 130 €; P✳🛜) Das schicke, moderne Hotel hat eine gute Lage. Viele seiner gemütlichen Zimmer bieten Ausblicke auf den langen, von Palmen gesäumten *corso*. Für die Gäste gibt es ein kleines Fitnesscenter und einen eignen Parkplatz. Und wem danach ist, der bekommt sogar ein englisches Frühstück.

✗ Essen

Trattoria Pantagruele
TRATTORIA **$$**

(☎ 0831 56 06 05; Via Salita di Ripalta 1; Gerichte 30 €; ◷ Mittag- & Abendessen Mo–Fr, Sa nur Abendessen) Pantagruel, der Held einer Reihe satirischer Geschichten des französischen Schriftstellers François Rabelais, stand Pate bei der Namensgebung dieser bezaubernden Trattoria. Der Fisch und das gegrillte Fleisch schmecken ausgezeichnet. Das Lokal liegt drei Blocks vom Hafen entfernt.

Il Giardino
APULISCH **$$**

(☎ 0831 56 40 26; Via Tarantini 14–18; Gerichte 30 €; ◷ Mittag- & Abendessen Di–Sa, So nur Mittagessen) Seit mehr als 40 Jahren existiert dieses mondäne Restaurant in einem restaurierten *palazzo* aus dem 15. Jh. Seine raffiniert zubereiteten Gerichte aus Fisch, Meeresfrüchten und Fleisch werden in einem hübschen Garten serviert.

❶ Praktische Informationen

Der neue Flughafen liegt östlich der Stadt in einem öden Industriegebiet, das sich auf der anderen Seite des Seno di Levante an der Costa Morena erstreckt.

Der alte Flughafen befindet sich etwa 1 km vom Bahnhof entfernt am Corso Umberto I. Die Straße führt direkt zum Corso Garibaldi mit seinen

Brindisi

zahlreichen Cafés, Läden, Fährgesellschaften und Reisebüros.

Fähren (www.ferries.gr) Die Website gibt Auskunft über Preise und Fahrpläne der Fähren, die griechische Zielorte ansteuern.

Krankenhaus (☎ 0831 53 71 11) Liegt südwestlich des Stadtzentrums – die SS7 Richtung Mesagne fahren.

Post (Piazza Vittoria)

Touristeninformation (☎ 0831 52 30 72; www.viaggiareinpuglia.it; Viale Regina Margherita 44; ☉ Sommer Mo–Sa 9–13 & 14–20 Uhr, Winter Mo–Fr 8.30–14 & 13.30–19, Sa & 13.30–19 Uhr) Bietet nützliche Informationen und Broschüren über die Region. Für die Freunde von Radtouren empfiehlt sich die Karte *Le Vie Verdi*, in der acht Radrouten in der Umgebung von Brindisi verzeichnet sind; die Streckenlängen reichen von 6 bis 30 km.

❶ An- & Weiterreise

BUS

Busse der **STP** (☎ 0831 54 92 45) verbinden Brindisi mit Ostuni (2,90 €, 50 Min., 6-mal tgl.) und Lecce (3,30 €, 45 Min., 2-mal tgl.) sowie mit vielen weiteren Zielorten im Salento. Die meisten fahren vor dem Bahnhof in der Via Bastioni Carlo V ab. Hier befindet sich auch die Haltestelle der Busse von Ferrovie del Sud-Est, die Ziele in der Umgebung der Stadt ansteuern.

FLUGZEUG

Vom **Papola Casale** (BDS; www.aeroportidi puglia.it), Brindisis kleinem Flughafen, starten Inlandsflüge nach Rom, Neapel und Mailand. Neben Alitalia steuern auch andere internationale Fluggesellschaften sowie Billigflieger Brindisi an, z. B. Lufthansa, British Airways, Airberlin und Ryanair.

Sowohl europaweit bekannte als auch örtliche Autoverleiher sind am Flughafen vertreten. Busse der SITA fahren nach Lecce (6,50 €, 35 Min., 9-mal tgl.). STP-Busse verbinden den Flughafen mit dem Stadtzentrum von Brindisi (1,60 €, 15–30 Min., alle 30 Min.).

Pugliairbus (http://pugliairbus.aeroportidi puglia.it) fährt zum Flughafen von Bari (8 €, 1¾ Std.) und nach Lecce (7, 40 € Min.).

SCHIFF/FÄHRE

Alle Fähren von Brindisi nach Griechenland und Albanien transportieren auch Fahrzeuge.

Die Fährgesellschaften haben ihre Büros am Fährhafen Costa Morena (dem neueren Hafen), die meisten betreiben auch eine Zweigstelle in der Stadt. Wichtige Fährgesellschaften sind z. B.: **Agoudimos Lines** (www.ferries.gr/agoudi mos) nach Korfu, Igoumenitsa und Kefalonia in Griechenland sowie nach Vlore in Albanien.

Endeavour Lines (☎ 0831 57 38 00; www.endeavor-lines.com; Via Prov. Le per Lecce 27) Nach Igoumenitsa, Patras, Korfu und Kefalonia in Griechenland.

Red Star Ferries (☎ 0831 57 52 89; www.directferries.co.uk/red_star_ferries.htm) Nach Vlore in Albanien.

ZUG

Vom Bahnhof fahren regelmäßig Züge nach:
Bari ab 14 €, 1 Std.
Lecce ab 9 €, 30 Min.
Mailand ab 99,50 €, 8½–11 Std.
Rom ab 66 €, 5–7 Std.
Taranto ab 4,50 €, 1¼ Std.

❶ Unterwegs vor Ort

Ein kostenloser Minibus verbindet den Bahnhof und den alten Fährhafen mit dem Fährhafen Costa Morena. Abfahrt ist jeweils zwei Stunden vor dem Ablegen der Fähre. Voraussetzung für die Mitfahrt ist ein gültiges Fährticket.

Wer zum Flughafen will, nimmt den von der STP betriebenen Cotrap-Bus, der an der Via Bastoni Carlo V abfährt.

Südlicher & westlicher Salento

Die Halbinsel Salento – kurz „Salento" genannt – ist eine warme, trockene und abgelegene Region, in der sich noch ein wenig das Flair ihrer griechischen Vergangenheit zeigt. Der Salento erstreckt sich über den Absatz des italienischen Stiefels und reicht von Brindisi bis Tarent (italienisch Taranto) und hinunter bis nach Santa Maria di Leuca. Hier geht das satte Grün des Valle d'Itria über in ockerfarbene Felder und schier endlose Olivenhaine. Im Frühling blühen in dieser Gegend Wildblumen in Hülle und Fülle.

Oria

15 400 EW.

Schon aus weiter Ferne ist die bunte Kuppel der Kathedrale von Oria zu sehen. Rund um die Kirche drängen sich die engen Straßen des reizvollen mittelalterlichen Städtchens. In der Kathedrale fasziniert die ein wenig makabre **Cripta delle Mummie** (Krypta der Mumien), in der die mumifizierten Körper von elf ehemaligen Mönchen ruhen.

Über der Stadt erhebt sich majestätisch die **Burg** von Friedrich II.: Die in einem Dreieck angelegte Burganlage wurde vollständig restauriert und befindet sich heute in Privatbesitz.

Il Torneo dei Rioni (Das Turnier der Stadtviertel) geht auf die Zeit unter der Herrschaft Friedrichs II. zurück. Dieser historische Wettkampf läuft in Form eines spektakulären *palio* (Pferderennen) ab und findet jedes Jahr Mitte August statt.

★ **Borgo di Oria** (☎ 329 2307506; www.borgodioria.it; Apt. 50–100 €; ❄) ist ein reizvoller *albergo diffuso* – geführt von Francesco Pipino, einem charismatischen, weit gereisten Mann. Seine Apartments für Selbstversorger sind groß, komfortabel und geschmackvoll eingerichtet. Die Rezeption befindet sich in der Bar Kenya an der Piazza Manfredi.

Im **Alle Corte di Hyria** (☎ 329 6624507; Via Milizia 146; Gerichte 20–25 €; ⊙ Do–Di) tragen die Bedienungen historische Kostüme. Das Restaurant in einem Gewölbe mit dicken Mauern besitzt viel Atmosphäre.

Da Oria an der Hauptstrecke der Eisenbahngesellschaft Trenitalia liegt, bestehen regelmäßige Zugverbindungen nach Brindisi und Tarent. Auch Ostuni lässt sich mit dem Zug erreichen. Um per Zug nach Alberobello und Martina Franca zu gelangen, muss man allerdings in Francavilla Fontana umsteigen.

Galatina

27 300 EW.

Galatina mit seiner bezaubernden Altstadt liegt 18 km südlich von Lecce im Herzen des einstigen Schauplatzes der griechischen Ära des Salents.

Die kleine Stadt ist einer der wenigen Orte, an dem das sehenswerte Ritual des *tarantismo* (Tanzkrankheit, Veitstanz) noch heute praktiziert wird, sprich: Menschen tanzen wie von der Tarantel gestochen. Es wird jedes Jahr am Gedenktag der Heiligen Peter und Paul (29. Juni) in einer (inzwischen säkularisierten) Kirche aufgeführt. Vermutlich hat sich aus diesem Ritual die Tarantella entwickelt.

◉ Sehenswertes

Basilica di Santa Caterina d'Alessandria   KIRCHE
(⊙ April–Sept. 8–12.30 & 16.30–18.45 Uhr, Okt.–März 8–12.30 & 15.45–17.45 Uhr) Die meisten Menschen kommen nach Galatina, um sich diese sagenhafte Basilika aus dem 14. Jh. anzusehen. Ein wahres Kaleidoskop von Fresken schmückt den Innenraum. Erbaut wurde die Kirche seinerzeit von den Franziskanern mit Unterstützung ihrer Gönnerin, der Französin Marie d'Enghien de Brienne. Sie war mit Raimondello Orsini del Balzo verheiratet, dem wohlhabendsten Adligen der Region, und spendierte reichlich Geld für die Innendekoration. Die Geschichte der Kirche hat aber auch eine pervers-makabre Seite: Raimondello (der hier begraben liegt) bestieg den Berg Sinai, um die Reliquien der hl. Katharina zu besuchen. Er küsste die Hand der toten Heiligen, biss ihr dabei angeblich einen Finger ab und brachte ihn als heilige Reliquie mit zurück.

Die Kirche ist unglaublich schön, ein blendend weißes Altarbild sorgt für einen angenehmen Kontrast zu den bunten Fresken. Wer die Künstler waren, die Marie anheuerte, ist unbekannt; es können umherziehende Maler aus den Marken und der Emilia gewesen sein oder Süditaliener, die sich auf Reisen in den Norden die neuesten Errungenschaften des Baustils der Renaissance abgeschaut hatten.

🛌 Schlafen

Samadhi   AGRITURISMO
(☎ 0836 60 02 84; http://www.agricolasamadhi. it, auch auf Deutsch; Via Stazione 116; pro Pers. ab 40 €, pro Woche 390–995 €; ❄ 🖥 🌊) Ein idealer Ort, um einmal die Seele baumeln zu lassen und zu entspannen – das Resort befindet sich auf dem 10 ha großen Gelände eines Biobauernhofes, der 7 km östlich von Galatina in der kleinen Gemeinde Zollino liegt. Die Besitzer sprechen mehrere Sprachen. Geboten werden u. a. Ay-

urveda-Anwendungen, Yoga-Kurse und ein vegetarisches Restaurant, dessen Küche nur Bio-Produkte verwendet. Die Website gibt Auskunft über das aktuelle Kurs- und Wellnessprogramm.

❶ An- & Weiterreise

FSE-Züge verkehren regelmäßig zwischen Lecce, Galatina (1,90 €, 30 Min.) und Zollino (1,30 €, 20 Min.).

Otranto

5540 EW.

Otranto blickt auf einen hübschen Hafen an der türkisfarbenen Küste der Adria. Im historischen Zentrum bewachen wie Gold schimmernde Wälle enge und autofreie Straßen mit zahllosen kleinen Geschäften, die touristischen Kleinkram anbieten. Im Juli und August verwandelt sich Otranto in eine der lebendigsten Städte Apuliens.

Otranto war ein Jahrtausend lang Italiens Haupthafen in Richtung Osten, und die Stadt hat eine mitunter grausame Geschichte hinter sich. Legenden zufolge hat sich hier schon der Kreterkönig Minos aufgehalten und man geht davon aus, dass der heilige Petrus dort den ersten Gottesdienst im Westen zelebriert hat.

Zweifelsfrei dokumentiert ist dagegen das historische Ereignis von 1480: Damals belagerten 18 000 Türken unter der Führung von Ahmet Pascha die Stadt. Den Stadtbewohnern gelang es zwar, die Türken 15 Tage lang in der Bucht festzuhalten, doch schließlich mussten sie kapitulieren und Otranto preisgeben. Anschließend ließ Ahmet Pascha 800 Überlebende auf dem nahe gelegenen Minerva-Hügel enthaupten, weil sie sich weigerten, zum Islam zu konvertieren.

Heute geht in Otranto alles friedlich zu. Unbehagen bereitet höchstens im Sommer das Gedränge an seinen malerischen Stränden und in den engen Gassen.

◉ Sehenswertes

★ Kathedrale   KATHEDRALE

(☎ 0836 80 27 20; Piazza Basilica; April–Sept. tgl. 8–12 & 15 bis 19 Uhr, Okt.–März tgl. 15–17 Uhr) Wer Otranto besucht, sollte sich auf keinen Fall eine Besichtigung des außergewöhnlichen romanischen Doms entgehen lassen. Der Dom wurde im 11. Jh. von den Normannen erbaut, hat allerdings seither mehrmals eine Auffrischung erfahren. Den Boden bedeckt ein riesiges Mosaik aus dem 12. Jh., ein gewaltiger Lebensbaum, den zwei Elefanten auf ihrem Rücken balancieren. Es wurde von einem jungen Mönch namens Pantaleone geschaffen, der ganz offensichtlich nie einen Elefanten gesehen hatte und dessen Vorstellung von Himmel und Hölle eine faszinierende (Kon)Fusion aus antiker Klassik, Religion und schlichtem Aberglauben umfasst. Hier begegnen sich Adam und Eva, die Jagdgöttin Diana, Herkules, König Artus, Alexander der Große und eine ganze Menagerie von Affen, Schlangen und Seeungeheuern. Schließlich sollten Besucher den Blick zur Decke richten – auch die hölzerne Decke ist wunderschön.

Es ist erstaunlich, dass der Dom überhaupt stehen blieb, als die Türken hier ihre Pferde unterstellten und die Märtyrer von Otranto auf einem Stein köpften, der heute im Altar der Kapelle rechts vom Hauptaltar aufbewahrt wird. Diese **Cappella Martiri** (Kapelle der Märtyrer) ist ein schaurig-schöner Anblick: Die Schädel der toten Christen sind ordentlich in Glaskästen aufgestapelt.

Castello Aragonese Otranto   FESTUNG

(www.castelloaragoneseotranto.it; Piazza Castello; Erw./Kind 2 €/frei; ☉ Okt.–März 10–13 & 15–17 Uhr, April–Mai 10–13 & 15–19 Uhr, Juni & Sept. 10–13 & 15–22 Uhr, Aug. 10–24 Uhr) Die von gedrungenen Mauern umgebene Festung bietet einen tollen Ausblick auf die Stadt und ihre Umgebung. Über dem Eingang prangt das Wappen von Karl V. Im Original erhalten und zu besichtigen sind einige

HIGHLIGHT KÜSTE

Eine Autofahrt von Otranto Richtung Süden nach Castro führt entlang einer malerischen, unberührten Felsenküste. Auf der Strecke faszinieren spektakuläre, steil ins azurblaue Meer abfallende Klippen. Und spätestens, wenn der Wind aufkommt, weiß man, warum hier kaum Bäume wachsen. Viele der hiesigen Küstenorte entstanden aus griechischen Siedlungen, woran nur wenige Überbleibsel erinnern. Weiter im Süden liegt der Badeort Santa Maria di Leuca an der äußersten Spitze des italienischen Stiefels – hier treffen Adria und Ionisches Meer aufeinander.

APULIEN, BASILIKATA & KALABRIEN SÜDLICHER & WESTLICHER SALENTO

verblichene Wandgemälde und ein paar Kanonenkugeln.

Chiesa di San Pietro KIRCHE

(Via San Pietro; ⊙10–12 & 15–18 Uhr) Lebhafte byzantinische Fresken schmücken den Innenraum dieser Kirche. Von der Festung aus ist der Weg ausgeschildert. Wenn die Kirchentür verschlossen sein sollte, kann man sich den Schlüssel in der Kathedrale holen. Zum Zeitpunkt der Recherche vor Ort wurde die Kirche gerade renoviert.

 ## Aktivitäten

Nördlich von Otranto gibt es einige wunderschöne Strände, vor allem entlang der **Baia dei Turchi**, das Wasser in der Bucht ist verlockend tiefblau und glasklar. Zu einer Fahrt am Meer entlang bis hinunter nach Castro lädt die spektakuläre Felsenküste südlich von Otranto ein.

Für Liebhaber der Unterwasserwelt bietet **Scuba Diving Otranto** (☑ 0836 80 27 40; www.scubadiving.it, auch auf Deutsch; Via Francesco di Paola 43) sowohl Tages- als auch Nachttauchgänge, außerdem gibt es Tauchkurse für Einsteiger und Fortgeschrittene aller Leistungsklassen.

 ## Schlafen

★ Balconcino d'Oriente B&B $

(☑ 0836 80 15 29; www.balconcinodoriente.com; Via San Francesco da Paola 71; DZ 60–120 €, 3BZ 80–150 €; P ❄) Farbenprächtiges Bettzeug, Drucke mit afrikanischen Motiven, marokkanische Lampen und orangefarben angestrichene Wände verleihen dem Ambiente dieses B&B einen Hauch von Afrika und Nahem Osten. In dem Restaurant im Erdgeschoss dagegen keine Spur von Afrika, dort wird traditionelle italienische Kost serviert (4-Gänge-Menü 50 €).

★ Palazzo Papaleo HOTEL $$

(☑ 0836 80 21 08; www.hotelpalazzopapaleo. com, auch auf Deutsch; Via Rondachi 1; Zi 120–490 €; P ❄ @ 🞵) 🖋 Das opulente Hotel neben der städtischen Kathedrale war der erste Beherbergungsbetrieb in Apulien, der mit dem Europäischen Umweltzeichen, der „Euro-Blume", ausgezeichnet wurde. Abgesehen vom Umweltbewusstsein beeindrucken auch die Zimmer mit ihren Originalfresken und exquisit geschnitzten Antikmöbeln. Die

Zimmerwände sind in dezentem Hellgrau, Ocker oder Gelb gestrichen. Auf der Dachterrasse können die Gäste den Panoramablick genießen, während sie sich im Whirlpool aalen. Das Personal ist ausgesprochen freundlich.

Palazzo de Mori B&B $$

(☑ 0836 80 10 88; www.palazzodemori.it; Bastione dei Pelasgi; Zi 120–150 €; ⊙April–Okt.; ❄ @) In Otrantos Altstadt genießen die Gäste dieses reizvollen B&B ihr Frühstück auf einer Sonnenterrasse mit schönem Blick auf den Hafen. Die Zimmer sind ganz in Weiß gehalten.

 ## Essen

La Bella Idrusa PIZZERIA $

(☑ 0836 80 14 75; Via Lungomare degli Eroi; Pizza 5 €; ⊙Do–Di Abendessen) Die Pizzeria gleich neben der riesigen Porta Terra in der Altstadt lässt sich nicht verfehlen. Obwohl das Lokal sehr viele Touristen anlockt, ist das Essen durchaus empfehlenswert. Neben diversen Sorten Pizza stehen auch die Standardgerichte aus Fisch und Meeresfrüchten auf der Speisekarte.

Laltro Baffo FISCH & MEERESFRÜCHTE $$

(☑ 0836 80 16 36; www.laltrobaffo.com; Cenobio Basiliano 23; Gerichte 30–35 €; ⊙Di–So) Das elegante, moderne Restaurant liegt nahe der Festung in einer Seitenstraße, die in Richtung Kathedrale führt und dementsprechend ausgeschildert ist. Seine Gerichte aus Fisch und Meeresfrüchten haben einen innovativen Touch. Einen Versuch wert: *polipo alla pignata* (Eintopf aus Tintenfisch).

ⓘ Praktische Informationen

Touristeninformation (☑ 0836 80 14 36; Piazza Castello; ⊙Juni–Sept. Mo–Fr 9–13 & 15–20 Uhr, Okt.–Mai Mo–Fr 9–13 Uhr) Gegenüber der Festung.

ⓘ An- & Weiterreise

Zwischen Lecce und Otranto verkehren von Montag bis Samstag Züge der FSE (2,60 €, 1½ Std.), sonntags fahren statt der Züge nur FSE-Busse (2,60 €, 1½ Std.). **Marozzi** (☑ 0836 80 15 78; www.marozzivt.it) bietet eine Busverbindung nach Rom (50 €, 10 Std., 3-mal tgl.).

Für Reiseauskünfte und reisebezogene Reservierungen geht man am besten zu **Ellade Viaggi** (☑ 0836 80 15 78; www.elladeviaggi.it; Via del Porto) am Hafen.

Gallipoli

21 100 EW.

Der Name Gallipoli stammt aus dem Griechischen und bedeutet „schöne Stadt". Das mittelalterliche Stadtzentrum – nicht zu verwechseln mit der gleichnamigen Halbinsel in der Türkei – liegt auf einer vorgelagerten Insel im Ionischen Meer. Ein Steindamm verbindet die Altstadt mit dem Festland und dem jüngeren Teil der Stadt. Hohe Mauern, die einst dem Schutz vor Angriffen von See her dienten, umgeben die malerische Stadt. Als bedeutendes Fischereizentrum besitzt Gallipoli nicht den ausgeprägten Feriencharakter vieler anderer Küstenorte. Im Sommer stellen Bars und Restaurants Tische und Stühle ins Freie und nutzen die Befestigungswälle mit ihrem schönen Ausblick aufs Meer.

⊙ Sehenswertes & Aktivitäten

Gallipoli hat einige schöne Strände zu bieten, z. B. in der **Baia Verde** im Süden der Stadt. Naturfreunde können eine Tagestour zum **Parco Regionale Porto Selvaggio** unternehmen. Das Naturschutzgebiet liegt 20 km nördlich von Gallipoli und lockt mit einer unberührten Küste, verschiedenen Wanderwegen quer durch den Wald. Taucher finden hier einige Tauchspots vor der Felsküste.

Cattedrale di Sant'Agata   KATHEDRALE

(Via Antonietta de Pace; ⊙ unterschiedl.) Mitten in der Altstadt auf dem höchsten Punkt der Insel thront die barocke Kathedrale aus dem 17. Jh. Gemälde regionaler Künstler schmücken im Innenraum die Wände. An der Gestaltung der Fassade war auch der bekannte Baumeister Guiseppe Zimbalo, der mit seinem wirren Barockstil die Stadt Lecce prägte, beteiligt.

Frantoio Ipogeo   HISTORISCHE STÄTTE

(☑ 338 136 30 63; Via Antonietta de Pace 87; ⊙ Juni & Juli 10– 12.30 & 16–24 Uhr, Aug. & Sept. 10–12.30 & 16–18.30 Uhr) Die Ölmühle befindet sich in einer Höhle, die in den Tuffsteinfelsen unter der Stadt gegraben wurde. Hier und in weiteren 35 solcher unterirdischen Ölmühlen wurden früher die Oliven aus Gallipolis Umgebung gepresst und verarbeitet. Für die Lagerung des Olivenöls hatte man 2000 Zisternen unter der Altstadt gegraben.

Museo Civico   MUSEUM

(☑ 0833 26 42 24; Via Antonietta de Pace 108; Erw. 3 €; ⊙ Mo–Fr 9–13 & 16–21, Sa 10–13 Uhr) Das 1878 gegründete Museum wirkt wie eine Zeitkapsel mit Dingen, die anscheinend im 19. Jh. Überlieferungswert besaßen. Dazu gehören Fischköpfe, antike Skulpturen, ein Sarkophag aus dem 3. Jh. v. Chr. und andere bizarre Gegenstände.

Farmacia Provenzana   HISTORISCHES GEBÄUDE

(Via Antonietta de Pace; ⊙ So–Fr 8.30–12.30 & 16.30–20.30 Uhr) Ist eine wunderschön eingerichtete Apotheke von 1814.

🛏 Schlafen

La Casa del Mare   B&B $

(☑ 333 474 57 54; www.lacasadelmare.com, teilweise auf Deutsch; Piazza de Amicis 14; DZ 60–110 €; ❄@🖙) Das B&B in einem butterfarbenen Gebäude aus dem 16. Jh. gehört zur Spitzenklasse. Das Haus steht an einer kleinen Piazza in der Altstadt. Sein Besitzer, der hilfsbereite, freundliche Federico, hat auch den prachtvollen **Palazzo Flora** (www.palazzoflora.com; Via d'Ospina 19; DZ 65–120 €, Apt. 150–300 €) wunderschön restauriert. In dem aus dem 18. Jh. stammenden Gebäude finden vier bis sechs Personen Platz. Der Ausblick, vor allem von der Dachterrasse, ist fantastisch. Im Sommer serviert Federico jeden Freitagabend seinen Gästen ein opulentes Büfett mit selbst zubereiteten Speisen (pro Pers. 35 €).

Insula   B&B $

(☑ 366 3468357; www.bbinsulagallipoli.it; Via Antonietta de Pace 56; EZ 40–80 €, DZ 60–150 €; ⊙ April–Okt.; ❄@) Ein unvergessliches B&B in einem prachtvollen Gebäude aus dem 15. Jh. Von seinen fünf Zimmern gleicht keines dem anderen. Doch exquisite Antiquitäten, hohe gewölbte Decken und coole pastellige Wandanstriche verleihen allen Zimmern die gleiche „fürstliche" Atmosphäre.

Relais Corte Palmieri   HOTEL $$

(☑ 0833 26 53 18; www.hotelpalazzodelcorso. it; Corte Palmieri 3; EZ 130–185 €, DZ 165–195 €; ❄🖙) Das gepflegte, cremefarben angestrichene Hotel in der Altstadt setzt in seinen eleganten Zimmern mit traditionell lackierten Möbeln, schmiedeeisernen Kopfteilen an den Betten und weißer Leinenbettwäsche mit roten Bordüren hübsche Akzente.

Essen

Caffè Duomo
CAFÉ **$**

(Via Antonietta de Pace 72; Dessert 9 €) Hier gibt es in Gallipoli die beste *spumone* (verschiedene Eissorten in Schichten mit kandierten Früchten und Nüssen) sowie leckere Sorten der erfrischenden *granita* (ein sorbetähnliches Eis, zubereitet mit Kaffee, frischen Früchten oder mit Pistazien und Mandeln aus der Region).

La Puritate
TRATTORIA **$$**

(☑ 0833 26 42 05; Via Sant'Elia 18; Gerichte 40–45 €; ☻ Do–Di) Ein tolles Lokal für Fisch und Meeresfrüchte in der Altstadt mit Panoramafenstern und Blick aufs Meer. Auf die ausgezeichneten Antipasti folgen hier ebenso köstliche *primi* (erster Gang), z. B. Spaghetti mit Meeresfrüchten, und dann vielleicht als Hauptspeise der Fang des Tages – Schwertfisch ist normalerweise eine gute Wahl.

Praktische Informationen

Touristeninformation (☑ 0833 26 25 29; Via Antonietta de Pace 86; ☻ Sommer 8–21 Uhr, Winter Mo–Sa 8–13 & 16–21 Uhr) In der Altstadt nahe der Kathedrale.

An- & Weiterreise

Busse und Züge der FSE verbinden Gallipoli mit Lecce (3,90 €, 1 Std. 4-mal tgl.).

Tarent

193 100 EW.

Der Legende nach gründete Taras, ein Sohn des Meeresgottes Poseidon, die Stadt und gab ihr seinen Namen. An den Ort gelangte er auf dem Rücken eines Delfins. Ganz unromantisch wurde die Stadt jedoch im 7. Jh. v. Chr. von verbannten Spartanern gegründet und entwickelte sich zu einer der bedeutendsten Kolonien von Magna Graecia. Doch das Blatt wendete sich: Im 3. Jh. marschierten die Römer ein und änderten den Namen der Stadt in Tarentum. Von da an begann das teilweise rasante Auf und Ab in der mehr als zweitausendjährigen Geschichte der Stadt. Seine kulturellen Glanzzeiten hat Tarent hinter sich, doch geblieben ist seine Bedeutung als Hafen. Neben dem Marinearsenal La Spezia (in Ligurien) ist Tarent der wichtigste Stützpunkt der italienischen Marine.

Die marode mittelalterliche Altstadt (einst eine römische Zitadelle) wirkt trostlos und schmutzig. Eine Ausnahme macht ihre hübsche Strandpromenade. Das Industriegebiet mit Italiens größtem Stahlwerk beherrscht die Skyline der Stadt.

Sehenswertes

Tarents heruntergekommene mittelalterliche Altstadt macht zwar insgesamt einen recht trostlosen Eindruck, doch es bessert sich in den letzten Jahren, denn die historische Substanz wird Schritt für Schritt geschmackvoll restauriert. Die Altstadt thront auf einer schmalen Insel, die das Mar Piccolo (Kleines Meer, eine Lagune) vom Mar Grande (Großes Meer) trennt. Diese besondere Lage bedeutet: Wo auch immer man in der Altstadt geht und steht, der Blick fällt stets auf das blaue Meer.

Museo Nazionale Archeologico
MUSEUM

(☑ 099 453 21 12; www.museotaranto.it; Via Cavour 10; Erw./Kind 5 €/frei; ☻ 8.30 bis 19.30 Uhr) Das Museum in der Neustadt ist eines der bedeutendsten archäologischen Museen Italiens. Die Ausstellung beleuchtet auch die Geschichte Tarents. Neben zahlreichen antiken Exponaten besitzt es die weltweit größte Sammlung griechischer Terrakottafiguren. Zu seinen Ausstellungstücken zählen auch Glaswaren aus dem 1. Jh. v. Chr. und klassische attische Vasen im schwarz- und rotfigurigen Stil (figürliche Darstellungen in schwarzer Farbe auf tonfarbenem Grund bzw. in rötlicher Farbe auf schwarzem Grund). Geradezu atemberaubend schön sind die Schmuckstücke, wie z. B. eine Krone aus Bronze und Terrakotta, die aus dem 4. Jh. v. Chr. stammt.

Kathedrale
KATHEDRALE

(Via del Duomo) Die Kathedrale aus dem 11. Jh. gehört zu Apuliens ältesten romanischen Bauwerken und bildet ein extravagantes Kleinod. Gewidmet ist sie dem irischen Mönch San Cataldo, der im 7. Jh. an der Stelle lebte und hier auch begraben wurde. Die Capella di San Cataldo ist eine barocke Orgie an Fresken und Marmormosaiken.

Castello Aragonese
FESTUNG

(☑ 099 775 34 38; www.castelloaragonesetaranto.it; Piazza Castello; ☻ auf Anfrage Mo–Fr 9–12 Uhr) Die Festung an der Drehbrücke, die Tarents Altstadt mit der Neustadt verbindet, diente früher eine Zeit lang als Gefängnis. Heute belegen Dienststellen der italienischen Marine dieses imposante

Tarent (Taranto)

Bauwerk aus dem 15. Jh. Gleich gegenüber ragen die übrig gebliebenen Säulen von Tarents antikem **Poseidontempel** (Piazza Castello) empor.

Feste & Events

Le Feste di Pasqua RELIGIÖSES FEST
Tarent ist berühmt für seine Feierlichkeiten in der Karwoche. In Gewändern, die an den Ku-Klux-Klan erinnern, tragen die Teilnehmer der vorösterlichen Umzüge – den größten in der Region – Ikonen durch die Stadt. Es gibt drei Prozessionen: die den Pilgern gewidmete Prozession der Perdoni (Ordensbrüder), die Addolorata, die zwölf Stunden dauert, dabei aber nur 4 km zurücklegt, und die Misteri, die langsamste mit 2 km in 14 Stunden.

Schlafen

Hotel Akropolis HOTEL **$$**
(☎ 099 470 41 10; www.hotelakropolis.it; Vico Seminario 3; EZ/DZ 105/145 €; ❄ @ ☎) Das Luxushotel in einem umgebauten mittelalterlichen *palazzo* steht würdevoll neben der Kathedrale in der Altstadt. Helle Farbtöne von Creme bis Weiß prägen das Ambiente der 13 eleganten Zimmer. In manchen Räumen sind wertvolle Majolikafußböden im Original erhalten geblieben. Unglaublich

Tarent (Taranto)

◎ **Sehenswertes**
  1 Castello Aragonese C3
  2 Kathedrale...A2
  3 Museo Nazionale Archeologico D2
  4 Poseidontempel B2

▣ **Schlafen**
  5 Europa Hotel......................................C2
  6 Hotel Akropolis..................................A2

⊗ **Essen**
  7 Trattoria al Gatto Rosso C2
  8 Trattoria L'Orologio A1

schön ist der Ausblick von der Dachterrasse über die Stadt und das Meer. Stein, Holz und Glas sowie Nischen mit Vorhängen verleihen dem Bar-Restaurant im Untergeschoss eine gemütliche Atmosphäre, die zu einem erholsamen Drink nach einem langen Besichtigungstag einlädt.

Europa Hotel HOTEL **$$**
(☎ 099 452 59 94; www.hoteleuropaonline.it; Via Roma 2; EZ 80–105 €, DZ 135–190 €; ❄ ☎) Das Hotel am Meer gleich neben der Drehbrücke bietet komfortable Zimmer (einige sind mit einer kleinen Küchenzeile ausgestattet) und einen schönen Ausblick auf die Altstadt.

✖ Essen & Ausgehen

Trattoria L'Orologio
TRATTORIA **$**

(☎ 099 460 87 36; Via Duca D'Aosta 27; Gerichte 18–25 €; ☺ Mo–Fr Mittag- und Abendessen, Sa Mittagessen) Diese traditionelle, durch und durch typisch tarentinische Trattoria ist bekannt für ihre leckeren Meeresfrüchte, wie z. B. gegrillte Muscheln, Tintenfisch mit Zitrone und Olivenöl oder Garnelen und Tintenfisch aus der Pfanne. Was hier serviert wird ist fangfrisch.

Trattoria al Gatto Rosso
TRATTORIA **$$**

(☎ 099 452 98 75; www.ristorantegattorosso. com; Via Cavour 2; Gerichte 30–35 €; ☺ Di–So) In der Trattoria herrscht eine entspannte, lockere Atmosphäre, zugleich zeigt sie mit Tischdecken aus schwerem Leinen, edlen Weingläsern und dergleichen einen gewissen exklusiven Stil. Sie liegt in der Neustadt und ist besonders bei anspruchsvollen Geschäftsleuten sehr beliebt.

ⓘ Praktische Informationen

Genau genommen besteht Tarent aus drei Teilen: der Altstadt auf einer kleinen Insel, dem im Nordwesten davon liegenden Hafen (und Bahnhof) sowie der Neustadt, die sich im Südosten der Insel erstreckt.

Das Industriegebiet mit Italiens größtem Stahlwerk nimmt die gesamte westliche Hälfte der Neustadt ein.

In den rasterförmig angelegten Straßen der Neustadt liegen die Gebäude der Banken, die meisten Hotels und Restaurants sowie die **Touristeninformation** (☎ 099 453 23 97; Corso Umberto I 113; ☺ Mo–Fr 9–13 & 16.30–18.30, Sa 9–12 Uhr).

ⓘ An- & Weiterreise

BUS

Die Busse in Richtung Norden und Westen starten am Porto Mercantile. FSE-Busse fahren regelmäßig nach Bari (6 €, 1¾ bis 2¼ Std.). Die Busse der **SITA** (☎ 899 32 52 04; www.sitabus. it) nach Matera (5 €, 1¾ Std., 1-mal tgl.) verkeh-

Basilikata

ren wesentlich seltener. Lecce (6 €, 2 Std., 4-mal tgl.) wird von STP- und FSE-Bussen angesteuert.

Marozzi (☑ 080 5799 0111; www.marozzivt.it) bietet eine Schnellverbindung zu Roms Stazione Tiburtina (43 €, 6 Std., 3-mal tgl.). **Autolinee Miccolis** (☑ 099 470 44 51; www.miccolis-spa. it) bedient die Strecke über Potenza (15 €, 2 Std.) nach Neapel (23 €, 4 Std. 3-mal tgl.).

Der **Busticketschalter** (☉ 6–13 & 14–19 Uhr) befindet sich am Porto Mercantile.

ZUG

Züge der Trenitalia und FSE fahren nach:
Bari 7,40 €, 2½ Std., regelmäßig
Brindisi 5,10 €, 1¼ Std., regelmäßig
Rom ab 41 €, 6–7½ Std., 5-mal tgl.
AMAT (☑ 099 452 67 32; www.amat.taranto.it) betreibt die Busverbindung zwischen dem Bahnhof und der Neustadt.

BASILIKATA

Gewaltige Gebirgszüge, Täler mit dunkel bewaldeten Hängen und Dörfer, die wirken, als seien sie mit den Felsen verschmolzen, kennzeichnen die Basilikata. Einst spielte die abgelegene Region eine bedeutende strategische Rolle als Teil der Verbindungswege zwischen dem antiken Rom und dem Byzantinischen (Oströmischen) Reich. Ihre Lage machte die Basilikata zum begehrten Ziel von Angriffen, Brandschatzungen und Plünderungen, bis sie schließlich im Verlauf der Geschichte in Vergessenheit geriet.

Eine fruchtbare Hügellandschaft mit tiefen Tälern nimmt den Norden der Basilikata ein. Ihre einst dichten Wälder sind im Lauf der Zeit einer Kulturlandschaft mit Weizenfeldern, Olivenhainen und Weinbergen gewichen. Im Landesinneren erheben sich majestätische Gebirgszüge mit purpurfarbenen Gipfeln. Für Wanderer und Naturliebhaber bilden sie ein wundervolles Ziel, allen voran der Lukanische Apennin und der Parco Nazionale del Pollino.

Das Küstenstädtchen Maratea ist einer der schicksten Ferienorte Italiens. Die Hauptattraktion der Basilikata liegt jedoch in einer zerklüfteten Landschaft mit Schluchten und schroffen Felsen: die Höhlenstadt Matera mit ihren berühmten Höhlensiedlungen, den *sassi*. Die uralten Wohnhöhlen zeugen von Armut, Mühsal und Kampf ums Dasein. In seinem hervorragenden Buch *Christus kam nur bis Eboli* beschreibt der Schriftsteller Carlo Levi das Leben in den Wohnhöhlen auf eine erschüt-

ternde Weise. Wie der Buchtitel andeutet, reichte Gottes Hand nicht bis in die Basilikata und so konnte auch der Aberglaube überdauern und seine Macht ausüben.

Heute zieht die Basilikata langsam, aber kontinuierlich einen zunehmenden Touristenstrom an. Wer eine raue, unberührte Region Italiens erleben möchte, dem werden die abgeschiedenen Landschaften der Basilikata gefallen.

Geschichte

Die Basilikata umschließt den Rist des italienischen Stiefels, mit schmalen Küstenabschnitten am Tyrrhenischen und Ionischen Meer. Die Griechen und Römer nannten die Region Lukanien (ein bis heute durchaus gebräuchlicher Name) nach dem Stamm der Lukanier, die hier seit dem 5. Jh. v. Chr. zu Hause waren. Auch die Griechen, die sich an der Küste bei Metapont und Herakleia niederließen, lebten hier im Wohlstand. Der Niedergang setzte erst unter den Römern ein, als der karthagische Feldherr Hannibal in der Region wütete.

Der byzantinische Kaiser Basileios (976–1025) gab der Region ihren heutigen Namen. Er besiegte die Sarazenen auf Sizilien und auf dem süditalienischen Festland und führte das Christentum wieder ein. Dieses Muster von Krieg und Unterwerfung setzte sich im Mittelalter fort. Normannen, Staufer, Anjou und Bourbonen balgten sich bis ins 19. Jh. um die strategisch günstig gelegene Region. Als die Idee eines vereinten Italien aufkam, zogen sich von den Bourbonen unterstützte Loyalisten in die Berge der Basilikata zurück, um gegen den politischen Wandel zu kämpfen. Aus ihnen wurden die gefürchteten Briganten, die im späten 19. und frühen 20. Jh. erst in der örtlichen Folklore und schließlich in vielen literarischen Werken ihre schaurigen Auftritte hatten.

In den 1930er-Jahren wurde die Region zu einer Art offenem Gefängnis für politische Dissidenten – der berühmteste unter ihnen war damals der Maler, Schriftsteller und Arzt Carlo Levi –, die die Faschisten in abgelegene Dörfer ins Exil schickten.

Matera

60 500 EW. / 405 M

Ganz gleich, aus welcher Richtung man sich Matera nähert: Der erste Blick fällt immer auf die berühmten *sassi*. Diese in die Klippen gegrabenen Wohnhöhlen bleiben für immer im Gedächtnis haften. Gespenstisch und zugleich schön, erstrecken sich die *sassi* an den steilen Felshängen einer weiten Schlucht. Ein wenig erinnert die Szenerie an ein gigantisches Krippenspiel. Das alte Matera ist einfach einzigartig und es lohnt sich, mindestens einen Tag einzuplanen, um es zu erkunden. Viele der Wohnhöhlen sind heute verfallen und verlassen, doch eine ganze Reihe von ihnen wurde restauriert und in gemütliche Wohnungen, Restaurants und schicke Höhlenhotels umgewandelt. Der neue Teil von Matera liegt auf dem Klippenplateau. Mit ihren schönen Kirchen, den eleganten *palazzi* und vor allem der verkehrsberuhigten Piazza Vittorio Veneto strahlt die Neustadt einen bestechenden Charme aus.

Geschichte

Matera ist angeblich eine der ältesten Städte der Welt; Menschen siedeln hier schon seit dem Paläolithikum (Altsteinzeit) und seit rund 7000 Jahren ist der Ort kontinuierlich bewohnt. Aus den einfachen natürlichen Grotten entlang der Schlucht wurden schon in früher Zeit menschliche Wohnstätten. Im Laufe der Zeit sorgte ein ausgeklügeltes Kanalisationssystem für Wasserzu- und -ablauf. Im 8. Jh. bezogen Mönche die Höhlen; aus dieser Zeit stammen auch die ältesten Malereien.

1663 wurde der florierende Ort Hauptstadt der Basilikata, ein Rang, den er 1806 an Potenza abtreten musste. In den darauffolgenden Dekaden führte ein ungezügeltes Bevölkerungswachstum dazu, dass die Menschen in Höhlen zogen, die als Wohnstätten völlig ungeeignet waren, keinerlei fließendes Wasser hatten und bis dahin lediglich als Tierställe gedient hatten. Die harten Lebensbedingungen hatten die Menschen offenbar besonders entschlossen und kampfbereit gemacht: 1943 widersetzte sich Matera als erste italienische Stadt der deutschen Besatzungsmacht.

ABSTECHER

VENOSA – EINE POETISCHE STADT

Die hübsche Stadt Venosa, 70 km nördlich von Potenza, nahm ihren Anfang als florierende römische Kolonie. Ihrer Lage als Haltepunkt an der Via Appia verdankte die Stadt damals den größten Teil ihres Wohlstands. In Venosa kam 65 v. Chr. der Dichter Horaz zur Welt. Den Hauptgrund für einen Besuch der Stadt bilden heute die Überreste der größten Klosteranlage in der Basilikata.

Eine aragonesische Burg aus dem 15. Jh. beherrscht das Bild von Venosas Hauptplatz, der Piazza Umberto I. In der Burg zeigt das kleine **Museo Archeologico** (☎ 0972 3 60 95; Piazza Umberto I; Eintritt 2,50 €; ☉ Mi–Mo 9–20, Di 14–20 Uhr) Fundstücke aus dem römischen Venusia (wie Venosa damals hieß). Ausgestellt sind außerdem einzelne Knochen von Menschen, deren Lebzeiten bis zu 300 000 Jahre zurückliegen.

Im Eintrittspreis für das Museum enthalten sind der Besuch der Ruinen der **römischen Siedlung** (☉ Mi–Mo 9 Uhr–1 Std. vor Einbruch der Dämmerung, Di 14 Uhr–1 Std. vor Einbruch der Dämmerung) sowie der imposanten Ruinen der **Abbazia della Santissima Trinità** (☎ 0972 3 42 11) am nordöstlichen Stadtrand. Benediktiner errichteten die *abbazia* (Abtei) um 1046 auf den Überresten eines römischen Tempels. Vorausging damals die normannische Invasion. Zu dem Klosterkomplex gehören zwei Kirchen, eine davon wurde nie fertiggestellt. In der älteren, seinerzeit vollendeten Kirche sind der normannische Kreuzritter Robert Guiscard und sein furchterregender Halbbruder Drogo begraben. Für den im 11. Jh. begonnenen Bau der unvollendeten Kirche wurden Steine aus dem benachbarten römischen Amphitheater verwendet. Etwas weiter südlich von der Abtei liegen jüdische und christliche Katakomben.

Das **Hotel Orazio** (☎ 0972 3 11 35; www.hotelorazio.it; Vittorio Emanuele II 142; EZ 45–50 €, DZ/3BZ 65/85 €) befindet sich in einem *palazzo* aus dem 17. Jh., in dem noch ein Großteil der alten Majolikafliesen und Marmorfußböden erhalten sind. Zwei großmütterliche Damen führen das Hotel.

Der Weg nach Venosa führt über die S658, die nördlich von Potenza verläuft, bis zur Abfahrt Richtung Barile, von hier aus geht es dann auf die S93 weiter. Von Potenza aus fahren montags bis samstags Busse nach Venosa (3,30 €, 2 Std., 2-mal tgl.).

Matera

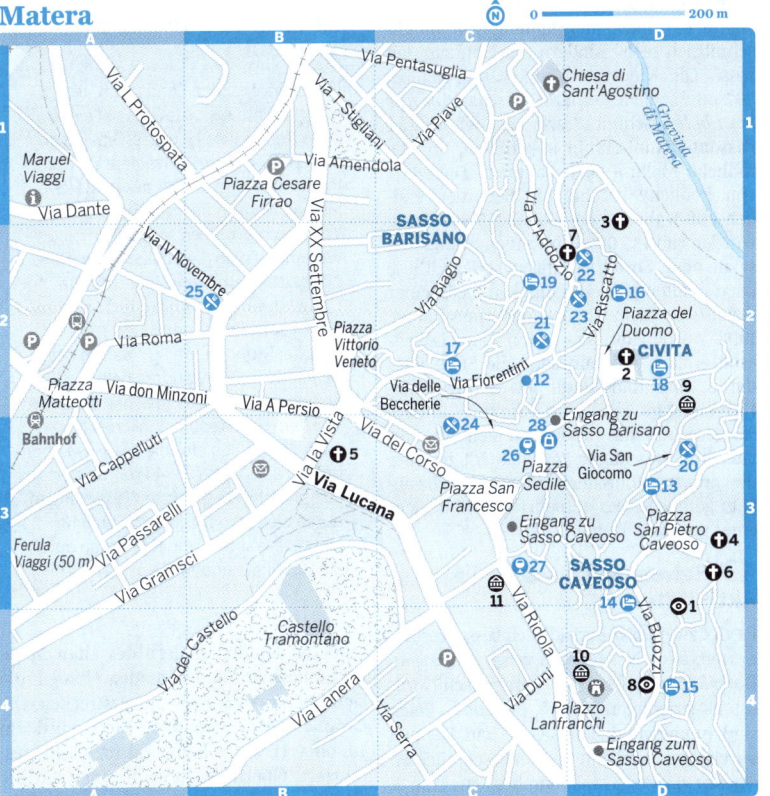

Matera

In den 1950er-Jahren lebte mehr als die Hälfte der Bewohner Materas mit durchschnittlich sechs Kindern pro Höhle in den *sassi*. Die Kindersterblichkeitsrate lag bei 50 %. In seinem Roman *Christus kam nur bis Eboli* beschreibt Carlo Levi, wie Kinder Passanten um Chinin anbettelten, um die tödliche Malaria zu bekämpfen. Diese Art von Publicity brachte die Behörden endlich auf Trab: In den späten 1950er-Jahren wurden rund 15 000 Einwohner zwangsweise in neue Sozialsiedlungen verlegt. Diese langanhaltende Gleichgültigkeit bleibt einer der großen Skandale der modernen Italien. 1993 wurden die *sassi* zum Unesco-Welterbe erklärt und nun setzt die Stadt alles daran, ihre Kandidatur als Europas Kulturhauptstadt 2019 zum Erfolg zu führen. Ausgerechnet das unsägliche Elend im Verlauf ihrer Geschichte hat die Stadt zu einer der größten Touristenattraktion der Basilikata gemacht. Das entbehrt wahrhaft nicht einer gewissen Ironie.

◎ Sehenswertes & Aktivitäten

Es gibt zwei *sassi*-Bezirke: den besser restaurierten, nach Nordwesten gelegenen **Sasso Barisano** und den ärmlicheren, nach Nordosten gerichteten **Sasso Caveoso**. Beide sind von gewundenen Gassen und Treppen durchzogen und mit freskengeschmückten *chiese rupestri* (Höhlenkirchen) aus dem 8. bis 13. Jh. durchsetzt. Rund 3000 Höhlen in Matera sind bis heute bewohnbar.

Es gibt mehrere Zugänge zu den *sassi*. Einer befindet sich bei der Piazza Vittorio Veneto, ein anderer führt die Via delle Beccherie entlang bis zur Piazza del Duomo und dann den Hinweisschildern nach zum Sasso Barisano oder Sasso Caveoso. In den Sasso Caveoso führt ein weiterer über die Via Ridola.

Ein Tipp für ein tolles Fotomotiv ist das Murgiaplateau. Vom **Belvedere** (an der Straße von Taranto nach Laterza) aus genießt man einen fantastischen Blick auf die Schlucht und Matera. Der Weg dorthin führt über die Straße von Tarent nach Laterza, immer den Schildern zu den *chiese rupestri* folgen.

◎ Sasso Barisano

Chiesa di Madonna delle Virtù & Chiesa di San Nicola dei Greci
KIRCHE
(Via Madonna delle Virtù; ⊙ Sa & So 10–19 Uhr) Der Klosterkomplex gehört zu den bedeu-

STREIFZUG DURCH DIE SCHLUCHT

In der malerischen Landschaft des Murgia-Plateaus bildet das tief eingeschnittene Tal des Flusses Gravina di Matera eine raue, 200 m tiefe Schlucht. Ihre Hänge sind mit verlassenen Höhlen und Dörfern übersät. Eine kleine Wanderung von den *sassi* (ehemalige Wohnhöhlen) in die Schlucht (am Parkplatz nahe dem Monastero di Santa Lucia führen Stufen hinunter) und dann hinauf zum Belvedere dauert rund ein bis zwei Stunden. Wer am Kamm der Schlucht entlangwandert, bekommt einen besonders anschaulichen Eindruck von dem termitenbauähnlichen Netzwerk der Höhlen, das die *sassi* ins Leben rief. Ferula Viaggi (S. 843) organisiert ausgezeichnete geführte Wanderungen durch die Schlucht sowie zahlreiche geführte Wander- und Radtouren durch die Basilikata und Apulien.

tendsten Baudenkmälern des alten Matera. Er besteht aus Dutzenden Höhlen, die sich über zwei Stockwerke erstrecken. Die **Chiesa di Madonna delle Virtù** wurde im 10. oder 11. Jh. gebaut und im 17. Jh. restauriert. Oberhalb dieser Kirche liegt die schlichte **Chiesa di San Nicola dei Greci**, deren Innenraum zahlreiche Fresken schmücken. Im Jahr 1213 lebten aus Palästina stammende Benediktinermönche in dem Klosterkomplex.

Chiesa di San Pietro Barisano
KIRCHE
(Piazza San Pietro Barisano; Erw./erm. 3/2 €, Kombiticket inkl. Chiesa di Santa Lucia alle Malve & Chiesa di Santa Maria d'Idris 6/4,50 €) Eine gruselige Räumlichkeit befindet sich in einem Gewölbe unter der Kirche. Dort reihen sich wabenähnliche Nischen, in die früher die Leichname zum Austrocknen (Mumifizieren) platziert wurden. Im Kirchenschiff sind Fresken aus dem 15. und 16. Jh. zu sehen. Der leere Rahmen des einstigen Altarbilds spiegelt Materas leidgeplagte jüngste Geschichte gewissermaßen bildlich wider. Die Kirche wurde geplündert, als sich in den 1960er- und 1970er-Jahren – nach der Umsiedlung der *sassi*-Bewohner – niemand mehr um die verlassenen Viertel der Stadt kümmerte.

☉ Sasso Caveoso

Chiesa di San Pietro Caveoso   KIRCHE
(Piazza San Pietro Caveoso) Das ist einzige Kirche im *sassi*-Bereich der Stadt, die nicht in den Tuffsteinfelsen gegraben wurde. Die 1300 erbaute Kirche erhielt im 17. Jh. eine Fassade, in der sich romanische und barocke Elemente mischen.

Chiesa di Santa Maria d'Idris   KIRCHE
(Piazza San Pietro Caveoso; Erw./erm. 3/2 €, Kombiticket inkl. Chiesa San Pietro Barisano & Chiesa di Santa Lucia alle Malve 6/4,50 €; ⊘ April–Okt. Di–So 10–13 & 14.30–19 Uhr, Nov.–März Di–So 10.30–13.30 Uhr) Die in den Idris-Felsen gegrabene Kirche besitzt eine unscheinbare Fassade. Doch der schmale Tunnel, der die Chiesa di Santa Maria d'Idris mit der Höhlenkirche San Giovanni in Monterrone verbindet, ist üppig mit Fresken aus dem 12. bis 17. Jh. ausgeschmückt.

Chiesa di Santa Lucia alle Malve   KIRCHE
(Via la Vista; Erw./erm. 3/2 €, Kombiticket inkl. Chiesa San Pietro Barisano & Chiesa di Santa Maria d'Idris 6/4,50 €; ⊘ April–Okt. 10–13 & 14.30–19 Uhr, Nov.–März Di–So 10.30–13.30) Die im 8. Jh. erbaute Kirche gehörte zu einem Benediktinerkloster. Eine ihrer zahlreichen Fresken aus dem 12. Jh. zeigt ein ungewöhnliches Motiv: eine Madonna lactans, eine stillende Madonna.

La Raccolta delle Acque   HISTORISCHE STÄTTE
(☑ 340 6659107; www.laraccoltadelleacquema tera.it; Via Bruno Buozzi 67; Erw./Kind 2,50/ 1,50 €; ⊘ April–Okt. 9.30–13& 14–19 Uhr, Nov.– März 9.30–13 Uhr) Einen sehr informativen Einblick in Materas faszinierendes Wasserspeichersystem gibt dieser alte unterirdische Komplex mit seinen zahlreichen Zisternen und vielen Kanälen. Er diente dazu, Regenwasser von den Straßen und Dächern aufzufangen und für die Nutzung in der Nähe der Häuser zu speichern. Die größte der Zisternen ist fast 15 m tief und 5 m lang.

Casa-Grotta di Vico Solitario   HISTORISCHE STÄTTE
(Eintritt 2 €) Einen Eindruck vom Leben im alten Matera vermittelt dieser historische *sasso* abseits der Via Bruno Buozzi. In der Mitte stehen ein Bett und ein Webstuhl. Außerdem gibt es einen Raum für die Lage-

APULIEN, BASILIKATA & KALABRIEN MATERA

MATERA IN...

... einem Tag

Erst einmal geht es hinauf zum **Belvedere** (S. 840), um die *sassi* (ehemalige Wohnhöhlen) zu fotografieren, bevor die Hitze die Luft flimmern lässt. Wieder unten bei den *sassi* führt die Via Fiorentini anschließend zum nächsten Ziel, dem Sasso Barisano und dann zum Klosterkomplex mit den Kirchen **Madonna delle Virtù** und **San Nicola del Greci** (S. 840). In Letzterer lohnt sich vor allem ein Blick auf die im Original erhaltenen Fresken. Sehenswert sind auch die Fresken in den Felsenkirchen **San Pietro Caveoso**, **Santa Maria d'Idris** (s. oben) und **Santa Lucia alle Malve** (s. oben). Eine Ahnung vom Leben in einer Höhle vermittelt ein Streifzug entlang der *sassi*. Dabei informiert ein lohnenswerter Besuch in **La Raccolta delle Acque** (s. oben) über das faszinierende unterirdische Zisternensystem von Matera. Am frühen Abend lockt eine *passeggiata* (Abendspaziergang) auf der lebendigen Piazza Vittorio Veneto – gefolgt von einem guten Abendessen im **Ristorante Il Cantuccio** (S. 844).

... zwei Tagen

Am zweiten Tag verdient die **Cripta del Peccato Originale** (Krypta der Erbsünde) und ihre prächtigen Fresken einige Stunden Aufmerksamkeit. Für den Rest des Tages bietet sich eine Wanderung durch die **Schlucht** oder der Besuch verschiedener Museen an: Das **Museo Nazionale d'Arte Medievale e Moderna della Basilicata** zeigt Carlo Levis Monumentalgemälde *Lucania '61*, eine mutige Darstellung des Dorflebens. Auf den ersten Blick wirkt die **Casa-Grotte di Vico Solitario** (s. oben) im Herzen des Sasso Caveoso ein wenig gekünstelt, sie spiegelt aber tatsächlich ein anschauliches Bild der früheren Lebensbedingungen in den Wohnhöhlen wider – die malerischen und existenziellen. Moderne Skulpturen zeigt das **Museo della Scultura Contemporanea** (S. 842). Mit einem Abendessen im stylischen **Höhlenrestaurant Baccanti** (S. 844) klingt der Tag harmonisch aus.

MATERA IM FILM

Dank seiner einzigartigen geografischen Lage bildet Matera ein wunderschönes Motiv für Fotos und Filme: 1964 drehte hier der italienische Regisseur, Schriftsteller und Publizist Pier Paolo Pasolini seinen Film *Il Vangelo Secondo Matteo* (Das 1. Evangelium – Matthäus). Pasolini, selbst kein Christ, zeichnet darin anhand des Matthäusevangeliums das Leben von Jesus Christus nach, wobei er den Bibeltext wortgetreu ins Drehbuch übernahm. Das mit Laiendarstellern gedrehte Filmepos ist sowohl visuell als auch konzeptionell beeindruckend und durchdrungen von einem revolutionären Geist.

Genau 40 Jahre später drehte Mel Gibson in Matera seinen Film *Die Passion Christi*, der die letzten zwölf Stunden in Jesu Christi Leben in herzbewegenden Details zeigt. Der Handlungsfaden reicht von der Verhaftung Jesu über den Garten Gethsemane bis hin zur Kreuzigung auf dem Hügel Golgatha, die auf dem Belvedere (S. 840) gefilmt wurde. Gibson war drei Monate in Matera und bei den Einheimischen sehr beliebt. Viele von ihnen setzte er als Komparsen ein. Ein als Hommage an Gibson kreiertes Gericht steht in der **Trattoria Lucana** (☎ 0835 33 61 17; Via Lucana 47; ⊘ Mo–Sa) noch heute auf der Speisekarte: Fettuccine alla Mel Gibson.

Viele Filmfans gehen in Matera gerne auf Spurensuche und verbinden ihren Besuch mit einem Abstecher in das nahe gelegene Bernalda, den Heimatort der Vorfahren des Filmemachers Francis Ford Coppola. Diesem Städtchen erwies Coppola einen wahren Liebesdienst: Er ließ eine historische Villa restaurieren, um darin das Luxushotel **Palazzo Margherita** (☎ 0835 54 90 60; www.coppolaresorts.com/palazzomargherita; Corso Umberto 64; Suite mit Frühstück & Kochkurs 360–1800 €, Mindestaufenthalt 2 Nächte) zu eröffnen. Der hübsche Salon im oberen Stockwerk dient als Filmvorführraum, in dem die Gäste sich italienische Klassiker ansehen können – die Filmsammlung hat Coppola höchstpersönlich zusammengestellt. Die Hotelbar Cinecittà, in der glamouröse Schwarzweißfotos von italienischen Filmstars und Regisseuren die Wände schmücken, steht auch Nichtgästen offen. Coppola hat sein Hotel optisch in das Erscheinungsbild der an sich unspektakulären kleinen Stadt integriert. Da es noch nicht einmal ausgeschildert ist, muss man Einheimische nach dem Weg fragen.

rung von Dung sowie einen Bereich für ein Schwein und einen Esel.

Museo della Scultura Contemporanea
MUSEUM

(MUSMA; ☎ 366 9357768; www.musma.it; Via San Giacomo; Erw./erm. 5/3,50 €; ⊘ April–Sept. Di–Fr 10–14, Sa & 10–14 & 16–20 Uhr, Okt.–März Di–So 10–14 Uhr) Das MUSMA im Palazzo Pomarici ist ein wunderschönes, sehenswertes Museum für moderne Bildhauerei. Seine außergewöhnlichen Räumlichkeiten umfassen tiefe unterirdische Höhlen und mit Fresken geschmückte Räume des *palazzos*. So spannend wie dieser Ausstellungsort sind auch die Exponate. Man kann hier auch eine Tour buchen zur **Cripta del Peccato Originale** (Krypta der Erbsünde), die 7 km südlich von Matera liegt. Sie wird als die Sixtinische Kapelle der Felsenkirchen bezeichnet. Ihre gut erhaltenen Fresken aus dem späten 8. Jh. zeigen dramatische Szenen aus dem Alten Testament.

⊙ Die Neustadt von Matera

Mittelpunkt der Stadt ist die Piazza Vittorio Veneto, ein ausgezeichneter Treffpunkt für eine abendliche *passeggiata* (Bummel). Rund um den Platz liegen herausgeputzte Kirchen und reich verzierte *palazzi,* die den *sassi* den Rücken kehren. So ersparten sich einst Adel und Bourgeoisie den Blick auf die bittere Armut.

Museo Nazionale d'Arte Medievale e Moderna della Basilicata
MUSEUM

(☎ 0835 31 42 35; Palazzo Lanfranchi; Erw./erm. 2/1 €; ⊘ Do–Di 9–20 Uhr) Die Attraktionen des Museums sind die Gemälde des Malers Carlo Levi, darunter sein monumentales Wandgemälde *Lucania '61* (Lukanien 1961). Dieses schöne Panorama mit Szenen aus dem bäuerlichen Leben erinnert an alte Bibelfilme in Technicolor. Ausgestellt sind hier auch einige jahrhundertealte Exponate der Sakralkunst, die aus den *sassi* stammen.

Kathedrale KATHEDRALE

(Piazza del Duomo; ⊘wegen Renovierung vorübergehend geschl.) Auf einer Anhöhe liegt der hübsche, im apulisch-romanischen Stil errichtete Dom aus dem 13. Jh. Angesichts seines schlichten Äußeren überrascht der neobarocke Exzess der Innenausstattung umso mehr: üppig überladene Kapitelle, prachtvoll ausgestattete Seitenkapellen und tonnenweise Vergoldung. Die Ziergiebel auf den Altären stammen aus den Tempeln von Metaponto. Materas Schutzheilige, die Madonna della Bruna, versteckt sich in der älteren Kirche **Santa Maria di Costantinopoli**, die durch den Dom zugänglich ist, wenn dieser geöffnet hat.

Museo Nazionale Ridola MUSEUM

(☑0835 31 00 58; Via Ridola 24; Erw./erm. 2,50/1,25 €; ⊘Di-So 9–20, Mo 14–20 Uhr) Zu den beeindruckenden Sammlungen des Museums zählen u. a. Funde aus der Jungsteinzeit und einige bemerkenswerte griechische Keramik wie z. B. die *Craterea Mascheroni*, eine mehr als 1 m hohe Urne.

Geführte Touren

An offiziell autorisierten Führern für den Besuch der *sassi* mangelt es wahrlich nicht. Ausführliche Informationen bieten die Website www.sassiweb.it und die **Cooperativa Amici del Turista** (☑0835 33 03 01; www.amicidelturista.it; Via Fiorentini 28–30).

Führungen auf Englisch veranstaltet **Amy Weideman** (☑339 2823618; aweideman@ libero.it; halbtägige Tour für 2 Pers. 40 €).

Ausgezeichnete geführte Touren (auch mit deutschsprachigen Führern) organisiert **Ferula Viaggi** (S. 854). Dazu zählen nicht nur Führungen durch die *sassi*, sondern auch verschiedene Rundgänge durch die Stadt inklusive ihrer unterirdischen Bereiche. Auf dem Programm stehen außerdem geführte Touren, die Verkostungen oder Kochkurse einschließen. Hinzu kommen längere Ausflüge in den Nationalpark Pollino und zu Zielen in Apulien.

Auf Wanderungen – von kurzen bis zu einwöchigen Touren – hat sich **Walk Basilicata** (www.walkbasilicata.it), ein Tochterunternehmen von Ferula Viaggi, spezialisiert. Die Website informiert detailliert über die angebotenen Wandertouren.

Ebenfalls zu Ferula Viaggi gehört **Bike Basilicata** (www.bikebasilicata.it). Hier dreht sich alles ums Fahrrad, angefangen vom Verleih von Fahrrädern (inklusive Fahrradhelm) bis hin zu unterschiedlichen geführten Radtouren, darunter auch eine 500 km lange Fahrradfernwanderung quer durch Apulien und die Basilikata. Wer sich alleine auf den Weg machen will, kann sich bei der Firma auch mit einem aktuellen Straßenatlas und Radwanderkarten eindecken.

Feste & Events

Sagra della Madonna della Bruna RELIGIÖSES FEST

(⊘2. Juli) Jedes Jahr am 2. Juli zieht die farbenprächtige Prozession der Schafhirten durch die Stadt. Die aufwendigen Pappmaché-Aufbauten der Festwagen sind reich geschmückt. Das große Finale des Umzuges bildet der *assalto al carro* (Angriff auf den Wagen), wenn die Zuschauermenge den Hauptwagen stürmt und ihn in Stücke zerlegt.

Gezziamoci MUSIK

(☑0835 33 02 00; www.gezziamociamatera.onyx jazzclub.it; ⊘letzte Augustwoche) Das jährliche Jazzfestival findet im *sassi*-Viertel und im angrenzenden Murgia-Park statt.

🛏 Schlafen

★ La Dolce Vita B&B B&B $

(☑0835 31 03 24; www.ladolcevitamatera.it; Rione Malve 51; EZ 40–60 €, DZ 60–80 €; 🛜) In dem hübschen, umweltfreundlichen B&B im Sasso Caveoso sorgen Solarkollektoren für den Strom und aufgefangenes Regenwasser für die Toilettenspülung. Die coolen Apartments sind komfortabel und gemütlich. Vincenzo, der Betreiber des B&B, hat eine Leidenschaft für Matera und weiß so gut wie alles über die *sassi*.

★ Le Monacelle HOSTEL, HOTEL $

(☑0839 34 40 97; www.lemonacelle.com; Via Riscatto 9–10; B/EZ/DZ 18/55/86 €; ✳🛜) Das B&B liegt nahe den *duomo* (Kathedrale) in einem Gebäudekomplex aus dem 16. Jh., in den die hübsche kleine Chiesa di San Franceso d'Assisi integriert ist. Neben den einfachen Schlafsälen bietet das B&B auch elegant eingerichtete Zimmer. Von der romantischen Terrasse mit Kopfsteinpflaster ist der Ausblick auf die *sassi* genauso atemberaubend wie der Blick von der Frühstücksterrasse auf die Schlucht. Die Gäste werden hier immer sehr herzlich begrüßt.

Il Vicinato

B&B $

(☎0835 31 26 72; www.ilvicinato.com; Piazzetta San Pietro Caveoso 7; EZ/DZ 60/70 €; ❋⌖) Das B&B hat eine schöne Lage mit Ausblick auf den Idris-Felsen und das Murgia-Plateau und ist ganz leicht zu finden. Klare, moderne Linien prägen die Einrichtung seiner Zimmer. Es gibt ein Zimmer mit Balkon und ein kleines Apartment, jeweils mit eigenem Eingang.

Sassi Hotel

HOTEL $

(☎0835 33 10 09; www.hotelsassi.it; Via San Giovanni Vecchio 89; EZ/DZ 70/90 €, Suite mit Frühstück 110–160 €; ❋@) Das Hotel in einem weitläufigen Gebäude im Sasso Barisano war das erste *sassi*-Hotel am Ort. Nur ein Teil seiner Zimmer befindet sich in Höhlen. Die Einzelzimmer sind klein. Ausgesprochen hübsch eingerichtet sind die Doppelzimmer. Von den Balkonen des Hotels hat man einen tollen Ausblick auf die Kathedrale.

★ Hotel in Pietra

BOUTIQUEHOTEL $$

(☎0835 34 40 40; www.hotelinpietra.it; Via San Giovanni Vecchio 22; EZ 70–150 €, DZ 85–160 €, Suite 180-230 €; ❋@⌖) Eine ehemalige Kapelle aus dem 13. Jh. mit hohen Säulengewölben bildet die beeindruckende Lobby des Hotels. In den acht schlichten Zimmern verbinden sich Mauern aus hellem goldgelbem Gestein mit den ursprünglichen Höhlenwänden. Zen-Stil, z. B. niedrige Betten, prägt die Einrichtung der Zimmer. Superstylisch sind die Badezimmer, in denen eine geräumige Badewanne in den Boden eingelassen ist.

Locanda di San Martino

HOTEL $$

(☎0835 25 66 00; www.locandadisanmartino.it, auch auf Deutsch; Via Fiorentini 71; DZ 89 bis 200 €; ❋⌖✉) Das Locanda bietet ein wirklich außergewöhnliches Übernachtungserlebnis. Das opulente Hotel besitzt sogar einen Swimmingpool in einer unterirdischen Höhle! Als Zimmer dienen Höhlen mit Nischen und rustikalen Steinwänden. Sie grenzen an gepflasterte Wege und Innenhöfe, die in dem Gewirr der Höhlen die Räumlichkeiten miteinander verbinden.

Palazzo Viceconte

HOTEL $$

(☎0835 33 06 99; www.palazzoviceconte.it; Via San Potito 7; DZ 95–140 €, Suite 139–350 €; ❋@) Das elegant eingerichtete Hotel befindet sich nahe der Kathedrale

in einem *palazzo* aus dem 15. Jh. Die Zimmer bieten einen ausgezeichneten Ausblick auf die *sassi* und die Schlucht. Der Rundumblick lässt sich auf der Dachterrasse genießen.

 Essen

Oi Marì

PIZZERIA $

(☎0835 34 61 21; Via Fiorentini 66; Pizza ab 6,50 €; ⊙Abendessen, Sa & So auch Mittagessen) Das große, gastliche Höhlenrestaurant im Sasso Barisano ist wie eine neapolitanische Pizzeria gestaltet. Seine fröhliche Atmosphäre und die köstlichen Pizzas können sich mit den Vorbildern in der quirligen Hafenstadt messen.

La Talpa

TRADITIONELL ITALIENISCH $

(☎0835 33 50 86; Via Fiorentini 167; Gerichte 15–20 €; ⊙Mi–Mo) Der höhlenartige Speiseraum mit gedämpftem Licht und einer angenehmen Atmosphäre ist es ein beliebter Treffpunkt für romantische Paare.

★ Ristorante Il Cantuccio

TRATTORIA $$

(☎0835 33 20 90; Via delle Becchiere 33; Gerichte 25 €; ⊙Di–So) Die Atmosphäre in der gemütlichen Trattoria nahe der Piazza Vittorio Veneto ist so einladend und freundlich wie ihr Küchenchef und Besitzer Michael Lella. Die Speisekarte umfasst traditionelle Gerichte, deren Auswahl sich nach den Jahreszeiten richtet.Hier schmeckt das Essen immer köstlich.

Le Botteghe

TRATTORIA $$

(☎0835 34 40 72; Piazza San Pietro; Gerichte 11,50–16 €; ⊙April–Sept. Mittag- & Abendessen, Okt.–März Fr–So & Mo Mittag- & Abendessen, Di–Do nur Abendessen) Le Botteghe im Sasso Barisano ist zwar ein Nobelrestaurant, dennoch geht es in seinen weiß getünchten Gewölben entspannt zu. Auf seiner Speisekarte stehen köstliche regionale Spezialitäten wie *fusilli mollica e crusco* (Pasta mit gerösteten Brotbröseln und Paprikaschoten aus der Region).

Baccanti

TRADITIONELL ITALIENISCH $$$

(☎0835 33 37 04; www.baccantiristorante.com; Via Sant'Angelo 58-61; Gerichte 50 €; ⊙ Di–So Mittag- & Abendessen, So Mittagessen) Stilvoller kann ein Höhlenrestaurant nicht sein. Seine Ausstattung bringt Glamour in das niedrige Höhlengewölbe. Die köstlichen, aufwendigen Gerichte werden aus regionalen Zutaten zubereitet. Und der Ausblick auf die Schlucht ist unglaublich schön.

Ausgehen & Nachtleben

L' Arturo Enogastronomia WEINBAR
(Piazza del Sedile 15) In der schicken Kombination aus Feinkostladen und Weinbar gibt es zum Glas lokalen Weins ein zünftiges Sandwich auf die Hand.

Shibuya BAR
(☑0835 33 74 09; Vico Purgatorio Vecchio 12; ⊙Di–So 9–3 Uhr) Das coole kleine Café ist zugleich ein CD-Laden und eine Bar, in der regelmäßig DJs auflegen. Um es zu finden, muss man nur geradewegs auf die Tische zugehen, die am Ende der kleinen alten Gasse stehen.

Shoppen

Geppetto KUNSTHANDWERK
(Piazza del Sedile 19; ⊙9.30–13 & 15.30–20 Uhr) Der Kunsthandwerkladen unterscheidet sich erheblich von den Kitschläden, die Lampen und Fliesen aus Tuffstein verkaufen. Seine Spezialität ist der *cuccù,* eine bunt angemalte Tonpfeife in Form eines Gockels. Die früher bei den Kindern in Matera sehr beliebte Pfeife ist auch ein Symbol für Glück und Fruchtbarkeit.

ⓘ Praktische Informationen

Die *Carta Turistica di Matera* und die Karte *Matera: Percorsi Turistici* (1,50 €) sind in verschiedenen Reisebüros sowie in den Buchhandlungen und Hotels der Stadt erhältlich. In den detaillierten Karten sind Spaziergänge und Wanderrouten durch die *sassi* und die Schlucht eingezeichnet.

Basilicata Turistica (www.aptbasilicata.it, auch auf Deutsch) Offizielle Tourismus-Website der Basilikata mit nützlichen Informationen zu Geschichte, Kultur, Sehenswertem und Aktivitäten.

Ferula Viaggi (☑0835 33 65 72; www.ferulaviaggi.com; Via Cappelluti 34; ⊙Mo–Sa 9–13.30 & 15.30–19 Uhr) Ausgezeichnetes Informationszentrum und Reisebüro. Organisiert Wandertouren (www.walkbasilicata.it), Radtouren (www.bikebasilicata.it, auch auf Deutsch) sowie viele andere Touren durch die Basilikata und Apulien. Auch Kochkurse sind im Programm.

Internetcafé (☑0835 34 41 66; Via San Biagio 9; Std. 3 €; ⊙10–13 & 15.30–20.30 Uhr)

Krankenhaus (☑0835 25 31 11; Via Montescaglioso) Etwa 1 km südöstlich des Stadtzentrums.

Maruel Viaggi (☑0835 33 31 35; www.maruelviaggi.it; Via Dante; ⊙9–13.30 & 16–20 Uhr) Privates Reisebüro und Informationszentrum.

Bietet gute Auskünfte zu Busverbindungen und organisiert Touren unterschiedlichster Art.

Parco Archeologico Storico Naturale delle Chiese Rupestri del Materano (☑0835 33 61 66; www.parcomurgia.it; Via Sette Dolori) Gibt Auskunft über den Murgia-Park.

Polizei (☑0835 37 81; Via Gattini)

Post (Via Passerelli; ⊙Mo–Fr 8–18.30, Sa 8–12.30 Uhr)

Sassiweb (www.sassiweb.it) Informative Website über Matera.

ⓘ An- & Weiterreise
BUS

Der **Busbahnhof** liegt nördlich der Piazza Matteotti nahe dem Bahnhof.

Grassani (☑0835 72 14 43; www.grassani.it) fährt nach Potenza (5,50 €, 1½ Std., 4-mal tgl.). Die Tickets verkauft der Busfahrer.

Marino (www.marinobus.it) fährt nach Neapel (12 €, 4 Std. 2-mal tgl.).

Marozzi (☑06 225 21 47; www.marozzivt.it) fährt nach Rom (34 €, 6½ Std., 3-mal tgl.). In Kooperation mit der SITA bietet Marozzi auch einmal täglich eine Busverbindung nach Siena, Florenz und Pisa, die Busse fahren über Potenza. Vorausbuchung ist nötig.

Pugliairbus (☑080 580 03 58; http://pugliairbus.aeroportidipuglia.it) betreibt einen Shuttleservice zwischen Matera und dem Flughafen in Bari (5 €, 1¼ Std., 4-mal tgl.).

SITA (☑0835 38 50 07; www.sitabus.it) bietet Busverbindungen nach Tarent (5,50 €, 2 Std., 6-mal tgl.) und Metaponto (2,90 €, 1 Std., bis zu 5-mal tgl.) sowie zahlreiche kleine Ortschaften der Provinz. Tickets verkauft der Zeitungskiosk auf der Piazza Matteotti.

ZUG

Ferrovie Appulo-Lucane (FAL; ☑0835 33 28 61; http://ferrovieappulolucane.it) bietet eine regelmäßige Zugverbindung (4,50 €, 1½ Std., 12-mal tgl.) sowie eine Busverbindung (4,50 €, 1½ Std., 6-mal tgl.) nach Bari. Um nach Potenza zu gelangen, kann man mit einem FAL-Bus nach Ferrandina fahren und dort in einen Trenitalia-Zug umsteigen. Oder man fährt mit dem Bus nach Altamura und steigt dort in den FAL-Bus um, der auf der Strecke Bari–Potenza verkehrt.

Potenza

68 600 EW. / 819 M

Potenza, die Provinzhauptstadt der Basilikata, wurde immer wieder von Erdbeben heimgesucht (zuletzt im Jahr 1980). Im Sommer leidet die höchstgelegene Stadt der Region unter brütender Hitze und im Winter unter klirrender Kälte. Trotzdem ist

Potenza als wichtiger Verkehrsknotenpunkt kaum zu umgehen.

Das Zentrum erstreckt sich über einen Gebirgskamm von Osten nach Westen. Im Süden liegen die großen Bahnhöfe von Trenitalia und Ferrovie Appulo-Lucane, die durch die Busse 1 und 10 mit dem Stadtzentrum verbunden sind.

Die wenigen Sehenswürdigkeiten Potenzas liegen im alten Stadtzentrum oben auf dem Hügel. Von der Piazza Vittorio Emanuele II gehen Fahrstühle nach oben, die Besucher den anstrengenden Aufstieg ersparen. Das kirchliche Highlight ist der **Dom** aus dem 12. Jh., der im 18. Jh. neu aufgebaut wurde. Die elegante, autofreie Via Pretoria, gesäumt von der einen oder anderen Boutique bietet sich für einen Bummel an.

Al Convento (☎ 097 12 55 91; www.alconventopotenza.com; Largo San Michele Arcangelo 21; EZ/DZ 40/60 €; ❀ @) im Zentrum von Potenza gelegen, ist eine gute Unterkunft. Eine Mixtur aus polierten Antikmöbeln und Designklassikern verleiht den Räumen eine besondere Note.

Grassani (☎ 0835 72 14 43) bedient die Busroute nach Matera (5,50 €, 1½ Std., 4-mal tgl.). Busse der **SITA** (☎ 0971 50 68 11; www.sitabus.it) verkehren täglich zwischen Matera und Melfi, Venosa und Maratea. Die Busse starten vor der Via Appia 185 und halten auch am Scalo Inferiore, dem Bahnhof der Trenitalia. **Liscio** (☎ 097 15 46 73; www.autolineeliscio.it) bietet Busverbindungen zu verschiedenen Städten, darunter Rom (24 €, 4½ Std., 3-mal tgl.).

Es gibt regelmäßige Zugverbindungen von Potenza nach Foggia (ab 6 €, 2¼ Std.), Salerno (ab 6 €, 2 Std.) und Tarent (ab 8,50 €, 2 Std.). Vom Bahnhof Potenza Superiore fahren Züge der **Ferrovie Appulo-Lucane** (☎ 0971 41 15 61; ferrovieappulolucane.it) nach Bari (ab 14 €, 3-4 Std., 3-mal tgl.).

Lukanischer Appennin

Wie eine zackige Zahnreihe durchtrennt der Lukanische Apennin die Basilikata in zwei Hälften. Schroff ragt er südlich von Potenza in die Höhe, schirmt die üppige tyrrhenische Küste ab und lässt die ionischen Strände in halbtrockener Hitze brüten. Die Fahrt auf den haarsträubenden Straßen über die holprigen Bergrücken ist recht anstrengend, aber wer die Aufregung liebt, empfindet die Strecke wahrscheinlich sogar als Highlight seiner Reise.

Aliano

1935 schickten die Faschisten den Schriftsteller und politischen Aktivisten Carlo Levi in diese einsame Region ins Exil. Er lebte in dem Bergnest **Aliano** und wurde dort auch begraben. Seit er dort seinen großartigen Roman *Christus kam nur bis Eboli* über Armut, Eintönigkeit und Verlogenheit des Dorflebens schrieb, scheint sich im Leben der Einheimischen erstaunlich wenig geändert zu haben. Unter einem Dach mit der **Pinacoteca Carlo Levi** (☎ 0835 56 83 15; Eintritt 3 €; ☉ Sommer tgl. 10–13 & 16–19.30 Uhr, Winter Do–Di 10–12.30 & 15.30–18.30 Uhr) befindet sich das **Museo Storico di Carlo Levi**, das Schriftstücke und Gemälde von ihm ausstellt. Die Eintrittskarte für die *pinacoteca* (Gemäldegalerie) gilt auch für den Rundgang durch Levis Haus und den Museumsbesuch.

Von Potenza aus ist Aliano mit SITA-Bussen (5,50 €) erreichbar.

Castelmezzano & Pietrapertosa

Spektakulärer als Aliano sind die von den Lukanischen Dolomiten umgebenen Bergdörfer Castelmezzano (985 m ü. d. M.) und Pietrapertosa (1088 m ü. d. M.). Diese höchstgelegenen Dörfer der Basilikata sind so oft von dichten Wolken verhangen, dass sich die Frage stellt, wie sich überhaupt jemand in diesem Gebiet niederlassen konnte, in dem sich allenfalls Bergziegen wohlfühlen können.

Castelmezzano zählt sicher zu den spektakulärsten Orten Italiens. Die Häuser drängen sich dicht auf einem unglaublich schmalen Grat, der in die steilen Schluchten des Flusses Caperrino abfällt. Mit einer noch erstaunlicheren Attraktion wartet Pietrapertosa auf: Die Sarazenenfestung auf dem Berggipfel ist so raffiniert in den Felsen gehauen, dass sie auf den ersten Blick kaum zu erkennen ist.

Und noch eine weitere, neue spektakuläre Sensation wartet auf die Besucher des Ortes: Dank **Il Volo dell'Angelo** (Der Engelsflug; ☎ Pietrapertosa 0971 98 31 10, Castelmezzano 0971 98 60 42; www.volodellangelo.com, auch auf Englisch; 1 Pers. 35 bis 40 €, 2 Pers. 63–72 €) können Mutige zwischen den beiden sehenswerten Dörfern „fliegen": Zwei Stahlseile – eines für den „Hinflug" und eines für den „Rückflug" – verbinden die beiden Berggipfel miteinander. Die „Passagiere" stecken einzeln oder zu zweit mit dem Bauch nach unten liegend in einem soliden Tragegurt (der dem Gurtzeug beim Gleitschirmfliegen ähnelt), der mit der Gleitvorrichtung am Stahlseil oberhalb verbunden ist. Bei der Gleitfahrt über die Schlucht, schlägt bei den meisten das Herz bis zum Hals – aber es ist ein tolles Vergnügen. Man kann den Flug in Pietrapertosa oder Castelmezzano starten und auch wieder an den Ausgangsort „zurückfliegen" – dafür werden schon beim Buchen die jeweiligen Startzeiten festgelegt.

In dem reizvollen B&B **La Casa di Penelope e Cirene** (✆ 0971 98 30 13; Via Garibaldi 32; DZ ab 70 €) in Pietrapertosa können quietschende Betten eine unruhige Nacht bescheren. In Castelmezzano kommt im Restaurant **Al Becco della Civetta** (✆ 0971 98 62 49; www.beccodellacivetta.it; Vicolo I Maglietta 7; Gerichte 25 €; ☺ Mi–Mo) authentische lukanische Kost auf den Tisch. Für Übernachtungsgäste bietet das Haus traditionell eingerichtete, einfache Zimmer mit weiß getünchten Wänden (DZ 80 €).

Wer Castelmezzano und Pietrapertosa besuchen möchte, benötigt allerdings ein eigenes Fahrzeug.

Die Westküste der Basilikata

Der tyrrhenische Küstenstreifen der Basilikata ist kurz (etwa 20 km), aber lieblich und erinnert in seinem Landschaftsbild an den Küstenstreifen bei Amalfi. Eingezwängt zwischen Kalabrien und Kampaniens Cilento-Halbinsel, kann die Küste mit denselben verführerischen Qualitäten aufwarten: versteckte Buchten und silbrige Sandstrände vor der Kulisse majestätischer Klippen. An den Bergen schlängelt sich die SS18 in atemberaubenden Kurven entlang und verbindet die Hauptattraktion der Küste, das bezaubernde, kleine Seebad Maratea, mit der Außenwelt.

Maratea

5220 EW.

Maratea ist ein bezaubernder, wenn nicht betörender Ort, bestehend aus verschiedenen Örtlichkeiten, von einem mittelalterlichen Dorf bis hin zu einem schicken Hafen. Das Erscheinungsbild ist üppig und ähnelt einer natürlichen Theaterkulisse: Die Küstenstraße, die sogar noch enger ist als die berüchtigte Küstenstraße von Amalfi (es ist also vorsichtiges Fahren angesagt), schlängelt sich nach unten hinter den Klippen und Stränden im Taschenformat, die sich entlang des funkelnden Golfs von Policastro aufreihen. Mit eleganten Hotels dicht besetzt, ist Maratea keinesfalls mehr ein Geheimtipp, und man muss sich in den Ferienmonaten Juli und August auf zahlreiche Staus und ausgebuchte Hotels einstellen. Umgekehrt haben viele Hotels und Restaurants von Oktober bis März geschlossen.

◎ Sehenswertes & Aktivitäten

Als erste Anlaufstelle empfiehlt sich der hübsche **Porto di Maratea**, ein Hafen, in dem schicke Jachten und hellblaue Fischerboote im Wasser dümpeln, an dessen Rand sich einige Bars und Restaurants befinden. Dann gibt es den bezaubernden, mittelalterlichen *borgo* (Altstadtkern) vom malerischen **Maratea Inferiore** aus dem 13. Jh. mit winzigen Plätzen, sich windenden Alleen und ineinander gebauten Häusern. Von dort aus bieten sich aufsehenerregende Küstenperspektiven. In hübschen kleinen Läden werden Töpferwaren und hochwertige Lebensmittel verkauft.

Darüber erhebt sich die 21 m hohe glänzend weiße Statue von **Christus, dem Erlöser**. Wer mit dem eigenen Fahrzeug unterwegs ist, sollte die Fahrt auf der achterbahnähnlichen Straße und den überwältigenden Ausblick vom Statuenhügel nicht verpassen. Unterhalb des Hügels liegen die Ruinen von **Maratea Superiore**, es sind die Überreste der im 8. Jh. errichteten griechischen Kolonie. Die Statue lässt sich auch gut zu Fuß in 45 Minuten erreichen: Im Dorf gleich hinter Cappelle dei Cappuccini führt ein markierter Waldweg auf den Hügel. Kurz vor der Kuppe teilt sich der Weg, hier geht es dann auf der rechten Abzweigung weiter.

An den tiefgrünen Hängen rund um diese bunte Ansammlung von Ortschaften gibt es ausgezeichnete Wanderwege. Tagesausflüge führen in die umliegenden Dörfer **Acquafredda di Maratea** und **Fiumicello** mit seinem kleinen Sandstrand. Die **Touristeninformation** (✆ 0973 87 69 08; Piazza Gesù 40; ☺ Juli–Aug. Mo–Fr 8–14 & 17–20, Sa & So 9–13 & 17–20 Uhr, Sept.–Juni 8–14 Uhr) befindet sich in Fiumicello.

Centro Sub Maratea (✆ 0973 87 00 13; www.marateaproloco.it/it/centro_sub_maratea; Via Santa Caterina 28) bietet Tauchkurse an, außerdem Bootstouren, die auch den Besuch der umliegenden Grotten und Höhlen einschließen.

Lohnenswert ist auch ein Tagesausflug mit dem Auto nach **Rivello** (479 m). Das hübsche Dorf liegt auf einem Hügel, eingerahmt von den südlichen Apennin-Ausläufern und ist ein Zentrum der Künste und vor allem auch des Kunstgewerbes. Rivello ist seit Langem wegen seiner exquisiten Gold- und Kupferarbeiten bekannt. Rivellos interessante byzantinische Geschichte wird auch an den kleinen gefliesten Kuppeln und den Fresken seiner wundervollen Kirchen deutlich.

Schlafen

B&B Nefer
B&B **$**

(☏ 0973 87 18 28; www.bbnefer.it; Via Cersuta; Zi 60–90 €; P ✳ @ 🛜) Das freundliche B&B liegt 5 km nordwestlich von Maratea in dem kleinen Dorf Cersuta. Seine vier Zimmer sind entwede in Seegrün, Blau oder Pink gestaltet. In jedem Zimmer führen Terrassentüren auf einen sattgrünen Rasen mit Liegestühlen und entspannendem Blick aufs Meer. Gäste können eine einfache Küche im Freien benutzen. Ein kurzer Spaziergang führt zu einem kleinen, felsigen Strand.

★ Locanda delle Donne Monache
HOTEL **$$**

(☏ 0973 87 74 87; www.mondomaratea.it; Via Mazzei 4; DZ 130–310 €; ⏲ April–Okt.; P ✳ @ 🛜 ☀) Das vornehme Hotel liegt idyllisch über den Dächern des mittelalterlichen *borgo* in einem ehemaligen Kloster; sein Name vewrweist auf die Nonen, die einst hier lebten. Es ist ein wahres Labyrinth von Bogengängen, Terrassen und kleinen Gärten, mit prächtigen Bougainvilleen und Zitronenbäumen besetzt. Die Zimmer des Hotels sind elegant in Pastelltönen gehalten, und das hauseigene Restaurant Sacello bereitet leckere Gerichte nach dem regionalen Geschmack von Lukanien zu.

Hotel Villa Cheta Elite
HOTEL **$$**

(☏ 0973 87 81 34; www.villacheta.it; Via Timpone 46; Zi 140–264 €; ⏲ April–Okt.; P ✳ 🛜) Das Hotel in einer Jugendstilvilla am Rand des Dorfes Acquafredda besitzt viel Charme, eine Terrasse mit spektakulärem Panoramablick, ein fabelhaftes Restaurant und große, mit Antiquitäten geschmückte Zimmer.

 Essen

La Caffetteria
CAFÉ **$**

(Piazza Buraglia; Panini ab 4 €; ⏲ Sommer 7.30–2 Uhr, Winter 7.30–22 Uhr) Das hübsche Café liegt an der zentralen Piazza von Maratea. Wer draußen an den Tischen Platz nimmt, kann das Getriebe auf der lebendigen Piazza gut beobachten. Einfache, aber hausgemachte Snacks sind den ganzen Tag über erhältlich.

Taverna Rovita
TRADITIONELL ITALIENISCH **$$**

(☏ 0973 87 65 88; www.tavernarovitamaratea.it, auch auf Deutsch; Via Rovita 13; Hauptgerichte 35 €; ⏲ März–Okt.) Das hervorragende Lokal liegt nur ein paar Schritte vom Hauptplatz von Maratea Inferiore entfernt. Sein Schwerpunkt liegt auf herzhaften regionalen Gerichten, wobei lukanische Spezialitäten im Vordergrund stehen, z. B. gefüllte Paprikaschoten, Wildgeflügel, regionale Salami sowie Fisch und Meeresfrüchte (beides fangfrisch).

Lanterna Rossa
FISCH & MEERSFRÜCHTE **$$**

(☏ 0973 87 63 52; Gerichte 40 €; ⏲ Juli & Aug. tgl., Feb.–Dez. Mi–Mo) Hier locken die Restaurantterrasse mit Blick auf den Hafen und die exquisiten Gerichte aus Fisch und Meeresfrüchten. Besonders empfehlenswert ist die *zuppa di pesce* – eine Fischsuppe nach Art des Hauses.

ℹ An- & Weiterreise

SITA (☏ 0971 50 68 11; www.sitabus.it) betreibt ein umfangreiches Routennetz, darunter Busfahrten zur Küste nach Sapri in Kampanien (1,80 €, 50 Min., 6-mal tgl.).

Lokale Busse (1,10 €) verbinden in den Sommermonaten häufig die Küstenstädte sowie den Bahnhof Maratea mit Maratea Inferiore.

InterCity- und Regionalzüge der Strecke Rom–Reggio halten unterhalb der Stadt am Bahnhof Maratea.

KALABRIEN

Wer einem Italiener aus einem anderen Landesteil erzählt, er wolle nach Kalabrien fahren, kann sich auf eine erstaunte Reaktion gefasst machen. Unvermeidlich folgen dann Geschichten über die *'ndrangheta* – die Vereinigung der kalabrischen Mafia –, die dafür bekannt ist, dass sie schmuggelt und wohlhabende Norditaliener kidnappt, um sie in den Bergen gefangen zu halten und Lösegeld zu fordern.

Aber Kalabrien besitzt aufsehenerregende Naturschönheiten, sehenswerte Städte, die aus den schroffen Bergkuppen herauszuwachsen scheinen, und auch drei Nationalparks: Pollino im Norden, Sila in der Mitte und Aspromonte im Süden. Etwa 90 % der Region sind Berge, zu deren Füßen sich aber einer der schönsten Küstenstreifen Italiens erstreckt; bei einer Länge von 780 km lassen sich kleinere Abschnitte, die von unansehnlichen Ferieneinrichtungen verunstaltet sind, übersehen. Hier wächst die Bergamotte, und weltweit nur hier in ausreichender Qualität, um das ätherische Öl herzustellen, das in vielen Parfüms und als Aroma für den Earl-Grey-Tee verwendet wird.

Wie in Apulien finden das ganze Jahr über Hunderte von Musik- und Schlemmerfestivals statt, wobei die Saison im Juli und August ihren Höhepunkt erreicht. Zugegeben: Mitunter sieht es aus wie auf einer Postkarte aus den 1970er-Jahren, denn die immer wieder durch Erdbeben zerstörten Städte sind oft von grausamen Betonburgen umgeben. Die Region hat unter dem verfehlten Einsatz von europäischen und staatlichen italienischen Subventionen, die zur Entwicklung des Südens gedacht waren, ebenso gelitten wie unter ihrem finsteren Opportunismus gegenüber der Mafia. In halbfertigen Häusern verbergen sich oft gut ausgestattete Wohnungen, in denen Familien zufrieden und unbehelligt von den abschreckend hohen Gebäudesteuern ihr Leben leben.

Hier also kann man sich in unbekannte Abenteuer stürzen.

Geschichte

Spuren menschlichen Lebens aus der Zeit des Neandertalers, aus Alt- und Jungsteinzeit sind in Kalabrien entdeckt worden, zu internationaler Bedeutung gelangte die Region aber erst mit der Ankunft der Griechen im 8. Jh. v. Chr. Sie gründeten im Gebiet des heutigen Reggio di Calabria eine Kolonie. Überreste dieser Kolonisierung, die sich entlang der Küste am Ionischen Meer erstreckte – mit Sybaris und Kroton als den wichtigsten Siedlungen –, sind bis heute zu erkennen. Doch die Gegend blieb nicht für immer griechisch. 202 v. Chr. kamen sämtliche Städte in Magna Graecia unter römische Herrschaft. Die Römer zerstörten die ansehnlichen Wälder des Landstrichs und

richteten damit irreparable Schäden für die Umwelt an. Schiffbare Flüsse wurden zu furchterregenden *fiumare* (Sturzbächen), die sich jeweils im Hochsommer in breite, ausgetrocknete, staubige Flussbetten verwandeln.

Die befestigten Siedlungen auf den kalabrischen Bergkuppen überstanden die aufeinanderfolgenden Invasionen der Normannen, Staufer, Aragonesen und Bourbonen und blieben im Großen und Ganzen stark unterentwickelt. Obgleich der Einfall Napoleons im 18. Jh. sowie der Aufstieg Garibaldis und die Einigung Italiens Hoffnung auf Veränderung weckten, blieb Kalabrien eine enttäuschte, von Feudalherrschaft geprägte und, wie der gesamte Süden, von der quälenden Malaria heimgesuchte Region.

Als Nebeneffekt dieser tragischen Geschichte erblühten Banditentum und organisiertes Verbrechen. Die kalabrische Mafia, genannt *'ndrangheta* (vom griechischen Ausdruck für Heldentum), hält die Einheimischen in Furcht und Schrecken, doch Touristen sind nur selten Ziel ihrer Angriffe. Viele Kalabresen sahen ihr Heil immer wieder in der Flucht, und mehr als ein Jahrhundert lang musste die Region erleben, wie ihre Jugend auf der Suche nach Arbeit auswanderte.

Nördliche Tyrrhenische Küste

An der Westküste der Region liegen Licht und Schatten eng beieinander.

Die **Autostrada del Sole** (A3) ist eine der schönsten Küstenstraßen Italiens. Sie schlängelt und windet sich durch die Berge, vorbei an riesigen, dunkelgrünen Waldgebieten, und dazwischen blitzt immer wieder das blaue Meer auf. Doch die italienische Vorliebe für billige Sommerurlaubsorte hat hier ihren Tribut gefordert. Mehrere Küstenabschnitte sind durch schäbige Hotels und Bettenburgen verschandelt.

In der Nebensaison haben die meisten Unterkünfte geschlossen. Im Sommer sind viele Hotels und Pensionen ausgebucht, auf den Campingplätzen sieht die Auslastung dagegen meist ein wenig besser aus.

Praia a Mare

6820 EW.

Der kleine Badeort Praia a Mare liegt fast noch in der Basilikata. Hier beginnt ein

N

0 ⬛⬛⬛⬛⬛⬛ 40 km

▲ Monte Cervati (1900 m)

Salerno (100 km)

Taranto (90 km)

BASILIKATA

KAMPANIEN

Sapri

SS585

SS18

Maratea

Porto di Maratea

Parco Nazionale del Pollino

Tortora

Aieta

Rotonda

Golfo di Policastro

Praia a Mare

Mormanno

Civita

Golfo di Taranto

Scalea

Monti di Orsomarso (1987 m)

Morano Calabro

Castrovillari

Cirella

Parco Nazionale del Pollino

Sibari

A3

SS106

Diamante

SS105

Crati

KALABRIEN

Acri

Parco Nazionale della Calabria

Paola

Camigliatello Silano

SS107

Cosenza

San Giovanni in Fiore

SS18

Busento

Lorica

Scigliano

Santa Severina

SS107

Neto

Crotone

Tyrrhenisches Meer

Lago di Cecita o Mucone

Parco Nazionale della Sila

Isola di Capo Rizzuto

Sersale

Catanzaro

Le Castella

SS280

Golfo di Sant'Eufemia

Pizzo

Golfo di Squillace

Tropea

Vibo Valentia

A3

Soverato

Capo Vaticano

S106

Golfo di Gioia

S111

Golfo di Milazzo

Scilla

Canolo

Gerace

Montalto (1955 m)

▲ Parco Nazionale dell'Aspromonte

Locri

A20

Messina

Gambarie

Reggio di Calabria

Bianco

Ionisches Meer

SIZILIEN

A18

Condofuri

Roghudi

Bova

Pentidáttilo

breiter Küstenstreifen mit Kiesstränden, der sich etwa 30 km nach Süden bis Cirella und Diamante erstreckt. Das ziemlich grüne Städtchen liegt an einem breiten blassgrauen Strand, dem nur wenige hundert Meter ein merkwürdiger Felsbrocken vorgelagert ist: die **Isola di Dino** mit einigen Meeresgrotten.

Direkt an der Uferpromenade liegt die **Touristeninformation** (☏ 0985 7 25 85; Via Amerigo Vespucci 6; ☺ 8–13 Uhr), die Informationen über die Isola di Dino und ihre Meeresgrotten bereithält. Am Strand bieten ältere Herren Grottenführungen für etwa 5 € an.

Busse von **Autolinee Preite** (☏ 0984 41 30 01; www.autoservizipreite.it) fahren nach Cosenza (5,50 €, 2 Std. 10-mal tgl.). Die **SITA** (☏ 0971 50 68 11; www.sitabus.it) bietet Busverbindungen Richtung Norden nach Maratea und Potenza. Es gibt auch Zugverbindungen nach Paola und Reggio di Calabria.

Aieta & Tortora

Als es in der Gegend noch keine ausgebauten Asphaltstraßen gab, muss die Fahrt zu den abgelegenen Bergdörfern **Aieta** und **Tortora** ziemlich halsbrecherisch gewesen sein – sie liegen 6 km bzw. 12 km von Praia entfernt. Für die Busverbindungen zu beiden Dörfern sorgt die Busgesellschaft **Rocco** (☏ 0973 22 943; www.roccobus.it). Vor allem ein Abstecher nach Aieta, das höher liegt als Tortora, lohnt sich. Besucher sollten von der Bushaltestelle bis zum Straßenende hinauflaufen, um dort hinter dem **Palazzo Spinello** (16. Jh.) einen Blick in die Schlucht zu werfen. Der ist Anblick wahrhaft atemberaubend!

Diamante

5400 EW.

Der kleine Küstenort mit seiner langen Promenade, der vor allem von den Einnahmen aus dem Tourismus lebt, widmet sich in besonderem Maße Kalabriens berühmtem *peperoncino* – dem im wahrsten Sinne des Wortes atemberaubenden Gewürz, das für die hiesige Küche so charakteristisch ist. Anfang September wird hier der äußerst populäre **Wettkampf der Chiliesser** ausgetragen. Diamante ist außerdem berühmt für die leuchtend bunten Wandmalereien, die die Straßen in der inneren Altstadt schmücken. Wer in einem wirklich guten Meeres-

früchte-Restaurant tafeln will, lenkt seine Schritte Richtung Meer zur Spiaggia Piccola.

Autolinee Preite (☏ 0984 41 30 01; www.autoservizipreite.it) betreibt Busse zwischen Cosenza und Praia a Mare mit Halt in Diamante.

Paola

16 900 EW.

Ein Stopp in Paola ist wegen der dortigen Wallfahrtsstätte zu empfehlen. Der große Gebäudekomplex liegt oberhalb der wild wuchernden Kleinstadt, deren Einwohner vorzugsweise Trainingsanzüge tragen und sich scheinbar damit beschäftigen, an den Straßenecken herumzustehen, zu schauen und zu plaudern. Die nächsten 80 km der Küste von hier in Richtung Süden bis Pizzo sind großenteils übermäßig bebaut und hässlich. Paola ist der Bahnverkehrsknotenpunkt für Cosenza, das etwa 25 km landeinwärts liegt.

Eine halb verfallene Burg thront über dem **Santuario di San Francesco di Paola** (☏ 0982 58 25 18; ☺ tgl. 6–13 & 14–18 Uhr) **GRATIS**, einer merkwürdigen leeren Höhle, die für die Gläubigen enorme Bedeutung besitzt. Franz von Paula lebte und starb hier im 15. Jh., und das Heiligtum, das er und seine Anhänger aus dem schieren Felsen gehauen haben, zieht seit Jahrhunderten zahlreiche Pilger an. Der Klausurbereich des zugehörigen Klosters ist mit naiven Wandmalereien ausgestaltet, die die in der Tat unglaublichen Wunder des hl. Franz abbilden. Ein verziertes Reliquiar des Heiligen wird in der alten Klosterkirche aufbewahrt. Zu dem Komplex gehört auch eine moderne Basilika, die kurz vor dem Ende des 2. Jahrtausends gebaut wurde. Ringsumher sind Mönche in schwarzen Kutten geschäftig unterwegs.

In der Nähe des Bahnhofs gibt es mehrere Hotels, aber in den Orten weiter nördlich an der Küste sind die Unterkünfte besser.

Cosenza

69 800 EW. / 238 M

Das mittelalterliche Zentrum von Cosenza ist die am besten erhaltene Altstadt Kalabriens. Während in der Geschichte immer wieder Erdbeben unzählige Ortschaften der Region dem Erdboden gleichmachten, blieb dieses architektonische Zeugnis der kalabresischen Geschichte bisher verschont. Die

Altstadt liegt auf einer Anhöhe am Zusammenfluss von Crati und Busento. Ihre engen Gassen winden sich hinauf bis zur Burg auf dem Hügelgipfel. Der Legende nach wurde der Westgotenkönig Alarich I. am Zusammenfluss der beiden Flüsse getötet und im Flussbett des Busento begraben.

Das alte Cosenza blickt auf eine weltoffene, lebendige Vergangenheit zurück. Leider wirkt die Altstadt mit ihren düsteren Gassen und der längst verblichenen Eleganz der *palazzi* heute nur noch ziemlich marode und freudlos.

Cosenza ist ein Tor zur Bergregion La Sila, ein wichtiger Verkehrsknotenpunkt und Standort der bedeutendsten Universität Kalabriens.

🔵 Sehenswertes

Im neuen Teil der Stadt verschafft die Fußgängerzone, der Corso Mazzini, eine wohltuende Atempause von dem ständigen Verkehrschaos und den andauernd wie wild hupenden Autofahrern. Eine Reihe von Skulpturen säumt den *corso*, darunter auch ein *Heiliger Georg mit Drachen* von Salvador Dalí.

Wenn man dem gewundenen, herrlich morbiden Corso Telesio in der Altstadt folgt, fühlt man sich angesichts alter Mietskasernen mit zum Trocknen aufgehängter Wäsche, antiquierter Geschäftsfassaden und der Werkstätten von Instrumentenbauern und Schuhmachern an Neapel erinnert. In den Nebenstraßen kann man unmittelbar erfahren, was es mit dem Schlagwort vom Verfall der Städte auf sich hat. Am höchsten Punkt erhebt sich die **Kathedrale** (Piazza del Duomo; ⊙ Öffnungszeiten 8–12 & 15–19.30 Uhr), ein Bau des 12. Jhs., der im 18. Jh. in maßvollem Barockstil umgebaut wurde. In einer Kapelle am nördlichen Seitenschiff steht die Kopie einer herrlichen byzantinischen Madonna aus dem 13. Jh.

Von der Kathedrale geht es die Via del Seggio hinauf durch ein kleines mittelalterliches Viertel und danach rechts zum **Convento di San Francesco d'Assisi** (abseits der Via del Seggio). Schön ist auch der Weg über den *corso* bis zur Piazza XV Marzo, einem hübschen Platz, der vom Palazzo del Governo und dem imposanten klassizistischen **Teatro Rendano** (Piazza XV Marzo) gesäumt wird.

Zur heruntergekommenen normannischen **Burg** (Piazza Federico II), der viele Erdbeben in der Vergangenheit sehr zugesetzt haben, geht es von der Piazza XV Marzo zunächst die Via Paradiso entlang und dann in die Via Antonio Siniscalchi. Die Burg ist wegen Renovierungsarbeiten geschlossen, aber der Ausblick lohnt den steilen Aufstieg.

🛌 Schlafen

⭐ B&B Via dell'Astrologo   B&B $

(📞 338 9205394; www.viadellastrologo.com; Via Rutilio Benincasa 16; EZ 35–40 €, DZ 55–80 €, Zusatzbett 20 €; 🛜) Ein Kleinod ist dieses kleine B&B in der Altstadt. Seine geschmackvoll eingerichteten Zimmer mit polierten Dielenböden und weißen Tagesdecken schmücken hochwertige Bilder. Die Besitzer, die Brüder Mario und Marco, sind sprudelnde Wissensquellen, wenn es um Cosenza oder generell um Kalabrien geht.

Ostello Re Alarico   HOSTEL $

(📞 0984 79 25 70; www.ostellorealarico.com; Vico II Giuseppe Marini Serra 10; B/EZ/DZ 16/30/50 €; 🛜) Das Hostel liegt gegenüber dem *duomo* (Kathedrale) auf der anderen Flussseite in einem restaurierten Palazzo. Es zu finden, ist nicht ganz einfach. Eine Kombination aus Alt (u. a. ein vorsintflutlicher Ofen) und Neu verleiht der Einrichtung der Schlafsäle und Doppelzimmer eine reizvolle Note. Zum Haus gehört ein hübscher Garten. Und der junge Besitzer liebt die Region über alles.

Royal Hotel   HOTEL $$

(📞 0984 41 21 65; www.hotelroyalsas.it; Via Molinella 24; EZ/DZ/3BZ 55/65/75 €; 🅿❄@🛜) Das Hotel gehört zu den wenigen passablen Unterkünften der Stadt. Es liegt nur einen Katzensprung vom Corso Mazzini entfernt. Seine Zimmer sind unpersönlich, aber komfortabel. Am besten sind die Zimmer in dem neuen Hotelgebäude.

🍴 Essen

⭐ Gran Caffè Renzelli   CAFÉ $

(Corso Telesio 46, Kuchen ab 1,20 € pro Stück) Seit 1803 befindet sich das altehrwürdige Café hinter dem *duomo* in der Hand einer Familie. Stammvater des Cafés samt all der klebrigen Kuchen und Süßigkeiten war ein Neapolitaner. Besonders verlockend sind die *torroncino torrefacto* (Konfekt aus Zucker, Gewürzen und Haselnüssen) und die *torta telesio* (eine Torte mit

Mandeln, Kirschen, Aprikosenmarmelade und Lupinensamen).

Ristorante Calabria Bella KALABRESISCH $

(☏ 0984 79 35 31; www.ristorantecalabriabella. it; Piazza del Duomo; Gerichte 25 €; ⊙ 12.30– 15 & 19.15–24 Uhr) Gerichte der traditionellen kalabresischen Küche, z. B. *grigliata mista di carne* (gemischtes Grillfleisch), sind fester Bestandteil der Speisekarte dieses gemütlichen Restaurants in der Altstadt.

Per ... Bacco!! TRATTORIA $$

(☏ 0984 79 55 69; Piazza dei Valdesi; Hauptgerichte 25 €) Unverputzte Backsteinwände, dicke Holzbalken sowie zahlreiche Weinflaschen prägen das Ambiente des schicken, aber trotzdem zwanglosen Restaurants. Von den Fensterplätzen aus hat man die ganz Piazza im Blickfeld. Die angenehm kurze Speisekarte bietet u. a. eine köstliche und großzügig bemessene Vorspeise für 8 €.

❶ Praktische Informationen

Die Hauptstraße, der Corso Mazzini, verläuft von der Piazza Bilotti (früher Piazza Fera) unweit des Busbahnhofs in südlicher Richtung. Sie kreuzt den Viale Trieste, bevor sie an der Piazza dei Bruzi endet. Die Altstadt liegt noch weiter südlich am gegenüberliegenden Ufer des Busento.

❶ An- & Weiterreise

BUS

Am zentralen **Busbahnhof** (☏ 0984 41 31 24) nordöstlich der Piazza Bilotti starten die Busse nach Catanzaro (4,80 €, 1¾ Std., 8-mal tgl.) und zu anderen Ortschaften in der gesamten Bergregion La Sila. **Autolinee Preite** (☏ 0984 41 30 01; www.autoservizipreite.it) bedient täglich die Busroute entlang der nördlichen Tyrrhenischen Küste. **Autolinee Romano** (☏ 0962 2 17 09; www.autolineeromano.com) bietet Busverbindungen nach Croton, Rom und Mailand.

FLUGZEUG

Der **Flughafen Lamezia Terme** (Sant'Eufemia Lamezia, SUF; ☏ 0968 41 43 33; www.sacal. it) liegt 63 km südlich von Cosenza an der Kreuzung der A3 mit der SS280. Er verbindet die Region mit anderen größeren italienischen Städten. Aus deutschsprachigen Ländern wird der Flughafen z. B. von Airberlin, Ryanair und TUIfly angeflogen. Ein Shuttlebus pendelt alle 20 Min. zwischen dem Terminal und dem Flughafenbahnhof, von dort gibt es regelmäßige Zugverbindungen nach Cosenza (4,60 €, 1 Std.).

ZUG

Der Hauptbahnhof, die **Stazione Nuova** (☏ 0984 2 70 59), befindet sich ungefähr 2 km nordöstlich vom Stadtzentrum. Regelmäßige direkte Zugverbindungen bestehen nach Neapel (ab 27 €, 3–4 Std.) sowie zu den meisten Bahnhöfen an der kalabresischen Küste. Um nach Reggio di Calabria (ab 12 €, 3 Std.) oder Rom (ab 45 €, 4–6 Std.) zu gelangen, muss man in der Regel in Paola umsteigen.

Die Buslinie 27 von **Amaco** (☏ 0984 30 80 11; www.amaco.it) verbindet das Stadtzentrum mit der Stazione Nuova.

Parco Nazionale della Sila

Die Sila ist eine wundervolle Landschaft mit scheinbar endlosen, sanft geschwungenen, bewaldeten Hügeln. Dazwischen liegen verstreut kleine malerische Dörfer, und sehr kurvenreiche Straßen, auf denen das Fahren zu einem echten Härtetest für den Magen wird, schlängeln sich durchs Gelände.

Die Region gliedert sich in drei Bereiche, die eine Fläche von 130 km^2 umfassen: die **Sila Grande** mit den höchsten Bergen, die stark albanisch geprägte **Sila Greca** (im Norden der Region) und die **Sila Piccola** (bei Catanzaro) mit ausgedehnten, baumbestandenen Hügellandschaften.

Die höchsten Gipfel, auf denen hohe Korsische Schwarzkiefern stehen, erreichen eine Höhe von 2000 m, genug für reichlich Schnee im Winter. Das macht sie zu einem beliebten Skigebiet.

Im Sommer ist das Klima alpin-kühl, im Frühjahr blühen hier ausgedehnte Teppiche von Wildblumen, und im Herbst geht es zum Pilzesammeln. Ganz oben liegt der Bosco di Gallopani (Wald von Gallopani). Es gibt auch mehrere schöne Seen, der größte ist der **Lago di Cecita o Mucone** bei Camigliatello. Wild ist dort in großer Zahl vertreten, auch der hellgraue und geschützte Apenninwolf zählt dazu.

Immer im August findet das Festival **Sila in Festa** statt, bei dem traditionelle Musik im Vordergrund steht. Im Herbst ist Pilzsaison, verbunden mit zahllosen Pilzfestivals wie z. B. der **Sagra del Fungo** in Camigliatello Silano.

◉ Sehenswertes & Aktivitäten

Der Hauptort der Sila, **San Giovanni in Fiore** (1049 m), ist nach dem Gründer der

PARCO NAZIONALE DEL POLLINO

Mit 1960 km² ist der **Parco Nazionale del Pollino** (Pollino Nationalpark; www.parcopollino. it) Italiens größter Nationalpark, er erstreckt sich von Kalabrien bis in die Basilikata. Seine Gebirgszüge bilden eine felsige Barriere zwischen den südlichen Regionen und dem Rest des Landes, in ihnen findet man die artenreichste Flora und Fauna in Italiens Süden.

Die spektakulärsten Areale des Parks sind der **Monte Pollino** (2248 m), die **Monti di Orsomarso** (1987 m) und die Schlucht des **Gole del Raganello**. Wälder aus Eichen, Buchen, Ahorn, Erlen, Pinien und Tannen überziehen die Berge, deren Gipfel häufig schneebedeckt sind. Zu den floristischen Attraktionen des Parks zählen die uralten Exemplare der *pino loricato*, der Lorica-Kiefer (auch Panzer- oder Schlangenhautkiefer genannt), die ältesten Exemplare sind bis zu 40 m hoch. Nur noch hier und auf dem Balkan kommt diese Kiefernart vor.

Die vielfältigen Landschaften des Parks reichen von tiefen Flusstälern bis zu Bergwiesen. Zahlreichen in ihrem Bestand bedrohten Tierarten bietet der Park einen Lebensraum, dazu zählen z. B. Rehwild, Wildkatzen, Wölfe, Greifvögel wie der Steinadler, der Schmutzgeier sowie der gefährdete Fischotter (*Lutra lutra*).

Gute Wanderkarten sind leider rar. Hilfreich ist die Straßenkarte *Carta Excursionistica del Pollino Lucano* (Maßstab 1:50 000, herausgegeben vom Fremdenverkehrsamt der Basilikata). In der *Carta del Parco Nazionale del Pollino* sind die Hauptrouten des Parks verzeichnet. Ein Anhang enthält zahlreiche Informationen, z. B. zur Flora und Fauna des Parks und zu den Gemeinden innerhalb der Parkregion. Beide Karten erhält man kostenlos in den örtlichen Touristeninformationen.

Basilikata

In der Basilikata liegt das Zentrum des Nationalparks rund um **Rotonda** (auf 626 m Höhe). In der kleinen Gemeinde hat auch die Parkverwaltung, die **Ente Parco Nazionale del Pollino** (☑ 0973 66 93 11; Via delle Frecce Tricolori 6; ☉ Di, Do & Fr 8 – 14, Mo & Mi 8 –14 & 15 –17.30 Uhr) ihren Sitz. Auf Besucher warten hier interessante Dörfer, z. B. **San Paolo Albanese** und **San Costantino Albanese**. Beide sind Dörfer der Arbëresh, d. h. der alteingesessenen albanischen Minderheit in Süditalien. Die isoliert gelegenen, nahezu unberührten Gemeinden pflegen ihre alten Sitten und Gebräuche. In ihren Kirchen bestimmt die griechische Liturgie den Gottesdienst. Bei Interesse an Kunsthandwerk aus Holz ist das Dorf **Terranova di Pollino** die richtige Adresse. In **Latronico** liegt der Schwerpunkt der kunsthandwerklichen Arbeiten auf Alabaster und in **Sant'Arcangelo** auf Kunstschmiedearbeiten.

Asklepios (☑ 347 2631462, 0973 66 92 90; www.asklepios.it; Contrada Barone 9; EZ/DZ 30/50 €) bietet einfache Unterkünfte. Für Wanderer eignen sie sich besonders gut, denn ihr Betreiber ist der Tourführer Giuseppe Cosenza (spricht Englisch), der auch Mountain-

wunderschönen mittelalterlichen **Abtei** benannt. Die Stadt hat einen hübschen alten Ortskern, der sich hinter großen Vorstädten versteckt, und ist berühmt für ihre handgewebten Teppiche und Wandbehänge im armenischen Stil. Im Atelier und Laden von **Domenico Caruso** (☑ 0984 99 27 24; www.scuolatappeti.it) sind nach telefonischer Voranmeldung Beispiele hierfür zu besichtigen.

Der beliebte Skiort **Camigliatello Silano** (auf 1272 m Höhe) bietet 6 km Pisten und sieht am besten im Schnee aus. Am Monte Curcio, etwa 3 km südlich, sind dann einige Lifte in Betrieb. Etwa 5,5 km Piste und ein Lift über 1500 m finden sich bei **Lorica** (1370 m) am entzückenden Lago Arvo – dem besten Platz zum Zelten im Sommer.

Scigliano (620 m) in der Sila Piccola ist ein kleiner Ort auf einer Hügelkuppe, in dem es ein ausgezeichnetes B&B gibt. **Valli Cupe** (☑ 334 9174699, 333 8342866; www.vallicupe.it) organisiert Wandertouren und Reitausflüge in die Umgebung von **Sersale** (739 m), einer kleinen Ortschaft im Südosten des Parks. In der Gegend rauschen nicht nur unzählige Wasserfälle, sondern hier liegt auch der atemberaubende Canyon Valli Cupe. Eine Tagestour kostet nur 8 € pro Person. Die auf Botanik spezialisierten Führer (die Italienisch und Französisch sprechen) besuchen mit den Tourteilnehmern auch entlegene Klöster und Kirchen. In Sersale verfügt der Tourveranstalter über rustikale Unterkünfte.

bike- und Raftingtouren arrangiert. Eine Alternative ist das chaletähnliche **Picchio Nero** (☑ 0973 9 31 70; www.picchionero.com; Via Mulino 1; EZ/DZ mit Frühstück 60/73 €; Ⓟ) in Terranova di Pollino. Das gemütliche, familiengeführte Hotel mit alpenländischen Holzbalkonen, kleinem Garten und einem empfehlenswerten Restaurant ist bei Wanderern sehr beliebt. Das freundliche Personal hilft beim Arrangieren von Ausflügen.

Empfehlenswerte Restaurants sind auch diese beiden: **Luna Rossa** (☑ 0973 9 32 54; Via Marconi 18; Gerichte 35 €; ☺ Do–Di) in Terranova di Pollino – seine regionalen, kreativ zubereiteten Spezialitäten sind genauso zünftig wie das Gebäude mit rustikaler Holzverkleidung und atemberaubenden Ausblicken auf die Umgebung. – und **Da Peppe** (☑ 0973 66 12 51; Corso Garibaldi 13; Gerichte 25–35 €; ☺ Di–So Mittag- & Abendessen) in Rotonda. Hier verwendet die Küche köstliches Fleisch aus der Region sowie Trüffel und Pilze aus den umliegenden Wäldern.

Kalabrien

Civita wurde 1467 von albanischen Flüchtlingen gegründet. Einen Besuch wert sind auch **Castrovillari** mit seiner gut erhaltenen aragonesische Burg aus dem 15. Jh. und **Morano Calabro** – eine kleine Stadt, die der niederländische Künstler M. C. Escher in einem wunderschönen Holzschnitt verewigt hat. Das Naturkundemuseum der Stadt, das **Centro Il Nibbio** (☑ 0981 3 07 45; Vico Il Annunziata 11; Eintritt €4; ☺ Sommer 10–13 & 16–20 Uhr, Winter 10–13 & 15–18 Uhr) informiert anschaulich über das Ökosystem des Nationalparks Pollino.

Wildwasserfahrten auf dem spektakulären Fluss Lao sind im kalabresischen Teil des Nationalparks sehr beliebt. Raftingtouren organisiert das **Centro Lao Action Raft** (☑ 0985 2 14 76; www.laoraft.com; Via Lauro 10/12) in Scalea. Es arrangiert auch Kanu-, Trekking- und Mountainbiketouren. **Ferula Viaggi** in Matera organisiert ebenfalls Mountainbike- und Trekkingtouren durch den Nationalpark. Informationen über geführte Parktouren finden sich auf der Website www.guidapollino.it

Im Park gibt es eine ganze Reihe *agriturismi* (Unterkünfte auf Bauernhöfen), z. B. den ruhigen **Agriturismo Colloreto** (☑ 347 3236914; www.colloreto.it; EZ/DZ 28/56€) nahe Morano Calabro. Das abgelegene ländliche Anwesen liegt inmitten einer herrlichen Hügellandschaft. Die Zimmer sind komfortabel und auf althergebrachte Art mit Möbeln aus poliertem Holz sowie Fliesenböden ausgestattet. Bungalowähnliche Unterkünfte in einem Garten mit üppig gedeihenden Pflanzen bietet das **Locanda di Alia** (☑ 0981 4 63 70; www.alia.it; Via Letticelle 55; EZ/DZ 90/120 €; Ⓟ ❋ ☷) in Castrovillari. In dem dazugehörigen hervorragenden Restaurant können die Gäste Rezepte für köstliche regionale Gerichte aus Paprikaschoten, Schweinefleisch, Feigen, Anis und Honig kennenlernen.

🛏 Schlafen

⭐ **B&B Calabria**   B&B **$**
(☑ 349 8781894; www.bedandbreakfastcalabria.it; Via Roma 9, Frazione Diano; EZ/DZ/3BZ/4BZ 35/60/75/80 €; ☺ April–Nov.) Das in den Bergen gelegene B&B verfügt über fünf komfortable Zimmer, die alle jeweils einen eigenen Eingang haben. Raffaele, der B&B-Betreiber, erweist sich als wahre Fundgrube, wenn es um Informationen über die Region geht. Bereitwillig gibt er seinen Gästen Auskünfte über Restaurants, Wanderwege und alles Sehenswerte. Eine moderne Ausstattung verleiht den Zimmern einen angenehm klaren Charakter. Auf einer hübschen Terrasse lässt sich ein faszinierender Ausblick auf die umliegende Berglandschaft mit ihren schier endlosen Wäldern genießen. Gäste, die nicht nur auf Schusters Rappen aktiv werden wollen, können sich hier auch Mountainbikes ausleihen und zu schönen Touren in die nähere Umgebung aufmachen.

Hotel Aquila & Edelweiss   HOTEL **$**
(☑ 0984 57 80 44; www.hotelaquilaedelweiss.com ; Viale Stazione 15, Camigliatello Silano; EZ 60–80 €, DZ 90–120 €; Ⓟ ❋ @) Von außen wirkt das 3-Sterne-Hotel recht nüchtern und anonym. Doch seine günstige Lage in Camigliatello und die gemütlichen, komfortablen Zimmer machen es trotz dieses ersten äußerlichen Eindrucks zu einer lohnenden Adresse.

MAGNA-GRAECIA-MUSEEN AN DER IONISCHEN KÜSTE

Im Gegensatz zur spektakulären Landschaft der Tyrrhenischen Küste bietet die Ionische Küste ein weitaus ruhigeres Bild, geprägt von flachen Landstrichen und zahlreichen großen Ferienresorts. Gleichzeitig ist die Gegend aber ein sehr geschichtsträchtiger Boden. So bezeugen beispielsweise die griechischen Ruinen von **Metaponto** und **Policoro** den enormen Einfluss der Magna Graecia auf Süditalien.

Wie an nur wenigen vergleichbaren Ruinenstätten gelang es den Archäologen hier, einen vollständigen Bebauungsplan der antiken griechischen Stadt Metaponto zu rekonstruieren. Im 8. und 7. Jh. v. Chr. siedelten sich Griechen in der damals Metapontum genannten Stadt an. Ihr berühmtester Bewohner war im 6. Jh. v. Chr. der griechische Philosoph Pythagoras. Nach seiner Verbannung aus Crotone (Kroton in Kalabrien) lebte er in Metapontum und gründete hier eine Schule. Sein Haus und seine Schule wurden nach seinem Tod in den Heratempel integriert. Die Überreste des Tempels – 15 Säulen und eine gepflasterter Fläche – sind das Highlight der archäologischen Stätte von Metaponto. Bekannt ist der Tempel auch als **Tavole Palatine** (Tafelrunde der Paladine; Parco Archeologico), weil sich hier angeblich Paladine (Ritter) versammelten, bevor sie zu den Kreuzzügen aufbrachen. Der Tempel liegt 3 km nördlich der heutigen Ortschaft Metaponto abseits der Autobahn – die Abfahrt nach Tarent nehmen und dann der SS106 folgen.

In der heutigen Ortschaft Metaponto zeigt das **Museo Archeologico Nazionale** (☑ 0835 74 53 27; Via Aristea 21; Eintritt 2,50 €; ☉ Mo 14–20, Di–So 9–20 Uhr) Fundstücke aus Metapontum und anderen archäologischen Stätten. Rund 2 km nordöstlich vom Bahnhof liegt der **Parco Archeologico** `GRATIS` mit den Überresten eines **griechischen Theaters** und des dorischen **Tempio di Apollo Licio**.

In Policoro, 21 km südwestlich von Matera, zeigt das **Museo della Siritide** (☑ 0835 97 21 54; Via Colombo 8; Eintritt 2,50 €; ☉ Mi–Mo 9–20, Di 14–20 Uhr) eine hervorragende Ausstellung mit Exponaten, die bis in die Zeit um 7000 v. Chr. zurückgehen, darunter lukanischen Schmuck, griechische Spiegel und römische Speere.

Busse der SITA (S. 801) fahren von Matera nach Metaponto (2,90 €, 1 Std., bis zu 5-mal tgl.) und dann weiter nach Policoro. Da Metaponto an der Bahnstrecke Taranto–Reggio liegt, bestehen Zugverbindungen nach Potenza, Salerno und gelegentlich nach Neapel.

Valli Cupe
B&B $

(☑ 333 698 88 35; www.vallicupe.it; Sersale; pro Pers. ab 20 €) In Sersale verfügt der Tourveranstalter Valli Cupe über ein hübsches kleines rustikales Haus mit Küche und einem offenem Kamin (der sich bestens zum Rösten von Kastanien eignet). Weitere Informationen (auch auf Englisch) zur Buchung finden sich auf der oben genannten Website.

Camping del Lago Arvo
CAMPINGPLATZ $

(☑ 0984 53 70 60; www.campinglagoarvo.it; Lorica; Camping 2 Pers., Zelt & Fahrzeug 10–14 €, Bungalow 40–60 €) Das Gelände liegt am hübschen Seeufer in Lorica – ein ausgesprochen schöner Platz zum Campen. In der Nähe des komfortablen Campingplatzes hat die kalabresische Nationalparkverwaltung ihren Sitz.

Park Hotel 108
HOTEL $$

(☑ 0521 64 81 08; www.hotelpark108.it; Via Nazionale 86, Lorica; Zi 90–130 €; P ☎) Das Hotel liegt am Ufer des Lago Arvo, um den sich eine Hügellandschaft mit dunkelgrünen Kiefernwäldern erstreckt. Die Zimmer sind im nichtssagenden, öden Stil der Kettenhotels eingerichtet. Doch wen stört das schon bei solch einer wunderschönen Landschaft vor der Tür.

Shoppen

In den Wäldern von La Sila gedeihen erstaunlich viele Pilz, essbare – und giftige. Wer auf Nummer sicher gehen will, stöbert besser in der **Antica Salumeria Campanaro** (Piazza Misasi 5, Camigliatello Silano). Der Feinkostladen ist nicht nur ein wahres „Pilz-Eldorado", sondern auch eine gute Adresse für köstliche Fleisch- und Wurstwaren sowie für Käse, Pickles und Weine, die vornehmlich aus der Region stammen.

❶ Praktische Informationen

Gutes Informationsmaterial zum Nationalpark in einer anderen Sprache als Italienisch ist leider Mangelware. Eine Chance, wenigstens englischsprachige Broschüren zu ergattern, besteht im **Besucherzentrum** (☑ 0984 53 71 09) des Nationalparks. Es befindet sich in Cupone, 10 km von Camigliatello Silano entfernt. Versuchen kann man es auch im Tourismusbüro **Pro Loco** (☑ 0984 57 81 59; Via Roma; ☺ Mi–Mo 9.30–12.30 & 15.30–18.30 Uhr) in Camigliatello Silano. Eine hilfreiche Informationsquelle ist die Website des Parks (www.parcosila.it, auch auf Englisch). Die Leute, die das B&B Calabria im Nationalpark betreiben, wissen extrem viel über den Park und geben auch bereitwillig Auskunft.

Nützlich ist die italienische *Carta del Parco Nazionale della Sila* (8 €) mit den Wanderwegen des Parks. Eine ganze Reihe dieser Wanderwege sind auch in dem kleinen englischsprachigen Parkführer *The Sila for 4* verzeichnet. Erhältlich ist diese Broschüre in der Touristeninformation oder in der **New Sila Tourist Service Agency** (☑ 0984 57 81 25; Via Roma 16). Dieses privat geführte Reisebüro bietet generell kompetente Informationen zum Park.

❶ An- & Weiterreise

Camigliatello Silano und San Giovanni in Fiore sind mit den Linienbussen der Ferrovie della Calabria erreichbar. Die Busse fahren über die SS107, die Cosenza und Crotone verbindet.

Ionische Küste

Eine flache Landschaft und breite Sandstrände kennzeichnen die Ionische Küste. Zwischen Sibari und Santa Severina liegen einige faszinierende Haltepunkte. Die schönsten Strände erstrecken sich in der Umgebung von **Soverato**. Doch all die Schönheit führte zu hässlichen Begleiterscheinungen: Entlang der Küste zieht sich eine fast ununterbrochene Kette an Ferienorten, die im Sommer vor Menschen überquellen und von Oktober bis Mai wie leergefegt sind.

Ein Abstecher ins Landesinnere lohnt sich, um **Santa Severina** zu besuchen. Die kleine Stadt liegt auf einer Bergkuppe 26 km nordwestlich von Crotone. Eine normannische Festung beherrscht das Bild der Stadt. Mehr als einen flüchtigen Blick verdient auch die schöne byzantinische Kirche.

Le Castella

Den Namen verdankt die Stadt ihrer imposanten aragonesischen **Burg** (Eintritt 3 €; ☺ Sommer 9–24 Uhr, Winter 9–13 & 15–18 Uhr) aus dem 16. Jh. Die weitläufige Burganlage bedeckt eine kleine vorgelagerte Insel, von der ein kurzer Damm zum Festland führt. Ihre ersten Anfänge liegen weit zurück. Laut Berichten des Philosophen Plinius d. J. hat Hannibal (246–183 v. Chr.) den ersten Turm errichten lassen. Nachweisbar ist allerdings lediglich, dass im 4. Jh. v. Chr. mit dem Bau einer Burg begonnen wurde, um Crotone während der Kriege gegen den Heerführer und König Pyrrhus zu schützen.

Le Castella liegt südlich des Schutzgebietes Capo Rizzuto, eines der raren Schutzgebiete an dieser Küste. Eine reiche Natur verbindet sich hier mit einer facettenreichen griechischen Geschichte. Umfassende Informationen über das Schutzgebiet bietet die Website www.riservamarinacaporizzuto.it (auch auf Deutsch).

Mit den rund 15 Campingplätzen im Norden der Stadt Isola di Capo Rizzuto bildet die Gegend das bedeutendste Campinggebiet der Ionischen Küste. Einen Besuch lohnt der 1,5 km vom Meer entfernte Campingplatz **La Fattoria** (☑ 0962 79 11 65; Via del Faro; pro 2 Pers. Stellplatz für Zelt & Auto 23 €, Bungalows 60 €; ☺ Juni–Sept.). Eine angenehme Unterkunft in der Stadt ist das Hotel **Da Annibale** (☑ 0962 79 50 04; Via Duomo 35; EZ/DZ 50/70 €; P ❄ @ 📶). Sein **Fischrestaurant** (Hauptgerichte 30 €; ☺ Mittag- & Abendessen) hat einen guten Ruf.

Wer beim Essen einen weiten Meerblick genießen möchte, geht in das helle, luftige **Ristorante Micomare** (☑ 0962 79 50 82; Via Vittoria 7; Hauptgerichte 20–25 €; ☺ Mittag- & Abendessen).

Gerace

2830 EW.

Gerace, eine sehenswerte mittelalterliche Stadt auf einem Hügel, ist allein wegen ihres fantastischen Ausblicks einen Umweg wert – auf der einen Seite das Ionische Meer, auf der anderen die dunklen Berge im Landesinneren. Etwa 10 km landeinwärts von Locri an der SS111 gelegen, besitzt es einen **Dom**, der zu den größten romanischen Kirchenbauten Kalabriens gehört. Er stammt aus dem Jahr 1045 und spätere

Umbauten haben seiner Herrlichkeit nichts anhaben können.

Einen guten Eindruck der traditionellen kalabrischen Küche vermittelt das bescheiden wirkende, aber einladende **Ristorante a Squella** (☎ 0964 35 60 86; Viale della Resistenza 8; Gerichte 20 €). Die Meeresfrüchtegerichte und Pizzas haben einen besonders guten Ruf. Anschließend kann man die Straße hinuntergehen und den Ausblick aufs Meer bewundern.

Noch etwas weiter landeinwärts liegt **Canolo**, ein kleines Dorf, an dem das 20. Jh. vorbeigegangen zu sein scheint. Busse verbinden Gerace mit Locri und auch Canolo regelmäßig mit Siderno, die beide an der Hauptbahnlinie entlang der Küste liegen.

Parco Nazionale dell' Aspromonte

Viele Italiener halten den **Parco Nazionale dell'Aspromonte** (www.parcoaspromonte. gov.it) für einen Schlupfwinkel, in dem sich in den 1970er- und 1980er-Jahren kalabresische Kidnapper versteckten. Noch heute geht das Gerücht um, die Parkgegend sei eine Hochburg der *'ndrangheta* (Vereinigung der kalabresischen Mafia). Doch normale Parkbesucher kommen höchstwahrscheinlich nie mit dunklen Geschäften in Berührung. Der Aspromonte, Kalabriens zweitgrößter Nationalpark, umfasst ein Bergmassiv, das sich spektakulär im Rücken von Reggio di Calabria erhebt. Sein höchster Gipfel, der **Montalto** (1955 m), fasziniert mit einer riesigen Christusstatue und einem weiten Panoramablick, der bei klarem Wetter bis nach Sizilien reicht.

Obwohl häufig Schlammlawinen niedergehen und reißende Flüsse das Gestein zerklüften, sind die Berge überwältigend schön. Unterirdische Wasseradern halten die Koniferenwälder auf den Gipfeln in sattem Grün und lassen im Frühling Blütenmeere aufleuchten. Der Nationalpark ist ein wundervolles Wandergebiet mit mehreren farbig markierten Wanderrouten.

Aufgrund der extremen klimatischen und geografischen Verhältnisse entstanden hier einige außergewöhnliche Dörfer, z. B. **Pentidàttilo** und **Roghudi**. Wie Kletten klammern sich ihre Häuser an die zerklüfteten, steilen Felsen. Heute sind viele dieser „Adlerhorst-Dörfer" verlassen. Eine Erkundungstour lohnt sich aber auf jeden Fall, beispielsweise nach **Bova**. Samt einer fotogenen Burgruine „klebt" dieses (bewohnte) Dorf 900 m über dem Meeresspiegel an einem Berghang. Für schwache Nerven empfiehlt sich die Fahrt über die schwindelerregende steile Straße allerdings weniger. Wer es geschafft hat, wird mit einem mehr als atemberaubenden Ausblick auf die Berge belohnt.

Karten sind Mangelware. Hilfreich ist das Büro der **Parkverwaltung** (☎ 0965 74 30 60; www.parcoaspromonte.gov.it; Via Aurora; ⊗ Mo, Mi & Fr 9–13, Di & Do 9–13 & 15–17 Uhr) in **Gambarie**, der größten Stadt im Aspromonte. Von hier aus gelangt man auch am leichtesten in den Nationalpark. Die Straßen sind gut und hier lassen sich viele Aktivitäten organisieren, z. B. im Winter auch Skitouren. Wer einen Geländewagen ausleihen möchte, braucht sich einfach nur in der Stadt umzuhören.

Auch vom Süden her kommt man in den Park, allerdings auf schlechteren Straßen. Ausgezeichnete Informationen bietet die **Società Cooperativa Naturaliter** (☎ 347 3046799; www.naturaliterweb.it) in **Condofuri**. Die Organisation arrangiert auch Wanderungen und Eseltreks und vermittelt B&Bs in der gesamten Region. Geführte Touren bietet auch die **Cooperativa San Leo** (☎ 347 3046799) in Bova an, außerdem vermittelt sie Unterkünfte. In Reggio di Calabria kann man bei **Misafumera** (☎ 0965 67 70 21; www. misafumera.it; Via Nazionale 306d) Wander- und Trekkingtouren buchen.

Mit einer Unterkunft auf einer Bergamotte-Plantage kann die **Azienda Agrituristica Il Bergamotto** (☎ 347 601 23 38; Via Amendolea; pro Pers. 25 €) dienen. Von hier aus organisiert Ugo Sergi Ausflüge in den Nationalpark. Da praktisch Wanderwege vor der Haustür verlaufen, eignet sich das Anwesen gut als Stützpunkt für Wanderer. Das reizvolle ländliche Ambiente, die herrliche Aussicht und nicht zuletzt das köstliche Essen entschädigen für die einfachen Zimmer.

Von Reggio di Calabria fährt die Stadtbuslinie 127 der ATAM nach Gambarie (1 €, 1½ Std., bis zu 6-mal tgl.). Für Selbstfahrer: Von Reggio führen die meisten Straßen ins Hinterland, so bestehen mehrere Möglichkeiten, auf die SS183 zu gelangen. Sie verläuft nördlich der Stadt und führt nach Gambarie.

Reggio di Calabria

N 0 ▬▬▬▬▬ 0,5 km

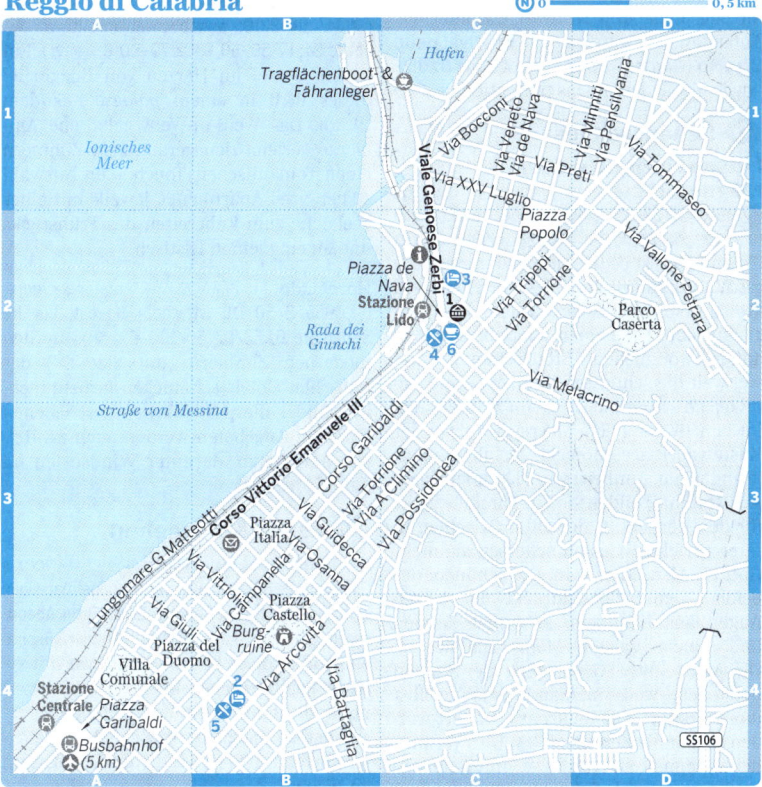

Reggio di Calabria

185 900 EW.

Reggio ist der wichtigste Hafen für Fähren nach Sizilien, und es funkelt auf verführerische Weise über die Straße von Messina. Die Stadt ist auch die Heimat der spektakulären *Bronzi di Riace* und besitzt eine lange, beeindruckende Seepromenade, die zur Zeit der abendlichen *passeggiata* brechend voll ist. Ansonsten strahlen die staubigen, gitterförmig angelegten Straßen die für die meisten Hafenstädte typische, leicht lasterhafte Atmosphäre aus.

Hinter der Strandpromenade schafft ein Netz von Straßen Platz für großstädtisches Gewimmel. Die einst so stolze griechische Stadt der Antike, mehrfach – zuletzt 1908 – durch schwere Erdbeben verwüstet, hat viele Lasten zu tragen, denn als Haupthafen und größte Stadt Kalabriens ganz in

Reggio di Calabria

◎ **Sehenswertes**
1 Museo Nazionale della Magna
   Grecia C2

🛏 **Schlafen**
2 B&B Casa Blanca B4
3 Hotel Lido...C2

✕ **Essen**
4 Cèsare C2
5 La Cantina del Macellaio B4

◉ **Ausgehen & Nachtleben**
6 Caffe Matteotti C2

der Nähe der Schlupfwinkel der *'ndrangheta* (kalabrische Mafia-Vereinigung) im benachbarten Aspromonte ist sie ein Schauplatz des organisierten Verbrechens und der damit verbundenen Zersetzung der Gesellschaft.

Reggio ist jedoch auch Veranstaltungsort für eine Reihe von Festivals, darunter das Anfang August stattfindende **Festival dello Stretto** (www.festivaldellostretto.it), das traditionelle Musik des Südens präsentiert.

Sehenswertes

Museo Nazionale della Magna Grecia

MUSEUM

(📞 0965 81 22 55; www.archeocalabria.benicul turali.it/; Piazza de Nava 26; Erw./Kind 7/3 €; ⊙ zum Zeitpunkt der Recherche für dieses Buch geschl.) Der ganze Stolz des Museums sind zwei antike griechische Statuen: die **Bronzi di Riace**. Die beiden überlebensgroßen außergewöhnlichen Bronzestatuen sind weltweit die schönsten ihrer Art. Ein Chemiker aus Rom hat sie beim Schnorcheln im Jahr 1972 auf dem Meeresgrund vor der Küste von Riace entdeckt. Mit ihrer unergründlichen, unbeirrten, kämpferischen Ausstrahlung bilden sie ein Paradebeispiel für den Körperkult der alten Griechen. In ihrer perfekten Gestalt scheinen sie mehr Gott als Mensch zu sein. Die schönere der beiden Figuren beeindruckt mit klaren Augen aus Elfenbein, silbernen Zähnen und einem zarten Mona-Lisa-Lächeln. Ob Mann oder Gott, wen die Statuen darstellen, weiß niemand genau, selbst ihre Herkunft gibt Rätsel auf. Datiert werden sie auf die Zeit um 450 v. Chr. Vermutlich stammen sie von zwei unterschiedlichen Künstlern.

Außer den Bronzefiguren zeigt das Museum weitere herausragende Exponate, darunter *La Testa del Filosofo* (Das Haupt des Philosophen). Der Bronzekopf stammt aus dem 5. Jh. v. Chr. und ist das älteste bekannte griechische Porträt.

Wer während der umfangreichen Renovierungsarbeiten die beiden Bronzestatuen sehen möchte, folgt den braunen Hinweisschildern mit der Aufschrift *laboratorio* bis zum Palazzo del Consiglio in der Via Portanova. Hier werden die Figuren kostenlos gezeigt, allerdings liegen sie auf dem Rücken auf ihren Transportkarren. Auf Anfrage können Besucher auch ein Video (auf Englisch) sehen, das die spannende Geschichte ihrer Entdeckung und Restaurierung erzählt.

Schlafen

Selbst im Sommer ist es einfach, eine Unterkunft zu finden. Die meisten Reisenden unterbrechen ihre Fahrt auf der Route nach Sizilien nicht in Reggio.

B&B Casa Blanca

B&B $

(📞 347 9459210; www.bbcasablanca.it; Via Arcovito 24; EZ 50–60 €, DZ 70–90 €; ❀ 🛜) Ein kleines Juwel im Herzen von Reggio ist dieses B&B in einem *palazzo* aus dem 19. Jh. Das Weiß-in-Weiß gehaltene Ambiente verleiht den geräumigen Zimmern einen romantischen Touch. Zur Auswahl stehen zwei Apartments, jeweils mit einer Teeküche zum Zubereiten des Frühstücks und einem kleinen Esstisch.

Hotel Lido

HOTEL

(📞 0965 2 50 01; www.hotellido.rc.it; Via Tre Settembre 6; EZ/DZ 60/100 €; 🛜) In den modernen Zimmern (mit Sky TV) des hübschen Hotels schmücken farbenprächtige Bilder die pastellfarben gestrichenen Wänden. Angeboten werden auch zahlreiche Aktivitäten, darunter Windsurfen im nahen Meer.

Essen & Ausgehen

La Cantina del Macellaio

TRATTORIA $

(📞 0965 2 39 32; www.lacantinadelmacellaio. com; Via Arcovito 26; Gerichte 25 €; ⊙ tgl. Abendessen, So auch Mittagessen) Ortsansässige empfehlen diese beliebte Trattoria mit typisch kalabresischer Küche. Der Schwerpunkt liegt auf Fleischgerichten, Vegetarier haben möglicherweise Schweirigkeiten. Beeindruckend ist die große Auswahl an Weinen.

Cèsare

GELATERIA $

(Piazza Indipendenza; ⊙ 6–1 Uhr) Die beliebteste Eisdiele der Stadt ist in einem grünen Kiosk am Ende des *lungomare* (Strandpromenade) zu finden.

Baylik

FISCH & MEERESFRÜCHTE $$

(📞 0965 4 86 24; Vico Leone 3; Gerichte 30 €; ⊙ tgl. Mittagessen, Fr– Mi auch Abendessen) Ein Besuch in dem freundlichen Restaurant lohnt sich. Die Calamari sind so frisch, dass sie wie Butter auf der Zunge zergehen. Köstlich schmecken auch die Spaghetti mit Muscheln.

Caffè Matteotti

CAFÉ

(www.caffematteotti.it; Corso Vittorio Emanuele 39; ⊙ Di–So 7–2 Uhr) Von der Terrasse mit weißen Tischen und Stühlen und einem herrlichen Blick aufs Meer lassen sich auch die Passanten auf dem *corso* gut beobachten – ein schöner Platz, um einen *aperitivo* zu schlürfen.

ⓘ Praktische Informationen

Der in nordöstlicher Richtung verlaufende Corso Garibaldi ist die Einkaufs- und Geschäftsmeile der Stadt und führt auch zur Touristeninformation. Seit jeher verwandelt sich der *corso* während der traditionellen *passeggiata*. (Abendspaziergang) in eine Fußgängerzone.

Krankenhaus (☑0965 39 71 11; Via Melacrino)
Polizei (☑0965 41 11 11; Corso Garibaldi 442)
Post (Via Miraglia 14)
Touristeninformation (Viale Genovese Zerbi; ⊙9–12 & 16–19 Uhr) Betreibt auch am Flughafen (☑0965 64 32 91) und in der Stazione Centrale (☑0965 2 71 20) einen Informationsschalter.

ⓘ An- & Weiterreise

AUTO & MOTORRAD

In Regio di Calabria endet die Autobahn A3, zuvor durchquert sie eine ganze Reihe langer Tunnel.

Weiter südlich führt die SS106 an der Küste entlang rund um den „Zeh" und verläuft dann wieder Richtung Norden am Ionischen Meer entlang.

BUS

Die meisten Busse halten vor der Stazione Centrale an der Piazza Garibaldi. Mehrere Busgesellschaften bieten Busverbindungen zu Städten in Kalabrien und zu Zielen darüber hinaus. Für die Fahrt nach Scilla und Tropea sind die Regionalzüge bequemer als die Busse.

ATAM (☑800 43 33 10; www.atam-rc.it) bedient mit der Buslinie 127 nach Gambarie (1,10 €, 1½ Std., 6-mal tgl.) die Strecke in das Bergmassiv Aspromonte.
Lirosi (☑0966 5 79 01) bietet eine Busverbindung nach Rom (48 €, 8 Std., 2-mal tgl.).

FLUGZEUG

Reggios **Flughafen** (REG; ☑0965 64 05 17; www.aeroportodellostretto.it) liegt rund 5 km südlich der Stadt in Ravagnese.

ZUG

Alle fahrplanmäßigen Züge halten an der **Stazione Centrale** (☑0965 89 20 21), dem Hauptbahnhof am südlichen Stadtrand. An der Stazione Lido nahe dem Museum machen nur wenige Züge Halt. Es bestehen regelmäßige Zugverbindungen nach Mailand (ab 140 €, 9½–11½ Std.), Rom (ab 70 €, 7½ Std.) und Neapel (ab 55 €, 4½–5½ Std.).

Die Regionalzüge fahren an der Küste entlang nach Scilla und Tropea und dann landeinwärts nach Catanzaro. Weniger häufig als auf dieser Strecke fahren die Regionalzüge nach Cosenza und Bari.

SCHIFF/FÄHRE

Die Fähren nach Messina (Sizilien) legen im Hafen ab – gleich nördlich der Stazione Lido. In der Hochsaison verkehren bis zu 20 Tragflächenboote täglich; in der Nebensaison sind es nur noch zwei. Einige Schiffe fahren weiter zu den Äolischen Inseln.

Es gibt eine ganze Reihe von Fährbetrieben, darunter **Meridiano** (☑0965 81 04 14; www.meridiano lines.it). Eine einfache Fahrt kostet 15 € pro Auto (die Insassen sind inklusive) und 1,50 bis 2,80 € für Fußgänger. Die Überfahrt dauert 20 Minuten.

ⓘ Unterwegs vor Ort

Die orangefarbenen Busse der ATAM decken den größten Teil der Stadt ab. Zum Hafen fahren die Buslinien 13 oder 125, die an der Piazza Garibaldi vor der Stazione Centrale starten. Der Porto-Aeroporto-Bus (Linie 125) fährt vom Hafen über die Piazza Garibaldi zum Flughafen und wieder zurück (25 Min., stündl.). Bustickets gibt es in ATAM-Büros, in Tabakladen und an Zeitungsständen.

Die südliche Tyrrhenische Küste

Nördlich von Reggio di Calabria, entlang der Autostrada del Sole (A3), die hier direkt an der Küste entlang verläuft, wandelt sich die Landschaft und wird immer schöner und wilder – von schäbigen Feriencamps und unansehnlichen Bauten, die mitunter die Landschaft verschandeln, einmal abgesehen. Wie am nördlichen Abschnitt der Küste ist es hier in den Wintermonaten ganz ruhig, im Sommer dagegen wimmelt es von Urlaubern.

Scilla

5160 EW.

Als ob sie um ihr Leben fürchten würden, klammern sich die cremefarben, ockergelb und erdfarben gestrichenen Häuser von Scilla an den zerklüfteten Felsvorsprung, der in ungeordneter Abfolge zur Spitze der Erhebung ansteigt. Dort steht ein Kastell, und direkt darunter erstrahlt die blendend weiße **Chiesa Arcipretale Maria Immacolata**. Die Stadt ist im Sommer lebhaft, in der Nebensaison jedoch ruhig. Sie wird von ihrem winzigen Hafen in zwei Teile gespalten – im Fischerviertel Scilla Chianalea nach Norden zu liegen kleine Hotels und einige Restaurants in schmalen Gassen unmittelbar am Ufer. Man gelangt nur zu Fuß dorthin.

Scillas Hauptattraktion ist ein Felsen am nördlichen Ortsausgang, von dem es heißt, er sei der Unterschlupf der Skylla, des mythischen, sechsköpfigen Seeungeheuers, das Seeleute ertränkte, wenn sie versuchten am Schlund vorbei die Straße von Messina zu durchfahren. Heute ist das Schwimmen und Angeln vor dem Strand der Stadt um ein Vielfaches sicherer. Am Lido Paradiso kann man einen Blick auf die Festung erhaschen, während man am Sandstrand ein Sonnenbad nimmt.

Sehenswertes

Castello Ruffo
FESTUNG
(☎0956 70 42 07; Eintritt 1,50 €; ☉8.30–19.30 Uhr) Die imposante Festungsanlage auf der hohen, steilen Klippe diente zeitweise als Leuchtturm und Kloster. Zu sehen ist hier ein original *luntre,* ein schwarzes Fischerboot, das in der Vergangenheit für den Schwertfischfang eingesetzt wurde. Es ist ein Vorläufer der *passarelle,* der heutigen Fangschiffe.

Schlafen

Le Piccole Grotte
B&B **$**
(☎338 2096727; www.lepiccolegrotte.it; Via Grotte 10; DZ 90–120 €; ❄☏) Das B&B befindet sich im malerischen Viertel Chianalea in einem Fischerhaus aus dem 19. Jh. Gleich neben dem Haus führt eine Treppe zum kristallklaren Meer. Jedes Zimmer hat einen kleinen Balkon entweder mit Blick auf die schmale Gasse oder aufs Meer.

La Locandiera
B&B **$**
(☎0965 75 48 81; www.lalocandiera.org; Via Zagari 27; DZ 60–100 €; ❄☏) Den Eigentümern von Le Piccole Grotte gehört auch dieses B&B. Die Unterkunft begeistert ebenfalls mit seiner malerischen Lage, großen, komfortablen Zimmern und einem fantastischen Meerblick.

Essen & Ausgehen

Bleu de Toi
FISCH & MEERESFRÜCHTE **$$**
(☎0965 79 05 85; www.bleudetoi.it; Via Grotte 40; Hauptgerichte 30–35 €; ☉Mi–Mo) Das kleine Restaurant wartet nicht nur mit Chianalea-Atmosphäre auf, sondern auch mit ihrer Terrasse, unter der das Meer schwappt. Seine Fischgerichte, darunter Scillas berühmter Schwertfisch, sind ganz ausgezeichnet.

Dali City Pub
BAR
(Via Porto) Seit 1972 besteht diese beliebte Bar am Strand von Scilla. Eine Fan-Ecke (adäquat „Die Höhle" genannt) zollt den Beatles Tribut.

Capo Vaticano

Von der felsigen Landspitze mit ihren Stränden, Schluchten und Kalksteinklippen bieten sich spektakuläre Ausblicke. Vogelbeobachter können hier viel entdecken. Etwa 7 km südlich von Tropea steht ein 1885 erbauter Leuchtturm dicht neben einem kurzen Fußweg. Von dort sind draußen im Meer die Äolischen Inseln zu sehen. Der Strand von Capo Vaticano ist der feinste an dieser Küste.

Tropea

6780 EW.

Tropea ist ein Labyrinth aus Gassen und Plätzen. Die Stadt ist berühmt für ihre faszinierende Schönheit ebenso wie für ihre schwindelerregende Lage und das amethystartige Licht beim Sonnenuntergang. Tropea liegt auf dem Promontorio di Tropea, einem Vorgebirge, das sich von Nicotera im Süden bis Pizzo im Norden erstreckt. Die Küstenlandschaft wechselt hier zwischen schroffen Klippen und weißen Sandstränden, umspült von einem klaren blauen Meer. Kein Wunder also, dass im Sommer unzählige Italiener hier Urlaub machen. Wenn man englische Sprachfetzen vernimmt, stammen diese womöglich von in den USA lebenden Verwandten, die der alten Heimat mal wieder einen Besuch abstatten. Die Zahl der im frühen 20. Jh. Ausgewanderten war in der Tat enorm hoch.

Nach einer umstrittenen Sage soll Herkules die Stadt gegründet haben, doch scheint die Gegend schon in der Jungsteinzeit besiedelt gewesen zu sein. Im Verlauf der Geschichte war Tropea von Arabern, Normannen, Staufern, Angevinern und Aragonesen besetzt und wurde von türkischen Piraten angegriffen. Vielleicht waren sie auf die berühmten roten Zwiebeln aus, die so köstlich süß sind, dass man daraus sogar Marmelade herstellt.

Sehenswertes

Kathedrale
(☉6.30–11.30 & 16–19 Uhr) Nahe dem Eingang dieser schönen normannischen Kathedrale liegen zwei nicht detonierte Bomben aus

dem Zweiten Weltkrieg. In Tropea glauben viele Einheimische, es sei der Schutzheiligen der Stadt, der Madonna di Romania, zu verdanken, dass sie seinerzeit nicht explodiert sind (inzwischen sie sind natürlich entschärft). Eine byzantinische Ikone (von 1330) der Madonna hängt über dem Altar. Angeblich schützt die Madonna die Stadt auch vor den Erdbeben, die in dieser Region hin und wieder vorkommen.

Chiesa di Santa Maria dell'Isola KIRCHE

Von der Stadt geht der Blick hinunter auf diese mittelalterliche, später im Renaissancestil umgestaltete Kirche. Sie steht auf einer eigenen Felseninsel, doch im Laufe der Jahrhunderte haben Schlamm und Schlick wieder eine Verbindung zum Festland geschaffen.

Schlafen

★ Donnaciccina B&B $$

(☑ 0963 6 21 80; www.donnaciccina.com; Via Pelliccia 9; EZ 40–75 €, DZ 80–150 €; ✳@🛜) Die Betreiber des reizvollen B&B mit Ausblick auf die Hauptstraße, den *corso,* besitzen einen Sinn fürs Historische. Davon zeugen zahlreiche ausgesuchte Antiquitäten, Himmelbetten und Terrakottafußböden. In einer wunderschönen Lage auf den Klippen mit perfektem Meerblick steht auch ein Apartment für Selbstversorger zur Verfügung. Und an der Rezeption des B&B gibt es einen tierischen Mitarbeiter, einen plappernden Papagei.

Residenza il Barone B&B $$

(☑ 0963 60 71 81; www.residenzailbarone.it; Largo Barone; 70–190 €; ✳@🛜) Das B&B befindet sich einem eleganten *palazzo.* In seinen sechs Suiten prägen helle neutrale Farbtöne kombiniert mit Tabakbraun das Ambiente und verleihen ihm einen maskulinen Touch. Moderne Gemälde vom Bruder des Besitzers sorgen für eine peppige Note. Als besonderer Service des Hauses steht in jeder Suite ein Computer für die Gäste bereit. Das Frühstück wird auf einer kleinen Dachterrasse mit Ausblick auf die Altstadt und das Meer serviert.

Essen

Al Pinturicchio TRADITIONELL ITALIENISCH $

(☑ 0963 60 34 52; Via Dardona, Ecke Largo Duomo; Gerichte 16–22 €; ⊗ Abendessen) Das von Einheimischen empfohlene Restaurant in der Altstadt besitzt eine romantische Atmosphäre. Auf den Tischen stehen Kerzen

und die Speisekarte enthält ideenreiche Gerichte.

Osteria del Pescatore FISCH & MEERESFRÜCHTE $

(☑ 0963 60 30 18; Via del Monte 7; Gerichte 20–25 €; ⊗ Di–Do Abendessen) Schwertfisch in verschiedenen Variationen bildet den Schwerpunkt auf der Speisekarte dieses einfachen Fischrestaurants. Es liegt versteckt in einer stillen Seitenstraße.

ⓘ Praktische Informationen

CST Tropea (☑ 0963 6 11 78; www.csttropea.it; Largo San Michele 7; ⊗ Sept.–Juni 9–13 & 16–19.30 Uhr, Juli & Aug. 9–13 & 16–22 Uhr) Hilfreiches Reisebüro am Rand der Altstadt, ein Teil des Personals spricht sogar Deutsch. Organisiert Trekking-, Mountainbike- und Tauchtouren sowie Ausflüge mit kulturellem Schwerpunkt.

Touristeninformation (☑ 0963 6 14 75; Piazza Ercole; ⊗ 9–13 & 16–20 Uhr) In der Altstadt.

ⓘ An- & Weiterreise

Zugverbindungen gibt es nach Pizzo Pizzo (1,95 €, 30 Min., 12-mal tgl.), Scilla (3,70 €, 1 Std. 20 Min., alle 30 Min.) und nach Reggio (ab 5 €, 2 Std., alle 30 Min.).

Die Busse von **SAV** (☑ 0963 611 29) verbinden Tropea mit weiteren Ortschaften an der Küste.

Pizzo

9240 EW.

Hoch oben auf einer Meeresklippe liegt das hübsche kleine Pizzo, ein Muss für Liebhaber des *tartufo,* eines unglaublich schokoladigen Eiscremebällchens. Außerdem gibt es hier eine ungewöhnliche, direkt in den Felsen gehauene Grottenkirche zu sehen. Alles in allem also ein beliebtes Touristenziel. Den Ortsmittelpunkt bildet die Piazza della Repubblica, hoch über dem Meer gelegen und mit tollem Ausblick. Genau der richtige Ort, um sich auf einer der vielen Eisdielenterrassen niederzulassen und in *gelati* zu schwelgen.

Pizzo liegt ganz in der Nähe der Autostrada A3 (Autobahn und Hauptverkehrsader in der Region). Die nächstgelegene Bahnstation ist Vibo Valentia-Pizzo, 4 km südlich der Stadt. Zwischen Bahnhof und Pizzo besteht eine Busverbindung.

◎ Sehenswertes

Chiesa di Piedigrotta HÖHLE

(Eintritt 2,50 €; ⊗ tgl. 9–13 & 15–19.30 Uhr) Die Chiesa di Piedigrotta ist eine unterirdische

Höhle voller steinerner Statuen, die im 17. Jh. von neapolitanischen Schiffbrüchigen in den Tuffstein gegraben wurde. Weitere Bildhauer steuerten im Laufe der Jahre ebenfalls Werke bei, und schließlich wurde das Ganze in eine Kirche umgewandelt. Unter den jüngsten Statuen finden sich auch solche mit weniger göttlichen Personen wie Fidel Castro und John F. Kennedy. Es ist eine bizarre, einzigartige Mischung aus Mystik, Geheimnis und einem gerüttelt Maß an Kitsch. Eintrittskarten bekommt man im Restaurant oberhalb der Grotte.

Chiesa Matrice di San Giorgio KIRCHE

(Via Marconi) Die in der Stadt gelegene Kirche beherbergt nicht nur herausgeputzte Madonnenstatuen, sondern auch das Grab von Joachim Murat, dem Schwager von Napoleon I., den Letzterer – gegen den Willen der Bevölkerung – zum König von Neapel gekrönt hatte. Trotz seiner aufgeklärten Reformpolitik zeigten sich die Einheimischen nicht sonderlich betroffen, als Murat in Pizzo festgesetzt und hingerichtet wurde.

Castello Murat FESTUNG

(☑0963 53 25 23; Erw./erm. 2,50/1,50 €; ⊙ Juni–Sept. 9–13 & 15–24 Uhr, Okt.–Mai 9–13 & 15–19 Uhr) Die kleine gepflegte Festung aus dem 15. Jh. liegt südlich der Piazza della Repubblica. Besucher können hier Murats Zelle besichtigen. Eine nachgestellte Szenerie aus Wachsfiguren zeigt seine letzten Tage und seine Hinrichtung durch ein Erschießungskommando.

🛏 Schlafen & Essen

Armonia B&B B&B $

(☑0963 53 33 37; www.casaarmonia.com; Via Armonia 9; EZ ohne Bad 30–60 €, DZ mit Bad 40–75 €; ◉) Franco, der beeindruckende Eigentümer des B&B, vermietet im Haus seiner Familie, das aus dem 18. Jh. stammt, mehrere Zimmer.

Ristorante Pizzeria Don Diego PIZZERIA $

(☑0963 06 01 07; www.ristorantedondiegopizzo. com; Via M Salomone 243; Gerichte 20 €) Das Restaurant bietet nicht nur leckere Pizzas, sondern auch einen spektakulären Ausblick aufs Meer.

Sizilien

Gut essen

➡ Trattoria Ai Cascinari (S. 879)

➡ Ti Vitti (S. 884)

➡ Fattoria delle Torri (S. 921)

➡ Il Liberty (S. 919)

Schön übernachten

➡ Pensione Tranchina (S. 934)

➡ Villa Athena (S. 925)

➡ Hotel Signum (S. 892)

➡ Hotel Villa Belvedere (S. 899)

Auf nach Sizilien!

Sizilien verwöhnt seine Gäste eher mit einem zuckersüßen Espresso als mit einem milchigen Cappuccino – die Insel ist ein intensives, bittersüßes Erlebnis. Auch die Sonne scheint hier heller zu strahlen, die Schatten wirken dunkler. Die Insel ist mit Kunstschätzen und Naturschönheiten schier überfrachtet, dafür hapert es allenthalben mit der Infrastruktur, und der Kampf gegen die Korruption nimmt kein Ende – Sizilien ist so vielschichtig, dass es schier unergründlich erscheint. Wer Sizilien wirklich kennen und lieben lernen will, sollte offen für alles sein.

Aufgrund der 2500 Jahre langen Fremdherrschaft verfügen die Sizilianer über ein Kulturerbe, das von der Architektur aus Magna Graecia über die byzantinische Pracht und das arabische Kunsthandwerk bis zu den normannischen Kathedralen und Palästen reicht. Diesen kulturellen Reichtum ergänzen abwechslungsreiche Landschaften mit malerischen Feldern, rauchenden Vulkanen sowie eine Küste mit mehreren vorgelagerten Inseln im tiefblauen Meer.

Reisezeit
Palermo

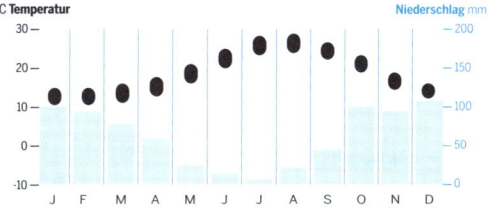

Ostern Farbenprächtige Prozessionen und Marzipanlämmer im Schaufenster jeder Bäckerei.

Mai Wildblumen, Küstenwanderungen und das Festival des klassischen Theaters in Syrakus.

Sept. Tolles Tauchvergnügen in Ustica und weiterer Spaß am Meer ohne Sommerpreise.

Fähren nach Genua;
Livorno

Fähren nach
Neapel

Ustica

*Tyrrhenisches
Meer*

Fähren nach
Fähren nach
Cagliari

Cagliari

Falcone-
Borsellino

Mondello

Riserva
Naturale dello
Zingaro

Scopello

Monreale

① **Palermo**

Trapani • Erice

Marettimo

Favignana

Birgi

Ägadische Inseln

③ *Segesta*

Marsala

• **Corleone**

A29

Mazara del Vallo

Selinunt

SS189

Sciacca

Agrigent

*Tal der
Tempel*

Mittelmeer

Pantelleria

Fähren zu den
Pelagischen Inseln

Highlights

① Sich im eleganten Teatro Massimo in **Palermo** (S. 869) unter die Opernbesucher mischen.

② Bei Morgengrauen mit den Fischverkäufern feilschen,

am Nachmittag den aktivsten Vulkan Europas erklimmen und dann in **Catania** (S. 901) dem Nachtleben frönen.

③ Sich vom erhabenen **Segesta** (S. 936) beeindrucken

lassen, wo ein dorischer Tempel einsam auf einem windgepeitschten Berg thront.

④ Stars aus dem In- und Ausland bewundern, die beim Theaterfestival in **Taormina**

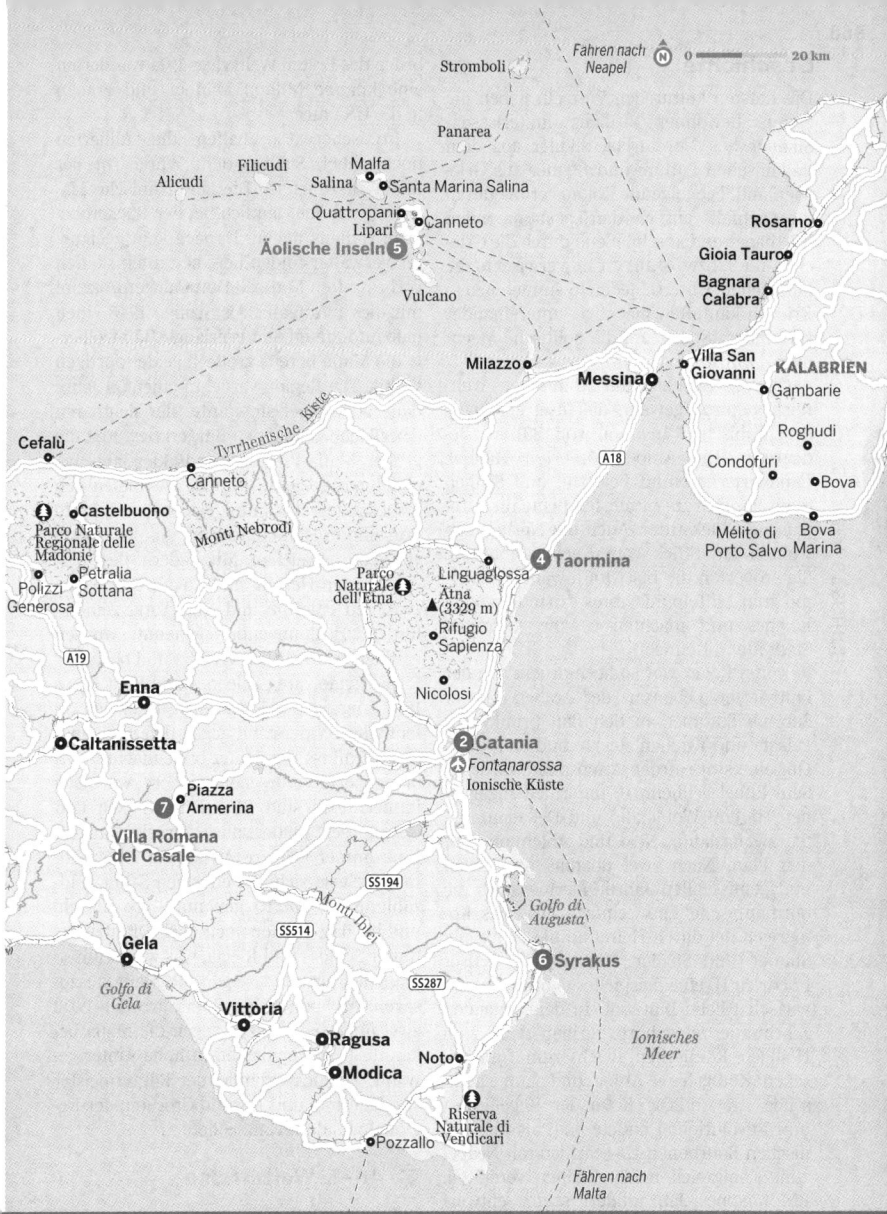

Fähren nach Neapel

N   0 ——— 20 km

Stromboli

Panarea

Filicudi   Malfa
Alicudi   Salina   Santa Marina Salina
Quattropani   Canneto
Lipari
Äolische Inseln 5

Vulcano

Rosarno
Gioia Tauro
Bagnara
Calabra

Milazzo
Messina   Villa San
Giovanni   **KALABRIEN**
Gambarie

Cefalù   Tyrrhenische Küste   A18   Roghudi
Condofuri
Bova
Canneto
Castelbuono   Mélito di   Bova
Parco Naturale   Porto Salvo   Marina
Regionale delle
Madonie
Petralia   Monti Nebrodi
Polizzi   Sottana   Parco   Linguaglossa   4 **Taormina**
Generoso   Naturale   Ätna
dell'Etna   (3329 m)
A19   Rifugio
Sapienza
Enna   Nicolosi

Caltanissetta   2 **Catania**
Fontanarossa
Piazza   Ionische Küste
7 Armerina
**Villa Romana
del Casale**   Monti Iblei   SS194   Golfo di
Augusta
Gela   SS514
SS287   6 **Syrakus**
Vittòria   Golfo di
Gela   Ionisches
Meer
Ragusa   Noto
Modica
Riserva
Naturale di
Pozzallo   Vendicari

Fähren nach
Malta

(S. 897) vor der atembe-
raubenden Kulisse des Ätna
auftreten.

5 Sonne tanken, das Vulkan-
feuerwerk des Stromboli bestaunen und nach Herzenslust

auf den malerischen **Äolischen
Inseln** (S. 885) wandern.

6 In den Gassen von Ortygia
oder in den Zitrushainen,
Höhlen und Ruinen des weitläufigen Archäologischen

Parks von **Syrakus** (S. 909)
herumstreifen.

7 Die Tiere und tanzenden
Mädchen der Bodenmosaiken
in der **Villa Romana del Casale** (S. 928) bewundern.

Geschichte

Die tiefsten kulturellen Wurzeln haben die ersten Bewohner Siziliens hinterlassen: Sikaner aus Nordafrika, Sikuler aus dem italienischen Latium und Elymer aus Griechenland. Die folgende Kolonisierung durch die ebenfalls aus Nordafrika stammenden Karthager und anschließend durch die Griechen im 8. bzw. 6. Jh. v. Chr. verwischte die kulturellen Unterschiede: In immer neuen Kriegen kämpften mächtige, untereinander verfeindete Städte um die politische Macht über die Insel.

Obwohl Sizilien zum Römischen Weltreich gehörte, gewann die Insel erst nach der arabischen Invasion von 831 an Bedeutung. Die Araber förderten Handel, Landwirtschaft und Bergbau, und Sizilien mauserte sich zur begehrten Beute für europäische Glücksritter. Auch die Normannen wollten ein Stück vom Kuchen abhaben. Sie eroberten die Insel 1061, wählten Palermo zum Mittelpunkt ihres expandierenden Reiches und machten es zur schönsten Stadt am Mittelmeer.

König Roger war so beeindruckt von der kultivierten Lebensart der Araber, dass er enorme Summen in den Bau prunkvoller Paläste und Kirchen steckte und an seinem Hof eine sinnenfrohe Atmosphäre förderte. Sein Enkel Wilhelm II. unterhielt sogar einen Harem! Wohlstand und Dekadenz riefen zwangsläufig Neid und Ablehnung auf den Plan. Nach zwei überaus profitablen und genussvollen Jahrhunderten starb die normannische Linie einfach aus. Das Königreich fiel durch Heirat an die deutschen Staufer, und Sizilien erlebte unter Kaiser Friedrich II. eine beispiellose kulturelle und wirtschaftliche Blütezeit. In den folgenden Jahrhunderten gehörte Sizilien dann zum Heiligen Römischen Reich, zum französischen Königshaus Anjou und zum spanischen Aragon. Die Kette der Rebellionen und Revolutionen endete erst, als die spanischen Bourbonen 1734 Sizilien mit Neapel zum Königreich beider Sizilien vereinten. Ein knappes Jahrhundert später entwarf Giuseppe Garibaldi am 11. Mai 1860 in Marsala seinen mutigen und folgenreichen Plan zur Vereinigung Italiens.

Die Sizilianer hatten unter ganzen Heerscharen von Eroberern gelitten und sich unter armseligsten Bedingungen durchgeschlagen. Auch nach der Vereinigung mit Italien waren sie nicht unbedingt besser dran. Nach 1871 und noch vor dem Ausbruch des Ersten Weltkriegs 1914 wanderten eine knappe Million Männer und Frauen in die USA aus.

Ironischerweise halfen die Alliierten noch dabei, Sizilien dem Würgegriff der Mafia auszuliefern. Die amerikanische Mafia sollte ihnen nämlich bei der Rückeroberung Italiens helfen. Da sich kein geeigneter Verwalter finden ließ, betrauten sie den vorbestraften Mafioso Don Calògero Vizzini mit dieser Aufgabe. Als Sizilien 1948 einen halbautonomen Status erlangte, kontrollierte die Mafia bereits große Teile der dortigen Politik. Die Region verfiel in einen 50 Jahre dauernden, aber stets unter der sichtbaren Oberfläche gehaltenen Bürgerkrieg. Erst die großen Mafia-Prozesse der 1980er-Jahre beendeten die Agonie. Damals zeichneten sich insbesondere Giovanni Falcone und Paolo Borsellino als „Mafia-Jäger" aus. Hunderte von einflussreichen Mitgliedern des weit verzweigten Heroin- und Kokain-Netzwerks zwischen Palermo und New York, gemeinhin „Pizza-Connection" genannt, wurden endlich strafrechtlich verfolgt und belangt.

Die Ermordung Falcones und Borsellinos 1992 trug dazu bei, dass sich in Sizilien öffentlicher Widerstand gegen den unglaublichen Einfluss der Mafia breit machte. Das organisierte Verbrechen existiert zwar noch immer, doch sind Rücksichtslosigkeit und Gewalt der 1980er-Jahre zurückgegangen. Eine immer größere Anzahl an Unternehmen weigert sich, die enormen Schutzgeldzahlungen – *pizzo* genannt – zu leisten, und bis dato landen auch noch Drahtzieher hinter Schloss und Riegel, was wiederum so manchen ermutigt, gegen die Mafia auszusagen. Auf politischer Ebene wurden 2012 zwei für ihren Feldzug gegen die Mafia bekannte Persönlichkeiten in hohe Ämter gewählt: Leoluca Orlando, der Bürgermeister von Palermo, und Rosario Crocetta, der Regionalpräsident von Sizilien.

ⓘ An- & Weiterreise

BUS

SAIS Trasporti (www.saistrasporti.it) bietet – unendlich lange – Verbindungen nach Sizilien ab Rom und Neapel.

FÄHRE/SCHIFF

Von Villa San Giovanni (Kalabrien) verkehren regelmäßig Auto- und Passagierfähren nach Messina; Tragflügelboote verbinden Messina mit Reggio di Calabria.

Sizilien lässt sich auch mit der Fähre von Neapel, Genua, Civitavecchia, Salerno, Cagliari, Malta und Tunesien aus erreichen. Von Juni bis September ziehen die Preise an; in diesen Monaten empfiehlt es sich auch, frühzeitig zu buchen.

FLUGZEUG

Immer mehr Fluglinien bieten Direktflüge zu den drei internationalen Flughäfen auf Sizilien an: Palermo (PMO), Catania (CTA) und Trapani (TPS). **Alitalia** (www.alitalia.com) ist die wichtigste italienische Fluglinie; manchmal ist es allerdings erforderlich, in Rom oder Mailand umzusteigen. **Ryanair** (☎ 899 55 25 89; www.ryanair.com) zählt zu den führenden Billiganbietern. Von Deutschland, Österreich und der Schweiz fliegen auch Air Berlin und Tuifly sowie die Lufthansa nach Sizilien.

ZUG

Direktzüge verkehren von Mailand, Florenz, Rom, Neapel und Reggio di Calabria nach Messina und weiter nach Palermo, Catania und zu anderen Provinzhauptstädten. Die Züge fahren in Villa San Giovanni auf dem Festland auf die Fähre.

Wer von Rom oder noch weiter im Süden kommt, schafft mit einem InterCity-Zug die Strecke in relativ kurzer Zeit, ohne umsteigen zu müssen. Von Mailand, Bologna oder Florenz bietet sich der Hochgeschwindigkeitszug Frecciarossa an; er fährt bis Neapel. Dort steigt man für das letzte Stück in den Intercity um.

Wer sparen will, fährt mit einem der relativ flotten Espresso- oder InterCity-Nachtzüge, die beide kein so großes Loch ins Budget reißen.

ⓘ Unterwegs vor Ort

AUTO & MOTORRAD

Im Landesinneren ist ein eigener fahrbarer Untersatz von Vorteil, denn die öffentlichen Verkehrsmittel sind eher dünn gesät und auch ziemlich langsam. Die Straßen sind im Allgemeinen gut; Autostradas verbinden die größeren Städte. An der Ionischen Küste gibt es eine Mautstraße, die preiswert und wirklich lohnend ist. Unbedingt defensiv fahren! Die Sizilianer zählen zu den aggressivsten Autofahrern in ganz Italien, außerdem überholen sie gern an unübersichtlichen Stellen und halten in der einen Hand ihr Handy, während sie mit der anderen wild gestikulieren.

BUS

Die Busverbindungen auf Sizilien werden von mehreren Unternehmen betrieben. Busse sind in der Regel schneller, wenn die Strecke zum Zielort durch das Landesinnere führt. Züge sind dagegen meist billiger (und manchmal auch flotter) auf den Hauptrouten entlang der Küste

unterwegs. In kleinen Städten und Dörfern werden Fahrkarten oft in Bars oder im Bus verkauft.

FLUGZEUG

Es verkehren regelmäßig Flugzeuge zu den vorgelagerten Inseln Pantelleria und Lampedusa. Diese Inlandsflüge werden von Alitalia und Darwin Airline durchgeführt.

ZUG

Die Zugverbindungen an der Küste entlang sind sehr effizient. Die Städte im Landesinneren werden hingegen nur unregelmäßig bedient, und es geht auch bloß langsam voran – dafür sind die Strecken aber überaus malerisch. InterCity-Züge sind am schnellsten und dementsprechend auch am teuersten; der *regionale* ist die Schnecke unter den Zügen.

Fährverbindungen nach Sizilien

ROUTE	FAHRPREIS IN € (HOCH- SAISON, ERW.)	FAHRZEIT (STD.)
Genua–Palermo	90	20
Malta–Pozzallo	120	1¾
Neapel–Catania	60	11
Neapel–Palermo	52	11
Neapel-Trapani	94	7
Reggio di Calabria– Messina	3.50	30 Min.
Tunis–Palermo	62	10

PALERMO

657 000 EW.

Palermo ist eine Stadt des Verfalls und des Prunks. Sie ist reizvoll, vorausgesetzt, man erträgt ihre rohe Energie, den irren Verkehr und das Chaos. Anders als in Florenz oder Rom sind hier viele echte Kostbarkeiten eher verborgen und nicht für endlose Touristenströme herausgeputzt.

Palermo war zeitweise ein arabisches Emirat und Sitz des normannischen Königreichs. Im 12. Jh. entwickelte sich die Stadt zur großartigsten Metropole Europas, um sich dann während der 500 Jahre währenden spanischen Herrschaft einer weiteren Runde ästhetischer Umgestaltung zu unterziehen. Die daraus resultierende Schatztruhe an Palästen, Burgen und Kirchen ist eine einzigartige architektonische Verbindung von byzantinischen, arabischen, normanni-

Palermo

500 m

0

N

Golfo di Palermo

Molo Meridionale

La Cala

Piazzetta Antonino Pasqualino

16

Via della Cala

Via Cassari

Grandi Navi Veloci-Fähren (50 m)

Ustica Lines

Molo Vittorio Veneto

Molo Piave

Via Sammuzzo

Tirrenia

Via Francesco Crispi

Grimaldi Lines

Siremar

Via del Mare

VUCCIRIA

Via G Meli

Via Fratelli Cartciolo

Via Castello

Via dei Bambinai

Piazza Sant'Andrea

18

17

Via Valverde

Piazza San Domenico

Via la Masa

Via Principe di Scordia

Via Bara all'Olivella

Piazza Olivella

Via Bandiera

Via Emerico Amari

Via Principe di Belmonte

Via Roma

Via Cavour

14

45

Via Spinuzza

Via dell'Orologo

Piazzetta Mulino a Vento

34

Busse nach Mondello

Via Riccardo Wagner Stabile

Via Mariano Via Villaermosa

47

40

46

Via Maqueda

Piazza Sturzo

21

Touristeninformation

5 Teatro Massimo

42

29

41

Via Ruggero Settimo

Via Puglisi

Via Isidoro la Lumia

Via Archimede

Via A Gaetario

39

19

Busse zum Flughafen

43

27 32

Via Pignatelli Aragona

Via Volturno

20

Via Mura di S-Vito

Via G Battista

Viale della Libertà

NEW CITY

Via XII Gennaio

Piazza Castelnuovo

Via Dante

Via Torrearsa

Teatro della Verdura (2 km); Mondello (9 km); (31 km)

Via XX Settembre

Via Nicolò Garzilli

Via Principe di Villafranca

33

Via E Parisi

Via Carducci

Piazza San Francesco di Paola

Via Giovanni Pacini

Via Sammartino

Via Goethe

26

Palermo

schen, Renaissance- und Barockkleinoden, wie es sie auf der Welt nur einmal gibt.

Einige der bröckelnden *palazzi*, die im Zweiten Weltkrieg bombardiert worden waren, wurden restauriert. Andere sind verfallen; sie wurden in schäbige Wohnhäuser umgewandelt, und der verblasste Glanz ihrer Schmuckfassaden blitzt gelegentlich zwischen den bunt behängten Wäscheleinen hervor. Die bewegende Geschichte dieser Stadt ist nach wie vor im Alltag ihrer Bewohner sehr präsent, und das staubige Netz aus Märkten in den Nebengassen der Altstadt verbreitet mit seinem Gewimmel orientalischen Flair wie beispielsweise in einem Basar.

Keine 15 Minuten Fußmarsch entfernt sorgt das moderne Stadtzentrum für ein Kontrastprogramm: Mit seinem Gitternetz breiter, von verführerischen Läden und herrlichen Häusern aus dem 19. Jh. gesäumten Avenuen könnte man es jederzeit herauspuzzeln und möglicherweise in Paris wieder einsetzen.

◉ **Sehenswertes**

Die Hauptstraße, die Via Maqueda, verläuft nördlich vom Bahnhof und wechselt dabei öfters den Namen. Am Teatro Massimo, einem Wahrzeichen Palermos, heißt sie dann Via Ruggero Settimo. Sie mündet in die breitere, begrünte Viale della Libertà nördlich der Piazza Castelnuovo, wo dann die moderne Stadt beginnt.

◉ **Rund um Quattro Canti**

Die pulsierende Kreuzung des Corso Vittorio Emanuele mit der Via Maqueda heißt **Quattro Canti**; hier schlägt das bürgerliche Herz von Palermo. Diese Kreuzung teilt das historische Zentrum in vier traditionelle Viertel: Albergheria, Capo, Vucciria und La Kalsa.

La Martorana   KIRCHE
(Chiesa di Santa Maria dell'Ammiraglio; Piazza Bellini 3; Spende erbeten; ◷ Mo–Sa 8.30–13 &

15.30–17.30, So 8.30–13 Uhr) Die wunderschöne, unlängst restaurierte Kirche aus dem 12. Jh. an der Südseite der Piazza Bellini hatte Georg von Antiochien, der syrische Emir von König Roger, ursprünglich als Moschee entworfen. Kunstvolle Fatimiden-Säulen tragen eine Kuppel, in der Christus auf dem Thron dargestellt ist, umgeben von seinen Erzengeln. Am schönsten kommt der Kirchenraum am Morgen zur Geltung, wenn die herrlichen byzantinischen Mosaiken im Sonnenlicht erstrahlen.

Chiesa Capitolare di San Cataldo
KIRCHE

(Piazza Bellini 3; Eintritt 2,50 €; ⊙ 9.30–12.30 & 15–18 Uhr) Diese Kirche aus dem 12. Jh. im arabisch-normannischen Stil zählt zu den bemerkenswertesten Gebäuden Palermos. Die Majolika-Kuppeln in einem dunklen Roséton, der ausgewogene quadratische Grundriss, die Blendarkaden und das filigrane Maßwerk sind ein perfektes Beispiel für die Synthese von arabischer und normannischer Architektur. Der Innenraum wirkt nüchterner, ist wegen der Bodenintarsien und reizvollen Stein- und Ziegelarbeiten in den Bögen und Kuppeln aber ebenfalls wunderschön.

★ Fontana Pretoria
BRUNNEN

Der große kunstvolle Brunnen mit drei konzentrischen Becken und reichem Skulpturenschmuck prunkt in der Mitte der **Piazza Pretoria**, eines großzügigen Platzes ein Stück südlich der Quattro Canti. Die Stadt erwarb den Brunnen 1573. Die schamlos nackten Nymphen waren den prüden Kirchgängern, die nebenan die Messe besuchten, dann allerdings doch zu viel des Guten – und so tauften sie die Fontana Pretoria kurzerhand in „Brunnen der Schande" um.

⊙ Albergheria

Südwestlich der Kreuzung Quattro Canti erstreckt sich Albergheria, ein recht schäbiges, heruntergekommenes Viertel, in dem früher die normannischen Hofbeamten wohnten; hier siedeln sich heute immer mehr Einwanderer an, die sich bemühen, die verstaubten Gassen neu zu beleben. Die Haupttouristenattraktion hier ist der Palazzo dei Normanni (Normannische Burg) mitsamt seiner edlen Kapelle; beide befinden sich am äußersten westlichen Ende des Stadtviertels.

★ Cappella Palatina
KAPELLE

(Capella Palatina; Erw. 8,50 €, EU-Bürger 18–25 Jahre 6,50 €, EU-Bürger 65+ 5 €, EU-Bürger unter 18 Jahren frei; ⊙ Mo–Sa 8.15–17, So 8.15–9.45 & 11.15–12.15 Uhr) Auf der mittleren Ebene der dreigeschossigen Loggia des normannischen Palasts befindet sich Palermos bedeutendste Touristenattraktion: eine komplett mit Mosaiken ausgeschmückte Kapelle, die 1130 von Roger II. entworfen wurde – ein wahres Kleinod. Seit Abschluss der akribischen Restaurierungsarbeiten – sie nahmen fünf Jahre in Anspruch – wird die harmonische Ästhetik der Kapelle durch die Marmorböden mit Intarsien und die filigrane *muqarnas*-Holzdecke, ein Meisterwerk der arabischen Schnitzkunst, noch verstärkt; sie spiegelt die kulturelle Vielfalt Siziliens zur Zeit der Normannen wieder.

★ Palazzo dei Normanni
PALAZZO

(Palazzo Reale; Piazza Indipendenza 1; inkl. Cappella Palatina Erw. 8,50 €, Jugendliche 18–25 Jahre 6,50 €, Senioren 65+ 5 €, Kind unter 18 Jahren frei; ⊙ Fr, Sa & Mo 8.15–17, So bis 12.15 Uhr) Am Wochenende, wenn der ehrwürdige Palazzo dei Normanni nicht vom sizilianischen Parlament genutzt wird, können Besucher mehrere Räume im Obergeschoss besichtigen, darunter die wunderschöne blaue **Sala Pompeiana** mit Fresken, die Venus und Eros zeigen, die **Sala dei Venti** mit Mosaiken, die Gänse, Papyrus, Löwen, Leoparden und Palmen sehen lassen, sowie die **Sala di Ruggero II.**, das mit Mosaiken ausgeschmückte Schlafgemach von König Roger.

Chiesa di San Giovanni degli Eremiti
KIRCHE

(☏ 091 651 50 19; Via dei Benedettini 16; Erw./erm. 6/3 €; ⊙ Di–Sa 9–18.30, So & Mo 9–13 Uhr) Das imposante Relikt arabisch-normannischer Architektur mit fünf Kuppeln nimmt einen kleinen Hügel mitten in einem ansonsten eher verwahrlosten Viertel ein. Die Kirche ist von einem Garten mit Zitronenbäumen, Palmen und Kakteen sowie von einer verfallenen Mauer umgeben. Errichtet wurde sie auf einer Moschee, die wiederum auf einer früheren Kapelle stand. Von den beschaulichen normannischen Kreuzgängen bietet sich ein schöner Blick auf den Palazzo Normanno.

★ Mercato di Ballarò
MARKT

Östlich vom Palazzo dei Normanni zieht sich der lebhafteste Straßenmarkt von Palermo gleich über mehrere Blocks, bis zum frühen

Abend ist hier immer viel los. Die Mischung aus Lärm, Gerüchen und Menschengetümmel auf der Straße ist faszinierend, außerdem kosten hier alle Waren bloß einen Spottpreis – vom Push-up-BH bis hin zu frischem Obst und Gemüse, Fisch, Fleisch, Oliven und Käse. Und wer nett lächelt, darf vielleicht sogar einmal kosten.

⊙ Capo

Nordwestlich der Quattro Canti erstreckt sich das Stadtviertel Capo, das ebenfalls ein dichtes Straßengewirr mit vielen Sackgassen charakterisiert.

Cattedrale di Palermo   DOM

(www.cattedrale.palermo.it; Corso Vittorio Emanuele; Normannische Gräber & Schatzhaus Erw./erm. 3/1,50 €; ⊙8–19 Uhr) Der Dom von Palermo präsentiert sich als reinste Orgie aus geometrischen Mustern, Zikkurat-Zinnen, Majolika-Kuppeln und Blendarkaden und ist somit ein Paradebeispiel für den außergewöhnlichen arabisch-normannischen Stil, wie es ihn einzig und allein auf Sizilien gibt. Zu den interessantesten Sehenswürdigkeiten im Kirchenraum zählen die Sarkophage von Roger II., Friedrich II. und anderen Mitgliedern des Königshauses sowie das Schatzhaus, in dem die sagenhafte mit Edelsteinen besetzte Goldkrone von Konstanze von Aragon aus dem 13. Jh. zu bestaunen ist.

Mercato del Capo   MARKT

Der Straßenmarkt von Capo erstreckt sich über die gesamte Länge der Via Sant'Agostino und bietet tagsüber einen schönen bunten Anblick. Straßenhändler verkaufen Obst und Gemüse, Fleisch, Fisch, Käse und alle erdenklichen Haushaltswaren.

Catacombe dei Cappuccini   KATAKOMBEN

(☎091 652 41 56; Piazza Cappuccini; Erw. 3 €, Kind unter 8 Jahren frei; ⊙9–13 & 15–18 Uhr) Diese Katakomben beherbergen die mumifizierten Leichname und Skelette von rund 8000 Palermern, die vom 17. Jh. bis zum 19. Jh. verstarben. Weltliche Macht, Geschlecht, Religion und beruflicher Status lassen sich noch klar erkennen, wobei Männer und Frauen unterschiedliche Gänge einnehmen; ein besonders edles Areal blieb Jungfrauen vorbehalten. Von der Piazza Independenza lassen sich die Katakomen in nur 15 Minuten zu Fuß erreichen.

⊙ Vucciria

Museo Archeologico
Regionale   MUSEUM

(☎091 611 68 05; www.regione.sicilia.it/beniculturali/salinas; Piazza Olivella 24; ⊙Di–Fr 8.30–13.30 & 15–18.30, Sa & So 8.30–13.30 Uhr) Das hervorragende Museum (mit dem Rollstuhl zugänglich) soll nach umfassenden Renovierungsarbeiten demnächst wieder seine Pforten öffnen. Präsentiert werden einige der wertvollsten griechisch-römischen Artefakte, die Sizilien zu bieten hat. Die Hauptattraktion des Museums sind diverse dekorative Friese aus den Tempeln von Selinunt. An weiteren Schätzen beeindrucken der hellenistische *Ariete di Bronzo di Siracusa* (Bronzewidder- aus Syrakus) und die größte Sammlung antiker Anker der Welt.

Oratori   KAPELLE

(Tesori della Loggia Kombi-Ticket Erw./Stud./Kind unter 6 Jahren 5/4 €/frei; ⊙Tesori della Loggia Mo–Sa 9–13 Uhr) Diese beiden Barockoratorien gelten als die herrlichsten Architekturschätze Vaccirias: das **Oratorio del Rosario di Santa Zita** (Via Valverde) und das **Oratorio del Rosario di San Domenico** (Via dei Bambinai 2), die von oben bis unten mit kunstvollen Stuckverzierungen von Giacomo Serpotta (1652–1732) ausgeschmückt sind. Die beiden Kapellen werden unter dem Begriff **Tesori della Loggia** zusammengefasst und können – samt einigen Kirchen in der Nähe – mit einer einzigen Eintrittskarte besichtigt werden.

Mercato della Vucciria   MARKT

(Piazza Caracciolo) Der Markt war einst als Mafia-Höhle berüchtigt, wirkt im Vergleich zu den hippen Märkten von Ballarò und Capo heute jedoch relativ dröge.

⊙ La Kalsa

Da La Kalsa so nah am Hafen liegt, wurde es im Zweiten Weltkrieg Ziel von Flächenbombardements; übrig blieb ein zerstörtes und inzwischen auch verkommenes Viertel. Mutter Teresa stellte fest, dass die Zustände hier kaum anders als in den Slums von Kalkutta seien und gründete deshalb eine Mission. Zum Glück fühlten sich die peinlich berührten Behörden irgendwann zum Handeln aufgerufen – inzwischen sind umfassende Renovierungsarbeiten im ganzen Viertel in Gang.

Galleria Regionale
della Sicilia   MUSEUM

(Palazzo Abatellis; ☎ 091 623 00 11; www.regione.
sicilia.it/beniculturali/palazzoabatellis; Via Alloro
4; Erw./EU-Bürger 18–25 Jahre/EU-Bürger unter
18 & über 65 Jahre 8/4 €/frei; ☉ Di–Fr 9–18, Sa &
So bis 13 Uhr) Das edle Museum im majestätischen Palazzo Abatellis aus dem 15. Jh. präsentiert Werke sizilianischer Künstler vom
Mittelalter bis zum 18. Jh. Als sein größter
Schatz gilt das herrliche Fresko *Triunfo della Morte* (Triumph des Todes); es stellt den
Tod als ein dämonisches Skelett dar, das gefährlich eine Sense schwingend auf einem
ausgemergelten Gaul reitet, der über die unglückseligen Opfer hinwegspringt.

Galleria d'Arte Moderna   MUSEUM

(☎ 091 843 16 05; www.galleriadartemoderna
palermo.it; Via Sant'Anna 21; Erw. 7 €, 19–25 Jahre
& über 60 Jahre 5 €, unter 19 Jahren frei; ☉ Di–So
9.30–18.30 Uhr) Das reizende Museum (mit
dem Rollstuhl zugänglich) befindet sich in
einem schick renovierten *palazzo* aus dem
15. Jh., der im 17. Jh. in ein Nonnenklos-
ter umfunktioniert wurde. Die breit gefä-
cherte Sammlung sizilianischer Kunst aus
dem 19. und 20. Jh. wird auf drei Etagen
wunderschön präsentiert. Außerdem finden
hier auch regelmäßig Wechselausstellungen
mit moderner Kunst statt. Das zugehörige
Buchgeschäft und der Andenkenladen sind
hervorragend. Ein Audioguide (auf Englisch) kostet 4 €.

Museo dell'Inquisizione   MUSEUM

(Piazza Marina 61; Erw./erm. 5/3 €; ☉ 10–
18 Uhr) Das Museum im Basement des Palazzo Chiaromonte Steri aus dem 14. Jh. wurde
erst unlängst eröffnet und vermittelt einen
ebenso gruseligen wie faszinierenden Einblick in das Erbe der Inquisition in Palermo.
Das Labyrinth aus ehemaligen Zellen wurde
akribisch restauriert und lässt nun unzählige Schichten Graffiti der Gefängnisinsassen
sowie Kunstwerke sakralen und profanen
Inhalts erblicken. Die Führungen sind wirklich hervorragend.

Museo Internazionale
delle Marionette   MUSEUM

(☎ 091 32 80 60; www.museomarionettepalermo.
it; Piazzetta Antonio Pasqualino 5; Erw./erm. 5/
3 €; ☉ ganzjähr. Mo–Sa 9–13 & 14.30–18.30 Uhr,
Sept.–Mai auch So 10–13 Uhr) In diesem extravaganten Museum sind über 3500 Puppen,
Marionetten, Handpuppen und Schatten-
figuren aus Palermo, Catania und Neapel
sowie aus ferneren Gefilden wie Japan, Süd-

ostasien, Afrika, China und Indien zu bewundern. Von Oktober bis Mai findet in der
obersten Etage des Museums jede Woche
im wunderschön gestalteten traditionellen
Theater samt handbetriebener Musikbox
Marionettentheater (Erw./Kind 6/4 €) statt.

☉ Neue Stadt

Nördlich der Piazza Giuseppe Verdi vollzieht
Palermo einen eleganten Übergang ins Kosmopolitische. Hier stehen sagenhafte neoklassizistische Gebäude neben Jugendstilan-
wesen, die aus dem letzten Goldenen Zeitalter der sizilianischen Architektur stammen;
den breiten Boulevard Viale della Libertà
säumen jedoch auch schöne Bürgerhäuser
aus dem ausgehenden 19. Jh.

★ Teatro Massimo   OPERNHAUS

(☎ Reservierung Führungen 091 605 32 67; www.
teatromassimo.it/servizi/visite.php; Piazza Giuseppe Verdi; Führungen Erw./erm. 8/5 €; ☉ Di–So
9.30–16.30 Uhr) Mehr als 20 Jahre dauerte es,
bis das imposante neoklassizistische Opernhaus von Palermo vollendet war; seitdem
gilt es als eines der Wahrzeichen der Stadt.
Die Schlussszene von *Der Pate: Teil III* wurde hier gedreht – eine visuell packende Ge-
genüberstellung von hoher Kultur, niederem
Verbrechen, Drama und Tod. Führungen
von 25 Minuten Dauer finden täglich außer
montags auf Italienisch, Englisch, Spanisch
und Französisch statt.

Hammam   BADEHAUS

(☎ 091 32 07 83; www.hammam.pa.it; Via Torrearsa 17d; Eintritt 40 €; ☉ Nur Frauen Mo & Mi
14–21 Uhr, Fr 11–21 Uhr, Paare Do 14–20 Uhr, nur
Männer Di 14–20, Sa 10–20 Uhr) Wem der Sinn
nach einer wahrlich erlesenen Erfahrung
steht, sollte dem luxuriösen maurischen Badehaus mit Marmorverkleidung einen Besuch abstatten. Dort kann man sich kräftig
abschrubben lassen, die dampfende Sauna
aufsuchen und es sich bei vielerlei Massagen
und Therapien so richtig gutgehen lassen.
Für Badeschuhe und einen Handschuh wird
eine einmalige Gebühr (10 €) erhoben.

⚜ Feste & Events

Festa di Santa Rosalia   RELIGIÖS

(U Fistinu) Jedes Jahr Mitte Juli findet das
größte Fest Palermos statt. Dann wird die
Schutzpatronin der Stadt, die hl. Rosalia,
mit Feuerwerken, Prozessionen und einer
viertägigen Fete gefeiert.

🛏 Schlafen

Die meisten günstigen Unterkünfte finden sich in der Umgebung der Via Maqueda und der Via Roma unweit des Bahnhofs. Hotels in mittlerer Preislage sowie Nobelherbergen konzentrieren sich weiter nördlich. Für das Parken werden in der Regel 10 € bis 15 € am Tag verlangt.

B&B Amélie
B&B €

(📞 091 33 59 20; www.bb-amelie.it; Via Prinicipe di Belmonte 94; EZ 40–60 €, DZ 60–80 €, 3BZ 90–100 €; ✴@🖥) Das Amélie befindet sich in einer autofreien Straße in der Neuen Stadt. Dort, nur einen Steinwurf vom Teatro Politeama entfernt, hat die umgängliche, mehrsprachige Angela die geräumige Wohnung ihrer Großmutter im 6. Stock in ein fröhliches B&B umfunktioniert. Die Zimmer sind farbenfroh eingerichtet, und das Dreibettzimmer an der Ecke verfügt sogar über einen sonnigen Balkon. Angela, die in Palermo geboren wurde, erzählt ihren Gästen gern von ihrer Stadt und tischt noch dazu ein leckeres Frühstück auf, zu dem selbst gebackener Kuchen und selbst gemachte Marmelade gehören.

Palazzo Pantaleo
B&B €

(📞 091 32 54 71; www.palazzopantaleo.it; Via Ruggero Settimo 74h; EZ/DZ/Suite 80/100/140 €; 🅿🖥) Das fröhliche B&B von Giuseppe Scaccianoce kann mit unschlagbarem Komfort und einer günstigen Lage aufwarten. Es befindet sich in der obersten Etage eines alten *palazzo* einen halben Block von der Piazza Politeama entfernt, genau gesagt in einem ruhigen Hof abseits der betriebsamen Straße – mit kostenloser Parkmöglichkeit. Die fünf Zimmer haben hohe Decken, Marmor-, Kachel- oder Holzböden, Schallschutzfenster und moderne Badezimmerarmaturen. Eine geräumige Suite steht auch noch zur Verfügung.

Butera 28
APARTMENT €

(📞 333 3165432; www.butera28.it; Via Butera 28; Apt. pro Tag 60–180 €, pro Woche 380–1150 €; ✴🖥) Die reizende Besitzerin Nicoletta vermietet elf gemütliche Apartments in ihrem eleganten *palazzo* in der Nähe der Piazza della Kalsa. Die Wohneinheiten sind 30 bis 180 m² groß; in den meisten können mindestens vier Personen übernachten. Vier der Apartments haben Meerblick (Nr. 9 ist besonders hübsch!), die meisten einen Wäscheservice, und alle verfügen über eine gut ausgestattete Küche. Nicoletta bietet auch

wunderbare **Kochkurse** (www.cookingwiththe duchess.com) an.

Hotel Orientale
HOTEL €

(📞 091 616 57 27; www.albergoorientale.191.it; Via Maqueda 26; EZ 30 €, DZ 40–50 €, 3BZ 50–60 €; ✴🖥) Die beeindruckende Marmortreppe dieses *palazzo* und der Hof mit Arkaden samt verrosteten Fahrrädern, streunenden Katzen und Wäsche, die an der Leine baumelt, sind eine gute Einstimmung auf eines der malerischsten Budgethotels von Palermo mit viel verblichenem Charme. Das Frühstück wird in der Bibliothek mit hübschen Deckenfresken serviert. Das Zimmer 8 geht auf das hintere Ende des Ballarò-Markts hinaus gerade nahe genug, dass die Gäste morgens die Händler singen hören können.

A Casa di Amici
HOSTEL €

(📞 091 58 48 84; www.acasadiamici.com; Via Volturno 6; B 19–23 €, DZ 65 €, ohne Bad DZ 40 €; ✴@🖥) Die künstlerisch angehauchte Bleibe im Stil eines Hotels befindet sich in einem renovierten *palazzo* aus dem 19. Jh. hinter dem Teatro Massimo. Geboten sind vier farbenfrohe Zimmer, in denen zwei bis vier Personen übernachten können, mit Gemeinschaftsbad und einer Gästeküche. In zwei Dependancen – eine davon wurde 2013 an der Via Dante eröffnet – warten weitere Zimmer, beispielsweise eine familienfreundliche Wohneinheit mit eigenem Bad und Terrasse. Die mehrsprachige Besitzerin Claudia hilft gern weiter mit Stadtplänen, Infomaterial und guten Ratschlägen.

B&B Panormus
B&B €

(📞 091 617 58 26; www.bbpanormus.com; Via Roma 72; EZ 43–65 €, DZ 55–100 €; ✴🖥) Das Panormus liegt praktisch in der Nähe vom Bahnhof, und da es auch noch mit hübschen Zimmern im Jugendstil aufwarten kann, gehört es zu den beliebtesten B&Bs in ganz Palermo. Zu jedem der fünf sauberen Zimmer gehört ein eigenes Bad am Gang.

Hotel Principe di Villafranca
BOUTIQUEHOTEL €€

(📞 091 611 85 23; www.principedivillafranca.it; Via Turrisi Colonna 4; DZ 108–297 €; 🅿✴@🖥) Das todschicke Hotel gleich westlich der Viale della Libertà liegt in einem der ruhigsten und exklusivsten Viertel Palermos. Den Gästen steht ein gemütlicher Aufenthaltsbereich mit Bibliothek und Kamin zur Verfügung, in dem einheimische Designer oft ihre Arbeiten ausstellen. Von den komfortablen Zimmern mit hohen Decken ist die Junior Suite 105 besonders schön – sie wurde mit Leihgaben aus dem Museum für moderne Kunst gestaltet. Diverse Antiquitäten und edle Bettwäsche finden sich jedoch in allen Räumen.

Quintocanto Hotel & Spa   HOTEL €€

(☑091 58 49 13; www.quintocantohotel.com; Corso Vittoria Emanuele 310; EZ 125–135 €, DZ 145–195 €, Suite 254 €; ❄🛜) Das Quintocanto befindet sich in einem modernisierten *palazzo* aus dem 16. Jh. und macht mit seiner exzellenten Lage und seinem Wellnesscenter für sich Werbung. Die Gäste haben freien Eintritt zur Sauna, zum Türkischen Bad und zum Whirlpool; Kurbehandlungen wie Massagen kosten allerdings extra. Die Zimmer 319 und 420 sollte man frühzeitig reservieren, denn sie verfügen über eine Terrasse mit herrlicher Aussicht auf die Kirche Giuseppe Teatini gleich nebenan.

Grand Hotel Piazza Borsa   HOTEL €€

(☑091 32 00 75; www.piazzaborsa.com; Via dei Cartari 18; EZ 119–189 €, DZ 160–208 €, Suite 350–790 €; 🅿❄@🛜) Das 2010 in Palermos ehemaliger Börse eröffnete 4-Sterne-Hotel besteht aus drei getrennten Gebäuden mit 127 Zimmern. Am schönsten sind die Suiten mit hoher Decke, Whirlpool und Fenstern mit Blick auf die Piazza San Francesco hinaus.

 Essen

Die traditionelle Küche Siziliens ist eine Mischung aus pikanten und süßen Geschmacksrichtungen, die in der allgegenwärtigen *caponata* auf der Basis von Auberginen und den klassischen Palermer *bucatini con le sarde* (Nudelröhren mit Sardinen, wildem Fenchel, Rosinen, Pinienkernen und Semmelbröseln) am besten zum Ausdruck kommt. Kuchen, Marzipanpralinen und Gebäck sind allesamt ein Kunst-

---

NICHT VERSÄUMEN

IMBISS AM STRASSENRAND IN PALERMO

In der Kindheit haben viele eingebläut bekommen, dass es von schlechten Manieren zeugt, auf der Straße zu essen. Auf Sizilien muss man sich um derartige Verhaltensregeln keine Gedanken machen, dort befindet man sich vielmehr in bester Gesellschaft mit den Einheimischen. Ein Rätsel ist eher, weshalb Palermo nicht Europas Hauptstadt der Fettleibigkeit ist – in Anbetracht der Mengen an Essen, das die Leute hier so verdrücken. Die Palermer sind eigentlich die ganze Zeit am Essen: wenn sie einkaufen, wenn sie mit öffentlichen Verkehrsmitteln fahren, über Geschäfte reden, mit der Liebsten turteln … also praktisch zu jeder Tages- und Nachtzeit! Sie lieben die *buffitieri* – kleine heiße Snacks, die an Ständen zubereitet und gleich vor Ort verzehrt werden.

Am besten startet man mit *pane e panelle* in den Tag, Palermos berühmtem Kichererbsen-Schmalzgebäck im Brötchen – eine tolle Sache für Vegetarier und eine willkommene Abwechslung von den süßen mit Vanillecreme gefüllen Croissants. Probieren sollte man auch *crocchè* (Kartoffelkroketten, manchmal mit dem Aroma frischer Minze), *quaglie* (wörtlich: Wachteln, in Wirklichkeit jedoch frittierte Auberginen, die der Länge nach geschnitten und so aufgefächert werden, dass sie wie die Federn von Vögeln wirken) oder *sfincione* (eine schwammige, ölige Pizza mit Zwiebeln und Caciocavallo-Käse als Belag). Im Sommer lassen sich die Einheimischen auch ein frisch gebackenes Brioche mit Eiscremefüllung oder *granite* (zerstoßenes Eis mit frischen Früchten, Mandeln, Pistazien oder Kaffee) schmecken.

Ab 16 Uhr werden die Snacks dann ganz eindeutig fleischhaltiger, aber so mancher würde sich vielleicht wünschen, die folgenden Erklärungen nicht gelesen zu haben: Wie wäre es beispielsweise mit einer *stigghiola* (Ziegeneingeweide, gefüllt mit Zwiebeln, Käse und Petersilie)? Oder mit ein paar *pani ca meusa* (Brötchen mit sautierter Rindermilz)? Der Verkäufer will in der Regel wissen, ob die Brötchen *schietta o maritata* („alleinstehend oder verheiratet") sein sollen. Wer sich für *schietta* entscheidet, bekommt die Semmel nur mit Ricotta bestrichen, bevor sie ins heiße Schmalz getaucht wird; wer *maritata* nimmt, kriegt auch noch die Rindermilz dazu.

Fressstände sind über die ganze Stadt verstreut; besonders viele finden sich jedoch auf den Straßenmärkten von Palermo.

werk – unbedingt die *cannoli* (Teigröllchen mit süßer Ricotta-Füllung) probieren!

Die Restaurants füllen sich eigentlich erst so ab 21.30 Uhr. Wer preiswert essen möchte, stattet den Märkten von Palermo einen Besuch ab, bummelt durch das Gassengewirr östlich und südlich vom Teatro Massimo oder verbringt einen Samstagabend zusammen mit den Einheimischen an den Imbissständen auf der Piazza Caracciolo im Viertel Vucciria.

Viele Lokale haben sonntags geschlossen, und zwar in der Regel abends.

★ Ferro di Cavallo
TRATTORIA €

(☎091 33 18 35; Via Venezia 20; Gerichte 13–17 €; ☺tgl. Mittagessen, Mi–Sa Abendessen) Es stehen Tische auf dem Gehsteig draußen, und drinnen blicken Porträts von Heiligen in dieser fröhlichen kleinen Trattoria unweit der Quattro Canti auf die bunte Mischung aus Einheimischen und Touristen herunter. Auf der handfesten Speisekarte mit sizilianischen Traditionsgerichten kostet kein a la Carte-Menü mehr als 7 €. Wer gern Süßes isst, sollte noch Platz lassen für die besten *cannoli* (nur 1,50 €), die Palermo zu bieten hat.

Pizzeria Frida
PIZZERIA €

(www.fridapizzeria.it; Piazza Sant'Onofrio 37-38; Pizzas 4,50–11 €; ☺19–24 Uhr, Di geschl.) Die Pizzeria mit Tischen unter Sonnenmarkisen an einer bescheidenen Piazza in Capo steht bei den Einheimischen hoch im Kurs. Die Pizzas kommen in verschiedenen Formen auf den Tisch, beispielsweise als *quadri* (viereckig wie im Bilderrahmen) oder *vulcanotti* (benannt nach den berühmten Vulkanen, wonach sie auch aussehen). An Belag gibt es sizilianische Spezialitäten wie Thunfisch, Kapern, Pistazien, Minze, Auberginen und superfrischen Ricotta. Auch die verschiedenen Nachspeisen – beispielsweise das Erdbeer-*Tiramisu* oder Mandelparfait – sind wirklich lecker.

Zia Pina
TRATTORIA €

(Via Argenteria 67; Gerichte 15–25 €; ☺12-14.30 Uhr) Das total legere Lokal in einer Gasse in Vucciria verbirgt sich unter einer rotgelb gestreiften Sonnenmarkise und wird von der ehrwürdigen Tante Pina samt einem Schwung Brüdern geführt. Eine feste Speisekarte gibt es nicht, aber alles schmeckt immer prima. Am besten schnappt man sich einen Teller Antipasti, sucht sich von der Vitrine vorne einen Fisch aus und schiebt sich dann einen Plastikstuhl an einen der Tische im Freien heran, um sich alles munden zu lassen.

Francu U Vastiddaru
STRASSENIMBISS €

(Corso Vittorio Emanuele 102; Sandwiches 1,50–3.50 €; ☺8 Uhr–spät abends) Leckerer und preisgünstiger als die köstlichen *panini*, die an diesem einfachen Sandwich-Stand gleich bei der Piazza Marina erhältlich sind, kann Essen aus der Hand in Palermo gar nicht sein. Die Auswahl reicht von klassischem *panino triplo* mit *panelle* (Kichererbsen-Schmalzgebäck) über *crocchè* (Kartoffelkroketten) und Auberginen bis hin zum *panino vastiddaru* (mit Schweinebraten, Salami, Emmentaler und pikanten Pilzen), der hiesigen Spezialität.

I Cuochini
STRASSENIMBISS €

(Via Ruggero Settimo 68; Snacks ab 0,70 €; ☺Mo-Sa 8.30–14.30, Sa auch 16.30–19.30 Uhr) Dieser beliebte Imbiss existiert in Palermo schon seit ewigen Zeiten; er liegt etwas versteckt in einem kleinen Hof an der Via Ruggero Settimo und hat sich auf preiswerte Snacks spezialisiert, also beispielsweise köstliche *arancinette* (Reisbällchen mit Fleischsoße gefüllt) und himmlische *panzerotti* (gefüllte frittierte Teigtaschen). Letztere gibt es in zig leckeren Varianten: Ricotta und Minze, Zucchini-Blüten und Käse, Mozzarella oder Cherry-Tomaten und Anchovis, um nur einige wenige zu nennen.

Pasticceria Cappello
GEBÄCK & KUCHEN €

(www.pasticceriacappello.it; Via Nicoló Garzilli 10; ☺Di-Do 7–21.30 Uhr) Die Konfiserie ist berühmt für ihre *setteveli* (siebenschichtige Schokotorte), die hier erfunden wurde – und seitdem Nachahmer in ganz Palermo gefunden hat. Die edle Konditorei samt einem Café mit Räumen im Stil eines Boudoirs zaubert köstliches Gebäck und Desserts aller Art. Nicht entgehen lassen sollte man sich die traumhafte *delizia di pistacchio*, eine Pistazientorte mit einem cremigen Guss und einem Schokoladenmedaillon oben drauf.

Antico Caffè Spinnato
CAFÉ €

(☎091 32 92 20; www.spinnato.it; Via Principe di Belmonte 107-15; ☺So–Fr 7–13, Sa bis 14 Uhr) In diesem schicken Café aus dem Jahr 1860 bevölkern die Palermer schon immer am frühen Nachmittag die Tische vor dem Haus, um sich Kaffee, Cocktails, Eis, köstliche Kuchen und Snacks bei Klaviermusik munden zu lassen.

⭐ **Trattoria Il Maestro del Brodo** TRATTORIA €€
(Via Pannieri 7; Gerichte 19–30 €; ⊙ Di–So 12.30–15.30, Fr & Sa 8–23 Uhr) Dieses Lokal ohne viel Firlefanz in Vucciria empfiehlt sich wegen des Slow Foods. Serviert werden leckere Suppen und vielerlei superfrische Meeresfrüchte, außerdem ist das Antipasti-Büfett (8 €) mit einem Dutzend selbst gemachter Köstlichkeiten der Hit: *sarde a beccafico* (gefüllte Sardinen), Auberginen-*involtini*, Räucherfisch, Artischocken mit Petersilie, sonnengetrocknete Tomaten, Oliven und vieles mehr.

⭐ **Trattoria Ai Cascinari** SIZILIANISCH €€
(☎ 091 651 98 04; Via d'Ossuna 43/45; Gerichte 20–28 €; ⊙ Di–So Mittagessen, Mi–Sa Abendessen) Der freundliche Service, die einfachen Bambusstühle und blau-weiß karierten Tischdecken bestimmen das Ambiente in dieser wegen ihres Slow Foods empfehlenswerten Trattoria, 1 km nördlich der Cappella Palatina. Die labyrinthartigen Räumlichkeiten sind immer gut von Einheimischen besucht; Kellner sind ohne Unterlass unterwegs mit Tellern voller leckerer saisonaler Antipasti oder auch himmlischen Hauptgerichten. Auf alle Fälle sollte man aber noch Platz lassen für das selbst gemachte Eis und die sagenhaften Desserts aus der geliebten Pasticceria Cappello.

Piccolo Napoli MEERESFRÜCHTE €€
(☎ 091 32 04 31; Piazzetta Mulino a Vento 4; Gerichte 25–34 €; ⊙ Mo–Sa Mittagessen, Di–Sa Abendessen) Das lebhafte Restaurant ist in ganz Palermo für seine frischen Meeresfrüchte bekannt und gilt somit als weiterer Hotspot für Leute, die auf leckeres Essen Wert legen. Während die Gäste sich noch von der Speisekarte das erträumte Pastagericht aussuchen, können sie schon das leckere Sesambrot und ein paar Oliven dazu probieren – um sich dann in der Vitrine mit den Meeresfrüchten (die sich oft noch drehen und winden) auch noch den Hauptgang auszuwählen. Der geniale Besitzer begrüßt seine vielen Stammgäste immer mit dem Namen.

 Ausgehen & Nachtleben

Die umtriebigsten Bars in Palermo befinden sich in der Via Chiavettieri im Stadtviertel Vucciria (gleich nordwestlich der Piazza Marina) sowie in Champagneria (östlich vom Teatro Massimo), genauer gesagt an der Piazza Olivella, in der Via Spinuzza und in der Via Patania. Im neueren Teil von Palermo ballen sich noblere Bars und auch Tanzlokale. Im Sommer machen sich viele Palermer gern nach Mondello am Meer davon.

⭐ **Kursaal Kalhesa** BAR
(☎ 091 616 21 11; www.kursaalkalhesa.it; Foro Italico Umberto I 21; ⊙ Di–Sa 12–15 & 18–1.30, So 12–1.30 Uhr) Diese bei der Palermer Avantgarde beliebte Bar befindet sich in den Relikten eines attraktiven Palasts aus dem frühen 19. Jh. neben der Porta dei Greci, einem Stadttor aus dem 16. Jh. Die Gäste können es sich auf Seidendivanen unter den hohen Gewölbedecken gemütlich machen und sich von der ellenlangen Karte mit Cocktails und Snacks bei Livemusik oder zu Klängen des Haus-DJs etwas aussuchen, das die Geschmacksknospen erfreut. Im Winter knistert hier ein Feuer, außerdem gibt es Kunstausstellungen, ein gutes Musikprogramm und Literaturveranstaltungen. Und sogar ein Buchladen, der ausländische Zeitungen verkauft, ist vorhanden. Die Gerichte (rund 30 €) werden auf der schattigen Terrasse oben serviert.

Pizzo & Pizzo WEINBAR
(☎ 091 601 45 44; www.pizzoepizzo.com; Via XII Gennaio 1; ⊙ Mo–Sa Abendessen) Klar, diese topschicke Weinbar bietet sich für einen *aperitivo* an, doch das lebhafte Ambiente und die sagenhafte Auswahl an Käse, Wurst und Räucherfisch hat schon so manchen verführt, hier auch gleich zu Abend zu essen.

☆ **Unterhaltung**

Die Tageszeitung *Il Giornale di Sicilia* veröffentlicht ein Veranstaltungsprogramm. Die Touristeninformation und die Infokioske halten ebenfalls Veranstaltungskalender bereit. Und wer etwas Italienisch kann, bekommt super Infos unter www.balarm.

Teatro Massimo OPER
(☎ 091 605 35 80; www.teatromassimo.it; Piazza Giuseppe Verdi) In Ernesto Basiles Jugendstil-Meisterwerk stehen Oper, Ballett und Konzerte auf dem Programm. Spielzeit ist von September bis Juni.

Cuticchio Mimmo MARIONETTENTHEATER
(☎ 091 32 34 00; www.figlidartecuticchio.com; Via Bara all'Olivella 95; ⊙ Sept.–Juli Sa & So 18.30 Uhr) Das reizende Theater ohne viel technischen Schnickschnack ist etwas für Kinder (und Erwachsene). Gezeigt werden

SIZILIANISCHES MARIONETTENTHEATER

Seit dem 18. Jh. bezaubert das traditionelle sizilianische Puppentheater, die Opera dei Pupi, Erwachsene und Kinder. Die Vorführungen gleichen einer Mini-Theateraufführung mit Marionetten, von denen einige 1,50 m groß sind – und mit den üblichen Kasperle-Handpuppen rein gar nichts zu tun haben. Die Figuren sind kunstvoll aus Birken-, Oliven- und Zitronenholz geschnitzt und haben ganz individuelle, charakteristische Gesichtszüge. Und damit sie kein Problem haben, ihr Schwert zu schwingen, um dem bösen Drachen den Kopf abzuschlagen, besitzen sie flexible Gelenke.

Als Seifenopern früherer Tage thematisiert das sizilianische Marionettentheater die grundlegenden Gefühle im Leben – unerwiderte Liebe, Verrat, Verlangen nach Gerechtigkeit sowie den Ärger und die Frustration der Unterdrückten. Die verwegenen Geschichten drehen sich um die heroischen Ritter von Karl dem Großen – Orlando und Rinaldo. Zum Personal gehören die liebreizende Angelica, der verräterische Gano di Magonza und einige abschreckende Sarazenenkrieger. Die Puppenspieler werden nach dem dramatischen Effekt beurteilt, den sie erzielen – und zwar mit viel Getrampel und scharfen Kommentaren – sowie nach der Geschwindigkeit und Kunstfertigkeit bei der Umsetzung von Schlachtszenen.

traditionelle Aufführungen mit sagenhaften handgearbeiteten Marionetten.

Cantieri Culturali alla Zisa
DARSTELLENDE KÜNSTE
(☏ 091 652 49 42; Via Paolo Gili 4) Das Theater, ein frisch renovierter Industrieraum westlich vom Stadtzentrum, ist in letzter Zeit zu Palermos hippster Location für zeitgenössische und experimentelle Kunst avanciert; es finden regelmäßig Livevorstellungen statt, und eine nagelneue Galerie für moderne Kunst – ZAC (Zona Arti Contemporanee) – gehört auch noch dazu.

Teatro di Verdura
DARSTELLENDE KÜNSTE
(☏ 091 765 19 63; Viale del Fante 70; ☺ Mitte Juni–Sept.) In den herrlichen Gärten der Villa Castelnuovo, rund 6 km nördlich vom Stadtzentrum, stehen ausschließlich im Sommer Ballett und Musik auf dem Programm. Während der Vorstellung sorgt eine reizende Bar im Freien für das Wohl der Gäste.

Teatro Politeama Garibaldi
DARSTELLENDE KÜNSTE
(Piazza Ruggero Settimo) In diesem grandiosen Theater werden Oper, Ballett und klassische Musik gegeben. Die Konzerte finden von Oktober bis Juni nachmittags und abends statt. Das Theater wurde 1867 bis 1874 von dem Architekten Giuseppe Damiani Almeyda entworfen und beeindruckt mit seiner Fassade, die an einen Triumphbogen erinnert, den eine riesige Bronzekutsche krönt. Hier ist das Symphonieorchester von Palermo zu Hause, das **Orchestra Sinfonica Siciliana** (☏ 091 607 25 32; www.orchestrasinfonicasiciliana.it).

 Shoppen

Die Via Bara all'Olivella bietet sich an, um Kunst und Kunsthandwerk zu erstehen. Einen Besuch lohnt das Puppenatelier der Familie Cuticchio, **Il Laboratorio Teatrale** (Via Bara all'Olivella 48-50; ☺ Di–Sa 10–1 & 16–19 Uhr).

Keramik und Töpferei (zu höheren Preisen) gibt es bei **Le Ceramiche di Caltagirone** (www.leceramichedicaltagirone.it; Via Cavour 114; ☺ Mo–Sa 9–13 & 16–20, So 9–13 Uhr) oder in der **Casa Merlo** (www.casamerlo.it; Corso Vittorio Emanuele 231; ☺ Mo–Sa 9–13 & 16–19.30 Uhr).

Essbare Souvenirs sind bei **Gusti di Sicilia** (Via Emerico Amari 79; ☺ Mo–Sa 8.30–23, So 8.30–14 Uhr), erhältlich, einem Gourmet-Tempel, oder in der **Bottega dei Sapori e dei Saperi della Legalità** (www.liberapalermo.org; Piazza Castelnuovo 13; ☺ Mo 16–20, Di–Sa 9.30–13.30 & 16–20 Uhr), einem Geschäft, das Produkte verkauft, die auf konfisziertem Mafia-Land angebaut wurden.

ⓘ Praktische Informationen

MEDIZINISCHE VERSORGUNG
Ospedale Civico (☏ 091 666 11 11; www.ospedalecivicopa.org; Via Carmelo Lazzaro) Krankenhaus mit Notaufnahme.

NOTFALL
Krankenwagen (☏ 091 666 55 28, 118)
Polizei (Questura; ☏ 091 21 01 11, 113; Piazza della Vittoria 8)

TOURISTENINFORMATIONEN

Zentrale Touristeninformation (☑ 091 58 51 72; informazionituristiche@provincia.palermo. it; Via Principe di Belmonte 42; ☉ Mo–Fr 8.30–14 & 14.30–18 Uhr) In dieser für die ganze Provinz zuständigen Touristeninformation sind Stadtpläne, Landkarten und Broschüren sowie das hilfreiche Büchlein *Un Ospite a Palermo* (www.unospiteapalermo.it) erhältlich, das alle zwei Monate veröffentlicht wird und eine Zusammenstellung aller Museen, Kulturzentren, Führer und Transportunternehmen enthält.

City Infokiosk (Piazza Bellini; Mo–Sa 8.30–13 & 15–19 Uhr) Dies ist der zuverlässigste der von der Stadt Palermo betriebenen Infokioske; er befindet sich neben den beiden Kirchen San Cataldo und La Martorana. Die anderen Infokioske der Stadt – am Hafen, am Bahnhof, an der Piazza Castelnuovo sowie an der Piazza Marina – sind immer nur vorübergehend mit Personal besetzt, und auch die Öffnungszeiten schwanken.

Falcone-Borsellino Airport Touristeninformation (☑ 091 59 16 98; in der Halle unten; ☉ Mo–Fr 8.30–19.30, Sa 8.30–14.30 Uhr)

❶ An- & Weiterreise

AUTO & MOTORRAD

Palermo ist von Messina über die gebührenpflichtige A20-E90 erreichbar, von Catania via Enna über die A19-E932. Nach Trapani und Marsala kommt man problemlos von Palermo über die Autobahn (A29). Eine gute Staatsstraße, die SS121, verbindet Agrigent und Palermo, sie führt durch das Hinterland der Insel.

Die meisten großen Leihwagenfirmen sind am Flughafen vertreten. Geld spart, wer sein Mietauto bereits zu Hause übers Internet bucht. In Anbetracht der chaotischen Verkehrsverhältnisse, der hohen Parkgebühren und der hervorragenden Anbindung des Flughafens an die Stadt mit öffentlichen Verkehrsmitteln, macht es Sinn, den Mietwagen erst zu übernehmen, wenn man Palermo wieder verlässt.

BUS

Die Büros sämtlicher Busunternehmen liegen einen oder zwei Blocks vom Bahnhof Palermo Centrale entfernt. Die beiden wichtigsten Busbahnhöfe sind das nagelneue **Piazzetta Cairoli-Busterminal** (Piazzetta Cairoli), südlich vom Osteingang zum Bahnhof, sowie die **Intercity-Bushaltestelle** in der Via Paolo Balsamo, gleich östlich vom Bahnhof.

AST (Azienda Siciliana Trasporti; ☑ 091 680 00 32; www.aziendasicilianatrasporti.it; Via Rosario Gregorio 46) Verbindungen zu Fahrtzielen im Südosten, darunter Ragusa (13,40 €, 4 Std., 2–4-mal tgl.).

Autoservizi Tarantola (☑ 092 43 10 20) Busse von Palermo nach Segesta (einfache Fahrt/Hin- & Rückfahrt 6,70/10,70 €, 80 Min. pro Strecke, 2-mal tgl.).

Cuffaro (☑ 091 616 15 10; www.cuffaro.info; Via Paolo Balsamo 13) Verbindungen nach Agrigent (8,70 €, 2 Std., 3–8-mal tgl.).

SAIS Autolinee (☑ 091 616 60 28; www.sais autolinee.it; Piazza Cairoli) Busse nach Messina (15,80 €, 2¾ Std., 3–5-mal tgl.) und Catania (14,90 €, 2½ Std., 10–14-mal tgl.).

SAIS Trasporti (☑ 091 617 11 41; www.sais trasporti.it; Via Paolo Balsamo 20) Nachtbusse nach Rom (48 €, 12½ Std.).

Salemi (☑ 092 398 11 20; www.autoservizi salemi.it) Mehrere Busse täglich nach Marsala (9,20 €, 2½ Std.) und zum Birgi Airport (10,60 €, 1¾ –2 Std.) von Trapani.

Segesta (☑ 091 616 79 19; www.segesta.it; Piazza Cairoli) Verbindungen nach Trapani (9 €, 2 Std., mind. 10-mal tgl.); es sind auch Fahrkarten für den Interbus nach Syrakus (12 €, 3 Std., 2–3-mal tgl.) erhältlich.

FÄHRE/SCHIFF

Der Fährhafen befindet sich östlich der Kreuzung Via Francesco Crispi/Via Emerico Amari.

Grandi Navi Veloci (☑ 010 209 45 91, 091 58 74 04; www.gnv.it; Calata Marinai d'Italia) Betreibt Fähren von Palermo nach Civitavecchia (ab 73 €), Genua (ab 90 €), Neapel (ab 44 €) und Tunis (ab 72 €).

Grimaldi Lines (☑ 081 49 64 44, 091 611 36 91; www.grimaldi-lines.com; Via del Mare) Fähren von Palermo nach Salerno (ab 65 €).

Siremar (☑ 091 749 31 11; www.siremar.it; Via Francesco Crispi 118) Fähren (18,35 €, 2¼ Std.) und ausschließlich im Sommer auch Tragflügelboote (23,55 €, 1½ Std.) von Palermo nach Ustica.

Tirrenia (☑ 091 976 07 73; www.tirrenia.it; Calata Marinai d'Italia) Fähren nach Cagliari (ab 51 €, nur Sa) und Neapel (ab 47 €).

Ustica Lines (☑ 092 387 38 13; www.ustica lines.it) Ganzjährig Tragflügelboote nach Ustica (22,95 €, 1½ Std.). Ausschließlich im Sommer Tragflügelboote nach Lipari (39,30 €, 4 Std.) und zu den anderen Äolischen Inseln.

FLUGZEUG

Der **Falcone-Borsellino Airport** (PMO; ☑ 091 702 01 11; www.gesap.it) befindet sich in Punta Raisi, 31 km westlich von Palermo.

Alitalia, easyJet, Ryanair und mehrere andere Fluglinien fliegen von allen größeren Städten Europas nach Palermo. Der Flughafen fungiert auch als Drehscheibe für die regelmäßigen Inlandsflüge zu den Inseln Pantelleria und Lampedusa.

ZUG

Vom Bahnhof Palermo Centrale, unmittelbar südlich vom Stadtzentrum am unteren Ende der Via Roma, verkehren regelmäßig Züge nach Messina (ab 11,80 €, 2¾–3½ Std., stündl.), Agrigent (8,30 €, 2 Std., 8–10-mal tgl.) und Cefalù (ab 5,15 €, 1 Std., stündl.). Außerdem fahren InterCity-Züge nach Reggio di Calabria, Neapel und Rom.

Wer nach Catania oder Syrakus möchte, sollte generell besser den Bus nehmen. Es gibt nämlich nur einen Direktzug nach Catania (12,50 €, 3 Std., Mo–Fr am frühen Morgen); ansonsten muss man immer in Messina umsteigen, was viel Zeit kostet.

ⓘ Unterwegs vor Ort

AUTO & MOTORRAD

In Palermo herrscht ein Irrsinnsverkehr; am besten lässt man Auto oder Motorrad also stehen. Es empfiehlt sich in jedem Fall, in der Stadt die bewachten Parkplätze zu benutzen (12–20 € pro Tag), falls das gebuchte Hotel keine Parkmöglichkeiten anbietet.

BUS

Die orangfarbenen, weißen und blauen Stadtbusse in Palermo betreibt **AMAT** (☑ 848 80 08 17; www.amat.pa.it); sie fahren häufig, sind aber oft überfüllt und langsam. Ein kostenloser Streckenplan, der in den Touristeninformationen erhältlich ist, enthält alle wichtigen Buslinien; die meisten halten am Bahnhof. Fahrkarten mit einer Gültigkeit von 90 Minuten kosten 1,30 €, wenn man sie bei *tabacchi* (Tabakläden) oder an einem AMAT-Kiosk kauft; im Bus selbst kommen sie auf 1,70 €. Ein Tagespass kostet 3,50 €.

Drei kleine Busse – die Linea Gialla, Linea Verde und die Linea Rossa (0,52 € für 24-Std.-Ticket) – sind in den schmalen Straßen des *centro storico* (historisches Zentrum) unterwegs – sehr praktisch, um von einer Sehenswürdigkeit zur nächsten zu gelangen.

FLUGHAFEN

Von **Prestia e Comandè** (☑ 091 58 63 51; www. prestiaecomande.it) fährt im 30-Minutentakt ein Bus vom Flughafen ins Stadtzentrum (einfache Fahrt/Hin- & Rückfahrt 6,10/11 €); der Bus hält am Teatro Politeama Garibaldi (30 Min.) am Bahnhof Palermo Centrale (45 Min.). Die Busse stehen rechts vom Ausgang der Ankunftshalle. Die Fahrkarte kauft man im Bus. Zum Flughafen hinaus verkehrt der Bus etwa ebenso häufig, und die Haltestellen sind auch identisch.

Der Expresszug Trinacria (5,80 €, 45 Min.– 1¼ Std.) vom Flughafen (Bahnhof Punta Raisi) nach Palermo braucht länger und verkehrt außerdem nicht so häufig wie der Bus.

Ein Taxi vom Flughafen in die Innenstadt von Palermo kostet 45 €.

Rund um Palermo

Gleich vor den Toren der Stadt sind zwei Orte einen Tagesausflug wert: Mondello direkt am Meer und Monreale mit seinem herrlichen Dom. Die Insel Ustica bietet sich für ein Wochenende an.

Die langen Sandstrände von **Mondello** kamen im 19. Jh. in Mode. Damals fuhren die Palermer gern mit der Kutsche ans Meer, was dann den Bau eines riesigen Jugendstilpiers zur Folge hatte – bis heute die Zierde des Ortes. Die meisten Strände in der Nähe des Piers sind privat (zwei Sonnenliegen und ein Sonnenschirm kosten 10–20 €). Auf der anderen Seite der Innenstadt finden sich die öffentlichen Strände mit den obligaten Tretbooten und auch Jet-Ski-Verleih. Mondello mit seiner lockeren Atmosphäre und dem schönen Meer bietet sich besonders als Standquartier für Familien an. Wie man hinkommt? Mit dem Bus 806 (1,30 €, 30 Min.) von der Piazza Sturzo in Palermo.

★ **Cattedrale di Monreale** (☑ 091 640 44 03; Piazza del Duomo; Eintritt in Dom frei, nördliches Querschiff 2 €, Terrasse 2 €; ☉ Mo–Sa 8.30–12.45 & 14.30–17, So 8–10 & 14.30–17 Uhr) Dieser Dom, 8 km südwestlich von Palermo, gilt als eines der schönsten Beispiele normannischer Architektur auf Sizilien; er vereint normannische, arabische, byzantinische und klassische Elemente. Erbaut wurde er von William II., der – inspiriert von einer Erscheinung der hl. Jungfrau Maria – mit diesem Gotteshaus auch seinen Großvater Roger II. ausstechen wollte, auf den der Dom von Cefalù und die Cappella Palatina in Palermo zurückgehen. Der 1184 vollendete Kirchenraum beeindruckt mit schimmernden Mosaiken, die 42 Begebenheiten aus dem Alten Testament darstellen. Der **Kreuzgang** (Erw. 6 €, EU-Bürger 18–25 Jahre 3 €, unter 18 & über 65 Jahre frei; ☉ Di–Sa 9–18.30, So & Mo 9–13 Uhr) ist ein beschaulicher Hof mit orientalischem Flair. Ihn säumen elegante romanische Bögen, die von wunderschönen schlanken Säulen getragen werden; jede zweite davon ist mit Mosaiken verziert. Nach Monreale verkehrt von der Piazza Indipendenza in Palermo der AMAT-Bus 389 (1,30 €, 35 Min., alle 30 Min.); eine Alternative ist der Montreale-

Bus von AST (einfache Fahrt/Hin- & Rückfahrt 1,80/2,80 €, 40 Min., stündl.); er fährt vor dem Bahnhof Palermo Centrale ab.

Die 8,7 km² große Insel **Ustica** wurde 1986 zum ersten Meeresnaturschutzgebiet Italiens erklärt. In den Gestaden rundum leben Fische und Korallen – das ideale Revier zum Schnorcheln, Tauchen und für Unterwasserfotografie. Wer im Juni oder September kommt, kann die wilde Küste Usticas mit ihren spannenden Grotten ohne Menschenmassen genießen. Es gibt auf der Insel unzählige Tauchzentren, Hotels und Restaurants, auch schöne Wanderungen lassen sich unternehmen. Und so kommt man hin: Von Palermo nimmt man die nur einmal pro Tag verkehrende Autofähre (18,35 €, 2½ Std.) von **Siremar** (☏ 091 844 90 02; www.siremar.it) oder eines der schnelleren Tragflügelboote (23,55 €, 1½ Std.), die Siremar und **Ustica Lines** (☏ 091 844 90 02; www.usticalines.it) betreiben. Weitere Einzelheiten zu Ustica siehe Lonely Planet *Sizilien*.

TYRRHENISCHE KÜSTE

Die Küste von Palermo bis Milazzo lockt mit beliebten Touristenzielen einen nie versiegenden Strom an Urlaubern an, und zwar vor allem in den Sommermonaten von Juni bis September. Zu den schönsten Flecken zählt Cefalù, ein Ferienort, der an Beliebtheit gleich nach Taormina kommt. Nur ein Stück landeinwärts erstrecken sich zwei weitläufige Naturparks mit den Madonie- und Nebrodi-Bergen.

Cefalù

14 300 EW.

Der beliebte Ferienort liegt zu Füßen eines imposanten Bergsporns an einem weiten Sandstrand und hat jede Menge zu bieten: einen fantastischen Strand, eine wirklich entzückende Altstadt rund um die grandiose Kathedrale und vielfach gewundene mittelalterliche Gassen voller Restaurants und Boutiquen. In der Hochsaison steigen die Preise, der Strand ist überfüllt und der Charme des Städtchens leidet deutlich unter den schlecht gelaunten Autofahrern, die auf der Suche nach den wenigen Parkplätzen umherkurven.

⦿ Sehenswertes

★ **Duomo di Cefalù**   DOM

(☏ 092 192 20 21; Piazza del Duomo; ⊘ April–Sept. 8–19 Uhr, Okt.–März 8–17 Uhr) Cefalùs Dom gilt als eines der Juwelen in Siziliens arabisch-normannischer Krone, an den nur die Cattedrale di Monreale und die Cappella Palatina von Palermo an Erhabenheit heranreichen. Die zentrale Apsis wird von der gewaltigen Figur des allmächtigen Christus erfüllt, der im Mittelpunkt dieses kunstvollen byzantinischen Mosaiks steht; es ist das

SIZILIEN CEFALÙ

ABSTECHER

DIE WILDNIS BEI CEFALÙ

Südlich von Cefalù finden sich im 40 000 ha großen **Parco Naturale Regionale delle Madonie** die höchsten Gipfel Siziliens – einer davon ist der imposante Pizzo Carbonara (1979 m). An seinen unberührten, bewaldeten Hängen leben Wölfe, Wildkatzen und Adler; außerdem sind dort die vom Aussterben bedrohten Nebrodi-Tannen beheimatet, die sogar die letzte Eiszeit überdauert haben. Der Park eignet sich ideal zum Wandern, Fahrradfahren und Ausreiten. Außerdem locken hübsche Bergdörfer wie **Castelbuono**, **Petralia Soprana** und **Petralia Sottana**.

Zur typisch ländlichen Küche der Region gehören Lamm- und Ziegenbraten, allerlei Sorten Käse, gegrillte Pilze und aromatische Pasta mit *sugo* (Fleischsauce). Ein tolles Lokal, um all diese Spezialitäten kennenzulernen, ist Nangalarruni (☏ 092 167 14 28; www.hostariananalarruni.it; Via delle Confraternite 10; Menü 23–32 €; ⊘ 12.30–15 & 19–22 Uhr, im Winter geschl.) in Castelbuono.

Wer Informationen zum Park benötigt, wendet sich an Ente Parco delle Madonie in Cefalù (S. 884) oder **Petralia Sottana** (☏ 092 168 40 11; Corso Paolo Agliata 16; ⊘ Mo–Fr 8–14 & 15–19, Sa 15–19, So 10.30–13 & 16.30–19 Uhr).

Nur wenige Busse verkehren zu den Hauptorten im Park. Besucher, die den Parco delle Madonie wirklich in all seiner Schönheit kennenlernen möchten, tun also gut daran, für ein paar Tage ein Auto zu mieten.

älteste und besterhaltene auf Sizilien und liegt zeitlich gesehen 20 oder 30 Jahre vor dem Werk in Monreale.

La Rocca
AUSSICHTSPUNKT

(Eintritt 3 €; ☉ Mai–Sept. 9–18.45 Uhr, Okt.–April 9–16.45 Uhr) Auf diesem imposanten, zerklüfteten Felsen, der über der Stadt aufragt, erbauten die Araber einst ihre Zitadelle, die sie verteidigten, bis die Eroberung durch die Normannen sie hinunter zum Hafen zwang. Eine gewaltige Treppe, die **Salita Saraceno**, führt über die drei Befestigungsgürtel der Stadtmauer nach oben – etwa eine halbe Stunde dauert es, sie zu erklimmen. Auf dem Gipfel bietet sich von der Ruine des Tempio di Diana aus dem 4. Jh. dann ein sagenhafter Blick.

Aktivitäten

Cefalùs halbmondförmiger Strand, unmittelbar westlich vom mittelalterlichen Zentrum, ist hübsch. Im Sommer sollte man allerdings frühzeitig kommen, denn sonst findet man keinen Platz mehr für sein Handtuch und einen Sonnenschirm. In den Sommermonaten besteht jedoch die Möglichkeit, den Menschenmassen zu entkommen – und zwar im Rahmen eines Bootsausflugs an der Küste entlang, den mehrere Reisebüros am Corso Ruggero in ihrem Programm haben.

Scooter for Rent
MOTORROLLERVERLEIH

(☎ 092 142 04 96; www.scooterforrent.it; Via Vittorio Emanuele 57; pro Tag/Woche 50cc-Vespa 35/175 €, Mountainbike 10/45 €) Hier kann man Fahrräder (10 € pro Tag) und Mororroller (ab 35 € pro Tag) ausleihen.

Schlafen

Billige Unterkünfte sind in Cefalù das ganze Jahr über Mangelware. Aus diesem Grund sollte man besser frühzeitig reservieren.

B&B Casanova
B&B €

(☎ 092 192 30 65; www.casanovabb.it; Via Porpora 3; EZ 40–70 €, DZ 55–100 €, 4BZ 80–140 €; ❄ ☎) Das B&B direkt am Meer vermietet Zimmer in unterschiedlicher Größe – vom engen Einzelzimmer mit Minifenster bis hin zum Ruggero-Zimmer, einem Riesenraum, in dem locker vier Leute übernachten können. Es hat Deckenfresken an der Gewölbedecke, schön gefliese Böden und Flügeltüren mit tollem Blick auf die mittelalterliche Innenstadt von Cefalù. Die kleine Terrasse mit Meerblick steht allen offen.

Hotel Kalura
HOTEL €€

(☎ 092 142 13 54; www.hotel-kalura.com; Via Vincenzo Cavallaro 13; DZ 89–179 €; ℗ ❄ @ ☎) Das familienfreundliche Hotel unter deutscher Leitung liegt auf einem Felsen und hat einen privaten Kieselstrand, ein Restaurant und einen sagenhaften Swimmingpool. Die meisten Zimmer haben Meerblick, außerdem organisiert das Hotel eine Vielzahl an Freizeitaktivitäten, darunter Mountainbiketouren, Wanderungen, Kanu- und Tretbootfahrten sowie Tauchexkursionen – und abends Tanzveranstaltungen. Bis zur Stadt sind es 20 Gehminuten.

La Plumeria
HOTEL €€

(☎ 092 192 58 97; www.laplumeriahotel.it; Corso Ruggero 185; DZ 129–209 €; ℗ ❄ ☎) Das 2010 eröffnete Hotel hat ein super Verkaufsargument: seine tolle Lage zwischen dem *duomo* und dem Meer, ganz zu schweigen von den kostenlosen Parkplätzen, die bloß ein paar Minuten entfernt liegen. Die Zimmer machen nicht sonderlich viel her, sind jedoch sauber und gut ausgestattet. Das Zimmer 301 im obersten Stockwerk ist am hübschesten: ein gemütlicher Horst mit im Schachbrettmuster gefliesten Boden und einer kleinen Terrasse, von der aus der *duomo* zu sehen ist.

Essen & Ausgehen

Restaurants gibt es in Hülle und Fülle in Cefalù, doch das Essen ist oft erstaunlich einfallslos, und die Touristenmenüs, die an allen Ecken angeboten werden, hat man dann doch recht schnell satt.

★ Ti Vitti
SIZILIANISCH €€

(www.ristorantetivitti.com; Via Umberto I 34; Gerichte 30–40 €) In diesem aufstrebenden Restaurant, das nach einem sizilianischen Kartenspiel benannt ist, zaubert der talentierte junge Chefkoch Vincenzo Collaro himmlische Pasta, topfrische Fischgerichte und so ziemlich die besten *cannoli* auf ganz Sizilien. Dass er immer nur absolut frische Zutaten verwendet, hat zur Folge, dass außerhalb der Saison natürlich kein Schwertfisch auf den Teller kommt. Außerdem serviert er gern Köstlichkeiten wie Basilikumpilze von den Madonie-Bergen.

La Botte
SIZILIANISCH €€

(☎ 092 142 43 15; www.labottecefalu.com; Via Veterani 20; Gerichte 30–35 €; ☉ Di–So 12.30–14.30 & 19.30–22.30 Uhr) Das kleine Restaurant – ein Familienbetrieb – liegt nicht weit vom Corso Ruggero entfernt. Auf den Tisch kommt eine prima Auswahl an Antipasti und saisonalen Pastagerichten; bei den Hauptgerichten herrschen Meeresfrüchte vor. Das dreigängige Fisch-Menü mit einer Beilage bietet wirklich viel fürs Geld.

La Galleria SIZILIANISCH, CAFÉ €€
(☎092 142 02 11; www.lagalleriacefalu.it; Via Mandralisca 23; Gerichte 25–40 €; ⊙Ganzjähr. Do geschl.& im Winter Mo) Ein trendigeres Lokal lässt sich in Cefalù wohl schwerlich finden. Das La Galleria fungiert als Restaurant, Kaffeehaus, Internetcafé, Buchgeschäft zugleich – und gelegentlich auch als Galerie. Die Atmosphäre ist leger, es gibt einen Garten, und die innovative Speisekarte bietet eine gute Mischung aus klassischen *primi* und *secondi* sowie einige *piatti unici* (12–15 €), die alle eine komplette Mahlzeit abgeben.

❶ Praktische Informationen

Mehrere Geldautomaten finden sich am Corso Ruggero.
Ente Parco delle Madonie (☎092 192 33 27; www.parcodellemadonie.it; Corso Ruggero 116; ⊙Mai–Sept. tgl. 8–20 Uhr, Okt.–April Mo–Sa 8–18 Uhr) Das freundliche, fachlich gut bewanderte Personal hält jede Menge Informationen zum Regionalpark Madonie bereit.
Krankenhaus (☎092 192 01 11; Contrada Pietrapollastra) An der Hauptstraße, die in Richtung Palermo aus der Stadt herausführt.
Polizei (Questura; ☎092 192 60 11; Via Roma 15)
Touristeninformation (☎092 142 10 50; strcefalu@regione.sicilia.it; Corso Ruggero 77; ⊙Mo–Sa 9–13 & 15–19.30 Uhr) Die Mitarbeiter sprechen Englisch; hier gibt es Unmengen Broschüren und auch gute Landkarten.

❶ An- & Weiterreise

SCHIFF

SMIV (Società Marittima Italiana Veloce; www.smiv.it) veranstaltet von Mai bis September täglich Bootsausflüge von Cefalù zu den Äolischen Inseln. Das Schiff um 8 Uhr steuert Lipari und Vulcano (einfache Fahrt/Hin- & Rückfahrt 30/60 €) an und fährt um 18.45 Uhr nach Cefalù zurück. Ein zweites Boot verkehrt nach Panarea und Stromboli (einfache Fahrt/Hin- & Rückfahrt 40/80 €); es fährt um 11 Uhr ab und ist gegen 23.45 Uhr zurück in Cefalù. Im Preis inbegriffen ist die Abholung im Hotel in Cefalù. Fahrkarten gibt's bei **Turismez Viaggi** (☎092 142 12 64; www.turismezviaggi.it; Corso Ruggero 83) neben der Touristeninformation.

ZUG

Die beste Möglichkeit, von und nach Cefalù zu gelangen, ist die Eisenbahn. Es verkehren stündlich Züge nach Palermo (ab 5,15 €, 45 Min.–1¼ Std.) und praktisch zu jedem Ort an der Küste.

ÄOLISCHE INSELN

Die Äolischen (oder Liparischen) Inseln sind ein kleines Paradies. Das herrliche kobaltblaue Meer, die wunderbaren Strände, einige der besten Wandermöglichkeiten ganz Italiens sowie die beeindruckende Vulkanlandschaft machen jedoch nur einen Teil des Reizes aus. Die Inseln haben auch eine faszinierende Geschichte und Mythologie, die mehrere tausend Jahre zurückreicht. So spielen die Inseln in der *Odyssee* von Homer eine bedeutende Rolle, und überall stößt man auf Zeugnisse der Vergangenheit – die schönsten finden sich im sagenhaften Archäologischen Museum von Lipari.

Die sieben Inseln – Lipari, Vulcano, Salina, Panarea, Stromboli, Alicudi und Filicudi – sind Teil einer riesigen, 200 km langen Vulkankette, die sich vom rauchenden Ätna bis zum bedrohlich oberhalb von Neapel thronenden Vesuv zieht. Die Inseln bieten eine einzigartige Vielfalt an vulkanischen Phänomenen – Grund genug für die Unesco, sie in ihr Weltnaturerbe aufzunehmen (seit 2000). So ist es auch kein Wunder, dass die Inseln im Juli und August von Besuchern förmlich überrollt werden. Außerhalb der Hochsaison sind sie dafür wesentlich ruhiger und beschaulicher.

❶ An- & Weiterreise

Von **Ustica Lines** (www.usticalines.it) wie auch von **Siremar** (www.siremar.it) verkehren ganzjährig Tragflügelboote ab Milazzo, der Ortschaft auf dem Festland, die den Inseln (s. Tabelle S. 886) am nächsten liegt. Fast alle Schiffe legen zuerst in Vulcano und Lipari. Die meisten fahren dann weiter zu den Häfen Santa Marina und/oder Rinella auf der Insel Salina. Hinter Salina führt die Route dann entweder gen Osten nach Panarea und Stromboli oder in Richtung Westen nach Filicudi und Alicudi. Im Sommer sind auf allen Routen generell mehr Schiffe unterwegs.

Von Siremar und **NGI Traghetti** (☎090 928 40 91; www.ngi-spa.it) verkehren auch Fähren von Milazzo zu den Inseln; sie kommen einen Tick billiger, sind allerdings langsamer und fahren nicht so häufig wie die Tragflügelboote.

Zu den selteneren, ganzjährigen Verbindungen zählen die Tragflügelboote von Ustica Lines ab Messina und die Fähren von Siremar ab Neapel. Ausschließlich im Sommer (Ende Juni–bis Anfang Sept.) bieten Ustica Lines auch einmal pro Tag ein Schiff ab Palermo an, das an allen sieben Inseln hält. Die Schiffe fallen wegen starken Seegangs manchmal aus.

ⓘ Unterwegs vor Ort

AUTO & MOTORROLLER

Autos können mit der Fähre nach Lipari, Vulcano und Salina mitgenommen oder auf dem Festland in Garagen für 12 € am Tag geparkt werden. Da die Inseln klein und die Straßen schmal und kurvenreich sind, spart man sich Geld (und Kopfschmerzen), wenn man auf den Inseln einfach einen Motorroller mietet oder am besten gleich zu Fuß loszieht.

FÄHRE/SCHIFF

Zwischen den Inseln verkehren regelmäßig Tragflügelboote und Fähren. Auf allen Inseln hängen an den Docks die Fahrpläne aus.

Lipari

11 200 EW. / 602M

Lipari hat sich zum blühenden Knotenpunkt der Äolischen Inseln entwickelt, und zwar in geografischer wie auch in funktionaler Hinsicht: Von den bestehen Verbindungen per Fähre und Tragflügelboot zu allen anderen Inseln. Im Städtchen Lipari, dem größten urbanen Zentrum des Archipels, befindet sich die einzige Touristeninformation. Hier gibt es auch zuverlässige Banken, ausreichend Restaurants und Bars. Die zerklüftete Küste der Insel eignet sich hervorragend zum Wandern, Boot fahren und Schwimmen. Lipari ist seit über 6000 Jahren bewohnt. Im 4. Jt. v. Chr. besiedelten Siziliens Ureinwohner die Insel und begründeten die nach ihrem Fundort benannte Stentinello-Kultur.

Sie trieben mit dem glasähnlichen vulkanischen Gestein Obsidian schwunghaften Handel. Der wirtschaftliche Ertrag lockte die Griechen an. Sie nutzten die Inseln als sichere Häfen an der Ost-West-Handelsroute. Auch Piraten, darunter so berüchtigte wie Barbarossa (Cheir-ed-Din, nicht zu verwechseln mit Kaiser Friedrich I.), hatten ein Auge auf Liparis lukrativen Obsidianhandel und die Bimssteinbrüche geworfen und nahmen die Stadt 1544 in Besitz.

Der Handel floriert bis heute. Zwischen den beiden Häfen von Lipari, der Marina Lunga (wo die Fähren und Tragflügelboote ankommen) und der Marina Corta (700 m weiter südlich, für kleinere Boote) verläuft der Corso Vittorio Emanuele, die lebhafte Hauptstraße, die von Geschäften, Restaurants und Bars gesäumt wird. Über die bunte Schar an Tagesausflüglern wacht oben auf dem Berg die Zitadelle von Lipari, die von Mauern aus dem 16. Jh. geschützt wird.

⊙ Sehenswertes & Aktivitäten

★ Museo Archeologico Regionale Eoliano   MUSEUM

(☏090 988 01 74; www.regione.sicilia.it/beni culturali/museolipari; Castello di Lipari; Erw./18–25 Jahre/EU-Bürger unter 18 & über 65 Jahre 6/3 €/frei; ⊙Mo–Sa 9–13 & 15–18, So 9–13 Uhr) Wer sich für die Geschichte des Mittelmeerraums interessiert, für den ist dieses Museum ein Muss. Das Archäologische Museum von Lipari beeindruckt mit einer herrlichen Sammlungen antiker Funde. Besonders beeindruckend sind die **Sezione Preistorica**, die sich vor Ort entdeckten Artefakten aus der Jungsteinzeit und der Bronzezeit bis hin zur giechisch-römischen Epoche widmet, und die **Sezione Classica**, zu deren Hauptattraktionen die Ladung antiker Schiffswracks und die größte Sammlung griechischer Theatermasken zählen.

SCHIFFE VON MILAZZO ZU DEN ÄOLISCHEN INSELN

ZIEL	FAHRPREIS (€) TRAGFLÜGELBOOT/FÄHRE	FAHRZEIT TRAGFLÜGELBOOT/FÄHRE
Alicudi	28,70/20,40	3¼/6 Std.
Filicudi	23,25/17,55	2¾/5 Std.
Panarea	18,80/13,90	2¼/4½ Std.
Salina (Rinella)	17,55/13,15	2/3¾ Std.
Salina (Santa Marina)	19,05/14,65	1¾/3¼ Std.
Stromboli	21,95/16,75	2¾/6 Std.
Vulcano	16/12,30	45 Min./1½ Std.

Weitere Abteilungen, die einen Blick lohnen, sind die **Sezione Epigrafica** (Inschriften-Abteilung) mit einem kleinen Garten, der von mit Inschriften versehenen Steinen nur so übersät ist, sowie einem Saal mit griechischen und römischen Grabmälern, außerdem die **Sezione Vulcanologica** (Vulkanologie-Abteilung), die sich mit vulkanischer Geologie beschäftigt.

★ **Quattrocchi** AUSSICHTSPUNKT

Den schönsten Ausblick auf Lipari genießt man von einem Aussichtspunkt namens **Quattrocchi** (Vier Augen), 3 km westlich der Stadt. Wer die Hauptstraße in Richtung Pianoconte erklimmt, kann bewundern, wie sich das sagenhafte Küstenpanorama gen Süden hin entfaltet: Gewaltige graue Klippen stürzen ins Meer, während in der Ferne unheimlicher Rauch aus den dunklen Höhen des benachbarten Vulkans aufsteigt.

★ **Spiaggia Valle i Muria** STRAND

Der dunkle Kieselstrand an der Südwestküste wird von sauberem Wasser umspült und ist von dramatischen Klippen umgeben. Er gilt als eine der schönsten Stellen auf Lipari zum Schwimmen und Sonnenbaden. Der Abzweig, rund 3 km westlich der Ortschaft Lipari, lässt sich problemlos mit dem Auto, Motorroller oder auch mit dem Stadtbus erreichen; man folgt einfach der Straße nach Pianoconte bis zur Ausschilderung. Von hier geht es dann 15 Minuten zu Fuß steil bergab zum Meer hinunter.

Wer sich hier einen schönen Tag machen will, sollte ausreichend Wasser, Sonnenschutzmittel und ein Picknick mitbringen. Bei schönem Wetter tischt Barni, der in Lipari wohnt, in seiner urigen Strandbar etwas zu essen und trinken auf. Außerdem bietet er von und zur Marina Corta in Lipari einen Boottransfer (5/10 € einfache Fahrt/ Hin- & Rückfahrt) an; die Fahrt dauert eine halbe Stunde und ermöglicht den Gästen einen tollen Blick auf den Vulkan und die *faraglioni* (Felsnasen) an der Westküste Liparis – ein unvergessliches Erlebnis vor allem bei Sonnenuntergang.

Strände im Osten STRAND

Ziel für Sonnenanbeter und Wasserratten an der Ostküste Liparis ist das ein paar Kilometer nördlich von Lipari-Stadt gelegene **Canneto** mit seinem Kieselstrand **Spiaggia Bianca**. Weiter nördlich, an den Bimssteinbrüchen von Pomiciazzo und Porticello, liegt die **Spiaggia della Papesca** unter feinem,

blendend weißem Bimssteinstaub, durch den das Meer nicht Dunkelblau, sondern Türkisgrün erscheint.

Küstenwanderungen WANDERN

An der rauen Nordwestküste von Lipari gibt es ausgezeichnete Wanderwege. An der Nordküste führt eine schöne einstündige Wanderung von Quattropani nach Acquacalda. Der Blick auf die Inseln Salina und Stromboli in der Ferne ist fantastisch. Ein Bus fährt weiter nach Quattropani (1,90 €). Anschließend geht es auf der Hauptstraße 5 km nach Acquacalda hinunter; von dort fährt der Bus (1,55 €) dann wieder zurück nach Lipari.

Anstrengender, aber ebenso malerisch ist die drei- bis vierstündige Tour, die vom Pianoconte steil nach unten führt. Es geht zunächst vorbei an den alten römischen Bädern, den Terme di San Calogero, dann weiter zur Westküste, um die Klippen am flachen Strandabschnitt herum und wieder steil hinauf zum Ort Quattropani.

Diving Center La Gorgonia TAUCHEN

(☏ 090 981 26 16; www.lagorgoniadiving.it; Salita San Giuseppe) Das Tauchzentrum veranstaltet Kurse, organisiert Bootstransfers, verleiht Ausrüstungen und hält allgemeine Informationen zum Thema Scuba-Tauchen und Schnorcheln rund um Lipari bereit. Eine umfassende Preisliste enthält die Website.

👉 Geführte Touren

Zahlreiche Reisebüros in der Stadt bieten Ausflüge zu den umliegenden Inseln an. Die Preise definieren sich durch die Jahreszeit; in der Regel kostet eine Tour um Lipari und Vulcano rund 20 €, für den Besuch von Filicudi und Alicudi sind 45 € einzukalkulieren, ebenfalls 45 € kostet ein Tagesausflug nach Panarea und Stromboli, und für 80 € kann man am Spätnachmittag nach Stromboli schippern, inklusive einer geführten Wanderung auf den Berg bei Sonnenuntergang; spät nachts geht es dann wieder zurück nach Lipari.

Da Massimo/Dolce Vita BOOTSAUSFLUG

(☏ 090 981 30 86; www.damassimo.it; Via Maurolico 2) Das Unternehmen gilt als eines der etabliertesten Reisebüros von Lipari; es liegt günstig in einer Seitenstraße zwischen der Via Vittorio Emanuele und der Via Garibaldi. Spezialisiert hat es sich auf Wanderungen bei Sonnenuntergang auf den Stromboli; die Teilnehmer kehren noch am gleichen Abend

SIZILIEN LIPARI

mit dem Boot nach Lipari zurück. Auch Dingis und Boote kann man hier ausleihen.

🛏 Schlafen

Von allen Äolischen Inseln bietet sich Lipari als bester Standort zum Inselhüpfen an, denn es gibt eine Fülle von Übernachtungsmöglichkeiten, Restaurants und Kneipen. Aber Achtung: Die Preise steigen im Sommer erheblich, und den August sollte man nach Möglichkeit ganz meiden.

★ Diana Brown   B&B €

(📞090 981 25 84; www.dianabrown.it; Vico Himera 3; EZ 30–90 €, DZ 40–100 €, 3BZ 50–130 €; ❄🛜) Das B&B liegt etwas versteckt in einer schmalen Gasse. Die reizenden Zimmer der Südafrikanerin Diana haben gefliste Böden, heißes Wasser nach Herzenslust und solch willkommene Extras wie einen Wasserkocher, Kühlschrank, einen Kleiderständer zum Trocknen der Klamotten und Satelliten-TV. Die dunkleren Zimmer können zum Ausgleich sogar mit einer Kochnische aufwarten. Schön sind die sonnige Terrasse, auf der gefrühstückt wird, und das Solarium mit Liegestühlen. Außerdem gibt es noch einen Büchertausch und einen Wäscheservice. Das Frühstück ist im Preis nicht inbegriffen und kostet auf Wunsch 5 € pro Person extra.

Enzo Il Negro   GÄSTEHAUS €

(📞090 981 31 63; www.enzoilnegro.com; Via Garibaldi 29; EZ 40–50 €, DZ 60–90 €; ❄🛜) Das einfache Gästehaus in der Nähe der Marina Corta kann mit geräumigen Zimmern aufwarten; sie haben gefliste Böden und sind mit Kiefernmöbeln und einem Kühlschrank ausgestattet. Von den beiden Aussichtsterrassen schweift der Blick über die Dächer, den Hafen und die Burgmauern.

Casajanca   BOUTIQUEHOTEL €€

(📞090 988 02 22; www.casajanca.it; Via Marina Garibaldi 115, Canneto; DZ 80–200 €; ❄) Das reizende kleine Hotel liegt nur einen Steinwurf vom Strand in Canneto entfernt. Geboten sind zehn Zimmer, die alle perfekt geschmackvoll mit auf Hochglanz polierten Antiquitäten eingerichtet sind. Im Hof mit Halbschatten mundet in entspanntem Ambiente das Frühstück, außerdem wartet hier ein einladender Thermalwasser-Pool auf die Gäste. Haustiere sind willkommen, und der Transfer vom Hafen in Lipari zum Hotel ist im Preis mit ingegriffen.

Hotel Giardino Sul Mare   HOTEL €€

(📞090 981 10 04; www.giardinosulmare.it; Via Maddalena 65; DZ 80–230 €; ⊙ Apil–Okt.; ❄🛜) Die Hauptattraktion dieses Hotels – ein Familienbetrieb – ist seine schöne Lage am Meer, nur ein paar Blocks südlich der Marina Corta. Die Terrasse mit Pool am Rand einer Klippe ist sagenhaft; Gäste, die lieber im Meer schwimmen, können aber auch zu einer Felsplatte am Wasser hinuntergehen und dort abtauchen. Die meisten Zimmer verfügen über eine Terrasse und hohe Decken; ansonsten wirken sie ein wenig dröge.

Essen & Ausgehen

Rund um die Inseln tummeln sich Fische in Hülle und Fülle, darunter Thunfische, Meeräschen, Tintenfische und Seezungen – und sie alle enden früher oder später in den Kochtöpfen der ortsansässigen Lokale. Probieren sollte man die *pasta all'eoliana*, eine einfache, aber leckere Pastavariation mit den hervorragend schmeckenden Kapern der Insel sowie Oliven, Olivenöl, Anchovis, Tomaten und Basilikum.

Restaurants und Kneipen finden sich zuhauf am Corso Vittorio Emanuele und entlang der Marina Corta. In der Hochsaison haben alle Lokale bis spät in die Nacht hinein geöffnet.

★ Le Macine   SIZILIANISCH €€

(📞090 982 23 87; www.lemacine.org; Via Stradale 9, Pianoconte; Gerichte 27–36 €; ⊙ Mai–Sept. tgl. 12.30–15 & 19–22 Uhr, Okt.–April Sa & So) Das Restaurant auf dem Land in Pianoconte, 4,5 km von der Ortschaft Lipari entfent, macht im Sommer Furore, wenn die Gerichte auf der Terrasse serviert werden. Meeresfrüchte und frisches Gemüse schmecken umwerfend, vor allem bei leckeren Gerichten wie Schwertfisch-Küchlein mit Artischocken, Ravioli mit Garnelenfüllung oder Fisch in *Ghiotta*-Sauce (mit Olivenöl, Kapern, Tomaten, Knoblauch und Basilikum). Es empfiehlt sich, einen Tisch zu reservieren – und empfehlenswert ist im Übrigen auch der kostenlose Shuttleservice.

Kasbah   MODERN SIZILIANISCH, PIZZERIA €€

(📞090 981 10 75; Vico Selinunte 41; Pizzas 5–9 €, Gerichte 28–33 €; ⊙ März–Okt. 19–23 Uhr) Das Restaurant liegt etwas versteckt im Vico Selinunte, der neuen Location dieses bei Einheimischen schon seit ewigen Zeiten beliebten Lokals. An Essen kommen hochwertige Pizzas aus dem Holzofen, aber auch köstliche Pasta, frische Fischgerichte und Raffiniertes wie Lammeintopf mit Gemüsen oder frittierte Sardellen mit Couscous-Kruste auf den Tisch. Der leger-schicke Speiseraum ist in minimalistisch weißem Dekor gehalten, das sich von den grauen Leinentischtüchern und Steinwänden hübsch abhebt; hinter dem Haus lockt ein zauberhafter Garten – nachts bei romantischem Kerzenschein.

E Pulera MODERN SIZILIANISCH €€€
(☑️090 981 11 58; www.pulera.it; Via Isabella Conti; Gerichte 35–50 €; ☺Mai–Okt. 19.30–22 Uhr) Das in einem hübschen Garten gelegene Restaurant mit schummriger Beleuchtung und künstlerisch angehauchten Tischen mit Kacheltischplatte ist genau richtig für ein edles, romantisches Abendessen zu zweit in entspannter Atmosphäre. Das Essen ist vom Feinsten: Am besten beginnt man mit einem Thunfisch-Carpaccio mit Blutorangen und Kapern. Das Angebot an Fleisch- und Fischgerichten von den Äolischen Inseln und aus Sizilien ist ausgesprochen groß. Zum Abschluss locken *cassata*, *biscotti* und süßer Malvasia.

Shoppen

Niemand sollte von den Inseln abreisen, ohne eine kleine Dose Kapern und eine Flasche Marsala (Dessert- bzw. Süßwein) im Gepäck. Beides ist – neben Thunfisch, Wurstwaren, Käse und anderen Zutaten für ein Picknick – bei **La Formagella** (Via Vittorio Emanuele 250; ☺9–13 & 16–19 Uhr) oder **Fratelli Laise** (www.fratellilaise.com; Via Vittorio Emanuele 118; ☺9–13 & 16–19 Uhr) erhältlich; beide Geschäfte befinden sich an der autofreien Hauptstraße in Lipari.

ⓘ Praktische Informationen

Am Corso Vittorio Emanuele finden sich zig Geldautomaten. Da auf den anderen Inseln relativ wenige solche Geräte vorhanden sind, sollte man seine Finanzen am besten vor der Weiterreise auf Lipari regeln.

Ospedale Civile (☑️090 988 51 11; Via Sant'Anna) Krankenhaus mit Notaufnahme.

Polizei (☑️090 981 13 33; Via Marconi)

Touristeninformation (☑️090 988 00 95; Via Vittorio Emanuele 202; ☺Mo, Mi & Fr 9–13 & 16.30–19, Di & Do 9–13 Uhr) Diese Touristeninformation in Lipari hält Infos zu sämtlichen Äolischen Inseln bereit.

ⓘ Anreise & Unterwegs vor Ort

AUTO, MOTORROLLER & FAHRRAD

Mehrere Geschäfte in der Stadt vermieten Fahrräder (10 € pro Tag), Motorroller (15–40 €) und Autos (30–70 €), beispielsweise **Da Luigi** (☑️090 988 05 40; www.noleggiolipari.it; Marina Lunga) unten am Fähranleger.

BUS

Von **Autobus Guglielmo Urso** (☑️090 981 10 26; www.ursobus.com/orariursobus.pdf) verkehren häufig Busse über die Insel (1,55–1,90 € je nach Fahrtziel); los geht es an der Bushaltestelle gegenüber der Esso-Tankstelle an der Marina Lunga. Eine der beiden Hauptrouten bedient die Ostküste der Insel (von Canneto nach Acquacalda), die andere die Siedlungen im westlichen Bergland (Quattrocchi, Pianoconte und Quattropani). Wer sich mehrere Tage hier aufhält, kann mit einer Mehrfahrtenkarte (6/10/20-Fahrten 7/10,50/20,50 €) Geld sparen.

FÄHRE/SCHIFF

Der Haupthafen ist die Marina Lunga, wo sich ganz oben, an der Mole der Tragflügelboote, ein gemeinsames Büro von **Siremar** (☑️090 981 12 20; www.siremar.it) und **Ustica Lines** (☑️090 981 24 48; www.usticalines.it) befindet, in dem Fahrkarten verkauft werden. Auch der Fahrplan hängt hier aus – ebenso übrigens an der Touristeninformation. Neben dem Büro ist die Gepäckaufbewahrung untergebracht.

Fähren und Tragflügelboote verkehren ganzjährig nach Milazzo und zu allen anderen Äolischen Inseln; weniger häufig fahren Tragflügelboote das ganze Jahr über nach Messina sowie Fähren nach Neapel; ausschließlich im Sommer verkehrt ein Tragflügelboot nach Palermo. Die genauen Zeiten und Preise verrät die Website des jeweiligen Unternehmens.

Vulcano

720 EW. / 500 M

Vulcano ist eine Insel, die keiner so schnell vergisst! Aber das liegt nicht nur an dem Schwefelgeruch, sondern auch an der herrlich unberührten Natur gleich außerhalb des umtriebigen Touristenzentrums Porto di Levante. Am besten folgt man dem gut ausgeschilderten Weg zur Fossa di Vulcano. Wärenddessen wird die Landschaft immer ländlicher – mit Weingärten, Vogelgezwitscher und viel Grün. Die Italiener kommen vor allem wegen der heilkräftigen Schlammbäder und Thermalquellen auf die Insel. Die schwarzen Strände und die bizarre Vulkanlandschaft, aus der der Dampf qualmt, sind ein beliebtes Tagesausflugsziel. Schiffe legen am Porto di Levante an. Rechts davon (mit Blick in Richtung Insel) liegen die Schlammbäder und die kleine Halbinsel Vulcanello, links der Vulkan. Geradeaus befindet sich der Porto di Ponente; dort, 700 m westlich, erstreckt sich die Spiaggia Sabbia Nera, ein schwarzer Sand-Strand.

🏃 Aktivitäten

⭐ Fossa di Vulcano
WANDERN

(Eintritt 3 €) Hauptattraktion von Vulcano ist die einfache, einstündige Wanderung auf den 391 m hohen Vulkan hinauf (kein Führer erforderlich). Einstecken sollte man sich dazu einen Hut, Sonnenschutzmittel und ausreichend Wasser. Man folgt einfach der Ausschilderung südlich an der Strada Provinciale, dann geht es im Zickzackkurs auf einem unbefestigten, geröllreichen Weg zum Rand des Kraters (290 m) hinauf und anschließend weiter, rund um den Kraterrand, zum Gipfel. Von hier bietet sich ein sagenhafter Ausblick auf die anderen Äolischen Inseln, die sich gen Norden aneinanderreihen.

Laghetto di Fanghi
SCHLAMMBÄDER

(Eintritt 2 €, Dusche 1 €, Handtuch 2,60 €; ⊙ Sommer 7–23 Uhr, Winter 8.30–17 Uhr) Der Pool am Hafen mit seinem warmen, kaffeebrauen Schwefelwasser wird seit Langem wegen seiner therapeutischen Qualitäten gepriesen. Wem es nichts ausmacht, ein paar Tage nach dem Bad hier noch irgendwie „seltsam" zu riechen, sollte sich ins Nass stürzen, den Schlamm auf Gesicht und Körper schmieren und dann abwarten, bis die Lehmmaske trocken ist; anschließend wird sie abgespült, und dann geht es ab in die heißen blubbernden Quellen im kleinen natürlichen Meerwasserbecken gleich in der Nähe.

Aber Achtung: Den säurehaltigen Schlamm keinesfalls in die Augen bringen und zum Schutz Badeschuhe tragen – die Quellen sind fast kochend heiß!

Strände
STRAND

Bei Porto di Ponente, an der vom Tragflügelboot-Anleger weiter entfernten Seite der Halbinsel, schmiegt sich die beeindruckende schwarze **Spiaggia Sabbia Nera** an eine hübsche Bucht – einer der wenigen Sandstrände des Archipels. Ein weiterer kleinerer, ruhiger schwarzer Sandstrand, die **Spiaggia dell'Asina**, befindet sich auf der Südseite der Insel, ganz in der Nähe von Gelso.

🛏️ Schlafen & Essen

Von Wanderungen und den Schlammbädern einmal abgesehen, ist Vulcano keine Insel, die sich für einen längeren Aufenthalt anbietet. Die Ortschaft wirkt recht seelenlos, die Hotels kommen teuer, und der Schwefel stinkt wirklich gewaltig.

Casa Arcada
B&B, APARTMENT €

(📞 347 649 76 33; www.casaarcada.it; Via Sotto Cratere; B&B pro Pers. 27–55 €, DZ Apt. pro Woche 350–790 €; ❄️) Dieser reizende weiß getünchte Komplex bietet B&B in fünf einfachen Zimmern mit Klimaanlage und Mini-Kühlschrank; außerdem stehen noch Apartments zur Wahl, die sich wöchentlich mieten lassen. Von der Gemeinschaftsterrasse oben genießen die Gäste einen hübschen Blick auf den Vulkan und weit übers Wasser bis nach Lipari. Die Casa Arcada liegt praktisch am Fuß des Vulkans, 20 m von der Hauptstraße zurückversetzt zwischen dem Hafen und dem Pfad zum Krater hinauf.

⭐ La Forgia Maurizio
SIZILIANISCH, INDISCH €€

(📞 339 137 91 07; Strada Provinciale 45, Porto di Levante; Gerichte 30–40 €; ⊙ 12–15 & 19–23 Uhr) Der Besitzer dieses teuflisch guten Restaurants hat insgesamt 20 Winter in Goa (Indien) verbracht. Kein Wunder also, dass sich Einflüsse aus dem Mittleren Osten in die Speisekarte mit sizilianischen Spezialitäten eingeschlichen haben, die allesamt mit viel Flair zubereitet und appetitlich präsentiert werden. Keinesfalls entgehen lassen sollte man sich den *liquore di kumquat e cardamom*, Maurizios selbst gemachte Antwort auf den *limoncello*. Das wunderbare Degustationsmenü für 30 € einschließlich Wein und Nachtisch bietet viel fürs Geld.

ℹ️ Anreise & Unterwegs vor Ort

AUTO, MOTORROLLER & FAHRRAD

Sprint (📞 090 985 22 08; Via Provinciale, Porto di Levante) verleiht Motorroller (ab 20 € pro Tag), Fahrräder (ab 5 €) und kleine Autos (ab 40 €) in der Hauptniederlassung, die am Tragflügelboot-Anleger gut ausgeschildert ist. Die netten mehrsprachigen Besitzer Luigi und Nidra organisieren aber auch Ausflüge, auf denen die Insel erkundet wird, außerdem vermieten sie ein Apartment (40–70 €/Nacht) im beschaulichen Binnenland von Vulcano.

SCHIFF

Vulcano ist ein Zwischenstopp auf der Strecke Milazzo–Lipari; von Siremar und Ustica Lines verkehren den ganzen Tag über zahlreiche Schiffe auf dieser Route in beiden Richtungen.

Centro Nautico Baia di Levante (☎ 339 337 27 95; www.baialevante.it; ⊘ April–Okt.) verleiht Boote in einer Hütte am Strand links von der Mole, wo die Tragflügelboote anlegen.

Sicily in Kayak (☎ 329 538 12 29; www.sicilyinkayak.com) bietet Kajaktouren rund um Vulcano und zu den Nachbarinseln.

Salina

2200 EW. / 962 M

Im Unterschied zur kargen Natur auf Vulcano sind Salinas Zwillingskrater Monte dei Porri und Monte Fossa delle Felci dicht bewaldet. Ihre Fruchtbarkeit verdankt die Insel zahllosen Süßwasserquellen. Wildblumen, üppig gelbe Ginsterbüsche und dicht gestaffelte Reihen von Weinreben hüllen die Hänge in bunte Farben und kühle Grüntöne. Hohe Felsklippen türmen sich über malerisch gelegenen Stränden. Hier gedeihen die berühmten äolischen Kapern in Hülle und Fülle sowie die Trauben, aus denen der Malvasia gekeltert wird.

Sehenswertes & Aktivitäten

★ Monte Fossa delle Felci
WANDERN

In den Genuss einer Aussicht, bei der einem schier der Mund offen stehen bleibt, kommt, wer den höchsten Punkt der Äolischen Inseln erklimmt, den Monte Fossa delle Felci (962 m). Der zweistündige Aufstieg beginnt am **Santuario della Madonna del Terzito**, einer beeindruckenden Kirche aus dem 19. Jh. im Valdichiesa, einem Tal, das zwischen den beiden Vulkanen der Insel liegt. Auf dem Gipfel entfaltet sich dann das Panorama der symmetisch angeordneten Vulkankegel des Monte dei Porri, Filicudi und des Alicudi in der Ferne.

★ Salus Per Aquam
SPA

(Wellnesscenter; ☎ 090 984 42 22; www.hotelsignum.it; Via Scalo 15, Malfa; Eintritt 45 €, Behandlungen extra; ⊘ Okt.–März) Es macht Spaß, sich im sagenhaften Wellnesscenter des Hotels Signum in einem traditionellen Dampfhaus mit Adobe-Mauern einer belebenden Thermalpackung oder einer reinigenden Schwitzkur zu unterziehen. Zum Komplex gehören mehrere schicke Whirlpools in einem fantastischen Patio sowie herrliche Räumlichkeiten, in denen man seinen Körper in Sakzkristallen versenken

oder sich mit einer entspannenden Massage verwöhnen lassen kann. Ein wonnigliches Vergnügen bereitet auch eine Behandlung mit natürlichen Aromen wie Zitrone, Malvasia und Kapern.

Weingüter
WEINGUT

In der Umgebung von Malfa befinden sich zahlreiche Weingüter, in denen man den heimischen Malvasia-Wein probieren kann. An der Hauptstraße ausgeschildert ist **Fenech** (☎ 090 984 40 41; www.fenech.it; Via Fratelli Mirabilo 41), ein renommierter Winzer, dessen Malvasia 2012 bei fünf internationalen Wettbewerben prämiert wurde. Ein weiterer exzellenter Malvasia wird im luxuriösen Ferienort Capofaro, im 5,5 ha großen Weingut Tasca d'Almerita zwischen Malfa und Santa Marina, produziert.

Pollara
ORTSCHAFT

Das verschlafene Pollara kam in dem 1994 gedrehten Film *Il Postino* (Der Postmann) vor. Der Ort liegt dramatisch eingekeilt zwischen dem Meer und einem erloschenen Vulkankrater am westlichen Ende von Salina. Wegen Erdrutschgefahr ist der Zugang zum reizenden Strand für Fußgänger gesperrt; es besteht jedoch die Möglichkeit, nordwestlich der Ortschaft ein paar steile Stufen hinunterzuklettern und dann hinüberzuschwimmen. So mancher genießt aber auch einfach den tollen Anblick vor der Kulisse der Vulkanklippen.

Schlafen

Obwohl die Insel vom Massentourismus noch relativ verschont geblieben ist, gibt es hier einige der schönsten Hotels und Restaurants der Äolischen Inseln. Unterkünfte finden sich in den drei Hauptorten von Salina: Santa Marina Salina an der Ostküste, Malfa an der Nordküste und Rinella an der Südküste sowie in Lingua, einem Dorf gleich bei den alten Salzteichen, rund 2 km südlich von Santa Marina.

Hotel Mamma Santina
BOUTIQUEHOTEL €€

(☎ 090 984 30 54; www.mammasantina.it; Via Sanità 40, Santa Marina Salina; DZ 110–250 €; ⊘ April–Okt.; ❈@🛜🛝) Das Boutiquehotel wurde vom Besitzer, einem Architekten, mit viel Liebe höchstpersönlich erbaut. Geboten sind einladende Zimmer mit hübschen Fliesen im traditionellen äolischen Design. Viele haben eine Terrasse mit Meerblick samt Hängematte. Und an einem milden

Abend können die Gäste im zugehörigen Restaurant im Freien (Gerichte 35 bis 40 €) Platz nehmen mit Aussicht auf den schillernd blauen Pool und den zauberhaften Landschaftsgarten.

A Cannata PENSION €€
(☎ 090 984 31 61; www.acannata.it; Via Umberto, Lingua; Zi. pro Pers. inkl. Frühstück 40–90 €, inkl. Halbpension 65–115 €; 🛜) Die Pension – ein alteingesessner Familienbetrieb – in Meeresnähe in Lingua kann mit drei einfachen Zimmern über dem edlen Slow Food-Restaurant aufwarten. Die schönsten Quartiere in fröhlichem Orange und Blau befinden sich jedoch in einer Dependance ein Stück die Straße hinunter, die 2013 komplett renoviert wurde. Hier gibt es 25 geräumige Wohneinheiten mit handgemalten Fliesen; viele haben einen hübschen Blick auf die malerische Salzlagune von Lingua. Es besteht ganzjährig die Möglichkeit, Halbpension zu buchen – was auch überaus empfehlenswert ist.

★ Hotel Signum BOUTIQUEHOTEL €€€
(☎ 090 984 42 22; www.hotelsignum.it; Via Scalo 15, Malfa; DZ 160–500 €; ❇🛜🏊) Das Hotel, das seit seiner Renovierung fast wie neu wirkt, versteckt sich in den Gassen, die sich in Malfa den Hügel hinaufziehen. Geboten ist ein wahres Labyrinth an vor Antiquitäten strotzenden Zimmern mit pfirsichfarbenen Wänden samt Stuck und von Wein überwucherten Terrassen mit Blick auf den Stromboli. Das angeschlossene Wellnesscenter, der fantastische Pool und eines der besten Restaurants auf der Insel laden dazu ein, ein paar Tage mit jedem erdenklichen Komfort zu verbringen.

Capofaro BOUTIQUEHOTEL €€€
(☎ 090 984 43 30; www.capofaro.it; Via Faro 3, Malfa; DZ 230–440 €, Suite 370–640 €; ⊙Ende April–Anfang Okt.; ❇@🛜🏊) In diesem 5-Sterne-Boutique-Resort auf halber Höhe zwischen Santa Marina und Malfa können die Gäste in Luxus schwelgen. Rund um das Resort verstreut liegen diverse gepflegte Weingüter, aus denen der berühmte Malvasia stammt, außerdem ein malerischer Leuchtturm. Die 20 Zimmer sind ganz in Weiß gehalten und haben eine Terrasse mit Blick auf den rauchenden Stromboli. Tennisplätze, Massagen am Pool, Weinverkostungen und gelegentlich sogar Kochkurse runden den Aufenthalt ab.

 Essen

★ Da Alfredo SANDWICHES €
(Piazza Marina Garibaldi, Lingua; Granite 2,60 €, Sandwiches 8–12 €) In diesem Lokal auf Salina gibt es bezahlbares Essen – und das in einer sehr malerischen Umgebung. Alfredos Lokal ist in ganz Sizilien für seine *granite* bekannt: Sorbet mit Kaffee, frischem Obst und Pistazien und Mandeln, die hier angebaut werden. Auch die *pane cunzato* sollte man probieren: Auf den Broten türmen sich Thunfisch, Ricotta, Auberginen, Tomaten, Kapern und Oliven. Die Portion ist so riesig, dass locker noch jemand mitessen kann!

Al Cappero SIZILIANISCH €
(☎ 090 984 39 68; www.alcappero.it; Pollara; Gerichte 21–25 €; ⊙Ostern–Mai Mittagessen, Juni–Mitte Sept. Mittag- und Abendessen) Das Lokal – ein Familienbetrieb in Pollara – mit großzügiger Terrasse hat sich auf altmodische sizilianische Hausmannskost spezialisiert; auch für Vegetarier sind einige Gerichte dabei. Hier werden zudem Kapern aus eigenem Anbau verkauft, und ein paar einfache Zimmer (20–35 € pro Pers.), ein Stück weiter die Straße hinunter, sind auch noch zu vermieten.

★ A Cannata SIZILIANISCH €€
(☎ 090 984 31 61; Via Umberto I 13, Lingua; Gerichte 32 €; ⊙12.30–14.30 & 19.30–22 Uhr) Köstliche Hausmannskost mit Meeresfrüchten, dazu heimische Gemüsesorten, kommen im von der Sonne durchfluteten Pavillon am Meer dieses unprätentiösen, aber außergewöhnlichen Restaurants auf den Tisch, das schon seit fast vierzig Jahren von derselben Familie geführt wird. Am besten beginnt man das Gelage mit der Spezialität des Hauses, *maccheroni* mit Auberginen, Pinienkernen, Mozzarella und Ricotta, um dann zum Hauptgang fortzuschreiten: *calamaretti* (Baby-Tintenfisch), gegart im edlen Malvasia-Wein aus Salina.

★ Ristorante Villa Carla SIZILIANISCH €€
(☎ 090 980 90 13; Via S Lucia, Leni; Gerichte 30–35 €; ⊙Juni–Aug. 19–22 Uhr, restl. Jahr nach Vereinbarung) In ihrem Zuhause in den Bergen über Rinella servieren Carla Rando und Carmelo Princiotta unvergessliche Gerichte, zu denen Spezialitäten wie hausgemachte *tagliatelle* mit Pistazien und Orangen gehören oder auch fangfrischer Fisch mit einer Kruste aus Petersilie, Basilikum, Minze und Zitronenaroma vom Grill. Die beiden Terras-

sen sind von Rosen und Kakteen umrahmt und eröffnen einen schönen Blick übers Wasser auf die umliegenden Inseln. Tischreservierung empfohlen.

'nni Lausta
MODERN SIZILIANISCH €€

(☎ 090 984 34 86; www.isolasalina.com; Via Risorgimento, Santa Marina Salina; Gerichte 25–40 €; ☺ Ostern–Okt. 12–23 Uhr) Das schicke, moderne Speiselokal mit seinem netten Hummer-Logo serviert exquisite Gerichte auf der Basis von frischen Zutaten aus der Region, wobei 80 % der Lebensmittel aus dem eigenen Garten des Anwesens stammen. Die Bar unten ist beliebt für *aperitivi* oder einen Drink zu später Stunde. Mittags ist ein Drei-Gänge-Menü mit einem Glas Wein zu 25 € erhältlich, Gourmet-Sandwiches zum Mitnehmen kosten 5 €.

ⓘ Praktische Informationen

Banco di Sicilia (Via Risorgimento) Bank mit Geldautomat in der Hauptstraße von Santa Marina, einer Fußgängerzone.

ⓘ Anreise & Unterwegs vor Ort

AUTO, MOTORROLLER & FAHRRAD

Oberhalb des Hafens von Santa Marina Salina verleiht **Antonio Bongiorno** (☎ 090 984 34 09; www.rentbongiorno.it; Via Risorgimento 222, Santa Marina Salina) Fahrräder (ab 8 € pro Tag), Motorroller (ab 20 €) und Autos (ab 50 €). Mehrere Unternehmen in Rinella halten ähnliche Angebote bereit – am Fähranleger nach den Schildern Ausschau halten.

BUS

Von **CITIS** (☎ 090 984 41 50; www.trasporti salina.it) verkehren in der Nebensaison von Santa Marina Salina Busse im 90-Minutentakt (im Sommer öfter) nach Lingua und Malfa. In Malfa besteht die Möglichkeit, in einen Bus nach Rinella, Pollara, Valdichiesa und Leni umzusteigen. Der Fahrpreis beträgt – je nach Fahrtziel – 1,80 € bis 2,50 €. Fahrpläne hängen in den Häfen und an den Bushaltestellen aus.

SCHIFF

Tragflügelboote und Fähren steuern Santa Marina Salina und Rinella von Lipari und anderen Inseln aus an. In beiden Häfen stehen Kioske, die Fahrkarten verkaufen.

Stromboli

400 EW. / 924 M

Das perfekte Dreieck eines Vulkans ragt dramatisch aus dem Meer auf. Stromboli ist die einzige Insel, deren rauchender Kegel permanent aktiv ist – und deshalb dank der gewaltigen Flamme von einem steten Besucherstrom umschwirrt wird wie das Licht von den Motten. Die vulkanischen Aktivitäten haben die Nordwestseite der Insel zerfurcht und schwarz gefärbt; die Ostseite hingegen ist wild, von unbeeinträchtigtem Grün und mit niedrigen weiß getünchten Häusern gesprenkelt.

Der Stromboli, der jüngste der äolischen Vulkane, bildete sich vor erst 40 000 Jahren aus; seine Gase drücken bis heute einen nahezu konstanten Sprühregen an flüssiger Magma nach oben, ein Prozess, der von Vulkanologen als *attività strombolia-na* (strombolianische Aktivität) bezeichnet wird. Der letzte größere Ausbruch ereignete sich am 27. Februar 2007; damals öffneten sich auf dem Gipfel zwei neue Krater, die zwei Lavaströme an der Westflanke des Berges hinunterschickten. Obwohl die seismischen Aktivitäten mit herabstürzendem Gestein mehrere Tage lang anhielten, wurde eine Massenevakuierung der Insel nicht für notwendig erachtet. Eine frühere Eruption im April 2003 ließ auf das Dorf Ginostra Gesteinsbrocken niederhageln, und die Vulkanaktivität im Dezember 2002 führte zu einem Tsunami, der in der Stadt Stromboli schwere Schäden verursachte und sechs Menschen verletzte; die Insel wurde daraufhin einige Monate lang für Besucher gesperrt.

Schiffe kommen in Porto Scari/San Vincenzo, ein Stück unterhalb der Stadt, an. Die meisten Unterkünfte, aber auch der Treffpunkt für die geführten Touren auf den Vulkan, befinden sich ein Stück den Scalo Scari hinauf in Richtung Via Roma.

⊙ Sehenswertes & Aktivitäten

★ Stromboli-Krater
VULKAN

Für Naturfreunde zählt die Besteigung des Stromboli zu den Erfahrungen, die man sich keinesfalls entgehen lassen darf. Seit 2005 ist der Zugang streng reglementiert: Bis auf eine Höhe von 400 m kann man auf eigene Faust wandern, wer höher hinauf will, muss sich einen Führer nehmen. Organisierte Bergtouren werden täglich angeboten (15.30–18 Uhr, je nach Jahreszeit). Sie sind so konzipiert, dass man den Gipfel (924 m) bei Sonnenuntergang erreicht und dann Zeit hat, sich eine dreiviertel Stunde lang das Feuerwerk des Kraters anzusehen.

Die Bergtour selbst dauert 2½ bis drei Stunden, der Abstieg zur Piazza San Vincenzo geht dann schneller (1½–2 Std.). Somit steht fest, dass die Wanderung hin und zurück eine anstrengende Tour von fünf- bis sechs Stunden ist. Wer sie machen möchte, benötigt dazu gute Bergstiefel, einen Rucksack mit Armfreiheit, Kleidung gegen Kälte und Nässe, ein T-Shirt zum Wechseln, ein Taschentuch gegen den Staub (Achtung: keine Kontaktlinsen tragen!), eine Taschenlampe/Signallampe, ein bis zwei Liter Wasser und etwas zu essen. Falls jemand all diese Dinge nicht zur Verfügung hat, hilft **Totem Trekking** (☑ 090 986 57 52; www.totemtrekking stromboli.com; Piazza San Vincenzo 4; ⊙ 9.30–13 & 15.30–19 Uhr) weiter; hier kann man die gesamte Ausrüstung leihen, beispielsweise Bergstiefel (6 €), Rucksäcke (5 €), Wanderstöcke (4 €), Taschenlampen (3 €) und Wanderjacken (5 €).

★ **Aussichtspunkt Sciara del Fuoco**   AUSSICHTSPUNKT

(Feuerweg) Wer keinen Nerv hat, den Gipfel zu erklimmen, kann 400 m zum sagenhaften Aussichtspunkt Sciara del Fuoco hinaufgehen (die schwarze Lavanarbe zieht sich am Nordhang des Berges hinunter) und sich die Explosionen im Krater von unten anschauen. Bis zur Sciara ist es gestattet, auf eigene Faust zu wandern; wer nachts unterwegs ist, sollte unbedingt eine Taschenlampe mitnehmen.

Die Eruptionen treten etwa alle 20 Minuten auf, beginnend mit einem lauten Getöse tief im Innern, wenn die Gase das Magma in die Luft schleudern. Nach jeder Eruption sieht man dann, wie feuerrote Felsen den scheinbar endlosen Hang hinunterkrachen und ins Meer stürzen, dass es nur so spritzt. Am schönsten lässt sich dieses dramatische Schauspiel an einem ruhigen Abend zu beobachten, denn dann sind die leuchtend rote Sciara und der explodierende Vulkankegel am plastischsten erkennbar.

Wer gegen Sonnenuntergang ankommt, kann eine Hälfte der Tour bei Tageslicht zurücklegen, dann eine Pizza-Pause einlegen und sich auf dem Rückweg beim Abstieg im L'Osservatorio noch mehr Vulkangeschmauche anschauen. Aber auch kurz vor Sonnenaufgang ist die Bergtour ein tolles Erlebnis, denn dann hat man den Berg aller Wahrscheinlichkeit nach ganz für sich allein.

Der Weg beginnt in Piscità, 2 km westlich vom Hafen von Stromboli. Von hier sind es etwa 30 Minuten bis zum L'Osservatorio und eine weitere halbe Stunde bis zum Aussichtspunkt. Auf alle Fälle sollte man jede Menge Wasser mitnehmen – gegen Ende geht es nämlich steil bergauf.

Strände   STRAND

Die schwarzen Sandstrände auf Stromboli sind die schönsten der ganzen Äolischen Inseln. Am besten zugänglich und der Hit bei Schwimmern und Sonnenanbetern ist der **Ficogrande**, ein Streifen aus Felsen und schwarzem Vulkansand; er lässt sich in rund zehn Minuten zu Fuß in Richtung Nordwesten von der Mole aus erreichen, wo die Tragflügelboote anlegen. Etwas abgelegenere Kieselstrände, die zu erkunden sich lohnen, befinden sich westlich in **Piscità** und in **Forgia Vecchia**, lediglich 300 m südlich vom Hafen.

La Sirenetta Diving   TAUCHEN

(☑ 338 891 96 75, 347 596 14 99; www.lasirenetta diving.it; Via Marina 33; ⊙ Juni–Mitte Sept.) Im Angebot sind Tauchkurse und begleitete Tauchgänge.

🧭 Geführte Touren

Magmatrek (☑ 090 986 57 68; www.magma trek.it; Via Vittorio Emanuele) Das Unternehmen verfügt über erfahrene, mehrsprachige Guides, die sich in Vulkanologie gut auskennen und jeden Nachmittag Wanderungen (max. Gruppengröße: 20 Pers.) auf den Krater veranstalten (pro Pers. 28 €). Es werden auch individuelle Touren nach den Wünschen der Kunden durchgeführt. Weitere Firmen mit identischen Preisen sind **Il Vulcano a Piedi** (☑ 090 98 61 44; www. stromboliguide.it; Via Roma) und **Stromboli Adventures** (☑ 090 98 62 64; www.stromboli adventures.it; Via Vittorio Emanuele).

Società Navigazione Pippo (☑ 090 98 61 35; pipponav.stromboli@libero.it; Porto Scari) und Antonio Caccetta (☑ 090 98 60 23; Vico Salina 10) zählen zu den zahlreichen Anbietern am Porto Scari, die tagsüber dreistündige Bootsrundfahrten um die Insel (25 €) organisieren sowie einen 1½-stündigen Bootsausflug bei Sonnenuntergang; die Teilnehmer können die Sciara del Fuoco vom Meer aus bestaunen (20 €).

🛏 Schlafen & Essen

Es gibt über ein Dutzend Unterkünfte, darunter B&Bs, Gästehäuser und auch voll ausgestattete Hotels.

★ **Casa del Sole** GÄSTEHAUS €
(☎090 98 63 00; www.casadelsolestromboli.
it; Via Cincotta; B 25–30 €, EZ 30–50 €, DZ 60–
100 €) Das fröhliche Gästehaus in äoli-
schem Stil liegt nur 100 m von einem netten
schwarzen Sandstrand entfernt in Piscitá,
einem ruhigen Viertel am westlichen Rand
des Ortes. Die Mehrbettzimmer, Doppelzimmer und die Gästeküche gruppieren sich um
einen sonnigen Patio, der von Wein überwuchert ist, nach Zitronenblüten duftet und
mit Masken und Steinskulpturen dekoriert
ist. Sie stammen von dem Bildhauer Tano
Russo, dem die Casa gehört. Wer anruft,
kann sich kostenlos abholen lassen (nur in
der Nebensaison).

Das Taxi vom 2 km entfernten Hafen kostet aber lediglich 10 €.

Albergo Brasile PENSION €
(☎090 98 60 08; www.strombolialbergobrasile.
it; Via Soldato Cincotta; DZ 70–90 €, Halbpension
pro Pers. 70–90 €; ⊗Ostern–Okt.; ❄) Diese
legere Billigunterkunft bietet coole weiße
Zimmer, einen hübschen Hof am Eingang
mit Zitronen- und Olivenbäumen sowie eine
Bibliothek mit Taschenbüchern in zig Sprachen, die den Gästen zur erbaulichen Lektü-
re zur Verfügung stehen. Von der Dachterrasse schweift der Blick auf der einen Seite
übers Meer, auf der andern bis zum Vulkan.
Zwei größere Zimmer haben Klimaanlage
und kosten mehr. Im Juli und August muss
Halbpension gebucht werden.

★ **L'Osservatorio** PIZZERIA €
(☎090 98 63 60; Pizzas 6,50–10,50 €;
⊗10.30 Uhr–spät abends) Klar, man kann
seine Pizza auch im Ort verspeisen – dann
aber nichts wie los, schließlich ist man ja
auf Stromboli! Und deshalb marschiert man
45 Minuten bergauf zu dieser Pizzeria, die
ihre Gäste auf der unlängst vergrößerten
Aussichtsterrasse mit einem außergewöhnlichen Blick auf den Vulkan belohnt – perfekt bei Sonnenuntergang!

**La Bottega del
Marano** GEMISCHTWARENLADEN, DELI €
(Via Vittorio Emanuele; Snacks ab 2 €; ⊗Mo–Sa
8.30–13 & 16.30–19.30 Uhr) Dieser Gemischtwarenladen mit vernünftigen Preisen ist
die perfekte Anlaufstelle, um sich für den
Aufstieg auf den Vulkan mit Vorräten einzudecken oder um Zutaten fürs Mittagessen
einzukaufen. Das Geschäft befindet sich
fünf Minuten westlich der Reisebüros, die
Wandertouren anbieten, und kann mit gut

sortierten Vitrinen mit allerlei Wurstwaren,
zig Sorten Käse, Oliven, Artischocken und in
der Sonne getrockneten Tomaten aufwarten.
In den Regalen verlocken zudem Wein und
superleckere Mini-Focaccias (2 €).

Ai Gechi MEERESFRÜCHTE €€
(☎090 98 62 13; Vico Salina 12, Porto Scari; Gerichte 31–35 €; ⊗Ostern–Mitte Okt. 12–15 & 19–
23 Uhr) Über einen Pfad, der mit aufgemalten Eidechsen gekennzeichnet ist, gelangt
man zu diesem tollen versteckten Lokal in
einer Gasse bei der Via Roma. Die schattige Veranda des weiß getünchten äolischen
Hauses, gesäumt von hohen Säulenkakteen,
dient als Speisebereich. Sie ist einfallsreich
dekoriert mit Schiffslampen und dem Skelett eines Wals, den der Besitzer gleich in der
Nähe gefunden hat. Es werden traditionelle
Meeresfrüchtegerichte mit leicht modernem
Touch serviert; dazu mundet ein Wein von
der hervorragenden Weinkarte mit edlen
Tropfen aus der Region.

❶ Praktische Informationen

Für den Aufenthalt auf Stromboli sollte man ausreichend Bargeld mitbringen. Viele Geschäfte
nehmen keine Kreditkarten an, und der einzige
Geldautomat der Ortschaft in der Via Roma ist
oft außer Betrieb. Der Internetzugang ist beschränkt und zudem noch langsam.

❶ An- & Weiterreise

Von Lipari nach Stromboli ist man vier Stunden
mit der Fähre unterwegs, mit dem Tragflügelboot sind es 1¼ bis zwei Stunden. Mindestens
ein Tragflügelboot fährt direkt von Milazzo
(21,95 €) auf die Insel. Die Büros von **Ustica
Lines** (☎090 98 60 03; www.usticalines.it)
und **Siremar** (☎090 98 60 16; www.siremar.
it), in denen Fahrkarten erhältlich sind, befinden
sich am Hafen.

IONISCHE KÜSTE

Zu viele Menschen, zu viele Hotels und
trotzdem herrlich – die Ionische Küste ist
das beliebteste Urlaubsziel auf Sizilien. Hier
leben 20 % der sizilianischen Bevölkerung.
Betuchte Unternehmer haben die gesamte
Küste rauf und runter mit Villen und Hotels
bebaut, um auch ja ein Plätzchen an Siziliens Version der berühmten Amalfiküste zu
ergattern. Und über allem erhebt sich der
schneebedeckte Ätna (3329 m) und stößt
dunkle Rauchwolken aus.

SIZILIEN IONISCHE KÜSTE

Taormina

N ↑

0 ———— 200 m

Via Rotabile per Castelmola

Autostrada Messina-Catania

Via Leonardo da Vinci

Via Fazzello

Via Pietro Rizzo

Castelmola
(5 km)

Post (50 m);
(3 km)

Palazzo Duca di Santo Stefano

Piazza del Duomo

Piazza San Domenico

Piazza Paladini

Via Paladini

Piazza Garibaldi

Palazzo Ciampoli

Corso Umberto

Piazza

5

12 ✕

9

15

Via Circonvallazione

Via Don Bosco

Torre dell'Orologio

Piazza IX Aprile

Salita dei Gracchi

6

7

2

10 ✕

Via Timeo

Isoco Guest House (300 m)

13 ✕

Piazza Santa Caterina

i

Porta Messina

Via Luigi Pirandello

Lido Mazzarò (500 m);
Isola Bella (1 km);
Nike Diving Centre (1 km)

14 ✕

Interbus (200 m);
Lido Mazzarò (1,5 km);
(4 km)

Teatro Greco

1

Via Teatro Greco

Via di Giovanni

Piazzetta Filea

Via Naumachie

Corso Umberto I

Via Giardinazzo

Via Timoleone

Via Ginnasio

Via A Marziani

Via Roma

Via Scesa Bastione

16

17

9

m

11 ✕

Parco Duchi di Cesarò (Villa Comunale)

Via Bagnoli Croce

8

4

Taormina

Taormina

11 100 EW. / 204 M

Taormina ist eine wunderschöne Kleinstadt, die auf einer Terrasse des Monte Tauro liegt. Es bieten sich herrliche Blicke auf den westlich gelegenen Ätna; Taormina erinnert an Capri oder auch an Amalfi. Im Lauf der Jahrhunderte hat der kleine Ort viele Menschen bezaubert, darunter auch Schriftsteller, Künstler und Aristokraten. Wenn die Stadt im Sommer ihr Kunstfestival ausrichtet, quillt der Ort schier über von Besuchern aus dem In- und Ausland.

Taormina thront oben am Berg wie ein Adlerhorst, es ist schick, cool und wohlhabend – und somit meilenweit entfernt von der Banalität wirtschaftlicher Sachzwänge, denen das Alltagsleben anderer Städte auf Sizilien unterliegt. Aber der Charme ist nicht künstlich. Im 9. Jh. Hauptstadt des byzantinischen Sizilien ist Taormina eine fast perfekt erhaltene mittelalterliche Stadt, und wer sich vom Shoppen und Sonnenbaden losreißen kann, findet hier Unmengen kleiner, aber toller Sehenswürdigkeiten. Taormina ist außerdem bei Schwulen als Ferienort beliebt. Aber Achtung: Im Juli und August sind die Stadt und die Strände der Umgebung sehr überlaufen.

◉ Sehenswertes

Vom Busbahnhof gelangt man nach ein paar Schritten bergauf zum Corso Umberto I. (nachfolgend abgekürzt: Corso Umberto), eine von mehreren Hauptstraßen, die in eine Fußgängerzone umgewandelt wurden. Sie führt durch die ganze mittelalterliche Stadt und verbindet die beiden historischen Stadttore Porta Messina und Porta Catania.

★ **Teatro Greco**   AMPHITHEATER
(☑094 22 32 20; Via Teatro Greco; Erw./erm./ EU-Bürger unter 18 & über 65 Jahre 10/5 €/frei; ⏱9–1 Std. vor Sonnenuntergang) Die Hauptattraktion von Taormina ist das hufeisenförmige Theater, das gleichsam zwischen dem Meer und dem Himmel zu schweben scheint; die Bühne bildet den perfekten Rahmen für den Ätna am südlichen Horizont. Das Theater wurde im 3. Jh v. Chr. erbaut und ist das zweigrößte griechische Theater – nach Syrakus – auf Sizilien. Im Sommer finden hier internationale Kunst- und Filmfestivals statt. Es empfiehlt sich, früh am Morgen zu kommen, denn dann sind noch keine Menschenmassen unterwegs.

Corso Umberto   STRASSE
Eine der vergnüglichsten Beschäftigungen in Taormina ist ein Bummel über die fußgängerfreundliche mittelalterliche Hauptstraße, die von Antiquitätengeschäften, Juwelieren, Feinkostläden und Designer-Boutiquen gesäumt ist. So etwa auf halber Höhe lohnt eine Pause an der **Piazza IX Aprile**, um den sagenhaften Panoramablick auf den Ätna und die Küste zu genießen. Dort sollte man unbedingt auch der reizenden Rokoko-Kirche **Chiesa San Giuseppe** (Piazza IX Aprile; ⏱9–19 Uhr) einen kurzen Besuch abstatten.

Der Weg führt nun in Richtung Westen vorbei am Uhrturm aus dem 12. Jh, der **Torre dell'Orologio**, in den Borgo Medievale, das älteste Viertel von Taormina. Nur ein paar Blocks weiter ist die **Piazza del Duomo** erreicht; dort beeindruckt ein

ABSTECHER

DIE INSELWELT RUND UM SIZILIEN

Sizilien ist ein Paradies für Leute, die ein Faible für Inseln haben. Über ein Dutzend Eilande liegen rund um die Hauptinsel verstreut im Meer. Neben den größeren Äolischen Inseln Lipari, Vulcano, Stromboli und Salina, die in diesem Reiseführer erläutert werden, lohnt auch ein Abstecher zu den kleineren Äolischen Inseln **Panarea**, **Filicudi** und **Alicudi**. Eine Alternative ist, von der Westküste Siziliens aus die beschaulichen **Ägadischen Inseln** oder das entlegene vulkanische Eiland **Pantelleria** zu besuchen. Südlich von Agrigent befinden sich die **Pelagischen Inseln** Lampedusa, Linosa und **Lampione** mit einigen herrlichen Stränden. Von **Ustica Lines** (www.usticalines.it) und **Siremar** (www.siremar.it) fahren Tragflügelboote und/oder Fähren zu allen oben genannten Inseln. Umfassendere Informationen zu Ustica, den Ägadischen Inseln und den kleineren Äolischen Inseln samt Tipps zum Übernachten und Essen findet man im *Lonely Planet Sizilien.*

kunstvoller Barockbrunnen, der von einem zweibeinigen Zentauren mit der Büste eines Engels geschmückt wird – das Symbol der Stadt. Imposant ragt hier der Dom aus dem 13. Jh. auf; er hat die Umgestaltungsmaßnahmen, die spanische Adelige im Stil der Renaissance im 15. Jh. in der ganzen Stadt vornehmen ließen, überdauert. Der Einfluss der Renaissance lässt sich auch an anderen Prachtbauten am Corso besser erkennen, beispielsweise am **Palazzo Duca di Santo Stefano** mit normannisch-gotischen Fenstern, am **Palazzo Corvaja** (mit der Touristeninformation) sowie am **Palazzo Ciampoli**, in dem sich heute das Hotel El Jebel befindet.

Villa Comunale
PARK

(Parco Duchi di Cesarò; Via Bagnoli Croce; ⊙im Sommer 9–24 Uhr, im Winter 9 Uhr bis Sonnenuntergang) Wer der Menschenmassen entfliehen möchte, sollte zu diesen herrlich gelegenen öffentlichen Gartenanlagen spazieren. Dieses Paradies, bestehend aus tropischen Pflanzen und edlen Blumen, ließ einst die Engländerin Florence Trevelyan anlegen. Für die kleinen Gäste gibt es hier einen Kinderspielplatz.

Castelmola
BERGDORF

Der Blick über die Küste und das Meer ist von hier oben unglaublich! Wer nun neugierig geworden ist, wandert 5 km die Via Leonardo da Vinci zum Bergdorf hinauf, das von einer Burgruine gekrönt wird. Der Spaziergang auf der gut gepflasterten Straße dauert etwa eine Stunde. Eine Alternative sind die Interbusse; sie fahren im Stundentakt (einfache Fahrt/hin & zurück 1,80/ 2,80 €) den Berg hinauf.

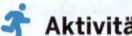

Aktivitäten

Lido Mazzarò
STRAND

Zahlreiche Besucher, die in Taormina Urlaub machen, kommen ausschließlich wegen des Strandlebens. Der Lido Mazzarò, direkt unterhalb von Taormina, lässt sich mit der **Seilbahn** (einfache Fahrt/ Hin- & Rückfahrt 3/3,50 €; ⊙Okt.–März 9–20.15 Uhr, April–Sept. 9–13 Uhr) schnell und bequem erreichen. Der Strand verfügt über viele Einrichtungen wie Bars und Restaurants; Privatunternehmen verlangen eine ansprechende Gebühr für Sonnenschirme und Liegen (diese wird aber von einigen Hotels erstattet).

Isola Bella
NATURRESERVAT

Südwestlich vom Strand befindet sich die winzige Isola Bella, die in einer herrlichen Bucht mit Fischerbooten liegt. Hier kann man schön spazieren gehen, mehr Spaß macht es aber, bei Mazzarò ein Boot zu mieten und um das Capo Sant'Andrea herumzupaddeln.

Nike Diving Centre
TAUCHEN

(☎339 196 15 59; www.diveniketaormina.com; Einzeltauchgang inkl. Leihgebühr für die Ausrüstung ab 45 €) Das Tauchzentrum gegenüber der Isola Bella bietet eine breite Palette an Kursen für Kinder und Erwachsene.

Gole dell'Alcantara
SCHWIMMEN, WANDERN

(www.terralcantara.it/en; Eintritt 8 €; ⊙8 Uhr bis Sonnenuntergang) Die zig schwindelerregenden Lavaschluchten mit strudelnden Stromschnellen, 20 km westlich der Stadt, bieten sich an, um sich an einem heißen Sommertag abzukühlen. Von Taormina fährt der Interbus (5 € Hin- & Rückfahrt, 55 Min.) hin.

✨ Feste & Events

Taormina FilmFest
FILM

(www.taorminafilmfest.it) Mitte Juni machen eine Woche lang Hollywood-Größen der Stadt ihre Aufwartung; dann stehen Filmvorführungen, Premieren und Pressekonferenzen im Teatro Greco auf dem Programm.

Taormina Arte
DARSTELLENDE KÜNSTE

(www.taormina-arte.com) Im Juli und August bietet das Festival Opern, Tanz, Theater und Musikkonzerte. Die Liste an klangvollen Namen aus dem In- und Ausland ist beeindruckend.

🛏 Schlafen

Taormina kann mit einer Fülle von Luxusherbergen aufwarten, es gibt jedoch auch weniger kostspielige Quartiere. Viele Hotels bieten ermäßigte Parkgebühren (ab 10 €) auf den beiden öffentlichen Parkplätzen Taorminas an.

★ Isoco Guest House
B&B €

(📞 094 22 36 79; www.isoco.it; Via Salita Branco 2; EZ 65–120 €, DZ 85–120 €; ⊙ März–Nov.; 🅿 ❄ @) Jedes Zimmer dieses einladenden, schwulenfreundlichen B&B ist einem speziellen Künstler gewidmet – von Botticelli bis hin zu den modellierten Pobacken und aus den Höschen guckenden Oberschenkeln an den Wänden des Herb-Ritts-Zimmers. An weiteren Annehmlichkeiten warten auf die Gäste ein hervorragendes Frühstück, eine entspannende Sonnenterrasse und ein Whirlpool im Freien. Die Mitarbeiter sprechen Deutsch und Englisch.

B&B Le Sibille
B&B €

(📞 349 726 28 62; www.lesibille.net; Corso Umberto 187a; DZ 60–110 €, Apt. pro Woche ohne Frühstück 400–620 €; ⊙ April–Okt.; @ 🛜) Dieses B&B bekommt dicke Pluspunkte für seine tolle Lage an der autofreien Hauptstraße von Taormina, die Dachterrasse und die fröhlichen, künstlerisch angehauchten Apartments für Selbstversorger. Aber Achtung: Wer einen leichten Schlaf hat, fühlt sich von den lärmenden Urlaubern auf dem Corso Umberto oft gestört.

Hostel Taormina
HOSTEL €

(📞 349 102 61 61, 094 262 55 05; www.hosteltaormina.com; Via Circonvallazione 13; B 17–23 €, DZ 58–80 €; ❄ @ 🛜) Das einzige Hostel der Stadt hat ganzjährig geöffnet. Es befindet sich in einem Gebäude mit Dachterrasse

und tollem Meerblick. Das Hotel ist recht klein – es hat gerade einmal 23 Betten in den Schlafsälen sowie ein Doppelzimmer –, und die Einrichtungen sind einfach. Doch der Manager Francesco ist ein hilfsbereiter, netter Typ, die Betten sind bequem, und eine Gemeinschaftsküche ist auch noch vorhanden. Kein Frühstück.

★ Hotel Villa Belvedere
HOTEL €€

(📞 094 22 37 91; www.villabelvedere.it; Via Bagnoli Croce 79; EZ 70–190 €, DZ 80–280 €, Suite 120–450 €; ⊙ März–Ende Nov.; ❄ @ 🛜 🏊) Die 1902 erbaute Villa Belvedere ist so schön, dass man nur staunen kann. Das Hotel war ursprünglich eines von mehreren Grandhotels in Toplage mit sagenhafter Aussicht und üppigen Gärten, die ein besonderes Highlight sind. Ein Pool mit einer zehn Jahre alten Palme, die auf einer kleinen Insel in der Mitte aufragt, ist auch noch vorhanden.

Hotel Villa Schuler
HOTEL €€

(📞 094 22 34 81; www.hotelvillaschuler.com; Via Roma, Piazzetta Bastione; DZ 150–220 €; 🅿 ❄ @ 🛜) Die rosafarbene Villa Schuler inmitten eines schattigen terrassierten Gartens und mit Blick auf den Ätna wird schon seit über 100 Jahren von ein und derselben Familie geführt – länger als jedes andere Hotel in Taormina; dementsprechend anheimelnd ist die Atmosphäre. Das leckere Frühstück nehmen die Gäste auf der Aussichtsterrasse ein.

Casa Turchetti
B&B €€€

(📞 0942 62 50 13; www.casaturchetti.com; Salita dei Gracchi 18/20; DZ 200–250 €, Junior-Suite 350 €; ❄ 🛜) In dieser akribisch renovierten ehemaligen Musikschule, die unlängst in ein luxuriöses B&B umfunktioniert wurde, zeugt jedes Detail von Perfektion. Die Casa Turchetti liegt etwas oberhalb vom Corso Umberto in einer kleinen Gasse. Nostalgische Möbel und Armaturen, Schnitzereien, edle handgewebte Bettlaken und moderne Bäder sorgen für ein elegantes Flair. Und die großzügige Dachterrasse ist schließlich das Tüpfelchen auf dem „i".

🍴 Essen

Essen bedeutet in Taormina: sehen und gesehen werden. Deshalb ist es auch wichtig, in den edleren Restaurants rechtzeitig zu reservieren. Aber Achtung: Die Cafés in Taormina lassen sich schon einen einfachen Kaffee enorm teuer bezahlen.

Granduca
PIZZERIA €

(☎094 22 49 83; Corso Umberto 172; Pizzas 7–11 €; ☺Abendessen) Das spießige, typisch überteuerte Restaurant im Obergeschoss kann man gleich mal vergessen. Der beste Grund, das Granduca zu besuchen, ist nämlich die Pizza, die im Sommer auf der großzügigen Terrasse unten mit Blick auf den Ätna und das Meer auf den Tisch kommt – eine unschlagbare Kombination von Aussicht, Qualität und Preis.

La Piazzetta
SIZILIANISCH €€

(☎094 262 63 17; Via Paladini 5; Gerichte 25 €; ☺Im Winter Mo geschl.) In diesem kleinen Speiselokal, das sich an der Ecke der überaus malerischen Piazzetta Paladini versteckt, munden Traditionsgerichte wie *pasta alla Norma* (Pasta mit Basilikum, Auberginen, Ricotta und Tomaten) sowie vielerlei frische Fischgerichte, zu denen einer der guten Rot- oder Weißweine passt.

Tiramisù
PIZZERIA, SIZILIANISCH €€

(☎094 22 48 03; Via Cappuccini 1; Pizzas 7–14 €, Gerichte 35 €; ☺Mi–Mo) Das schicke Restaurant neben der Porta Messina zaubert sagenhafte Gerichte, von *linguine cozze, menta e zucchine* (Pasta mit Muscheln, Minze und Zucchini) bis hin zu altbewährten Klassikern wie *scaloppine al limone e panna* (Kalbfleisch in Zitronencremesoße). Wenn der Nachtisch naht, sollte man sich keinesfalls die Spezialität des Hauses, das Tiramisu, entgehen lassen – der perfekte Abschluss einer jeden Völlerei.

Trattoria Da Nino
TRATTORIA €€

(☎094 22 12 65; Via Luigi Pirandello 37; Gerichte 27–34 €; ☺Mittag- & Abendessen) Das Da Nino ist schon seit 50 Jahren in Besitz derselben Familie. Es hat sich auf herzhafte sizilianische Hausmannskost zu vernünftigen Preisen spezialisiert, beispielsweise die hervorragenden *caponata*, aber auch auf frischen Fisch, der gegrillt, gedämpft, frittiert, gekocht oder in Form von *involtini* (Rouladen) serviert wird.

La Giara
MODERN SIZILIANISCH €€€

(☎094 22 33 60; Vico la Floresta 1; Gerichte 60 €) Ein Essen auf der Dachterrasse des La Giara zählt zu den Klassikern in Taormina. Das Restaurant ist eines der schönsten der ganzen Stadt. Die Räumlichkeiten präsentieren sich in dezentem Art-Déco, und die stimmungsvolle Pianobar würde Humphrey Bogart in *Casablanca* alle Ehre machen. Auf der Speisekarte stehen moderne Gerichte, die sich der kulinarischen Tradition der Insel verpflichtet zeigen, also beispielsweise Risotto mit Wildkräutern und Tintenfisch in Marsala-Soße. Es macht Sinn, einen Tisch zu reservieren.

Ausgehen & Nachtleben

Shatulle
BAR

(Piazza Paladini 4; ☺Di–So) Das hippe, schwulenfreundliche Shatulle ist eine der besten und beliebtesten Bars von Taormina an dieser intimen Piazza gleich beim Corso Umberto. Hier herrscht eine einladende Atmosphäre, es gibt ein paar Tische im Freien, und die Auswahl an Cocktails (ab 5,50 €) kann sich wirklich sehenlassen. Generell steht die Piazza Paladini bei jungen, gut gekleideten Nachteulen aus Taormina hoch im Kurs.

Bar Turrisi
BAR

(☺9–2 Uhr) Hoch über Taormina in der Berggemeinde Castelmola verlockt diese kapriziöse Bar auf vier Ebenen mit Blick auf den Kirchplatz. Das Dekor ist eine extravagante Mischung aus allerlei sizilianischen Einflüssen – von bemalten Karren bis hin zu einer gigantischen *minchia* aus Stein (die Übersetzung erübrigt sich, sobald man das Teil vor sich sieht). Hier mundet ein Glas Mandelwein bei schöner Aussicht.

Shoppen

Taormina ist das reinste Eldorado für Leute, die gern einen Schaufensterbummel unternehmen. Die Qualität ist in den meisten Geschäften hoch, aber die Hoffnung auf ein Schnäppchen sollte sich hier sicher niemand machen.

Carlo Mirella Panarello
KERAMIK

(Via Antonio Marziani) Sizilien kann auf eine lange Tradition in der Keramikherstellung zurückblicken, und das bedeutet, dass wirklich originelles Design im Handel ist. Dieses Atelier befindet sich in der Via A Marzani (läuten, damit geöffnet wird); das Geschäft um die Ecke am Corso Umberto I. verkauft dagegen eher traditionellen Schmuck, Taschen und Hüte.

La Torinese
LEBENSMITTEL, WEIN

(Corso Umberto 59) Dieser Laden ist fantastisch, um sich mit einheimischem Olivenöl, Kapern, Honig und Wein einzudecken. Die stoßsichere Verpackung garantiert, dass auch alles heil zu Hause ankommt.

Praktische Informationen

Am Corso Umberto finden sich zig Banken mit Geldautomaten.

Ospedale San Vincenzo (📞 0942 57 92 97; Contrada Sirina) Das Krankenhaus befindet sich südwestlich vom Stadtzentrum, 2 km bergab. Unter derselben Telefonnummer ruft man auch einen Krankenwagen.

Polizei (📞 094 261 02 01; Corso Umberto 219)

Touristeninformation (📞 094 22 32 43; www.gate2taormina.com; Piazza Santa Caterina, beim Corso Umberto I; ⏰ ganzjähr. Mo–Fr 8.30–14.30 & 15–19 Uhr, April–Okt. Sa 9–13 & 16–18.30 Uhr) Das mehrsprachige Personal hält eine Fülle von praktischen Informationen für Besucher bereit.

Anreise & Unterwegs vor Ort

AUTO & MOTORROLLER

Taormina liegt an der Autostrada A18 und der SS114 zwischen Messina und Catania. In der Nähe vom historischen Zentrum Auto zu fahren gerät allerdings zum absoluten Alptraum, und der Corso Umberto ist generell für den Verkehr gesperrt. Die praktischsten Parkmöglichkeit bieten der **Parkplatz Porta Catania** (15 €/ 24 Std.) am westlichen Ende des Corso Umberto oder der Parkplatz Lumbi nördlich vom Zentrum; von hier verkehrt ein kostenloser Shuttlebus zur Porta Messina am östlichen Ende des Corso Umberto; zu Fuß ist man in fünf Minuten dort. Die Parkplätze verlangen dieselbe Gebühr.

California (📞 094 22 37 69; www.california rentcar.com; Via Bagnoli Croce 86; Vespa pro Tag/Woche 35/224 €, Fiat Panda 64/300 €) In diesem Geschäft gegenüber der Villa Comunale kann man Autos und Motorroller mieten.

BUS

Taormina lässt sich am einfachsten mit dem Bus erreichen.

Interbus (📞 094 262 53 01; Via Luigi Piran-dello) bietet täglich Verbindungen nach Messina (4,10 €, 55 Min.–1¾ Std., Mo–Sa 10-mal tgl., So 2-mal) und Catania (4,90 €, 1¼ Std., 7–11-mal tgl.); dieser Bus fährt dann weiter zum Flughafen Fontanarossa von Catania (7,90 €, 1½ Std.).

ZUG

Es verkehren von Taormina regelmäßig Züge von und nach Messina (3,95–7,50 €, 40–70 Min., stündl.) und Catania (3,95–7,50 €, 40–55 Min., stündl.), allerdings liegt der Bahnhof von Taormina arg ungünstig, nämlich 4 km steil unterhalb der Stadt – was viele abschreckt.

Wer hier ankommt, nimmt ein Taxi (15 €) oder einen Interbus (1,80 €, alle 30–90 Min.) in die Stadt hinauf.

Catania

296 000 EW.

Catania ist wahrhaftig eine Stadt auf dem Vulkan. Vieles ist aus Vulkangestein erbaut, ein Relikt der Lavaströme, die 1669 bei einem Ausbruch des Ätna die Stadt verschlangen. An die 12 000 Menschen kamen damals ums Leben. Die schwarze Farbe des Lava-gesteins prägt das Stadtbild Catanias – die eleganten Gebäude wirken wie von feinem Lavastaub überzogen. Ein Großteil der Ge-bäude geht auf den Barockbaumeister Gio-vanni Vaccarini zurück, der Catania als mo-derne, elegante Stadt mit breiten Boulevards und Plätzen wiedererstehen ließ.

Catania ist heute die zweitwichtigste Handelsstadt auf Sizilien – ein florierendes Zentrum mit vielen Unternehmen, einer großen Universität und kosmopolitisch-urbaner Kultur.

Sehenswertes

Die Sehenswürdigkeiten von Catania ballen sich in einem Areal von nur ein paar Blocks an der Piazza del Duomo.

Piazza del Duomo   PLATZ

Catanias zentralen Hauptplatz, der zum Weltkulturerbe der Unesco zählt, dominiert der von Barockbauten gesäumte majestäti-sche Dom; er wurde abwechselnd aus Sand-stein und Lava errichtet – eine Stilrichtung, die sich nirgendwo sonst auf der Welt findet. In der Mitte der Piazza steht der reizende **Fontana dell'Elefante** (Piazza del Duomo), ein Brunnen, den ein naiver schwarzer Lava-Elefant krönt, der aus der Römerzeit stammt; er wird von einem kurios anmuten-den ägyptischen Obelisken überragt.

Der Obelisk soll magische Kräfte besit-zen, die dabei helfen, die Aktivitäten des ruhelosen Ätna einzudämmen. An der Südwestecke der Piazza markiert die **Fon-tana dell'Amenano** den Eingang zum Fischmarkt von Catania und erinnert an den Fluss Amenano, der hier früher einmal unterirdisch verlief; an seinen Ufern grün-deten die Griechen einst die Stadt Katáne.

Cattedrale di Sant'Agata   DOM

(📞 095 32 00 44; Piazza del Duomo; ⏰ 8–12 & 16–19 Uhr) Der Dom mit seiner imposanten

Catania

0 ————————— **160 m**

Villa Bellini

11

Ferrovia Circumetnea
(1,2 km): Nicolosi (14 km);
Rifugio Sapienza/
Ätna (32 km)

Piazza
Carlo
Alberto

17

22

Via Monte
Sant'Agata

Piazza della
Repubblica

Piazza
Stesicoro

Corso Sicilia

10

Via Penninello

Via Montesano

Piazza
Spirito
Santo

Via Luigi Sturzo

13

Via San Michele

Via
Carcaci

Via Biondi

Via Coppola

20

12

18

Via Antonino di Sangiuliano

Via
Vasta

Via Michele Rapisardi

Heaven (100 m);
Me Cumpari
Turridu (150 m)

Via Gesuiti

Piazza
Santa
Nicolella

Via Collegiata

Via Mancini

**Teatro
Massimo
Bellini 4**

Piazza
Bellini

23

15

Via Alessi

Via Cestia

Piazza
Ogninello

Via Teatro
Massimo

Via Euplio Reina

Via Leonardi

Scalinata
Alessi

Piazza dell'
Università

Via Roccaforte

**Griechisch-römisches
Theater &
Odeon**

7 Piazza
San
Francesco

**Fontana
dell'Elefante**

1

9

Via Mazza

AST Bushaltestelle (800 m);
Interbus & SAIS
Busbahnhof (1 km);
Zó (1,3 km)

(800 m)

2

Via Vittorio Emanuele II

Via Gagliani

Piazza
Mazzini

Piazza del
Duomo

6

5

Via Etnea

Via Giuseppe Garibaldi

19

3

**La
Pescheria**

Piazza
Borsellino

Piazza
San

Via Zappalà-
Gemelli

21

Via Bozomo

Vicolo della
Lanterna

16

Via Colombo

14

Via Dusmet

Hafen, TTT Lines &
Virtu Ferries (600 m)

Via Scuto

Piazza
Federico di
Svevia

8

Castello Ursino

5 Balconi
B&B (130 m)

Via Plebiscito

Via Fornai

La Lomax (30 m)

Via Colombo

(7 km)

Marmorfassade samt Säulen, die aus dem römischen Amphitheater in Catania stammen, ehrt die Schutzpatronin der Stadt, die hl. Agathe. Die Jungfrau, deren sterbliche Überreste im kühlen Kirchengewölbe ruhen, widersetzte sich den Avancen des aufdringlichen Quintian (250 n. Chr.) und wurde deshalb schrecklich verstümmelt. Ihr über und über mit Edelsteinen verziertes Bildnis wird alljährlich am 5. Februar bei einem der größten Feste auf Sizilien mit Inbrunst verehrt.

Catania

⊁ **La Pescheria** MARKT

(Via Pardo; ⊙7–14 Uhr) So ziemlich die beste – kostenlose – Show in Catania bietet sich auf dem lebhaften Fischmarkt, auf dem die Händler ihre Waren lauthals in sizilianischem Dialekt anpreisen. Schwertfische auf Eis blicken über Berge von silbern schimmernden Sardinen hinweg die Passanten aus toten Augen an.

Ebenso abwechslungsreich präsentiert sich der angrenzende **Lebensmittelmarkt** mit Unmengen an geschlachteten Tieren, Fleischwaren, gehäuteten Schafsköpfen, langen Schnüren mit Würsten, riesigen Wagenrädern aus Käse und Bergen von Obst und Gemüse, die sich in den paar überfüllten und lärmenden Gassen ein wahres Stelldichein geben.

⊁ **Griechisch-römisches
Theater & Odeon** RUINEN

(Via Vittorio Emanuele II 262; Erw./erm. inkl. Casa Liberti 4/2 €; ⊙Di–So 9–13 & 14.30 Uhr–1 Std. vor Sonnenuntergang) Die beiden Theater westlich der Piazza del Duomo sind die beeindruckendsten Relikte aus der griechisch-römischen Epoche in Catania. Sie befinden sich in einem heruntergekommenen Wohnviertel, in dem die Wäsche malerisch auf den Balkonen baumelt. Das Haupttheater mit seiner zur Hälfte verborgenen Bühne wird von der **Casa Liberti** flankiert, einem elegant restaurierten Palazzo aus dem 19. Jh. Er beherbergt heute 2000 Jahre alte Artefakte, die während der Ausgrabungsarbeiten des Theaters entdeckt wurden. Unmittelbar daneben stehen die Ruinen des kleineren Odeon-Theaters.

⊁ **Teatro Massimo Bellini** OPERNHAUS

(☏095 730 61 11; www.teatromassimobellini.it; Via Perrotta 12; Führungen 2 €; ⊙Führungen Di, Do & Sa 9.30 & 10.30 Uhr) Ein paar Blocks nordöstlich vom *duomo* bildet das prächtige, mit Gold verzierte Opernhaus den Mittelpunkt der Piazza Bellini. Der Platz wie auch das Opernhaus sind nach dem Komponisten Vincenzo Bellini benannt, dem Vater der pulsierenden modernen Musikszene von Catania.

Museo Belliniano MUSEUM

(☏095 715 05 35; Piazza San Francesco 3; ⊙Mo–Sa 9–13 Uhr) GRATIS Im Jahr 1801 kam der berühmte Opernkomponist Vincenzo Bellini in diesem Haus an der Piazza San Francesco zur Welt, das mittlerweile zu einem Museum umgestaltet wurde. Die Sammlung umfasst ein interessantes Sammelsurium an Erinnerungsstücken, beispielsweise Originalpartituren, Fotos und auch die Totenmaske des Komponisten.

Museo Civico MUSEUM

(☏095 34 58 30; Piazza Federico II di Svevia; Erw./erm. 6/4,80 €; ⊙Mo–Sa 9–13 & 15–19, So 8.30–13.30 Uhr) Das Stadtmuseum im grimmig anmutenden Castello Ursino aus dem 13. Jh. beherbergt die Sammlung der Adelsfamilie Biscari, die aus Gemälden, Vasen, Skulpturen, Münzen und archäologischen Fundstücken besteht. Die düstere Burg bewachte einst oben auf einer Klippe über dem Meer die Stadt. Doch dann veränderte das verheerende Erdbeben von 1693 die Landschaft, sodass die Burg nun komplett von Land umgeben ist.

SIZILIEN CATANIA

Villa Bellini
PARK

(☺ 8–20 Uhr) Es ist eine Wohltat, den hektischen Menschenmassen den Rücken zu kehren und in diesen reizvollen Gärten an der Via Etnea den Blick auf den Ätna auf sich wirken zu lassen.

Römisches Amphitheatre
AMPHITHEATER

Die bescheidenen Ruinen dieses römischen Theaters unter dem Straßenniveau an der Piazza Stesicoro sind einen kurzen Besuch wert.

✸ Feste & Events

Festa di Sant'Agata
RELIGIÖS

Beim größten religiösen Fest von Catania (3.–5. Februar) folgen etwa 1 Mio. Einheimische dem Fercolo, der silbernen Reliquienbüste der hl. Agata, die bei einem spektakulären Feuerwerk durch die Hauptstraße getragen wird.

Carnevale di Acireale
KARNEVAL

(www.carnevaledicireale.it) Das nicht weit entfernte Acireale richtet zwei Wochen im Februar (manchmal zeitlich verschoben, d. h. Ende Januar oder Anfang März) das ausgelassenste Faschingsfest auf ganz Sizilien aus. In den Straßen dieser Barockstadt am Meer geht die Post ab – mit gigantischen Pappmaché-Puppen, mit Blumen geschmückten Umzugswagen, Konfetti und einem Feuerwerk.

🛏 Schlafen

Catania kann mit einer guten Auswahl an preislich akzeptablen Unterkünften aufwarten und gibt deshalb einen hervorragenden Standort ab, um von hier aus die Ionische Küste und den Ätna im Inselinneren zu erkunden.

★ B&B Crociferi
B&B €

(☎ 095 715 22 66; www.bbcrociferi.it; Via Crociferi 81; DZ 75–85 €, 3BZ 100–110 €, 4-Bett-Apt. 120 €; ✳ 🛜) Wer sich in diesem B&B einmietet, kann sich ohne Aufwand gleich ins pulsierende Nachtleben von Catania stürzen. Das schön gestaltete Privathaus gibt ein prima Standquartier ab. Die drei geräumigen Zimmer (jedes mit eigenem Bad am anderen Ende der Diele) und zwei tollen Apartments im Obergeschoss beeindrucken mit hohen Decken, antiken Fliesen, Fresken und künstlerischen Accessoires, die der Besitzer von seinen Reisen mitgebracht hat. Klar, dass hier schnell alles ausgebucht ist –

deshalb frühzeitig reservieren. Das Personal spricht Deutsch, Englisch und Französisch.

Palazzu Stidda
APARTMENT €

(☎ 095 34 88 26; www.palazzu-stidda.com; Vicolo della Lanterna 5; DZ 70–100 €, 4BZ 120–140 €; 🛜 🚲) Die drei wunderhübschen Apartments in einem *palazzo* in einer beschaulichen Sackgasse präsentieren sich in einer gelungenen Mischung aus Komfort und Extravaganz. Alle Räumlichkeiten sind mit den Kunstwerken des Besitzers, handgearbeiteten Möbeln, Familienerbstücken und Trophäen vom hiesigen Antiquitätenmarkt verschönt. Perfekt für Familien eignen sich die Apartments 2 und 3 mit Waschmaschine, Küche, Kinderstuhl und Kinderwagen. Das kleinere Apartment 1 kommt billiger. Die Mitarbeiter sprechen Englisch und Französisch.

B&B Faro
B&B €

(☎ 349 457 88 56; www.bebfaro.it; Via San Michele 26; EZ/DZ/3BZ 50/80/100 €; ✳ @) Das schicke B&B mit fünf Zimmern weist polierte Holzböden, doppelt verglaste Fenster, moderne Badezimmerarmaturen, antike Fliesen und kühne Farben auf. Die beiden Suiten sind besonders hübsch und können, wenn nicht viel los ist, für den Preis eines Doppelzimmers gebucht werden. An weiteren Annehmlichkeiten gibt es kostenloses Internet und Fahrräder für die Gäste. Künstler, die hier wohnen, werden eingeladen, in den Studios unten zu malen.

BAD
B&B €

(☎ 095 34 69 03; www.badcatania.com; Via Colombo 24; EZ 40–55 €, DZ 60–80 €, Apt. 70–120 €; ✳ 🛜) Das trendige B&B zeichnet sich durch seinen farbenfrohen, modernen Stil aus. Alle Zimmer schmücken Kunstwerke aus der Region, außerdem gibt es einen Fernseher und einen DVD-Player. Das obere Apartment erstreckt sich über zwei Etagen, hat eine voll ausgestattete Küche und eine Privatterrasse – es ist vor allem bei Selbstversorgern beliebt. Der Markt, auf dem Fisch und Gemüse verkauft werden, befindet sich gleich um die Ecke. Und das Personal verrät gern, wo in der Stadt gerade ein Kulturevent stattfindet.

5 Balconi B&B
B&B €

(☎ 095 723 45 34; www.5balconi.it; Via Plebiscito 133; EZ/DZ 35/50 €, mit Klimaanlage 45/60 €; ✳ 🛜) Eine nettere preiswerte Bleibe als diesen liebevoll restaurierten antiken *palazzo* in einem Arbeiterviertel in der

Nähe vom Castello Ursino lässt sich wohl kaum finden. Die freundlichen Besitzer können mit drei Zimmern, die über hohe Decken verfügen, aufwarten. Hinzu kommen zwei Gemeinschaftsbäder. Außerdem gibt es zum Frühstück (das auf Wunsch auch aufs Zimmer gebracht wird) u. a. Biobrot und frisches Obst. In den Zimmern zur Straße hinaus ist es wegen des enormen Verkehrsaufkommens etwas laut.

Il Principe
HOTEL €€

(☎ 095 250 03 45; www.ilprincipehotel.com; Via Alessi 24; DZ 109–189 €, Suite 129–209 €; ✳ @ ☎) Dieses unlängst erweiterte Hotel im Boutiquestil in einem Gebäude aus dem 18. Jh. beeindruckt mit luxuriösen Zimmern und Suiten auf zwei Ebenen. Es liegt in einer Straße, die für das umtriebigste Nachtleben in ganz Catania bekannt ist. (Die Doppelfenster sind ein Segen!) Auf die Gäste warten Annehmlichkeiten wie internationales Kabel-TV und flauschige Bademäntel, die sie auf dem Weg ins türkische Dampfbad tragen können. Manche Zimmer bekommen wenig Tageslicht ab – was man vor der Buchung klären sollte. Auf Online-Buchungen wird ein Spezialtarif gewährt.

UNA Hotel Palace
HOTEL €€

(☎ 095 250 51 11; www.unahotels.it; Via Etnea 218; EZ 99–125 €, DZ 125–175 €, Suite 201–329 €) Das Palace, ein Hotel im oberen Preissegment, verleiht Catania ein bisschen städtischen Glanz. Es gehört zu einer italienischen Hotelkette, ist innen strahlend weiß gestaltet, verfügt über einen geschniegelten Service und bietet anständige Zimmer. Und das Tüpfelchen auf dem „i": die Aussicht auf den Ätna von der Gartenbar auf dem Dach, wo bei Sonnenuntergang Cocktails und Aperitifs serviert werden. In der Nebensaison purzeln die Preise.

 **Essen**

Zu den beliebten Snacks, die in Catania erhältlich sind, zählen die *arancini* (frittierte Reisbällchen, gefüllt mit Fleisch, Käse, Tomaten und/oder Erbsen) und *seltz* (kohlensäurehaltiges Wasser mit frisch gepresstem Zitronensaft und natürlichem Fruchtsirup). Niemand sollte jedoch die Stadt verlassen, ohne die *pasta alla Norma* (Pasta mit Basilikum, Auberginen und Ricotta) probiert zu haben, ein Gericht, das aus Catania stammt und einst nach Bellinis Oper *Norma* benannt wurde.

Trattoria di De Fiore
TRATTORIA €

(☎ 095 31 62 83; Via Coppola 24/26; Gerichte 15–25 €; ☺ Di–So ab 13 Uhr) In dieser ganz normalen Trattoria hat die gut siebzigjährige Küchenchefin Mamma Rosanna das Sagen. Sie verwendet frische einheimische Zutaten zur Zubereitung der Gerichte nach Rezepten ihrer Urgroßmutter, beispielsweise die superleckere *pasta alla Norma* und *zeppoline di ricotta* (süßes Schmalzgebäck mit Ricotta, mit Puderzucker bestäubt). Der oft enorm langsame Service stellt die Geduld auf die Probe, und pünktlich um 13 Uhr wird auch nicht immer geöffnet, doch das leckere Essen ist die Wartezeit wert.

Locanda Cerami
PIZZERIA €

(☎ 095 224 67 82; www.locandacerami.com; Via Crociferi 69; Pizza 5,50-11 €; ☺ 19.30–23 Uhr) Die wunderschöne Pizzeria in der malerischen Via Crociferi tut sich mit ihrer tollen Lage hervor – in den Sommermonaten stehen Tische an den Stufen, die zu einer der vielen Barockkirchen hinaufführen. Hier kommen die innovativsten Pizzas auf der ganzen Insel auf den Tisch, und die exzellente Weinkarte kann sich auch sehenlassen. Nicht entgehen lassen sollte man sich die Pizza Principessa mit Pistazienkernen und aromatischem Speck.

★ Me Cumpari Turriddu
SIZILIANISCH €€

(☎ 095 715 01 42; Via Ventimiglia 15; Gerichte 35–40 €; ☺ Mo–Sa) Dieses malerische kleine Lokal bietet eine gute Mischung aus Tradition und Moderne, und zwar sowohl was das Essen, als auch was die Einrichtung angeht. Freunde von einem guten Stück Fleisch werden hier mit vielerlei Grillspezialitäten richtiggehend verwöhnt, es gibt aber auch frische Pastagerichte wie Ravioli mit Ricotta und Majoran in Schweinefleischsauce. Vegetariern schmeckt der Ustica-Linseneintopf mit dicken Bohnen und Fenchel. Die Auswahl an leckerem sizilianischem Käse ist überwältigend.

Le Tre Bocche
TRATTORIA €€

(☎ 095 53 87 38; Via Mario Sangiorgi 7; Gerichte 35–45 €; ☺ Di–So) Diese wegen ihres Slow-Foods empfehlenswerte Trattoria serviert mit Stolz nur absolut frischen Fisch und Meeresfrüchte – kein Wunder, schließlich hat sie ja auch einen Stand auf dem Fischmarkt. Pasta gibt es mit so herrlichen Saucen wie *bottarga* (Fischrogen) und Artischocke, die Spaghetti werden im Seeigelsud oder in der Tinte von Tintenfisch zubereitet, und ins Risotto sind Zucchini und Königsgarnelen gemischt. Das Restaurant liegt rund 800 m nördlich vom Bahnhof.

Osteria Antica Marina
MEERESFRÜCHTE €€

(☎ 095 34 81 97; Via Pardo 29; Gerichte 35–45 €; ☺ Do–Di) Diese rustikale, aber schicke Trattoria hinter dem Fischmarkt ist das Speiselokal schlechthin, um in Fisch und Meeresfrüchten zu schwelgen. Es gibt einige Degustationsmenüs, in denen vom Schwertfisch über Garnelen, Tintenfisch und Kalamari so ziemlich alles enthalten ist. Die Gäste sitzen an massiven Holztischen vor unverputzten Steinwänden. Ohne Reservierung bekommt man keinen Tisch.

Ausgehen & Nachtleben

Als lebhafte Universitätsstadt ist Catania für sein schillerndes Nachtleben berühmt, was nicht sonderlich verwunderlich ist. Die angesagten Straßen für einen Kneipenbummel sind (von Westen nach Osten) die Via Alessi, die Via Collegiata, die Via Vasta, die Via Mancini, die Via Montesano, die Piazza Spirito Santo und die Via Teatro Massimo.

Heaven
BAR

(Via Teatro Massimo 39; ☺ 2–2 Uhr) In der für den Autoverkehr gesperrten Via Teatro Massimo brummt es spät nachts nur so, denn dann genießen die Feierwütigen vor den Kneipen und Bars ihre Drinks. Eine der bekanntesten Adressen ist das Heaven, eine hippe Lounge-Bar mit ausgeflipptem schwarz-weißem Design und einer 12 m langen LED-erleuchteten Bar. Vor dem Lokal, wo die meisten Gäste irgendwann enden, kann man auf wuchtigen schwarzen Ledersofas Platz nehmen. DJs heizen mittwochs, freitags und samstags die Nächte an.

Agorá Bar
BAR

(www.agorahostel.com; Piazza Curró 6; ☺ 18 Uhr bis spätnachts) Diese stimmungsvolle Bar befindet sich in einer mit Neonlicht ausgeleuchteten Höhle 18 m unter der Erde, wo auch ein unterirdischer Fluss fließt. Die alten Römer nutzten die Höhle einst als Kureinrichtung. Heute hängt hier spätnachts ein kosmopolitisches Volk herum und schlürft seine Drinks.

Energie Cafe
BAR, CAFÉ

(Via Monte Sant'Agata 10; ☺ 12 Uhr–spät abends) Das Café gehört bei den gestylten *aperitivo*-Fans von Catania zu den Rennern. Die schicke urbane Bar präsentiert sich im Stil der 1970er-Jahre und hat Tische im Freien; für die passende Hintergrundmusik sorgen entspannte, vom Jazz inspirierte Klänge. Am Sonntagnachmittag gibt es beim leckeren „Fashion Aperitif" eine Happy Hour und dazu ein üppiges Büfett; es legen DJs auf.

 ## Unterhaltung

Am besten schnappt man sich ein Exemplar von *Lapis*, dem kostenlosen Programm mit allen Musik-, Theater und Kunstveranstaltungen der Stadt, das alle zwei Wochen erscheint. Gute Infos enthält auch die Website www.lapisnet.it/catania.

Teatro Massimo Bellini
OPERNHAUS

(☎ 095 730 61 11; www.teatromassimobellini.it; Via Perrotta 12; ☺ Nov.–Juni) Catanias Theater Nummer eins ist nach dem berühmtesten Sohn der Stadt benannt, dem Komponisten Vincenzo Bellini. Es präsentiert sich innen über und über in Rot und Gold, bringt ganzjährig Opern auf die Bühne, und von November bis Juni finden auch Konzerte mit klassischer Musik statt. Eintrittskarten kosten um die 13 €.

Zò
KULTURZENTRUM

(☎ 095 53 38 71; www.zoculture.it; Piazzale Asia 6) Das Zò im Le-Ciminiere-Komplex am Meer hat sich der Förderung von zeitgenössischer Kunst und Performance verschrieben. Dementsprechend extravagant gibt sich das Veranstaltungsprogramm – von Clubnächten, Konzerten und Filmvorführungen bis hin zu Kunstausstellungen, Installationen, Tanzdarbietungen und Theater-Workshops. Viele der Events kosten keinen Eintritt.

La Lomax
KULTURZENTRUM

(☎ 095 286 28 12; www.lalomax.it; Via Fornai 44) Das Mehrzweck-Kulturzentrum veranstaltet alle möglichen Events – Clubnächte, Volksmusikfestivals, Ausstellungen moderner Kunst und vieles mehr. Es befindet sich in der Nähe vom Castello Urbino und liegt etwas versteckt in einer schmalen Gasse, die von der Via Plebiscito abgeht.

 ## Praktische Informationen

Banken mit Geldautomaten gibt es geballt rund um die Piazza del Duomo und in der Via Etnea. **Städtische Touristeninformation** (☎ 095 742 55 73; www.comune.catania.it; Via Vittorio Emanuele II 172; ☺ Mo–Fr 8.15–19.15, Sa bis 12.15 Uhr)

Ospedale Vittorio Emanuele (☎ 091 743 54 52; Via Plebiscito 628) Ein Notarzt ist 24 Stunden im Dienst.

Polizei (☎ 095 736 71 11; Piazza Santa Nicolella)

❶ An- & Weiterreise

AUTO & MOTORRAD

Catania lässt sich von Messina über die Autostrada A18 und von Palermo über die A19 problemlos erreichen. Von der Autostrada ist der Weg ins Zentrum von Catania, genau gesagt zur Via Etnea, ausgeschildert.

BUS

Alle Intercity-Busse enden in einem Areal nördlich vom Bahnhof Catania. AST-Busse fahren an der Piazza Giovanni XXIII ab; Fahrkarten sind in der Bar Terminal an der Westseite des Platzes erhältlich. Die Busse von Interbus/Etna und SAIS fahren im Busbahnhof einen Block weiter nördlich ab; der Fahrkartenschalter befindet sich schräg gegenüber in der Via d'Amico.

Von **Interbus** (☎ 095 53 03 96; www.interbus. it; Via d'Amico 187) verkehren Busse nach:

Piazza Armerina (8,90 €, 1¾ Std., 2–4-mal tgl.)

Ragusa (8,30 €, 2 Std., 5–12-mal tgl.)

Syrakus (6 €, 1¼–1½ Std., Mo–Fr stündl., am Wochenende weniger häufig)

Taormina (4,90 €, 1¼ –1¾ Std., 8–17-mal tgl.)

SAIS Trasporti (☎ 095 53 61 68; www.sais trasporti.it; Via d'Amico 181) fährt nach:

Agrigent (12,40 €, 3 Std., 9–14-mal tgl.)

Rom (49 €, 11 Std.) Nachtfahrt.

Das Schwesterunternehmen **SAIS Autolinee** (www.saisautolinee.it) bietet diverse Verbindungen nach:

Messina (8,10 €, 1½ Std., Mo–Sa stündl., So 12-mal)

Palermo (14,90 €, 2¾ Std., Mo–Sa stündl., So 10-mal)

AST (☎ 095 723 05 35; www.aziendasiciliana trasporti.it) fährt in kleinere Städte rund um Catania, darunter Nicolosi (2,50 €, 50–80 Min., stündl.) am Fuß des Ätna.

FÄHRE/SCHIFF

Der Fährhafen befindet sich im Südwesten des Bahnhofs in der Via VI. Aprile.

TTT Lines (☎ 095 34 85 86, 800 91 53 65; www.tttlines.it) bietet Nachtfähren von Catania nach Neapel (Sitzplatz 38 –60 €, Kabine pro Pers. 52–165 €, 11 Std.).

Virtu Ferries (☎ 095 53 57 11; www.virtu ferries.com) betreibt Direktfähren von Pozzallo (südlich von Catania) nach Malta (1¾ Std.), und zwar von Mai bis September freitags bis mittwochs; von Mitte Juli bis August verkehrt auch donnerstags eine Fähre. Der Fahrpreis definiert sich durch die Aufenthaltsdauer auf Malta (mit Rückfahrt am gleichen Tag 80–132 €, bei offener Rückfahrt 108–157 € je nach Saison). Aufgrund des Transfers mit dem Bus von Catania nach Pozzalo (7 €/Strecke) verlängert sich die Reisezeit um 2½ Stunden.

FLUGZEUG

Catanias Flughafen **Fontanarossa** (☎ 095 723 91 11; www.aeroporto.catania.it) liegt 7 km südwestlich vom Stadtzentrum. Vor dem Bahnhof fährt ein Sonderbus, der Alibus 457 (1 €, 30 Min., 5–24 Uhr im 30-Minutentakt), hinaus. Von **Etna Transporti/Interbus** (☎ 095 53 03 96; www.interbus.it) verkehrt zudem regelmäßig ein Shuttlebus zum Flughafen Taormina (7,90 €, 1½ Std., 6–11-mal tgl.). Alle bekannten Mietwagenfirmen sind am Flughafen vertreten.

ZUG

Vom Hauptbahnhof Catania Centrale an der Piazza Papa Giovanni XXIII. fahren viele Züge ab.

Agrigent (10,40–14,50 €, 3¾ Std.)

Messina (7–10,50 €, 1¾ Std., stündl.)

Palermo (12,50–15,30 €, 3– 5¾ Std., 1 Direktzug tgl.)

Syrakus (6,35–9,50 €, 1¼ Std., 9-mal tgl.)

Die Ferrovia Circumetnea, eine Privatbahn, umrundet den Ätna und hält dabei in vielen Städtchen und Dörfern an den Hängen des Vulkans.

❶ Unterwegs vor Ort

Mehrere nützliche **AMT-Stadtbusse** (☎ 095 751 96 11; www.amt.ct.it) haben ihre Endhaltestelle vor dem Bahnhof, darunter die Busse 1 bis 4 und 4 bis 7 (fahren beide stündlich vom Bahnhof zur Via Etnea) sowie der Alibus 457 (vom Bahnhof zum Flughafen, alle 30 Min.). Eine Fahrkarte, die 90 Min. gültig ist, kostet 1 €. Von Mitte Juni bis Mitte September fährt ein Sonderbus (D-Est) von der Piazza Raffaello Sanzio zu den Stränden.

Catania hat ein kompliziertes Einbahnstraßensystem, das Stadtzentrum ist Fußgängerzone – das bedeutet, dass Parkplätze rar sind.

Catanias einzige U-Bahnlinie weist derzeit nur sechs Haltestellen auf, die sich alle in der Peripherie befinden. Für Touristen ist sie von Nutzen, um vom Hauptbahnhof im Zentrum zum Circumetnea-Zug zu gelangen, der den Ätna umrundet. Die Fahrkarte kostet 1 €.

Wer ein Taxi braucht, bestellt eines bei **Radio Taxi Catania** (☎ 095 33 09 66).

Ätna

3329 M

Die Landschaft im Osten Siziliens wird vom Ätna dominiert, dem höchsten Vulkan Europas, der sogar vom Mond aus zu sehen ist (nur für den Fall, dass gerade jemand dort sein sollte). Er ist einer der aktivsten Vulkane der Welt, der relativ häufig ausbricht, und zwar an den vier Kratern am Gipfel sowie an den Hängen, die mit Spalten und alten Kratern durchsetzt sind. Der verheerendste Ausbruch ereignete sich 1669 und dauerte 122 Tage. Die Lava strömte den Südhang des Ätna hinunter, verschlang einen Großteil von Catania und veränderte die Landschaft dramatisch. In der jüngsten Vergangenheit, genau gesagt 2002, verursachte die Lava, die vom Ätna herunterströmte, eine Explosion in Sapienza; zwei Gebäude wurden zerstört, der Seilbahnverkehr musste zeitweise eingestellt werden. Weniger zerstörerische Eruptionen ereigneten sich in den letzten zehn Jahren in regelmäßigen Abständen. Im Jahr 2013 kam es zu dramatischen Lavafontänen – der Vulkan schleuderte an seiner Südostseite glühendheiße Lava in die Höhe. Kein Wunder also, dass die Einheimischen immer ein wachsames Auge auf den qualmenden Gipfel haben.

Der Vulkan liegt mitten im riesigen Parco dell'Etna, der letzten unberührten Wildnis Siziliens mit einer erstaunlichen Vielfalt an Landschaftsformen – die Bandbreite reicht vom beinahe schon surreal anmutenden Gipfel über karge Lavawüsten bis hin zu alpinen Wäldern.

👁 Sehenswertes & Aktivitäten

Der Aufstieg auf den Ätna und zu den Kratern gestaltet sich auf der Südseite einfacher. Der AST-Bus von Catania setzt die Fahrgäste im **Rifugio Sapienza** (1923 m) ab; von dort fährt die **Seilbahn** (☏ 095 91 41 41; www.funiviaetna.com; einfache Fahrt/hin- & zurück 14,50/27 €, inkl. Bus & Führer 51 €; ⏱ 9–16.30 Uhr) den Berg bis auf 2500 m hinauf. Von der oberen Seilbahnstation schlängelt sich ein Pfad zur offiziell freigegebenen Kraterzone (2920 m); für den Auf- und Abstieg sind 3½ bis 4 Std. einzuplanen. Wichtig ist bei der Zeitplanung daran zu denken, dass die letzte Seilbahn um 16.45 Uhr bergab fährt. Wer nicht zu Fuß laufen will, kann für 24 € an einer Exkursion mit Geländewagen (von der Seilbahnstation) teilnehmen.

Ein zweiter Aufstieg beginnt in **Piano Provenzano** (1800 m) und führt über die Nordflanke des Ätna. Dieses Gebiet wurde während der Eruptionen 2002 stark in Mitleidenschaft gezogen, wie die verwitterten Pinienskelette bezeugen. Nach Piano Provenzano kommt man nur mit dem eigenen Wagen; es gibt keine öffentlichen Verkehrsmittel vom 16 km entfernten Linguaglossa.

👉 Geführte Touren

Mehrere Unternehmen bieten private Exkursionen auf den Ätna an.

Volcano Trek WANDERUNG
(☏ 333 209 66 04; www.volcanotrek.com) Das Unternehmen wird von fachkundigen Geologen geführt.

Gruppo Guide Alpine Etna Sud WANDERUNG
(☏ 095 791 47 55; www.etnaguide.com) Die offiziellen Wanderführer am Südhang des Ätna; das Büro befindet sich direkt unterhalb vom Rifugio Sapienza.

Gruppo Guide Alpine Etna Nord WANDERUNG
(☏ 095 777 45 02; www.guidetnanord.com) Diese Wanderführer bieten einen ähnlichen Service von Linguaglossa am Nordhang des Ätna an.

STAR GELÄNDEWAGENTOUR
(☏ 347 495 70 91; www.funiviaetna.com/star_etna_nord.html; 40 €) Von Mai bis Oktober veranstaltet STAR Exkursionen im Geländewagen ab Piano Provenzano auf den Gipfel hinauf.

🛏 Schlafen & Essen

Rund um den Ätna gibt es eine Fülle von B&Bs, und zwar vor allem in der netten kleinen Ortschaft Nicolosi. Wer gern eine Übersicht über sämtliche Unterkünfte hätte, wendet sich einfach an die dortige Touristeninformation.

Agriturismo San Marco AGRITURISMO €
(☏ 389 423 72 94; www.agriturismosanmarco.com; pro Pers. B&B/Halbpension/Vollpension 35/53/68 €; ▣ 🐕) Dieser reizende *agriturismo* – in der Nähe von Rovittello am Nordhang des Ätna – liegt ein bisschen abseits vom Schuss, doch das bukolische Ambiente, die rustikalen Zimmer und die köstliche ländliche Küche machen das locker wett. Ein Pool und ein Spielplatz für die Kids mit Schaukeln und Rutschen sind auch noch vorhanden. Wie man am besten hinkommt, kann man sich telefonisch erklären lassen.

Rifugio Sapienza BERGHÜTTE €€
(☏ 095 91 53 21; www.rifugiosapienza.com; Piazzale Funivia; pro Pers. B&B/Halbpension/

Vollpension 55/75/90 €) Die Berghütte neben der Seilbahnstation bietet komfortable Quartiere und ein gutes Restaurant – näher am Gipfel kann man leider nirgendwo übernachten.

ⓘ Praktische Informationen

Die Touristeninformation im Zentrum Catanias hält auch Infos zum Ätna bereit; es ist jedoch auch am Berg selbst Informationsmaterial erhältlich.

Etna Sud Touristeninformation (☏ 095 91 63 56; ⊙ 9–16 Uhr) In der Nähe vom Gipfel am Rifugio Sapienza.

Parco dell'Etna (☏ 095 82 11 11; www. parcoetna.ct.it; Via del Convento 45; ⊙ 9–14 & 16–19.30 Uhr) In Nicolosi, an der Südseite des Ätna.

Proloco Linguaglossa (☏ 095 64 30 94; www. prolocolinguaglossa.it; Piazza Annunziata 5; ⊙ Mo–Sa 9–13 & 16–19, So 9–12 Uhr) In Linguaglossa, an der Nordseite des Ätna.

ⓘ An- & Weiterreise

BUS

AST (☏ 095 723 05 35; www.aziendasiciliana trasporti.it) bietet täglich Busverbindungen von Catania zum Rifugio Sapienza (einfache Fahrt/ Hin- & Rückfahrt 3,40/5,60 €, 1 Std.). Die Busse fahren am Parkplatz gegenüber vom Bahnhof in Catania um 8.15 Uhr ab (über Nicolosi); zurück geht es um 16.30 Uhr.

ZUG

Die **Ferrovia Circumetnea** (FCE; ☏ 095 54 12 50; www.circumetnea.it; Via Caronda 352a), eine Privatbahn, umrundet den Ätna. Für die Fahrt steigt man am Hauptbahnhof von Catania in die Metro und fährt damit zum FCE-Bahnhof an der Via Caronda (Metrostation Borgo) oder nimmt die Busse der Linien 429 oder 432, die die Via Etnea hinauffahren und ebenfalls an der Metrostation Borgo halten.

Der Zug fährt 114 km rund um den Fuß des Vulkans – mit herrlichen Ausblicken. Er kommt dabei durch viele unvergleichliche Ortschaften wie Adrano, Bronte und Randazzo. Den genauen Fahrplan und die Preise verrät die Website.

SYRAKUS & DER SÜDOSTEN

Der Südosten gilt als eine der reizvollsten Gegenden Siziliens überhaupt; hier befinden sich wunderschöne Barockstädten sowie die bedeutendste antike Stadt von Magna Graecia. Allein schon der klassische

Charme von Syrakus ist eigentlich Grund genug für einen Besuch, doch auch wer der Stadt irgendwann den Rücken kehrt, wird von dem Kaleidoskop an Flusstälern und von Steinmauern umgebenen Zitrushainen, gesprenkelt von hübschen Orten, begeistert sein. Die Städte Noto, Ragusa und Modica, die 1693 von einem verheerenden Erdbeben heimgesucht wurden, sind die Superstars hier; sie wurden im vielgepriesenen sizilianischen Barockstil kunstvoll wieder aufgebaut, der dieser Region ihre ästhetische Geschlossenheit verleiht. Der Schriftsteller Gesualdo Bufalino beschrieb den Südosten der Insel einmal als „eine Insel auf der Insel". Und tatsächlich hat dieses Stückchen Sizilien einen ganz eigenen, vornehmen Charakter – das Erbe seiner glorreichen griechischen Vergangenheit.

Syrakus

124 000 EW.

Syrakus ist eine der faszinierendsten Städte Siziliens. Die Stadt wurde 734 v. Chr. von Korinthern Kolonisten gegründet und galt als die schönste Stadt der Antike – eine echte Konkurrenz für Athen, was Macht und Prestige anging. Unter Dionysios dem Älteren erlebte die Stadt ihre Blütezeit und lockte Berühmtheiten wie Livius, Platon, Aischylos und Archimedes an. Sie pflegte ihre Stadtkultur und gilt als Geburtsstätte der griechischen Komödie.

Als die Sonne des antiken Griechenland unterging, wurde Syrakus eine römische Kolonie – und seiner Schätze beraubt. Dem modernen Syrakus fehlt es heute deshalb vielleicht etwas an der Dramatik von Palermo und an der Energie von Catania, doch dafür hat es das alte, auf einer Insel gelegene Viertel Ortygia. Das verzaubert die Besucher mit seinen malerischen Plätzen, den schmalen Gassen und der hübschen Uferpromenade. Der Parco Archeologico della Neapolis, 2 km entfernt auf der anderen Seite der Stadt, gilt als einer der bedeutendsten antiken Schätze Siziliens.

⊙ Sehenswertes

⊙ Ortygia

★ **Duomo** DOM
(Karte S. 912; Piazza del Duomo; ⊙ 8–19 Uhr) Der wunderbare Dom wurde auf den Relikten eines griechischen Tempels aus

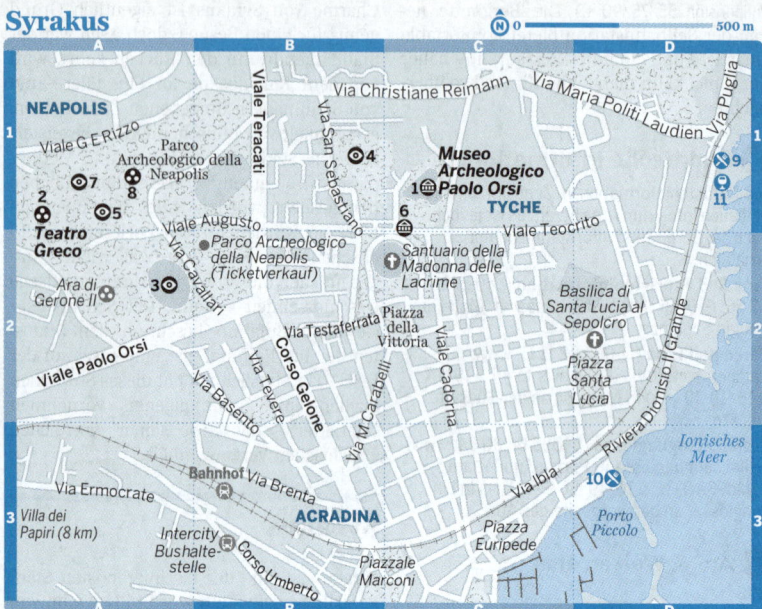

Syrakus

dem 5. Jh. v. Chr. errichtet, dessen dorische Säulen im Inneren noch zu sehen sind, und während der Christianisierung der Insel durch den hl. Paulus in eine Kirche umgewandelt. Auffälligstes Merkmal des Doms ist seine mit Säulen versehene Fassade (1728–1753), die von Andrea Palma ergänzt wurde, nachdem das Gotteshaus im Jahr 1693 durch ein Erdbeben schwer beschädigt worden war.

Der der Göttin Athene geweihte Originaltempel war im ganzen Mittelmeerraum berühmt, was er teilweise Cicero zu verdanken hatte, der Ortygia im 1. Jh. v. Chr. besuchte. Das Dach krönte damals eine goldene Athene-Statue, die Seeleuten als Orientierungshilfe diente; sie wurde durch eine Statue der hl. Jungfrau Maria ersetzt.

Im Baptisterium lohnt das elegante normannische Taufbecken aus dem 13. Jh. einen Blick, das insgesamt sieben Bronzelöwen schmücken.

⭐ **Fontana Aretusa** BRUNNEN
(Karte S. 912) An dieser antiken Quelle blubbert das frische Wasser wie schon vor rund 2500 Jahren nach oben, als sie die Hauptwasserversorgung Ortygias darstellte. Einer Legende zu Folge soll die griechische Göttin Artemis ihre schöne Dienstmagd Aretusa in diese Quelle verwandelt haben, um sie vor dem Flussgott Alpheus zu schützen. Die heute von Enten und Meeräschen bevölkerte sowie von Papyrus bestandene Quelle ist ein beliebtes Ziel an schönen Sommerabenden.

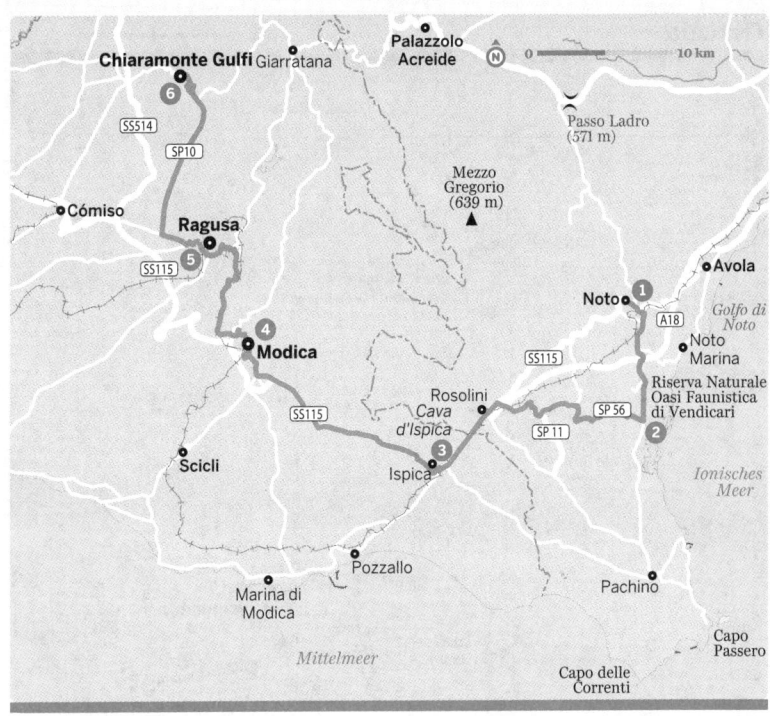

Autotour
Unterwegs zu den Barockstädten

LÄNGE 71 KM
DAUER 2 TAGE

Die Südostecke Siziliens, ein Land mit entlegenen Felsschluchten, verschwiegenen Tälern und herrlichen Ausblicken, ist die Heimat des Barockdreiecks, eine Region mit Bergstädtchen, die für ihre reiche Barockarchitektur berühmt sind – und zum Kulturerbe der Unesco zählen. Diese Autofahrt führt zu den schönsten Barockstädten Siziliens.

Gut 35 km südlich von Syrakus ist ❶ **Noto** das Zuhause der zweifellos schönsten Straße in ganz Sizilien: der Corso Vittorio Emanuele, ein Boulevard, gesäumt von goldenen Barock-*palazzi*. Von Noto geht es 12 km auf der SP19 12 km gen Süden zur ❷ **Riserva Naturale Oasi Faunistica di Vendicari**, einem Naturschutzgebiet am Meer mit Feuchtgebieten und Stränden – ideal zum Wandern, Vögelbeobachten und Schwimmen. Weitere 23 km südwestlich lässt sich über die SP56, SP11 und SS115 ❸ **Ispica**, erreichen, ein Bergort über der riesigen Cava

d'Ispica, einer von prähistorischen Gräbern durchsetzten Schlucht. Die SS115 führt 18 km weiter nach ❹ **Modica**, einem Städtchen in einer Felsschlucht. Die Unterkünfte sind gut, es gibt viele Restaurants. Die schönsten Barockgebäude liegen oben in Modica Alta, aber man sollte sich noch Energie für eine *passeggiata* (Abendspaziergang) am Corso Umberto I. und für das Abendessen in der Osteria dei Sapori Perduti aufsparen.

Am nächsten Morgen führt eine kurze kurvenreiche Fahrt die von Felsen übersäten Berge hinauf und hinunter nach ❺ **Ragusa**, eine der neun Provinzhauptstädte Siziliens. Die Stadt besteht aus zwei Teilen – Ziel ist Ragusa Ibla mit seinem Labyrinth aus grauen Steinhäusern und eleganten *palazzi*, das sich zur herrlichen Piazza Duomo hin öffnet.

Nichts gegen die Kochkunst in Ragusa, dennoch sollte man besser in ❻ **Chiaramonte Gulfi**, einem ruhigen Bergdorf rund 20 km weiter nördlich an der SP10, zu Mittag essen; der Ort ist für sein Olivenöl und das köstliche Schweinefleisch bekannt.

Ortygia

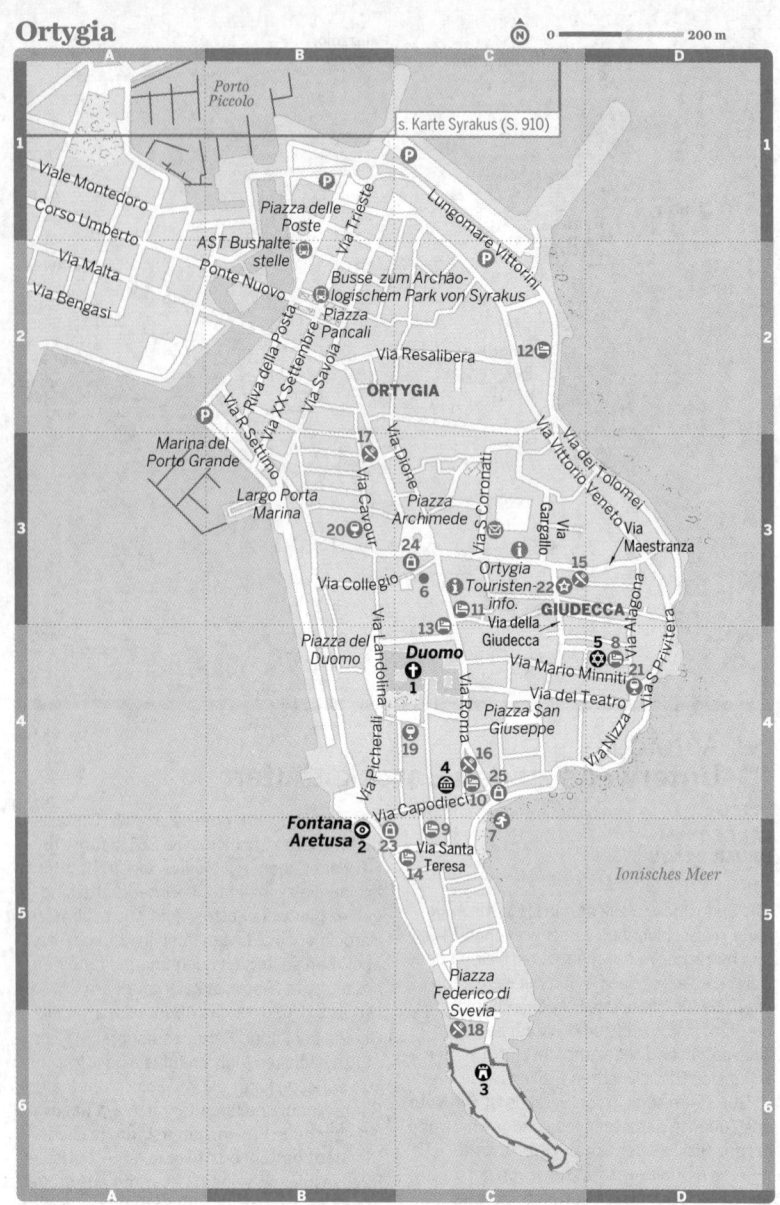

Porto Piccolo

s. Karte Syrakus (S. 910)

Viale Montedoro
Corso Umberto
Via Malta
Via Bengasi

Piazza delle Poste
AST Bushalte-stelle
Ponte Nuovo

Busse zum Archäo-logischem Park von Syrakus

Via Trieste

Lungomare Vittorini

Piazza Pancali

Via Resalibera

ORTYGIA

Via Riva della Posta
Via R. Settimo
Via XX. Settembre
Via Savoia

Marina del Porto Grande

Largo Porta Marina

Via Dione
Via Cavour

Piazza Archimede

Via S. Coronati
Via Gargallo

Via de Tolomei
Via Vittorio Veneto

Via Maestranza

Ortygia Touristen-info.

Via Collegio

Piazza del Duomo

Via Landolina

Duomo

Via della Giudecca

GIUDECCA

Via Mario Minniti

Via Alagona
Via S. Privitera

Piazza San Giuseppe

Via del Teatro

Via Nizza

Via Picherali
Via Roma

Via Capodieci

Fontana Aretusa

Via Santa Teresa

Ionisches Meer

Piazza Federico di Svevia

0 ——— 200 m

Galleria Regionale di Palazzo Bellomo

KUNSTGALERIE

(Karte S. 912; ☎093 16 95 11; www.regione. sicilia.it/beniculturali/palazzobellomo; Via Ca-podieci 16; Erw./erm. 8/4 €; ⊙Di–Sa 9–19, So 9–13 Uhr) Das in einem katalanisch-gotischen Palast aus dem 13. Jh. beheima-tete Kunstmuseum präsentiert eine erle-sene Sammlung frühbyzantinischer und normannischer Steinarbeiten bis hin zur sizilianischen Caltagirone-Keramik; außer-dem beeindruckt die außergewöhnlich gute

Ortygia

Auswahl an religiösen Gemälden und Skulpturen aus dem Mittelalter.

Castello Maniace BURG
(Karte S. 912; Erw./erm. 4/2€; ⊙Mi–Sa 9–18.30, Di & So 9–13.30 Uhr) Die Burg von Ortygia aus dem 13. Jh. wacht über die Südspitze der Insel – eine hübsche Gegend für einen schönen Spaziergang, um den Blick weit übers Meer schweifen zu lassen und über die glorreiche Vergangenheit von Syrakus nachzusinnen. Es werden hier auch Wechselausstellungen gezeigt.

La Giudecca STADTVIERTEL
Allein schon ein kurzer Spaziergang durch das malerische Gassengewirr von Ortygia ist ein Erlebnis, und zwar vor allem in der schmalen **Via Maestranza**, dem Herzen des alten Zunftviertels, sowie im längst verfallenen jüdischen Ghetto in der **Via della Giudecca**.

Im Hotel Alla Giudecca (S. 915) besteht die Möglichkeit, die alte jüdische **Mikwe** (Ritualbad; Karte S. 912; ☎093 12 22 55; Via Alagona 52; Führungen stündl. 5 €; ⊙tgl. 11 & 12, Mo–Sa auch 16, 17 & 18 Uhr) zu besichtigen; sie befindet sich heutzutage rund 20 m unter der Erdoberfläche. Das Ritualbad wurde im Jahr 1492 unzugänglich gemacht, als die jüdische Gemeinde aus Ortygia vertrieben wurde; während der umfangreichen Renovierungsarbeiten am Hotelgebäude wurde die uralte Mikwe dann durch Zufall wiederentdeckt.

◉ **Auf dem Festland**

Parco Archeologico della Neapolis ARCHÄOLOGISCHE STÄTTE
(Karte S. 910; ☎093 16 50 68; Viale Paradiso; Erw./erm. 10 €/frei–5 €; ⊙April–Okt. 9–18 Uhr, Nov.–März 9–16 Uhr) Für Freunde der Antike ist der Archäologische Park von Syrakus die eigentliche Attraktion der Stadt, allen voran das perlweiße **Teatro Greco** (Karte S. 910; Parco Archeologico della Neapolis) aus dem 5. Jh. v. Chr., das oberhalb der Stadt aus dem Felsen gehauen wurde. In diesem Theater wurden unter Anwesenheit von Aischylos die letzten Tragödien des Dichters uraufgeführt, so auch *Die Perser*. Im Sommer wird dieses Stück im Rahmen des alljährlichen Festivals des klassischen Theaters zu neuem Leben erweckt.

Gleich neben dem Theater befindet sich die geheimnisvolle **Latomia del Paradiso** (Karte S. 910; Parco Archeologico della Neapolis), ein steiler Steinbruch, aus dem die Steine für die antike Stadt stammen. In dem von Katakomben durchzogenen Areal inmitten von Zitronen- und Magnolienbäumen wurden 413 v. Chr. die 7000 Überlebenden des Kriegs zwischen Syrakus und Athen gefangen gehalten. Der **Orecchio di Dionisio** (Ohr des Dionysos; Karte S. 910; Parco Archeologico della Neapolis, Latomia del Paradiso), eine 23 mal 3 m tiefe Grotte, wurde von Caravaggio nach dem Thyrannen benannt, der sich die relativ perfekte Akustik im Steinbruch zunutze gemacht haben soll, um die Gespräche der Gefangenen zu belauschen.

Näher am Parkeingang befinden sich das **Anfiteatro Romano** (Karte S. 910) aus dem 2. Jh. n. Chr., das ursprünglich für Gladiatorenkämpfe und Pferderennen genutzt wurde, sowie die Ara di Gerone II. aus dem 3. Jh. v. Chr., der Opferaltar für Heron II. aus einem Monolithen. Bis zu 450 Ochsen konnten hier gleichzeitig geopfert werden.

Der Park lässt sich von der Piazza Pancali in Ortygia mit den Buslinien 1, 3 und 12 erreichen. Aussteigen muss man an der Ecke Corso Gelone/Viale Teocrito. Zu Fuß dauert der Spaziergang von Ortygia rund 30 Minuten. Wer mit dem Auto kommt, kann seinen Wagen in der Viale Augusto abstellen; Parkscheine sind am Andenkenkiosk erhältlich.

★ Museo Archeologico Paolo Orsi
MUSEUM

(Karte S. 910; 📱 0931 46 40 22; Viale Teocrito; Erw./erm. 8/4 €; ⊙ Di–Sa 9–18, So 9–13 Uhr) Auf dem Grundstück der Villa Landolina, rund 500 m östlich vom Ärchäologischen Park, bietet dieses mit dem Rollstuhl zugängliche Museum eine der umfassendsten, bestpräsentierten und interessantesten archäologischen Sammlungen ganz Siziliens. Für die vier verschiedenen Abteilungen sollte man sich viel Zeit nehmen; Archäologiefans sollten für den Besuch am besten gleich zwei Tage einplanen.

Museo del Papiro
MUSEUM

(Karte S. 910; 📱 0931 6 16 16; www.museodel papiro.it; Viale Teocrito 66; ⊙ Di–Sa 9–13 Uhr) Dieses kleine Museum zeigt Dokumente und Produkte aus Papyrus sowie einen Film (auf Englisch) über die Geschichte dieses bereits in der Antike genutzten Materials. Die Pflanze wuchert am Fluss Ciane in der Nähe von Syrakus und wurde im 18. Jh. zur Papierherstellung verwendet.

Catacombe di San Giovanni
KATAKOMBEN

(Karte S. 910) Einen Block nördlich des Archäologischen Museums erstreckt sich ein Labyrinth aus etwa 10 000 unterirdischen Grabmonumenten aus der Römerzeit. Im Rahmen einer halbstündigen Führung lernen die Besucher die Katakomben und auch die malerischen Ruinen der Basilica di San Giovanni kennen, die Basilika ist die älteste Kirche der Stadt.

🏃 Aktivitäten

Im Hochsommer, wenn in Ortygia Temperaturen wie im Backofen herrschen, strömt das Volk zu den Stränden südlich der Stadt bei **Arenella** (Bus 23 ab Piazza della Posta) und **Fontane Bianche** (Bus 21 oder 22). Ein Sonnenbad nehmen (gegen Gebühr) und von den Felsen ins Meer springen – Sand gibt es nämlich keinen hier – kann man aber auch im angrenzenden Bar Zen (S. 917), 2 km nördlich von Ortygia.

Lido Maniace
STRAND

(Karte S. 912; www.lidomaniace.it; 2 Pers. 10 €) Wem der Sinn nach einem Tick Glamour steht (wenngleich leicht ramponiert), sollte sich am winzigen Lido von Syrakus, dem Lido Maniace, etablieren – einer Felsplatte mit Sonnenliegen und Schatten, von der aus man sich im Meer erfrischen kann. Eine andere Möglichkeit ist, von einer der Holzplattformen unweit des Stadtviertels Giudecca loszuschwimmen.

🍃 Kurse

Biblios Cafe
SPRACHKURS

(Karte S. 912; 📱 093 12 14 91; www.biblios-cafe. it; Via del Consiglio Reginale 11) Das überaus beliebte Café mit Buchgeschäft organisiert eine ganze Palette an kulturellen Aktivitäten, beispielsweise den Besuch von Weingütern in der Region, Kunstseminare und Sprachkurse. Der Italienischunterricht mit dem Schwerpunkt Konversation im Alltag wird in Form von Einzelunterricht oder als Gruppenkurs angeboten, und zwar von einer Stunde bis zu vier Wochen.

🎆 Feste & Events

Ciclo di Rappresentazioni Classiche
DARSTELLENDE KÜNSTE

(Festival des klassischen Theaters; www.inda fondazione.org) Syrakus ist stolz auf seine Schule des klassischen Theaters – die einzige neben Athen. Im Mai und Juni werden im Teatro Greco griechische Dramen – auf Italienisch – aufgeführt. Die Besetzung ist erstklassig, die Schauspieler kommen aus ganz Italien. Eintrittskarten (28–64 €) können online, im Kartenbüro in der Via Cavour in Ortygia sowie an der Theaterkasse vor dem Theater gekauft werden.

Festa di Santa Lucia
RELIGIÖS

Am 13. Dezember wird die riesige silberne Statue der Stadtpatronin vom Dom in einer Prozession quer durch die Stadt zur Piazza

Santa Lucia getragen – begleitet von einem spektakulären Feuerwerk.

🛌 Schlafen

Wer es malerisch mag, sollte auf Ortygia übernachten. Die preiswerteren Unterkünfte liegen rund um den Bahnhof.

★ B&B dei Viaggiatori, Viandanti e Sognatori
B&B €

(Karte S. 912; ☎093 12 47 81; www.bedand breakfastsicily.it; Via Roma 156, Ortygia; EZ 35–50 €, DZ 55–70 €, 3BZ 75–80 €; ❄ 🛜) Das mit Enthusiasmus gestaltete B&B in einem alten *palazzo* am Ende der Via Roma tut sich mit seiner Toplage in Ortygia hervor. Hier herrscht ein hübsches künstlerisches Flair mit Büchern und antiken Möbeln, die einen hübschen Kontrast zu den farbenfrohen Wänden bilden. Die sonnige Dachterrasse mit sagenhaftem Meerblick eignet sich perfekt zum Frühstücken. Die Besitzer führen auch das **B&B L'Acanto** (Karte S. 912; ☎093 146 11 29; www.bebsicily.com; Via Roma 15; EZ 35–50 €, DZ 55–70 €, 3BZ 75–85 €, 4BZ 100 €) gleich in der Nähe.

B&B Aretusa
APARTMENTS €

(Karte S. 912; ☎093 148 34 84; www.aretusa vacanze.com; Vicolo Zuccalà 1; DZ 59–90 €, 3BZ 70–120 €, 4BZ 105–147 €; 🅿❄@🛜) Diese tolle Billigunterkunft befindet sich, eingeklemmt in einer winzigen Fußgängerzone, in einem Gebäude aus dem 17. Jh. Geboten sind große Zimmer und Apartments mit Kochnische, Computer, WLAN, Satelliten-TV und einem kleinen Balkon, auf dem man dem Nachbarn auf der anderen Straßenseite die Hand schütteln kann.

Palazzo del Sale
B&B €

(Karte S. 912; ☎093 16 59 58; www.palazzodel sale.com; Via Santa Teresa 25, Ortygia; EZ 75–95 €, DZ 90–115 €, DZ mit Terrasse 100–125 €; ❄@🛜) Die sechs Zimmer in diesem Designer-B&B sind im Sommer heiß begehrt, man sollte also frühzeitig reservieren. Alle weisen eine anständige Größe auf, haben hohe Decken und sind mit bequemen Betten ausgestattet. Kaffee und Tee stehen im gemütlichen Aufenthaltsraum immer bereit. Die Besitzer leiten noch ein anderes B&B direkt am Strand bei Porto Piccolo (www.giuggiulena.it).

★ Hotel Gutkowski
HOTEL €€

(Karte S. 912; ☎0931 46 58 61; www.guthotel.it; Lungomare Vittorini 26; EZ 60–80 €, DZ 75–130 €; ❄@🛜) Wer gern ein Zimmer mit Meerblick hätte, sollte in diesem Hotel mit dezentem Schick frühzeitig buchen; es liegt direkt am Wasser in Ortygia, am Rand des Viertels Giudecca. Die Zimmer verteilen sich auf zwei Gebäude, die beide schön gefliese Böden und eine minimalistische Mischung aus Nostalgie und Industriedesign sehen lassen. Die Gäste können sich zudem über eine Sonnenterrasse mit Meerblick und einen gemütlichen Aufenthaltsraum mit Kamin freuen.

Alla Giudecca
HOTEL €€

(Karte S. 912; ☎093 12 22 55; www.alla giudecca.it; Via Alagona 52; EZ 60–100 €, DZ 80–120 €; ❄@🛜) Das reizende Hotel liegt im jüdischen Viertel. Die 23 Suiten sind gemütlich mit Terrakottaböden, Holzbalken und jeder Menge weißem Leinen ausgestattet. Der Gemeinschaftsbereich besteht aus diversen Räumen mit Gewölbedecke voller gigantisch großer Wandteppiche und vielen Antiquitäten, die jedem Museum alle Ehre machen würden. Gemütliche Sofas stehen rund um die ebenfalls großen Kamine.

Villa dei Papiri
AGRITURISMO €€

(☎093 172 13 21; www.villadeipapiri.it; Contrada Cozzo Pantano; DZ 50-132 €, 2-Pers.-Suite 105–154 €, 4-Pers.-Suite 140–208 €; 🅿❄@🛜) Der reizende *agriturismo* mitten in einem Garten Eden mit Orangenhainen und Papyrus liegt 8 km außerhalb von Syrakus neben der Fonte Ciana, einer Quelle, die Ovid in seinen *Metamorphosen* verewigte. Acht Familien-Suiten befinden sich in einem wunderschön umgebauten Bauernhaus aus dem 19. Jh.; die Doppelzimmer liegen über das Grundstück mit üppiger Vegetation verstreut. Das Frühstück wird in einem herrschaftlichen Saal mit Steinwänden serviert.

Hotel Roma
HOTEL €€

(Karte S. 912; ☎093 146 56 26; www.hotelroma siracusa.it; Via Roma 66; EZ 75–105 €, DZ 105–149 €; 🅿❄@🛜) Nur ein paar Schritte von der Piazza del Duomo entfernt kann dieser *palazzo* mit Zimmern mit Parkettboden, orientalischen Läufern, Balkendecken und geschmackvollen Kunstwerken aufwarten. Außerdem stehen den Gästen kostenlose Fahrräder zur Verfügung, und einen Kraftraum und eine Sauna gibt es auch noch.

🍴 Essen

Ortygia bietet sich an, um zum Essen zu gehen. Die schmalen Gassen strotzen nur so vor Trattorien, Restaurants, Cafés und Bars. Manche sind ganz offensichtlich Touristenfallen, aber in der bunten Mischung finden sich auch genügend hochwertige Lokale. Die meisten haben sich auf Meeresfrüchte spezialisiert.

Sicilia in Tavola
SIZILIANISCH €

(Karte S. 912; 📱 392 461 08 89; Via Cavour 28; Pasta 7–12 €; ⊙ Di–So) Diese Trattoria ist eines von mehreren beliebten Esslokalen in der Via Cavour und hat sich vor allem mit ihrer selbst gemachten Pasta und den frischen Meeresfrüchten einen Namen gemacht. Wer sich selbst davon überzeugen will, sollte die Ravioli mit Garnelen probieren, die mit Cherry-Tomaten und gehackter Minze serviert werden, oder die *fettuccine allo scoglio* (mit Meeresfrüchte-Sauce).

Red Moon
MEERESFRÜCHTE €

(Karte S. 910; 📱 093 16 03 56; Riva Porto Lachio 36; Gerichte 25 €; ⊙ Do–Di Mittag- & Abendessen) Unter dem achteckigen, zeltartigen Dach kommen so ziemlich der beste Fisch und die besten Meeresfrüchte der Stadt auf den Tisch. Der Familienbetrieb mit anständigen Preisen befindet sich auf dem Festland und bietet eine angenehme Abwechslung von den ausgetretenen Touristenpfaden auf Ortygia. Am besten beginnt man mit *spaghetti ai ricci* (Spaghetti mit Seeigelrogen), geht dann zum *fritto misto* (frittierte Garnelen und Tintenfische) oder zum gegrillten Fisch über, um schließlich das üppige Gelage mit einen erfrischendem Zitronensorbet abzurunden.

★ Le Vin De
L'Assasin Bistrot
MEDITERRAN €€

(Karte S. 912; 📱 093 16 61 59; Via Roma 15; Gerichte 30–45 €; ⊙ Di–So Abendessen, So Mittagessen) Der in Paris ausgebildete Saro führt dieses schicke Speiselokal mit hohen Decken in Ortygia. Auf einer Schiefertafel stehen die Gerichte angeschrieben, darunter französische Klassiker wie *quiche lorraine* und *croque monsieur*, bretonische Austern, Salate mit meisterhaftem Vinaigrette-Dressing, dazu eine Fülle von Hauptgerichten mit Fisch und Fleisch und sagenhafte *millefoglie* aus Auberginen und süßlichen roten Paprikaschoten. Das Bistrot eignet sich perfekt, um spät am Abend noch ein Glas Wein zu trinken oder um sich eines der himmlischen Schoko-Desserts zu gönnen.

Taberna Sveva
SIZILIANISCH €€

(Karte S. 912; 📱 093 12 46 63; Piazza Federico di Svevia; Gerichte 25–35 €; ⊙ Do–Di) Das reizen-

de Speiselokal abseits der Touristenströme liegt in einer ruhigen Ecke in Ortygia versteckt. An einem lauen Sommerabend sitzen die Gäste gepflegt auf der Terrasse oder an einem der Tische auf dem beschaulichen Platz mit Kopfsteinpflaster vor der Burg aus dem 13. Jh. Serviert werden sizilianische Traditionsgerichte, d. h. es gibt jede Menge Thun- und Schwertfisch, aber auch herrliche Pasta.

Jonico-a Rutta 'e Ciauli
SIZILIANISCH €€

(Karte S. 910; 📱 093 16 55 40; Riviera Dionisio il Grande 194; Pizza 4–7 €, Gerichte 25–35 €; ⊙ Juni–Sept. Mi–Mo) Der Spaziergang zu diesem Restaurant am Meer dauert ganz schön lang und ist auch nicht sonderlich spannend. Aber wer erst einmal dort ist, weiß, dass sich der Aufwand gelohnt hat. Das Lokal präsentiert sich innen mit unverputzten Ziegelwänden und rostigen Landwirtschaftsgeräten; die Terrasse draußen ist die reinste Wonne: Die Sonne scheint einem ins Gesicht, es weht eine kühle Brise vom Meer, und das Panorama ist einfach traumhaft. Auf der Speisekarte dominieren, wie nicht anders zu erwarten, Fischgerichte.

★ Don Camillo
MODERN SIZILIANISCH €€€

(Karte S. 912; 📱 093 16 71 33; www.ristorantedon camillosiracusa.it; Via Maestranza 96; Gerichte 55 €; ⊙ Mo–Sa Mittag- & Abendessen) Das elegante Restaurant mit wirklich erstklassigem Service ist für viele Überraschungen gut: „schwarze" Königsgarnelen in sämiger Mandelcremesuppe, Red Snapper mit Feigen und Zitrone, *tagliata di tonno* (Thunfischstücke vom Grill) mit „Marmelade" aus roter Paprika und dazu noch Blutorangeneis als Nachtisch. Als Slow Food-Restaurant absolut empfehlenswert.

🍷 Ausgehen & Nachtleben

Syrakus ist eine pulsierende Universitätsstadt, und das bedeutet, dass es bei Einbruch der Nacht auf den Straßen hoch hergeht.

Bar San Rocco
BAR

(Karte S. 912; Piazzetta San Rocco; ⊙ 17 Uhr bis spätabends) San Rocco, die gemütlichste von mehreren Bars an der Piazzetta San Rocco, bietet sich für *aperitivi* (samt einer Fülle von leckeren Happen an der Bar) an, aber auch für einen Cocktail zu später Stunde. Innen ist die Bar ein schmaler Schlauch mit Steingewölbe, aber das eigentliche Geschehen spielt sich draußen auf der lebendigen Piazzetta ab, wo sich im Sommer die

Gäste bis zum Morgengrauen amüsieren. Gelegentlich wird hier auch Livemusik gespielt, ansonsten sorgen DJs für entspannte Schwingungen.

Bar Zen BAR
(Karte S. 910; ☺ Mitte Juni–Sept. 9–24 Uhr) In dieser Bar am Meer, die zum Restaurant Jonico gehört, kann man sich den ganzen Tag sonnen, sich von den Klippen ins erfrischende Meer stürzen, um dann abends auf der Außenterrasse bei einem Drink der Livemusik zuzuhören.

Il Blu WEINBAR
(Karte S. 912; Via Nizza; ☺ 18 Uhr–spätabends) Die edle Weinbar mit Veranda vor dem Haus liegt nicht weit vom Wasser entfernt und bietet sich an, um zwischen dem Geplansche im Meer ein Sonnenbad zu nehmen.

Café Giufá MUSIK
(Karte S. 912; ☏ 093 146 53 95; Via Cavour 25; ☺ im Winter Mo geschl.) Die witzige Bar geht auf einen winzigen Platz hinter dem Haus hinaus. Das Giufá hat ein paar super DJs, die Reggae, Jungle und Dub-Beats mögen.

☆ Unterhaltung

Piccolo Teatro dei Pupi MARIONETTENTHEATER
(Karte S. 912; ☏ 093 146 55 40; www.pupari.com; Via della Giudecca 17) In diesem erfolgreichen Marionettentheater in Syrakus finden regelmäßig Vorstellungen statt; was genau auf dem Programm steht, verrät die Website. Im Atelier nebenan kann man die Marionetten auch kaufen.

Shoppen

Es macht Spaß, in den oft kuriosen Boutiquen von Ortygia herumzustöbern.

Untitled KLEIDUNG
(Karte S. 912; ☏ 093 16 45 74; www.untitled-trend-wear.com; Via Serafino Privitera 39; ☺ 10.30–14.30 & 16.30–20.30 Uhr) Die Boutique beeindruckt mit Designerstücken aus dem In- und Ausland, die zum Sterben schön sind – und Preisen, dass man schier einen Herzanfall kriegt.

Massimo Izzo SCHMUCK
(Karte S. 912; www.massimoizzo.com; Piazza Archimede 25; ☺ Mo 16.30–20.30, Di–Sa 9–13 & 16.30–20.30 Uhr) Der sagenhafte Schmuck des in Messina geborenen Massimo Izzo besticht durch kühnes Design, gefertigt aus Sciacca-Korallen, Gold

und Edelsteinen; die Stücke zeigen sich vom Meer, Theater und der klassischen Antike inspiriert.

Galleria Bellomo KUNSTHANDWERK
(Karte S. 912; www.bellomogallery.com; Via Capodieci 15; ☺ Mo–Sa 10.30–13.30 & 16.30–20 Uhr) Diese Galerie in der Nähe der Fontana Aretusa hat sich auf Produkte aus Papyrus spezialisiert, darunter Grußkarten, Lesezeichen und Briefpapier sowie Aquarell-Landschaften.

ℹ Praktische Informationen

Ortygia Touristeninformation (Karte S. 912; ☏ 093 146 42 55; Via Maestranza 33; ☺ Mo–Fr 8–14 & 14.30–17.30, Sa 8–14 Uhr) Die Mitarbeiter sprechen Englisch und halten eine Fülle an guten Informationen bereit.

Ospedale Umberto I (☏ 093 172 40 33; Via Testaferrata 1)

Polizei (☏ 093 16 51 76; Piazza S Giuseppe)

Touristeninformation (Karte S. 912; ☏ 0800 05 55 00; infoturismo@provsr.it; Via Roma 31; ☺ Mo–Sa 8–20, So 9.15–18.45 Uhr) Das Personal kann Englisch; es sind hier Stadtpläne und andere nützliche Informationen erhältlich.

ℹ An- & Weiterreise

Der Bahnhof und der Busbahnhof liegen in Syrakus bloß einen Block voneinander entfernt, nämlich zwischen Ortygia und dem Archäologischen Park.

AUTO & MOTORRAD

Die modernen Autostrade A18 und SS114 verbinden Syrakus mit Catania und Ortschaften im Norden; die SS115 verläuft in Richtung Süden nach Noto und Modica. Wer mit dem Auto unterwegs ist, fährt auf die SS124 in östlicher Richtung und folgt dann der Beschilderung nach Syrakus und Ortygia.

Auf Ortygia ist der Verkehr eingeschränkt; es macht deshalb mehr Sinn, bei der Ankunft auf der Insel das Auto zu parken und zu Fuß zu gehen. Das große Talete-Parkhaus an der Nordspitze von Ortygia ist hervorragend: Hier kann man von 5 Uhr bis 21 Uhr kostenlos parken; nur wer seinen Wagen über Nacht parkt, bezahlt 1 €.

BUS

Fernbusse fahren an der Bushaltestelle am Corso Umberto ab, gleich östlich vom Bahnhof.

Von **Interbus** (☏ 093 16 67 10; www.interbus.it) verkehren Busse nach Catania (6 €, 1½ Std., Mo–Sa 15-mal tgl., So 8-mal) und zum dortigen Flughafen sowie nach Noto (3,40 €, 55 Min., 2–4-mal tgl.) und Palermo (12 €, 3¼ Std., 3-mal tgl.).

AST (☑ 093 146 27 11; www.aziendasiciliana trasporti.it) unterhält Busverbindungen nach Piazza Armerina (8,80 € 4 Std, 1-mal tgl.) und Ragusa (6,90 €, 2¼ Std., Mo–Sa 4-mal tgl., So 2-mal).

ZUG

Vom **Bahnhof** (Via Francesco Crispi) in Syrakus verkehren täglich Züge nach Messina (InterCity/Regionalzug 18,50/9,70 €, 2½–3¼ Std.) über Catania (9,50/6,35 €, 1¼ Std.). Manche fahren nach Rom, Turin und Mailand sowie zu anderen, entfernteren Zielen weiter. Wer nach Palermo will, ist allerdings mit dem Bus besser bedient. Zusätzlich verkehren Lokalzüge von Syrakus nach Noto (3,45 €, 30 Min.) und nach Ragusa (7,65 €, 2¼ Std.).

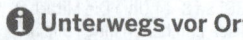 Unterwegs vor Ort

Um vom Busbahnhof zum Bahnhof und weiter nach Ortygia zu gelangen, nimmt man den kostenlosen AST-Shuttlebus 20 (alle 20–30 Min.). Von der Piazza Pancali auf Ortygia verkehren die AST-Stadtbusse 1, 3 und 12 (Ticket für 1 Std. 1,10 €) zum Parco Archeologico della Neapolis.

Noto

23 800 EW. / 160 M

Die 1693 von einem verheerenden Erdbeeben dem Erdboden gleich gemachte Stadt wurde von den Adeligen im herrlichsten Barockstil, den Sizilien zu bieten hat, wieder aufgebaut; heute zählt Noto zurecht zum Weltkulturerbe der Unesco. Besonders beeindruckend ist die Stadt in den frühen Abendstunden, wenn die goldfarbenen Sandsteingebäude gleichsam in einem sanften inneren Licht zu erstrahlen scheinen, sowie nachts, wenn Scheinwerfer die Schönheit der kunstvoll behauenen Fassaden akzentuieren. Dieses Prachtstück des Barock ist das Werk von Rosario Gagliardi und seinem Assistenten Vicenzo Sinatra, zwei einheimischen Architekten, die auch in Ragusa und Modica arbeiteten.

⊙ Sehenswertes

Zwei Piazzas öffnen sich zum langen Corso Vittorio Emanuele hin: die Piazza dell'Immacolata im Osten und die Piazza XVI. Maggio im Westen. Auf der zweiten ragt die wunderschöne Chiesa di San Domenico mit dem angrenzenden Dominikanerkloster auf, beide ein Entwurf von Rosario Gagliardi. Am gleichen Platz lohnt auch das elegante Teatro Comunale aus dem 19. Jh. einen Blick. Eine sagenhafte Aussicht auf

die barocke Pracht Notos genießt, wer zur Dachterrasse der **Chiesa di Santa Chiara** (Corso Vittorio Emanuele; Eintritt 2 €; ⊙ 9.30–13 & 15–19 Uhr) hinaufsteigt oder – noch viel besser – den *campanile* (Glockenturm) der **Chiesa di San Carlo al Corso** (Corso Vittorio Emanuele; Eintritt 2 €; ⊙ 9–12.30 & 16–19 Uhr) erklimmt.

★ Cattedrale di San Nicolò DOM

(www.cattedralenoto.it; Piazza Municipio; ⊙ 9–13 & 15–20 Uhr) Notos ganzer Stolz ist der restaurierte Dom San Nicolò. Am 16. März 1996 mussten die Einwohner der Stadt mit großem Entsetzen feststellen, dass ein verheerendes Gewitter das Dach und die Kuppel des Gebäudes zum Einsturz gebracht hatte – aber glücklicherweise erst zu später Stunde, um 22.30 Uhr, als das Gotteshaus menschenleer war. Im Jahr 2007 konnte der Dom dann endlich wieder eröffnet werden. Ohne den Staub und Schmutz der vielen Jahrhunderte erstrahlt San Nicolò seitdem in einem frischen, pfirsichfarbenen Glanz.

Piazza Municipio PLATZ

In der Mitte des anmutigsten Platzes von Noto ragt die Cattedrale di San Nicolò auf, umgeben von eleganten Stadthäusern: Im Palazzo Landolina residiere einst die älteste Adelsfamilie der Stadt, und der Palazzo Ducezio (Rathaus) ist für seine Sala degli Specchi (Spiegelsaal) bekannt.

Palazzo Nicolaci di Villadorata PALAZZO

(☑ 320 556 80 38; www.palazzonicolaci.it; Via Nicolaci; Erw./erm. 4/2 €; ⊙ 10–13 & 15–19.30 Uhr) Die schmiedeeisernen Balkone des Palazzo Villadorata werden von grotesken Steinfiguren getragen. Mobiliar ist in diesem Palais keines mehr vorhanden, doch die edlen Brokattapeten und Deckenfresken vermitteln einen Eindruck vom luxuriösen Lebensstil des sizilianischen Adels – den Giuseppe Tomasi di Lampedusa in seinem Roman *Il Gattopardo* (Der Leopard) so anschaulich beschrieben hat.

✵ Feste & Events

Farbenprächtig präsentiert sich Notos zweiwöchiges Blumenfest, die **Infiorata**: Von Mitte bis Ende Mai finden Umzüge, historische Aufführungen und ein öffentliches Kunstprojekt statt: Dann schmücken Künstler die Via Corrada vom Anfang bis zum Ende mit ihren Werken, die alle ausschließlich aus Blüten bestehen.

🛏 Schlafen

B&Bs gibt es in Noto zuhauf; die Touristeninformation hält eine detaillierte Aufstellung bereit.

Ostello Il Castello HOSTEL €

(☑ 320 838 88 69; www.ostellodinoto.it; Via Fratelli Bandiera 1; B 17 €, DZ ohne Bad 45 €) Dieses Hostel der alten Schule direkt oberhalb vom Zentrum bietet Schlafsäle mit acht bis 16 Betten und einen tollen Blick auf den Dom hinunter. Die Gäste bekommen viel fürs Geld geboten, obwohl das Frühstück etwas karg ausfällt.

La Corte del Sole LANDGASTHOF €€

(☑ 320 82 02 10; www.lacortedelsole.it; Contrada Bucachemi; pro Pers. 55–126 €; P ✳ @ 🛜 🏊) Ein paar Kilometer von Noto bergab befindet sich dieser reizende Landgasthof mit Blick auf das Vendicari-Vogelschutzgebiet. Die 34 Zimmer mit Keramikfliesen und Balkendecken liegen rund um einen Innenhof, die schönsten gehen auf den Swimmingpool hinaus. Weitere Annehmlichkeiten sind ein Restaurant, ein hübscher Frühstücksbereich (der um eine alte Olivenpresse angelegt wurde), ein Fahrradverleih, Kochkurse sowie der Shuttlebus zum nahen Strand.

Hotel della Ferla HOTEL €€

(☑ 093 157 60 07; www.hoteldellaferla.it; Via Gramsci; EZ 48–78 €, DZ 84–120 €; P ✳ 🛜) Das freundliche Hotel, ein Familienbetrieb, liegt in einem Wohnviertel beim Bahnhofs und bietet große, helle Zimmer mit Kiefernmöbeln und kleine Balkons. Die Parkplätze sind hier kostenlos.

✗ Essen

Für die Einwohner von Noto ist Essen eine ernste Angelegenheit. Wer hier zu Gast ist, sollte sich also Zeit nehmen und mit Genuss speisen. Gut gesättigt kann man anschließend eine Runde durch den Ort drehen und einer der hervorragenden Eisdielen einen Besuch abstatten.

★ Caffè Sicilia GELATO €

(☑ 0931 83 50 13; Corso Vittorio Emanuele 125; Nachspeisen ab 2 €; ⏲ Di–So 8–22 Uhr) Diese Eisdiele besteht schon seit dem Jahr 1892 und ist vor allem für ihre *granite* berühmt. Das beliebte Caffè Sicilia wetteifert mit seiner Nachbarin, der Dolceria Corrado Costanzo, um den Titel der besten Eisdiele in Noto. Die gefrorenen Nachspeisen werden aus superfrischen Zutaten hergestellt, also beispielsweise wilden Erdbeeren im Frühling, während das köstliche Nougat (*torrone*) nur so vom Aroma des hiesigen Honigs und der Mandeln strotzt.

★ Il Liberty MODERN SIZILIANISCH €€

(☑ 093 157 32 26; www.illiberty.com; Via Cavour 40; Gerichte 27–35 €; ⏲ Di–So 12–14.30 & 19.30–22 Uhr) Der malerische Speiseraum mit Gewölbedecke lädt ein, die sizilianischen Gerichte mit modernem Touch zu kosten, die Küchenchef Giuseppe Angelino zaubert. Die hervorragende Weinkarte mit edlen Tropfen aus der Region ergänzt die einfallsreiche Speisekarte mit so feinen Vorspeisen wie *millefoglie* – hauchdünne Schichten von gratiniertem Käse mit grünlenen Pistazien sowie süß-saurem Gemüse mit Minzearoma – bis hin zu den sagenhaften Desserts, beispielsweise warmem Zimt-Ricotta-Kuchen mit selbst gemachtem Orangenkompott.

★ Trattoria Crocifisso RISTORANTE €€

(☑ 093 157 11 51; www.ristorantecrocifisso.it; Via Principe Umberto 48; Gerichte 30–35 €; ⏲ Do–Di 13–14.15 & 20–23 Uhr) Die für ihr Slowfood bekannte Trattoria befindet sich in Noto Alta – jede Menge Treppen führen dort hinauf. Das Crocifisso mit umfangreicher Weinkarte ist ein beliebtes Lokal in Noto. An rustikalen Vorspeisen gibt es beispielsweise Auberginencreme, frittierten Fenchel, Oliven, Käse etc. Und die Trattoria ist außerdem eine ausgezeichnete Adresse, um ein (saisonales) klassisches sizilianisches Gericht zu probieren – *macco di fave* (Dicke Bohnen-Püree mit Ricotta und gerösteten Brotbröseln).

Ristorante Il Cantuccio MODERN SIZILIANISCH €€

(☑ 0931 83 74 64; www.ristoranteilcantuccio.it; Via Cavour 12; Gerichte 30–35 €; ⏲ Di–So Abendessen, So Mittagessen) Die Küchenchefin Valentina wechselt von Jahreszeit zu Jahreszeit die Speisekarte und kombiniert die vertrauten Zutaten Siziliens auf spannende Weise neu. Niemand sollte sich die köstlichen *gnocchi al pesto del Cantuccio* (Ricotta-Kartoffel-Klößchen mit Basilikum, Petersilie, Minze, Kapern, Mandeln und kleinen Curry-Tomaten) entgehen lassen, um dann zu einem der denkwürdigen Hauptgerichte überzugehen wie beispielsweise Meerbrasse mit Zitronenfüllung und Orangen-Fenchel-Salat.

SIZILIEN NOTO

ℹ Praktische Informationen

Touristeninformation (☑ 093 157 37 79; www.comune.noto.sr.it; Piazza XVI Maggio; ⏱ 9–13 & 15–20 Uhr) Eine hervorragende Touristeninformation, in der immer viel los ist, mit mehrsprachigen Mitarbeitern; hier sind kostenlose Stadtpläne und Landkarten erhältlich.

ℹ Anreise & Unterwegs vor Ort

BUS

Vom Largo Pantheon, gleich östlich von Notos historischem Zentrum, fahren Busse von **AST** und **Interbus** nach Catania (8,10 €, 1½–2¾ Std.) und Syrakus (3,40 €, 55 Min.).

ZUG

Es verkehren häufig Züge nach Syrakus (3,45 €, 30 Min., 8-mal tgl. außer So), der Bahnhof von Noto liegt allerdings recht unpraktisch 1 km bergab vom Zentrum.

Modica

54 700 EW. / 296 M

In der griechischen Antike war der Ort von großer Bedeutung, aber irgendwann musste Modica dann seine Vorrangstellung an Ragusa abtreten. Die Stadt zieht sich an beiden Seiten einer steilen Schlucht nach oben und hat mit ihren vielen mittelalterlichen Gebäuden bis heute viel Flair.

Der Ort erstreckt sich über mehrere Ebenen und teilt sich in Modica Alta (Oberstadt) und Modica Bassa (Unterstadt). Nach einer verheerenden Überschwemmung 1902 wurde der Fluss begradigt und umgeleitet, anschließend der breite Corso Umberto und die Via Giarrantana angelegt. Diese beiden Straßen bilden nun die Hauptachsen der Stadt, an denen sich schäbige Stadtpaläste und Steinhäuser entlangziehen.

◎ Sehenswertes

Es macht Spaß, hier einfach durch die Straßen zu bummeln und die Atmosphäre auf sich wirken zu lassen. Nicht entgehen lassen sollten sich Besucher die großartige **Chiesa di San Giorgio** (⏱ 9–12 & 16–19 Uhr). Diese Kirche ist ein Meisterwerk von Gagliardi und ein Prachtstück des Rokoko – ein cremefarbenes Kleinod am Ende einer prunkvollen Treppe mit 250 Stufen. Ihr Gegenstück in Modica Bassa ist die beeindruckende **Cattedrale di San Pietro** (Corso Umberto I.), die ebenfalls am Ende einer mit lebensgroßen Apostelstatuen gesäumten Treppe aufragt.

🛏 Schlafen

Um das Verhältnis zwischen Qualität und Preis ist es in Modica im Allgemeinen wirklich hervorragend bestellt – was die Stadt zu einer wahren Topdestination für clevere und schnäppchenfreudige Touristen macht.

★ Villa Quartarella AGRITURISMO €

(☑ 360 65 48 29; www.quartarella.com; Contrada Quartarella; EZ 40 €, DZ 75–80 €) Geräumige Zimmer und die herzlichen Wirtsleute bürgen für einen angenehmen Aufenthalt in dieser umfunktionierten Villa auf dem Land südlich von Modica. Die Besitzer Francesco und Francesca teilen ihren Gästen nur zu gern ihr enzyklopädisches Wissen über die Lokalgeschichte, Flora und Fauna mit und unterbreiten zudem noch Vorschläge für schöne Ausflüge in die Umgebung. Das köstliche und auch üppige Frühstück bietet wirklich alles – Eier von eigenen Hennen bis hin zu den raffinierten Süßigkeiten aus Modica.

B&B Il Cavaliere B&B €

(☑ 093 294 72 19; www.palazzoilcavaliere.it; Corso Umberto I 259; EZ 39–59 €, DZ 65–80 €, Suite 95–130 €; ❄ 🤶) Das stilvolle B&B in einem *palazzo* aus dem 19. Jh. verspricht einen wahrlich noblen Aufenthalt. Es befindet sich ein Stück unterhalb vom Busbahnhof an der Hauptstraße von Modica. Die Standardzimmer haben nicht so viel Flair wie die herrliche Suite nach vorne zur Straße hinaus und die großzügigen Gemeinschaftsräume mit hohen Decken, Deckenfresken und dem originalen Fliesenboden. Vom eleganten Frühstückszimmer bietet sich ein hübscher Blick auf die Kirche San Giorgio.

Hotel Relais Modica HOTEL €

(☑ 093 275 44 51; www.hotelrelaismodica.it; Via Campailla; DZ 85–110 €; ❄ @) Die Gäste fühlen sich stets herzlich willkommen in diesem einladenden Hotel der alten Schule. Es befindet sich in einem umfunktionierten *palazzo* gleich beim Corso Umberto I. und bietet zehn helle, freundliche Zimmer, von denen jedes eine Tick anders gestaltet ist; alle sind jedoch geräumig und von dezenter Eleganz. In der Rezeption haben die Gäste kostenlosen Internetzugang, die Zimmer verfügen über Satelliten-TV.

 Essen

Dolceria Bonajuto   SCHOKOLADE €

(☑ 093 294 12 25; www.bonajuto.it; Corso Umberto I. 159; ⊙ Mo–Sa 9–13.30, tgl. 16.30–20.30 Uhr) Die älteste Schokoladenfabrik Siziliens sollten alle besuchen, die einmal die berühmte Schokolade aus Modica kosten möchte. Es gibt sie mit Vanille-, Zimt-, Orangenschalen- und Chiliaroma, sie ist ein Erbe der spanischen Herrscher, die einst aus ihren Kolonien in Südamerika Kakao importierten.

Taverna Nicastro   SIZILIANISCH €

(☑ 093 294 58 84; Via S Antonino 28; Gerichte 14–20 €; ⊙ Di–Sa Abendessen) Die Taverna kann auf über 60 Jahre Geschichte zurückblicken und gilt schon seit ewigen Zeiten als eine hervorragende Adresse für Slowfood. Jedenfalls ist das Nicastro eines der authentischsten und malerischsten Restaurants in der Oberstadt – und trotzdem unglaublich preiswert. Auf der Speisekarte, die Fans von einem anständigen Stück Fleisch erfreut, stehen Grillspezialitäten, gekochtes Kalbfleisch, Lammeintopf, aber auch Pastagerichte wie Ricotta-Ravioli mit Schweinefleisch-*ragù* (Fleischsauce).

Fattoria delle Torri   MEERESFRÜCHTE €€

(☑ 093 275 12 86; Vico Napolitano 14, Modica Alta; Gerichte ab 35 €; ⊙ So abends geschl. & Mo) Dieses Restaurant ist eine der schicksten Adressen in Modica. Es befindet sich in einem eleganten *palazzo* aus dem 18. Jh. und verfügt über einen wunderschönen Speisebereich; die Tische stehen unter Steinbögen, und die Erkerfenster gehen auf den kleinen internen Garten hinaus. Die Meeresfrüchte schmecken besonders himmlisch, und zwar vor allem zu einem trockenen, frischen Weißwein wie Cerasuolo di Vittoria.

La Locanda del Colonnello   SIZILIANISCH €€

(☑ 093 275 24 23; Vico Biscari 6; Gerichte 25–30 €; ⊙ Mi–Mo Mittag- & Abendessen) Dieses Restaurant eignet sich perfekt, um sizilianische Spezialitäten mit dem gewissen Etwas zu probieren – beispielsweise *macco di fave* (Püree aus dicken Bohnen) mit gebratenem Tintenfisch. An traditionelleren Gerichten sind die mit Ricotta und Majoran gefüllten Ravioli in Schweinefleischsauce empfehlenswert oder auch der Lammbraten mit Kartoffeln. Ein samtenes *gelo di limone* (Zitronengelee) rundet das kulinarische Vergnügen ab.

❶ Praktische Informationen

Touristeninformation (☑ 093 275 96 34; www.comune.modica.rg.it; Corso Umberto I. 141; ⊙ Mo–Sa 9–13 & 15.30–19.30, So 10–13 Uhr) Hier gibt es Landkarten und Listen, aber Englisch oder Deutsch spricht hier niemand.

❶ An- & Weiterreise

BUS

Busse fahren von Montag bis Samstag häufig von der Piazzale Falcone-Borsellino am oberen Ende des Corso Umberto I. nach Syrakus (6 €), Noto (3,90 €) und Ragusa (2,40 €); sonntags fahren nur zwei Busse in jede Richtung.

ZUG

Vom Bahnhof in Modica, 600 m südwestlich vom Zentrum, verkehren täglich drei Züge (So nur 1-mal tgl.) nach Syrakus (7 €, 1¾ Std.) und sechs (So nur 1-mal tgl.) nach Ragusa (2,25 €, 25 Min.).

Ragusa

72 800 EW. / 502 M

Ragusa ist eine würdevoll gealterte Provinzstadt. Ragusa teilt das Schicksal einer ganzen Reihe von Städten dieser Region: Der Ort wurde Opfer des schrecklichen Erdbebens im Jahr 1693. Eine komplett neue Stadt mit dem Namen Ragusa Superiore wurde auf einem Hochplateau oberhalb der ursprünglichen Ortschaft errichtet. Doch der Adel wollte seine baufälligen *palazzi* nicht aufgeben, und so wurde der Ort unter dem Namen Ragusa Ibla an der ursprünglichen Stelle wieder aufgebaut. Die beiden Städte wurden erst 1927 als eine Gemeinde zusammengeführt.

Ragusa Ibla ist und bleibt die Seele und das Herz der Stadt: Hier befinden sich die besten Restaurants und auch die meisten Sehenswürdigkeiten. Die Unterstadt ist mit dem oberen (modernen) Ragusa durch eine sehr steile Treppe (oder eine abenteuerliche Busfahrt) verbunden.

⊙ Sehenswertes

Majestätische Kirchen und *palazzi* säumen die verwinkelten, schmalen Straßen von Ragusa Ibla; dazwischen finden sich Eisdielen und hübsche Plätze, auf denen sich die Einheimischen treffen – die Jugendlichen, um eine Runde zu drehen, und die Senioren, um auf den Bänken zu plaudern. Die mit Palmen bestandene Piazza del Duomo im Herzen der Stadt wird von der **Cattedrale di San Giorgio** (Piazza Duomo; ⊙ 10–

12.30 & 16–18.30 Uhr) aus dem 18. Jh. beherrscht; besonders beeindruckend sind die herrliche neoklassizistische Kuppel und die schönen Buntglasfenster.

Am östlichen Ende der Altstadt liegt der **Giardino Ibleo** (☉ 8–20 Uhr), eine hübsche öffentliche Gartenanlage, die im 19. Jh. entworfen wurde und seitdem ein beliebter Picknickplatz ist.

🛏 Schlafen

L'Orto Sul Tetto   B&B €
(☎ 093 224 77 85; www.lortosultetto.it; Via Tenente Distefano 56; EZ 45–60 €, DZ 70–110 €; ❄ 🛜) Das süße kleine B&B hinter dem *duomo* von Ragusa garantiert ein persönliches Urlaubserlebnis, denn es sind bloß drei Zimmer vorhanden – plus eine hübsche Dachterrasse, auf der das leckere Frühstück serviert wird.

Locanda Don Serafino   GASTHOF €€
(☎ 093 222 00 65; www.locandadonserafino. it; Via XI Febbraio 15; EZ 80–138 €, DZ 90–168 €; ❄ @) Der historische Gasthof unweit vom *duomo* gelegen, vermietet wunderschöne Zimmer mit Gewölbedecke. Zur Locanda gehört auch ein sehr renommiertes Restaurant ganz in der Nähe. Für eine Gebühr von 9 € haben die Gäste Zutritt zum Sandstrand, dem Lido Azzurro im 25 km entfernten Marina di Ragusa.

Caelum Hyblae   B&B €€
(☎ 093 222 04 02; www.bbcaelumhyblae.it; Salita Specula 11, Ragusa Ibla; DZ 100–120 €) Das schicke B&B – ein Familienbetrieb – samt einer Rezeption mit langen Reihen Büchern und frischem, weißem Dekor verströmt dezente Eleganz. Jedes der sieben Zimmer bietet einen hübschen Blick auf den Dom; groß fallen sie zwar nicht gerade aus, aber sie sind tadellos gestaltet mit funktionalen modernen Möbeln und makellosen Betten – und Wänden ohne Schnickschnack.

🍴 Essen

Quattro Gatti   SIZILIANISCH €
(☎ 0932 24 56 12; Via Valverde 95; Gerichte 18 €; ☉ Abendessen, Okt.–Mai Mo geschl. & Juni–Sept. So geschl.) Das sizilianisch-slowakische Speiselokal unweit der Giardini Iblei serviert ein unglaubliches, vorzügliches viergängiges Menü mit vielen superfrischen Zutaten aus der Region. Die Palette an Antipasti beeindruckt, was aber auch für die jahreszeitlich wechselnden Spezialitäten gilt, die am Eingang auf einer Schiefertafel angeschrieben stehen. Slowakisch inspirierte Gerichte wie beispielsweise Gulasch, aber auch österreichischer Apfelstrudel, runden die Speisekarte mit klassischen sizilianischen Gerichten ab.

Gelati DiVini   GELATO €
(☎ 093 222 89 89; www.gelatidivini.it; Piazza Duomo 20; Eis ab 2 €; ☉ 10–24 Uhr) Diese außergewöhnliche *gelateria* bietet köstliches Speiseeis mit Weingeschmack an, beispielsweise mit Marsala und Muskateller, außerdem gibt es so ungewöhnliche Geschmackssorten wie Rose, Fenchel und Wildminze. Auch die *gocce verdi* aus regionalem Olivenöl sind erstaunlich lecker.

La Rusticana   TRATTORIA €€
(☎ 093 222 79 81; Corso XXV Aprile 68; Gerichte 25 €; ☉ Mi–Mo) Treue Fans der TV-Serie *Commissario Montalbano* werden sicher gern hier essen wollen, denn in diesem Lokal wurden einige der Szenen gedreht, die in der Trattoria San Calogero spielen. In Wirklichkeit ist das La Rusticana jedoch eine fröhliche, lebhafte Trattoria. Die großen Portionen und die legere, von Wein überwucherte Terrasse sorgen dafür, dass die Gäste immer gern wiederkommen. Das Essen ist ganz eindeutig *casareccia* (Hausmannskost), und somit wird Pasta ohne großen Schnickschnack und ein unkompliziertes Stück Fleisch vom Grill serviert. Die Trattoria wird für ihr Slowfood empfohlen.

Ristorante Duomo   MODERN SIZILIANISCH €€€
(☎ 093 265 12 65; Via Capitano Bocchieri 31; Gerichte 90–100 €, Degustationsmenü 135–140 €) Das Restaurant gilt generell als eines der besten auf ganz Sizilien. Hinter der Buntglastür sind mehrere kleinere Räume im Stil von hübschen Privatsalons gestaltet – das passende romantische Ambiente für die erlesenen Kreationen des Küchenchefs Ciccio Sultano. Er kombiniert seine Zutaten fantasievoll und unkonventionell, wobei er ausschließlich auf klassische sizilianische Esswaren zurückgreift wie Pistazien, Fenchel, Mandel und auch Nero d'Avola-Wein. Hier sollte man unbedingt einen Tisch reservieren.

ℹ Praktische Informationen

Touristeninformatione (☎ 093 268 47 80; Piazza della Repubblica; ☉ 10–13 & 15.30–18.30 Uhr) Am Westrand der Unterstadt.

Agrigent

❶ Anreise & Unterwegs vor Ort

BUS

Langstrecken- und Stadtbusse haben einen gemeinsamen Busbahnhof in der Via Zama in der Oberstadt. Fahrkarten sind im Interbus/Etna-Kiosk im Bahnhofsareal und in den Cafés gleich um die Ecke erhältlich. **Interbus** (www.interbus.it) fährt nach Catania (8,30 €, 2 Std. 6- bis 12-mal tgl.). **AST** (📞 093 268 18 18; www.aziendasicilianatrasporti.it) bietet Verbindungen

nach Syrakus (6,90 €, 3 Std., Mo–Sa 8-mal tgl., So 2-mal tgl.) über Modica (2,40 €, 30 Min.) und Noto (4,80 €, 2¼ Std.).

Der Stadtbus 33 (1,10 €) verkehrt stündlich vom Busbahnhof zur Unterstadt Ragusa Ibla und zurück. Vom Bahnhof fährt der Bus 11 (So Bus 1) einen ähnliche Strecke.

ZUG

Vom Bahnhof in der Oberstadt fahren montags bis freitags zwei Züge nach Syrakus (7,65 €, 2¼ Std.) via Noto (5,75 €, 1½ Std.).

DAS ZENTRUM & DIE MITTELMEERKÜSTE

In der Mitte der Insel präsentiert sich Sizilien als eine weitläufige Landschaft mit hügeligen Feldern, massiven Bergkämmen und Bergdörfern, die noch nicht für den Tourismus erschlossen wurden. In Richtung Mittelmeer verändert sich die Perspektive dann allerdings: Moderne Hochhäuser machen den antiken Tempeln im Einzugsgebiet von Agrigent den Platz streitig – Agrigent ist die berühmteste antike Stätte und gleichzeitig eine der hektischsten und modernsten Städte der Insel.

Agrigent

59 100 EW. / 230 M

Der erste Eindruck von Agrigent ist nicht gerade berauschend: Aus der Ferne betrachtet sieht man relativ unschöne Apartmentblocks irgendwie unpassend auf dem Berg aufragen, wodurch die Aufmerksamkeit vom herrlichen Valle dei Templi ein Stück unterhalb abgelenkt wird. Dort erbauten die alten Griechen einst ihre großartige Stadt Akragas. Doch keine Sorge: Wer erst einmal vor den Ruinen steht, kann ermessen, wie monumental diese Anlage wirklich ist. Und dann wird auch schnell klar, weshalb das „Tal der Tempel" Siziliens bedeutendstes Touristenziel ist, das Goethe im 18. Jh. auf die touristische Landkarte setzte.

Rund 3 km oberhalb der Tempel liegt das mittelalterliche Zentrum von Agrigent, wo man nach der Besichtigung der Ruinen noch einen schönen Abend verbringen kann. Der Intercity-Busbahnhof sowie der Bahnhof befinden sich beide in der Oberstadt, ein paar Blocks von der Via Atenea, der Hauptstraße der mittelalterlichen Stadt, entfernt.

◉ Sehenswertes

◉ Valle dei Templi

★ Tal der Tempel
(Valle dei Templi) ARCHÄOLOGISCHE STÄTTE
(☑ 092 262 16 11; www.parcovalledeitempli.it; Erw./EU-Bürger unter 18 & über 65 Jahre/EU-Bürger 18–25 Jahre inkl. Quartiere Ellenistico-Romano 10 €/frei/5 €, inkl. Museo Archeologico 13,50 €/frei/7 €) Der 1300 ha große Parco Valle dei Templi mit den Ruinen der antiken Stadt Akragas gilt als eine der bedeutendsten Sehenswürdigkeiten Südeuropas. Hauptattraktion ist der imposante Tempio della Concordia, einer der am besten erhaltenen griechischen Tempel überhaupt; er gehört zu einer Reihe von Tempeln, die auf einem Bergrücken errichtet wurden, um heimkommenden Seeleuten den Weg zu weisen.

Der Park, etwa 3 km südlich von Agrigent, teilt sich in zwei Zonen, getrennt durch die SS118. Es gibt zwei Kartenschalter: Der eine befindet sich am östlichen Parkende, der andere an der Piazza Alexander Hardcastle zwischen der östlichen und der westlichen Zone. Der Parkplatz liegt am Osteingang.

★ Museo Archeologico MUSEUM
(☑ 092 24 01 11; Contrada San Nicola; Eintritt inkl. Tal der Tempel Erw./erm. 13,50/7 €; ◷ Di–Sa 9–19, So & Mo 9–13 Uhr) Das Museum (mit dem Rollstuhl zugänglich) nördlich der Tempel zählt zu den schönsten Siziliens. Hier findet man eine riesige Sammlung gut beschrifteter Artefakte, die aus der Ausgrabungsstätte stammen. Besonders beeindruckend sind die bemalten griechischen Keramiken sowie der herrlich rekonstruierte *telamone*, eine Kolossalstatue aus dem Tempio di Giove gleich in der Nähe.

◉ Mittelalterliches Agrigent

Ein Bummel durch die lebhaften, verwinkelten Gassen der Stadt hat etwas Entspannendes nach der Besichtigung der Tempel.

Chiesa di Santa Maria dei Greci KIRCHE
(Salita Santa Maria dei Greci; ◷ Mo–Sa 9–12.30 & 14–18 Uhr) Die Normannenkirche aus dem 11. Jh. befindet sich just an jener Stelle, an der im 5. Jh. v. Chr. ein der Göttin Athene geweihter Tempel stand. Durch Glasplatten im Boden können die Besucher heute noch einen Blick auf die Fundamente des Tempels werfen. Ein schmaler Durchgang links von der Kirche lässt antike griechische Säulen sehen.

Monastero del Santo Spirito KONVENT
Das Bergkloster wurde Ende des 13. Jhs. von Zisterziensernonnen gegründet. Wer an der Tür 8 läutet, bekommt von den Bewohnerinnen eine Platte mit köstlichem Kuchen und Gebäck (11 €) gereicht, darunter *dolci di mandorla* (Mandelgebäck), *cuscusu* („Couscous" aus Mandeln und Pistazien) und – in der Weihnachtszeit – *bucellati* (Teigröllchen mit Feigen).

☞ Geführte Touren

Die Touristeninformation hält eine Auflistung mehrsprachiger Führer bereit. Der offizielle Preis für eine Halbtagstour beträgt 140 €, ein Nachlass lässt sich allerdings meist aushandeln.

Feste & Events

Sagra del Mandorlo in Fiore KULTUR
Das riesige Volksfest findet immer am ersten Sonntag im Februar statt, wenn das Tal der Tempel sich in ein Meer von blühenden Mandelbäumen verwandelt.

🛏 Schlafen

Camere a Sud
B&B €

(☎ 349 638 44 24; www.camereasud.it; Via Ficani 6; Zi. 60–70 €; ❄ @ 🔊) Das hübsche B&B im Zentrum von Agrigent bietet drei Zimmer, die stilvoll und mit Geschmack gestaltet sind – eine gelungene Mischung aus traditionellem Dekor, modernen Textilien, leuchtenden Farben und moderner Kunst. Das üppige Frühstück wird an lauen Tagen auf der Terrasse serviert.

PortAtenea
B&B €

(☎ 349 093 74 92; www.portatenea.com; Ecke Via Atenea & Via C Battisti; EZ 35–45 €, DZ 55–70 €; ❄ 🔊) Das nur fünf Minuten vom Busbahnhof sowie vom Bahnhof entfernte B&B liegt am Eingang zur Hauptgeschäftsstraße, einer Fußgängerzone. Dicke Pluspunkte bekommt das Quartier für seine weitläufige Dachterrasse mit Blick auf das Tal der Tempel. Die drei Doppelzimmer und zwei Dreibettzimmer sind geräumig und verfügen über eine heitere Einrichtung.

★ Villa Athena
LUXUSHOTEL €€€

(☎ 092 259 62 88; www.hotelvillaathena.it; Via Passeggiata Archeologica 33; EZ 130–190 €, DZ 150–350 €, Suite 240–890 €; P ❄ @ 🔊 ☀) Der Blick von diesem historischen 5-Sterne-Hotel auf den angestrahlten Tempio della Concordia in nicht allzu weiter Entfernung und auf die Palmen, die dem Ambiente die Exotik einer arabischen Nacht verleihen, ist schlichtweg sagenhaft. Das Hotel befindet sich in einer aristokratischen Villa aus dem 18. Jh. Die Räumlichkeiten, die seit ihrer Renovierung vor einer Weile nur so funkeln, präsentieren sich in Weiß mit kühler Keramik.

Die Suite der Villa besteht aus zwei riesigen Räumen mit antiken Bodenfliesen, einer frei stehenden Badewanne samt Whirlpool sowie einer Terrasse mit direkter Aussicht auf die Tempel – wohl das coolste Hotelzimmer auf ganz Sizilien.

🍴 Essen

Trattoria Concordia
TRATTORIA €

(☎ 092 22 26 68; Via Porcello 8; Gerichte 18–30 €; ⊗ Mittag- & Abendessen) Die rustikale Trattoria mit unverputzten Wänden und Stuck versteckt sich in einer Seitengasse. Spezialität ist der Fisch vom Grill mit traditionellen sizilianischen *primi* wie *casarecce con pesce spada, melanzane e menta* (Pasta mit Schwertfisch, Auberginen und Minze).

★ Kalòs
MODERN SIZILIANISCH €€

(☎ 092 22 63 89; www.ristorantekalos.it; Piazzetta San Calogero; Gerichte 30–40 €; ⊗ Mittag- & Abendessen) Das Essen schmeckt in diesem schicken Restaurant mit ein paar netten Tischen auf dem winzigen Balkon wirklich hervorragend. Am besten schwelgt man zuerst in den *primi* wie *fettucine* mit Garnelen und Artischocken oder auch der Pasta *all'agrigentina* mit frischen Tomaten, Basilikum und Pistazien; dann folgen *secondi* wie gegrillte Lammkoteletts oder Zitronen-Garnelen. Und zum Nachtisch verlockt vielleicht noch das Mandel-*semifreddo* oder die Birnentorte mit Schokolade und Haselnüssen.

L'Ambasciata di Sicilia
SIZILIANISCH €€

(☎ 092 22 05 26; Via Giambertoni 2; Gerichte 22–33 €; ⊗ Mo–Sa) In der „Sizilianischen Botschaft" wird alles Erdenkliche getan, um die Beziehungen zum Ausland zu verbessern. Hier werden die Touristen mit Tellern voller sizilianischer Traditionsgerichte und leckeren Meeresfrüchten verwöhnt. Man bestelle einen Tintenfisch – und der landet dann so frisch vor einem auf dem Teller, dass man meint, er würde einem noch in die Augen schauen. Wer Glück hat, erwischt einen Tisch auf der kleinen Terrasse mit toller Aussicht.

🍷 Ausgehen & Nachtleben

QOC
BAR

(☎ 092 22 71 07; www.qoc.me; Via Cesare Battisti 8; ⊗ Di–So) Diese angesagte Bar gleich bei der Via Atenea ist super, um eine Weile mit jungen *agrigentini* herumzuhängen. Sie wirbt für sich als „Outfit, Restaurant, Bar", wobei die Bar am besten ist, denn die *aperitivi* (mit Motto) und Cocktails zu später Stunde sind einfach pefekt. Im Obergeschoss befindet sich ein nettes Restaurant, und ein Mittagsmenü (10 €) wird auch angeboten – das Essen ist lediglich Durchschnitt.

⭐ Unterhaltung

Teatro Pirandello
DARSTELLENDE KÜNSTE

(☎ 092 22 50 19; www.teatroluigipirandello. it; Piazza Pirandello; Eintrittskarten 18–23 €) Das städtische Theater ist nach dem Teatro Massimo von Palermo und dem Teatro Massimo Bellini in Catania das drittgrößte auf Sizilien. Auf dem Programm stehen regelmäßig Werke von Luigi Pirandello, dem großen Sohn der Stadt. Spielzeit ist von November bis April.

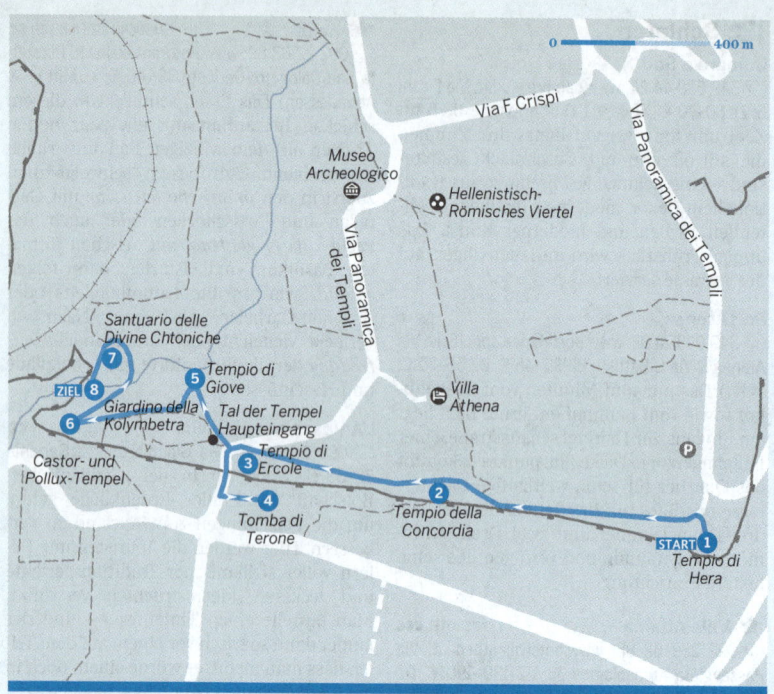

Archäologischer Spaziergang durchs Tal der Tempel

LÄNGE 3 STUNDEN

Der Spaziergang beginnt in der sog. Östlichen Zone mit den am besten erhaltenen Tempeln Agrigents. Vom östlichen Kartenschalter führt ein kurzer Fußweg zum **1 Tempio di Hera** (Hera-Tempel; 5. Jh. v. Chr.) auf dem Berg. Er wurde teilweise durch ein Erdbeben zerstört, doch die Kolonnaden blieben ebenso intakt wie der Opferaltar; die Spuren roter Farbe gehen auf ein Feuer während der Invasion der Karthager 406 v. Chr. zurück. Nun geht man an einem knorrigen 800 Jahre alten Olivenbaum und an byzantinischen Gräbern vorbei zum **2 Tempio della Concordia** hinunter. Das Bauwerk – das Vorbild für das Unesco-Logo – hat sich seit seiner Erbauung 430 v. Chr. fast völlig intakt erhalten, was zum Teil der Umwandlung in eine christliche Basilika im 6. Jh. geschuldet ist, zum Teil auch dem weichen Lehm unter dem harten Steinfundament, der als Stoßdämpfer diente. Weiter bergab ist der **3 Tempio di Ercole** (Herkules-Tempel; 6. Jh. v. Chr.) der älteste Tempel in Agrigent. Unterhalb des

Haupttempel liegt die winzige **4 Tomba di Terone** (Theron-Grab; 75 v. Chr.).
Nun überquert man die Straße zur Westlichen Zone. Erster Besichtigungspunkt ist der **5 Tempio di Giove** (Jupiter-Tempel). Er wäre der älteste dorische Tempel der Welt, hätten die Karthager nicht Akragas geplündert. Ein Erdbeben machte ihn später zur Ruine. Mitten im Geröll liegt ein 8 m langer *telamon* (Skulptur eines Mannes mit erhobenen Armen) auf dem Rücken, der das Gewicht des Tempels hätte tragen sollen. Es handelt sich um eine Kopie; das Original befindet sich im Archäologischen Museum von Agrigent. Einen Blick lohnen noch die Ruine des **6 Tempio di Castore e Polluce** (Castor-und-Pollux-Tempel) aus dem 5. Jh. v. Chr. sowie ein Komplex mit Altären und kleineren Gebäuden aus dem 6. Jh. v. Chr., der **7 Santuario delle Divine Chtoniche** (Heiligtum der Chtonischen Götter), Die Besichtigung endet im **8 Giardino della Kolymbetra**, einem üppigen Garten in einer natürlichen Felsspalte mit über 300 (beschilderten) Pflanzenarten und Picknicktischen.

Praktische Informationen

An der Piazza Vittorio Emanuele I. und in der Via Atenea gibt's Banken.

Ospedale San Giovanni di Dio (☎ 092 244 21 11; Contrada da Consolida) Krankenhaus nördlich vom Stadtzentrum.

Polizei (☎ 112; Piazzale Aldo Moro 2)

Touristen-Infopoint (Bahnhof; ⊗ Mo–Fr 8–20, Sa 8–14 Uhr)

Touristeninformation (☎ 800 236 837; www. comune.agrigento.it; Piazzale Aldo Moro 1; ⊗ Mo–Fr 8–14, Sa 8–13 Uhr) Im Provincia-Gebäude; hier bekommt man Informationen über die Stadt und die Provinz.

ⓘ An- & Weiterreise

AUTO & MOTORRAD

Die SS189 verbindet Agrigent mit Palermo, während die SS115 an der Küste entlangführt – Richtung Nordwesten nach Trapani und Richtung Südosten nach Syrakus.

Es ist fast unmöglich, in die mittelalterliche Stadt mit dem Auto zu fahren, da viele der Straßen autofrei sind. Beim Bahnhof kann man das Auto abstellen (Parkuhr!); kostenlose Parkplätze finden sich ein Stück weiter unten in der Via Esseneto.

BUS

Der Intercity-Busbahnhof und die Fahrkartenschalter befinden sich an der Piazza Rosselli. Von **Autoservizi Camilleri** (☎ 092 247 18 86; www.camilleriargentoelattuca.it) verkehren Busse nach Palermo (8,70 €, 2 Std., Mo–Sa 5-mal tgl., So 1-mal). **Cuffaro** (☎ 091 616 15 10; www.cuffaro.info) bietet häufigere Verbindungen nach Palermo an (3–8-mal tgl.). Direktbusse von **SAL** (Società Autolinee Licata; www.auto lineesal.it) verkehren zum Palermer Flughafen Falcone-Borsellino (12,10 €, 2½ Std., Mo–Sa 4-mal tgl.). Von **Lumia** (☎ 092 22 04 14; www. autolineelumia.it) fahren Busse nach Trapani und zum Birgi Flughafen (11,80 €, 3–4 Std., Mo–Sa 3-mal tgl., So 1-mal); und **SAIS** (☎ 092 22 93 24; www.saistrasporti.it) bietet Busverbindungen nach Catania (12,40 €, 3 Std., 10–14-mal tgl.) an.

ZUG

Vom Bahnhof Agrigento Centrale (Piazza Marconi) fahren regelmäßig Direktzüge nach Palermo (8,30 €, 2¼ Std., 7–10-mal tgl.). Verbindungen nach Catania (10,40–14,50 €, 4 Std.) gibt es nicht so viele, und man muss meist auch umsteigen. Zu anderen Fahrtzielen nimmt man besser den Bus.

ⓘ Unterwegs vor Ort

Busse von **TUA** (Trasporti Urbani Agrigento; ☎ 092 241 20 24) fahren vom Busbahnhof an

der Piazza Rosselli das Tal der Tempel hinunter und halten unterwegs vor dem Bahnhof. Man nimmt den Bus 1, 2 oder 3 (1,10 € mit im Voraus gekaufter Fahrkarte, 1,65 € mit im Bus gekauftem Ticket) und steigt dann entweder am Museum oder an der Piazzale dei Templi aus. Der Bus 1 fährt dann weiter nach Porto Empedocle, der Bus 2 nach San Leone. Der Bus der Linea Verde (Grüne Linie) verkehrt im Stundentakt vom Bahnhof zum Dom.

DER WESTEN

Direkt gegenüber der nordafrikanischen Küste haben sich im Westen Siziliens viele Relikte der arabischen, phönizischen und griechischen Kultur erhalten. Vieles begeistert – das aromatische Fisch-Couscous in Trapani genauso wie der sagenhafte Panoramablick vom Bergdorf Erice oder der Besuch der Riserva Naturale dello Zingaro mit ihrer wilden Schönheit.

Marsala

82 300 EW.

Am bekanntesten ist Marsala wohl für seinen Süßwein, der gern zum Dessert gereicht wird. Die elegante Stadt kann jedoch auch mit stattlichen Barockgebäuden aufwarten und ist von Mauern umgeben, die ein perfektes Viereck bilden.

Marsala wurde ursprünglich von phönizischen Flüchtlingen gegründet, die dem Gemetzel der Römer bei Mozia entkommen waren. Da sie einen zweiten Überfall nicht riskieren wollten, umgaben sie ihr neues Zuhause mit 7 m dicken Wehrmauern. Auch deshalb war Marsala die letzte punische Siedlung, die den Römern in die Hände fiel. Im Jahr 830 wurde Marsala von den Arabern erobert, die der Stadt ihren heutigen Namen gaben: Marsa Allah – Hafen Gottes.

Hier landete 1860 auch Giuseppe Garibaldi, der Führer der italienischen Einigungsbewegung, mit seiner 1000 Mann starken Armee – ein Geschehnis, das praktisch in jeder Touristenbroschüre auf Sizilien rühmliche Erwähnung findet.

◎ Sehenswertes & Aktivitäten

Wer ein bisschen Lokalkolorit schnuppern möchte, unternimmt bei Sonnenuntergang einen Spaziergang über die hübsche **Piazza**

SIZILIEN MARSALA

ABSTECHER

DIE AM BESTEN ERHALTENEN RÖMISCHEN MOSAIKEN AUF SIZILIEN

In der Nähe der Stadt Piazza Armerina mitten auf Sizilien beeindruckt die römische **Villa Romana del Casale** (☎ 0935 68 00 36; www.villaromanadelcasale.it; Erw./erm. 10/5 €; ☉ Sommer 9–18 Uhr, Winter 9–16 Uhr) aus dem 3. Jh. – eine der wenigen Stätten aus der Römerzeit, die auf Sizilien erhalten blieb. Das prachtvolle Jagdschloss soll einst Diokletians Mitkaiser Marcus Aurelius Maximianus gehört haben, wurde im 12. Jh. von einem Jahrhunderthochwasser überflutet und lag dann 700 Jahre unter Schlamm verborgen. Erst in den 1950er-Jahren wurden die herrlichen Bodenmosaiken entdeckt. Die Besichtigung des Anwesens sollte man auf die Nebensaison oder zumindest auf den frühen Morgen verlegen, bevor die unzähligen Busse mit Tagesausflüglern eintreffen.

Fast der gesamte Fußboden (3500 m²) der Villa ist mit Mosaiken bedeckt – ein einzigartiger Schatz aufgrund des narrativen Stils, der Themenvielfalt und der abwechslungsreichen Farbgestaltung. Viele Bilder sind offensichtlich von afrikanischen Themen beeinflusst. Am östlichen Ende des Innenhofs befindet sich der herrliche **Korridor mit der großen Jagdszene**, eine lebhafte Darstellung von Kutschen, Nashörnern, Geparden, Löwen sowie der Königin von Saba, einer sinnlichen Schönheit. Auf der anderen Seite des Korridors liegen mehrere Gemächer, deren Bodenmosaiken homerische Szenen zeigen. Doch das wohl beeindruckendste Mosaik befindet sich im sogenannten **Raum der zehn Bikinimädchen**. Hier sieht man Mädchen in knappen Bikinis beim Sport, u. a. beim Diskuswerfen, Gewichtheben und beim Ballspiel – sie würden sich auch am Strand von Malibu gut machen! Diese Mosaiken sind die berühmtesten in Piazza Armerina und seit 2013, nach jahrelangen akribischen Restaurierungsarbeiten, nun wieder uneingeschränkt für die Öffentlichkeit zugänglich. Sie gelten als einer der größten Schätze der Antike auf Sizilien.

Wer von Piazza Armerina mit dem Auto unterwegs ist, fährt immer den Schildern nach in Richtung Süden zur SP15; von dort sind es dann noch 5 km bis zur Villa.

Ohne eigenen fahrbaren Untersatz gestaltet sich die Anreise erheblich komplizierter. Es verkehren Busse von Interbus (S. 907) ab Catania (8,90 €, 1¾ Std.) sowie von **SAIS** (☎ 093 568 01 19; www.saisautolinee.it) ab Enna (3,40 €, 40 Min.) nach Piazza Armerina; dort steigt man dann in einen Stadtbus um (0,70 €, 30 Min., nur im Sommer) oder nimmt ein Taxi (20 €), um die restlichen 5 km zurückzulegen.

della Repubblica, das Herz des historischen Zentrums.

Cantine Florio
WEINGUT

(☎ 092 378 11 11; www.duca.it/cantineflorio; Via Vincenzo Florio 1; Führungen 10 €; ☉ Weinladen Mo–Fr 9–13 & 15.30–18, Sa 9.30–13, Führungen auf Englisch ganzjährig Mo–Fr 15.30 & Sa 10.30 Uhr, plus April–Okt. 11 Uhr) Die ehrwürdigen Weinkeller gleich östlich der Stadt öffnen ihre Pforten, um Besuchern die Herstellung von Marsala und die spannende Geschichte des Weinbaus zu vermitteln. Anschließend können die Gäste im schicken neuen Verkostungsraum die Produkte auch gleich noch probieren. Der Bus 16 fährt von der Piazza del Popolo aus hin.

Museo Archeologico Baglio Anselmi
MUSEUM

(☎ 092 395 25 35; Lungomare Boeo; Erw. 4 €, EU-Bürger 18–25 & über 65 Jahre 2 €; ☉ Di–So 9–20, Mo 9–13.30 Uhr) Marsalas herrlichster Schatz sind die teilweise rekonstruierten Relikte einer karthagischen *liburna* (Kriegsschiff), die im Ersten Punischen Krieg vor den Ägadischen Inseln sank. Neben Objekten, die aus der damaligen Fracht stammen, ist auch das Schiffsskelett zu bestaunen – das einzige greifbare Zeugnis für die führende Stellung der Phönizier als Seemacht im 3. Jh. v. Chr. Das Schiff ermöglicht somit einen Einblick in diese von den Römern ausgelöschte Zivilisation.

Whitaker Museum
MUSEUM

(☎ 092 371 25 98; Erw./Kind 9/5 €; ☉ März–Sept. 9.30–13.30 & 14.30–16.30 Uhr) Auf der Insel Mozia, etwa 10 km nördlich von Marsala, präsentiert dieses Museum Exponate aus der einzigartigen Sammlung von phönizischen Artefakten des Archäologen Joseph Whitaker, die dieser im Lauf von Jahrzehnten zusammentrug. Die bedeutendste Attraktion des Museums (während der Recherchen zu diesem Reiseführer ans Getty Museum in Los Angeles ausgeliehen) ist *Il Giovinetto di Mozia*; die Marmorstatue zeigt einen jungen Mann in einem Gewand mit reichem Faltenwurf, was auf karthagische Einflüsse schließen lässt.

🛏 Schlafen & Essen

Marsala kann mit ein paar Hotels im historischen Zentrum aufwarten.

★ Il Profumo del Sale 　　　　　B&B €
(☎092 3189 0472; www.ilprofumodelsale.it; Via Vaccari 8; EZ 35 €, DZ 50–60 €; 🖥) Dieses B&B ist in jeder Hinsicht schlichtweg ein Traum. Das Profumo del Sale liegt perfekt in der Innenstadt und hat drei attraktive Zimmer zu bieten – plus eine hochherrschaftliche Wohneinheit mit Blick auf den Dom vom kleinen Balkon aus. Hinzu kommen so willkommene Kleinigkeiten wie Mandelkekse und edle Seifen. Celsa, die gewitzte Besitzerin, spudelt schier über vor Tipps zu Marsala und Umgebung.

Hotel Carmine 　　　　　　　　HOTEL €€
(☎092 371 19 07; www.hotelcarmine.it; Piazza Carmine 16; EZ 70–90 €, DZ 100–125 €; P❄@🖥) Das reizende Hotel in einem Kloster aus dem 16. Jh. vermietet elegante Zimmer (vor allem die Nr. 7 und die Nr. 30!) mit echten alten blau-goldenen Majolika-Fliesen, Steinwänden, Balkendecken und antiken Möbeln. Das Frühstück wird im prunkvollen Frühstücksraum mit historischen Fresken und einem gewaltigen Lüster eingenommen. Im Winter lockt ein knisternder Kamin. Doch auch moderne Technik wie WLAN-Zugang zum Internet und ein Solarium auf dem Dach fehlen nicht.

★ San Lorenzo Osteria 　　SIZILIANISCH €€
(SLO; ☎092 371 25 93; Via Garraffa 60; Gerichte 25–35 €; ⊙Di geschl.; 🖥) Das schicke Speiselokal, das mit großem Beifall 2012 eröffnet wurde, hat seine Wurzeln als Ausrichter von Hochzeitsgesellschaften. Jedenfalls ist das Restaurant rundum vom Feinsten – von der ständig wechselnden Speisekarte, die jeden Tag auf einer Schiefertafel angeschrieben steht, mit Meeresfrüchten frisch vom Markt über die modernen, schicken Räumlichkeiten bis hin zu der wunderschönen Präsentation der Gerichte. Die exquisite Weinkarte enthält auch einige edle Tropfen der Region, die man anderswo nicht so schnell findet.

Il Gallo e l'Innamorata 　　SIZILIANISCH €€
(☎092 3195 4446; www.osteriailgalloelinnamorata.com; Via Bilardello 18; Gerichte 25–30 €; ⊙Di geschl.) Wände in warmen Orangetönen und gemauerte Steinbögen verleihen diesem für sein Slowfood empfohlenen Restaurant sein künstlerisch angehauchtes, geselliges Flair. Die Speisekarte gibt sich ebenso knapp wie fein; erhältlich sind jeden Tag wohlgewählte Gerichte wie beispielsweise klassische *scaloppine al Marsala* (in Marsala und Zitrone gekochtes Kalbfleisch).

ℹ Praktische Informationen

Touristeninformation (☎092 399 33 38, 092 371 40 97; ufficioturistico.proloco@comune.marsala.tp.it; Via XI Maggio 100; ⊙Mo–Sa 8.30–13.30 & 15–20 Uhr) Die geräumige Info mit gemütlichen Sofas befindet sich gleich beim Hauptplatz. Die Auswahl an Landkarten, Stadtplänen und Broschüren kann sich in der Tat sehen lassen.

ℹ An- & Weiterreise

Von Marsala fährt das Busunternehmen **Lumia** (www.autolineelumia.it) nach Agrigent (9,90 €, 2½ Std., 1–3-mal tgl.), **Salemi** (☎092 398 11 20; www.autoservizisalemi.it) nach Palermo (9,20 €, 2½ Std., mind. 9-mal tgl.).

Nach Trapani (3,45 €, 30 Min., 10-mal tgl., So 5-mal) gelangt man am besten mit dem Zug.

Selinunt

Die Ruinen von Selinunt zählen zu den beeindruckendsten in ganz Sizilien. Die riesige Stadt wurde 628 v. Chr. auf einem Felsvorsprung am Meer erbaut und entwickelte sich über 250 Jahre zu einem der reichsten und mächtigsten Orte der Welt. Die Karthager zerstörten Selinunt 409 v. Chr., und schließlich fiel die Stadt um 350 v. Chr. an die Römer, was ihren raschen Niedergang einleitete, bis sie schließlich völlig von der Bildfläche verschwand.

Die Vergangenheit von Selinunt liegt so lang zurück, dass sogar die Namen der verschiedenen Tempel in Vergessenheit geraten sind. Sie werden nun einfach mit Buchstaben bezeichnet, nämlich von A bis G und von M bis O. Am beeindruckendsten ist der **Tempel E**, er wurde teilweise wiederaufgebaut, die Säulen sowie das Giebelfeld aus Bruchstücken zusammengesetzt. Viele der Reliefs, vor allem von **Tempel C**, befinden sich inzwischen im Archäologischen Museum von Palermo. Qualitativ stehen sie den

Trapani

Marmorarbeiten am Athener Parthenon in nichts nach, was das hohe kulturelle Niveau zahlreicher griechischer Kolonien auf Sizilien verdeutlicht.

Der Eingang (mit dem Kartenschalter) zu den **Ruinen** (☑ 092 44 62 51; www.selinunte.net; Erw. 6 €, EU-Bürger 18–25 Jahre 3 €, unter 18 & über 65 Jahre frei; ◷ Sommer 9–18 Uhr, Winter 9–16 Uhr) befindet sich unweit der östlichen Tempel. Am schönsten gestaltet sich der Besuch im Frühling, wenn ein Meer von farbenfrohen Wildblumen blüht.

Zum Übernachten bietet sich das **Sicilia Cuore Mio** (☑ 092 44 60 77; www. siciliacuoremio.it; Via della Cittadella 44; DZ 68–95 €; 🖥 🅿) an, ein hübsches B&B mit einer Terrasse im Obergeschoss und Blick auf die Ruinen und das Meer. Die Gäste nehmen das leckere Frühstück (mit selbst gemachter Marmelade, *cannoli* und vielen anderen Köstlichkeiten) im schattigen Patio ein, den Olivenbäume säumen. Die ziemlich mit-

telmäßigen Touristenlokale in der Nähe der Ruinen sollte man meiden und stattdessen lieber das **Lido Zabbara** (☑ 092 44 61 94; Via Pigafetta; Büfett pro Pers. 12 €) besuchen; das Lokal am Strand im nahen Marinella di Selinunte serviert guten Fisch vom Grill und bietet zudem ein vielseitiges Büfett. Eine Alternative ist, 15 km gen Osten zum **Da Vittorio** (☑ 092 57 83 81; www.ristorante vittorio.it; Gerichte 28–45 €) in Porto Palo zu fahren; auch in diesem Lokal können sich die Gäste die leckeren Meeresfrüchte bei Sonnenuntergang und Meeresrauschen schmecken lassen.

Selinunt liegt auf halbem Weg zwischen Agrigent und Trapani, rund 10 km südlich der Kreuzung der A29 mit der SS115 in der Nähe von Castelvetrano. Von **Autoservizi Salemi** (☑ 092 48 18 26; www.autoservizisalemi. it) verkehren fünf bis sieben Busse am Tag von Selinunt nach Castelvetrano (2 €, 25–35 Min.); dort besteht dann die Möglichkeit,

Trapani

◎ **Sehenswertes**
  1 Cattedrale di San Lorenzo B2
  2 Chiesa del Purgatorio.......................A3
  3 Palazzo Senatorio C3

🛏 **Schlafen**
  4 Ai Lumi B&B A2

❌ **Essen**
  5 Osteria La Bettolaccia.......................A3

in den Bus nach Agrigent (8,30 €, 2 Std.) umzusteigen oder in den Zug nach Marsala (3,95 €, 35–55 Min.), Trapani (5,75 €, 1¼ Std.) oder Palermo (7,65 €, 2½ Std.).

Trapani

70 600 EW.

Die lebhafte Hafenstadt Trapani eignet sich hervorragend für die Erkundung der Westspitze Siziliens. Das historische Zentrum besteht aus vielen stimmungsvollen Straßen, aus denen die Autos verbannt wurden, sowie einigen hübschen Kirchen und Barockgebäuden (die Bebauung am Stadtrand wirkt dagegen eher öde). Das Umland ist einfach sagenhaft – seien es die Salzpfannen am Meer oder die zerklüfteten Bergen, die sich nördlich der Stadt an der Küste entlangziehen.

Trapani befand sich einst im Herzen eines einflussreichen Handelsimperiums, das von Karthago bis nach Venedig reichte. Eine sichelförmige Landzunge umfasst den reizvollen Hafen, in dem heute der Touristenstrom scheinbar nie abreißt und der Schiffsverkehr von und nach Tunesien, nach Pantelleria und zu den Ägadischen Inseln abgewickelt wird.

◎ Sehenswertes

Die schmalen Gassen in der historischen Altstadt von Trapani muten maurisch an, doch ist das Stadtbild im Wesentlichen durch die opulenten Barockbauten aus spanischer Zeit (18. Jh.) bestimmt – jede Menge Beispiele finden sich in der **Via Garibaldi**, einer Fußgängerzone. Am schönsten ist ein Bummel durch die Altstadt am frühen Abend, also gegen 19 Uhr, wenn die *passeggiata* (Abendspaziergang) voll im Gang ist.

Eine der Hauptstraßen von Trapani ist der Corso Vittorio Emanuele, akzentuiert durch die riesige **Cattedrale di San Lorenzo** (Corso Vittorio Emanuele; ⊙8–16 Uhr); bemerkenswert ist die Barockfassade und der Stuck im Kirchenraum. Am östlichen Ende des Corso wartet ein weiteres bemerkenswertes barockes Kleinod, der **Palazzo Senatorio** (Ecke Corso Vittorio Emanuele & Via Torrearsa).

Chiesa del Purgatorio   KIRCHE
(🖉092 356 28 82; Via San Francesco d'Assisi; Spende erbeten; ⊙Mo–Sa 7.30–12 & 16–19, So 10–12 & 16–19 Uhr) Diese Kirche gleich beim Corso im Herzen der Stadt beherbergt die beeindruckenden *Misteri* aus dem 18. Jh. Diese Holzbildnisse stellen die Geschichte der Passion Christi dar und stehen im Mittelpunkt der dramatischen Prozessionen in der Karwoche. Infotafeln zu allen Figuren in Italienisch, Deutsch, Englisch und Französisch helfen, die Geschichte jeder Figur zu verstehen.

Museo Nazionale Pepoli   MUSEUM
(🖉092 355 32 69; Via Conte Pepoli 200; Erw. 6 €, EU-Bürger unter 18 & über 65 Jahre frei, EU-Bürger 18–25 Jahre 3 €; ⊙Di–Sa 9–13.30 & 14.30–19.30, So 9–12.30 Uhr; Führungen stündl. 9–12 & 14.30–18.30 Uhr) Das Museum in einem ehemaligen Karmeliterkloster beherbergt die Sammlung von Conte Pepoli, der sein Leben der Errettung von Kunst und Kunsthandwerk in Trapani widmete, und zwar vor allem den bunten Korallenschnitzereien – sie waren in Europa der letzte Schrei, bis schließlich irgendwann die Korallenriffe von Trapani geplündert waren. Das Museum zeigt auch eine gute Sammlung mit Skulpturen des Palermer Bildhauers Antonio Gagini (1478–1536), Silberarbeiten, archäologische Artefakte sowie sakrale Kunst. Es befindet sich 12 km östlich der Stadt.

Ägadische Inseln   INSELN
Die Inseln Levanzo, Favignana und Marettimo eignen sich für einen schönen Tagesausflug von Trapani aus an. Jahrhundertelang bildete die lukrative Thunfischindustrie die wirtschaftliche Grundlage der Inseln. Aufgrund von Überfischung leben die Ägadischen Inseln inzwischen hauptsächlich von den Touristen, die zum Fahrradfahren und Tauchen kommen oder einfach nur eine Weile das gemütliche Leben genießen wollen.

Die sicherlich beste Auswahl an Lokalen und Unterkünften hat **Favignana** zu bieten. Die einzige Touristenattraktion der Inselgruppe ist die **Grotta del Genovese** (🖉339

SIZILIEN TRAPANI

PANTELLERIA

Auf halber Höhe zwischen Trapani und Tunesien liegt Pantelleria, die größte Insel in der Umgebung von Sizilien. Charakteristisch für die Vulkaninsel, über die tagtäglich der Wind fegt, sind das zerklüftete Lavagestein, die niedrigen Kapernbüsche, der Zwergwein sowie die dampfenden Fumarolen und Schlammbäder. Richtige Strände gibt es hier eigentlich nicht, dafür aber herrlich abgeschiedene Buchten – beispielsweise die **Cala Tramontana**, **Cala Levante** und **Balata dei Turchi**. Sie alle eigenen sich perfekt zum Schnorcheln, Tauchen und für Bootstouren.

Die Insel kann mit hervorragenden Wanderwegen aufwarten, die entweder an der Küste entlang oder auch in höherer Lage durch die Weingärten von **Piana di Ghirlanda** führen. In der Nähe von **Mursia** an der Westküste sind noch einige schlecht erhaltene Relikte von *sesi* (Grabmonumente aus der Bronzezeit) ausgeschildert. Auf der ganzen Insel finden sich die berühmten *dammusi* (Häuser mit dicken, weiß getünchten Mauern und flachen Kuppeldächern) von Pantelleria. Die Insel wirkt exotisch und irgendwie fern der Welt – kein Wunder also, dass sie seit langem Prominente wie beispielsweise Truman Capote, Sting, Madonna und Giorgio Armani anlockt.

Die Fluglinie Darwin (S. 934) bietet regelmäßig von Palermo und Trapani Flüge nach Pantelleria an. Von **Siremar** (www.siremar.it) verkehrt täglich eine Fähre von/nach Trapani (34 €, 6 Std.).

Weitere Informationen zu Pantelleria siehe unter www.pantelleria.com.

741 88 00, 092 392 40 32; www.grottadelgenovese. it; Höhlentour mit Führer 10 €, inkl. Transport einfache Fahrt/Hin- & Rückfahrt 16/22,50 €; ⏱ Führungen tgl. 10.30 Uhr, Juli & Aug. Extratour 14.30 oder 15 Uhr) auf **Levanzo**, eine Höhle mit Kunstwerken aus der Mittel- und Jungsteinzeit, darunter die berühmte Darstellung eines prähistorischen Thunfischs. Wer der Zivilisation wirklich den Rücken kehren möchte, fährt nach **Marettimo**; die Hauptattraktion dieser Insel ist der hübsche weiß getünchte Hafen mit einem weit verzweigten Netz von Wanderwegen in die Umgebung. Von **Siremar** (☑ 092 354 54 55; www.siremar.it; Via Ammiraglio Staiti) und **Ustica Lines** (☑ 092 387 38 13; www.usticalines.it; Via Ammiraglio Staiti) verkehren ganzjährig von Trapani und Marsala Tragflügelboote zu den Ägadischen Inseln.

Feste & Events

I Misteri   RELIGIÖS
(www.processionemisteritp.it) Die ehrwürdigste Osterprozession Siziliens ist Bestandteil eines viertägigen Fests in der Karwoche, das sich durch eine außergewöhnliche Inbrunst auszeichnet. In nächtlichen Prozessionen werden lebensgroße Holzbildnisse durch das alte Viertel zu einer eigens errichteten Kapelle an der Piazza Lucatelli getragen. Der Höhepunkt ist der Karfreitag, wenn die Feierlichkeiten fast schon ekstatische Ausmaße annehmen.

Couscous Fest   ESSEN
(www.couscousfest.it) In San Vito Lo Capo, 40 km nördlich von Trapani, wird Ende September ein Festival begangen, das sich dem mulitkulturellen Sizilien widmet, und zwar in Form von Konzerten mit Weltmusik und internationalen Couscous-Kochorgien.

🛏 Schlafen

Am praktischsten – und auch am schönsten – übernachtet man in Trapani im historischen Zentrum, einer Fußgängerzone nördlich vom Hafen.

Ai Lumi B&B   B&B €
(☑ 092 354 09 22; www.ailumi.it; Corso Vittorio Emanuele 71; EZ 40–70 €, DZ 70–100 €, 3BZ 90–125 €, 4BZ 100–150 €; ❇🅿) Das B&B in zentraler Lage in einem *palazzo* aus dem 18. Jh. bietet seinen Gästen 13 Zimmer unterschiedlicher Größe. Am hübschesten sind die geräumigen Apartments (die Nummern 33, 34 und 35) mit Kochnische und Balkon, die auf die eleganteste verkehrsfreie Straße von Trapani hinausgehen. Das Apartment 23 im Obergeschoss ist ebenfalls schön; es hat einen eigenen Balkon, den man über eine Wendeltreppe erreicht. Im malerischen Restaurant des Hotels nebenan können sich B&B-Gäste über ermäßigte Preise freuen.

Le Chiavi di San Francesco   HOTEL €
(☑ 092 343 80 13; www.lechiavidisanfrancesco. com; Via Tartaglia 18; DZ 80–110 €, Suite

140 €; ✱ 🛜) Das Hotel gegenüber der Chiesa di San Francesco bietet 16 Zimmer in fröhlichen Farben, alle haben ein kleines, aber sauberes Bad. Es lohnt sich zu fragen, ob gerade eines der Zimmer nach vorne hinaus frei ist, denn sie sind geräumiger, heller und verfügen sogar über eine Kochgelegenheit.

✗ Essen

Das arabische Erbe Siziliens und die einzigartige Lage von Trapani auf dem Seeweg nach Tunesien haben dazu geführt, dass Couscous (oder *cuscus* bzw. *kuscus,* wie das Gericht hier manchmal geschrieben wird) zur regionalen Spezialität avanciert ist.

La Rinascente   GEBÄCK & KUCHEN **€**
(📱 092 32 37 67; Via Gatti 3; Cannoli 1,80 €; ☺ 9–13 & 15–19, So Nachmittag geschl. & Mi) Wer diese Bäckerei durch die Seitentür betritt, hat das Gefühl, plötzlich in die Privatküche von jemandem eingedrungen zu sein, und irgendwie stimmt das ja auch. Wenn Giovanni Costadura einem dann sein breites Lächeln schenkt und die so ziemlich besten *cannoli* auf Erden serviert, ist die Welt aber wieder in Ordnung. Man kann sogar zuschauen, wie sie vor Ort zubereitet werden.

★ Al Solito Posto   SIZILIANISCH **€€**
(📱 092 32 45 45; www.trattoria-alsolitoposto.com; Via Orlandini 30; Gerichte 20–35 €; ☺ So geschl. & 15.–31. Aug) Diese total beliebte Trattoria östlich vom Zentrum lässt sich in lediglich einer Viertelstunde zu Fuß erreichen und wurde mit Recht als Slowfood-Lokal ausgezeichnet. Von den himmlischen *primi* (unbedingt die Spezialität des Hauses *busiate con pesto alla trapanese* probieren!) bis zu den superfrischen *secondi* mit Meeresfrüchten und Fisch (im Mai und Juni unbedingt den Thunfisch nehmen!) und den selbst gemachten cremig-knusprigen *cannoli* ist in diesem Lokal wirklich rundum alles vom Feinsten.

★ Osteria La Bettolaccia   SIZILIANISCH **€€**
(📱 092 32 16 95; www.labettolaccia.it; Via Enrico Fardella 25; Gerichte 30–45 €; ☺ Sa geschl & So ganzjähr. Mittagessen, plus Nov.–Ostern So Abendessen) Das Speiselokal in zentraler Lage, nur zwei Blocks vom Fährhafen entfernt, ist der Hit in Sachen authentisches Slowfood. Hier sollte man unbedingt das *cous cous con zuppa di mare* (Couscous mit gemischten Meeresfrüchten in pikanter Fischsoße mit Tomaten, Knoblauch und Petersilie) probieren. Die enorme Beliebtheit dieses Restaurants hat sogar dazu geführt, dass im Jahr 2013 der Speiseraum vergrößert wurde. Aber man tut dennoch gut daran, einen Tisch zu reservieren.

Praktische Informationen

Im Stadtzentrum befinden sich mehrere Banken mit einem Geldautomaten.

Ospedale Sant'Antonio Abate (📱 092 380 91 11; Via Cosenza 82)

Polizei (📱 092 359 81 11; Piazza Vittorio Veneto)

Touristeninformation (📱 092 354 45 33; point@stradadelvinoericedoc.it; Piazzetta Saturno; ☺ Mo–Sa 9–13 & 16–19 Uhr) Die Touristeninformation von Trapani kann mit Stadtplänen, Sightseeingtouren mit dem Fahhrad (8 € pro Tag), Führern und Informationen zu den Weingütern an der Strada del Vino Erice DOC aufwarten. Eine Zweigstelle, die **Casina delle Palme** (Piazza Garibaldi; ☺ Mo–Sa 9–13 & 16–19 Uhr), befindet sich gegenüber vom Fähranleger an der Piazza Garibaldi.

❶ Anreise & Unterwegs vor Ort

Fahrkarten für Bus, Flugzeug und Fähren sind bei **Egatours** (📱 092 32 17 54; www.egatour viaggi.it; Via Ammiraglio Staiti 13) erhältlich, einem Reisebüro, welches gegenüber vom Hafen liegt.

AUTO & MOTORRAD

Um die endlosen Vorstädte von Trapani zu umfahren und die engen Gassen in der Altstadt zu meiden, folgt man am besten der Ausschilderung an der Autostrada A29 direkt zum Hafen, wo es die Via Ammiraglio Staiti am Meer entlang jede Menge gebührenpflichtige Parkplätze gibt; die meisten Sehenswürdigkeiten befinden sich in Laufnähe.

BUS

Intercity-Busse fahren am Busbahnhof, 1 km östlich vom Stadtzentrum (gleich südöstlich vom Bahnhof), ab und kommen dort auch an.

Von **Segesta** (📱 092 32 84 04; www.segesta.it) verkehren Espressbusse nach Palermo (9 €, 2 Std., stündl.). Einsteigen kann man an der Bushaltestelle gegenüber von Egatours oder am Busbahnhof.

Lumia (📱 092 32 17 54; www.autolineelumia.it) bietet Busse nach Agrigent (11,80 €, 2¾–3½ Std., 1–3-mal tgl.) an.

Zwei kostenlose Stadtbusse (Nr. 1 und 2) unter der Regie von **ATM** (📱 092 355 95 75; www.atmtrapani.it) fahren auf einem Rundkurs durch Trapani und verbinden so den Busbahnhof, Bahnhof und Hafen.

SIZILIENS ÄLTESTES NATURRESERVAT

Proteste der Einheimischen bewahrten die beschauliche **Riserva Naturale dello Zingaro** (☎ 092 43 51 08; www.riservazingaro.it; Erw. 3 €, Kind 8–14 Jahre 2 €, unter 8 & über 65 Jahre frei; ☉ April–Sept.7–19.30 Uhr, Okt.–März 8–16 Uhr) bislang vor Bebauung und Straßen. Das Naturschutzgebiet gilt als die Topattraktion am Golfo di Castellammare und liegt auf halber Strecke zwischen Palermo und Trapani. Der 1981 eingerichtete Naturpark – der erste auf Sizilien – gilt als die Top-Attraktion am Golfo di Castellammare: Seine wilde, unberührte Küste ist ein Paradies für den seltenen Habichtsadler und 40 weitere Vogelarten. Wild wachsende Johannisbrotbäume und leuchtend gelbe Wolfsmilchgewächse bedecken die Hügel. Versteckte Buchten wie Capreria und Marinella bieten sich an, um in aller Ruhe eine Runde zu schwimmen.

Der Haupteingang des Naturparks befindet sich 2 km nördlich vom Dorf Scopello. Mehrere Wanderwege sind in Wanderkarten verzeichnet, die am Eingang kostenlos erhältlich sind oder von der Website des Parks (nur auf Italienisch) heruntergeladen werden können. Der 7 km lange Hauptweg führt am Meer entlang; die Wanderer kommen dabei am Besucherzentrum sowie an fünf Museen vorbei, die alles von der Flora und Fauna bis hin zu traditionellen Fischereimethoden erklären.

In Scopello lebten die Fischer einst vom Thunfischfang, heute quartieren sich überwiegend Touristen dort ein. Außerhalb der Hochsaison versinkt das Dorf deshalb weitgehend im Dornröschenschlaf. Am Hafen, 1 km unterhalb der Ortschaft, beeindrucken eine malerische, rostrote *tonnara* (Fabrik zur Weiterverarbeitung von Thunfisch) sowie die *faraglioni* (Felstürme), die dramatisch aus dem Meer aufragen.

★ **Pensione Tranchina** (☎ 092 454 10 99; www.pensionetranchina.com; Via Diaz 7; B&B pro Pers. 36–46 €, Halbpension pro Pers. 55–72 €; ✳ ☎) Von allen Übernachtungsmöglichkeiten und Esslokalen im Dorfzentrum von Scopello ist diese Pension, die sich um einen Hof mit Kopfsteinpflaster gruppiert, am schönsten. Die reizenden Wirtsleute Marisin und Salvatore verwöhnen ihre Gäste mit gemütlichen Zimmern, einem knisternden Kaminfeuer an kühlen Abenden und köstlicher Hausmannskost mit viel Fisch aus der Region und selbst angebautem Obst und Olivenöl.

FÄHRE/SCHIFF

Der Fahrkartenschalter für die Fährentickets befindet sich im Fährterminal von Trapani, äußerst günstig gelegen – gegenüber der Piazza Garibaldi.

Der Kartenschalter und die Anlegestelle der Tragflügelboote von Ustica Lines und Siremar liegen gut 150 m weiter östlich in der Via Ammiraglio Staiti. **Grimaldi Lines** (www.grimaldi-ferries.com) bietet eine Verbindung pro Woche nach Tunesien (Deck/Kabine ab 60/85 €, 8½ Std.) an sowie nach Civitavecchia (120 €, 14½ Std.).

Tirrenia (www.tirrenia.it) fährt einmal wöchentlich nach Cagliari (Deck/Kabine ab 40/160 €, 12 Std.).

Von **Ustica Lines** (S. 881), und von **Siremar** (S. 881) verkehren ganzjährig Tragflügelboote zu den Ägadischen Inseln. Ustica Lines bietet ausschließlich in den Sommermonaten zudem am Samstagmorgen eine Verbindung nach Ustica (28 €, 2½ Std.) und Neapel (94 €, 7 Std.). Von Siremar und **Traghetti delle Isole** (www.traghettidelleisole.it) steuern Nachtfähren Pantelleria (34 €, 6 Std.) an.

FLUGZEUG

Der kleine Flughafen von Trapani, der **Vincenzo Florio Airport** (TPS; Birgi Airport; www.airgest.it), liegt 17 km südlich der Stadt in Birgi. **Ryanair** (www.ryanair.com) bietet Direktflüge von Memmingen, Karlsruhe, Frankfurt und rund einem Dutzend weiterer Städte in Europa an; **Air One** (flyairone.com) fliegt zum italienischen Festland, während **Darwin** (www.darwinairline.com) die Mittelmeerinsel Pantelleria bedient. AST-Busse verkehren auf der Strecke Flughafen–Trapani Zentrum (4,70 €, 45 Min., stündl.) sowie von/nach Marsala (2,50 €, 45 Min., 4-mal tgl.).

ZUG

Vom Bahnhof in Trapani an der Piazza Umberto I. verkehren Züge nach Palermo (8 €, 2¼–3½ Std., 3–4 Direktzüge tgl.) und Marsala (3,45 €, 30 Min., Mo–Sa 10-mal tgl., So 4-mal).

Erice

28 800 EW. / 751 M

Erice gehört zu den spektakulärsten Bergorten Italiens – es bietet mittelalterlichen Charme und einem unglaublichen 360-Grad-Rundumblick. Der Ort liegt auf dem legendären Berg Eryx (750 m), an klaren Tagen reicht die Sicht bis zum Kap Bon in Tunesien. Aber auch der Bummel durch das Labyrinth der mittelalterlichen Gassen ist spannend, unterwegs stößt man auf Kirchen, Festungen und winzige Plätze mit Kopfsteinpflaster. Die Stadt kann mit einer im wahrsten Sinn des Wortes verführerischen Geschichte aufwarten, denn sie war einst das Zentrum des Venuskultes. Sie wurde von den geheimnisumwobenen Elymern besiedelt, galt als Wohnsitz der Göttin der Liebe und pflegte den seltsamen Ritus der heiligen Prostitution: Die Dirnen wohnten im Venustempel. Die zahllosen Invasionen überstand der Tempel unbeschadet – tja, warum wohl?

Die touristische Infrastruktur von Erice ist hervorragend: In der ganzen Stadt finden sich italienische und englische Infoschilder sowie Stadtpläne mit zahlreichen Vorschlägen für Stadtspaziergänge.

Sehenswertes

Der schönste Ausblick bietet sich vom **Giardino del Balio**; weit reicht die Sicht über die Türmchen und bewaldeten Hügel südlich der Salzpfannen von Trapani bis zum Meer und den Ägadischen Inseln. In Richtung Norden beeindruckt das Panorama einer zerklüfteten Landspitze, des San Vito Lo Capo, nicht minder.

Castello di Venere   BURG
(www.comune.erice.tp.it/minisitocastello; Via Castello di Venere; Erw. 3 €, 8–14 & über 65 Jahre 1,50 €, Kind unter 8 Jahren frei; ☉ April–Okt. tgl. 10–18 Uhr, Nov.–März Sa 10–16 & Ferien) Die normannische Burg von Erice wurde im 12. und 13. Jh. über einem Venus-Tempel errichtet, der den antiken Elymern als Stätte der Huldigung diente. Die Aussicht von oben bis zum San Vito Lo Capo auf der einen und den Saline di Trapani auf der anderen Seite ist einfach sagenhaft.

Rundgang zu den Baudenkmälern von Erice   KIRCHE
(Eintritt 5 €; ☉ April–Juni & Okt. 10–18 Uhr, Juli & Aug. 10–20 Uhr, Sept. 10–19 Uhr, Nov.–Feb. 10–12.30 Uhr, März 10–16 Uhr)) Mit einer einzigen Eintrittskarte besteht die Möglichkeit, alle fünf wichtigen Sakralbauten in Erice zu besichtigen: den **Kirchenschatz** des Doms aus dem 14. Jh., den 28 m hohen **Campanile** (tolle Aussicht von oben!), die Holzskulp-

turen in **San Martino**, die Gruppa Misteri (Skulpturengruppe für die Karwoche) in **San Giuliano** sowie die Marmorskulpturen in **San Giovanni**. Die Eintrittkarte ist in jeder der Kirchen erhältlich.

Schlafen & Essen

Hotels, viele mit eigenem Restaurant, finden sich in der Via Vittorio Emanuele, der Hauptstraße von Erice. Sobald die Touristen abgefahren sind, bezaubert die Stadt mit ihrem mittelalterlichen Flair.

Erice kann auf eine lange Tradition an *dolci ericini* (Erice-Süßigkeiten) zurückblicken, die hier von den Nonnen hergestellt werden. Es gibt in der Stadt eine ganze Reihe Konditoreien, am bekanntesten ist aber wohl **Maria Grammatico** (☑ 092 386 93 90; www.mariagrammatico.it; Via Vittorio Emanuele 14; ☉ Mai, Juni & Sept. 9–22 Uhr, Juli & Aug. bis 13 Uhr, Okt.–April bis 19 Uhr), die für ihre *frutta martorana* (Marzipanfrüchte) und ihr Mandelgebäck schier vergöttert wird

Hotel Elimo   HOTEL €€
(☑ 092 386 93 77; www.hotelelimo.it; Via Vittorio Emanuele 23; EZ 80–110 €, DZ 90–130 €, Suite 150–170 €; P @ ☎) Die Aufenthaltsräume in diesem malerischen historischen Hotel beeindrucken mit Balkendecken, Marmorkaminen, raffinierten Kunstwerken, Nippes und Antiquitäten. Die Zimmer geben sich dann eher durchschnittlich, wobei viele – wie auch die Hotelterrasse und das Restaurant – eine herrliche Aussicht nach Süden oder Westen zu den Saline di Trapani, den Ägadischen Inseln und aufs schillernde Meer bieten.

Praktische Informationen

Die größte **Touristeninformation** (☑ 092 350 23 22; strerice@regione.sicilia.it; Porta Trapani; ☉ Di–Sa 10.30–13.30 & 15.30–17.30, So 10.30–13.30, Mo 14.30–17.30 Uhr) befindet sich neben der Porta Trapani (Altes Stadttor); eine Zweigstelle liegt im **Stadtzentrum** (☑ 092 386 93 88; strerice@regione.sicilia.it; Via Tommaso Guarrasi 1; ☉ Di–So 10.30–13.30 Uhr).

An- & Weiterreise

Busse von **AST** verkehren regelmäßig von und nach Trapani (2,80 €, 45 Min.). Eine **Seilbahn** (Funivia; ☑ 092 356 93 06; www.funiviaerice. it; einfache Fahrt/Hin- & Rückfahrt 5,50/9 €; ☉ Mo 13–20, Di–Fr 8.10–20, Sa 10–22, So 10–20 Uhr), gegenüber vom Parkplatz am unteren Ende der Via Vittorio Emanuele in Erice, verbindet den Ort mit Trapani. Die Seilbahn hält in Trapani unweit der Ecke Via Manzoni/Via Capua; ins Zentrum von Trapani nimmt man dann den Ast-Bus 21 oder 23 (1 €) in Richtung Westen.

Segesta

304 M

Die Ruinen von **Segesta** (🖉 092 495 23 56; Erw. 6 €, EU-Bürger 18–25 Jahre 3 €, EU-Bürger unter 18 & über 65 Jahre frei; ☉ Okt.–März 9–16 Uhr, April–Sept. 9–18 Uhr) aus dem 5. Jh. v. Chr. befinden sich am Rand einer tiefen Schlucht mitten in den wilden, einsamen Bergen – ein wahrlich magischer Ort. Wenn der Wind weht, sollen die 36 riesigen Säulen des herrlichen Tempels wie eine Orgel funktionieren und geheimnisvolle Klänge hervorbringen.

Zwischen der von den Elymern gegründeten Stadt Segesta und Selinunt bestanden andauernde Zwistigkeiten, und Segesta versuchte mit aller Gewalt, die große Geg-

nerin im Süden zu vernichten, schließlich mit Erfolg. Doch auch von Segesta ist heute nicht mehr viel übrig, abgesehen vom **Theater** und dem nie vollendeten **dorischen Tempel**; Letzterer stammt aus der Zeit um 430 v. Chr. und ist erstaunlich gut erhalten. Ein Shuttlebus (1,50 €) fährt alle 30 Minuten vom Tempeleingang 1,5 km den Berg hinauf zum Theater.

Von **Tarantola** (🖉 092 431 0 20; www.tarantola bus.com) verkehren drei Busse am Tag von Trapani (einfache Fahrt/ Hin- & Rückfahrt 3,80/6,20 €, 35–50 Min.) sowie zwei Busse täglich ab der Via Balsamo in der Nähe vom Palermer Bahnhof (einfache Fahrt/Hin- & Rückfahrt 6,70/10,70 €, 1¼ Std.) nach Segesta. Eine andere Möglichkeit ist, von Trapani (3,45 €, 30 Min., 1–2-mal tgl.) mit dem Zug zum Bahnhof Segesta Tempio zu fahren. Dort geht es dann links unter einer doppelten Unterführung durch und noch 1,5 km (20 Min.) bergauf bis zur Ausgrabungsstätte.

SIZILIEN SEGESTA

Sardinien

Gut essen

➡ St Remy (S. 946)

➡ La Botteghina (S. 964)

➡ Agriturismo
Saltara (S. 973)

Schön
übernachten

➡ Agriturismo
Guthiddai (S. 977)

➡ Casa Solotti (S. 975)

➡ Lemon House (S. 981)

➡ Il Cagliarese (S. 945)

➡ B&B Lu Pastruccia-
leddu (S. 971)

Auf nach Sardinien!

D. H. Lawrence hat es treffend ausgedrückt: „Sardinien ist anders." Wo sonst als auf dieser Insel mit ihren 365 Dörfern und 4 Mio. Schafen wäre es möglich, an einem Tag von Strandbuchten zu Bergwäldern, Granitgipfeln, Grotten, Weinbergen und einstigen Banditendörfer zu fahren? Sardinien gibt mit 7000 frühgeschichtlichen Nuraghen Rätsel auf und bezaubert mit einem tiefblauen Meer. Und es lockt mit kulinarischen Genüssen wie Spanferkel vom Spieß, Seeigel und Pecorino.

Über die Jahrtausende haben die Inselbewohner eine einzigartige Identität, Küche, Kultur und Sprache ausgebildet und überließen es den Gewalten der Natur, ihre zauberhaften Wirkungen an der Landschaft zu vollziehen. Der Anblick der Riesenjachten an den fjordartigen Buchten der Costa Smeralda kann so überwältigend sein wie der Genuss von Spanferkel in einem *agriturismo* – die Verbundenheit der Insel mit den irdischen Genüssen ist schon ein Wert an sich. Erdverbunden und mondän, abenteuerlich und wunderbar entspannt: Sardinien gefällt sich darin, ein bisschen anders zu sein.

Reisezeit

Cagliari

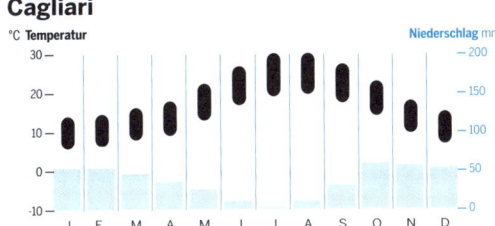

Februar Masken-
spiele in der
Fastenzeit – *Ma-
muthones* in
Mamoiada und

Turniere in Sa
Sartiglia.
März–Mai Wild-
blumenblüte und
Prozessionen.

Juni–Aug.
Strände, Open-
Air-Festivals und
Pferderennen in
S'Ardia.

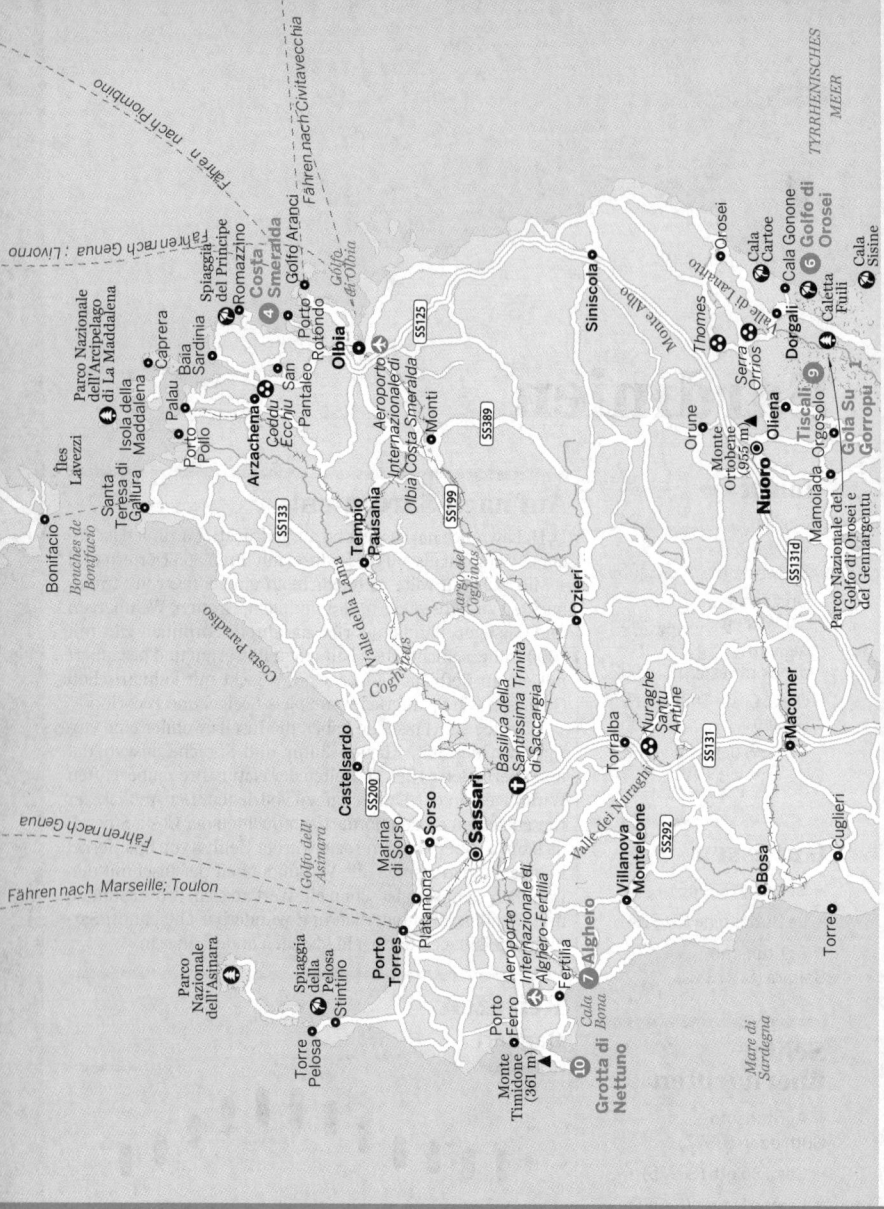

Highlights

1 Eine eindrucksvolle und erlebnisreiche Wanderung durch die **Gola Su Gorropu** (S. 972), eine grandiose Felsenschlucht, unternehmen.

2 Ein paar schöne und erholsame Tage an den windigen Stränden der **Costa Verde** (S. 955) verbringen.

3 Eine Reise ins Mittelalter durch die Felsengassen der Festungsstadt **Il Castello** (S. 941) von Cagliari.

4 Auf Tuchfühlung mit den Reichen, Schönen und Berühmten an der **Costa Smeralda** (S. 970) gehen.

5 Die Frühgeschichte auf Sardinien erkunden: in der **Nuraghe Su Nuraxi** (S. 958), der einzigen Unesco-Weltkulturerbestätte der Insel.

Map labels

Fähren nach Palermo
Fähren nach Trapani
Fähren nach Civitavecchia; Neapel
Fähren nach Civitavecchia; Genua

MITTELMEER

OGLIASTRA

Cala Goloritzè
Altopiano del Golgo
Santa Maria Navarrese
Aeroporto Nazionale di Tortoli
Tortoli
Arbatax
Cala Mariolu
Baunei
Urzulei
S'Archittu

Capo Ferrato
Spiaggia Piscina Rei
Spiaggia Costa Rei
Costa Rei
Cala Sinzias
Villasimius
Golfo di Carbonara
Stagno Notteri

Villaputzu
Tertenia
Salto di Quirra
Monte del Gennargentu
Foresta di Montarbu
Flumendosa
Monte dei Sette Fratelli (1023 m)
Sarrabus

SS125
SS389
SS125

Tonara
Sorgono
Sadali
Serri
Santuario Santa Vittoria di Serri
Isili
Gerrei

Golfo di Cagliari
Poetto
Cagliari
Monastir
Aeroporto Internazionale Cagliari-Elmas
Golfo degli Angeli

Nuraghe Su Nuraxi Mandas
Barumini
La Marmilla Tuili
La Giara di Gesturi

Abbasanta
Lago Omodeo
Monti Ferru
Riola
Santa Cristina
Sardo
Cabras
Oristano
Santa Giusta
Marina di Torre Grande
Golfo di Oristano
Terralba
Tirso
SS131

Santa Caterina di Pittinuri
Is Arenas
Putzu Idu
Isola di Mal di Ventre
Is Arrutas
San Salvatore
San Giovanni di Sinis
Tharros
Sinis Peninsula
MITTELMEER

Montevecchio
Arbus
Guspini
Ingurtosu
Fluminimaggiore
Grotta de Su Mannau
Tempio di Antas
Domusnovas
Iglesias
Nebida
Masua
Cala Domestica
Golfo di Gonnesa
Funtanamare
Iglesiente
Buggerru
Portixeddu
Capo Pecora
Torre dei Corsari
Spiaggia Piscinas
Spiaggia Scivu
Costa Verde 2

Capoterra
Pula
Nora
Teulada
Capo Malfatano
Chia
Tuerredda
Costa del Sud
Porto Teulada
Le Grotte Is Zuddas

Carbonia
Calasetta
Sant'Antioco
Isola Sant'Antioco
Carloforte
Isola di San Pietro
Portovesme
Portoscuso
SS126
SS195
SS130
SS197
SS125

Mannu
Golfo di Palmas

30 km
0

---

⑥ Mit dem Boot in den verborgenen Buchten des leuchtend blauen **Golfo di Orosei** (S. 979) vor Anker gehen.

⑦ Die spanische Atmosphäre in den Kopfsteingassen der Altstadt von **Alghero** (S. 962) erspüren.

⑧ Eine Fahrt über die spektakuläre Serpentinenstraße **SS125** mit immer neuen Ausblicken auf die Berge und das Mittelmeer (S. 978).

⑨ Das geheimnisvolle Nuraghendorf **Tiscali** (S. 979) hoch oben im Kalkmassiv des Supramonte entdecken.

⑩ Ein Besuch in der **Grotta di Nettuno** (S. 966), die mit einem wahren Märchenwald von faszinierenden Stalagmiten und Stalaktiten bezaubert.

Geschichte

Von der Frühgeschichte Sardiniens ist wenig bekannt; die ersten Inselbewohner kamen vermutlich um 350 000 v. Chr. vom Festland. In der Jungsteinzeit (8000 bis 3000 v. Chr.) entwickelten sich Stammesgesellschaften im nördlichen Binnenland. Ihre bronzezeitlichen Nachkommen, die Nuragher – benannt nach den von ihnen errichteten *nuraghi*, den Steintürmen – bevölkerten die Insel bis zur Ankunft der Phönizier um 850 v. Chr. Ihnen folgten die Karthager, die wiederum von den Römern abgelöst wurden; diese begannen im 3. Jh. v. Chr., ihre Macht auf Sardinien auszudehnen.

Im Mittelalter war die Insel in vier unabhängige *giudicati* (Königreiche) geteilt. Im 13. Jh. stritten die Republiken Pisa und Genua um die Herrschaft über die Insel. Schlussendlich wurden sie jedoch durch das nordspanische Königreich Aragón-Katalonien gestürzt, das sich einem erbitterten Widerstand der Sarden ausgesetzt sah. Angeführt wurde der Kampf um die Unabhängigkeit von Eleonora d'Arborea (1340–1404), der sardischen Johanna von Orleans.

Sardinien fiel nach der Vereinigung der beiden spanischen Königreiche 1479 an Spanien – noch heute wirkt die Atmosphäre in Alghero, Iglesias und anderen Städten ausgesprochen spanisch. In den nachfolgenden Jahrhunderten hinterließ der allmähliche Niedergang der spanischen Vorherrschaft auch in Sardinien seine Spuren: 1720 fiel die Insel schließlich an das italienische Herzogtum Savoyen. Nach der Vereinigung Italiens (1861) fand sich Sardinien unter der Herrschaft Roms wieder.

Mit dem Ende des Zweiten Weltkriegs begann auch Sardinien, in der Moderne anzukommen. 1946 wurden erfolgreiche Anstrengungen unternommen, die Insel von der Malaria zu befreien. Im Jahr 1948 räumte die italienische Regierung Sardinien schließlich das Recht auf ein eigenes autonomes Regionalparlament ein.

Die ersten Touristen kamen in den 1960er-Jahren auf die Insel, heute ist der Tourismus eine tragende Säule der sardischen Wirtschaft. Die engagierten Umweltschützer waren erleichtert, als die Nato ihre Präsenz auf dem Arcipelago di La Maddalena 2008 nach 35 Jahren endlich aufgab.

ⓘ An- & Weiterreise

FLUGZEUG

Flugzeuge vom italienischen Festland und von europäischen Metropolen steuern die drei größten Flughäfen Sardiniens an: **Elmas** (☏ 070 21 12 11; www.cagliariairport.it) in Cagliari, **Fertilia** (☏ 079 93 52 82; www.aeroportodialghero. it) in Alghero und den **Aeroporto Olbia Costa Smeralda** (☏ 0789 56 34 44; www.geasar. it) in Olbia. Neben den großen internationalen Fluggesellschaften gibt es kleine, anspruchslose Fluglinien, die Direktflüge anbieten, darunter **Ryanair** (www.ryanair.com), **easyJet** (www. easyjet.com) und **TUIfly** (www.tuifly.com). Einige Flugverbindungen sind auf die Monate April bis Oktober beschränkt. Vom Flughafen Olbia auf Sardinien bietet **Meridiana** (www.meridiana. it) seit Neuestem Flüge nach London Gatwick. Flugzeuge von easyJet steuern London Luton an. **Thomsonfly** (www.thomsonfly.com) bietet jetzt auch Flugverbindungen von Alghero nach London Gatwick.

SCHIFF/FÄHRE

Durch Fähren ist die Insel mit Genua, Livorno, Piombino, Civitavecchia und Neapel sowie Palermo und Trapani auf Sizilien verbunden. Linienschiffe verkehren auch zwischen Bonifacio und Porto Vecchio auf Korsika und steuern die korsischen Häfen Ajaccio und Propriano von Marseille aus an. Ankunftshäfen im Norden der Insel sind Olbia, Golfo Aranci, Palau, Santa Teresa di Gallura und Porto Torres, an der Ostküste legen die Fähren in Arbatax und im Süden in der Inselhauptstadt Cagliari an. Die Fähren fahren in der Hauptreisezeit zwischen Mitte Juni und Mitte September am häufigsten, in dieser Zeit ist ein frühzeitiges Buchen unerlässlich. Nützliche Internetquellen sind u. a. www.traghettiweb.it und www.traghettionline.com.

REEDEREIEN

CMN La Méridionale (☏ Frankreich 0810 20 13 20; www.cmn.fr) Von Marseille nach Korsika und weiter nach Porto Torres.

Corsica Ferries, Sardinia Ferries (☏ 0825 09 50 95; www.corsica-ferries.co.uk) Von Civitavecchia und Livorno nach Golfo Aranci. Außerdem verkehren Fähren zwischen Sardinien und Korsika (April–Sept.).

Grandi Navi Veloci (☏ 010 209 45 91; www. gnv.it) Von Genua nach Olbia und Porto Torres.

Moby Lines (☏ 199 303040; www.moby.it) Von Civitavecchia, Genua, Livorno und Piombino nach Olbia sowie von Genua nach Porto Torres. Betreibt auch Fähren zwischen Sardinien und Korsika (April–Sept.).

Saremar (☏ 199 118877; www.saremar.it) Betreibt saisonale Fährverbindungen zwischen Santa Teresa Gallura (Sardinien) und Bonifacio (Korsika).

SNCM (☎079 51 44 77; www.sncmitalia.it) Von Marseille nach Korsika und weiter nach Porto Torres. Im Juli und August legen einige Fähren auch von Toulon ab.

Tirrenia (☎892123; www.tirrenia.it) Von Civitavecchia, Neapel, Palermo und Trapani nach Cagliari sowie von Civitavecchia und Genua nach Olbia, von Civitavecchia und Genua nach Arbatax, von Genua nach Porto Torres.

ℹ Unterwegs vor Ort

AUTO & MOTORRAD

Sardinien lässt sich am besten mit dem Auto bereisen. Autovermietungen unterhalten Büros in Cagliari sowie an den Flughäfen und in den größeren Städten.

BUS

Das größte Busunternehmen der Insel ist **ARST** (☎800 86 50 42; www.arst.sardegna.it), es betreibt die meisten örtlichen Busverbindungen sowie Reisebusse.

ZUG

Trenitalia (☎892 021; www.trenitalia.com) verbindet Cagliari mit Oristano, Sassari, Porto Torres, Olbia und Golfo Aranci. Die Züge fahren zwar zuverlässig, aber auch ziemlich langsam. Langsame Züge von **ARST** (☎070 34 31 12; http://arst.sardegna.it, auf Italienisch) verbinden die Städte Sassari, Alghero und Nuoro. Von Mitte Juni bis Anfang September bietet ARST touristische Fahrten in der Schmalspurbahn **Trenino Verde** an – siehe S. 950.

CAGLIARI

149 343 EW.

Die beste Art, sich Cagliari zu nähern, ist nicht mit dem Flugzeug, sondern mit der Fähre: Nur vom Wasser kommend sieht man die Stadt als ein buntes Durcheinander aus sonnengelben Palästen, Kuppeln und Fassaden aus dem Dunst auftauchen, überragt von der dominierenden Felsenfestung Il Castello. Cagliari ist die am stärksten italienisch anmutende Stadt der Insel – voller Kultur und sehr weltoffen. Durch baumbestandene Prachtstraßen knattern Vespas, Einheimische entspannen sich in Cafés, die versteckt in zierlichen Bogengängen an der Strandpromenade auf Gäste warten. In östlicher Richtung liegt der Stadtstrand Poetto, er ist der Mittelpunkt des sommerlichen Lebens und bietet glasklares Wasser und eine lebhafte Partyszene.

Nach jeder Wegbiegung rücken weitere Zeugnisse der fesselnden Geschichte

ℹ MONTAGS GESCHLOSSEN

Die große Mehrzahl der Museen in Cagliari ist montags geschlossen – es erspart Enttäuschungen, beim Planen eines Reiseprogramms daran zu denken.

Cagliaris ins Blickfeld, vor allem in Gestalt archäologischer Stätten, Museen und Kirchen. Im 8. Jh. v. Chr. wurde Cagliari von den Phöniziern gegründet, entwickelte sich aber erst als römischer Hafen zu einer richtigen Stadt. Unter der Herrschaft der Pisaner wurde die Inselhauptstadt einer umfassenden mittelalterlichen „Schönheitsoperation" unterzogen, deren Ergebnisse bis heute beeindrucken.

◉ Sehenswertes

Die lohnenswerten Sehenswürdigkeiten der Stadt konzentrieren sich im Castello sowie in den Stadtvierteln Stampace, Marina und Villanova.

★ Il Castello   HISTORISCHE ALTSTADT

In der von steilen Steinmauern umschlossenen Festungsstadt Cagliaris – von den Einheimischen Su Casteddu genannt – residierte einst der weltliche und kirchliche Adel der Stadt. Im Innern der Festungsmauern liegt die mittelalterliche Stadt wie ein verschachteltes Labyrinth schmaler, von hohen Mauern eingefasster Gassen, in denen Universitätsgebäude, Dom, Museen, honigfarbene pisanische Paläste und Türme eng zusammengedrängt stehen.

Museo Archeologico Nazionale   MUSEUM

(www.archeocaor.beniculturali.it; Piazza dell' Arsenale; Erw./erm. 3/1,50 €; ☉Di–So 9–20 Uhr) Das bedeutendste der vier Museen des Bezirks Citadella dei Musei ist der Archäologische Museum. Die Sammlung umfasst Exponate aus mehreren Jahrtausenden, besonders eindrucksvoll ist die Sammlung handgroßer Bronzefiguren, die sogenannten *bronzetti* aus nuraghischer Zeit. Angesichts fehlender schriftlicher Aufzeichnungen sind sie eine wichtige Informationsquelle über die geheimnisvolle Kultur der Nuragher auf Sardinien.

Cattedrale di Santa Maria   DOM

(www.duomodicagliari.it; Piazza Palazzo 4; ☉Mo–Sa 7.30–20, So 8–13 & 16.30–20.30

Cagliari

0 ——————— 200 m

Galleria Comunale d'Arte (250 m);
La Peonia (3 km)

STAMPACE

6 Mercato di San Benedetto (600 m); T-Hotel (800 m); Teatro Lirico (1 km)
10

Piazza dell' Arsenale

Piazza Loddo

8

12

Traversa Palabanda

Piazza Indipendenza

CASTELLO

Piazza San Giuseppe

VILLANOVA

1 Touristen-information

Piazza Palazzo **4**

24

31
5

30

Piazza Santa Restituta

Il Castello 1

Corso Vittorio Emanuele

11 Salita Santa Chiara

Piazza Yenne **9**
25
23
13

21

Elmas (9 km)

32

Il Fantasma (250 m)
29
3 Exmà (200 m)

19

Piazza del Carmine

Piazza Martiri d'Italia

14
22
28

Piazza Costituzione

Bahnhof Trenitalia

Largo Carlo Felice

Piazza San Sepolcro

Vico Barcellona

33

26 Bastione di Nostra Signora di Monserrato

Piazza Matteotti

Hauptbahnhof

34
20

17
16

MARINA

7

Basilica di San Saturnino (450 m)

Via S Agostino

18

Via Roma

35

Tirrenia Ferries (50 m); (600 m)

27

15

Molo Sanità

InfoPoint Porto

Santuario & Basilica di Nostra Signora di Bonaria (1 km); Poetto (4 km)

(Left margin) **SARDINIEN** CAGLIARI

Uhr) GRATIS Stolz erhebt sich der anmutige Dom von Cagliari an der Piazza Palazzo. Außer dem eckigen Glockenturm ist vom ursprünglichen gotischen Bau aus dem 13. Jh. wenig geblieben – das Innere wurde im 17. Jh. im Stil des Barock umgestaltet, die neoromanische Fassade entstand im 20. Jh. Im Innenraum befinden sich zu beiden Seiten des Hauptportals zwei prächtige Marmorkanzeln – beide Werke von Guglielmo da Pisa, die der Stadt im Jahr 1312 gestiftet wurden.

Cagliari

Torre dell'Elefante　　AUSSICHTSPUNKT
(www.camuweb.it; Via Università; Erw./erm. 4/2,50 €; ☉ Sommer 10.30–19 Uhr, Winter 9–17 Uhr) Der Torre dell'Elefante ist einer von nur noch zwei erhalten gebliebenen mittelalterlichen Türmen. Der 42 m hohe Wachturm verdankt seinen Namen der kleinen Elefantenskulptur am bedrohlich aussehenden Fallgatter. Am Turm spielte sich zur Zeit der spanischen Herrschaft ein grausiges Geschehen ab: Der Marchese di Cea wurde hier enthauptet und sein abgeschlagenes Haupt 17 Jahre lang an Ort und Stelle liegen gelassen! Von der Höhe des Turmes hat man eine großartige Sicht über die Stadt.

Anfiteatro Romano　　ARCHÄOLOGISCHE STÄTTE
(www.anfiteatroromano.it; Viale Sant'Ignazio; ☉ wegen Restaurierung geschl.) Das Amphitheater ist die eindrucksvollste Ruine aus römischer Zeit in Cagliari. Obwohl viele der ursprünglichen Steine des Theaters aus dem 2. Jh. als Baumaterial geplündert wurden, sind die Reste beeindruckend genug, um eine Vorstellung vom ursprünglichen Bauwerk vermitteln zu können. Zum Zeitpunkt der Recherchen war das Amphitheater wegen Restaurierung geschlossen, doch lohnt es sich auch, es von außen zu betrachten.

Torre di San Pancrazio　　AUSSICHTSPUNKT
(Piazza Indipendenza; Erw./erm. 4/2,50 €; ☉ Sommer Di–So 10.30–19 Uhr, Winter 9–17 Uhr) Am nordöstlichen Stadttor ragt der 36 m hohe Zwillingsturm der Torre dell'Elefante auf. Das Gemäuer wurde 1305 am höchsten Punkt der Festungsstadt errichtet und bietet einen weiten Blick über den Golfo di Cagliari.

Bastione San Remy　　AUSSICHTSPUNKT
Die prächtigen Treppenstufen, die von der lebhaften Piazza Costituzione zur Bastione San Remy hinaufführen, sind der eindrucksvollste Weg zur Festung Il Castello; bequemer ist es allerdings, den Panoramalift zu nehmen. Die Aussichtsplattform zeigt eine Mischung aus klassizistischem und Jugendstil („Liberty" in Italien) und gewährt weite Blicke über das Häusermeer der Stadt bis zum in der Ferne glitzernden Mittelmeer.

Pinacoteca Nazionale　　KUNSTGALERIE
(www.pinacoteca.cagliari.beniculturali.it; Piazza dell'Arsenale; Erw./erm. 3/1,50 €; ☉ Di–So 9–20 Uhr) F Die Galerie liegt oberhalb des archäologischen Museums. Sie besitzt eine wertvolle Sammlung von Kunstwerken des 15. bis 17. Jhs., darunter vier herausragende Werke von Pietro Cavaro – der Begründer der so-

genannten Schule von Stampace gilt als bedeutendster Künstler Sardiniens.

Orto Botanico
BOTANISCHER GARTEN

(Viale Sant'Ignazio da Laconi 11; Erw./erm. 4/2 €; ☉ Mo–Sa 8.30–18 Uhr) Vom Amphitheater führt ein etwas abschüssiger Weg zum Botanischen Garten, der zu den berühmtesten Italiens zählt. Palmen, Kakteen, Ficusbäume, heimische Johannisbrotbäume und Eichen stehen hier dicht an dicht. Verschiedene antike Ruinen liegen wie absichtlich im Garten verstreut.

Galleria Comunale d'Arte
KUNSTGALERIE

(www.galleriacomunalecagliari.it; Viale San Vincenzo 2; Erw./erm. 6/2,60 €; ☉ Mi–Mo 10–20 Uhr, Garten Sommer 6–23 Uhr, Winter 7–20 Uhr) In einer schönen klassizistischen Villa nördlich des Castello gelegen, vermittelt die Galerie einen guten Einblick in die moderne Kunst Sardiniens. Ausgestellt sind u. a. Werke von sardischen Künstlern wie Tarquinio Sini (1891–1943). Ein schöner Blick über das Häusermeer von Cagliari öffnet sich draußen vom palmenbestandenen **Garten**.

Chiesa di San Michele
KIRCHE

(Via Ospedale 2; ☉ Mo–Sa 8–11 & 18–21, So 8–12 & 19–21 Uhr) Das Innere der Kirche aus dem 16. Jh. zeigt den verschwenderischen Rokokostil des 18. Jhs. Draußen im Vorhof wird eine bemerkenswerte Kanzel von vier Säulen getragen. Von dieser Kanzel herab soll der habsburgische Kaiser Karl V. eine mitreißende Rede gehalten haben, bevor er 1535 nach Tunesien zu einem erfolglosen Feldzug gegen seeräuberische Korsaren aufbrach.

Basilica di San Saturnino
KIRCHE

(Piazza San Cosimo; ☉ Di–Sa 9–13 Uhr) Im Osten der Piazza Consttituzione (nur 5 Min. entfernt) liegt die Basilika aus dem 5. Jh., sie zählt zu den ältesten Kirchen Sardiniens und ist ein eindrucksvolles Beispiel frühchristlicher Architektur. Errichtet wurde sie über einer römischen Nekropole, in der Saturnius, ein in der Gegend hoch verehrter Märtyrer, im Jahr 304 begraben wurde.

Santuario & Basilica di Nostra Signora di Bonaria
KIRCHE, AUSSICHTSPUNKT

(www.bonaria.eu; Piazza Bonaria 2; Spende; ☉ 6.30–12 & 16.30–19.30 Uhr) Die viel besuchte Pilgerstätte liegt ca. 1 km südöstlich der Via Roma und beherrscht den Hügel von Bonaria. Aus der ganzen Welt strömen Gläubige zur Madonnenfigur *Nostra Signora di Bonaria*. Es heißt, sie habe im 14. Jh. ein spanisches Schiff gerettet, das in einen heftigen Sturm geraten war. Auf der rechten Seite des Heiligtums erhebt sich die größere Basilika, sie dient noch heute heimkehrenden Seeleuten als Landmarke.

Piazza Yenne
PIAZZA

Der Platz mit einem Standbild von König Karl Felix I. von Sardinien ist an Sommerabenden ein beliebter Treffpunkt vor allem der jungen Cagliaritani, die in die Bars, Eisdielen und Straßencafés strömen.

Museo d'Arte Siamese
KUNSTGALERIE

(www.museicivicicagliari.it; Piazza dell'Arsenale; Erw./erm. 2/1 €; ☉ Di–So 10–20 Uhr, Winter bis 18 Uhr) Die Galerie präsentiert eine bunte Sammlung von Kunstgegenständen, Kunsthandwerk und Waffen aus Asien.

Museo del Tesoro e Area Archeologica di Sant'Eulalia
MUSEUM

(Vico del Collegio 2; Erw./erm. 5/3,50 €; ☉ Di–So 10–13 & 16–19 Uhr) Das Museum birgt eine umfangreiche Sammlung religiöser Kunstwerke sowie eine 200 m² große unterirdische Ausgrabungsstätte, die sich unterhalb der benachbarten **Chiesa di Sant'Eulalia** ausdehnt.

Exmà
KUNSTGALERIE

(www.camuweb.it; Via San Lucifero 71; Erw./erm. 3/2 €; ☉ Di–So 9–13 & 16–20 Uhr) Im einstigen Schlachthof der Stadt zeigt das Kulturzentrum verschiedene zeitgenössische Kunstausstellungen und ist Veranstaltungsort für Sommerkonzerte.

☞ Geführte Touren

City Tour Cagliari
BUSTOUR

(Erw./erm. 10/8 €; ☉ 9.30–19.30 Uhr) Eine interessante Rundfahrt im Cabrio-Bus führt in einer Stunde an den wichtigsten Sehenswürdigkeiten und Orientierungspunkten der Stadt vorbei (mehrsprachige Erläuterungen bieten Hintergrundinformationen). Die Busse fahren im Stundentakt an der Piazza Yenne ab.

Feste & Events

Im Februar feiert Cagliari den Karneval mit einem großen Festprogramm. Zu Ostern zieht dann in der Karwoche eine Prozession von Kapuzenträgern zum Dom in die Festungsstadt Il Castello hinauf.

EIN STRAND IN DER STADT

Eine kurze Busfahrt (Linien PF oder PQ) führt von der Piazza Matteotti zum fantastischen Stadtstrand **Poetto**, der sich 6 km weit entlang des grünen Promontorio , di Sant'Elia erstreckt. Die Einheimischen nennen ihn liebevoll **Sella del Diavola** ("Teufelssattel"). Im Sommer kommt die Stadtjugend in Scharen hierher, um tagsüber im Sand zu liegen und bei Nacht in den zahlreichen Restaurants, Bars und Diskos am Strand zu feiern.

Wassersport ist ein großes Thema am Stadtstrand; in den Strandclubs werden u. a. Kanus verliehen. An der Marina Piccola bietet der **Windsurfing Club Cagliari** (📞070 37 26 94; www.windsurfingclubcagliari.org; Viale Marina Piccola) unterschiedliche Kurse an. Ein Surfkurs mit sechs Unterrichtsstunden kostet 160 €, ein dreistündiger Einführungskurs im Surfen/Stehpaddeln kann für 60 € gebucht werden.

Festa di Sant'Efisio
RELIGIÖSES FEST

Im Zeitraum vom 1. bis 4. Mai dreht sich alljährlich alles um den Schutzheiligen von Sardinien. Am ersten Tag wird eine Statue des Heiligen auf einem Ochsenkarren durch die Stadt gezogen. Die Teilnehmer der Prozession tragen zum Teil recht ausgefallene Kostüme.

🛏 Schlafen

★ Il Cagliarese
B&B €

(📞339 654 40 83; www.ilcagliarese.it; Via Vittorio Porcile 19; EZ 45–70 €, DZ 60–90 €; ❄🛜) Das wunderbar behagliche und heimelige B&B liegt direkt im Herzen des Hafenviertels Marina; die vom maritimen Thema inspirierten Räume sind in kühlen Schattierungen von Blau und Weiß eingerichtet. Mauro führt das Haus mit großer Leidenschaft, gibt wertvolle Tipps für lohnenswerte Besichtigungen. Er improvisiert von Fall zu Fall für seine Gäste legendäre Frühstücksvariationen mit heimischen *salumi* und Käsesorten, frischem Obst und leckerem hausgemachtem Kuchen.

La Peonia
B&B €

(📞070 51 31 64; www.lapeonia.com; Via Riva Villasanta 77; EZ 50–65 €, DZ 72–90 €; ❄🛜) Antonello und Vanna sind die freundlichen Gastgeber dieser stimmungsvollen klassizistischen Herberge, die rund 3 km nordöstlich des Stadtzentrums liegt. Die recht geschmackvolle Einrichtung der Räume im Stil der Jahrhundertwende mit polierten Holzmöbeln, Antiquitäten und Familienerbstücken bildet einen starken Kontrast zu den eleganten einfarbigen Bädern. Busse der Linie M halten vor dem B&B.

Hostel Marina
HOSTEL €

(📞070 67 08 18; www.hostelmarinacagliari.it; Scalette S Sepolcro; B/EZ/DZ/4BZ 22/40/60/100 €; ❄🛜) Das Hostel wurde in einem wunderschön umgestalteten Kloster aus dem 16. Jh. eingerichtet; der Charme der Vergangenheit ist überall zu spüren. Viele der gut gepflegten Schlafsäle bieten einen schönen Blick über die Stadt. Im Übernachtungspreis ist ein sehr einfaches Frühstück enthalten.

Marina di Castello
B&B €

(📞070 28 90 477; www.bedandbreakfast cagliaricity.it; Via Roma 75a; DZ 80–110 €; ❄🛜) In diesem fröhlichen B&B sorgt Sabrina für Behaglichkeit; es ist in einem Palazzo (Herrenhaus) an der Hauptpromenade von Cagliari untergebracht. Die Zimmer sind geschmackvoll mit viel Silber-, Bronze- und Goldakzenten dekoriert; freiliegendes Mauerwerk, Kunstgegenstände und üppige Stoffe lassen es wie ein Boutiquehotel wirken. Die Dachterrasse mit Blick auf den Hafen ist ein entspannender Ort für einen Kaffee am Nachmittag oder einen Drink zum Sonnenuntergang.

La Ghirlanda
B&B €

(📞070 20 40 610; www.laghirlandacagliari.it; Via Baylle 7; EZ 48–60 €, DZ 75–95 €, 3BZ 100–120 €; ❄🛜) Die Antiquitäten, Fresken und hohen Decken der Räume versetzen die Gäste des schönen Stadthauses im Hafenviertel ins 18. Jh. zurück.

T Hotel
HOTEL €€

(📞070 4 74 00; www.thotel.it; Via dei Giudicati 66; EZ114–134€,DZ134–209€,Suite249€; 🅿❄🛜🛗♿) Der Hotelbau aus Stahl und Glas ist nicht zu verfehlen und fügt dem Stadtbild einen modernen Akzent hinzu. Die Zimmer zeigen

DAS BESTE AUF DIE SCHNELLE

Le Patate & Co (Scalette Santo Sepulcro 1; Pommes frites 2,50 €; ⏱11.30–15 & 18–24 Uhr, Do Abend geschl.) Antonio stellt die besten Pommes frites der Stadt her – sie werden in Olivenöl knusprig frittiert und sind nicht zu salzig.

Isola del Gelato (Piazza Yenne 35; Eiscreme 1,50–4 €; ⏱Mi–Mo 7–2 Uhr) Sehr beliebte Eisdiele. Andere eisige Genüsse wie *Semifreddo* (Halbgefrorenes) und Sorbet sind ebenfalls zu haben.

Gocce di Gelato e Cioccolato (Piazza del Carmine 21; Eiscreme & Desserts 2–5 €; ⏱Winter 12–22 Uhr, Sommer bis 1 Uhr) Himmlische handgemachte *gelati*, Desserts (besonders gut: Blätterteiggebäck), Pralinen mit Gewürzen und Trüffel.

Locanda Caddeo (Via Sassari 75; Snacks 2,50–7 €; ⏱tgl.) Eleganter Treffpunkt im Stil einer Galerie: gute Adresse für Focaccia, Pizza und frische Salate.

I Sapori dell'Isola (Via Sardegna 50; ⏱9.30–21 Uhr) Freundliches Feinkostgeschäft mit gutem sardischen Brot, Gebäck, Salami, Käse, *bottarga* (getrockneter Meeräschenrogen), Olivenöl, Wein und anderen Spezialitäten.

einen linearen, modernen Stil, die Wellness-Einrichtungen garantieren Entspannung bei Thalasso-Anwendungen. Das Hotel liegt nordöstlich vom Castello und ist von dort in 15 Minuten zu Fuß gut zu erreichen.

 ## Essen

Besonders gute Gelegenheiten zum Einkehren finden sich im Hafenviertel, an der Via Sassari und am Corso Vittorio Emanuele. Von November bis März (Muschelsaison) gibt es an den *chioschi* (Kiosken) am Poetto fangfrische Seeigel und Miesmuscheln.

Il Fantasma PIZZERIA €
(☏070 65 67 49; Via San Domenico 94; Pizzas 3–10 €; ⏱Mo–Sa) Nur fünf Gehminuten östlich der Piazza Martiri gibt es die beste Pizza von Cagliari! In der fröhlichen Pizzeria bewegen sich freundliche Kellner geschickt durch einen gedrängt vollen Raum mit Tonnengewölben und servieren knusprig heiße Pizzas direkt aus dem Holzofen. Wer nicht reserviert hat, muss sich hier auf Wartezeiten einstellen.

Trattoria Gennargentu SARDISCH €
(☏070 65 82 47; Via Sardegna 60; Gerichte 20–25 €; ⏱Winter So geschl.) Die Tische dieser schlichten Trattoria sind schnell besetzt, denn hier werden ausgezeichnete Fischgerichte serviert. Besonders gut sind Spaghetti mit Venusmuscheln, *bottarga* (geräucherter Rogen der Meeräsche) oder *tonno alla carlofortina* (Thunfisch, der kalt mit einer milden Tomaten- und Zwiebelsauce serviert wird).

⭐ **St Remy** SARDISCH €€
(☏070 65 73 77; www.stremy.it; Via Torino 16; Gerichte 25–35 €; ⏱Mo–Fr 13–15 & 19–22.30, Sa 19–22.30 Uhr) In einer Seitenstraße verbirgt sich das St Remy, dessen weiß gekalkter Innenraum mit Deckengewölbe und Steinbögen eine intime Stimmung bewahrt. Sardische Gerichte werden kreativ variiert, die Speisekarte zeigt hausgemachte Pastagerichte, denen als Hauptgang z. B. Petersfisch in einer Weißweinsauce mit schwarzen Oliven folgt. Alles wird sorgfältig zubereitet und extravagant angerichtet.

Per Bacco SARDISCH €€
(☏070 65 16 67; www.enoperbacco.it; Via Santa Restituta 72; Gerichte 25–35 €; ⏱Mo–Sa 8.30–23 Uhr) In einer Gasse des Viertels Stampace verbirgt sich diese freundliche, einfach gehaltene Entdeckung mit Steinwänden und eng stehenden Tischen. In einfachen Gerichten lässt Chefköchin Sabrina die Zutaten der Saison unverfälscht zur Geltung kommen. Ein guter Einstieg sind Antipasti wie *bottarga* (getrockneter Meeräschenrogen) *di Cabras* mit Artischocken, danach kann als erster Hauptgang (*primo*) z. B. *lorighittas ai ricci* (ringförmige sardische Pasta mit Seeigeln) und als zweiter Hauptgang (*secondo*) vielleicht Seebrasse mit Safran folgen.

Antica Cagliari SARDISCH €€
(☏070 73 40 198; www.anticacagliari.it; Via Sardegna 49; Gerichte 25–40 €; ⏱Mi–Mo) Das Restaurant unter mächtigen Deckenbalken hebt sich von den meisten anderen des Hafenviertels deutlich ab, und es hat immer viele Gäste. Besonders gut sind sardische

Gerichte wie *fregola* (sardische Pasta aus Hartweizengrieß) mit Meeresfrüchten oder anderem Fisch, der gerade frisch verfügbar ist. Wer an einem der wenigen Tische auf der Straßenterrasse sitzen möchte, sollte im Voraus reservieren.

Ristorante Ammentos
SARDISCH €€

(070 65 10 75; Via Sassari 120; Gerichte 20–30 €; Mi–Mo) Die allerseits beliebte Trattoria serviert in bäuerlichem Ambiente authentische sardische Gerichte. *Culurgiones* (Ravioli) in Tomatensauce mit vielen Kräutern sind eine köstliche Überleitung zu saftigen Fleischgerichten vom Wildschwein oder Zicklein.

Ausgehen & Nachtleben

An warmen Abenden verwandelt sich die Piazza Yenne in einen einzigen großen Biergarten – ein belebter Ort zur Einstimmung aufs Nachtleben.

Antico Caffè
CAFÉ

(www.anticocaffe1855.it; Piazza Costituzione 10; 7–2 Uhr) D. H. Lawrence und Grazia Deledda besuchten einst das ehrwürdige alte Café, das 1855 eröffnet wurde. Hier treffen sich Einheimische gern zum geruhsamen Plaudern bei Kaffeespezialitäten und gehaltvollen Crêpes.

Inu
WEINBAR

(Via Sassari 50; Mo–Sa 19–1 Uhr) In dieser modernen *enoteca* mit hohen Räumen werden die Gäste schnell zu Kennern sardischer Weine. Der Cannonau (Rotwein) mit Beeren- und Holznoten und der fruchtig-mineralische Vermentino (Weißwein) werden in Begleitung von leckeren Probiertellern mit heimischen *salumi* und Käse in Spitzenqualität gereicht.

Caffè Librarium Nostrum
BAR

(Via Santa Croce 33; Di–So 7.30–2 Uhr) Die modische Bar bietet Plätze mit Panoramablick hoch oben auf den mittelalterlichen Befestigungswällen des Castello. Im Innenraum mit rohen Ziegelsteinwänden ist gelegentlich Livemusik zu hören.

Caffè degli Spiriti
BAR

(Bastione San Remy; 10–3 Uhr) Die elegante Bar an der Bastione San Remy schwingt in einem gedämpften Rhythmus und bietet einen phänomenalen Blick über die Dächer der Stadt – ein schöner Ort, um sich in den Anblick des Sonnenuntergangs zu vertiefen.

Il Merlo Parlante
KNEIPE

(Via Portoscalas 69; Di–So) Die populäre Studentenkneipe in einer schmalen Gasse abseits des Corso Vittorio Emanuele versorgt ein junges internationales Publikum mit Lager und Rock.

Emerson
CLUB

(www.emersoncafe.it; Viale Poetto 4) Auf der Höhe der vierten Bushaltestelle am Strand Poetto befindet sich dieser recht protzige Strandclub, zu dem auch eine Cocktailbar und ein Restaurant gehören. Eine ganz gute Adresse für einen Drink in der Abenddämmerung; gelegentlich ist auch Livemusik zu hören.

Unterhaltung

Das Nachtleben spielt sich in den Bars und Cafés von Cagliari ab, im Sommer verlagert sich das Geschehen an den Strand von Poetto. Informationen über kulturelle Veranstaltungen findet man bei der Touristeninformation oder in der örtlichen Zeitung *L'Unione Sarda.* Der aktuelle Veranstaltungskalender wird im Internet unter www.sardegnaconcerti.com (auf Italienisch) veröffentlicht.

Teatro Lirico
THEATER

(070 408 22 30; www.teatroliricodicagliari. it; Via Sant'Alenixedda) Die führende Bühne Cagliaris für klassische Musik, Oper und Ballett liegt östlich des Castello und ist von dort in 15 Minuten zu erreichen.

Shoppen

Zahlreiche Boutiquen und Designermarken findet man an der Via Roma und in der von Nobelgeschäften gesäumten Via Giuseppe Garibaldi. Im Hafenviertel finden sich einige Kunsthandwerks- und Spezialitätengeschäfte.

Durke
SÜSSIGKEITEN, GEBÄCK & KUCHEN

(Via Napoli 66; Mo–Sa 10.30–13.30 & 16.30–20 Uhr) Eine Schatzhöhle voller sardischer Süßigkeiten und Kuchen, die alle nach traditionellen Rezepten zubereitet werden. Manche der besten Sorten werden ausschließlich aus Zucker, Eischnee und Mandeln gemacht.

Sapori di Sardegna
ESSEN

(Vico dei Mille 1; 9.30–21 Uhr) In dem luftigen Warenhaus im Hafenviertel wählen die Kunden zwischen edlem Pecorino, Salami, *bottarga,* Brot, Wein und hübsch verpackten *dolci* (Süßigkeiten).

Loredana Mandas
SCHMUCK

(Via Sicilia 31; ⊙ Mo–Sa 9.30–13 & 16.30–20 Uhr)
In diesem Schmuckatelier wird der feine
Goldfiligranschmuck verkauft, für das Sardinien berühmt ist.

Mercato di San Benedetto
MARKT

(Via San Francesco Cocco Ortu; ⊙ Mo–Sa 7–
14 Uhr) Meerestiere, Salami, Pecorino-
Laibe in Wagenradgröße, Pferdesteaks – das
alles und mehr gibt es auf dem Morgen-
markt in Villanova, östlich des Castello gelegen und in zehn bis 15 Gehminuten von
dort zu erreichen.

ⓘ Praktische Informationen

Überall in Cagliari gibt es Zonen mit kostenlosem WLAN, für das Einloggen braucht man
allerdings eine italienische SIM-Card, um das
Passwort per Handy abrufen zu können.

Banken und Geldautomaten finden sich überall, vor allem in der Hafen- und Bahnhofsgegend
sowie an der Piazza del Carmine und am Corso
Vittorio Emanuele.

Guardia Medica (☎ 070 52 24 58; Via Talete)
Ärztlicher Notdienst.

Lamarù (Via Napoli 43; pro Std. 3 €; ⊙ Mo–Sa
8.30–21 Uhr) Schnelle Internet- und WLAN-
Verbindungen.

Hauptpost (Piazza del Carmine 27; ⊙ Mo–Fr
8–18.50, Sa 8–13.15 Uhr)

Touristeninformation (☎ 070 409 23 06;
Palazzo Viceregio, Piazza Palazzo; ⊙ 10–
19 Uhr) Der erste Weg nach der Ankunft in Cagliari sollte hierher führen. Erste Informationen
über die Stadt und die umliegende Provinz.

InfoPoint Porto (☎ 338 649 84 98; www.cagli
ariturismo.it; Molo Sanità, Stazione Marittima;
⊙ Mo–Fr 8–15 Uhr) In diesem Kiosk am Hafen
sind nützliche Stadtpläne und weiteres Material
über die Stadt erhältlich.

ⓘ An- & Weiterreise

AUTO & MOTORRAD

Die wichtigste Schnellstraße der Insel, die SS131
Carlo Felice, verbindet die Hauptstadt mit Porto
Torres via Oristano und Sassari sowie mit Olbia
via Nuoro. Die Schnellstraße SS130 führt in
westlicher Richtung nach Iglesias.

BUS

Ab dem Hauptbusbahnhof von Cagliari an der
Piazza Matteotti betreibt **Turmo Travel** (☎ 0789
2 14 87; www.gruppoturmotravel.com) zweimal
täglich eine Busverbindung nach Olbia (19 €,
4¼ Std.) und eine tägliche Busverbindung nach
Santa Teresa di Gallura (22,50 €, 5½ Std.).
Busse von **ARST** (S. 941) steuern die folgenden
Fahrziele an:

REISEZIEL	FAHR-PREIS (€)	FAHRZEIT (STD.)	HÄUFIGKEIT
Chia	4	1¼	10-mal tgl.
Iglesias	4,50	1–1½	2-mal tgl.
Nuoro	15,50	2½–5	2-mal tgl.
Oristano	7	1½	2-mal tgl.
Pula	3	¾	stündl.
Sassari	14,50	3¼	3-mal tgl.
Villasimius	3,50	1½	6–8-mal tgl.

FLUGZEUG

Der Flughafen **Cagliari-Elmas** (☎ 070 21 12 11;
www.cagliariairport.it) liegt 9 km nordwestlich
des Stadtzentrums. Es gibt zahlreiche Flüge
hinüber zum italienischen Festland und in viele
europäische Großstädte. In den Sommermonaten kommen noch zahlreiche Charterflüge zum
Angebot hinzu.

SCHIFF/FÄHRE

Der Fährhafen Cagliari befindet sich bei der Via
Roma. Das größte Fährunternehmen, **Tirrenia**
(☎ 892 123; www.tirrenia.it; Via del Ponente 1),
betreibt ganzjährig Fähren nach Civitavecchia,
Neapel, Palermo und Trapani. Die Tickets sind
entweder im Hafen oder bei den Reisebüros
erhältlich.

ZUG

Der Hauptbahnhof von Trenitalia (S. 941) liegt
an der Piazza Matteotti. Die Züge steuern die
folgenden Fahrziele an:

REISEZIEL	FAHR-PREIS (€)	FAHRZEIT (STD.)	HÄUFIGKEIT
Carbonia	4,50	1	7-mal tgl.
Golfo Aranci	18	5–7	5-mal tgl.
Iglesias	3,85	1	16-mal tgl.
Olbia	17	4	5-mal tgl.
Oristano	6	1–2	15-mal tgl.
Porto Torres	17	4¼	1-mal tgl.
Sassari	15,75	3¾	5-mal tgl.

ⓘ Unterwegs vor Ort

AUTO & MOTORRAD

Das Parken in den blauen Zonen kostet 1 € pro
Stunde. Als Alternative bietet sich der günstig
gelegene Parkplatz beim Bahnhof an (24 Std.
10 €). Bei **CIA Rent a Car** (☎ 070 65 65 03;
www.rentcagliari.com; Via S Agostino 13)

werden Fahrräder, Autos und Motorroller ab 10/29/30 € pro Tag verliehen.

BUS

Die Busse von **CTM** (☎ 070 209 12 10; www. ctmcagliari.it) befahren Strecken sowohl im Stadtgebiet als auch im Umland. Eine einfache Fahrt kostet 1,20 € und ist 90 Minuten gültig; ein Tagesticket kostet 3 €.

VOM/ZUM FLUGHAFEN

Busse fahren von der Piazza Matteotti zum Flughafen Elmas (4 €, 10 Min., 32-mal tgl.) und zwar ab 5.20 bis 22.30 Uhr. Zwischen 9 und 22.30 Uhr fahren die Busse zur vollen und halben Stunde ab. Eine Taxifahrt für die gleiche Strecke kostet rund 25 €.

TAXI

Taxistände befinden sich an der Piazza Matteotti, Piazza della Repubblica und am Largo Carlo Felice. Telefonisch kann ein Taxi bei **Quattro Mori** (☎ 070 400 101) oder **Rossoblù** (☎ 070 66 55) gerufen werden.

RUND UM CAGLIARI

Im Osten und Norden von Cagliari liegt das einsame Küstengebiet Sarrabus, eine der am wenigsten erschlossenen Regionen Sardiniens. Im Zentrum des Hinterlands erheben sich die rauen, grünen Gipfel der Monte dei Sette Fratelli („Die Sieben wilden Brüder"). Östlich von Poetto verläuft die SP17 auf der Strecke nach Villasimius und weiter nördlich entlang der Costa Rei durch eine wunderschöne Landschaft, aber für manch einen bedenklich nahe am Wasser entlang.

Wenige Kilometer vor Villasimius biegt eine Straße scharf nach Süden ab; sie führt zur südöstlichsten Spitze Sardiniens, dem **Capo Carbonara**. Auf der westlichen Seite der Halbinsel befinden sich eine Marina und die Ruine eines spanischen Wachturms, die **Fortezza Vecchia**. Im Süden lädt der schöne Sandstrand **Spiaggia del Riso** zum Baden ein. Östlich liegt die Lagune **Stagno Notteri**, in der sich im Winter auch Flamingos aufhalten. Seewärts liegt ein weiterer Traumstrand, die **Spiaggia del Simius** an einem karibisch blauen Meer.

FÄHRVERBINDUNGEN NACH SARDINIEN

Die folgende Tabelle nennt die Preise für eine einfache Fahrt 2. Klasse in der Hauptsaison mit Liegestuhl (*poltrona*) und einem Kleinwagen. Kinder zwischen vier und zwölf Jahren zahlen in der Regel die Hälfte, Kinder unter vier Jahren fahren gratis mit. Die meisten Fährunternehmen bieten bei frühzeitigen Reservierungen und Online-Buchungen Ermäßigungen an – es lohnt sich, darauf zu achten.

START	REISEZIEL	FAHR-PREIS (€)	AUTO (€)	FAHRZEIT (STD.)
Bonifacio	Santa Teresa di Gallura	22	32	1
Civitavecchia	Arbatax	49	104	10½
Civitavecchia	Cagliari	58	120	14½
Civitavecchia	Olbia	32	80	4½–10
Civitavecchia	Golfo Aranci	78	100	5½
Genua	Arbatax	96	157	19
Genua	Olbia	80	85	11
Genua	Porto Torres*	68	116	10
Livorno	Golfo Aranci*	83–117	21–90	6
Livorno	Olbia	45	65	8
Marseille	Porto Torres	93	121	15–17
Neapel	Cagliari	47	108	16¼
Palermo	Cagliari	70	82	14½
Piombino	Olbia	40	46	5
Trapani	Cagliari	75	87	11

* Express-Fähren

TRENINO VERDE

Wer etwas Zeit mitbringt, kann das raue Herz Sardiniens auf eine langsame und nostalgische Weise kennenlernen. Die Schmalspurbahn **Trenino Verde** (☑ 070 58 02 46; www.treninoverde.com) befährt vier Strecken: Mandas–Arbatax (5¼ Std., Hin-/Rückfahrt 20/28 €), Mandas–Isili–Sorgono (3½ Std., Hin-/Rückfahrt 15,50/21,50 €), Macomer–Bosa (2 Std., Hin-/Rückfahrt 11,50/16,50 €) und Sassari–Tempo–Palau (4¼ Std., Hin-/Rückfahrt 20/28 €). Die kurvenreiche Strecke Mandas–Arbatax ist besonders spektakulär: Sie durchquert das abgelegene Hochland des Parco Nazionale del Golfo di Orosei e del Gennargentu.

Vom Bahnhof an der Piazza Repubblica in Cagliari nimmt man zunächst die Metro nach Monserrato, von dort fahren Anschlusszüge nach Mandas. Der Trenino Verde ist von Mitte Juni bis Anfang September unterwegs.

Villasimius

Villasimius ist ein unbeschwerter Sommerferienort und Ausgangspunkt für Fahrten zu unglaublich feinsandigen Buchten, die sich die Küste entlang reihen. Am Porto Turistico, 3 km außerhalb der Stadt gelegen, werden Bootsausflüge (ca. 65 € pro Pers.) und Tauchfahrten (ab 36 €) zu nahen Riffs und Schiffswracks angeboten.

Von Mai bis September strömen Urlaubsgäste von überallher auf den Campingplatz **Spiaggia del Riso** (☑ 070 79 10 52; www.vilgiospiaggiadelriso.it; Via Degli Aranci 2; Camping 2 Pers., Auto & Zelt 21–42 €, 4-Bett-Bungalows 80–160 €; 🐾) in der Nähe des Porto Turistico. Der Platz ist hervorragend ausgestattet, im Sommer allerdings extrem überfüllt.

Von einem friedlichen Park umgeben ist das anziehende **Hotel Mariposas** (☑ 070 79 00 84; www.hotelmariposas.it; Viale Matteotti; EZ 72–136 €, DZ 92–186 €, FZ 112–206 €; P❄☎ 🏊🐾), es liegt nur ein paar Gehminuten vom Strand entfernt.

Unter freiem Himmel werden sardische Klassiker wie *burrida* (Katzenhai in Essigmarinade) und Spaghetti mit *ricci* (Seeigel) im **Ristorante Le Anforè** (☑ 070 79 20 32; www.hotelleanfore.com; Via Pallaresus 16; Gerichte 30 €; ⊙ Abendessen Di–So) serviert.

Ganzjährig fahren ARST-Busse von und nach Cagliari (3,50 €, 1½ Std., 6–8 tgl.).

Costa Rei

Von Villasimius führt die SP17 die Küste hinauf zur Costa Rei. Etwa 25 km außerhalb von Villasimius liegt **Cala Sinzias**, ein hübscher Sandstrand mit zwei Campingplätzen. Rund 6 km weiter nördlich folgt das Feriendorf Costa Rei mit Wohnungen, Läden, Bars, Clubs und ein paar mittelmäßigen Restaurants. Die **Spiaggia Costa Rei** ist ein blendend weißer Sandstrand mit geradezu unwahrscheinlich klarem, blaugrünem Wasser.

Beim südlichen Eingang des Feriendorfes liegt **Camping Capo Ferrato** (☑ 070 99 10 12; www.campingcapoferrato.it; Via Cilea 98; 2 Pers., Auto & Zelt 16–37,50 €; ⊙ April–Okt.), ein einladender Campingplatz mit direktem Zugang zum Strand; geöffnet ist die Anlage von Mai bis Oktober.

Im Norden der Feriensiedlung nimmt die **Spiaggia Piscina Rei** das Thema blendend weißer Sand und türkisblaues Wasser wieder auf. Weitere Strände folgen entlang der Küste bis **Capo Ferrato**, dahinter führen befahrbare, aber unbefestigte Straßen weiter nach Norden.

Nora & Umgebung

Rund 30 km südwestlich von Cagliari befindet sich die Ausgrabungsstätte der einst mächtigen antiken Stadt **Nora** (Erw./erm. 5,50/4 €; ⊙ Sommer 9–20 Uhr, Winter bis 17.30 Uhr). Bereits im 11. Jh. v. Chr. gründeten die Phönizier die Stadt, die an die Karthager und später an die Römer fiel. Unter römischer Herrschaft entwickelte sie sich zu einer der bedeutendsten Städte der Insel. Beim Betreten des Ausgrabungsgeländes fallen zunächst eine einzelne melancholische **Tempelsäule** und dann ein kleines, aber wunderschön konserviertes römisches **Theater** auf. In westlicher Richtung liegen die eindrucksvollen Überreste der **Terme al Mare** (Bäder am Meer). Vier Säulen bilden den Mittelpunkt einer patrizischen Villa, die dekorativen Mosaikfußböden der angrenzenden Räume blieben erhalten.

Im nahe gelegenen **Pula** zeigt das nur aus einem Saal bestehende **Museo Archeologico** (Corso Vittorio Emanuele 67; Erw./erm. 2,50/ 2 €, inkl. Nora 7,50/4,50 €; ⊘ Sommer Di–So 9– 20 Uhr, Winter Di–So 9–17.30 Uhr) Funde aus Nora. Zu sehen sind Keramiken aus punischen und römischen Gräbern, Schmuckstücke aus Gold und Knochen, römische Glasgegenstände u. Ä. Zum Zeitpunkt der Recherchen war das Museum wegen Renovierung geschlossen.

Die Hotelunterkünfte an diesem Teil der Küste sind in der Regel teuer, es gibt aber auch einige günstige, unabhängig geführte Hotels. Nahe am Fluss und mitten im Stadtkern befindet sich das **Marin Hotel** (☑ 070 920 80 59; www.marinhotel.it; Viale Segni 58; EZ 65–90 €, DZ 80–150 €, 3BZ 120–180 €, 4BZ140–220 €; P ❀ 🛜 ♿) mit hellen, großzügig bemessenen Zimmern, einer warmen, mediterranen Farbgestaltung sowie Balkonen oder Terrassen.

Im **B&B Fiore** (☑ 070 924 60 10; www. bedandbreakfastfiore.it; SS195 km31; DZ 60–100 €; P ❀ 🛜) ist man bei der bezaubernden, hilfsbereiten Fiorenza zu Gast. Das Haus liegt behaglich inmitten von Obst-, Palmen- und Zitrusbäumen 2 km südlich der Stadt. Die hellen Zimmer öffnen sich auf Verandas; die Gäste können in Hängematten im Garten oder am hellen Strand von Porto d'Agumu entspannen, der 800 m entfernt ist.

Weitere Informationen über Pula und das Umland halten die hilfreichen Mitarbeiter der **Touristeninformation** (☑ 347 237 78 42; Piazza del Popolo; ⊘ Mo–Sa 9.30–12.30 & 16.30–19.30 Uhr) bereit; man findet sie nahe bei der Piazza del Popolo, dem Mittelpunkt der Stadt.

Von Pula führt die SS195 an der Küste entlang nach **Chia** und folgt der schönen Costa del Sud (Südküste). Einen Blick aufs Meer genießt allerdings nur derjenige, der in einem der Ferienhotels an der Küste wohnt.

Regelmäßige Busverbindungen bestehen zwischen Pula und Cagliari (3 €, 45 Min.). Von Pula fahren regelmäßig Shuttlebusse in das 4 km entfernte antike Nora (1,20 €).

Costa del Sud & Umgebung

Sie zählt zu den schönsten Küstenabschnitten im südlichen Sardinien: Die 25 km lange Costa del Sud verbindet **Chia** und **Porto Teulada**. Die beiden bildschönen Strände von Chia sind bei Wind- und Kitesurfern beliebt; oberhalb der goldgelben Sandstreifen erhebt sich ein mittelalterlicher Wachturm. 3 km entfernt befindet sich bei **Tueredda** ein weiterer herrlicher Strand. Die Straße führt weiter zu einem Aussichtspunkt hoch oben am **Capo Malfatano**, von dem aus sich ein wunderschöner Rundblick bietet.

Günstige Unterkünfte findet man auf den beiden Campingplätzen am jeweiligen Ende dieses Küstenabschnitts – die Gegend eignet sich hervorragend zum Zelten. In Chia liegt der **Campeggio Torre Chia** (☑ 070 923 00 54; www.campeggiotorrechia.it; Camping 2 Pers., Auto & Zelt 36 €). Der Platz ist nur wenige hundert Meter vom Strand entfernt und entsprechend überlaufen. 25 km weiter westlich liegt der Zeltplatz **Portu Tramatzu Camping Comunale** (☑ 070 928 30 27; Camping 2 Pers., Auto & Zelt 29 €) mit schlichter Ausstattung, dafür aber einem Tauchzentrum auf dem eigenen Gelände bei Porto Teulada.

Etwa 20 km landeinwärts befinden sich **Le Grotte Is Zuddas** (www.grotteiszuddas.com; Loc Is Zuddas, Santadi; Erw./erm. 10/7 €; ⊘ 10– 12 & 15–17.30 Uhr) eine spektakuläre, weit verzweigte Tropfsteinhöhle, deren Kammern sich über 500 m ausdehnen und Höhlenbesucher in einen märchenhaften Wald von Stalagmiten und Stalaktiten entführen.

Zwischen Cagliari und Chia fahren Busse (4 €, 1¼ Std., 10-mal tgl.). Von Mitte Juni bis Mitte September befahren täglich zwei Busse die Costa del Sud.

IGLESIAS & DER SÜDWESTEN

Iglesias

27 552 EW.

Rund um die Stadt Iglesias liegen die gespenstischen Reste der ehemals blühenden Bergbauindustrie Sardiniens. Die historische Altstadt mit lebendigen Plätzen, verblichenen Fassaden und schmiedeeisernen Balkonen im aragonesischen Stil strahlt eine Atmosphäre aus, die gleichermaßen spanisch und sardisch ist. Das liegt daran, dass die Aragoneser hier im 15. Jh. das Sagen hatten. Wer Ostern in der Stadt verbringt, kann ungewöhnliche, von Trommelwirbeln begleitete Kar-Prozessionen miterleben wie sie sonst nur in Sevilla üblich sind.

Die Römer nannten den Ort Metalla – nach den kostbaren Blei- und Silbervorkommen vor Ort. Im 19. Jh. fanden Archäologen Bergbaugeräte aus der Zeit der Karthager.

 Sehenswertes

Centro Storico HISTORISCHE ALTSTADT

Mittelpunkt der Stadt ist die **Piazza Quintino Sella**, sie wurde im 19. Jh. auf einem Feld angelegt, das sich ursprünglich außerhalb der Stadtmauer befand. Nahe der Piazza führen verwitterte Stufen zu einem stämmigen Turm hinauf, dem einzigen Überrest des **Castello Salvaterra**. Die pisanische Festung entstand im 13. Jh. Ein erhalten gebliebenes Stück der nordwestlichen Stadtmauer verläuft entlang der Via Campidano.

Die Ostseite der Piazza del Municipio im Herzen des Centro Storico wird vom **Dom** (Piazza del Municipio) dominiert. Seine schöne Fassade im pisanischen Stil blieb ebenso wie der Glockenturm mit gestreiftem Mauerwerk original erhalten; das Innere ist zurzeit für Besichtigungen geschlossen.

Museo dell'Arte Mineraria MUSEUM

(www.museoartemineraria.it; Via Roma 47; Erw./erm. 4/2 €; ☉ Sommer Sa–So 18.30–20.30 Uhr, übrige Zeit nach Vereinbarung) Das sehenswerte Museum in einer ehemaligen Bergarbeiterschule dokumentiert die Geschichte des Bergbaus in Iglesias. Besucher können sich in mehreren nachgebauten Minenschächten eine lebendige Vorstellung von den harten Arbeitsbedingungen der Bergleute unter Tage machen.

🛏 Schlafen & Essen

B&B Mare Monti Miniere B&B €

(☎ 078 14 17 65; www.maremontiminiere-bb.it; Via Trento 10; EZ 35 €, DZ 50–60 €, 3BZ 80€; ❄ 🛜 🚲) Das heimelige B&B stellt die meisten preiswerten Unterkünfte im Ort in den Schatten – ein fantastischer Fund. Die Zimmer sind freundlich und tadellos gepflegt, dazu mit überraschenden Extras, z. B. DVD-Spielern und flauschigen Bademänteln, ausgestattet. Das Frühstück besteht aus einer großen Auswahl rein sardischer Erzeugnisse. Wer ein Fahrrad leihen oder die Küche nutzen möchte, braucht nur bei der freundlichen Familie nachzufragen, die das Haus mit großer Umsicht führt.

La Babbajola B&B B&B €

(☎ 347 614 46 21; www.lababbajola.it; Via Giordano 13; EZ 25–30 €, DZ 50–60 €; 🚲) Das gemütliche und heimelige B&B wird in einem prächtigen alten Stadthaus mitten im Centro Storico von der freundlichen Carla und ihrer Mutter betrieben. Zur Auswahl stehen ein Miniapartment und drei große Doppelzimmer, jedes davon hat einen Fußboden mit gemusterten alten Fliesen, leuchtende Farben und geschmackvoller Möblierung. Den Gästen stehen eine Küche und ein Fernsehzimmer zur Verfügung. Zwei der drei Doppelzimmer teilen sich ein Bad.

Gazebo Medioevale SARDISCH €€

(☎ 078 13 08 71; Via Musio 21; Gerichte 20–30 €; ☉ Mo–Sa) Mit seiner einfachen Einrichtung und lang gestreckten Ziegel- und Feldsteinbögen gibt sich das Gazebo Medievale bescheiden, dabei sind die angebotenen sardischen Gerichte stets frisch und authentisch und werden ansprechend präsentiert. Gerichte wie *Trofie*-Nudeln mit Thunfisch und Pesto sowie Couscous mit Meeresfrüchten treffen garantiert den Geschmack der Gäste.

ℹ An- & Weiterreise

Busse nach Cagliari (4,50 €, 1–1½ Std., 2-mal tgl.) halten und fahren an der Via XX Settembre ab. Fahrkarten gibt es in der **Bar Giardini** (Via Oristano 8) gegenüber vom Park. Der Bahnhof an der Via Garibaldi liegt 15 Gehminuten vom Stadtzentrum entfernt. Bis zu 16 Züge fahren täglich nach Cagliari (3,85 €, 1 Std., 16-mal tgl.).

Rund um Iglesias

An einer kurvenreichen Straße, 15 km nördlich von Iglesias (sie führt nach Fluminimaggiore), liegt der sandfarbene **Tempio di Antas** (Erw./erm. 3/2 €; ☉ Sommer 9.30–19.30 Uhr, Winter Di–So 9.30–16.30 Uhr), ein römischer Tempel in idyllischer Landschaft. Im 3. Jh. ließ der römische Kaiser Caracalla ihn an der Stelle eines punischen Heiligtums aus dem 6. Jh. v. Chr. erbauen; in noch älterer Zeit befand sich auf dem Gelände eine Siedlung der Nuragher. Unmittelbar beim Ticketbüro beginnt der markierte Wanderweg *Antica Strada Romana, Antas Su Mannau* zu den spärlichen Überresten dieser Siedlung. Von dort wandert man noch einmal 1½ Stunden zur **Grotta de Su Mannau** (www.sumannau.it; Erw./erm. 10/8 €; ☉ Sommer 9.30–18.30 Uhr, Winter bis 17.30 Uhr). Die bizarren Felsformationen der 8 km langen Höhle sind faszinierend.

10 km östlich von Iglesias liegt das unscheinbare Städtchen **Domusnovas** in-

mitten eines beliebten Klettergebiets, das zu den abwechslungsreichsten Sardiniens zählt. Das weite Land wird von Kalksteinfelsen, Klippen und Höhlen unterbrochen, hier finden Klettersportler ideale Bedingungen vor. Fachliche Detailinformationen bieten die Internetseiten www.climb-europe.com/sardinia und www.sardiniaclimb.com. 4 km nördlich der Stadt gelegen, bietet die 850 m lange **Grotta di San Giovanni** einen imposanten Anblick. Täglich verbinden acht Busse Iglesias und Domusnovas (1 €, 15 Min.).

Die Küste des Iglesiente

8 km westlich von Iglesias liegt der Strand von **Funtanamare** (auch: Fontanamare). Von Funtanamare führt die Küstenstraße SP83 in nördliche Richtung und bietet sensationelle Ausblicke auf ihrem kurven- und steigungsreichen Weg. Noch bevor man das 5,5 km entfernte **Nebida** erreicht, kommt der 133 m hohe **Scoglio Pan di Zucchero** (Zuckerhutfelsen), der größte von mehreren *faraglioni* (aus dem Meer aufragenden Felsen) in Sicht. Das kleine, ziemlich trostlose Städtchen **Nebida**, eine ehemalige Bergarbeiterstadt, liegt hoch über dem Meer. Am südlichen Eingang des lang gestreckten Ortes befindet sich die Pension **Pan di Zucchero** (☎ 0781 4 71 14; www.hotelpandizucchero.it; Via Centrale 365; EZ/DZ/3BZ 50/70/94 €, Halbpension pro Pers. 70 €), ein gemütlicher Familienbetrieb mit gepflegten, bescheiden eingerichteten Zimmern und einem Restaurant (Gerichte 30–35 €), das schöne Ausblicke bietet.

Wenige Kilometer nördlich liegt eine weitere (ehemalige) Bergarbeiterstadt: **Masua**. Von oben gesehen wirkt sie ziemlich unschön, ist aber nicht ohne Reiz. Hauptanziehungspunkt des Städtchens ist der einzigartige Bergwerkshafen **Porto Flavia** (☎ 0781 491 300; Erw./erm. 8/4,50 € ⊙ nach Vereinbarung). 1924 wurde ein 600 m langer Zwillingstunnel durch die Klippen zum offenen Meer getrieben. In der unteren der beiden Röhren transportierte ein Fließband Zink- und Bleierz aus den unterirdischen Lagerstätten. Mit einem technisch ausgeklügelten Schwenkarm wurde das Roherz auf die direkt darunter angelegten Schiffe verladen.

Örtliche Busse verkehren zwischen Iglesias und Masua mit Zwischenhalt in Nebida (2 €, 30 Min., 10-mal tgl.).

Hinter Masua liegt der schöne Sandstrand **Cala Domestica** (ausgeschildert ab der SP83) wie ein Keil in einem natürlichen Meeresarm. **Buggerru,** der größte Ort an diesem Küstenabschnitt, ist ebenfalls eine ehemalige Bergarbeitersiedlung.

Von Buggerru führt eine Straße einige Kilometer weit in großer Höhe an den Klippen entlang und senkt sich dann zur **Spiaggia Portixeddu** hinab, einem der schönsten Strände der Gegend. An seinem südlichen Ende befindet sich das **Ristorante San Nicolò** (☎ 0781 543 59; Pizzas/Gerichte 7/30 €; ⊙ 19.30–22 Uhr), wo Pizza und frischer Fisch zu bekommen sind.

Unterkünfte sind in dieser Gegend rar gesät. Das **Hotel Golfo del Leone** (☎ 0781 5 49 52; www.golfodelleone.it; Loc Portixeddu; EZ/DZ/3BZ/4BZ 58/90/120/142 €) besticht durch sonnige Zimmer mit Meerblick, der Strand liegt 1 km entfernt. Der Service des Hotels ist freundlich, hilfsbereite Mitarbeiter organisieren auf Wunsch der Gäste auch Reitausflüge. Im angrenzenden Restaurant wird recht gutes, ortstypisches Essen (25–30 € pro Pers.) serviert.

Im Binnenland gibt es mehrere Angebote für *agriturismo* (Agrotourismus, Urlaub auf dem Bauernhof), z. B. **Biologico Fighezia** (☎ 348 069 83 03; www.agriturismofighezia.it; Halbpension pro Pers. 55–60 €, B&B im Winter pro Pers. 35–40 €). Das Anwesen liegt in einer ruhigen Landschaft, die hüttenartigen Zimmer mit Blick ins Grüne sind mit Terrakottafliesen, massiven Holzmöbeln und eigenen Terrassen ausgestattet. Das Abendessen wird den Gästen an einer langen Tafel auf der Terrasse des Haupthauses serviert.

Carbonia & Umgebung

28 676 EW.

Viel entgeht einem nicht, wenn man einen Bogen um **Carbonia** macht. Die trostlose Stadt entstand unter Mussolini als Siedlung für Arbeiter des nahen Braunkohlebergwerks Sirai-Serbariu. In der Nähe gibt es jedoch Sehenswürdigkeiten, die einen Abstecher lohnen. Das **Museo del Carbone** (www.museodelcarbone.it; Erw./erm. 6/4 €; ⊙ Sommer tgl. 10–19 Uhr, Winter Di–So 10–17 Uhr) bietet dank einer interessanten Sammlung von Maschinen, Fotos und Gerätschaften sowie Führungen in klaustrophobisch engen Minenschächten ungeschönte Einblicke in das Arbeitsleben der Bergleute von Carbonia.

NICHT VERSÄUMEN

TOP 5: SPORTLICHE AKTIVITÄTEN

→ **Wandern** Im herrlichen Parco Nazionale del Golfo di Orosei e del Gennargentu (S. 976) sind aufregende Küsten- und Bergwanderungen möglich.

→ **Klettern** Paradiese für Klettersportler sind der Supramonte (S. 976), der Golfo di Orosei (S. 979), Ogliastra (S. 981) und Domusnovas. Informationen über Kletterrouten bietet der Kletterführer *Arrampicare a Cala Gonone* (18 €) von Profibergsteiger Corrado Conca (erhältlich in den örtlichen Buchläden); unter http://klimbingkorns.de/climbing-in-sardinia-updates-2012 ist auch Näheres über aktuelle Klettertouren nachzulesen. Der Kletterführer *Pietra di Luna* von Maurizio Oviglia bietet eine ausgezeichnete Einführung in den Klettersport auf Sardinien; 3600 sportlich anspruchsvolle Einseillängen-Routen sind darin beschrieben.

→ **Radfahren** Ogliastra bietet traumhafte Straßenrouten durch wunderschöne Landschaften sowie abenteuerliche Downhill-Strecken auf alten Eselspfaden. Im Lemon House (S. 981) hält Peter wertvolle Tipps bereit; hilfreich ist auch die Adresse www.mountainbikeogliastra.it (auf Italienisch).

→ **Tauchen** Von den wunderschönen, glasklaren Meerestiefen vor Sardinien träumt jeder Taucher. Die größte Unterwasserhöhle des Mittelmeers, die Grotta Nereo, liegt bei Alghero. Ein recht spektakuläres Tauchrevier ist auch der Parco Nazionale dell'Arcipelago di La Maddalena (S. 973).

→ **Windsurfen** Beständige Winde wehen durch die Straße von Bonifacio zwischen Sardinien und Korsika und machen Porto Pollo zu einer Top-Location. Ein weiterer Hotspot ist Chia (S. 951).

Sant'Antioco & San Pietro

18 230 EW.

Die beiden Inseln liegen vor der südwestlichen Küste Sardiniens und haben einen ganz unterschiedlichen Charakter. Beliebte Sommerreiseziele sind sie beide, doch die Isola Sant'Antioco, die größere und stärker erschlossene der beiden, wirkt mit ihrer schroffen Felsensilhouette und einem unschönen Industriehafen auf den ersten Blick nicht gerade idyllisch. Mit pastellfarbenen Häusern und auf den Wellen tanzenden Fischerbooten entspricht die Isola di San Pietro, in nur einer halben Stunde Fahrzeit erreicht, viel eher dem Bild einer perfekten Ferieninsel.

◉ Sehenswertes & Aktivitäten

In Sant'Antioco ist die hoch gelegene Basilica di Sant'Antioco Martire (Piazza Parrocchia 22; ◷ Mo–Sa 9–12 & 15–18, So 10.30–11.15 & 15–18 Uhr) aus dem 5. Jh. besonders sehenswert. Die Kirche besitzt neben ihrer edlen Schlichtheit ein ausgedehntes System von schaurigen Katakomben (Führungen 3 €; ◷ 9–12 & 15–18 Uhr).

Am Ortsrand befindet sich das hervorragende Museo Archeologico (www.archeotur.

it; Eintritt 6/3,50 €; ◷ 9–19 Uhr) mit einer faszinierenden Sammlung archäologischer Fundstücke aus der Region.

Einladende Strände sind Maladroixa und Spiaggia Coa Quaddus an der Ostküste der Insel.

Am besten lässt sich die entspannte Atmosphäre von Carloforte, dem Hauptort der vorgelagerten Isola San Pietro, bei einem Bummel durch die Straßen genießen. Am Strand bieten mehrere Veranstalter Bootstouren zur Insel an (30 € pro Pers.). In Carloforte findet alljährlich an vier Tagen zwischen Ende Mai und Anfang Juni das Großereignis Girotonno (www.girotonno.org) statt. Dieses große Fest des Jahres ist dem traditionellen Thunfischfang gewidmet, den man auf der Insel *mattanza* nennt.

🛏 Schlafen

Hotel California   HOTEL €
(☎ 0781 85 44 70; www.hotelcaliforniacarloforte. com; Via Cavallera 15, Carloforte; EZ 50–60 €, DZ 70–100 €; ❄) Es taucht nicht an einem Wüsten-Highway auf – bei diesem Hotel handelt es sich vielmehr um ein charmantes (wenn auch schlichtes) Haus, in dem die Gäste einen freundlichen, familiären Empfang und geräumige, sonnendurchflutete Zimmer erwarten können. Das Hotel liegt in einer

Wohnstraße, nur ein paar Straßen von der Strandpromenade (*lungomare*) entfernt.

Hotel Moderno HOTEL €

(🖉0781 8 31 05; www.hotel-moderno-sant-antio co.it; Via Nazionale 82; EZ 55–60 €, DZ 92–100 €, 3BZ 132–132 €, 4BZ 132–142 €; ✳ 🛜 🅿) Das einladende Hotel an der Hauptstraße nach Sant'Antioco bietet angenehme Zimmer mit einer Farbgestaltung in Crème- und Lachstönen, die Betten sind groß und kuschelig. In einem Restaurant (April–Okt. geöffnet) wird eine Auswahl an heimischem Fisch serviert.

Essen

Thunfisch nimmt einen wichtigen Platz in der Regionalküche der Insel San Pietro ein; er erscheint auf vielen Speisekarten der Inselrestaurants (nur von Mai bis August).

Rubiu HAUSBRAUEREI, PIZZERIA €

(www.rubiubirra.it; Viale Trento 22, Sant'Antioco; Pizza 6,50–11 €; ⊙Mi–Mo 19–1 Uhr) Die moderne Hausbrauerei hat eine lässige Atmosphäre und eine große Auswahl von traditionell gebrauten Bieren. Dazu kommen köstliche Salate, Antipasti und Pizzas (wahlweise mit Basilikum- oder Safranboden) auf den Tisch, wie z. B. „Cabras" mit Mozzarella, frischen Tomaten und *bottarga di muggine* (Meeräschenrogen).

Osteria della Tonnara OSTERIA €€

(🖉0781 85 57 34; Corso Battellieri 36; Gerichte 35 €; ⊙Juni–Sept.) Die Osteria wird von der Thunfischkooperative der Isola San Pietro betrieben: Schon deshalb ist sie die beste Adresse, um *tonno alla carlofortina* (gebratenen Thunfisch mit Tomatensauce) zu probieren. Eine Reservierung ist notwendig. Kreditkarten werden nicht akzeptiert.

ℹ Praktische Informationen

Proloco Carloforte (🖉0781 85 40 09; www. prolococarloforte.it; Corso Tagliafico 2; ⊙Mo–Sa 10–13 & 17–20 Uhr) Eine praktische Quelle für Informationen zur Isola di San Pietro.

ℹ Anreise & Unterwegs vor Ort

Sant'Antioco ist über eine Brücke mit dem Festland verbunden und per Bus von Iglesias (3,50 €, 1¾ Std.) und Carbonia (2 €, 50 Min.) aus zu erreichen. Zur Isola San Pietro (Carloforte) fahren Fähren von **Saremar** (🖉0781 84 01 60; www.saremar.it; Piazza Italia 3, Sant'Antioco) von Portovesme (2,60/12,50 € pro Pers./Auto,

NICHT VERSÄUMEN

TOP 5: STRÄNDE

➡ **Spiaggia Piscinas** (S. 955)

➡ **Chia** (S. 951)

➡ **Spiaggia del Principe** (S. 971)

➡ **Is Aruttas** (S. 960)

➡ **Cala Mariolu** (S. 980)

40 Min., 17-mal tgl.) oder von Calasetta auf der Isola Sant'Antioco (2,30/12 € pro Pers./Auto, 30 Min., 9-mal tgl.).

Örtliche Busse fahren ins Umland von Sant'Antioco. Im Sommer gibt es auch auf der Insel San Pietro einige wenige Busverbindungen. Fahrkarten kosten 1,20 €.

Costa Verde

Vom Capo Pecora im Süden bis zum kleinen Ferienort Torre dei Corsari erstreckt sich eine der schönsten und ursprünglichsten Küsten, die Costa Verde (Grüne Küste). Es ist eine wilde, hinreißend schöne Landschaft mit spektakulären, unberührten Stränden.

Die beiden schönsten Strände der Küste erreicht man, indem man von Portixeddu landeinwärts auf der SS126 in Richtung Arbus fährt. Hinweisschilder weisen nach Gennamari, Bau und zur **Spiaggia Scivu**: Der goldgelbe Sandstrand wird von 70 m hohen Dünen begrenzt. 4 km von der Abzweigung nach Gennamari und Bau entfernt, erreicht man eine weitere Abzweigung zur Geisterstadt **Ingurtosu**, einer ehemaligen Bergbausiedlung. Folgt man dieser Straße, erreicht man die herrliche **Spiaggia Piscinas**, einen weiten, absolut unberührten Sandstrand, der wie ein Keil zwischen imposanten, wüstenartigen Dünen und dem wilden, tosenden Meer liegt. Vorsicht: Die Straße zum Strand ist auf mindestens 10 km unbefestigt.

Wer länger bleiben möchte, findet zwischen Montevecchio und Torre dei Corsari) eine hervorragende Unterkunft, den **Agriturismo L'Oasi del Cervo** (🖉347 301 13 18; www.oasidelcervo.com; Halbpension pro Pers. 43–60 €) – authentischer geht es nicht. Ein 2,5 km langer, von der SP65 abzweigender Feldweg führt zu einem landwirtschaftlichen Betrieb inmitten einer stillen, grünen Hügellandschaft. Die Zimmer sind sehr einfach gehalten, wofür aber die Lage und das

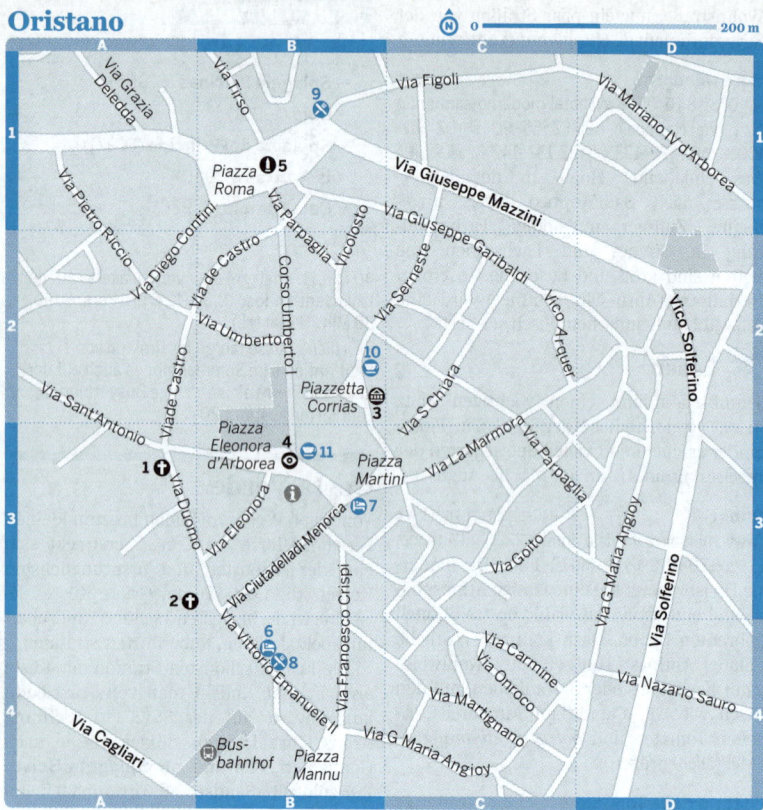

Oristano

◎ Sehenswertes

1 Chiesa di San Francesco A3
2 Dom...A3
3 Museo Antiquarium Arborense B2
4 Standbild der Eleonora B3
5 Torre di Mariano II B1

🛏 Schlafen

6 Duomo Albergo B4
7 Eleonora B&B B3

✖ Essen

8 Josto al Duomo B4
9 La Torre...B1

☻ Ausgehen & Nachtleben

10 Lola Mundo..B2
11 Pasticceria Eleonora B3

erstklassige Essen aus eigener Erzeugung
deutlich entschädigen.

Wer die Costa Verde näher erkunden will,
benötigt ein Auto. Im Juli und August fährt
allerdings auch täglich ein Bus von Oristano
nach Torre dei Corsari (4,50 €, 1½ Std.).

ORISTANO & DER WESTEN

Oristano

32 156 EW.

Elegante Einkaufsstraßen, prunkvolle Plätze
und beliebte Cafés machen das Stadtzentrum von Oristano zu einem anregenden
Ausgangspunkt für weitere Ausflüge in diesen Teil der Insel. Die Stadt wurde im 11. Jh.
gegründet und ist die Hauptstadt des Giudi-

cato d'Arborea, einer der vier unabhängigen Provinzen Sardiniens.

Eleonora d'Arborea, die streitbare Volksheldin der Sarden, kam 1383 als Richterin an die Spitze des *giudicato* und führte einen erbitterten Widerstand gegen die spanische Fremdherrschaft an. Doch mit ihrem Tod endete auch der Widerstand gegen die Spanier: Oristano fiel an das übrige, vom Königreich Aragón besetzte Sardinien. Das außergewöhnliche Gesetzeswerk von Eleonora d'Arborea, die *Carta di Logu*, ist bis heute fest im Gedächtnis der Sarden verankert. Es beinhaltete Land- und Eigentumsrechte und führte einen Katalog von Frauenrechten ein.

Sehenswertes

Torre di Mariano II   TURM
(Piazza Roma) Eines der wenigen Zeugnisse der mittelalterlichen Vergangenheit Oristanos ist das nördliche Stadttor aus dem 13. Jh., es war ein wichtiger Teil der Befestigungsmauern der Stadt. Von dort führt der Corso Umberto I, eine Fußgängerzone, zur Piazza Eleonora d'Arborea.

Standbild der Eleonora   PIAZZA
(Piazza Eleonora d'Arborea) Im Mittelpunkt der Piazza Eleonora d'Arborea, dem eleganten Freiluftwohnzimmer Oristanos, steht ein detailreiches Standbild von Eleonora aus dem 19. Jh., die einen Finger erhebt, als sei sie im Begriff, einen politischen Diskurs zu beginnen.

Chiesa di San Francesco   KIRCHE
(Via Sant'Antonio) Die klassizistische Kirche birgt eine Holzskulptur aus dem 14. Jh., das *Crocifisso di Nicodemo;* es gilt als eines der kostbarsten Holzbildwerke Sardiniens.

Duomo   DOM
(*Piazza del Duomo*) Der Dom wurde im 13. Jh. erbaut und im 18. Jh. umgestaltet. Der frei stehende Glockenturm (*campanile*) wird von einer auffallend exotischen Majolikakuppel gekrönt. Er verleiht der Stadtsilhouette von Oristano ein fast byzantinisches Erscheinungsbild.

Museo Antiquarium
Arborense   MUSEUM
(www.antiquariumarborense.it; Piazza Corrias; Erw./erm. 5/2,50 €; 9–20 Uhr) Das Museum besitzt eine der bedeutendsten archäologischen Sammlungen der Insel mit prähistorischen Fundstücken von der Halbinsel Sinis und Funden aus karthagischer und römischer Zeit, die bei Tharros freigelegt wurden. Dazu kommt eine kleine Sammlung von Retabeln (Altaraufsätzen), darunter eine dekorative Bilderfolge franziskanischer Heiliger, das sogenannte *Retablo del Santo Cristo* aus dem 12. Jh.

Feste & Events

Sa Sartiglia   RELIGIÖSES FEST
Der Karneval in Oristano, Sa Sartiglia, gehört zu den größten Festen Sardiniens. Zwei Tage lang, am Faschingssonntag und am *martedí grasso* (Faschingsdienstag), werden spektakuläre mittelalterliche Ritterturniere mit entsprechend kostümierten Reitern und verblüffenden akrobatischen Kunststücken hoch zu Ross veranstaltet.

Schlafen

Eleonora B&B   B&B €
(0783 7 04 35; www.eleonora-bed-and-break fast.com; Piazza Eleonora d'Arborea 12; EZ 35–60 €, DZ 60–75 €, 3BZ 75–95 €;) Dieses B&B ist wohl das charmanteste seiner Art in der Stadt. Das Eleonora ist in einem hübschen mittelalterlichen Herrenhaus (*palazzo*) an der zentralen Piazza von Oristano untergebracht. Die Zimmer sind recht geschmackvoll mit antiken Möbeln eingerichtet, die Fußböden mit prachtvollen alten Fliesen bedeckt.

Duomo Albergo   HOTEL €€
(0783 77 80 61; www.hotelduomo.net; Via Vittorio Emanuele 34; EZ 65–80 €, DZ 108–135 €;) Die Innenräume und die Außenansicht des Spitzenklassehotels von Oristano wirken raffiniert und auf zurückhaltende Art auch elegant. Hinter der vornehmen Fassade liegen geräumige Zimmer, die durch traditionelle Stoffe und unaufdringliche Weißtöne besänftigend wirken. Das Frühstück wird bei schönem Wetter im Innenhof serviert.

Essen & Ausgehen

La Torre   PIZZERIA €
(0783 30 14 94; Piazza Roma 52; Pizzas 4,50–10 €, Gerichte 20–25 €; Di–So) Von außen macht die Pizzeria nicht viel her, und drinnen ist es nicht besser. Zum Ausgleich wird hier die beste Pizza der Stadt serviert. Wer von Pizza nichts wissen, dafür aber die hektische Atmosphäre genießen will, kann aus einer großen Auswahl von Nudel- und Grillgerichten wählen.

Josto al Duomo
SARDISCH €€

(☑ 0783 77 80 61; www.jostoalduomo.net; Via Vittorio Emanuele 34; Gerichte 30–45 €; ⊙ Mo–Sa Mittag- & Abendessen) Anspruchsvoll und doch familiär wirkt das Restaurant, dessen Innenhof sich perfekt für ein Essen im Freien eignet. Die Speisekarte wird vorherrschend von den Jahreszeiten und den frischen Waren der heimischen Wochenmärkte bestimmt. Spezialitäten, wie z. B. Ravioli vom Lamm mit wildem Fenchel und kandierten Zitronen oder Filet vom Montiferru-Rind, werden wundervoll zubereitet und mit einem künstlerischen Blick fürs Detail präsentiert.

Lola Mundo
CAFÉ

(Piazzetta Corrias 14; ⊙ Mo–Sa; 🎵) Mit einigen Tischen auf der Piazza und entspannender Musik im Hintergrund ist das Lola Mundo ein angenehmer Ort, um sich beim einem Kaffee oder einem Aperitif zu entspannen. Das Café ist eine Lieblingsadresse der Einheimischen.

Pasticceria Eleonora
CAFÉ

(Piazza Eleonora d'Arborea 1; ⊙ 7.30–21 Uhr) Die Terrasse der *pasticceria* (Konditorei) mit Blick auf die Piazza ist ideal zum Leutebeobachten und ein erstklassiger Ort, um bei Kaffee und Kuchen, Eis oder Aperitif eine Pause zu machen.

❶ Praktische Informationen

Touristeninformation (☑ 0783 368 32 10; turismo@provincia.or.it; Piazza Eleonora d'Arborea 19; ⊙ Mo–Do 8.30–13 & 15–18 Uhr, Fr 8.30–13 Uhr) Freundliche, Englisch sprechende Mitarbeiter informieren gerne über Oristano und die Region.

❶ An- & Weiterreise

Vom Busbahnhof an der Via Cagliari steuern Busse die folgenden Fahrziele an:

REISE-ZIEL	FAHR-PREIS (€)	FAHRZEIT (STD.)	HÄUFIGKEIT
Cagliari	7	1½	2-mal tgl.
Nuoro	7	2½	6-mal tgl.
Santa Giusta	1,20	¼	alle 30 Min.
Sassari	8–10	2	3-mal tgl.

Der Hauptbahnhof liegt an der Piazza Ungheria östlich vom Stadtzentrum. Bis zu 15 Züge verkehren täglich zwischen Oristano und Cagliari (6 €, 1–2 Std.).

Die Stadtbusse der blauen Linie *Azzurra* fahren von der Via Cagliari zum Strand bei Marina di Torregrande (1,20 €, 20 Min.).

Barumini & Umgebung

Inmitten der fruchtbaren, grünen Landschaft um Barumini liegt die **Nuraghe Su Nuraxi** (www.nuraghi.org; Erw./erm. 10/6,50 €; ⊙ Sommer 9–19 Uhr, Winter 9–16 Uhr), die einzige Weltkulturerbestätte Sardiniens und die meistbesuchte Nuraghensiedlung der Insel. Besonders auffällig ist ein Rundturm aus der Zeit um 1500 v. Chr., der ursprünglich allein stand, später jedoch in eine Befestigungsanlage einbezogen wurde. Die frühesten Dorfbauten entstanden in der Eisenzeit, aus ihnen setzte sich der Kreis aus ineinander verwobenen Bauten zusammen, deren Ruinen im Gras der Wiesen verstreut sind.

5 km westlich von Barumini liegt das Dorf **Tuili**, das Tor zur Hochebene **La Giara di Gesturi**. Auf dem Basaltplateau lebt eine berühmte Herde kleiner Wildpferde, die *cavallini* (wörtlich „Minipferde"). Am ehesten sind die Tiere an den periodisch Wasser führenden Seen (*pauli*) entweder in der Morgen- oder Abenddämmerung zu sehen.

Weiter in östlicher Richtung führt die Straße nach 25 km auf das kleine Dorf Serri und das **Santuario Santa Vittoria di Serri** (Serri; Erw./erm. 4/3 €; ⊙ 9–13 & 15–19 Uhr) zu, die ausgedehnteste Nuraghensiedlung, die auf Sardinien freigelegt wurde.

An Werktagen fahren drei Busse von Cagliari nach Barumini (5 €, 1½ Std.); ansonsten benötigt man ein eigenes Auto.

Halbinsel Sinis

Im Westen von Oristano liegt die Halbinsel Sinis, die mit ihren spiegelglatten Lagunen, dem tief liegenden Land und den schneeweißen Stränden eine Welt für sich darstellt. Die größte Sehenswürdigkeit in diesem Teil der Insel ist die antike Stadt Tharros.

Tharros & Umgebung

Das bewegte, blaue Meer am Golfo di Oristano bildet eine ideale Kulisse für die Ruinen des antiken **Tharros** (Erw./erm. 7/4 €; ⊙ Sommer 9–20 Uhr, Winter 9–17 Uhr). Von den Phöniziern wurde die Stadt im 8. Jh. v. Chr. gegründet, ihre Blütezeit erreichte sie unter den Karthagern, bevor sie

RÄTSEL DER FRÜHGESCHICHTE

Geheimnisvoll und unverständlich erscheinen dem ungeübten Blick die seltsamen Steinkreise, auf die man immer wieder im Hinterland Sardiniens stößt. Für Archäologen sind sie ein seltenes Fenster zur dunklen Welt der Nuragher aus der Bronzezeit. Auf der ganzen Insel gibt es vermutlich 7000 solcher *nuraghi* (Steintürme), die zumeist zwischen 1800 und 500 v. Chr. errichtet wurden. Niemand kann mit absoluter Sicherheit sagen, wozu sie dienten, die meisten Fachleute halten sie aber für Wehrtürme.

Noch bevor sie auf die Idee kamen, *nuraghen* zu bauen, gruben die Sarden überall auf der Insel Felsengräber aus, die später als *domus de janas* (Feenhäuser) bezeichnet wurden. Einen größeren Aufwand betrieben sie mit Gemeinschaftsgräbern, die mit riesigen Eingangstoren abgeschlossen wurden und die daher auch **tombe dei giganti** (Gigantengräber) genannt wurden.

Zeugnisse naturreligiöser Praktiken sind die **pozzi sacri** (Brunnenheiligtümer). Sie entstanden erstmals um 1000 v. Chr. Diese Brunnen waren häufig so ausgerichtet, dass sie während der Tag-und-Nacht-Gleiche im Frühjahr und Herbst direkt von der Sonne beschienen wurden. Diese Bauweise lässt nicht nur auf die Ausübung einer Naturreligion, sondern auch auf kenntnisreiche Baumethoden schließen. Im Brunnenheiligtum bei Santa Cristina kommt das besonders deutlich zum Ausdruck.

unter römische Herrschaft fiel. Die heute freigelegten Ruinen gehen zum größten Teil auf das 2. und 3. Jh. v. Chr. zurück. In römischer Zeit entstanden Straßen aus Basaltplatten, Wasserleitungen, Bäder und andere Gebäude.

An der Straßenseite vor dem Gelände von Tharros steht die **Chiesa di San Giovanni di Sinis** (☉ Sommer 9–19 Uhr, Winter 9–17 Uhr), die aus dem 6. Jh. stammt; sie ist eine der ältesten Kirchen Sardiniens.

Etwa 4 km nördlich liegt das Dorf **San Salvatore**, das einen kurzen Aufenthalt lohnt. In den 1960er-Jahren diente es einige Male als Kulisse für Italo-Western. Es besteht aus einem staubigen Platz, der von kleinen Reihenhäuschen (*cumbessias*) eingerahmt wird. Die **Chiesa di San Salvatore** (☉ ganzjährig 9.30–13 Uhr & im Sommer Mo–Sa 15.30–18 Uhr) an der Piazza wurde im 16. Jh. über einem nuraghischen Heiligtum errichtet.

Ein fantastisches Restaurant ist das nahe gelegene **Peschiera Pontis** (☎ 0783 39 17 74; Strada Provinciale 6; Menü 25–30 €). Es liegt gegenüber der Fischereikooperative Pontis an der Straße zwischen Cabras und Tharros. Zu einem Festpreismenü gehören reichhaltige Antipasti, ein erster (*primo*) und zweiter Gang (*secondo*), Dessert und Wein – und der vermutlich frischeste Fisch, der auf der Insel zu bekommen ist.

Gleich hinter der Abzweigung zum Dorf findet man eine hervorragende Unterkunft: Der **Agriturismo Su Pranu** (☎ 0783 39

25 61; www.agriturismosupranu.com; Halbpension pro Pers. 55–65 €; ✴) ist ein landwirtschaftlicher Betrieb, der nebenbei sechs freundliche Gästezimmer vermietet. Erstklassiges Essen wird mit Zutaten aus eigener Erzeugung zubereitet.

Im Juli und August fahren täglich fünf Busse von Oristano nach San Giovanni in Sinis (2 €, 35 Min.).

Cabras

9169 EW.

In der verstreut liegenden Lagunensiedlung haltzumachen lohnt sich nur wegen des **Museo Civico** (www.penisoladelsinis.it; Via Tharros 121; Erw./erm. inkl. Tharros 4/3 €; ☉ Sommer 9–13 & 16–20 Uhr, Winter 9–13 & 15–19 Uhr) Es befindet sich am südlichen Ortsrand. Das Museum zeigt Funde aus der prähistorischen, 3 km südwestlich gelegenen Ausgrabungsstätte **Cuccuru Is Arrius** und aus Tharros. Etwa alle 20 Minuten halten hier Busse aus Oristano (1,50 €, 15 Min.).

Riola Sardo

2146 EW.

Der einzige Grund, in diesem ansonsten farblosen Ort haltzumachen, ist das wunderbare **Hotel Lucrezia** (☎ 0783 41 20 78; www.hotellucrezia.it; Via Roma 14a; EZ 104–114 €, DZ 129–169). Die Flügel des alten Herrensitzes (*cortile*) mit ländlich-luxuriös eingerichteten Zimmern bilden einen Innenhof, der von einer glyzinienumrankten Pergola, Feigen-

DIE STRÄNDE DER HALBINSEL SINIS

Die Strände der Halbinsel Sinis gehören zu den besten der Insel. Einer der berühmtesten ist **Is Aruttas**. Sein weißer, unwahrscheinlich feiner Quarzsand wurde jahrelang abgetragen, um in Aquarien und an Stränden der Costa Smeralda Verwendung zu finden. Inzwischen ist es allerdings verboten, auch nur kleinste Sandmengen mitzunehmen. Hinweisschilder führen zum Strand, er liegt 5 km westlich der Hauptstraße im Norden von San Salvatore.

Nur wenige Schritte vom Strand entfernt liegt eingebettet zwischen Olivenbäumen und Macchia der Zeltplatz **Camping Is Aruttas** (☑ 0783 192 54 61; www.campingisa ruttas.it; Loc Marina; Camping 2 Pers., Auto & Zelt 27–36 €; ☉ Mai–Sept.; ☎) mit einer recht bescheidenen Ausstattung.

Im Norden der Halbinsel befindet sich der Strand **Putzu Idu**, der bei Surfern beliebt ist; er wird von einer kunterbunten Reihe von Feriensiedlungen, Strandbars und Surfschulen gesäumt. Eine davon ist die **Capo Mannu Kite School** (☑ 347 007 70 35; www.capomannukiteschool.it), sie bietet Unterrichtsstunden im Kitesurfen für alle Schwierigkeitsstufen an. Wen es in die Tiefe zieht, der kann bei **9511 Diving** (☑ 335 605 94 12; www.9511.it) Tauch- und Schnorchelausflüge buchen sowie an Touren zur klangvoll benannten **Isola di Mal di Ventre** („Bauchschmerzeninsel") teilnehmen. Sie liegt 10 km vor der Küste. Als Faustregel ist mit 35–40 € und mehr für einen Tauchgang und rund 50 € für einen Bootsausflug zur Isola di Mal di Ventre zu rechnen.

An Werktagen fahren zwei Busse von Oristano nach Putzu Idu (2,50 €, 55 Min.). Im Juli und August gibt es vier zusätzliche Busverbindungen.

und Zitronenbäumen eingenommen wird. Fahrräder stehen kostenlos zur Verfügung, regelmäßig werden mit Unterstützung der Mitarbeiter Koch- und Malkurse veranstaltet und Weinproben durchgeführt.

Die Nordküste von Oristano

Im Norden der Halbinsel Sinis finden sich in unmittelbarer Nähe zur populären Feriensiedlung **Santa Caterina di Pittinuri** besonders schöne Strände. Dazu gehören u. a. die **Spiaggia dell'Arco** bei **S'Archittu** und, weiter südlich, **Is Arenas**, einer der längsten Strände der Region. Nahebei befinden sich auch drei Campingplätze, einer davon ist **Camping Is Arenas** (☑ 0783 5 21 03; www.campingisarenas.co.uk; Camping 2 Pers., Auto & Zelt 17–31 €, 2-Pers.-Bungalows 50–90 €; ☎). Er ist groß und gut ausgestattet; es gibt Zeltplätze und von Pinienbäumen umstandene Bungalows.

Landeinwärts erhebt sich das Vulkanmassiv **Monti Ferru** (105 m) – ein schönes und größtenteils unberührtes Gebiet mit alten Wäldern, natürlichen Quellen und kleinen hübschen Marktstädtchen. Die Gegend eignet sich wunderbar zum Wandern, Gourmets finden hier gute Lokale.

Von Oristano fahren an Werktagen fünf Busse nach Santa Caterina (2,50 €, 40 Min.) und S'Archittu (2,50 €, 40 Min.). Zusätzliche Busverbindungen gibt es im Juli und August.

Rundfahrt um den Lago Omedeo

Von Oristano kommend, erreicht man über die Schnellstraße SS131 in nördlicher Richtung die **Nuraghe Santa Cristina** (Erw./erm. inkl. Museo Archeologico-Etnografico Paulilatino 5/3,50 €; ☉ 8.30 Uhr bis Sonnenuntergang), eine Nuraghensiedlung mit einem bronzezeitlichen Brunnenheiligtum (*tempio a pozzo*); es zählt zu den am besten erhaltenen in Sardinien. Funde aus der Grabungsstätte sind wenige Straßenkilometer weiter im kleinen **Museo Archeologico-Etnografico** (Via Nazionale 127; Erw./erm. inkl. Nuraghe Santa Cristina 5/3,50 €; hSommer Di–So 9.30–13 & 15–18.30 Uhr, Winter Di–So 9.30–13 & 15–17.30 Uhr) in Paulilatino zu sehen.

Ein Stück nördlich vom kleinen Ort Paulilatino liegt außerdem die eindrucksvolle **Nuraghe Losa** (www.nuraghelosa.net; Erw./erm. 5/3,50 €; ☉ 9 Uhr bis 1 Std. vor Sonnenuntergang); sie stammt aus der Zeit um 1500 v. Chr.

Ein eigenes Auto ist notwendig, um die meisten der genannten Orte zu erreichen, obwohl auch Busse von Oristano über Paulilatino nach Abbasanta (3 €, 55 Min.) fahren. Die Busse halten nahe der Nuraghe Losa.

Bosa

8026 EW.

Bosa zählt zu den schönsten Städten auf Sardinien. Aus der Ferne ähnelt die Stadtlandschaft in ihrer Vielfarbigkeit einem der bekannten Gemälde von Paul Klee. Ihre pastellfarben verputzten Häuser steigen terrassenartig einen steilen Abhang hinauf, der sich nach oben verjüngt und von einer grauen Burgruine gekrönt wird. Im Vordergrund tanzen vor Anker liegende Fischerboote auf dem klaren, fast durchsichtigen Wasser des Flusses Temo, dessen elegante Uferpromenade von Palmen gesäumt wird. Weit weniger attraktiv ist der 3 km westlich gelegene Badeort Bosa Marina mit modernen, schlichten Hotelbauten, Restaurants und Ferienwohnanlagen.

◉ Sehenswertes & Aktivitäten

Ein ziemlich mühsamer Aufstieg führt am Burgberg von Bosa zum **Castello Malaspina** (Erw./erm. 4/3 €; ⊙10–19 Uhr) hinauf. Eine toskanische Adelsfamilie ließ die Burg 1112 bauen. Die Öffnungszeiten wechseln häufig; in den Sommermonaten sind auch längere Öffnungszeiten möglich.

Am Fuß des Berges liegt das **Museo Casa Deriu** (Corso Vittorio Emanuele 59; Erw./erm. 4,50/3 €; ⊙Di–So 10–13 & 15–17 Uhr); es dokumentiert die Stadtgeschichte. Eine Abteilung ist dem Gerberhandwerk gewidmet, das in Bosa eine lange Tradition hat. Interessant ist auch die gotisch-romanische **Cattedrale di San Pietro Extramuros**, die 2 km von der alten Brücke entfernt am Südufer des Temo liegt. Bosa kann Freiluftfanatikern vieles bieten. Fahrräder und Motorroller können bei **Cuccu** (📱0785 37 32 98; Via Roma 5), einer Mechanikerwerkstatt am südlichen Flussufer, ausgeliehen werden – ein Fahrrad kostet 10 € pro Tag, ein Motorroller 40 €. In Bosa Marina veranstaltet **Bosa Diving** (📱335 818 97 48; www.bosadiving.it; Via Colombo 2) Tauch- (ab 40 €) und Schnorchelausflüge (20 €) und verleiht Kanus (Kanu für 2 Pers. 10 € pro Std.) und Boote (ab 25 € pro Std.).

🛏 Schlafen & Essen

La Torre di Alice   B&B €
(📱0785 85 04 04; www.latorredialice.it; Via del Carmine 7; EZ 30–40 €, DZ 50–70 €; @) Alice

und Marco sind die freundlichen Gastgeber dieses liebenswürdig restaurierten Stadthauses im mittelalterlichen Ortskern von Bosa – an seinen leuchtenden Farben und einem auffallenden Hinweisschild ist es schon von Weitem gut zu erkennen. Die Zimmer sind komfortabel und mit schmiedeeisernen Betten und anderen behaglichen Dingen ausgestattet. Zum Frühstück bereitet Alice eine köstliche Auswahl selbst gebackener Kuchen und Muffins.

S'Ammentu   B&B €
(📱0785 37 61 80; www.sammentu.com; Via Del Carmine 55; DZ 60–80 €; 🛜) Die Gäste des S'Ammentu werden in einem liebevoll restaurierten Stadthaus aus dem 17. Jh. freundlich empfangen. Es liegt verborgen in einer Altstadtgasse von Bosa. Ein klappriger Lift (der Fahrstuhlknopf ist unbedingt gedrückt zu halten!) führt zu den Zimmern hinauf, die mit schmiedeeisernen Betten, gefliesten Fußböden, Holzbalken und Steinbögen viel altertümliches Flair ausstrahlen. Der Frühstücksraum mit Gewölbedecke ist mit einer gemeinschaftlich nutzbaren Küche ausgestattet.

Hotel Sa Pischedda   HOTEL €€
(📱0785 37 30 65; www.hotelsapischedda.com; Via Roma 8; EZ 60–85 €, DZ 90–140 €; ❄🛜) Die aprikosenfarbene Fassade des elegant restaurierten Hauses leuchtet von der südlichen Seite des Ponte Vecchio herüber. Mehrere Zimmer besitzen originale Deckenfresken, einige haben versetzte Ebenen, es gibt Terrassen mit Blick auf den Fluss. Das Haus ist ein echtes Schmuckstück, das Restaurant ist außergewöhnlich gut.

Al Gambero Rosso   SARDISCH €€
(📱0785 37 41 50; Via Nazionale 12; Gerichte 20–30 €; ⊙tgl.; 🚗) Das Restaurant ist immer voller Stammgäste; Allüren sind kaum zu bemerken, es hebt sich vielmehr von den meisten Restaurants in Bosa durch einen freundlichen Service und überzeugend frische Pasta- und Fischgerichte ab. Pizzas werden brutzelnd heiß aus einem Holzofen serviert.

Sa Pischedda   FISCH €€
(📱0785 37 30 65; Via Roma 8; Gerichte 30–35 €, Pizzas 7 €; ⊙ Sommer tgl., Winter Mi–Mo) Im Hotel gleichen Namens befindet sich eines der besten Restaurants in Bosa. Die Spezialität des Hauses sind stilvoll präsentierte Gerich-

Alghero

0 ————————— 200 m

SARDINIEN ALGHERO

Rada di
Alghero

*Boote zur Grotta
del Nettuno
(Traghetti Navisarda)*

Via Garibaldi

Via Catalogna

Via La Marmora

*Intercity
Bushaltestelle*

*Giardini
Pubblici*

Via Vittorio Emanuele

*Haltestelle für
Flughafenbus*

Via Lo Frasso

Via S. Erasmo

Via Ospedale

16

Via Sannino

Via Manno

*Piazza
Duomo*

10

Piazza Civica

17
12

Via Columbano

Via Carlo Alberto

Vicolo Sena

Via Roma

5
4

*Piazza
Porta Terra*

Via Genova

Via Mazzini

Via Cagliari

Vicolo Adami

3

Bastioni Marco Polo

Via Cavour

Via Doria

*Piazza
Vittorio
Emanuele*

Via Arduino

Via Maiorca

6

9

Via Ambrogio Machin

Via Gioberti

Via Buranga

Via Simon

13

Via Delitala

Via Gilbert Ferret

*Largo
San
Francesco*

11

15

*Piazza
Ginnasio*

8

14

*Piazza della
Misericordia*

Via della Misericordia

Via XX Settembre

*Bahnhof für
Flughafenbus*

*Piazza della
Mercede*

2

Bastioni Colombo

*Piazza
Sulis*

Via Fratelli Kennedy

Via Sassari

Via Carducci

*Angedras Hotel
(700 m)*

Via Gramsci

Via Petrarca

Via Pascoli

*Villa Las Tronas (550 m);
El Trò (700 m)*

---

te mit frischen Meeres- und Flussfischen, daneben gibt es auch Pizza- und Pastagerichte. In den Sommermonaten ist in diesem Lokal eine Reservierung unverzichtbar.

ⓘ An- & Weiterreise

Alle Busse halten an der Piazza Zanetti. Es gibt Busverbindungen von/nach Alghero (4,50 €, 1½ Std., 2-mal tgl.), Sassari (6 €, 2¼ Std., 3-mal tgl.) und Oristano (5,50 €, 2 Std., Mo–Sa 6-mal tgl.). Fahrkarten lassen sich im Busdepot an der Via Nazionale (gegenüber dem Restaurant Sa Pischedda) oder direkt beim Busfahrer kaufen.

ALGHERO & DER NORDWESTEN

Alghero

40 641 EW.

Das bildhübsche und anmutige Alghero ist eine der schönsten Städte Sardiniens. Obwohl sie auf den Tourismus angewiesen ist, hat die Stadt ihren unverwechselbaren Charakter nicht aufgegeben. Ein besonderer Zauber geht vom mittelalterlichen Stadtkern aus, wo holperige Steingassen im Schatten

Alghero

karamellfarbener gotischer *palazzi* liegen und von Cafés und Restaurants gesäumte Plätze vor Lebendigkeit nur so sprühen. An den massiven Kaimauern, die die Altstadt umschließen, liegen Restaurants und Bars mit weitem Blick auf den Hafen und die langen Sandstrände im Norden sowie die von Höhlen durchzogenen Felsen im Süden.

Überall ist eine typisch spanische Atmosphäre zu spüren – sie erinnert an die Zeit des Königreichs Aragón, unter dessen Herrschaft im 14. Jh. die Bewohner Algheros vertrieben und an ihrer Stelle katalanische Kolonisten angesiedelt wurden.

◉ Sehenswertes

Centro Storico HISTORISCHE ALTSTADT
Bei einem geruhsamen Spaziergang durch das lebhafte Centro Storico von Alghero kommt schnell eine unbeschwerte Stimmung auf. An der Piazza Duomo beherrscht die sehr große **Cattedrale di Santa Maria** (⊙7–12 & 17–19.30 Uhr) das Bild – das Gotteshaus ist eine eigenartige Mischung aus maurischen und anderen Stilelementen mit Einflüssen aus dem Barock und der Renaissance. Interessanter ist der **Campanile** (Glockenturm; ☎ 079 973 30 41; Via Principe Umberto; Erw./Kind 2 €/frei; ⊙ Juni–Aug. Mo–Fr 10.30–12.30 Uhr & Mo–Fr 19–21 Uhr, Sept.–Okt. Mo, Di, Do, Fr 10.30–12.30 Uhr & Mo & Fr 16–

18 Uhr, Nov.–Mai auf Anfrage) an der Rückseite des Bauwerks; er stellt ein Beispiel rein katalanisch-gotischer Architektur dar.

An der Hauptstraße der Altstadt steht die **Chiesa di San Francesco** (Via Carlo Alberto), hinter ihrer schmucklosen Steinfassade verbergen sich wunderschöne Kreuzgänge aus dem 14. Jh.

Mehrere Türme aus dem 14. Jh. sind von den beiden mittelalterlichen Stadttoren erhalten geblieben, darunter die **Torre Porta a Terra** (Piazza Porta Terra; Erw./Kind 3/2 €; ⊙ Sommer 9 Uhr bis Mitternacht, Winter 9–13 & 16–20 Uhr). Im Turm ist ein kleines Museum zur Stadtgeschichte untergebracht, von einer Aussichtsterrasse bietet sich ein schöner 360°-Rundblick.

Im Norden liegt die **Bastione della Maddalena** mit dem gleichnamigen Rundturm – die einzigen Überreste der ehemaligen Wehrmauer. Das Mittelmeer brandet im Süden und Westen gegen die Kaimauern der **Bastioni di San Marco** und der **Bastioni Cristoforo Colombo**. Im Schutz dieser See-Bastionen liegen heute einladende Restaurants und Bars, von denen aus man der untergehenden Sonne bei einem Cocktail zusehen kann.

🏃 Aktivitäten

Im Hafen von Alghero drängen sich Jachten, nördlich davon führt die Via Garibaldi zu den zwei Stränden der Stadt: **Spiaggia di San Giovanni** und gleich nebenan **Spiaggia di Maria Pia**. Weitaus schöner sind aber die Strände bei Fertilia nördlich der Innenstadt. Vom Hafen legen Boote ab, die entlang der eindrucksvollen Nordküste zum **Capo Caccia** (40–100 € pro Pers.) schippern.

🛏 Schlafen

Eine frühzeitige Buchung ist während des ganzen Jahres, vor allem aber im Juli und August, unverzichtbar.

B&B Benebenniu B&B €
(☎ 380 174 67 26; www.benebenniu.com; Via Carlo Alberto 70; EZ 40–75 €, DZ 50–95 €, 3BZ 77–130 €; ❄ 🖥 🅿) In einer hübschen Ecke der Altstadt liegt das B&B, von Nachbarhäusern bedrängt, mit einer herzlichen, familiären Ausstrahlung. Die großzügig bemessenen und gut gepflegten Zimmer werden von Tageslicht erhellt. Das beste Zimmer (Tiricca) besitzt einen Eckbalkon mit Blick auf die Piazza.

Hotel San Francesco
HOTEL €

(☎079 98 03 30; www.sanfrancescohotel.com; Via Ambrogio Machin 2; EZ 58–63 €, DZ 90–101 €, 3BZ 120–135 €; ✳@🛜) Dies ist eines der wenigen Hotels im Centro Storico von Alghero. Es befindet sich in einem ehemaligen Kloster (die 3. Etage ist noch von Mönchen bewohnt) und hat schlichte, komfortable Zimmer, die den Blick auf einen schönen Kreuzgang aus dem 14. Jh. freigeben.

★ Angedras Hotel
HOTEL €€

(☎079 973 50 34; www.angedras.it; Via Frank 2; EZ/DZ 105/115 €; ✳🛜) Ein weiß gekalktes mediterranes Haus wie aus dem Bilderbuch: Das Angedras hat helle Zimmer mit großen Terrassentüren, die sich auf sonnige Verandas öffnen. Auf einer luftigen Terrasse schmecken eisgekühlte Getränke an warmen Sommerabenden besonders gut. Das Hotel liegt südlich vom Centro Storico und ist in gut 15 Minuten zu Fuß von dort zu erreichen.

Villa Las Tronas
LUXUSHOTEL €€€

(☎079 98 18 18; www.hotelvillalastronas.it; Via Lungomare Valencia 1; EZ 224–272 €, DZ 259–363 €) Wenn der Preis keine Rolle spielt, ist das prachtvolle Hotel aus dem 19. Jh. genau das Richtige. Es liegt an einer Steilküste; von den Balkonen öffnet sich der Blick auf das Meer. Die plüschigen Zimmer sind reines *Fin de Siècle* mit Unmengen von Brokat, eleganten Antiquitäten und stimmungsvollen Ölgemälden. Ein Spa-Bereich mit Meerwasserschwimmbad, Sauna, Hydromassagen und Hammam verführt zu längerem Verweilen. In der Hochsaison gilt ein Mindestaufenthalt von drei Übernachtungen.

✗ Essen

Selbstversorger können ihre Vorräte an Werktagen auf dem **Wochenmarkt** (Via Sassari 23; ⊘7–13 Uhr) von Alghero, zwischen der Via Sassari und der Via Cagliari, ergänzen.

Lu Furat
PIZZERIA €

(☎079 973 60 52; Via Columbano 8; Snacks 2–6 €; ⊘Di-So) Wer in dem winzig kleinen Raum mit Deckengewölbe noch Platz findet, bekommt für wenig Geld perfekt gemachte, knusprig-dünne Pizza oder *fainè* aus Kichererbsenteig (einer Kreuzung aus Pfannkuchen und Pizza, die oft mit gehackten Zwiebeln und Würstchen zubereitet wird). Sollten die wenigen Tische besetzt sein, kann man auch etwas zum Mitnehmen bestellen.

Il Ghiotto
FASTFOOD €

(☎079 97 48 20; Piazza Civica 23; Gerichte 5–11 €; ⊘6 Uhr bis Mitternacht) Etwas Sättigendes gibt es hier schon für 10 €, die Auswahl ist unwiderstehlich: Panini, Pasta, Salate und verschiedene Hauptgerichte. Die Gäste sitzen in einem Speisesaal hinter dem Hauptraum oder draußen auf einer viel besuchten Terrasse mit Holzboden.

★ La Botteghina
SARDISCH €€

(☎079 97 38 375; www.labotteghina.biz; Via Principe Umberto 63; Gerichte 25–35 €; ⊘Sa Abend geschl.) La Botteghina im Centro Storico ist frisch und neuartig. Verarbeitet werden ausschließlich Produkte aus der Region, die von kleinen Erzeugern bezogen werden – die Zutaten der Gerichte sind einfach und von intensivem Geschmack. Besonders gut: *fregola* (sardische Pasta in Körnerform aus Hartweizengrieß) mit Meeresfrüchten oder eine Gourmet-Pizza, z. B. mit Schwertfisch, Rucola und Mozzarella.

The Kings
SARDISCH €€

(☎079 97 96 50; www.thekingsrestaurant.it; Via Cavour 123; Gerichte 30–40 €; ⊘tgl.; 🚗🌳) Der Meerblick von der Terrasse des Restaurants hoch oben auf den honigfarbenen Befestigungswällen von Alghero lässt im abendlichen Dämmerlicht keine romantischen Wünsche offen. Mediterrane Aromen kommen in den Gerichten, wie z. B. den Tagliatelle mit Venusmuscheln und *bottarga* (Meeräschenrogen) oder dem gegrillten Schwertfisch mit Auberginen und Tomaten, rein und natürlich zum Ausdruck. Es gibt hier auch spezielle Speisekarten für Kinder und Vegetarier.

🍷 Ausgehen & Unterhaltung

Blanc Bar
BAR

(Piazza Santa Croce) Fantastische Cocktails, gedämpfte Musik, grandiose Ausblicke – mehr ist von einer Strandbar nicht zu wünschen. Die elegante Bar bietet Sitzplätze im Freien auf einer kleinen Piazza sowie drei heiß begehrte Tische an der westlichen Kaimauer.

Baraonda
WEINBAR

(Piazza della Misericordia) Burgunderrote Wände und Schwarz-Weiß-Fotografien mit Jazzmotiven prägen den Stil dieser melancholischen Weinbar. Im Sommer sitzen die Gäste draußen auf der Piazza und lassen die Welt an sich vorüberziehen.

Caffè Costantino CAFÉ

(Piazza Civica 31) Das überteuerte Essen kann vernachlässigt werden – keinesfalls sollten Gäste aber darauf verzichten, bei einem Getränk einen der Tische am Rand der Piazza zu besetzen und das Getriebe der Stadt vorbeiziehen zu sehen.

El Trò CLUB

(Via Lungomare Valencia 3) An heißen Sommerwochenenden verwandeln tobende Massen von aufgepeitschten Urlaubsgästen die Tanzfläche des El Trò am Strand bis zum Morgengrauen in einen dampfenden Höllenschlund.

❶ Praktische Informationen

Farmacia Bulla (☏ 079 95 21 15; Via Garibaldi 13; ⏰ 9–13 & 16.30–20.30 Uhr)

Ospedale Civile (☏ 079 99 62 00; Via Don Minzoni) Das städtische Krankenhaus.

Polizei (☏ 079 972 00 00; Piazza della Mercede 4)

Post (Via Carducci 35; ⏰ Mo–Fr 8.20–19.05 Uhr, Sa 8.20–12.35 Uhr)

Touristeninformation (☏ 079 97 90 54; www.algheroturismo.it; Piazza Porta Terra 9; ⏰ 8–20 Uhr, Winter So geschl.) Zur Informationsbeschaffung über Alghero sollte der erste Weg hierher führen.

❶ An- & Weiterreise

BUS

Intercity-Busse halten an der Via Catalogna vor den Giardini Pubblici. Tickets gibt es am Fahrkartenbüro im Park. Bis zu acht Busse fahren täglich nach/von Sassari (3 €, 1 Std.). Weitere Busverbindungen gibt es auch nach Porto Torres (3 €, 1 Std., 6-mal tgl.) und Bosa (3,50 €, 1½ Std., 2-mal tgl.).

FLUGZEUG

Der **Flughafen Fertilia** (☏ 079 93 52 82; www.aeroportodialghero.it), 10 km nördlich der Innenstadt, wird von diversen inneritalienischen Flughäfen und von **Ryanair** (www.ryanair.com) aus London und Frankfurt-Hahn angeflogen.

ZUG

Der Bahnhof von Alghero liegt 1,5 km nördlich der Altstadt an der Via Don Minzoni. Bis zu zwölf Züge fahren von und nach Sassari (2,20 €, 35 Min.).

❶ Unterwegs vor Ort

Stündlich pendeln Busse in der Zeit von 5 bis 23 Uhr zwischen der Via Cagliari und dem Flughafen (1,20 €, 25 Min.). Eine Taxifahrt vom/zum Flughafen kostet zwischen 20 und 25 €.

Die Buslinie AO fährt von der Via Cagliari zu den Stränden. Fahrkarten gibt es in Zeitungsläden und beim *tabaccaio* (Tabakhändler) überall in der Stadt.

Cicloexpress (☏ 079 98 69 50; www.cicloexpress.com; Via Garibaldi) verleiht Autos (ab 60 € pro Tag), Motorroller (ab 30 € pro Tag) und Fahrräder (ab 8 € pro Tag).

Rund um Alghero

Riviera del Corallo

Wenige Kilometer westlich von Alghero liegen zwei beliebte Strände: **Spiaggia delle Bombarde** und **Spiaggia del Lazzaretto**. An der Hauptstraße finden sich Hinweisschilder – wer nicht mit dem Auto unterwegs ist, kann von Alghero den Bus in Richtung Capo Caccia nehmen; er hält in Strandnähe. Tauchsportler finden weiter westlich das **Diving Centre Capo Galera** (☏ 079 94 21 10; www.capogalera.com; DZ 70–110 €, Tauchgänge ab 20 €): Das Tauchzentrum bietet nicht nur Tauchgänge der Superlative in der Grotte von Nereo (der größten unterirdischen Grotte des Mittelmeeres), sondern auch nette Unterkünfte in einer großen, weißen Villa.

Folgt man der Straße nach Porto Conte, kommt man zum eindrucksvollen **Nuraghe di Palmavera** (Erw./erm. 3/2 €; ⏰ Sommer 9–19 Uhr, April & Okt. 9–18 Uhr, Winter 10–14 Uhr), einem rund 3500 Jahre alten Nuraghendorf. Am besten unternimmt man diesen Ausflug im eigenen Auto; der AF-Nahverkehrsbus von Alghero fährt zwar am Gelände vorbei, nimmt aber zurück eine andere Route über das Inland und überlässt die Fahrgäste ihrem Schicksal.

Im Westen des Nuraghe liegt die hübsche, unberührte Bucht **Porto Conte** mit dem herrlichen Strand **Spiaggia Mugoni**, einem guten Revier zum Windsurfen, Kanu-, Kajakfahren und Segeln. Regelmäßig pendeln Busse zwischen Porto Conte und Alghero (1,50 €, 30 Min., 6-mal tgl.).

Westlich von Porto Conte erstreckt sich das schöne Naturschutzgebiet **Le Prigionette** (☏ 079 94 90 60; Eintritt frei, aber nur mit Ausweis; ⏰ Mo–Sa 8–16, So 8–17 Uhr) am Fuß des Monte Timidone. Im Berggebiet sind Hirsche, weiße Wildesel, Wildschweine und auch Giara-Wildpferde heimisch. Es gibt markierte Wald- und Wanderwege, die zum Wandern und Radfahren gleichermaßen gut geeignet sind.

Am Ende der Straße liegt **Capo Caccia**, ein felsiges Kap, das sich dramatisch hoch aus dem Meer erhebt. Vom Parkplatz führen schwindelerregende 654 Stufen – aus dem Fels der Klippen geschlagen – 110 m in die Tiefe zur **Grotta di Nettuno** (📞 079 94 65 40; Erw./erm. 13/9 €; ☺ Sommer 9–19 Uhr, Winter 9–15 Uhr) hinunter. Dort erwartet die Besucher eine märchenhafte unterirdische Tropfsteinwelt. Wem die Felsentreppe nicht geheuer ist, nimmt eine der Fähren von **Traghetti Navisarda** (📞 079 95 06 03; www.navisarda. it; Via IV Novembre 6, Alghero; Erw./Kind Hin- und Rückfahrt 15/8 €). Sie fahren in der Hauptsaison stündlich von Alghero ab (Juni–Sept. 9–17 Uhr) sowie in den übrigen Monaten viermal täglich. Alternativ fährt täglich ein Bus von der Via Catalogna (2,50 €, 50 Min.) in Alghero ab (um 9.15 Uhr) und kehrt gegen Mittag zurück. Von Juni bis September gibt es zwei zusätzliche Busverbindungen: 15.10 Uhr und 17.10 Uhr mit Rückfahrt um 16.05 Uhr und 18.05 Uhr.

Wer mit dem eigenen Auto unterwegs ist, kann die grüne Ebene im Norden von Capo Caccia näher erkunden. Schöne Ziele sind u. a. **Torre del Porticciolo**, ein kleiner natürlicher Hafen, der durch den schmalen Bogen eines Strandes begrenzt wird, und **Porto Ferro**, 6 km weiter nördlich gelegen, der zu den längsten unberührten Sandstränden der Insel zählt.

Das Landesinnere

Rund 7 km nördlich von Alghero, auf der linken (westlichen) Seite der Straße, die nach Porto Torres führt, liegen verstreut die Grabkammern der nuraghischen **Necropoli di Anghelu Ruiu** (Erw./erm. €3/2; ☺ Sommer 9–19 Uhr, Winter 10–14 Uhr). Die 38 Gräber, die in den Sandsteinfelsen geschlagen wurden, stammen aus der Zeit der Ozieri-Kultur zwischen 3300 v. Chr. und 2700 v. Chr. Felsenkammergräber dieser Art wurden später *domus de janas* (Feenhäuser) genannt, einige von ihnen weisen aufwendig geschnitzte *architrave* (Türeinfassungen), Säulen und Nischen auf.

Folgt man der Straße weiter, kommt das 650 ha große Gelände der bekanntesten Weinkellerei Sardiniens – **Sella e Mosca** (📞 079 99 77 00; www.sellaemosca.com) – in Sicht. Hier kann man an einer kostenlosen Führung durch das **Museum** (☺ Sommer Mo–Sa 17.30 Uhr, im übrigen Jahr auf Anfrage) teilnehmen und in der **Enoteca** (☺ Mo–Sa 8.30–20 Uhr, Winter Mo–Sa 8.30–18.30 Uhr) gute Tropfen für den eigenen Weinkeller kaufen.

Porto Torres

22 567 EW.

Die Hafenstadt Porto Torres ist keine Bilderbuchschönheit: An den betriebsamen Industriehafen grenzt eine qualmende petrochemische Fabrik. Wer hier hängen bleibt – was auf der Durchreise nach Korsika durchaus passieren kann –, sollte sich etwas Zeit nehmen, die eindrucksvolle **Basilica di San Gavino** (Krypta 1,50 €; ☺ Sommer 9–13 & 15–19 Uhr, Winter 9–13 & 15–18 Uhr) zu besichtigen. Die größte romanische Kirche Sardiniens wurde zwischen 1030 und 1080 zum Gedenken an drei christliche Märtyrer aus römischer Zeit errichtet. Besonders sehenswert sind die zwei Apsiden an beiden Enden der Kirche (sie besitzt keine Fassade) und die zwei Dutzend Marmorsäulen, die die pisanischen Erbauer von einer nahen römischen Ruinenstätte entwendet hatten. Darunter befindet sich eine Krypta mit religiösen Skulpturen und Steingräbern.

Busse fahren von der Via Mare nach Sassari (2 €, 35 Min., stündl.), Alghero (3 €, 1 Std., 6-mal tgl.) und Stintino (2,50 €, 30 Min., 5-mal tgl.).

Stintino & Parco Nazionale dell'Asinara

Das einstmals einsame Fischerdorf Stintino ist heute ein sonniges kleines Seebad, das sich gut als Ausgangsort für Fahrten in die Umgebung eignet. In der Nähe liegen mehrere schöne Strände, der beste ist jedoch die **Spiaggia della Pelosa**, ein weißer Sandstrand an flachem, türkisblauem Wasser mit eigenartig tief liegenden Sandbänken. An der Straße zum Pelosa-Strand findet man das **Asinara Diving Center** (📞 079 52 70 00; www.asinaradivingcenter.it) mit einer Reihe von Tauchangeboten (ab ca. 40 €). Am Strand selbst liegt das **Windsurfing Center Stintino** (📞 079 52 70 06; www.windsurfingcenter.it), es verleiht Ausrüstungen für Surfer (Std. 17 €) und Kanuten (Std. ab 18 €).

Dem Strand von Pelosa vorgelagert ist die **Isola Asinara**, auf der heimische weiße Wildesel, die *asini bianchi*, leben. Bis vor Kurzem durfte die Insel wegen des dortigen Hochsicherheitsgefängnisses nicht betreten werden, inzwischen wurde das Gefängnis geschlossen und die Insel zum National-park – **Parco Nazionale dell'Asinara** (www.parcoasinara.org) – erklärt. Von Stintino aus hält **Linea del Parco** (☎ 079 52 31 18; www.lineadelparco.it) verschiedene Pauschalangebote für Parkbesucher bereit, u. a. Rundfahrten im Bus/Geländewagen (36/55 €) und Ausflüge mit Jacht/Fischerboot (65/70 € inkl. Mittagessen). Wer den Park in eigener Regie erkunden möchte, benötigt ein Fahrrad, denn es gibt keine öffentlichen Verkehrsmittel auf der Insel, außerdem dürfen nur bestimmte Gebiete betreten werden. Für die Beförderung des Fahrrades plus Eintrittsgebühr müssen 25 € kalkuliert werden.

Unterkünfte finden sich in dieser Gegend hauptsächlich in großen Ferienhotelanlagen. Es gibt aber auch eine Auswahl einfacher, angenehmer Hotels. **Albergo Silvestrino** (☎ 079 52 30 07; www.hotelsilvestrino.it; Via Sassari 14; DZ 70–160 €, Halbpension pro Pers. 60–110 €; ✿ ✆) in Stintino ist ein sommerliches 3-Sterne-Hotel mit kühlen, gefliesten Zimmern und einem hervorragenden Fischrestaurant (Gerichte 35 €).

Im **Lu Fanali** (☎ 079 52 30 54; www.lufanali.it; Lungomare C Columbo 89; Pizzas 6–9 €, Gerichte 30 €; ⊙ tgl.; ✆) können die Gäste in entspannter Atmosphäre die Boote auf den Wellen schaukeln sehen und dabei in aller Ruhe Pizzas in gleichbleibend guter Qualität oder auch klassische Fischgerichte wie *calamari e seppie grigliati* – grillte Tintenfische (Calamari und Sepien) – genießen.

An Werktagen fahren fünf Busse von Porto Torres (2,50 €, 30 Min.) und Sassari (4 €, 70 Min.) nach Stintino. Zusätzliche Busverbindungen gibt es in der Zeit von Juni bis September.

Sassari

130 658 EW.

Die zweitgrößte Stadt Sardiniens ist eine stolze Universitätsstadt mit einem großen kulturellen Erbe, einem mittelalterlichen Kern und einer modernen Schale. Sie wirkt auf den ersten Blick nicht wirklich ansprechend, wer aber die tristen gesichtslosen Außenbezirke durchquert und sich bis zum Zentrum vorgekämpft hat, entdeckt eine grandiose Stadt mit einem lebendigen historischen Stadtkern.

Der Aufschwung Sassaris begann im 14. Jh. zunächst als Hauptstadt des mittelalterlichen Giudicato di Logudoro, später wurde es ein eigenständiger Stadtstaat. Der

Niedergang setzte allmählich und schleichend ein, jahrhundertelang befand sich die Stadt unter spanischer Kolonialherrschaft.

◉ Sehenswertes

Museo Nazionale Sanna   MUSEUM
(www.museosannasassari.it; Via Roma 64; Erw./erm. 4/2 €; ⊙ Di–So 9–20 Uhr) Das Museum ist der Hauptanziehungspunkt in Sassari, die archäologische Sammlung ist umfassend. Besonders sehenswert sind die Bronzeobjekte aus nuraghischer Zeit, darunter Waffen, Armreife, Votivboote und kleine Darstellungen von Menschen und Tieren. Außerdem besitzt das Museum eine interessante Gemäldegalerie und eine kleine Sammlung sardischer Volkskunst.

Centro Storico   HISTORISCHE ALTSTADT
Im Herzen des Centro Storico erhebt sich auch der **Duomo** (Piazza Duomo; ⊙ 8.30–12 & 16–19.30 Uhr) der Stadt. Seine blendende Fassade aus dem 18. Jh. besteht aus einer verwirrenden Fülle an barocken Statuen, Reliefs, Friesen und Büsten. Doch in seinem Innern ist der ursprünglich gotische Charakter des Domes bewahrt geblieben.

In der Nähe umrahmen imposante Gebäude aus dem 19. Jh. die **Piazza Italia**, sie ist eine der eindrucksvollsten öffentlichen Plätze Sardiniens.

🛏 Schlafen

B&B Quattrogatti   B&B €
(☎ 349 4060481, 079 23 78 19; www.quattrogatti.eu; Via S Eligio 5; EZ/DZ/3BZ 40/75/105 €; ✿ ✆) Mit einem herzlichen *benvenuto* werden die Gäste dieses behaglichen B&B willkommen geheißen, es besitzt drollige farbenfrohe Zimmer und eine wunderbar entspannte Atmosphäre. Das Haus ist nach den vier Katzen benannt, die häufig tief schlafend im Innenhof zu finden sind. Das Frühstück setzt sich aus einer appetitlichen Auswahl von regionalen Köstlichkeiten und hausgemachten Konfitüren zusammen.

Hotel Vittorio Emanuele   HOTEL €€
(☎ 079 23 55 38; www.hotelvesassari.it; Corso Vittorio Emanuele II 100–102; EZ 70–105 €, DZ 75–150 €; ✿ @ ✆) In einem mittelalterlichen *palazzo* ist das günstige 3-Sterne-Hotel untergebracht, das bis unter Dach mit Antiquitäten und farbenprächtigen Gemälden vollgekramt ist. Die Zimmer sind geräumig, wirken allerdings mit ihrem einheitlichen Farbschema in Weiß-Grau etwas

steril. An Wochenenden werden Ermäßigungen gewährt.

 Essen

Fainè alla Genovese Sassu FASTFOOD €
(Via Usai 17; Fainè 5 €; ⊘ Mo–Sa 19–23 Uhr) Ein unkompliziertes Lokal und die beste Adresse für die sättigenden *fainè*, eine Kreuzung aus Pfannkuchen und Pizza. Außer dieser Spezialität gibt es keine anderen Speisen, aber bei einer so vielfältigen Auswahl an verschiedenen Belägen dürfte für jeden Geschmack etwas dabei sein.

L'Antica Hostaria SARDISCH €€
(☑ 079 20 00 60; www.lanticahostaria.it; Via Cavour 55; Gerichte 20–35 €; ⊘ Mo–Sa) L'Antica Hostaria gilt als eine der Spitzenadressen in Sassari. In einem intimen Ambiente werden die Gäste mit einer innovativen Küche verwöhnt, die in den Traditionen des Ortes verwurzelt ist. Fleischliebhaber sollten *tagliata di manzo con rucola* (dünn geschnittenes Rindfleisch mit Rucola) probieren.

❶ Praktische Informationen

Nuovo Ospedale Civile (☑ 079 206 10 00; Via De Nicola) Städtisches Krankenhaus.

Post (Via Brigata di Sassari; ⊘ Mo–Fr 8.20–13.35, Sa 8.20–12.35 Uhr)

Touristeninformation (☑ 079 200 80 72; Via Sebastiano Satta 13; ⊘ Di–Fr 9–13.30 & 15–18, Sa 9–13.30 Uhr)

❶ An- & Weiterreise

Nach Cagliari (15,75 €, 3¾ Std., 5-mal tgl.) und Olbia (7,35 €, 2 Std., 6-mal tgl.) kommen Reisende besser mit dem Zug. Der Bahnhof liegt am westlichen Rand der Altstadt an der Piazza Stazione.

Der Hauptbusbahnhof von Sassari liegt an der Via XXV Aprile. Busse verbinden Sassari mit den folgenden Fahrzielen:

REISE-ZIEL	FAHR-PREIS (€)	FAHRZEIT (STD.)	HÄUFIGKEIT
Alghero	3	1	11-mal tgl.
Cagliari	14,50	3¼	3-mal tgl.
Castelsardo	3	1	Mo–Sa 11-mal tgl.
Nuoro	8–10	2	7-mal tgl.
Oristano	8–10	2	3-mal tgl.
Porto Torres	2,50	½	stündl.

Rund um Sassari

Die Landschaft im Süden und Osten von Sassari ist ein wahrer Flickenteppich aus schroffen Berghängen und leuchtend gelben Weizenfeldern, darin verstreut liegen wunderhübsche romanische Kirchen. Wohl die beeindruckendste von ihnen ist die **Basilica della Santissima Trinità di Saccargia** (Eintritt 2 €; ⊘ 9–18 Uhr), sie liegt rund 18 km südöstlich von Sassari unmittelbar an der Schnellstraße SS597.

Rund 25 km weiter südlich, nahe Torralba, liegt die **Nuraghe Santu Antine** (www.nuraghesantuantine.it; Erw./erm. 9/6 €; ⊘ 9–20 Uhr). Die Nuraghenstätte ist eine der interessantesten auf Sardinien, sie stammt aus der Zeit um 1600 v. Chr. An Werktagen fahren bis zu acht Busse von Sassari nach Torralba (3 €, 1½ Std.), vom Dorf führt dann ein gut zu bewältigender Fußweg von rund 4 km zur Nuraghe.

Nördlich von Sassari liegen zwei viel besuchte, beliebte Strände: **Platamona** und **Marina di Sorso**, beide sind mit dem Sommerbus „Buddi Buddi" (Linie MP, Abfahrt an der Via Eugenio Tavolara) erreichbar.

Die Küstenstraße SS200 führt nordwärts zur Küstenfestung **Castelsardo**, einer malerischen kleinen Stadt mit einem mittelalterlichen Stadtkern, der sich an ein dramatisch aufragendes Felsenkap klammert. Regelmäßig fahren Busse von Sassari (3 €, 1 Std., tgl. 11-mal) dorthin.

OLBIA, COSTA SMERALDA & GALLURA

Beim Namen Costa Smeralda (Smaragdküste) denkt man an die klassischen Bilder von Sardinien: perlgraue Strände und windgepeitschte Granitfelsen, die steil in ein azurblaues Meer abfallen, aber auch an alternde Oligarchen, die sich auf milliardenteuren Jachten mit jungen Bikinischönheiten amüsieren. Eine völlig andere Welt ist das Binnenland der Gallura, wo hübsche Dörfer sich an sanft geschwungene Weinberge schmiegen und Granitgipfel und geheimnisvolle Nuraghen die Landschaft prägen. Der Norden der Gallura ist ein wilder Küstenstreifen, ein Reservat für Delfine ebenso wie für Taucher und Surfer, die durch das kristallklare Wasser des Meeresschutzgebietes La Maddalena gleiten.

Olbia

54 833 EW.

Im Sommer wird die Stadt von der großen Karawane der Sonnen- und Luxusanbeter, die an die Costa Smeralda zieht, meistens links liegen gelassen. Doch Olbia hat mehr zu bieten, als es auf den ersten Blick den Anschein hat. Hinter den von Industriegebieten geprägten Außenbezirken verbirgt sich eine charmante, historische Altstadt (Centro Storico) mit zahlreichen Boutiquen, einladenden Weinbars und schönen Plätzen, die von Cafés gesäumt werden. Darüber hinaus ist Olbia eine erfrischend authentische und erschwingliche Alternative zu den Zweckbauten der Ferienorte im Norden und Süden.

Sehenswertes

Museo Archeologico　　MUSEUM

(Isolotto di Peddone; ⊙ Mo–Fr 10–13, Mo & Mi 16–18 Uhr) Der Architekt Vanni Maccioco hat das eindrucksvolle neue Museum von Olbia in der Nähe des Hafens entworfen. Das Museum veranschaulicht die Geschichte der Region in Form von verschiedenen Kunstgegenständen, z. B. Amuletten aus römischer und Fundstücken aus nuraghischer Zeit. Ein absolutes Highlight der Exponate ist das Relikt eines römischen Schiffes, das im alten Hafen gefunden wurde.

Chiesa di San Simplicio　　KIRCHE

(Via San Simplicio; ⊙ Mo–Sa 7–18, So 7–9.30 & 11.30–18 Uhr) Die romanische Kirche gilt als bedeutendstes mittelalterliches Baudenkmal der Gallura, sie wurde im späten 11. Jh. aus Granit gebaut und zeigt eine eigenartige Mischung aus toskanischen und lombardischen Stilelementen.

Schlafen

★ Hotel Panorama　　HOTEL €€

(☑ 0789 2 66 56; www.hotelpanoramaolbia.it; Via Giuseppe Mazzini 7; EZ 89–129 €, DZ 109–169 €, Suite 179–249 €; P ❄ 🌐) Der Name des Hotels sagt es schon: Die Dachterrasse des freundlichen, zentral gelegenen Hotels bietet einen einzigartigen Rundblick über die Stadt und das Meer bis zum Monte Limbara. Die Zimmer sind allesamt geräumig und modern eingerichtet sowie mit glänzenden Holzböden und schönen Marmorbädern ausgestattet. Für zusätzlich 22 € ist ein kleiner Spa-Bereich mit Whirlpool, Hammam und Sauna zugänglich.

La Locanda del Conte Mameli　　BOUTIQUEHOTEL €€

(☑ 0789.2 30 08; www.lalocandadelcontemameli.com; Via delle Terme 8; EZ 59–149 €, DZ 74–149 €, 3BZ 114–189 €; P ❄ 🌐) In einer *locanda* (Gasthaus) aus dem 19. Jh. mit originalen Baudetails, die ursprünglich für den Grafen Mameli gebaut wurde, befindet sich heute das stilvolle Boutiquehotel mit eleganter Ausstrahlung. Ein echter römischer Brunnen bildet den sehenswerten Mittelpunkt des Frühstücksraumes im Gewölbekeller.

Essen & Ausgehen

Osteria del Mare　　FISCH €€

(☑ 0789 2 58 01; www.osteriadelmare.it; Via delle Terme 8; Gerichte 25–35 €; ⊙ tgl.) Wie das riesige Wandgemälde eines Fisches vermuten lässt, sind Meerestiere das beherrschende Thema in dieser intimen Osteria mit Steinwänden. Der Küchenchef arbeitet mit Gespür und Präzision; die Gerichte, wie z. B. Tortelli mit Seeteufel, Meeresfrüchtesauce und Zucchiniblüten oder Wolfsbarsch mit Jakobsmuscheln und Basilikum, bewahren die Tiefe und Vielfalt der Aromen.

La Lanterna　　TRADITIONELL ITALIENISCH €€

(☑ 0789 2 30 82; Via Olbia 13; Pizzas 6–16 €, Gerichte 25–35 €; ⊙ Sommer tgl., Winter Mi geschl.) Das Restaurant Lanterna zeichnet sich durch eine behagliche Lage im Souterrain, eine einladende Freundlichkeit und überzeugend frische Gerichte aus. Vorspeisen wie hausgemachte *fettuccine* (Bandnudeln) mit Kirschtomaten, Chili und Ricotta sind eine appetitliche Überleitung zu den frischen Fischgerichten, die je nach Tagesfang wechseln.

KKult　　BAR

(www.kkult.com; Corso Umberto 39) Diese moderne Mischung aus Bar und Café besitzt eine Terrasse an der Haupteinkaufsstraße von Olbia, dort können Gäste beim Kaffee oder Cocktail das geschäftige Treiben vorüberziehen sehen. An Wochenenden nimmt das Tempo bei Livemusik und DJ-Nächten Fahrt auf.

ⓘ Praktische Informationen

Touristeninformation (☑ 0789 5 22 06; www.olbiaturismo.it; Municipio, Corso Umberto; ⊙ Mo–Fr 9–13, Mi & Fr 9–13 & 16–19 Uhr) In der Touristeninformation liegt stapelweise Informationsmaterial bereit. Lucianda spricht Englisch und besitzt unerschöpfliche Kenntnisse über Olbia und die Region.

ℹ️ An- & Weiterreise

BUS

Von Olbia steuern Busse die folgenden Fahrziele an:

REISE-ZIEL	FAHR-PREIS (€)	FAHRZEIT (STD.)	HÄUFIGKEIT
Arzachena	2,50	¾	12-mal tgl.
Golfo Aranci	2	½	6-mal tgl.
Nuoro	9	2½	8-mal tgl.
Porto Cervo	3,50	1½	5-mal tgl.
Santa Teresa di Gallura	5	1½	7-mal tgl.
Sassari	7	1½	2-mal tgl.
Tempio Pausania	3,50	1½	2-mal tgl.

Fahrkarten gibt es in der **Bar della Caccia** (Corso Vittorio Veneto 26, Ecke Via Fiume D' Italia; ⏱ 5.50–21 Uhr) an der Straßenseite direkt gegenüber den Hauptbushaltestellen. Die Stadtbuslinie 2 (1 € bzw. 1,50 € beim Fahrer) pendelt in der Zeit von 6.15 und 23.40 Uhr alle 30 Minuten zwischen dem Flughafen Olbia und der Via Goffredo Mameli im Stadtzentrum.

FLUGZEUG

Der Flughafen **Aeroporto Internazionale di Olbia Costa Smeralda** (S. 940) liegt 5 km südöstlich vom Stadtzentrum; hier werden Flüge vom italienischen Festland und aus den wichtigsten europäischen Metropolen abgefertigt. Olbia wird von verschiedenen Billigfluggesellschaften wie Air Berlin, easyJet, Jet2.com und Niki angeflogen.

SCHIFF/FÄHRE

Regelmäßig legen Fähren aus Genua, Civitavecchia und Livorno in Olbia an. Fahrkarten sind in den Reisebüros der Stadt oder direkt am Hafen erhältlich.

ZUG

Der Bahnhof liegt beim Corso Umberto. Zugverbindungen führen nach Cagliari (17 €, 4 Std., 5-mal tgl.), Sassari (7,35 €, 2 Std., 6-mal tgl.) und Golfo Aranci (2,35 €, 25 Min., 4-mal tgl.).

Golfo Aranci

2288 EW.

18 km nordöstlich von Olbia liegt Golfo Aranci, der Hafenort ist im Sommer ein wichtiger Hafen mit Fährverbindungen nach Livorno und Civitavecchia. Die meisten Reisenden befinden sich allerdings nur auf der Durchreise und widmen dem Ort keine weitere Aufmerksamkeit. Dabei laden die drei weißsandigen Strände der Gegend durchaus zum Verweilen ein, besonders wenn Tauchen oder Speerfischen die bevorzugten Sportarten sind.

Ein unvergessliches Erlebnis verspricht das **Bottlenose Diving Research Institute** (☎ 0789 183 11 97; www.thebdri.com; Via Diaz 4) auf einer halbtägigen Bootstour (Erw./Kind 70/50 €), bei der die Große Tümmler beobachtet werden können. Sichtungen werden nicht garantiert, doch die Chancen sind hervorragend.

Costa Smeralda & Umgebung

Die 55 km lange Costa Smeralda (Smaragdküste) erstreckt sich zwischen Porto Rotondo und dem Golfo di Arzachena. Sie ist das berühmteste Sommerreiseziel Sardiniens: ein kostspieliges Reservat mit Luxushotels, einsamen Stränden und exklusiven Marinas. Seit der Aga Khan in den 1960er-Jahren Schafhirten den Boden abkaufte, ist die Küste das Lieblingsziel der Berühmten und der Paparazzi auf der Jagd nach Promis in kompromittierenden Lebenslagen. Von all der Oberflächlichkeit einmal abgesehen, ist die Costa Smeralda ein schönes Stück sardischer Küste mit grandiosen Granitfelsen, die an fjordähnlichen Buchten jäh ins smaragdgrüne Meer abfallen.

„Hauptstadt" der Costa Smeralda ist **Porto Cervo**, eine eigenartige, künstliche Stadt, deren pseudo-marokkanische Architektur und perfekt gepflegte Straßen eine seltsam sterile Atmosphäre verbreiten. Außerhalb der Saison ist die Stadt praktisch ausgestorben, doch zwischen Juni und September liegt hier das Epizentrum der Partyszene mit sonnengebräunten Schönheiten, die auf der **Piazzetta** posieren, und gut betuchten Einkaufsbummlern, die sich in den Designerboutiquen umsehen.

Im Westen bietet die **Baia Sardinia** einen zauberhaften Sandstreifen, im Süden zieht es Strandliebhaber nach **Capriccioli** und zur **Spiaggia Liscia Ruia** – beide Strände liegen in der Nähe des exklusiven Hotels Cala di Volpe. Beim Hotel Romazzino (auf Hinweisschilder achten) liegt die **Spiaggia del Principe**, eine prachtvolle, halbmondförmige weiße Strandbucht, deren Wasser von einem geradezu karibischen Blau ist – der Lieblingsstrand des Aga Khan.

Landeinwärts lohnt das bäuerliche Dorf **San Pantaleo** einen kurzen Besuch, vor allem an Sommerabenden, wenn auf seiner malerischen Piazza ein geschäftiger Markt abgehalten wird. Der ansonsten eher unscheinbare Ort **Arzachena** besitzt mehrere interessante archäologische Stätten, darunter den **Nuraghe di Albucciu** (Eintritt 3 €; ⊙9–19 Uhr) an der Hauptstraße nach Olbia sowie **Coddu Ecchju** (Eintritt 3 €; ⊙9–19 Uhr), eines der bedeutendsten *tombe di giganti* (Gigantengräber) Sardiniens.

🛏 Schlafen & Essen

Villaggio Camping La Cugnana
CAMPINGPLATZ €

(☎0789 3 31 84; www.campingcugnana.it; Località Cugnana; Camping 2 Pers., Auto & Zelt 20,50–40 €; ⊛⊠⛟) Der schicke Campingplatz am Meer liegt an der Hauptstraße im Norden von Porto Rotondo. Es gibt einen Supermarkt, einen Swimmingpool und einen kostenlosen Shuttlebus zum Strand.

★ B&B Lu Pastruccialeddu
B&B €€

(☎0789 8 17 77; www.pastruccialeddu.com; Località Lu Pastruccialeddu, Arzachena; EZ 70–100 €, DZ 90–120 €; ℗⊠⛟) Ein *agriturismo*, wie er sein sollte! Das fantastische B&B befindet sich in einem typischen steinernen Bauernhaus und wird von der unglaublich gast-

freundlichen Caterina Ruzittu betrieben, die ein opulentes Frühstück zubereitet und die Zimmer makellos sauber hält. Draußen glitzert ein Swimmingpool in einem prachtvollen Garten.

B&B Costa Smeralda
B&B €€

(☎0789 9 98 11; www.bbcostasmeralda.com; Lu Cumitoni, Poltu Quatu; DZ 80–130 €; ⊛@⛟) In den Hügeln über dem Hafen Poltu Quatu liegt dieses besonders charmante B&B verborgen. Piero und Luciana scheuen keine Mühe, damit die Gäste sich wie zu Hause fühlen. Sonnenlicht durchflutet die Zimmer, die in Blau und Weiß strahlen. Auf der Veranda mit verlockendem Meerblick werden die Gäste mit frisch gebackenen Kuchen und Gebäck zum Frühstück verwöhnt.

Agriturismo Rena
AGROTOURISMUS €€

(☎0789 8 25 32; www.agriturismorena.it; Località Rena, Arzachena; Halbpension pro Pers. 40–60 €; ℗⛟) 🍴 In dem hoch gelegenen landwirtschaftlichen Hof wird nur Halbpension angeboten, doch es muss auf nichts verzichtet werden. Das Essen auf dem Hof ist ein Genuss: Käse, Honig, Fleisch und Wein stammen aus eigener Erzeugung. Die Zimmer wirken mit ihren schweren Holzmöbeln und Balkendecken sehr rustikal.

La Vecchia Costa
SARDISCH €

(☎0789 9 86 88; Gerichte 15–20 €; ⊙tgl.) Bei einer so guten und preiswerten Küche bleibt es nicht aus, dass das ländlich-schlichte Restaurant immer voll besetzt ist. *Lorighittas* (ringförmige Nudeln) mit Steinpilzen (*porcini*) und Lammfleischsauce sind eine köstliche Einstimmung auf Wolfsbarsch mit frischen Tomaten, Rucola und Basilikum. La Vecchia Costa liegt an der Straße Arzachena – Porto Cervo.

SARDINIEN COSTA SMERALDA & UMGEBUNG

ABSTECHER

BESUCH DER WEINKELLEREI CANTINE SURRAU

In einer zauberhaften Landschaft inmitten von Weinhängen und Bergen liegt die moderne Weinkellerei **Cantine Surrau** (☎0789 8 29 33; www.vignesurrau.it; Località Chilvagghja; ⊙Mo–Fr 10–21, Sa 10.30–22, So 10.30–21 Uhr). Hier betreibt man die Weinherstellung nach einer ganzheitlichen Methode. Auf einem Rundgang kann neben dem Keller auch eine Galerie mit sardischen Kunstwerken besichtigt werden. Anschließend bietet sich bei einer Verkostung die Gelegenheit, den Geschmack eines frischen und fruchtigen Vermentino oder eines robusten und kraftvollen Cannonau zu probieren (3,50 bis 4,50 € pro Glas) – sie gehören beide zu den besten trockenen Weiß- und Rotweinen der Region. Kostenlose 30-minütige Führungen durch den Keller finden zwischen 10–12 Uhr und 15–18 Uhr statt. Die Kellerei liegt an der Straße, die von Arzachena nach Porto Cervo führt.

NICHT VERSÄUMEN

TOP 5: KLETTERTOUREN & WANDERUNGEN

➜ **Gola Su Gorropu** (S. 979) Der Wanderweg vom Pass Genna'e Silana zur Gorropu-Schlucht ist spektakulär: Er führt durch Steineichenwälder und an mit Felsbrocken übersäten Hängen und von Höhlen durchzogenen Klippen entlang. Für den Aufstieg sollte man zwei Stunden einkalkulieren, der Rückweg ist dann eine halbe Stunde kürzer.

➜ **Selvaggio Blu** Eine der schwierigsten Wandertouren in Italien: Die vier bis sieben Tage dauernde, 45 km lange Trekkingtour führt entlang der zerfurchten Küstenlinie des Golfo di Orosei, durch bewaldete Schluchten, über Klippen und an Höhlen vorbei. Ein Bergführer ist unverzichtbar, da der Wanderweg nicht gut beschildert ist und man unterwegs keinen Zugang zu Wasser hat. Wer die Strecke auf eigene Faust bewältigen will, sollte bedenken, dass teilweise Klettern erforderlich ist, dass man sich zeitweise an Halteseilen entlanghangelt oder sogar abseilen muss; Erfahrungen im alpinen Bergsteigen sind also äußerst ratsam. Mehr dazu auf der Website www.selvaggioblu.it oder im *Book of Selvaggio Blu* von Enrico Spanu.

➜ **Cala Luna** Fantastische Kletterbedingungen bieten sich oberhalb dieser wunderschönen Bucht. Man erreicht sie entweder durch eine landschaftlich reizvolle zweistündige Wanderung entlang der Küste von der Cala Fuili aus oder durch eine schnelle Bootsfahrt von Cala Gonone. Die Schwierigkeitsgrade der 56 Routen liegen zwischen 5c und 8b+, u. a. gibt es einige tückische Kletterstellen in Höhlen mit Felsüberhängen.

➜ **La Poltrona** Der massive Kalkfelskessel unweit der Cala Gonone weist kompakte Felsen und 75 mit Felshaken ausgestattete Routen der Schwierigkeitsgrade 4 bis 8a auf. Im Sommer ist es in den Morgenstunden zu heiß zum Klettern, dann sollte man besser den späten Nachmittag abwarten.

➜ **Golgo – Cala Goloritzè** Eine leichte, halbtägige Wanderung auf einstigen Maulesel-pfaden von der Hochebene des Golgo zur Cala Goloritzè. Die Bucht ist ein perfekter Halbmond mit weißem Sandstrand, an den tiefblaue Wellen schlagen. Kletterfreaks können sich an einigen der bizarr geformten Kalksteingipfel versuchen: Die Felsnadel Aguglia di Goloritzè ist eine anspruchsvolle Klettertour mit mehreren Seillängen.

Spinnaker MODERN ITALIENISCH €€
(☏ 0789 9 12 26; www.ristorantespinnaker.com; Liscia di Vacca; Gerichte rund 40 €; ☾ Nebensaison Mi geschl.) Das modisch Spinnaker lockt das elegante Publikum (Jachtbesitzer, Sternchen und Jetsetter) mit elegantem Ambiente und fabelhaften frisch zubereiteten Fischgerichten. Zu kurz angebratenen Calamari mit frischen Artischocken oder zur Languste passt ein frischer weißer Vermentino.

ℹ An- & Weiterreise

Zwischen Juni und September betreibt **Sun Lines** (☏ 348 260 98 81) Busverbindungen vom Flughafen Olbia zur Costa Smeralda mit Zwischenstopp in Porto Cervo und weiteren Küstenorten. In den übrigen Monaten des Jahres pendelt täglich ein Bus zwischen Porto Cervo und Olbia (3,50 €, 1½ Std.).

Zwischen Arzachena und Olbia bestehen ganzjährig regelmäßige Busverbindungen (2,50 €, 45 Min., 12-mal tgl.).

Santa Teresa di Gallura

5225 EW.

Sonnig, windig und sehr entspannt, genießt Santa Teresa di Gallura eine bevorzugte Position an der Nordküste der Gallura. In der Hochsaison ist das Seebad extrem überlaufen, dennoch ist es gelungen, den urtümlichen Charakter des Ortes zu bewahren. Berühmt sind die surrealistisch wirkenden, vom Wind geformten Granitfelsen des nahe gelegenen Capo Testa. Von dort ist es nur eine kurze Fährüberfahrt nach Korsika.

◉ Sehenswertes & Aktivitäten

Wenn sie nicht gerade am Strand sind, halten sich die meisten Feriengäste an der von Cafés gesäumten Piazza Vittorio Emanuele auf. Ruhiger geht es auf einem Spaziergang zur **Torre di Longonsardo** aus dem 16. Jh. zu. Der Turm ragt hoch über der schönen **Spiaggia Rena Bianca** auf, der helle weite

Strandstreifen wird von seichtem Wasser in einem leuchtenden Grünblau begrenzt (hier sind heimische Schildkröten zu entdecken).

4 km westlich von Santa Teresa liegt die felsige Landzunge **Capo Testa**, sie ähnelt einem bizarren Skulpturengarten. Riesige Felsbrocken liegen verstreut über die grasbewachsenen Hänge – ihre märchenhaften und fantastischen Formen sind das Ergebnis einer Jahrhunderte andauernden Winderosion.

Die Via Capo Testa im Westen der Stadt führt auf die Landzunge zu; die etwa einstündige Wanderung ist für sich genommen schon ein Traum: Der Weg führt durch Felsen und Gebüsch und erlaubt eine prachtvolle Sicht auf Felsformationen, Felsenhöhlen und das kobaltblaue Mittelmeer. Unterwegs kann man eine Pause einlegen, um schwimmen zu gehen und den Blick auf die nicht so ferne Küste von Korsika zu genießen.

Das **Consorzio delle Bocche** (☑0789 75 51 12; www.consorziobocche.com; Piazza Vittorio Emanuele; ☺Mai–Sept. 9–13 & 17–00.30 Uhr) veranstaltet Ausflüge zu den Maddalena-Inseln und entlang der Costa Smeralda, die Preise liegen bei 40 bis 45 € pro Person. Tauchgänge bietet das **Centro Sub Marina di Longone** (☑338 627 00 54; www.marinadilongone.it; Viale Tibula 11) an (ab etwa 40 €).

🛏 Schlafen & Essen

Die meisten Hotels in und um Santa Teresa di Gallura sind nur von Ostern bis Oktober geöffnet. An der Piazza Vittorio Emanuele gibt es viele Gelegenheiten zum Draußensitzen und Leutebeobachten.

Camping La Liccia　　　CAMPINGPLATZ €
(☑0789 75 51 90; www.campinglaliccia.com; SP nach Castelsardo Km 59; Camping 2 Pers., Auto & Zelt 20–31 €, 2-Pers.-Bungalows 42–105 €; 🛜🏕) 🌿 Der umweltfreundliche Campingplatz liegt 5 km westlich der Stadt an der Straße nach Castelsardo; zur fantastischen Ausstattung gehören u. a. Spiel- und Sportplätze.

B&B Domus de Janas　　　B&B €€
(☑338 499 02 21; www.bbdomusdejanas.it; Via Carlo Felice 20a; EZ 50–100 €, DZ 70–120 €, 3BZ 80–140 €, 4BZ 100–160 €; 🅿🛜🏕) Daria und Simon sind die freundlichen Gastgeber dieses entzückenden B&B mitten in der Stadt. Von der Terrasse öffnet sich ein fantastischer Blick auf das Meer. Die Zimmer sind ein fröhliches Durcheinander aus Kunst und Krimskrams.

Hotel Moderno　　　HOTEL €€
(☑0789 75 42 33, 0789 75 51 08; www.moderno hotel.eu; Via Umberto 39; EZ 50–80 €, DZ 65–140 €, 3BZ 90–180 €; 🅿🏕) Ein gemütliches Familienunternehmen in der Nähe der Piazza. Die Zimmer sind hell und luftig – über die Betten sind die traditionellen blau-weißen Gallureser Tagesdecken gebreitet – und mit winzigen Balkonen ausgestattet.

Agriturismo Saltara　　　SARDISCH €€
(☑0789 75 55 97; www.agriturismosaltara.it; Località Saltara; Gerichte 40 €; ☺Abendessen tgl.; 🏕) Eine Speisekarte ist überflüssig, Neugier und viel Appetit sind unbedingt mitzubringen. Die Gäste sitzen an Tischen unter Bäumen; ein köstlicher Gang nach dem anderen wird serviert, z. B. *culurgiones* (sardische Ravioli) mit Ricotta-Füllung und *porceddu* (Spanferkel). Das Saltara liegt 10 km südlich der Stadt abseits der SP90 (Schilder weisen auf eine unbefestigte Straße hin).

Il Grottino　　　MEDITERRAN €€
(☑0789 75 42 32; Via del Mare 14; Pizzas ab 5 €, Gerichte 30 €; ☺tgl.) Das rustikale Grottino setzt sich mit rohen, grauen Steinwänden und warmer, gedämpfter Beleuchtung in Szene. Ähnlich gehaltvoll ist das Essen: herzhafte, betont schlichte Pastagerichte, frischer Fisch und saftige Steaks.

❶ Praktische Informationen

Bar Sport (Via Mazzini 7; pro Std. 5 €; ☺6 Uhr bis Mitternacht) Internetzugang.
Touristeninformation (☑0789 75 41 27; www.comunesantateresagallura.it; Piazza Vittorio Emanuele 24; ☺Sommer tgl. 10–13 & 16–20.30 Uhr, Winter Mo–Fr 9–13 & 16–18 Uhr) Sehr hilfreich und mit einer Fülle von Informationsmaterial ausgerüstet.

❶ An- & Weiterreise

An der Endstation an der Via Eleonora d'Arborea halten Busse von und nach Olbia (5 €, 1½ Std., 7-mal tgl.) und Sassari (7 €, 2½ Std., 3-mal tgl.).

Es gibt Fährverbindungen nach Bonifacio auf der Nachbarinsel Korsika.

Palau & Arcipelago di La Maddalena

An der nordöstlichen Spitze Sardiniens liegt Palau, ein blühender Sommerferienort voller Surfshops, Boutiquen, Bars und Restaurants. Ganzjährig legen hier Fähren für die kurze Überfahrt zur **Isola della**

Maddalena ab. Sie ist die größte von rund 60 Inseln und Inselchen, aus denen sich der **Parco Nazionale dell'Arcipelago di La Maddalena** (www.lamaddalenapark.it) zusammensetzt. Der Archipel La Maddalena ist eine spektakuläre, dem stetigen Wind ausgesetzte Inselwelt, die sich naturgemäß am besten mit dem Boot erkunden lässt. Doch auch die beiden Hauptinseln haben mit ihren in der Sonne leuchtenden, ockergelben Häusern, mit Steinen gepflasterten Plätzen und einer ansteckenden Ferienatmosphäre viel Charme.

◉ Sehenswertes & Aktivitäten

Am Hafen von Palau bietet **Petag** (☏ 0789 70 86 81; www.petag.it) Ausflüge inkl. Mittagessen und mehreren Schwimmaufenthalten an bekannten Stränden entlang der Strecke an (ca. 35 € pro Pers., Mitte Mai–Mitte Okt.). Auf La Maddalena findet man zahlreiche Veranstalter rund um Cala Mangiavolpe.

Surfer treffen sich in **Porto Pollo**, 7 km westlich von Palau, wo sie die besten Windverhältnisse der Insel vorfinden. Die Wassersportmöglichkeiten sind vielfältig, so besteht die Möglichkeit zum Kitesurfen, Kanufahren, Tauchen und Segeln. Ausrüstung und Unterricht sind überall am Strand zu bekommen.

Hervorragend sind die Tauchbedingungen im Meerespark selbst. In Palau bietet **Nautilus** (☏ 0789 70 90 58; www.divesardegna.com; Piazza Fresi 8) Tauchgänge ab 50 € an.

Über einen schmalen Damm ist die **Isola Caprera** mit La Maddalena verbunden. Die winzige Insel war einst die Heimat des Freiheitskämpfers Giuseppe Garibaldi. In seinem ehemaligen Wohnhaus befindet sich das **Compendio Garibaldino** (☏ 0789 72 71 62; www.compendiogaribaldino.it; Erw./erm. 5/2,50 €; ☉ Di–So 9–19.15 Uhr), das nur im Rahmen einer Führung (in italienischer Sprache) besichtigt werden kann.

Ein Wanderweg führt nördlich vom Haus Garibaldis steil abwärts zum 1,5 km entfernten, abgeschieden liegenden Strand **Cala Coticcio**. Ein wenig leichter zugänglich ist der südöstlich gelegene (beschilderte) Strand **Cala Brigantina**.

🛏 Schlafen & Essen

In Palau und auf La Maddalena gibt es ausschließlich eine Sommersaison: Nahezu alle Hotels und Gaststätten sind von Mitte Oktober bis Ostern geschlossen.

★ **B&B Petite Maison** B&B €
(☏ 0789 73 84 32; www.lapetitmaison.net; Via Livenza 7, La Maddalena; DZ 70–110 €) Überall in diesem B&B sind Gemälde und Art-déco-Möbel verteilt, es liegt nur fünf Minuten zu Fuß vom Hauptplatz entfernt. Gastgeberin Miriam serviert ein kunstvoll zubereitetes Frühstück mit frischen, hausgemachten Köstlichkeiten in ihrem von schönen Bougainvilleen bestandenen Garten. Kreditkarten (und Kinder) werden nicht akzeptiert.

L'Orso e Il Mare B&B €
(☏ 331 22 22 000; www.orsoeilmare.com; Vicolo Diaz 1, Palau; DZ 60–110 €, 3BZ 70–130€; ❄) In diesem B&B werden die Gäste von Pietro freundlich willkommen geheißen, es liegt nur wenige Schritte von der Piazza Fresi entfernt. Die geräumigen Zimmer zeigen einen frischen maritimen Stil in Blau-Weiß. Das Frühstück besteht aus einer angenehmen Vielfalt an Kuchen, Biscotti und frischen Obstsalaten.

Camping Baia Saraceno CAMPINGPLATZ €
(☏ 0789 70 94 03; www.baiasaraceno.com; Punta Nera, Palau; Camping 2 Pers., Auto & Zelt 18–37 €, 2-Pers.-Bungalows 90–174 €; 🐾) In wunderschöner Lage am Strand von Palau bietet der Campingplatz im Schatten von Pinienbäumen eine Pizzeria, einen Spielplatz und ein Tauchzentrum.

San Giorgio SARDISCH €€
(☏ 0789 70 80 07; Via La Maddalena 4, Palau; Pizzas 6–9 €, Gerichte 30 €; ☉ Mi–Mo) Die offen angelegte Küche dieses Restaurants mit Pizzeria lässt keine Fragen offen. Eine hervorragende Wahl sind Spaghetti *allo scoglio* (mit verschiedenen Meeresfrüchten) und die Grillgerichte mit Fisch.

ℹ Praktische Informationen

Touristeninformation Palau (☏ 0789 70 70 25; www.palauturismo.com; Palazzo Fresi; ☉ Sommer 9–13 & 16–20 Uhr, Winter Mo–Fr 9–13 Uhr, Di & Do 9–13 & 15–17 Uhr)
La Maddalena (☏ 0789 73 63 21; www.comune.lamaddalena.ot.it; Cala Gavetta; ☉ Mo–Fr 8.30–13.30, Mo & Mi 8.30–13.30 & 15.30–17.30 Uhr)

ℹ An- & Weiterreise

BUS

Busse verbinden Palau mit Olbia (3,50 €, 1¼ Std., 10-mal tgl.), Santa Teresa di Gallura (2 €, 40 Min., 5-mal tgl.) und Arzachena (1,50 €, 20 Min., 8-mal tgl.). Im Sommer betreibt **Nicos-**

Caramelli (☏ 0789 67 06 13) Busverbindungen nach Porto Pollo (2 €, 35 Min.), Baia Sardinia (4,50 €, 35 Min.) und Porto Cervo (4,50 €, 50 Min.). Alle Busse fahren am Hafen ab.

SCHIFF/FÄHRE

Regelmäßig verkehrende Autofähren zur Isola Maddalena werden von **Saremar** (☏ 199 118877; www.saremar.it) und **Delcomar** (☏ 0781 85 71 23; www.delcomar.it) betrieben. Die 15-minütige Überfahrt kostet 6 € pro Person und 13 € für einen Kleinwagen (1 € weniger bei Rückfahrt am selben Tag).

NUORO & DER OSTEN

Würde man die Sarden nach ihrem geografischen, kulturellen und spirituellen Kernland fragen, würden sie mit Sicherheit den Osten der Insel nennen. Nirgendwo sonst sind die Gewalten der Natur so überwältigend wie hier, wo das Kalkmassiv des Supramonte in die steil abfallenden Klippen, Grotten und aquamarinblauen Meerestiefen des Golfo di Orosei übergeht.

Größere Städte sind zwar mit dem Bus erreichbar, einfacher lässt sich diese Gegend aber mit dem eigenen Auto erkunden. Auf und ab führende Landstraßen durchschneiden tiefe Täler, in denen frühgeschichtliche Nuraghen verborgen liegen, führen in die einsamen Dörfer der Barbagia, in denen Banditenlegenden noch lebendig sind, und durch Steineichenwälder, die von Wildschweinen durchstreift werden.

Nuoro

36 635 EW.

Aus dem einstigen abgelegenen Bergdorf Nuoro, das als Banditendorf berüchtigt war, ist im 19. und frühen 20. Jh. ein kulturell fruchtbarer Boden geworden, aus dem vielfältige künstlerische Talente hervorgingen. Der Literaturnobelpreisträgerin Grazia Deledda, dem gefeierten Dichter Sebastiano Satta, dem Romanschriftsteller Salvatore Satta und dem Bildhauer Francesco Ciusa sind heute Museen in der historischen Altstadt gewidmet.

Der Granitgipfel des Monte Ortobene (955 m) bildet den spektakulären Hintergrund der Stadt; er wird von einer 7 m hohen Bronzestatue des *redentore* (Erlösers) gekrönt. Der dicht bewaldete Gipfel bietet einen erstklassigen Weitblick über das Tal und die Granitberge von Oliena.

⊙ Sehenswertes

Museo della Vita e delle Tradizioni Sarde
MUSEUM

(Via Antonio Mereu 56; Erw./erm. 3/1 €; ⊙ Sommer tgl. 9–19 Uhr, Winter Di–So 9–13 & 15–18 Uhr) Das Museum eröffnet Einblicke in Traditionen, Folklore und Brauchtum Sardiniens. Die farbenprächtige Ausstellung traditioneller Trachten ist der Stolz des Museums.

Museo d'Arte
KUNSTGALERIE

(MAN; www.museoman.it; Via S Satta 15; Erw./erm. 3/2 €; ⊙ Di–So 10–13 & 115–19 Uhr) In einem restaurierten Stadthaus des 19. Jhs. ist das MAN untergebracht, eine einzigartige Galerie für moderne Kunst auf Sardinien. In der Dauerausstellung werden rund 400 Werke der bedeutendsten sardischen Maler des 20. Jhs. gezeigt.

Museo Deleddiano
MUSEUM

(Via Grazia Deledda 53; Erw./erm. €3/1 €; ⊙ Sommer tgl. 9–19 Uhr, Winter Di–So 10–13 & 15–17 Uhr) Im ältesten Teil der Stadt steht das Geburtshaus Grazia Deleddas, es birgt heute ein reizendes kleines Museum. Die Räume, angefüllt mit Erinnerungsstücken an die Dichterin, wurden sorgfältig restauriert und vermitteln ein anschauliches Bild von einem reichen Nuoreser Haus des 19. Jhs.

⚑ Feste & Events

Sagra del Redentore
RELIGIÖSES FEST

Das Erlöserfest in der letzten Augustwoche ist das bedeutendste religiöse Fest in Nuoro und eines der temperamentvollsten Feste der Insel mit Paraden, Musik und einer Fackelprozession.

🛏 Schlafen & Essen

★ Casa Solotti
B&B €

(☏ 328 602 89 75, 0784 3 39 54; www.casasolotti.it; Località Monte Ortobene; pro Pers. 26–35 €; [P][❋][🛜]) In einem weitläufigen Park liegt dieses einladende B&B zwischen Wäldern und einem Netz von Wanderwegen unweit des Monte Ortobene – 5 km von der Stadtmitte Nuoros entfernt. Die Zimmer sind mit Steingemäuer und Holzbalken von einer ländlichen Eleganz und bieten fantastische Ausblicke über das umgebende Tal und den fernen Golfo di Orosei. Den Gastgebern Mario und Frédérique wird keine Mühe zu viel, sie sorgen neben allem anderen auch für Reitausflüge und Lunchpakete sowie geführte Wanderungen in die Berglandschaft des Supramonte.

Silvia e Paolo B&B €

(📞 0784 3 12 80; www.silviaepaolo.it; Corso Garibaldi 58; EZ 33–40 €, DZ 55–65 €; ❄🛜) Silvia und Paolo führen dieses entzückende B&B. Schätze aus dem Familienbesitz – von Puppen bis zu alten Lederkoffern – verleihen den hellen, geräumigen Zimmern eine wohnliche Atmosphäre. Von der Dachterrasse lassen sich am Tag das Geschehen am Corso Garibaldi und bei Nacht der Sternenhimmel beobachten.

La Locanda Pili Monica SARDISCH €

(📞 0784 3 10 32; Via Brofferio 31; Gerichte rund 15 €; 🕐 Mo–Sa) Das Mittagsangebot (9,20 €) in dieser fröhlichen, bodenständigen Trattoria ist ein Schnäppchen. Wer einen freien Tisch findet, kommt in den Genuss von Antipasti, frischer Pasta und Steaks, dazu passt der süffige Wein des Hauses.

ℹ Praktische Informationen

Touristeninformation (📞 0784 23 88 78; www.provincia.nuoro.it; Piazza Italia 7; 🕐 Mo–Fr 8.30–14, Di 8.30–14 & 15.30–19 Uhr) Hält eine Fülle nützlicher Informationen über Nuoro und die Region bereit.

ℹ An- & Weiterreise

Vom Hauptbusbahnhof am Viale Sardegna steuern Busse die folgenden Fahrziele an:

REISE-ZIEL	FAHR-PREIS (€)	FAHRZEIT (STD.)	HÄUFIGKEIT
Baunei	6	2	4-mal tgl.
Cagliari	15,50	2½–5	2-mal tgl.
Dorgali	3	¾	6-mal tgl.
Olbia	9	2½	8-mal tgl.
Oliena	1,50	½	zahlreich
Orgosolo	2,50	½	zahlreich
San Teodoro	7	1¾	8-mal tgl.
Santa Maria Navarrese	7	2½	5-mal tgl.
Tortolì	7	2¾	5-mal tgl.

Supramonte

Im Südosten von Nuoro steigt das düstere Kalkfelsmassiv des Supramonte auf, dessen Hänge einer eisernen Wand gleichen. Die faszinierende Berglandschaft bildet den landeinwärts gelegenen Teil des **Parco Nazionale del Golfo di Orosei e del Gennargentu** (www.parcogennargentu.it), des größten Nationalparks Sardiniens.

Oliena

7355 EW.

Von Nuoro aus sieht man die bunten Dächer des Städtchens Oliena im Schutz des majestätischen Monte Corrasi (1463 m) liegen. Der stimmungsvolle Ort mit einer Altstadt aus grauem Stein wurde bereits in römischer Zeit gegründet. Heute ist die Stadt vor allem für den blutroten Cannonau-Wein und die traditionellen Osterfeiern berühmt.

🔵 Sehenswertes & Aktivitäten

Auf der Piazza Santa Maria wird samstags ein Markt im Schatten der **Chiesa di Santa Maria** aus dem 13. Jh. abgehalten. Es gibt noch weitere, wunderbare alte Kirchen, z. B. die durch ihre Schlichtheit beeindruckende **Chiesa di San Lussorio** (Via Cavour) aus dem 14. Jh.

Die sonst so verträumte Stille des Dorfes wird alljährlich am Ostersonntag vom **S'Incontru** (Zusammenkunft) erschüttert. Bei einer lärmenden Prozession wird eine Christusfigur von Trägern zur Piazza Santa Maria gebracht, wo sie mit einer Marienfigur zusammengeführt wird.

Die Landschaft um Oliena bietet die besten Bedingungen für Aktivitäten in der Natur. **Sardegna Nascosta** (📞 0784 28 85 50; www.sardegnanascosta.it), **Barbagia Insolita** (📞 0784 28 60 05; www.barbagiainsolita.it; Corso Vittoria Emanuele 48) und **Cooperativa Enis** (📞 0784 28 83 63; www.coop enis.it) veranstalten unterschiedliche Ausflüge, u. a. Trekkingtouren und Kanufahrten, Abseil- und Klettertouren sowie Reitausflüge.

🛏 Schlafen & Essen

Hotel Monte Maccione HOTEL, CAMPINGPLATZ €

(📞 0784 28 83 63; www.coopenis.it; Località Monte Maccione; EZ 39–49 €, DZ 66–80 €, 3BZ 93–114 €, 4BZ 116–144 €, Camping 2 Pers. & Zelt 18 €; 🅿🛜♿) Unter der Leitung der Cooperativa Enis bietet das hoch gelegene Berghotel luftige Zimmer in kühlen Blau- und Grüntönen mit fantastischen Ausblicken auf die nahen Berge des Supramonte. Das Hotel liegt rund 4 km oberhalb von Oliena. Zum Hotel gehören außerdem ein recht einfacher Campingplatz und ein viel gelobtes Restaurant (verschiedenen Gerichte 22–35 €).

ⓘ GUT GEFÜHRT

Wer plant, im Supramonte Wanderungen zu unternehmen, findet hier eine Auswahl der besten Bergführer:

Cooperativa Gorropu (☎ 333 850 71 57, 347 423 36 50; www.gorropu.com; Passo Silana SS125, Km 183, Urzulei) Sandra und Franco organisieren Ausflüge aller Art, u. a. Trekkingtouren (30–35 €), Kanufahrten und Höhlenwanderungen (40–60 €).

Corrado Conca (☎ 347 290 31 01; corrado@segnavia.it) Der Guru der Wanderer- und Bergsteigerszene Sardiniens ist ein hervorragender Begleiter auf der extrem schwierigen Trekkingtour Selvaggio Blu („Wildes Blau"), die sieben Tage dauert. Für die Tour ist mit rund 550 € pro Person zu rechnen.

Cooperativa Ghivine (☎ 0784 9 67 21, 338 834 16 18; www.ghivine.com; Via Lamarmora 69/e) Der Veranstalter von Abenteuertouren organisiert u. a. Bergtouren in die Gola Su Gorropu und nach Tiscali (jeweils 40 €).

Dolmen (☎ 347 669 81 92; www.sardegnadascoprire.it; Via Vasco da Gama 18, Cala Gonone) Der zuverlässige Veranstalter organisiert Geländewagenfahrten in das Supramonte-Gebirge und Kanufahrten zur Gorropu-Schlucht.

Hotel Cikappa HOTEL €

(☎ 0784 28 80 24; www.cikappa.com; Corso Martin Luther King 2–4; EZ/DZ/3BZ 40/70/85 €; ❄🗕) Die netten, wenn auch schlichten Zimmer des Hotels liegen über einem beliebten Restaurant (Gerichte 25–35 €) in der Stadtmitte von Oliena. Die besten Zimmer haben Balkons mit Blick auf die nah gelegenen Berge.

★ **Agriturismo Guthiddai** AGROTOURISMUS €€

(☎ 0784 28 60 17; www.agriturismoguthiddai.com; Nuoro-Dorgali bivio Su Gologone; Halbpension pro Pers. 60–75 €; ❄🗕🍴) An der Straße zum Hotel Su Gologone liegt das weiße Landgut am Fuß einer hoch aufragenden Felswand inmitten von Feigen-, Oliven- und Obstbäumen. Olivenöl, Cannonau-Wein, Obst und Gemüse stammen ausschließlich aus eigener Erzeugung. Die Zimmer haben außergewöhnlich schöne Bodenfliesen in Hellgrün und Kobaltblau.

Hotel Su Gologone HOTEL €€€

(☎ 0784 28 75 12; www.hotelsugologone.com; Località Su Gologone; EZ 105–170 €, DZ 160–250 €, Suite 360–450 €; 🅿❄🗕🏊) Das Hotel Su Gologone liegt 7 km östlich von Oliena und verwöhnt seine Gäste mit ländlichem Luxus. Die Zimmer sind mit originalen Kunstwerken und ortstypischer Handwerkskunst dekoriert, die Ausstattung ist erstklassig – neben einem Swimmingpool und einem Weinkeller gibt es auch ein Restaurant (Gerichte rund 50 €), in dem gut zubereitete sardische Spezialitäten am Kamin oder draußen auf der Terrasse serviert werden.

Ristorante Masiloghi SARDISCH €€

(☎ 0784 28 56 96; Via Galiani 68; Gerichte 30–35 €; ⊘ tgl.) Eine sonnige mediterrane Villa an der Hauptstraße nach Dorgali. Zu den Spezialitäten des Hauses gehören u. a. hausgemachte Pasta, Lammfleisch aus der Region und Wildschweinragout.

ⓘ Praktische Informationen

Tourpass (☎ 0784 28 60 78; Corso Deledda 32; ⊘ 9–13 & 16–18.30 Uhr) Die beste Informationsquelle in Oliena ist diese private Agentur, sie gibt auch Empfehlungen für Aktivitäten in der Region.

ⓘ An- & Weiterreise

ARST betreibt regelmäßige Busverbindungen von der Via Roma nach Nuoro (1,50 €, 20 Min., Mo–Sa bis zu 12-mal tgl., So 6-mal tgl.).

Orgosolo & Mamoiada

Jahrhundertelang war **Orgosolo** als Brutstätte des Banditentums und Menschenraubs weit und breit sehr gefürchtet. Heute ist der Ort wegen seiner ausdrucksstarken graffitiartigen Wandgemälde (*murales*) berühmt; man findet sie überall in der Innenstadt. Wie satirische Karikaturen schildern sie die großen politischen Ereignisse des 20. Jhs. auf oft sehr bewegende Weise. Ein typisches Beispiel ist eine Bilderserie über den zwölfjährigen Palästinenser Mohammed al-Dura, der angeblich von israelischen Soldaten im Gazastreifen erschossen wurde, als er sich hinter seinem Vater versteckt hielt.

10 km westlich von Orgosolo liegt das unscheinbare Städtchen **Mamoiada**, Schauplatz der unheimlichsten **Karnevalsfeiern** der Insel. Ihren Anfang nehmen sie mit der **Festa di Sant'Antonio** am 17. Januar und erreichen am Tag vor Aschermittwoch und dem vorangehenden Sonntag (Feb. oder Anfang März) ihren Höhepunkt. Im Mittelpunkt der Veranstaltungen stehen die *mamuthones* – Gestalten, die mit zotteligen braunen Schafsfellen und archaischen Holzmasken herausgeputzt sind. Anthropologen vermuten, dass die *mamuthones* alle unsagbaren Schrecken verkörpern, vor denen die Menschen vor Jahrhunderten Angst empfanden. Sie interpretieren den rituellen Umzug als den Versuch, diese Dämonen vor dem bevorstehenden Frühlingsbeginn zu vertreiben.

Von Nuoro aus fahren Busse nach Mamoiada (2 €, 20 Min.) und nach Orgosolo (2 €, 30 Min.).

Dorgali

8524 EW.

Dorgali ist ein erdverbundenes Dorf vor einer grandiosen Kulisse; es schmiegt sich an die Hänge des Monte Bardia und liegt inmitten von Weinbergen und Olivenhainen. Die Gipfel des Kalkmassivs ragen im Hintergrund der pastellfarbenen Häuser auf, steile schmale Wege locken Wanderer und Bergsteiger zu Touren ins Gebirge.

Die Kunsthandwerksläden des Ortes – Dorgali ist berühmt für Lederwaren, Keramik, Teppiche und Filigranschmuck – treten neben der Anziehungskraft, die die großartige umgebende Natur ausübt, fast schon in den Hintergrund; der Golfo di Orosei und der spektakulär zerfurchte Supramonte sind leicht erreichbar.

🛏 Schlafen & Essen

Sa Corte Antica
B&B €

(📞 347 647 37 73; www.sacorteantica.it; Via Mannu 17; DZ 50–60 €, 3BZ 65–75 €; ❄) Die Zimmer des B&B blicken auf einen steinernen Innenhof, der einen altertümlichen Charme ausstrahlt, zu dem auch die Reetdächer und die schmiedeeisernen Betten beitragen. Hausgemachtes Brot und *biscotti* (eine Art Zwieback) werden zum Frühstück serviert.

Ristorante Colibrì
SARDISCH €€

(📞 0784 9 60 54; Via Gramsci 14; Gerichte 30 €; ⊘ Mo–Sa) Das Restaurant liegt in einem Wohngebiet versteckt, wo man es nicht vermuten würde (Hinweisschilder zeigen den Weg). Es ist ein Glücksfall für alle, die gern Fleisch essen; hier werden z. B. Wildschweinbraten mit Rosmarin und *porceddu* (Spanferkel) zubereitet.

ℹ Praktische Informationen

Touristeninformation (📞 0784 9 62 43; www.dorgali.it; Via Lamarmora 108b; ⊘ Mo–Fr 10–13 & 16–20 Uhr) Informationsmaterial über Dorgali und Cala Gonone, u. a. Adressen von örtlichen Trekking-Veranstaltern sowie Unterkunftsverzeichnisse.

ℹ An- & Weiterreise

Busse fahren nach Nuoro (3 €, 45 Min., 6-mal tgl.) und Olbia (7,50 €, 2¾ Std., 2-mal tgl.). Bis zu sechs Busse pendeln täglich zwischen Dorgali und Cala Gonone (1,20 €, 25 Min.).

Grotta di Ispinigoli

Eine kurze Fahrt führt nordwärts von Dorgali zur märchenhaften **Grotta di Ispinigoli** (Erw./erm. 7,50/3,50€; ⊘ Touren jeweils zur vollen Std., Sommer 9–18 Uhr, Winter 10–12 & 15–17 Uhr) mit unzähligen glitzernden Stalagmi-

---

ABSTECHER

SERPENTINENFAHRT

Ein lohnendes Erlebnis ist die 60 km lange Autofahrt auf der Straße von Dorgali nach Santa Maria Navarrese. Kurvenreich und mitunter haarsträubend windet sich die SS125 durch das Gebirge. Unterwegs läuft man immer wieder Gefahr, sich durch die Schönheit der Szenerie vom Autofahren ablenken zu lassen: Auf der rechten Seite steigen die zerklüfteten Kalkfelsengipfel des Supramonte über bewaldete Täler und tiefe Schluchten auf; auf der linken Seite fallen Berge unvermittelt ins leuchtend blaue Meer ab. Die ersten 20 km auf der Strecke zum **Pass Genna'e Silana** (1017 m) sind am eindrucksvollsten. Außer vereinzelten blitzschnellen Fiats sind jedoch kaum Autos unterwegs; Vorsicht ist jedoch in der Dämmerung geboten, wenn Wildschweine, Ziegen, Schafe und Kühe die Straße in Besitz nehmen und auch Steinschlag auslösen können.

ten, darunter der zweitgrößte der Erde (der größte misst stolze 40 m und befindet sich in Mexiko). Im Gegensatz zu den meisten anderen Höhlen dieser Art, die seitlich betreten werden, steigen die Höhlenbesucher hier im Innern eines gigantischen „Schachtes" 60 m in die Tiefe. In dessen Mittelpunkt erhebt sich ein prachtvoller, 38 m hoher Stalagmit. Das Fotografieren ist nicht gestattet.

Serra Orrios & Thomes

Das Nuraghendorf **Serra Orrios** (Erw./Kind 5/2,50 €; ☉ stündl. Touren 9–12 & 15–17 Uhr) war in der Zeit von 1500 bis 250 v. Chr. bewohnt. In Olivenhainen verborgen liegen die Ruinen von rund 70 Steinhütten, die sich in einem Bogen um zwei Basalttempel gruppieren. Die Stätte befindet sich 11 km nordwestlich von Dorgali (3 km im Norden der Straße Dorgali–Oliena).

Von Serra Orrios kann man nordwärts weiter zur **Tomba dei Giganti S'Ena e Thomes** (☉ Morgen- bis Abenddämmerung) GRATIS fahren – sie ist ein besonders schönes Beispiel einer *tomba dei giganti,* einer megalithischen Grabkammer aus der Bronzezeit. Das imposante Steinmonument wird von einer oben abgerundeten Hauptstele überragt, mit der in grauer Vorzeit eine Grabkammer verschlossen wurde.

Gola Su Gorropu

Die **Gola Su Gorropu** (☎ 328 897 65 63; www.gorropu.info; Erw./erm. 5/3,50 €; ☉ Touren 10.30–15.30 Uhr) ist eine spektakuläre Schlucht, die von 400 m hohen, vertikal aufragenden Felswänden gebildet wird. Vom Flussbett des Rio Flumineddu kann man 1 km weit ohne Kletterausrüstung in die Schlucht hineinwandern, bis der Weg von Felsbrocken versperrt wird. Nach 500 m ist die engste, nur 4 m breite Wegstelle erreicht.

Die Schlucht ist auf zwei Hauptwegen zugänglich. Der schwierigere beginnt, ausgehend vom Parkplatz gegenüber dem Hotel Silana am Pass **Genna'e Silana**, an der SS125 bei Km 183.

Leichter zugänglich ist die Gorropu-Schlucht über die **Sa-Barva-Brücke,** sie liegt 15 km von Dorgali entfernt. Zur Brücke führt die Straße SS125 – ein Schild weist auf der rechten Seite (bei Km 200 und 201) auf die Gola Su Gorropu und Tiscali hin. Diesem Schild folgen, bis die Asphaltstraße nach rund 20 Minuten endet. Hier das Auto abstellen und die Sa-Barva-Brücke überque-

ren; dahinter beginnt der Wanderweg zur Schlucht (ein Schild weist nach links darauf hin). Der Eingang wird nach einer reizvollen zweistündigen Wanderung entlang des Rio Flumineddu erreicht.

Tiscali

In einer Höhle tief im Valle Lanaittu versteckt sich das nuraghische Höhlendorf **Tiscali** (Erw./erm. 5/2 €; ☉ Sommer 9–19 Uhr, Winter 9–17 Uhr), einer der archäologischen Schätze der Insel. Das Dorf geht auf das 6. Jh. v. Chr. zurück und war bis in römische Zeit hinein bewohnt. Ende des 19. Jhs. wurde es in relativ intaktem Zustand entdeckt, seitdem haben aber Grabräuber ganze Arbeit geleistet und die Stätte weitgehend geplündert. So sind heute von den kegelförmigen Steinhütten nur die skeletthaften Reste übrig geblieben.

Viele Veranstalter vor Ort bieten Führungen zum Nuraghendorf an (üblich sind etwa 40 €) – wer auf eigene Faust loswandern möchte, sollte der einfachsten Route folgen: Sie beginnt am selben Punkt wie die Wanderung zur Gola Su Gorruppu. Der Wanderweg ist beschildert, die Wanderung dauert 1½ bis 2 Stunden; feste Schuhe und genügend Trinkwasser für unterwegs sind wichtig.

Golfo di Orosei

Die Schönheit dieser Küstenlandschaft ist absolut überwältigend, sie gehört zum Parco Nazionale del Golfo di Orosei e del Gennargentu. Hohe Berghänge fallen hier abrupt ins Meer ab und bilden einen Bogen aus dramatisch geformten Klippen, die von Meeresarmen eingeschnitten und von runden Buchten unterbrochen werden, an die Wellen von unglaublichem Aquamarinblau branden.

Cala Gonone

Bergsteiger, Taucher, Kajakfahrer, Wanderer und Strandliebhaber – sie alle sind begeistert von Cala Gonone. Im Hintergrund ragen schroffe Klippen auf, die mit einzelnen Bäumen bewachsen sind. Das einstige Fischerdorf hat sich auch als Seebad seine ruhige, familienfreundliche Atmosphäre bewahrt. Mit einer ansprechenden Reihe von Hotels, Bars und Restaurants an seinem von Pinien begrenzten *lungomare* ist Gonone

NICHT VERSÄUMEN

DER BLAUE HALBMOND

Zum Pflichtprogramm jedes Sardinienreisenden sollte ein Bootsausflug entlang der Südküste der Cala Gonone gehören. Überwältigend schöne, von Klippen gesäumte Strandbuchten sind vom Ort aus mit dem Auto oder zu Fuß zu erreichen (z. B. **Cala Cartoe** im Norden sowie **Cala Fuili** und **Cala Luna** im Süden), doch die besten Buchten sind nur auf dem Seeweg zugänglich.

Vom Hafen fahren Boote nach Süden zur **Grotta del Bue Marino** (Erw./erm. 8/ 4 €; ☺ geführte Touren stündl. Aug. 10–12 & 15–17 Uhr, Juli 10–12 & 15 Uhr, Sept. 10, 11 & 15 Uhr, Okt.–Nov. & März–Juni 11 & 15 Uhr). Zu diesem faszinierenden Höhlensystem von zauberhaften Säulenhallen mit Stalaktiten und Stalagmiten kamen früher Mönchsrobben (*bue marino*), um ihre Jungen zur Welt zu bringen.

Ab dort wechseln Buchten und Strände ohne Unterbrechung ab; darunter sind lohnende Ziele zu entdecken, vor allem die mondsichelförmige **Cala Luna** und die **Cala Sisine**, hinter der sich ein grünes Tal öffnet, und schließlich der blendend weiße Kieselstrand der **Cala Mariolu**, deren Wasser in einem unwirklichen Kobaltblau leuchtet.

Das **Nuovo Consorzio Trasporti Marittimi** (☎ 0784 9 33 05; www.calagonone crociere.it; Porto Cala Gonone) bringt Fahrgäste zwischen März und einschließlich September in Windeseile zu dem schönen Küstenstreifen. Zu den Pauschalangeboten gehören u. a. Fahrten (mit Rückfahrt) zur Cala Luna (15–23 €), Cala Sisine (22–30 €) und Cala Mariolu (30–40 €). Eine Rundfahrt zur Grotta del Bue Marino kostet zwischen 19 € und 22 €, darin ist der Eintritt in die Grotte bereits enthalten.

ein idealer Ausgangspunkt für verschiedenste Outdooraktivitäten.

🔘 Sehenswertes & Aktivitäten

Auge in Auge mit anmutig schwebenden Meerestieren – das neue **Acquario di Cala Gonone** (www.acquariocalagonone.it; Via La Favorita; Erw./erm. 10/7,50 €; ☺ April–Okt. 10–18 Uhr) ist vor allem für Kinder ein schönes Ausflugsziel.

Eine interessante Geschichtsstunde können sie beim Erkunden der stimmungsvollen **Nuraghe Mannu** (Erw./erm. 3/2 €; ☺ 9–11 & 17–19, Nebensaison bis 17 Uhr, Nov.–März geschl.) erleben. Die vorzeitlichen Überreste liegen abseits der Straße von Cala Gonone nach Dorgali und bieten von ihrer Höhe einen weiten Blick über die gesamte Küste.

Hilfreiche Informationen für Bergsteiger und Ausflüge mit Führungen bietet **Prima Sardegna** (☎ 0784 9 33 67; www.primasardegna. com; Via Lungomare Palmasera 32). Der Veranstalter verleiht auch Fahrräder/Motorroller/ Kajaks für 24/48/30 €. **Argonauta** (☎ 349 473 86 52, 0784 9 30 46; www.argonauta.it; Via dei Lecci 10) hat eine ganze Palette von Wassersportaktivitäten, u. a. Schnorchelausflüge (25 €), Höhlen- und Wracktauchgänge (45 €) sowie Schluchtenwanderungen mit Canyoning (40 €; mind. 5 Teilnehmer) im Programm.

🛏️ Schlafen & Essen

Der Ferienort hält von Oktober bis Ostern einen tiefen Winterschlaf; im Sommer ist jedoch ein frühzeitiges Buchen zwingend notwendig. Neben den nachfolgend genannten Unterkünften gibt es im Ort auch einen Campingplatz. Snackbars, Cafés und Eisdielen säumen die schöne Strandpromenade (*lungomare*).

⭐ Hotel L'Oasi   B&B €

(☎ 0784 9 31 11; www.loasihotel.it; Via Garcia Lorca 13; EZ 53–79 €; DZ 68–136 €; 🅿 ❄ 🛜) Auf der Höhe der Klippen über Cala Gonone liegt – von schönen Blumengärten umgeben – das B&B mit seinen luftigen Zimmern, von denen mehrere einen schönen Meerblick bieten. Es lohnt sich, 15 € pro Person zusätzlich für die Halbpension zu zahlen, denn das dreigängige Abendessen wird mit frischen Erzeugnissen aus der Region zubereitet. Das L'Oasi liegt zehn Gehminuten vom Hafen entfernt.

Agriturismo Nuraghe Mannu   AGROTOURISMUS, CAMPINGPLATZ €

(☎ 0784 9 32 64; www.agriturismonuragheman nu.com; DZ 54–68 €, Halbpension pro Pers. 45–54 €, Camping 2 Pers., Auto & Zelt 18–24 €; 🅟) 🚜 Abseits der Straße SP26 von Dorgali nach Cala Gonone liegt ein wunderbar gastlicher landwirtschaftlicher Hof mitten im Grünen. Es gibt vier einfache Zimmer und einen von

Bäumen beschatteten Campingplatz mit fünf Zeltplätzen. Im Hofrestaurant wird eine Fülle von Erzeugnissen aus eigener Herstellung wie Käse und Wein sowie Schweine- und Lammfleisch auf den Tisch gebracht.

Hotel Villa Gustui Maris HOTEL €€
(📞 0784 92 00 76; www.villagustuimaris.it; Via Marco Polo 57; EZ 136–200 €, DZ 148–200 €; ❄ @ ☒ 🐾) Am besten nach einem Zimmer zur Meerseite fragen – dann fällt der Blick beim Aufwachen als Erstes auf den weiten Golfo di Orosei. Das mediterrane Hotel im Stil einer Villa liegt 800 m von der Ortsmitte entfernt und ist auf einem steilen Fußweg von dort zu erreichen. Die Unterkünfte sind hell und geräumig – vorherrschende Farben sind Crème und Terrakotta – und mit Fliesenböden sowie Balkonen oder Terrassen ausgestattet. Der Swimmingpool bietet Gelegenheit für ein Bad vor einer schönen Landschaft.

Il Pescatore FISCH €€
(📞 0784 9 31 74; Via Acqua Dolce 7; Gerichte 25–35€; ⊘ tgl.) In diesem Restaurant dreht sich alles um frischen Fisch. Auf der Terrasse genießen die Gäste außer der Meeresbrise auch köstliche Fischgerichte wie Pasta mit *ricci* und Spaghetti mit Venusmuscheln und *bottarga*.

Road House Blues ITALIENISCH €€
(📞 0784 9 31 87; Lungomare Palmasera 28; Pizza 5–9,50 €, Gerichte 20–30 €; ⊘ tgl.) Das lässige Strandrestaurant mit Terrasse ist die richtige Adresse für ein spontanes Bier oder einen Imbiss. Hier gibt es Pizzas, außerdem sardische Gerichte, z. B. hausgemachte Pasta mit Seeanemonen oder *gnocchetti sardi* (muschelförmige Pasta) mit Venus- und Miesmuscheln, gegrillten Fisch und Steaks zum Sattessen.

🛈 Praktische Informationen

Touristeninformation (📞 0784 9 36 96; www.dorgali.it; Viale Bue Marino 1a; ⊘ Mai–Sept. 9.30–13.30 & 15–19 Uhr, Okt.–April 9.30–13.30 Uhr, Juli & Aug. 9.30–20 Uhr) Ein hilfreicher Anlaufpunkt für Informationen; in einem kleinen Park auf der rechten Seite vom Ortseingang gelegen.

🛈 An- & Weiterreise

Bis zu sieben Busse fahren täglich von Dorgali nach Cala Gonone (1,20 €, 20 Min., 7-mal tgl.) und bis zu sechs Busse nach Nuoro (3,50 €, 70 Min.).

LEMON HOUSE

Eine erstklassige Ausgangsbasis für Outdoor-Abenteuer ist das **Lemon House** (📞 0782 66 95 07, 335 648 98 26; www.peteranne.it; Via Dante 10, Lotzorai; pro Pers. 30–43 €; 📶) unter der Leitung von Peter und Anne. Peter hat mehrere der insgesamt 800 Kletterrouten der Gegend mit Felshaken ausgerüstet und ist Mitbegründer von **Mountain Bike Ogliastra** (www.mountainbikeogliastra.it). Das B&B der beiden ist ein freundliches Haus mit einer Dachterrasse, von der sich eine schöne Aussicht auf Berge und Meer eröffnet. Eine Kletterwand ist vorhanden, und zum Frühstück kommt eine hausgemachte Zitronenmarmelade auf den Tisch. Außerdem gibt es eine Fahrradverleih und einen Abholservice, GPS-Systeme werden verliehen und wertvolle Tipps für Wander- und Klettertouren, Mountainbike- und Kajakfahrten weitergegeben.

Ogliastra

Zwischen den Provinzen Nuoro und Cagliari liegt das Bergland Ogliastra, eine vielgestaltige Landschaft mit weiten, unberührten Tälern, stillen Wäldern und vom Wind verwitterten Felshängen. Je näher man dem Golfo di Orosei kommt, umso eindrucksvoller ist die Landschaft dieses Küstenabschnitts.

Baunei & Altopiano del Golgo

Rund 28 km südlich des Passes Genna'e Silana liegt das triste Schäferdorf Baunei. Es gibt kaum einen Grund, hier anzuhalten, dafür aber umso mehr, den 10 km langen Umweg zur Hochebene **Altopiano del Golgo** zu unternehmen: Auf dem bizarren Plateau weiden wilde Ziegen und Esel zwischen trockenen Macchiagewächsen. Von Baunei weisen Schilder auf die Hochebene hin, die nach einer 2 km langen Fahrt auf einem unwahrscheinlich steilen Serpentinenweg erreicht wird. Richtung Norden geht es weiter, nach 8 km taucht ein Hinweisschild zum knapp 1 km entfernten **Su Sterru** (Il Golgo) auf. Dort parkt man das Auto und läuft den restlichen Weg zu diesem Meisterwerk der Natur zu Fuß: Unvermittelt öffnet sich ein 270 m tiefer Abgrund, der an der Talsohle nur 40 m breit ist. Die trichterförmige Schlucht ist inzwischen gesichert, aber allein der Gedanke an die Tiefe und der Blick hinunter in die Öffnung reichen aus, dass es einem schwindelig wird.

Mitten auf der Hochebene liegt die **Locanda Il Rifugio** (☎ 368 702 8980, 0782 61 05 99; www.coopgoloritze.com; DZ 70 €, inkl. Halbpension 110 €; ☺ April–Okt.), die mit sechs einfachen Zimmern auf einem ehemaligen Bauernhof und Einrichtungen für Camper (pro Zelt 5 €) aufwartet. Das Rifugio unter der Leitung der **Cooperativa Goloritzè** (www.coopgoloritze.com) ist ein hervorragender Ausgangspunkt für Trekkingtouren und Exkursionen im Geländewagen. Viele Wanderungen schließen den Abstieg vom Plateau mit ein, er führt durch schroffe abschüssige Schluchten (*codula*) hinunter zu den schönen Stränden am Golfo di Orosei. Das Refugio stellt außerdem Führer und logistische Hilfe bereit, wenn Wanderer die Selvaggio Blu, die härteste Wanderung Sardiniens, wagen wollen.

Gleich hinter dem Rifugio steht die **Chiesa di San Pietro** aus dem späten 16. Jh. – die bescheidene Kirche ist an einer Seite von noch einfacheren *cumbessias* flankiert. Die weitgehend offenen Steinhütten boten vorüberziehenden Pilgern, die zum Festtag des Heiligen hierherkamen, ein alles andere als behagliches Dach über dem Kopf.

Santa Maria Navarrese

Am Südende des Golfo di Orosei liegt der unprätentiöse und ansprechende Badeort Santa Maria Navarrese. Schiffbrüchige baskische Seeleute bauten hier 1052 eine kleine Kirche, die der heiligen Maria di Navarra geweiht ist. Sie wurde im Auftrag der Prinzessin von Navarra, selbst eine der Überlebenden des Schiffbruchs, im Schatten eines großen Olivenbaumes errichtet, der heute noch steht – manche glauben, er sei fast 2000 Jahre alt.

Hohe Pinien und Eukalyptusbäume bilden den Hintergrund des von klarem Wasser begrenzten Strandes. Vor der Küste liegen ein paar kleine Inseln, z. B. die rosafarbenen Porphyrfelsen von **Isolotto di Ogliastra**. Am grünen Nordende des Strandes ragt ein Wachturm auf, von dem früher die Bewohner des Städtchens nach angreifenden Sarazenen Ausschau hielten.

Unten am Hafen bietet der Veranstalter **Consorzio Marittimo Ogliastra** (☎ 0782 61 51 73; www.mareogliastra.com) Bootsfahrten im Golfo di Orosei an (zwischen 35 und 42 € pro Pers.). Nebenan veranstaltet **Nautica Centro Sub** (☎ 0782 61 55 22) Tauchfahrten (ab 35 €) zu mehreren wunderschönen Unterwasserrevieren.

Das Hotel **Ostello Bellavista** (☎ 0782 61 40 39; www.ostelloinogliastra.com; Via Pedra Longa; EZ 35–65 €, DZ 50–100 €; ✳ ☎) bietet helle Zimmer mit traumhaftem Meerblick.

Für Getränke am Strand empfiehlt sich die schicke **Bar L'Olivastro** (☎ 0782 61 55 13; Via Lungomare Montesanto 1; ☺ 8–13 Uhr) unter den Zweigen des berühmten Olivenbaumes des Ortes.

Eine Handvoll Busse verbinden Santa Maria Navarrese mit Tortolì (1,50 €, 15 Min., 11-mal tgl.), Dorgali (5 €, 1½ Std., 2-mal tgl.) und Nuoro (7 €, 2½ Std., 5-mal tgl.).

Tortolì & Arbatax

10 826 EW

Tortolì, die Hauptstadt der Provinz Ogliastra, hinterlässt mit ihren großen Hotelbauten und langweiligen Läden keinen besonderen Eindruck. Das 4 km entfernte **Arbatax** ist kaum mehr als ein Fährhafen mit ein paar Bars und mehreren Restaurants. Der einzig bemerkenswerte Anblick sind die *rocce rosse* (roten Felsen) von Arbatax: Die von Wind und Wetter bizarr geformten Klippen steigen steil aus dem Meer auf.

Beim Fährhafen befindet sich die Endstation des **Trenino Verde**. Der Touristenzug fährt im Sommer nach Mandas.

An Unterkünften herrscht in der Gegend kein Mangel, obwohl die meisten Häuser typische Ferienhotels sind. Fünf Minuten zu Fuß vom Strand entfernt liegt inmitten eines von einzelnen Palmen bestandenen Parks das Hotel **La Vecchia Marina** (☎ 0782 66 70 20; www.hotellavecchiamarina.com; Via Praga 1, Arbatax; DZ 70–140 €; ℗ ✳ ☎), das mit seiner weißen Fassade einen fast kolonialzeitlichen Eindruck macht. Eine gute Adresse für fangfrischen Mittelmeerfisch ist **Ittiturismo La Peschiera** (☎ 0782 66 44 15; Spiaggia della Cartiera, Arbatax; Gerichte rund 30 €; ☺ tgl.), das Restaurant wird von der Fischereikooperative von Tortolì betrieben.

Es gibt diverse Busverbindungen von Tortolì nach Santa Maria Navarrese (1,50 €, 15 Min., 11-mal tgl.), Dorgali (5 €, 1 Std. 50 Min., 1-mal tgl.) und Nuoro (7 €, 2¾ Std., 5-mal tgl.) sowie zu vielen Dörfern im Landesinneren.

Italien verstehen

Italien aktuell

Italien mag ein wunderschönes Land sein, doch unabhängig von der jeweiligen Regierung klagen die Italiener gerne über den Zustand ihres Gemeinwesens. In der Tat war die Politik lange ein Hauptproblem, Regierungen waren instabil und wechselten recht häufig; mit seiner fünfjährigen Amtszeit war Berlusconi bereits der Rekordhalter unter den Ministerpräsidenten Italiens seit dem Zweiten Weltkrieg. Die Arbeitslosigkeit ist von 6,2 % im Jahr 2007 deutlich auf 10,9 % (2012) gestiegen, und die öffentliche Verschuldung lag 2013 bei 130 % des Bruttoinlandsprodukts.

Die besten neuen Songs

'Le Radici Ca Tieni' (Sud Sound System; 2003) Die kompromisslose Gruppe aus dem Süden singt davon, dass man seine eigenen Wurzeln nie vergessen sollte.

'Nel blu dipinto di blu (Volare)' (Domenico Modugno; 1958) Ein hübscher Eurovisions-Hit und ein echter Ohrwurm.

'Ride on Time' (Black Box; 1989) Der Song im Stil des Italo-House eroberte Ende der 1980er-Jahre die Tanzsäle.

'Albachiara' (Vasco Rossi; 1979) Der größte Hit des italienischen Sängers und Rock-Poeten.

Die besten Blogs

Beppe Grillo (www.beppegrillo.it/en/) Ebenso komödiantische wie politische Anmerkungen des umstrittenen Komikers, der zum politischen Leitbild wurde.

Italian Politics with Watson (http://italpolblog.blogspot.se) Klare und erhellende Diskussionen über politische Intrigen und Tücken.

La Tavola Marche (www.latavola marche.blogspot.co.uk) Ein amerikanischer Expat, Küchenchef und Gastronomie-Autor, schreibt über regionale Küche und lohnende Rezepte.

The Blonde Salad (www.theblonde salad.com) Einflussreicher Mode-Blog, verfasst von einer Mailänder Studentin.

Die Wirtschaft

Die Wirtschaft leidet, und fast alle Italiener spüren die Auswirkungen der Sparpolitik und einer ungebrochenen Rezession. Hinzu kommt, dass die Regierungen weiterhin kurzlebig und in sich zerstritten scheinen. Da die Preise ebenso steigen wie die Steuern, tut sich am Arbeitsmarkt wenig, und die Löhne stagnieren; für viele Italiener ist das Leben beschwerlich geworden. Eine Zeitungsmeldung aus dem Jahr 2013 empfanden viele deshalb als bezeichnend für die Lage ihres Landes: Ein älteres Ehepaar hatte gemeinsam Selbstmord begangen, weil die Rente nicht mehr zum Leben reichte.

Die Wahlen von 2013 und ihre Folgen

Bei der Parlamentswahl im Februar 2013 entfielen ein Viertel aller Stimmen auf den Komiker Beppe Grillo und seine Fünf-Sterne-Bewegung – ein deutlicher Beweis dafür, wie desillusioniert die Italiener, darunter vor allem die Jüngeren, mittlerweile auf die traditionelle Politik blicken. Nach der Wahl herrschte im Parlament ein Patt.

Obwohl Silvio Berlusconi nicht ins Amt des Ministerpräsidenten zurückkehrte, behielt der populäre Ex-Regierungschef zunächst noch Einfluss auf die Koalitionsregierung unter Enrico Letta, an der sich auch Vertreter seiner Partei Popolo della Libertà (PdL) beteiligten. Als sich aber abzeichnete, dass der rechtskräftig wegen Steuerhinterziehung verurteilte Medienunternehmer Berlusconi seine politischen Ämter verlieren würde, versuchte er, über die Minister der eigenen Partei eine Amnestie zu erzwingen und drohte damit, die Regierungskoalition aufzukündigen. Erstmals widersetzten sich Minister und Abgeordnete der PdL den Weisungen ihres Parteigründers – die Regierung blieb im Amt, und Berlusconi hat mittlerweile seinen Platz im Senat verloren. Auf Drängen des hoch umstrittenen Politikers hat sich die PdL inzwischen wieder in Forza Italia – so der

Name der ersten Berlusconi-Partei – umbenannt, viele Abgeordnete und die Mitglieder der Regierung haben diesen Schritt aber nicht mitvollzogen und eine eigene neue Partei gegründet.

Die Immobiliensteuer

Neben einem gewissen Charisma des Cavaliere, das sich Außenstehenden nicht immer erschließt, und neben der Angst des Landes vor Neuerungen mag Berlusconis Erfolg bei der Wahl von 2013 auch in seinem Versprechen begründet gewesen sein, die neue Imposta Municipale Unica (IMU) wieder aufzuheben, eine Steuer auf Wohnimmobilien. Zwar wurde diese Steuer schon unter Berlusconi eingeführt, aber nur für Zweitwohnungen; Berlusconis Nachfolger Mario Monti weitete sie auch auf Hauptwohnungen aus. Die Abgabe, die die öffentliche Verschuldung lindern sollte, wurde inzwischen wieder abgeschafft.

Berlusconi vor Gericht

Trotz vieler Anklagen und Gerichtsverfahren war es zwar eine kleine Sensation, als Berlusconi 2013 tatsächlich wegen Steuervergehen in letzter Instanz verurteilt wurde. Daraufhin hat der Senat den Verurteilten Ende November aus seinen Reihen ausgeschlossen. Ob Berlusconi seinen Einfluss aber wirklich vollständig verliert, bleibt abzuwarten. Auch sein Gegenspieler Beppe Grillo führt die Fünf-Sterne-Bewegung nämlich quasi von der Seitenlinie und hat nicht fürs Parlament kandidiert: Weil er vor über 30 Jahren einen Autounfall mit Todesfolge verursacht hat, ist er vorbestraft – und darf nach den Richtlinien der eigenen Partei kein Mandat annehmen.

Berlusconi war Anklagen gewohnt, unter anderem wegen Steuerhinterziehung und Bestechung. Am meisten Aufsehen hat jedoch „Rubygate" erregt. Dabei geht es um den Vorwurf, der Ministerpräsident habe bezahlten Sex mit einer minderjährigen Nachtclubtänzerin und Prostituierten Namens Ruby Rubacuori (eigentlich: Karima El Mahroug) gehabt. Dazu sei es bei sogenannten Bunga-Bunga-Partys gekommen, Sex-Partys, die Berlusconi gern in seinen Villen veranstaltete. In diesem Zusammenhang wird ihm auch eine Falschaussage gegenüber der Polizei von Mailand vorgeworfen, wo die Tänzerin wegen Diebstahls inhaftiert war (Berlusconi hatte ihre Freilassung mit der Behauptung gefordert, sie sei die Enkelin des ägyptischen Präsidenten Mubarak). Im Mai 2013 erklärte ein Staatsanwalt vor dem Mailänder Gericht, Berlusconi habe Ende 2010 4,5 Mio. Euro an Ruby gezahlt.

Trotz all dieser Vorwürfe und zahlreicher weiterer Verfahren behauptet der ehemalige Kreuzfahrt-Schlagersänger Berlusconi unbeirrt, alle Anklagen gegen ihn seien lediglich Indizien für eine Verschwörung der politischen Linken. Trotzdem: Die Tage des Cavaliere auf der politischen Bühne Italiens scheinen dieses Mal tatsächlich gezählt zu sein.

BEVÖLKERUNG: **61,5 MIO.**

GRÖSSE: **301 230 KM²**

ANZAHL DER UNESCO-WELTERBESTÄTTEN: **45**

TASSEN KAFFEE PRO KOPF UND JAHR: **600**

Wenn in Italien 100 Menschen lebten, wären

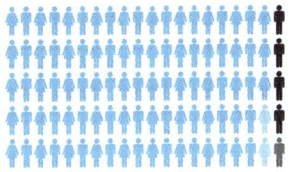

93 Italiener
4 Albaner & Osteuropäer
1 Nordafrikaner
2 anderer Herkunft

Religionszugehörigkeit
(% der Bevölkerung)

91 Römisch-Katholisch · 3,5 andere Religionen
1,5 Muslime · 4 andere Christliche

Bevölkerung pro km²

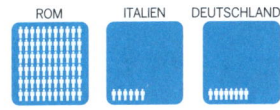

† ≈ 30 Menschen

Geschichte

Nur wenige Länder haben schon eine derartige historische Achterbahnfahrt hinter sich wie Italien. Die italienische Halbinsel war einst das Herzstück des mächtigen Römischen Reiches; hier befindet sich das Zentrum der größten monotheistischen Religion der Welt, des Katholizismus, und es waren vor allem die dynamischen Stadtstaaten Italiens, die mit der Renaissance das Mittelalter zu Grabe trugen und die Neuzeit einläuteten. Andererseits hat Italien aber auch Chaos und schweres Leid erfahren müssen. Bei der Entstehung der europäischen Nationalstaaten seit dem 16. Jh. geriet das innerlich zerrissene Italien ins Hintertreffen und musste seine Einheit später teuer und blutig erkaufen. Daher lebten viele Italiener lange Zeit in aussichtsloser Armut, was regelrechte Auswanderungswellen zur Folge hatte. Erst mit dem Wirtschaftswunder der 60er-Jahre des 20. Jhs. stieg Italien in die Topliga der wohlhabenden westlichen Länder auf, seit den 1990er-Jahren versinkt das Land aber wieder in Frustration. Eine träge Wirtschaft (die von der 2008 einsetzenden Wirtschaftskrise schwer getroffen wurde), offenbar unfähige und zerstrittene Regierungen, weit verbreitete Korruption und die nach wie vor schwärende Wunde der Mafia werfen einen Schatten auf das ansonsten sonnige Gemüt Italiens.

Etrusker, Griechen & eine Wölfin

Von den zahlreichen Volksstämmen, die nach Ende der Steinzeit in Italien siedelten, nahmen seit dem 7. Jh. v. Chr. die Etrusker auf der Halbinsel eine absolut beherrschende Stellung ein. Ihre Zivilisation basierte auf Stadtstaaten, die sich vor allem im Gebiet zwischen Arno und Tiber befanden. Zu diesen etruskischen Städten zählten Caere (das moderne Cerveteri), Tarquinii (Tarquinia), Veii (Vejo), Perusia (Perugia), Volaterrae (Volterra) und Arretium (Arezzo). Der Name der Etrusker ist in der Bezeichnung „Toskana" erhalten geblieben, in der Region wo der Großteil ihrer Siedlungen lag.

Das meiste, was heute von den Etruskern bekannt ist, ließ sich aus Kunstwerken und Gemälden erschließen, die in ihren Grabstätten gefunden wurden, besonders in Tarquinia in der Nähe Roms. Historiker streiten sich nach wie vor darüber, ob die Etrusker wohl ursprünglich aus Kleinasien eingewandert waren. Noch heute gilt ihre Sprache weitgehend als rätselhaft. Die Etrusker waren fähige Krieger und

Die Internetseite www.arcaini.com behandelt die Geschichte des Landes von der Frühgeschichte bis zur Nachkriegszeit; dazu gehört auch ein chronologischer Kurzabriss.

ZEITACHSE	700 000 v. Chr.	2000 v. Chr.	474 v. Chr.
	An diversen Fundorten wurden Überreste steinzeitlicher Siedlungen entdeckt. Sie beweisen, dass schon vor etwa 700 000 Jahren dort Menschen lebten und Elefanten, Nashörner und Nilpferde jagten.	Bronzezeit in Italien. Die Jäger- und Sammler-kulturen sind sesshaft geworden. Die Verwendung von Kupfer und Bronze bei Werkzeugen und Waffen zeugt von einer beachtlichen technischen Fortentwicklung	Der Untergang der etruskischen Kultur in Italien beginnt mit der Niederlage der Etrusker in der Seeschlacht bei Cumae gegen die von Syrakus und Cumae her eindringenden griechischen Kolonisten.

Seeleute, es fehlte ihnen jedoch an innerem Zusammenhalt und einer gewissen Disziplin.

In ihrem Siedlungsgebiet bestellten die Etrusker das Land und förderten Erze. Sie kannten zahlreiche Götter, deren Willen sie mit Ritualen wie etwa der Untersuchung der Leber von Opfertieren zu ermitteln suchten. Das Wissen anderer Kulturen eigneten sie sich rasch an. So ist ein großer Teil ihrer künstlerischen Tradition (die in Form von Grabfresken, Statuen und Töpferwaren überliefert ist) von den Griechen beeinflusst.

Während die Etrusker das Zentrum der italienischen Halbinsel beherrschten, hatten sich seit dem 8. Jh. v. Chr. im Süden griechische Händler niedergelassen und eine Reihe unabhängiger Stadtstaaten entlang der Küste und auf Sizilien gegründet, die unter dem Sammelbegriff *Magna Graecia* firmierten. Diese blühten bis ins 3. Jh. hinein, wie die Ruinen prachtvoller dorischer Tempel in Italiens Süden (in Paestum) und auf Sizilien (in Agrigent, Selinunt und Segesta) bezeugen.

Die Etrusker versuchten, diese griechischen Siedlungen zu erobern, scheiterten aber, was ihren eigenen Niedergang nur beschleunigte. Der Todesstoß sollte allerdings aus einer unerwarteten Richtung kommen – aus der unansehnlichen, aber stetig wachsenden Latinerstadt Rom.

Die Ursprünge Roms liegen im Dunkel der Vorgeschichte. Dem Mythos zufolge soll die Stadt von Romulus (einem Nachfahren des Aeneas; dieser war ein Flüchtling aus Troja und Sohn der Göttin Venus) am 21. April 753 v. Chr. an der Stelle gegründet worden sein, an der er und sein Bruder Remus als Waisen von einer Wölfin gesäugt wurden. Später tötete Romulus Remus, und die Stadt wurde nach ihm benannt. Irgendwann vermischen sich dann Legende und Geschichte: Auf Romulus sollen sieben Könige gefolgt sein. Bei mindestens dreien von ihnen handelt es sich um historisch belegte etruskische Herrscher. Im Jahr 509 v. Chr. vertrieben unzufriedene latinische Adlige den letzten Etruskerkönig, Tarquinius Superbus, aus Rom, nachdem sein Vorgänger Servius Tullius den Senat mit eigenen Anhängern besetzt und eine Bürgerrechtsreform eingeführt hatte, die die Macht des Adels beschnitt. Die Aristokraten hatten nun die Nase voll vom Königtum und gründeten die Römische Republik. Im Laufe der folgenden Jahrhunderte sollte diese unbedeutende Latinerstadt zur Hauptstadt eines Großreiches heranwachsen – und die Etrusker nach und nach zurückdrängen, sodass deren Sprache und Kultur im 2. Jh. v. Chr. bereits völlig vergessen waren.

Die Römische Republik

In der Republik lag das *imperium*, d. h. die königliche Macht, in den Händen von zwei Konsuln, die als politische und militärische Führer fungierten und ohne die Möglichkeit der Wiederwahl von einer Volksver-

Giuliano Procaccis *Geschichte Italiens und der Italiener* ist eines der besten italienischen Geschichtsbücher überhaupt. Behandelt wird die Zeit vom frühen Mittelalter bis 1948.

GESCHICHTE DIE RÖMISCHE REPUBLIK

Schon die Römer kannten ein Hodometer, also ein Messgerät, das am Rad eines Fahrzeugs angebracht wurde und die zurückgelegten Meilen zählte.

264–241 v. Chr.	218–202 v. Chr.	79	476
Erster Punischer Krieg zwischen Rom und Karthago, dessen Reich damals ganz Nordafrika, Südspanien, Sizilien und Sardinien umfasst. Am Ende ist Rom die dominierende Seemacht im westlichen Mittelmeer.	Der karthagische Feldherr Hannibal überquert die Alpen und greift Rom von Norden her an. Er scheitert im Zweiten Punischen Krieg. Im Dritten und letzten Punischen Krieg wird Karthago endgültig zerstört.	Ein gewaltiger Ausbruch des Vesuvs bei Neapel zerstört die Städte Pompeji und Herculaneum und begräbt sie unter Lava. Augenzeuge ist Plinius der Jüngere. Erst im 18. Jh. beginnen die Ausgrabungen.	Der germanische Stammesführer Odoaker erklärt sich zum König von Rom. Die italienische Halbinsel versinkt im Chaos, nur das Oströmische Reich überlebt.

sammlung für jeweils ein Amtsjahr bestimmt wurden. Der Senat, dessen Mitglieder ihm auf Lebenszeit angehörten, beriet die Konsuln.

Obwohl die Römer an vielen Monumenten die Inschrift SPQR (*Senatus Populusque Romanus,* der Senat und das römische Volk) hinterließen, hatte das „Volk" anfangs herzlich wenig zu melden. (Diese Initialen werden noch heute verwendet, und viele Römer würden sagen, dass sich daran eigentlich wenig geändert hat.) Die als Plebejer (wörtlich „die Vielen") bezeichnete rechtlose Masse rang den Patriziern in den beiden auf die Gründung der Republik folgenden Jahrhunderten erst nach und nach Zugeständnisse ab. Einige Plebejer wurden sogar zu Konsuln gewählt, sodass bis etwa 280 v. Chr. die meisten der ursprünglichen Unterschiede zwischen Patriziern und Plebejern faktisch verschwunden waren. Das angeblich demokratische System blieb jedoch weitgehend oligarchisch geprägt. Eine recht kleine politische Klasse (aus Patriziern und Plebejern) stritt um die Macht in Regierung und Senat.

Die Römer galten anfangs als eher schlicht. Rom prägte z. B. erst 269 v. Chr. seine ersten Münzen, obwohl die benachbarten (und später unterworfenen bzw. verbündeten) Etrusker und Griechen damals schon lange eigene Währungen besaßen. Erst die Etrusker und Griechen machten die Römer auch auf die Schrift aufmerksam, die diese schnell als nützlich für Dokumente und technische Angelegenheiten erkannten. Im Bereich der Literatur brachten die Römer aber zunächst eher wenig zustande. Schließlich übernahmen die Römer noch die Vielzahl der griechischen Götter und entwickelten auf dieser Grundlage ihre eigene Religion. Die Gesellschaft war patriarchalisch geprägt, ihre wichtigste Grundeinheit war der Haushalt (*familia*). Das Oberhaupt der Familie (*pater familias*) besaß die unmittelbare Gewalt über seine Frau, seine Kinder und die erweiterte Familie und war für die Erziehung der Kinder verantwortlich. Den Hausgöttern brachte man fast ebenso viel Verehrung entgegen wie dem zunehmend griechisch geprägten Pantheon der „offiziellen" Götter, die von dem Trio Jupiter (Herrscher des Himmels und Hauptbeschützer des Staates), Juno (das weibliche Gegenstück zu Jupiter und Schutzgöttin der Frauen) und Minerva (Schutzpatronin der Handwerker) angeführt wurden. Der Kriegsgott Mars war in diesem Trio von Juno verdrängt worden.

Zunächst langsam, dann aber immer schneller eroberten römische Armeen die italienische Halbinsel. Besiegte Stadtstaaten wurden nicht direkt annektiert, sondern vielmehr zu Bündnissen gezwungen. Sie behielten ihre eigenen Regierungen und ihr Territorium, mussten bei Bedarf aber Truppen für die römische Armee stellen. Diese relativ sanfte Herrschaft war einer der Schlüssel des römischen Erfolgs. Der von Rom gewährte Schutz brachte viele Städte dazu, freiwillig das Bündnis mit Rom zu suchen. Kriege mit Rivalen wie Karthago führten schließlich

Bauten der Antike

Pantheon, Rom

Kolosseum, Rom

Pompeji, Kampanien

Segesta, Sizilien

Cerveteri, Latium

568	754–756	902	962
Die Langobarden erobern Norditalien, nur Ravenna, Rom und Süditalien bleiben in römischer Hand. Andere Stämme setzen sich auf dem Balkan fest und schneiden so Westrom vom Oströmischen Reich ab.	Der Frankenkönig Pippin dringt auf Bitten von Papst Stephan II. in Italien ein, besiegt die Langobarden und begründet den Kirchenstaat.	Die Mauren bringen von Nordafrika aus ganz Sizilien unter ihre Herrschaft. Die Landwirtschaft in Sizilien blüht auf, die Insel erlebt eine fast 200-jährige Zeit des Friedens.	Otto I. wird zum Kaiser des Heiligen Römischen Reiches deutscher Nation gekrönt. Seine Einflussnahme auf die italienische Politik führt zu Konflikten zwischen Reich und Papsttum.

dazu, dass Rom bis 133 v. Chr. nach und nach auch die Kontrolle über Sardinien, Sizilien, Korsika, das griechische Festland, Spanien, den Großteil Nordafrikas und Teile von Kleinasien übernommen hatte.

Mit dem Reich wuchs auch das Straßennetz. Und der Ausbau von Straßen zog eine neue Infrastruktur nach sich – Postdienste zum Beispiel und Gasthäuser an den wichtigsten Verbindungswegen. Berittene Boten brachten Nachrichten nun innerhalb von Tagen oder Wochen quer durchs Imperium. An den „Raststätten" der Antike konnten diese Boten ihre Reitpferde wechseln, eine Kleinigkeit essen und ihren Weg anschließend gestärkt fortsetzen – ein effizientes System, das gar nicht so grundverschieden von heutigen Kurierdiensten war.

In der zweiten Hälfte des 2. Jhs. war Rom ohne jeden Zweifel die bedeutendste Stadt im Mittelmeerraum. Der Großteil ihrer rund 300 000 Einwohner bestand aus armen freien Bürgern oder Sklaven, die häufig unter schwierigen Bedingungen lebten. Große Wohnblocks (zumeist aus Backstein und Holz) entstanden unmittelbar neben prachtvollen Monumenten. Ein solches Bauwerk war der Circus Flaminius, alljährlich ein Schauplatz spektakulärer Spiele. Diese wurden beim römischen Volk immer beliebter, und begeistert erfreute man sich beispielsweise am Kampf der Gladiatoren gegen wilde Tiere.

Das Reich unter Julius Caesar

Der 100 v. Chr. geborene Gaius Julius Caesar sollte sich als einer von Roms fähigsten Generälen, erfolgreichsten Eroberern und effizientesten Herrschern erweisen. Er war darüber hinaus aber auch äußerst machthungrig, was vermutlich zu seinem vorzeitigen Ende führte.

Caesar war ursprünglich ein Anhänger des Konsuls Pompeius (später als Pompeius der Große bekannt), der seit 78 v. Chr. eine herausragende Rolle in der römischen Politik spielte, nachdem er einen Aufstand in Spanien niedergeschlagen und die lästigen Piraten vernichtet hatte. Caesar selbst hatte einige Jahre in Spanien verbracht und sich dort um Grenzrevolten gekümmert. Nach seiner Rückkehr nach Rom im Jahr 60 v. Chr. ging er eine Allianz mit Pompeius und einem weiteren wichtigen Befehlshaber und ehemaligen Konsul, Crassus, ein. Diese beiden Verbündeten unterstützten denn auch Caesars Kandidatur zum Konsul.

Um seine Position in Rom zu festigen, benötigte Caesar dringend ein wichtiges militärisches Kommando. Er erhielt dieses 59 v. Chr. in Form des Auftrags, Gallia Narbonensis, eine im heutigen Südfrankreich zwischen Italien und den Pyrenäen gelegene Provinz, zu regieren. Caesar hob Truppen aus und zog im folgenden Jahr ins eigentliche Gallien (im heutigen Frankreich), um eine Invasion helvetischer Stämme zu unterbinden und darüber hinaus weitere Stämme zur Räson zu bringen. Was

---

SEX IM ANTIKEN ROM

Ars Erotica. Sexualität und ihre Bilder im antiken Rom von John Clarke ist das Ergebnis einer jahrzehntelangen Beschäftigung mit Erotik, Sexualmoral und sozialen Normen im alten Rom. Das Buch ist einerseits eine sehr ernsthafte anthropologische Studie, bietet aber auch einen amüsanten Einblick in eine Gesellschaft, deren Einstellung zum Sex sich sehr von unserer heutigen Haltung unterschieden hat.

1130	1202–1203		1271

Der normannische Eroberer Roger II. wird zum König von Sizilien gekrönt. Damit entsteht ein vereintes süditalienisches Königreich.

Venedig übernimmt die Führung des vierten Kreuzzugs und wählt einen Weg über Konstantinopel. Die Venezianer stürzen den Kaiser und setzen einen Marionettenherrscher ein.

FRENCH SCHOOL / GETTY IMAGES ©

Der venezianische Kaufmann Marco Polo bricht gemeinsam mit Vater und Onkel zu einer 24-jährigen Reise durch China und Zentralasien auf. Seine Reiseberichte prägen das europäische Chinabild.

➡ Grabmahl Pippins des Jüngeren

Das Römische Reich

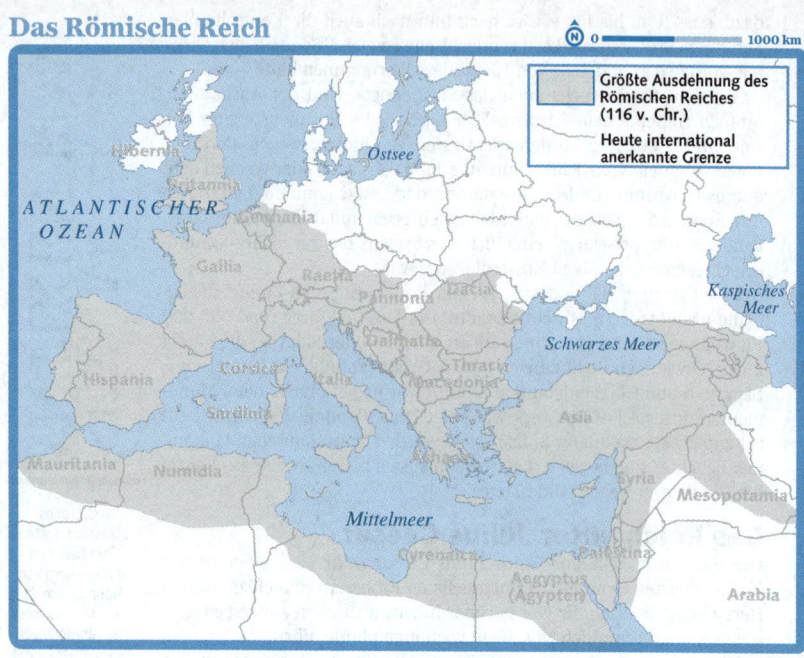

Größte Ausdehnung des Römischen Reiches (116 v. Chr.)

Heute international anerkannte Grenze

0 — 1000 km

als Verteidigungsmaßnahme des römischen Staats begonnen hatte, entwickelte sich rasch zu einem ausgedehnten Eroberungszug.

Im Verlauf der nächsten fünf Jahre unterwarf Caesar Gallien und wagte Vorstöße nach Britannien und über den Rhein. Er erstickte in den Jahren 52/51 v. Chr. die letzte große, von Vercingetorix angeführte Revolte in Gallien. Caesar verhielt sich seinen besiegten Feinden gegenüber großzügig und gewann die Gallier daher trotzdem für sich. Sie sollten sich in den folgenden Jahren als seine zuverlässigsten Anhänger erweisen.

Caesar hatte nun eine auf ihn eingeschworene Veteranenarmee im Rücken. Voller Eifersucht auf die wachsende Macht seines einstigen Schützlings kündigte Pompeius seine politische Allianz mit Caesar auf und verbündete sich mit Senatoren, die Caesar im Jahr 49 v. Chr. absetzen wollten. Daraufhin überschritt Caesar am 7. Januar den Rubikon und marschierte in Italien ein. Der Bürgerkrieg hatte begonnen. Caesars drei Jahre dauernder Feldzug in Italien, Spanien und dem östlichen Mittel-

1282	1309	1321	1348
Karl von Anjou verärgert durch neue Steuergesetze die Landbesitzer auf Sizilien. Es kommt zur Revolte, der sog. Sizilianischen Vesper. Die Sieger übergeben die Macht an Peter III., König von Aragon.	Papst Clemens V. verlegt seinen Amtssitz nach Avignon (Frankreich), wo dieser dann 70 Jahre lang verbleibt. In Rom hatten die Rivalitäten und Feindseligkeiten überhandgenommen.	Dante Alighieri vollendet sein Versepos *La divina commedia* (Die göttliche Komödie). Der florentinische Dichter, der als bedeutendster Poet Italiens gilt, stirbt noch im selben Jahr.	Der Schwarze Tod, die Pest, schlägt seine schreckliche Schneise durch Italien und Westeuropa. In Florenz soll die Seuche 75 % der Bevölkerung dahingerafft haben.

meerraum brachte ihm einen überwältigenden Sieg ein, woraufhin Caesar sich nach seiner Rückkehr nach Rom im Jahr 46 v. Chr. diktatorische Vollmachten aneignete.

Caesar führte eine Reihe von Reformen durch, er modernisierte den Senat und gab ein großes Bauprogramm in Auftrag (von dem heute noch die Curia und die Basilica Giulia erhalten sind).

Bis 44 v. Chr. war deutlich geworden, dass Caesar gar nicht daran dachte, die Republik wieder zu errichten. Im Senat machte sich daraufhin Widerstand bemerkbar, sogar unter ehemaligen Anhängern wie Marcus Junius Brutus, der die Ansicht vertrat, Caesar sei zu weit gegangen. Unbeeindruckt von Gerüchten über ein Attentat hatte Caesar seine Leibwache entlassen. Eine von Brutus angeführte Gruppe von Verschwörern erstach Caesar schließlich in einer Senatsversammlung an den Iden des März (15. März) des Jahres 44 v. Chr., zwei Jahre, nachdem er zum Diktator auf Lebenszeit erhoben worden war.

In den auf Caesars Tod folgenden Jahren entfesselten Caesars Anhänger Mark Anton (Marcus Antonius) und Caesars Erbe und Großneffe Oktavian einen Bürgerkrieg gegen die Verschwörer. Die Lage beruhigte sich erst wieder, als Oktavian die Kontrolle über die Westhälfte des Reiches übernahm und Antonius sich nach Osten begab. Als Antonius sich aber 31 v. Chr. Hals über Kopf in Kleopatra VII. verliebte, erklärte Oktavian ihm den Krieg und errang bei Actium in Griechenland schließlich den Sieg über Antonius und Kleopatra. Als Oktavian im folgenden Jahr in Ägypten einmarschierte, begingen Antonius und Kleopatra Selbstmord und Ägypten wurde eine römische Provinz.

Augustus & das Kaiserreich

Oktavian blieb als alleiniger Herrscher der römischen Welt übrig und erhielt 27 v. Chr. vom Senat den Namen Augustus sowie praktisch unbegrenzte Macht. Faktisch war er nun Kaiser geworden.

Die Künste blühten unter seiner Herrschaft. Augustus hatte Glück, dass sich unter seinen Zeitgenossen solche Genies wie die Dichter Vergil, Horaz und Ovid sowie der Historiker Livius befanden. Augustus förderte aber auch die Bildenden Künste, restaurierte bestehende Gebäude und ließ viele neue bauen. Während seiner Herrschaft wurde das Pantheon errichtet, und Augustus rühmte sich, er habe „Rom in Backstein vorgefunden und in Marmor verlassen".

Die lange Zeit unter seiner relativ modernen Regierung brachte dem Mittelmeerraum Wohlstand und Sicherheit wie nie zuvor. Das Kaiserreich wurde insgesamt recht gut verwaltet (obwohl es auch Ausnahmen wie den verrückten Caligula gab).

1506	1508–1512	1534	1582
Nach einem Entwurf Bramantes beginnen in Rom die Arbeiten am Bau des Petersdoms, der prachtvollsten Kirche des Christentums. Vollendet wird sie erst im Jahr 1626.	Papst Julius II. beauftragt Michelangelo mit der Gestaltung der Deckenfresken in der Sixtinischen Kapelle. Die zentralen neun Fresken zeigen Szenen aus dem Buch Genesis.	Die Wahl von Papst Paul III. markiert den Beginn der Gegenreformation. Er gründet 1540 den militanten Jesuitenorden und 1542 das Heilige Offizium der Inquisition zur Verfolgung von Häretikern.	Papst Gregor XIII. ersetzt den Julianischen Kalender durch den noch heute gültigen Gregorianischen Kalender. Die Einführung eines Schaltjahrs korrigiert Differenzen zum astronomischen Zeitablauf.

Rom soll im Jahr 100 n. Chr. mehr als 1,5 Mio. Einwohner gehabt und über die komplette Ausstattung der Hauptstadt eines Kaiserreichs verfügt haben. Der Reichtum der Stadt zeigte sich in den prächtigen Mosaiken, Marmortempeln, öffentlichen Bädern, Theatern, Arenen und Bibliotheken. Die Hauptstadt vereinte Menschen aus allen Nationen und Schichten. Die Unterschicht war allerdings arm und häufig unzufrieden. Augustus richtete daher die erste römische Polizei unter einem Stadtpräfekten (*praefectus urbi*) ein, um die lange unkontrollierten Gewaltausbrüche in der Unterschicht zu zügeln. Er berief auch eine 7000 Mann starke Feuerwehr sowie städtische Nachtwächter ein.

Augustus führte weitere grundlegende Reformen durch. Er machte die Armee schlagkräftiger, in deren Zentrum sich nun ein etwa 300 000 Mann starkes stehendes Heer befand. Die Wehrpflicht dauerte vom 16. bis zum 25. Lebensjahr, doch Augustus führte nur so wenige Aushebungen wie möglich durch, sodass die Armee vor allem aus Freiwilligen bestand. Darüber hinaus stabilisierte er Roms Dreiklassengesellschaft. Die Senatoren blieben die wohlhabendste und einflussreichste Klasse. Unter ihnen nahmen die sogenannten Ritter Posten in der öffentlichen Verwaltung ein und stellten im Wesentlichen das Offizierkorps der Armee (dessen Kontrolle für Augustus' Position von entscheidender Bedeutung war). Der Großteil des Volkes gehörte indes zur Unterschicht. Das System war allerdings durchlässig und ließ gesellschaftlichen Aufstieg zu.

Ein Jahrhundert nach Augustus' Tod im Jahr 14 n. Chr. (im Alter von 75 Jahren) erreichte das Kaiserreich seine größte Ausdehnung. Unter Hadrian (76–138) erstreckte es sich von der Iberischen Halbinsel, Gallien und Britannien bis zu einer Linie, die im Wesentlichen Rhein und Donau folgte. Der gesamte heutige Balkan und Griechenland, zusammen mit den als Dakien, Mösien und Thrakien bekannten Regionen (beträchtliche, bis zum Schwarzen Meer reichende Territorien) standen unter römischer Kontrolle. Der Großteil der heutigen Türkei, Syrien, der Libanon, Palästina und Israel waren von römischen Legionen besetzt und mit Ägypten verbunden. Von hier aus reichte ein breiter Streifen römischen Herrschaftsgebiets an Nordafrika entlang bis zur Atlantikküste im heutigen Nord-Marokko. Das Mittelmeer war ein Römisches Meer geworden.

Daran änderte sich bis zum 3. Jh. auch nichts. Als Diokletian (245–305) die Herrschaft antrat, gehörten Angriffe auf das Kaiserreich von außen und innere Revolten aber bereits zum Alltag. Eine neue Religion, das Christentum, gewann zunehmend Anhänger, und auch die Christenverfolgung unter Diokletian war nichts Ungewöhnliches. Erst Konstantin I. (ca. 272–337) wandte sich 313 im sogenannten Edikt von Mailand von dieser Politik ab und gewährte Religionsfreiheit.

1600	1714	1805	1810
Nach achtjähriger Kerkerhaft und Folter in den Verliesen des Vatikans wird Giordano Bruno, einer der führenden Intellektuellen seiner Zeit, als Ketzer auf dem Campo dei Fiori auf dem Scheiterhaufen verbrannt.	Das Ende des Spanischen Erbfolgekrieges zwingt Spanien zum Rückzug aus der Lombardei. Die spanischen Bourbonen gründen das Königreich Sizilien.	Kaiser Napoleon Bonaparte erklärt sich zum Herrscher des neu geschaffenen Königreiches Italien, das fast ganz Norditalien umfasst.	Der Physiker Alessandro Volta erfindet die Batterie; sein Name dient fortan als Maß der elektrischen Spannung. Weniger bekannt ist eine andere Erfindung Voltas – eine Pistole mit Fernauslöser.

In der Schlacht an der Milvischen Brücke in Rom im Jahr 312 siegte Konstantin über seinen Rivalen Maxentius, wobei er als Vorzeichen seines Sieges die Vision eines Kreuzes gehabt hatte. Konstantin der Große bekannte sich als erster römischer Kaiser zum Christentum und er unterstützte den Bau der ersten christlichen Basilika in Rom, San Giovanni in Laterano.

Das Imperium wurde später geteilt, wobei das 330 von Konstantin in Konstantinopel umbenannte Byzanz (das heutige Istanbul) als zweite Hauptstadt diente. Dieses östliche Reich blieb bestehen, als Italien und Rom längst überrannt waren. Der Rest des Imperiums im Osten erstreckte sich nun vom heutigen Serbien und Montenegro über Kleinasien, einen Küstenstreifen im heutigen Syrien, den Libanon, den Jordan und Israel bis hinunter nach Ägypten und zu einem Streifen in Nordafrika im Bereich des heutigen Libyen. Der Versuch Justinians I. (482–565), Rom und die Westhälfte des Imperiums zurückzuerobern, scheiterte; obwohl seine Feldherren Vandalen und Goten sowie die Perser geschlagen hatten, konnte das Römische Reich nicht neu entstehen.

Macht der Päpste & zerstrittener Adel

In einer ironischen Wendung des Schicksals rettete schließlich die Religion, die Diokletian auszurotten versucht hatte, die Herrlichkeiten der Stadt Rom. Inmitten des Chaos aus Invasionen und Gegeninvasionen, in deren Verlauf Italien sich germanischen Stämmen ergeben musste, in Zeiten der byzantinischen Rückeroberungsversuche und der lombardischen Besetzung im Norden etablierte sich das Papsttum in Rom als eine spirituelle und gleichzeitig säkulare Macht.

Von Beginn an waren die Päpste auch politisch äußerst versiert. Das Papsttum erfand kurzerhand die sogenannte Konstantinische Schenkung, ein Dokument, mit dem Kaiser Konstantin der Kirche angeblich die Herrschaft über Rom und seine Umgebung sowie den Papst den Vorrang über das Kaisertum übertragen hatte. Was die Päpste allerdings noch benötigten, war eine auch militärisch schlagkräftige Schutzmacht. Diese fanden sie in den Franken, mit denen sie folglich einen Handel eingingen.

Als Gegenleistung für die Anerkennung der päpstlichen Vormachtstellung in Rom und den umliegenden, damals noch von Ostrom gehaltenen Territorien, die schon bald den Kirchenstaat bilden sollten, gewährten die Päpste den karolingischen Franken eine nicht ganz deutlich beschriebene Führungsrolle in Italien und ihrem König, Karl dem Großen, den Titel eines Römischen Kaisers. Karl wurde am Weihnachtstag des Jahres 800 von Leo III. gekrönt. Der Bund zwischen dem Papsttum und dem Oströmischen Reich war damit zerbrochen, und die politische Macht im

1814–1815	1848	1860
Auf dem Wiener Kongress wird nach dem Fall Napoleons eine Neuordnung Europas beschlossen. Italien fällt dabei weitgehend wieder in die Hände der früheren Besatzungsmächte.	Der Funke der europäischen Revolutionen springt auf Italien über, vor allem in das österreichisch besetzte Mailand. König Carlo Alberto schließt sich an, Österreich erobert seine Besitzungen zurück.	Im Namen der Einheit Italiens landet Giuseppe Garibaldi mit seinen tausend „Rothemden" auf Sizilien. Von dort aus erobert er Süditalien.

LONELY PLANET / GETTY IMAGES ©

➜ Standbild des Giordano Bruno

KAISERLICHER WAHN

Bestechung? Amtsmissbrauch? Bunga-bunga-Partys? Das Problem inkompetenter oder größenwahnsinniger Amtsträger war schon den alten Römern geläufig. Hier einige der verrücktesten und durchgeknalltesten Gestalten auf dem römischen Kaiserthron.

14–37 Tiberius – Der Kaiser neigte zu Depressionen und unterhielt ein sehr angespanntes Verhältnis zum Senat. Im Alter zog er sich nach Capri zurück, wo er sich Alkoholexzessen, Orgien und gelegentlichen Anfällen von Wahnsinn hingab.

37–41 Gaius (Caligula) – Stellte seinen Großonkel Tiberius weit in den Schatten. Ihm ging es vor allem um Sex, u. a. mit der eigenen Schwester, und um willkürliche rohe Gewalt. Er leerte die Staatskassen und schlug ein Pferd zum Konsul vor, bevor er schließlich einem Mordanschlag zum Opfer fiel.

41–54 Claudius – Angeblich furchtsam wie ein Kind; mit seinen Gegnern (darunter 35 Senatoren) kannte er allerdings keine Gnade, und bei ihrer Hinrichtung soll er vergnügt zugeschaut haben. Laut Edward Gibbon war er der Einzige unter den 15 ersten Kaisern, der – für damalige Verhältnisse ungewöhnlich – keine Liebschaften mit Männern pflegte.

54–68 Nero – Der letzte Nachfahre des Augustus ließ seine eigene Mutter ermorden; seiner ersten Frau schnitt er die Pulsadern auf, seine zweite Frau ließ er zu Tode prügeln, und den Ex-Ehemann seiner dritten Frau ließ er beseitigen. Beim großen Brand von Rom im Jahr 64 soll er angeblich auf seiner Geige gespielt haben. Das Unglück schob er dann den Christen in die Schuhe, er ließ Petrus und Paulus und viele Anhänger der neuen Religion hinrichten, andere wurden in blutigen öffentlichen Spektakeln den wilden Tieren zum Fraß vorgeworfen.

ehemaligen Weströmischen Reich verschob sich nach Norden über die Alpen, wo sie mehr als 1000 Jahre lang bleiben sollte.

Auf diese Weise war der Schauplatz für eine schier endlose Reihe von Auseinandersetzungen geschaffen. Zum einen kämpften die römischen Adelsfamilien regelmäßig um die Besetzung des päpstlichen Amtes. Die Kaiserkrone blieb ebenfalls jahrhundertelang heftig umkämpft, wobei Italien oft genug als Schlachtfeld herhalten musste. Die Römischen Kaiser versuchten immer wieder, die zunehmend unabhängig agierenden italienischen Städte und sogar Rom selbst unter ihre Kontrolle zu bringen. Im Gegenzug bemühten die Päpste sich ständig, ihre spirituelle Position zu nutzen, um die Kaiser zur Räson zu bringen und ihre eigenen weltlichen Ziele durchzusetzen.

Der Konflikt zwischen Papst Gregor VII. und Kaiser Heinrich IV. um die Frage, wer das Recht haben sollte, Bischöfe (und damit gleichzeitig mächtige weltliche Fürsten, also wichtige Verbündete oder gefährliche

1861	1889	1908	1915
Am Ende des Französisch-Italienischen Krieges (1859–1861) stehen die Lombardei, Sardinien, Sizilien, Süditalien und Teile Mittelitaliens zu Vittorio Emanuele I. Er wird zum König des vereinten Italien ernannt.	Raffaele Esposito erfindet die *Pizza margherita* zu Ehren von Margarethe von Italien. Bei einem Besuch in Neapel probiert die Königin sogar davon.	Am Morgen des 28. Dezember erschüttert ein schweres Erdbeben der Stärke 7,5 Messina und Reggio di Calabria. Der Tsunami erreicht eine Höhe von 13 m. Über 80 000 Menschen kommen ums Leben.	Italien tritt an der Seite der Alliierten in den Ersten Weltkrieg ein, um die noch besetzten Gebiete zurückzugewinnen. Ein Angebot Österreichs über eine Teilrückgabe hat Italien vorher als unzureichend abgelehnt.

Feinde) zu ernennen, zeigte im letzten Viertel des 11. Jhs., wie bitter diese Auseinandersetzungen werden konnten. Die gesamte italienische Politik des Spätmittelalters kreise um die Spannungen zwischen weltlicher und geistlicher Macht, und es kristallierten sich zwei Fraktionen heraus: die Welfen (Guelfi, die den Papst unterstützten) und die Waiblinger (Ghibellini, die Anhänger des Kaisers).

Das Staunen der Welt

Süditalien lag noch außerhalb der Sphäre des Heiligen Römischen Reiches, als Heinrich, Sohn Kaiser Friedrichs I. Barbarossa, Konstanze von Hauteville heiratete, die Erbin des Normannenthrons von Sizilien. Die Normannen waren im 10. Jh. in Süditalien aufgetaucht – zunächst als Pilger auf dem Weg nach Jerusalem, später als Söldner im Dienste verfeindeter Fürsten und im Kampf gegen die arabischen Mauren auf Sizilien. Aus dieser Ehe ging eine der schillerndsten Figuren des mittelalterlichen Europa hervor: Friedrich II. (1194–1250).

Friedrich wurde 1220 zum Römischen Kaiser gekrönt. Er war ein recht untypischer Deutscher. Er wuchs in Süditalien auf, sah Sizilien als seine Heimat und überließ die deutschen Staaten weitgehend sich selbst. Gleichzeitig ein Krieger und ein Gelehrter, regierte Friedrich als aufgeklärter Herrscher innerhalb eines zentralistischen Systems. Er gewährte Moslems und Juden Religionsfreiheit, bemühte sich aber gleichzeitig darum, ganz Italien unter das kaiserliche Joch zu zwingen.

Friedrich war ein Dichter, ein Sprachenkenner, Mathematiker, Philosoph, kurz, ein vielseitig gebildeter Mensch. Er gründete in Neapel eine Universität und förderte die Ausbreitung von Bildung sowie die Übersetzung arabischer Schriften. Schon als junger Kaiser galt er seinen Zeitgenossen wegen seiner außergewöhnlichen Talente, seiner Energie und seiner militärischen Fähigkeiten als *Stupor Mundi*, das „Staunen der Welt".

Nachdem er 1228/29 widerwillig einen – eher durch Verhandlungen als durch Schlachten geprägten – Kreuzzug ins Heilige Land unternommen hatte, um nicht exkommuniziert zu werden, kehrte Friedrich nach Italien zurück, wo päpstliche Truppen gerade in das neapolitanische Territorium einmarschierten. Friedrich schlug diese rasch in die Flucht und wandte sich dem Projekt zu, die Kontrolle über das komplizierte Geflecht aus Stadtstaaten in Mittel- und Norditalien zu erlangen, wo er viele Alliierte und ebenso zahlreiche Feinde hatte, darunter in erster Linie den Lombardenbund. Es folgten viele Jahre mit Schlachten, ohne dass es zu einer echten Entscheidung kam. Friedrich stand mehrere Male kurz davor, Rom einzunehmen, und sein Sieg schien nur noch eine Frage der Zeit zu sein. Selbst Friedrichs Tod im Jahr 1250 setzte dem Konflikt kein Ende. Die Kämpfe gingen unter Friedrichs Nachfolgern Manfredi (der 1266 in der blutigen Schlacht

SPAGHETTI

Die Araber brachten die Spaghetti nach Sizilien; der arabische Geograf Al-Idrissi bezeugt „Bänder aus Pasta" im Palermo des Jahres 1150.

1919	1922	1929	1935
Der ehemals sozialistische Journalist Benito Mussolini gründet eine militante rechtsextreme Organisation, die Fasci Italiani di Combattimento, Vorläuferin der späteren Faschistischen Partei.	Mussolini inszeniert im Oktober den „Marsch auf Rom". König Vittorio Emanuele III. fürchtet Mussolini und zweifelt an der Loyalität der Armee. Deshalb betraut er Mussolini mit der Bildung einer Regierung.	Mussolini und Papst Pius XI. unterzeichen den Lateranvertrag, in dem der Katholizismus zur Staatsreligion erklärt und die Unabhängigkeit des Vatikans anerkannt wird. Der Vatikan akzeptiert das Königreich Italien.	Italien versucht, sich Abessinien, das heutige Äthiopien, einzuverleiben. Der Völkerbund verurteilt die Okkupation.

FUNKEN VOM HÖLLENFEUER

In den an stete Wechsel und Schwankungen in der Politik gewöhnten italienischen Stadtstaaten waren auch radikale Kehrtwendungen durchaus möglich. Als die Herrscherfamilie der Medici in Florenz 1494 (nicht zum letzten Mal) in Ungnade fiel, entschieden sich die Stadtväter für die schon erprobte republikanische Regierungsform. Dieses Mal aber tauchten Probleme auf.

Schon seit 1481 hatte der Dominikanermönch Girolamo Savonarola in Florenz mit seinen Bußpredigten Aufsehen erregt. Seine bildkräftigen Warnungen vor den Höllenqualen, die einen jeden Einwohner erwarteten, der sich nicht vom sündigen Leben abwandte, fesselten die Fantasie der Menschen, und die Stadt glitt allmählich in eine Theokratie hinein. Savonarola erwartete von der Regierung, dass sie sich von seiner göttlichen Inspiration leiten ließ. Alkoholische Getränke, Huren, aber auch Feste, das Glücksspiel, aufreizende Mode und andere Insignien der Sünde wurden aus dem öffentlichen Leben verbannt. Bücher, Kleider, Schmuck, Möbel und Kunstwerke gingen in „Feuern der Eitelkeit" in Flammen auf. Kinderbanden zogen durch die Stadt und hielten nach Erwachsenen Ausschau, die noch an ihren alten Gewohnheiten oder Besitztümern festhielten.

Schon bald aber wurden die vergnügungssüchtigen Florentiner dieser fundamentalistischen Gängelung überdrüssig. Misstrauisch gaben sich auch Papst Alexander VI. (vermutlich einer der weltlichsten Päpste der Kirchengeschichte) und der Franziskanerorden. Die wirtschaftliche Entwicklung in der Stadt stagnierte, und mit seinem Auftreten als Gesandter Gottes machte Savonarola sich bei vielen Mitbürgern zusehends unbeliebter. Schließlich ließ der Stadtrat, die *signoria*, den charismatischen Prediger festnehmen. Nach wochenlanger Folter wurde er zusammen mit zwei Anhängern am 22. Mai 1498 als Häretiker aufgehängt und anschließend auf dem Scheiterhaufen verbrannt.

Geheimnisvolles Mittelalter

Gubbio, Umbrien
....
Bologna, Emilia-Romagna
....
Perugia, Umbrien
....
Assisi, Umbrien
....
Scanno, Abruzzen

von Benevento fiel) und Corradino (der von dem französischen Aristokraten Charles von Anjou, der Sizilien und Süditalien unter seine Herrschaft gebracht hatte, inhaftiert und zwei Jahre später hingerichtet wurde) noch bis 1268 weiter.

Aufstieg der Stadtstaaten

Während sich in Süditalien eine Zentralmacht entwickelte, schlug der Norden den entgegengesetzten Weg ein. Hafenstädte wie Genua, Pisa und vor allem Venedig sowie Zentren im Binnenland wie Florenz, Mailand, Parma, Bologna, Padua, Verona und Modena verhielten sich gegenüber Versuchen der Römischen Kaiser, sich wie gewohnt in ihre Angelegenheiten einzumischen, zunehmend ablehnend.

Der Reichtum und die wachsende Unabhängigkeit dieser Städte brachte sie auch in Konflikt mit Rom, das seinen Einfluss in Italien zusehends einbüßte. Gelegentlich wurde sogar die Herrschaft des Papstes

1940

Italiens Kriegseintritt an der Seite Nazideutschlands. Italienische Truppen dringen in Griechenland ein, aber die griechischen Truppen wehren sich erfolgreich und dringen bis ins südliche Albanien vor.

1943

Die Alliierten landen in Sizilien; König Vittorio Emanuele III lässt Mussolini verhaften. An seine Stelle tritt Marschall Badoglio. Daraufhin befreien deutsche Truppen Mussolini.

WILL SALTER / GETTY IMAGES ©

➜ Blick auf den Petersdom

BEGINN DES BANKENWESENS

über seinen eigenen Kirchenstaat infrage gestellt. Die von zwei Seiten, Papst und Kaiser, bedrohten Städte wechselten dabei ständig die Verbündeten, um ihre eigenen Interessen zu verfolgen.

Diese Stadtstaaten entwickelten vom 12. bis zum 14. Jh. ganz neue Regierungsformen. Venedig unternahm den Versuch einer beschränkten Demokratie und führte ein oligarchisches „parlamentarisches" System ein. Häufiger bildeten die Stadtstaaten einen *comune* (Stadtrat), eine zunächst von den Aristokraten und dann zunehmend von der wohlhabenden Mittelschicht dominierte republikanische Regierung. Die reichen Familien verlegten sich dabei rasch von wirtschaftlicher Konkurrenz auf politische Ränkespiele, bei denen jede Familie sich um größtmögliche Kontrolle der *signoria* (Regierung) bemühte.

In einigen Städten erlangten große Dynastien wie die bekannten Medici in Florenz oder die Visconti und Sforza in Mailand die Oberhand über ihre Rivalen.

Kriege und Scharmützel zwischen den Stadtstaaten waren an der Tagesordnung. Schließlich entwickelten sich einige von ihnen, vor allem Florenz, Mailand und Venedig, zu regionalen Mächten, die sich ihre Nachbarn einverleibten. Ihre Macht beruhte auf einer Mischung aus Handel, Gewerbe und militärischen Eroberungen.

Die Machtverhältnisse und Bündnisse waren dabei ständig in Bewegung, das zeitweise den gesamten östlichen Mittelmeerraum beherrte. Die stabilste und erfolgreichste dieser Städte war eindeutig Venedig.

Der Reichtum von Florenz gründete auf dem Wollhandel, dem Finanzwesen und dem Handel insgesamt. Selbst im Ausland war die florentinische Münze, der *firenze* (Florin), sehr begehrt.

In Mailand beseitigte die adlige Familie Visconti ihre Rivalen und dehnte die mailändische Herrschaft über Pavia, Cremona und später auch Genua aus. Giangaleazzo Visconti (1351–1402) verwandelte Mailand von einem Stadtstaat in eine beachtliche europäische Macht. Die Politik der Visconti (bis 1450) und die der ihr nachfolgenden Familie Sforza (italienisch „Bezwinger") ermöglichte es Mailand, sein Einflussgebiet bis ins Tessin und bis zum Gardasee auszudehnen.

Die mailändische Einflusssphäre grenzte nun an die Venedigs. Die Lagunenstadt hatte 1450 den Zenit ihrer territorialen Ausdehnung erreicht. Zusätzlich zu ihren Besitztümern in Griechenland, Dalmatien und darüber hinaus hatte sich Venedig auch ins Binnenland (etwa nach Friaul) hinein ausgedehnt. Das Banner des Löwen von St. Markus wehte über Nordostitalien – von Gorizia bis Bergamo.

Diese dynamischen, unabhängigen Städte bildeten einen fruchtbaren Boden für den intellektuellen und künstlerischen Aufbruch, der Italien im 14. und 15. Jh. nahezu explosionsartig erfasste und später als Renaissance in die Geschichtsbücher einging. Die Renaissance gilt in vieler

Die ersten europäischen Banken entstanden im 12. Jh. im italienischen Genua. In Genua sollen der erste Schuldschein (1150) und der erste Vertrag über ein Devisengeschäft (1156) ausgefertigt worden sein. Die italienische Banca Monte dei Paschi di Siena ist die älteste noch tätige Bank der Welt; ihre Geschäfte nahm sie schon 1472 auf.

1944	**1946**	**1957**	**1957**
Am 18. März kommt es zu einem Ausbruch des Vesuv. Die in der Nähe stationierte US-Luftwaffe hält die Eruption im Film fest.	In einem Referendum stimmen die Italiener für die Abschaffung der Monarchie und für eine Republik. König Umberto II geht außer Landes und weigert sich, das Referendum anzuerkennen.	Italien unterzeichnet mit Frankreich, der Bundesrepublik Deutschland und den Benelux-Staaten die Römischen Verträge, auf denen die EWG, später EG und heute EU, beruht. Die Verträge treten 1958 in Kraft.	Im Juli präsentiert der Turiner Autohersteller Fiat ein neues Modell, den Fiat 500. Das von Dante Giacosa entworfene kompakte Fahrzeug gilt bald als Meisterwerk des italienischen Industrie-Designs.

Hinsicht als Geburtsstunde der modernen Welt. Florenz war die Wiege dieser erstaunlichen Bewegung, nicht zuletzt wegen der großzügigen Förderung der Künste durch die herrschende Familie der Medici.

Geburt einer Nation

Die Französische Revolution am Ende des 18. Jhs. und der Aufstieg Napoleons nährten in Italien Hoffnungen auf nationale Unabhängigkeit. Seit den glorreichen Tagen der Renaissance hatten Italiens uneinige Ministaaten auf der europäischen Bühne nach und nach an Macht und Ansehen verloren. Am Ende des 18. Jhs. war die Halbinsel nicht viel mehr als ein ausgelaugter, unbedeutender Platz im Spiel der Großmächte. Napoleon marschierte bei unterschiedlichen Gelegenheiten in Italien ein. Er erledigte 1797 die venezianische Republik (und beendete damit 1000 Jahre venezianischer Unabhängigkeit) und gründete 1804 das sogenannte Königreich Italien. Dieses Königreich war alles andere als unabhängig, aber das napoleonische Erdbeben ließ bei vielen Italienern die Hoffnung wachsen, dass nach dem Niedergang des französischen Kaisers ein italienischer Einheitsstaat etabliert werden könnte. Bislang gab es noch das Königreich mit Sizilien und Sardinien sowie Abtretungen an Frankreich.

Die Einigung erwies sich aber als gar nicht so einfach zu bewerkstelligen. Der reaktionäre Wiener Kongress setzte alle ausländischen Herrscher wieder in ihre alten Rechte in Italien ein.

Graf Camillo Benso di Cavour (1810–1861) aus Turin, der Premierminister des Königreichs Savoyen, steckte schon bald als diplomatischer Kopf hinter der italienischen Einigungsbewegung. Mit der Gründung der Zeitung *Il Risorgimento* 1847 und mit der Veröffentlichung eines parlamentarischen *Statuto* legten Cavour und seine Kollegen die Fundamente für die Einheit.

Cavour konspirierte mit den Franzosen und gewann auch die britische Unterstützung für die Gründung eines unabhängigen italienischen Nationalstaats. Sein Vertrag mit Napoleon III. aus dem Jahr 1858 sah für den Fall eines Krieges mit Österreich die Unterstützung der Franzosen vor – gegen eine Abtretung von Teilen Savoyens und von Nizza.

Der blutige zweite Italienische Unabhängigkeitskrieg (Sardinischer Krieg; 1859-1861) führte zur Besetzung der Lombardei und zum Rückzug der Österreicher in ihre östlichen Besitztümer in Venetien. Unterdessen hatte ein unerwarteter Mitspieler in Gestalt des professionellen Revolutionärs Giuseppe Garibaldi eine wichtige Voraussetzung für eine vollständige Einigung Italiens geschaffen. Garibaldi nahm 1860 im Namen des Königs Vittorio Emanuele II von Savoyen in einem militärischen Handstreich Sizilien und Süditalien ein. Cavour und der König

---

Amerika wurde nach Amerigo Vespucci benannt, einem Florentiner Seefahrer, der zwischen 1497 und 1504 mehrere Reisen ins heutige Südamerika unternahm.

Eleganz der Renaissance

Duomo, Florenz

Galleria degli Uffizi, Florenz

Tempietto di Bramante, Rom

La Rotonda, Vicenza

Da Vincis Letztes Abendmal, Mailand

1960	**1960**	**1966**	**1970**
Federico Fellinis *La Dolce Vita* kommt in die Kinos. Der Film, der das Lebensgefühl im Rom der Nachkriegszeit einfängt, ist für vier Oscars nominiert.	Rom ist Gastgeber der 17. Olympischen Spiele. 83 Länder nehmen teil, darunter Singapur, dessen Athleten zum ersten Mal unter eigener Fahne antreten.	Im November zerstört eine verheerende Flut Teile von Florenz. Rund 100 Menschen verlieren ihr Leben, 5000 Familien sind obdachlos, 14 000 Kunstwerke werden beschädigt. Die Flut ist die schlimmste seit 1557.	Trotz heftiger Proteste seitens des Vatikans legalisiert das italienische Parlament die Ehescheidung. Die Democrazia Christiana initiiert 1974 ein Referendum, um das Gesetz zu annullieren, scheitert aber.

erkannten die sich bietende Gelegenheit und besetzten ihrerseits Teile Mittelitaliens (darunter Umbrien und die Marken) und konnten so 1861 den italienischen Einheitsstaat ausrufen.

In den folgenden neun Jahren gliederte sich das wachsende Königreich die Toskana, Venetien und Rom ein. Die Einheit war komplett, und 1871 bezog das Parlament seinen Sitz in Rom.

Der junge Staat litt anfangs unter heftigen Machtkämpfen zwischen Sozialisten und Konservativen. Giovanni Giolitti, einem der am längsten amtierenden Premierminister Italiens (er leitete zwischen 1892 und 1921 insgesamt fünf Regierungen), gelang es schließlich, die politische Kluft zu überbrücken und das Wahlrecht für Männer einzuführen. Frauen wurde dieses Recht noch bis nach dem Zweiten Weltkrieg vorenthalten.

Vom Schützengraben in die Diktatur

Als im Juli 1914 der Erste Weltkrieg ausbrach, entschied sich Italien für die Neutralität, obwohl sich das Land im Dreibund Deutschland und Österreich angenähert hatte. Allerdings meldete Italien Anspruch auf Gebiete an, die sich Österreich einverleibt hatte: auf das Trentino, Südtirol, Triest und sogar auf Dalmatien (dabei ging es um Land, um das sich Italien nach dem Sieg Preußens im Deutschen Krieg von 1866 vergeblich bemüht hatte). Nach den vertraglichen Regelungen des Dreibunds hätte Österreich diese Besitzungen beim Vordringen auf den Balkan eigentlich abtreten müssen, doch die Österreicher wollten von diesem Teil der Abmachung nichts mehr wissen.

In der italienischen Regierung blockierten sich die Verfechter einer Neutralität und die Anhänger einer militärischen Lösung gegenseitig. Letztere nahmen schließlich Verhandlungen mit den Mächten der Entente auf, da sie Österreich in der Frage der Besitzansprüche für uneinsichtig hielten. Im April 1915 sicherten die Alliiertern im Londoner Vertrag Italien die gewünschten Gebiete für den Fall eines militärischen Sieges zu. Im Mai erklärte Italien Österreich (und damit auch Deutschland) den Krieg – und für das Land begann ein dreieinhalbjähriger Alptraum.

Zwischen beiden Ländern wütete ein erbitterter Zermürbungskrieg – besonders in den zwölf Isonzo-Schlachten. Als die Truppen Österreich-Ungarns schließlich im November 1918 kapitulierten, marschierten die Italiener unverzüglich in Triest und Trient ein. Der Versailler Vertrag erfüllte dann allerdings längst nicht alle Gebietswünsche der Italiener.

Für einen derart blutigen und ruinösen Konflikt war die Ausbeute denkbar dürftig. Italien hatte 600 000 Menschen verloren. Unter den Bedingungen der Kriegswirtschaft waren eine kleine Clique von Industriellen übermächtig geworden, während die Masse der Zivilbevölkerung in Armut versank. Diese Mischung war umso explosiver, als Hunderttausende aus dem Dienst entlassene Soldaten nach Haus zurückkehr-

A History of Venice von John Julius Norwich gilt als eines der besten englischsprachigen Werke über die Lagunenstadt. Vom selben Autor stammt auch: *Venice: Paradise of Cities.*

1980	1980	1995	2001
Im Bahnhof von Bologna tötet eine Bombe 85 Menschen. Die Verantwortung übernehmen sowohl die Roten Brigaden als auch eine neofaschistische Gruppe.	Am 25. November um 19.34 Uhr erschüttert ein schweres Erdbeben Kampanien. 3000 Menschen sterben, viele Gebäude werden zerstört, auch in der Stadt Neapel.	Maurizio Gucci, der Ebe des Modeimperiums Gucci, wird vor seinem Mailänder Büro niedergeschossen. Drei Jahre später wird seine Frau Patrizia Reggiani als Auftraggeberin verurteilt.	Bei den Parlamentswahlen erringt Silvio Berlusconis rechtskonservative Koalition die absolute Mehrheit. Während seiner fünfjährigen Regierungszeit stagniert die italienische Wirtschaft weitgehend.

ten oder auf der Suche nach Arbeit kreuz und quer durchs Land zogen. Die Zeit wartete förmlich auf einen Demagogen, und dieser sollte schon recht bald in Erscheinung treten.

Einer der enthusiastischen jungen Kriegsteilnehmer war der sozialistische Zeitungsredakteur und einstige Wehrdienstgegner Benito Mussolini (1883–1945). Dieses Mal meldete er sich sogar freiwillig an die Front und kehrte 1917 verwundet zurück.

Mit seinen Landsleuten teilte er das Erlebnis des Krieges und die Enttäuschung über den Versailler Vertrag. Er gründete eine rechtsgerichtete militante politische Gruppierung, aus der 1921 die Faschistische Partei hervorging. Schwarzhemd und römischer Gruß wurden zu den Erkennungszeichen ihrer Anhänger – und standen ab sofort für die nächsten 23 Jahre auch als Symbole für gewaltsame Unterdrückung und einen aggressiven Nationalismus. Nach seinem erfolgreichen „Marsch auf Rom" im Jahr 1922 und dem Sieg bei den Parlamentswahlen von 1924 verschaffte sich der Führer oder Duce, wie Mussolini sich gern nennen ließ, 1926 schließlich diktatorische Vollmachten. Oppositionsparteien, freie Gewerkschaften und eine freie Presse wurden kurzerhand verboten.

In den 1930er-Jahren hatte die Faschistische Partei die italienische Gesellschaft fest im Griff. Wirtschaft, Bankenwesen, großzügige öffentliche Beschäftigungsprogramme, die Umwandlung der Malariasümpfe an der Küste in Ackerland und eine ehrgeizige Modernisierung der Armee – all das entsprang den Plänen Mussolinis.

In der Außenpolitik agierte Mussolini anfangs sehr zurückhaltend: Er trat internationalen Vereinbarungen bei (darunter 1928 dem Kellogg-Pakt zur Ächtung des Krieges), und bis 1935 suchte er die Nähe zu Frankreich und Großbritannien, um der wachsenden Bedrohung durch Hitler und ein wiederbewaffnetes Deutschland zu begegnen.

Dann aber vollzog Mussolini mit der Entscheidung, Abessinien (Äthiopien) zu besetzen, einen radikalen Kurswechsel; gedacht war der Entschluss als erster Schritt hin zu einem „neuen Römischen Reich". Diese aggressive Seite der neuen italienischen Außenpolitik war auch vorher schon in kleineren Auseinandersetzungen mit Griechenland über die Insel Korfu und in Militärexpeditionen gegen nationalistische Truppen in der Kolonie Italienisch-Libyen sichtbar geworden.

Der Völkerbund verurteilte den Abessinienkrieg (in dessen Folge König Vittorio Emanuelle III 1936 zum Kaiser von Abessinien erklärt wurde), und Mussolini änderte die Ausrichtung seiner Politik grundlegend und näherte sich dem nationalsozialistischen Deutschland an.

Gemeinsam unterstützten Hitler und Mussolini den Putschisten-General Franco im Spanischen Bürgerkrieg (1936–1939), und sie banden sich auch vertraglich aneinander (beispielsweise im Antikominternpakt zwischen Deutschland und Japan, dem Italien beitrat). Mit dem deut-

Weitere Informationen über Italien zur Zeit des Faschismus liefert die Website www.thecorner.org/home.htm Hier erfährt man mehr über Mussolinis Aufstieg und über die unruhigen Jahre unter seiner Führung.

Roma Città Aperta (Rom, offene Stadt) von Roberto Rossellini und mit Anna Magnani gilt als Klassiker des italienischen Neorealismus und als meisterhafte Darstellung der Stadt Rom in den Nachkriegsjahren. Der Film war der erste Teil einer Kriegstrilogie; es folgten Paisà und *Germania Anno Zero (Deutschland im Jahre Null)*.

2004–2005	2005	2006	2008
In den Vorstädten von Neapel eskalieren Auseinandersetzungen zwischen verfeindeten Clans der Camorra. In nur fünf Monaten werden fast 50 Menschen ermordet.	Papst Johannes Paul II. stirbt im Alter von 84 Jahren, unzählige Gläubige fordern seine Heiligsprechung. Sein Nachfolger wird der deutsche Kardinal Josef Ratzinger als Papst Benedikt XVI.	Wegen der Manipulation von Fußballergebnissen müssen Juventus Turin, der AC Mailand und drei weitere Teams Geldstrafen zahlen. Juventus werden zwei Meisterschaftstitel aberkannt.	Italiens nationale Fluggesellschaft Alitalia meldet Konkurs an, wird jedoch später in verkleinerter Form mit weniger Flugzielen, Flugzeugen und Personal als private Gesellschaft weitergeführt.

schen Überfall auf Polen begann im September 1939 der Zweite Welt-krieg. Italien verhielt sich bis zum Juni 1940 abwartend; in dieser Zeit eroberte die deutsche Wehrmacht Norwegen, Dänemark, die Niederlan-de und große Teile Frankreichs. Als der Sieg in greifbare Nähe gerückt schien, entschied auch Mussolini sich für den Eintritt seines Landes in den Krieg – eine Entscheidung, die aus deutscher Sicht wohl eher zwie-spältige Gefühle ausgelöst haben dürfte. Die italienische Armee erwies sich nämlich als nicht sonderlich erfolgreich, und Deutschland musste dem Bündnispartner auf dem Balkan und in Nordafrika beispringen – und konnte Rückschläge wie z.B. die Landung der Alliierten auf Sizilien 1943 trotzdem nicht verhindern.

Nach zahllosen Niederlagen hatten die Italiener schließlich endgültig genug von Mussolini und seinem Krieg, und der König ließ den Dikta-tor 1943 verhaften. Die italienische Regierung schloss einen Waffenstill-stand mit den Amerikanern, doch die Deutschen befreiten Mussolini, marschierten in Norditalien ein und installierten dort eine Marionetten-regierung unter der Leitung Mussolinis.

Das quälend langsame Vordringen der Alliierten von Süden her und die Herrschaft der Deutschen im Norden führten zur Bildung einer Wi-derstandsbewegung, der Resistenza, die den deutschen Truppen zuneh-mend Paroli bot. Im April 1945 war Norditalien praktisch befreit. Als Mussolini sich in die Schweiz absetzen wollte, wurde er von Partisanen gestellt und zusammen mit seiner Geliebten Clara Petacci hingerichtet. Ihre Leichen hängten die Befreier auf dem Piazzale Lotto in Mailand auf – ein Schicksal, das so gar nichts mit Mussolinis Wunsch zu tun hatte, einst in Rom in der Nähe seines verehrten Vorbilds Augustus beigesetzt zu werden.

Kommunistenangst

Nach Ende des Krieges legten die linksgerichteten Partisanengruppen ihre Waffen nieder, die Politik des Landes aber musste sich erst einmal grundlegend neu ordnen. Dank der Wirtschaftshilfe des Marshallplans besaßen die USA einen beträchtlichen Einfluss, den sie durchaus nutz-ten, um die politische Linke in Schach zu halten.

Gleich nach dem Krieg lösten drei Koalitionsregierungen in rascher Folge einander ab. In der dritten Koalition, die im Dezember 1945 ins Amt kam, hatte die kurz zuvor gegründete rechtsgerichtete Democrazia Cristiana (DC; Christdemokratische Partei) das Sagen. Ihr Vorsitzen-der Alcide de Gasperi blieb bis 1953 Ministerpräsident. Italien wurde 1946 eine Republik, und die Christdemokraten unter De Gasperi sieg-ten bei den ersten Parlamentswahlen unter neuer Verfassung im Jahr 1948. Bis in die 1980er-Jahre spielte die Partito Comunista Italiano (PCI; Kommunistische Partei Italiens) eine bedeutende Rolle in der ita-

2009	2011	2011	2013
Das Verfassungsgericht annulliert ein Gesetz, mit dem Berlusconi sich vor jeder Strafverfol-gung schützen wollte. Damit besteht die Möglichkeit, dass diver-se Gerichtsverfahren gegen ihn weitergeführt werden könnten.	Ministerpräsident Berlusconi ist in immer mehr Skandale verstrickt; u.a. geht es um Sex mit einer Minderjährigen. Am 16. November tritt er von seinem Amt zurück.	Berlusconi wird zum Rückzug aus dem Amt gedrängt; sein Nachfol-ger ist der Wirtschafts-experte Mario Monti, der eine Regierung aus Fachleuten beruft.	Nach der Wahl im Februar wird Enrico Letta Ministerpräsident einer Koalitionsregie-rung. Beppe Grillos Fünf-Sterne-Bewegung gewinnt aus dem Stand 25 % der Mandate.

lienischen Politik und Gesellschaft, zunächst unter Palmiro Togliatti und später unter ihrem charismatischen Vorsitzenden Enrico Berlinguer; trotzdem wurde die Partei systematisch von jeglicher Regierungsbeteiligung ferngehalten.

Die ungewöhnliche Stärke und Popularität der Kommunistischen Partei führte zu einer finsteren Episode in der Landesgeschichte, den sogenannten *anni di piombo* (bleiernen Jahren) nach 1970. Während die italienische Wirtschaft boomte, führte die in ganz Europa verbreitete panische Angst vor einer Regierungsbeteiligung der italienischen Kommunisten zu geheimen Gegenmaßnahmen, die dem Vernehmen nach vor allem von CIA und NATO gesteuert waren. Bis heute ist wenig über die sogenannte Operation Gladio bekannt, eine paramilitärische Untergrundorganisation, die als Drahtzieherin hinter mehreren nie aufgeklärten Terroranschlägen stecken soll. Ziel war offenbar, die Angst im Lande zu schüren – und hätten die Kommunisten wirklich die Regierung übernommen, wäre es vielleicht zu einem Militärputsch gekommen.

Beträchtliche soziale Spannungen und die Angst vor einem Terrorismus unterschiedlichster Couleur beherrschten daher die 1970er-Jahre, insbesondere die Stimmung an den Universitäten des Landes. 1969 stellten neofaschistische Terroristen bei einem Bombenanschlag in Mailand ihre Gefährlichkeit unter Beweis. 1978 gelang den Brigate Rosse, den Roten Brigaden, einer Gruppe militanter junger Linksradikaler, die schon mehrere Bombenanschläge und Morde auf ihrem Konto stehen hatten, ihr wichtigster Schlag – die Entführung des ehemaligen christdemokratischen Ministerpräsidenten Aldo Moro. Diese Entführung und Aldo Moros Ermordung nach 54 Tagen in Gefangenschaft erschütterten das Land nachhaltig und verzögerten soziale Reformen (der Vorfall wurde 2003 in dem Film *Buongiorno Notte – Der Tag, an dem die Nacht kam* – aufgearbeitet).

Trotz dieser Unruhen waren die 1970er-Jahre allerdings auch eine Zeit gesellschaftlicher Umwälzungen im ganzen Land. 1970 wurden in 15 der 20 Regionen des Landes Regionalparlamente mit beschränkten Befugnissen eingerichtet (in den restlichen fünf – Sizilien, Sardinien, Aostatal, Trentino-Südtirol und Friaul-Julisch Venetien – gab es bereits eine weitergehende Teilautonomie). Noch im gleichen Jahr wurde die zivilrechtliche Ehescheidung ermöglicht, und acht Jahre später verschwand die Strafbarkeit der Abtreibung. Frauenrechte wurden weiter gestärkt, und Frauen dürfen seit dieser Zeit in der Ehe auf Wunsch ihren Mädchennamen weiterführen.

> Das Buch ist zwar schon etwas älter, aber Paul Ginsborgs *A History of Contemporary Italy: Society and Politics, 1943–1988* zählt nach wie vor zu den besonders lesenswerten und informativen Darstellungen der italienischen Nachkriegsgeschichte.

PER FAHRRAD GEGEN DEN FASCHISMUS

1944/45 versteckten Untergrundaktivisten in Assisi Hunderte jüdischer Mitbürger in den Klöstern von Umbrien. Widerstandsgruppen in der Toskana stellten ihnen gefälschte Reisedokumente aus – doch die Dokumente mussten schnell herbeigeschafft werden, da die Juden immer mit Entdeckung und Deportation rechnen mussten. Und da trat als Helfer der schnellste aller Italiener auf den Plan – Gino Bartali, weltberühmter Radrennfahrer aus der Toskana, Gewinner der Tour de France und dreimaliger Sieger beim Giro d'Italia. Erst nach seinem Tod im Jahr 2003 wurde bekannt, dass Bartali während seiner Trainingsfahrten in den Kriegsjahren Nachrichten der Widerstandsbewegung und gefälschte Dokumente mit sich getragen hatte, mit deren Hilfe jüdische Flüchtlinge an sichere Orte gelangten. Bartali wurde damals sogar in der berüchtigten Villa Triste in Florenz verhört, wo politische Gegner gefoltert wurden, aber er ließ sich nichts entlocken. Bis zu seinem Tod hat der große Sportler seinen Anteil an der Rettung jüdischer Mitbürger nicht an die große Glocke gehängt, und selbst seinen Kindern gegenüber hat er nur erklärt: „So etwas tut man einfach, mehr gibt es da nicht zu sagen."

Schmiergeldskandale, der Aufstieg Berlusconis & die Fünf-Sterne-Bewegung

In den 1980er-Jahren legte Italien beim Wirtschaftswachstum einen regelrechten Spurt hin und erkämpfte sich einen Platz unter den führenden Wirtschaftsnationen der Welt, doch schon Mitte der 1990er-Jahre setzte erneut eine hartnäckige Krise ein. Arbeitslosenquote und Inflationsrate schossen in die Höhe, die Staatsverschuldung wuchs, und der Kurs der Lira geriet außer Kontrolle. Der Regierung blieb nichts anderes übrig, als drastische Sparmaßnahmen zu verhängen und die öffentlichen Ausgaben deutlich zu senken, damit Italien 2001 die Kriterien für die Teilnahme am Euro erfüllte.

In den 1990er-Jahren geriet die alte Ordnung im Lande ins Wanken. Die PCI zerfiel in zwei Parteien. Die Minderheit der rechtgläubigen Kommunisten scharte sich unter dem Namen Partito della Rifondazione Comunista (PRC; Neugegründete Kommunistische Partei) hinter ihrem Vorsitzenden Fausto Bertinotti, bis eine verheerende Niederlage bei der Wahl von 2008 das Schicksal dieser Partei besiegelte (nachdem sie an der 5-Prozent-Hürde gescheitert war). Der größere, gemäßigte Flügel der einstigen Kommunisten ging unter dem Namen Democratici di Sinistra (DS; Linke Demokraten) in einer reformierten Partei auf und vereinigte sich 2007 schließlich mit einer weiteren Gruppierung der linken Mitte zur Partito Democratico (PD).

Die übrige politische Szene Italiens wurde heftig vom sogenannten Tangentopoli-Skandal erschüttert, einem Schmiergeldskandal, der bei Ermittlungen in Mailand im Jahr 1992 ans Licht kam. Die Mailänder Staatsanwaltschaft, darunter der unerschrockene Antonio di Pietro, führte damals Ermittlungen, die rasch unter dem Schlagwort *Mani Pulite* (saubere Hände) für Schlagzeilen sorgten. Tausende Politiker, Beamte und Geschäftsleute hatten sich in einem Netz der Korruption verfangen und Bestechungsgelder gezahlt, Schmiergelder entgegengenommen oder sich sogar offensichtlich durch Diebstahl bereichert.

Die alten Parteien der rechten Mitte zerbrachen an den Folgen dieser Prozesse, und aus der Asche erhob sich eine Gestalt, von der sich viele Italiener einen sauberen politischen Neuanfang erhofften: der Medienunternehmer Silvio Berlusconi. Mit seiner Partei Forza Italia gelangte er 2001 ins Amt des Ministerpräsidenten, das er – von zwei Jahren unter dem ehemaligen EU-Kommissionspräsidenten Romani Prodi (2006–2008) abgesehen – bis zum November 2011 innehatte. Berlusconis sorgfältig gepflegtes Image, eine Mischung aus Charisma, Selbstvertrauen und Respektlosigkeit, entsprach offensichtlich den Erwartungen vieler italienischer Wähler. Sein Werdegang vom Schlagersänger auf Kreuzfahrtschiffen zum populistischen Mediengroßunternehmer (und Eigentümer eines Fußballclubs) faszinierte als Prototyp einer Erfolgsstory, und vom Erfolg der Berlusconi-Unternehmen schlossen viele Menschen auf den wirtschaftlichen Sachverstand des Eigentümers. Die vielen Skandale des Regierungschefs sorgten vor allem im Ausland für ungläubiges Kopfschütteln; die Italiener selbst zucken nur gleichgültig die Achseln, denn sie pflegen ohnehin ein eher zynisches Verhältnis zu ihren Politikern.

In einer Popolo della Libertà (Volk der Freiheit) genannten Koalition mit der rechtsgerichteten – und ehemals faschistischen – Alleanza Nazionale (Nationale Allianz) unter Gianfranco Fini und der separatistischen Lega Nord verfügte Berlusconi im Parlament bis Ende 2011 über eine stabile Mehrheit.

Die PD unter dem ehemaligen Bürgermeister von Rom, Walter Veltroni, kam bei den Wahlen von 2008 nur auf 38 %. Auch bei Kommunal- und Regionalwahlen konnte die Partei sich nicht durchsetzen. Nach einer Niederlage in Sardinien legte Veltroni daher im Februar 2009 sein Amt als Parteivorsitzender nieder.

Claudia Cardinale spielt im italienischen Film *Claretta* von 1984 das aufregende Leben und tragische Ende der Clara Petacci, der Geliebten Mussolinis. Bei ihrer Entdeckung gab man ihr zwar die Möglichkeit zur Flucht, doch sie versuchte noch vergeblich, den Duce vor den Kugeln des Exekutionskommandos zu schützen.

Nach dem Tod Johannes Pauls II. im April 2005 reisten binnen einer einzigen Woche 4 Mio. Trauergäste in die Ewige Stadt.

Von 2001 bis 2006 ging es Berlusconi als Regierungschef vor allem darum, Gesetze zu erlassen, die seine eigenen ausgedehnten wirtschaftlichen Interessen schützten (Berlusconi kontrolliert sage und schreibe 90 % der frei empfangbaren TV-Sender des Landes). Daneben widmete er sich einem Feldzug gegen die seiner Meinung nach „politisierte" Justiz des Landes. Die Richter nehmen nämlich schon seit Anfang der 1990er-Jahre seine unzähligen wirtschaftlichen Aktivitäten recht genau unter die Lupe, die meisten Verfahren wurden jedoch wieder eingestellt. Allerdings erklärte der Verfassungsgerichtshof im Oktober 2009 ein Immunitätsgesetz, mit dem Berlusconi sich während seiner Amtszeit vor jeglicher Strafverfolgung schützen wollte, für unwirksam.

Eine von Berlusconis ersten Amtshandlungen nach der Wiederwahl von 2008 war die Lösung der langwierigen Müllkrise in Neapel. Die relativ komplexe Problematik ging noch auf die frühen 1990er-Jahre zurück; seither war die Krise immer wieder unübersehbar (und deutlich zu riechen), wenn sich in den Straßen der Stadt gewaltige Müllberge türmten. Schuld am Desaster waren Korruption, ein Versagen der Verwaltung, überfüllte Müllhalden und endlose Streitigkeiten über mögliche Standorte für eine Müllverbrennungsanlage. Kaum gewählt, eilte Berlusconi nach Neapel und setzte kurz darauf sogar die Armee ein, um die Stadt aufzuräumen. Im Juli erklärte er die Müllkrise dann offiziell für beendet, doch Anfang 2011 sah es auf den Straßen von Neapel eigentlich nicht anders aus als 2008. Zum Verhängnis wurden Berlusconi allerdings nicht die Müllberge von Neapel, sondern seine vielen Skandale – und vor allem sein unbeholfener Umgang mit der dramatischen Finanz- und Schuldenkrise von 2011. Am 16. November 2011 erklärte er schließlich seinen Rücktritt vom Amt des Ministerpräsidenten; Nachfolger in einem mit Fachleuten besetzten Kabinett wurde der Wirtschaftsprofessor Mario Monti.

Was Neapel betrifft, war der Gestank der Müllberge keineswegs der einzige Schandfleck im 21. Jh. In den vergangenen Jahren wurde nämlich auf den Straßen Neapels mehr Blut vergossen als überall sonst in Italien – als Folge gewalttätiger Auseinandersetzungen innerhalb der Mafia. Beim sogenannten Scampia-Krieg Ende 2004 und Anfang 2005 – einem Bandenkrieg zwischen verfeindeten Gruppierungen der Camorra – kamen innerhalb von nur vier Monaten 47 Menschen ums Leben.

Auf der politischen Bühne änderte sich die Besetzung 2013 erneut. Bei der Parlamentswahl im Februar 2013 gab es keinen eindeutigen Sieger; nach langen Verhandlungen übernahm Enrico Letta, Mitglied der Partito Democratico (PD), das Amt des Ministerpräsidenten in einer lagerübergreifenden Koalitionsregierung.

Allerdings haben Beobachter erhebliche Zweifel daran, dass ein so instabiles Bündnis die gewaltigen Probleme des Landes – darunter die Schattenwirtschaft, die Mafia, Korruption, Vetternwirtschaft, fehlendes Wachstum, Jugendarbeitslosigkeit und eine niedrige Geburtenrate bei stark alternder Bevölkerung – tatsächlich in den Griff bekommen kann.

Manche Italiener setzen ihre Hoffnung deshalb in die Fünf-Sterne-Bewegung des einstigen Komikers Beppe Grillo. Bei der Wahl im Februar 2013 errang diese neue politische Gruppierung aus dem Stand rund 25 % der Mandate, obwohl sie im Fernsehen gar nicht auftauchte und nur über das Internet und in großen Wahlveranstaltungen überall im Land auf sich aufmerksam machte. Die neue und sehr junge politische Kraft (das Durchschnittsalter ihrer Politiker liegt bei 37 Jahren, sie sind also um 20 Jahre jünger als die Politiker der übrigen Parteien) hat sich nach der Wahl allen Absprachen und Verhandlungen verweigert, um sich deutlich von der alten politischen Klasse abzugrenzen. Hauptthemen der „Fünf Sterne" sind der freie Zugang zum Trinkwasser, Umweltschutz, Nachhaltigkeit im Transportwesen, Internetzugang und Entwicklung. Ob dem Wahlerfolg auch die Umsetzung politischer Ziele folgen kann, wird die Zukunft zeigen.

Berlusconi scheint den Zenit seiner Laufbahn allerdings überschritten zu haben. 2013 wurde er in letzter Instanz rechtskräftig wegen Steuerhinterziehung zu einer Haftstrafe verurteilt, die er aus Altersgründen aber vermutlich nicht antreten muss. Bei Redaktionsschluss galt es jedoch als wahrscheinlich, dass er infolge der Verurteilung seine politischen Ämter verlieren wird. Zwar bemühte er sich noch darum, politischen Druck zu seinen Gunsten aufzubauen, indem er den Rückzug der Minister seiner Partei Popolo della Libertà (PdL) aus der Koalitionsregierung ankündigte, doch die Minister verweigerten ihm erstmals die Gefolgschaft, und ein Misstrauensvotum gegen Ministerpräsident Letta scheiterte im Oktober 2013 an der Spaltung des Berlusconi-Lagers. Auf Betreiben Berlusconis hat sich die PdL mittlerweile wieder in Forza Italia – so der ursprüngliche Name – umbenannt, ein Teil der Mitglieder, darunter die Regierungsvertreter, sind der Forza Italia aber nicht beigetreten. Ende 2013 sieht es also danach aus, dass die Zeit des Politikers Silvio Berlusconi endgültig abgelaufen ist.

Kunst & Architektur

In vielerlei Hinsicht ist die Geschichte der italienischen Kunst auch die Geschichte der westlichen Kunst. Angefangen bei Klassik, Renaissance und Barock und bis hin zu futuristischen und metaphysischen Strömungen wurden die wegweisenden Bewegungen und Perioden der Kunstwelt durch ruhmreiche italienische Künstler, darunter Giotto, da Vinci, Michelangelo, Raffael, Bernini, Botticelli und Caravaggio, geformt.

Kunst

Das Antike & das Klassische

Das italienische Pendant zum Impressionismus war die Macchiaioli-Bewegung, die in Florenz ihren Ursprung hatte. Ihre wichtigsten Künstler waren Telemaco Signorini (1835–1901) sowie Giovanni Fattori (1825–1908). Ihre Werke sind im Palazzo Pitti Galleria d'Arte Moderna in Florenz ausgestellt.

Wie in vielen anderen Lebensbereichen suchten die Römer auch in der Kunst bei den Griechen nach Vorbildern. Die Griechen hatten schon im 8. Jh. v. Chr. große Teile Siziliens und Süditaliens besiedelt. Sie nannten diese Region *Magna Graecia* und errichteten große Städte wie Syrakus und Tarent. Diese waren berühmt für ihre prachtvollen Tempel, von denen viele mit Skulpturen nach den Vorbildern von Meisterwerken von Praxiteles, Lysippos and Phidias geschmückt waren.

Die Bildhauerei in Süditalien blühte bis in die hellenistische Epoche hinein und erlangte auch in Mittelitalien große Popularität. Hier wurde die primitive Kunst der Etrusker durch den Beitrag griechischer Handwerker, die über die Handelsrouten kamen, beeinflusst und verfeinert.

In Rom selbst erlebten Bildhauerei, Architektur und Malerei sowohl während der ersten Republik als auch im Kaiserreich eine Blütezeit. Die in dieser Epoche in Rom produzierte Kunst unterschied sich in vielerlei Hinsicht von den griechischen Vorbildern. Die römische Kunst war in erster Linie säkular und legte das Schwergewicht weniger auf Harmonie und Form, dafür aber und stärker auf die wirklichkeitsgetreue Abbildung, vor allem bei den Porträtskulpturen. Unzählige Versionen von Pompeius, Titus und Augustus weisen allesamt ähnliche Gesichtszüge auf, was darauf hindeutet, dass die Künstler sich um Wahrhaftigkeit und nicht nur um Verherrlichung bemühten.

Die Griechen verstanden Kunst ausschließlich als Ausdruck von Harmonie und Schönheit. Die römischen Herrscher wie Augustus hingegen verwendeten Kunst gern als politisches Mittel, um ihren Status, ihre Macht und ihr eigenes Abbild zu feiern. Oft nahm diese Art der erzählenden Kunst die Form von Reliefdekorationen an, mit denen die Geschichte großer militärischer Erfolge erzählt wurde – die Colonna di Traiano (Trajans Säule) und der Ara Pacis Augustae (Friedensaltar) in Rom sind Beispiele dieser Tradition. Sie stehen für prunkvolle, monumentale Beispiele von Kunst als Propaganda, bei der die sowohl der Herrscher als auch Rom in einer Art verherrlicht werden, die niemand, weder damals noch heute, ignorieren kann.

Wohlhabende römische Bürger versuchten sich ebenfalls in der Kunst, indem sie palastartige Villen bauten und sie mit Statuen schmückten, die sie aus der griechischen Welt geraubt oder von hellenischen Originalen kopiert hatten. Heute sind die römischen Museen zum Bersten voll mit solchen Trophäen, angefangen beim *Galata morente* (Sterbender Gallier, ca. 240–200 v. Chr.), der in der Ausstellung der Kapitolinischen Museen „Made in Italy" zu betrachten ist, bis hin zur original griechischen *Laokoon-Gruppe* (ca. 160–140 v. Chr.).

Und obwohl es die Etrusker waren, die sich in Wandmalereien hervortaten – besonders in ihren Grabstätten in Zentren wie Tarquinia und Cerveteri im heutigen Lazio (Latium) –, verfeinerten schließlich die Römer diese Form, wobei sie sich auf Landschaftsszenen konzentrierten, die die Wände der Lebenden schmücken sollten. Roms Museo Nazionale Romano – Palazzo Massimo alle Terme enthält großartige Beispiele dieser Kunstform.

Die Leuchtkraft von Byzanz

Im Jahr 330 n. Chr. erhob der zum Christentum übergetretene Kaiser Konstantin die alte Stadt Byzanz zu seiner Hauptstadt und benannte sie in Konstantinopel um. Die Stadt wurde zum großen kulturellen und künstlerischen Zentrum der Christenheit und behauptete diese Position bis in die Renaissance hinein, obwohl ihr Einfluss auf die Kunst nie so fundamental wie der Roms war.

Die byzantinische Epoche war vor allem für ihre erhabene Kirchen- und Palastarchitektur, ihre außergewöhnlichen Mosaiken und – jedoch in geringerem Umfang – ihre Malerei berühmt. Die byzantinische Kunst war beeinflusst vom Dekor in den römischen Katakomben und den frühchristlichen Kirchen, aber auch vom orientalischen griechischen Stil mit seiner Vorliebe für üppige Schmuckelemente und leuchtende Farben. Byzantinische Kunstwerke vernachlässigten dabei die realistischen Aspekte der klassischen Tradition und erhoben den Geist über den Körper, vornehmlich, um Gott und weniger den Menschen oder den Staat zu preisen.

KUNST

KUNST & ARCHITEKTUR KUNST

Beim Schreiben dieses Kapitels diente E.H. Gombrichs grundlegendes Werk *Die Geschichte der Kunst* als wertvolle Hilfe. Es wurde zum ersten Mal 1950 herausgegeben und enthält einen großartigen Überblick über die Geschichte der italienischen Kunst.

KULTURVERBRECHEN

Im Jahr 2010 wurde der italienische Tourist Michele Speranza zum unerwarteten Helden, als er im Fenster einer New Yorker Kunstgalerie einen Frauentorso entdeckte. Es handelte sich dabei nicht um irgendeinen Torso, sondern um ein antikes Kunstwerk, das 1988 aus einem Museum in Lazio (Latium) gestohlen worden war. Speranzas Spürsinn ist nicht verwunderlich: Er gehört zum „Comando Carabinieri Tutela Patrimonio Culturale", einem Sondereinsatzkommando der Polizei, das sich mit dem Raub des unbezahlbaren italienischen Erbes beschäftigt.

Kunstraub stellt ein großes Geschäft dar. Untersuchungen zufolge wurden mehr als 10 000 antike Grabstätten von *tombaroli* (Grabräubern) geplündert; die Beute wird häufig an private und öffentliche Sammler verkauft. Polizisten des Sondereinsatzkommandos patrouillieren häufig auf archäologischen Stätten und vergleichen Objekte, die bei Auktionen versteigert werden, anhand ihrer eigenen Datenbanken mit gestohlenen Artikeln.

Trotz der Größe des Problems kann die italienische „Kunstpolizei" eine eindrucksvolle Erfolgsbilanz aufweisen: 2011 wurden Gegenstände in einem Wert von über 15 Mio. € bei einem Einsatz in Genf beschlagnahmt. 2006 überließ das Metropolitan Museum of Art in New York Italien eine Anzahl von Schätzen, darunter der preisgekrönte Euphronius Krater, eine 2500 Jahre alte etruskische Vase, die sich jetzt im Museo Nazionale Etrusco di Villa Giulia in Rom befindet. Im folgenden Jahr musste das Getty Museum in Los Angeles einen ähnlichen Schlag hinnehmen: Zu seinen Rückgaben gehörte eine Aphrodite-Statue aus dem 5. Jh. v. Chr. Die Göttin der Liebe war aus einer archäologischen Stätte auf Sizilien geraubt worden und wurde später für schlecht investierte 18 Mio. US$ an das Museum verkauft.

In Italien präsentierte sich die byzantinische Virtuosität, was Mosaiken betrifft, insbesondere in Ravenna, der Hauptstadt der westlichen Gebiete des byzantinischen Reichs im 6. Jh. Die Basilica di Sant'Apollinare in Classe, die Basilica di San Vitale und die Basilica di Sant'Apollinare Nuovo in Ravenna beherbergen einige der weltbesten byzantinischen Kunstwerke, und ihre handgeschnittenen, glasierten Fliesen (*tesserae*) vereinen außergewöhnliche Natürlichkeit mit einem epischen Verständnis von Erhabenheit und Mysterium.

Die byzantinische Kunst war jedoch nicht nur auf Ravenna beschränkt: In Venedig beeinflusste sie das exotische Design der Basilica di San Marco, und in Rom hinterließ sie ihre Spuren im farbenprächtigen Inneren der Chiesa di San Prassede.

Auf Sizilien haben sich byzantinische, normannische und arabische Einflüsse vermischt und einen speziellen regionalen Stil erschaffen, der im mosaikverzierten Glanz von Palermos Cappella Palatina betrachtet werden kann sowie in den Kathedralen von Monreale und Cefalù.

> Italien verfügt über mehr Weltkulturdenkmäler als irgendein anderes Land der Welt; viele der 47 aktuell aufgeführten Denkmäler wirken wie Lagerstätten großer Kunstwerke.

Das gar nicht so dunkle Zeitalter

Das italienische Mittelalter wird häufig lediglich als „dunkles Zeitalter" zwischen dem Römischen und dem Byzantinischen Reich einerseits und der Renaissance andererseits aufgefasst. Ginge man allerdings wirklich

KUNST, WUT & ARTEMESIA

Sex, Ruhm und Abenteuer: *Das Leben der Artemesia Gentileschi* (1593–1652) könnte als Vorlage für eine erstklassige Seifenoper dienen. Als eine der größten Künstlerinnen des frühen Barock (und eine der wenigen weiblichen) wurde Gentileschi in Rom als Tochter des toskanischen Malers Orazio Gentileschi geboren. Schon früh führte Orazio seine junge Tochter in den Kreis der Künstler der Stadt ein. Zu ihren Mentoren gehörte Michelangelo Merisi da Caravaggio, dessen Chiaroscuro-Technik ihren eigenen Stil stark beeinflusste.

Im zarten Alter von 17 Jahren schuf Gentileschi ihr erstes Meisterwerk, *Susanna und die Ältesten* (1610), jetzt in der Schönborn-Sammlung in Pommersfelden, Deutschland, zu sehen. Ihre Darstellung der sexuell belästigten Susanna erwies sich als unheimliche Vorahnung: Zwei Jahre später fand sich Artemesia im Zentrum einer sieben Monate dauernden Gerichtsverhandlung wieder, bei der der florentinische Künstler Agostino Tassi angeklagt wurde, sie vergewaltigt zu haben.

Gentileschi machte ihrer Wut mit dem ergreifenden, technisch brillanten *Judith enthauptet Holofernes* (1612–1613) Luft. Das Original hängt im Museo di Capodimonte in Neapel; eine größere, spätere Version findet sich in den Uffizien in Florenz. Die rachsüchtige Judith erschien noch einmal in *Judith und ihre Dienerin* (ca. 1613–1614), jetzt im Palazzo Pitti in Florenz. Während ihrer Zeit in Florenz führte Gentileschi eine Folge von Aufträgen für Cosimo II der Medici-Dynastie aus und wurde das erste weibliche Mitglied der angesehenen Accademia delle Arti del Disegno (Akademie für Malerei).

Nach der Trennung von ihrem Gatten, dem toskanischen Maler Pietro Antonio di Vincenzo Stiattesi, ging Gentileschi irgendwann zwischen 1626 und 1630 gen Süden nach Neapel. Ihr Schaffen hier beinhaltete *Die Verkündung* (1630), ebenfalls im Museo di Capodimonte in Neapel zu sehen, sowie ihr Selbstporträt als Allegorie der Malerei (1630), ausgestellt im Kensington Palast in London. Letzteres wurde für seine gleichzeitige Darstellung von Kunst, Künstler und Muse gepriesen – damals eine Neuheit. Gentileschis Art, mit dem Pinsel umzugehen, ging nicht unbemerkt an König Charles I von England vorbei, der das italienische Talent 1638 bis 1641 mit einem Aufenthalt bei Hofe ehrte.

Trotz ihrer glänzenden Karriere bewegte sich Gentileschi in einer Männerwelt. Nichts beweist dies besser als die noch vorhandenen Grabinschriften, die ihres Todes gedenken: Sie konzentrieren sich nicht auf ihre schöpferische Großartigkeit, sondern auf den Tratsch, der sie als betrügerische Nymphomanin darstellt.

so beiläufig über diese Epoche hinweg, wäre das Verständnis der späteren italienischen Geschichte aber praktisch unmöglich, weil das Italien, das wir kennen, eigentlich im Mittelalter geboren wurde. Die Barbareninvasionen des 5. und 6. Jhs. leiteten einen Prozess ein, der ein großes geeintes Reich in ein Land kleiner unabhängiger Stadtstaaten verwandelte. Es waren diese Staaten – oder genauer ihre Kaufleute, Fürsten, Kleriker, Korporationen und Zünfte –, die ein Mäzenatentum einführten, das die großen Innovationen in Kunst und Architektur der Renaissance erst ermöglichte.

Als Fortführung eines schon in der byzantinischen Epoche einsetzenden Trends traten in dieser Zeit die Ideale der Klarheit und der Einfachheit religiöser Aussagen gegenüber dem Ideal der wirklichkeitsgetreuen Abbildung in den Vordergrund. Das ist der Grund, warum viele Gemälde des Mittelalters auf den ersten Blick etwas steif wirken.

Malerei und Bildhauerei spielten gegenüber der romanischen Architektur dieser Zeit ohnehin nur eine Nebenrolle. Die Arbeit der Cosmati, einer römische Zunft der Mosaik- und Marmorarbeiter, die sich auf Mosaiken aus farbigen Steinen und Glas spezialisiert hatte und diese mit Streifen weißen Marmors und großen Steinscheiben zu beeindruckenden und raffinierten Böden und Säulen kombinierte, stellte eine ideale Ergänzung dieser Architektur dar. Beispiele für die Arbeit der Cosmati finden sich in Rom in der Chiesa di Santa Maria in Cosmedin, der Basilica di Santa Maria Maggiore und der Chiesa di Santa Maria Sopra Minerva.

Entwicklung der Gotik

Die Gotik setzte sich in Italien wesentlich langsamer durch als im Rest Europas. Sie markiert den Übergang von der mittelalterlichen Kunst zur Renaissance. Die Künstler ließen sich nun wieder vom Leben selbst und nicht mehr ausschließlich von der Religion inspirieren. Die zeitlich mit der Entwicklung der höfischen Gesellschaft und dem Aufstieg der bürgerlichen Kultur in den Stadtstaaten zusammenfallende Gotik war ausgefeilt und elegant und besticht durch Detailreichtum, eine leuchtende Farbpalette und raffinierte Techniken. Der in Pisa ansässige Bildhauer Nicola Pisano (ca. 1220–1284), der sich am Vorbild der französischen gotischen Meister orientierte und die antike Bildhauerei studiert hatte, um die Natur überzeugender abzubilden, war für die ersten Innovationen verantwortlich. Die größten Fortschritte wurden jedoch in Florenz und Siena erzielt.

Giotto & die „Wiedergeburt" der italienischen Kunst

Die byzantinischen Maler in Italien setzten geschickt Licht und Schatten ein und verstanden bereits Prinzipien der Perspektive. Es bedurfte nur noch eines Genies, um ihren Konservatismus zu überwinden und in eine neue Welt der realistischen Malerei vorzustoßen. Dieses Genie zeigte sich schließlich in der Gestalt des florentinischen Malers Giotto di Bondone (ca. 1266–1337). Seine Gemälde waren auf radikale Weise neu, denn darin ging es um die Darstellung dramatischer Geschichten und die akkurate, realistische Abbildung von Figuren und Landschaften. Der italienische Dichter Giovanni Boccaccio schrieb in seinem *Decameron* (1350–1353), Giotto sei „ein so erhabenes Genie" gewesen, „dass es nichts in der Natur gab ..., das er nicht lebensecht abbilden konnte; seine Darstellung sah nicht aus wie eine Kopie, sondern wie das Original."

Boccaccio war nicht der einzige zeitgenössische Kritiker, der Giotto als Revolutionär empfand. Der erste Historiker der italienischen Kunst, Giorgio Vasari, erklärte in seinem *Leben der ausgezeichneten Maler, Bildhauer und Baumeister* (1550), Giotto leite eine „Wiedergeburt" *(rinascità oder renaissance)* der Kunst ein. Giottos berühmteste Werke sind alle-

Unter www.exibart.com (hauptsächlich auf Italienisch) sowie www.kunstundreisen.de sind aktuelle Kunstausstellungen in Italien sowie Bewertungen, Artikel und Interviews über die Ausstellungen aufgeführt.

KUNST & ARCHITEKTUR KUNST

GIOTTO

Viele Renaissancekünstler fügten ihren Hauptwerken Selbstporträts bei. Giotto tat dies nicht – möglicherweise, weil Freunde wie Giovanni Boccaccio ihn als hässlichsten Mann von Florenz beschrieben. Wer solche Freunde hat ...

Die Renaissance

Unter Italiens künstlerischen Höhepunkten bleibt die Renaissance unübertroffen. Die Zeit von Botticelli, da Vinci und Michelangelo läutete das Ende eines mittelalterlichen Obskurantismus und den Aufbruch in eine moderne Welt ein.

Florenz, Klassizismus & das Quattrocento

Giotto und die Maler der Schule von Siena hatten in der Kunst viele Neuerungen eingeführt: die Erforschung von Perspektive und Proportion, ein neues Interesse an realistischer Porträtmalerei und die Anfänge einer neuen Tradition der Landschaftsmalerei. Zu Beginn des 15. Jhs. (Quattrocento) war das meiste davon erforscht und in einer Stadt verfeinert worden – Florenz.

Mitgerissen vom Wiederaufleben der Klassik ersetzten die Bildhauer Lorenzo Ghiberti (1378–1455) und Donatello (ca. 1382–1466) die sittsamen, mit Kleidung bedeckten Statuen des Mittelalters durch anatomisch korrekte Figuren, die an das alte Griechenland und Rom erinnerten. Donatellos bronzefarbener *David* (ca. 1440–1450) und der *Heilige Georg* (ca. 1416–1417), beide im Museo del Bargello in Florenz zu besichtigen, fangen sowohl den Geist der Antike als auch die neu entdeckte Energie, die der Renaissance zugrunde liegen sollte, ein.

Ghibertis bedeutendstes Erbe ist sein bronzenes Ostportal (1424–1452) für das Baptisterium auf der Piazza del Duomo in Florenz. Die ursprünglich 10 Relieftafeln kündigten einen großen Bruch mit der spätgotischen Kunst der Zeit an – nicht nur bei der Verwendung der Perspektive, sondern auch bezüglich der Individualität, die den porträtierten Figuren verliehen wurde.

Das Baptisterium selbst steht einer der Haupterrungenschaften der Renaissance gegenüber: dem Duomo. Als die Kuppel des Duomo 1436 fertiggestellt wurde, bezeichnete sie der Schriftsteller, Architekt und Philosoph Leon Battista Alberti als die erste große Errungenschaft der „neuen" Architektur, eine Errungenschaft, die den großen Gebäuden der Antike in nichts nachstand oder diese sogar übertraf. Der Dom wurde von Filippo Brunelleschi (1377–1446) entworfen und war, was die Ingenieursarbeit angeht, so innovativ, wie es der Dom des Pantheons 1300 Jahre zuvor gewesen sein musste.

Eine neue Perspektive

Stark beeinflusst von den klassischen Meistern, war Brunelleschi dennoch in der Lage, etwas zu tun, was sie nicht vermocht hatten: Er entdeckte die mathematischen Gesetze, nach denen Objekte kleiner zu werden scheinen, wenn sie sich von uns entfernen. Mit diesem neuen Wissen gab Brunelleschi den Künstlern eine gänzlich neue visuelle Perspektive sowie ein Mittel für ruhmreiche künstlerische Zwecke.

Das Ergebnis war eine neue Art von Meisterwerken, unter ihnen Masaccios *Dreifaltigkeit* (ca. 1424–1425) in der Basilica di Santa Maria Novella in Florenz und Leonardo da Vincis Fresko

....

1. Basilica di Santa Croce (S. 557), Florenz
2. Lorenzo Ghibertis Bronzeplatten, Battistero di San Giovanni (S. 545), Florenz

1

2

Das letzte Abendmahl (1495–1498) im Refektorium von Mailands Chiesa di Santa Maria delle Grazie. Andrea Mantegna (1431–1506) schuf das Gemälde, das die perspektivischen Experimente dieser Zeit am meisterhaftesten umsetzte – seine sehr realistische Beweinung Christi (ca. 1480). Die Figur Jesu, jetzt in Mailands Pinacoteca di Brera zu sehen, wird in geradezu dramatischer Verkürzung dargestellt.

Diese Neuerung schuf auch neue Probleme. Das Unwissen der Maler des Mittelalters in Bezug auf die Gesetze der Perspektive hatte es ihnen ermöglicht, ihre Figuren in einem Bild nach Belieben zu verteilen, mit dem Ziel, ein harmonisches Ganzes zu schaffen. Die Maler des Quattrocento stellten jedoch fest, dass die strikten neuen Formeln, mit denen sie experimentierten, ein harmonisches Arrangement der Figuren häufig erschwerten, was zu künstlich wirkenden Gruppen führte. Künstler wie Sandro Botticelli (ca. 1444–1510) versuchten, ein Gemälde sowohl perspektivisch korrekt als auch harmonisch zu gestalten. Seine

Die Geburt der Venus (ca. 1485), jetzt in den Uffizien von Florenz zu finden, war einer der erfolgreichsten Versuche, dieses Problem zu lösen. Es war ein eindrucksvoller Versuch.

Die Menschen der Hochrenaissance

Anfang des 16. Jhs. (Cinquecento) verlagerte sich der Mittelpunkt künstlerischer Stärke und Innovation von Florenz nach Rom und Venedig. Dies spiegelte die politische und soziale Realität dieser Zeit wider, nämlich die Übernahme der Macht der Medicis in Florenz durch den Ordensbruder Girolamo Savonarola (1452–1498) und das Verlangen der Päpste in Rom, dem Einfluss von Martin Luthers Reformation etwas entgegenzusetzen, indem sie die Heimatstadt der Kirche in ein ruhmreiches, Demut gebietendes Schauobjekt verwandelten.

Donato Bramante

Donato Bramante (1444–1514) war Anhänger des puren Klassizismus, und

1. Detail aus Botticellis *La Primavera*, Galleria degli Uffizi (S. 549), Florenz **2.** Michelangelos *David*, Galleria dell'Accademia (S. 556), Florenz

sein Tempietto der Chiesa di San Pietro in Montorio wird häufig als Gipfel der Architektur der Hochrenaissance gepriesen. Dieses kleine Wunder beeinflusste Andrea Palladio (1508–1580), als er La Rotonda (S. 450) in Vicenza entwarf.

Leonardo da Vinci

Leonardo da Vinci (1452–1519) unternahm in den Augen einiger Kritiker den entscheidenden Schritt in der Geschichte der westlichen Kunst – er verabschiedete sich vom Gleichgewicht, das zuvor beim Malen zwischen Farbe und Linie eingehalten wurde, und entschied sich, seine Konturen unter Verwendung von Farbe zu modulieren. Diese Technik, „sfumato" genannt, wird in seiner *Mona Lisa* (heute im Louvre in Paris) deutlich.

Michelangelo Buonarotti

Trotz seiner Begabung für Architektur sah Michelangelo Buonarotti (1475–1564) sich selbst in erster Linie als Bildhauer. So schuf er unvergleichliche Werke wie die *Pietà* im Petersdom (S. 115) und den *David* (1504) in der Galleria dell'Accademia in Florenz (S. 556). Als Maler schmückte er die Decke der Sixtinischen Kapelle in Rom und schuf dabei Figuren, die nicht nur als realistische, sondern auch als emotionale visuelle Darstellungen der menschlichen Erfahrung zu sehen sind.

Raffael Santi

Raffael Santi (1483–1520) stellte sich der zuvor beschriebenen Herausforderung, zugleich harmo-nische und perspektivisch korrekte Arrangements von Figuren hervorzubringen – wie seine Werke *Triumph der Galatea* (ca. 1514) in Roms Villa Farnesina (S. 114) und *La Scuola d'Atene* (Die Schule von Athen) in der Stanza della Segnatura im Vatikanmuseum (S. 123) zeigen.

Andrea Palladio

Der aus dem Veneto stammende Andrea Palladio (1508–1580) war Norditaliens größter Renaissance-Architekt, und zu den Villen, die sein Markenzeichen tragen, gehört die Villa Foscari, gelegen an der Riviera del Brenta (S. 442).

Wunder der Baukunst

Italien ist Europas architektonisches Aushängeschild – mit seinen Tempeln, Burgen und überwältigenden Basiliken platzt es fast aus allen Nähten. Auch wenn ein Leben zu kurz ist, um alle Werke anzuschauen – die fünf besten sind ein Muss!

Duomo, Mailand

Ein Wald mit versteinerten Gipfeln und fantastischen Bestien – Mailand ist Italiens gotisches Goldkind (S. 291): ein Produkt aus jahrhundertelangem Plündern, Mode, Ehrgeiz und merkantilen Ambitionen.

Duomo, Florenz

Florenz' berühmteste Sehenswürdigkeit (S. 544) ist mehr als ein spirituelles Meisterwerk. Es ist ein lebendiges Dokument eines Ausbruchs von Kreativität, Kunst, Ehrgeiz und Reichtum, der das Florenz der Renaissance bestimmte.

Piazza dei Miracoli, Pisa

Pisa (S. 583) verspricht einen unvergesslichen Dreier: Dom, Baptisterium und den Schiefen Turm. Zusammen stellen sie ein perfektes romanisches Trio dar.

Kolosseum, Rom

Nach fast 2000 Jahren hat Roms gewaltiges antikes Stadion (S. 75) immer noch das gewisse Etwas. Einst Schauplatz von Gladiatorenkämpfen und wilden Tieren, spiegeln die 50 000 Sitzplätze noch immer die Eitelkeit und Genialität eines einst glorreichen Weltreiches wieder.

Basilica di San Marco (Markusdom), Venedig

Bei dieser byzantinischen Schönheit (S. 397) handelt es sich um eine Verbindung von Ost und West, errichtet 829 n. Chr. und seitdem zweimal wiederaufgebaut. Die mit funkelnden Mosaiken angefüllte Grabstätte von Venedigs Schutzheiligem weist in ihrer Baugeschichte auf die unterschiedlichen Zeitalter und die eigene weltliche Herkunft der Stadt hin.

IZET KERIBAR / GETTY IMAGES ©

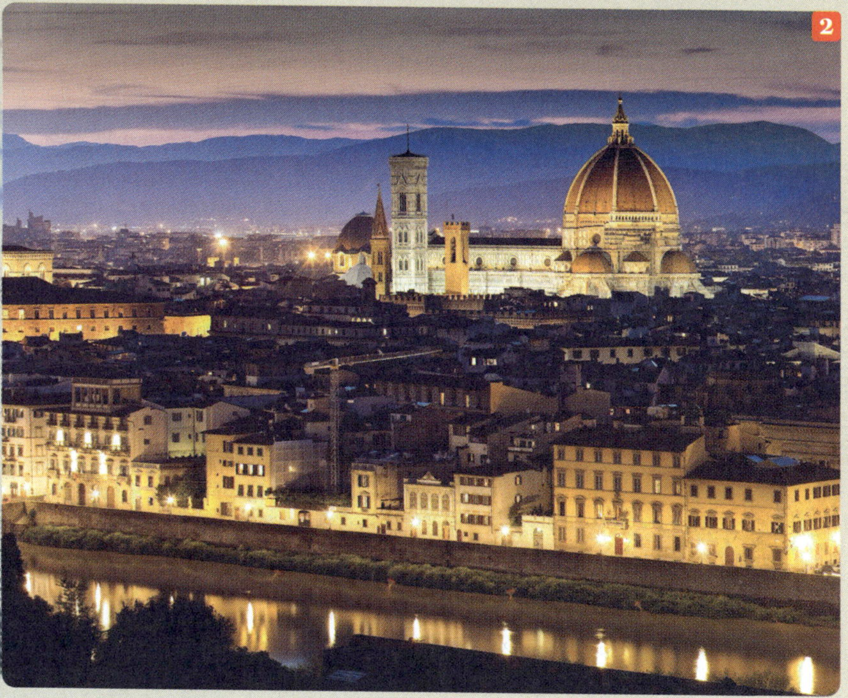

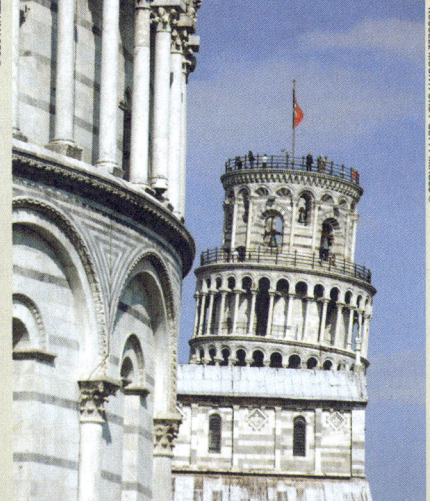

1. Duomo, Mailand **2.** Duomo, Florenz **3.** Kolosseum, Rom
4. Baptisterium (Battistero) und Schiefer Turm, Pisa

RUSSELL MOUNTFORD / GETTY IMAGES ©

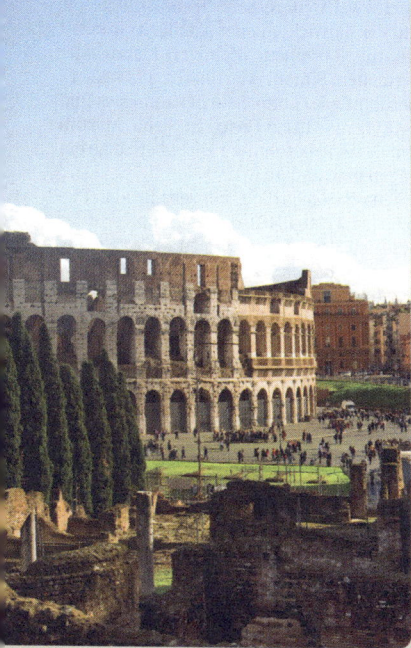

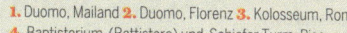

CARAVAGGIO

samt Fresken (bei denen Farbe auf eine Wand aufgetragen wird, während der Putz noch feucht ist). Sein größtes Meisterwerk ist der Zyklus an den Wänden der Cappella degli Scrovegni in Padua. Giottos Leistung in diesen Fresken, die das Leben der Jungfrau und Christi darstellen, kann nicht hoch genug eingeschätzt werden. Giotto wandte sich hier von populären Konventionen wie der Dreiviertelansicht von Kopf und Körper ab und zeigte seine Figuren stattdessen von hinten, von der Seite gerade so, oder während sie sich umdrehen, gerade so, wie es die Geschichte erforderte. Giotto benötigte keine Goldfarbe und keine raffinierten Ornamente. Stattdessen ließ er den Betrachter die dramatische Spannung der Szene durch eine realistische Darstellung der Figuren und eine radikale Komposition erfahren, welche die Illusion von Tiefe erzeugte.

Giottos Oeuvre beschränkt sich aber nicht auf die Fresken in der Cappella degli Scrovegni. Sein Zyklus über das Leben des Heiligen Franziskus in der Oberkirche der Basilica di San Francesco in Assisi ist fast ebenso außergewöhnlich und sollte seine Zeitgenossen, von denen viele ebenfalls an der Dekoration der Kirche in Assisi arbeiteten, stark beeinflussen. Einer der prominentesten von ihnen war der Dominikanermönch Fra' Angelico (ca. 1395–1455), ein florentinischer Maler, der für seine Meisterschaft im Umgang mit Farbe und Licht bekannt war. Seine *Verkündigung* (ca. 1450) im Konvent des Museo di San Marco in Florenz ist vielleicht sein bestes Werk.

Die Schule von Siena

Giotto war nicht der einzige Maler seiner Zeit, der mit Form, Farbe und Komposition experimentierte und einen radikal neuen Stil schuf. Der große Meister aus Siena Duccio di Buoninsegna (ca. 1255–1319) hauchte den alten byzantinischen Formen mit Hilfe von Licht und Schatten erfolgreich neues Leben ein. Sein bevorzugtes Medium war die Malerei auf Holztafeln. Seine *Maestà* (Thronende Madonna; 1311) im Museo dell'Opera Metropolitana in Siena gilt vielen als sein Meisterwerk.

Ebenfalls in Siena setzten sich zwei weitere neue Trends durch: die Etablierung von Hofmalern und die Entwicklung der säkularen Kunst.

Der erste von vielen Malern, die von einem wichtigen Mäzen oder vom Hof wiederholt Aufträge erhielten, war Simone Martini (ca. 1284–1344), war zu Lebzeiten fast ebenso berühmt wie Giotto. Sein bekanntestes Bild ist die stilisierte *Maestà* (1315–1316) im Museo Civico in Siena. Martini führte in diesem Gemälde erstmals seine berühmten Farbübergänge ein (eine Farbe geht auf einer Ebene in eine andere über).

Zu dieser Zeit arbeiteten in Siena ebenfalls die Lorenzetti-Brüder, Pietro (ca. 1280–1348) und Ambrogio (ca. 1290–1348), die als Hauptvertreter der – in Ermangelung eines besseren Begriffs – profanen Malerei angesehen werden. Ambrogios prachtvolle *Allegorie der guten und schlechten Regierung* (1337–1340) im Museo Civico preist die Früchte der guten Regierung und die grauenvollen Ergebnisse der schlechten. In den Fresken wendet er die Gesetze der Perspektive mit einer zuvor nicht gekannten Genauigkeit an und entwickelt in bedeutsamer Weise die italienische Landschaftstradition. In seinem Werk *Leben auf dem Land,* eine der Allegorien, gibt Ambrogio mit großem Können die Tageszeit, die Jahreszeit, die Farbreflexionen und Schatten wieder – eine naturalistische Darstellung der Landschaft, die zu diesem Zeitpunkt einzigartig war.

Die Venezianer

Der byzantinische Einfluss war in Venedig länger spürbar als in vielen anderen Teilen Italiens, in der ersten Hälfte des 15. Jhs. ließ er allerdings sichtlich nach. Im *Polyptychon des hl. Jakob* (ca. 1450) von Michele Giambono (ca. 1400–1462) in der venezianischen Galleria dell'Accademia verweisen die üppigen Locken und das hübsche Äußere des Erz-

In seinem Buch *M: The Man who became Caravaggio*, gibt Peter Robb eine leidenschaftliche, persönliche Bewertung über die Bilder des Künstlers ab sowie einen schillernden Bericht über das Leben Caravaggios. So behauptet er beispielsweise, dass dieser ermordet wurde, weil er Sex mit dem Pagen eines hochrangigen Malteser Aristokraten hatte.

engels Michael auf den Stil des Frührenaissancekünstlers Pisanello (ca. 1395–1455). Den rasanten Wandel in der Kunstauffassung kann man in der Accademia noch deutlicher an der *Madonna mit Kind* (ca. 1455) von Jacopo Bellini (ca. 1396–1470) ablesen. Das Bild zeigt ein Jesuskind mit leuchtenden Augen und eine geduldige, offenbar an Schlafentzug leidende Maria – eine Situation also, die alle Eltern nachempfinden können. Starke Gefühle vermitteln auch die biblischen Szenen von Andrea Mantegna (1431–1506); in der *Beweinung Christi* (ca. 1455), zu sehen in der Pinacoteca di Brera in Mailand, hört man förmlich das Schluchzen der Trauernden.

WHO'S WHO IN DER KUNST DER RENAISSANCE & DES BAROCK

⇒ **Giotto di Bondone (ca. 1266–1337)** Von diesem Maler wird gesagt, er habe die Renaissance eingeleitet; zwei Meisterwerke: die Cappella degli Scrovegni (1304–1306) in Padua und die obere Kirche (1306–1311) in Assisi.

⇒ **Donatello (ca. 1382–1466)** Der in Florenz geborene und aufgewachsene Bildhauer schuf mit seinem *David* (ca. 1440–1450), zu sehen in der Sammlung des Museo del Bargello in Florenz, die erste freistehende Nacktskulptur seit der Antike.

⇒ **Fra' Angelico (1395–1455)** Der Maler wurde 1982 zum Heiligen erklärt; die im Konvent des Museo di San Marco in Florenz zu bewundernde *Verkündigung* (ca. 1450) gilt als sein Meisterwerk.

⇒ **Sandro Botticelli (c 1444–1510)** Seine Gemälde *Primavera* (ca. 1482) und *Die Geburt der Venus* (ca. 1485), die sich beide in den Uffizien befinden, gehören zu den bedeutendsten italienischen Kunstwerken.

⇒ **Domenico Ghirlandaio (1449–1494)** Die Fresken des toskanischen Meisters zieren zum Beispiel die Tornabuoni-Kapelle in der Basilica di Santa Maria Novella in Florenz.

⇒ **Leonardo da Vinci (1452–1519)** Für dieses Genie wurde der Begriff „Universalgelehrter" (auch „Mann der Renaissance") geprägt; sein bekanntestes Werk *Das letzte Abendmahl* befindet sich in der Mailänder Chiesa di Santa Maria delle Grazie.

⇒ **Michelangelo Buonarotti (1475–1564)** Mit seinem *David* (1504, Galleria dell'Accademia in Florenz) und dem Deckengemälde (1508–1512) in der Sixtinischen Kapelle im Vatikan-Museum in Rom ist der Maler der größte von allen.

⇒ **Raphael Santi (1483–1520)** Der ursprünglich aus Urbino stammende Maler bevorzugte als Motiv leuchtende Madonnen. Er verliebte sich in eine Bäckerstochter, die er in seinem Werk *La Fornarina*, (Galleria Nazionale d'Arte Antica in Rom: Palazzo Barberini, S. 99) unsterblich werden ließ.

⇒ **Titian (ca. 1490–1576)** Sein korrekter Name war Tiziano Vecelli, zu seinen unbedingt sehenswerten Werken gehört zum Beispiel die *Himmelfahrt* (1516–1518; Chiesa di Santa Maria Gloriosa dei Frari (I Frari), Venedig).

⇒ **Tintoretto (1518–1594)** Der letzte große Maler der italienischen Renaissance war auch wegen der Energie, die er in seine Arbeit steckte, als „Il Furioso" bekannt; sehr zu empfehlen ist sein *Letztes Abendmahl* (Chiesa di Santo Stefano in Venedig).

⇒ **Annibale Caracci (1560–1609)** Der in Bologna geboren Künstler ist vor allem für seine barocken Fresken im Palazzo Farnese in Rom bekannt.

⇒ **Michelangelo Merisi da Caravaggio (1573–1610)** Der Maler gilt als der böse Junge des Barock; sein kraftvollstes Werk ist der *Heilige Matthäus-Zyklus* (Chiesa di San Luigi dei Francesi in Rom).

⇒ **Gian Lorenzo Bernini (1598–1680)** Der Bildhauer, ein Schützling des Kardinal Scipione Borghese, ist vor allem für seine Werke *Raub der Proserpina* (1621–1622) und *Apoll und Daphne* (1622–1625) bekannt, die sich heute im Museo e Galleria Borghese in Rom befinden.

Ein lesbarer, gut illustrierter Führer zur italienischen Kunst der Renaissance ist das die TV-Serie der BBC begleitende Buch *Renaissance* von Andrew Graham-Dixon.

In Venedig kam der toskanische Maler Gentile da Fabriano (ca. 1370–1427) mit dem Realismus der Renaissance in Berührung, und er orientierte sich daran; damit wiederum beeinflusste er den Venezianer Antonio Vivarini (ca. 1415–1480), dessen Polyptychon mit der Leidensgeschichte Christi (im Ca' d'Oro in Venedig) starke Emotionen ausstrahlt. Antonios Bruder Bartolomeo Vivarini (ca. 1432–1499) schuf ein freundliches Altarbild, auf dem das Jesuskind sich aus den Armen seiner Mutter herauswindet, die auf einem Marmorthron im Stil der Renaissance sitzt; das Bild hängt in I Frari in Venedig.

1475 besuchte der sizilianische Maler Antonello da Messina (ca. 1430–1479) die Stadt; er brachte die damals noch neue Technik der Ölmalerei mit. Auf so etwas hatte man hier geradezu gewartet; die Venezianer liebten die Arbeit mit differenzierten Farbtönen, und so erhielten ihre Bilder fortan eine neue Leuchtkraft, die der Kunst der Stadt schon bald ein völlig neues Gesicht geben sollte. Zu den Wegbereitern dieser neuen Richtung zählt Giovanni Bellini (ca. 1430–1516). Der Sohn von Jacopo Bellini schuf mit seiner Verkündigung (1500; in der Accademia) ein Bild mit förmlich glühenden Rot- und Bernsteintönen, in dem alle Aufmerksamkeit auf die einsam kniende Figur der Gottesmutter Maria konzentriert ist; das Gewand des Erzengels Gabriels, der eilig auftritt, zeigt einen Faltenwurf in nahezu geometrischen Mustern.

Bellini gelang es, viel von seinem Können an seine Schüler weiterzugeben, unter denen sich auch Giorgione (1477–1510) und Tizian (ca. 1488–1576) befanden. Giorgione bevorzugte einen stark inspirativen Ansatz, er kam ohne vorherige Skizzen aus, etwa bei seinem faszinierenden und rätselhaften *La Tempesta* (Das Gewitter; 1500), das ebenfalls in der Accademia hängt. Der junge Tizian entwickelte eine Technik, die seine Figuren besonders lebensnah erscheinen lässt, angefangen vom *Heiligen Markus auf dem Thron* (1510; Chiesa di Santa Maria della Salute, Venedig) bis zur düsteren *Pietà* (1576) in der Accademia.

DAS LEBEN DER KÜNSTLER

Der Maler, Architekt und Schriftsteller Giorgio Vasari (1511–1574) war eine der Persönlichkeiten, die zu Recht als „Mann der Renaissance" beschrieben wurden. Er wurde in Arezzo geboren und in Florenz zum Maler ausgebildet, wobei er mit Künstlern wie Andrea del Sarto und Michelangelo (welchen er verehrte) zusammenarbeitete. Als Maler ist er am besten mit seinen vom Boden zur Decke reichenden Fresken im Salone dei Cinquecento im Palazzo Vecchio in Florenz in Erinnerung geblieben. Als sein Meisterwerk im Bereich Architektur gilt die elegante Loggia der Uffizien. Er entwarf ebenfalls den eingeschlossenen, hoch liegenden Korridor, der den Palazzo Vecchio mit den Uffizien und dem Palazzo Pitti verband und der – seinem Schöpfer zu Ehren – den Beinamen „Corridoio Vasariano" erhielt. Die Nachwelt erinnert sich seiner jedoch hauptsächlich wegen seiner Werke als Kunsthistoriker. Sein berühmtestes Buch *Leben der berühmtesten Maler, Bildhauer und Baumeister von Cimabue bis zuum Jahre 1567*, eine Enzyklopädie mit Künstlerbiografien, herausgegeben 1550 und Cosimo I de' Medici gewidmet, wird immer noch aufgelegt. Es ist gefüllt mit herrlichen Anekdoten und – wenn man so sagen darf – Klatsch und Tratsch über seine zeitgenössischen Künstlerkollegen im 16. Jh. in Florenz. Zu den denkwürdigen Passagen zählt jene, in der er sich an seinen Besuch in Donatellos Atelier erinnert: Der großartige Bildhauer starrte seine äußerst lebensechte Statue vom *Propheten Habakkuk* an und flehte sie gleichzeitig an, mit ihm zu sprechen. Vasari schreibt auch über den jungen Giotto (dem er zuschreibt, die Renaissance eingeführt zu haben), der eine Fliege auf der Oberfläche eines Werks von Cimabue malt, die der ältere Meister sodann wegzupinseln versucht. Das Buch eignet sich hervorragend als Vorablektüre für jeden, der beabsichtigt, Florenz und seine Museen zu besuchen.

Tizian war Vorläufer einer neuen Generation norditalienischer Maler, in deren Kreis auch Jacopo Robusti, genannt Tintoretto (1518–1594), gehört. Tintoretto mischte gelegentlich sogar feine Glassplitter in seine Farben, um deren Wirkung zu steigern; seine wirklichkeitsnahen biblischen Szenen lassen sich wie eine moderne Graphic Novel lesen. Spektakulär sind seine Wand- und Deckengemälde in der Scuola Grande di San Rocco von Venedig – gewissermaßen mit Superhelden, Engeln, die in die Handlung eingreifen, und tiefen, geheimnisvollen Schatten. Ein weiterer „Superstar" jener Zeit war Paolo Caliari, genannt Veronese (1528–1588). Die bemerkenswerte Strahlkraft seiner Farben lässt sich gut am *Gastmahl im Hause des Levi* (1573) studieren, einem weiteren Highlight in der Sammlung der Accademia.

Vom Manierismus zum Barock

Um das Jahr 1520 war Künstler wie Michelangelo und Raffael so gut wie alles gelungen, was frühere Generationen lange erfolglos versucht hatten. So begannen sie zusammen mit anderen Künstlern natürliche Bilder zugunsten der Überhöhung zu verzerren. Diese Bewegung, die gekonnt in Tizians *Assunta* (Himmelfahrt; 1516–1518, Chiesa di Santa Maria Gloriosa dei Frari in Venedig) und in Raffaels *La trasfigurazione* (Transfiguration; 1517–1520, Pinacoteca im Museum des Vatikan) illustriert wird, wurde von späteren Kritikern als „Manierismus" verhöhnt .

Ende des 16. Jhs. versuchten zwei vom Manierismus gelangweilte Künstler mit zwei sehr unterschiedlichen Malansätzen den Stillstand aufzubrechen, den ihre strebsamen Vorgänger verursacht hatten.

Das in Mailand geborene *enfant terrible* Michelangelo Merisi da Caravaggio (1573–1610) hatte nichts für klassische Modelle oder die „ideale Schönheit" übrig. Er wurde von einigen seiner Zeitgenossen nahezu verurteilt, weil er in seiner Kunst nach Wahrheit und nicht nach idealer Schönheit strebte. Er schockierte sie mit seiner radikalen Praxis, die Natur realitätsgetreu abzubilden, ungeachtet ihres ästhetischen Reizes. Aber auch sie mussten sein maltechnisches Können beim *chiaroscuro*, dem starken Kontrast von Hell und Dunkel, bewundern sowie den von ihm entwickelten Tenebrismus, der ein dramatisches *chiaroscuro* als dominantes und sehr effektvolles Stilmittel nutzt. Ein Blick auf seine *Bekehrung des Hl. Paulus,* das *Märtyrium des Hl. Petrus* (jeweils 1600–1601, Chiesa di Santa Maria del Popolo in Rom) oder seine *Le sette opere di misericordia* (Die sieben Werke der Barmherzigkeit, Pio Monte della Misericordia in Neapel) genügt, um die seltene emotionale Intensität seiner Werke deutlich werden zu lassen.

Diese Intensität reflektierte das eigene, berüchtigte Temperament des Künstlers. Vom Schriftsteller Stendhal wurde er als ein „großartiger Maler [und] ein niederträchtiger Mann" beschrieben. Caravaggio floh 1606 nach Neapel, nachdem er einen Mann bei einem Straßenkampf in Rom getötet hatte. Obwohl sein Aufenthalt in Neapel nur ein Jahr andauerte, hatte er einen elektrisierenden Effekt auf die jüngeren Künstler der Stadt. Zu ihnen gehörte Giuseppe (oder Jusepe) de Ribera (1591–1652), ein aggressiver, provozierender Spanier, dessen *capo lavoro* (Meisterwerk), die *Pietà,* im Museo Nazionale di San Martino in Neapel hängt. Lo Spagnoletto („Der kleine Spanier", wie Ribera genannt wurde) gewann angeblich einen Auftrag für die Cappella del Tesoro in Neapels Duomo, indem er seinen Rivalen Domenichino (1581–1641) vergiftete und den Assistenten eines zweiten Konkurrenten, Guido Reni (1575–1642), verwundete. Annibale Caracci (1560–1609) war der herausragende Künstler der barocken Schule von Bologna. Er arbeitete gemeinsam mit seinem ebenfalls als Maler tätigen Bruder Agostino in Bologna, Parma und Venedig, bevor er dann später nach Rom ging, um für Kardinal Odoardo Farnese tätig zu werden. In Arbeiten wie seinen prachtvollen Fresken über mythologische Motive im Palazzo Farnese in Rom brachte er neuartige illusionistische Elemente zum Einsatz, die nachfolgende Barockmaler wie Cortona, Pozzo und Gaulli beeinflussen sollten. Caracci achtete allerdings darauf, dass die Illusionselemente und die Energie seiner Bilder niemals den Gegenstand überlagerten, wie es bei späteren Malern des Barock oft der Fall war. Er war stark von Michelangelo und Raffael beeinflusst und hatte wie die Renaissancekünstler eine Vorliebe für die Idealisierung und „Verschönerung" der Wirklichkeit.

Die Wurzeln der barocken Kunst finden sich in der religiösen Spiritualität und dem strengem Ästhetizismus. Ihre Künstler und Schirmherren wanden sich ihr zu, um die sich rasant ausbreitende protestantische Reformation zu bekämpfen, wobei sie zugleich den Katholizismus verherrlichten. Wer dies berücksichtigt, dem erscheint es als pure Ironie, dass ihre Kunst die weltliche Freude, üppige Dekorationen und ungezügelte Lust widerspiegelte. Es scheint, dass die barocken Künstler dem modernen Mantra der Werbeindustrie bereits vorgegriffen haben – *sex sells*.

Der wohl berühmteste Barockkünstler war der Bildhauer Gian Lorenzo Bernini (1598–1680), der in religiösen Kunstwerken wie seiner *Verzückung der Heiligen Theresa* in der Chiesa di Santa Maria della Vittoria in Rom die mystische Verzückung und Entrückung förmlich spürbar macht. In dieser und zahlreichen weiteren Arbeiten erzielte er eine außergewöhnliche Intensität des Gesichtsausdrucks und einen völlig neuartigen Umgang mit der dargestellten Kleidung. Er ließ diese abweichend von klassischen Modellen nicht in würdevollen Falten fallen, sondern ließ die Stoffe sich dramatisch winden und verwirbeln, um Erregung und Dynamik zu vermitteln. Dieser Kunstgriff fand schon bald Nachahmer in ganz Europa.

Nicht jeder stimmte in die Lobeshymnen auf Bernini mit ein, vor allem der erbitterte Kontrahent des Künstlers, Francesco Borromini (1599–1667), nicht. Neurotisch, eremitisch und gequält, blickte Borromini geringschätzig auf die fehlende architektonische Ausbildung und die formale Steinschnitttechnik seines übersprudelnden Rivalen herab. Dies beruhte auf Gegenseitigkeit: Bernini war der Überzeugung, dass Borromini „geschickt worden war, um die Architektur zu zerstören".

Jahrhunderte später lebt ihre Rivalität weiter in den von ihnen hinterlassenen Werken, angefangen mit Borrominis Chiesa di San Carlo alle Quattro Fontane und Berninis angrenzender Chiesa di Sant'Andrea al Quirinale bis hin zu ihren aufeinanderfolgenden Kunstwerken auf der Piazza Navona.

MACCHIAIOLI

Das italienische Pendant zum Impressionismus war die Macchiaioli-Bewegung, die in Florenz ihren Ursprung hatte. Ihre wichtigsten Künstler waren Telemaco Signorini (1835–1901) sowie Giovanni Fattori (1825–1908). Ihre Werke sind im Palazzo Pitti Galleria d'Arte Moderna in Florenz ausgestellt.

Das neue Italien

Im 18. Jh. begann Italien, gegen die jahrelange Fremdherrschaft – zunächst der Franzosen unter Napoleon, dann der Österreicher – aufzubegehren. Doch obwohl neue Ideen der politischen Einheit auf dem Vormarsch waren, gab es in der Kunst im Grunde nur eine einzige Innovation – Bilder und Stiche von Landschaften, vor allem in Venedig, um den Bedarf von Europareisenden nach Andenken an ihre Reisen zu befriedigen. Die bekanntesten Maler dieser Schule waren Francesco Guardi (1712–1793) und Giovanni Antonio Canaletto (1697–1768).

Trotz der beschwerlichen Entwicklung hin zur Einheit Italiens blieben die italienischen Städte des 19. Jhs. so, wie sie Jahrhunderte lang gewesen waren, nämlich höchst individuelle Kunstzentren mit sehr unterschiedlichen Charakteristika. Die Musik war die vorherrschende Kunstgattung dieser Zeit, während in der Darstellenden Kunst vor allem keusche Verfeinerung angesagt war.

Die wichtigste Kunstbewegung der Zeit war der Klassizismus. Sein bedeutendster italienischer Vertreter war der Bildhauer Antonio Canova (1757–1822). Canova betonte Ruhe anstelle von Bewegung, Zurückhaltung statt Emotion und Einfachheit statt Illusion. Sein berühmtestes Werk ist eine kühne Skulptur von Paolina Bonaparte Borghese als liegende *Venere Vincitrice* (Siegreiche Venus) im Museo e Galleria Borghese in Rom.

Canova war der letzte italienische Künstler, der sich in damaliger Zeit überragenden internationalen Ruhm erwarb. Die italienische Architektur, Bildhauerei und Malerei hatten für rund 400 Jahre eine vorherrschende Rolle im kulturellen Leben Europas gespielt. Diese Vorherrschaft fand mit Canovas Tod im Jahr 1822 ihr Ende.

Moderne Bewegungen

Die beiden wichtigsten Entwicklungen in der italienischen Kunst zum Zeitpunkt des Ausbruchs des Ersten Weltkriegs hätten nicht unterschiedlicher sein können. Der von dem Dichter Filippo Tommaso Marinetti (1876–1944) und dem Maler Umberto Boccioni (1882–1916) angeführte Futurismus suchte nach neuen Wegen, um die Dynamik des Industriezeitalters zum Ausdruck zu bringen. Demgegenüber wandte sich die Metaphysische Malerei (*Pittura metafisica*) nach innen und schuf mysteriöse Bilder einer unterbewussten Welt.

Der Futurismus forderte eine neue Kunst für eine neue Welt und leugnete jegliche Bindung an die Kunst der Vergangenheit. Ausgangspunkt war die Veröffentlichung von Marinettis *Manifesto del futurismo (Futuristisches Manifest,* 1909). Gestützt wurde diese Idee durch die Veröffentlichung des Manifests der futuristischen Malerei aus dem Jahr 1910 von Boccioni, Giacomo Balla (1871–1958), Luigi Russolo (1885–1947) und Gino Severini (1883–1966). Dieses Pamphlet traf die Aussage: „Alles ist in Bewegung, eilt voran, alles befindet sich in andauernder, schneller Veränderung". Ein hervorragendes Beispiel für die Umsetzung dieser Theorie in die Praxis ist Boccionis *Rissa in galleria* (Schlägerei in der Galleria, 1910) in der Sammlung der Mailänder Pinacoteca di Brera. Das Werk entstand kurz nach der Publizierung des Manifests und zeigt mit seinen wilden Bewegungen voller Leben und seinem Hang zur modernen Technik deutlich die Faszination des Futurismus. Die Bewegung verlor mit dem Ausbruch des Ersten Weltkriegs ihren Impuls, ihr Erbe wurde jedoch mit der Öffnung des Mailänder Museo del Novecento noch einmal in die Öffentlichkeit gerückt. Das Museum ist der Kunst des 20. Jhs. gewidmet und beherbergt die wohl beste Sammlung futuristischer Werke Italiens.

Der Metaphysischen Malerei war – ähnlich wie dem Futurismus – nur ein kurzes Leben beschieden. Ihr berühmtester Vertreter, Giorgio de Chirico (1888–1978), verlor nach dem Krieg das Interesse an diesem Stil, sein Werk war jedoch eine wichtige Inspirationsquelle für den Surrealismus, der in den 20er-Jahren des 20. Jhs. in Frankreich entstand. Ruhe und ein Gefühl düsterer Vorahnung sind die vorherrschenden Merkmale vieler Werke De Chiricos aus dieser Zeit. Sie zeigen unverbundene Bilder aus Traumwelten in Szenerien, die in aller Regel an die klassische italienische Architektur erin-

KUNST & ARCHITEKTUR KUNST

8. bis 3. Jh. v. Chr. Großgriechenland

Die griechischen Siedler schmücken Süditalien mit in den Himmel ragenden Tempeln, weitläufigen Amphitheatern und eleganten Skulpturen, die später ihre römischen Nachfolger stark beeinflussen sollten.

6. Jh. v. Chr. bis 4. Jh. n. Chr. Römisch

Epische Straßen und Aquädukte breiten sich von Rom ausgehend aus, daneben mächtige Basiliken, von Säulen umgebene Märkte, weitläufige Thermalbäder und mit Fresken verzierte Villen.

4. bis 6. Jh. Byzantinisch

Seit neuestem christlich und mit Sitz in Konstantinopel, richtet das Imperium seine Aufmerksamkeit auf das Erbauen von Kirchen mit exotischen, östlichen Mosaiken und Domen.

8. bis 12. Jh. Romanisch

Der Fokus verlegt sich weg von der Höhe hin zu den horizontalen Linien eines Gebäudes. Die Kirchen werden mit einzeln stehenden *campaniles* (Glockentürmen) und Taufkapellen konstruiert.

13. & 14. Jh. Gotisch

Die nordeuropäische Gotik erhält einen italienischen Anstrich, angefangen bei arabesker Würze in Form von Venedigs Cá d'Oro bis hin zur romanischen Note von Sienas Kathedrale.

TOP 5: ARCHITEKTEN

→ **Filippo Brunelleschi (1377–1446)** Brunelleschi bahnte den Weg für den Klassizismus; sein Dom für den Florentiner Duomo bereitete der Renaissance den Weg.

→ **Donato Bramante (1444–1514)** Nach einem Abstecher als Hofarchitekt in Mailand entwarf Bramante den winzigen Tempietto sowie den riesigen Petersdom in Rom.

→ **Michelangelo (1475–1564)** Die Architektur war nur eins der Steckenpferde dieses herausragenden Mannes; seine Meisterwerke sind der Petersdom sowie die Piazza del Campidoglio in Rom.

→ **Andrea Palladio (1508–1580)** Als einflussreichste Persönlichkeit der westlichen Architektur verwandelte Palladio klassische römische Prinzipien in elegante norditalienische Villen.

→ **Gian Lorenzo Bernini (1598–1680)** Der König des italienischen Barock ist vor allem für sein Werk in Rom bekannt, darunter der prächtige Baldachin, die Piazza und die Säulengänge von Sankt Peter.

Fantastische Mosaiken

Basilica di Sant'Apollinare in Classe, Ravenna

Basilica di San Vitale, Ravenna

Basilica di San Marco, Venice

Cattedrale di Monreale, Monreale

---

nern. Ein gutes Beispiel ist *Der Rote Turm* (1913) in der Sammlung Peggy Guggenheim in Venedig.

Nach dem Krieg bändelten einige der futuristischen Künstler mit dem Faschismus an. Sie hofften, die neue Staatsführung würde als Mäzen und Förderer öffentlicher Kunst fungieren und Italien einmal mehr zur führenden Kunstnation heranwachsen lassen. Diese Epoche wird als „zweiter Futurismus" bezeichnet. Seine Hauptvertreter waren Mario Sironi (1885–1961) und Carlo Carrà (1881–1966).

Die Kunstszene wurde in den 1950er-Jahren, als Künstler wie Alberto Burri (1915–1995) und der argentinisch-italienische Maler Lucio Fontana (1899–1968) mit abstrakter Kunst experimentierten, wieder interessanter. Fontanas perforierte Leinwände zeichnen sich durch *spazialismo* (Räumlichkeit) aus, und er experimentierte auch mit „Schlitzbildern", in denen er tatsächlich Schlitze oder Löcher in seine Leinwände schnitt und diese als „Kunst für das Raumzeitalter" titulierte.

Burris Werk war eindeutig avantgardistisch. Seine Collagen bestanden aus Sackleinen, Holz, Eisen und Plastik und wirkten ganz bewusst antitraditionell. Sein *Grande sacco* (Großer Sack) von 1952, der sich in der Sammlung der Galleria Nazionale d'Arte Moderna e Contemporanea in Rom befindet, entfachte anlässlich seiner ersten Ausstellung eine hitzige Kontroverse in der Kunstszene.

In den 1960er-Jahren entstand eine radikale neue Bewegung namens *Arte Povera* (Arme Kunst). Ihre Vertreter verwendeten einfache Materialien, um Erinnerungen und Assoziationen zu erzeugen. Zu den wichtigsten Namen zählen Mario Merz (1925–2003), Giovanni Anselmo (geb. 1934), Luciano Fabro (1936–2007), Giulio Paolini (geb. 1940) und der aus Griechenland stammende Jannis Kounellis (geb. 1936). Alle experimentierten mit Skulpturen und Installationen.

In den 1980er-Jahren war eine Rückkehr zu einer traditionellen, gegenständlichen Malerei und Bildhauerei festzustellen. Diese „Transavanguardia" getaufte Bewegung brach mit dem international herrschenden Ideal der Konzeptkunst und wurde von einigen Kritikern bereits als Zeichen für den Tod der Avantgarde interpretiert. Zu den Vertretern dieser Schule zählten Sandro Chia (geb. 1946), Mimmo Paladino (geb. 1948), Enzo Cucchi (geb. 1949) und Francesco Clemente (geb. 1952).

Wichtige zeitgenössische italienische Künstler sind Paolo Canevari, Angelo Filomeno, Rä di Martino, Adrian Paci, Paola Pivi, Pietro Roccasalva und Francesco Vezzoli.

Unbedingt besuchen: Museen der modernen Kunst

Galleria Nazionale d'Arte Moderna e Contemporanea, Rom

Peggy Guggenheim Collection, Venedig

Museo del Novecento, Mailand

MADRE, Neapel

Architektur

Architekten, die in Italien arbeiten, haben schon immer das Klassische gesucht. Die Griechen, die den klassischen Stil etablierten, wandten ihn in den von ihnen kolonialisierten südlichen Städten an; die Römer verfeinerten und verschönerten ihn; die italienischen Architekten der Renaissance entdeckten ihn neu und passten ihn den Bedürfnissen ihrer Zeit an; und die faschistischen Architekten der 1930er-Jahre nahmen Bezug darauf in ihren kraftvollen, modernistischen Gebäuden. Sogar heute noch entwerfen Architekten wie Richard Meier in Italien Gebäude, die sich eindeutig auf die klassischen Prototypen zurückführen lassen. Warum an einer Formel herumdoktern, die funktioniert – besonders, wenn sie das Auge erfreuen und die Seele beflügeln kann?

Klassisch

Nur ein Wort beschreibt die Gebäude des alten Italiens: monumental. Die Römer erbauten ein Imperium von einer zuvor nie da gewesenen Größe und zierten es mit Gebäuden nach demselben Muster. Von Veronas Römischer Arena bis hin zu Pozzuolis Anfiteatro Flavio erhoben sich gigantische Stadien entlang des Horizonts. Wellnesszentren wie Roms Terme di Caracalla stellten wahrhafte Luxusstädte dar, in denen es alles gab, angefangen bei riesigen, marmorverkleideten Schwimmbecken bis zu Sporthallen und Bibliotheken. Aquädukte wie das unter der Stadt Neapel versorgten Tausende Menschen mit frischem Wasser, und Tempel wie der Tempio di Apollo in Pompeii boten den Gläubigen Erfurcht gebietende Zentren der Anbetung.

Nachdem sie von den Griechen einige wertvolle Lektionen in Sachen Baukunst gelernt hatten, verfeinerten die Römer ihre Architektur in einem solchen Maße, dass ihre Bautechniken und -entwürfe sowie ihr Gefühl für harmonische Proportionen bis zum heutigen Tag auf die weltweite Architektur und das urbane Design großen Einfluss haben.

Obwohl die Griechen die architektonischen Stile (dorisch, ionisch und korinthisch) entwarfen, waren es die Römer, die sie mit bravourösem Können anwandten. Zu nennen wäre Roms Kolosseum mit einer unteren Ebene mit dorischen, einer mittleren mit ionischen und einer vorletzten Ebene mit korinthischen Säulen. Die Römer waren auch bei der Tempelarchitektur echte Könner. Als Beweis dient zum Beispiel Roms exzellent proportioniertes Pantheon, ein Tempel, dessen riesiger, aber dem Schein nach nicht gestützter Dom die römische Erfindung von Beton exemplarisch verdeutlicht, einem Material, das für die moderne Bauindustrie genau so essenziell ist wie Ferrari für die Formel 1.

Byzantinisch

Nachdem Konstantin zum Vorzeigekonvertit des christlichen Glaubens geworden war, nutzten die Architekten

Spätes 14. bis 15. Jh. Frühe Renaissance

Filippo Brunelleschis eleganter Dom ziert den Duomo in Florenz und kündigt eine Rückkehr zum Klassizismus und eine kühne, neue Ära geprägt von humanistischem Denken und rationalem, elegantem Design an.

15. & 16. Jh. Hochrenaissance

Rom läuft Venedig den Rang als Zentrum der Renaissance ab – zu seinen jüngst erschaffenen Wundern zählen Il Tempietto und der Petersdom.

Ende des 16. bis Anfang des 18. Jhs. Barock

Die Einschränkungen der Renaissance machen Platz für theatralische Schnörkel und sinnliche Kurven; die katholische Kirche verwendet verschwenderische Details, um die protestantische Bewegung auszubooten.

Mitte des 18. bis Ende des 19. Jhs. Neoklassisch

Archäologen entdecken die Pracht von Pompeii und Herculaneum neu, und Architekten zollen dieser Pracht in Werken wie La Rotonda in Vincenza und der Villa Pignatelli in Neapel Tribut.

19. Jh. Industriell

Ein gerade vereintes Italien verbindet industrielle Technologie, Verbraucherkultur und kirchliche Traditionen in Mailands kathedralenähnlicher Galleria Vittorio Emanuele und Neapels Galleria Umberto I.

und Baumeister des Imperiums ihr beachtliches Talent, um Kirchen zu entwerfen und zu erbauen. Der Herrscher beauftragte nicht nur eine Reihe von Bauwerken in Rom, sondern dehnte seinen Einflussbereich auch weiter gen Osten aus, nach Konstantinopel in die Byzanz. Seine Nachfolger in Konstantinopel, vor allem Justinian und seine Frau Theodora, fuhren damit fort, Kirchen in dem Stil zu bauen, der später den Namen byzantinisch erhalten sollte: Backsteingebäude nach Art der römischen Basiliken, jedoch mit Domen versehen und einem schlichten Äußeren ausgestattet, das einen starken Kontrast zum prunkvollen, mosaikbesetzten Innenraum darstellte. Mitte des 6. Jhs. fand diese Form ihren Weg zurück nach Italien, wo sie in großem Stil in der Basilica di San Marco in Venedig sowie etwas zurückhaltender in Bauten wie der Chiesa di San Pietro in Otranto, Puglia umgesetzt wurde. Die wahren Stars der byzantinischen Szene Italiens sind jedoch die Basilica di San Vitale in Ravenna sowie die Basilica di Sant'Apollinare in Classe, beide auf einem kreuzförmigen Grundriss erbaut.

Romanisch

Barock im Überfluss

Lecce, Puglia

Noto, Sizilien

Rom, Lazio (Latium)

Neapel, Campania (Kampanien)

Catania, Sizilien

Die folgende Entwicklung in der sakralen Baukunst in Italien kam aus Europa. Der europäische romanische Stil wurde vorübergehend in vier regionalen Formen beliebt – lombardisch, florentinisch, sizilianisch-normannisch sowie aus Pisa stammend. Bei allen lag der Fokus auf der Breite sowie den horizontalen Linien eines Gebäudes und nicht auf der Höhe. Zu den Bauwerken gehörten Kirchenkomplexe mit *campaniles* (Glockentürme) und Taufkapellen, die von den Kirchen getrennt waren.

Die systematisch abwechselnde Verwendung von weißem und grünem Marmor bestimmte die Fassaden des florentinischen und des Pisa-Stils – zu sehen in ikonischen Gebäuden wie der Basilica di Santa Maria Novella und der Duomo-Taufkapelle in Florenz sowie in Pisas Kathedrale und Taufkapelle.

Der lombardische Stil zeichnete sich durch kunstvoll geschnitzte Fassaden und Außendekorationen wie Bänder und Gewölbebögen aus. Die beeindruckendsten Beispiele sind die lombardische Kathedrale in Modena, die Basilica die San Michele in Pavia sowie der ungewöhnlich geformte Duomo Vecchio in Brescia.

Im Süden umfasste der sizilianisch-normannische Stil einen exotischen Mix aus normannischen, sarazenischen und byzantinischen Einflüssen, angefangen bei Marmorsäulen über islamisch inspirierte Spitzbögen bis hin zu Elementen aus Glasmosaiksteinen. Einer der großartigsten Vertreter dieser Form ist die Cattedrale di Monreale, vor den Toren von Palermo.

Gotisch

Die Italiener nahmen den gotischen Stil nicht so enthusiastisch auf wie die Franzosen, Deutschen und Spanier. Seine Strebbögen, seine grotesken Wasserspeier mit Fratzengesichtern und die übertriebene Dekoration waren zu weit von dem klassischen Ideal entfernt, das die Italiener verinnerlicht hatten (und immer noch haben). Aber natürlich gab es Ausnahmen. Die Venezianer, der Frivolität nie gänzlich abgeneigt, verwendeten den Stil in großen *palazzi* (Villen) wie der Ca' d'Oro und an den Fassaden wichtiger öffentlicher Gebäude wie dem Palazzo Ducale. Die modebesessenen Mailänder setzten ihn in Mailands extravagantem Duomo um, und die Bewohner von Siena brachten ein ausgesprochen hinreißendes Beispiel mit Sienas Kathedrale hervor.

Barock

Das in der Renaissance vorherrschende Ideal der Beschränkung auf pure Formen musste sich zwangsläufig zu irgendeinem Zeitpunkt ins Gegenteil umkehren. So ist es nicht verwunderlich, dass die nachfolgende große architektonische Bewegung in Italien bewerkenswert üppige – einige würden sagen dekadente – Formen aufwies. Die barocke Bewegung verdankt ihren Namen dem portugiesischen *barroco*, ein Wort, das von Fischern verwendet wurde, um eine schlecht geformte Perle zu betiteln. Verglichen mit den reinen, klassischen Linien der Renaissance-Gebäude kann das barocke Ergebnis tatsächlich als „verformt" beschrieben werden: Andrea Palmas Fassade der Kathedrale von Syrakus, Guarino Guarinis Palazzo Carignano in Turin und Gian Lorenzo Berninis Baldachin im Petersdom in Rom sind dramatische, kurvenreiche und ausgesprochen erotische Strukturen, die wenig Ähnlichkeit mit dem klassischen Ideal besitzen.

Bei vielen von Neapels Barockarchitekten fand die Redewendung „was zählt, sind die inneren Werte" einen starken Anklang. Aufgrund der berüchtigten hohen Bevölkerungsdichte der Stadt und dem Mangel an repräsentativen Piazzas investierten viele der Bewohner nur wenig Zeit für die Dekoration der Fassaden und schmückten stattdessen die Innenräume aus. Das Äußere von Kirchen wie der Chiesa e Chiostro di San Gregorio Armeno lässt nur schwer erahnen, welch detaillierte Üppigkeit im Innern wartet, angefangen bei frechen Cherubinen und vergoldeten Decken bis hin zu mehrfarbigen Marmorwänden und -böden.

Tatsächlich stellt die großzügige Verwendung von farbigen Marmorintarsien eines der wahren Highlights des neapolitanischen Barockdesigns dar. In der zweiten Hälfte des 16. Jhs. verwendet, um Gräber zu verzieren, wurden Intarsien dann später zu Beginn des 17. Jhs. im großen Stil eingesetzt – bei Altaren und Böden und sogar kompletten Kapellen, verziert mit bunt gemischten Marmormustern. Der unbestrittene Meister dieser Form war Cosimo Fanzago, dessen großartigstes Werk die Kirche im Museo Nazionale di San Martino in Neapel ist – ein faszinierendes Kaleidoskop von Farben und Mustern und die perfekte Einbettung von Werken anderer künstlerischer Größen, darunter die Maler Giuseppe Ribera, Massimo Stanzione und Francesco Solimena.

In Anbetracht der neapolitanischen Leidenschaft für alles Barocke ist es nicht verwunderlich, dass das große Finale des italienischen Barock in Form des Palazzo Reale in Caserta stattfand, ein königlicher Palast mit 1200 Zimmern, entworfen von dem neapolitanischen Architekten Luigi Vanvitelli, um Frankreichs Versailles die Schau zu stehlen.

Industrielle Innovation & Modernismus

Die politischen und sozialen Umbrüche stahlen der Architektur im Italien des 19. Jhs. die Show. Einer der wenigen bemerkenswerten Momente wurde direkt von der Industriellen Revolution hervorgebracht: Die Anwendung industrieller Neuerungen bei Glas und Metall bei der Bauplanung. Zwei monumentale Beispiele dieser Form sind die Galleria Vittorio Emanuele II in Mailand sowie ihre südlich gelegene Schwester, die Galleria Umberto I in Neapel.

Ende des 19. bis Anfang des 20. Jhs. Freiheit

Italiens Art Nouveau verwirft die klassische Linearität zugunsten unvorhersehbarer Kurven und organischer Motive.

Anfang bis Mitte des 20. Jhs. Modernismus

Der italienische Modernismus lässt sich inspirieren vom Futurismus (technologiebesessen und anti-historisch) und vom Rationalismus (Suche nach einem Mittelweg zwischen maschinengeprägter Utopie und faschistischem Fetisch für den Klassizismus).

Mitte bis Ende des 20. Jhs. Modern

Das industrialisierte und wirtschaftlich florierende Italien zeigt in der Mitte des Jahrhunderts mit kommerziellen Projekten wie Giò Pontis schlankem Pirelli-Hochhaus stolz seinen Reichtum.

21. Jh. Zeitgenössisch

Die italienische Architektur findet mit dem internationalen Erfolg von Stararchitekten wie Renzo Piano, Massimiliano Fuksas und Gae Aulenti zu ihrer alten Form zurück.

Zum Ende des Jahrhunderts infizierte die Art Nouveau-Welle, die über Europa hereinbrach, die lokale Szene mit neuer Lebendigkeit. Die italienische Version, genannt „Io Stile Floreale" oder „Freiheit" auf Italienisch, war dafür bekannt, dass sie extravaganter war als die meisten anderen Varianten – man betrachte nur Giuseppe Sommarugas Casa Castiglione (1903), ein großes Mietshaus im Corso Venezia 47 in Mailand.

Der Modernismus betrat die Bühne in zwei Formen: Die erste war rein theoretischer Natur und basierte auf Marinettis einflussreichem *Futuristisches Manifest* (1909). Die zweite Form kam in Gestalt des Rationalismus, der in Italien von zwei Gruppen vorangetrieben wurde: Die erste war bekannt als die Gruppo Sette und bestand aus sieben vom Bauhaus inspirierten Architekten. Ihr Hauptakteur war Giuseppe Terragni, dessen herausragendes Werk die Casa del Fascio von 1936 (jetzt Casa del Popolo) in Como ist. Die zweite, rivalisierende Gruppe MIAR (Movimento Italiano per l'Architettura Razionale, die italienische Bewegung für rationale Architektur) wurde von Adalberto Libera angeführt. Bekannt ist dieser einflussreiche Architekt vor allem für seinen Palazzo dei Congressi in EUR, einem im 20. Jh. neu entstandenen Vorort von Rom, in dem eine Reihe architektonisch bedeutende Gebäude stehen. Wie viele italienische Architekten ihrer Zeit entwarfen auch Libera und Terragni ihre kompromisslos modernistischen Gebäude für die faschistischen Machthaber, sodass ihre Werke manchmal als „Faschistische Architektur" bezeichnet werden. EURs anschaulichstes faschistisches Werk ist der glänzende, gewölbte Palazzo della Civiltà del Lavoro (Palast der Arbeiter). Entworfen von Giovanni Guerrini, Ernesto Bruno La Padula und Mario Romano erinnern seine Bögen und seine glänzende Travertinummantelung an ein zurechtgestutztes, quadratisches Kolosseum – eine Ode an die klassischen Ideale des Stoizismus und des Ruhms, die das faschistische Ideal inspirierten.

Mitte bis Ende des 20. Jhs.

Wurde Italien in der zweiten Hälfte des 20. Jhs. vor allem für seine innovative internationale Mode- und Designindustrie berühmt, gab es im Bereich der Architektur wenig Aufsehenerregendes. 1956 gab es einen der wenigen Höhepunkte, als der Architekt Giò Ponti und der Ingenieur Pier Luigi Nervi Mailands schlankes, internationales Pirelli-Hochhaus entwarfen. Ponti war der einflussreiche Gründungsredakteur der internationalen Architektur- und Designzeitschrift *Domus*, die 1928 gegründet worden war; Nervi war einer der Ersten bei der Entwicklung von Stahlbeton, einer Neuheit, die das Gesicht der modernen Architektur veränderte. Im Verlauf des Jahrhunderts wurde die Baukunst von Architekten wie Carlo Scarpa, Aldo Rossi und Paolo Portoghesi in verschiedene Richtungen weiterentwickelt. Der im Veneto lebende Scarpa war für seine organische Architektur bekannt, im Besonderen für das Grabmal Brion und die Friedhofserweiterung in San Vito d'Altivole. Dem Schriftsteller und Architekten Rossi wurde 1990 der Pritzker Preis verliehen; er ist sowohl für seine schriftlichen Werke (z. B. *Die Architektur der Stadt*, 1966) als auch für seine Konstruktionen bekannt. Der in Rom beheimatete Paolo Portoghesi ist Architekt und Autor mit großem Interesse an klassischer Architektur. Sein bekanntestes italienisches Bauwerk ist die Zentralmoschee (1974) in Rom, die für ihren leuchtend schönen Innenraum berühmt ist.

Die aktuelle Architekturszene

Nachdem die italienische Architektur lange Zeit auf dem absteigenden Ast war, ist sie jetzt wieder vorne mit dabei: Architekten wie Massimiliano Fuksas; King, Roselli & Ricci; Cino Zucchi; Ian+; ABDR Architetti

Associati; 5+1; Garofalo Miura und Beniamino Servino entwerfen innovative und wegweisende Gebäude.

Der derzeitige König der italienischen Architektur ist Renzo Piano, zu dessen internationalen Projekten Londons eindrucksvoller neuer Shard-Wolkenkratzer sowie das Centre Culturel Tjibaou in Nouméa, Neukaledonien, gehören. In seiner Heimat wird sein Auditorium Parco della Musica aus dem Jahre 2002 in Rom als eine der bis heute größten Errungenschaften betrachtet. Der Nachfolger Pianos ist ganz offensichtlich Massimiliano Fuksas, dessen Projekte genauso skurril wie visuell fesselnd sind. Seine bisher bedeutendsten Arbeiten sind das futuristische Mailänder Messezentrum sowie die Pfarrkirche San Paolo in Foligno. Sein Centro Congressi Nuvola (Neues Kongresscenter), mit dem vor kurzem im römischen Vorort EUR begonnen wurde, sieht aus, als würde es beide Gebäude übertreffen.

Am bemerkenswertesten – und für Italien untypisch – sind die vielen Projekte berühmter ausländischer Architekten, die Italiens architektonische Landschaft aufpeppen. Richard Meier ist für zwei römische Gebäude verantwortlich: den kontroversen Pavillon Ara Pacis und die bildhauerische Chiesa Dives in Misericordia, eine Licht durchflutete Kirche in der Vorstadt von Rom, die vom Vatikan in Auftrag gegeben wurde, um das 2000-jährige Jubiläum zu feiern.

2010 staubte die irakisch-britische Stararchitektin Zaha Hadid den angesehenen RIBA (Royal Institute of British Architects) Stirling-Preis für ihre auffallende, kurvenreiche MAXXI-Kunstgalerie in Rom ab. Andere bemerkenswerte Projekte sind die Friedhofserweiterung von David Chipperfield auf der Isola di San Michele in Venedig und der Justizpalast in Salerno, die lange erwarteten Erweiterungen der Uffizien in Florenz von Arata Isozaki sowie Tadao Andos gefeierte Punta della Dogana und die Sanierung des Palazzo Grassi in Venedig.

Das aufregendste Programm für ein Gebäude seit der Renaissance ist das Mailänder „CityLife"-Projekt. Im Rahmen der Neuentwicklung des ehemaligen Messegeländes der Stadt sollen drei geometrisch experimentelle Wolkenkratzer entstehen, wobei einer von Zaha Hadid, einer von Arata Isozaki und einer von Daniel Liebeskind entworfen wird. Die städtischen Behörden hoffen, dass diese aufsehenerregenden Ergänzungen der Stadt ein etwas kantigeres Aussehen verleihen werden.

KUNST & ARCHITEKTUR ARCHITEKTUR ARCHITEKTUR

So lebt man in Italien

Wie sieht eigentlich der Alltag eines ganz normalen italienischen Angestellten aus? Was ist anders als hierzulande, und was sagt sein Tagesablauf über das Leben in Italien im Allgemeinen aus? Spielen wir es mal durch ...

Ein Tag im Leben eines Italieners

Sveglia! (Wach auf!) Unser Mann wird nicht vom schrillen Klingeln eines Weckers aus seinen Träumen geholt, sondern vom Blubbern und Fauchen der *caffettiera,* der zu jedem ordentlichen Haushalt gehörenden Espressokanne. Wie immer ist er spät dran, also stürzt er den Kaffee glühend heiß hinunter (Italiener können das), prüft kurz noch einmal, ob seine Socken zusammenpassen, und eilt zur Wohnungstür hinaus. Draußen macht er erst einmal einen langen Umweg, um bei seinem Lieblingskioskverkäufer Nicolae, die Morgenzeitung zu kaufen; der Mann stammt aus Bukarest und zählt zur großen Gruppe der Migranten. Natürlich halten die beiden auch noch ein kurzes Schwätzchen über Eduardos neugeborenes Baby – unser Mann ist vielleicht unpünktlich, unhöflich ist er gewiss nicht.

Mehr als 4 % der Kanadier und Australier stammen von Italienern ab. In den USA, der Schweiz und Venezuela sind es über 5 %, in Brasilien gut 15 % und in Argentinien wie in Uruguay sogar mehr als 40 %.

Auf dem Weg ins Büro überfliegt er die Schlagzeilen: Streitigkeiten innerhalb der Koalitionsregierung, der aktuelle Ligaskandal und schließlich eine neue EU-Richtlinie für Käse. Eine Schande, diese europäische Bestimmungen; alles andere war ja nicht anders zu erwarten. Am Arbeitsplatz wartet jede Menge Papierkram, der unseren Mann bis Mittag in Atem hält. Umso mehr genießt er es dann, mit Freunden essen zu gehen und ein Gläschen Wein zu trinken. Danach gibt es wieder einen kochend heißen Espresso, diesmal im Lieblingscafé, und dazu einen Schwatz mit dem *barista,* der von seinem letzten Vorsprechen im Theater erzählt. Unser Mann kennt die Schwester des Regisseurs aus der Schulzeit, also wird er ein gutes Wort für seinen Bekannten einlegen.

Kurz nach zwei ist er wieder im Büro und betreibt Multitasking *all'italiana:* Während er sich ein wenig mit den Kollegen unterhält, bringt er geschäftliche E-Mails auf den Weg, schreibt auf dem *telefonino* (Mobiltelefon) eine Kurznachricht über den *barista* an die einstige Klassenkameradin und durchsucht insgeheim das Internet nach Stellenangeboten – schließlich läuft der Vertrag für den Job hier bald aus. Am Ende eines solchen stressigen Arbeitstages hat er sich einen *aperitivo* verdient, also geht's um halb sieben direkt in die angesagte neue Aperitifbar. Seine Freunde kommen auch, die Location ist *molto design,* die Vibes *molto cool* und der DJ *abbastanza hot,* doch schließlich ist es höchste Zeit für den Englischkurs – schließlich lernt heutzutage jeder diese Sprache, und sei es nur wegen des Szeneslangs.

Als unser Mann endlich nach Hause kommt, ist es bereits halb zehn, und das Abendessen gibt's nur noch aufgewärmt. *Peccato!* (Schade!) Er isst, schaut zwischendurch zerstreut *X Factor Italia* im Fernsehen zu, erzählt allen, die vielleicht gerade zuhören, von seinem Tag im Büro und schimpft über die Käserichtlinie – der aufgewärmten Pasta schenkt er nur wenig Aufmerksamkeit. Beim Zähneputzen dreht sich das Gespräch dann um die Zukunft des italienischen Theaters und den ersehnten Traumurlaub in der Karibik, auch wenn's beim gegenwärtigen Einkommen wohl wieder nur für Kalabrien reichen wird. Schließlich kriecht er ins Bett und greift sich aufs Geratewohl noch etwas Lesestoff vom Nachttisch: ein Kunstbuch vielleicht oder einen *giallo* (Krimi), einen knallharten Enthüllungsreport über die Mafia oder irgendeinen Klassiker, ein paar *fumetti* (Comics) liegen ja auch noch da. Während er langsam wegdämmert, denkt er an den morgigen Tag. Was wäre, wenn er zum Beispiel plötzlich als Deutscher aufwachen würde? Gut, um ihn herum wäre endlich einmal Ruhe und Ordnung (so das italienische Idealbild vom deutschsprachigen Ausland), und er könnte Deutsch, das ja angeblich noch schwerer sein soll als das verflixte Englisch – aber gut gekleidet sind die Deutschen ja nicht gerade, und dann immerzu dieses schwere Essen ... *Terribile!* Er scheucht den Alptraum fort und sinkt sodann sanft in die Kissen. *Buona notte.*

Leben auf Italienisch

Die Menschen

Was für Leute sind es, denen unser Durchschnittsitaliener in seinem Alltag begegnet? Gut 22 % seiner Mitbürger sind Raucher, und 75,5 % der werktätigen Bevölkerung kommen mit dem Auto zur Arbeit, während nur noch 3,2 % das Fahrrad nehmen. Immer mehr Italiener sind allerdings entweder arbeitslos oder bereits in Rente. Schon jeder fünfte ist heute über 65 Jahre alt, und die rüstigen Senioren verstecken sich keineswegs. Sie führen ihren Hund aus, begleiten die Enkel in den Park, sitzen in den Cafés und Bars, um sich in aller Freundschaft über Politik zu ereifern, und machen die allermeisten Bocciaturniere unter sich aus. Nicht wenige bessern außerdem ihre Rente mit ein paar Stunden regelmäßiger Arbeit auf.

Auffällig ist – gerade angesichts der allgegenwärtigen Alten – die geringe Zahl an Kindern. Italiens Geburtenrate gehört zu den niedrigsten der Erde, denn im Durchschnitt bringt jede Frau nur noch 1,41 *bambini* zur Welt.

Nord gegen Süd

In seiner Filmkomödie *Ricomincio da tre* (*Ich fang' noch mal bei drei an*; 1980) widmete sich Schauspielstar Massimo Troisi den alltäglichen Problemen von Neapolitanern, die es nach Norditalien gezogen hat. In spaßiger Form macht der Streifen deutlich, wie groß die Unterschiede zwischen Nord und Süd in Italien damals waren – und es bis heute, 30 Jahre später, immer noch sind. Während der Norden den Ruhm namhafter Modehäuser und betuchter Metropolen genießt, ist der *Mezzogiorno* (wie der Südteil des Landes meist genannt wird) unter PR-Aspekten eher ein Alptraum im Würgegriff von Unterentwicklung, Unterbeschäftigung und mächtigen Unterweltclans. Liebhaber einfacher Stereotypen setzen *settentrionale* (Nord) gerne mit Reserviertheit, Fleiß und Erfolg gleich, während *meridionale* (Süd) für Melodramatik, Faulheit und Konservatismus steht. Millionen Süditaliener zogen seit dem Beginn des Industriezeitalters bis Ende der 1960er-Jahre in die Städte des Nordens, um in den dortigen Fabriken Arbeit zu finden. Von den Einheimischen abschätzig als *terroni* (wörtlich „Erdleute") tituliert, hatten die Einwanderer aus dem eigenen Land bei ihren Vettern aus dem Norden oft unter einer geradezu rassistischen Arroganz zu leiden. Heute, Jahrzehnte später, ist dieser offene Rassismus zwar großenteils überwunden (oder er hat sich neuen Opfern zugewandt), doch die Vorurteile bleiben. Die Kla-

SO LEBT MAN IN ITALIEN LEBEN AUF ITALIENISCH

Berufstätige Italiener haben durchschnittlich sechs Wochen Urlaub im Jahr – und sind zwei Wochen mit bürokratischen Prozeduren beschäftigt, die ihre Arbeit mit sich bringt.

Nach der Parlamentswahl 2013 erhielt Italien erstmals ein schwarzes Regierungsmitglied. Die in Kongo-Kinshasa geborene Augenärztin Cécile Kyenge wurde Ministerin für Integration und steht für das zunehmend multikulturelle Gesicht der italienischen Gesellschaft. Neben ihr gehörte der Regierung Letta anfangs noch ein zweites Kabinettsmitglied ausländischer Herkunft an: Josefa Idem aus Deutschland, die als Kanutin Weltmeistertitel und olympische Medaillen für Italien gewonnen hat und zwei Monate lang als Sportministerin amtierte.

ge, dass mit ihren Steuergeldern die Misswirtschaft im Süden subventioniert wird, ist bei den Bewohnern Norditaliens weit verbreitet – und die rechtspopulistische Partei Lega Nord (Nordliga) weiß diesen Unmut in ihren Kernregionen Lombardei und Venetien gut für sich zu nutzen.

Auswanderungsland & Einwanderungsland

Vom 19. Jh. bis 1976 war Italien ein Auswanderungsland. Rund 30 Mio. Emigranten zog es im Laufe eines Jahrhunderts in die Welt: nach Nord- und Westeuropa, Nord- und Südamerika und nach Australien. Ihre Überweisungen halfen, die Wirtschaft in den Krisenzeiten nach der nationalen Einigung und nach den beiden Weltkriegen über Wasser zu halten.

Seither hat sich das Blatt gewendet. Die politischen und wirtschaftlichen Umwälzungen seit den 1980er-Jahren haben zahlreiche Einwanderer aus Mittel- und Osteuropa, Lateinamerika und Afrika ins Land gebracht, nicht zuletzt aus Italiens einstigen Kolonien Eritrea, Äthiopien und Somalia. Die jüngsten Migrationswellen aus China und den Philippinen verleihen manchem städtischen Straßenbild neuerdings eine fernöstliche Note. Zwar liegt der Ausländeranteil an der Bevölkerung des Landes heute gerade einmal bei 7,1 %, aber er wächst beständig. Seit der Volkszählung von 2001 hat sich der Bevölkerungsanteil mit ausländischen Wurzeln von 1,3 Mio. mehr als verdreifacht, er liegt jetzt bei rund 4 Mio. (und in dieser Kategorie sind Bürger, die im Ausland geboren wurden und später die italienische Staatsangehörigkeit angenommen haben, nicht einmal mitgezählt).

Rein ökonomisch sind die Neuankömmlinge für Italiens Unternehmen ein wahrer Segen, denn auch wenn die meisten Italiener ihr Glück mittlerweile in der Heimat suchen, sind sie für Akkordarbeit zu Billiglöhnen in der Fabrik und auf den Feldern selten zu haben. Würden nicht Einwanderer einspringen, dann wären Schuhe und Tomaten aus Italien deutlich teurer oder gar Mangelware. Auch in den Restaurantküchen und Hotels der Tourismusbranche sind es oft Ausländer, die die schlecht bezahlten Arbeiten übernehmen und den Betrieb damit in Gang halten.

Doch längst nicht alle Italiener empfangen die Zuwanderer mit offenen Armen. Als 2010 im kalabrischen Rosarno ein afrikanischer Arbeiter niedergeschossen wurde, kam es zu den schwersten ethnischen Unruhen seit Jahrzehnten. Auch Prominente bleiben von Anfeindungen nicht verschont. 2013 wurde ein Spitzenspiel der ersten Fußballliga Serie A zwischen dem AC Mailand und AS Roma wegen rassistischer Hassgesänge auf Mailands schwarzen Stürmerstar Mario Balotelli kurzzeitig unterbrochen. Beinahe regelmäßig wird auch die neue, aus Kongo-Kinshasa stammende Integrationsministerin Cécile Kyenge rassistisch angefeindet, vor allem von Politikern und Aktivisten der rechtspopulistischen Lega Nord.

Gegen die harsche Ausländerpolitik trat eine ungewöhnliche Allianz aus Katholiken, Kapitalisten und Linken auf den Plan. Karitative Organisationen der Kirche und laizistische Gruppen aus dem linken Spektrum gründeten im ganzen Land Beratungszentren, die die Einwanderer bei der Integration unterstützen und zu einem Antrag auf Einbürgerung ermutigen. Geleitet wurden sie dabei auch von den Erfahrungen der eigenen Geschichte: Angesichts unzähliger italienischer Emigranten in aller Herren Länder, so manche Kommentare, müsse man auch Neuankömmlingen im eigenen Land verständnisvoll begegnen.

Glaube & Aberglaube

Zwar bezeichnen sich rund 80 % der Italiener nach wie vor als Katholiken, doch in den sonntäglichen Gottesdienst zieht es nur etwa jeden Sechsten. Nach den zahlreichen Skandalen im Kirchenapparat betrachten viele den Anspruch des Vatikans auf moralische Autorität mit einem

SPRACHEN

Zwölf Minderheitensprachen sind in Italien offiziell anerkannt. Neben Friulanisch, Ladinisch und Sardisch, die nur im Friaul, in Südtirol bzw. auf Sardinien gesprochen werden, sind es Landes- und Regionalsprachen der benachbarten Länder: Deutsch, Französisch, Slowenisch, Katalanisch, Frankoprovenzalisch und Okzitanisch sowie alte, italienisch beeinflusste Dialekte des Kroatischen, Albanischen und Griechischen.

MÖRDERISCHE MODEWELT

So eng die familiären Bande meist geknüpft sind – auch in Italien geht es unter Verwandten manchmal eher hart als herzlich zu. Nicht zuletzt einige der mondänsten Modeclans führen vor, dass jede Familie ihre Probleme hat, manchmal in Minigröße, manchmal aber auch in XXL.

Ein Beispiel ist das Haus Versace, das seit den späten 1970er-Jahren zu einem der großen Namen auf den Laufstegen der Welt avanciert ist. Der große Erfolg des Familienunternehmens im In- und Ausland war im Wesentlichen das Werk des Gründers Gianni Versace, der nahezu im Alleingang den Bling-Bling-Stil als modischen Standard etablierte und zum Liebling und besten Freund der internationalen Schickeria wurde. Doch das Märchen fand ein jähes Ende: 1997 wurde das bärtige Genie vor seiner Villa in Miami von einem Serienkiller ohne erkennbaren Grund erschossen. Das Erbe traten Giannis Geschwister Santo und Donatella an – der Bruder übernahm die wirtschaftliche Leitung, die Schwester den kreativen Part. Die prominente, bestens vernetzte Partykönigin zog sich 2004 am 18. Geburtstag ihrer Tochter Allegra für eine Weile in eine Entzugsklinik zurück, um vom Kokain loszukommen.

Noch turbulenter trieb es Familie Gucci aus Florenz, deren Geschichte einer billigen brasilianischen Seifenoper gleicht. 1904 von Guccio Gucci gegründet, wurde das Unternehmen nach dessen Tod wiederholt von dramatischen Machtkämpfen erschüttert. Schon in den 1950er-Jahren stritten die Söhne des Patriarchen Rodolfo und Aldo um die Vorherrschaft; Aldos Sohn Paolo verklagte dann 1982 seine Brüder sowie seinen Vetter Maurizio wegen tätlicher Angriffe und überwarf sich schließlich auch mit seinem Vater wegen der Abzweigung von Gewinnen in Steuerparadiese.

Der letzte Gucci an der Firmenspitze war Maurizio, der seinen Anteil 1993 für stolze 170 Mio. US$ an die bahrainische Investmentgesellschaft Investcorp verkaufte. Zwei Jahre später lag er tot vor der Tür seines Büros in Mailand – erschossen auf Bestellung seiner Exfrau Patrizia Reggiani. Sie hatte ihm seine Untreue nicht verziehen und war außerdem unzufrieden mit ihren 500 000 US$ Unterhaltszahlungen pro Jahr. Lieber weinend im Rolls Royce sitzen als glücklich auf einem Fahrrad – dieses bekannte Lebensmotto geht auf sie zurück. Als die Justiz ihr 2011 eine Haftentlassung auf Bewährung anbot, wenn sie sich einen Job suchen würde, blieb Frau Reggiani ihren Grundsätzen erst einmal treu. Mit dem Satz „Ich habe mein Leben lang nicht gearbeitet und werde sicher nicht jetzt damit anfangen" lehnte sie das Angebot zunächst ab, um es zwei Jahre später doch noch anzunehmen. Sie soll inzwischen beim Mailänder Modelabel Bozart angestellt sein.

gewissen Zynismus, und auch der Wandel der Einstellung zu Fragen wie Homoehe und Abtreibung sorgt für eine Entfremdung von den Lehren der Kirche. Trotzdem ist die katholische Wochenzeitschrift *Famiglia Cristiana* („Christliche Familie") nach wie vor die beliebteste des Landes, und landauf, landab sind Amtsstuben, Gerichtssäle sowie Klassenzimmer weiterhin mit Kreuzen dekoriert. Die gelten nach diversen juristischen Auseinandersetzungen allerdings offiziell nicht mehr als religiöse Symbole, sondern als Ausdruck der kulturellen Tradition.

Tatsächlich übt die katholische Kirche auch heute noch erheblichen Einfluss auf das politische Leben und die Parteien aus, insbesondere die der Mitte und der bürgerlichen Rechten. Im Alltag werden kirchliche Vorschriften dagegen gern ähnlich großzügig ausgelegt wie die Regeln im Straßenverkehr. Natürlich bringt die *mamma* am Karfreitag Fisch auf den Tisch und wendet sich im Gebet vertrauensvoll an die *Madonna*, aber sicherheitshalber holt sie sich bei der *maga*, der Wahrsagerin vom Astrologiekanal im Fernsehen, noch eine zweite Meinung ein. So schätzt der europäische Dachverband der Verbraucherschutzorganisationen, dass die Italiener ihren Magiern, Wahrsagern und Astrologen jedes Jahr üppige 5 Mrd. € Einnahmen bescheren. Auch wenn die wirtschaftliche

SPRICHWÖRTLICH

Auch wenn sie sich oft auf alte Klischees beschränken: Sprichwörter können viel über eine Kultur aussagen. Hier sechs hübsche italienische Klassiker:

Donne e motori, gioie e dolori. Frauen und Maschinen schenken bald Freude, bald Leidensmienen (wörtlich: Frauen und Motoren, Freuden und Schmerzen).

Chi trova un'amico trova un tesoro. Wer einen Freund findet, findet einen Schatz.

A ogni uccello il suo nido è bello. Jedes Mäuschen liebt das eigne Häuschen (wörtlich: Jeder Vogel findet das eigene Nest schön).

Fidarsi va bene, non fidarsi va meglio. Vertrauen ist gut, Misstrauen ist besser.

Meglio essere invidiati che compatiti. Lieber beneidet als bemitleidet.

Il diavolo fa le pentole ma non i coperchi. Der Teufel macht die Töpfe, aber nicht die Deckel (d. h. die Wahrheit kommt letztlich immer ans Licht).

Unsicherheit in jüngster Zeit der Esoterikbranche zusätzlichen Auftrieb gibt, ist der Trend insgesamt keineswegs neu. Fast alle Italiener sind in hohem Maße abergläubisch, und so gilt auch im Alltag eine lange Liste von Tabus, deren Verletzung Unglück bringt – vom Zuprosten mit Wasser bis zum Aufspannen eines Regenschirms im Haus.

Besonders mächtig sind die abergläubischen Traditionen in Italiens Süden. *Corni* (Amulette in der Form kleiner Kuhhörner) an Halskettchen und Rückspiegeln im Auto gelten hier als bewährtes Mittel gegen den bösen Blick (*malocchio*), und die Verehrung für die örtlichen Schutzheiligen ist vom antiken Götterkult kaum zu unterscheiden. Dreimal im Jahr drängen in Neapel Tausende von Stadtbewohnern in den Dom, um zu erleben, wie das geronnene Blut des hl. Januarius (*San Gennaro*) in einer kleinen Phiole auf wundersame Weise flüssig wird. Wenn es funktioniert, atmet die ganze Stadt erleichtert auf: Wieder einmal hat der Heilige seiner Stadt Sicherheit vor Katastrophen verheißen. Als das Blut 1944 trocken blieb, brach kurze Zeit später nahe der Stadt der Vesuv aus, und 1980 folgte auf das Ausbleiben des Wunders ein Erdbeben. Zufall? Vielleicht – aber in Neapel sind auch die hartgesottensten Skeptiker froh, wenn *San Gennaro* seinen Wunderzauber wirkt … nur zur Sicherheit.

Sag mir, wenn du kennst …

John Turturros Film *Passione* (2010) erkundet (ähnlich wie Wim Wenders' *Buena Vista Social Club* die Szene von Havanna) die reiche, diverse Stile elegant verbindende musikalische Tradition Neapels. Zwischen alten Volksliedern und höchst modernen Klängen präsentiert er einen faszinierenden Einblick in die komplexe Seele der Stadt am Fuße des Vesuv.

Die kleine Alltagsgeschichte dürfte eines deutlich gemacht haben: Italien ist kein Land der introvertierten Schweigsamkeit. Mit seinen Mitmenschen zu sprechen, ist nicht nur ein Akt der Höflichkeit – jeder soziale Kontakt verleiht der täglichen Routine einen Sinn und bringt Farbe und Vergnügen ins Leben. Eine Unterhaltung ist viel zu wichtig, als dass ein knapper Zeitplan oder ein Mund voll Zahnpasta sie abrupt beenden könnte. Und so etwas wie leeres Geschwätz gibt es nicht: Denn soziale Netzwerke sind unverzichtbar, wenn man bei der Unbeweglichkeit der ältesten Bürokratie Europas irgendetwas erreichen will. Ein gutes Wort für den *barista* einzulegen, ist nicht nur eine nette Geste, sondern womöglich der entscheidende Karrierekick für den Mann. Wie eine Studie des Arbeitsministeriums vor kurzem herausfand, finden in Italien nach wie vor die meisten durch persönliche Beziehungen einen Arbeitsplatz. *Clientelismo* (Vetternwirtschaft) gehört also bis heute zu den Grundbegriffen des italienischen Alltags wie *tasse* (Steuern) und *caffè* (Kaffee). Darum fand der ehemalige Ministerpräsident Silvio Berlusconi auch nichts dabei, die Liste seiner Partei bei der Wahl zum Europaparlament 2009 mit Damen zu bestücken, die seine persönliche Gunst genossen: eine Teilnehmerin der Fernsehshow *Grande Fratello* (*Big Brother*), ein Starlet aus einer Seifenoper, eine Schauspielerin für Fernsehdramen und eine Miss-Italy-Kandidatin. Der Regisseur Massimiliano Bruno griff diesen Fall (und andere) 2012 in seinem Film *Viva l'Italia* auf: Dort ist es ein Senator mit guten Verbindungen und einem Hang zu üblen Machenschaften, der seinen Kindern gute Jobs verschafft – seine talentlose Tochter soll z. B. trotz ihres Sprachfehlers ausgerechnet als Fernsehmimin reüssieren. Noch vor Beginn der Dreharbeiten war die Filmbranche allerdings selbst unter Beschuss geraten, nachdem die Zeitung *Il Fatto Quotidiano* mehreren Mitgliedern der Italienischen Filmakademie (die den angesehenen Filmpreis „David di Donatello" verleiht) handfeste Interessenkonflikte vorgeworfen hatte. Ironisch kommentiert der Satiriker Beppe Severgnini das Phänomen in seinem Buch *Überleben in Italien ... ohne verheiratet, überfahren oder verhaftet zu werden*: „Möchten Sie einen italienischen Freund vergrätzen oder eine Gesprächsrunde abrupt verstummen lassen, sagen Sie einfach: ‚Noch mal zu dem Interessenkonflikt ... Ergreift Ihr Gegenüber nicht auf der Stelle die Flucht, wird er nur noch ein mitleidiges Lächeln für Sie übrighaben.'"

Hotel Mamma

Von den 18- bis 29-jährigen Italienern bekommen 60 % den morgendlichen Kaffee nicht von einem Lebenspartner oder Wohngenossen gekocht, sondern von Mama oder Papa. Bei den 30- bis 44-jährigen Landsleuten sind es immer noch 25 %, die bei den Eltern leben. Das liegt nicht daran, dass südlich der Alpen eine Nation verhätschelter *bamboccioni* (Riesenbabys) lebt – jedenfalls nicht ausschließlich. Bei einer Arbeitslosenrate von 11,5 % (Anfang 2013), die in der jungen Generation sogar bei 38,4 % liegt, ist es kein Wunder, dass so viele am elterlichen Schürzenzipfel hängen bleiben.

Der hohe Stellenwert der Familienbande ist nicht nur ein Schutzmechanismus in der gegenwärtigen Wirtschaftskrise, denn die familiäre Solidarität zwischen den Generationen war in Italien immer schon die wichtigste Basis des gesellschaftlichen Lebens. Dass der Nachwuchs bei den Eltern lebt, bis er dauerhaft Arbeit gefunden und Hochzeit gefeiert hat, ist eine altehrwürdige Tradition. Nach einer angemessenen Gnadenfrist für Liebesleben und beruflichen Erfolg – ein paar Jahre darf das durchaus dauern – ziehen dann die Eltern möglicherweise ihrerseits bei den Kindern ein, um die Enkel zu hüten und im Gegenzug selbst versorgt zu sein, wenn Körper und Geist nicht mehr so gut funktionieren.

Auch wer das elterliche Nest verlässt, entfernt sich oft nicht allzu weit: Für 54 % dauert der Weg zu den nächsten Verwandten zu Fuß höchstens eine halbe Stunde. Kein Wunder also, dass nach Feierabend viele das Mobiltelefon zücken und wie im Chor rufen: *„Mamma, butta la pasta!"* („Mama, wirf die Nudeln in den Topf!")

Weiblichkeit im Wandel

In Sachen Mode, Kochkunst und Design gehört Italien zweifellos zur Weltspitze, was die Gleichstellung der Geschlechter angeht, hat es jedoch noch Nachholbedarf. Während die Frauen andernorts kulturell, wirtschaftlich und politisch seit den 1960er-Jahren sehr viel erreicht haben, ist in Italien der männliche Sexismus im gesellschaftlichen Alltag fest verwurzelt. In Fernsehshows spielen Frauen meist nur als spärlich bekleidete bewegliche Requisiten eine Rolle, im Radio klingen ihre Stimmen allzu oft entweder leicht hysterisch oder nach schamhaft unterdrückter Wollust. Bis heute wird Ex-Ministerpräsident Silvio Berlusconi von vielen Landsleuten (beiderlei Geschlechts!) angesichts seiner in den Medien weidlich diskutierten Macho-Allüren und teils wahren, teils erfundenen sexuellen Eskapaden gern als wilder Hengst gesehen, der trotz vorgerückten Alters die Traditionen italienischer Maskulinität

SO LEBT MAN IN ITALIEN LEBEN AUF ITALIENISCH

Im Global Gender Gap Report des Weltwirtschaftsforums über die Gleichstellung der Geschlechter für das Jahr 2012 rangiert Italien beim Anteil der Frauen am Wirtschaftsleben und in puncto Aufstiegschancen weltweit an 101. Stelle, bei den weiblichen Bildungserfolgen auf Platz 65 und bei der politischen Partizipation auf Platz 71. Bei der gesellschaftlichen Gleichstellung der Frau insgesamt ist das Land vom 74. auf den 80. Rang abgerutscht.

Während Rom als Bermudadreieck für Rockmusiker mit Drogenproblemen bekannt geworden ist – Kurt Cobain von Nirvana und Mark Sandman von Morphine versetzten sich hier eine Überdosis –, zeigt Mailand, dass der Punk höchst lebendig ist: Alljährlich kommt hier die Indieszene zum Festival Rock in Idrho (www.rockinidrho.com) zusammen.

hochhält. Überhaupt verbuchen männliche Politiker, die neben ihrer Ehe eine Liebschaft (oder auch mehrere) pflegen, nicht selten eher einen Popularitätsgewinn als einen Absturz in der öffentlichen Gunst.

So manche Italienerin dürfte sich wünschen, dass ihr Ehemann wenigstens einen Teil seiner Leidenschaft für den Haushalt abzweigen könnte. Statistiken der Organisation für wirtschaftliche Zusammenarbeit und Entwicklung (OECD) zeigen, dass Italiens Männer täglich im Durchschnitt 103 Minuten für Küche, Haushalt und Kinder aufwenden, also weniger als ein Drittel der 326 Minuten, die eine Frau üblicherweise den häuslichen Arbeiten widmet. Selbst in der Küche machen sich die Männer rar: Nach Untersuchungen der Organisationen Coldiretti und Censis aus dem Jahr 2013 verbringen die Frauen des Landes im Schnitt 21 Tage pro Jahr mit der Essenszubereitung, die Herren dagegen lediglich acht Tage.

Doch nach und nach gewinnt der Zug der Zeit auch in Italien an Tempo. Am 13. Februar 2011 zogen fast eine Million Italienerinnen (samt männlicher Unterstützung) protestierend auf die Straße und verlangten nicht nur den Sturz des damaligen Regierungschefs Berlusconi, sondern auch einen gründlichen Wandel in der Darstellung von Frauen durch die Massenmedien. Heute besteht die Regierung zu fast einem Drittel aus gestandenen Frauen – ein deutlicher Unterschied zur Ära Berlusconi, der die inoffizielle Frauenquote unter anderem durch die Besetzung des Gleichstellungsministeriums mit einem früheren Showgirl und Nacktmodel erreichte.

Wie die OECD 2012 berichtete, nahmen 2010 stolze 57 % der Schulabsolventinnen ein Studium auf; bei ihren männlichen Altersgenossen waren es lediglich 42 %. Und die jungen Damen halten ihren Vorsprung: Unter den Studenten, die einen ersten berufsqualifizierenden Abschluss ablegen, liegt der Frauenanteil bei 59 %, und selbst 52 % der Doktortitel gehen mittlerweile an das weibliche Geschlecht – einer der höchsten Prozentsätze unter den Ländern der OECD.

Am weitesten vorn liegen die Frauen aber inzwischen auf einem ganz anderen Gebiet: Während nur eine von zehn Italienerinnen an ihrem 35. Geburtstag noch bei den Eltern lebt, ist der Anteil der Nesthocker bei den Männern doppelt so hoch.

Stilikonen aus Italien

Die Kaffeemaschine von **Bialetti**

....

Der Vermouth von **Cinzano**

....

Das Duftwasser **Acqua di Parma**

....

Die Vespa von **Piaggio**

....

Die Schreibmaschine „**Valentine**" *von* **Olivetti**

Italienische Leidenschaften

Starker Espresso, eine schicke Garderobe und die Bewunderung ihrer Mitmenschen sind längst nicht alles, was Italiener glücklich macht. Der Katalog ihrer Leidenschaften ist lang und vielfältig, aber nur wenige kennzeichnen das Land so nachdrücklich wie der Fußball und die Oper.

Schöner leben mit Stil

Wer in Italien zu spät zur Arbeit kommt, weil er sich schnell noch einmal vor dem Spiegel zurechtmachen musste, wird bei seinen Kollegen auf vollstes Verständnis stoßen. Es soll ja niemand im Büro vor Entsetzen den Blick abwenden müssen, weil man gerade einmal richtig unvorteilhaft aussieht. *Fare bella figura* (einen guten Eindruck machen) – das hat in jeder Lebenslage Vorrang.

Italiener haben in der Regel ein sehr ausgeprägtes Stilgefühl und scheuen sich nicht, ihre Mitmenschen daran teilhaben zu lassen. Der Ausruf *Che brutto!* (Wie scheußlich!) mag Ausländern gelegentlich absolut taktlos erscheinen, ist aber ganz normal und sehr verbreitet. Die meisten sehen es so: Wenn alle so scharf darauf sind, dass man gut aussieht, wäre es doch wirklich schade, sie zu enttäuschen. Der Verkäufer, der einem Kunden mit brutaler Offenheit mitteilt, dass ihm Gelb absolut nicht steht, will die Öffentlichkeit vor einem schlimmen Anblick bewahren und betrachtet es als seinen persönlichen Triumph, wenn der Käufer als dann seinem Rat folgt und sich für ein Outfit in Orange entscheidet.

Kauft jemand ein Geschenk, dann wartet er geduldig zehn Minuten an der Kasse, um *un bel pacchetto* (ein schönes Paket) mitnehmen zu können, schmuck verpackt mit farbigem Band und kunstvoll platziertem Sticker. Denn auf diese Weise machen alle Beteiligten eine gute Figur – *bella figura:* Der Verkäufer präsentiert sich als gewiefter Berater, der seinem Kunden zu einem guten Auftritt verhilft. Dieser kann sich mit seinem großartigen Geschenk als generöser Wohltäter erweisen, während der dankbare Empfänger sich zu Recht aufs Höchste geehrt fühlen darf.

Als nationale Obsession verhilft das Streben nach *bella figura* den Italienern zu ihrer unbestreitbaren Meisterschaft in Design, Kunst, Architektur und Küche. Zwar ist ihr Land an sich schon von beneidenswerter Schönheit, doch die Italiener hegen eine große Liebe zum dekorativen Detail. Das zeigt sich überall, wohin das Auge schaut – und auch dort, wo niemand hinschaut: sei es die fein ziselierte Kirchturmverzierung, die höchstens der Glöckner angemessen bestaunen könnte, die Spielzeugente im schokoladenen *uovo di pasqua* (Osterei), der Urform des Überraschungseis, oder das absinthgrüne Seidenfutter in einem nüchternen grauen Sakkoärmel. Wer solche Kleinigkeiten zu schätzen weiß, erntet bei den Einheimischen ungeteilte Bewunderung – und entlockt ihnen vielleicht das Eingeständnis, dass manchmal auch Ausländer Geschmack haben.

Calcio (Fußball): Italiens zweite Religion

Offiziell mögen die meisten Italiener katholisch sein, doch die wahre Religion des Landes ist der Fußball. Von September bis Mai starren an jedem Spieltag Millionen von *tifosi* (Fans) auf den Fernsehschirm, pilgern ins Stadion oder verfolgen zumindest den Spielstand auf der Anzeige ihres Mobiltelefons. Montags wird die Partie dann noch einmal ausführlich am Arbeitsplatz analysiert.

Wie Politik und Mode gehört der Fußball heute zur kulturellen Erbsubstanz des Landes. Zuweilen gehen die drei Bereiche auch eine innige Verbindung ein. So wurde Silvio Berlusconi erst als Eigentümer des AC Milan richtig populär und benannte seine neu gegründete Partei 1994 mit einem alten Schlachtruf aus dem Stadion. Der Modekonzern Dolce & Gabbana erklärte, Fußballer seien „die neuen männlichen Stilikonen" und ließ seine Unterwäschekollektion 2010 von den fünf angesagtesten Starkickern Italiens präsentieren. Schon in den 1960er-Jahren stürmte Popsängerin Rita Pavone die Charts mit dem Titel *La partita di pallone* („Das Fußballmatch"), in dem sie als frustrierte Freundin eines eingefleischten Fans ihr Leid klagte: *„Perchè, perchè la domenica mi lasci sempre sola per andare a vedere la partita di pallone?"* („Warum, warum lässt du mich am Sonntag immer allein, nur um beim Fußball zuzuschauen?") Nicht zufällig bedeutet das Wort *tifoso* (Fan) ursprünglich „Typhuskranker". Wenn der Ball spektakulär vom Pfosten prallt und dem Torwart im letzten Moment durch die Finger rutscht, beginnt das halbe Stadion wüst zu fluchen, während die andere Hälfte hingerissen „Gooooooooooooooool!" schreit – kein Wunder, dass solch heiße Emotionen auf Unbeteiligte wirken wie ein Fieberanfall.

Gute (und schlechte) Spiele bringen das Blut der Italiener mehr in Wallung als alles andere. Neun Monate nach dem Gewinn der Weltmeisterschaft 2006 vermeldeten die Krankenhäuser Norditaliens einen Babyboom. Andererseits kam bei Krawallen in Catania nach einem Spiel zwischen der örtlichen Mannschaft und Palermo ein Polizist ums Leben und über 100 wurden verletzt. Das Ausmaß der Gewalt sorgte im In- und Ausland für Entsetzen und nach einer kurzfristig angesetzten landesweiten Zwangspause des Spielbetriebs für verschärfte Sicherheitsmaß-

SO LEBT MAN IN ITALIEN ITALIENISCHE LEIDENSCHAFTEN

Nach Angaben der italienischen Statistikbehörde Istat aus dem Jahr 2011 besitzen nur 58 % der italienischen Haushalte einen Computer, und 54 % haben Zugang zum Internet. Umso verbreiteter sind Mobiltelefone, von denen es in 92 % der Haushalte mindestens eines gibt.

Der moderne Fußball hielt in Italien Ende des 19. Jhs. Einzug, als britische Industriemagnaten in Turin, Genua und Mailand Werksmannschaften gründeten, um die Arbeiter ihrer Fabriken fit zu halten.

Die enge Verbindung von *calcio* (Fußball) und Korruption in Italien schildert der seit Jahren im Lande lebende Engländer Tobias Jones eindrucksvoll in seinem Buch *The Dark Heart of Italy* (Italien – Das dunkle Herz des Südens). Ironisch bilanziert er: „Fußballern oder Schiedsrichtern vergibt man nichts, Politikern alles."

nahmen in den Stadien. Ein Jahr zuvor hatte der Calciopoli-Skandal um manipulierte Spielergebnisse den mächtigen Verein Juventus aus Turin den Meistertitel und für ein Jahr die Teilnahme an der Serie A (der höchsten landesweiten Liga) gekostet. Andere Mannschaften büßten mit massiven Punktabzügen.

Doch der Fußball stiftet nicht nur Feindschaft, sondern gelegentlich auch nationale Einheit. Ein überzeugter Fan des AS Roma mag die Lokalrivalen von Lazio noch so sehr hassen und verachten – wenn die *Azzurri* (die „Blauen") von der Nationalmannschaft den WM-Pokal erobern, spielen Vereine keine Rolle mehr, und er ist mit Leib und Seele nur noch *italiano*. So meint der australische Journalist David Dale in seinem Buch *The 100 Things Everyone Needs to Know About Italy* („Die 100 Dinge, die jedermann über Italien wissen sollte"), erst der Sieg bei der Weltmeisterschaft 1982 habe „zwanzig Regionen endgültig vereint, die sich bis dahin kaum als Teil ein und desselben Landes angesehen" hätten.

Oper: Kultur mit Kultstatus

So manche heiß geliebte *squadra* (Fußballmannschaft) wird beim Einzug ins Stadion von donnernden Verdi-Melodien begleitet. Auch Italiener, denen ein prominent besetzter *Rigoletto* in Venedigs La Fenice herzlich egal ist, betrachten die Oper voll Stolz als nationales Erbe. Schließlich ist das Land nicht nur die Heimat dieses Genres, sondern auch die vieler weltberühmter Werke und namhafter Komponisten. So verwandelte Gioacchino Rossini (1792–1868) eine Komödie des Franzosen Beaumarchais zu der großartigen komischen Oper *Il barbiere di Siviglia* (*Der Barbier von Sevilla*), Giuseppe Verdi (1813–1901) schrieb

MUSIK FÜR DIE MASSEN

Was aus den Lautsprechern der Cafés über Italiens Straßen dröhnt und die Passanten gelegentlich zum Mitsingen animiert, ist meist einheimische *musica leggera* (leichte Musik) – ein Begriff, der Jazz und Folk ebenso umfasst wie Rock, Hip-Hop und Popballaden. Höhepunkt des Jahres für die Schlagerszene ist das Musikfestival von San Remo, ein Gesangswettbewerb ähnlich dem Eurovision Song Contest (ESC), der im Fernsehprogramm RAI 1 live übertragen wird. In den letzten Jahrzehnten verhalf der Auftritt in San Remo manchem Popstar zum Erfolg; Beispiele sind Eros Ramazzotti, Giorgia, Laura Pausini und zuletzt der Liedermacher Marco Mengoni. Er gewann 2013 den Wettbewerb mit der *Ballade L'essenziale*, die er ein paar Wochen später auch beim ESC vortrug.

Für Mina Mazzini, eine lebende Musiklegende, bedeutete San Remo schon Anfang der 1960er-Jahre den Durchbruch. Die vielseitige Sängerin mit der kräftigen Stimme, die über drei Oktaven reichte, brillierte in den Sparten Pop, Soul, Blues, Rhythm 'n' Blues und Swing und belegte in den italienischen Charts bis in die 1970er-Jahre immer wieder Spitzenpositionen. In bürgerlichen Kreisen sorgten ihr emanzipiertes Auftreten und ihre freimütigen Töne in Sachen Sex und Liebe dabei gelegentlich für Stirnrunzeln. Ähnlich umstritten war ihr Kollege Fabrizio de André, ein italienischer Bob Dylan, der seine nachdenklichen, poetischen Texte mit schneidender Kritik an religiöser Heuchelei würzte und zumeist mit grüblerisch-monotonen Weisen unterlegte.

Fabrizio de André starb 1999 als ungekrönter König der italienischen Liedermacher (*cantautori*). Zu seinen Nachfolgern gehören Vinicio Capossela, dessen kratzige Stimme wie Italiens Antwort auf Tom Waits klingt, und Pino Daniele, der neapolitanische Melodien mit Einflüssen aus Blues und Weltmusik anreichert. Die besondere Musikkultur Neapels scheint selbst bei Hip-Hop-Ensembles wie La Famiglia oder den Ska-Rockern von Bisca durch, die italienische Klänge mit schweren Beats und Texten im heimischen Dialekt kombinieren. In Apulien hat die Vorliebe für den Stilmix sogar ein neues Genre hervorgebracht: Gruppen wie Sud Sound System haben hier aus der Verbindung von jamaikanischem Dancehall-Reggae und der hyperaktiven Tarantella ihrer Heimat den *tarantamuffin* kreiert.

KLASSISCHE BÜHNEN FÜR KLASSISCHE OPERN

➡ Teatro alla Scala in **Mailand** (S. 294) Mit eisernem Willen schuf der legendäre Chefdirigent Arturo Toscanini hier die Qualitätsstandards für moderne Opernaufführungen, und der gefürchtete *loggione*, das härteste und lauteste Publikum der Opernwelt auf den billigen oberen Rängen des Hauses, wacht bis heute eisern über ihre Einhaltung.

➡ La Fenice in **Venedig** (S. 405) Zweimal niedergebrannt und wieder aufgebaut, lockt „der Phönix" immer wieder große Talente auf seine kleine Bühne.

➡ Arena di **Verona** (S. 453) Organisatoren mit einem Blick für Talente und eine phänomenale Akustik machen das römische Amphitheater zu einem Sprungbrett für Sängerkarrieren.

➡ Terme di Caracalla in **Rom** (S. 108) Auf der malerisch maroden Sommerbühne des Teatro dell'Opera di Roma traten die Drei Tenöre (Luciano Pavarotti, Plácido Domingo und José Carreras) erstmals gemeinsam auf und konnten danach sagenhafte 15 Mio. Exemplare der Konzertaufzeichnung verkaufen.

➡ Teatro San Carlo in **Neapel** (S. 733) Europas ältestes Opernhaus gehört zum Weltkulturerbe der Unesco und war einst die Heimatbühne der berühmtesten *castrati*, im Kindesalter kastrierter Männer mit kräftigen Sopranstimmen.

SO LEBT MAN IN ITALIEN ITALIENISCHE LEIDENSCHAFTEN

die monumentale *Aida*, und Giacomo Puccini (1858–1924) komponierte Dauerbrenner wie *Tosca, Madama Butterfly* und *Turandot*.

Lyrisch, dramatisch, leidenschaftlich – dass die Oper das Etikett *Made in Italy* trägt, ist eigentlich kein Wunder. Anders als auf dem Fußballplatz trägt das Publikum vor der Bühne statt Sportkleidung oft Smoking oder Seidenkleid, doch die Stimmung ist nicht selten ähnlich hitzig wie in einem Stadion. Sänger und Musiker fürchten seit Jahrhunderten den Chor aufgebrachter *fischi* (Pfiffe), der die magische Macht besitzt, die Künstler während der Aufführung von der Bühne zu blasen. Noch im Dezember 2006 musste in Mailands legendärer Scala ein Ersatzmann in Straßenkleidung für den Startenor Roberto Alagna einspringen, der indisponiert aufgetreten und vom Publikum fortgejagt worden war. Musicals und Rockopern haben bei Zuhörern dieser Kategorie ohnehin kaum eine Chance.

Der Begriff *diva* („Göttliche") wurde in Italien für weibliche Gesangsstars wie die Sopranistin Renata Tebaldi aus Parma und ihre griechische Kontrahentin Maria Callas erfunden. Die ständige Rivalität der beiden erreichte einen Höhepunkt, als die Zeitschrift *Time* Maria Callas mit dem Satz zitierte, ihre und Tebaldis Stimme hätten nicht mehr gemeinsam als „Champagner und Coca-Cola". Trotz ihrer Sticheleien waren die Damen eine Zeitlang gleichzeitig an der Scala engagiert, so wie Jahrzehnte zuvor der legendäre, vom Publikum abgöttisch geliebte Tenor Enrico Caruso, der vielfach heute noch als Maß aller Dinge angesehen wird. Große Popularität genießt nach wie vor auch Heldentenor Luciano Pavarotti (1935–2007), nicht zuletzt weil er den Appetit auf Oper neuen Zuhörerschichten vermittelt hat. Sein äußerst erfolgreicher blinder Kollege Andrea Bocelli stieß dagegen mit seinen musikalischen Grenzgängen nicht nur bei Opernfans alter Schule auf ein geteiltes Echo. Kritiker werfen ihm vor, überarrangierte Arien vorzutragen, für die ihm in den hohen Lagen das stimmliche Volumen fehlt.

Als reiche Erbin in Assisi geboren, vom hl. Franziskus selbst zur Bedürfnislosigkeit bekehrt und Mitbegründerin der ersten franziskanischen Klostergemeinschaft, erhielt die hl. Klara 1958 eine ungewöhnliche Auszeichnung: Wegen ihrer Visionen, bei denen sie Ereignisse an anderen Orten miterlebte, ernannte sie der Vatikan zur Schutzheiligen des Fernsehens.

Italien im Buch & auf der Leinwand

Die literarische Ruhmeshalle Italiens ist gut bestückt mit den Namen weltberühmter Autoren – von Vergil bis Umberto Eco. Auch die Filme dieses Landes genießen dank begnadeter Regisseure, erstklassiger Schauspieler und dem typisch italienischen Pathos einen ausgezeichneten Ruf.

Wer seinen Dante einmal auf Englisch und in einer Pop-Version lesen möchte, sollte sich an Sandow Birks und Marcus Sanders' satirische Fassung der *Göttlichen Komödie* wagen. Als *Inferno* fungiert darin der höllische Verkehr von Los Angeles, das *Purgatorio* ist im nebeltrüben San Francisco angesiedelt und das *Paradiso* in New York.

Literatur

Lateinische Klassiker

Der römische Dichter Vergil war wohl irgendwann zur Überzeugung gelangt, dass Homers *Illias* und die *Odyssee* eine Fortsetzung verdienten. Elf Jahre und zwölf Bücher später hatte er selbst dieses Werk geschafffen und die Abenteuer sowie das innere Ringen des Aeneas vom Fall Trojas bis zur Gründung der Stadt Rom in ein gewaltiges Versepos gebracht. Als er 19 v. Chr. starb, hatte er gerade erst die letzten Verse der *Aeneis* niedergeschrieben. Wie der Dichter es selbst so treffend formulierte: „Die Zeit flieht."

Sein Dichterkollege Ovid hatte den Staatsdienst aufgegeben und soll angeblich seine eigene Tochter geheiratet haben, an seinem großen Talent besteht aber kein Zweifel. In seinen *Metamorphosen* schildert er die Entwicklung der Zivilisation von dunklen, mythologischen Anfängen bis in die Tage des Julius Caesar. Seine *Ars amatoria,* die *Liebeskunst,* hat unzähligen Casanovas als Ratgeber gedient.

Belehrung durch Literatur

Der mit Sicherheit beliebteste italienische Erzähler ist Italo Calvino. Die Hauptfigur in seinem Roman *Il barone rampante* (*Der Baron auf den Bäumen*; 1957) zieht sich in die Baumkronen zurück – eine bizarre Revolte, die zum Nachdenken über die „irdischen" Konventionen anregt. In Dino Buzzatis *Il deserto dei Tartari* (*Die Tatarenwüste*; 1940) wird ein ehrgeiziger Offizier an ein fantastisches Stück der italienischen Landesgrenze versetzt; dort leidet er unter der Langeweile, enttäuschten Hoffnungen und dem Vergehen der Jugend, während er darauf wartet, dass endlich einmal die angekündigten feindliche Truppen aufmarschieren – eine Parabel, die von Buzzatis eigenen Erfahrungen bei einer Tageszeitung inspiriert sein mag.

Schon seit vielen Jahrhunderten dient Niccolo Machiavellis *Il principe* (*Der Fürst*; 1532) angehenden Autokraten als nützliches Handbuch, während Kritiker machiavellischer Machthaber dem Buch ebenfalls wertvolle Hinweise entnehmen können.

Zeitlose Dichtung

Es ist kein großes Geheimnis der Literaturgeschichte, dass Shakespeare, wie damals üblich, viele Stoffe zu seinen Dramen aus Werken der älteren italienischen Literatur entlehnte. Diese Quellen waren wohl nicht immer große Literatur, doch mindestens ein italienischer Dichter des 13. und 14. Jhs. darf sich zu Recht mit den ganz Großen messen: Dante Alighieri. Dante grenzte sich deutlich vom konventionellen Muster ab und wählte für seine *La Divina commedia* (*Die göttliche Komödie*; ca. 1307–1321) die vertraute italienische Umgangssprache anstelle des Lateinischen. In italienischen Versen also beschreibt er die Wanderung durch die Kreise der Hölle auf der Suche nach der geliebten Beatrice.

Sein jüngerer Zeitgenosse Francesco Petrarca verfasste u.a. Sonette in einer strengen Form zu Ehren der von ihm angebeteten Laura. Diese Laura hat seine Gefühle offenbar nie erwidert. Wem Sonette nicht liegen, kann auch zu den Werken des Nobelpreisträgers aus dem Jahr 1975, Eugenio Montale, greifen; als Dichter wählte er Stoffe aus dem Alltagsleben. Lesenswert sind auch die Werke von Giuseppe Ungaretti, darunter die knappen, prägnanten Gedichte aus dem Ersten Weltkrieg. Eines seiner kürzesten gäbe auch einen guten Nachruf auf den Autor ab: *M'illumino d'immenso* („Ich erleuchte mich / durch Unermessliches.")

Faszinierende Verbrechen

Kriminalromane (*gialli*) stehen in Italien immer ganz oben auf der Bestsellerliste, und einer der besten italienischen Krimiautoren ist Gianrico Carofiglio. Zu den Werken des ehemaligen Anti-Mafia-Staatsanwalts zählt der preisgekrönte Roman *Testimone inconsapevole* (*Reise in die Nacht*; 2002); darin wird die Figur des Rechtsanwalts und Strafverteidigers Guido Guerrieri eingeführt, und die düstere Unterwelt von Bari spielt ebenfalls eine Rolle.

Dass die Kunst das Leben nachahmt, stellt der Richter und Schriftsteller Giancarlo de Cataldo unter Beweis, dessen Bestseller, der Thriller *Romanzo criminale* (2002), sogar verfilmt *und* zu einer TV-Serie verarbeitet wurde. Einen Bucherfolg auf den Bildschirm zu bringen gelang auch Andrea Camilleri. Sein schrulliger, aber scharfsinniger sizilianischer Inspektor Montalbano löst beispielsweise im hübschen Roman *Il ladro di merendine* (*Der Dieb der süßen Dinge*; 1996) seine kniffligen Fälle.

Umberto Eco hat Kriminalromanen einen intellektuellen Touch verliehen; zu seinen bekanntesten Romanen, die in zahlreichen Sprachen übersetzt wurden, zählen *Il nome della rosa* (*Der Name der Rose*; 1980) und *Il pendolo di Foucault* (*Das Foucaultsche Pendel*; 1988). Nicht zu unterschätzen ist bei Eco aber auch die schiere Stofffülle: In den viele hundert Seiten dicken Wälzern verbergen sich raffiniert konstruierte Geschichten und ein enormes historisches Detailwissen.

Große Erzählungen

Selbst die finstersten Episoden der italienischen Geschichte haben den Schriftstellern des Landes noch als Stoff und Inspirationsquelle gedient. Im Florenz zur Zeit der Pest spielt Boccaccios *Decameron* (ca. 1350–1353); der Galgenhumor darin weist schon voraus auf Chaucer und Shakespeare. Der Kampf um die Einigung Italiens im 19. Jh. spiegelt sich im Schicksal der Liebenden in Alessandro Manzonis *I promessi sposi* (Die Brautleute; 1827, überarbeitete Fassung 1842). In Tomasi di Lampedusas *Il gattopardo* (*Der Leopard*; 1958 posthum veröffentlicht) führen die historischen Wirren zu einer Identitätskrise in den Reihen des sizilianischen Adels.

Vom Überleben im Krieg handeln Elsa Morantes *La storia* (1974) und Primo Levis düsterer autobiografischer Bericht über seinen Aufenthalt in Auschwitz, *Se questo è un uomo* (*Ist das ein Mensch?*; 1947). Bedrohlich nah rückt der Zweite Weltkrieg in *Il giardino dei Finzi-Contini* (*Die Gärten der Finzi-Contini*; 1962), Giorgio Bassanis herzzerreißender Geschichte eines jungen Mädchens aus vornehmem jüdischen Elternhaus, dessen Familie sich bemüht, den wachsenden Antisemitismus schlicht zu ignorieren.

Auf dem Bücherregal eines jeden gebildeten Italieners stehen ein oder mehrere Werke der großen römischen Klassiker. Möchte man unter Akademikern Eindruck schinden – das Stichwort lautet *fare la bella figura* –, sollte man die Unterhaltung mit Zitaten aus Cicero und Horaz bereichern, zum Beispiel „Wo Leben ist, ist noch Hoffnung" oder „Was auch immer du sagen willst, fasse dich kurz".

ITALIEN IM BUCH & AUF DER LEINWAND LITERATUR

LOCATION! LOCATION!

Cineasten beschleicht in Italien häufiger ein Gefühl des Déjà-vu, denn die Städte, Berge und Küsten des Landes dienten schon unzähligen Filmklassikern als Kulisse. Ganz oben auf der Rangliste steht natürlich Rom: Dort wählte Bernaldo Bertolucci die Caracalla-Thermen als Location für *La luna* (1979), in William Wylers *Ein Herz und eine Krone* (1953) hat Gregory Peck Audrey Hepburn an der Bocca della Verità zu Tode erschreckt, und in Federico Fellinis *La Dolce Vita* stieg Anita Ekberg in den Trevi-Brunnen. Mit *Roma* widmete der große italienische Regisseur 1972 der Ewigen Stadt sogar einen eigenen Film.

Die Piazza della Signoria in Florenz erinnert an James Ivorys *Zimmer mit Aussicht* aus dem Jahr 1985, und auf der Piazza del Palio von Siena kommt einem womöglich Daniel Craig in den Sinn, denn hier spielt eine Szene im 22. James-Bond-Film *Ein Quantum Trost* (2008).

Venedigs Canal Grande diente ebenfalls unzähligen Stars als eine Art – feuchter – roter Teppich: So rasten Angelina Jolie und Johnny Depp im Thriller *The Tourist* (2010) die berühmte Wasserstraße hinunter, und in *Alle sagen – I Love You* (1996) singt Woody Allen am Ufer „I'm Through With Love". Einen kurzen Auftritt genießt Venedig auch in *Der talentierte Mr. Ripley* (1999); ansonsten entspannen sich Matt Damon und Gwyneth Paltrow in diesem Film vor allem auf den kampanischen Inseln Procida und Ischia. Fans von *Il Postino* (Der Postmann) erkennen vermutlich die pastellfarbenen Fassaden von Corricella auf der Insel Procida, während Kinogänger, die Mel Gibsons *Passion Christi* (2004) gesehen haben, ihr Déjà-vu in der Provinz Matera in Basilikata erleben, denn diese Landschaft übernahm im Film die Rolle von Palästina.

Sozialer Realismus

Schon immer hat niemand Italien so scharf kritisiert wie die Italiener selbst, und viele Autoren des 20. Jhs. haben die Lebensverhältnisse in ihrem Land schonungslos offengelegt. Bei *Cosima* von Grazia Deledda handelt es sich um fiktive Memoiren mit autobiografischen Zügen; es geht darin ums Heranwachsen und die eigene Rolle als Schriftstellerin im ländlichen Sardinien und unter schwierigen familiären Bedingungen. Deledda war eine der ersten Frauen, die mit dem Nobelpreis für Literatur (1926) geehrt wurden. In Anlehnung an ihr Werk entstanden bittersüße Schilderungen des Landlebens wie etwa Carlo Levis *Cristo si è fermato a Eboli* (Christus kam nur bis Eboli).

Schwierige und quälende Themen, die sich freilich nicht verdrängen lassen – Eifersucht, Scheidung oder das Versagen von Eltern – bringt Elena Ferrante (ein Pseudonym) auf brutal ehrliche Weise in *Die Frau im Dunkeln* zur Sprache. Kein Blatt vor den Mund nimmt auch Robert Saviano in *Gomorrha,* einem Buch, das tiefe Einblicke in das System der Mafia gewährt.

Kino

Neorealismus im Film

In den Trümmerfeldern des Zweiten Weltkriegs ließen sich nur nüchterne Filme drehen, die vom Leiden erzählten. Dazu gehört Roberto Rossellinis Klassiker *Roma, città aperta (Rom, offene Stadt*; 1945), eine Geschichte von Liebe, Betrug, Überleben und Widerstand in der von den Nazis besetzten Metropole. Im Oscar-prämierten *Ladri di biciclette (Fahrraddiebe*; 1948) erzählt Vittorio de Sica von einem Vater, der im vom Krieg gezeichneten Rom versucht, für seinen Sohn zu sorgen, ohne dabei auf kriminelle Wege zu geraten, und *Mamma Roma* (1962) von Pier Paolo Pasolini handelt von einer alternden Prostituierten, die darum bemüht ist, sich selbst und ihren vom Tode gezeichneten Sohn durchzubringen. An diese neorealistische Tradition knüpft Michelangelo Frammartinos *Le quattro volte* (*Vier Leben*; 2010) an, ein Film im Dokumentarstil über Leben und Sterben im ländlichen Kalabrien.

Schuld & Strafe

Italiens hochgelobte Gegenwartsfilme verbinden die Wahrhaftigkeit des klassischen Neorealismus mit der Spannung italienischer Thriller und den psychologischen Enthüllungen eines Fellini. Zu den besten Filmen dieser Art zählt Matteo Garrones *Gomorrha* (2008). Er basiert auf dem Buch von Roberto Saviano, enthüllt das brutale Vorgehen der Camorra und errang beim Filmfestival von Cannes 2008 einen Grand Prix. Ebenfalls in Cannes erfolgreich war Paolo Sorrentinos *Il divo* (*Divo – Der Göttliche*; 2008) über das Leben des ehemaligen Premierministers Giulio Andreotti, ein Festivalbeitrag, der auch den Vorwurf der Mafiakontakte des Politikers nicht ausspart. Sehr bewegend ist Cristina Comencinis *La bestia nel cuore* (2005). Darin geht eine Frau verdrängten Erinnerungen an sexuellen Missbrauch nach, doch bleiben bei ihrer Suche viele Fragen offen.

Romanzen all'italiana

Eigentlich verwundert es gar nicht, dass eine so hoffnungslos romantisch veranlagte Nation einige der zartesten Momente in der Geschichte des Kinos hervorgebracht hat. So bringt in Michael Radfords *Il postino* (*Der Postmann*; 1994) der ins Exil verbannte Pablo Neruda Dichtung und Leidenschaft auf eine verschlafene italienische Insel und ins Leben eines schrulligen Postbeamten, den der große Massimo Troisi auf unvergleichliche Weise verkörpert.

Zu den Klassikern des italienischen Kinos zählt zweifellos auch Giuseppe Tornatores Oscar-gekrönter Film *Nuovo cinema paradiso* (*Cinema Paradiso*; 1988) über einen Regisseur, der nach Sizilien zurückkehrt und dort seine alte Liebe wiederfindet: das Mädchen von nebenan und das Kino.

Silvio Sordinis *Pane e tulipani* (*Brot & Tulpen*; 2000) handelt von einer Hausfrau, die bei einer Busreise unterwegs an einem Rastplatz vergessen wird und auf eigene Faust nach Venedig reist, wo sie sich mit einem anarchistischen Blumenhändler, einer exzentrischen Masseuse und einem depressiven isländischen Kellner anfreundet, während ihr Mann einen Amateurdetektiv mit der Suche nach der verschwundenen Gattin beauftragt.

Sehenswert ist auch der ganz aktuelle Streifen *Mine vaganti* (*Männer al dente*; 2010) von Ferzan Özpetek, eine Situationskomödie über ein schwules Brüderpaar in einer konservativen Familie in Apulien.

Italowestern

Mitte der 1960er-Jahre eroberten Western im Italo-Stil die Leinwand – Western, in denen die Landschaften Süditaliens den Wilden Westen abgaben, in denen spröde Revolverhelden zum Showdown antraten und in denen Ennio Morricones einprägsame Melodien zum Markenzeichen eines ganzen Genres aufstiegen. Zu den Top-Regisseuren jener Jahre zählte Sergio Leone, mit dessen Westernerstling *Per un pugno di dollari* (*Für eine Handvoll Dollar*; 1964) die Filmkarriere eines jungen Schauspielers namens Clint Eastwood ihren Anfang nahm. Nachdem Sergio Leone und Clint Eastwood mit *Il buono, il brutto, il cattivo* (*Zwei glorreiche Halunken;* 1966) ein weiteres gemeinsames Projekt umgesetzt hatten, übernahm bei Sergio Leones nächstem Film Henry Fonda die Hauptrolle – in *C'era una volta il West* (*Spiel mir das Lied vom Tod*; 1968), einem europäischen Kultfilm, der von Vergeltung und Rache handelt.

Gern hat Antonio de Curtis (1898–1967) alias Totò die Gerissenheit (*furbizia*) der Neapolitaner aufs Korn genommen. Er trat in über 100 Filmen auf, darunter *Miseria e nobilità* (1954). Oft verkörperte er kleine Gauner, die durch ihre Schlagfertigkeit beeindruckten; in Neapel genoss er Kultstatus.

ZOMBIE-KULT

Im Genre des Horrorfilms hat sich in Italien eine ganz spezielle Gattung entwickelt, die international bislang noch nicht hinreichend gewürdigt wird: der italienische Zombie-film. Die entsprechenden Filme sind brutaler und blutiger als die amerikanischen Gruselfilme mit lebenden Toten. Zu den besten Hervorbringungen zählt man allgemein *Zombi 2* (*Woodoo – Die Schreckensinsel der Zombies*; 1979) von Lucio Fulci (1927–1996). Darin reist eine ganze Bootsladung voll lebender Toter nach New York und sorgt dort für ein Gemetzel, sodass Ian McCulloch und Tisa Farrow (*Mias Schwester!*) auf eine von Zombies verseuchte Tropeninsel reisen müssen, um dort nach Antworten auf ihre dringenden Fragen zu suchen.

Fulci, ein gebürtiger Römer, hat eine ganze Reihe von Zombie-Klassikern in Szene gesetzt. In *Zombie hing am Glockenseil* (1980) versuchen ein Reporter und ein Hellseher gemeinsam, das Tor der Hölle zu verschließen und die Menschheit vor den schaurigen Toten zu retten. Auch *Die Geisterstadt der Zombies* (1981) handelt von der Hölle, und in *Das Haus an der Friedhofmauer* (1981) erweist sich, dass ein Arzt im Hause nicht in jedem Falle von Vorteil ist.

Tragikomödien

La vita è bella (Das Leben ist schön) gilt dort, wo Filme gewöhnlich nicht synchronisiert werden, bis heute als erfolgreichster ausländischer Film mit Untertiteln. Das Werk hat zwei Oscars gewonnen und rund 280 Mio. US$ eingespielt.

Italiens großartige Komödianten treffen häufig ganz genau jenen Punkt, an dem Pathos in Komik umschlägt – doch ohne ein Gespür für italienischen Slapstick und ohne Kenntnis italienischer Dialekte geht ein Teil der Wirkung bei Übersetzungsversuchen natürlich verloren. In Mario Monicellis *Amici miei* (*Ein irres Klassentreffen*; 1975) machen sich alternde Komiker gegenseitig das Leben schwer – eine Satire auf die „Midlife Crisis" der italienischen Nation in den Nachkriegsjahren. In *Caro diario* (Liebes Tagebuch; 1994) steuert Nanni Moretti, der italienische Woody Allen, seine Vespa durch Rom und sinniert dabei über den Sinn des Lebens, Schlaflosigkeit und Jennifer Beals' *Flashdance*. Den Höhepunkt dieser Traditionslinie bildet ohne Zweifel *La vita è bella* (*Das Leben ist schön*; 1997). Darin versucht ein jüdischer Vater seinem Sohn die Schrecken des Konzentrationslagers zu ersparen, indem er ihm erzählt, alles um sie herum sei nur ein Spiel. Darsteller und Regisseur Roberto Benigni wurde dafür mit einem Oscar geehrt.

Horror & Entsetzen

Italien ist ein sonniges Land, doch die dunkle Seite, Spannung und Mord üben dennoch eine große Faszination auf die Menschen aus. In Michelangelo Antonionis *Blow Up* (1966) entdeckt ein Modefotograf in den 1960er-Jahren Verbotenes auf einem Foto der jungen Vanessa Redgrave. In Dario Argentos *Suspiria* (1977) geschehen ausgerechnet in einer Balettschule schreckliche Dinge, und in *Un borghese piccolo piccolo* lässt Mario Monicelli einen Durchschnittsbürger grausam Rache nehmen. Der große Alberto Soldi beweist darin, dass ein Spezialist fürs komische Fach durchaus auch ernste Rollen zu bewältigen vermag.

Die italienische Küche

Mal ehrlich! Man ist doch zum Essen hergekommen, nicht wahr? Eine weise Entscheidung. Erwartet werden sollten nur keine Stammgerichte, wie sie in den italienischen Restaurants daheim serviert werden. Tatsächlich ist „Italienische Küche" ein praktischer Sammelbegriff für die verschiedensten regionalen Küchen des Landes. Doch abgesehen von aller Vielfalt gibt es stets eine Konstante: Ob man sich in einer toskanischen Osteria an einer herzhaften *Farro*-Suppe (Dinkelsuppe) gütlich tut oder sich das Traditionsgericht Neapels, eine Pizza Margherita (mit Tomaten, Basilikum und Mozzarella), schmecken lässt, immer wird man an kulinarischer Amnesie leiden. Hat je irgendetwas so gut geschmeckt? Vermutlich nicht.

Das Geheimnis liegt in den Zutaten. Eine jede wird sorgfältig nach Duftnote, Textur, Reife und ihrem Zusammenspiel mit anderen ausgewählt. Zum Markt geht man daher frühzeitig und oft und lässt sich von saisonalen Angeboten inspirieren. Um diese Zutaten dann ins richtige Verhältnis zu bringen, wenden italienische Köche eine intuitive Geschmacksformel an, die in keinem Rezept steht, jedoch vom ersten Bissen an unverkennbar ist.

Tutti a Tavola

„Alle zu Tisch!" Ampeln sind in Italien für die Verkehrsteilnehmer nur als Anregungen zu verstehen und Warteschlangen nur theoretisch eine prima Idee. „Zu Tisch!" jedoch ist ein Befehl, dem ausnahmslos und unverzüglich jeder Italiener folgt. Eine Missachtung wäre undenkbar, oder wollte man die Nudeln etwa kalt essen? Den Koch beleidigen? Das würde selbst Anarchisten nicht einfallen.

Italiener lernt man erst richtig kennen, wenn man einen knusprigen Laib *pagnotta* (Brot) mit ihnen gebrochen hat. Ist man einmal in Italien angekommen, hat man täglich mehrfach die Gelegenheit, genau das zu tun.

Zu Tagesbeginn

Die italienische *colazione* (das Frühstück) ist ein Fall für Minimalisten. Eier, Pfannkuchen, Schinken, Toast und Orangensaft werden höchstens zum Wochenend-*Brunch* (mit rollendem italienischem *r*) serviert, einem amerikanischen Import, der sich in Trendlokalen verbreitet. Wer sich an einem Büfett mit warmen Speisen, kaltem Aufschnitt, Gebäck und frischem Obst laben will, sollte mit 20 € und mehr rechnen, inklusive natürlich eines Wahlgetränks aus dem Angebot der Kaffees, Säfte oder Cocktails.

Italiens morgendliches Grundnahrungsmittel ist *caffè* (Kaffee). Brühheißer Espresso, Cappuccino (Espresso mit einem ordentlichen Schlag geschäumter Milch) oder *caffè latte* – das heiße, mit Milch versetzte Espresso-Getränk, das fälschlicherweise oft als *latte* bezeichnet wird (damit würde man in Italien ein Glas Milch serviert bekommen). Eine koffeinfreie Alternative dazu ist *orzo*, ein leicht nussig schmeckendes Getränk aus gerösteter Gerste, das wie Kakao aussieht.

Vor 50 Jahren sandte das italienische Magazin *Domus* Journalisten ins Land, um die besten regionalen Rezepte zu sammeln. Entstanden ist *Der Silberlöffel* (Phaidon-Verlag), eine wahre Bibel italienischer Kochkunst, die seit 2006 auch auf Deutsch erhältlich ist.

Mit der *tazza* (Tasse) in der einen Hand greift man mit der anderen zu einem Gebäck, der uritalienischen Frühstücksspeise. Zu den besonders empfehlenswerten zählen folgende:

Weniger ist mehr: Die meisten der Rezepte in Ada Bonis Klassiker *The Talisman Italian Cookbook* kommen mit weniger als 10 Zutaten aus, dennoch ist der kräftige Geschmack ihrer Kalbshaxe, Polenta oder Wildente auf Linsen wunderbar komplex.

➜ **Cornetto** Die italienische Variante des französischen Croissants ist kleiner, luftiger, weniger butterhaltig und leicht süß, mit aufgepinselter Orangenschalenglasur. Cornettos sind wahlweise mit *cioccolato* (Schokolade), *cioccolato bianco* (weißer Schokolade), *crema* (Vanillepudding) oder verschiedenen *marmelata* (Konfitüren) gefüllt.

➜ **Crostata** Diese italienischen Obstkuchen mit einer festen Kruste sind gefüllt mit Marmelade in verschiedenen Geschmacksrichtungen, z. B. *amarena* (Sauerkirsche), *albicocca* (Aprikose) oder *frutti di bosca* (Wildbeere). Sie werden im Ganzen oder in Scheiben geschnitten angeboten.

➜ **Ölgebäck** Homer Simpson wäre begeistert von *ciambella*, einer Art Krapfen. Diese klassische, gebackene und mit Puderzucker bestreute Teigrolle ist manchmal mit Marmelade oder Vanille gefüllt. An Kiosken und Straßenmärkten gibt es *fritole*, gebackene Donuts mit Rosinen und Streuzucker. Oder *zeppole* (oft auch *bigné di San Giuseppe* genannt), meist mit *ricotta* oder *zucca* (Kürbis) gefüllt. Dieses Gebäck wird in Papiertüten verkauft und sollte sehr heiß gegessen werden.

➜ **Viennoiserie** Die österreichische Herrschaft in Italien während des 19. Jhs. hatte auch ihr Gutes: eine große Auswahl an gesüßten Semmeln und andere Leckereien. Dazu gehören cremegefüllte Brioches und *strudel di mele*, die italienische Variante des Apfelstrudels.

Mittag- & Abendessen

Die italienische Esskultur steht im krassen Widerspruch zu dem, was man allgemein von Italien zu wissen glaubt. Diese immer in Bewegung scheinende Nation mit ihren Vespas, Ferraris und Bianchi Bikes hält pünktlich zum *pranzo* (Mittagessen) inne. Daher auch der Begriff *la pausa* für die Mittagspause, in der die notorischen Einkehrer in den Städten ihre Lieblings-Ristoranti und Trattorias aufsuchen und die Angestellten

DAS FEINSCHMECKER-MANIFEST

Man schrieb das Jahr 1987. McDonald's hatte in Italien gerade erst Einzug gehalten, schon schienen Gerichte ohne Gummibrötchen allmählich in Vergessenheit zu geraten. Da beschlossen Carlo Petrini und eine Handvoll Journalisten aus der kleinen Stadt Bra im Piemont, sich diesem Trend zu widersetzen. Sie gründeten die *neoforchettoni* (die „großen Gabeln", Feinschmecker) und veröffentlichten im Gourmetmagazin *Gambero Rosso* ein Manifest, in dem sie erklärten, dass ein Essen nicht nach der Zubereitungszeit beurteilt werden dürfe, sondern einzig nach dem Genuss.

Bald schon wurde diese Organisation weltweit unter dem Namen **Slow Food** (www.slowfood.com) bekannt und konnte in ihrem Bestreben, traditionelle Lebensmittelhersteller und begeisterte, aufgeklärte Konsumenten zu vereinen, mehr als 100 000 Mitglieder in 150 Ländern gewinnen, ganz zu schweigen von den *agriturismi*-Höfen, Restaurants, Landwirtschaftsbetrieben, Winzereien, Käsereien und wiederbelebten Bauernmärkten in ganz Italien.

Seither wird in den geradzahligen Jahren in einer ehemaligen Fiat-Fabrik in Turin Italiens weltbekannte Slow-Food-Messe **Salone del Gusto & Terre Madre** (www.salonedelgusto.it, www.terramadre.info) veranstaltet, ein internationales Symposion, das Slow-Food-Hersteller, Küchenchefs, Aktivisten, Gastwirte, Bauern, Gelehrte, Umweltschützer und Gourmets zusammenbringt und das beste Fingerfood der Welt präsentiert. Auch in den ungeraden Jahren kommen Feinschmecker auf ihre Kosten: bei einschlägigen Veranstaltungen wie **Slow Fish** (S. 219) in Genua, **Cheese** (www.cheese.slowfood.com) in Bra und dem jährlich stattfindenden *Slow Food on Film* (www.slowfoodonfilm.it) in Bologna.

APERITIVI: GÜNSTIG SCHLEMMEN

Der abgefahrenste Rezessionstrend in Italien sind die *aperitivi*, die oft mit „Appetit anregendes Getränk plus Zwischenmahlzeit" beschrieben werden. Doch der Schein trügt: Hinter Italiens „Happy Hour" versteckt sich ein preiswertes Abendessen, das als zwangloses Getränk zu einem Büfett von Antipasti, Nudelsalaten, kaltem Aufschnitt und ein paar warmen Speisen daherkommt. („Appetitlich" wirken wollen gelegentlich auch die Tischgenossen, denn *aperitivi* ist die Primetime für ausgehungerte Singles.) So werden in Mailand, Turin, Rom und Neapel zwischen 17 und 20 Uhr vorsätzlich Büfetts geplündert, und das zum Preis von einem einzigen Drink! Wer kräftig zulangt, ist für eine Weile satt. Venezianer dagegen gönnen sich eine *ombra* (ein kleines Glas Wein) und feilschen um Meeresfrüchte-*cicheti* (Häppchen). *Aperitivi* sind besonders bei jenen jungen Italienern beliebt, die sich kein Restaurantmenü leisten können, aber gern mit Freunden essen gehen. Restaurantkultur bleibt also lebendig, auch in wirtschaftlich schwierigeren Zeiten.

in den kleineren Orten oft für zwei bis drei Stunden nach Hause gehen, eine warme Mahlzeit einnehmen und ruhen, bevor sie mit einem Espresso gestärkt zur Arbeit zurückkehren.

Wessen Pause jedoch auf unmögliche anderthalb Stunden gekürzt wurde, der schafft kaum mehr als in den Banken anzustehen, um seine Rechnungen zu bezahlen, und sich dann eine *pizza al taglio* (Pizza im Stück) zu gönnen. *Rosticcerie* (Grillstuben) oder *tavole calde* (wörtlich „heiße Tische") wärmen die Gestressten mit dampfenden Speisen zum Mitnehmen wie Brathähnchen und *supplì* (gebackene Reisbällchen mit Mozzarella-Füllung). Auch die von Bäckereien und Bars angebotenen *focaccia* (Fladen), *panini* (Brötchen) und *tramezzini* (dreieckige belegte Sandwiches aus weichem Weißbrot) sind sättigende Happen.

Traditionell ist die *cena* (das Abendessen) eine leichtere Version des Mittags, Ausrufe wie „Oh, heute Abend kann ich kaum noch etwas essen" sind nach einem Marathon-Mittag am Wochenende aber keine Seltenheit. „Nur einen Teller Nudeln, einen Salat und etwas Käse und Obst vielleicht …" Doch der Schein trügt: Selbst wenn jemand zu einem „leichten Abendessen" lädt, empfehlen sich Wein und ein dehnbarer Hosenbund.

Während die meisten Gastgeber darauf bestehen, dass ihre Gäste zu einem weiteren sahnegefüllten *cannolo* greifen (man hat sie ja zu Hause nicht, und selbst wenn, wären sie doch nicht so gut?!), zeigen sich Kellner deutlich nachsichtiger. Trotz der landläufigen „Mehr ist besser"-Einstellung zum Lebensmittelkonsum sind Restaurantbesucher höchst selten dazu verpflichtet, sowohl einen *primo* als auch einen *secondo* zu wählen; Antipasti und Desserts sind ausdrücklich optional.

Abgesehen davon ist ein üppiges Abendmahl in einem der gehobenen italienischen Lokale wie Milan's Cracco-Peck oder Rome's Open Colonna ein Höhepunkt, den sich wohl kaum jemand entgehen lassen mag.

Viele hochkarätige Restaurants öffnen nur abends und bieten ein *degustazione*-Festpreisessen, das die Menüwahl hauptsächlich dem Küchenchef überlässt und Gäste einzig vor die edle Aufgabe stellt, vier bis sechs Verkostungsgänge zu bezwingen. *Forza e coraggio!* (Stärke und Mut allerseits!)

Italienisches Menü

Der *cameriere* (Kellner) geleitet die Gäste zu ihrem Tisch und überreicht die Speisekarte. Der Duft von schonend gegartem *ragù* (Fleisch in Tomatensauce) liegt in der Luft und der Magen knurrt in froher Erwartung. Wohin mag dieses kulinarische Rendezvous wohl führen? *Tovagliolo* (Servietten) auffalten, Lippen leicht befeuchten und mit dem ausführlichen Studium der Karte beginnen …

Obwohl manche Hersteller diese offiziellen italienischen Klassifikationen für übermäßig teuer und einengend halten, werden die Gütesiegel DOCG (*Denominazione di origine controllata e garantita*) und DOC (*Denominazione di origine controllata*) Weinen verliehen, die den regionalen Qualitätsstandards entsprechen.

Die in Italien heute allgegenwärtigen Tomaten wurden erst im 16. Jh. aus Amerika importiert. Die Bezeichnung *pomodoro* bedeutet wörtlich „goldener Apfel".

Antipasti (Vorspeisen)

Eine Art kulinarisches Vorspiel sind die Antipasti, die sich hervorragend dazu eignen, verschiedene Speisen zu probieren. Verlockende Antipasti sind z. B. hausgemachte *bruschetta* (Grillbrot mit unterschiedlichen Belägen, von Tomatenscheiben und Knoblauch bis zu schwarzem Trüffelaufstrich), regionale Leckereien wie *mozzarella di bufala* (Büffelmozzarella) oder *salatini con burro d'acciughe* (Gebäckstangen mit Anchovis-Butter). Wenn er nicht auf der Karte steht, lohnt es sich, danach zu fragen: nach einem Antipasto *misto* (gemischter Vorspeisenteller), einer Platte mit Häppchen wie *olive fritte* (gebratenen Oliven), *prosciutto e melone* (Schinken auf Honigmelone), *friarielli con peperoncino* (Neapolitanischem Brokkoli mit Chili) und anderen Köstlichkeiten. Dazu wird Brot gereicht (manchmal auch *grissini*, Turiner Gebäckstangen), das in den 1 bis 3 € für *pane e coperto* („Brot und Besteck" bzw. Tischservice) enthalten ist.

Primo (Erster Gang)

Kohlenhydrate dominieren den Ersten Gang aus Pasta, Risotto, Gnocchi und Polenta. Es ist wirklich erstaunlich, wie groß die Portionen sind – z. B. auch der *mezzo piatto* (halbe Portion), die bessere Wahl für Kinder und ältere Menschen, die gerne kleinere Portionen auf dem Teller haben.

Die *primi* bestehen gewöhnlich aus mehr oder weniger vegetarischen oder veganen Gerichten wie dem ligurischen Klassiker *pasta con pesto* mit *parmigiano reggiano* (Parmesan) und Pinienkernen oder *alla norma* (mit Basilikum, Auberginen, Ricotta und Tomaten), *risotto ai porcini* (*Risotto mit Pilzen*) oder *risotto al Barolo*, zubereitet mit Barolo-Wein aus Piemont oder einem trockenen Rotwein. Aber selbst wenn das Ganze vegetarisch klingt, sollten Gäste bei der Bestellung nachfragen, welche Zutaten tatsächlich verwendet wurden, vor allem bei der köstlichen Tomatensauce. Es kann nämlich durchaus sein, dass auch Rindfleisch, Schinken oder Sardellen darin verborgen sind.

Fleischliebhaber schwelgen in Köstlichkeiten wie *pasta all'amatriciana* (Pasta mit einer gut gewürzten Tomatensauce, *pecorino* und *guanciale),* *ossobuco con risotto alla milanese* (Beinscheibe vom Kalb mit Kürbis in einem Safranrisotto), der toskanischen Spezialität *pappardelle alle cinghiale* (breite Nudeln mit Wildschweinsauce) und *polenta col ragú* (Polenta mit Fleischsauce, vor allem in Norditalien).

Entlang der gesamten Küste sind bei den Einheimischen vor allem *risotto al nero* (Risotto, gekocht in schwarzer Sauce aus Venusmuscheln), *spaghetti alle vongole* (Spaghetti mit Muschelsauce) und *pasta ai frutti di mare* (Pasta mit Meeresfrüchten) beliebt.

Secondo (Zweiter Gang)

Wenigesser geben sich oft schon mit dem *primo* zufrieden, aber Freunde des guten Essens, *guongustai*, stehen auf Fleisch, Fisch und *contorni* (Beilagen wie Gemüse) als zweitem Gang – z. B. auf *bistecca alla fiorentina*, einem Steak mit Knochen, serviert mit Obstsauce. Beliebt sind aber auch *fritto misto di mare* (gemischte Meeresfrüchte, gebraten), *carciofi alla romana*, Artischocken, gefüllt mit Minze und Knoblauch, oder das Hähnchenfleischgericht *pollo in tegame con barbe*. Weniger reizvoll ist *insalata mista*, größtenteils Kopfsalat, angemacht mit Öl und Essig – Röstbrotwürfelchen, Krümelkäse, Nüsse, Trockenfrüchte und andere hübsche Zutaten haben nämlich in einem typisch italienischen Salat nichts verloren.

Frutti e dolci

„*Siamo arrivati alla frutta*" („wir sind jetzt beim Obst angekommen") lautet eine idiomatische Wendung, und sie bedeutet ungefähr „wir sind

ESPRESSO

Dem Rummel um Espresso sollte man nicht unbedingt trauen: Im Espresso ist das Koffein zwar tatsächlich konzentrierter als im Filterkaffee, aber natürlich enthält ein kleines Tässchen Espresso trotzdem weniger Koffein als eine normale Kaffeetasse.

jetzt ganz unten" – aber Halt, nicht ohne einen letzten Leckerbissen zu kosten. Das Beste ist und bleibt das saisonale Obst aus der Region. *Formaggi* (Käse) sind eine weitere Möglichkeit, aber nur Diabetiker oder Franzosen wählen diesen Weg, wenn doch noch Platz für *dolci* (süße Nachspeisen) ist. Es gibt *biscotti* (eine Art Zwieback), den man in Wein tunkt, oder *zabaglione* (Vanillepudding mit Eiern und Marsala), *torta di ricotta e pera* (Birnenkuchen mit Ricotta), sahnegefüllte *profiteroles* (wie kleine Windbeutel) oder *cannoli Siciliani,* mit Ricotta gefüllte Gebäckröllchen, die in dem Film *Der Pate* verewigt wurden: „Leg die Waffe weg. Nimm lieber die *cannoli.*"

Caffè (Kaffee)

Die meisten Italiener beginnen ihren Tag mit einem schaumig-cremigen Cappuccino. (Benannt ist diese italienische Köstlichkeit nach den Kapuzinermönchen mit ihren braunen Kappen. Cappuccino wird in Italien selten nach 11 Uhr getrunken; er darf nicht zu heiß sein. Ansonsten trinkt man hier den ganzen Tag über Espresso; man kann Espresso auch „verschmutzt" mit kleiner Milchschaumhaube bestellen, dann heißt er *Caffè macchiato.* An einem heißen Sommertag verwandelt sich der Kaffee in einen *granita di caffè* – einen Becher mit gefrorenem und zerstoßenem Espresso und reichlich Schlagsahne. Mehr über Italiens Kaffeekultur findet sich auf S. 485.

Das Wichtigste zum Wein

Eine Mahlzeit im Sitzen ohne Wein dazu ist fast so schlimm wie Pasta ohne Sauce. Keinen Wein zum Essen zu bestellen stößt auf völliges Unverständnis – ist sie schwanger, ist er Alkoholiker auf Entzug, eingefleischter Biertinker oder habe ich etwas Falsches gesagt, wird der Kellner fragen. Denn italienische Weine gelten weltweit als die vielfältigsten und magenfreundlichsten, weil sie über Jahrhunderte hinweg zur Bereicherung der jeweiligen Regionalküche entwickelt wurden.

Die Wahl des richtigen Weines ist hierzulande von ebensolcher Bedeutung wie die des Dinner-Termins. Zwar passen die landestypischen süffigen Pilsner und gelegentlichen Rotbiere perfekt zu Grillfleisch, Pizza und anderen Schnellgerichten, einer ordentlichen Mahlzeit angemessen ist jedoch *vino.* Und da hier viele Weine weniger als ein großes Bier kosten, ist es nicht so sehr eine Frage des Preises als eine des Geschmacks.

Wein ist in der italienischen Küche untrennbarer Bestandteil einer Mahlzeit, fast so wichtig wie das Essen selbst. Einige der Weinsorten sind auch Ausländern so geläufig wie alte Bekannte, z. B. Chianti oder Pinot Grigio. Aber es gibt natürlich auch andere beliebte Weinsorten wie Brunello, Vermentino und Sciacchetrá, die nichts gemein haben mit sonstigen europäischen oder internationalen Sorten wie Merlot, Pinot Nero oder Chardonnay.

Viele Italienreisende verschmähen Karaffen mit hauseigenem Weiß- oder Rotwein, die in Italien normalerweise als junge, fruchtige Weine zur Verfeinerung von Tomatensauce oder von Fischgerichten verwendet werden. Die Liste bietet weitere Informationen zum Thema italienische Weine:

➡ **Schaumweine**: Franciacorta (Lombardei), Prosecco (Venetien), Asti (bzw. Asti Spumante; Piemont), Lambrusco (Emilia-Romagna)

➡ **Leichte Weißweine mit Zitrusgeschmack und grasigem oder floralem Anklang**: Vermentino (Sardinien), Orvieto (Umbrien), Soave (Venetien), Tocai (Friaul)

➡ **Trockene Weißweine mit einem aromatischen Herbal- oder mineralischem Beigeschmack**: Cinque Terre (Ligurien), Gavi (Piemont), Falanghina (Kampanien), Est! Est!! Est!!! (Latium)

Ein erwachsener Italiener konsumiert durchschnittlich rund 42 l Wein pro Jahr. Die Zahl ist freilich recht ernüchternd, vergleicht man sie mit den rund 100 l pro Person in den 1950er-Jahren. Besonders überraschend: An der Weltspitze des Weinverbrauchs liegt der Vatikan (mit 55 l pro Kopf)!

DIE ITALIENISCHE KÜCHE DAS WICHTIGSTE ZUM WEIN

WEIN- & KOCHKURSE

Man braucht in Italien nur an irgendeine x-beliebige Tür zu klopfen und trifft dort garantiert eine Besuchergruppe, die gerade mitten in einem Kochkurs steckt. Diese Vorgehensweise ist aber womöglich nicht wirklich zielführend, wenn man selbst auf der Suche nach solchen Kursen ist. Stattdessen kann man sich auch an die folgende Liste halten:

➡ **Città del Gusto** (S. 159) Auf sechs Etagen finden in Rom fast rund um die Uhr Gourmetveranstaltungen statt – von Kochvorführungen und Aufzeichnungen entsprechender TV-Sendungen bis zu Weinseminaren. Veranstalter all dieser gastronomischen Workshops und Präsentationen ist *Gambero Rosso*, Italiens berühmteste Zeitschrift mit kulinarischen Themen. Eine zweite Filiale gibt es in **Neapel** (☎081 1980 8900; Via Coroglio 57/104e).

➡ **Culinary Adventures** (www.peggymarkel.com) Eintauchen und lernen, wie man aus regionalen, nachhaltig produzierten Zutaten italienische Speisen zubereitet. Opulente einwöchige Kurse auf Sizilien, in Amalfi und in der Toskana.

➡ **Eataly** Eine Institution in Sachen hochwertiger Lebensmittel; Filialen gibt es in Rom (S. 178) und Turin (S. 251). Angeboten werden Weinproben, Workshops und Kurse; einige davon dauern zwei Tage. Wer Italienisch spricht, kann ein größeres Angebot nutzen.

➡ **Italian Food Artisans** (www.foodartisans.com/workshops) Mit Kochbuchautorin Pamela Sheldon Jones in eintägigen oder einwöchigen Workshops in Cinque Terre, im Piemont, in der Emilia-Romagna, Kampanien und auf Sizilien einen Blick hinter die Kulissen der Restaurantküchen und heimischen Kochstudios werfen und Italiens bestgehütete Geheimrezepte erforschen.

➡ **Tasting Places** (www.tastingplaces.com) Derzeitige Angebote umfassen Ausflüge zu regionalen Slow-Food-Festivals, ein „Weiße Trüffel und Wein"-Wochenende im Piemont und Gourmetreisen nach Venetien und in die Toskana.

➡ **La Vecchia Scuola Bolognese** (S. 500) Im Feinschmeckerparadies Bologna finden dreistündige Kurse zur Zubereitung von Pasta (in Englisch und Italienisch) plus Mittagessen (86 €) statt.

CHIANTI CLASSICO

Der älteste bekannte Wein Italiens ist der Chianti Classico mit wohlwollenden Kritiken, die bis ins 14. Jh. zurückreichen, und einem seit 1716 klar umrissenen Anbaugebiet.

➡ **Als Essensbegleiter gut geeignete Rotweine mit angenehmem Säuregehalt**: Barbera d'Alba (Piemont), Montepulciano d'Abruzzo (Abruzzen), Valpolicella (Venetien), Chianti Classico (Toskana), Bardolino (Lombardei)

➡ **Gut ausbalancierte Rotweine im Verhältnis von Frucht und Terroir:** Brunello di Montalcino (Toskana), Refosco dal Pedulunco Rosso (Friaul), Dolcetto (Piemont), Morellino di Scansano (Toskana)

➡ **Große strukturierte Rotweine mit weichen Tanninen (wenig Gerbsäure)**: Amarone (Venetien), Barolo (Piemont), Sagrantino di Montefalco secco (Umbrien), Sassicaia und andere „Super-Toskana"-Blends (Toskana)

➡ **Mit Alkohol angereicherte Weine und Dessertweine**: Sciacchetrá (Ligurien), Colli Orientali del Friuli Picolit (Friaul), Vin Santo (Toskana), Moscato d'Asti (Piemont)

Eine weinselige Erlebnisreise führt durch Italiens berühmteste Weinregion – Il Chianti in der Toskana.

Liquori (Spirituosen)

Wer nach dem Essen keinen Espresso bestellt, beleidigt möglicherweise den Kellner, wird sein Gesicht jedoch wahren können, wenn er einen *digestivo* (ein Verdauungsgetränk) wie einen Grappa (hochprozentigen Tresterbrand), einen *amaro* (dunklen Kräuterlikör) oder einen *limoncello* (Zitronenlikör) ordert. Doch Achtung: Manche italienischen Verdauungsschnäpse sind etwas für Kenner und können derart reinhauen, dass man kaum noch etwas wahrnimmt, wenn zum Abschluss des Essens *il conto* (die Rechnung) kommt.

Geliebte Gelage

Wer hat nicht schon von den Orgien im antiken Rom gehört, in deren Verlauf man im sogenannten Vomitorium erbrechen und so Platz für den nächsten Gang schaffen konnte? Oder von den Familiengelagen der Medici, bei denen es Zuckerstatuen gab, deren Wert ihrem Gewicht in Gold entsprach? In Italien steht das kulinarische Schwelgen im Zentrum einer jeden Festlichkeit; wichtige Feiertage haben jeweils ihre eigenen Spezialitäten. Die Fastenzeit wird vom *Carnevale* (Karneval) eingeläutet, Zeit für *migliaccio di polenta* (Auflauf aus Polenta, Wurst, Pecorino und Parmigiano-Reggiano-Käse), *sanguinaccio* („Blutwurst" aus dunkler Schokolade und Zimt), *chiacchiere* (frittiertes Gebäck, mit Puderzucker bestreut) und Siziliens *mpagnuccata* (in Karamellsauce geschwenkte frittierte Teigbällchen).

Wer um den 19. März (Josefi) herum im Lande ist, dem werden in Rom *bignè di San Giuseppe* (frittierte Pfannkuchen mit Vanillepudding- oder Schokoladenfüllung) geboten, in Neapel und Bari *zeppole* (Krapfen mit Zitronenglasur, Sauerkirschen und Puderzucker) und auf Sizilien *crispelle di riso* (in Honig getauchte Reisbällchen mit Zitronengeschmack).

Fastenspezialitäten wie sizilianische *quaresimali* (herzhafte, leichte Mandelkekse) versüßen die Zeit bis zu den Ostergelagen mit obligatorischem Lamm, *colomba* (taubenförmigem Osterbrot) und *uove di pasqua* (in Folie gewickelten Schokoladenüberraschungseiern). Die meistverwendete Zutat in dieser Zeit ist das Ei, auch für die Zubereitung traditioneller regionaler Speisen wie der genuesischen *torta pasqualina* (mit Ricotta, Parmesan, Artischocken und hartgekochten Eiern gefüllte Blätterteigpastete), der florentinischen *brodetto* (reichhaltigen Brotsuppe mit Eiern und Zitrone) und der legendären neapolitanischen *pastiera* (mit Ricotta, Sahne, kandierten Früchten und Cerealien gefüllten Mürbeteigpasteten mit Orangensaftaroma).

Geht das Jahr zur Neige, kommt die Weihnachtszeit mit ihren gefüllten Teigwaren, Meeresfrüchtegerichten und einer der berühmtesten mailändischen Erfindungen: *panettone* (hefiger, goldgelb gebackener Früchtekuchen mit Rosinen). Ebenso bekannt sind das veronesische *pandoro* (einfacher sternförmiger Kuchen ohne Rosinen, mit kandierten Früchten und Puderzucker mit Vanillegeschmack) und das *panforte* aus Siena (zäher, flacher Kuchen mit kandierten Früchten, Nüssen, Schokolade, Honig und Gewürzen). Im südlicher gelegenen Neapel lässt man alle Vorsicht (und die Waage) außer Acht und serviert *raffioli* (Biskuits und Marzipangebäck), *struffoli* (frittierte und in Honig getauchte kleine Teigbällchen, berieselt mit farbigem Kandiszucker) und *pasta di mandorla* (Marzipan). In Sizilien verbringt man diese Zeit mit *cucciddatu* (Teigkringeln mit getrockneten Feigen, Nüssen, Honig, Vanille, Nelken, Zimt und Zitrusfrüchten).

Natürlich werden diese Leckereien nicht nur an religiösen Feiertagen konsumiert; zuweilen ist das Essen selbst Anlass genug. Im Frühjahr, Sommer und Frühherbst werden überall in Italien *sagre* gefeiert, die regionalen Volks- und Nahrungsmittelfeste, wie etwa die *sagra del tartufo* (Trüffel) in Umbrien, *del pomodoro* (Tomaten) auf Sizilien und *del cipolle* (Zwiebeln) in Apulien. Eine Liste aller *sagre* findet man unter www.prodottitipici.com/sagre (auf Italienisch).

Mehr über das Essengehen in Italien findet man im Kapitel „Essen wie die Einheimischen" auf S. 43.

Top-Regionen für Speisen & Wein

Emilia-Romagna

Toskana

Piemont

Kampanien

Sizilien

DIE ITALIENISCHE KÜCHE GELIEBTE GELAGE

Praktische Informationen

Allgemeine Informationen

Botschaften & Konsulate

Botschaften und Konsulate in Italien sind vor Ort unter *Ambasciate* bzw. *Consolati* zu finden. Einige Länder unterhalten auch Honorarkonsulate in anderen Städten.

Deutsche Botschaft/Konsulat Rom (☎06 49 21 31; www.rom.diplo.de; Via San Martino della Battaglia 4); **Mailand** (☎02 623 11 01; www.mailand.diplo.de; Via Solferino 40; Ⓜ Moscova); **Neapel** (☎081 248 85 11; www.neapel.diplo.de; Via Francesco Crispi 69)

Österreichische Botschaft/ Konsulat Rom (☎06 844 01 41; www.aussenministerium.at/rom; Via Pergolesi 3); **Mailand** (☎02 78 37 43; www.aussenministerium.at/mailandgk; Piazza del Liberty 8/4)

Schweizer Botschaft/Konsulat Rom (☎06 80 95 71; www. eda.admin.ch/roma; Via Barnaba Oriani 61, Rom); **Mailand** (☎02 777 91 61; www.eda.admin.ch/milano; Via Palestro 2; Ⓜ Turati)

Ermäßigungen

Diejenigen, die unter 18 und über 65 sind, kommen oftmals umsonst in Museen und andere Sehenswürdigkeiten hinein; Besucher zwischen 18 und 25 Jahren bekommen häufig eine Ermäßigung von 50 % (manchmal gilt dies allerdings nur für EU-Bürger).

Manche Städte oder Regionen stellen preisbegünstigte Karten aus, so wie etwa den **Roma Pass** (www.romapass.it; 3 Tage 34 €), mit dem man die öffentlichen Verkehrsmittel kostenlos benutzen kann und eine Ermäßigung in den römischen Museen erhält.

In vielen Orten lässt sich Geld durch den Kauf eines *biglietto cumulativo* sparen. Mit diesem Kombiticket lassen sich gleich mehrere Sehenswürdigkeiten besuchen. Die *biglietti* sind in der Summe günstiger als die Einzeltickets.

Die European Youth Card bietet unzählige Ermäßigungen in Hotels, Museen, Restaurants, Läden und Clubs. Travel Cards für Studenten, Lehrer und Jugendliche unter 25 Jahren bieten Ermäßigungen für Flüge nach Italien. Viele der genannten Karten sind beim **Centro Turistico Studentesco e Giovanile** (CTS; www.cts.it), einem Jugendreisebüro mit Filialen in ganz Italien, erhältlich. Die Ermäßigungskarten für Studenten, Lehrer und Jugendliche sind weltweit bei den Studentenvertretungen, in Jugendherbergen und in Reisebüros wie **STA Travel** (www.statravel.com) zu bekommen.

ERMÄSSIGUNGSKARTEN FÜR JUGENDLICHE, STUDENTEN & LEHRER

KARTENTYP	WEBSITE	PREIS	ZIELGRUPPE
European Youth Card (Carta Giovani)	europeanyouthcard.org; cartagiovani.it	11 €	unter 30 Jahren
International Student Identity Card (ISIC)	www.isic.org	13 €	Vollzeit-Studenten
International Teacher Identity Card (ITIC)		10–18 €	Vollzeit-Lehrer
International Youth Travel Card (IYTC)		13 €	unter 26 Jahren

Essen

Detaillierte Infos zum Essen in Italien findet man in den entsprechenden Kapiteln dieses Buches, etwa auf S. 43 und S. 1043.

Feiertage

Die meisten Italiener nehmen ihren Jahresurlaub im August, vor allem um den 15. August (Ferragosto) herum. Um diese Zeit sind viele Firmen und Geschäfte für zumindest einen Teil des Monats geschlossen. In der Settimana Santa, der Karwoche, wird ebenfalls gerne Urlaub genommen.

Zu den landesweit geltenden Feiertagen zählen:

Neujahr (Capodanno oder Anno Nuovo) 1. Januar

Heilige Drei Könige (Epifania) 6. Januar

Ostermontag (Pasquetta) März/April

Tag der Befreiung (Giorno della Liberazione) 25. April

Tag der Arbeit (Festa del Lavoro) 1. Mai

Fest der Republik (Festa della Repubblica) 2. Juni

Mariä Himmelfahrt (Assunzione oder Ferragosto) 15. August

Allerheiligen (Ognissanti) 1. November

Fest der unbefleckten Empfängnis (Immaculata Concezione) 8. Dezember

Weihnachten (Natale) 25. Dezember

Stephanustag (Festa di Santo Stefano) 26. Dezember

Frauen unterwegs

Italien ist für Frauen kein besonders gefährliches Land. Trotzdem sind wie immer und überall einige Vorsichtsmaßnahmen zu beachten, wenn „frau" allein unterwegs ist. In manchen Landesteilen müssen Frauen mit mehr Aufmerksamkeit rechnen, als ihnen lieb ist. Blickkontakt

PREISE IM RESTAURANT

Die folgenden Preisangaben beziehen sich auf ein Zwei-Gänge-Menü mit einem Glas Hauswein und der Gebühr für das Gedeck (*coperto*) für eine Person.

€   unter 25 €

€€   25–45 €

€€€   über 45 €

Diese Preise sind nur Richtwerte, weil die Preisschere zwischen den teuren Städten wie Mailand und Venedig und den erheblich preiswerteren Städten im Süden groß ist. So kann es gut sein, dass ein Mittelklasse-Restaurant in Sizilien in Mailand ein absolut preiswertes wäre. In den meisten Restaurants kommt ein Aufschlag für das Gedeck *coperto* von rund 2 bis 3 € und das Bedienungsgeld (*servizio*) von 10 bis 15 % hinzu.

gehört zu jedem harmlosen Flirt, wie überall, auch in Italien dazu, aber im tiefen Süden werden weibliche Wesen oft regelrecht beglotzt.

Manchmal ist es nicht leicht, lästige Möchtegern-Romeos loszuwerden, die eine erstaunliche Beharrlichkeit an den Tag legen können. Das kann schmeichelhaft sein, aber auch ausgesprochen nerven. In touristischen Hochburgen wie Florenz, vor allem aber im Süden, gelten ausländische Frauen noch immer als Freiwild. Am besten ignoriert „frau" solche lästigen Avancen einfach. Zieht das nicht, teilt sie dem Herrn höflich mit, sie warte auf ihren *marito* (Ehemann) oder *fidanzato* (Verlobten), und geht notfalls weg. Zu vermeiden ist aggressives Auftreten; das kann mitunter zu recht unerfreulichen Konfrontationen führen. Wenn alle Stricke reißen, hilft allerdings nur noch die Polizei.

In überfüllten Bussen sind häufig Grapscher am Werk. Am sichersten steht „frau" mit dem Rücken zur Wand. Wird dennoch der Hintern betätschelt, hilft nur noch lautes Gezeter. Ein energisches *„che schifo"* (Ekelhaft!) reicht meistens schon. Bei ernsthafteren Attacken sollte die Polizei

eingeschaltet werden, die dazu verpflichtet ist, der Sache nachzugehen.

Freiwilligenarbeit

Concordia International Volunteer Projects (☏01273 422218; www.concordiavolunteers.org.uk; 19 North St, Portslade, UK) Kurzzeitige Gemeindeentwicklungsprojekte zu Umweltschutz, Archäologie und Künsten. Die Freiwilligen arbeiten in einem Restaurierungsprojekt oder einem Naturschutzgebiet.

European Youth Portal (europa.eu/youth/en) Gibt verschiedene Links zu Freiwilligenprojekten in ganz Europa. Man klickt am besten auf den Button „Voluntary Activities" und grenzt die Suche dann auf Italien ein.

World Wide Opportunities on Organic Farms (www.wwoof.it) Gegen einen Mitgliedsbeitrag von 25 € erhält man eine Liste mit Bauernhöfen, die Freiwillige für eine Zeitlang im Betrieb aufnehmen.

Geld

Die italienische Währung ist der Euro. Aktuelle Wechselkurse finden Schweizer auf **www.xe.com**

Geldautomaten & Kreditkarten

➡ Geldautomaten (hier „Bancomat" genannt) findet man überall, sie sind die einfachste Möglichkeit, an Geld zu kommen.

➡ Visa- und MasterCard sind weit verbreitet und akzeptiert, andere Systeme wie Cirrus und Maestro sind ebenfalls gut vertreten. Nur einige Banken zahlen auf die Vorlage einer Kreditkarte Bargeld aus.

➡ Mit Kreditkarten können Rechnungen in vielen Hotels, Restaurants, Läden, Supermärkten und Mautstellen bezahlt werden.

➡ Über möglicherweise anfallende Gebühren bei der Heimatbank sollte man sich vor Reiseantritt erkundigen. Viele Banken verlangen eine Gebühr von rund 2,75 % bei ausländischen Transaktionen. Zusätzlich kann auch für die Nutzung von Geldautomaten eine Gebühr erhoben werden, in der Regel liegt der Satz bei rund 1,5 %.

Wenn Karten verlorengehen oder von einem Geldautomaten eingezogen werden, kann und sollte man unter den folgenden kostenfreien Nummern die Karte sperren lassen:

Amex (☎800 928391)

Diners Club (☎800 393939)

MasterCard (☎800 870866)

Visa (☎800 819014)

Geldwechsel

Geld kann in Banken, Postämtern oder in *cambios* (Wechselstuben) umgetauscht werden. Postämter und Banken bieten in der Regel die besten Kurse, Vorteil der Wechselstuben sind ihre längeren Öffnungszeiten. Dafür verlangen sie aber höhere Provisionen und Verwaltungsgebühren.

Steuern & Erstattungen

Die Mehrwertsteuer (IVA = Imposta sul Valore Aggiunto) beträgt in Italien 22 % und taucht bei den meisten Produkten auf. Nicht-EU-Mitglieder (beispielsweise Schweizer) können sich für Einkäufe in einem Gesamtwert von mehr als 155 € bei der Ausreise die Mehrwertsteuer beim Zoll zurückholen. Über die genauen Vorschriften und Vorgehensweisen informiert eine Broschüre, die man z. B. am Flughafen bekommt, oder der Zoll.

Trinkgeld

Trinkgeld wird in Italien nicht generell erwartet oder gefordert. Dennoch ist ein diskret hinterlegtes Trinkgeld für besonders guten Service in manchen Fällen angebracht. Die folgenden Tipps gelten als Leitlinie:

Restaurant: 10–15%, wenn das Bedienungsgeld nicht inbegriffen ist.

Bar: 0,10–0,20 € für einen Drink an der Bar, 10% bei Bedienung am Tisch.

Spitzenklasse-Hotel: 2 € für Gepäckträger, Zimmermädchen und Zimmerservice.

Taxi: Bis zum nächsten glatten Euro aufrunden.

Gesundheit

Empfohlene Impfungen

In Italien gibt es wie in vielen europäischen Reiseländern auch keine verpflichtenden Impfungen. Die WHO empfiehlt aber generell allen Reisenden, gegen Diphtherie, Tetanus, Masern, Mumps, Röteln, Polio und Hepatitis B geimpft zu sein.

Krankenversicherung

Für EU-Bürger (oder Schweizer, Norweger oder Isländer) sichert die Europäische Versicherungskarte (EHIC) eine kostenlose medizinische Versorgung in öffentlichen Krankenhäusern, allerdings keine privaten Behandlungen oder den medizinisch notwendigen Rücktransport in die Heimat. Diese Karte bekommt man in den Gesundheitszentren und je nach Heimatland auch online. Weitere Infos unter http://ec.europa.eu/social/main.jsp?langId=en&catId=509. Bürger anderer Staaten sollten vor der Reise prüfen, ob es ein wechselseitiges Abkommen für kostenlose medizinische Behandlungen zwischen ihrem Heimatland und Italien gibt.

Die EHIC deckt jedoch keine medizinisch notwendigen Rückflüge ins Heimatland ab, auch medizinisch nicht zwingend notwendige Behandlungen werden nicht bezahlt. Wer auf Nummer sicher gehen will, schließt eine Reisekrankenversicherung ab, die im Notfall die Kosten für einen Rücktransport abdeckt.

Medizinische Versorgung

In weiten Teilen Italiens ist eine medizinische Versorgung leicht zugänglich, allerdings gibt es große Schwankungen hinsichtlich der Qualität. Öffentliche Krankenhäuser werden immer schlechter, je weiter man im Land gen Süden fährt. Häufig ist der Besuch einer Ambulanz gar nicht nötig, italienische Apotheker können viele Rezepte direkt ausstellen. Wenn ein Facharzt gebraucht wird, helfen sie in der Regel mit Empfehlungen weiter. In den Großstädten gibt es meist auch einen Englisch sprechenden Arzt oder Übersetzer.

Die Apotheken haben in der Regel die gleichen Öffnungszeiten wie die Geschäfte, schließen jedoch nachts und an Sonntagen. Wie überall gibt es auch hier einen rotierenden Notdienst (*farmacie di turno*) für akute Notfälle. Die Adressen findet man in den Zeitungen. An den Türen der geschlossenen Apotheken ist die Adresse der nächstgelegenen offenen Apotheke ausgehängt.

Wer einen Krankenwagen braucht, wählt in ganz Italien die ✆118. Bei Notfällen kann man auch direkt in die Ambulanz – *pronto soccorso* – der Krankenhäuser fahren, dort wird auch für eine zahnärztliche Betreuung gesorgt.

Internetzugang

➡ In den letzten Jahren haben sich die Internetmöglichkeiten in Italien erheblich verbessert: In großen Städten wie Rom, Bologna, Venedig und andere Städten und Regionen haben mitt-lerweile überall Hotspots eingerichtet.

➡ Umgekehrt jedoch ist die Verbreitung von öffentlichen WLAN-Angeboten und Internetcafés (Nutzungsgebühr 2 bis 6 € pro Stunde) geringer als irgendwo sonst in Europa. Der Empfang variiert stark, und auf dem Lande und im Süden ist der Internetzugang erheblich schwieriger als in städtischen Gebieten und im Norden des Landes.

➡ Eine stetig wachsende Zahl von Hotels, B&Bs, Hostels und sogar *agriturismi* bieten freies WLAN. In vielen Spitzenklasse-Hotels jedoch muss man meist noch immer dafür zahlen (über 10 € pro Tag).

➡ In einigen Internetcafés muss man sich vor der Nutzung des Internets ausweisen können (Parsonalausweis, Reisepass oder auch Führerschein).

Karten

Zusammen mit den guten, regional gratis verteilten Stadtplänen der Touristeninformationen reichen die Stadtpläne in diesem Buch normalerweise aus. Wer detaillierte Pläne wünscht, sollte sich in den Läden der nationalen Buchhandelskette Feltrinelli umsehen oder sich über die folgenden Internetseiten informieren.

Touring Club Italiano (TCI; www.touringclub.com) Italiens größter Kartenherausgeber betreibt Läden in ganz Italien und veröffentlicht ganz brauchbare Karten im Maßstab 1:500 000 und 1:200.000 (jeweils 11,90 und 19,90 €) sowie 15 Regionalkarten zu 1:200 000 (7,90 € pro Stück) und unzählige Wanderführer mit Karten in Zusammenarbeit mit dem italienischen Alpenverein Club Alpino Italiano (CAI).

Tabacco (www.tabaccoeditrice.com) Publiziert eine hervorragende Wanderkartenserie im Maßstab 1:25 000, die Karten decken die Region von Bormio im Westen bis zur slowenischen Grenze im Osten ab.

Kompass (www.kompass-italia.it) Publiziert Wanderkarten in den Maßstäben 1:25 000 und 1:50 000 von verschiedenen Regionen Italiens, dazu eine

PRAKTISCH & KONKRET

Gewichte und Maße metrisch

Rauchen in allen öffentlichen Räumen verboten

Zeitungen Die wichtigsten Tageszeitungen tendieren politisch zur linken Mitte; besonders empfehlenswert ist die in Rom ansässige *La Republicca* und die liberal-konservative, in Mailand ansässige *Corriere della Sera*.

Radio-Sender Empfehlenswert ist Radio Vatikan (www.radiovaticana.org; in der Gegend von Rom 93,3 FM und 105 FM; auf Italienisch, Deutsch, Englisch und anderen Sprachen), um Neues rund um den Papst zu erfahren. Das staatseigene italienische RAI-1, RAI-2 und RAI-3 (www.rai.it) sendet überall im Lande und auch im Ausland. Kommerzielle Sender wie die römischen Sender **Centro Suono Radio** (www.centrosuono.com) und **Città Futura** (www.radiocittafutura.it), Radio Neapel **Kiss Kiss** (www.kisskissnapoli.it) und das linksgerichtete, in Mailand stationierte **Radio Popolare** (www.radiopopolare.it) sind gut für zeitgenössische Musik.

TV-Sender sind unter anderen die staatlichen RAI-1, RAI-2 und RAI-3 (www.rai.it) und die großen kommerziellen Sender **Canale 5** (www.canale5.mediaset.it), **Italia 1** (www.italia1.mediaset.it) und **Rete 4** (www.rete4.mediaset.it), die von Silvio Berlusconis Mediengesellschaft betrieben werden, aber auch **La 7** (www.la7.it).

schöne Serie an Radkarten im Maßstab 1:70 000.

Edizioni Multigraphic Florence (www.edizioni multigraphic.it) Bringt einige Wanderkarten mit Schwerpunkt Apennin heraus.

Stanfords (www.stanfords. co.uk) Hervorragender britischer Laden mit vielen guten Karten.

Omni Resources (www. omnimap.com) US-amerikanischer Onlinehandel mit einer eindrucksvollen Auswahl an Italienkarten.

Post

Le Poste (www.poste.it), Italiens nationale Post arbeitet einigermaßen zuverlässig.

Francobolli (Briefmarken) verkaufen Postämter und autorisierte Tabakläden (nach dem großen „T" – weiß auf Schwarzem Grund – Ausschau halten). Da Briefe in den Tabakläden nicht ganz genau ausgewogen werden können, fällt das Porto manchmal etwas höher aus. Tabakläden haben wie normale Geschäfte geöffnet.

Der Preis für eine Luftpostsendung (*aerea*) richtet sich nach dem Gewicht, der Größe und dem Bestimmungsland. Viele wählen stattdessen die relativ schnelle Versandform *posta prioritaria*, diese schnellste italienische Form des Versands garantiert für Europa eine Zustellung innerhalb von drei Tagen. Briefe bis 20 g kosten innerhalb Europas 0,85 €, Briefe von 21 bis 50 g 2,60 €.

Rechtsfragen

Der Durchschnittstourist wird mit dem italienischen Gesetz nur dann in Berührung kommen, wenn ihm ein Dieb die Tasche oder die Geldbörse stiehlt.

Polizei

Wer in Italien in Schwierigkeiten gerät, kann schon mal Kontakt mit der *polizia statale* oder den *carabinieri* bekommen. Erstere trägt taubenblaue Hosen mit einem fuchsienfarbigen Streifen und einer marineblauen Jacke, letztere tragen schwarze Uniformen mit einem roten Streifen und fahren dunkelblaue Autos mit einem ebenfalls roten Streifen.

Die Notrufnummer der Polizei lautet 113.

Drogen & Alkohol

→ Italien hat strenge Drogengesetze: Der Besitz jeglicher Drogen (inklusive Kannabis und Marihuana) bringt den Besitzer in größte Schwierigkeiten. Schon beim Besitz von 5 g Cannabis kann man als Drogendealer verhaftet und verurteilt werden. Gleiches gilt auch für kleinste Mengen anderer Drogen. Wer unter diesen Mengen bleibt, wird ebenfalls, wenn auch nicht ganz so hart, bestraft.

→ Die Promillegrenze liegt bei 0,5 Promille, regelmäßig werden Fahrer Alkoholkontrollen unterzogen.

Rechte & Ansprüche

→ Innerhalb von 24 Stunden sollen die Inhaftierten schriftlich oder mündlich über die Straftaten, die ihnen zur Last gelegt werden, informiert werden.

→ Die Inhaftierten haben keinen Anspruch auf ein Telefongespräch.

→ Die Staatsanwaltschaft muss – je nach Art des Vergehens – innerhalb von 48 Stunden bei einem Richter einen Antrag auf Untersuchungshaft stellen.

→ Ohne die Gegenwart eines Anwalts haben die Tatverdächtigen das Recht, die Aussage zu verweigern.

→ Wenn Untersuchungshaft angeordnet wird, kann vom Beschuldigten innerhalb von zehn Tagen Widerspruch eingelegt werden.

Reisen mit Behinderung

Italien ist auf Reisende mit Behinderung (leider) nicht sehr gut vorbereitet, vor allem Rollstuhlfahrer stehen immer wieder vor schier unüberwindbaren Hürden. Selbst eine kurze Fahrt in die Stadt kann wegen des häufig vorkommenden Kopfsteinpflasters ein schwieriges Unterfangen werden. Viele Gebäude haben inzwischen Aufzüge, doch die vorhandenen sind oft zu schmal für einen Rollstuhl. Für Gehörlose und Blinde sieht die momentane Situation leider auch nicht viel besser aus.

DIE ITALIENISCHEN POLIZEISTATIONEN

Polizia statale (Staatspolizei)	Diebstähle, Visaverlängerung und Genehmigungen
Carabinieri (Militärpolizei)	Allgemeine Verbrechen, öffentliche Ordnung und Drogenbekämpfung (oft gibt es Überschneidungen mit den Aufgabenbereichen der polizia statale)
Vigili urbani (Verkehrspolizei)	Parkscheine, Abschleppen von Fahrzeugen
Guardia di finanza (Finanzpolizei)	Steuerflucht, Drogenschmuggel
Guardia forestale (auch: corpo forestale – Forstpolizei)	Umweltschutz

ÖFFNUNGSZEITEN

EINRICHTUNG	REGELÖFFNUNGSZEITEN	BEMERKUNGEN
Banken	Mo–Fr 8.30–13.30 Uhr & 15.30–16.30 Uhr	Wechselschalter haben meist länger geöffnet
Bars, Gaststätten & Clubs	22–4 Uhr	Manche, die auch ein Lokal anbieten, öffnen oft schon früher; richtig Stimmung kommt meist erst nach Mitternacht auf
Cafés	7.30–20 Uhr	.
Geschäfte	Mo–Sa 9–13 Uhr & 15.30–19.30 Uhr (oder 16–20 Uhr)	In größeren Städten haben Kaufhäuser und Supermärkte durchgehend oder auch sonntags geöffnet
Große Postämter	Mo–Fr 8–19 Uhr, Sa 8.30–12 Uhr	Kleinere Postämter schließen werktags oft schon um 14 Uhr
Restaurants	12–14.30 Uhr & 19.30–23 oder 24 Uhr	Im Sommer und im Süden manchmal noch länger; die Küche schließt meist eine Stunde vor Schließung des Restaurants selbst; die meisten haben wenigstens einen Tag in der Woche geschlossen

Die Italienische Zentrale für Tourismus ENIT bietet Informationen über italienische Organisationen für Behinderte und weiß, wo Unterstützung möglich ist.

Italiens staatliche Eisenbahngesellschaft **Trenitalia** (☏199 303060; www.trenitalia.com) bietet eine landesweite Hotline für Reisende mit Behinderungen (tgl. 6.45 bis 21.30 Uhr).

Einige Städte geben auch allgemeine Hinweise zu behindertengerechten Zugängen und Verkehrsmitteln heraus, darunter Bologna, Mailand, Padua, Reggio Emilia, Turin, Venedig und Verona. In Mailand ist **Milano per Tutti** (www.milanopertutti.it) sehr hilfreich.

Einige Organisationen, die gerne weiterhelfen sind:

Accessible Italy (☏378 94 11 11; www.accessibleitaly.com) Eine Organisation mit Sitz in San Marino, die sich auf Reisen für Behinderte spezialisiert hat. Hier sollte man als erstes anrufen.

Cooperative Integrate Onlus (COIN; ☏06 712 90 11; www.coinsociale.it) CO.IN hat seinen Sitz in Rom und gibt Informationen über behindertengerechte Verkehrsmittel und Zugänge und vermittelt gerne Kontakte im ganzen Land.

Italia (www.italia.it) Die offizielle Touristenwebsite Italiens bietet einige Links für Reisende mit Behinderungen, darunter zu Reisezielen wie Rom, Kampanien, Piedmont und Südtirol.

Schwule & Lesben

Homosexualität ist in Italien legal und wird in den Großstädten toleriert. Im eher konservativen Süden und in den Kleinstädten sollten sich gleichgeschlechtliche Paare jedoch mit ihren Gefühlsäußerungen in der Öffentlichkeit zurückhalten.

In Rom, Mailand und Bologna findet man Schwulenclubs, außerdem ein paar Lokalitäten in Städten wie Florenz und Neapel. Eine Küstenstädte und Ferienanlagen (z. B. Viareggio in der Toskana und Taormina auf Sizilien) sind im Sommer Treffpunkte der Szene.

Gay.it (www.gay.it) Website mit aktuellen Nachrichten, Features und Tratsch für Schwule, Lesben, Bi- und Transsexuelle.

GayFriendlyItaly.com (www.gayfriendlyitaly.com) Englischsprachige Website, die von Gay.it produziert wird und Infos über alles und jedes gibt, von Hotels und Events bis zu politischen Fragen und Rechten.

Pride (www.prideonline.it) Monatlich erscheinendes Magazin zu Kunst, Musik, Politik und Kultur der Schwulenszene.

Sprachkurse

Italienischkurse werden von Privatschulen und Universitäten in ganz Italien angeboten. Rom und Florenz sind geradezu gepflastert mit Sprachschulen, in anderen Großstädten und Städten gibt es zumindest immer jeweils eine Schule. Wer sich einen Überblick verschaffen möchte, sollte die Seite von **Saena Iulia** (www.saenaiulia.it) aufrufen.

Università per Stranieri di Perugia (www.unistrapg.it) Ihr ausgefeiltes und preislich gutes Programm an unterschiedlichen Sprachkursen macht Perugia zur besten Sprachschule für Ausländer. Begleitend zum Sprachstudium werden Kurse in Malen, Kunstgeschichte, Bildhauerei und Architektur angeboten.

Università per Stranieri di Siena (www.unistrasi.it) Ein ähnlich anerkanntes Programm bietet die Universität von Siena; die Stadt zählt zu den schönsten mittelalterlichen Städten des Landes.

Italienisches Außenministerium (www.esteri.it) Das Außenministerium veröffentlicht auf seiner Webseite über 90 weltweit arbeitende Filialen des Istituto Italiano di Cultura (IIC). Diese von der Regierung bezahlten Kulturinstitute sollen die italienische Kultur und Sprache im Ausland fördern. Sie sind eine gute Anlaufstelle, um sich vor der Reise oder dem Italienaufenthalt schon einmal über die Möglichkeiten zu informieren, wo und wie man die italienische Sprache am besten erlernen kann.

Telefon

Telefonauskunft

Telefonnummern im In- und Ausland können unter 1254 (oder online auf 1254.virgilio.it) erfragt werden.

Inlandsgespräche

➡ Die italienischen Ortsvorwahlnummern beginnen mit einer 0 und bestehen aus bis zu vier Ziffern. Ihr folgt eine vier- bis achtstellige Teilnehmernummer. Es müssen immer beide Nummern gewählt werden, selbst wenn nur ins Nachbarhaus telefoniert wird.

➡ Mobilnummern beginnen mit einer dreistelligen Nummer wie etwa der 330.

➡ Gebührenfreie Telefonnummern, die sogenannten *numeri verdi*, erkennt man daran, dass sie alle mit einer 800 beginnen.

➡ Ortsunabhängige Telefonnummern beginnen mit 840, 841, 848, 892, 899, 163, 166 oder 199.

➡ Es gibt einige sechsstellige landesweite Telefonnummern für Großunternehmen wie Alitalia, Bahn und Post.

Auch in Italien gibt es viele verschiedene Anbieter mit unterschiedlichen Tarifsystemen, sodass es fast unmöglich ist, genaue Kosten anzugeben.

(Fortsetzung in 3. Spalte)

Strom

Die Stromspannung beträgt, wie in Deutschland, Österreich und der Schweiz 220–230 V bei einer Frequenz von 50 Hz. Die Stecker haben zwei oder drei runde Stifte (bei drei Stiften mit Erdung).

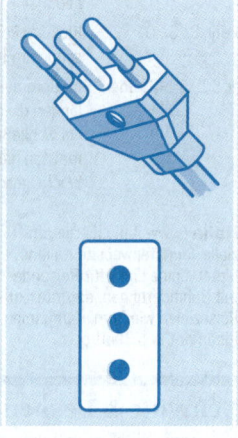

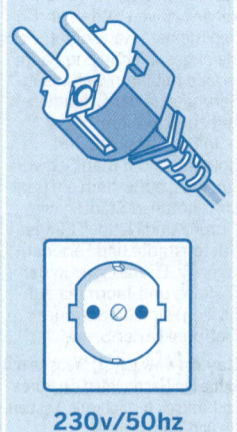

230v/50hz

Internationale Anrufe

➡ Die preiswerteste Möglichkeit, ins Ausland zu telefonieren, sind kostenlose oder billige Computerprogramme/ Smartphone Apps wie Skype und Viber.

➡ Preiswerte Call-Center sind auch eine gute Alternative und finden sich in allen großen Städten. Man telefoniert einfach von einer eigenen Telefonzelle innerhalb des Centers und zahlt am Ende des Gespräches.

➡ Internationale Telefonkarten, die man an Zeitungsständen und beim Tabakhändler bekommt, ermöglichen ebenfalls preiswertere Tarife. Man kann sie in öffentlichen Telefonen benutzen. Dazu wählt man zunächst eine 00, um aus Italien heraustelefonieren zu können, dann die jeweilige Ländervorwahl, die Städtevorwahl und zum Schluss die Teilnehmernummer.

➡ Wer aus dem Ausland nach Italien telefonieren will, wählt erst die für das jeweilige Ausgangsland gültige internationale Vorwahl (00 aus Deutschland, Österreich und der Schweiz), dann die Vorwahl für Italien (39), dann die Vorwahl für die Stadt oder Region einschließlich der 0 am Anfang.

Mobiltelefone

➡ In Italien wird GSM 900/ 1800 verwendet, das kompatibel ist mit den in Europa verbreiteten Handys.

➡ Viele moderne Smarttelefone sind ebenfalls mit einer großen Zahl internationaler Telefonnetze kompatibel. Wer sichergehen will, checkt das vor der Reise mit seinem Handyprovider und klärt auch die anfallenden Kosten für eingehende Gespräche aus dem Ausland. Klären sollte man vorher auch, ob Telefonate vor Ort zunächst international umgeleitet und damit unnötig teuer werden.

➡ Am preiswertesten ist es oft, das eigene Handy für den Gebrauch einer italienischen SIM-Karte entsperren zu lassen. Diese Möglichkeit sollte man jedoch mit dem Handy-Provider zu Hause abklären.

➡ Es ist in den meisten italienischen Telefon-Läden auch möglich, einen vorrübergehenden oder einen Prepaid-Account zu bekommen, vorausgesetzt man hat ein GSM- oder Multiband-Mobiltelefon (Ausweis bereithalten!). Eine italienische SIM-Karte zu aktivieren, kann 10 € kosten (manchmal mit Freiminuten für denselben Betrag). SIM-Karten gibt es in Telefon- und Elektronikläden in ganz Italien.

➡ Das italienische Konto kann man leicht mit Aufladekarten (*ricariche*) aufstocken, die es beim Tabakhändler, einigen Bars, Supermärkten und Banken gibt.

➡ Eine weitere Möglichkeit ist es, ein billiges italienisches Handy für die Dauer des Aufenthalts zu leasen oder zu kaufen.

➡ Von den vielen Mobiltelefonbetreibern haben TIM (Telecom Italia Mobile), Wind und Vodafone das landesweit beste Netzwerk an Filialen.

Kartentelefone & Telefonkarten

➡ Telecom Italia ist die größte Telekommunikationsgesellschaft in Italien. Telecom-Kartentelefone findet man meist an Straßen, in Bahnhöfen sowie in den Büros der Telecom.

➡ Die meisten öffentlichen Telefone akzeptieren nur noch Telefonkarten – *carte/schede telefoniche*, einige auch Kreditkarten.

➡ Telecom bietet eine ganze Palette an Prepaidkarten für wahlweise Inlands- oder Auslandsgespräche. Details findet man unter www.telecomitalia.it/telefono/carte-telefoniche

➡ Telefonkarten können im Wert von 3 oder 5 € in den Postämtern, Tabakläden und Zeitungsständen gekauft werden. Vor dem ersten Telefonat muss der Nutzer die obere linke Ecke der Karte herausgebrochen werden. Alle Telefonkarten verfügen über ein Ablaufdatum, das auf der Vorderseite der Karte aufgedruckt ist.

Touristeninformation

Es gibt vier verschiedene Touristeninformationen: die der Städte und Gemeinden, der Provinz, der Region und des Staates.

Örtliche & Provinz-Touristeninformationen

Trotz ihrer unterschiedlichen Namen bieten örtliche Informationsbüros und die Einrichtungen der Provinzen den gleichen Service. Alle haben Kundenkontakt und beantworten telefonische oder schriftliche Informationsanfragen. Die Mitarbeiter können Besucher mit einem Stadtplan, einer Unterkunftsliste und Informationen zu den Hauptsehenswürdigkeiten versorgen. In größeren Städten und den wichtigsten Tourismusregionen wird auch Englisch gesprochen, teilweise, wie zum Beispiel in Südtirol, auch Deutsch.

Die großen Büros haben generell von Montag bis Freitag geöffnet, einige auch an den Wochenenden (vor allen in den Städten und in der Haupturlaubssaison). Teilweise unterhalten die Büros zusätzlich Informationsstände an Bahnhöfen und in Flughäfen, die jeweiligen Öffnungszeiten können ein wenig unterschiedlich ausfallen.

Regionale Tourismusbehörden

Die Regionalbüros sind generell stärker mit der Planung, Budgetierung, dem Marketing und der Werbung als mit touristischen Auskünften beschäftigt. Sie unterhalten aber einige sehr nützliche Websites, teilweise muss man auf den Homepages

---

TOURISTENINFORMATIONSBÜROS

NAME DES BÜROS	BESCHREIBUNG	SCHWERPUNKT
Azienda di Promozione Turistica (APT)	Haupttouristenbüro einer Provinz	Information über eine Stadt und die sie umgebende Provinz
Azienda Autonoma di Soggiorno e Turismo (AAST) or Informazione e Assistenza ai Turisti (IAT)	Örtliches Touristenbüro in größeren Städten	Information nur zur jeweiligen Stadt (Buslinien, Öffnungszeiten von Museen etc.)
Pro Loco	Örtliches Touristenbüro in kleineren Städten und Dörfern	Ähnlich wie AAST und IAT

nach den Links „Tourism"
oder „Turismo" suchen.

Abruzzen (www.abruzzo
turismo.it)

Aostatal (www.regione.vda.
it/turismo)

Apulien (www.viaggiarein
puglia.it)

Basilikata (www.aptbasili
cata.it)

Emilia-Romagna (www.
emiliaromagnaturismo.it)

Friaul-Julisch Venetien
(www.turismo.fvg.it)

Kalabrien (www.turiscalabria.
it)

Kampanien (www.incampa
nia.com)

Latium (www.ilmiolazio.it)

Ligurien (www.turismoinli
guria.it)

Lombardei (www.turismo.
regione.lombardia.it)

Marken (www.le-marche.com)

Molise (www.regione.molise.
it/turismo)

Piemont (www.piemonteitalia.
eu)

Sardinien (www.sardegna
turismo.it)

Sizilien (www.regione.sicilia.
it/turismo)

Toskana (www.turismo.
intoscana.it)

**Trentino-Alto Adige (Süd-
tirol)** (www.visittrentino.it)

Umbrien (www.regione
umbria.eu)

Venetien (www.veneto.to)

ENIT-Büros im Ausland

Der **Italienische Fremden-
verkehrsverband ENIT**
(www.enit.it) hat Büros in
Deutschland, Österreich und
der Schweiz, die Adressen
finden sich auf der Home-
page.

Unterkunft

Das Spektrum der Un-
terkünfte in Italien reicht
von nobel bis skurril – mit
entsprechenden Preisunter-
schieden. Die Angebote sind
unglaublich vielfältig, von familiengeführten *pensioni* und
Designerhotels über stilvolle
B&Bs, gut betreute Apart-
ments, *agriturismi* (Ferien
auf dem Bauernhof) bis zu
rifugi (Berghütten) für müde
Bergwanderer. Noch eine
größere Herausforderung
für die Vorstellungskraft sind
luxuriöse Landvillen, Burgen
und Schlösser sowie absolut
ruhige Konvente und Klöster.
Hier einige Tipps zur Wahl
der passenden Unterkunft:

➡ In der Hochsaison sollte
man frühzeitig buchen, im
Sommer besonders in den
beliebten Küstenregionen
oder im Winter in den
Wintersportgebieten. In
den Stadtzentren kann
man sich meist auf sein
Glück verlassen, allerdings
sollte man auch hier, wenn
besondere Veranstaltungen
anstehen (wie die Möbel- und
Modemessen in Mailand),
rechtzeitig buchen.

➡ Die Preise können
saisonal extrem schwan-
ken; an Ostern, in den
Sommermonaten
und an Weihnachten/
Neujahr werden generell
Hauptsaisonpreise verlangt.
Die Saisonzeit richtet sich
aber auch nach der Lage:
In den Bergen zahlt man in
der Skisaison (Dez.–März)
die höchsten Preise, an
der Küste in den Monaten
Juli und August. Dagegen
fallen in den Städten im
Sommer die Preise, vor allem
im August, wenn manche
Hoteliers nur noch den
halben Preis verlangen.

➡ Die Preise hängen sehr von
der Lage der Unterkunft ab.
Eine Unterkunft im unteren
Preissegment in Venedig
oder Mailand ist auf dem
Lande meist schon eine recht
gute Bleibe der mittleren
Klasse. Wo möglich, sind
in diesem Reiseführer die
Preise der Hochsaison
angegeben. Halbpension
bedeutet Frühstück und
Mittag- oder Abendessen;
Vollpension beinhaltet
Frühstück, Mittag- und
Abendessen.

➡ Einige Hotels, besonders
die in den unteren Preis-
klassen, ändern ihre Preise
im Jahresverlauf kaum.
In der Nebensaison ist es
völlig in Ordnung, sich für
eine preiswerte Unterkunft
zu entscheiden, besonders
wenn man mehrere Tage
bleiben will. Auch Last-
Minute-Angebote im Internet
können recht lohnend sein.
Empfehlenswert sind u.a.
www.lastminute.com, www.
booking.com und www.
hotelsitalyonline.com

➡ Hotels verlangen in der
Regel eine Bestätigung
der Reservierung
durch die Angabe der
Kreditkartennummer. Bei
Nichterscheinen ohne
Stornierung wird zumindest
eine Nacht berechnet.

Apartments

Um in italienischen Groß-
städten selbst eine Mietwoh-
nung zu finden, investiert
man viel Mühe und erhebliche Zeit. Besser ist es, über
ein Vermittlungsbüro gegen
eine Gebühr eine Wohnung
zu mieten. Ein kleines Apartment in der Nähe des römischen Stadtzentrums kostet
pro Monat rund 1000 €
plus Kaution, in Städten wie
Florenz, Mailand, Neapel und
Venedig etwa das Gleiche.

Apartments und Ferien-
villen, die zur Vermietung
bereit stehen, finden sich oft

UNTERKÜNFTE ONLINE BUCHEN

Weitere Hotelbewertungen durch Autoren von Lonely
Planet findet man auf der Verlags-Website www.
lonelyplanet.com/cuba/hotels. Dort stehen neutrale
Beschreibungen, aber auch Empfehlungen für die
schönsten Unterkünfte. Und das Beste: Alle genannten
Einrichtungen kann man auch gleich online buchen.

in Publikationen vor Ort, wie zum Beispiel in der zwei mal wöchentlich in Rom erscheinenden **Porta Portese** (www.portaportese.it) und der vierzehntägig erscheinenden **Wanted in Rome** (www.wantedinrome.com). Eine weitere Möglichkeit ist, sich ein Apartment zu teilen. Dazu liest man am besten die Aushänge an den Universitäten, die Studentenwohnungen mit freien Zimmern anbieten. Die Touristenbüros in den Touristenhochburgen (im Sommer die Küstenorte, im Winter die Wintersportgebiete) halten ebenfalls Listen mit Apartments und Ferienvillen bereit.

Für kürzere Aufenthalte gibt es reichlich Angebote an Apartments, Studios und Zimmern von verschiedenen Veranstaltern, auch im Internet. Hier eine Auswahl:

Guest in Italy (www.guestinitaly.com) Die Online-Agentur arbeitet ausschließlich in Italien und bietet Wohnungen (meist für 2–4 Pers.) für 120 bis 450 € pro Nacht an.

Homelidays (www.homelidays.com) Mehr als 16 000 Ferienwohnungen aller Couleur in ganz Italien.

Holiday Lettings (www.holidaylettings.co.uk) Vermietet über 14 000 Wohnungen und Villen im ganzen Land.

Interhome (www.interhome.co.uk) Beim britischen Anbieter Interhome werden Wohnungen wochenweise vermietet, die Preise liegen bei rund 720 € für 2–3 Personen im Zentrum von Rom.

B&Bs (Frühstückspensionen)

Frühstückspensionen sind auf dem italienischen Übernachtungsmarkt immer stärker im Kommen und sind inzwischen überall sowohl in der Stadt als auch auf dem Land verbreitet. Auch hier ist die Bandbreite an Unterkünften groß und reicht vom restaurierten Bauernhof über Stadtpaläste und Bungalows an der Küste bis hin zum

DIE ÜBERNACHTUNGSSTEUER

Die umstrittene *tassa di soggiorno* (Übernachtungssteuer) wurde in Italien im Jahre 2011 eingeführt und bedeutet eine Extragebühr von 1 bis 5 € pro Nacht und Zimmer.

Der genaue Aufpreis hängt von verschiedenen Faktoren ab, darunter von der Art der Unterkunft (Campingplatz, Gästehaus, Hotel), der Anzahl der Sterne bei einem Hotel und der Zahl der gebuchten Personen. Kinder sind in manchen Städten von der Steuer befreit, aber die Altersgrenze kann sehr variieren.

Die meisten Angaben in diesem Buch gelten ohne Hotelsteuer, aber man sollte bei der Buchung immer nachfragen, ob die Steuer enthalten ist oder nicht. Zum Zeitpunkt der Niederschrift dieses Buches gab es die Hotelsteuer in mehr als 40 Kommunen und Regionen, darunter Ancona, Aosta, Assisi, Bologna, Cagliari, Capri, Catania, Florenz, Friaul-Julisch Venetien, Genua, Ischia, Mailand, Lago di Como, Lago di Garda, Lago Maggiore, Lecce, Lipari, Otranto, Padua, Pisa, Ravello, Rimini, Rom, Salerno, Sizilien, Siena, Sorrento, Stresa, Trentino, Turin, Verbania und Venedig.

klassischen Zimmer in einem Privathaus. Die Preise pro Person variieren deutlich und liegen zwischen 30 und 100 €. Weitere Informationen bietet die Seite **Bed & Breakfast Italia** (www.bbitalia.it).

Berghütten

In den Alpen, im Apennin und anderen Bergregionen gibt es ein Netz von *rifugi*, die Wanderern normalerweise von Juli bis September offenstehen. Die Gäste werden meistens in Schlafsälen untergebracht, größere Hütten bieten auch Doppelzimmer. Die Übernachtung (meist mit Frühstück) kostet je nach Ausstattung der Hütte zwischen 20 und 30 €, die Doppelzimmer natürlich etwas mehr. Ein herzhaftes Abendessen schlägt mit rund 10 bis 15 € zu Buche.

Rifugi sind auf guten Wanderkarten verzeichnet. Liegen sie in direkter Nähe zu Sesselliften oder Seilbahnen, sind sie entsprechend frequentierter und teurer. Andere befinden sich hoch in den Bergen und sind nur nach einem langen Fußmarsch

erreichbar. Wichtig ist eine Reservierung im Voraus. Weitere Informationen geben die örtlichen Touristeninformationen.

Viele Hütten werden vom italienischen Alpenverein, dem **Club Alpino Italiano** (CAI; www.cai.it), betrieben. Mitglieder der deutschsprachigen Alpenvereine (DAV, OEAV, SAC/CAS) können zu ermäßigten Preisen übernachten und ein Essen bekommen.

Camping

Die Mehrzahl der italienischen Campingplätze sind große Ferienanlagen mit Pools, Restaurants und Supermärkten, klassifiziert werden sie nach einem Sternesystem. Die Übernachtungspreise richten sich nach der Saison und sind naturgemäß im Juli und August am höchsten. Einige Plätze bieten All-inclusive-Preise, bei anderen werden jede Person sowie Zelt, Auto und Wohnwagen separat berechnet. In der Hochsaison werden zwischen 10 und 20 € pro Erwachsenem verlangt, Kinder unter zwölf Jahren sind frei oder bezahlen maximal 12 €,

ÜBERNACHTUNGSPREISE

Die folgenden Preisangaben beziehen sich auf ein Doppelzimmer mit Bad (ohne Frühstück) in der Hochsaison.

KATEGORIE	RESTLICHES ITALIEN	ROM	VENEDIG
€	weniger als 110 €	120 €	120 €
€€	110–200 €	120–250 €	120–220 €
€€€	mehr als 200 €	250 €	220 €

für einen Stellplatz werden 5 bis 25 € verlangt.

Die italienischen Campingplätze sind so gelegen, dass man eigentlich ein eigenes Fahrzeug braucht, es gibt aber auch einige, die mit öffentlichen Verkehrsmitteln erreichbar sind. In den Großstädten sind die Plätze oft weit von der Altstadt entfernt. Viele, aber nicht alle, haben Plätze für Wohnmobile. Wer zelten will, muss seine eigene Ausrüstung mitbringen, nur wenige Anlagen vermieten Zelte. Die Alternative sind manchmal Bungalows oder Selbstversorgerwohnungen (in der Hauptsaison beträgt die Mindestmietzeit häufig eine Woche).

Größere Buchhandlungen verkaufen den jährlich neu vom Touring Club Italiano (TCI) herausgegebenen *Campeggi e Villaggi turistici* (Campingplätze und Feriendörfer, 14,90 €), eine Aufstellung italienischer, korsischer, französischer, spanischer und kroatischer Campingplätze.

Adressen von Campingplätzen gibt es auch bei den örtlichen Touristenbüros oder online:

Campeggi.com (www.campeggi.com)

Camping.it (www.camping.it)

Italcamping.it (www.italcamping.it)

Canvas Holidays (www.canvasholidays.co.uk)

Eurocamp (www.eurocamp.co.uk)

Keycamp (www.keycamp.co.uk)

Select Sites (www.selectsite.com)

Ferienvillen

Die Villenszene war lange der toskanischen Sonne vorbehalten, aber in den letzten Jahren boomt dieses Geschäft landauf, landab. Agenturen preisen Villen in wunderschöner ländlicher Umgebung an – oft nicht weit von den bezaubernden mittelalterlichen Städten und den Stränden des Mittelmeers entfernt. Es gibt Dutzende von Anbietern.

Siglinde Fischer (www.siglinde-fischer.de) Deutschsprachige Website mit zahlreichen Hotels, Ferienhäusern etc.

Casamundo (www.casamundo.de) Deutschsprachige Website mit Ferienhäusern und Ferienwohnungen in ganz Europa.

Cuendet (www.cuendet.com) Ein langjährig etablierter Anbieter aus Mestre bei Venedig.

Ilios Travel (www.iliostravel.com) Die britische Firma vermietet Villen und Ferienwohnungen in Venedig, der Toskana, in Umbrien, Latium, den Marken, den Abruzzen und in Kampanien.

Invitation to Tuscany (www.invitationtotuscany.com) Hat eine große Zahl an Häusern im Programm, die Mehrzahl von ihnen liegt in der Toskana.

Summer's Leases (www.summerleases.com) Häuser in der Toskana und in Umbrien.

Long Travel (www.long-travel.co.uk) Spezialisiert auf Apulien, Sizilien, Sardinien und weitere Regionen südlich von Rom.

Think Sicily (www.thinksicily.com) Ausschließlich Häuser auf Sizilien.

Die folgenden Firmen bieten Villen und andere Hausarten für Urlauber im ganzen Land an:

Cottages to Castles (www.cottagestocastles.com) Britischer Anbieter, der Ferienvillen vermietet.

Parker Villas (www.parker-villas.co.uk) Die Webadresse ist zwar britisch, die Firma aber amerikanisch mit einem Büro in Italien. Sie vermietet Villen in ganz Italien.

Veronica Tomasso Cotgrove (www.vtcitaly.com) Die Londoner Firma bietet eine kleine, handverlesene Liste an Landhäusern in der Toskana und Umbrien an, außerdem Wohnungen in Venedig, Rom, Florenz, Siena und Orvieto.

Hostels

Ostelli per la gioventù (Jugendherbergen) werden von der **Associazione Italiana Alberghi per la Gioventù** (AIG; Karte S. 104; ☎06 487 11 52; www.aighostels.com) verwaltet, sie ist Mitglied von **Hostelling International** (HI; www.hihostels.com). Mit einer gültigen HI-Karte kann man in allen der Associazione angeschlossenen Häusern günstig übernachten. Der Jugendherbergsausweis ist im Heimatland oder unterwegs in den Jugendherbergen zu erwerben.

Eine komplette Liste aller italienischen Häuser mit Preis- und Ortsangabe kann online abgerufen werden. Die Übernachtungspreise für ein einfaches Bett in einem Schlafsaal liegen zwischen 16 und 30 €, in der Regel schließt der Preis ein Frühstücksbüffet mit ein. Häufig wird in den Häusern auch für rund 10 € ein Mittag- oder Abendessen angeboten. Viele Häuser bieten inzwischen auch Einzel-/Doppelzimmer (ca. 30/50 €) und Familienzimmer an.

Einige wenige AIG-Hostels sind mittags für ein paar Stunden geschlossen, abends ist meist um 23 oder 24 Uhr Sperrstunde (meist wird das aber nicht mehr so streng gahandhabt wie in der Vergangenheit).

Neben den HI-Hostels gibt es eine steigende Zahl an unabhängigen Hostels, die sich oft kaum von Budgethotels unterscheiden. Eine der vielen Webseiten zu diesem Thema ist www.hostelworld.com.

Hotels & Pensioni

Obwohl der Unterschied zwischen einem *albergo* (Hotel) und einer *pensione* oft nur minimal ist, hat eine *pensione* im Allgemeinen die Qualität von drei Sternen, während ein *albergo* mit bis zu fünf Sternen ausgezeichnet sein kann. *Locande* (Gaststätten) hatten lange Zeit das gleiche Niveau wie *pensioni,* aber die Bezeichnung ist in manchen Regionen mittlerweile zum Modewort geworden und sagt daher nicht mehr viel über die Qualität eines Hauses aus.

Affittacamere sind Zimmer, die in Privathäusern vermietet werden. Die angebotenen Zimmer sind in der Regel eher einfach ausgestattet.

Bei der Qualität gibt es enorme Spannweiten, das offizielle Sterne-System kann nur eine erste Orientierung bieten. Hotels/*pensioni* mit einem Stern haben zweckmäßig eingerichtete Zimmer ohne eigenes Bad. Bei den 2-Sterne-Häusern haben die Zimmer meist ein eigenes Bad. 3-Sterne-Unterkünfte bieten ihren Gästen einen ordentlichen Standard. 4- und 5-Sterne-Hotels sind für gehobene Ansprüche mit vielerlei Annehmlichkeiten wie Zimmerservice und Wäscherei.

Die Hotelpreise sind natürlich in den Touristenhochburgen und im Norden des Landes am höchsten. Eine *camera singola* (Einzelzimmer) ist ab 30 € zu haben, die Preise für eine *camera doppia* (Doppelzimmer mit zwei Betten) oder *camera*

AUSSERGEWÖHNLICHE UNTERKÜNFTE

Für alle, die auf der Suche nach extravaganten Unterkünften sind, bietet Italien eine ganze Fülle an Übernachtungsmöglichkeiten.

➡ Ganz in der Nähe von Italiens Stiefelabsatz werden Trulli vermietet – die charakteristischen, weiß getünchten konischen Häuser sind im Süden Apuliens zu finden.

➡ Auf der Insel Pantelleria, auf halben Weg zwischen Sizilien und Afrika, schläft man in einem *dammuso*: Das traditionelle Haus hat dicke, weiß getünchte Wände und eine flache Kuppel.

➡ Kreuzfahrt vor Norditalien auf der *Ave Maria*, einem Hotelschiff, das eine siebentägige Reise von Mantua nach Venedig macht und dabei kulturelle und kulinarische Zwischenstopps einlegt, bei denen man auch mit dem Fahrrad von einem zum anderen Ort fahren kann.

➡ In Friaul-Julisch Venetien kann man in einer *albergo diffuso*, das dörfliche Leben entdecken; ein vielversprechendes Konzept, bei dem die Selbstversorger-Apartments in benachbarten Häusern über eine zentrale Rezeption an die Gäste vermietet werden.

matrimoniale (Doppelzimmer mit einem Doppelbett) beginnen ab 50 €.

Die meisten Touristeninformationen verfügen über aktuelle Verzeichnisse der Unterkünfte vor Ort. Viele Hotels sind an (eine ständig wachsende Zahl) Online-Vermittlungsdienste angeschlossen. Nützliche Seiten zur Information sind z. B.:

Alberghi in Italia (www.alberghi-in-italia.it)

All Hotels in Italy (www.hotelsitalyonline.com)

Hotels web.it (www.hotels web.it)

In Italia (www.initalia.it)

Travel to Italy (www.travel-to-italy.com)

Konvente & Klöster

Einige Konvente und Klöster haben einen Teil ihrer Klosterzellen bzw. Räume zu Gästezimmern umfunktioniert und freuen sich über Gäste, andere nehmen ausschließlich Pilger oder Besucher auf, die sich zu einer religiösen Einkehr zurückziehen wollen. Viele haben eine

frühe Sperrstunde, dafür sind die Übernachtungspreise vergleichsweise günstig.

Eine nützliche, wenn auch bereits ältere Veröffentlichung ist das Buch von Eileen Barish *The Guide to Lodging in Italy's Monasteries*. Aktueller ist das Buch von Charles M. Shelton: *Beds and Blessings in Italy: A Guide to Religious Hospitality*. Folgende andere Quellen können bei der Suche hilfreich sein:

MonasteryStays.com (www.monasterystays.com) Ein gut organisiertes Online-Buchungssystem für Kloster- und Konventaufenthalte.

In Italy Online (www.initaly.com/agri/convents.htm) Diese Seite lohnt das Stöbern: Hier sind Klöster und Konvente in den Abruzzen, der Emilia-Romagna, in Latium, Ligurien, der Lombardei, Apulien, Sardinien, Sizilien, Toskana, Umbrien und dem Veneto aufgeführt. Wer einen Online-Newsletter mit den Adressen zugeschickt bekommen möchte, muss dafür eine Gebühr von 4,50 € bezahlen.

AGRITURISMI – FERIEN AUF DEM BAUERNHOF

Auf einem der in Italien immer mehr werdenden *agriturismi* (Ferienbauernhöfe) können die Touristen das Leben auf dem Lande kennenlernen In der Toskana und in Umbrien boomt diese Art der Unterkunft schon lange, sie breitet sich nun aber langsam im ganzen Lande aus. Alle *agriturismi* müssen wenigstens ein eigenes Produkt anbauen oder züchten. Die Unterkünfte selbst sind rustikale Landhäuser mit einer Handvoll Olivenbäume oder gar elegante Landsitze mit sprudelnden Pools, aber auch voll bewirtschaftete Bauernhöfe, auf denen die Gäste mit zulangen können.

Jedes Touristenbüro hilft bei der Suche von *agriturismi* gerne weiter. Alternativ kann man auch eine der folgenden Websites anklicken:

➡ **Agritour** (www.agritour.net)
➡ **Agriturist** (www.agriturist.com)
➡ **Agriturismo.it** (www.agriturismo.it)
➡ **Agriturismo.net** (www.agriturismo.net)
➡ **Agriturismo.com** (www.agriturismo.com)
➡ **Agriturismo-Italia.net** (www.agriturismo-italia.net)
➡ **Agriturismo Vero** (www.agriturismovero.com)

Chiesa di Santa Susana (www.santasusanna.org/comingToRome/convents.html) Die amerikanische katholische Kirche in Rom hat Unterkünfte in Klöstern und Konvents in ganz Italien gesammelt und sie auf ihrer Homepage veröffentlicht. Wichtig ist zu wissen, dass es sich bei einigen Adressen nur um Wohnungen von Ordensleuten handelt, die nicht wirklich eine klösterliche Atmosphäre ausstrahlen. Die Kirche übernimmt allerdings keine Buchungen; wer sich für einen Ort konkret interessiert, muss direkt mit dem jeweiligen Haus Kontakt aufnehmen.

Versicherung

Eine Reisegepäck- und Reiserücktrittsversicherung ist immer äußerst sinnvoll. Zahlt man die Flugtickets mit der Kreditkarte, ist oft sogar eine Reiseunfallversicherung im Leistungspaket inbegriffen. Am besten fragt man vor der Reise die ausgebende Bank, was im Paket enthalten ist.

Weltweit gültige Reiseversicherungen können online über www.lonelyplanet.com/travelinsurance abgeschlossen werden. Versicherungen lassen sich auch erweitern – auch wenn man schon unterwegs ist.

Visa

➡ Für EU-Bürger besteht keine Visumspflicht, auch Schweizer Staatsangehörige brauchen für einen Aufenthalt von bis zu 90 Tagen zu Besuchszwecken kein Visum. Zur Einreise genügt ein gültiger Personalausweis.

➡ EU-Bürger, die in Italien dauerhaft arbeiten oder leben wollen, benötigen dafür keine Genehmigung. Allerdings müssen sie beim örtlichen Meldeamt ihren Wohnsitz angeben, außerdem müssen sie ihren Arbeitgeber nennen oder nachweisen, dass sie aus eigenen Mitteln für ihren Unterhalt sorgen können.

➡ Um arbeiten zu können, sind Steuerformalitäten zu klären.

Permesso di Soggiorno

Bürger aus Nicht-EU-Ländern benötigen für einen längeren Aufenthalt – etwa zur Berufsausübung oder einen Studienaufenthalt – einen *permesso di soggiorno*; Touristen, die in Hotels wohnen, sind davon in der Regel ausgenommen.

Welche Papiere genau nötig sind, kann sich oft ändern. Die neuesten Bestimmungen dazu finden sich online auf www.poliziadistato.it
EU-Bürger benötigen keine solche Genehmigung.

Zeit

➡ Italien gehört zur selben Zeitzone wie Deutschland, Österreich und die Schweiz.

➡ Auch in Italien wird zwischen der Winter- und der der Sommerzeit unterschieden: Am letzten Sonntag im März werden die Uhren um eine Stunde vorgestellt, am letzten Sonntag im Oktober werden die Uhren wieder um eine Stunde zurückgedreht.

ZOLLFREIE EINFUHRMENGEN

Alkohol	1 l (oder 2 l Wein)
Parfüm	50 g
Eau de Toilette	250 ml
Zigaretten	200
andere Waren	Bis zu einem Wert von 175 €

Zoll

Zollfreie Warenverkäufe gibt es in der EU nicht mehr (nur in europäischen Flughäfen werden Waren noch steuerfrei verkauft). Italienreisende aus Nicht-EU-Ländern können einige Güter zollfrei einführen.

Alles jenseits der erlaubten Höchstgrenzen muss bei der Ankunft deklariert und verzollt werden. Beim Verlassen der EU können Nicht-EU-Bürger die Mehrwertsteuer auf teure Waren zurückbekommen.

Verkehrsmittel &-wege

AN- & WEITERREISE

Eine ganze Reihe von Fluggesellschaften bietet Flüge nach Italien an, die Konkurrenz der Billigflug-linien hat die Preise für Flüge von europäischen Flughäfen nach Italien immer weiter sinken lassen. Hervorragende Zug- und Busverbindungen vor allem in Norditalien sorgen für gute Verbindungen über Land. Auto- und Passagierfähren fahren alle wichtigen Hafenstädte der Mittelmeerländer an.

Flüge, Touren und Zugfahrkarten lassen sich einfach online über lonelyplanet.com/bookings buchen.

Einreise

➡ Jede Person ist gesetzlich dazu verpflichtet, sich jederzeit mit einem Personalausweis oder Reisepass ausweisen zu können. Die Vorlage des Ausweises verlangen Hotels auch für die polizeiliche Registrierung.

KLIMAWANDEL & REISEN

Der Klimawandel stellt eine ernste Bedrohung für unsere Ökosysteme dar. Zu diesem Problem tragen Flugreisen immer stärker bei. Lonely Planet sieht im Reisen grundsätzlich einen Gewinn, ist sich aber der Tatsache bewusst, dass jeder seinen Teil dazu beitragen muss, um die globale Erwärmung zu verringern.

Fliegen & Klimawandel

Fast jede Art der motorisierten Fortbewegung erzeugt CO_2 (die Hauptursache für die globale Erwärmung), doch Flugzeuge sind mit Abstand die schlimmsten Klimakiller – nicht nur wegen der großen Entfernungen und der entsprechend großen CO_2-Mengen, sondern auch weil sie diese Treibhausgase direkt in hohen Schichten der Atmosphäre freisetzen. Die Zahlen sind erschreckend: Zwei Personen, die von Europa in die USA und wieder zurück fliegen, erhöhen den Treibhauseffekt in demselben Maße wie ein durchschnittlicher Haushalt in einem ganzen Jahr.

Emissionsausgleich

Die englische Website www.climatecare.org und die deutsche Internetseite www.atmos fair.de bieten sogenannte CO_2-Rechner. Damit kann jeder ermitteln, wie viel Treibhausgase seine Reise produziert. Das Programm errechnet den zum Ausgleich erforderlichen Betrag, mit dem der Reisende nachhaltige Projekte zur Reduzierung der globalen Erwärmung unterstützen kann, beispielsweise Projekte in Indien, Honduras, Kasachstan und Uganda.

Lonely Planet unterstützt gemeinsam mit Rough Guides und anderen Partnern aus der Reisebranche das CO_2-Ausgleichs-Programm von climatecare.org. Alle Reisen von Mitarbeitern und Autoren von Lonely Planet werden ausgeglichen.

Weitere Informationen gibt es auf www.lonelyplanet.com

➤ Normalerweise gibt es keine Grenzkontrollen zwischen den EU-Ländern, sehr wohl aber zwischen der Schweiz und Italien.

Mit dem Flugzeug

Flughäfen & Fluglinien

Die wichtigsten internationalen Flughäfen Italiens sind der Flughafen **Leonardo da Vinci** (☎06 65 9 51; www. adr.it/fiumicino) in Rom und der Flughafen **Malpensa** (☎02 23 23 23; www. milanomalpensa1.eu/en) in Mailand. Auf beiden kommen Non-Stop-Flüge aus aller Welt an. Venedigs Flughafen **Marco Polo** (☎041 260 92 60; www.veniceairport.it; Viale Galileo Galilei 30/1, Tessera) wird ebenfalls von einigen Interkontinentalmaschinen angeflogen..

Dutzende internationale Fluglinien konkurrieren mit der italienischen Fluglinie Alitalia, die von der britischen Luftfahrtforschungsstelle Skytrax mit 3 Sternen ausgezeichnet wurde.

Innereuropäische Flüge gehen auch in viele andere italienische Städte. Zu den wichtigsten Fluglinien zählen Alitalia, Air France, British Airways, Lufthansa und KLM.

Billigfluglinien wie Ryanair und easyJet starten mittlerweile in immer mehr europäischen Städten und fliegen mehr als zwei Dutzend italienische Ziele an, darunter naturgemäß eher kleinere Flughäfen wie den **Ciampino** (☎06 65 9 51; www. adr.it/ciampino) in Rom.

Auf dem Landweg

Die Möglichkeiten, mit Bus, Bahn und Auto nach Italien zu reisen, sind riesig.

Grenzübergänge

Einmal abgesehen von den Küstenstraßen, die Slowenien bzw. Frankreich mit Italien verbinden, liegen die meisten Grenzübergänge in den Alpen. Im Winter nimmt man von Nordeuropa kommend die Alpentunnel, im Sommer sind die Alpenpässe (häufig werden Schneeketten benötigt) eine attraktive Alternative. Nachfolgend die wichtigsten Übergänge:

Österreich Von Innsbruck nach Bozen über die A22/E45 (Brennerpass) bzw. von Villach nach Tarvisio über die A23/E55.

Frankreich Von Nizza nach Ventimiglia über die A10/E80, von Modane nach Turin über die A32/E70 (Fréjus-Tunnel) bzw. von Chamonix nach Courmayeur über die A5/E25 (Mont-Blanc-Tunnel),

Slowenien Von Sežana nach Trieste über die SS58/E70.

Schweiz Von Martigny nach Aosta über die SS27/E27 (Großer-Sankt-Bernhard-Tunnel) oder von Lugano nach Como über die A9/E35.

Auto & Motorrad

AUS ANDEREN EUROPÄISCHEN LÄNDERN

➤ Jedes Fahrzeug, das eine internationale Grenze passiert, sollte mit einem Nummernschild des Landes versehen sein, in dem es registriert ist.

➤ Man sollte immer den Fahrzeugschein und einen Versicherungsnachweis bei sich führen. Wenn das Fahrzeug in einem EU-Land gemeldet ist, reicht die normale Versicherung des Heimatlandes aus. Die Versicherungsgesellschaft kann auf Anfrage ein European Accident Statement (EAS) ausstellen, das im Falle eines Unfalls die Dinge erheblich vereinfacht.

➤ Ein europäischer Schutzbrief lohnt sich, erhältlich beim heimischen Automobilclub bzw. in Italien beim italienischen Pendant, dem Automobile Club d'Italia.

➤ Die landschaftlich traumhaften Straßen in Italien sind geradezu maßgeschneidert für eine Motorradfahrt, entsprechend viele Motorräder sind jeden Sommer auf Italiens Landstraßen unterwegs. Wer mit einem Motorrad im Urlaub ist, braucht in der Regel keine Fähre vorzubuchen und darf auch in die Innenstädte mit Fahrverbot fahren. Helme und eine entsprechende Versicherung sind Pflicht.

Mit dem Bus

Am günstigsten reist man mit Bussen, allerdings fahren sie nicht so häufig, sind weniger bequem und deutlich langsamer als Züge.

Eurolines (www.eurolines. com) ist ein Zusammenschluss von europäischen Busgesellschaften, die Fahrten quer durch ganz Europa anbieten. Die Fernbusse in Richtung Italien fahren nach Mailand, Rom, Florenz, Venedig und in weitere italienische Städte. Eurolines bietet in der Nebensaison auch einen Bus-Pass für 15/30 Tage, der 215/320 € (185/ 250 € mit Ermäßigung) kostet. Mit dem Bus-Pass kann man unbegrenzt zwischen 51 europäischen Städten hin- und herfahren, in Italien u. a. nach Mailand, Venedig, Florenz und Rom. Im Hochsommer steigt der Preis auf 355/465 € (erm. 300/385 €).

Zug

Zwei ganzjährig befahrene Bahnstrecken verbinden Italien mit Frankreich: eine führt entlang der Küste Richtung Westen, die andere von Turin in die französischen Alpen. Züge fahren außerdem von Mailand Richtung Norden in die Schweiz und weiter nach Deutschland. Im Osten führen zwei Hauptstrecken in die wichtigsten Städte Mittel- und Osteuropas. Züge fahren Richtung Norden über den Brenner nach Innsbruck und von dort weiter nach Bregenz, Salzburg oder

DIREKTE ZUGVERBINDUNGEN VON EUROPÄISCHEN LÄNDERN NACH ITALIEN

VON	NACH	HÄUFIGKEIT	FAHRZEIT (STD.)	PREIS (€)
Genf	Mailand	4-mal tgl.	4	78
Genf	Venedig	1-mal tgl.	7	108
München	Florenz	1-mal pro Nacht	9¼	111
München	Rom	1-mal pro Nacht	12¼	145
München	Venedig	1-mal pro Nacht	9	116
Paris	Mailand	3-mal tgl.	7	98
Paris	Rom	1-mal pro Nacht	12½	120
Paris	Turin	3-mal tgl.	5½	98
Paris	Venedig	1-mal pro Nacht	13½	120
Wien	Mailand	1-mal pro Nacht	14	109
Wien	Rom	1-mal pro Nacht	14	99
Zürich	Mailand	6-mal tgl.	3¾	69

München. Züge über den Grenzbahnhof Tarvisio fahren weiter nach Salzburg, Wien und Prag. Die wichtigste Zugstrecke nach Slowenien überquert bei Triest die Grenze.

Je nach Strecke sind die Züge eine deutliche Konkurrenz für die Flugzeuge. Wer aus den Nachbarländern nach Norditalien reist, für den ist es weitaus komfortabler, günstiger und zeitsparender, den Zug zu nehmen als zu fliegen.

Wer jedoch aus Norddeutschland, den östlichen Bundesländern Österreichs oder Osteuropa nach Italien reisen will, für den ist das Flugzeug zweifelsohne das günstigere und schnellere Transportmittel. Einmal abgesehen davon, ist es ökologischer, die Bahn zu nehmen: Auf einer vergleichbaren Strecke verbraucht man zehnmal weniger Kohlendioxid pro Person als mit dem Flugzeug.

ANREISE AUS MITTELEUROPA

➡ Auf internationalen Strecken von/nach Italien empfiehlt sich eine Platzreservierung (teilweise ist sie sogar zwingend vorgeschrieben).

➡ Auch Autoreisezüge fahren nach Italien.

➡ Wer lange Strecken über Nacht zurücklegt, für den lohnt sich ein Schlafwagen: Der Extrapreis ist lange nicht so hoch wie die Kosten für eine Nacht im Hotel.

Übers Meer

Viele Reedereien unterhalten Fährverbindungen zwischen italienischen Häfen und den übrigen Mittelmeerhäfen. Viele Linienfahrten werden jedoch ausschließlich über den Sommer angeboten, dann sind auch die Preise am höchsten. Der Preis für das Fahrzeug hängt von dessen Größe ab.

Sehr hilfreich ist die Website www.traghettionline.com (auf Italienisch), die alle Fährlinien im Mittelmeer aufführt. Ebenfalls hilfreich für Fahrten nach Griechenland ist www.ferries.gr

Die folgenden Reedereien fahren italienische Häfen an:

Adria Ferries (www.adriaferries.com)

Agoudimos Lines (www.agoudimos-lines.com)

Anek Lines (www.anek.gr)

Blue Star Ferries (www.bluestarferries.com)

Commodore Cruises (www.commodore-cruises.hr)

GNV (Grandi Navi Veloci; www.gnv.it)

Grimaldi (www.grimaldi-lines.com)

Jadrolinija (www.jadrolinija.hr)

Minoan Lines (www.ferries.gr/minoan)

Moby Lines (☎199 30 30 40; www.moby.it)

Montenegro Lines (www.montenegrolines.net)

SNAV (www.snav.it)

Superfast (www.superfast.com)

Tirrenia (☎0923 03 19 11; www.tirrenia.it)

Venezia Lines (☎041 882 11 01; www.venezialines.com)

Ventouris (www.ventouris.gr)

Virtu Ferries (☎095 703 12 11; www.virtuferries.com)

UNTERWEGS VOR ORT

Dank des italienischen Netzes an Zügen, Bussen,

INTERNATIONALE FÄHRVERBINDUNGEN AB ITALIEN

Zielland	Zielhafen/-häfen	Italienische Häfen	Fährgesellschaft
Albanien	Durrës	Bari	Ventouris
	Durrës	Bari, Ancona, Triest	Adria Ferries
	Vlora	Brindisi	Agoudimos Lines
Frankreich (Korsika)	Bastia	Livorno, Genua	Jadrolinija
	Bonifacio	Santa Teresa di Gallura (Sardinien)	SNAV
Griechenland	Kefalonia, Korfu, Igoumenitsa, Patras, Zakynthos	Brindisi	SNAV
	Korfu, Igoumenitsa, Patras	Bari	Jadrolinija
	Igoumenitsa, Patras	Ancona	Venezia Lines
	Igoumenitsa, Patras	Venedig	Agoudimos Lines
	Igoumenitsa, Patras	Triest, Ancona	Blue Star Ferries, Superfast
Kroatien	Dubrovnik	Bari	Superfast, Anek Lines, Blue Star Ferries
	Hvar	Pescara	Anek Lines
	Split	Ancona, Pescara	Minoan Lines
	Split, Zadar	Ancona	Virtu Ferries
	Umag, Poreč, Rovinj, Pula, Rabac, Mali Lošinj,	Venedig	Montenegro Lines
Malta	Valletta	Pozzallo, Catania	GNV
Montenegro	Bar	Bari	Grimaldi
Marokko	Tanger	Genua	Commodore Cruises
	Tanger	Livorno	GNV
Slowenien	Piran	Venedig	Grimaldi
Spanien	Barcelona	Genua	GNV
	Barcelona	Civitavecchia, Livorno, Porto Torres	Tirrenia
Tunesien	Tunis	Genua, Palermo	Grimaldi
	Tunis	Genua	Moby Lines
	Tunis	Civitavecchia, Palermo, Salerno, Trapani	Moby Lines

Fähren und Nahverkehrsverbindungen lässt sich jeder Ort in Italien schnell und relativ bequem erreichen.

Wer mit dem eigenen Auto unterwegs ist, genießt natürlich eine größere Freiheit, aber *benzina* (Benzin) und die Maut auf der *autostrada* (Autobahn) sind teuer, ganz abgesehen von dem gewöhnungsbedürftigen Fahrstil der Italiener. Für viele überwiegt der Stress des Fahrens und der Parkplatzsuche die Freude über einen Autoausflug aufs Land. Für sie empfiehlt sich das Umsteigen auf Regionalbahnen und -busse. Und für Fahrten in ganz abgelegene Gebiete kann man dann immer noch einen Leihwagen nehmen.

Auto & Motorrad

Italiens ausgedehntes Straßennetz besteht

aus verschiedenen Straßenkategorien. Zu den wichtigsten gehören:

➡ *Autostradas* – Ein ausgedehntes privatisiertes Autobahnnetz, das auf Schildern am weißen „A" erkennbar ist, gefolgt von einer Nummer auf grünem Grund. Die wichtigste Nord-Süd-Verbindung ist die Autostrada del Sole (die „Sonnenautobahn"), die von Mailand nach Reggio di Calabria führt (sie umfasst die A1 von Mailand nach Rom, die A2 von Rom nach Neapel und die A3 von Neapel nach Reggio di Calabria). Auf den meisten Autobahnen wird eine Maut erhoben, die man entweder bar oder per Kreditkarte beim Verlassen der Autobahn zahlt.

➡ *Strade statali* (Bundes- oder Fernstraßen) Auf Straßenkarten sind sie mit „S" oder „SS" gekennzeichnet. Das Spektrum reicht von mautfreien vierspurigen Fernstraßen bis hin zu zweispurigen Hauptstraßen, auf denen man – vor allem in den Bergen – extrem langsam vorankommt.

➡ *Strade regionali* Die regionalen Hauptstraßen verbinden kleine Dörfer und sind mit „SR" oder „R" in den Karten verzeichnet.

➡ *Strade provinciali* Die Provinz-Fernstraßen tragen die Kennzeichnung „SP" oder „P".

➡ *Strade locali* Die lokalen Straßen in und um Dörfer sind oft nicht einmal geteert und sind teilweise auch gar nicht in den Kartenwerken eingetragen.

Infos über Entfernungen, Fahrzeiten und Spritpreise auf de.mappy.com. Zusätzliche Informationen über Straßenzustand und Mautgebühren finden sich auf www.autostrade.it

Automobilclubs
Der **Automobile Club d'Italia** (ACI; ☏von nicht-italienischen Handys aus 800

116800, Pannenhilfe 803116; www.aci.it) ist die beste Hilfe für Autofahrer in Italien. Ausländer brauchen bei Inanspruchnahme der Pannenhilfe nicht Mitglied zu werden, sondern zahlen eine einmalige Gebühr.

Fahrzeugverleih
AUTO

➡ Wenn man ein Auto per Internet vorbucht, ist das meist preiswerter, als es direkt vor Ort zu mieten. Die Online-Buchungsagentur **Rentalcars.com** (www.rentalcars.com) stellt Preisvergleiche für verschiedene Verleihfirmen an.

➡ Die Fahrer müssen generell über 25 Jahre sein, eine Kreditkarte und einen nationalen Führerschein vorlegen.

➡ Es lohnt sich, einen Kleinwagen zu nehmen: Er braucht weniger Benzin, ist besser in den engen Altstadtgassen zu navigieren und erleichtert das Einparken in die häufig schmalen Parkplätze.

➡ Vorab sollte man mit der eigenen Kreditkartengesellschaft klären, ob die Karte eine Haftpflicht beinhaltet, wenn man mit ihr der Mietpreis bezahlt wird. Internationale Verleihfirmen:

Auto Europe (www.autoeurope.com)

Avis (www.avis.com)

Budget (☏800 472 33 25; www.budget.com)

Europcar (www.europcar.com)

Hertz (www.hertz.it)

Holiday Cars (www.holidaycars.com)

Italy by Car (☏334 6481920; www.italybycar.it)

Maggiore (☏199 151120; www.maggiore.it)

Führerschein
Die nationalen Führerscheine aus Deutschland, Österreich und der Schweiz sind auch in Italien gültig.

Treibstoff & Ersatzteile
Die Spritpreise in Italien gehören zu den höchsten in ganz Europa und sind an jeder Tankstelle (*benzinaio*, *stazione di servizio*) unterschiedlich. Zur Zeit der Recherche für dieses Buch kostete bleifreies Benzin (*senza piombo*, 95 Oktan) im Durchschnitt 1,77 € pro Liter und Diesel (*gasolio*) 1,66 € pro Liter. Aktuelle Zahlen findet man auf der Website des deutschen ADAC.

Ersatzteile gibt es in vielen Werkstätten oder über die 24-Stunden-Hotline des ACI ☏803116 (oder ☏800 116800 von einem nicht-italienischen Handyaccount).

MOTORRAD
Mietwagenfirmen in ganz Italien verleihen auch Zweiräder – von der kleinen Vespa bis hin zu Tourenmaschinen. Der Mietpreis beginnt bei rund 35/150 € pro Tag/Woche für einen 50cm^3-Roller und steigert sich bis zu 80/400 € pro Tag/Woche für eine 650cm^3-Maschine.

Verkehrsregeln

➡ In Italien herrscht Rechtsverkehr. Wenn nicht anders angegeben, haben an Kreuzungen Fahrzeuge von rechts Vorfahrt.

➡ Es besteht eine generelle Anschnallpflicht (vorne und hinten), wer unangeschnallt erwischt wird, muss sofort vor Ort ein Bußgeld zahlen. Auf zweirädrigen Fahrzeugen ist ein Helm vorgeschrieben.

➡ Abblendlicht ist auf *autostradas* Tag und Nacht für alle Fahrzeuge verpflichtend und für die Motorräder zumindest auch auf kleineren Straßen ratsam.

➡ Im Falle einer Panne muss ein Warndreieck aufgestellt werden, außerdem ist das Tragen einer gelben oder orangen Warnweste außerhalb des Fahrzeugs

Entfernungen (KM)

	Bari	Bologna	Florenz	Genua	Mailand	Neapel	Palermo	Perugia	Reggio di Calabria	Rom	Siena	Trient (Trento)	Triest	Turin	Venedig
Bologna	681														
Florenz	784	106													
Genua	996	285	268												
Mailand	899	218	324	156											
Neapel	322	640	534	758	858										
Palermo	734	1415	1345	1569	1633	811									
Perugia	612	270	164	432	488	408	1219								
Reggio di Calabria	490	1171	1101	1325	1389	567	272	816							
Rom	482	408	302	526	626	232	1043	170	664						
Siena	714	176	70	296	394	464	1275	103	867	232					
Trient (Trento)	892	233	339	341	218	874	1626	459	1222	641	375				
Triest	995	308	414	336	420	948	1689	543	1445	715	484	279			
Turin	1019	338	442	174	139	932	1743	545	1307	702	460	349	551		
Venedig	806	269	265	387	284	899	799	394	1296	567	335	167	165	415	
Verona	808	141	247	282	164	781	1534	377	1139	549	293	97	250	295	120

Hinweis
Bei Angaben für die Strecke zwischen Iermo und Städten auf dem Festland bleibt die Fährverbindung von Reggio di Calabria nach Messina unberücksichtigt. Für die Überfahrt sollte man etwa eine zusätzliche Stunde einkalkulieren.

Pflicht. Im Fahrzeug sollten ein Erste-Hilfe-Kasten, Ersatzlampen und ein Feuerlöscher mitgeführt werden.

→ Wer einen Roller unter 50cm³ Hubraum fährt, braucht zwar keinen Führerschein, muss aber über 14 Jahre alt sein und darf weder mit Beifahrer noch auf der Autobahn fahren. Wer ein Motorrad oder einen Roller bis zu 125cm³ Hubraum fahren will, muss mindestens 16 Jahre alt sein und einen Führerschein haben (Autoführerschein gilt auch). Für alle Maschinen über 125cm³ Hubraum braucht man einen eigenen Motorradführerschein. Auf den Autobahnen dürfen nur Maschinen mit über 150cm³ fahren.

→ Motorradfahrer dürfen in die für den Autoverkehr gesperrten Innenstadtbereiche der italienischen Städte fahren.

Die Verkehrspolizisten schauen oft nicht so genau hin, wenn man mit seinem Roller oder mit dem Motorrad auf dem Bürgersteig parkt.

→ In Italien gilt eine Promillegrenze von 0,5; vereinzelt werden Alkoholtests durchgeführt. Wer unter Alkoholeinfluss in einen Unfall verwickelt wird, muss mit harten Strafen rechnen.

→ Die Bußgelder für Geschwindigkeitsüberschreitungen folgen den EU-Richtlinien und hängen von der Höhe der Überschreitung ab. Die Geldstrafen reichen bis zu 3119 €, hinzu kommt ein 6- bis 12-monatiger Entzug der Fahrerlaubnis. Folgende Geschwindigkeitsbegrenzungen gelten:

Autostradas 130–150 km/h

Andere Huptstraßen 110 km/h

Nebenstraßen außerhalb geschlossener Ortschaften 90 km/h

Geschlossene Ortschaften 50 km/h

Mopeds überall 40 km/h

Bus

Strecken In Italien gibt es alle Angebote, von der langsamen Strecke, die sich durch alle Orte schlängelt, bis zu den schnellen Intercity-Verbindungen, die von zahlreichen Busgesellschaften angeboten werden.

Fahrpläne und Tickets Gibt es auf den Websites der Busgesellschaften und in örtlichen Touristenbüros. Die Tickets sind ein Allgemeinen ähnlich teuer wie die Zugfahrkarten und oft die einzige Möglichkeit, um in kleinere Orte zu gelangen. In größeren Städten haben die meisten Intercity-Busgesellschaften eigene Ticketschalter oder lassen ihre Tickets durch Reiseagenturen verkaufen. In Dörfern und sogar in manchen größeren Städten werden die Tickets in Bars oder im Bus selbst verkauft.

Vorausbuchungen Sind im Allgemeinen nicht nötig, aber für Nachtfahrten oder lange Fahrten in der Hochsaison sind sie doch empfehlenswert.

Fahrrad

Fahrradfahren ist in Italien sehr beliebt. Die folgenden Tipps machen die Fahrt zu einem sicheren Vergnügen:

➡ Wer sein eigenes Fahrrad im Flugzeug mitnehmen will, muss es auseinander bauen und für die Reise verpacken; unter Umständen wird ein Aufpreis fällig.

➡ Bitte immer Werkzeug, Ersatzteile, Helm, Beleuchtung und sicheres Schloss mitnehmen.

➡ Auf italienischen *autostradas* (Autobahnen) ist das Fahrradfahren nicht erlaubt.

➡ Fahrräder dürfen in extra gekennzeichneten Waggons in Zügen transportiert werden (nach dem Rad-Logo Ausschau halten). Für das Rad muss ein spezielles Fahrradticket gelöst werden, das 24 Stunden gültig ist und 3,50 € kostet. Einige internationale Züge, die auf der Homepage von Trenitalia unter „In treno con la bici" (mit dem Rad in der Bahn) zu finden sind, erlauben den Transport des komplett zusammengebauten Rads für 12 €. Bezahlt werden muss im Zug selbst. Fahrräder, die eingeklappt und in einer Tasche verstaut werden können, kosten nichts – selbst bei Fahrten in Nachtzügen.

➡ Auch auf vielen Fähren dürfen Rädern kostenfrei transportiert werden.

➡ Sowohl City- als auch Mountainbikes lassen sich in vielen Städten ausleihen. Die Leihgebühr beginnt bei 10/50 € pro Tag/Woche, für Mountainbikes wird etwas mehr verlangt. Einige Gemeinden, z. B. Rimini und Ravenna, bieten ihren Besuchern kostenfreie

Räder an, Gleiches gilt auch für eine Reihe von Hotels.

Flugzeug

Italien hat ein gut ausgebautes Netz für Inlandsflüge. Die privatisierte nationale Fluggesellschaft Alitalia ist die wichtigste italienische Fluglinie. Eine hilfreiche Suchmaschine zum Kostenvergleich verschiedener Fluglinien für Inlandsflüge ist **AZfly** (www. azfly.it).

Die Flughafengebühren sind schon im Ticketpreis enthalten.

Zu den vielen Billigfluganbietern innerhalb Italiens gehören die folgenden:

Air One (📞89 24 44; www. flyairone.com)

AirAlps (📞06 22 22; www. airalps.at)

Blu-express (📞06 9895 6666; www.blu-express.com)

Darwin Airline (📞06 8997 0422; www.darwinairline.com)

easyJet (📞199 201840; www. easyjet.com)

Meridiana (📞89 29 28; www. meridiana.it)

Ryanair (📞899 552589; www. ryanair.com)

Volotea (📞895 8954404; www.volotea.com)

Nahverkehr

Großstädte haben ein gutes öffentliches Nahverkehrsnetz mit Bussen und U-Bahnen. In Venedig sind die *vaporetti* (kleine Passagierboote) das Haupttransportmittel.

Bus & Metro

➡ Ein ausgedehntes Netz der *metropolitane* (Metros/U-Bahnen) gibt es in Rom, Mailand, Neapel und Turin; kleinere Metros fahren in Genua und Catania. Die *Minimetrò* in Perugia bindet nur den Bahnhof an die Innenstadt.

➡ Jede Stadt, egal wie groß sie auch ist, hat ein gut

funktionierendes *urbano*- (innerstädtisches) und *extraurbano*- (vorstädtisches) Busnetz. Die Abfahrtszeiten sind allerdings an Sonn- und Feiertagen eingeschränkt.

➡ Bus- und Metrotickets werden vor Einstieg in das Verkehrsmittel erworben und an Bord entwertet. Fahrgäste mit unentwertetem Fahrschein müssen in den meisten Städten mit einem Bußgeld zwischen 50 und 75 € rechnen. Tickets kauft man im *tabaccaio* (Tabakladen), an Zeitungsständen, Ticketschaltern oder -automaten in Busbahnhöfen oder U-Bahnstationen. Tickets kosten meist etwa 1,30 bis 1,80 €. In den meisten Städten gibt es für Touristen günstige 24-Stunden- oder Tageskarten.

Taxi

➡ Taxis können an den Taxiständen vor den Busbahnhöfen und Bahnhöfen herbeigerufen oder telefonisch geordert werden. In Italien fängt das Taxameter in dem Augenblick an zu laufen, in dem der Taxifahrer sich auf den Weg zum Kunden macht.

➡ Die Tarife sind von Region zu Region unterschiedlich. Viele Kurzfahrten kosten zwischen 10 und 15 €. Generell dürfen Taxifahrer nicht mehr als vier Fahrgäste gleichzeitig befördern.

Schiff/Fähre

Fahrzeuge *Navi* (große Fähren) fahren nach Sizilien und Sardinien, *traghetti* (kleine Fähren) und *aliscafi* (Hydrofoils) steuern die kleineren Inseln an. Viele Fähren transportieren Autos, Tragflügelboote (Hydrofoils) jedoch nicht.

Routen Die wichtigsten Fährhäfen für Fahrten nach Sizilien und Sardinien sind Genua, Livorno, Civitavecchia und Neapel. Weitere Fähren nach Sizilien fahren in Villa San Giovanni und Reggio Calabria ab. Die wichtigsten Ankunftsorte auf Sardinien sind Cagliari, Arbatax, Olbia und Porto Torres; auf Sizilien Palermo, Catania, Trapani und Messina.

Fahrpläne und Tickets Auf der ausführlichen Website **Traghetti-Online** (www.traghettionline. com) finden sich auch Links zu den vielen italienischen Fährgesellschaften, sodass es ganz einfach ist, Preise zu vergleichen und Plätze zu buchen.

Nachtfähren Reisende können eine Kabine für zwei bis vier Personen oder auch eine *poltrona* buchen. Letztere ist ein sesselähnlicher Sitz wie in einem Flugzeug. Die Deck-Klasse (man sitzt/schläft in einer Lounge oder an Deck) gibt es nicht auf allen Fähren.

Zug

In Italien sind Züge praktisch und im Vergleich zu anderen europäischen Ländern auch recht preiswert. Die besseren Zugtypen sind schell und komfortabel.

Trenitalia (☎199 303060; www.trenitalia.com) ist die teilprivatisierte staatliche Eisenbahn, die die meisten Strecken versorgt. Ihr privater Konkurrent ist **Italo** (☎06 07 08; www.italotreno. it), der auf zwei Strecken Hochgeschwindigkeitszüge betreibt, einen zwischen Turin und Salerno, den anderen zwischen Venedig und Neapel.

Die Zugtickets müssen vor dem Einsteigen in den gelben Entwerterautomaten gestempelt werden (meist auf dem Bahnsteig). Wer das nicht macht, muss normalerweise mit Bußgeldern rechnen.

In Italien verkehren verschiedene Zugtypen:

Regionale/interregionale Langsam und preiswert; halten an fast jedem Bahnhof.

InterCity (IC) Schnellere Züge zwischen größeren Städten. Das internationale Gegenstück dazu ist der Eurocity (EC).

Alta Velocità (AV) Hochmoderne Hochgeschwindigkeitszüge, darunter Frecciarossa-, Frecciargento-, Frecciabianca- und Italo-Züge mit Geschwindigkeiten von bis zu 300 km/h. Sie verkehren zwischen größeren Städten. Sie sind zwar teurer als die Intercity-Züge, aber die Fahrtzeit wird fast halbiert.

Zugklassen & Fahrtkosten

Der Zugpreis hängt von der Klasse, der Uhrzeit und dem Buchungstermin ab. In den meisten italienischen Zügen gibt es Plätze in der 1. und 2. Klasse. In der 1. Klasse kostet das Ticket in der Regel ein Drittel bis die Hälfte mehr als die Fahrkarte der 2. Klasse.

Reisen mit den InterCity-Zügen von Trenitalia und den Alta-Velocità-Zügen (Frecciarossa, Frecciargento, Frecciabianca) kosten einen Aufpreis, der im Ticket enthalten ist und von der Reiseentfernung abhängt. Wer ein normales Ticket für einen langsameren Zug gekauft hat und am Ende

doch in einem IC landet, zahlt die restliche Summe im Zug.

Reservierungen

➡ In AV-Zügen sind Reservierungen Pflicht. Mit anderen Zügen sollte man außerhalb der Ferienzeit auch ohne Reservierung problemlos fahren können.

➡ Reservierungen können auf der Website von Trenitalia und Italo, an Bahnhofschaltern und Automaten oder in Reisebüros vorgenommen werden.

➡ Trenitalia und Italo bieten eine Vielzahl von Ermäßigungen an, wenn man Tickets im Voraus bucht: Je früher man bucht, desto größer die Ersparnis. Ermäßigte Tickets sind in ihrer Verfügbarkeit begrenzt; Umtausch und Umbuchungen sind nur sehr eingeschränkt möglich. Tickets und Preise auf den Websites von Trenitalia und Italo.

Bahnkarten

Trenitalia bietet verschiedene Bahnkarten an, unter anderem die Carta Verde für Jugendliche und die Carta d'Argento für Senioren, sie sind aber in erster Linie für Italiener oder im Land lebende Ausländer bzw. Langzeiturlauber gedacht,

ZÜGE: HOCHGESCHWINDIGKEIT GEGEN INTERCITY

VON	NACH	HOCHGE-SCHWIN-DIGKEIT FAHRT-DAUER (STD.)	PREIS (€)	INTER-CITY DAUER (STD.)	PREIS (€)
Turin	Neapel	5½	105	9¾	70.50
Mailand	Rom	3¼	86	6¾	55.50
Venedig	Florenz	2	45	3	27
Rom	Neapel	1¼	43	2¼	24.50
Florenz	Bologna	37min	24	1	11.50

INTERRAIL-PASS

Um es gleich vorweg zu sagen: Wer wirklich mit dem Interrail-Pass Geld sparen möchte, muss einige Rahmenbedingungen erfüllen. Vor dem Kauf einer solchen Karte sollte man sich zunächst einmal überlegen, wie oft man tatsächlich mit der Bahn fahren will. Auf der Webseite von **Trenitalia** (📞892021; www.trenitalia.com) lassen sich die Preise für Einzelfahrscheine eruieren.

Der **InterRail-Pass** (www.interrailnet.com) kann online und an den meisten Bahnhöfen und in Studenten-Reisebüros gekauft werden. Den Interrail Global Pass, der in 30 Ländern gültig ist, gibt es in fünf Versionen – von der Variante „5 Reisetage in 10 Tagen" bis hin zu einem Monat unbegrenztes Fahrvergnügen. Auch altersmäßig gibt es Staffelungen: Kinder (4–11 Jahre), Jugendliche (12–25 Jahre), Erwachsene (26–59 Jahre) und Senioren (60+) sowie unterschiedliche Preise für die 1. und 2. Klasse. Der InterRail One Country Pass (nationaler Pass) ist ausschließlich in Italien gültig, er kann für die Zeiträume 3, 4, 6 oder 8 (Fahr-) Tage innerhalb eines Monats gekauft werden und bietet keine Ermäßigungen für Senioren. Alle Details findet man auf der Website. Die Karteninhaber bekommen die Ermäßigungen in dem Land, in dem sie die Karte kaufen.

Den **InterRail Global Pass** für junge Leute unter 26 gibt es für verschiedene Zeiteinheiten (5 innerhalb von 10 Tagen, 10 innerhalb von 22 Tagen, 15 Tage fortlaufend, 22 Tage fortlaufend, 1 Monat fortlaufend). Der Pass gilt in 30 europäischen Ländern, darunter Frankreich, Italien und Deutschland. Erhältlich ist er auch für Leute über 26, dann ist er allerdings teurer.

➡ Der in jeweils zwei Ländern gültige **Regional Pass** (Frankreich/Italien, Spanien/Italien oder Griechenland/Italien) ermöglicht vier bis 10 Reisetage innerhalb einer Zeitspanne von zwei Monaten.

➡ Mit dem **One Country Pass** kann man drei bis 10 Tage innerhalb von zwei Monaten reisen.

denn sie rechnen sich nur, wenn man über einen langen Zeitraum sehr viel mit der Bahn fährt.

Wer weniger häufig mit der Bahn fahren will, für den ist ein InterRail-Pass möglicherweise attraktiver.

Sprache

In ganz Italien wird ein relativ einheitliches Italienisch gelehrt und von den Einheimischen gesprochen. Regionaldialekte gehören jedoch in vielen Teilen des Landes ganz wesentlich zur eigenen Identität dazu. Mit dem in diesem Kapitel verwendeten Standard-Italienisch wird man als Besucher aber überall verstanden und kommt gut zurecht.

Die Laute im gesprochenen Italienisch sind den deutschen Lauten relativ ähnlich. Wer die farbigen Aussprachehilfen in diesem Buch deutsch ausspricht, macht sich also durchaus verständlich. Die betonten Silben erscheinen in kursiver Schrift. Man sollte beachten, dass ein „g" mit folgendem Vokal oft dsch (mit weichem „sch") ausgesprochen wird, wie z.B. in dem englischen Namen „John", und dass das r ein stark gerollter Laut ist. Die italienischen Konsonanten werden stark und betont ausgesprochen, Doppelkonsonanten noch stärker wie z. B. in *sonno* son·no (Schlaf) gegenüber *sono* so·no (Ich bin).

GRUNDLEGENDES

Im Italienischen gibt es wie im Deutschen zwei Wörter zur Anrede – die höfliche Form *Lei* läi wird zur Anrede von Fremden, höherstehenden Personen oder älteren Leuten benutzt. Gegenüber bekannten oder jüngeren Leuten benutzt man die Anrede *tu* tu.

NOCH MEHR ITALIENISCH

Weitere Ausführungen über die italienische Sprache und nützliche Wendungen finden sich im Lonely Planet *Sprachführer Italienisch*. Man bekommt ihn im Buchhandel und unter **http://shop.lonelyplanet.de**, oder man besorgt sich Lonely Planets iPhone Phrasebooks im Apple App Store.

Im Italienischen sind ähnlich wie im Deutschen alle Nomen und Adjektive entweder Maskulinum oder Femininum. Das Gleiche gilt für den dazugehörigen Artikel il/la il/la (der/die) und un/una un/u·na (ein/eine).

In diesem Kapitel sind die höflichen/informellen und maskulinen/femininen Formen, wo nötig, mit angegeben und durch einen Schrägstrich abgetrennt. Die Abkürzungen lauten: „höf./inf." und „m/f".

Hallo.	Buongiorno.	buon·dschor·no
Auf Wiedersehen.	Arrivederci.	ar·ri·ve·der·tschi
Ja./Nein.	Sì./No.	si/no
Entschuldigen Sie.	Mi scusi. (höf.)	mi skuu·si
Entschuldige.	Scusami. (inf.)	sku·sa·mi
Tut mir leid.	Mi dispiace.	mi dis·pia·tsche
Bitte. (In einer Bitte)	Per favore.	per fa·vo·re
Danke.	Grazie.	gra·tsje
Bitte. (Beim Geben)	Prego.	pre·go

Wie geht es Ihnen/Dir?
Come sta/stai? (höf./inf.) ko·me sta/stai

Gut. Und Ihnen/Dir?
Bene. E Lei/tu? (höf./inf.) be·ne e läi/tuu

Wie heißen Sie?
Come si chiama? (höf.) ko·me si kia·ma

Ich heiße *Mi chiamo ...* mi kia·mo ...

Sprechen Sie/Sprichst Du Deutsch?
Parla/Parli tedesco?
(höf./inf.) par·la/par·li te des ko

Sprechen Sie/Sprichst Du Englisch?
Parla/Parli par·la/par·liin·glä·se
inglese? (höf./inf.)

Ich verstehe nicht.
Non capisco. non ka·pi·sko

ESSEN & TRINKEN

Was würden Sie empfehlen?
Cosa mi consiglia?   *ko·sa mi kon·si·lja*

Welche Zutaten sind in diesem Gericht?
Quali ingredienti   *kwa·li in·gre·djen·ti*
ci sono in   *tschi so·no in*
questo piatto?   *kwe·sto pia·to*

Was ist die Spezialität der Region?
Qual'è la specialità   *kwa·le la spe·tscha·li·ta*
di questa regione?   *di kwe·sta re·dscho·ne*

Das war lecker!
Era squisito!   *e·ra skwi·si·to*

Prosit!
Salute!   *sa·lu·te*

Die Rechnung bitte.
Mi porta il conto,   *mi por·ta il kon·to*
per favore?   *per fa·vo·re*

Ich möchte gerne *Vorrei*   *vo·räi*
einenTisch *prenotare un*   *pre·no·ta·re un*
reservieren für ... *tavolo per ...*   *ta·vo·lo per ...*

(zwei) *(due)*   *(du·e)*
   Personen *persone*   *per·so·ne*

(acht) *le (otto)*   *le (o·to)*
   Uhr

Ich esse kein/e/en... *Non mangio ...*   *non man·dscho...*

Eier *uova*   *uo·va*
Fisch *pesce*   *pe·sche*
Nüsse *noci*   *no·tschi*
(rotes) Fleisch *carne (rossa)*   *kar·ne (ro·sa)*

Wichtige Wörter

Abendessen	*cena*	*tsche·na*
Bar	*locale*	*lo·ka·le*
Café	*bar*	*bar*
Flasche	*bottiglia*	*bot·ti·lja*
Frühstück	*prima colazione*	*pri·ma ko·la·tsio·ne*
Gabel	*forchetta*	*for·ket·ta*
Getränkekarte	*lista delle bevande*	*li·sta del·le be·van·de*
Glas	*bicchiere*	*bi·kje·re*
heiß	*caldo*	*kal·do*
kalt	*freddo*	*fred·do*
Lebensmittelladen	*alimentari*	*a·li·men·ta·ri*
Löffel	*cucchiaio*	*ku·kia·jo*
Markt	*mercato*	*mer·ka·to*
Messer	*coltello*	*kol·te·lo*
mit	*con*	*kon*
Mittagessen	*pranzo*	*pran·dso*

MINI-SPRACHFÜHRER

Um in Italien zurechtzukommen, sollte man diese einfachen Wendungen mit eigenen Wörtern kombinieren:

Wann geht (der nächste Flug)?
A che ora è   *a ke o·ra e*
(il prossimo volo)?   *(il pros·si mo vo·lo)*

Wo ist (der Bahnhof)?
Dov'è (la stazione)?   *do·ve (la sta·tsio·ne)*

Ich suche (ein Hotel).
Sto cercando   *sto tscher·kan·do*
(un albergo).   *(un al·ber·go)*

Haben Sie (eine Karte)?
Ha (una pianta)?   *a (u·na pian·ta)*

Gibt es hier (eine Toilette)?
C'è (un gabinetto)?   *tsche (un ga·bi·net·to)*

Ich hätte gerne (einen Kaffee).
Vorrei (un caffè).   *vo·räi (un ka·fe)*

Ich möchte gerne (ein Auto mieten).
Vorrei (noleggiare   *vo·räi (no·le·dscha·re una macchina).*   *u·na ma·ki·na)*

Darf ich (hereinkommen)?
Posso (entrare)?   *po·so (en·tra·re)*

Könnten Sie mir bitte (helfen)?
Può (aiutarmi),   *puo (a·ju·tar·mi)*
per favore?   *per fa·vo·re*

Muss ich (einen Sitzplatz reservieren)?
Devo (prenotare   *de·vo (pre·no·ta·re un posto)?*   *un po·sto)*

ohne	*senza*	*sen·tsa*
Restaurant	*ristorante*	*ri·sto·ran·te*
Speisekarte	*menù*	*me·nu*
Teller	*piatto*	*piat·to*
vegetarisches (Essen)	*vegetariano*	*ve·dsche ta·ria·no*
würzig	*piccante*	*pik·kan·te*

Fleisch & Fisch

Austern	*ostriche*	*o·stri·ke*
Calamares/Tintenfisch	*calamari*	*ka·la·ma·ri*
Ente	*anatra*	*a·na·tra*
Fisch	*pesce*	*pe·sche*
Fleisch	*carne*	*kar·ne*
Forelle	*trota*	*tro·ta*
Hering	*aringa*	*a·rin·ga*
Hühnchen	*pollo*	*pol·lo*
Hummer	*aragosta*	*a·ra·gos·ta*

Jakobsmuscheln	capasante	ka·pa·*san*·te
Kalb	vitello	vi·*tel*·lo
Krabbe/Garnele	gambero	*gam*·be·ro
Lachs	salmone	sal·*mo*·ne
Lamm	agnello	a·*njel*·lo
Meeresfrüchte	frutti di mare	*frut*·ti di *ma*·re
Miesmuscheln	cozze	*ko*·tse
Pute	tacchino	ta·*ki*·no
Rind	manzo	*man*·dso
Schwein	maiale	ma·*ja*·le
Shrimp	gambero	*gam*·be·ro
Thunfisch	tonno	*to*·no

Obst & Gemüse

Ananas	ananas	a·na·nas
Apfel	mela	*me*·la
Blumenkohl	cavolfiore	ka·vol·*fio*·re
Bohnen	fagioli	fa·*dscho*·li
Erbsen	piselli	pi·*sel*·li
Frühlingszwiebeln	lenticchie	len·*ti*·kje
Gemüse	verdura	ver·*du*·ra
Gurke	cetriolo	tsche·*tri*·o·lo
Karotte	carota	ka·*ro*·ta
Kartoffeln	patate	pa·*ta*·te
Kohl	cavolo	*ka*·vo·lo
Nüsse	noci	*no*·tschi
Obst	frutta	*frut*·ta
Orange	arancia	a·*ran*·tscha
Paprikaschote	peperone	pe·pe·*ro*·ne
Pfirsich	pesca	*pe*·ska
Pflaume	prugna	*pru*·nia
Pilze	funghi	*fun*·gi
Spinat	spinaci	spi·*na*·tschi
Tomaten	pomodori	po·mo·*do*·ri
Weintrauben	uva	*u*·va
Zitrone	limone	li·*mo*·ne
Zwiebeln	cipolle	tschi·*pol*·le

Andere Nahrungsmittel

Brot	pane	*pa*·ne
Butter	burro	*bur*·ro
Eier	uova	*uo*·va
Eis	ghiaccio	*gia*·tscho
Essig	aceto	a·*tsche*·to
Honig	miele	*mje*·le
Käse	formaggio	for·*ma*·dscho

Marmelade	marmellata	mar·mel·*la*·ta
Nudeln	pasta	*pas*·ta
Öl	olio	*o*·lio
Pfeffer	pepe	*pe*·pe
Reis	riso	*ri*·so
Salz	sale	*sa*·le
Sojasoße	salsa di soia	*sal*·sa di so·ja
Suppe	minestra	mi·*nes*·tra
Zucker	zucchero	*tsu*·ke·ro

Getränke

Bier (alkoholfreies)	birra	*bir*·ra
Getränk	bibita	*bi*·bi·ta
Kaffee	caffè	kaf·*fe*
Milch	latte	*lat*·te
Rotwein	vino rosso	*vi*·no *ros*·so
(Orangen) Saft	succo (d'arancia)	*suk*·ko (da·*ran*·tscha)
Tee	tè	te
(Mineral) Wasser	acqua (minerale)	a·kua (mi·ne·*ra*·le)
Weißwein	vino bianco	*vi*·no *bian*·ko

NOTFALL

Hilfe!	Aiuto!	a·*ju*·to

Lassen Sie mich in Ruhe!
Lasciami in pace! — la·*scha*·mi in *pa*·tsche

Ich hab mich verirrt.
Mi sono perso/a. (m/f) — mi so·no *per*·so/a

Hier ist ein Unfall passiert.
C'è stato un incidente. — tsche *sta*·to un in·tschi·*den*·te

Rufen Sie die Polizei!
Chiami la polizia! — kia·mi la po·li·*tsi*·a

Rufen Sie einen Arzt!
Chiami un medico! — kia·mi un *me*·di·ko

Schilder	
Entrata/Ingresso	Eingang
Uscita	Ausgang
Aperto	offen
Chiuso	geschlossen
Informazioni	Information
Proibito/Vietato	verboten
Gabinetti/Servizi	Toiletten
Uomini	Männer
Donne	Damen

Wo sind die Toiletten?
Dove sono i gabinetti? — do·ve so·no i ga·bi·net·ti

Ich fühle mich schlecht.
Mi sento male. — mi sen·to ma·le

Hier tut es weh.
Mi fa male qui. — mi fa ma·le kui

Ich bin allergisch gegen ...
Sono allergico/a a ... (m/f) — so·no a·ler·dschi·ko/a a

SHOPPEN & DIENSTLEISTUNGEN

Ich möchte gerne ... kaufen
Vorrei comprare ... — vo·räi kom·pra·re ...

Ich schau mich nur um.
Sto solo guardando — sto so·lo guar·dan·do

Kann ich das mal sehen?
Posso dare un'occhiata? — pos·so da·re un o·kia·ta

Wie viel kostet dies?
Quanto costa questo? — kwan·to kos·ta kwe·sto

Das ist zu teuer.
È troppo caro/a. (m/f) — e trop·po ka·ro/a

Können Sie was vom Preis ablassen?
Può farmi lo sconto? — puo far·mi lo skon·to

Da ist ein Fehler in der Rechnung.
C'è un errore nel conto. — tsche un e·ro·re nel kon·to

Geldautomat	*Bancomat*	ban·ko·mat
Postamt	*ufficio postale*	uf·fi·tscho pos·ta·le
Touristeninformation		
ufficio del turismo		u·fi·tscho del tu·ris·mo

UHRZEIT & DATUM

Wie spät ist es?	*Che ora è?*	ke o·ra e
Es ist ein Uhr.	*È l'una.*	e lu·na
Es ist (zwei) Uhr.	*Sono le (due).*	so·no le (du·e)
Halb (zwei).	*(L'una) e mezza.*	(lu·na) e me·dsa
morgens	*di mattina*	di mat·ti·na
nachmittags	*di pomeriggio*	di po·me·ri·dscho
abends	*di sera*	di se·ra
gestern	*ieri*	je·ri
heute	*oggi*	o·dschi
morgen	*domani*	do·ma·ni

Montag	*lunedì*	lu·ne·di
Dienstag	*martedì*	mar·te·di
Mittwoch	*mercoledì*	mer·ko·le·di
Donnerstag	*giovedì*	dscho·ve·di
Freitag	*venerdì*	ve·ner·di

Zahlen

1	uno	u·no
2	due	du·e
3	tre	tre
4	quattro	kwa·tro
5	cinque	tschin·kwe
6	sei	säi
7	sette	set·te
8	otto	ot·to
9	nove	no·ve
10	dieci	dje·tschi
20	venti	ven·ti
30	trenta	tren·ta
40	quaranta	kwa·ran·ta
50	cinquanta	tschin·kwan·ta
60	sessanta	ses·san·ta
70	settanta	se·tan·ta
80	ottanta	ot·tan·ta
90	novanta	no·van·ta
100	cento	tschen·to
1000	mille	mi·le

Samstag	*sabato*	sa·ba·to
Sonntag	*domenica*	do·me·ni·ka
Januar	*gennaio*	dschen·na·jo
Februar	*febbraio*	feb·bra·jo
März	*marzo*	mar·tso
April	*aprile*	a·pri·le
Mai	*maggio*	ma·dscho
Juni	*giugno*	dschu·nio
Juli	*luglio*	lu·lio
August	*agosto*	a·gos·to
September	*settembre*	set·tem·bre
Oktober	*ottobre*	ot·to·bre
November	*novembre*	no·vem·bre
Dezember	*dicembre*	di·tschem·bre

UNTERKUNFT

Haben Sie ein ... Zimmer?	*Avete una camera ...?*	a·ve·te u·na ka·me·ra ...
Doppel	*doppia con letto matrimoniale*	do·pia kon let·to ma·tri·mo·nja·le
Einzel	*singola*	sin·go·la
Wie viel kostet es pro ...?	*Quanto costa per ...?*	kwan·to kos·ta per ...
Nacht	*una notte*	u·na not·te
Person	*persona*	per·so·na

Ist das Frühstück inbegriffen?
La colazione è compresa? — la ko·la·tsio·ne e kom·pre·sa

Bad	*bagno*	ba·njo
Campingplatz	*campeggio*	kam·pe·dscho
Fenster	*finestra*	fi·nes·tra
Hotel	*albergo*	al·ber·go
Jugendher- berge	*ostello della gioventù*	os·tel·lo de·la dscho·ven·tu
Klimaanlage	*aria condizionata*	a·ria kon·di·tsio·na·ta
Pension	*pensione*	pen·sio·ne

VERKEHR

Öffentliche Verkehrsmittel

Wann fährt ... ab/ kommt ... an?	*A che ora parte/ arriva ...?*	a ke o·ra par·te/ a·ri·va ...
Bus	*l'autobus*	lau·to·bus
Fähre	*il traghetto*	il tra·get·to
Flugzeug	*l'aereo*	la·e·re·o
Metro	*la metro- politana*	la me·tro- po·li·ta·na
Schiff	*la nave*	la na·ve
Zug	*il treno*	il tre·no
... Ticket	*un biglietto ...*	un bi·ljet·to
einfaches	*di sola andata*	di so·la an·da·ta
Rückfahr-	*di andata e ritorno*	di an·da·ta e ri·tor·no
Bahnhof	*stazione ferroviaria*	sta·tsio·ne fe·ro·viar·ja
Bahnsteig	*binario*	bi·na·rio
Bushaltestelle	*fermata dell'autobus*	fer·ma·ta del au·to·bus
Fahrkartenschalter	*biglietteria*	bi·ljet·te·ri·a
Fahrplan	*orario*	o·ra·rio

Hält er in ...?
Si ferma a ... — si fer·ma a ...

Sagen Sie mir bitte, wenn wir nach ... kommen.
Mi dica per favore quando arriviamo a ... — mi di·ka per fa·vo·re kwan·do a·ri·via·mo a ...

Ich möchte hier aussteigen.
Voglio scendere qui. — vo·lio schen·de·re kwi

Auto- & Radfahren

Ich möchte gerne mieten ein ...	*Vorrei noleggiare un/una ... (m/f)*	vo·räi no·le dscha·re un/u·na ...
Auto	*macchina (f)*	mak·ki·na
Fahrrad	*bicicletta (f)*	bi·tschi·klet·ta
Geländewagen	*fuoristrada (m)*	fuo·ri·stra·da
Motorrad	*moto (f)*	mo·to
Benzin	*benzina*	ben·dsi·na
Fahrrad Luftpumpe	*pompa della bicicletta*	pom·pa del·la bi·tschi·klet·ta
Helm	*casco*	kas·ko
Kindersitz	*seggiolino*	se·dscho·li·no
Mechaniker	*meccanico*	mek·ka·ni·ko
Tankstelle	*stazione di servizio*	sta·tsio·ne di ser·vi·tsio

Ist dies die Straße nach ...?
Questa strada porta a ...? — kwe·sta stra·da por·ta a ...

(Wie lange) Kann ich hier parken?
(Per quanto tempo) — (per kwan·to tem·po)
Posso parcheggiare qui? — pos·so par·ked scha·re kwi

Das Autor/Motorrad hat eine Panne (in ...).
La macchina/moto si è guastata (a ...). — la mak·ki·na/mo·to si e guas·ta·ta (a ...)

Ich habe einen Platten.
Ho una gomma bucata. — o u·na gom·ma bu·ka·ta

Ich habe kein Benzin mehr.
Ho esaurito la benzina. — o e·sau ri·to la ben·dsi·na

WEGWEISER

Wo ist...? *Dov'è ...?* — do·ve ...

Wie lautet die Adresse?
Qual'è l'indirizzo? — kwa·le lin·di·ri·tso

Könnten Sie das bitte aufschreiben?
Può scriverlo, per favore? — puo skri·ver·lo per fa·vo·re

Könnten Sie mir das zeigen (auf der Karte)?
Può mostrarmi (sulla pianta)? — puo mos·trar·mi (sul·la pian·ta)

An der Ampel	*al semaforo*	al se·ma·fo·ro
An der Ecke	*all'angolo*	al·lan·go·lo
gegenüber	*di fronte a*	di fron·te a
geradeaus	*sempre diritto*	sem·pre di·ri·to
hinter	*dietro*	dje·tro
links	*a sinistra*	a si·ni·stra
nahe	*vicino*	vi·tschi·no
neben	*accanto a*	ak·kan·to a
rechts	*a destra*	a de·stra
vor	*davanti a*	da·van·ti a

GLOSSAR

abbazia – Abtei

agriturismo – Ferienunterkunft auf dem Bauernhof

(pizza) al taglio – (Pizza) stückweise

albergo – Hotel

alimentari – Lebensmittelladen; Delikatessen

anfiteatro – Amphitheater

aperitivo – Aperitif (Getränk und Snack vor dem Abendessen)

APT – Azienda di Promozione Turistica; örtliches Fremdenverkehrsbüro

autostrada – Autobahn

battistero – Taufkapelle

biblioteca – Bibliothek, Bücherei

biglietto – Ticket, Fahrkarte

borgo – alter Name für eine kleine Stadt, ein Dorf oder einen Stadtteil (oft noch aus dem Mittelalter)

camera – Zimmer

campo – Feld; in Venedig auch Platz

cappella – Kapelle

carabinieri – Polizei mit militärischen und zivilen Aufgaben

Carnevale – Karnevalszeit im Zeitraum zwischen Dreikönigstag und Aschermittwoch

casa – Haus

castello – Burg, Kastell

cattedrale – Kathedrale, Dom

centro storico – Altstadt

certosa – Kloster der Kartäusermönche

chiesa – Kirche

chiostro – Kreuzgang

cima – Gipfel

città – Stadt; City

città alta – Oberstadt

città bassa – Unterstadt

colonna – Säule

comune – Stadt- oder Gemeindeverwaltung; historisch gesehen eine unter Selbstverwaltung stehende Stadt oder Region

contrada – Distrikt

corso – Hauptstraße, Boulevard

duomo – Dom, Kathedrale

enoteca – Weinbar

espresso – Espresso

ferrovia – Eisenbahn

festa – Fest- oder Feiertag

fontana – Quelle

foro – Forum, Marktplatz

funivia – Seilbahn

gelateria – Eisdiele

giardino – Garten

golfo – Golf

grotta – Höhle

isola – Insel

lago – See

largo – kleiner Platz

lido – Strand

locanda – Gaststätte; kleines Hotel

lungomare – Uferstraße, -promenade

mar, mare – Meer

masseria – Bauernhof mit aktiv betriebener Landwirtschaft

mausoleo – Mausoleum

mercato – Markt

monte – Berg

necropoli – Nekropolis; alter Name für eine Grabstätte

nord – Nord

nuraghe – steinerne Festung der Bronzezeit in Sardinien

osteria – Lokal oder Esslokal

palazzo – Palast; aber auch großes Gebäude jeglicher Art, auch z.B. Apartmentblock

palio – Wettkampf, Wettbewerb

parco – Park

passeggiata – traditioneller Abendbummel

pasticceria – Konditorei

pensione – Pension

piazza – Platz

piazzale – großer, offener Platz

pietà – wörtlich „Mitleid", „Frömmigkeit"; Skulptur, Zeichnung oder Gemälde, das die Mutter Gottes mit dem toten Christus auf dem Schoß zeigt

pinacoteca – Gemäldegalerie

ponte – Brücke

porta – Tor; Tür

porto – Hafen

reale – königlich

rifugio – Berghütte; Unterkunft in den Alpen

ristorante – Restaurant

rocca – Festung

sala – Raum; Halle, Saal

salumeria – Delikatessengeschäft

santuario – Allerheiligstes; 1. Teil in einer Kirche über dem Hochaltar; 2. ein besonders heiliger Ort in einem Tempel (im Altertum)

sassi – wörtlich „Steine"; Steinhäuser, die in zwei Schluchten in Matera, Basilikata, stehen

scalinata – Treppenhaus

scavi – Ausgrabungen

sestiere – Stadtteil in Venedig

spiaggia – Strand

stazione – Bahnhof, Haltestelle

stazione marittima – Fährhafen

strada – Straße

sud – Süden

superstrada – zweispurige Schnellstraße

tartufo – Trüffel

tavola calda – wörtlich übersetzt „heißer Tisch"; fertiggekochtes Essen wie Fleisch, Nudeln und Gemüse hinter einer Theke, oft in Selbstbedienungsrestaurants

teatro – Theater

tempietto – kleiner Tempel

tempio – Tempel

terme – Thermalbad

tesoro – Schatz(kammer)

torre – Turm

trattoria – einfaches Restaurant

Trenitalia – Name der staatlichen Eisenbahngesellschaft; auch bekannt als Ferrovie dello

Stato (FS)**trullo** – konisch gebautes Haus in Perugia

vaporetto – kleine Passagierfähre (Venedig)

via – Straße

viale – Straße, Auffahrt, Allee

vico – Allee; Gasse

villa – Stadt- oder Landhaus inklusive dazugehörigem Garten oder Park

Hinter den Kulissen

WIR FREUEN UNS ÜBER EIN FEEDBACK

Post von Travellern zu bekommen ist für uns ungemein hilfreich – Kritik und Anregungen halten uns auf dem Laufenden und helfen, unsere Bücher zu verbessern. Unser reiseerfahrenes Team liest alle Zuschriften genau durch, um zu erfahren, was an unseren Reiseführern gut und was schlecht ist. Wir können solche Post zwar nicht individuell beantworten, aber jedes Feedback wird garantiert schnurstracks an die jeweiligen Autoren weitergeleitet, rechtzeitig vor der nächsten Nachauflage.

Wer uns schreiben will, erreicht uns über **www.lonelyplanet.de/kontakt**

Hinweis: Da wir Beiträge möglicherweise in Lonely Planet Produkten (Reiseführer, Websites, digitale Medien) veröffentlichen, ggf. auch in gekürzter Form, bitten wir um Mitteilung, falls ein Kommentar nicht veröffentlicht oder ein Name nicht genannt werden soll. Wer Näheres über unsere Datenschutzpolitik wissen will, erfährt das unter www.lonelyplanet.com/privacy

DANK VON LONELY PLANET

Wir danken den Reisenden, die mit der letzten Ausgabe unterwegs waren und uns nützliche Hinweise, gute Ratschläge und interessante Begebenheiten übermittelt haben:

Alex JK West, Andrea Graf, Andrea Mancini, Andrew Volin, Anna Mashman, Ben Grozier, Benjamin Stoll, Caitlin Gianniny, Chris Spencer, Christianna Kreiss, Cinzia Gloria Redaelli, Duncan Campbell, Ebby Cudlipp, Elizabeth Dobisz, Erika Gustavsson, Esteban Jaramillo, Frank Boyce, Garry Aslanyan, Gayle Galletta, Ilianna Anagnostakou, Jennifer Tomaiolo, Johan Reyneke, Judy Davies, Julia Swift, Ken Ohlsen, Leah Prescott, Linda Werner, Lynette Groszmann, Mark Langman, Martin Weiss, Merilyn Moos, Nick Radloff, Oliver Cohen, Patrycja Borowska, Paul Seaver, Piero Giadrossi, Ralph Bain, Richard Walker, Rob McDonald, Robert Kozlowski, Roman Petyk, Sabrina Lo Piano, Sheila Jacobs, Terry Millett, Torben Snarup Hansen, William R Long, Yoav Bloch

DANK DER AUTOREN

Cristian Bonetto

Zuallererst geht ein riesengroßes Dankeschön an meine Mitautoren, die mit ihren Adleraugen dafür gesorgt haben, dass all die Herrlichkeiten, die Italien zu bieten hat, auch wirklich hier im Buch vorkommen. Aus dem gleichen Grund geht ein großes *grazie* an meine Re e Regina di Napoli sowie an die unglaublich großzügigen Lorenzo Andrei, Vincenzo Mattiucci, Joe Brizzi, Andrea Maglio, Giancarlo Di Maio, Susy Galeone, die Familie Voza, Luca Coda, Harriet Driver und Valentina Vellusi.

Abigail Blasi

Ein großer Dank geht an Joe Bindloss und Helena Smith, die es mir ermöglicht haben, noch einmal über mein Lieblingsland zu schreiben. Danke auch an Cristian Bonetto für seine ausgezeichnete Leitung – und an alle Mitautoren für ihre Beiträge. *Molto grazie* an Luca, Gabriel, Jack und Valentina und an *la famiglia* Blasi für all ihre Freundlichkeit und die Einblicke ins italienische Leben. Georgina danke ich für die Unterstützung daheim.

Kerry Christiani

Mille grazie an alle Freunde, an gastfreundliche Einheimische und an Tourismusexperten, die ich in Sardinien, Umbrien und in den Marken getroffen habe – ohne Euch hätte ich dies alles gar nicht schreiben können. Ein spezieller Dank geht außerdem an Peter und Anne in Lotzorai und an den Bergexperten Corrado Conca für seine Klettertipps. Bei Lonely Planet danke ich Joe Bindloss für den Auftrag, meinen Mitautoren und dem gesamten Team. Und schließlich sende ich ein großes Dankeschön an meinen Ehemann und Reisegefährten Andy Christiani.

Gregor Clark

Grazie mille an all die freundlichen Italiener, die meine Reise so erlebnisreich machten – darunter vor allem Angela und Nicoletta in Palermo, die Familie Tagliavia in Polizzi Generosa, Francesca in Stromboli, Marisin und Salvatore in Scopello, Stefano in Milazzo und Diana in Lipari. Danke auch an Gurty Spam für die Begleitung auf den Äolischen Inseln, wo ich meine Leidenschaft für Stromboli wieder neu entdeckt habe. Und schließlich ein großes Dankeschön an Gaen, Meigan und Chloe, die dafür sorgen, dass die Heimkehr immer zum glücklichsten Erlebnis der Reise wird.

Duncan Garwood

Ein herzliches Dankeschön an meine Mitautorin Abi Blasi für ihre Tipps und ihre großartigen Recherchen in Rom, und natürlich an Joe Bindloss, Annelies Mertens und die SPP-Gurus für ihre Unterstützung von der Zentrale aus. Grazie an Barbara Lessona und wie immer ein großer Dank an Lidia, Ben und Nick, die mir im Umland von Viterbo Gesellschaft geleistet haben und die die schreckliche Seekrankheit auf der Überfahrt nach Ponza überstanden haben.

Paula Hardy

Zunächst einmal danke ich Alison Bing und Anthony Ham, die in Venedig und im Gebiet der Seen fündig geworden sind, was exzellente Tipps und Empfehlungen angeht. *Grazie mille* an Susan Steer, Cristina Toffolo, Toni Tombola, Paolo du Rossi, Tobia Morro, Mario Piccinin, Silvia Spera, Ivan Geronozzo, Graziano & Martina Spada, Roberto Frozza, Claudio Bonacina, Lorenzo Boiocchi, Marco Broglia, Jaana und Francesco (Villa Arcadio) sowie Chantal und Marsha. *Brava* an den stets inspirierenden Koordinator Cristian Bonetto und Dank an Joe Bindloss für seinen klaren Kurs.

Virginia Maxwell

Ein herzlicher Dank gebührt meinem Partner und Reisegefährten Peter Handsaker. Danke auch an Ilaria Crescioli, Alberto Peruzzini, Susanna Scali, Roberta Vichi, Eva Zettelmayr, Sigrid Fuchs, Chiara Ponzuoli, Luigina Benci, Cecilia Rosa, Fulvia in San Gimignano, Arturo Comastri, Sean Lawson, Silvia Bucci,

Italia Luchini und an meine Kollegin Nicola Williams, die für das Florenz-Kapitel die Recherchen in Florenz, der nordwestlichen Toskana, an der mittleren Küste und auf Elba übernommen hat.

Brendan Sainsbury

Ich danke den unzähligen Busfahrern, den Freiwilligen in den Touristenbüros, den Weinkellnern, Opernsängern und den scheinbar Unbeteiligten, die mir während meiner Recherchen geholfen haben. Ein ganz spezieller Dank gehört meiner Frau Liz und unserem siebenjährigen Sohn Kieran, die mir in unzähligen Bars und Bussen, in interaktiven Museen und in Hotelzimmern Gesellschaft geleistet haben.

Helena Smith

Ich danke allen, die mir unterwegs mit Rat, gutem Essen und ihrer Gastfreundschaft behilflich waren.

Donna Wheeler

In „meiner" Gegend übertrifft die Gastfreundschaft oft jede Erwartung: ein großes *grazie* (dankeschön) dafür an Emanuela Grandi und Stefano Libardi, Raimonda Sabucco, Carmen Kruselburger und Klaus Alber, Martin Kirchlechner und an die Restaurants in Bozen, die mir mit Bouillon geholfen haben, als es mir schlecht ging. Hervorheben möchte ich noch Wayne Young wegen seiner Freundlichkeit und seiner großartigen Tipps. Dankbar bin ich auch Joe Guario, der irgendwie herausfand, was der ladinische Traktorfahrer wohl gemeint haben könnte, sodass wir nicht in Lawinengefahr gerieten. Cristian Bonetto danke ich für seine unermüdliche Unterstützung und Freundlichkeit.

QUELLENNACHWEIS

Die Daten in den Klimatabellen stammen von Peel MC, Finlayson BL & McMahon TA (2007), Aktualisierte Weltkarte der Köppen-Geiger-Klimaklassifikation, *Hydrology and Earth System Sciences*, 11, 163344.

Abbildungen auf den Seiten 84–85, 406–407, 550–551, 764–765 von Javier Martinez Zarracina.

Abbildung auf dem Umschlag: Blick über die Dächer von Pisa auf den Schiefen Turm; Travel Pix Collection/AWL.

ÜBER DIESES BUCH

Dies ist die 5. deutsche Auflage von *Italien*, basierend auf der mittlerweile 11. englischen Auflage von *Italy*. Verfasst wurde das Buch von Cristian Bonetto, Alison Bing, Abigail Blasi, Kerry Christiani, Gregor Clark, Duncan Garwood, Anthony Ham, Paula Hardy, Vesna Maric, Virginia Maxwell, Brendan Sainsbury, Helena Smith und Donna Wheeler. Der Band wurde vom Lonely Planet Büro in London betreut, und zwar von folgenden Mitarbeitern:

Verantwortliche Redakteure Joe Bindloss, Helena Smith

Leitende Redakteure Tracy Whitmey, Amanda Williamson

Leitung der Kartografie Valentina Kremenchutskaya, Anthony Phelan

Layout-Leitung Wendy Wright

Redaktion Brigitte Ellemor, Annelies Mertens

Layout Jane Hart

Redaktionsassistenz Michelle Bennett, Penny Cordner, Adrienne Costanzo, Kate Daly, Sally O'Brien, Katie O'Connell, Charlotte Orr, Kirsten Rawlings, Sam Trafford

Assistenz der Kartografie Corey Hutchison, Jennifer Johnston, David Kemp, Genesys (Indien)

Layout-Assistenz Carol Jackson, Wibowo Rusli

Bildredaktion Umschlag Naomi Parker

Bildredaktion Innenteil Rebecca Skinner, Aude Vauconsant

Sprache Branislava Vladisavljevic

Dank an Anita Bahn, Sasha Baskett, Bruce Evans, Ryan Evans, Larissa Frost, Chris Girdler, Jouve India, Trent Paton, Martine Power, Gerard Walker

Register

Karten **000**
Abbildungen **000**

NOTIZEN

NOTIZEN

Kartenlegende

Sehenswertes

- Strand
- Vogelschutzgebiet
- Buddhistisch
- Burg/Schloss/Palast
- Christlich
- Konfuzianisch
- Hinduistisch
- Islamisch
- Jainistisch
- Jüdisch
- Denkmal
- Museum/Galerie/Hist. Gebäude
- Ruine
- Sento-Bad/Onsen
- Shintoistisch
- Sikh-Religion
- Taoistisch
- Weingut/Weinberg
- Zoo/Naturschutzgebiet
- andere Sehenswürdigkeit

Aktivitäten, Kurse & Touren

- Bodysurfing
- Tauchen/Schnorcheln
- Kanu/Kayak
- Kurse/Touren
- Ski fahren
- Schnorcheln
- Surfen
- Schwimbad/Pool
- Wandern
- Windsurfen
- andere Aktivität

Schlafen

- Schlafen
- Camping

Essen

- Essen

Ausgehen & Nachtleben

- Ausgehen & Nachtleben
- Café

Unterhaltung

- Unterhaltung

Shoppen

- Shoppen

Praktisches

- Bank
- Botschaft/Konsulat
- Krankenhaus/Arzt
- Internet
- Polizei
- Post
- Telefon
- Toilette
- Touristeninformation
- andere Information

Landschaft

- Strand
- Hütte
- Leuchtturm
- Aussichtsturm
- Berg/Vulkan
- Oase
- Park
- Pass
- Picknickmöglichkeit
- Wasserfall

Bevölkerung

- Hauptstadt (National)
- Hauptstadt (Staat/Provinz)
- Stadt/Großstadt
- Ort/Dorf

Verkehrsmittel &-wege

- Flughafen
- Grenzübergang
- Bus
- Seilbahn
- Radfahren
- Fähre
- Metrohaltestelle
- Monorail
- Parkplatz
- Tankstelle
- S-Bahn-Haltestelle
- Taxi
- Bahnhof/Zugstrecke
- Tram
- U-Bahn-Haltestelle
- anderes Verkehrsmittel

Hinweis: Nicht alle hier aufgeführten Symbole sind in den Karten zu finden

Verkehrswege

- Mautstraße
- Autobahn
- Hauptstraße
- Landstraße
- Verbindungsstraße
- Piste
- unbefestigte Straße
- Straße in Bau
- Platz/Fußgängerzone
- Treppen
- Tunnel
- Fußgängerbrücke
- Wanderung
- Wanderung mit Abstecher
- Wanderpfad

Grenzen

- internationale Grenze
- Bundesstaat/Provinz
- umstrittene Grenze
- Regional/Vorort
- Gewässergrenze
- Klippen
- Mauer

Gewässer

- Fluss, Bach
- periodischer Fluss
- Kanal
- Wasser
- Trocken-/Salz-/periodischer See
- Riff

Fläche

- Flughafen/Flugpiste
- Strand/Wüste
- Friedhof (christlich)
- Friedhof (anderer)
- Gletscher
- Watt
- Park/Wald
- Sehenswertes (Gebäude)
- Sportanlage
- Sumpf/Mangrove

DIE AUTOREN

Cristian Bonetto

Hauptautor; Neapel & Kampanien Für einen ehemaligen TV- und Komödienautor wie Cristian ist es nicht gerade überraschend, dass er Italien auf Anhieb versteht. Der Italo-Australier, Sohn eines venezianischen Vaters und einer piemontesischen Mutter, wurde auf italienische Weise erzogen und hat in der Heimat seiner Eltern gern Urlaub gemacht, aber auch dort gelebt. Seine Gedanken über Italien sind in internationalen Zeitungen, Zeitschriften und auf Websites zu lesen. Wenn er nicht gerade in Italien nach dem perfekten Kaffee oder köstlichem Gebäck fahndet, bereist er den restlichen Globus, stets auf der Suche nach neuen Einsichten und Vergnügungen. Für Lonely Planet hat er bereits über New York, Dänemark, Skandinavien und Singapur geschrieben. Auf Twitter folgt man ihm unter Twitter@CristianBonetto. In diesem Buch stammen auch die Kapitel „Reiseplanung", „Kunst & Architektur", „So lebt man in Italien", „Italien im Buch & auf der Leinwand" und die „Praktischen Informationen" aus seiner Feder.

Abigail Blasi

Abigail zog 2003 nach Rom, sie hat dort drei Jahre lang gelebt, einen Italiener geheiratet und ihren ersten Sohn bekommen. Inzwischen lebt die famiglia teils in Rom, teils in Apulien und in London. Abigail hat bereits an vier Auflagen der Lonely Planet Bände über Rom und Italien mitgearbeitet, außerdem war sie an der 1. Auflage von Apulien & Basilikata beteiligt. Zudem schreibt sie regelmäßig in Zeitschriften und anderen Publikationen über ihre Wahlheimat, darunter Lonely Planet Magazine, Wanderlust und i-escape.com. In diesem Buch hat sie „Italien aktuell", „Geschichte" und das Kapitel über die italienische Küche verfasst.

Kerry Christiani

Umbrien & die Marken; Sardinien Kerry hat gewissermaßen eine Affäre mit Italien, seit sie in einem trüben Sommer nach Abschluss ihres Examens in den 1960er-Jahren mit einem uralten Auto auf die „Grand Tour" ging. Dieses Mal war sie besonders beeindruckt von einer Küstenwanderung auf Sardinien am Golfo di Orosei, von gemächlichen Fahrten durch Umbrien – und vom Festsitzen im Schneesturm in Urbino. Die mit Preisen ausgezeichnete Reisebuchautorin hat mehr als 20 Reiseführer geschrieben, darunter den Sardinien-Band für Lonely Planet; Beiträge von ihr wurden u.a. in bbc.com/travel und Lonely Planet Traveller veröffentlicht. Sie ist auch auf Twitter präsent und präsentiert ihre Werke auf ihrer Website www.kerrychristiani.com

Gregor Clark

Sizilien Gregor liebt Italien, seit er mit 14 Jahren zusammen mit seinem Vater, einem Professor, in Florenz wohnen durfte, wo er so ungefähr jedes Fresko, jedes Mosaik und jedes Museum im Umkreis von 1000 km zu sehen bekam. Er hat in den Marken gelebt, ist durch die Dolomiten gewandert und hat sich in die Insel Sizilien verliebt, wo er für die letzten Auflagen des Italien-Bandes auf Recherchereisen unterwegs war. Gregor spricht mehrere Sprachen, hat einen Hochschulabschluss in Romanistik und nennt als Höhepunkt seiner letzten Sizilien-Reise eine von Eruptionen illuminierte Geburtstagsfeier auf dem Stromboli.

Duncan Garwood

Rom & Latium Der gebürtige Brite Duncan lebt zurzeit in den Castelli Romani außerhalb von Rom. Die Hauptstadt liebt er, seit er 1996 mit einem Nachtzug dort eintraf und in der Morgendämmerung durch die fast menschenleeren Straßen schlenderte. Inzwischen hat er an fünf Auflagen des Lonely Planet Rom und an etlichen Bänden über Italien mitgearbeitet. Seine Beiträge über das Land erscheinen aber auch in Zeitungen und Zeitschriften.

WEITERE AUTOREN FOLGE SEITE

Paula Hardy

Mailand & die Oberitalienischen Seen; Venedig & Venetien Die Hänge in Valpolicella und die Ufer des Gardasees und die Bars von Padua, Venedig und Mailand
– all das hat Paula im Laufe von mehr als zehn Jahren schon für Lonely Planet
erlebt und beschrieben. Mitgearbeitet hat sie am Italien-Band, aber auch an
vielen Bänden zu einzelnen Regionen und Städten dieses Landes. Wenn sie nicht
gerade im *bel paese* unterwegs ist, schreibt sie für Reisemagazine und Websites.
Über die Seen, Inseln und Berge Italiens berichet sie auch auf Twitter: @paula6hardy

Virginia Maxwell

Florenz & Toskana Virginia lebt eigentlich in Australien, reist aber jedes Jahr
nach Italien, um dort Geschichte, Kunst, Architektur, gutes Essen und Wein zu
erleben. Den Band über Florenz hat sie als Hauptautorin betreut, für andere Titel
von Lonely Planet hat sie neben der Toskana auch weitere Regionen des Landes
bereist. Eigentlich weigert sie sich standhaft, ein Lieblingsziel zu benennen, weil
sie ganz Italien für wunderbar hält, doch wenn es denn sein muss, fällt ihre Wahl
auf Florenz und Rom.

Brendan Sainsbury

Ligurien, Piemont & Italienische Riviera; Emilia-Romagna & San Marino Brendan
ist im englischen Hampshire aufgewachsen, lebt aber mittlerweile in Vancouver,
Kanada. Italien lernte er schon in den 1980er-Jahren mit dem berühmten Interrail-Pass kennen. Seither ist er immer wieder zurückgekehrt – als Reise-
leiter, Radfahrer und – eher selten – als Tourist. Dies ist der vierte Band über
Italien, an dem er als Autor beteiligt ist; ansonsten hat er für Lonely Planet
noch über viele andere Länder berichtet, darunter Angola, Kuba und die USA. Seine Lieblingsstadt
in Italien ist Bologna.

Helena Smith

Abruzzen & Molise; Apulien, Basilikata & Kalabrien Helena hat Italien immer wieder besucht, seit sie fünf Jahre alt war. Damals lockte sie vor allem die Aussicht
auf Toast mit Schokolade – heute kommt sie wegen der Wärme, der Kunst und
allgemein wegen der Atmosphäre. Für diese Auflage war sie u.a. in den Bergdörfern der Abruzzen, im barocken Lecce und in der alten Höhlenstadt Matera.

Donna Wheeler

Trentino & die Dolomiten; Friaul-Julisch Venetien Der Nordosten Italiens ist Don-
nas Traumziel: eine komplexe Geschichte, Berge, das Meer, großartiger Weißwein
und Wiener Kuchen. Donna reist schon seit zwei Jahrzehnten durchs Land und
hat bis 2011 in Turin gelebt. Für Lonely Planet hat sie außerdem schon in Mailand,
Südfrankreich, Tunesien und Algerien recherchiert. Ursprünglich war sie Redak-
teurin und Herstellerin; heute schreibt sie für diverse Publikationen über Kunst,
Architektur und Kulinarisches.

DIE LONELY PLANET STORY

Ein uraltes Auto, ein paar Dollar in den Hosentaschen und Abenteuerlust, mehr brauchten Tony und Maureen Wheeler nicht, als sie 1972 zu der Reise ihres Lebens aufbrachen. Diese führte sie quer durch Europa und Asien bis nach Australien. Nach mehreren Monaten kehrten sie zurück – pleite, aber glücklich –, setzten sich an ihren Küchentisch und verfassten ihren ersten Reiseführer Across Asia on the Cheap. Binnen einer Woche verkauften sie 1500 Bücher und Lonely Planet war geboren. Heute unterhält der Verlag Büros in Melbourne (Australien), London und Oakland (USA) mit über 600 Mitarbeitern und Autoren. Sie alle teilen Tonys Überzeugung, dass ein guter Reiseführer drei Dinge tun sollte: informieren, bilden und unterhalten.

Lonely Planet Publications,
Locked Bag 1, Footscray,
Melbourne, Victoria 3011,
Australia

Verlag der deutschen Ausgabe:
MAIRDUMONT, Marco-Polo-Str. 1, 73760 Ostfildern,
www.lonelyplanet.de, lonelyplanet@mairdumont.com
Chefredakteurin deutsche Ausgabe: Birgit Borowski

Übersetzung: Brigitte Beier, Dr. Birgit Beile-Meister, Matthias Eickhoff, Beatrix Gehlhoff, Christiane Gsänger, Christel Klink, Dr. Annegret Pago, Dr. Thomas Pago, Christiane Radünz, Jutta Ressel M.A., Manuela Schomann, Cristoforo Schweeger, Beatrix Thunich, Sigrid Weber-Krafft, Karin Weidlich, Renate Weinberger, Linde Wiesner, Teresa Zuhl

An früheren Auflagen haben außerdem mitgewirkt: Petra Dubilski, Sonja Förster, Marion Gieseke, Cora Hartwig, Waltraud Horbas, Dr. Ulrike Jamin, Maria Meinel, Raphaela Moczynski, Dr. Martin Goch, Dr. Horst Leisering, Thomas Veser, Dr. Heinz Vestner, Anja Wiebensohn; Dr. Dagmar Ahrens, Mayela Gerhardt, Claudia Mark, Daniela Schetar; Peter Beyer, Ulrike Bischoff, Gabriele Gugetzer, Birgit Lamerz-Beckschäfer, Ute Mareik, Sabine G. Smith, Marc Staudacher

Redaktion und technischer Support: CLP Carlo Lauer & Partner, Aschheim

Italien
5. deutsche Auflage Juni 2014, übersetzt von *Italy 11th edition*, Februar 2014
Lonely Planet Publications Pty
Deutsche Ausgabe © Lonely Planet Publications Pty, Juni 2014
Fotos © wie angegeben
Printed in China

Obwohl die Autoren und Lonely Planet alle Anstrengungen bei der Recherche und bei der Produktion dieses Reiseführers unternommen haben, können wir keine Garantie für die Richtigkeit und Vollständigkeit dieses Inhalts geben. Deswegen können wir auch keine Haftung für eventuell entstandenen Schaden übernehmen.

MIX
Paper from
responsible sources
FSC® C124385
www.fsc.org